BBiG
Berufsbildungsgesetz

Kommentar für die Praxis

Thomas Lakies
Annette Malottke
Andreas Berkenkamp

BBiG
Berufsbildungsgesetz

Mit Kommentierung des Jugendarbeitsschutzgesetzes (JArbSchG)

8., aktualisierte und neu bearbeitete Auflage

BUND
VERLAG

Bibliografische Information der Deutschen Bibliothek
Die Deutsche Bibliothek verzeichnet diese Publikation in der Deutschen Nationalbibliografie; detaillierte bibliografische Daten sind im Internet über *http://dnb.d-nb.de* abrufbar

8., aktualisierte und neu bearbeitete Auflage 2025

Umschlag: Neil McBeath, Stuttgart
Satz: Dörlemann Satz, Lemförde
Druck: CPI books GmbH, Birkstraße 10, 25917 Leck

ISBN 978-3-7663-7400-4

www.bund-verlag.de

Vorwort

Das Recht der Berufsbildung ist in der Praxis von großer Bedeutung. Jährlich werden zehntausende neue Ausbildungsverträge abgeschlossen und Prüfungen für die Berufsausübung abgenommen.
Das Berufsbildungsrecht wurde erstmals durch das Berufsbildungsgesetz (BBiG) vom 14.8.1969 bundeseinheitlich und umfassend geregelt. In seinem Grundkonzept blieb es seitdem unverändert. Am 1.4.2005 trat durch das Berufsbildungsreformgesetz vom 23.3.2005 ein neues BBiG in Kraft. Wiederum eine umfassende Reform erfolgte zum 1.1.2020 durch das Gesetz zur Modernisierung und Stärkung der beruflichen Bildung vom 12.12.2019 (BGBl. I S. 2522). Zum 1.8.2024 (teilweise mit einer Übergangsvorschrift zum 1.1.2025) gab es Neuregelungen und Änderungen durch das Berufsbildungsvalidierungs- und -digitalisierungsgesetz (BVaDiG) vom 19.7.2024 (BGBl. I Nr. 246/2024).
Die Änderungen durch das **Berufsbildungsvalidierungs- und -digitalisierungsgesetz** werden hier dargestellt und kommentiert. Auch alle anderen Teile des Kommentars wurden auf den neuesten Stand der Rechtsentwicklung und Rechtsprechung gebracht.
Der Kommentar stellt das geltende Recht umfassend und kritisch dar. Die Ausführungen gelten für die Berufsbildung in allen Bereichen der Wirtschaft, auch im Handwerk. Zum Teil gibt es Parallelvorschriften in der Handwerksordnung (HwO) – diese sind jeweils bei der Kommentierung des BBiG mitberücksichtigt. Zudem werden im Anhang die maßgeblichen Vorschriften der HwO wiedergegeben mit den Verweisen auf die jeweiligen Kommentierungen des BBiG. Zusätzlich findet sich im Anhang eine Kommentierung des Jugendarbeitsschutzgesetzes (JArbSchG), weil auch dieses für Ausbildungsverhältnisse eine große Bedeutung hat.
Bei der Kommentierung der BBiG-Vorschriften haben wir darauf Wert gelegt, auch wichtige Nebenbereiche wie die Beteiligungsvorschriften für die betriebliche Interessenvertretung (Betriebsrat, Personalrat, Jugend- und Auszubildendenvertretung) und Verfahrensvorschriften sowie Fragen der Umsetzung in der Praxis und des Rechtsschutzes zu erläutern. So hoffen wir, einen Kommentar vorzulegen, der in einem Band das gesamte Recht der Berufsbildung anschaulich darstellt.
Neu in das Autorenteam eingetreten ist Herr Rechtsanwalt Andreas Berkenkamp. Dieser übernimmt Teile der Kommentierungen von Frau Rechtsanwältin Annette Malottke.
Kritik, Anregungen und Verbesserungsvorschläge sind willkommen.

August 2024

Thomas Lakies — Kontakt zum Autor: *TLakies@aol.com*
Annette Malottke — Kontakt zur Autorin: *malottke@80drei.de*
Andreas Berkenkamp — Kontakt zum Autor: *berkenkamp@80drei.de*

Verzeichnis der Bearbeiter

§§ 1 bis 9 BBiG	Malottke/Berkenkamp
§§ 10 bis 26 BBiG	Lakies
§§ 27 bis 36 BBiG	Malottke/Berkenkamp
§§ 37 bis 50e BBiG	Malottke
§§ 51, 52 BBiG	Malottke/Berkenkamp
§§ 53 bis 70 BBiG	Lakies
§§ 71 bis 81 BBiG	Malottke/Berkenkamp
§§ 82 bis 83 BBiG	Lakies
§§ 84 bis 106 BBiG	Lakies/Malottke
JArbSchG	Lakies

Inhaltsverzeichnis

Abschnitt 5
Prüfungswesen

Abschnitt 6
Feststellung und Bescheinigung der individuellen beruflichen Handlungsfähigkeit am Maßstab eines anerkannten Ausbildungsberufs

Abschnitt 7
Interessenvertretung

Kapitel 2
Berufliche Fortbildung

Abschnitt 1
Fortbildungsordnungen des Bundes

Abschnitt 2
Fortbildungsprüfungsregelungen der zuständigen Stellen

Abschnitt 3
Ausländische Vorqualifikationen, Prüfungen

Kapitel 3
Berufliche Umschulung

Kapitel 4
Berufsbildung für besondere Personengruppen

Abschnitt 1
Berufsbildung behinderter Menschen

Abschnitt 2
Berufsausbildungsvorbereitung

Teil 3
Organisation der Berufsbildung

Kapitel 1
Zuständige Stellen; zuständige Behörden

Abschnitt 1
Bestimmung der zuständigen Stelle

Abkürzungsverzeichnis

a. A.	anderer Ansicht
a. a. O.	am angegebenen Ort
ABl. EU	Amtsblatt der Europäischen Union
Abs.	Absatz
AEVO	Ausbildereignungsverordnung
AFBG	Aufstiegsfortbildungsförderungsgesetz
AGG	Allgemeines Gleichbehandlungsgesetz
AiB	Arbeitsrecht im Betrieb (Zeitschrift)
ÄndG	Änderungsgesetz
Anm.	Anmerkung
AnwZertArbR	Anwaltszertifikat online Arbeitsrecht
AP	Arbeitsrechtliche Praxis (Entscheidungssammlung)
ArbG	Arbeitsgericht
ArbGG	Arbeitsgerichtsgesetz
ArbSchG	Arbeitsschutzgesetz
ArbStättV	Verordnung über Arbeitsstätten (Arbeitsstättenverordnung)
ArbStoffV	Verordnung über gefährliche Arbeitsstoffe (Arbeitsstoffverordnung)
ArbZG	Arbeitszeitgesetz
Art.	Artikel
AufenthG	Gesetz über den Aufenthalt, die Erwerbstätigkeit und die Integration von Ausländern im Bundesgebiet (Aufenthaltsgesetz)
Aufl.	Auflage
AÜG	Arbeitnehmerüberlassungsgesetz
AuR	Arbeit und Recht (Zeitschrift)
AVO	Ausführungsverordnung
AWZ	ausschließliche Wirtschaftszone nach dem SRÜ
Az.	Aktenzeichen
BAG	Bundesarbeitsgericht
BAnz	Bundesanzeiger
BAVBVO	Berufsausbildungsvorbereitungs-Bescheinigungsverordnung
BayObLG	Bayerisches Oberstes Landesgericht
BayVGH	Bayerischer Verwaltungsgerichtshof
BB	Betriebs-Berater (Zeitschrift)
BBFVerfV	Berufsbildungsfeststellungsverfahrensverordnung
BBG	Bundesbeamtengesetz
BBiG	Berufsbildungsgesetz
BBiMoG	Berufsbildungsmodernisierungsgesetz
BDSG	Bundesdatenschutzgesetz

BEEG	Bundeselterngeld- und Elternzeitgesetz
BFDG	Bundesfreiwilligendienstgesetz
Bek.	Bekanntmachung
BerBiRefG	Berufsbildungsreformgesetz
BetrVG	Betriebsverfassungsgesetz
BG	Berufsgenossenschaft
BGB	Bürgerliches Gesetzbuch
BGBl.	Bundesgesetzblatt
BGH	Bundesgerichtshof
BiBB	Bundesinstitut für Berufsbildung
BMAS	Bundesministerium für Arbeit und Soziales
BPersVG	Bundespersonalvertretungsgesetz
BQFG	Berufsqualifikationsfeststellungsgesetz
BR-Drucks.	Bundesratsdrucksache
BSG	Bundessozialgericht
BT	Deutscher Bundestag
BT-Drucks.	Bundestagsdrucksache
BUrlG	Bundesurlaubsgesetz
BVaDiG	Berufsbildungsvalidierungs- und -digitalisierungsgesetz vom 19.7.2024 (BGBl. I Nr. 246/2024)
BVerfG	Bundesverfassungsgericht
BVerwG	Bundesverwaltungsgericht
BVwVfG	Verwaltungsverfahrensgesetz des Bundes
BWP	Berufsbildung in Wissenschaft und Praxis (Zeitschrift)
BZRG	Bundeszentralregistergesetz
Cedefop	Europäisches Zentrum für die Förderung der Berufsbildung
DB	Der Betrieb (Zeitschrift)
DDZ	Däubler/Deinert/Zwanziger (siehe Literaturverzeichnis)
ders.	derselbe
DGB	Deutscher Gewerkschaftsbund
DIHK	Deutsche Industrie- und Handelskammer
DIHT	Deutscher Industrie- und Handelstag
DIN	Deutsche Industrie-Norm = Deutsche Industrie-Norm(en)
DKW	*Däubler/Klebe/Wedde* (siehe Literaturverzeichnis)
DÖV	Die öffentliche Verwaltung (Zeitschrift)
DQR	Deutscher Qualifikationsrahmen
DRiG	Deutsches Richtergesetz
DSGVO	Verordnung (EU) 2016/679 des Europäischen Parlaments und des Rates vom 27.4.2016 zum Schutz natürlicher Personen bei der Verarbeitung personenbezogener Daten, zum freien Datenverkehr und zur Aufhebung der Richtlinie 95/46/EG (Datenschutz-Grundverordnung)
DVO	Durchführungsverordnung
Ebd.	Ebenda
EFZG	Entgeltfortzahlungsgesetz
Einf.	Einführung

Entsch.	Entscheidung
ErfK	Erfurter Kommentar zum Arbeitsrecht (siehe Literaturverzeichnis: *Müller-Glöge/Preis/Gallner/Schmidt*)
EStG	Einkommenssteuergesetz
EuGH	Gerichtshof der Europäischen Union (Europäischer Gerichtshof)
EzB	Entscheidungssammlung zum Berufsbildungsrecht
f./ff.	folgende
Fn.	Fußnote
GaststG	Gaststättengesetz
GBl.	Gesetzblatt
gem.	gemäß
GeschGehG	Gesetz zum Schutz von Geschäftsgeheimnissen
GewArch	Gewerbearchiv (Zeitschrift)
GewO	Gewerbeordnung
GG	Grundgesetz für die Bundesrepublik Deutschland
GVG	Gerichtsverfassungsgesetz
HAG	Heimarbeitsgesetz
HGB	Handelsgesetzbuch
HK-ArbR	Handkommentar Arbeitsrecht (siehe Literaturverzeichnis *Däubler/Hjort/Schubert/Wolmerath* (Hrsg.))
h. M.	herrschende Meinung
HWK	Arbeitsrecht Kommentar (siehe Literaturverzeichnis *Henssler/Willemsen/Kalb*)
HwO	Handwerksordnung
IAO	Internationale Arbeitsorganisation
i. d. F.	in der Fassung
IHKG	Gesetz zur vorläufigen Regelung des Rechts der Industrie- und Handelskammern
InsO	Insolvenzordnung
i. S. d.	im Sinne des/der
i. S. v.	im Sinne von
i. V. m.	in Verbindung mit
JArbSchG	Jugendarbeitsschutzgesetz
JArbSchUV	Verordnung über die ärztlichen Untersuchungen nach dem JArbSchG (Jugendarbeitsschutzuntersuchungsverordnung)
JAV	Jugend- und Auszubildendenvertretung
JFDG	Jugendfreiwilligendienstegesetz
JGG	Jugendgerichtsgesetz
JSchG	Gesetz zum Schutze der Jugend in der Öffentlichkeit
JVEG	Justizvergütungs- und -entschädigungsgesetz
KindArbSchV	Kinderarbeitsschutzverordnung
KMK	Kultusministerkonferenz
KO	Konkursordnung

KR	Gemeinschaftskommentar zum Kündigungsschutzgesetz und zu sonstigen kündigungsschutzrechtlichen Vorschriften (siehe Literaturverzeichnis *Bubach u. a.*)
KrPflG	Gesetz über die Berufe in der Krankenpflege, Krankenpflegegesetz
KSchG	Kündigungsschutzgesetz
LAG	Landesarbeitsgericht
LAGE	Entscheidungssammlung der Landesarbeitsgerichte
lfd.	laufende
LPVG	Landespersonalvertretungsgesetz
LSchlG	Ladenschlussgesetz
LSG	Landessozialgericht
LStR	Lohnsteuerrichtlinien
m.a.W.	mit anderen Worten
MiLoG	Mindestlohngesetz
MPO	Musterprüfungsordnung
MünchArbR	Münchener Handbuch zum Arbeitsrecht (siehe Literaturverzeichnis)
MuSchG	Mutterschutzgesetz
m. w. N.	mit weiteren Nachweisen
NachwG	Nachweisgesetz
n. F.	neue Fassung
NJW	Neue Juristische Wochenschrift (Zeitschrift)
NotSanG	Notfallsanitätergesetz
NotSanAPrV	Notfallsanitäter-Ausbildungs- und Prüfungsordnung
Nr.	Nummer
NRW	Nordrhein-Westfalen
n. v.	nicht veröffentlicht
NVwZ	Neue Zeitschrift für das Verwaltungsrecht (Zeitschrift)
NVwZ-RR	NVwZ Rechtsprechungs-Report Verwaltungsrecht (Zeitschrift)
NW	Nordrhein-Westfalen
NZA	Neue Zeitschrift für Arbeitsrecht (Zeitschrift)
NZA-RR	NZA Rechtsprechungs-Report Arbeitsrecht (Zeitschrift)
öAT	Zeitschrift für das öffentliche Arbeits- und Tarifrecht
OVG	Oberverwaltungsgericht
OWiG	Gesetz über Ordnungswidrigkeiten
PersR	Der Personalrat (Zeitschrift)
PersVG	Personalvertretungsgesetz
PflBG	Pflegeberufegesetz
PSA	Persönliche Schutzausrüstung
RdErl.	Runderlass
Rn.	Randnummer
RVO/RechtsVO	Rechtsverordnung
RZ	Randziffer

s.	siehe
S.	Seite
SeeArbG	Seearbeitsgesetz
SeemG	Seemannsgesetz
SGB I	Sozialgesetzbuch Erstes Buch (Allgemeiner Teil)
SGB II	Sozialgesetzbuch Zweites Buch (Grundsicherung für Arbeitsuchende)
SGB III	Sozialgesetzbuch Drittes Buch (Arbeitsförderung)
SGB IV	Sozialgesetzbuch Viertes Buch (Gemeinsame Vorschriften für die Sozialversicherung)
SGB V	Sozialgesetzbuch Fünftes Buch (Krankenversicherung)
SGB VI	Sozialgesetzbuch Sechstes Buch (Rentenversicherung)
SGB VII	Sozialgesetzbuch Siebtes Buch (Unfallversicherung)
SGB VIII	Sozialgesetzbuch Achtes Buch (Kinder- und Jugendhilfe)
SGB IX	Sozialgesetzbuch Neuntes Buch (Rehabilitation und Teilhabe von Menschen mit Behinderungen)
SGB X	Sozialgesetzbuch Zehntes Buch (Sozialverwaltungsverfahren und Sozialdatenschutz)
SGB XI	Sozialgesetzbuch Elftes Buch (Soziale Pflegeversicherung)
SGB XII	Sozialgesetzbuch Zwölftes Buch (Sozialhilfe)
sog.	sogenannte
SRÜ	Seerechtsübereinkommen der Vereinten Nationen
StGB	Strafgesetzbuch
StPO	Strafprozessordnung
st. Rspr.	ständige Rechtsprechung
TVG	Tarifvertragsgesetz
TzBfG	Teilzeit- und Befristungsgesetz
u. a.	und andere
u. Ä.	und Ähnliches
Ü	Übereinkommen
UVV	Unfallverhütungsvorschriften
VA	Verwaltungsakt
VBG	Vorschriften der Berufsgenossenschaft
VG	Verwaltungsgericht
vgl.	vergleiche
VO	Verordnung
Vorbem.	Vorbemerkung
VwGO	Verwaltungsgerichtsordnung
VwVfG	Verwaltungsverfahrensgesetz
WRV	Weimarer Reichsverfassung
ZPO	Zivilprozessordnung

Literaturverzeichnis

Altvater/Baden/Baunack, Bundespersonalvertretungsgesetz. BPersVG, 11. Auflage (2022) (zitiert: *Altvater*)

Amt für Veröffentlichungen der Europäischen Union, Europäische Leitlinien für die Validierung nichtformalen und informellen Lernens, Luxemburg 2023 Referenzreihe Nr. 125 des Cedefop.

Ascheid/Preis/Schmidt, Kündigungsrecht, 7. Auflage (2024) (zitiert: APS/*Bearbeiter*)

Bubach/Gallner u. a., KR, Gemeinschaftskommentar zum Kündigungsschutzgesetz und zu sonstigen kündigungsschutzrechtlichen Vorschriften, 13. Auflage (2022) (zitiert: KR/*Bearbeiter*)

Benecke/Hergenröder, BBiG, Kommentar, 2. Auflage (2021)

Braun/Mühlhausen/Munk/Stück, Berufsbildungsgesetz, Kommentar (2004) (zitiert: *Braun/Mühlhausen*)

Brötz/Keup-Gottschalck/Labusch, Handlungsorientierung – (k)ein Thema für die Aufgabenersteller, Denk-doch-mal, 4–14, *www.denk-doch-mal.de*

Buschmann/Ulber, Arbeitszeitrecht, Kommentar für die Praxis (2019)

Däubler, Tarifvertragsgesetz (TVG) mit Arbeitnehmer-Entsendegesetz, Kommentar, 5. Auflage (2022)

Däubler, Gläserne Belegschaften – Das Handbuch zum Arbeitnehmerdatenschutz, 8. Auflage (2019)

Däubler/Deinert (Hrsg.), Kündigungsschutzrecht – KSchR, Kommentar, 12. Auflage (2024)

Däubler/Hjort/Hummel/Wolmerath (Hrsg.), Arbeitsrecht, Handkommentar, 1. Auflage (2008) (zitiert: HK-ArbR/*Bearbeiter*)

Däubler/Klebe/Wedde (Hrsg.), Betriebsverfassungsgesetz, Kommentar, 19. Auflage (2024) (zitiert: DKW/*Bearbeiter*)

Deinert/Wenckebach/Zwanziger (Hrsg.), Arbeitsrecht – Handbuch für die Praxis, 11. Auflage (2024)

Detterbeck, Handwerksordnung, Kommentar, 4. Auflage (2008)

Dörner/Luczak/Wildschütz/Baeck/Hoß, Handbuch des Arbeitsrechts, 15. Auflage (2019) (zitiert: DLW-*Bearbeiter*)

Düwell (Hrsg.), Betriebsverfassungsgesetz, Handkommentar, 6. Auflage (2022) (zitiert: HaKo-BetrVG/*Bearbeiter*)

Eule/Klubertz, Rechtsfragen der Verbundausbildung (2001)

Europäische Leitlinien für die Validierung nichtformalen und informellen Lernens, Luxemburg, Amt für Veröffentlichungen. Referenzreihe Nr. 125 des Cedefop (2023)

Fischer/Jeremias/Dieterich, Prüfungsrecht, 8. Auflage (2022) (zitiert: *Fischer/Jeremias/Dieterich, PrüfungsR*)

Fitting/Trebinger/Linsenmaier/Schelz/Schmidt, Betriebsverfassungsgesetz, Kommentar, 32. Auflage (2024) (zitiert: *Fitting*)

Gallner/Mestwerdt/Nägele (Hrsg.), Kündigungsschutzrecht, Handkommentar, 7. Auflage (2020) (zitiert: HaKo/*Bearbeiter*)

Germelmann/Matthes/Prütting (Hrsg.), Arbeitsgerichtsgesetz, Kommentar, 10. Auflage (2022) (zitiert: GMP/*Bearbeiter*)

Gilberg, Die Mitwirkung des Betriebsrats bei der Berufsbildung (1999)

Götz, Berufsbildungsrecht (1992)

Greinert, Das deutsche System der Berufsausbildung, 3. Auflage (1998)

Grüneberg (Hrsg.), Bürgerliches Gesetzbuch – BGB, Kommentar, 83. Auflage (2024)

Herkert/Töltl, Berufsbildungsgesetz, Kommentar (Loseblatt)

Henssler/Willemsen/Kalb (Hrsg.), Arbeitsrecht Kommentar, 11. Auflage (2024) (zitiert: HWK/*Bearbeiter*)

Honig/Knörr/Thiel, Handwerksordnung (HwO), Kommentar, 5. Auflage (2017)

Hurlebaus/Baumstümmler/Schulien, Berufsbildungsrecht, Kommentar (Loseblatt)

Jarass/Pieroth, Grundgesetz, Kommentar, 18. Auflage (2024)

Kiel/Lunk/Oetker (Hrsg.), Münchener Handbuch zum Arbeitsrecht, 5. Auflage (2021) (zitiert: MünchArbR/*Bearbeiter*)

Knopp/Kraegeloh/Hofrichter, BBiG, 5. Auflage (2005) (zitiert: *Knopp/Kraegeloh* BBiG)

Kolbe, in: Münchener Handbuch zum Arbeitsrecht, 5. Auflage (2021) (zitiert: *Kolbe* MünchArbR)

Kopp/Ramsauer, VwVfG Verwaltungsverfahrensgesetz, Kommentar, 24. Auflage (2023) (zitiert: *Kopp* VwVfG)

Kopp/Schenke, VwGO Verwaltungsgerichtsordnung, Kommentar, 29. Auflage (2023) (zitiert: *Kopp* VwGO)

Küttner (Hrsg.), Personalbuch 2024, 31. Auflage (2024) (zitiert: Küttner-*Bearbeiter*)

Lakies, Arbeitsgerichtsgesetz (ArbGG), Basiskommentar (2010)

Lakies, Inhaltskontrolle von Arbeitsverträgen (2014)

Lakies, Jugendarbeitsschutzgesetz (JArbSchG), Basiskommentar, 9. Auflage (2022)

Lakies, Mindestlohngesetz (MiLoG), Basiskommentar, 5. Auflage (2021)

Lakies, Berufsbildungsgesetz (BBiG), Basiskommentar, 6. Auflage (2024)

Leimbrock, Strafrechtliche Amtsträger (2009)

Leisner, Handwerksordnung, Kommentar, 2. Auflage (2022)

Lorenz, Jugendarbeitsschutzgesetz, Kommentar (1997)

Malottke, Die Arbeit der JAV (2004)

Malottke, JAV – Jugend- und Auszubildendenvertretung (2003)

Matthes/Severing (Hrsg.), Berufsbildung für Geringqualifizierte – Barrieren und Erträge (2017)

Molitor/Volmer/Germelmann, Jugendarbeitsschutzgesetz, Kommentar, 3. Auflage (1986)

Müller-Glöge/Preis/Gallner/Schmidt, Erfurter Kommentar zum Arbeitsrecht, 24. Auflage (2024) (zitiert: ErfK/*Bearbeiter*)

Natter/Gross (Hrsg.), Arbeitsgerichtsgesetz (ArbGG), Handkommentar, 2. Auflage (2013)

Natzel, Berufsbildungsrecht, 3. Auflage (1982)

Orlowski, Praktikanten- und Volontärverträge (2014)

Pieper, ArbSchR – Arbeitsschutzrecht, Kommentar für die Praxis, 7. Auflage (2022)

Richardi (Hrsg.), Betriebsverfassungsgesetz BetrVG, Kommentar, 18. Auflage (2024) (zitiert: Richardi/*Bearbeiter*)

Ricken, in: Münchener Handbuch zum Arbeitsrecht, 5. Auflage (2021) (zitiert: *Ricken* MünchArbR)

Säcker/Rixecker/Oetker/Limperg (Hrsg.), Münchener Kommentar zum BGB, 9. Auflage (2022) (zitiert: MünchKommBGB/*Bearbeiter*)

Schaub (Hrsg.), Arbeitsrechts-Handbuch, 20. Auflage (2023) (zitiert: Schaub/*Bearbeiter*)
Schaub/Koch, Arbeitsrecht von A-Z, 28. Auflage (2024) (zitiert: Schaub/Koch-*Bearbeiter*)
Schwab/Weth (Hrsg.), Arbeitsgerichtsgesetz ArbGG, Kommentar, 6. Auflage (2021)
Schubert/Schaumberg, Aufstiegsfortbildungsförderungsgesetz (AFBG) und Berufsbildungsgesetz (BBiG), Kommentar, Loseblatt (zitiert: *Schubert/Schaumberg AFBG/BBiG)*
Söhner, Berufsbildungsgesetz (2008)
Stelkens/Bonk/Sachs, Verwaltungsverfahrensgesetz, 10. Auflage (2023)
Stolpmann/Teufer, Prüfungsrecht für Auszubildende und ihre Prüfer (2009)
Taubert, Jugendarbeitsschutzgesetz, Kommentar, (2003)
Taubert, Berufsbildungsgesetz, Kommentar, 3. Auflage (2021)
Vollmer/Frohnenberg, Nachteilsausgleich für behinderte Auszubildende (2014)
Wedde (Hrsg.), Arbeitsrecht, Kompaktkommentar, 8. Auflage (2024)
Wohlgemuth/Pepping (Hrsg.), Berufsbildungsgesetz, Handkommentar, 2. Auflage (2020) (zitiert: Wohlgemuth/*Bearbeiter*)
Wohlgemuth/Lakies/Malottke/Pieper/Proyer, Berufsbildungsgesetz, Kommentar, 3. Auflage (2006)
Zimmerling/Brehm, Prüfungsrecht, 3. Auflage (2007)
Zimmerling/Brehm, Der Prüfungsprozess (2004)
Zmarzlik/Anzinger, Jugendarbeitsschutzgesetz, Kommentar, 5. Auflage (1998)

Berufsbildungsgesetz (BBiG)

in der Fassung der Neubekanntmachung vom 4. 5. 2020 (BGBl. I S. 920),
zuletzt geändert durch das Berufsbildungsvalidierungs- und -digitalisierungsgesetz
vom 19. 7. 2024 (BGBl. 2024 I Nr. 246)

Teil 1
Allgemeine Vorschriften

§ 1 Ziele und Begriffe der Berufsbildung

(1) Berufsbildung im Sinne dieses Gesetzes sind die Berufsausbildungsvorbereitung, die Berufsausbildung, die berufliche Fortbildung und die berufliche Umschulung.

(2) Die Berufsausbildungsvorbereitung dient dem Ziel, durch die Vermittlung von Grundlagen für den Erwerb beruflicher Handlungsfähigkeit an eine Berufsausbildung in einem anerkannten Ausbildungsberuf heranzuführen.

(3) Die Berufsausbildung hat die für die Ausübung einer qualifizierten beruflichen Tätigkeit in einer sich wandelnden Arbeitswelt notwendigen beruflichen Fertigkeiten, Kenntnisse und Fähigkeiten (berufliche Handlungsfähigkeit) in einem geordneten Ausbildungsgang zu vermitteln. Sie hat ferner den Erwerb der erforderlichen Berufserfahrungen zu ermöglichen.

(4) Die berufliche Fortbildung soll es ermöglichen,

1. die berufliche Handlungsfähigkeit durch eine Anpassungsfortbildung zu erhalten und anzupassen oder
2. die berufliche Handlungsfähigkeit durch eine Fortbildung der höherqualifizierenden Berufsbildung zu erweitern und beruflich aufzusteigen.

(5) Die berufliche Umschulung soll zu einer anderen beruflichen Tätigkeit befähigen.

(6) Nach diesem Gesetz und nach der Handwerksordnung wird eine individuelle berufliche Handlungsfähigkeit am Maßstab eines anerkannten Ausbildungsberufs festgestellt. Die Feststellung erfolgt unabhängig davon, ob die berufliche Handlungsfähigkeit durch Berufsbildung erworben wurde. Ist die berufliche Handlungsfähigkeit überwiegend oder vollständig mit der für die Ausübung des anerkannten Ausbildungsberufs erforderlichen beruflichen Handlungsfähigkeit vergleichbar, wird dies bescheinigt.

§ 2 Lernorte der Berufsbildung

(1) Berufsbildung wird durchgeführt

1. in Betrieben der Wirtschaft, in vergleichbaren Einrichtungen außerhalb der Wirtschaft, insbesondere des öffentlichen Dienstes, der Angehörigen freier Berufe und in Haushalten (betriebliche Berufsbildung),
2. in berufsbildenden Schulen (schulische Berufsbildung) und
3. in sonstigen Berufsbildungseinrichtungen außerhalb der schulischen und betrieblichen Berufsbildung (außerbetriebliche Berufsbildung).

(2) Die Lernorte nach Absatz 1 wirken bei der Durchführung der Berufsbildung zusammen (Lernortkooperation).

(3) Teile der Berufsausbildung können im Ausland durchgeführt werden, wenn dies dem Ausbildungsziel dient. Ihre Gesamtdauer soll ein Viertel der in der Ausbildungsordnung festgelegten Ausbildungsdauer nicht überschreiten.

§ 3 Anwendungsbereich

(1) Dieses Gesetz gilt für die Berufsbildung, soweit sie nicht in berufsbildenden Schulen durchgeführt wird, die den Schulgesetzen der Länder unterstehen.

(2) Dieses Gesetz gilt nicht für

1. die Berufsbildung, die in berufsqualifizierenden oder vergleichbaren Studiengängen an Hochschulen auf der Grundlage des Hochschulrahmengesetzes und der Hochschulgesetze der Länder durchgeführt wird,
2. die Berufsbildung in einem öffentlich-rechtlichen Dienstverhältnis,
3. die Berufsbildung auf Kauffahrteischiffen, die nach dem Flaggenrechtsgesetz die Bundesflagge führen, soweit es sich nicht um Schiffe der kleinen Hochseefischerei oder der Küstenfischerei handelt.

(3) Für die Berufsbildung in Berufen der Handwerksordnung und die Feststellung nach § 1 Absatz 6 am Maßstab eines anerkannten Ausbildungsberufs nach der Handwerksordnung gelten § 4 Absatz 1 und 3 bis 6, § 5 Absatz 1 und 2, die §§ 6 bis 9, 27 bis 49, 50b bis 50e, 53 Absatz 1 bis 3, die §§ 53a bis 53e Absatz 1 bis 3, die §§ 54 bis 58 Satz 1, die §§ 59 bis 70, 76 bis 80 sowie 101 Absatz 1 Nummer 7 bis 11 nicht; insoweit gilt die Handwerksordnung.

Teil 2
Berufsbildung

Kapitel 1
Berufsausbildung

Abschnitt 1
Ordnung der Berufsausbildung; Anerkennung von Ausbildungsberufen

§ 4 Anerkennung von Ausbildungsberufen

(1) Als Grundlage für eine geordnete und einheitliche Berufsausbildung kann das Bundesministerium für Wirtschaft und Klimaschutz oder das sonst zuständige Fachministerium im Einvernehmen mit dem Bundesministerium für Bildung und Forschung durch Rechtsverordnung, die nicht der Zustimmung des Bundesrates bedarf, Ausbildungsberufe staatlich anerkennen und hierfür Ausbildungsordnungen nach § 5 erlassen.

(2) Besteht in mehr als einem der durch die §§ 71 bis 75 erfassten Berufsbereiche und Bereiche ein Bedarf, gleiche Fertigkeiten, Kenntnisse und Fähigkeiten zu vermitteln, kann das für die betroffenen Berufsbereiche und Bereiche zuständige Fachministerium nach Absatz 1 einen Ausbildungsberuf auch für mehrere der durch die §§ 71 bis 75 erfassten Berufsbereiche und Bereiche staatlich anerkennen und eine entsprechende Ausbildungsordnung nach § 5 erlassen. Sind für die betroffenen Berufsbereiche und Bereiche verschiedene Fachministerien zuständig, können die staatliche Anerkennung und der Erlass der Ausbildungsordnung nach Absatz 1 durch gemeinsame Rechtsverordnung der zuständigen Fachministerien erfolgen.

(3) Für einen anerkannten Ausbildungsberuf darf nur nach der Ausbildungsordnung ausgebildet werden.

(4) In anderen als anerkannten Ausbildungsberufen dürfen Jugendliche unter 18 Jahren nicht ausgebildet werden, soweit die Berufsausbildung nicht auf den Besuch weiterführender Bildungsgänge vorbereitet.

(5) Wird die Ausbildungsordnung eines Ausbildungsberufes aufgehoben oder geändert, so sind für bestehende Berufsausbildungsverhältnisse weiterhin die Vorschriften, die bis zum Zeitpunkt der Aufhebung oder Änderung gelten, anzuwenden, es sei denn, die ändernde Verordnung sieht eine abweichende Regelung vor.

(6) Das zuständige Fachministerium informiert die Länder frühzeitig über Neuordnungskonzepte und bezieht sie in die Abstimmung ein.

§ 5 Ausbildungsordnung

(1) Die Ausbildungsordnung hat festzulegen
1. die Bezeichnung des Ausbildungsberufes, der anerkannt wird,
2. die Ausbildungsdauer; sie soll nicht mehr als drei und nicht weniger als zwei Jahre betragen,

3. die beruflichen Fertigkeiten, Kenntnisse und Fähigkeiten, die mindestens Gegenstand der Berufsausbildung sind (Ausbildungsberufsbild),
4. eine Anleitung zur sachlichen und zeitlichen Gliederung der Vermittlung der beruflichen Fertigkeiten, Kenntnisse und Fähigkeiten (Ausbildungsrahmenplan),
5. die Prüfungsanforderungen.

Bei der Festlegung der Fertigkeiten, Kenntnisse und Fähigkeiten nach Satz 1 Nummer 3 ist insbesondere die technologische und digitale Entwicklung zu beachten.

(2) Die Ausbildungsordnung kann vorsehen,

1. dass die Abschlussprüfung in zwei zeitlich auseinander fallenden Teilen durchgeführt wird,
2. dass im Fall einer Regelung nach Nummer 1 bei nicht bestandener Abschlussprüfung in einem drei- oder dreieinhalbjährigen Ausbildungsberuf, der auf einem zweijährigen Ausbildungsberuf aufbaut, der Abschluss des zweijährigen Ausbildungsberufs erworben wird, sofern im ersten Teil der Abschlussprüfung mindestens ausreichende Prüfungsleistungen erbracht worden sind,
3. dass Auszubildende bei erfolgreichem Abschluss eines zweijährigen Ausbildungsberufs vom ersten Teil der Abschlussprüfung oder einer Zwischenprüfung eines darauf aufbauenden drei- oder dreieinhalbjährigen Ausbildungsberufs befreit sind,
4. dass abweichend von § 4 Absatz 5 die Berufsausbildung in diesem Ausbildungsberuf unter Anrechnung der bereits zurückgelegten Ausbildungszeit fortgesetzt werden kann, wenn die Vertragsparteien dies vereinbaren,
5. dass auf die Dauer der durch die Ausbildungsordnung geregelten Berufsausbildung die Dauer einer anderen abgeschlossenen Berufsausbildung ganz oder teilweise anzurechnen ist,
6. dass über das in Absatz 1 Satz 1 Nummer 3 beschriebene Ausbildungsberufsbild hinaus zusätzliche berufliche Fertigkeiten, Kenntnisse und Fähigkeiten vermittelt werden können, die die berufliche Handlungsfähigkeit ergänzen oder erweitern,
7. dass Teile der Berufsausbildung in geeigneten Einrichtungen außerhalb der Ausbildungsstätte durchgeführt werden, wenn und soweit es die Berufsausbildung erfordert (überbetriebliche Berufsausbildung).

Im Fall des Satzes 1 Nummer 2 bedarf es eines Antrags der Auszubildenden. Im Fall des Satzes 1 Nummer 5 bedarf es der Vereinbarung der Vertragsparteien. Im Rahmen der Ordnungsverfahren soll stets geprüft werden, ob Regelungen nach Nummer 1 bis 3 und 5 sinnvoll und möglich sind.

(3) In den Fällen des § 4 Absatz 2 legt die Ausbildungsordnung fest:

1. eine einheitliche Bezeichnung des Ausbildungsberufs und
2. bei Bedarf differenzierende Regelungen für die betroffenen Berufsbereiche und Bereiche.

Sie kann eine gemeinsame zuständige Stelle für mehrere Berufsbereiche und Bereiche festlegen.

§ 6 Erprobung neuer Ausbildungs- und Prüfungsformen

Zur Entwicklung und Erprobung neuer Ausbildungs- und Prüfungsformen kann das Bundesministerium für Wirtschaft und Klimaschutz oder das sonst zuständige Fachministerium im Einvernehmen mit dem Bundesministerium für Bildung und Forschung nach Anhörung des Hauptausschusses des Bundesinstituts für Berufsbildung durch Rechtsverordnung, die nicht der Zustimmung des Bundesrates bedarf, Ausnahmen von

§ 4 Absatz 3 und 4 sowie den §§ 5, 37 und 48 zulassen, die auch auf eine bestimmte Art und Zahl von Ausbildungsstätten beschränkt werden können.

§ 7 Anrechnung beruflicher Vorbildung auf die Ausbildungsdauer

(1) Die Landesregierungen können nach Anhörung des Landesausschusses für Berufsbildung durch Rechtsverordnung bestimmen, dass der Besuch eines Bildungsganges berufsbildender Schulen oder die Berufsausbildung in einer sonstigen Einrichtung ganz oder teilweise auf die Ausbildungsdauer angerechnet wird. Die Ermächtigung kann durch Rechtsverordnung auf oberste Landesbehörden weiter übertragen werden.
(2) Ist keine Rechtsverordnung nach Absatz 1 erlassen, kann eine Anrechnung durch die zuständige Stelle im Einzelfall erfolgen. Für die Entscheidung über die Anrechnung auf die Ausbildungsdauer kann der Hauptausschuss des Bundesinstituts für Berufsbildung Empfehlungen beschließen.
(3) Die Anrechnung bedarf des gemeinsamen Antrags der Auszubildenden und der Ausbildenden. Der Antrag ist an die zuständige Stelle zu richten. Er kann sich auf Teile des höchstzulässigen Anrechnungszeitraums beschränken.
(4) Ein Anrechnungszeitraum muss in ganzen Monaten durch sechs teilbar sein.

§ 7a Teilzeitberufsausbildung

(1) Die Berufsausbildung kann in Teilzeit durchgeführt werden. Im Berufsausbildungsvertrag ist für die gesamte Ausbildungszeit oder für einen bestimmten Zeitraum der Berufsausbildung die Verkürzung der täglichen oder der wöchentlichen Ausbildungszeit zu vereinbaren. Die Kürzung der täglichen oder der wöchentlichen Ausbildungszeit darf nicht mehr als 50 Prozent betragen.
(2) Die Dauer der Teilzeitberufsausbildung verlängert sich entsprechend, höchstens jedoch bis zum Eineinhalbfachen der Dauer, die in der Ausbildungsordnung für die betreffende Berufsausbildung in Vollzeit festgelegt ist. Die Dauer der Teilzeitberufsausbildung ist auf ganze Monate abzurunden. § 8 Absatz 1 und 2 bleibt unberührt.
(3) Auf Verlangen der Auszubildenden verlängert sich die Ausbildungsdauer auch über die Höchstdauer nach Absatz 2 Satz 1 hinaus bis zur nächsten möglichen Abschlussprüfung.
(4) Der Antrag auf Eintragung des Berufsausbildungsvertrages nach § 36 Absatz 1 in das Verzeichnis der Berufsausbildungsverhältnisse für eine Teilzeitberufsausbildung kann mit einem Antrag auf Verkürzung der Ausbildungsdauer nach § 8 Absatz 1 verbunden werden.

§ 8 Verkürzung oder Verlängerung der Ausbildungsdauer

(1) Auf gemeinsamen Antrag der Auszubildenden und Ausbildenden hat die zuständige Stelle die Ausbildungsdauer zu kürzen, wenn zu erwarten ist, dass das Ausbildungsziel in der gekürzten Dauer erreicht wird. Satz 1 gilt bei einer Teilzeitberufsausbildung mit der Maßgabe, dass, wenn eine Verkürzung der Ausbildungsdauer entsprechend den Empfehlungen des Hauptausschusses nach Absatz 3 zu einer Ausbildungsdauer führt, die das Ende der für die betreffende Berufsausbildung in Vollzeit festgelegten Ausbildungsdauer höchstens um sechs Monate überschreitet, die Ausbildungsdauer auf das Ende der für die betreffende Berufsausbildung in Vollzeit festgelegten Ausbildungsdauer verkürzt wird.

(2) In Ausnahmefällen kann die zuständige Stelle auf Antrag Auszubildender die Ausbildungsdauer verlängern, wenn die Verlängerung erforderlich ist, um das Ausbildungsziel zu erreichen. Vor der Entscheidung über die Verlängerung sind die Ausbildenden zu hören.
(3) Für die Entscheidung über die Verkürzung oder Verlängerung der Ausbildungsdauer kann der Hauptausschuss des Bundesinstituts für Berufsbildung Empfehlungen beschließen.

§ 9 Regelungsbefugnis

Soweit Vorschriften nicht bestehen, regelt die zuständige Stelle die Durchführung der Berufsausbildung im Rahmen dieses Gesetzes.

Abschnitt 2
Berufsausbildungsverhältnis

Unterabschnitt 1
Begründung des Ausbildungsverhältnisses

§ 10 Vertrag

(1) Wer andere Personen zur Berufsausbildung einstellt (Ausbildende), hat mit den Auszubildenden einen Berufsausbildungsvertrag zu schließen.
(2) Auf den Berufsausbildungsvertrag sind, soweit sich aus seinem Wesen und Zweck und aus diesem Gesetz nichts anderes ergibt, die für den Arbeitsvertrag geltenden Rechtsvorschriften und Rechtsgrundsätze anzuwenden.
(3) Schließen die gesetzlichen Vertreter oder Vertreterinnen mit ihrem Kind einen Berufsausbildungsvertrag, so sind sie von dem Verbot des § 181 des Bürgerlichen Gesetzbuchs befreit.
(4) Ein Mangel in der Berechtigung, Auszubildende einzustellen oder auszubilden, berührt die Wirksamkeit des Berufsausbildungsvertrages nicht.
(5) Zur Erfüllung der vertraglichen Verpflichtungen der Ausbildenden können mehrere natürliche oder juristische Personen in einem Ausbildungsverbund zusammenwirken, soweit die Verantwortlichkeit für die einzelnen Ausbildungsabschnitte sowie für die Ausbildungszeit insgesamt sichergestellt ist (Verbundausbildung).

§ 11 Vertragsabfassung

(1) Ausbildende haben unverzüglich nach Abschluss des Berufsausbildungsvertrages, spätestens vor Beginn der Berufsausbildung, den wesentlichen Inhalt des Vertrages gemäß Satz 2 in Textform abzufassen. In die Vertragsabfassung sind mindestens aufzunehmen

1. Name und Anschrift der Ausbildenden sowie der Auszubildenden, bei Minderjährigen zusätzlich Name und Anschrift ihrer gesetzlichen Vertreter oder Vertreterinnen,
2. Art, sachliche und zeitliche Gliederung sowie Ziel der Berufsausbildung, insbesondere die Berufstätigkeit, für die ausgebildet werden soll,
3. Beginn und Dauer der Berufsausbildung,

4. die Ausbildungsstätte und Ausbildungsmaßnahmen außerhalb der Ausbildungsstätte,
5. Dauer der regelmäßigen täglichen Ausbildungszeit,
6. Dauer der Probezeit,
7. Zahlung und Höhe der Vergütung sowie deren Zusammensetzung, sofern sich die Vergütung aus verschiedenen Bestandteilen zusammensetzt,
8. Vergütung oder Ausgleich von Überstunden,
9. Dauer des Urlaubs,
10. Voraussetzungen, unter denen der Berufsausbildungsvertrag gekündigt werden kann,
11. ein in allgemeiner Form gehaltener Hinweis auf die Tarifverträge, Betriebs- oder Dienstvereinbarungen, die auf das Berufsausbildungsverhältnis anzuwenden sind,
12. die Form des Ausbildungsnachweises nach § 13 Satz 2 Nummer 7.

(2) Ausbildende haben den Auszubildenden und deren gesetzlichen Vertretern und Vertreterinnen die Vertragsabfassung unverzüglich nach deren Erstellung auszuhändigen oder nach Maßgabe des Satzes 2 zu übermitteln. Bei elektronischer Abfassung ist die Vertragsabfassung so zu übermitteln, dass die Empfänger und Empfängerinnen nach Satz 1 diese speichern und ausdrucken können. Ausbildende haben den Empfang durch die Empfänger und Empfängerinnen nach Satz 1 nachzuweisen. Die Vertragsabfassung und den Empfangsnachweis haben Ausbildende nach Ablauf des Jahres, in dem das Ausbildungsverhältnis beendet wurde, drei Jahre lang aufzubewahren.

(3) Bei Änderungen des Berufsausbildungsvertrages gelten die Absätze 1 und 2 entsprechend.

§ 12 Nichtige Vereinbarungen

(1) Eine Vereinbarung, die Auszubildende für die Zeit nach Beendigung des Berufsausbildungsverhältnisses in der Ausübung ihrer beruflichen Tätigkeit beschränkt, ist nichtig. Dies gilt nicht, wenn sich Auszubildende innerhalb der letzten sechs Monate des Berufsausbildungsverhältnisses dazu verpflichten, nach dessen Beendigung mit den Ausbildenden ein Arbeitsverhältnis einzugehen.

(2) Nichtig ist eine Vereinbarung über
1. die Verpflichtung Auszubildender, für die Berufsausbildung eine Entschädigung zu zahlen,
2. Vertragsstrafen,
3. den Ausschluss oder die Beschränkung von Schadensersatzansprüchen,
4. die Festsetzung der Höhe eines Schadensersatzes in Pauschbeträgen.

Unterabschnitt 2
Pflichten der Auszubildenden

§ 13 Verhalten während der Berufsausbildung

Auszubildende haben sich zu bemühen, die berufliche Handlungsfähigkeit zu erwerben, die zum Erreichen des Ausbildungsziels erforderlich ist. Sie sind insbesondere verpflichtet,
1. die ihnen im Rahmen ihrer Berufsausbildung aufgetragenen Aufgaben sorgfältig auszuführen,
2. an Ausbildungsmaßnahmen teilzunehmen, für die sie nach § 15 freigestellt werden,

3. den Weisungen zu folgen, die ihnen im Rahmen der Berufsausbildung von Ausbildenden, von Ausbildern oder Ausbilderinnen oder von anderen weisungsberechtigten Personen erteilt werden,
4. die für die Ausbildungsstätte geltende Ordnung zu beachten,
5. Werkzeug, Maschinen und sonstige Einrichtungen pfleglich zu behandeln,
6. über Betriebs- und Geschäftsgeheimnisse Stillschweigen zu wahren,
7. einen schriftlichen oder elektronischen Ausbildungsnachweis zu führen,
8. den Empfang der Vertragsabfassung zu bestätigen.

Unterabschnitt 3
Pflichten der Ausbildenden

§ 14 Berufsausbildung

(1) Ausbildende haben

1. dafür zu sorgen, dass den Auszubildenden die berufliche Handlungsfähigkeit vermittelt wird, die zum Erreichen des Ausbildungsziels erforderlich ist, und die Berufsausbildung in einer durch ihren Zweck gebotenen Form planmäßig, zeitlich und sachlich gegliedert so durchzuführen, dass das Ausbildungsziel in der vorgesehenen Ausbildungszeit erreicht werden kann,
2. selbst auszubilden oder einen Ausbilder oder eine Ausbilderin ausdrücklich damit zu beauftragen,
3. Auszubildenden kostenlos die Ausbildungsmittel, insbesondere Werkzeuge, Werkstoffe und Fachliteratur zur Verfügung zu stellen, die zur Berufsausbildung und zum Ablegen von Zwischen- und Abschlussprüfungen, auch soweit solche nach Beendigung des Berufsausbildungsverhältnisses stattfinden, erforderlich sind; die für das digitale mobile Ausbilden nach § 28 Absatz 2 Satz 2 zusätzlich erforderliche Hard- und Software sind für die Auszubildenden kostenlos zur Verfügung zu stellen,
4. Auszubildende zum Besuch der Berufsschule anzuhalten,
5. dafür zu sorgen, dass Auszubildende charakterlich gefördert sowie sittlich und körperlich nicht gefährdet werden.

(2) Ausbildende haben Auszubildende zum Führen der Ausbildungsnachweise nach § 13 Satz 2 Nummer 7 anzuhalten und diese regelmäßig durchzusehen. Den Auszubildenden ist Gelegenheit zu geben, den Ausbildungsnachweis am Arbeitsplatz zu führen.

(3) Auszubildenden dürfen nur Aufgaben übertragen werden, die dem Ausbildungszweck dienen und ihren körperlichen Kräften angemessen sind.

§ 15 Freistellung, Anrechnung

(1) Ausbildende dürfen Auszubildende vor einem vor 9 Uhr beginnenden Berufsschulunterricht nicht beschäftigen. Sie haben Auszubildende freizustellen

1. für die Teilnahme am Berufsschulunterricht,
2. an einem Berufsschultag mit mehr als fünf Unterrichtsstunden von mindestens je 45 Minuten, einmal in der Woche,
3. in Berufsschulwochen mit einem planmäßigen Blockunterricht von mindestens 25 Stunden an mindestens fünf Tagen,

4. für die Teilnahme an Prüfungen und Ausbildungsmaßnahmen, die auf Grund öffentlich-rechtlicher oder vertraglicher Bestimmungen außerhalb der Ausbildungsstätte durchzuführen sind, und
5. an dem Arbeitstag, der der schriftlichen Abschlussprüfung unmittelbar vorangeht.

Im Fall von Satz 2 Nummer 3 sind zusätzlich betriebliche Ausbildungsveranstaltungen bis zu zwei Stunden wöchentlich zulässig.

(2) Auf die Ausbildungszeit der Auszubildenden werden angerechnet

1. die Berufsschulunterrichtszeit nach Absatz 1 Satz 2 Nummer 1 einschließlich der Pausen und der notwendigen Wegezeiten zwischen Berufsschule und Ausbildungsstätte,
2. Berufsschultage nach Absatz 1 Satz 2 Nummer 2 mit der durchschnittlichen täglichen Ausbildungszeit,
3. Berufsschulwochen nach Absatz 1 Satz 2 Nummer 3 mit der durchschnittlichen wöchentlichen Ausbildungszeit,
4. die Freistellung nach Absatz 1 Satz 2 Nummer 4 mit der Zeit der Teilnahme einschließlich der Pausen und der notwendigen Wegezeiten zwischen Berufsschule und Ausbildungsstätte und
5. die Freistellung nach Absatz 1 Satz 2 Nummer 5 mit der durchschnittlichen täglich Ausbildungszeit.

(3) Für Auszubildende unter 18 Jahren gilt das Jugendarbeitsschutzgesetz.

§ 16 Zeugnis

(1) Ausbildende haben den Auszubildenden bei Beendigung des Berufsausbildungsverhältnisses ein schriftliches Zeugnis auszustellen. Das Zeugnis kann mit Einwilligung der Auszubildenden in elektronischer Form erteilt werden. Haben Ausbildende die Berufsausbildung nicht selbst durchgeführt, so soll auch der Ausbilder oder die Ausbilderin das Zeugnis unterschreiben.

(2) Das Zeugnis muss Angaben enthalten über Art, Dauer und Ziel der Berufsausbildung sowie über die erworbenen beruflichen Fertigkeiten, Kenntnisse und Fähigkeiten der Auszubildenden. Auf Verlangen Auszubildender sind auch Angaben über Verhalten und Leistung aufzunehmen.

Unterabschnitt 4
Vergütung

§ 17 Vergütungsanspruch und Mindestvergütung

(1) Ausbildende haben Auszubildenden eine angemessene Vergütung zu gewähren. Die Vergütung steigt mit fortschreitender Berufsausbildung, mindestens jährlich, an.

(2) Die Angemessenheit der Vergütung ist ausgeschlossen, wenn sie folgende monatliche Mindestvergütung unterschreitet:

1. im ersten Jahr einer Berufsausbildung
   a) 515 Euro, wenn die Berufsausbildung im Zeitraum vom 1. Januar 2020 bis zum 31. Dezember 2020 begonnen wird,
   b) 550 Euro, wenn die Berufsausbildung im Zeitraum vom 1. Januar 2021 bis zum 31. Dezember 2021 begonnen wird,

c) 585 Euro, wenn die Berufsausbildung im Zeitraum vom 1. Januar 2022 bis zum 31. Dezember 2022 begonnen wird, und
d) 620 Euro, wenn die Berufsausbildung im Zeitraum vom 1. Januar 2023 bis zum 31. Dezember 2023 begonnen wird,

2. im zweiten Jahr einer Berufsausbildung den Betrag nach Nummer 1 für das jeweilige Jahr, in dem die Berufsausbildung begonnen worden ist, zuzüglich 18 Prozent,
3. im dritten Jahr einer Berufsausbildung den Betrag nach Nummer 1 für das jeweilige Jahr, in dem die Berufsausbildung begonnen worden ist, zuzüglich 35 Prozent, und
4. im vierten Jahr einer Berufsausbildung den Betrag nach Nummer 1 für das jeweilige Jahr, in dem die Berufsausbildung begonnen worden ist, zuzüglich 40 Prozent.

Die Höhe der Mindestvergütung nach Satz 1 Nummer 1 wird zum 1. Januar eines jeden Jahres, erstmals zum 1. Januar 2024, fortgeschrieben. Die Fortschreibung entspricht dem rechnerischen Mittel der nach § 88 Absatz 1 Satz 1 Nummer 1 Buchstabe g erhobenen Ausbildungsvergütungen im Vergleich der beiden dem Jahr der Bekanntgabe vorausgegangenen Kalenderjahre. Dabei ist der sich ergebende Betrag bis unter 0,50 Euro abzurunden sowie von 0,50 Euro an aufzurunden. Das Bundesministerium für Bildung und Forschung gibt jeweils spätestens bis zum 1. November eines jeden Kalenderjahres die Höhe der Mindestvergütung nach Satz 1 Nummer 1 bis 4, die für das folgende Kalenderjahr maßgebend ist, im Bundesgesetzblatt bekannt. Die nach den Sätzen 2 bis 5 fortgeschriebene Höhe der Mindestvergütung für das erste Jahr einer Berufsausbildung gilt für Berufsausbildungen, die im Jahr der Fortschreibung begonnen werden. Die Aufschläge nach Satz 1 Nummer 2 bis 4 für das zweite bis vierte Jahr einer Berufsausbildung sind auf der Grundlage dieses Betrages zu berechnen und entsprechend Satz 4 zu runden.

(3) Angemessen ist auch eine für den Ausbildenden nach § 3 Absatz 1 des Tarifvertragsgesetzes geltende tarifvertragliche Vergütungsregelung, durch die die in Absatz 2 genannte jeweilige Mindestvergütung unterschritten wird. Nach Ablauf eines Tarifvertrages nach Satz 1 gilt dessen Vergütungsregelung für bereits begründete Ausbildungsverhältnisse weiterhin als angemessen, bis sie durch einen neuen oder ablösenden Tarifvertrag ersetzt wird.

(4) Die Angemessenheit der vereinbarten Vergütung ist auch dann, wenn sie die Mindestvergütung nach Absatz 2 nicht unterschreitet, in der Regel ausgeschlossen, wenn sie die Höhe der in einem Tarifvertrag geregelten Vergütung, in dessen Geltungsbereich das Ausbildungsverhältnis fällt, an den der Ausbildende aber nicht gebunden ist, um mehr als 20 Prozent unterschreitet.

(5) Bei einer Teilzeitberufsausbildung kann eine nach den Absätzen 2 bis 4 zu gewährende Vergütung unterschritten werden. Die Angemessenheit der Vergütung ist jedoch ausgeschlossen, wenn die prozentuale Kürzung der Vergütung höher ist als die prozentuale Kürzung der täglichen oder der wöchentlichen Arbeitszeit. Absatz 1 Satz 2 und Absatz 2 Satz 1 Nummer 2 bis 4, auch in Verbindung mit Absatz 2 Satz 2 bis 7, sind mit der Maßgabe anzuwenden, dass für die nach § 7a Absatz 2 Satz 1 verlängerte Dauer der Teilzeitberufsausbildung kein weiterer Anstieg der Vergütung erfolgen muss.

(6) Sachleistungen können in Höhe der nach § 17 Absatz 1 Satz 1 Nummer 4 des Vierten Buches Sozialgesetzbuch festgesetzten Sachbezugswerte angerechnet werden, jedoch nicht über 75 Prozent der Bruttovergütung hinaus.

(7) Eine über die vereinbarte regelmäßige tägliche Ausbildungszeit hinausgehende Beschäftigung ist besonders zu vergüten oder durch die Gewährung entsprechender Freizeit auszugleichen.

§ 18 Bemessung und Fälligkeit der Vergütung

(1) Die Vergütung bemisst sich nach Monaten. Bei Berechnung der Vergütung für einzelne Tage wird der Monat zu 30 Tagen gerechnet.
(2) Ausbildende haben die Vergütung für den laufenden Kalendermonat spätestens am letzten Arbeitstag des Monats zu zahlen.
(3) Gilt für Ausbildende nicht nach § 3 Absatz 1 des Tarifvertragsgesetzes eine tarifvertragliche Vergütungsregelung, sind sie verpflichtet, den bei ihnen beschäftigten Auszubildenden spätestens zu dem in Absatz 2 genannten Zeitpunkt eine Vergütung mindestens in der bei Beginn der Berufsausbildung geltenden Höhe der Mindestvergütung nach § 17 Absatz 2 Satz 1 zu zahlen. Satz 1 findet bei einer Teilzeitberufsausbildung mit der Maßgabe Anwendung, dass die Vergütungshöhe unter Berücksichtigung des § 17 Absatz 5 Satz 3 mindestens dem prozentualen Anteil an der Arbeitszeit entsprechen muss.

§ 19 Fortzahlung der Vergütung

(1) Auszubildenden ist die Vergütung auch zu zahlen
1. für die Zeit der Freistellung (§ 15),
2. bis zur Dauer von sechs Wochen, wenn sie
   a) sich für die Berufsausbildung bereithalten, diese aber ausfällt oder
   b) aus einem sonstigen, in ihrer Person liegenden Grund unverschuldet verhindert sind, ihre Pflichten aus dem Berufsausbildungsverhältnis zu erfüllen.

(2) Können Auszubildende während der Zeit, für welche die Vergütung fortzuzahlen ist, aus berechtigtem Grund Sachleistungen nicht abnehmen, so sind diese nach den Sachbezugswerten (§ 17 Absatz 6) abzugelten.

Unterabschnitt 5
Beginn und Beendigung des Ausbildungsverhältnisses

§ 20 Probezeit

Das Berufsausbildungsverhältnis beginnt mit der Probezeit. Sie muss mindestens einen Monat und darf höchstens vier Monate betragen.

§ 21 Beendigung

(1) Das Berufsausbildungsverhältnis endet mit dem Ablauf der Ausbildungsdauer.
(2) Bestehen Auszubildende vor Ablauf der Ausbildungsdauer die Abschlussprüfung, so endet das Berufsausbildungsverhältnis mit Bekanntgabe des Ergebnisses durch den Prüfungsausschuss.
(3) Bestehen Auszubildende die Abschlussprüfung nicht, so verlängert sich das Berufsausbildungsverhältnis auf ihr Verlangen bis zur nächstmöglichen Wiederholungsprüfung, höchstens um ein Jahr.

§ 22 Kündigung

(1) Während der Probezeit kann das Berufsausbildungsverhältnis jederzeit ohne Einhalten einer Kündigungsfrist gekündigt werden.
(2) Nach der Probezeit kann das Berufsausbildungsverhältnis nur gekündigt werden
1. aus einem wichtigen Grund ohne Einhalten einer Kündigungsfrist,
2. von Auszubildenden mit einer Kündigungsfrist von vier Wochen, wenn sie die Berufsausbildung aufgeben oder sich für eine andere Berufstätigkeit ausbilden lassen wollen.

(3) Die Kündigung muss schriftlich und in den Fällen des Absatzes 2 unter Angabe der Kündigungsgründe erfolgen; die elektronische Form ist ausgeschlossen.
(4) Eine Kündigung aus einem wichtigen Grund ist unwirksam, wenn die ihr zugrunde liegenden Tatsachen dem zur Kündigung Berechtigten länger als zwei Wochen bekannt sind. Ist ein vorgesehenes Güteverfahren vor einer außergerichtlichen Stelle eingeleitet, so wird bis zu dessen Beendigung der Lauf dieser Frist gehemmt.

§ 23 Schadensersatz bei vorzeitiger Beendigung

(1) Wird das Berufsausbildungsverhältnis nach der Probezeit vorzeitig gelöst, so können Ausbildende oder Auszubildende Ersatz des Schadens verlangen, wenn die andere Person den Grund für die Auflösung zu vertreten hat. Dies gilt nicht im Falle des § 22 Abs. 2 Nr. 2.
(2) Der Anspruch erlischt, wenn er nicht innerhalb von drei Monaten nach Beendigung des Berufsausbildungsverhältnisses geltend gemacht wird.

Unterabschnitt 6
Sonstige Vorschriften

§ 24 Weiterarbeit

Werden Auszubildende im Anschluss an das Berufsausbildungsverhältnis beschäftigt, ohne dass hierüber ausdrücklich etwas vereinbart worden ist, so gilt ein Arbeitsverhältnis auf unbestimmte Zeit als begründet.

§ 25 Unabdingbarkeit

Eine Vereinbarung, die zuungunsten Auszubildender von den Vorschriften dieses Teils des Gesetzes abweicht, ist nichtig.

§ 26 Andere Vertragsverhältnisse

Soweit nicht ein Arbeitsverhältnis vereinbart ist, gelten für Personen, die eingestellt werden, um berufliche Fertigkeiten, Kenntnisse, Fähigkeiten oder berufliche Erfahrungen zu erwerben, ohne dass es sich um eine Berufsausbildung im Sinne dieses Gesetzes handelt, die §§ 10 bis 16 und 17 Absatz 1, 6 und 7 sowie die §§ 18 bis 23 und 25 mit der Maßgabe, dass die gesetzliche Probezeit abgekürzt, auf die Vertragsabfassung verzichtet und bei vorzeitiger Lösung des Vertragsverhältnisses nach Ablauf der Probezeit abweichend von § 23 Abs. 1 Satz 1 Schadensersatz nicht verlangt werden kann.

Abschnitt 3
Eignung von Ausbildungsstätte und Ausbildungspersonal

§ 27 Eignung der Ausbildungsstätte

(1) Auszubildende dürfen nur eingestellt und ausgebildet werden, wenn
1. die Ausbildungsstätte nach Art und Einrichtung für die Berufsausbildung geeignet ist und
2. die Zahl der Auszubildenden in einem angemessenen Verhältnis zur Zahl der Ausbildungsplätze oder zur Zahl der beschäftigten Fachkräfte steht, es sei denn, dass anderenfalls die Berufsausbildung nicht gefährdet wird.

(2) Eine Ausbildungsstätte, in der die erforderlichen beruflichen Fertigkeiten, Kenntnisse und Fähigkeiten nicht im vollen Umfang vermittelt werden können, gilt als geeignet, wenn diese durch Ausbildungsmaßnahmen außerhalb der Ausbildungsstätte vermittelt werden.

(3) Eine Ausbildungsstätte ist nach Art und Einrichtung für die Berufsausbildung in Berufen der Landwirtschaft, einschließlich der ländlichen Hauswirtschaft, nur geeignet, wenn sie von der nach Landesrecht zuständigen Behörde als Ausbildungsstätte anerkannt ist. Das Bundesministerium für Ernährung und Landwirtschaft kann im Einvernehmen mit dem Bundesministerium für Bildung und Forschung nach Anhörung des Hauptausschusses des Bundesinstituts für Berufsbildung durch Rechtsverordnung, die nicht der Zustimmung des Bundesrates bedarf, Mindestanforderungen für die Größe, die Einrichtung und den Bewirtschaftungszustand der Ausbildungsstätte festsetzen.

(4) Eine Ausbildungsstätte ist nach Art und Einrichtung für die Berufsausbildung in Berufen der Hauswirtschaft nur geeignet, wenn sie von der nach Landesrecht zuständigen Behörde als Ausbildungsstätte anerkannt ist. Das Bundesministerium für Wirtschaft und Klimaschutz kann im Einvernehmen mit dem Bundesministerium für Bildung und Forschung nach Anhörung des Hauptausschusses des Bundesinstituts für Berufsbildung durch Rechtsverordnung, die nicht der Zustimmung des Bundesrates bedarf, Mindestanforderungen für die Größe, die Einrichtung und den Bewirtschaftungszustand der Ausbildungsstätte festsetzen.

§ 28 Eignung von Ausbildenden und Ausbildern oder Ausbilderinnen

(1) Auszubildende darf nur einstellen, wer persönlich geeignet ist. Auszubildende darf nur ausbilden, wer persönlich und fachlich geeignet ist.

(2) Wer fachlich nicht geeignet ist oder wer nicht selbst ausbildet, darf Auszubildende nur dann einstellen, wenn er persönlich und fachlich geeignete Ausbilder oder Ausbilderinnen bestellt, die die Ausbildungsinhalte in der Ausbildungsstätte unmittelbar, verantwortlich und in wesentlichem Umfang vermitteln. Eine unmittelbare Vermittlung der Ausbildungsinhalte ist in angemessenem Umfang auch als digitales mobiles Ausbilden ohne gleichzeitige Anwesenheit der Auszubildenden und ihrer Ausbilder oder Ausbilderinnen am gleichen Ort möglich, wenn
1. für die Vermittlung Informationstechnik eingesetzt wird,
2. die Ausbildungsinhalte und die Orte, an denen sich die Auszubildenden und ihre Ausbilder oder Ausbilderinnen jeweils aufhalten, für die Vermittlung von Ausbildungsinhalten auf Distanz geeignet sind und
3. die Qualität der Vermittlung derjenigen bei gleichzeitiger Anwesenheit der Auszubildenden und ihrer Ausbilder oder Ausbilderinnen am gleichen Ort gleichwertig ist;

dies ist insbesondere der Fall, wenn der Ausbilder oder die Ausbilderin jederzeit zu den betriebsüblichen Zeiten für den Auszubildenden oder die Auszubildende erreichbar ist, den Lernprozess steuert und begleitet sowie die Lernfortschritte kontrolliert.

Für die Ausgestaltung digitalen mobilen Ausbildens kann der Hauptausschuss des Bundesinstituts für Berufsbildung Empfehlungen beschließen.

(3) Unter der Verantwortung des Ausbilders oder der Ausbilderin kann bei der Berufsausbildung mitwirken, wer selbst nicht Ausbilder oder Ausbilderin ist, aber abweichend von den besonderen Voraussetzungen des § 30 die für die Vermittlung von Ausbildungsinhalten erforderlichen beruflichen Fertigkeiten, Kenntnisse und Fähigkeiten besitzt und persönlich geeignet ist.

§ 29 Persönliche Eignung

Persönlich nicht geeignet ist insbesondere, wer

1. Kinder und Jugendliche nicht beschäftigen darf oder
2. wiederholt oder schwer gegen dieses Gesetz oder die auf Grund dieses Gesetzes erlassenen Vorschriften und Bestimmungen verstoßen hat.

§ 30 Fachliche Eignung

(1) Fachlich geeignet ist, wer die beruflichen sowie die berufs- und arbeitspädagogischen Fertigkeiten, Kenntnisse und Fähigkeiten besitzt, die für die Vermittlung der Ausbildungsinhalte erforderlich sind.

(2) Die erforderlichen beruflichen Fertigkeiten, Kenntnisse und Fähigkeiten besitzt, wer

1. die Abschlussprüfung in einer dem Ausbildungsberuf entsprechenden Fachrichtung bestanden hat,
2. das Feststellungsverfahren nach § 1 Absatz 6 mit dem Ergebnis der vollständigen Vergleichbarkeit der individuellen beruflichen Handlungsfähigkeit mit der für die Ausübung des Ausbildungsberufs der entsprechenden Fachrichtung erforderlichen beruflichen Handlungsfähigkeit abgeschlossen hat,
3. eine anerkannte Prüfung an einer Ausbildungsstätte oder vor einer Prüfungsbehörde oder eine Abschlussprüfung an einer staatlichen oder staatlich anerkannten Schule in einer dem Ausbildungsberuf entsprechenden Fachrichtung bestanden hat,
4. eine Abschlussprüfung an einer deutschen Hochschule in einer dem Ausbildungsberuf entsprechenden Fachrichtung bestanden hat oder
5. im Ausland einen Bildungsabschluss in einer dem Ausbildungsberuf entsprechenden Fachrichtung erworben hat, dessen Gleichwertigkeit nach dem Berufsqualifikationsfeststellungsgesetz oder anderen rechtlichen Regelungen festgestellt worden ist

und eine angemessene Zeit in seinem Beruf praktisch tätig gewesen ist.

(3) Das Bundesministerium für Wirtschaft und Klimaschutz oder das sonst zuständige Fachministerium kann im Einvernehmen mit dem Bundesministerium für Bildung und Forschung nach Anhörung des Hauptausschusses des Bundesinstituts für Berufsbildung durch Rechtsverordnung, die nicht der Zustimmung des Bundesrates bedarf, in den Fällen des Absatzes 2 Nr. 2 bestimmen, welche Prüfungen für welche Ausbildungsberufe anerkannt werden.

(4) Das Bundesministerium für Wirtschaft und Klimaschutz oder das sonst zuständige Fachministerium kann im Einvernehmen mit dem Bundesministerium für Bildung und Forschung nach Anhörung des Hauptausschusses des Bundesinstituts für Berufsbildung

durch Rechtsverordnung, die nicht der Zustimmung des Bundesrates bedarf, für einzelne Ausbildungsberufe bestimmen, dass abweichend von Absatz 2 die für die fachliche Eignung erforderlichen beruflichen Fertigkeiten, Kenntnisse und Fähigkeiten nur besitzt, wer

1. die Voraussetzungen des Absatzes 2 Nr. 2 oder 3 erfüllt und eine angemessene Zeit in seinem Beruf praktisch tätig gewesen ist oder
2. die Voraussetzungen des Absatzes 2 Nr. 3 erfüllt und eine angemessene Zeit in seinem Beruf praktisch tätig gewesen ist oder
3. für die Ausübung eines freien Berufes zugelassen oder in ein öffentliches Amt bestellt ist.

(5) Das Bundesministerium für Bildung und Forschung kann nach Anhörung des Hauptausschusses des Bundesinstituts für Berufsbildung durch Rechtsverordnung, die nicht der Zustimmung des Bundesrates bedarf, bestimmen, dass der Erwerb berufs- und arbeitspädagogischer Fertigkeiten, Kenntnisse und Fähigkeiten gesondert nachzuweisen ist. Dabei können Inhalt, Umfang und Abschluss der Maßnahmen für den Nachweis geregelt werden.

(6) Die nach Landesrecht zuständige Behörde kann Personen, die die Voraussetzungen des Absatzes 2, 4 oder 5 nicht erfüllen, die fachliche Eignung nach Anhörung der zuständigen Stelle widerruflich zuerkennen.

§ 31 Europaklausel

(1) In den Fällen des § 30 Abs. 2 und 4 besitzt die für die fachliche Eignung erforderlichen beruflichen Fertigkeiten, Kenntnisse und Fähigkeiten auch, wer die Voraussetzungen für die Anerkennung seiner Berufsqualifikation nach der Richtlinie 2005/36/EG des Europäischen Parlaments und des Rates vom 7. September 2005 über die Anerkennung von Berufsqualifikationen (ABl. EU Nr. L 255 S. 22) erfüllt, sofern er eine angemessene Zeit in seinem Beruf praktisch tätig gewesen ist. § 30 Abs. 4 Nr. 3 bleibt unberührt.

(2) Die Anerkennung kann unter den in Artikel 14 der in Absatz 1 genannten Richtlinie aufgeführten Voraussetzungen davon abhängig gemacht werden, dass der Antragsteller oder die Antragstellerin zunächst einen höchstens dreijährigen Anpassungslehrgang ableistet oder eine Eignungsprüfung ablegt.

(3) Die Entscheidung über die Anerkennung trifft die zuständige Stelle. Sie kann die Durchführung von Anpassungslehrgängen und Eignungsprüfungen regeln.

§ 31a Sonstige ausländische Vorqualifikationen

In den Fällen des § 30 Absatz 2 und 4 besitzt die für die fachliche Eignung erforderlichen Fertigkeiten, Kenntnisse und Fähigkeiten, wer die Voraussetzungen von § 2 Absatz 1 in Verbindung mit § 9 des Berufsqualifikationsfeststellungsgesetzes erfüllt und nicht in einem anderen Mitgliedstaat der Europäischen Union oder einem anderen Vertragsstaat des Europäischen Wirtschaftsraums oder der Schweiz seinen Befähigungsnachweis erworben hat, sofern er eine angemessene Zeit in seinem Beruf praktisch tätig gewesen ist. § 30 Absatz 4 Nummer 3 bleibt unberührt.

§ 32 Überwachung der Eignung

(1) Die zuständige Stelle hat darüber zu wachen, dass die Eignung der Ausbildungsstätte sowie die persönliche und fachliche Eignung vorliegen.

(2) Werden Mängel der Eignung festgestellt, so hat die zuständige Stelle, falls der Mangel zu beheben und eine Gefährdung Auszubildender nicht zu erwarten ist, Ausbildende aufzufordern, innerhalb einer von ihr gesetzten Frist den Mangel zu beseitigen. Ist der Mangel der Eignung nicht zu beheben oder ist eine Gefährdung Auszubildender zu erwarten oder wird der Mangel nicht innerhalb der gesetzten Frist beseitigt, so hat die zuständige Stelle dies der nach Landesrecht zuständigen Behörde mitzuteilen.

§ 33 Untersagung des Einstellens und Ausbildens

(1) Die nach Landesrecht zuständige Behörde kann für eine bestimmte Ausbildungsstätte das Einstellen und Ausbilden untersagen, wenn die Voraussetzungen nach § 27 nicht oder nicht mehr vorliegen.
(2) Die nach Landesrecht zuständige Behörde hat das Einstellen und Ausbilden zu untersagen, wenn die persönliche oder fachliche Eignung nicht oder nicht mehr vorliegt.
(3) Vor der Untersagung sind die Beteiligten und die zuständige Stelle zu hören. Dies gilt nicht im Falle des § 29 Nummer 1.

Abschnitt 4
Verzeichnis der Berufsausbildungsverhältnisse

§ 34 Einrichten, Führen

(1) Die zuständige Stelle hat zur Regelung, Überwachung, Förderung und zum Nachweis der Berufsausbildung für anerkannte Ausbildungsberufe ein Verzeichnis der in ihrem Zuständigkeitsbereich bestehenden Berufsausbildungsverhältnisse einzurichten und zu führen, in das der Berufsausbildungsvertrag einzutragen ist. Die Eintragung ist für Auszubildende gebührenfrei.
(2) Die Eintragung umfasst für jedes Berufsausbildungsverhältnis

1. Name, Vorname, Geburtsdatum, Anschrift, elektronische Kontaktdaten der Auszubildenden,
2. Geschlecht, Staatsangehörigkeit, allgemeinbildender Schulabschluss, vorausgegangene Teilnahme an berufsvorbereitender Qualifizierung oder beruflicher Grundbildung, vorherige Berufsausbildung sowie vorheriges Studium, Anschlussvertrag bei Anrechnung einer zuvor absolvierten dualen Berufsausbildung nach diesem Gesetz oder nach der Handwerksordnung einschließlich Ausbildungsberuf,
3. Name, Vorname, Anschrift und elektronische Kontaktdaten der gesetzlichen Vertreter und Vertreterinnen,
4. Ausbildungsberuf einschließlich Fachrichtung,
5. Berufsausbildung im Rahmen eines ausbildungsintegrierenden dualen Studiums,
6. Tag, Monat und Jahr des Abschlusses des Ausbildungsvertrages, Ausbildungsdauer, Dauer der Probezeit, Verkürzung der Ausbildungsdauer, Teilzeitberufsausbildung,
7. die bei Abschluss des Berufsausbildungsvertrages vereinbarte Vergütung für jedes Ausbildungsjahr,
8. Tag, Monat und Jahr des vertraglich vereinbarten Beginns und Endes der Berufsausbildung sowie Tag, Monat und Jahr einer vorzeitigen Auflösung des Ausbildungsverhältnisses,

9. Art der Förderung bei überwiegend öffentlich, insbesondere auf Grund des Dritten Buches Sozialgesetzbuch geförderten Berufsausbildungsverhältnis,
10. Name, Anschrift, elektronische Kontaktdaten der Ausbildenden, Anschrift und amtlicher Gemeindeschlüssel der Ausbildungsstätte, Wirtschaftszweig, Betriebsnummer der Ausbildungsstätte nach § 18i Absatz 1 oder § 18k Absatz 1 des Vierten Buches Sozialgesetzbuch, Zugehörigkeit zum öffentlichen Dienst,
11. Name, Vorname, elektronische Kontaktdaten, Geschlecht und Art der fachlichen Eignung der Ausbilder und Ausbilderinnen.

(3) Die Eintragungen sind am Ende des Kalenderjahres, in dem das Berufsausbildungsverhältnis beendet wird, in dem Verzeichnis der Berufsausbildungsverhältnisse zu löschen.

(4) Die nach Absatz 3 gelöschten Daten sind in einem gesonderten Dateisystem zu speichern, so lange und soweit dies für den Nachweis der Berufsausbildung erforderlich ist, höchstens jedoch für 60 Jahre.

§ 35 Eintragen, Ändern, Löschen

(1) Ein Berufsausbildungsvertrag und Änderungen seines wesentlichen Inhalts sind in das Verzeichnis einzutragen, wenn

1. der Berufsausbildungsvertrag diesem Gesetz und der Ausbildungsordnung entspricht,
2. die persönliche und fachliche Eignung sowie die Eignung der Ausbildungsstätte für das Einstellen und Ausbilden vorliegen und
3. für Auszubildende unter 18 Jahren die ärztliche Bescheinigung über die Erstuntersuchung nach § 32 Absatz 1 des Jugendarbeitsschutzgesetzes zur Einsicht vorgelegt wird.

(2) Die Eintragung ist abzulehnen oder zu löschen, wenn die Eintragungsvoraussetzungen nicht vorliegen und der Mangel nicht nach § 32 Absatz 2 behoben wird. Die Eintragung ist ferner zu löschen, wenn die ärztliche Bescheinigung über die erste Nachuntersuchung nach § 33 Absatz 1 des Jugendarbeitsschutzgesetzes nicht spätestens am Tage der Anmeldung der Auszubildenden zur Zwischenprüfung oder zum ersten Teil der Abschlussprüfung zur Einsicht vorgelegt und der Mangel nicht nach § 32 Absatz 2 behoben wird.

(3) Zur Verbesserung der Feststellung von Angebot und Nachfrage auf dem Ausbildungsmarkt werden folgende Daten an das Bundesinstitut für Berufsbildung übermittelt:

1. Ausbildungsberuf einschließlich Fachrichtung,
2. Geschlecht der Auszubildenden, Anschlussvertrag bei Anrechnung einer zuvor absolvierten dualen Berufsausbildung nach diesem Gesetz oder nach der Handwerksordnung,
3. Verkürzung der Ausbildungsdauer,
4. Art der Förderung bei überwiegend öffentlich, insbesondere auf Grund des Dritten Buches Sozialgesetzbuch geförderten Berufsausbildungsverhältnissen.

An die Bundesagentur für Arbeit werden zur Verbesserung der Ausbildungsvermittlung, zur Verbesserung der Zuverlässigkeit und Aktualität der Ausbildungsvermittlungsstatistik sowie zur Verbesserung der Festlegung von Angebot und Nachfrage auf dem Ausbildungsmarkt folgende Daten übermittelt:

1. Name, Vorname, Geburtsdatum, Geschlecht und Anschrift der Auszubildenden,
2. Ausbildungsberuf einschließlich Fachrichtung,

3. Tag, Monat und Jahr des vertraglich vereinbarten Beginns und Endes der Berufsausbildung sowie Tag, Monat und Jahr einer vorzeitigen Auflösung des Ausbildungsverhältnisses,
4. Name und Anschrift der Ausbildenden, Anschrift und amtlicher Gemeindeschlüssel der Ausbildungsstätte, Wirtschaftszweig, Betriebsnummer der Ausbildungsstätte nach § 18i Absatz 1 oder § 18k Absatz 1 des Vierten Buches Sozialgesetzbuch, Zugehörigkeit zum öffentlichen Dienst.

Übermittelt werden die nach diesem Gesetz eingetragenen Daten zu den Ausbildungsverhältnissen, die ab dem 1. Oktober des vorangegangenen Kalenderjahres abgeschlossen wurden und am 30. September des laufendenden Kalenderjahres noch bestanden. 4Bei der Datenübermittlung sind dem jeweiligen Stand der Technik entsprechende Maßnahmen zur Sicherstellung von Datenschutz und Datensicherheit, insbesondere nach den Artikeln 24, 25 und 32 der Verordnung (EU) 2016/679 des Europäischen Parlaments und des Rates vom 27. April 2016 zum Schutz natürlicher Personen bei der Verarbeitung personenbezogener Daten, zum freien Datenverkehr und zur Aufhebung der Richtlinie 95/46/EG (Datenschutz-Grundverordnung) (ABl. L 119 vom 4.5.2016, S. 1; L 314 vom 22.11.2016, S. 72; L 127 vom 23.5.2018, S. 2; L 74 vom 4.3.2021, S. 53) in der jeweils geltenden Fassung zu treffen, die insbesondere die Vertraulichkeit, Unversehrtheit und Zurechenbarkeit der Daten gewährleisten.

§ 36 Antrag und Mitteilungspflichten

(1) Ausbildende haben unverzüglich nach Abschluss des Berufsausbildungsvertrages die Eintragung in das Verzeichnis nach Maßgabe des Satzes 2 zu beantragen. Der Antrag kann schriftlich oder elektronisch gestellt werden; eine Kopie der Vertragsabfassung ist jeweils beizufügen. Auf einen betrieblichen Ausbildungsplan im Sinne von § 11 Absatz 1 Satz 2 Nummer 2, der der zuständigen Stelle bereits vorliegt, kann dabei Bezug genommen werden. Entsprechendes gilt bei Änderungen des wesentlichen Vertragsinhalts.
(2) Ausbildende und Auszubildende sind verpflichtet, den zuständigen Stellen die zur Eintragung nach § 34 erforderlichen Tatsachen auf Verlangen mitzuteilen.

Abschnitt 5
Prüfungswesen

§ 37 Abschlussprüfung

(1) In den anerkannten Ausbildungsberufen sind Abschlussprüfungen durchzuführen. Die Abschlussprüfung kann im Falle des Nichtbestehens zweimal wiederholt werden. Sofern die Abschlussprüfung in zwei zeitlich auseinander fallenden Teilen durchgeführt wird, ist der erste Teil der Abschlussprüfung nicht eigenständig wiederholbar.
(2) Dem Prüfling ist ein Zeugnis auszustellen. Ausbildenden werden auf deren Verlangen die Ergebnisse der Abschlussprüfung der Auszubildenden übermittelt. Sofern die Abschlussprüfung in zwei zeitlich auseinander fallenden Teilen durchgeführt wird, ist das Ergebnis der Prüfungsleistungen im ersten Teil der Abschlussprüfung dem Prüfling schriftlich oder elektronisch mitzuteilen.
(3) Dem Zeugnis ist auf Antrag des oder Auszubildenden eine englischsprachige und eine französischsprachige Übersetzung beizufügen. Auf Antrag des oder der Auszubil-

denden ist das Ergebnis berufsschulischer Leistungsfeststellungen auf dem Zeugnis auszuweisen. Der oder die Auszubildende hat den Nachweis der berufsschulischen Leistungsfeststellungen dem Antrag beizufügen. Sofern die Schule nach Landesrecht verpflichtet ist, die berufsschulische Leistungsfeststellung an die zuständige Stelle zu übermitteln, hat die zuständige Stelle die berufsschulische Leistungsfeststellung nach der Übermittlung auf dem Zeugnis auszuweisen.
(4) Die Abschlussprüfung ist für Auszubildende gebührenfrei.

§ 38 Prüfungsgegenstand

Durch die Abschlussprüfung ist festzustellen, ob der Prüfling die berufliche Handlungsfähigkeit erworben hat. In ihr soll der Prüfling nachweisen, dass er die erforderlichen beruflichen Fertigkeiten beherrscht, die notwendigen beruflichen Kenntnisse und Fähigkeiten besitzt und mit dem im Berufsschulunterricht zu vermittelnden, für die Berufsausbildung wesentlichen Lehrstoff vertraut ist. Die Ausbildungsordnung ist zugrunde zu legen.

§ 39 Prüfungsausschüsse, Prüferdelegationen

(1) Für die Durchführung der Abschlussprüfung errichtet die zuständige Stelle Prüfungsausschüsse. Mehrere zuständige Stellen können bei einer von ihnen gemeinsame Prüfungsausschüsse errichten.
(2) Prüfungsausschüsse oder Prüferdelegationen nach § 42 Absatz 2 nehmen die Prüfungsleistungen ab.
(3) Prüfungsausschüsse oder Prüferdelegationen nach § 42 Absatz 2 können zur Bewertung einzelner, nicht mündlich zu erbringender Prüfungsleistungen gutachterliche Stellungnahmen Dritter, insbesondere berufsbildender Schulen, einholen. Im Rahmen der Begutachtung sind die wesentlichen Abläufe zu dokumentieren und die für die Bewertung erheblichen Tatsachen festzuhalten.

§ 40 Zusammensetzung, Berufung

(1) Der Prüfungsausschuss besteht aus mindestens drei Mitgliedern. Die Mitglieder müssen für die Prüfungsgebiete sachkundig und für die Mitwirkung im Prüfungswesen geeignet sein.
(2) Dem Prüfungsausschuss müssen als Mitglieder Beauftragte der Arbeitgeber und der Arbeitnehmer in gleicher Zahl sowie mindestens eine Lehrkraft einer berufsbildenden Schule angehören. Mindestens zwei Drittel der Gesamtzahl der Mitglieder müssen Beauftragte der Arbeitgeber und der Arbeitnehmer sein. Die Mitglieder haben Stellvertreter oder Stellvertreterinnen.
(3) Die Mitglieder werden von der zuständigen Stelle längstens für fünf Jahre berufen. Die Beauftragten der Arbeitnehmer werden auf Vorschlag der im Bezirk der zuständigen Stelle bestehenden Gewerkschaften und selbständigen Vereinigungen von Arbeitnehmern mit sozial- oder berufspolitischer Zwecksetzung berufen. Die Lehrkraft einer berufsbildenden Schule wird im Einvernehmen mit der Schulaufsichtsbehörde oder der von ihr bestimmten Stelle berufen. Werden Mitglieder nicht oder nicht in ausreichender Zahl innerhalb einer von der zuständigen Stelle gesetzten angemessenen Frist vorgeschlagen, so beruft die zuständige Stelle insoweit nach pflichtgemäßem Ermessen. Die Mitglieder der Prüfungsausschüsse können nach Anhören der an ihrer Berufung Beteiligten aus

wichtigem Grund abberufen werden. Die Sätze 1 bis 5 gelten für die stellvertretenden Mitglieder entsprechend.

(4) Die zuständige Stelle kann weitere Prüfende für den Einsatz in Prüferdelegationen nach § 42 Absatz 2 berufen. Die Berufung weiterer Prüfender kann auf bestimmte Prüf- oder Fachgebiete beschränkt werden. Absatz 3 ist entsprechend anzuwenden.

(5) Die für die Berufung von Prüfungsausschussmitgliedern Vorschlagsberechtigten sind über die Anzahl und die Größe der einzurichtenden Prüfungsausschüsse sowie über die Zahl der von ihnen vorzuschlagenden weiteren Prüfenden zu unterrichten. Die Vorschlagsberechtigten werden von der zuständigen Stelle darüber unterrichtet, welche der von ihnen vorgeschlagenen Mitglieder, Stellvertreter und Stellvertreterinnen sowie weiteren Prüfenden berufen wurden.

(6) Die Tätigkeit im Prüfungsausschuss oder in einer Prüferdelegation ist ehrenamtlich. Für bare Auslagen und für Zeitversäumnis ist, soweit eine Entschädigung nicht von anderer Seite gewährt wird, eine angemessene Entschädigung zu zahlen, deren Höhe von der zuständigen Stelle mit Genehmigung der obersten Landesbehörde festgesetzt wird. Die Entschädigung für Zeitversäumnis hat mindestens im Umfang von § 16 des Justizvergütungs- und -entschädigungsgesetzes in der jeweils geltenden Fassung zu erfolgen.

(6a) Prüfende sind von ihrem Arbeitgeber von der Erbringung der Arbeitsleistung freizustellen, wenn

1. es zur ordnungsgemäßen Durchführung der ihnen durch das Gesetz zugewiesenen Aufgaben erforderlich ist und
2. wichtige betriebliche Gründe nicht entgegenstehen.

(7) Von Absatz 2 darf nur abgewichen werden, wenn anderenfalls die erforderliche Zahl von Mitgliedern des Prüfungsausschusses nicht berufen werden kann.

§ 41 Vorsitz, Beschlussfähigkeit, Abstimmung

(1) Der Prüfungsausschuss wählt ein Mitglied, das den Vorsitz führt, und ein weiteres Mitglied, das den Vorsitz stellvertretend übernimmt. Der Vorsitz und das ihn stellvertretende Mitglied sollen nicht derselben Mitgliedergruppe angehören.

(2) Der Prüfungsausschuss ist beschlussfähig, wenn zwei Drittel der Mitglieder, mindestens drei, mitwirken. Er beschließt mit der Mehrheit der abgegebenen Stimmen. Bei Stimmengleichheit gibt die Stimme des vorsitzenden Mitglieds den Ausschlag.

§ 42 Beschlussfassung, Bewertung der Abschlussprüfung

(1) Der Prüfungsausschuss fasst die Beschlüsse über

1. die Noten zur Bewertung einzelner Prüfungsleistungen, die er selbst abgenommen hat,
2. die Noten zur Bewertung der Prüfung insgesamt sowie
3. das Bestehen oder Nichtbestehen der Abschlussprüfung.

(2) Die zuständige Stelle kann im Einvernehmen mit den Mitgliedern des Prüfungsausschusses die Abnahme und abschließende Bewertung von Prüfungsleistungen auf Prüferdelegationen übertragen. Für die Zusammensetzung von Prüferdelegationen und für die Abstimmungen in der Prüferdelegation sind § 40 Absatz 1 und 2 sowie § 41 entsprechend anzuwenden. Mitglieder von Prüferdelegationen können die Mitglieder des Prüfungsausschusses, deren Stellvertreter und Stellvertreterinnen sowie weitere Prüfende sein, die durch die zuständige Stelle nach § 40 Absatz 4 berufen worden sind.

(3) Die zuständige Stelle hat vor Beginn der Prüfung über die Bildung von Prüferdelegationen, über deren Mitglieder sowie über deren Stellvertreter und Stellvertreterinnen zu entscheiden. Prüfende können Mitglieder mehrerer Prüferdelegationen sein. Sind verschiedene Prüfungsleistungen derart aufeinander bezogen, dass deren Beurteilung nur einheitlich erfolgen kann, so müssen diese Prüfungsleistungen von denselben Prüfenden abgenommen werden.
(4) Nach § 47 Absatz 2 Satz 2 erstellte oder ausgewählte Antwort-Wahl-Aufgaben können automatisiert ausgewertet werden, wenn das Aufgabenerstellungs- oder Aufgabenauswahlgremium festgelegt hat, welche Antworten als zutreffend anerkannt werden. Die Ergebnisse sind vom Prüfungsausschuss zu übernehmen.
(5) Der Prüfungsausschuss oder die Prüferdelegation kann einvernehmlich die Abnahme und Bewertung einzelner schriftlicher oder sonstiger Prüfungsleistungen, deren Bewertung unabhängig von der Anwesenheit bei der Erbringung erfolgen kann, so vornehmen, dass zwei seiner oder ihrer Mitglieder die Prüfungsleistungen selbständig und unabhängig bewerten. Weichen die auf der Grundlage des in der Prüfungsordnung vorgesehenen Bewertungsschlüssels erfolgten Bewertungen der beiden Prüfenden um nicht mehr als 10 Prozent der erreichbaren Punkte voneinander ab, so errechnet sich die endgültige Bewertung aus dem Durchschnitt der beiden Bewertungen. Bei einer größeren Abweichung erfolgt die endgültige Bewertung durch ein vorab bestimmtes weiteres Mitglied des Prüfungsausschusses oder der Prüferdelegation.
(6) Sieht die Ausbildungsordnung vor, dass Auszubildende bei erfolgreichem Abschluss eines zweijährigen Ausbildungsberufs vom ersten Teil der Abschlussprüfung eines darauf aufbauenden drei- oder dreieinhalbjährigen Ausbildungsberufs befreit sind, so ist das Ergebnis der Abschlussprüfung des zweijährigen Ausbildungsberufs vom Prüfungsausschuss als das Ergebnis des ersten Teils der Abschlussprüfung des auf dem zweijährigen Ausbildungsberuf aufbauenden drei- oder dreieinhalbjährigen Ausbildungsberufs zu übernehmen.

§ 42a Virtuelle Teilnahme von Prüfenden

(1) Die zuständige Stelle kann bestimmen, dass bei der Abnahme und Bewertung von Prüfungsleistungen, deren Bewertung die Anwesenheit der Prüfenden bei der Abnahme erfordert, Prüfende unter Einsatz der Übertragung von Bild und Ton (Videokonferenz) teilnehmen, wenn

1. die abzunehmenden Prüfungsleistungen für diese Form der Durchführung geeignet sind,
2. die Prüflinge mit der Ladung zur Prüfung über diese Form der Durchführung informiert worden sind,
3. die Prüflinge sich unter Aufsicht an einem Ort befinden, der von der zuständigen Stelle festgelegt worden ist,
4. sich mindestens ein Prüfender am gleichen Ort wie die Prüflinge befindet,
5. die zuständige Stelle die zu nutzende Videokonferenztechnik festgelegt hat und deren Funktionsfähigkeit sowie deren Barrierefreiheit sicherstellt,
6. den Prüflingen und den Prüfenden vor der Prüfung ausreichend Gelegenheit gegeben worden ist, sich mit der Videokonferenztechnik vertraut zu machen,
7. während der Abnahme der Prüfungsleistung eine für die Videokonferenztechnik sachkundige Person zur Verfügung steht,

8. bei vorübergehenden technischen Störungen, die nicht durch den Prüfling zu vertreten sind, der damit verbundene Zeitverlust durch entsprechende Zeitverlängerung ausgeglichen wird und
9. keine Aufzeichnung der Videokonferenz erfolgt.

Auf Antrag einzelner Prüfender bei der zuständigen Stelle gilt Satz 1 nur für einzelne Prüfungsleistungen und diese Prüfenden mit der Maßgabe, dass die übrigen Prüfenden des jeweiligen Prüfungsausschusses oder der jeweiligen Prüferdelegation dem Antrag zustimmen.

(2) Die zuständige Stelle kann bestimmen, dass die Prüfenden an Sitzungen von Prüfungsausschüssen oder Prüferdelegationen auch ohne Anwesenheit an einem Ort teilnehmen und sämtliche oder einzelne ihrer Rechte ganz oder teilweise im Wege elektronischer Kommunikation ausüben können.

§ 43 Zulassung zur Abschlussprüfung

(1) Zur Abschlussprüfung ist zuzulassen,
1. wer die Ausbildungsdauer zurückgelegt hat oder wessen Ausbildungsdauer nicht später als zwei Monate nach dem Prüfungstermin endet,
2. wer an vorgeschriebenen Zwischenprüfungen teilgenommen sowie einen Ausbildungsnachweis nach § 13 Satz 2 Nummer 7 über den Ausbildenden oder die Ausbildende schriftlich oder elektronisch vorgelegt hat und
3. wessen Berufsausbildungsverhältnis in das Verzeichnis der Berufsausbildungsverhältnisse eingetragen oder aus einem Grund nicht eingetragen ist, den weder die Auszubildenden noch deren gesetzliche Vertreter oder Vertreterinnen zu vertreten haben.

(2) Zur Abschlussprüfung ist ferner zuzulassen, wer in einer berufsbildenden Schule oder einer sonstigen Berufsbildungseinrichtung ausgebildet worden ist, wenn dieser Bildungsgang der Berufsausbildung in einem anerkannten Ausbildungsberuf entspricht. Ein Bildungsgang entspricht der Berufsausbildung in einem anerkannten Ausbildungsberuf, wenn er
1. nach Inhalt, Anforderung und zeitlichem Umfang der jeweiligen Ausbildungsordnung gleichwertig ist,
2. systematisch, insbesondere im Rahmen einer sachlichen und zeitlichen Gliederung, durchgeführt wird und
3. durch Lernortkooperation einen angemessenen Anteil an fachpraktischer Ausbildung gewährleistet.

§ 44 Zulassung zur Abschlussprüfung bei zeitlich auseinander fallenden Teilen

(1) Sofern die Abschlussprüfung in zwei zeitlich auseinander fallenden Teilen durchgeführt wird, ist über die Zulassung jeweils gesondert zu entscheiden.

(2) Zum ersten Teil der Abschlussprüfung ist zuzulassen, wer die in der Ausbildungsordnung vorgeschriebene, erforderliche Ausbildungsdauer zurückgelegt hat und die Voraussetzungen des § 43 Abs. 1 Nr. 2 und 3 erfüllt.

(3) Zum zweiten Teil der Abschlussprüfung ist zuzulassen, wer
1. über die Voraussetzungen in § 43 Absatz 1 hinaus am ersten Teil der Abschlussprüfung teilgenommen hat,
2. auf Grund einer Rechtsverordnung nach § 5 Absatz 2 Satz 1 Nummer 3 von der Ablegung des ersten Teils der Abschlussprüfung befreit ist oder

3. aus Gründen, die er nicht zu vertreten hat, am ersten Teil der Abschlussprüfung nicht teilgenommen hat.

Im Fall des Satzes 1 Nummer 3 ist der erste Teil der Abschlussprüfung zusammen mit dem zweiten Teil abzulegen.

§ 45 Zulassung in besonderen Fällen

(1) Auszubildende können nach Anhörung der Ausbildenden und der Berufsschule vor Ablauf ihrer Ausbildungsdauer zur Abschlussprüfung zugelassen werden, wenn ihre Leistungen dies rechtfertigen.

(2) Zur Abschlussprüfung ist auch zuzulassen, wer nachweist, dass er mindestens das Eineinhalbfache der Zeit, die als Ausbildungszeit vorgeschrieben ist, in dem Beruf tätig gewesen ist, in dem die Prüfung abgelegt werden soll. Als Zeiten der Berufstätigkeit gelten auch Ausbildungszeiten in einem anderen, einschlägigen Ausbildungsberuf. Vom Nachweis der Mindestzeit nach Satz 1 kann ganz oder teilweise abgesehen werden, wenn durch Vorlage von Zeugnissen oder auf andere Weise glaubhaft gemacht wird, dass der Bewerber oder die Bewerberin die berufliche Handlungsfähigkeit erworben hat, die die Zulassung zur Prüfung rechtfertigt. Ausländische Bildungsabschlüsse und Zeiten der Berufstätigkeit im Ausland sind dabei zu berücksichtigen.

(3) Zur Abschlussprüfung ist auch zuzulassen, wer im Rahmen eines Verfahrens nach § 1 Absatz 6 die Bescheinigung der vollständigen Vergleichbarkeit seiner individuellen beruflichen Handlungsfähigkeit mit der für die Ausübung des im Antrag bestimmten anerkannten Ausbildungsberufs erforderlichen beruflichen Handlungsfähigkeit erhalten hat.

(4) Soldaten oder Soldatinnen auf Zeit und ehemalige Soldaten oder Soldatinnen sind nach Absatz 2 Satz 3 zur Abschlussprüfung zuzulassen, wenn das Bundesministerium der Verteidigung oder die von ihm bestimmte Stelle bescheinigt, dass der Bewerber oder die Bewerberin berufliche Fertigkeiten, Kenntnisse und Fähigkeiten erworben hat, welche die Zulassung zur Prüfung rechtfertigen.

§ 46 Entscheidung über die Zulassung

(1) Über die Zulassung zur Abschlussprüfung entscheidet die zuständige Stelle. Hält sie die Zulassungsvoraussetzungen nicht für gegeben, so entscheidet der Prüfungsausschuss.

(2) Auszubildenden, die Elternzeit in Anspruch genommen haben, darf bei der Entscheidung über die Zulassung hieraus kein Nachteil erwachsen.

§ 47 Prüfungsordnung

(1) Die zuständige Stelle hat eine Prüfungsordnung für die Abschlussprüfung zu erlassen. Die Prüfungsordnung bedarf der Genehmigung der zuständigen obersten Landesbehörde.

(2) Die Prüfungsordnung muss die Zulassung, die Gliederung der Prüfung, die Bewertungsmaßstäbe, die Erteilung der Prüfungszeugnisse, die Folgen von Verstößen gegen die Prüfungsordnung und die Wiederholungsprüfung regeln. Sie kann vorsehen, dass Prüfungsaufgaben, die überregional oder von einem Aufgabenerstellungsausschuss bei der zuständigen Stelle erstellt oder ausgewählt werden, zu übernehmen sind, sofern diese

Aufgaben von Gremien erstellt oder ausgewählt werden, die entsprechend § 40 Abs. 2 zusammengesetzt sind.

(3) Im Fall des § 73 Absatz 1 erlässt das Bundesministerium des Innern und für Heimat oder das sonst zuständige Fachministerium die Prüfungsordnung durch Rechtsverordnung, die nicht der Zustimmung des Bundesrates bedarf. Das Bundesministerium des Innern, für Bau und Heimat oder das sonst zuständige Fachministerium kann die Ermächtigung nach Satz 1 durch Rechtsverordnung auf die von ihm bestimmte zuständige Stelle übertragen.

(4) Im Fall des § 73 Absatz 2 erlässt die zuständige Landesregierung die Prüfungsordnung durch Rechtsverordnung. Die Ermächtigung nach Satz 1 kann durch Rechtsverordnung auf die von ihr bestimmte zuständige Stelle übertragen werden.

(5) Wird im Fall des § 71 Absatz 8 die zuständige Stelle durch das Land bestimmt, so erlässt die zuständige Landesregierung die Prüfungsordnung durch Rechtsverordnung. Die Ermächtigung nach Satz 1 kann durch Rechtsverordnung auf die von ihr bestimmte zuständige Stelle übertragen werden.

(6) Der Hauptausschuss des Bundesinstituts für Berufsbildung erlässt für die Prüfungsordnung Richtlinien.

§ 48 Zwischenprüfungen

(1) Während der Berufsausbildung ist zur Ermittlung des Ausbildungsstandes eine Zwischenprüfung entsprechend der Ausbildungsordnung durchzuführen. Die §§ 37 bis 39 gelten entsprechend.

(2) Die Zwischenprüfung entfällt, sofern

1. die Ausbildungsordnung vorsieht, dass die Abschlussprüfung in zwei zeitlich auseinanderfallenden Teilen durchgeführt wird, oder
2. die Ausbildungsordnung vorsieht, dass auf die Dauer der durch die Ausbildungsordnung geregelten Berufsausbildung die Dauer einer anderen abgeschlossenen Berufsausbildung im Umfang von mindestens zwei Jahren anzurechnen ist, und die Vertragsparteien die Anrechnung mit mindestens dieser Dauer vereinbart haben.

(3) Umzuschulende sind auf ihren Antrag zur Zwischenprüfung zuzulassen.

§ 49 Zusatzqualifikationen

(1) Zusätzliche berufliche Fertigkeiten, Kenntnisse und Fähigkeiten nach § 5 Abs. 2 Satz 1 Nummer 6 werden gesondert geprüft und bescheinigt. Das Ergebnis der Prüfung nach § 37 bleibt unberührt.

(2) § 37 Absatz 3 und 4 sowie die §§ 39 bis 42a und 47 gelten entsprechend.

§ 50 Gleichstellung von Prüfungszeugnissen

(1) Das Bundesministerium für Wirtschaft und Klimaschutz oder das sonst zuständige Fachministerium kann im Einvernehmen mit dem Bundesministerium für Bildung und Forschung nach Anhörung des Hauptausschusses des Bundesinstituts für Berufsbildung durch Rechtsverordnung außerhalb des Anwendungsbereichs dieses Gesetzes erworbene Prüfungszeugnisse den entsprechenden Zeugnissen über das Bestehen der Abschlussprüfung gleichstellen, wenn die Berufsausbildung und die in der Prüfung nachzuweisenden beruflichen Fertigkeiten, Kenntnisse und Fähigkeiten gleichwertig sind.

(2) Das Bundesministerium für Wirtschaft und Klimaschutz oder das sonst zuständige Fachministerium kann im Einvernehmen mit dem Bundesministerium für Bildung und Forschung nach Anhörung des Hauptausschusses des Bundesinstituts für Berufsbildung durch Rechtsverordnung im Ausland erworbene Prüfungszeugnisse den entsprechenden Zeugnissen über das Bestehen der Abschlussprüfung gleichstellen, wenn die in der Prüfung nachzuweisenden beruflichen Fertigkeiten, Kenntnisse und Fähigkeiten gleichwertig sind.

§ 50a Gleichwertigkeit ausländischer Berufsqualifikationen

Ausländische Berufsqualifikationen stehen einer bestandenen Aus- oder Fortbildungsprüfung nach diesem Gesetz gleich, wenn die Gleichwertigkeit der beruflichen Fertigkeiten, Kenntnisse und Fähigkeiten nach dem Berufsqualifikationsfeststellungsgesetz festgestellt wurde.

Abschnitt 6
Feststellung und Bescheinigung der individuellen beruflichen Handlungsfähigkeit am Maßstab eines anerkannten Ausbildungsberufs

§ 50b Antragstellung und Zulassung

(1) Die zuständige Stelle stellt auf Antrag die individuelle berufliche Handlungsfähigkeit des Antragstellers oder der Antragstellerin am Maßstab eines vom Antragsteller oder von der Antragstellerin zu bezeichnenden anerkannten Ausbildungsberufs (Referenzberuf) in einem Feststellungs- oder Ergänzungsverfahren fest und bescheinigt die individuelle berufliche Handlungsfähigkeit, wenn diese überwiegend oder vollständig mit der für die Ausübung des Referenzberufs erforderlichen beruflichen Handlungsfähigkeit vergleichbar ist.

(2) Antragsberechtigt ist, wer

1. seinen Wohnsitz in Deutschland hat oder die notwendige Berufstätigkeit nach Absatz 3 Satz 1 Nummer 1 mindestens zur Hälfte im Inland absolviert hat und
2. in dem Referenzberuf keinen Berufsabschluss hat und für wessen Berufsabschluss keine Gleichwertigkeit nach dem Berufsqualifikationsfeststellungsgesetz festgestellt worden ist,
3. nicht in einem Berufsausbildungsverhältnis im Referenzberuf steht sowie
4. das 25. Lebensjahr vollendet hat.

(3) Zum Feststellungsverfahren ist per Bescheid zuzulassen, wer

1. nachweist, mindestens das Eineinhalbfache der Zeit, die als Ausbildungsdauer für den Referenzberuf vorgeschrieben ist, in dem Referenzberuf tätig gewesen zu sein, und
2. glaubhaft macht, bei der Tätigkeit nach Nummer 1 oder in sonstiger Weise eine berufliche Handlungsfähigkeit erworben zu haben, die derjenigen, die für die Ausübung des Referenzberufs erforderlich ist, überwiegend oder vollständig vergleichbar ist.

§ 45 Absatz 2 Satz 2 bis 4 ist entsprechend mit der Maßgabe anzuwenden, dass, falls ein Berufsausbildungsverhältnis im Referenzberuf bestand und die Abschlussprüfung nicht bestanden wurde, die Dauer der Berufsausbildung bis höchstens zur Hälfte der festgelegten Ausbildungsdauer berücksichtigt werden kann. Gelingt dem Antragsteller oder der Antragstellerin der Nachweis nach Satz 1 Nummer 1 oder die Glaubhaftmachung nach Satz 1 Nummer 2 aus von ihm oder ihr selbst nicht zu vertretenden Gründen nicht oder nur teilweise, kann insoweit die Abgabe einer eidesstattlichen Versicherung gefordert werden.

(4) Richtet sich der Antrag auf die Feststellung der überwiegenden Vergleichbarkeit, ist Absatz 3 Satz 1 Nummer 1 mit der Maßgabe entsprechend anzuwenden, dass eine Tätigkeit im Tätigkeitsbereich des Referenzberufs genügt, die die im Antrag bezeichneten für die Ausübung des Referenzberufs erforderlichen Fertigkeiten, Kenntnisse und Fähigkeiten umfasst.

(5) Wer bereits ein Feststellungsverfahren nach diesem Abschnitt durchlaufen hat, in dem die überwiegende, aber nicht vollständige Vergleichbarkeit mit der für die Ausübung des Referenzberufs erforderlichen beruflichen Handlungsfähigkeit festgestellt und bescheinigt worden ist, hat Anspruch auf Durchführung eines Ergänzungsverfahrens, wenn er glaubhaft macht, dass er den Teil der beruflichen Handlungsfähigkeit, der für eine vollständige Vergleichbarkeit gefehlt hat, nach der Zulassung zum Feststellungsverfahren erworben hat. Absatz 3 Satz 3 ist mit der Maßgabe anzuwenden, dass es eines erneuten Nachweises nach Absatz 3 Satz 1 Nummer 1 nicht bedarf. Das Ergänzungsverfahren beschränkt sich auf diesen Teil der beruflichen Handlungsfähigkeit. Wird die vollständige Vergleichbarkeit im Ergänzungsverfahren festgestellt, so bescheinigt die zuständige Stelle die vollständige Vergleichbarkeit.

§ 50c Durchführung des Verfahrens

(1) Für die Durchführung des Feststellungsverfahrens oder des Ergänzungsverfahrens bestimmt die zuständige Stelle aus dem Kreis der Personen, die sie für die Durchführung von Prüfungen im Referenzberuf nach § 40 Absatz 3 und 4 berufen hat, Feststellungstandems nach Satz 2 für mindestens ein Jahr und höchstens die Dauer der Berufungsperiode. Ein Feststellungstandem besteht aus je einem oder einer Beauftragten der Arbeitgeber- und der Arbeitnehmerseite. Von der Besetzung mit jeweils einem oder einer Beauftragten der Arbeitgeber- und der Arbeitnehmerseite darf nur abgewichen werden, wenn andernfalls nicht die erforderliche Zahl an Personen bestimmt werden kann. Abwechselnd führt eine Person des Feststellungstandems die Feststellung der individuellen beruflichen Handlungsfähigkeit durch (Feststeller oder Feststellerin) und die andere Person sitzt der Durchführung der Feststellung bei (Beisitzer oder Beisitzerin). Die zuständige Stelle bestimmt durch Los, wer je Feststellungstandem die erste Feststellung durchführt. § 40 Absatz 2 Satz 3, Absatz 3 Satz 5, Absatz 4, 6 und 6a ist entsprechend anzuwenden. Mit Zustimmung der Mitglieder eines Feststellungstandems kann die zuständige Stelle abweichend von Satz 4 zweiter Halbsatz vorsehen, dass den Feststellungen anstelle des jeweils zweiten Mitglieds des Feststellungstandems hauptamtliche Mitarbeitende der zuständigen Stelle oder Arbeitnehmer und Arbeitnehmerinnen der von der zuständigen Stelle beherrschten Tochterunternehmen beisitzen, die die Voraussetzungen des § 40 Absatz 1 Satz 2 erfüllen. Satz 6 gilt für diese Personen nicht.

(2) Der Feststeller oder die Feststellerin hat für die Feststellung geeignete Instrumente auszuwählen. Zu diesen Instrumenten gehören insbesondere mündliche und praktische Aufgaben sowie die Einbeziehung von Arbeitsergebnissen aus dem Tätigkeitsbereich des Referenzberufs in den letzten beiden Jahren vor Antragstellung. Auf schriftliche Aufgaben ist zu verzichten, wenn die Feststellung mittels anderer Instrumente mit vertretbarem Aufwand möglich ist.

(3) Bei einer überwiegenden Vergleichbarkeit weist der Bescheid zusätzlich die festgestellten und die nicht festgestellten Fertigkeiten, Kenntnisse und Fähigkeiten der für die Ausübung des Referenzberufs erforderlichen beruflichen Handlungsfähigkeit aus. Bei einer vollständigen Vergleichbarkeit stellt der Bescheid in der Form eines schriftlichen Zeugnisses die vollständige Vergleichbarkeit der beruflichen Handlungsfähigkeit des Antragstellers oder der Antragstellerin mit der für die Ausübung des Referenzberufs erforderlichen beruflichen Handlungsfähigkeit fest. § 37 Absatz 3 Satz 1 gilt entsprechend. Kann der Antragsteller oder die Antragstellerin weder die vollständige noch die überwiegende Vergleichbarkeit seiner oder ihrer individuellen beruflichen Handlungsfähigkeit mit der für den Referenzberuf erforderlichen beruflichen Handlungsfähigkeit im Rahmen des Feststellungsverfahrens nach diesem Abschnitt nachweisen, wird der Antrag auf Feststellung abgelehnt.

(4) Die zuständige Stelle hat Regelungen für das Verfahren zur Feststellung und Bescheinigung der individuell erworbenen beruflichen Handlungsfähigkeit zu erlassen. Diese Regelungen bedürfen der Genehmigung der zuständigen obersten Landesbehörde. Die Regelungen müssen umfassen:

1. den Ausschluss von der Mitwirkung,
2. die Verschwiegenheit,
3. die Nichtöffentlichkeit,
4. die Frist für die Ladung zum Feststellungstermin,
5. die Niederschrift, soweit diese über die Dokumentation nach § 50e Nummer 2 hinausgeht,
6. die Fristen für die Bescheide beziehungsweise für die Zeugniserteilung,
7. die Ausweispflicht und Belehrungen, insbesondere über den Ablauf des Verfahrens, die zur Verfügung stehende Zeit und die erlaubten Arbeits- und Hilfsmittel,
8. die Folgen von Täuschungshandlungen und Ordnungsverstößen sowie
9. den Rücktritt vom Feststellungsverfahren und die Nichtteilnahme am Feststellungsverfahren.

§ 47 Absatz 3 bis 6 gilt entsprechend.

§ 50d Besondere Regelungen für Menschen mit Behinderungen

(1) Für Menschen mit Behinderungen nach § 2 Absatz 1 Satz 1 des Neunten Buches Sozialgesetzbuch, für die auf Grund von Art und Schwere der Behinderung die Feststellung der überwiegenden oder vollständigen, für die Ausübung des Referenzberufs erforderlichen beruflichen Handlungsfähigkeit nicht möglich ist, sind die §§ 50b und 50c mit der Maßgabe anzuwenden, dass

1. eine individuelle berufliche Handlungsfähigkeit am Maßstab eines Referenzberufs auch dann festgestellt und bescheinigt wird, wenn diese nicht überwiegend oder vollständig, sondern nur teilweise vergleichbar ist mit der für die Ausübung des Referenzberufs erforderlichen beruflichen Handlungsfähigkeit; in diesen Fällen weist der Bescheid eine teilweise Vergleichbarkeit aus; § 50c Absatz 3 Satz 1 gilt entsprechend,
2. bei einem Antrag, der sich auf die Feststellung der teilweisen Vergleichbarkeit richtet,
   a) für § 50b Absatz 3 Satz 1 Nummer 1 eine Tätigkeit im Tätigkeitsbereich des Referenzberufs genügt, die die im Antrag bezeichneten, für die Ausübung des Referenzberufs erforderlichen Fertigkeiten, Kenntnisse und Fähigkeiten umfasst,
   b) für § 50b Absatz 3 Satz 1 Nummer 2 sich die Glaubhaftmachung auf die im Antrag bezeichneten, für die Ausübung des Referenzberufs erforderlichen Fertigkeiten, Kenntnisse und Fähigkeiten beschränkt,

c) der Bescheid nach § 50c Absatz 3 auf Antrag zusätzlich zur Vergleichbarkeit mit dem Referenzberuf auch eine überwiegende oder vollständige Vergleichbarkeit mit einer Referenzausbildungsregelung nach § 66 ausweist, sofern sich die Ausbildungsregelung am gewählten Referenzberuf orientiert und entsprechend einer berufsspezifischen Musterregelung des Hauptausschusses des Bundesinstituts für Berufsbildung getroffen wurde,

3. abweichend von § 50b Absatz 2 Nummer 4 antragsberechtigt auch ist, wer das 25. Lebensjahr noch nicht vollendet hat.

(2) Im Fall der teilweisen Vergleichbarkeit müssen die festgestellten, für die Ausübung des Referenzberufs erforderlichen Fertigkeiten, Kenntnisse und Fähigkeiten zusammen dem Referenzberuf eindeutig zugeordnet werden können und eine berufliche Tätigkeit im Tätigkeitsbereich des Referenzberufs ermöglichen.

(3) Menschen mit Behinderungen können in ihrem Antrag eine Person als Verfahrensbegleitung benennen, die besonders mit den Belangen von Menschen mit Behinderungen im Rahmen der beruflichen Qualifizierung vertraut ist. Dies sind insbesondere solche Ausbilder oder Ausbilderinnen, die die Rehabilitationspädagogische Zusatzqualifikation erworben haben. Auf Antrag des Antragstellers oder der Antragstellerin ist der Verfahrensbegleitung Gelegenheit zu geben,

1. zur Auswahl der Feststellungsinstrumente Stellung zu nehmen und
2. an der Durchführung der Feststellung teilzunehmen.

§ 50e Verordnungsermächtigung

Als Grundlage für ein geordnetes und einheitliches Verfahren wird das Bundesministerium für Bildung und Forschung ermächtigt, im Einvernehmen mit dem Bundesministerium für Wirtschaft und Klimaschutz durch Rechtsverordnung, die nicht der Zustimmung des Bundesrates bedarf, insbesondere

1. die Voraussetzung und Maßstäbe, anhand derer die Durchführung des Feststellungs- und Ergänzungsverfahrens, insbesondere das Verfahren zur Festlegung der Feststellungsinstrumente einschließlich der Verpflichtung zur gemeinsamen Festlegung von Feststellungsinstrumenten durch zuständige Stellen erfolgt,
2. das Verfahren zur Würdigung, Feststellung und Dokumentation der Leistungen des Antragstellers oder der Antragstellerin,
3. die Möglichkeit von Wiederholungsversuchen sowie
4. Maßgaben zur Ausgestaltung des Bescheids bei Feststellung der überwiegenden oder im Fall des § 50d Absatz 1 Nummer 1 teilweisen Vergleichbarkeit und des Zeugnisses bei Feststellung der vollständigen Vergleichbarkeit

zu regeln.

Abschnitt 7 Interessenvertretung

§ 51 Interessenvertretung

(1) Auszubildende, deren praktische Berufsbildung in einer sonstigen Berufsbildungseinrichtung außerhalb der schulischen und betrieblichen Berufsbildung (§ 2 Abs. 1 Nr. 3) mit in der Regel mindestens fünf Auszubildenden stattfindet und die nicht wahlberechtigt

zum Betriebsrat nach § 7 des Betriebsverfassungsgesetzes, zur Jugend- und Auszubildendenvertretung nach § 60 des Betriebsverfassungsgesetzes oder zur Mitwirkungsvertretung nach § 52 des Neunten Buches Sozialgesetzbuch sind (außerbetriebliche Auszubildende), wählen eine besondere Interessenvertretung.

(2) Absatz 1 findet keine Anwendung auf Berufsbildungseinrichtungen von Religionsgemeinschaften sowie auf andere Berufsbildungseinrichtungen, soweit sie eigene gleichwertige Regelungen getroffen haben.

§ 52 Verordnungsermächtigung

Das Bundesministerium für Bildung und Forschung kann durch Rechtsverordnung, die nicht der Zustimmung des Bundesrates bedarf, die Fragen bestimmen, auf die sich die Beteiligung erstreckt, die Zusammensetzung und die Amtszeit der Interessenvertretung, die Durchführung der Wahl, insbesondere die Feststellung der Wahlberechtigung und der Wählbarkeit sowie Art und Umfang der Beteiligung.

Kapitel 2
Berufliche Fortbildung

Abschnitt 1
Fortbildungsordnungen des Bundes

§ 53 Fortbildungsordnungen der höherqualifizierenden Berufsbildung

(1) Als Grundlage für eine einheitliche höherqualifizierende Berufsbildung kann das Bundesministerium für Bildung und Forschung im Einvernehmen mit dem Bundesministerium für Wirtschaft und Klimaschutz oder mit dem sonst zuständigen Fachministerium nach Anhörung des Hauptausschusses des Bundesinstituts für Berufsbildung durch Rechtsverordnung, die nicht der Zustimmung des Bundesrates bedarf, Abschlüsse der höherqualifizierenden Berufsbildung anerkennen und hierfür Prüfungsregelungen erlassen (Fortbildungsordnungen).

(2) Die Fortbildungsordnungen haben festzulegen
1. die Bezeichnung des Fortbildungsabschlusses,
2. die Fortbildungsstufe,
3. das Ziel, den Inhalt und die Anforderungen der Prüfung,
4. die Zulassungsvoraussetzungen für die Prüfung und
5. das Prüfungsverfahren.

(3) Abweichend von Absatz 1 werden Fortbildungsordnungen
1. in den Berufen der Landwirtschaft, einschließlich der ländlichen Hauswirtschaft, durch das Bundesministerium für Ernährung und Landwirtschaft im Einvernehmen mit dem Bundesministerium für Bildung und Forschung erlassen und
2. in Berufen der Hauswirtschaft durch das Bundesministerium für Wirtschaft und Klimaschutz im Einvernehmen mit dem Bundesministerium für Bildung und Forschung erlassen.
3. (4) § 4 Absatz 2 und § 5 Absatz 3 gelten entsprechend.

§ 53a Fortbildungsstufen

(1) Die Fortbildungsstufen der höherqualifizierenden Berufsbildung sind
1. als erste Fortbildungsstufe der Geprüfte Berufsspezialist und die Geprüfte Berufsspezialistin,
2. als zweite Fortbildungsstufe der Bachelor Professional und
3. als dritte Fortbildungsstufe der Master Professional.

(2) Jede Fortbildungsordnung, die eine höherqualifizierende Berufsbildung der ersten Fortbildungsstufe regelt, soll auf einen Abschluss der zweiten Fortbildungsstufe hinführen.

§ 53b Geprüfter Berufsspezialist und Geprüfte Berufsspezialistin

(1) Den Fortbildungsabschluss des Geprüften Berufsspezialisten oder der Geprüften Berufsspezialistin erlangt, wer eine Prüfung der ersten beruflichen Fortbildungsstufe besteht.

(2) In der Fortbildungsprüfung der ersten beruflichen Fortbildungsstufe wird festgestellt, ob der Prüfling
1. die Fertigkeiten, Kenntnisse und Fähigkeiten, die er in der Regel im Rahmen der Berufsausbildung erworben hat, vertieft hat und
2. die in der Regel im Rahmen der Berufsausbildung erworbene berufliche Handlungsfähigkeit um neue Fertigkeiten, Kenntnisse und Fähigkeiten ergänzt hat.

Der Lernumfang für den Erwerb dieser Fertigkeiten, Kenntnisse und Fähigkeiten soll mindestens 400 Stunden betragen.

(3) Als Voraussetzung zur Zulassung für eine Prüfung der ersten beruflichen Fortbildungsstufe ist als Regelzugang vorzusehen:
1. der Abschluss in einem anerkannten Ausbildungsberuf oder
2. das Zeugnis der vollständigen Vergleichbarkeit der individuellen beruflichen Handlungsfähigkeit mit der für die Ausübung eines Ausbildungsberufs erforderlichen beruflichen Handlungsfähigkeit nach § 1 Absatz 6.

(4) Die Bezeichnung eines Fortbildungsabschlusses der ersten beruflichen Fortbildungsstufe beginnt mit den Wörtern »Geprüfter Berufsspezialist für« oder »Geprüfte Berufsspezialistin für«. Die Fortbildungsordnung kann vorsehen, dass dieser Abschlussbezeichnung eine weitere Abschlussbezeichnung vorangestellt wird. Die Abschlussbezeichnung der ersten beruflichen Fortbildungsstufe darf nur führen, wer
1. die Prüfung der ersten beruflichen Fortbildungsstufe bestanden hat oder
2. die Prüfung einer gleichwertigen beruflichen Fortbildung auf der Grundlage bundes- oder landesrechtlicher Regelungen, die diese Abschlussbezeichnung vorsehen, bestanden hat.

§ 53c Bachelor Professional

(1) Den Fortbildungsabschluss Bachelor Professional erlangt, wer eine Prüfung der zweiten beruflichen Fortbildungsstufe erfolgreich besteht.

(2) In der Fortbildungsprüfung der zweiten beruflichen Fortbildungsstufe wird festgestellt, ob der Prüfling in der Lage ist, Fach- und Führungsfunktionen zu übernehmen, in denen zu verantwortende Leitungsprozesse von Organisationen eigenständig gesteuert werden, eigenständig ausgeführt werden und dafür Mitarbeiter und Mitarbeiterinnen

geführt werden. Der Lernumfang für den Erwerb dieser Fertigkeiten, Kenntnisse und Fähigkeiten soll mindestens 1200 Stunden betragen.

(3) Als Voraussetzung zur Zulassung für eine Prüfung der zweiten beruflichen Fortbildungsstufe ist als Regelzugang vorzusehen:

1. der Abschluss in einem anerkannten Ausbildungsberuf,
2. das Zeugnis der vollständigen Vergleichbarkeit der individuellen beruflichen Handlungsfähigkeit mit der für die Ausübung eines Ausbildungsberufs erforderlichen beruflichen Handlungsfähigkeit nach § 1 Absatz 6 oder
3. ein Abschluss der ersten beruflichen Fortbildungsstufe.

(4) Die Bezeichnung eines Fortbildungsabschlusses der zweiten beruflichen Fortbildungsstufe beginnt mit den Wörtern »Bachelor Professional in«. Die Fortbildungsordnung kann vorsehen, dass dieser Abschlussbezeichnung eine weitere Abschlussbezeichnung vorangestellt wird. Die Abschlussbezeichnung der zweiten beruflichen Fortbildungsstufe darf nur führen, wer

1. die Prüfung der zweiten beruflichen Fortbildungsstufe bestanden hat oder
2. die Prüfung einer gleichwertigen beruflichen Fortbildung auf der Grundlage bundes- oder landesrechtlicher Regelungen, die diese Abschlussbezeichnung vorsehen, bestanden hat.

§ 53d Master Professional

(1) Den Fortbildungsabschluss Master Professional erlangt, wer die Prüfung der dritten beruflichen Fortbildungsstufe erfolgreich besteht.

(2) In der Fortbildungsprüfung der dritten beruflichen Fortbildungsstufe wird festgestellt, ob der Prüfling

1. die Fertigkeiten, Kenntnisse und Fähigkeiten, die er in der Regel mit der Vorbereitung auf eine Fortbildungsprüfung der zweiten Fortbildungsstufe erworben hat, vertieft hat und
2. neue Fertigkeiten, Kenntnisse und Fähigkeiten erworben hat, die erforderlich sind für die verantwortliche Führung von Organisationen oder zur Bearbeitung von neuen, komplexen Aufgaben- und Problemstellungen wie der Entwicklung von Verfahren und Produkten.

Der Lernumfang für den Erwerb dieser Fertigkeiten, Kenntnisse und Fähigkeiten soll mindestens 1600 Stunden betragen.

(3) Als Voraussetzung zur Zulassung für eine Prüfung der dritten beruflichen Fortbildungsstufe ist als Regelzugang ein Abschluss auf der zweiten beruflichen Fortbildungsstufe vorzusehen.

(4) Die Bezeichnung eines Fortbildungsabschlusses der dritten beruflichen Fortbildungsstufe beginnt mit den Wörtern »Master Professional in«. Die Fortbildungsordnung kann vorsehen, dass dieser Abschlussbezeichnung eine weitere Abschlussbezeichnung vorangestellt wird. Die Abschlussbezeichnung der dritten beruflichen Fortbildungsstufe darf nur führen, wer

1. die Prüfung der dritten beruflichen Fortbildungsstufe bestanden hat oder
2. die Prüfung einer gleichwertigen beruflichen Fortbildung auf der Grundlage bundes- oder landesrechtlicher Regelungen, die diese Abschlussbezeichnung vorsehen, bestanden hat.

§ 53e Anpassungsfortbildungsordnungen

(1) Als Grundlage für eine einheitliche Anpassungsfortbildung kann das Bundesministerium für Bildung und Forschung im Einvernehmen mit dem Bundesministerium für Wirtschaft und Klimaschutz oder dem sonst zuständigen Fachministerium nach Anhörung des Hauptausschusses des Bundesinstituts für Berufsbildung durch Rechtsverordnung, die nicht der Zustimmung des Bundesrates bedarf, Fortbildungsabschlüsse anerkennen und hierfür Prüfungsregelungen erlassen (Anpassungsfortbildungsordnungen).

(2) Die Anpassungsfortbildungsordnungen haben festzulegen:

1. die Bezeichnung des Fortbildungsabschlusses,
2. das Ziel, den Inhalt und die Anforderungen der Prüfung,
3. die Zulassungsvoraussetzungen und
4. das Prüfungsverfahren.

(3) Abweichend von Absatz 1 werden Anpassungsfortbildungsordnungen

1. in den Berufen der Landwirtschaft, einschließlich der ländlichen Hauswirtschaft, durch das Bundesministerium für Ernährung und Landwirtschaft im Einvernehmen mit dem Bundesministerium für Bildung und Forschung erlassen und
2. in Berufen der Hauswirtschaft durch das Bundesministerium für Wirtschaft und Klimaschutz im Einvernehmen mit dem Bundesministerium für Bildung und Forschung erlassen.

(4) § 4 Absatz 2 und § 5 Absatz 3 gelten entsprechend.

Abschnitt 2
Fortbildungsprüfungsregelungen der zuständigen Stellen

§ 54 Fortbildungsprüfungsregelungen der zuständigen Stellen

(1) Sofern für einen Fortbildungsabschluss weder eine Fortbildungsordnung noch eine Anpassungsfortbildungsordnung erlassen worden ist, kann die zuständige Stelle nach § 71 oder § 72 Fortbildungsprüfungsregelungen erlassen. Wird im Fall des § 71 Absatz 8 als zuständige Stelle eine Landesbehörde bestimmt, so erlässt die zuständige Landesregierung die Fortbildungsprüfungsregelungen durch Rechtsverordnung. Die Ermächtigung nach Satz 2 kann durch Rechtsverordnung auf die von ihr bestimmte zuständige Stelle übertragen werden.

(2) Die Fortbildungsprüfungsregelungen haben festzulegen

1. die Bezeichnung des Fortbildungsabschlusses,
2. das Ziel, den Inhalt und die Anforderungen der Prüfungen,
3. die Zulassungsvoraussetzungen für die Prüfung und
4. das Prüfungsverfahren.

(3) Bestätigt die zuständige oberste Landesbehörde,

1. dass die Fortbildungsprüfungsregelungen die Voraussetzungen des § 53b Absatz 2 und 3 sowie des § 53a Absatz 2 erfüllen, so beginnt die Bezeichnung des Fortbildungsabschlusses mit den Wörtern »Geprüfter Berufsspezialist für« oder »Geprüfte Berufsspezialistin für«,
2. dass die Fortbildungsprüfungsregelungen die Voraussetzungen des § 53c Absatz 2 und 3 erfüllen, so beginnt die Bezeichnung des Fortbildungsabschlusses mit den Wörtern »Bachelor Professional in«,

3. dass die Fortbildungsprüfungsregelungen die Voraussetzungen des § 53d Absatz 2 und 3 erfüllen, so beginnt die Bezeichnung des Fortbildungsabschlusses mit den Wörtern »Master Professional in«.

Der Abschlussbezeichnung nach Satz 1 ist in Klammern ein Zusatz beizufügen, aus dem sich zweifelsfrei die zuständige Stelle ergibt, die die Fortbildungsprüfungsregelungen erlassen hat. Die Fortbildungsprüfungsregelungen können vorsehen, dass dieser Abschlussbezeichnung eine weitere Abschlussbezeichnung vorangestellt wird. Ist für die Bestätigung nach Satz 1 ein Gutachten erforderlich, wird dieses auf Antrag und auf Kosten der zuständigen Stelle vom Bundesinstitut für Berufsbildung nach § 90 Absatz 4 Satz 2 erstellt.

(4) Eine Abschlussbezeichnung, die in einer von der zuständigen obersten Landesbehörde bestätigten Fortbildungsprüfungsregelung enthalten ist, darf nur führen, wer die Prüfung bestanden hat.

Abschnitt 3
Ausländische Vorqualifikationen, Prüfungen

§ 55 Berücksichtigung ausländischer Vorqualifikationen

Sofern Fortbildungsordnungen, Anpassungsfortbildungsordnungen oder Fortbildungsprüfungsregelungen nach § 54 Zulassungsvoraussetzungen zu Prüfungen vorsehen, sind ausländische Bildungsabschlüsse und Zeiten der Berufstätigkeit im Ausland zu berücksichtigen.

§ 56 Fortbildungsprüfungen

(1) Für die Durchführung von Prüfungen im Bereich der beruflichen Fortbildung errichtet die zuständige Stelle Prüfungsausschüsse. § 37 Absatz 2 Satz 1 und Absatz 3 Satz 1 sowie § 39 Absatz 1 Satz 2, Absatz 2 und 3 und die §§ 40, 41, 42 Absatz 1 bis 5 sowie die §§ 42a, 46 und 47 sind entsprechend anzuwenden.

(2) Der Prüfling ist auf Antrag von der Ablegung einzelner Prüfungsbestandteile durch die zuständige Stelle zu befreien, wenn

1. er eine andere vergleichbare Prüfung vor einer öffentlichen oder einer staatlich anerkannten Bildungseinrichtung oder vor einem staatlichen Prüfungsausschuss erfolgreich abgelegt hat und
2. die Anmeldung zur Fortbildungsprüfung innerhalb von zehn Jahren nach der Bekanntgabe des Bestehens der Prüfung erfolgt.

§ 57 Gleichstellung von Prüfungszeugnissen

Das Bundesministerium für Wirtschaft und Klimaschutz oder das sonst zuständige Fachministerium kann im Einvernehmen mit dem Bundesministerium für Bildung und Forschung nach Anhörung des Hauptausschusses des Bundesinstituts für Berufsbildung durch Rechtsverordnung Prüfungszeugnisse, die außerhalb des Anwendungsbereichs dieses Gesetzes oder im Ausland erworben worden sind, den entsprechenden Zeugnissen über das Bestehen einer Fortbildungsprüfung auf der Grundlage der §§ 53b bis 53e und 54 gleichstellen, wenn die in der Prüfung nachzuweisenden beruflichen Fertigkeiten, Kenntnisse und Fähigkeiten gleichwertig sind.

Kapitel 3 Berufliche Umschulung

§ 58 Umschulungsordnung

Als Grundlage für eine geordnete und einheitliche berufliche Umschulung kann das Bundesministerium für Bildung und Forschung im Einvernehmen mit dem Bundesministerium für Wirtschaft und Klimaschutz oder dem sonst zuständigen Fachministerium nach Anhörung des Hauptausschusses des Bundesinstituts für Berufsbildung durch Rechtsverordnung, die nicht der Zustimmung des Bundesrates bedarf,

1. die Bezeichnung des Umschulungsabschlusses,
2. das Ziel, den Inhalt, die Art und Dauer der Umschulung,
3. die Anforderungen der Umschulungsprüfung und die Zulassungsvoraussetzungen sowie
4. das Prüfungsverfahren der Umschulung

unter Berücksichtigung der besonderen Erfordernisse der beruflichen Erwachsenenbildung bestimmen (Umschulungsordnung). § 4 Absatz 2 Satz 1 und § 5 Absatz 3 gelten entsprechend.

§ 59 Umschulungsprüfungsregelungen der zuständigen Stellen

Soweit Rechtsverordnungen nach § 58 nicht erlassen sind, kann die zuständige Stelle nach § 71 oder § 72 Umschulungsprüfungsregelungen erlassen. Wird im Fall des § 71 Absatz 8 als zuständige Stelle eine Landesbehörde bestimmt, so erlässt die zuständige Landesregierung die Umschulungsprüfungsregelungen durch Rechtsverordnung. Die Ermächtigung nach Satz 2 kann durch Rechtsverordnung auf die von ihr bestimmte zuständige Stelle übertragen werden. Die zuständige Stelle regelt die Bezeichnung des Umschulungsabschlusses, Ziel, Inhalt und Anforderungen der Prüfungen, die Zulassungsvoraussetzungen sowie das Prüfungsverfahren unter Berücksichtigung der besonderen Erfordernisse beruflicher Erwachsenenbildung.

§ 60 Umschulung für einen anerkannten Ausbildungsberuf

Sofern sich die Umschulungsordnung (§ 58) oder eine Regelung der zuständigen Stelle (§ 59) auf die Umschulung für einen anerkannten Ausbildungsberuf richtet, sind das Ausbildungsberufsbild (§ 5 Absatz 1 Satz 1 Nr. 3), der Ausbildungsrahmenplan (§ 5 Absatz 1 Satz 1 Nr. 4) und die Prüfungsanforderungen (§ 5 Absatz 1 Satz 1 Nr. 5) zugrunde zu legen. Die §§ 27 bis 33 gelten entsprechend.

§ 61 Berücksichtigung ausländischer Vorqualifikationen

Sofern die Umschulungsordnung (§ 58) oder eine Regelung der zuständigen Stelle (§ 59) Zulassungsvoraussetzungen vorsieht, sind ausländische Bildungsabschlüsse und Zeiten der Berufstätigkeit im Ausland zu berücksichtigen.

§ 62 Umschulungsmaßnahmen; Umschulungsprüfungen

(1) Maßnahmen der beruflichen Umschulung müssen nach Inhalt, Art, Ziel und Dauer den besonderen Erfordernissen der beruflichen Erwachsenenbildung entsprechen.
(2) Umschulende haben die Durchführung der beruflichen Umschulung vor Beginn der Maßnahme der zuständigen Stelle schriftlich oder elektronisch anzuzeigen. Die Anzeigepflicht erstreckt sich auf den wesentlichen Inhalt des Umschulungsverhältnisses. Bei Abschluss eines Umschulungsvertrages ist eine Kopie des Umschulungsvertrages beizufügen.
(3) Für die Durchführung von Prüfungen im Bereich der beruflichen Umschulung errichtet die zuständige Stelle Prüfungsausschüsse. § 37 Absatz 2 und 3 sowie § 39 Absatz 2 und die §§ 40 bis 42a, 46 und 47 gelten entsprechend.
(4) Der Prüfling ist auf Antrag von der Ablegung einzelner Prüfungsbestandteile durch die zuständige Stelle zu befreien, wenn er eine andere vergleichbare Prüfung vor einer öffentlichen oder staatlich anerkannten Bildungseinrichtung oder vor einem staatlichen Prüfungsausschuss erfolgreich abgelegt hat und die Anmeldung zur Umschulungsprüfung innerhalb von zehn Jahren nach der Bekanntgabe des Bestehens der anderen Prüfung erfolgt.

§ 63 Gleichstellung von Prüfungszeugnissen

Das Bundesministerium für Wirtschaft und Klimaschutz oder das sonst zuständige Fachministerium kann im Einvernehmen mit dem Bundesministerium für Bildung und Forschung nach Anhörung des Hauptausschusses des Bundesinstituts für Berufsbildung durch Rechtsverordnung außerhalb des Anwendungsbereichs dieses Gesetzes oder im Ausland erworbene Prüfungszeugnisse den entsprechenden Zeugnissen über das Bestehen einer Umschulungsprüfung auf der Grundlage der §§ 58 und 59 gleichstellen, wenn die in der Prüfung nachzuweisenden beruflichen Fertigkeiten, Kenntnisse und Fähigkeiten gleichwertig sind.

Kapitel 4
Berufsbildung für besondere Personengruppen

Abschnitt 1
Berufsbildung behinderter Menschen

§ 64 Berufsausbildung

Behinderte Menschen (§ 2 Abs. 1 Satz 1 des Neunten Buches Sozialgesetzbuch) sollen in anerkannten Ausbildungsberufen ausgebildet werden.

§ 65 Berufsausbildung in anerkannten Ausbildungsberufen

(1) Regelungen nach den §§ 9 und 47 sollen die besonderen Verhältnisse behinderter Menschen berücksichtigen. Dies gilt insbesondere für die zeitliche und sachliche Gliederung der Ausbildung, die Dauer von Prüfungszeiten, die Zulassung von Hilfsmitteln

und die Inanspruchnahme von Hilfeleistungen Dritter wie Gebärdensprachdolmetscher für hörbehinderte Menschen.

(2) Der Berufsausbildungsvertrag mit einem behinderten Menschen ist in das Verzeichnis der Berufsausbildungsverhältnisse (§ 34) einzutragen. Der behinderte Mensch ist zur Abschlussprüfung auch zuzulassen, wenn die Voraussetzungen des § 43 Abs. 1 Nr. 2 und 3 nicht vorliegen.

§ 66 Ausbildungsregelungen der zuständigen Stellen

(1) Für behinderte Menschen, für die wegen Art und Schwere ihrer Behinderung eine Ausbildung in einem anerkannten Ausbildungsberuf nicht in Betracht kommt, treffen die zuständigen Stellen auf Antrag der behinderten Menschen oder ihrer gesetzlichen Vertreter oder Vertreterinnen Ausbildungsregelungen entsprechend den Empfehlungen des Hauptausschusses des Bundesinstituts für Berufsbildung. Die Ausbildungsinhalte sollen unter Berücksichtigung von Lage und Entwicklung des allgemeinen Arbeitsmarktes aus den Inhalten anerkannter Ausbildungsberufe entwickelt werden. Im Antrag nach Satz 1 ist eine Ausbildungsmöglichkeit in dem angestrebten Ausbildungsgang nachzuweisen.

(2) § 65 Abs. 2 Satz 1 gilt entsprechend.

§ 67 Berufliche Fortbildung, berufliche Umschulung

Für die berufliche Fortbildung und die berufliche Umschulung behinderter Menschen gelten die §§ 64 bis 66 entsprechend, soweit es Art und Schwere der Behinderung erfordern.

Abschnitt 2
Berufsausbildungsvorbereitung

§ 68 Personenkreis und Anforderungen

(1) Die Berufsausbildungsvorbereitung richtet sich an lernbeeinträchtigte oder sozial benachteiligte Personen, deren Entwicklungsstand eine erfolgreiche Ausbildung in einem anerkannten Ausbildungsberuf noch nicht erwarten lässt. Sie muss nach Inhalt, Art, Ziel und Dauer den besonderen Erfordernissen des in Satz 1 genannten Personenkreises entsprechen und durch umfassende sozialpädagogische Betreuung und Unterstützung begleitet werden.

(2) Für die Berufsausbildungsvorbereitung, die nicht im Rahmen des Dritten Buches Sozialgesetzbuch oder anderer vergleichbarer, öffentlich geförderter Maßnahmen durchgeführt wird, gelten die §§ 27 bis 33 entsprechend.

§ 69 Qualifizierungsbausteine, Bescheinigung

(1) Die Vermittlung von Grundlagen für den Erwerb beruflicher Handlungsfähigkeit (§ 1 Abs. 2) kann insbesondere durch inhaltlich und zeitlich abgegrenzte Lerneinheiten erfolgen, die aus den Inhalten anerkannter Ausbildungsberufe entwickelt werden (Qualifizierungsbausteine).

(2) Über vermittelte Grundlagen für den Erwerb beruflicher Handlungsfähigkeit stellt der Anbieter der Berufsausbildungsvorbereitung eine Bescheinigung aus. Das Nähere regelt das Bundesministerium für Bildung und Forschung im Einvernehmen mit den für den Erlass von Ausbildungsordnungen zuständigen Fachministerien nach Anhörung des Hauptausschusses des Bundesinstituts für Berufsbildung durch Rechtsverordnung, die nicht der Zustimmung des Bundesrates bedarf.

§ 70 Überwachung, Beratung

(1) Die nach Landesrecht zuständige Behörde hat die Berufsausbildungsvorbereitung zu untersagen, wenn die Voraussetzungen des § 68 Abs. 1 nicht vorliegen.
(2) Der Anbieter hat die Durchführung von Maßnahmen der Berufsausbildungsvorbereitung vor Beginn der Maßnahme der zuständigen Stelle schriftlich oder elektronisch anzuzeigen. Die Anzeigepflicht erstreckt sich auf den wesentlichen Inhalt des Qualifizierungsvertrages.
(3) Die Absätze 1 und 2 sowie § 76 finden keine Anwendung, soweit die Berufsausbildungsvorbereitung im Rahmen des Dritten Buches Sozialgesetzbuch oder anderer vergleichbarer, öffentlich geförderter Maßnahmen durchgeführt wird.

Teil 3
Organisation der Berufsbildung

Kapitel 1
Zuständige Stellen; zuständige Behörden

Abschnitt 1
Bestimmung der zuständigen Stelle

§ 71 Zuständige Stellen

(1) Für die Berufsbildung in Berufen der Handwerksordnung ist die Handwerkskammer zuständige Stelle im Sinne dieses Gesetzes.
(2) Für die Berufsbildung in nichthandwerklichen Gewerbeberufen ist die Industrie- und Handelskammer zuständige Stelle im Sinne dieses Gesetzes.
(3) Für die Berufsbildung in Berufen der Landwirtschaft, einschließlich der ländlichen Hauswirtschaft, ist die Landwirtschaftskammer zuständige Stelle im Sinne dieses Gesetzes.
(4) Für die Berufsbildung der Fachangestellten im Bereich der Rechtspflege sind jeweils für ihren Bereich die Rechtsanwalts-, Patentanwalts- und Notarkammern und für ihren Tätigkeitsbereich die Notarkassen zuständige Stelle im Sinne dieses Gesetzes.
(5) Für die Berufsbildung der Fachangestellten im Bereich der Wirtschaftsprüfung und Steuerberatung sind jeweils für ihren Bereich die Wirtschaftsprüferkammern und die Steuerberaterkammern zuständige Stelle im Sinne dieses Gesetzes.
(6) Für die Berufsbildung der Fachangestellten im Bereich der Gesundheitsdienstberufe sind jeweils für ihren Bereich die Ärzte-, Zahnärzte-, Tierärzte- und Apothekerkammern zuständige Stelle im Sinne dieses Gesetzes.
(7) Soweit die Berufsausbildungsvorbereitung, die Berufsausbildung und die berufliche Umschulung in Betrieben zulassungspflichtiger Handwerke, zulassungsfreier Handwerke und handwerksähnlicher Gewerbe durchgeführt wird, ist abweichend von den Absätzen 2 bis 6 die Handwerkskammer zuständige Stelle im Sinne dieses Gesetzes.
(8) Soweit Kammern für einzelne Berufsbereiche der Absätze 1 bis 6 nicht bestehen, bestimmt das Land die zuständige Stelle.
(9) Zuständige Stellen können vereinbaren, dass die ihnen jeweils durch Gesetz zugewiesenen Aufgaben im Bereich der Berufsbildung durch eine von ihnen für die Beteiligten wahrgenommen werden. Die Vereinbarung bedarf der Genehmigung durch die zuständigen obersten Bundes- oder Landesbehörden.

§ 72 Bestimmung durch Rechtsverordnung

Das zuständige Fachministerium kann im Einvernehmen mit dem Bundesministerium für Bildung und Forschung durch Rechtsverordnung mit Zustimmung des Bundesrates für Berufsbereiche, die durch § 71 nicht geregelt sind, die zuständige Stelle bestimmen.

§ 73 Zuständige Stellen im Bereich des öffentlichen Dienstes

(1) Im öffentlichen Dienst bestimmt für den Bund die oberste Bundesbehörde für ihren Geschäftsbereich die zuständige Stelle

1. in den Fällen der §§ 32, 33 und 76 sowie der §§ 23, 24 und 41a der Handwerksordnung,
2. für die Berufsbildung in anderen als den durch die §§ 71 und 72 erfassten Berufsbereichen;

dies gilt auch für die der Aufsicht des Bundes unterstehenden Körperschaften, Anstalten und Stiftungen des öffentlichen Rechts.

(2) Im öffentlichen Dienst bestimmen die Länder für ihren Bereich sowie für die Gemeinden und Gemeindeverbände die zuständige Stelle für die Berufsbildung in anderen als den durch die §§ 71 und 72 erfassten Berufsbereichen. Dies gilt auch für die der Aufsicht der Länder unterstehenden Körperschaften, Anstalten und Stiftungen des öffentlichen Rechts.

(3) § 71 Absatz 9 gilt entsprechend.

§ 74 Erweiterte Zuständigkeit

§ 73 gilt entsprechend für Ausbildungsberufe, in denen im Bereich der Kirchen und sonstigen Religionsgemeinschaften des öffentlichen Rechts oder außerhalb des öffentlichen Dienstes nach Ausbildungsordnungen des öffentlichen Dienstes ausgebildet wird.

§ 75 Zuständige Stellen im Bereich der Kirchen und sonstigen Religionsgemeinschaften des öffentlichen Rechts

Die Kirchen und sonstigen Religionsgemeinschaften des öffentlichen Rechts bestimmen für ihren Bereich die zuständige Stelle für die Berufsbildung in anderen als den durch die §§ 71, 72 und 74 erfassten Berufsbereichen. Die §§ 77 bis 80 finden keine Anwendung.

§ 75a Zuständige Stellen bei mehreren betroffenen Berufsbereichen und Bereichen

Erfolgt in den Fällen des § 4 Absatz 2 die Festlegung einer gemeinsamen zuständigen Stelle nach § 5 Absatz 3 Satz 2, geht § 71 Absatz 7 der Festlegung vor. Erfolgt keine Festlegung, bestimmt sich die zuständige Stelle nach der Zugehörigkeit des ausbildenden Lernorts der betrieblichen Berufsbildung zu einem Berufsbereich oder Bereich entsprechend den §§ 71 bis 75. Die Sätze 1 und 2 gelten bei Umschulungsordnungen entsprechend, soweit ein umschulender Lernort der betrieblichen Berufsbildung besteht. Fehlt ein umschulender Lernort der betrieblichen Berufsbildung, haben die Umzuschulenden die Wahl unter den zuständigen Stellen, die die jeweilige Umschulungsprüfung anbieten. Erfolgt bei Fortbildungsordnungen in den Fällen des § 53 Absatz 4 und des § 53e Absatz 4 keine Festlegung einer gemeinsamen zuständigen Stelle, haben die Fortzubildenden die Wahl unter den zuständigen Stellen, die die jeweilige Fortbildungsprüfung anbieten.

§ 75b Zuständige Stelle bei der Feststellung nach § 1 Absatz 6

Die Vorschriften dieses Abschnitts gelten bei der Feststellung der individuellen beruflichen Handlungsfähigkeit am Maßstab eines anerkannten Ausbildungsberufs nach § 1 Absatz 6 entsprechend.

Abschnitt 2
Überwachung der Berufsbildung

§ 76 Überwachung, Beratung

(1) Die zuständige Stelle überwacht die Durchführung
1. der Berufsausbildungsvorbereitung,
2. der Berufsausbildung und
3. der beruflichen Umschulung

und fördert diese durch Beratung der an der Berufsbildung beteiligten Personen. Sie hat zu diesem Zweck Berater oder Beraterinnen zu bestellen. Die Bestellung von Beratern und Beraterinnen ist hauptberuflich, nebenberuflich oder ehrenamtlich möglich. Erfolgt die Bestellung ehrenamtlich, ist für bare Auslagen und für Zeitversäumnis, soweit eine Entschädigung von anderer Seite nicht gewährt wird, eine angemessene Entschädigung zu zahlen, deren Höhe von der zuständigen Stelle mit Genehmigung der obersten Landesbehörde festgesetzt wird.

(2) Ausbildende, Umschulende und Anbieter von Maßnahmen der Berufsausbildungsvorbereitung sind auf Verlangen verpflichtet, die für die Überwachung notwendigen Auskünfte zu erteilen und Unterlagen vorzulegen sowie die Besichtigung der Ausbildungsstätten zu gestatten.

(3) Die Durchführung von Auslandsaufenthalten nach § 2 Abs. 3 überwacht und fördert die zuständige Stelle in geeigneter Weise. Beträgt die Dauer eines Ausbildungsabschnitts im Ausland mehr als acht Wochen, ist hierfür ein mit der zuständigen Stelle abgestimmter Plan erforderlich.

(4) Auskunftspflichtige können die Auskunft auf solche Fragen verweigern, deren Beantwortung sie selbst oder einen der in § 52 der Strafprozessordnung bezeichneten Angehörigen der Gefahr strafgerichtlicher Verfolgung oder eines Verfahrens nach dem Gesetz über Ordnungswidrigkeiten aussetzen würde.

(5) Die zuständige Stelle teilt der Aufsichtsbehörde nach dem Jugendarbeitsschutzgesetz Wahrnehmungen mit, die für die Durchführung des Jugendarbeitsschutzgesetzes von Bedeutung sein können.

Abschnitt 3
Berufsbildungsausschuss der zuständigen Stelle

§ 77 Errichtung

(1) Die zuständige Stelle errichtet einen Berufsbildungsausschuss. Ihm gehören sechs Beauftragte der Arbeitgeber, sechs Beauftragte der Arbeitnehmer und sechs Lehrkräfte an berufsbildenden Schulen an, die Lehrkräfte mit beratender Stimme.

(2) Die Beauftragten der Arbeitgeber werden auf Vorschlag der zuständigen Stelle, die Beauftragten der Arbeitnehmer auf Vorschlag der im Bezirk der zuständigen Stelle bestehenden Gewerkschaften und selbständigen Vereinigungen von Arbeitnehmern mit sozial- oder berufspolitischer Zwecksetzung, die Lehrkräfte an berufsbildenden Schulen von der nach Landesrecht zuständigen Behörde längstens für vier Jahre als Mitglieder berufen.

(3) Die Tätigkeit im Berufsbildungsausschuss ist ehrenamtlich. Für bare Auslagen und für Zeitversäumnis ist, soweit eine Entschädigung nicht von anderer Seite gewährt wird, eine angemessene Entschädigung zu zahlen, deren Höhe von der zuständigen Stelle mit Genehmigung der obersten Landesbehörde festgesetzt wird.

(4) Die Mitglieder können nach Anhören der an ihrer Berufung Beteiligten aus wichtigem Grund abberufen werden.

(5) Die Mitglieder haben Stellvertreter oder Stellvertreterinnen. Die Absätze 1 bis 4 gelten für die Stellvertreter und Stellvertreterinnen entsprechend.

(6) Der Berufsbildungsausschuss wählt ein Mitglied, das den Vorsitz führt, und ein weiteres Mitglied, das den Vorsitz stellvertretend übernimmt. Der Vorsitz und seine Stellvertretung sollen nicht derselben Mitgliedergruppe angehören.

§ 78 Beschlussfähigkeit, Abstimmung

(1) Der Berufsbildungsausschuss ist beschlussfähig, wenn mehr als die Hälfte seiner stimmberechtigten Mitglieder anwesend ist. Er beschließt mit der Mehrheit der abgegebenen Stimmen.

(2) Zur Wirksamkeit eines Beschlusses ist es erforderlich, dass der Gegenstand bei der Einberufung des Ausschusses bezeichnet ist, es sei denn, dass er mit Zustimmung von zwei Dritteln der stimmberechtigten Mitglieder nachträglich auf die Tagesordnung gesetzt wird.

§ 79 Aufgaben

(1) Der Berufsbildungsausschuss ist in allen wichtigen Angelegenheiten der beruflichen Bildung zu unterrichten und zu hören. Er hat im Rahmen seiner Aufgaben auf eine stetige Entwicklung der Qualität der beruflichen Bildung hinzuwirken.

(2) Wichtige Angelegenheiten, in denen der Berufsbildungsausschuss anzuhören ist, sind insbesondere:

1. Erlass von Verwaltungsgrundsätzen über die Eignung von Ausbildungs- und Umschulungsstätten, für das Führen von Ausbildungsnachweisen nach § 13 Satz 2 Nummer 7, für die Verkürzung der Ausbildungsdauer, für die vorzeitige Zulassung zur Abschlussprüfung, für die Durchführung der Prüfungen, zur Durchführung von über- und außerbetrieblicher Ausbildung sowie Verwaltungsrichtlinien zur beruflichen Bildung,
2. Umsetzung der vom Landesausschuss für Berufsbildung empfohlenen Maßnahmen,

3. wesentliche inhaltliche Änderungen des Ausbildungsvertragsmusters.

(3) Wichtige Angelegenheiten, in denen der Berufsbildungsausschuss zu unterrichten ist, sind insbesondere:

1. Zahl und Art der der zuständigen Stelle angezeigten Maßnahmen der Berufsausbildungsvorbereitung und beruflichen Umschulung sowie der eingetragenen Berufsausbildungsverhältnisse,
2. Zahl und Ergebnisse von durchgeführten Prüfungen sowie hierbei gewonnene Erfahrungen,
3. Tätigkeit der Berater und Beraterinnen nach § 76 Absatz 1 Satz 2,
4. für den räumlichen und fachlichen Zuständigkeitsbereich der zuständigen Stelle neue Formen, Inhalte und Methoden der Berufsbildung,
5. Stellungnahmen oder Vorschläge der zuständigen Stelle gegenüber anderen Stellen und Behörden, soweit sie sich auf die Durchführung dieses Gesetzes oder der auf Grund dieses Gesetzes erlassenen Rechtsvorschriften beziehen,
6. Bau eigener überbetrieblicher Berufsbildungsstätten,
7. Beschlüsse nach Absatz 5 sowie beschlossene Haushaltsansätze zur Durchführung der Berufsbildung mit Ausnahme der Personalkosten,
8. Verfahren zur Beilegung von Streitigkeiten aus Ausbildungsverhältnissen,
9. Arbeitsmarktfragen, soweit sie die Berufsbildung im Zuständigkeitsbereich der zuständigen Stelle berühren.

(4) Der Berufsbildungsausschuss hat die auf Grund dieses Gesetzes von der zuständigen Stelle zu erlassenden Rechtsvorschriften für die Durchführung der Berufsbildung zu beschließen. Gegen Beschlüsse, die gegen Gesetz oder Satzung verstoßen, kann die zur Vertretung der zuständigen Stelle berechtigte Person innerhalb einer Woche Einspruch einlegen. Der Einspruch ist zu begründen und hat aufschiebende Wirkung. Der Berufsbildungsausschuss hat seinen Beschluss zu überprüfen und erneut zu beschließen.

(5) Beschlüsse, zu deren Durchführung die für Berufsbildung im laufenden Haushalt vorgesehenen Mittel nicht ausreichen, bedürfen für ihre Wirksamkeit der Zustimmung der für den Haushaltsplan zuständigen Organe. Das Gleiche gilt für Beschlüsse, zu deren Durchführung in folgenden Haushaltsjahren Mittel bereitgestellt werden müssen, die die Ausgaben für Berufsbildung des laufenden Haushalts nicht unwesentlich übersteigen.

(6) Abweichend von § 77 Absatz 1 haben die Lehrkräfte Stimmrecht bei Beschlüssen zu Angelegenheiten der Berufsausbildungsvorbereitung und Berufsausbildung, soweit sich die Beschlüsse unmittelbar auf die Organisation der schulischen Berufsbildung auswirken.

§ 80 Geschäftsordnung

Der Berufsbildungsausschuss gibt sich eine Geschäftsordnung. Sie kann die Bildung von Unterausschüssen vorsehen und bestimmen, dass ihnen nicht nur Mitglieder des Ausschusses angehören. Für die Unterausschüsse gelten § 77 Absatz 2 bis 6 und § 78 entsprechend.

Abschnitt 4
Zuständige Behörden

§ 81 Zuständige Behörden

(1) Im Bereich des Bundes ist die oberste Bundesbehörde oder die von ihr bestimmte Behörde die zuständige Behörde im Sinne des § 30 Absatz 6, der §§ 32, 33, 40 Absatz 6, des § 76 Absatz 1 und des § 77 Absatz 2 und 3.
(2) Ist eine oberste Bundesbehörde oder eine oberste Landesbehörde zuständige Stelle im Sinne dieses Gesetzes, so bedarf es im Fall des § 40 Absatz 6, des § 76 Absatz 1 und des § 77 Absatz 3 keiner Genehmigung.

Kapitel 2
Landesausschüsse für Berufsbildung

§ 82 Errichtung, Geschäftsordnung, Abstimmung

(1) Bei der Landesregierung wird ein Landesausschuss für Berufsbildung errichtet. Er setzt sich zusammen aus einer gleichen Zahl von Beauftragten der Arbeitgeber, der Arbeitnehmer und der obersten Landesbehörden. Die Hälfte der Beauftragten der obersten Landesbehörden muss in Fragen des Schulwesens sachverständig sein.
(2) Die Mitglieder des Landesausschusses werden längstens für vier Jahre von der Landesregierung oder der von ihr bestimmten obersten Landesbehörde berufen, die Beauftragten der Arbeitgeber auf Vorschlag der auf Landesebene bestehenden Zusammenschlüsse der Kammern, der Arbeitgeberverbände und der Unternehmerverbände, die Beauftragten der Arbeitnehmer auf Vorschlag der auf Landesebene bestehenden Gewerkschaften und selbständigen Vereinigungen von Arbeitnehmern mit sozial- oder berufspolitischer Zwecksetzung. Die Tätigkeit im Landesausschuss ist ehrenamtlich. Für bare Auslagen und für Zeitversäumnis ist, soweit eine Entschädigung nicht von anderer Seite gewährt wird, eine angemessene Entschädigung zu zahlen, deren Höhe von der Landesregierung oder der von ihr bestimmten obersten Landesbehörde festgesetzt wird. Die Mitglieder können nach Anhören der an ihrer Berufung Beteiligten aus wichtigem Grund abberufen werden. Der Ausschuss wählt ein Mitglied, das den Vorsitz führt, und ein weiteres Mitglied, das den Vorsitz stellvertretend übernimmt. Der Vorsitz und seine Stellvertretung sollen nicht derselben Mitgliedergruppe angehören.
(3) Die Mitglieder haben Stellvertreter oder Stellvertreterinnen. Die Absätze 1 und 2 gelten für die Stellvertreter und Stellvertreterinnen entsprechend.
(4) Der Landesausschuss gibt sich eine Geschäftsordnung, die der Genehmigung der Landesregierung oder der von ihr bestimmten obersten Landesbehörde bedarf. Sie kann die Bildung von Unterausschüssen vorsehen und bestimmen, dass ihnen nicht nur Mitglieder des Landesausschusses angehören. Absatz 2 Satz 2 gilt für die Unterausschüsse hinsichtlich der Entschädigung entsprechend. An den Sitzungen des Landesausschusses und der Unterausschüsse können Vertreter der beteiligten obersten Landesbehörden, der Gemeinden und Gemeindeverbände sowie der Agentur für Arbeit teilnehmen.
(5) Der Landesausschuss ist beschlussfähig, wenn mehr als die Hälfte seiner Mitglieder anwesend ist. Er beschließt mit der Mehrheit der abgegebenen Stimmen.

§ 83 Aufgaben

(1) Der Landesausschuss hat die Landesregierung in den Fragen der Berufsbildung zu beraten, die sich für das Land ergeben. Er hat im Rahmen seiner Aufgaben auf eine stetige Entwicklung der Qualität der beruflichen Bildung hinzuwirken.

(2) Er hat insbesondere im Interesse einer einheitlichen Berufsbildung auf eine Zusammenarbeit zwischen der schulischen Berufsbildung und der Berufsbildung nach diesem Gesetz sowie auf eine Berücksichtigung der Berufsbildung bei der Neuordnung und Weiterentwicklung des Schulwesens hinzuwirken. Der Landesausschuss kann zur Stärkung der regionalen Ausbildungs- und Beschäftigungssituation Empfehlungen zur inhaltlichen und organisatorischen Abstimmung und zur Verbesserung der Ausbildungsangebote aussprechen.

Teil 4
Berufsbildungsforschung, Planung und Statistik

§ 84 Ziele der Berufsbildungsforschung

Die Berufsbildungsforschung soll
1. Grundlagen der Berufsbildung klären,
2. inländische, europäische und internationale Entwicklungen in der Berufsbildung beobachten,
3. Anforderungen an Inhalte und Ziele der Berufsbildung ermitteln,
4. Weiterentwicklungen der Berufsbildung in Hinblick auf gewandelte wirtschaftliche, gesellschaftliche und technische Erfordernisse vorbereiten,
5. Instrumente und Verfahren der Vermittlung von Berufsbildung sowie den Wissens- und Technologietransfer fördern.

§ 85 Ziele der Berufsbildungsplanung

(1) Durch die Berufsbildungsplanung sind Grundlagen für eine abgestimmte und den technischen, wirtschaftlichen und gesellschaftlichen Anforderungen entsprechende Entwicklung der beruflichen Bildung zu schaffen.
(2) Die Berufsbildungsplanung hat insbesondere dazu beizutragen, dass die Ausbildungsstätten nach Art, Zahl, Größe und Standort ein qualitativ und quantitativ ausreichendes Angebot an beruflichen Ausbildungsplätzen gewährleisten und dass sie unter Berücksichtigung der voraussehbaren Nachfrage und des langfristig zu erwartenden Bedarfs an Ausbildungsplätzen möglichst günstig genutzt werden.

§ 86 Berufsbildungsbericht

(1) Das Bundesministerium für Bildung und Forschung hat Entwicklungen in der beruflichen Bildung ständig zu beobachten und darüber bis zum 15. Mai jeden Jahres der Bundesregierung einen Bericht (Berufsbildungsbericht) vorzulegen. In dem Bericht sind Stand und voraussichtliche Weiterentwicklungen der Berufsbildung darzustellen. Erscheint die Sicherung eines regional und sektoral ausgewogenen Angebots an Ausbildungsplätzen als gefährdet, sollen in den Bericht Vorschläge für die Behebung aufgenommen werden.
(2) Der Bericht soll angeben
1. für das vergangene Kalenderjahr
   a) auf der Grundlage von Angaben der zuständigen Stellen die in das Verzeichnis der Berufsausbildungsverhältnisse nach diesem Gesetz oder der Handwerksordnung eingetragenen Berufsausbildungsverträge, die vor dem 1. Oktober des vergangenen Jahres in den vorangegangenen zwölf Monaten abgeschlossen worden sind und am 30. September des vergangenen Jahres noch bestehen, sowie
   b) die Zahl der am 30. September des vergangenen Jahres nicht besetzten, der Bundesagentur für Arbeit zur Vermittlung angebotenen Ausbildungsplätze und die Zahl der zu diesem Zeitpunkt bei der Bundesagentur für Arbeit gemeldeten Ausbildungsplätze suchenden Personen;

2. für das laufende Kalenderjahr
   a) die bis zum 30. September des laufenden Jahres zu erwartende Zahl der Ausbildungsplätze suchenden Personen,
   b) eine Einschätzung des bis zum 30. September des laufenden Jahres zu erwartenden Angebots an Ausbildungsplätzen.

§ 87 Zweck und Durchführung der Berufsbildungsstatistik

(1) Für Zwecke der Planung und Ordnung der Berufsbildung wird eine Bundesstatistik durchgeführt.
(2) Das Bundesinstitut für Berufsbildung und die Bundesagentur für Arbeit unterstützen das Statistische Bundesamt bei der technischen und methodischen Vorbereitung der Statistik.
(3) Das Erhebungs- und Aufbereitungsprogramm ist im Benehmen mit dem Bundesinstitut für Berufsbildung so zu gestalten, dass die erhobenen Daten für Zwecke der Planung und Ordnung der Berufsbildung im Rahmen der jeweiligen Zuständigkeiten Verwendung finden können.

§ 88 Erhebungen

(1) Die jährliche Bundesstatistik erfasst
1. für jeden Berufsausbildungsvertrag:
   a) Geschlecht, Geburtsjahr, Staatsangehörigkeit der Auszubildenden,
   b) Amtlicher Gemeindeschlüssel des Wohnortes der Auszubildenden bei Vertragsabschluss,
   c) allgemeinbildender Schulabschluss, vorausgegangene Teilnahme an berufs-vorbereitender Qualifizierung oder beruflicher Grundbildung, vorherige Berufsausbildung sowie vorheriges Studium der Auszubildenden,
   d) Ausbildungsberuf einschließlich Fachrichtung,
   e) Amtlicher Gemeindeschlüssel und geografische Gitterzelle der Ausbildungsstätte, Wirtschaftszweig, Zugehörigkeit zum öffentlichen Dienst,
   f) Verkürzung der Ausbildungsdauer, Teilzeitberufsausbildung, Dauer der Probezeit,
   g) die bei Vertragsabschluss vereinbarte Vergütung für jedes Ausbildungsjahr,
   h) Tag, Monat und Jahr des vertraglich vereinbarten Beginns und Endes der aktuellen Ausbildung, Tag, Monat und Jahr einer vorzeitigen Auflösung des Berufsausbildungsverhältnisses,
   i) Anschlussvertrag bei Anrechnung einer zuvor absolvierten dualen Berufsausbildung nach diesem Gesetz oder nach der Handwerksordnung mit Angabe des Ausbildungsberufs,
   j) Art der Förderung bei überwiegend öffentlich, insbesondere auf Grund des Dritten Buches Sozialgesetzbuch geförderten Berufsausbildungsverhältnissen,
   k) Tag, Monat und Jahr der Abschlussprüfung, Art der Zulassung zur Prüfung, Tag, Monat und Jahr der Wiederholungsprüfungen, Prüfungserfolg,
   l) ausbildungsintegrierendes duales Studium,
2. für jede Prüfungsteilnahme in der beruflichen Bildung mit Ausnahme der durch Nummer 1 erfassten Ausbildungsverträge: Geschlecht, Geburtsjahr und Vorbildung der Teilnehmenden, Berufsrichtung, Wiederholungsprüfung, Art der Prüfung, Prüfungserfolg,

3. für jeden Ausbilder und jede Ausbilderin: Geschlecht, Geburtsjahr, Art der fachlichen Eignung,
4. für jede Feststellungsverfahrensteilnahme und jede Ergänzungsverfahrensteilnahme zur Feststellung nach § 1 Absatz 6 gesondert: Geschlecht, Geburtsjahr und Vorbildung der Teilnehmenden, Referenzberuf, Wiederholungsverfahren, Feststellungsergebnis sowie Dauer und Kosten des Verfahrens.

Der Berichtszeitraum für die Erhebungen ist das Kalenderjahr. Die Angaben werden mit dem Datenstand zum 31. Dezember des Berichtszeitraums erhoben.

(2) Hilfsmerkmale sind Name und Anschrift der Auskunftspflichtigen, die laufenden Nummern der Datensätze zu den Auszubildenden, den Prüfungsteilnehmenden und den Ausbildern und Ausbilderinnen sowie die Betriebsnummer der Ausbildungsstätte nach § 18i Absatz 1 oder § 18k Absatz 1 des Vierten Buches Sozialgesetzbuch. Die Hilfsmerkmale sind zum frühestmöglichen Zeitpunkt, spätestens jedoch nach Abschluss der wiederkehrenden Erhebung, zu löschen. Die Merkmale nach Absatz 1 Satz 1 Nummer 1 Buchstabe e Wirtschaftszweig, Amtlicher Gemeindeschlüssel und geografische Gitterzelle dürfen mittels des Hilfsmerkmals Betriebsnummer der Ausbildungsstätte nach § 18i Absatz 1 oder § 18k Absatz 1 des Vierten Buches Sozialgesetzbuch aus den Daten des Statistikregisters nach § 13 Absatz 1 des Bundesstatistikgesetzes ermittelt werden und mit den Daten nach Absatz 1 Satz 1 und nach Absatz 2 Satz 1 zusammengeführt werden.

(3) Auskunftspflichtig sind die zuständigen Stellen.

(4) Zu Zwecken der Erstellung der Berufsbildungsberichterstattung sowie zur Durchführung der Berufsbildungsforschung nach § 84 werden die nach Absatz 1 Satz 1 erhobenen Daten als Einzelangaben vom Statistischen Bundesamt und von den statistischen Ämtern der Länder verarbeitet und an das Bundesinstitut für Berufsbildung übermittelt. Hierzu wird beim Bundesinstitut für Berufsbildung eine Organisationseinheit eingerichtet, die räumlich, organisatorisch und personell von den anderen Aufgabenbereichen des Bundesinstituts für Berufsbildung zu trennen ist. Die in der Organisationseinheit tätigen Personen müssen Amtsträger oder für den öffentlichen Dienst besonders Verpflichtete sein. Sie dürfen aus ihrer Tätigkeit gewonnene Erkenntnisse nur zur Erstellung des Berufsbildungsberichts sowie zur Durchführung der Berufsbildungsforschung verwenden. Die nach Satz 1 übermittelten Daten dürfen nicht mit anderen personenbezogenen Daten zusammengeführt werden. Das Nähere zur Ausführung der Sätze 2 und 3 regelt das Bundesministerium für Bildung und Forschung durch Erlass.

Teil 5 Bundesinstitut für Berufsbildung

§ 89 Bundesinstitut für Berufsbildung

Das Bundesinstitut für Berufsbildung ist eine bundesunmittelbare rechtsfähige Anstalt des öffentlichen Rechts. Es hat seinen Sitz in Bonn.

§ 90 Aufgaben

(1) Das Bundesinstitut für Berufsbildung führt seine Aufgaben im Rahmen der Bildungspolitik der Bundesregierung durch.

(2) Das Bundesinstitut für Berufsbildung hat die Aufgabe, durch wissenschaftliche Forschung zur Berufsbildungsforschung beizutragen. Die Forschung wird auf der Grundlage eines jährlichen Forschungsprogramms durchgeführt; das Forschungsprogramm bedarf der Genehmigung des Bundesministeriums für Bildung und Forschung. Weitere Forschungsaufgaben können dem Bundesinstitut für Berufsbildung von obersten Bundesbehörden im Einvernehmen mit dem Bundesministerium für Bildung und Forschung übertragen werden. Die wesentlichen Ergebnisse der Forschungsarbeit des Bundesinstituts für Berufsbildung sind zu veröffentlichen.

(3) Das Bundesinstitut für Berufsbildung hat die sonstigen Aufgaben:

1. nach Weisung des zuständigen Bundesministeriums
   a) an der Vorbereitung von Ausbildungsordnungen und sonstigen Rechtsverordnungen, die nach diesem Gesetz oder nach dem zweiten Teil der Handwerksordnung zu erlassen sind, mitzuwirken,
   b) an der Vorbereitung des Berufsbildungsberichts mitzuwirken,
   c) an der Durchführung der Berufsbildungsstatistik nach Maßgabe des § 87 mitzuwirken,
   d) Modellversuche einschließlich wissenschaftlicher Begleituntersuchungen zu fördern,
   e) an der internationalen Zusammenarbeit in der beruflichen Bildung mitzuwirken,
   f) weitere Verwaltungsaufgaben des Bundes zur Förderung der Berufsbildung zu übernehmen;
2. nach allgemeinen Verwaltungsvorschriften des zuständigen Bundesministeriums die Förderung überbetrieblicher Berufsbildungsstätten durchzuführen und die Planung, Errichtung und Weiterentwicklung dieser Einrichtungen zu unterstützen;
3. das Verzeichnis der anerkannten Ausbildungsberufe zu führen und zu veröffentlichen;
4. die im Fernunterrichtsschutzgesetz beschriebenen Aufgaben nach den vom Hauptausschuss erlassenen und vom zuständigen Bundesministerium genehmigten Richtlinien wahrzunehmen und durch Förderung von Entwicklungsvorhaben zur Verbesserung und Ausbau des berufsbildenden Fernunterrichts beizutragen.

(3a) Das Bundesinstitut für Berufsbildung nimmt die Aufgaben nach § 53 Absatz 5 Satz 1 und § 54 des Pflegeberufegesetzes wahr.

(3b) Das Bundesinstitut für Berufsbildung nimmt die Aufgaben nach § 20a Absatz 4 Satz 5 des Aufenthaltsgesetzes und nach § 6 Absatz 1 Satz 5 der Verordnung über die Beschäftigung von Ausländerinnen und Ausländern wahr. Dabei hat das Bundesinstitut für Berufsbildung zu prüfen, ob die Ausbildung die Anforderungen des Berufsbildungsgesetzes erfüllt und zum Erwerb der beruflichen Handlungsfähigkeit geeignet ist. Das Bundesinstitut für Berufsbildung veröffentlicht auf seiner Internetseite regelmäßig eine Liste der Ausbildungen, für die eine entsprechende Bestätigung erteilt wurde.

(4) Das Bundesinstitut für Berufsbildung kann mit Zustimmung des Bundesministeriums für Bildung und Forschung mit Stellen außerhalb der Bundesverwaltung Verträge zur Übernahme weiterer Aufgaben schließen. Dies gilt für die Begutachtung von Fortbildungsprüfungsregelungen der zuständigen Stellen, ob die Voraussetzungen der gesetzlichen Bestimmungen, die nach § 54 Absatz 3 Satz 1 dieses Gesetzes oder § 42f Absatz 3 Satz 1 der Handwerksordnung zu prüfen sind, vorliegen, mit der Maßgabe, dass es einer Zustimmung des Bundesministeriums für Bildung und Forschung nicht bedarf.

§ 91 Organe

Die Organe des Bundesinstituts für Berufsbildung sind:

1. der Hauptausschuss,
2. der Präsident oder die Präsidentin.

§ 92 Hauptausschuss

(1) Der Hauptausschuss hat neben den ihm durch sonstige Vorschriften dieses Gesetzes zugewiesenen Aufgaben folgende weitere Aufgaben:

1. er beschließt über die Angelegenheiten des Bundesinstituts für Berufsbildung, soweit sie nicht dem Präsidenten oder der Präsidentin übertragen sind;
2. er berät die Bundesregierung in grundsätzlichen Fragen der Berufsbildung und kann eine Stellungnahme zu dem Entwurf des Berufsbildungsberichts abgeben;
3. er beschließt das jährliche Forschungsprogramm;
4. er kann Empfehlungen zur einheitlichen Anwendung dieses Gesetzes geben;
5. er kann zu den vom Bundesinstitut vorbereiteten Entwürfen der Verordnungen gemäß § 4 Absatz 1 und 2 unter Berücksichtigung der entsprechenden Entwürfe der schulischen Rahmenlehrpläne Stellung nehmen;
6. er beschließt über die in § 90 Absatz 3 Nummer 3 und 4 sowie § 97 Absatz 4 genannten Angelegenheiten des Bundesinstituts für Berufsbildung.

(2) Der Präsident oder die Präsidentin unterrichtet den Hauptausschuss unverzüglich über erteilte Weisungen zur Durchführung von Aufgaben nach § 90 Absatz 3 Nummer 1 und erlassene Verwaltungsvorschriften nach § 90 Absatz 3 Nummer 2.

(3) Dem Hauptausschuss gehören je acht Beauftragte der Arbeitgeber, der Arbeitnehmer und der Länder sowie fünf Beauftragte des Bundes an. Die Beauftragten des Bundes führen acht Stimmen, die nur einheitlich abgegeben werden können; bei der Beratung der Bundesregierung in grundsätzlichen Fragen der Berufsbildung, bei der Stellungnahme zum Entwurf des Berufsbildungsberichts und im Rahmen von Anhörungen nach diesem Gesetz haben sie kein Stimmrecht. An den Sitzungen des Hauptausschusses können je ein Beauftragter oder eine Beauftragte der Bundesagentur für Arbeit, der auf Bundesebene bestehenden kommunalen Spitzenverbände sowie des wissenschaftlichen Beirates mit beratender Stimme teilnehmen.

(4) Die Beauftragten der Arbeitgeber werden auf Vorschlag der auf Bundesebene bestehenden Zusammenschlüsse der Kammern, Arbeitgeberverbände und Unternehmensverbände, die Beauftragten der Arbeitnehmer auf Vorschlag der auf Bundesebene bestehenden Gewerkschaften, die Beauftragten des Bundes auf Vorschlag der Bundesregierung

und die Beauftragten der Länder auf Vorschlag des Bundesrates vom Bundesministerium für Bildung und Forschung längstens für vier Jahre berufen.

(5) Der Hauptausschuss wählt auf die Dauer eines Jahres ein Mitglied, das den Vorsitz führt und ein weiteres Mitglied, das den Vorsitz stellvertretend übernimmt. Der oder die Vorsitzende wird der Reihe nach von den Beauftragten der Arbeitgeber, der Arbeitnehmer, der Länder und des Bundes vorgeschlagen.

(6) Die Tätigkeit im Hauptausschuss ist ehrenamtlich. Für bare Auslagen und Verdienstausfälle ist soweit eine Entschädigung nicht von anderer Seite gewährt wird, eine angemessene Entschädigung zu zahlen, deren Höhe vom Bundesinstitut für Berufsbildung mit Genehmigung des Bundesministeriums für Bildung und Forschung festgesetzt wird. Die Genehmigung ergeht im Einvernehmen mit dem Bundesministerium der Finanzen.

(7) Die Mitglieder können nach Anhören der an ihrer Berufung Beteiligten aus wichtigem Grund abberufen werden.

(8) Die Beauftragten haben Stellvertreter oder Stellvertreterinnen. Die Absätze 4, 6 und 7 gelten entsprechend.

(9) Der Hauptausschuss kann nach näherer Regelung der Satzung Unterausschüsse einsetzen, denen auch andere als Mitglieder des Hauptausschusses angehören können. Den Unterausschüssen sollen Beauftragte der Arbeitgeber, der Arbeitnehmer, der Länder und des Bundes angehören. Die Absätze 4 bis 7 gelten für die Unterausschüsse entsprechend.

(10) Bei der Wahrnehmung seiner Aufgaben unterliegt der Hauptausschuss keinen Weisungen.

§ 93 Präsident oder Präsidentin

(1) Der Präsident oder die Präsidentin vertritt das Bundesinstitut für Berufsbildung gerichtlich und außergerichtlich. Er oder sie verwaltet das Bundesinstitut und führt dessen Aufgaben durch. Soweit er oder sie nicht Weisungen und allgemeine Verwaltungsvorschriften des zuständigen Bundesministeriums zu beachten hat (§ 90 Absatz 3 Nummer 1 und 2), führt er oder sie die Aufgaben nach Richtlinien des Hauptausschusses durch.

(2) Der Präsident oder die Präsidentin wird auf Vorschlag der Bundesregierung, der Ständige Vertreter oder die Ständige Vertreterin des Präsidenten oder der Präsidentin auf Vorschlag des Bundesministeriums für Bildung und Forschung im Benehmen mit dem Präsidenten oder der Präsidentin unter Berufung in das Beamtenverhältnis von dem Bundespräsidenten oder der Bundespräsidentin ernannt.

§ 94 Wissenschaftlicher Beirat

(1) Der wissenschaftliche Beirat berät die Organe des Bundesinstituts für Berufsbildung durch Stellungnahmen und Empfehlungen

1. zum Forschungsprogramm des Bundesinstituts für Berufsbildung,
2. zur Zusammenarbeit des Instituts mit Hochschulen und anderen Forschungseinrichtungen und
3. zu den jährlichen Berichten über die wissenschaftlichen Ergebnisse des Bundesinstituts für Berufsbildung.

(2) Zur Wahrnehmung seiner Aufgaben werden dem Beirat von dem Präsidenten oder der Präsidentin des Bundesinstituts für Berufsbildung die erforderlichen Auskünfte erteilt. Auf Wunsch werden ihm einmal jährlich im Rahmen von Kolloquien die wissenschaftlichen Arbeiten des Bundesinstituts für Berufsbildung erläutert.

(3) Dem Beirat gehören bis zu elf anerkannte Fachleute auf dem Gebiet der Berufsbildungsforschung aus dem In- und Ausland an, die nicht Angehörige des Bundesinstituts für Berufsbildung sind. Sie werden von dem Präsidenten oder der Präsidentin des Bundesinstituts für Berufsbildung im Einvernehmen mit dem Bundesministerium für Bildung und Forschung auf vier Jahre bestellt. Einmalige Wiederberufung in Folge ist möglich. An den Sitzungen des wissenschaftlichen Beirats können vier Mitglieder des Hauptausschusses, und zwar je ein Beauftragter oder eine Beauftragte der Arbeitgeber, der Arbeitnehmer, der Länder und des Bundes ohne Stimmrecht teilnehmen.
(4) Der wissenschaftliche Beirat kann sich eine Geschäftsordnung geben.
(5) § 92 Absatz 6 gilt entsprechend.

§ 95 Ausschuss für Fragen behinderter Menschen

(1) Zur Beratung des Bundesinstituts für Berufsbildung bei seinen Aufgaben auf dem Gebiet der beruflichen Bildung behinderter Menschen wird ein ständiger Unterausschuss des Hauptausschusses errichtet. Der Ausschuss hat darauf hinzuwirken, dass die besonderen Belange der behinderten Menschen in der beruflichen Bildung berücksichtigt werden und die berufliche Bildung behinderter Menschen mit den übrigen Leistungen zur Teilhabe am Arbeitsleben koordiniert wird. Das Bundesinstitut für Berufsbildung trifft Entscheidungen über die Durchführung von Forschungsvorhaben, die die berufliche Bildung behinderter Menschen betreffen, unter Berücksichtigung von Vorschlägen des Ausschusses.
(2) Der Ausschuss besteht aus 17 Mitgliedern, die von dem Präsidenten oder der Präsidentin längstens für vier Jahre berufen werden. Eine Wiederberufung ist zulässig. Die Mitglieder des Ausschusses werden auf Vorschlag des Beirats für die Teilhabe behinderter Menschen (§ 86 des Neunten Buches Sozialgesetzbuch) berufen, und zwar
ein Mitglied, das die Arbeitnehmer vertritt,
ein Mitglied, das die Arbeitgeber vertritt,
drei Mitglieder, die Organisationen behinderter Menschen vertreten,
ein Mitglied, das die Bundesagentur für Arbeit vertritt,
ein Mitglied, das die gesetzliche Rentenversicherung vertritt,
ein Mitglied, das die gesetzliche Unfallversicherung vertritt,
ein Mitglied, das die Freie Wohlfahrtspflege vertritt,
zwei Mitglieder, die Einrichtungen der beruflichen Rehabilitation vertreten,
sechs weitere für die berufliche Bildung behinderter Menschen sachkundige Personen, die in Bildungsstätten oder ambulanten Diensten für behinderte Menschen tätig sind.
(3) Der Ausschuss kann behinderte Menschen, die beruflich ausgebildet, fortgebildet oder umgeschult werden, zu den Beratungen hinzuziehen.

§ 96 Finanzierung des Bundesinstituts für Berufsbildung

(1) Die Ausgaben für die Errichtung und Verwaltung des Bundesinstituts für Berufsbildung werden durch Zuschüsse des Bundes gedeckt. Die Höhe der Zuschüsse des Bundes regelt das Haushaltsgesetz.
(2) Die Ausgaben zur Durchführung von Aufträgen nach § 90 Absatz 2 Satz 3 und von Aufgaben nach § 90 Absatz 3 Nr. 1 Buchstabe f werden durch das beauftragende Bundesministerium gedeckt. Die Ausgaben für die Bestätigung nach § 90 Absatz 3b sind durch die Stelle zu decken, die den entsprechenden Berufsabschluss erteilt. Die Ausgaben zur

Durchführung von Verträgen nach § 90 Absatz 4 sind durch den Vertragspartner zu decken.

§ 97 Haushalt

(1) Der Haushaltsplan wird von dem Präsidenten oder der Präsidentin aufgestellt. Der Hauptausschuss stellt den Haushaltsplan fest.
(2) Der Haushaltsplan bedarf der Genehmigung des Bundesministeriums für Bildung und Forschung. Die Genehmigung erstreckt sich auch auf die Zweckmäßigkeit der Ansätze.
(3) Der Haushaltsplan soll rechtzeitig vor Einreichung der Voranschläge zum Bundeshaushalt, spätestens zum 15. Oktober des vorhergehenden Jahres, dem Bundesministerium für Bildung und Forschung vorgelegt werden.
(4) Über- und außerplanmäßige Ausgaben können vom Hauptausschuss auf Vorschlag des Präsidenten oder der Präsidentin bewilligt werden. Die Bewilligung bedarf der Einwilligung des Bundesministeriums für Bildung und Forschung und des Bundesministeriums der Finanzen. Die Sätze 1 und 2 gelten entsprechend für Maßnahmen, durch die für das Bundesinstitut für Berufsbildung Verpflichtungen entstehen können, für die Ausgaben im Haushaltsplan nicht veranschlagt sind.
(5) Nach Ende des Haushaltsjahres wird die Rechnung von dem Präsidenten oder der Präsidentin aufgestellt. Die Entlastung obliegt dem Hauptausschuss. Sie bedarf nicht der Genehmigung nach § 109 Abs. 3 der Bundeshaushaltsordnung.

§ 98 Satzung

(1) Durch die Satzung des Bundesinstituts für Berufsbildung sind
1. die Art und Weise der Aufgabenerfüllung (§ 90 Absatz 2 und 3) sowie
2. die Organisation

näher zu regeln.
(2) Der Hauptausschuss beschließt mit einer Mehrheit von vier Fünfteln der Stimmen seiner Mitglieder die Satzung. Sie bedarf der Genehmigung des Bundesministeriums für Bildung und Forschung und ist im Bundesanzeiger bekannt zu geben.
(3) Absatz 2 gilt für Satzungsänderungen entsprechend.

§ 99 Personal

(1) Die Aufgaben des Bundesinstituts für Berufsbildung werden von Beamten, Beamtinnen und Dienstkräften, die als Angestellte, Arbeiter und Arbeiterinnen beschäftigt sind, wahrgenommen. Es ist Dienstherr im Sinne des § 2 des Bundesbeamtengesetzes. Die Beamten und Beamtinnen sind Bundesbeamte und Bundesbeamtinnen.
(2) Das Bundesministerium für Bildung und Forschung ernennt und entlässt die Beamten und Beamtinnen des Bundesinstituts, soweit das Recht zur Ernennung und Entlassung der Beamten und Beamtinnen, deren Amt in der Bundesbesoldungsordnung B aufgeführt ist, nicht von dem Bundespräsidenten oder der Bundespräsidentin ausgeübt wird. Das zuständige Bundesministerium kann seine Befugnisse auf den Präsidenten oder die Präsidentin übertragen.
(3) Oberste Dienstbehörde für die Beamten und Beamtinnen des Bundesinstituts ist das Bundesministerium für Bildung und Forschung. Es kann seine Befugnisse auf den Prä-

sidenten oder die Präsidentin übertragen. § 144 Absatz 1 des Bundesbeamtengesetzes und § 83 Absatz 1 des Bundesdisziplinargesetzes bleiben unberührt.

(4) Auf die Angestellten, Arbeiter und Arbeiterinnen des Bundesinstituts sind die für Arbeitnehmer und Arbeitnehmerinnen des Bundes geltenden Tarifverträge und sonstigen Bestimmungen anzuwenden. Ausnahmen bedürfen der vorherigen Zustimmung des Bundesministeriums für Bildung und Forschung; die Zustimmung ergeht im Einvernehmen mit dem Bundesministerium des Innern und für Heimat und dem Bundesministerium der Finanzen.

§ 100 Aufsicht über das Bundesinstitut für Berufsbildung

Das Bundesinstitut für Berufsbildung unterliegt, soweit in diesem Gesetz nicht weitergehende Aufsichtsbefugnisse vorgesehen sind, der Rechtsaufsicht des Bundesministeriums für Bildung und Forschung.

Teil 6 Bußgeldvorschriften

§ 101 Bußgeldvorschriften

(1) Ordnungswidrig handelt, wer

1. entgegen § 11 Absatz 1 Satz 1, auch in Verbindung mit Absatz 3, den wesentlichen Inhalt des Vertrages oder eine wesentliche Änderung nicht, nicht richtig, nicht vollständig, nicht in der vorgeschriebenen Weise oder nicht rechtzeitig abfasst,
2. entgegen § 11 Absatz 2 Satz 1, auch in Verbindung mit Absatz 3, die Vertragsabfassung nicht, nicht richtig, nicht vollständig oder nicht rechtzeitig aushändigt und nicht, nicht richtig, nicht vollständig, nicht in der vorgeschriebenen Weise oder nicht rechtzeitig übermittelt,
3. entgegen § 11 Absatz 2 Satz 4, auch in Verbindung mit Absatz 3, die Vertragsabfassung oder den Empfangsnachweis nicht oder nicht mindestens drei Jahre aufbewahrt,
4. entgegen § 14 Absatz 3 Auszubildenden eine Verrichtung überträgt, die dem Ausbildungszweck nicht dient,
5. entgegen § 15 Absatz 1 Satz 1 oder 2 Auszubildende beschäftigt oder nicht freistellt,
6. entgegen § 18 Absatz 3 Satz 1, auch in Verbindung mit Satz 2, eine dort genannte Vergütung nicht, nicht richtig, nicht vollständig oder nicht rechtzeitig zahlt,
7. entgegen § 28 Absatz 1 oder 2 Auszubildende einstellt oder ausbildet,
8. einer vollziehbaren Anordnung nach § 33 Absatz 1 oder 2 zuwiderhandelt,
9. entgegen § 36 Absatz 1 Satz 1, auch in Verbindung mit Satz 4, eine dort genannte Eintragung nicht, nicht richtig, nicht in der vorgeschriebenen Weise oder nicht rechtzeitig beantragt,
10. entgegen § 53b Absatz 4 Satz 3, § 53c Absatz 4 Satz 3, § 53d Absatz 4 Satz 3 und § 54 Absatz 4 eine Abschlussbezeichnung führt oder
11. entgegen § 76 Absatz 2 eine Auskunft nicht, nicht richtig, nicht vollständig oder nicht rechtzeitig erteilt, eine Unterlage nicht, nicht richtig, nicht vollständig oder nicht rechtzeitig vorlegt oder eine Besichtigung nicht oder nicht rechtzeitig gestattet.

(2) Die Ordnungswidrigkeit kann in den Fällen des Absatzes 1 Nummer 4 bis 8 mit einer Geldbuße bis zu fünftausend Euro, in den Fällen des Absatzes 1 Nummer 1 bis 3 mit einer Geldbuße bis zu zweitausend Euro und in den übrigen Fällen mit einer Geldbuße bis zu tausend Euro geahndet werden.

Teil 7
Übergangs- und Schlussvorschriften

§ 102 Gleichstellung von Abschlusszeugnissen im Rahmen der deutschen Einheit

Prüfungszeugnisse nach der Systematik der Ausbildungsberufe und der Systematik der Facharbeiterberufe und Prüfungszeugnisse nach § 37 Absatz 2 stehen einander gleich.

§ 103 Fortgeltung bestehender Regelungen

(1) Die vor dem 1. September 1969 anerkannten Lehrberufe und Anlernberufe oder vergleichbar geregelten Ausbildungsberufe gelten als Ausbildungsberufe im Sinne des § 4. Die Berufsbilder, die Berufsbildungspläne, die Prüfungsanforderungen und die Prüfungsordnungen für diese Berufe sind bis zum Erlass von Ausbildungsordnungen nach § 4 und der Prüfungsordnungen nach § 47 anzuwenden.
(2) Die vor dem 1. September 1969 erteilten Prüfungszeugnisse in Berufen, die nach Absatz 1 als anerkannte Ausbildungsberufe gelten, stehen Prüfungszeugnissen nach § 37 Abs. 2 gleich.
(3) Auf Ausbildungsverträge, die vor dem 30. September 2017 abgeschlossen wurden oder bis zu diesem Zeitpunkt abgeschlossen werden, sind § 5 Absatz 2 Satz 1, § 11 Absatz 1 Satz 2, § 13 Satz 2, die §§ 14, 43 Absatz 1 Nummer 2, § 79 Absatz 2 Nummer 1 sowie § 101 Absatz 1 Nummer 3 in ihrer bis zum 5. April 2017 geltenden Fassung weiter anzuwenden.

§ 104 Übertragung von Zuständigkeiten

Die Landesregierungen werden ermächtigt, durch Rechtsverordnung die nach diesem Gesetz den nach Landesrecht zuständigen Behörden übertragenen Zuständigkeiten nach den §§ 27, 30, 32, 33 und 70 auf zuständige Stellen zu übertragen.

§ 105 Evaluation

(1) Die Regelungen zur Mindestvergütung, zu Prüferdelegationen und die Regelung des § 5 Absatz 2 Satz 1 Nummer 2 werden vom Bundesinstitut für Berufsbildung fünf Jahre nach dem Inkrafttreten des Gesetzes zur Modernisierung und Stärkung der beruflichen Bildung wissenschaftlich evaluiert.
(2) Die Regelungen zur Feststellung und Bescheinigung der individuellen beruflichen Handlungsfähigkeit am Maßstab eines anerkannten Ausbildungsberufs werden vom Bundesinstitut für Berufsbildung zehn Jahre nach dem diesbezüglichen Inkrafttreten des Berufsbildungsvalidierungs- und -digitalisierungsgesetzes wissenschaftlich evaluiert.

§ 106 Übergangsregelung

(1) Auf Berufsausbildungsverträge, die bis zum Ablauf des 31. Dezember 2019 abgeschlossen werden, ist § 17 in der bis dahin geltenden Fassung anzuwenden. Auf Berufs-

ausbildungen, die bis zum Ablauf des 31. Juli 2024 begonnen werden, ist die bis dahin geltende Fassung des § 17 anzuwenden.

(2) Für Berufsausbildungsverträge mit Ausbildungsbeginn ab dem 1. Januar 2020 gelten § 34 Absatz 2 Nummer 7 und § 88 Absatz 1 Satz 1 Nummer 1 Buchstabe g in der ab 1. Januar 2020 geltenden Fassung. Im Übrigen sind für Berufsausbildungsverträge mit Ausbildungsbeginn bis zum Ablauf des 31. Dezember 2020 §§ 34, 35 Absatz 3 Satz 1 und § 88 in der am 31. Dezember 2019 geltenden Fassung weiterhin anzuwenden.

(3) Sofern für einen anerkannten Fortbildungsabschluss eine Fortbildungsordnung auf Grund des § 53 in der bis zum Ablauf des 31. Dezember 2019 geltenden Fassung erlassen worden ist, ist diese Fortbildungsordnung bis zum erstmaligen Erlass einer Fortbildungsordnung nach § 53 in der ab dem 1. Januar 2020 geltenden Fassung weiterhin anzuwenden. Sofern eine Fortbildungsprüfungsregelung nach § 54 in der bis zum Ablauf des 31. Dezember 2019 geltenden Fassung erlassen worden ist, ist diese Fortbildungsprüfungsregelung bis zum erstmaligen Erlass einer Fortbildungsprüfungsregelung nach § 54 in der ab dem 1. Januar 2020 geltenden Fassung weiterhin anzuwenden.

(4) § 1 Absatz 6, § 30 Absatz 2, § 45 Absatz 3, die §§ 50b und § 50c Absatz 1 bis 3, die §§ 50d und § 53b Absatz 3, § 53c Absatz 3 sowie § 88 Absatz 1 und 4 sind erstmals ab dem 1. Januar 2025 anzuwenden. § 30 Absatz 2, § 45 Absatz 3, § 53b Absatz 3, § 53c Absatz 3 sowie § 88 Absatz 1 und 4 sind in ihrer am 31. Juli 2024 geltenden Fassung bis zum Ablauf des 31. Dezember 2024 weiter anzuwenden.

A. Kommentar zum Berufsbildungsgesetz

Teil 1 Allgemeine Vorschriften

§ 1 Ziele und Begriffe der Berufsbildung

(1) Berufsbildung im Sinne dieses Gesetzes sind die Berufsausbildungsvorbereitung, die Berufsausbildung, die berufliche Fortbildung und die berufliche Umschulung.

(2) Die Berufsausbildungsvorbereitung dient dem Ziel, durch die Vermittlung von Grundlagen für den Erwerb beruflicher Handlungsfähigkeit an eine Berufsausbildung in einem anerkannten Ausbildungsberuf heranzuführen.

(3) Die Berufsausbildung hat die für die Ausübung einer qualifizierten beruflichen Tätigkeit in einer sich wandelnden Arbeitswelt notwendigen beruflichen Fertigkeiten, Kenntnisse und Fähigkeiten (berufliche Handlungsfähigkeit) in einem geordneten Ausbildungsgang zu vermitteln. Sie hat ferner den Erwerb der erforderlichen Berufserfahrungen zu ermöglichen.

(4) Die berufliche Fortbildung soll es ermöglichen,

1. die berufliche Handlungsfähigkeit durch eine Anpassungsfortbildung zu erhalten und anzupassen oder

2. die berufliche Handlungsfähigkeit durch eine Fortbildung der höherqualifizierenden Berufsbildung zu erweitern und beruflich aufzusteigen.

(5) Die berufliche Umschulung soll zu einer anderen beruflichen Tätigkeit befähigen.

(6) Nach diesem Gesetz und nach der Handwerksordnung wird eine individuelle berufliche Handlungsfähigkeit am Maßstab eines anerkannten Ausbildungsberufs festgestellt. Die Feststellung erfolgt unabhängig davon, ob die berufliche Handlungsfähigkeit durch Berufsbildung erworben wurde. Ist die berufliche Handlungsfähigkeit überwiegend oder vollständig mit der für die Ausübung des anerkannten Ausbildungsberufs erforderlichen beruflichen Handlungsfähigkeit vergleichbar, wird dies bescheinigt.

Inhaltsübersicht Rn.

I. Vorbemerkung

1 Der Gesetzgeber hat durch das Berufsbildungsgesetz seine Gesetzgebungskompetenz aus Art. 74 Abs. 1 Nr. 11 und 12 i. V. m. Art. 72 Abs. 2 GG wahrgenommen. Art. 74 Abs. 1 Nr. 11 gibt dem Bund die Gesetzgebungskompetenz für das Recht der Wirtschaft. Nach der Rechtsprechung des Bundesverfassungsgerichts gehört zum Recht der Wirtschaft auch der Fragenkreis der praktischen beruflichen Ausbildung, die traditionell und strukturell von den in der Wirtschaft tätigen Arbeitgebern wahrzunehmen ist.[1] Bezogen auf den schuldrechtlichen Teil des Berufsbildungsgesetzes, also die arbeitsvertraglichen Regelungen der §§ 10–26, ergibt sich die Zuständigkeit aus Art. 74 Abs. 1 Nr. 12 GG,[2] was dazu führt, dass die zusätzliche Anforderung der Erforderlichkeit einer bundeseinheitlichen Regelung gem. Art. 72 Abs. 2 GG entfällt. Für den Bereich der Gesundheits- und Heilberufe sowie für die Ausbildung im öffentlichen Dienst sind speziellere Regelungen für die Gesetzgebungskompetenz in den Art. 74 Abs. 1 Nr. 19, 19a, 27 sowie in Art. 73 Abs. 1 Nr. 8 GG vorhanden.

2 Das Berufsbildungsgesetz regelt nicht generell, wie Berufsbildung in der Bundesrepublik Deutschland stattfindet. Tatsächlich gibt es auch rein schulische Ausbildungen, z. B. Logopäd:in, Erzieher:in, Diätassistent:in oder im Schauspiel. **Dieser Bereich der rein schulischen Ausbildung wird vom BBiG nicht erfasst.**[3] Die Zulassung der Schulen, ihre Lehrpläne und die Grundlagen ihrer Struktur richten sich gem. Art. 30 und 70 GG nach den Schulgesetzen der Länder. Zudem gibt es z. T. umfangreiche Ausbildungsregelungen in Berufszulassungsgesetzen, z. B. dem Pflegeberufegesetz oder dem Notfallsanitätergesetz. Dort ist die Geltung des Berufsbildungsgesetzes regelmäßig explizit ausgeschlossen, z. B. § 29 NotSanG, § 63 PflBG.

3 Das Berufsbildungsgesetz geht ganz grundsätzlich davon aus, dass die Berufsbildung im sog. **dualen System** erfolgt, wonach schulische und betriebliche Ausbildung zusammen wirken.[4] Bereits die ersten Entwürfe zu Lehrlingsgesetzen in der Weimarer Republik sahen

---

1 *BVerfG* 10.12.1980 – 2 BvF 3/77, BVerfGE 55, 274, 309.
2 *BVerfG* 24.10.2002 – 2 BvF 1/01, BVerfGE 106, 62, 153 und 278 f.
3 *Taubert*, BBiG, § 1 Rn. 3.
4 *BAG* 29.9.2002 – 6 AZR 486/2000, AP Nr. 12 zu § 5 BBiG; *BAG* 25.4.2001 – 5 AZR 509/99, juris.

eine betriebliche Ausbildung begleitet durch Schulunterricht vor.[5] Auch im Berufsausbildungsgesetz für West-Berlin[6] aus dem Jahr 1951 wurde das duale System vorausgesetzt, indem die Zwischenprüfungen in Zusammenarbeit mit den Berufsschulen durchgeführt wurden und die in der Berufsschule gezeigten Gesamtleistungen bei der Bewertung der Ergebnisse der Abschlussprüfung zu berücksichtigen waren, §§ 27, 28 Abs. 2 Berufsausbildungsgesetz für West-Berlin.

Das BBiG regelt die betriebliche Ausbildung (insbesondere in §§ 10 bis 26) und die Rahmenbedingungen des Berufsbildungsrechts, soweit dies zur Wahrung der Einheit der Arbeits- und Lebensbedingungen in der Bundesrepublik erforderlich ist. Die Verzahnung zum schulischen Teil der Ausbildung ergibt sich durch die in den Landesschulgesetzen normierte Pflicht, die Berufsschule zu besuchen und die Verpflichtung des Ausbildenden, für den Berufsschulunterricht freizustellen. Durch die Novellierung des BBiG im Jahr 2005 wurde zudem die Lernortkooperation in § 2 Abs. 2 eingeführt, ebenso ein Beteiligungsrecht von Lehrern in den Berufsbildungsausschüssen (§ 77 Abs. 1); auch dies zeigt, dass betriebliche und schulische Berufsbildung nicht nebeneinanderstehen, sondern ineinandergreifen. Seit dem Jahr 2005 sind die Länder schon im Vorfeld einer Neuordnungskonzeption von Berufen zu informieren (§ 4 Abs. 6), sodass der schulische Teil der Ausbildung gleichwertig und gleichzeitig zu dem Neuordnungsverfahren neu geordnet werden kann. Seit dem Berufsbildungsvalidierungs- und -digitalisierungsgesetz (BVaDiG) aus dem Jahr 2024 bietet das BBiG zudem eine Möglichkeit, berufliche Handlungsfähigkeiten, die unabhängig von einem Berufsausbildungsabschluss erworben wurden, aber einer Berufsausbildung vergleichbar sind, festzustellen und zu bescheinigen.[7] 4

Im Übrigen unterliegt der gesamte Bereich der schulischen Berufsbildung gem. Art. 30 und 70 GG dem Recht des Landes, in dem die Berufsschule liegt. Dort entstehen Lehrpläne für die Schulen (in der Regel auf Basis einer Empfehlung der Kultusministerkonferenz), dort erfolgt die Auswahl der LehrerInnen, die Bestimmung der Schulfächer, des Stundenumfangs, der Lage der Schulzeiten etc.

II. Beruf

1. Definition des Bundesverfassungsgerichts

Der Begriff des Berufs wird im Berufsbildungsgesetz nicht definiert, er wird vorausgesetzt. 5
Sein Inhalt kann rechtlich unter Rückgriff auf Art. 12 GG bestimmt werden.[8] Das Bundesverfassungsgericht definiert ›Beruf‹ in Zusammenhang mit Art. 12 Grundgesetz als **jede auf Dauer angelegte, der Schaffung und Erhaltung einer Lebensgrundlage dienende erlaubte Tätigkeit.**[9] Vom Begriff des Berufs in Art. 12 GG werden nicht nur alle Berufe erfasst, die sich in bestimmten, traditionell oder gar rechtlich fixierten Berufsbildern darstellen, sondern auch die vom Einzelnen frei gewählten, untypischen (erlaubten) Tätigkeiten, aus denen sich dann wieder neue, feste Berufsbilder ergeben mögen.[10] Durch das Merkmal der ›**erlaubten**‹ Tätigkeit wird die Gemeinwohlorientierung der beruflichen Tä-

5 Einen höchst instruktiven Beitrag über die Geschichte des BBiG gibt *Söhner*, Berufsbildungsgesetz, 2008.
6 Abgedruckt bei: *Söhner*, a. a. O.
7 BT-Drucks. 20/10857, S. 31.
8 *Taubert*, BBiG, § 1 Rn. 9.
9 Z. B.: *BVerfG* 19.7.2000 – 1 BvR 539/96, BVerfGE 102, 197, 212; *Jarass/Pieroth*, Art. 12 Rn. 4 m. w. N.
10 *BVerfG* 11.6.1958 – 1 BvR 596/56, BVerfGE 7, 377, 397.

tigkeit hervorgehoben, durch die Komponente ›Lebensgrundlage‹ erfolgt die Abgrenzung zum Hobby und vom Ehrenamt. Die weite Definition ist dem Schutzzweck des Art. 12 GG geschuldet. Für die Beurteilung von Ausbildungsberufen gem. § 4 ist sie zu allgemein.

2. Definition der Bundesagentur für Arbeit

6 Die Bundesagentur für Arbeit geht demgegenüber in einem eher arbeitssoziologischen Ansatz davon aus, dass der Beruf eine Menge an Tätigkeiten ist, die durch zwei Dimensionen konstituiert wird: **Die Berufsfachlichkeit und das Anforderungsniveau.**[11] Die Bundesagentur für Arbeit unterscheidet vier Anforderungsniveaus (im Gegensatz zum deutschen Qualifikationsrahmen, der acht Niveaus vorsieht[12]). Die Berufsfachlichkeit bedeutet ein auf berufliche Inhalte bezogenes Bündel von **Fachkompetenzen**, zum Beispiel Tätigkeitskompetenzen, Verfahrenskompetenzen oder auch Produktkompetenzen. Eine Fachkompetenz umfasst spezifische Kenntnisse und Fertigkeiten des Berufs, die auf einzelne Arbeitstätigkeiten zugeschnitten und notwendig sind, um berufstypische Aufgaben zu verrichten. Ausgenommen sind Kompetenzen, die fachübergreifend und damit nicht fachspezifisch sind. Über diese Kriterien lässt sich beurteilen, ob aus einem Bündel von Tätigkeiten ein Ausbildungsberuf i. S. d. § 4 geschaffen werden kann.

III. Berufsbildung als Oberbegriff

1. Begriff

7 Berufsbildung ist die umfassende Beschreibung für eine Bildung, die auf die Ausübung des Berufs gerichtet ist. Der Begriff der Berufsbildung wird im Berufsbildungsgesetz nicht grundsätzlich definiert. Definiert wird in § 1 Abs. 1 lediglich, was Berufsbildung im Sinne des Gesetzes ist: Berufsausbildungsvorbereitung, Berufsausbildung, berufliche Fortbildung und berufliche Umschulung. Damit sind weite Teile der Berufsbildung, insbesondere das non-formale und das **informelle Lernen** vom BBiG nicht erfasst. Sie können sich im deutschen und europäischen Qualifikationsrahmen[13] widerspiegeln und jenseits der Arbeitszeugnisse und Selbstauskünfte damit erstmals systematisch Eingang in einen Bildungsnachweis finden.

8 Der Gesetzgeber verwendet die Begriffe ›Berufsbildung‹ und ›berufliche Bildung‹ (zum Beispiel in § 79 Abs. 1) innerhalb des Berufsbildungsgesetzes synonym.

2. Abgrenzung zum Begriff der Berufsbildung in anderen Gesetzen

9 Der Begriff der Berufsbildung ist, wie sich bereits aus den uneinheitlichen Beschreibungen des Begriffs »Beruf« ergibt, schwierig zu definieren und wird in mehreren Gesetzen verwendet – leider nicht immer deckungsgleich:

10 • Das **Bundessozialgericht**[14] orientiert sich bei der Auslegung des Begriffs »Berufsbildung« in § 7 Abs. 2 SGB IV ganz grundsätzlich an den Definitionen des § 1 BBiG.[15]

---

11 *www.arbeitsagentur.de:* Klassifikation der Berufe 2010, S. 26.

12 *Arbeitskreis deutscher Qualifikationsrahmen*, DQR-Diskussionsvorschlag-1, *https://www.dqr.de/dqr/de/service/downloads/deutscher-qualifikationsrahmen-downloads.html.*

13 Vgl. *www.deutscherqualifikationsrahmen.de.*

14 Darstellung der Rechtsprechung des BSG zum Begriff der Berufsausbildung unter *Herkert/Töltl*, BBiG, § 1 Rn. 21 ff.

15 *BSG* 1. 12. 2009 – B 12 R 4/08 R, Rn. 18, juris.

- Das **Bundesarbeitsgericht** fasst den Begriff der Berufsbildung in § 98 BetrVG weiter. Maßnahmen der Berufsbildung seien solche, die dem Arbeitnehmer Kenntnisse und Erfahrungen vermitteln, die zur Ausfüllung eines Arbeitsplatzes oder einer beruflichen Tätigkeit notwendig sind.[16] Erforderlich sei eine systematische, lehrplanartige Weise der Vermittlung,[17] die von der individuellen Einweisung am Arbeitsplatz abzugrenzen sei. Dieses Verständnis des Begriffs der ›Berufsbildung‹ ist weiter als die Definition in § 1 BBiG.[18] Es umfasst auch Ausbildungen, die vom Geltungsbereich des Berufsbildungsgesetzes ausgenommen sind, und Ausbildungen im Bereich der gesondert gesetzlich geregelten Heilberufe. 11
- Die Formulierung »der zu ihrer Berufsausbildung Beschäftigten« gem. **§ 5 Abs. 1 BetrVG** erfasst sowohl die Berufsausbildungsvorbereitung als auch die Berufsausbildung und die sonstigen Vertragsverhältnisse gem. § 26 BBiG. Auch Studierende, die ein Betriebspraktikum ableisten, sind von dieser Formulierung erfasst, wenn sie eine privatrechtliche Vertragsbeziehung zum Betriebsinhaber haben.[19] Wiederum leicht anders ist der Begriff »der zu ihrer Berufsausbildung Beschäftigten« in § 4 Abs. 1 BPersVG[20] und den Personalvertretungsgesetzen der Länder zu verstehen. 12
- Die Formulierung »zu ihrer Berufsbildung Beschäftigte« in **§ 23 KSchG** und in **§ 20 Abs. 1 BEEG, § 8 Abs. 6 TzBfG** entspricht nach allgemeinem Verständnis § 1 Abs. 1 BBiG.[21] Daher bleibt zum Beispiel eine Praktikantin im Anerkennungsjahr bei der Berechnung der Zahlengrenze nach § 23 Abs. 1 Satz 2 KSchG unberücksichtigt.[22] Eine Umschülerin wird bei der Berechnung der Zahlengrenze gem. § 23 Abs. 1 Satz 2 KSchG nicht berücksichtigt, wenn sie im Rahmen eines mehrjährigen Vertragsverhältnisses zu einem anerkannten Ausbildungsberuf ausgebildet wird.[23] 13
- Noch weiter gefasst ist der Begriff der Berufsausbildung in **§ 5 Abs. 1 Satz 1 ArbGG.** Berufsausbildung i. S. d. § 5 Abs. 1 Satz 1 ArbGG sind nicht nur **alle Bereiche** der Berufsbildung nach § 1 Abs. 1 BBiG. Eine Beschäftigung zur Berufsausbildung liegt vielmehr auch vor, wenn der Betreffende aufgrund privatrechtlichen Vertrages im Dienste eines anderen Arbeit leistet und dies **außerhalb** der betrieblichen Berufsbildung erfolgt. Der Beschäftigte muss dabei dem Weisungsrecht des Ausbildenden hinsichtlich des Inhalts, der Zeit und des Ortes der Tätigkeit unterworfen sein.[24] Das führt dazu, dass selbst Berufsakademiestudenten, die evtl. nicht unter das BBiG fallen (s. dazu § 26 Rn. 14), sich nach § 5 Abs. 1 ArbGG in der Ausbildung befinden und vor dem Arbeitsgericht klagen können.[25] Über dieses erweiterte Verständnis des Begriffs der Berufsausbildung und damit auch der Berufsbildung wird schnell und direkt ein **sachnaher Rechtsweg** zur Verfügung gestellt.[26] Demgegenüber fehlt es an 14

16 *BAG* 18. 4. 2000 – 1 ABR 28/99 und *BAG* 24. 8. 2004 – 1 ABR 28/03, AP Nr. 9 und 12 zu § 98 BetrVG.
17 *BAG* 24. 8. 2004 – 1 ABR 28/03, AP Nr. 12 zu § 98 BetrVG.
18 *Taubert,* BBiG, § 1 Rn. 6.
19 *Fitting,* 24. Aufl., § 5 Rn. 267 f.; *LAG Hamm* 2. 9. 2013 – 2 Ta 18/13, Rn. 64, juris.
20 *GmSOGB* 12. 3. 1987 – GmS-OGB 6/86, AP Nr. 35 zu § 5 BetrVG 1972.
21 *Linck/Krause/Bayreuther,* KSchG, § 23 Rn. 8; *Taubert,* BBiG, § 1 Rn. 7; *Braun/Mühlhausen,* BBiG, § 1 Rn. 8.
22 *GemSOGB* 12. 3. 1987 – GmS-OGB 6/86, AP Nr. 35 zu § 5 BetrVG.
23 *BAG* 7. 9. 1983 – 7 AZR 101/82, AP Nr. 3 zu § 23 KSchG 1969; *LAG Köln* 28. 9. 2000 – 5 Sa 1000/00, AP Nr. 23 zu § 23 KSchG 1969.
24 *BAG* 27. 9. 2006 – 5 AZB 33/06, juris; *BAG* 24. 9. 2002 – 5 AZB 12/02, juris; *BAG* 15. 4. 2015 – B9 AZB 10/15, juris (Psychotherapeut).
25 *BAG* 27. 9. 2006 – 5 AZB 33/06, juris.
26 *LAG Chemnitz* 16. 3. 2006 – 3 TaBV 39/06, juris.

einer Beschäftigung und in der Folge an der Zuständigkeit des Arbeitsgerichts, falls ein Umschüler den Weisungen des Ausbildungsbetriebs nicht oder nicht in einem Maß, das für Berufsausbildung kennzeichnend ist,[27] unterworfen ist, wenn keine über den reinen Leistungsaustausch hinausgehenden Pflichten bestehen.[28]

3. Berufliche Handlungsfähigkeit

15 Hauptziel und -zweck der Berufsbildung seit der Novellierung des Berufsbildungsgesetzes im Jahr 2005 ist die **Handlungsfähigkeit**. Abs. 2 enthält hierzu eine **Legaldefinition**: Berufliche Handlungsfähigkeit sind die für die Ausübung einer qualifizierten beruflichen Tätigkeit in einer sich wandelnden Arbeitswelt notwendigen beruflichen Fertigkeiten, Kenntnisse und Fähigkeiten.

16 Der **Gesetzesentwurf**[29] **begründete** dies so: Ziel einer modernen Berufsbildung ist die Entwicklung der individuellen beruflichen Handlungsfähigkeit. Dabei geht der Begriff der beruflichen Handlungsfähigkeit von einer ganzheitlichen Sichtweise menschlicher Arbeits- und Lerntätigkeit aus. Durch ihren Erwerb soll jeder Mensch über ein Handlungsrepertoire verfügen, das ihn befähigt, die zunehmende Komplexität der beruflichen Umwelt zu begreifen und durch ziel- und selbstbewusstes, flexibles und verantwortliches Handeln zu gestalten. Dem Begriffspaar »Fertigkeiten und Kenntnisse« als wesentliche Bestandteile der Fachbildung sei der Begriff »Fähigkeiten« zur Seite gestellt worden. Zusammen bildeten diese Elemente die berufliche Handlungsfähigkeit, die in ihrer Gesamtheit das Ergebnis des Qualifizierungsprozesses umschreibt. Immer häufiger zeige sich bei der Schaffung neuer Ausbildungsberufe und der Neuordnung bereits bestehender Berufe, dass das Handlungspotenzial dessen, was von Auszubildenden heute erwartet wird, nicht mehr ausreichend durch »Fertigkeiten und Kenntnisse« umschrieben werden könne. Insbesondere bei Ausbildungsberufen des Dienstleistungssektors rückten Aspekte wie etwa Teamfähigkeit oder Kommunikationsfähigkeit immer stärker in das Interesse von Arbeitgebern wie auch der Auszubildenden selbst. Damit dürfte der Begriff der beruflichen Handlungsfähigkeit dem Kompetenzbegriff des Deutschen Qualifikationsrahmens entsprechen.[30]

a) Kenntnisse

17 Berufliche **Kenntnisse** sind die Gesamtheit erfahrener Informationen. Mit dem Begriff der Kenntnis werden die psychologischen Prozesse des Erinnerns als Ziel der Ausbildung beschrieben. Erinnern ist vielfältig und kann sich auch in beruflicher Hinsicht beziehen auf das Erinnern von Einzelheiten und Allgemeinen, das Erinnern von Methoden und Prozessen oder von Stilen, Strukturen oder Hintergründen; die Fähigkeit zur Erinnerung (aus dem Gedächtnis reproduzieren, wiedererkennen) an Ideen, Tatsachen usw. in einer Situation, in der bestimmte Stichwörter, Signale oder Anhaltspunkte gegeben werden, um festzustellen welches Wissen gespeichert wurde.

27 *LAG Chemnitz* 25.3.2024 – 1 Ta 2/24, Rn. 35.
28 *LAG München* 12.2.2009 – 11 Ta 512/08, juris.
29 BT-Drucks. 15/3980, S. 105.
30 So auch der Hauptausschuss beim Bundesinstitut für Berufsbildung, *www.bibb.de/dokumente/pdf/HA160.pdf.*

b) Fertigkeiten und Fähigkeiten

Berufliche **Fertigkeiten** bezeichnen einen erlernten und angeeigneten Anteil des handlungsorientierten Verhaltens. Sie sind motorisch orientiert und lassen sich durch Übung, Erfahrung, Reflexion und erneutes Training aneignen. Sie sind abzugrenzen von den **Fähigkeiten**. Eine Fähigkeit hat, wer etwas in kognitiver, selbstregulativer sowie sozial-kommunikativer Hinsicht zu tun vermag. Fertigkeiten und Fähigkeiten bilden zusammen das »Etwas Können«. Wissen und Können gemeinsam bilden eine Kompetenz. Berufliche Handlungsfähigkeit ist also letztlich berufliche Kompetenz. 18

Welche beruflichen Fertigkeiten, Kenntnisse und Fähigkeiten für den Beruf als notwendig erachtet werden, ergibt sich für Ausbildungen aus dem jeweiligen Ausbildungsberufsbild und der Ausbildungsordnung, § 5 Abs. 1 Nr. 3. Bei Fortbildungen fehlt eine entsprechende Regelung für den Inhalt der Fortbildungsordnung, § 53. Weil auch die Fortbildung auf die berufliche Handlungsfähigkeit ausgerichtet ist, empfiehlt sich eine Definition derjenigen beruflichen Fertigkeiten, Kenntnisse und Fähigkeiten, die den Unterschied gegenüber der Ausgangsqualifikation ausmachen sollen. 19

c) Zukunftsorientierung

Durch den Verweis auf die sich wandelnde **Arbeitswelt** wird deutlich, dass die Kenntnisse, Fertigkeiten und Fähigkeiten nicht nur für die aktuelle Arbeitswelt, sondern auch für die Anforderungen der zukünftigen Arbeitswelt genügen müssen. Dies setzt eine Zukunftsorientierung in den Ausbildungsberufen und in der betrieblichen Ausbildung voraus. Zukunftsträchtig dürften vor allen Dingen Fähigkeiten sein, insbesondere diejenigen, sich auf neue Verfahren oder veränderte Rahmenbedingungen einzustellen und sich selbst neue Kenntnisse und Fertigkeiten anzueignen. Demgegenüber hängen Kenntnisse und Fertigkeiten jeweils stark vom derzeitigen Stand der Berufsausübung und der aktuellen Handhabung in den Unternehmen ab. 20

IV. Berufsausbildungsvorbereitung

1. Begriff und Ziel

Die Berufsausbildungsvorbereitung wurde durch das Zweite Gesetz für moderne Dienstleistungen am Arbeitsmarkt vom 23.12.2002 (sog. Hartz II-Gesetz) in das BBiG aufgenommen. Damit sollte verdeutlicht werden, dass sich die Berufsausbildungsvorbereitung inhaltlich und organisatorisch eng an einer anschließenden Berufsausbildung orientiert.[31] 21

§ 1 Abs. 2 umschreibt Begriff und Ziel der Berufsausbildungsvorbereitung, die im Vorfeld zu einer beruflichen Erstausbildung durch die Vermittlung von Grundlagen für den Erwerb beruflicher Handlungsfähigkeit an eine Berufsausbildung in einem anerkannten Ausbildungsberuf heranführen soll. Es handelt sich also um eine im **Vorfeld der Berufsausbildung** stattfindende Maßnahme für diejenigen Menschen, bei denen die Grundlagen nicht vorhanden sind, um sich die berufliche **Handlungsfähigkeit** aneignen zu können. Eben diese Grundlagen sollen vermittelt werden. Nach der Gesetzesbegründung[32] eröffnet die Berufsausbildungsvorbereitung besonderen Personengruppen, für die aufgrund persönlicher oder sozialer Gegebenheiten eine Berufsausbildung noch nicht in Betracht

31 BT-Drucks. 15/26, S. 29.
32 BT-Drucks. 15/3980, S. 105.

zu ziehen ist, die Möglichkeit, schrittweise die Voraussetzungen hierfür zu schaffen. Die Berufsausbildungsmaßnahme hat dadurch einen eigenen **Bildungszweck.**

2. Abgrenzung von der Berufsausbildung

22 Die Berufsausbildungsvorbereitung ist eine eigenständige Bildungsmaßnahme und grenzt sich durch ihren hinführenden Charakter deutlich von der Berufsausbildung gem. Abs. 3 ab. Bei der **betrieblichen Berufsausbildungsvorbereitung** wird zwischen dem Anbieter der Maßnahme und dem jungen Menschen ein **privat-rechtlicher Qualifizierungsvertrag** geschlossen.[33] Es handelt sich weder um ein Berufsausbildungsverhältnis noch um ein Arbeitsverhältnis, sondern um ein »anderes Vertragsverhältnis« im Sinne des § 26 BBiG.[34] Folglich sind §§ 10 bis 23 und 25 BBiG auf die Berufsausbildungsvorbereitung anzuwenden, was sich insbesondere bei der **Entgeltlichkeit** und der **Probezeit** auswirkt.

23 Nach dem Wortlaut kann die Berufsausbildungsvorbereitung nur auf einen anerkannten Ausbildungsberuf vorbereiten. Die ursprüngliche Formulierung »oder eine gleichwertige Berufsausbildung«, mit der zum Beispiel auch auf eine Vorbereitung auf die Ausbildung nach KrPflG vom Geltungsbereich des § 1 Abs. 2 erfasst war, ist entfallen.

3. Abgrenzung von den berufsvorbereitenden Maßnahmen der BA

24 Die Berufsausbildungsvorbereitung muss von den berufsvorbereitenden Maßnahmen des § 61 SGB III abgegrenzt werden. Der Begriff in § 61 SGB III ist umfassender. Berufsvorbereitende Bildungsmaßnahmen der Bundesagentur für Arbeit nach § 61 SGB III sollen auf die Aufnahme einer Ausbildung vorbereiten oder der beruflichen Eingliederung dienen (§ 61 Abs. 1 Nr. 1 SGB III). Vorrangig wird hiermit die **Vorbereitung** und **Eingliederung** in Ausbildung angestrebt. Auch die Vorbereitung einer Beschäftigungsaufnahme kann ein Ziel berufsvorbereitender Bildungsmaßnahmen sein. Mit diesen Maßnahmen beabsichtigt die Bundesagentur für Arbeit u. a.,

- den Teilnehmenden die Möglichkeit zu geben, ihre Fähigkeiten und Fertigkeiten hinsichtlich einer möglichen Berufswahl zu überprüfen und zu bewerten, sich im Spektrum geeigneter Berufe zu orientieren und eine **Berufswahlentscheidung** zu treffen,
- den Teilnehmenden die erforderlichen Kenntnisse und Fertigkeiten für die Aufnahme einer **beruflichen Erstausbildung** (ggf. auch durch den Erwerb eines Hauptschulabschlusses oder eines gleichwertigen Schulabschlusses) oder – sofern dies (noch) nicht möglich ist – für die **Aufnahme einer Beschäftigung** zu vermitteln,
- die Teilnehmenden möglichst nachhaltig in den Ausbildungs- und/oder Arbeitsmarkt zu integrieren sowie
- die Vermeidung oder schnelle Beendigung von Ausbildungs- und Arbeitslosigkeit.[35]

25 Der zeitliche Umfang sowie die Inhalte der Berufsausbildungsvorbereitung sind im Gesetz nicht vorgeschrieben. Nach § 69 sind **Qualifizierungsbausteine**, die aus bestehenden Ausbildungsberufen entwickelt wurden, besonders geeignet für die Berufsausbildungsvorbereitung. Hieraus ergibt sich der grundlegende Unterschied zwischen Berufsausbildung und Berufsausbildungsvorbereitung: Die Berufsausbildung ist vom Grundsatz

33 *Benecke/Hergenröder*, BBiG, § 68 Rn. 6; *Taubert*, BBiG, § 68 Rn. 7.

34 Wohlgemuth/*Günther*, BBiG, § 1 Rn. 11; vgl. die Kommentierung bei § 68 BBiG Rn. 14; vgl. ferner die Gesetzesbegründung, BT-Drucks. 15/26, S. 30; *Taubert*, BBiG, § 68 Rn. 7; a. A. *Natzel*, DB 2002, 719, 720 f.

35 Vgl. Fachkonzept für berufsvorbereitende Bildungsmaßnahmen nach §§ 61, 61a SGB III, *www.arbeitsagentur.de*: dok_ba013437.pdf.

für alle Auszubildenden und Ausbildenden verbindlich in einer Ausbildungsordnung vorgeschrieben, Abweichungen sind nur zulässig, soweit sie im Gesetz selbst oder in der Ausbildungsordnung geregelt sind. Demgegenüber kann die Berufsausbildungsvorbereitung individuell auf die unterschiedlichen Lernbedürfnisse auch Einzelner, jedenfalls aber unterschiedlicher Personengruppen zugeschnitten werden.[36]

V. Berufsausbildung

Abs. 3 definiert mit dem Begriff der Berufsausbildung das Kernstück des Berufsbildungsgesetzes; Kernstück insoweit, als zu diesem Thema die ausführlichsten Regelungen im Gesetz enthalten sind, z. B. der ausführliche arbeitsrechtliche Teil (§§ 10–26). Kernstück zudem, weil die Berufsausbildung die in der Praxis am häufigsten vorkommende Gestaltung der Berufsbildung ist.[37] 26

1. Ziel

Die Berufsausbildung hat nach § 1 Abs. 3 einen klaren Auftrag durch den Gesetzgeber: Sie hat die berufliche **Handlungsfähigkeit** zu vermitteln und die erforderlichen **Berufserfahrungen** zu ermöglichen. Die sprachliche Fassung des Abs. 3 beinhaltet im Gegensatz zu allen anderen Formen der Berufsbildung keine Zielbeschreibung; vielmehr stellt der Gesetzgeber hierbei den Anspruch, dass nach erfolgreich bestandener Abschlussprüfung die volle berufliche Handlungsfähigkeit und Erfahrungen für den jeweiligen Ausbildungsberuf vorhanden sind. 27

2. Weitere Kriterien

§ 1 Abs. 3 definiert den Begriff der Berufsausbildung abschließend. Weitere Kriterien für das Vorliegen einer Berufsausbildung als die in § 1 Abs. 3 genannten müssen nicht erfüllt werden. Dies führt dazu, dass auch die Ausbildung zum Operationstechnischen Assistenten, die aufgrund einer Empfehlung der deutschen Krankenhausgesellschaft planmäßig durchgeführt wird, unter den Begriff der Berufsausbildung fallen kann.[38] 28

3. Grundbildung

Vor der Reform des Gesetzes hatte die Berufsausbildung das Ziel, eine breit angelegte berufliche **Grundbildung** und die für die Ausübung einer qualifizierten beruflichen Tätigkeit erforderliche **Fachbildung** in einem geordneten Ausbildungsgang zu vermitteln. Das gesetzliche Erfordernis der breit angelegten Grundbildung ist entfallen, stattdessen steht nunmehr eine zukunftsorientierte berufliche Handlungsfähigkeit im Vordergrund (s. Rn. 15). Dies bedeutet jedoch nicht, dass die breit angelegte berufliche Grundbildung nunmehr verzichtbar ist. Eine Abstufung der Lerninhalte ergibt sich bereits daraus, dass das Gesetz einen **geordneten Ausbildungsgang** anordnet. Ein Ordnungskriterium für den Ausbildungsgang kann eine Differenzierung in eine breite berufliche Grundbildung und eine berufsspezifische Fachbildung sein. Eine berufliche Grundbildung bleibt auch deswegen erforderlich, weil sie größtmögliche Gewähr für **Anpassungsfähigkeit** und 29

---

36 *Natzel*, DB 2003, 719.
37 *Taubert*, BBiG, § 1 Rn. 15.
38 *LAG Berlin-Brandenburg* 18. 1. 2007 – 18 Sa 1600/06, juris; s. § 26 Rn. 9.

Mobilität auf dem Arbeitsmarkt bietet, mithin die Anforderung »in einer sich wandelnden Arbeitswelt« zu erfüllen.

30 Die Gefahr eines nicht geordneten Ausbildungsgangs besteht nur in nicht anerkannten Ausbildungsberufen. Basis eines jeden anerkannten Ausbildungsberufs ist eine Ausbildungsordnung (§ 4 Abs. 3). Da der Ausbildungsrahmenplan, die zeitliche und sachliche Gliederung, zwingender Bestandteil einer Ausbildungsordnung ist (§ 5 Abs. 1 Nr. 4), kann bei anerkannten Ausbildungsberufen zumindest die Konzeptionierung einer geordneten Ausbildung unterstellt werden.

31 Jugendliche dürfen gem. § 4 Abs. 4 nur in einem anerkannten Ausbildungsberuf ausgebildet werden. Bei ihnen ist daher davon auszugehen, dass über diesen Weg die Konzeption eines geordneten Ausbildungsgangs gesichert ist.

4. Berufserfahrungen

32 Die Berufsausbildung hat zwingend auch den Erwerb von erforderlichen Berufserfahrungen zu ermöglichen. Dies macht einen deutlichen Praxisbezug der Berufsausbildung nach dem BBiG deutlich. Die Ausbildung grenzt sich insoweit von einer rein schulischen Ausbildung ab. Die berufliche Handlungsfähigkeit soll in berufspraktischen Zusammenhängen[39] und durch einen ganzheitlichen Ausbildungsprozess vermittelt und erworben werden. Eine Berufsausbildung, die neben dem Besuch einer allgemeinbildenden Schule stattfinden soll, gewährleistet nach der Rechtsprechung zum BBiG in der Fassung vor dem 1.4.2005 **nicht den Erwerb der erforderlichen Berufserfahrungen** und ist daher mit § 1 BBiG unvereinbar.[40] Ob dies seit der Ermöglichung einer Teilzeitausbildung durch § 7a Abs. 1 noch gelten kann, ist unentschieden.

VI. Berufliche Fortbildung

33 § 1 Abs. 4 definiert die berufliche Fortbildung. Schon rein begrifflich wird mit der Fortbildung auf die Erstausbildung aufgebaut, die berufliche Handlungsfähigkeit wird »fortentwickelt«. Beide Bildungsmaßnahmen stehen in einem Stufenverhältnis zueinander. Die Fortbildung setzt in der Regel eine angemessene Berufspraxis nebst abgeschlossener Berufsausbildung oder eine entsprechende einschlägige Berufserfahrung voraus.

1. Ziel

34 Es handelt sich um eine Soll-Bestimmung. Die Möglichkeiten für den Verordnungsgeber sind hier weiter als im Bereich der Berufsausbildung, in der die berufliche Handlungsfähigkeit zwingend zu vermitteln ist. Im Zentrum des Fortbildungsziels steht wiederum die berufliche Handlungsfähigkeit. Die berufliche Fortbildung soll ermöglichen, die berufliche Handlungsfähigkeit zu **erhalten** und **anzupassen** oder zu **erweitern** und **beruflich aufzusteigen**. Fortbildung betrifft alle Maßnahmen, die an den vorhandenen Wissensgrundstock anknüpfen, fachliche und berufliche Kenntnisse vertiefen und aktualisieren und ein Mehr an Kenntnissen vermitteln.[41] Durch das Berufsbildungsmodernisierungsgesetz (BBiMoG) vom 12.12.2019 wurden zum 1.1.2020 differenzierende Bezeichnungen eingeführt für die bisherigen sogenannten »Aufstiegsfortbildungen« und

---

39 *Herkert/Töltl*, BBiG, § 1 Rn. 16.
40 *BVerwG* 25.2.1982 – 5 C 1/81, juris.
41 *Hamburgisches OVG* 26.11.2001 – 8 Bf 373/00. PVL, juris.

Fortbildungen, die nicht auf ein höheres formales Bildungsniveau führen, den sogenannten Anpassungsfortbildungen. Für die bisherigen Aufstiegsfortbildungen wird dabei der Begriff der »höherqualifizierenden Berufsbildung« eingeführt. Damit sollte zugleich die Voraussetzung für eine Neuregelung von Teil 2 Kapitel 2 (Berufliche Fortbildung) geschaffen werden.[42]

2. Erhaltungs- und Anpassungsfortbildung

Die Erhaltungs- und Anpassungsfortbildung[43] hat das Ziel, die berufliche Handlungsfähigkeit zu erhalten oder anzupassen. Deutlich wird bei der Formulierung, dass der Gesetzgeber nicht von einer statischen Arbeitswelt mit gleichbleibenden Anforderungen an die Arbeitnehmer ausgeht. Der Gesetzgeber geht vielmehr davon aus, dass die Arbeitswelt sich **wandelt** und die berufliche Handlungsfähigkeit dadurch an Wert verliert. Die berufliche Handlungsfähigkeit wird durch die Erhaltungs- und Anpassungsfortbildung gegenüber der entsprechenden Berufsausbildung nicht zwingend erweitert, sondern den Entwicklungen im Beruf und im Berufsbild angepasst. **35**

3. Höherqualifizierende Berufsbildung (Aufstiegsfortbildung)

Mit der höherqualifizierenden Berufsbildung soll die berufliche Handlungsfähigkeit erweitert und gezielt auf Tätigkeiten in einer **höheren Hierarchiestufe**, oftmals verbunden mit höherem Schwierigkeitsgrad oder Komplexität, vorbereitet werden. Die Erweiterung bietet schon rein begrifflich ein Mehr an beruflicher Handlungskompetenz gegenüber der entsprechenden Berufsausbildung. **36**

Die Vorschrift wird durch die §§ 53 bis 57 ergänzt. Dort sind die **Formalia** für die Fortbildungsanerkennung geregelt: Fortbildungsordnungen, Fortbildungsprüfungsregelungen, Vorqualifikationen, Fortbildungsprüfungen sowie Gleichstellung von Prüfungszeugnissen. Die vertragliche Gestaltung von Fortbildungsverhältnissen ist im Berufsbildungsgesetz nicht normiert. Soweit die Fortbildung im Arbeitsverhältnis stattfindet, siehe Anhang zu § 53 BBiG Rn. 27 ff. Für Fortbildungen außerhalb eines Arbeitsverhältnisses gelten die Grundsätze des Schuldrechts, sowie ggf. des SGB III und des AFBG und weiterer Förderregelungen des Bundes und der Länder. **37**

VII. Berufliche Umschulung

Die Umschulung soll gem. § 1 Abs. 5 zu einer anderen beruflichen Tätigkeit befähigen. Umschulung und Fortbildung grenzen sich dadurch voneinander ab, dass bei der Fortbildung die Kompetenzen aus der Berufsausbildung noch verwendet werden können; sie werden **erweitert oder angepasst**. Bei der Umschulung sind diese Kompetenzen von untergeordneter Bedeutung. Es wird im Ergebnis ein anderer Beruf mit neuem Inhalt erlernt.[44] Daraus ergibt sich, dass der Umschüler vor der Umschulung bereits beruflich tätig gewesen ist. Aufgrund der zeitlichen Vorgaben dürfte es sich bei Umschülern zumeist um Erwachsene, nicht um Jugendliche handeln. Eine Umschulung liegt auch dann vor, wenn für den ersten Beruf keine Berufsausbildung durch einen geordneten Ausbildungsgang **38**

42 BT-Drucks. 19/10815, S. 52 f.
43 *VG Frankfurt* 10.9.2007 – 23 L 1680/07, juris.
44 *Taubert*, BBiG, § 1 Rn. 33.

absolviert wurde. Ausreichend ist, wenn der Bildungswillige einen Status erreicht hat, der ihn zur verantwortlichen Ausübung des bisherigen Berufs befähigt.[45]

39 Die Vorschrift wird durch die §§ 58 bis 63 ergänzt. Dort sind die Formalia für die Umschulungsanerkennung geregelt: Umschulungsordnungen, Umschulungsprüfungsregelungen, Umschulungen für einen anerkannten Ausbildungsberuf, Vorqualifikationen, Umschulungsmaßnahmen und -prüfungen sowie Gleichstellung von Prüfungszeugnissen. Die vertragliche Gestaltung von Umschulungsverhältnissen ist im Berufsbildungsgesetz nicht normiert. Zu der vertraglichen Gestaltung der Umschulungsverhältnisse s. § 58 Rn. 4.

VIII. Betriebliche Mitbestimmung

40 Der Betriebsrat hat gem. § 98 Abs. 1 BetrVG bei Maßnahmen der beruflichen Bildung mitzubestimmen (vgl. ausführlich die Kommentierung bei § 10 BBiG Rn. 62 ff.). Der Begriff der beruflichen Bildung in § 98 BetrVG ist weiter gefasst als in § 1 BBiG.[46]

41 In Betrieben, die die Berufsbildung als alleinigen Betriebszweck haben (»reine« Ausbildungsbetriebe), gelten die Auszubildenden nicht als ArbeitnehmerInnen im Sinne des § 5 BetrVG.[47] Diese Auszubildenden gelten nicht als »beschäftigt« im Sinne des § 5 Abs. 1 BetrVG, da sie nicht in den eigentlichen Betriebsablauf, der vom **Betriebszweck** bestimmt wird, eingegliedert sind.

42 Dies gilt auch dann, wenn die Berufsausbildung nicht der alleinige Betriebszweck des Arbeitgebers ist, sondern noch weitere arbeitstechnische Zwecke hinzukommen. Für die Eingliederung der zu ihrer Berufsausbildung Beschäftigten kommt es nach der Rechtsprechung des Bundesarbeitsgerichts nur darauf an, ob ihr Ausbildungsberuf von den betriebsangehörigen Arbeitern und Angestellten ausgeübt wird. Soweit dies nicht der Fall ist, fehlt es auch in diesen Fällen an einer Eingliederung. Für die Auszubildenden, die keine ArbeitnehmerInnen i. S. d. § 5 Abs. 1 BetrVG sind, können Vertretungen gem. § 51 BBiG gebildet werden.[48]

IX. Individuelle berufliche Handlungsfähigkeit ohne Ausbildungsabschluss

43 Durch das am 1. 8. 2024 in Kraft getretene Berufsbildungsvalidierungs- und -digitalisierungsgesetz (BVaDiG) hat der Gesetzgeber im BBiG eine Möglichkeit geschaffen, wie vorhandene berufliche Qualifikationen, die denen einer Berufsausbildung vergleichbar sind, festgestellt und bescheinigt werden können. Hiermit sollen Qualifikationen sichtbar und verwertbar gemacht sowie entsprechende Berufsbiografien honoriert werden.[49] Die Regelungen im BBiG befinden sich in dem Abschnitt 6 und den §§ 50b–50e. Spezifische Einzelheiten zu Inhalt und Ablauf des Verfahrens werden in einer eigenen Verordnung geregelt.

---

45 *BSG* 30. 9. 1975 – 7 Rar 96/73, juris.
46 *BAG* 23. 4. 1991 – 1 ABR 49/90, juris; *BAG* 13. 6. 2007 – 7 ABR 44/06, juris, m. w. N.
47 Vgl. auch die Kommentierung zu. § 10 Rn. 54; *BAG* 13. 6. 2007 – 7 ABR 44/06, juris, m. w. N.; grundlegend *BAG* 21. 7. 1993 – 7 ABR 35/92, juris.
48 *BAG* 13. 6. 2007 – 7 ABR 44/06, juris.
49 BT-Drucks. 20/10857, S. 32.

§ 2 Lernorte der Berufsbildung

(1) Die Berufsbildung wird durchgeführt

1. in Betrieben der Wirtschaft, in vergleichbaren Einrichtungen außerhalb der Wirtschaft, insbesondere des öffentlichen Dienstes, der Angehörigen freier Berufe und in Haushalten (betriebliche Berufsbildung),

2. in berufsbildenden Schulen (schulische Berufsbildung),

3. in sonstigen Berufsbildungseinrichtungen außerhalb der schulischen und betrieblichen Berufsbildung (außerbetriebliche Berufsbildung).

(2) Die Lernorte nach Absatz 1 wirken bei der Durchführung der Berufsbildung zusammen (Lernortkooperation).

(3) Teile der Berufsausbildung können im Ausland durchgeführt werden, wenn dies dem Ausbildungsziel dient. Ihre Gesamtdauer soll ein Viertel der in der Ausbildungsordnung festgelegten Ausbildungsdauer nicht überschreiten.

Inhaltsübersicht

I. Allgemeines

§ 2 Abs. 1 entspricht § 1 Abs. 5 BBiG 1969. Die Lernorte der Berufsbildung nach dem Berufsbildungsgesetz sind abschließend aufgezählt. Obwohl die Regelungskompetenz für den Bereich der schulischen Berufsbildung bei den Ländern liegt, werden sie als Lernorte der Berufsbildung benannt. Dies ist Ausdruck des dualen Systems der Berufsbildung. Verschiedene Lernorte erfordern eine Koordination und eine Zusammenarbeit bei der Berufsbildung im Allgemeinen sowie im Einzelfall. Vor diesem Hintergrund wurde mit der Novellierung des BBiG im Jahr 2005 Abs. 2 eingefügt. Einfügt wurde mit der Novellierung auch, dass die Ausbildung teilweise im Ausland absolviert werden kann. 1

II. Lernorte

Die Berufsbildung wird durchgeführt: 2

- in Betrieben der Wirtschaft, in vergleichbaren Einrichtungen außerhalb der Wirtschaft, insbesondere des öffentlichen Dienstes, der Angehörigen freier Berufe und in Haushalten (**betriebliche Berufsbildung**),
- in berufsbildenden Schulen (**schulische Berufsbildung**),
- in sonstigen Berufsbildungseinrichtungen außerhalb der schulischen und betrieblichen Berufsbildung (**außerbetriebliche Berufsbildung**).

Die Aufzählung ist abschließend. Kombinationen von Lernorten im Laufe der Ausbildung und Zusammenwirken der Lernorte sind aber möglich. Die abschließende Aufzählung 3 der Lernorte bezieht sich auf alle Berufsbildungsmaßnahmen gem. § 1 BBiG, nicht nur auf die Ausbildung.

1. Betriebliche Berufsbildung

4 Die **betriebliche Berufsbildung** steht, wie sich schon aus der Reihenfolge der Aufzählung ergibt, im Vordergrund.[1]

5 Den Betrieb definiert das Bundesarbeitsgericht als die organisatorische Einheit, innerhalb derer ein Arbeitgeber allein oder mit seinen Arbeitnehmern mit Hilfe technischer und immaterieller Mittel bestimmte arbeitstechnische Zwecke fortgesetzt verfolgt.[2] Erfasst werden alle Betriebe der Wirtschaft, also primärer, sekundärer- und folgender Bereiche. Betriebliche Berufsbildung in diesem Sinne liegt auch dann noch vor, wenn Betriebe der Wirtschaft oder vergleichbarer Einrichtungen innerbetriebliche oder überbetriebliche Stätten zur Vermittlung einer berufspraktischen Ausbildung errichten, in denen die Auszubildenden die vertraglich geschuldete Berufsausbildung erfahren, etwa Lehrwerkstätten oder Ausbildungszentren.[3]

6 Auch außerhalb der Wirtschaft kann in vergleichbaren Einrichtungen betriebliche Berufsbildung stattfinden. Es handelt sich, wie das Wort »insbesondere« deutlich macht, nicht um eine abschließende Aufzählung. **»Vergleichbare Einrichtungen«** im öffentlichen Dienst sind die Dienststellen und Betriebe der Verwaltung. Erfasst sind insbesondere die **Dienststellen** der Kommunen, Länder und des Bundes (z. B. Behörden, Körperschaften, Anstalten und Stiftungen des öffentlichen Rechts). Ein Überblick über die derzeit anerkannten »freien Berufe« ergibt sich aus § 18 Abs. 1 Nr. 1 EStG. Zu den freien Berufen gehören zum Beispiel Rechtsanwälte, Ärzte, Architekten, Steuerberater, Wirtschaftsprüfer. Nicht zuletzt kann betriebliche Ausbildung auch in privaten oder ländlichen Haushalten stattfinden.

2. Schulische Berufsbildung

7 § 2 Abs. 1 Nr. 2 benennt die berufsbildenden Schulen als **Lernorte** der Berufsbildung. Die Benennung verdeutlicht die Bedeutung der berufsbildenden Schulen bei der Berufsbildung, insbesondere bei der dualen Ausbildung in Betrieb und Schule. Weitere Regelungen der schulischen Berufsbildung enthält das BBiG nicht, weil die Gesetzgebungskompetenz für die berufsbildenden Schulen bei den Ländern liegt.[4]

8 Die schulische Berufsbildung findet statt in berufsbildenden Schulen. Gemeint ist mit dem Begriff »schulisch« eine bestimmte **Organisationsform** der Ausbildungsstätte und nicht eine bestimmte Lehrmethode. Berufsbildende Schulen sind solche, die den Schulgesetzen der Länder unterstehen und solche, die nicht in die Gesetzgebungskompetenz der Länder, sondern in die des Bundes fallen.[5] Die Berufsbildung in Ersteren nimmt § 2 Abs. 1 BBiG wegen fehlender Gesetzgebungskompetenz des Bundes vom weiteren Anwendungsbereich des Gesetzes aus. Gleichwohl wird auch dort Berufsbildung im Sinne des BBiG durchgeführt.[6] Die Kultusministerkonferenz hat durch Beschluss vom 8.12.1975 die Begrifflichkeiten für die Schulen des beruflichen Schulwesens zum Teil vereinheitlicht.

---

1 Vgl. *Taubert*, BBiG, § 2 Rn. 5.
2 St. Rspr. *BAG* 13.8.2008 – 7 ABR 21/07, juris, m. w. N.; *BAG* 7.5.2008 – 7 ABR 15/07, juris.
3 *BAG* 24.2.1999 – 5 AZB 10/98, juris, m. w. N.
4 Art. 30 und 70 GG.
5 *BAG* 24.2.1999 – 5 AZB 10/98, juris.
6 *BAG* 24.2.1999 – 5 AZB 10/98.

Auch wenn ›berufliches Schulwesen‹ und ›berufsbildende Schule‹ unterschiedliche Begriffe sind, kann davon ausgegangen werden, dass alle von der Kultusministerkonferenz als berufliche Schulen anerkannte Schulformen ein Lernort gem. § 2 Abs. 1 Nr. 2 sind, da der Begriff ›berufsbildende Schule‹ in dem Beschluss gar nicht verwendet wird:[7]

Bezeichnungen zur Gliederung des beruflichen Schulwesens 9
(Beschluss der Kultusministerkonferenz vom 8. 12. 1975)
Die Kultusministerkonferenz kommt überein, im beruflichen Schulwesen folgende Bezeichnungen zu verwenden:
Berufsschule, Berufsfachschule, Berufsaufbauschule, Fachoberschule, Fachschule.

I.

1. **Berufsschulen** sind Schulen, die von Berufsschulpflichtigen/Berufsschulberechtigten besucht werden, die sich in der beruflichen Erstausbildung befinden oder in einem Arbeitsverhältnis stehen. Sie haben die Aufgabe, dem Schüler allgemeine und fachliche Lerninhalte unter besonderer Berücksichtigung der Anforderungen der Berufsausbildung zu vermitteln. Der Unterricht erfolgt in Teilzeitform an einem oder mehreren Wochentagen oder in zusammenhängenden Teilabschnitten (Blockunterricht); er steht in enger Beziehung zur Ausbildung in Betrieben einschließlich überbetrieblicher Ausbildungsstätten. Im Rahmen einer in Grund- und Fachstufe gegliederten Berufsausbildung kann die Grundstufe als Berufsgrundbildungsjahr mit ganzjährigem Vollzeitunterricht oder im dualen System in kooperativer Form geführt werden.
2. **Berufsfachschulen** sind Schulen mit Vollzeitunterricht von mindestens einjähriger Dauer, für deren Besuch keine Berufsausbildung oder berufliche Tätigkeit vorausgesetzt wird. Sie haben die Aufgabe, allgemeine und fachliche Lerninhalte zu vermitteln und den Schüler zu befähigen, den Abschluss in einem anerkannten Ausbildungsberuf oder einem Teil der Berufsausbildung in einem oder mehreren anerkannten Ausbildungsberufen zu erlangen oder ihn zu einem Berufsausbildungsabschluss zu führen, der nur in Schulen erworben werden kann.
3. **Berufsaufbauschulen** sind Schulen, die neben einer Berufsschule oder nach erfüllter Berufsschulpflicht von Jugendlichen besucht werden, die in einer Berufsausbildung stehen oder eine solche abgeschlossen haben. Sie vermitteln eine über das Ziel der Berufsschule hinausgehende allgemeine und fachtheoretische Bildung und führen zu einem dem Realschulabschluss gleichwertigen Bildungsstand (»Fachschulreife«). Der Bildungsgang umfasst in Vollzeitform mindestens 1 Jahr, in Teilzeitform einen entsprechend längeren Zeitraum.
4. **Fachoberschulen** sind Schulen, die – aufbauend auf einem Realschulabschluss oder einem als gleichwertig anerkannten Abschluss – allgemeine, fachtheoretische und fachpraktische Kenntnisse und Fähigkeiten vermitteln und zur Fachhochschulreife führen.
Die 11. Klasse umfasst Unterricht und fachpraktische Ausbildung; der Besuch der 11. Klasse kann durch eine einschlägige Berufsausbildung ersetzt werden.
Der Unterricht in Klasse 12 wird in der Regel in Vollzeitform erteilt; wird er in Teilzeitform erteilt, dauert er mindestens zwei Jahre.
5. **Fachschulen** sind Schulen, die grundsätzlich den Abschluss einer einschlägigen Berufsausbildung oder eine entsprechende praktische Berufstätigkeit voraussetzen; als weitere Voraussetzung wird in der Regel eine zusätzliche Berufsausübung gefordert.
Sie führen zu vertiefter beruflicher Fachbildung und fördern die Allgemeinbildung. Bildungsgänge an Fachschulen in Vollzeitform dauern in der Regel mindestens 1 Jahr, Bildungsgänge an Fachschulen in Teilzeitform dauern entsprechend länger.

II.

1. Berufsschulen, Berufsfachschulen und Fachschulen behalten diese Bezeichnung, auch wenn sie unmittelbar oder über ein Angebot von Ergänzungskursen und Zusatzprüfungen weiterführende Abschlüsse ermöglichen.
2. Bildungsgänge in Vollzeitform, die nicht mindestens 1 Jahr dauern, sind als Lehrgänge zu bezeichnen.

7 *www.kmk.org*: 1975_12_08-Bezeichnungen-Gliederung-berufl-Schulwesen-1.pdf.

Anhang

1. In einigen Ländern werden gegenwärtig folgende Bezeichnungen im beruflichen Schulwesen verwendet:
Berufsoberschule, Fachakademie, Berufskolleg, Berufsakademie.

- **Berufsoberschulen** sind Schulen mit Vollzeitunterricht, die aufbauend auf einer abgeschlossenen Berufsausbildung bzw. einer entsprechenden Berufspraxis und Realschulabschluss bzw. einem gleichwertigen Abschluss – eine allgemeine und fachtheoretische Bildung vermitteln und in mindestens 2 Jahren zur fachgebundenen Hochschulreife führen.
- **Fachakademien** sind berufliche Bildungseinrichtungen, die den Realschulabschluss oder einen gleichwertigen Schulabschluss voraussetzen und in der Regel im Anschluss an eine dem Ausbildungsziel dienende berufliche Ausbildung oder praktische Tätigkeit auf den Eintritt in eine angehobene Berufslaufbahn vorbereiten. Der Ausbildungsgang umfasst bei Vollzeitunterricht mindestens 2 Jahre.
- **Berufskollegs** sind berufliche Bildungseinrichtungen, die den Realschulabschluss oder einen gleichwertigen Schulabschluss voraussetzen. Sie führen in ein bis drei Jahren zu einer beruflichen Erstqualifikation und können bei mindestens zweijähriger Dauer unter besonderen Voraussetzungen auch zur Fachhochschulreife führen. Das Berufskolleg wird in der Regel als Vollzeitschule geführt; es kann in einzelnen Typen in Kooperation mit betrieblichen Ausbildungsstätten auch in Teilzeitunterricht durchgeführt werden.
- **Berufsakademien** sind Einrichtungen des tertiären Bildungsbereichs außerhalb der Hochschule. Die Ausbildung findet an der Studienakademie (Lernort Theorie) und den betrieblichen Ausbildungsstätten (Lernort Praxis) statt und dauert 3 Jahre. Sie führt Abiturienten in Stufen zu einem wissenschaftlichen und berufsqualifizierenden Abschluss, der mit einem Hochschulabschluss vergleichbar ist.

2. Die in einigen Ländern eingerichteten Fachgymnasien/Berufliche Gymnasien sind Gymnasien in Aufbauform, die aufbauend auf einem Realschulabschluss oder einem als gleichwertig anerkannten Abschluss mit einem beruflichen Schwerpunkt zur allgemeinen oder zur fachgebundenen Hochschulreife führen. Sie können durch das Angebot in beruflichen Schwerpunkten – gegebenenfalls in Verbindung mit Zusatzpraktika – einen Teil der Berufsausbildung vermitteln oder den Abschluss in einem anerkannten Beruf ermöglichen.

10 Soweit Teile der Berufsausbildung in anderen Schulen als den Berufsschulen nach diesem Beschluss der Kultusministerkonferenz absolviert werden, stellen sich immer wieder Fragen nach der Anrechnung auf die Berufsausbildung (s. § 7).

3. Ausbildung in sonstigen Berufsbildungseinrichtungen

11 § 2 Abs. 1 Nr. 3 anerkennt die Berufsbildung in sonstigen Berufsbildungseinrichtungen außerhalb der schulischen und betrieblichen Berufsbildung (**außerbetriebliche Berufsbildung**). Sonstige Berufsbildungseinrichtungen außerhalb von Schule und Betrieb sind beispielsweise Berufsbildungs- oder Berufsförderungswerke, außerbetriebliche Ausbildungsstätten u. Ä.[8] In Betracht kommen hier beispielsweise Behinderten- und Umschulungswerkstätten, Berufsförderungswerke und Rehabilitationszentren sowie beispielsweise auch das Berufsfortbildungswerk des DGB.[9] Charakteristisch ist bei der Ausbildung in den genannten sonstigen Berufsbildungseinrichtungen, dass zu den Vertragspartnern des Ausbildungsvertrages noch die Bundesagentur für Arbeit als Träger der Ausbildungsmaßnahme tritt, sodass ein **dreiseitiges Rechtsverhältnis**[10] zwischen

- Auszubildenden,
- Ausbildenden und
- Bundesagentur für Arbeit

8 *BAG* 24.2.1999 – 5 AZB 10/98, juris.
9 Wohlgemuth/*Günther* BBiG, § 2 Rn. 11; *Taubert*, BBiG, § 2 Rn. 27.
10 *Braun/Mühlhausen*, BBiG, § 1 Rn. 93.

besteht. Bei einer vollständig durch öffentliche Mittel finanzierten Ausbildung über den eigenen Ausbildungsbedarf hinaus bestehen hinsichtlich der Vergütung der Auszubildenden Unterschiede (s. § 17 Rn. 23 ff.).

III. Lernortkooperation

In § 2 Abs. 2 wird der Grundsatz der **Lernortkooperation** ausdrücklich normiert. Die Lernorte nach Abs. 1 wirken danach bei der Durchführung der Berufsbildung zusammen. Der Ausschuss für Bildung, Forschung und Technologiefolgenabschätzung des Bundestages hat die Aufnahme der Lernortkooperation in § 2 BBiG initiiert. Hierzu hat er ausgeführt: 12

»Die duale Berufsausbildung beruht auf den Säulen der betrieblichen und der schulischen Ausbildung. Beide befinden sich gegenwärtig in einem Wandel, welcher sich in neuen Berufsbildern mit veränderten Qualifikationsanforderungen niederschlägt. Neue und neu geordnete Ausbildungsberufe orientieren sich stärker an Geschäfts- und Arbeitsprozessen. Die durch Ausbildungsordnung und Rahmenlehrplan aufeinander abgestimmten Ausbildungsinhalte für die Lernorte Betrieb und Berufsschule können diesen neuen Anforderungen besser im Rahmen enger Lernortkooperation begegnen. Daher ist die Kooperation zwischen den ausbildenden Betrieben und den zuständigen Berufsschulen bei der Durchführung der Berufsbildung als ständige Aufgabe im Gesetz aufzunehmen. Deshalb sind auch die Länder aufgefordert, die durch das neue Gesetz verbesserten Möglichkeiten (gestreckte Prüfung, Anrechnungs- und Zulassungsmöglichkeiten, gutachterliche Stellungnahmen, etc.) zu nutzen, um die Verknüpfung der Lernorte nach Qualität, Quantität und zeitlicher Effizienz der Bildungswege zu optimieren.«[11] 13

Das BBiG ordnet die Lernortkooperation zwar an, führt jedoch (bis auf Einzelfälle wie die der Ausschussteilnahme, §§ 77 Abs. 1, 40 Abs. 2, § 82 Abs. 1, § 92) nicht auf, wie diese zu erfolgen hat. Es bleibt also eine gesetzlich angeordnete Aufgabe, deren Intensität, Verfahren und institutionelle Anbindung den Lernortvertretern überlassen bleibt. Der Hauptausschuss des BIBB hat am 27. 11. 1997 eine Empfehlung zur Lernortkooperation beschlossen.[12] Diese ist auf der Internetseite des BIBB unter »Beschlüsse und Empfehlungen« abzurufen. 14

IV. Ausbildung im Ausland

Durch Abs. 2 wurde mit der Novellierung im Jahr 2005 im Berufsbildungsgesetz die Möglichkeit verankert, zeitlich begrenzte Abschnitte der Berufsausbildung auch im Ausland zu absolvieren. Die Neuregelung bietet so die Option, Auslandsaufenthalte als integralen Bestandteil der Berufsausbildung zu gestalten. Dabei wird der Auslandsaufenthalt rechtlich als Teil der Berufsausbildung behandelt, sofern er dem Ausbildungsziel dient. Dies wird nach der Gesetzesbegründung[13] dann der Fall sein, wenn die im Ausland vermittelten Ausbildungsinhalte im Wesentlichen dem entsprechen, was Gegenstand der heimischen Ausbildung ist, wenn Sprachkenntnisse vermittelt oder sonstige zusätzliche Kompetenzen erworben werden. 15

---

11 BT-Drucks. 15/4752, S. 46.
12 *Hauptausschuss des BIBB* 27. 11. 1997, Beschluss Nr. 99, *www.bibb.de.*
13 BT-Drucks. 15/3980, S. 43.

1. Ausbildungsstätte im Ausland

16 Durch die Ausbildung im Ausland wird der Ort im Ausland, an dem ausgebildet wird, zur Ausbildungsstätte im Sinne des § 27 BBiG.[14] Denn Ausbildungsstätte ist der betriebliche Ort, an dem die tatsächliche Ausbildung stattfindet.[15] Der Begriff Ausbildungsstätte meint nicht nur den Betrieb oder Betriebsteil, sondern auch Filialen und Außenstellen.[16] Zum Schutz der Auszubildenden ist die erforderliche **Eignung** der Ausbildungsstätte auf alle betrieblichen Orte des ausbildenden Unternehmens zu beziehen, mit denen die Auszubildenden im Rahmen ihrer betrieblichen Ausbildung in Kontakt kommen oder kommen sollen. Der Begriff der Ausbildungsstätte ist nicht deckungsgleich mit dem Begriff des Betriebs etwa im Sinne des Betriebsverfassungsgesetzes.[17] Die zuständige Stelle hat dementsprechend die Ausbildungsstätte im Ausland auf ihre Eignung gem. § 27 BBiG zu überprüfen. Aus der sachlichen und zeitlichen Gliederung gem. § 11 Abs. 1 Satz 2 Nr. 1 BBiG wird sich der Auslandsaufenthalt regelmäßig ergeben müssen. Nur ganz ausnahmsweise ist denkbar, dass eine Ausbildung im Ausland keinerlei Besonderheiten gegenüber der Ausbildung im Inland aufweist, sodass die sachliche und zeitliche Gliederung ohne Änderung im Ausland fortgesetzt werden kann. Regelmäßig werden die Auslandsaufenthalte jedoch durchgeführt, um die **Besonderheiten des Berufs** im Ausland kennenzulernen. Diese Besonderheiten müssen als Inhalte in der sachlichen Gliederung, die Bestandteil des Ausbildungsvertrages ist, enthalten sein. Dauert die Ausbildung im Ausland länger als vier Wochen, ist hierfür ein mit der zuständigen Stelle abgestimmter Plan erforderlich (§ 76 Abs. 3 BBiG).

2. Kosten

17 Nicht ausdrücklich im BBiG geregelt ist die Frage, wer die Kosten des Auslandsaufenthalts tragen muss. Im Berufsbildungsrecht gilt der allgemeine Grundsatz, dass den Auszubildenden keine Kosten auferlegt werden dürfen, die den Ausbildenden bei der Ausbildung entstehen. Der Zugang zu einer durch das Berufsbildungsgesetz geregelten Ausbildung soll nicht von dem finanziellen Leistungsvermögen und -willen der Auszubildenden abhängen.[18] Aus diesem Grundsatz folgert das Bundesarbeitsgericht,[19] dass der Ausbildende **keine Entschädigung** für solche Ausbildungsmaßnahmen außerhalb der Ausbildungsstätte verlangen kann, die in den Ausbildungsgang einbezogen sind. Der Ausbilder habe daher auch die Kosten zu tragen, die für die im Rahmen der Berufsausbildung notwendigen außerbetrieblichen **Lehrgänge** entstehen. Wenn aber der Ausbildende die Kosten für außerbetriebliche Lehrgänge übernehmen muss, gilt dies umso mehr für die Ausbildung innerhalb einer Ausbildungsstätte, weil hier das Verbot der Entschädigung für die Kosten der Ausbildung aus § 12 Abs. 2 Nr. 1 unmittelbar greift.

18 Die Ausgangslage ist nicht vergleichbar mit den Kosten, die einem/r Auszubildenden entstehen, wenn er/sie sich einen Ausbildungsplatz an einem **entfernten Ort** sucht: In diesem Fall muss der/die Auszubildende die Kosten für Unterkunft und Verpflegung selbst tragen.[20] Die Auszubildenden, bei denen ein Auslandsaufenthalt vereinbart wird, haben

14 Wohlgemuth/*Pepping*, BBiG, § 27 Rn. 42.
15 *Taubert*, BBiG, § 27 Rn. 9; *Braun/Mühlhausen*, BBiG, § 22 Rn. 9.
16 *Braun/Mühlhausen*, BBiG, § 22 Rn. 9.
17 *Braun/Mühlhausen*, BBiG, § 22 a. F. Rn. 9.
18 *BAG* 26.9.2002 – 6 AZR 486/00, juris.
19 *BAG* 25.4.1984 – 5 AZR 386/83, juris.
20 *BAG* 16.10.1974 – 5 AZR 575/73, juris.

sich einen inländischen Ausbildungsbetrieb ausgesucht. Der Ausbildungsbetrieb ist selbst verpflichtet, die praktische Ausbildung zu gewährleisten. Wenn er sich hierzu eines auswärtigen Unternehmens oder Betriebes bedient, ändert dies nichts an der grundlegenden Verpflichtung, die Kosten der Ausbildung selbst zu tragen.[21]

Ein Rückgriff auf § 14 Abs. 1 Nr. 3,[22] der ohnehin nur Ausbildungsmittel und nicht Unterbringung und Verpflegung erfasst, ist wegen des vorgenannten Ergebnisses nicht nötig; ebenso wenig der Rückgriff auf die Anspruchsgrundlagen des Auftragsrechts (§§ 670, 675 BGB).[23] 19

3. Auswirkungen auf das Ausbildungsverhältnis

Wurde der Auslandsaufenthalt nicht zwischen Ausbildenden und Auszubildenden vereinbart, kann der/die Ausbildende den/die Auszubildenden nicht anweisen, sich zur Ausbildung zur Ausbildungsstätte im Ausland zu begeben. Eine solche Weisung ist vom Weisungsrecht nicht gedeckt.[24] 20

Da der Auslandsabschnitt in diesen Fällen das Ausbildungsverhältnis nicht unterbricht, erübrigten sich im Gesetzgebungsprozess zusätzliche Regelungen etwa zur Vergütungspflicht, zur Anerkennung der im Ausland erworbenen Fertigkeiten, Kenntnisse und Fähigkeiten, oder zum Status als Auszubildende/r hinsichtlich sozialversicherungs- und steuerrechtlicher Fragen. Die Sozialversicherungspflicht bleibt bei der Auslandsausbildung gem. § 2 Abs. 3 bestehen; es greift die sogenannte Ausstrahlung (§ 4 SGB V). Die Auswirkungen im Einzelnen ergeben sich aus dem Sozialversicherungsrecht und es empfiehlt sich, besonders für die Auszubildenden, **vor Antritt der Auslandsausbildung** die Folgen – insbesondere für die Krankenversicherung – abklären zu lassen.[25] 21

Es besteht neben dem Auslandsaufenthalt gem. § 2 Abs. 3, wie schon vor der Änderung des Gesetzes im April 2005, die Möglichkeit, Auslandsaufenthalte Auszubildender im Rahmen von Beurlaubungen/Freistellungen durchzuführen und die zuständige Stelle über eine Anrechnung befinden zu lassen. 22

4. Dauer und Berufsschulfreistellung

Die Auslandsaufenthalte sollen im Verhältnis zur Gesamtdauer der Berufsausbildung angemessen sein. Die Dauer von Ausbildungsabschnitten im Ausland soll daher maximal ein Viertel der in der Ausbildungsordnung festgelegten Ausbildungsdauer betragen. Anrechnungen bzw. Verkürzungen nach den §§ 7 und 8 BBiG bleiben dabei unberücksichtigt. Bei einer dreijährigen Berufsausbildung wird danach – bei Zustimmung der Ausbildenden – ein bis zu neunmonatiger Auslandsaufenthalt ermöglicht (theoretisch können auch mehrere Auslandsaufenthalte bis zu dieser Gesamtdauer erfolgen). Dieser Zeitrahmen entspricht den Angeboten der europäischen Berufsbildungsprogramme (insb. LEONARDO) sowie den Regelungen der Kultusministerkonferenz:[26] 23

21 *BAG* 21. 9. 1995 – 5 AZR 994/94, juris.
22 *Benecke/Hergenröder*, BBiG, § 2 Rn. 17.
23 So aber Wohlgemuth/*Günther*, BBiG, § 2 Rn. 15.
24 Wohlgemuth/*Günther*, BBiG, § 2 Rn. 14.
25 Vgl. zum Beispiel *Küttner/Schlegel*, Personalbuch 2024, Stichwort ›Auslandstätigkeit‹ Rn. 77.
26 *www.kmk.org*: 1999_06_08-BLV-Teiln-Berufsschueler-Austausch-Ausland.pdf.

Bund-Länder-Vereinbarung
Teilnahme von Berufsschülern/Berufsschülerinnen an Austauschmaßnahmen mit dem Ausland
(Beschluss der Kultusministerkonferenz vom 8. 6. 1999)
Auslandsaufenthalte, zum Beispiel im Rahmen von Austauschmaßnahmen, stellen eine besondere Möglichkeit zur Vermittlung und Vertiefung fremdsprachlicher Kenntnisse sowie beruflicher und kultureller Erfahrungen dar.
Unter Berücksichtigung der besonderen Gegebenheiten in der dualen Berufsausbildung wird für die Teilnahme von Berufsschülern/Berufsschülerinnen an Austauschmaßnahmen mit dem Ausland folgendes vereinbart:

a) Berufsschüler/Berufsschülerinnen können für die Teilnahme an Austauschmaßnahmen (z. B. im Rahmen des Schüleraustausches oder von bilateralen oder EU-Austauschprogrammen) für einen Zeitraum von bis zu drei Wochen vom Teilzeitunterricht oder einen entsprechenden Zeitraum vom Blockunterricht beurlaubt/freigestellt werden.
b) Eine darüber hinausgehende Beurlaubung/Freistellung bis zur Höchstdauer von neun Monaten kann dann erfolgen, wenn
   – Berufsschule, Betrieb und zuständige Stelle gemeinsam festgestellt haben, dass die vorübergehend in das Ausland verlagerte Ausbildung überwiegend den inhaltlichen Anforderungen der Ausbildung entspricht und
   – sichergestellt ist, dass die im Ausland verbrachten Ausbildungsabschnitte durch die zuständige Stelle auf die Berufsausbildung angerechnet werden.

Bei einer Entscheidung über eine Beurlaubung im letzten Jahr der Ausbildung sollte der bevorstehende Berufsabschluss und der mit dem Abschluss der Berufsschule mögliche Erwerb weiterer schulischer Berechtigungen berücksichtigt werden.

24 Durch die Abstimmung von Auslandsaufenthaltsdauer und Freistellungsmöglichkeit in der Berufsschule wird auch denjenigen Auszubildenden ein Auslandsaufenthalt ermöglicht, die noch schulpflichtig sind. Unklar ist indes, wie die Lerninhalte der Berufsschule bei einem längeren Auslandsaufenthalt nachgeholt werden können und wie in diesem Fall die Note berechnet wird, die gem. § 37 Abs. 3 Satz 2 auf Antrag des/r Auszubildenden auf dem Prüfungszeugnis ausgewiesen wird.

5. Mitbestimmung

25 Zu den Rechten des Betriebsrats bei der Auslandsausbildung s. *Sarge* AiB 2007, 107.

§ 3 Anwendungsbereich

(1) Dieses Gesetz gilt für die Berufsbildung, soweit sie nicht in berufsbildenden Schulen durchgeführt wird, die den Schulgesetzen der Länder unterstehen.

(2) Dieses Gesetz gilt nicht für

1. die Berufsbildung, die in berufsqualifizierenden oder vergleichbaren Studiengängen an Hochschulen auf der Grundlage des Hochschulrahmengesetzes und der Hochschulgesetze der Länder durchgeführt wird,

2. die Berufsbildung in einem öffentlich-rechtlichen Dienstverhältnis,

3. die Berufsbildung auf Kauffahrteischiffen, die nach dem Flaggenrechtsgesetz die Bundesflagge führen, soweit es sich nicht um Schiffe der kleinen Hochseefischerei oder der Küstenfischerei handelt.

(3) Für die Berufsbildung in Berufen der Handwerksordnung und die Feststellung nach § 1 Absatz 6 am Maßstab eines anerkannten Ausbildungsberufs nach der Handwerksordnung gelten § 4 Absatz 1 und 3 bis 6, § 5 Absatz 1 und 2, die §§ 6 bis 9, 27 bis 49, 50b bis 50e, 53 Absatz 1 bis 3, die §§ 53a bis 53e Absatz 1 bis 3, die §§ 54 bis 58

Satz 1, die §§ 59 bis 70, 76 bis 80 sowie 101 Absatz 1 Nummer 7 bis 11 nicht; insoweit gilt die Handwerksordnung.

Inhaltsübersicht

I. Allgemeines

§ 3 regelt den sachlichen Geltungsbereich des Berufsbildungsgesetzes. § 3 Abs. 1 beschreibt den Grundsatz: Das Gesetz gilt für die gesamte Berufsbildung – dieser Begriff ist in § 1 Abs. 1 definiert. Eine Ausnahme bildet der Bereich der Berufsbildung; diesen Bereich kann der Gesetzgeber im Berufsbildungsgesetz nicht regeln kann, weil er hierfür die Gesetzgebungskompetenz nicht innehat: Der Bereich der schulischen Berufsbildung. Schulbildung, auch schulische Berufsbildung untersteht der Gesetzgebungskompetenz der Länder. 1

Vom Geltungsbereich des Berufsbildungsgesetzes werden in Abs. 2 drei abschließend aufgezählte Berufsbildungsbereiche ausgenommen: Die Berufsbildung an Hochschulen, im öffentlich-rechtlichen Dienstverhältnis und für bestimmte Kauffahrteischiffe. In Abs. 3 werden zudem für den Bereich der Handwerksordnung zahlreiche Vorschriften von der Geltung ausgeschlossen, die nach Abs. 1 erfasst wären: Hier gelten statt des Berufsbildungsgesetzes die entsprechenden Vorschriften der Handwerksordnung. 2

II. Sachlicher Geltungsbereich

Das Berufsbildungsgesetz regelt die gesamte Berufsbildung im Sinne des § 1, also: 3

- Berufsausbildungsvorbereitung,
- Berufsausbildung in anerkannten wie nicht anerkannten Ausbildungsberufen, in anderen Vertragsverhältnissen, die das Lernen zum Inhalt haben (§ 26),
- Fortbildung und
- Umschulung.

1. Ausschluss rein schulischer Berufsbildung

Die schulische Berufsbildung ist aus verfassungsmäßigen Gründen vom Geltungsbereich des Berufsbildungsgesetzes ausgeschlossen. Die Gesetzgebungskompetenz des Bundes erstreckt sich wegen der Art. 30 und 70 Grundgesetz nicht auf die rein schulische Aus- 4 bildung, die den Ländern obliegt.[1] Zum Begriff der berufsbildenden Schulen siehe § 2 Rn. 9.

5 Die Abgrenzung ist besonders bedeutsam für die Ausbildung in den berufsbildenden Schulen.

6 Klassische Angebotsfelder der rein schulischen Berufsbildung sind der gesamte Bereich der Gesundheitssorge, sowie die Bereiche Labortechnik, Kommunikations- und Gestaltungstechnik, sowie Sekretariat und Fremdsprachen. Die Berufsqualifikation zum »Staatlich Geprüften Assistenten« als alleiniges Bildungsziel kann nach zwei Jahren erworben werden. In den Ländern, in denen die Berufsqualifikation in einer Doppelqualifikation mit einer Studienberechtigung verbunden wird, dauert die Ausbildung entsprechend länger.

Die Kultusministerkonferenz hat gemeinsame Kriterien vereinbart und damit die Voraussetzung für die gegenseitige Anerkennung in den Ländern geschaffen. Maßgeblich sind folgende Vereinbarungen:

- Rahmenvereinbarung über die Berufsfachschulen vom 28.2.1997 in der jeweils geltenden Fassung;
- Rahmenvereinbarung über die Ausbildung und Prüfung zum staatlich geprüften kaufmännischen Assistenten/zur staatlich geprüften kaufmännischen Assistentin an Berufsfachschulen vom 1.10.1999 in der jeweils geltenden Fassung;
- Rahmenvereinbarung über die Ausbildung und Prüfung zum staatlich geprüften technischen Assistenten/zur staatlich geprüften technischen Assistentin vom 12.6.1992 in der jeweils geltenden Fassung.

Rechtsgrundlage für die Berufsabschlüsse bilden die Schulgesetze der Länder.

7 Einen Überblick über die vorhandenen Ausbildungsberufe in rein schulischer Berufsbildung und über die Vielzahl, die in den Ländern installiert wurde, bietet die **Rahmenvereinbarung** über die Berufsfachschulen vom 28.2.1997 in der jeweils geltenden Fassung,[2] oder das »neue Verzeichnis der Ausbildungsberufe«,[3] das beim Bundesinstitut für Berufsbildung geführt wird.[4]

8 Anlässlich einer Entscheidung über die Ausbildung zur Altenpflegerin hat das Bundesarbeitsgericht bei der Frage, ob eine rein schulische Ausbildung oder eine solche nach dem BBiG vorliege, darauf abgestellt, ob die Länder diesen Ausbildungsgang als schulische Ausbildung gestalten, den Ausbildungsgang also ihrem Schulgesetz zuordnen. Bleibt dies offen, ist darauf abzustellen, ob die praktische Ausbildung rein zeitlich die schulische Ausbildung überwiegt.[5]

2. Spezielle Ausbildungsgesetze vor BBiG

9 Die Ausbildung in den Berufen im Gesundheits- und Sozialwesen ist nur teilweise rein schulisch. Maßgeblich für die Anwendbarkeit des BBiG ist seit der Abschaffung des früheren § 107 nicht mehr, ob es sich um Heil- oder Heilhilfsberufe handelt, sondern nur noch, ob die Ausbildung rein **schulisch** erfolgt oder nicht. Damit ist der Weg für die Anwendbarkeit des BBiG in vielen Berufen des Heil- und Sozialwesens frei.[6] Das BBiG gilt jedoch

---

1 BT-Drucks. V/4260, S. 4.
2 *www.kmk.org:* 1997_02_28-RV-Berufsfachschulen.pdf (in der Fassung vom 7.12.2007).
3 Einschließlich der rein schulischen Berufe im Gesundheitswesen.
4 *www.bibb.de:* Verzeichnis der anerkannten Ausbildungsberufe 2024.pdf.
5 *BAG* 7.3.1990 – 5 AZR 217/89, juris; *BAG* 18.6.1980 – 4 AZR 545/78, juris.
6 So im Ergebnis auch *LAG Berlin-Brandenburg* 18.1.2007 – 18 Sa 1600/06, juris, zur Ausbildung von Operationstechnischen AssistentInnen.

da nicht, wo eine **spezialgesetzliche Regelung** mit anderem Inhalt als das BBiG für den jeweiligen Ausbildungsberuf gilt.[7]

Bundesgesetzlich geregelt sind nach einer Auflistung der Kultusministerkonferenz[8] diese Berufe: 10

Altenpfleger/Altenpflegerin
Diätassistent/Diätassistentin
Ergotherapeut/Ergotherapeutin
Entbindungspfleger/Hebamme
Gesundheits- und Kinderkrankenpfleger/Gesundheits- und Kinderkrankenpflegerin
Gesundheits- und Krankenpfleger/Gesundheits- und Krankenpflegerin
Logopäde/Logopädin
Masseur und medizinischer Bademeister/Masseurin und medizinische Bademeisterin
Medizinisch-technischer Assistent/in für Funktionsdiagnostik
Medizinisch-technischer Laboratoriumsassistent/in
Medizinisch-technischer Radiologieassistent/Medizinisch-technische Radiologieassistentin
Orthoptist/Orthoptistin
Pharmazeutisch-technischer Assistent/Pharmazeutisch-technische Assistentin
Physiotherapeut/Physiotherapeutin
Podologe/Podologin
Veterinärmedizinisch-technischer Assistent/Veterinärmedizinisch-technische Assistentin
Hinzu kommen noch landesrechtlich geregelte schulische Berufsabschlüsse.[9]

III. Ausnahmen vom Geltungsbereich des BBiG

Von den Berufsbildungsgängen, die von § 3 Abs. 1 erfasst sind, werden drei Ausnahmen abschließend aufgezählt. 11

1. Hochschulen

Abs. 2 Nr. 1 nimmt vom Geltungsbereich des Gesetzes die Berufsbildung aus, die in berufsqualifizierenden oder vergleichbaren Studiengängen an Hochschulen auf der Grundlage des Hochschulrahmengesetzes oder der Hochschulgesetze der Länder durchgeführt wird. Beim weiten Berufsbildungsbegriff des § 1 unterlägen ohne diesen Ausschluss vom Geltungsbereich auch die Studiengänge an den Hochschulen als systematische Berufsausbildung dem BBiG. Denn nach den §§ 2 Abs. 1 Satz 1, 7 und 10 Hochschulrahmengesetz (HRG) bereitet das Studium auf ein berufliches Tätigkeitsfeld vor und führt in der Regel zu einem berufsqualifizierenden Abschluss. 12

Hochschulen nach dem HRG sind: 13

- Universitäten,
- Pädagogische Hochschulen,
- Kunsthochschulen,
- Fachhochschulen,

7 *LAG Berlin-Brandenburg* 18. 1. 2007, a. a. O.; *Benecke/Hergenröder*, BBiG, § 3 Rn. 12.
8 *www.kmk.org:* 1997_02_28-RV-Berufsfachschulen.pdf (in der Fassung vom 7. 12. 2007).
9 *www.kmk.org:* 2012_01_26-Berufsabschluesse-an-Berufsschulen.pdf.

- sonstige Einrichtungen des Bildungswesens, die nach Landesrecht staatliche Hochschulen sind,
- soweit dies in § 70 bestimmt ist, auch die staatlich anerkannten Hochschulen.

Dementsprechend hat das LAG Baden-Württemberg entschieden, dass das BBiG auf ein Fachhochschulstudium **keine Anwendung** findet.[10]

2. Sonderfall: Duales Studium

a) Typisierung dualer Studiengänge

14 Die Berufsausbildung nach dem BBiG/der HwO wird wegen der beiden Lernorte – Betrieb und Berufsschule – auch duale Berufsausbildung genannt. Was bedeutet »duales Studium«? In der Praxis bereitete die Abgrenzung zwischen der Berufsausbildung und der Hochschulausbildung besondere Schwierigkeiten im Bereich des sogenannten **dualen Studiums**. Es handelt sich um einen Studiengang mit betriebspraktischen Phasen. Die betriebspraktischen Phasen können je nach Studiengang einen sehr unterschiedlichen Charakter haben: von verlängertem Betriebspraktikum bis zur Berufsausbildung in einem anerkannten Ausbildungsberuf nach dem BBiG.

14a Es gibt zwei Lernorte, Hochschule und Betrieb. Dabei wechseln sich Theoriephasen an der Hochschule mit Praxisphasen im Betrieb ab. »Dualität verlangt sowohl einen angemessenen Umfang der Praxisanteile als auch eine Verbindung und Abstimmung der Lernorte. Diese Verbindung muss strukturell mindestens durch eine organisatorische Koordinierung der Lernorte und inhaltlich mindestens durch eine Nähe von Studienfach und beruflicher Ausbildung/Tätigkeit gegeben sein. Eine nur zeitliche Ermöglichung eines Studiums für Auszubildende/Berufstätige oder ein studienbegleitendes Praktikum bezeichnet der Wissenschaftsrat nicht als »dual«.«[11] Der Hauptausschuss hat sich dieser Abgrenzung ausdrücklich angeschlossen.[12] Voraussetzung ist regelmäßig die (Fach-) Hochschulreife sowie ein Ausbildungs- / Praktikanten- oder Arbeitsvertrag mit einem Unternehmen. Erreicht werden können bestenfalls ein Berufsabschluss sowie ein Hochschulabschluss, wofür regelmäßig zwischen drei und fünf Jahren aufgewendet werden müssen.

Nach der Systematik des Bundesinstituts für Berufsbildung und des Wissenschaftsrats können vier verschiedene Typen des dualen Studiums[13] unterschieden werden, die im Verhältnis zur Berufsbildung sehr unterschiedliche Auswirkung haben.

- Das **ausbildungsintegrierende duale Studium** ist ein Studiengang für die berufliche Erstausbildung. Es soll das Studium mit einer Ausbildung in einem anerkannten Ausbildungsberuf, zumeist nach BBiG oder HwO, verbinden. Für den enthaltenen anerkannten Ausbildungsberuf wird ein Ausbildungsvertrag i. S. d. § 10 BBiG/HwO abgeschlossen. Teilweise wird hierzu eine Vereinbarung abgeschlossen, nach der auch während der Studienzeit Ausbildungsvergütung gezahlt wird, z. T. ist diese höher als die tarifliche Ausbildungsvergütung. In der Praxis gibt es auch die Variante, dass die Vergütung auch dann bezahlt wird, wenn die Ausbildung abgeschlossen wurde, das Studium jedoch nicht.

---

10 *LAG Baden-Württemberg* 15. 2. 2007 – 3 Sa 46/06, juris.

11 *Wissenschaftsrat* Empfehlungen zur Entwicklung des dualen Studiums – Positionspapier (Drucks. 3479-13), Oktober 2013, *www.wissenschaftsrat.de/download/archiv/3479-13.html.*

12 *www.bibb.de/dokumente/pdf/HA169.pdf.*

13 Siehe Fn. 11; *BSG* 1. 12. 2009 – B 12 R 4/08 R, BSGE 105, 56 ff., juris, Rn. 19.

- Das **praxisintegrierende duale Studium** ist ebenfalls ein Studiengang für die berufliche Erstausbildung. Es verbindet das Studium mit längeren Praxisphasen im Unternehmen bzw. einer beruflichen Teilzeittätigkeit. Für die Praxisphasen wird entweder ein Arbeitsvertrag abgeschlossen, wenn dieser nicht bereits vorhanden ist, oder ein Praktikumsvertrag abgeschlossen.
- Dem gegenüber stehen die Studiengänge für die berufliche Weiterbildung. Sie beinhalten nicht zugleich die Fortbildung gem. den §§ 53ff. Vielmehr stellt das Studium an sich die Weiterbildung dar. Es lassen sich zwei Typen erkennen, zum einen das **berufsintegrierende duale Studium**, das das Studium mit einer beruflichen (Teilzeit-) Tätigkeit verbindet. Dabei liegt für die berufliche Tätigkeit ein Teilzeitarbeitsverhältnis entweder schon vor oder wird erst abgeschlossen. Studieninhalte und die Tätigkeit im Betrieb sind nicht zwingend curricular verzahnt. Die Abschlussarbeit kann mit dem Betrieb abgesprochen und so betrieblich verankert sein. Als zweiten Typus gibt es das **praxisintegrierende duale Studium als Weiterbildung**, bei dem nach erfolgter Erstausbildung neben dem Studium Praxisanteile im Betrieb absolviert werden. Wegen des bereits vorhandenen Arbeitsvertrages, des Fehlens einer Fortbildungsordnung und des dadurch fehlenden Bezugs zum BBiG werden die berufsintegrierenden und praxisintegrierenden Studiengänge hier nicht weiter ausgeführt.

Ausbildungs-, praxis- und berufsbegleitende Studienformen werden nicht als dual verstanden. Ihnen fehlen die zentralen Merkmale eines dualen Studiums: eine systematische inhaltliche, organisatorische und vertragliche Verzahnung der beteiligten Partner sowie eine klare Funktion des Betriebs als Lernort im Rahmen des Studiengangkonzepts.[14] Die folgenden Ausführungen richten sich auf die dualen Studiengänge zur beruflichen Erstausbildung.

Es gibt unterschiedliche Modelle, wie das Studium organisiert sein kann:[15] Im Blockmodell wechseln sich Theorie- und Praxisphasen ab. Die Länge der Blöcke ist unterschiedlich, z. B. zwischen 8–16 Wochen, wobei die Praxisphasen zum Teil in die Semesterferien gelegt werden. Bei einer »vorgeschalteten« Berufsausbildung beginnt diese 6–18 Monate vor Aufnahme des Studiums. In den Semesterferien wird die Ausbildung weitergeführt bzw. gearbeitet. Im **Rotationsmodell** sind die Wochen während des Semesters in Praxistage im Betrieb und Lehrveranstaltungen aufgeteilt; teilweise sind auch einzelne Tage aufgeteilt, es wird abends und samstags studiert, ansonsten ausgebildet. 14b

b) Praxisphasen

Für die Organisation und Durchführung der Praxisphasen ist grundsätzlich das Kooperationsunternehmen zuständig. Dies gilt unabhängig von der Akkreditierung des dualen Studiengangs. Mit dieser wird das Studium als wissenschaftliche Hochschulbildung anerkannt. Über die Rechtsbeziehungen in der praktischen Ausbildung ergibt sich hieraus keine geänderte Verantwortlichkeit. So beschreiben die Richtlinien, die zur Akkreditierung dualer Studiengänge beschlossen wurden: »Die Hochschule beschreibt die inhaltliche Abstimmung der Theorie- und Praxisphasen in einem in sich geschlossenen Studiengangskonzept, aus der die Gestaltung der Praxisphasen und deren Kreditierung hervorgehen. Die Hochschule weist in der Akkreditierung eine angemessene Betreuung der Studierenden in den Praxisphasen nach. … Wenngleich das Studiengangskonzept auch vor dem Hintergrund der organisatorischen, inhaltlichen und zeitlichen Abstimmung aller Aus- 15

14 Siehe Fn. 11.
15 Siehe Fn. 11.

bildungsanteile bewertet werden muss, erstreckt sich die Beurteilung und Akkreditierung nur auf die theorie- und praxisbasierten, curricular verfassten Studienbestandteile.«[16]

16 Grundsätzlich gilt: Wird bei einem sog. ausbildungsintegrierenden dualen Studiengang das Hochschulstudium mit einer Berufsausbildung kombiniert, sodass in der Regel zwei Abschlüsse erreicht werden, kann das Berufsbildungsgesetz bis zum Abschluss der Berufsausbildung anwendbar sein.[17] Das Bundesarbeitsgericht hat demzufolge zur Anwendbarkeit des BBiG auf diese Praxisphasen als Abgrenzungskriterium darauf abgestellt, ob die **betriebspraktische Phase** erstens Teil des Studiums und zweitens durch staatliche Entscheidung anerkannt ist.[18] Zu erstens ist festzuhalten, dass nach der Musterrechtsverordnung der KMK[19] und den Ausführungen hierzu[20] die praktische Ausbildung bzw. Tätigkeit regelmäßig nicht Teil der staatlichen Hochschulausbildung ist: Die Praxisphase sichert nicht den staatliche Hochschulbildungsgang, sie ist der zweite Teil des dualen Studiums, das Gegenstück zur Hochschulbildung, nicht ein Teil von ihr. Die Inhalte der Praxisphase werden regelmäßig nicht geprüft, nur curricular geplant und die Berücksichtigung der systematischen inhaltlichen Verzahnung in dieser Planung akkreditiert. Es kommt zweitens darauf an, dass die praktische Ausbildung durch staatliche Entscheidung anerkannt ist. Dafür muss sie dem Hochschulrecht des jeweiligen Landes genügen. Wird im Hochschulgesetz des Landes eine staatliche Genehmigung der Prüfungsordnung verlangt, müssen die Praxisphasen sich dort niederschlagen. Wird im Hochschulgesetz eines anderen Bundeslandes eine Akkreditierung des Hochschulbildungsgangs gefordert, genügt eine Systemakkreditierung der Hochschule nicht. Nicht ausreichend ist nach der Rechtsprechung des Bundesarbeitsgerichts,[21] wenn lediglich die Prüfungsordnung für das Studium staatlicher Aufsicht unterliegt, ebenso, wenn die Prüfung in dem Ausbildungsberuf vor der IHK und nicht an der Hochschule abgelegt wird.[22] Nur wenn die Praxisphase in dieser staatlich beaufsichtigten Prüfungsordnung geregelt ist, kann unterstellt werden, dass die Praxisphase Teil der Hochschulausbildung und damit dem Geltungsbereich des BBiG entzogen ist.[23] Die genaueren Anforderungen an die **Regelungsdichte** der staatlichen Entscheidung für die Praxisphase wurden vom Bundesarbeitsgericht noch nicht beschrieben. Nicht ausreichend ist die singuläre Regelung in der Prüfungsordnung, dass nach der Prüfungsordnung eine abgeschlossene Ausbildung Voraussetzung für die Zulassung zur Prüfung ist. Mit einer solchen Prüfungsvoraussetzung allein wird das Tatbestandsmerkmal des § 3 Abs. 2 Nr. 1, wonach die Ausbildung »an einer Hochschule« durchgeführt wird, nicht erfüllt. Vor diesem Hintergrund sind Auffassungen aus der Literatur[24] und aus der Praxis,[25] praxisintegrierende duale Studiengänge unterlägen nicht dem BBiG, deutlich zu pauschal. Der anderslautenden Rechtsprechung, die vor der Entscheidung des Bundesarbeitsgerichts ergangen ist, dürfte nicht mehr gefolgt werden.

---

16 *archiv.akkreditierungsrat.de/fileadmin/Seiteninhalte/AR/Beschluesse/AR_Handreichung_Profil.pdf.*

17 *ArbG Nürnberg* 15.7.2003 – 3 Ca 8538/02 A, juris; *LAG Mecklenburg-Vorpommern* 29.1.2019 – 5 Sa 105/18, Rn. 85, juris.

18 *BAG* 18.11.2008 – 3 AZR 192/07, Rn. 20f., juris; zustimmend *LAG Mecklenburg-Vorpommern* 29.1.2019 – 5 Sa 105/18, Rn. 83, juris; *ArbG Münster* 18.5.2017 – 2 BV 4/17, Rn. 31, juris.

19 *www.akkreditierungsrat.de:* Musterrechtsverordnung.pdf.

20 *www.akkreditierungsrat.de/de/faq/tag/ss12-abs-6-mrvo.*

21 *BAG* 18.11.2008 – 3 AZR 192/07, Rn. 21, juris.

22 *LSG Chemnitz* 30.11.2017 – L 3 AL 192/15, *www.sozialgerichtsbarkeit.de.*

23 *BAG* 18.11.2018 – 3 AZR 192/07, Rn. 20f., juris.

24 Z. B. *Grimm/Freh*, ArbRB 2015, 316.

25 Rundschreiben der *Spitzenverbände der Sozialversicherung*, 5.7.2010, Versicherungsrechtliche Beurteilung von Teilnehmern an dualen Studiengängen, beck-online.

Insbesondere kann nicht mehr davon ausgegangen werden, dass Praxisphasen und Studienphasen ein einheitliches Rechtsverhältnis darstellen, das im Kern auf den dualen Abschluss zielt.[26] Auch die bisherige Rechtsprechung, wonach die Ausbildungsstätten für die Praxisphasen automatisch einen Teil der Ausbildung an der Berufsakademie leisten,[27] ist mit der Entscheidung vom 18.11.2008[28] überholt.

Ist die Praxisphase nicht durch staatliche Entscheidung anerkannt, ist das BBiG anwendbar. Die Praxisphase wird regelmäßig in einem geordneten Ausbildungsgang berufliche Handlungsfähigkeit vermitteln. Sie stellt dadurch eine Berufsausbildung im Sinne des § 1 Abs. 3 dar. Fehlt es an einem geordneten Ausbildungsgang und liegt auch kein Arbeitsverhältnis vor, stellt die Praxisphase ein »**anderes Vertragsverhältnis**« im Sinne des § 26 dar.[29] Ist die Praxisphase hingegen doch durch staatliche Entscheidung anerkannt, ist das BBiG aufgrund der Ausnahme des § 3 Abs. 2 Nr. 1 nicht anwendbar. Es bleibt dann auch kein Raum dafür, die Praxisphase als anderes Vertragsverhältnis im Sinne des § 26 zu behandeln, auch wenn die Praxisphase auf den Erwerb beruflicher Fertigkeiten, Kenntnisse, Fähigkeiten oder beruflicher Erfahrungen gerichtet ist.[30] **16a**

Die insoweit vom Bundessozialgericht[31] festgestellte fehlende Beitragspflicht für die Praxisphasen eines praxisintegrierenden dualen Studiums lässt sich daher nicht auf alle derartigen Studiengänge übertragen. Das Bundessozialgericht hat sich ausdrücklich[32] auf die Entscheidungen des Bundesarbeitsgerichts bezogen. Es hat ausgeführt, dass seine Einschätzung daran knüpft, dass »Praxisphasen … im Rahmen und als Bestandteil einer Fachhochschulausbildung absolviert« werden. Die pauschale Einschätzung der Spitzenverbände der Sozialversicherungsträger vom 5.7.2010,[33] wonach alle Teilnehmer an praxisintegrierten dualen Studiengängen – unabhängig von einer finanziellen Förderung durch einen Arbeitgeber/Kooperationsbetrieb – weder als gegen Arbeitsentgelt Beschäftigte noch als zur Berufsausbildung Beschäftigte anzusehen sind, und zwar auch nicht in den berufspraktischen Phasen, ist daher nicht vollständig korrekt. Zu prüfen sind jeweils die Studienordnung und die Prüfungsordnung auf die beiden vom Bundesarbeitsgericht herausgearbeiteten Kriterien »Praxisphase ist Teil des Studiums« und »Praxisphase ist durch staatliche Entscheidung anerkannt.«[34] **16b**

c) Studiengang

Der andere Teil des dualen Studiums, der eigentliche Studiengang, unterliegt regelmäßig den Schulgesetzen der Länder[35] oder dem Hochschulrecht.[36] Beides schließt die Anwendung des BBiG für die Rechtsfragen im Zusammenhang mit dem Studiengang aus. **17**

---

26 So aber noch *LAG Hamm* 13.10.2006 – 2 Ta 6/06, juris.
27 *BAG* 16.10.2002 – 4 AZR 429/01, juris.
28 *BAG* 18.11.2008 – 3 AZR 192/07 und 3 AZR 312/07, juris.
29 Im Ergebnis so auch Wohlgemuth/*Günther* BBiG, § 3 Rn. 12.
30 *LAG Mecklenburg-Vorpommern* 29.1.2019 – 5 Sa 105/18, Rn. 84, juris, m.w.N.
31 *BSG* 1.12.2009 – B 12 R 4/08 R, *www.sozialgerichtsbarkeit.de.*
32 *BSG* 1.12.2009 – B 12 R 4/08 R, *www.sozialgerichtsbarkeit.de,* Rn. 26.
33 Rundschreiben der *Spitzenverbände der Sozialversicherung,* 5.7.2010, Versicherungsrechtliche Beurteilung von Teilnehmern an dualen Studiengängen, beck-online.
34 Siehe Rn. 15b; *BAG* 18.11.2008 – 3 AZR 192/07, Rn. 20f., juris.
35 Zum Beispiel waren die Berufsakademien des Landes Baden-Württemberg bis zur Einbeziehung in das Landeshochschulgesetz am 1.3.2009 den berufsbildenden Schulen zugeordnet: *www.kmk.org:* 1999_06_08-BLV-Teiln-Berufsschueler-Austausch-Ausland.pdf.
36 *BAG* 16.10.2002 – 4 AZR 429/01, juris; so auch ausdrücklich für die Berufsakademien in Baden-Württemberg, § 1 Abs. 2 Nr. 5 LHG-BW (n.F.).

Die Studierenden im dualen Studium sind also in zwei Rechtsverhältnisse eingebunden: In ein **privatrechtliches** Ausbildungsverhältnis, auf das ggf. das Berufsbildungsgesetz anzuwenden ist und in dem sie ansonsten als ArbeitnehmerInnen oder Beschäftigte mit einem Vertragsverhältnis eigener Art[37] zu qualifizieren sind, sowie in ein **öffentlich-rechtliches** Verhältnis zur Dualen Hochschule.[38] Eine derartige Aufspaltung einer Berufsausbildung in einen privatrechtlichen und einen öffentlich-rechtlichen Teil ist der Berufsbildung nicht fremd. Auch die Auszubildenden in einer Berufsausbildung nach § 1 Abs. 3 unterliegen einem privatrechtlichen Ausbildungsvertrag und einem öffentlich-rechtlichen Schulverhältnis bezüglich des Berufsschulbesuchs.

3. Öffentlich-rechtliches Dienstverhältnis

18 Auf die Berufsbildung in öffentlich-rechtlichen Dienstverhältnissen ist das BBiG nicht anzuwenden. Öffentlich-rechtliche Dienstverhältnisse sind durch eine besondere Beziehung zum Dienstherrn, durch die Wahrnehmung hoheitlicher Aufgaben und die Besonderheiten des staatlichen Dienstrechts geprägt. Vom Geltungsbereich des BBiG gem. § 3 Abs. 2 Nr. 2 **ausgenommen** sind dadurch Berufsbildungsmaßnahmen durch den Bund, die Länder, die Kreise oder Kommunen, bei Körperschaften, Anstalten oder Stiftungen des öffentlichen Rechts.

19 Nicht alle Formen der Berufsbildung bei den genannten Dienstherren sind vom Geltungsbereich des BBiG ausgeschlossen. Ausgeschlossen ist lediglich die Berufsbildung im **öffentlich-rechtlichen** Dienstverhältnis, also für alle Personen, die eine Berufsbildung als:

- Beamt:innen, auch Beamt:innen auf Probe,[39]
- Richter:innen sowie
- Soldat:innen

erhalten.

Für diese Personengruppen und ihre Berufsbildung bestehen spezielle dienstrechtliche Vorschriften, z. B. in den Beamtengesetzen der Länder, dem DRiG und dem SoldatenG.

20 Die Berufsbildung im privatrechtlichen Dienstverhältnis bei einem Dienstherrn unterliegt dem BBiG. Diese Berufsausbildung kann entweder in verwaltungseigenen Berufsbildungsgängen erfolgen, deren Ausbildungsordnungen den §§ 4–8 genügen müssen, oder in einem anderen anerkannten Ausbildungsberuf.[40]

21 Die Ausbildung im Strafvollzug erfolgt zwar nicht in einem öffentlich-rechtlichen Dienstverhältnis, aufgrund der Besonderheiten des Strafvollzugs ist dieses Ausbildungsverhältnis jedoch als öffentlich-rechtliches zu charakterisieren.[41] Die Auszubildenden im Strafvollzug absolvieren eine Externenprüfung nach § 45 Abs. 2.

---

37 *Natzel*, NZA 2008, 567, 570; *Grimm/Freh*, ArbRB 2015, 316.

38 *Brecht-Heitzmann*, AuR 2009, 389 mit zutreffender Beschreibung der Stellung der Studierenden im Tarif- und Betriebsverfassungsrecht; *Tarifliche Schiedsstelle der baden-württembergischen Metall- und Elektroindustrie*, Schiedsspruch vom 27.7.2009, AuR 2009, 428.

39 Wohlgemuth/*Günther*, BBiG, § 3 Rn. 18.

40 Wohlgemuth/*Günther*, BBiG, § 3 Rn. 20; *Braun/Mühlhausen*, BBiG, § 2 a. F. Rn. 26; *Taubert*, BBiG, § 3 Rn. 14.

41 *Benecke/Hergenröder*, BBiG, § 3 Rn. 7.

4. Kauffahrteischiffe

Keine Anwendung findet das BBiG auf die Ausbildung auf Kauffahrteischiffen. Kauffahrteischiffe sind dem **Erwerb** dienende Schiffe, die auch als Seehandelsschiffe bezeichnet werden.[42] Wegen der längeren Ausfahrten auf See ist die Ausbildung auf diesen Schiffen im SeeArbG und den aufgrund der in § 92 SeeArbG erlassenen Verordnungen geregelt. Auf den Schiffen, die nicht dem in § 1 SeeArbG geregelten Geltungsbereich unterliegen, gilt das BBiG. Dies sind zum Beispiel Küstenschiffe, Binnenschiffe, Schiffe der kleinen Hochseefischerei,[43] Yachten oder Schiffe, die hoheitlichen Aufgaben dienen.[44] 22

IV. Berufsbildung in Handwerksberufen

Die Berufsbildung für die Handwerksberufe ist im zweiten Teil der Handwerksordnung geregelt (der Gesetzestext der Handwerksordnung findet sich im **Anhang**). Die Handwerksordnung gilt für alle Handwerksberufe, also für zulassungspflichtige Handwerke, zulassungsfreie Handwerke sowie handwerksähnliche Gewerbe. Der Vorrang der Handwerksordnung ergibt sich bereits aus dem **Grundsatz der Spezialität**, sodass Abs. 3 lediglich klarstellenden Charakter hat. 23

Im Ergebnis führt diese Bereichsausnahme dazu, dass für folgende Bereiche die aufgeführten Paragrafen der Handwerksordnung statt des BBiG gelten: 24

	statt BBiG	gilt HwO
Ordnung der Berufsbildung	§ 4 Abs. 1, 3–6; § 5 Abs. 1, 2; §§ 6–9	§§ 25–27d
Eignung von Ausbildungsstätte und Ausbildungspersonal	§§ 27–33	§§ 21–24
Verzeichnis der Berufsausbildungsverhältnisse (Lehrlingsrolle)	§§ 34–36	§§ 28–30
Prüfungswesen (Gesellenprüfung)	§§ 37–49	§§ 31–40a
Feststellung individueller Handlungsfähigkeit	§§ 50b–50e	§§ 41b–41e
Fortbildung und Umschulung	§ 53 Abs. 1–3; §§ 53a–53e Abs. 1–3; §§ 54–58 Satz 1; §§ 59–63	§§ 42–42o
Berufsbildung von Menschen mit Behinderungen	§§ 64–67	§§ 42p–42s
Berufsausbildungsvorbereitung	§§ 68–70	§§ 42t–42v
Regelung und Überwachung der Berufsausbildung	§ 76	§§ 41–41a
Berufsbildungsausschuss	§§ 77–80	§§ 43–44b
Ordnungswidrigkeiten	§ 101 Abs. 1 Nr. 7–11	§§ 117–118

42 *Jarass/Pieroth*, GG, Art. 27 Rn. 1.
43 Wohlgemuth/*Günther*, BBiG, § 3 Rn. 21; *Braun/Mühlhausen*, BBiG, § 2 a. F. Rn. 27 f.
44 *Jarass/Pieroth*, GG, Art. 27 Rn. 1.

25 Wie auch nach dem BBiG 1969 sind die arbeitsrechtlichen Vorschriften der §§ 10 bis 26 BBiG zur Regelung des Berufsausbildungsverhältnisses auch bei der Ausbildung im Handwerk anzuwenden. Dem entspricht, dass die Ordnungswidrigkeit bei Nichtzahlung der Mindestausbildungsvergütung (§ 101 Abs. 1 Nr. 5) auch im Geltungsbereich der Handwerksordnung gilt.

26 Nach dem Willen des historischen Gesetzgebers steht die in § 3 Abs. 3 integrierte **Bereichsausnahme** für die Berufsbildung in Berufen der Handwerksordnung jedoch nicht der gängigen Praxis entgegen, Ausbildungsberufe durch **Rechtsverordnung** sowohl auf der Grundlage des Berufsbildungsgesetzes (§ 4) wie auch zugleich auf der Grundlage der Handwerksordnung (§ 25) zu ordnen.[45]

45 Regierungsentwurf, BT-Drucks. 15/3980, S. 109.

Teil 2
Berufsbildung

Kapitel 1
Berufsausbildung

Abschnitt 1
Ordnung der Berufsausbildung; Anerkennung von Ausbildungsberufen

§ 4 Anerkennung von Ausbildungsberufen

(1) Als Grundlage für eine geordnete und einheitliche Berufsausbildung kann das Bundesministerium für Wirtschaft und Klimaschutz oder das sonst zuständige Fachministerium im Einvernehmen mit dem Bundesministerium für Bildung und Forschung durch Rechtsverordnung, die nicht der Zustimmung des Bundesrates bedarf, Ausbildungsberufe staatlich anerkennen und hierfür Ausbildungsordnungen nach § 5 erlassen.

(2) Besteht in mehr als einem der durch die §§ 71 bis 75 erfassten Berufsbereiche und Bereiche ein Bedarf, gleiche Fertigkeiten, Kenntnisse und Fähigkeiten zu vermitteln, kann das für die betroffenen Berufsbereiche und Bereiche zuständige Fachministerium nach Absatz 1 einen Ausbildungsberuf auch für mehrere der durch die §§ 71 bis 75 erfassten Berufsbereiche und Bereiche staatlich anerkennen und eine entsprechende Ausbildungsordnung nach § 5 erlassen. Sind für die betroffenen Berufsbereiche und Bereiche verschiedene Fachministerien zuständig, können die staatliche Anerkennung und der Erlass der Ausbildungsordnung nach Absatz 1 durch gemeinsame Rechtsverordnung der zuständigen Fachminister erfolgen.

(3) Für einen anerkannten Ausbildungsberuf darf nur nach der Ausbildungsordnung ausgebildet werden.

(4) In anderen als anerkannten Ausbildungsberufen dürfen Jugendliche unter 18 Jahren nicht ausgebildet werden, soweit die Berufsausbildung nicht auf den Besuch weiterführender Bildungsgänge vorbereitet.

(5) Wird die Ausbildungsordnung eines Ausbildungsberufes aufgehoben oder geändert, so sind für bestehende Berufsausbildungsverhältnisse weiterhin die Vorschriften, die bis zum Zeitpunkt der Aufhebung oder Änderung gelten, anzuwenden, es sei denn, die ändernde Verordnung sieht eine abweichende Regelung vor.

(6) Das zuständige Fachministerium informiert die Länder frühzeitig über Neuordnungskonzepte und bezieht sie in die Abstimmung ein.

Inhaltsübersicht

I. Vorbemerkung

1 Der Abschnitt »Ordnung der Berufsausbildung« regelt die Begriffe und Grundsätze der Berufsausbildung wie die staatliche Regelung der dualen Berufsausbildung durch Ausbildungsordnungen und die Ermächtigung zu deren Erlass, Grundsätze zur Dauer der Ausbildung und Zuständigkeiten. Durch den grundlegenden Charakter dieser Regelungen ist die Positionierung des ordnungsrechtlichen Abschnitts der Berufsausbildung nachvollziehbar. Innerhalb dieses Teils regelt § 4 die Grundsätze der Anerkennung von Ausbildungsberufen. Sie enthält zum einen eine Ermächtigung zur Regelung der Ausbildungsberufe durch staatliche Anerkennung und die Folgen, wenn die Anerkennung eines Ausbildungsberufs aufgehoben wird. Zudem haben die Länder einen Informations- und Abstimmungsanspruch gegenüber dem zuständigen Ministerium bei der Neuordnung von Ausbildungsberufen. Die Vorschrift enthält zum anderen den sog. Ausschließlichkeitsgrundsatz, nach dem in anerkannten Ausbildungsberufen nur nach den Ausbildungsordnungen ausgebildet werden darf.

II. Gesetzesbegründung

2 § 4 Abs. 1 hatte bereits eine Vorläuferregelung in § 25 Abs. 1 des BBiG 1969. Der Wegfall der Worte »zu ihrer Anpassung an die technischen, wirtschaftlichen und gesellschaftlichen Erfordernisse und deren Entwicklung« trägt nach dem Entwurf der Bundesregierung[1] der Tatsache Rechnung, dass »in der Ermächtigung zur Regelung einer geordneten und einheitlichen Berufsausbildung die Möglichkeit zu Änderungen oder Anpassungen sowie zur vollständigen Aufhebung der Anerkennung durch Rechtsverordnung ohne zusätzliche besondere Bestimmung mit umfasst ist. Abs. 1 ermächtigt das zuständige Fachministerium, Ausbildungsberufe staatlich anzuerkennen. Für die staatliche Anerkennung ist – wie bisher – eine nähere Ausgestaltung der Bezeichnung, der Ausbildungsdauer, des Ausbildungsberufsbildes, des Ausbildungsrahmenplans und der Prüfungsanforderungen erforderlich. Der in diesem Verständnis vorgegebene Ermächtigungsrahmen wird durch § 5 präzisiert.« In der Gesetzesbegründung[2] führte die Bundesregierung aus: »Zur Verschlankung und Beschleunigung der Abstimmungsverfahren bei der Modernisierung bestehender und Entwicklung neuer Ausbildungsberufe strebt die Bundesregierung zudem eine zeitgemäße Weiterentwicklung des Gemeinsamen Ergebnisprotokolls von 1972 an, in dem das Verfahren zur Abstimmung der Ausbildungsordnungen des Bundes mit den Rahmenlehrplänen der KMK für den Berufsschulunterricht vereinbart wurde. Dies soll, wie bereits mehrfach praktiziert, durch ergänzende Vereinbarungen geschehen. Für den Bund geht es dabei insbesondere um einen verlässlichen Zeitplan für das Neuordnungsverfahren unter Einschluss der Bund-Länder-Abstimmung, um eine verbindliche Festlegung der von der Bund-Länder-Abstimmung nicht betroffenen Regelungsinhalte von

---

1 BT-Drucks. 15/3980, S. 110.
2 Ebd.

Ausbildungsordnungen sowie eine raschere Auflösung von Dissensen in dem auf Arbeitsebene tagenden Bund-Länder-Koordinierungsausschuss durch politische Entscheidungen im Rahmen der sog. Kontaktgespräche«.[3] Abs. 2 und 3 entsprechen § 28 Abs. 1 und 2 BBiG 1969. Die Herauslösung aus dem bisherigen Zusammenhang mit § 28 Abs. 3 BBiG 1969 soll nach dem Willen des Gesetzgebers[4] bezwecken, dass sich Erprobungsklauseln gem. § 28 Abs. 3 BBiG 1969 auch auf andere Tatbestände beziehen können.[5] Abs. 3 und 4 verfolgen wie ihre Vorgängerregelung das Ziel, unter bildungspolitischen, wirtschaftspolitischen und sozialen Gesichtspunkten insbesondere jugendlichen Auszubildenden die Gewähr dafür zu geben, dass die Berufsausbildung den Erfordernissen beruflicher Anpassungsfähigkeit und Durchlässigkeit genügt.[6] Nach dem bis 2019 geltenden § 4 Abs. 4 gab es Regelungen für den Fall der Aufhebung der Ausbildungsordnung eines Ausbildungsberufs für bestehende Berufsausbildungsverhältnisse. Das BBiG enthielt jedoch keine Regelung für den Fall, dass eine Ausbildungsordnung lediglich geändert wurde. Zur Wahrung der Interessen der Auszubildenden und zur Gleichbehandlung wurde durch Gesetzesänderung zum 1.1.2020 eine Regelung auch für den Fall der Änderung einer Ausbildungsordnung eingefügt.[7]

III. Rechtsverordnung, Verfahren (Abs. 1, 2 und 6)

Durch Rechtsverordnungen kann das Bundesministerium für Wirtschaft und Arbeit oder das sonst zuständige Fachministerium nach Abs. 1 der Vorschrift Ausbildungsberufe staatlich anerkennen, die Anerkennung aufheben und für die Ausbildungsberufe Ausbildungsordnungen erlassen. Diese Rechtsverordnungen bedürfen des Einvernehmens mit dem Bundesministerium für Bildung und Forschung. Eine Zustimmung des Bundesrats ist nicht erforderlich. Der Erlass solcher Rechtsverordnungen – insbesondere von Ausbildungsverordnungen – muss im Zusammenhang mit Abs. 4 gesehen werden, nach dem Jugendliche nur in anerkannten Ausbildungsberufen ausgebildet werden dürfen. Um auch Jugendlichen eine Ausbildung zu ermöglichen, besteht ggf. eine Pflicht zum Erlass der entsprechenden Rechtsverordnungen, um so das Grundrecht der Berufsausübungsfreiheit aus Art. 12 GG zu gewährleisten.[8] 3

Das **Bundesinstitut für Berufsbildung** (BIBB) hat nach § 90 Abs. 3 Nr. 1a) nach Weisung des zuständigen Fachministeriums an der Vorbereitung von Ausbildungsordnungen mitzuwirken. Der Hauptausschuss des BIBB nach § 92 Abs. 1 Nr. 5 hat unter anderem die Aufgabe, zu Verordnungsentwürfen Stellung zu nehmen und dabei die hierzu entworfenen Rahmenlehrpläne der Länder zu berücksichtigen.[9] Um die **Länder frühzeitig einzubeziehen**, wurde auf Vorschlag des Bundesrats und des Ausschusses für Bildung, Forschung und Technologiefolgenabschätzung[10] die Regelung in Abs. 6 neu geschaffen. Leider wurde versäumt, zugleich einen formellen Informationsanspruch der **Sozialpartner** zu normieren, sodass es für diese bei der Beteiligung über den **Hauptausschuss** des Berufsbildungsinstituts (§ 92 Abs. 3 Satz 1) verbleibt. Die Struktur der dualen Berufs- 4

3 Ebd.
4 Ebd.
5 Siehe hierzu § 6 Rn. 3 u. 4.
6 BT-Drucks. 15/3980, S. 110.
7 BT-Drucks. 19/10815, S. 53.
8 Wohlgemuth/*Günther*, BBiG, § 4 Rn. 3.
9 Zum Entstehen einer neuen Ausbildungsverordnung: *BIBB (Hrsg.),* Ausbildungsordnungen und wie sie entstehen, 9. Aufl. 2023, *www.bibb.de*.
10 BT-Drucks. 15/4752, S. 10.

ausbildung mit verteilten Verantwortlichkeiten auf Bundes- und Länderseite erfordert eine enge Abstimmung bei der Neuordnung von Berufen. Da der Länderausschuss beim Bundesinstitut für Berufsbildung abgeschafft wurde, war es sinnvoll, in Abs. 6 einen Anspruch der Länder zu normieren, frühzeitig informiert zu werden und in die Neuordnungsverfahren vom zuständigen Ministerium einbezogen zu werden. Zusammen mit den Vertreter:innen der Länder im Hauptausschuss des Berufsbildungsinstituts (§ 92 Abs. 3 Satz 1) ist die frühzeitige und formelle Information gesichert.

4a Der 2024 neu aufgenommene Abs. 2 regelt das Verfahren gemeinsamer Ausbildungsberufe von mehreren Berufsbereichen nach §§ 71, 72 und 74 und Bereichen nach §§ 73–75. Hiermit wird eine rechtssichere Regelung geschaffen, um bei zukünftigen bereichsübergreifenden Bedarfen von Ausbildungsberufen entsprechende Ausbildungsordnungen zu erlassen, ohne dass hierbei Probleme bei den Zuständigkeiten der zuständigen Stellen oder Ministerien entstehen. Die Neuregelung stellt fest, dass bei unterschiedlich betroffenen Berufsbereichen und Bereichen das zuständige Fachministerium eine für alle geltende Ausbildungsordnung nach § 5 erlassen kann. Falls mehrere Fachministerien in den betroffenen Bereichen zuständig sind, können die Anerkennung und der Erlass der Ausbildungsordnung durch gemeinsame Rechtsverordnung der zuständigen Fachminister erfolgen.

Nach dieser Regelung sind Ausbildungsordnungen möglich, die sowohl Inhalte aus Bereichen des BBiG als auch der Handwerksordnung beinhalten. Möglich ist dies, da die Neuformulierung des § 3 Abs. 3 der die Spezialregelungen der Handwerksordnung vor dem BBiG beinhaltet, nicht auf § 4 Abs. 2 verweist.

Zudem wurde 2024 § 75a neu aufgenommen, der die zuständige Stelle bei mehreren betroffenen Berufsbereichen oder Bereichen regelt.

IV. Ausschließlichkeitsgrundsatz (Abs. 3)

5 Mit Abs. 3 wird bestimmt, dass für einen anerkannten Ausbildungsberuf nur nach der Ausbildungsordnung ausgebildet werden darf (sog. **Ausschließlichkeitsgrundsatz**). Ob ein anerkannter Ausbildungsberuf vorliegt, bestimmt sich nach § 4 Abs. 1 und § 5. Anerkannt sind nur die Ausbildungsberufe, für die sowohl eine wirksame Rechtsverordnung vorliegt[11] als auch ein Eintrag im Verzeichnis nach § 90 Abs. 3 Nr. 3.[12] Von der Ausbildungsordnung darf grundsätzlich nicht abgewichen werden. Sie ist in vollem Umfang verbindlich, und zwar sowohl bei der Ausbildung von Jugendlichen als auch von Erwachsenen. Die Vorschrift ist mit dem Grundgesetz vereinbar[13] und europarechtskonform. Abs. 3 ist Verbotsgesetz im Sinne des § 134 BGB. Ein **Anlernvertrag** für einen Beruf, für den es eine Ausbildungsordnung gibt, ist nichtig. Trotzdem eingegangene »Anlernverhältnisse« sind für den Zeitraum ihrer Durchführung entsprechend den Regeln über das Arbeitsverhältnis auf fehlerhafter Vertragsgrundlage (sog. faktisches Arbeitsverhältnis) wie ein Arbeitsverhältnis zu behandeln.[14] Zu zahlen ist die i. S. v. § 612 Abs. 2 BGB für Arbeitsverhältnisse übliche Vergütung. Ob sich der Arbeitgeber ohne Weiteres vorzeitig aus dem Rechtsverhältnis lösen kann oder ob dies wegen des Schutzzwecks des Berufs-

11 *Taubert*, BBiG, § 4 Rn. 20.

12 Das Verzeichnis findet sich auf der Internetseite des Bundesinstituts für Berufsbildung: *www.bibb.de/de/774.htm*.

13 So *Braun/Mühlhausen*, BBiG, § 28 Abs. 2 a. F. Rn. 2; a. A. *Weber*, Erl. 4 zu § 28 a. F.

14 *BAG* 27. 7. 2010 – 3 AZR 317/08, AP BBiG § 4 Nr. 3; ErfK/*Schlachter*, BBiG, 18. Aufl. 2018, § 4 Rn. 1; *Laber*, ArbRB 2015, 306, 307.

bildungsgesetzes nicht möglich ist, wofür einiges spricht, ist bislang nicht entschieden.[15] Für die Ausbildung in anderen als anerkannten Ausbildungsberufen ist ein betrieblicher Ausbildungsplan zu erstellen, der Gegenstand des Berufsausbildungsvertrages wird (vgl. § 11 Abs. 1 Nr. 1) und an dem sich die Ausbildungsleistungen der Ausbildenden zu orientieren haben (vgl. § 14 Abs. 1 Nr. 1). Fehlt einer Berufsausbildung ein so geordneter Ausbildungsgang, ist der Ausbildungsvertrag mit Rechtsmängeln behaftet. Es liegt dann ein Verstoß gegen § 4 Abs. 4 i. V. m. § 1 Abs. 3 Satz 1 vor, der zur Nichtigkeit des Vertrages führt.[16]

V. Schutz Jugendlicher (Abs. 4)

1. Jugendliche

In nicht anerkannten Ausbildungsberufen dürfen Jugendliche grundsätzlich nicht ausgebildet werden.[17] Jugendlicher ist, wer 15, aber noch nicht 18 Jahre alt ist (§ 2 Abs. 2 JArbSchG). Diese Definition soll zwar nach dem Wortlaut des § 2 Abs. 2 JArbSchG nur für das JArbSchG gelten, wird jedoch im Arbeitsrecht allgemein angewandt, z. B. in § 60 Abs. 1 BetrVG. Für die Ausbildung von Kindern gilt Abs. 4 entsprechend. Dies ergibt sich aus dem Schutzzweck der Norm, der den Schutz noch jüngerer Auszubildender »erst recht« gebietet. Kind ist, wer noch nicht 15 Jahre alt ist (§ 5 Abs. 1 JArbSchG). Kinder über 13 Jahre, also ab dem 14. Lebensjahr, dürfen mit Einwilligung der Personenberechtigten beschäftigt werden, wenn die Beschäftigung leicht und für Kinder geeignet ist (§ 5 Abs. 3 Satz 1 JArbSchG). 6

Jugendliche dürfen ausnahmsweise außerhalb von anerkannten Ausbildungsberufen ausgebildet werden, wenn die Ausbildung für den Besuch weiterführender Bildungsgänge[18] oder Einrichtungen erforderlich ist (Abs. 4 2. HS). Diese Ausnahmeregelung ist eng auszulegen.[19] 7

2. Folgen einer unzulässigen Ausbildung

Bei einer etwaigen unzulässigen Ausbildung kann keine Umwandlung dieses Rechtsverhältnisses nach § 26 BBiG in ein Ausbildungsverhältnis für einen anerkannten Ausbildungsberuf vorgenommen werden. Berufsbildungsverträge, die dem Abs. 4 zuwider abgeschlossen werden, sind nach § 134 BGB nichtig.[20] Nichtig ist danach bspw. ein auf drei Jahre befristeter Vertrag, aufgrund dessen einer noch nicht Achtzehnjährigen Kenntnisse in der Hundepflege vermittelt werden sollen. Entsprechend den Grundsätzen über das faktische Arbeitsverhältnis ist hier eine angemessene Vergütung für die Tätigkeit zu zahlen, Tarifentgelt, falls nicht vorhanden, Mindestlohn.[21] Nichtig ist auch ein mit einem noch nicht Achtzehnjährigen abgeschlossener »Anlernvertrag«, der sich nicht auf einen 8

---

15 *BAG* 27.7.2010 – 3 AZR 317/08, AP BBiG § 4 Nr. 3.
16 *ArbG Osnabrück* 11.3.2015, 2 Ca 431/14, Rn. 67, juris.
17 *LAG Düsseldorf* 21.4.1988, EzB § 28 BBiG Nr. 10; *OLG Karlsruhe* 26.6.1974, BB 1975, 927.
18 Z. B. Praktika vor dem Besuch von Hochschulen und Fachhochschulen.
19 Wohlgemuth/*Günther*, BBiG, § 4 Rn. 15.
20 *LAG Schleswig-Holstein*, 26.3.1981 – 3 Sa 33/81, EzB § 28 BBiG Nr. 3; ErfK/*Schlachter*, § 4 BBiG Rn. 3.
21 *BAG* 27.7.2010 – 3 AZR 317/08, juris; *LAG Schleswig-Holstein* 26.3.1981, EzB § 28 BBiG Nr. 3.

staatlich anerkannten Ausbildungsberuf bezieht.[22] Die Vorschrift des Abs. 4 ist ebenso wie die Vorgängervorschrift des § 28 Abs. 2 BBiG a. F. verfassungskonform.[23]

3. Verantwortung von Ausbildenden und Ausbilder:innen

9 Die längerfristige, nicht anerkannte Ausbildung von Jugendlichen in einem nicht anerkannten Ausbildungsberuf lässt an der persönlichen und fachlichen Eignung des/der Ausbildenden und der Ausbilder:innen (§ 28 BBiG) zweifeln. Die zuständige Stelle kann den/die Ausbildenden deswegen dazu auffordern, die Mängel zu beseitigen (§ 32 Abs. 2 BBiG). Sie kann bei beharrlicher Weigerung, die Mängel zu beseitigen, das Einstellen und Ausbilden untersagen. Handelt der/die Ausbildende einer solchen Weisung zuwider und ist diese vollziehbar, greift § 102 Abs. 1 Nr. 6 BBiG.

VI. Aufhebung oder Änderung der Ausbildungsordnung (Abs. 5)

10 Wird eine Ausbildungsordnung aufgehoben, besteht kein zwingender Handlungsbedarf. Das Ausbildungsverhältnis kann schlichtweg nach der alten Ausbildungsordnung fortgesetzt werden (§ 4 Abs. 5 BBiG). Der/die Auszubildende hat die Möglichkeit, das Ausbildungsverhältnis nach § 15 Abs. 2 Nr. 2 zu kündigen. Wird dann ein neues Berufsausbildungsverhältnis abgeschlossen, besteht die Möglichkeit, diese Ausbildungsdauer nach § 8 Abs. 1 abzukürzen.[24] Soweit die Ausbildungsordnung dies vorsieht, kann auch auf Basis der neuen Ausbildungsordnung und einer entsprechenden Vereinbarung zwischen den Parteien fortgesetzt werden.[25] Wird das Berufsausbildungsverhältnis weder gekündigt noch im gegenseitigen Einvernehmen aufgelöst, so gelten nach § 4 Abs. 5 für die weitere Berufsausbildung die bisherigen Vorschriften fort. Gleiches gilt für den Fall, dass eine Ausbildungsordnung geändert wird, soweit in der sie ändernden Verordnung keine abweichende Regelung vorgesehen ist. Dies ist besonders dann relevant, wenn die Änderung z.B. nur deswegen erfolgt, weil in der Ausbildungsordnung eine fehlerhafte Regelung zu korrigieren ist. An der korrekturbedürftigen Ausbildungsordnung soll kein/e Auszubildende/r und auch kein Ausbildungsbetrieb festgehalten werden.[26]

VII. Beschlüsse des Hauptausschusses des BIBB

1. Zur Qualitätssicherung und zum Qualitätsmanagement in Ordnungsverfahren

11 Für die Erstellung von Ausbildungsordnungen hat der Hauptausschuss beim Bundesinstitut am 27.6.2008 eine Empfehlung zur Qualitätssicherung und zum Qualitätsmanagement in Ordnungsverfahren gefasst. Diese ist auf der Internetseite des BIBB unter »Beschlüsse und Empfehlungen« abzurufen.[27]

---

22 *BAG*, a. a. O.; *ArbG Reutlingen* 16. 10. 1973, EzB § 28 BBiG Nr. 1.
23 Zu § 28 BBiG a. F. *Taubert*, BBiG, § 4 Rn. 24; a. A. *Weber*, § 28 a. F. Anm. 4.
24 *Taubert*, BBiG, § 4 Rn. 29.
25 § 5 Abs. 2 Satz 1 Nr. 3 BBiG, s. § 5 Rn. 28.
26 BT-Drucks. 19/10815, S. 53.
27 *www.bibb.de:* Empfehlung des Hauptausschusses des Bundesinstituts für Berufsbildung vom 27. 6. 2008 zur Qualitätssicherung und zum Qualitätsmanagement in Ordnungsverfahren, HA130.pdf.

2. Kriterien und Verfahren für die Anerkennung und Aufhebung von Ausbildungsberufen

Das BIBB hat bereits 1974 eine Empfehlung betr. Kriterien und Verfahren für die Anerkennung und Aufhebung von Ausbildungsberufen erlassen. Diese ist über die Internetseite des BIBB unter »Beschlüsse und Empfehlungen« abrufbar.[28] 12

VIII. Parallelvorschrift im Handwerk

Für das Handwerk gilt § 25 HwO. Hier existiert eine dem § 4 Abs. 4 BBiG entsprechende Bestimmung. Diese ist erforderlich, da durch die inhaltliche Anpassung des § 25 HwO an § 4 BBiG auch im Handwerk eine Ausbildung in einem nicht anerkannten Ausbildungsberuf möglich ist. 13

IX. Sondervorschriften für Menschen mit Behinderungen

Für Menschen mit Behinderungen[29] gelten nach §§ 64–67 BBiG besondere Vorschriften. 14

§ 5 Ausbildungsordnung

(1) Die Ausbildungsordnung hat festzulegen

1. die Bezeichnung des Ausbildungsberufes, der anerkannt wird,

2. die Ausbildungsdauer; sie soll nicht mehr als drei und nicht weniger als zwei Jahre betragen,

3. die beruflichen Fertigkeiten, Kenntnisse und Fähigkeiten, die mindestens Gegenstand der Berufsausbildung sind (Ausbildungsberufsbild),

4. eine Anleitung zur sachlichen und zeitlichen Gliederung der Vermittlung der beruflichen Fertigkeiten, Kenntnisse und Fähigkeiten (Ausbildungsrahmenplan),

5. die Prüfungsanforderungen.

Bei der Festlegung der Fertigkeiten, Kenntnisse und Fähigkeiten nach Satz 1 Nummer 3 ist insbesondere die technologische und digitale Entwicklung zu beachten.

(2) Die Ausbildungsordnung kann vorsehen,

1. dass die Abschlussprüfung in zwei zeitlich auseinanderfallenden Teilen durchgeführt wird,

2. dass im Fall einer Regelung nach Nummer 1 bei nicht bestandener Abschlussprüfung in einem drei- oder dreieinhalbjährigen Ausbildungsberuf, der auf einem zweijährigen Ausbildungsberuf aufbaut, der Abschluss des zweijährigen Ausbildungsberufs erworben wird, sofern im ersten Teil der Abschlussprüfung mindestens ausreichende Prüfungsleistungen erbracht worden sind,

3. dass Auszubildende bei erfolgreichem Abschluss eines zweijährigen Ausbildungsberufs vom ersten Teil der Abschlussprüfung oder einer Zwischenprüfung eines darauf aufbauenden drei- oder dreieinhalbjährigen Ausbildungsberufs befreit sind,

---

28 *www.bibb.de:* Empfehlung betr. Kriterien und Verfahren für die Anerkennung und Aufhebung von Ausbildungsberufen, HA028, BWP 5/1974.

29 Vgl. § 2 SGB IX.

4. dass abweichend von § 4 Abs. 5 die Berufsausbildung in diesem Ausbildungsberuf unter Anrechnung der bereits zurückgelegten Ausbildungszeit fortgesetzt werden kann, wenn die Vertragsparteien dies vereinbaren,

5. dass auf die Dauer der durch die Ausbildungsordnung geregelten Berufsausbildung die Dauer einer anderen abgeschlossenen Berufsausbildung ganz oder teilweise anzurechnen ist,

6. dass über das in Absatz 1 Satz 1 Nummer 3 beschriebene Ausbildungsberufsbild hinaus zusätzliche berufliche Fertigkeiten, Kenntnisse und Fähigkeiten vermittelt werden können, die die berufliche Handlungsfähigkeit ergänzen oder erweitern,

7. dass Teile der Berufsausbildung in geeigneten Einrichtungen außerhalb der Ausbildungsstätte durchgeführt werden, wenn und soweit es die Berufsausbildung erfordert (überbetriebliche Berufsausbildung).

Im Fall des Satzes 1 Nummer 2 bedarf es eines Antrags der Auszubildenden. Im Fall des Satzes 1 Nummer 5 bedarf es der Vereinbarung der Vertragsparteien. Im Rahmen der Ordnungsverfahren soll stets geprüft werden, ob Regelungen nach Satz 1 Nummer 1 bis 3 und 5 sinnvoll und möglich sind.

(3) In den Fällen des § 4 Absatz 2 legt die Ausbildungsordnung fest:

1. eine einheitliche Bezeichnung des Ausbildungsberufs und

2. bei Bedarf differenzierende Regelungen für die betroffenen Berufsbereiche und Bereiche.

Sie kann eine gemeinsame zuständige Stelle für mehrere Berufsbereiche und Bereiche festlegen.

Inhaltsübersicht Rn.

I. Vorbemerkung

§ 5 konkretisiert die Ermächtigungsnorm des § 4. Durch die Vorschriften in § 5 wird der Verordnungsgeber in seinen Möglichkeiten beschränkt, die Verordnung zu gestalten. Innerhalb der Grenzen des § 5 und der Gesetze kann der Verordnungsgeber die Ausbildung durch neue oder neugefasste Verordnungen gestalten, wie er es für sachgerecht hält. § 5 ist ebenso wie § 4 im Jahr 2005 neugestaltet worden. Einen guten Überblick über seine Historie und seine Regelungsabsicht ergibt sich aus dem zweiten Regierungsentwurf vom 20.10.2004,[1] der die Stellungnahme des Bundesrats bereits berücksichtigte. 1

II. Gesetzesbegründung

§ 5 Abs. 1 hatte eine Vorläuferregelung in § 25 Abs. 2 des früheren Berufsbildungsgesetzes. Aufgeführt werden die Mindestinhalte, die eine auf der Grundlage des § 4 erlassene Ausbildungsordnung aufweisen muss. Die Änderung in Nr. 1 ist eine Folgeänderung der Neuformulierung des § 4. Die Nr. 3 und 4 greifen die Änderungen in § 1 Abs. 3 auf. Die Formulierung in Nr. 4 »eine Anleitung« eröffnet dem Verordnungsgeber einen weiten Gestaltungsspielraum zur Fassung von Ausbildungsrahmenplänen, die eine Aufgliederung in mehrere Teile wie auch die Zusammenfassung der sachlichen und zeitlichen Gliederung in einer Übersicht zulässt. Nach Nr. 5 sind in der Ausbildungsordnung – wie bisher – die Anforderungen an Zwischen- und Abschlussprüfungen zu regeln. Hiervon umfasst sind damit etwa auch Regelungen zu Teilbefreiungen von einzelnen Prüfungsbestandteilen. 2

Abs. 2 zählt darüber hinaus mögliche weitere Inhalte der Ausbildungsordnung auf. Abs. 2 Satz 1 Nr. 1 hat eine Vorläuferregelung in § 26 des alten Berufsbildungsgesetzes. Abs. 2 Satz 1 Nr. 2 schafft seit 2005 die Möglichkeit einer zeitlich gestreckten Abschlussprüfung in zwei Teilen. Nach dem 2005 geschaffenen Abs. 2 Satz 1 Nr. 3 kann der Verordnungsgeber den Vertragsparteien die Möglichkeit einräumen, von § 4 Abs. 5 BBiG abzuweichen. Abs. 2 Satz 1 Nr. 4 hat keine Vorläuferregelung im ursprünglichen Berufsbildungsgesetz. In der Ausbildungsordnung geregelt werden kann nunmehr, ob und inwieweit eine erfolgreich abgeschlossene Berufsausbildung in einem anderen Ausbildungsberuf derselben oder einer ähnlichen Fachrichtung auf die in der Ausbildungsordnung geregelte Ausbildung angerechnet werden kann. Auch Abs. 2 Satz 1 Nr. 5 hat keine Vorläuferregelung im BBiG a.F. Die Erweiterung bietet die Möglichkeit, bereits im Rahmen der Ausbildungsordnung im Zusammenhang mit der Ausbildung stehende weitere Kompetenzen zu vermitteln und zu prüfen. Abs. 2 Nr. 6 entspricht § 27 des BBiG 1969. Der Begriff »überbetriebliche Ausbildung« wird nunmehr gesetzlich definiert. Abs. 2 Nr. 7 stellt klar, 3

1 BT-Drucks. 15/3980, S. 207ff.

dass – wie bisher – durch die Ausbildungsordnung das Führen eines Berichtshefts vorgeschrieben werden kann.

4 Der früher in § 25 Abs. 2 Satz 2 und 3 enthaltene Verweis auf die Möglichkeit der Vermittlung von Ausbildungsinhalten durch Fernunterricht und auf das Fernunterrichtsschutzgesetz wurde gestrichen, da es sich hierbei um Methoden der Wissensvermittlung handelt, nicht um strukturelle Regelungen. Er gehörte daher nicht in eine Ausbildungsordnung.

5 Die §§ 5 BBiG und 26 HwO umschreiben die möglichen Inhalte von Ausbildungsordnungen. Nach dem Willen des Gesetzgebers soll die Regelung in § 5 abschließend sein.[2] Der abschließende Charakter kann daraus geschlossen werden, dass ein Hinweis auf eine lediglich exemplarische Aufzählung, z. B. »insbesondere«, fehlt. Er ergibt sich auch daraus, dass die Ermächtigung zum Erlass von Ausbildungsordnungen lediglich »Ausbildungsordnungen nach § 5« umfasst (§ 4 Abs. 1). Noch die Vorgängerregelungen (§ 25 Abs. 2 a. F. und § 25 HwO a. F.) waren nicht abschließend, so dass darüber hinausgehende Regelungen erfolgen konnten, wenn sie mit den genannten in unmittelbarem Zusammenhang standen und sich im Rahmen der nach Art. 80 Abs. 1 GG zu messenden Ermächtigung des Verordnungsgebers halten.[3] Die Inhalte, die in § 5 Abs. 1 aufgezählt werden, sind zwingend. Weitere Inhalte der Ausbildungsordnung aus der Aufzählung des Abs. 2 sind zulässig.

5a Bis 2017 war das Führen eines Ausbildungsnachweises noch als optionaler Inhalt einer Ausbildungsordnung benannt. Dies wurde 2017 gestrichen. Begründet wurde dies vom Gesetzgeber, da bereits ausreichend verpflichtende Regelungen in den §§ 13, 14 vorhanden seien und sich der Ausbildungsnachweis ohnehin bewährt hätte. Das Streichen als optionaler Inhalt sorgt also nicht für seine Entbehrlichkeit, sondern bestätigt seine Wichtigkeit als festen Bestandteil.

Bis 2024 war in Abs. 2 Nr. 1 die Möglichkeit zur Stufenausbildung verankert. Diese wurde kritisiert[4] und insgesamt nicht angenommen.[5] Sie wurde bei der Neufassung gestrichen.

III. Mindestinhalte von Ausbildungsordnungen (Abs. 1)

1. Zwingende Inhalte von Ausbildungsordnungen

a) Bezeichnung des Ausbildungsberufs

6 Es ist für jeden Ausbildungsberuf eine besondere Bezeichnung vorzusehen. Die Bezeichnung gewährt, dass einheitlich mit der Nennung des erlernten Berufs eine bestimmte Qualifikation verbunden werden kann.[6] Bei Ausbildungsberufen in Stufenausbildung gilt diese Notwendigkeit für jede einzelne Stufe. Aus der staatlichen Anerkennung eines Ausbildungsberufs folgt nicht zwangsläufig, dass die entsprechende Berufsbezeichnung schon allein mit Rücksicht darauf geschützt ist.[7]

---

2 Wohlgemuth/*Günther*, BBiG, § 5 Rn. 1.
3 *Braun/Mühlhausen*, BBiG, § 25 a. F. Rn. 13.
4 Siehe Vorauflage.
5 BT-Drucks. 20/10857, S. 40.
6 *VGH Baden-Württemberg* 18.3.2014 – 4 S 2129/13, juris; Wohlgemuth/*Günther*, BBiG, § 5 Rn. 5.
7 *VG Freiburg* 31.5.1983 – EzB Art. 14 GG Nr. 2; vgl. Verzeichnis der anerkannten Ausbildungsberufe, *www.bibb.de*.

b) Dauer der Ausbildung

7 Hier wird die Absicht des Gesetzgebers erkennbar, die Ausbildungsdauer in der Regel auf mindestens zwei und höchstens drei Jahre festzusetzen. Die festzulegende Dauer gewährleistet, dass das Gesamtziel der Ausbildung im Regelfall erreicht werden kann.[8] Die Ausbildungsdauer kann jedoch kürzer oder länger sein. Aufgrund der Formulierung »soll« in Abs. 1 Nr. 2 muss dafür jedoch eine Situation vorliegen, die eine Ausnahme von der Sollvorschrift rechtfertigt. Auf jeden Fall wird die Ausbildungsdauer sich bei einer Unterschreitung der zwei Jahre an dem Gesamtziel der Berufsausbildung nach § 1 Abs. 3 zu orientieren haben. Insoweit ist eine Ausbildung, die eine regelmäßig kürzere Ausbildungsdauer vorsieht, nicht mehr akzeptabel, wenn sie lediglich den Zugang für einen einfachen Beruf eröffnet.[9] Die durch eine solche Ausbildung erreichte Mobilität auf dem Arbeitsmarkt ist insoweit kein Kriterium, da diese gerade für einen einfachen Beruf auch bei ungelernten ArbeitnehmerInnen gegeben sein kann.

8 Bei der Festlegung der Ausbildungsdauer wird davon auszugehen sein, in welchem Zeitraum durchschnittlich begabte und hauptschulisch vorgebildete Auszubildende in einem durchschnittlich geeigneten Betrieb bei Vollzeitausbildung das Ausbildungsziel normalerweise erreichen. Bei höher qualifizierten BewerberInnen um einen Ausbildungsplatz kann die Ausbildungsdauer gem. § 8 Abs. 1 verkürzt werden. Um einen Verdrängungswettbewerb bei den Bewerbungen um Ausbildungsplätze zu Lasten der HauptschülerInnen zu vermeiden, sollen deren Eingangsvoraussetzungen jedoch Basis für die Bestimmung der Ausbildungsdauer bleiben.

c) Ausbildungsberufsbild

aa) Berufliche Handlungsfähigkeit, Kompetenz und technischer Fortschritt

9 Das Ausbildungsberufsbild wird gem. Abs. 1 Nr. 3 bestimmt durch Fertigkeiten, Kenntnisse und Fähigkeiten, die Gegenstand der Berufsausbildung sind. Durch das Berufsbildungsreformgesetz (BerBiRefG) wurde im Jahr 2005 dem Begriffspaar »Fertigkeiten und Kenntnisse« als wesentliche Bestandteile der Fachbildung der Begriff »Fähigkeiten« zur Seite gestellt. Die Änderung in § 5 Abs. 1 Nr. 3 vollzieht die grundlegende Änderung in § 1 Abs. 3 nach. Zusammen bilden diese Elemente die in der Klammerdefinition des § 1 Abs. 3 aufgeführte berufliche Handlungskompetenz, die in ihrer Gesamtheit das Ergebnis des Qualifizierungsprozesses umschreibt. Die Berufliche Handlungsfähigkeit des BBiG und der HWO entspricht den Kompetenzdimensionen des Deutschen Qualifikationsrahmens, DQR.[10]

10 Fähigkeiten fehlten bis zum Jahr 2005 als zwingender Inhalt für Ausbildungsordnungen. Die bis zum 31.3.2005 erlassenen Ausbildungsordnungen bleiben jedoch wirksam. Die Änderung im Gesetz beseitigt die Wirksamkeit einer vor der Gesetzesänderung wirksam erlassenen Verordnung nicht.[11] Insoweit kommt es nicht darauf an, dass der Gesetzgeber für diesen Fall keine Übergangsregelung geschaffen hat.

11 Es müssen alle fachlichen Fertigkeiten, Kenntnisse und Fähigkeiten präzise, geordnet, übersichtlich und vollständig aufgeführt werden. Dabei handelt es sich um zwingende

---

8 *VGH Baden-Württemberg* 18.3.2014 – 4 S 2129/13, juris.

9 Wohlgemuth/*Günther* BBiG, § 5 Rn. 7; a. A.: *Braun/Mühlhausen,* BBiG, § 25 a. F. Rn. 17.

10 *www.bibb.de:* Empfehlung des Hauptausschusses des Bundesinstituts für Berufsbildung vom 26. Juni 2014 – geändert am 21. Juni 2016 – zur Struktur und Gestaltung von Ausbildungsordnungen – Ausbildungsberufsbild, Ausbildungsrahmenplan, HA160 neu.

11 *BVerfG* 27.7.1971, BVerfGE 31, 357.

Mindestinhalte.[12] Darüber hinaus können in sachlichem Zusammenhang stehende, zweckmäßige oder erforderliche Zusatzkenntnisse gefordert werden.[13] Durch den redaktionell zu verstehenden Hinweis des Gesetzgebers sind bei der Festlegungen der Kompetenzen insbesondere die technologischen und digitalen Entwicklungen zu berücksichtigen. Richtigerweise erkennt der Gesetzgeber, dass »Ausbildungsordnungen der anerkannten Ausbildungsberufe nach dem BBiG … grundsätzlich technologie-offen formuliert [sind], so dass Modernisierungen oder sonstige Weiterentwicklungen der Berufspraxis häufig keine Anpassung der jeweiligen Verordnung erfordern.«[14]

11a Wieso nunmehr bei der Festlegung der beruflichen Kompetenzen Dinge zu beachten sind, die eine ständige **Überprüfung und Änderungen der Ausbildungsordnungen** mit sich brächten, schlügen sie sich im Text der Ausbildungsordnung nieder, erschließt sich nicht. Aber, so lässt sich der Gesetzesbegründung entnehmen, die ständige Überprüfung auf Aktualisierungsbedarf und folgende Änderung bei technischen Entwicklungen scheint das Ziel des Gesetzgebers zu sein: »Es ist möglich, spezielle Bedarfe und Inhalte in den einzelnen Ausbildungsordnungen nachträglich im Wege einer Neuordnung oder Änderung einzufügen. Für das nach Abs. 1 Nr. 3 in einer Ausbildungsordnung festzulegende Ausbildungsberufsbild wird § 5 nun dahingehend ergänzt, dass die hierfür jeweils erforderlichen Fertigkeiten, Kenntnisse und Fähigkeiten insbesondere vor dem Hintergrund der technologischen und digitalen Entwicklung geprüft werden müssen. Dabei handelt es sich bei den digitalen um eine Teilmenge der technologischen Entwicklungen. Dies stellt sicher, dass aktuelle Anforderungen in den jeweiligen Berufsbildern Berücksichtigung finden. Diese Ergänzung steht auch im Einklang mit den aktuellen Arbeiten zur Neufassung und Modernisierung der Standardberufsbildpositionen auf der Verordnungsebene.«[15]

bb) Beschluss des Hauptausschusses des BIBB zur Struktur und Gestaltung von Ausbildungsordnungen – Ausbildungsberufsbild, Ausbildungsrahmenplan[16]

12 Der Hauptausschuss des BIBB hat am 26.6.2014 mit Änderung vom 21.6.2016 eine Empfehlung zur Struktur und Gestaltung von Ausbildungsordnungen – Ausbildungsberufsbild, Ausbildungsrahmenplan beschlossen.
Mit der Umsetzung dieser Empfehlung sollen Kompetenzorientierung und das Kompetenzverständnis des Deutschen Qualifikationsrahmens (DQR) verstärkt Eingang in Ausbildungsordnungen finden. Der Hauptausschuss des BIBB empfiehlt, diese Entsprechung bei der Erstellung von Ordnungsmitteln zu berücksichtigen und so die vier Kompetenzdimensionen des DQR in die Ordnungsarbeit zu integrieren.
Für die Erarbeitung des Ausbildungsberufsbilds und des Ausbildungsrahmenplans soll die Arbeitshilfe heranzogen werden. Die Positionen des Ausbildungsberufsbilds werden unter Berücksichtigung der für den jeweiligen Beruf relevanten Arbeits- und Geschäftsprozesse entwickelt.
Zu der Empfehlung Nr. 160 gibt es eine Arbeitshilfe zur Umsetzung, die bei der kompetenzorientierten Formulierung der Ausbildungsordnungen unterstützen soll.[17]

---

12 Wohlgemuth/*Günther*, BBiG, § 5 Rn. 10.
13 *Herkert/Töltl* zu § 25 BBiG a. F. Rn. 18a.
14 BT-Drucks. 19/10815, S. 53f.
15 BT-Drucks. 19/10815, S. 53f.
16 *www.bibb.de:* Empfehlung des Hauptausschusses des Bundesinstituts für Berufsbildung vom 26.6.2014 – geändert am 21.6.2016 – zur Struktur und Gestaltung von Ausbildungsordnungen – Ausbildungsberufsbild, Ausbildungsrahmenplan, HA160 neu.
17 *www.bibb.de/dokumente/pdf/HA160_Arbeitshilfe.pdf.*

d) Ausbildungsrahmenplan

aa) Gestalten des Ausbildungsrahmenplans in der Ausbildungsordnung

Die Ausbildungsordnung muss eine Anleitung zur sachlichen und zeitlichen Gliederung (»Ausbildungsrahmenplan«) enthalten. Damit soll der Ausbildungsstätte die Erstellung der nach § 11 Abs. 1 Satz 2 Nr. 1 erforderlichen sachlichen und zeitlichen Gliederung der Berufsausbildung erleichtert werden.[18] Die Formulierung »Anleitung zur sachlichen und zeitlichen Gliederung« verdeutlicht, dass der Ausbildungsrahmenplan zwingend vom Ausbildungsplan, der sachlichen und zeitlichen Gliederung, abzugrenzen ist. Die weitverbreitete Praxis, den Auszubildenden den Ausbildungsrahmenplan gem. § 11 Abs. 2 Nr. 1 zu überreichen, ist daher rechtswidrig. »Sachlich« bedeutet, dass die zu vermittelnden Inhalte in Breite und Tiefe beschrieben und in einen Zusammenhang zueinander gestellt werden. »Zeitlich« bedeutet, dass eine zeitliche Zuordnung vorgenommen wird. D.h., es ist im Sinne zeitlicher Richtwerte[19] anzugeben, in welchem Ausbildungsjahr die Fertigkeiten und Kenntnisse zu vermitteln sind. Nach dem Beschluss des Hauptausschusses des BIBB vom 16. 5. 1990[20] soll die zeitliche Gestaltung des Rahmenplans nach Ausbildungsjahren mit Zeitrahmen oder nach Ausbildungsjahren mit Zeitrichtwerten erfolgen. Da es sich lediglich um eine »Anleitung« für die sachliche und zeitliche Gliederung handelt, wird die Ausbildungsordnung keine verbindliche sachliche und zeitliche Gliederung vorgeben können, ohne den Ermächtigungsrahmen zu verlassen. Die Inhalte der betrieblichen Ausbildung, die Gegenstand der sachlichen und zeitlichen Gliederung sind, sollen mit den Rahmenschulplänen abgestimmt werden, wie sich aus § 92 Abs. 1 Nr. 5 BBiG ergibt. Zur Struktur und Gestaltung des Ausbildungsrahmenplans, zu zeitlichen Gliederungen und Prüfungen hat der Hautausschuss mehrere Empfehlungen beschlossen (siehe Rn. 14, 16 und 18). Es ist erwartbar, dass diese entsprechend der Gesetzesänderung in § 5 Abs. 2 Satz 1 Nr. 2, 3, 5 und Satz 3 angepasst werden. 13

bb) Beschluss des Hauptausschusses des BIBB zur zeitlichen Gliederung in Ausbildungsordnungen[21]

Das BIBB hat am 16. 5. 1990 einen Beschluss zur zeitlichen Gliederung in Ausbildungsordnungen gefasst.[22] Dieser ist auf der Internetseite des BIBB unter »Beschlüsse und Empfehlungen« abrufbar. 14

e) Prüfungsanforderungen

Sie sind für die Zwischen- und Abschlussprüfung festzulegen und müssen sich nach dem Inhalt des Ausbildungsberufsbilds und nach dem Ausbildungsrahmenplan richten.[23] Die einheitliche Bestimmung dient einem bundeseinheitlichen Qualitätsniveau.[24] Die Prüfungsanforderungen, die in der Ausbildungsordnung bestimmt werden, dürfen nur grundsätzlicher Art sein, damit der von der zuständigen Stelle nach § 47 zu erlassenden 15

18 *Taubert*, BBiG, § 5 Rn. 13.
19 So *Götz*, Rn. 119.
20 Siehe Rn. 14.
21 *www.bibb.de*: Beschluss des Hauptausschusses des Bundesinstituts für Berufsbildung zur zeitlichen Gliederung in Ausbildungsordnungen vom 16. 5. 1990, HA079.
22 Beschluss Nr. 79, Fundstelle: BAnz 110/1990; BWP 4/1990.
23 Vgl. auch § 38 BBiG.
24 *Taubert*, BBiG, § 5 Rn. 21; *Braun/Mühlhausen*, BBiG, § 25 a. F. Rn. 25.

Prüfungsordnung nicht vorgegriffen wird.[25] Eine nur grundsätzliche Regelung ist auch deswegen geboten, weil anderenfalls in die Kulturhoheit der Länder bei der Gestaltung der Rahmenlehrpläne eingegriffen wird. Ob zu den Prüfungsanforderungen im Sinne des § 5 Abs. 1 Nr. 5 auch die Rahmenbedingungen der Prüfung wie ihr Zeitpunkt gehören,[26] ist zweifelhaft. Dem Wortlaut nach handelt es sich bei »Prüfungsanforderungen« nicht um die organisatorischen Bedingungen der Prüfung.

aa) Empfehlung des Hauptausschusses des BIBB vom 12.12.2013 zur Struktur und Gestaltung von Ausbildungsordnungen – Prüfungsanforderungen

16 Der Hauptausschuss des BIBB hat am 12.12.2013 eine Empfehlung zur Struktur und Gestaltung von Ausbildungsordnungen – Prüfungsanforderungen erstellt. Diese ist auf der Internetseite des BIBB unter »Beschlüsse und Empfehlungen« abrufbar.[27]

bb) Empfehlung des Bundesausschusses des BIBB vom 25.10.1974 für die Regelung von mündlichen Prüfungen in Ausbildungsordnungen

17 Der Bundesausschuss des BIBB hat am 25.10.1974 eine Empfehlung für die Regelung von mündlichen Prüfungen in Ausbildungsordnungen beschlossen. Diese ist auf der Internetseite des BIBB unter »Beschlüsse und Empfehlungen« abrufbar.

2. Empfehlung des Bundesausschusses für Berufsbildung des BIBB zur Struktur von Ausbildungsordnungen

18 Um die Struktur der Ausbildungsordnungen zu vereinheitlichen und zugleich sicherzustellen, dass die Mindestinhalte in den Ausbildungsordnungen enthalten sind, hat der Bundesausschuss für Berufsbildung am 28.3.1972 eine Empfehlung für ein Schema für Ausbildungsberufe der Monoberufe (ungestufte Ausbildungen für Einzelberufe) beschlossen. Diese ist auf der Internetseite des BIBB unter »Beschlüsse und Empfehlungen« abrufbar.[28]

19–29 (nicht besetzt)

IV. Optionale Inhalte von Ausbildungsordnungen (Abs. 2)

1. Gestreckte Abschlussprüfung

30 Es wird die Möglichkeit eröffnet, die Ausbildungsordnung und damit die Ausbildung so zu gestalten, dass die Abschlussprüfung in zwei zeitlich auseinander fallenden Teilen durchzuführen ist.[29] Sofern diese Möglichkeit genutzt wird, müssen entsprechende Regelungen (beispielsweise Zeitpunkt des ersten Teils der Abschlussprüfung, Ausbildungsinhalte bis zu diesem Zeitpunkt, Gewichtung der Teilprüfungen) in der Ausbildungsordnung erfolgen.[30] Sinnvoll ist zudem eine Regelung in der Ausbildungsordnung, wie bei

25 *Taubert*, BBiG, § 5 Rn. 22.
26 So *Taubert*, BBiG, § 5 Rn. 22.
27 *www.bibb.de*: Empfehlung des Hauptausschusses des Bundesinstituts für Berufsbildung (BIBB) zur Struktur und Gestaltung von Ausbildungsordnungen – Prüfungsanforderungen, HA158.
28 *www.bibb.de*: Empfehlung eines Schemas für Ausbildungsordnungen der Monoberufe, HA011.
29 Sog. gestreckte Abschlussprüfung.
30 So in der Gesetzesbegründung der Bundesregierung, BT-Drucks. 15/3980, S. 112 zu Abs. 2 Satz 1 Nr. 5 des insoweit identischen Gesetzesvorschlags.

Nichtbestehen der Abschlussprüfung die nach § 37 Abs. 1 Satz 2 BBiG erforderliche gesamte Wiederholung der Abschlussprüfung zu organisieren ist.

Die gestreckte Abschlussprüfung wurde durch das BBiMoG neu bewertet. Einst als alternative Prüfungsmethode[31] eingeführt, um Teile der Abschlussprüfung bereits während der Ausbildung abzulegen und die Prüfung zu entzerren,[32] wurde die getreckte Abschlussprüfung schon seit 2005 in den Verordnungsprozessen genutzt, um zwei- und dreijährige Ausbildungsberufe in ein aufeinander aufbauendes Verhältnis zu bringen. Hieran anknüpfend hat der Gesetzgeber die Möglichkeiten verstärkt, zweijährige Ausbildungsberufe einerseits vermehrt einzuführen, andererseits ihnen den Makel der »Sackgassen-Kurzausbildung« zu nehmen, indem ihre Verwertbarkeit für längere Ausbildungsberufe erhöht wird. Nach dem Willen des Gesetzgebers ist bei jedem Ordnungsverfahren zu prüfen, ob die Abstufung der Ausbildung in einen zwei- und einen drei(einhalb)jährigen Ausbildungsberuf mit gestreckter Abschlussprüfung sinnvoll und möglich ist (§ 5 Abs. 2 Satz 3 BBiG). Zu der damit verbundenen Orientierung auf das Anrechnungsmodell führte der Gesetzgeber aus: *»Mit der BBiG-Novelle 2005 wurde in § 5 Absatz 2 Satz 1 Nummer 4 die Möglichkeit eröffnet, in einer Ausbildungsordnung zu regeln, ob und inwieweit eine erfolgreich abgeschlossene Berufsausbildung in einem anderen Ausbildungsberuf derselben oder einer ähnlichen Fachrichtung auf die in der Ausbildungsordnung geregelte Ausbildung angerechnet werden kann (sog.* ***Anrechnungsmodell oder »gestufte« Ausbildung****). Gemäß § 5 Absatz 2 Satz 3 soll im Rahmen von Ordnungsverfahren stets geprüft werden, ob eine Regelung nach § 5 Absatz 2 Satz 1 Nummer 5 sinnvoll und möglich ist. Zurzeit gibt es 21 zweijährige Ausbildungsberufe, die in einem bestimmten oder mehreren drei- oder dreieinhalbjährigen Ausbildungsberufen fortgesetzt werden können. Bei diesen Berufen handelt es sich um aufeinander aufbauende, eigenständige anerkannte Ausbildungsberufe mit unterschiedlicher Ausbildungsdauer, wobei die erfolgreich abgeschlossene Berufsausbildung in einem von der Ausbildungsdauer her kürzeren Beruf in dem längeren Beruf fortgesetzt (angerechnet) werden kann. Es kann also zum einen ein Berufsausbildungsvertrag zunächst über den zweijährigen Ausbildungsberuf abgeschlossen und die Ausbildung nach erfolgreicher Abschlussprüfung und Abschluss eines weiteren Berufsausbildungsvertrages in dem drei- beziehungsweise dreieinhalbjährigen Beruf nach den Vorschriften für das dritte Ausbildungsjahr fortgesetzt werden. Ebenso besteht die Möglichkeit, direkt einen Berufsausbildungsvertrag über die drei- beziehungsweise dreieinhalbjährige Ausbildung abzuschließen. Wird zuerst ein Berufsausbildungsvertrag in dem zweijährigen Ausbildungsberuf geschlossen, hat dies zur Folge, dass Auszubildende zunächst eine Zwischen- und eine Abschlussprüfung im Rahmen der zweijährigen Ausbildung ablegen müssen und dann in dem drei- beziehungsweise dreieinhalbjährigen Ausbildungsberuf eine weitere Zwischen- (beziehungsweise Teil 1 der Abschlussprüfung) sowie eine Abschlussprüfung (beziehungsweise Teil 2 der Abschlussprüfung) für den drei- beziehungsweise dreieinhalbjährigen Ausbildungsberuf, also vier (komplette) Prüfungen absolvieren müssen. Dabei sind die Prüfungsbereiche dieser Prüfungen zum Teil inhaltlich gleichartig. Zwar wurden die rechtlichen Möglichkeiten des BBiG von den Verordnungsgebern extensiv ausgelegt, um zu praxisgerechten Formaten zu gelangen und um Durchlässigkeit und Flexibilität zu steigern. Beispiele dafür sind die Ausbildungsberufe in den Bereichen Holz- und Bautenschutz sowie Schutz und Sicherheit oder Textil- und Modenäher/in / Textil- und Modeschneider/in. Die zwei- und dreijährigen Berufe in diesen Bereichen sind so konzipiert, dass bei Fortsetzung der Berufsausbildung in dem dreijährigen Beruf fingiert wird, dass der Auszubildende von Anfang an die dreijährige* 31

31 BT-Drucks. 15/3980, S. 1.
32 BT-Drucks. 15/3980, S. 38, 50.

Ausbildung absolviert hat. Derartige Regelungen sind aus verfassungsrechtlichen Gründen ohne eine Ermächtigung im BBiG jedoch nicht mehr möglich. Die neu in Absatz 2 Satz 1 eingefügten Nummern 2a und 2b regeln daher zukünftig die Gestaltungsmöglichkeiten des Verordnungsgebers bei der Ausgestaltung des Verhältnisses von verwandten zweijährigen und dreijährigen Ausbildungsberufen. Dadurch werden Auszubildende und zuständige Stellen von redundanten Prüfungen befreit.«[33]

32 Dem Verordnungsgeber wird durch den Gesetzgeber eine Möglichkeit einer schrittweisen Ausbildung zur Verfügung gestellt: das sog. **Anrechnungsmodell**. Der Verordnungsgeber kann regeln, dass nach Abschluss einer kürzeren, in der Regel weniger qualifizierten Ausbildung, eine weitere Ausbildung begonnen werden kann, auf deren Ausbildungsdauer die kürzere Ausbildung angerechnet werden kann. Im sog. Anrechnungsmodell endet die kürzere Ausbildung mit dem Ablauf ihrer Ausbildungsdauer nach § 21 Abs. 1 Satz 1 BBiG. Ob der/die Auszubildende sich weiter qualifizieren kann, hängt davon ab, ob der Ausbildende ihm einen weiteren Ausbildungsvertrag anbietet, auf den die vorherige, kürzere Ausbildungsdauer anzurechnen ist. Die vom Deutschen Gewerkschaftsbund geäußerte Kritik an diesem Anrechnungsmodell[34] ist insoweit nachvollziehbar. Es bleibt abzuwarten, welche Auswirkungen dies auf Dauer für das Qualifikationsniveau haben wird.[35]

32a Bereits im Gesetzesentwurf zum BBiMoG wurde das Anrechnungsmodell zugleich als »gestufte Ausbildung« bezeichnet.[36]

Das **Anrechnungsmodell** in der nun durch den Gesetzeber ermöglichten Struktur kann zu unerfreulichen Folgen führen.

- So bleiben die Auszubildenden eines zweijährigen Ausbildungsberufs abhängig von der Entscheidung des Ausbildenden, ihnen auch das dritte Ausbildungsjahr anzubieten. Ein **Übernahmeschutz** für Auszubildende, die sich z. B. in einer Jugend- und Auszubildendenvertretung (JAV) engagieren, dass sie mit dem Zugang zum dritten Ausbildungsjahr diszipliniert werden, wurde nicht explizit eingeführt, § 78a BetrVG (vgl. dazu die Kommentierung bei § 24 BBiG Rn. 35ff.)[37] wurde durch das BBiMoG nicht geändert. In Anbetracht des Wortlauts des § 78a BetrVG – … nicht in ein »Arbeitsverhältnis« … zu übernehmen – muss also darauf gehofft werden, dass das Benachteiligungsverbot des § 78 BetrVG beachtet wird und notfalls der Nachweis der Benachteiligung gelingt.
- Es stellt sich zudem die Frage, wie vorzugehen ist, wenn ein Ausbildungsbetrieb einem/r Auszubildenden avisiert, ihn/sie nur mit erfolgreicher zweijähriger Ausbildung zu übernehmen, nicht jedoch mit der dreijährigen Ausbildung, der/die Auszubildende die aufbauende Ausbildungsstufe des dritten Ausbildungsjahres daraufhin unterlässt, der/die Ausbildende im Folgejahr jedoch dreijährig ausgebildete ArbeitnehmerInnen einstellt. Man wird beurteilen müssen, ob es sich bei der Aussage des/der Ausbildenden um einen Betrug im Sinne des § 263 StGB handelt, praktisch wird dies dem/der Auszubildenden kaum etwas nutzen.
- In der Praxis wird es aufgrund der Abläufe auch schwierig werden, wenn eine Auszubildende mit einem Ausbildungsvertrag für eine zweijährige Ausbildung sich ent-

33 BT-Drucks. 19/10815, S. 53f.

34 Vgl. dazu auch: BerBiRefG – Bewertung des DGB zum Regierungsentwurf des BBiG, Stand: 4.3.2005, S. 6, im Internet unter *www.bbig-reform.de/documents/BBiG-Bewertung-DGB.pdf.*

35 Skeptisch *Nehls*, S. 27.

36 *www.bmbf.de/files/Gesetzentwurf_Bundesregierung_BBiG_Novelle_final.pdf*, S. 58.

37 Entsprechend § 9 BPersVG und die Vorschriften der Landespersonalvertretungsgesetze sowie des Mitarbeitervertretungsrechts.

scheidet, die Ausbildung im dritten Jahr fortzuführen, dies vom Ausbildenden jedoch nicht angeboten wird. Die Auszubildende muss sich dann, während die zweijährige Ausbildung noch läuft und das Bestehen der Abschlussprüfung dieser Ausbildung noch ungewiss ist, um einen Ausbildungsplatz für die dreijährige Ausbildung bemühen. Wenn sie die Prüfung nicht besteht, ist der neue Ausbildungsvertrag für den dreijährigen Beruf bei voller Anrechnung der zweijährigen Ausbildung und mit seinem Ausbildungsbeginn hinfällig. Sie hat dann die Wahl, ob sie beim bisherigen Ausbildenden die Prüfung wiederholt und hofft, der Ausbildungsvertrag für das dritte Jahr bleibe ihr erhalten, oder ob sie versucht, den dreijährigen Ausbildungsvertrag ohne Anrechnung der Vorleistungen aus der zweijährigen Ausbildung zu erhalten und ihre Ausbildung so faktisch bis zu fünf statt drei Jahre beträgt.

2. Anerkennung des ersten Teils der Abschlussprüfung

Die durch das BBiMoG zum 1.1.2020 neu eingefügte Nr. 2 ermöglicht dem Verord- 33
nungsgeber, einem Auszubildenden, der die Abschlussprüfung eines dreijährigen Berufs nicht bestanden hat, den Abschluss eines im dreijährigen Ausbildungsberuf enthaltenen zweijährigen Berufs zuzuerkennen (»**Rückfalloption**«). Voraussetzung ist, dass der Auszubildende den ersten Teil der gestreckten Abschlussprüfung des dreijährigen Berufs mit mindestens ausreichenden Prüfungsleistungen absolviert hat.
Die Anerkennung erfolgt nicht automatisch, sondern bedarf eines Antrages des Auszubildenden. Auszubildende haben bei Antragstellung einen Anspruch auf Anerkennung der Prüfungsleistungen des ersten Teils der Prüfung als Abschlussprüfung des zweijährigen Ausbildungsberufs.[38] Unklar ist, ob das einmalige Bestehen der Abschlussprüfung bereits genügt oder ob ein fehlgeschlagener zweiter Prüfungsversuch erforderlich ist. Dem Wortlaut des Gesetzes nach genügt »Nichtbestehen« der Prüfung. Da die Regelung für den Verordnungsgeber nur optional ist, ergeben sich die weiteren Voraussetzungen aus der Verordnung. Sie dürfen wegen des in Abs. 2 vom Gesetzgeber zugebilligten Spielraums auch schärfer formuliert sein, also z. B. zwei fehlgeschlagene Prüfungsversuche im zweiten Prüfungsteil erfordern.
Eine Form ist für den Antrag nicht vorgeschrieben.

3. Anerkennung der Abschlussprüfung eines zweijährigen Ausbildungsberufs

Die durch das BBiMoG zum 1.1.2020 neu eingefügte Nr. 3 ermöglicht als Baustein des 34
eingeführten Anrechnungsmodells (s. Rn. 32a) dem Verordnungsgeber eine Befreiung vom ersten Teil der Abschlussprüfung oder einer Zwischenprüfung eines drei- oder dreieinhalbjährigen Ausbildungsberufs für Personen, die bereits über einen Abschluss der in der Ausbildungsordnung des drei- oder dreieinhalbjährigen Berufs benannten zweijährigen Berufsausbildung verfügen. Die Befreiung erfolgt automatisch und bedarf keines Antrages. Hierdurch werden die Auszubildenden und die zuständigen Stellen von zusätzlichem unnötigen Bürokratieaufwand entlastet, und die Durchlässigkeit wird erhöht.«[39]

38 BT-Drucks. 19/10815, S. 53f.
39 BT-Drucks. 19/10815, S. 53f.

4. Weiterführung einer Ausbildung nach neuer Ausbildungsordnung

35 § 4 Abs. 5 regelt, dass bei Aufhebung einer Ausbildungsordnung für die bestehenden Ausbildungsverhältnisse die bisherige Ausbildungsordnung weiter gilt. Von diesem Grundsatz kann eine neue Ausbildungsordnung eine Abweichung bestimmen: Das Ausbildungsverhältnis wird auf Basis der neuen Ausbildungsordnung fortgesetzt, wobei die bisher zurückgelegte Ausbildungsdauer angerechnet werden kann. Als Voraussetzung dafür, dass eine solche Übergangsregelung greift, ist in der Ausbildungsordnung eine Vereinbarung zwischen Ausbildendem und Auszubildenden vorzusehen. Wird von der Ermächtigung Gebrauch gemacht, bestimmen folglich die Vertragsparteien, ob für die weitere Berufsausbildung die neu erlassene Ausbildungsordnung zugrunde gelegt wird. In diesem Fall ist die auf der Grundlage der bisherigen Ausbildungsordnung bereits zurückgelegte Ausbildungsdauer unabhängig von §§ 7, 8 Abs. 1 zwingend anzurechnen.

5. Anrechnung einer anderen, einschlägigen Ausbildung

36 In der Verordnung kann geregelt werden, dass eine andere Berufsausbildung auf die Dauer der durch Ausbildungsordnung geregelte Berufsausbildung ganz oder teilweise anzurechnen ist.
Die durch das BBiMoG zum 1.1.2020 geänderte Formulierung in Nr. 5 »stellt im Zusammenspiel mit den neuen Nr. 2 und 3 klar, dass hier nur eine zeitliche **Anrechnung der vorangegangenen Ausbildung** erfolgt. Durch die Streichung des Wortes »einschlägig« als unbestimmtem Rechtsbegriff bleibt es künftig dem Verordnungsgeber überlassen, die anzurechnenden Ausbildungsberufe nach ihrer Eignung für eine Anrechnung auszuwählen. Auch der Umfang einer Anrechnung einschließlich der dafür erforderlichen beruflichen Handlungsfähigkeit muss vom Verordnungsgeber festgelegt werden.«[40] Die Pflicht zur Anrechnung für die zuständige Stelle ergibt sich aus dem in § 5 Abs. 2 Satz 2 normierten Erfordernis einer **Vereinbarung** der Vertragsparteien. In der Einschätzung des Gesetzgebers schließt diese zum einen ein Ermessen der zuständigen Stelle aus und stellt zum anderen sicher, dass eine Anrechnung – auch vom Auszubildenden selbst – gewollt ist.[41] Offen bleibt, wieso Auszubildende etwas gegen die Anrechnung ihrer Ausbildungszeiten vorbringen sollten. Ausgelassen wurde in der Gesetzesbegründung freilich, dass über das Erfordernis einer Vereinbarung der Vertragsparteien die Auszubildenden vom Ausbildenden abhängig sind, der die entsprechende Vereinbarung unterschreiben kann – oder nicht. Die Implementierung des Anrechnungsmodells ist von dieser Konstruktion zu unterscheiden, das Anrechnungsmodell ist auch in Kombination mit einem Weiterausbildungsverlangen der Auszubildenden denkbar. Es handelt sich also nicht um eine Folgeregelung des **Anrechnungsmodells,** wie der Gesetzgeber ausführt,[42] sondern um eine Entscheidung gegen möglichst viele dreijährige Ausbildungen, allein abhängig vom Bildungswillen der Auszubildenden. Zur Rechtsqualität der Anrechnung und ihrer Auswirkung auf den Ausbildungsvertrag vgl. die Ausführungen zu § 7 Rn. 6, § 8 Rn. 8.

40 BT-Drucks. 19/10815, S. 53f.
41 BT-Drucks. 19/10815, S. 53f.
42 *www.bmbf.de/files/Gesetzentwurf_Bundesregierung_BBiG_Novelle_final.pdf,* S. 59.

6. Zusatzqualifikationen

37 Nach der Gesetzesbegründung[43] kommen sowohl zusätzliche Wahlbausteine der Ausbildungsordnung als auch Teile anderer Ausbildungs- oder Fortbildungsordnungen in Betracht. Denkbar sind z. B. in kaufmännischen Berufen zusätzliche und formalisierte Kenntnisse im Umgang mit Office-Software, im Bankenbereich vertiefende Kenntnisse aus dem Versicherungsbereich, Physiotherapiekenntnisse bei den Fitnesskaufleuten etc. Denkbar ist auch, sich in Berufen mit Wahlqualifikationseinheiten eine nicht ausgewählte Wahlqualifikationseinheit als Zusatzqualifikation anzueignen. Zusatzqualifikationen haben unterschiedliche Ausprägungen, beziehen sich auf einen Ausbildungsberuf und erweitern oder vertiefen dessen Profil in horizontaler oder vertikaler Weise. Dabei lassen sich nach *Annen/Paulini-Schlottau*[44] drei Typen unterscheiden.

- Erstens können Zusatzqualifikationen die beruflichen Qualifikationen horizontal erweitern oder vertiefen, indem berufsübergreifende Qualifikationen, wie z. B. Controlling für kaufmännische Auszubildende oder berufsspezifische Qualifikationen, z. B. E-Business für Kaufleute im Einzelhandel (E-Business-Junior-Assistant), erworben werden. Dabei können es auch Qualifikationen aus anderen bzw. benachbarten Bereichen sein, die angestrebt werden, wie z. B. technische Kompetenzen für kaufmännische Auszubildende.
- Zweitens werden als Zusatzqualifikationen auch berufsunabhängige Qualifikationen angeboten, wie z. B. europäischer Computerführerschein (ECDL), Projektmanagement oder fremdsprachliche Kompetenzen.
- Drittens können Zusatzqualifikationen beruflichen Kompetenzen vertikal erweitern und vertiefen, die häufig auf Aufstiegspositionen vorbereiten und daher umfassend sind, weil mit der Ausbildung eine abschlussbezogene Fortbildung absolviert wird, wie z. B. bei der Kombination der Ausbildung Kaufmann/-frau im Einzelhandel mit der Fortbildung Handelsassistent/-in – Einzelhandel.[45] Die in Abs. 2 Satz 1 Nr. 5 angesprochenen zusätzlichen Fertigkeiten, Kenntnisse und Fähigkeiten gehören nicht zum Mindestinhalt eines Ausbildungsberufsbilds, sie **können** vermittelt werden. Ein gesetzlicher Anspruch darauf besteht nicht, ein arbeitsvertraglicher oder tarifvertraglicher Anspruch müsste vereinbart werden. Die Auszubildenden sind nicht verpflichtet, eine Zusatzqualifikation zu erwerben, wenn diese Verpflichtung nicht im Ausbildungsvertrag vereinbart wurde.

Die kodifizierten Zusatzqualifikationen, die in Ausbildungsordnungen verankert sind, müssen anhand gesonderter Prüfungsanforderungen einschließlich der Prüfungsbereiche und -verfahren in der Ausbildungsordnung beschrieben werden. Für sie gelten die Regelungen über die Zusammensetzung und Beschlussfassung der Prüfungsausschüsse, über die Notwendigkeit der Erstellung von Prüfungsordnungen bei den zuständigen Stellen sowie über die Gebührenfreiheit für Auszubildende und mögliche Übersetzung von Prüfungszeugnissen bzw. -bescheinigungen gleichermaßen; sie müssen als Zusatzqualifikationen gesondert geprüft und bescheinigt werden (§ 49). Ihr Prüfungsergebnis ändert das Ergebnis der Abschlussprüfung nicht (§ 49 Abs. 1 Nr. 2). Durch die Zusatzqualifikationen soll eine noch breitere Verwendung auf dem Arbeitsmarkt wie auch eine engere Verzahnung von Aus- und Weiterbildung unterstützt werden. Die verbindliche Festlegung der Bezeichnung, des Umfangs und der Dauer sowie der konkreten Ausgestal-

43 BT-Drucks. 15/3980, S. 207 ff.

44 *Annen/Paulini-Schlottau*, Kodifizierte Zusatzqualifikationen in anerkannten Ausbildungsberufen, BWP 3/2009, S. 23.

45 Ebd.

tung der zu vermittelnden Inhalte, erhöht die Einheitlichkeit, Transparenz, Qualität und Verwertbarkeit für den Prüfling bundesweit.[46]

7. Überbetriebliche Ausbildung

38 Die Vorschrift berechtigt den Verordnungsgeber, wie auch schon in § 27 BBiG a. F., in einer Ausbildungsordnung festzulegen, dass die Berufsausbildung teilweise außerhalb der Ausbildungsstätte durchzuführen ist. Der Gesetzgeber hat mit der Neufassung des Abs. 2 Satz 1 Nr. 7 eine **Legaldefinition** des Begriffs der »überbetrieblichen Ausbildung« eingefügt: Teile der Ausbildung werden in geeigneten Einrichtungen außerhalb der Ausbildungsstätte durchgeführt, wenn und soweit es die Berufsausbildung erfordert.

39 Die Ausbildung am betrieblichen Arbeitsplatz wird bereits seit vielen Jahren ergänzt durch systematische lehrgangsmäßige Ausbildungsabschnitte in außerbetrieblichen Ausbildungsstätten. Auf diesem Weg wird auch den Betrieben, die bestimmte Teile der Berufsausbildung nicht oder nur bedingt durchführen können, die Möglichkeit der Berufsausbildung generell erhalten. Die außerbetriebliche Ausbildung vervollständigt die betriebliche Ausbildung und soll eine umfassende und planmäßige Ausbildung ermöglichen, trotz zunehmender Spezialisierung der Ausbildungsbetriebe. Daneben sollen die außerbetrieblichen Ausbildungsstätten den Auszubildenden Ausbildungsinhalte vermitteln, die im Ausbildungsbetrieb nur schwer oder gar nicht erlernbar sind. Dies ist der Fall, wenn die Ausbildung mangels entsprechender technischer Einrichtungen im Betrieb, oder wegen dessen Spezialisierung nicht in allen Bereichen innerhalb des Ausbildungsbetriebs erfolgen kann. Dies entspricht der in § 2 Abs. 1 BBiG verankerten Pluralität der Lernorte. Ausbildungsmaßnahmen i. S. dieser Vorschrift sind nur solche, die die Berufsausbildung der Ausbildungsstätte ergänzen.

a) Abgrenzung zur außerbetrieblichen Berufsausbildung

40 Der Gesetzgeber hat zudem in § 2 Abs. 1 Nr. 3 eine Legaldefinition des Begriffs der »**außerbetrieblichen Berufsbildung**« geschaffen: Ausbildung in Berufsbildungseinrichtungen, außerhalb der schulischen und betrieblichen Berufsbildung. Hierunter ist die Ausbildung[47] zu verstehen, die nicht in der herkömmlichen Form betrieblicher Ausbildung erfolgt. Bei dieser ist Ausbildender ein Betriebsunternehmen, der Auszubildende wird in diesem Betrieb zumindest auch am laufenden Produktions- oder Dienstleistungsprozess ausgebildet, und vom Ausbildenden selbst wird die tarifliche bzw. vertraglich vereinbarte Ausbildungsvergütung finanziert. Unklarheiten bei den Begrifflichkeiten konnten damit beseitigt werden. Die außerbetriebliche Ausbildung ist von § 5 Abs. 2 Nr. 7 nicht erfasst.

41 Ebenfalls nicht unter diese Vorschrift fällt die Ausbildung in einem Ausbildungsverbund. Hierunter ist das Zusammenwirken von Betrieben und Verwaltungen zur gemeinsamen Ausbildung in anerkannten Ausbildungsberufen zu verstehen.[48] Im Verbund soll die Ausbildung in anderen Betrieben überwiegen können, wenn der Ausbildende maßgebenden Einfluss auf die Durchführung der Ausbildung hat. Im Gegensatz dazu handelt es sich bei »außerbetrieblichen Ausbildungsstätten« um solche, die die Ausbildung nur nach §§ 5

46 Ebd.
47 Zumeist mit staatlicher Förderung finanzierte Erstausbildung in einem anerkannten Ausbildungsberuf (§ 4 Abs. 1 BBiG).
48 *Eule/Klubertz*, S. 11.

Abs. 2 Satz 1 Nr. 7, 27 Abs. 2 ergänzen und nicht der maßgeblichen Beeinflussung durch den Ausbildenden unterliegen.[49]

Die Ausbildungsordnung hat auch dann noch verbindliche Wirkung, wenn die Ausbildungsordnung die Berufsausbildung in einer außerbetrieblichen Einrichtung zulässt. Die Ausbildung außerhalb der Ausbildungsstätte muss erforderlich sein, d.h., die Ausbildungsstätte ist nur schwer oder gar nicht in der Lage, diesen Teil der Ausbildung innerhalb des Betriebs oder der Verwaltung durchzuführen (vgl. auch oben Rn. 38f.). 42

b) Freistellung und Vergütung

Eine solche Ausbildung in einer überbetrieblichen Einrichtung muss in der Vertragsabfassung nach § 11 Abs. 1 Satz 2 Nr. 4 vereinbart sein. Der Ausbildende muss den Auszubildenden an der überbetrieblichen Ausbildung teilnehmen lassen, ihn also nach § 15 freistellen und während dieser Zeit die Vergütung aus § 17 Abs. 1 weiterzahlen. 43

c) Mitbestimmungsrecht des Betriebsrats

Die Entscheidung darüber, ob die Ausbildung vollständig im Betrieb oder teilweise auch in überbetrieblichen Einrichtungen durchgeführt wird, unterliegt nicht der Mitbestimmung des Betriebsrats nach § 98 Abs. 1 BetrVG, sondern lediglich dem Beratungsrecht nach § 97 BetrVG. Die Betriebsparteien können jedoch gleichwohl eine freiwillige Betriebsvereinbarung nach § 88 BetrVG abschließen. Ist der Arbeitgeber letztlich im Hinblick auf seinen bestimmenden Einfluss auf die außerbetriebliche Ausbildung auch insoweit Träger von dieser, kommt § 98 Abs. 1 BetrVG voll zum Zuge.[50] Wird eine betriebliche Ausbildung auf einen Ausbildungsverbund so übertragen, dass der Arbeitgeber keinen beherrschenden Einfluss auf die betriebliche Ausbildung mehr hat, besteht beim Betriebsrat ein umfängliches Mitbestimmungsrecht aus § 98 Abs. 1 BetrVG hinsichtlich des Übertragungsvertrages, mit dem die Entscheidungshoheit auf den Kooperationspartner übertragen wird.[51] 44

d) Mitbestimmung des Personalrats

Die Mitbestimmung des Personalrats besteht nur insoweit, als die Dienststelle selbst die Berufsausbildung durchführt oder regelt.[52] Die Möglichkeit einer freiwilligen Dienstvereinbarung besteht für den Personalrat im Geltungsbereich des BPersVG nicht, da Dienstvereinbarungen nur alle Regelungstatbestände erfassen dürfen, die nach §§ 79 und 80 BPersVG der Mitbestimmung unterliegen. Zulässigkeit und Inhalt von Dienstvereinbarungen sind gesetzlich abschließend geregelt.[53] Anderes kann sich aus den Personalvertretungsgesetzen der Länder ergeben. 45

49 *Eule/Klubertz* zur Vorgängerregelung des § 27 BBiG a. F., a. a. O.
50 *BAG* 4.12.1990 – 1 ABR 10/90 und *BAG* 12.11.1991 – 1 ABR 21/91, EzA § 98 BetrVG 1972, Nr. 6 und 8.
51 *BAG* 18.4.2000 – 1 ABR 28/99, BAGE 94, 245–256, Rn. 29.
52 *Altvater*, § 75 Rn. 56.
53 *Altvater*, § 73 Rn. 1 und 2.

e) Empfehlung des Hauptausschusses des BIBB zur Gestaltung und Durchführung von Ausbildungsmaßnahmen in überbetrieblichen Berufsbildungsstätten

46 Der Hauptausschuss des BIBB hat am 28. 6. 2002 eine Empfehlung zum Nachweis über die Gestaltung und Durchführung von Ausbildungsmaßnahmen in überbetrieblichen Berufsbildungsmaßnahmen verabschiedet. Diese ist auf der Internetseite des BIBB unter »Beschlüsse und Empfehlungen« abzurufen.[54]

47 (nicht besetzt)

V. Zu prüfende optionale Regelungen (Abs. 2 Satz 3)

48 Nach Abs. 2 Satz 3 ist nunmehr in jedem Ordnungsverfahren zu prüfen, ob eine Ausbildung nach dem sog. Anrechnungsmodell[55] und eine Regelung über die zeitlich gestreckte Abschlussprüfung[56] möglich und sinnvoll sind. Diese Vorschrift hat lediglich klarstellenden Charakter. Denn auch ohne diese Regelung ist der Verordnungsgeber verpflichtet, Ausbildungsordnungen im Rahmen der gesetzlichen Vorgaben nach Art. 80 Abs. 1 Satz 2 GG ermessensfehlerfrei zu erlassen. Zur fehlerfreien Ausübung des Ermessens gehört auch, die möglichen Gestaltungen des Ausbildungsverlaufs auf ihre Zweckmäßigkeit und ihre Machbarkeit zu überprüfen und entsprechend zu entscheiden. Letztlich bleibt jedoch ein Ermessensspielraum des Verordnungsgebers, der durch den Wortlaut des Abs. 2 Satz 3 bestätigt wird, der lediglich eine Prüfung von Sinnhaftigkeit und Machbarkeit vorschreibt, nicht jedoch ein bestimmtes Ausbildungsmodell präferiert.

VI. Parallelvorschrift im Handwerk

49 Für das Handwerk gilt die Parallelvorschrift nach § 26 HwO.

VII. Ausbildungsordnungen für mehrere Berufsbereiche und Bereiche

50 Durch das Berufsbildungsvalidierungs- und -digitalisierungsgesetz (BVaDiG) wurden mit Wirkung zum 1. 8. 2024 Regelungen zu einer einheitlichen Ausbildungsordnung bei mehreren betroffenen Berufsbereichen und Bereichen geschaffen. Der neu geschaffene Abs. 3 regelt Inhalte dieser Ausbildungsordnungen.
Gem. Abs. 3 Nr. 1 legt die Ausbildungsordnung zwingend die einheitliche Bezeichnung des Ausbildungsberufs fest. Hintergrund hierfür ist, dass Merkmal der gemeinsamen Ausbildungsbereiche bei mehreren Berufsbereichen und Bereichen ist, das gleiche Fertigkeiten, Kenntnisse und Fähigkeiten vermittelt werden.[57] Hierfür bedarf es weitgehend gemeinsamer Regelungen und einer einheitlichen Bezeichnung des Ausbildungsberufs.
Gem. Abs. 3 Nr. 2 sind bei Bedarf differenzierende Regelungen für die jeweiligen Berufsbereiche bzw. Bereiche in der Ausbildungsordnung aufzunehmen. Dies verdeutlicht, dass trotz des einheitlichen Ausbildungsberufs zwischen den Berufsbereichen bzw. Bereichen unterschiedliche Schwerpunkte oder Inhalte z. B. für einzelne Fachrichtungen festgelegt

---

54 BAnz Nr. 137/2002 vom 26. 7. 2002; *www.bibb.de:* Empfehlung zum Nachweis über die Gestaltung und Durchführung von Ausbildungsmaßnahmen in überbetrieblichen Berufsbildungsmaßnahmen, HA106.
55 Abs. 2 Satz 1 Nr. 2a, 2b, 4.
56 Abs. 2 Satz 1 Nr. 2.
57 BT-Drucks. 20/10857, S. 40.

werden können. In welchem Umfang die Differenzierung möglich sein wird, ohne den einheitlichen Ausbildungsberuf in Frage zu stellen, dürfte eine der entscheidenden Fragen bei der Gestaltung der berufsbereichsübergreifenden bzw. bereichsübergreifenden Ausbildungsordnung sein.

Nach Abs. 3 Satz 2 kann in der Ausbildungsordnung eine gemeinsame zuständige Stelle für mehrere Berufsbereiche und Bereiche festgelegt werden. Diese Festlegung soll der Erhöhung der Transparenz und der Rechtssicherheit sowie der Ermöglichung effektiver Verwaltungsstrukturen dienen.[58] Tatsächlich kann es in der Praxis hilfreich sein, in den Fällen der berufsbereichsübergreifenden bzw. bereichsübergreifenden Ausbildungsberufe eine gemeinsame zuständige Stelle festzulegen, in der Kompetenzen und Ressourcen gebündelt werden können.

Die Zuständigkeit der Handwerkskammer gem. § 71 Abs. 7 geht der Festlegung vor. Dies ergibt sich aus § 75a, der durch das BVaDiG 2024 in das BBiG aufgenommen wurde. Bei der Spezialregelung des § 71 Abs. 7 handelt es sich um eine Durchbrechung des Berufsprinzips hin zu einem Ausbildungsstättenprinzip.[59] Folglich ist für die Berufsbildung in Handwerksbetrieben die Handwerkskammer zuständig, auch wenn es sich um einen übergreifenden Ausbildungsberuf im Sinne von § 4 Abs. 2 handelt. Dies kann auch durch die Festlegung gem. § 5 Abs. 3 Satz 2 nicht verändert werden. Erfolgt keine Festlegung nach § 5 Abs. 3 Satz 2, bestimmt sich gem. § 75a die zuständige Stelle nach der Zugehörigkeit des ausbildenden Lernorts zu einem Berufsbereich oder Bereich entsprechend den §§ 71 bis 75.

§ 6 Erprobung neuer Ausbildungs- und Prüfungsformen

Zur Entwicklung und Erprobung neuer Ausbildungs- und Prüfungsformen kann das Bundesministerium für Wirtschaft und Klimaschutz oder das sonst zuständige Fachministerium im Einvernehmen mit dem Bundesministerium für Bildung und Forschung nach Anhörung des Hauptausschusses des Bundesinstituts für Berufsbildung durch Rechtsverordnung, die nicht der Zustimmung des Bundesrates bedarf, Ausnahmen von § 4 Abs. 3 und 4 sowie den §§ 5, 37 und 48 zulassen, die auch auf eine bestimmte Art und Zahl von Ausbildungsstätten beschränkt werden können.

Inhaltsübersicht Rn.

I. Historische Entwicklung

§ 6 knüpft an die sog. Experimentierklausel des § 28 Abs. 3 des Berufsbildungsgesetzes 1969 an. Der Anwendungsbereich dieser Ermächtigungsgrundlage für Erprobungsverordnungen wurde im Jahr 2005 in mehrfacher Hinsicht erweitert. Zum einen wurde klargestellt, dass sich Erprobungsverordnungen nicht auf Ausnahmen vom Ausschließlichkeitsgrundsatz beschränken müssen. Zum anderen wurde die Zielsetzung von Er- 1

58 BT-Drucks. 20/10857, S. 40.
59 *Lakies*, BBiG, § 71 Rn. 4.

probungsverordnungen, die bislang auf neue Ausbildungsformen und -berufe gerichtet war, auf neue Prüfungsformen erweitert. Um einen zu extensiven Gebrauch der Ermächtigungsnorm und eine mögliche Zersplitterung des Berufsbildungssystems zu verhindern, werden die für Ausnahmeregelungen bzw. Erprobungsverordnungen in Frage kommenden Bestimmungen des Berufsbildungsgesetzes ausdrücklich aufgeführt.
Mit der Änderung durch das BBiMoG zum 1. 1. 2020 wurde die Erprobungsmöglichkeit für neue Ausbildungsberufe gestrichen. Denn bis dahin ergab sich das Problem, dass, falls die Erprobung eines neuen Ausbildungsberufs nicht in eine reguläre Ausbildungsordnung überführt wurde, die Absolventen und Absolventinnen einer solchen »Erprobungsverordnung« keinen anerkannten Ausbildungsabschluss hatten.[1] Neue Ausbildungsberufe, bei denen das »Ob« in Frage steht, sollen nach dem Willen des Gesetzgebers[2] nicht mehr als Erprobungsverordnung geregelt werden können. Die Einschränkung der Berufsfreiheit durch § 4, um zu »garantieren«, dass Auszubildende eine adäquate Ausbildung erhalten, passe mit einer Erprobungsverordnung, bei der die Anerkennung des Berufs in Frage steht, nicht zusammen. Soweit Unsicherheiten bei der Entwicklung neuer Ausbildungen bestünden, sei zudem keine Erprobungsverordnung nötig, sondern diese Konstellation könne besser durch die Befristung der Ausbildungsordnung in Verbindung mit einer Evaluation geregelt werden.[3]

II. Ausnahmeregelungen – Rechtsverordnung

2 Die **Ausnahmeregelungen** bedürfen der Form einer Rechtsverordnung, die das Bundesministerium für Wirtschaft und Arbeit oder das sonst zuständige Fachministerium im Einvernehmen mit dem Bundesministerium für Bildung und Forschung erlässt. Einvernehmen bedeutet eine völlige Willensübereinstimmung zwischen den Ministerien in Bezug auf die zu erlassende Rechtsverordnung.[4] Wird diese nicht erreicht, kann die Rechtsverordnung nicht erlassen werden; es soll dadurch erreicht werden, dass die bildungspolitischen Zielsetzungen auf jeden Fall beachtet werden. Der Hauptausschuss des BIBB (§ 92 BBiG) ist vor Erlass der Verordnung anzuhören. Er kann zu den Entwürfen, die das BIBB vorbereitet, unter Berücksichtigung der schulischen Rahmenpläne Stellung nehmen (§ 92 Abs. 1 Nr. 5 BBiG). Seine Zustimmung ist nicht erforderlich. Die Verordnung bedarf nicht der Zustimmung des Bundesrats. Derartige Rechtsverordnung werden wegen ihres Erprobungscharakters in der Regel nur befristet erlassen[5] und während sowie nach dem Probelauf evaluiert. Die Rechtsverordnung kann diese Evaluation zugleich mit Einführung des neuen Ausbildungsberufs anordnen.

1. Mögliche Ausnahmen

3 Die möglichen Ausnahmen sind abschließend aufgezählt: Abweichungen

- vom Ausschließlichkeitsgrundsatz (§ 4 Abs. 2),
- vom Grundsatz, dass Jugendliche lediglich in anerkannten Ausbildungsberufen ausgebildet werden dürfen (§ 4 Abs. 3),

1 BT-Drucks. 19/10815, S. 54f.
2 BT-Drucks. 19/10815, S. 54f.
3 BT-Drucks. 19/10815, S. 54f.
4 *BVerwG* 4. 11. 1960 – BVerwG VI C 163.58, BVerwGE 11, 195.
5 Z. B. Fachkraft Agrarservice: Inkrafttreten der Erprobungsverordnung am 1. 8. 2005, befristet bis zum 31. 7. 2009, überführt in Dauerrecht am 23. 7. 2009.

- von den zwingenden Mindestinhalten und der Begrenzung auf eine abschließende Zahl weiterer Vorgaben in einer Ausbildungsordnung (§ 5),
- von den Vorschriften zur Abschlussprüfung (§ 37) sowie
- von der Vorschrift zur Zwischenprüfung (§ 48).

2. Ausnahmegründe

Die Abweichungen sind nur zu zwei bestimmten, ebenfalls abschließend[6] aufgezählten Zwecken zulässig: zur Entwicklung und Erprobung neuer Ausbildungsformen oder Prüfungsformen. 4

Nicht ausreichend ist, dass Ausbildungs- oder Prüfungsformen für diese Ausbildungsordnung neu sind. Der Wortlaut ist insoweit nicht eindeutig. Die Möglichkeit, bewährte Prüfungsformen anderer Ausbildungsberufe nur probeweise einzuführen, erscheint jedoch weder sinnvoll noch ausreichend für eine ausdrückliche Abweichung von der Ermächtigungsgrundlage. Dies wird weder der grammatikalischen noch der teleologischen Auslegung gerecht.

Außer für diese Zwecke und mit den beschriebenen Ausnahmen müssen die Vorschriften des BBiG eingehalten werden. Jede Abweichung von den §§ 4 Abs. 2 und 3, 5, 37 und 48 muss durch einen der aufgezählten Zwecke gerechtfertigt sein. Nicht zulässig ist es, anlässlich der Erprobung eines Aspekts zugleich von weiteren der genannten Vorschriften abzuweichen. Die Verordnung könnte mangels Ermächtigung vollständig rechtswidrig sein. Die Folgen für die bestehenden Ausbildungsverhältnisse wären fatal, es wird in einem derzeit nicht bestehenden Beruf ausgebildet.

III. Konsensverfahren

Das **Konsensverfahren** zur Erstellung von Ausbildungsordnungen, dessen Schrittfolgen gesetzlich nicht durchgehend normiert sind, aber vom BIBB dargestellt werden[7] und bei der Neuordnung von Ausbildungsberufen überwiegend eingehalten wurden, sollte auch bei der Erprobung neuer Ausbildungsberufe nach der Experimentierklausel des § 28 Abs. 3 a. F. eingehalten werden, so dass die Sozialpartner auch in den Fällen des § 6 sicher beteiligt werden. Soweit dies in der Praxis nicht umgesetzt wird, empfiehlt sich eine gesetzliche Normierung dieses Verfahrens. 5

IV. Parallelvorschrift im Handwerk

Im Handwerk gilt die Parallelvorschrift des § 27 HwO. 6

§ 7 Anrechnung beruflicher Vorbildung auf die Ausbildungsdauer

(1) Die Landesregierungen können nach Anhörung des Landesausschusses für Berufsbildung durch Rechtsverordnung bestimmen, dass der Besuch eines Bildungsganges berufsbildender Schulen oder die Berufsausbildung in einer sonstigen Einrichtung ganz oder teilweise auf die Ausbildungsdauer angerechnet wird. Die Ermächtigung kann durch Rechtsverordnung auf oberste Landesbehörden weiter übertragen werden.

---

6 Wohlgemuth/*Maring*, BBiG, § 6 Rn. 4.
7 *BIBB*, Wie entstehen Ausbildungsberufe, S. 6ff.

(2) Ist keine Rechtsverordnung nach Absatz 1 erlassen, kann eine Anrechnung durch die zuständige Stelle im Einzelfall erfolgen. Für die Entscheidung über die Anrechnung auf die Ausbildungsdauer kann der Hauptausschuss des Bundesinstituts für Berufsbildung Empfehlungen beschließen.
(3) Die Anrechnung bedarf des gemeinsamen Antrags der Auszubildenden und der Ausbildenden. Der Antrag ist an die zuständige Stelle zu richten. Er kann sich auf Teile des höchstzulässigen Anrechnungszeitraums beschränken.
(4) Ein Anrechnungszeitraum muss in ganzen Monaten durch sechs teilbar sein.

Inhaltsübersicht Rn.

I. Vorbemerkung

1 Die regelmäßige Dauer der Berufsausbildung ergibt sich grundsätzlich aus der jeweiligen Ausbildungsordnung. Nach § 5 Abs. 1 Nr. 2 soll sie nicht mehr als drei und nicht weniger als zwei Jahre bei einem durchschnittlich begabten Auszubildenden betragen. Die Vorschrift regelt eine mögliche **Anrechnung** beruflicher Vorbildung auf die Ausbildungsdauer.

II. Historische Entwicklung

2 Nach der Gesetzesbegründung[1] des historischen Gesetzgebers zu Abs. 1 und Abs. 3 wird »durch Absatz 1 die Entscheidung, ob eine Vorbildung in einer berufsbildenden Schule[2] oder einer sonstigen Berufsbildungseinrichtung auf eine sich anschließende Berufsausbildung angerechnet wird, zum einen in den Verantwortungsbereich der Länder übertragen. Diese können durch Rechtsverordnung der Landesregierungen – nach Abs. 1 Satz 2 ggf. durch Rechtsverordnungen oberster Landesbehörden – entscheiden, ob und in welchem zeitlichen Umfang Bildungsabschnitte an berufsbildenden Schulen oder in sonstigen Einrichtungen auf die Ausbildungsdauer einer betrieblichen Erstausbildung anzurechnen sind. … Eine mögliche Anrechnung in einem Umfang von mehr als zwei Jahren wird jedoch in der Regel den Interessen beider Vertragsparteien widersprechen«.[3] Hiermit scheint der Gesetzgeber auf die Möglichkeit anzuspielen, die Ausbildungsdauer gestufter zweijähriger Ausbildungsberufe auf die Ausbildungsdauer dreijähriger Ausbildungsberufe anzurechnen. Eine automatische Erstreckung der Anrechnungsregelung auf andere Länder ist weder geregelt noch anderweitig vorgesehen. Frühere Berufsgrundbildungsjahr-Anrechnungsverordnungen traten am 1. 8. 2006 außer Kraft.[4] Sie wurden jedoch nicht ersetzt durch neue Verordnungen, stattdessen wurde auf die Möglichkeiten einer individuellen Verkürzung nach § 8 oder auf Pakte und sonstige Vereinbarungen ver-

1 BT-Drucks. 15/3980, S. 45.
2 In der Regel Berufsfachschulen.
3 BT-Drucks. 15/3980, S. 45.
4 Art. 8 Abs. 3 des BerBiRefG vom 23. 3. 2005.

wiesen.[5] Dies führte dazu, dass die Anrechnung beruflicher Vorbildung häufig weniger von den Fähigkeiten und Kompetenzen eines Jugendlichen als von der regionalen Ansiedlung eines Betriebes abhing.[6] Die Anrechnung durch Kammerentscheidung gem. § 7 war teilweise üblich, rechtlich jedoch unzulässig: »Das BBiG bietet keine Grundlage für Individualentscheidungen der zuständigen Stelle, wie dies bei § 8 BBiG bei der Verkürzung möglich ist.«[7]
Durch das BBiMoG wurde zum 1.1.2020 § 7 Abs. 2 (neu) eingefügt und damit der soeben beschriebene Wunsch des Gesetzgebers an die Verordnungsgeber der Bundesländer ergänzt um »die Möglichkeit von Einzelentscheidungen über die Anrechnung einer beruflichen Vorbildung auf die Ausbildungszeit durch die zuständigen Stellen für den Fall […], dass keine Rechtsverordnung nach Absatz 1 erlassen wurde. Der Hauptausschuss des BIBB kann hierzu Empfehlungen beschließen, damit ein einheitlicher Vollzug ermöglicht wird.«[8]

III. Rechtsverordnungen der Länder

Das Bundesverwaltungsamt gibt mit Stand September 2012 folgende Übersicht über die **Verordnungen der Bundesländer** zur Anrechnung beruflicher Vorbildung auf die Ausbildungsdauer:[9] 3

Baden-Württemberg
[Außer Kraft seit 31.7.2009]
Bayern
Verordnung zur Umsetzung des Berufsbildungsgesetzes und der Handwerksordnung vom 24.7.2007
Fundstelle: Gesetz- und Verordnungsblatt des Landes Bayern S. 579
Berlin
[Bisher keine]
Brandenburg
[Bisher keine]
Bremen
[Bisher keine]
Hamburg
[Keine]
Hessen
[Außer Kraft seit 1.8.2009]
Mecklenburg-Vorpommern
[Bisher keine]
Niedersachsen
[Außer Kraft gesetzt durch Gesetz vom 2.7.2008 – Nds. GVBl Nr. 15/2008]
Nordrhein-Westfalen
Verordnung über die Anrechnung vollzeitschulischer beruflicher Bildungsgänge auf die Ausbildungsdauer gemäß Berufsbildungsgesetz (BBiG) und Handwerksordnung (HwO) und die Zulassung von Absolventen vollzeitschulischer beruflicher Bildungsgänge zur Abschlussprüfung in dualen Ausbildungsberufen (Berufskolleganrechnungs- und -zulassungsverordnung) vom 16.5.2006
Fundstelle: *https://recht.nrw.de/lmi/owa/br_text_anzeigen?v_id=2920101203161958769#FN1*

---

5 *Wissenschaftliche Dienste des Bundestages*, WD 8–3000–042/16, S. 4, *www.bundestag.de/resource/blob/436858/6ecd335ae2f9e045a7fa92bb899c23a7/wd-8-042-16-pdf-data.pdf.*
6 Ebd.
7 Evaluationsbericht zum BBiG durch das BMBF aus dem Jahr 2016, *www.bmbf.de/files/2016-03-23_Evaluationsbericht_BBiG.pdf*, S. 14.
8 BT-Drucks. 19/10815, S. 55.
9 *www.bva.bund.de:* Verordnungen der Bundesländer zur Anrechnung beruflicher Vorbildung auf die Ausbildungszeit.

Rheinland-Pfalz
[Keine, besondere Vereinbarung mit den Kammern]
Saarland
[Bisher keine]
Sachsen
Sächsische Ausführungsverordnung zum Berufsbildungsgesetz vom 19. 6. 2006
Fundstelle: Sächsisches Gesetz- und Verordnungsblatt, Nr. 7 vom 30. 6. 2006, S. 152
Sachsen-Anhalt
[Bisher keine, jedoch in Aussicht gestellt]
Schleswig-Holstein
[Bisher keine, besondere Vereinbarung mit Innungen]
Thüringen
Thüringer Verordnung zur Anrechnung beruflicher Vorbildung auf die Ausbildungszeit vom 30. 11. 2006
Fundstelle: Gesetz- und Verordnungsblatt für den Freistaat Thüringen, Nr. 17 vom 22. 12. 2006, S. 555

IV. Einzelfallanrechnung

4 Soweit in dem Bundesland, in dem ausgebildet werden soll, keine Verordnung zur Anrechnung erlassen wurde, kann die zuständige Stelle über die Anrechnung im Einzelfall entscheiden. Damit wird die bisherige Praxis (s. Rn. 1) einiger Bundesländer und zuständiger Stellen legitimiert und »dem Bedürfnis der Praxis Rechnung getragen, zum Beispiel für Fälle, in denen die berufliche Vorbildung im Rahmen von Landesprogrammen absolviert wird. Die Entscheidung kann nach dem Wortlaut des Abs. 2 nur im Einzelfall ergehen, eine Allgemeinverfügung durch die zuständige Stelle ist somit ausgeschlossen. Die Entscheidung der zuständigen Stelle ist eine Ermessensentscheidung, ihre Verkündung ist ein Verwaltungsakt. Das Ermessen ist fehlerfrei auszuüben, ansonsten ist der Verwaltungsakt rechtswidrig und angreifbar. Ein Ermessen der zuständigen Stelle, von der Anrechnung abzuweichen, wird durch die Landes-Rechtsverordnung und den übereinstimmenden Antrag beschränkt.[10] Bei der Ermessensausübung sind zudem zu berücksichtigen:

- die zwingende Regelung in Abs. 4, dass der Anrechnungszeitraum in Monaten durch sechs geteilt eine ganze Zahl ergeben muss,
- der Wille des Gesetzgebers, nach dem die Anpassung auch dem Interesse der Betroffenen an wohnsitzunabhängigen Möglichkeiten und Chancen dient und eine individuelle Prognose zum Erreichen des Ausbildungsziels durch die Antragsteller anders als bei § 8 Abs. 1 für die Anrechnung nicht erforderlich ist,[11]
- eine Empfehlung des Hauptausschusses des BIBB über die Anrechnung auf die Ausbildungsdauer.

Eine Entscheidung ohne Berücksichtigung der Empfehlung ist ermessensfehlerhaft.

V. Gemeinsamer Antrag

5 Der Antrag, Teile der beruflichen Vorbildung auf die Dauer der Ausbildung anzurechnen, muss von Auszubildenden und Ausbildenden gemeinsam gestellt werden. Ein Antrag bspw. nur der Auszubildenden genügt nicht. Der Antrag ist an die zuständige Stelle (§ 71) zu richten. Seit dem 1. 8. 2009 ist die Regelung in Abs. 2 Satz 3 in Kraft, nach der die Parteien des Ausbildungsverhältnisses ihren Antrag auf Anrechnung auf Teile des in der Rechtsverordnung festgelegten höchstzulässigen Anrechnungszeitraums beschränken

10 Wohlgemuth/*Maring*, BBiG, § 7 Rn. 9.
11 BT-Drucks. 19/10815, S. 55.

können. Die Gesetzesbegründung[12] besagt hierzu: »Dies erlaubt den Vertragsparteien weitgehende Flexibilität bei der Gestaltung ihrer Vertragsverhältnisse.« Unabhängig von der Wertung des Landesverordnungsgebers ist also eine nur teilweise Anrechnung der nachgewiesenen Vorqualifikation zulässig. Überzeugend verbinden lässt sich die Antragserfordernis und die nur teilweise Anrechnung mit dem Ziel, die Anrechnungspraxis zu vereinheitlichen (s. Rn. 2, 4), nicht. Denn über das Antragserfordernis haben es die Ausbildenden in der Hand, unabhängig von der Vorqualifikation der Auszubildenden auf der vollen in der Ausbildungsordnung vorgesehenen Ausbildungsdauer zu bestehen. Das Antragserfordernis gilt sowohl für die Anrechnung auf Basis einer Verordnung als auch auf Grundlage einer Einzelfallentscheidung der zuständigen Stelle.

VI. Anrechnung – Begriff und Umfang

Anrechnen bedeutet die Berücksichtigung des Besuchs einer dem Abs. 1 entsprechenden Bildungseinrichtung bei der Bemessung der Ausbildungsdauer im Rahmen eines Berufsausbildungsverhältnisses dergestalt, dass die Ausbildungsdauer insoweit als zurückgelegt anzusehen ist. Das bedeutet eine gesetzliche Fiktion, nach der so verfahren werden muss, als ob die anzurechnenden Zeiten wirklich in dem nachfolgenden Ausbildungsverhältnis zurückgelegt worden seien. Dies muss allerdings mit der Maßgabe geschehen, dass diese Zeiten als an den Beginn der Ausbildung gelegt anzusehen sind und nicht etwa nur zu einer Verkürzung am Ende des Ausbildungsverhältnisses führen.[13] 6

Nach Abs. 4 muss der Anrechnungszeitraum zur Sicherung der Handhabbarkeit für die Praxis und zur Sicherung einer effizienten Bearbeitung und Umsetzung solcher Anträge in ganzen Monaten durch sechs teilbar sein.[14] Gemeint ist wohl, dass der Anrechnungszeitraum, dargestellt in Monaten und geteilt durch sechs, eine ganze Zahl ergibt. Angerechnet werden kann also ein halbes Jahr, ein ganzes Jahr, usw. Dies gilt sowohl für die Anrechnung auf Basis einer Verordnung als auch auf Grundlage einer Einzelfallentscheidung der zuständigen Stelle. Hintergrund dürfte sein, dass die Anrechnung in Halbjahresschritten für die zuständige Stelle einfacher und schneller zu prüfen ist sowie mit einer Ermessensentscheidung versehen werden kann als die Frage, ob eine Anrechnung um 12 oder 13 Wochen wohl angemessen ist. Auch lassen sich Berufsschulklassen sowie der Berufsschulunterricht besser koordinieren, wenn die individuelle Ausbildungsdauer der Auszubildenden nicht mehr als um halbe Jahre differiert. 7

VII. Vergütung

Die **Vergütung** ist folgendermaßen zu berechnen: Die anzurechnende Zeit ist vergütungsmäßig als verbrachte Ausbildungsdauer zu werten.[15] Dies gilt sowohl für die Anrechnung auf Basis einer Verordnung als auch auf Grundlage einer Einzelfallentscheidung der zuständigen Stelle.[16] Bei einer Anrechnung von einem Jahr erhalten die Auszubildenden also unmittelbar ab Beginn der Ausbildung die Ausbildungsvergütung für das zweite Ausbildungsjahr. 8

---

12 BT-Drucks. 15/3980, S. 113.
13 BT-Drucks. 15/3980, S. 113.
14 BT-Drucks. 19/10815, S. 55.
15 *BAG* 22.9.1982 – 4 AZR 719/79, EzB § 10 Abs. 1 BBiG Nr. 28; *BAG* 8.12.1982, EzB § 11 Abs. 1 BBiG Nr. 29; *Natzel*, DB 1979, 1361.
16 BT-Drucks. 19/10815, S. 55.

VIII. Parallelvorschrift im Handwerk

9 Im Handwerk gilt die Parallelvorschrift des § 27a HwO.

§ 7a Teilzeitberufsausbildung

(1) Die Berufsausbildung kann in Teilzeit durchgeführt werden. Im Berufsausbildungsvertrag ist für die gesamte Ausbildungszeit oder für einen bestimmten Zeitraum der Berufsausbildung die Verkürzung der täglichen oder der wöchentlichen Ausbildungszeit zu vereinbaren. Die Kürzung der täglichen oder der wöchentlichen Ausbildungszeit darf nicht mehr als 50 Prozent betragen.

(2) Die Dauer der Teilzeitberufsausbildung verlängert sich entsprechend, höchstens jedoch bis zum Eineinhalbfachen der Dauer, die in der Ausbildungsordnung für die betreffende Berufsausbildung in Vollzeit festgelegt ist. Die Dauer der Teilzeitberufsausbildung ist auf ganze Monate abzurunden. § 8 Absatz 1 und 2 bleibt unberührt.

(3) Auf Verlangen der Auszubildenden verlängert sich die Ausbildungsdauer auch über die Höchstdauer nach Absatz 2 Satz 1 hinaus bis zur nächsten möglichen Abschlussprüfung.

(4) Der Antrag auf Eintragung des Berufsausbildungsvertrages nach § 36 Absatz 1 in das Verzeichnis der Berufsausbildungsverhältnisse für eine Teilzeitberufsausbildung kann mit einem Antrag auf Verkürzung der Ausbildungsdauer nach § 8 Absatz 1 verbunden werden.

Inhaltsübersicht Rn.

I. Historische Entwicklung

1 Die Teilzeitausbildung wurde mit dem BerBiRefG im Jahr 2005 erstmals gesetzlich geregelt. Die Erfahrungen mit der Teilzeitausbildung begannen schon vor der gesetzlichen Normierung.[1] Zunächst mussten die Auszubildenden ein berechtigtes Interesse an der Teilzeitausbildung nachweisen. Dieses lag zum Beispiel bei Auszubildenden vor, die ein eigenes Kind oder pflegebedürftige nahe Angehörige zu betreuen haben. Durch § 7a wurde durch das BBiMoG zum 1.1.2020 eine eigenständige Reglung zur Teilzeitausbildung geschaffen. Dafür wird nach der Absicht des Gesetzgebers: »die bisher in § 8 Absatz 1

1 Siehe Überblick über vorhandene Projektberichte 2002–2005 bei *Linten/Prüstel* Auswahlbibliografie »Berufsausbildung in Teilzeit«, *www.bibb.de/dokumente/pdf/a1bud_auswahlbibliographie-berufsausbildung-inteilzeit.pdf,* S. 18 ff.

Satz 2 enthaltene Regelung zur Teilzeitberufsausbildung formal herausgelöst, inhaltlich erweitert und damit gestärkt. Zukünftig entfällt die Notwendigkeit eines ›berechtigten Interesses‹ für eine Teilzeitberufsausbildung. Die Teilzeitberufsausbildung wird damit von einer Ausnahmelösung für besondere Lebenslagen zu einer Gestaltungsoption für die Durchführung von Berufsausbildungen. Die Neuregelung öffnet die Teilzeitberufsausbildung damit auch für Personen, die nicht die bisher anerkannten Gründe wie Kindererziehung oder die Pflege von Angehörigen vorweisen können. So kann für Menschen mit Behinderung eine Teilzeitberufsausbildung eine Option anstelle einer Ausbildung nach § 66 darstellen. Für Personen mit Lernbeeinträchtigung kann eine Teilzeitberufsausbildung den Einstieg und Übergang in eine Vollzeitberufsausbildung ermöglichen. Geflüchtete, die ihre Familie durch eine die Ausbildung begleitende Erwerbstätigkeit unterstützen wollen oder müssen und in Vollzeit keine Ausbildung aufnehmen würden, können damit ebenfalls eine berufliche Qualifikation erwerben. Eine qualitativ mit der Vollzeitausbildung vergleichbare Ausbildung wird durch die entsprechende Ausbildungsdauer gewährleistet. Denkbarem Missbrauch wird damit ebenfalls vorgebeugt.«[2]
Der Hauptausschuss des BIBB hat am 10. 6. 2021 eine Empfehlung zur Teilzeitausbildung gem. § 7a BBiG/§ 27b HwO beschlossen. Diese ist über die Internetseite des BIBB unter »Beschlüsse und Empfehlungen« abzurufen.

II. Teilzeitberufsausbildung

Für jeden Ausbildungsvertrag besteht die Möglichkeit, die Ausbildung statt in Vollzeit in Teilzeit durchzuführen. Die Teilzeitausbildung ist allein abhängig vom Inhalt des Ausbildungsvertrages (Abs. 1 Satz 2) und damit vom Willen des Ausbildenden sowie des Auszubildenden. Weitere Voraussetzungen, wie noch mit der ursprünglichen Regelung aus dem Jahr 2005 vorgesehen, müssen nicht erfüllt werden, damit eine Teilzeitausbildung dem Grunde nach zulässig ist. Rein praktisch wird die Teilzeitausbildung so organisiert, dass die Auszubildenden die Berufsschule in vollem Umfang besuchen und die noch verbleibende wöchentliche Ausbildungszeit im Betrieb praktisch ausgebildet werden. Damit sinkt die praktische Ausbildungszeit in den Jahren, in denen die Berufsschule zu besuchen ist. Dies wird jedoch dadurch kompensiert, dass die Teilzeitausbildung sich entsprechend verlängert. Die praktische Ausbildung dauert also länger als die Berufsschule. Dies wird auch aus der Gesetzesbegründung deutlich: »*Die Auszubildenden bauen in den verbleibenden Ausbildungsmonaten Berufspraxis entsprechend Vollzeitauszubildenden auf. Dies sichert, dass eine Teilzeitberufsausbildung qualitativ völlig gleichwertig gegenüber einer Vollzeitberufsausbildung ist, und erhöht zugleich die Attraktivität Teilzeitausgebildeter auf dem Arbeitsmarkt.*«[3] Im Ergebnis findet die Abschlussprüfung also erst bis zu 1,5 Jahren nach dem Ende der Berufsschulzeit statt. Die Ausbildenden haben den Vorteil, dass die Teilzeitauszubildenden danach bereits über die theoretischen Kompetenzen für die Ausbildung verfügen und – im Rahmen ihrer Teilzeit – durchgehend im Betrieb praktisch ausgebildet werden können. Für die Auszubildenden ist dies verbunden mit der Herausforderung, die Inhalte des Berufsschulunterrichts bis zur Abschlussprüfung aktiv abrufbar zu halten. Zur **Vergütung** bei Teilzeitberufsausbildung siehe § 17 Abs. 5. 2

2 BT-Drucks. 19/10815, S. 55 f.
3 BT-Drucks. 19/10815, S. 55 f.

1. Teilzeit

3 Das Berufsbildungsgesetz definiert den Begriff der »Teilzeit« nicht. Insoweit kann auf § 2 TzBfG zurückgegriffen werden. Danach ist teilzeitbeschäftigt ein Arbeitnehmer, dessen regelmäßige Wochenarbeitszeit kürzer ist als die eines vergleichbaren vollzeitbeschäftigten Arbeitnehmers. Der Begriff des Arbeitnehmers umfasst grundsätzlich auch Auszubildende[4] (s. § 10 Abs. 2). Bei der Definition des Begriffs »Arbeitnehmer« gem. § 2 TzBfG ist zusätzlich die Richtlinie 97/81/EG zu berücksichtigen, die durch das TzBfG umgesetzt werden soll. Der gemeinschaftsrechtliche Begriff des Arbeitnehmers ist weit auszulegen.[5] Er wird anhand objektiver Kriterien vom Europäischen Gerichtshof definiert: Jemand erbringt während einer bestimmten Zeit für einen anderen nach dessen Weisung Leistungen, für die er als Gegenleistung eine Vergütung erhält. Mit diesen Kriterien hat der EuGH die Arbeitnehmereigenschaft eines Studienreferendars während der gesamten Dauer des Vorbereitungsdienstes bejaht.[6] Auszubildende fallen hinsichtlich ihrer praktischen Ausbildung nach dem Berufsausbildungsvertrag also unter den Schutzbereich der Richtlinie 97/81/EG und in den Geltungsbereich des TzBfG. Sie dürfen damit **nicht schlechter behandelt werden als Auszubildende in Vollzeit**, es sei denn, dass sachliche Gründe eine unterschiedliche Behandlung rechtfertigen (§ 4 Abs. 1 TzBfG). Ob die einseitige Möglichkeit der Arbeitnehmer, **Teilzeit auch ohne Zustimmung des Arbeitgebers** durchzusetzen (§ 8 Abs. 5 Satz 2 TzBfG), auch für Auszubildende gilt, kann zunächst offenbleiben. Zum Beispiel bei einer Mutterschaft im laufenden Ausbildungsverhältnis mit anschließendem Wunsch, die Ausbildung mit reduzierter Ausbildungszeit fortzusetzen, könnte diese Frage praktisch relevant werden. Wegen des entgegenstehenden Wortlauts in Abs. 1 Satz 2 könnten hier Bedenken bestehen.[7] Allerdings ist auch der Umfang der Arbeitszeit im Arbeitsvertrag zwischen Arbeitnehmer und Arbeitgeber zu vereinbaren, gleichwohl gibt es für Arbeitnehmer die Möglichkeit, die Teilzeit durchzusetzen. Der Verweis auf den Berufsausbildungsvertrag in Abs. 1 Satz 2 verfängt also nicht zwingend. Der Anspruch wird nicht durch die Richtlinie 97/81/EG gestützt. Diese hat nicht zum Inhalt, dass ein Anspruch entsprechend § 8 Abs. 5 Satz 2 TzBfG durch nationales Gesetz installiert werden soll. § 5 Abs. 3 der Richtlinie 97/81/EG enthält lediglich eine Soll-Vorschrift. Dieses beschreibt das Mindestlevel der nationalen Teilzeitregelungen. Offenbleiben muss aus denselben Erwägungen auch die Frage, ob ein Anspruch auf eine befristete Reduzierung der Ausbildungszeit gem. § 9a TzBfG besteht. Fraglich bleibt, ob § 7a nicht die speziellere Regelung im Verhältnis zu § 8 Abs. 5 Satz 2 TzBfG ist,[8] da in § 7a auch die Verlängerung des Ausbildungsvertrages bei Teilzeit angeordnet wird (Abs. 2). Dies gegen den Willen des Ausbildenden durchzusetzen, geht über einen Anspruch auf Teilzeit gem. § 8 Abs. 5 TzBfG hinaus.

2. Umfang der Teilzeit

4 Eine Teilzeitberufsausbildung ergibt sich dadurch, dass sie im Berufsausbildungsvertrag vereinbart wird, wahlweise für die gesamte Ausbildungszeit oder für einen bestimmten Zeitraum. Der Berufsausbildungsvertrag muss nach dem Wortlaut des Abs. 1 Satz 2 auch beinhalten, dass und in welchem Umfang die Ausbildungszeit verkürzt wird, wahlweise

4 ErfK/*Preis*, § 611a, Rn. 177.
5 *EuGH* 3.7.1986 (Lawrie-Blum), ECLI:EU:C:1986:284, Rn. 16 m.w.N.
6 *EuGH* 3.7.1986 (Lawrie-Blum), ECLI:EU:C:1986:284, Rn. 17f.
7 Ablehnend *Lakies*, BBiG, § 7a Rn. 2.
8 So Wohlgemuth/*Maring*, BBiG, § 7a Rn. 5.

die tägliche oder die wöchentliche Ausbildungszeit. Der Berufsausbildungsvertrag muss nicht festlegen, ob die tägliche oder alternativ die wöchentliche Ausbildungszeit verkürzt wird. Dies kann durch das Direktionsrecht zur Lage der Ausbildungszeit sowie in Betrieben mit gesetzlicher Interessenvertretung durch die Mitbestimmung bei der Lage der Ausbildungszeit bestimmt werden. Auch eine prozentuale Angabe für die Teilzeit genügt. Konkrete Regelungen zur täglichen Ausbildungszeit im Ausbildungsvertrag sind jedoch zulässig. Der Berufsausbildungsvertrag muss ferner einen auf die individuelle Teilzeit ausgerichteten **Ausbildungsplan** enthalten, um die Teilzeitberufsausbildung inhaltlich und sachlich zu gliedern. Dabei sind die Beteiligungsrechte der gesetzlichen Interessenvertretung zu beachten.

Im Berufsausbildungsvertrag kann bereits zu Beginn der Berufsausbildung für die gesamte Ausbildungszeit oder nur für einen bestimmten Zeitraum Teilzeit vereinbart werden (Abs. 1 Satz 1). Durch eine Änderung des Berufsausbildungsvertrages kann die Teilzeit auch im Laufe der Ausbildung vereinbart werden, entweder für die restliche Ausbildungsdauer oder für einen bestimmten Zeitraum. Zum Anspruch der Auszubildenden auf Teilzeit gem. TzBfG siehe auch Rn. 3. Auszubildende fallen in den Geltungsbereich der Richtlinie (EU) 2019/1158 vom 20. Juni 2019. Diese Richtlinie gilt für alle Arbeitnehmer mit Arbeitsverträgen oder anderen Formen von Beschäftigungsverhältnissen (Erwägungsgrund 17 der Richtlinie). Auszubildende sind Arbeitnehmer im Sinne des europäischen Arbeitsrechts (siehe Rn. 3). Erwägungsgrund 34 Richtlinie (EU) 2019/1158 betont, dass Arbeitnehmer, die Eltern oder pflegende Angehörige sind, angehalten werden sollen, erwerbstätig zu bleiben. Dafür sollten sie »mit besonderem Augenmerk auf den Bedarf des Arbeitnehmers« das Recht haben, flexible Arbeitsregelungen zu beantragen, auch durch Reduzierung der Anzahl der Arbeitsstunden. Art. 9 Richtlinie (EU) 2019/1158 regelt, dass flexible Arbeitsregelungen in den Mitgliedsstaaten zu installieren sind. Dabei meint flexible Arbeitsregelungen die Möglichkeit für Arbeitnehmer, ihre Arbeitsmuster anzupassen einschließlich der Reduzierung von Arbeitsstunden, Art. 3 Abs. 1f) Richtlinie (EU) 2019/1158. Die Richtlinie ist bis zum 2. August 2022 umzusetzen, Art. 20 Richtlinie (EU) 2019/1158. Die Gesetze sind bereits jetzt richtlinienkonform auszulegen.[9] Deswegen haben Auszubildende einen **Anspruch auf Teilzeit**[10] aus § 15 Abs. 5 BEEG und § 3 PflegeZG. Dies entspricht auch dem Grundsatz von Treu und Glauben (§ 242 BGB), der jedes Vertragsverhältnis prägt. Nach diesem Grundsatz muss der Schuldner die Leistung so bewirken, wie Treu und Glauben mit Rücksicht auf die Verkehrssitte es erfordern. Zu den letztlich auf § 242 BGB beruhenden arbeitsvertraglichen Nebenpflichten gehört auch die Pflicht, auf die berechtigten Interessen des Vertragspartners Rücksicht zu nehmen.[11] Dies gebietet zum Beispiel dann eine Zustimmung zur Teilzeitausbildung, wenn wegen der Geburt eines Kindes anderenfalls die Ausbildung abgebrochen würde. Denn die Weigerung des Ausbildenden, der Teilzeit zuzustimmen, vereitelt, dass der/die Auszubildende das vereinbarte Vertragsziel erreicht: den erfolgreichen Abschluss der Ausbildung. Insofern bietet die Richtlinie (EU) 2019/1158 jedenfalls bei Elternschaft und Pflege von Angehörigen für die Beschreibung der Fürsorgepflicht einen Anhaltspunkt für die Wertung des Gesetzgebers, in welchen Konstellationen Teilzeit regelmäßig ermöglicht werden soll. 5

---

9 Str.; zum Streitstand s. *Ehricke*, Die richtlinienkonforme Auslegung nationalen Rechts vor Ende der Umsetzungsfrist einer Richtlinie, EuZW 1999, 553, beck-online.

10 A. A. Wohlgemuth/*Maring*, BBiG, § 7a Rn. 5; zu § 8 BBiG 2005: *Taubert*, BBiG, § 8 Rn. 27; ErfK/*Schlachter*, § 8 BBiG Rn. 1.

11 *BAG* 6.8.1997 – 7 AZR 557/96, AP KSchG 1969 § 1 Wiedereinstellung Nr. 2, zu II 1b der Gründe.

6 Die Verkürzung der täglichen oder wöchentlichen Ausbildungszeit wird nach Abs. 1 Satz 3 auf 50 % begrenzt. Damit soll praktisch sichergestellt werden, dass die Auszubildenden auch bei der täglichen oder wöchentlichen Reduzierung der betrieblichen Ausbildungszeiten noch wirklichkeitsnah mit den wesentlichen Betriebsabläufen vertraut gemacht werden und in dem für die Ausbildung erforderlichen Maß in die betriebliche Praxis eingebunden werden können. Diese Grenze ist insbesondere auch mit Blick auf die von der Teilzeit nicht automatisch berührte Schulpflicht erforderlich, um das notwendige Maß an betrieblicher Einbindung gerade in den ersten Ausbildungsjahren zu gewährleisten.[12] Ein Verstoß gegen diese Grenze führt nicht zur Unwirksamkeit des Berufsausbildungsvertrages. Dies wäre mit dem Schutzgedanken des Berufsbildungsgesetzes[13] nicht zu vereinbaren. Stattdessen ist die Teilzeit auf das zulässige Maß von 50 % zu bestimmen, es sei denn, die Vertragsparteien hätten bei Kenntnis der Unwirksamkeit ihrer Teilzeitabrede den Vertrag gar nicht erst schließen wollen (§ 139 BGB).

3. Auswirkungen der Teilzeit

7 Durch die Teilzeit reduziert sich die wöchentliche Ausbildungszeit. Zu den Auswirkungen für die Ausbildungsvergütung s. § 17 Rn. 66-69. Soweit die Berufsschule besucht wird und hier keine Teilzeitklassen eingerichtet wurden, besteht die Berufsschulpflicht in vollem Umfang weiter. Der Berufsschulunterricht wird auf die Ausbildungszeit der Auszubildenden angerechnet, gem. § 15 Abs. 2 Nr. 2 und 3 jeweils bezogen auf die durchschnittliche tägliche bzw. wöchentliche Ausbildungszeit. Für Teilzeit-Auszubildende bedeutet dies dem Wortlaut nach, dass ein Berufsschultag mit weniger Stunden angerechnet wird als der ebenso lange Berufsschultag eines Auszubildenden in Vollzeit. Diese Rechtsfolge verstieße gegen das Diskriminierungsverbot des § 4 Abs. 1 TzBfG, ebenso gegen § 4 Richtlinie 97/81/EG (Rahmenvereinbarung über Teilzeitarbeit). Diese Richtlinie ist bei der Auslegung nationaler Gesetze zu berücksichtigen.[14] Die Richtlinie gilt auch für Auszubildende, die Arbeitnehmer im Sinne des EU-Arbeitsrechts sind (s. Rn. 5). § 16 Abs. 2 ist daher so auszulegen, dass die Anrechnung jeweils erfolgt mit der durchschnittlichen Ausbildungszeit (täglich bzw. wöchentlich) eines Auszubildenden in Vollzeit. Dadurch ergibt sich ein überproportionaler Anteil der Berufsschulzeit zur Ausbildungszeit in den ersten Ausbildungsjahren. Dieser wird jedoch dadurch nivelliert, dass nach dem Ende der Berufsschulzeit die Auszubildenden durchgehend im Betrieb ausgebildet werden können.

8 Die zeitliche und sachliche Gliederung der Ausbildung (Ausbildungsplan, § 14 Abs. 1 Nr. 1) ist auf die Teilzeit abzustimmen. Bei Auszubildenden mit unterschiedlichen Teilzeitanteilen und unterschiedlicher Ausbildungsdauer werden die Ausbildungspläne regelmäßig unterschiedlich sein, weil die Möglichkeiten, praktisch ausgebildet zu werden, sich unterscheiden.

9 Werden Teilzeit-Auszubildende im Anschluss an das Berufsausbildungsverhältnis beschäftigt, ohne dass hierüber ausdrücklich etwas vereinbart worden ist, gilt wie bei Vollzeit-Auszubildenden ein unbefristetes Arbeitsverhältnis als begründet (§ 24). Wird der bisherige Auszubildende in Teilzeit lediglich in dem bisherigen Teilzeitumfang weiterbeschäftigt, so gilt nur ein Teilzeitarbeitsverhältnis in diesem Umfang als begründet.[15]

---

12 BT-Drucks. 19/10815, S. 55f.
13 Siehe z. B. *BAG* 21. 8. 1997 – 5 AZR 713/96, Rn. 13, juris.
14 Siehe Fn. 9.
15 Siehe § 24 Rn. 28 m. w. N.

Hinsichtlich der Eignung der Ausbildungsstätte, § 27 Abs. 1 Nr. 2, dürfen teilzeitbeschäftigte Auszubildende nur entsprechend dem Anteil ihrer Teilzeit an der Vollzeit berücksichtigt werden. 10

III. Ausbildungsdauer

1. Berechnung ohne Obergrenze

Die Dauer der Ausbildung steht in einem umgekehrt proportionalen Verhältnis zur wöchentlichen Ausbildungszeit (Abs. 2 Satz 1). Je kürzer die wöchentliche Arbeitszeit, umso länger wird die Ausbildungsdauer. Bruchteile von Monaten werden auf ganze Monate abgerundet (Abs. 2 Satz 2). Ziel des Gesetzgebers war, dass die Ausbildungszeit bei Teilzeit- und Vollzeitberufsausbildung grundsätzlich gleich ist. »Bei der Teilzeitberufsausbildung vereinbaren die Parteien systematisch daher eine zeitliche Streckung der Ausbildungsdauer.«[16] Dies führt dazu, dass die nach der Ausbildungsordnung festgelegte Ausbildungsdauer bei einer Teilzeitberufsausbildung über einen längeren Zeitraum gestreckt wird. Der Gesetzgeber führt hierzu aus: »Das Ende der Ausbildung verschiebt sich kalendarisch nach hinten. Vereinbaren Betriebe und Auszubildende zum Beispiel bei einer nach der Ausbildungsordnung dreijährigen Ausbildung für den gesamten Ausbildungszeitraum gleichbleibend eine Reduzierung der Ausbildungszeit um 25 Prozent, verschiebt sich das Ende der Ausbildung kalendarisch um etwa ein Jahr.«[17] 11

Die **Berechnung** erfolgt so: 12

Ausbildungsdauer mit Verkürzung = Ausbildungsdauer gem. Ausbildungsordnung × 100/Anteil der Wochenausbildungszeit

Dies bedeutet bei einer Teilzeit von 75 % der Vollzeit **über die gesamte Ausbildungsdauer** und einem dreijährigen Ausbildungsberuf:

3 Jahre × 100/75 = 3 Jahre × 4/3 = 4 Jahre

Dies bedeutet bei einer Teilzeit von 50 % der Vollzeit über die gesamte Ausbildungsdauer und einem dreijährigen Ausbildungsberuf:

3 Jahre × 100/50 = 3 Jahre × 2 = 6 Jahre (und eine Anwendung der Obergrenze des Abs. 2)

Falls die Teilzeit nur für einen bestimmten Zeitraum der Berufsausbildung vereinbart wird, muss bei der Berechnung der Gesamtdauer unterschieden werden, ob die Verlängerungszeit in Teilzeit oder Vollzeit erfolgt.[18]

Erfolgt die Verlängerungszeit ebenfalls in Teilzeit, berechnet sich die Gesamtdauer der Ausbildung in Monaten aus der Summe der vereinbarten Monate in Vollzeit und der verlängerten Dauer, die in Teilzeit ausgebildet wird.

Bei einer befristeten Teilzeit spaltet man rein rechnerisch die Ausbildungsdauer auf in Zeiten mit und ohne Teilzeit, z. B.:

Bei einer Vollzeitregeldauer von 36 Monaten:

- Teilzeit von 50 % der Vollzeit für einen Zeitraum von sechs Monaten:
  30 Monate (VZ) + (6 Monate x 100/50) = 30 Monate + (6 Monate × 2) = 30 Monate + 12 Monate = 42 Monate
  oder
- Teilzeit von 60 % (also 40 % weniger als Vollzeit) für einen Zeitraum von zwölf Monaten:

16 BT-Drucks. 19/10815, S. 55 f.
17 BT-Drucks. 19/10815, S. 55 f.
18 A. A. Vorauflage.

24 Monate + (12 Monate × 100/60) = 24 Monate + 20 Monate = 44 Monate
Die Gegenprobe zeigt: Die Gesamtausbildungsdauer ist gleich geblieben: 24 Monate mit 100 % + 20 Monate mit 60 % = 36 Monate mit 100 %.

Erfolgt die Verlängerungszeit in Vollzeit, ergibt sich die Gesamtdauer aus den Monaten nach Ausbildungsordnung in Vollzeit, der vereinbarten Monate in Teilzeit und der Verlängerungszeit in Vollzeit.

Beispiel:
Bei einer Vollzeitregeldauer von 36 Monaten:
- Teilzeit von 50 % der Vollzeit für einen Zeitraum von 6 Monaten
  30 Monate (VZ) + 6 Monate (TZ × 100/50) + 3 Monate (Verlängerungszeit in Vollzeit)
  Ergibt eine Gesamtdauer von 39 Monaten.

Oder:
- Teilzeit von 60 % (also 40 % weniger als Vollzeit) für einen Zeitraum von 12 Monaten:
  24 Monate + 12 Monate (100/60 = 7,2 VZ-Monate) + 4 Monate (Verlängerungszeit in Vollzeit auf ganze Monate abgerundet) (§ 7a Abs. 2 Satz 2)
  Ergibt eine Gesamtdauer von 40 Monaten.

2. Obergrenze

13 Die Dauer der Teilzeitberufsausbildung wird durch Abs. 2 Satz 1 begrenzt auf das eineinhalbfache der Ausbildungsdauer gemäß der Ausbildungsordnung. »Die Regelung dient dazu, den Ausbildungszeitraum überschaubar zu halten und einen zeitnahen Anschluss auf dem Arbeitsmarkt zu ermöglichen. […] Eine nach der Ausbildungsordnung dreijährige Berufsausbildung wird danach in Teilzeit in höchstens viereinhalb Jahren absolviert, eine dreieinhalbjährige Ausbildung in maximal fünf und einem Viertel Jahren. So verlängert sich zum Beispiel die Ausbildungsdauer bei einer dreijährigen Ausbildung, bei der die Parteien eine Kürzung der täglichen Ausbildungszeit um 50 Prozent vereinbart haben, bei gleichbleibender Teilzeitregelung nicht um 100 Prozent auf sechs Jahre, vielmehr wird die Ausbildungsdauer auf maximal viereinhalb Jahre begrenzt. Dies sichert auch die Verhältnismäßigkeit der Dauer vergleichbarer Qualifizierungen auf verschiedenen Qualifizierungswegen zueinander.«[19]

14 Die Regelungen zur Berechnung der Ausbildungsdauer und zur Obergrenze sind zwingend. Die zuständige Stelle hat bei Eintragung des Ausbildungsverhältnisses zu überprüfen, ob sie eingehalten wurden. Nur dann entspricht der Berufsausbildungsvertrag diesem Gesetz und ist einzutragen (§ 35 Abs. 1 Nr. 1).

IV. Verlängerung der Gesamtausbildungszeit

1. Antrag gem. § 8 Abs. 2

15 Gem. Abs. 2 Satz 3 besteht auch bei der Teilzeitausbildung die Möglichkeit, eine Verlängerung der Ausbildungszeit zu beantragen. Nach dem Willen des Gesetzgebers soll dies z. B. die durch die Obergrenze gekürzte Gesamtausbildungszeit dann verlängern, wenn etwa für den Fall einer Behinderung die Teilzeitausbildung nur so genutzt werden kann. Es soll sich um Ausnahmefälle handeln.[20] Die Möglichkeit soll also nicht für den Regelfall bestehen und die Obergrenze des Abs. 2 Satz 1 umgehen. Die Verlängerung kann

19 BT-Drucks. 19/10815, S. 55 f.
20 BT-Drucks. 19/10815, S. 56.

zu Beginn der Ausbildung oder im Laufe des Ausbildungsverhältnisses beantragt werden, weitere Ausführungen zum Antrag siehe § 8 Rn. 9f.

2. Verlangen

Durch die Berechnungsweisen kommt es zu unterschiedlichen Ausbildungsdauern der Auszubildenden. Nicht immer wird zum Ende jeder Ausbildung ein Prüfungstermin zur Verfügung stehen. »Absatz 3 sieht für die Auszubildenden deshalb die Möglichkeit vor, die Verlängerung des Berufsausbildungsverhältnisses bis zur nächsten möglichen Prüfung zu verlangen. Die Auszubildenden werden so geschützt, haben aber die Wahl. Alternativ kommt für diesen Fall etwa auch ein gemeinsamer Antrag von Ausbildenden und Auszubildenden auf Verkürzung in Verbindung mit § 8 Abs. 1 zum Erreichen eines früheren Prüfungstermins in Betracht.«[21] **16**

Wird das Verlangen nicht geäußert, endet das Ausbildungsverhältnis durch Ablauf mit Erreichen des vereinbarten Datums. Wird das Verlangen geäußert, verlängert es sich automatisch bis zur nächstmöglichen Abschlussprüfung. Für das Verlangen ist weder eine Form noch eine Frist vorgegeben (s. zu den Auswirkungen § 21 Rn. 36ff.). Aus dem Wortlaut ergibt sich, dass das Verlangen spätestens am letzten Tag des Ausbildungsverhältnisses geäußert werden muss, denn nur so ist rein sprachlich eine Verlängerung des Ausbildungsverhältnisses möglich. Nach Beendigung des Ausbildungsverhältnisses kann es nicht mehr verlängert, sondern nur noch neu begründet werden.[22] Die Vorschrift dient ähnlich dem Verlangen gem. § 21 Abs. 3 dem Schutz und der Verwirklichung der Berufsfreiheit. Der Unterschied zu § 21 Abs. 3 liegt jedoch darin, dass der Ablauf des Berufsausbildungsverhältnisses etwas sehr Planbares ist, wohingegen das Nichtbestehen der Prüfung regelmäßig überraschend kommt und eine Überlegungsfrist erfordert. **17**

Wird das Verlangen geäußert, hat dies zur Folge, dass das Berufsausbildungsverhältnis über die vereinbarte Dauer hinaus mit den Rechten und Pflichten fortgesetzt wird, die kurz vor Ende der Ausbildung bestanden. Der **Ausbildungsplan** ist entsprechend fortzuschreiben, um eine planmäßige Ausbildung zu gewährleisten. Dabei sind die Beteiligungsrechte von Betriebsrat/Personalrat/Mitarbeitervertretung zu berücksichtigen. Die Vergütung bleibt unverändert; da es sich um eine Verlängerung handelt, dürfte regelmäßig die Ausbildungsvergütung für das dritte bzw. vierte Ausbildungsjahr zu zahlen sein. Eine Kürzung der Ausbildungsvergütung wegen der Verlängerung ist nicht zulässig (siehe § 21 Rn. 43). Die so verlängerte Ausbildung endet mit der nächstmöglichen Abschlussprüfung. Wird diese absolviert, gilt § 21. **18**

V. Verkürzung der Ausbildungsdauer

Durch die Aufnahme des § 8 Abs. 1 Satz 2 in § 7a Abs. 2 Satz 2 wird verdeutlicht, dass die entsprechenden Anträge auf Verkürzung der Ausbildungszeit auch in einem Teilzeitverhältnis erfolgen können und die Ausbildungsdauer entsprechend zu kürzen ist, wenn die Voraussetzungen vorliegen.[23] **19**

»Nach Absatz 4 kann (wie bisher) der Antrag auf Eintragung des Berufsausbildungsvertrages in das Verzeichnis der Berufsausbildungsverhältnisse nach § 36 Absatz 1 für die Teilzeit-

---

21 BT-Drucks. 19/10815, S. 56.
22 *BAG* 23.9.2004 – 6 AZR 519/03, BAGE 112, 72–79, Rn. 15.
23 Siehe § 8 Rn. 2.

berufsausbildung mit einem Antrag auf Verkürzung der Ausbildungszeit nach § 8 Absatz 1 verbunden werden. […] Auszubildende, die das Ausbildungsziel voraussichtlich in der verkürzten Zeit erreichen können (zum Beispiel auf Grund schulischer Vorbildung), dieses Interesse durch einen gemeinsamen Antrag mit ihrem Arbeitgeber verfolgen. Ein Antrag nach § 8 Absatz 1 kann auch später, im Verlauf der Ausbildung, gestellt werden.«[24]

Sollte die Verkürzung der Teilzeitausbildung dazu führen, dass das Ende der für die Berufsausbildung in Vollzeit angelegten Ausbildungsdauer um höchstens sechs Monate überschritten wird, wird die Ausbildungsdauer auf die Ausbildungsdauer in Vollzeit begrenzt (§ 8 Abs. 1 Satz 2).[25]

VI. Teilzeitausbildung neben Arbeitsverhältnis

20 Nach dem Willen des Gesetzgebers ist die Teilzeit auch geeignet, um z. B. Geflüchteten, »die ihre Familie durch eine die Ausbildung begleitende Erwerbstätigkeit unterstützen wollen oder müssen und in Vollzeit keine Ausbildung aufnehmen würden«,[26] zu ermöglichen, eine berufliche Qualifikation zu erwerben. Vergleichbares gilt für alle anderen Arbeitnehmer, die über die entsprechende formale Qualifikation nicht verfügen und die Voraussetzungen für die externe Prüfung gem. § 45 Abs. 2 nicht erfüllen oder sich diese Prüfung nicht zutrauen. Hierbei sind ganz grundsätzlich zwei unterschiedliche Konstellationen denkbar: Ausbildungsverhältnis und Arbeitsverhältnis bei zwei verschiedenen Arbeitgebern oder Ausbildungsverhältnis und Arbeitsverhältnis bei einem Arbeitgeber.

21 Besteht bereits ein Arbeitsverhältnis und möchte der/die Auszubildende eine Teilzeitausbildung bei einem anderen Arbeitgeber beginnen, so muss beim bisherigen Arbeitgeber zum einen die Arbeitszeit reduziert werden (§ 8 TzBfG), zum anderen die Nebentätigkeit angezeigt werden. Nur durch eine solche Information ist der bisherige Arbeitgeber in der Lage, seine Pflichten zur ordnungsgemäßen Abrechnung, Arbeitszeitplanung, Urlaubsgewährung zu erfüllen. Wird die Nebentätigkeit nicht angezeigt, handelt es sich ggf. um eine Verletzung seiner Pflicht aus § 28o Abs. 1 SGB IV durch den Arbeitnehmer.[27] Grundsätzlich muss die Nebentätigkeit nur angezeigt werden. Eine Genehmigung ist nicht erforderlich. Etwas anderes kann vereinbart werden, zahlreiche Tarifverträge sehen hierzu Regelungen vor,[28] die ArbeitnehmerInnen können sich jedoch stets auf ihr Grundrecht aus Art. 12 Abs. 1 bzw. Art. 2 Abs. 1 GG berufen.[29] Hieraus kann sich ein Anspruch ergeben, die Nebentätigkeit zu genehmigen.[30] Wird die Arbeitszeit im Arbeitsverhältnis nicht so reduziert, dass im anschließenden Ausbildungsverhältnis mit der dort vereinbarten Teilzeit die Höchstarbeitszeit nach dem Arbeitszeitgesetz eingehalten werden kann, ist der Ausbildungsvertrag nichtig.[31] Die Nichtigkeit kann nicht für die Vergangenheit geltend gemacht werden, bereits abgeleistete Ausbildungszeit wird daher trotz der vertraglichen Nichtigkeit so behandelt, als wäre der Ausbildungsvertrag gültig.[32] Hält sich die Summe von Arbeits- und Ausbildungszeit im Rahmen der gesetzlichen Höchstarbeits-

24 BT-Drucks. 19/10815, S. 56.
25 Siehe § 8 Rn. 7a.
26 BT-Drucks. 19/10815, S. 55.
27 *BAG* 16. 3. 1994, 8 AZR 112/93, juris.
28 Siehe z. B. § 3 TVöD AT.
29 *BAG* 18. 1. 1996 – 6 AZR 314/95, juris; ErfK/*Preis*, § 611 Rn. 724.
30 ErfK/*Preis*, § 611 Rn. 728.
31 *BAG* 19. 6. 1959 – 1 AZR757, beck-online; ErfK/*Preis*, § 611 Rn. 150, 331.
32 *BAG* a. a. O.

zeit, sind beide Verträge wirksam, auch wenn der Auszubildende/Arbeitnehmer wegen überschneidender Dienstzeiten nicht alle Zeiten erfüllen kann.[33]

Bestehen das Ausbildungsverhältnis und das Arbeitsverhältnis bei zwei verschiedenen Arbeitgebern, ergeben sich außer der Anforderung, zwei Teilzeitbeschäftigungsverhältnisse zu koordinieren, keine weiteren Besonderheiten für den Teilzeit-Auszubildenden. Beachtet werden muss jedoch, dass die Ausbildungs- und Arbeitszeiten beider Beschäftigungsverhältnisse im Sinne des Arbeitszeitgesetzes zusammenzurechnen sind (§ 2 Abs. 1 2. HS ArbZG). Gleiches gilt für die Ausbildungs- und Arbeitszeiten von Jugendlichen (§ 4 Abs. 5 JArbSchG). Urlaub in dem einem Vertragsverhältnis ist auf Urlaub in dem anderen Beschäftigungsverhältnis nicht anzurechnen.[34] Bestehen das Ausbildungsverhältnis und das Arbeitsverhältnis bei zwei verschiedenen Arbeitgebern desselben Konzerns, ist denkbar, dass ein einheitliches Vertragsverhältnis entstanden ist. Ein einheitliches Arbeitsverhältnis liegt vor, wenn die Vereinbarungen nach dem Parteiwillen nur gemeinsam gelten sollen.[35] Dann kann das Arbeitsverhältnis auch nur durch Kündigung beider Konzerngesellschaften beendet werden.[36] **22**

Bestehen das Ausbildungsverhältnis und das Arbeitsverhältnis bei einem Arbeitgeber, handelt es sich um zwei getrennte Verträge im arbeitsrechtlichen Sinne.[37] Damit kann der eine Vertrag enden, während der andere Vertrag noch fortbesteht. Kündigt der Arbeitgeber einen Vertrag, betrifft dies nicht automatisch den anderen Vertrag. Für jeden Vertrag gilt das jeweilige Recht: für den Berufsausbildungsvertrag in Teilzeit das BBiG, für das Arbeitsverhältnis das Arbeitsrecht. Gleiches gilt für etwaige Tarifverträge und Betriebsvereinbarungen. So kann sich z. B. ergeben, dass Mehrarbeit im Berufsausbildungsverhältnis nicht gestattet ist, weil sie nicht der Ausbildung dient, die Mehrarbeit im Arbeitsverhältnis jedoch zulässig ist. Sozialversicherungsrechtlich sind beide Beschäftigungsverhältnisse als einheitliches Beschäftigungsverhältnis anzusehen.[38] **23**

Bei dieser Konstellation kommt der Mitbestimmung bei der Lage der Ausbildungs- sowie der Arbeitszeit besondere Bedeutung zu. Besonders die gesetzlichen Interessenvertretungen können durch eine klare Abgrenzung zwischen Ausbildung und Arbeit hinsichtlich Arbeitszeit und Arbeitsplatz dafür sorgen, dass die niedrigere Ausbildungsvergütung und die längere Ausbildungsdauer nicht für billige Mehrarbeit missbraucht werden. Auch dem Ausbildenden wird daran gelegen sein, beide Vertragsverhältnisse abzugrenzen, damit ihm kein Verstoß gegen seine Pflichten aus § 14 vorgeworfen werden kann.

---

33 Schaub/Koch-*Koch*, Arbeitsrecht von A-Z, »Doppelarbeitsverhältnisse«.

34 *BAG* 21. 2. 2012 – 9 AZR 487/10, juris; DLW/*Dörner*, Kap. 3, Rn. 2466.

35 Arnold/Günther-*Lingemann/Chakrabarti*, ArbR 4.0, Kapitel 2: Neue/Alternative Beschäftigungsformen, Rn. 131, beck-online; *Wisskirchen*, DB 2007, 341; *Küttner/Schmidt*, Personalbuch »Matrixorganisationen«, Rn. 3; zu Recht kritisch: *Schubert*, HSI-Schriftenreihe Bd. 23, S. 25 m. w. N.

36 *Lingemann/Chakrabarti*, a. a. O.; *Wisskirchen*, DB 2007, 341.

37 Für den öffentlichen Dienst gibt es tarifvertragliche Grenzen, die auf Ausbildungsverhältnisse entsprechend anzuwenden sind, z. B. § 2 Abs. 2 TVöD-AT: »Mehrere Arbeitsverhältnisse zu demselben Arbeitgeber dürfen nur begründet werden, wenn die jeweils übertragenen Tätigkeiten nicht in einem unmittelbaren Sachzusammenhang stehen. Andernfalls gelten sie als ein Arbeitsverhältnis.«

38 *BSG* 27. 6. 2012 – B 12 KR 28/10 R, SozR 4–2400 § 8 Nr. 5, Rn. 23; *LSG Baden-Württemberg* 18. 10. 2016 – L 11 R 3254/14, *lrbw.juris.de/cgi-bin/laender_rechtsprechung/document.py?Gericht=bw&nr=21591*; *BAG* 16. 3. 1994 – 8 AZR 112/93, juris.

VII. Parallelvorschrift im Handwerk

24 Für das Handwerk gilt die Parallelvorschrift nach § 27b HwO.

VIII. Mitbestimmung des Betriebsrats

25 Der Betriebsrat hat bei der Festlegung der Dauer der Ausbildung ein **Mitbestimmungsrecht** aus § 98 Abs. 1 BetrVG. Diese umfasst auch die grundsätzliche Entscheidung des Arbeitgebers, für bestimmte Ausbildungsberufe künftig generell eine nach Maßgabe des § 7a BBiG in Teilzeit durchgeführte Ausbildung vorzusehen. Dies ergibt sich aus der Argumentation des Bundesarbeitsgerichts zur Frage der Mitbestimmung bei einer generellen Verkürzung der Ausbildungsdauer: »Die Festlegung der Dauer einer Bildungsmaßnahme ist eine Regelung über deren Durchführung i. S. v. § 98 Abs. 1 BetrVG. Sie betrifft nicht das »Ob« einer solchen Maßnahme und damit deren Einführung, bei der ein Mitbestimmungsrecht nicht besteht. Die Regelung der Dauer betrifft vielmehr das »Wie« der Maßnahme, d. h. die Art und Weise, in der die Entscheidung über ihre Einführung in die betriebliche Praxis umgesetzt werden soll. Die Dauer der Maßnahme hängt von verschiedenen Faktoren ab, die ohne weiteres als Modalitäten ihrer Durchführung anzusehen sind. So wird sie beeinflusst von Festlegungen darüber, mit welchem inhaltlichen Anspruch das Maßnahmeziel verwirklicht werden soll, in welchem täglichen und wöchentlichen Zeitumfang die Teilnehmer ausgebildet und welche didaktischen Methoden dabei angewendet werden sollen. Dies sind Regelungen, die die Durchführung der Maßnahme betreffen und mitbestimmungspflichtig sind«.[39] Gleiches gilt für bestimmte Quoten. Eine entsprechende Entscheidung für das inhaltsgleiche Mitbestimmungsrecht der Personalräte steht noch aus.

26 Durch die Öffnung der Teilzeit ist eine Vielzahl von Teilzeitmodellen in der Ausbildung möglich geworden. Das kann die Attraktivität des Ausbildungsbetriebs durchaus steigern. Allerdings kann sich durch die Vielzahl von Teilzeitmodellen auch ergeben, dass Schwierigkeiten bei der Koordination von Dienststelle zu Berufsschule entstehen oder in der Koordinierung der Ausbildungszeiten, um mehrere Auszubildende gemeinsam zu qualifizieren. Ganztägige Veranstaltungen können für Auszubildende ebenso eine Herausforderung werden wie sie es bereits für ausgelernte Arbeitnehmer/innen in Teilzeit sind. Daher sollte möglichst, bevor die Stellen ausgeschrieben wurden, geprüft worden sein:

- Welche Teilzeitmodelle können angeboten werden? Wo liegen die Grenzen?
- Ist ein passender Ausbildungsplan im Betrieb vorhanden, der diese Ausbildungszeit so berücksichtigt, dass alle Lernziele planvoll zeitlich und sachlich strukturiert erreicht werden können?
- Hat der Ausbildende mit der Berufsschule Kontakt aufgenommen, ob und wie die Berufsschulzeit über die Ausbildungszeit verteilt wird?
- Soweit innerbetrieblicher Unterricht vorgesehen ist: Wurden die Teilzeit-Azubis bei der Planung der Kurszeiten berücksichtigt?
- Liegt eine Arbeitszeitregelung vor, die es Azubis mit Eltern- oder Pflegepflichten ermöglicht, Ausbildung und Familienpflichten zu vereinbaren?
- Ist bei den Ausbilder/innen ausreichend Bewusstsein und Kenntnis über die Besonderheiten der Teilzeitausbildung und ggf. eines parallel laufenden Arbeitsverhältnisses vorhanden?

39 *BAG* 24.8.2004 – 1 ABR 28/03, Rn. 43 f., juris.

Im Rahmen der Beteiligung bei Einstellungen und Eingruppierungen der Auszubildenden sind durch den Betriebsrat und die JAV zu prüfen: 27
- die vereinbarte wöchentliche Ausbildungszeit;
- die Dauer der Ausbildungszeit, also die Vertragsdauer. Wurde die Dauer der Ausbildungszeit richtig berechnet? Wurde richtig auf ganze Monate abgerundet? Kommt die Obergrenze zum Greifen?
- Wie hoch ist die von der Dienststelle vorgesehene Ausbildungsvergütung? Wurde eine etwaige tarifvertragliche Ausbildungsvergütung vollständig vereinbart oder soll die Ausbildungsvergütung gekürzt werden? Steigen die Ausbildungsvergütungen jährlich (wie z.B. im Tarifvertrag) vorgesehen und verbleiben dann auf der Höhe des letzten Ausbildungsjahres? Wenn weniger vorgesehen ist, kann der Betriebsrat evtl. die Zustimmung zur Eingruppierung verweigern. Auch die Zuordnung zu den »Stufen« bei der Ausbildungsvergütung ist eine Eingruppierung, auch diese Eingruppierung muss vom Arbeitgeber richtig angewendet werden.

§ 8 Verkürzung oder Verlängerung der Ausbildungsdauer

(1) Auf gemeinsamen Antrag der Auszubildenden und Ausbildenden hat die zuständige Stelle die Ausbildungsdauer zu kürzen, wenn zu erwarten ist, dass das Ausbildungsziel in der gekürzten Dauer erreicht wird. Satz 1 gilt bei einer Teilzeitberufsausbildung mit der Maßgabe, dass, wenn eine Verkürzung der Ausbildungsdauer entsprechend den Empfehlungen des Hauptausschusses nach Absatz 3 zu einer Ausbildungsdauer führt, die das Ende der für die betreffende Berufsausbildung in Vollzeit festgelegten Ausbildungsdauer höchstens um sechs Monate überschreitet, die Ausbildungsdauer auf das Ende der für die betreffende Berufsausbildung in Vollzeit festgelegten Ausbildungsdauer verkürzt wird.

(2) In Ausnahmefällen kann die zuständige Stelle auf Antrag Auszubildender die Ausbildungsdauer verlängern, wenn die Verlängerung erforderlich ist, um das Ausbildungsziel zu erreichen. Vor der Entscheidung über die Verlängerung sind die Ausbildenden zu hören.

(3) Für die Entscheidung über die Verkürzung oder Verlängerung der Ausbildungsdauer kann der Hauptausschuss des Bundesinstituts für Berufsbildung Empfehlungen beschließen.

Inhaltsübersicht

I. Historische Entwicklung

1 Durch das BBiMoG wurde für die Teilzeitberufsausbildung zum 1. 1. 2020 eine gesonderte Regelung in § 7a geschaffen. § 8 Abs. 1 Satz 2 BBiG 2005 wurde dadurch gegenstandslos.[1] Der Gesetzgeber hat im Übrigen den Begriff der »Ausbildungszeit« durch den Begriff der »Ausbildungsdauer« ersetzt, was zutreffender ist, lässt sich so doch die Ausbildungsdauer in Monaten und Jahren sprachlich konkreter von der täglichen Ausbildungszeit (§ 11 Abs. 1 Satz 2 Nr. 4 BBiG) abgrenzen.
Grundsätzlich bestimmt sich die **Dauer der Ausbildung** nach der Ausbildungsordnung. Jenseits der Anrechnung beruflicher Vorbildung gem. § 7 BBiG ist auch eine Veränderung der Ausbildungsdauer durch eine Einzelentscheidung der zuständigen Stelle, § 71 BBiG, möglich. Denkbar ist sowohl eine **Verlängerung** als auch eine **Verkürzung** der Ausbildungsdauer. Abs. 1 der Vorschrift entspricht § 29 Abs. 2 des Berufsbildungsgesetzes 1969, enthält jedoch eine wesentliche Veränderung: War vorher der Antrag einer Vertragspartei ausreichend (»auf Antrag«), ist seit 2005 ein **gemeinsamer Antrag** erforderlich. Eine Verlängerung der Ausbildungsdauer ist wie auch nach § 29 Abs. 3 BBiG 1969 nach Abs. 2 in Ausnahmefällen durch einseitigen Antrag Auszubildender möglich. Das Anhörungsrecht der Ausbildenden wurde durch das BBiG 2005 von § 29 Abs. 4 BBiG 1969 in Abs. 2 Satz 2 verlagert.

II. Verkürzung der Ausbildungsdauer nach Abs. 1

2 Beide Parteien des Ausbildungsvertrages können nach Abs. 1 der Vorschrift gemeinsam beantragen, dass die Ausbildungsdauer verkürzt werden soll. Minderjährige Auszubildende werden bei der **Antragstellung** von ihren Personensorgeberechtigten vertreten.[2] Das **Verfahren bei der zuständigen Stelle** folgt allgemeinen verwaltungsrechtlichen Grundsätzen.[3] Die Entscheidung der zuständigen Stelle ist keine Ermessensentscheidung.[4] Aus der Formulierung des Abs. 1 Satz 1 »hat … zu kürzen« ergibt sich ein Anspruch der Antragstellerinnen auf eine Kürzung, wenn hierfür die gesetzlichen Voraussetzungen vorliegen.

1. Recht auf Anhörung

3 Die zuständige Stelle hat vor der Verkürzung der Ausbildungsdauer die Beteiligten im Sinne des § 13 Abs. 2 VwVfG **anzuhören**. Nach der Streichung des § 29 Abs. 4 BBiG 1969 ergibt sich dies aus § 28 VwVfG. **Beteiligte** können nach § 13 Abs. 2 VwVfG diejenigen sein, deren rechtliche Interessen durch die Entscheidung berührt werden können. Hierzu gehören der Betriebs- bzw. Personalrat, die Jugend- und Auszubildendenvertretung, AusbilderInnen und die Berufsschule.[5] Das Anhörungsverfahren ist nach dem Fortfall des § 29 Abs. 4 BBiG 1969 nicht mehr zwingend, sondern ermessensgerecht auszuüben. Die Anhörung muss daher erfolgen, wenn die AntragstellerInnen die möglichen Beteiligten zum Nachweis der Antragsbegründung anbieten und die Behörde Zweifel daran hat, dass der/die Auszubildende das Ausbildungsziel in der verkürzten Dauer erreichen wird. Die

1 BT-Drucks. 19/10815, S. 55f.
2 *Taubert*, BBiG, § 8 Rn. 18.
3 *Taubert*, BBiG, § 8 Rn. 20.
4 *Braun/Mühlhausen*, BBiG, § 29 a. F. Rn. 17; *Taubert*, BBiG, § 8 Rn. 20.
5 *Braun/Mühlhausen*, BBiG, § 29 a. F. Rn. 28.

Anhörung kann ggf. noch im Widerspruchsverfahren und sogar im Klageverfahren nachgeholt werden.

2. Verfahren der Anhörung

Die **Verkürzung kann schon bei Vertragsabschluss** vereinbart und der zuständigen Stelle zur Genehmigung vorgelegt werden. Sie kann aber auch noch **im Laufe des Ausbildungsverhältnisses** bei der zuständigen Stelle beantragt werden.[6] Kurz vor Abschluss der Ausbildung kommt auch ein Antrag auf vorzeitige Zulassung zur Abschlussprüfung nach § 45 BBiG in Betracht. Dies hat insbesondere den Vorteil, dass der Antrag allein von den Auszubildenden gestellt werden kann, die Ausbildenden sind ebenso wie die Berufsschule lediglich anzuhören. 4

Im Rahmen eines Berufsausbildungsverhältnisses können **unterschiedliche Verkürzungstatbestände** greifen. Es können **mehrere Anträge** auf Verkürzung gestellt werden und zwar auch aus unterschiedlichen Gründen. Auch ist es möglich, dass neben einer Anrechnung nach einer Verordnung im Sinne des § 7 auch eine weitere Verkürzung nach § 8 Abs. 1 der Vorschrift in Betracht kommt. Zusätzlich hierzu ist es möglich, nach § 45 Abs. 1 den Auszubildenden vorzeitig zur Abschlussprüfung zuzulassen, da beide Tatbestände unterschiedliche Voraussetzungen haben und unterschiedliche Sachverhalte regeln, weshalb sie unabhängig voneinander kumulativ vorliegen können.[7] 5

Die Antragsteller:innen haben ihre **Beweismittel** (Urkunden, Zeugnisse, innerbetriebliche Beurteilungen etc.) vorzulegen, damit die zuständige Stelle[8] den Sachverhalt möglichst erschöpfend ermitteln kann. Kann die zuständige Stelle sich kein abschließendes Urteil darüber bilden, ob zu erwarten ist, dass der/die Auszubildende das Ausbildungsziel auch in der gekürzten Ausbildungsdauer erreicht, geht dies zulasten der AntragstellerInnen: Der Antrag wird zurückgewiesen. Die Entscheidung der zuständigen Behörde ergeht als **Verwaltungsakt.**[9] Beide Antragsteller:innen sind berechtigt, hiergegen Widerspruch einzulegen. Ausreichend ist, wenn der Widerspruch durch eine Antragsteller:in eingelegt wird. Bei ablehnendem Widerspruchsbescheid kann Verpflichtungsklage beim Verwaltungsgericht erhoben werden. Die Fristen für Widerspruch und Klageerhebung ergeben sich aus §§ 68 Abs. 2, 70 sowie 74 VwGO. 6

Als Verkürzungsgründe kommen insbesondere eine Schulbildung, die über den Hauptschulabschluss hinausgeht, einschlägige Vorbereitungsmaßnahmen sowie eine andere Berufsausbildung in Betracht.[10] Bei der Prüfung des Antrages hat die zuständige Stelle an angebotenen **Nachweisen** z. B. zu berücksichtigen: 7

- innerbetriebliche Beurteilungen oder Ergebnisse der betrieblichen Ausbildungsstandkontrolle
- Schulzeugnisse und andere Schulnoten
- Zwischenzeugnis der/des Ausbildenden
- Ergebnisse aus Zwischenprüfungen[11]

---

6 HWK/*Hergenröder,* BBiG, § 8; *Natzel,* DB 1979, 1358; *Braun/Mühlhausen,* BBiG, § 29 a. F. Rn. 13; *VGH Hessen* 18.6.1971 – II TG 50/71, EzB § 29 Abs. 2 BBiG Nr. 3.

7 *Natzel,* DB 1985, 1840.

8 § 71 BBiG.

9 *Braun/Mühlhausen,* BBiG, § 29 a. F. Rn. 18.

10 Wohlgemuth/*Maring,* BBiG, § 8 Rn. 3 f.

11 A. a. O., Rn. 2.

- Auslandspraktika[12]
- schriftliche oder mündliche Auskünfte von Ausbilder:innen, Lehrer:innen, Sachverständigen
- Auskünfte von Betriebs- oder Personalrat, Jugend- und Auszubildendenvertretung.

Das ökonomische Interesse des Ausbildenden an einer ungekürzten Ausbildung ist dagegen nicht zu berücksichtigen. Es ist insoweit sachfremd, als es nicht dem Ziel des BBiG gem. § 1 Abs. 3 BBiG dient.[13] Dem Antrag ist stattzugeben, wenn aufgrund der Nachweise zu erwarten ist, dass der/die Auszubildende das Ausbildungsziel in der gekürzten Zeit erreicht.[14] Ausreichend ist, wenn das Bestehen der Ausbildungsprüfung zu erwarten ist. Nicht erforderlich ist, dass der/die Auszubildende auch noch einen guten Abschluss erreicht.[15]

3. Anrechnung bei Teilzeitausbildung

7a Ein Antrag auf Verkürzung der Ausbildung gem. § 8 Abs. 1 kommt auch in den Fällen der Teilzeitausbildung in Betracht.[16] Durch das BVaDiG wurde in § 8 Abs. 1 Nr. 2 für die Teilzeitausbildung in bestimmten Fällen die Verkürzung der Ausbildungszeit auf die reguläre Länge der Ausbildungszeit, also ohne Teilzeitausbildung, festgelegt. Hierzu darf nach der Verkürzung der Ausbildungszeit gem. den Vorgaben des § 8 Abs. 3 die reguläre Ausbildungszeit nicht mehr als sechs Monate überschritten werden.

Beispiel: Sollte also die Ausbildungszeit regulär 3,5 Jahre betragen und eine Auszubildende in Teilzeit auf insgesamt 4,5 Jahre Ausbildungszeit kommen, aber z. B. wegen ihrer allgemeinen Fachoberschulreife eine Verkürzung von sechs Monaten gem. § 8 Abs. 3 erhalten,[17] würde ihre Ausbildungszeit nicht nur auf vier Jahre, sondern auf 3,5 Jahre, also die Länge der regulären Ausbildungszeit, reduziert. Nach Angaben des Gesetzgebers soll dies die allgemeinen und besonderen Verkürzungsgründe stärken und zu einem effizienten Ausbildungs- und Prüfungsablauf für die Teilzeitauszubildenden führen.[18] Zudem würden hiervon insbesondere die leistungsstarken Auszubildenden profitieren.[19]

Vorteilhaft ist hieran, dass so diese Teilzeitauszubildenden an den regulären Prüfungen der Vollzeitauszubildenden teilnehmen können. Dies gilt insbesondere für die Fälle, wo die Prüfungstermine durch die Teilzeit nicht planmäßig erreicht werden. Auf der anderen Seite wird so die Abkürzung in bestimmten Fällen quasi verdoppelt, wie das o. g. Beispiel zeigt. Da es sich bei denjenigen, die verkürzen können, um besonders qualifizierte Auszubildende handelt, dürfte sich dies nicht negativ auf den erfolgreichen Abschluss der Ausbildung auswirken. Diese »weitere« Verkürzung könnte zu einer höheren Attraktivität und damit einer erhöhten Inanspruchnahme von Teilzeitausbildung führen.

---

12 Näher *Eule*, BB 1992, 986, 990.
13 *Braun/Mühlhausen*, BBiG, § 29 a. F. Rn. 15.
14 *Taubert*, BBiG, § 8 Rn. 5.
15 *Braun/Mühlhausen*, BBiG, § 29 a. F. Rn. 13.
16 Siehe § 7a Rn. 19.
17 Vgl. Empfehlungen des Hauptausschusses BIBB 27. 6. 2008, Verkürzung und Verlängerung der Ausbildungszeit … B.2.
18 BT-Drucks. 20/10857, S. 41.
19 Ebd.

III. Wirkung der Genehmigung

8 Umstritten ist die **Wirkung der Genehmigung** durch die zuständige Stelle auf den Ausbildungsvertrag. Sowohl bei der Verkürzung als auch bei der Verlängerung ist der Verwaltungsakt – die Genehmigung der zuständigen Stelle stellt einen solchen dar – mit der Bekanntgabe an die Beteiligten wirksam geworden.[20] Er wird zunächst mit dem Inhalt wirksam, mit dem er bekanntgegeben wird.[21] Streitig ist aber, ob sich darin seine Wirkung erschöpft. Zum einen wird die Auffassung vertreten, dass die Entscheidung der zuständigen Stelle als »privatrechtsgestaltender Verwaltungsakt«[22] unmittelbar eine Änderung des Ausbildungsvertrages bedeutet.[23] Dagegen will eine andere Auffassung zusätzlich eine privatrechtliche Abrede hinzutreten lassen, die der Genehmigung der zuständigen Stelle folgen muss.[24] Wegen ihrer überzeugenderen Begründung ist der ersten Auffassung zu folgen. Dies hat zum Ergebnis, dass bereits mit dem Verwaltungsakt eine Anpassung des Berufsausbildungsvertrages erreicht ist, es also keines weiteren Rechtsakts mehr bedarf, dass mit der Rechtskraft des Verwaltungsakts eine Anpassung des Berufsausbildungsvertrages nicht mehr erforderlich ist. Dieser wird bereits durch den Verwaltungsakt geändert.

IV. Verlängerung der Ausbildungsdauer nach Abs. 2

9 Die zuständige Stelle kann in **Ausnahmefällen** nach Abs. 2 die Ausbildungsdauer verlängern, wenn dies erforderlich ist, um das Ausbildungsziel zu erreichen. Ausreichend ist der Antrag des/der Auszubildenden. Ein gemeinsamer Antrag ist nicht erforderlich. Der Ausbildende ist (lediglich) gem. Abs. 2 Satz 2 zu hören. Die zuständige Stelle entscheidet nach pflichtgemäßem Ermessen. Sie berücksichtigt dabei Leistungsfähigkeit und -willen der Auszubildenden.[25] Für die Verlängerung muss der Zweck der Verlängerung, also die angemessene Vorbereitung auf die Prüfung, noch sinnvoll erreichbar sein.[26] Verlängerungsgründe sind außergewöhnliche, nicht alltägliche Fallgestaltungen, die die Ausbildung planwidrig erschwert haben.[27] Als **Gründe für die Verlängerung** kommen z. B. in Betracht:

- längere Krankheitszeiten;[28]
- Ausfall der Ausbildung aus betrieblichen Gründen;
- längere Auslandspraktika;[29]
- Ausbildungsverhältnisse mit behinderten Menschen.[30]

Die Erwartung, dass eine anstehende Abschlussprüfung aufgrund mangelhafter beruflicher Fertigkeiten, Kenntnisse und Fähigkeiten nicht bestanden wird, reicht für sich genommen jedoch als Verlängerungsgrund nicht aus.[31] Die Entscheidung über die Ver-

20 §§ 43, 41 VwVfG.
21 § 43 Abs. 1 Satz 2 VwVfG.
22 Zum Begriff *Stelkens/Bonk/Sachs*, VwVfG, § 35 Rn. 126.
23 *Lakies*, BBiG, § 8 Rn. 11; ErfK/*Schlachter*, BBiG, § 8 Rn. 2; *Braun/Mühlhausen*, BBiG, § 29 a. F. Rn. 19; *Taubert*, BBiG, § 8 Rn. 29 m. w. N.
24 *Natzel*, DB 1981, 1409 m. w. N.
25 *VG Gießen* 27.5.2009 – 8 K 1726/08.GI, *www.lareda.hessenrecht.hessen.de.*
26 *AG Gera* 13.2.2023 – 4 CA 1212/2023, Rn. 31.
27 ErfK/*Schlachter*, BBiG, § 8 Rn. 2.
28 *VG Oldenburg* 1.9.2011 – 7B 1928/11, juris.
29 *Eule*, BB 1992, 990.
30 Wohlgemuth/*Maring*, BBiG, § 8 Rn. 14; s. auch §§ 64–67.
31 *VG Gießen* 27.5.2009 – 8 K 1726/08.GI, juris.

längerung ist unabhängig davon, ob der Ausbildende oder der Auszubildende die Verzögerung der Ausbildung zu vertreten hat.
Zur Wirkung der Genehmigung eines Verlängerungsantrags s. Rn. 8.

1. Nachweis der Verlängerungsgründe

10 Die Verlängerung kann nur auf Antrag der Auszubildenden erfolgen. Diese müssen die entsprechenden Nachweise erbringen. Gelingt ihnen der Nachweis nicht, kann die zuständige Stelle den Antrag zurückweisen. Gegen den ablehnenden Verwaltungsakt kann Widerspruch und bei ablehnendem Widerspruchsbescheid Verpflichtungsklage erhoben werden.[32] Ein entsprechender Antrag kann mehrmals gestellt werden, sofern ein neuer Verlängerungsgrund gegeben ist.[33] Die Verlängerung der Ausbildungsdauer durch die zuständige Stelle hat unmittelbare zivilrechtliche Wirkung.[34] Eine Vereinbarung zwischen Auszubildenden und Ausbildenden bedarf der Zustimmung der zuständigen Stelle (§ 71).

2. Schadensersatz

11 Hat der/die Ausbildende die Gründe für die Verlängerung der Ausbildungsdauer zu vertreten, z. B. durch schlechte oder einseitige Ausbildung, ist er/sie dem/der Auszubildenden gegenüber schadenersatzpflichtig.[35] Der Schaden kann in der Differenz zwischen der Ausbildungsvergütung und dem entgangenen Arbeitsentgelt bestehen, das der/die Auszubildende bei rechtzeitiger Beendigung während der Verlängerungszeit verdient hätte.[36] Hierbei muss der/die Auszubildende sich aber ein Mitverschulden nach § 254 BGB anrechnen lassen, wenn er/sie den Pflichten aus § 14 nicht nachgekommen ist[37] und die schlechte Ausbildung auch nicht schon vor dem Verlängerungsantrag gerügt hat. Eine Ausnahme hiervon ist nur geboten, wenn der/die Ausbildende gegen die Pflichten aus dem Ausbildungsverhältnis ersichtlich oder gar grob verstößt.[38] Zu beachten ist, dass der Schadenersatzanspruch in der Regel den Ausschlussfristen des Tarifvertrages unterliegt. Die Ansprüche müssen daher entsprechend den Vorschriften des anzuwendenden Tarifvertrages geltend gemacht werden. Im nicht tarifgebundenen Ausbildungsverhältnis greift die Verjährung für Schadenersatzansprüche von in der Regel zehn Jahren ab ihrer Entstehung (§ 199 Abs. 3 BGB).

V. Vergütung

12 Die Vergütung ist in den durch die Vorschrift geregelten Fällen folgendermaßen zu berechnen:

- Wird die Ausbildungsdauer nach Abs. 1 verkürzt, haben die Auszubildenden keinen Anspruch auf eine höhere Vergütung entsprechend der von der üblichen Ausbildungs-

32 Siehe Rn. 6.
33 Wohlgemuth/*Maring*, BBiG, § 8 Rn. 20.
34 Vgl. oben Rn. 8.
35 HWK/*Hergenröder*, BBiG, § 8 Rn. 4; ErfK/*Schlachter*, BBiG, § 8 Rn. 2; *BAG* 10.6.1976 – 3 AZR 412/75, AP Nr. 2 zu § 6 BBiG.
36 *Braun/Mühlhausen*, BBiG, § 29 BBiG a. F. Rn. 25.
37 HWK/*Hergenröder*, BBiG, § 8 Rn. 4; ErfK/*Schlachter*, BBiG, § 8 Rn. 2.
38 *Braun/Mühlhausen*, BBiG, § 29 BBiG a. F. Rn. 26.

dauer abweichenden Verkürzung.[39] Die Verkürzung führt nicht zu einer fiktiven Vorverlegung des Ausbildungsbeginns mit der Folge eines früheren Anspruchs auf eine für spätere Zeitabschnitte vorgesehene höhere Ausbildungsvergütung.[40] Wird eine Verkürzung im Laufe des Ausbildungsverhältnisses von beiden Vertragspartnern beantragt, kann mit der beantragten Änderung der Ausbildungsdauer auch eine Änderung der Vergütung vereinbart werden.[41] Diese ergibt sich jedoch nicht automatisch mit der Rechtskraft des Verwaltungsakts der zuständigen Stelle nach § 71, da dieser Verwaltungsakt sich lediglich auf die Verkürzung bezieht und nur dort kraft Gesetzes privatrechtsgestaltenden Charakter hat.[42]

- Wird nach Abs. 2 die Ausbildungsdauer verlängert, kann eine weitere Steigerung der Höhe der Ausbildungsvergütung nach § 17 Abs. 1 Satz 2 nicht verlangt werden.[43] Eine Kürzung der Ausbildungsvergütung wegen der Ausbildungsdauer wäre ebenso rechtswidrig und gem. § 25 unwirksam.[44]

VI. Richtlinien/Beschluss des Hauptausschusses des BIBB vom 27.6.2008

Abs. 3 ermöglicht es dem Hauptausschuss beim Bundesinstituts für Berufsbildung, für die Entscheidung über die Verkürzung oder Verlängerung der Ausbildung Richtlinien zu erlassen. Es handelt sich um eine dem Hauptausschuss durch »sonstige Vorschriften« des BBiG zugewiesene Aufgabe im Sinne des § 92 Abs. 1 Einleitungssatz BBiG. Die Richtlinien sind bindend.[45] Ist ein nach den Richtlinien im Einzelfall die Verlängerung rechtfertigender Sachverhalt gegeben, so ist die zuständige Stelle in ihrer Ermessensausübung gebunden. Auch eine Ermessensreduzierung auf null ist möglich, so dass ein Anspruch auf die Verlängerung besteht.[46] Der Hauptausschuss hat diese Richtlinien am 27.6.2008 beschlossen. Sie sind auf der Internetseite des BIBB unter »Beschlüsse und Empfehlungen« abrufbar. Aufgrund der damaligen Gesetzeslage beinhalten die Richtlinien auch Regelungen für die Teilzeitberufsausbildung. Diese Regelungen, insb. Abschnitt B5, sind durch § 7a seit dem 1.1.2020 obsolet. 13

VII. Parallelvorschrift im Handwerk

Für das Handwerk gilt die Parallelvorschrift nach § 27c HwO. 14

VIII. Mitbestimmung des Betriebsrats

Der Betriebsrat hat bei der Festlegung der Dauer der Ausbildung ein Mitbestimmungsrecht aus § 98 Abs. 1 BetrVG. Diese umfasst auch die grundsätzliche Entscheidung des Arbeitgebers, für bestimmte Ausbildungsberufe künftig generell eine nach Maßgabe des § 8 BBiG verkürzte Ausbildung vorzusehen.[47] Eine entsprechende Entscheidung für das inhaltsgleiche Mitbestimmungsrecht der Personalräte steht noch aus. 15

---

39 *Natzel*, DB 1979, 1361.
40 *BAG* 8.12.82 – EzB § 10 Abs. 1 BBiG Nr. 31.
41 *Natzel*, DB 1979, 1361.
42 Siehe Rn. 10.
43 *Natzel*, DB 1979, 1363; *Herkert/Töltl*, BBiG, § 29 Rn. 34.
44 *Lakies*, BBiG, § 8 Rn. 21.
45 *VG Oldenburg* 1.9.2011 – 7 B 1928/11, juris; ErfK/*Schlachter*, BBiG, § 8 Rn. 2.
46 BT-Drucks. 15/4752, S. 47; *VG Oldenburg* 1.9.2011 – 7 B 1928/11, juris.
47 *BAG* 24.8.2004 – 1 ABR 28/03, juris.

§ 9 Regelungsbefugnis

Soweit Vorschriften nicht bestehen, regelt die zuständige Stelle die Durchführung der Berufsausbildung im Rahmen dieses Gesetzes.

Inhaltsübersicht

I. Allgemeines

1 § 9 verleiht der zuständigen Stelle eine umfassende Regelungsbefugnis für die Durchführung der Berufsbildung. § 9 entspricht § 44 BBiG 1969. Die Regelungsbefugnis bezieht sich lediglich auf die Durchführung der Berufsausbildung.[1] Das Recht, eigene Ausbildungsregelungen für neue Berufe zu schaffen oder neue Qualifizierungsinhalte für die Berufsausbildung zu regeln, bleibt weiterhin allein dem Verordnungsgeber vorenthalten. Die Regelungsbefugnis für die Berufsausbildung ist umfassender als für Fortbildungen und Umschulungen, §§ 54, 59. Die §§ 54 und 59 verleihen jeweils nur die Möglichkeit, Prüfungsregelungen zu schaffen. Allerdings können in diesem Bereich auch neue Abschlüsse geschaffen werden. Dies ist für den Bereich der Berufsausbildung nicht möglich.

II. Zuständige Stelle

2 Die Regelungsbefugnis wird der zuständigen Stelle eingeräumt. Wer die zuständige Stelle ist, ergibt sich aus den §§ 71 ff. Grundsätzlich richtet sich die Zuständigkeit der zuständigen Stelle nach dem Berufsbild. So wird gewährleistet, dass die Fachkompetenz der zuständigen Stelle für einen bestimmten Berufsbereich bei der Berufsbildung gebündelt genutzt werden kann. Lediglich für den Bereich des Handwerks bestimmt § 71 Abs. 7, dass für Handwerksbetriebe und handwerksähnliche Betriebe immer die Handwerkskammer die zuständige Stelle ist.

3 Die mit § 9 erteilte Regelungsbefugnis ist umfassend. Sie ist nicht davon abhängig, ob der Ausbildende oder der Ausbildungsbetrieb Mitglied der jeweiligen Kammer ist.[2]

III. Kompetenzverteilung innerhalb der zuständigen Stelle

4 § 9 trifft keine Aussage darüber, wer innerhalb der zuständigen Stelle befugt ist, eine Regelung zu schaffen. Die Zuständigkeiten innerhalb der zuständigen Stelle sind an unterschiedlichen Stellen geregelt.

- Beim Erlass allgemeiner Rechtsvorschriften steht die alleinige Kompetenz dem Berufsbildungsausschuss gem. § 79 Abs. 4 zu.[3]
- Bei der Abnahme von Prüfungen sind die Prüfungsausschüsse zuständig, § 39.

---

1 HWK/*Hergenröder*, BBiG, § 9 Rn. 1.
2 *Benecke/Hergenröder*, BBiG, § 9 Rn. 6.
3 Wohlgemuth/*Günther*, BBiG, § 9 Rn. 3.

- Bei der Übertragung von Aufgaben auf andere Kammern, z. B. bei der Bildung gemeinsamer Prüfungsausschüsse gem. § 39 Abs. 1 Satz 2, ist ggf. die Vollversammlung der Kammer zuständig, z. B. nach § 4 Satz 2 Nr. 6 IHKG.
- Soweit die vorgenannten Organe nicht handlungsbefugt sind oder von ihrer Kompetenz keinen Gebrauch gemacht haben, kommt eine Befugnis der Geschäftsführung der zuständigen Stelle in Betracht.

IV. Umfang der Regelungsbefugnis

1. Rahmen der Regelungsbefugnis

Die Regelungsbefugnis besteht nach dem Wortlaut der Vorschrift nur, »soweit Vorschriften nicht bestehen.« Soweit andere Vorschriften eine abschließende Bestimmung treffen, besteht weder eine Befugnis der zuständigen Stelle, eine eigenständige Regelung zu treffen, noch eine Verpflichtung tätig zu werden. 5

Vorschriften im Sinne des § 9 sind alle Normen, die im Rang über dem statuarischen Recht stehen, also Gesetze und Verordnungen. Dabei muss in jedem Einzelfall geprüft werden, ob das höherrangige Recht eine abschließende Regelung beinhaltet oder ob zur Durchführung der Berufsausbildung noch Regelungsspielraum besteht. Das Vertragsrecht für Auszubildende ist in den §§ 3 bis 25 umfassend und abschließend geregelt.[4]

Zum BBiG 1969 wirkte sich diese Betrachtungsweise ganz praktisch bei der **Regelungsbefugnis** der zuständigen Stellen über **Vertragsmuster** für die Berufsausbildungsverhältnisse aus. Vielfach wurde vertreten, dass eine Regelungsbefugnis der zuständigen Stelle, wonach diese vorschreiben kann, dass Berufsausbildungsverhältnisse nur dann in das Verzeichnis nach § 34 eingetragen werden können, wenn ein bestimmtes Vertragsmuster verwendet wird, nicht besteht.[5] Seit dem Berufsbildungsreformgesetz lässt sich dies mit dem Willen des Gesetzgebers und dem Wortlaut des § 79 Abs. 2 Nr. 3 nicht mehr vereinbaren. Denn nach § 79 Abs. 2 Nr. 3 besteht ausdrücklich ein Beteiligungsrecht des Berufsbildungsausschusses bei der Änderung des Ausbildungsvertragsmusters. Dies setzt gedanklich voraus, dass die zuständige Stelle für ein Ausbildungsvertragsmuster zuständig ist.[6] Besteht eine solche Zuständigkeit, folgt daraus auch die Regelungsbefugnis, um diese Zuständigkeit praktisch umzusetzen. 6

Von der Befugnis, Ausbildungsvertragsmuster zu beschließen und auf eine möglichst einheitliche Gestaltung der Ausbildungsvertragsverhältnisse hinzuwirken, ist zu unterscheiden die Befugnis, die Eintragung von Berufsausbildungsverhältnissen gem. § 34 abzulehnen, wenn das **Ausbildungsvertragsmuster** nicht verwendet wird. Die **Eintragungsvoraussetzungen** sind in § 35 Abs. 1 abschließend aufgezählt. Zu prüfen ist die Vereinbarkeit des Ausbildungsvertrages mit dem BBiG und der Ausbildungsordnung. Weitere Voraussetzungen sind in den Nr. 2 und 3 enthalten. Wegen der Bedeutung der Eintragung für die Zulassung zur Prüfung und damit für die Berufsfreiheit der Prüflinge gem. Art. 12 GG können weitere Eintragungsvoraussetzungen nicht aufgestellt werden.[7]

---

4 HWK/*Hergenröder*, BBiG, § 9 Rn. 1.
5 Übersicht über die Rechtsprechung in *Benecke/Hergenröder*, BBiG, § 9 Rn. 9f.
6 Wohlgemuth/*Günther*, BBiG, § 9 Rn. 9; *Taubert*, BBiG, § 9 Rn. 7; a. A. *Herkert/Töltl*, BBiG, § 9 Rn. 6.
7 A. A. *Wohlgemuth/Lakies u. a.*, BBiG, 3. Auflage.

7 Aus dem gleichen Grund können weitere Eintragungsvoraussetzungen nicht geschaffen werden. Dies galt bereits für festgesetzte **Mindestsätze für die Vergütung** der Auszubildenden.[8]

2. Regelungsinhalte

8 Gegenstand der Regelungen können alle Themen sein, die mit der Durchführung der Berufsausbildung im Zusammenhang stehen. »Durchführung« ist dabei weit zu verstehen[9]. Bereits im Vorfeld des Berufsausbildungsverhältnisses sind daher Regelungen zur **Eignung der Ausbildungsstätte oder des Ausbildungspersonals** zulässig. Weitere Anforderungen, die die praktische Umsetzung der Berufsausbildung in den Betrieben betreffen, sind denkbar. So lassen sich die Empfehlungen des Hauptausschusses beim Bundesinstitut für Berufsbildung durch die Regelungsbefugnis des § 9 im Zuständigkeitsbereich der zuständigen Stelle konkretisieren. Denkbar sind konkretisierende Regelungen zur Berücksichtigung der Belange behinderter Menschen, über Anforderungen an **Berichtshefte** oder über die **Tätigkeit der Ausbildungsberater**. Ebenfalls von der Regelungsbefugnis erfasst sind Vorschriften für den **Schlichtungsausschuss** gem. § 111 Abs. 2 ArbGG.[10]

9 Unter »Durchführung der Berufsausbildung« ist auch das gesamte **Prüfungsverfahren** zu verstehen. Die Musterprüfungsordnung[11] verdeutlicht beispielhaft, welche Regelungen zu diesem Thema möglich, aber auch erforderlich sind, um wenigstens das Grundgerüst des Prüfungsverlaufes zu regeln.

V. Rechtliche Formen der Regelungen

10 Die zuständige Stelle entscheidet nach pflichtgemäßem Ermessen, ob sie einen Einzelfall regeln will oder ob sie eine generell-abstrakte Regelung schafft. Die zuständige Stelle kann einzelne Sachverhalte durch **Verwaltungsakt** regeln.[12] Für eine solche Befugnis braucht es keine ausdrückliche Ermächtigung der zuständigen Stelle durch das Gesetz. Das Bundesverwaltungsgericht geht in ständiger Rechtsprechung von einer allgemeinen gewohnheitsrechtlichen Ermächtigung aus, »im Verhältnis hoheitlicher Überordnung sich ergebende Rechtsfolgen durch Verwaltungsakte geltend zu machen«.[13]

Bei Verwaltungsakten kommt ein Beteiligungsrecht des Berufsbildungsausschusses nur ganz ausnahmsweise in Betracht, wenn es sich um eine wichtige Angelegenheit der beruflichen Bildung im Sinne des § 79 Abs. 1 Satz 1 handelt. Ausgeschlossen ist sein Unterrichtungs- und Anhörungsanspruch aus § 79 Abs. 1 Satz 1 bei Verwaltungsakten nicht.[14]

Die zuständige Stelle kann den Verwaltungsakt auch als **Allgemeinverfügung** erlassen. Eine Allgemeinverfügung ist ein Verwaltungsakt, der sich an einem nach allgemeinen Merkmalen bestimmten oder bestimmbaren Personenkreis richtet oder die öffentlich-rechtliche Eigenschaft einer Sache oder ihre Benutzung durch die Allgemeinheit betrifft, § 35 Satz 2 VwVfG (Bund).

---

8 *BVerwG* 26.3.1981 – EzB-VjA § 44 BBiG Nr. 5.
9 Vgl. § 76 Rn. 5.
10 *Braun/Mühlhausen*, BBiG, § 44 a. F. Rn. 10.
11 Siehe § 47 Rn. 20f.
12 ErfK/*Schlachter*, BBiG § 9 Rn. 1; HWK/*Hergenröder*, BBiG, § 9 Rn. 2.
13 *VG Minden* 7.5.2014 – 3 K 2930/13, Rn. 20, juris mit Verweis auf *BVerwG* 17.3.1977 – VII C 59/75, NJW 1977, 1838.
14 A. A. *Taubert*, BBiG, § 9 Rn. 15.

Darüber hinaus kann die zuständige Stelle Verwaltungsvorschriften oder **Verwaltungsrichtlinien** erlassen. Verwaltungsvorschriften sind Anordnungen, die innerhalb der zuständigen Stelle wirken. Sie sollen in der Regel die Ausübung des Ermessens vereinheitlichen, haben jedoch keine unmittelbare Außenwirkung z. B. auf Ausbildende oder Auszubildende. Mit einer Verwaltungsvorschrift kann z. B. die Tätigkeit der Ausbildungsberater definiert werden. Soweit nicht eine besondere Zuständigkeit des Berufsbildungsausschusses sich aus den Absätzen 2 bis 4 des § 79 ergibt, ist der Berufsbildungsausschuss bei Verwaltungsvorschriften nur dann zu unterrichten und zu hören, wenn es sich um wichtige Angelegenheiten der beruflichen Bildung handelt, § 79 Abs. 1. Die Unterrichtung hat vor Erlass der Verwaltungsvorschrift zu erfolgen. Der Berufsbildungsausschuss kann seine Regelungskompetenz aus § 79 Abs. 4 Satz 2 nutzen und die ihm zur Unterrichtung vorgelegte Verwaltungsvorschrift selbst erlassen.[15]

Darüber hinaus kann die zuständige Stelle ihre Regelungsbefugnis dadurch ausschöpfen, dass **Satzungsrecht** geschaffen wird. Es handelt sich dabei immer um Rechtsvorschriften mit allgemeinem Regelungscharakter, für die der Berufsbildungsausschuss gem. § 79 Abs. 4 eine umfassende Alleinzuständigkeit hat.[16] Voraussetzung für die wirksame Schaffung von Satzungsrecht ist, dass der zuständigen Stelle hierzu die Befugnis verliehen wurde. Dies muss beim Bundesverwaltungsamt verneint werden, da diesem durch das Errichtungsgesetz vom 28. 12. 1959 keine Satzungsautonomie verliehen worden ist.[17]

V. Parallelvorschrift im Handwerk

Die Parallelvorschrift für das **Handwerk** ist § 41 HwO. Der Wortlaut ist nicht identisch. 11
Inhaltlich führt die Abweichung im Text aber zu keinem anderen Regelungsgehalt. Zuständig ist immer die Handwerkskammer.

Abschnitt 2 Berufsausbildungsverhältnis

Unterabschnitt 1 Begründung des Ausbildungsverhältnisses

§ 10 Vertrag

(1) Wer andere Personen zur Berufsausbildung einstellt (Ausbildende), hat mit den Auszubildenden einen Berufsausbildungsvertrag zu schließen.

(2) Auf den Berufsausbildungsvertrag sind, soweit sich aus seinem Wesen und Zweck und aus diesem Gesetz nichts anderes ergibt, die für den Arbeitsvertrag geltenden Rechtsvorschriften und Rechtsgrundsätze anzuwenden.

(3) Schließen die gesetzlichen Vertreter oder Vertreterinnen mit ihrem Kind einen Berufsausbildungsvertrag, so sind sie von dem Verbot des § 181 des Bürgerlichen Gesetzbuches befreit.

---

15 Wohlgemuth/*Günther*, BBiG, § 9 Rn. 13.

16 *BVerfG* 14. 5. 1986 – 2 BvL 19/84, AP Nr. 28 zu Art. 140 GG.

17 *OVG NRW* 2. 7. 2008 – 19 A 3506/07, openJur 2011, 58387 mit Verweis darauf, dass darin im Übrigen auch ein Verstoß gegen die sich aus Art. 87 Abs. 3 Sätze 1 und 2 GG ergebenden Einschränkungen bei der Errichtung selbstständiger Bundesoberbehörden läge.

(4) Ein Mangel in der Berechtigung, Auszubildende einzustellen oder auszubilden, berührt die Wirksamkeit des Berufsausbildungsvertrages nicht.

(5) Zur Erfüllung der vertraglichen Verpflichtungen der Ausbildenden können mehrere natürliche oder juristische Personen in einem Ausbildungsverbund zusammenwirken, soweit die Verantwortlichkeit für die einzelnen Ausbildungsabschnitte sowie für die Ausbildungszeit insgesamt sichergestellt ist (Verbundausbildung).

Inhaltsübersicht Rn.

I. Überblick

1. Gesetzessystematik

§ 10 BBiG regelt die vertragliche Begründung des Berufsausbildungsverhältnisses, die §§ 11 und 12 BBiG regeln den Vertragsinhalt. Die Regelung ist nicht abschließend, sie wird durch andere Regelungen des BGB und des Arbeitsrechts ergänzt. § 10 BBiG gilt (wie der gesamte Abschnitt 2) auch für Berufsausbildungsverhältnisse im **Handwerk**. Im Handwerk heißen die Auszubildenden **Lehrlinge** (vgl. § 21 HwO). 1

§ 10 BBiG leitet den Abschnitt 2 des BBiG (§§ 10 bis 26) ein, der das Berufsausbildungsverhältnis regelt. Dieser Abschnitt enthält die wesentlichen privat-rechtlichen Bestimmungen für das Berufsausbildungsverhältnis und gliedert sich wiederum in fünf Unterabschnitte. Unterabschnitt 1, zu dem § 10 BBiG gehört, regelt die **Begründung des Ausbildungsverhältnisses**. Soweit dass BBiG selbst keine Regelungen enthält, sind ergänzend die Bestimmungen des BGB und die für den Arbeitsvertrag geltenden Rechtsvorschriften und Rechtsgrundsätze anzuwenden (§ 10 Abs. 2 BBiG; vgl. Rn. 38ff.).

2. Sonderfall: Assistierte Ausbildung

Außerhalb des BBiG im SGB III als Fördermaßnahme der Bundesagentur für Arbeit ist die **Assistierte Ausbildung** geregelt. Diese wurde im Jahr 2015 als befristete Maßnahme erstmals eingeführt[1] und im Jahr 2018 um zwei Jahrgänge verlängert. Im Jahr 2020 wurde die Assistierte Ausbildung dauerhaft im SGB III verankert und mit den ausbildungsbegleitenden Hilfen zu einem einheitlichen Instrument zusammengeführt.[2] Die Agentur für Arbeit kann förderungsberechtige junge Menschen und deren Ausbildungsbetriebe während einer betrieblichen Berufsausbildung oder einer Einstiegsqualifizierung (begleitende Phase) durch Maßnahmen der Assistierten Ausbildung fördern. Die Maßnahme kann auch eine vorgeschaltete Phase enthalten, die die Aufnahme einer betrieblichen Berufsausbildung unterstützt (Vorphase). Kern der Assistierten Ausbildung ist die Möglichkeit, Unterstützung vor und während der Berufsausbildung beim selben Träger der Maßnahmen anzubieten. Die gesetzliche Verankerung als dauerhaftes Instrument im SGB III erfolgte durch eine Neufassung der §§ 74 und 75 SGB III und den neuen § 75a SGB III. § 74 SGB III bildet die Grundnorm für das Instrument Assistierte Ausbildung, das sich aus einer obligatorischen begleitenden Phase (§ 75 SGB III) und einer fakultativ vorgeschalteten Vorphase (§ 75a SGB III) zusammensetzt. § 74 SGB III enthält übergreifende Regelungen, die für beide Phasen gelten. 2

Gem. § 74 Abs. 1 SGB III können junge Menschen und Ausbildungsbetriebe unterstützt werden. Die Assistierte Ausbildung kann aus den beiden Phasen »begleitende Phase« und »Vorphase« bestehen. Auch eine Maßnahme, die nur die begleitende Phase umfasst, ist möglich. Die Ziele der Assistierten Ausbildung sind in § 74 Abs. 2 SGB III geregelt. Primär geht es um die Aufnahme einer regulären betrieblichen Berufsausbildung. § 74 Abs. 2 Satz 1 Nr. 1 SGB III benennt als wichtigstes Ziel der Assistierten Ausbildung das Hinführen auf den erfolgreichen Abschluss der betrieblichen Berufsausbildung. § 74 Abs. 2 Satz 1 Nr. 2 SGB III ergänzt, dass das Ziel der Maßnahme auch dann erreicht ist, wenn die

1 Die Assistierte Ausbildung wurde als § 130 SGB III erstmal mit Wirkung zum 1.5.2015 durch Artikel 1b des Fünften Gesetzes zur Änderung des Vierten Buches Sozialgesetzbuch und anderer Gesetze vom 15.4.2015 (BGBl. I S. 583) neu in das SGB III eingefügt.

2 Durch das Gesetz zur Förderung der beruflichen Weiterbildung im Strukturwandel und zur Weiterentwicklung der Ausbildungsförderung vom 20.5.2020 (BGBl. I S. 1044) mit Wirkung vom 29.5.2020.

Berufsausbildung ohne weitere Unterstützung fortgesetzt werden kann. Die Zielgruppe der Assistierten Ausbildung wird in § 74 Abs. 3 SGB III benannt und gegenüber der Vorgängerregelung ausgeweitet. Die frühere Begrenzung auf lernbeeinträchtigte und sozial benachteiligte Menschen entfällt. Künftig orientiert sich die Zielgruppe der Assistierten Ausbildung an der Zielgruppe für ausbildungsbegleitende Hilfen.
Bei der Assistierten Ausbildung steht die individuelle und kontinuierliche Unterstützung und sozialpädagogische Begleitung des jungen Menschen, auch im Betrieb, im Mittelpunkt (§ 74 Abs. 4 SGB III). Dabei soll den Teilnehmer/innen über den gesamten Verlauf der Maßnahme eine feste Bezugsperson zur Verfügung gestellt werden (Ausbildungsbegleiterin/Ausbildungsbegleiter). Der Träger der Assistierten Ausbildung hat im Rahmen seiner Planungs- und Organisationsgewalt sicherzustellen, dass es sich möglichst um dieselbe Person über die gesamte Laufzeit der Maßnahmen handelt. Außerhalb der Planungs- und Organisationsgewalt des Trägers liegende Umstände können im Einzelfall einen Wechsel der Ausbildungsbegleiterin oder des Ausbildungsbegleiters erforderlich machen, etwa wenn die ursprüngliche Ausbildungsbegleiterin oder der ursprüngliche Ausbildungsbegleiter beim Träger nicht mehr tätig ist.[3]
Mit Assistierter Ausbildung können betriebliche Berufsausbildungen in staatlich anerkannten Ausbildungsberufen nach dem BBiG, der HwO, dem SeeArbG oder dem Pflegeberufegesetz gefördert werden (§ 74 Abs. 5 SGB III verweist auf die entsprechende Regelung in § 57 Abs. 1 SGB III). Es ist auch die Unterstützung während einer zweiten Berufsausbildung möglich.[4]
§ 75 SGB III enthält die Regelungen zur **begleitenden Phase der Assistierten Ausbildung**. Die begleitende Phase ist keine eigenständige Fördermaßnahme, sondern ein Teil der Maßnahme Assistierte Ausbildung. Zum förderungsberechtigten Personenkreis für die begleitende Phase der Assistierten Ausbildung gehören auch sogenannte Grenzgängerinnen und Grenzgänger (§ 75 Abs. 1 SGB III). Das sind Personen, die ihren Wohnsitz und ihren gewöhnlichen Aufenthalt nicht in Deutschland haben und zu ihrer betrieblichen Berufsausbildungsstätte aus dem grenznahen Ausland nach Deutschland pendeln. Die Erweiterung des Personenkreises wird auf die Unterstützung während einer Berufsausbildung begrenzt.[5]
§ 75 Abs. 2 SGB III benennt die Angebote, die im Rahmen der begleitenden Phase der Assistierten Ausbildung vorgehalten werden müssen, um den Einzelnen und den Ausbildungsbetrieb je nach Bedarf passgenau unterstützen zu können. Dazu gehört bei entsprechendem Bedarf auch eine notwendige Konfliktmoderation zwischen der oder dem Auszubildenden und dem Ausbildungsbetrieb. Angebote zur Vermittlung fachpraktischer Fertigkeiten, Kenntnisse und Fähigkeiten sind wie bereits bei der bestehenden Assistierten Ausbildung, anders als bei ausbildungsbegleitenden Hilfen, nicht vorgesehen. Hier sind die Betriebe in der Pflicht.[6]
Gem. § 75 Abs. 3 SGB III trifft die Agentur für Arbeit die Grundentscheidungen über die Elemente, den Umfang und die voraussichtliche Dauer der Unterstützung. Dabei bezieht sie die Teilnehmerin oder den Teilnehmer mit ein und stimmt ihre Entscheidung mit dem Träger der Maßnahme ab. Dadurch kann über unterschiedliche Förderbedarfe passend entschieden werden und die Zuweisung an den Träger erfolgt (nur) in dem Umfang, der als Förderbedarf besteht und prognostiziert wird. Damit kann die Agentur für Arbeit auch

3 Vgl. die Gesetzesbegründung, BT-Drucks. 19/17740, S. 35.
4 Vgl. die Gesetzesbegründung, BT-Drucks. 19/17740, S. 35.
5 Vgl. die Gesetzesbegründung, BT-Drucks. 19/17740, S. 36.
6 Vgl. die Gesetzesbegründung, BT-Drucks. 19/17740, S. 36.

Förderfällen gerecht werden, die bisher mit ausbildungsbegleitenden Hilfen unterstützt wurden. Die Agentur für Arbeit hat die Erforderlichkeit regelmäßig in Abstimmung mit dem Träger der Maßnahme zu überprüfen. Sie sollte die Teilnehmerin oder den Teilnehmer nach Möglichkeit einbeziehen.[7] Die über die Grundentscheidung hinausgehende Entscheidung über Inhalte und Intensität der Unterstützung trifft der Maßnahmeträger in Abstimmung mit der Teilnehmerin oder dem Teilnehmer, damit eine flexible und passgenau auf die jeweilige Situation der Teilnehmerin oder des Teilnehmers abgestimmte Förderung möglich ist.

§ 75 Abs. 6 SGB III stellt klar, dass es sich bei der begleitenden Phase der Assistierten Ausbildung um ein flankierendes Unterstützungsangebot handelt. Die Durchführung der betrieblichen Berufsausbildung oder der Einstiegsqualifizierung ist originäre Aufgabe des Betriebes bzw. des Arbeitgebers. Dessen Aufgaben und Verantwortung werden durch die Förderung mit Assistierter Ausbildung nicht berührt.[8]

§ 75a SGB III enthält die Regelungen zur **Vorphase der Assistierten Ausbildung**. Auch die Vorphase ist keine eigenständige Fördermaßnahme, sondern ein, wenn auch fakultativer, Teil der Maßnahme Assistierte Ausbildung. Die Vorphase kann daher nicht isoliert als Maßnahme durchgeführt werden. § 75a Abs. 2 SGB III regelt dabei die Inhalte der Vorphase im Unterschied zu berufsvorbereitenden Bildungsmaßnahmen. Beide Förderansätze unterscheiden sich in ihren Zielen und Inhalten. Stehen bei berufsvorbereitenden Bildungsmaßnahmen Qualifizierung und Bildung bis hin zur Vorbereitung auf den Hauptschulabschluss im Vordergrund, ist im Unterschied dazu die Vorphase der Assistierten Ausbildung mit ihren Inhalten auf junge Menschen ausgerichtet, die grundsätzlich über hinreichende Befähigung für eine Berufsausbildung verfügen, aber dennoch keine passende Ausbildungsstelle finden.[9] Die Vorphase der Assistierten Ausbildung bietet deswegen schwerpunktmäßig Unterstützung bei der Suche und Aufnahme einer betrieblichen Berufsausbildung einschließlich auch berufsorientierender Elemente. Eine Vorbereitung auf eine Berufsausbildung findet hingegen nur am Rande statt.[10] Zentrale Bausteine der Vorphase sind abgestimmt auf den individuellen Förderbedarf in angemessenem Umfang auch betriebliche Praktika. Dies trägt Erfahrungen der Praxis Rechnung, die betriebliche Praktika als charakteristische Bestandteile der ausbildungsvorbereitenden Phase bzw. der Vorphase beschreiben.[11]

II. Merkmale des Berufsausbildungsverhältnisses

Die gesetzlichen Bestimmungen des BBiG, die verbindliche öffentlich-rechtliche Regelungen enthalten, wie die Regelungen über die Eignung von Ausbildungsstätte und Ausbildungspersonal, das Verzeichnis der Berufsausbildungsverhältnisse und das Prüfungswesen, sind vertraglichen Vereinbarungen durch die Auszubildenden und Ausbildenden nicht zugänglich. Sie gelten zwingend, ohne dass davon abgewichen werden könnte. Wegen des **besonderen Schutzbedürfnisses der Auszubildenden** gilt zudem auch für die privat-rechtliche Gestaltung des Berufsausbildungsverhältnisses weitgehend **zwingendes Gesetzesrecht**. Einzelvertragliche Bestimmungen, die zuungunsten Auszubildender von den Gesetzesvorgaben abweichen, sind nichtig (§ 25 BBiG). 3

7 Vgl. die Gesetzesbegründung, BT-Drucks. 19/17740, S. 36.
8 Vgl. die Gesetzesbegründung, BT-Drucks. 19/17740, S. 37.
9 Vgl. die Gesetzesbegründung, BT-Drucks. 19/17740, S. 37.
10 Vgl. die Gesetzesbegründung, BT-Drucks. 19/17740, S. 38.
11 Vgl. die Gesetzesbegründung, BT-Drucks. 19/17740, S. 38.

Die **Ausbildung für einen anerkannten Ausbildungsberuf** darf nur nach der Ausbildungsordnung durchgeführt werden (§ 4 Abs. 2 BBiG). Das hat zur Folge, dass für einen anerkannten Ausbildungsberuf die Ausbildung zwingend in einem **Berufsausbildungsverhältnis** stattzufinden hat, es dürfen nicht etwa andere Vertragsverhältnisse, ein »Anlernvertrag« oder ähnliches vereinbart werden. Gleichwohl vereinbarte »**Anlernverträge**« für einen anerkannten Ausbildungsberuf sind entsprechend den Regeln über das Arbeitsverhältnis auf fehlerhafter Vertragsgrundlage (sog. faktisches Arbeitsverhältnis) wie ein Arbeitsverhältnis zu behandeln, mit den entsprechenden vergütungsrechtlichen Konsequenzen, d. h. ortsübliche Vergütung wie im Arbeitsverhältnis (§ 612 Abs. 2 BGB).[12]
Mit einem Volljährigen kann auch für einen **staatlich nicht anerkannten Ausbildungsberuf** ein »Ausbildungsvertrag« abgeschlossen werden, wie sich aus § 4 Abs. 3 BBiG ergibt. Wirksam ist der Ausbildungsvertrag jedoch nur, wenn ein ordnungsgemäßer Ausbildungsgang gesichert ist. Voraussetzung hierfür ist die Erstellung eines betrieblichen Ausbildungsplanes, der Gegenstand des Ausbildungsvertrages wird und an dem sich die Ausbildungsleistungen zu orientieren haben.[13] Findet dagegen eine »Ausbildung« (in einem staatlich nicht anerkannten Ausbildungsberuf) in einem solchen geordneten Ausbildungsgang tatsächlich nicht statt, ist der Ausbildungsvertrag nichtig. Für den Zeitraum der Durchführung des nichtigen Vertrages liegt ein sog. faktisches Arbeitsverhältnis mit dem Anspruch auf die ortsübliche Vergütung wie im Arbeitsverhältnis (§ 612 Abs. 2 BGB) vor. Für die Zukunft können die Parteien eines faktischen Arbeitsverhältnisses sich ohne Weiteres und ohne Ausspruch einer Kündigung voneinander lösen.[14]

4 Das Berufsausbildungsverhältnis ist eine privat-rechtliche Vertragsbeziehung zwischen Ausbildenden und Auszubildenden. Es ist **kein Arbeitsverhältnis**, weil nicht Vergütung und Arbeitsleistung im Leistungs-Gegenleistungs-Verhältnis zueinander stehen, sondern der **Ausbildungszweck** im Vordergrund steht (vgl. §§ 13 Satz 1, 14 Abs. 1 Nr. 1 BBiG).[15] Die für den Arbeitsvertrag geltenden Rechtsvorschriften und Rechtsgrundsätze finden Anwendung (§ 10 Abs. 2 BBiG; vgl. Rn. 38 ff.).

5 Wegen des Ausbildungszwecks darf zulässigerweise **keine Kurzarbeit** für Auszubildende angeordnet werden.[16] Als Folge davon sind die Regelungen über **Kurzarbeit auch für Ausbilder nicht anwendbar**, sofern diese Auszubildende zu betreuen haben.
Während der **Corona/Covid 19-Pandemie** wurde zum Teil gleichwohl auch für Auszubildende Kurzarbeit durchgeführt. Das kann allenfalls dann rechtmäßig sein, wenn wegen behördlicher Anordnungen eine tatsächliche Ausbildung faktisch unmöglich war, wobei dieses Risiko an sich zum Risikobereich der Ausbildenden gehört, das nicht einseitig auf die Auszubildenden verlagert werden darf, zumal die Kurzarbeit auch zu einer Kürzung der Ausbildungsvergütung führt (vgl. zur Pflicht zur Fortzahlung der Ausbildungsvergütung § 19 BBiG Rn. 3).

6 Trotz des Ausbildungszwecks können sich Auszubildende im Rahmen eines Arbeitskampfes um einen Tarifvertrag, der auch ihre Arbeitsbedingungen regeln soll, an einem **Streik** beteiligen.[17] Auch Auszubildende haben das Recht, einer Gewerkschaft beizutreten, und sie können sich deshalb auf die durch Art. 9 Abs. 3 GG garantierte Koalitionsfreiheit

12 *BAG* 27.7.2010 – 3 AZR 317/08.
13 *ArbG Osnabrück* 11.3.2015 – 2 Ca 431/14.
14 *ArbG Osnabrück* 11.3.2015 – 2 Ca 431/14.
15 *BAG* 12.2.2015 – 6 AZR 845/13, Rn. 24, NZA 2015, 741; ErfK/*Schlachter*, BBiG, § 10 Rn. 3; *Taubert*, BBiG, § 10 Rn. 6; Schaub/*Vogelsang*, § 174 Rn. 5.
16 *Taubert*, BBiG, § 10 Rn. 61; Schaub/*Vogelsang*, § 174 Rn. 42.
17 *BAG* 12.9.1984 – 1 AZR 342/83, NZA 1984, 393; *Ricken*, MünchArbR, § 272 Rn. 20 f.; ErfK/*Schlachter*, BBiG, § 10 Rn. 8; *Taubert*, BBiG, § 10 Rn. 49 ff.; Schaub/*Vogelsang*, § 174 Rn. 79.

berufen. Da die Ausbildungsvergütung und andere Ausbildungsbedingungen tarifvertraglich geregelt werden können, müssen auch Auszubildende die Möglichkeit haben, auf die Ausgestaltung der tariflichen Regelungen der Ausbildungsbedingungen durch eine Beteiligung an einen Arbeitskampf Einfluss zu nehmen. Soweit Auszubildende berechtigt sind, an einem Streik teilzunehmen, werden sie im Rahmen eines Arbeitskampfes auch ausgesperrt werden dürfen, soweit man die **Aussperrung** als Arbeitskampfmittel als rechtmäßig ansieht.

III. Abschluss des Berufsausbildungsvertrags

1. Vertragspartner

Das Berufsausbildungsverhältnis kommt durch den Abschluss eines privatrechtlichen Vertrags, dem Berufsausbildungsvertrag, zustande. Vertragsparteien sind die Ausbildenden und die Auszubildenden. 7

a) Ausbildende, Ausbildungsverbund

Der Ausbildende ist derjenige, der eine andere Person zur Berufsausbildung einstellt (§ 10 Abs. 1 BBiG), also die Privatperson oder bei einer Einzelfirma der Betriebsinhaber oder die juristische Person (GmbH, AG, Verein, Genossenschaft), die mit dem Auszubildenden den Vertrag schließt. Auch eine BGB-Gesellschaft (Gesellschaft bürgerlichen Rechts, GbR) kann Vertragspartner sein, ebenso eine OHG oder KG.[18] 8

Der **Ausbildende** muss nicht zugleich selbst in eigener Person ausbilden. Bildet der Ausbildende nicht selbst aus, muss dieser allerdings einen **Ausbilder** oder eine Ausbilderin ausdrücklich mit der tatsächlichen Ausbildung beauftragen (vgl. § 14 Abs. 1 Nr. 2 BBiG). Auszubildende darf nur einstellen, wer persönlich und fachlich geeignete Ausbilder oder Ausbilderinnen bestellt (vgl. § 28 Abs. 2 BBiG). Die tatsächliche Ausbildung soll also immer gewährleistet sein. Vertragspartner und rechtlich verantwortlich für die ordnungsgemäße Ausbildung ist stets der Ausbildende, auch wenn er mit der tatsächlichen Ausbildung andere Personen (Dritte) beauftragt. Die Dritten handeln für den Ausbildenden. Für die Qualität der Ausbildung bürgt der Ausbildende. 9

Die Ausbildungspflichten können auch ganz oder teilweise auf andere (natürliche oder juristische) Personen in einem **Ausbildungsverbund** übertragen werden.[19] Zur Erfüllung der vertraglichen Verpflichtungen der Ausbildenden können danach mehrere natürliche oder juristische Personen in einem Ausbildungsverbund zusammenwirken, soweit die Verantwortlichkeit für die einzelnen Ausbildungsabschnitte sowie für die Ausbildungszeit insgesamt sichergestellt ist (**Verbundausbildung**).[20] 10

Ausbildender im Rechtssinne kann sowohl das einzelne Mitglied des Ausbildungsverbunds sein oder der Ausbildungsverbund selbst, allerdings nur wenn dieser sich als selbständige juristische Person konstituiert hat (zum Beispiel als GmbH, Verein oder als rechtsfähige BGB-Gesellschaft). Aus dem **Ausbildungsvertrag** muss sich eindeutig ergeben, **wer der Vertragspartner des Auszubildenden ist**, denn nur diesen treffen, auch bei Zusammenarbeit mit anderen Partnern im Ausbildungsverbund, die Rechte und

18 *Benecke/Hergenröder*, BBiG, § 10 Rn. 3; *Taubert*, BBiG, § 10 Rn. 8.

19 Wohlgemuth/*Banke/Pepping*, BBiG, § 10 Rn. 42ff.; *Eule/Klubertz*, Rechtsfragen der Verbundausbildung, 2001.

20 Zur Frage, wer bei der Verbundausbildung zur Zahlung der Ausbildungsvergütung verpflichtet ist: *LAG Köln* 3.4.2014 – 7 Sa 764/12, NZA-RR 2014, 598.

Pflichten aus dem Ausbildungsvertrag.[21] Soweit ein Ausbildungsverbund über keinen gemeinsamen Betrieb verfügt, muss sichergestellt sein, dass er einen geordneten Ausbildungsgang in einer überbetrieblichen Ausbildungsstätte gewährleisten kann.[22] Eine dem Ausbilder eines ausbildenden Unternehmens teilweise fehlende fachliche Eignung kann durch eine Verbundausbildung nicht kompensiert werden, wenn nicht geregelt ist, für welchen Ausbildungsabschnitt das andere Verbundunternehmen statt des ausbildenden Unternehmens die Verantwortlichkeit trägt, und wenn nicht in dem anderen Verbundunternehmen ein insoweit fachlich geeigneter weiterer Ausbilder für das Ausbildungsverhältnis bestellt ist.[23]

11 Auch die **Eltern** oder ein Elternteil eines minderjährigen Kindes können Ausbildende sein. Schließen die Eltern mit ihrem minderjährigen Kind einen Ausbildungsvertrag, sind sie von dem Verbot des § 181 BGB befreit (§ 10 Abs. 3 BBiG). Dies gilt auch für alle anderen gesetzlichen Vertreter des Kindes (Vormund, Pfleger). Wollen die Eltern mit ihrem *volljährigen* Kind einen Berufsausbildungsvertrag schließen, ist der Volljährige selbst Vertragspartner, ohne dass er durch die Eltern vertreten werden müsste.

b) Auszubildende

12 Vertragspartner der Ausbildenden sind die Auszubildenden, und zwar auch dann, wenn diese minderjährig sind (vgl. Rn. 19ff.). Der Auszubildende (zur Abgrenzung zu Praktikanten usw. vgl. § 26 BBiG) ist diejenige Person, die nach der konkreten Ausgestaltung des zugrunde liegenden privat-rechtlichen Vertragsverhältnisses in einer Berufsausbildungseinrichtung eingestellt wird, um ihr im Rahmen einer geregelten Berufsausbildung die Fertigkeiten und Kenntnisse zu vermitteln, die zur Erreichung des Ausbildungsziels erforderlich sind.[24] Im **Handwerk** heißen die Auszubildenden **Lehrlinge** (vgl. § 21 HwO).

13 Der Begriff der Auszubildenden im Sinne des BBiG ist nicht zwingend identisch mit dem Begriff des Auszubildenden in anderen Regelungszusammenhängen (zum Betriebsverfassungsrecht vgl. Rn. 53ff.; zur Zuständigkeit der Arbeitsgerichte vgl. Rn. 135ff.), sondern jeweils eigenständig auszulegen.[25]

14 Auszubildender kann unabhängig von der Staatsangehörigkeit jede natürliche Person sein, also auch ein **Ausländer**. Für Ausbildungsverträge mit Angehörigen aus Staaten der **Europäischen Union** gelten im Grundsatz keine Besonderheiten. Aus dem Gebot der Freizügigkeit innerhalb der Europäischen Union (EU) folgt, dass die Ausländer aus EU-Staaten, wie auch deutsche Staatsangehörige, keiner Erlaubnis zur Ausübung einer Beschäftigung oder Ausbildung in Deutschland bedürfen. Sie sind wie Deutsche zu behandeln (Verbot der Ausländerdiskriminierung innerhalb der EU).

Ausländer aus Staaten, die nicht zur EU gehören (sog. Drittstaaten), brauchen keine gesonderte Arbeitserlaubnis, jedoch eine Aufenthaltserlaubnis oder einen anderen Aufenthaltstitel. Die Aufenthaltserlaubnis ist im Unterschied zur Niederlassungserlaubnis und zur Erlaubnis zum Daueraufenthalt-EU befristet. Die Aufenthaltserlaubnis umfasst das Recht, eine Beschäftigung aufzunehmen. Liegt die Aufenthaltserlaubnis (oder ein anderer Aufenthaltstitel) bei **Nicht-EU-Ausländern** nicht vor, ist die Beschäftigung verboten.

21 *Benecke/Hergenröder*, BBiG, § 10 Rn. 37; *Taubert*, BBiG, § 10 Rn. 96; Wohlgemuth/*Banke/Pepping*, BBiG, § 10 Rn. 46; a. A.: *Hänlein*, NZA 2006, 348, 350f.; *Stück/Mühlhausen*, NZA-RR 2006, 169, 170; ErfK/*Schlachter*, BBiG, § 10 Rn. 11.

22 *Benecke/Hergenröder* BBiG, § 10 Rn. 36; *Taubert*, BBiG, § 10 Rn. 97.

23 *LAG Baden-Württemberg* 20.10.2017 – 15 TaBV 2/17.

24 *Benecke/Hergenröder*, BBiG, § 10 Rn. 6; ErfK/*Schlachter*, BBiG, § 10 Rn. 2.

25 Vgl. *GmS-OBG* 12.3.1987 – GmS-OGB 6/86, NZA 1987, 663.

Ausländer, die einen Aufenthaltstitel besitzen, dürfen eine Erwerbstätigkeit ausüben, es sei denn, ein Gesetz bestimmt ein Verbot (§ 4a Abs. 1 Satz 1 AufenthG). Sofern die Ausübung einer Beschäftigung gesetzlich verboten oder beschränkt ist, bedarf die Ausübung einer Beschäftigung oder einer über die Beschränkung hinausgehenden Beschäftigung der Erlaubnis (§ 4a Abs. 2 Satz 1 AufenthG). Jeder Aufenthaltstitel muss erkennen lassen, ob die Ausübung einer Erwerbstätigkeit erlaubt ist und ob sie Beschränkungen unterliegt (§ 4a Abs. 3 Satz 1 AufenthG). Ein Ausländer darf nur beschäftigt oder mit anderen entgeltlichen Dienst- oder Werkleistungen beauftragt werden, wenn er einen Aufenthaltstitel besitzt und kein diesbezügliches Verbot oder keine diesbezügliche Beschränkung besteht (§ 4a Abs. 5 Satz 1 AufenthG). Eine **Aufenthaltserlaubnis zum Zweck der betrieblichen Aus- und Weiterbildung** soll erteilt werden, wenn die Bundesagentur für Arbeit zugestimmt hat oder durch die Beschäftigungsverordnung oder zwischenstaatliche Vereinbarung bestimmt ist, dass die Aus- und Weiterbildung ohne Zustimmung der Bundesagentur für Arbeit zulässig ist (§ 16a Abs. 1 Satz 1 AufenthG). Einem Ausländer kann zudem bei Vorliegen bestimmter Voraussetzungen zum Zweck der **Suche nach einem Ausbildungsplatz** zur Durchführung einer qualifizierten Berufsausbildung eine Aufenthaltserlaubnis erteilt werden (§ 17 Abs. 1 AufenthG). 15

Bei Ausländern, die keinen Aufenthaltstitel haben und an sich zur Ausreise verpflichtet sind, kann von der Ausländerbehörde zwangsweise die Abschiebung angeordnet werden. Für bestimmte Personen kann vor allem aus humanitären Gründen die Aussetzung der Abschiebung angeordnet werden, diese nennt sich **Duldung**. Für Asylbewerber gibt es seit 1. 1. 2020 eine besondere Form der Duldung, um eine Berufsausbildung zu beenden, die sog. **Ausbildungsduldung** (§ 60c AufenthG).[26] Nach Ablehnung des Asylantrags kann unter bestimmten Voraussetzungen von der Ausländerbehörde eine **Aufenthaltserlaubnis zur Berufsausbildung für ausreisepflichtige Ausländer** erteilt werden (§ 16g AufenthG).[27]

Ist ausländerrechtlich die **Beschäftigung verboten**, ist der gleichwohl vereinbarte Ausbildungsvertrag wegen Verstoßes gegen ein gesetzliches Verbot nichtig (§ 134 BGB).[28] Geht man davon aus, dass »nur« die tatsächliche Beschäftigung verboten ist, der Vertrag selbst aber wirksam ist, kann der Ausbildende diesen aus einem wichtigen Grund (Nichtvorliegen der ausländerrechtlich erforderlichen Erlaubnis) kündigen (§ 22 Abs. 2 Nr. 1 BBiG).[29] Das gilt entsprechend, wenn zwar bei Aufnahme der Ausbildung die Aufenthaltserlaubnis vorliegt, diese aber später endet und nicht verlängert wird. Die Aufenthaltserlaubnis ist im Unterschied zur Niederlassungserlaubnis und zur Erlaubnis zum Daueraufenthalt-EU befristet. Der Arbeitgeber (hier der Ausbildende) ist verpflichtet, dem Ausländer, den er gleichwohl tatsächlich beschäftigt hat, die vereinbarte Vergütung zu zahlen (§ 98a Abs. 1 Satz 1 AufenthG).

Nach dem **Assoziierungsabkommen EWG-Türkei** haben türkische Arbeitnehmer unter bestimmten Voraussetzungen Anspruch auf Erneuerung ihrer Arbeitserlaubnis und daran anknüpfend auch aufenthaltsrechtliche Ansprüche. Voraussetzung ist eine vorherige Beschäftigung in einem bestimmten Umfange, hierzu gehört aber nicht nur die Beschäf- 16

26 Neu eingefügt durch das Gesetz über Duldung bei Ausbildung und Beschäftigung vom 8. 7. 2019 (BGBl. I S. 1021).

27 Neu eingefügt durch das Gesetz zur Weiterentwicklung der Fachkräfteeinwanderung vom 16. 8. 2023 (BGBl. I Nr. 217) mit Wirkung zum 1. 3. 2024.

28 *Benecke/Hergenröder*, BBiG, § 10 Rn. 16; ErfK/*Schlachter*, BBiG, § 10 Rn. 6.

29 HWK/*Hergenröder*, BBiG, § 10 Rn. 10.

tigung in einem Arbeitsverhältnis, sondern auch im Rahmen eines Ausbildungsverhältnisses.[30]

2. Zustandekommen des Ausbildungsvertrags

17 Der Berufsausbildungsvertrag kommt, wie jeder andere Vertrag, durch Angebot und Annahme zustande (§§ 145 ff. BGB). Auf den Ausbildungsvertrag als privat-rechtlichen Vertrag sind die Bestimmungen des BGB anzuwenden, und (soweit sich aus seinem Wesen und Zweck und aus dem BBiG nichts anderes ergibt) die für den Arbeitsvertrag geltenden Rechtsvorschriften und Rechtsgrundsätze (vgl. Rn. 38 ff.). Der Ausbildende hat unverzüglich nach Abschluss des Berufsausbildungsvertrags die Eintragung in das Verzeichnis der Berufsausbildungsverhältnisse zu beantragen (vgl. § 36 Abs. 1 Satz 1 BBiG).

18 Ein **Mangel in der Berechtigung, Auszubildende einzustellen oder auszubilden**, berührt nicht die Rechtswirksamkeit des Berufsausbildungsvertrags (§ 10 Abs. 4 BBiG). Selbst wenn der Ausbildende öffentlich-rechtlich nicht geeignet ist, Auszubildende einzustellen, bleibt der gleichwohl abgeschlossene privatrechtliche Ausbildungsvertrag rechtswirksam. Wer jedoch entgegen § 28 Abs. 1 oder § 28 Abs. 2 BBiG Auszubildende einstellt oder ausbildet, begeht eine Ordnungswidrigkeit, die mit einer Geldbuße bis zu 5000 Euro geahndet werden kann (§ 101 Abs. 1 Nr. 5, Abs. 2 BBiG). Der insoweit rechtswirksam zustande gekommene Vertrag bedarf zur Beendigung eines Aufhebungsvertrags oder einer Kündigung. Verliert der Ausbildende nach Abschluss des Berufsausbildungsvertrags die Ausbildungsbefugnis, so kann dies für beide Seiten eine Kündigung rechtfertigen (§ 22 BBiG). Im Regelfall macht sich der Ausbildende in einer solchen Fallkonstellation schadensersatzpflichtig (§ 23 BBiG).

Die **Löschung eines Ausbildungsvertrages aus dem Verzeichnis der Berufsausbildungsverhältnisse** (§ 35 Abs. 2 BBiG) führt ebenfalls nicht automatisch zur Beendigung eines Ausbildungsverhältnisses oder kann als solche eine Kündigung rechtfertigen. Die Löschung wirkt sich auf die Wirksamkeit des Ausbildungsvertrags nicht aus.[31] Vielmehr ist gesondert zu prüfen, ob ein hinreichender Kündigungsgrund vorliegt.

a) Ausbildungsvertrag mit Minderjährigen

19 Vertragspartner der Ausbildenden sind die Auszubildenden. Sind Auszubildende **minderjährig** (noch nicht 18 Jahre alt), sind sie zwar auch dann Vertragspartner, können aber, da nur beschränkt geschäftsfähig (§ 106 BGB), den Vertrag nicht allein schließen. Vielmehr müssen sie sich beim Vertragsabschluss durch den oder die gesetzlichen Vertreter vertreten lassen. Es bedarf der vorherigen Einwilligung des gesetzlichen Vertreters in den Vertragsabschluss (§ 107 BGB). Fehlt die erforderliche Einwilligung, ist der Vertrag schwebend unwirksam. Der gesetzliche Vertreter kann ihn nachträglich genehmigen (§ 108 BGB). Wird er nicht genehmigt, bleibt der Vertrag unwirksam.

20 Gesetzliche Vertreter sind im Regelfall die **Eltern** (§§ 1626, 1629 BGB), und zwar bei gemeinsamer Sorge Vater und Mutter gemeinschaftlich, bei Alleinsorge der allein sorgeberechtigte Elternteil. Sind die Eltern miteinander verheiratet, besteht ein gemeinsames Sorgerecht. Sind sie nicht miteinander verheiratet, steht ihnen die elterliche Sorge gemeinsam zu, wenn sie eine gemeinsame Sorgeerklärung abgegeben haben oder (später)

30 *EuGH* 19.11.2002 – C-188/00, InfAuslR 2003, 41; *BVerwG* 19.9.2000 – 1 C 13/00, NVwZ 2001, 333.

31 *BAG* 22.2.2018 – 6 AZR 50/17, Rn. 28, NZA 2018, 575.

einander heiraten, sonst allein der Mutter (§ 1626a BGB). Im Falle der Scheidung besteht die gemeinsame Sorge fort, es sei denn das Familiengericht entscheidet etwas anderes (§ 1671 BGB). Besteht keine elterliche Sorge, wird der Minderjährige durch einen **Pfleger** oder **Vormund** vertreten (§ 1773 Abs. 1, § 1809 Abs. 1 BGB).

Gem. § 113 BGB kann der gesetzlichen Vertreter den Minderjährigen auch ermächtigen, ein Dienst- oder Arbeitsverhältnis einzugehen, ohne dass der konkrete Vertragsabschluss der Zustimmung bedarf. Diese Norm findet aber auf den Abschluss von Ausbildungsverträgen *keine* Anwendung, da beim Berufsausbildungsverhältnis der Ausbildungszweck und nicht die Leistung von Arbeit im Vordergrund steht und dieses deshalb kein Dienst- oder Arbeitsverhältnis im Sinne des § 113 BGB ist.[32] Es bedarf also stets einer Einzelzustimmung des gesetzlichen Vertreters, also zumeist der Eltern, zu dem Abschluss eines Berufsausbildungsvertrags, solange der Betroffene minderjährig ist. 21

Daraus folgt aber nicht, dass Minderjährige der Zustimmung der Eltern bedürfen, wenn sie einer **Gewerkschaft** beitreten wollen. Das Grundrecht der Koalitionsfreiheit (Art. 9 Abs. 3 GG) ist höchstpersönlich und steht auch Minderjährigen zu.[33] 22

Minderjährige dürfen die Ausbildung tatsächlich nur aufnehmen, das heißt beschäftigt werden, wenn die Bescheinigung über die sog. **Erstuntersuchung** (§ 32 Abs. 1 JArbSchG) vorliegt. Ein Jugendlicher darf nur beschäftigt werden, wenn er innerhalb der letzten vierzehn Monate vor Aufnahme der Beschäftigung von einem Arzt untersucht worden ist und dem Arbeitgeber/Ausbildenden eine von diesem Arzt ausgestellte Bescheinigung vorliegt. Das Fehlen der Bescheinigung ändert indes nichts an der Rechtswirksamkeit des Berufsausbildungsverhältnisses. 23

b) Form des Ausbildungsvertrags

Für den Abschluss des Ausbildungsvertrags besteht **keine Formvorschrift**. Er kann deshalb auch mündlich oder durch schlüssiges Handeln (konkludent) geschlossen werden.[34] 24

Davon zu unterscheiden ist die in § 11 Abs. 1 Satz 1 BBiG geregelte Verpflichtung der Ausbildenden, den wesentlichen Inhalt des Vertrags in Textform niederzulegen (vgl. § 11 Rn. 5 ff.), gegebenenfalls nach Vertragsabschluss, und den Auszubildenden oder den gesetzlichen Vertretern den Vertrag auszuhändigen (§ 11 Abs. 3 BBiG). 25

Auch durch die Regelung in § 14 Abs. 4 TzBfG, nach der die »Befristung« zu ihrer Wirksamkeit der Schriftform bedarf, hat sich an der Formfreiheit des Ausbildungsvertrags nichts geändert. Insoweit gehen die Regelungen des BBiG vor, denn das Berufsausbildungsverhältnis ist kraft Gesetzes, nicht kraft Vereinbarung, auf die Dauer der Ausbildung befristet (vgl. § 21 Abs. 1 BBiG). 26

c) Bewerberauswahl (Fragerecht der Ausbildenden, Datenerhebung im Internet)

Die Ausbildenden sind bei der Entscheidung, wen sie einstellen, grundsätzlich frei. Verboten ist es allerdings, einen Bewerber wegen eines der in § 1 AGG genannten Diskriminierungsmerkmale nicht einzustellen. Das AGG verbietet eine **Benachteiligung aus** 27

---

32 ErfK/*Preis*, BGB, § 113 Rn. 6; MünchKommBGB/*Spickhoff*, § 113 Rn. 14; *Taubert*, BBiG, § 10 Rn. 26; Schaub/*Vogelsang*, § 174 Rn. 6; a. A.: Wohlgemuth/*Banke/Pepping*, BBiG, § 10 Rn. 8, 36.

33 *Jarass/Pieroth*, GG, Art. 9 Rn. 30; *Taubert*, BBiG, § 10 Rn. 30.

34 *BAG* 21.8.1997 – 5 AZR 713/96, NZA 1998, 37.

Gründen der Rasse oder wegen der ethnischen Herkunft, des Geschlechts, der Religion oder Weltanschauung, einer Behinderung, des Alters oder der sexuellen Identität. Auch die Nichteinstellung ist eine Benachteiligung im Sinne des AGG, deswegen fallen auch Bewerberinnen und Bewerber für eine Ausbildungsstelle in den Anwendungsbereich des Gesetzes (§ 6 Abs. 1 AGG). Auch eine **Ausschreibung** von Ausbildungsstellen darf nicht wegen eines der genannten Merkmale gegen das Verbot der Benachteiligung verstoßen (§ 11 AGG). Dementsprechend sind dem Ausbildenden alle Fragen verboten, die wegen eines der im AGG genannten Merkmale zu einer Benachteiligung des Bewerbers bei der Entscheidung über die Einstellung führen könnten. Deswegen wird mittlerweile sogar die Frage nach dem **Lebensalter** als unzulässig angesehen. Die Frage sei nicht zur Beurteilung von Persönlichkeit und beruflicher Entwicklung eines Stellenbewerbers erforderlich, beides sei vom Alter unabhängig.[35] Allerdings ergibt sich das Alter in der Regel aus den vorgelegten Unterlagen, z. B. aus Zeugnissen.

Ein Verstoß gegen das Benachteiligungsverbot begründet allerdings **keinen Anspruch auf Begründung eines Berufsausbildungsverhältnisses** (§ 15 Abs. 6 AGG). Rechtsfolge einer Verletzung des Benachteiligungsverbotes ist vielmehr die Verpflichtung des Ausbildenden, den durch die Benachteiligung entstandenen Schaden zu ersetzen (§ 15 Abs. 1 AGG). Zudem kann der Bewerber wegen eines Schadens, der nicht Vermögensschaden ist, also wegen der Verletzung des Persönlichkeitsrechts, eine angemessene **Entschädigung in Geld** verlangen (§ 15 Abs. 2 Satz 1 AGG). Die Entschädigung darf drei Monatsgehälter nicht übersteigen, wenn der Bewerber auch bei benachteiligungsfreier Auswahl nicht eingestellt worden wäre (§ 15 Abs. 2 Satz 2 AGG).

28 Bei der Auswahl, wer eine Ausbildungsstelle erhalten soll, entscheidet sich der Ausbildende in der Regel nach den Zeugnissen und sonstigen Qualifikationen der Bewerber. Meist finden persönliche Vorstellungsgespräche statt, bisweilen gibt es auch Eignungstests. Hier sind die **Vorgaben des Datenschutzrechts** zu beachten, denn bei jedem Bewerbungsvorgang werden persönliche Daten erhoben. Das klassische Instrument der Bewerberauswahl ist die Datenerhebung beim Bewerber selbst durch Eignungstests, Fragebogen und Fragen im Vorstellungsgespräch. Schriftlich ausgearbeitete **Personalfragebögen** bedürfen der Zustimmung des Betriebsrats (§ 94 BetrVG).

Ein eigenständiges **Arbeitnehmer-Datenschutzgesetz** existiert bislang nicht. Allerdings gilt das allgemeine **Bundesdatenschutzgesetz** (BDSG), das für Beschäftigungsverhältnisse neben den allgemeinen Regeln eine Spezialvorschrift in § 26 BDSG enthält.

Zweck des Datenschutzrechts ist es, den Einzelnen davor zu schützen, dass er durch den Umgang mit seinen personenbezogenen Daten in seinem **Persönlichkeitsrecht** beeinträchtigt wird. Das BDSG gilt für die Erhebung, Verarbeitung und Nutzung personenbezogener Daten auch durch nicht öffentliche Stellen (zum Beispiel Arbeitgeber oder Ausbildende). Gleichgültig ist, ob die Daten automatisiert unter Einsatz von Datenverarbeitungsanlagen oder nicht automatisiert verarbeitet, genutzt oder erhoben werden. Beschäftigte im Sinne des BDSG sind neben den Arbeitnehmern auch die zu ihrer Berufsbildung Beschäftigten (§ 26 Abs. 8 Nr. 2 BDSG).

Personenbezogene Daten sind Einzelangaben über persönliche oder sachliche Verhältnisse einer bestimmten oder bestimmbaren natürlichen Person (Betroffener).

35 Vgl. ErfK/*Preis*, BGB, § 611a Rn. 274.

Beispiel:
Übersendet ein Bewerber Unterlagen (Lebenslauf, Zeugnisse usw.) für eine Bewerbung um eine Ausbildungsstelle und liest der potenzielle Ausbildende diese oder macht sich dieser Notizen bei einem Vorstellungsgespräch, geht es um die Erhebung und Verarbeitung personenbezogener Daten, die nur in den Grenzen des BDSG zulässig ist.

Wichtig ist der **Grundsatz der Datenvermeidung und Datensparsamkeit**. Die Erhebung, Verarbeitung und Nutzung personenbezogener Daten und die Auswahl und Gestaltung von Datenverarbeitungssystemen sind an dem Ziel auszurichten, so wenig personenbezogene Daten wie möglich zu erheben, zu verarbeiten oder zu nutzen. Weitgehend unzulässig ist die Erhebung, Verarbeitung und Nutzung **besonders sensibler Daten** (§ 22 BDSG). Das Gesetz bezeichnet sie als »besondere Kategorien personenbezogener« Daten, das sind Angaben über die »rassische« und ethnische Herkunft, politische Meinungen, religiöse oder philosophische Überzeugungen, Gewerkschaftszugehörigkeit, Gesundheit oder Sexualleben.

Die Erhebung, Verarbeitung und Nutzung personenbezogener Daten sind **nur zulässig**, soweit das BDSG oder eine andere Rechtsvorschrift dies erlaubt oder anordnet oder wenn eine ausdrückliche Einwilligung des Betroffenen vorliegt. Es wird zwar immer noch vom »**Fragerecht**« des Arbeitgebers oder Ausbildenden gesprochen. Streng genommen ist rechtlich allerdings der Zusammenhang ein anderer. Grundsätzlich ergibt sich nämlich aus dem Datenschutzrecht ein **Informationserhebungsverbot**. Erforderlich ist eine ausdrückliche Rechtsvorschrift, die die Datenerhebung erlaubt (Verbot mit Erlaubnisvorbehalt).[36]

Diese Erlaubnisnorm ergibt sich aus § 26 BDSG, einer **Spezialvorschrift** für die Datenerhebung, Datenverarbeitung und Datennutzung für Zwecke des Beschäftigungsverhältnisses. Die Vorschrift ist auch auf **Bewerber** anzuwenden (§ 26 Abs. 8 Satz 2 BDSG). Personenbezogene Daten eines Beschäftigten dürfen danach für Zwecke des Beschäftigungsverhältnisses nur erhoben, verarbeitet oder genutzt werden, wenn dies

- für die Entscheidung über die Begründung eines Beschäftigungsverhältnisses oder
- nach Begründung des Beschäftigungsverhältnisses für dessen Durchführung oder Beendigung oder
- zur Ausübung oder Erfüllung der sich aus einem Gesetz oder einem Tarifvertrag, einer Betriebs- oder Dienstvereinbarung (Kollektivvereinbarung) ergebenden Rechte und Pflichten der Interessenvertretung der Beschäftigten

erforderlich ist (§ 32 Abs. 1 Satz 1 BDSG; ab 25.5.2018: § 26 Abs. 1 Satz 1 BDSG).

Das Datenschutzrecht ist auch anzuwenden, wenn personenbezogene Daten erhoben, verarbeitet oder genutzt werden, ohne dass sie in einem Datensystem gespeichert sind oder gespeichert werden sollen (vgl. § 26 Abs. 7 BDSG).

Es gilt der **Grundsatz der Direkterhebung der Daten beim Bewerber**. Personenbezogene Daten sind beim Betroffenen zu erheben. Ohne seine Mitwirkung dürfen sie nur erhoben werden, wenn eine Rechtsvorschrift dies vorsieht oder zwingend voraussetzt oder die Erhebung beim Betroffenen einen unverhältnismäßigen Aufwand erfordern würde *und* keine Anhaltspunkte dafür bestehen, dass überwiegende schutzwürdige Interessen des Betroffenen beeinträchtigt werden.

Die Verarbeitung personenbezogener Daten von Beschäftigten ist zulässig, wenn der Betroffene eingewilligt hat. Die **Einwilligung** ist allerdings nur wirksam, wenn sie **auf der freien Entscheidung des Betroffenen beruht.** Für die Beurteilung der Freiwilligkeit der

36 Vgl. *Riesenhuber*, NZA 2012, 771ff.

Einwilligung sind vor allem die im Beschäftigungsverhältnis bestehende Abhängigkeit der beschäftigten Person sowie die Umstände, unter denen die Einwilligung erteilt worden ist, zu berücksichtigen (§ 26 Abs. 2 Satz 1 BDSG). Freiwilligkeit kann vorliegen, wenn für die beschäftigte Person ein rechtlicher oder wirtschaftlicher Vorteil erreicht wird oder Arbeitgeber und beschäftigte Person gleichgelagerte Interessen verfolgen (§ 26 Abs. 2 Satz 2 BDSG). Die Einwilligung hat **schriftlich oder elektronisch** zu erfolgen, soweit nicht wegen besonderer Umstände eine andere Form angemessen ist (§ 26 Abs. 2 Satz 3 BDSG). Der Arbeitgeber hat die beschäftigte Person über den Zweck der Datenverarbeitung und über ihr Widerrufsrecht in Textform aufzuklären (§ 26 Abs. 2 Satz 4 BDSG). Die Einwilligung muss als **vorherige Zustimmung** (vgl. § 183 BGB) *vor* der Datenerhebung ausdrücklich erklärt worden sein.

29 Zum Schutz des Persönlichkeitsrechts des Bewerbers gilt der Grundsatz, dass personenbezogene Daten beim Betroffenen zu erheben sind. Da personenbezogene Daten eines Bewerbers nur erhoben werden dürfen, wenn dies für die Entscheidung über die Begründung eines Beschäftigungsverhältnisses »erforderlich ist« (§ 26 Abs. 1 Satz 1 BDSG), wird durch diesen **Grundsatz der Erforderlichkeit** das **Fragerecht des Ausbildenden** eingeschränkt. Danach sind nur solche Fragen zulässig, an deren wahrheitsgemäßer Beantwortung der Ausbildende ein **»berechtigtes, billigenswertes und schutzwürdiges Interesse«** hat, auf Grund dessen die Belange des Bewerbers zurücktreten müssen. Ein solches schutzwürdiges Interesse des Ausbildenden setzt voraus, dass die Beantwortung der Frage für den angestrebten Ausbildungsplatz von Bedeutung ist. Unzulässig sind Fragen, die mit der zu besetzenden Ausbildungsstelle nicht in sachlichem Zusammenhang stehen, insbesondere Fragen, die in das **Persönlichkeitsrecht** eines Bewerbers eingreifen.
Auf unzulässige Fragen brauchen die Bewerber nicht (wahrheitsgemäß) zu antworten. Es besteht, wenn man so will, ein **»Recht zur Lüge«**. Fehlt es an einem berechtigten, billigenswerten und schutzwürdigen Interesse an der (wahrheitsgemäßen) Beantwortung der Frage, ist die wahrheitswidrige Beantwortung nicht rechtswidrig.[37] Die wahrheitswidrige Beantwortung von zulässigen Fragen kann die Anfechtung des Ausbildungsvertrags wegen arglistiger Täuschung rechtfertigen (§ 123 BGB). Das ist nur ausnahmsweise der Fall.

30 **Zulässig** sind allgemeine Fragen nach dem beruflichen Werdegang, dem **Bildungs- und Ausbildungsweg** sowie den sonstigen Qualifikationen des Bewerbers und der Art und Dauer etwaiger vorheriger Beschäftigungsverhältnisse. Die Frage nach **Sprachkenntnissen** der Bewerber ist zulässig, wenn diese für die angestrebte Tätigkeit von Bedeutung sind. Zulässig sind auch Fragen nach dem **Aufenthaltsstatus** bei Nicht-EU-Ausländern, weil diese ohne Aufenthaltstitel nicht beschäftigt werden dürfen (vgl. Rn. 15).

31 **Unzulässig** sind Fragen, die direkt oder indirekt eine Benachteiligung von Frauen oder Männern zum Ziel haben können oder in die **Privatsphäre** der Bewerber eingreifen, wie die Frage nach dem Bestehen einer **Schwangerschaft**[38], nach Heiratsabsichten oder der Familienplanung, nach dem Familienstand, der sexuellen Orientierung oder dem Sexualleben. Unzulässig sind auch Fragen nach **Freizeitbeschäftigungen** (einschließlich danach, ob gefährliche Sportarten ausgeübt werden) und ehrenamtlichen Tätigkeiten wie politischen oder gesellschaftlichen Aktivitäten. Nicht erlaubt ist auch die Aufforderung, dem Ausbildenden die Zugangsdaten zu sozialen Netzwerken mitzuteilen; das liefe auf

---

37 *BAG* 6.2.2003 – 2 AZR 621/01, NZA 2003, 848; *BAG* 28.5.1998 – 2 AZR 549/97, NZA 1998, 1052.

38 *EuGH* 3.2.2000 – C-207/98, AP BGB § 611a Nr. 18; *EuGH* 4.10.2001 – C-109/00, NZA 2001, 1241; *BAG* 6.2.2003 – 2 AZR 621/01, NZA 2003, 848; *Taubert*, BBiG § 10 Rn. 36.

die Zulassung einer unzulässigen »Durchleuchtung« des **Privatlebens** hinaus.[39] Auch die Frage, ob der Bewerber Raucher oder Nichtraucher ist, ist unzulässig.[40]

Unzulässig sind grundsätzlich auch Fragen zur **Religionszugehörigkeit** oder zur Mitgliedschaft in einer **Partei** oder **Gewerkschaft**.[41] Ausnahmen können bei sog. Tendenzträgern gelten, also bei solchen Arbeitgebern/Ausbildenden, die eine bestimmte Tendenz oder weltanschauliche Ausrichtung vertreten und deshalb nur Arbeitnehmer/Auszubildende beschäftigen möchten, die dieser Tendenz nicht entgegenstehen. Wer sich zum Beispiel bei einem kirchlichen Arbeitgeber bewirbt, muss sich die Frage nach der Religionszugehörigkeit gefallen lassen. Wer sich bei der Gewerkschaft um eine Anstellung bewirbt, darf gefragt werden, ob er Mitglied einer Gewerkschaft ist. 32

Fragen, die dazu dienen, die **Verfassungstreue** eines Bewerbers zu klären, können allenfalls im öffentlichen Dienst zulässig sein. Jedenfalls für Arbeitnehmer ist entschieden, dass zur Eignung eines Bewerbers für eine Stelle im öffentlichen Dienst die Fähigkeit und innere Bereitschaft gehört, die dienstlichen Aufgaben nach den Grundsätzen der Verfassung wahrzunehmen, insbesondere die Freiheitsrechte der Bürger zu wahren und rechtsstaatliche Regeln einzuhalten.[42] Eine ordnungsgemäße Befragung zwecks Feststellung der Verfassungstreue setzt allerdings voraus, dass ein Bewerber nach konkreten Umständen befragt wird, die gem. den Anforderungen der ins Auge gefassten Tätigkeit einstellungsrelevant sind. Die allgemeine Frage, ob der Bewerber einer »verfassungsfeindlichen Organisation« angehört (ohne diese zu benennen), ist unzulässig. Mit ihr würde vom Bewerber eine Wertung verlangt, die die einstellende Behörde vorzunehmen hat.[43] Bei Bewerbungen für ein Arbeitsverhältnis dürfte unter bestimmten Umständen die Frage nach der Mitgliedschaft in bestimmten Organisationen zulässig sein, die vom öffentlichen Arbeitgeber als verfassungsfeindlich einstuft werden dürfen (z. B. NPD). Allerdings ist auch bei Arbeitsverhältnissen nach der vertraglich geschuldeten Tätigkeit und der Aufgabenstellung des öffentlichen Arbeitgebers zu differenzieren.[44] Wenn bei der Frage nach der Mitgliedschaft in bestimmten Organisationen nicht nach der Art der Tätigkeit differenziert wird, dürfte die allgemein und undifferenziert gestellte Frage unzulässig sein.

Ob man bei **Bewerbern für eine Ausbildungsstelle** im öffentlichen Dienst ein aktives Bekenntnis zur Verfassung verlangen darf, ist höchst zweifelhaft. Jedenfalls nimmt die Rechtsprechung selbst für Arbeitnehmer im öffentlichen Dienst an, dass nicht jeder dazu verpflichtet ist, jederzeit und auch außerdienstlich aktiv für den Bestand der politischen Ordnung des Grundgesetzes einzutreten. »Je nach Stellung und Aufgabenkreis kann er die Verfassung schon dadurch ›wahren‹, dass er die freiheitliche demokratische Grundordnung jedenfalls nicht aktiv bekämpft.«[45] Fragen, die die »Verfassungstreue« eines Bewerbers klären sollen, sind nur zulässig, soweit die vorgesehene Funktion dies erfordert und rechtfertigt.[46]

Die Vorlage eines **polizeilichen Führungszeugnisses** darf der Arbeitgeber/Ausbildender im Allgemeinen nicht verlangen. Besonderheiten gelten bei Tätigkeiten in der **Kinder-** 33

---

39 Vgl. *Däubler*, Gläserne Belegschaften, Rn. 211.
40 Vgl. Schaub/*Linck*, § 26 Rn. 37.
41 *BAG* 28.3.2000 – 1 ABR 16/99, NZA 2000, 1294.
42 *BAG* 20.3.2014 – 2 AZR 1071/12, Rn. 40, NZA 2014, 1131; *BAG* 15.11.2012 – 6 AZR 339/11, Rn. 22, NZA 2013, 429.
43 *BAG* 12.5.2011 – 2 AZR 479/09, Rn. 46, NZA-RR 2012, 43.
44 Vgl. zu Tätigkeiten für die NPD als Grund für die Kündigung eines Arbeitsverhältnisses *BAG* 6.9.2012 – 2 AZR 372/11, NZA-RR 2013, 441.
45 *BAG* 12.5.2011 – 2 AZR 479/09, Rn. 30, NZA-RR 2012, 43.
46 *BAG* 12.5.2011 – 2 AZR 479/09, Rn. 34, NZA-RR 2012, 43.

und Jugendhilfe; hier ist in der Regel vom Bewerber ein erweitertes Führungszeugnis zur Prüfung der persönlichen Eignung nach § 72a SGB VIII (Tätigkeitsausschluss einschlägig vorbestrafter Personen) vorzulegen, das vom Bewerber nach § 30a BZRG beantragt werden kann.[47] Von dieser Sonderkonstellation abgesehen dürfen Ausbildende nach Vorstrafen der Auszubildenden (nur) fragen, wenn und soweit die Art des zu besetzenden Ausbildungsplatzes dies »erfordert«, das heißt bei objektiver Betrachtung berechtigt erscheinen lässt.[48] Zulässig ist es, nach **einschlägigen**, das heißt nach solchen **Vorstrafen** zu fragen, die für die Ausübung der angestrebten Tätigkeit von Bedeutung sind. So kann zum Beispiel ein Bewerber um einen Ausbildungsplatz als Bankkaufmann nach Vorstrafen gefragt werden, die die Zuverlässigkeit des Bewerbers in finanziellen Dingen betreffen können (Vorstrafen wegen Betrugs, Unterschlagung usw.). Fragen nach Vorstrafen jeder Art ohne Beschränkung sind bei Bewerbern, die nicht in besonders »sensiblen« Bereichen tätig werden sollen, unzulässig, weil sie über das schutzwürdige Informationsinteresse des Ausbildenden hinausgehen. Solche allgemeinen Fragen nach Vorstrafen müssen nicht wahrheitsgemäß beantwortet werden.[49] Zulässig ist die Frage danach, ob ein Bewerber demnächst eine Haftstrafe antreten muss, weil der Bewerber durch den Haftantritt gehindert ist, die angestrebte Tätigkeit tatsächlich auszuüben.

Soweit sich der Bewerber zu Recht als nicht vorbestraft bezeichnen darf, weil die **Strafe** nur **geringfügig** war oder **aus dem Bundeszentralregister gelöscht** ist, braucht er solche Strafen auch nicht anzugeben, selbst wenn sie als einschlägige Vorstrafen angesehen werden könnten.[50]

Fragen nach **anhängigen Ermittlungs- oder Strafverfahren** sind unzulässig, weil bis zu einer rechtskräftigen Verurteilung die Unschuldsvermutung gilt. Das *BAG* meint, solche Fragen könnten zulässig sein, wenn entsprechende Ermittlungs- oder Strafverfahren Zweifel an der persönlichen Eignung eines Arbeitnehmers begründen könnten.[51] Für Auszubildende gibt es hierzu keine Rechtsprechung. Fragen nach **eingestellten Ermittlungsverfahren** sind in jedem Fall unzulässig.[52]

34 Strenge Maßstäbe sind bei **Fragen nach Krankheiten** anzulegen, da sie einen erheblichen Eingriff in die Intimsphäre des Bewerbers darstellen. Die Frage ist zulässig, wenn die Krankheit die Eignung des Bewerbers für die angestrebte Tätigkeit auf Dauer oder in periodisch wiederkehrenden Abständen erheblich beeinträchtigt oder aufhebt. Allgemeine tätigkeitsneutrale Fragen nach dem Gesundheitszustand oder nach früheren (ausgeheilten) Erkrankungen sind unzulässig.[53] Nach dem Bestehen einer Suchterkrankung (Alkoholkrankheit oder Drogenabhängigkeit) darf gefragt werden, nicht dagegen allgemein danach, ob Alkohol oder sonstige Suchtmittel konsumiert werden. Zulässig ist es, nach ansteckenden Krankheiten zu fragen, die andere Mitarbeiter oder Kunden gefährden könnten. Fragen darf der Ausbildende auch nach Erkrankungen, die einer tatsächlichen Beschäftigungsaufnahme zum vorgesehenen Zeitpunkt entgegenstehen, auch nach einer geplanten Operation, einem Krankenhausaufenthalt oder einer Kur. Der Bewerber muss hier nur den Grund seiner Verhinderung (z. B. Kur) und dessen Dauer, nicht aber die Krankheitsursache angeben.

47 Vgl. *Joussen*, NZA 2012, 776ff.
48 Vgl. *BAG* 20.3.2014 – 2 AZR 1071/12, Rn. 29, NZA 2014, 1131.
49 Vgl. *BAG* 6.9.2012 – 2 AZR 270/11, NZA 2013, 1087.
50 Vgl. *BAG* 20.3.2014 – 2 AZR 1071/12, NZA 2014, 1131.
51 Vgl. *BAG* 6.9.2012 – 2 AZR 270/11, NZA 2013, 1087.
52 Vgl. *BAG* 15.11.2012 – 6 AZR 339/11, NZA 2013, 429.
53 Vgl. ErfK/*Preis*, BGB, § 611a Rn. 282.

Die Frage danach, ob ein Bewerber als **schwerbehinderter Mensch** anerkannt ist, wurde vom *BAG* in der Vergangenheit als zulässig erachtet worden.[54] Das ist wegen des Diskriminierungsverbots zugunsten schwerbehinderter Menschen in § 164 Abs. 2 SGB IX und § 7 AGG zweifelhaft.[55] Das gilt für entsprechende Fragen *vor* der Einstellung. Im bestehenden Arbeitsverhältnis soll die Frage jedenfalls nach sechs Monaten zulässig sein.[56] Das dürfte auch für Auszubildende nach Ende der Probezeit gelten.[57] Ein schwerbehinderter Mensch, der bei seiner Bewerbung um eine Stelle den besonderen Schutz und die Förderung nach dem SGB IX in Anspruch nehmen will, muss allerdings die Eigenschaft, schwerbehindert zu sein, grundsätzlich im Bewerbungsschreiben mitteilen.[58]

Aufgrund möglicher Unzulänglichkeiten der Datenerhebung bei den Bewerbern sind viele 35
Arbeitgeber und Ausbildende daran interessiert, Informationen über die Bewerber nicht nur von diesen, sondern auch aus weiteren Quellen zu erlangen, etwa durch **Recherchen im Internet**. Das wird auch als »Pre-Employment-Screening« oder »Background Check« bezeichnet. Es geht um die Überprüfung des Hintergrunds potenzieller Mitarbeiter vor deren Einstellung.[59] Bei der Entscheidung über Bewerbungen für einen Ausbildungsplatz sind solche Background Checks eher selten, rechtlich überdies in der Regel **unzulässig**, weil diese in das Persönlichkeitsrecht der Bewerber eingreifen.

Ausgangspunkt für die rechtliche Bewertung von Background Checks ist der **Grundsatz der Direkterhebung der Daten beim Bewerber**. Dieser Grundsatz dient gerade dem Schutz des Persönlichkeitsrechts der Bewerber. Nur ausnahmsweise dürfen personenbezogene Daten ohne Mitwirkung der Bewerber erhoben werden, wenn eine Rechtsvorschrift dies vorsieht oder zwingend voraussetzt oder die Erhebung bei den Betroffenen einen unverhältnismäßigen Aufwand erfordern würde *und* keine Anhaltspunkte dafür bestehen, dass **überwiegende schutzwürdige Interessen der Betroffenen** beeinträchtigt werden. Da das Persönlichkeitsrecht der Bewerber nicht umgangen werden darf, sind auch bei der Datenerhebung im Internet die Grenzen des Fragerechts der Arbeitgeber/Ausbildenden zu beachten (vgl. Rn. 73 f.). Darüber hinaus wären die Bewerber *vor* Durchführung einer Internetrecherche, wäre diese überhaupt zulässig, zu informieren.[60]

Da eine Internetrecherche dem potenziellen Arbeitgeber oder Ausbildenden unter Um- 36
ständen weitreichende Einblicke in eine Vielzahl von Daten gewährt, die für die Einstellungsentscheidung keine Rolle spielen, **ist eine solche Datenerhebung in der Regel nicht erforderlich** i. S. d. § 26 Abs. 1 BDSG und damit unzulässig.[61] Es wird allerdings auch die Auffassung vertreten, dass Daten, die allgemein zugänglich sind, erhoben werden dürften. In diesem Sinne allgemein zugänglich sind solche Informationen, die mittels **Suchmaschinen** (Google, Yahoo usw.) erlangt werden können. Dies umfasst auch die in **sozialen Netzwerken** (Facebook) enthaltenen Daten, die ohne Anmeldung im Netzwerk über eine Suchmaschinenanfrage erhoben werden können. Daten, die der Bewerber selbst ins Internet eingestellt und damit für die Recherche in Suchmaschinen freigegeben hat, dürften vom Arbeitgeber oder Ausbildenden erhoben werden. Etwas anderes gilt aber,

---

54 *BAG* 3.12.1998 – 2 AZR 754/97, NZA 1999, 584.
55 Vgl. *Benecke/Hergenröder,* BBiG § 10 Rn. 10; *Taubert,* BBiG § 10 Rn. 35; Wohlgemuth/*Banke/Pepping,* BBiG, § 10 Rn. 22.
56 *BAG* 16.2.2012 – 6 AZR 553/10, NZA 2012, 555.
57 Vgl. *Taubert,* BBiG § 10 Rn. 35.
58 *BAG* 18.9.2014 – 8 AZR 759/13.
59 Vgl. *Kania/Sansone,* NZA 2012, 360 ff.
60 Vgl. *Däubler,* Gläserne Belegschaften, Rn. 244.
61 Vgl. *Kania/Sansone,* NZA 2012, 360, 363 f.

wenn für den Arbeitgeber aus dem Suchergebnis heraus eine Verletzung des Persönlichkeitsrechts offensichtlich ist.[62]

Bei der **Recherche in sozialen Netzwerken** wird nach der Zugänglichkeit der Daten und der Orientierung des Netzwerks differenziert. Bei freizeitorientierten Netzwerken wie **Facebook** geht es für jeden erkennbar nur um die ausschließliche Nutzung für private Zwecke. Der Arbeitgeber oder Ausbildende müsste für die Datenerhebung ein eigenes User-Profil erstellen. Der Datenerhebung für Zwecke der Bewerberauswahl stehen deshalb überwiegende Interessen des Bewerbers entgegen.[63] Eine andere Bewertung mag man bei berufsorientierten Netzwerken wie Xing oder LinkedIn vornehmen, weil deren Nutzung auch zu geschäftlichen Zwecken erfolgt, das dürfte jedoch in der Regel für Auszubildende nicht von Bedeutung sein. **Eine Recherche in freizeitorientierten sozialen Netzwerken wie »Facebook« ist unzulässig.**

37 **Unzulässig** ist es, den Umfang der Überprüfung von Bewerbern dadurch zu erweitern, dass der Ausbildende vor der Internetrecherche eine dahingehende **Einwilligung des Bewerbers** einholt. Eine solche Einwilligung in die Datenerhebung ist nämlich nur wirksam, wenn sie auf der freien Entscheidung des Betroffenen beruht. Von einer Freiwilligkeit der Einwilligung kann in einem laufenden Bewerbungsverfahren jedoch keine Rede sein.[64] Davon abgesehen könnte eine datenschutzrechtliche Einwilligung die durch die Grundsätze des Fragerechts begrenzten Befugnisse der Ausbildenden ohnehin nicht erweitern.[65]

Bewerber, die aufgrund einer unzulässigen Datenerhebung abgelehnt werden, haben keinen Anspruch auf Einstellung bzw. Begründung eines Ausbildungsverhältnisses. Verstöße können allerdings zu einer Schadensersatzpflicht des Ausbildenden (§§ 280 Abs. 1, 311 Abs. 2, 823 BGB) und im Fall einer diskriminierenden Datenerhebung zu Ansprüchen nach § 15 AGG führen. Zudem kann die unbefugte Erhebung oder Verarbeitung personenbezogener Daten, die nicht allgemein zugänglich sind, zur Verhängung eines Bußgeldes führen oder gar als Straftat strafbar sein (§§ 42, 43 BDSG).

d) Aufklärungspflichten der Ausbildenden

38 Die Ausbildenden sind weitergehend als im Arbeitsverhältnis wegen des besonderen Stellenwerts der Berufsausbildung für den Lebensweg der Auszubildenden verpflichtet, ihnen bekannte Umstände offen zu legen, die für die tatsächliche Durchführung der Ausbildung von Bedeutung sind.[66] Verletzt der Ausbildende seine **Aufklärungspflicht** und erleidet der Auszubildende dadurch einen Schaden, weil er zum Beispiel die Berufsausbildung erst verspätet und/oder nur in einem anderen Betrieb zu Ende führen kann, kann er sich schadensersatzpflichtig machen.

Die Aufklärungspflicht bezieht sich insbesondere auf Umstände, die einer erfolgreichen Durchführung der Ausbildung entgegenstehen können, wie etwa absehbare wirtschaftliche Schwierigkeiten[67] oder Probleme bei der Eignung der Ausbildungsstätte.[68] Stellt die zuständige Stelle Anforderungen für die künftige Eintragung von Berufsausbildungsverträgen nach den §§ 34 ff. BBiG auf, begründet das eine Aufklärungspflicht des Aus-

62 Vgl. *Kania/Sansone*, NZA 2012, 360, 363.
63 Vgl. *Kania/Sansone*, NZA 2012, 360, 363.
64 Vgl. *Däubler*, Gläserne Belegschaften, Rn. 161.
65 Vgl. *Kania/Sansone*, NZA 2012, 360, 364.
66 *Benecke/Hergenröder*, BBiG, § 10 Rn. 12.
67 *BAG* 8.3.1977 – 4 AZR 700/75, EzB BBiG § 15 Abs. 1, Nr. 5.
68 *LAG Berlin* 26.10.1978 – 7 Sa 33/78, EzB BBiG § 22 Nr. 4.

bildenden bei Vertragsschluss nur, wenn sich aus den Anforderungen ein Risiko für die Vertragsdurchführung ergibt.[69]

IV. Anwendbare arbeitsrechtliche Vorschriften

Auf den Berufsausbildungsvertrag sind, soweit sich aus seinem Wesen und Zweck und aus dem BBiG nichts anderes ergibt, **die für den Arbeitsvertrag geltenden Rechtsvorschriften und Rechtsgrundsätze** anzuwenden (§ 10 Abs. 2 BBiG; zu betriebsverfassungsrechtlichen Fragen vgl. Rn. 53ff.). Der allgemeine **gesetzliche Mindestlohn** gilt *nicht* für Auszubildende, weil Auszubildende keine Arbeitnehmer sind, wie § 22 Abs. 3 MiLoG ausdrücklich klarstellt. Auszubildende haben Anspruch auf eine angemessene Ausbildungsvergütung und **Mindestausbildungsvergütung** nach Maßgabe des § 17 BBiG. 39

Bei **Insolvenz** des Ausbildenden sind die Besonderheiten des Insolvenzverfahrens zu beachten. Im Rahmen dessen kann unter bestimmten Umständen Ausbildungsvergütung, die im Wege der Zwangsvollstreckung durchgesetzt oder unter dem Druck drohender Zwangsvollstreckung gezahlt worden ist, vom Insolvenzverwalter zurückgefordert werden. Die entsprechende Regelung der Insolvenzordnung (§ 131 InsO) gilt auch dann, wenn die Rückforderung gezahlte Ausbildungsvergütung betrifft.[70] Die Auszubildenden haben bei Insolvenz des Ausbildenden gegen die Bundesagentur für Arbeit einen Anspruch auf **Insolvenzgeld** (§ 165 SGB III).[71]

§ 10 Abs. 2 BBiG hat ansonsten vielfach nur deklaratorischen Charakter, weil in den meisten arbeitsrechtlichen Gesetzen Berufsausbildungsverhältnisse ausdrücklich mit in ihren Anwendungsbereich einbezogen werden, wie zum Beispiel im:

- Allgemeinen Gleichbehandlungsgesetz (§ 6 Abs. 1 Nr. 2 AGG),
- Arbeitsschutzgesetz (§ 2 Abs. 2 Nr. 2 ArbSchG),
- Arbeitszeitgesetz (§ 2 Abs. 2 Abs. 2 ArbZG),
- Entgeltfortzahlungsgesetz (§ 1 Abs. 2 EFZG; zu den Einzelheiten vgl. § 19 BBiG Rn. 7ff.),
- Bundesurlaubsgesetz (§ 2 Satz 1 BUrlG; zu den Einzelheiten vgl. § 11 BBiG Rn. 40ff.);
- Mutterschutzgesetz (§ 1 Abs. 2 Nr. 1 MuSchG).

Nach den **Bildungsurlaubsgesetzen der Länder** können Auszubildende einen Anspruch auf Bildungsurlaub haben.

Für die **Elternzeit** gelten die zu ihrer Berufsbildung Beschäftigten als Arbeitnehmer und Arbeitnehmerinnen im Sinne des BEEG (§ 20 Abs. 1 Satz 1 BEEG; vgl. zum Kündigungsschutz § 22 BBiG Rn. 68). Die Elternzeit wird auf die Dauer einer Berufsausbildung nicht angerechnet, es sei denn, dass während der Elternzeit die Berufsausbildung nach § 7a BBiG oder § 27b HwO in Teilzeit durchgeführt wird (§ 20 Abs. 1 Satz 2 BEEG).

Für Auszubildende gelten auch die arbeitsrechtlichen Schutzvorschriften für **Menschen mit Behinderungen** (§§ 151ff. SGB IX; vgl. zum Kündigungsschutz § 22 BBiG Rn. 24, 74).

- **Für Minderjährige** gelten ergänzend die Normen des Jugendarbeitsschutzgesetzes (§ 1 Nr. 1 JArbSchG; siehe die Kurzkommentierung des JArbSchG im Anhang).

69 *BAG* 17.7.1997 – 8 AZR 257/96, NZA 1997, 1224.
70 *BAG* 26.10.2017 – 6 AZR 511/16.
71 *BAG* 26.10.2017 – 6 AZR 511/16, Rn. 34.

1. Insbesondere: AGB-Kontrolle

40 Es gelten auch die arbeitsrechtlichen und vertragsrechtlichen Normen des Bürgerlichen Gesetzbuches (BGB). Zu beachten ist insbesondere, dass nunmehr auch im Arbeitsrecht – und damit grundsätzlich auch für Auszubildende – die AGB-Kontrolle gilt. Das heißt, dass vom Ausbildenden oder von Dritten **vorformulierte Ausbildungsverträge** als Allgemeine Geschäftsbedingungen (AGB) der besonderen Kontrolle gem. den §§ 305–310 BGB unterliegen.[72] Das gilt auch für Musterverträge der zuständigen Stellen oder für andere Musterverträge aus Formularbüchern oder von Arbeitgeberverbänden, die der Ausbildende dem Auszubildenden von sich aus vorlegt, um sie dem Berufsausbildungsverhältnis als vertragliche Vereinbarung zu Grunde zu legen. Zwingendes Gesetzesrecht (vgl. Rn. 3) gilt ohnehin, ohne dass es auf eine AGB-Kontrolle im Einzelfall ankommt.

41 Bei der AGB-Kontrolle sind die Klauselverbote der §§ 308, 309 BGB für das Berufsausbildungsrecht faktisch ohne Bedeutung. Es greift aber die allgemeine Norm zur **Inhaltskontrolle** in § 307 Abs. 1 BGB. Einseitig vorformulierte Vertragsbestimmungen sind danach unwirksam, wenn sie den Vertragspartner (hier den Auszubildenden) entgegen den Geboten von Treu und Glauben unangemessen benachteiligen (§ 307 Abs. 1 Satz 1 BGB). Eine unangemessene Benachteiligung kann sich auch daraus ergeben, dass die Bestimmung nicht klar und verständlich ist (§ 307 Abs. 1 Satz 2 BGB). Ungewöhnliche Vertragsklauseln, mit denen die Auszubildenden nicht zu rechnen brauchen, werden als überraschende Klauseln nicht Vertragsbestandteil (§ 305c Abs. 1 BGB). Zweifel bei der Auslegung von einseitig vorformulierten Vertragsklauseln gehen zu Lasten des Verwenders, hier des Ausbildenden (§ 305c Abs. 2 BGB).

42 Auch in Ausbildungsverträgen werden häufig **Ausschluss- oder Verfallfristen** (gängig ist auch die Bezeichnung »Verfallklauseln«) vereinbart. Welche rechtlichen Vorgaben hier zu beachten sind, wird in § 11 Rn. 70ff. erläutert.

2. Insbesondere: Betriebsübergang

43 Wechselt der Inhaber eines Ausbildungsbetriebs, kommt es zu einem Vertragspartnerwechsel kraft Gesetzes (§ 613a BGB). Geht nämlich ein Betrieb oder Betriebsteil durch Rechtsgeschäft auf einen anderen Inhaber über, so tritt dieser in die Rechte und Pflichten aus den im Zeitpunkt des Übergangs bestehenden Arbeitsverhältnissen ein (§ 613a Abs. 1 Satz 1 BGB). Wegen § 10 Abs. 2 BBiG gilt diese Rechtsfolge auch für Berufsausbildungsverhältnisse.[73]

44 Der neue Inhaber des Ausbildungsbetriebs wird neuer Vertragspartner (neuer Ausbildender) der Auszubildenden. Das Berufsausbildungsverhältnis geht auf den neuen Inhaber über, und zwar in dem Zustand, in dem es sich im Zeitpunkt des Betriebsübergangs befindet. Der Vertragsinhalt ändert sich nicht durch den Betriebsübergang (vgl. zu den Folgen für die Probezeit § 20 Rn. 22).[74] Die von einem Betriebsübergang betroffenen Arbeitnehmer und auch die Auszubildenden sind vom alten oder neuen Inhaber über den Zeitpunkt und die Folgen des Übergangs nach näherer Maßgabe des § 613a Abs. 5 BGB zu informieren. Wollen Auszubildende, aus welchen Gründen auch immer, ihrerseits verhindern, dass das Berufsausbildungsverhältnis auf den neuen Betriebsinhaber übergeht, können sie dem Übergang des Vertragsverhältnisses innerhalb eines Monats nach Zugang der Unterrichtung (§ 613a Abs. 5 BGB) schriftlich widersprechen (§ 613a Abs. 6 BGB).

---

72 Vgl. *BAG* 12.2.2015 – 6 AZR 831/13, NZA 2015, 737.
73 *BAG* 13.7.2006 – 8 AZR 382/05, NZA 2006, 1406, 1407; *Mehlich*, NZA 2002, 823ff.
74 *Benecke/Hergenröder*, BBiG, § 10 Rn. 5; Wohlgemuth/*Banke/Pepping*, BBiG, § 10 Rn. 2.

3. Geltung von Tarifverträgen

Tarifverträge können in ihren Geltungs- oder Anwendungsbereich auch Auszubildende mit einbeziehen. Das ist, wenn es an einer ausdrücklichen Regelung fehlt, gegebenenfalls durch **Auslegung des Tarifvertrags** zu klären (vgl. zur Beteiligung an Arbeitskampfmaßnahmen Rn. 6). Gilt ein Tarifvertrag für »Arbeitnehmer«, findet dieser in der Regel für Auszubildende *keine* Anwendung, es sei denn, dass sich aus anderen Regelungen des Tarifvertrages oder aus dem Gesamtzusammenhang Anhaltspunkte dafür ergeben, dass Auszubildende mitgemeint sind.[75] 45

Tarifverträge gelten nur dann **unmittelbar und zwingend** (wie Gesetze), wenn Auszubildende und Ausbildende beide **tarifgebunden** sind (§ 3 Abs. 1 i. V. m. § 2 Abs. 1 TVG). Tarifgebunden sind die Mitglieder der Tarifvertragsvertragsparteien (Gewerkschaften, Arbeitgeberverbände). Tarifgebundenheit besteht auf Arbeitgeberseite auch, wenn der Arbeitgeber selbst Partei des Tarifvertrags ist, also selbst einen Tarifvertrag mit der Gewerkschaft vereinbart (sog. Haus- oder Firmentarifvertrag). Tarifverträge gelten auch dann unmittelbar und zwingend, wenn der entsprechende Tarifvertrag vom zuständigen Bundes- oder Landesminister gem. § 5 TVG für **allgemeinverbindlich** erklärt wird (vgl. zu tariflichen Regelungen zur Ausbildungsvergütung § 17 BBiG Rn. 11 ff.). 46

Anwendbar können Tarifverträge auch aufgrund **einzelvertraglicher Bezugnahme** im Ausbildungsvertrag sein. Das ist in der Praxis häufig der Fall. Gem. § 11 Abs. 1 Satz 2 Nr. 11 BBiG ist im Vertrag auf die anzuwendenden Tarifverträge hinzuweisen (vgl. § 11 BBiG Rn. 62 ff.). 47

4. Geltung von Betriebsvereinbarungen

Betriebsvereinbarungen sind schriftliche Vereinbarungen zwischen Betriebsrat und Arbeitgeber, die unmittelbar und zwingend für alle Arbeitnehmer des Betriebs gelten (§ 77 Abs. 4 BetrVG). Solche Vereinbarungen können nur geschlossen werden, wenn es einen Betriebsrat gibt. Im **öffentlichen Dienst** gibt es entsprechende Vereinbarungen zwischen Personalrat und Dienststelle, die **Dienstvereinbarungen** heißen. 48

Da Arbeitnehmer im Sinne des Betriebsverfassungsrechts auch Auszubildende sind (vgl. Rn. 53 ff.), gelten Betriebsvereinbarungen auch für diese, es sei denn, sie sind vom Anwendungsbereich ausgenommen, wie bei Betriebsvereinbarungen zu speziellen Fragen, die für Auszubildende ohne Bedeutung sind (zu den Mitwirkungs- und Mitbestimmungsrechten des Betriebsrats in Fragen der Berufsbildung vgl. Rn. 62 ff.; zur Jugend- und Auszubildendenvertretung vgl. Rn. 56). 49

»Betriebsordnungen« oder ähnliche einseitig vom Arbeitgeber aufgestellte Regelungen, die für den Betrieb gelten sollen und nicht mit einem Betriebsrat vereinbart sind, gelten nicht unmittelbar und zwingend, sondern deren Geltung müsste gegebenenfalls einzelvertraglich mit den Arbeitnehmern oder Auszubildenden vereinbart werden. 50

V. Sozialversicherung

Auszubildende sind in allen Zweigen der Sozialversicherung kraft Gesetzes versichert (pflichtversichert), das heißt in der: 51

- Krankenversicherung (§ 2 Abs. 2 Nr. 1 SGB IV, § 5 Abs. 1 Nr. 1 SGB V),
- Rentenversicherung (§ 1 Satz 1 Nr. 1 SGB VI),

75 Vgl. *BAG* 18.5.2011 – 10 AZR 360/10.

- Pflegeversicherung (§ 20 Abs. 1 Nr. 1 SGB XI),
- Arbeitslosenversicherung (§ 25 Abs. 1 SGB III),
- Unfallversicherung (§ 2 Abs. 1 Nr. 2 SGB VII).

52 Die Beiträge für die Unfallversicherung trägt allein der Arbeitgeber/Ausbildende (§ 150 SGB VII). In den anderen Versicherungszweigen werden die Beiträge je zur Hälfte vom Arbeitnehmer/Auszubildenden und Arbeitgeber/Ausbildenden getragen.[76] Der Arbeitgeber/Ausbildende trägt die Beiträge allein, wenn der Auszubildende ein Entgelt erzielt, das auf den Monat bezogen 325 Euro nicht übersteigt (§ 20 Abs. 3 Satz 1 Nr. 1 SGB IV). Wird infolge einmalig gezahlten Arbeitsentgelts die 325-Euro-Grenze überschritten, tragen der Versicherte (Auszubildende) und der Arbeitgeber den Gesamtsozialversicherungsbeitrag von dem diese Grenze übersteigenden Teil des Arbeitsentgelts jeweils zur Hälfte (§ 20 Abs. 3 Satz 2 SGB IV).

VI. Betriebsverfassungsrechtliche Regelungen

53 Zu den Arbeitnehmern im Sinne des § 5 Abs. 1 BetrVG gehören auch die zu ihrer **Berufsausbildung Beschäftigten**.[77] Deshalb hat der Betriebsrat auch die Interessen der Auszubildenden vertreten, diese sind umgekehrt grundsätzlich auch wahlberechtigt zum Betriebsrat und zur Jugend- und Auszubildendenvertretung.

54 Etwas anderes gilt nach der Rechtsprechung des *BAG* in **reinen Ausbildungsbetrieben**.[78] Die Auszubildenden in solchen Ausbildungsstätten gehören nach dieser Rechtsprechung nicht zur Belegschaft des Ausbildungsbetriebs und sind folglich keine Arbeitnehmer im Sinne des BetrVG, weil sie (anders als bei der betrieblichen Berufsbildung) nicht im Rahmen des arbeitstechnischen Zwecks des Betriebs ausgebildet werden. Ihre Berufsausbildung ist vielmehr selbst Gegenstand des Betriebszwecks und der betrieblichen Tätigkeit. Dem ist nunmehr dadurch Rechnung getragen worden, dass eine Beteiligungsmöglichkeit auch für diese Auszubildenden durch eine besondere Interessenvertretung geschaffen worden ist (vgl. § 51 BBiG).

1. Betriebsrat und Jugend- und Auszubildendenvertretung

55 Da die Auszubildenden zu den Arbeitnehmern im Sinne des § 5 Abs. 1 BetrVG gehören, sind sie bei den Wahlen zum **Betriebsrat** wahlberechtigt und auch wählbar, wenn sie das 18. Lebensjahr vollendet haben.

56 Als spezielle Interessenvertretung für Jugendliche und Auszubildende werden in Betrieben, in denen ein Betriebsrat besteht, **Jugend- und Auszubildendenvertretungen (JAV)** gewählt. Besteht kein Betriebsrat, kann auch keine JAV gewählt werden. Voraussetzung für die Wahl einer JAV ist, dass in dem Betrieb mindestens fünf Auszubildende (die das 25. Lebensjahr noch nicht vollendet haben) *oder* Arbeitnehmer (die das 18. Lebensjahr noch nicht vollendet haben) beschäftigt werden (§ 60 Abs. 1 BetrVG). Die Größe der JAV variiert je nach Anzahl der beschäftigten Auszubildenden und Jugendlichen zwischen einer Person und 15 Mitgliedern (§ 62 BetrVG). Die JAV ist allerdings kein selbstständiges

---

76 Gegen die Einbeziehung von Auszubildenden in die Sozialversicherungspflicht bestehen keine verfassungsrechtlichen Bedenken, auch wenn die Ausbildungsvergütung niedrig ist, vgl. *BSG* 15.7.2009 – B 12 KR 14/08 R, NZA-RR 2010, 381.

77 Vgl. *BAG* 6.11.2013 – 7 ABR 76/11, NZA 2014, 678, zur Abgrenzung von schulischer und betrieblicher Ausbildung.

78 *BAG* 13.6.2007 – 7 ABR 44/06, NZA-RR 2008, 19; *BAG* 12.9.1996 – 7 ABR 61/95, NZA 1997, 273; *BAG* 21.7.1993 – 7 ABR 35/92, NZA 1994, 713.

Mitwirkungsorgan der Betriebsverfassung, sondern ihre **Rechte und Pflichten bestehen gegenüber dem Betriebsrat**, nicht gegenüber dem Arbeitgeber. Die Aufgabe der JAV besteht darin, die speziellen Interessen der Jugendlichen und der zur ihrer Ausbildung Beschäftigten gegenüber dem Betriebsrat zu vertreten. Nach außen vertritt allein der Betriebsrat die Interessen sämtlicher Arbeitnehmer, einschließlich derjenigen, die von der JAV vertreten werden.[79]

Bestehen in einem Unternehmen mehrere Jugend- und Auszubildendenvertretungen, so ist nach näherer Maßgabe des § 72 BetrVG eine Gesamt-JAV zu errichten. Bestehen in einem Konzern mehrere Gesamt-Jugend- und Auszubildendenvertretungen, kann durch Beschlüsse der einzelnen Gesamt-Jugend- und Auszubildendenvertretungen nach näherer Maßgabe des § 73a BetrVG eine Konzern-JAV errichtet werden. **57**

Die JAV kann zu allen Betriebsratssitzungen einen Vertreter entsenden. Werden im Betriebsrat Angelegenheiten behandelt, die besonders Jugendliche und Auszubildende betreffen, so hat zu diesen Tagesordnungspunkten die gesamte JAV ein Teilnahmerecht (§ 67 Abs. 1 BetrVG). Die Vertreter der JAV haben im Betriebsrat ein Stimmrecht, soweit die Beschlüsse des Betriebsrats überwiegend Jugendliche und Auszubildende betreffen (§ 67 Abs. 2 BetrVG). **58**

Die JAV hat (§ 70 Abs. 1 Nr. 1 bis 4 BetrVG) folgende allgemeine **Aufgaben**: **59**

- Maßnahmen, die Jugendlichen und Auszubildenden dienen, insbesondere in Fragen der Berufsbildung und der Übernahme der zu ihrer Berufsausbildung Beschäftigten in ein Arbeitsverhältnis, beim Betriebsrat zu beantragen;
- Maßnahmen zur Durchsetzung der tatsächlichen Gleichstellung von Jugendlichen und Auszubildende zu beantragen;
- darüber zu wachen, dass die zugunsten der Jugendlichen und Auszubildenden geltenden Gesetze, Verordnungen, Unfallverhütungsvorschriften, Tarifverträge und Betriebsvereinbarungen durchgeführt werden;
- Anregungen von Jugendlichen und Auszubildenden, insbesondere in Fragen der Berufsbildung, entgegenzunehmen, und, falls sie berechtigt erscheinen, beim Betriebsrat auf eine Erledigung hinzuwirken. Die JAV hat die betroffenen Jugendlichen und Auszubildenden über den Stand und das Ergebnis der Verhandlungen zu informieren;
- die Integration ausländischer Jugendlicher und Auszubildender im Betrieb zu fördern und entsprechende Maßnahmen beim Betriebsrat zu beantragen.

Zur Durchführung ihrer Aufgaben ist die JAV durch den Betriebsrat rechtzeitig und umfassend zu unterrichten (§ 70 Abs. 2 BetrVG). Die JAV kann verlangen, dass ihr der Betriebsrat die zur Durchführung ihrer Aufgaben erforderlichen Unterlagen zur Verfügung stellt. **60**

Die durch die Tätigkeit der JAV entstehenden Kosten hat der Arbeitgeber zu tragen (§ 40 in Verbindung mit § 65 Abs. 1 BetrVG). Für die Sitzungen, die Sprechstunden und die laufende Geschäftsführung hat der Arbeitgeber in erforderlichem Umfang Räume, sachliche Mittel, Informations- und Kommunikationstechnik sowie Büropersonal zur Verfügung zu stellen. **61**

2. Rechte des Betriebsrats bei der Berufsbildung

Das Betriebsverfassungsgesetz widmet der Berufsbildung in den §§ 96 bis 98 BetrVG einen eigenen Unterabschnitt. Dort werden die speziellen Rechte des Betriebsrats bei der Berufsbildung geregelt, die anderen Vorschriften des BetrVG werden für diesen speziellen **62**

79 *BAG* 18.1.2012 – 7 ABR 83/10, NZA 2012, 683; *BAG* 5.4.2000 – 7 ABR 6/99, NZA 2000, 1178.

Bereich ergänzt, nicht ersetzt (vgl. zu den Rechten des Betriebsrats bei personellen Einzelmaßnahmen Rn. 84 ff.).

Der Begriff der Berufsbildung nach diesen Bestimmungen ist weit auszulegen und geht über den Begriff der Berufsbildung im Sinne des BBiG hinaus.[80] Die Berufsbildung im Sinne des BetrVG umfasst alle Maßnahmen, die einen Bezug zum Beruf des Arbeitnehmers und Bildungscharakter haben.[81] Dazu gehören zum einen die Berufsausbildung, Berufsausbildungsvorbereitung[82], berufliche Fortbildung, berufliche Umschulung, zum anderen aber auch jede Maßnahme, die Beschäftigten gezielt Kenntnisse und Erfahrungen vermitteln, die zur Ausübung einer bestimmten Tätigkeit befähigen oder es ermöglichen, die beruflichen Kenntnisse und Fähigkeiten zu erhalten, also jede Maßnahme, die der beruflichen Qualifizierung oder Weiterqualifizierung dient.

Maßnahmen der Berufsbildung sind solche, die den Beschäftigten in systematischer, lehrplanartiger Weise Kenntnisse und Fähigkeiten vermitteln, die diese zu ihrer beruflichen Tätigkeit im Allgemeinen befähigen oder Kenntnisse und Fähigkeiten verschaffen sollen, die notwendig sind, um den Anforderungen des Arbeitsplatzes gerecht zu werden und die berufliche Tätigkeit auszufüllen.[83] Da auch »sonstige Bildungsmaßnahmen«, die in § 98 Abs. 6 BetrVG ausdrücklich erwähnt werden, erfasst werden, gehören zur »beruflichen Bildung« alle Maßnahmen zum Erhalt und Ausbau von Qualifikationen, zur Gewährleistung und Verbesserung des Arbeits-, Gesundheits- und Umweltschutzes sowie zur Vermittlung von Inhalten, die für die Tätigkeit der Arbeitnehmer von Bedeutung sind (wirtschaftliches, technologisches, soziales Umfeld, rechtliche Rahmenbedingungen, Methodenlehre usw.). Die Art der Veranstaltung reicht von Seminaren, Bildungsprogrammen, Anleitungen, Lehrgängen, Sprachkursen über Ausstellungs-, Messe- und Kongressbesuche bis hin zu praktischen Übungen, Traineeprogrammen, gruppenbezogenen Bildungs- und Informationsmaßnahmen wie Seminaren zum Austausch von Erfahrungen, Qualitätszirkeln, »Workshops« und technischer Wissensvermittlung (»Tele- oder E-Learning«).[84]

Abzugrenzen sind die mitbestimmungspflichtigen Berufsbildungsmaßnahmen von der **mitbestimmungsfreien Unterrichtung der Beschäftigten** über ihre Aufgabe und Verantwortung sowie über die Art ihrer Tätigkeit und ihre Einordnung in den Arbeitsablauf des Betriebs gem. § 81 BetrVG. Mitbestimmungsfrei ist die Unterrichtung der Beschäftigten über

- ihre Aufgaben und Verantwortung,
- die Art ihrer Tätigkeit und ihrer Einordnung in den Arbeitsablauf des Betriebes und
- die Unfall- und Gesundheitsgefahren und die Maßnahmen und Einrichtungen zur Abwendung dieser Gefahren.

Zu den Maßnahmen der mitbestimmungspflichtigen betrieblichen Berufsbildung gehören insbesondere solche, die den Beschäftigten die Kenntnisse und Erfahrungen verschaffen sollen, die zur Ausfüllung ihres Arbeitsplatzes und ihrer beruflichen Tätigkeit dienen. Damit gehören zur betrieblichen Berufsbildung alle Maßnahmen, die über die –

---

80 Vgl. *BAG* 5.3.2013 – 1 ABR 11/12, Rn. 12, DB 2013, 2157.

81 *Fitting*, BetrVG, § 96 Rn. 10.

82 Dazu gehört auch die betriebliche Einstiegsqualifizierung (§ 54a SGB III), die durch die Bundesagentur für Arbeit finanziell gefördert werden kann und der Vorbereitung auf einen anerkannten Ausbildungsberuf dient.

83 *BAG* 5.3.2013 – 1 ABR 11/12, Rn. 12, DB 2013, 2157; *BAG* 30.5.2006 – 1 ABR 17/05, Rn. 20, NZA 2006, 1291; *BAG* 24.8.2004 – 1 ABR 28/03, NZA 2005, 371, 373; *BAG* 18.4.2000 – 1 ABR 28/99, NZA 2001, 167.

84 Vgl. *Fitting*, BetrVG, § 96 Rn. 10.

mitbestimmungsfreie – Unterrichtung der Beschäftigten im Sinne von § 81 BetrVG hinausgehen, indem sie gezielt Kenntnisse und Erfahrungen vermitteln, die zur Ausübung einer bestimmten Tätigkeit erst befähigen.[85]
Die Unterrichtungspflicht des Arbeitgebers nach § 81 BetrVG erschöpft sich dagegen in der Einweisung in einen konkreten Arbeitsplatz. Nicht unter den Begriff der beruflichen Bildung fallen konkrete Einweisungen in die Art der Tätigkeit und deren Einordnung in den Arbeitsablauf sowie Einzelweisungen zur ausgeübten Tätigkeit im Sinne des § 81 Abs. 1 BetrVG.[86] Der Einsatz des Arbeitnehmers auf seinem Arbeitsplatz setzt voraus, dass der Arbeitnehmer die für die Ausübung »seiner Tätigkeit« an diesem Arbeitsplatz erforderlichen beruflichen Kenntnisse und Erfahrungen schon besitzt. Nur auf der Grundlage dieser Kenntnisse und Erfahrungen kann dem Beschäftigten seine Tätigkeit im Betrieb zugewiesen werden, über deren konkrete Ausübung unter Einsatz seiner Kenntnisse und Erfahrungen er dann nach § 81 BetrVG zu unterrichten ist.[87] Organisierte Veranstaltungen oder gezielte Einweisungen, die die Beschäftigten lediglich befähigen sollen, die arbeitsvertraglich geschuldete Tätigkeit auszuüben, ohne Fortbildungselemente zu enthalten, sind keine Maßnahmen der beruflichen Bildung.[88]
Zur mitbestimmungsfreien Unterrichtung des einzelnen Arbeitnehmers gem. § 81 Abs. 1 BetrVG zählt die Rechtsprechung auch Veranstaltungen, bei denen Mängel, die zuvor durch Befragungen bei der Kundenbetreuung festgestellt worden sind, behoben werden sollen. Die Beteiligungsrechte des Betriebsrats greifen aber dann, sofern eine Einzelweisung die Absolvierung und Dokumentation bestimmter Schulungsmaßnahmen vorschreibt.[89] Das betrifft etwa EDV-basierte Trainings zu Arbeitsschutz- oder Compliance-Themen, bei denen die erfolgreiche Teilnahme protokolliert und gegebenenfalls zu Wiederholungsschulungen aufgefordert wird.

a) Förderung der Berufsbildung und Ermittlung des Berufsbildungsbedarfs

Arbeitgeber und Betriebsrat haben im Rahmen der betrieblichen Personalplanung und **63**
in Zusammenarbeit mit den für die Berufsbildung und den für die Förderung der Berufsbildung zuständigen Stellen die Berufsbildung gem. § 96 Abs. 1 Satz 1 BetrVG zu fördern (**Förderungspflicht**). Daraus folgt für Arbeitgeber und Betriebsrat ein Gebot der Zusammenarbeit. Das Gesetz legt dem Arbeitgeber aber nicht die Pflicht auf, überhaupt Berufsbildung zu betreiben. Es besteht kein Rechtsanspruch darauf, dass der Arbeitgeber Maßnahmen der Berufsbildung anbietet.
Der Arbeitgeber hat gem. § 96 Abs. 1 Satz 2 BetrVG auf Verlangen des Betriebsrats mit diesem Fragen der Berufsbildung der Arbeitnehmer des Betriebs zu beraten (**Beratungspflicht**). Bereits gem. § 92 Abs. 1 BetrVG hat der Arbeitgeber den Betriebsrat über die Personalplanung sowie über die sich daraus ergebenden Maßnahmen der Berufsbildung zu unterrichten und mit diesem über Art und Umfang der erforderlichen Maßnahmen zu beraten. § 96 Abs. 1 Satz 2 BetrVG gilt ergänzend, weil diese Beratungspflicht auf Initiative des Betriebsrats auch dann gilt, wenn der Arbeitgeber keine Personalplanung durchführt. Ergänzt wird das Beratungsrecht durch ein **Vorschlagsrecht** (§ 96 Abs. 1 Satz 3 BetrVG: der Betriebsrat kann »Vorschläge machen«), das wie das Beratungsrecht auch dann gege-

---

85 *BAG* 5.3.2013 – 1 ABR 11/12, Rn. 12; *BAG* 23.4.1991 – 1 ABR 49/90, NZA 1991, 817, 818.
86 *BAG* 28.1.1991 – 1 ABR 41/91, NZA 1992, 707, 708.
87 *BAG* 23.4.1991 – 1 ABR 49/90, NZA 1991, 817, 819.
88 *BAG* 28.1.1991 – 1 ABR 41/91, NZA 1992, 707.
89 *LAG Nürnberg* 20.12.2011 – 6 TaBV 37/11.

ben ist, wenn eine Personalplanung (§ 92 BetrVG) für den Betrieb nicht existiert. Dadurch wird aber nicht das Entscheidungsrecht des Arbeitgebers eingeschränkt. Der Betriebsrat hat ein Mitbestimmungsrecht als Mitentscheidungsrecht nur im Rahmen des § 98 BetrVG (vgl. Rn. 70ff.).

64 Der Arbeitgeber hat **auf Verlangen des Betriebsrats den Berufsbildungsbedarf zu ermitteln** (§ 96 Abs. 1 Satz 2 BetrVG). Wie dieser Bedarf zu definieren ist, lässt das Gesetz offen. Nach der Gesetzesbegründung ergibt sich der Berufsbildungsbedarf aus der Durchführung einer Ist-Analyse, der Erstellung eines Soll-Konzepts und der Ermittlung des betrieblichen Bildungsinteresses.[90] Das bedeutet: Der Arbeitgeber muss zum einen offenlegen, welches Qualifikationsniveau im Betrieb besteht und auch welche Berufsbildungsmaßnahmen bereits durchgeführt wurden, zum anderen muss er ein Ziel beschreiben, welchen betrieblichen Qualifikationsbedarf (auch im Hinblick auf mögliche Änderungen von Arbeitsabläufen) er sieht.[91] Damit wird der Berufsbildungsbedarf aus Arbeitgebersicht festgelegt. Daneben muss der Arbeitgeber dem Betriebsrat die Möglichkeit geben, seine Vorstellungen darzulegen, und Vorschläge des Betriebsrats entgegennehmen (§ 96 Abs. 1 Satz 3 BetrVG). Das Gesetz verlangt keine schriftliche Unterrichtung, obwohl das sicherlich sinnvoll ist. Eine nur mündliche Information über den Berufsbildungsbedarf und eine mündliche Beratung sind allerdings nach dem Gesetzeswortlaut ausreichend.[92]

Kommt im Rahmen der Beratung nach § 96 Abs. 1 BetrVG eine Einigung über Maßnahmen der Berufsbildung nicht zustande, können der Arbeitgeber oder der Betriebsrat die Einigungsstelle um Vermittlung anrufen (§ 96a Abs. 1a Satz 1 BetrVG). Die Einigungsstelle hat eine Einigung der Parteien zu versuchen (§ 96a Abs. 1a Satz 2 BetrVG).

65 Die gemeinsame Verpflichtung von Arbeitgeber und Betriebsrat zur Förderung der Berufsbildung wird dahingehend konkretisiert, dass beide darauf zu achten haben, dass unter Berücksichtigung der betrieblichen Notwendigkeiten den Arbeitnehmern die Teilnahme an betrieblichen oder außerbetrieblichen Maßnahmen der Berufsbildung ermöglicht wird (§ 96 Abs. 2 BetrVG). Sie haben dabei auch die Belange der älteren Arbeitnehmer, der Teilzeitbeschäftigten und der Arbeitnehmer mit Familienpflichten zu berücksichtigen. Ein Rechtsanspruch des einzelnen Arbeitnehmers auf Freistellung und Teilnahme an einer Bildungsveranstaltung folgt daraus nicht. Bei der Auswahl der Teilnehmer an betrieblichen oder außerbetrieblichen Berufsbildungsmaßnahmen hat der Betriebsrat ein Mitbestimmungsrecht gem. § 98 Abs. 3 BetrVG (vgl. Rn. 76).

b) Einrichtungen und Maßnahmen der Berufsbildung

66 Der Arbeitgeber hat gem. § 97 Abs. 1 BetrVG mit dem Betriebsrat über die Errichtung und Ausstattung betrieblicher Einrichtungen zur Berufsbildung, die Einführung betrieblicher Berufsbildungsmaßnahmen und die Teilnahme an außerbetrieblichen Berufsbildungsmaßnahmen zu beraten (**Beratungspflicht**). **Betriebliche Einrichtungen** zur Berufsbildung sind Lehrwerkstätten, Schulungsräume, Labors und betriebliche Berufsbildungszentren. Der Arbeitgeber ist verpflichtet, mit dem Betriebsrat über ihre Errichtung und Ausstattung zu beraten. Das gilt auch, wenn bereits bestehende Einrichtungen geändert werden sollen.[93]

90 BT-Drucks. 14/5741, S. 49.
91 Vgl. *Richardi/Thüsing*, BetrVG, § 96 Rn. 21.
92 *LAG Hamburg* 31.10.2012, 5 TaBV 6/12, juris.
93 Vgl. *Richardi/Thüsing*, BetrVG, § 97 Rn. 4.

Betriebliche – in Abgrenzung zur außerbetrieblichen – **Berufsbildungsmaßnahmen** liegen vor, wenn der Arbeitgeber Träger oder Veranstalter der Maßnahme ist und die Berufsbildungsmaßnahme für seine Arbeitnehmer durchführt. Träger oder Veranstalter der Maßnahme ist der Arbeitgeber auch, wenn er diese in Zusammenarbeit mit einem Dritten durchführt und hierbei auf Inhalt und Organisation rechtlich oder tatsächlich einen beherrschenden Einfluss hat. Für die Arbeitnehmer des Arbeitgebers bestimmt ist eine Berufsbildungsmaßnahme auch, wenn bei einer begrenzten Teilnehmerzahl die Arbeitnehmer des Arbeitgebers den Vorrang haben und andere Personen nur zur Lückenfüllung berücksichtigt werden.[94] Der Arbeitgeber ist Träger einer Berufsbildungsmaßnahme auch dann, wenn er diese zwar von einem anderen Unternehmen durchführen lässt, aber auf Inhalt und Gestaltung den beherrschenden Einfluss hat.[95] **67**

Soweit es um die **Berufsausbildung** im engeren Sinne geht, ist der Arbeitgeber an die Vorschriften des BBiG und der Ausbildungsordnungen gebunden. Da hier im Allgemeinen kein Gestaltungsspielraum besteht, ergibt sich aus § 80 Abs. 1 Nr. 1 BetrVG für den Betriebsrat die allgemeine Aufgabe, darüber zu wachen, dass die für die Berufsausbildung maßgeblichen Vorschriften durchgeführt werden. Das Beratungsrecht gem. § 97 Abs. 1 BetrVG hat deshalb vor allem dann Bedeutung, wenn es um betriebliche Maßnahmen der beruflichen Fortbildung oder der beruflichen Umschulung geht. Das Beratungsrecht des Betriebsrats erstreckt sich auf Zeitpunkt, Themenkreis und Umfang solcher **Fortbildungs- oder Umschulungsmaßnahmen**. Der Betriebsrat hat insoweit auch ein Vorschlagsrecht (§ 96 Abs. 1 Satz 3 BetrVG). Der Arbeitgeber ist aber in seiner Entscheidung frei, ob er betriebliche Berufsbildungsmaßnahmen einführt.[96]

Geht es um die **Teilnahme an außerbetrieblichen Berufsbildungsmaßnahmen** besteht ebenfalls gem. § 97 Abs. 1 BetrVG ein Beratungsrecht des Betriebsrats. Dabei geht es etwa um die Auswahl von Berufsbildungskursen, die von einem betriebsfremden Träger der Berufsbildung veranstaltet werden, aber auch um die Beteiligung an überbetrieblichen Einrichtungen, wie zentralen Ausbildungswerkstätten, oder überbetrieblichen Fortbildungseinrichtungen. Dem Beratungsrecht unterliegt auch die Auswahl der Beschäftigten sowie Zeitpunkt und Zeitdauer der Teilnahme an den außerbetrieblichen Berufsbildungsmaßnahmen.[97]

Kommt in den Fällen, in denen dem Betriebsrat ein Mitbestimmungsrecht zusteht, eine **68** Einigung nicht zustande, so entscheidet die **Einigungsstelle** (§ 97 Abs. 2 Satz 1 BetrVG). Der Spruch der Einigungsstelle ersetzt die Einigung zwischen Arbeitgeber und Betriebsrat (§ 97 Abs. 2 Satz 3 BetrVG).

Bei Änderungen der Qualitätsanforderungen, die vom Arbeitgeber veranlasst sind, gilt **69** Folgendes: Hat der Arbeitgeber Maßnahmen geplant oder durchgeführt, die dazu führen, dass sich die Tätigkeit der betroffenen Arbeitnehmer ändert und ihre beruflichen Kenntnisse und Fähigkeiten zur Erfüllung ihrer Aufgaben nicht mehr ausreichen, so hat der Betriebsrat bei der Einführung von Maßnahmen der betrieblichen Berufsbildung gem. § 97 Abs. 2 Satz 1 BetrVG mitzubestimmen. Das umfasst auch ein Initiativrecht des Betriebsrats, wobei jedoch außerbetriebliche Bildungsmaßnahmen nach dem klaren Wortlaut der Norm nicht erfasst werden.

---

94 *BAG* 4. 12. 1990 – 1 ABR 10/90, NZA 1991, 388.
95 *BAG* 12. 11. 1991 – 1 ABR 21/91, NZA 1992, 657.
96 Vgl. *Richardi/Thüsing*, BetrVG, § 97 Rn. 7.
97 Vgl. *Richardi/Thüsing*, BetrVG, § 97 Rn. 8.

c) Durchführung betrieblicher Bildungsmaßnahmen

aa) Maßnahmen der betrieblichen Berufsbildung

70 Der Betriebsrat hat bei der Durchführung von Maßnahmen der betrieblichen Berufsbildung mitzubestimmen (§ 98 Abs. 1 BetrVG). Zu unterscheiden ist das »Ob« und »Wie« solcher Berufsbildungsmaßnahmen.

71 Der Arbeitgeber kann mitbestimmungsfrei entscheiden, ob er Maßnahmen der betrieblichen Berufsbildung durchführt.[98] Wenn er solche Maßnahmen durchführt, besteht bei der »Durchführung«, der Art und Weise, ein Mitbestimmungsrecht des Betriebsrats. Der Arbeitgeber entscheidet also frei über das »Ob« von betrieblichen Berufsbildungsmaßnahmen, beim »Wie« besteht ein Mitbestimmungsrecht des Betriebsrats, wenn Spielräume bestehen. So kann der Arbeitgeber frei entscheiden, ob er Ausbildungsplätze anbietet. Bietet er Ausbildungsplätze an, so hat der Betriebsrat bei der Durchführung ein Mitbestimmungsrecht, das soll sich auch auf die Festlegung der Dauer der Ausbildung beziehen.[99] Indes ist zu beachten, dass die Mitbestimmungsrechte des Betriebsrats bei der Art und Weise der Berufsausbildung insoweit eingeschränkt sind, wie diese durch zwingende Vorgaben des BBiG oder der Ausbildungsordnung vorgegeben ist, so ist die Dauer der Ausbildung im Regelfall durch die einschlägige Ausbildungsordnung vorgegeben und eine Abkürzung oder Verlängerung nur im Rahmen der gesetzlichen Vorgaben zulässig (vgl. §§ 7, 8 BBiG).

72 Zur Berufsbildung gehören alle Maßnahmen, die Arbeitnehmern in systematischer, lehrplanartiger Weise Kenntnisse und Erfahrungen vermitteln, die diese zu ihrer beruflichen Tätigkeit im Allgemeinen befähigen.[100] Der Begriff der Berufsbildung i. S. d. BetrVG ist weit auszulegen und geht über den Begriff der Berufsbildung im Sinne des BBiG hinaus (vgl. Rn. 62).[101] Dazu gehören auch Seminare, die den Arbeitnehmern die für die Ausfüllung ihres Arbeitsplatzes und ihrer beruflichen Tätigkeit notwendigen Kenntnisse und Fähigkeiten verschaffen sollen.[102] Der Begriff der betrieblichen Bildungsmaßnahmen ist funktional zu verstehen. Geht es um eine Fortbildung und Schulung ausschließlich für *externe* Arbeitnehmer zu deren Qualifikation für eine Tätigkeit bei einem *externen* Unternehmen, geht es *nicht* um eine »betriebliche« Bildungsmaßnahme.[103]

73 Die Berufsbildung ist »betrieblich«, wenn der Arbeitgeber die Maßnahme selbst veranstaltet oder trägt. Dies ist der Fall, wenn der Arbeitgeber die Maßnahme alleine durchführt oder auf ihren Inhalt oder ihre Durchführung rechtlich oder tatsächlich einen beherrschenden Einfluss hat. Zudem muss die Maßnahme für die Arbeitnehmer des Betriebs veranstaltet werden.[104]

74 Das Mitbestimmungsrecht gem. § 98 Abs. 1 BetrVG besteht nur bei der »Durchführung« der betreffenden Maßnahme. Der Begriff ist abzugrenzen von dem der »Einführung« von Maßnahmen der betrieblichen Berufsbildung in § 97 Abs. 1, Abs. 2 BetrVG (vgl. Rn. 66), über die mit dem Betriebsrat lediglich zu beraten ist. Bei der »**Einführung**« geht es um die Frage, ob bestimmte Berufsbildungsmaßnahmen im Betrieb überhaupt durchgeführt, also etwa Auszubildende überhaupt eingestellt werden. Die »**Durchführung**« betrifft demgegenüber alle Fragen, die sich nach der Einführung der Maßnahme stellen.

98 *BAG* 8. 12. 1987 – 1 ABR 32/86, NZA 1988, 401.
99 *BAG* 24. 8. 2004 – 1 ABR 28/03, NZA 2005, 371.
100 *BAG* 24. 8. 2004 – 1 ABR 28/03, NZA 2005, 371; *BAG* 18. 4. 2000 – 1 ABR 28/99, NZA 2001, 167.
101 *BAG* 5. 3. 2013 – 1 ABR 11/12, Rn. 12.
102 *BAG* 23. 4. 1991 – 1 ABR 49/90, NZA 1991, 817.
103 *BAG* 26. 4. 2016 – 1 ABR 21/14, NZA 2016, 1036.
104 *BAG* 24. 8. 2004 – 1 ABR 28/03, NZA 2005, 371.

Mitbestimmungsfrei sind dabei konkrete Einzelmaßnahmen gegenüber bestimmten Auszubildenden.[105]

75 Mitbestimmungspflichtig ist gem. § 98 Abs. 1 BetrVG etwa auch die **Festlegung der Dauer der Ausbildung**, soweit diese der Disposition des Arbeitgebers/Ausbildenden unterliegt. Das *BAG* hat ein solches Mitbestimmungsrecht angenommen, wenn der Arbeitgeber/Ausbildende *generell* nur eine verkürzte Ausbildung (vgl. § 8 Abs. 1 BBiG) anbieten will.[106] Beantragen Auszubildender und Ausbildender – wie im Regelfall – nur im Einzelfall eine Abkürzung der Ausbildung, so besteht kein Mitbestimmungsrecht des Betriebsrats. Bei einer Anrechnung beruflicher Vorbildung (§ 7 BBiG) ist ohnehin kein Raum für ein Mitbestimmungsrecht des Betriebsrats, weil es insoweit aufgrund einer generellen Regelung gleichsam automatisch zu einer Kürzung der Ausbildungsdauer kommt, ohne dass insoweit Dispositionsmöglichkeiten des Ausbildenden bestehen.

Das Mitbestimmungsrecht besteht nur, wenn und soweit dem Arbeitgeber unter Beachtung tariflicher oder gesetzlicher Vorgaben noch ein **Gestaltungsspielraum** verbleibt.[107] Das Mitbestimmungsrecht ist ausgeschlossen, soweit gesetzliche oder tarifliche Bestimmungen die Durchführung der Berufsbildungsmaßnahme regeln.[108] Da für die **Berufsausbildung** im engeren Sinne die gesetzlichen Vorgaben des BBiG oder der Handwerksordnung (HwO) gelten, ist insoweit die »Durchführung« der Berufsausbildung im Betrieb durch Gesetz und die entsprechenden Ausbildungsordnungen geregelt. Daher besteht hier für die materiellen Faktoren in der Durchführung der Berufsausbildung kein Gestaltungsspielraum, sodass das Mitbestimmungsrecht des Betriebsrats sich im Wesentlichen darauf beschränkt, dass für die Berufsausbildung eine den Besonderheiten des Betriebs entsprechende Durchführungsordnung erlassen wird, etwa die Planung, in welchen Abteilungen, in welcher Reihenfolge die Ausbildung erfolgen, wer mit der Ausbildung betraut werden soll.[109] Für den Betriebsrat spielt die wichtigste Rolle in diesem Zusammenhang die Auswahl der Ausbilder, bei deren Bestellung und Abberufung ein Mitbestimmungsrecht des Betriebsrats besteht (vgl. Rn. 80 ff.). Der Betriebsrat hat aber **nicht bei Einzelmaßnahmen** gegenüber bestimmten Auszubildenden mitzubestimmen, zum Beispiel bei der Zuweisung einer bestimmten Tätigkeit an einen Auszubildenden oder der Übertragung der Lehraufgabe an einen Vorarbeiter.[110]

bb) Teilnahme von Arbeitnehmern an Berufsbildungsmaßnahmen

76 Führt der Arbeitgeber betriebliche Maßnahmen der Berufsbildung durch *oder* stellt er für außerbetriebliche Maßnahmen der Berufsbildung Arbeitnehmer frei oder trägt er die durch die Teilnahme von Arbeitnehmern an solchen Maßnahmen entstehenden Kosten ganz oder teilweise, so kann der Betriebsrat **Vorschläge für die Teilnahme** von Arbeitnehmern oder Gruppen von Arbeitnehmern des Betriebs an diesen Maßnahmen der beruflichen Bildung machen (§ 98 Abs. 3 BetrVG). Man muss also unterscheiden:

- Führt der Arbeitgeber **betriebliche** Maßnahmen der Berufsbildung durch, so hat der Betriebsrat ein Mitbestimmungsrecht bei der Auswahl der Beschäftigten, die an den Berufsbildungsmaßnahmen teilnehmen sollen.

105 *BAG* 24.8.2004 – 1 ABR 28/03, NZA 2005, 371.
106 *BAG* 24.8.2004 – 1 ABR 28/03, NZA 2005, 371.
107 *BAG* 5.11.1985 – 1 ABR 49/83, NZA 1986, 535.
108 *BAG* 24.8.2004 – 1 ABR 28/03, NZA 2005, 371, 374.
109 Vgl. *Richardi/Thüsing*, BetrVG, § 98 Rn. 12, 14.
110 *BAG* 24.8.2004 – 1 ABR 28/03, NZA 2005, 371, 374.

- Geht es um **außerbetriebliche** Berufsbildungsmaßnahmen, so hat der Betriebsrat das Mitbestimmungsrecht nur, wenn der Arbeitgeber für die Teilnahme Beschäftigte freistellt (mit oder ohne Fortzahlung des Lohns) *oder* die Kosten, die durch die Teilnahme entstehen, ganz oder teilweise trägt.
- Soweit die zuvor genannten Voraussetzungen bei **außerbetrieblichen** Berufsbildungsmaßnahmen nicht vorliegen, hat der Betriebsrat für die Teilnehmerauswahl kein Mitbestimmungs-, sondern nur ein Mitwirkungsrecht: Der Arbeitgeber hat mit ihm über die Teilnahme an den außerbetrieblichen Berufsbildungsmaßnahmen zu beraten (§ 97 Abs. 1 BetrVG).

77 Für den Umfang des Mitbestimmungsrechts ist maßgebend, dass der Betriebsrat bei der Errichtung und Ausstattung betrieblicher Berufsbildungseinrichtungen und der Einführung betrieblicher Berufsbildungsmaßnahmen lediglich ein Beratungsrecht, kein Mitbestimmungsrecht hat, wie aus § 97 BetrVG folgt. Der Arbeitgeber kann also nach Beratung mit dem Betriebsrat allein entscheiden, welche Berufsfortbildungskurse im Betrieb durchgeführt werden und für welchen Personenkreis sie bestimmt sind. Er kann deshalb auch die fachlichen Zulässigkeitsvoraussetzungen festlegen, die von den Teilnehmern erfüllt werden müssen, bevor die Auswahl stattfindet.[111] Der Arbeitgeber kann auch nach Beratung mit dem Betriebsrat allein entscheiden, für welche außerbetrieblichen Berufsbildungsmaßnahmen er Arbeitnehmer freistellt oder die Kosten der Teilnahme ganz oder teilweise übernimmt. Erst und nur dann, wenn dies feststeht, ist der Mitbestimmungstatbestand gegeben und der Betriebsrat kann Vorschläge für die Auswahl der Teilnehmer machen.

Zweck des Mitbestimmungsrechts ist es, dafür zu sorgen, dass Leistungen des Arbeitgebers für die Berufsbildung der Arbeitnehmer unter Beachtung des Gleichbehandlungsgrundsatzes erbracht werden; dabei ist insbesondere auf die Belange älterer Arbeitnehmer, Teilzeitbeschäftigter und von Arbeitnehmern mit Familienpflichten Rücksicht zu nehmen, wie sich aus § 96 Abs. 2 Satz 2 BetrVG ergibt.[112] Nach diesem Schutzzweck, der darin besteht, die **Verteilungsgerechtigkeit bei der Teilnahme an Fortbildungsveranstaltungen zu sichern**, ist der Begriff der betrieblichen Berufsbildung weit auszulegen. Denn häufig entscheidet die Teilnahme an betrieblichen Schulungsmaßnahmen darüber, ob Arbeitnehmer ihren Arbeitsplatz behalten oder an einem beruflichen Aufstieg teilnehmen können.[113]

Geht es um Berufsbildungsmaßnahmen im geschilderten Sinne, so kann der Betriebsrat Vorschläge für die Teilnahme von Beschäftigten oder Gruppen von Beschäftigten an diesen Maßnahmen machen (§ 98 Abs. 3 BetrVG). Damit der Betriebsrat sein Vorschlagsrecht ausüben kann, ist notwendige Vorstufe seines Mitbestimmungsrechts, dass er vom Arbeitgeber rechtzeitig und umfassend unterrichtet wird.[114]

Das Mitbestimmungsrecht bezieht sich nicht auf die Zahl der Beschäftigten, die an der Berufsbildungsmaßnahme teilnehmen, sondern auf deren Auswahl.[115] Das Vorschlagsrecht bezieht sich darauf, welche konkreten Arbeitnehmer an einer Berufsbildungsmaßnahme teilnehmen sollen. Sofern der Betriebsrat sein Vorschlagsrecht ausübt, müssen Arbeitgeber und Betriebsrat gemeinsam die Auswahlentscheidung treffen, wobei sie, wenn mehr Arbeitnehmer vorgeschlagen werden als Teilnehmerplätze zur Verfügung stehen,

111 Vgl. *Richardi/Thüsing*, BetrVG, § 98 Rn. 57; *Fitting*, BetrVG, § 98 Rn. 31.
112 Vgl. *Richardi/Thüsing*, BetrVG, § 98 Rn. 55.
113 *BAG* 23.4.1991 – 1 ABR 49/90, NZA 1991, 817, 818.
114 Vgl. *Richardi/Thüsing*, BetrVG, § 98 Rn. 60.
115 *BAG* 8.12.1987 – 1 ABR 32/86, NZA 1988, 401.

alle vorgeschlagenen Arbeitnehmer in die Auswahl einbeziehen müssen.[116] Das gilt auch für die Einigungsstelle, wenn Arbeitgeber und Betriebsrat sich nicht einigen. Sofern der Betriebsrat Vorschläge macht, geht es um die Festlegung der Kriterien für die Auswahl. Der Betriebsrat hat aber nur mitzubestimmen, wenn er Vorschläge macht; er kann sich deshalb nicht darauf beschränken, der vom Arbeitgeber getroffenen Auswahl zu widersprechen.[117]

cc) Entscheidung der Einigungsstelle

Kommt es bei der Durchführung betrieblicher Bildungsmaßnahmen (vgl. Rn. 70ff.) oder hinsichtlich der vom Betriebsrat vorgeschlagenen Teilnehmer (vgl. Rn. 76f.) an außerbetrieblichen Maßnahmen zu keiner Einigung zwischen Betriebsrat und Arbeitgeber, so entscheidet die Einigungsstelle (§ 98 Abs. 4 Satz 1 BetrVG). Der Spruch der Einigungsstelle ersetzt die Einigung zwischen Arbeitgeber und Betriebsrat (§ 98 Abs. 4 Satz 2 BetrVG). **78**

dd) Sonstige Bildungsmaßnahmen

Führt der Arbeitgeber sonstige Bildungsmaßnahmen im Betrieb durch, so hat der Betriebsrat bei deren Durchführung im gleichen Umfang wie bei Berufsbildungsmaßnahmen mitzubestimmen. § 98 Abs. 1 bis 5 BetrVG gilt nämlich entsprechend, wenn der Arbeitgeber **sonstige Bildungsmaßnahmen** im Betrieb durchführt (§ 98 Abs. 6 BetrVG). Zu den sonstigen Bildungsmaßnahmen gehören alle Bildungsmaßnahmen, deren Gegenstand nicht unter den betriebsverfassungsrechtlichen Berufsbildungsbegriff fällt. Doch darf es auch bei ihnen nicht bloß um Kenntnisvermittlung gehen, sondern sie müssen Bildungscharakter haben. Notwendig ist daher, dass die Maßnahmen der Vermittlung von Kenntnissen dienen, um einen Lernprozess herbeizuführen. Zu den sonstigen Bildungsmaßnahmen gehören beispielsweise[118] Kurse über »Erste Hilfe« und Unfallverhütung, Veranstaltungen über staatsbürgerliche oder soziale Themen, Sprachkurse, AGG-Schulungen (§ 12 AGG), Lehrgänge über Menschenführung, Arbeitssicherheit, »Workshops« (moderierte Gesprächskreise), wenn diese nach vorgegebenem didaktisch-methodischen Konzept Hintergrundwissen und Erfahrungen in Form von »Selbsterfahrung« vermitteln.[119] Voraussetzung ist, dass Kenntnisse oder Fähigkeiten nach einem Lehrplan systematisch vermittelt werden, um ein bestimmtes Lernziel zu erreichen und dadurch die Allgemeinbildung zu vertiefen und zu erweitern.[120] Bloße Informationsveranstaltungen, z. B. über Einführung oder Vertrieb neuer Produkte oder die Bedienung neuer technischer Einrichtungen, oder Diskussionsrunden mit Vorgesetzten sind keine Bildungsmaßnahmen. Auch Veranstaltungen, die der Freizeitbeschäftigung oder Unterhaltung (z. B. Betriebssport) dienen, werden nicht erfasst.[121] Soweit es sich um »Sozialeinrichtungen« handelt, kann allerdings das Mitbestimmungsrecht gem. § 87 Abs. 1 Nr. 8 BetrVG einschlägig sein. **79**

Auch für sonstige Bildungsmaßnahmen gelten neben der Grundregel über die Mitbestimmung bei der Durchführung der Bildungsmaßnahmen (§ 98 Abs. 1 BetrVG) die speziellen

116 *BAG* 8.12.1987 – 1 ABR 32/86, NZA 1988, 401.
117 *BAG* 20.4.2010 – 1 ABR 78/08, Rn. 16, NZA 2010, 902; *BAG* 8.12.1987 – 1 ABR 32/86, NZA 1988, 401.
118 Vgl. *Richardi/Thüsing*, BetrVG, § 98 Rn. 67; *Fitting*, BetrVG, § 98 Rn. 37.
119 *LAG Düsseldorf* 9.10.2008 – 15 TaBV 96/07, juris.
120 Vgl. *Richardi/Thüsing*, BetrVG, § 98 Rn. 67; *Fitting*, BetrVG, § 98 Rn. 37.
121 Vgl. *Richardi/Thüsing*, BetrVG, § 98 Rn. 67.

Mitbestimmungsregelungen bei der Bestellung und Abberufung einer mit der Durchführung der Bildungsmaßnahmen beauftragten Person (§ 98 Abs. 2 BetrVG) und über die Teilnehmerauswahl (§ 98 Abs. 3 BetrVG). Entsprechend gestaltet ist die Rechtslage auch für den Fall, dass keine Einigung zwischen Arbeitgeber und Betriebsrat zustande kommt (§ 98 Abs. 4 und 5 BetrVG).

d) Bestellung und Abberufung der Ausbilder und ähnlicher Personen

80 Der Betriebsrat kann der Bestellung einer mit der Durchführung der betrieblichen Berufsbildung beauftragten Person (vor allem der Ausbilder im Sinne des BBiG, vgl. § 14 Rn. 5) widersprechen oder ihre Abberufung verlangen, wenn diese die persönliche oder fachliche, insbesondere die berufs- und arbeitspädagogische Eignung im Sinne des BBiG nicht besitzt oder ihre Aufgaben vernachlässigt (§ 98 Abs. 2 BetrVG).
Dieses Mitbestimmungsrecht ist auch für die Berufsausbildung von Bedeutung. Gem. § 14 Abs. 1 Nr. 2 BBiG haben die Ausbildenden (Arbeitgeber) selbst auszubilden oder einen Ausbilder ausdrücklich damit zu beauftragen. Auszubildende darf nur einstellen, wer persönlich geeignet ist (§ 28 Abs. 1 Satz 1 BBiG). Auszubildende darf nur ausbilden, wer persönlich und fachlich geeignet ist (§ 28 Abs. 1 Satz 2 BBiG). Die Einzelheiten der fachlichen Eignung sind in der Ausbilder-Eignungsverordnung (AEVO) geregelt (vgl. die Kommentierung bei § 30 BBiG).
Der Betriebsrat kann eigenständig prüfen, ob aus seiner Sicht die fachliche Eignung vorliegt. An eine Bejahung der fachlichen Eignung durch die zuständige Kammer sind weder der Betriebsrat noch die Arbeitsgerichte gebunden.[122] Eine Vernachlässigung der Aufgaben einer mit der Durchführung der betrieblichen Berufsbildung beauftragten Person liegt vor, wenn der Ausbilder seine Aufgaben nicht mit der erforderlichen Gewissenhaftigkeit ausführt und deshalb zu befürchten ist, dass die Auszubildenden das Ziel der Ausbildung nicht erreichen, ohne dass es auf Verschulden des Ausbilders ankommt. Eine Vernachlässigung der Aufgaben eines Ausbilders ist insbesondere zu bejahen, wenn der Ausbilder ohne sachlich vertretbaren Grund von einem vorhandenen betrieblichen Ausbildungsplan abweicht oder wenn er seiner Tätigkeit keinen vollständigen, nachvollziehbaren Ausbildungsplan zugrunde legt und nicht nachweisbar ist, dass aus besonderen Gründen kein Plan erforderlich war, um das Ausbildungsziel in der vorgesehenen Ausbildungsdauer zu erreichen.[123] Allein der Umstand, dass in einem Betrieb bisher alle Auszubildenden die Prüfung überhaupt bestanden haben, schließt nicht aus, dass eine das Ausbildungsziel gefährdende Vernachlässigung der Aufgaben des Ausbilders vorliegt.[124]
Erfasst werden jedoch alle mit der Durchführung der betrieblichen »Berufsbildung« beauftragten Personen, also auch die mit der Durchführung einer beruflichen Fort- oder Weiterbildung beauftragten Personen. Bestellung und Abberufung beziehen sich auf die Funktion als Ausbilder. Das ist zu unterscheiden von den personellen Einzelmaßnahmen nach § 99 oder § 102 BetrVG. Das Mitbestimmungsrecht des Betriebsrats nach § 98 Abs. 2 BetrVG umfasst lediglich ein Widerspruchs- und Abberufungsrecht. Anders als bei der Einstellung oder Versetzung eines Arbeitnehmers nach § 99 BetrVG bedarf die Bestellung einer mit der Durchführung einer Berufsbildungsmaßnahme beauftragten Person nicht der Zustimmung des Betriebsrats.[125]

---

122 *LAG Baden-Württemberg* 20.10.2017 – 15 TaBV 2/17.
123 *LAG Baden-Württemberg* 20.10.2017 – 15 TaBV 2/17.
124 *LAG Baden-Württemberg* 20.10.2017 – 15 TaBV 2/17.
125 Vgl. *Richardi/Thüsing*, BetrVG, § 98 Rn. 26.

Kommt in den in § 98 Abs. 2 BetrVG geregelten Fällen eine Einigung nicht zustande, so kann der Betriebsrat beim Arbeitsgericht beantragen, dem Arbeitgeber aufzugeben, die Bestellung zu unterlassen oder die Abberufung durchzuführen (§ 95 Abs. 5 Satz 1 BetrVG). Meinungsverschiedenheiten entscheidet also nicht die Einigungsstelle, sondern das Arbeitsgericht. Daneben hat auch der Arbeitgeber ein eigenes Antragsrecht.[126] 81

Führt der Arbeitgeber die Bestellung einer rechtskräftigen gerichtlichen Entscheidung zuwider durch, so ist er auf Antrag des Betriebsrats vom Arbeitsgericht wegen der Bestellung nach vorheriger Androhung zu einem Ordnungsgeld zu verurteilen; das Höchstmaß des Ordnungsgeldes beträgt 10 000 Euro (§ 98 Abs. 5 Satz 2 BetrVG). 82

Führt der Arbeitgeber die **Abberufung** einer rechtskräftigen gerichtlichen Entscheidung zuwider nicht durch, so ist auf Antrag des Betriebsrats vom Arbeitsgericht zu erkennen, dass der Arbeitgeber zur Abberufung durch Zwangsgeld anzuhalten sei; das Höchstmaß des Zwangsgeldes beträgt für jeden Tag der Zuwiderhandlung 250 Euro (§ 98 Abs. 5 Satz 3 BetrVG). Die Vorschriften des BBiG über die Ordnung der Berufsbildung bleiben unberührt (§ 98 Abs. 5 Satz 4 BetrVG). 83

3. Rechte des Betriebsrats bei personellen Einzelmaßnahmen

In Unternehmen mit mehr als 20 wahlberechtigten Arbeitnehmern unterliegt die **Einstellung**, **Eingruppierung**, **Umgruppierung** und **Versetzung** eines Arbeitnehmers der Mitbestimmung des Betriebsrats (§ 99 BetrVG). Dieses Mitbestimmungsrecht bezieht sich auch auf Auszubildende, da zu den Arbeitnehmern im Sinne des Betriebsverfassungsrechts auch die zu ihrer Berufsausbildung Beschäftigten zählen (§ 5 Abs. 1 BetrVG). Der Betriebsrat ist, unabhängig von der Größe des Unternehmens, vor jeder Kündigung zu hören (§ 102 Abs. 1 BetrVG), das gilt auch bei der Kündigung von Auszubildenden (vgl. Rn. 91). 84

a) Einstellung

»Einstellung« meint die Begründung eines Vertragsverhältnisses durch Abschluss eines Arbeits- oder Ausbildungsvertrags oder auch nur die tatsächliche Eingliederung in den Betrieb, unabhängig davon, ob ein unbefristetes oder befristetes Arbeitsverhältnis begründet wird. Auch die Übernahme eines Auszubildenden in ein Arbeitsverhältnis im Anschluss an die Ausbildung stellt eine Einstellung im Sinne des § 99 BetrVG dar, und zwar auch im Falle der Begründung eines Arbeitsverhältnisses durch tatsächliche Beschäftigung im Sinne des § 24 BBiG. 85

Mitbestimmungspflichtig ist aber nur die Einstellung als solche, **nicht der Vertragsinhalt**. Nach der Rechtsprechung des *BAG* kann der Betriebsrat seine Zustimmung zur Einstellung eines Arbeitnehmers, oder hier eines Auszubildenden, nicht mit der Begründung verweigern, die vertraglich vorgesehenen Ausbildungsbedingungen seien unzulässig. Das Mitbestimmungsrecht des Betriebsrats bei Einstellungen ist – so das *BAG* – kein Instrument der umfassenden Vertragsinhaltskontrolle. 86

Virulent geworden ist das bei der **Einstellung von Auszubildenden zu »untertariflichen« Bedingungen**. In einem vom *BAG* entschiedenen Fall wollte der Ausbildungsbetrieb, der Mitglied im Arbeitgeberverband war, »über seinen eigenen Bedarf« hinaus ausbilden und schrieb in einer entsprechenden Zeitungsanzeige u. a.: »Sie … sind bereit, für einen Ausbildungsplatz auf tarifliche Leistungen (zum Beispiel einen Teil der Aus- 87

126 *LAG Berlin* 6. 1. 2000 – 10 TaBV 2213/99, NZA-RR 2000, 370.

bildungsvergütung) zu verzichten, um Ihre berufliche Zukunftschancen zu verbessern«. Der Betriebsrat verweigerte die Zustimmung zur Einstellung der vom Arbeitgeber ausgewählten fünf Auszubildenden. Der Antrag des Arbeitgebers vor dem Arbeitsgericht, die Zustimmung zu ersetzen, war erfolgreich. Zwar darf der Arbeitgeber die Einstellung eines Bewerbers nicht davon abhängig machen, dass dieser nicht Gewerkschaftsmitglied ist. Ein solches Auswahlkriterium verstoße gegen das nach Art. 9 Abs. 3 GG geschützte Recht des Arbeitnehmers, Mitglied einer Gewerkschaft zu sein. Ein solcher Verstoß berechtige den Betriebsrat, die Zustimmung zur Einstellung zu verweigern. Eine solche Konstellation habe hier aber nicht vorgelegen, weil nach den Feststellungen des Landesarbeitsgerichts die Bewerber vor Abschluss der Ausbildungsverträge nicht nach einer Gewerkschaftszugehörigkeit befragt worden seien. Die vereinbarte »untertarifliche« Vergütung berechtige nicht zur Zustimmungsverweigerung. Zur Vermeidung der damit möglicherweise verbundenen Gesetzesverletzung sei es nicht erforderlich, dass die Einstellung unterbleibe. Das Mitbestimmungsrecht des Betriebsrats bei der Einstellung sei kein Instrument der umfassenden »Vertragsinhaltskontrolle«. Der Auszubildende könne mögliche Tarifansprüche nach der Einstellung gegenüber dem Arbeitgeber individualrechtlich durchsetzen.[127]

88 Verweigert der Betriebsrat die Zustimmung zur Einstellung eines Auszubildenden, darf der Arbeitgeber diesen nicht beschäftigen. Der Arbeitgeber muss ein entsprechendes Verfahren beim Arbeitsgericht einleiten auf Ersetzung der Zustimmung des Betriebsrats durch das Arbeitsgericht. Bei Eilbedürftigkeit kann der Arbeitgeber beantragen, die Einstellung vorläufig durchzuführen (§ 100 BetrVG).

b) Versetzung

89 Der Begriff der Versetzung im betriebsverfassungsrechtlichen Sinne ist in § 95 Abs. 3 BetrVG definiert, diese Definition gilt auch für Auszubildende. Versetzung ist danach die Zuweisung eines anderen Arbeitsbereichs, die voraussichtlich die Dauer von einem Monat überschreitet *oder* die mit einer erheblichen Änderung der Umstände verbunden ist, unter denen die Arbeit zu leisten ist. Werden Arbeitnehmer nach der Eigenart ihres Arbeitsverhältnisses üblicherweise nicht ständig an einem bestimmten Arbeitsplatz beschäftigt, so gilt die Bestimmung des jeweiligen Arbeitsplatzes nicht als Versetzung.

90 In einem Betrieb mit mehreren **Filialen** ist einer Zuweisung einer anderen Ausbildungsstätte (Filiale oder Zentrale) mit einer erheblichen Änderung der Umstände verbunden, unter denen die Ausbildung zu leisten ist. Diese Zuweisung ist eine Versetzung im Sinne des § 95 Abs. 3 Satz 1 BetrVG. Die Zuweisung einer anderen Ausbildungsstätte gilt nur dann nicht als Versetzung, wenn sie in dem Filialbetrieb üblich und zur Erreichung des Ausbildungsziels sachlich geboten ist (§ 95 Abs. 3 Satz 2 BetrVG). Das ist bei ausbildungsbedingten turnusmäßigen Versetzungen von einer Filiale zur anderen oder zur Zentrale der Fall.[128]

c) Kündigung

91 Vor einer beabsichtigten Kündigung des Auszubildenden durch den Ausbildenden ist der Betriebsrat anzuhören (§ 102 BetrVG). Dies gilt unabhängig davon, zu welchem Zeitpunkt die Kündigung erfolgen soll, also auch bei einer Kündigung innerhalb der Probezeit

127 *BAG* 28.3.2000 – 1 ABR 16/99, NZA 2000, 1294.
128 *BAG* 3.12.1985 – 1 ABR 58/83, NZA 1986, 532.

(§ 22 Abs. 1 BBiG). Zur ordnungsgemäßen Anhörung des Betriebsrats ist es erforderlich, dass dem Betriebsrat im Einzelnen die Personaldaten des zu Kündigenden und die Gründe mitgeteilt werden, die aus Sicht des Arbeitgebers/Ausbildenden die Kündigung rechtfertigen sollen. Bei unterbliebener oder nicht ordnungsgemäßer Anhörung des Betriebsrats ist die Kündigung unwirksam (vgl. § 22 Rn. 22, 66).

VII. Streitigkeiten aus dem Berufsausbildungsverhältnis

1. Öffentlich-rechtliche und privat-rechtliche Streitigkeiten

Beim Verfahrensrecht und dem gerichtlichen Rechtsschutz ist wie folgt zu unterscheiden. 92
Bei einem **Streit der Vertragspartner** (Ausbildende und Auszubildende) aus dem privatrechtlichen Berufsausbildungsverhältnis ist der Rechtsweg zu den **Arbeitsgerichten** gegeben, gegebenenfalls mit dem vorgeschalteten Verfahren vor dem **Schlichtungsausschuss** (§ 111 Abs. 2 ArbGG; vgl. Rn. 95 ff.).

Bei einem Streit in der Rechtsbeziehung zwischen Auszubildenden und der zuständige 93
Stelle (siehe § 71 BBiG) oder zwischen Ausbildenden und der zuständige Stelle ist auf die **Funktion der zuständigen Stellen** abzustellen. Diese handeln als öffentlich-rechtliche Körperschaften. Auf ihre Verwaltungstätigkeit ist das VwVfG anzuwenden. Die Entscheidungen, die die zuständigen Stellen in Erfüllung der ihnen zugewiesenen Aufgaben im Einzelfall treffen, sind **Verwaltungsakte.** Für diese Rechtsstreitigkeiten ist der Rechtsweg zu den **Verwaltungsgerichten** gegeben. Grundsätzlich ist vorweg das **Widerspruchsverfahren** (§§ 68 ff. VwGO) durchzuführen.
Solche öffentlich-rechtlichen Streitigkeiten liegen zum Beispiel bei den folgenden Fallkonstellationen vor:
- Untersagung des Einstellens und Ausbildens (§ 33 BBiG),
- Entscheidung über den Antrag auf Kürzung der Ausbildungsdauer (§ 8 Abs. 1 BBiG);
- Entscheidung über den Antrag auf Verlängerung der Ausbildungsdauer (§ 8 Abs. 2 BBiG)
- Ablehnung der Eintragung oder Löschung im Verzeichnis der Berufsausbildungsverhältnisse (§ 35 BBiG),
- Nichtzulassung zur Abschlussprüfung (§ 43 BBiG),
- Bewertung der Abschlussprüfung (§ 37 BBiG).

Bestimmte Verstöße gegen das BBiG sind **Ordnungswidrigkeiten** (§ 101 BBiG), die mit 94
einer Geldbuße geahndet werden können. Gegen den Bußgeldbescheid (§ 65 OWiG) kann Einspruch eingelegt werden (§ 67 OWiG). Über diesen entscheidet das Amtsgericht, in dessen Bezirk die Behörde ihren Sitz hat (§ 68 OWiG). Gegen die Entscheidung des Amtsgerichts ist unter eingeschränkten Voraussetzungen die Rechtsbeschwerde an das OLG statthaft (§§ 79, 80 OWiG).

2. Rechtsstreitigkeiten zwischen Ausbildenden und Auszubildenden

Rechtsstreitigkeiten zwischen Ausbildenden und Auszubildenden aus dem privat-recht- 95
lichen Berufsausbildungsverhältnis sind entweder zunächst vor einem Schlichtungsausschuss (vgl. Rn. 96 ff.) oder – wenn ein solcher nicht besteht oder nicht zuständig ist (vgl. Rn. 103 ff.) – direkt vor dem Arbeitsgericht auszutragen (vgl. Rn. 130 ff.). Die Grundzüge dieser Verfahren werden im Folgenden dargestellt.

a) Verfahren vor dem Schlichtungsausschuss

96 Zur **Beilegung von Streitigkeiten zwischen Ausbildenden und Auszubildenden** aus einem bestehenden Berufsausbildungsverhältnis können gem. § 111 Abs. 2 Satz 1 ArbGG im Bereich des Handwerks die Handwerksinnungen (§ 67 Abs. 3 HwO; *nicht* die Handwerkskammern), im Übrigen die **zuständigen Stellen** (vgl. § 71 BBiG) Ausschüsse bilden, denen Arbeitgeber und Arbeitnehmer in gleicher Zahl angehören müssen (**Schlichtungsausschuss**). Zwar sind im Bereich des Handwerks die **Handwerksinnungen** und nicht die Handwerkskammern für die Bildung der Schlichtungsausschüsse zuständig, gleichwohl können die Schlichtungsausschüsse organisatorisch auch den Handwerkskammern zugeordnet werden. Ist ein Schlichtungsausschuss eingerichtet, ist dieser auch dann zuständig, wenn der entsprechende Ausbildungsbetrieb nicht Mitglied der betreffenden Handwerksinnung ist. Der Schlichtungsausschuss ist im Falle seiner Bildung ein Organ der zuständigen Stelle mit besonderem Aufgabenbereich, jedoch ohne rechtliche Eigenständigkeit.[129]

97 Die genannten Stellen »können«, müssen aber nicht entsprechende Schlichtungsausschüsse schaffen. Die Bildung der Schlichtungsausschüsse ist also nicht obligatorisch, sondern steht im Ermessen der zuständigen Stellen. Das ist **rechtspolitisch problematisch**, weil die Betroffenen, um ihre Rechtsschutzmöglichkeiten zu wahren, zunächst Ermittlungen anstellen müssen, ob ein solcher Schlichtungsausschuss gebildet worden ist oder nicht. Besteht bei der zuständigen Stelle ein Schlichtungsausschuss, muss zunächst dieser angerufen werden. Besteht er nicht, ist unmittelbar der Rechtsweg zu den Arbeitsgerichten eröffnet.

98 An der Regelung wird kritisiert, dass sie kompliziert und hinsichtlich der Einzelheiten umstritten sei. Auch bestünden **verfassungsrechtliche Bedenken**. Da die zuständigen Stellen frei entscheiden könnten, ob sie Schlichtungsausschüsse errichten oder nicht, sei ein gleichmäßiger Zugang zu den Gerichten nicht gegeben.[130] Deshalb wird vorgeschlagen, die Regelung abzuschaffen, mit der Folge, dass für alle Ausbildungsstreitigkeiten direkt die Arbeitsgerichte zuständig wären. Den Bedenken könnte man aber auch dadurch begegnen, dass die Einrichtung der Schlichtungsausschüsse obligatorisch, das heißt verpflichtend, ausgestaltet wäre.

99 Es darf jedoch nicht übersehen werden, dass die Schlichtungsausschüsse, so sie denn bestehen, für die Arbeitsgerichte einen Entlastungseffekt haben und eine sinnvolle Beilegung von Streitigkeiten ermöglichen. Es besteht etwa die Möglichkeit, dass der Konflikt anders als durch bloße Entscheidung über die Rechtsfrage bereinigt wird, zum Beispiel durch Vermittlung des Auszubildenden in ein anderes Ausbildungsverhältnis.[131]

aa) Zusammensetzung

100 § 111 Abs. 2 Satz 1 ArbGG bestimmt, dass dem Schlichtungsausschuss **Arbeitgeber und Arbeitnehmer in gleicher Zahl** angehören müssen. Die Bestimmungen des ArbGG über die Berufung von ehrenamtlichen Richtern (§§ 21 bis 23 ArbGG) sind analog an-

---

129 GMP/*Prütting*, ArbGG, § 111 Rn. 13.
130 HWK/*Kalb*, ArbGG, § 111 Rn. 4; GMP/*Prütting*, ArbGG, § 111 Rn. 71; a. A.: *Yalcin, in: Däubler/Deinert* KSchR, § 111 ArbGG Rn. 27; hinsichtlich des unterschiedlich ausgestalteten Rechtsschutzes bei einer Kündigung des Ausbildungsverhältnisses hat das *BAG* verfassungsrechtliche Einwände zurückgewiesen: *BAG* 23.7.2015 – 6 AZR 490/14, Rn. 52ff., NZA-RR 2015, 628.
131 *Yalcin, in: Däubler/Deinert* KSchR, § 111 ArbGG Rn. 1.

zuwenden.[132] Die Arbeitgeber und Arbeitnehmer sind also von den Gewerkschaften und Arbeitgebervereinigungen zu benennen, ohne dass die zuständige Stelle Einfluss auf die Auswahl oder Benennung dieser Vertreter nehmen darf.[133]

Die **Zahl der Mitglieder** des Schlichtungsausschusses ist gesetzlich nicht festgelegt und kann deshalb von der jeweils zuständigen Stelle festgelegt werden. Das muss aber abstrakt-generell geschehen, darf also nicht jeweils für den Einzelfall unterschiedlich geregelt werden. Es muss sich um die »**gleiche Zahl**« von Arbeitnehmern und Arbeitgebern handeln, ein Übergewicht einer Seite ist nicht zulässig. Da es um Rechtsstreitigkeiten zwischen Auszubildenden und Ausbildenden geht, ist es konsequent, dass nur diese beiden Seiten im Schlichtungsausschuss vertreten sind. Lehrer von berufsbildenden Schulen können deshalb nicht Mitglieder des Ausschusses sein. 101

Die Einzelheiten des Verfahrens und der Zusammensetzung des Schlichtungsausschusses kann die zuständige Stelle im Rahmen der gesetzlichen Vorgaben selbständig regeln. Insbesondere kann auch vorgesehen werden, dass zusätzlich zu den Arbeitnehmer- und Arbeitgeber-Vertretern ein **unparteiischer Vorsitzender** (neutraler Dritter) bestellt wird. Denkbar ist es auch, auf einen unparteiischen Vorsitzenden zu verzichten und den Schlichtungsausschuss nur mit Arbeitgeber- und Arbeitnehmer-Vertretern zu besetzen, wobei dann deren genaue Zahl festzulegen wäre. Wird kein unparteiischer Vorsitzender bestimmt, kann es zu einem Patt bei der Abstimmung über einen Spruch kommen, mit der Folge, dass das Schlichtungsverfahren nicht durch einen Spruch beendet werden kann (vgl. Rn. 112). 102

bb) Zuständigkeit

Der Schlichtungsausschuss ist, so er denn gebildet ist, zuständig für alle **Streitigkeiten zwischen Ausbildenden und Auszubildenden** aus einem bestehenden Berufsausbildungsverhältnis. Es geht um Streitigkeiten aus der privatrechtlichen Rechtsbeziehung zwischen Auszubildenden und Ausbildenden, die auf dem Ausbildungsvertrag beruht. Streitigkeiten der Ausbildenden oder Auszubildenden mit der zuständigen Stelle, zum Beispiel über einen Antrag auf Kürzung der Ausbildungsdauer (vgl. § 8 BBiG) oder über die Eignung der Ausbildungsstätte (vgl. § 27 BBiG), fallen nicht in die Zuständigkeit des Schlichtungsausschusses. 103

Der Schlichtungsausschuss ist zuständig für **Streitigkeiten aus einem »bestehenden« Berufsausbildungsverhältnis**. Solche liegen vor, wenn das Berufsausbildungsverhältnis besteht und zum Beispiel gestritten wird um: 104

- die Höhe der Ausbildungsvergütung,
- einen Anspruch auf Fortzahlung der Vergütung,
- einen Anspruch auf Freistellung,
- die Gewährung von Urlaub,
- Schadenersatzansprüche im bestehenden Ausbildungsverhältnis.

Streitigkeiten aus einem »bestehenden« Berufsausbildungsverhältnis liegen aber auch dann vor, wenn es darum geht, ob das Berufsausbildungsverhältnis noch (fort)besteht oder ob es aufgrund rechtsgeschäftlicher Erklärungen, etwa einer Kündigung, beendet 105

132 GMP/*Prütting*, ArbGG, § 111 Rn. 14.
133 *BAG* 18.10.1961 – 1 AZR 437/60, AP ArbGG 1953 § 111 Nr. 1.

ist.[134] Der Schlichtungsausschuss ist, so er denn besteht, deshalb auch zuständig, wenn darum gestritten wird,
- ob sich das Berufsausbildungsverhältnis nach dem Nichtbestehen der Abschlussprüfung gem. § 21 Abs. 3 BBiG verlängert hat (vgl. § 21 Rn. 32 ff.), oder wenn im Streit ist,
- ob das Berufsausbildungsverhältnis durch einen Aufhebungsvertrag oder durch
- eine Kündigung (§ 22 BBiG) beendet worden ist.

106 Eine Streitigkeit aus einem »bestehenden« Berufsausbildungsverhältnis liegt nicht vor, der **Schlichtungsausschuss ist nicht zuständig**, wenn das Berufsausbildungsverhältnis nach Auffassung beider Vertragsparteien beendet ist und um **Ansprüche aus dem beendeten Berufsausbildungsverhältnis** gestritten wird. Das ist der Fall, wenn zum Beispiel gestritten wird, ob:
- ein Anspruch auf Schadensersatz bei vorzeitiger Beendigung (§ 23 BBiG) besteht,
- das erteilte Zeugnis (§ 16 BBiG) ordnungsgemäß ist,
- ein Anspruch auf Weiterbeschäftigung in einem Arbeitsverhältnis (§ 24 BBiG) besteht.

107 **Sachlich und örtlich zuständig** ist der Schlichtungsausschuss der Stelle, bei welcher der Berufsausbildungsvertrag im Verzeichnis der Berufsausbildungsverhältnisse (§§ 34 bis 36 BBiG) eingetragen ist. Ist eine Eintragung noch nicht erfolgt, ist die Stelle maßgebend, bei der die Eintragung vorzunehmen ist.[135]

cc) Verfahrensablauf

108 Der Schlichtungsausschuss hat die Parteien mündlich zu hören (§ 111 Abs. 2 Satz 2 ArbGG). Es muss also eine **mündliche Anhörung/Verhandlung** stattfinden, dabei können sich die Parteien durch Bevollmächtigte, auch durch einen Rechtsanwalt, vertreten lassen (§ 11 Abs. 1 ArbGG analog). Den Parteien muss die Möglichkeit gegeben werden, sich zu äußern. Ob sie hiervon Gebrauch machen, ist für die Rechtmäßigkeit des Spruchs des Schlichtungsausschusses ohne Bedeutung.[136]

109 Ziel der mündlichen Verhandlung ist die umfassende Erörterung des Sach- und Streitstandes und nach Möglichkeit eine **einvernehmliche Regelung** der Parteien. Wie sich aus § 111 Abs. 2 Satz 6 ArbGG ergibt, können die Parteien insbesondere einen **Vergleich** schließen. Das ist in der Praxis der Regelfall.

110 Sofern sich die Parteien nicht einigen, entscheidet der Schlichtungsausschuss durch einen **Spruch**. Dies gilt auch dann, wenn eine Partei nicht erscheint. Es ergeht in dem Fall keine Säumnisentscheidung, sondern es wird in der Sache selbst entschieden.[137]

111 Ergeht ein **Spruch**, muss dieser **schriftlich** abgefasst, mit Gründen und einer **Rechtsmittelbelehrung** (vgl. Rn. 117 f.) versehen und von allen Mitgliedern des Ausschusses **unterschrieben** sowie den **Beteiligten zugestellt werden.**[138]

112 Der Schlichtungsausschuss kann in seinem Spruch dem Antrag einer Partei ganz oder teilweise stattgeben, ihn ganz oder teilweise zurückweisen oder (bei einem Patt bei der Abstimmung der Mitglieder des Schlichtungsausschusses) auch feststellen, dass **weder**

---

134 *BAG* 18.10.1961 – 1 AZR 437/60, AP ArbGG 1953 § 111 Nr. 1; *BAG* 25.11.1976 – 2 AZR 751/75, AP BBiG § 15 Nr. 4.

135 GMP/*Prütting*, ArbGG, § 111 Rn. 18; *Zimmermann*, in: Natter/Gross, ArbGG, § 111 Rn. 13.

136 GMP/*Prütting*, ArbGG, § 111 Rn. 29 ff.

137 HWK/*Kalb*, ArbGG, § 111 Rn. 19; GMP/*Prütting*, ArbGG, § 111 Rn. 31; *Yalcin, in: Däubler/Deinert* KSchR, § 111 ArbGG Rn. 5.

138 HWK/*Kalb*, ArbGG, § 111 Rn. 21; GMP/*Prütting*, ArbGG, § 111 Rn. 36; *Yalcin, in: Däubler/Deinert*, KSchR, § 111 ArbGG Rn. 9 f.

ein Spruch noch eine Einigung möglich war.[139] Die Parteien können anschließend, wenn sie mit der Entscheidung des Schlichtungsausschusses nicht einverstanden sind, Klage vor dem Arbeitsgericht erheben (vgl. Rn. 116ff.).

Der Spruch erwächst in **materielle Rechtskraft** (das heißt: ist für beide Seiten verbindlich) 113
und ist vollstreckbar nur dann, wenn er von **beiden Parteien anerkannt** wird.[140] Die **Anerkennung des Spruchs** durch die Parteien muss ausdrücklich erklärt werden. Schlüssiges (konkludentes) Handeln reicht nicht. Es ist nicht erforderlich, dass die Parteien den Spruch als inhaltlich richtig anerkennen. »Anerkennung« bedeutet lediglich, dass der Spruch des Schlichtungsausschusses von beiden Seiten als bindend angesehen, also hingenommen wird. Dementsprechend reicht die Erklärung, sich mit dem Spruch abfinden zu wollen.[141] Die Anerkennungserklärung kann nicht widerrufen oder angefochten werden und darf nicht mit einer Bedingung verbunden werden.[142] Die Anerkennung muss durch beide Seiten erklärt werden, eine einseitige Anerkennung reicht nicht. Die Anerkennung des Spruchs muss binnen einer **Frist von einer Woche** erfolgen (§ 111 Abs. 2 Satz 3 ArbGG). Die Frist beginnt mit der Zustellung des Schlichtungsspruchs; die Anerkennung kann aber schon vorher, etwa nach der Verkündung des Spruchs, erklärt werden.[143] Mit der fristgemäßen Anerkennung des Spruchs durch beide Seiten wird der Spruch bindend für beide Seiten und ist damit rechtswirksam. Eine nach dieser Frist erfolgte Anerkennung vermag die Wirksamkeit des Spruchs nicht mehr herbeizuführen. Eine verspätete Anerkennung kann aber als Angebot zum Abschluss eines außergerichtlichen Vergleichs verstanden werden, dass die Gegenseite annehmen kann oder auch nicht.[144]

Die den Beteiligten entstehenden **Kosten** durch das Verfahren vor dem Schlichtungsaus- 114
schuss (zum Beispiel durch die Einschaltung eines Rechtsanwalts) haben diese, mangels anderer Regelung, selbst zu tragen. Eine Bewilligung von **Prozesskostenhilfe** ist *nicht* möglich, da die entsprechenden Vorschriften nur für die Anrufung staatlicher Gerichte gelten.[145]

dd) Zwangsvollstreckung

Aus Vergleichen, die vor dem Schlichtungsausschluss geschlossen worden sind, und 115
aus Sprüchen des Ausschusses, die von beiden Seiten anerkannt worden sind, findet die **Zwangsvollstreckung** statt (§ 111 Abs. 2 Satz 6 ArbGG). Gem. § 111 Abs. 2 Satz 7 ArbGG gelten die §§ 107 und 109 ArbGG entsprechend, so dass der Vergleich oder der Spruch zunächst vom Arbeitsgericht für vollstreckbar erklärt werden muss, bevor aus ihm die Zwangsvollstreckung betrieben werden kann.[146]

---

139 HWK/*Kalb*, ArbGG, § 111 Rn. 22; *Taubert*, BBiG, § 22 Rn. 163.
140 HWK/*Kalb*, ArbGG, § 111 Rn. 23; GMP/*Prütting*, ArbGG, § 111 Rn. 41.
141 GMP/*Prütting*, ArbGG, § 111 Rn. 48; *Zimmermann*, in: Natter/Gross, ArbGG, § 111 Rn. 32.
142 HWK/*Kalb*, ArbGG, § 111 Rn. 24.
143 HWK/*Kalb*, ArbGG, § 111 Rn. 25.
144 HWK/*Kalb*, ArbGG, § 111 Rn. 25.
145 HWK/*Kalb*, ArbGG, § 111 Rn. 37; GMP/*Prütting*, ArbGG, § 111 Rn. 69; *Yalcin, in: Däubler/Deinert*, KSchR, § 111 ArbGG Rn. 7.
146 GMP/*Prütting*, ArbGG, § 111 Rn. 56ff.; *Yalcin, in: Däubler/Deinert*, KSchR, § 111 ArbGG Rn. 15ff.

ee) Spruch des Schlichtungsausschusses und Klage vor dem Arbeitsgericht

116 Wird der vom Ausschuss gefällte **Spruch nicht** innerhalb einer Woche von beiden Parteien **anerkannt**, so kann nur binnen zwei Wochen nach ergangenem Spruch **Klage** beim zuständigen Arbeitsgericht erhoben werden (§ 111 Abs. 2 Satz 3 ArbGG). Es geht um eine Klage in der Sache, nicht gegen den Spruch.[147] Deshalb sind die normalen Klageanträge zu stellen, die auch sonst bei Nichtdurchführung eines Schlichtungsverfahrens gestellt worden wären. Einer Aufhebung des Spruchs des Schlichtungsausschusses bedarf es nicht, weil dieser mangels Anerkennung nicht rechtskräftig geworden ist.[148]

117 Die **Klage** muss **binnen zwei Wochen nach Zustellung des Spruchs** erhoben werden, dabei handelt es sich um eine prozessuale Ausschlussfrist.[149] Eine nach Ablauf der Zwei-Wochen-Frist, also verspätet erhobene Klage, ist unzulässig. Wurde die Frist ohne Verschulden versäumt, kann eine Wiedereinsetzung in vorherigen Stand beantragt werden (§ 233 ZPO in Verbindung mit § 46 Abs. 2 ArbGG). Über die Klagemöglichkeit und das zuständige Arbeitsgericht nebst Anschrift und die einzuhaltende Frist und Form hat der Schlichtungsausschuss mit dem Spruch schriftlich eine **Rechtsmittelbelehrung** zu erteilen und diese zu unterschreiben (§§ 111 Abs. 2 Satz 4 ArbGG i. V. m. § 9 Abs. 5 ArbGG).

118 **Muster für eine Rechtsmittelbelehrung:**[150]

Wird dieser Spruch nicht von beiden Parteien anerkannt, ist er wirkungslos. Die Streitsache muss dann innerhalb von zwei Wochen ab der Zustellung dieses Spruchs im Wege der Klage beim zuständigen Arbeitsgericht schriftlich, durch ein elektronisches Dokument gemäß § 46a Arbeitsgerichtsgesetz oder durch Erklärung zu Protokoll der Geschäftsstelle anhängig gemacht werden. Die Klage muss die Parteien des Verfahrens und das angerufene Gericht bezeichnen. Ferner hat sie in bestimmter Form sowohl den Grund des Streitgegenstandes anzugeben als auch einen Antrag zu enthalten. Zuständig ist das Arbeitsgericht … (Bezeichnung und Anschrift des zuständigen Arbeitsgerichts).

119 Fehlt die Rechtsmittelbelehrung oder ist diese nicht ordnungsgemäß im Sinne des § 9 Abs. 5 ArbGG, fehlt zum Beispiel die Unterschrift, so gilt für die Klage die **Jahresfrist** des § 9 Abs. 5 ArbGG.[151]

120 Auch wenn eine Schlichtung vor dem Schlichtungsausschuss stattgefunden hat, findet nach Klageerhebung vor dem **Arbeitsgericht** zunächst eine **Güteverhandlung** statt. Der § 111 Abs. 2 Satz 8 ArbGG, der Gegenteiliges vorsah, ist durch das Arbeitsgerichtsbeschleunigungsgesetz vom 30. 3. 2000 (BGBl. I S. 333) mit Wirkung vom 1. 5. 2000 gestrichen worden.

ff) Verhältnis von Schlichtungs- und gerichtlichem Verfahren

121 **Besteht ein Schlichtungsausschuss**, muss zunächst dieser angerufen werden (vgl. § 111 Abs. 2 Satz 5 ArbGG). Die vor Anrufung des Schlichtungsausschusses eingereichte **Klage** ist **unzulässig**, sie wird aber nachträglich zulässig, wenn das nach Klageerhebung ein-

---

147 *BAG* 9. 10. 1979 – 6 AZR 776/77, AP ArbGG 1953 § 111 Nr. 3.
148 HWK/*Kalb*, ArbGG, § 111 Rn. 31.
149 HWK/*Kalb*, ArbGG, § 111 Rn. 35; *Zimmermann*, in: Natter/Gross, ArbGG, § 111 Rn. 38.
150 Formulierungsvorschlag laut *Yalcin, in: Däubler/Deinert*, KSchR, § 111 ArbGG Rn. 14.
151 *BAG* 30. 9. 1998 – 5 AZR 690/97, NZA 1999, 265.

geleitete Schlichtungsverfahren beendet und der Spruch nicht anerkannt wurde.[152] Bei der vorherigen Anrufung des Schlichtungsausschusses handelt es sich eine **unverzichtbare Prozessvoraussetzung** für die Klage, die auch ohne Rüge der Parteien von Amts wegen zu prüfen ist.[153] Die Parteien können nicht auf die Durchführung des Schlichtungsverfahrens verzichten. Sie können auch nicht durch eine rügelose Einlassung im arbeitsgerichtlichen Verfahren die Zuständigkeit des Schlichtungsausschusses umgehen.[154] Wenn allerdings der **Schlichtungsausschuss den ordnungsgemäßen Abschluss des Schlichtungsverfahrens verweigert**, weil er sich zum Beispiel nicht für zuständig hält oder entgegen § 111 Abs. 2 Satz 3 ArbGG keinen Spruch fällt, kann das Unterbleiben einer Entscheidung dem Antragsteller nicht angelastet werden und es darf unmittelbar Klage zum Arbeitsgericht erhoben werden.[155]

Besteht kein Schlichtungsausschuss oder ist dieser nicht zuständig (vgl. Rn. 103 ff.), ist unmittelbar das **Arbeitsgericht** anzurufen (vgl. zur Wahrung der Klagefrist bei einer Kündigungsschutzklage Rn. 124 ff.). Wenn der Schlichtungsausschuss es ablehnt, ein Verfahren durchzuführen (zum Beispiel, weil er sich nicht für zuständig hält), kann ebenfalls unmittelbar das Arbeitsgericht angerufen werden, selbst wenn die Ablehnung rechtlich unzutreffend war.[156] 122

Da eine **einstweilige Verfügung** (zum Beispiel auf tatsächliche Ausbildung) vom Schlichtungsausschuss nicht rechtswirksam erlassen werden kann, kann insoweit das Arbeitsgericht direkt angerufen werden, auch wenn ein Schlichtungsausschuss besteht.[157]

Für das **Verhältnis von Schlichtungs- und gerichtlichem Verfahren** gilt Folgendes:[158] 123

- Das Schlichtungsverfahren wurde durch Spruch beendet, dieser wurde nicht von beiden Parteien anerkannt und fristgemäß Klage erhoben. In dem Fall ist der Spruch ohne Wirkung.
- Das Schlichtungsverfahren wurde durch Spruch beendet, dieser wurde nicht von beiden Parteien anerkannt, aber innerhalb der Klagefrist wurde keine Klage erhoben. Wegen Versäumung der prozessualen Klagefrist, wäre eine Klage mit demselben Streitgegenstand unzulässig. Es tritt aber keine Rechtskraft ein, so dass bei einem Rechtsstreit um einen anderen Streitgegenstand (zum Beispiel Vergütungsansprüche) die vom Ausschuss entschiedene Frage (zum Beispiel Rechtswirksamkeit einer Kündigung) als Vorfrage vom Gericht anders entschieden werden kann.[159]
- Wurde das Verfahren durch Spruch beendet, der von beiden Parteien anerkannt wurde, liegt eine rechtskräftige Entscheidung vor, die auch für Folgeverfahren bindend ist.
- Bei einem Vergleich vor dem Schlichtungsausschuss ist das Verfahren über den jeweiligen Streitgegenstand abgeschlossen, eine Klage vor dem Arbeitsgericht wäre unzulässig.

---

152 *BAG* 12.2.2015 – 6 AZR 845/13, Rn. 24, NZA 2015, 741; *BAG* 25.11.1976 – 2 AZR 751/75, AP BBiG § 15 Nr. 4.

153 *BAG* 23.7.2015 – 6 AZR 490/14, Rn. 14, NZA-RR 2015, 628; *BAG* 12.2.2015 – 6 AZR 845/13, Rn. 24, NZA 2015, 741; *BAG* 26.1.1999 – 2 AZR 134/98, AP KSchG 1969 § 4 Nr. 43; *BAG* 13.4.1989 – 2 AZR 441/88, AP KSchG 1969 § 4 Nr. 21.

154 GMP/*Prütting*, ArbGG, § 111 Rn. 20 *Yalcin, in: Däubler/Deinert*, KSchR, § 111 ArbGG Rn. 19; a. A.: HWK/*Kalb*, ArbGG, § 111 Rn. 12; *Taubert*, BBiG, § 22 Rn. 140.

155 *BAG* 22.2.2018, 6 AZR 50/17, Rn. 10, NZA 2018, 575; *BAG* 12.2.2015, 6 AZR 845/13, Rn. 25, NZA 2015, 741.

156 GMP/*Prütting*, ArbGG, § 111 Rn. 21.

157 *LAG Rheinland-Pfalz* 9.3.2017 – 2 SaGa 2/17; GMP/*Prütting*, ArbGG, § 111 Rn. 63; *Zimmermann*, in: Natter/Gross, ArbGG, § 111 Rn. 12.

158 *Yalcin, in: Däubler/Deinert*, KSchR, § 111 ArbGG Rn. 20.

159 *BAG* 9.10.1979 – 6 AZR 776/77, AP ArbGG 1953 § 111 Nr. 3.

- Ist streitig, ob der Vergleich materiell wirksam ist, kann das nur vor dem Arbeitsgericht mittels Klage geklärt werden. Gleiches gilt, wenn streitig ist, ob die Anerkennung materiell wirksam ist.
- Werden im Nachhinein Einwendungen gegen einen anerkannten Spruch oder gegen einen Vergleich geltend gemacht, so sind diese durch Klage vor dem Arbeitsgericht unter den Voraussetzungen der Vollstreckungsabwehrklage (§ 767 ZPO) geltend zu machen.

gg) Schlichtungsverfahren und materielles Recht

124 Wer gegen die Kündigung eines Arbeitsverhältnisses vorgehen will, muss grundsätzlich die **Klagefrist von drei Wochen** einhalten (§ 4 KSchG). § 111 Abs. 2 ArbGG stellt insofern eine Sonderregelung dar. Da § 111 Abs. 2 ArbGG eine Klagefrist nicht vorsieht, gilt die Klagefrist des § 4 KSchG *nicht* bei der **Kündigung eines Berufsausbildungsverhältnisses**, wenn ein **Schlichtungsausschuss** besteht.[160]

125 Die Möglichkeit der Anrufung des Schlichtungsausschusses kann aber nach dem Grundsatz von Treu und Glauben **verwirken** (§ 242 BGB). Da die Klagefrist von drei Wochen gerade nicht gilt, kann diese Frist auch nicht als »Verwirkungsfrist« angesehen werden, sodass eine Verwirkung erst nach dem Ablauf einer längeren Zeitspanne denkbar ist.[161]

126 **Besteht kein Schlichtungsausschuss**, ist ein Rechtsschutz gegen eine Kündigung des Berufsausbildungsverhältnisses nur über die Anrufung des Arbeitsgerichts möglich. Deshalb gilt dann die gesetzliche **Klagefrist** des § 4 KSchG (drei Wochen nach Zugang der Kündigung).[162] Gegebenenfalls muss sich der Betroffene nach Erhalt einer Kündigung bei der zuständigen Stelle erkundigen, ob ein Schlichtungsausschuss gebildet ist. Im Zweifelsfall empfiehlt es sich, innerhalb der Klagefrist Klage beim Arbeitsgericht zu erheben und (falls sich herausstellt, dass doch ein Schlichtungsausschuss besteht) die Aussetzung des Klageverfahrens beim Arbeitsgericht zu beantragen, bis das Schlichtungsverfahren abgeschlossen ist. Versäumt der Auszubildende nach Erhalt einer Kündigung die Frist für die Klageerhebung beim Arbeitsgericht, weil er nicht zügig Erkundigen einholt, ob ein Schlichtungsausschuss besteht, geht dies zu seinen Lasten.[163] Allerdings soll nach dem *BAG* bei **Nichteinhaltung der Klagefrist** des § 4 KSchG eine großzügige Anwendung der Möglichkeit der nachträglichen Klagezulassung (§ 5 KSchG) geboten sein.[164] Insbesondere seien das jugendliche Alter und die Unerfahrenheit eines Auszubildenden im Arbeitsleben unter Berücksichtigung verfassungsrechtlicher Vorgaben angemessen zu berücksichtigen.[165]

127 Häufig gelten tarifliche oder einzelvertragliche **Ausschlussfristen** (vgl. § 11 Rn. 71 ff.). Diese sehen vor, dass Ansprüche aus dem Arbeitsverhältnis/Berufsausbildungsverhältnis verfallen, wenn sie nicht rechtzeitig geltend gemacht werden. Findet ein entsprechender Tarifvertrag Anwendung und gelten die Ausschlussfristen auch für Ansprüche aus dem

---

160 *BAG* 23.7.2015 – 6 AZR 490/14, NZA-RR 2015, 628; *BAG* 13.4.1989 – 2 AZR 441/88, AP KSchG 1969 § 4 Nr. 21; vgl. zum Streitstand ausführlich GMP/*Prütting*, ArbGG, § 111 Rn. 22 ff.; *Taubert* BBiG, § 22 Rn. 143 ff.

161 Vgl. *BAG* 23.7.2015 – 6 AZR 490/14, Rn. 54 ff., NZA-RR 2015, 628; *Yalcin, in: Däubler/Deinert*, KSchR, § 111 ArbGG Rn. 22; a. A.: APS/*Biebl*, § 111 ArbGG Rn. 9.

162 *BAG* 23.7.2015 – 6 AZR 490/14, NZA-RR 2015, 628; *BAG* 5.7.1990 – 2 AZR 53/90, AP KSchG 1969 § 4 Nr. 23; *BAG* 26.1.1999 – 2 AZR 134/98, AP KSchG 1969 § 4 Nr. 43.

163 *LAG Berlin* 30.6.2003 – 6 Ta 1276/03, MDR 2004, 160.

164 *BAG* 23.7.2015 – 6 AZR 490/14, Rn. 60, NZA-RR 2015, 628.

165 *BAG* 26.1.1999 – 2 AZR 134/98, NZA 1999, 934.

Berufsausbildungsverhältnis[166] oder ist einzelvertraglich eine Ausschlussfrist wirksam vereinbart, ist häufig zu unterscheiden zwischen der schriftlichen oder gerichtlichen Geltendmachung von Ansprüchen. Für die **schriftliche Geltendmachung** gilt bei der Einschaltung des Schlichtungsausschusses keine Besonderheit. Da die (schriftliche) Geltendmachung gegenüber dem Anspruchsgegner zu erfolgen hat, ist der Zugang der Geltendmachung bei diesem und nicht beim Schlichtungsausschuss entscheidend. Verlangen die Ausschlussfristen eine **»gerichtliche« Geltendmachung**, kann diese, wenn ein Schlichtungsausschuss besteht, durch die Anrufung des Schlichtungsausschusses gewahrt werden, weil dann eine Klage zunächst unzulässig wäre (vgl. Rn. 121). Denkbar ist aber auch, insoweit davon auszugehen, dass die Ausschlussfristen, soweit sie eine gerichtliche Geltendmachung verlangen, einschränkend dahin auszulegen sind, dass diese keine Anwendung finden, soweit ein Schlichtungsausschuss gebildet ist, weil die Anrufung eines »Gerichts« unmöglich ist und die Anrufung des Ausschusses dem nicht gleichsteht.[167] Es sollte vorsorglich (die zunächst unzulässige) Klage vor dem Arbeitsgericht erhoben werden.

Die **Verjährung** von Ansprüchen aus dem Berufsausbildungsverhältnis wird durch eine Klage vor dem Arbeitsgericht gehemmt (§ 204 Abs. 1 Nr. 1 BGB), auch wenn die Klage vor Abschluss des Schlichtungsverfahrens unzulässig ist. Da der Schlichtungsausschuss als Organ der zuständigen Stelle einer »Behörde« (vgl. § 204 Abs. 1 Nr. 12 BGB) gleichsteht, kann auch durch einen Antrag vor dem Schlichtungsausschuss die Verjährung unterbrochen werden.[168] **128**

Weitere **materiell-rechtliche Wirkungen**, die an eine gerichtliche Geltendmachung geknüpft werden (zum Beispiel das Entstehen von Prozesszinsen, § 291 BGB), können durch die Anrufung des Schlichtungsausschusses nicht eintreten, da der Ausschuss kein Gericht ist.[169] **129**

b) Verfahren vor dem Arbeitsgericht

Besteht kein Schlichtungsausschuss (vgl. Rn. 95 ff.), so sind Rechtsstreitigkeiten aus dem Berufsausbildungsverhältnis unmittelbar vor den Gerichten für Arbeitssachen auszutragen. Als erste Instanz zuständig ist das Arbeitsgericht. Streitigkeiten aus dem Berufsausbildungsverhältnis werden im sog. Urteilsverfahren (§ 2 ArbGG) ausgetragen. **130**

Das Verfahren wird eingeleitet durch die schriftliche **Klageerhebung**. In erster Instanz vor dem Arbeitsgericht besteht kein Vertretungszwang, sowohl die Auszubildenden als auch die Ausbildenden können den Rechtsstreit selbst führen. Sie können sie aber auch vertreten lassen (§ 11 ArbGG), und zwar durch jede andere Person, der eine schriftliche Vollmacht erteilt werden muss oder durch einen Rechtsanwalt. Man kann sich auch durch sog. Verbandsvertreter vertreten lassen, wenn man Mitglied des Verbandes (Gewerkschaft oder Arbeitgeberverband) ist. **131**

Die Verhandlungen vor dem Arbeitsgericht finden mündlich statt. Die mündliche Verhandlung beginnt mit einer Verhandlung vor dem Vorsitzenden zum Zwecke der gütlichen Einigung (**Güteverhandlung**). Kommt es zu keiner Einigung und endet der Rechtsstreit nicht anderweitig (zum Beispiel durch Klagerücknahme oder Anerkennung **132**

166 *BAG* 25.7.2002 – 6 AZR 381/00, AP BBiG § 5 Nr. 9 = DB 2003, 510.
167 *Yalcin, in: Däubler/Deinert,* KSchR, § 111 ArbGG Rn. 23.
168 GMP/*Prütting,* ArbGG, § 111 Rn. 26f.; *Yalcin, in: Däubler/Deinert,* KSchR, § 111 ArbGG Rn. 24.
169 GMP/*Prütting,* ArbGG, § 111 Rn. 28; *Yalcin, in: Däubler/Deinert,* KSchR, § 111 ArbGG Rn. 26.

des Klageanspruchs), findet eine Verhandlung vor der Kammer (unter Einbeziehung der Ehrenamtlichen Richter) statt, die schriftlich vorzubereiten ist (§ 56 ArbGG). Im Kammertermin können sich die Parteien wiederum gütlich einigen, häufig wird ein Vergleich geschlossen, sonst wird durch Urteil, gegebenenfalls nach einer Beweisaufnahme (zum Beispiel Vernehmung von Zeugen), entschieden.

133 Gegen ein Urteil des Arbeitsgerichts kann **Berufung** eingelegt werden, wenn das Arbeitsgericht die Berufung zugelassen hat oder der Beschwerdewert 600 Euro übersteigt oder um das Bestehen, Nichtbestehen oder die Kündigung eines Arbeitsverhältnisses oder Berufsausbildungsverhältnisses gestritten wird (§ 64 ArbGG). Für die Einlegung der Berufung und der Begründung der Berufung gelten bestimmte Fristen und Formvorschriften. Zuständig für die Verhandlung über die Berufung ist das **Landesarbeitsgericht**. Vor diesem besteht Vertretungszwang, die Parteien können sich nicht mehr wirksam selbst vertreten. Auch vor dem Landesarbeitsgericht kann der Rechtsstreit durch einen Vergleich beendet werden. Geschieht das nicht oder wird das Verfahren in anderer Weise beendet, entscheidet das Landesarbeitsgericht durch Urteil (§ 69 ArbGG).

134 Nur in Ausnahmefällen ist gegen das Urteil eines Landesarbeitsgerichts ein weiteres Rechtsmittel, die **Revision** (§ 72 ArbGG), gegeben, wenn das Landesarbeitsgericht die Revision zugelassen hat. Über die Revision entscheidet das **Bundesarbeitsgericht** mit Sitz in Erfurt. Vor dem Bundesarbeitsgericht besteht Anwaltszwang. Hat das Landesarbeitsgericht die Revision nicht zugelassen, kann diese Entscheidung unter bestimmten Voraussetzungen selbständig durch eine sog. Nichtzulassungsbeschwerde angefochten werden, über die das Bundesarbeitsgericht entscheidet (§ 72a ArbGG).

c) Zuständigkeit der Arbeitsgerichte

135 Die Gerichte für Arbeitssachen sind unter anderem zuständig für bürgerliche Rechtsstreitigkeiten zwischen Arbeitnehmern und Arbeitgebern (§ 2 Abs. 1 Nr. 3 ArbGG). Als Arbeitnehmer im Sinne des ArbGG gelten auch **die zu ihrer Berufsausbildung Beschäftigten** (§ 5 Abs. 1 Satz 1 ArbGG). Unter Berufsausbildung im Sinne des § 5 Abs. 1 Satz 1 ArbGG sind alle Bereiche der Berufsbildung nach § 1 Abs. 1 BBiG zu verstehen, also nicht nur die Berufsausbildung im engeren Sinne. Eine Beschäftigung zur Berufsausbildung liegt auch vor, wenn der Betreffende auf Grund eines privatrechtlichen Vertrags im Dienst einer anderen Person Arbeit leistet und dies außerhalb der betrieblichen Berufsbildung erfolgt. Der Beschäftigte muss dabei dem Weisungsrecht des Ausbildenden hinsichtlich des Inhalts, der Zeit und des Ortes der Tätigkeit unterworfen sein.[170]

136 Geht es nicht um ein Berufsausbildungsverhältnis, aber um eine Fortbildung oder Umschulung im Sinne des § 1 BBiG, kommt zwar die Zuständigkeit eines Schlichtungsausschusses (§ 111 Abs. 2 ArbGG) nicht in Betracht, aber gleichwohl kann die Arbeitsgerichtsbarkeit für entsprechende Streitigkeiten zuständig sein. Auch für Streitigkeiten aus einem **Fortbildungs- oder Umschulungsverhältnis** kann deshalb der Rechtsweg zu den Arbeitssachen eröffnet sein, wenn der Betreffende aufgrund eines privat-rechtlichen Vertrags im Dienst eines anderen tätig ist.[171]

---

170 *BAG* 15.4.2015 – 9 AZB 10/15, Rn. 15; *BAG* 24.9.2002 – 5 AZB 12/02, AP ArbGG 1979 § 5 Nr. 56.

171 *BAG* 24.9.2002 – 5 AZB 12/02, AP ArbGG 1979 § 5 Nr. 56; *BAG* 24.2.1999 – 5 AZB 10/98, NZA 1999, 557; *BAG* 21.5.1997 – 5 AZB 30/96, NZA 1997, 1013; *LAG Köln* 7.11.2019 – 9 Ta 179/19, NZA-RR 2020, 211.

Das gilt auch für **Praktikanten** und **Volontäre**, sofern das Praktikum nicht Teil einer öffentlich-rechtlich geregelten Schul-, Hochschul- oder Universitätsausbildung ist. Auch wenn **Berufsakademiestudenten**, deren Ausbildung an der Studienakademie (Lernort Theorie) und an einer betrieblichen Ausbildungsstätte stattfindet, nicht in den Geltungsbereich des BBiG fallen,[172] können sie gleichwohl im Rahmen der betrieblichen Ausbildung zu ihrer Berufsausbildung beschäftigt und deshalb Arbeitnehmer im Sinne des § 5 Abs. 1 Satz 1 ArbGG sein. Sie sind während der betrieblichen Ausbildung zu ihrer Berufsausbildung beschäftigt, wenn sie einem Weisungsrecht des Ausbildenden unterliegen.[173] 137

Es kommt entscheidend darauf an, ob der »Auszubildende« (im weiteren Sinne) aufgrund eines privatrechtlichen Vertrags »beschäftigt« wird. Das kommt auch außerhalb der betrieblichen Berufsbildung gem. § 2 Abs. 1 BBiG in Betracht.[174] Das gilt auch für die Ausbildung zum Kranken-/Gesundheits- oder Altenpfleger, die an Berufsfachschulen stattfindet. Für Rechtsstreitigkeiten aus diesen Ausbildungsverhältnissen sind die Arbeitsgerichte zuständig.[175] Für die Stellung als »Beschäftigter« i. S. d. § 5 Abs. 1 Satz 1 ArbGG ist weder der Lernort noch die Lehrmethode entscheidend, sondern der Inhalt des Vertrags. Es kommt nicht entscheidend darauf an, wo und wie die »Ausbildung« im weiteren Sinne erfolgt. Ob sie im Betrieb, in der Schule oder in einer sonstigen Einrichtung erfolgt, ist ebenso wenig maßgebend wie die Frage, ob sie überwiegend praktisch, innerhalb eines laufenden Produktions- oder Dienstleistungsprozesses oder überwiegend theoretisch, systematisch geordnet und lehrplanmäßig außerhalb eines solchen Prozesses durchgeführt wird. Es kommt vielmehr darauf an, ob die Parteien des Ausbildungsvertrags für die Dauer der »Ausbildung« Rechte und Pflichten begründet haben, die über den reinen Leistungsaustausch hinausgehen und das Ausbildungsverhältnis in die Nähe des Arbeitsverhältnisses rücken. Auch Auszubildende in berufsbildenden Schulen und »**sonstigen Berufsbildungseinrichtungen**« können im Sinne des § 5 Abs. 1 Satz 1 ArbGG »zu ihrer Berufsausbildung Beschäftigte« sein.[176] 138

Auch Auszubildende oder Umschüler in **überbetrieblichen Ausbildungseinrichtungen** gehören zu diesem Personenkreis der zur Berufsausbildung Beschäftigten i. S. d. § 5 Abs. 1 Satz 1 ArbGG. Die vom *BAG* im Bereich der Betriebsverfassung gemachte Einschränkung,[177] nach der Auszubildende nicht zu den Arbeitnehmern solcher Ausbildungseinrichtungen gehören, ist für die Frage der Zuständigkeit der Arbeitsgerichte ohne Belang.[178] 139

Wird in Rahmen des **Strafvollzugs** zwischen dem Träger der Vollzugsanstalt und einem Strafgefangenen ein Berufsausbildungsverhältnis begründet, handelt es sich hierbei nicht um ein privatrechtliches, sondern um ein **öffentlich-rechtliches Rechtsverhältnis**, für das die Gerichte für Arbeitssachen nicht zuständig sind.[179] Etwas anderes gilt bei einer Umschulungsvereinbarung, die mit Genehmigung des Leiters der Justizvollzugsanstalt zwischen einem Strafgefangenen und einem privat-rechtlichen Umschulungsträger ge- 140

172 *BAG* 16.10.2002 – 4 AZR 429/01, AP TVG § 1 Tarifverträge: Metallindustrie Nr. 181.
173 *BAG* 27.9.2006 – 5 AZB 33/06, NZA 2006, 1432.
174 *BAG* 24.9.2002 – 5 AZB 12/02, AP ArbGG 1979 § 5 Nr. 56.
175 Vgl. *LAG Mecklenburg-Vorpommern* 7.3.2014 – 3 Ta 3/14.
176 *BAG* 24.2.1999 – 5 AZB 10/98, NZA 1999, 557.
177 *BAG* 21.7.1993 – 7 ABR 35/92, NZA 1994, 713; *BAG* 12.9.1996 – 7 ABR 61/95, NZA 1997, 273.
178 *BAG* 21.5.1997 – 5 AZB 30/96, NZA 1997, 1013; *LAG Bremen* 9.8.1996 – 2 Ta 15/96, AP ArbGG 1979 § 5 Nr. 29.
179 *BAG* 18.11.1986 – 7 AZR 311/85, AP ArbGG 1979 § 2 Nr. 5.

schlossen wird. In dem Fall ist bei Streitigkeiten über den Umschulungsvertrag, etwa einer Kündigung, der Rechtsweg zu den Arbeitsgerichten gegeben.[180]

§ 11 Vertragsabfassung

(1) Ausbildende haben unverzüglich nach Abschluss des Berufsausbildungsvertrages, spätestens vor Beginn der Berufsausbildung, den wesentlichen Inhalt des Vertrages gemäß Satz 2 in Textform abzufassen. In die Vertragsabfassung sind mindestens aufzunehmen

1. Name und Anschrift der Ausbildenden sowie der Auszubildenden, bei Minderjährigen zusätzlich Name und Anschrift ihrer gesetzlichen Vertreter oder Vertreterinnen,
2. Art, sachliche und zeitliche Gliederung sowie Ziel der Berufsausbildung, insbesondere die Berufstätigkeit, für die ausgebildet werden soll,
3. Beginn und Dauer der Berufsausbildung,
4. die Ausbildungsstätte und Ausbildungsmaßnahmen außerhalb der Ausbildungsstätte,
5. Dauer der regelmäßigen täglichen Ausbildungszeit,
6. Dauer der Probezeit,
7. Zahlung und Höhe der Vergütung sowie deren Zusammensetzung, sofern sich die Vergütung aus verschiedenen Bestandteilen zusammensetzt,
8. Vergütung oder Ausgleich von Überstunden,
9. Dauer des Urlaubs,
10. Voraussetzungen, unter denen der Berufsausbildungsvertrag gekündigt werden kann,
11. ein in allgemeiner Form gehaltener Hinweis auf die Tarifverträge, Betriebs- oder Dienstvereinbarungen, die auf das Berufsausbildungsverhältnis anzuwenden sind,
12. die Form des Ausbildungsnachweises nach § 13 Satz 2 Nummer 7.

(2) Ausbildende haben den Auszubildenden und deren gesetzlichen Vertretern und Vertreterinnen die Vertragsabfassung unverzüglich nach deren Erstellung auszuhändigen oder nach Maßgabe des Satzes 2 zu übermitteln. Bei elektronischer Abfassung ist die Vertragsabfassung so zu übermitteln, dass die Empfänger und Empfängerinnen nach Satz 1 diese speichern und ausdrucken können. Ausbildende haben den Empfang durch die Empfänger und Empfängerinnen nach Satz 1 nachzuweisen. Die Vertragsabfassung und den Empfangsnachweis haben Ausbildende nach Ablauf des Jahres, in dem das Ausbildungsverhältnis beendet wurde, drei Jahre lang aufzubewahren.

(3) Bei Änderungen des Berufsausbildungsvertrages gelten die Absätze 1 und 2 entsprechend.

Inhaltsübersicht

180 *LAG Hessen* 3.12.2010 – 8 Ta 217/10.

I. Überblick

§ 11 BBiG gilt, wie auch alle anderen Vorschriften für das Berufsausbildungsverhältnis in Abschnitt 2 (§§ 10 bis 26 BBiG), auch für Berufsausbildungsverhältnisse im **Handwerk.** 1

§ 11 BBiG steht im Unterabschnitt 1 (»Begründung des Ausbildungsverhältnisses«) und damit im Zusammenhang mit § 10 BBiG, der die Vertragspartner des Berufsausbildungsverhältnisses näher bestimmt. § 11 BBiG setzt den Abschluss eines Berufsausbildungsverhältnisses voraus und regelt die Pflicht, die wesentlichen Vertragsinhalte in Textform abzufassen.

Die Vertragsabfassung dient dem **Schutz der Auszubildenden.** Dadurch soll sichergestellt werden, dass die Vertragsbedingungen für beide Seiten verbindlich feststehen. Die Vertragsabfassung ist aber auch für die Eintragung in das Verzeichnis der Berufsausbildungsverhältnisse und für die Überwachung der Berufsausbildung durch die zuständigen Stellen von Bedeutung. Da die Pflicht, den Vertrag in Textform abzufassen, zu Lasten der Ausbildenden gilt, habe diese auch alle mit dieser Pflicht im Zusammenhang stehenden **Kosten** zu tragen.[1] 2

Die Abfassung des Vertrages erfolgt in **deutscher Sprache.** Das gilt auch, wenn der Vertragspartner Ausländer ist und/oder die deutsche Sprache nur unzureichend beherrscht.[2]

Die Norm entspricht den **europarechtlichen Vorgaben** über den Nachweis der wesentlichen Arbeitsbedingungen. Für Arbeitsverhältnisse gilt das Nachweisgesetz (NachwG). § 11 BBiG wurde durch das Gesetz zur Umsetzung der Richtlinie (EU) 2019/1152 über transparente und vorhersehbare Arbeitsbedingungen in der Europäischen Union im Bereich des Zivilrechts vom 20.7.2022 (BGBl. I S. 1174) und das Berufsvalidierungs- und -digitalisierungsgesetz vom 23.7.2024 mit Wirkung zum 1.8.2024 geändert. Die bisherige Pflicht, die Vertragsbedingungen in Schriftform niederzulegen, wurde geändert in die »**Textform**«. Als Gesetzesbegriff dafür wählte man »Vertragsabfassung«. Sprachlich ist das eigenwillig, aber so Gesetzessprache geworden. Neben dem Gesetzesbegriff »Vertragsabfassung« wird im Folgenden auch einfach vom »Vertrag« gesprochen. 3

1 *Taubert*, BBiG, § 11 Rn. 7.
2 Vgl. für Arbeitsverträge *BAG* 19.3.2014 – 5 AZR 252/12 (B), NZA 2014, 1076.

II. Vertrag in Schriftform oder Textform

1. Regelungszusammenhang

4 Für den Abschluss von Ausbildungsverträgen gibt es an sich **keine Formvorschrift**. Deshalb kann ein Ausbildungsvertrag auch mündlich oder durch schlüssiges Handeln (konkludent) geschlossen werden (vgl. § 10 Rn. 24ff.). Davon zu unterscheiden ist die in § 11 BBiG geregelte Plicht der Ausbildenden, den wesentlichen Inhalt des Vertrages in **Textform** abzufassen und den Auszubildenden oder deren gesetzlichen Vertretern zu übermitteln (§ 11 Abs. 2 BBiG). Die Schriftform statt der Textform bleibt weiterhin zulässig. Ein Verstoß gegen diese Pflicht führt nicht zur Nichtigkeit des Berufsausbildungsvertrags, stellt aber eine **Ordnungswidrigkeit** dar, die mit einer Geldbuße bis zu 2000 Euro geahndet werden kann (§ 101 Abs. 1 Nr. 1 bis 3, Abs. 2 BBiG). Die Pflicht, den Vertrag in Textform abzufassen, besteht »**unverzüglich**« (ohne schuldhaftes Zögern) nach Abschluss des Berufsausbildungsvertrags, spätestens vor Beginn der Berufsausbildung.

5 Was in den Vertrag mindestens aufzunehmen ist, wird in § 11 Abs. 1 Satz 2 Nr. 1 bis 12 BBiG bestimmt (vgl. Rn. 12ff.). Den Vertragsparteien steht es frei, über die **Mindestangaben** hinaus, **weitere Vereinbarungen** zu treffen, die rechtswirksam sind, sofern sie nicht gegen höherrangiges Recht verstoßen. In der Regel geht es um Regelungen, die für die Auszubildenden günstiger sind als die gesetzlichen Vorgaben, zum Beispiel Vereinbarungen zur Übernahme von Fahrtkosten durch die Ausbildenden von und zur Ausbildungsstätte. Sinnvoll ist eine spezielle vertragliche Regelung, wenn **Teile der Ausbildung im Ausland** durchgeführt werden sollen (vgl. Rn. 18).

Vertraglich vereinbart werden muss auch eine **Teilzeitausbildung**. Die Auszubildenden haben *keinen* Rechtsanspruch auf eine Teilzeitberufsausbildung. Sie sind darauf angewiesen, dass die Ausbildenden damit einverstanden sind. Zu den Einzelheiten vgl. die Kommentierung des § 7a BBiG.

6 Der Ausbildungsvertrag ist auch ohne die Abfassung des Vertrags in Textform wirksam. In der Praxis werden häufig die **Musterverträge/Formulare** der zuständigen Stellen (Kammern) verwendet. Auch die Deutsche Industrie- und Handelskammer (DIHK) stellt Musterverträge zur Verfügung (*dihk.de*). Eine rechtliche Verpflichtung zur Verwendung solcher Musterverträge besteht nicht.

Durch die Empfehlung des **Hauptausschusses des BIBB** vom 20.2.2023 wurde ebenfalls ein Ausbildungsvertragsmuster nebst Merkblatt zur Verfügung gestellt.[3] Auch insoweit besteht keine Rechtspflicht, dieses Vertragsmuster zu verwenden. Auch die für die Eintragung in das Verzeichnis der Ausbildungsverhältnisse zuständige Stelle kann *nicht* rechtlich verbindlich, auch nicht durch Satzungsrecht, die Benutzung der von ihr herausgegebenen Vertragsformulare als formelle Voraussetzung für die Eintragung in das Verzeichnis der Berufsausbildungsverhältnisse vorschreiben.

7 Ausbildende haben den Auszubildenden und deren gesetzlichen Vertretern die Vertragsabfassung **unverzüglich** nach deren Erstellung auszuhändigen oder **zu übermitteln** (§ 11 Abs. 2 Satz 1 BBiG). Bei **elektronischer Abfassung** ist die Vertragsabfassung so zu übermitteln, dass die Empfänger diese speichern und ausdrucken können (§ 11 Abs. 2 Satz 2 BBiG). Ausbildende haben den Empfang durch die Empfänger nachzuweisen (§ 11 Abs. 2 Satz 3 BBiG). Die Vertragsabfassung und den Empfangsnachweis haben Ausbildende nach Ablauf des Jahres, in dem das Ausbildungsverhältnis beendet wurde, **drei Jahre lang aufzubewahren** (§ 11 Abs. 2 Satz 4 BBiG).

3 *https://www.bibb.de/dokumente/pdf/HA115.pdf.*

Die Vertragsabfassung wird benötigt für den **Antrag auf Eintragung in das Verzeichnis der Berufsausbildungsverhältnisse**, der vom Ausbildenden zu stellen ist. Die zuständige Stelle hat für anerkannte Ausbildungsberufe ein Verzeichnis der Berufsausbildungsverhältnisse einzurichten und zu führen, in das der Berufsausbildungsvertrag einzutragen ist (§ 34 Abs. 1 Satz 1 BBiG). Die Ausbildenden haben unverzüglich nach Abschluss des Berufsausbildungsvertrages die Eintragung in das Verzeichnis zu beantragen (§ 36 Abs. 1 Satz 1 BBiG). Der Antrag kann schriftlich oder elektronisch gestellt werden; eine Kopie der Vertragsabfassung und des Empfangsnachweises ist jeweils beizufügen (§ 36 Abs. 1 Satz 2 BBiG).

Bei **Änderungen** des Berufsausbildungsvertrages gelten die Bestimmungen des § 11 Abs. 1 und 2 BBiG entsprechend (§ 11 Abs. 3 BBiG). **8**

2. Schriftform/Textform

Aufgrund der Neuregelung zum 1. 8. 2024 genügt die **Textform**. Die Textform ist in § 126b BGB geregelt: **9**

»Ist durch Gesetz Textform vorgeschrieben, so muss eine lesbare Erklärung, in der die Person des Erklärenden genannt ist, auf einem dauerhaften Datenträger abgegeben werden. Ein dauerhafter Datenträger ist jedes Medium, das

1. *es dem Empfänger ermöglicht, eine auf dem Datenträger befindliche, an ihn persönlich gerichtete Erklärung so aufzubewahren oder zu speichern, dass sie ihm während eines für ihren Zweck angemessenen Zeitraums zugänglich ist, und*
2. *geeignet ist, die Erklärung unverändert wiederzugeben.«*

Denkbar ist also die Übermittlung des Vertrags durch **E-Mail** oder durch **Telefax.**

Aus der Gesetzesbegründung ergibt sich hierzu Folgendes:[4] **10**

Die Vertragsabfassung ist den Auszubildenden und deren gesetzlichen Vertretern unverzüglich zur Verfügung zu stellen. Bei elektronischer Übermittlung hat dies derart zu erfolgen, dass die Vertragsabfassung gespeichert und ausgedruckt werden kann. Darüber hinaus ist der Empfang der Vertragsabfassung durch Auszubildende und deren gesetzliche Vertreter von den Ausbildenden zu dokumentieren (Empfangsnachweis). Dabei werden keine besonderen Anforderungen an Inhalt und Form gestellt. Zur Generierung des Empfangsnachweises können Ausbildende die Auszubildenden auffordern, den Erhalt der Vertragsabfassung (elektronisch) zu bestätigen. Die Bestätigung kann durch eine gesonderte Textnachricht (z. B. Bestätigungs-Mail, manuell erzeugte Empfangs- und Lesebestätigung) oder im gleichen Dokument durch ein Bearbeitungsfeld, z. B. PDF-Dokumente mit Formularfunktionen, erfolgen. Mindestanforderung ist, dass sich aus dem Empfangsnachweis zweifelsfrei ergibt, auf welches übermittelte Dokument er sich bezieht. Auszubildende werden entsprechend der Neuregelung in § 13 Satz 2 Nr. 8 BBiG verpflichtet, den Empfang der Vertragsabfassung zu bestätigen. Die Vertragsabfassung und der Empfangsnachweis sind von Ausbildenden für die Dauer von drei Jahren nach Ablauf des Jahres, in dem das Ausbildungsverhältnis beendet wurde, aufzubewahren. Die Dauer der Aufbewahrung umfasst zum einen die Dauer der Ausbildung selbst, zum anderen drei Jahre nach Ablauf des Jahres, in dem das Ausbildungsverhältnis beendet wurde. Angelehnt ist die Frist an die regelmäßige Verjährungsfrist. Dies dient einer Beweissicherung auch nach

4 BT-Drucks. 20/10857, S. 41.

Beendigung des Ausbildungsverhältnisses und für mögliche, diesem zeitlich nachgelagerte Rechtsstreitigkeiten.

Die Gesetzesänderungen berühren nicht den Abschluss des Ausbildungsvertrages selbst. Die nach dem BGB geltende Formfreiheit beim Abschluss eines Ausbildungsvertrages sowie tarif- oder individualvertragliche Regelungen, die ggf. Formerfordernisse im Hinblick auf den Vertragsschluss aufstellen, bleiben unberührt. Neben der Textform bleibt die **Schriftform** (§ 126 BGB) weiterhin zulässig.

III. Mindestinhalt

11 Zum Mindestinhalt des Ausbildungsvertrages gehören die in § 11 Abs. 1 Satz 2 Nr. 1 bis 12 BBiG genannten Vertragsinhalte.

1. Name und Anschrift der Vertragsparteien (Abs. 1 Satz 2 Nr. 1)

12 Im Vertrag aufzunehmen sind Name und Anschrift der Ausbildenden sowie der Auszubildenden, bei Minderjährigen zusätzlich Name und Anschrift ihrer gesetzlichen Vertreter oder Vertreterinnen.

2. Art, sachliche und zeitliche Gliederung sowie Ziel der Ausbildung (Abs. 1 Satz 2 Nr. 2)

13 Im Vertrag aufzunehmen sind Art, sachliche und zeitliche Gliederung sowie Ziel der Berufsausbildung, insbesondere die Berufstätigkeit, für die ausgebildet werden soll. Mit der Angabe der Berufstätigkeit, für die ausgebildet werden soll, wird festgelegt, für welchen Ausbildungsberuf der oder die Auszubildende ausgebildet werden soll. **»Art der Ausbildung«** meint darüber hinaus die Angabe, ob es sich um eine **betriebliche** oder **außerbetriebliche Ausbildung** handelt oder die betriebliche durch **außerbetriebliche Ausbildungsmaßnahmen ergänzt** wird. Das **Ziel der Berufsausbildung** ergibt sich ebenso wie die Art der Ausbildung normalerweise aus der Ausbildungsordnung. Die sachliche und zeitliche Gliederung der Ausbildung ergibt sich normalerweise aus dem **betrieblichen Ausbildungsplan**, der dem Ausbildungsvertrag als Anlage beizufügen ist (vgl. § 14 BBiG Rn. 3).

Da **Teile der Berufsausbildung im Ausland** durchgeführt werden können, wenn dies dem Ausbildungsziel dient (§ 2 Abs. 3 BBiG), ist auch eine solche Auslandsausbildung im Ausbildungsvertrag schriftlich niederzulegen, weil sie für die sachliche und zeitliche Gliederung der Berufsausbildung von Bedeutung ist. Das bedeutet insbesondere, dass die Dauer und der genaue Zeitraum der Auslandsausbildung im Ausbildungsvertrag niederzulegen sind. Wird die Auslandsausbildung erst später (nach Abschluss des Ausbildungsvertrags) vereinbart, geht es um eine Änderung des Berufsausbildungsvertrages und ist deshalb ebenfalls schriftlich niederzulegen, wie sich aus § 11 Abs. 4 BBiG ergibt.

14 Wegen des Ausbildungszwecks kann **keine Kurzarbeit für Auszubildende** angeordnet werden (vgl. § 10 BBiG Rn. 5), auch nicht wegen schlechten Wetters. Gegebenenfalls sind in witterungsabhängigen Betrieben die Ausbildungsabschnitte so zu gestalten, dass während des Winters Ausbildungsteile absolviert werden, die wetterunabhängig sind. Das ist für die sachliche und zeitliche Gliederung der Ausbildung von Bedeutung.

15 Von besonderer Bedeutung sind die Angaben über die **sachliche und zeitliche Gliederung** der Ausbildung. Die Auszubildenden soll hierdurch erfahren, wie der Ablauf der Ausbildung geplant ist. Ihnen soll die Möglichkeit gegeben werden, ihren vertrags-

mäßigen Ablauf zu kontrollieren. Die zuständige Stelle muss sich aufgrund dieser Angaben im Vertrag Kenntnisse darüber verschaffen können, ob der Berufsausbildungsvertrag der Ausbildungsordnung und dem Ausbildungsrahmenplan (vgl. § 5 Abs. 1 Nr. 4 BBiG) entspricht. Es reicht aber *nicht* aus, wenn im Ausbildungsvertrag auf den **Ausbildungsrahmenplan** verwiesen wird.[5] Es muss vielmehr eine konkrete Aussage zum Berufsausbildungsverhältnis auf der Grundlage des Ausbildungsplans, insbesondere des Ausbildungsrahmenplans, gemacht werden, da in einem **betrieblichen Ausbildungsplan** nach § 11 Abs. 1 Nr. 1 BBiG die betrieblichen Besonderheiten mit den im Ausbildungsrahmenplan enthaltenen Vorschriften in Einklang zu bringen sind (vgl. § 14 BBiG Rn. 3).

3. Beginn und Dauer der Ausbildung (Abs. 1 Satz 2 Nr. 3)

Im Vertrag aufzunehmen sind Beginn und Dauer der Berufsausbildung. Der Beginn der Ausbildung ist vom Datum her festzulegen. »**Beginn**« ist der erste Kalendertag, an dem die Ausbildung tatsächlich aufgenommen werden soll. Ist der erste Tag ausbildungsfrei (zum Beispiel ein Sonn- oder Feiertag), kann dies gleichwohl der Tag des (rechtlichen) Beginns des Ausbildungsverhältnisses sein.[6] Die **Dauer** der Ausbildung ist ebenfalls im Vertrag festzuhalten. Sie ergibt sich regelmäßig aus der Ausbildungsordnung. 16

Eine **Kürzung oder Verlängerung der Ausbildung** ist nur im Rahmen der gesetzlichen Vorgaben möglich (vgl. § 7 und 8 BBiG). Die Dauer der Berufsausbildung, wie sie im Vertrag angegeben ist, kann sich später, etwa durch eine Abkürzung der Ausbildungsdauer oder eine vorzeitige Zulassung zur Abschlussprüfung, ändern. Das ist durch die Vereinbarung im Ausbildungsvertrag nicht ausgeschlossen. 17

4. Ausbildungsstätte und Ausbildungsmaßnahmen außerhalb der Ausbildungsstätte/Teilausbildung im Ausland (Abs. 1 Satz 2 Nr. 4)

Im Vertrag aufzunehmen sind die Ausbildungsstätte und Ausbildungsmaßnahmen außerhalb der Ausbildungsstätte (§ 5 Abs. 2 Nr. 6 BBiG). Die **Ausbildungsstätte** umfasst die Ausbildungsstätten/Arbeitsstellen, die mit der Ausbildung üblicherweise zusammenhängen, wie (je nach Ausbildungsberuf) Bau-, Montage- und sonstige Arbeitsstellen.[7] 18

Die **Ausbildungsmaßnahmen außerhalb der Ausbildungsstätte** ergeben sich in der Regel aus der Ausbildungsordnung (vgl. § 5 Abs. 2 Nr. 6 BBiG) oder können notwendig sein, wenn innerbetrieblich nicht hinreichend ausgebildet werden kann, oder können zudem freiwillig vereinbart werden. Im Vertrag aufzunehmen sind auch Ausbildungsmaßnahmen in überbetrieblichen Einrichtungen, zum Beispiel in der Form von Lehrgängen.[8]

Teile der **Berufsausbildung** können **im Ausland** durchgeführt werden, wenn dies dem Ausbildungsziel dient (§ 2 Abs. 3 Satz 1 BBiG). Unter der Voraussetzung, dass die Tätigkeit im Ausland dem Ausbildungsziel dient, wird diese als Teil der Berufsausbildung angesehen. Da das Berufsausbildungsverhältnis unverändert fortbesteht, kann die Ausbildung im Ausland **nur im Einverständnis mit den Ausbildenden** erfolgen. Ein Auslandsaufenthalt muss zwischen Auszubildendem und Ausbildendem vereinbart und im Ausbildungsvertrag niedergeschrieben werden (§ 11 Abs. 1 Nr. 3 BBiG). Bei nachträglicher

5 *Taubert*, BBiG, § 11 Rn. 16.
6 *Taubert*, BBiG, § 11 Rn. 21.
7 Vgl. die Gesetzesbegründung, BT-Drucks. 20/1636, S. 28.
8 *Taubert*, BBiG, § 11 Rn. 28.

Entscheidung bedarf es einer Vertragsänderung (§ 11 Abs. 4 BBiG).[9] Da das Berufsausbildungsverhältnis durch die Teilausbildung im Ausland nicht unterbrochen wird, bleibt der Vergütungsanspruch (§ 17 BBiG) bestehen, so dass dieser nicht einzelvertraglich ausgeschlossen werden darf (§ 25 BBiG).[10] Nicht gesetzlich geregelt ist die Frage, wer die Kosten des Auslandsaufenthalts (Unterbringungs- und Lebenshaltungskosten) zu tragen hat (vgl. § 2 BBiG Rn. 15ff.). § 2 Abs. 3 BBiG bietet die Option, Auslandsaufenthalte als integralen Bestandteil der Berufsausbildung zu gestalten. Unabhängig davon ist es auch möglich, **Auslandsaufenthalte Auszubildender im Rahmen von Beurlaubungen oder Freistellungen** durchzuführen. In solchen Fällen ruhen die Rechte und Pflichten aus dem Berufsausbildungsverhältnis.

5. Dauer der regelmäßigen täglichen Ausbildungszeit (Abs. 1 Satz 2 Nr. 5)

a) Begrenzung durch zwingendes Arbeitszeitrecht

19 Im Vertrag aufzunehmen ist die Dauer der regelmäßigen täglichen Ausbildungszeit. Die Dauer der regelmäßigen täglichen Ausbildungszeit kann, so nicht tarifvertragliche Regelungen Anwendung finden, nur im Rahmen der gesetzlichen Arbeitszeitregelungen vereinbart werden. Bei der **Verteilung der Arbeitszeit** für Jugendliche hat der **Betriebsrat** neben den allgemeinen Überwachungsaufgaben (§ 80 Abs. 1 Nr. 1 BetrVG) auch ein **Mitbestimmungsrecht** (§ 87 Abs. 1 Nr. 2 BetrVG) bei der konkreten Umsetzung. Hinzu kommt auf dem Gebiet des Arbeitsschutzes die Mitbestimmung aus § 87 Abs. 1 Nr. 7 BetrVG zur Verhütung von Arbeitsunfällen sowie zum Gesundheitsschutz.

20 Für **Minderjährige** (Jugendliche) sind die Bestimmungen des JArbSchG maßgeblich. Jugendliche dürfen nicht mehr als acht Stunden täglich und nicht mehr als 40 Stunden wöchentlich beschäftigt werden (§ 8 Abs. 1 JArbSchG). Ausnahmen sind nur gem. § 8 Abs. 2, Abs. 2a und Abs. 3 JArbSchG, zum Beispiel in der Landwirtschaft, und in Tarifverträgen (§ 21a JArbSchG) zulässig. Für Jugendliche gilt die **Fünf-Tage-Woche** (§ 15 JArbSchG), sodass eine Verteilung der 40 Wochenstunden maximal auf fünf Tage zulässig ist. Selbst bei einer Verteilung auf weniger Wochentage bleibt es grundsätzlich bei der Begrenzung auf den Acht-Stunden-Tag. »Fünf-Tage-Woche« bedeutet nicht in allen, aber in vielen, Fällen eine Arbeitszeit von Montag bis Freitag. Eine Beschäftigung Jugendlicher an Samstagen und Sonntagen ist nur in den Grenzen des § 16 und 17 JArbSchG zulässig. § 8 JArbSchG regelt die **gesetzliche Höchstarbeitszeit**, keine Mindestarbeitszeit. Die gesetzliche Höchstarbeitszeit darf nicht überschritten werden. Zu beachten ist, dass gem. § 48 Abs. 1 JArbSchG der Arbeitgeber verpflichtet ist, einen **Aushang über Beginn und Ende der regelmäßigen täglichen Arbeitszeit und der Pausen** an geeigneter Stelle im Betrieb anzubringen.

21 Für **volljährige Auszubildende** gelten die Bestimmungen des ArbZG. Regelmäßig beträgt danach die höchstzulässige Ausbildungszeit acht Stunden täglich. Sie kann auf maximal zehn Stunden nur verlängert werden, wenn in einem Ausgleichszeitraum (sechs Kalendermonate oder 24 Wochen) im Durchschnitt acht Stunden werktäglich nicht überschritten werden (§ 3 Satz 2 ArbZG).

9 Vgl. *Hartwich*, NZA 2011, 1267f.; HWK/*Hergenröder*, BBiG, § 2 Rn. 5; Schaub/*Vogelsang*, § 173 Rn. 10.

10 Teilweise wird die Auffassung vertreten, die Ausbildungsvergütung sei gem. § 15 Satz 2 i. V. m. § 19 Abs. 1 Nr. 1 BBiG fortzuzahlen; vgl. *Hartwich*, NZA 2011, 1267f.; Schaub/*Vogelsang*, § 173 Rn. 10.

Eine kürzere tägliche Ausbildungszeit (zum Beispiel 7 oder 7,5 Stunden) kann einzelvertraglich vereinbart werden oder aufgrund eines anwendbaren Tarifvertrags gelten. Zudem kann eine **Teilzeitberufsausbildung** vereinbart werden (wegen der Einzelheiten vgl. die Kommentierung des § 7a BBiG). 22

Wegen des Ausbildungszwecks kann **keine Kurzarbeit für Auszubildende** angeordnet werden (vgl. § 10 BBiG Rn. 5), auch nicht wegen schlechten Wetters. Gegebenenfalls sind in witterungsabhängigen Betrieben die Ausbildungsabschnitte so zu gestalten, dass während des Winters Ausbildungsteile absolviert werden, die wetterunabhängig sind.

Die **Lage der Arbeitszeit**, also die Frage, zu welcher Zeit am Tag zu arbeiten ist, ist gesetzlich nicht vorgegeben, sieht man davon ab, dass gesetzlich die Ruhezeit (§ 13 JArbSchG, § 5 ArbZG) und die Nachtruhe (§ 14 JArbSchG) vorgegeben ist. Zudem sind die **Ruhepausen** (§ 11 JArbSchG, § 4 ArbZG) zu beachten. Eine Beschäftigung an **Sonn- und Feiertagen** ist nur ausnahmsweise zulässig (§§ 17, 18 JArbSchG, §§ 9, 10 ArbZG), Jugendliche dürfen auch an **Samstagen** nur ausnahmsweise beschäftigt werden (§ 16 JArbSchG). 23

Im Vertrag anzugeben ist die **»regelmäßige« tägliche Ausbildungszeit**. Wie sich das Verhältnis der Ausbildungszeit zum **Berufsschulunterricht** darstellt, muss nicht vertraglich festgesetzt sein, sondern folgt aus allgemeinen Grundsätzen (vgl. § 15 Rn. 21 ff.). 24

Im Vertrag anzugeben ist die **»tägliche« Ausbildungszeit**, die Angabe nur der wöchentlichen Ausbildungszeit reicht also nicht. Die Festlegung der täglichen Ausbildungszeit ist auch im Hinblick auf die Vergütung oder den Freizeitausgleich für **Mehrarbeit** (vgl. § 17 Rn. 52) von Bedeutung. 25

Wird im Ausbildungsbetrieb in **Gleitzeit** gearbeitet, können die Auszubildenden in die Gleitzeitregelung mit eingebunden werden, wenn und sichergestellt ist, dass während ihrer Ausbildungszeit ein Ausbilder anwesend ist.[11] 26

b) Welche Zeiten gehören zur Ausbildungszeit (Arbeitszeit)?

Problematisch kann sein, **welche Zeiten zur »Arbeitszeit«** (Ausbildungszeit) gehören. Grundsätzlich ist maßgeblich die Zeit vom Beginn bis zum Ende der täglichen Beschäftigung, ohne die Ruhepausen. **Nicht** zur Ausbildungszeit gehören 27

- **Wegezeiten** (von der Wohnung zur Arbeits-/Ausbildungsstelle und zurück; vgl. zur Abgrenzung Rn. 29),[12]
- **Raucherpausen**,[13]
- **Ruhepausen** (§ 4 ArbZG, § 11 JArbSchG; vgl. Rn. 32).[14]

Zu beachten ist, dass der in der Praxis häufig übliche **pauschale Abzug von (fiktiven) Pausenzeiten** von der Arbeitszeit nicht der gesetzlichen Intention entspricht. Werden pauschal bestimmte Zeiten von der Arbeitszeit abgezogen, ist das unzulässig. Diese Zeiten sind als Arbeitszeit zu vergüten. »Pausen« sind nämlich im Voraus festgelegte Unterbrechungen der Arbeitszeit, in denen die Arbeitnehmer/Auszubildenden weder Arbeit zu

11 *Taubert*, BBiG, § 11 Rn. 34.

12 *BAG* 21.3.2021 – 5 AZR 148/20, Rn. 18, NZA 2021, 1192; *BAG* 17.10.2018 – 5 AZR 553/17, Rn. 14, NZA 2019, 159; *BAG* 25.4.2018 – 5 AZR 424/17, Rn. 18, NZA 2018, 1211; *BAG* 22.4.2009 – 5 AZR 292/08, Rn. 15, NZA-RR 2010, 231.

13 Vgl. *BAG* 11.7.2013 – 2 AZR 241/12, Rn. 25, NZA 2013, 1259.

14 Weil Pausen keine Arbeit sind, sondern eine Unterbrechung der Arbeit (§ 4 Satz 1 ArbZG), zählen sie nicht zur Arbeitszeit (§ 2 Abs. 1 Satz 1 ArbZG) und müssen deshalb auch nicht vergütet werden; vgl. nur BAG 25.2.2015 – 1 AZR 642/13, Rn. 21; NZA 2015, 442. Allerdings können Pausen aufgrund ausdrücklicher arbeits- oder tarifvertraglicher Regelung auch als »bezahlte Pausen« oder »Pausen ohne Lohnabzug« vereinbart werden; vgl. *BAG* 23.1.2001 – 9 AZR 4/00, NZA 2002, 224.

leisten noch sich dafür bereitzuhalten haben, sondern frei darüber entscheiden können, wo und wie sie diese Zeit verbringen.[15] **Da der Arbeitgeber die Ruhepausen zu gewähren hat** (§ 22 Abs. 1 Nr. 1 ArbZG), hat er dafür einzustehen, dass Pausen genommen werden können, d. h., er hat den Arbeitsprozess entsprechend zu organisieren. Es ist Sache der Arbeitgeber, »im Voraus die Ruhepausen festzulegen und damit Kenntnis davon zu haben, an welchen Tagen der Arbeitnehmer zu welchen Zeiten weder Arbeit leisten noch sich dafür bereithalten musste und frei über die Nutzung des Zeitraums bestimmen konnte«.[16]
Ob Arbeitszeit vorliegt, richtet sich nicht zwingend danach, ob der Auszubildende tatsächlich arbeitet oder ausgebildet wird, sondern danach, ob er sich an einem vom Ausbildenden vorgegebenen Ort bereithalten muss, um gegebenenfalls tätig zu werden. Dazu zählt nicht nur die eigentliche **Tätigkeit** (Ausbildung), sondern jede vom Ausbildenden verlangte sonstige Tätigkeit oder Maßnahme, die mit der eigentlichen Tätigkeit oder der Art und Weise von deren Erbringung unmittelbar zusammenhängt.[17] Dazu zählt nicht nur jede Tätigkeit, die als solche der Befriedigung eines fremden Bedürfnisses dient, sondern auch eine vom Ausbildenden veranlasste **Untätigkeit**, während derer der Auszubildende am Arbeitsplatz oder einer vom Ausbildenden bestimmten Stelle anwesend sein muss und nicht frei über die Nutzung des Zeitraums bestimmen kann, er also weder eine Pause (§ 4 ArbZG, § 11 JArbSchG) noch Freizeit hat.[18]
Zur Arbeitszeit gehört auch die **Zeit des Wartens** auf Arbeit, wenn z. B. der Materialnachschub stockt oder im Einzelhandel gerade kein Kunde im Laden ist. **Betriebliche Ausbildungsmaßnahmen** sowie zusätzlicher im Betrieb angebotener **theoretischer Unterricht** und **Praxislehrgänge** gehören zur ebenfalls Arbeitszeit.

28 Auch **Vor- und Abschlussarbeiten** gehören zur Arbeitszeit. Vor- und Abschlussarbeiten sind Reinigungs- oder Instandhaltungsarbeiten und Arbeiten zur Erhaltung der betrieblichen Funktion. Die Reinigung des Arbeitsplatzes/Ausbildungsplatzes und der Maschinen gehört damit zu Arbeitszeit.
Bei Kraftfahrern sind die **Lenk- und Ladezeiten** normale Arbeitszeit. Wegen der vorgeschriebenen Lenkzeiten fährt jedoch zudem häufig noch ein Beifahrer (Wechselfahrer) mit; für dessen (inaktive) Zeiten, die er im Fahrzeug verbringt, besteht in der Regel ebenfalls ein Vergütungsanspruch.[19] **Be- und Entladezeiten**, während derer der Kraftfahrer das Fahrzeug und das Betriebsgelände zwar verlassen darf, einem Arbeitsaufruf aber umgehend nachzukommen hat, sind keine Ruhepausen und deshalb vergütungspflichtig.[20] Das gilt auch für **Wartezeiten** beim Be- und Entladen.[21] Zur vergütungspflichtigen Arbeitszeit gehören ebenso **Standzeiten**, Pufferzeiten und die Zeit von sog. **Leerfahrten.**[22]

15 *BAG* 25.2.2015 – 1 AZR 642/13, Rn. 21, NZA 2015, 442; *BAG* 19.11.2014 – 5 AZR 1101/12, Rn. 19, AP BGB § 611 Nr. 24.
16 *BAG* 21.12.2016 – 5 AZR 362/16, Rn. 28, NZA-RR 2017, 233.
17 Vgl. *BAG* 19.9.2012 – 5 AZR 678/11, Rn. 28, NZA-RR 2013, 63.
18 Vgl. *BAG* 19.11.2014 – 5 AZR 1101/12, Rn. 16, AP BGB § 611 Nr. 24; *BAG* 20.4.2011 – 5 AZR 200/10, Rn. 21, NZA 2011, 917.
19 *BAG* 16.5.2012 – 5 AZR 347/11, Rn. 9, NZA 2012, 939; *BAG* 20.4.2011 – 5 AZR 200/10, NZA 2011, 917.
20 *BAG* 21.12.2016 – 5 AZR 362/16, Rn. 31, NZA-RR 2017, 233; *BAG* 29.10.2002 – 1 AZR 603/01, NZA 2003, 1212.
21 *BAG* 21.12.2016 – 5 AZR 362/16, Rn. 31, NZA-RR 2017, 233.
22 *BAG* 18.11.2015 – 5 AZR 814/14, Rn. 26, NZA 2016, 494.

Wasch- und Umkleidezeiten gehören an sich nicht zur Ausbildungs-/Arbeitszeit.[23] Wenn das Tragen einer bestimmten Kleidung jedoch vom Ausbildenden vorgeschrieben wird, gehören die **Umkleidezeiten** (und die durch das Umkleiden veranlassten *innerbetrieblichen* Wegezeiten) zur Ausbildungs-/Arbeitszeit, wenn das Umkleiden einem fremden Bedürfnis dient *und* nicht zugleich ein eigenes Bedürfnis erfüllt, vor allem, wenn das Umkleiden im Betrieb erfolgen muss,[24] nicht dagegen, wenn die Dienstkleidung zu Hause angelegt und (ohne besonders auffällig zu sein) auch auf dem Weg zur Ausbildung/Arbeit getragen werden kann.[25] Die Kleidung ist besonders auffällig, wenn die Auszubildenden im öffentlichen Raum aufgrund der Ausgestaltung ihrer Kleidungsstücke ohne Weiteres als Angehörige ihres Ausbildenden/Arbeitgebers erkannt werden können, z. B. durch ein Emblem oder einen Schriftzug, wobei es auf die Größe der Schriftzüge oder Logos nicht ankommt.[26] Eine auffällige Dienstkleidung liegt auch vor, wenn der Auszubildende aufgrund ihrer Ausgestaltung in der Öffentlichkeit einem bestimmten Berufszweig oder einer bestimmten Branche zugeordnet werden kann (z. B. weiße Kleidung bei Krankenpflegeberufen).[27] An der ausschließlichen Fremdnützigkeit fehlt es, wenn es dem Auszubildenden gestattet ist, eine an sich auffällige Dienstkleidung außerhalb der Ausbildungs-/Arbeitszeit zu tragen und er sich entscheidet, diese nicht im Betrieb an- und abzulegen. Dann dient das Umkleiden auch einem eigenen Bedürfnis, weil der Auszubildende keine eigenen Kleidungsstücke auf dem Arbeitsweg einsetzen muss oder sich aus anderen, selbstbestimmten Gründen gegen das An- und Ablegen der Dienstkleidung im Betrieb entscheidet.[28]

Teil der Arbeitszeit im arbeitsschutzrechtlichen Sinne sind betrieblich veranlasste **Wegezeiten**, die durch die Beförderung der Auszubildenden vom Betrieb zu einer anderen Arbeitsstätte anfallen oder die Zeit für den Weg zwischen dem Betrieb und einer außerbetrieblichen Ausbildungsstätte oder auch die Zeit von einer Arbeitsstelle (oder Baustelle) zur nächsten (etwa bei Monteurs-Arbeiten) oder bei Außendienstarbeiten (zum Beispiel Servicetechniker, Montagearbeiter) von einem Kunden zum nächsten, *nicht* aber sonstige Wegezeiten von zu Hause zum Betrieb oder der Nachhauseweg.[29] Hat der Auszubildende auf Weisung des Ausbildenden die Arbeit nicht im Betrieb aufzunehmen, sondern an einer Montage- oder Baustelle, zählt die von ihm dafür benötigte Wegezeit dann als Arbeitszeit, wenn und soweit die dafür aufgewandte Zeit über die Zeit hinausgeht, die der Auszubildende normalerweise von seiner Wohnung bis zum Betrieb oder zur üblichen Arbeitsstätte benötigt. 29

Für die Teilnahme am **Berufsschulunterricht** und **Prüfungen** ist gem. § 15 BBiG freizustellen. Die Wegezeiten zur Berufsschule gehören ebenfalls zum Freistellungszeitraum.[30] 30

23 Vgl. *BAG* 11.10.2000 – 5 AZR 122/99, NZA 2001, 458; *BAG* 22.3.1995 – 5 AZR 934/93, NZA 1996, 107.
24 *BAG* 26.10.2016 – 5 AZR 168/16, NZA 2017, 323; *BAG* 19.9.2012 – 5 AZR 678/11, NZA-RR 2013, 63; *BAG* 28.7.1994 – 6 AZR 220/94, NZA 1995, 437.
25 *BAG* 10.11.2009 – 1 ABR 54/08, Rn. 15, NZA-RR 2010, 301.
26 *BAG* 17.11.2015 – 1 ABR 76/13, Rn. 31, NZA 2016, 247.
27 *BAG* 6.9.2017 – 5 AZR 382/16, NZA 2018, 180.
28 *BAG* 17.11.2015 – 1 ABR 76/13, Rn. 25, NZA 2016, 247; *BAG* 12.11.2013 – 1 ABR 59/12, Rn. 33, NZA 2014, 557.
29 Vgl. zu Fahrzeiten von Servicetechnikern und anderen Außendienstmitarbeitern *BAG* 18.3.2020 – 5 AZR 36/19; zur Vergütung von Reisezeiten bei Auslandsentsendung *BAG* 17.10.2018 – 5 AZR 553/17, NZA 2019, 159; zu Fahrten von Montagearbeitern zur Arbeitsstelle *BAG* 25.4.2018 – 5 AZR 424/17, NZA 2018, 1211.
30 *BAG* 26.3.2001 – 5 AZR 413/99, NZA 2001, 892.

Diese Zeiten fallen begrifflich nicht unter die »Arbeitszeit«, sind aber gegebenenfalls auf die Arbeitszeit anzurechnen (vgl. § 15 Rn. 21).

31 Zur **Arbeitszeit** gehören auch der **Bereitschaftsdienst** und die **Arbeitsbereitschaft**, nicht dagegen Pausen.[31] Von **Bereitschaftsdienst** spricht man, wenn der Arbeitnehmer sich an einer vom Arbeitgeber bestimmten Stelle innerhalb oder außerhalb des Betriebs aufzuhalten hat, um, sobald es notwendig ist, die Arbeit aufzunehmen.[32] Die inaktiven Zeiten des Bereitschaftsdienstes sind keine Pausen. Beim Bereitschaftsdienst kann der Arbeitgeber den Aufenthaltsort des Arbeitnehmers bestimmen und ihn jederzeit einsetzen. Der Arbeitnehmer kann nicht frei darüber verfügen, wo und wie er die inaktiven Zeiten verbringt. Deshalb ist es keine »Ruhepause« im Sinne des Arbeitszeitrechts.

32 **Ruhepausen oder Pausen** sind nicht Teil der Arbeitszeit. Pausen sind dadurch gekennzeichnet, dass der Arbeitnehmer/Auszubildende frei darüber entscheiden kann, wo und wie er diese Zeit verbringen will. Entscheidendes Merkmal der Ruhepause ist, dass der Arbeitnehmer/Auszubildende weder Arbeit zu leisten noch sich dafür bereitzuhalten hat. Zudem muss spätestens zu Beginn der Arbeitsunterbrechung deren Dauer feststehen. Eine Arbeitsunterbrechung, bei deren Beginn der Arbeitnehmer oder Auszubildende nicht weiß, wie lange sie dauern wird, ist keine Pause. Der Arbeitnehmer/Auszubildende muss sich dann durchgehend zur Arbeit bereithalten.[33]

33 **Arbeitsbereitschaft** ist die »wache Achtsamkeit im Zustand der Entspannung«, wenn der Arbeitnehmer an der Arbeitsstelle anwesend ist und jederzeit bereit sein muss, in den Arbeitsprozess einzugreifen (zum Beispiel Arbeit des Pförtners oder ansonsten beim Warten auf notwendige Zuarbeiten, auf Anweisungen oder Material). Arbeitszeitrechtlich ist mittlerweile die Unterscheidung zwischen »Bereitschaftsdienst« und »Arbeitsbereitschaft« ohne Bedeutung. Beides ist Arbeitszeit.

34 Nicht ganz klar ist die Rechtslage bei der Rufbereitschaft. **Rufbereitschaft** setzt, in Abgrenzung zum Bereitschaftsdienst, voraus, dass der Arbeitnehmer nicht gezwungen ist, sich am Arbeitsplatz oder an einem anderen vom Arbeitgeber vorgegebenen Ort aufzuhalten, sondern (unter freier Wahl des Aufenthaltsorts) lediglich jederzeit erreichbar sein muss, um auf Abruf des Arbeitgebers die Arbeit alsbald aufnehmen zu können.[34] Bislang wurde davon ausgegangen, dass die Rufbereitschaft keine Arbeitszeit ist, wenn der Arbeitnehmer nicht zur Arbeit gerufen wird. Wird der Arbeitnehmer zur Arbeit herangezogen, ist die Zeit, in der er Arbeitstätigkeiten ausübt, selbstverständlich Arbeitszeit.

34a Allerdings ist bei der Rufbereitschaft insgesamt eine stärkere **Differenzierung** erforderlich. Der *EuGH* hatte sich jüngst mit der Rufbereitschaft eines belgischen Feuerwehrmanns zu befassen.[35] Dieser, ein Herr Matzak, durfte während des Dienstes zwar seinen Aufenthaltsort frei wählen, doch war ihm aufgegeben, dass er die Wache bei normalem Verkehrsfluss spätestens innerhalb von acht Minuten erreichen können muss. Ganz in der Linie seiner Begrifflichkeit bezeichnet der *EuGH* den Einsatz als »Bereitschaftsdienst«, differenziert diesen Begriff allerdings weiter aus und legt dar, dass sich Besonderheiten bei der Qualifikation des Bereitschaftsdienstes ergeben können, wenn der Arbeitnehmer während des Dienstes nur erreichbar sein muss, er sich aber an einem von ihm selbst bestimmten Ort aufhalten darf, er also nicht am Arbeitsplatz anwesend sein muss. Damit

31 *BAG* 18.2.2003 – 1 ABR 2/02, NZA 2003, 742; *BAG* 16.3.2004 – 9 AZR 93/03 NZA 2004, 927.
32 *BAG* 22.11.2000 – 4 AZR 612/99, NZA 2001, 451.
33 *BAG* 16.12.2009 – 5 AZR 157/09, NZA 2010, 505; *BAG* 29.10.2002 – 1 AZR 603/01, NZA 2003, 1212; *BAG* 23.9.1992 – 4 AZR 562/91, NZA 1993, 752, 753.
34 *BAG* 19.11.2014 – 5 AZR 1101/12, Rn. 18, AP BGB § 611 Nr. 24.
35 *EuGH* 21.2.2018 – C-518/15 (Matzak), NZA 2018, 293.

erkennt der *EuGH* letztlich die Rufbereitschaft als gesonderte Arbeitszeitform an, auch wenn er sie verbal nicht als solche kategorisiert.

Wenn der Arbeitnehmer einen Bereitschaftsdienst nach dem System der Rufbereitschaft erbringe, die seine ständige Erreichbarkeit, nicht jedoch zugleich seine Anwesenheit am Arbeitsplatz erfordere, sei das anders zu bewerten als der klassische Bereitschaftsdienst (mit Anwesenheitspflicht am Arbeitsort). Selbst wenn der Arbeitnehmer dem Arbeitgeber in dem Sinne zur Verfügung steht, dass er erreichbar sein muss, kann er in dieser Situation freier über seine Zeit verfügen und eigenen Interessen nachgehen. Unter diesen Umständen ist nur die Zeit, die für die tatsächliche Erbringung von Leistungen aufgewandt wird, als »Arbeitszeit« anzusehen.[36] Nach Ansicht des *EuGH* ist Rufbereitschaft jedoch insgesamt als Arbeitszeit zu erfassen (also auch was Zeiten der Nichtarbeit betrifft), wenn der Arbeitnehmer nicht nur verpflichtet ist, für seinen Arbeitgeber verfügbar zu sein, sondern dem Arbeitnehmer auch vorgegeben wird, sich auf Zuruf **innerhalb von acht Minuten an seinem Arbeitsplatz** einzufinden. Dadurch sei die Möglichkeit für den Arbeitnehmer, über seine Zeit selbst zu bestimmen, z. B. einer anderen Tätigkeit nachzugehen, erheblich eingeschränkt und deshalb müsse bei einer so engen Zeitvorgabe auch die Zeit zu Hause als »Arbeitszeit« angesehen werden.[37] 34b

Aus dieser Entscheidung folgt nicht, dass jede Rufbereitschaft (wie Bereitschaftsdienst) als »Arbeitszeit« anzusehen ist. Der entscheidende Unterschied gegenüber dem klassischen Bereitschaftsdienst bleibt: Der Arbeitnehmer ist bei der Rufbereitschaft nicht verpflichtet, vor Ort am Arbeitsplatz anwesend zu sein, sondern er kann frei entscheiden, wo er sich aufhält (zu Hause oder an einem von ihm selbst gewählten Ort), und muss lediglich erreichbar sein. Wenn allerdings die Zeitvorgabe, binnen derer der Arbeitnehmer den Arbeitsplatz erreichen muss, so eng ist, dass die Möglichkeit für den Arbeitnehmer, über seine Zeit selbst zu bestimmen, erheblich eingeschränkt ist, ist das letztlich nicht anders zu behandeln, als ob der Arbeitnehmer am Arbeitsplatz vor Ort anwesend sein müsste. Die Acht-Minuten-Grenze in dem Fall, der dem *EuGH* zur Entscheidung vorlag, ist nicht zwingend. Es kommt vielmehr auf die Umstände des Einzelfalls an. Für den *EuGH* war entscheidend, ob die »Rufbereitschaft« den Arbeitnehmer so sehr in Anspruch nimmt, dass er auch während inaktiver Zeiten so angespannt ist, dass diese als Arbeitsleistung angesehen werden müssen. Es kommt also darauf an, ob der Arbeitnehmer durch die Rufbereitschaft so sehr an der Verfolgung seiner persönlichen und sozialen Interessen gehindert wird, dass sich die Situation letztlich kaum von einer Anwesenheit im Betrieb unterscheidet.[38] 34c

Für die vergütungsrechtliche Seite hat das *BAG* mehrfach entschieden, dass eine arbeits- oder tarifvertragliche Regelung zur Rufbereitschaft nur dann greift, wenn der Arbeitnehmer seinen Aufenthaltsort während der Rufbereitschaft selbst bestimmen kann und lediglich sicherstellen muss, dass er in einer angemessenen Zeit seine Arbeit wieder aufnehmen kann.[39] Das hat das *BAG* für ein Zeitfenster von 45 Minuten bejaht[40], verneint für ein Zeitfenster von zehn Minuten[41] oder 20 Minuten.[42] 34d

---

36 *EuGH* 21. 2. 2018 – C-518/15 (Matzak), Rn. 60, NZA 2018, 293.
37 *EuGH* 21. 2. 2018 – C-518/15 (Matzak), NZA 2018, 293.
38 Vgl. *Bayreuther*, NZA 2018, 348 (349).
39 *BAG* 11. 7. 2006 – 9 AZR 519/05, NZA 2007, 155.
40 *BAG* 22. 1. 2004 – 6 AZR 543/02.
41 *BAG* 19. 12. 1991 – 6 AZR 592/89, NZA 1992, 560.
42 *BAG* 31. 1. 2002 – 6 AZR 214/00: In dem Fall ging es darum, dass eine tarifliche Ermächtigung zur Anordnung von Rufbereitschaft eine dahingehende Weisung des Arbeitgebers nicht abdeckte.

In weiteren Verfahren hat sich der *EuGH* nochmals mit der arbeitszeitrechtlichen Einordnung der Rufbereitschaft befasst.[43] Dabei greift er auf die bereits zuvor geschilderte Grundlinie zurück: Auch die inaktiven Phasen innerhalb eines Dienstes der Rufbereitschaft sind Arbeitszeit, wenn den Arbeitnehmern vorgegeben ist, sich in so kurzer Zeit im Betrieb oder an einem Einsatzort einzufinden, dass sie sich während der Ruhezeit nicht mehr ernsthaft ausruhen oder anderen Tätigkeiten widmen können. Diese Formel präzisiert der *EuGH*: Die Gestaltungsautonomie der Arbeitnehmer über die Ruhezeit müsse durch die Rufbereitschaft objektiv gesehen und ganz erheblich beeinträchtigt sein. Daher müssen die den Arbeitnehmern während der inaktiven Zeit auferlegten Einschränkungen von solcher Art sein, dass sie diese nicht mehr wirklich frei gestalten und daher nicht mehr ernsthaft ihren eigenen Interessen nachgehen können. Dabei ist nach wie vor das entscheidende Kriterium, in welcher Zeitspanne sich die Arbeitnehmer auf Zuruf im Betrieb oder an einem Einsatzort einfinden müssen. Sind die Beschäftigten verpflichtet, sich in sehr kurzer Zeit am Einsatzort einzufinden, kann von einer selbst bestimmten Ruhezeit keine Rede mehr sein. Doch ist das nicht das einzige Prüfungskriterium, vielmehr bedarf es einer **Gesamtbeurteilung aller Umstände.**[44] Entscheidend ist etwa, wie oft die Arbeitnehmer zu einschlägigen Diensten eingeteilt werden. Zudem ist von Bedeutung, ob und inwieweit die Beschäftigten damit rechnen müssen, während der Rufbereitschaft tatsächlich zur Arbeitsleistung herangezogen zu werden. Alles in allem steht das Zeitfenster, innerhalb dessen die Beschäftigten am Einsatzort erscheinen müssen, in einem Wechselspiel mit der Wahrscheinlichkeit, tatsächlich zur Arbeit gerufen zu werden.

Das *BAG* hat (anknüpfend an die Rspr. des *EuGH*) entschieden: Bei als Rufbereitschaft angeordneten Bereitschaftszeiten, während derer sich Arbeitnehmer nicht am Arbeitsplatz aufhalten müssen, handelt es sich insgesamt um Arbeitszeit, wenn den Arbeitnehmern Einschränkungen auferlegt werden, die diese bei objektiver Betrachtung ganz erheblich darin beeinträchtigen, die Zeit, innerhalb derer sie sich bereithalten müssen, frei gestalten und sich allgemeinen Interessen widmen zu können. Ob die den Arbeitnehmern auferlegten Einschränkungen diesen Intensitätsgrad erreicht haben, ist anhand einer **Gesamtwürdigung** zu beurteilen. Die dafür maßgeblichen Beurteilungskriterien sind insbesondere die Zeitspanne, binnen derer die Arbeitnehmer die Arbeit auf Abruf aufzunehmen haben, sowie die durchschnittliche Häufigkeit und Dauer der tatsächlichen Inanspruchnahme während der Bereitschaftszeiten.[45]

Insgesamt ist die Frage, ob und unter welchen Voraussetzungen und in welchem Umfang die Rufbereitschaft als Arbeitszeit gilt oder nicht und zu bezahlen ist, derzeit nicht einfach zu beantworten. In der Praxis empfiehlt es sich, diese Fragen durch **Tarifvertrag** zu regeln.[46] Ansonsten muss man mit Rechtsunsicherheiten leben.

35 Im Berufsausbildungsverhältnis haben die Auszubildenden einen schriftlichen oder elektronischen Ausbildungsnachweis zu führen (§ 13 Satz 2 Nr. 7 BBiG) und die Ausbildenden haben die Auszubildenden zum Führen der Ausbildungsnachweise anzuhalten und diese regelmäßig durchzusehen (§ 14 Abs. 2 Satz 1 BBiG). Den Auszubildenden ist Gelegenheit zu geben, **den Ausbildungsnachweis am Arbeitsplatz zu führen** (§ 14 Abs. 2 Satz 2 BBiG), das heißt während der betrieblichen Ausbildungszeit (vgl. § 14 BBiG Rn. 23).

43 *EuGH* 9. 2. 2021 – C-580/19, NZA 2021, 489; *EuGH* 9. 2. 2021 – C-344/19, NZA 2021, 458.
44 *EuGH* 11. 11. 2021 – C-214/20, NZA 2021, 1699.
45 *BAG* 27. 7. 2021 – 9 AZR 448/20, Rn. 47 ff., NZA 2021, 1702.
46 Vgl. zu einem Tarifvertrag für Ärzte im öffentlichen Dienst: *BAG* 25. 3. 2021 – 6 AZR 264/20, NZA 2021, 1048.

6. Dauer der Probezeit (Abs. 1 Satz 2 Nr. 6)

Im Vertrag aufzunehmen ist die Dauer der Probezeit. Das Berufsausbildungsverhältnis beginnt mit der Probezeit (§ 20 Satz 1 BBiG). Die Probezeit beginnt mit dem **Tag des vertraglich vereinbarten Beginns der Berufsausbildung** (§ 11 Abs. 1 Satz 2 Nr. 2 BBiG). Auf die tatsächliche Aufnahme der Ausbildung kommt es nicht an. Ein Fernbleiben des Auszubildenden etwa wegen Krankheit oder aus sonstigen Gründen hindert den rechtlichen Beginn des Berufsausbildungsverhältnisses und damit auch der Probezeit nicht (vgl. aber § 20 Rn. 18ff.). Die Probezeit muss **mindestens einen Monat** und darf **höchstens vier Monate** betragen (§ 20 Satz 2 BBiG). Maßgeblich ist aber immer die vertragliche Vereinbarung. Das Gesetz schafft einen Rahmen und regelt eine Höchstfrist, gibt aber nicht automatisch vor, dass die Probezeit immer vier Monate beträgt. Zu den Einzelheiten ist auf die Kommentierung bei § 20 BBiG zu verweisen. 36

7. Zahlung, Höhe und Zusammensetzung der Vergütung (Abs. 1 Satz 2 Nr. 7)

Im Vertrag aufzunehmen sind Regelungen zur Zahlung und Höhe der Vergütung sowie deren Zusammensetzung, sofern sich die Vergütung aus verschiedenen Bestandteilen zusammensetzt. Zahlung und Höhe der Vergütung können, sofern nicht tarifliche Regelungen zu beachten sind, nur im Rahmen der Vorgaben der §§ 17 bis 19 BBiG frei vereinbart werden. Vereinbarungen zu »Zahlung und Höhe der Vergütung« sind im Vertrag aufzunehmen. Mit **»Zahlung« der Vergütung** sind die Modalitäten der Vergütungszahlung gemeint, also ob die Vergütung Sachleistungen umfasst (§ 17 Abs. 6 BBiG), bar oder unbar (Überweisung auf ein Konto) erfolgt und wann sie zu zahlen ist. 37

Bei der **»Höhe« der Vergütung** ist ein exakter Euro-Betrag (brutto, ohne Abzüge) anzugeben, wobei zusätzlich auf die jeweils geltende Fassung von Tarifverträgen Bezug genommen werden kann. Je nach der Formulierung im Vertrag kann die Angabe eines exakten Euro-Betrags zur Folge haben, dass auch im Falle einer Absenkung der Ausbildungsvergütung im einschlägigen Tarifvertrag, der vertraglich festgeschriebene Betrag in jedem Falle zu zahlen ist. Die Ausbildungsvergütung ist getrennt für die einzelnen Ausbildungsjahre anzugeben, wobei sie jährlich ansteigen muss. Die Höhe der Vergütung muss »angemessen« sein, mindestens besteht der Anspruch auf die Mindestausbildungsvergütung (vgl. zu den Einzelheiten die Kommentierung des § 17 BBiG). 38

Im Vertrag zu regeln ist auch die **»Zusammensetzung« der Vergütung**, sofern sich die Vergütung aus verschiedenen Bestandteilen zusammensetzt. Zu regeln sind vor allem besondere Vergütungsbestandteile, wie Sonderzahlungen (z. B. Urlaubsgeld, Weihnachtsgeld), Zuschläge (z. B. für die Arbeit an Samstagen, Sonntagen oder Feiertagen) oder sonstige Vergütungsbestandteile.

8. Überstunden (Abs. 1 Satz 2 Nr. 8)

Im Vertrag aufzunehmen ist eine Regelung zur Vergütung oder zum Ausgleich von Überstunden. Im Ausbildungsverhältnis ist das normalerweise nicht von Bedeutung, weil im Ausbildungsverhältnis keine Überstunden geschuldet sind. 38a

9. Dauer des Urlaubs (Abs. 1 Satz 2 Nr. 9)

a) Angaben im Vertrag

39 Im Vertrag aufzunehmen sind Regelungen zur Dauer des Urlaubs. Die »Dauer« des Urlaubs ist im Ausbildungsvertrag festzuhalten, also konkret anzugeben. Es handelt sich um einen Anspruch auf **bezahlten Erholungsurlaub**. Während des Urlaubs ist die Ausbildungsvergütung fortzuzahlen. Ein Anspruch auf ein zusätzliches **Urlaubsgeld** besteht nur, wenn dies vertraglich vereinbart ist oder sich aus einem anwendbaren Tarifvertrag ergibt.

b) Gesetzlicher Mindesturlaub

40 Die Dauer des Urlaubs richtet sich nach tariflichen Bestimmungen, wenn sie Anwendung finden, und kann ansonsten nur im Rahmen der zwingenden gesetzlichen Vorgaben vertraglich vereinbart werden. Der Anspruch auf den **gesetzlichen Mindesturlaub** ist zwingend, er kann nicht wirksam durch vertragliche Vereinbarungen unterschritten werden. Auch ein (teilweiser) Verzicht auf den Urlaub im Ausbildungsvertrag oder später durch gesonderte Vereinbarung oder einseitige Erklärung ist nicht zulässig.

41 Die unterste Grenze für den Urlaub folgt für **minderjährige** (jugendliche) Auszubildende aus § 19 Abs. 1 JArbSchG, er ist je nach Alter gestaffelt. Der gesetzliche Mindesturlaub ist gem. § 19 Abs. 2 Satz 1 Nr. 1 bis 3 JArbSchG gestaffelt nach Alter. Er beträgt jährlich:

- mindestens 30 Werktage, wenn der Jugendliche zu Beginn des Kalenderjahres noch nicht 16 Jahre alt ist,
- mindestens 27 Werktage, wenn der Jugendliche zu Beginn des Kalenderjahres noch nicht 17 Jahre alt ist,
- mindestens 25 Werktage, wenn der Jugendliche zu Beginn des Kalenderjahres noch nicht 18 Jahre alt ist.

42 Der Stichtag für die Feststellung des Alters des Jugendlichen ist der »Beginn des Kalenderjahres«, also der 1. Januar eines jeden Kalenderjahres, sodass die Vollendung eines neuen Lebensjahres innerhalb des Kalenderjahres ohne Bedeutung für die Altersstufenregelung ist.[47]

43 »**Werktage**« sind die Tage von Montag bis Samstag. Das folgt aus der Verweisung in § 19 Abs. 4 Satz 1 JArbSchG unter anderem auf § 3 Abs. 2 BUrlG. Sind die **Arbeitstage** des Jugendlichen auf weniger als sechs Tage die Woche verteilt, so bedarf es der Umrechnung des Urlaubs auf die Arbeitstage.[48] Für Jugendliche ist die Fünf-Tage-Woche der Normalfall (§ 15 JArbSchG). Die Umrechnung ergibt folgendes:

- 30 Werktage sind 25 Arbeitstage,
- 27 Werktage sind 22,5 Arbeitstage,
- 25 Werktage sind 21 (20,83) Arbeitstage.

44 Für **volljährige** Auszubildende beträgt der gesetzliche Mindesturlaub 24 Werktage (§ 3 BUrlG), bei einer Fünf-Tage-Woche (24 : 6 = 4 × 5 =) 20 Arbeitstage.

45 Gegebenenfalls ist noch der **Zusatzurlaub für schwerbehinderte Menschen** gem. § 208 SGB IX (fünf Arbeitstage) zu beachten.

47 ErfK/*Schlachter*, JArbSchG, § 19 Rn. 4.
48 ErfK/*Schlachter*, JArbSchG, § 19 Rn. 5.

c) Weitere rechtliche Vorgaben für den Urlaub nach dem BUrlG

Der volle Urlaubsanspruch wird erstmalig nach sechsmonatigem Bestehen des Ausbildungsverhältnisses erworben (§ 4 BUrlG). Das bezeichnet man als **Wartezeit**. Das bedeutet nicht, dass der Urlaub nicht auch schon in den ersten Monaten (teilweise) gewährt werden kann, es besteht lediglich kein Anspruch auf die Gewährung. 46

§ 5 BUrlG regelt den **Teilurlaubsanspruch**. Anspruch auf ein Zwölftel des Jahresurlaubs für jeden vollen Monat des Bestehens des Arbeitsverhältnisses hat der Arbeitnehmer oder Auszubildende gem. § 5 Abs. 1 BUrlG: 47

a) für Zeiten eines Kalenderjahres, für die er wegen Nichterfüllung der Wartezeit in diesem Kalenderjahr keinen vollen Urlaubsanspruch erwirbt;
b) wenn er vor erfüllter Wartezeit aus dem Arbeitsverhältnis ausscheidet;
c) wenn er nach erfüllter Wartezeit in der ersten Hälfte eines Kalenderjahres aus dem Arbeitsverhältnis ausscheidet.

Bruchteile von Urlaubstagen, die mindestens einen halben Tag ergeben, sind auf volle Urlaubstage aufzurunden (§ 5 Abs. 2 BUrlG). Hat der Arbeitnehmer oder Auszubildende im Falle des Abs. 1 Buchst. c (wenn er nach erfüllter Wartezeit in der ersten Hälfte eines Kalenderjahres aus dem Arbeitsverhältnis ausscheidet) bereits Urlaub über den ihm zustehenden Umfang hinaus erhalten, so kann das dafür gezahlte Urlaubsentgelt nicht zurückgefordert werden (§ 5 Abs. 3 BUrlG). 48

Wichtig ist, dass nur in den genannten Fällen ein Teilurlaubsanspruch entsteht. In allen anderen Fällen hat der Arbeitnehmer oder Auszubildende nach Ende von sechs Monaten jeweils zu Beginn des Kalenderjahres **Anspruch auf den vollen Jahresurlaub**. Ein Anspruch auf den vollen Jahresurlaub besteht insbesondere auch dann, wenn der Arbeitnehmer oder Auszubildende nach erfüllter Wartezeit in der *zweiten* Hälfte eines Kalenderjahres aus dem Arbeitsverhältnis oder Ausbildungsverhältnis ausscheidet, also ab dem 1.7. eines Jahres. 49

§ 6 BUrlG regelt den **Ausschluss von Doppelansprüchen**. Der Anspruch auf Urlaub besteht nicht, soweit dem Arbeitnehmer für das laufende Kalenderjahr bereits von einem früheren Arbeitgeber Urlaub gewährt worden ist (§ 6 Abs. 1 BUrlG). Der Arbeitgeber ist verpflichtet, bei Beendigung des Arbeitsverhältnisses dem Arbeitnehmer eine **Bescheinigung** über den im laufenden Kalenderjahr gewährten oder abgegoltenen Urlaub auszuhändigen (§ 6 Abs. 2 BUrlG). 50

§ 7 BUrlG regelt **Zeitpunkt, Übertragbarkeit und Abgeltung des Urlaubs**. Bei der **zeitlichen Festlegung** des Urlaubs sind die Urlaubswünsche des Arbeitnehmers oder Auszubildenden zu berücksichtigen, es sei denn, dass ihrer Berücksichtigung dringende betriebliche Belange oder Urlaubswünsche anderer Arbeitnehmer oder Auszubildender, die unter sozialen Gesichtspunkten den Vorrang verdienen, entgegenstehen (§ 7 Abs. 1 Satz 1 BUrlG). Der Urlaub ist zu gewähren, wenn der Arbeitnehmer dies im Anschluss an eine Maßnahme der medizinischen Vorsorge oder Rehabilitation verlangt (§ 7 Abs. 1 Satz 2 BUrlG). 51

Der **Urlaub ist zusammenhängend zu gewähren**, es sei denn, dass dringende betriebliche oder in der Person des Arbeitnehmers oder Auszubildenden liegende Gründe eine Teilung des Urlaubs erforderlich machen (§ 7 Abs. 2 Satz 1 BUrlG). Kann der Urlaub aus diesen Gründen nicht zusammenhängend gewährt werden, und hat der Arbeitnehmer oder Auszubildende Anspruch auf Urlaub von mehr als zwölf Werktagen, so muss einer der Urlaubsteile mindestens zwölf aufeinanderfolgende Werktage umfassen (§ 7 Abs. 2 Satz 2 BUrlG). 52

53 Der Urlaub muss **im laufenden Kalenderjahr gewährt und genommen werden** (§ 7 Abs. 3 Satz 1 BUrlG). Eine Übertragung des Urlaubs auf das nächste Kalenderjahr ist nur statthaft, wenn dringende betriebliche oder in der Person des Arbeitnehmers liegende Gründe dies rechtfertigen (§ 7 Abs. 3 Satz 2 BUrlG). Im Fall der Übertragung muss der Urlaub in den **ersten drei Monaten des folgenden Kalenderjahres** gewährt und genommen werden (§ 7 Abs. 3 Satz 3 BUrlG).

54 Auf Verlangen des Arbeitnehmers ist ein nach § 5 Abs. 1 Buchstabe a BUrlG entstehender Teilurlaub (für Zeiten eines Kalenderjahres, für die er wegen Nichterfüllung der Wartezeit in diesem Kalenderjahr keinen vollen Urlaubsanspruch erwirbt) jedoch auf das nächste Kalenderjahr zu übertragen (§ 7 Abs. 3 Satz 4 BUrlG).

55 Kann der Urlaub wegen Beendigung des Arbeits- oder Ausbildungsverhältnisses ganz oder teilweise nicht mehr gewährt werden, so ist er abzugelten (§ 7 Abs. 4 BUrlG), das heißt in Geld umzurechnen und auszuzahlen. Dieser **Abgeltungsanspruch** entsteht zwingend mit dem Ende des Beschäftigungsverhältnisses, allerdings auch nur in diesem Falle. Unzulässig ist es, im bestehenden Arbeits- oder Ausbildungsverhältnis den Urlaub nicht zu gewähren und stattdessen auszubezahlen. Wird der Auszubildende nach dem Ende der Berufsausbildungsverhältnisses nahtlos **in ein Arbeitsverhältnis übernommen**, hat der Auszubildende keinen Abgeltungsanspruch, vielmehr ist der Urlaub in dem Arbeitsverhältnis zu gewähren. Die Zeit der Ausbildung ist anzurechnen auf das Arbeitsverhältnis, so dass keine neue Wartezeit von sechs Monaten gilt (vgl. § 24 Rn. 5), sondern der Arbeitnehmer (der zuvor Auszubildender war) im Arbeitsverhältnis sogleich einen Anspruch auf den vollen Jahresurlaub hat.

56 Während des Urlaubs darf der Arbeitnehmer oder Auszubildende **keine dem Urlaubszweck widersprechende Erwerbstätigkeit** leisten (§ 8 BUrlG).

57 **Erkrankt ein Arbeitnehmer oder Auszubildende während des Urlaubs**, so werden die durch ärztliches Zeugnis nachgewiesenen Tage der Arbeitsunfähigkeit auf den Jahresurlaub nicht angerechnet (§ 9 BUrlG).

58 **Maßnahmen der medizinischen Vorsorge oder Rehabilitation** dürfen nicht auf den Urlaub angerechnet werden, soweit ein Anspruch auf Fortzahlung des Arbeitsentgelts nach den gesetzlichen Vorschriften über die Entgeltfortzahlung im Krankheitsfall besteht (§ 10 BUrlG).

59 Die **Berechnung des Urlaubsentgelts** ergibt sich aus § 11 BUrlG. Das Urlaubsentgelt bemisst sich nach dem **durchschnittlichen Arbeitsverdienst**, das der Arbeitnehmer in den **letzten dreizehn Wochen** vor dem Beginn des Urlaubs erhalten hat, mit Ausnahme des zusätzlich für Überstunden gezahlten Arbeitsverdienstes (§ 11 Abs. 1 Satz 1 BUrlG). Bei **Verdiensterhöhungen** nicht nur vorübergehender Natur, die während des Berechnungszeitraums oder des Urlaubs eintreten, ist von dem erhöhten Verdienst auszugehen (§ 11 Abs. 1 Satz 2 BUrlG). **Verdienstkürzungen**, die im Berechnungszeitraum infolge von Kurzarbeit, Arbeitsausfällen oder unverschuldeter Arbeitsversäumnis eintreten, bleiben für die Berechnung des Urlaubsentgelts außer Betracht (§ 11 Abs. 1 Satz 3 BUrlG). Zum Arbeitsentgelt gehörende Sachbezüge, die während des Urlaubs nicht weitergewährt werden, sind für die Dauer des Urlaubs angemessen in bar abzugelten (§ 11 Abs. 1 Satz 4 BUrlG). Das Urlaubsentgelt ist **vor Antritt des Urlaubs auszuzahlen** (§ 11 Abs. 2 BUrlG).

60 Unabhängig von dem Erholungsurlaub sind andere **Freistellungsregelungen** zu beachten, wie der Anspruch auf **Elternzeit** (früher Erziehungsurlaub) und der Anspruch auf **Bildungsurlaub**, wie er in den Bundesländern geregelt ist. Weitere Freistellungsansprüche können aus § 15 BBiG folgen.

10. Kündigungsvoraussetzungen (Abs. 1 Satz 2 Nr. 10)

Im Vertrag aufzunehmen sind Regelungen zu den Voraussetzungen, unter denen der Berufsausbildungsvertrag gekündigt werden kann. Die Voraussetzungen für die Kündigung ergeben sich abschließend aus § 22 BBiG, sie müssen aber im Vertrag wiedergegeben werden. Ein bloßer Hinweis auf die gesetzliche Regelung ohne eine wörtliche Wiedergabe der Regelung genügt nicht. Über § 22 BBiG hinausgehende Gründe oder die Festlegung von absoluten Kündigungsgründen im Ausbildungsvertrag sind unbeachtlich, das heißt diese haben keine rechtlichen Wirkungen.[49] Es ist vielmehr im Einzelfall zu entscheiden, ob ein hinreichender Kündigungsgrund vorliegt oder nicht. 61

11. Hinweis auf Tarifverträge, Betriebs- oder Dienstvereinbarungen (Abs. 1 Satz 2 Nr. 11)

Im Vertrag aufzunehmen ist ein in allgemeiner Form gehaltener Hinweis auf die Tarifverträge, Betriebs- oder Dienstvereinbarungen, die auf das Berufsausbildungsverhältnis Anwendung finden. Diese Regelung ist durch Artikel 3 des Gesetzes zur Anpassung arbeitsrechtlicher Bestimmungen an das EG-Recht vom 20.7.1995 (BGBl. I S. 946) erstmals neu mit Wirkung vom 28.7.1995 in das BBiG aufgenommen worden und entspricht der Regelung im NachwG für Arbeitsverhältnisse. Je nach Umfang der gewollten Bezugnahme auf Tarifverträge sind folgende Vertragsformulierungen denkbar. 62

Beispiele für Vertragsformulierungen:
Auf das Ausbildungsverhältnis findet der Manteltarifvertrag für die z-Branche im Tarifgebiet xy in der jeweils geltenden Fassung Anwendung.
Auf das Ausbildungsverhältnis finden die Bestimmungen der für die xy-Branche im Bundesland X geltenden Tarifverträge Anwendung, soweit dieser Ausbildungsvertrag nichts Abweichendes regelt.
Für das Ausbildungsverhältnis finden die einschlägigen Tarifverträge in der jeweils geltenden Fassung Anwendung.
Für das Ausbildungsverhältnis finden die jeweils geltenden Tarifverträge Anwendung.

Bedeutung hat der Verweis auf Tarifverträge vor allem für die Ausbildungsvergütung (vgl. § 17 BBiG) und für tarifliche Ausschluss- oder Verfallfristen (vgl. Rn. 71 ff.). Solche **Ausschlussfristen** sehen regelmäßig vor, dass Ansprüche verfallen, wenn sie sich innerhalb bestimmten Fristen gegenüber dem Anspruchsgegner geltend gemacht werden. Ausschlussfristen, die zum Beispiel in einem Manteltarifvertrag geregelt sind und »Ansprüche aus dem Arbeitsverhältnis« erfassen, gelten regelmäßig auch für Ansprüche aus einem Berufsausbildungsverhältnis, sofern der Geltungsbereich des betreffenden Tarifvertrags auch ausdrücklich Auszubildende erfasst.[50] 63

Wie konkret der, von § 11 Abs. 1 Satz 2 Nr. 11 BBiG geforderte, **in »allgemeiner Form gehaltene Hinweis«** insbesondere auf Tarifverträge sein muss, ist ungeklärt. In der Vertragspraxis sind typisch Klauseln mit dem Inhalt »Im Übrigen finden auf das Ausbildungsverhältnis die einschlägigen Tarifverträge sowie Betriebsvereinbarungen Anwendung«. 64

Der Rechtsprechung des *BAG*, die bislang allein Arbeitsverhältnisse betraf, lässt sich entnehmen, dass jedenfalls der **Hinweis auf einen bestimmten Tarifvertrag einer bestimmten Branche** (im Streitfall »Manteltarifvertrag des Bäckerhandwerks Niedersachen/ 65

49 *LAG Düsseldorf* 29.4.1977 – 16 Sa 1070/76, EzB BBiG § 15 Abs. 2 Nr. 1, Nr. 18.
50 *BAG* 25.7.2002 – 6 AZR 381/00, AP BBiG § 5 Nr. 9 = DB 2003, 510.

Bremen«) der Nachweispflicht genügen soll, ohne dass näher über den Inhalt des Tarifvertrags im Ausbildungsvertrag aufgeklärt werden müsse. Das *BAG* hat insoweit entschieden, dass der Nachweispflicht auch hinsichtlich einer **tarifvertraglichen Ausschlussfrist** entsprochen werde, wenn auf die Anwendbarkeit des einschlägigen Tarifvertrags im Vertrag hingewiesen werde.[51] Eines gesonderten Hinweises auf die in dem Tarifvertrag geregelte Ausschlussfrist bedürfe es nicht.[52]

66 Die Nachweispflicht gilt dabei aber nicht nur für Tarifverträge, die unmittelbar und zwingend aufgrund von Organisationszugehörigkeit oder Allgemeinverbindlicherklärung nach den Bestimmungen des TVG gelten (vgl. § 10 Rn. 46), sondern auch aufgrund **einzelvertraglicher Vereinbarung der Geltung der tariflichen Normen.**[53]

67 **Erfüllt der Arbeitgeber/Ausbildende seine Nachweispflichten nicht**, haftet er dem Arbeitnehmer/Auszubildenden auf **Schadensersatz.**[54] Schaden ist das Erlöschen des Vergütungsanspruchs aufgrund der Ausschlussfrist. Der Auszubildende kann verlangen, so gestellt zu werden, als sei der Vergütungsanspruch nicht untergegangen. Es kann dann also als Schadensersatzanspruch ein Vergütungsersatzanspruch in Höhe des erloschenen Vergütungsanspruchs bestehen. Dieser Schadensersatzanspruch ist begründet, wenn der geltend gemachte Vergütungsanspruch bestanden, nur wegen Versäumung der Ausschlussfrist erloschen ist und bei gesetzmäßigem Nachweis seitens des Arbeitgebers/Ausbildenden nicht untergegangen wäre.[55] Bei einem Verstoß gegen die gesetzliche Nachweispflicht ist zugunsten des Arbeitnehmers/Auszubildenden zu vermuten, dass dieser die tarifliche Ausschlussfrist beachtet hätte, wenn er auf die Geltung des Tarifvertrags hingewiesen worden wäre. Dem Ausbildenden bleibt die Möglichkeit, die Vermutung zu widerlegen.[56] Bevor die Vermutungsregel eingreifen kann, muss der Auszubildende, der einen solchen Schadensersatzanspruch gerichtlich geltend machen will, allerdings positiv behaupten, dass er nicht gewusst habe, dass eine Ausschlussfrist auf das Ausbildungsverhältnis Anwendung finde, und dass er bei rechtzeitigem Nachweis die Ausschlussfrist beachtet hätte (haftungsbegründende Kausalität).[57] Gegebenenfalls ist ein Mitverschulden (§ 254 BGB) des Auszubildenden zu berücksichtigen, wenn diesem die Ausschlussfrist, unabhängig vom unterlassenen Hinweis, bekannt war.[58] Auch das Verschulden eines vom Auszubildenden beauftragten Rechtsanwalts ist zu berücksichtigen, der sich im Gegensatz zum Auszubildenden über das anwendbare Recht selbst informieren muss.[59]

68 **Finden keine Tarifverträge oder Betriebs- oder Dienstvereinbarungen Anwendung**, ist, soweit das zutrifft, auch hierauf hinzuweisen.

69 Da die Hinweispflicht auch bei **Änderungen** besteht (vgl. § 11 Abs. 4 BBiG), ist auch bei späteren Änderungen, etwa der Anwendbarkeit eines Tarifvertrags auf das Berufsausbildungsverhältnis, hinzuweisen. So muss der Ausbildende etwa den Auszubildenden auf einen Tarifvertrag hinzuweisen, der erst nach Beginn der Berufsausbildung infolge

---

51 *BAG* 23. 1. 2002 – 4 AZR 56/01, NZA 2002, 800.

52 *BAG* 17. 4. 2002 – 5 AZR 89/01, NZA 2002, 1096; *BAG* 29. 5. 2002 – 5 AZR 105/01, EzA § 2 NachwG Nr. 4.

53 *BAG* 17. 4. 2002 – 5 AZR 89/01, NZA 2002, 1096.

54 *BAG* 17. 4. 2002 – 5 AZR 89/01, NZA 2002, 1096.

55 *BAG* 21. 2. 2012 – 9 AZR 486/10, Rn. 34, NZA 2012, 750; *BAG* 5. 11. 2003 – 5 AZR 676/02, Rn. 25, NZA 2005, 64; *BAG* 17. 4. 2002 – 5 AZR 89/01, NZA 2002, 1096.

56 *BAG* 21. 2. 2012 – 9 AZR 486/10, Rn. 35, NZA 2012, 750; *BAG* 5. 11. 2003 – 5 AZR 676/02, Rn. 25, NZA 2005, 64; *BAG* 17. 4. 2002 – 5 AZR 89/01, NZA 2002, 1096.

57 *BAG* 20. 4. 2011 – 5 AZR 171/10, Rn. 27, NZA 2011, 1173; *BAG* 5. 11. 2003 – 5 AZR 676/02, Rn. 27, NZA 2005, 64.

58 *BAG* 29. 5. 2002 – 5 AZR 105/01, EzA NachwG § 2 Nr. 4.

59 *BAG* 5. 11. 2003 – 5 AZR 676/02, Rn. 29, NZA 2005, 64.

Allgemeinverbindlicherklärung (§ 5 TVG) auf das Ausbildungsverhältnis Anwendung findet.[60]

12. Form des Ausbildungsnachweises (Abs. 1 Satz 2 Nr. 12)

Im Vertrag ist »die Form des Ausbildungsnachweises nach § 13 Satz 2 Nr. 7« aufzunehmen, also zu vereinbaren. Hintergrund für diese Regelung ist, dass die Auszubildenden verpflichtet sind, einen schriftlichen *oder* elektronischen Ausbildungsnachweis zu führen (§ 13 Satz 2 Nr. 7 BBiG). § 11 Abs. 1 Satz 2 Nr. 12 BBiG regelt deshalb, dass die Form des Ausbildungsnachweises in der Vertragsabfassung zu regeln ist. Es ist also zu vereinbaren, ob der Ausbildungsnachweis schriftlich oder elektronisch zu führen ist. 70
Vgl. Näheres zum Ausbildungsnachweis bei § 13 BBiG Rn. 28.

IV. Ausschluss- oder Verfallfristen

Auch in Ausbildungsverträgen werden häufig Ausschluss- oder Verfallfristen (gängig ist auch die Bezeichnung »Verfallklauseln«) vereinbart. Solche Vertragsklauseln sind aber kein notwendiger Vertragsinhalt. Sie können unter bestimmten Voraussetzungen vereinbart werden, müssen aber nicht. Ausschluss- oder Verfallfristen sind Fristen, innerhalb derer Ansprüche (zum Beispiel auf Zahlung der Ausbildungsvergütung) oder sonstige Rechte geltend gemacht werden müssen, damit sie nicht untergehen. Der Schuldner soll binnen einer bestimmten Frist darauf hingewiesen werden, welche Ansprüche gegen ihn noch geltend gemacht werden. Er soll sich darauf verlassen können, dass nach Fristablauf keine Ansprüche mehr erhoben werden. Wird die Ausschlussfrist nicht gewahrt, führt dies zum Erlöschen des nicht fristgemäß geltend gemachten Anspruchs. Ausschlussfristen sind im Arbeitsrecht, insbesondere in Tarifverträgen, aber auch in Arbeits- oder Ausbildungsverträgen, weit verbreitet. 71

Tarifvertragliche Ausschlussfristen, mögen sie auch noch so kurz sein, werden als wirksam erachtet. Die Tarifvertragsparteien haben wegen der durch Art. 9 Abs. 3 GG garantierten Tarifautonomie eine weitgehende Gestaltungsfreiheit. Tarifnormen unterliegen nur einer Rechtskontrolle dahingehend, ob sie gegen höherrangiges zwingendes Gesetzesrecht oder gegen die Grundrechte verstoßen.[61] 72

Auch nach der Ausweitung der **AGB-Kontrolle** auf Ausbildungs- und Arbeitsverträge hat sich an der Wirksamkeit von tarifvertraglichen Ausschlussfristen im Grundsatz nichts geändert (vgl. § 10 Rn. 40). Bei der AGB-Kontrolle muss unterschieden werden, ob es sich um tarifvertragliche oder einzelvertragliche Ausschlussfristen handelt. Gelten tarifvertragliche Ausschlussfristen normativ kraft Tarifbindung (§ 4 Abs. 1 TVG) oder aufgrund Allgemeinverbindlicherklärung (§ 5 TVG), unterliegen diese nicht der AGB-Kontrolle (§ 310 Abs. 4 Satz 1 BGB). Auch im Falle der einzelvertraglichen Verweisung auf einschlägige Tarifverträge findet in der Regel keine AGB-Kontrolle statt. Die Rechtsprechung hält auch relativ kurz bemessene tarifvertraglich festgelegte Ausschlussfristen für wirksam. So werden Ausschlussfristen von zwei und drei Monaten in Tarifverträgen für zulässig er- 73

60 *BAG* 24.10.2002 – 6 AZR 743/00, NZA 2004, 105.
61 *BAG* 6.11.1996 – 5 AZR 334/95, NZA 1997, 778.

achtet.[62] Auch einseitige tarifliche Ausschlussfristen, die nur zulasten der Arbeitnehmer oder Auszubildenden gelten, sollen zulässig sein.[63]

74 Anders ist dies bei **einzelvertraglichen Ausschlussfristen** in vom Arbeitgeber oder Ausbildenden vorformulierten Arbeits- oder Ausbildungsverträgen. Für diese gilt die AGB-Kontrolle. Ausschlussfristen sind nicht generell unwirksam, unterliegen jedoch der Inhaltskontrolle (§ 307 BGB). Die Ausschlussfrist stellt eine von Rechtsvorschriften abweichende Regelung (§ 307 Abs. 3 Satz 1 BGB) dar, denn gesetzlich bleiben Ansprüche, abgesehen von ihrer Verwirkung (§ 242 BGB), erhalten und können im Rahmen des Verjährungsrechts geltend gemacht werden.[64] Nach der **Neufassung des § 309 Nr. 13 BGB** darf in Arbeits- und Ausbildungsverträgen seit dem 1. 10. 2016 keine strengere Form mehr als die Textform (§ 126b BGB) vereinbart werden.

Folgende Punkte sind nach der Rechtsprechung insbesondere zu beachten:

- Wegen der weitreichenden Folgen von Ausschlussfristen erfordert das Transparenzgebot (§ 307 Abs. 1 Satz 2 BGB), dass auf die **Rechtsfolge »Erlöschen des Anspruchs«** bei nicht rechtzeitiger Geltendmachung ausdrücklich in der Vertragsklausel hingewiesen wird.[65] Eine optische Hervorhebung solcher Klauseln durch die Überschrift »Ausschlussfrist« oder »Verfallfrist« genügt.[66]
- Eine vom Arbeitgeber vorformulierte arbeitsvertragliche Verfallklausel, die (entgegen § 3 Satz 1 MiLoG) den Mindestlohn nicht ausdrücklich von der Ausschlussfrist ausnimmt, verstößt gegen das Transparenzgebot (§ 307 Abs. 1 Satz 2 BGB) und ist insgesamt unwirksam.[67] Auszubildende haben keinen Anspruch auf den Mindestlohn, aber auf eine **Mindestausbildungsvergütung** (§ 17 BBiG). Das bedeutet: wird die Mindestausbildungsvergütung nicht ausdrücklich von der Ausschlussfrist ausgenommen, ist die Regelung insgesamt unwirksam.
- Für den **Beginn der Ausschlussfrist** ist abzustellen auf die **Fälligkeit** des Anspruchs. Ausschlussfristen, die allein auf die Beendigung des Arbeitsverhältnisses abstellen, sind unwirksam.[68] Eine Ausschlussfristenregelung, die für den Beginn der Geltendmachungsfrist sowohl auf die »Entstehung« als auch die »Fälligkeit« des Anspruchs abstellt, ohne klarzustellen, wann die Frist frühestens beginnt, ist intransparent (§ 307 Abs. 1 Satz 2 BGB) und damit insgesamt unwirksam.[69] Das Anknüpfen des Laufs einer Ausschlussfrist an die »Beendigung« des Arbeitsverhältnisses/Ausbildungsverhältnisses führt ebenfalls zu einer unangemessenen Benachteiligung und macht die Ausschlussfrist unwirksam.[70]
- Eine unangemessene Benachteiligung (§ 307 Abs. 1 BGB) ist anzunehmen bei **einseitigen Ausschlussfristen** zulasten der Arbeitnehmer oder Auszubildenden. Solche einseitigen Ausschlussfristen sind unwirksam.[71]
- Nach der Rechtsprechung des BAG muss die **Ausschlussfrist mindestens drei Monate** betragen.[72]

62 *BAG* 22. 9. 1999 – 10 AZR 839/98, NZA 2000, 551; *BAG* 16. 1. 2002 – 5 AZR 430/00, NZA 2002, 746.
63 *BAG* 4. 12. 1997 – 2 AZR 809/96, NZA 1998, 431.
64 *BAG* 1. 3. 2006 – 5 AZR 511/05, NZA 2006, 783.
65 *BAG* 31. 8. 2004 – 5 AZR 545/05, NZA 2006, 324.
66 *BAG* 25. 5. 2005 – 5 AZR 572/04, NZA 2005, 1111.
67 *BAG* 4. 5. 2022 – 5 AZR 474/21, Rn. 14; *BAG* 18. 9. 2018 – 9 AZR 162/18, Rn. 36.
68 *BAG* 1. 3. 2006 – 5 AZR 511/05, NZA 2006, 783.
69 *BAG* 19. 2. 2014 – 5 AZR 700/12, NZA 2014, 1097.
70 *BAG* 28. 8. 2019 – 5 AZR 425/18, Rn. 41, NZA 2019, 1645.
71 *BAG* 31. 8. 2005 – 5 AZR 545/04, NZA 2006, 324.
72 *BAG* 28. 9. 2005 – 5 AZR 52/05, NZA 2006, 149.

- **Zweistufige Ausschlussfristen** (erste Stufe: Geltendmachung gegenüber dem Arbeitgeber/Ausbildenden, zweite Stufe: gerichtliche Geltendmachung) sind zulässig. Die Mindestfrist für die gerichtliche Geltendmachung der Ansprüche muss **drei Monate** betragen. Das bedeutet, dass bei einer Kombination von ein- und zweistufiger Ausschlussfrist die **Mindestfrist in jeder Stufe** jeweils drei Monate betragen muss.[73]

Eine einzelvertragliche (nicht tarifvertragliche) Ausschlussfrist war wegen der Grundsätze der AGB-Kontrolle nach älterer Rechtsprechung einschränkend auszulegen: Nicht erfasst wurden Ansprüche wegen vorsätzlicher Pflichtverletzungen, z. B. Ansprüche wegen »Mobbing« oder Verletzung des Persönlichkeitsrechts.[74] Wenn sich eine Ausschlussfrist auf »vertragliche Ansprüche« bezog, wurden Ansprüche auf Schadensersatz nicht von der Ausschlussfrist erfasst.[75] Nach neuer Rechtsprechung ist eine Ausschlussklausel, die auch Ansprüche wegen einer vorsätzlichen Verletzung von Vertragspflichten oder einer vorsätzlichen unerlaubten Handlung erfasst, wegen Verstoßes gegen § 202 Abs. 1 BGB nach § 134 BGB nichtig (unwirksam). Eine einschränkende Auslegung kommt danach nicht in Betracht. Das soll auch für eine Ausschlussklausel gelten, nach der alle Ansprüche, die sich aus dem Arbeitsverhältnis/Ausbildungsverhältnis ergeben, verfallen. Eine solche Ausschlussklausel erfasst auch Schadensersatzansprüche aus vorsätzlicher Vertragsverletzung und aus vorsätzlicher unerlaubter Handlung, wenn sie nicht ausdrücklich von der Klausel ausgenommen sind.[76] Das bedeutet: Wenn die Ausschlussklausel sich ohne Ausnahme auf »Ansprüche aus dem Arbeitsverhältnis/Ausbildungsverhältnis« bezieht (ohne Ansprüche aus vorsätzlicher Vertragsverletzung oder aus vorsätzlicher unerlaubter Handlung ausdrücklich auszunehmen), ist diese unwirksam, so dass die Ausschlussfrist nicht zu beachten ist. Es gilt lediglich die Verjährungsfrist von drei Jahren (§ 195 BGB).

§ 12 Nichtige Vereinbarungen

(1) Eine Vereinbarung, die Auszubildende für die Zeit nach Beendigung des Berufsausbildungsverhältnisses in der Ausübung ihrer beruflichen Tätigkeit beschränkt, ist nichtig. Dies gilt nicht, wenn sich Auszubildende innerhalb der letzten sechs Monate des Berufsausbildungsverhältnisses dazu verpflichten, nach dessen Beendigung mit dem Ausbildenden ein Arbeitsverhältnis einzugehen.

(2) Nichtig ist eine Vereinbarung über

1. die Verpflichtung Auszubildender, für die Berufsausbildung eine Entschädigung zu zahlen,

2. Vertragsstrafen,

3. den Ausschluss oder die Beschränkung von Schadensersatzansprüchen,

4. die Festsetzung der Höhe eines Schadensersatzes in Pauschbeträgen.

Inhaltsübersicht Rn.

73 *BAG* 25. 5. 2005 – 5 AZR 572/04, NZA 2005, 1111.
74 *BAG* 26. 9. 2013 – 8 AZR 1013/12; *BAG* 20. 6. 2013 – 8 AZR 280/12.
75 *BAG* 21. 4. 2016 – 8 AZR 753/14.
76 *BAG* 26. 11. 2020 – 8 AZR 58/20; *BAG* 9. 3. 2021 – 9 AZR 323/20.

I. Überblick

1 § 12 BBiG regelt zum **Schutz der Auszubildenden**, dass bestimmte Vereinbarungen, die für die Auszubildenden von Nachteil sind, unzulässig sind. § 12 BBiG gilt auch für Berufsausbildungsverhältnisse im **Handwerk**.
Allerdings ist die Norm nicht abschließend. Es können auch andere vertragliche Vereinbarungen unwirksam sein, die im Widerspruch zu höherrangigem Recht stehen. Wird etwa ein Urlaub unterhalb des gesetzlichen Mindesturlaubs vereinbart, ist eine solche Vereinbarung unwirksam und der Auszubildende hat Anspruch auf den gesetzlichen Mindesturlaub (vgl. § 11 Rn. 40).

2 Vereinbarungen, die im Widerspruch zu § 12 BBiG stehen, sind kraft Gesetzes unwirksam (vgl. auch § 25 BBiG). Der Ausbildende kann aus solchen nichtigen, das heißt unwirksamen Vereinbarungen, nichts zu seinen Gunsten ableiten. Seine **Vertragsfreiheit wird eingeschränkt**, weil der Schutz der Auszubildenden als vorrangig angesehen wird. Der Gesetzgeber geht davon aus, dass die Auszubildenden sich aufgrund der existentiellen Angewiesenheit auf einen Ausbildungsplatz beim Abschluss eines Berufsausbildungsvertrags in einer Situation struktureller Unterlegenheit gegenüber dem Ausbildenden befinden und sie deshalb des besonderen Schutzes vor nachteiligen Vereinbarungen bedürfen.

3 Das entspricht den verfassungsrechtlichen Vorgaben. Das *BVerfG* hat herausgestellt, dass der Grundsatz der Vertragsfreiheit nicht nur formal verstanden werden darf. Es geht vielmehr um eine materielle, gegebenenfalls um den **Ausgleich gestörter Vertragsparität**. Die Vertragsfreiheit beruht auf dem Prinzip der Selbstbestimmung, setzt also voraus, dass die Bedingungen freier Selbstbestimmung tatsächlich gegeben sind. Hat einer der Vertragsteile ein so starkes Übergewicht, dass er den Vertragsinhalt faktisch einseitig bestimmen kann, bewirkt dies für den anderen Vertragsteil Fremdbestimmung.[1]

4 Die Norm geht als zwingendes Gesetzesrecht tariflichen Normen vor. Unwirksam sind auch entsprechende »Vereinbarungen«, die sich in einem auf das Berufsausbildungsverhältnis anwendbaren **Tarifvertrag** befinden.[2] § 12 BBiG ist eine gesetzliche Verbotsnorm (§ 134 BGB), die auch für Tarifverträge gilt.

5 Enthält der Ausbildungsvertrag eine gem. § 12 BBiG nichtige Vereinbarung, bleibt der **Vertrag im Übrigen wirksam**, sonst würde sich der Schutz zugunsten Auszubildender, den die Norm bezweckt, in sein Gegenteil verkehren. § 12 BBiG führt also nur zu einer **Teilnichtigkeit** von Vereinbarungen, soweit sie mit dessen Schutzzweck im Widerstreit stehen. Die Teilnichtigkeit führt nicht zur Unwirksamkeit auch des Teils der Vereinbarung,

1 *BVerfG* 19.10.1993 – 1 BvR 567/89 u. 1044/89, BVerfGE 89, 214, 232 = AP GG Art. 2 Nr. 35; *BVerfG* 7.2.1990 – 1 BvR 26/84, BVerfGE 81, 242, 255 = NZA 1990, 389.
2 *Taubert*, BBiG, § 12 Rn. 7.

die die Auszubildenden begünstigt, wie dies insbesondere bei »Weiterarbeitsklauseln« (vgl. Rn. 13ff.) der Fall ist.[3]

II. Schutz der Berufsfreiheit der Auszubildenden

6 Eine Vereinbarung, die Auszubildende für die Zeit nach Beendigung des Berufsausbildungsverhältnisses in der **Ausübung ihrer beruflichen Tätigkeit beschränkt**, ist nichtig (§ 12 Abs. 1 Satz 1 BBiG). Damit soll die Berufsfreiheit (Art. 12 Abs. 1 GG) und die Entschlussfreiheit der Auszubildenden geschützt werden. Die Nichtigkeitsfolge gilt nicht, wenn sich Auszubildende innerhalb der letzten sechs Monate des Berufsausbildungsverhältnisses dazu verpflichten, nach dessen Beendigung mit dem Ausbildenden ein Arbeitsverhältnis einzugehen (vgl. Rn. 19).

7 Die Nichtigkeitsfolge des § 12 Abs. 1 Satz 1 BBiG erfasst entsprechende **Vereinbarungen**, die bereits **im Ausbildungsvertrag** getroffen werden, aber auch **spätere Vereinbarungen** mit den Ausbildenden. Das Verbot der berufsbeschränkenden Vereinbarung gilt unabhängig vom Alter der Auszubildenden, also für **Minderjährige** und für **Volljährige**. Die Auszubildenden soll davor geschützt werden, frühzeitig Verpflichtungen über die weitere berufliche Tätigkeit nach dem Ende der Ausbildung einzugehen.

8 In der Regel geht es um solche Vereinbarungen, die die Eingehung eines Arbeitsverhältnisses nach dem Ende des Berufsausbildungsverhältnisses betreffen. Das ist aber keine Tatbestandsvoraussetzung des § 12 Abs. 1 Satz 1 BBiG. Vielmehr gilt die Norm für alle Vereinbarungen, die die Auszubildenden in ihrer **beruflichen »Tätigkeit«** beschränken. Das kann auch durch die Verpflichtung zu einer Tätigkeit außerhalb eines Arbeitsverhältnisses erfolgen (zum Beispiel als »freier Mitarbeiter«). Auch solche Vereinbarungen sind gem. § 12 Abs. 1 Satz 1 BBiG unwirksam.

1. Beschränkung der beruflichen Tätigkeit

9 Unzulässig ist jede Beschränkung der Berufstätigkeit Auszubildender im Anschluss an die Ausbildung, es muss sich nicht in jedem Fall um eine Beschränkung in Bezug auf den (ehemaligen) Ausbildenden handeln. Auch eine **Beschränkung in Bezug auf einen Dritten** ist unzulässig (zum Beispiel die Verpflichtung zur Aufnahme eines Arbeitsverhältnisses mit einem bestimmten anderen Arbeitgeber). Das wird regelmäßig nicht praktisch werden, kann aber im Einzelfall Bedeutung erlangen, etwa bei verschiedenen Unternehmen, die miteinander kooperieren, oder im Konzernverbund.

10 Unzulässig ist auch die Verpflichtung Auszubildender, nach dem Ende der Ausbildung eine **zweite Berufsausbildung in einem anderen Ausbildungsberuf** einzugehen.[4]

11 Eine Vereinbarung, die Auszubildende in der freien Wahl des Arbeitsplatzes nach dem Ende der Ausbildung beschränkt, liegt sowohl bei unmittelbaren wie bei mittelbaren Beschränkungen der Berufsfreiheit vor. Unzulässig ist sowohl eine gänzliche Beschränkung der Berufstätigkeit als auch eine **räumliche oder fachliche Beschränkung**. Der Schutz, den § 12 Abs. 1 Satz 1 BBiG vermitteln will, ist weit zu verstehen. Deshalb ist auch die Vereinbarung eines **Wettbewerbsverbots** (Konkurrenzverbots) für die Zeit nach dem Ende der Ausbildung unzulässig, selbst wenn diese mit einer besonderen Zahlungsverpflichtung seitens des Ausbildenden verbunden ist. Nichtig sind auch Vereinbarungen,

---

3 *BAG* 13.3.1975 – 5 AZR 199/74, AP BBiG § 5 Nr. 2; *BAG* 31.1.1974 – 3 AZR 58/73, AP BBiG § 5 Nr. 1.

4 *Taubert*, BBiG, § 12 Rn. 10.

die Auszubildende verpflichten, nicht am Ort des Ausbildenden oder am Sitz der Ausbildungsstätte eine Berufstätigkeit auszuüben.[5] Während des bestehenden Ausbildungsverhältnisses soll allerdings ein Wettbewerbsverbot bestehen, ohne dass dies vereinbart sein muss (vgl. § 13 Rn. 26).

12 § 12 Abs. 1 Satz 1 BBiG ist entsprechend anzuwenden, wenn **mittelbarer Druck** auf die Auszubildenden ausgeübt wird, insbesondere aufgrund finanzieller Belastungen.[6] Unwirksam sind etwa **Rückzahlungsklauseln**, also solchen Klauseln, die die Auszubildenden verpflichten, einen Teil der Ausbildungskosten zurückzuzahlen, wenn sie nicht in eine bestimmte Zeit beim Ausbildenden in einem Arbeitsverhältnis verbleiben. Das gilt auch für Klauseln, die die Auszubildenden zur Rückzahlung von bestimmten Vergünstigungen oder gewährten Leistungen (z.B. Weihnachtsgeld oder sonstige Sonderzahlungen) verpflichten, die sie während der Zeit der Berufsausbildung erhalten haben, falls sie nicht im Anschluss an die Ausbildung ein Arbeitsverhältnis im Ausbildungsbetrieb begründen oder vor einem bestimmten Termin aus einem nachfolgenden Arbeitsverhältnis ausscheiden.[7]

a) Insbesondere: Weiterarbeits- oder Übernahmeklauseln

13 Unzulässig und unwirksam sind Vereinbarungen, durch die sich Auszubildende verpflichten,

- im Anschluss an die Ausbildung beim Ausbildenden ein Arbeitsverhältnis zu begründen (»**Bleibeverpflichtung**«) oder
- spätestens sechs Monate vor Ende des Ausbildungsverhältnisses schriftlich anzuzeigen (»**Anzeigepflicht**«), falls sie mit dem Ausbildenden kein Arbeitsverhältnis eingehen wollen.[8]

14 Nichtig sind auch »**Weiterarbeitsklauseln**«, die beide Parteien zur Anzeige verpflichten, falls sie nicht ein Arbeitsverhältnis im Anschluss an die Berufsausbildung eingehen wollen.[9]

15 Ebenso sind alle Vereinbarungen nichtig, die Auszubildenden für das Arbeitsverhältnis im Anschluss an das Ausbildungsverhältnis **Kündigungsbeschränkungen** auferlegen oder gar die Kündigung ausschließen.[10]

b) Rechtsfolge: Teilnichtigkeit

16 Solche **Weiterarbeits- oder Übernahmeklauseln** sind aber **nicht insgesamt nichtig.** Mit dem Schutzzweck des § 12 Abs. 1 Satz 1 BBiG ist es nicht vereinbar, dass die auf einem Verstoß gegen dieses Schutzgesetz zugunsten des Auszubildenden beruhende Teilnichtigkeit zu einer Nichtigkeit auch des Teils der Vereinbarung führt, die dem Auszubildenden das Recht auf Weiterbeschäftigung einräumt.[11]

17 Durch § 12 BBiG soll eine Beschränkung der beruflichen Tätigkeit der Auszubildenden nach Ende der Ausbildung verhindert, nicht aber die Chancen verbaut werden, die den

5 *Benecke/Hergenröder,* BBiG, § 12 Rn. 5; *Taubert,* BBiG, § 12 Rn. 12.
6 *BAG* 25.4.2001 – 5 AZR 509/99, AP BBiG § 5 Nr. 8 = DB 2001, 2230.
7 *Benecke/Hergenröder,* BBiG, § 12 Rn. 6; ErfK/*Schlachter,* BBiG, § 12 Rn. 2.
8 *BAG* 31.1.1974 – 3 AZR 58/73, AP BBiG § 5 Nr. 1.
9 *BAG* 13.3.1975 – 5 AZR 199/74, AP BBiG § 5 Nr. 2.
10 *Benecke/Hergenröder,* BBiG, § 12 Rn. 4; ErfK/*Schlachter,* BBiG, § 12 Rn. 2.
11 *BAG* 13.3.1975 – 5 AZR 199/74, AP BBiG § 5 Nr. 2; *BAG* 31.1.1974 – 3 AZR 58/73, AP BBiG § 5 Nr. 1.

Auszubildenden durch vertragliche Verpflichtungen eröffnet werden, die die Ausbildenden eingehen. Da es sich bei § 12 BBiG um eine **Schutzvorschrift zugunsten des Auszubildenden** handelt, ist eine Bleibeverpflichtung oder ähnliche Vereinbarung nur nichtig, soweit der Ausbildende aus dieser Rechte herleiten will. Die eingegangene Verpflichtung des Ausbildenden bleibt bestehen, so dass der Auszubildende aus dieser zu seinen Gunsten Rechte herleiten, also den Abschluss eines Arbeitsvertrags verlangen kann.[12]

Eine »Bleibeverpflichtung«, »Weiterarbeitsklausel« oder »Übernahmeklausel« für die Zeit im Anschluss an die Berufsausbildung ist also **für die Auszubildenden unverbindlich**, **für die Ausbildenden** aber **verbindlich**, wenn die Auszubildenden die Übernahme in ein Arbeitsverhältnis entsprechend der vertraglichen Vereinbarung wünschen. Eine solche Klausel ist für beide Seiten, also auch für den Auszubildenden, verbindlich, wenn sie innerhalb der letzten sechs Monate des Berufsausbildungsverhältnisses vereinbart wird (vgl. Rn. 19). 18

2. Begründung eines Arbeitsverhältnisses innerhalb der letzten sechs Monate des Ausbildungsverhältnisses

Die Beschränkung in der Ausübung der beruflichen Tätigkeit nach Beendigung des Berufsausbildungsverhältnisses ist zulässig, wenn die entsprechende Vereinbarung innerhalb der letzten sechs Monate des Berufsausbildungsverhältnisses getroffen wird. Auszubildende können sich also **innerhalb der letzten sechs Monate** des Berufsausbildungsverhältnisses dazu verpflichten, nach dessen Beendigung mit dem Ausbildenden ein **Arbeitsverhältnis** einzugehen (§ 12 Abs. 1 Satz 2 BBiG). Erlaubt ist nicht nur die »Verpflichtung«, ein Arbeitsverhältnis »einzugehen«, sondern auch bereits der unbedingte Vertragsabschluss.[13] Der Gesetzgeber geht davon, dass die Auszubildenden gegen Ende des Berufsausbildungsverhältnisses ausreichend überblicken können, ob sie mit dem Ausbildungsbetrieb eine weitere vertragliche Bindung eingehen wollen oder nicht (zum besonderen Schutz von Mandatsträgern gem. § 78a BetrVG vgl. § 24 Rn. 35ff.). 19

a) Unbefristeter Arbeitsvertrag

Innerhalb der Sechs-Monats-Frist kann ohne Weiteres ein **unbefristeter Arbeitsvertrag** für die Zeit nach Beendigung des Berufsausbildungsverhältnisses abgeschlossen werden. Die Vereinbarung einer neuen **Probezeit** für das Arbeitsverhältnis ist jedenfalls dann unzulässig, wenn der Auszubildende im erlernten Beruf beschäftigt werden soll. Der Arbeitgeber hatte dann im Rahmen des Berufsausbildungsverhältnisses bereits hinreichend Gelegenheit, den Arbeitnehmer zu »erproben«.[14] 20

Davon abgesehen besteht im betrieblichen Anwendungsbereich des KSchG für den weiterbeschäftigten Auszubildenden, wegen der Anrechnung der Ausbildung auf die Wartezeit des § 1 Abs. 1 KSchG, bereits mit Beginn des Arbeitsverhältnisses **Kündigungsschutz** (vgl. auch § 24 Rn. 5).[15] 21

12 *BAG* 13.3.1975 – 5 AZR 199/74, AP BBiG § 5 Nr. 2.

13 *Benecke/Hergenröder*, BBiG, § 12 Rn. 9.

14 *Benecke/Hergenröder*, BBiG, § 12 Rn. 10; *Taubert*, BBiG, § 12 Rn. 20.

15 KR/*Rachor*, KSchG, § 1 Rn. 114; KR/*Krumbiegel* BBiG, § 24 Rn. 9; *Taubert*, BBiG, § 24 Rn. 20; Wohlgemuth/*Banke/Pepping*, BBiG, § 12 Rn. 18.

b) Befristeter Arbeitsvertrag

22 Innerhalb der Sechs-Monats-Frist kann auch ein **befristeter Arbeitsvertrag** für die Zeit nach der Ausbildung abgeschlossen werden. Ob eine Befristungsvereinbarung im Anschluss an die Ausbildung zulässig ist, ergibt sich nicht aus § 12 BBiG, sondern aus den entsprechenden Befristungsvorschriften des allgemeinen Arbeitsrechts, vor allem aus § 14 TzBfG (vgl. § 24 Rn. 6).

c) Vertragsstrafe im Hinblick auf das Arbeitsverhältnis

23 Wird innerhalb der Sechs-Monats-Frist der Abschluss eines Arbeitsvertrags im Anschluss an das Ausbildungsverhältnis vereinbart, so kann insoweit auch eine **Vertragsstrafe** für den Fall des Nichtantritts des Arbeitsverhältnisses vereinbart werden. § 12 Abs. 2 Nr. 2 BBiG (vgl. Rn. 36) steht dem nicht entgegen, denn die Vorschrift verbietet nur Vertragsstrafen in Bezug auf das Ausbildungsverhältnis, nicht in Bezug auf ein Arbeitsverhältnis.[16]

24 Allerdings finden nach der Neuregelung des BGB aufgrund des Gesetzes zur Modernisierung des Schuldrechts vom 26.11.2001 (BGBl. I S. 3138) die Regelungen zur Kontrolle von Allgemeinen Geschäftsbedingungen (§§ 305 bis 310 BGB) auch auf Arbeitsverträge Anwendung. Vorformulierte Arbeitsverträge unterliegen damit der **AGB-Kontrolle**. Nach der Rechtsprechung des *BAG* soll die Vereinbarung von **Vertragsstrafen im Arbeitsverhältnis** zwar nicht gegen § 309 Nr. 6 BGB verstoßen, je nach Vertragsformulierung kann aber eine unangemessene Benachteiligung des Arbeitnehmers vorliegen, die zur Unwirksamkeit der Vereinbarung über eine Vertragsstrafe führt (§ 307 Abs. 1 BGB). Eine unangemessene Benachteiligung kann sich insbesondere aus der Höhe einer Vertragsstrafe ergeben. Eine Vertragsstrafe in Höhe eines Monatsgehalts ist als genereller Maßstab denkbar. Die Festsetzung einer Vertragsstrafe in Höhe eines vollen Monatsgehalts beeinträchtigt den Arbeitnehmer jedoch typischerweise dann unangemessen, wenn er sich rechtmäßig mit einer kürzeren Kündigungsfrist (zum Beispiel während der Probezeit) vom Vertrag lösen könnte.[17]

III. Finanziell belastende Vereinbarungen

25 Gem. § 12 Abs. 2 Nr. 1 bis 4 BBiG sind bestimmte finanziell belastende Vereinbarungen nichtig. Auch hier kommt es – wie bei Abs. 1 – nicht darauf an, ob die entsprechende Vereinbarung sich bereits im Ausbildungsvertrag findet oder erst später getroffen wird.

1. Entschädigung für die Berufsausbildung

26 Nichtig ist eine Vereinbarung, durch die sich Auszubildende verpflichten, für die Berufsausbildung eine Entschädigung zu zahlen (§ 12 Abs. 2 Nr. 1 BBiG). Durch diese Vorschrift sollen finanzielle Belastungen der Auszubildenden durch die Berufsausbildung vermieden oder jedenfalls so gering wie möglich gehalten werden. Die Entscheidung des Gesetzgebers gegen das früher vielfach übliche »**Lehrgeld**« soll gewährleisten, dass der

---

16 *BAG* 23.6.1982 – 5 AZR 168/80, AP BBiG § 5 Nr. 4.
17 *BAG* 4.3.2004 – 8 AZR 196/03, NZA 2004, 727.

Zugang zu einer durch das BBiG geregelten Ausbildung nicht von dem finanziellen Leistungsvermögen oder -willen der Auszubildenden oder ihrer Eltern abhängt.[18]

Verpflichtungserklärungen des Auszubildenden, die gegen § 12 Abs. 2 Nr. 1 BBiG verstoßen, sind nichtig.[19] Auch die **Verrechnung** solcher Kosten, die gegen das Verbot des § 12 Abs. 2 Nr. 1 BBiG verstoßen, mit der Ausbildungsvergütung ist unzulässig.[20] Nichtig sind auch **Rückzahlungsvereinbarungen** oder ähnliche Klauseln, durch die sich der Auszubildende verpflichtet, einen Teil der Ausbildungskosten (zum Beispiel für außerbetriebliche Lehrgänge) zurückzuzahlen, wenn er nicht (oder nicht für eine bestimmte Dauer) anschließend in einem Arbeitsverhältnis im Ausbildungsbetrieb verbleibt.[21] 27

Haben der Auszubildende oder seine Eltern Leistungen an den Ausbildenden gezahlt, die gegen § 12 Abs. 2 Nr. 1 BBiG verstoßen, können sie diese später herausverlangen. Der Ausbildende hat das **Geleistete herauszugeben** (§§ 812, 817 Satz 1 BGB). Das Geleistete ist auch dann vom Empfänger zurückzuzahlen, wenn dem Leistenden das Verbot der Entschädigung bekannt war.[22] 28

a) Umgehungsgeschäfte

Das Verbot greift sowohl zugunsten der Auszubildenden als auch ihrer Eltern.[23] Unzulässig sind auch »**Umgehungsgeschäfte**« wie: 29

- die Vereinbarung von Naturalleistungen als Gegenleistung für einen Ausbildungsplatz (zum Beispiel unentgeltliche Fliesenlegerarbeiten),[24]
- die Gewährung eines Darlehens durch die Eltern an den Ausbildenden[25] oder
- der Abschluss eines Kaufvertrags als Gegenleistung für einen Ausbildungsplatz.[26]

b) Ausbildungskosten

Der Begriff der »**Entschädigung**« ist weit auszulegen. § 12 Abs. 2 Nr. 1 BBiG verbietet es auch, dem Auszubildenden Kosten zu überbürden, die der Ausbildende im Rahmen der von ihm geschuldeten Ausbildung zu tragen hat (**Ausbildungskosten**). So gehört etwa der Erwerb der Fahrerlaubnis zur betrieblichen Fachausbildung zum Berufskraftfahrer, die Kosten des Fahrschulunterrichts sind daher vom Ausbildenden und nicht vom Auszubildenden zu tragen.[27] Übernimmt der Ausbildende die Kosten, die mit der Erlangung der Fahrerlaubnis verbunden sind, und verpflichtet sich der Auszubildende, diese Kosten zu erstatten, falls er nach Abschluss der Ausbildung nicht für eine bestimmte Zeit als Arbeitnehmer in dem Ausbildungsbetrieb bleibt, so ist auch eine solche Vereinbarung nichtig.[28] 30

Das Verbot der Auferlegung von Kosten für die »Berufsausbildung« bezieht sich aber nur auf die Kosten, die der Ausbildende normalerweise zu tragen hat. Das sind die Kosten der 31

---

18 *BAG* 26.9.2002 – 6 AZR 486/00, NZA 2003, 1403; *BAG* 25.7.2002 – 6 AZR 381/00, AP BBiG § 5 Nr. 9.
19 *BAG* 29.6.1988 – 5 AZR 450/87, EzB BBiG § 5 Nr. 25.
20 Wohlgemuth/*Banke/Pepping*, BBiG, § 12 Rn. 23.
21 *BAG* 25.4.1984 – 5 AZR 386/83, NZA 1985, 184.
22 *BAG* 28.7.1982 – 5 AZR 46/81, AP BBiG § 5 Nr. 3.
23 *BAG* 28.7.1982 – 5 AZR 46/81, AP BBiG § 5 Nr. 3 = DB 1983, 290.
24 *LG Gießen* 27.1.1986 – 4 O 488/85, EzB BBiG § 5 Nr. 20.
25 *LG Hannover* 1.2.1989 – 11 S 314/88, NJW-RR 1989, 880.
26 *OLG Hamm* 16.12.1982 – 28 U 198/82, NJW 1983, 2708.
27 *BAG* 25.4.1984 – 5 AZR 386/83, AP BBiG § 5 Nr. 5.
28 *LAG Köln* 7.3.1988 – 6 Sa 1247/87, LAGE BBiG § 5 Nr. 1 = EzB BBiG § 5 Nr. 24.

betrieblichen Ausbildung, also nicht die Kosten der schulischen Ausbildung. Die Kosten, die im »dualen System« im Zusammenhang mit der schulischen Ausbildung entstehen, hat nicht der Ausbildende zu tragen, sondern die Berufsschule oder die Auszubildenden selbst.[29]

32 Zu den **Ausbildungskosten**, die der Ausbildende (nicht der Auszubildende) zu tragen hat, gehören die:

- die betrieblichen Personal- und Sachkosten,
- die Kosten für Ausbildungsmaßnahmen und Ausbildungsveranstaltungen außerhalb der Ausbildungsstätte, sofern sie in den Ausbildungsvorgang einbezogen sind,[30]
- die Aufwendungen, die mit der Durchführung außerbetrieblicher Bildungsmaßnahmen im engen Zusammenhang stehen, etwa Übernachtungs- und Verpflegungskosten,[31]
- die Kosten für Verpflegung und Unterkunft des Auszubildenden, die dadurch entstehen, dass die praktische Berufsausbildung nicht im Ausbildungsbetrieb, sondern an einem anderen Ort vorgenommen wird; das gilt auch, wenn sich die gesamte praktische Ausbildung außerhalb des Ausbildungsbetriebs vollzieht.[32]

33 Zu den vom Ausbildenden zu tragenden Ausbildungskosten gehören indes (vorbehaltlich abweichender einzelvertraglicher Vereinbarungen) grundsätzlich nicht die im Zusammenhang mit dem **Berufsschulbesuch und -unterricht** entstehenden Kosten. Diese Kosten sind nicht von den Ausbildenden, sondern von den Auszubildenden zu tragen, das gilt auch für Fahrt-, Verpflegungs- und Unterbringungskosten, die dem schulischen Bereich zuzuordnen sind, zum Beispiel wegen eines Blockunterrichts an einer auswärtigen staatlichen Berufsschule.[33]

34 Auch hier ist aber zu differenzieren: Aus dem dualen System der Berufsausbildung (dem Zusammenwirken von betrieblicher und schulischer Ausbildung; vgl. § 1 Rn. 3) folgt, dass der Ausbildende nur für den betrieblichen Teil der Ausbildung verantwortlich ist. Für den schulischen Teil der Ausbildung hat er deshalb grundsätzlich keine Kosten zu tragen, soweit diese in einer staatlichen Berufsschule erfolgt (vgl. auch § 14 Rn. 19). Erfolgt der **schulische Teil der Ausbildung auf Veranlassung des Ausbildenden außerhalb des staatlichen Schulsystems**, hat der Ausbildende indes die entstehenden Kosten zu tragen und darf sie wegen § 12 Abs. 2 Nr. 1 BBiG nicht auf den Auszubildenden abwälzen.[34]

35 Von den Kosten des Berufsschulbesuchs zu unterscheiden sind die Kosten, die dem Ausbildenden dadurch entstehen, dass er dem Auszubildenden für die Zeiten der Freistellung (§ 15 BBiG), etwa für die Teilnahme am Berufsschulunterricht, die Vergütung zu zahlen hat (§ 19 Abs. 1 Nr. 1 BBiG). Diese **Vergütungspflicht** kann der Ausbildende nicht auf den Auszubildenden verlagern. Deshalb ist eine Vereinbarung über die Verpflichtung des Auszubildenden, Kosten zu erstatten, die dem Ausbildenden durch die Zahlung der Ausbildungsvergütung während der Freistellung entstanden sind, nichtig (§ 12 Abs. 2 Nr. 1 BBiG).[35]

---

29 ErfK/*Schlachter*, BBiG, § 12 Rn. 4.
30 *BAG* 25.7.2002 – 6 AZR 381/00, AP BBiG § 5 Nr. 9 = DB 2003, 510.
31 *BAG* 9.6.1988 – 5 AZR 450/87, EzB BBiG § 5 Nr. 25.
32 *BAG* 21.9.1995 – 5 AZR 994/94, NZA 1996, 205.
33 *BAG* 25.7.2002 – 6 AZR 381/00, AP BBiG § 5 Nr. 9 = DB 2003, 510; *BAG* 26.9.2002 – 6 AZR 486/00, NZA 2003, 1403; *BAG* 5.12.2002 – 6 AZR 537/00, AP BBiG § 5 Nr. 11.
34 *BAG* 26.9.2002 – 6 AZR 486/00, NZA 2003, 1403; *BAG* 25.7.2002 – 6 AZR 381/00, AP BBiG § 5 Nr. 9 = DB 2003, 510; bestätigt durch *BAG* 22.12.2009 – 3 AZR 936/07, NZA 2010, 1440; *BAG* 22.12.2009 – 3 AZR 473/08.
35 *BAG* 25.7.2002 – 6 AZR 381/00, AP BBiG § 5 Nr. 9 = DB 2003, 510.

2. Vertragsstrafen

Nichtig ist eine Vereinbarung über Vertragsstrafen im Zusammenhang mit der Berufsausbildung (§ 12 Abs. 2 Nr. 2 BBiG). Eine Vertragsstrafe liegt gem. § 339 BGB vor, wenn sich der Schuldner für den Fall der Nicht- oder Schlechterfüllung einer versprochenen Leistung verpflichtet, eine meist in Geld bestehende Leistung zu erbringen. Das Verbot greift, wie generell § 12 BBiG, zugunsten der Auszubildenden wie auch zugunsten der Eltern.[36] 36

Nicht ausgeschlossen ist gem. § 12 Abs. 2 Nr. 2 BBiG die Vereinbarung einer Vertragsstrafe in Bezug auf ein sich an das Ausbildungsverhältnis anschließendes Arbeitsverhältnis, sofern es mit § 12 Abs. 1 Satz 2 BBiG im Einklang steht (vgl. Rn. 19). § 12 Abs. 2 Nr. 2 BBiG findet insoweit keine Anwendung. Eine Vertragsstrafe im Hinblick auf ein Arbeitsverhältnis unterliegt aber der AGB-Kontrolle und kann gem. § 307 BGB nichtig sein (vgl. Rn. 24). 37

Zulässig sind **Vertragsstrafen zulasten der Ausbildenden**, mit denen diese zur Einhaltung der gegenüber den Auszubildenden bestehenden Pflichten angehalten werden.[37] Das ergibt sich aus der Schutzrichtung des § 12 BBiG als Schutznorm zugunsten der Auszubildenden (vgl. Rn. 1 ff.). Auch § 25 BBiG verbietet nur Vereinbarungen, die zuungunsten des Auszubildenden von den Gesetzesvorschriften abweichen, nicht aber Vereinbarungen, die zu ihren Gunsten Pflichten von Ausbildenden begründen. 38

3. Schadensersatzansprüche

Unzulässig ist gem. § 12 Abs. 2 Nr. 3 und 4 BBiG eine Vereinbarung über: 39

- den Ausschluss oder die Beschränkung von Schadensersatzansprüchen oder
- die vertragliche Festsetzung der Höhe eines Schadensersatzes in Pauschbeträgen.

Die gesetzliche Regelung lässt die **Haftungsprivilegierung der Auszubildenden** bei von diesen verursachten Schäden entsprechend der Regelungen wie im Arbeitsverhältnis unberührt (vgl. § 13 Rn. 30). 40

Da § 12 BBiG eine Schutzvorschrift zugunsten der Auszubildenden ist, sind Vereinbarungen, die diese begünstigen, nicht verboten. Zulässig sind Vereinbarungen von **Haftungsbeschränkungen zugunsten Auszubildender**, zum Beispiel die Begrenzung von Schadensersatzansprüchen auf vorsätzliche Handlungen oder die Vereinbarung eines Schadenshöchstbetrags zugunsten Auszubildender.[38] 41

§ 12 Abs. 2 Nr. 3 und 4 BBiG hat vor allem Bedeutung für die **Beschränkung der Haftung der Ausbildenden** gegenüber den Auszubildenden. Haben Auszubildende im Einzelfall Schadenersatzansprüche gegen Ausbildende (vgl. § 14 Rn. 35 ff.) dürfen diese durch entgegenstehende Vereinbarungen weder ausgeschlossen noch beschränkt, auch nicht in der Höhe durch **Pauschbeträge** festgesetzt werden. 42

---

36 *Benecke/Hergenröder*, BBiG, § 12 Rn. 17; *Taubert*, BBiG, § 12 Rn. 27.
37 *Benecke/Hergenröder*, BBiG, § 12 Rn. 17; *Taubert*, BBiG, § 12 Rn. 28.
38 *Benecke/Hergenröder*, BBiG, § 12 Rn. 18; *Taubert*, BBiG, § 12 Rn. 31.

Unterabschnitt 2
Pflichten der Auszubildenden

§ 13 Verhalten während der Berufsausbildung

Auszubildende haben sich zu bemühen, die berufliche Handlungsfähigkeit zu erwerben, die zum Erreichen des Ausbildungsziels erforderlich ist. Sie sind insbesondere verpflichtet,

1. **die ihnen im Rahmen ihrer Berufsausbildung aufgetragenen Aufgaben sorgfältig auszuführen,**
2. **an Ausbildungsmaßnahmen teilzunehmen, für die sie nach § 15 freigestellt werden,**
3. **den Weisungen zu folgen, die ihnen im Rahmen der Berufsausbildung von Ausbildenden, von Ausbildern oder Ausbilderinnen oder von anderen weisungsberechtigten Personen erteilt werden,**
4. **die für die Ausbildungsstätte geltende Ordnung zu beachten,**
5. **Werkzeug, Maschinen und sonstige Einrichtungen pfleglich zu behandeln,**
6. **über Betriebs- und Geschäftsgeheimnisse Stillschweigen zu wahren,**
7. **einen schriftlichen oder elektronischen Ausbildungsnachweis zu führen,**
8. **den Empfang der Vertragsabfassung zu bestätigen.**

Inhaltsübersicht Rn.

I. Überblick

1 § 13 BBiG regelt die Pflichten der Auszubildenden im Rahmen des Ausbildungsverhältnisses und gilt auch für Berufsausbildungsverhältnisse im **Handwerk** (vgl. § 3 Rn. 25). Die Pflichten bedingen ein entsprechendes Verhalten. Die Auszubildenden haben eine allgemeine Mitwirkungspflicht bei der Ausbildung (§ 13 Satz 1 BBiG). § 13 Satz 2 Nr. 1 bis 6 BBiG nennt beispielhaft, nicht abschließend (»insbesondere«), weitere Pflichten der Auszubildenden. Die Pflichten sind privat-rechtlicher Natur und kraft Gesetzes **Vertragsinhalt**, ohne dass sie nochmals ausdrücklich in den Ausbildungsvertrag mit aufgenommen werden müssten.

II. Die Lernpflicht der Auszubildenden (Satz 1)

Die zentrale Pflicht der Auszubildenden ergibt sich unmittelbar aus dem **Zweck des Berufsausbildungsverhältnisses**. Sie haben sich zu bemühen, die berufliche Handlungsfähigkeit zu erwerben, die erforderlich ist, um das **Ausbildungsziel** zu erreichen (§ 13 Satz 1 BBiG). Der Begriff der »**beruflichen Handlungsfähigkeit**« folgt der Zielbestimmung der Berufsausbildung (§ 1 Abs. 3 BBiG) und hat das frühere Begriffspaar der »Fertigkeiten und Kenntnisse« ersetzt. Ob die Auszubildenden dieser (im eigenen Interesse bestehenden) **Lernpflicht** hinreichend nachgekommen sind, erweist die Abschlussprüfung. Vermeintliche Verstöße gegen die Lernpflicht können deshalb die vorherige Kündigung des Berufsausbildungsverhältnisses im Allgemeinen nicht rechtfertigen, es sei denn, es kommen Verstöße gegen andere Pflichten hinzu (zum Beispiel unentschuldigtes Fernbleiben von der Berufsschule und/oder der betrieblichen Ausbildung; vgl. zur Kündigung ausführlich § 22 BBiG). Schadensersatzansprüche des Ausbildenden bei einem (vermeintlichen) Verstoß des Auszubildenden gegen die Lernpflicht bestehen nicht, weil dem Ausbildendem im Regelfall kein Schaden entsteht. 2

Das **Bestehen der Abschlussprüfung** ist nicht Ausbildungsziel der betrieblichen (bzw. überbetrieblichen) Ausbildung. Ausbildungsziel ist der Erwerb der notwendigen fachlichen Fertigkeiten und Kenntnisse bzw. der beruflichen Handlungsfähigkeit.[1] Da der Erwerb der notwendigen fachlichen Fertigkeiten und Kenntnisse (der beruflichen Handlungsfähigkeit) durch die bestandene Abschlussprüfung nachgewiesen wird, ist die Berufsausbildung an sich erst mit dem Bestehen der Abschlussprüfung abgeschlossen. Weil aber das Berufsausbildungsverhältnis auch ohne Absolvierung oder Bestehen der Abschlussprüfung, durch Zeitablauf, enden kann (vgl. § 21 Rn. 9), ist die Abschlussprüfung im Rechtssinne nicht als Ausbildungsziel anzusehen. 3

Das **Bemühen** um den Erwerb der beruflichen Handlungsfähigkeit, das den Auszubildenden durch § 13 Satz 1 BBiG als Vertragspflicht auferlegt wird, verlangt eine **aktive Mitwirkung** der Auszubildenden. Sie haben aktiv und interessiert auf das Ausbildungsziel hinzuarbeiten.[2] Das *BAG* vertritt die Auffassung, dass der Auszubildende ein bestimmtes Maß an geistigen Bemühungen (zum Beispiel das Lesen von Büchern) auch außerhalb der Ausbildungszeit aufzubringen hat.[3] Der Ausbildende soll berechtigt sein, Auszubildende anzuweisen, ergänzende theoretische Kenntnisbögen auszufüllen. Eine strikte Trennung zwischen theoretischer und praktischer Ausbildung sei weder gesetzlich vorgeschrieben noch sachlich geboten.[4] Da sich § 13 Satz 1 BBiG auf die Ausbildungszeit bezieht, ist die Mitwirkungspflicht der Auszubildenden indes grundsätzlich auf die Ausbildungszeit beschränkt. In der Praxis ist eine objektive Beurteilung, ob der Auszubildende sich hinreichend »bemüht« wegen des subjektiven Charakters dieses Vorgangs schwierig, wenn nicht gar unmöglich. 4

1 *Benecke/Hergenröder*, BBiG, § 13 Rn. 6; Wohlgemuth/*Banke/Pepping*, BBiG, § 13 Rn. 3.
2 ErfK/*Schlachter*, BBiG, § 13 Rn. 1; Wohlgemuth/*Banke/Pepping*, BBiG, § 13 Rn. 4.
3 *BAG* 11.1.1973 – 5 AZR 467/72, AP BBiG § 6 Nr. 1; *Taubert*, BBiG, § 13 Rn. 4; ErfK/*Schlachter*, BBiG, § 13 Rn. 1.
4 *LAG Berlin-Brandenburg* 17.12.2015 – 10 Sa 1300/15.

III. Weitere Pflichten

1. Sorgfältige Ausführung übertragener Aufgaben (Satz 2 Nr. 1)

5 Gem. § 13 Satz 2 Nr. 1 BBiG sind die Auszubildenden verpflichtet, die im Rahmen ihrer Berufsausbildung aufgetragenen Aufgaben sorgfältig auszuführen (**Sorgfaltspflicht**). Aufgetragen sind Aufgaben nicht nur, wenn sie der Ausbildende oder der Ausbilder verlangt, sondern auch, wenn sie durch die Ausbildungsordnung vorgeschrieben sind. Aufgaben, die nicht dem Ausbildungszweck dienen und damit nicht in den Rahmen der Berufsausbildung gehören (vgl. § 14 Rn. 30), dürfen den Auszubildenden nicht aufgetragen werden. Werden solche Aufgaben den Auszubildenden gleichwohl aufgetragen, müssen sie diese nicht ausführen.[5] Nebentätigkeiten, die mit der Ausbildung im Zusammenhang stehen, wie zum Beispiel im angemessenen Umfang die Reinigung des Arbeitsplatzes oder von Werkzeugen, sind indes ebenfalls von den Auszubildenden sorgfältig auszuführen, weil auch diese im Rahmen der Berufsausbildung aufgetragen sind.[6]

6 Die den Auszubildenden durch § 13 Satz 2 Nr. 1 BBiG auferlegte **Sorgfalt** bei der Ausführung der aufgetragenen Aufgaben bemisst sich nach der Einsichtsfähigkeit und den Kenntnissen, die je nach dem Ausbildungsstand von einem durchschnittlich begabten Auszubildenden erwartet werden können.[7] Je umfassender und präziser der Auszubildende in die Ausführung der Aufgaben eingewiesen worden ist, desto mehr Sorgfalt kann man von ihm bei der Ausführung der Arbeiten erwarten. Die Anforderungen an die Sorgfalt nehmen mit fortschreitender Ausbildungsdauer zu.[8]

2. Teilnahme an Ausbildungsmaßnahmen (Satz 2 Nr. 2)

7 Die Auszubildenden sind verpflichtet, an Ausbildungsmaßnahmen teilzunehmen, für die sie nach § 15 BBiG freigestellt werden (§ 13 Satz 2 Nr. 2 BBiG). Hierzu gehören der Besuch der Berufsschule, die Ablegung der vorgesehenen Zwischen- und Abschlussprüfung sowie die Teilnahme an den vereinbarten oder in der Ausbildungsordnung vorgesehenen Ausbildungsmaßnahmen außerhalb der Ausbildungsstätte (vgl. § 15 Rn. 8 ff.).

8 Eine rechtlich durchsetzbare Teilnahmepflicht an der Abschlussprüfung folgt aus dieser Norm trotz der missverständlichen Formulierung aber nicht. Melden sich Auszubildende während der Laufzeit des Berufsausbildungsverhältnisses zur Abschlussprüfung an und stellt der Ausbildende sie gem. § 15 BBiG für diese Prüfung frei, so besteht allerdings an sich eine Teilnahmepflicht, wobei ein Verstoß dagegen sanktionslos bliebe.

3. Weisungen (Satz 2 Nr. 3)

9 Gem. § 13 Satz 2 Nr. 3 BBiG sind die Auszubildenden verpflichtet, den **Weisungen** zu folgen, die ihnen im Rahmen der Berufsausbildung von **Ausbildenden**, von **Ausbildern oder Ausbilderinnen** oder von **anderen weisungsberechtigten Personen** erteilt werden (vgl. auch Rn. 4). Andere weisungsberechtigte Personen sind zum Beispiel die zuständigen Sachbearbeiter, Abteilungsleiter, Meister, Poliere, Vorarbeiter, Sicherheitsbeauftragte oder Personalleiter.[9] Diese Personen dürfen, wie auch der Ausbildende und die Ausbilder,

---

5 *Benecke/Hergenröder*, BBiG, § 13 Rn. 14; ErfK/*Schlachter*, BBiG, § 13 Rn. 2.
6 *Benecke/Hergenröder*, BBiG, § 13 Rn. 14; ErfK/*Schlachter*, BBiG, § 13 Rn. 2.
7 *LAG Düsseldorf* 23. 2. 1973 – 8 Sa 598/72, DB 1973, 974; ErfK/*Schlachter*, BBiG, § 13 Rn. 2.
8 *Benecke/Hergenröder*, BBiG, § 13 Rn. 15.
9 *Benecke/Hergenröder*, BBiG, § 13 Rn. 27; *Taubert*, BBiG, § 13 Rn. 17; ErfK/*Schlachter*, BBiG, § 13 Rn. 4.

Weisungen nur im Rahmen der Ausbildung erteilen. Das setzt voraus, dass die Auszubildenden bestimmungsgemäß im Rahmen ihrer Ausbildung in dem konkreten Arbeitszusammenhang, etwa im Durchlauf durch die einzelnen Abteilungen des Betriebs, bei diesen tätig sind und mit ihnen zusammenarbeiten oder diesen Personen üblicherweise vom Ausbildenden eine Weisungsbefugnis eingeräumt ist.

Die **Weisungsgebundenheit** der Auszubildenden **im Rahmen der Berufsausbildung** 10 wird als weitergehend angesehen, als die der Arbeitnehmer im Arbeitsverhältnis,[10] da die Auszubildenden alle Weisungen zu befolgen hätten, soweit sie dem Ausbildungszweck dienten und ihren körperlichen Kräften angemessen seien (vgl. § 14 Abs. 2 BBiG) und andererseits das Weisungsrecht im Arbeitsverhältnis durch die vertraglichen Bindungen begrenzt sei. Welche Schlussfolgerungen sich daraus im Einzelnen ergeben sollen, bleibt allerdings unklar. Insbesondere wird auch übersehen, dass auch Weisungen im Berufsausbildungsverhältnis billigem Ermessen entsprechen müssen (vgl. Rn. 11). Zudem findet die Weisungsgebundenheit in jedem Falle ihre Grenze im Grundrecht der freien Entfaltung der Persönlichkeit der Auszubildenden und den sonstigen Grundrechten.[11]

Neben der Voraussetzung, dass das **Weisungsrecht sich nur im Rahmen der Berufs-** 11 **ausbildung** bewegen darf, dürfen Weisungen nur erfolgen, soweit nicht spezielle Festlegungen im **Ausbildungsvertrag**, in Bestimmungen einer **Betriebs- oder Dienstvereinbarung**, eines anwendbaren **Tarifvertrags** oder in **gesetzliche Vorschriften** bestehen. Die für Arbeitsverhältnisse geltende Vorschrift des § 106 GewO gilt auch für Berufsausbildungsverhältnisse (§ 10 Abs. 2 BBiG). Weisungen dürfen deshalb auch im Rahmen der Ausbildung nur nach **billigem Ermessen** erfolgen. Die Durchsetzung der Befolgung der Weisungen darf selbstverständlich nicht durch körperliche Züchtigung oder sonstige entwürdigende »Erziehungs«maßnahmen verfolgt werden.[12]

Nicht zulässig ist es, einem Auszubildenden die Weisung zu erteilen, sich von den **Zielen** 12 **und Absichten einer politischen Partei** zu distanzieren, auch wenn sie nach Meinung des Ausbildenden verfassungsfeindlich ist, das gilt auch für Berufsausbildungsverhältnisse im öffentlichen Dienst (zur Meinungsfreiheit des Auszubildenden vgl. auch § 24 Rn. 9).[13]

Ein Weisungsrecht bezüglich des **äußeren Erscheinungsbilds**, der Haartracht oder Klei- 13 dung, besteht nur, soweit dies aus Gründen des Arbeitsschutzes oder zur Unfallverhütung notwendig ist. Für zulässig gehalten werden solche Weisungen auch, wenn diese erforderlich sind, um eine spürbare Beeinträchtigung des Geschäftsbetriebs zu verhindern.[14] Das kann indes nur gelten, soweit der Beruf für den ausgebildet werden soll, ein bestimmtes äußeres Auftreten verlangt oder üblicherweise (auch von den Arbeitnehmern des Betriebs) erwartet wird, wie zum Beispiel bei Bankkaufleuten.

Beim **Tragen eines Kopftuchs** durch eine Muslimin, die sich aus religiösen Gründen hierzu verpflichtet sieht, ist zudem die grundrechtlich geschützte Glaubens- und Religionsfreiheit (Art. 4 Abs. 1 GG) zu beachten.[15] Ein **Kopftuchverbot** für Erzieherinnen an öffentlichen Kindertagesstätten hat das *BVerfG*, anders als das *BAG*, trotz entsprechender landesgesetzlicher Vorgabe nicht akzeptiert.[16]

---

10 *Taubert*, BBiG, § 13 Rn. 14.

11 Wohlgemuth/*Banke/Pepping*, BBiG, § 13 Rn. 11.

12 *Benecke/Hergenröder*, BBiG, § 13 Rn. 35; Wohlgemuth/*Banke/Pepping*, BBiG, § 13 Rn. 20.

13 *LAG Rheinland-Pfalz* 29.5.1978, EzB § 15 Abs. 2 Nr. 1 BBiG Nr. 24.

14 *ArbG Bayreuth* 7.12.1971 – 1 Ca 433/71, BB 1972, 175.

15 Vgl. bezüglich einer Verkäuferin: *BAG* 10.10.2002 – 2 AZR 472/01, DB 2003, 830; *BVerfG* 30.7.2003 – 1 BvR 792/03, DB 2003, 1908.

16 *BVerfG* 18.10.2016 – 1 BvR 354/11, NZA 2016, 1522; aufgehoben wurde das Urteil des *BAG* 12.8.2010 – 2 AZR 593/09, NZA-RR 2011, 176. Vgl. zum landesgesetzlich geregelten Kopftuch-

Weitergehende Einschränkungen zu Lasten der Beschäftigten sollen in **kirchlichen Einrichtungen** bestehen, wenn diese institutionell der Katholischen oder Evangelischen Kirche zugeordnet sind. Die »Kundgabe einer anderen Religionszugehörigkeit« (durch das Tragen eines Kopftuchs als »Symbol der Zugehörigkeit zum islamischen Glauben«) sei in diesen Fällen unzulässig, gefordert sei ein zumindest »neutrales Verhalten« gegenüber der Kirche. Die Glaubensfreiheit werde demgegenüber nicht in ihrem »Kernbereich« berührt, weil diese nur bei der Ausübung ihrer beruflichen Aufgaben eingeschränkt werde.[17] Das *BVerfG* betont die Bedeutung des verfassungsrechtlich geschützten Selbstbestimmungsrechts der Kirchen, hat allerdings auch herausgestellt, dass eine »Gesamtabwägung« mit den Grundrechten der Beschäftigten erforderlich sei und die widerstreitenden Rechtspositionen »jeweils in möglichst hohem Maß zu verwirklichen« seien.[18]

14 Besteht im Betrieb ein generelles **Rauchverbot**, ist dieses auch von den Auszubildenden zu beachten. Im Übrigen ist es zulässig, soweit die Arbeitssicherheit es erfordert, es zum Schutz anderer Arbeitnehmer oder Dritter erforderlich ist oder allgemein in einem anwendbaren Tarifvertrag oder einer Betriebsvereinbarung geregelt ist.

15 **»Hausaufgaben«** dürfen nur insoweit gestellt werden, als dadurch der Rahmen der vertraglich vereinbarten täglichen Ausbildungszeit bzw. der gesetzlichen Höchstarbeitszeiten nicht überschritten werden.[19]

16 Eine **Versetzung** ist nur zulässig, wenn sie billigem Ermessen entspricht, keinen übermäßigen zusätzlichen Aufwand an Zeit und Kosten für den Auszubildenden bedeutet und der **Betriebsrat** nach § 99 BetrVG zugestimmt hat.

17 Eine **Versetzung** im Sinne des § 95 Abs. 3, § 99 BetrVG (der der Betriebsrat zustimmen muss) liegt vor, wenn dem Auszubildenden ein anderer Ausbildungsbereich zugewiesen wird und wenn die Zuweisung entweder die Dauer von einem Monat überschreitet *oder* mit einer erheblichen Änderung der Umstände verbunden ist, unter denen die Ausbildung stattfinden soll. Dabei gehören zum Ausbildungsbereich die Bedingungen, unter denen ein Auszubildender ausgebildet wird; maßgebend sind der Ort der Ausbildung, der Gegenstand der Ausbildung und die organisatorische Einordnung in den Betriebsablauf. In diesem Sinne ist die Zuweisung einer anderen Ausbildungsstätte die Zuweisung eines anderen Arbeitsbereichs. Die Filialen des Arbeitgebers sind Betriebsteile. Beim **Wechsel von einer Filiale zur anderen** ändert sich, räumlich gesehen, der Arbeitsplatz der Auszubildenden.[20] Die Zuweisung eines Auszubildenden von einer Betriebstätte zu einer anderen Betriebsstätte ist auch dann eine Versetzung im Sinne des BetrVG, wenn sie die Dauer von einem Monat nicht überschreitet. Denn sie ist jedenfalls mit einer erheblichen Änderung der Umstände verbunden, unter denen die Ausbildung stattzufinden hat. Der Auszubildende hat sich nicht nur an einem anderen Ort ausbilden zu lassen. Er erhält andere Ausbilder und wird Mitarbeiter in einer anderen Arbeitsgruppe. Die Mitbestimmung bei Versetzungen dient u.a. dem Schutz des Arbeitnehmers und Auszubildenden gegen eine unnötige Veränderung seiner ihm vertrauten näheren Arbeitsumwelt. Unter Berücksichtigung dieses Zwecks handelt es sich bei einem Wechsel der Betriebsstätte um eine erhebliche Änderung der Umstände, unter denen der Auszubildende ausgebildet wird.[21]

---

verbot für beamtete Lehrkräfte ebenfalls ablehnend *BVerfG* 27.1.2015 – 1 BvR 471/10, 1 BvR 1181/10, NJW 2015, 1359.

17 *BAG* 24.9.2014 – 5 AZR 611/12, NZA 2014, 1407.

18 *BVerfG* 22.10.2014 – 2 BvR 661/12, NZA 2014, 1387 (aufgehoben wurde das Urteil des *BAG* 8.9.2011 – 2 AZR 543/10, NZA 2012, 443).

19 *Benecke/Hergenröder*, BBiG, § 13 Rn. 30; Wohlgemuth/*Banke/Pepping*, BBiG, § 13 Rn. 15.

20 *BAG* 3.12.1985 – 1 ABR 58/83, NZA 1986, 532.

21 *BAG* 3.12.1985 – 1 ABR 58/83, NZA 1986, 532.

Bei **ausbildungsbedingten turnusmäßigen Zuweisungen einer anderen Ausbildungsstätte** besteht allerdings kein Mitbestimmungsrecht des Betriebsrats. Es liegt dann der Ausnahmefall des § 95 Abs. 3 Satz 2 BetrVG vor: Ausnahmsweise liegt dann keine Versetzung im Sinne des BetrVG vor, wenn sich im Einzelfall nur der Ausbildungsplatz ändert und der Auszubildende nach der Eigenart seines Ausbildungsverhältnisses üblicherweise nicht ständig an einem bestimmten Arbeitsplatz beschäftigt wird. So ist es, wenn die Ausbildung in einem Betrieb mit mehreren Filialen stattfindet und ausbildungsbedingt ein Wechsel zwischen den Filialen stattfindet.[22] 18

4. Ordnung der Ausbildungsstätte (Satz 2 Nr. 4)

Die Auszubildenden sind verpflichtet, die für die Ausbildungsstätte geltende Ordnung zu beachten (§ 13 Satz 2 Nr. 4 BBiG). »Beachten« bedeutet die Pflicht, die geltende Ordnung einzuhalten.[23] Unter »**Ausbildungsstätte**« ist die Einrichtung zu verstehen, in der die Ausbildung stattfindet (§ 2 Abs. 1 Nr. 1 BBiG). Es handelt sich um den Ort, der im Vertrag vereinbart ist (vgl. § 11 BBiG). Hierzu gehört nicht die Stätte der außerbetrieblichen Ausbildung (vgl. § 11 BBiG Rn. 18). Findet die Ausbildung in einer **überbetrieblichen Ausbildungsstätte** statt, ist dies die Ausbildungsstätte i. S. d. § 13 Satz 2 Nr. 4 BBiG.[24] 19

Die für die Ausbildungsstätte **geltende Ordnung** ergibt sich nicht nur aus der »Betriebsordnung«, sondern aus allen Regelungen, die die Ordnung im Betrieb gewährleisten sollen (zum Beispiel Unfallverhütungs- und sonstige Arbeitssicherheitsvorschriften, Betriebsvereinbarungen über Rauchverbote, Alkoholverbote, Zugangskontrollen, Handynutzung, Arbeitsordnung).[25] Gemeint sind auch generelle Weisungen des Arbeitgebers, die die Ordnung des Betriebs oder das Verhalten der Arbeitnehmer im Betrieb betreffen (vgl. § 106 Satz 2 GewO). Sie muss einen **Bezug auf die Ausbildungsstätte** aufweisen. Hierzu gehören auch Unfallverhütungsbestimmungen. **Allgemeine Reinigungsarbeiten** können durch solche Regelungen vorgesehen werden, allerdings nur, soweit sie noch dem Ausbildungszweck dienen (vgl. auch § 14 Rn. 30 ff.). 20

5. Pflegliche Behandlung der Werkzeuge, Maschinen und Einrichtungen (Satz 2 Nr. 5)

Die Auszubildenden sind verpflichtet, Werkzeug, Maschinen und sonstige Einrichtungen pfleglich zu behandeln (§ 13 Satz 2 Nr. 5 BBiG), auch Werkstoffe fallen hierunter.[26] Unter Einrichtungen sind alle Gegenstände zu verstehen, die den Auszubildenden im Rahmen ihrer Ausbildung zur Verfügung gestellt oder sonst zugänglich gemacht sind.[27] 21

Die **Pflicht zur pfleglichen Behandlung** erfordert die Anwendung des allgemein nötigen Sorgfaltsmaßstabs, der jedoch bei Auszubildenden geringere Anforderungen als bei Arbeitnehmern beinhaltet.[28] Bei gewerblich-technischen Auszubildenden ist die pflegliche Behandlung häufig Bestandteil der beruflichen Ausbildung. Bei einem **Verlust von Werkzeug** und dergleichen kann der Auszubildende sich schadensersatzpflichtig machen, sofern er vorsätzlich oder grob fahrlässig den Verlust zu verantworten hat (zur 22

---

22 *BAG* 3.12.1985 – 1 ABR 58/83, NZA 1986, 532.
23 *Benecke/Hergenröder,* BBiG, § 13 Rn. 37; Wohlgemuth/*Banke/Pepping,* BBiG, § 13 Rn. 23.
24 Wohlgemuth/*Banke/Pepping,* BBiG, § 13 Rn. 21.
25 *Benecke/Hergenröder,* BBiG, § 13 Rn. 39; Wohlgemuth/*Banke/Pepping,* BBiG, § 13 Rn. 22.
26 ErfK/*Schlachter,* BBiG, § 13 Rn. 5; Wohlgemuth/*Banke/Pepping,* BBiG, § 13 Rn. 24.
27 *Benecke/Hergenröder,* BBiG, § 13 Rn. 41; Wohlgemuth/*Banke/Pepping,* BBiG, § 13 Rn. 24.
28 *Benecke/Hergenröder,* BBiG, § 13 Rn. 42; Wohlgemuth/*Banke/Pepping,* BBiG, § 13 Rn. 25.

Haftung ausführlich Rn. 28ff.). Im Rahmen der pfleglichen Behandlung ist der eigene Ausbildungsplatz aufzuräumen und zu reinigen und sind die benutzten Maschinen und Einrichtungen sauber zu halten und zu pflegen.[29]

6. Stillschweigen über Betriebs- und Geschäftsgeheimnisse (Satz 2 Nr. 6)

23 Die Auszubildenden sind verpflichtet, über Betriebs- und Geschäftsgeheimnisse Stillschweigen zu wahren (§ 13 Satz 2 Nr. 6 BBiG). **»Stillschweigen wahren«** bedeutet **Verschwiegenheit** gegenüber jeder dritten Person. Die Pflicht zur Wahrung von Betriebs- und Geschäftsgeheimnissen ist auch über die Beendigung des Berufsausbildungsverhältnisses hinaus zu beachten.[30]

Nach bisherigem Verständnis waren Betriebs- und Geschäftsgeheimnisse Tatsachen, die im Zusammenhang mit einem Geschäftsbetrieb stehen, nur einem eng begrenzten Personenkreis bekannt sind und nach dem bekundeten Willen des Betriebsinhabers geheim zu halten sind. **Betriebsgeheimnisse** beziehen sich auf den technischen Betriebsablauf, insbesondere Herstellung und Herstellungsverfahren; **Geschäftsgeheimnisse** betreffen den allgemeinen Geschäftsverkehr des Unternehmens.[31]

Betriebs- und Geschäftsgeheimnisse sind zum Beispiel Informationen über Kunden, Lieferanten, Geschäftsbeziehungen, Lagerbestände, Preiskalkulationen, Investitionsvorhaben, patentierbare und nicht patentierbare Neuentwicklungen, Bilanzen. Es kommt nicht darauf an, ob diese Informationen ausdrücklich als »Geheimnis« bezeichnet werden oder dem Auszubildenden als »Geheimnis« anvertraut werden oder er nur sonst Kenntnis von ihnen erlangt. Stillschweigen hat der Auszubildende in jedem Falle zu wahren. Der Begriff der »Betriebs- und Geschäftsgeheimnisse« ist weit zu verstehen, er umfasst alle als vertraulich anzusehenden Daten, auch solche, die mit dem normalen Arbeitsablauf im Zusammenhang stehen.[32]

24 Durch das **Gesetz zum Schutz von Geschäftsgeheimnissen** (GeschGehG)[33] werden nunmehr Geschäftsgeheimnisse legaldefiniert. Gem. § 2 Nr. 1 GeschGehG ist ein **Geschäftsgeheimnis** i. S. d. GeschGehG eine Information,

- die weder insgesamt noch in der genauen Anordnung und Zusammensetzung ihrer Bestandteile den Personen in den Kreisen, die üblicherweise mit dieser Art von Informationen umgehen, allgemein bekannt oder ohne Weiteres zugänglich ist und daher von wirtschaftlichem Wert ist (Buchst. a)) und
- die Gegenstand von den Umständen nach angemessenen Geheimhaltungsmaßnahmen durch ihren rechtmäßigen Inhaber ist (Buchst. b)) und
- bei der ein berechtigtes Interesse an der Geheimhaltung besteht (Buchst. c)).

Während Betriebsgeheimnisse eher technische Dinge umfassen, umfassen Geschäftsgeheimnisse eher kaufmännische Dinge. Beispiele für Betriebsgeheimnisse sind die Anwendung bestimmter Arbeitsverfahren, auch wenn die Verfahren als solche bekannt sind, Rezepturen, Bauhinweise von Geräten oder Maschinen, Daten über verwendete Stoffe, technisches Wissen. Beispiele für Geschäftsgeheimnisse sind Ausschreibungsunterlagen,

29 *Benecke/Hergenröder*, BBiG, § 13 Rn. 42; Wohlgemuth/*Banke/Pepping*, BBiG, § 13 Rn. 25.
30 Vgl. *BAG* 15.12.1987 – 3 AZR 474/86, NZA 1988, 502.
31 *BAG* 15.12.1987 – 3 AZR 474/86, NZA 1988, 502 m. w. N.; ErfK/*Preis*, BGB, § 611a Rn. 710ff.
32 *Benecke/Hergenröder*, BBiG, § 13 Rn. 49.
33 Artikel 1 des Gesetzes zur Umsetzung der Richtlinie (EU) 2016/943 zum Schutz von Geschäftsgeheimnissen vor rechtwidrigem Erwerb sowie rechtswidriger Nutzung und Offenlegung vom 18.4.2019 (BGBl. I S. 466).

Kundenlisten, Bezugsquellen, Marktstrategien, Forschungsprojekte, Kalkulationsunterlagen, Umsätze, Geschäftsbücher.[34]
Erforderlich ist allerdings, dass der Inhaber des Geschäftsgeheimnisses[35] angemessene Geheimhaltungsmaßnahmen trifft, also vertragliche und/oder tatsächliche Geheimhaltungsmaßnahmen, z. B. Einstufung als geheim/vertraulich, Beschränkung des Zugangs.[36] Werden die Geheimnisse weder ausdrücklich als solche bezeichnet (konkret oder wegen ihrer Zugehörigkeit zu einer als vertraulich/geheim eingestuften Dokumentenklasse), liegt kein Geschäftsgeheimnis vor. Gleiches gilt, wenn das Geheimnis vom Inhaber des Geschäftsgeheimnisses einem größeren Personenkreis bekanntgegeben bzw. allgemein zugänglich gemacht wird.[37]

In der Praxis werden Auszubildenden nur selten Betriebs- und Geschäftsgeheimnisse an- 25
vertraut. Nach der Regelung im GeschGehG wird sich daran nichts ändern, bedarf es doch zur Einstufung als Geschäftsgeheimnis objektiver Geheimhaltungsmaßnahmen.[38]

Da die Verpflichtung zur Verschwiegenheit sich an der vertraglichen Rücksichtnahme- 26
pflicht gem. § 241 Abs. 2 BGB (»Treuepflicht«) des Arbeitnehmers gegenüber seinem Arbeitgeber orientieren soll, wird hieraus vom BAG auch ein **Wettbewerbsverbot während der Dauer des Ausbildungsverhältnisses** abgeleitet.[39] Da der Auszubildende keine Arbeitsleistung schuldet, sondern der Ausbildende dem Auszubildenden eine ordnungsgemäße Ausbildung schuldet, fehlt schon vom Ausgangspunkt her jede Grundlage für die Annahme eines zu Lasten des Auszubildenden bestehenden Wettbewerbsverbots. Allerdings wird faktisch aufgrund der zeitlichen Belastung kein Raum für eine Tätigkeit des Auszubildenden für einen anderen Arbeitgeber sein.
Ein **nachvertragliches Wettbewerbsverbot** (das meint ein Wettbewerbsverbot im Anschluss an die Ausbildung) kann mit Auszubildenden wegen der gesetzlichen Spezialregelung in § 12 Abs. 1 Satz 1 BBiG nicht wirksam vereinbart werden (vgl. § 12 BBiG Rn. 11).

Im Einzelfall kann es erforderlich sein, dass sich Auszubildende aus übergeordneten Ge- 27
sichtspunkten über die Verschwiegenheitspflicht hinwegsetzen. Zu denken wäre hier an strafbare Handlungen des Ausbildenden oder sonstige Fälle, in denen die schützenswerten Belange einzelner Auszubildender die Interessen des Ausbildenden überwiegen. Früher wurde indes überwiegend die Auffassung vertreten, die **Anrufung betriebsexterner Stellen** stelle sogar dann eine »Treuepflicht«verletzung dar, wenn der Arbeitgeber strafbare Handlungen begehe.[40] Das kann in Ansehung der neueren Rechtsprechung heute so nicht mehr vertreten werden, vielmehr ist im Einzelfall eine Abwägung erforderlich, ob die Einschaltung betriebsexterner Stellen zulässig ist.[41] Selbst eine **Strafanzeige** zu Lasten des Ausbildenden (Arbeitgebers) könnte allenfalls dann unzulässig sein, wenn wissentlich oder leichtfertig falsche Angaben gemacht werden.[42]

---

34 Wohlgemuth/*Banke/Pepping*, BBiG, § 13 Rn. 26.
35 Das ist jede natürliche oder juristische Person, die die rechtmäßige Kontrolle über ein Geschäftsgeheimnis hat (§ 2 Nr. 2 GeschGehG).
36 Wohlgemuth/*Banke/Pepping*, BBiG, § 13 Rn. 26.
37 Wohlgemuth/*Banke/Pepping*, BBiG, § 13 Rn. 26.
38 Wohlgemuth/*Banke/Pepping*, BBiG, § 13 Rn. 26.
39 *BAG* 20.9.2006 – 10 AZR 439/05, NZA 2007, 977.
40 *LAG Baden-Württemberg* 20.10.1976 – 6 Sa 51/76, EzA § 1 KSchG Verhaltensbedingte Kündigung Nr. 8; *LAG Baden-Württemberg* 3.2.1987 – 7 (13) Sa 95/86, NZA 1987, 756.
41 *BVerfG* 2.7.2001 – 1 BvR 2049/00, NZA 2001, 888.
42 *BAG* 7.12.2006 – 2 AZR 400/05, NZA 2007, 502; *BAG* 3.7.2003 – 2 AZR 235/02, NZA 2004, 427.

Seit dem 2.7.2023 gilt das Gesetz für einen besseren Schutz hinweisgebender Personen (**Hinweisgeberschutzgesetz** – HinSchG). Danach gibt es für größere Unternehmen eine Pflicht zur Einrichtung interner Meldestellen. Die hinweisgebende Person kann sich jedoch auch an externe Meldestellen wenden. Gegen hinweisgebende Personen gerichtete Repressalien sind verboten. Das gilt auch für die Androhung und den Versuch, Repressalien auszuüben. Bei Falschmeldungen ist die hinweisgebende Person zum Ersatz des Schadens verpflichtet, der aus einer vorsätzlichen oder grob fahrlässigen Meldung oder Offenlegung unrichtiger Informationen entstanden ist.

7. Pflicht, einen Ausbildungsnachweis zu führen (Satz 2 Nr. 7)

28 Die Auszubildenden sind verpflichtet, einen schriftlichen oder elektronischen Ausbildungsnachweis zu führen (§ 13 Satz 2 Nr. 7 BBiG). Diese Regelung ist mit Wirkung zum 5.4.2017 durch Gesetz vom 29.3.2017 (BGBl. I S. 626) neu in das Gesetz eingefügt worden. Da Voraussetzung für die Zulassung zur Abschlussprüfung unter anderem ist, dass ein vom Ausbilder *und* Auszubildenden abgezeichneter Ausbildungsnachweis (nach § 13 Satz 2 Nr. 7 BBiG) vorgelegt wird (§ 43 Abs. 1 Nr. 2 BBiG), haben die Auszubildenden den Ausbildungsnachweis nicht nur zu führen, sondern auch abzuzeichnen.

Hintergrund für diese Regelung ist, dass früher in der Ausbildungsordnung geregelt werden konnte, dass Auszubildende einen schriftlichen Ausbildungsnachweis zu führen haben (§ 5 Abs. 2 Satz 1 Nr. 7 a.F.). Die Pflicht, einen Ausbildungsnachweis zu führen, ist nach neuem Recht nicht entfallen, sondern vielmehr unmittelbar im BBiG und nicht in der Ausbildungsordnung geregelt. § 11 Abs. 1 Satz 2 Nr. 12 BBiG schreibt vor, dass die Form des Ausbildungsnachweises im Vertrag zu regeln ist. Es ist also zu vereinbaren, ob der Ausbildungsnachweis schriftlich oder elektronisch zu führen ist. Die Ausbildenden haben die Auszubildenden zum Führen der Ausbildungsnachweise anzuhalten und diese regelmäßig durchzusehen (§ 14 Abs. 2 Satz 1 BBiG). Den Auszubildenden ist Gelegenheit zu geben, den Ausbildungsnachweis am Arbeitsplatz zu führen (§ 14 Abs. 2 Satz 2 BBiG).

Für die elektronische Führung der Ausbildungsnachweise haben die Bundesregierung und die Europäische Union ein Online-Medium gefördert: das **Online-Berichtsheft Blok**. Blok ist der Online-Ausbildungsnachweis für duale Ausbildungsberufe. Einfach zu bedienen und übersichtlich gestaltet können Auszubildende, Ausbilder und Berufsschullehrer das Berichtsheft im Internet gemeinsam nutzen. Siehe *https://www.online-ausbildungsnachweis.de.*

Zu beachten ist die **Empfehlung des Hauptausschusses des BIBB vom 1.9.2020 für das Führen von Ausbildungsnachweisen:**

1. *Auszubildende haben während ihrer Ausbildung einen Ausbildungsnachweises ordnungsgemäß zu führen. Hierzu kann eines der in den Anlagen 2 und 3 beiliegenden Muster genutzt werden.*[43]
2. *Die Vorlage eines vom Ausbilder und Auszubildenden abgezeichneten Ausbildungsnachweises ist gemäß § 43 Absatz 1 Nummer 2 des Berufsbildungsgesetzes (BBiG)/§ 36 Absatz 1 Nummer 2 der Handwerksordnung (HwO) Zulassungsvoraussetzung zur Abschluss-/Gesellenprüfung.*
3. *Das Führen des Ausbildungsnachweises dient folgenden Zielen:*
   - *Auszubildende und Ausbildende sollen zur Reflexion über die Inhalte und den Verlauf der Ausbildung angehalten werden.*
   - *Der zeitliche und sachliche Ablauf der Ausbildung im Betrieb und in der Berufsschule soll für die an der Berufsausbildung Beteiligten sowie die zur Überwachung der Berufsausbildung zuständigen Stellen in einfacher Form nachvollziehbar und nachweisbar gemacht werden.*

43 Die Anlagen sind hier nicht abgedruckt.

4. *Für das Anfertigen der Ausbildungsnachweise gelten folgende Mindestanforderungen:*
   - *Die Ausbildungsnachweise sind täglich oder wöchentlich in möglichst einfacher Form (stichwortartige Angaben, gegebenenfalls Loseblattsystem) schriftlich oder elektronisch (§ 13 Nummer 7 BBiG) von Auszubildenden selbständig zu führen (Umfang: ca. eine DIN-A4-Seite für eine Woche).*
   - *Jede Tages-/Wochenübersicht des Ausbildungsnachweises ist mit dem Namen des/der Auszubildenden, dem Ausbildungsjahr und dem Berichtszeitraum zu versehen.*
   - *Die Ausbildungsnachweise müssen mindestens stichwortartig den Inhalt der betrieblichen Ausbildung wiedergeben. Dabei sind betriebliche Tätigkeiten einerseits sowie Unterweisungen bzw. überbetriebliche Unterweisungen (z. B. im Handwerk), betrieblicher Unterricht und sonstige Schulungen andererseits zu dokumentieren.*
   - *In die Ausbildungsnachweise müssen darüber hinaus die Themen des Berufsschulunterrichts aufgenommen werden.*
   - *Die zeitliche Dauer der Tätigkeiten sollte aus dem Ausbildungsnachweis hervorgehen.*
5. *Ausbildende sollen Auszubildende zum Führen von schriftlichen oder elektronischen Ausbildungsnachweisen anhalten und diese regelmäßig durchsehen (§ 14 Absatz 2 BBiG).*
6. *Auszubildenden ist Gelegenheit zu geben, die Ausbildungsnachweise während der Ausbildungszeit am Arbeitsplatz zu führen (§ 13 Nummer 7 in Verbindung mit § 14 Absatz 2 BBiG).*
   Die erforderlichen Nachweishefte, Formblätter, IT-Programme oder Ähnliches werden den Auszubildenden kostenlos von den Ausbildenden zur Verfügung gestellt (§ 14 Absatz 1 Nummer 3 BBiG).
7. *Ausbildende oder Ausbilderin/Ausbilder prüfen die Eintragungen in den Ausbildungsnachweisen mindestens monatlich (§ 14 Absatz 2 BBiG).*
   Bei schriftlichen Ausbildungsnachweisen bestätigen sie die Richtigkeit und Vollständigkeit der Eintragungen mit Datum und Unterschrift.
   Bei elektronisch erstellten Ausbildungsnachweisen kann die Bestätigung auch auf andere Weise elektronisch (z. B. durch Austausch von bestätigenden E-Mails mit einfacher elektronischer Signatur oder durch elektronische Freigaben) dokumentiert werden.
8. *Im Rahmen der Lernortkooperation kann die Berufsschule vom Ausbildungsnachweis Kenntnis nehmen.*
9. *Bei minderjährigen Auszubildenden soll eine gesetzliche Vertreterin/ein gesetzlicher Vertreter in angemessenen Zeitabständen von den Ausbildungsnachweisen Kenntnis erhalten und diese unterschriftlich oder in sonstiger geeigneter Weise bestätigen.*
10. *Arbeitnehmervertretungen können durch Einsichtnahme in den Ausbildungsnachweis Kenntnis vom Ablauf der Ausbildung zum Zweck ihrer Aufgabenerfüllung (§ 80 Absatz 1 des Betriebsverfassungsgesetzes (BetrVG) nehmen.*
11. *Sofern die Ausbildungsordnung oder eine Regelung der zuständigen Stelle vorsieht, dass der Ausbildungsnachweis zur mündlichen Prüfung mitgebracht werden muss, ist er dem Prüfungsausschuss vorzulegen. Der Ausbildungsnachweis wird im Rahmen der Zwischen- und Abschlussprüfungen nicht bewertet.*
12. *Diese Regelungen können mit Ausnahme der Nummer 2 für Umschülerinnen/Umschüler entsprechend angewendet werden, soweit die Führung des Ausbildungsnachweises vertraglich vereinbart wird.*

Der Hauptausschuss ist der Auffassung, dass eine hohe Ausbildungsqualität das Ergebnis eines im Ausbildungsbetrieb verankerten Ausbildungsprozesses ist. Dieser Prozess ist auf die Ausbildungsinhalte, die Bedarfe der Auszubildenden sowie auf betriebliche Gegebenheiten zugeschnitten. Zum Erreichen eines erfolgreichen Ausbildungsabschlusses ist Kommunikation ein wichtiger Erfolgsfaktor. Eine Stellschraube zur Intensivierung der Kommunikation zwischen Ausbildenden und Auszubildenden können erweiterte Modelle des gesetzlich vorgeschriebenen Ausbildungsnachweises sein. Es gibt bereits einige Instrumente zur Qualitätsentwicklung in der betrieblichen Berufsausbildung mit dem Schwerpunkt Ausbildungsdokumentation und -reflexion. Im BIBB-Hauptausschuss wurde exemplarisch der »Ganzheitliche Ausbildungsnachweis« vorgestellt, der aus einem BIBB-Modellversuch entstand. Der Abgleich zwischen aktuellem Ausbildungsstand und betrieblichem Ausbildungsplan kann dabei als kommunikative Basis eines Feedbackprozesses dienen, der im jeweiligen betrieblichen Kontext Verankerung benötigt.
Die Umsetzung des (ganzheitlichen) Ausbildungsnachweises durch online-basierte Softwareangebote ermöglichen die zeit- und ortsunabhängige Führung und Kontrolle des Ausbildungsnachweises sowie die zeit- und ortsunabhängige Kommunikation zwischen Auszubildenden, Ausbildungsbeauftragten und Ausbilderinnen/Ausbildern. Zudem entspricht die elektronische Bearbeitung zunehmend den Medien- und Arbeitsgewohnheiten von Auszubildenden und Ausbilderinnen/Ausbildern.

Beispiellinks:
BIBB-Modellversuch zum »Ganzheitlichen Ausbildungsnachweis«:
www.bibb.de/de/8455.php
Ausbildungsnachweis im Forum für Ausbilderinnen/Ausbilder:
www.foraus.de/de/foraus_105970.php
Ausbildungsnachweis der IHK Bodensee-Oberschwaben:
www.weingarten.ihk.de/aus-und-weiterbildung/waehrend-der-ausbildung/ausbildungsnachweis-1940668
Serviceportal Bildung der IHKs:
https://ausbildung-weiterdenken.ihk.de/
Online-Ausbildungsnachweis BLok:
https://www.online-ausbildungsnachweis.de
Für Bäckerinnen/Bäcker und Bäckereifachverkäuferinnen/Bäckereifachverkäufer:
https://app.bddz.de/
Für Dachdeckerinnen/Dachdecker:
www.berichtsheft-dachdecker.de
Für Friseurinnen und Friseure:
https://friseur-berichtsheft-app.de/
Für den Garten- und Landschaftsbau:
https://www.berichtsheft-galabau.de/
Für Kfz-Mechatronikerinnen/Kfz-Mechatroniker:
www.autofachmann.de
Für das Metallhandwerk:
www.berichtsheft.metallausbildung.info

8. Empfang der Vertragsabfassung (Satz 2 Nr. 8)

28a Die Auszubildenden sind verpflichtet, den Empfang der Vertragsabfassung zu bestätigen (§ 13 Satz 2 Nr. 8 BBiG). Diese Regelung ist mit Wirkung zum 1. 8. 2024 neu in das Gesetz eingefügt worden. In der Gesetzesbegründung heißt es hierzu:[44] Es handelt sich um eine Anpassung an die Änderungen in § 11 BBiG, indem die Pflicht der Ausbildenden zum Aufbewahren eines Empfangsnachweises aus § 11 Abs. 2 BBiG bei den Pflichten der Auszubildenden gespiegelt wird. Um die Erfüllung der Pflicht aus § 11 Abs. 2 BBiG faktisch und rechtlich zu ermöglichen, müssten diese den Empfang der Vertragsabfassung bestätigen. Damit wird die Bestätigung arbeitsrechtlich gesondert einklagbar, und der Ausbildende ist vor Untätigkeit der Auszubildenden und ggf. daraus folgenden Bußgeldverfahren nach § 101 Abs. 1 BBiG geschützt.

IV. Haftung der Auszubildenden bei Pflichtverstößen

29 Verletzt der Auszubildende seine Pflichten aus § 13 BBiG, kommt in Extremfällen und bei wiederholter Missachtung der Pflichten (in der Regel erst nach vorheriger Abmahnung) eine Kündigung gem. § 22 BBiG in Betracht (vgl. § 22 Rn. 31 ff.). Unabhängig davon kann sich der Auszubildende bei einer unerlaubter Handlung gem. § 823 BGB (Verletzung von Körper, Gesundheit, Freiheit, Eigentum oder eines sonstigen Rechts) schadensersatzpflichtig machen sowie bei einer vertraglichen Pflichtverletzung (§ 280 BGB), wenn durch ein schuldhaftes (vorsätzliches oder fahrlässiges) und pflichtwidriges Verhalten des Auszubildenden beim Ausbildenden oder einer anderen Person ein Schaden eintritt (zum Beispiel bei der Beschädigung von Firmeneigentum).

44 BT-Drucks. 20/10857, S. 42.

1. Haftung gegenüber den Ausbildenden

Verursacht der Auszubildende durch eine unerlaubte Handlung (§ 823 BGB) oder durch eine vertragliche Pflichtverletzung (§ 280 BGB) beim Ausbildenden einen Schaden (zum Beispiel Beschädigung einer Maschine oder von sonstigem Eigentum des Ausbildenden) macht sich der Auszubildende schadensersatzpflichtig, wenn er schuldhaft (vorsätzlich oder fahrlässig) gehandelt hat. Die Haftung kann, je nach Höhe des Schadens, für den Auszubildenden existenzbedrohende Ausmaße annehmen. Deshalb ist anerkannt, dass zu seinen Gunsten Haftungsprivilegierungen greifen müssen. 30

a) Haftungsprivilegierung

Heute ist es Allgemeingut, dass für die Haftung des Auszubildenden für Pflichtverletzungen und von ihm verursachte Schäden die von Rechtsprechung entwickelten Grundsätze der Haftungsprivilegierung im Arbeitsverhältnis gelten.[45] Das Ausbildungsverhältnis als solches führt nicht zu einer noch weiterreichenden Haftungsfreistellung. Das Haftungsprivileg des Arbeitnehmers und die Vorschrift des § 828 Abs. 3 BGB (Haftungsprivilegierung für Minderjährige) reichen aus (so das *BAG*), um den Besonderheiten des Ausbildungsverhältnisses Rechnung zu tragen und einen Auszubildenden ausreichend zu schützen.[46] Minderjährige sind für den Schaden, den sie einem andern zufügen, nicht verantwortlich, wenn sie bei der Begehung der schädigenden Handlung nicht die zur Erkenntnis der Verantwortlichkeit erforderliche Einsicht hatten (§ 828 Abs. 3 BGB). 31

Die **Besonderheiten des Ausbildungsverhältnisses** (das Alter des Auszubildenden, der Stand der betrieblichen Ausbildung) sind darüber hinaus zugunsten des Auszubildenden zu berücksichtigen. Wird etwa der Auszubildende mit Tätigkeiten betraut, die nicht dem Ausbildungszweck dienen (§ 14 Abs. 2 BBiG; vgl. § 14 Rn. 30ff.) oder nicht dem Ausbildungsstand entsprechen, ist dies bei der Berechnung des Umfangs des geschuldeten Schadensersatzes zu berücksichtigen, gegebenenfalls kann eine Schadenshaftung auch im vollen Umfang entfallen.[47] Anerkannt ist auch, dass durch die gerichtliche Entscheidung im Einzelfall die Haftungsquote zugunsten des Arbeitnehmers beschränkt werden darf, insbesondere bei einem deutlichen Missverhältnis zwischen dem Arbeitsverdienst und dem Schadensrisiko; das muss im Besonderen wegen der Höhe der Ausbildungsvergütung für Auszubildende gelten.[48] 32

Nach den Grundsätzen der Beschränkung der Arbeitnehmerhaftung hat der Arbeitnehmer, hier der Auszubildende, für alle Arbeiten, die durch den Betrieb veranlasst sind und aufgrund eines Arbeitsverhältnisses (hier Ausbildungsverhältnisses) geleistet werden, nur eingeschränkt zu haften. Voraussetzung für die Haftungserleichterung ist, dass der vom Auszubildenden verursachte Schaden bei einer **betrieblichen Tätigkeit** eingetreten ist. Betrieblich veranlasst ist eine Tätigkeit, die dem Auszubildende entweder ausdrücklich übertragen worden ist oder die er im Interesse des Betriebs ausführt, die in nahem Zusammenhang mit dem Betrieb und seinem betrieblichen Wirkungskreis steht und in diesem Sinne betriebsbezogen ist. Für die betriebliche Veranlassung reicht es, dass die jeweilige Tätigkeit als solche dem vertraglich Geschuldeten entspricht, mag dies für die Durchführung auch nicht gelten. Eine bloße »Spaßfahrt« eines Auszubildenden mit einem Gabel- 33

---

45 *BAG* 18.4.2002 – 8 AZR 348/01, NZA 2003, 37.

46 *BAG* 20.9.2006 – 10 AZR 439/05, NZA 2007, 977, 979; *BAG* 18.4.2002 – 8 AZR 348/01, NZA 2003, 37.

47 *LAG Düsseldorf* 23.2.1973 – 8 Sa 598/72, DB 1973, 974.

48 Vgl. allgemein für das Arbeitsverhältnis *BAG* 15.11.2012 – 8 AZR 705/11, DB 2013, 705.

stapler im Betrieb ist allerdings nicht betrieblich veranlasst und deshalb haftungsrechtlich nicht privilegiert.[49]

Grundsätzlich ist zu beachten, dass der Arbeitgeber bzw. Ausbildende zwar nicht verpflichtet ist, eine Versicherung abzuschließen, wenn sich dies nicht aus dem Ausbildungsvertrag oder einer anwendbaren Betriebsvereinbarung oder einem anwendbaren Tarifvertrag ergibt. Bei der Abwägung der für den Haftungsumfang maßgebenden Umstände kann jedoch zu Lasten des Arbeitgebers ins Gewicht fallen, dass dieser bei einem **versicherbaren Risiko** keine Versicherung abgeschlossen hat (zum Beispiel eine Kraftfahrzeugkaskoversicherung). Das kann dazu führen, dass der Auszubildende nur in Höhe einer Selbstbeteiligung haftet, die bei Abschluss einer Kaskoversicherung vereinbart worden wäre.[50]

b) Haftung je nach Verschuldensgrad

34 Die Haftung richtet sich nach dem Verschuldensgrad. Das Verschulden hat sich nicht auf die Pflichtverletzung, sondern auch auf den Eintritt eines Schadens zu beziehen.[51]

35 Zu unterscheiden ist, ob der Auszubildende vorsätzlich oder fahrlässig gehandelt hat. **Vorsätzlich** verursachte Schäden hat der Auszubildende in vollem Umfang zu tragen. Vorsatz ist anzunehmen, wenn der Auszubildende nicht nur die Pflichtverletzung, sondern auch den Schaden in seiner konkreten Höhe zumindest als möglich voraussieht und für den Fall seines Eintritts billigend in Kauf nimmt.[52] Bei Vorsatz hat der Auszubildende den Schaden in vollem Umfang zu tragen. Eine Haftungserleichterung ist grundsätzlich ausgeschlossen.

36 Fahrlässig handelt, wer die im Verkehr erforderliche Sorgfalt außer Acht lässt (§ 276 Abs. 2 BGB). Bei fahrlässigem Handeln ist wiederum je nach dem Grad der Fahrlässigkeit zu unterscheiden: Bei **grober Fahrlässigkeit** des Auszubildenden hat dieser in der Regel den Schaden im vollen Umfang zu tragen. Von dem Grundsatz der vollen Schadenstragung bei grober Fahrlässigkeit sind Ausnahmen möglich, insbesondere dann, wenn der Verdienst des Auszubildenden in einem deutlichen Missverhältnis zum verwirklichten Schadensrisiko steht.[53] Bei **normaler Fahrlässigkeit** hat der Auszubildende den Schaden anteilig zu tragen. Das ist nicht zwingend eine 50:50-Teilung. Ob und gegebenenfalls in welchem Umfang der Auszubildende zum Schadensersatz verpflichtet ist, richtet sich im Rahmen einer Abwägung der Gesamtumstände, insbesondere von Schadensanlass und Schadensfolgen, nach Billigkeits- und Zumutbarkeitsgesichtspunkten. Primär ist auf den Grad des dem Auszubildenden zur Last fallenden Verschuldens, die Gefahrgeneigtheit der Arbeit, die Höhe des Schadens, die Versicherbarkeit des Risikos, die Höhe der Vergütung sowie persönliche Umstände und das bisherige Verhalten des Auszubildenden abzustellen. Bei **leichtester Fahrlässigkeit** haftet der Auszubildende nicht.

37 Von der Haftungsverteilung nach den richterrechtlichen Grundsätzen der Arbeitnehmerhaftung zu unterscheiden ist die Frage, ob und inwieweit die Schadenshaftung darüber hinaus durch ein konkretes **Mitverschulden des Ausbildenden** einzuschränken ist. Hier greift die normale Grundregel des § 254 BGB ein. Die Verpflichtung zum Schadensersatz

49 *BAG* 18.4.2002 – 8 AZR 348/01, NZA 2003, 37.
50 *BAG* 24.11.1987 – 8 AZR 66/82, NZA 1988, 584.
51 *BAG* 15.11.2012 – 8 AZR 705/11, DB 2013, 705; *BAG* 28.10.2010 – 8 AZR 418/09, NZA 2011, 345; *BAG* 18.4.2002 – 8 AZR 348/01, NZA 2003, 37.
52 *BAG* 18.4.2002 – 8 AZR 348/01, NZA 2003, 37.
53 *BAG* 28.10.2010 – 8 AZR 418/09, NZA 2011, 345; *BAG* 15.11.2001 – 8 AZR 95/01, NZA 2002, 612.

sowie der Umfang des Ersatzes sind insbesondere davon abhängig, inwieweit der Schaden vorwiegend von dem Schädiger oder dem Geschädigten verursacht worden ist. Dabei gilt der Grundsatz, dass bei vorsätzlicher Schadensverursachung durch den Geschädigten oder einen seiner Vertreter die Ersatzpflicht des nur fahrlässig handelnden Schädigers entfällt.[54] Ein Mitverschulden des Ausbildenden kommt vor allem in Betracht bei der Schadensverursachung (zum Beispiel: fehlerhafte Anweisung, Organisationsmängel, Überforderung des Auszubildenden), kann aber auch bei der Schadensabwendung wie auch bei der Schadensminderung vorkommen. Auch die **Unerfahrenheit eines Auszubildenden** kann ein Mitverschulden des Ausbildenden begründen, wenn sie bei der Zuweisung von Tätigkeiten nicht ausreichend berücksichtigt wird.[55]

2. Haftung gegenüber Arbeitskollegen

38 Für Schäden, die durch das Verhalten eines Auszubildenden bei einem anderen Auszubildenden oder Arbeitnehmer des Betriebs verursacht werden, haftet der Auszubildende privatrechtlich grundsätzlich wie bei jedem anderen Dritten. Bei Personenschäden wird die Haftung aber weitgehend durch das Recht der gesetzlichen Unfallversicherung (§ 105 SGB VII; vgl. Rn. 42) ausgeschlossen, allerdings nur, wenn die schadensersatzauslösende Handlung eine betriebliche Tätigkeit darstellt. Liegt keine »betriebliche« Tätigkeit i. S. d. § 105 Abs. 1 SGB VII vor, haften Auszubildende, die durch ihr Verhalten bei einem Beschäftigten desselben Betriebs einen Schaden verursachen, ohne Rücksicht auf ihr Alter nach den gleichen Regeln wie andere Arbeitnehmer. Spielereien, Neckereien und Raufereien unter Arbeitskollegen sind keine »betriebliche Tätigkeit« im Sinne der Haftungsnormen des SGB VII und deshalb nicht von der Haftung ausgeschlossen (vgl. auch Rn. 45).[56] Bei Sachschäden haftet der Auszubildende so, wie er auch anderen Privatpersonen gegenüber verpflichtet wäre.

3. Haftung gegenüber Dritten

39 Einen Schaden aufgrund schuldhaften Handelns eines Auszubildenden können nicht nur der Ausbildende oder andere Auszubildende oder Arbeitnehmer des Betriebs erleiden, sondern auch Dritte, die nicht zum Betrieb gehören. Schadensersatzansprüche solcher außen Stehender gegenüber Auszubildenden bleiben nach der Rechtsprechung von den Grundsätzen der Haftungsbegrenzung bei betrieblich veranlassten Tätigkeiten im Ausbildungs- oder Arbeitsverhältnis unberührt (**Grundsatz der unbeschränkten Außenhaftung**).

40 Die Haftungsmilderungen gelten nur im Innenverhältnis von Auszubildenden (Arbeitnehmer) zum Ausbildenden bzw. Arbeitgeber.[57] Allerdings hat der schadensersatzpflichtige Auszubildende gegen den Ausbildenden einen sog. **Freistellungsanspruch**, wenn es sich um eine betriebliche Tätigkeit gehandelt hat, die im Rahmen eines Ausbildungsverhältnisses ausgeübt worden ist. Insoweit gelten die allgemeinen Grundsätze des innerbetrieblichen Schadensausgleichs, das heißt der Beschränkung der Arbeitnehmerhaftung (vgl. Rn. 30 ff.).

---

54 *BAG* 19. 2. 1998 – 8 AZR 645/96, NZA 1998, 1051.
55 *BAG* 20. 9. 2006 – 10 AZR 439/05, NZA 2007, 977, 979.
56 *BAG* 19. 3. 2015 – 8 AZR 67/14, NZA 2015, 1057.
57 *BGH* 19. 9. 1989 – VI ZR 349/88, AP BGB § 611 Haftung des Arbeitnehmers Nr. 99; *BGH* 21. 12. 1993 – VI ZR 103/93, AP BGB § 611 Haftung des Arbeitnehmers Nr. 104.

41 Aufgrund des Freistellungsanspruchs hat der Ausbildende den Auszubildenden von dessen Haftung gegenüber dem Dritten insoweit durch eigene Leistung freizustellen, wie der Auszubildende den Schaden aufgrund seiner eingeschränkten Haftung nicht zu tragen hätte, falls er beim Ausbildenden eingetreten wäre. Der Freistellungsanspruch ist zugunsten des Geschädigten abtretbar (§§ 398ff. BGB) sowie pfändbar (§§ 829, 835 ZPO) und verwandelt sich hierdurch in einen direkten **Zahlungsanspruch** des geschädigten Dritten gegen den Ausbildenden. Leistet der Auszubildende selbst an den geschädigten Dritten, kann er statt Freistellung ebenfalls Zahlung vom Arbeitgeber verlangen.

42 Im Ergebnis kann ein Auszubildender also von einem geschädigten Dritten in Anspruch genommen werden. Der betroffene Auszubildende hat aber im Innenverhältnis einen Freistellungsanspruch gegen den Ausbildenden, wenn der Schaden in Ausübung einer betrieblichen Tätigkeit entstanden ist. Dieser Freistellungsanspruch geht indes ins Leere, wenn der Ausbildende seinerseits zur Leistung nicht in der Lage ist, wie etwa im Insolvenzfall.

4. Haftungsbeschränkungen bei Arbeitsunfällen

43 Die Haftungsbeschränkungen bei Arbeitsunfällen, die früher in den §§ 636, 637 RVO geregelt war, sind seit dem 1.1.1997 in den §§ 104, 105 SGB VII geregelt. Die Regelungen enthalten einen weitgehenden Ausschluss privatrechtlicher Schadensersatzansprüche des durch einen Arbeitsunfall Verletzten gegen den den Unfall verursachenden Unternehmer (§ 104 SGB VII) oder gegen Arbeitskollegen (§ 105 SGB VII). Die Regelungen gelten auch zugunsten und zu Lasten von Auszubildenden. Der Geschädigte bleibt in diesen Fällen zumeist auf die Ansprüche im Rahmen der gesetzlichen Unfallversicherung verwiesen. Die Regelungen gelten nur bei **Personen-, nicht bei Sachschäden.**[58]

44 Voraussetzung des Ausschlusses privatrechtlicher Ansprüche durch § 104 SGB VII zugunsten des betroffenen **Unternehmers** ist zunächst, dass der Geschädigte Versicherter in der gesetzlichen Unfallversicherung ist und sich das schädigende Ereignis für ihn als Versicherungsfall darstellt. Versicherungsfälle sind Arbeitsunfälle (§ 8 SGB VII) und Berufskrankheiten (§ 9 SGB VII). **Arbeitsunfälle** sind gem. § 8 Abs. 1 Satz 1 SGB VII Unfälle von Versicherten infolge einer den Versicherungsschutz nach § 2, 3 oder 6 SGB VII begründenden Tätigkeit (versicherte Tätigkeit). Zu den kraft Gesetzes Versicherten gehören Beschäftigte (§ 2 Abs. 1 Nr. 1 SGB VII), dazu gehören insbesondere Arbeitnehmer und auch Auszubildende. Der Geschädigte muss für das Unternehmen tätig gewesen oder in einer sonstigen die Versicherung begründenden Beziehung zu dem Unternehmen gestanden haben. Bei Vorliegen dieser Voraussetzungen ist die Haftung des Unternehmers ausgeschlossen, es sei denn dieser hat den Versicherungsfall vorsätzlich herbeigeführt oder er ist auf einem nach § 8 Abs. 2 Nr. 1 bis 4 SGB VII versicherten Weg (Wegeunfälle) eingetreten.

45 Die haftungsausschließende Norm des § 105 SGB VII (**Beschränkung der Haftung anderer im Betrieb tätiger Personen**) greift nicht nur zugunsten von »Arbeitskollegen« und anderen Auszubildenden, sondern zugunsten von allen Personen, die durch eine betriebliche Tätigkeit einen Versicherungsfall verursachen. Diese Personen müssen also nicht selbst Versicherte im Sinne des Unfallversicherungsrechts sein. Voraussetzung des Ausschlusses privatrechtlicher Ansprüche durch § 105 SGB VII ist, dass der Geschädigte Versicherter in der gesetzlichen Unfallversicherung (oder nach § 4 Abs. 1 Nr. 1 SGB VII versicherungsfrei – Beamter –) ist und das schädigende Ereignis sich für ihn als Ver-

58 *BAG* 19.2.1998 – 8 AZR 645/96, NZA 1998, 1051.

sicherungsfall (Arbeitsunfall) darstellt. Voraussetzung für den Haftungsausschluss nach § 105 Abs. 1 SGB VII ist aber, dass die schädigende Handlung eine »betriebliche Tätigkeit« war. Entscheidend für das Vorliegen einer »betrieblichen Tätigkeit« und das Eingreifen des Haftungsausschlusses ist die Verursachung des Schadensereignisses durch eine Tätigkeit des Schädigers, die ihm von dem Betrieb oder für den Betrieb, in dem sich der Unfall ereignet hat, übertragen war oder die von ihm im Betriebsinteresse erbracht wurde. Das Herumwerfen von Wuchtgewichten in einem Arbeitsraum, in dem andere Menschen anwesend sind oder mit ihrer Anwesenheit zu rechnen ist, noch dazu mit Kraftaufwand, ist keine betriebliche Tätigkeit – so das *BAG* in einem Fall, in dem ein anderer Auszubildender ohne Vorwarnung mit vom Kläger (ebenfalls Auszubildender) abgewandter Körperhaltung ein ca. 10 g schweres Wuchtgewicht hinter sich geworfen hat.[59] Dieses traf den Kläger am linken Auge, am Augenlid und an der linken Schläfe. Dem Kläger musste eine Kunstlinse eingesetzt werden; Einschränkungen aufgrund einer Hornhautnarbe verblieben. Die zuständige Berufsgenossenschaft zahlt dem Kläger eine monatliche Rente in Höhe von 204,40 Euro. Das *BAG* bestätigte die Verurteilung des anderen Auszubildenden, des Schädigers, zur Zahlung von Schmerzensgeld in Höhe von 25 000 Euro. Weder der Wortlaut des § 105 Abs. 1 SGB VII noch der Sinnzusammenhang oder Zweck enthalten einen Anhaltspunkt dafür, dass der Begriff der betrieblichen Tätigkeit anders aufzufassen wäre, wenn und weil Auszubildende beteiligt sind. Die Beteiligung von Auszubildenden an einem schadensverursachenden Vorfall hat keine Bedeutung für die Frage der Einordnung einer Tätigkeit als betriebliche oder nicht betriebliche.[60] Generell kann man sagen: **Spielereien, Neckereien und Raufereien** unter Arbeitskollegen sind keine »betriebliche Tätigkeit« im Sinne der Haftungsnormen des SGB VII und deshalb nicht von der Haftung ausgeschlossen.[61]

Verrichten Versicherte mehrerer Unternehmen vorübergehend betriebliche Tätigkeiten **46**
auf einer **gemeinsamen Betriebsstätte**, gelten die §§ 104, 105 SGB VII für die Ersatzpflicht der für die beteiligten Unternehmen Tätigen untereinander (§ 106 Abs. 3 Variante 3 SGB VII). Der Begriff der gemeinsamen Betriebsstätte im Sinne des § 106 Abs. 3 SGB VII erfasst über die Fälle der Arbeitsgemeinschaft hinaus betriebliche Aktivitäten von Versicherten mehrerer Unternehmen, die bewusst und gewollt bei einzelnen Maßnahmen ineinandergreifen, miteinander verknüpft sind, sich ergänzen oder unterstützen, wobei es ausreicht, dass die gegenseitige Verständigung stillschweigend durch bloßes Tun erfolgt.[62]

59 *BAG* 19. 3. 2015 – 8 AZR 67/14, NZA 2015, 1057.
60 *BAG* 19. 3. 2015 – 8 AZR 67/14, Rn. 26, NZA 2015, 1057.
61 *BAG* 19. 3. 2015 – 8 AZR 67/14, NZA 2015, 1057.
62 *BAG* 12. 12. 2002 – 8 AZR 94/02, NZA 2003, 968; *BGH* 16. 12. 2003 – VI ZR 103/03, NJW 2004, 947; *BGH* 24. 6. 2003 – VI ZR 434/01, NJW 2003, 2984.

Unterabschnitt 3
Pflichten der Ausbildenden

§ 14 Berufsausbildung

(1) Ausbildende haben

1. dafür zu sorgen, dass den Auszubildenden die berufliche Handlungsfähigkeit vermittelt wird, die zum Erreichen des Ausbildungsziels erforderlich ist, und die Berufsausbildung in einer durch ihren Zweck gebotenen Form planmäßig, zeitlich und sachlich gegliedert so durchzuführen, dass das Ausbildungsziel in der vorgesehenen Ausbildungszeit erreicht werden kann,

2. selbst auszubilden oder einen Ausbilder oder eine Ausbilderin ausdrücklich damit zu beauftragen,

3. Auszubildende kostenlos die Ausbildungsmittel, insbesondere Werkzeuge, Werkstoffe und Fachliteratur zur Verfügung zu stellen, die zur Berufsausbildung und zum Ablegen von Zwischen- und Abschlussprüfungen, auch soweit solche nach Beendigung des Berufsausbildungsverhältnisses stattfinden, erforderlich sind; die für das digitale mobile Ausbilden nach § 28 Absatz 2 Satz 2 zusätzlich erforderliche Hard- und Software sind für die Auszubildenden kostenlos zur Verfügung zu stellen,

4. Auszubildende zum Besuch der Berufsschule anzuhalten,

5. dafür zu sorgen, dass Auszubildende charakterlich gefördert sowie sittlich und körperlich nicht gefährdet werden.

(2) Ausbildende haben Auszubildende zum Führen der Ausbildungsnachweise nach § 13 Satz 2 Nummer 7 anzuhalten und diese regelmäßig durchzusehen. Den Auszubildenden ist Gelegenheit zu geben, den Ausbildungsnachweis am Arbeitsplatz zu führen.

(3) Auszubildenden dürfen nur Verrichtungen übertragen werden, die dem Ausbildungszweck dienen und ihren körperlichen Kräften angemessen sind.

Inhaltsübersicht

I. Überblick

1 § 14 BBiG regelt die Pflichten der Ausbildenden im Rahmen des Ausbildungsverhältnisses und gilt auch für Berufsausbildungsverhältnisse im **Handwerk** (vgl. § 3 Rn. 25). Die Pflichten sind privatrechtlicher Natur und kraft Gesetzes **Vertragsinhalt**, ohne dass

sie nochmals ausdrücklich in den Ausbildungsvertrag mit aufgenommen werden müssten.

II. Ausbildungspflicht

Die Ausbildenden haben dafür zu sorgen, dass den Auszubildenden die berufliche Handlungsfähigkeit vermittelt wird, die zum Erreichen des Ausbildungsziels erforderlich ist, und die Berufsausbildung in einer durch ihren Zweck gebotenen Form planmäßig, zeitlich und sachlich gegliedert so durchzuführen, dass das Ausbildungsziel in der vorgesehenen Ausbildungszeit erreicht werden kann (§ 14 Abs. 1 Nr. 1 BBiG). Der Ausbildende soll berechtigt sein, Auszubildende anzuweisen, ergänzende theoretische Kenntnisbögen auszufüllen. Eine strikte Trennung zwischen theoretischer und praktischer Ausbildung sei weder gesetzlich vorgeschrieben noch sachlich geboten.[1] 2

Der Ausbildungszweck setzt einen **betrieblichen Ausbildungsplan** voraus, der zu unterscheiden ist vom allgemeingültigen Ausbildungsrahmenplan (vgl. § 11 BBiG Rn. 15). Der betriebliche Ausbildungsplan ist konkret auf den jeweiligen Ausbildungsbetrieb bezogen und Bestandteil des Berufsausbildungsvertrags.[2] Der jeweilige Ausbildungsstand ist kontinuierlich durch **Ausbildungsstandskontrollen** (ASK) festzustellen.[3] Inhalt und Umfang der zu vermittelnden Fertigkeiten und Kenntnisse ergeben sich grundsätzlich aus der Ausbildungsordnung und dem Ausbildungsrahmenplan. 3

Der **Ausbildungspflicht** der Ausbildenden steht ein **Anspruch der Auszubildenden auf tatsächliche Ausbildung** gegenüber, der gegebenenfalls auch gerichtlich geltend gemacht werden kann. In der Praxis dürfte das eher selten vorkommen. Ein entsprechendes Urteil wäre gem. § 888 Abs. 1 ZPO durch Festsetzung eines Zwangsgelds gegen den Ausbildenden gerichtlich zu vollstrecken, wenn das Urteil hinreichend bestimmt ist.[4] Für die Praxis bedeutsamer ist, dass eine Verletzung der Ausbildungspflicht einen Schadensersatzanspruch des Auszubildenden gegen den Ausbildenden begründen kann (vgl. Rn. 36). 4

Der Ausbildende muss entweder **selbst ausbilden** oder einen **Ausbilder** ausdrücklich damit **beauftragen** (§ 14 Abs. 1 Nr. 2 BBiG). Der Ausbildungspflicht entspricht einem **Anspruch der Auszubildenden auf tatsächliche Ausbildung**, der gegebenenfalls auch gerichtlich durchgesetzt werden kann.[5] 5

Derjenige, der tatsächlich ausbildet, benötigt hierfür die Eignung gem. den §§ 28 bis 30 BBiG. Werden mehrere Ausbilder bestellt, so soll ein Ausbilder bestellt werden, der die leitende Verantwortung trägt (**Ausbildungsleiter**). Der Ausbilder muss zwar nicht ständig, jedoch überwiegend im Betrieb anwesend sein, um die Ausbildung tatsächlich überwachen und durchführen zu können.[6] Der Ausbilder ist als Arbeitnehmer des Ausbildenden dessen Erfüllungsgehilfe (§ 278 BGB), so dass weiterhin der Ausbildende als Vertragspartner des Auszubildenden für die Erfüllung der Ausbildungspflicht einzustehen hat.

Die Bestellung von Ausbildern ist der **zuständigen Stelle anzuzeigen** (§ 36 Abs. 2 Nr. 2 BBiG), da diese die Durchführung der Berufsausbildung zu überwachen hat (§ 76 Abs. 1 BBiG).

---

1 *LAG Berlin-Brandenburg* 17.12.2015 – 10 Sa 1300/15.
2 Wohlgemuth/*Banke/Pepping*, BBiG, § 14 Rn. 8.
3 *Schwarzbach*, AiB 2002, 563 ff.
4 *LAG Berlin* 19.1.1978 – 9 Ta 1/78, AP ZPO § 888 Nr. 9.
5 *LAG Berlin-Brandenburg* 20.12.2016 – 7 Sa 1401/16.
6 *Taubert*, BBiG, § 14 Rn. 21; Wohlgemuth/*Banke/Pepping*, BBiG, § 14 Rn. 12.

Bei der Bestellung von Ausbildern hat der **Betriebsrat** ein **Mitbestimmungsrecht** (§ 98 Abs. 2 und 5 BetrVG; vgl. § 10 Rn. 80).

III. Gewährung kostenloser Ausbildungsmittel, Fachliteratur, Hard- und Software

6 Die Ausbildenden haben den Auszubildenden **kostenlos** die Ausbildungsmittel, insbesondere Werkzeuge, Werkstoffe und Fachliteratur zur Verfügung zu stellen, die zur Berufsausbildung und zum Ablegen von Zwischen- und Abschlussprüfungen, auch wenn solche nach Beendigung des Berufsausbildungsverhältnisses stattfinden, erforderlich sind; die für das digitale mobile Ausbilden nach § 28 Abs. 2 Satz 2 BBiG zusätzlich erforderliche Hard- und Software sind für die Auszubildenden kostenlos zur Verfügung zu stellen (§ 14 Abs. 1 Nr. 3 BBiG).

Da Voraussetzung für die Zulassung zur Abschlussprüfung unter anderem ist, dass ein vom Ausbilder *und* Auszubildenden abgezeichneter Ausbildungsnachweis (nach § 13 Satz 2 Nr. 7 BBiG) vorgelegt wird (§ 43 Abs. 1 Nr. 2 BBiG), gehören zu den Ausbildungsmitteln, die von den Ausbildenden kostenlos zur Verfügung zu stellen sind, auch die **Ausbildungsnachweise**. Die erforderlichen Nachweishefte, Formblätter, IT-Programme oder Ähnliches sind den Auszubildenden kostenlos von den Ausbildenden zur Verfügung zu stellen.[7]

7 Eine **Kostenbeteiligung** kann von den Auszubildenden und/oder den Eltern zulässigerweise *nicht* verlangt werden. Eine entsprechende vertragliche Vereinbarung wäre gem. § 25 BBiG unwirksam.

§ 14 BBiG umfasst jedoch lediglich den betrieblichen Teil der Ausbildung, so dass **Ausbildungsmittel**, die die Auszubildenden **für die Berufsschule** benötigen (zum Beispiel Fachbücher), nicht vom Ausbildenden kostenlos zur Verfügung zu stellen sind, es sei denn, diese dienen zugleich der innerbetrieblichen Ausbildung.[8] Eine Pflicht zur kostenlosen Bereitstellung von Ausbildungsmitteln und Fachliteratur für die Berufsschule könnte jedoch im Ausbildungsvertrag, in einem anwendbaren Tarifvertrag oder in einer Betriebsvereinbarung geregelt werden.

Zwar ist in den Gesetzestext (durch das Berufsbildungsmodernisierungsgesetz zum 1.1.2020) ausdrücklich der Begriff **Fachliteratur** aufgenommen worden. Nach der Gesetzesbegründung des zuständigen Bundestagsausschusses dient diese Ergänzung der Klarstellung, »dass Fachliteratur, die für die betriebliche Ausbildung erforderlich ist, von Auszubildenden nicht aus eigenen Mitteln finanziert werden, sondern von dem Ausbildungsbetrieb zur Verfügung gestellt werden soll«.[9] Die Abgrenzung ist danach vorzunehmen, ob die Fachliteratur *ausschließlich* für die Berufsschule benötigt wird oder *auch* für die Berufsschule genutzt werden kann, aber zudem auch für die betriebliche Ausbildung »erforderlich« ist. Im letzteren Fall muss der Ausbildende die Fachliteratur auf seine Kosten den Auszubildenden zur Verfügung stellen. Zur Fachliteratur gehört (unter den genannten Voraussetzungen) auch **digitale Fachliteratur**. Ist diese zur Verfügung zu stellen, muss auch ein entsprechendes **Lesegerät** zur Verfügung gestellt werden.

8 Nicht zu den Ausbildungsmitteln zählt die **Arbeitskleidung**. Diese ist von den Auszubildenden zur Verfügung zu stellen und sie haben die Kosten hierfür zu tragen. Etwas

---

7 So auch ausdrücklich die Empfehlung des Hauptausschusses des Bundesinstituts für Berufsbildung (BIBB) vom 1.9.2020 für das Führen von Ausbildungsnachweisen unter Nr. 6.

8 *BAG* 16.12.1976 – 3 AZR 556/75, DB 1977, 1418.

9 BT-Drucks. 19/14431.

anderes gilt nur dann, wenn im Ausbildungsvertrag oder in einer Betriebsvereinbarung oder in einem anwendbaren Tarifvertrag etwas anderes geregelt ist.[10] Eine Pflicht der Ausbildenden, **Schutzausrüstungen** und **Sicherheitsmittel** kostenlos zur Verfügung zu stellen, kann sich aber aus § 618 BGB, aus Unfallverhütungsvorschriften und aus dem ArbSchG[11] ergeben, bei Minderjährigen auch aus Vorschriften des JArbSchG.[12]

Kommen Ausbildende ihrer Pflicht zur Gewährung kostenloser Ausbildungsmittel und Fachliteratur nicht nach, so können die Auszubildenden sich diese selbst beschaffen und Ersatz der dafür gemachten Ausgaben vom Ausbildenden verlangen, und zwar Zug um Zug gegen Übereignung der angeschafften Ausbildungsmittel.[13] **9**

Die Ausbildungsmittel einschließlich der Fachliteratur müssen vom Ausbildenden nur **leihweise** bereitgestellt, nicht den Auszubildenden übereignet werden.[14] Sie verbleiben also im Eigentum der Ausbildenden und sind von den Auszubildenden sorgfältig zu behandeln und zurückzugeben. Für die unsachgemäße Behandlung der Ausbildungsmittel haften die Auszubildenden nach den Grundsätzen der Arbeitnehmer-Haftung (vgl. § 13 Rn. 28ff.). **10**

Werkstücke oder Werkstoffe, die die Auszubildenden im Rahmen der Ausbildung herstellen oder verarbeiten, verbleiben im Eigentum der Ausbildenden, weil die Auszubildenden diese im Rahmen des Ausbildungsverhältnisses zu fremdnützigen Zwecken herstellen. Die Ausbildenden (nicht die Auszubildenden) sind deshalb Hersteller im Sinne des § 950 BGB,[15] sodass die Ausbildenden an den Werkstücken/Werkstoffen das Eigentum erwerben.[16] **11**

Prüfungsstücke gehen im Normalfall in das Eigentum der Auszubildenden über.[17] Das gilt nicht,[18] wenn **12**

- der Wert des zur Verfügung gestellten Materials die Eigenleistung der Auszubildenden übersteigt (zum Beispiel bei Goldschmiedearbeiten) oder
- das Prüfungsstück fest mit dem Eigentum eines Dritten verbunden ist (zum Beispiel Arbeiten an einem Gebäude) oder
- wenn die Prüfungsleistung im Zusammenhang steht mit der Durchführung eines Kundenauftrags (zum Beispiel bei einem Kraftfahrzeug).

Die Ausbildenden haben auch die für das digitale mobile Ausbilden nach § 28 Abs. 2 Satz 2 BBiG zusätzlich erforderliche **Hard- und Software** für die Auszubildenden kostenlos zur Verfügung zu stellen (§ 14 Abs. 1 Nr. 3 BBiG). Diese Regelung ist mit Wirkung zum 1.8.2024 neu in das Gesetz eingefügt worden. In der Gesetzesbegründung heißt es hierzu:[19] Die Ergänzung präzisiert die von den Ausbildenden kostenlos zur Verfügung zu stellenden Ausbildungsmittel im Hinblick auf das nach § 28 Abs. 2 BBiG ermöglichte **12a**

---

10 *BAG* 9.5.1998 – 9 AZR 307/96, NZA 1999, 38.
11 Gem. § 2 Abs. 2 Nr. 2 ArbSchG sind die zu ihrer Berufsbildung Beschäftigten ausdrücklich in den Anwendungsbereich des ArbSchG einbezogen.
12 *Taubert,* BBiG, § 14 Rn. 26; Wohlgemuth/*Banke/Pepping,* BBiG, § 14 Rn. 27.
13 *BAG* 16.12.1976 – 3 AZR 556/75, DB 1977, 1418.
14 *Benecke/Hergenröder,* BBiG, § 14 Rn. 32; *Taubert,* BBiG, § 14 Rn. 31.
15 § 950 Abs. 1 BGB: Wer durch Verarbeitung oder Umbildung eines oder mehrerer Stoffe eine neue bewegliche Sache herstellt, erwirbt das Eigentum an der neuen Sache, sofern nicht der Wert der Verarbeitung oder der Umbildung erheblich geringer ist als der Wert des Stoffes. Als Verarbeitung gilt auch das Schreiben, Zeichnen, Malen, Drucken, Gravieren oder eine ähnliche Bearbeitung der Oberfläche.
16 *Benecke/Hergenröder,* BBiG, § 14 Rn. 35; *Taubert,* BBiG, § 14 Rn. 29.
17 *LAG München* 8.8.2002 – 4 Sa 758/01, NZA-RR 2003, 187.
18 Vgl. Wohlgemuth/*Banke/Pepping,* BBiG, § 14 Rn. 25.
19 BT-Drucks. 20/10857, S. 42.

digitale mobile Ausbilden. Hierfür zusätzlich erforderliche Hard- und Software ist für die Auszubildenden dem Sinn und Zweck dieser Ausbildungsform entsprechend **auch außerhalb der Ausbildungsstätte** zur Verfügung zu stellen. Digitales mobiles Ausbilden ist allerdings nicht der Regelfall, sondern an bestimmte in § 28 Abs. 2 Satz 2 BBiG geregelte Voraussetzungen gebunden (zu den Einzelheiten vgl. § 28 Rn. 5b).

IV. Auszubildende zum Berufsschulbesuch anhalten

13 Die Ausbildenden haben die Auszubildenden zum Besuch der Berufsschule anzuhalten (§ 14 Abs. 1 Nr. 4 BBiG). Diese Verpflichtung folgt aus der Logik des **dualen Ausbildungssystems**, das heißt dem Zusammenwirken von schulischer und betrieblicher Ausbildung. Der Lehrstoff des Berufsschulunterrichts gehört zum Prüfungsstoff der Abschlussprüfung (vgl. § 38 Rn. 12ff.). Die Ausbildenden haben deshalb nicht nur Pflichten hinsichtlich des von ihnen zu verantwortenden betrieblichen Teils der Ausbildung, sondern auch, im Rahmen des Möglichen, hinsichtlich des schulischen Teils der Ausbildung.[20] Deshalb haben die Ausbildenden die Auszubildenden für die Teilnahme am Berufsschulunterricht freizustellen (vgl. § 15 Rn. 8ff.) und zudem eine »Überwachungspflicht« bei der Wahrnehmung des Berufsschulunterrichts.

14 Die Pflicht, die Auszubildenden zum Besuch der Berufsschule anzuhalten, bezieht sich zum einen auf Auszubildende, die nach dem jeweiligen Schulgesetz des Bundeslandes der Berufsschulpflicht unterliegen, und zum anderen auf Auszubildende, die zwar nicht der Berufsschulpflicht unterliegen, sich aber aufgrund vertraglicher Vereinbarung zum Besuch der Berufsschule verpflichtet haben.[21]

15 Um ihrer Pflicht nachzukommen, die Auszubildenden zum Berufsschulbesuch anzuhalten, haben die **Auszubildenden** gegenüber den Ausbildenden eine **Auskunftspflicht** über den Berufsschulbesuch, für den die Auszubildenden ohnehin nur freizustellen sind, wenn sie die Berufsschule auch tatsächlich besuchen (vgl. § 15 Rn. 10). Es besteht aber **keine Auskunftspflicht der Berufsschule** gegenüber den Ausbildenden, da es hierfür keine gesetzliche Grundlage gibt. § 14 BBiG betrifft ausschließlich die privatrechtliche Beziehung Auszubildende–Ausbildender, eröffnet aber keine Auskunftsansprüche oder Auskunftspflichten gegenüber der Berufsschule.[22]

16 »**Anzuhalten**« bedeutet eine kontinuierliche und aktive Einflussnahme auf die Auszubildenden, dem Berufsschulbesuch und der Teilnahme am Unterricht nachzukommen. Deshalb müssen sich Ausbildende kontinuierlich, und nicht nur gelegentlich, über den Fortgang in der Berufsschule und das Fortkommen der Auszubildenden informieren und, soweit erforderlich, auf diese einwirken.[23]

17 Je nach den Erfordernissen des Einzelfalls haben die Ausbildenden auch Dritte einzuschalten, so bei Minderjährigen die Eltern, und auch gegebenenfalls Rücksprache mit der Schule zu halten. Es kann auch notwendig sein, vertragsrechtliche Sanktionen in Bezug auf das Berufsausbildungsverhältnis zu ergreifen, etwa als milde Form eine »Ermahnung«, sofern dies nicht hinreichend ist, auch eine Abmahnung. In Extremfällen, wenn der Auszubildende sich trotz Abmahnung fortgesetzt weigert, am Berufsschulunterricht teilzunehmen, kann auch eine Kündigung des Berufsausbildungsverhältnisses in Betracht kommen (vgl. § 22 Rn. 44).

---

20 *Taubert*, BBiG, § 14 Rn. 33.
21 *Taubert*, BBiG, § 14 Rn. 36.
22 Vgl. *OVG NRW* 12.2.2015 – 19 A 644/13, juris; *VG Köln* 27.2.2013 – 10 K 173/12, juris.
23 *Taubert*, BBiG, § 14 Rn. 37.

Ein gesetzlich geregelter Anspruch der Ausbildenden auf **Vorlage des Berufsschulzeugnisses** durch die Auszubildenden besteht nicht, scheint indes sinnvoll. Möglich ist es, eine entsprechende Vorlagepflicht vertraglich zu vereinbaren. 18

Ein gesetzlicher Anspruch des Auszubildenden auf Übernahme der **Fahrtkosten** zum Besuch der Berufsschule durch den Ausbildenden besteht nicht.[24] Ein solcher Anspruch könnte aber einzelvertraglich oder auch in einer Betriebsvereinbarung oder in einem anwendbaren Tarifvertrag vereinbart werden, bedarf aber einer ausdrücklichen Regelung, weil nach den normalen Grundsätzen ein solcher Anspruch gerade nicht besteht.[25] Hier gilt nichts anderes wie für Fahrtkosten, die den Auszubildenden für die Fahrt zum Ausbildungsbetrieb entstehen können: auch diese haben die Auszubildenden, nicht die Ausbildenden zu tragen. Beim Besuch der Berufsschule kommt hinzu, dass die Ausbildenden im Rahmen der »dualen Ausbildung« (vgl. § 1 Rn. 3) die Verantwortung für die betriebliche, nicht aber die schulische Ausbildung tragen (vgl. auch § 12 Rn. 33, 34). 19

V. Ausbildungsnachweise

Ausbildende haben Auszubildende **zum Führen von Ausbildungsnachweisen** (nach § 13 Satz 2 Nr. 7 BBiG) **anzuhalten** und diese regelmäßig **durchzusehen** (§ 14 Abs. 2 Satz 1 BBiG). Da Voraussetzung für die Zulassung zur Abschlussprüfung unter anderem ist, dass ein vom Ausbilder *und* Auszubildenden abgezeichneter Ausbildungsnachweis (nach § 13 Satz 2 Nr. 7 BBiG) vorgelegt wird (§ 43 Abs. 1 Nr. 2 BBiG), haben die Ausbildenden den Ausbildungsnachweis nicht nur durchzusehen, sondern auch **abzuzeichnen.** Als gleichwertiges Abzeichnen ist das Vornehmen einer elektronischen Signatur anzusehen.[26] 20

Die Ausbildungsnachweise, also die erforderlichen Nachweishefte, Formblätter, IT-Programme oder Ähnliches, sind den Auszubildenden kostenlos von den Ausbildenden zur Verfügung zu stellen (§ 14 Abs. 1 Nr. 3 BBiG; vgl. Rn. 6).

Die Ausbildungsnachweise sollen stichpunktartig den sachlichen und zeitlichen Ablauf der Ausbildung wiedergeben. Zweckmäßig ist es, dass der Ausbildungsnachweis wöchentlich durch die Auszubildenden geführt wird und (mindestens) monatlich durch die Ausbildenden kontrolliert wird.[27] 21

Vgl. zur Empfehlung des Hauptausschusses des BIBB vom 1.9.2020 für das Führen von Ausbildungsnachweisen § 13 Rn. 28.

Für die elektronische Führung der Ausbildungsnachweise haben die Bundesregierung und die Europäische Union ein Online-Medium gefördert: das **Online-Berichtsheft Blok.** Blok ist der Online-Ausbildungsnachweis für duale Ausbildungsberufe. Einfach zu bedienen und übersichtlich gestaltet können Auszubildende, Ausbilder und Berufsschullehrer das Berichtsheft im Internet gemeinsam nutzen. Siehe *https://www.online-ausbildungsnachweis.de.*

Die regelmäßige Durchsicht des Ausbildungsnachweises soll auch dazu dienen, die Ausbildenden **über Lernfortschritte und etwaige Lerndefizite zu informieren**, damit diese die Auszubildenden »effizient unterstützen« können.[28]

---

24 *BAG* 26.9.2002 – 6 AZR 486/00, NZA 2003, 1403; *BAG* 25.7.2002 – 6 AZR 381/00, AP BBiG § 5 Nr. 9 = DB 2003, 510; *BAG* 11.1.1973 – 5 AZR 467/72, AP BBiG § 6 Nr. 1.

25 Vgl. zu einer entsprechenden Tarifregelung im öffentlichen Dienst *BAG* 22.12.2009 – 3 AZR 936/07, NZA 2010, 1440; *BAG* 22.12.2009 – 3 AZR 473/08, juris.

26 So die Gesetzesbegründung, BT-Drucks. 18/10183, S. 128.

27 *Taubert*, BBiG, § 14 Rn. 49.

28 So die Gesetzesbegründung, BT-Drucks. 18/10183, S. 127.

Die früher in § 14 Abs. 1 Nr. 4 BBiG a. F. geregelte Pflicht ist nunmehr in § 14 Abs. 2 BBiG geregelt und teilweise geändert worden.[29] Hintergrund für die Neuregelung ist, dass früher in der Ausbildungsordnung geregelt werden konnte, dass Auszubildende einen schriftlichen Ausbildungsnachweis zu führen haben (§ 5 Abs. 2 Satz 1 Nr. 7 a. F.). Die Pflicht, einen Ausbildungsnachweis zu führen, ist nunmehr nicht entfallen, sondern vielmehr unmittelbar im BBiG und nicht in der Ausbildungsordnung geregelt. Die Auszubildenden sind verpflichtet, einen schriftlichen *oder* elektronischen Ausbildungsnachweis zu führen (§ 13 Satz 2 Nr. 7 BBiG). § 11 Abs. 1 Satz 2 Nr. 12 BBiG sieht vor, dass die Form des Ausbildungsnachweises im Vertrag zu regeln ist. Es ist also zu vereinbaren, ob der Ausbildungsnachweis schriftlich oder elektronisch zu führen ist.

22 **»Anzuhalten«** bedeutet eine kontinuierliche und aktive Einflussnahme auf den Auszubildenden, die Ausbildungsnachweise zu führen. Vernachlässigt der Auszubildende seine Berichtshefte, hat der Ausbildende auf ordnungsgemäße und vollständige Führung hinzuwirken und bei Minderjährigen gegebenenfalls auch die Eltern einzuschalten. Der Ausbildende hat die Ausbildungsnachweise zudem »durchzusehen«. Das verlangt, dass der Ausbildende die Ausbildungsnachweise inhaltlich zur Kenntnis nimmt und den Auszubildenden, sofern angezeigt, zur Korrektur von Schreibfehlern und von inhaltlichen Fehlern auffordert.[30]

23 Ein Anspruch, den Ausbildungsnachweis **während der Arbeitszeit (betrieblichen Ausbildungszeit) am Ausbildungsplatz** zu führen, bestand nach dem BBiG früher nicht.[31] Jedoch verpflichteten die seit 1974 erlassenen Ausbildungsordnungen die Ausbildenden, den Auszubildenden während der Arbeitszeit/betrieblichen Ausbildungszeit Gelegenheit zum Anfertigen der Berichtshefte/Ausbildungsnachweise zu geben. Nunmehr regelt § 14 Abs. 2 Satz 2 BBiG ausdrücklich, dass den Auszubildenden Gelegenheit zu geben ist, den Ausbildungsnachweis »am Arbeitsplatz« zu führen. In der Gesetzesbegründung heißt es hierzu: »*Entsprechend der schon bisher bewährten Praxis wird festgelegt, dass Ausbildungsnachweise während der Ausbildungszeit bzw. am Ausbildungsplatz zu führen sind.*«[32]

VI. Charakterliche Förderung, Schutzpflichten gegenüber Auszubildenden

24 Die Ausbildenden haben dafür zu sorgen, dass Auszubildende charakterlich gefördert sowie sittlich und körperlich nicht gefährdet werden (§ 14 Abs. 1 Nr. 5 BBiG). Das wird bisweilen auch als »Erziehungspflicht« bezeichnet und hieraus gefolgert, dass das Ausbildungsverhältnis auch ein »Erziehungsverhältnis« sei. Das wird einem modernen Verständnis von Berufsausbildung als einer beruflichen Qualifizierungsmaßnahme nicht gerecht. Der Ausbildende ist kein »Sittenwächter«, zumal in einer pluralen Gesellschaft in zentralen Fragen kein Konsens über die »sittlichen« Maßstäbe besteht.[33]

25 Soweit es um die »charakterliche Förderung« geht, gelten entsprechende Einwände. Die Förderung des »Charakters« würde voraussetzen, dass ein Konsens darüber besteht, welche Anforderungen an die gebotene Charakterbildung zu stellen sind. Das dürfte allerdings in einer pluralen Gesellschaft höchst streitig sein und ist zudem vom schichten- und geschlechtsspezifischen Vorverständnis über allgemeine Verhaltenserwartungen abhängig. Jedenfalls ist die »Erziehungspflicht« auf den betrieblichen Bereich beschränkt.

29 Mit Wirkung zum 5. 4. 2017 durch Gesetz vom 29. 3. 2017 (BGBl. I S. 626).
30 *Taubert*, BBiG, § 14 Rn. 49.
31 *BAG* 11. 1. 1973 – 5 AZR 467/72, DB 1973, 831.
32 BT-Drucks. 18/10183, S. 128.
33 *Taubert*, BBiG, § 14 Rn. 42.

Insbesondere ist der Ausbildende nicht berechtigt, den Auszubildenden zum Übertritt zu einem anderen Glauben, etwa zur Lehre der Zeugen Jehovas, zu bekehren.[34]

Unabhängig von den vorstehenden Erwägungen darf jedenfalls das Erziehungsrecht der Eltern bei minderjährigen Auszubildenden, das gem. Art. 6 Abs. 1 GG auch grundrechtlich abgesichert ist, durch Maßnahmen des Ausbildenden nicht eingeschränkt werden.[35] 26

Bei **volljährigen Auszubildenden** hat die sog. Erziehungspflicht deswegen zurückzutreten, weil diese in ihrer Eigenständigkeit als vollwertige Rechtssubjekte zu respektieren sind. Das BBiG kann kein »Erziehungsrecht« der Ausbildenden gegenüber den Auszubildenden begründen.[36] 27

Wegen der Pflicht zum Schutz vor körperlichen Gefahren kann zur näheren Konkretisierung in Bezug auf Minderjährige auf die §§ 22 bis 31 JArbSchG zurückgegriffen werden. Im Übrigen sind die allgemein geltenden Pflichten zur Ergreifung von Schutzmaßnahmen vor gesundheitlichen Gefahren (§ 618 BGB) und die einschlägigen Arbeitsschutz- und Unfallverhütungsvorschriften zu beachten. Ein Anspruch auf **Schutz vor sexueller Belästigung** besteht nach §§ 1, 3 Abs. 4, 7 AGG. 28

Im Rahmen des organisatorisch Möglichen besteht ein **Anspruch auf einen rauchfreien Arbeits- und Ausbildungsplatz.**[37] Der Arbeitgeber hat die erforderlichen Maßnahmen zu treffen, damit die nicht rauchenden Beschäftigten wirksam vor den Gesundheitsgefahren durch Tabakrauch geschützt sind (§ 5 der Arbeitsstättenverordnung). Soweit erforderlich, hat der Arbeitgeber ein allgemeines oder auf einzelne Bereiche der Arbeitsstätte beschränktes Rauchverbot zu erlassen. In **Arbeitsstätten mit Publikumsverkehr** hat der Arbeitgeber solche Schutzmaßnahmen nur insoweit zu treffen, wie die Natur des Betriebs und die Art der Beschäftigung es zulassen. Dies kann dazu führen, dass er nur verpflichtet ist, die Belastung durch Passivrauchen zu minimieren, nicht aber sie gänzlich auszuschließen.[38] 29

VII. Pflichten bei der Übertragung von Aufgaben an Auszubildende

Den Auszubildenden dürfen nur Aufgaben übertragen werden, die dem **Ausbildungszweck dienen** und ihren **körperlichen Kräften angemessen** sind (§ 14 Abs. 3 BBiG). Bei Minderjährigen sind die Beschäftigungsverbote und Beschäftigungsbeschränkungen nach den §§ 22 bis 31 JArbSchG zu beachten. 30

Eine dem **Ausbildungszweck dienende Aufgabe** liegt vor, wenn diese geeignet ist, den Ausbildungszweck unmittelbar oder mittelbar zu fördern. Unter Ausbildungszweck ist dabei die systematische Vermittlung der beruflichen Fertigkeiten und Kenntnisse zu verstehen. Die Grenze zwischen den zulässigen und unzulässigen Aufgaben ist im Einzelfall nach dem jeweiligen Berufsbild und seiner berufspädagogischen Zielsetzung festzusetzen. Die Übertragung von berufsfremden Arbeiten, insbesondere von Hilfs- und Nebenarbeiten ist unzulässig. 31

Eine an sich zulässige Verrichtung kann durch Wiederholung von dem Zeitpunkt an unzulässig werden, von dem ab sie keine weiteren beruflichen Fertigkeiten oder Kenntnisse mehr vermittelt. Deshalb dürfen grundsätzlich auch keine Routinearbeiten verlangt werden. Eine zunächst zulässige Arbeit kann durch ihren zeitlichen Umfang unzulässig 32

34 *BVerwG* 9.11.1962 – VII C 84.59, AP GG Art. 4 Nr. 1.
35 ErfK/*Schlachter*, BBiG, § 14 Rn. 6.
36 So auch Wohlgemuth/*Banke/Pepping*, BBiG, § 14 Rn. 36.
37 *BAG* 17.2.1998, AP BGB § 617 Nr. 26.
38 *BAG* 10.5.2016 – 9 AZR 347/15, NZA 2016, 1134.

werden. Die Grenze zwischen erlaubt und unerlaubt liegt dort, wo die berufsnotwendigen Fertigkeiten bereits hinreichend gegeben sind und der Einsatz bei bestimmten Verrichtungen dem Mangel entsprechender Arbeitnehmer abhelfen soll.[39]
Die gelegentliche Heranziehung von Auszubildenden im Handwerk zur Grundreinigung der Betriebsräume verstößt nicht gegen das Verbot der Beschäftigung mit ausbildungsfremden Verrichtungen, sie muss jedoch in einem angemessenen Verhältnis zu den berufsspezifischen Tätigkeiten stehen und darf nicht dem Zweck dienen, dem Inhaber eine Putzkraft einzusparen.[40]

33 Weitere Voraussetzung ist, dass den Auszubildenden nur Aufgaben übertragen werden, die ihren **körperlichen Kräften angemessen** sind. Maßstab sind die individuellen physischen Gegebenheiten des einzelnen Auszubildenden.[41] Bei Minderjährigen ist auf die in Bescheinigungen über die ärztlichen Untersuchungen für Jugendliche enthaltenen Beschäftigungsbeschränkungen (§§ 32 ff. JArbSchG) abzustellen. Unabhängig davon kann es für – auch volljährige – Auszubildende Tätigkeiten geben, denen diese nach ihrer körperlichen Verfassung nicht gewachsen sind. Ob dem so ist, kann der Ausbildende ggf. mit Hilfe eines hinzuzuziehenden Arztes, auch eines Betriebsarztes, klären.[42]
Das *BAG* hat sich mit dem Begriff »schwere körperliche Arbeit« in einem anderen Zusammenhang, nämlich im Zusammenhang mit tarifvertraglichen Eingruppierungsregelungen, beschäftigt und gemeint: Der Begriff der »schweren Arbeit« ist im allgemeinen Wortsinn mehrdeutig. Für die Schwere der Arbeit im Sinne einer mühsamen, anstrengenden, harten und ermüdenden Arbeit ist nicht nur darauf abzustellen, ob die körperlichen Kräfte nach der Muskelbeanspruchung überbeansprucht werden. Auch eine ausschließlich stehende Tätigkeit, die notwendige Körperhaltung, taktgebundene, repetitive Arbeit, nervliche und sensorische Belastung, Lärm- und Umwelteinwirkung und soziale Belastungsfaktoren seien zu berücksichtigen.[43] Schwere körperliche Arbeiten sind solche, die körperlich mühsam, anstrengend, hart und ermüdend sind. Dabei kommt es nicht auf die reine Muskelbeanspruchung an, sondern es sind alle Umstände zu berücksichtigen, die auf den Menschen belastend einwirken und zu körperlichen Reaktionen führen. Dabei sind an das Ausmaß der muskelmäßigen Beanspruchung keine hohen Anforderungen zu stellen.[44] Es ist nicht allein auf die muskulöse Belastung abzustellen, sondern auf alle Faktoren, die belastend einwirken und zu körperlichen Reaktionen führen. Schwere körperliche Arbeit kann sich ergeben wegen der bei der Tätigkeit notwendigen Körperhaltung, bei taktgebundener oder repetitiver Arbeit, aus nervlicher oder sensorischer Belastung, Lärm und sonstigen Umwelteinwirkungen, sozialen Belastungsfaktoren.[45]

34 Werden Auszubildenden Aufgaben übertragen, die dem Ausbildungszweck nicht dienen, können sie diese verweigern, ohne dass der Ausbildende dies sanktionieren oder die Ausbildungsvergütung kürzen darf.[46] Auch handelt es sich um eine **Ordnungswidrigkeit**, die mit einer Geldbuße bis zu 5000 Euro geahndet werden kann (§ 101 Abs. 1 Nr. 3, Abs. 2 BBiG).

39 *OLG Karlsruhe* 5.9.1988 – 1 Ss 134/88, GewArch 1989, 30 = EzB BBiG § 99 Nr. 3.
40 *OLG Frankfurt* 30.3.1981 – 2 Ws (B) 61/81 OWiG, GewArch 1981, 301 = EzB BBiG § 99 Nr. 1.
41 *Taubert*, BBiG, § 14 Rn. 57.
42 *Taubert*, BBiG, § 14 Rn. 57.
43 *BAG* 27.9.2000 – 10 ABR 48/99.
44 *BAG* 23.1.2019 – 4 ABR 56/17, Rn. 33.
45 *BAG* 29.7.1992 – 4 AZR 502/91, NZA 1993, 181.
46 Wohlgemuth/*Banke/Pepping*, BBiG, § 14 Rn. 64.

VIII. Haftung der Ausbildenden

Für die Haftung der Ausbildenden gegenüber den Auszubildenden gelten die Erwägungen wie im Arbeitsverhältnis. Daneben bestehen gegebenenfalls Schadenersatzansprüche wegen Verletzung der Aufklärungspflicht bei oder vor Vertragsabschluss, wegen Verletzung der Ausbildungspflicht oder bei vorzeitiger Beendigung des Berufsausbildungsverhältnisses (§ 23 BBiG). 35

Bei **Verletzung der Ausbildungspflicht** schuldet der Ausbildende dem Auszubildenden Ersatz des dadurch entstehenden Schadens (§ 280 Abs. 1 BGB), zum Beispiel den entgangenen Verdienst. Der Auszubildende muss sich allerdings mitwirkendes Verschulden zurechnen lassen (§ 254 BGB), wenn er sich nicht bemüht, das Ausbildungsziel zu erreichen. Zur Darlegung eines Mitverschuldens genügt jedoch nicht der pauschale Vorwurf der Faulheit oder Lernunwilligkeit; es muss konkret vorgetragen werden, was der Auszubildende oder dessen gesetzliche Vertreter versäumt haben.[47] Es kann vom Auszubildenden nicht verlangt werden, dass er einen gescheiterten Prüfungsversuch absolvieren muss, um einen Schadensersatzanspruch zu haben.[48] Der Auszubildende kann, wenn er unzureichend ausgebildet worden ist und deshalb das Ausbildungsverhältnis wechselt, die Abschlussprüfung auch gegebenenfalls erst später antreten. 36

Ist der Ausbildende aus Gründen des Gesundheitsschutzes verpflichtet, eine bestimmte **Kleidung** oder **Schutzausrüstung** bei der Arbeit zur Verfügung zu stellen (§§ 618, 619 BGB i. V. m. Unfallverhütungsvorschriften), so hat er entsprechend § 670 BGB den Auszubildenden die Aufwendungen zu erstatten, die diese für die Selbstbeschaffung solcher Kleidung für erforderlich halten durften, wenn der Ausbildende nicht von sich aus die Kleidung/Schutzausrüstung zur Verfügung stellt.[49] Gleiches gilt für vorgeschriebene **Sicherheitsschuhe**. Der Ausbildende ist auch dann verpflichtet, die Anschaffungskosten zu übernehmen, wenn er diese nicht selbst beschafft, sondern die Auszubildenden mit dem Erwerb beauftragt.[50] Setzt der Ausbildende Höchsterstattungsbeträge für die Anschaffung von Sicherheitsschuhen fest, so können die Auszubildenden bei Kenntnis dieser Praxis die Erstattung eines höheren Kaufpreises grundsätzlich nur verlangen, wenn diese vor dem Kauf den Ausbildenden den höheren Preis mitgeteilt und dieser sein Einverständnis erklärt hat.[51] Die **Kosten für die Reinigung** von Hygienekleidung, die in der Lebensmittelbranche verpflichtend zu tragen ist, sind vom Ausbildenden zu tragen.[52]

1. Verschuldensabhängige Haftung

In Betracht kommen Schadensersatzansprüche Auszubildender gegen den Ausbildenden aus den Gesichtspunkten der Unmöglichkeit, des Schuldnerverzugs (§ 286 BGB), der Verletzung einer Pflicht aus dem Schuldverhältnis (§ 280 Abs. 1 BGB) und aus unerlaubter Handlung (§§ 823ff. BGB). Von Relevanz ist im Wesentlichen nur eine Haftung für **Sachschäden**. 37

Bei **Personenschäden** wird das Haftungsrisiko weitgehend auf die gesetzliche Unfallversicherung verlagert (§ 104 SGB VII; vgl. § 13 Rn. 42). Bei einem vorsätzlichen Handeln bleibt es allerdings bei der Haftung des Ausbildenden selbst. Jüngst entschieden wurde

47 *BAG* 10.6.1976 – 3 AZR 412/75, DB 1976, 2216.
48 So aber *LAG Köln* 30.10.1998 – 11 Sa 180/98, NZA 1999, 317.
49 *BAG* 19.5.1998 – 9 AZR 307/96, NZA 1999, 38.
50 *BAG* 21.8.1985 – 7 AZR 199/83, NZA 1986, 324.
51 *BAG* 21.8.1985 – 7 AZR 199/83, NZA 1986, 324.
52 *BAG* 14.6.2016 – 9 AZR 181/15, NZA-RR 2016, 565.

folgender Fall: Wenn ein Arzt vorsätzlich die gefährliche Arbeit der Blutentnahme bei einem Hepatitis C-Patienten durch eine Auszubildende am ersten Tag der Arbeit ohne Einweisung und mit ungeeigneten Hilfsmitteln verrichten lässt, haftet er für den dadurch entstehenden Gesundheitsschaden. Die Auszubildende führte weisungsgemäß bei dem Patienten eine Blutentnahme durch, stach sich dabei versehentlich die Nadel in den Finger, infizierte sich mit Hepatitis C und ist seitdem schwerbehindert. Der Haftungsausschluss nach § 104 SGB VII war wegen des als vorsätzlich gewerteten Handelns des Ausbildenden (Verstoß gegen Vorschriften des Arbeitsschutzes) nicht anwendbar. Der Ausbildende wurde zur Zahlung eines Schmerzensgeldes in Höhe von 150 000 Euro verurteilt.[53]

a) Schadensersatzanspruch wegen verspäteter oder Nichterfüllung von Pflichten

38 Ein Schadensersatzanspruch gegen den Arbeitgeber (§ 280 Abs. 1 BGB) kommt in Betracht bei schuldhafter **Nichtbeschäftigung des Auszubildenden.**[54] Die Vermögenseinbuße, die der Auszubildende/Arbeitnehmer im Falle der Nichtbeschäftigung dadurch erleidet, dass der Steuerbefreiungstatbestand des § 3b EStG für Sonntags-, Feiertags- und Nachtarbeit keine Anwendung findet, kann dem Ausbildenden/Arbeitgeber aber nicht als zu ersetzendem Schaden zugerechnet werden.[55]

39 Der **Ausspruch einer rechtswidrigen Kündigung** durch den Ausbildenden kann je nach Fallgestaltung eine schuldhafte Pflichtverletzung sein und dann Schadensersatzansprüche des Auszubildenden begründen.[56]

40 Die schuldhaft **verspätete Erfüllung der Vergütungspflicht** des Ausbildenden kann einen Schadensersatzanspruch zugunsten des Auszubildenden (§ 280 Abs. 2 in Verbindung mit § 286 BGB) begründen (sog. Verzugsschaden). Der zu ersetzende Verzugsschaden erfasst auch den durch die verspätete Zahlung entstandenen Steuerschaden.[57]

41 Ein Schadensersatzanspruch kann auch in Betracht kommen, wenn der Ausbildende eine vertraglich vereinbarte Pflicht zur Überlassung von **Sachleistungen** (§ 17 Abs. 2 BBiG) nicht erfüllt. Für das Arbeitsverhältnis sind Fälle entschieden worden, bei denen es um Überlassung eines Dienstwagens mit privater Nutzungsberechtigung ging.[58] Das dürfte für Ausbildungsverhältnisse selten relevant sein. Ähnliche Probleme können sich aber bei der vertraglichen Überlassung von Wohnraum stellen. Dabei ist zu bedenken, dass die Sachleistung Teil des Vergütungsanspruchs ist. Kann dieser für die Vergangenheit tatsächlich nicht mehr erfüllt werden, weil der Ausbildende rechtswidrig die Sachleistung nicht erbracht hat, wandelt sich der Naturalvergütungsanspruch in einen Zahlungsanspruch auf Nutzungsausfallentschädigung.

53 *LAG Nürnberg* 9. 6. 2017 – 7 Sa 231/16, NZA-RR 2017, 522.
54 Vgl. für das Arbeitsverhältnis *BAG* 12. 9. 1985 – 2 AZR 324/84, NZA 1986, 424.
55 *BAG* 19. 10. 2000 – 8 AZR 20/00, NZA 2001, 598.
56 *BAG* 14. 2. 2002 – 8 AZR 175/01, NZA 2002, 1027 (im konkreten Fall Schadensersatzanspruch verneint, weil Kündigung nicht rechtswidrig war).
57 *BAG* 20. 6. 2002 – 8 AZR 488/01, NZA 2003, 268; *BAG* 19. 10. 2000 – 8 AZR 20/00, NZA 2001, 598.
58 *BAG* 5. 9. 2002 – 8 AZR 702/01, NZA 2003, 973 m. w. N.

b) Sonstige Pflichtverletzungen

Im bestehenden Ausbildungsverhältnis kommen Schadensersatzansprüche wegen Pflichtverletzung (§ 280 Abs. 1 BGB), vor allem im Zusammenhang mit einer Verletzung der vertraglichen Schutz- und Rücksichtnahmepflicht (vgl. § 241 Abs. 2 BGB) in Betracht. Der Ausbildende ist aufgrund dieser vertraglichen Nebenpflicht (auch als »Fürsorgepflicht« bezeichnet) gehalten, die berechtigterweise auf das Betriebsgelände **mitgebrachten Sachen** des Arbeitnehmers/Auszubildenden durch zumutbare Maßnahmen **vor Verlust und Beschädigung zu schützen**. Wie weit diese Pflicht geht, ist im Einzelfall nach Treu und Glauben unter Berücksichtigung der betrieblichen und örtlichen Verhältnisse zu bestimmen. Stellt der Arbeitgeber/Ausbildende zum Beispiel einen **Firmenparkplatz** zur Verfügung, so hat er für dessen Verkehrssicherheit zu sorgen, eine spezielle Diebstahlsabsicherung ist aber im Regelfall nicht gefordert.[59] 42

Da der Arbeitgeber/Ausbildende verpflichtet ist, die **Lohnsteuer** richtig zu berechnen und die für die Besteuerung erforderlichen Aufzeichnungen und Urkunden zutreffend zu führen und auszustellen, kann bei schuldhafter Pflichtverletzung und Entstehen eines Steuerschadens der Arbeitnehmer/Auszubildende einen entsprechender Schadensersatzanspruch haben.[60] 43

Auch Ansprüche aus unerlaubter Handlung (§§ 823ff. BGB) bei Verletzung von Leben, Körper, Gesundheit, Freiheit, Eigentum oder eines sonstigen Rechts des Arbeitnehmers kommen in Betracht. Geschützt ist der Arbeitnehmer/Auszubildende auch vor Eingriffen in sein **Persönlichkeitsrecht** und vor **sexueller Belästigung** durch den Ausbildenden. In diesen Fällen kann auch ein Anspruch auf Schmerzensgeld bestehen. Für die systematische Anfeindung eines Arbeitnehmers/Auszubildenden durch andere Arbeitnehmer/Auszubildende oder durch Vorgesetzte hat sich mittlerweile der Begriff **Mobbing** etabliert. Dem betroffenen Auszubildenden können Schadensersatzansprüche gem. § 280 Abs. 1 BGB oder § 823 Abs. 1 BGB oder auch ein Schmerzensgeldanspruch gem. § 253 Abs. 2 BGB zustehen.[61] 44

2. Gefährdungshaftung

Es ist anerkannt, dass der Arbeitgeber für arbeitsbedingte Eigenschäden des Arbeitnehmers aufkommen muss, ohne dass es auf ein schuldhaftes Handeln von seiner Seite ankommt (Gefährdungshaftung). Ein Verschulden des Arbeitnehmers kann die Haftung begrenzen oder ausschließen. Das *BAG* geht von einer entsprechenden Anwendung des § 670 BGB (Aufwendungsersatzanspruch) aus. Die entsprechenden Regelungen gelten grundsätzlich auch zugunsten von Auszubildenden. 45

Dementsprechend hat der Arbeitnehmer/Auszubildende Anspruch auf den Ersatz von Schäden, die bei der Erbringung der Arbeitsleistung ohne Verschulden des Arbeitgebers entstehen. Voraussetzung ist, dass der Schaden dem **Betätigungsbereich des Arbeitgebers/Ausbildenden** zuzurechnen ist und der Arbeitnehmer/Auszubildende ihn nicht selbst tragen muss, weil er dafür eine besondere Vergütung erhält.[62] Dem Lebensbereich 46

59 *BAG* 25.5.2000 – 8 AZR 518/99, NZA 2000, 1052.
60 *BAG* 14.5.1998 – 8 AZR 634/96, NZA-RR 1999, 511.
61 *BAG* 11.12.2014 – 8 AZR 838/13, NZA 2015, 808; *BAG* 28.10.2010 – 8 AZR 546/09, NZA-RR 2011, 378; *BAG* 19.8.2010 – 8 AZR 315/09, NZA 2010, 1443; *BAG* 24.4.2008 – 8 AZR 347/07, NZA 2009, 38; *BAG* 25.10.2007 – 8 AZR 593/06, NZA 2008, 223; *BAG* 16.5.2007 – 8 AZR 709/06, NZA 2007, 1154.
62 *BAG* 16.3.1995 – 8 AZR 260/94, AP BGB § 611 Gefährdungshaftung des Arbeitgebers Nr. 12.

des Arbeitnehmers und nicht dem Betätigungsbereich des Arbeitgebers sind solche Schäden zuzurechnen, bei denen sich lediglich das allgemeine Lebensrisiko des Arbeitnehmers realisiert. Der Weg von der Wohnung zum Arbeitsort gehört normalerweise zum Risikobereich des Arbeitnehmers/Auszubildenden; anderes gilt allerdings, wenn der Weg im Rahmen einer vom Arbeitgeber angeordneten Rufbereitschaft absolviert wird, was allerdings bei Auszubildenden selten der Fall sein wird.[63] Grundsätzlich hat der Arbeitgeber das Schadensrisiko beim betrieblichen Einsatz von Arbeitsmitteln des Arbeitnehmers/Auszubildenden zu tragen und deshalb im Schadensfall vollen Aufwendungsersatz zu leisten. Arbeitgeber und Arbeitnehmer können jedoch eine besondere Vergütung vereinbaren mit der Folge, dass das Schadensrisiko beim Arbeitnehmer/Auszubildenden wie bei einer Nutzung im Eigeninteresse verbleibt. Voraussetzung ist allerdings, dass die aufgrund besonderer Vereinbarung gewährte besondere Vergütung eine adäquate Gegenleistung zur Abdeckung des Unfallrisikos darstellt und die besondere Vergütung gerade zu diesem Zweck gezahlt wird.[64]

47 Häufigster Anwendungsfall sind Schäden im Zusammenhang mit dem Einsatz eines Privatfahrzeugs des Arbeitnehmers im Betätigungsbereich des Arbeitgebers. Der Arbeitgeber hat in diesem Fall dem Arbeitnehmer insbesondere entstandene **Unfallschäden** an dessen PKW zu ersetzen.[65] Das gilt entsprechend, falls Auszubildende im Betätigungsbereich des Ausbildungsbetriebs ihren privaten PKW zum Einsatz bringen.

§ 15 Freistellung, Anrechnung

(1) Ausbildende dürfen Auszubildende vor einem vor 9 Uhr beginnenden Berufsschulunterricht nicht beschäftigen. Sie haben Auszubildende freizustellen

1. **für die Teilnahme am Berufsschulunterricht,**
2. **an einem Berufsschultag mit mehr als fünf Unterrichtsstunden von mindestens je 45 Minuten, einmal in der Woche,**
3. **in Berufsschulwochen mit einem planmäßigen Blockunterricht von mindestens 25 Stunden an mindestens fünf Tagen,**
4. **für die Teilnahme an Prüfungen und Ausbildungsmaßnahmen, die auf Grund öffentlich-rechtlicher oder vertraglicher Bestimmungen außerhalb der Ausbildungsstätte durchzuführen sind, und**
5. **an dem Arbeitstag, der der schriftlichen Abschlussprüfung unmittelbar vorangeht.**

Im Fall von Satz 2 Nummer 3 sind zusätzlich betriebliche Ausbildungsveranstaltungen bis zu zwei Stunden wöchentlich zulässig.

(2) Auf die Ausbildungszeit der Auszubildenden werden angerechnet

1. **die Berufsschulunterrichtszeit nach Absatz 1 Satz 2 Nummer 1 einschließlich der Pausen und der notwendigen Wegezeiten zwischen Berufsschule und Ausbildungsstätte,**
2. **Berufsschultage nach Absatz 1 Satz 2 Nummer 2 mit der durchschnittlichen täglichen Ausbildungszeit,**
3. **Berufsschulwochen nach Absatz 1 Satz 2 Nummer 3 mit der durchschnittlichen wöchentlichen Ausbildungszeit,**

---

63 Vgl. *BAG* 22.6.2011 – 8 AZR 102/10, NZA 2012, 91.
64 *BAG* 17.7.1997 – 8 AZR 480/95, AP BGB § 611 Gefährdungshaftung des Arbeitgebers Nr. 14.
65 *BAG* 22.6.2011 – 8 AZR 102/10, NZA 2012, 91; *BAG* 28.10.2010 – 8 AZR 647/09, NZA 2011, 406.

4. die Freistellung nach Absatz 1 Satz 2 Nummer 4 mit der Zeit der Teilnahme einschließlich der Pausen und der notwendigen Wegezeiten zwischen Berufsschule und Ausbildungsstätte und

5. die Freistellung nach Absatz 1 Satz 2 Nummer 5 mit der durchschnittlichen täglich Ausbildungszeit.

(3) Für Auszubildende unter 18 Jahren gilt das Jugendarbeitsschutzgesetz.

Inhaltsübersicht Rn.

I. Neufassung durch das Berufsbildungsmodernisierungsgesetz

Nach dem dualen System der Berufsausbildung findet diese nicht nur im Betrieb, sondern auch in der Berufsschule statt. Diese Verzahnung der betrieblichen und der außerbetrieblichen Ausbildung spiegelt sich in § 15 BBiG wider. Gem. § 15 BBiG haben die Ausbildenden die Auszubildenden für die Teilnahme am Berufsschulunterricht und an Prüfungen sowie für Ausbildungsmaßnahmen außerhalb der Ausbildungsstätte freizustellen. 1

§ 15 BBiG wurde durch das **Berufsbildungsmodernisierungsgesetz** zum 1.1.2020 neu gefasst.[1] § 15 BBiG gilt auch für Berufsausbildungsverhältnisse im **Handwerk**. Wer entgegen § 15 Abs. 1 Satz 1 BBiG Auszubildende beschäftigt oder nicht freistellt, handelt ordnungswidrig. Das kann mit einer **Geldbuße** bis zu 5000 Euro geahndet werden (§ 101 Abs. 1 Nr. 4, Abs. 2 BBiG). 2

Bereits in seiner früher geltenden Fassung sah § 15 BBiG die **Freistellung** Auszubildender für die Teilnahme am Berufsschulunterricht und an Prüfungen sowie für Ausbildungsmaßnahmen außerhalb der Ausbildungsstätte vor. Regelungen zur Anrechnung dieser freigestellten Zeiten gab es im BBiG bislang nicht. Für Jugendliche ist die Anrechnung in §§ 9 und 10 JArbSchG geregelt. Für volljährige Auszubildende wurden mangels einer gesetzlichen Regelung (§ 9 Abs. 4 JArbSchG a.F. wurde 1997 abgeschafft) nach der Rechtsprechung nur die Berufsschulzeiten angerechnet, die sich mit der betrieblichen Arbeitszeit überschnitten.[2] Die Neufassung des § 15 BBiG übernimmt in Abs. 1 das Beschäftigungsverbot und die Freistellungsregelungen aus § 9 JArbSchG ins BBiG. Volljährige Auszubildende werden damit jugendlichen Auszubildenden bei der Freistellung für Berufsschul- und Prüfungszeiten gleichgestellt.[3] Dies beinhaltet für volljährige Auszubildende auch die Freistellung an dem Arbeitstag, der der schriftlichen Abschlussprüfung unmittelbar vorangeht, sowie für einen Berufsschultag mit mehr als fünf Unterrichtsstunden von mindestens je 45 Minuten einmal in der Woche (entsprechend in Berufsschulwochen mit einem planmäßigen Blockunterricht von mindestens 25 Stunden an mindestens fünf Tagen). 3

§ 15 Abs. 2 BBiG regelt die **Anrechnung freigestellter Zeiten auf die betriebliche Ausbildungszeit** für alle Auszubildenden entsprechend den bislang in §§ 9 und 10 JArbSchG 4

1 Diese Änderung war im Gesetzentwurf der Bundesregierung nicht vorgesehen und wurde erst vom zuständigen Bundestagsausschuss vorgeschlagen; zur Begründung vgl. BT-Drucks. 19/14431, S. 60f.
2 Vgl. BT-Drucks. 19/14431, S. 60.
3 Vgl. BT-Drucks. 19/14431, S. 60.

enthaltenen Regelungen für jugendliche Auszubildende mit einer Ausnahme: Bei der Anrechnung von Berufsschultagen, Berufsschulwochen und dem der Prüfung vorangehenden Arbeitstag werden nicht automatisch acht Stunden (bzw. 40 Wochenstunden), sondern die durchschnittliche tägliche oder wöchentliche Ausbildungszeit berücksichtigt.[4]

5 § 15 Abs. 3 BBiG stellt klar, dass für Auszubildende unter 18 Jahren, also **Minderjährige**, weiterhin das JArbSchG gilt. Das bezieht sich vor allem auf die Regelungen zu Berufsschule, Prüfungen und außerbetrieblichen Ausbildungsmaßnahmen in §§ 9 und 10 JArbSchG.

6 Die Pflicht der Ausbildenden zur **Fortzahlung der Vergütung während Zeiten der Freistellung** ergibt sich aus § 19 Abs. 1 Nr. 1 BBiG, der auf § 15 BBiG verweist.[5] Das bedeutet bei Überschneidungen von Zeiten des Besuchs der Berufsschule und betrieblicher Ausbildung, dass der Besuch des Berufsschulunterrichts der betrieblichen Ausbildung vorgeht. Das bedeutet zugleich die **Ersetzung der Ausbildungspflicht**, so dass eine Nachholung der so ausfallenden betrieblichen Ausbildungszeiten von Gesetzes wegen ausgeschlossen ist.[6] Findet der Berufsschulunterricht an einem an sich arbeitsfreien Samstag statt und hat der Auszubildende die für ihn anwendbare Wochenarbeitszeit bereits erbracht, ist die Teilnahme am Berufsschulunterricht (§ 15 Abs. 1 Satz 2 Nr. 1 BBiG) besonders zu vergüten oder durch die Gewährung entsprechender Freizeit auszugleichen (§ 17 Abs. 7 BBiG).

7 Es besteht indes kein gesetzlicher Anspruch der Auszubildenden gegen den Ausbildenden auf:

- Übernahme solcher Kosten, die durch den Besuch der Berufsschule entstehen[7] oder
- der Fahrt- und Übernachtungskosten, die dadurch entstehen, dass die Abschlussprüfung an einem anderen als dem Ausbildungsort durchgeführt wird.[8]

Jedoch sind insoweit zugunsten der Auszubildenden weitergehende Regelungen im Ausbildungsvertrag oder in kollektivvertraglichen Regelungen, insbesondere in einer Betriebsvereinbarung oder in einem Tarifvertrag, möglich (vgl. zum Begriff der »Ausbildungskosten« auch § 12 BBiG Rn. 30 ff.).

II. Berufsschule und Freistellungspflichten

8 Ausbildende dürfen Auszubildende **vor einem vor 9:00 Uhr beginnenden Berufsschulunterricht** nicht beschäftigen (§ 15 Abs. 1 Satz 1 BBiG). Bei einem Schulbeginn um 9:00 Uhr oder später sind die Auszubildenden nach dem Gesetz verpflichtet, noch im zumutbaren Umfang im Betrieb zur Ausbildung zu erscheinen, soweit dort eine sinnvolle Ausbildung möglich ist.

9 Die Ausbildenden haben die Auszubildenden für die **Teilnahme am Berufsschulunterricht** freizustellen (§ 15 Abs. 1 Satz 2 Nr. 1 BBiG). Es kommt nicht darauf an, ob die Auszubildenden noch der gesetzlichen Berufsschulpflicht unterliegen (was in den Schulgesetzen der Länder geregelt ist) oder die Pflicht zum Besuch der Berufsschule im Ausbildungsvertrag vereinbart ist. Vielmehr ergibt sich aus § 15 Abs. 1 Satz 2 Nr. 1 BBiG eine

4 Vgl. BT-Drucks. 19/14431, S. 61.
5 Vgl. BT-Drucks. 19/14431, S. 61.
6 Vgl. *BAG* 26.3.2001 – 5 AZR 413/99, NZA 2001, 892.
7 Vgl. *BAG* 26.9.2002 – 6 AZR 486/00, NZA 2003, 1403.
8 Vgl. *BAG* 14.12.1983 – 5 AZR 333/81, AP BBiG § 34 Nr. 1.

gesetzliche Pflicht zur Freistellung. Aus der Pflicht zur Freistellung folgt ein Rechtsanspruch der Auszubildenden auf Freistellung und ein Beschäftigungsverbot im Betrieb.

Die Freistellung für die Teilnahme am Berufsschulunterricht kommt nur in Betracht, 10
wenn der Auszubildende andernfalls verpflichtet wäre, im Betrieb des Ausbildenden zu erscheinen. Besteht eine solche Pflicht nicht, etwa weil der Auszubildende arbeitsunfähig erkrankt ist, kann er nicht nach § 15 BBiG für die Teilnahme am Berufsschulunterricht freigestellt werden. Nimmt ein arbeitsunfähig erkrankter Auszubildender nach Ablauf der Sechs-Wochen-Frist des § 3 Abs. 1 Satz 1 EFZG trotz fortbestehender Arbeitsunfähigkeit am Berufsschulunterricht teil, kann er mangels Freistellung nach § 15 BBiG für diese Tage keine Fortzahlung der Vergütung nach § 19 Abs. 1 Nr. 1 BBiG verlangen.[9]

Die **Freistellung** für die Teilnahme am **Berufsschulunterricht** umfasst alle Zeiten, die 11
erforderlich sind, um die Berufsschule während der geschuldeten Pflicht, sich betrieblich ausbilden zu lassen, wahrzunehmen. Die Auszubildenden sind nur dann von der Ausbildungspflicht tatsächlich befreit, wenn sie im Ergebnis entfällt und nicht nachgearbeitet werden muss.[10] Die »**Teilnahme**« am Berufsschulunterricht setzt voraus, dass dieser tatsächlich stattfindet. Die Freistellungspflicht besteht deshalb nur für die tatsächlich stattfindenden Berufsschulstunden. Fällt der Berufsschulunterricht ganz oder teilweise aus, sind die Auszubildenden verpflichtet, soweit der Unterricht ausfällt, im Betrieb zu arbeiten. **Zeiten des notwendigen Verbleibs** an der Berufsschule während der unterrichtsfreien Zeit (also vor allem, wenn die ausfallende Unterrichtsstunde zwischen anderen stattfindenden Unterrichtsstunden fällt) werden von der Freistellungspflicht mit umfasst. Fällt der an sich planmäßig vorgesehene Unterricht tatsächlich aus, müssen die Auszubildenden nach Ende des Berufsschulunterrichts in den Betrieb zurückkehren, sofern unter Berücksichtigung der Freistellungsverpflichtung noch tatsächlich zu erbringende Ausbildungszeit im Betrieb verbleibt. Beim **Blockunterricht** besteht die Freistellungspflicht für alle Tage der Berufsschulwoche, an denen der Unterricht tatsächlich stattfindet.

Die Freistellung von der betrieblichen Ausbildung umfasst neben der Zeit des Berufs- 12
schulunterrichts auch die Zeiträume, in denen der Auszubildende zwar nicht am Berufsschulunterricht teilnehmen muss, aber wegen des Schulbesuchs aus tatsächlichen Gründen gehindert ist, im Ausbildungsbetrieb an der betrieblichen Ausbildung teilzunehmen. Das betrifft vor allem die Zeiten des notwendigen Verbleibs in der Berufsschule während der unterrichtsfreien Zeit und die notwendigen **Wegezeiten** zwischen Berufsschule und Ausbildungsbetrieb.[11] Das gilt aber *nicht* für Zeiten der Erledigung von schulisch übertragenen Hausaufgaben.[12]

Die Pflicht zur Freistellung besteht auch für **Schulveranstaltungen**, die zwar nicht »Be- 13
rufsschulunterricht« sind, aber im Zusammenhang mit diesem stehen und von der Schule durchgeführt werden, z. B. Schulausflüge und Exkursionen.[13] Hierunter fällt *nicht* die Wahrnehmung von Veranstaltungen und Aufgaben der Schülervertretung, es sei denn, das betreffende Schulgesetz enthält eine besondere Regelung. Eine Freistellungsverpflichtung unter Fortzahlung der Vergütung kann sich aber aus § 19 Abs. 1 Nr. 2b) ergeben (vgl. § 19 BBiG Rn. 6).[14] Für *freiwillige* Schulveranstaltungen besteht *keine* Freistellungspflicht.

9 *LAG Baden-Württemberg* 14. 1. 2015 – 13 Sa 73/14, NZA-RR 2015, 234.
10 Vgl. *LAG Hamm* 24. 2. 1999 – 9 Sa 1273/98, AiB 1999, 589.
11 Vgl. *BAG* 26. 3. 2001 – 5 AZR 413/99, NZA 2001, 892.
12 Wohlgemuth/*Banke/Pepping*, BBiG, § 15 Rn. 4.
13 Wohlgemuth/*Banke/Pepping*, BBiG, § 15 Rn. 16; *Taubert*, BBiG, § 15 Rn. 14.
14 Wohlgemuth/*Banke/Pepping*, BBiG, § 15 Rn. 17.

14 Ob und inwieweit die Auszubildenden **nach dem Berufsschulunterricht** beschäftigt werden dürfen, ergibt sich nach der Neuregelung des § 15 BBiG durch das Berufsbildungsmodernisierungsgesetz (seit dem 1.1.2020) aus § 15 Abs. 1 Satz 2 Nr. 2 und Nr. 3 BBiG. Die Auszubildenden sind von der betrieblichen Ausbildung freizustellen **an einem Berufsschultag mit mehr als fünf Unterrichtsstunden von mindestens je 45 Minuten** für den gesamten Tag, allerdings nur **einmal in der Woche** (§ 15 Abs. 1 Satz 2 Nr. 2 BBiG). Die Auszubildenden müssen an dem Tag nicht mehr im Betrieb zur Ausbildung erscheinen.[15] Wenn der Berufsschultag allerdings nur maximal fünf Unterrichtsstunden umfasst, müssen die Auszubildenden noch im Betrieb zur Ausbildung erscheinen, wobei sich die Ausbildungszeit anteilig um den anzurechnenden Berufsschulunterricht verringert. Am zweiten Berufsschultag dürfen die Auszubildenden auch bei mehr als fünf Unterrichtsstunden nach der Berufsschule noch im Betrieb ausgebildet werden, wobei sich auch insoweit die Ausbildungszeit anteilig um den anzurechnenden Berufsschulunterricht verringert.

15 Die Freistellungspflicht besteht in Berufsschulwochen, in denen ein **planmäßiger Blockunterricht von mindestens 25 Stunden an mindestens fünf Tagen** stattfindet (§ 15 Abs. 1 Satz 2 Nr. 3 BBiG). Erreicht der Blockunterricht an der Berufsschule nicht den Mindestumfang von 25 Stunden an mindestens fünf Tagen je Woche, weil an einem Tag der Unterricht planmäßig ausfällt, besteht keine Freistellungspflicht. Fällt der Unterricht kurzfristig und unplanmäßig aus, gilt hingegen die Freistellungspflicht. **Zusätzliche betriebliche Ausbildungsveranstaltungen** bis zu zwei Stunden wöchentlich sind neben dem Blockunterricht zulässig (§ 15 Satz 3 BBiG).

III. Teilnahme an Prüfungen, Vorbereitung der schriftlichen Abschlussprüfung

16 Die Ausbildenden haben die Auszubildenden für die »Teilnahme an Prüfungen« freizustellen (§ 15 Abs. 1 Satz 2 Nr. 4 BBiG). Die Pflicht zur Freistellung für **Prüfungen** bezieht sich auf die Zwischenprüfung, die Abschlussprüfung (einschließlich erforderlicher Wiederholungsprüfungen) sowie auch auf andere Prüfungen, die in der Ausbildungsordnung oder im Ausbildungsvertrag vorgesehen sind oder von Seiten der Berufsschule stattfinden.[16] Sofern die Ausbildungsordnung vorsieht, dass die Abschlussprüfung in zwei zeitlich auseinander fallenden Teilen durchgeführt wird (§ 5 Abs. 2 Nr. 2 BBiG), sind auch diese Prüfungen erfasst (gestreckte Abschlussprüfung). Wie beim Berufsschulunterricht bezieht sich die Freistellungspflicht auch auf erforderliche **Wegezeiten**.

17 Eine Pflicht zur Freistellung zur **Vorbereitung auf Prüfungen** besteht in den Grenzen des § 15 Abs. 1 Satz 2 Nr. 5 BBiG. Auszubildende sind danach an dem Arbeitstag freizustellen, der der schriftlichen Abschlussprüfung unmittelbar vorangeht. Diese Freistellungspflicht besteht nach der gesetzlichen Regelung nur bei der **»schriftlichen Abschlussprüfung«**, nicht zur Vorbereitung auf andere Prüfungen, auch nicht auf die Zwischenprüfung oder die mündliche oder praktische Abschlussprüfung. Sofern die Ausbildungsordnung vorsieht, dass die Abschlussprüfung in zwei zeitlich auseinanderfallenden Teilen durchgeführt wird (§ 5 Abs. 2 Nr. 2 BBiG), kann es gegebenenfalls (je nach Regelung in der Ausbildungsordnung) zwei schriftliche Prüfungen geben, die jeweils beide als Abschlussprüfung anzusehen wären, so das insoweit die Freistellungsverpflichtung besteht.

15 *Taubert*, BBiG, § 15 Rn. 18.
16 Wohlgemuth/*Banke/Pepping*, BBiG, § 15 Rn. 8; *Taubert*, BBiG, § 15 Rn. 21.

Die Freistellungspflicht zur Vorbereitung auf die Abschlussprüfung besteht auch bei der Wiederholung der Abschlussprüfung.[17]

18 Nach dem Wortlaut des Gesetzes besteht die gesetzliche Freistellungspflicht nur für den **Arbeitstag,** der der schriftlichen Abschlussprüfung **»unmittelbar« vorangeht**. Der Ausbildende ist selbstverständlich nicht gehindert, die Auszubildenden auch für betriebliche Ausbildungstage freizustellen, die nicht »unmittelbar« der Prüfung vorangehen. Auch kann eine solche Pflicht einzelvertraglich oder in einem anwendbaren Tarifvertrag geregelt werden.[18] Ein *gesetzlicher Anspruch* auf Freistellung besteht insoweit indes nicht. Folgende Fallkonstellationen sind denkbar:

Beispiel 1:
Ist an einem Donnerstag die Abschlussprüfung, am Mittwoch Berufsschule, am Dienstag Ausbildung im Betrieb, ist für den Dienstag *nicht* freizustellen, weil dieser Arbeitstag der Prüfung nicht »unmittelbar vorangeht«.[19]

Beispiel 2:
Ist ein Montag als Prüfungstag angesetzt, das Wochenende arbeitsfrei und der Freitag Ausbildung im Betrieb, geht der Freitag als Arbeitstag dem Prüfungstag nicht »unmittelbar« voran, weil das Wochenende dazwischenliegt. Es besteht keine gesetzliche Freistellungspflicht.[20]

Beispiel 3:
Ist der Montag als Prüfungstag angesetzt und wird üblicherweise am Sonntag gearbeitet, wie im Hotel- und Gaststättengewerbe, so ist der Sonntag der Arbeitstag, der der Prüfung »unmittelbar vorangeht« und damit freizugeben.

IV. Ausbildungsmaßnahmen außerhalb der Ausbildungsstätte

19 Die Ausbildenden haben die Auszubildenden auch für die Teilnahme an Ausbildungsmaßnahmen freizustellen, die aufgrund öffentlich-rechtlicher oder vertraglicher Bestimmungen außerhalb der Ausbildungsstätte durchzuführen sind (§ 15 Abs. 1 Satz 2 Nr. 4 BBiG). Öffentlich-rechtliche Bestimmungen finden sich in der Ausbildungordnung oder in Regelungen der zuständigen Stelle gem. § 9 BBiG. Entsprechende vertragliche Bestimmungen kann der Ausbildungsvertrag enthalten; diese können aber außerhalb des Ausbildungsvertrags zwischen Ausbildenden und Auszubildenden vereinbart sein. Die Freistellungspflicht besteht auch für solche Ausbildungsmaßnahmen, die notwendig sind, weil in der Ausbildungsstätte die erforderlichen beruflichen Fertigkeiten, Kenntnisse und Fähigkeiten nicht in vollem Umfang vermittelt werden können.

20 Wenn **Teile der Ausbildung im Ausland** gem. § 2 Abs. 3 BBiG durchgeführt werden, kann man insoweit auch von »Ausbildungsmaßnahmen außerhalb der Ausbildungsstätte« sprechen. Jedenfalls ist die Ausbildungsvergütung fortzuzahlen, entweder gem. § 17 BBiG, weil das Berufsausbildungsverhältnis durch die Teilausbildung im Ausland nicht unterbrochen wird, oder gem. §§ 15 Abs. 1 Satz 2 Nr. 4 i. V. m. 19 Abs. 1 Nr. 1 BBiG.[21]

---

17 Wohlgemuth/*Banke/Pepping*, BBiG, § 15 Rn. 10.
18 *Taubert*, BBiG, § 15 Rn. 25.
19 Diese Konstellation ist umstritten. Es wird auch vertreten, dass nach Sinn und Zweck der Freistellungsregelung in dem Fall der Tag vor dem Berufsschultag freizustellen wäre, weil am Berufsschultag keine ausreichende Zeit für die Vorbereitung auf die Abschlussprüfung bestehe; so Wohlgemuth/*Banke/Pepping*, BBiG, § 15 Rn. 12.
20 Wohlgemuth/*Banke/Pepping*, BBiG, § 15 Rn. 11.
21 Vgl. *Hartwich*, NZA 2011, 1267 f.; Schaub/*Vogelsang*, § 173 Rn. 10.

21 Die Ausbildenden müssen die Auszubildenden in dem **Umfang** von der betrieblichen Ausbildung freistellen, die zeitlich für die Teilnahme an der Ausbildungsmaßnahme außerhalb der Ausbildungsstätte erforderlich ist. Neben der reinen Ausbildungszeit erstreckt sich die Freistellungspflicht (wie beim Berufsschulbesuch) auch auf notwendige Nebenzeiten, insbesondere **Wegezeiten.**[22]

V. Anrechnung der Freistellungszeiten auf die betriebliche Ausbildungszeit

22 § 15 BBiG regelte vor der Neuregelung zum 1. 1. 2020 nur die Freistellungspflicht, nicht aber die Anrechnung der Freistellungszeiten auf die betriebliche Ausbildungszeit. Durch die Neuregelung zum 1. 1. 2020 durch das Berufsbildungsmodernisierungsgesetz hat sich das geändert. Es ist ausdrücklich auch die Anrechnung geregelt.

23 Geht es um die **Teilnahme am Berufsschulunterricht** (§ 15 Abs. 1 Satz 2 Nr. 1 BBiG), wird auf die betriebliche Ausbildungszeit die Berufsschulunterrichtszeit einschließlich der Pausen und der notwendigen Wegezeiten zwischen Berufsschule und Ausbildungsstätte angerechnet (§ 15 Abs. 2 Nr. 1 BBiG). **Anrechnung bedeutet**, dass sich die betriebliche Ausbildungszeit um die Zeiten der Anrechnung verringert. Der Umfang der Anrechnung bezieht sich auf sämtliche Zeiten, für die die Auszubildenden freizustellen sind, umfasst also auch notwendige **Wegezeiten**, weil diese notwendig zu der »Zeit der Teilnahme« gehören. Das ist durch eine Ergänzung des § 15 Abs. 2 Nr. 1 BBiG zum 1. 8. 2024 ausdrücklich gesetzlich klargestellt worden. Die Anrechnung erfolgt unabhängig davon, ob der Unterricht oder die Schulveranstaltung außerhalb oder während der normalen Arbeitszeit stattfindet.[23] Auch der Unterricht an einem arbeitsfreien Tag, zum Beispiel Samstag, ist anzurechnen. Damit verringert sich die Ausbildungszeit im Betrieb innerhalb der Woche entsprechend. Nicht angerechnet wird die Wegezeit, die Auszubildende von der Wohnung bis zur Berufsschule oder nach der Schule zur eigenen Wohnung benötigen.[24]

24 **Berufsschultage** nach § 15 Abs. 1 Satz 2 Nr. 2 BBiG werden mit der **durchschnittlichen täglichen Ausbildungszeit** angerechnet (§ 15 Abs. 2 Nr. 2 BBiG). Maßgeblich ist also die jeweilige durchschnittliche Ausbildungszeit. Diese kann acht Stunden, aber auch weniger betragen. Maßgeblich sind die Regelungen im Ausbildungsvertrag oder in einem anwendbaren Tarifvertrag. Bei einer Teilzeitberufsausbildung (§ 7a BBiG), ist die verkürzte Arbeitszeit maßgeblich. Wegezeiten von und zur Berufsschule werden hierbei nicht berücksichtigt. Maßgeblich ist nämlich die betriebliche Ausbildungszeit, auf die angerechnet wird.

25 **Berufsschulwochen** nach § 15 Abs. 1 Satz 2 Nr. 3 BBiG werden mit der **durchschnittlichen wöchentlichen Ausbildungszeit** angerechnet (§ 15 Abs. 2 Nr. 3 BBiG). Maßgeblich ist also die jeweilige durchschnittliche Ausbildungszeit. Diese kann 40 Wochenstunden, aber auch weniger betragen. Maßgeblich sind die Regelungen im Ausbildungsvertrag oder in einem anwendbaren Tarifvertrag. Bei einer Teilzeitberufsausbildung (§ 7a BBiG), ist die verkürzte Arbeitszeit maßgeblich. Wegezeiten von und zur Berufsschule werden hierbei nicht berücksichtigt. Maßgeblich ist nämlich die betriebliche Ausbildungszeit, auf die angerechnet wird.

26 Bei der Freistellung für die **Teilnahme an Prüfungen und außerbetrieblichen Ausbildungsmaßnahmen** (§ 15 Abs. 1 Satz 2 Nr. 4 BBiG) wird die Zeit der Teilnahme einschließlich der Pausen und der notwendigen Wegezeiten zwischen Berufsschule und Ausbildungsstätte angerechnet (§ 15 Abs. 2 Nr. 4 BBiG). Dass auch die Wegezeiten an-

22 Vgl. *Taubert*, BBiG, § 15 Rn. 28.
23 A. A.: *Taubert*, BBiG, § 15 Rn. 35.
24 So ausdrücklich die Gesetzesbegründung, BT-Drucks. 20/10857, S. 42.

zurechnen sind, ist durch eine Ergänzung des § 15 Abs. 2 Nr. 4 BBiG zum 1. 8. 2024 ausdrücklich gesetzlich klargestellt worden. Nicht angerechnet wird die Wegezeit, die Auszubildende von der Wohnung bis zur Berufsschule oder nach der Schule zur eigenen Wohnung benötigen.[25]

Der **Arbeitstag, der der schriftlichen Abschlussprüfung unmittelbar vorangeht** (§ 15 Abs. 1 Satz 2 Nr. 5 BBiG), wird mit der durchschnittlichen täglichen Ausbildungszeit angerechnet (§ 15 Abs. 2 Nr. 5 BBiG). Maßgeblich ist die jeweilige durchschnittliche Ausbildungszeit. Diese kann acht Stunden, aber auch weniger betragen. Maßgeblich sind die Regelungen im Ausbildungsvertrag oder in einem anwendbaren Tarifvertrag. Bei einer Teilzeitberufsausbildung (§ 7a BBiG), ist die verkürzte Arbeitszeit maßgeblich. **27**

VI. Weitergehende Freistellungspflichten neben § 15 BBiG

Weitergehende Freistellungsverpflichtungen regelt § 15 BBiG nicht, können sich aber (indirekt) aus § 19 BBiG ergeben. Weitergehende **Vereinbarungen im Ausbildungsvertrag oder kollektivvertragliche Vereinbarungen** (in Betriebsvereinbarungen oder in einem anwendbaren Tarifvertrag), die Freistellungen vorsehen, die über das Gesetz hinausgehen, sind zulässig. Freistellungsansprüche aufgrund besonderer gesetzlicher Regelungen bleiben von § 15 BBiG unberührt, gelten also auch für Auszubildende. Dies gilt für den Anspruch auf: **28**

- Erholungsurlaub (§ 3 BUrlG, § 19 JArbSchG),
- Elternzeit (§§ 15, 20 BEEG),
- Bildungsurlaub nach den Bildungsurlaubsgesetzen der Länder.

§ 16 Zeugnis

(1) Ausbildende haben den Auszubildenden bei Beendigung des Berufsausbildungsverhältnisses ein schriftliches Zeugnis auszustellen. Das Zeugnis kann mit Einwilligung der Auszubildenden in elektronischer Form erteilt werden. Haben Ausbildende die Berufsausbildung nicht selbst durchgeführt, so soll auch der Ausbilder oder die Ausbilderin das Zeugnis unterschreiben.

(2) Das Zeugnis muss Angaben enthalten über Art, Dauer und Ziel der Berufsausbildung sowie über die erworbenen Fertigkeiten, Kenntnisse und Fähigkeiten der Auszubildenden. Auf Verlangen Auszubildender sind auch Angaben über Verhalten und Leistung aufzunehmen.

Inhaltsübersicht Rn.

25 So ausdrücklich die Gesetzesbegründung, BT-Drucks. 20/10857, S. 42.

I. Überblick

1 Die Vorschrift gilt auch für Berufsausbildungsverhältnisse im **Handwerk**. Entsprechende Vorschriften finden sich in § 630 BGB bzw. für Arbeitsverhältnisse (seit 1.1.2003) in § 109 GewO. § 109 GewO ist gegebenenfalls über § 10 Abs. 2 BBiG ergänzend heranzuziehen. Die Norm ist zum 1.8.2024 dahingehend geändert worden, dass mit Einwilligung der Auszubildenden das Zeugnis in elektronischer Form erteilt werden kann.

2 Der Zeugnisanspruch (§ 16 BBiG) richtet sich gegen den privatrechtlichen Vertragspartner der Auszubildenden, den Ausbildenden. Unabhängig davon besteht gegenüber der zuständigen Stelle ein Anspruch auf das **Zeugnis über die bestandene Abschlussprüfung** (§ 37 Abs. 2 Satz 1 BBiG; vgl. § 37 Rn. 19ff.).

3 Zu unterscheiden ist das **»einfache« Zeugnis** (§ 16 Abs. 2 Satz 1 BBiG) und das **»qualifizierte« Zeugnis** (§ 16 Abs. 2 Satz 2 BBiG). Die Grundlagen für den Zeugnisanspruch (Aussteller, Zeitpunkt und Form) ergeben sich aus § 16 Abs. 1 BBiG.

4 Das Zeugnis ist für Arbeitnehmer ein wichtiger Faktor in seinem Arbeitsleben, insbesondere für seine berufliche Entwicklung. Für Auszubildende hat das Zeugnis die **Funktion, den Einstieg in das Berufsleben zu ermöglichen**, einen ausbildungsadäquaten Arbeitsplatz zu finden. Mit dem Zeugnis können sich Dritte, die eine Einstellung erwägen, über den Bewerber, die Bewerberin unterrichten. Als Entscheidungsgrundlage für künftige Arbeitgeber hat es insbesondere bei der Vorauswahl der Bewerber und der Einladung zu Vorstellungsgesprächen eine erhebliche Bedeutung.[1]

5 Bei dem Zeugnis handelt es sich rechtlich um eine sog. **Holschuld**, das heißt der Auszubildende hat es beim Ausbildenden abzuholen.[2] In der Praxis dürfte es sich zumeist so verhalten, dass das Zeugnis dem Auszubildende zugeschickt wird. Der Ausbildende ist rechtlich verpflichtet, das Zeugnis dem Auszubildenden zu übersenden, wenn die Abholung einen unverhältnismäßigen Aufwand verursachen würde.[3]

II. Pflicht zur Zeugniserteilung

6 Auch ohne ausdrückliches Verlangen sind Ausbildende verpflichtet, den Auszubildenden bei Beendigung des Ausbildungsverhältnisses ein Zeugnis auszustellen. Der Verpflichtung der Ausbildenden entspricht ein (einklagbarer) **Anspruch der Auszubildenden auf Erteilung eines Zeugnisses.**[4] Ein Zurückbehaltungsrecht wegen vermeintlicher Ansprüche gegen den Auszubildenden steht den Ausbildenden nicht zu.

7 Der Zeugnisanspruch entsteht »bei Beendigung« des Berufsausbildungsverhältnisses. Auf die Art und Weise oder den Zeitpunkt kommt es nicht an. Auch bei vorzeitiger (gegebenenfalls auch bei rechtswidriger) Beendigung des Ausbildungsverhältnisses besteht ein Zeugnisanspruch, etwa auch bei einer Kündigung gem. § 22 BBiG.[5] Der Anspruch besteht auch dann, wenn die Auszubildenden nicht aus dem Betrieb ausscheiden, sondern weiter in einem Arbeitsverhältnis beschäftigt werden. Der Anspruch kann nicht vertrag-

---

1 ErfK/*Müller-Glöge*, GewO, § 109 Rn. 1.
2 *Benecke/Hergenröder*, BBiG, § 16 Rn. 2; *Taubert*, BBiG, § 16 Rn. 11.
3 *BAG* 8.3.1995 – 5 AZR 848/93, NZA 1995, 671.
4 *Taubert*, BBiG, § 16 Rn. 2.
5 *Taubert*, BBiG, § 16 Rn. 9; Wohlgemuth/*Banke/Pepping*, BBiG, § 16 Rn. 1.

lich ausgeschlossen werden. Eine solche vertragliche Abbedingung des Zeugnisanspruchs wäre unwirksam (§ 25 BBiG).

1. Aussteller

Schuldner des Zeugnisanspruches ist, da Vertragspartner, der **Ausbildende**. Dieser (bei juristischen Personen der gesetzliche Vertreter) hat das Zeugnis zu erteilen und zu unterschreiben. Die Aufgabe der Zeugniserteilung kann auf **Bevollmächtigte** übertragen werden, was jedenfalls in größeren Unternehmen die Regel ist.[6] 8

Im Fall der Eröffnung des Insolvenzverfahrens über das Vermögen des Unternehmens, mit dem der Ausbildungsvertrag besteht, hat der **Insolvenzverwalter** das Zeugnis auszustellen, wenn das Berufsausbildungsverhältnis über den Zeitpunkt der Insolvenzeröffnung hinaus fortbesteht. Hat es vorher geendet, hat das Zeugnis der Ausbildende (bzw. das Unternehmen), nicht der Insolvenzverwalter zu erteilen.[7] 9

Hat der Ausbildende die Ausbildung nicht selbst durchgeführt, **»so soll auch« der Ausbilder oder die Ausbilderin** das Zeugnis unterschreiben (§ 16 Abs. 1 Satz 3 BBiG). Sowohl die Ausbildenden wie auch die Auszubildenden können die Mitunterzeichnung des Ausbilders/der Ausbilderin verlangen. Der Ausbilder/die Ausbilderin darf die Unterschrift nicht willkürlich, aber in dem Fall verweigern, wenn er/sie den Inhalt des Zeugnisses nicht (inhaltlich) mitverantworten will oder kann.[8] § 16 Abs. 1 Satz 3 BBiG ist eine Sollvorschrift, sodass ein Tun zwar für den Regelfall, jedoch dann nicht zwingend vorgeschrieben ist, wenn eine Ausnahmekonstellation vorliegt. Bei **mehreren Ausbildern** soll der vom Ausbildenden mit der Überwachung der Ausbildung beauftragte Ausbilder (Ausbildungsleiter) das Zeugnis mitunterschreiben.[9] 10

2. Schriftform, elektronische Form

Das Zeugnis ist (wie sich aus § 16 Abs. 1 Satz 1 BBiG ergibt) **schriftlich** auszustellen. Für die Schriftform gilt § 126 BGB. Es ist also vom Ausbildenden (bzw. dem Vertreter) eigenhändig zu unterschreiben, meist auch von der zuständigen Ausbilderin oder dem Ausbilder (vgl. Rn. 10). Das Ausbildungszeugnis ist nicht ordnungsgemäß unterzeichnet, wenn vor die unleserliche Unterschrift das Kürzel »i.A.« gesetzt wird, ohne dass erkennbar wird, wer das Zeugnis in welcher Funktion unterzeichnet hat.[10] 11

Bisher war die »elektronische Form« (§ 126a BGB) gesetzlich ausgeschlossen. Durch eine gesetzliche Neuregelung zum 1.8.2024 gilt: Das Zeugnis kann **mit Einwilligung der Auszubildenden in elektronischer Form** erteilt werden (§ 16 Abs. 1 Satz 2 BBiG).

Diese Gesetzesänderung erfolgte erst im Laufe des Gesetzgebungsverfahrens auf Beschlussempfehlung des Bundestagsausschusses für Bildung, Forschung und Technikfolgenabschätzung. In der Gesetzesbegründung wurde ausdrücklich darauf hingewiesen, dass die sonstigen Vorgaben für die Zeugniserteilung davon unberührt bleiben. Daher muss etwa auf die Schriftform zurückgegriffen werden, wenn die qualifizierte elektronische Signatur wegen der daraus ersichtlichen Zeitangabe unzulässige Rückschlüsse zu

---

6 ErfK/*Müller-Glöge*, GewO, § 109 Rn. 3.
7 *BAG* 23.6.2004 – 10 AZR 495/03, NZA 2004, 1392.
8 *Taubert*, BBiG, § 16 Rn. 6; Schaub/*Vogelsang*, § 174 Rn. 56.
9 *Taubert*, BBiG, § 16 Rn. 6.
10 *LAG Schleswig-Holstein* 19.9.2013 – 1 Ta 148/13.

Lasten der Auszubildenden ermöglichen würde und eine Rückdatierung rechtlich erforderlich ist, etwa im Fall von Zeugnisberichtigungen.[11]
Zudem ist zu beachten, dass auch weiterhin, wie sich aus der Systematik des § 16 BBiG ergibt, die Schriftform der Regelfall ist. Lediglich mit Einwilligung der Auszubildenden kommt die elektronische Form in Betracht. Zudem muss die elektronische Form möglich sein. § 126a BGB definiert die elektronische Form: Soll die gesetzlich vorgeschriebene schriftliche Form durch die elektronische Form ersetzt werden, so muss der **Aussteller** der Erklärung dieser seinen Namen hinzufügen und das elektronische Dokument **mit seiner qualifizierten elektronischen Signatur versehen.**
Ohne qualifizierte elektronische Signatur kommt die Nutzung der elektronischen Form nicht in Betracht. Die **Textform** (§ 126b BGB), wie bei § 11 BBiG, genügt in keinem Fall.

12 Das Zeugnis ist in **deutscher Sprache** abzufassen. Eine Verpflichtung des Ausbildenden, eine englisch- oder französischsprachige Übersetzung beizufügen, besteht nicht. Die entsprechende Regelung gilt nur für das Zeugnis über die bestandene Abschlussprüfung (§ 37 Abs. 3 Satz 1 BBiG; vgl. § 37 Rn. 48), nicht aber für das Zeugnis, das durch den Ausbildenden erteilt werden muss (§ 16 BBiG). Mag auch eine entsprechende gesetzliche Verpflichtung nicht bestehen, steht es dem Ausbildenden selbstredend frei, eine solche Übersetzung (auch in eine andere Sprache) von sich aus oder auf Wunsch zur Verfügung zu stellen. In Ausbildungsbetrieben, in denen ohnedies zwei Umgangssprachen gepflegt werden (zum Beispiel in einer deutschen Niederlassung eines US-amerikanischen Konzerns oder in einem Betrieb, der von Immigranten betrieben wird und überwiegend oder ausschließlich einen entsprechenden Kundenstamm hat), dürfte sich dies ohnedies von selbst verstehen.

13 Anzugeben ist das **Ausstellungsdatum** des Zeugnisses. Bei Verzögerungen, die in der Sphäre des Ausbildenden liegen, ist das Datum des letzten Tages des Berufsausbildungsverhältnisses anzugeben. Wurde das Zeugnis **nachträglich berichtigt**, ist es auf das ursprüngliche Ausstellungsdatum zurückzudatieren, wenn die verspätete Ausstellung nicht vom Auszubildenden zu vertreten ist.[12] In dem Fall ist eine Ausstellung des Zeugnisses durch elektronische Form ausgeschlossen (vgl. Rn. 11).

14 Das Zeugnis muss als solches in einer **Überschrift** bezeichnet werden, sauber und ordentlich, sinnvollerweise in Maschinenschrift oder auf dem PC geschrieben sein, darf keine Flecken, Radierungen, Verbesserungen, Durchstreichungen oder ähnliches aufweisen. Es darf nicht der Eindruck erweckt werden, der Aussteller distanziere sich vom buchstäblichen Wortlaut seiner Erklärung, wie dies etwa beim Weglassen eines in der Branche oder dem Gewerbe üblichen Merkmals oder Zusatzes oder bei der Benutzung sonst nicht üblicher Formulare der Fall wäre.[13] Das Zeugnis ist auf dem **Geschäftsbogen** des Ausbildungsunternehmens zu erstellen.[14]

15 Übertriebene Anforderungen an die **Zeugnisästhetik** (zum Beispiel Wahl eines besonderen Papiers, einer besonderen Schriftart, eines bestimmten Papierformats) sind nicht anzuerkennen. Nicht ins Gewicht fallende Unvollkommenheiten des Zeugnisses hat der Auszubildende hinzunehmen, ebenso Rechtschreibmängel, sofern nicht negative Auswirkungen auf seine Bewerbungsaussichten zu erwarten sind.[15] Ein Rechtsanspruch auf

---

11 BT-Drucks. 20/11802, S. 19.
12 *BAG* 9.9.1992 – 5 AZR 509/91, NZA 1993, 698.
13 ErfK/*Müller-Glöge*, GewO, § 109 Rn. 14 m.w.N.
14 *BAG* 3.3.1993 – 5 AZR 182/92, NZA 1993, 219.
15 ErfK/*Müller-Glöge*, GewO, § 109 Rn. 15.

ein ungefaltetes Zeugnis besteht zwar nicht,[16] es gebietet aber die Höflichkeit, den Auszubildenden nicht ein mehrfach geknicktes Zeugnis anzudienen.

16 Das Zeugnis muss klar und verständlich formuliert sein. Dieser Grundgedanke ist für Arbeitsverhältnisse in § 109 Abs. 2 Satz 1 GewO ausdrücklich normiert und ist auch für Berufsausbildungsverhältnisse gem. § 10 Abs. 2 BBiG anzuwenden (vgl. § 10 Rn. 38). Ebenso ist auch § 109 Abs. 2 Satz 2 GewO heranzuziehen. Danach darf das Zeugnis keine Merkmale oder Formulierungen enthalten, die den Zweck haben, eine andere als aus der äußeren Form oder aus dem Wortlaut ersichtliche Aussage über den Arbeitnehmer (hier: den Auszubildenden) zu treffen. So genannte **Geheimzeichen** oder **Geheimcodes** (vgl. Rn. 40ff.) sind unzulässig. Die Benutzung bestimmter Zeichen, eines besonderen Papiers, einer besonderen Tinte oder Farbe, einer bestimmten Schrift oder eines besonderen Stempels ist daher ebenso unzulässig wie die doppeldeutige Hervorhebung einzelner Textstellen durch Unterstreichung, Benutzung von Anführungs-, Frage- oder Ausrufungszeichen. Zum Beispiel soll ein senkrechter Strich links von der Unterschrift des Ausstellers auf die Mitgliedschaft des Beurteilten in der Gewerkschaft hindeuten.[17]

III. Zeugnisinhalt

17 Zu unterscheiden ist das **»einfache« Zeugnis** (§ 16 Abs. 2 Satz 1 BBiG) und das **»qualifizierte« Zeugnis** (§ 16 Abs. 2 Satz 2 BBiG). Die Mindestangaben (§ 16 Abs. 2 Satz 1 BBiG) hat jedes Zeugnis zu enthalten. Ein qualifiziertes Zeugnis (§ 16 Abs. 2 Satz 2 BBiG) ist nur »auf Verlangen« der Auszubildenden zu erteilen. Unabhängig davon, ob ein einfaches oder qualifiziertes Zeugnis zu erteilen ist, gelten für die Zeugniserteilung bestimmte Grundsätze.

1. Grundsätze

18 Es obliegt dem Ausbildenden, das Zeugnis zu formulieren.[18] Deshalb liegt die **Wortwahl** bei der Zeugnisformulierung im Ermessen des Ausstellers, es ist jedoch der **wohlwollende Maßstab** eines verständigen Ausbildenden anzulegen, denn das Zeugnis hat die Funktion, dem Auszubildenden im beruflichen Fortkommen zu helfen.[19] Die vertragliche Rücksichtnahmepflicht (§ 241 Abs. 2 BGB) verlangt **Zurückhaltung bei ungünstigen Tatsachen.**

19 Bei der Darstellung der Fertigkeiten, Kenntnisse und Fähigkeiten des Auszubildenden (einfaches Zeugnis) wie auch bei der Bewertung von Verhalten und Leistung (qualifiziertes Zeugnis) ist **die gesamte Vertragsdauer** zugrunde zu legen. Deshalb haben einzelne Vorfälle, seien sie positiv oder negativ, in ihrer Bedeutung zurückzutreten und dürfen nicht hervorgehoben werden, wenn sie die Gesamtleistung und Gesamtführung nicht beeinflusst haben.[20]

20 Von besonderer Bedeutung ist der **Grundsatz der Vollständigkeit des Zeugnisses.** Das Zeugnis soll einerseits zugunsten der Auszubildenden formuliert sein, weil es diesen als Bewerbungsunterlage dient, andererseits Dritte, die die Einstellung des Zeugnisinhabers erwägen, möglichst objektiv über den Auszubildenden unterrichten. Das Zeugnis muss

---

16 *BAG* 21.9.1999 – 9 AZR 893/98, NZA 2000, 257.
17 ErfK/*Müller-Glöge*, GewO, § 109 Rn. 16.
18 *BAG* 23.9.1992 – 5 AZR 573/91, EzA BGB § 630 Nr. 16, *BAG* 29.7.1971 – 2 AZR 250/70, AP BGB § 630 Nr. 6.
19 ErfK/*Müller-Glöge*, GewO, § 109 Rn. 17, 27.
20 ErfK/*Müller-Glöge*, GewO, § 109 Rn. 18.

deshalb alle wesentlichen Tatsachen und Bewertungen enthalten, die für die Gesamtbeurteilung des Auszubildenden von Bedeutung und für Dritte (künftige Arbeitgeber) von Interesse sind.[21] Zu verlangen ist ein individuell abgefasster Text, der konkret auf die Person des zu Beurteilenden zugeschnitten ist und sich nicht in Textbausteinen oder Allgemeinplätzen erschöpft.

21 Da die Formulierung des Zeugnisses dem Ausbildenden obliegt, ist er einerseits frei bei seiner Entscheidung, welche Leistungen und Eigenschaften des Auszubildenden er mehr hervorheben oder zurücktreten lassen will,[22] andererseits muss das Zeugnis **ausgewogen** sein und die Leistungen des Auszubildenden **angemessen** darstellen, letztlich soll es dem beruflichen **Fortkommen** des ehemaligen Auszubildenden **dienen** und nach Möglichkeit nicht verhindern. Beschreibt das Zeugnis etwa ausführlich die dem Auszubildenden übertragenen Tätigkeiten, muss es sich (beim qualifizierten Zeugnis) entsprechend auch ausführlich zu seinen Leistungen äußern. Andernfalls könnte der Eindruck entstehen, der Auszubildende habe sich bemüht, aber im Ergebnis nichts geleistet. Das gilt insbesondere, wenn nach einer sehr ausführlichen Tätigkeitsbeschreibung abschließend nur die Wendung folgt, der Auszubildende habe »die ihm übertragenen Aufgaben mit großem Fleiß und Interesse ausgeführt«.[23] Das Zeugnis ist **wohlwollend zu fassen.**[24] Das Zeugnis soll die für das Ausbildungsverhältnis **typischen Verhältnisse** nachzeichnen.[25] Einmalige Vorfälle oder Umstände, die für den Auszubildenden, seine Führung und Leistung nicht charakteristisch sind, gehören nicht in das Zeugnis.[26]

22 Es gilt der **Grundsatz der Zeugniswahrheit**. Daher ist es unzulässig, ein Zeugnis mit unklaren Formulierungen zu versehen, durch die der Auszubildende anders beurteilt werden soll, als dies aus dem Zeugniswortlaut ersichtlich ist. Denn inhaltlich »falsch« ist ein Zeugnis auch dann, wenn es eine Ausdrucksweise enthält, der entnommen werden muss, der Ausbildende distanziere sich vom buchstäblichen Wortlaut seiner Erklärungen und der Auszubildende werde in Wahrheit anders beurteilt, nämlich ungünstiger als im Zeugnis bescheinigt.[27] Weder Wortwahl noch Auslassungen dürfen dazu führen, beim Leser des Zeugnisses der Wahrheit nicht entsprechende Vorstellungen entstehen zu lassen.[28] Entscheidend ist dabei nicht, welche Vorstellungen der Zeugnisverfasser mit seiner Wortwahl verbindet. Maßgeblich ist allein der objektive Empfängerhorizont des Zeugnislesers.[29] Das Zeugnis muss auch in dem Sinne wahr sein, dass es dort keine Auslassungen enthalten darf, wo der Leser eine positive Hervorhebung erwartet, etwa zum Thema Ehrlichkeit eines Auszubildenden, der mit der Einnahme oder Verwaltung von Geld zu tun hatte.[30] Weder Wortwahl noch Satzstellung noch Auslassungen dürfen dazu führen, dass bei Dritten der Wahrheit nicht entsprechende Vorstellungen entstehen.[31] Es ist jedoch

21 ErfK/*Müller-Glöge,* GewO, § 109 Rn. 19.
22 *BAG* 23.9.1992 – 5 AZR 573/91, EzA BGB § 630 Nr. 16; *BAG* 29.7.1971 – 2 AZR 250/70, AP BGB § 630 Nr. 6.
23 *BAG* 24.3.1977 – 3 AZR 232/76, AP BGB § 630 Nr. 12.
24 *BAG* 21.6.2005 – 9 AZR 352/04, NZA 2006, 104.
25 ErfK/*Müller-Glöge,* GewO, § 109 Rn. 20.
26 *BAG* 21.6.2005 – 9 AZR 352/04, NZA 2006, 104.
27 *BAG* 15.11.2011 – 9 AZR 386/10, NZA 2012, 448; *BAG* 20.2.2001 – 9 AZR 44/00, NZA 2001, 843.
28 *BAG* 15.11.2011 – 9 AZR 386/10, NZA 2012, 448; *BAG* 12.8.2008 – 9 AZR 632/07, NZA 2008, 1349; *BAG* 21.6.2005 – 9 AZR 352/04, NZA 2006, 104.
29 *BAG* 15.11.2011 – 9 AZR 386/10, NZA 2012, 448; *BAG* 12.8.2008 – 9 AZR 632/07, NZA 2008, 1349; *BAG* 21.6.2005 – 9 AZR 352/04, NZA 2006, 104.
30 *BAG* 29.7.1971 – 2 AZR 250/70, AP BGB § 630 Nr. 6.
31 ErfK/*Müller-Glöge,* GewO, § 109 Rn. 22.

nicht zu leugnen, dass hier ein **Spannungsverhältnis** besteht. Der Grundsatz der Wahrheit kann nicht kompromisslos umgesetzt werden, denn er führt vielfach zu Ergebnissen, die sich mit den anderen Grundsätzen des Zeugnisrechts nicht vereinbaren lassen, insbesondere mit der **Pflicht zur wohlwollenden Formulierung** des Zeugnisses.[32]

Ein Zeugnis darf nur Aussagen enthalten, die sich auf **Tatsachen** stützen lassen. Behauptungen, Annahmen oder bloße Verdächtigungen sind zu unterlassen. Die Würdigung ist notwendigerweise subjektiv. Sie darf aber nicht auf Vorurteilen beruhen. Das Zeugnis soll ein objektiv richtiges Urteil fällen.[33] Dabei sollen alle wesentlichen Tatsachen Berücksichtigung finden, die für die Gesamtbeurteilung von Bedeutung und für Dritte von Interesse sind. Das gilt im günstigen wie im ungünstigen Sinn, so dass alle erheblichen Tatsachen, gegebenenfalls auch für den Auszubildenden ungünstige, aufzunehmen sind.[34] 23

2. Mindestinhalt (»einfaches« Zeugnis)

Im Zeugnis ist der oder die Auszubildende mit **Vor- und Familiennamen**, **Geburtsdatum** (gegebenenfalls Geburtsort) und **Wohnort** anzugeben, um Verwechslungen auszuschließen. Das Zeugnis muss die **Anschrift des Ausbildenden** (Geschäftsbogen; vgl. Rn. 14) sowie das **Datum der Ausstellung** (vgl. Rn. 13) enthalten. 24

Es muss Angaben enthalten über **Art, Dauer und Ziel der Berufsausbildung** sowie über die **erworbenen beruflichen Fertigkeiten, Kenntnisse und Fähigkeiten** der Auszubildenden (§ 16 Abs. 2 Satz 1 BBiG). Die Tätigkeiten, die der Auszubildende im Rahmen seiner Ausbildung auszuüben hatte, und die erworbenen Fertigkeiten, Kenntnisse und Fähigkeiten sind vollständig und gegebenenfalls in chronologischer Reihenfolge aufzuführen. Ein Dritter muss sich anhand des Zeugnisses ein Bild von der absolvierten Ausbildung machen und beurteilen können, welche Tätigkeiten der (ehemalige) Auszubildende im Rahmen eines Arbeitsverhältnisses aufgrund der erworbenen Fertigkeiten, Kenntnisse und Fähigkeiten auszuüben in der Lage ist. Auch erworbene oder sonst vorliegende Spezialkenntnisse sind zu beschreiben. Anfangs- und Enddatum des Berufsausbildungsverhältnisses sind anzugeben. 25

Kürzere Unterbrechungen der tatsächlichen Ausbildung, etwa durch Krankheit und Urlaub, haben unerwähnt zu bleiben. **Längere Unterbrechungen**, wie zum Beispiel durch Elternzeit oder eine Freiheitsstrafe, sind wegen des Grundsatzes der Zeugniswahrheit anzugeben.[35] 26

3. »Qualifiziertes« Zeugnis

Neben den bereits genannten Angaben (vgl. Rn. 24ff.) hat der Ausbildende gem. § 16 Abs. 2 Satz 2 BBiG **»auf Verlangen« des Auszubildenden** auch Angaben über Verhalten und Leistung aufzunehmen (»qualifiziertes Zeugnis«). Verlangt der Auszubildende kein »qualifiziertes« Zeugnis, ist der Ausbildende nur verpflichtet, ihm ein »einfaches« Zeugnis auszustellen. Er darf nicht eigenmächtig ein »qualifiziertes« Zeugnis ausstellen. Der Auszubildende hat ein **Wahlrecht** zwischen einem einfachen und qualifizierten Zeugnis. Der Ausbildende gerät mit seiner Pflicht zur Erteilung eines Zeugnisses erst in Verzug, 27

---

32 ErfK/*Müller-Glöge*, GewO, § 109 Rn. 23.
33 ErfK/*Müller-Glöge*, GewO, § 109 Rn. 24.
34 ErfK/*Müller-Glöge*, GewO, § 109 Rn. 24.
35 ErfK/*Müller-Glöge*, GewO, § 109 Rn. 28; vgl. zur Elternzeit *BAG* 10.5.2005 – 9 AZR 261/04, NZA 2005, 1237.

wenn der Auszubildende sein Wahlrecht ausgeübt und, wenn das Zeugnis nicht erteilt wird, dessen Erteilung angemahnt hat.[36]

28 Es ist grundsätzlich Sache der Ausbildenden, das Zeugnis zu verfassen. Die Formulierung und die Ausdrucksweise stehen in deren pflichtgemäßen Ermessen. Maßstab ist dabei ein wohlwollender verständiger Ausbildender.[37] Den Ausbildenden steht bei der Bewertung von Verhalten und Leistung ein **Beurteilungsspielraum** zu.[38] Dies gilt insbesondere für die Formulierung von Werturteilen. Diese lässt sich nicht bis in die Einzelheiten regeln und vorschreiben. Solange das Zeugnis allgemein verständlich ist und nichts Falsches enthält, können die Auszubildenden keine abweichende Formulierung verlangen.[39] Die Beurteilung muss die gesamte Vertragsdauer berücksichtigen und darf einzelne Ereignisse nur hervorheben, wenn sie für die Leistung oder das Verhalten des zu beurteilenden Auszubildenden charakteristisch waren.[40] Zudem muss die Beurteilung im Rahmen der Wahrheitspflicht so wohlwollend formuliert sein, dass dadurch der Einstieg der Auszubildenden in das Arbeitsleben oder das weitere berufliche Fortkommen nicht unnötig erschwert wird.[41]

29 Verlangt ein »belasteter« Auszubildender ein qualifiziertes Zeugnis, muss er gewahr sein, dass auch Nachteiliges zum Ausdruck kommt, insofern trägt er das Risiko für ein »schlechtes« Zeugnis. Auch in einem solchen Fall ist es jedoch geboten, so weit wie möglich den Grundsatz der wohlwollenden Beurteilung zur Anwendung zu bringen. Insbesondere ist die Erwähnung einmaliger Verfehlungen zu unterlassen, weil es um ein **Gesamtbild der Persönlichkeit** geht.[42] Es soll zulässig sein, darauf hinzuweisen, wenn der Auszubildende ein oder gar mehrmals durch die Abschlussprüfung gefallen ist.[43] Dem kann schon deshalb nicht gefolgt werden, weil sich das Zeugnis gem. § 16 BBiG auf die betriebliche Ausbildung zu beziehen hat, nicht aber auf Erfolg oder Nichterfolg in der Abschlussprüfung. Wobei aufgrund der Daten (Beginn der Ausbildung, Datum des Zeugnisses über die Abschlussprüfung) für jeden Kundigen zu erkennen ist, ob die Abschlussprüfung regulär bestanden worden ist oder nicht.

a) Leistung/Notenskala

30 Bei der Beurteilung der Leistung erfolgt eine Darstellung der Art und Weise, in der der Auszubildende die ihm übertragenen Aufgaben erledigt hat. Als Einzelmerkmale kommen (je nach Beruf, für den ausgebildet wurde) unter anderem in Betracht die Auffassungsgabe, die Lernwilligkeit, die Leistungsbereitschaft, die Selbstständigkeit, die Qualität der Arbeit, das Arbeitstempo, die Belastbarkeit, die Eigeninitiative, die Entscheidungsfähigkeit, das Urteils- und Ausdrucksvermögen, der Umgang mit Kunden, wie etwa das Verhandlungsgeschick.[44]

---

36 Vgl. für ein Umschulungsverhältnis *BAG* 12.2.2013, 3 AZR 120/11 – NZA 2014, 31.
37 *BAG* 15.11.2011 – 9 AZR 386/10, NZA 2012, 448; *BAG* 12.8.2008 – 9 AZR 632/07, NZA 2008, 1349.
38 So für Arbeitsverhältnisse *BAG* 27.4.2021 – 9 AZR 262/20, Rn. 13, NZA 2021, 1327; *BAG* 15.11.2011 – 9 AZR 386/10, NZA 2012, 448; *BAG* 14.10.2003 – 9 AZR 12/03, NZA 2004, 843.
39 *BAG* 15.11.2011 – 9 AZR 386/10, NZA 2012, 448.
40 So für Arbeitsverhältnisse *BAG* 27.4.2021 – 9 AZR 262/20, Rn. 18, NZA 2021, 1327.
41 ErfK/*Müller-Glöge*, GewO, § 109 Rn. 30.
42 *Taubert*, BBiG, § 16 Rn. 22.
43 *ArbG Darmstadt* 6.4.1967 – 2 Ca 1/67, BB 1967, 541.
44 ErfK/*Müller-Glöge*, GewO, § 109 Rn. 40.

31 Das Zeugnis muss notwendigerweise eine **zusammenfassende Beurteilung** der Leistung enthalten. Die Schlussnote muss dem Gesamtinhalt des Zeugnisses entsprechen.[45] In der Praxis hat sich eine fünf- oder sechsstufige Notenskala herausgebildet (sehr gut, gut, befriedigend, ausreichend, mangelhaft; die Note ungenügend kommt, da sie quasi keine Bewerbungschancen eröffnet, praktisch nicht vor), weitere Differenzierungen sind nicht ausgeschlossen.[46]

Ein qualifiziertes Arbeitszeugnis muss auf den einzelnen Auszubildenden zugeschnitten sein und deshalb eine individuell an diesen angepasste Leistungs- und Verhaltensbeurteilung enthalten. Erforderlich ist ein **individuell abgefasster Text**.[47] Ein Arbeitszeugnis, das eine Vielzahl einzelner Bewertungskriterien gleichrangig nebeneinander aufführt und mit »Schulnoten« bewertet, genügt den Erwartungen eines verständigen Zeugnislesers in der Regel nicht, weil die prägenden Merkmale im Kontext der übrigen Bewertungskriterien ihre Bedeutung verlieren und die gebotene individuelle Leistungs- und Verhaltensbeurteilung nicht erreicht wird.[48] Individuelle Hervorhebungen und Differenzierungen lassen sich normalerweise nur durch ein im **Fließtext** formuliertes Zeugnis darstellen. Eine Leistungs- und Verhaltensbeurteilung in einer an ein Schulzeugnis angelehnten Tabellenform genügt deshalb nicht.[49]

32 Die **Note »befriedigend«** drückt an sich eine mittlere Bewertung aus, die einer vollauf durchschnittlichen Leistung entspricht, was an sich nicht als stigmatisierend anzusehen wäre. In der Praxis wird jedoch häufig versucht, eine bessere Beurteilung bescheinigt zu bekommen. Wird etwa im Zeugnis erklärt, der Auszubildende habe die Tätigkeiten »zur Zufriedenheit« erledigt, soll dies eine unterdurchschnittliche, aber ausreichende Leistung ausdrücken.[50] Damit die Bewertung zum »befriedigend« wird, ist ein Zusatz wie »stets«, »immer« oder »jederzeit« erforderlich.[51] Es wird auch vertreten, die Zufriedenheit müsse eine »volle« sein, um der Note »befriedigend« zu entsprechen. Dahinter steht die Vorstellung, der durchschnittliche Auszubildende erbringe seine Tätigkeit zur »vollen Zufriedenheit«. Dementsprechend soll sich eine bessere Note dadurch ausdrücken, dass es auch eine »vollste Zufriedenheit« gibt.[52]

33 Durch einen Zusatz wie »stets« wird die »volle Zufriedenheit« zur **»guten« Leistung** (»stets zur vollen Zufriedenheit«).[53] Die Spitzenleistung **»sehr gut«** sollte als solche auch bezeichnet werden. In der Praxis wird das meist dahin umschrieben, dass der Auszubildende seine Tätigkeiten »stets zur vollsten Zufriedenheit« erbracht habe.[54]

34 Dabei ist darauf zu achten, dass die **Bewertung von Einzelleistungen** sich in der abschließenden **Gesamtbewertung** widerspiegeln muss. Werden etwa in einem Zeugnis die Einzelleistungen ausnahmslos als »sehr gut« bewertet und wird die Tätigkeit als »sehr erfolgreich« hervorgehoben und findet sich in dem ausführlichen Zeugnis keine einzige Einschränkung, ist damit unvereinbar, wenn abschließend zusammenfassend nur bescheinigt wird, der Auszubildende habe zur »vollen Zufriedenheit« gearbeitet.[55]

---

45 *BAG* 14.10.2003 – 9 AZR 12/03, NZA 2004, 843.
46 ErfK/*Müller-Glöge,* GewO, § 109 Rn. 31 ff. m. w. N.
47 So für Arbeitsverhältnisse *BAG* 27.4.2021 – 9 AZR 262/20, Rn. 16, NZA 2021, 1327.
48 So für Arbeitsverhältnisse *BAG* 27.4.2021 – 9 AZR 262/20, Rn. 19, NZA 2021, 1327.
49 So für Arbeitsverhältnisse *BAG* 27.4.2021 – 9 AZR 262/20, Rn. 20, NZA 2021, 1327.
50 ErfK/*Müller-Glöge,* GewO, § 109 Rn. 32 m. w. N. aus der Rechtsprechung.
51 *BAG* 14.10.2003 – 9 AZR 12/03, NZA 2004, 843.
52 Kritisch ErfK/*Müller-Glöge,* GewO, § 109 Rn. 32 f.
53 *BAG* 14.10.2003 – 9 AZR 12/03, NZA 2004, 843.
54 *BAG* 23.9.1992 – 5 AZR 573/91, EzA BGB § 630 Nr. 16; zusammenfassend, aber kritisch ErfK/*Müller-Glöge,* GewO, § 109 Rn. 33 m. w. N. aus der Rechtsprechung.
55 *BAG* 23.9.1992 – 5 AZR 573/91, EzA BGB § 630 Nr. 16.

35 Zusammengefasst ergeben sich folgende Abstufungen:[56] Er/Sie hat die ihm/ihr übertragenen Aufgaben

- Note »sehr gut«: »stets zu unserer vollsten Zufriedenheit erledigt«, »stets zu unserer vollen Zufriedenheit erledigt und hat unseren Erwartungen in jeder Hinsicht entsprochen«
- Note »gut«: »stets zu unserer vollen Zufriedenheit erledigt«
- Note »befriedigend«: »zu unserer vollen Zufriedenheit erledigt«
- Note »ausreichend«: »zu unserer Zufriedenheit erledigt«, »die erbrachten Leistungen gaben zu Beanstandungen keinen Anlass«
- Note »mangelhaft«: »im Großen und Ganzen zu unserer Zufriedenheit erledigt«
- Note »ungenügend«: »hat sich seinen Aufgaben mit großem Fleiß und Interesse gewidmet«, »hat sich (jede erdenkliche) Mühe geben«, »hat sich im Rahmen seiner Möglichkeiten (Fähigkeiten) engagiert«, »war stets bestrebt gewesen, den Aufgaben gerecht zu werden«; »zu unserer Zufriedenheit zu erledigen versucht«

b) Verhalten

36 Die für das Berufsausbildungsverhältnis wesentlichen Charaktereigenschaften und Persönlichkeitszüge des Auszubildenden sind in einem qualifizierten Zeugnis zusammenfassend darzustellen. Es ist allein das Verhalten im Berufsausbildungsverhältnis zu bewerten, nicht die sonstige Lebensführung.[57] Auch bei kleineren Auffälligkeiten oder einem einmaligen Fehlverhalten kann zu bescheinigen sein, dass das Verhalten des Auszubildenden »einwandfrei« war, weil es um eine Gesamtbeurteilung geht und deshalb einmalige Vorfälle oder Umstände außer Betracht bleiben müssen.[58] Gab das Verhalten keinerlei Anlass zu Beanstandungen, muss sich dieses positive Moment zusätzlich im Zeugnistext niederschlagen durch Formulierungen wie »immer«, »durchweg« oder »ausnahmslos«.[59]

37 Das Verhalten im Berufsausbildungsverhältnis umfasst auch das Verhalten gegenüber und den Umgang mit Kunden und Geschäftspartnern des Ausbildenden, mit dem Ausbildenden, den Ausbildern, sonstigen Vorgesetzten, anderen Auszubildenden und Arbeitnehmern. Zur Charakterisierung des Verhaltens werden bei mittlerer Bewertung die Begriffe »höflich«, »einwandfrei«, »korrekt« oder »in Ordnung« verwendet. Zur Hervorhebung werden, wie bei der Bewertung der Leistung, Zusätze wie »immer«, »stets« oder »durchweg« (»stets vorbildlich«) oder das Wort »lobenswert« verwendet. Die Herabsetzung wird durch entsprechende Zusätze wie »in der Regel«, »durchaus«, »im Allgemeinen«, »im Großen und Ganzen« oder »zumeist« erreicht. Die Umschreibung »über … ist uns nichts Nachteiliges bekannt geworden« bezeichnet ein unzureichendes Verhalten. Die Beschreibung des Auszubildenden als »anspruchsvoll und kritisch« ist meist als negative Bewertung anzusehen, kann positiv gemeint sein, wenn der Zusammenhang mit dem übrigen Zeugnistext eine positive Bewertung nahelegt.[60]

---

56 *Däubler, in: Däubler/Deinert* KSchR, § 109 GewO Rn. 60 ff. m. w. N.
57 ErfK/*Müller-Glöge*, GewO, § 109 Rn. 43.
58 *BAG* 21.6.2005 – 9 AZR 352/04, NZA 2006, 104.
59 *BAG* 21.6.2005 – 9 AZR 352/04, NZA 2006, 104.
60 ErfK/*Müller-Glöge*, GewO, § 109 Rn. 43.

c) »Schlussformel«

Es ist weithin üblich, Zeugnisse mit der Erklärung besonderen Dankes, des Bedauerns und/oder der Wünsche für die Zukunft abzuschließen. Derartige Schlussformeln wie der Satz »Wir bedauern ihr Ausscheiden, danken für die geleisteten Dienste und wünschen ihr für den weiteren Lebensweg alles Gute und (viel) Erfolg« oder kürzer »Wir danken Herrn/Frau ... für die gute Zusammenarbeit und wünschen ihm/ihr für die Zukunft alles Gute« können das Zeugnis abrunden, sind aber nach der Rechtsprechung kein rechtlich notwendiger Bestandteil des Zeugnisses. Deshalb soll *kein* Rechtsanspruch auf eine solche »Schlussformel« bestehen.[61] Diese Auffassung wird der Praxis, wie sie sich entwickelt hat, nicht gerecht. Es wird weithin eine solche Schlussformel erwartet. Fehlt sie, werden daraus negative Rückschlüsse gezogen. 38

Ist die Schlussformel vorhanden, kann sie den sonstigen Zeugnisinhalt bekräftigen, andernfalls wird sie ihn abschwächen oder entwerten.[62] Eine vorhandene Schlussformel darf *nicht* im Widerspruch zum sonstigen Zeugnisinhalt stehen und diesen nicht relativieren.[63] Wenn ein Auszubildender zu Recht vom Ausbildenden verlangt, das erteilte Zeugnis zu ändern, darf der Ausbildende dies nur dann zum Anlass nehmen, den Zeugnisinhalt im Übrigen zu Lasten des Auszubildenden zu ändern, wenn sachliche Gründe dafür bestehen. Andernfalls verstößt er gegen das arbeitsrechtliche Maßregelungsverbot. Das betrifft auch eine Dankes- und Wunschformel. Das heißt: Normalerweise darf anlässlich einer Zeugnisänderung eine Schlussformel, so sie denn erteilt worden ist, nicht geändert werden.[64] Formulierungen, die erkennen lassen, dass der Ausbildende den Auszubildenden mit der Schlussformel herabsetzen oder andere Aussagen des Zeugnisses relativieren will, sind zu unterlassen, zum Beispiel die Formulierungen »Wir wünschen ihm alles Gute, vor allem Gesundheit«, »für die Zukunft alles nur erdenklich Gute«.[65] 39

4. Unzulässige Inhalte

Unzulässig sind Geheimcodes (vgl. Rn. 16, 42) und alle Angaben zu Umständen, die mit dem Berufsausbildungsverhältnis nichts zu tun haben. Das »außerdienstliche« Verhalten hat also außer Betracht zu bleiben, deshalb dürfen auch Straftaten oder Vorstrafen nicht erwähnt werden, die in keiner Beziehung zum Berufsausbildungsverhältnis stehen. Etwas anderes gilt für **Straftaten**, die im unmittelbaren Zusammenhang mit dem Ausbildungsberuf stehen, gar während der Arbeitszeit begangen worden und nachweisbar sind. Die Erwähnung einer solchen Straftat im Zeugnis hat jedoch zu unterbleiben, wenn sich der Auszubildende nach den Bestimmungen des Bundeszentralregistergesetzes (BZRG) wegen der Geringfügigkeit oder weil die Strafe lange zurückliegt als nicht vorbestraft bezeichnen darf. Ein bloßer Verdacht darf nicht angedeutet werden,[66] ebenso wenig ein Ermittlungsverfahren.[67] 40

Unzulässig ist die Erwähnung der **Mitgliedschaft im Betriebsrat**/Personalrat oder in der Jugend- und Auszubildendenvertretung (JAV), es sei denn, es wird von dem Zeugnis- 41

61 So für Arbeitsverhältnisse *BAG* 6.6.2023 – 9 AZR 272/22, NZA 2024, 194; *BAG* 25.1.2022 – 9 AZR 146/21, NZA 2022, 783; *BAG* 11.12.2012 – 9 AZR 227/11, NZA 2013, 324; *BAG* 20.2.2001 – 9 AZR 44/0, NZA 2001, 843.
62 ErfK/*Müller-Glöge*, GewO, § 109 Rn. 46.
63 *BAG* 20.2.2001 – 9 AZR 44/00, NZA 2001, 843.
64 So für Arbeitsverhältnisse *BAG* 6.6.2023 – 9 AZR 272/22, NZA 2024, 194.
65 ErfK/*Müller-Glöge*, GewO, § 109 Rn. 46.
66 MünchKommBGB/*Henssler*, § 630 BGB Rn. 39 m.w.N.
67 *LAG Düsseldorf* 3.5.2005 – 3 Sa 359/05, DB 2005, 1799.

empfänger gewünscht. Auch die Mitgliedschaft in der Gewerkschaft oder gar die Entfaltung von Aktivitäten in dieser darf nicht, auch nicht verklausuliert, im Zeugnis erwähnt werden.[68]

42 Unzulässig sind schließlich sog. **Geheimcodes**, mit denen (mit positiven Formulierungen) versteckt negative Aussagen über den Auszubildenden getroffen werden. So steht die Umschreibung, der Auszubildende habe die Aufgaben »in der ihm eigenen Art« erledigt, dafür, dass seine Arbeitsweise uneffektiv war, hat er die Tätigkeiten »mit Interesse« ausgeführt, fehlte es am Arbeitserfolg, hat er »im Rahmen seiner Kenntnisse« die Tätigkeiten ausgeübt, waren nur geringe Kenntnisse vorhanden. Eine »genaue Arbeitsweise« umschreibt ein unterdurchschnittliches Arbeitstempo, die »Fähigkeit zu delegieren«, dass der Auszubildende faul war. Wird dem Auszubildenden bescheinigt, er habe sich »für die Interessen der anderen Auszubildenden und Arbeitnehmer engagiert«, darf man darauf schließen, er war Betriebsratsmitglied, hat er sich »auch außerhalb des Unternehmens für die Interessen der Arbeitnehmer und Auszubildenden engagiert«, ist er Gewerkschaftsmitglied. Eine »gesellige Art« lässt auf überdurchschnittlichen Alkoholkonsum schließen, »vertrat er immer offen seine Meinungen«, soll man annehmen, es habe sich um einen Nörgler oder gar Querulanten gehandelt. »Er war sehr tüchtig und wusste sich gut zu verkaufen« heißt, dass der Auszubildende ein unangenehmer Zeitgenosse und Wichtigtuer war, dem es an Kooperationsbereitschaft fehlte. Wünscht der Ausbildende in der Schlussformel »Gesundheit«, soll man auf überdurchschnittliche krankheitsbedingte Fehlzeiten schließen.[69]

IV. Durchsetzung des Zeugnisanspruchs/Berichtigung

43 Der Auszubildende hat ein **Wahlrecht** zwischen einem einfachen und qualifizierten Zeugnis. Der Ausbildende gerät mit seiner Pflicht zur Erteilung eines Zeugnisses erst in Verzug, wenn der Auszubildende sein Wahlrecht ausgeübt und, wenn das Zeugnis nicht erteilt wird, dessen Erteilung angemahnt hat.[70] Wenn danach immer noch kein (einfaches oder qualifiziertes) Zeugnis durch den Ausbildenden erteilt worden ist, kann der Auszubildende die Erteilung des Zeugnisses durch Klage beim Arbeitsgericht erzwingen.
Für den Zeugnisanspruch gilt die regelmäßige **Verjährungsfrist** des § 195 BGB. Diese beträgt drei Jahre. Da die Zeugnisverpflichtung unabdingbar ist (§ 25 BBiG), kann der Anspruch auf ein Zeugnis nur ausnahmsweise verwirken, auch wenn er längere Zeit nach dem Ausscheiden nicht geltend gemacht wurde und der Ausbildende mit der Ausstellung des Zeugnisses nicht mehr zu rechnen brauchte.

44 Ist ein Zeugnis erteilt worden, so soll im Arbeitsverhältnis gelten, dass eine **Berichtigung** binnen einer angemessenen Frist geltend gemacht werden müsse, ansonsten sei der Anspruch **verwirkt**.[71] Das mag im Arbeitsverhältnis angängig sein, kann aber für das Ausbildungsverhältnis nicht gelten, weil der Zeugnisanspruch unabdingbar ist (§ 25 BBiG) und es sich bei der Berichtigung letztlich um den Anspruch auf ein richtiges Zeugnis handelt.

45 Tarifliche oder einzelvertragliche **Ausschlussfristen** können für den Zeugnisanspruch nicht gelten, weil es sich um einen höchstpersönlichen Anspruch handelt. Das *BAG* sieht

68 *BAG* 19.8.1992 – 7 AZR 262/91, NZA 1993, 222 zur Erwähnung der Tätigkeit im Personalrat in einer dienstlichen Regelbeurteilung.

69 HWK/*Gäntgen*, GewO, § 109 Rn. 24ff.; MünchKommBGB/*Henssler*, § 630 BGB Rn. 100, jeweils m. w. N.

70 Vgl. für ein Umschulungsverhältnis *BAG* 12.2.2013 – 3 AZR 120/11, NZA 2014, 31.

71 *BAG* 17.2.1988 – 5 AZR 638/86, NZA 1988, 427.

das allerdings möglicherweise anders. Es meint, Ausschlussfristen gelten auch für den Zeugnisanspruch des Arbeitnehmers.[72] Ob das gleichfalls für die Auszubildenden gelten kann, ist bislang vom BAG nicht entschieden. Dagegen spricht die elementare Bedeutung, die das Zeugnis für den Auszubildenden hat und rechtlich, dass der Anspruch unabdingbar ist (§ 25 BBiG). Der Praxis ist allerdings zu raten, die Erteilung eines Zeugnisses, so es nicht alsbald »freiwillig« erteilt wird, innerhalb kurzer Frist (eines Monats) ausdrücklich vom Ausbildenden schriftlich zu verlangen.

Ist das Zeugnis **nicht formgerecht** erteilt (insbesondere nicht unterschrieben), kann der Auszubildende auf die (ordnungsgemäße) Erteilung des Zeugnisses klagen. Zur Erfüllung der Schriftform (§ 16 Abs. 1 Satz 1 BBiG) gehört auch die Unterschrift (vgl. Rn. 11). **46**

Ist ein Zeugnis erteilt worden, aber aus Sicht der Auszubildenden unrichtig oder nachteilig, können sie verlangen, dass das Zeugnis berichtigt wird. Das gilt sowohl hinsichtlich der Tatsachen (Tätigkeiten usw.) als auch bezüglich der Werturteile, vor allem über Leistung und Verhalten des Auszubildenden. Rechtsdogmatisch handelt es sich nicht um eine »Berichtigung«, sondern um die zutreffende Erfüllung des bestehenden Zeugnisanspruchs. Der Zeugnisanspruch wird nur erfüllt durch **Erteilung eines richtigen Zeugnisses**.[73] Macht der Ausbildende geltend, das erteilte Zeugnis sei inhaltlich richtig und er habe demgemäß den Zeugnisanspruch erfüllt, so ist er als Schuldner dafür darlegungs- und beweispflichtig.[74] Hat der Ausbildende im Zeugnis eine **durchschnittliche Gesamtleistung** (»zur vollen Zufriedenheit« oder »stets zur Zufriedenheit«) bescheinigt, so soll indes der Auszubildende die Tatsachen vortragen und beweisen müssen, die eine bessere Schlussbeurteilung (»stets zur vollen Zufriedenheit« oder noch besser) rechtfertigen sollen.[75] Es besteht kein gesetzlicher Anspruch auf ein »gutes« oder »sehr gutes« Zeugnis, sondern »nur« auf ein leistungsgerechtes Zeugnis.[76] Wenn ein Auszubildender zu Recht vom Ausbildenden verlangt, das erteilte Zeugnis zu ändern, darf der Ausbildende dies nur dann zum Anlass nehmen, den Zeugnisinhalt im Übrigen (hinsichtlich nicht beanstandeter Teile) zulasten des Auszubildenden zu ändern, wenn sachliche Gründe dafür bestehen. Andernfalls verstößt er gegen das arbeitsrechtliche Maßregelungsverbot.[77] **47**

Wenn das Arbeitsgericht durch **Urteil** entscheiden muss, ist es weder an die Formulierung des erteilten Zeugnisses noch an die des Klageantrags gebunden. Ein Zeugnis und dessen Formulierungen müssen im Zusammenhang des gesamten Inhalts betrachtet werden. Es handelt sich um ein einheitliches Ganzes, dessen Teile nicht ohne Gefahr der Sinnentstellung auseinandergerissen werden können. Die Gerichte sind deshalb gehalten, das gesamte Zeugnis zu überprüfen, und berechtigt, es unter Umständen selbst neu zu formulieren.[78]

72 *BAG* 4.10.2005 – 9 AZR 507/04, NZA 2006, 436.
73 So für Arbeitsverhältnisse *BAG* 27.4.2021 – 9 AZR 262/20, Rn. 14, NZA 2021, 1327; *BAG* 12.8.2008 – 9 AZR 632/07, NZA 2008, 1349; *BAG* 14.10.2003 – 9 AZR 12/03, NZA 2004, 843; *BAG* 23.9.1992 – 5 AZR 573/91, EzA BGB § 630 Nr. 16.
74 *BAG* 23.9.1992 – 5 AZR 573/91, EzA BGB § 630 Nr. 16.
75 So für Arbeitsverhältnisse *BAG* 27.4.2021 – 9 AZR 262/20, Rn. 30, NZA 2021, 1327; *BAG* 18.11.2014 – 9 AZR 584/13, NZA 2015, 435; *BAG* 14.10.2003 – 9 AZR 12/03, NZA 2004, 843.
76 So für Arbeitsverhältnisse *BAG* 27.4.2021 – 9 AZR 262/20, Rn. 30, NZA 2021, 1327.
77 So für Arbeitsverhältnisse *BAG* 6.6.2023 – 9 AZR 272/22, NZA 2024, 194.
78 So für Arbeitsverhältnisse *BAG* 27.4.2021 – 9 AZR 262/20, Rn. 27, NZA 2021, 1327.

V. Schadenersatzansprüche bei Pflichtverletzungen

48 Entsteht dem Auszubildenden durch die **verspätete Erteilung** eines (ordnungsgemäßen) Zeugnisses ein Schaden, so kann ein Schadenersatzanspruch des Auszubildenden nach § 286 BGB (Verzug des Schuldners) entstehen.

49 Entsteht dem Auszubildenden durch eine **unrichtige, unvollständige oder sonst fehlerhafte Zeugniserteilung** ein Schaden (z. B. Nichteinstellung bei einem neuen Arbeitgeber), kann er einen Anspruch auf Schadensersatz gegen den Ausbildenden wegen vertraglicher Pflichtverletzung (§ 280 BGB) haben.[79] Der Auszubildende trägt in diesen Fällen aber die Darlegungs- und Beweislast für den Schaden sowie die Rechtswidrigkeit der Pflichtverletzung und das schuldhafte Handeln des Ausbildenden.[80]

50 Es kann auch ein **Schadenersatzanspruch eines neuen Arbeitgebers** gegenüber dem Ausbildenden entstehen, wenn der Arbeitgeber den (ehemaligen) Auszubildenden in Vertrauen darauf, dass die Angaben im Zeugnis der Wahrheit entsprechen, eingestellt hat und sich herausstellt, diese entsprachen nicht den Tatsachen und wenn dem Arbeitgeber hierdurch ein Schaden entstanden ist. Eine Haftung des Ausbildenden gegenüber dem neuen Arbeitgeber ist in der Rechtsprechung grundsätzlich bejaht worden. Hierzu hat er ausgeführt, dass der Aussteller eines Zeugnisses für einen entstandenen Schaden nach vertraglichen bzw. vertragsähnlichen Grundsätzen haften soll, wenn er nachträglich erkannt habe, dass das Zeugnis grob unrichtig ist und dass ein bestimmter Dritter durch Vertrauen auf dieses Zeugnis Schaden zu nehmen droht.[81] Man muss jedoch sehen, dass es sich jeweils um Extremkonstellationen gehandelt hat (Bescheinigung der »Ehrlichkeit« des Betreffenden, obwohl dieser im erheblichen Umfang Geld unterschlagen oder entwendet hatte). Für den »Normalfall« dürfte eine Haftung des Ausbildenden ausscheiden.

VI. Auskunft über Auszubildende an Dritte

51 Der Ausbildende ist **auf Verlangen des Auszubildenden** verpflichtet, an Dritte Auskünfte über den ausgeschiedenen Auszubildenden, insbesondere über Leistung und Führung zu geben, wenn der Auszubildende ein berechtigtes Interesse daran hat (wie etwa bei Bewerbungen bei anderen Arbeitgebern). Der Ausbildende kann sich nicht darauf zurückziehen, er habe ein Zeugnis erteilt.[82] Das ist insofern unproblematisch, weil insoweit die Initiative zur Auskunftserteilung vom (ehemaligen) Auszubildenden selbst ausgeht.

52 Problematischer ist, ob der Ausbildende auch berechtigt ist, **Auskünfte an Dritte ohne Einverständnis** des (ehemaligen) Auszubildenden zu erteilen. Das wird wohl überwiegend angenommen, unter der Voraussetzung, dass die Auskünfte wahrheitsgemäß sind und sich auf Leistung und Verhalten beschränken und wenn der Dritte an der Auskunft ein berechtigtes Interesse hat, was aber bereits bei Vorliegen einer Bewerbung anzunehmen ist. In dem Fall dürfen in der Auskunft auch für den Auszubildenden ungünstige Tatsachen mitgeteilt werden.[83] Dieser Auffassung kann nicht gefolgt werden. Vielmehr ist

---

79 *BAG* 26. 2. 1976 – 3 AZR 215/75, AP BGB § 252 Nr. 6.
80 *BAG* 24. 3. 1977 – 3 AZR 232/76, AP BGB § 630 Nr. 12.
81 *BGH* 15. 5. 1979 – VI ZR 230/76, AP BGB § 630 Nr. 13; HWK/*Gäntgen*, GewO, § 109 Rn. 45; ErfK/*Müller-Glöge*, GewO, § 109 Rn. 72, meint dagegen zu Recht, der Rechtsprechung könne nicht gefolgt werden.
82 *BAG* 25. 10. 1957 – 1 AZR 434/55, AP BGB § 630 Nr. 1.
83 *BAG* 5. 8. 1976 – 3 AZR 491/75, AP BGB § 630 Nr. 10; *BAG* 18. 12. 1984 – 3 AZR 389/83, NZA 1985, 811.

eine Auskunft des Ausbildenden über den Auszubildenden an einen Dritten grundsätzlich nur mit (vorheriger) **Zustimmung der Auszubildenden** zulässig.[84]

Geht man davon aus, dass der Ausbildende Auskünfte erteilen darf, so ist er jedenfalls verpflichtet, dem Auszubildenden auf Verlangen über den Inhalt der Auskunft zu unterrichten und den Inhalt einer schriftlichen Auskunft in Kopie vorzulegen.[85] Zudem wird man davon auszugehen davon, dass das **Recht zur Auskunftserteilung allenfalls kurz nach Beendigung des Berufsausbildungsverhältnisses** besteht, nicht aber mehr nach längerer Zeit. In diesen Fällen ist auf das Zeugnis zu verweisen. Davon abgesehen, kann sich der Ausbildende gegenüber dem Auszubildenden verpflichten, keine Auskünfte zu erteilen.[86] 53

Entsteht dem Auszubildenden durch eine **unrichtige, unvollständige oder sonst fehlerhafte Auskunft**, die der Ausbildende rechtswidrig und schuldhaft erteilt hat, ein Schaden (zum Beispiel Nichteinstellung bei einem neuen Arbeitgeber), kann er einen Anspruch auf **Schadensersatz** wegen nachwirkender vertraglicher Pflichtverletzung (§ 280 BGB) haben. Gegebenenfalls besteht auch ein Anspruch auf Unterlassung von bestimmten Behauptungen Dritten gegenüber, der im Wege der Klage geltend gemacht werden kann. Der Auszubildende trägt in diesen Fällen aber die Darlegungs- und Beweislast für die Unrichtigkeit der Auskunft. 54

Unterabschnitt 4
Vergütung

§ 17 Vergütungsanspruch und Mindestvergütung

(1) Ausbildende haben Auszubildenden eine angemessene Vergütung zu gewähren. Die Vergütung steigt mit fortschreitender Berufsausbildung, mindestens jährlich, an.

(2) Die Angemessenheit der Vergütung ist ausgeschlossen, wenn sie folgende monatliche Mindestvergütung unterschreitet:

1. im ersten Jahr einer Berufsausbildung
   a) 515 Euro, wenn die Berufsausbildung im Zeitraum vom 1. Januar 2020 bis zum 31. Dezember 2020 begonnen wird,
   b) 550 Euro, wenn die Berufsausbildung im Zeitraum vom 1. Januar 2021 bis zum 31. Dezember 2021 begonnen wird,
   c) 585 Euro, wenn die Berufsausbildung im Zeitraum vom 1. Januar 2022 bis zum 31. Dezember 2022 begonnen wird, und
   d) 620 Euro, wenn die Berufsausbildung im Zeitraum vom 1. Januar 2023 bis zum 31. Dezember 2023 begonnen wird,

2. im zweiten Jahr einer Berufsausbildung den Betrag nach Nummer 1 für das jeweilige Jahr, in dem die Berufsausbildung begonnen worden ist, zuzüglich 18 Prozent,

3. im dritten Jahr einer Berufsausbildung den Betrag nach Nummer 1 für das jeweilige Jahr, in dem die Berufsausbildung begonnen worden ist, zuzüglich 35 Prozent, und

---

84 So auch *Taubert*, BBiG, § 16 Rn. 44; vgl. auch *Däubler, in: Däubler/Deinert*, KSchR, § 109 GewO Rn. 99 ff.; ErfK/*Müller-Glöge*, GewO, § 109 Rn. 61.

85 *BGH* 10.7.1959 – VI ZR 149/58, AP BGB § 630 Nr. 2.

86 Einschränkend für den öffentlichen Dienst *BAG* 15.7.1960 – 1 AZR 496/58, NJW 1960, 2118.

4. im vierten Jahr einer Berufsausbildung den Betrag nach Nummer 1 für das jeweilige Jahr, in dem die Berufsausbildung begonnen worden ist, zuzüglich 40 Prozent.

Die Höhe der Mindestvergütung nach Satz 1 Nummer 1 wird zum 1. Januar eines jeden Jahres, erstmals zum 1. Januar 2024, fortgeschrieben. Die Fortschreibung entspricht dem rechnerischen Mittel der nach § 88 Absatz 1 Satz 1 Nummer 1 Buchstabe g erhobenen Ausbildungsvergütungen im Vergleich der beiden dem Jahr der Bekanntgabe vorausgegangenen Kalenderjahre. Dabei ist der sich ergebende Betrag bis unter 0,50 Euro abzurunden sowie von 0,50 Euro an aufzurunden. Das Bundesministerium für Bildung und Forschung gibt jeweils spätestens bis zum 1. November eines jeden Kalenderjahres die Höhe der Mindestvergütung nach Satz 1 Nummer 1 bis 4, die für das folgende Kalenderjahr maßgebend ist, im Bundesgesetzblatt bekannt. Die nach den Sätzen 2 bis 5 fortgeschriebene Höhe der Mindestvergütung für das erste Jahr einer Berufsausbildung gilt für Berufsausbildungen, die im Jahr der Fortschreibung begonnen werden. Die Aufschläge nach Satz 1 Nummer 2 bis 4 für das zweite bis vierte Jahr einer Berufsausbildung sind auf der Grundlage dieses Betrages zu berechnen und entsprechend Satz 4 zu runden.

(3) Angemessen ist auch eine für den Ausbildenden nach § 3 Absatz 1 des Tarifvertragsgesetzes geltende tarifvertragliche Vergütungsregelung, durch die die in Absatz 2 genannte jeweilige Mindestvergütung unterschritten wird. Nach Ablauf eines Tarifvertrages nach Satz 1 gilt dessen Vergütungsregelung für bereits begründete Ausbildungsverhältnisse weiterhin als angemessen, bis sie durch einen neuen oder ablösenden Tarifvertrag ersetzt wird.

(4) Die Angemessenheit der vereinbarten Vergütung ist auch dann, wenn sie die Mindestvergütung nach Absatz 2 nicht unterschreitet, in der Regel ausgeschlossen, wenn sie die Höhe der in einem Tarifvertrag geregelten Vergütung, in dessen Geltungsbereich das Ausbildungsverhältnis fällt, an den der Ausbildende aber nicht gebunden ist, um mehr als 20 Prozent unterschreitet.

(5) Bei einer Teilzeitberufsausbildung kann eine nach den Absätzen 2 bis 4 zu gewährende Vergütung unterschritten werden. Die Angemessenheit der Vergütung ist jedoch ausgeschlossen, wenn die prozentuale Kürzung der Vergütung höher ist als die prozentuale Kürzung der täglichen oder der wöchentlichen Arbeitszeit. Absatz 1 Satz 2 und Absatz 2 Satz 1 Nummer 2 bis 4, auch in Verbindung mit Absatz 2 Satz 2 bis 7, sind mit der Maßgabe anzuwenden, dass für die nach § 7a Absatz 2 Satz 1 verlängerte Dauer der Teilzeitberufsausbildung kein weiterer Anstieg der Vergütung erfolgen muss.

(6) Sachleistungen können in Höhe der nach § 17 Absatz 1 Satz 1 Nummer 4 des Vierten Buches Sozialgesetzbuch festgesetzten Sachbezugswerte angerechnet werden, jedoch nicht über 75 Prozent der Bruttovergütung hinaus.

(7) Eine über die vereinbarte regelmäßige tägliche Ausbildungszeit hinausgehende Beschäftigung ist besonders zu vergüten oder durch die Gewährung entsprechender Freizeit auszugleichen.

Inhaltsübersicht

I. Überblick

§ 17 BBiG gilt auch für die Ausbildung im **Handwerk und wurde** durch das **Berufsbildungsmodernisierungsgesetz** zum 1.1.2020 neu geregelt. § 17 BBiG regelt wegen des besonderen **Schutzbedürfnisses der Auszubildenden** einen Anspruch auf eine **»angemessene Vergütung«** und zudem (neu eingeführt) einen Anspruch auf eine **Mindestausbildungsvergütung**. Die **Höhe der Mindestausbildungsvergütung war im Gesetz für die Jahre 2020 bis 2023 bestimmt und für die Folgejahre ist festgelegt, nach welchen Parametern sich diese erhöht.** 1

Auszubildende haben (wegen dieser Spezialregelung und weil sie nicht in einem Arbeitsverhältnis stehen) **keinen Anspruch auf den allgemeinen gesetzlichen Mindestlohn**, der für »Arbeitnehmer« gilt. Das wird in § 22 Abs. 3 MiLoG ausdrücklich klargestellt. Anstelle des Anspruchs auf den allgemeinen Mindestlohn für Arbeitnehmer besteht für Auszubildende der Anspruch auf die Mindestausbildungsvergütung (§ 17 Abs. 2 BBiG).

Entsprechende Regelungen zum Anspruch auf eine **»angemessene Ausbildungsvergütung«** gelten auch für Ausbildungen außerhalb des Anwendungsbereichs des BBiG (vgl. § 3 BBiG), z.B. für die **Ausbildung in Krankenpflege- und Gesundheitspflegeberufen**[1] oder in der **Altenpflege.**[2] 2

In § 19 Abs. 1 Satz 1 **Pflegeberufegesetz** (PflBG) ist ausdrücklich geregelt, dass die Träger der praktischen Ausbildung den Auszubildenden (bei der Ausbildung zur Pflegefachfrau oder zum Pflegefachmann) für die gesamte Dauer der Ausbildung eine **»angemessene Ausbildungsvergütung«** zu zahlen haben.[3] Entsprechende Regelungen (Anspruch auf

---

1 *BAG* 19.2.2008 – 9 AZR 1091/06, NZA 2008, 828.
2 *BAG* 23.8.2011 – 3 AZR 575/09, NZA 2012, 211.
3 Gesetz über die Pflegeberufe (Pflegeberufegesetz – PflBG) vom 17.7.2017 (BGBl. I S. 2581), in Kraft getreten am 1.1.2020.

eine »**angemessene Ausbildungsvergütung**«) gibt es u.a. in § 15 Abs. 1 **Notfallsanitätergesetz** (NotSanG) bei der Ausbildung zur Notfallsanitäterin oder zum Notfallsanitäter.[4]

1. Verhältnis angemessene Vergütung und Mindestvergütung

3 § 17 Abs. 1 BBiG enthält eine **Rahmenvorschrift**. Zunächst ist es Sache der Vertragsparteien, die Höhe der Vergütung festzulegen, sofern nicht bei Tarifbindung beider Parteien oder bei Allgemeinverbindlichkeit (§ 5 TVG) tarifvertragliche Regelungen bindend sind. Die Vertragsparteien haben bei der vertraglichen Regelung einen Spielraum. Die (gerichtliche) Überprüfung erstreckt sich darauf, ob die vereinbarte Vergütung die Höhe erreicht, die (noch) als angemessen anzusehen ist.[5]

4 Nach der Neuregelung durch das Berufsbildungsmodernisierungsgesetz zum 1.1.2020 besteht weiterhin der **Anspruch auf die angemessene Vergütung**, daneben wurde als **absolute Mindestgrenze** ein Anspruch auf eine Mindestausbildungsvergütung eingeführt. Für die Mindestvergütung gibt es allerdings eine »Tariföffnungsklausel« (vgl. Rn. 62 ff.), die ein Unterschreiten der gesetzlich festgelegten Mindestvergütung erlaubt.

5 Für den Anspruch auf die »angemessene Vergütung« bleibt die bisherige Rechtsprechung maßgeblich, wobei der neue § 17 Abs. 4 BBiG diese Rechtsprechung teilweise in positives Gesetzesrecht übernommen hat (vgl. Rn. 35 ff.). Es ist deutlich darauf hinzuweisen, dass die Auszubildenden **in erster Linie den Anspruch auf die angemessene Ausbildungsvergütung** haben und die **Mindestvergütung** lediglich eine **absolute Untergrenze** ist, die in keinem Fall (außer durch Tarifvertrag) unterschritten werden darf. Es ist keineswegs so, dass der Anspruch auf die Mindestvergütung den Anspruch auf die »angemessene Vergütung« verdrängt.

2. Allgemeine Einordnung der Ausbildungsvergütung

6 § 17 BBiG spricht von der »Vergütung« und »Mindestvergütung« und meint damit die Ausbildungsvergütung und Mindestausbildungsvergütung. Zudem ist damit die **monatliche Vergütung** gemeint. § 18 Abs. 1 Satz 1 BBiG regelt ausdrücklich, dass sich die Vergütung nach Monaten bemisst. **Zusätzlich** zu dieser monatlichen Vergütung können sich weitere Vergütungsbestandteile aus einem anwendbaren **Tarifvertrag** ergeben. Verbreitet sind neben der Zahlung von **Zuschlägen** für die Arbeit an bestimmten Tagen oder zu bestimmten Zeiten kumulativ oder alternativ die Zahlung eines Urlaubsgeldes, Weihnachtsgeldes oder sonstiger **Sonderzahlungen** oder **Gratifikationen (vgl. Rn. 69 ff.)**.

7 Der Anspruch auf die Vergütung ist gem. § 25 BBiG unabdingbar, das heißt die Auszubildenden können darauf nicht wirksam verzichten. Allerdings kann der Anspruch auf die Zahlung der Ausbildungsvergütung aufgrund von **Ausschlussfristen/Verfallfristen** (wenn diese Anwendung finden) verfallen, wenn der Anspruch bei Nichtzahlung nicht rechtzeitig geltend gemacht wird (vgl. § 11 BBiG Rn. 71 ff.). Unabhängig davon, ob Ausschlussfristen Anwendung finden, gilt für den Anspruch auf Ausbildungsvergütung (wie

4 Gesetz über den Beruf der Notfallsanitäterin und des Notfallsanitäters (Notfallsanitätergesetz – NotSanG) vom 22.5.2013 (BGBl. I S. 1348), in Kraft getreten am 1.1.2014.

5 *BAG* 16.5.2017 – 9 AZR 377/16, Rn. 13, NZA 2017, 1129; *BAG* 29.4.2015 – 9 AZR 108/14, Rn. 12, NZA 2015, 1384; *BAG* 17.3.2015 – 9 AZR 732/13, Rn. 10; *BAG* 16.7.2013 – 9 AZR 784/11, Rn. 12, NZA 2013, 1202; *BAG* 15.12.2005 – 6 AZR 224/05, AP BBiG § 10 Nr. 15; *BAG* 8.5.2003 – 6 AZR 191/02, NZA 2003, 1343.

für den Anspruch auf Arbeitsentgelt) die gesetzliche **Verjährungsfrist** von drei Jahren (§ 195 BGB).

Bei **Insolvenz** des Ausbildenden haben die Auszubildenden gegen die Bundesagentur für Arbeit einen Anspruch auf **Insolvenzgeld** (§ 165 SGB III).[6] Ansonsten sind im Fall der Insolvenz die Besonderheiten des Insolvenzverfahrens zu beachten. Unter bestimmten Umständen kann Ausbildungsvergütung, die im Wege der Zwangsvollstreckung durchgesetzt oder unter dem Druck drohender Zwangsvollstreckung gezahlt worden ist, vom Insolvenzverwalter zurückgefordert werden. Die Regelung der Insolvenzordnung (§ 131 InsO) gilt auch dann, wenn es um die Rückforderung von Ausbildungsvergütung geht.[7] 8

Die Ausbildungsvergütung gehört zu den Einkünften aus nichtselbständiger Arbeit und unterliegt der **Einkommenssteuerpflicht** (§ 2 Abs. 1 Nr. 4, § 19 EStG), wobei diese durch Abzug vom Arbeitslohn als Lohnsteuer erhoben wird (§ 38 EStG). Die Ausbildungsvergütung unterliegt auch der **Beitragspflicht** in allen Zweigen der **Sozialversicherung** (Kranken-, Renten-, Pflege- und Arbeitslosenversicherung). Die Beiträge müssen je zur Hälfte von den Auszubildenden und Ausbildenden getragen werden. Die Ausbildenden haben die Beiträge allein zu tragen, wenn die Auszubildenden ein Entgelt erzielen, das auf den Monat bezogen 325 Euro nicht übersteigt (§ 20 Abs. 3 Nr. 1 SGB IV). Wegen der Einführung der Mindestausbildungsvergütung ist das faktisch nicht mehr relevant. 9

Da der Entgeltcharakter der Ausbildungsvergütung nicht im Vordergrund steht, ist diese **nicht pfändbar**, sondern gilt als unpfändbares Erziehungsgeld i. S. d. § 850a Nr. 6 ZPO.[8] Die Ausbildungsvergütung kann deshalb weder verpfändet (§ 1274 Abs. 2 BGB) noch abgetreten werden (§ 400 BGB). 10

Die Ausbildungsvergütung hat **drei Funktionen**:[9] Sie soll 11

- die Auszubildenden und die (zum Unterhalt verpflichteten) Eltern bei den Lebenshaltungskosten finanziell unterstützen,
- die Heranbildung eines ausreichenden Nachwuchses an qualifizierten Fachkräften gewährleisten und
- die Leistungen der Auszubildenden in gewissem Umfang »entlohnen«.

II. Rechtsanspruch auf eine angemessene Ausbildungsvergütung

1. Grundsätze

Die Auszubildenden haben kraft Gesetzes einen Anspruch auf eine »angemessene« Ausbildungsvergütung. Die Ausbildungsvergütung muss mit fortschreitender Berufsausbildung, mindestens **jährlich**, **ansteigen** (§ 17 Abs. 1 Satz 2 BBiG). Die früher im Gesetz geregelte Pflicht zur Berücksichtigung auch des Lebensalters wurde durch das Berufsbildungsmodernisierungsgesetz zum 1. 1. 2020 gestrichen. In der Gesetzesbegründung heißt es hierzu: »Die mit der Dauer des Ausbildungsverhältnisses steigende Vergütung berücksichtigt bereits den mit wachsender beruflicher Qualifikation und Erfahrung steigenden 12

6 *BAG* 26. 10. 2017 – 6 AZR 511/16, Rn. 34.

7 *BAG* 26. 10. 2017 – 6 AZR 511/16.

8 *Benecke/Hergenröder*, BBiG, § 17 Rn. 7; *Taubert*, BBiG, § 17 Rn. 9; Schaub/*Vogelsang*, § 174 Rn. 60; ausführlich *Tonikidis*, DB 2022, 937–941.

9 Ständige Rechtsprechung; vgl. *BAG* 16. 5. 2017 – 9 AZR 377/16, Rn. 16, NZA 2017, 1129; *BAG* 29. 4. 2015 – 9 AZR 108/14, Rn. 15, NZA 2015, 1384; *BAG* 17. 3. 2015 – 9 AZR 732/13, Rn. 13; *BAG* 16. 7. 2013 – 9 AZR 784/11, Rn. 12, NZA 2013, 1202; *BAG* 22. 1. 2008 – 9 AZR 999/06, NZA-RR 2008, 565.

Beitrag zur Wertschöpfung. Dem zeitgleich steigenden Lebensalter kommt daneben keine eigenständige Bedeutung zu.«[10]

13 Wichtigster Anhaltspunkt dafür, ob die Vergütung angemessen ist, sind die **einschlägigen Tarifverträge**, da anzunehmen ist, dass bei der tariflichen Regelung die Interessen beider Seiten hinreichend berücksichtigt werden.[11] Ein Tarifvertrag ist einschlägig, wenn beide Vertragsparteien (bei unterstellter Tarifbindung) unter seinen räumlichen, zeitlichen und fachlichen Geltungsbereich fallen.[12] Die einschlägige tarifliche Vergütung bestimmt sich *nicht* danach, für welchen Ausbildungsberuf die Ausbildung erfolgt. Entscheidend ist die fachliche Zuordnung des Ausbildungsbetriebs.[13] Allerdings begründet § 17 Abs. 1 BBiG keine Rechtspflicht, die einschlägige tarifliche Ausbildungsvergütung zu vereinbaren.[14]

14 Die Ausbildungsvergütung muss **während der gesamten Ausbildungsdauer angemessen** sein. Es kommt nicht auf den Zeitpunkt des Vertragsschlusses, sondern der Fälligkeit der Vergütung an. Die Vergütung steigt mit fortschreitender Berufsausbildung, mindestens jährlich (§ 17 Abs. 1 Satz 2 BBiG). Was angemessen ist, kann sich ändern. Bei Dauerschuldverhältnissen wie dem Berufsausbildungsverhältnis bezieht sich die Prüfung der Angemessenheit auf die jeweiligen Zeitabschnitte.[15]

15 Wenn **Teile der Ausbildung im Ausland** durchgeführt werden (§ 2 Abs. 3 BBiG), bleibt der Vergütungsanspruch bestehen, weil das Berufsausbildungsverhältnis durch die Teilausbildung im Ausland nicht unterbrochen wird.[16] Der Vergütungsanspruch darf nicht einzelvertraglich ausgeschlossen oder gekürzt werden (§ 25 BBiG). Nicht gesetzlich geregelt ist die Frage, wer die Kosten des Auslandsaufenthalts (Unterbringungs- und Lebenshaltungskosten) zu tragen hat (vgl. § 2 BBiG Rn. 15 ff.). § 2 Abs. 3 BBiG bietet die Option, Auslandsaufenthalte als integralen Bestandteil der Berufsausbildung zu gestalten. Unabhängig davon ist es auch möglich, Auslandsaufenthalte Auszubildender im Rahmen von Beurlaubungen oder Freistellungen durchzuführen. In solchen Fällen ruhen die Rechte und Pflichten aus dem Berufsausbildungsverhältnis; ein Anspruch auf Ausbildungsvergütung besteht in solchen Fällen nicht.

16 Für die Bemessung der Vergütung bei einer **Teilzeitausbildung** (§ 7a BBiG) gilt (der zum 1. 1. 2020 neu eingeführte) § 17 Abs. 5 BBiG (vgl. Rn. 65 ff.).

2. Tarifvertragliche Regelungen der Ausbildungsvergütung

17 Weil der Anspruch auf eine angemessene Ausbildungsvergütung unabdingbar ist (§ 25 BBiG), gilt die Vorgabe, dass die Höhe der Vergütung »angemessen« sein muss, nicht nur für einzelvertragliche Vereinbarungen, sondern auch für tarifvertragliche Regelungen.

10 BT-Drucks. 19/10815, S. 57.

11 *BAG* 16. 5. 2017 – 9 AZR 377/16, Rn. 17, NZA 2017, 1129; *BAG* 29. 4. 2015 – 9 AZR 108/14, Rn. 20, NZA 2015, 1384; *BAG* 17. 3. 2015 – 9 AZR 732/13, Rn. 14; *BAG* 16. 7. 2013 – 9 AZR 784/11, Rn. 13, NZA 2013, 1202.

12 *BAG* 16. 7. 2013 – 9 AZR 784/11, Rn. 16, NZA 2013, 1202; *BAG* 24. 10. 2002 – 6 AZR 626/00, NZA 2003, 1203.

13 *BAG* 15. 12. 2005 – 6 AZR 224/05, AP BBiG § 10 Nr. 15; vgl. zur Abgrenzung von industrieller und handwerklicher Fertigung *BAG* 26. 3. 2013 – 3 AZR 89/11.

14 *BAG* 29. 4. 2015 – 9 AZR 108/14, NZA 2015, 1384.

15 *BAG* 25. 7. 2002 – 6 AZR 311/00, AP BBiG § 10 Nr. 11; *BAG* 30. 9. 1998 – 5 AZR 690/97, AP BBiG § 10 Nr. 8.

16 Teilweise wird die Auffassung vertreten, die Ausbildungsvergütung sei gem. §§ 15 Satz 2 i. V. m. 19 Abs. 1 Nr. 1 BBiG fortzuzahlen; vgl. *Hartwich*, NZA 2011, 1267 f.; Schaub/*Vogelsang*, § 173 Rn. 10.

Nach der Rechtsprechung des *BAG* sind aber tarifvertragliche Regelungen der Ausbildungsvergütung stets als »angemessen« anzusehen.[17] Das folgt aus der im Grundgesetz verankerten **Tarifautonomie** (Art. 9 Abs. 3 GG). Es wird davon ausgegangen, dass die von den Tarifvertragsparteien ausgehandelten Regelungen die Interessen beider Seiten angemessen berücksichtigen.

Dem kann in der Regel, aber nicht in jedem Einzelfall gefolgt werden. Es kann Fälle geben, in denen die tarifvertragliche Regelung der Ausbildungsvergütung unangemessen i. S. d. § 17 Abs. 1 BBiG ist. Tarifvertragliche Regelungen haben zwar die Vermutung der Angemessenheit für sich, nicht aber die Gewähr, dass dem tatsächlich immer so ist. Je nach Organisationsgrad der Gewerkschaft und sonstiger Durchsetzungskraft in der betreffenden Branche kann eine tarifvertragliche Regelung der Ausbildungsvergütung unangemessen niedrig sein. Gegebenenfalls ist auch zu prüfen, ob wirklich ein »Tarifvertrag« im Rechtssinne vorliegt. Das setzt voraus, dass die Gewerkschaft tariffähig, das heißt hinreichend mächtig ist. Das ist insbesondere bei Gewerkschaften mit geringem Organisationsgrad, wie sog. christlichen Gewerkschaften, nicht immer der Fall. 18

Tarifvertragliche Regelungen der Ausbildungsvergütung finden **unmittelbar und zwingend** Anwendung bei beiderseitiger **Organisationszugehörigkeit** (§§ 2, 3, 4 TVG). Der Ausbildende muss Mitglied im Arbeitgeberverband und der Auszubildende Gewerkschaftsmitglied sein. Die alleinige Organisationszugehörigkeit der Auszubildenden reicht bei einem **Firmen- oder Haustarifvertrag**, das heißt einem Tarifvertrag, der nur für die entsprechenden Arbeitgeber/Ausbildenden gilt. Entsteht die Tarifbindung erst zeitlich nach Abschluss des Berufsausbildungsvertrages (was in der Praxis häufig der Fall sein wird, weil Auszubildende vor Eintritt in das Berufsleben normalerweise keiner Gewerkschaft angehören), muss die tarifliche Vergütung (erst) ab dem Zeitpunkt des Gewerkschaftsbeitritts an gezahlt werden.[18] Die Ausbildenden dürfen die Einstellung nicht davon abhängig machen, ob die Bewerber Gewerkschaftsmitglied sind oder nicht. Das folgt aus der durch Art. 9 Abs. 3 GG geschützten Koalitionsfreiheit.[19] 19

Ein Tarifvertrag gilt ferner unmittelbar und zwingend, wenn er für **allgemeinverbindlich** erklärt worden ist (§ 5 TVG). Das ist bei Ausbildungsvergütungen der Ausnahmefall. Allgemeinverbindliche Tarifverträge über Ausbildungsvergütungen gibt es faktisch nur in einzelnen Bundesländern im **Friseurhandwerk sowie für Auszubildende in den elektro- und informationstechnischen Berufen der Länder Berlin und Brandenburg**. Für das **Bäckerhandwerk** gibt es einen bundesweit geltenden allgemeinverbindlichen Tarifvertrag über Ausbildungsvergütungen,[20] zuletzt vom 13. 7. 2023 (auch Vorgängertarifverträge waren allgemeinverbindlich). Die Ausbildungsvergütung beträgt danach ab 1. 1. 2025 im ersten Ausbildungsjahr 930 Euro (im zweiten Ausbildungsjahr 1015 Euro, im dritten Ausbildungsjahr 1155 Euro). Auch für das **Schornsteinfegerhandwerk** gibt es einen bundesweiten allgemeinverbindlichen Tarifvertrag über die Förderung der beruflichen Ausbildung im Schornsteinfegerhandwerk, zuletzt vom 13. 7. 2023 (auch Vorgängertarifverträge waren allgemeinverbindlich). Die Ausbildungsvergütung beträgt danach seit 1. 1. 2024 im ersten Ausbildungsjahr 900 Euro (im zweiten Ausbildungsjahr 1000 Euro, im dritten und vierten Ausbildungsjahr 1100 Euro). 20

---

17 *BAG* 16. 5. 2017 – 9 AZR 377/16, Rn. 18, NZA 2017, 1129; *BAG* 22. 1. 2008 – 9 AZR 999/06, NZA-RR 2008, 565; *BAG* 15. 12. 2005 – 6 AZR 224/05, AP BBiG § 10 Nr. 15; *BAG* 30. 9. 1998 – 5 AZR 690/97, AP BBiG § 10 Nr. 8; *BAG* 11. 10. 1995 – 5 AZR 258/94, AP BBiG § 10 Nr. 6.

18 *Taubert*, BBiG, § 17 Rn. 18.

19 *BAG* 28. 3. 2000 – 1 ABR 16/99, NZA 2000, 1294.

20 Nur in den Bundesländern Mecklenburg-Vorpommern und Brandenburg gilt dieser Tarifvertrag auch für das Konditorenhandwerk.

21 Die unmittelbare und zwingende Wirkung der Tarifnormen hat zur Folge, dass die Tarifnormen wie Gesetze für das Ausbildungsverhältnis gelten. Das kann zur Folge haben, dass es aufgrund von Tarifänderungen zur Absenkung der Ausbildungsvergütung kommen kann. Eine **Verschlechterung der tariflichen Ausbildungsvergütung** ist wirksam. Löst ein Tarifvertrag einen anderen ab, gelten von diesem Zeitpunkt an die Regelungen des neuen (des jüngeren) Tarifvertrags. Im Verhältnis zweier gleichrangiger Normen gilt die Zeitkollisionsregel. Es kommt nicht darauf an, ob die jüngeren Regelungen für die Arbeitnehmer/Auszubildenden günstiger oder ungünstiger sind, es sei denn, es würde in unverhältnismäßiger Weise in Besitzstände der Arbeitnehmer/Auszubildenden eingegriffen. Ein solcher unverhältnismäßiger Eingriff findet nicht statt, wenn künftige Vergütungsansprüche geändert werden.[21]

22 Die tarifliche Ausbildungsvergütung stellt eine **Mindestvergütung** dar. Einzelvertraglich kann zugunsten tarifgebundener Auszubildenden von den tariflichen Sätzen abgewichen werden (**Günstigkeitsprinzip**, § 4 Abs. 3 TVG). Eine Abweichung von den tariflichen Sätzen nach unten zuungunsten der Auszubildenden ist bei Anwendung des Tarifvertrags kraft Tarifbindung im Regelfall unzulässig.

23 Bei fehlender Tarifbindung können **einzelvertraglich die tariflichen Regelungen ganz oder teilweise in Bezug genommen werden.**[22] Das ist in der **Praxis** der häufigste Fall der Tarifanwendung. Die tariflichen Regelungen gelten (im Unterschied zur Tarifbindung nach dem TVG) dann nicht wie Gesetze unmittelbar und zwingend, sondern aufgrund einzelvertraglicher, also freiwilliger, Bindung an die Tarifnormen. Die einzelvertragliche Regelung ist aber ebenfalls bindend für die Partner des Berufsausbildungsvertrags.

24 Wie weit die einzelvertragliche Tarifbindung reicht, ist bei unklaren Formulierungen im Vertrag eine Frage der **Auslegung** des Berufsausbildungsvertrags (§§ 133, 157 BGB). So können im Berufsausbildungsvertrag **konkret bezifferte Vergütungssätze** für das jeweilige Ausbildungsjahr mit dem Zusatz ergänzt werden, dass »mindestens die jeweils gültigen Tarifsätze« gelten sollen. Wird in einem solchen Fall nach Vertragsschluss die tarifliche Ausbildungsvergütung gesenkt, verbleibt den Auszubildenden der vertragliche Anspruch auf die (höhere) Ausbildungsvergütung.[23]

3. Einzelvertragliche Regelungen der Ausbildungsvergütung

25 Eine einzelvertragliche Regelung der Ausbildungsvergütung muss sich unmittelbar an § 17 Abs. 1 BBiG messen lassen. Die vertragliche Regelung ist nur wirksam, wenn vom Ausbildenden eine »angemessene Vergütung« gewährt wird. Wichtigster Anhaltspunkt für die Angemessenheit sind die **einschlägigen Tarifverträge**. Eine Ausbildungsvergütung, die der Höhe nach einem einschlägigen Tarifvertrag entspricht, ist stets als angemessen anzusehen, weil anzunehmen ist, dass bei der tariflichen Regelung die Interessen beider Seiten hinreichend berücksichtigt werden.[24] Ein Tarifvertrag ist einschlägig, wenn beide Vertragsparteien (bei unterstellter Tarifbindung) unter seinen räumlichen, zeitlichen und

---

21 *BAG* 13.12.2000 – 5 AZR 336/99.

22 *BAG* 24.10.1984 – 5 AZR 615/83, EzB BBiG § 10 Abs. 1 Nr. 37; *LAG Rheinland-Pfalz* 16.6.1982 – 2 Sa 121/82, EzB BBiG § 10 Abs. 1 Nr. 33.

23 *BAG* 26.9.2002 – 6 AZR 434/00, NZA 2003, 435.

24 *BAG* 16.5.2017 – 9 AZR 377/16, Rn. 18, NZA 2017, 1129; *BAG* 16.7.2013 – 9 AZR 784/11, Rn. 13, NZA 2013, 1202; *BAG* 22.1.2008 – 9 AZR 999/06, NZA-RR 2008, 565; *BAG* 15.12.2005 – 6 AZR 224/05, AP BBiG § 10 Nr. 15; *BAG* 8.5.2003 – 6 AZR 191/02, NZA 2003, 1343; *BAG* 24.10.2002 – 6 AZR 626/00, NZA 2003, 1203; *BAG* 25.7.2002 – 6 AZR 311/00, AP BBiG § 10 Nr. 11.

fachlichen Geltungsbereich fallen.[25] Die einschlägige tarifliche Vergütung bestimmt sich *nicht* danach, für welchen Ausbildungsberuf die Ausbildung erfolgt. Entscheidend ist die fachliche Zuordnung des Ausbildungsbetriebs.[26]

Allerdings begründet § 17 Abs. 1 BBiG **keine Rechtspflicht**, die einschlägige tarifliche **26**
Ausbildungsvergütung einzelvertraglich zu vereinbaren. Die Parteien des Ausbildungsvertrages sind frei darin, eine niedrigere oder höhere Vergütung vertraglich zu regeln. Erst wenn die vereinbarte Ausbildungsvergütung die Vergütung in einem einschlägigen Tarifvertrag um mehr als 20 % unterschreitet, ist sie in der Regel nicht mehr »angemessen« i. S. d. § 17 Abs. 1 BBiG.[27] Auch dann, wenn üblicherweise nur zwischen 80 % und 100 % der tariflichen Ausbildungsvergütung gezahlt werden, ist eine Ausbildungsvergütung, die die Grenze von 80 % unterschreitet, nicht mehr »angemessen«.[28]

Bei **kirchlichen Arbeitgebern** oder solchen, die dem Diakonischen Werk oder dem Ca- **27**
ritasverband angehören, gelten als Kontrollmaßstab die Ausbildungsvergütungen, die in den Allgemeinen Arbeitsvertragsrichtlinien (AVR) festgelegt sind, die für solche Arbeitgeber/Ausbildenden Anwendung finden.[29]

In **Sonderkonstellationen** gelten Abweichungen (vgl. Rn. 31 ff.). **28**

Fehlt eine tarifvertragliche Regelung, sind die **branchenüblichen Sätze** des betreffenden **29**
Wirtschaftszweiges zugrunde zu legen.[30] Es kann auch auf die **Empfehlungen der zuständigen Stellen (Kammern)** zurückgegriffen werden.[31] Diese sind zwar nicht verbindlich,[32] jedoch ein wichtiges Indiz für die Angemessenheit der empfohlenen Sätze. Im Einzelfall kann die angemessene Vergütung auch darunter oder (insbesondere bei langer Zeit nicht geänderten Empfehlungen) darüber liegen.[33] Liegt die Ausbildungsvergütung **um mehr als 20 %** unter den Empfehlungen der zuständigen Kammer, so ist zu vermuten, dass sie nicht mehr angemessen i. S. d. § 17 BBiG ist.[34]

Zusammenfassend gilt für die Angemessenheit der Ausbildungsvergütung: Als Ver- **30**
gleichsmaßstab ist auf einschlägige tarifliche Regelungen abzustellen, wenn solche fehlen, auf branchenübliche Sätze oder Empfehlungen der zuständigen Kammern. Eine vertragliche Regelung der Ausbildungsvergütung ist dann nicht mehr angemessen, wenn der jeweils einschlägige **Bezugswert** (Tarifvertrag oder branchenübliche Sätze) **um mehr als**

25 *BAG* 16.7.2013 – 9 AZR 784/11, Rn. 16, NZA 2013, 1202; *BAG* 24.10.2002 – 6 AZR 626/00, NZA 2003, 1203.

26 *BAG* 15.12.2005 – 6 AZR 224/05, AP BBiG § 10 Nr. 15; vgl. zur Abgrenzung von industrieller und handwerklicher Fertigung *BAG* 26.3.2013 – 3 AZR 89/11.

27 *BAG* 16.5.2017 – 9 AZR 377/16, Rn. 18, NZA 2017, 1129; *BAG* 29.4.2015 – 9 AZR 108/14, Rn. 20, NZA 2015, 1384; *BAG* 16.7.2013 – 9 AZR 784/11, Rn. 14, NZA 2013, 1202; *BAG* 22.1.2008 – 9 AZR 999/06, NZA-RR 2008, 565; *BAG* 8.5.2003 – 6 AZR 191/02, NZA 2003, 1343; *BAG* 25.7.2002 – 6 AZR 311/00, AP BBiG § 10 Nr. 11.

28 *BAG* 16.5.2017 – 9 AZR 377/16, Rn. 23, NZA 2017, 1129; *BAG* 29.4.2015 – 9 AZR 108/14, Rn. 26, NZA 2015, 1384.

29 *BAG* 23.8.2011 – 3 AZR 575/09, NZA 2012, 211.

30 *BAG* 17.3.2015 – 9 AZR 732/13, Rn. 14; *BAG* 16.7.2013 – 9 AZR 784/11, Rn. 13, NZA 2013, 1202; *BAG* 25.7.2002 – 6 AZR 311/00, AP BBiG § 10 Nr. 11.

31 *BAG* 17.3.2015 – 9 AZR 732/13, Rn. 14; *BAG* 16.7.2013 – 9 AZR 784/11, Rn. 17, NZA 2013, 1202; *BAG* 15.12.2005 – 6 AZR 224/05, AP BBiG § 10 Nr. 15.

32 *BVerwG* 26.3.1981 – 5 C 50/80, BVerwGE 62, 117 = NJW 1981, 2209.

33 *BAG* 25.7.2002 – 6 AZR 311/00, AP BBiG § 10 Nr. 11; *BAG* 30.9.1998 – 5 AZR 690/97, NZA 1999, 265.

34 *BAG* 16.7.2013 – 9 AZR 784/11, Rn. 18, NZA 2013, 1202; *BAG* 30.9.1998 – 5 AZR 690/97, NZA 1999, 265.

20 % unterschritten wird. Abzustellen ist dabei auf den Zeitpunkt der Fälligkeit der Ausbildungsvergütung, nicht den Zeitpunkt des Vertragsabschlusses.[35]

31 Von diesen allgemeinen Grundsätzen hat die Rechtsprechung in **Sonderfällen** eine **weitergehende Abweichung** geduldet.[36] Wird die Ausbildung beispielsweise teilweise oder vollständig durch **öffentliche Gelder oder Spenden** zur Schaffung zusätzlicher Ausbildungsplätze finanziert, kann eine Ausbildungsvergütung auch bei deutlichem Unterschreiten dieser Grenze noch angemessen sein.[37] Für die Berechtigung, die tarifliche Ausbildungsvergütung erheblich zu unterschreiten, genügt die Gemeinnützigkeit des Ausbildungsträgers nicht. Entscheidend ist der mit der Ausbildung verfolgte Zweck.[38] Wird die Ausbildung zumindest teilweise durch öffentliche Gelder zur Schaffung zusätzlicher Ausbildungsplätze finanziert und ist sie für die Ausbildenden mit keinerlei finanziellen Vorteilen verbunden, rechtfertigen die Begrenztheit der öffentlichen Mittel und das vom Staat verfolgte gesamtgesellschaftliche Interesse, möglichst vielen arbeitslosen Jugendlichen die Möglichkeit einer qualifizierten Berufsausbildung zu verschaffen, auch ein deutliches Unterschreiten der tariflichen Ausbildungssätze.[39] Entscheidend für die Beurteilung der Angemessenheit ist dabei nicht die Förderung durch öffentliche Mittel als solche, sondern die Förderungsvoraussetzungen. Diese Erfordernisse dienen dazu, die vom Gesetzgeber erkannten Gefahren einer öffentlichen Förderung der außerbetrieblichen Berufsbildung einzudämmen.[40]

32 Auch eine durch **Spenden Dritter** finanzierte Ausbildungsvergütung, die mehr als 20 % unter den tariflichen Sätzen liegt, ist nicht zwingend unangemessen. Eine Unterschreitung des Tarifniveaus um mehr als 20 % kann gerechtfertigt sein, wenn die Ausbildenden den Zweck verfolgen, die Jugendarbeitslosigkeit zu bekämpfen und auch Jugendlichen eine qualifizierte Ausbildung zu vermitteln, die sie ohne Förderung nicht erlangen könnten.[41] Allerdings rechtfertigt allein der Umstand, dass die Mitglieder eines als Verein organisierten Bildungsträgers zu 100 % Zuschüsse leisten, um (zusätzliche) Ausbildungsplätze zu schaffen, es nicht, bei der Prüfung der Angemessenheit der Ausbildungsvergütung von einer Orientierung an den einschlägigen tariflichen Sätzen abzusehen. Der Abschluss eines Berufsausbildungsvertrags muss einen inneren Zusammenhang zu dem Vereinszweck dergestalt aufweisen, dass dem konkreten Auszubildenden eine qualifizierte Ausbildung (und damit ein Zugang zum Erwerbsleben) ermöglicht wird, die ihm anderenfalls verschlossen geblieben wäre. Dazu muss der **Unterstützungs- und Förderungsbedarf gerade in der Person der Auszubildenden** begründet sein.[42] Nur so wird der Gefahr begegnet, dass Jugendliche dem freien Ausbildungsmarkt entzogen, zu weniger günstigen

---

35 *BAG* 25.7.2002 – 6 AZR 311/00, AP BBiG § 10 Nr. 11; *BAG* 30.9.1998 – 5 AZR 690/97, NZA 1999, 265.
36 Zusammenfassend *BAG* 16.5.2017 – 9 AZR 377/16, Rn. 19ff., NZA 2017, 1129; *BAG* 29.4.2015 – 9 AZR 108/14, Rn. 22, NZA 2015, 1384.
37 *BAG* 19.2.2008 – 9 AZR 1091/06, NZA 2008, 828.
38 *BAG* 16.5.2017 – 9 AZR 377/16, Rn. 19, NZA 2017, 1129; *BAG* 29.4.2015 – 9 AZR 108/14, Rn. 22, NZA 2015, 1384.
39 *BAG* 22.1.2008 – 9 AZR 999/06, NZA-RR 2008, 565.
40 *BAG* 16.5.2017 – 9 AZR 377/16, Rn. 20, NZA 2017, 1129; *BAG* 22.1.2008 – 9 AZR 999/06, NZA-RR 2008, 565.
41 *BAG* 19.2.2008 – 9 AZR 1091/06, NZA 2008, 828.
42 Das ist vom Ausbildenden konkret vorzutragen, ansonsten haben die Auszubildenden einen Anspruch auf die einschlägige ungekürzte tarifliche Ausbildungsvergütung; vgl. *BAG* 16.5.2017 – 9 AZR 377/16, Rn. 26ff., NZA 2017, 1129.

Bedingungen in außerbetriebliche Ausbildungen gedrängt werden und damit gegen die zwingenden gesetzlichen Vorgaben des § 17 BBiG verstoßen wird.[43]

33 Wenn ausnahmsweise ein Unterschreiten der üblichen Ausbildungsvergütung zulässig war, war nach der Rechtsprechung eine vom konkreten Ausbildungsbetrieb losgelöste Orientierung an den allgemeinen Lebenshaltungskosten vorzunehmen. Hierfür boten die **Förderungssätze nach dem BAföG** einen Anhaltspunkt. Davon ausgehend musste die Ausbildungsvergütung mindestens zwei Drittel des einschlägigen BAföG-Satzes betragen, so dass Ausbildungsvergütungen unterhalb dieser Grenze unzulässig waren.[44] Nach dem seit dem 1. 1. 2020 geltenden Recht besteht, wenn ein Unterschreiten der angemessenen Vergütung ausnahmsweise zulässig ist, mindestens ein Anspruch auf die **Mindestausbildungsvergütung**. Diese absolute Untergrenze darf nicht unterschritten werden; das gilt auch bei außerbetrieblichen Ausbildungsverhältnissen (vgl. Rn. 53f.). Falls zwei Drittel des einschlägigen BAföG-Satzes höher sind als die Mindestausbildungsvergütung, ist allerdings dieser höhere Betrag maßgeblich, weil in erster Linie auf die angemessene Ausbildungsvergütung nach § 17 Abs. 1 BBiG abzustellen ist.

34 In einem Ausbildungsverhältnis, das vollständig von der Bundesagentur für Arbeit finanziert wird, und das zwischen einer überbetrieblichen Bildungseinrichtung und einem beruflichen **Rehabilitanden** nach dem SGB III vereinbart ist (öffentlich finanziertes, dreiseitiges Ausbildungsverhältnis) besteht nach der Rechtsprechung kein Anspruch auf eine »angemessene« Vergütung nach § 17 Abs. 1 BBiG.[45] Allerdings haben diese Personen nach dem SGB III Anspruch auf eine öffentlich-rechtliche Förderleistung, die nach dem neuen Recht seit dem 1. 1. 2020 mindestens nach der **Mindestausbildungsvergütung** (§ 17 Abs. 2 BBiG) zu bemessen ist (vgl. Rn. 54).

4. Neuregelung durch das Berufsbildungsmodernisierungsgesetz

35 § 17 Abs. 4 BBiG sichert **oberhalb der Mindestvergütung** den bestehenden Mechanismus aus der Rechtsprechung zur Bestimmung einer **»angemessenen« Vergütung** gesetzlich ab.[46] Danach ist die Angemessenheit der vereinbarten Vergütung auch dann, wenn sie die Mindestvergütung nach § 17 Abs. 2 BBiG nicht unterschreitet, in der Regel ausgeschlossen, wenn sie die Höhe der in einem Tarifvertrag geregelten Vergütung, in dessen Geltungsbereich das Ausbildungsverhältnis fällt, an den der Ausbildende aber nicht gebunden ist, um mehr als 20 % unterschreitet. Voraussetzung für das Eingreifen der Regelung ist, dass ein Tarifvertrag eine Ausbildungsvergütung regelt und dieser Tarifvertrag für das in Rede stehende Ausbildungsverhältnis unmittelbar gelten würde, wenn der Ausbildende tarifgebunden wäre (also Mitglied des Arbeitgeberverbandes wäre oder selbst Partei des Tarifvertrages).[47] In einem solchen Fall ist eine vereinbarte Ausbildungsvergütung in der Regel nicht angemessen, wenn sie die in dem einschlägigen **Tarifvertrag** geregelte Ausbildungsvergütung **um mehr als 20 % unterschreitet**. Das gilt für alle Ausbildungsjahre und auch für das Gebot, dass die Vergütung jährlich ansteigen muss (§ 17 Abs. 1 Satz 2 BBiG). Mit § 17 Abs. 4 BBiG wird die ständige Rechtsprechung des BAG kodifiziert, also in Gesetzes-

43 *BAG* 16. 5. 2017 – 9 AZR 377/16, Rn. 21, NZA 2017, 1129.
44 *BAG* 29. 4. 2015 – 9 AZR 108/14, Rn. 22, NZA 2015, 1384; *BAG* 17. 3. 2015 – 9 AZR 732/13, Rn. 20ff.; *BAG* 24. 10. 2002 – 6 AZR 626/00, NZA 2003, 1203.
45 *BAG* 15. 11. 2000 – 5 AZR 296/99, NZA 2001, 1248; *BAG* 16. 1. 2002 – 6 AZR 325/01, AP BBiG § 10 Nr. 13.
46 So die Gesetzesbegründung, BT-Drucks. 19/10815, S. 58.
47 Gesetzesbegründung, BT-Drucks. 19/10815, S. 58.

recht überführt.[48] Die Formulierung »in der Regel« (in § 17 Abs. 4 BBiG) soll nach der Gesetzesbegründung »Spielraum für atypische Konstellationen« geben.[49] Durch das Erfordernis eines Tarifvertrages einerseits und durch den in der Rechtsprechung entwickelten möglichen Abschlag von 20 % gegenüber der tarifvertraglichen Regelung andererseits werde (so die Gesetzesbegründung) ein angemessener und in der Rechtsprechungspraxis etablierter Ausgleich der betroffenen Verfassungsgüter gewählt.[50]

36 Soweit kein einschlägiger Tarifvertrag besteht, können im Rahmen der Angemessenheitsprüfung oberhalb der Mindestvergütung (wie bisher) auch andere Kriterien wie zum Beispiel die **branchenübliche Vergütung** Maßstab der Angemessenheit sein.[51] Das Überschreiten der Mindestvergütung sei (so die Gesetzesbegründung) eine notwendige, aber nicht automatisch auch eine hinreichende Bedingung für eine »angemessene« Ausbildungsvergütung. Die einzelfallbezogene Betrachtung, ob die Vergütung »angemessen« ist, entziehe sich einer über die getroffenen Haltelinien hinausgehenden gesetzlichen Fixierung. Diese Rechtsprechung solle daher »nicht gesetzgeberisch überholt werden«.[52]

37 Aus der Gesetzesformulierung und Gesetzesbegründung ergibt sich folgende **Schlussfolgerung**. Die oben dargestellte Rechtsprechung zur »angemessenen« Vergütung ist nach wie vor anzuwenden, und zwar in all ihren Varianten: Vergleichsmaßstab für die Angemessenheit der Vergütung ist ein einschlägiger Tarifvertrag. Wenn ein solcher fehlt, ist auf branchenübliche Sätze oder Empfehlungen der zuständigen Kammern abzustellen. Eine einzelvertragliche Regelung der Ausbildungsvergütung ist nicht mehr »angemessen«, wenn der einschlägige **Bezugswert** (Tarifvertrag oder branchenübliche Sätze) **um mehr als 20 % unterschritten** wird. Das gilt »in der Regel« (§ 17 Abs. 4 BBiG), so dass die dargestellten Abweichungen nach unten in Sonderfällen nach wie vor gelten (vgl. Rn. 31 ff.). Neu gibt es als **absolute Mindestgrenze** den Anspruch auf die Mindestvergütung (§ 17 Abs. 2 BBiG). Die Mindestvergütung darf lediglich in einer Fallkonstellation unterschritten werden, nämlich dann, wenn es einen Tarifvertrag nach § 17 Abs. 3 BBiG gibt, also einen Tarifvertrag, an den der Ausbildende normativ gebunden ist (also nicht nur aufgrund einzelvertraglicher Bindung; vgl. Rn. 62 ff.).

5. Rechtsfolgen unangemessener Ausbildungsvergütung

38 Wenn die vereinbarte Ausbildungsvergütung nicht »angemessen« i. S. d. § 17 Abs. 1 BBiG ist, ist die Vergütungsvereinbarung unwirksam (§ 25 BBiG). Der Ausbildungsvertrag bleibt im Übrigen wirksam. Anstelle der unwirksamen vereinbarten Vergütung haben die Auszubildenden Anspruch auf die angemessene, im Regelfall die tarifliche, Ausbildungsvergütung.[53] Die Ausbildungsvergütung wird in einem solchen Fall nicht auf 80 % der »angemessenen« Vergütung gekürzt, weil das der Grenzwert für die Bestimmung der »angemessenen« Vergütung ist. Eine solche **geltungserhaltende Reduktion** der vertraglichen Regelung bis zur Grenze dessen, was noch als angemessen anzusehen ist, erfolgt nicht.

48 Gesetzesbegründung, BT-Drucks. 19/10815, S. 58; in der Gesetzesbegründung wird verwiesen auf BAG 29. 4. 2015 – 9 AZR 108/14 und BAG 16. 5. 2017 – 9 AZR 377/16.

49 Gesetzesbegründung, BT-Drucks. 19/10815, S. 58.

50 BT-Drucks. 19/10815, S. 58.

51 So die Gesetzesbegründung, BT-Drucks. 19/10815, S. 58 unter Hinweis auf BAG 29. 4. 2015 – 9 AZR 108/14.

52 Gesetzesbegründung, BT-Drucks. 19/10815, S. 58.

53 *BAG* 16. 7. 2013 – 9 AZR 784/11, Rn. 19, NZA 2013, 1202; *BAG* 25. 7. 2002 – 6 AZR 311/00, AP BBiG § 10 Nr. 11.

Dies würde zu einer Begünstigung der rechtswidrig handelnden Ausbildenden führen, die dem Schutzzweck des § 17 Abs. 1 BBiG widerspräche.[54]

Die Auszubildenden haben die **Darlegungs- und Beweislast** dafür, dass die vereinbarte Ausbildungsvergütung unangemessen ist. Sie genügen der Darlegungslast in der Regel dadurch, dass sie sich auf die einschlägige tarifliche Vergütung oder, falls es eine solche nicht gibt, auf Empfehlungen von Kammern stützen und darlegen, dass die gezahlte Vergütung um mehr als 20 % darunter liegt.[55] Die Ausbildenden können sich in dem Fall nicht auf den Vortrag beschränken, die gezahlte Vergütung sei angemessen. Sie müssen vielmehr im Einzelnen (substantiiert) begründen, weshalb ein von den normalen Grundsätzen abweichender Maßstab gelten soll.[56] 39

Der Anspruch auf eine »angemessene« Ausbildungsvergütung (§ 17 Abs. 1 BBiG), der sich an den tariflichen Sätzen orientiert, schließt auch die Gewährung von **Sonderzahlungen** mit ein, wenn diese im einschlägigen Tarifvertrag geregelt sind.[57] 40

III. Vergütungserhöhungen

1. Jährliche Erhöhungen

Die Ausbildungsvergütung ist so zu bemessen, dass sie mit fortschreitender Berufsausbildung, mindestens jährlich, ansteigt (§ 17 Abs. 1 Satz 2 BBiG). Die Norm begründet eine Pflicht, die Vergütung mit fortschreitender Berufsausbildung ansteigen zu lassen; auf das Lebensalter der Auszubildenden kommt es nicht an.[58] Das Erfordernis der jährlichen Erhöhung bezieht sich auf **Ausbildungsjahre**, nicht auf Kalenderjahre. Die Ausbildungsvergütung muss also im zweiten Ausbildungsjahr gegenüber dem ersten ansteigen und dann noch mal im dritten Ausbildungsjahr. Die **jährliche Steigerung** ist eine Mindestvorgabe. Zugunsten der Auszubildenden können auch kürzere Intervalle vorgesehen werden. Eine Abweichung zum Nachteil der Auszubildenden ist unzulässig. Ein vertraglicher Verzicht auf die jährliche Steigerung wäre unwirksam (§ 25 BBiG). 41

Bei **Verlängerung der Ausbildungsdauer** im Einzelfall (vgl. § 8 BBiG) und nach Nichtbestehen der Abschlussprüfung (vgl. § 21 BBiG) besteht kein Anspruch auf eine höhere Ausbildungsvergütung. Die höhere Ausbildungsvergütung für ein weiteres Ausbildungsjahr (zum Beispiel 4. Ausbildungsjahr) ist nur für die Ausbildungsberufe vorgesehen, die von vornherein eine längere als dreijährige Ausbildungsdauer haben.[59] 42

Es darf **wegen der Verlängerung** der Ausbildung aber andererseits auch **keine Kürzung** der Ausbildungsvergütung vereinbart werden. Anderslautende einzelvertragliche Vereinbarungen wären unwirksam (§ 25 BBiG). In der Regel ist die Ausbildungsvergütung für das dritte Ausbildungsjahr auch im Falle der Verlängerung zu zahlen. Allein der Umstand, dass sich der Auszubildende in einem (nach § 21 Abs. 3 BBiG) verlängerten Ausbildungs- 43

54 *BAG* 16.7.2013 – 9 AZR 784/11, Rn. 20, NZA 2013, 1202; *BAG* 25.7.2002 – 6 AZR 311/00, AP BBiG § 10 Nr. 11.

55 *BAG* 16.5.2017 – 9 AZR 377/16, Rn. 23, NZA 2017, 1129; *BAG* 16.7.2013 – 9 AZR 784/11, Rn. 14, NZA 2013, 1202; *BAG* 19.2.2008 – 9 AZR 1091/06, NZA 2008, 828.

56 *BAG* 16.5.2017 – 9 AZR 377/16, Rn. 23, NZA 2017, 1129; *BAG* 29.4.2015 – 9 AZR 108/14, Rn. 26, NZA 2015, 1384; *BAG* 17.3.2015 – 9 AZR 732/13, Rn. 17; *BAG* 19.2.2008 – 9 AZR 1091/06, Rn. 35, NZA 2008, 828.

57 *BAG* 16.5.2017 – 9 AZR 377/16, Rn. 36, NZA 2017, 1129; *BAG* 19.2.2008 – 9 AZR 1091/06, NZA 2008, 828.

58 *BAG* 29.4.2015 – 9 AZR 108/14, Rn. 25, NZA 2015, 1384. Das ist nunmehr auch im Gesetzestext dadurch klargestellt worden, dass das Kriterium »Lebensalter« fortgefallen ist.

59 *BAG* 8.2.1978 – 4 AZR 552/76, AP BBiG § 10 Nr. 1.

verhältnis befindet, ist kein sachlicher Grund für eine unterschiedliche Behandlung gegenüber anderen Auszubildenden im dritten Ausbildungsjahr.[60]

2. Sonstige Erhöhungen

44 Unabhängig von der Pflicht zur jährlichen Erhöhung der Ausbildungsvergütung kann **einzelvertraglich eine Steigerung der Vergütung vereinbart werden**. Häufig ändert sich die Vergütung durch entsprechende **Tarifsteigerungen**. Findet ein entsprechender Tarifvertrag zwingend auf das Ausbildungsverhältnis Anwendung, haben die Auszubildenden im Fall der Erhöhung der tariflichen Ausbildungsvergütung einen Anspruch auf die Zahlung. Das gilt auch, wenn einzelvertraglich auf entsprechende Tarifverträge Bezug genommen wird. Ein Absenken der tariflichen Ausbildungsvergütung wirkt sich auch bei einzelvertraglicher Bezugnahme auf den Tarifvertrag zu Lasten der Auszubildenden aus. Etwas anderes gilt allerdings dann, wenn durch eine »Besitzstandsklausel« im Ausbildungsvertrag die Höhe der Vergütung vor einem Absenken gesichert ist oder feste Euro-Beträge vereinbart sind, die mindestens zu zahlen sind (vgl. Rn. 24).

a) Anrechnung beruflicher Vorbildung

45 Bei einer **Anrechnung beruflicher Vorbildung** auf die Ausbildungsdauer (§ 7 BBiG) befinden sich die Auszubildenden in einem späteren Ausbildungsabschnitt und haben deshalb Anspruch auf die Vergütung für diesen Ausbildungsabschnitt. Wird zum Beispiel ein ganzes Jahr auf die Ausbildungsdauer angerechnet, erhalten die Auszubildenden bereits ab Beginn des Ausbildungsverhältnisses die Vergütung für das 2. Ausbildungsjahr.[61]

b) Verkürzung der Ausbildungsdauer im Einzelfall

46 Bei einer **Verkürzung der Ausbildungsdauer** im Einzelfall durch die zuständige Stelle (§ 8 Abs. 1 BBiG) ändert sich (anders als bei einer Anrechnung beruflicher Vorbildung) der Ausbildungsinhalt nicht. Die Verkürzung führt deshalb *nicht* zu einer Vorverlegung des Ausbildungsbeginns mit der Folge eines früheren Anspruchs auf eine für spätere Zeitabschnitte vorgesehene höhere Ausbildungsvergütung.[62]

IV. Mindestausbildungsvergütung

1. Grundsätze

47 Mit dem durch das Berufsbildungsmodernisierungsgesetz zum **1. 1. 2020** neu eingefügten § 17 Abs. 2 BBiG wurde eine **Mindestvergütung für Auszubildende** gesetzlich festgeschrieben. Die Mindestvergütung soll Auszubildende besser vor Vergütungen schützen, die als nicht mehr angemessen angesehen werden können. Die Mindestvergütung konkretisiert die Pflicht der Ausbildenden, eine angemessene Ausbildungsvergütung zu zahlen.[63]

48 Die Höhe der Vergütung muss im Ausbildungsvertrag konkret bestimmt werden (§ 11 Abs. 1 Satz 2 Nr. 6 BBiG). Diese darf nicht von bestimmten oder bestimmbaren Ergeb-

60 *LAG Rheinland-Pfalz* 21. 8. 2009 – 9 Sa 297/09.
61 *BAG* 22. 9. 1982 – 4 AZR 719/79, AP BGB § 611 Ausbildungsverhältnis Nr. 5.
62 *BAG* 8. 12. 1982 – 5 AZR 474/80, AP BBiG § 29 Nr. 1.
63 Gesetzesbegründung, BT-Drucks. 19/10815, S. 57.

nissen abhängig gemacht und muss **monatlich** ausgezahlt werden (§ 18 Abs. 1 Satz 1 BBiG).[64] Die Ausbildenden haben die Vergütung für den laufenden Monat spätestens am letzten Arbeitstag des Monats zu zahlen (§ 18 Abs. 2 BBiG).

Der durch das Berufsbildungsmodernisierungsgesetz zum 1.1.2020 neu eingefügte § 18 Abs. 3 BBiG regelt die für die Verhängung eines Bußgeldes erforderliche **Handlungspflicht**: Gilt für Ausbildende nicht nach § 3 Abs. 1 TVG eine tarifvertragliche Vergütungsregelung, sind sie **verpflichtet**, den bei ihnen beschäftigten Auszubildenden spätestens am letzten Arbeitstag des Monats **die Mindestvergütung** (nach § 17 Abs. 2 BBiG) **zu zahlen** (§ 18 Abs. 3 Satz 1 BBiG). Bei einer Teilzeitberufsausbildung muss die Vergütungshöhe (unter Berücksichtigung des § 17 Abs. 5 Satz 3 BBiG) mindestens dem prozentualen Anteil an der Arbeitszeit entsprechen (§ 18 Abs. 3 Satz 2 BBiG). 49

Ordnungswidrig handelt, wer entgegen § 18 Abs. 3 BBiG die Mindestvergütung nicht, nicht richtig, nicht vollständig oder nicht rechtzeitig zahlt (§ 101 Abs. 1 Nr. 5 BBiG). Die Ordnungswidrigkeit kann mit einer **Geldbuße** bis zu 5000 Euro geahndet werden (§ 101 Abs. 2 BBiG). Da die Pflicht zur Zahlung der Mindestvergütung jeden Monat neu entsteht, kann theoretisch für jeden Monat neu von der zuständigen Behörde eine Geldbuße verhängt werden. Unabhängig davon, ob gegen die Ausbildenden eine Geldbuße verhängt wird, haben die Auszubildenden den Anspruch auf Zahlung der Ausbildungsvergütung, mindestens in Höhe der Mindestvergütung. Dieser Anspruch der Auszubildenden verringert sich nicht für Monate, in denen gegen den illegal handelnden Ausbildenden eine Geldbuße verhängt wird. 50

Zusätzlich zur monatlichen Ausbildungsvergütung gewährte **sonstige Geldleistungen dürfen *nicht* auf die Mindestvergütung angerechnet werden**. Soweit in der Gesetzesbegründung ausgeführt wird, dass Jahressonderleistungen allenfalls dann auf die Mindestvergütung angerechnet werden könnten, »wenn sie vertraglich vereinbarte Gegenleistung für geleistete Arbeit sind, monatlich ausgezahlt werden und ohne Bedingung und unwiderruflich vereinbart sind (z. B. nicht umsatzabhängig)«,[65] geht das fehl. Die Ausbildungsvergütung ist nämlich keine »Gegenleistung für geleistete Arbeit«. 51

Gesetzliche **Zuschläge für Nachtarbeit** (§ 6 Abs. 5 ArbZG) dürfen nicht auf die Mindestvergütung angerechnet werden, weil diese Zuschläge einem anderen Zweck dienen (Ausgleich für ungünstige Arbeits-/Ausbildungszeiten).[66]

Ob einzelvertraglich oder tarifvertraglich vereinbarte **sonstige Zulagen oder Zuschläge** auf die Mindestvergütung angerechnet werden dürfen, ist abhängig von der individuellen vertraglichen Ausgestaltung. Zulagen sind grundsätzlich *nicht* auf die Mindestvergütung anzurechnen. Ausnahmsweise sind sie anzurechnen, wenn diese als fester Bestandteil der Vergütung von vorneherein und ohne Bedingung vertraglich vereinbart sind und monatlich gezahlt werden.[67]

2. Maßgeblicher Zeitpunkt: Beginn des Berufsausbildungsverhältnisses

Die **Übergangsregelung** in § 106 Abs. 1 BBiG stellt klar, dass auf **Berufsausbildungsverträge**, die **bis zum 31. 12. 2019** abgeschlossen wurden, § 17 BBiG in der bis dahin geltenden Fassung anzuwenden ist, das heißt, dass diese Auszubildenden **keinen Anspruch auf die Mindestausbildungsvergütung** haben, und zwar auch dann nicht, wenn das 52

64 Gesetzesbegründung, BT-Drucks. 19/10815, S. 58.
65 Gesetzesbegründung, BT-Drucks. 19/10815, S. 58.
66 So im Ergebnis auch zutreffend die Gesetzesbegründung, BT-Drucks. 19/10815, S. 58.
67 Gesetzesbegründung, BT-Drucks. 19/10815, S. 58.

Ende der Ausbildung erst im Jahre 2020 oder noch später ist. Wenn z. B. der Berufsausbildungsvertrag (das Berufsausbildungsverhältnis) mit dem 1. 9. 2019 begann, so haben diese Auszubildenden in den Folgejahren keinen Anspruch auf die Mindestvergütung, auch nicht auf die Mindestvergütung für das zweite oder dritte Ausbildungsjahr. Zwar endet bei dreijähriger Ausbildungsdauer das Ausbildungsverhältnis im Beispielsfall erst im Jahr 2022; gleichwohl besteht für die gesamte Ausbildungsdauer kein Anspruch auf die Mindestvergütung.

§ 17 Abs. 2 BBiG stellt für den Anspruch auf die Mindestvergütung (abweichend vom Wortlaut des § 106 Abs. 1 BBiG) nicht auf den Abschluss des Vertrages ab, sondern jeweils auf den **Beginn der Berufsausbildung** im Jahr 2020 und in den Folgejahren. Unabhängig vom Anspruch auf die Mindestvergütung besteht der Anspruch auf Zahlung einer angemessenen Ausbildungsvergütung nach § 17 Abs. 1 BBiG. Insoweit kommt es nicht darauf an, wann die Ausbildung begonnen worden ist oder zukünftig begonnen wird.

Entscheidend für den Anspruch auf die Mindestausbildungsvergütung ist also nach § 106 Abs. 1 BBiG, dass der Berufsausbildungsvertrag nach dem 31. 12. 2019 »abgeschlossen« wurde oder noch wird. In der Gesetzesbegründung heißt es hierzu: »Berufsausbildungsvertrag meint den erstmaligen Vertragsabschluss zwischen den Vertragsparteien zu einem bestimmten Ausbildungsverhältnis.«[68] § 17 Abs. 2 BBiG stellt für die Höhe der Mindestvergütung darauf ab, wann die »Berufsausbildung … begonnen wird« (§ 17 Abs. 2 Satz 1 Nr. 1 Buchstabe a) bis d) BBiG) bzw. »begonnen worden ist« (§ 17 Abs. 2 Satz 1 Nr. 2 bis 4 BBiG).

Das ist sprachlich insofern verwirrend, weil es bei dem Abschluss des Berufsausbildungsvertrages um eine rechtliche Kategorie geht, dagegen bei dem Beginn der Berufsausbildung um einen tatsächlichen Umstand (der Beginn des *Berufsausbildungsverhältnisses* wäre dagegen eine rechtliche Kategorie). Weshalb in der Übergangsregelung (§ 106 Abs. 1 BBiG) auf die rechtliche Kategorie des »Berufsausbildungsvertrages« abgestellt wird, während in § 17 Abs. 2 vom Beginn der »Berufsausbildung« die Rede ist, wird in der Gesetzesbegründung zu § 17 BBiG nicht erläutert.[69] Dort heißt es lediglich lapidar: »Maßgeblich ist der Ausbildungsbeginn.« Und: »Der Ausbildungsbeginn entscheidet damit über die Mindestvergütung während der gesamten Ausbildungsdauer.«[70] In der Gesetzesbegründung zu § 106 Abs. 1 BBiG wird richtigerweise auf den »Vertragsabschluss zwischen den Vertragsparteien zu einem bestimmten Ausbildungsverhältnis« abgestellt.

Es stellt sich also das Problem, ob es auf den Vertragsabschluss oder auf den Vertragsbeginn ankommt. Vom Regelungszweck her (Einführung einer Mindestvergütung zum Schutz der Auszubildenden) kann es nicht darauf ankommen, wann der Berufsausbildungsvertrag »abgeschlossen« wurde oder noch wird, sondern darauf, wann das *Berufsausbildungsverhältnis* (als Rechtsverhältnis) nach dem Inhalt des Berufsausbildungsvertrages beginnen soll. Die Zeitpunkte des Vertragsabschlusses und des Vertragsbeginns können auseinanderfallen. Es ist rechtlich möglich, einen Vertrag im Jahr 2019 abzuschließen, der jedoch erst am 1. 9. 2020 beginnen soll. In einem solchen Fall kann es nicht auf den Abschluss des Vertrages ankommen, sondern es muss auf den vereinbarten Vertragsbeginn abgestellt werden. Insofern ist die Übergangsregelung in § 106 Abs. 1 BBiG so zu lesen, dass es darauf ankommt, **wann das Berufsausbildungsverhältnis nach dem Vertrag beginnen sollte** (vor oder nach dem 31. 12. 2019).

---

68 BT-Drucks. 19/10815, S. 75.
69 BT-Drucks. 19/10815, S. 57.
70 Jeweils BT-Drucks. 19/10815, S. 57.

Ein weiteres Problem ist, welches Recht bei einem **Wechsel des Vertragspartners** Anwendung findet. Nach den allgemeinen Grundsätzen des Vertragsrechts wird ein Vertragsverhältnis durch einen Vertrag begründet. Maßgeblich ist der jeweilige Vertrag mit dem jeweiligen Vertragspartner. Einen »Wechsel« des Vertragspartners im eigentlichen Sinn des Wortes gibt es nicht; vielmehr wird mit einem Vertragspartner ein neues Vertragsverhältnis begründet. Das ergibt sich auch aus der Rechtssystematik des BBiG. Die Begründung eines Berufsausbildungsverhältnisses setzt den Abschluss eines Berufsausbildungsvertrages voraus (§ 10 Abs. 1 BBiG). Auch in § 11 Abs. 1 BBiG wird auf den »Abschluss des Berufsausbildungsvertrages« abgestellt. Durch den Vertrag wird das »Berufsausbildungsverhältnis« (siehe die Überschrift des Abschnitts 2 des BBiG) begründet. Das stellt die Überschrift des Unterabschnitts 1 des Abschnitts 2 des BBiG (§§ 10 bis 12 BBiG) klar: »Begründung des Ausbildungsverhältnisses«. Mit anderen Worten: Das Berufsausbildungsverhältnis wird durch den Berufsausbildungsvertrag begründet, ohne Vertrag kein Ausbildungsverhältnis als Rechtsverhältnis (dass der Vertrag auch mündlich vereinbart werden kann, ergibt sich im Umkehrschluss aus § 11 Abs. 1 BBiG, hat hier aber keine Bedeutung; vgl. § 10 BBiG Rn. 24; § 11 BBiG Rn. 4).

Diese Überlegungen zur systematischen Einordnung führen zwingend dazu, dass für den Beginn der »Berufsausbildung« (§ 17 Abs. 2 Satz 1 Nr. 1 bis 4 BBiG) auf den **Beginn des Berufsausbildungsverhältnisses** und auf die Vereinbarungen im Berufsausbildungsvertrag abzustellen ist. Es gibt keinen Anhaltspunkt dafür, dass der Gesetzgeber mit dem Beginn der »Berufsausbildung« etwas anderes gemeint haben könnte als den Beginn des jeweiligen Berufsausbildungsverhältnisses mit dem jeweiligen Vertragspartner. Im Gegenteil: die Gesetzesbegründung zu § 106 Abs. 1 BBiG deutet darauf hin, dass dem Gesetzgeber die rechtliche Bedeutung von Vertrag und Ausbildungsverhältnis bewusst war, dort heißt es: »Berufsausbildungsvertrag meint den erstmaligen Vertragsabschluss zwischen den Vertragsparteien zu einem bestimmten Ausbildungsverhältnis.«[71]

Aus diesen Überlegungen folgt, dass es für den Anspruch auf Zahlung der Mindestvergütung und der konkreten Höhe (§ 17 Abs. 2 Satz 1 Nr. 1 bis 4 BBiG) darauf ankommt, **wann das Berufsausbildungsverhältnis nach dem Berufsausbildungsvertrag beginnen soll**. Das bedeutet zudem, dass es auf den **konkreten Vertragsabschluss mit dem jeweiligen Vertragspartner** (Ausbildenden) ankommt. Bei einem Wechsel des Vertragspartners, das heißt dem Abschluss eines *neuen* Berufsausbildungsvertrages, kommt es auf das Datum des neuen Vertrags an und nicht darauf, wann das vorherige Vertragsverhältnis begonnen hat. Einen automatischen Übergang eines Vertragsverhältnisses auf einen anderen Vertragspartner kennt das geltende Recht nur in einem Fall, nämlich einem Betriebsübergang: Geht ein Betrieb oder Betriebsteil durch Rechtsgeschäft auf einen anderen Inhaber über, so tritt dieser in die Rechte und Pflichten aus den im Zeitpunkt des Übergangs bestehenden Arbeitsverhältnissen (hier Ausbildungsverhältnisses) ein (§ 613a Abs. 1 Satz 1 BGB). Von diesem Fall abgesehen wird ein Vertrag mit einem **neuen Vertragspartner** nicht fortgesetzt, sondern neu begründet.

3. Geltung auch für die außerbetriebliche Ausbildung

Die Mindestausbildungsvergütung gilt auch für die **außerbetriebliche Ausbildung.**[72] Die Agentur für Arbeit kann förderungsberechtigte junge Menschen durch eine nach § 57 53

71 BT-Drucks. 19/10815, S. 75.

72 So ausdrücklich Beschlussempfehlung und Bericht des Ausschusses für Bildung, Forschung und Technikfolgenabschätzung, BT-Drucks. 19/14431, S. 63.

Abs. 1 SGB III förderungsfähige Berufsausbildung in einer außerbetrieblichen Einrichtung (außerbetriebliche Berufsausbildung) fördern (§ 76 Abs. 1 SGB III).[73]
Im Zusammenhang mit der Einführung der Mindestausbildungsvergütung wurde im SGB III neu geregelt, dass die Agentur für Arbeit bei außerbetrieblicher Ausbildung dem Träger der Maßnahme den an den Auszubildenden gezahlten Betrag bis zur Höhe der Mindestausbildungsvergütung zu erstatten hat.[74] Die entsprechende Regelung findet sich nunmehr in § 76 Abs. 7 SGB III.[75] Danach erstattet die Agentur für Arbeit dem Träger, der die außerbetriebliche Berufsausbildung durchführt, die von diesem an die Auszubildende oder den Auszubildenden zu zahlende Ausbildungsvergütung, jedoch höchstens den Betrag nach § 17 Abs. 2 BBiG (Mindestausbildungsvergütung). Wird die Berufsausbildung in Teilzeit durchgeführt, bemisst sich dieser Betrag unter entsprechender Berücksichtigung des § 17 Abs. 5 Satz 3 BBiG (§ 76 Abs. 7 Satz 3 SGB III). Der Betrag erhöht sich um den Anteil am Gesamtsozialversicherungsbeitrag, der vom Träger zu tragen ist (§ 76 Abs. 7 Satz 3 SGB III).

54 Zudem wurde die Einführung der Mindestausbildungsvergütung auch für die Ausbildungsförderung von **Menschen mit Behinderungen** unter Berücksichtigung des bisherigen Leistungssystems und der Möglichkeit der Aufstockung der Bedarfssätze des Ausbildungsgeldes auf die Höhe der Netto-Mindestausbildungsvergütung nachvollzogen.[76] Menschen mit Behinderungen, die eine außerbetriebliche Ausbildung in einem Berufsbildungswerk oder in einer anderen speziell auf die Bedarfe von Menschen mit Behinderungen ausgerichtete Einrichtung absolvieren, erhalten keine Ausbildungsvergütung, sondern ein bedürftigkeitsabhängiges **Ausbildungsgeld** von der Bundesagentur für Arbeit (§§ 122 bis 126 SGB III). Dieses Leistungssystem wird auch nach Einführung der Mindestausbildungsvergütung beibehalten, allerdings wurde für das Ausbildungsgeld eine **Bedarfsuntergrenze in Höhe der Netto-Mindestausbildungsvergütung** (nach Abzug der Steuern und einer Sozialversicherungspauschale) eingeführt. Liegt die Netto-Mindestausbildungsvergütung über dem jeweiligen Bedarfssatz, wird der Bedarfssatz aufgestockt.[77]

---

73 § 57 Abs. 1 SGB III: Eine Berufsausbildung ist förderungsfähig, wenn sie u. a. in einem nach dem BBiG oder der HwO staatlich anerkannten Ausbildungsberuf betrieblich durchgeführt wird und der dafür vorgeschriebene Berufsausbildungsvertrag abgeschlossen worden ist.
Nach § 76 Abs. 5 SGB III sind förderungsberechtigt junge Menschen,
1. die lernbeeinträchtigt oder sozial benachteiligt sind und wegen in ihrer Person liegender Gründe auch mit ausbildungsfördernden Leistungen nach diesem Buch eine Berufsausbildung in einem Betrieb nicht aufnehmen können oder
2. deren betriebliches oder außerbetriebliches Berufsausbildungsverhältnis vorzeitig gelöst worden ist und deren Eingliederung in betriebliche Berufsausbildung auch mit ausbildungsfördernden Leistungen nach diesem Buch aussichtslos ist, sofern zu erwarten ist, dass sie die Berufsausbildung erfolgreich abschließen können.

74 Diese Gesetzesänderungen waren im Gesetzentwurf der Bundesregierung nicht vorgesehen und wurden erst vom zuständigen Bundestagsausschuss vorgeschlagen; zur Begründung vgl. BT-Drucks. 19/14431, S. 63f.

75 Vormals § 79 Abs. 2 SGB III; geändert durch das Gesetz zur Förderung der beruflichen Weiterbildung im Strukturwandel und zur Weiterentwicklung der Ausbildungsförderung vom 20. 5. 2020 (BGBl. I S. 1044) mit Wirkung vom 29. 5. 2020.

76 Auch diese Gesetzesänderungen waren im Gesetzentwurf der Bundesregierung nicht vorgesehen und wurden erst vom zuständigen Bundestagsausschuss vorgeschlagen; zur Begründung vgl. BT-Drucks. 19/14431, S. 64.

77 Die Einzelheiten ergeben sich aus § 123 SGB III.

4. Stufenweise Einführung

Die Mindestvergütung wurde stufenweise eingeführt. Maßgeblich war, in welchem Jahr die Berufsausbildung begonnen wurde (vgl. Rn. 52). Für das **erste Ausbildungsjahr** galten als Mindestsatz 55

im Jahr 2020	515 Euro,
im Jahr 2021	550 Euro,
im Jahr 2022	585 Euro,
im Jahr 2023	620 Euro.

Für die Jahre ab 2024 wird auf Rn. 61 verwiesen.

5. Jährliche Erhöhung

Nach § 17 Abs. 2 Satz 1 Nr. 2 bis 4 BBiG wird die Mindestvergütung ab dem zweiten Ausbildungsjahr und mit fortschreitender Berufsausbildung durch steigende Aufschläge ergänzt, »die dem Beitrag der Auszubildenden zur betrieblichen Wertschöpfung angemessen Rechnung tragen«.[78] Die Mindestvergütung beträgt im **zweiten Ausbildungsjahr** 18 % über der Mindestvergütung für das erste Jahr, im **dritten Ausbildungsjahr** 35 % über der Mindestvergütung für das erste Jahr und im **vierten Ausbildungsjahr** 40 % über der Mindestvergütung für das erste Jahr. Basis für die Aufschläge je nach Ausbildungsjahr ist jeweils das Kalenderjahr, in dem die Ausbildung aufgenommen wird. 56

Daraus ergeben sich folgende Zahlenwerte: 57

- Begann die Ausbildung im Jahr **2020** mit dem ersten Ausbildungsjahr, betrug die Mindestvergütung für das erste Jahr 515 Euro, für das zweite Jahr 608 Euro, für das dritte Jahr 695 Euro und für das vierte Jahr 721 Euro.
- Begann die Ausbildung im Jahr **2021** mit dem ersten Ausbildungsjahr, betrug die Mindestvergütung für das erste Jahr 550 Euro, für das zweite Jahr 649 Euro, für das dritte Jahr 743 Euro und für das vierte Jahr 770 Euro.
- Begann die Ausbildung im Jahr **2022** mit dem ersten Ausbildungsjahr, betrug die Mindestvergütung für das erste Jahr 585 Euro, für das zweite Jahr 690 Euro, für das dritte Jahr 790 Euro und für das vierte Jahr 819 Euro.
- Begann die Ausbildung im Jahr **2023** mit dem ersten Ausbildungsjahr, betrug die Mindestvergütung für das erste Jahr 620 Euro, für das zweite Jahr 732 Euro, für das dritte Jahr 837 Euro und für das vierte Jahr 868 Euro.

Für das Jahr **2024** wird auf Rn. 61 verwiesen.

Beispiel bei Anrechnung beruflicher Vorbildung auf die Ausbildungsdauer: Begann die Ausbildung im Jahr 2021, jedoch wegen einer Anrechnung nach § 7 Abs. 1 BBiG schon mit dem zweiten Ausbildungsjahr, bemaß sich die Mindestvergütung auf der Basis der Höhe der Mindestvergütung für das erste Ausbildungsjahr im Jahr 2021 zuzüglich des Aufschlages für das zweite Ausbildungsjahr (in Höhe von 18 %), also 649 Euro.[79] 58

6. Fortschreibung ab dem Jahr 2024

Die Höhe der Mindestvergütung wird (erstmals zum 1. 1. 2024) zum 1. 1. eines jeden Jahres fortgeschrieben (§ 17 Abs. 2 Satz 2 BBiG). Die Fortschreibung entspricht dem rechnerischen Mittel der nach § 88 Abs. 1 Satz 1 Nr. 1 Buchstabe g) BBiG erhobenen Ausbil- 59

78 So die Gesetzesbegründung, BT-Drucks. 19/10815, S. 57.
79 So die Gesetzesbegründung, BT-Drucks. 19/10815, S. 57.

dungsvergütungen im Vergleich der beiden dem Jahr der *Bekanntgabe* für die Anpassung zum nächsten 1. Januar vorausgegangenen Kalenderjahre (§ 17 Abs. 2 Satz 3 BBiG). Die Bekanntgabe der Anpassung erfolgt jeweils durch das Bundesministerium spätestens bis zum 1.11. des Vorjahres (§ 17 Abs. 2 Satz 5 BBiG). Daraus folgt: Für die Festsetzung der Mindestvergütung zum 1.1.2024, die spätestens zum 1.11.2023 bekannt zu machen ist, ist auf das rechnerische Mittel der erhobenen Ausbildungsvergütungen im Vergleich der Jahre 2021 und 2022 abzustellen.[80]

60 Der sich ergebende Betrag ist bis unter 0,50 Euro abzurunden sowie von 0,50 Euro an aufzurunden (§ 17 Abs. 2 Satz 4 BBiG) Das Bundesministerium für Bildung und Forschung gibt jeweils spätestens bis zum 1.11. eines jeden Kalenderjahres die Höhe der Mindestvergütung, die für das folgende Kalenderjahr maßgebend ist, im **Bundesgesetzblatt** bekannt (§ 17 Abs. 2 Satz 5 BBiG).

61 Auch bei der Festsetzung der Mindestvergütung für das erste Ausbildungsjahr ab dem Jahr 2024 ist als Basis der Aufschläge für die weiteren Ausbildungsjahre der jeweils fortgeschriebene und im Bundesgesetzblatt bekannt gegebene Betrag für das Kalenderjahr zugrunde zu legen, in dem die Ausbildung begonnen wird, wie sich aus § 17 Abs. 2 Satz 6 und 7 BBiG ergibt. Maßgeblich für die Höhe der Mindestvergütung für die Ausbildungsjahre ist also jeweils der Ausbildungsbeginn, zuzüglich der Zuschlag pro Ausbildungsjahr.

Nach der **Bekanntmachung zur Fortschreibung der Höhe der Mindestvergütung für Berufsbildungen nach dem Berufsbildungsgesetz (2024)** vom 16.10.2023 (BGBl. I Nr. 279) gilt Folgendes:

Die Höhe der monatlichen Mindestvergütung nach § 17 Abs. 2 Satz 1 BBiG beträgt, wenn die Berufsausbildung im Zeitraum vom 1.1.2024 bis zum 31.12.2024 begonnen wird:

im ersten Jahr einer Berufsausbildung:	649 Euro,
im zweiten Jahr einer Berufsausbildung:	766 Euro,
im dritten Jahr einer Berufsausbildung:	876 Euro und
im vierten Jahr einer Berufsausbildung:	909 Euro.

Nach der **Bekanntmachung zur Fortschreibung der Höhe der Mindestvergütung für Berufsbildungen nach dem Berufsbildungsgesetz (2025)** vom 8.10.2024 (BGBl. I Nr. 305) gilt für das **Jahr 2025** Folgendes:

Die Höhe der monatlichen Mindestvergütung nach § 17 Abs. 2 Satz 1 BBiG beträgt, wenn die Berufsausbildung im Zeitraum vom 1.1.2025 bis zum 31.12.2025 begonnen wird,

im ersten Jahr einer Berufsausbildung:	682 Euro,
im zweiten Jahr einer Berufsausbildung:	805 Euro,
im dritten Jahr einer Berufsausbildung:	921 Euro und
im vierten Jahr einer Berufsausbildung:	955 Euro.

7. Tariföffnungsklausel

62 § 17 Abs. 3 Satz 1 BBiG bestimmt, dass auch eine für den Ausbildenden nach § 3 Abs. 1 TVG geltende tarifvertragliche Vergütungsregelung, durch die die in § 17 Abs. 2 BBiG festgelegten Mindestvergütungen unterschritten werden, angemessen ist. Damit erhalten die Tarifvertragsparteien die Möglichkeit, die tarifvertraglich vereinbarten Ausbildungsvergütungen nach Einführung der Mindestausbildungsvergütung nach und nach an diese heranzuführen.[81] Wenn sich ein Tarifvertrag in der Nachwirkung (§ 4 Abs. 5 TVG)

80 Vgl. die Gesetzesbegründung, BT-Drucks. 19/10815, S. 58.
81 Gesetzesbegründung, BT-Drucks. 19/10815, S. 58.

befindet, gelten nach § 17 Abs. 3 Satz 2 BBiG dessen Vergütungsregelungen für bereits begründete Ausbildungsverhältnisse weiterhin als angemessen, bis sie durch einen neuen oder ablösenden Tarifvertrag ersetzt werden.[82]

Das bedeutet, dass durch einen **Tarifvertrag**, der für den Ausbildenden nach § 3 Abs. 1 TVG gilt, die gesetzlich festgelegte Mindestausbildungsvergütung unterschritten werden darf. Ein Tarifvertrag findet nach § 3 Abs. 1 TVG an sich nur Anwendung, wenn *beide* Parteien des Ausbildungsvertrages an diesen normativ gebunden sind. Das wäre der Fall, wenn der Auszubildende Mitglied der Gewerkschaft ist, die den Tarifvertrag abgeschlossen hat, *und* der Ausbildende Mitglied des Arbeitgeberverbandes ist, der den Tarifvertrag abgeschlossen hat, oder selbst Partei des Tarifvertrages ist (Firmen- oder Haustarifvertrag). Da § 17 Abs. 3 Satz 1 BBiG ausdrücklich und allein darauf abstellt, dass der Ausbildende nach § 3 Abs. 1 TVG an den Tarifvertrag gebunden ist und die Tarifbindung der Auszubildenden nicht erwähnt wird, muss man das so verstehen, dass es nicht darauf ankommt, ob die Auszubildenden Mitglied der Gewerkschaft sind. Wenn allerdings der Ausbildungsvertrag *keine* Bezugnahmeklausel/Verweisungsklausel auf die einschlägigen Tarifverträge enthält, gilt der entsprechende Tarifvertrag nicht für das Ausbildungsverhältnis. 63

Das bedeutet: die **Tariföffnungsklausel greift nur**, wenn der Ausbildende an den einschlägigen Tarifvertrag normativ, das heißt gem. § 3 Abs. 1 TVG, gebunden ist (erste Voraussetzung). Hinzukommen muss (zweite Voraussetzung), dass der/die Auszubildende Mitglied der Gewerkschaft ist, die den einschlägigen Tarifvertrag vereinbart hat (dann wäre diese/r normativ tarifgebunden, § 3 Abs. 1 TVG) *oder* zumindest der Ausbildungsvertrag eine Klausel enthält, mit der auf den einschlägigen Tarifvertrag Bezug genommen oder auf diesen verwiesen wird (Bezugnahmeklausel/Verweisungsklausel). Der Ausbildende muss also zwingend normativ tarifgebunden sein. Für die Auszubildenden genügt (wenn sie nicht Mitglied der Gewerkschaft sind) die vertragliche Bindung an den einschlägigen Tarifvertrag (aufgrund einzelvertraglicher Bezugnahme-/Verweisungsklausel). Das bedeutet umgekehrt: **Ist der Ausbildende nicht (gem. § 3 Abs. 1 TVG) normativ tarifgebunden**, gilt in keinem Fall ein Tarifvertrag, der die Mindestausbildungsvergütung unterschreitet. In dem Fall gilt zwingend und unmittelbar die gesetzlich festgelegte Mindestausbildungsvergütung in der in § 17 Abs. 2 BBiG festgelegten Höhe. Auch eine Allgemeinverbindlicherklärung gem. § 5 TVG würde daran nichts ändern. 64

Ob die Tariföffnungsklausel, abgesehen von den geschilderten Einschränkungen, überhaupt eine **praktische Bedeutung** hat, muss sich erweisen. In der Regel ist davon auszugehen, dass die Gewerkschaften kaum bereit sind, Tarifverträge über Ausbildungsvergütungen unterhalb der Mindestvergütung zu vereinbaren. So gibt es einen bundesweit geltenden Tarifvertrag über Ausbildungsvergütungen im Bäckerhandwerk, der Vergütungen weit oberhalb der Mindestausbildungsvergütung vorsieht (vgl. Rn. 20). Da die Tariföffnungsklausel von ihrem Sinn und Zweck her die **tatsächlich ausgeübte Tarifautonomie** schützen will, ist ein Rückgriff auf Tarifverträge, die sich bereits vor Einführung der Mindestausbildungsvergütung zum 1.1.2020 in der Nachwirkung befanden, unzulässig. 65

V. Teilzeitberufsausbildung

Die früher streitige Frage, ob im Falle der Teilzeitberufsausbildung (§ 7a BBiG) die **Ausbildungsvergütung anteilig gekürzt werden darf**, wurde durch § 17 Abs. 5 BBiG zum 66

82 Gesetzesbegründung, BT-Drucks. 19/10815, S. 58.

1.1.2020 gesetzlich geregelt.[83] § 17 Abs. 5 BBiG regelt nicht nur die zulässige Höhe der *Mindestvergütung* bei einer Teilzeitberufsausbildung. Zwar regelt § 17 Abs. 5 Satz 1 BBiG, dass bei einer Teilzeitberufsausbildung die Mindestausbildungsausbildungsvergütung (§ 17 Abs. 2 BBiG) unterschritten werden kann. In § 17 Abs. 5 Satz 2 BBiG wird jedoch auch auf § 17 Abs. 4 (und § 17 Abs. 3) BBiG verwiesen. § 17 Abs. 4 BBiG bestimmt: Die Angemessenheit der vereinbarten Vergütung ist auch dann, wenn sie die Mindestvergütung nach § 17 Abs. 2 BBiG nicht unterschreitet, in der Regel ausgeschlossen, wenn sie die Höhe der in einem Tarifvertrag geregelten Vergütung, in dessen Geltungsbereich das Ausbildungsverhältnis fällt, an den der Ausbildende aber nicht gebunden ist, um mehr als 20 % unterschreitet. Damit wird zum einen die ständige Rechtsprechung des BAG zur »Angemessenheit der Vergütung« gesetzlich festgeschrieben und zum anderen gerade auf die Angemessenheit der Vergütung Bezug genommen, die in § 17 Abs. 1 BBiG geregelt ist (während die Mindestausbildungsvergütung in § 17 Abs. 2 BBiG geregelt ist). Dementsprechend trifft § 17 Abs. 5 Satz 2 BBiG folgende Regelung: Die »Angemessenheit der Vergütung« ist ausgeschlossen, wenn die prozentuale Kürzung der Vergütung höher ist als die prozentuale Kürzung der täglichen oder der wöchentlichen Arbeitszeit. Daraus ist der Schluss zu ziehen, dass eine **anteilige Kürzung** der Mindestausbildungsvergütung zulässig ist, aber auch der **Ausbildungsvergütung**, die *oberhalb* der Mindestvergütung gem. BBiG liegt. Die Ausbildungsvergütung bemisst sich damit entsprechend der prozentualen Kürzung der täglichen oder der wöchentlichen Ausbildungszeit. Da die Kürzung der täglichen oder der wöchentlichen Ausbildungszeit nach § 7a Abs. 1 Satz 3 BBiG auf 50 % begrenzt ist, ist eine maximal eine Kürzung der Vergütung um 50 % zulässig.

67 Zulässig ist eine **anteilige Kürzung der Ausbildungsvergütung** im Verhältnis der Verringerung der täglichen oder wöchentlichen Ausbildungszeit zur Vollzeitausbildung. Maßgeblich ist also die konkrete Teilzeitvereinbarung. Wird zum Beispiel die reguläre tägliche oder wöchentliche Ausbildungszeit um 30 % gekürzt, darf auch die Ausbildungsvergütung um maximal 30 % gekürzt werden. Die Regelung ist allerdings nur einseitig zwingend, das bedeutet: Vertraglich (oder in einem anwendbaren Tarifvertrag) kann auch vereinbart werden, dass die Ausbildungsvergütung wegen der Teilzeit gar nicht oder nur in einem geringeren Umfang gekürzt wird.

68 Da sich die Ausbildungsvergütung **nach Monaten** bemisst (§ 18 Abs. 1 BBiG), ist eine Kürzung der Ausbildungsvergütung nur in den Monaten zulässig, in denen die Berufsausbildung in Teilzeit durchgeführt wird. Da die Teilzeit nicht zwingend für die gesamte Ausbildungsdauer vereinbart werden muss, sondern auch (nur) für einen bestimmten Zeitraum (vgl. § 7a Abs. 1 Satz 2 BBiG) vereinbart werden kann, kommt eine Kürzung allenfalls für die Monate in Betracht, in denen die Berufsausbildung in Teilzeit durchgeführt wird, nicht auch anteilig in den anderen Monaten, für die keine Teilzeit vereinbart ist.

Bei der Teilzeitausbildung verlängert sich die **Dauer der Teilzeitberufsausbildung** entsprechend dem Umfang der Kürzung, höchstens jedoch bis zum Eineinhalbfachen der Dauer, die in der Ausbildungsordnung für die betreffende Berufsausbildung in Vollzeit festgelegt ist (§ 7a Abs. 2 Satz 1 BBiG). Für den Zeitraum, der wegen dieser Verlängerung

83 Da es nach altem Recht im BBiG eine ausdrückliche Kürzungsregelung bei Teilzeitausbildung nicht gab, war eine Kürzung proportional zur Reduzierung der Ausbildungszeit nicht zulässig; vgl. zur entsprechenden tariflichen Regelung des Ausbildungsentgelts im öffentlichen Dienst (TVAöD Besonderer Teil) *LAG Düsseldorf* 19.12.2019, 13 Sa 269/19. Das sah das *BAG* allerdings anders: Das *BAG* meinte, dass bereits nach altem Recht eine Kürzung der Ausbildungsvergütung bei einer Teilzeitausbildung zulässig gewesen sei; *BAG* 1.12.2020 – 9 AZR 104/20, NZA 2021, 970; *BAG* 1.12.2020 – 9 AZR 174/20.

über die in der Ausbildungsordnung vorgesehenen Ausbildungsjahre hinausgeht, muss die Ausbildungsvergütung *nicht* weiter ansteigen, wie § 17 Abs. 5 Satz 3 BBiG klarstellt.[84]

Da in § 17 Abs. 5 Satz 1 BBiG auch auf § 17 Abs. 3 BBiG verwiesen wird, ist zu beachten, dass durch einen **Tarifvertrag**, der nach § 3 Abs. 1 TVG für den Ausbildenden Anwendung findet, die gesetzlich festgelegte Mindestausbildungsvergütung unterschritten werden darf (vgl. Rn. 62 ff.). Ob es die Tariföffnungsklausel zulässt, bei der Teilzeitberufsausbildung von dem Gebot der lediglich anteiligen Kürzung der Ausbildungsvergütung zu Lasten der Auszubildenden abzuweichen (also eine weitergehende Kürzung zuzulassen), ist nicht ausdrücklich geregelt, aber aufgrund der gesetzlichen Wertung des § 17 Abs. 5 BBiG abzulehnen. 69

VI. Zuschläge/Sonderzahlungen/Gratifikationen

§ 17 BBiG spricht von der »Vergütung« und meint damit die monatliche Vergütung. § 18 Abs. 1 Satz 1 BBiG regelt ausdrücklich, dass sich die Vergütung nach Monaten bemisst. Diese monatliche Vergütung ist unabdingbar i. S. d. § 25 BBiG, das heißt diese ist in jedem Fall zu gewähren. **Zusätzlich** zu dieser monatlichen Vergütung können sich weitere Vergütungsbestandteile aus einem anwendbaren Tarifvertrag oder aus dem Ausbildungsvertrag ergeben Auf die Zahlung von Zuschlägen für Nachtarbeit gibt es einen gesetzlichen Anspruch, wenn keine tarifvertraglichen Ausgleichsregelungen bestehen (§ 6 Abs. 5 ArbZG). Weitere **Zuschläge**, zum Beispiel für die Arbeit (Ausbildung) an Sonn- und Feiertagen, sind gesetzlich nicht geregelt, können aber im Ausbildungsvertrag oder in einem anwendbaren Tarifvertrag geregelt sein. 70

1. Nachtarbeitszuschläge

Ein gesetzlicher Anspruch auf die **Zahlung von Zuschlägen für Nachtarbeit** ergibt sich, soweit keine tarifvertragliche Regelung besteht, aus § 6 Abs. 5 ArbZG. Allerdings sind die gesetzlichen Definitionen zur Nachtarbeit in § 2 ArbZG zu beachten. Auszubildende fallen ausdrücklich auch unter den Anwendungsbereich des ArbZG (§ 2 Abs. 2 ArbZG).[85] Zuschläge für tatsächlich geleistete Nachtarbeit sind nach näherer Maßgabe des § 3b Abs. 1 Nr. 1 EStG steuerfrei. 71

Fehlt es an einer tarifvertraglichen Ausgleichsregelung (weil für das Ausbildungsverhältnis kein Tarifvertrag Anwendung findet oder der anwendbare Tarifvertrag keine Ausgleichsregelung enthält), ist für die Arbeitsstunden, die während der Nachtzeit geleistet werden, auf das Bruttoarbeitsentgelt (hier: auf die Ausbildungsvergütung, umgerechnet in einen Stundensatz) eine angemessene Zahl bezahlter freier Tage *oder* ein angemessener Zuschlag (in Geld) vom Arbeitgeber/Ausbildenden zu gewähren (§ 6 Abs. 5 ArbZG). Der Ausbildende kann wählen, ob er den Ausgleich durch Zahlung von Geld, durch bezahlte Freistellung oder durch eine Kombination von beidem erfüllt.[86] 72

Erfolgt kein Ausgleich durch bezahlte freie Tage, kann die Zahlung des Zuschlags in unterschiedlicher Art und Weise erfolgen. In erster Linie kommt die Zahlung eines prozentualen Zuschlags auf die Ausbildungsvergütung in Frage. In der Regel ist ein Satz von 73

84 Vgl. die Gesetzesbegründung, BT-Drucks. 20/1408, S. 28.
85 Vgl. *LAG Schleswig-Holstein* 7.11.2013 – 4 Sa 254/13.
86 *BAG* 15.7.2020 – 10 AZR 123/19, NZA 2021, 44.

25 % als angemessen anzusehen.[87] Allerdings kann je nach Einzelfall oder Situation in der Branche auch ein geringerer Prozentsatz noch »angemessen« sein, etwa nur 10 % oder 12 %.[88] Für das Sicherheitsgewerbe wurde für Auszubildende ausdrücklich nur ein Zuschlag von 10 % als angemessen angesehen.[89] Rein wirtschaftliche Erwägungen sind nicht geeignet, eine Abweichung nach unten zu begründen.[90] Ein höherer Prozentsatz (30 %) kann gerechtfertigt sein, wenn Arbeitnehmer nicht in Wechselschicht, sondern in Dauernachtarbeit eingesetzt werden oder der Nachtarbeitszuschlag die Arbeitnehmer gerade dafür entschädigen soll, dass sie wegen der Nachtarbeit nur erschwert am sozialen Leben teilhaben können.[91] Selbst bei Dauernachtarbeit kann jedoch auch ein Zuschlag lediglich in Höhe von 20 % noch angemessen sein, wenn die Nachtarbeit unvermeidbar ist, so bei der Tätigkeit in Krankenhäusern und in Pflegeeinrichtungen.[92] Dass Auszubildende in Dauernachtarbeit eingesetzt werden, dürfte praktisch nicht vorkommen.

2. Sonderzahlungen/Gratifikationen

74 **Zusätzlich** zu der monatlichen Vergütung können sich weitere Vergütungsbestandteile aus einem anwendbaren **Tarifvertrag** ergeben. Verbreitet sind neben der Zahlung von Zuschlägen für die Arbeit an bestimmten Tagen oder zu bestimmten Zeiten kumulativ oder alternativ die Zahlung eines Urlaubsgeldes, Weihnachtsgeldes oder sonstiger **Sonderzahlungen** oder **Gratifikationen**. Bei einem **Tarifvertrag**, der Sonderzahlungen regelt, ist zu prüfen, ob dieser (auch) für Auszubildende Anwendung findet. Das ist häufig nicht der Fall. Gilt etwa ein Tarifvertrag für »Arbeitnehmer«, findet dieser in der Regel für Auszubildende *keine* Anwendung, es sei denn, dass sich aus anderen Regelungen des Tarifvertrages oder aus dem Gesamtzusammenhang Anhaltspunkte dafür ergeben, dass Auszubildende ebenfalls gemeint sind.[93]

75 Der Anspruch auf eine angemessene Ausbildungsvergütung (§ 17 Abs. 1 BBiG), der sich an den tariflichen Sätzen orientiert, schließt auch die Gewährung von Sonderzahlungen mit ein, wenn diese im einschlägigen Tarifvertrag geregelt sind.[94] Solche Zahlungen können auch **einzelvertraglich vereinbart** werden (auch mündlich oder konkludent, das heißt durch schlüssiges Handeln). Eine gesetzliche Pflicht, zusätzliche Leistungen oder Sonderzahlungen zu vereinbaren, besteht nicht. Werden sie allerdings vereinbart, besteht eine bindende vertragliche Vereinbarung, die gegen den Willen des Auszubildenden nicht geändert werden kann. Unter Umständen kann auch durch die mehrmalige Zahlung ein

87 Vgl. für Arbeitsverhältnisse *BAG* 25.5.2022 – 10 AZR 230/19, NZA 2022, 1194; *BAG* 15.7.2020 – 10 AZR 123/19, NZA 2021, 44; *BAG* 9.12.2015 – 10 AZR 423/14, NZA 2016, 426; *BAG* 11.2.2009 – 5 AZR 148/08, Rn. 19, AP ArbZG § 6 Nr. 9; *BAG* 1.2.2006 – 5 AZR 422/04, Rn. 21, NZA 2006, 494; *BAG* 27.5.2003 – 9 AZR 180/02, AP ArbZG § 6 Nr. 5.

88 Vgl. für Arbeitsverhältnisse *BAG* 31.8.2005 – 5 AZR 545/04, NZA 2006, 324. *BAG* 11.2.2009 – 5 AZR 148/08, AP ArbZG § 6 Nr. 9

89 *LAG Schleswig-Holstein* 7.11.2013 – 4 Sa 254/13.

90 *BAG* 9.12.2015 – 10 AZR 423/14, Rn. 29, NZA 2016, 426.

91 *BAG* 14.12.2022 – 10 AZR 531/20, NZA 2023, 647; *BAG* 25.5.2022 – 10 AZR 230/19, NZA 2022, 1194; *BAG* 10.11.2021 – 10 AZR 261/20, NZA 2022, 707; *BAG* 15.7.2020 – 10 AZR 123/19, NZA 2021, 44; *BAG* 9.12.2015 – 10 AZR 423/14, NZA 2016, 426.

92 *BAG* 15.7.2020 – 10 AZR 123/19, NZA 2021, 44.

93 Vgl. *BAG* 18.5.2011 – 10 AZR 360/10: Vom Kläger wurde erfolglos die Zahlung einer tariflichen Jahressonderzahlung geltend gemacht, die in einem Manteltarifvertrag geregelt war, dessen Anwendungsbereich sich auf »Arbeitnehmer« bezog.

94 *BAG* 16.5.2017 – 9 AZR 377/16, Rn. 36, NZA 2017, 1129; *BAG* 19.2.2008 – 9 AZR 1091/06, NZA 2008, 828.

vertraglicher Zahlungsanspruch für die Zukunft entstehen (sog. betriebliche Übung; vgl. Rn. 76ff.).

a) Gesamtzusage

Denkbar ist eine vertragliche Vereinbarung auch durch eine sog. Gesamtzusage. Eine **Gesamtzusage** ist die an alle Arbeitnehmer oder Auszubildenden in allgemeiner Form gerichtete Erklärung des Arbeitgebers/Ausbildenden, zusätzliche Leistungen zu erbringen. Wenn sich aus der Erklärung nicht ausdrücklich etwas anderes ergibt, werden damit neben Arbeitnehmern auch Auszubildende erfasst. Die Arbeitnehmer und Auszubildenden erwerben einen einzelvertraglichen Anspruch auf diese Leistungen, wenn sie die vom Arbeitgeber/Ausbildenden genannten Anspruchsvoraussetzungen erfüllen.[95] Im Ergebnis bewirkt eine Gesamtzusage dieselbe vertragliche Bindung wie ein schriftlicher Ausbildungs- oder Arbeitsvertrag. **76**

b) Betriebliche Übung

Im Unterschied zur Gesamtzusage sind bei der betrieblichen Übung die Vertragsbedingungen nicht schriftlich fixiert, sondern ergeben sich aus schlüssigem Handeln. Eine **betriebliche Übung** ist die regelmäßige Wiederholung bestimmter Verhaltensweisen des Arbeitgebers/Ausbildenden, aus denen die Arbeitnehmer und Auszubildenden schließen können, ihnen solle eine Leistung oder eine Vergünstigung auf Dauer gewährt werden. Aus dem Verhalten des Arbeitgebers, das als Willenserklärung zu werten ist, die von dem Arbeitnehmer/Auszubildenden stillschweigend (§ 151 BGB) angenommen wird, erwachsen vertragliche Ansprüche auf die üblich gewordene Leistung oder Vergünstigung. Unerheblich ist, ob der Arbeitgeber/Ausbildende mit einem entsprechenden Verpflichtungswillen gehandelt hat. Die Bindungswirkung tritt ein, wenn die Arbeitnehmer/Auszubildenden aufgrund des Verhaltens des Arbeitgebers darauf vertrauen dürfen, die Leistung solle auch für die Zukunft gewährt werden. Will der Arbeitgeber/Ausbildende verhindern, dass die Arbeitnehmer/Auszubildenden den Schluss auf einen dauerhaften Bindungswillen ziehen, muss ein entsprechender Vorbehalt konkret zum Ausdruck gebracht werden. Da die Vertragsbedingungen, die der betrieblichen Übung zugrunde liegen, vom Arbeitgeber einseitig gesetzt werden und es auf die Form von Allgemeinen Geschäftsbedingungen (AGB) nicht ankommt, findet auch auf solche durch betriebliche Übung gesetzte Arbeitsbedingungen die AGB-Kontrolle Anwendung.[96] **77**

Ein Anspruch aus einer **betrieblichen Übung** entsteht in der Regel nur, wenn eine bestimmte Sonderzahlung **drei Jahre** hintereinander gezahlt wird oder jedenfalls dreimal hintereinander entsprechend dem leistungsbezogenen Anlass (zum Beispiel ein Weihnachtsgeld jeweils im November oder Dezember eines jeden Kalenderjahres).[97] Aufgrund der zeitlichen Begrenzung des Berufsausbildungsverhältnisses kann bei Ausbildungsverhältnissen häufig eine betriebliche Übung nicht entstehen. Wegen der rechtlichen Unterscheidung zwischen Ausbildungs- und Arbeitsverhältnis kann aus der Handhabung bei Arbeitsverhältnissen nicht zwingend eine entsprechende Verpflichtung auch für Ausbildungsverhältnisse angenommen werden. Für den Anspruch aus betrieblicher Übung **78**

---

95 *BAG* 20.8.2014 – 10 AZR 453/13, NZA 2014, 1333; *BAG* 10.12.2002 – 3 AZR 92/02, NZA 2004, 271.
96 *BAG* 5.8.2009 – 10 AZR 483/08, NZA 2009, 1105.
97 *BAG* 28.2.1996 – 10 AZR 516/95, NZA 1996, 758.

ist es allerdings unerheblich, ob der betreffende Auszubildende selbst bisher schon in die Übung einbezogen war. Sie richtet sich an alle Beschäftigten eines Betriebs oder zumindest kollektiv abgrenzbare Gruppen. Das Vertragsangebot des Arbeitgebers ist so zu verstehen, dass er (vorbehaltlich besonderer Vereinbarungen) alle Arbeitnehmer zu den im Betrieb üblichen Bedingungen beschäftigen will.[98] Ob eine so begründete betriebliche Übung zugunsten von Arbeitnehmern allerdings auch für die Auszubildenden gilt, ist im Einzelfall zu klären.

79 Ist ein Anspruch auf die Gewährung einer Leistung durch betriebliche Übung entstanden (etwa durch jahrelange vorbehaltlose Zahlung eines »Weihnachtsgeldes«), kann diese *nicht* durch eine sog. »**gegenläufige betriebliche Übung**« (durch jahrelange Nichtzahlung) beseitigt werden. Dem steht § 308 Nr. 5 BGB entgegen.[99] Der einmal entstandene Anspruch bleibt bestehen, es sei denn, es wird ausdrücklich etwas anderes vertraglich vereinbart.[100]

c) Schriftformklauseln

80 Um mündliche Vereinbarungen, die vom Ausbildungsvertrag abweichen, zu verhindern, werden vielfach in Ausbildungsverträgen Schriftformklauseln vereinbart. Danach sollen Änderungen oder Ergänzungen des Ausbildungsvertrages nur wirksam sein, wenn diese schriftlich erfolgen. Häufig gibt es auch **qualifizierte oder doppelte Schriftformklauseln**, durch die auch die Aufhebung der Schriftform wiederum an die Schriftform gebunden werden soll.

Beispiel:
»Die Aufhebung, Änderung und Ergänzung dieses Arbeitsvertrages bedürfen der Schriftform. Mündliche Vereinbarungen, auch die mündliche Vereinbarung über die Aufhebung der Schriftform, sind nichtig.«

81 Solche vorformulierten Schriftformklauseln können jedoch nicht verhindern, dass durch eine **spätere individuelle Vereinbarung** die Schriftformklausel aufgehoben wird. Das ergibt sich aus § 305b BGB.[101] Die Individualvereinbarung – gleichgültig ob mündlich, schriftlich oder durch schlüssiges Handeln (konkludent) – hat Vorrang vor der vorformulierten Klausel. Die Vertragsparteien können nämlich einen vereinbarten Formzwang jederzeit wieder aufheben, und zwar auch ohne Beachtung einer Schriftform. Eine stillschweigende Aufhebung der Schriftform ist anzunehmen, wenn die Parteien übereinstimmend gewollt haben, dass die mündliche Vereinbarung maßgeblich sein soll. Das gilt auch dann, wenn sie an den Formzwang nicht gedacht haben.

82 Die auf den Vorrang der Individualabrede (§ 305b BGB) zielende Argumentation ist dahingehend zu ergänzen, dass sowohl einfache als auch qualifizierte **Schriftformklauseln** schon gem. § 307 Abs. 1 Satz 1 BGB **unwirksam** sind.[102] Diese benachteiligen die Ver-

98 *BAG* 27.2.2019 – 5 AZR 354/18, Rn. 16, NZA 2019, 989; *BAG* 19.9.2018 – 5 AZR 439/17, Rn. 16, NZA 2019, 106.

99 § 308 Nr. 5 BGB: In Allgemeinen Bedingungen ist unwirksam … eine Bestimmung, wonach eine Erklärung des Vertragspartners des Verwenders bei Vornahme oder Unterlassung einer bestimmten Handlung als von ihm abgegeben oder nicht abgegeben gilt.

100 *BAG* 18.3.2009 – 10 AZR 281/08, NZA 2009, 601.

101 § 305b BGB: Individuelle Vertragsabreden haben Vorrang vor Allgemeinen Geschäftsbedingungen.

102 § 307 Abs. 1 Satz 1 BGB: Bestimmungen in Allgemeinen Geschäftsbedingungen sind unwirksam, wenn sie den Vertragspartner des Verwenders entgegen den Geboten von Treu und Glauben unangemessen benachteiligen.

tragspartner des Verwenders (hier die Auszubildenden) nämlich insofern unangemessen, als sie geeignet sind, diese davon abzuhalten, sich auf die Wirksamkeit von mündlichen Vereinbarungen zu berufen, obwohl diese gem. § 305b BGB den vorformulierten Vertragsbedingungen (AGB) vorgehen.[103]

83 Der Vorrang der Vertragsänderung durch eine mündliche oder konkludente Vereinbarung gilt auch, wenn es um Ansprüche geht, die durch **betriebliche Übung entstehen.** Das *BAG* hat in einer älteren Entscheidung vor Ausweitung der AGB-Kontrolle auf Arbeits- und Ausbildungsverträge gemeint, dass durch eine qualifizierte oder doppelte Schriftformklausel die Vertragsparteien deutlich machten, dass sie auf die Wirksamkeit ihrer Schriftformklausel besonderen Wert legten.[104] Das gilt nach neuer Rechtsprechung nicht mehr. Eine solche Klausel erweckt beim Arbeitnehmer/Auszubildenden entgegen der Schutzvorschrift des § 305b BGB den Eindruck, eine mündliche individuelle Vereinbarung sei wegen Nichteinhaltung der Schriftform unwirksam.[105]

Das bedeutet im Ergebnis: Vorformulierte **Schriftformklauseln** (seien es einfache oder qualifizierte Klauseln) sind **unwirksam. Schriftformklauseln im Ausbildungsvertrag können nicht verhindern, dass** durch spätere Vertragsänderungen Ansprüche auf bestimmte Leistungen, z. B. Sonderzahlungen, begründet werden. Das gilt auch, wenn die Vertragsänderungen lediglich mündlich erfolgen oder durch betriebliche Übung.

d) Freiwilligkeitsvorbehalt

84 Häufig wird im Zusammenhang mit Sonderzahlungen/Gratifikationen im Ausbildungsvertrag ein »**Freiwilligkeitsvorbehalt**« vereinbart. Mit einer solchen Freiwilligkeitsklausel will sich der Arbeitgeber/Ausbildende vorbehalten, nach freiem Ermessen zu entscheiden, die Zahlung einer Leistung, die er einmalig oder mehrmals erbracht hat (zum Beispiel einer Gratifikation zu Weihnachten), jederzeit einzustellen, ohne ausdrücklich einen Widerruf erklären zu müssen. Der Arbeitgeber/Ausbildende will damit jede Vertragsbindung für die Zukunft verhindern. Vertragsrechtlich ist erforderlich, dass sich aus der Vertragsvereinbarung mit hinreichender Deutlichkeit ergibt, dass eine **Leistung ohne Anerkennung einer Rechtspflicht** gewährt werden soll.

85 Wichtig ist in diesem Zusammenhang die Beachtung des **Transparenzgebots** (§ 307 Abs. 1 Satz 2 BGB).[106] Aus der Bezeichnung von bestimmten Leistungen als »freiwillige soziale Leistung« folgt allein kein Freiwilligkeitsvorbehalt. Diese Bezeichnung bringt nicht hinreichend deutlich zum Ausdruck, dass keine Rechtspflicht begründet werden soll.[107] Sie kann auch so verstanden werden, dass sich der Arbeitgeber/Ausbildende »freiwillig« zur Erbringung dieser Leistungen verpflichtet, ohne dazu durch Tarifvertrag, Betriebsvereinbarung oder Gesetz gezwungen zu sein. Will ein Arbeitgeber/Ausbildender jede vertragliche Bindung verhindern und sich die volle Entscheidungsfreiheit vorbehalten, so muss er das in seiner Erklärung unmissverständlich deutlich machen.[108]

103 *BAG* 20.5.2008 – 9 AZR 382/07, NZA 2008, 1233.
104 *BAG* 24.6.2003 – 9 AZR 302/02, NZA 2003, 1145.
105 *BAG* 20.5.2008 – 9 AZR 382/07, NZA 2008, 1233.
106 § 307 Abs. 1 Satz 1 BGB: Eine unangemessene Benachteiligung kann sich auch daraus ergeben, dass die Bestimmung nicht klar und verständlich ist.
107 *BAG* 20.2.2013 – 10 AZR 177/12, NZA 2013, 1015.
108 *BAG* 19.5.2005 – 3 AZR 660/03, NZA 2005, 889.

Beispiel:
»Die Zahlung von Gratifikationen und sonstigen zusätzlichen Leistungen erfolgt freiwillig ohne Anerkennung einer Rechtspflicht. Auch bei wiederholter Zahlung entsteht kein Rechtsanspruch für die Zukunft.«

86 Erforderlich ist, dass im Ausbildungs-/Arbeitsvertrag unmissverständlich geregelt wird, dass es sich etwa bei einer Sonderzuwendung um eine freiwillige Leistung handelt, die ohne Anerkennung einer Rechtspflicht gezahlt wird.[109] Eine Vertragsklausel, nach der die Zahlung einer Gratifikation unter »Vorbehalt« (ohne nähere Präzisierung) erfolge, ist zu unbestimmt; das ist kein wirksamer Freiwilligkeits- oder Widerrufsvorbehalt. Unwirksam, weil intransparent, sind insbesondere Vertragsklauseln, die Freiwilligkeits- und Widerrufsvorbehalte kombinieren (»die Zahlung erfolgt freiwillig und ist stets widerruflich«).[110]

87 Ebenso intransparent ist es, eine Sonderzuwendung (etwa Weihnachtsgeld) in einer bestimmten Höhe in einer Vertragsklausel zuzusagen (*Beispiel*: »der Auszubildende erhält eine Weihnachtsgratifikation«, »der Arbeitgeber gewährt ein Weihnachtsgeld«, »der Arbeitgeber zahlt eine Sonderleistung in Höhe von 50 % des Monatsgehalts als Weihnachtsgeld am 1. 12. eines jeden Jahres«) und in derselben oder einer anderen Vertragsklausel die Zahlung als »freiwillig« oder als »freiwillig, stets widerruflich« zu bezeichnen. In dem Fall besteht ein Anspruch des Auszubildenden auf die Zahlung der Sonderzuwendung.[111]

88 Ist ein Freiwilligkeitsvorbehalt hinreichend klar und verständlich formuliert, ist bei solchen vom Arbeitgeber/Ausbildenden vorformulierten Klauseln zu prüfen, ob sie den Arbeitnehmer/Auszubildenden nicht unangemessen benachteiligen (§ 307 Abs. 1 BGB). Das *BAG* hat bei einer »**freiwilligen monatlichen Leistungszulage**« die Vereinbarung, dass kein Rechtsanspruch bestehen soll, als unwirksam gewertet mit der Folge, dass ein unbedingter Rechtsanspruch auf die Zahlung besteht.[112] Freiwilligkeitsvorbehalte bei **Einmalzahlungen** (wie Gratifikationen) wurden vom *BAG* in der Vergangenheit als zulässig angesehen.[113]

89 Nach neuerer Rechtsprechung gilt das nicht mehr. Unproblematisch ist eine ausdrückliche **Freiwilligkeitserklärung bei der tatsächlichen Zahlung**. Diese verhindert die Vertragsbindung für die Zukunft und steht dem Entstehen einer »betrieblichen Übung« oder einer vertraglichen Bindung durch schlüssige (konkludente) Willenserklärungen entgegen, und zwar auch bei mehrmaliger Zahlung, wenn die Freiwilligkeitserklärung jeweils wiederholt wird.[114] Der sog. vorbeugende Freiwilligkeitsvorbehalt im Ausbildungsvertrag ist dagegen problematisch. Ein vertraglicher Freiwilligkeitsvorbehalt, der »alle zukünftigen Leistungen« unabhängig von ihrer Art und ihrem Entstehungsgrund erfasst, benachteiligt den Arbeitnehmer/Auszubildenden unangemessen und ist deshalb unwirksam, weil damit unzulässigerweise auch laufende (monatliche) Leistungen unter den Vorbehalt der Freiwilligkeit gestellt werden.[115] Zudem hat das *BAG* grundsätzlich Zweifel geäußert, ob

---

109 *BAG* 12. 1. 2000 – 10 AZR 840/98, NZA 2000, 944; *BAG* 11. 4. 2000 – 9 AZR 255/99, NZA 2001, 24.

110 *BAG* 14. 9. 2011 – 10 AZR 526/10, NZA 2012, 81; *BAG* 8. 12. 2010 – 10 AZR 671/09, NZA 2011, 628; *BAG* 30. 7. 2008 – 10 AZR 606/07, NZA 2008, 1173.

111 *BAG* 20. 2. 2013 – 10 AZR 177/12, NZA 2013, 1015; *BAG* 10. 12. 2008 – 10 AZR 1/08, NZA-RR 2009, 576; *BAG* 30. 7. 2008 – 10 AZR 606/07, NZA 2008, 1173.

112 *BAG* 25. 4. 2007 – 5 AZR 627/06, NZA 2007, 853.

113 *BAG* 18. 3. 2009 – 10 AZR 289/08, NZA 2009, 535; *BAG* 21. 1. 2009 – 10 AZR 219/08, NZA 2009, 310; *BAG* 30. 7. 2008 – 10 AZR 606/07, NZA 2008, 1173.

114 *BAG* 16. 1. 2013 – 10 AZR 26/12, Rn. 22, NZA 2013, 1013.

115 *BAG* 14. 9. 2011 – 10 AZR 526/10, NZA 2012, 81.

der vorbeugende vertragliche Freiwilligkeitsvorbehalt, der später bei der tatsächlichen Zahlung einer Sonderzuwendung nicht wiederholt wird, wirksam sei. Durch die vorbehaltlose Zahlung entstehe nämlich eine vertragliche Bindung, die wegen des Vorrangs der Individualabrede (§ 305b BGB) nicht durch vorbeugende Erklärungen im Arbeitsvertrag antizipierend verhindert werden könne.[116]

Der vorbeugende vertragliche Freiwilligkeitsvorbehalt ist damit als Vertragsgestaltungs- 90
instrument für die Arbeitgeber/Ausbildenden hinfällig. Die einfachste Variante für die Arbeitgeber/Ausbildenden, sich gleichwohl einer Vertragsbindung für die Zukunft zu entziehen, besteht darin, dass die Arbeitgeber/Ausbildenden bei der Zahlung von vertraglich nicht zugesagten Leistungen ausdrücklich erklären, die Leistung erfolge freiwillig ohne Anerkennung einer Rechtspflicht. Eine solche »Freiwilligkeitserklärung bei der tatsächlichen Zahlung« verhindert die Vertragsbindung für die Zukunft und steht dem Entstehen einer »betrieblichen Übung« oder einer vertraglichen Bindung durch schlüssige (konkludente) Willenserklärungen entgegen, und zwar auch bei mehrmaliger Zahlung, wenn die Freiwilligkeitserklärung jeweils wiederholt wird.[117] Vertraglich besteht eine weitere Gestaltungsvariante darin, dass die Arbeitgeber/Ausbildenden die Gewährung einer Sonderzuwendung nicht in festgelegter Höhe zusagen, sondern sich die Leistungsbestimmung nach billigem Ermessen vorbehalten.[118]

VII. Sachleistungen als Vergütung

Die Ausbildungsvergütung besteht grundsätzlich in Geld. Sie kann aber auch teilweise 91
als Sachleistung vereinbart werden (zum Beispiel Gewährung von Mahlzeiten, Stellung einer Unterkunft), wie § 17 Abs. 6 BBiG klarstellt. Sachbezüge oder Sachleistungen sind alle Zuwendungen des Ausbildenden, die zwar eine geldwerte Leistung darstellen, aber nicht in Geld erbracht werden. Die gewährten Sachleistungen sind, weil sie an Stelle der Vergütung in Geld treten, auf die Ausbildungsvergütung anzurechnen. Voraussetzung für die Anrechnung ist, dass Ausbildende und Auszubildende eine entsprechende **Vereinbarung** getroffen haben. Die Anrechnungsbefugnis kann auch tarifvertraglich geregelt sein. Gegen den Willen des Auszubildenden und ohne (tarif-)vertragliche Vereinbarung kann der Ausbildende nicht einseitig anrechnen.[119]

Ist eine teilweise Vergütung in Sachleistungen rechtswirksam vereinbart, sind die Sach- 92
leistungen in Höhe der nach § 17 Abs. 1 Satz 1 Nr. 4 SGB IV festgesetzten Sachbezugswerte durch die Sachbezugsverordnung (die Werte werden jährlich angepasst) anzurechnen, jedoch nicht über 75 % der Bruttovergütung hinaus. Die Anrechnungsbefugnis ist auf 75 % der Bruttovergütung begrenzt (§ 17 Abs. 6 BBiG). Mindestens 25 % der Ausbildungsvergütung müssen dem Auszubildenden also in jedem Falle in Geld ausgezahlt werden. Selbst wenn die Sachbezüge diesen Wert überschreiten würden, ist eine abweichende Anrechnungsregelung zu Lasten des Auszubildenden unzulässig. Wird vertraglich eine höhere Anrechnung vereinbart, ist die Anrechnungsklausel wegen § 25 BBiG insgesamt unwirksam, der Berufsausbildungsvertrag bleibt im Übrigen wirksam.

Eine geltungserhaltende Reduktion der unwirksamen Anrechnungsklausel kommt wegen 93
des Schutzcharakters des § 17 BBiG zugunsten des Auszubildenden nicht in Betracht, es darf dann gar keine Anrechnung erfolgen. Sachbezüge sind heutzutage eher selten ver-

116 *BAG* 14.9.2011 – 10 AZR 526/10, Rn. 31, NZA 2012, 81.
117 *BAG* 16.1.2013 – 10 AZR 26/12, Rn. 22, NZA 2013, 1013.
118 *BAG* 16.1.2013 – 10 AZR 26/12, NZA 2013, 1013.
119 *LAG Niedersachsen* 31.10.1973 – 6 a (6) Sa 263/72, EzB BBiG § 10 Abs. 2 Nr. 1.

breitet, kommen in der Praxis aber durchaus noch vor. Sie beeinträchtigen die Vertragsfreiheit der Auszubildenden insofern, als sie über ihre Vergütung nicht mehr in vollem Umfang frei verfügen können.[120]

94 Wird den Auszubildenden die Vereinbarung von Sachbezügen als Teil der Vergütung angedient, können sie sich dem in der Praxis häufig nicht entziehen, wenn sie nicht riskieren wollen, dass es gar nicht zum Vertragsabschluss kommt. Deswegen wäre eine weitergehende Einschränkung der Möglichkeit der Vereinbarung von Sachbezügen rechtspolitisch sinnvoll. Im allgemeinen **Arbeitsrecht** ist in § 107 Abs. 2 Satz 1 GewO geregelt, dass die Arbeitsvertragsparteien Sachbezüge als Teil des Arbeitsentgelts nur vereinbaren können, wenn dies dem **Interesse des Arbeitnehmers** oder der **Eigenart des Arbeitsverhältnisses** entspricht. In der Gesetzesbegründung zu § 107 GewO wurde ausgeführt, dass § 107 GewO die Regelung in § 10 (jetzt § 17) BBiG unberührt lasse.[121] Das führt zu einem **Wertungswiderspruch**. Der Ausbildende könnte mit dem rechtlich besonders geschützten Auszubildenden ohne Einschränkung durch dessen Interesse oder die Eigenart des Ausbildungsverhältnisses (Ausbildungsbetriebes) Sachbezüge vereinbaren. Bei einem Arbeitnehmer – gar bei einem leitenden Angestellten – wäre eine solche Vereinbarung nur mit diesen Einschränkungen zulässig.[122]

95 Im Interesse der durch Art. 12 Abs. 1 GG gesicherten freien Wahl des Ausbildungsplatzes führt dies dazu, dass § 17 Abs. 2 BBiG einschränkend auszulegen ist und eine Vereinbarung von Sachbezügen im Ausbildungsverhältnis nur unter den zusätzlichen Voraussetzungen des § 107 Abs. 2 Satz 1 GewO zulässig ist.

VIII. Zusätzliche Ausbildungszeit (»Mehrarbeit«)

96 Eine Beschäftigung, die zeitlich über die vereinbarte regelmäßige tägliche Ausbildungszeit hinausgeht, ist besonders zu vergüten *oder* durch entsprechende Freizeit auszugleichen (§ 17 Abs. 7 BBiG). Die regelmäßige tägliche Ausbildungszeit ist im Ausbildungsvertrag zu vereinbaren (vgl. § 11 BBiG Rn. 19). Wird diese überschritten, so ist die Zeit, die darüber hinausgeht, als zusätzliche Ausbildungszeit anzusehen. Abzustellen ist nach dem eindeutigen Wortlaut des § 17 Abs. 3 BBiG nicht auf die wöchentliche, sondern auf die regelmäßige »tägliche« Ausbildungszeit.

97 Häufig wird bei Überschreitung der regelmäßigen täglichen Ausbildungszeit auch von »**Mehrarbeit**« gesprochen. Das ist insofern nicht richtig, weil es nicht um die Erbringung von (zusätzlicher) Arbeitsleistung, sondern um Tätigkeiten geht, die im Zusammenhang mit der Ausbildung stehen. Das folgt schon daraus, dass der Auszubildende nur schuldet, sich ausbilden zu lassen und nur Weisungen folgen muss, die ihm im Rahmen der Berufsausbildung erteilt werden (vgl. § 13 BBiG Rn. 9 ff.). Die Anordnung solcher zusätzlichen Ausbildungszeit hat die **Ausnahme** zu bleiben und ist nur zulässig, wenn sie unumgänglich ist, um an dem Tag einen bestimmten Teil der Ausbildung zu Ende zu führen. Normale Arbeiten, die nichts mit der Ausbildung zu tun haben, sind nicht erlaubt, zudem muss zwingend eine Ausbildungsperson zugegen sein.

98 Die zusätzliche Ausbildungszeit ist nach der gesetzlichen Vorgabe besonders zu vergüten *oder* durch entsprechende Freizeit auszugleichen. Die besondere **Vergütung** meint, dass diese Ausbildungszeit zusätzlich zu der monatlichen Ausbildungsvergütung zu bezahlen ist. Es ist also die monatliche Ausbildungsvergütung in einen Stundensatz umzurechnen

120 Vgl. auch *BVerfG* 24.2.1992 – 1 BvR 980/88, AP GewO § 115 Nr. 5.
121 BT-Drucks. 14/8796, S. 25.
122 *Bauer/Opolony*, BB 2002, 1590, 1593.

(Bruttomonatsvergütung ./. regelmäßige monatliche Ausbildungsstunden) und dieser mit der Zahl der zusätzlich erbrachten Ausbildungsstunden zu multiplizieren und der sich hieraus ergebende Betrag brutto an den Auszubildenden zu zahlen. Die Zahlung hat mit der »normalen« Ausbildungsvergütung spätestens am letzten Arbeitstag des Monats zu erfolgen, in dem die zusätzliche Ausbildungszeit erbracht worden ist. Eine Pflicht zur Zahlung eines Zuschlags für die »**Mehrarbeit**« ist im BBiG nicht geregelt, kann aber einzelvertraglich vereinbart sein oder sich aus einem anwendbaren Tarifvertrag ergeben.

Anstelle der besonderen Vergütung kann der Ausgleich auch durch entsprechende **Freizeitgewährung** erfolgen. Da das Gesetz hier keine weiteren Einschränkungen regelt, hat der Ausbildende nach überwiegender Auffassung ein Wahlrecht, ob er den Ausgleich durch Geldzahlung oder Freizeitgewährung vornimmt.[1] Wegen der besonderen Schutzbedürftigkeit der Auszubildenden und deshalb, weil die »Mehrarbeit« die Ausnahme zu sein hat, könnte man allerdings auch vertreten, dass die Auszubildenden wählen dürfen, ob sie als Ausgleich für die »Mehrarbeit« Geld oder Freizeit wünschen. **99**

Wegen der Fälligkeit der Vergütung im laufenden Kalendermonat (§ 18 Abs. 2 BBiG) muss die Freizeit als Ausgleich für die »Mehrarbeit« auch **im laufenden Kalendermonat** gewährt werden. Das heißt, dass der Freizeitausgleich grundsätzlich in dem Monat erfolgen muss, in dem auch die zusätzliche Ausbildungszeit erbracht worden ist. Ist das ausnahmsweise nicht möglich, weil die zusätzliche Ausbildungszeit erst am letzten Arbeitstag erbracht worden ist, hat der Freizeitausgleich im folgenden Kalendermonat zu erfolgen. **100**

§ 17 Abs. 7 BBiG schafft keine Rechtsgrundlage dafür, dass Auszubildende »Mehrarbeit« leisten müssen, sondern regelt nur die Rechtsfolgen. Grundsätzlich sind die Auszubildenden nicht verpflichtet, über die Ausbildungszeit hinaus Tätigkeiten auszuüben. Deshalb kann die Verweigerung von Mehrarbeit/Überstunden auch keine Kündigung rechtfertigen (vgl. § 22 BBiG Rn. 52). **101**

Arbeiten, die Auszubildenden übertragen werden und die in keinem Sachzusammenhang mit der Ausbildung stehen, sondern einen zusätzlichen Beschäftigungsbedarf im Betrieb abdecken sollen, werden (weil keine Ausbildungszeit) nicht von § 17 Abs. 7 BBiG erfasst. Wenn Auszubildende solche Arbeiten erbringen (wozu sie nicht verpflichtet sind), sind diese als normale Arbeitsleistung so zu vergüten, wie üblicherweise solche Arbeiten vergütet werden (§ 612 Abs. 2 BGB), die Vergütung wird also die Ausbildungsvergütung erheblich überschreiten. **102**

§ 18 Bemessung und Fälligkeit der Vergütung

(1) Die Vergütung bemisst sich nach Monaten. Bei Berechnung der Vergütung für einzelne Tage wird der Monat zu 30 Tagen gerechnet.

(2) Ausbildende haben die Vergütung für den laufenden Kalendermonat spätestens am letzten Arbeitstag des Monats zu zahlen.

(3) Gilt für Ausbildende nicht nach § 3 Absatz 1 des Tarifvertragsgesetzes eine tarifvertragliche Vergütungsregelung, sind sie verpflichtet, den bei ihnen beschäftigten Auszubildenden spätestens zu dem in Absatz 2 genannten Zeitpunkt eine Vergütung mindestens in der bei Beginn der Berufsausbildung geltenden Höhe der Mindestvergütung nach § 17 Absatz 2 Satz 1 zu zahlen. Satz 1 findet bei einer Teilzeitberufsausbildung mit der Maßgabe Anwendung, dass die Vergütungshöhe unter Berücksichti-

1 *Benecke/Hergenröder*, BBiG, § 17 Rn. 33; Schaub/*Vogelsang*, § 174 Rn. 65.

gung des § 17 Absatz 5 Satz 3 mindestens dem prozentualen Anteil an der Arbeitszeit entsprechen muss.

Inhaltsübersicht

I. Bemessung der Vergütung

1 Die Vergütung **bemisst sich nach Monaten** (§ 18 Abs. 1 Satz 1 BBiG). Daraus ergibt sich, dass die Ausbildungsvergütung weder als Stunden- oder Schichtlohn vereinbart werden darf noch die Vergütung vom Betriebsergebnis oder sonstigen Umständen abhängig gestaltet werden darf.[2] Die monatliche Ausbildungsvergütung ist unabdingbar im Sinne des § 25 BBiG, das heißt diese ist in jedem Fall zu gewähren und sie muss der Höhe nach eindeutig bestimmt sein.

2 Zusätzlich zur zwingend zu zahlenden monatlichen Ausbildungsvergütung können Zulagen, Sonderzahlungen oder Gratifikationen gezahlt werden (vgl. § 17 Rn. 70ff.). Für solche zusätzlichen Vergütungsbestandteile gilt § 18 BBiG nicht.

II. Berechnung der Vergütung

3 Die Vergütung bemisst sich grundsätzlich nach vollen Monaten (§ 18 Abs. 1 Satz 1 BBiG). Bisweilen besteht ein Vergütungsanspruch nicht für einen vollen Kalendermonat, wenn etwa das Berufsausbildungsverhältnis vorher endet oder erst zur Monatsmitte beginnt. Bei Berechnung der Vergütung für einzelne Tage **wird der Monat zu 30 Tagen gerechnet** (§ 18 Abs. 1 Satz 2 BBiG). Das gilt aufgrund der gesetzlichen Vorgabe auch dann, wenn der Kalendermonat weniger (Februar) oder mehr als 30 Tage hat (bei Monaten mit 31 Tagen). Es ist nach der eindeutigen gesetzlichen Vorgabe von Kalender-, nicht von Arbeitstagen auszugehen.

4 Abweichende Regelungen zuungunsten Auszubildender sind unwirksam (§ 25 BBiG). Deshalb darf nicht ein höherer Teiler als 1/30 vereinbart werden. Regelungen zugunsten Auszubildender sind dagegen zulässig. Die Vereinbarung eines kleineren Teilers als 1/30 (zum Beispiel 1/20 oder 1/25) wäre zulässig.[3]

III. Auszahlung und Fälligkeit der Vergütung

5 Die Ausbildenden haben die Vergütung für den laufenden Kalendermonat **spätestens am letzten Arbeitstag** (nicht Kalendertag) des Monats **zu zahlen** (§ 18 Abs. 2 BBiG). Da die Vergütung spätestens am letzten Arbeitstag »zu zahlen« ist, muss sie den Auszubildenden an diesem Tag tatsächlich zur Verfügung stehen. Bei unbarer Zahlung (Überweisung auf ein Bankkonto) muss das Geld an diesem Tag bereits dem Konto der Auszubildenden gutgeschrieben sein, es reicht nicht, dass die Ausbildenden an diesem Tag erst die Überweisung veranlassen. Das Risiko des rechtzeitigen Eingangs der Zahlung haben die Ausbildenden zu tragen.[4]

---

2 *Benecke/Hergenröder*, BBiG, § 18 Rn. 4; ErfK/*Schlachter*, BBiG, § 18 Rn. 1.
3 *Benecke/Hergenröder*, BBiG, § 18 Rn. 4; *Taubert*, BBiG, § 18 Rn. 8.
4 *Taubert*, BBiG, § 18 Rn. 14; Wohlgemuth/*Maring*, BBiG, § 18 Rn. 6.

Die Vergütung ist an die Auszubildenden zu zahlen, diese haben den Anspruch auf die Vergütung. Das gilt auch bei **Minderjährigen**. Grundsätzlich sind diese befugt, die Ausbildungsvergütung entgegenzunehmen. Allerdings können die Personensorgeberechtigten die Ermächtigung der Minderjährigen zum Abschluss des Ausbildungsvertrags hinsichtlich der weiteren Rechtsgeschäfte in der Weise beschränken, dass die Minderjährigen nicht persönlich die Ausbildungsvergütung entgegennehmen dürfen, sondern die Vergütung an die Personensorgeberechtigten zu zahlen ist. In solchen Fällen müssen die Ausbildenden die Vergütung an die Personensorgeberechtigten zahlen.[5] 6

Von der gesetzlichen Fälligkeitsregelung abweichende Regelungen zuungunsten Auszubildender sind unwirksam (§ 25 BBiG). Unzulässig wäre beispielsweise eine Vereinbarung, nach der die Ausbildungsvergütung erst am 15. des Folgemonats zu zahlen ist. Zulässig, weil zugunsten Auszubildender, wäre es, die Fälligkeit der Ausbildungsvergütung vorzuziehen, so etwa eine Zahlung bereits am 15. für den laufenden Monat. Aus der Fälligkeitsregelung folgt, dass spätestens zu diesem Zeitpunkt die volle Vergütung für den jeweiligen Kalendermonat zu zahlen ist. Das schließt **Abschlagszahlungen** oder **Vorschüsse** nicht aus. Eine Zahlung von Restbeträgen erst im Folgemonat oder noch später ist jedoch unzulässig.[6] 7

Erfolgt die Zahlung der Ausbildungsvergütung verspätet, haben die Ausbildenden **Verzugszinsen** zu zahlen in Höhe von fünf Prozentpunkten über dem Basiszinssatz der Europäischen Zentralbank (§ 286 Abs. 1, § 286 Abs. 2 Nr. 1, § 288 Abs. 1 BGB). 8

§ 18 BBiG regelt nicht die Pflicht zur **Erteilung einer Abrechnung** über die ausgezahlte Vergütung. Diese folgt über § 10 Abs. 2 BBiG aus § 108 GewO.[7] Den Auszubildenden ist bei Zahlung der Ausbildungsvergütung eine Abrechnung in Textform zu erteilen (§ 108 Abs. 1 Satz 1 GewO). Die Abrechnung muss mindestens Angaben über Abrechnungszeitraum und Zusammensetzung der Ausbildungsvergütung enthalten (§ 108 Abs. 1 Satz 2 GewO). Hinsichtlich der Zusammensetzung sind insbesondere Angaben über Art und Höhe der Zuschläge, Zulagen, sonstige Vergütungen, Art und Höhe der Abzüge, Abschlagszahlungen sowie Vorschüsse erforderlich (§ 108 Abs. 1 Satz 3 GewO). Die Verpflichtung zur Abrechnung entfällt, wenn sich die Angaben gegenüber der letzten ordnungsgemäßen Abrechnung nicht geändert haben (§ 108 Abs. 2 GewO). 9

IV. Bußgeldbewehrte Handlungspflicht

Der durch das **Berufsbildungsmodernisierungsgesetz** zum 1.1.2020 eingefügte § 18 Abs. 3 Satz 1 BBiG regelt die für die Verhängung eines Bußgeldes erforderliche Handlungspflicht: Demnach sind Ausbildende, für die nicht nach § 3 Abs. 1 TVG eine tarifvertragliche Vergütungsregelung gilt, verpflichtet, den bei ihnen beschäftigten Auszubildenden spätestens am letzten Arbeitstag des Monats (§ 18 Abs. 2 BBiG) eine Vergütung mindestens in der bei Beginn der Berufsausbildung geltenden Höhe der Mindestvergütung nach § 17 Abs. 2 Satz 1 BBiG zu zahlen. Bei einer **Teilzeitberufsausbildung** muss die Vergütungshöhe (unter Berücksichtigung des § 17 Abs. 5 Satz 3 BBiG) mindestens dem prozentualen Anteil an der Arbeitszeit entsprechen (§ 18 Abs. 3 Satz 2 BBiG). Das entspricht der Regelung in § 17 Abs. 5 BBiG. 10

5 *Benecke/Hergenröder,* BBiG, § 18 Rn. 10; *Taubert,* BBiG, § 18 Rn. 16.
6 *Benecke/Hergenröder,* BBiG, § 18 Rn. 6; *Taubert,* BBiG, § 18 Rn. 17; Wohlgemuth/*Maring,* BBiG, § 18 Rn. 8.
7 *Benecke/Hergenröder,* BBiG, § 18 Rn. 2.

Ordnungswidrig handelt, wer entgegen § 18 Abs. 3 BBiG die Mindestvergütung nicht, nicht richtig, nicht vollständig oder nicht rechtzeitig zahlt (§ 101 Abs. 1 Nr. 5 BBiG). Die Ordnungswidrigkeit kann mit einer **Geldbuße** bis zu fünftausend Euro geahndet werden (§ 101 Abs. 2 BBiG).

§ 19 Fortzahlung der Vergütung

(1) Auszubildenden ist die Vergütung auch zu zahlen
1. für die Zeit der Freistellung (§ 15),
2. bis zur Dauer von sechs Wochen, wenn sie
a) sich für die Berufsausbildung bereithalten, diese aber ausfällt oder
b) aus einem sonstigen, in ihrer Person liegenden Grund unverschuldet verhindert sind, ihre Pflichten aus dem Berufsausbildungsverhältnis zu erfüllen.

(2) Können Auszubildende während der Zeit, für welche die Vergütung fortzuzahlen ist, aus berechtigtem Grund Sachleistungen nicht abnehmen, so sind diese nach den Sachbezugswerten (§ 17 Abs. 6) abzugelten.

Inhaltsübersicht Rn.

I. Überblick

1 Die Auszubildenden haben in den in § 19 Abs. 1 BBiG genannten Fällen einen **Anspruch auf Fortzahlung der Ausbildungsvergütung** auch für bestimmte Zeiten, in denen sie tatsächlich nicht zur Ausbildung im Betrieb erscheinen.

Kann der Auszubildende während der Zeit, für welche die Vergütung fortzuzahlen ist, aus berechtigtem Grund **Sachleistungen** nicht abnehmen, so sind diese nach den Sachbezugswerten (§ 17 Abs. 6 BBiG) abzugelten (§ 19 Abs. 2 BBiG).

Der Katalog des § 19 BBiG ist **nicht abschließend**, er wird durch andere arbeitsrechtliche Normen ergänzt (§ 10 Abs. 2 BBiG). Vergütungsfortzahlung ist insbesondere auch geschuldet während des Urlaubs, an Feiertagen und bei Krankheit (vgl. Rn. 7ff.) sowie nach den mutterschutzrechtlichen Vorschriften (§§ 7, 16 MuSchG, Freistellung für Untersuchungen und zum Stillen; Ärztliches Beschäftigungsverbot).

Der Anspruch auf Fortzahlung der Ausbildungsvergütung ist zum Nachteil der Auszubildenden nicht abdingbar (§ 25 BBiG), das heißt, er kann nicht vertraglich ausgeschlossen oder zeitlich oder der Höhe nach begrenzt oder reduziert werden.

§ 19 BBiG und die anderen Regelungen zur Fortzahlung der Ausbildungsvergütung gelten auch für die Ausbildung im **Handwerk**.

II. Fortzahlung bei Freistellung

Den Auszubildenden ist die Vergütung fortzuzahlen für die Zeit der Freistellung gem. § 15 BBiG (§ 19 Abs. 1 Nr. 1 BBiG). Welche Fallkonstellationen das sind, ergibt sich aus der Kommentierung des § 15. Im Gegensatz zu § 19 Abs. 1 Nr. 2 BBiG gibt es allerdings in diesen Fällen **keine zeitliche Begrenzung** der Pflicht zur Fortzahlung der Ausbildungsvergütung.[1] 2
Der Anspruch auf Fortzahlung der Ausbildungsvergütung nach § 19 Abs. 1 Nr. 1 BBiG setzt voraus, dass der Auszubildende **tatsächlich** für die in § 15 BBiG genannten Fallkonstellationen **freigestellt wird**, etwa für die Teilnahme am Berufsschulunterricht. Nach § 19 Abs. 1 Nr. 1 BBiG wird die Ausbildungsvergütung gem. § 17 BBiG fortgezahlt.
Es besteht kein eigenständiger Zahlungsanspruch gegen den Ausbildenden allein wegen der Teilnahme am Berufsschulunterricht.[2] Wenn ein arbeitsunfähig erkrankter Auszubildender nach Ablauf der Sechs-Wochen-Frist des § 3 Abs. 1 Satz 1 EFZG (vgl. Rn. 8) trotz fortbestehender Arbeitsunfähigkeit am Berufsschulunterricht teilnimmt, kann er mangels Freistellung nach § 15 BBiG für diese Tage keine Fortzahlung der Vergütung nach § 19 Abs. 1 Nr. 1 BBiG verlangen.[3]
Wenn **Teile der Ausbildung im Ausland** durchgeführt werden (§ 2 Abs. 3 BBiG), ist die Ausbildungsvergütung fortzuzahlen, entweder gem. § 17 BBiG, weil das Berufsausbildungsverhältnis durch die Teilausbildung im Ausland nicht unterbrochen wird, oder gem. § 15 Satz 2 in Verbindung mit § 19 Abs. 1 Nr. 1 BBiG.[4]

III. Fortzahlung bei Ausfall der Berufsausbildung

Den Auszubildenden ist die Vergütung auch zu zahlen **bis zur Dauer von sechs Wochen** (42 Kalendertage), wenn sie sich für die Berufsausbildung bereithalten, diese aber ausfällt (§ 19 Abs. 1 Nr. 2 Buchst. a) BBiG). Es muss sich um Gründe handeln, die in den **Risikobereich des Ausbildenden** fallen, ohne dass es auf ein Verschulden ankommt. In Betracht kommen folgende Konstellationen:[5] 3

- technische Gründe (zum Beispiel: Maschinenschaden, Stromausfall),
- wirtschaftliche Gründe (zum Beispiel: Auftragsmangel),
- personelle Gründe (zum Beispiel: Erkrankung des Ausbildenden oder des Ausbilders),
- behördliche Auflagen (zum Beispiel: Produktionsverbot, Untersagung der Ausbildung),
- sonstige Gründe (zum Beispiel: Zerstörung der Ausbildungsstätte durch Brand oder sonstige Umstände).

Die Pflicht zur Fortzahlung der Ausbildungsvergütung galt auch während der **Corona/Covid 19-Pandemie**. Das Risiko, dass wegen behördlicher Anordnungen eine tatsächliche Ausbildung faktisch unmöglich war, gehört zum Risikobereich der Ausbildenden, das nicht einseitig auf die Auszubildenden verlagert werden darf (vgl. zur Kurzarbeit § 10 BBiG Rn. 5).
Problematisch ist das Verhältnis des § 19 Abs. 1 Nr. 2 Buchst. a) BBiG zu § 615 Satz 3 BGB, der in den Fällen, in denen der Arbeitgeber das Risiko des Arbeitsausfalls trägt, dem Arbeitnehmer einen zeitlich unbeschränkten Anspruch auf die Vergütung einräumt. Die zeitliche Begrenzung der Vergütungsfortzahlung auf die Dauer von sechs Wochen kann 4

1 *Benecke/Hergenröder*, BBiG, § 19 Rn. 4; *Taubert*, BBiG, § 19 Rn. 6.
2 *LAG Baden-Württemberg* 14.1.2015 – 13 Sa 73/14, NZA-RR 2015, 234.
3 *LAG Baden-Württemberg* 14.1.2015 – 13 Sa 73/14, NZA-RR 2015, 234.
4 Vgl. *Hartwich*, NZA 2011, 1267 f.; Schaub/*Vogelsang*, § 173 Rn. 10.
5 *Braun/Mühlhausen*, BBiG, § 12 Rn. 16.

jedenfalls in diesen Fällen nicht gelten, weil sonst Auszubildende schlechter stünden als Arbeitnehmer. Das wäre mit § 10 Abs. 2 BBiG nicht vereinbar. Fällt die Ausbildung aus einem Umstand aus, den der Ausbildende zu vertreten hat (sog. **Betriebs- oder Wirtschaftsrisiko**), haben die betroffenen Auszubildenden einen **zeitlich unbeschränkten Anspruch** auf Vergütungszahlung.[6] Auch bei Nichtausbildung in Folge einer unwirksamen Kündigung durch den Ausbildenden findet § 615 BGB uneingeschränkt Anwendung.[7]

5 Der Vergütungsanspruch besteht nur fort, wenn die Auszubildenden sich **für die Berufsausbildung »bereithalten«**. Die Auszubildenden müssen also die Erbringung ihrer Pflicht, sich ausbilden zu lassen, ordnungsgemäß anbieten.[8] Daran fehlt es, wenn der Auszubildende nicht zur Ausbildung erscheinen kann, zum Beispiel wegen Glatteis, Überschwemmung, behördlicher Fahrverbote, Streik der Verkehrsbetriebe. Das sog. **Wegerisiko** liegt bei den Auszubildenden.[9] Erscheinen diese wegen eines solchen Umstands zu spät oder gar nicht zur Ausbildung, kann die Vergütung für die ausgefallene Zeit gekürzt werden. Das gilt auch, wenn Auszubildende nicht oder verspätet erscheinen wegen eines Umstandes, den sie selbst zu vertreten haben, zum Beispiel beim Verschlafen.

IV. Fortzahlung bei persönlicher Verhinderung

6 Den Auszubildenden ist die Vergütung auch zu zahlen bis zur Dauer von sechs Wochen, wenn sie aus einem sonstigen in ihrer Person liegenden Grund **unverschuldet** verhindert sind, ihre Pflichten aus dem Berufsausbildungsverhältnis zu erfüllen (§ 19 Abs. 1 Nr. 2 Buchst. b) BBiG). Diese Regelung entspricht § 616 BGB. Der Unterschied ist, dass der Anspruch nach dem BBiG, anders als nach § 616 BGB, gesetzlich bis zur Dauer von sechs Wochen vorgesehen ist und vertraglich nicht eingeschränkt werden darf (§ 25 BBiG). Anerkennenswerte persönliche Gründe der Auszubildenden sind:[10]

- Arztbesuche, soweit sie nicht außerhalb der normalen Ausbildungszeit erledigt werden können,
- schwerwiegende Erkrankung naher Angehörigen, insbesondere des eigenen Kindes, sofern keine anderweitige Betreuung/Versorgung besteht,
- eigene Hochzeit,
- Niederkunft der Ehefrau,
- Todesfall bei nahen Angehörigen,
- Wasserschaden in der eigenen Wohnung,
- Vorladung vor Behörden oder einem Gericht.

V. Fortzahlung im Krankheitsfall und ähnlichen Fällen

7 Den Auszubildenden ist die Vergütung auch zu zahlen, wenn sie infolge

- unverschuldeter Krankheit,
- einer Maßnahme der medizinischen Vorsorge oder Rehabilitation,
- einer Sterilisation oder
- eines Abbruchs der Schwangerschaft durch einen Arzt

an der Berufsausbildung nicht teilnehmen können.

6 *Taubert*, BBiG, § 19 Rn. 6.
7 ErfK/*Schlachter*, BBiG, § 19 Rn. 1.
8 *Taubert*, BBiG, § 19 Rn. 17.
9 *Taubert*, BBiG, § 19 Rn. 17.
10 *Taubert*, BBiG, § 19 Rn. 21.

Diese Fälle der Vergütungsfortzahlung ergeben sich nicht aus dem BBiG, sondern aus dem Entgeltfortzahlungsgesetz (EFZG), in dessen Anwendungsbereich die Auszubildenden einbezogen sind (§ 1 Abs. 2 EFZG). Wird ein Auszubildender durch Arbeitsunfähigkeit infolge Krankheit an seiner Arbeitsleistung verhindert, ohne dass ihn ein Verschulden trifft, so hat er Anspruch auf Entgeltfortzahlung im Krankheitsfall durch den Ausbildenden für die Zeit der Arbeitsunfähigkeit **bis zur Dauer von sechs Wochen** (§ 3 Abs. 1 Satz 1 EFZG). 8

Der Entgeltfortzahlungsanspruch **entsteht erst nach vierwöchiger ununterbrochener Dauer des Ausbildungsverhältnisses** (§ 3 Abs. 3 EFZG). Vier Wochen sind 28 Kalendertage, also weniger als ein Monat. Das bedeutet nicht, dass die Auszubildenden in dieser Zeit schutzlos sind. Vielmehr haben sie einen Anspruch auf Zahlung von Krankengeld gegen die Krankenkasse (§ 44 SGB V).

1. Krankheit, kein Verschulden

Ein **»Verschulden« an der Erkrankung**, die den Vergütungsfortzahlungsanspruch ausschließt (§ 3 Abs. 1 EFZG), ist nur in besonderen Ausnahmefällen anzunehmen, nämlich dann, wenn ein **grober Verstoß** gegen das von einem verständigen Menschen im eigenen Interesse zu erwartende Verhalten vorliegt, sog. **»Verschulden gegen sich selbst«**.[11] Dabei ist von einem objektiven Maßstab auszugehen. Erforderlich ist ein grober Verstoß gegen das Eigeninteresse eines verständigen Menschen und damit ein besonders leichtfertiges oder vorsätzliches Verhalten. Normale Fahrlässigkeit ist kein grober Verstoß. Grundsätzlich kein »Verschulden gegen sich selbst« liegt vor bei »normalen« Erkrankungen, insbesondere bei »verbreiteten« Krankheiten wie Grippe, Erkältungen, Infektionen. Es muss vielmehr ein besonders leichtfertiges, grob fahrlässiges oder vorsätzliches Verhalten gegeben sein. Das ist **nur in Ausnahmefällen** anzunehmen. Aus der sprachlichen Fassung des § 3 Abs. 1 Satz 1 EFZG folgt, dass das Risiko der Unaufklärbarkeit der Ursachen einer Krankheit oder Arbeitsunfähigkeit und eines möglichen Verschuldens des Arbeitnehmers/Auszubildenden beim Arbeitgeber/Ausbildenden liegt.[12] 9

Ein solches »Verschulden gegen sich selbst« liegt nicht vor, wenn ein Auszubildender eine Arbeitsunfähigkeit dadurch herbeiführt, dass er als **Hundebesitzer** in eine Hunderauferei eingreift, um seinen Hund aus einer Notlage zu befreien, und hierbei Bissverletzungen erleidet, die zu einer Arbeitsunfähigkeit führen.[13]

Bei **Arbeitsunfällen** liegt ein Verschulden, das einen Anspruch auf Entgeltfortzahlung ausschließen kann, nur vor, wenn der Auszubildende grob gegen die ihm obliegenden Pflichten verstoßen hat.[14] Das kann etwa gegeben sein, wenn ein Auszubildender trotz Belehrung und Aufforderung erforderliche Sicherheitsmaßnahmen nicht einhält. Voraussetzung ist allerdings, dass die erforderlichen Mittel zur Einhaltung der Sicherungsmaßnahmen, zum Beispiel entsprechende Schutzkleidung, vom Ausbildenden zur Verfügung gestellt wird. Ist das nicht der Fall, kann Auszubildenden deren Nichteinhaltung nicht zugerechnet werden. Ein Verschulden ist zu verneinen, wenn die Verletzung auch bei der Benutzung entsprechender Schutzvorkehrungen eingetreten wäre. 10

11 *BAG* 26. 10. 2016 – 5 AZR 167/16, NZA 2017, 240; *BAG* 18. 3. 2015 – 10 AZR 99/14, NZA 2015, 801; *BAG* 30. 3. 1988 – 5 AZR 42/87, NZA 1988, 537.

12 *BAG* 26. 10. 2016 – 5 AZR 167/16, Rn. 36, NZA 2017, 240; *BAG* 18. 3. 2015 – 10 AZR 99/14, Rn. 16, NZA 2015, 801.

13 Vgl. zu einem Arbeitnehmer *ArbG Freiburg* 13. 1. 2010 – 2 Ca 215/09.

14 *LAG Hamm* 8. 2. 2006 – 18 Sa 1083/05, NZA-RR 2006, 406.

11 Erkrankt ein Auszubildender, weil er eine **Nebentätigkeit** unter Verstoß gegen die Bestimmungen des Arbeitszeitrechts ausübt, kann das ein Verschulden darstellen. Ansonsten ist die Ausübung von Nebentätigkeiten nicht geeignet, ein Verschulden zu begründen.[15]

12 Wird ein Auszubildender in Folge einer **Schlägerei** verletzt, bedeutet das nicht automatisch ein Verschulden, das den Entgeltfortzahlungsanspruch ausschließt. Es kommt darauf an, ob der Auszubildende die Schlägerei selbst ausgelöst hat. Das kann der Fall sein, wenn er seine Gegner provoziert, beleidigt oder gekränkt hat.[16] Von einem Verschulden gegen sich selbst ist *nicht* auszugehen, wenn ein junger Mann ein freundschaftliches Gerangel beginnt und sich im Rahmen dieses Gerangels verletzt.[17]

13 Ein **Selbstmordversuch** ist in der Regel nicht als selbstverschuldet anzusehen. Das folgt daraus, dass bei Suizidversuchen in der Regel von einem Zustand der verminderten Schuldfähigkeit auszugehen ist.[18]

14 Bei einer **Suchtkrankheit** (z. B. Alkoholabhängigkeit) ist der Betreffende in der Regel nicht schuldfähig, das gilt auch bei einem Rückfall nach einer Therapie.[19] Der Alkoholismus als Krankheit ist nicht heilbar in dem Sinne, dass die Krankheit und ihre Ursachen ein für alle Mal beseitigt wären. Auch nach durchgeführter Therapie besteht weiter ein Rückfallrisiko. Die Gefahr des Rückfalls und die hohe Zahl der Rückfälle sind Teil des Krankheitsbildes.[20]

15 Bei **Sportunfällen** kann ein grobes Verschulden kann angenommen werden, wenn eine Sportart ausgeübt wurde, die deutlich die Kräfte oder Fähigkeiten des Auszubildenden übersteigen oder wenn in besonders grober Weise und leichtsinnig gegen anerkannte Regeln der jeweiligen Sportart verstoßen wurde oder wenn eine besonders gefährliche Sportart ausgeübt worden ist. Von einer besonders gefährlichen Sportart ist nur auszugehen, wenn das Verletzungsrisiko bei objektiver Betrachtung so groß ist, dass auch ein gut ausgebildeter Sportler bei sorgfältiger Beachtung aller Regeln dieses Risiko nicht vermeiden kann.[21] In diesem Sinne gefährliche Sportarten gibt es jedoch praktisch kaum. Selbst Sportarten wie Drachenfliegen[22], Fallschirmspringen, Skispringen oder Bungee-Jumping werden als tolerabel angesehen.[23] In Einzelfällen wurde allerdings ein grobes Verschulden angenommen, so beim Kickboxen.[24]

16 Bei **Verkehrsunfällen** kann ein Verschulden vorliegen, wenn zwingende Vorschriften der Straßenverkehrsordnung (StVO) in grober Weise missachtet beachtet wurden, zum Beispiel bei Nichtanlegen des Sicherheitsgurts[25] oder bei Fahrten unter Alkoholeinfluss.[26] Auch ein Beifahrer kann seine Arbeitsunfähigkeit selbst verschuldet haben, wenn er bei einem erkennbar fahruntüchtigen Fahrer mitfährt.[27] Ein Fußgänger kann seine Arbeits-

15 ErfK/*Reinhard,* EFZG, § 3 Rn. 31.
16 *LAG Hamm* 24.9.2003 – 18 Sa 785/03, NZA-RR 2004, 68.
17 Vgl. zu einem 24 Jahre alten Arbeitnehmer *LAG Köln* 30.1.2020 – 6 Sa 647/19: unvernünftige postadoleszente Übergriffigkeit.
18 *BAG* 28.2.1979 – 5 AZR 611/77, DB 1979, 1803.
19 *BAG* 18.3.2015 – 10 AZR 99/14, NZA 2015, 801.
20 *BAG* 18.3.2015 – 10 AZR 99/14, Rn. 27, NZA 2015, 801.
21 *BAG* 7.10.1981 – 5 AZR 338/79, DB 1982, 706 = NJW 1982, 1014.
22 *BAG* 7.10.1981 – 5 AZR 338/79, DB 1982, 706 = NJW 1982, 1014.
23 ErfK/*Reinhard,* EFZG, § 3 Rn. 26.
24 *ArbG Hagen* 15.9.1989 – 4 Ca 648/87, NZA 1990, 311.
25 *BAG* 7.10.1981 – 5 AZR 1113/79, NJW 1982, 1013.
26 *BAG* 30.3.1988 – 5 AZR 42/87, DB 1988, 1403.
27 *LAG Düsseldorf* 2.10.1968 – 3 Sa 185/68, DB 1968, 1908.

unfähigkeit selbst verschuldet haben, wenn er ohne die gebotenen Vorsichtsmaßnahmen eine Fahrbahn überquert hat.[28]

Bei einer **künstlichen Befruchtung (In-vitro-Fertilisation)** ist wie folgt zu unterscheiden:[29] 17

- Wird erst durch In-vitro-Fertilisation willentlich und vorhersehbar eine Arbeitsunfähigkeit bedingende Erkrankung herbeigeführt, ist von einem vorsätzlichen Verstoß gegen das Eigeninteresse eines verständigen Menschen auszugehen, die Gesundheit zu erhalten und Krankheiten zu vermeiden, die zur Arbeitsunfähigkeit führen können. In diesem Fall ist ein Entgeltfortzahlungsanspruch wegen Verschuldens ausgeschlossen.
- Ein Verschulden liegt *nicht* vor, wenn im Rahmen einer In-vitro-Fertilisation, die nach allgemein anerkannten medizinischen Standards vom Arzt oder auf ärztliche Anordnung vorgenommen wird, eine Erkrankung auftritt, die zur Arbeitsunfähigkeit führt, wenn mit deren Eintritt nicht gerechnet werden musste.
- Verwirklichen sich Krankheitsrisiken, weil die mit der In-vitro-Fertilisation einhergehenden Maßnahmen und Eingriffe (für die Arbeitnehmerin ohne weiteres erkennbar oder mit ihrem Wissen) nicht nach anerkannten medizinischen Standards vom Arzt oder auf ärztliche Anordnung vorgenommen wurden, ist von einem Verschulden auszugehen.
- Ab dem Zeitpunkt des Embryonentransfers gelten im Hinblick auf ein Verschulden die gleichen Grundsätze wie bei einer durch natürliche Empfängnis herbeigeführten Schwangerschaft (in der Regel kein Verschulden).

2. Arbeitsunfähigkeitsbescheinigung

Mit der von einem Arzt ausgestellten **Arbeitsunfähigkeitsbescheinigung** können grundsätzlich die Voraussetzungen für den Anspruch auf Vergütungsfortzahlung belegt werden. Diese hat einen hohen Beweiswert. Der Beweis krankheitsbedingter Arbeitsunfähigkeit wird in der Regel durch die Vorlage einer ärztlichen Arbeitsunfähigkeitsbescheinigung (§ 5 Abs. 1 Satz 2 EFZG) geführt. Die ordnungsgemäß ausgestellte Arbeitsunfähigkeitsbescheinigung ist das gesetzlich ausdrücklich vorgesehene und insoweit wichtigste Beweismittel für das Vorliegen krankheitsbedingter Arbeitsunfähigkeit. Der ordnungsgemäß ausgestellten Arbeitsunfähigkeitsbescheinigung kommt aufgrund der normativen Vorgaben im EFZG ein hoher Beweiswert zu. Das Gericht kann normalerweise den Beweis einer krankheitsbedingten Arbeitsunfähigkeit als erbracht ansehen, wenn die Arbeitnehmer oder Auszubildenden eine ärztliche Arbeitsunfähigkeitsbescheinigung vorlegen.[30] Aufgrund des normativ vorgegebenen hohen Beweiswerts der Arbeitsunfähigkeitsbescheinigung genügt ein »bloßes Bestreiten« der Arbeitsunfähigkeit mit Nichtwissen durch den Arbeitgeber nicht, wenn der Arbeitnehmer/Auszubildende seine Arbeitsunfähigkeit mit einer ordnungsgemäß ausgestellten Arbeitsunfähigkeitsbescheinigung nachgewiesen hat. Vielmehr kann der Arbeitgeber den Beweiswert der Arbeitsunfähigkeitsbescheinigung nur dadurch erschüttern, dass er tatsächliche Umstände darlegt, die Zweifel an der Erkrankung des Arbeitnehmers/Auszubildenden ergeben mit der Folge, dass der ärztlichen Bescheinigung kein Beweiswert mehr zukommt.[31] 18

28 *LAG Hamm* 5.10.1983 – 7 Sa 549/83, DB 1984, 515.
29 *BAG* 26.10.2016 – 5 AZR 167/16, NZA 2017, 240.
30 *BAG* 13.12.2023 – 5 AZR 137/23, Rn. 12, NZA 2024, 539; *BAG* 8.9.2021 – 5 AZR 149/21, Rn. 12, NZA 2022, 39.
31 *BAG* 13.12.2023 – 5 AZR 137/23, Rn. 12, NZA 2024, 539; *BAG* 8.9.2021 – 5 AZR 149/21, Rn. 13, NZA 2022, 39.

Arbeitsunfähigkeitsbescheinigungen von einem Arzt **innerhalb der EU** haben den gleichen Beweiswert wie die von einem deutschen Arzt. Diskriminierungen nach der Staatsangehörigkeit sind innerhalb der Europäischen Union verboten (Art. 18 AEUV).
Einer Arbeitsunfähigkeitsbescheinigung, die in einem Land **außerhalb der EU** ausgestellt wurde, kommt in der Regel ebenfalls der gleiche Beweiswert zu wie einer in Deutschland ausgestellten Bescheinigung. Die Bescheinigung muss jedoch erkennen lassen, dass der ausländische Arzt zwischen einer bloßen Erkrankung und einer mit Arbeitsunfähigkeit verbundenen Krankheit unterschieden und damit eine den Begriffen des deutschen Arbeits- und Sozialversicherungsrechts entsprechende Beurteilung vorgenommen hat.[32]
Zu beachten ist, dass für Auszubildende dieselben **Anzeigepflichten** wie für Arbeitnehmer gem. § 5 Abs. 1 EFZG gelten. Die Auszubildenden sind verpflichtet, dem Ausbildenden die Arbeitsunfähigkeit und deren voraussichtliche Dauer unverzüglich anzuzeigen. Die zusätzliche Verpflichtung, den Ausbildenden eine ärztliche **Bescheinigung über das Bestehen der Arbeitsunfähigkeit** vorzulegen, gilt seit 1.1.2023 *nicht* mehr für Arbeitnehmer und Auszubildende, die Versicherte einer gesetzlichen Krankenkasse sind. Die Arbeitnehmer und Auszubildenden sind verpflichtet, das Bestehen einer Arbeitsunfähigkeit sowie deren voraussichtliche Dauer feststellen und sich eine ärztliche Bescheinigung aushändigen zu lassen (§ 5 Abs. 1a EFZG). Der Arzt hat die Arbeitsunfähigkeitsdaten elektronisch an die Krankenkasse zu übermitteln (§ 295 SGB V). Die **Krankenkasse** hat die Arbeitsunfähigkeitsdaten zum Abruf für den Arbeitgeber zu erstellen (§ 109 SGB IV). Der Arbeitgeber kann also die Arbeitsunfähigkeitsdaten bei der Krankenkasse abrufen und diese werden an den Arbeitgeber elektronisch übermittelt.
Die Auszubildenden sind weiterhin verpflichtet, dem Ausbildenden die Arbeitsunfähigkeit und deren voraussichtliche Dauer unverzüglich mitzuteilen. Diese **Anzeigepflicht** besteht nicht nur bei dem erstmaligen Beginn der Arbeitsunfähigkeit, sondern auch dann, wenn die Arbeitsunfähigkeit länger dauert als vom behandelnden Arzt ursprünglich festgestellt. Durch die Abschaffung der Nachweispflicht hat die Anzeigepflicht eine besondere Bedeutung. Denn die Ausbildenden können nur dann die Arbeitsunfähigkeitsdaten von der zuständigen Krankenkasse abrufen, wenn sie überhaupt Kenntnis von der Arbeitsunfähigkeit der Auszubildenden haben.

3. Dauer der Entgeltfortzahlung

19 Der Anspruch auf Entgeltfortzahlung im Krankheitsfall durch den Ausbildenden besteht **bis zur Dauer von sechs Wochen** (§ 3 Abs. 1 Satz 1 EFZG), also für 42 Kalendertage.[33] Der Anspruch auf Entgeltfortzahlung ist auch dann auf die Dauer von sechs Wochen beschränkt, wenn während bestehender Arbeitsunfähigkeit eine **neue Krankheit** auftritt, die ebenfalls Arbeitsunfähigkeit zur Folge hat (**Grundsatz der Einheit des Verhinderungsfalls**). Ein neuer Entgeltfortzahlungsanspruch entsteht nur, wenn die erste krankheitsbedingte Arbeitsverhinderung bereits zu dem Zeitpunkt beendet war, in dem die weitere Erkrankung zu einer erneuten Arbeitsunfähigkeit führte.[34] Das ist anzunehmen, wenn der Arbeitnehmer zwischen zwei Krankheiten tatsächlich gearbeitet hat oder jedenfalls arbeitsfähig war, sei es auch nur für wenige außerhalb der Arbeitszeit liegende Stunden. Maßgeblich für die Dauer der Arbeitsunfähigkeit und damit für das Ende des Verhin-

32 *BAG* 19.2.1997 – 5 AZR 83/96, NZA 1997, 652.
33 *BAG* 22.8.2001 – 5 AZR 699/99, NZA 2002, 610.
34 *BAG* 11.12.2019 – 5 AZR 505/18; Rn. 13, NZA 2020, 446; *BAG* 25.5.2016 – 5 AZR 318/15, Rn. 13, NZA 2016, 1076.

derungsfalls ist die Entscheidung des Arztes, die Arbeitsunfähigkeit, unabhängig von der individuellen Arbeitszeit des betreffenden Arbeitnehmers, im Zweifel bis zum Ende eines Kalendertags zu bescheinigen. Dabei ist es unerheblich, ob das Ende der Arbeitsunfähigkeit auf einen Arbeits- oder arbeitsfreien Tag fällt.[35]

Ein **einheitlicher Verhinderungsfall** (der keinen neuen Anspruch auf Entgeltfortzahlung begründet) ist in der Regel anzunehmen, wenn zwischen einer »ersten« krankheitsbedingten Arbeitsunfähigkeit und einer dem Arbeitnehmer/Auszubildenden im Wege der »Erstbescheinigung« attestierten weiteren Arbeitsunfähigkeit ein **enger zeitlicher Zusammenhang** besteht. Hiervon ist auszugehen, wenn die bescheinigten Arbeitsverhinderungen zeitlich entweder unmittelbar aufeinanderfolgen oder zwischen ihnen lediglich ein für den erkrankten Arbeitnehmer arbeitsfreier Tag oder ein arbeitsfreies Wochenende liegt.[36] In einem solchen Fall haben die Arbeitnehmer/Auszubildenden darzulegen und zu beweisen, dass die vorangegangene Arbeitsunfähigkeit im Zeitpunkt des Eintritts der weiteren Arbeitsverhinderung beendet war.[37]

Werden Auszubildende infolge derselben Krankheit erneut arbeitsunfähig, so verlieren sie wegen der erneuten Arbeitsunfähigkeit den Anspruch auf Entgeltfortzahlung (§ 3 Abs. 1 Satz 1 EFZG) für einen weiteren Zeitraum von höchstens sechs Wochen *nicht*, wenn sie vor der erneuten Arbeitsunfähigkeit mindestens sechs Monate nicht infolge derselben Krankheit arbeitsunfähig waren *oder* seit Beginn der ersten Arbeitsunfähigkeit infolge derselben Krankheit eine Frist von zwölf Monaten abgelaufen ist (§ 3 Abs. 1 Satz 2 EFZG).

Sind Auszubildende innerhalb der Zeiträume des § 3 Abs. 1 Satz 2 EFZG länger als sechs Wochen arbeitsunfähig, müssen sie darlegen, dass keine **Fortsetzungserkrankung** vorliegt. Wird dies vom Arbeitgeber/Ausbildenden bestritten, müssen die Auszubildenden die Tatsachen darlegen, die den Schluss erlauben, es habe keine Fortsetzungserkrankung vorgelegen. Die Auszubildenden haben den Arzt von der Schweigepflicht zu entbinden. Die objektive Beweislast für das Vorliegen einer Fortsetzungserkrankung haben allerdings die Ausbildenden zu tragen.[38]

Ist eine neue Erkrankung eine Fortsetzung der früheren Erkrankung, weil (trotz verschiedener Krankheitssymptome) die wiederholte Arbeitsunfähigkeit auf demselben nicht behobenen **Grundleiden** beruht, liegt ebenfalls eine Fortsetzungserkrankung vor.[39] Bei einer solchen ist der Arbeitgeber/Ausbildende nur dann zur Entgeltfortzahlung verpflichtet, wenn der Auszubildende vor der erneuten Arbeitsunfähigkeit mindestens sechs Monate nicht in Folge derselben Krankheit arbeitsunfähig war *oder* seit Beginn der ersten Arbeitsunfähigkeit in Folge derselben Krankheit eine Frist von zwölf Monaten abgelaufen ist (§ 3 Abs. 1 Satz 2 EFZG).

VI. Fortzahlung bei Urlaub

Dem Auszubildenden ist die Vergütung auch zu zahlen, wenn er infolge Urlaubs tatsächlich nicht ausgebildet wird. Insoweit gelten für Minderjährige die gesetzliche Vorschrift des § 19 JArbSchG und für Volljährige die Bestimmungen des BUrlG oder die entsprechenden tarifvertraglichen Regelungen (vgl. § 11 Rn. 40 ff.). 20

35 *BAG* 11.12.2019 – 5 AZR 505/18; Rn. 13, NZA 2020, 446; *BAG* 25.5.2016 – 5 AZR 318/15, Rn. 13, NZA 2016, 1076.
36 *BAG* 11.12.2019 – 5 AZR 505/18, Rn. 21, NZA 2020, 446.
37 *BAG* 11.12.2019 – 5 AZR 505/18, Rn. 16, NZA 2020, 446.
38 *BAG* 18.1.2023 – 5 AZR 93/22, Rn. 10; *BAG* 13.7.2005 – 5 AZR 389/04, BB 2005, 2642.
39 *BAG* 18.1.2023 – 5 AZR 93/22, Rn. 27; *BAG* 25.5.2016 – 5 AZR 318/15, NZA 2016, 1076.

VII. Fortzahlung an Feiertagen

21 Auszubildenden ist die Vergütung auch zu zahlen, wenn die Ausbildung infolge eines gesetzlichen Feiertags ausfällt (§ 2 Abs. 1 EFZG). Auszubildende, die am letzten Arbeitstag vor oder am ersten Arbeitstag nach Feiertagen unentschuldigt der Ausbildung fernbleiben, haben gem. § 2 Abs. 3 EFZG keinen Anspruch auf die Bezahlung für diese Feiertage.

Unterabschnitt 5
Beginn und Beendigung des Ausbildungsverhältnisses

§ 20 Probezeit

Das Berufsausbildungsverhältnis beginnt mit der Probezeit. Sie muss mindestens einen Monat und darf höchstens vier Monate betragen.

Inhaltsübersicht Rn.

I. Überblick

1 § 20 BBiG regelt die Probezeit. Im Unterschied zum alten Recht wurde zum 1.4.2005 die maximal **zulässige Dauer der Probezeit auf vier Monate verlängert**. § 20 BBiG gilt auch für Berufsausbildungsverhältnisse im **Handwerk**.

2 Das Berufsausbildungsverhältnis beginnt zwingend mit der Probezeit, wie sich aus § 20 Satz 1 BBiG ergibt. Die Probezeitvereinbarung als solche unterliegt keiner Inhaltskontrolle nach dem AGB-Recht (§§ 307ff. BGB), weil sie zwingendes Recht ist.[1] Die Probezeit ist **integraler Bestandteil** des Berufsausbildungsverhältnisses, nicht etwa diesem vorgelagert.[2] Deshalb bestehen mit dem Beginn der Probezeit als dem Beginn des Berufsausbildungsverhältnisses auch sämtliche wechselseitigen Rechte und Pflichten aus dem Berufsausbildungsverhältnis. So hat der Auszubildende mit Beginn der Probezeit einen Anspruch auf eine angemessene **Ausbildungsvergütung** (§ 17 BBiG). Die Vereinbarung einer geringeren Ausbildungsvergütung für die Probezeit wäre unwirksam (§ 25 BBiG).[3]

II. Zweck der Probezeit

3 **Zweck der Probezeit** ist es, einerseits dem Ausbildenden zu ermöglichen, den Auszubildenden dahingehend zu überprüfen, ob er für den zu erlernenden Beruf voraussichtlich

1 *BAG* 12.2.2015 – 6 AZR 831/13, Rn. 18ff., NZA 2015, 737.
2 *Taubert*, BBiG, § 20 Rn. 2.
3 *Benecke/Hergenröder*, BBiG, § 20 Rn. 3; *Taubert*, BBiG, § 20 Rn. 3.

geeignet ist und sich in das betriebliche Geschehen mit seinen Lernpflichten einordnen kann. Diese Prüfung soll andererseits auch der Auszubildende für sich anstellen.[4] Beide Vertragsparteien sollen Gelegenheit haben, die für die Ausbildung im konkreten Ausbildungsberuf wesentlichen Umstände eingehend zu prüfen. Das sei nur unter den Bedingungen des Berufsausbildungsverhältnisses mit seinen spezifischen Pflichten möglich, weshalb aus Sicht des *BAG* die Anrechnung von Zeiten in einem anderen Rechtsverhältnis (Praktikum, Arbeitsverhältnis) in der Regel nicht in Betracht käme (vgl. Rn. 15ff.).[5] Fällt die Prüfung negativ aus, sollen die Vertragsparteien sich trennen können. Deshalb kann das Ausbildungsverhältnis während der Probezeit jederzeit ohne Einhalten einer Kündigungsfrist gem. § 22 Abs. 1 BBiG gekündigt werden (vgl. § 22 Rn. 10ff.).

III. Beginn der Probezeit

4 Die Probezeit beginnt mit dem **Tag des vertraglich vereinbarten Beginns der Berufsausbildung** (§ 11 Abs. 1 Satz 2 Nr. 2 BBiG). Auf die tatsächliche Aufnahme der Ausbildung kommt es nicht an.[6]

5 Ein Fernbleiben des Auszubildenden etwa wegen Krankheit oder aus sonstigen Gründen hindert den rechtlichen Beginn des Berufsausbildungsverhältnisses und damit auch der Probezeit nicht (vgl. aber Rn. 18ff.). Das Berufsausbildungsverhältnis und die Probezeit beginnen rechtlich auch dann mit dem vertraglich vereinbarten Zeitpunkt, wenn dieser Tag auf einen arbeitsfreien Sonnabend, Sonn- oder Feiertag fällt.[7] Eine dem Berufsausbildungsverhältnis vorgeschaltete selbstständige Probezeit ist, weil es sich um eine objektive Umgehung des § 20 BBiG handeln würde, unzulässig, wie sich auch aus § 25 BBiG ergibt.[8]

IV. Dauer der Probezeit

6 Die Probezeit muss **mindestens einen Monat** und darf **höchstens vier Monate** betragen (§ 20 Satz 2 BBiG). **Nach altem Recht** (bis 31.3.2005) betrug die maximale Dauer der Probezeit drei Monate. Nach dem neuen Recht seit dem 1.4.2005 kann die Probezeit bis zu vier Monate dauern. Maßgeblich ist aber immer die vertragliche Vereinbarung. Das Gesetz schafft einen Rahmen und regelt eine Höchstfrist, gibt aber nicht automatisch vor, dass die Probezeit immer vier Monate beträgt.

7 Bei der **Stufenausbildung** (durch Gesetzesänderung zum 1.8.2024 abgeschafft) durfte nur eine einmalige Probezeit wirksam vereinbart werden. Die Vereinbarung einer (neuen) Probezeit für jede Stufe war unzulässig (vgl. zur Stufenausbildung auch § 21 Rn. 14).[9]

8 In dem gesetzlich vorgegebenen Rahmen (mindestens ein Monat, maximal vier Monate) ist die **Dauer der Probezeit frei vereinbar**. Eine Probezeit im Umfang der Höchstdauer von vier Monaten ist nicht unangemessen lang.[10] Die Probezeit kann zum Beispiel auch

4 *BAG* 9.6.2016 – 6 AZR 396/15, Rn. 25, NZA 2016, 1406; *BAG* 12.2.2015 – 6 AZR 831/13, Rn. 28, NZA 2015, 737; *BAG* 16.12.2004 – 6 AZR 127/04, NZA 2005, 578.
5 *BAG* 19.11.2015 – 6 AZR 844/14, NZA 2016, 228.
6 *Benecke/Hergenröder*, BBiG, § 20 Rn. 5; *Taubert*, BBiG, § 20 Rn. 7.
7 Wohlgemuth/*Pepping*, BBiG, § 20 Rn. 8.
8 ErfK/*Schlachter*, BBiG, § 20 Rn. 1.
9 *BAG* 27.11.1991 – 2 AZR 263/91, NZA 1992, 506.
10 Auch nicht im Sinne des AGB-Rechts (§ 307 Abs. 1 BGB): *BAG* 9.6.2016 – 6 AZR 396/15, Rn. 16, NZA 2016, 1406; *BAG* 12.2.2015 – 6 AZR 831/13, Rn. 36ff., NZA 2015, 737.

sechs, sieben oder acht Wochen betragen. Die Dauer der Probezeit kann entweder in Tagen, Wochen oder Monaten angegeben oder ein Kalenderdatum benannt werden.[11]

9 Ebenso wie beim Beginn des Berufsausbildungsverhältnisses ist es für das Ende der Probezeit unerheblich, ob das vereinbarte Datum auf einen arbeitsfreien Tag fällt.[12] Die **Höchstgrenze** von vier Monaten ist vor allem für die Auszubildenden von Bedeutung. Diese sollen innerhalb einer angemessenen Frist Klarheit darüber haben, ob das Berufsausbildungsverhältnis Bestand hat.

10 Die Vereinbarung einer kürzeren oder längeren Probezeit ist wegen § 25 BBiG unwirksam.[13] Ist die **Mindestgrenze** der Probezeit von einem Monat abgelaufen, sind die Vertragsparteien andererseits frei, eine vorzeitige Abkürzung oder Beendigung einer längeren Probezeitvereinbarung einvernehmlich zu regeln. Ein Anspruch auf eine entsprechende Verkürzung besteht aber nicht.[14]

11 Die **Probezeit endet** mit Ablauf der vereinbarten Zeit oder des vereinbarten Datums. Überschreitet die vereinbarte Probezeit die zulässige Höchstgrenze, so ist die Probezeitvereinbarung insoweit nichtig (§ 25 BBiG). An die Stelle der nichtigen Probezeitvereinbarung tritt eine Probezeit die vermutlich am ehesten dem vertraglich Gewollten entspricht. Das dürfte im Regelfall eine Probezeit von vier Monaten (Höchstgrenze) sein, weil die Vertragsparteien mit ihrer (nichtigen) Vereinbarung zum Ausdruck gebracht haben, dass sie eine möglichst lange Probezeit wünschen (Umdeutung gem. § 140 BGB).[15]

1. Anrechnung von Zeiten in einem vorherigen Ausbildungsverhältnis

12 Die Probezeit gilt jeweils für »das« Berufsausbildungsverhältnis. Begründet der Auszubildende ein **neues Ausbildungsverhältnis** mit einem anderen Ausbildenden oder auch mit demselben Ausbildenden, aber für einen anderen Ausbildungsberuf, so ist es zulässig, eine **neue Probezeit** zu vereinbaren.[16] Die erneute Vereinbarung einer Probezeit ist unzulässig, wenn zu einem vorherigen Ausbildungsverhältnis derselben Vertragsparteien ein derart **enger sachlicher Zusammenhang** besteht, dass es sich sachlich um *ein* Berufsausbildungsverhältnis handelt. Ob ein enger sachlicher Zusammenhang besteht, ist anhand der Umstände des Einzelfalls festzustellen. Zu berücksichtigen sind dabei neben der absoluten Dauer der Unterbrechung zwischen den Ausbildungsverhältnissen auch mögliche Besonderheiten des Ausbildungsverhältnisses oder der betreffenden Branche, zudem der Anlass der Unterbrechung und der Neubegründung des Ausbildungsverhältnisses und die Frage, auf wessen Veranlassung die Beendigung des vorherigen Ausbildungsverhältnisses erfolgt ist. Die Darlegungs- und Beweislast für das Vorliegen eines in diesem Sinne tatsächlich einheitlichen Berufsausbildungsverhältnisses trägt der Auszubildende.[17]

13 Eine Kündigung des Berufsausbildungsverhältnisses durch den Ausbildenden und daran anschließend die erneute Vereinbarung eines Ausbildungsverhältnisses mit denselben Vertragspartnern im selben Ausbildungsberuf ist zwar zulässig. Eine neue Probezeitvereinbarung ist aber wegen objektiver Umgehung des § 20 BBiG, der gem. § 25 BBiG eine Schutznorm zugunsten der Auszubildenden ist, unwirksam. Etwas anderes kann allenfalls dann gelten, wenn für die Kündigung bei objektiver Betrachtung der Rechtslage ein

11 Wohlgemuth/*Pepping*, BBiG, § 20 Rn. 12.
12 Wohlgemuth/*Pepping*, BBiG, § 20 Rn. 10.
13 *LAG Baden-Württemberg* 15.11.1975 – 6 Sa 68/75, EzB BBiG § 13 Nr. 5.
14 Wohlgemuth/*Pepping*, BBiG, § 20 Rn. 24; *Taubert*, BBiG, § 20 Rn. 11.
15 *Benecke/Hergenröder*, BBiG, § 20 Rn. 6; Wohlgemuth/*Pepping*, BBiG, § 20 Rn. 12.
16 *Taubert*, BBiG, § 20 Rn. 21.
17 *BAG* 12.2.2015 – 6 AZR 831/13, Rn. 29ff., NZA 2015, 737.

wichtiger Kündigungsgrund im Sinne des § 22 Abs. 2 Nr. 1 BBiG gegeben war. Das *BAG* will darauf abstellen, ob zu einem vorherigen Ausbildungsverhältnis derselben Vertragsparteien ein derart enger sachlicher Zusammenhang besteht, dass es sich sachlich um *ein* Berufsausbildungsverhältnis handelt (vgl. Rn. 12).

Hat der Auszubildende das Berufsausbildungsverhältnis gekündigt, kann im Regelfall bei einer erneuten Begründung eines Berufsausbildungsverhältnisses mit demselben Ausbildenden in demselben Ausbildungsberuf eine neue Probezeit vereinbart werden, weil der Auszubildende dann nicht schutzwürdig ist, weil er selbst sein Vertragsverhältnis aufgekündigt hat. Etwas Anderes kann aber dann gelten, wenn der Ausbildende veranlasst hat, dass der Auszubildende die Kündigung aussprechen soll. Das *BAG* will generell darauf abstellen, ob ein enger sachlicher Zusammenhang zwischen den Ausbildungsverhältnissen besteht (vgl. Rn. 12). 14

2. Anrechnung von Zeiten in anderen Vertragsverhältnissen

Ob Zeiten eines **Volontär- oder Praktikantenverhältnisses** auf die Probezeit im Ausbildungsverhältnis in demselben Unternehmen anzurechnen ist, wird unterschiedlich gesehen.[18] Richtigerweise ist von einer Anrechnung auszugehen, jedenfalls wenn die vorherige Tätigkeit und das sich anschließende Berufsausbildungsverhältnis in einem inneren Zusammenhang stehen.[19] Das *BAG* meint, dass (aufgrund des Zwecks der Probezeit, die auf das konkrete Berufsausbildungsverhältnis bezogen ist) eine Anrechnung von Zeiten in einem anderen Rechtsverhältnis, sei es ein Praktikum oder ein Arbeitsverhältnis, *nicht* in Betracht kommt.[20] Weder eine Einstiegsqualifizierung (§ 54a SGB III) noch eine in der Einstiegsqualifizierung absolvierte Probezeit soll auf die Probezeit in einem nachfolgenden Berufsausbildungsverhältnis anzurechnen sein.[21] 15

Ein vorheriges »**vorläufiges Arbeitsverhältnis**« ist anzurechnen, wenn die vorherige Tätigkeit und das sich anschließende Berufsausbildungsverhältnis in einem inneren Zusammenhang stehen. In dem Fall ist die Vereinbarung einer Probezeit jedenfalls insoweit unwirksam, als sie die gesetzliche Mindestprobezeit von einem Monat überschreitet.[22] 16

Ein »normales« vorheriges **Arbeitsverhältnis**, welches nicht im inhaltlichen Zusammenhang mit einer nachfolgenden Ausbildung steht (z. B. Beschäftigung als Hilfskraft), ist *nicht* auf die Probezeit im Ausbildungsverhältnis anzurechnen, auch nicht, wenn die gesetzliche Mindestprobezeit von einem Monat überschritten wird.[23] 17

3. Unterbrechung der Probezeit

Die Probezeit verlängert sich nach den gesetzlichen Vorgaben **nicht automatisch** um die Dauer einer tatsächlichen Unterbrechung der Ausbildung, gleich aus welchem Grunde diese eintritt (z. B. durch Erkrankung). Allerdings können die Vertragsparteien eine **Verlängerung** der Probezeit **vereinbaren**, auch wenn dadurch die Vier-Monats-Grenze des 18

18 Dafür *ArbG Wetzlar* 24. 10. 1989 – 1 Ca 317/89, EzA BBiG § 15 Nr. 12; dagegen *LAG Berlin* 12. 10. 1998 – 9 Sa 73/98, LAGE BBiG § 13 Nr. 2.
19 *Benecke/Hergenröder*, BBiG, § 20 Rn. 7; differenzierend Wohlgemuth/*Pepping*, BBiG, § 20 Rn. 5.
20 *BAG* 19. 11. 2015 – 6 AZR 844/14, NZA 2016, 228 (zum vorherigen Praktikum); *BAG* 16. 12. 2004 – 6 AZR 127/04, NZA 2005, 578 (zum vorherigen Arbeitsverhältnis).
21 *LAG Hamburg* 4. 11. 2015 – 5 Sa 31/15.
22 *ArbG Wiesbaden* 17. 1. 1996 – 6 Ca 3242/95, NZA-RR 1997, 6.
23 *BAG* 16. 12. 2004 – 6 AZR 127/04, NZA 2005, 578.

§ 20 Satz 2 BBiG überschritten wird.[24] Die Vereinbarung kann entweder bereits im Berufsausbildungsvertrag oder auch erst während der Probezeit getroffen werden.[25] Dabei soll es nach der Rechtsprechung des *BAG* zwar grundsätzlich im Ermessen der Parteien liegen, die Dauer einer für die Verlängerung der Probezeit relevanten Unterbrechung zu bestimmen. Geringfügige Unterbrechungen der tatsächlichen Ausbildung/Beschäftigung von wenigen Tagen führen indes noch nicht zu einer entsprechenden Verlängerung der Probezeit, vielmehr muss es sich um einen Zeitraum handeln, der im Verhältnis zur vereinbarten Probezeit erheblich ist.[26]

19 Nach früherem Recht betrug die maximale Dauer der Probezeit drei Monate. Akzeptiert wurde danach eine Vereinbarung, nach der sich die dreimonatige Probezeit bei einer Unterbrechung der Ausbildung um mehr als einen Monat entsprechend verlängerte.[27] Da nach neuem Recht (seit 1.4.2005) die Probezeit maximal vier Monate betragen kann, ist eine Vereinbarung zulässig, nach der sich die Probezeit verlängert, wenn die Ausbildung (wegen Krankheit oder aus anderen Gründen) um **mehr als ein Drittel** der vereinbarten Probezeit tatsächlich unterbrochen ist oder eine Ausbildung nicht stattfinden kann.[28] Die Probezeit kann sich dann um den Zeitraum der tatsächlichen Unterbrechung der Ausbildung verlängern, maximal um ein Drittel der vereinbarten Probezeit. Der Ausbildende kann sich auf eine solche Verlängerungsvereinbarung jedoch dann nicht berufen, wenn er die Unterbrechung der Ausbildung selbst vertragswidrig herbeigeführt hat.[29]

20 Zu einer Verlängerung der Probezeit wegen tatsächlicher Unterbrechung der Ausbildung kann es jedoch nur kommen, wenn eine entsprechende Vereinbarung zwischen Ausbildenden und Auszubildenden getroffen worden ist. **Fehlt es an einer entsprechenden Vereinbarung** oder ist diese wegen Überschreitens der genannten Grenzen unwirksam, endet die Probezeit mit dem regulären Ende der Probezeit nach dem Kalender, ohne dass es auf tatsächliche Unterbrechungszeiten ankommt.[30]

21 Da der Besuch der **Berufsschule** Teil der dualen Berufsausbildung ist, werden das Berufsausbildungsverhältnis und damit auch die Probezeit durch den Besuch der Berufsschule *nicht* unterbrochen. Das gilt auch für den **Blockunterricht**, unabhängig von dessen Dauer.[31]

V. Inhaberwechsel während der Probezeit

22 Wechselt der Inhaber des Ausbildungsbetriebs kommt es zu einem Vertragspartnerwechsel kraft Gesetzes gem. § 613a BGB (**Betriebsübergang**), der gem. § 10 Abs. 2 BBiG auch für Berufsausbildungsverhältnisse gilt (vgl. § 10 Rn. 43). Der neue Inhaber des Ausbildungsbetriebs wird neuer Vertragspartner (neuer Ausbildender) des Auszubildenden. Das Berufsausbildungsverhältnis geht auf den neuen Inhaber über, und zwar in dem Zustand, in dem sich das Berufsausbildungsverhältnis im Zeitpunkt des Betriebsübergangs befindet. Der Vertragsinhalt ändert sich durch den Betriebsübergang nicht. Deshalb be-

---

24 *BAG* 9.6.2016 – 6 AZR 396/15, Rn. 26ff., NZA 2016, 1406.
25 Wohlgemuth/*Pepping*, BBiG, § 20 Rn. 23.
26 *BAG* 15.1.1981 – 2 AZR 943/78, DB 1982, 234.
27 *BAG* 15.1.1981 – 2 AZR 943/78, DB 1982, 234.
28 *BAG* 9.6.2016, 6 AZR 396/15, NZA 2016, 1406.
29 *BAG* 15.1.1981 – 2 AZR 943/78, NJW 1982, 2628.
30 Wohlgemuth/*Pepping*, BBiG, § 20 Rn. 23.
31 *Taubert*, BBiG, § 20 Rn. 15.

ginnt auch nicht etwa eine neue Probezeit. Die Probezeit wird durch den Betriebsübergang weder unterbrochen noch verlängert sich diese.[1]

Wenn die Probezeit im Zeitpunkt des Übergangs des Betriebsübergangs bereits beendet ist, darf keine neue Probezeit vereinbart werden. Eine entsprechende Vereinbarung mit dem neuen Inhaber wäre, weil zum Nachteil der Auszubildenden, unwirksam (§ 25 BBiG).[2] Will der Auszubildende, aus welchen Gründen auch immer, seinerseits verhindern, dass sein Berufsausbildungsverhältnis auf den neuen Betriebsinhaber übergeht, kann er dem Übergang seines Vertragsverhältnisses widersprechen (§ 613a Abs. 6 BGB; vgl. § 10 Rn. 44). 23

VI. Kündigung während der Probezeit

Während der Probezeit kann das Berufsausbildungsverhältnis jederzeit ohne Einhalten einer Kündigungsfrist von beiden Seiten gekündigt werden (§ 22 Abs. 1 BBiG). Es handelt sich um eine ordentliche, allerdings entfristete, Kündigung, die grundsätzlich keines besonderen Kündigungsgrunds bedarf. Die Kündigung muss schriftlich erfolgen (§ 22 Abs. 3 BBiG). Die Einzelheiten sind dargestellt bei § 22 Rn. 10ff. 24

§ 21 Beendigung

(1) Das Berufsausbildungsverhältnis endet mit dem Ablauf der Ausbildungsdauer.

(2) Bestehen Auszubildende vor Ablauf der Ausbildungsdauer die Abschlussprüfung, so endet das Berufsausbildungsverhältnis mit Bekanntgabe des Ergebnisses durch den Prüfungsausschuss.

(3) Bestehen Auszubildende die Abschlussprüfung nicht, so verlängert sich das Berufsausbildungsverhältnis auf ihr Verlangen bis zur nächstmöglichen Wiederholungsprüfung, höchstens um ein Jahr.

Inhaltsübersicht Rn.

1 *Benecke/Hergenröder*, BBiG, § 20 Rn. 8; *Taubert*, BBiG, § 20 Rn. 19.

2 Wohlgemuth/*Pepping*, BBiG, § 20 Rn. 11.

I. Überblick

1 § 21 BBiG normiert, allerdings nicht abschließend, die Beendigung des Berufsausbildungsverhältnisses. § 21 BBiG gilt auch für Berufsausbildungsverhältnisse im **Handwerk**. Das Berufsausbildungsverhältnis ist ein **befristetes Vertragsverhältnis**. Es endet jedenfalls durch Zeitablauf, das heißt mit dem Ende der Ausbildungsdauer.[3] Diesen Grundsatz regelt § 21 Abs. 1 BBiG (vgl. Rn. 9). Es kann früher enden bei vorzeitigem Bestehen der Abschlussprüfung (§ 21 Abs. 2 BBiG, vgl. Rn. 25ff.). Wenn der Auszubildende die Abschlussprüfung nicht besteht, kann es zur Verlängerung des Berufsausbildungsverhältnisses kommen (§ 21 Abs. 3 BBiG; vgl. Rn. 32ff.). Vereinbarungen zwischen Auszubildenden und Ausbildenden, die zuungunsten Auszubildender von § 21 BBiG abweichen, sind nichtig (§ 25 BBiG).

2 Die Überschrift der Norm »Beendigung« ist im doppelten Sinne irreführend. Zum einen regelt § 21 BBiG keineswegs abschließend alle Tatbestände, die zu einer Beendigung des Berufsausbildungsverhältnisses führen können. Zum anderen regelt jedenfalls Abs. 3 nicht die Beendigung, sondern im Gegenteil die Verlängerung des Ausbildungsverhältnisses bei Nichtbestehen der Abschlussprüfung.

II. Beendigungstatbestände außerhalb des § 21 BBiG

3 § 21 BBiG ist insofern nicht abschließend, als es auch andere Beendigungstatbestände gibt. So ist eine vorzeitige Beendigung des Berufsausbildungsverhältnisses auch möglich durch **Tod** (vgl. Rn. 4ff.) oder eine rechtswirksame **Anfechtungserklärung** (§§ 119, 123 BGB; vgl. § 10 Rn. 29) oder durch **Kündigung** (§ 22 BBiG) oder durch Abschluss eines **Aufhebungs- oder Auflösungsvertrages** (vgl. Rn. 7).
Ein Mangel in der Berechtigung, Auszubildende einzustellen oder auszubilden, berührt nicht die Wirksamkeit des Berufsausbildungsvertrages (§ 10 Abs. 4 BBiG). Vielmehr ist privatrechtlich eine Beendigung des Berufsausbildungsverhältnisses erforderlich, unter bestimmten Umständen kann der genannte Mangel eine Kündigung rechtfertigen. Genauso wenig bewirkt die **Löschung eines Ausbildungsvertrages aus dem Verzeichnis der Berufsausbildungsverhältnisse** (§ 35 Abs. 2 BBiG) automatisch die Beendigung eines Ausbildungsverhältnisses oder kann als solche eine Kündigung rechtfertigen. Die Löschung wirkt sich auf die Wirksamkeit des Ausbildungsvertrages nicht aus.[4] Vielmehr ist gesondert zu prüfen, ob ein hinreichender Kündigungsgrund vorliegt.

1. Tod des Auszubildenden

4 Zur Beendigung des Berufsausbildungsverhältnisses führt auch der **Tod des Auszubildenden**. Da es sich um eine höchstpersönliche Verpflichtung handelt, treten nicht etwa die Erben des Auszubildenden in das Berufsausbildungsverhältnis ein.

2. Tod des Ausbildenden

5 Der **Tod des Ausbildenden** (sofern es sich um eine natürliche Person handelt) führt im Regelfall dagegen nicht zur Beendigung des Berufsausbildungsverhältnisses, vielmehr

---

3 *BAG* 13.3.2007 – 9 AZR 494/06, AP BBiG § 14 Nr. 13.
4 *BAG* 22.2.2018 – 6 AZR 50/17, Rn. 28, NZA 2018, 575.

geht es auf den oder die Erben über (§ 1922 BGB), die ihrerseits das Berufsausbildungsverhältnis gem. § 22 BBiG kündigen können, sofern sie den Betrieb nicht fortführen.[5]

Eine **juristische Person** stirbt nicht. Ihre rechtliche Existenz endet durch Auflösung der Gesellschaft. Ändert sich bei einer GmbH nur die Zusammensetzung der Gesellschafter oder gar nur der Gesellschaftsanteil einzelner Gesellschafter, handelt es sich um dieselbe juristische Person wie vorher. Geht der Betrieb auf einen anderen Inhaber über, gehen die Arbeitsverhältnisse und auch die Berufsausbildungsverhältnisse auf den neuen Betriebsinhaber über (§ 613a BGB; vgl. § 10 Rn. 43). 6

3. Aufhebungsvertrag

Im Rahmen der Vertragsfreiheit kann das Berufsausbildungsverhältnis jederzeit aufgrund einer beiderseitigen Vereinbarung aufgelöst werden, etwa durch einen sog. Aufhebungs- oder Auflösungsvertrag.[6] Die Vereinbarung bedarf (wegen § 10 Abs. 2 BBiG) der **Schriftform** (§ 623 BGB) und bei Minderjährigen der Zustimmung des gesetzlichen Vertreters (§ 108 BGB). Fehlt es an der Schriftform, tritt die gewollte Rechtsfolge (die Beendigung des Vertragsverhältnisses) nicht ein. 7

Bei einem **bedingten Aufhebungsvertrag**, durch den ein Berufsausbildungsvertrag unter eine auflösende Bedingung gestellt wird, ist zu prüfen, ob damit nicht das zwingende Kündigungsschutzrecht umgangen wird. So ist eine einzelvertragliche Vereinbarung, nach welcher ein Berufsausbildungsverhältnis enden soll, wenn das Zeugnis des Auszubildenden für das nächste Berufsschulhalbjahr in einem von bestimmten in der Vereinbarung aufgeführten Fächern die Note »mangelhaft« aufweist, unwirksam, weil ein solcher Umstand für eine Kündigung nach § 22 Abs. 2 Nr. 1 BBiG (vgl. § 22 Rn. 43) jedenfalls im Rahmen der einzelfallbezogenen Interessenabwägung nicht ausreichen könnte.[7] 8

III. Beendigung durch Zeitablauf

1. Ende der Ausbildung

Der Berufsausbildungsvertrag ist kraft Gesetzes befristet. Er endet in jedem Falle mit »Ablauf der Ausbildungsdauer« (§ 21 Abs. 1 BBiG). Einer weiteren Erklärung oder Mitteilung bedarf es insoweit nicht. Die Dauer der Ausbildung ergibt sich aus dem Ausbildungsvertrag (§ 11 Abs. 1 Nr. 3 BBiG, vgl. § 11 Rn. 16). In der Regel entspricht sie den Vorgaben der einschlägigen Ausbildungsordnung. Sie kann aber auch abgekürzt oder verlängert sein (vgl. § 11 Rn. 17; vgl. zur Stufenausbildung Rn. 14). 9

Das Ausbildungsverhältnis endet (wie auch sonst bei einem befristeten Vertrag) unabhängig davon, ob für die Auszubildenden zum Zeitpunkt der Vertragsbeendigung **besondere arbeitsrechtliche Schutzvorschriften** gelten. Ist eine Auszubildende zum Zeitpunkt des Endes der Ausbildung schwanger und würde sie deshalb unter die Schutzvorschriften des MuSchG (dem Kündigungsverbot des § 17 MuSchG) fallen, so ändert das nichts an der Beendigung des Berufsausbildungsverhältnisses.[8] Es besteht auch allein wegen der Schwangerschaft kein Anspruch auf Weiterbeschäftigung (vgl. § 24 Rn. 10). 10

5 *Benecke/Hergenröder*, BBiG, § 21 Rn. 22.
6 Vgl. *LAG Rheinland-Pfalz* 17.3.2016 – 6 Sa 236/15.
7 *BAG* 5.12.1985 – 2 AZR 61/85, NZA 1987, 20.
8 *Benecke/Hergenröder*, BBiG, § 21 Rn. 3; *Taubert*, BBiG, § 21 Rn. 5; Wohlgemuth/*Pepping*, BBiG, § 21 Rn. 4.

11 Wird der oder die Auszubildende im Anschluss an die Beendigung des Berufsausbildungsverhältnisses tatsächlich **weiterbeschäftigt**, so gilt unter den Voraussetzungen des § 24 BBiG ein Arbeitsverhältnis als begründet (zum besonderen Schutz von Mandatsträgern vgl. § 24 Rn. 35).

12 Das Berufsausbildungsverhältnis endet auch dann mit Ablauf der Ausbildungsdauer, wenn die Abschlussprüfung erst danach stattfindet oder wenn der Auszubildende zur Abschlussprüfung nicht zugelassen wird oder er an der Prüfung tatsächlich nicht teilnimmt (vgl. aber Rn. 33). Etwas Anderes kann dann gelten, wenn es *vor* der Beendigung zu einer Verlängerung gem. § 8 Abs. 2 BBiG kommt.

13 Bei **Nichtbestehen der Abschlussprüfung** endet das Berufsausbildungsverhältnis an sich gem. § 21 Abs. 1 BBiG, es kann sich aber auf Verlangen des Auszubildenden gem. § 21 Abs. 3 BBiG verlängern (vgl. Rn. 32ff.). Verlangt der oder die Auszubildende nicht die Verlängerung, endet das Berufsausbildungsverhältnis mit dem Ende der vereinbarten Ausbildungsdauer. Weiterer Erklärungen, wie einer Kündigung, bedarf es nicht.

2. Stufenausbildung

14 Die Möglichkeit einer Stufenausbildung muss sich aus der Ausbildungsordnung für den jeweiligen Ausbildungsberuf ergeben. Die Möglichkeit der Stufenausbildung wurde durch Gesetzesänderung zum 1.8.2024 abgeschafft. Nur wenn in der einschlägigen Ausbildungsordnung eine Stufenausbildung vorgesehen war, konnten die Vertragspartner eine solche vereinbaren. War in der Ausbildungsordnung eine Stufenausbildung vorgesehen, stellte sich die Frage der privatrechtlichen Folgen einer zugelassenen Stufenausbildung für den Abschluss eines Berufsausbildungsvertrages. Durch die Abschaffung der Möglichkeit der Stufenausbildung stellt sich die Frage nur noch für Altverträge, die vor dem 1.8.2024 abgeschlossen worden sind. In § 21 Abs. 1 Satz 2 BBiG a.F. war geregelt, dass bei der Stufenausbildung das Berufsausbildungsverhältnis (erst) mit der »letzten Stufe« endet.

IV. Vorzeitige Beendigung mit Bestehen der Abschlussprüfung

15 Bestehen Auszubildende bereits vor Ablauf der regulären Ausbildungsdauer die Abschlussprüfung, so endet das Berufsausbildungsverhältnis **mit Bekanntgabe des Ergebnisses durch den Prüfungsausschuss** (§ 21 Abs. 2 BBiG).

16 Nach dem Wortlaut des früheren § 14 Abs. 2 BBiG endete das Berufsausbildungsverhältnis »mit Bestehen der Abschlussprüfung«. Bisweilen bestanden Unklarheiten, wann dieses Kriterium erfüllt war. Nach der früheren Rechtsprechung war anerkannt, dass die Abschlussprüfung erst dann bestanden war, wenn das Prüfungsverfahren abgeschlossen und zudem das Ergebnis der Prüfung mitgeteilt worden ist.[9] Nunmehr ist im Gesetzeswortlaut des § 21 Abs. 2 BBiG ausdrücklich klargestellt, dass das Berufsausbildungsverhältnis mit **Bekanntgabe des Ergebnisses durch den Prüfungsausschuss** endet. Findet die Abschlussprüfung an einen bestimmten Tag statt, wird das Ergebnis aber erst später bekannt gegeben, endet das Berufsausbildungsverhältnis erst mit Ablauf des Tages der Bekanntgabe des Ergebnisses.[10] Abzustellen ist auf die Bekanntgabe des Ergebnisses »durch den Prüfungsausschuss«, also durch das Gremium, das die Prüfung abgenommen hat.
Die Beendigung des Berufsausbildungsverhältnisses durch Bestehen der Abschlussprüfung tritt nur dann ein, wenn das Prüfungsverfahren abgeschlossen und dem Aus-

9 *BAG* 16.2.1994 – 5 AZR 251/93, AP BBiG § 14 Nr. 6.
10 So auch Wohlgemuth/*Pepping*, BBiG, § 21 Rn. 8.

zubildenden das Ergebnis der Prüfung mitgeteilt worden ist. Es genügt nicht, wenn der Auszubildende zwar die Prüfungsleistungen vor Ende der Ausbildung erbracht hat, ihm das Ergebnis jedoch noch nicht verbindlich mitgeteilt worden ist.[11]

Ist für das Bestehen der Abschlussprüfung nur noch die erfolgreiche Ablegung einer mündlichen Ergänzungsprüfung in einem einzelnen Prüfungsbereich erforderlich, tritt das vorzeitige Ende des Berufsausbildungsverhältnisses mit der **verbindlichen Mitteilung des Gesamtergebnisses** in diesem Fach ein.[12]

17 Den Ausbildenden werden auf deren Verlangen von der zuständigen Stelle die **Ergebnisse der Abschlussprüfung** der Auszubildenden **übermittelt** (§ 37 Abs. 2 Satz 2 BBiG). Der Ausbildende hat also einen Anspruch auf Übermittlung des Prüfungsergebnisses gegenüber der zuständigen Stelle, er muss es aber ausdrücklich verlangen. Dadurch ist gesichert, dass der Ausbildende von dem Ergebnis der Abschlussprüfung und damit dem Ende des Berufsausbildungsverhältnisses Kenntnis erhält.

18 Davon unabhängig ist auch der Auszubildende verpflichtet, dem Ausbildenden das Prüfungsergebnis mitzuteilen. Diese Verpflichtung ergibt sich jedenfalls als Nebenpflicht aus dem Berufsausbildungsverhältnis. Auch im Berufsausbildungsverhältnis besteht wie in jedem Vertragsverhältnis die Pflicht zur Rücksichtnahme auf die berechtigten Interessen der anderen Vertragspartei (vgl. § 241 Abs. 2 BGB).

V. Rechtsfolgen der Beendigung

19 Mit der wirksamen Beendigung des Berufsausbildungsverhältnisses enden die vertraglichen Beziehungen zwischen Auszubildenden und Ausbildenden (zur Übernahme in ein Arbeitsverhältnis vgl. § 24 Rn. 4ff.). Bei einer **vorzeitigen Beendigung** des Berufsausbildungsverhältnisses kann ein **Schadensersatzanspruch** gegenüber dem vertragsbrüchigen Vertragspartner bestehen (vgl. § 23 BBiG).

20 In jedem Falle hat der Auszubildende einen **Abrechnungs- und Zeugnisanspruch**. Der Ausbildende muss das Berufsausbildungsverhältnis vollständig abrechnen, noch offene Vergütungsansprüche ausgleichen und erforderlichenfalls die notwendigen Arbeitspapiere und die Lohnsteuerkarte aushändigen. Zugunsten des Auszubildenden besteht ein Anspruch auf ein Zeugnis (vgl. § 16 BBiG).

VI. Verlängerung der Ausbildungsdauer

21 Eine Verlängerung der Ausbildungsdauer ist möglich:

- im Einzelfall auf Antrag Auszubildender (vgl. § 8 Rn. 9ff.),
- bei Nichtbestehen der Abschlussprüfung (vgl. Rn. 22ff.),
- wenn Elternzeit in Anspruch genommen wird (vgl. Rn. 38).

1. Verlängerung bei Nichtbestehen der Abschlussprüfung

22 Bei Nichtbestehen der Abschlussprüfung endet an sich das Berufsausbildungsverhältnis mit Ablauf der vereinbarten Ausbildungsdauer (§ 21 Abs. 1 BBiG; vgl. Rn. 9). Zum **Schutz der Auszubildenden**, denen die Möglichkeit gegeben werden soll, die begonnene Berufsausbildung abzuschließen, sieht § 21 Abs. 3 BBiG vor, dass sich das Berufsausbildungs-

11 *BAG* 20.3.2018 – 9 AZR 479/17, Rn. 20, NZA 2018, 943.
12 *BAG* 20.3.2018 – 9 AZR 479/17, Rn. 20, NZA 2018, 943.

verhältnis auf Verlangen des Auszubildenden bis zur nächstmöglichen Wiederholungsprüfung verlängert, höchstens jedoch um ein Jahr.

a) Vergleichbare Fallkonstellationen

23 Keine ausdrückliche Regelung enthält das Gesetz, ob sich das Berufsausbildungsverhältnis auch dann auf Verlangen der Auszubildenden verlängert, wenn diese **aus persönlichen Gründen** (etwa Krankheit) **an der Teilnahme an der Abschlussprüfung verhindert** sind. Das *BAG* geht von einer analogen Anwendung des § 21 Abs. 3 BBiG aus, so dass sich das Ausbildungsverhältnis auf Verlangen des Auszubildenden entsprechend verlängert.[13]

24 Nicht ausdrücklich gesetzlich geregelt ist auch der Fall, dass die **Abschlussprüfung** erst **nach dem** ursprünglich vereinbarten **Ende des Ausbildungsverhältnisses** stattfindet. Da der Zeitpunkt der Abschlussprüfung nicht durch den Auszubildenden beeinflussbar ist und es sich bei § 21 Abs. 3 BBiG um eine Schutzvorschrift zugunsten der Auszubildenden handelt, muss den Auszubildenden ein Anspruch auf Verlängerung des Berufsausbildungsverhältnisses zustehen.

25 Dabei ist davon auszugehen, dass der Auszubildende zunächst einen Anspruch darauf hat, dass das Berufsausbildungsverhältnis bis zum Zeitpunkt der Abschlussprüfung verlängert wird. Besteht er die Abschlussprüfung, endet das Berufsausbildungsverhältnis. Besteht er die Abschlussprüfung nicht, hat er einen Anspruch auf Verlängerung in den Grenzen des § 21 Abs. 3 BBiG, gerechnet ab dem Zeitpunkt des Nichtbestehens. Ist der Auszubildende zwischenzeitlich schon ein anderes Ausbildungs- oder Arbeitsverhältnis mit einem anderen Arbeitgeber eingegangen, bleibt ihm gleichwohl das Recht nach § 21 Abs. 3 BBiG. Er kann in dem Fall das andere Ausbildungs- oder Arbeitsverhältnis gem. § 22 BBiG oder § 626 Abs. 2 BGB kündigen. Das ***BAG*** sieht das allerdings anders: Findet die Abschlussprüfung erst nach dem Ende der Ausbildungsdauer statt, so führe das nicht zu einer Verlängerung der Ausbildungsdauer.[14]

b) »Verlangen« des Auszubildenden

26 Die Verlängerung tritt nicht automatisch ein, sondern nur auf Verlangen des Auszubildenden. Verlangt der Auszubildende die Fortsetzung, verlängert sich das Berufsausbildungsverhältnis aufgrund der **einseitigen Erklärung des Auszubildenden**. Eine Willenserklärung des Ausbildenden bedarf es nicht, sie kann also gegebenenfalls auch gegen dessen Willen erfolgen.[15] Es kommt auch nicht darauf an, ob zu erwarten ist, der Auszubildende werde die Wiederholungsprüfung bestehen.

27 Für das »Verlangen« besteht **keine Formvorschrift**. Es kann also schriftlich, aber auch mündlich oder durch schlüssiges Verhalten (konkludent) erfolgen, muss aber dem Ausbildenden in jedem Fall zur Kenntnis gelangen. Da es sich um eine Schutzvorschrift zugunsten der Auszubildenden handelt, sind an die Eindeutigkeit des Verlangens keine übertriebenen Anforderungen zu stellen.[16] Im Zweifel ist das Begehren des Auszubildenden so auszulegen, dass dieser die Fortsetzung der Ausbildung wünscht. Verbleiben

---

13 *BAG* 30.9.1998 – 5 AZR 58/98, NZA 1999, 434.

14 *BAG* 14.1.2009 – 3 AZR 427/07, NZA 2009, 738; *BAG* 13.3.2007 – 9 AZR 494/06, AP BBiG § 14 Nr. 13.

15 *BAG* 15.3.2000 – 5 AZR 622/98, NZA 2001, 214.

16 *Benecke/Hergenröder*, BBiG, § 21 Rn. 13.

beim Ausbildenden Zweifel, muss er den Auszubildenden auffordern, sich ausdrücklich zu erklären.

Eine Frist oder zeitliche Grenze, binnen derer der Auszubildende sein Fortsetzungsverlangen erklären muss, sieht das Gesetz nicht vor. Es ist indes auch das Interesse des Ausbildenden zu beachten, dass dieser möglichst zeitnah wissen will, ob der Auszubildende im Betrieb verbleibt oder ob er anderweitig disponieren kann. Es wird vertreten, dass dem Auszubildenden eine gewisse **Überlegungsfrist** zustehe, die mit drei bis maximal vier Wochen nach Bekanntgabe des Nichtbestehens der Prüfung angesetzt wird.[17] 28

Das *BAG* hat jüngst betont, dass der Anspruch des Auszubildenden auf Verlängerung des Ausbildungsverhältnisses mit der Kenntnis vom Nichtbestehen der Abschlussprüfung entstehe.[18] Der Gesetzeswortlaut enthalte keine Angaben darüber, ob und gegebenenfalls innerhalb welcher Frist der Auszubildende die Verlängerung fordern müsse. Aus dem Wortlaut des § 21 Abs. 3 (früher § 14 Abs. 3) BBiG werde deutlich, dass das bestehende Berufsausbildungsverhältnis fortgesetzt und im Anschluss an das vereinbarte kein neues Berufsausbildungsverhältnis begründet werde. Eine Verlängerung eines befristeten Rechtsverhältnisses führe regelmäßig zu einer Änderung der Laufzeit des Ausgangsrechtsverhältnisses. Dieses werde über den vorgesehenen Endtermin hinaus zu den bisherigen Bedingungen fortgesetzt. 29

Eine Verlängerung setze, so das *BAG*, voraus, dass sie in einem engen zeitlichen Zusammenhang mit dem bestehenden Rechtsverhältnis erfolge. Andernfalls werde ein neues Rechtsverhältnis begründet. Der Wortlaut »verlängert sich« spreche dafür, dass das Berufsausbildungsverhältnis zum Zeitpunkt der Abschlussprüfung und des Fortsetzungsverlangens des Auszubildenden noch nicht beendet sei und der Auszubildende die Verlängerung vor Ablauf der vereinbarten Ausbildungsdauer ohne zeitliche Beschränkung verlangen könne. Begehre er noch während der restlichen Laufzeit des Berufsausbildungsverhältnisses dessen Fortsetzung, liege der erforderliche enge zeitliche Zusammenhang mit dem bestehenden Rechtsverhältnis unabhängig davon vor, wie lange der Auszubildende vom Nichtbestehen der Abschlussprüfung bereits Kenntnis habe.[19] 30

Macht der Auszubildende seinen Verlängerungsanspruch erst **nach Ende der vereinbarten Ausbildungsdauer** geltend, verlängere sich das Berufsausbildungsverhältnis nur dann bis zur nächstmöglichen Wiederholungsprüfung, wenn das **Verlangen unverzüglich** gestellt werde. Ob ein Verlängerungsverlangen unverzüglich geäußert worden sei, bestimme sich nach den Verhältnissen des Einzelfalls. Bei der Bemessung dieser Frist sei zu berücksichtigen, dass dem Auszubildenden nach dem Nichtbestehen der Abschlussprüfung ein angemessener Zeitraum verbleiben muss, innerhalb dessen er sich Klarheit verschaffen kann, ob er die Ausbildung überhaupt und ob er sie in seinem bisherigen Ausbildungsbetrieb fortführen wolle. An einem schuldhaften Zögern könne es fehlen, wenn dem Ausbildenden das Fortsetzungsverlangen zwar erst nach Ablauf eines Ausbildungsverhältnisses zugehe, dies jedoch auf Gründen beruhe, die nicht der Risikosphäre des Auszubildenden zuzurechnen seien.[20] 31

Es ist also wie folgt zu differenzieren: Der Anspruch auf Verlängerung des Berufsausbildungsverhältnisses (§ 21 Abs. 3 BBiG) entsteht mit Kenntnis des Auszubildenden vom Nichtbestehen der Abschlussprüfung. **Vor Ende der** im Ausbildungsvertrag vereinbarten **Ausbildungsdauer** ist die Geltendmachung des Verlängerungsanspruchs **nicht frist-** 32

---

17 *Wroblewski, in: Däubler/Deinert*, KSchR, § 21 BBiG Rn. 16a.
18 *BAG* 23.9.2004 – 6 AZR 519/03, NZA 2005, 413.
19 *BAG* 23.9.2004 – 6 AZR 519/03, NZA 2005, 413.
20 *BAG* 23.9.2004 – 6 AZR 519/03, NZA 2005, 413.

gebunden. Macht der Auszubildende den Anspruch auf Verlängerung, der noch innerhalb der vereinbarten Ausbildungsdauer entstanden ist, erst **nach Ende der vereinbarten Ausbildungsdauer** geltend, verlängert sich das Berufsausbildungsverhältnis nur dann bis zur nächstmöglichen Wiederholungsprüfung, wenn das Verlangen **unverzüglich** erklärt wird.[21]

c) Rechtsfolgen

33 Verlangt der Auszubildende die Fortsetzung, verlängert sich das Berufsausbildungsverhältnis kraft Gesetzes aufgrund einseitiger Erklärung ohne jede Willenserklärung des Ausbildenden (vgl. Rn. 36). Die »Verlängerung« hat zur Folge, dass das Berufsausbildungsverhältnis mit den Rechten und Pflichten fortgesetzt wird, wie sie zum Zeitpunkt des Fortsetzungsverlangens bestanden haben. Ein Anspruch auf eine höhere Ausbildungsvergütung besteht nicht (vgl. § 17 Rn. 28). Es darf wegen der Verlängerung aber andererseits auch keine Kürzung der Ausbildungsvergütung vereinbart werden. Anderslautende einzelvertragliche Vereinbarungen wären unwirksam (§ 25 BBiG).[22] In der Regel ist die Ausbildungsvergütung für das dritte Ausbildungsjahr auch im Falle der Verlängerung zu zahlen. Allein der Umstand, dass sich der Auszubildende in einem nach § 21 Abs. 3 BBiG verlängerten Ausbildungsverhältnis befindet, ist kein sachlicher Grund für eine unterschiedliche Behandlung gegenüber anderen Auszubildenden im dritten Ausbildungsjahr.[23]

34 Die Verlängerung erfolgt **bis zur nächstmöglichen Wiederholungsprüfung**, höchstens aber um ein Jahr. Wird die Wiederholungsprüfung bestanden, endet das Ausbildungsverhältnis. Gleiches gilt, wenn sie nicht bestanden wird und der Auszubildende kein weiteres Verlängerungsverlangen stellt.

d) Nichtbestehen der Wiederholungsprüfung

35 Fraglich ist, ob sich das Berufsausbildungsverhältnis nochmals auf Verlangen des Auszubildenden verlängert, wenn dieser auch die **Wiederholungsprüfung nicht besteht**. Die Frage stellt sich deshalb, weil die Abschlussprüfung zweimal wiederholt werden kann (vgl. § 37 Abs. 1 Satz 2 BBiG). Nach der Rechtsprechung des *BAG* verlängert sich das Berufsausbildungsverhältnis auf ein Verlängerungsverlangen des Auszubildenden auch **bis zur zweiten Wiederholungsprüfung**, aber nur wenn diese noch innerhalb der **Höchstfrist von einem Jahr** nach Ablauf der vertraglich vereinbarten Ausbildungsdauer abgelegt wird. Die Beendigungswirkung tritt unabhängig davon ein, ob die zweite Wiederholungsprüfung bestanden oder nicht bestanden wird.[24]

36 Nach dem Gesetz besteht für die Verlängerungsmöglichkeit also eine **Höchstfrist von einem Jahr**. Darüber hinaus hat der Auszubildende keinen gesetzlichen Anspruch auf Verlängerung des Berufsausbildungsverhältnisses.[25] Einzelvertraglich könnte aber zugunsten des Auszubildenden durchaus eine weitere Verlängerung vereinbart werden.[26] Von Bedeutung ist das nur für solche Fälle, in denen der Auszubildende die erste Wiederholungsprüfung nicht bestanden hat und die zweite Wiederholungsprüfung erst nach Ende der Jahresfrist liegt.

21 *BAG* 23.9.2004 – 6 AZR 519/03, NZA 2005, 413.
22 *Benecke/Hergenröder*, BBiG, § 21 Rn. 15.
23 *LAG Rheinland-Pfalz* 21.8.2009 – 9 Sa 297/09.
24 *BAG* 15.3.2000 – 5 AZR 622/98, NZA 2001, 214.
25 *Taubert*, BBiG, § 21 Rn. 42f.
26 So auch Wohlgemuth/*Pepping*, BBiG, § 21 Rn. 33.

Liegt die **zweite Wiederholungsprüfung** noch innerhalb der Jahresfrist, stellt sich die Frage einer weiteren Verlängerung des Berufsausbildungsverhältnisses bei Nichtbestehen dieser zweiten Wiederholungsprüfung faktisch nicht, weil der Auszubildende ohnedies die Berufsausbildung nicht mehr erfolgreich abschließen kann, weil eine weitere Wiederholungsmöglichkeit nicht besteht. 37

2. Verlängerung durch Elternzeit

Zu einer Verlängerung des Berufsausbildungsverhältnisses kann es zudem kommen, wenn der oder die Auszubildende **Elternzeit** (früher: Erziehungsurlaub) in Anspruch nimmt. § 20 Abs. 1 Satz 2 BEEG bestimmt, dass die Elternzeit nicht auf Berufsbildungszeiten angerechnet wird. Während der Elternzeit ruht das Berufsausbildungsverhältnis. Durch die Nichtanrechnung der Elternzeit auf die Zeit des Berufsausbildungsverhältnisses verlängert sich das Berufsausbildungsverhältnis automatisch ohne weiteres Zutun der Vertragsparteien um die Zeit der Elternzeit. Es bedarf keiner Verlängerungserklärung oder -vereinbarung der Vertragspartner oder der zuständigen Stelle. 38

§ 22 Kündigung

(1) Während der Probezeit kann das Berufsausbildungsverhältnis jederzeit ohne Einhalten einer Kündigungsfrist gekündigt werden.

(2) Nach der Probezeit kann das Berufsausbildungsverhältnis nur gekündigt werden

1. aus einem wichtigen Grund ohne Einhalten einer Kündigungsfrist,

2. von Auszubildenden mit einer Kündigungsfrist von vier Wochen, wenn sie die Berufsausbildung aufgeben oder sich für eine andere Berufstätigkeit ausbilden lassen wollen.

(3) Die Kündigung muss schriftlich und in den Fällen des Absatzes 2 unter Angabe der Kündigungsgründe erfolgen; die elektronische Form ist ausgeschlossen.

(4) Eine Kündigung aus einem wichtigen Grund ist unwirksam, wenn die ihr zugrunde liegenden Tatsachen dem zur Kündigung Berechtigten länger als zwei Wochen bekannt sind. Ist ein vorgesehenes Güteverfahren vor einer außergerichtlichen Stelle eingeleitet, so wird bis zu dessen Beendigung der Lauf dieser Frist gehemmt.

Inhaltsübersicht Rn.

I. Überblick

1 § 22 BBiG regelt, allerdings nicht abschließend, die Kündigung des Berufsausbildungsverhältnisses. Zum Schutze der Auszubildenden soll die Kündigung zwar während der Probezeit problemlos möglich sein, danach aber nur ausnahmsweise. Die Norm gilt auch für Berufsausbildungsverhältnisse im **Handwerk**. Neben § 22 BBiG gibt es auch andere Beendigungstatbestände (vgl. § 21 Rn. 1 ff.). Bei der Kündigung des Berufsausbildungsverhältnisses sind **drei Zeiträume** zu unterscheiden:

- vor Beginn der Berufsausbildung (vgl. Rn. 7 ff.),
- während der Probezeit (vgl. Rn. 10 ff.),
- nach Ende der Probezeit (vgl. Rn. 25 ff.).

Ein Mangel in der Berechtigung, Auszubildende einzustellen oder auszubilden, berührt nicht die Wirksamkeit des Berufsausbildungsvertrages (§ 10 Abs. 4 BBiG), kann allerdings unter bestimmten Umständen eine Kündigung rechtfertigen. Genauso wenig bewirkt die **Löschung eines Ausbildungsvertrages aus dem Verzeichnis der Berufsausbildungsverhältnisse** (§ 35 Abs. 2 BBiG) automatisch die Beendigung des Ausbildungsverhältnisses oder kann als solche eine Kündigung rechtfertigen. Die Löschung wirkt sich auf die Wirksamkeit des Ausbildungsvertrags nicht aus.[1] Vielmehr ist gesondert zu prüfen, ob ein hinreichender Kündigungsgrund vorliegt.

II. Besonderheiten bei minderjährigen Auszubildenden

1. Kündigung durch minderjährige Auszubildende

2 Für eine wirksame Kündigungserklärung ist grundsätzlich Voraussetzung, dass sowohl derjenige, der die Kündigung erklärt, als auch der Erklärungsempfänger volljährig ist. Der Minderjährige ist nur beschränkt geschäftsfähig (§ 106 BGB). Der Minderjährige kann deshalb wirksam nur **mit Einwilligung des gesetzlichen Vertreters** kündigen. »Einwil-

1 *BAG* 22. 2. 2018 – 6 AZR 50/17, Rn. 28, NZA 2018, 575.

ligung« ist die vorherige Zustimmung, also die zeitlich vor Ausspruch der Kündigungserklärung erteilte Zustimmung (§ 183 BGB). Wenn die gesetzlichen Vertreter ein Kündigungsschreiben des Minderjährigen mitunterschreiben, liegt die Einwilligung vor.[2] In Einzelfällen kann problematisch sein, wer »gesetzlicher Vertreter« ist (vgl. § 10 Rn. 11 ff.). Eine Kündigung, die der Minderjährige ohne die erforderliche Einwilligung des gesetzlichen Vertreters vornimmt, ist unwirksam (§ 111 Satz 1 BGB).

Erklärt der Minderjährige mit Einwilligung der gesetzlichen Vertreter die Kündigung, ist diese gleichwohl unwirksam, wenn der Minderjährige die **Einwilligung** nicht **in schriftlicher Form** vorlegt *und* der andere die Kündigung aus diesem Grunde zurückweist (§ 111 Satz 2 BGB). Liegt die Einwilligung tatsächlich (wenn auch nicht schriftlich) vor und weist der Kündigungsempfänger die Kündigung *nicht* zurück, ist die Kündigung wirksam. Liegt die Einwilligung nicht vor, macht der Kündigungsempfänger gleichwohl von seinem Zurückweisungsrecht keinen Gebrauch, kann die Kündigung vom gesetzlichen Vertreter noch genehmigt werden. **Genehmigung** ist die nachträgliche Zustimmung. Mit Erteilung der Genehmigung wird die Kündigung wirksam (§ 184 Abs. 1 BGB). Verweigert der gesetzliche Vertreter die Genehmigung, ist die Kündigung endgültig unwirksam.[3] 3

Um eine Zurückweisung der Kündigung (§ 111 Satz 2 BGB) zu vermeiden, empfiehlt es sich, stets eine **schriftliche Einwilligung** vorzulegen. Die Zurückweisung der Kündigung wegen Fehlens einer schriftlichen Einwilligungserklärung ist allerdings ausgeschlossen, wenn der gesetzliche Vertreter den anderen (also den Kündigungsempfänger) von der Einwilligung in **Kenntnis** gesetzt hatte (§ 111 Satz 3 BGB). 4

2. Kündigung gegenüber minderjährigen Auszubildenden

Ist der oder die Auszubildende zum Zeitpunkt der Kündigungserklärung minderjährig, ist die Kündigung gegenüber dem gesetzlichen Vertreter des Minderjährigen zu erklären (§ 131 BGB). Eine gegenüber dem Minderjährigen erklärte Kündigung ist unwirksam. Die Kündigung wird erst **mit Zugang beim gesetzlichen Vertreter wirksam.**[4] Obwohl grundsätzlich das Kind durch die Eltern gemeinschaftlich vertreten wird, genügt der Zugang der Kündigung bei einem Elternteil (§ 1629 Abs. 1 Satz 2 BGB). 5

Eine gegenüber einem Minderjährigen abgegebene schriftliche Willenserklärung geht zu und wird wirksam (§ 131 Abs. 2 Satz 1 BGB), wenn sie mit dem erkennbaren Willen abgegeben worden ist, dass sie seinen gesetzlichen Vertreter erreicht, und wenn sie tatsächlich in den Herrschaftsbereich des Vertreters gelangt. Sie muss mit Willen des Erklärenden in Richtung auf den gesetzlichen Vertreter in den Verkehr gelangt sein und der Erklärende muss damit gerechnet haben können und gerechnet haben, sie werde (und sei es auf Umwegen) den von ihm bestimmten Empfänger erreichen.[5]

Wird ein Kündigungsschreiben an den Auszubildenden, gesetzlich vertreten durch seine Eltern, adressiert, lässt dies den Willen des Ausbildenden, dass das Kündigungsschreiben die Eltern des Minderjährigen als gesetzliche Vertreter erreichen soll, noch hinreichend erkennen. Der Ausbildende trägt allerdings bei einer solchen Adressierung das Risiko, dass bei postalischer Übermittlung die Zusteller ein solches Schreiben in einen eventuell vorhandenen eigenen Briefkasten des Minderjährigen einwerfen. Will der Ausbildende

2 *BAG* 22. 2. 2018 – 6 AZR 50/17, Rn. 13, NZA 2018, 575.
3 KR/*Weigand*, BBiG, §§ 21–23 Rn. 108; Wohlgemuth/*Pepping*, BBiG, § 22 Rn. 81.
4 *BAG* 8. 12. 2011 – 6 AZR 354/10, NZA 2012, 495.
5 *BAG* 8. 12. 2011 – 6 AZR 354/10, Rn. 19, NZA 2012, 495.

dieses Risiko vermeiden, muss er das Kündigungsschreiben an die Eltern als gesetzliche Vertreter des Auszubildenden adressieren.[6]

Der Zugang einer Kündigungserklärung kann auch durch Dritte, auf Seiten des Erklärenden durch sogenannte Erklärungsboten, vermittelt werden. Der Bote muss nicht geschäftsfähig zu sein. Übergibt ein Ausbildender einem minderjährigen Auszubildenden das an die Eltern gerichtete Kündigungsschreiben mit der Bitte, dieses den Eltern zu übergeben, handelt der Minderjährige als Erklärungsbote des Ausbildenden.[7]

Dem gesetzlichen Vertreter des oder der Minderjährigen sind auch die **Kündigungsgründe** mitzuteilen (§ 22 Abs. 3 BBiG; vgl. Rn. 56ff.), ansonsten ist die Kündigung unwirksam. Es reicht nicht, wenn nur dem Minderjährigen die Kündigungsgründe mitgeteilt werden.[8]

III. Kündigungserklärung, Zugang der Kündigung

1. Kündigungserklärung

6 Die Kündigung durch die Auszubildenden oder die Ausbildenden ist eine **einseitige, empfangsbedürftige Willenserklärung**. Die Wirkungen der Kündigung treten erst nach Zugang beim Empfänger ein. Rückwirkende Kündigungen sind daher nicht möglich.[9] Eine rückwirkende Kündigungserklärung ist dahin auszulegen, dass diese mit Zugang der Kündigung Wirkung entfalten soll. Davon zu trennen ist die Frage, ob die Kündigung materiell-rechtlich wirksam ist.

Bei der Auslegung einer Willenserklärung und damit auch einer **Kündigungserklärung** ist der wirkliche Wille zu erforschen und nicht an dem buchstäblichen Sinne des Ausdrucks zu haften (§ 133 BGB). Es ist darauf abzustellen, wie der Erklärungsempfänger die Erklärung verstehen musste.[10] Der Begriff der Kündigung muss nicht zwingend gebraucht werden. Entscheidend ist, dass der Kündigende eindeutig seinen Willen kundgibt, das Vertragsverhältnis durch einseitige Erklärung zu beenden. Bei der Auslegung ist nicht nur auf den Wortlaut abzustellen, sondern es sind alle Begleitumstände zu würdigen, die für die Frage, welchen Willen der Erklärende bei Abgabe seiner Erklärung gehabt hat, von Bedeutung sein können und dem Erklärungsempfänger bekannt waren. Dem steht die erforderliche Schriftform der Kündigung (§ 15 Abs. 3 BBiG) nicht entgegen. Auch bei formbedürftigen Erklärungen sind Umstände außerhalb der Urkunde mit zu berücksichtigen, soweit sie unstreitig bzw. bewiesen sind und der daraus abgeleitete Wille in der Urkunde einen, wenn auch unvollkommenen Ausdruck gefunden hat.[11] Der Kündigende muss allerdings deutlich machen, wenn er eine außerordentliche Kündigung erklären will. Eine Kündigung muss als einseitige empfangsbedürftige Willenserklärung auch hinsichtlich ihrer Kündigungsart (ordentliche oder außerordentliche Kündigung) klar und eindeutig sein. Etwaige Unklarheiten gehen zu Lasten des Kündigenden.[12] Wenn ein Ausbildender nach der Probezeit eine ordentliche Kündigung des Ausbildungsverhältnisses erklärt, kommt einer **Umdeutung** dieser Kündigungserklärung in eine außerordentliche

6 *BAG* 8.12.2011 – 6 AZR 354/10, Rn. 24/25, NZA 2012, 495.
7 *LAG Schleswig-Holstein* 20.3.2008 – 2 Ta 45/08.
8 *BAG* 25.11.1976 – 2 AZR 751/75, AP BBiG § 15 Nr. 4; *LAG Nürnberg* 21.6.1994 – 2 (4) Sa 510/91, LAGE BBiG § 15 Nr. 8.
9 *Taubert*, BBiG, § 22 Rn. 5.
10 *Taubert*, BBiG, § 22 Rn. 6.
11 *BAG* 20.9.2006 – 6 AZR 82/06, Rn. 28, NZA 2007, 377.
12 Schaub/*Linck*, § 123 Rn. 2.

Kündigung mit Auslauffrist (§ 140 BGB) *nicht* in Betracht.[13] Nach der Probezeit können die Ausbildenden zulässigerweise nur eine fristlose außerordentliche Kündigung erklären (§ 22 Abs. 2 Nr. 1 BBiG), so dass das ordentliche Kündigungsrecht gesetzlich ausgeschlossen ist.

2. Zugang der Kündigung

Als empfangsbedürftige Willenserklärung kann eine Kündigung erst mit **Zugang beim Empfänger** Rechtswirkungen entfalten. Für den Zugang der Kündigung ist der Zeitpunkt maßgebend, zu dem sie in den Machtbereich des Empfängers gelangt ist, so dass dieser unter normalen Verhältnissen von ihr Kenntnis nehmen kann. Da die Kündigung eines Ausbildungsverhältnisses **schriftlich** erklärt werden muss (§ 15 Abs. 3 BBiG), muss dem Empfänger die schriftliche Kündigungserklärung zugehen. 7

Wird die schriftliche Kündigung dem Empfänger **persönlich übergeben**, geht sie ihm mit der Übergabe zu. Es genügt die Aushändigung und Übergabe des Schreibens, so dass der Empfänger in der Lage ist, vom Inhalt der Erklärung Kenntnis zu nehmen. Es genügt die Möglichkeit der Kenntnisnahme. Auf die tatsächliche Kenntnisnahme des Empfängers vom Inhalt des Schreibens kommt es nicht an.[14]

Eine Willenserklärung, die einem anderen gegenüber abzugeben ist, wird, wenn sie in dessen **Abwesenheit** abgegeben wird, in dem Zeitpunkt wirksam, in welchem sie ihm zugeht (§ 130 Abs. 1 BGB). Es kommt darauf an, dass die Kündigungserklärung in den Machtbereich des Empfängers gelangt und unter gewöhnlichen Verhältnissen die Möglichkeit der Kenntnisnahme besteht.[15] Beim Einwurf eines Kündigungsschreibens in den Briefkasten des Empfängers geht dieses in dem Zeitpunkt zu, in dem unter normalen Umständen mit der Entnahme aus dem Briefkasten zu rechnen ist.[16] Dabei ist nicht auf die individuellen Verhältnisse des Empfängers abzustellen. Im Interesse der Rechtssicherheit ist vielmehr eine generalisierende Betrachtung geboten. Wenn für den Empfänger unter gewöhnlichen Verhältnissen die Möglichkeit der Kenntnisnahme bestand, ist es unerheblich, ob er daran durch Krankheit, zeitweilige Abwesenheit wegen Urlaubs oder andere Umstände einige Zeit gehindert war. Ihn trifft die Obliegenheit, die nötigen Vorkehrungen für eine tatsächliche Kenntnisnahme zu treffen. Unterlässt er dies, ändert das nichts daran, dass das Kündigungsschreiben im Rechtssinne zugegangen ist.[17]

Die **Beweislast** für den Zugang der Kündigungserklärung trägt der Kündigende. Diesen Beweis erbringt er am sichersten bei der Übermittlung der Kündigung durch einen Boten, der zuvor Einblick in das Schreiben erhielt, oder durch die Übergabe unter Hinzuziehung einer weiteren Person, die ebenfalls vorher Einblick erhielt, oder durch die Zustellung durch einen Gerichtsvollzieher.[18] Keinen Beweiswert hat der gewöhnliche **Standardbrief**. Es besteht kein Anscheinsbeweis, dass ein zur Post gegebener Standardbrief den Adressaten tatsächlich erreicht oder zugeht.[19] Beim **Einschreiben mit Rückschein** be-

13 *LAG Köln* 6.11.2003 – 10 Sa 823/03, juris.
14 *BAG* 26.3.2015 – 2 AZR 483/14, Rn. 20, NZA 2015, 1183.
15 *BAG* 22.8.2019 – 2 AZR 111/19, Rn. 12, NZA 2019, 1490; *BAG* 24.5.2018 – 2 AZR 72/18, Rn. 16, NZA 2018, 1335; *BAG* 25.4.2018 – 2 AZR 493/17, Rn. 15, NZA 2018, 1157; *BAG* 26.3.2015 – 2 AZR 483/14, Rn. 37, NZA 2015, 1183.
16 *BAG* 22.8.2019 – 2 AZR 111/19, Rn. 12, NZA 2019, 1490.
17 *BAG* 22.8.2019 – 2 AZR 111/19, Rn. 12, NZA 2019, 1490; *BAG* 25.4.2018 – 2 AZR 493/17, Rn. 15, NZA 2018, 1157; *BAG* 26.3.2015 – 2 AZR 483/14, Rn. 37, NZA 2015, 1183.
18 MünchArbR/*Greiner*, § 108 Rn. 32.
19 MünchArbR/*Greiner*, § 108 Rn. 32; Schaub/*Linck*, § 123 Rn. 40.

stätigt der Empfänger auf dem Rückschein den Empfang des Einschreibens, und dieses geht an den Absender zurück. Beim **Übergabe-Einschreiben**, erfolgt die Auslieferung gegen Unterschrift, es gibt keinen Rückschein, die Empfangsbestätigung ist online abrufbar. Ein Übergabe-Einschreiben und Einschreiben mit Rückschein geht erst mit der tatsächlichen Aushändigung an dem Empfänger zu.[20] Beim **Einwurf-Einschreiben** wird das Einschreiben wie ein gewöhnlicher Brief in den Briefkasten eingeworfen. Das wird unter einer genauen Datums- und Zeitangabe auf einem Auslieferungsbeleg dokumentiert, den der Absender gegen eine Gebühr erhalten kann. Ein Anscheinsbeweis dafür, dass der Brief in den Briefkasten eingelegt worden ist, wird durch den Einlieferungsbeleg *und* die Reproduktion des elektronisch archivierten Auslieferungsbelegs (mit der Unterschrift des Zustellers) geführt, nicht allein durch den Einlieferungsbeleg und dem aus dem Internet ausgedruckten Sendungsstatus.[21]

IV. Kündigung vor Beginn der Berufsausbildung

8 Die Kündigung während und nach der Probezeit ist in § 22 BBiG ausdrücklich gesetzlich geregelt, nicht aber die Kündigung *vor* Beginn der Berufsausbildung. Eine solche Kündigung kann aber für beide Seiten notwendig werden, insbesondere dann, wenn zwischen dem Abschluss des Ausbildungsvertrages und dem vereinbarten Beginn der Ausbildung mehrere Monate liegen. Dann mag aufgrund neuerer Entwicklungen einer der Vertragsparteien nicht mehr an der Vertragsbindung festhalten wollen. Der Auszubildende hat zum Beispiel eine andere Ausbildungsstelle gefunden, die ihm attraktiver erscheint oder er hat sich entschlossen, doch einen anderen Ausbildungsberuf zu wählen. Der Ausbildende etwa gibt seine Betriebstätigkeit auf oder er erhält doch nicht die Subventionen, die er sich bei der Einstellung Auszubildender erhofft hatte.

In der Rechtsprechung ist anerkannt, dass auch bereits vor Beginn der Ausbildung das Berufsausbildungsverhältnis von beiden Vertragsparteien ordentlich entfristet, also ohne Beachtung einer Kündigungsfrist (wie während der Probezeit), gekündigt werden kann.[22] Die Kündigung ist jederzeit vor Beginn der Ausbildung zulässig, es ist aber das **Schriftformerfordernis** (§ 22 Abs. 3 BBiG; vgl. Rn. 16 ff.) zu beachten.[23] Es muss nicht der Beginn der vereinbarten Ausbildung abgewartet werden, um erst dann (innerhalb der Probezeit) kündigen zu können.

9 Eine **Ausnahme** von dieser Befugnis zur Kündigung vor Ausbildungsbeginn besteht nur dann, wenn die Vertragsparteien ausdrücklich eine abweichende Regelung vereinbart haben oder sich eine solche aus den konkreten Umständen des Einzelfalls ergibt, zum Beispiel bei Vereinbarung oder dem ersichtlichen gemeinsamen Interesse, die Ausbildung jedenfalls für einen Teil der Probezeit tatsächlich durchzuführen.[24] Das ist in der Regel nicht anzunehmen. Faktisch führt dies dazu, dass die Vertragsparteien bis zum Beginn der Ausbildung das Risiko haben, ob die Vertragsbeziehung tatsächlich durchgeführt wird.

---

20 Schaub/*Linck*, § 123 Rn. 37.

21 *LAG Nürnberg* 15.6.2023 – 5 Sa 1/23, NZA-RR 2023, 589; *LAG Schleswig-Holstein* 18.1.2022 – 1 Sa 159/21, NZA-RR 2022, 165; *LAG Baden-Württemberg* 28.7.2021 – 4 Sa 68/20, NZA-RR 2021, 596; *LAG Baden-Württemberg* 17.9.2020 – 3 Sa 38/19, NZA-RR 2021, 70; Schaub/*Linck*, § 123 Rn. 38.

22 *LAG Düsseldorf* 16.9.2011 – 6 Sa 909/11, NZA-RR 2012, 127.

23 Nach Wohlgemuth/*Pepping*, BBiG, § 22 Rn. 4 soll sich das Schriftformerfordernis für die Kündigung *vor* Beginn der Ausbildung nicht aus § 22 Abs. 3 BBiG ergeben, sondern über § 10 Abs. 2 BBiG aus § 623 BGB.

24 *BAG* 17.9.1987 – 2 AZR 654/86, NZA 1988, 735.

Selbst wenn die Ausbildung aufgenommen wird, bleibt das Risiko, ob es nicht innerhalb der Probezeit »von heute auf morgen« gekündigt wird.

V. Kündigung während der Probezeit

Während der Probezeit kann das Berufsausbildungsverhältnis jederzeit ohne Einhalten einer Kündigungsfrist von beiden Seiten gekündigt werden (§ 22 Abs. 1 BBiG). Es handelt sich um eine ordentliche, allerdings entfristete, Kündigung, die grundsätzlich keines besonderen Kündigungsgrunds bedarf. Die Kündigung muss schriftlich erfolgen (§ 22 Abs. 3 BBiG). 10

1. Kein Kündigungsgrund erforderlich

Da die Probezeit die Funktion der Erprobung für beide Vertragspartner hat (vgl. § 20 Rn. 3), besteht diese vereinfachte Kündigungsmöglichkeit. Besonderer Gründe bedarf für die Kündigung während dieser Zeit nicht. Während der Probezeit besteht grundsätzlich Kündigungsfreiheit.[25] Gegen diese gesetzlich ausdrücklich zugelassene vereinfachte Kündigungsmöglichkeit bestehen rechtlich keine, auch keine verfassungsrechtlichen, Bedenken.[26] 11

2. »während« der Probezeit

Die erleichterte Kündigungsmöglichkeit besteht »während« der Probezeit. Deshalb muss die schriftliche Kündigung noch während dieser Zeit erklärt werden und dem Erklärungsempfänger noch innerhalb der Probezeit zugehen. Ob Zeiten in einem vorherigen Vertragsverhältnis auf die Probezeit anzurechnen sind, wird bei § 20 Rn. 12ff. erörtert. Ist der Auszubildende noch minderjährig, muss den Eltern die Kündigung rechtzeitig zugehen.[27] Geht die Kündigung auch nur einen Tag später zu, so kann die Kündigung nur wirksam sein, wenn die erschwerten Voraussetzungen der Kündigung nach der Probezeit vorliegen (vgl. Rn. 25ff.). 12

Eine Kündigung des Berufsausbildungsverhältnisses durch den Ausbildenden und daran anschließend die erneute Begründung eines Ausbildungsverhältnisses mit denselben Vertragspartnern im selben Ausbildungsberuf ist zwar zulässig. Eine neue Probezeitvereinbarung ist aber unwirksam wegen objektiver Umgehung des § 20 BBiG, der gem. § 25 BBiG eine Schutznorm zugunsten des Auszubildenden darstellt. Etwas anderes kann allenfalls dann gelten, wenn für die Kündigung bei objektiver Betrachtung der Rechtslage tatsächlich ein hinreichend wichtiger Kündigungsgrund im Sinne des § 22 Abs. 2 Nr. 1 BBiG vorgelegen hat.

Das *BAG* will darauf abstellen, ob zu einem vorherigen Ausbildungsverhältnis derselben Vertragsparteien ein derart enger sachlicher Zusammenhang besteht, dass es sich sachlich um *ein* Berufsausbildungsverhältnis handelt.[28]

25 *BAG* 8.12.2011 – 6 AZR 354/10, Rn. 43, NZA 2012, 495; entgegen dem Wortlaut des Gesetzes und entgegen dem Zweck der Probezeit (vgl. § 20 Rn. 3) wird von *Hirdina* die Auffassung vertreten, die Kündigung in der Probezeit wäre nur ausnahmsweise zulässig und sei vom Ausbildenden näher zu begründen (*Hirdina*, NZA-RR 2010, 65ff.).

26 *BAG* 16.12.2004 – 6 AZR 127/04, NZA 2005, 578.

27 *BAG* 8.12.2011 – 6 AZR 354/10, NZA 2012, 495.

28 *BAG* 12.2.2015 – 6 AZR 831/13, Rn. 29ff., NZA 2015, 737.

3. Auslauffrist

13 Nach dem Gesetz ist eine Kündigungsfrist nicht vorgesehen. Es ist anerkannt, dass während der Probezeit indes auch unter Zubilligung einer Auslauffrist wirksam gekündigt werden. Die Auslauffrist muss allerdings so bemessen sein, dass sie nicht zu einer unangemessen langen Fortsetzung des Berufsausbildungsvertrags führt, der nach dem endgültigen Entschluss des Kündigenden nicht bis zur Beendigung der Ausbildung durchgeführt werden soll.[29]

14 Unproblematisch ist es, um zu einem »runden Ende« zu kommen, die Kündigung erst zum Monatsende auszusprechen. Problematisch ist es, eine längere Auslauffrist zu gewähren. Da der ausdrücklich erklärte Willen jedenfalls darauf zielt, das Berufsausbildungsverhältnis während der Probezeit zu beenden, kann die Gewährung einer zu langen Auslauffrist nicht dazu führen, dass die Kündigung unwirksam ist, vielmehr endet das Berufsausbildungsverhältnis bereits mit Zugang der Kündigung, wenn der Kündigungsempfänger das wünscht. Der gesetzlich vorgesehene Regelfall ist, dass bei einer Kündigung während der Probezeit das Berufsausbildungsverhältnis mit Zugang der Kündigung sofort endet.

15 Problematisch ist folgende **Fallvariante**: Angenommen, ein Berufsausbildungsverhältnis beginnt am 1.3.2010 und die Probezeit beträgt vier Monate (dauert also bis 30.6.2010). Wenn der Ausbildende schriftlich die Kündigung »mit sofortiger Wirkung« erklärt und diese dem Auszubildenden im Betrieb noch am 30.6.2010 übergibt, so ist die Kündigung wirksam. Erklärt der Ausbildende in diesem Fall die Kündigung aber erst »zum 31.7.2010«, ist sie nach der hier vertretenen Auffassung unwirksam. Sie ist zwar noch während der Probezeit erklärt und übergeben worden (zugegangen), das Berufsausbildungsverhältnis soll aber nach dem ausdrücklich erklärten Willen erst zu einem Zeitpunkt enden, der nicht mehr »während der Probezeit« ist. Es handelt daher um eine Kündigung »nach der Probezeit«, für die die verschärften Kündigungsvoraussetzungen gem. § 22 Abs. 2 und Abs. 3 BBiG gelten.[30] Das ***BAG*** hat einen vergleichbaren Fall allerdings anders entschieden und die Kündigung für wirksam erachtet.[31]

4. Schriftform

16 Auch die Kündigung während der Probezeit muss schriftlich erfolgen (§ 22 Abs. 3 BBiG). Eine mündliche Kündigung ist unwirksam. Es bedarf allerdings, anders als nach der Probezeit (vgl. Rn. 56ff.), keiner Angabe von Kündigungsgründen, weil es ja gerade für die Kündigung während der Probezeit keiner besonderen Kündigungsgründe bedarf. Es reicht die Erklärung: *»Hiermit wird das Berufsausbildungsverhältnis mit sofortiger Wirkung gekündigt.«*

17 Für die Schriftform gilt § 126 BGB. Die Kündigung muss vom Aussteller (dem, der die Kündigung erklärt) eigenhändig handschriftlich (im Original) durch Namensunterschrift unterzeichnet werden. Das Erfordernis der **eigenhändigen Unterschrift** verlangt nicht, dass unmittelbar bei Abgabe der schriftlichen Erklärung für den Erklärungsempfänger die Person des Ausstellers feststehen muss. Diese soll nur identifiziert werden können. Hierzu bedarf es nicht der Lesbarkeit der Unterschrift. Vielmehr genügt ein die Identität des Unterschreibenden ausreichend kennzeichnender Schriftzug, der individuelle und entsprechend charakteristische Merkmale aufweist, welche die Nachahmung erschweren. Ein lesbarer Zusatz des Namens des Unterzeichnenden wird nicht verlangt. Der Schrift-

---

29 *BAG* 10.11.1988 – 2 AZR 26/88, NZA 1989, 268.
30 So auch im Ergebnis Wohlgemuth/*Pepping* BBiG, § 22 Rn. 13.
31 *BAG* 10.11.1988 – 2 AZR 26/88, NZA 1989, 268.

zug muss sich als Wiedergabe eines Namens darstellen und die Absicht einer vollen Unterschriftsleistung erkennen lassen, selbst wenn er nur flüchtig niedergelegt und von einem starken Abschleifungsprozess gekennzeichnet ist.[32] Bloße Abkürzungen des Namens, Paraphen oder ein sog. Abzeichnungsvermerk genügen nicht der Schriftform. Unzureichend ist die Verwendung von Stempeln, Schreibmaschine, Faksimile oder anderen mechanischen Hilfsmitteln, ebenso eine eingescannte Unterschrift. Empfangsbedürftige Willenserklärungen müssen in der Form zugehen, die für ihre Abgabe erforderlich ist.

Das Kündigungsschreiben muss nicht handschriftlich sein. Es kann auch mit dem PC 18 geschrieben, gedruckt oder vervielfältigt sein. Nur die Unterschrift muss eigenhändig geschrieben sein. Die in § 126b BGB geregelte Textform, bei der es keiner Originalunterschrift bedarf, genügt nicht, weil § 22 Abs. 3 BBiG ausdrücklich verlangt, dass die Kündigung »schriftlich« erfolgen muss. Der Schriftform genügt nicht eine Kündigung per E-Mail, SMS oder durch Telefax. Auch die elektronische Form mit einer qualifizierten elektronischen Signatur (§ 126a BGB) ist, wie bei § 623 BGB, ausgeschlossen. Das wurde ausdrücklich zum 1.8.2024 im Gesetzestext von § 22 Abs. 3 BBiG klargestellt.

Ein **Vertreter** kann **mit dem Namen des Vollmachtgebers** unterschreiben. Die Schrift- 19 form ist auch dann gewahrt, wenn ein bevollmächtigter Vertreter die Urkunde ohne Hinweis auf das Vertretungsverhältnis mit dem Namen des Vertretenen unterzeichnet. Die vom Aussteller verlangte eigenhändige Unterzeichnung durch Namensunterschrift schließt nur die Verwendung von Stempeln, Kopien usw. aus. Eigenhändig im Sinne der Vorschrift ist als »handschriftlich« zu verstehen.[33]

Unterzeichnet für eine Vertragspartei **ein Vertreter** die Erklärung **mit seinem Namen**, 20 muss das Vertretungsverhältnis in der Urkunde deutlich zum Ausdruck kommen. Dies kann insbesondere durch einen entsprechenden Zusatz bei der Unterschrift erfolgen (»i. V.«). Ist das Kündigungsschreiben mit dem Zusatz »i. A.« (im Auftrag) unterschrieben, mag das im Einzelfall eher dafürsprechen, dass der Unterzeichner nicht wie ein Vertreter die Verantwortung für den Inhalt des von ihm unterzeichneten Kündigungsschreibens übernehmen will (sondern nur Bote ist), während der Zusatz »i. V.« darauf hindeutet, dass der Erklärende für den Vertretenen handelt. Im allgemeinen, nichtjuristischen Sprachgebrauch wird jedoch nicht immer hinreichend zwischen »Auftrag« und »Vertretung« unterschieden. Deshalb folgt aus dem Zusatz »i. A.« nicht zwingend, dass der Erklärende lediglich als Bote und nicht als Vertreter gehandelt hat. Maßgeblich sind vielmehr die Gesamtumstände. Ergibt sich aus diesen, dass der Unterzeichner die Erklärung im Namen eines anderen abgegeben hat, ist von einem Handeln als Vertreter auszugehen.[34] Die Erklärung genügt dann der Schriftform. Eine andere Frage ist, ob der Vertreter berechtigt war, für den Vertretenen zu handeln oder ob der Erklärungsempfänger die Erklärung deswegen unverzüglich zurückgewiesen hat, weil der Kündigung keine Vollmachtsurkunde im Original beilag (§ 174 BGB).

Bei einer **Gesellschaft bürgerlichen Rechts** (GbR) muss die Kündigung von allen Gesell- 21 schaftern persönlich unterzeichnet oder gegebenenfalls die Vertretung für andere offengelegt sein.[35] Wenn für eine GbR nur ein Gesellschafter unterschreibt und dieser der Unterschrift keinen Vertretungszusatz hinzufügt, ist gleichwohl nicht auszuschließen, dass die Unterzeichnung der Urkunde auch durch die anderen Gesellschafter vorgesehen war und deren Unterschrift noch fehlt. In diesem Fall ist zu prüfen, ob die Urkunde erkennen

32 *BAG* 24.1.2008 – 6 AZR 519/07, NZA 2008, 521.
33 *BAG* 21.9.1999 – 9 AZR 893/98, NZA 2000, 257.
34 *BAG* 12.12.2007 – 6 AZR 145/07, NZA 2008, 403.
35 *BAG* 21.4.2005 – 2 AZR 162/04, NZA 2005, 865.

lässt, dass die Unterschrift des handelnden Gesellschafters auch die Erklärung der nicht unterzeichnenden Gesellschafter decken soll, also auch in deren Namen erfolgt ist.[36]

5. Geltung sonstiger Kündigungsschutznormen

22 Ausnahmsweise kann die Kündigung während der Probezeit gegen die guten Sitten (§ 138 BGB) oder gegen den Grundsatz von Treu und Glauben (§ 242 BGB) oder das Maßregelungsverbot (§ 612a BGB) verstoßen.[37] Auch für die Kündigung während der Probezeit sind neben den Bestimmungen des BBiG die sonstigen Kündigungsregelungen in anderen Gesetzen zu beachten. Wenn die Kündigung eines Berufsausbildungsverhältnisses in der Probezeit eine Benachteiligung wegen einer Behinderung nach dem AGG darstellt, so ist sie unwirksam.[38] Besteht ein **Betriebsrat**, ist dieser vor Ausspruch der Kündigung anzuhören (§ 102 BetrVG; vgl. Rn. 66). Dies gilt unabhängig davon, zu welchem Zeitpunkt die Kündigung erfolgen soll, also auch bei einer Kündigung innerhalb der Probezeit (§ 22 Abs. 1 BBiG).[39] Zur ordnungsgemäßen Anhörung des Betriebsrats ist es erforderlich, dass dem Betriebsrat im Einzelnen die Personaldaten des zu Kündigenden und die Gründe mitgeteilt werden, die aus Sicht des Arbeitgebers/Ausbildenden die Kündigung rechtfertigen sollen. Bei unterbliebener oder nicht ordnungsgemäßer Anhörung des Betriebsrats ist die Kündigung unwirksam.

Im öffentlichen Dienst gibt es **Personalräte**. Die maßgeblichen Rechtsvorschriften finden sich für den Bund im BPersVG und für die Länder und Gemeinden/Landkreise in den Personalvertretungsgesetzen (PersVG) des jeweiligen Bundeslandes. In einigen Bundesländern ist nicht nur eine Beteiligung der Personalräte im Sinne einer Anhörung wie in § 102 BetrVG vorgesehen, sondern es wird zum Teil positiv eine Zustimmung der Personalräte zu einer Kündigung, auch bei einer Probezeitkündigung eines Ausbildungsverhältnisses, verlangt.[40]

23 Auch die Sonderkündigungsschutznormen sind zu beachten, insbesondere das Kündigungsverbot zugunsten von Frauen während der **Schwangerschaft** und bis zum Ablauf von vier Monaten nach der Entbindung gem. § 17 Abs. 1 MuSchG (vgl. Rn. 69 ff.).[41]

24 Die Sonderregelungen zugunsten von **schwerbehinderten Menschen**, die vorsehen, dass das Integrationsamt einer solchen Kündigung vor deren Ausspruch zustimmen muss (§§ 168 ff. SGB IX), entfällt allerdings bei einer Kündigung während der Probezeit im Regelfall, weil dieser Schutz erst eingreift, wenn das Vertragsverhältnis länger als sechs Monate besteht (§ 173 Abs. 1 Nr. 1 SGB IX).[42]

VI. Kündigung nach der Probezeit durch die Ausbildenden

25 Das Berufsausbildungsverhältnis kann nach der Probezeit von den Ausbildenden nur »aus einem wichtigen Grund« ohne Einhalten einer Kündigungsfrist gekündigt werden (Abs. 2 Nr. 1).

---

36 *BAG* 28.11.2007 – 6 AZR 1108/06, NZA 2008, 348.
37 *LAG Rheinland-Pfalz* 10.4.2018 – 8 Sa 422/17; *LAG Berlin-Brandenburg* 12.5.2010 – 23 Sa 127/10.
38 *LAG Baden-Württemberg* 12.1.2024 – 9 Sa 16/23 (Revision anhängig, Aktenzeichen beim BAG: 2 AZR 59/24).
39 *LAG Rheinland-Pfalz* 30.11.2011 – 8 Sa 408/11.
40 Vgl. zu einer solchen Fallkonstellation *BAG* 19.11.2009 – 6 AZR 800/08, NZA 2010, 278.
41 *LAG Berlin* 1.7.1985 – 9 Sa 28/85, BB 1986, 62 = LAGE MuSchG § 9 Nr. 6.
42 *LAG Rheinland-Pfalz* 10.4.2018 – 8 Sa 422/17.

1. Grundsätzliche Anforderungen an den Kündigungsgrund

Ausgehend von dem Zweck des Berufsausbildungsverhältnisses, den Auszubildenden das Erlernen eines Berufs zu ermöglichen, und der ohnehin begrenzten zeitlichen Bindung, sind an die Kündigung eines Berufsausbildungsverhältnisses nach der Probezeit besonders **hohe Anforderungen** zu stellen.[43] 26

Gründe, die in einem Arbeitsverhältnis einen wichtigen Grund für eine außerordentliche Kündigung darstellen, müssen in einem Berufsausbildungsverhältnis noch lange nicht greifen. Bei der Abwägung, ob bei Berücksichtigung der Interessen beider Vertragsparteien ein wichtiger Grund für die vorzeitige Beendigung des Berufsausbildungsverhältnisses besteht, ist insbesondere auch die im Zeitpunkt der Kündigung bereits **zurückgelegte Ausbildungsdauer** im Verhältnis zur Gesamtdauer der Ausbildung zu berücksichtigen.[44] 27

Neben der Dauer der Ausbildung ist insbesondere auch in Erwägung zu ziehen, dass der Auszubildende in der Regel noch am **Anfang seines Berufslebens** steht und er deshalb häufig noch nicht ausreichend die für einen geregelten Betriebsablauf notwendigen Verhaltensweisen internalisiert hat. Auch das **Alter der Auszubildenden** ist gegebenenfalls zu ihren Gunsten zu berücksichtigen, dies gilt vor allem bei Minderjährigen und jungen Volljährigen, deren Persönlichkeitsentwicklung noch nicht abgeschlossen ist. In der Regel sind als wichtiger Grund für eine Kündigung nur solche Umstände geeignet, die bei objektivierender Vorausschau ergeben, dass das Ausbildungsziel erheblich gefährdet oder nicht mehr zu erreichen ist.[45] 28

Je mehr sich das Berufsausbildungsverhältnis seinem Ende, der Abschlussprüfung nähert, desto schärfer sind die Anforderungen an den wichtigen Grund. Im letzten Ausbildungsjahr, erst recht kurz vor dem **Prüfungstermin**, wird eine fristlose Kündigung durch die Ausbildenden nur bei besonders schweren Pflichtverletzungen, also nur in besonderen Ausnahmefällen, zulässig sein.[46] 29

Grundsätzlich kann man auch bei der Kündigung eines Berufsausbildungsverhältnisses verhaltens-, personen- und betriebsbedingte Gründe unterscheiden. Stets ist bei der Abwägung, ob ein hinreichend wichtiger Grund für die Kündigung vorliegt, auf die **Umstände des Einzelfalls** abzustellen, so dass generalisierende Aussagen, in welchen Fällen ein Kündigungsgrund vorliegt, schwer möglich sind. Stets ist zu fragen, ob erstens »an sich« ein wichtiger Grund für die Kündigung eines Berufsausbildungsverhältnisses vorliegt und dieser zweitens auch unter Berücksichtigung der Besonderheiten des Einzelfalls die Kündigung rechtfertigen kann. Insofern ist stets eine abschließende **Interessenabwägung** erforderlich, für die es keine generellen Maßstäbe gibt, sondern die gerade die Besonderheiten des Einzelfalls berücksichtigen soll. 30

---

43 *BAG* 1.7.1999 – 2 AZR 676/98, NZA 1999, 1270; *BAG* 10.5.1973 – 2 AZR 328/72, AP BBiG § 15 Nr. 3; *LAG Berlin-Brandenburg* 17.12.2015 – 10 Sa 1300/15; *LAG Köln* 11.8.1995 – 12 Sa 426/95, NZA-RR 1996, 128; *LAG Berlin* 9.6.1986 – 9 Sa 27/86, LAGE BBiG § 15 Nr. 2.

44 *BAG* 10.5.1973 – 2 AZR 328/72, AP BBiG § 15 Nr. 3; *LAG Düsseldorf* 15.4.1993 – 5 Sa 220/93, EzB BBiG § 15 Abs. 2 Nr. 1, Nr. 76.

45 *LAG Köln* 25.6.1987 – 10 Sa 223/87, LAGE BBiG § 15 Nr. 4.

46 *LAG Köln* 22.1.2013 – 11 Sa 783/12; so auch Wohlgemuth/*Pepping* BBiG, § 22 Rn. 20.

2. Verhaltensbedingte Kündigungsgründe

a) Verhältnismäßigkeitsgrundsatz

31 Verhaltensbedingte Kündigungsgründe liegen vor bei besonders groben oder wiederholten Verstößen (trotz vorheriger Abmahnungen) gegen Pflichten aus dem Berufsausbildungsverhältnis oder sonstigen Verhaltenspflichten, deren Einhaltung für eine gedeihliche Zusammenarbeit unabänderlich notwendig ist. Bevor eine Kündigung zulässig ist, ist zunächst, soweit zumutbar und Erfolg versprechend, mit erzieherischen Mitteln oder mit Abmahnungen auf die Auszubildenden einzuwirken.[47]

32 Falls das nichts bewirken oder von vornherein aussichtslos oder der Pflichtenverstoß so schwerwiegend sein sollte, dass nicht erwartet werden kann, der Ausbildende werde diesen hinnehmen, darf zulässigerweise, gleichsam als »letztes Mittel« (ultima-ratio-Prinzip), eine Kündigung ausgesprochen werden. Da die Beendigung des Berufsausbildungsverhältnisses wegen eines Pflichtenverstoßes die schärfste Sanktion darstellt, ist es notwendig, dass der Ausbildende zunächst versucht, mit anderen Mitteln auf den Auszubildenden einzuwirken, wenn dies Erfolg versprechend ist (Verhältnismäßigkeitsgrundsatz). Das gilt grundsätzlich auch bei Verstößen der Auszubildenden gegen ihre Pflichten während der Berufsausbildung (§ 13 BBiG). Deshalb bedarf es im Regelfall bei verhaltensbedingten Gründen der vorherigen **Abmahnung**.[48]

33 Bei **minderjährigen Auszubildenden** muss die Abmahnung auch dem gesetzlichen Vertreter zur Kenntnis gebracht werden.[49]

34 Zu den unverzichtbaren Voraussetzungen einer ordnungsgemäßen Abmahnung gehört die konkrete Feststellung des zu beanstandenden Verhaltens, die exakte Rüge der genau zu bezeichnenden Pflichtverletzung, die eindringliche Aufforderung, sich zukünftig vertragstreu zu verhalten sowie der Hinweis, dass im Wiederholungsfall mit einer Kündigung zu rechnen ist.[50]

35 Es gibt, entgegen landläufiger Vorstellung, keinen Grundsatz, dass stets dreimal abzumahnen wäre, bevor rechtswirksam gekündigt werden kann.[51] Für die Zahl der erforderlichen Abmahnungen besteht keine generelle Regel. Je nach Schwere des in Rede stehenden Pflichtenverstoßes kann eine einmalige Abmahnung reichen, aber auch eine mehrmalige Abmahnung erforderlich sein. Das Instrument der Abmahnung soll sich aber selbstredend auch nicht »abnutzen«. Bei wiederholten Pflichtenverstößen kann es den Ausbildenden nicht »bis in alle Ewigkeit« angedient werden, sie mögen abmahnen, ohne dass weitere Sanktionen zulässig wären.

36 **Funktion der Abmahnung** ist es, den Auszubildenden deutlich zu machen, dass ihr konkretes Verhalten nicht hinnehmbar ist, im Wiederholungsfall der Bestand des Vertragsverhältnisses gefährdet ist und sie sich deshalb zukünftig vertragsgemäß verhalten mögen. Dieser Funktion würde es nicht gerecht, wenn stets mehrmalige Abmahnungen verlangt würden. Bei Pflichtverstößen »mittlerer Art und Güte« dürften zweimalige Abmahnungen hinreichen. Zu beachten ist aber, dass eine Kündigung bei einem weiteren Wiederholungsfall nur zulässig ist, wenn die zuvor abgemahnten Verhaltensweisen einen **vergleichbaren Pflichtenkreis** betrafen. Bei der verspäteten Vorlage der Bescheinigung über eine Arbeitsunfähigkeit (vgl. § 5 Abs. 1 EFZG) geht es um eine andere Pflichtver-

---

47 *LAG Baden-Württemberg* 31. 10. 1996, 6 Sa 10/96, NZA-RR 1997, 288.
48 *LAG Rheinland-Pfalz* 25. 4. 2013 – 10 Sa 518/12, NZA-RR 2013, 406; *LAG Hessen* 3. 11. 1997 – 16 Sa 657/97, LAGE BBiG § 15 Nr. 12.
49 *Taubert*, BBiG, § 22 Rn. 36.
50 *Braun/Mühlhausen*, BBiG, § 15 Rn. 27.
51 Vgl. auch Wohlgemuth/*Pepping*, BBiG, § 22 Rn. 22.

letzung als beim Zuspätkommen zur Arbeit/Ausbildung. Während es bei der Vorlage der Bescheinigung über eine Arbeitsunfähigkeit um eine Nebenpflicht geht, betrifft das Zuspätkommen die Hauptpflicht aus dem Berufsausbildungsverhältnis. Kommt der Auszubildende zu spät, kommt er seiner Hauptpflicht, sich ausbilden zu lassen, für einen bestimmten Zeitraum gar nicht nach.

Bei **besonders schweren Pflichtverletzungen**, deren Pflichtwidrigkeit den Auszubildenden ohne weiteres erkennbar und eine Hinnahme durch die Ausbildenden offensichtlich ausgeschlossen ist, ist allerdings auch im Ausbildungsverhältnis eine Abmahnung entbehrlich, weil in diesen Fällen regelmäßig davon auszugehen ist, dass das pflichtwidrige Verhalten auch das für ein Ausbildungsverhältnis notwendige Vertrauen auf Dauer zerstört hat.[52] 37

b) Typische Fallkonstellationen

Unter dem Vorbehalt, dass es stets auf eine Abwägung im Einzelfall ankommt, ob eine Kündigung des Berufsausbildungsverhältnisses gerechtfertigt ist, kann auf folgende typische Fallkonstellationen hingewiesen werden: 38

Die Nichteinhaltung der für die Ausbildungsstätte geltenden Ordnung kann zumeist erst nach erfolglosen Abmahnungen eine Kündigung rechtfertigen. Das gilt zum Beispiel für häufiges **Zuspätkommen** und wiederholtes unentschuldigtes **Fernbleiben**.[53] 39

Pflichtverletzungen im Zusammenhang mit **Erkrankungen**, die dazu führen, dass der Auszubildende nicht in der Lage ist, im Ausbildungsbetrieb oder in der Berufsschule zu erscheinen, können allenfalls nach vorherigen Abmahnungen eine Kündigung rechtfertigen. 40

Für Auszubildende gelten dieselben **Anzeige-/Meldepflichten** wie für Arbeitnehmer (§ 5 Abs. 1 EFZG). Die Auszubildenden sind verpflichtet, dem Ausbildenden die Arbeitsunfähigkeit und deren voraussichtliche Dauer unverzüglich anzuzeigen/mitzuteilen. Die zusätzliche Verpflichtung, den Ausbildenden eine ärztliche **Bescheinigung über das Bestehen der Arbeitsunfähigkeit** vorzulegen, gilt seit 1.1.2023 *nicht* mehr für Arbeitnehmer und Auszubildende, die Versicherte einer gesetzlichen Krankenkasse sind. Die Arbeitnehmer und Auszubildenden sind verpflichtet, das Bestehen einer Arbeitsunfähigkeit sowie deren voraussichtliche Dauer feststellen und sich eine ärztliche Bescheinigung aushändigen zu lassen (§ 5 Abs. 1a EFZG). Der Arzt hat die Arbeitsunfähigkeitsdaten elektronisch an die Krankenkasse zu übermitteln (§ 295 SGB V). Die **Krankenkasse** hat die Arbeitsunfähigkeitsdaten zum Abruf für den Arbeitgeber zu erstellen (§ 109 SGB IV). Der Arbeitgeber kann also die Arbeitsunfähigkeitsdaten bei der Krankenkasse abrufen und diese werden an den Arbeitgeber elektronisch übermittelt.

Die Auszubildenden sind weiterhin verpflichtet, dem Ausbildenden die Arbeitsunfähigkeit und deren voraussichtliche Dauer unverzüglich mitzuteilen. Diese **Anzeigepflicht** besteht nicht nur bei dem erstmaligen Beginn der Arbeitsunfähigkeit, sondern auch dann, wenn die Arbeitsunfähigkeit länger dauert als vom behandelnden Arzt ursprünglich festgestellt. Durch die Abschaffung der Nachweispflicht hat die Anzeigepflicht eine besondere Bedeutung. Denn die Ausbildenden können nur dann die Arbeitsunfähigkeitsdaten von der zuständigen Krankenkasse abrufen, wenn sie überhaupt Kenntnis von der Arbeits-

52 *BAG* 1.7.1999 – 2 AZR 676/98, NZA 1999, 1270.

53 *Benecke/Hergenröder*, BBiG, § 22 Rn. 34; *Taubert*, BBiG, § 22 Rn. 43; Wohlgemuth/*Pepping*, BBiG, § 22 Rn. 31.

unfähigkeit der Auszubildenden haben. Bei (wiederholten) Verstößen gegen die Anzeigepflichten kann nach vorherigen Abmahnungen eine Kündigung in Betracht kommen.[54]

41 Strenger sind die Maßstäbe bei einer **Manipulation der Arbeitszeitkontrolle** oder einem **eigenmächtigen Urlaubsantritt** oder dem eigenmächtigen Überschreiten des gewährten Urlaubs durch den Auszubildenden. Es muss jedem Auszubildenden gewahr sein, dass ein solches Verhalten der Ausbildende nicht hinnehmen muss und es deshalb nicht etwa einer vorherigen Abmahnung bedarf, sondern bereits der einmalige Verstoß, vorbehaltlich besonderer Umstände des Einzelfalls, eine Kündigung rechtfertigen kann.[55]

Bei der **privaten Nutzung des Internets** durch den Auszubildenden sind folgende kündigungsrelevanten Verhaltensweisen zu unterscheiden, wobei stets eine Abwägung im Einzelfall erforderlich ist, ob die Pflichtverletzung so erheblich ist, dass sie eine Kündigung rechtfertigt:[56]

- Das Herunterladen einer erheblichen Menge von Daten aus dem Internet auf betriebliche Datensysteme (»unbefugter Download«), insbesondere dann, wenn damit die Gefahr möglicher Vireninfizierungen oder anderer Störungen verbunden sein kann oder wenn solche Daten heruntergeladen werden, bei deren Rückverfolgung es zu möglichen Rufschädigungen des Ausbildenden kommen kann, beispielsweise, weil strafbare Inhalte oder pornografische Darstellungen heruntergeladen werden.
- Die private Nutzung des vom Ausbildenden zur Verfügung gestellten Internets oder anderer Arbeitsmittel *während* der Arbeitszeit (Ausbildungszeit), weil der Auszubildende während des Surfens im Internet oder des Spielens oder der Betrachtung von Filmen zu privaten Zwecken seiner Ausbildungspflicht nicht nachkommt.
- Die private Nutzung als solche (auch in Pausen), weil dadurch dem Ausbildenden möglicherweise (zusätzliche) Kosten entstehen können und der Auszubildende jedenfalls die Betriebsmittel (unberechtigterweise) in Anspruch nimmt.

In den beiden zuletzt genannten Konstellationen ist in der Regel erforderlich, dass die private Nutzung des Internets klar und eindeutig vom Ausbildenden generell untersagt ist oder nur in einem bestimmten Zeitumfang zugebilligt und dieser überschritten wird. Ähnliche Maßstäbe gelten, wenn der Auszubildende während Arbeitszeit (Ausbildungszeit) **private Telefonate** führt oder privat ein **Smartphone** (Handy) nutzt.[57]

42 Auch das wiederholte verspätete Abliefern oder das Nichtführen der schriftlichen **Ausbildungsnachweise** (Berichtshefte) ist, nach vorheriger Abmahnung, als durchaus hinreichend für eine Kündigung angesehen worden.[58]

43 **Mangelhafte Leistungen** (sowohl im Betrieb wie auch in der Berufsschule) können in der Regel deshalb die Kündigung *nicht* rechtfertigen, weil die Abschlussprüfung erweisen wird, ob der Auszubildende über die erforderlichen Kenntnisse und Fertigkeiten verfügt. Die Möglichkeit zur Teilnahme an dieser sollte ihm nicht genommen werden.[59]

---

54 *Taubert,* BBiG, § 22 Rn. 47.

55 *Benecke/Hergenröder,* BBiG, § 22 Rn. 34, 39; *Wroblewski, in: Däubler/Deinert,* KSchR, § 22 BBiG Rn. 20.

56 Vgl. für Arbeitsverhältnisse *BAG* 31.5.2007 – 2 AZR 200/06, NZA 2007, 922.

57 Vgl. für Privattelefonate *LAG Rheinland-Pfalz* 23.9.2004 – 4 Sa 462/04, juris.

58 *LAG Hessen* 3.11.1997 – 16 Sa 657/97, LAGE BBiG § 15 Nr. 12; *ArbG Wesel* 14.11.1996 – 6 Ca 3726/96, NZA-RR 1997, 291; *Benecke/Hergenröder,* BBiG, § 22 Rn. 33; Wohlgemuth/*Pepping,* BBiG, § 22 Rn. 31; *Taubert,* BBiG, § 22 Rn. 50.

59 *Benecke/Hergenröder,* BBiG, § 22 Rn. 33, 35; *Wroblewski, in: Däubler/Deinert,* KSchR, § 22 BBiG Rn. 21; *Taubert,* BBiG, § 22 Rn. 49; vgl. auch *LAG Rheinland-Pfalz* 25.4.2013 – 10 Sa 518/12, NZA-RR 2013, 406.

44 Ob die (wiederholte) **Verletzung der Pflicht zum Berufsschulbesuch** die Kündigung rechtfertigen kann, ist umstritten. Da der Auszubildende gem. § 13 Satz 2 Nr. 2 BBiG in Verbindung mit § 15 BBiG verpflichtet ist, am Berufsschulunterricht teilzunehmen, stellt sich die Nichtteilnahme auch als eine Verletzung seiner Pflichten aus dem privatrechtlichen Berufsausbildungsverhältnis dar und kann daher, wenn dies wiederholt nach Abmahnung erfolgt, durchaus die Kündigung rechtfertigen.[60]

45 Eine Weitergabe von **Betriebs- oder Geschäftsgeheimnissen** (§ 13 Satz 2 Nr. 6 BBiG) an Dritte kann, wenn dem Auszubildenden hinreichend klar war, auf welche Umstände im Einzelnen sich die Pflicht zum Stillschweigen bezieht, eine Kündigung rechtfertigen.

46 **Straftaten** zu Lasten des Ausbildenden oder auch anderer Arbeitskollegen (insbesondere Diebstahl, Unterschlagung oder gar Gewaltanwendung) rechtfertigen im Regelfall die Kündigung eines Ausbildungsverhältnisses.[61]

Beim **Diebstahl** (oder Unterschlagung) kommt es auf den Wert des Gegenstands nicht an. Das gilt auch bei der Vereinnahmung von Geldern aus Warenverkäufen ohne Bonierung.[62] Rechtswidrige und vorsätzliche Handlungen des Auszubildenden, die sich unmittelbar gegen das Vermögen des Ausbildenden richten, können auch dann ein wichtiger Grund zur außerordentlichen Kündigung sein, wenn die Pflichtverletzung **Sachen von nur geringem Wert** betrifft oder nur zu einem geringfügigen, möglicherweise gar keinem Schaden geführt hat.[63] Es ist maßgeblich abzustellen auf den **Vertrauensverlust**. Der Ausbildende muss sich darauf verlassen können, dass die Auszubildenden nicht ihr Eigentumsrecht und ihre legitimen Vermögensinteressen verletzen.[64] Allerdings bedarf es stets einer umfassenden, auf den Einzelfall bezogenen Prüfung und Interessenabwägung dahingehend, ob dem Ausbildenden die Fortsetzung des Ausbildungsverhältnisses trotz der eingetretenen Vertrauensstörung zumutbar ist oder nicht.[65] Das ist für Arbeitsverhältnisse von der neueren Rechtsprechung des *BAG* ausdrücklich herausgestellt worden und gilt für Ausbildungsverhältnisse umso mehr.[66] Der Aspekt, der bei Arbeitsverhältnissen gegebenenfalls besonders zu beachten ist, nämlich eine langjährige (beanstandungsfreie) Beschäftigungsdauer, ist allerdings wegen der zeitlichen Begrenzung bei Ausbildungsverhältnissen von untergeordneter Bedeutung. Bei diesen ist allerdings zu berücksichtigen, dass in aller Regel die Auszubildenden Gelegenheit erhalten sollen, die Ausbildung regulär zu beenden, so dass häufig ein Diebstahl von geringwertigen Sachen die Kündigung eines Ausbildungsverhältnisses nicht rechtfertigen kann, wobei einzuräumen ist, dass klare Maßstäbe dafür fehlen, wo genau die Wertgrenze zu ziehen ist.

Beispiel aus der Rechtsprechung:
Der Versuch, Baumaterial im Wert von rund 40 Euro zu entwenden, kann jedenfalls dann eine außerordentliche Kündigung des Ausbildungsverhältnisses rechtfertigen, wenn der Auszubildende dabei noch aktiv versucht hat, seine Tat zu vertuschen.[67]

---

60 *ArbG Magdeburg* 7. 9. 2011 – 3 Ca 1640/11, juris, *LAG Düsseldorf* 15. 4. 1993 – 5 Sa 220/93, EzB BBiG § 15 Abs. 2 Nr. 1, Nr. 76; *Benecke/Hergenröder*, BBiG, § 22 Rn. 33; *Taubert*, BBiG, § 22 Rn. 48; KR/*Weigand*, §§ 21-23 BBiG Rn. 64.
61 Vgl. für Arbeitsverhältnisse *BAG* 29. 6. 2017 – 2 AZR 302/16, NZA 2017, 1121, *BAG* 20. 11. 2014 – 2 AZR 651/13, NZA 2015, 294; *BAG* 9. 6. 2011 – 2 AZR 323/10, NZA 2011, 1342.
62 Vgl. für Arbeitsverhältnisse *BAG* 27. 9. 2022 – 2 AZR 508/21, NZA 2022, 1599.
63 Vgl. für Arbeitsverhältnisse *BAG* 27. 9. 2022 – 2 AZR 508/21, NZA 2022, 1599; *BAG* 21. 6. 2012 – 2 AZR 153/11, NZA 2012, 1025; *BAG* 10. 6. 2010 – 2 AZR 541/09, NZA 2010, 1227.
64 *Benecke/Hergenröder*, BBiG, § 22 Rn. 38.
65 So selbst für Arbeitsverhältnisse *BAG* 10. 6. 2010 – 2 AZR 541/09, NZA 2010, 1227.
66 Vgl. auch Wohlgemuth/*Pepping*, BBiG, § 22 Rn. 22.
67 *LAG Mecklenburg-Vorpommern* 5. 4. 2016 – 2 Sa 84/15.

47 **Sexuelle Belästigungen** (auch unterhalb der Strafbarkeitsschwelle) gegenüber anderen Auszubildenden oder anderen Beschäftigten können (auch wenn diese außerhalb des Betriebs begangen werden) ebenfalls eine Kündigung rechtfertigen.[68] Eine sexuelle Belästigung ist nach § 3 Abs. 4 AGG eine Benachteiligung im Sinne des AGG, wenn ein unerwünschtes, sexuell bestimmtes Verhalten, wozu auch unerwünschte sexuelle Handlungen und Aufforderungen zu diesen, sexuell bestimmte körperliche Berührungen, Bemerkungen sexuellen Inhalts sowie unerwünschtes Zeigen und sichtbares Anbringen von pornografischen Darstellungen gehören, bezweckt oder bewirkt, dass die Würde der betreffenden Person verletzt wird, insbesondere wenn ein von Einschüchterungen, Anfeindungen, Erniedrigungen, Entwürdigungen oder Beleidigungen gekennzeichnetes Umfeld geschaffen wird. Der Arbeitgeber/Ausbildende ist verpflichtet, die erforderlichen Maßnahmen zum Schutz der Beschäftigten vor Benachteiligungen zu treffen. Dieser Schutz umfasst auch vorbeugende Maßnahmen (§ 12 Abs. 1 AGG). Der Arbeitgeber soll in geeigneter Art und Weise, insbesondere im Rahmen der beruflichen Aus- und Fortbildung, auf die Unzulässigkeit solcher Benachteiligungen hinweisen und darauf hinwirken, dass diese unterbleiben (§ 12 Abs. 2 AGG). Verstoßen Beschäftigte gegen das Benachteiligungsverbot, so hat der Arbeitgeber die im Einzelfall geeigneten, erforderlichen und angemessenen Maßnahmen zur Unterbindung der Benachteiligung wie Abmahnung, Umsetzung, Versetzung oder Kündigung zu ergreifen (§ 12 Abs. 3 AGG).

Straftaten, die **außerhalb des Berufsausbildungsverhältnisses** begangen werden, können, sofern sie sich nicht auf das Ausbildungsverhältnis auswirken, keine Kündigung rechtfertigen.[69] Der Auszubildende schuldet keine »tadellose Lebensführung«. Eine Kündigung kann in Betracht kommen, wenn ein Bezug zum Ausbildungsberuf besteht. Ein Vermögensdelikt zu Lasten Dritter kann im Einzelfall die Kündigung des Ausbildungsverhältnisses rechtfertigen, wenn der Auszubildende im Ausbildungsberuf bestimmungsgemäß mit den Vermögensinteressen etwa von Kunden zu tun hat, zum Beispiel bei der Ausbildung zum Bankkaufmann.[70]

Tätlichkeiten gegenüber anderen Auszubildenden oder Mitarbeitern sind schwerwiegende Pflichtverletzungen. Der Ausbildende ist nicht nur allen Mitarbeitern verpflichtet, dafür Sorge zu tragen, dass sie keinen Tätlichkeiten ausgesetzt sind, sondern hat auch ein eigenes Interesse daran, dass die betriebliche Zusammenarbeit nicht durch tätliche Auseinandersetzungen beeinträchtigt wird und nicht durch Verletzungen Arbeitskräfte ausfallen. Bei Tätlichkeiten bedarf es vor Ausspruch einer Kündigung in der Regel keiner Abmahnung.[71] Eine ernstliche **Drohung** mit Gefahren für Leib oder Leben von Vorgesetzten oder Arbeitskollegen und/oder deren Verwandten kann, abhängig von den Umständen des Einzelfalls, eine außerordentliche Kündigung rechtfertigen.[72]

Auch eine grobe **Beleidigung** von Ausbildenden, Ausbildern, Arbeitskollegen oder gegenüber Kunden, die nach Form und Inhalt eine erhebliche Ehrverletzung für den Betroffenen bedeuten, kann eine Kündigung rechtfertigen.[73] Das gilt auch für entspre-

---

68 *LAG Niedersachsen* 28. 2. 2024 – 2 Sa 375/23, NZA-RR 2024, 416.

69 Maßgeblich sind die Umstände des Einzelfalls; vgl. *LAG Mecklenburg-Vorpommern* 30. 8. 2011 – 5 Sa 3/11; *LAG Berlin-Brandenburg* 13. 11. 2009 – 13 Sa 1766/09.

70 *Benecke/Hergenröder*, BBiG, § 22 Rn. 37; *Taubert*, BBiG, § 22 Rn. 60; *Wroblewski, in: Däubler/Deinert*, KSchR, § 22 BBiG Rn. 24 f.

71 Vgl. für Arbeitsverhältnisse *BAG* 6. 10. 2005 – 2 AZR 280/04, NZA 2006, 431.

72 Vgl. für Arbeitsverhältnisse *BAG* 28. 2. 2023 – 2 AZR 194/22, NZA 2023, 627; *BAG* 29. 6. 2017 – 2 AZR 47/16, NZA 2017, 1605.

73 *Benecke/Hergenröder*, BBiG, § 22 Rn. 43.

chende **Äußerungen in sozialen Netzwerken.**[74] Bei der rechtlichen Würdigung sind allerdings die Umstände zu berücksichtigen, unter denen diffamierende oder ehrverletzende Äußerungen gefallen sind. Auch das **Grundrecht der Meinungsfreiheit** ist zu beachten. Äußerungen in vertraulichen Gesprächen oder in einer privaten Chatgruppe unter Arbeitskollegen können eine Kündigung nicht ohne Weiteres rechtfertigen.[75] Bei Äußerungen, die in besonderer Weise menschenverachtend sind oder nachhaltig zur Gewalt aufstacheln, ist allerdings zu prüfen, ob berechtigterweise davon ausgegangen werden durfte, die Äußerungen blieben vertraulich und würden nicht gegenüber den Betroffenen oder Dritten offenbart.[76]

Bei (vermeintlich unangemessenen) **Äußerungen in sozialen Netzwerken oder in persönlichen Gesprächen, gegenüber dem Ausbilder oder Ausbildenden** ist generell zu beachten, dass die durch das Grundgesetz geschützte **Meinungsfreiheit** (Art. 5 Abs. 1 GG) zu Gunsten der Auszubildenden zu berücksichtigen ist.[77] Bewusst falsche Tatsachenbehauptungen unterfallen allerdings nicht dem Schutzbereich des Grundrechts. Anderes gilt für Äußerungen, die nicht Tatsachenbehauptungen, sondern ein Werturteil enthalten. Sie fallen in den Schutzbereich des Rechts auf Meinungsfreiheit. Dasselbe gilt für Äußerungen, in denen sich Tatsachen und Meinungen vermengen, sofern sie durch die Elemente der Stellungnahme, des Dafürhaltens oder Meinens geprägt sind. Der Grundrechtsschutz besteht dabei unabhängig davon, welches Medium der Auszubildende für seine Meinungsäußerung nutzt und ob diese rational oder emotional, begründet oder unbegründet ist. Vom Grundrecht der Meinungsfreiheit umfasste Äußerungen verlieren den sich daraus ergebenden Schutz selbst dann nicht, wenn sie scharf oder überzogen geäußert werden.[78] Das Grundrecht der Meinungsfreiheit ist allerdings nicht schrankenlos gewährleistet. Es ist durch die allgemeinen Gesetze und das Recht der persönlichen Ehre beschränkt (Art. 5 Abs. 2 GG). Zwischen der Meinungsfreiheit und dem Persönlichkeitsrecht der kritisierten Person hat eine Abwägung zu erfolgen.[79] 48

Bei minderjährigen Auszubildenden ist deren »Unreife« bzw. ihre allgemeine (noch nicht ausgereifte) Persönlichkeitsentwicklung zu ihren Gunsten zu berücksichtigen, kann aber sicherlich nicht jedes ungebührliche Benehmen rechtfertigen.[80]

Eine Kündigung wegen des **äußeren Erscheinungsbilds** Auszubildender, der Haartracht oder Kleidung, ist allenfalls nach einer vorherigen Abmahnung denkbar und nur dann, wenn dies aus Gründen des Arbeitsschutzes oder zur Unfallverhütung notwendig ist oder deswegen, weil ansonsten eine spürbare Beeinträchtigung des Geschäftsbetriebs zu besorgen ist. Das kann indes nur gelten, soweit der Beruf für den ausgebildet werden soll, ein bestimmtes äußeres Auftreten verlangt oder üblicherweise (auch von den Arbeitnehmern des Betriebs) erwartet wird, wie zum Beispiel bei Bankkaufleuten. 49

Beim **Tragen eines Kopftuchs** durch eine Muslimin, die sich aus religiösen Gründen hierzu verpflichtet sieht, ist zudem die grundrechtlich geschützte Glaubens- und Religionsfreiheit (Art. 4 Abs. 1 GG) zu beachten.[81]

74 *LAG Hamm* 10.10.2012 – 3 Sa 644/12, juris.
75 Vgl. für Arbeitsverhältnisse *BAG* 10.12.2009 – 2 AZR 534/08, NZA 2010, 698.
76 Vgl. für Arbeitsverhältnisse *BAG* 24.8.2023 – 2 AZR 17/23, NZA 2023, 1595.
77 *LAG Rheinland-Pfalz* 2.3.2017 – 5 Sa 251/16.
78 Vgl. für Arbeitsverhältnisse (für Ausbildungsverhältnisse kann nichts anderes gelten): *BAG* 18.12.2014 – 2 AZR 265/14, Rn. 17, NZA 2015, 797.
79 Vgl. *BAG* 18.12.2014 – 2 AZR 265/14, Rn. 18, NZA 2015, 797.
80 *Braun/Mühlhausen,* BBiG, § 15 Rn. 71.
81 Vgl. bezüglich einer Verkäuferin (keine Auszubildende): *BAG* 10.10.2002 – 2 AZR 472/01, NZA 2003, 483; *BVerfG* 30.7.2003 – 1 BvR 792/03, NZA 2003, 959.

50 **Rassistisches Verhalten** eines Auszubildenden gegenüber dem Ausbildenden oder anderen Auszubildenden oder Arbeitnehmern oder gegenüber Kunden während der Ausbildungszeit kann als schwerwiegende vorsätzliche Nebenpflichtverletzung eine Kündigung rechtfertigen.[82] Entsprechendes kann bei **rechtsradikalen Äußerungen**, etwa im Intranet, gelten.[83] Allerdings ist, wie stets, auf die Umstände des Einzelfalls abzustellen, die durch das Grundgesetz geschützte **Meinungsfreiheit** (Art. 5 Abs. 1 GG) zu beachten (die auch für rechtsradikale Äußerungen gilt) und ggf. die Unreife des Auszubildenden zu berücksichtigen. Rechtsradikale Äußerungen oder Betätigungen außerhalb des Ausbildungsverhältnisses in der Freizeit können, sofern sie nicht strafbar sind, in aller Regel nicht ohne Weiteres eine Kündigung rechtfertigen.[84]

51 Weigert sich der Auszubildende, Mehrarbeit (**Überstunden**) zu leisten, kann das kein Grund für eine Kündigung sein. Eine Verpflichtung des Auszubildenden, Überstunden zu leisten, besteht nämlich allenfalls in Ausnahmefällen, denn es ist nicht erkennbar, dass die Ableistung von Überstunden zur Erreichung des Ausbildungsziels notwendig ist.[85]

52 Das **außerbetriebliche Verhalten** Auszubildender ist in der Regel kein Kündigungsgrund, weil die Auszubildenden keinen »tadellosen Lebenswandel« schulden. Anders kann es sein, wenn das außerbetriebliche Verhalten in den betrieblichen Bereich überstrahlt.[86] Denkbar ist eine Kündigung wegen »**Stalking**«. Ein schwerwiegender Verstoß eines Auszubildenden gegen die vertragliche Nebenpflicht, die Privatsphäre und den deutlichen Wunsch einer Arbeitskollegin zu respektieren, nicht-dienstliche Kontaktaufnahmen mit ihr zu unterlassen, kann die außerordentliche Kündigung des Ausbildungsverhältnisses rechtfertigen. Ob es zuvor einer einschlägigen Abmahnung bedarf, hängt von den Umständen des Einzelfalls ab.[87]

c) Sonderfall: Verdachtskündigung

53 Im allgemeinen Arbeitsrecht ist unter besonderen Voraussetzungen eine **Verdachtskündigung** zulässig, wenn der Verdacht einer schweren Verfehlung oder einer Straftat besteht, der Arbeitgeber den Sachverhalt umfassend aufgeklärt hat, und gewichtige Anhaltspunkte dafürsprechen, der Arbeitnehmer habe sich pflichtwidrig verhalten. Der bloße Verdacht, der jedoch dringend sein muss, kann in solchen Fällen die Kündigung rechtfertigen, wenn allein durch den Verdacht bereits nachhaltig das notwendige Vertrauensverhältnis gestört ist. Nach der ständigen Rechtsprechung des *BAG* kann nicht nur eine erwiesene Vertragsverletzung, sondern auch schon der schwerwiegende Verdacht einer strafbaren Handlung oder einer sonstigen Verfehlung einen wichtigen Grund zur Kündigung darstellen. Eine Verdachtskündigung liegt vor, wenn der Arbeitgeber seine Kündigung damit begründet, gerade der Verdacht eines (nicht erwiesenen) strafbaren bzw. vertragswidrigen Verhaltens habe das für die Fortsetzung des Arbeitsverhältnisses erforderliche Vertrauen zerstört. Eine Verdachtskündigung ist dann zulässig, wenn sich starke Verdachtsmomente auf objektive Tatsachen gründen, die Verdachtsmomente geeignet sind, das für die Fortsetzung

---

82 *BAG* 1.7.1999 – 2 AZR 676/98, NZA 1999, 1270.

83 *LAG Köln* 11.8.1995 – 12 Sa 426/95, NZA-RR 1996, 128.

84 Vgl. zu Tätigkeiten für die NPD als Grund für die Kündigung eines Arbeitsverhältnisses *BAG* 6.9.2012 – 2 AZR 372/11, NZA-RR 2013, 441; *BAG* 12.5.2011 – 2 AZR 479/09, NZA-RR 2012, 43.

85 Zum Teil wird in solchen Fällen in der Literatur ein Kündigungsgrund bejaht; vgl. *Braun/Mühlhausen,* BBiG, § 15 Rn. 92; KR/*Weigand* BBiG, §§ 21–23 Rn. 55.

86 *Braun/Mühlhausen,* BBiG, § 15 Rn. 69; KR/*Weigand,* BBiG, §§ 21–23 Rn. 68.

87 Vgl. für Arbeitsverhältnisse *BAG* 19.4.2012 – 2 AZR 258/11, NZA-RR 2012, 567.

des Arbeitsverhältnisses erforderliche Vertrauen zu zerstören, und der Arbeitgeber alle zumutbaren Anstrengungen zur Aufklärung des Sachverhalts unternommen, insbesondere dem Arbeitnehmer Gelegenheit zur Stellungnahme gegeben hat.[88] Im Berufsausbildungsverhältnis sind dagegen Verdachtskündigungen grundsätzlich nicht zuzulassen. Eine nur in einem sehr engen Rahmen denkbare Ausnahme ist möglich, wenn der besondere Charakter des Ausbildungsverhältnisses eine vertiefte Vertrauensbasis zwischen den Vertragspartnern erfordert.[89] In einem normalen Ausbildungsverhältnis ohne besondere Vertrauenssituation reicht der bloße Verdacht, der Auszubildende habe eine schwere Pflichtenverletzung oder eine Straftat begangen, nicht aus. Eine Tatkündigung ist möglich, ein bloßer Verdacht genügt dagegen nicht.

Nach Auffassung des ***BAG*** kann eine Verdachtskündigung gegenüber einem Auszubildenden gerechtfertigt sein, wenn der Verdacht auch bei Berücksichtigung der Besonderheiten des Ausbildungsverhältnisses dem Ausbildenden die Fortsetzung der Ausbildung objektiv unzumutbar macht.[90] Allerdings ist die enge Bindung der Parteien des Berufsausbildungsvertrages bei der Prüfung der Voraussetzungen einer Verdachtskündigung im Einzelfall zu berücksichtigen. Dabei ist dem Umstand Sorge zu tragen, dass es sich bei Auszubildenden typischerweise um Personen mit geringer Lebens- und Berufserfahrung handelt und den Ausbildenden besondere »Fürsorgepflichten« sowohl in charakterlicher als auch körperlicher Hinsicht treffen (vgl. § 14 Abs. 1 Nr. 5, § 14 Abs. 2 BBiG). Ein Tatverdacht kann nur dann einen wichtigen Grund (§ 22 Abs. 2 Nr. 1 BBiG zur Kündigung darstellen, wenn der Verdacht auch bei Berücksichtigung der Besonderheiten des Ausbildungsverhältnisses dem Ausbildenden die Fortsetzung der Ausbildung objektiv unzumutbar macht. Dies bedarf einer Würdigung der Umstände im Einzelfall.[91]

Der Ausbildende muss alles ihm Zumutbare zur Aufklärung des Sachverhalts unternehmen. Dazu gehört die **Anhörung des Auszubildenden** zum Sachverhalt. Die Anhörung soll den Ausbildenden vor voreiligen Entscheidungen bewahren und der Gefahr begegnen, dass ein Unschuldiger von der Kündigung betroffen wird. Der Auszubildende muss die Möglichkeit haben, bestimmte zeitlich und räumlich eingegrenzte Tatsachen ggf. zu bestreiten oder den Verdacht entkräftende Tatsachen aufzuzeigen und so zur Aufhellung der für den Ausbildenden im Dunkeln liegende Geschehnisse beizutragen.[92] Sowohl bei der Vorbereitung als auch bei der Durchführung der Anhörung hat der Ausbildende auf die typischerweise bestehende Unerfahrenheit des Auszubildenden und die daraus resultierende Gefahr einer Überforderung Rücksicht zu nehmen. Die Anhörung eines psychisch blockierten Auszubildenden kann ihren Zweck nicht erreichen. Zudem besteht bei einem Auszubildenden eher als bei einem berufserfahrenen Arbeitnehmer das Risiko der Einräumung einer nicht begangenen Tat, um sich damit der Situation zu entziehen. Auch mag ein Auszubildender sensibler auf eine Überzahl an Vertretern des Ausbildungsbetriebs reagieren als ein lebens- und berufserfahrener Arbeitnehmer

---

88 Vgl. *BAG* 21.11.2013 – 2 AZR 797/11, NZA 2014, 243; *BAG* 24.5.2012 – 2 AZR 206/11, NZA 2013, 137; *BAG* 10.6.2010 – 2 AZR 541/09, NZA 2010, 1227; *BAG* 13.3.2008 – 2 AZR 961/06, NZA 2008, 809.

89 *LAG Köln* 19.9.2006 – 9 Sa 1555/05, LAGE § 22 BBiG 2005 Nr. 1; *Benecke/Hergenröder*, BBiG, § 22 Rn. 22; KR/*Weigand*, BBiG, §§ 21–23 Rn. 48; Schaub/*Vogelsang*, § 174 Rn. 95; differenzierend Wohlgemuth/*Pepping*, BBiG, § 22 Rn. 25.

90 *BAG* 12.2.2015 – 6 AZR 845/13, NZA 2015, 741. In dem Fall wurde eine Kündigung als wirksam erachtet beim Verdacht eines Diebstahls oder einer Unterschlagung von 500 Euro bei einem Auszubildenden zum Bankkaufmann.

91 *BAG* 12.2.2015 – 6 AZR 845/13, Rn. 41, NZA 2015, 741.

92 *BAG* 12.2.2015 – 6 AZR 845/13, Rn. 56, NZA 2015, 741.

mit größerem Selbstbewusstsein. Maßgeblich sind jedoch durchweg die Umstände des Einzelfalls. Dabei ist ein objektiver Maßstab aus Sicht eines verständigen Ausbildenden zugrunde zu legen.[93] Das *BAG* führt aus, dass es grundsätzlich nicht erforderlich sei, den Auszubildenden vor Durchführung einer Anhörung über den beabsichtigten Gesprächsinhalt zu unterrichten.[94] Allerdings ist zu berücksichtigen, dass die Gesprächssituation den Auszubildenden erkennbar überfordern kann, sei es in psychischer Hinsicht oder wegen der Komplexität des Sachverhalts. Es entspricht dann der Rücksichtnahmepflicht des Ausbildenden, das Gespräch von sich aus oder auf Wunsch des Auszubildenden abzubrechen und eine erneute Anhörung anzuberaumen, wenn der Auszubildende grundsätzlich zu einer inhaltlichen Auseinandersetzung mit den Verdachtsmomenten bereit ist. Damit erhält der Auszubildende die ggf. erforderliche Vorbereitungszeit. Diese muss abhängig von den Umständen des Einzelfalls eine angemessene Dauer aufweisen. Die Unterbrechung der Anhörung ist auch geboten, wenn der Auszubildende die Beratung mit einer Vertrauensperson verlangt. Der Ausbildende ist jedoch nicht verpflichtet, den Auszubildenden auf die Möglichkeit hinzuweisen, einen Rechtsanwalt oder eine Vertrauensperson zu kontaktieren.[95]

3. Personenbedingte Kündigungsgründe

54 Personenbedingte Gründe, wie die **Erkrankung** Auszubildender, können nur ausnahmsweise die Kündigung eines Ausbildungsverhältnisses rechtfertigen, weil es in der Regel an den notwendigen betrieblichen Beeinträchtigungen fehlen wird, dies gilt insbesondere bei einer Kündigung wegen häufiger Kurzerkrankungen.[96] Eine lang anhaltende Krankheit kann, wenn überhaupt, nur dann die Kündigung rechtfertigen, wenn im Zeitpunkt des Kündigungsausspruchs eine Wiedergenesung bis zum regulären Ende des Ausbildungsverhältnisses nicht zu erwarten ist.[97]

4. Betriebsbedingte Kündigungsgründe

55 Betriebsbedingte Gründe, die die Kündigung eines Ausbildungsverhältnisses rechtfertigen könnten, liegen nur dann vor, wenn es an einer tatsächlichen weiteren Ausbildungsmöglichkeit fehlt, wie zum Beispiel bei einer **Betriebsstilllegung**. Bei einer Stilllegung nur von Betriebsteilen oder einer Betriebseinschränkung ist es im Regelfall zumutbar, die Ausbildung fortzusetzen, es sei denn, für den konkreten Ausbildungsberuf gibt es im gesamten Betrieb keine Ausbildungsmöglichkeiten mehr.[98]

Nicht ausdrücklich geregelt ist die Frage der Kündigungsmöglichkeit eines Berufsausbildungsverhältnisses im Falle der **Insolvenz** (früher: Konkurs) des Ausbildenden. Die Insolvenz als solche ist kein Kündigungsgrund.[99] Zur Konkursordnung (§ 22 KO) hat das *BAG* entschieden, dass das Ausbildungsverhältnis bei Konkurs des Ausbildenden für

93 *BAG* 12.2.2015 – 6 AZR 845/13, Rn. 57, NZA 2015, 741.
94 *BAG* 12.2.2015 – 6 AZR 845/13, Rn. 58ff., NZA 2015, 741.
95 *BAG* 12.2.2015 – 6 AZR 845/13, Rn. 62, NZA 2015, 741.
96 *Benecke/Hergenröder*, BBiG, § 22 Rn. 50; *Taubert*, BBiG, § 22 Rn. 74; Wohlgemuth/*Pepping*, BBiG, § 22 Rn. 54.
97 *Benecke/Hergenröder*, BBiG, § 22 Rn. 50; APS/*Biebl* BBiG, § 22 Rn. 18; Schaub/*Vogelsang*, § 174 Rn. 96; Wohlgemuth/*Pepping*, BBiG, § 22 Rn. 54.
98 *Benecke/Hergenröder*, BBiG, § 22 Rn. 53; *Wroblewski, in: Däubler/Deinert*, KSchR, § 22 BBiG Rn. 29ff.; *Taubert*, BBiG, § 22 Rn. 80; Schaub/*Vogelsang*, § 174 Rn. 97; Wohlgemuth/*Pepping*, BBiG, § 22 Rn. 60.
99 *Taubert*, BBiG, § 22 Rn. 82.

den Regelfall nicht außerordentlich, sondern nur unter Einhaltung einer ordentlichen Kündigungsfrist vom Insolvenzverwalter gekündigt werden konnte.[100] In entsprechender Anwendung des § 622 BGB war dabei die Kündigungsfrist einzuhalten, die für das Arbeitsverhältnis gelten würde, wenn die Ausbildung zu dem erstrebten Beruf geführt hätte. Im Anwendungsbereich des nunmehr geltenden § 113 InsO ist davon auszugehen, dass Ausbildungsverhältnisse (wie auch Arbeitsverhältnisse) nicht außerordentlich gekündigt werden können, sondern nur unter Beachtung der in § 113 InsO ausdrücklich vorgesehenen Kündigungsfrist von drei Monaten zum Monatsende.[101] Voraussetzung für die Kündigung ist allerdings, dass tatsächlich eine Ausbildungsmöglichkeit nicht mehr besteht, wie im Falle der Betriebsstilllegung. **Wird der Betrieb (teilweise) fortgeführt** oder geht er auf einen Erwerber über, fällt die Ausbildungsmöglichkeit nicht weg; damit kann der Berufsausbildungsvertrag erfüllt werden, so dass kein Raum für eine Kündigung bleibt.[102]

Im Falle eines **Betriebsübergangs** geht der Ausbildungsbetrieb oder ein Betriebsteil auf den Erwerber über, so dass das Ausbildungsverhältnis mit diesem fortgesetzt wird.[103] Der Betriebserwerber, der neue Betriebsinhaber, tritt in die Rechte und Pflichten aus dem Ausbildungsvertrag ein. Eine Kündigung eines Ausbildungsverhältnisses im Zusammenhang mit einem Betriebsübergang ist **unzulässig**. Unberührt bleibt das Recht zur fristlosen Kündigung aus sonstigen (berechtigten) Gründen. Hat der Auszubildende dem Übergang seines Ausbildungsverhältnisses widersprochen, kann das Ausbildungsverhältnis gekündigt werden, wenn er danach keine Möglichkeit besteht, das Ausbildungsverhältnis fortzuführen.[104]

Im Falle der **Kurzarbeit** im Ausbildungsbetrieb kann der Ausbildende allein deswegen *nicht* außerordentlich kündigen. Im Regelfall kann der Ausbildende die Auszubildenden noch mit ausbildungsfördernden Arbeiten beschäftigen. Eine Kündigung kommt allenfalls dann in Betracht, wenn der Ausbildungsbetrieb für längere Zeit infolge der Kurzarbeit völlig zum Erliegen kommt (Kurzarbeit Null) und sicher ist, dass die Ausbildung nicht erfolgreich absolviert werden kann. Ausbildende müssen alles Zumutbare unternehmen, um die Ausbildung fortzuführen, auch wenn sich der Betrieb in Kurzarbeit befindet, ggf. auch Auszubildende in Kurzarbeit beschäftigen oder Teilzeitausbildung vereinbaren (§ 7a BBiG).[105]

5. Qualifizierte Schriftform

Die Kündigung muss (§ 22 Abs. 3 BBiG) 56
- schriftlich und
- unter Angabe der Kündigungsgründe erfolgen (qualifizierte Schriftform).

Die Regelung soll die kündigende Vertragspartei vor Übereilung bewahren und zum an- 57
deren der Rechtsklarheit und der Beweissicherung dienen. Auch soll dem Kündigungs-

100 *BAG* 27.5.1993 – 2 AZR 601/92, NZA 1993, 845.
101 So auch *Taubert*, BBiG, § 22 Rn. 83: Nach Wohlgemuth/*Pepping*, (BBiG, § 22 Rn. 16, 63) soll die außerordentliche Kündigung zulässig sein, allerdings mit einer Auslauffrist von drei Monaten (§ 113 Satz 2 InsO).
102 Vgl. auch Wohlgemuth/*Pepping*, BBiG, § 22 Rn. 63.
103 *BAG* 13.7.2006 – 8 AZR 382/05, NZA 2006, 1406.
104 *Benecke/Hergenröder*, BBiG, § 22 Rn. 54; *Taubert*, BBiG, § 22 Rn. 79.
105 *Taubert*, BBiG, § 22 Rn. 81.

empfänger verständlich gemacht werden, worin der Grund für die Kündigung liegt, um ihm eine Überprüfung der Rechtswirksamkeit der Kündigung zu ermöglichen.[106]

58 Für die Schriftform gilt § 126 BGB. Die Kündigung muss vom Aussteller (dem, der die Kündigung ausspricht) eigenhändig handschriftlich (im Original) durch Namensunterschrift unterzeichnet werden. Eine mündliche Kündigung ist ebenso unwirksam wie eine Kündigung durch E-Mail, SMS oder per Telefax (ausführlich zur Schriftform Rn. 16ff.). Auch die elektronische Form mit einer qualifizierten elektronischen Signatur (§ 126a BGB) ist, wie bei § 623 BGB, ausgeschlossen. Das wurde ausdrücklich zum 1.8.2024 im Gesetzestext von § 22 Abs. 3 BBiG klargestellt.

59 Die Kündigung ist nicht nur unwirksam, wenn die Schriftform nicht eingehalten wird, sondern auch dann, wenn die **Kündigungsgründe** nicht oder nicht hinreichend in dem Kündigungsschreiben angegeben werden. Zwar kann der Ausbildende an sich erneut formwirksam kündigen, doch dürfte die Rechtswirksamkeit einer solchen Kündigung häufig daran scheitern, dass mittlerweile die Zwei-Wochen-Frist des § 22 Abs. 4 abgelaufen ist (vgl. Rn. 63).

60 An die Einhaltung der qualifizierten Schriftform der Kündigung werden **strenge Anforderungen** gestellt. Dabei ist zu beachten, dass die fehlende Angabe der Kündigungsgründe *nicht* dadurch »geheilt« werden kann, dass diese später, etwa vor dem Schlichtungsausschuss oder in einem Rechtstreit um die Wirksamkeit der Kündigung vor dem Arbeitsgericht, nachgeholt wird.[107] Nicht ausreichend ist die bloße Bezugnahme auf die dem Gekündigten vorher *mündlich* mitgeteilten Kündigungsgründe, ohne diese im Kündigungsschreiben näher zu erläutern, oder der Hinweis auf die »Ihnen bekannten Gründe«.[108]

61 Die Kündigungsgründe müssen im Kündigungsschreiben so genau bezeichnet werden, dass der Kündigungsempfänger eindeutig erkennen kann, um welche konkreten Vorfälle es sich handelt, denn nur dann kann er sich darüber schlüssig werden, ob er die Kündigung anerkennen will oder nicht.[109]

62 Der Kündigende muss in dem Kündigungsschreiben die **Tatsachen** mitteilen, die für die Kündigung maßgebend sind. Pauschale Schlagworte oder Werturteile wie »mangelhaftes Benehmen« oder »Störung des Betriebsfriedens« genügen nicht.[110] Wie genau die Kündigungsgründe in tatsächlicher Hinsicht geschildert werden müssen, ist eine Frage des Einzelfalls, ein allgemeiner Maßstab lässt sich nicht aufstellen.[111] Der Ausbildende darf sich im Kündigungsschutzprozess nicht auf Gründe stützen, die er im Kündigungsschreiben nicht genannt hat.[112]

6. Zwei-Wochen-Frist

63 Eine Kündigung aus einem wichtigen Grund ist unwirksam, wenn die ihr zugrunde liegenden Tatsachen dem zur Kündigung Berechtigten länger als zwei Wochen bekannt sind (§ 22 Abs. 4 Satz 1 BBiG).[113] Die Vorschrift entspricht nach Inhalt und Zweck § 626

106 *BAG* 22.2.1972 – 2 AZR 205/71, AP BBiG § 15 Nr. 1.
107 *BAG* 23.7.2015 – 6 AZR 490/14, Rn. 22, NZA-RR 2015, 628.
108 *LAG Köln* 26.1.1982 – 1/8 Sa 710/81, LAGE BBiG § 15 Nr. 1.
109 *BAG* 22.2.1972 – 2 AZR 205/71, AP BBiG § 15 Nr. 1.
110 *BAG* 12.2.2015 – 6 AZR 845/13, Rn. 91, NZA 2015, 741.
111 *BAG* 17.6.1998 – 2 AZR 741/97, juris; *BAG* 25.11.1976 – 2 AZR 751/75, AP BBiG § 15 Nr. 4.
112 *BAG* 12.2.2015 – 6 AZR 845/13, Rn. 91, NZA 2015, 741; *LAG Rheinland-Pfalz* 17.1.2008 – 10 Sa 845/06, juris.
113 *Taubert*, BBiG, § 22 Rn. 98ff.

Abs. 2 BGB. Dementsprechend beginnt auch die Frist des § 22 Abs. 4 Satz 1 BBiG mit dem Zeitpunkt, in dem der Kündigungsberechtigte von den für die Kündigung maßgebenden Tatsachen Kenntnis erlangt. Dies ist der Fall, sobald er eine zuverlässige und möglichst vollständige Kenntnis der einschlägigen Tatsachen hat, die ihm die Entscheidung darüber ermöglicht, ob er das Ausbildungsverhältnis fortsetzen soll oder nicht. Zu den maßgebenden Tatsachen gehören sowohl die für als auch die gegen eine Kündigung sprechenden Umstände. Der Kündigungsberechtigte, der bislang nur Anhaltspunkte für einen Sachverhalt hat, der zur außerordentlichen Kündigung berechtigen könnte, kann nach pflichtgemäßem Ermessen weitere Ermittlungen anstellen und den Betroffenen anhören, ohne dass die Frist zu laufen beginnt. Dies gilt allerdings nur so lange, wie er aus verständigen Gründen mit der gebotenen Eile Ermittlungen durchführt, die ihm eine umfassende und zuverlässige Kenntnis des Kündigungssachverhalts verschaffen sollen. Soll der Kündigungsgegner angehört werden, muss dies innerhalb einer kurzen Frist erfolgen. Sie darf im Allgemeinen nicht mehr als eine Woche betragen. Bei Vorliegen besonderer Umstände darf sie auch überschritten werden.[114]

Kaum nachvollziehbar ist die Regelung in § 22 Abs. 4 Satz 2 BBiG: Ist ein vorgesehenes Güteverfahren vor einer außergerichtlichen Stelle eingeleitet, so wird nach dieser Regelung bis zu dessen Beendigung der Lauf dieser Frist gehemmt. Es ist schon nicht verständlich, welches »Güteverfahren vor einer außergerichtlichen Stelle« hier gemeint sein soll. Das Verfahren vor dem Schlichtungsausschuss (vgl. § 10 Rn. 55ff.) kann hiermit nicht gemeint sein, weil es zu diesem Verfahren (wenn ein Schlichtungsausschuss überhaupt besteht) erst kommt, wenn eine Kündigung bereits ausgesprochen ist. In der Literatur wird davon ausgegangen, dass eine entsprechende »Gütestelle« im Sinne des Abs. 4 Satz 2 im Berufsausbildungsvertrag, in einer kollektivrechtlichen Vereinbarung (Betriebsvereinbarung, Tarifvertrag) oder in einer Satzung der zuständigen Stelle oder Innung geregelt sein könne.[115] 64

In der Praxis sind solche Regelungen unbekannt. Deshalb ist auf die gesetzliche **Zwei-Wochen-Frist** abzustellen, die mit Kenntnis der Tatsachen beginnt, die die Kündigung rechtfertigen sollen. Innerhalb dieser Frist ist gegebenenfalls der Betriebsrat anzuhören (vgl. § 10 Rn. 53). Die Kündigungserklärung, die der qualifizierten Schriftform des Abs. 3 genügen muss (vgl. Rn. 50ff.), muss innerhalb der Zwei-Wochen-Frist dem Auszubildenden zugehen. Wird die Frist, aus welchen Gründen auch immer, nicht eingehalten, ist die Kündigung unwirksam, selbst wenn ein wichtiger Grund für diese an sich vorgelegen haben mag. Das gilt entsprechend für den Auszubildenden, wenn dieser aus einem wichtigen Grund kündigen will (vgl. Rn. 86). 65

7. Geltung sonstiger Kündigungsschutznormen

Ausnahmsweise kann die Kündigung gegen die guten Sitten (§ 138 BGB) oder gegen den Grundsatz von Treu und Glauben (§ 242 BGB) oder das Maßregelungsverbot (§ 612a BGB) verstoßen.[116]

---

114 Vgl. insgesamt *BAG* 12.2.2015 – 6 AZR 845/13, Rn. 94, NZA 2015, 741.
115 *Taubert*, BBiG, § 22 Rn. 107ff.
116 *LAG Rheinland-Pfalz* 10.4.2018 – 8 Sa 422/17; *LAG Berlin-Brandenburg* 12.05.2010 – 23 Sa 127/10.

a) Anhörung des Betriebsrats/Personalrats

66 Die Ausbildenden haben bei der Kündigung Auszubildender neben den Bestimmungen des BBiG alle sonstigen Kündigungsschutzregelungen in anderen Gesetzen zu beachten. Vor einer beabsichtigten Kündigung des Auszubildenden durch den Ausbildenden ist der Betriebsrat anzuhören (§ 102 BetrVG).[117] Zur ordnungsgemäßen Anhörung des Betriebsrats ist es erforderlich, dass dem Betriebsrat im Einzelnen die Personaldaten des zu Kündigenden und die Gründe mitgeteilt werden, die aus Sicht des Arbeitgebers/Ausbildenden die Kündigung rechtfertigen sollen. Bei unterbliebener oder nicht ordnungsgemäßer Anhörung des Betriebsrats ist die Kündigung unwirksam. Gegebenenfalls kann problematisch sein, **welcher Betriebsrat für das Anhörungsverfahren zuständig** ist. Beteiligt der Arbeitgeber einen nicht zuständigen Betriebsrat zu einer beabsichtigten Kündigung, so fehlt es an einer ordnungsgemäßen Anhörung der Arbeitnehmervertretung. Der Arbeitgeber muss den Betriebsrat desjenigen Betriebs anhören, zu dessen Belegschaft der Auszubildende gehört. Als betriebszugehörig sind die Arbeitnehmer anzusehen, die in einem Arbeitsverhältnis/Ausbildungsverhältnis zum Betriebsinhaber stehen und in die Organisation des Betriebs tatsächlich eingegliedert sind.

67 Die betriebsverfassungsrechtliche Zuordnung von Personen, die allein zum Zweck ihrer Berufsausbildung beschäftigt werden, richtet sich danach, ob die berufspraktische Ausbildung sich im Rahmen der jeweiligen arbeitstechnischen Zwecksetzung des Betriebs, zu deren Erreichen die Arbeitnehmer zusammenwirken, vollzieht. Ist die Berufsausbildung mit dem Produktions- oder Dienstleistungsprozess des Betriebs verknüpft, das heißt wird ein Auszubildender mit Tätigkeiten beschäftigt, die zu den beruflichen Aufgaben der Arbeitnehmer des Betriebs gehören, ist der Auszubildende grundsätzlich dem **Ausbildungsbetrieb** zuzuordnen. Allerdings müssen dann auch die für das Ausbildungsverhältnis wesentlichen, insbesondere die der Beteiligung des Betriebsrats unterliegenden Angelegenheiten im Einsatzbetrieb (Ausbildungsbetrieb) und nicht im »Stammbetrieb« geregelt werden. Wird der zur Ausbildung Beschäftigte nur vorübergehend und partiell in den Ausbildungsbetrieb eingegliedert und bleibt auch bei einer solchen Stationsausbildung der Schwerpunkt seines Ausbildungsverhältnisses beim »**Stammbetrieb**«, ist dessen Betriebsrat zumindest in den Angelegenheiten zu beteiligen, die das Grundverhältnis des zur Berufsausbildung Beschäftigten betreffen. Dabei kommt es zum einen darauf an, ob der Auszubildende im Stammbetrieb eingestellt und der Betriebsrat dieses Betriebs zur Einstellung beteiligt worden ist, und zum anderen, ob vom Stammbetrieb aus die (Gesamt-) Ausbildung im Wesentlichen geleitet und überwacht wird und insbesondere, wo die wesentlichen und grundlegenden Entscheidungen für das Ausbildungsverhältnis getroffen werden. Dem gegenüber rechtfertigt eine nur vorübergehende und partielle Eingliederung eines zur Berufsausbildung Beschäftigten in einen anderen Betrieb zur Ableistung eines bestimmten Ausbildungsabschnitts keine andere Zuordnung.[118]

67a Im öffentlichen Dienst bestehen **Personalräte**. Die maßgeblichen Rechtsvorschriften finden sich für den Bund im BPersVG, für die Länder und Gemeinden/Landkreise in den Personalvertretungsgesetzen (PersVG) des jeweiligen Bundeslandes. In einigen Bundesländern ist nicht nur eine Beteiligung der Personalräte im Sinne einer Anhörung wie in § 102 BetrVG vorgesehen, sondern es wird zum Teil positiv eine Zustimmung der Personalräte zu einer Kündigung verlangt.[119]

117 Vgl. nur *BAG* 12.2.2015 – 6 AZR 845/13, Rn. 96ff., NZA 2015, 741.
118 *BAG* 12.2.2005 – 2 AZR 149/04, NZA 2005, 1358.
119 Vgl. zu einer solchen Fallkonstellation *BAG* 19.11.2009 – 6 AZR 800/08, NZA 2010, 278.

b) Kündigungsschutz während der Elternzeit

Auch die sonstigen Kündigungsschutzvorschriften des allgemeinen Arbeitsrechts sind zu beachten, wie das Kündigungsverbot zugunsten von Arbeitnehmern, die in Elternzeit (früher Erziehungsurlaub) sind (§ 18 BEEG). Arbeitnehmer und Arbeitnehmerinnen haben bis zur Vollendung des dritten Lebensjahres des Kindes nach näherer Maßgabe des § 15 BEEG einen Anspruch auf Elternzeit, das gilt auch für Auszubildende. Der Arbeitgeber darf das Arbeitsverhältnis ab dem Zeitpunkt, von dem an Elternzeit verlangt worden ist, höchstens jedoch acht Wochen vor Beginn der Elternzeit und während der Elternzeit **nicht kündigen** (§ 18 Abs. 1 Satz 1 BEEG). In besonderen Fällen kann ausnahmsweise eine Kündigung für zulässig erklärt werden (§ 18 Abs. 1 Satz 2 BEEG). Die **Zulässigkeitserklärung** erfolgt durch die für den Arbeitsschutz zuständige oberste Landesbehörde oder die von ihr bestimmte Stelle (§ 18 Abs. 1 Satz 3 BEEG). Eine Kündigung ohne vorherige Zustimmung der Arbeitsschutzbehörde ist unzulässig. Wird sie gleichwohl ausgesprochen, ist sie unwirksam. Das muss der betroffene Arbeitnehmer vor dem Schlichtungsausschuss oder durch Klage vor dem Arbeitsgericht geltend machen (vgl. Rn. 76ff.). 68

c) Kündigungsschutz nach dem Mutterschutzgesetz

Die **Kündigung gegenüber einer Frau während der Schwangerschaft und bis zum Ablauf von vier Monaten nach der Entbindung** ist unzulässig, wenn dem Arbeitgeber oder Ausbildenden zur Zeit der Kündigung die Schwangerschaft oder Entbindung bekannt war oder innerhalb von zwei Wochen nach Zugang der Kündigung mitgeteilt wird (§ 17 Abs. 1 Satz 1 MuSchG). Entsprechendes gilt bei einer Fehlgeburt (nach der zwölften Schwangerschaftswoche). Das Überschreiten der genannten Frist ist unschädlich, wenn dies auf einem von der Frau nicht zu vertretenden Grund beruht und die Mitteilung unverzüglich nachgeholt wird (§ 17 Abs. 1 Satz 2 MuSchG). Dieser besondere Kündigungsschutz gilt auch für Auszubildende.[120] 69

Zur Feststellung des Beginns der Schwangerschaft ist von dem Zeugnis eines Arztes oder einer Hebamme auszugehen und von dem darin angegebenen voraussichtlichen Tag der Niederkunft um **280 Tage** zurückzurechnen. Bei der Rückrechnung ist der voraussichtliche Entbindungstag nicht mitzuzählen.[121] Die Schwangere genügt ihrer Darlegungslast für das Bestehen einer Schwangerschaft im Kündigungszeitpunkt zunächst durch **Vorlage einer der ärztlichen Bescheinigung** über den mutmaßlichen Tag der Entbindung, wenn der Zugang innerhalb von 280 Tagen vor diesem Termin liegt.[122] 70

Ist dem Arbeitgeber oder Ausbildenden die Schwangerschaft nicht bekannt, so greift der Kündigungsschutz ein, wenn die Frau innerhalb von zwei Wochen nach Zugang der Kündigung ihre Schwangerschaft mitteilt. Die **nachträgliche Mitteilung** muss das Bestehen einer Schwangerschaft im Zeitpunkt des Zugangs der Kündigung oder die Vermutung einer solchen Schwangerschaft zum Inhalt haben. Die Mitteilung der Schwangerschaft ohne Rücksicht darauf, ob der Erklärungsempfänger ihr auch das Bestehen dieses Zustands zu diesem Zeitpunkt entnehmen kann, genügt nicht. Teilt die Auszubildende ausdrücklich nur das Bestehen einer Schwangerschaft mit, so hängt es von den Umständen des Falles ab, ob die Mitteilung dahin verstanden werden musste, dass die Schwangerschaft bereits bei Zugang der Kündigung bestanden habe.[123] 71

---

120 *LAG Berlin* 1.7.1985 – 9 Sa 28/85, BB 1986, 62 = LAGE MuSchG § 9 Nr. 6.
121 *BAG* 24.11.2022 – 2 AZR 11/22, NZA 2023, 291.
122 *BAG* 7.5.1998 – 2 AZR 417/97, NZA 1998, 1049.
123 *BAG* 15.11.1990 – 2 AZR 270/90, NZA 1991, 669.

72 Das **Überschreiten der Zwei-Wochen-Frist** durch die Frau ist unschädlich, wenn es auf einem von der Frau nicht zu vertretenden Umstand beruht und die Mitteilung unverzüglich nachgeholt wird (§ 17 Abs. 1 Satz 2 MuSchG). Diese Norm gilt unabhängig davon, ob die Arbeitnehmerin bei Kündigungszugang Kenntnis von ihrer Schwangerschaft hatte. Geht einer schwangeren Arbeitnehmerin während ihres Urlaubs eine Kündigung zu und teilt sie dem Arbeitgeber unverzüglich nach ihrer Rückkehr aus dem Urlaub ihre Schwangerschaft mit, so ist das Überschreiten der Zwei-Wochen-Frist nicht allein deshalb als verschuldet anzusehen, weil die Auszubildende es unterlassen hat, dem Arbeitgeber ihre Schwangerschaft vor Urlaubsantritt anzuzeigen.[124]

73 Die für den Arbeitsschutz zuständige oberste Landesbehörde oder die von ihr bestimmte Stelle kann in besonderen Fällen, die nicht mit dem Zustand einer Frau während der Schwangerschaft, nach einer Fehlgeburt nach der zwölften Schwangerschaftswoche oder nach der Entbindung in Zusammenhang stehen, **ausnahmsweise die Kündigung für zulässig erklären** (§ 17 Abs. 2 Satz 1 MuSchG). Die Kündigung bedarf der Schriftform und muss den Kündigungsgrund angeben (§ 17 Abs. 2 Satz 2 MuSchG). Eine Kündigung ohne vorherige Zustimmung der Arbeitsschutzbehörde ist unzulässig. Wird sie gleichwohl ausgesprochen, ist sie unwirksam. Das muss die betroffene Arbeitnehmerin vor dem Schlichtungsausschuss oder durch Klage vor dem Arbeitsgericht geltend machen (vgl. Rn. 76ff.).

d) Besonderer Kündigungsschutz für schwerbehinderte Menschen

74 Sonderregelungen gelten auch zugunsten von schwerbehinderten Menschen. Deren Kündigung ist in der Regel nur zulässig, wenn das zuständige Integrationsamt einer solchen Kündigung vor deren Ausspruch zugestimmt hat (§§ 168ff. SGB IX). Eine Kündigung ohne vorherige Zustimmung des Integrationsamts ist unzulässig. Wird sie gleichwohl ausgesprochen, ist sie unwirksam. Das muss der betroffene Arbeitnehmer vor dem Schlichtungsausschuss oder durch Klage vor dem Arbeitsgericht geltend machen (vgl. Rn. 76ff.). Innerhalb der sechs Monate des Ausbildungsverhältnisses gilt dieser besondere Kündigungsschutz allerdings nicht (§ 173 Abs. 1 Nr. 1 SGB IX).[125]

e) Besonderer Kündigungsschutz für Mitglieder des Betriebsrats und der Jugend- und Auszubildendenvertretung

75 Ein besonderer Kündigungsschutz gilt auch für die in § 15 KSchG genannten Mandatsträger, das heißt insbesondere Mitglieder des Betriebsrats oder der Jugend- und Auszubildendenvertretung. Die Kündigung eines Mitglieds eines Betriebsrats, einer Jugend- und Auszubildendenvertretung, einer Bordvertretung oder eines Seebetriebsrats ist unzulässig, es sei denn, dass Tatsachen vorliegen, die den Arbeitgeber zur Kündigung aus wichtigem Grund ohne Einhaltung einer Kündigungsfrist berechtigen, *und* dass die nach § 103 BetrVG erforderliche Zustimmung vorliegt oder durch gerichtliche Entscheidung ersetzt ist. Unzulässig nach Beendigung der Amtszeit ist die Kündigung eines Mitglieds eines Betriebsrats, einer Jugend- und Auszubildendenvertretung oder eines Seebetriebsrats innerhalb eines Jahres, die Kündigung eines Mitglieds einer Bordvertretung innerhalb von sechs Monaten, jeweils vom Zeitpunkt der Beendigung der Amtszeit an gerechnet; es sei denn, dass Tatsachen vorliegen, die den Arbeitgeber zur Kündigung aus wichtigem

124 *BAG* 13.6.1996 – 2 AZR 736/95, NZA 1996, 1154.
125 *LAG Rheinland-Pfalz* 10.4.2018 – 8 Sa 422/17.

Grund ohne Einhaltung einer Kündigungsfrist berechtigen. Dies gilt nicht, wenn die Beendigung der Mitgliedschaft auf einer gerichtlichen Entscheidung beruht.

VII. Rechtsschutz gegen die Kündigung

76 Die Auszubildenden, die eine Kündigungserklärung erhalten, aber mit dieser nicht einverstanden sind, können hiergegen vorgehen. Wenn ein Schlichtungsausschuss (§ 111 Abs. 2 ArbGG) besteht, ist zunächst dieser anzurufen, ansonsten direkt das Arbeitsgericht (vgl. § 10 Rn. 69 ff.).

1. Geltung der Drei-Wochen-Frist des § 4 KSchG

77 Fraglich ist die Anwendbarkeit der Vorschriften des KSchG über die fristgebundene Klageerhebung (Drei-Wochen-Frist) bei Streitigkeiten über die Rechtswirksamkeit einer Kündigung des Berufsausbildungsverhältnisses:

- Besteht ein **Schlichtungsausschuss** (§ 111 Abs. 2 ArbGG), ist unmittelbar der Ausschuss, nicht das Arbeitsgericht anzurufen. Die Drei-Wochen-Frist des § 4 KSchG findet *keine* Anwendung, weil § 111 Abs. 2 ArbGG eine solche Frist nicht vorsieht.[126] Allenfalls kann eine Verwirkung des Rechts, die Unwirksamkeit der Kündigung geltend zu machen, in Betracht kommen. Eine Verwirkung ist allerdings nur ausnahmsweise anzunehmen.[127]
- Besteht **kein Schlichtungsausschuss**, ist unmittelbar Klage vor dem Arbeitsgericht zu erheben und es gilt gem. § 13 Abs. 1 Satz 2 KSchG die Drei-Wochen-Frist des § 4 KSchG für die Kündigungsschutzklage.[128]

Diese unterschiedliche Rechtslage, abhängig davon, ob ein Schlichtungsausschuss besteht oder nicht, ist zwar misslich, folgt allerdings auch dem geltenden Recht und ist verfassungsrechtlich nicht zu beanstanden.[129]

78 Gegebenenfalls muss sich der Betroffene nach Erhalt einer Kündigung bei der zuständigen Stelle erkundigen, ob ein Schlichtungsausschuss gebildet ist. In Zweifelsfällen empfiehlt sich, innerhalb der dreiwöchigen Klagefrist Klage beim Arbeitsgericht zu erheben und falls sich herausstellt, dass doch ein Schlichtungsausschuss besteht, die Aussetzung des Klageverfahrens beim Arbeitsgericht zu beantragen, bis das Schlichtungsverfahren abgeschlossen ist. Versäumt der Auszubildende nach Erhalt einer Kündigung die Frist für die Klageerhebung beim Arbeitsgericht, weil er nicht zügig Erkundigen einholt, ob ein Schlichtungsausschuss besteht, geht dies zu seinen Lasten.[130]

79 Allerdings soll nach der Rechtsprechung des *BAG* bei Nichteinhaltung der Klagefrist eine großzügige Anwendung der Möglichkeit der nachträglichen Klagezulassung (§ 5 KSchG) geboten sein.[131] Insbesondere seien das jugendliche Alter und die Unerfahrenheit eines

126 *BAG* 23.7.2015 – 6 AZR 490/14, NZA-RR 2015, 628; *BAG* 13.4.1989 – 2 AZR 441/88, NZA 1990, 395; zum Streitstand ausführlich GMP/*Prütting*, ArbGG, § 111 Rn. 22 ff.; *Zimmerling*, in Schwab/Weth, ArbGG, § 111 Rn. 13 ff., jeweils m. w. N.
127 Vgl. *BAG* 23.7.2015 – 6 AZR 490/14, Rn. 64 ff., NZA-RR 2015, 628.
128 *BAG* 23.7.2015 – 6 AZR 490/14, NZA-RR 2015, 628; *BAG* 26.1.1999 – 2 AZR 134/98, EzB KSchG § 4 Nr. 18 = NZA 1999, 934; *BAG* 5.7.1990 – 2 AZR 53/90, NZA 1991, 671 = EzB KSchG § 4 Nr. 15.
129 Ausführlich *BAG* 23.7.2015 – 6 AZR 490/14, NZA-RR 2015, 628.
130 *LAG Berlin* 30.6.2003 – 6 Ta 1276/03, MDR 2004, 160.
131 *BAG* 23.7.2015 – 6 AZR 490/14, Rn. 60, NZA-RR 2015, 628.

Auszubildenden im Arbeitsleben unter Berücksichtigung verfassungsrechtlicher Vorgaben angemessen zu berücksichtigen.[132]

2. Anspruch auf die weitere Ausbildung

80 Bis zum rechtskräftigen Abschluss des Kündigungsschutzverfahrens kann dem Auszubildenden ein Anspruch auf die tatsächliche weitere Ausbildung zustehen. Dies gilt jedenfalls dann, wenn die erste Instanz, das Arbeitsgericht, die Kündigung für unwirksam erklärt hat *oder* die Kündigung offensichtlich unwirksam ist, etwa wegen eines Verstoßes gegen die qualifizierte Schriftform des Abs. 3 (vgl. Rn. 56 ff.).[133]

81 Zum Teil wird auch darauf abgestellt, dass im Berufsausbildungsverhältnis wegen des Ausbildungszwecks ein besonderes Interesse an der tatsächlichen Ausbildung existiere, so dass stets ein entsprechender Anspruch des Auszubildenden bestehe, selbst wenn die Kündigung nicht offensichtlich unwirksam ist.[134]

82 Hierbei ist es erforderlich, dass zumindest eine überwiegende Wahrscheinlichkeit für die Unwirksamkeit der Kündigung spricht und nicht besonders schützenswerte Interessen des Ausbildenden entgegenstehen (zum Beispiel beim Vorwurf einer schweren Straftat im Rahmen der betrieblichen Ausbildung). Dies könnte vorliegen, wenn durch den Zwang zur Ausbildung trotz Ausspruchs einer Kündigung in die Rechtssphäre des Ausbildenden eingegriffen wird. Jedenfalls im letzten Ausbildungsjahr soll Maßstab für die vorläufige Beschäftigung bis zur erstinstanzlichen Entscheidung im Kündigungsschutzprozess nicht eine offenkundig unwirksame Kündigung, sondern eine überwiegend wahrscheinlich unwirksame Kündigung sein.[135] Die Durchsetzung des Weiterbeschäftigungsanspruchs kommt auch vor Erlass eines Urteils erster Instanz im Wege der einstweiligen Verfügung in Betracht, wenn ausnahmsweise ein entsprechender Anspruch besteht.[136]

3. Kein Anspruch auf Zahlung einer Abfindung

83 Die Zahlung einer Abfindung als Ausgleich für den Verlust des Ausbildungsplatzes kann lediglich im Wege eines Vergleichs vereinbart, nicht durch gerichtliche Entscheidung erreicht werden. Die Vorschrift des § 13 Abs. 1 Satz 3 KSchG über die Auflösung des Arbeitsverhältnisses und Verurteilung des Arbeitgebers zur Zahlung einer angemessenen Abfindung ist auf das Berufsausbildungsverhältnis nicht anwendbar.[137]

VIII. Kündigung nach der Probezeit durch die Auszubildenden

1. Kündigungsmöglichkeit zum Schutz der Berufsfreiheit der Auszubildenden

84 Die Auszubildenden haben zum Schutz ihrer Berufsfreiheit (Art. 12 Abs. 1 GG) ein Sonderkündigungsrecht (§ 22 Abs. 2 Nr. 2 BBiG). Danach können Auszubildende mit einer **Kündigungsfrist von vier Wochen** kündigen, wenn sie:

- die Berufsausbildung aufgeben oder
- sich für eine andere Berufstätigkeit ausbilden lassen wollen.

---

132 *BAG* 26. 1. 1999 – 2 AZR 134/98, NZA 1999, 934.
133 *BAG* 11. 8. 1987 – 8 AZR 93/85, NZA 1988, 93.
134 *Wroblewski, in: Däubler/Deinert,* KSchR, § 22 BBiG Rn. 53; Schaub/*Vogelsang,* § 174 Rn. 42.
135 So *ArbG Kiel* 30. 12. 2009 – 1 Ga 34a/09.
136 *LAG Berlin* 22. 2. 1991 – 2 Sa 35/90, NZA 1991, 472.
137 *BAG* 29. 11. 1984 – 2 AZR 354/83, NZA 1986, 230.

Die Kündigungsfrist von vier Wochen ist eine Mindestkündigungsfrist und keine zwingende Vorgabe, die vom Auszubildenden nicht überschritten werden darf. Deshalb dürfen Auszubildende in solchen Fällen das Ausbildungsverhältnis zu dem von ihnen beabsichtigten Zeitpunkt der Aufgabe der Berufsausbildung auch mit einer längeren als der gesetzlich normierten Frist von vier Wochen kündigen.[138] Das heißt, der Auszubildende kann auch mit längerer Frist (als vier Wochen) wirksam kündigen, etwa um ohne zeitliche Unterbrechung eine neue Berufsausbildung aufzunehmen. Unproblematisch ist es, wenn der Auszubildende etwa zum Monatsende kündigt (vier Wochen entspricht nicht einem Monat), um zu einem »runden Ende« zu kommen (in dem entschiedenen Fall hatte der Auszubildende mit Schreiben vom 4. 1. 2016 zum 29. 2. 2016 gekündigt). Der Ausbildende erscheint auch nicht schutzwürdig, hat es doch der Auszubildende ohnehin in der Hand, wann er die Kündigung schriftlich erklärt, um so die Vier-Wochen-Kündigungsfrist einzuhalten.

Der bloße Wechsel der Ausbildungsstelle fällt nicht hierunter.[139] Das ist einseitig über 85
eine Kündigung nur möglich, wenn Auszubildende einen wichtigen Grund haben. Allein die Tatsache, dass in einem anderen Ausbildungsbetrieb die Vergütung höher ist, stellt keinen wichtigen Grund für eine Kündigung dar.

2. Kündigung aus einem »wichtigen Grund«

Die Auszubildenden können (wie die Ausbildenden) aus einem wichtigen Grund ohne 86
Einhalten einer Kündigungsfrist kündigen (§ 22 Abs. 2 Nr. 1 BBiG). In dem Fall ist die **Zwei-Wochen-Frist** des § 22 Abs. 4 BBiG einzuhalten (vgl. Rn. 57). Für die Kündigung durch die Auszubildenden gelten hinsichtlich des »wichtigen Grundes« keine geringeren Anforderungen als bei der Kündigung durch die Ausbildenden. Zudem wird man auch vom Auszubildenden verlangen müssen, dass er vor Ausspruch einer Kündigung den Ausbildenden zur Unterlassung bestimmter Verhaltensweisen auffordert, ihn also abmahnt.[140]

Wichtige Gründe, die die Auszubildenden nach § 22 Abs. 2 Nr. 1 BBiG zur Kündigung berechtigen, sind zum Beispiel:[141]

- die nicht vorhandene Berechtigung des Ausbildenden zum Einstellen oder Ausbilden,
- die mehrmalige Nichtzahlung der Ausbildungsvergütung nach vorheriger Abmahnung[142],
- die Anwendung von Gewalt gegenüber dem Auszubildenden,
- sexuelle Belästigungen durch den Ausbildenden, Ausbilder oder Arbeitskollegen,
- Beleidigungen durch den Ausbildenden oder Ausbilder.

Häufig steht den Auszubildenden in diesen Fällen ein Anspruch auf Schadenersatz wegen der vorzeitigen Beendigung des Ausbildungsverhältnisses zu (vgl. § 23 BBiG).

138 *BAG* 22. 2. 2018 – 6 AZR 50/17, NZA 2018, 575.
139 *BAG* 9. 6. 2016 – 6 AZR 396/15, Rn. 21, NZA 2016, 1406.
140 *LAG Rheinland-Pfalz* 19. 4. 2017 – 4 Sa 307/16; *LAG Baden-Württemberg* 24. 7. 2015 – 17 Sa 33/15; *LAG Hamburg* 20. 7. 2010 – 2 Sa 24/10.
141 *Benecke/Hergenröder* BBiG, § 22 Rn. 57 ff.; *Taubert,* BBiG, § 22 Rn. 85 ff.; KR/*Weigand,* BBiG, §§ 21–23 Rn. 75 ff.; Wohlgemuth/*Pepping,* BBiG, § 22 Rn. 67.
142 *ArbG Trier* 15. 8. 2013 – 3 Ca 403/13, NZA-RR 2014, 17.

3. Qualifizierte Schriftform

87 Für die Kündigung durch die Auszubildenden gilt (wie für die Ausbildenden), dass diese

- schriftlich und
- unter Angabe der Kündigungsgründe erfolgen muss (§ 22 Abs. 3 BBiG, vgl. Rn. 56 ff.).

Für die Kündigung durch die Auszubildenden gelten hinsichtlich der Einhaltung dieser Formerfordernisse keine geringeren Anforderungen als bei der Kündigung durch die Ausbildenden.[1] Bei einer Kündigung wegen Aufgabe der Berufsausbildung genügt es, diese Absicht als Grund für die Kündigung anzugeben. Damit wird das Formerfordernis gewahrt.[2]

§ 23 Schadensersatz bei vorzeitiger Beendigung

(1) Wird das Berufsausbildungsverhältnis nach der Probezeit vorzeitig gelöst, so können Ausbildende oder Auszubildende Ersatz des Schadens verlangen, wenn die andere Person den Grund für die Auflösung zu vertreten hat. Dies gilt nicht im Falle des § 22 Abs. 2 Nr. 2.

(2) Der Anspruch erlischt, wenn er nicht innerhalb von drei Monaten nach Beendigung des Berufsausbildungsverhältnisses geltend gemacht wird.

Inhaltsübersicht Rn.

I. Überblick

1 Bei einer wirksamen Beendigung des Berufsausbildungsverhältnisses enden die vertraglichen Beziehungen zwischen Auszubildenden und Ausbildenden. Wird das Berufsausbildungsverhältnis nach der Probezeit vorzeitig gelöst, so können Ausbildende oder Auszubildende Ersatz des Schadens verlangen, wenn der andere den Grund für die Auflösung zu vertreten hat (§ 23 Abs. 1 Satz 1 BBiG). § 23 BBiG regelt **zugunsten beider Vertragsparteien einen Schadenersatzanspruch bei vorzeitiger Auflösung des Berufsausbildungsverhältnisses.** Die Norm gilt, wie der gesamte Abschnitt 2, auch für Berufsausbildungsverhältnisse im **Handwerk**.

2 Die Schadensersatzpflicht gilt zugunsten der **vertragstreuen Vertragspartei**, unabhängig davon, wer das Berufsausbildungsverhältnis in welcher Weise aufgelöst hat. Allerdings muss der andere Vertragspartner die Vertragsauflösung verschuldet haben und der Anspruchsteller (die vertragstreue Vertragspartei) muss die in § 23 Abs. 2 BBiG geregelte Drei-Monats-Frist für die Geltendmachung einhalten, ansonsten erlischt der Anspruch

1 *LAG Rheinland-Pfalz* 19.4.2017 – 4 Sa 307/16; *LAG Baden-Württemberg* 24.7.2015 – 17 Sa 33/15.
2 *BAG* 22.2.2018 – 6 AZR 50/17, Rn. 14, NZA 2018, 575.

(vgl. Rn. 18ff.). Rechtsfolge ist die Pflicht zur Leistung von Schadensersatz. Das gilt für das sog. **Auflösungsverschulden**. Das ist der Schaden, der durch die vorzeitige Beendigung des Berufsausbildungsverhältnisses entsteht.[3]

Die Verpflichtung zum Schadensersatz ist ausgeschlossen (§ 23 Abs. 1 Satz 2 BBiG), wenn der Auszubildende gem. § 22 Abs. 2 Nr. 2 BBiG gekündigt hat, weil er die Berufsausbildung aufgeben oder sich für eine andere Berufstätigkeit ausbilden lassen will. Da diese Kündigungsmöglichkeit dem **Schutz der Berufsfreiheit** (Art. 12 Abs. 1 GG) der Auszubildenden dient, ist in dem Falle konsequent eine Schadensersatzverpflichtung ausgeschlossen. 3

§ 23 BBiG verdrängt als **Spezialvorschrift** die für die schuldhafte Lösung von Arbeitsverhältnissen geltende Norm des § 628 BGB.[4] **Schadensersatzansprüche aus einem Grund** (etwa wegen einer unerlaubten Handlung gem. den §§ 823ff. BGB, wegen Verletzung vorvertraglicher Pflichten, wegen Verletzung von Vertragspflichten während des bestehenden Berufsausbildungsverhältnisses) oder gegen den Insolvenzverwalter wegen der vorzeitigen Beendigung des Vertragsverhältnisses (§ 113 Satz 3 InsO) bleiben unberührt. 4

Ein **vertraglicher Ausschluss oder die Beschränkung des Schadensersatzanspruchs** oder die Festsetzung der Höhe des Schadensersatzes in einem Pauschbetrag ist gem. § 12 Abs. 2 Nr. 3 oder 4 BBiG **unzulässig**. 5

II. Schadenersatz bei vorzeitiger Beendigung

1. »nach der Probezeit«

Wird das Berufsausbildungsverhältnis nach der Probezeit vorzeitig gelöst, so können Ausbildende oder Auszubildende Ersatz des Schadens verlangen, wenn der andere den Grund für die Auflösung zu vertreten hat (§ 23 Abs. 1 Satz 1 BBiG). Ein Schadensersatzanspruch wegen »Auflösungsverschuldens« kommt nur in Betracht, wenn das Berufsausbildungsverhältnis »**nach der Probezeit**« aufgelöst wird. 6

Während der Probezeit (§ 20 BBiG) sollen die Vertragsparteien unbelastet von etwaigen Schadensersatzpflichten klären können, ob sie eine längere Vertragsbindung eingehen wollen. Das Gleiche gilt bei einer Lösung vom Berufsausbildungsverhältnis **vor Beginn der Ausbildung**. Deshalb besteht keine Schadensersatzpflicht, wenn der Auszubildende die Ausbildung gar nicht erst antritt.[5] Auch eine **Vertragsstrafe** kann wegen § 12 Abs. 2 Nr. 2 BBiG nicht wirksam vereinbart werden (vgl. § 12 Rn. 36). 7

2. Vorzeitige »Lösung« des Berufsausbildungsverhältnisses

Die Schadensersatzpflicht setzt die vorzeitige Lösung des Berufsausbildungsverhältnisses voraus. Der Begriff der »Lösung« ist weit zu verstehen und erfasst jeden Fall der tatsächlichen Beendigung des Berufsausbildungsverhältnisses vor dem regulären Ende. Eine Kündigung oder eine sonstige Willenserklärung ist nicht erforderlich, vielmehr kommt 8

3 *BAG* 16.7.2013 – 9 AZR 784/11, Rn. 40, NZA 2013, 1202; *BAG* 17.7.1997 – 8 AZR 257/96, NZA 1997, 1224; *LAG Köln* 30.10.1998 – 11 Sa 180/98, NZA 1999, 317.

4 *BAG* 16.7.2013 – 9 AZR 784/11, Rn. 37, NZA 2013, 1202; *BAG* 8.5.2007 – 9 AZR 527/06, NJW 2007, 3594; *BAG* 17.7.1997 – 8 AZR 257/96, NZA 1997, 1224.

5 *Benecke/Hergenröder*, BBiG, § 23 Rn. 8; ErfK/*Schlachter*, BBiG, § 23 Rn. 1; KR/*Weigand*, BBiG, §§ 21–23 Rn. 131; *Wroblewski, in: Däubler/Deinert* KSchR, § 23 BBiG Rn. 3; Wohlgemuth/*Pepping*, BBiG, § 23 Rn. 6.

es allein auf die **faktische Lösung** vom Berufsausbildungsverhältnis, auf die tatsächliche Beendigung, an.[6]

9 Eine Lösung vom Berufsausbildungsverhältnis liegt insbesondere vor, wenn:

- ein Vertragspartner schuldhaft einen wichtigen Kündigungsgrund für den anderen Vertragspartner gesetzt hat, oder
- der eine Vertragspartner kündigt und die Erfüllung der Vertragspflichten verweigert, obwohl ein Kündigungsgrund nicht vorliegt, oder
- der eine Vertragspartner ohne Ausspruch einer Kündigung rein tatsächlich (faktisch) die Vertragserfüllung verweigert wird, etwa indem der Auszubildende der Ausbildung einfach fernbleibt.[7]

10 Auch die **Anfechtung** eines Ausbildungsvertrages (§§ 119ff. BGB) stellt eine »Lösung« dar.[8] Die »Lösung« vom Berufsausbildungsverhältnis kann auch im Abschluss eines **Aufhebungs- oder Auflösungsvertrages** liegen, wobei dann allerdings zu prüfen ist, ob die Parteien, wenn es an einer ausdrücklichen vertraglichen Regelung fehlt, nicht zumindest konkludent (schlüssig) auf die Geltendmachung von Schadensersatzansprüchen verzichtet haben.[9]

3. Schuldhafte Herbeiführung der Auflösung

11 Der andere Vertragsteil muss den Grund für die Auflösung zu vertreten haben. Der »andere« Vertragsteil ist der **Anspruchsgegner**, der die Lösung vom Berufsausbildungsverhältnis rechtlich zu vertreten, das heißt verschuldet hat. Zu »vertreten« ist **vorsätzliches und fahrlässiges Handeln** (§ 276, § 278 BGB).[10] Fahrlässig handelt, wer die im Verkehr erforderliche Sorgfalt außer Acht lässt (§ 276 Abs. 2 BGB). Der Ausbildende hat eigenes wie auch das Verschulden eines Erfüllungsgehilfen (zum Beispiel des Ausbilders) zu vertreten (vgl. 14 Rn. 5).

12 Nicht entscheidend ist, welcher Vertragsteil sich im Ergebnis vom Berufsausbildungsverhältnis gelöst hat (zum Beispiel durch Kündigung), sondern wer den **Grund für die vorzeitige Vertragslösung** gesetzt hat. Kündigt der Auszubildende rechtmäßig, kann der Ausbildende ersatzpflichtig sein, wenn er sich vertragswidrig verhalten hat. Umgekehrt kann der Auszubildende ersatzpflichtig sein, wenn der Ausbildende rechtmäßig wegen einer Vertragsverletzung des Auszubildenden gekündigt hat.

13 Kündigt etwa der Auszubildende das Berufsausbildungsverhältnis rechtmäßig wegen solcher Umstände, die in der Sphäre des Ausbildenden liegen, wird in der Regel ein **Verschulden des Ausbildenden** vorliegen. Das ist insbesondere dann anzunehmen, wenn der Auszubildende das Berufsausbildungsverhältnis zu Recht kündigt, weil ein geeigneter Ausbilder fehlt. Der Ausbildende hat in einem solchen Fall die Vertragsauflösung zu vertreten, weil dieser für eine ordnungsgemäße Ausbildung gem. § 14 BBiG (vgl. § 14 Rn. 36) einzustehen hat.[11] Die Ausbildenden haben für alle Umstände einzustehen, die in deren

6 *BAG* 17.7.2007 – 9 AZR 103/07, AP BBiG § 14 Nr. 14; *BAG* 17.8.2000 – 8 AZR 578/99, NZA 2001, 150; *Benecke/Hergenröder*, BBiG, § 23 Rn. 6; KR/*Weigand*, BBiG, §§ 21–23 Rn. 131; *Wroblewski, in: Däubler/Deinert* KSchR, § 23 BBiG Rn. 2; *Taubert*, BBiG, § 23 Rn. 8; Wohlgemuth/*Pepping*, BBiG, § 23 Rn. 7.

7 *BAG* 17.8.2000 – 8 AZR 578/99, NZA 2001, 150.

8 *Benecke/Hergenröder*, BBiG, § 23 Rn. 7; *Taubert*, BBiG, § 23 Rn. 8; Wohlgemuth/*Pepping* BBiG, § 23 Rn. 7.

9 *Benecke/Hergenröder*, BBiG, § 23 Rn. 7; *Taubert*, BBiG, § 23 Rn. 9.

10 *LAG Schleswig-Holstein* 9.11.1984 – 3 Sa 470/83, EzB § 16 BBiG Nr. 10.

11 KR/*Weigand*, BBiG, §§ 21–23 Rn. 133.

Risikosphäre liegen (Betriebs- oder Wirtschaftsrisiko). Das gilt etwa, wenn wegen einer dauernden Arbeitsunfähigkeit des Ausbildenden, der keinen zusätzlichen Ausbilder eingestellt hat, die Ausbildung tatsächlich nicht stattfinden kann, oder wenn dem Ausbildenden das Ausbilden untersagt worden ist (§ 33 BBiG) oder wenn der einzige Ausbilder aus dem Betrieb ausscheidet und kein Ersatz eingestellt werden kann.

Es wird auch vertreten, dass es bei solchen Umständen, die im Bereich des **Betriebsrisikos des Ausbildenden** liegen, auf ein Verschulden nicht ankomme.[12] Das ist insofern unpräzise, weil zunächst zu klären ist, ob der Ausbildende nicht rechtlich für einen bestimmten Standard (zum Beispiel die faktische Durchführung der Ausbildung) einzustehen hat. Ist das der Fall, hat er etwaige Mängel im Rechtssinne zu »vertreten« und damit mindestens fahrlässig verschuldet. 14

Ein Verschulden ist regelmäßig ausgeschlossen, wenn die Ausbildung wegen der **Betriebsstilllegung** des gesamten Betriebs nicht stattfinden kann und deshalb der Ausbildende das Berufsausbildungsverhältnis rechtmäßig kündigt (vgl. § 22 Rn. 55). Etwas anderes kann allenfalls dann gelten, wenn der Ausbildende bereits bei Vertragsschluss positiv wusste, dass die Ausbildung wegen einer prekären wirtschaftlichen Lage nicht durchgeführt werden kann.[13] 15

Bei einer Kündigung des Berufsausbildungsverhältnisses durch den Ausbildenden wegen eines Fehlverhaltens des Auszubildenden (vgl. § 22 Rn. 38ff.) kommt es für das **Verschulden des Auszubildenden** darauf an, ob die Kündigung zu Recht erfolgt ist und ob der Auszubildende zumindest fahrlässig sein Fehlverhalten zu vertreten hat, was bei einer rechtmäßigen verhaltensbedingten Kündigung im Regelfall gegeben sein dürfte. Bei einem personenbedingten Kündigungsgrund (vgl. § 22 Rn. 54) fehlt es am Verschulden des Auszubildenden.[14] Wenn Auszubildende der weiteren Ausbildung fernbleiben, ohne eine rechtmäßige Kündigung auszusprechen, ist ebenfalls in der Regel von einem Verschulden auszugehen. 16

Schadensersatz kann nur verlangt werden, wenn der von der anderen Seite zu vertretende **Auflösungsgrund kausal (ursächlich) für die vorzeitige Auflösung** des Berufsausbildungsverhältnisses war. Daran fehlt es, wenn der Auszubildende kündigt und sich dabei auf Gründe aus der Sphäre des Ausbildenden beruft, er aber in Wahrheit deshalb kündigt, weil er die Ausbildung ganz aufgeben, den Ausbildungsberuf wechseln will oder schlicht einen anderen Ausbildungsbetrieb bevorzugt.[15] In der Praxis lässt sich dies indes selten nachweisen. 17

4. Frist zur Geltendmachung

§ 23 Abs. 2 BBiG regelt eine besondere **Ausschlussfrist**. Danach erlischt der Schadensersatzanspruch, wenn er nicht innerhalb von **drei Monaten nach Beendigung des Berufsausbildungsverhältnisses** geltend gemacht wird. Maßgebend für den Beginn der Ausschlussfrist ist das rechtliche Ende des Berufsausbildungsverhältnisses, nicht etwa das (vorzeitige) tatsächliche Ende.[16] Das folgt schon aus dem Wortlaut der Vorschrift. Danach erlischt der Anspruch, wenn er nicht innerhalb von drei Monaten nach »Beendigung des Berufsausbildungsverhältnisses« geltend gemacht wird. Die Beendigung des 18

12 *Taubert*, BBiG, § 23 Rn. 12.
13 *Benecke/Hergenröder*, BBiG, § 23 Rn. 12; KR/*Weigand*, BBiG, §§ 21–23 Rn. 134; *Taubert*, BBiG, § 23 Rn. 17.
14 *Taubert*, BBiG, § 23 Rn. 13.
15 *Benecke/Hergenröder*, BBiG, § 23 Rn. 14; *Taubert*, BBiG, § 23 Rn. 18.
16 *BAG* 17.7.2007 – 9 AZR 103/07, AP BBiG § 14 Nr. 14.

Berufsausbildungsverhältnisses ist in § 21 BBiG geregelt. Es endet in der Regel (erst) mit dem Ablauf der Ausbildungsdauer (§ 21 Abs. 1 BBiG). § 23 Abs. 2 BBiG enthält keinen eigenständigen, von § 21 BBiG abweichenden Begriff der Beendigung des Berufsausbildungsverhältnisses. Zudem differenziert § 23 BBiG ausdrücklich zwischen dem Lösen vom Berufsausbildungsverhältnis in § 23 Abs. 1 BBiG und der Beendigung in § 23 Abs. 2 BBiG. Deshalb knüpft die Ausschlussfrist nach ihrem Wortlaut weder an die vorzeitige tatsächliche Beendigung der Ausbildung noch an die vorzeitige rechtliche Beendigung des Berufsausbildungsverhältnisses an. Das tatsächliche Ende des Berufsausbildungsverhältnisses ist auch aus Gründen der Rechtssicherheit als Anknüpfungspunkt für den Beginn der Ausschlussfrist des § 23 Abs. 2 BBiG ungeeignet. Dem steht nicht entgegen, dass die Schadensersatzpflicht des § 23 Abs. 1 BBiG auch schon bei tatsächlicher Beendigung der Ausbildungspflichten im fortbestehenden Berufsausbildungsverhältnis gegeben sein kann. Der Lauf der Ausschlussfrist beginnt in solchen Fällen erst mit dem Ende der im Ausbildungsvertrag vereinbarten Dauer des Berufsausbildungsverhältnisses (§ 21 Abs. 1 BBiG).

Diese gesetzliche Frist ist von den Arbeitsgerichten von Amts wegen zu beachten und gilt unabhängig davon, ob die Vertragsparteien von dieser Kenntnis haben oder nicht. Eine Wiedereinsetzung in den vorigen Stand bei unverschuldeter Versäumnis der Frist sieht das Gesetz nicht vor.[17]

19 Innerhalb der **Drei-Monats-Frist** ist, wie auch bei einer sonstigen Ausschlussfrist, klarzustellen, ob und inwieweit noch Ansprüche erhoben werden. Der Anspruch muss dabei dem Grunde nach individualisiert werden, so dass der Anspruchsgegner erkennen kann, welche Forderungen erhoben werden. Die Höhe der Forderung ist, soweit möglich, wenigstens annähernd anzugeben.[18]

20 Indes ist zu beachten, dass der Umfang des Schadensersatzanspruchs, soweit er in die Zukunft reicht (zum Beispiel wegen verzögerter Ausbildungsfortführung oder zukünftigen Verdienstausfalls, vgl. Rn. 23 ff.), nur dem Grunde nach angegeben werden kann. Da § 23 Abs. 2 BBiG nur verlangt, dass der »Anspruch« als solcher geltend gemacht wird, muss es ausreichen, wenn in der Geltendmachung, soweit es um den Umfang des Schadensersatzes für die Zukunft geht, der Ersatzanspruch dem Grunde nach geltend und so weit wie möglich konkretisiert wird. Mangels näherer gesetzlicher Vorgaben sind keine zu hohen Anforderungen an den Inhalt der Geltendmachung zu stellen.[19]

21 Für die Geltendmachung ist **keine Form** vorgeschrieben, sie kann daher auch mündlich oder durch schlüssiges Verhalten (konkludent) erfolgen.[20] Aus **Beweisgründen** ist die **Schriftform** zu empfehlen. Eine gerichtliche Geltendmachung innerhalb der Frist ist nicht erforderlich.

22 Die Ausschlussfrist des § 23 Abs. 2 BBiG gilt nur für Ersatzansprüche nach dieser Norm, nicht für andere vertragliche oder Schadensersatzansprüche. Für solche gelten nur die allgemeinen Regeln der Verwirkung und Verjährung.[21]

---

17 *Benecke/Hergenröder*, BBiG, § 23 Rn. 28; *Taubert*, BBiG, § 23 Rn. 34; Wohlgemuth/*Pepping*, BBiG, § 23 Rn. 20.
18 *BAG* 11.8.1987 – 8 AZR 93/85, NZA 1988, 93.
19 *Taubert*, BBiG, § 23 Rn. 37; Wohlgemuth/*Pepping*, BBiG, § 23 Rn. 22.
20 Vgl. auch Wohlgemuth/*Pepping*, BBiG, § 23 Rn. 23.
21 KR/*Weigand*, BBiG, §§ 21–23 Rn. 140; Wohlgemuth/*Pepping*, BBiG, § 23 Rn. 20.

III. Rechtsfolge: Schadensersatz

Hat die eine Vertragspartei schuldhaft die Ursache für die vorzeitige Lösung des Berufsausbildungsverhältnisses gesetzt, ist diese zum Schadensersatz verpflichtet. Erfasst wird die Verletzung des bestehenden Vertrags, die zur Erstattung des Erfüllungsschadens verpflichtet. Es ist der Schaden zu ersetzen, der infolge der vorzeitigen Beendigung des Berufsausbildungsverhältnisses entsteht. Maßgebend ist der **Vergleich des vorzeitig beendeten mit einem ordnungsgemäß erfüllten Berufsausbildungsverhältnis.**[22] Der Schaden besteht in der Differenz zwischen der Vermögenslage, die eingetreten wäre, wenn der Schuldner ordnungsgemäß erfüllt hätte und der durch die Nichterfüllung tatsächlich entstandenen Vermögenslage.[23] 23

Es ist der Zustand herzustellen, der bestehen würde, wenn der zum Ersatz verpflichtende Umstand nicht eingetreten wäre (§ 249 Abs. 1 BGB). Soweit die Herstellung nicht möglich oder zur Entschädigung nicht genügend war, ist der Geschädigte in Geld zu entschädigen (§ 251 Abs. 1 BGB). In Betracht kommt auch der **Ersatz eines entgangenen Gewinns** (§ 252 BGB). Die Ersatzpflicht erstreckt sich auf Aufwendungen des Geschädigten, soweit er sie nach den Umständen des Falls als notwendig ansehen durfte. Die Grenze der Erstattung richtet sich danach, was ein vernünftiger, wirtschaftlich denkender Mensch nach den Umständen des Falls zur Beseitigung der Störung oder zur Schadensverhütung nicht nur als zweckmäßig, sondern als erforderlich unternommen hätte; dabei ist auf den Zeitpunkt abzustellen, zu dem die Maßnahme zu treffen war, insbesondere auf das zu diesem Zeitpunkt Mögliche und Zumutbare.[24] 24

Mitverschulden der anderen Seite ist zu berücksichtigen (§ 254 BGB) und kann zu einer Minderung der Pflicht zur Leistung von Schadensersatz führen.[25] 25

§ 23 BBiG umfasst nur den **Auflösungsschaden**, das heißt den durch die »vorzeitige« Vertragsbeendigung eingetreten Schaden (sog. **Verfrühungsschaden**). Dieser ist aus der Differenz der Vermögenslage des Geschädigten zu berechnen, wie sie ohne die vorzeitige Auflösung des Berufsausbildungsverhältnisses bestanden hätte und der Vermögenslage, die aufgrund der vorzeitigen Auflösung besteht.[26] Ein Verdienstausfallschaden ist dementsprechend begrenzt auf den Zeitraum, um den sich die Ausbildung konkret verlängert.[27] 26

Von dem Auflösungsschaden **abzugrenzen** ist ein Schaden, der durch eine **unzureichende Ausbildung** entstanden ist, dieser fällt nicht unter § 23 BBiG.[28] Insoweit kann aber eine Schadensersatzpflicht wegen Verletzung der Vertragspflichten im bestehenden Berufsausbildungsverhältnis bestehen (vgl. § 14 Rn. 36).

1. Schadensersatzpflicht der Ausbildenden

Sind **Ausbildende ersatzpflichtig**, können Auszubildende Ersatz des gesamten Schadens verlangen, der durch die vorzeitige Lösung des Berufsausbildungsverhältnisses entstan- 27

22 *BAG* 16.7.2013 – 9 AZR 784/11, Rn. 40, NZA 2013, 1202; *BAG* 17.7.2007 – 9 AZR 103/07, AP BBiG § 14 Nr. 14; *BAG* 8.5.2007 – 9 AZR 527/06, NJW 2007, 3594; *BAG* 17.8.2000 – 8 AZR 578/99, NZA 2001, 150; *BAG* 17.7.1997 – 8 AZR 257/96, NZA 1997, 1224.
23 *BAG* 8.5.2007 – 9 AZR 527/06, NJW 2007, 3594.
24 *BAG* 17.8.2000 – 8 AZR 578/99, NZA 2001, 150 m.w.N.
25 *LAG Niedersachsen* 14.8.2006 – 11 Sa 1899/05, NZA-RR 2007, 348; *Benecke/Hergenröder*, BBiG, § 23 Rn. 21; *Taubert*, BBiG, § 23 Rn. 19; Wohlgemuth/*Pepping*, BBiG, § 23 Rn. 10, 13.
26 *BAG* 8.5.2007 – 9 AZR 527/06, NJW 2007, 3594. 3595.
27 *LAG Niedersachsen* 14.8.2006 – 11 Sa 1899/05, NZA-RR 2007, 348.
28 *LAG Köln* 30.10.1998 – 11 Sa 180/98, NZA 1999, 317; KR/*Weigand*, §§ 21–23 BBiG Rn. 133.

den ist.[29] Das umfasst jedoch **keine Abfindung** entsprechend den §§ 9, 10 KSchG, weil das Ausbildungsverhältnis kein Arbeitsverhältnis im Sinne des KSchG ist.[30]

28 Der Schadensersatzanspruch umfasst die **Aufwendungen**, die notwendig sind, um die Ausbildung in einer anderen Ausbildungsstätte fortzusetzen.[31] Dazu gehören **Aufwendungen für die Begründung eines neuen Berufsausbildungsverhältnisses**, das sind insbesondere die Bewerbungskosten (Portokosten, Aufwendungen für Kopien sowie Fahrtkosten für Vorstellungsgespräche, soweit sie nicht anderweitig erstattet werden). Ersatzpflichtig sind auch die **Mehrkosten**, die durch die Ausbildung an einem anderen Ort verursacht werden, auch, soweit sie vor der rechtlichen Beendigung des alten Berufsausbildungsverhältnisses entstanden sind.[32] Auch notwendige Umzugskosten können erstattungspflichtig sein.[33]

29 Ungeachtet der besonderen Funktionen der **Ausbildungsvergütung** hat der zum Schadensersatz verpflichtete Ausbildende dem Auszubildenden die Ausbildungsvergütung bis zur Aufnahme einer neuen Ausbildung oder ggf. eines Arbeitsverhältnisses weiterzuzahlen.[34] Kommt es erst später zur Begründung eines neuen Berufsausbildungsverhältnisses, hat der ersatzpflichtige Ausbildende auch die Ausbildungsvergütung bis zur Aufnahme einer neuen Ausbildung zu zahlen und zudem etwaige **Vergütungsdifferenzen** zwischen der alten und neuen Ausbildungsvergütung.[35] Auszugleichen sind auch etwaige Differenzen, die dadurch verursacht sind, dass der Auszubildende erst zu einem späteren Zeitpunkt Anspruch auf die steigende Ausbildungsvergütung gem. § 17 Abs. 1 Satz 2 BBiG hat (vgl. § 17 Rn. 27).[36] Der Auszubildende muss sich auf den Ersatzanspruch **anderweitigen Verdienst anrechnen lassen**.[37]

30 Können Auszubildende wegen der Vertragsauflösung und der notwendigen Neubegründung eines Berufsausbildungsverhältnisses die **Ausbildung erst verspätet beenden**, können sie auch den Ausgleich der Vergütungsdifferenz zur entsprechenden Facharbeitervergütung, die Auszubildende erst verspätet erzielen konnten, verlangen.[38] Das setzt aber voraus, dass der ehemalige Auszubildende belegen kann, dass er bei regulärer Vertragsdurchführung aufgrund der Arbeitsmarktsituation und seiner Qualifikation auch bereits früher als gelernte Fachkraft oder als Geselle eingestellt worden wäre.[39]

31 Der Schadensersatzanspruch der Auszubildenden gem. § 23 BBiG ist ein **Bruttoanspruch**.[40] Dieser ist aus der Differenz zwischen der erzielten Bruttovergütung und der Bruttovergütung zu ermitteln, die ohne das zum Schadensersatz verpflichtende Verhalten in der maßgeblichen Zeit erzielt worden wäre.[41]

---

29 *BAG* 16.7.2013 – 9 AZR 784/11, Rn. 40, NZA 2013, 1202.
30 *BAG* 16.7.2013 – 9 AZR 784/11, NZA 2013, 1202.
31 *BAG* 16.7.2013 – 9 AZR 784/11, Rn. 40, NZA 2013, 1202.
32 *BAG* 17.7.2007 – 9 AZR 103/07, AP BBiG § 14 Nr. 14; *BAG* 8.5.2007 – 9 AZR 527/06, NJW 2007, 3594. 3595; *BAG* 11.8.1987 – 8 AZR 93/85, NZA 1988, 93.
33 *LAG Rheinland-Pfalz* 8.5.2014 – 2 Sa 33/13.
34 *BAG* 16.7.2013 – 9 AZR 784/11, Rn. 40, NZA 2013, 1202.
35 *BAG* 8.5.2007 – 9 AZR 527/06, NJW 2007, 3594. 3595.
36 *Benecke/Hergenröder*, BBiG, § 23 Rn. 24; *Taubert*, BBiG, § 23 Rn. 25.
37 *BAG* 16.7.2013 – 9 AZR 784/11, Rn. 30, NZA 2013, 1202; *BAG* 17.7.2007 – 9 AZR 103/07, AP BBiG § 14 Nr. 14.
38 *Taubert*, BBiG, § 23 Rn. 26; KR/*Weigand*, BBiG, §§ 21–23 Rn. 137; Wohlgemuth/*Pepping*, BBiG, § 23 Rn. 14.
39 *Wroblewski, in: Däubler/Deinert* KSchR, § 23 BBiG Rn. 9.
40 Wohlgemuth/*Pepping*, BBiG, § 23 Rn. 16.
41 *LAG Nürnberg* 27.10.1987 – 7 Sa 90/86, LAGE BBiG § 16 Nr. 1.

2. Schadensersatzpflicht der Auszubildenden

Sind **Auszubildende ersatzpflichtig**, so können Ausbildende Ersatz der Aufwendungen verlangen, die diese nach den Umständen für erforderlich halten durften. Dazu gehören *nicht* die Aufwendungen für die ersatzweise Beschäftigung eines ausgebildeten Arbeitnehmers. Ausbildungsverhältnis und Arbeitsverhältnis können wegen der unterschiedlichen Pflichtenbindung nicht gleichgesetzt werden.[42] Der Ausbildende kann keinen Schadensersatz mit der Begründung verlangen, die bis zum Ende des Berufsausbildungsverhältnisses erbrachte Arbeitsleistung entspreche nicht der Ausbildungsvergütung, weil im Ausbildungsverhältnis nicht »Arbeitsleistung« und Vergütung im Austauschverhältnis stehen.[43] 32

Zu den vom Auszubildenden zu erstattenden Aufwendungen können solche gehören, die dem Ausbildenden durch den Abschluss eines neuen Ausbildungsvertrags entstehen. **Inseratskosten** können aber nur verlangt werden, wenn sie auch bei einem rechtmäßigen Alternativverhalten des Auszubildenden entstanden wären.[44] 33

IV. Gerichtliche Geltendmachung

Für die gerichtliche Geltendmachung des Schadensersatzanspruchs ist der Rechtsweg zu den Arbeitsgerichten gegeben. Der Schlichtungsausschuss für Berufsausbildungsstreitigkeiten (vgl. § 10 Rn. 106) ist nicht zuständig, weil es sich nicht um eine Streitigkeit aus einem »bestehenden« Berufsausbildungsverhältnis handelt.[45] 34

Soweit der Ersatzanspruch der Höhe nach (für die Vergangenheit) bereits bezifferbar ist, ist ein entsprechender **Zahlungsantrag** zu stellen. Soweit der Umfang des Ersatzanspruchs abhängig ist von Entwicklungen in der Zukunft (zum Beispiel: verspätete Aufnahme eines Arbeitsverhältnisses infolge vorzeitiger Beendigung des Berufsausbildungsverhältnisses) kann ein **Feststellungsantrag** gestellt werden, gerichtet darauf, dass der Anspruchsgegner verpflichtet ist, alle künftigen Schäden wegen der vorzeitigen Lösung des Berufsausbildungsverhältnisses zu ersetzen.[46] 35

Die **Darlegungs- und Beweislast** für die Voraussetzungen des Schadensersatzanspruches und die Höhe des Schadens liegen beim Anspruchssteller, also je danach, wer den Anspruch geltend macht, beim Auszubildenden oder beim Ausbildenden. Die Darlegungs- und Beweislast bei der Höhe des Schadens wird durch § 252 BGB und durch § 287 ZPO erleichtert. Danach kann gegebenenfalls die Schadenshöhe vom Gericht geschätzt werden.[47] Für ein Mitverschulden des Anspruchstellers beim Schadenseintritt oder bei der Schadenshöhe ist der Ersatzpflichtige darlegungs- und beweispflichtig. 36

---

42 *BAG* 17.8.2000 – 8 AZR 578/99, NZA 2001, 150.

43 *LAG Düsseldorf* 26.6.1984 – 8 Sa 617/84, EzB BBiG § 16 Nr. 9.

44 Vgl. für das Arbeitsverhältnis *BAG* 23.3.1984 – 7 AZR 37/81, NZA 1984, 122; ähnlich *Wroblewski, in: Däubler/Deinert* KSchR, § 23 BBiG Rn. 10; *Benecke/Hergenröder,* BBiG, § 23 Rn. 26; Wohlgemuth/*Pepping,* BBiG, § 23 Rn. 17.

45 *LAG Düsseldorf* 26.6.1984 – 8 Sa 617/84, EzB § 16 BBiG Nr. 9.

46 *Benecke/Hergenröder,* BBiG, § 23 Rn. 30; *Taubert,* BBiG, § 23 Rn. 40; Wohlgemuth/*Pepping,* BBiG, § 23 Rn. 27.

47 *Benecke/Hergenröder,* BBiG, § 23 Rn. 31; *Taubert,* BBiG, § 23 Rn. 41 ff.; Wohlgemuth/*Pepping,* BBiG, § 23 Rn. 28.

Unterabschnitt 6
Sonstige Vorschriften
§ 24 Weiterarbeit

Werden Auszubildende im Anschluss an das Berufsausbildungsverhältnis beschäftigt, ohne dass hierüber ausdrücklich etwas vereinbart worden ist, so gilt ein Arbeitsverhältnis auf unbestimmte Zeit als begründet.

Inhaltsübersicht Rn.

I. Überblick

1 Mit dem Ende des Ausbildungsverhältnisses enden die vertraglichen Beziehungen zwischen Auszubildenden und Ausbildenden. Für die Weiterbeschäftigung des Auszubildenden als Arbeitnehmer bedarf es grundsätzlich einer neuen vertraglichen Vereinbarung, der Begründung eines Arbeitsverhältnisses.

2 Nach dem Ende des Berufsausbildungsverhältnisses besteht grundsätzlich **kein Anspruch auf Übernahme in ein Arbeitsverhältnis.**[1] Aus dem Grundsatz der Vertragsfreiheit folgt für beide Vertragspartner die Freiheit, ein Arbeitsverhältnis im Anschluss an die Berufsausbildung zu vereinbaren oder auch nicht. Ein Arbeitsverhältnis kommt dementsprechend durch eine ausdrückliche oder konkludente (schlüssige) Vereinbarung zustande (zu »Weiterarbeitsklauseln« im Ausbildungsvertrag vgl. § 12 Rn. 13 ff.).

3 Wird nichts vereinbart, wird aber der Auszubildende nach Ende der Ausbildung tatsächlich weiterbeschäftigt, gilt ein Arbeitsverhältnis als begründet. Das regelt § 24 BBiG. Es handelt sich um eine **Sonderregelung** gegenüber § 625 BGB. § 24 BBiG gilt, wie der gesamte Abschnitt 2, auch für Berufsausbildungsverhältnisse im **Handwerk**. Ein weitergehender Schutz gilt für **Mandatsträger** nach dem BetrVG oder den Personalvertretungs-

1 *Taubert*, BBiG, § 24 Rn. 2; Schaub/*Vogelsang*, § 174 Rn. 123.

gesetzen des Bundes und der Länder, vor allem für Mitglieder des Betriebsrats oder des Personalrats oder der Jugend- und Auszubildendenvertretung (vgl. Rn. 35ff.).

II. Vereinbarungen über die Übernahme in ein Arbeitsverhältnis

1. Vertragliche Vereinbarungen

Vom Grundsatz her unproblematisch sind Vereinbarungen innerhalb der letzten sechs Monate vor Ende der Ausbildung und auch nach Ende der Ausbildung über die Begründung eines Arbeitsverhältnisses im Anschluss an die Ausbildung (vgl. § 12 Rn. 19ff.). Möglich ist die Vereinbarung eines unbefristeten oder eines befristeten Arbeitsvertrags. 4

Wird ein **unbefristetes Arbeitsverhältnis** vereinbart, besteht im betrieblichen Anwendungsbereich des KSchG für die weiterbeschäftigten Auszubildenden, wegen der Anrechnung der Ausbildung auf die Wartezeit des § 1 Abs. 1 KSchG, bereits mit Beginn des Arbeitsverhältnisses **Kündigungsschutz**.[2] Auch bei der Berechnung der Beschäftigungsdauer für die **Kündigungsfrist** gem. § 622 Abs. 2 BGB im Falle einer Kündigung des späteren Arbeitsverhältnisses ist die Ausbildung mit zu berücksichtigen.[3] 5

Auch die Wartezeit des § 3 Abs. 3 EFZG von vier Wochen für die Entstehung des Anspruchs auf **Entgeltfortzahlung im Krankheitsfalle** muss von einem (ehemaligen) Auszubildenden, der unmittelbar im Anschluss an die Berufsausbildung als Arbeitnehmer weiterbeschäftigt wird, nicht erneut erfüllt werden. Vielmehr wird die vorherige Zeit der Berufsausbildung auf die Wartezeit angerechnet.[4]

Für den **Urlaubsanspruch** gilt folgendes: Schließt sich an ein Berufsausbildungsverhältnis unmittelbar ein Arbeitsverhältnis zum gleichen Arbeitgeber an, gibt es keine Urlaubsabgeltung (Auszahlung in Geld) für eventuell nicht erfüllte Urlaubsansprüche aus dem Ausbildungsverhältnis. Vielmehr sind die Urlaubsansprüche in dem sich anschließenden Arbeitsverhältnis nach den für das Arbeitsverhältnis maßgebenden Regelungen zu erfüllen.[5] Die Wartezeit von sechs Monaten für den vollen Urlaubsanspruch (§ 4 BUrlG) gilt wegen der Anrechnung der Ausbildung als erfüllt, so dass der ehemalige Auszubildende, jetzt Arbeitnehmer, mit Beginn des Arbeitsverhältnisses einen Anspruch auf den vollen Jahresurlaub hat, und zwar in dem Umfang, wie für das Arbeitsverhältnis maßgebend. Für die Berechnung des Urlaubsentgelts (§ 11 BUrlG) ist die Arbeitsvergütung aus dem Arbeitsverhältnis maßgebend, nicht die vorherige Ausbildungsvergütung.

Für die **Befristung** im Anschluss an die Berufsausbildung gelten die allgemeinen arbeitsrechtlichen Vorschriften des Teilzeit- und Befristungsgesetzes (TzBfG). Insbesondere ist zu beachten, dass die Befristung eines Arbeitsvertrags zu ihrer Wirksamkeit der **Schriftform** bedarf (§ 14 Abs. 4 TzBfG). 6

Auszubildende können nach Ende der Ausbildung **befristet ohne Sachgrund** gem. § 14 Abs. 2 Satz 1 TzBfG für die Dauer von maximal zwei Jahren eingestellt werden. Zwar ist gem. § 14 Abs. 2 Satz 2 TzBfG eine Befristung ohne Sachgrund unzulässig, wenn bereits zuvor ein »Arbeitsverhältnis« bestanden hat. Ein Berufsausbildungsverhältnis ist aber 7

2 Vgl. *BAG* 18.11.1999 – 2 AZR 89/99, NZA 2000, 529, 530; KR/*Rachor*, KSchG, § 1 Rn. 1114; KR/*Krumbiegel* BBiG, § 24 Rn. 9; *Wroblewski, in: Däubler/Deinert*, KSchR, § 24 BBiG Rn. 10; *Taubert* BBiG, § 24 Rn. 22.

3 *BAG* 2.12.1999 – 2 AZR 139/99, NZA 2000, 720.

4 *BAG* 20.8.2003 – 5 AZR 436/02, NZA 2004, 205.

5 *BAG* 29.11.1984 – 6 AZR 238/82, NZA 1985, 598.

kein Arbeitsverhältnis im Sinne des § 14 Abs. 2 Satz 2 TzBfG.[6] Allerdings muss der befristete Vertrag spätestens am Tage nach Beendigung des Ausbildungsverhältnisses unter Beachtung der Schriftform des § 14 Abs. 4 TzBfG begründet werden. Bei tatsächlicher Weiterbeschäftigung ohne schriftliche Befristungsabrede greift ansonsten die Fiktion des § 24 BBiG und es gilt ein unbefristetes Arbeitsverhältnis als begründet.

8 Möglich ist gegebenenfalls auch eine **Befristung mit Sachgrund**, etwa gem. § 14 Abs. 1 Satz 2 Nr. 2 TzBfG. Ein sachlicher Grund für eine Befristung liegt gem. § 14 Abs. 1 Satz 2 Nr. 2 TzBfG vor, wenn die Befristung im Anschluss an eine Ausbildung oder ein Studium erfolgt, um den Übergang des Arbeitnehmers in eine Anschlussbeschäftigung zu erleichtern. Die Regelung ist indes rechtspolitisch umstritten und wirft zahlreiche Zweifelsfragen auf. Verlangt wird, dass die Befristung im »**Anschluss**« an eine Ausbildung (oder ein Studium) erfolgt. Zwischen der Beendigung der Ausbildung und der Aufnahme der befristeten Tätigkeit darf sicherlich ein zeitlicher Abstand bestehen, weil das Erfordernis »unmittelbar« nicht im Gesetz genannt ist. Die höchst zulässige Zeitspanne wird man mit sechs Monaten ansetzen dürfen. Voraussetzung für die Befristung ist zudem, dass sie erfolgt, »um den Übergang des Arbeitnehmers in eine Anschlussbeschäftigung zu erleichtern«. Es muss ein **Kausalzusammenhang** bestehen (»um … zu«). Die Anschlussbeschäftigung muss nicht bei demselben Arbeitgeber angestrebt werden (»eine« Anschlussbeschäftigung). Der Übergang in eine Anschlussbeschäftigung soll zwar erleichtert werden, muss aber nicht feststehen. Eine zeitliche Obergrenze für die **Dauer der Befristung** ist in § 14 Abs. 2 Satz 2 Nr. 2 TzBfG nicht festgesetzt, folgt aber aus dem Zweck dieser Befristung, soll es doch darum gehen, dem Arbeitnehmer den »Übergang« in eine »Anschlussbeschäftigung« zu erleichtern. Im Regelfall dürfte eine Befristungsdauer von maximal sechs Monaten sachgerecht sein.

2. Willkürkontrolle

9 Die Entscheidung des Ausbildenden, einen Auszubildenden im Anschluss an die Ausbildung *nicht* in ein Arbeitsverhältnis zu übernehmen, kann gem. § 75 BetrVG unter Berücksichtigung bestehender betrieblicher Auswahlrichtlinien (§ 95 BetrVG) dahin überprüft werden, ob sie willkürlich ist oder den Grundsätzen von Recht und Billigkeit entspricht. Man kann insofern von einer **Willkürkontrolle** sprechen.[7] So darf der Arbeitgeber die Übernahme in ein Arbeitsverhältnis nicht etwa deshalb ablehnen, weil der Auszubildende in zulässiger Weise von seiner verfassungsrechtlich geschützten Meinungsfreiheit Gebrauch gemacht hat.[8] Auch kann die Ablehnung der Übernahme in ein Arbeitsverhältnis eine **unzulässige Maßregelung** im Sinne des § 612a BGB sein. Im Einzelfall kann dies einen Einstellungs- bzw. Weiterbeschäftigungsanspruch begründen.

3. Sonderfall: schwangere Auszubildende

10 Auch schwangere Auszubildende haben am Ende der Ausbildung grundsätzlich keinen Anspruch auf Übernahme in ein Arbeitsverhältnis.[9] Lehnt der Arbeitgeber die Übernahme jedoch allein wegen der Schwangerschaft ab, liegt hierin eine Diskriminierung we-

6 *BAG* 21.9.2011 – 7 AZR 375/10, NZA 2012, 255; a. A.: *Wroblewski, in: Däubler/Deinert,* KSchR, § 14 TzBfG Rn. 202; *Schlachter,* NZA 2003, 1180ff.

7 *BAG* 20.11.2003 – 8 AZR 439/02, AP BGB § 611 Haftung des Arbeitgebers Nr. 28; *BAG* 5.4.1984 – 2 AZR 513/82, NZA 1985, 329.

8 *BVerfG* 19.5.1992 – 1 BvR 126/85, BVerfGE 86, 122 = NJW 1992, 2409.

9 *Taubert,* BBiG, § 24 Rn. 6.

gen des Geschlechts (§ 7 Abs. 1 AGG). Diese begründet aber keinen Einstellungsanspruch zugunsten der Diskriminierten, sondern lediglich einen Anspruch auf angemessene Entschädigung in Geld (§ 15 Abs. 6 AGG). Gleiches gilt, wenn die Übernahme nur wegen des **Geschlechts** abgelehnt wird.[10] In der Praxis dürfte dies nur schwer nachzuweisen sein.

4. Tarifvertragliche Regelungen

Bisweilen sehen Regelungen in Tarifverträgen eine unbefristete oder befristete »**Übernahmegarantie**« vor.[11] Diese sind jedoch stets hinsichtlich ihrer **Anspruchsqualität** zu überprüfen. Maßgeblich sind insoweit die im Tarifvertrag geregelten Voraussetzungen und Ausschlusstatbestände. Wird aufgrund tariflicher Regelungen ein Arbeitsverhältnis begründet, kann dieses nicht nach § 78a Abs. 4 BetrVG aufgelöst werden.[12] Tarifliche Regelungen, die vorsehen, dass der Ausbildende in einem bestimmten Zeitraum vor dem Ende der Ausbildung dem Auszubildenden eine schriftliche Mitteilung zu machen hat, ob er ihn nach Beendigung des Ausbildungsverhältnisses in ein Arbeitsverhältnis übernehmen will, begründen noch keine vertragliche Bindung auf Abschluss eines Arbeitsvertrages.[13] 11

Tarifverträge, die »im Grundsatz« eine Übernahme in ein Arbeitsverhältnis nach erfolgreich bestandener Abschlussprüfung »für mindestens sechs Monate« vorsehen, verpflichten den Arbeitgeber nach der *BAG*-Rechtsprechung lediglich, dem Auszubildenden die Übernahme in ein sich unmittelbar anschließendes Arbeitsverhältnis für die Dauer von sechs Monaten anzubieten, sofern kein tariflicher Ausnahmetatbestand gegeben ist.[14] Die Nichterfüllung dieser Pflicht kann den Arbeitgeber zum Schadensersatz verpflichten, die allerdings nur auf Entschädigung in Geld geht, und nicht auf Übernahme in ein Arbeitsverhältnis, das erst später beginnt.[15] 12

III. Begründung eines Arbeitsverhältnisses gem. § 24 BBiG

1. Tatsächliche Beschäftigung ohne Unterbrechung

Einen Sonderfall der Begründung eines Arbeitsverhältnisses regelt § 24 BBiG. Danach gilt ein Arbeitsverhältnis auf unbestimmte Zeit als begründet, wenn Auszubildende im Anschluss an das Berufsausbildungsverhältnis beschäftigt werden, ohne dass hierüber ausdrücklich etwas vereinbart worden ist. Die Regelung beruht auf der Erwägung, dass dann, wenn der Arbeitgeber (Ausbildender) den Auszubildenden nach Ende des Ausbildungsverhältnisses tatsächlich weiterbeschäftigt, sich daraus der Wille ergibt, das Ausbildungsverhältnis als Arbeitsverhältnis fortzusetzen. 13

Der Auszubildende muss **im Anschluss** an das Berufsausbildungsverhältnis **tatsächlich beschäftigt** werden. Das ist unproblematisch anzunehmen, wenn der Auszubildende an dem (auf die rechtliche Beendigung des Berufsausbildungsverhältnisses folgenden) 14

10 *Taubert*, BBiG, § 24 Rn. 6.
11 Vgl. *Kohte*, NZA 1997, 457ff.; *Schulze*, NZA 2007, 1329ff.; zur tariflichen Praxis vgl. *Bispinck/Schweizer/Kirsch*, WSI-Mitteilungen 2002, 213ff.
12 *BAG* 8.9.2010 – 7 ABR 33/09, Rn. 37, NZA 2011, 221.
13 *BAG* 5.4.1984 – 2 AZR 513/82, NZA 1985, 329; *BAG* 30.11.1984 – 7 AZR 539/83, DB 1985, 2304.
14 *BAG* 14.5.1997 – 7 AZR 159/96, NZA 1998, 50; *BAG* 14.10.1997 – 7 AZR 298/96, NZA 1998, 775.
15 *BAG* 14.10.1997 – 7 AZR 811/96, NZA 1998, 778.

Arbeitstag erscheint und auf Weisung oder mit Wissen und Willen des Arbeitgebers (ehemaligen Ausbildenden) oder einer zur Vertretung berechtigten Person tätig wird.[16] Der Vertreter muss zum Abschluss von Arbeitsverträgen berechtigt sein.[17]

15 Da der Auszubildende **tatsächlich beschäftigt** werden muss, reicht das Anbieten der Arbeitskraft, ohne dass tatsächlich Arbeitsleistung erbracht wird, nicht aus.[18]

16 Erforderlich ist die Beschäftigung »im Anschluss« an das Berufsausbildungsverhältnis, also **ohne zeitliche Unterbrechung**. Vorausgesetzt wird eine **tatsächliche Arbeitsleistung**. Eine Unterbrechung ist auch gegeben im Fall der Nichtarbeit aufgrund Arbeitsunfähigkeit infolge Erkrankung. Deshalb führt eine Weiterarbeit erst nach Ende der Arbeitsunfähigkeit nicht zur Fiktion des § 24 BBiG.[19]

17 Im **Anschluss »an das Berufsausbildungsverhältnis«** meint im Anschluss an das Ende des Berufsausbildungsverhältnisses. Das Berufsausbildungsverhältnis endet mit Ablauf der Ausbildungsdauer (vgl. § 21 Rn. 9). Entscheidend ist also, ob die Auszubildenden (unabhängig vom Termin der Abschlussprüfung) nach dem Ende der Ausbildung weiterbeschäftigt werden. Findet die Abschlussprüfung erst nach dem Ende der Ausbildung statt und werden Auszubildende über das Ende der Ausbildung hinaus weiterbeschäftigt, kommt ein Arbeitsverhältnis gem. § 24 BBiG zustande. Das Vorliegen einer abweichenden Vereinbarung, etwa über die Begründung eines Arbeitsverhältnisses nur bis zur Abschlussprüfung, muss derjenige dartun und beweisen, der sich darauf beruft.[20]

2. Kenntnis des Ausbildenden

18 Die Tätigkeit muss erfolgen **mit Wissen des Ausbildenden** oder einer zur Vertretung berechtigten Person. Der Vertreter muss zum Abschluss von Arbeitsverträgen berechtigt sein.[21] Diese Person muss grundsätzlich auch Kenntnis davon haben, dass die Beschäftigung im Anschluss an das Berufsausbildungsverhältnis erfolgt, also das Berufsausbildungsverhältnis beendet ist.[22] Da wegen des Bestehens der Abschlussprüfung (§ 21 Abs. 2 BBiG) ausdrücklich auf die Bekanntgabe des Ergebnisses durch den Prüfungsausschuss abgestellt wird (vgl. Rn. 25), reicht es insoweit, wenn der Ausbildende durch eine Nachfrage bei der zuständigen Stelle vom Bestehen der Prüfung erfährt. Hat der Ausbildende keine Kenntnis von der Bekanntgabe des Ergebnisses der Abschlussprüfung und der dadurch eingetretenen Beendigung des Berufsausbildungsverhältnisses, tritt die Fiktion des § 24 BBiG mangels Kenntnis vom Ende der Ausbildung nicht ein. Dies gilt jedoch nicht uneingeschränkt. Besteht der Auszubildende die Abschlussprüfung vor Ende der Ausbildung und endet das Berufsausbildungsverhältnis nach § 21 Abs. 2 BBiG mit Bekanntgabe des Ergebnisses durch den Prüfungsausschuss, muss der Ausbildende keine vollständige Kenntnis von den die Beendigung des Berufsausbildungsverhältnisses

16 *BAG* 8.2.1978 – 4 AZR 552/76, DB 1978, 1039; *LAG Hamm* 14.7.1976 – 2 Sa 662/76, DB 1977, 126.

17 *BAG* 9.2.2023 – 7 AZR 266/22, Rn. 19, NZA 2023, 770 (zur vergleichbaren Regelung in § 15 TzBfG).

18 *Benecke/Hergenröder*, BBiG, § 24 Rn. 6; Wohlgemuth/*Pepping*, BBiG, § 24 Rn. 20.

19 KR/*Krumbiegel*, BBiG, § 24 Rn. 7; vgl. *BAG* 9.2.2023 – 7 AZR 266/22, NZA 2023, 770 (zur vergleichbaren Regelung in § 15 TzBfG); a. A.: *Benecke/Hergenröder*, BBiG, § 24 Rn. 4; *Wroblewski, in: Däubler/Deinert*, KSchR, § 24 BBiG Rn. 2; *Taubert*, BBiG, § 24 Rn. 11; Schaub/*Vogelsang*, § 174 Rn. 128; Wohlgemuth/*Pepping*, BBiG, § 24 Rn. 20.

20 *LAG Hamm* 13.8.1980 – 12 Sa 550/80, EzB § 17 BBiG Nr. 11.

21 *BAG* 9.2.2023 – 7 AZR 266/22, Rn. 19, NZA 2023, 770 (zur vergleichbaren Regelung in § 15 TzBfG).

22 *BAG* 20.3.2018 – 9 AZR 479/17, Rn. 24, NZA 2018, 943.

bedingenden Umständen haben. In diesem Fall ist es erforderlich und ausreichend, wenn er weiß, dass die vom Auszubildenden erzielten Prüfungsergebnisse zum Bestehen der Abschlussprüfung ausreichen.[23]

Da § 37 Abs. 2 Satz 2 BBiG den Ausbildenden einen Anspruch gegen die zuständige Stelle auf Übermittlung der Prüfungsergebnisse gibt, ist allerdings zu erwägen, die fahrlässige Unkenntnis vom Bestehen der Abschlussprüfung der Kenntnis gleichzustellen.[24]

Erlangt der Ausbildende oder sein Vertreter erst nach Aufnahme der Arbeit vom Abschluss der Ausbildung aufgrund vorzeitigen Bestehens der Abschlussprüfung Kenntnis, muss er der Weiterbeschäftigung **unverzüglich widersprechen**, um die Folgen des § 24 BBiG abzuwenden.[25] Der Widerspruch kann auch schon vor dem Ende des Berufsausbildungsverhältnisses erfolgen (vgl. Rn. 26). **19**

Bei **juristischen Personen**, wie einer GmbH, GmbH & Co. KG oder einer Aktiengesellschaft (AG), ist auf die Kenntnis der vertretungsberechtigten natürlichen Personen abzustellen. Neben dem Geschäftsführer (oder Vorstand) sind das alle Personen, die personalrechtliche Befugnisse haben, also zur Einstellung von Arbeitnehmern befugt sind. Die Kenntnis eines Vorgesetzten, der solche Befugnisse nicht hat, reicht nicht.[26] **20**

Der Ausbildende muss sich jedoch ausnahmsweise die Kenntnis solcher Personen nach Treu und Glauben zurechnen lassen. Dazu müssen diese Personen eine **herausgehobene Position und Funktion** im Betrieb oder in der Verwaltung haben und in einer ähnlich selbstständigen Stellung wie ein gesetzlicher oder rechtsgeschäftlicher Vertreter des Ausbildenden sein. Voraussetzung dafür, dass die Kenntnisse dieser Personen dem Ausbildenden zuzurechnen sind, ist ferner, dass die Verzögerung bei der Kenntniserlangung in dessen eigener Person auf einer unsachgemäßen Organisation des Betriebs oder der Verwaltung beruht.[27]

Der Auszubildende hat die **Darlegungs- und Beweislast** dafür, dass der Ausbildende ihn in Kenntnis der bestandenen Abschlussprüfung weiterbeschäftigt hat. Dabei gelten jedoch die Grundsätze der abgestuften Darlegungs- und Beweislast. Es genügt zunächst, dass der Auszubildende einen Sachverhalt vorträgt, der das Vorliegen einer entsprechenden Kenntnis des Ausbildenden indiziert. Dieser muss sich sodann im Einzelnen auf diesen Vortrag einlassen. Er kann einzelne Tatsachen konkret bestreiten oder Umstände vortragen, welche den Sachverhalt in einem anderen Licht erscheinen lassen. Trägt der Ausbildende nichts vor oder lässt er sich nicht substantiiert ein, gilt der schlüssige Sachvortrag des Auszubildenden als zugestanden. Gelingt es dem Ausbildenden, die vom Auszubildenden vorgetragenen Indizien für eine Kenntnis von dem Bestehen der Abschlussprüfung und der sich anschließenden Weiterbeschäftigung zu erschüttern, bleibt es bei dem Grundsatz, dass der Auszubildende die subjektiven Tatbestandsmerkmale des § 24 BBiG darlegen und beweisen muss.[28]

---

23 *BAG* 20.3.2018 – 9 AZR 479/17, Rn. 22, NZA 2018, 943.

24 Vgl. *Wroblewski, in: Däubler/Deinert,* KSchR, § 24 BBiG Rn. 4; *Benecke/Hergenröder,* BBiG, § 24 Rn. 8; a. A.: Wohlgemuth/*Pepping* BBiG, § 24 Rn. 22.

25 *Taubert,* BBiG, § 24 Rn. 14; Wohlgemuth/*Pepping,* BBiG, § 24 Rn. 25.

26 *BAG* 20.3.2018 – 9 AZR 479/17, Rn. 31, NZA 2018, 943. Vgl. zur vergleichbaren Regelung des § 625 BGB: *BAG* 24.10.2001 – 7 AZR 620/00, NZA 2003, 153.

27 *BAG* 20.3.2018 – 9 AZR 479/17, Rn. 31, NZA 2018, 943. Im Streitfall ging es um die Kenntnis einer Ausbildungsleiterin.

28 *BAG* 20.3.2018 – 9 AZR 479/17, Rn. 32, NZA 2018, 943.

3. Fehlen einer abweichenden Vereinbarung, kein Widerspruch

21 Weitere Voraussetzung für die Anwendung des § 24 BBiG ist, dass die Weiterbeschäftigung erfolgt, »ohne dass hierüber ausdrücklich etwas vereinbart worden ist«. Liegt eine »Vereinbarung« über die Weiterbeschäftigung vor, geht diese der Fiktion des § 24 BBiG vor. Hinsichtlich der möglichen Vereinbarung ist § 12 BBiG zu beachten, der Vereinbarungen während des Laufs des Berufsausbildungsverhältnisses bestimmte Grenzen setzt (vgl. § 21 Rn. 19 ff.). Auch unterliegt die »Vereinbarung« gegebenenfalls ihrerseits der Rechtskontrolle. Bei Vereinbarung eines befristeten Arbeitsverhältnisses sind etwa die Vorgaben des TzBfG zu beachten (vgl. Rn. 6).

22 Vom Grundsatz her unproblematisch sind Vereinbarungen **innerhalb der letzten sechs Monate vor Ende der Ausbildung** und auch nach Ende der Ausbildung über die Begründung eines Arbeitsverhältnisses im Anschluss an die Ausbildung (vgl. § 21 Rn. 19 ff.). Möglich ist dabei der Abschluss eines unbefristeten, aber auch eines befristeten Arbeitsvertrages. Für die **Befristung** im Anschluss an die Berufsausbildung gelten die allgemeinen arbeitsrechtlichen Vorschriften des TzBfG (vgl. Rn. 6). Allerdings muss der befristete Vertrag vor der tatsächlichen Arbeitsaufnahme nach Beendigung der Ausbildung unter Beachtung der Schriftform des § 14 Abs. 4 TzBfG vereinbart sein. Erfolgt die tatsächliche Weiterbeschäftigung, ohne dass eine wirksame schriftliche Befristungsvereinbarung vorliegt, greift ansonsten die Fiktion des § 24 BBiG und es gilt ein unbefristetes Arbeitsverhältnis als begründet. Für die in einem Ausbildungsverhältnis stehenden Mitglieder einer Jugend- und Auszubildendenvertretung gilt § 78a BetrVG, der einen Anspruch auf Übernahme in ein unbefristetes Arbeitsverhältnis gibt (vgl. Rn. 35 ff.).

23 Gem. § 24 BBiG muss die Vereinbarung »**ausdrücklich**« erfolgen. Eine »ausdrückliche« Vereinbarung kann auch vorliegen, wenn die Vertragsparteien eine abweichende vertragliche Regelung durch **schlüssiges Verhalten (konkludent)** geschlossen haben[29], insoweit ist von einem Widerspruch gegen die Begründung eines unbefristeten Arbeitsverhältnisses auszugehen (vgl. Rn. 25 ff.). Erforderlich ist lediglich eine Vereinbarung über das »Ob« der Weiterarbeit, nicht über die einzelnen Vertragsbedingungen. Deshalb liegt eine »Vereinbarung« etwa auch dann vor, wenn die Vertragsparteien, schriftlich (§ 14 Abs. 4 TzBfG), ein befristetes Arbeitsverhältnis im Anschluss an die Ausbildung vereinbart haben, ohne bereits die einzelnen Vertragsbedingungen (Vergütung, Urlaub usw.) festgelegt zu haben.

24 Der vorliegenden **Rechtsprechung** kann nur bedingt gefolgt werden. So ist angenommen worden, die Mitteilung des Ausbildenden, er lehne eine Übernahme ab, sei aber bereit, den Auszubildenden aus sozialen Gründen für zwei Monate weiter zu beschäftigen, stelle keine ausdrückliche Vereinbarung dar, die der Fiktion des § 24 BBiG entgegenstehe.[30] Eine solche Vereinbarung wurde aber angenommen, wenn dem Auszubildenden bereits vor der Abschlussprüfung gesagt wurde, dass er nach dem Ende der Ausbildung nicht weiterbeschäftigt werden könne und er hiergegen nichts eingewendet hat[31] oder wenn der Ausbildende zuvor ausdrücklich erklärt hatte, sich nach Bestehen der Abschlussprüfung vom Auszubildenden trennen zu wollen.[32]

---

29 *Benecke/Hergenröder*, BBiG, § 24 Rn. 10; *Taubert*, BBiG, § 24 Rn. 17; ähnlich auch Wohlgemuth/*Pepping*, BBiG, § 24 Rn. 31, der allerdings meint, dass an die konkludente Vereinbarung »hohe Anforderungen gestellt werden« müssten.
30 *LAG Düsseldorf* 22.10.1985 – 8 Sa 1132/85, EzB § 17 BBiG Nr. 15.
31 *ArbG Emden* 10.1.1977 – 1 Ca 864/77, EzB § 17 BBiG Nr. 6.
32 *LAG Hessen* 14.6.1982 – 11 Sa 141/81, EzB BBiG § 14 Abs. 2 Nr. 13.

25 Bei dieser Rechtsprechung wird zum Teil übersehen, dass § 24 BBiG das Entstehen eines unbefristeten Arbeitsverhältnisses fingiert. Für die Fiktion ist kein Raum, wenn sich aus den Erklärungen einer Vertragspartei ergibt (die auch durch schlüssiges Handeln erfolgen können), dass die Begründung eines Arbeitsverhältnisses nicht gewollt ist. Die Fiktionswirkung des § 24 BBiG tritt deshalb nicht ein bei einem (unverzüglichen) **Widerspruch** des Ausbildenden gegen die Weiterbeschäftigung.[33]
Der Arbeitgeber muss deutlich machen, dass durch die Weiterbeschäftigung kein Arbeitsverhältnis auf unbestimmte Zeit begründet werden soll. Einem solchen Widerspruch steht nicht § 25 BBiG entgegen, nach dem eine Vereinbarung, die zuungunsten Auszubildender von § 24 BBiG abweicht, nichtig ist. Mit einem solchen Widerspruch wird nicht vorab die Rechtsnorm des § 24 BBiG vertraglich ausgeschlossen, sondern es soll nur zu dem Zeitpunkt, zu dem mangels entgegenstehender Vereinbarungen die Rechtwirkungen des § 24 BBiG eintreten würden, der Eintritt der Rechtsfolge dieser Norm (unbefristetes Arbeitsverhältnis) verhindert werden. Das ist im Rahmen der Vertragsfreiheit zulässig. Nach dem Ende des Ausbildungsverhältnisses ist der ehemalige Auszubildende nicht mehr durch die Normen des BBiG vor arbeitsrechtlichen Gestaltungsmöglichkeiten geschützt.

26 Der **Widerspruch** kann auch schon **vor dem Ende des Berufsausbildungsverhältnisses** erfolgen.[34] Erklärt der Ausbildende bereits vor der Abschlussprüfung, dass der Auszubildende nach dem Ende der Ausbildung nicht weiterbeschäftigt werden könne oder dass man sich nach der Abschlussprüfung vom Auszubildenden trennen wolle, so liegt darin ein Widerspruch, der der Begründung eines Arbeitsverhältnisses gem. § 24 BBiG entgegensteht. Eine Erklärung des Ausbildenden, er lehne eine Übernahme des Auszubildenden ab, sei aber bereit, diesen aus sozialen Gründen für zwei Monate weiter zu beschäftigen, ist als Widerspruch gegen das Zustandekommen eines unbefristeten Arbeitsverhältnisses anzusehen, mit dem aber zugleich der Abschluss eines befristeten Arbeitsvertrages angeboten wird. Eine solche Befristungsvereinbarung bedarf der Schriftform (§ 14 Abs. 4 TzBfG). Fehlt es an der Schriftform, kommt ein unbefristetes Arbeitsverhältnis zustande (§ 16 Satz 1 TzBfG).

4. Rechtsfolge: unbefristetes Arbeitsverhältnis

27 Liegen die dargestellten Voraussetzungen des § 24 BBiG vor, so gilt ein Arbeitsverhältnis auf unbestimmte Zeit als begründet. Es kommt also ein **unbefristetes Arbeitsverhältnis** zustande, und zwar zu den in der Branche üblichen Bedingungen, bei Tarifbindung zu den tariflichen Bedingungen. Bei der Höhe der Arbeitsvergütung gilt bei fehlender Tarifbindung § 612 BGB. Danach ist die »übliche« Vergütung geschuldet, also der übliche »Facharbeiterlohn«, wenn der ehemalige Auszubildende ausbildungsadäquat weiterbeschäftigt wird.[35] In der Regel wird es sich um die tarifliche Vergütung eines einschlägigen Tarifvertrages handeln.[36]

28 Im Normalfall kommt ein unbefristetes **Vollzeitarbeitsverhältnis** zustande.[37] Soll das Arbeitsverhältnis nur befristet oder als Teilzeitarbeitsverhältnis begründet werden, so be-

33 *Wroblewski, in: Däubler/Deinert,* KSchR, § 24 BBiG Rn. 5.
34 *LAG Hessen* 14.6.1982 – 11 Sa 141/81, EzB BBiG § 14 Abs. 2 Nr. 13; *Benecke/Hergenröder,* BBiG, § 24 Rn. 13.
35 *BAG* 16.6.2005 – 6 AZR 411/04, NZA 2006, 680.
36 *Wroblewski, in: Däubler/Deinert,* KSchR, § 24 BBiG Rn. 8.
37 *Benecke/Hergenröder,* BBiG, § 24 Rn. 15; *Taubert,* BBiG, § 24 Rn. 21.

darf es hierzu einer ausdrücklichen Vereinbarung.[38] Wird der bisherige Auszubildende allerdings auf einer **Teilzeitstelle** und auch nur in diesem Umfange tatsächlich weiterbeschäftigt, so gilt nur ein Teilzeitarbeitsverhältnis gem. § 24 BBiG als begründet.[39]

29 Im betrieblichen Anwendungsbereich des KSchG besteht für den weiterbeschäftigten Auszubildenden, wegen der Anrechnung der Ausbildung auf die Wartezeit des § 1 Abs. 1 KSchG, bereits mit Beginn des Arbeitsverhältnisses **Kündigungsschutz** (vgl. Rn. 5).

30 Ist der Auszubildende zum Zeitpunkt der Weiterarbeit noch **minderjährig**, hindert dies nicht das Entstehen eines Arbeitsverhältnisses gem. § 24 BBiG.[40] Zum einen ist davon auszugehen, dass die Zustimmung der Personensorgeberechtigten zur Eingehung eines Berufsausbildungsverhältnisses die Billigung zum Abschluss eines Arbeitsvertrags (§ 113 BGB) umfasst und zum anderen erlangt der Minderjährige durch die Begründung eines Arbeitsverhältnisses einen rechtlichen Vorteil. Bei der abweichenden Vereinbarung, die den Eintritt der Fiktion des § 24 BBiG hindert, ist allerdings, da für den Minderjährigen nachteilig, die Zustimmung der gesetzlichen Vertreter erforderlich.

5. Gerichtliche Geltendmachung

31 Ist im Einzelfall streitig, ob die Voraussetzungen des § 24 BBiG erfüllt sind und damit ein Arbeitsverhältnis begründet worden ist, muss der ehemalige Auszubildende, der sich auf die Rechtswirkungen des § 24 BBiG beruft, dieses durch **Klage vor dem Arbeitsgericht** geltend machen. Da es sich nicht um eine Streitigkeit aus dem Berufsausbildungsverhältnis handelt, sondern um das Bestehen oder Nichtbestehen eines Arbeitsverhältnisses, ist der Schlichtungsausschuss nicht zuständig (vgl. § 10 Rn. 106).

Zulässige **Klageart** ist eine Feststellungsklage auf das Bestehen eines Arbeitsverhältnisses oder eine Leistungsklage auf tatsächliche Beschäftigung in einem Arbeitsverhältnis oder auf Zahlung der Arbeitsvergütung aus dem Gesichtspunkt des Annahmeverzugs (§ 615 BGB).[41]

Eine **Klagefrist** sieht das Gesetz nicht vor, allerdings kann im Einzelfall eine Verwirkung des Klagerechts in Betracht kommen (§ 242 BGB), so dass eine alsbaldige Klageerhebung anzuraten ist.

Die **Darlegungs- und Beweislast** für das Zustandekommen eines Arbeitsverhältnisses gem. § 24 BBiG liegt beim ehemaligen Auszubildenden und nunmehrigen vermeintlichen Arbeitnehmer, weil dieser sich damit auf die Rechtswirkungen einer für ihn positiven Norm beruft.

IV. Mitbestimmung des Betriebsrats/Personalrats

32 Die Übernahme eines Auszubildenden im Anschluss an die Ausbildung ist eine **Einstellung** im Sinne des § 99 Abs. 1 BetrVG und bedarf daher der Mitbestimmung des Betriebsrats.[42] Zwar ist ein ohne Zustimmung des Betriebsrats zustande gekommener Arbeits-

---

38 *LAG Düsseldorf* 22.10.1985 – 8 Sa 1132/85, EzB § 17 BBiG Nr. 15.

39 *Wroblewski, in: Däubler/Deinert*, KSchR, § 24 BBiG Rn. 7.

40 *Wroblewski, in: Däubler/Deinert*, KSchR, § 24 BBiG Rn. 12; *Taubert*, BBiG, § 24 Rn. 16; a. A.: KR/*Krumbiegel*, BBiG, § 24 Rn. 4; *Benecke/Hergenröder*, BBiG, § 24 Rn. 17; die auf die Kenntnis des gesetzlichen Vertreters von der Weiterarbeit abstellen.

41 *Taubert*, BBiG, § 24 Rn. 14; Wohlgemuth/*Pepping*, BBiG, § 24 Rn. 49.

42 *LAG Hamm* 14.7.1982 – 12 TaBV 27/82, EzB § 99 BetrVG Nr. 3; KR/*Krumbiegel*, BBiG, § 24 Rn. 10; *Wroblewski, in: Däubler/Deinert* KSchR, § 24 BBiG Rn. 13; a. A.: *Taubert*, BBiG, § 24 Rn. 28 unter Hinweis auf BVerwG 26.5.2015 – 5 P 9/14 NZA-RR 2015, 499.

vertrag wirksam. Für die »Einstellung« im Sinne des der Mitbestimmungsvorschriften kommt es aber auf die tatsächliche Eingliederung in den Betrieb an. Der Arbeitnehmer darf deshalb tatsächlich nur beschäftigt werden, wenn die Zustimmung des Betriebsrats vorliegt.[43] Das hindert allerdings nicht das Entstehen eines Arbeitsverhältnisses gem. § 24 BBiG, wenn der Auszubildende im Anschluss an die Ausbildung tatsächlich beschäftigt wird, obwohl der Betriebsrat nicht zugestimmt hat.[44]

Der Mitbestimmung des Betriebsrats unterliegt auch die **Eingruppierung** des ehemaligen Auszubildenden, der nunmehr als Arbeitnehmer tätig ist, in eine bei dem Arbeitgeber anzuwendende Vergütungsgruppenordnung (§ 99 BetrVG). 33

Entsprechendes gilt im **öffentlichen Dienst** für die Mitbestimmungsrechte des Personalrats bei der Einstellung und Eingruppierung nach dem BPersVG oder nach den Landespersonalvertretungsgesetzen. 34

V. Besonderer Schutz von Mandatsträgern (§ 78a BetrVG)

Einen Anspruch auf Weiterbeschäftigung regelt § 78a BetrVG. Es ist eine Sonderregelung, die den **Schutz von Mandatsträgern** sicherstellen sollen, die aufgrund ihrer Tätigkeit in der Jugend- und Auszubildendenvertretung oder dem Betriebsrat mit dem Arbeitgeber in Konflikt geraten können und deshalb zum Schutze ihres Mandats auch eines individualrechtlichen Schutzes bedürfen. Da das Berufsausbildungsverhältnis kraft Gesetzes befristet ist, schützen die Kündigungsschutzregelungen des § 15 KSchG die Mandatsträger, die in Ausbildung sind, nicht davor, dass sie wegen ihrer Aktivitäten nicht in ein Arbeitsverhältnis übernommen werden. Deshalb sieht § 78a BetrVG einen Anspruch auf Übernahme vor. Eine vergleichbare Regelung besteht für den **öffentlichen Dienst** im BPersVG und in den Personalvertretungsgesetzen der Bundesländer (vgl. Rn. 63). 35

Rechtspolitisch werden Bedenken gegen die Regelung von Arbeitgeberseite geltend gemacht. Es handele sich um einen unzulässigen Eingriff in die Vertragsfreiheit der Arbeitgeber.[45] 36

Dem kann nicht gefolgt werden. Zwar liegt ein Eingriff in die Berufsfreiheit (Art. 12 Abs. 1 GG) der Arbeitgeber vor, doch ist dieser Eingriff einerseits durch das ebenfalls durch Art. 12 Abs. 1 GG geschützte Interesse der Auszubildenden an einer Übernahme in ein Arbeitsverhältnis gerechtfertigt, weil § 78a BetrVG zum anderen der Sicherung einer unabhängigen Amtseinführung der betriebsverfassungsrechtlichen Organe dient. Von einem unverhältnismäßigen Eingriff in die Vertragsfreiheit der Arbeitgeber kann auch deshalb keine Rede sein, weil im Einzelfall die Weiterbeschäftigung gem. § 78a Abs. 4 BetrVG abgewendet werden kann, wenn sie dem Arbeitgeber nicht zugemutet werden kann. 37

1. Geschützter Personenkreis

a) Mandatsträger

§ 78a BetrVG schützt Auszubildende, die **Mitglied** sind 38

- der Jugend- und Auszubildendenvertretung oder
- des Betriebsrats oder
- der Bordvertretung oder
- des Seebetriebsrats.

43 *BAG* 2.7.1980 – 5 AZR 1241/79, AP GG Art. 33 Abs. 2 Nr. 9.
44 *Benecke/Hergenröder*, BBiG, § 24 Rn. 18.
45 Vgl. *Feudner*, NJW 2005, 1462ff.; *Blaha/Mehlich*, NZA 2005, 667ff.

39 Der Schutz gilt auch, wenn das Berufsausbildungsverhältnis vor Ablauf eines Jahres nach Beendigung der Amtszeit der Jugend- und Auszubildendenvertretung, des Betriebsrats, der Bordvertretung oder Seebetriebsrats endet (**nachwirkender Schutz,** § 78a Abs. 3 BetrVG). Der nachwirkende Schutz findet auch dann Anwendung, wenn Auszubildende vor Ende der Amtszeit der Jugend- und Auszubildendenvertretung oder des Betriebsrats aus dem Gremium ausscheiden. Maßgeblich ist dann, wann das Amt des betroffenen Mitglieds endet (zuzüglich der Jahresfrist des § 78a Abs. 3 BetrVG).[46] Geschützt werden auch vorübergehend nachgerückte **Ersatzmitglieder,**[47] sofern das Berufsausbildungsverhältnis innerhalb eines Jahres nach dem Vertretungsfall abgeschlossen wird und die Auszubildenden innerhalb von drei Monaten vor der Beendigung des Ausbildungsverhältnisses ihre Weiterbeschäftigung schriftlich verlangen. Fraglich ist, ob das auch für Ersatzmitglieder gilt, die während der Vertretungszeit keine konkreten Aufgaben in der Jugend- und Auszubildendenvertretung oder im Betriebsrat wahrgenommen haben.[48]

b) Der Begriff des »Auszubildenden« im Sinne des § 78a BetrVG

40 Der Begriff der Auszubildenden ist in § 78a BetrVG nicht ausdrücklich definiert. Die Vorschrift orientiert sich an den Begriffsbestimmungen des BBiG.[49] Sie verwendet nicht den Arbeitnehmerbegriff wie in § 5 Abs. 1 BetrVG (»der zu ihrer Berufsausbildung Beschäftigten«). Deshalb ist der Begriff in § 5 Abs. 1 BetrVG nicht identisch mit dem Begriff der »Auszubildenden« i. S. d. § 78a BetrVG. § 78a BetrVG findet Anwendung, wenn eine **Ausbildung im Sinne des BBiG** im weiteren Sinne vorliegt.

41 Die Orientierung an den Bestimmungen des BBiG hat aber nicht zur Folge, dass § 78a BetrVG nur auf staatlich anerkannte Ausbildungsberufe Anwendung findet. § 78a BetrVG gilt vielmehr auch für Vertragsverhältnisse, die aufgrund Tarifvertrages oder arbeitsvertraglicher Vereinbarung eine geordnete Ausbildung von mindestens zwei Jahren vorsehen.[50]

42 Ein »Auszubildender« im Sinne des § 78a BetrVG muss sich dementsprechend auch nicht zwingend in einem Berufsausbildungsverhältnis im Sinne des § 1 Abs. 3 BBiG befinden, es kann sich auch um ein **anderes Vertragsverhältnis im Sinne des § 26 BBiG** handeln. Entscheidend ist, ob die Arbeitsleistung oder die Ausbildung überwiegt. Steht die Arbeitsleistung im Vordergrund, findet § 78a BetrVG keine Anwendung; steht die Ausbildung im Vordergrund, findet § 78a BetrVG Anwendung.[51]

43 **Volontäre** können sich in einem Arbeitsverhältnis, aber auch in einem anderen Vertragsverhältnis im Sinne des § 26 BBiG befinden. Ein Volontariat als anderes Vertragsverhältnis gem. § 26 BBiG liegt vor, wenn aufgrund des Ausbildungsvertrages oder einschlägiger tariflicher Vorschriften ein geordneter Ausbildungsgang vorgeschrieben ist und die Dauer der Ausbildung der gesetzlichen Mindestanforderung für staatlich anerkannte Ausbildungsberufe von mindestens zwei Jahren entspricht.[52]

44 Gem. § 26 BBiG ist das **andere Vertragsverhältnis** vom **Arbeitsverhältnis** abzugrenzen. Besteht ein Arbeitsverhältnis, kommt ein **anderes Vertragsverhältnis** (§ 26 BBiG) nicht

---

46 *BAG* 15. 12. 2011 – 7 ABR 40/10, Rn. 16, NZA-RR 2012, 413.
47 *BAG* 13. 3. 1986 – 6 AZR 207/85, NZA 1986, 836.
48 *LAG Hamm* 4. 4. 2014 – 13 Sa 40/14, NZA-RR 2014, 342.
49 *BAG* 1. 12. 2004 – 7 AZR 129/04, NZA 2005, 779.
50 *BAG* 1. 12. 2004 – 7 AZR 129/04, NZA 2005, 779.
51 *BAG* 1. 12. 2004 – 7 AZR 129/04, NZA 2005, 779.
52 *BAG* 1. 12. 2004 – 7 AZR 129/04, NZA 2005, 779.

in Betracht. § 26 BBiG gilt deshalb nur für solche Personen, die sich nicht wie in einem Arbeitsverhältnis überwiegend zur Leistung von Arbeit nach Weisung des Arbeitgebers verpflichtet haben, sondern bei denen der Lernzweck im Vordergrund steht. Zwar stellen auch die zur Ausbildung eingestellten Personen in einem gewissen Umfang ihre Arbeitskraft nach Weisung des Arbeitgebers zur Verfügung; wesentlicher Inhalt und Schwerpunkt ihres Vertragsverhältnisses ist jedoch die Ausbildung für eine spätere qualifiziertere Tätigkeit. Es kommt auf die Gewichtung der vertraglichen Pflichten an. Überwiegt die Pflicht zur Arbeitsleistung, handelt es sich um ein Arbeitsverhältnis und nicht um ein anderes Vertragsverhältnis im Sinne des § 26 BBiG.[53]

Selbst wenn im Einzelfall ein **anderes Vertragsverhältnis** (§ 26 BBiG) besteht, weil die vertraglichen Beziehungen vom Ausbildungszweck beherrscht wurden, ist § 78a BetrVG nur anwendbar, wenn eine Vergleichbarkeit zu einer Berufsausbildung im Sinne des BBiG besteht. Das setzt voraus, dass nach dem zugrunde liegenden Vertrag oder einschlägigen tariflichen Vorschriften ein **geordneter Ausbildungsgang von mindestens zwei Jahren** Dauer vorgeschrieben ist. 45

Bei Personen in einem **dualen Studiengang** findet § 78a BetrVG keine Anwendung, wenn die betriebliche Praxisphase Teil des Studiums ist.[54]

2. Mitteilungspflicht des Arbeitgebers

Beabsichtigt der **Arbeitgeber** einen solchen Mandatsträger nach Beendigung des Berufsausbildungsverhältnisses nicht in ein Arbeitsverhältnis auf unbestimmte Zeit zu übernehmen, so hat er dies drei Monate vor Beendigung des Berufsausbildungsverhältnisses den Auszubildenden **schriftlich mitzuteilen** (§ 78a Abs. 1 BetrVG). Unterlässt der Arbeitgeber die rechtzeitige Mitteilung gem. § 78a Abs. 1 BetrVG, führt dies allerdings nicht zu einer automatischen Überleitung des Ausbildungsverhältnisses in ein Arbeitsverhältnis.[55] Die Mitteilungspflicht hat lediglich eine **Hinweisfunktion für die Auszubildenden.**[56] 46

Der Schutz der Auszubildenden gem. § 78a Abs. 2 bis 4 BetrVG findet unabhängig davon Anwendung, ob der Arbeitgeber seiner Mitteilungspflicht nach § 78a Abs. 1 BetrVG nachgekommen ist (§ 78a Abs. 5 BetrVG). Die **Auszubildende** müssen also unabhängig davon, ob der Arbeitgeber seiner Mitteilungspflicht nachgekommen ist oder nicht, das **Weiterbeschäftigungsverlangen** gem. § 78a Abs. 2 BetrVG geltend machen. Die unterlassene Mitteilung kann aber unter Umständen Schadensersatzansprüche der Auszubildenden auslösen, zum Beispiel wenn sie eine anderweitig angebotene Stelle ausgeschlagen haben.[57] 47

3. Verlangen auf Weiterbeschäftigung

Verlangt ein Auszubildender, der Mitglied einer der genannten Gremien ist (vgl. Rn. 38), innerhalb der letzten drei Monate vor Beendigung des Berufsausbildungsverhältnisses **schriftlich** vom Arbeitgeber die Weiterbeschäftigung, so gilt zwischen Auszubildenden und Arbeitgeber im Anschluss an das Berufsausbildungsverhältnis ein Arbeitsverhältnis 48

53 *BAG* 1. 12. 2004 – 7 AZR 129/04, NZA 2005, 779.
54 *BAG* 17. 6. 2020 – 7 ABR 46/18, NZA 2020, 1723.
55 *BAG* 31. 10. 1985 – 6 AZR 557/84, AP BetrVG 1972 § 78a Nr. 15.
56 APS/*Künzl*, § 78a BetrVG Rn. 45.
57 *BAG* 31. 10. 1985 – 6 AZR 557/84, AP BetrVG 1972 § 78a Nr. 15.

auf unbestimmte Zeit als begründet (§ 78a Abs. 2 Satz 1 BetrVG). Es gilt die strenge Schriftform gem. § 126 BGB. Es bedarf der eigenhändigen Unterschrift im Original; eine Kopie genügt nicht. Eine E-Mail genügt nicht, weil es an der Unterschrift fehlt. Ein Telefax genügt ebenfalls nicht, weil es sich bei der »Unterschrift« um eine Kopie handelt. Nur bei außergewöhnlichen Umständen kann es im Einzelfall treuwidrig sein (§ 242 BGB), wenn sich der Arbeitgeber auf den Verstoß gegen die Schriftform beruft.[58]
Verlangen die gem. § 78a BetrVG geschützten Auszubildenden nicht (fristgemäß) die Weiterbeschäftigung, so scheiden sie mit dem Ende des Berufsausbildungsverhältnisses aus dem Betrieb aus. Allerdings kann bei Vorliegen der Voraussetzungen des § 24 BBiG gleichwohl ein Arbeitsverhältnis begründet werden (vgl. Rn. 13 ff.).

49 Das Weiterbeschäftigungsverlangen muss innerhalb einer **Frist von drei Monaten** vor der Beendigung des Ausbildungsverhältnisses erklärt werden, spätestens am letzten Tag des Ausbildungsverhältnisses. Maßgeblich ist der Zugang beim Arbeitgeber. Die Beendigung des Ausbildungsverhältnisses richtet sich nach § 21 BBiG. Für die Berechnung der Drei-Monats-Frist bei vorzeitigem Ende des Ausbildungsverhältnisses durch Bestehen der Abschlussprüfung ist auf den Zeitpunkt der Bekanntgabe des Prüfungsergebnisses abzustellen (vgl. § 21 Rn. 25).

50 Die Einhaltung der **Frist** und der **Schriftform** (vgl. zur Schriftform § 22 Rn. 16 ff.) ist zwingend, auch wenn der Arbeitgeber seiner Mitteilungspflicht nach § 78a Abs. 1 BetrVG nicht nachgekommen ist.[59] Bei dem Weiterbeschäftigungsverlangen handelt es sich um eine Willenserklärung, so dass ein **Minderjähriger** der Zustimmung des gesetzlichen Vertreters bedarf (vgl. § 22 Rn. 2 ff.), die allerdings auch nachträglich erteilt werden kann.[60]

51 Das Weiterbeschäftigungsverlangen muss innerhalb der Frist von drei Monaten vor der Beendigung des Ausbildungsverhältnisses erklärt werden. Wird es früher erklärt, ist es nach der Rechtsprechung des BAG unwirksam und muss innerhalb der **zwingenden Drei-Monats-Frist** wiederholt werden.[61]

52 Allerdings korrespondiert die Drei-Monats-Frist in § 78a BetrVG, anders als früher, nicht mit der Sechs-Monats-Frist in § 12 Abs. 1 BBiG. Deshalb wird vertreten, dass die Drei-Monats-Frist nicht mehr in dem Sinne zwingend sein soll, dass ein **früher gestelltes Verlangen** unwirksam ist.[62] Das ***BAG*** hat das ausdrücklich anders entschieden: Ein Weiterbeschäftigungsverlangen, das früher als drei Monate vor der Beendigung des Ausbildungsverhältnisses erklärt wird, ist unwirksam.[63]

53 Die Zulässigkeit des Weiterbeschäftigungsverlangens gem. § 78a BetrVG ist **nicht** von einem **erfolgreichen Abschluss der Ausbildung** abhängig.[64] Demgegenüber stellt § 56 BPersVG ausdrücklich auf die »erfolgreiche« Beendigung des Berufsausbildungsverhältnisses ab (vgl. Rn. 68). Allerdings kann der fehlende Ausbildungsabschluss im Anwendungsbereich des BetrVG die Unzumutbarkeit der Weiterbeschäftigung (vgl. Rn. 57 ff.) begründen, wenn für einen ungelernten Arbeitnehmer kein freier Arbeitsplatz vorhanden ist.

58 *BAG* 15.12.2011 – 7 ABR 40/10, NZA-RR 2012, 413.
59 APS/*Künzl*, § 78a BetrVG Rn. 58; a. A.: *Richardi/Thüsing*, BetrVG, § 78a Rn. 24.
60 *Richardi/Thüsing* BetrVG, § 78a Rn. 28; APS/*Künzl*, § 78a BetrVG Rn. 64.
61 *BAG* 15.1.1980 – 6 AZR 621/78, AP BetrVG 1972 § 78a Nr. 7.
62 *Fitting*, § 78a Rn. 19; APS/*Künzl*, § 78a BetrVG Rn. 61; HaKo-BetrVG/*Lorenz*, § 78a Rn. 12.
63 *BAG* 5.12.2012 – 7 ABR 38/11, NZA-RR 2013, 241; *BAG* 15.12.2011 – 7 ABR 40/10, NZA-RR 2012, 413.
64 *Fitting*, § 78a Rn. 24; APS/*Künzl*, § 78a BetrVG Rn. 76; HaKo-BetrVG/*Lorenz*, § 78a Rn. 14.

4. Rechtsfolge: unbefristetes Vollzeitarbeitsverhältnis

Durch das Übernahmeverlangen der Auszubildenden entsteht kraft Gesetzes ein unbefristetes Vollzeitarbeitsverhältnis (»so gilt ... ein Arbeitsverhältnis auf unbestimmte Zeit als begründet«, § 78a Abs. 2 Satz 1 BetrVG), das einen Anspruch auf **ausbildungsgerechte Beschäftigung** im Ausbildungsbetrieb begründet. Hat der Auszubildende die Berufsausbildung erfolgreich abgeschlossen, hat er Anspruch in ein Arbeitsverhältnis übernommen zu werden, dass dem Ausbildungsabschluss entspricht. Eine »unterwertige« Beschäftigung muss der ehemalige Auszubildende nicht hinnehmen, es sei denn, die Arbeitsvertragsparteien einigen sich einvernehmlich auf eine solche »unterwertige« Beschäftigung. 54

Verweigert der Arbeitgeber rechtswidrig die Beschäftigung im Arbeitsverhältnis und ist ein Antrag des Arbeitgebers auf Entbindung von der Übernahme in ein Arbeitsverhältnis (vgl. Rn. 57 ff.) erfolglos, muss der Arbeitnehmer (der ehemalige Auszubildende) ggf. seinen Anspruch auf Beschäftigung beim Arbeitsgericht durchsetzen. Unabhängig davon hat der Arbeitnehmer einen Anspruch auf Vergütung wegen Annahmeverzugs (§ 611a, § 615 BGB). Mit dem schriftlichen Verlangen der Weiterbeschäftigung (vgl. Rn. 48 ff.) macht der Auszubildende zugleich den Anspruch wegen Annahmeverzugs schriftlich im Sinne einer arbeits- oder tarifvertraglichen Ausschlussfrist geltend.[65] Sofern in einer anwendbaren Ausschluss-/Verfallfrist (auch) die gerichtliche Geltendmachung des Anspruchs verlangt wird, ist eine entsprechende Zahlungsklage erforderlich.

Bei der Begründung eines Arbeitsverhältnisses nach § 78a Abs. 2 Satz 1 BetrVG besteht ***kein* Mitbestimmungsrecht des Betriebsrats oder Personalrats** bei der »Einstellung« (§ 99 BetrVG; vgl. Rn. 32).[66] Die Begründung des Arbeitsverhältnisses erfolgt nämlich nicht aufgrund einer Vereinbarung, also eines freien Willensentschlusses, sondern aufgrund gesetzlicher Fiktion. Eine mitbestimmungspflichtige »Einstellung« liegt jedoch nur dann vor, wenn der Arbeitgeber einen Entscheidungsspielraum hat, ob er den Arbeitnehmer beschäftigen will oder nicht.[67]

Inhaltliche Änderungen dieses Arbeitsverhältnisses, zum Beispiel die Begründung eines befristeten Arbeitsverhältnisses oder eines Teilzeitarbeitsverhältnisses oder die Beschäftigung auf einem nicht ausbildungsadäquaten Arbeitsplatz, unterliegen dem **Konsensprinzip**, so dass der Auflösungsantrag nach § 78a Abs. 4 BetrVG nicht mit der Begründung abgewiesen werden darf, dem Arbeitgeber wäre es zumutbar gewesen, ein Arbeitsverhältnis zu begründen, das einen anderen Inhalt hat als das Arbeitsverhältnis, das gem. § 78a Abs. 2 BetrVG entsteht.[68] Das *BAG* vertritt damit ein »**Alles-oder-Nichts-Prinzip**«. Eine Weiterbeschäftigung in einem befristeten und/oder Teilzeitarbeitsverhältnis soll nach dem geltenden Recht nicht möglich sein.[69] 55

Möglich ist es allerdings, dass **Auszubildende** sich, gegebenenfalls auch nur hilfsweise, **bereit erklären, zu anderen Arbeitsbedingungen beschäftigt zu werden**, als denen, die sich aus § 78a Abs. 2 BetrVG ergeben. Das müssen sie aber dem Arbeitgeber unverzüglich nach dessen Nichtübernahmeerklärung (gem. § 78a Abs. 1 BetrVG), spätestens mit dem Übernahmeverlangen (gem. § 78a Abs. 2 BetrVG) mitteilen. Eine Einverständnis- 56

---

65 *BAG* 24.8.2016 – 5 AZR 853/15, NZA-RR 2017, 76; BAG 19.8.2015 – 5 AZR 1000/13, NZA 2015, 1465.
66 Vgl. *Fitting*, § 99 Rn. 52; *BVerwG* 26.5.2015 – 5 P 9/14, NZA-RR 2015, 499.
67 Vgl. *BAG* 5.4.2001 – 2 AZR 580/99 – I 1. 2. c) aa) (2) der Gründe; *BAG* 25.6.1987 – 2 AZR 541/86 – II. 4. b) bb) der Gründe.
68 *BAG* 17.2.2010 – 7 ABR 89/08, DB 2010, 1355; *BAG* 16.7.2008 – 7 ABR 13/07, NZA 2009, 202, 206; *BAG* 15.11.2006 – 7 ABR 15/06, NZA 2007, 1381, 1386; *BAG* 6.11.1996 – 7 ABR 54/95, NZA 1997, 783.
69 Kritisch *Fitting*, § 78a Rn. 57.

erklärung erst im gerichtlichen Verfahren genügt nicht.[70] Der Auszubildende darf sich nicht darauf beschränken, sein Einverständnis mit *allen* in Betracht kommenden Beschäftigungen zu erklären oder die Bereitschaftserklärung mit einem Vorbehalt verbinden. Der Auszubildende muss vielmehr die angedachte Beschäftigungsmöglichkeit so konkret beschreiben, dass der Arbeitgeber erkennen kann, wie sich der Auszubildende seine Weiterarbeit vorstellt.[71] Hat der Auszubildende rechtzeitig erklärt, gegebenenfalls auch zu anderen Bedingungen zu arbeiten (befristet, in Teilzeit, nicht ausbildungsadäquat), muss der Arbeitgeber prüfen, ob die anderweitige Beschäftigung möglich und zumutbar ist. Unterlässt er die Prüfung oder verneint er zu Unrecht die Möglichkeit und die Zumutbarkeit, so darf das Arbeitsverhältnis, das gem. § 78a Abs. 2 BetrVG entstanden ist, nicht gem. § 78a Abs. 4 BetrVG aufgelöst werden.[72]

5. Entbindung von der Übernahme in ein Arbeitsverhältnis

57 Der Arbeitgeber kann gem. § 78a Abs. 4 Satz 1 BetrVG spätestens bis zum Ablauf von **zwei Wochen nach Beendigung des Berufsausbildungsverhältnisses** beim **Arbeitsgericht** beantragen, festzustellen, dass ein Arbeitsverhältnis nach § 78a Abs. 2 oder 3 BetrVG nicht begründet wird, oder das bereits nach § 78a Abs. 2 oder 3 BetrVG begründete Arbeitsverhältnis aufzulösen.

Dieser Antrag ist nur begründet, wenn Tatsachen vorliegen, aufgrund derer dem Arbeitgeber unter Berücksichtigung aller Umstände die **Weiterbeschäftigung nicht zugemutet werden kann**. Für die Feststellung der Unzumutbarkeit eine Weiterbeschäftigung ist auf den **Zeitpunkt der Beendigung des Berufsausbildungsverhältnisses** abzustellen.[73]

In dem **Beschlussverfahren** vor dem Arbeitsgericht sind der Arbeitgeber (ehemalige Ausbildende) als Antragsteller und der ehemalige Auszubildende (das Mitglied des Betriebsrats oder der Jugend- und Auszubildendenvertretung) beteiligt. Das Mitglied des Betriebsrats oder der Jugend- und Auszubildendenvertretung kann sich durch einen Rechtsanwalt vertreten lassen. Die Kosten der anwaltlichen Vertretung hat allerdings nicht der Arbeitgeber zu tragen.[74] Zudem sind gem. § 78a Abs. 4 Satz 2 BetrVG der Betriebsrat, die Bordvertretung, der Seebetriebsrat, bei Mitgliedern der Jugend- und Auszubildendenvertretung auch diese Beteiligte.

58 Die Weiterbeschäftigung kann aus **betriebsbedingten Gründen** unzumutbar sein, wenn der Arbeitgeber keinen Bedarf an der Beschäftigung eines Arbeitnehmers hat. Die Beschäftigung ist insbesondere unzumutbar, wenn im Betrieb bei der Beendigung des Berufsausbildungsverhältnisses **kein freier Arbeitsplatz** vorhanden ist, auf dem der Auszubildende mit seiner durch die Ausbildung erworbenen Qualifikation dauerhaft beschäftigt

70 *BAG* 17.2.2010 – 7 ABR 89/08, DB 2010, 1355; *BAG* 15.11.2006 – 7 ABR 15/06, NZA 2007, 1381, 1386; *BAG* 6.11.1996 – 7 ABR 54/95, NZA 1997, 783.

71 *BAG* 8.9.2010 – 7 ABR 33/09, Rn. 29, NZA 2011, 221; *BAG* 17.2.2010 – 7 ABR 89/08, DB 2010, 1355; *BAG* 16.7.2008 – 7 ABR 13/07, NZA 2009, 202, 206; *BAG* 15.11.2006 – 7 ABR 15/06, NZA 2007, 1381, 1387.

72 *BAG* 17.2.2010 – 7 ABR 89/08, DB 2010, 1355; *BAG* 16.7.2008 – 7 ABR 13/07, NZA 2009, 202; 206; *BAG* 6.11.1996 – 7 ABR 54/95, NZA 1997, 783; kritisch *Fitting*, § 78a Rn. 58, die einwenden, dass diese Vorgehensweise nicht hilft, wenn sich die Möglichkeit der Weiterbeschäftigung zu geänderten Bedingungen erst im Laufe des Beschlussverfahrens ergibt.

73 *BAG* 18.9.2019 – 7 ABR 44/17, Rn. 40, NZA 2020, 329; *BAG* 17.2.2010 – 7 ABR 89/08, DB 2010, 1355; *BAG* 16.7.2008 – 7 ABR 13/07, NZA 2009, 202, 205.

74 *BAG* 5.4.2000 – 7 ABR 6/99, NZA 2000, 1178.

werden kann.[75] Bei der Prüfung, ob ein freier Arbeitsplatz vorhanden ist, ist nach der Rechtsprechung des *BAG* auf den **Ausbildungsbetrieb**, nicht auf das Unternehmen abzustellen.[76]

Unzumutbar ist die Weiterbeschäftigung allerdings nicht deswegen, weil sich der Arbeitgeber entschließt, die im Betrieb anfallenden Arbeiten künftig **Leiharbeitnehmern** zu übertragen, weil hierdurch weder die Zahl der Arbeitsplätze noch der Beschäftigungsbedarf verändert wird.[77] Entsprechendes gilt, wenn der Arbeitgeber auf dauerhaft eingerichteten, ausbildungsadäquaten Arbeitsplätzen Leiharbeitnehmer beschäftigt. Dann kann es dem Arbeitgeber zumutbar sein, einen solchen Arbeitsplatz für den zu übernehmenden Jugend- und Ausbildungsvertreter freizumachen.[78]

Der Arbeitgeber ist, von Missbrauchsfällen abgesehen, grundsätzlich nicht gehindert, **59** durch eine **Änderung der Arbeitsorganisation** Arbeitsplätze wegfallen zu lassen.[79] Der Arbeitgeber ist andererseits nicht verpflichtet, durch eine Änderung seiner Arbeitsorganisation oder sonstige organisatorische Maßnahmen Arbeitsplätze neu zu schaffen, um einen durch § 78a BetrVG geschützten Auszubildenden weiterbeschäftigen zu können.[80]

Die Weiterbeschäftigung ist zumutbar, wenn der Arbeitgeber den Beschäftigungsbedarf **60** für einen durch § 78a BetrVG geschützten Auszubildenden dadurch hat entfallen lassen, dass er kurz vor dem für die Unzumutbarkeit maßgeblichen Zeitpunkt der Beendigung des Berufsausbildungsverhältnisses einen **Arbeitsplatz**, der sonst zu diesem Zeitpunkt frei gewesen wäre, ohne hinreichend dringende betriebliche Gründe **anderweitig besetzt**. Das gilt indes in der Regel nur, wenn der Arbeitgeber einen Arbeitsplatz anderweitig besetzt **innerhalb von drei Monaten vor dem Ende des Berufsausbildungsverhältnisses**, wie sich aus den in § 78a BetrVG geregelten Fristen ergibt.[81]

Ist umgekehrt im Zeitpunkt der Beendigung des Ausbildungsverhältnisses ein freier **61** Arbeitsplatz vorhanden, kommt es nicht darauf an, ob **künftig Arbeitsplätze wegfallen.**[82]

Die Weiterbeschäftigung kann, von betriebs- und personenbedingten Gründen abge- **62** sehen, auch aus **verhaltensbedingten Gründen** unzumutbar sein. Ein Fehlverhalten des Auszubildenden führt nur dann zur Unzumutbarkeit der Weiterbeschäftigung, wenn es sich als grobe Verletzung der Ausbildungspflichten darstellt, das die Befürchtung rechtfertigt, der Auszubildende werde auch im Arbeitsverhältnis in grober Weise gegen seine Pflichten aus dem Arbeitsvertrag verstoßen. Hierfür bedarf es einer umfassenden Würdigung aller Umstände. In Betracht kommen etwa Straftaten, Tätlichkeiten, beharrliche Arbeitsverweigerung, hartnäckige unberechtigte Arbeitsversäumnis, schwere Verstöße

---

75 *BAG* 17.2.2010 – 7 ABR 89/08, DB 2010, 1355; *BAG* 15.11.2006 – 7 ABR 15/06, NZA 2007, 1381, 1383; *BAG* 12.11.1997 – 7 ABR 73/96, NZA 1998, 1057.

76 *BAG* 15.11.2006 – 7 ABR 15/06, NZA 2007, 1381, 1383; a. A.: *LAG Köln* 18.3.2004 – 10 TaBV 74/03, DB 2004, 1374; DKW/*Bachner*, BetrVG, § 78a Rn. 32a; *Fitting*, § 78a Rn. 54; HaKo-BetrVG/*Lorenz*, § 78a Rn. 34; *Richardi/Thüsing*, BetrVG, § 78a Rn. 43.

77 *BAG* 16.7.2008 – 7 ABR 13/07, NZA 2009, 202.

78 *BAG* 17.2.2010 – 7 ABR 89/08, DB 2010, 1355.

79 *BAG* 17.2.2010 – 7 ABR 89/08, DB 2010, 1355; *BAG* 16.7.2008 – 7 ABR 13/07, NZA 2009, 202, 204; *BAG* 12.11.1997 – 7 ABR 73/96, NZA 1998, 1057.

80 *BAG* 17.2.2010 – 7 ABR 89/08, DB 2010, 1355; *BAG* 16.7.2008 – 7 ABR 13/07, NZA 2009, 202, 204; *BAG* 6.11.1996 – 7 ABR 54/95, NZA 1997, 783.

81 *BAG* 17.2.2010 – 7 ABR 89/08, DB 2010, 1355; *BAG* 16.7.2008 – 7 ABR 13/07, NZA 2009, 202, 205; *BAG* 12.11.1997 – 7 ABR 63/96, NZA 1998, 1056.

82 *BAG* 17.2.2010 – 7 ABR 89/08, DB 2010, 1355; *BAG* 16.7.2008 – 7 ABR 13/07, NZA 2009, 202; 205; *BAG* 16.8.1995 – 7 ABR 52/94, NZA 1996, 493.

gegen die betriebliche Ordnung.[83] Der Arbeitgeber ist nicht gehindert, sich zur Begründung der Unzumutbarkeit der Weiterbeschäftigung auf Vorgänge zu berufen, die bereits Gegenstand einer im Ausbildungsverhältnis ausgesprochenen Abmahnung waren. Eine solche Abmahnung bezog auf das Ausbildungsverhältnis, das nur von vorübergehender Dauer ist und dessen Abschluss der Arbeitgeber dem Auszubildenden ggf. trotz eines erheblichen Fehlverhaltens ermöglichen will. Bei der Auflösung nach § 78a Abs. 4 BetrVG geht es hingegen darum, ob eine dauerhafte Beschäftigung in einem Arbeitsverhältnis für den Arbeitgeber unzumutbar ist. Es kann in der Regel nicht davon ausgegangen werden, dass sich der Arbeitgeber dieser Gestaltungsmöglichkeit begeben will, wenn er dem Beschäftigten während des Ausbildungsverhältnisses eine Abmahnung erteilt.[84]

6. Vergleichbare Regelung im öffentlichen Dienst

63 Eine entsprechende Regelung wie in § 78a BetrVG für die Privatwirtschaft gibt es für den **öffentlichen Dienst** in § 56 BPersVG für die Beschäftigten bei den Bundesbehörden sowie in den Personalvertretungsgesetzen der Bundesländer.

64 Die Regelung gilt ausschließlich für Auszubildende und die Begründung von Arbeitsverhältnissen, nicht für Beamte auf Widerruf.[85] Es gelten grundsätzlich ähnliche Maßstäbe wie bei § 78a BetrVG. Für das Weiterbeschäftigungsverlangen gilt die strenge gesetzliche Schriftform (§ 126 Abs. 1 BGB).[86] Der Schutz gilt auch dann, wenn der Auszubildende erst kurz vor Ende der Ausbildung zum Mitglied der Jugend- und Auszubildendenvertretung gewählt worden ist.[87] Zwischen dem wegen zeitweiliger Verhinderung nachgerückten **Ersatzmitglied** der Jugend- und Auszubildendenvertretung und dem öffentlichen Arbeitgeber kommt ein Arbeitsverhältnis zustande, wenn der Vertretungsfall innerhalb des letzten Jahres vor Ausbildungsende stattgefunden und das Ersatzmitglied innerhalb der letzten drei Monate vor Ausbildungsende seine Weiterbeschäftigung beantragt hat.[88]

65 Nach der Rechtsprechung des Bundesverwaltungsgerichts (BVerwG) ist die Fortsetzung des Arbeitsverhältnisses für den öffentlichen Arbeitgeber insbesondere dann unzumutbar, wenn dieser dem Mandatsträger keinen **auf Dauer angelegten Arbeitsplatz** zum Zeitpunkt der Beendigung der Berufsausbildung bereitstellen kann, der dessen Ausbildung entspricht und ihn sowohl hinsichtlich der rechtlichen Ausgestaltung des Arbeitsverhältnisses als auch hinsichtlich der Vergütung und der beruflichen Entwicklungsmöglichkeiten einem Beschäftigten gleichstellt, der vom Arbeitgeber für eine vergleichbare Tätigkeit ausgewählt und eingestellt worden ist.[89] Ein Arbeitsplatz ist auch dann ausbildungsadäquat, wenn seine Anforderungen außer einer Ausbildung in einem anerkannten Ausbildungsberuf eine kurzfristig erreichbare Zusatzqualifikation vorsehen.[90] Der Normalfall ist, dass ein freier Dauerarbeitsplatz (Vollzeitstelle) zur Verfügung stehen muss. In Fällen, in denen der Jugendvertreter (hilfsweise) sein Einverständnis mit der Weiterbeschäftigung zu geänderten Arbeitsbedingungen erklärt hat, kann es der Schutzzweck der gesetzlichen Regelung gebieten, dass der öffentliche Arbeitgeber auf derartige

---

83 *BAG* 18.9.2019 – 7 ABR 44/17, Rn. 40, NZA 2020, 329.
84 *BAG* 18.9.2019 – 7 ABR 44/17, Rn. 44, NZA 2020, 329.
85 *BVerwG* 30.5.2012 – 6 PB 7/12, PersR 2012, 383 = NZA-RR 2013, 55; das ist verfassungsrechtlich nicht zu beanstanden: *BVerfG* 21.3.2015 – 1 BvR 2031/12, NZA-RR 2015, 669.
86 *BVerwG* 18.8.2010 – 6 P 15/09, PersR 2010, 488 = NZA-RR 2011, 51.
87 *BVerwG* 22.9.2009 – 6 PB 26/09, NZA-RR 2010, 222.
88 *BVerwG* 1.10.2013 – 6 P 6/13, PersR 2014, 173 = NZA-RR 2014, 103.
89 *BVerwG* 17.5.2000 – 6 P 9/99, PersR 2000, 421.
90 *BVerwG* 24.5.2012 – 6 PB 5/12, PersR 2012, 378 = NZA-RR 2012, 669.

Änderungswünsche eingeht. Voraussetzung dafür ist, dass der Jugendvertreter dem öffentlichen Arbeitgeber frühzeitig zu erkennen gibt, zu welchen abweichenden Arbeitsbedingungen er sich seine Weiterbeschäftigung vorstellt.[91]

Darüber, ob in der Ausbildungsdienststelle ein geeigneter und besetzbarer Arbeitsplatz zur Verfügung steht, hat primär der **Haushaltsgesetzgeber** zu entscheiden. Da es um die Begründung eines Arbeitsverhältnisses geht, muss also ein freier Dauerarbeitsplatz zur Verfügung stehen. Auf Beamtenstellen kommt es nicht an. Diese haushaltsrechtliche Rechtslage wird durch den Schutzzweck der Regelung im Personalvertretungsgesetz nach der Rechtsprechung des BVerwG nicht modifiziert. Der Schutzzweck geht dahin, den Jugendvertreter vor den nachteiligen Folgen seiner Amtsausübung zu schützen und die Kontinuität der Gremienarbeit sicherzustellen. Dieser Schutzzweck werde durch das Haushaltsrecht nicht berührt. Ebenso wenig wie vom öffentlichen Arbeitgeber verlangt werde, zugunsten von Jugendvertretern ausbildungsadäquate Dauerarbeitsplätze zu schaffen oder zu erhalten, beeinträchtige der Weiterbeschäftigungsschutz die Freiheit des öffentlichen Arbeitgebers, darüber zu entscheiden, in welchem Umfang er die ihm obliegenden öffentlichen Aufgaben jeweils mit Beamten oder Arbeitnehmern erfüllen will.[92] Die Weiterbeschäftigung eines Jugendvertreters ist unzumutbar, wenn der Haushaltsgesetzgeber eine **Stellenbesetzungssperre** verhängt und Ausnahmen der Sache nach auf Fälle eines unabweisbaren vordringlichen Personalbedarfs beschränkt hat, ohne dass der Jugendvertreter von der Ausnahmeregelung erfasst wird.[93] Entsprechendes gilt, wenn ein ausbildungsadäquater Dauerarbeitsplatz, der von einem rechtswirksamen Einstellungsstopp betroffen ist, mit einem Arbeitnehmer aus dem Personalüberhang besetzt wird und deshalb nicht mehr zur Verfügung steht.[94] 66

Eine Weiterbeschäftigung von Jugend- und Auszubildendenvertretern ist für den öffentlichen Arbeitgeber trotz Vorhandenseins eines ausbildungsadäquaten Arbeitsplatzes nicht zumutbar, wenn andere Bewerber um diesen Arbeitsplatz **objektiv wesentlich fähiger und geeigneter** sind als der Jugend- und Auszubildendenvertreter. Das ist der Fall, wenn der Jugend- und Auszubildendenvertreter in der maßgeblichen Abschlussprüfung um deutlich mehr als eine volle Notenstufe schlechter abgeschnitten hat als der schwächste sonstige Bewerber, den der öffentliche Arbeitgeber sonst in ein Dauerarbeitsverhältnis übernehmen würde. Die Differenz muss mindestens das 1,33-fache dieser Notenstufe betragen.[95] 67

Grundsätzlich kommt es darauf an, ob im **Zeitpunkt des erfolgreichen Abschlusses der Berufsausbildung** ein ausbildungsgerechter freier Dauerarbeitsplatz zu Verfügung steht. Nach diesem Zeitpunkt frei werdende Arbeitsplätze sind nicht zu berücksichtigen.[96] Der Arbeitgeber ist aber nicht gehalten, besondere Vorkehrungen zu treffen, um einem Mitglied der Jugend- und Auszubildendenvertretung auf dessen Verlangen einen geeigneten Arbeitsplatz zur Verfügung stellen zu können.[97] Die Weiterbeschäftigung eines 68

91 *BVerwG* 18.1.2012 – 6 PB 21/11, PersR 2012, 121 = NZA-RR 2012, 336.
92 *BVerwG* 8.7.2013 – 6 PB 11/13, PersR 2013, 421 = NZA-RR 2013, 559.
93 *BVerwG* 30.5.2007 – 6 PB 1/07, PersR 2007, 355; *BVerwG* 13.9.2001 – 6 P 9/01, PersR 2001, 524 = NZA-RR 2002, 388.
94 *BVerwG* 6.9.2011 – 6 PB 10/11, NZA-RR 2012, 108; *BVerwG* 4.6.2009 – 6 P 6/09, PersR 2009, 370 = NZA-RR 2009, 568.
95 *BVerwG* 17.5.2000 – 6 P 9/99, PersR 2000, 421; *BVerwG* 9.9.1999 – 6 P 5/98, BVerwGE 109, 295 = PersR 2000, 156; *BVerwG* 9.9.1999 – 6 P 4/98, NZA 2000, 443.
96 *BVerwG* 19.1.2009 – 6 P 1/08, PersR 2009, 205 = NZA-RR 2009, 228; *BVerwG* 29.3.2006 – 6 PB 2/06, PersR 2006, 308 = NZA-RR 2006, 501.
97 *BVerwG* 15.10.1985 – 6 P 13/84, NJW 1986, 1825 = PersR 1986, 173.

Jugendvertreters kann auch dann zumutbar sein, wenn **innerhalb von drei Monaten vor Ende des Ausbildungsverhältnisses** ein frei werdender Arbeitsplatz besetzt wird und dringende betriebliche Erfordernisse die sofortige Besetzung nicht gebieten.[98]

69 Für die Frage, ob ein ausbildungsadäquater Dauerarbeitsplatz für ein Mitglied der *örtlichen* Jugend- und Auszubildendenvertretung zur Verfügung steht, kommt es nur an auf freie Arbeitsplätze in der **Ausbildungsdienststelle**, für ein Mitglied der Stufen-Jugend- und Auszubildendenvertretung kommt es an auf alle Dienststellen im Geschäftsbereich der übergeordneten Dienststelle.[99]

§ 25 Unabdingbarkeit

Eine Vereinbarung, die zuungunsten Auszubildender von den Vorschriften dieses Teils des Gesetzes abweicht, ist nichtig.

Inhaltsübersicht

I. Überblick

1 § 25 BBiG sichert den **zwingenden Charakter der vertragsrechtlichen Vorschriften** des BBiG, also der §§ 10 bis 24. Die Norm gilt auch für die Ausbildung im **Handwerk**. Von den gesetzlichen Vorgaben darf nicht abgewichen werden. Geschieht dies gleichwohl, sind die abweichenden Vereinbarungen, soweit die Abweichung zuungunsten der Auszubildenden wirkt, nichtig (unwirksam). Die Vertragsfreiheit wird zugunsten Auszubildenden begrenzt. Es um den Schutz der schwächeren Vertragspartei. Die Folgen im Einzelnen sind bei den einzelnen gesetzlichen Vorschriften erläutert.

2 § 25 BBiG regelt die Unabdingbarkeit der vertragsrechtlichen Normen des BBiG. Die anderen Vorschriften des BBiG, insbesondere über die Ordnung der Berufsausbildung, die Anerkennung von Ausbildungsberufen, die Eignung von Ausbildungsstätte und Ausbildungspersonal, das Verzeichnis der Berufsausbildungsverhältnisse, das Prüfungswesen und die Organisation der Berufsbildung, sind ohnedies nicht der vertraglichen Vereinbarung zugänglich, weil es sich um zwingende Normen des öffentlichen Rechts handelt, über die die Bürger als Normunterworfene nicht disponieren können.

II. Vereinbarungen zuungunsten der Auszubildenden

3 Unwirksam sind alle Vereinbarungen, die zuungunsten Auszubildender von den §§ 10 bis 24 BBiG abweichen. Das sind nicht nur individualvertragliche Vereinbarungen, sondern auch kollektivvertragliche, also **Betriebsvereinbarungen**, **Dienstvereinbarungen** und **Tarifverträge**.[1] Vereinbarungen, die »zuungunsten« Auszubildender von den §§ 10 bis 24 BBiG abweichen, sind unwirksam.

98 *BVerwG* 1.11.2005 – 6 P 3/05, NZA-RR 2006, 218; *VGH München* 15.11.2022, 17 P 22/21, NZA-RR 2023, 104.

99 *BVerwG* 19.1.2009 – 6 P 1/08, NZA-RR 2009, 228; *BVerwG* 1.11.2005 – 6 P 3/05, NZA-RR 2006, 218.

1 *Benecke/Hergenröder*, BBiG, § 25 Rn. 2; Wohlgemuth/*Pepping*, BBiG, § 25 Rn. 5.

Eine **Abweichung zugunsten Auszubildender** ist **zulässig** (vgl. im Einzelnen die Kommentierung der Vorschriften). Für den erforderlichen »Günstigkeitsvergleich« (Abweichung zugunsten/zuungunsten Auszubildender) ist abzustellen auf die jeweilige Gesetzesvorschrift, von der abgewichen wird.[2] Wird etwa eine unangemessene (zu niedrige) Ausbildungsvergütung (§ 17 BBiG) vereinbart, kann das nicht dadurch kompensiert werden, dass ein Urlaubsanspruch vereinbart wird, der oberhalb des gesetzlichen Mindesturlaubs (der nicht im BBiG, sondern im BUrlG geregelt ist) liegt. 4

III. Rechtsfolgen und Verhältnis zum Kontrollrecht der zuständigen Stelle

Abweichende vertragliche Vereinbarungen zuungunsten Auszubildender sind kraft Gesetzes unwirksam. Zugunsten der Auszubildenden gelten die gesetzlichen Vorgaben, soweit sich hieraus positive Ansprüche ableiten lassen. Diese Ansprüche sind aber im Einzelfall von den Auszubildenden durchzusetzen. Wird etwa eine nicht angemessene Vergütung (§ 17 BBiG) vereinbart oder faktisch nur gezahlt, steht dem Auszubildenden zwar eine höhere Vergütung kraft Gesetzes zu, er müsste sie aber im Einzelfall, wird sie nicht freiwillig gezahlt, einklagen. Ein Klagerecht etwa der zuständigen Stelle oder der Gewerkschaften oder des Betriebsrats an Stelle des Auszubildenden besteht nicht. 5

Unklar ist das Verhältnis dieser individual-rechtlichen Norm zur **Eintragung des Berufsausbildungsverhältnisses in das Verzeichnis der Berufsausbildungsverhältnisse**. Die zuständige Stelle hat für anerkannte Ausbildungsberufe ein Verzeichnis der Berufsausbildungsverhältnisse einzurichten und zu führen, in das der Berufsausbildungsvertrag einzutragen ist (§ 34 BBiG). Die Eintragung in das Verzeichnis der Berufsausbildungsverhältnisse ist Voraussetzung für die Zulassung zur Abschlussprüfung (§ 43 Abs. 1 Nr. 3 BBiG). Die Eintragung ist abzulehnen, wenn die Eintragungsvoraussetzungen nicht vorliegen (§ 35 Abs. 2 Satz 1 BBiG). Eintragungsvoraussetzung ist unter anderem, dass der Berufsausbildungsvertrag dem BBiG entspricht (§ 35 Abs. 1 Nr. 1 BBiG). 6

Nach dem alten BBiG war die Rechtsprechung davon ausgegangen, dass es an dieser Eintragungsvoraussetzung fehlt, wenn die nach dem Ausbildungsvertrag vorgesehene **Ausbildungsvergütung** im Sinne des § 17 Abs. 1 BBiG nicht angemessen ist. Die Prüfungsmöglichkeiten für die zuständige Stelle waren insoweit eingeschränkt, als diese nicht im Rahmen einer ihr eingeräumten Beurteilungsermächtigung befugt war, verbindliche Mindestsätze für die Ausbildungsvergütung festzusetzen und die Eintragung in das Verzeichnis von der Anerkennung der von ihr festgelegten oder zukünftig beschlossenen Mindestsätze abhängig zu machen. Die »Angemessenheit« der Vergütung war vielmehr nach der Verkehrsauffassung zu beurteilen gewesen.[3] 7

Nach § 35 BBiG ist allerdings davon auszugehen, dass die zuständige Stelle *nicht* befugt ist, die Angemessenheit der Ausbildungsvergütung zu prüfen, weil diese nicht als »wesentlicher Inhalt« der einzutragenden Daten (§ 34 Abs. 2 BBiG) genannt ist. Vielmehr obliegt es den Vertragsparteien (Auszubildenden und Ausbildenden) im Rahmen ihrer privatrechtlichen Beziehung die Höhe der Ausbildungsvergütung zu vereinbaren. Ob diese »angemessen« ist im Sinne des § 17 Abs. 1 BBiG unterliegt der (gerichtlichen) Prüfung, allerdings nur, wenn der Auszubildende einen Rechtsstreit (vor dem Arbeitsgericht) einleitet. Das bedeutet, dass die zuständige Stelle nicht die Eintragung in das Verzeichnis der 8

---

2 *Benecke/Hergenröder*, BBiG, § 25 Rn. 5.

3 *BVerwG* 26.3.1981 – 5 C 50/80, BVerwGE 62, 117 = NJW 1981, 2209; *BVerwG* 20.5.1986 – 1 C 12/86, GewArch 1986, 305 = NVwZ 1987, 411.

Berufsausbildungsverhältnisse deshalb ablehnen kann, weil sie die Ausbildungsvergütung für unangemessen niedrig hält.[4]

9 Damit wird aber nicht etwa der Schutz der Auszubildenden beeinträchtigt. Zwar sind diese darauf verwiesen, individuell ihren Anspruch auf angemessene Ausbildungsvergütung gelten zu machen. Würde das Berufsausbildungsverhältnis jedoch nicht in das Verzeichnis der Berufsausbildungsverhältnisse eingetragen, wären die Rechtsfolgen viel gravierender. Faktisch könnten sie nämlich die Ausbildung in diesem Berufsausbildungsverhältnis gar nicht aufnehmen, weil sie bei Nichteintragung nicht zur Abschlussprüfung zugelassen würden. Von daher wäre eine Nichteintragung auch nicht mit dem Schutzzweck des BBiG vereinbar.

10 Nach der Einführung der **Mindestausbildungsvergütung** (§ 17 Abs. 2 BBiG) zum 1. 1. 2020 ist das wiederum teilweise anders zu beurteilen. Da in dem ebenfalls neu gefassten § 34 BBiG die »bei Abschluss des Berufsausbildungsvertrages vereinbarte Vergütung für jedes Ausbildungsjahr« (§ 34 Abs. 2 Nr. 7 BBiG) ausdrücklich in das Verzeichnis der Berufsausbildungsverhältnisse einzutragen ist, ist die »Vergütung« (gemeint ist wohl die Höhe der Vergütung) ausdrücklich eintragungspflichtig. Da Voraussetzung für die Eintragung ist, dass der Berufsausbildungsvertrag dem BBiG entspricht (§ 35 Abs. 1 Nr. 1 BBiG), wird damit auf sämtliche Vorschriften des BBiG verwiesen. Die **Kontrollpflicht der zuständigen Stellen** bezieht sich damit zumindest auf sämtliche nach § 101 BBiG bußgeldbewehrten Handlungspflichten. Gem. § 101 Abs. 1 Nr. 5 BBiG handelt ordnungswidrig, wer entgegen § 18 Abs. 3 Satz 1 BBiG die Mindestausbildungsvergütung (§ 17 Abs. 2 BBiG) nicht, nicht richtig, nicht vollständig oder nicht rechtzeitig zahlt. Deshalb ist die Eintragung in das Verzeichnis der Berufsausbildungsverhältnisse jedenfalls dann abzulehnen, wenn die »bei Abschluss des Berufsausbildungsvertrages vereinbarte Vergütung« (§ 34 Abs. 2 Nr. 7 BBiG) die Mindestausbildungsvergütung (§ 17 Abs. 2 BBiG) unterschreitet.[5]

§ 26 Andere Vertragsverhältnisse

Soweit nicht ein Arbeitsverhältnis vereinbart ist, gelten für Personen, die eingestellt werden, um berufliche Fertigkeiten, Kenntnisse, Fähigkeiten oder berufliche Erfahrungen zu erwerben, ohne dass es sich um eine Berufsausbildung im Sinne dieses Gesetzes handelt, die §§ 10 bis 16 und § 17 Absatz 1, 6 und 7 sowie die §§ 18 bis 23 und 25 mit der Maßgabe, dass die gesetzliche Probezeit abgekürzt, auf die Vertragsabfassung verzichtet und bei vorzeitiger Lösung des Vertragsverhältnisses nach Ablauf der Probezeit abweichend von § 23 Abs. 1 Satz 1 Schadensersatz nicht verlangt werden kann.

Inhaltsübersicht Rn.

4 Anders aber *Vogt*, BWP 6/2011, S. 52f. in Erwiderung auf *Lakies*, BWP 4/2011, S. 58.
5 Vgl. Wohlgemuth/*Pepping*, BBiG, § 35 Rn. 7.

I. Überblick

§ 26 BBiG enthält eine Sonderregelung für sog. andere Vertragsverhältnisse. Die Regelung gilt für Personen, die eingestellt werden, um berufliche Fertigkeiten, Kenntnisse, Fähigkeiten oder berufliche Erfahrungen zu erwerben, wobei es sich allerdings nicht um eine Berufsausbildung im Sinne des BBiG handelt. Für Berufsausbildungsverhältnisse gilt nämlich unmittelbar das BBiG. Zudem darf auch nicht ein Arbeitsverhältnis vereinbart sein. In dem Fall gelten unmittelbar die arbeitsrechtlichen Normen. Es geht also um Personen, die **weder Arbeitnehmer noch Auszubildende** im Sinne des § 1 Abs. 3, § 10 BBiG sind.[1] 1

Die Personen, die in einem anderen Vertragsverhältnis im Sinne des § 26 BBiG beschäftigt werden, sind in aller Regel **Arbeitnehmer i. S. d. § 5 BetrVG** und im Sinne des Personalvertretungsrechts.[2] Der Betriebsrat ist also auch für diese Personen zuständig und sie sind gegebenenfalls auch wahlberechtigt und wählbar. Insbesondere gilt bei Einstellung von Personen im Sinne des § 26 BBiG das Mitbestimmungsrecht des Betriebsrats bei der Einstellung (§ 99 BetrVG).[3] 2

II. Erfasste Vertragsverhältnisse

§ 26 BBiG gilt für Personen, die eingestellt werden, um berufliche Fertigkeiten, Kenntnisse, Fähigkeiten oder berufliche Erfahrungen zu erwerben, wobei es sich allerdings nicht um eine Berufsausbildung i. S. d. BBiG handelt. Für Berufsausbildungsverhältnisse gilt unmittelbar das BBiG. Zudem darf auch kein Arbeitsverhältnis vereinbart sein. In dem Fall gelten die arbeitsrechtlichen Normen. Es geht also um Personen, die **weder Arbeitnehmer noch Auszubildende** sind. § 26 BBiG betrifft: 3

- Personen, die eingestellt werden, um berufliche Fertigkeiten, Kenntnisse, Fähigkeiten oder berufliche Erfahrungen zu erwerben,
- ohne dass es sich um eine Berufsausbildung handelt (§§ 1 Abs. 3, 10 BBiG), und
- es darf kein Arbeitsverhältnis vereinbart sein.

Andere Vertragsverhältnisse im Sinne des § 26 BBiG sind insbesondere die Rechtsverhältnisse von Anlernlingen, Praktikanten oder Volontären. Da diese Personen gem. § 26 BBiG »eingestellt« werden müssen, ist in jedem Fall erforderlich, dass sie einem gewissen Mindestmaß am Betriebszweck mitwirken.[4] Es genügt nicht, wenn Personen im Betrieb nur betreut und über Betriebsabläufe allgemein informiert werden.[5] 4

Ein anderes Vertragsverhältnis im Sinne des § 26 BBiG besteht bei der betrieblichen **Berufsausbildungsvorbereitung** (vgl. § 68 Rn. 14). Für die berufliche **Fortbildung** (vgl. § 53 5

1 *Benecke/Hergenröder*, BBiG, § 26 Rn. 1.
2 *Benecke/Hergenröder*, BBiG, § 26 Rn. 25.
3 *Taubert*, BBiG, § 26 Rn. 47.
4 *BAG* 17.7.2007 – 9 AZR 1031/06, NZA 2008, 416.
5 *Benecke/Hergenröder*, BBiG, § 26 Rn. 4.

BBiG) und die berufliche **Umschulung** (vgl. § 58 BBiG) findet § 26 BBiG dagegen *keine* Anwendung, weil die Norm in erster Linie solche Vertragsverhältnisse erfasst, in denen *erstmals* berufliche Fertigkeiten, Kenntnisse, Fähigkeiten angeeignet werden sollen. Das ist bei der Fortbildung und Umschulung gerade nicht der Fall.[6]

1. Abgrenzung zum Arbeitsverhältnis und zur Berufsausbildung

6 Ein anderes Vertragsverhältnis besteht nach dem Eingangssatzteil von § 26 BBiG *nicht*, wenn die Parteien ein **Arbeitsverhältnis** vereinbart haben. § 26 BBiG gilt deshalb nur für solche Personen, die sich nicht wie in einem Arbeitsverhältnis überwiegend zur Leistung von Arbeit nach Weisung des Arbeitgebers verpflichtet haben, sondern bei denen der **Lernzweck** (Ausbildungszweck) im Vordergrund steht.[7]

Die **Ausbildung für einen anerkannten Ausbildungsberuf** darf nur nach der Ausbildungsordnung durchgeführt werden (§ 4 Abs. 2 BBiG). Das hat zur Folge, das für einen anerkannten Ausbildungsberuf die Ausbildung zwingend in einem **Berufsausbildungsverhältnis** stattzufinden hat, es dürfen nicht etwa andere Vertragsverhältnisse, ein »Anlernvertrag« oder ähnliches vereinbart werden.[8] Gleichwohl vereinbarte »Anlernverträge« für einen anerkannten Ausbildungsberuf sind entsprechend den Regeln über das Arbeitsverhältnis auf fehlerhafter Vertragsgrundlage (sog. faktisches Arbeitsverhältnis) wie ein Arbeitsverhältnis zu behandeln, mit den entsprechenden vergütungsrechtlichen Konsequenzen (ortsübliche Vergütung wie im Arbeitsverhältnis, § 612 Abs. 2 BGB).[9]

7 Seit einiger Zeit wird über die rechtliche Einordnung von sog. **»Einfühlungsverhältnissen«** diskutiert. Dabei soll es sich um unentgeltliche Probearbeiten handeln, teilweise ist auch von **»Schnupperverhältnissen«** die Rede. Da ein Ausbildungszweck nicht intendiert ist, stellen sich keine Abgrenzungsfragen zum Volontär und Praktikanten. Vielmehr geht es darum, ob nicht ein »verschleiertes« Arbeitsverhältnis vorliegt, weil eine unentgeltliche Arbeitsleistung gem. §§ 611a, 612 BGB rechtlich nicht vorgesehen ist. Zweck des Einfühlungsverhältnisses soll das Kennenlernen des Arbeitsplatzes sein und die Klärung, ob der Betreffende in den Betrieb »passt«. Der Betreffende werde in den Betrieb aufgenommen ohne Pflichten zu übernehmen. Im Rahmen der Vertragsfreiheit soll ein Einfühlungsverhältnis zulässig sein, wenn der Betreffende keine Pflicht zur Arbeitsleistung hat, keinem Weisungsrecht des potenziellen Arbeitgebers unterliegt und maximal für die Dauer von einer Woche eingegangen wird.[10]

8 **Arbeitnehmer** ist, wer aufgrund eines privatrechtlichen Vertrages im Dienst eines anderen zur Leistung weisungsgebundener, fremdbestimmter Arbeit in persönlicher Abhängigkeit verpflichtet ist. Der Arbeitnehmer erbringt seine vertraglich geschuldete Leistung im Rahmen einer von Dritten bestimmten Arbeitsorganisation. Seine Eingliederung in die Arbeitsorganisation zeigt sich insbesondere darin, dass er einem Weisungsrecht unterliegt, das Inhalt, Durchführung, Zeit, Dauer und Ort der Tätigkeit betreffen kann.

---

6 *BAG* 12.2.2013 – 3 AZR 120/11, NZA 2014, 31; *BAG* 15.3.1991 – 2 AZR 516/90, NZA 1992, 452.

7 *BAG* 5.12.2002 – 6 AZR 216/01, DB 2004, 141.

8 *BAG* 27.7.2010 – 3 AZR 317/08.

9 *BAG* 27.7.2010 – 3 AZR 317/08.

10 Vgl. *Bertzbach*, FA 2002, 340 ff.; *Löw*, RdA 2007, 124 ff.; *Maties*, RdA 2007, 135, 141 f.; Wohlgemuth/*Pepping* BBiG, § 26 Rn. 36; weitergehend *Dollmann*, ArbRB 2006, 306 ff. (auch mehrere Wochen sind zulässig, zwei Monate indes »eindeutig zu lang«).

Für die Frage, wer als Arbeitnehmer tätig ist, gelten die allgemeinen Abgrenzungskriterien.[11] Arbeitnehmer ist, wer aufgrund eines privatrechtlichen Vertrages im Dienste eines anderen zur Leistung weisungsgebundener, fremdbestimmter Arbeit in persönlicher Abhängigkeit verpflichtet ist.[12] Der Arbeitnehmer erbringt seine vertraglich geschuldete Leistung im Rahmen einer von Dritten vorgegebenen Arbeitsorganisation. Seine Eingliederung in die Arbeitsorganisation zeigt sich darin, dass er einem **Weisungsrecht** unterliegt, das Inhalt, Ausführung, Zeit, Dauer und Ort der Tätigkeit betreffen kann. Arbeitnehmer ist derjenige Mitarbeiter, der nicht im Wesentlichen frei seine Tätigkeit gestalten und seine Arbeitszeit bestimmen kann. Der Grad der persönlichen Abhängigkeit hängt dabei auch von der Eigenart der jeweiligen Tätigkeit ab. Letztlich kommt es für die Beantwortung der Frage, welches Rechtsverhältnis im konkreten Fall vorliegt, auf eine Gesamtwürdigung aller maßgebenden Umstände des Einzelfalls an. Der jeweilige Vertragstyp ergibt sich aus dem wirklichen Geschäftsinhalt. Die zwingenden gesetzlichen Regelungen für Arbeitsverhältnisse können nicht dadurch abbedungen werden, dass die Parteien ihrem Arbeitsverhältnis eine andere Bezeichnung geben. Der **objektive Geschäftsinhalt** ist den ausdrücklich getroffenen Vereinbarungen und der praktischen Durchführung des Vertrages zu entnehmen. Widersprechen sich Vereinbarung und tatsächliche Durchführung, ist Letztere maßgebend.[13]

Im Zusammenhang mit Änderungen bei der Leiharbeit und Werkverträgen wurde der Begriff des Arbeitnehmers in § 611a Abs. 1 BGB definiert.[14] Die Regelung hat folgenden Wortlaut:

»Durch den Arbeitsvertrag wird der Arbeitnehmer im Dienste eines anderen zur Leistung weisungsgebundener, fremdbestimmter Arbeit in persönlicher Abhängigkeit verpflichtet. Das Weisungsrecht kann Inhalt, Durchführung, Zeit und Ort der Tätigkeit betreffen. Weisungsgebunden ist, wer nicht im Wesentlichen frei seine Tätigkeit gestalten und seine Arbeitszeit bestimmen kann. Der Grad der persönlichen Abhängigkeit hängt dabei auch von der Eigenart der jeweiligen Tätigkeit ab. Für die Feststellung, ob ein Arbeitsvertrag vorliegt, ist eine Gesamtbetrachtung aller Umstände vorzunehmen. Zeigt die tatsächliche Durchführung des Vertragsverhältnisses, dass es sich um ein Arbeitsverhältnis handelt, kommt es auf die Bezeichnung im Vertrag nicht an.«

Demgegenüber ist ein **Praktikant** in aller Regel vorübergehend in einem Betrieb praktisch tätig, um sich die zur Vorbereitung auf einen Beruf notwendigen praktischen Kenntnisse und Erfahrungen anzueignen. Allerdings findet in einem Praktikantenverhältnis keine systematische Berufsausbildung statt. Vielmehr ist ein Praktikum häufig Teil einer Gesamtausbildung und wird beispielsweise für die Zulassung zum Studium oder Beruf benötigt. Demnach steht bei einem Praktikantenverhältnis ein **Ausbildungszweck** im

11 Vgl. zu diesen *Ulber*, in: Deinert/Wenckebach/Zwanziger, Arbeitsrecht, § 3 Rn. 1 ff.

12 Vgl. nur *BAG* 14.6.2016 – 9 AZR 305/15, Rn. 15, NZA 2016, 1453; *BAG* 11.8.2015 – 9 AZR 98/14, Rn. 16, NZA-RR 2016, 288; *BAG* 29.8.2012 – 10 AZR 499/11, Rn. 14, NZA 2014, 1433.

13 Vgl. nur *BAG* 14.6.2016 – 9 AZR 305/15, Rn. 15, NZA 2016, 1453; *BAG* 11.8.2015 – 9 AZR 98/14, Rn. 16, NZA-RR 2016, 288; *BAG* 15.2.2012 – 10 AZR 301/10, Rn. 13, NZA 2012, 731.

14 Gesetz zur Änderung des Arbeitnehmerüberlassungsgesetzes und anderer Gesetze vom 21.2.2017 (BGBl. I S. 258), das am 1.4.2017 in Kraft getreten ist. Art. 2 dieses Gesetzes regelt den neuen § 611a BGB.

Vordergrund.[15] Die Vergütung ist der Höhe nach deshalb auch eher eine Aufwandsentschädigung oder Beihilfe zum Lebensunterhalt.[16]

9 Zwar stellen auch Personen, die zur Ausbildung eingestellt sind, in einem gewissen Umfang ihre Arbeitskraft nach Weisung der Arbeitgeber zur Verfügung. Wesentlicher Inhalt und Schwerpunkt ihres Vertragsverhältnisses ist jedoch die Ausbildung für eine spätere qualifiziertere Tätigkeit. Es kommt auf die Gewichtung der vertraglichen Pflichten an. Wenn in dem Vertragsverhältnis die **Arbeitsleistung im Vordergrund** steht, nicht der Ausbildungszweck, liegt (unabhängig davon, wie der Vertrag bezeichnet ist) objektiv ein Arbeitsverhältnis vor mit der Folge, dass die allgemeinen arbeitsrechtlichen Normen Anwendung finden.[17] Die Vereinbarung einer niedrigen »Praktikumsvergütung« ist in solchen Fällen unwirksam und es besteht ein Anspruch auf eine übliche Arbeitsvergütung (§ 612 Abs. 2 BGB).[18]

10 Für die Abgrenzung eines Arbeitsverhältnisses von einem anderen Vertragsverhältnis im Sinne des § 26 BBiG ist nicht die Bezeichnung des Vertragsverhältnisses maßgeblich, sondern der Zweck der Tätigkeit und die tatsächliche Vertragshandhabung. Ist die Person (ob sie nun als »Volontär« oder »Praktikant« oder Ähnliches bezeichnet wird) nach der tatsächlichen Vertragshandhabung wie ein **Arbeitnehmer** in das betriebliche Geschehen eingegliedert und unterliegt diese wie ein Arbeitnehmer einem Weisungsrecht des Vertragspartners, ist derjenige nach der objektiven Rechtslage als Arbeitnehmer anzusehen, mit der Folge, dass alle arbeitsrechtlichen Schutznormen anzuwenden sind. Der Vergütungsanspruch ergibt sich in solchen Fällen aus § 612 Abs. 1 BGB (Anspruch auf die »übliche Vergütung«). Das gilt entsprechend, wenn ein **Praktikant höherwertige Dienste verrichtet** als die, die er nach dem vereinbarten Inhalt des Praktikums zu erbringen hat. Die Vergütungsvereinbarung des Praktikumsvertrages ist dann insoweit unwirksam und die Vergütung für die höherwertigen Leistungen, die nicht vom Praktikumsvertrag abgedeckt sind, hat gem. § 612 Abs. 1 BGB zu erfolgen.[19]

Überwiegt der **Ausbildungszweck**, ohne dass es sich um eine Berufsausbildung im Sinne des § 1 Abs. 3 BBiG handelt, wird das Vertragsverhältnis von § 26 BBiG erfasst. Denkbar sind auch sonstige »Ausbildungsverhältnisse«, die nicht eine berufliche Erstausbildung zum Ziel haben oder nicht auf einen staatlich anerkannten Ausbildungsberuf (§ 4 BBiG) zielen, für die jedoch ein sonstiger Ausbildungszweck bestimmend ist. Diese fallen unter § 26 BBiG, so etwa nach altem Recht die **Ausbildung zum Operationstechnischen Assistenten** nach Empfehlungen der Deutschen Krankenhaus Gesellschaft (DKG)[20] oder der praktische Teil der Ausbildung zum Rettungsassistenten (vgl. zum neuen Recht Rn. 12).[21]

11 Sogenannte »Trainees« sind in aller Regel Arbeitnehmer und fallen deshalb nicht unter § 26 BBiG.[22] **Traineeprogramme** richten sich zumeist an Hochschulabsolventen, die keine oder wenig Berufserfahrung haben. Anders als »Schnupperpraktika«, die meist nur

15 *BAG* 29.4.2015 – 9 AZR 78/14, Rn. 18; *BAG* 13.3.2003 – 6 AZR 564/01.
16 *BAG* 13.3.2003 – 6 AZR 564/01; *LAG Köln* 31.5.2006 – 3 Sa 225/06, NZA-RR 2006, 525.
17 *BAG* 1.12.2004 – 7 AZR 129/04, NZA 2005, 779.
18 *LAG Baden-Württemberg* 8.2.2008 – 5 Sa 45/07, NZA 2008, 768.
19 *BAG* 10.2.2015 – 9 AZR 289/13.
20 *LAG Berlin-Brandenburg* 18.1.2007 – 18 Sa 1600/06, juris.
21 *BAG* 12.4.2016 – 9 AZR 744/14; *BAG* 29.4.2015 – 9 AZR 78/14; vom *BAG* als Praktikum angesehen.
22 Vgl. Wohlgemuth/*Pepping*, BBiG, § 26 Rn. 33; *Taubert* BBiG, § 26 Rn. 38; *Maties*, RdA 2007, 135, 141; *Orlowski*, Praktikanten- und Volontärverträge, S. 381; *Picker/Sausmikat*, NZA 2014, 942, 947.

mehrere Wochen dauern, sind Traineeprogramme in der Regel auf mehrere Monate, gar auf ein Jahr oder länger, angelegt. Trotz begleitender Qualifizierungsangebote steht die Arbeitsleistung, nicht der Ausbildungszweck, im Vordergrund.

2. Spezialgesetzliche Regelungen

Soweit Ausbildungen außerhalb des BBiG spezialgesetzlich geregelt sind, kommt es auf die Regelungen in den entsprechenden Gesetzen an. In solchen Fällen findet wegen der spezialgesetzlichen Regelung auch § 26 BBiG keine Anwendung. 12

Der Beruf der **Rettungsassistenten** ist unter der Berufsbezeichnung **Notfallsanitäter/in** durch das Notfallsanitätergesetz (NotSanG) zum 1.1.2014 neu geregelt worden; danach findet das BBiG ausdrücklich *keine* Anwendung (§ 29 NotSanG).

Die Ausbildung der **Anästhesietechnischen Assistenten** und der **Operationstechnischen Assistenten** wird mit Wirkung zum 1.1.2022 bundesgesetzlich geregelt.[23] Durch dieses Gesetz werden im Einzelnen die Ausbildungen geregelt und das BBiG findet ausdrücklich *keine* Anwendung, so § 6 Anästhesietechnische- und Operationstechnische-Assistenten-Gesetz (ATA-OTA-G).

Die Ausbildung der **Pharmazeutisch-technischen Assistenten** wird mit Wirkung zum 1.1.2023 bundesgesetzlich geregelt.[24] Danach findet das BBiG ausdrücklich *keine* Anwendung, so § 8 PTA-Berufsgesetz (PTAG).

Die **Ausbildung in der Pflege** mit den Ausbildungsberufen Pflegefachfrau oder Pflegefachmann ist durch Gesetz über die Pflegeberufe (Pflegeberufegesetz – PflBG) geregelt und trat zum 1.1.2020 in Kraft[25]; das BBiG findet ausdrücklich *keine* Anwendung (§ 63 PflBG).

3. Anlernlinge

Anlernlinge sind Personen, die in einem engeren Fachgebiet eine Spezialausbildung erhalten. In Abgrenzung zu Auszubildenden ist die Ausbildung des Anlernlings kürzer, seine persönliche Anbindung an den Ausbildenden geringer.[26] Es geht um Personen, denen in kurzer Zeit in einem eng begrenzten Umfang Spezialkenntnisse oder Teilkenntnisse eines Ausbildungsberufs vermittelt werden; eine mindestens zweijährige Ausbildungsdauer ist insoweit nicht erforderlich.[27] 13

Die **Ausbildung für einen anerkannten Ausbildungsberuf** darf nur nach der Ausbildungsordnung durchgeführt werden (§ 4 Abs. 2 BBiG). Das hat zur Folge, das für einen anerkannten Ausbildungsberuf die Ausbildung zwingend in einem **Berufsausbildungsverhältnis** stattzufinden hat, es dürfen nicht etwa andere Vertragsverhältnisse, ein »Anlernvertrag« oder ähnliches vereinbart werden.[28]

23 Gesetz vom 14.12.2019, BGBl. I S. 2768.
24 Gesetz vom 13.1.2020, BGBl. I S. 66.
25 Dadurch wurden das Krankenpflegegesetz und das Altenpflegegesetz mit den entsprechenden Ausbildungen abgelöst.
26 Vgl. *Maties*, RdA 2007, 135, 141; *Benecke/Hergenröder*, BBiG, § 26 Rn. 19; Wohlgemuth/*Pepping*, BBiG, § 26 Rn. 16.
27 *LAG Baden-Württemberg* 31.10.2019, 3 Sa 41/19.
28 *BAG* 27.7.2010 – 3 AZR 317/08.

Geht es um die **Einarbeitung** auf einen bestimmten Arbeitsplatz im Rahmen eines Arbeitsverhältnisses, liegt ein Arbeitsverhältnis vor und kein Vertragsverhältnis im Sinne des § 26 BBiG.[29]

4. Volontäre

14 Volontäre sind Personen, die sich gegenüber dem Vertragspartner (als Quasi-Ausbildenden) zur Leistung von Diensten verpflichten, während sich der Vertragspartner zur Ausbildung verpflichtet, ohne dass mit der Ausbildung eine vollständig abgeschlossene Fachausbildung in einem anerkannten Ausbildungsberuf beabsichtigt ist.[30] Es geht dabei vor allem um die Ausbildung in bestimmten Spezialbereichen, etwa im Journalismus, Kultur- und Medienbereich, in der Denkmalpflege und in Museen.[31]
Volontäre können sich in einem Arbeitsverhältnis, aber auch in einem anderen Vertragsverhältnis im Sinne des § 26 befinden. Ein Volontariat als anderes Vertragsverhältnis (§ 26 BBiG) besteht, wenn aufgrund des Ausbildungsvertrags oder einschlägigen tariflichen Vorschriften ein geordneter Ausbildungsgang vorgeschrieben ist und die Dauer der Ausbildung der gesetzlichen Mindestanforderung für staatlich anerkannte Ausbildungsberufe von mindestens zwei Jahren entspricht.[32]

5. Praktikanten

15 Praktikanten sind Personen, die sich, ohne eine systematische Berufsausbildung zu praktizieren, einer bestimmten betrieblichen Tätigkeit und Ausbildung im Rahmen einer anderweitigen Gesamtausbildung unterziehen.[33] Für solche Personen gilt grundsätzlich § 26 BBiG (zur Abgrenzung vom Arbeitsverhältnis vgl. Rn. 7 ff.); vgl. allerdings zur Abgrenzung von Praktika, die im Rahmen von berufsvorbereitenden Bildungsmaßnahmen durchgeführt werden, Rn. 17.
Ist die praktische Ausbildung allerdings **Teil eines Hochschul- oder Universitätsstudiums**, findet § 26 BBiG *keine* Anwendung.[34] § 26 BBiG findet auch keine Anwendung auf das sog. **Betriebs- oder Schülerpraktikum.** Derartige Praktika werden nach Erlassen der Schulverwaltungen in allen Bundesländern durchgeführt. Bei diesen Betriebspraktika handelt es sich um Schulveranstaltungen, die in dem Betrieb als Unterrichtsort durchgeführt werden und die weder ein Ausbildungs- noch ein Beschäftigungsverhältnis des Schülers zu dem Betriebsinhaber begründen. Die Einzelheiten der mit der Durchführung verbundenen Pflichten und Rechtsbeziehungen ergeben sich aus dem Schulrecht und den für Betriebspraktika erlassenen Richtlinien.[35] Für Praktika, die *nicht* Teil der Schulausbildung[36] oder des Hochschul- oder Universitätsstudiums sind, gilt allerdings § 26 BBiG, gegebenenfalls auch der gesetzliche Mindestlohn (vgl. Rn. 19 ff.).
Im Zusammenhang der Diskussion um die »**Generation Praktikum**« wurde über eine spezielle gesetzliche Normierung von Praktikumsverhältnissen nachgedacht. Nach gel-

29 *Benecke/Hergenröder*, BBiG, § 26 Rn. 19.
30 ErfK/*Schlachter*, BBiG, § 26 Rn. 2.
31 Vgl. *Orlowski*, Praktikanten- und Volontärverträge, S. 189, 194 ff.
32 *BAG* 1. 12. 2004 – 7 AZR 129/04, NZA 2005, 779.
33 ErfK/*Schlachter*, BBiG, § 26 Rn. 3; Wohlgemuth/*Pepping*, BBiG, § 26 Rn. 20.
34 *BAG* 19. 6. 1974 – 4 AZR 436/73, AP BAT § 3 Nr. 3; *BAG* 25. 3. 1981 – 5 AZR 353/79, AP BBiG § 19 Nr. 1,
35 Vgl. *Scherer*, NZA 1986, 284 ff.
36 Vgl. *LAG Düsseldorf* 8. 11. 2005 – 3 Sa 877/05, juris.

tendem Recht geht es vor allem um die Abgrenzung zum »verschleierten« Arbeitsverhältnis. Ist der »Praktikant« nach der tatsächlichen Vertragshandhabung als Arbeitnehmer in das betriebliche Geschehen eingegliedert und unterliegt er faktisch wie ein Arbeitnehmer einem Weisungsrecht des Vertragspartners, ist er als Arbeitnehmer anzusehen mit der Folge, dass alle arbeitsrechtlichen Schutznormen zu seinen Gunsten anzuwenden sind.[37]

Im Zusammenhang mit der Regelung eines Mindestlohns auch für Praktikanten (vgl. Rn. 19 ff.) wurde ausdrücklich eine **Nachweispflicht hinsichtlich der wesentlichen Vertragsbedingungen** für Praktikanten in das NachwG eingefügt. Praktikanten, die gem. § 22 Abs. 1 MiLoG als Arbeitnehmer gelten, sind in den Geltungsbereich des NachwG einbezogen (§ 1 Satz 2 NachwG). Wer einen Praktikanten einstellt, hat unverzüglich nach Abschluss des Praktikumsvertrages, spätestens vor Aufnahme der Praktikantentätigkeit, die wesentlichen Vertragsbedingungen **schriftlich niederzulegen**, die Niederschrift zu unterzeichnen und dem Praktikanten auszuhändigen (§ 2 Abs. 1a Satz 1 NachwG). In die Niederschrift sind gem. § 2 Abs. 1a Satz 2 Nr. 1 bis Nr. 7 NachwG mindestens aufzunehmen: 16

- der Name und die Anschrift der Vertragsparteien,
- die mit dem Praktikum verfolgten Lern- und Ausbildungsziele,
- Beginn und Dauer des Praktikums,
- Dauer der regelmäßigen täglichen Praktikumszeit,
- Zahlung und Höhe der Vergütung,
- Dauer des Urlaubs,
- ein in allgemeiner Form gehaltener Hinweis auf die Tarifverträge, Betriebs- oder Dienstvereinbarungen, die auf das Praktikumsverhältnis anzuwenden sind.

6. Betriebliche Einstiegsqualifizierung

Eine besondere Vertragsvariante im Rahmen des § 26 BBiG ist die **betriebliche Einstiegsqualifizierung**, die der Arbeitgeber durchführt und die gem. § 54a SGB III durch die Bundesagentur für Arbeit finanziell gefördert werden kann. Die betriebliche Einstiegsqualifizierung dient der **Vorbereitung auf einen anerkannten Ausbildungsberuf** (§ 54a Abs. 2 Nr. 2 SGB III). Es ist gesetzlich ausdrücklich geregelt, dass eine Förderung durch die Agentur für Arbeit nur erfolgen kann, wenn diese auf der Grundlage eines Vertrages nach § 26 BBiG durchgeführt wird (§ 54a Abs. 2 Nr. 1 SGB III). Der Abschluss des Vertrages ist der nach dem Berufsbildungsgesetz (im Falle der Vorbereitung auf einen nach dem Altenpflegegesetz anerkannten Ausbildungsberuf der nach Landesrecht) zuständigen Stelle anzuzeigen (§ 54a Abs. 3 Satz 1 SGB III). Die vermittelten Fertigkeiten, Kenntnisse und Fähigkeiten sind vom Betrieb zu bescheinigen (§ 54a Abs. 3 Satz 2 SGB III). Die **zuständige Stelle** stellt über die erfolgreich durchgeführte betriebliche Einstiegsqualifizierung ein Zertifikat aus (§ 54a Abs. 3 Satz 3 SGB III). Erfolgt im Anschluss die betriebliche Einstiegsqualifizierung eine Ausbildung für einen anerkannten Ausbildungsberuf, ist ein Berufsausbildungsvertrag gem. §§ 10, 11 BBiG zu vereinbaren. Eine Anrechnungsmöglichkeit der betrieblichen Einstiegsqualifizierung auf die reguläre Ausbildungsdauer nach der Ausbildungsordnung ist gesetzlich nicht geregelt. Möglich ist deshalb nur eine Kürzung im Einzelfall (§ 8 Abs. 1 BBiG). 17

Die Berufsausbildungsvorbereitung (§ 68 BBiG) und die betriebliche Einstiegsqualifizierung (§ 54a SGB III), die vom »Arbeitgeber« durchführt werden, sind zu unterscheiden 18

37 Vgl. *Orlowski*, RdA 2009, 38 ff.

von berufsvorbereitenden Bildungsmaßnahmen, die von der Agentur für Arbeit oder von diesen beauftragten Bildungsträgern durchgeführt werden (§ 51 SGB III). In diesen Fällen wird *kein* Vertragsverhältnis nach § 26 BBiG begründet, sondern die Personen, die an **öffentlich geförderten berufsvorbereitenden Maßnahmen** teilnehmen, stehen im Regelfall zur Arbeitsverwaltung in einem öffentlich-rechtlichen Leistungsverhältnis (vgl. § 68 BBiG Rn. 14). Häufig handelt es sich um einen dreiseitigen Vertrag, an dem die Person beteiligt ist, die im Rahmen einer berufsvorbereitenden Bildungsmaßnahme nach § 51 SGB III gefördert wird, sowie die Agentur für Arbeit und der Bildungsträger, der die Bildungsmaßnahme durchführt. Wenn im Rahmen von berufsvorbereitenden Bildungsmaßnahmen, die von der Agentur für Arbeit gefördert werden (§ 51 Abs. 1 SGB III), **betriebliche Praktika** durchgeführt werden (§ 51 Abs. 4 SGB III) wird in der Regel, weil es sich lediglich um einen Teil der öffentlich-rechtlichen Leistungsbeziehung zur Agentur für Arbeit handelt, ein Rechtsverhältnis zum Unternehmen/Betrieb, in dem das Praktikum durchgeführt wird, nicht begründet.[38]

7. Assistierte Ausbildung

19 Gesonderter Betrachtung bedarf die **Assistierte Ausbildung (vgl. auch § 10 BBiG Rn. 2)**.[39] Danach kann die Agentur für Arbeit förderungsbedürftige junge Menschen und deren Ausbildungsbetriebe während einer betrieblichen Berufsausbildung durch Maßnahmen der Assistierten Ausbildung mit dem Ziel des erfolgreichen Abschlusses der Berufsausbildung unterstützen. Voraussetzung ist in dem Fall das Bestehen eines »normalen« Berufsausbildungsverhältnisses, hat also mit der Berufsausbildungsvorbereitung nichts zu tun. Allerdings kann diese Maßnahme gem. § 75a SGB III auch eine **vorgeschaltete ausbildungsvorbereitende Phase** enthalten. In dieser **Vorphase der Assistierten Ausbildung** sind abgestimmt auf den individuellen Förderbedarf in angemessenen Umfang **betriebliche Praktika** vorzusehen (§ 75a Abs. 2 SGB III). Nach dem ausdrücklichen Willen des Gesetzgebers soll in dem Fall **kein Anspruch auf eine Ausbildungsvergütung** bestehen.[40]

III. Rechtsfolge: partielle Anwendbarkeit des BBiG, arbeitsrechtliche Vorschriften

20 Besteht ein anderes Vertragsverhältnis im Sinne des § 26 BBiG geht das Gesetz von einem Schutzbedürfnis der betreffenden Personen aus. Deshalb finden die **Schutznormen für die Auszubildenden**, nämlich die §§ 10 bis 16 und § 17 Abs. 1, 6 und 7 sowie die §§ 18 bis 23 und 25 BBiG mit bestimmten Maßgaben Anwendung. Daraus folgt:

- § 10 BBiG (Vertrag) und § 11 BBiG (Vertragsabfassung) finden Anwendung. Auf die Vertragsabfassung kann allerdings verzichtet werden.

38 Jedenfalls wird kein Arbeitsverhältnis begründet; vgl. *LAG Hamm* 5.12.2014 – 1 Sa 1152/14, NZA-RR 2015, 117.

39 Die Assistierte Ausbildung wurde als § 130 SGB III erstmal mit Wirkung zum 1.5.2015 durch Art. 1b des Fünften Gesetzes zur Änderung des Vierten Buches Sozialgesetzbuch und anderer Gesetze vom 15.4.2015 (BGBl. I S. 583) neu in das SGB III eingefügt. Durch das Gesetz zur Förderung der beruflichen Weiterbildung im Strukturwandel und zur Weiterentwicklung der Ausbildungsförderung vom 20.5.2020 (BGBl. I S. 1044) wurde die Assistierte Ausbildung mit Wirkung zum 29.5.2020 dauerhaft im SGB III in den §§ 74, 75, 75a SGB III geregelt.

40 So ausdrücklich die Gesetzesbegründung des Ausschusses für Arbeit und Soziales zum damaligen § 130 SGB III, BT-Drucks. 18/4114, S. 29. In der Begründung zur Neuregelung (BT-Drucks. 19/17740, S. 38) findet sich hierzu keine ausdrückliche Aussage.

- § 12 BBiG (Nichtige Vereinbarungen) findet Anwendung. Vereinbarungen im Sinne des § 12 BBiG (zum Beispiel Vertragsstrafen) sind unwirksam.
- Die Regelungen über die Pflichten der »Auszubildenden« und der »Ausbildenden« finden entsprechende Anwendung (§ 13, § 14 BBiG).
- Es bestehen die Freistellungsansprüche gem. § 15 BBiG.
- Es besteht ein Anspruch auf ein Zeugnis gem. § 16 BBiG.
- Es besteht ein **Anspruch auf eine angemessene Vergütung** gem. §§ 17 Abs. 1, 18 BBiG und ein Anspruch auf Fortzahlung der Vergütung gem. § 19 BBiG; ein Anspruch auf die in § 17 Abs. 2 BBiG geregelte Mindestausbildungsvergütung besteht *nicht* (zum Mindestlohn für Praktikanten vgl. Rn. 19ff.).
- § 20 BBiG (Probezeit) findet Anwendung, die Probezeit kann aber abgekürzt werden (eine untere Grenze schreibt das Gesetz nicht vor).
- Die Regelung über die Beendigung des Vertragsverhältnisses (§ 21 BBiG) findet an sich Anwendung, die Vorschriften greifen aber häufig bei anderen Vertragsverhältnissen im Sinne des § 26 BBiG von der Sache her nicht.
- Eine Kündigung ist nur eingeschränkt gem. § 22 BBiG zulässig.[41]
- Bei vorzeitiger Lösung des Vertragsverhältnisses nach Ablauf der Probezeit kann abweichend von § 23 Abs. 1 Satz 1 BBiG Schadensersatz *nicht* verlangt werden.
- Die Regelung über die Weiterarbeit nach dem Ende des Vertragsverhältnisses gem. § 24 BBiG findet ausdrücklich *keine* Anwendung.
- Die anwendbaren Vorschriften sind gem. § 25 BBiG unabdingbar.

Über die Verweisung in § 26 BBiG auf § 10 BBiG findet auch § 10 Abs. 2 BBiG Anwendung. Das bedeutet, dass auf andere Vertragsverhältnisse im Sinne des § 26 BBiG auch **die für den Arbeitsvertrag geltenden Rechtsvorschriften und Rechtsgrundsätze** anzuwenden sind, soweit sich aus deren Wesen und Zweck und aus dem BBiG nichts anderes ergibt (§ 10 Abs. 2 BBiG). In vielen arbeitsrechtlichen Gesetzen sind die zu ihrer Berufsbildung Beschäftigten ausdrücklich in ihren Anwendungsbereich einbezogen, wie zum Beispiel im:

- Allgemeinen Gleichbehandlungsgesetz (§ 6 Abs. 1 Nr. 2 AGG),[42]
- Arbeitsschutzgesetz (§ 2 Abs. 2 Nr. 2 ArbSchG),
- Arbeitszeitgesetz (§ 2 Abs. 2 ArbZG),
- Entgeltfortzahlungsgesetz (§ 1 Abs. 2 EFZG),
- Bundesurlaubsgesetz (§ 2 Satz 1 BUrlG),
- Mutterschutzgesetz (§ 1 Abs. 2 Nr. 1 MuSchG).

IV. Anhang: Mindestlohn für Praktikanten

1. Grundsatz

Für Praktikanten enthält das Mindestlohngesetz (MiLoG) eine Sonderregelung. Danach gelten Praktikanten (i. S. d. § 26 BBiG) grundsätzlich als Arbeitnehmer i. S. d. MiLoG (§ 22 Abs. 1 Satz 2 MiLoG). Im ersten Satzteil wird dies ausdrücklich als Grundsatz geregelt, von dem im zweiten Satzteil Ausnahmen benannt werden (»es sei denn«). Praktikanten werden also, von den ausdrücklich im Gesetz genannten Ausnahmen abgesehen, vom Anwendungsbereich des MiLoG erfasst, so dass **Praktikanten grundsätzlich einen Anspruch auf den Mindestlohn haben**. Mit der Formulierung »es sei denn« wird dieses 21

41 Vgl. *Hirdina*, NZA 2008, 916ff.
42 *BAG* 23.11.2023 – 8 AZR 212/22, NZA 2024, 184.

Regel-Ausnahme-Verhältnis deutlich herausgestellt. Damit sollen auch – so die Gesetzesbegründung – Rechtsunsicherheiten im Hinblick auf die Verteilung der Darlegungs- und Beweislast vermieden werden.[43]

Zusammenfassend und vereinfacht gesagt (vgl. zu den Ausnahmen Rn. 25ff.): Der Mindestlohn gilt *nicht* für **Pflichtpraktika** während der Schul-, Hochschul- oder Berufsausbildung und für **freiwillige Praktika** während der Schul-, Hochschul- oder Berufsausbildung oder Orientierungspraktika vor der Ausbildung jeweils bis zu einer Dauer von drei Monaten. Für ein **Praktikum nach Abschluss einer Berufs- oder Hochschulausbildung** besteht ab dem ersten Tag der Anspruch auf den Mindestlohn.[44] Das gilt auch für »Praktika« nach dem **Bachelor**-Abschluss, weil es sich dabei bereits um einen vollwertigen Hochschulabschluss handelt. Die Drei-Monats-Grenze des § 22 Abs. 1 Satz 2 Nr. 2 und Nr. 3 MiLoG gilt nur für Praktika vor oder während einer Berufs- oder Hochschulausbildung. Ein **Praktikum zwischen Abschluss des Bachelor-Studiums und Beginn des Master-Studiums** kann allerdings unter die Ausnahmevorschrift des § 22 Abs. 1 Satz 2 Nr. 3 MiLoG fallen (vgl. Rn. 29).[45] Ist nach der Masterstudienordnung ein vorheriges Praktikum verpflichtend vorgeschrieben, gilt die Ausnahmevorschrift des § 22 Abs. 1 Satz 2 Nr. 1 MiLoG (vgl. Rn. 25).[46]

Anpassungsqualifizierungen im Rahmen von Gleichwertigkeitsfeststellungen nach dem Berufsqualifikationsfeststellungsgesetz zur **Anerkennung ausländischer Berufsqualifikationen** sind keine Praktika im mindestlohnrechtlichen Sinne. Sie unterfallen *nicht* dem persönlichen Geltungsbereich des Mindestlohngesetzes.[47]

22 »Aus Gründen der Rechtsklarheit«[48] wird in § 22 Abs. 1 Satz 3 MiLoG das **Praktikumsverhältnis definiert**: Praktikantin oder Praktikant ist unabhängig von der Bezeichnung des Rechtsverhältnisses, wer sich nach der tatsächlichen Ausgestaltung und Durchführung des Vertragsverhältnisses für eine begrenzte Dauer zum Erwerb praktischer Kenntnisse und Erfahrungen einer bestimmten betrieblichen Tätigkeit zur Vorbereitung auf eine berufliche Tätigkeit unterzieht, ohne dass es sich dabei um eine Berufsausbildung i. S. d. BBiG oder um eine damit vergleichbare praktische Ausbildung handelt.

In **Abgrenzung** dazu wird in der Gesetzesbegründung ausdrücklich ausgeführt, dass Rechtsverhältnisse i. S. d. § 26 BBiG, die auf eine praktische Ausbildung abzielen, welche mit der Berufsausbildung i. S. d. BBiG vergleichbar ist, weder Arbeitsverhältnisse noch Praktikumsverhältnisse sind. Damit fallen etwa **Volontariate** *nicht* unter den Anwendungsbereich des MiLoG.[49] Das ist auch rechtssystematisch stimmig, weil »andere Vertragsverhältnisse« i. S. d. § 26 BBiG vom Schutzbedürfnis her **mit Auszubildenden vergleichbar** sind, die auch keinen Anspruch auf den Mindestlohn haben (§ 22 Abs. 3 MiLoG), sondern den Anspruch auf eine angemessene Ausbildungsvergütung gem. § 17 BBiG. Für **Redaktionsvolontäre bei Tageszeitungen** liegt allerdings der Tariflohn deutlich oberhalb des gesetzlichen Mindestlohns.[50]

23 Mit der gesetzlichen Definition, dass **Praktikanten** als Arbeitnehmer »gelten« (§ 22 Abs. 1 Satz 2 MiLoG), wird zugleich klargestellt, dass Praktikanten **keine Arbeitnehmer** sind.[51]

---

43 BT-Drucks. 18/2010 (neu), S. 24.
44 Vgl. *Picker/Sausmikat*, NZA 2014, 942, 947; Schaub/*Vogelsang*, § 66 Rn. 14.
45 Vgl. ErfK/*Franzen*, MiloG, § 22 Rn. 11; Schaub/*Vogelsang*, § 66 Rn. 15.
46 Vgl. ErfK/*Franzen*, MiLoG, § 22 Rn. 11.
47 *BAG* 18. 11. 2020 – 5 AZR 103/20, NZA 2021, 562.
48 BT-Drucks. 18/2010 (neu), S. 24.
49 BT-Drucks. 18/2010 (neu), S. 24.
50 Vgl. *Picker/Sausmikat*, NZA 2014, 942, 946.
51 So auch Wohlgemuth/*Pepping*, BBiG, § 26 Rn. 20.

Das folgt auch daraus, dass für Praktikanten ausdrücklich auf § 26 BBiG Bezug genommen wird (»im Sinne des«). Die »anderen Vertragsverhältnisse« i.S.d. § 26 BBiG sind nämlich keine Arbeitsverhältnisse (vgl. Rn. 7ff.). Ohne die ausdrückliche gesetzliche Anordnung in § 22 Abs. 1 Satz 2 MiLoG hätten Praktikanten, da keine Arbeitnehmer, keinen Anspruch auf den Mindestlohn. Neben der gesetzlichen Definition des Praktikantenverhältnisses wurde zudem für Praktikanten ausdrücklich eine Nachweispflicht hinsichtlich der wesentlichen Vertragsbedingungen neu in das NachwG eingefügt (vgl. Rn. 15).

2. Ausnahmen

Die Fallkonstellationen, in denen der Mindestlohn für Praktikanten nicht gilt, werden in § 22 Abs. 1 Satz 2 Nr. 1 bis 4 MiLoG abschließend aufgezählt. Diese Praktikanten haben aber, soweit sie unter § 26 BBiG fallen, einen Anspruch auf eine »angemessene« Vergütung gem. § 17 BBiG. 24

a) Pflichtpraktika

Der Mindestlohn gilt gem. § 22 Abs. 1 Satz 2 Nr. 1 MiLoG *nicht* für ein Praktikum, das **verpflichtend** aufgrund 25

- einer schulrechtlichen Bestimmung,
- einer Ausbildungsordnung,
- einer hochschulrechtlichen Bestimmung oder
- im Rahmen einer Ausbildung an einer gesetzlichen geregelten **Berufsakademie** geleistet wird.

Die umfangreiche Aufzählung und die offenen Formulierungen machen deutlich, dass ausbildungsbegleitende Pflichtpraktika aller Art erfasst werden und für diese kein Anspruch auf Zahlung des Mindestlohns besteht. Schon für § 26 BBiG wurde stets angenommen, dass für Praktika, die Teil eines Hochschul- oder Universitätsstudiums sind, die Norm *keine* Anwendung findet und damit kein Vergütungsanspruch, auch nicht gem. § 17 BBiG, besteht (vgl. Rn. 14). 26

Unter den Begriff der **»schulrechtlichen Bestimmung«** fallen etwa die üblichen **Betriebs- oder Schülerpraktika**, die von Schülern geleistet werden. Auch insoweit wurde bereits in der Vergangenheit davon ausgegangen, dass § 26 BBiG auf **Betriebs- oder Schülerpraktika** keine Anwendung findet und deshalb kein Vergütungsanspruch, auch nicht gem. § 17 BBiG, besteht (vgl. Rn. 14). Sofern die Praktikanten **minderjährig** sind, hätten sie auch gem. § 22 Abs. 2 MiLoG keinen Anspruch auf den Mindestlohn.

Unter den Begriff der **»hochschulrechtlichen Bestimmung«** (§ 22 Abs. 1 Satz 2 Nr. 1 MiLoG) fallen neben Studien- und Prüfungsordnungen auch Zulassungsordnungen, die die Absolvierung eines Praktikums als Voraussetzung zur Aufnahme eines bestimmten Studiums verpflichtend vorschreiben (sog. **Vorpraktika**).[52] Ferner sind damit auch Praktika umfasst, die auf der Grundlage des jeweiligen Hochschulgesetzes eines Landes erfolgen.[53] Ein Praktikum wird ebenso verpflichtend auf Grund einer hochschulrechtlichen Bestimmung geleistet, wenn es im Rahmen von Kooperationsverträgen zwischen Hochschulen und Unternehmen erfolgt. Damit sind insbesondere auch Praktika, die im 27

52 *BAG* 19.1.2022 – 5 AZR 217/21, NZA 2022, 556.
53 BT-Drucks. 18/2010 (neu), S. 24.

Rahmen von **dualen Studiengängen** absolviert werden, vom Anwendungsbereich des Mindestlohns ausgenommen.[54]

b) Praktika zur Orientierung

28 Der Mindestlohn gilt gem. § 22 Abs. 1 Satz 2 Nr. 2 MiLoG *nicht* für ein Praktikum **von bis zu drei Monaten** (nicht *Kalender*monate) **zur Orientierung** für eine Berufsausbildung oder für die Aufnahme eines Studiums (auch als **»Schnupperpraktika«** bezeichnet).[55] Abzustellen ist auf »Monate«, nicht auf *Kalender*monate. Deswegen muss ein solches Praktikum nicht etwa mit dem 1. eines Monats beginnen. Auch eine Dauer beispielsweise vom 15. 4. bis 14. 7. wäre zulässig. Wenn die Praktikumszeit von insgesamt drei Monaten nicht überschritten wird, kann das Praktikum auch in mehreren Abschnitten geleistet werden.[56]

Als Ausnahmevorschrift ist die Regelung eng auszulegen. Das bedeutet, dass bei einem Praktikum, das für einen längeren Zeitraum als drei Monate vereinbart wird, ab dem ersten Tag ein Anspruch auf den Mindestlohn besteht und nicht erst nach Ablauf von drei Monaten.[57] Das folgt bereits aus dem gegenüber § 22 Abs. 4 MiLoG unterschiedlichem Wortlaut. Es heißt nämlich nicht, dass der Mindestlohn »in den ersten drei Monaten« des Praktikums nicht gilt, sondern bei einem Praktikum »von bis zu drei Monaten«.

Wird ein solches Praktikum, das zunächst auf drei Monate angelegt war, **über diese Zeit hinaus verlängert** oder tatsächlich fortgeführt, besteht rückwirkend ab dem ersten Tag des Praktikums (und nicht erst ab dem Zeitpunkt der Verlängerung) der Anspruch auf den Mindestlohn, da sich ansonsten die Mindestlohnpflicht dadurch leicht umgehen ließe, dass zunächst stets nur Drei-Monats-Praktika vereinbart werden.[58]

Ist das Praktikum auf maximal drei Monate angelegt, sind **Unterbrechungen des Praktikums aus persönlichen Gründen des Praktikanten** zulässig, wenn die einzelnen Abschnitte sachlich und zeitlich zusammenhängen. In solchen Fällen kann das Praktikum um die Dauer der Unterbrechungszeit verlängert werden, darf aber die Höchstdauer von drei Monaten insgesamt nicht überschreiten.[59]

c) Ausbildungsbegleitende freiwillige Praktika

29 Der Mindestlohn gilt gem. § 22 Abs. 1 Satz 2 Nr. 3 MiLoG *nicht* für ein Praktikum **von bis zu drei Monaten** (nicht *Kalender*monate), das **begleitend zu einer Berufs- oder Hochschulausbildung** geleistet wird, wenn nicht zuvor ein solches Praktikumsverhältnis mit demselben Ausbildenden bestanden hat. In Abgrenzung zu § 22 Abs. 1 Satz 2 Nr. 1 MiLoG, nach dem Pflichtpraktika vom Mindestlohn ausgenommen sind, geht es bei § 22 Abs. 1 Satz 2 Nr. 3 MiLoG um **freiwillige Praktika**, für die ebenfalls der Mindestlohn nicht gilt, allerdings nur, wenn diese von vornherein auf drei Monate begrenzt sind (zur Auslegung der Drei-Monats-Grenze vgl. Rn. 28).

Unter § 22 Abs. 1 Satz 2 Nr. 3 MiLoG kann auch ein **Praktikum zwischen Abschluss des Bachelor- und Beginn des Master-Studiums** fallen, da die Hochschulausbildung inso-

54 BT-Drucks. 18/2010 (neu), S. 24.
55 Vgl. *Lakies*, MiLoG, § 22 Rn. 37 m. w. N.
56 BAG 30. 1. 2019 – 5 AZR 556/17, Rn. 12, NZA 2019, 773.
57 Vgl. *Lakies*, MiLoG, § 22 Rn. 37 m. w. N.; a. A.: ErfK/*Franzen*, § 22 MiLoG Rn. 12.
58 Vgl. *Lakies*, MiLoG, § 22 Rn. 37 m. w. N.; a. A.: ErfK/*Franzen*, § 22 MiLoG Rn. 12.
59 *BAG* 30. 1. 2019 – 5 AZR 556/17, NZA 2019, 773.

weit als eine Einheit gesehen werden muss.[60] Ist nach der Masterstudienordnung ein vorheriges Praktikum verpflichtend vorgeschrieben, gilt die Ausnahmevorschrift des § 22 Abs. 1 Satz 2 Nr. 1 MiLoG.[61]

Um Umgehungen zu verhindern, gilt diese Ausnahme jedoch nur, **»wenn nicht zuvor ein solches Praktikumsverhältnis mit demselben Ausbildenden bestanden hat«**. Da diese Formulierung sich nur auf Praktika gem. § 22 Abs. 1 Satz 2 Nr. 3 MiLoG bezieht, können zuvor andere Praktika als ein solches gem. § 22 Abs. 1 Satz 2 Nr. 3 MiLoG durchaus absolviert worden sein. Unschädlich ist es also, wenn bei »demselben Ausbildenden« zuvor ein bezahltes oder unbezahltes Praktikum anderer Art (z. B. ein Pflicht- oder Orientierungspraktikum) oder eine Berufsausbildung i. S. d. BBiG absolviert wurde oder zuvor ein Arbeitsverhältnis bestanden hat. 30

d) Einstiegsqualifizierung und Berufsausbildungsvorbereitung

Der Mindestlohn gilt gem. § 22 Abs. 1 Satz 2 Nr. 4 MiLoG *nicht* für Personen, die an einer **Einstiegsqualifizierung** nach § 54a SGB III (vgl. Rn. 16) oder an einer **Berufsausbildungsvorbereitung** (§ 68 BBiG) teilnehmen. Solche Maßnahmen sind keine Praktika,[62] so dass, weil die Teilnehmer an solchen Maßnahmen auch keine Arbeitnehmer sind, schon deshalb der Mindestlohn für diese Personen nicht gilt. Gleichwohl wollte man das im Gesetz ausdrücklich klarstellen. Damit wurde, so die Gesetzesbegründung, insbesondere mit Blick auf tarifvertragliche Integrations- und Förderprogramme sowie auf Integrations- und Förderprogramme, die von einem Arbeitgeberverband durchgeführt werden, einem praktischen Bedürfnis nach Rechtssicherheit, wie es etwa für die entsprechenden Programme in der Chemiebranche sowie in der Metall- und Elektrobranche besteht, entsprochen.[63] Die genannten Personen haben aber, wenn sie unter § 26 BBiG fallen, einen Anspruch auf eine angemessene Ausbildungsvergütung nach § 17 Abs. 1 BBiG. 31

Der Mindestlohn gilt auch nicht, wenn bei einer von der Agentur für Arbeit geförderten **Vorphase der Assistierten Ausbildung** betriebliche Praktika stattfinden (§ 75a Abs. 2 SGB III; vgl. auch Rn. 19).

60 Vgl. *Lakies*, MiLoG, § 22 Rn. 38 m. w. N.
61 Vgl. *Lakies*, MiLoG, § 22 Rn. 38 m. w. N.
62 Vgl. die Gesetzesbegründung, BT-Drucks. 18/2010 (neu), S. 24.
63 BT-Drucks. 18/2010 (neu), S. 24.

Abschnitt 3
Eignung von Ausbildungsstätte und Ausbildungspersonal

§ 27 Eignung der Ausbildungsstätte

(1) Auszubildende dürfen nur eingestellt und ausgebildet werden, wenn
1. die Ausbildungsstätte nach Art und Einrichtung für die Berufsausbildung geeignet ist und
2. die Zahl der Auszubildenden in einem angemessenen Verhältnis zur Zahl der Ausbildungsplätze oder zur Zahl der beschäftigten Fachkräfte steht, es sei denn, dass anderenfalls die Berufsausbildung nicht gefährdet wird.

(2) Eine Ausbildungsstätte, in der die erforderlichen beruflichen Fertigkeiten, Kenntnisse und Fähigkeiten nicht im vollen Umfang vermittelt werden können, gilt als geeignet, wenn diese durch Ausbildungsmaßnahmen außerhalb der Ausbildungsstätte vermittelt werden.

(3) Eine Ausbildungsstätte ist nach Art und Einrichtung für die Berufsausbildung in Berufen der Landwirtschaft, einschließlich der ländlichen Hauswirtschaft, nur geeignet, wenn sie von der nach Landesrecht zuständigen Behörde als Ausbildungsstätte anerkannt ist. Das Bundesministerium für Ernährung und Landwirtschaft kann im Einvernehmen mit dem Bundesministerium für Bildung und Forschung nach Anhörung des Hauptausschusses des Bundesinstituts für Berufsbildung durch Rechtsverordnung, die nicht der Zustimmung des Bundesrates bedarf, Mindestanforderungen für die Größe, die Einrichtung und den Bewirtschaftungszustand der Ausbildungsstätte festsetzen.

(4) Eine Ausbildungsstätte ist nach Art und Einrichtung für die Berufsausbildung in Berufen der Hauswirtschaft nur geeignet, wenn sie von der nach Landesrecht zuständigen Behörde als Ausbildungsstätte anerkannt ist. Das Bundesministerium für Wirtschaft und Klimaschutz kann im Einvernehmen mit dem Bundesministerium für Bildung und Forschung nach Anhörung des Hauptausschusses des Bundesinstituts für Berufsbildung durch Rechtsverordnung, die nicht der Zustimmung des Bundesrates bedarf, Mindestanforderungen für die Größe, die Einrichtung und den Bewirtschaftungszustand der Ausbildungsstätte festsetzen.

Inhaltsübersicht Rn.

I. Allgemeines

1 Die Eignung einer Ausbildungsstätte ist eine **Grundvoraussetzung für die Einstellung von Auszubildenden.** Neben der persönlichen und fachlichen Eignung der an der Berufsausbildung beteiligten Personen[1] wird der Eignung der Ausbildungsstätte eine besondere Bedeutung zugemessen, da die hohen Anforderungen, die das Gesetz an die Berufsausbildung stellt, sich nur verwirklichen lassen, wenn die Ausbildungsstätten hierfür geeignet sind.

II. Ausbildungsstätte – Begriff

2 Der Begriff der Ausbildungsstätte meint sowohl den Ort als auch den Träger der Ausbildung, er ist weit auszulegen.[2] Bei der Prüfung der Ausbildungsstätte ist zu beachten, ob die Bestimmungen des JArbSchG und der ArbStättV eingehalten sind. Die Ausbildungsstätte muss daneben den Unfallverhütungsvorschriften der Berufsgenossenschaft sowie der allgemeinen Anforderung des § 28 Abs. 1 JArbSchG entsprechen. Aus dem Ausbildungsberufsbild und dem Ausbildungsrahmenplan lässt sich unmittelbar entnehmen, unter welchen Voraussetzungen eine Ausbildungsstätte nach Art und Einrichtung geeignet ist.[3]

1. Art der Ausbildungsstätte

3 Unter der geforderten **Art der Ausbildungsstätte** i. S. d. Abs. 1 Nr. 1 der Vorschrift, nach welcher die Eignung für die Berufsausbildung bestehen muss, ist grundsätzlich das gesamte betriebliche Geschehen bei der Berufsausbildung zu verstehen. Das bedeutet, dass die Ausbildungsstätte alle diejenigen Tätigkeiten aufweisen muss, die dem Auszubildenden nach Maßgabe des Ausbildungsberufs vermittelt werden müssen.[4] Kommt die zuständige Stelle zu dem Ergebnis, dass in der Ausbildungsstätte die Fertigkeiten und Fähigkeiten des Ausbildungsberufsbildes nicht vollständig gelernt werden können, ist es nicht ermessensfehlerhaft, die Eignung als Ausbildungsstätte zu verneinen.[5] Die Beschäftigung von jugendlichen Auszubildenden darf daneben nicht durch ein Verbot z. B. i. S. d. § 27 Abs. 2 JArbSchG beeinträchtigt sein. Zur Eignung der Ausbildungsstätte nach Abs. 1 Nr. 1 gehört auch, dass der Ausbilder in ausreichendem Maße zeitlich zur Verfügung steht. Nicht ausreichend ist, dass der Ausbilder lediglich einige Wochenstunden zur Verfügung steht. Dies gilt selbst dann, wenn andere Personen bei Abwesenheit des Ausbilders die praktische Anleitung übernehmen können.[6] In einer solchen Situation müssen für die Eignung der Ausbildungsstätte Maßnahmen nach Abs. 2 geplant werden.

1 Vgl. §§ 28 bis 30 BBiG.
2 Wohlgemuth/*Pepping*, BBiG, § 27 Rn. 9; *Benecke/Hergenröder*, BBiG, § 27 Rn. 8.
3 *VG Arnsberg* 20. 5. 1976, EzB § 22 BBiG Nr. 2.
4 *Natzel*, S. 409.
5 *VG Minden* 7. 5. 2014 – 3 K 2930/13, juris.
6 *VG Gelsenkirchen* 27. 10. 2008 – 7 L 1181/08, juris.

2. Einrichtung der Ausbildungsstätte

4 Auch nach der **Einrichtung** muss die Ausbildungsstätte zur Berufsausbildung geeignet sein. Es müssen diejenigen Räume, Maschinen, Vorrichtungen und Geräte vorhanden sein, die eine geordnete Ausbildung nach Maßgabe des Ausbildungsberufs und Ausbildungsrahmenplans zulassen.[7] Unter Einrichtung ist auch die Größe und Organisation des Betriebs einschließlich des Betriebsablaufs zu verstehen. Darüber hinaus müssen Geschäftsumfang und Geschäftsablauf, Produktionsprozesse und die Fertigungsstruktur den Ausbildungserfordernissen entsprechen.[8] Die Ausbildungsstätte muss also ihrer **Gesamtstruktur** nach das Erreichen des Ausbildungszieles gewährleisten.[9] Die Ausbildungsstätte muss – natürlich[10] – den gesetzlichen Vorschriften und Gesetzen genügen, die für die Ausbildungsstätte als Arbeitsstätte jenseits des BBiG bestehen. Dies sind zum Beispiel die besonderen Vorschriften zur Gefährdungsbeurteilung für Jugendliche, §§ 3ff., 28ff. JArbSchG sowie die ArbStättV und die Unfallverhütungsvorschriften der Berufsgenossenschaften. Auch Arbeitsschutzempfehlungen gem. § 7 ArbStättV müssen berücksichtigt werden.[11]

III. Verhältnis von Auszubildenden zu Ausbildungsplätzen oder Fachkräften

5 Nach Abs. 1 Nr. 2 der Vorschrift muss zwischen der Zahl der Auszubildenden und der Zahl der Ausbildungsplätze oder der Zahl der beschäftigten Fachkräfte ein angemessenes Verhältnis bestehen.

1. Ausbildungsplätze – Begriff

6 Als Ausbildungsplatz ist der Ort innerhalb einer Ausbildungsstätte anzusehen, an dem die Auszubildenden mit Ausstattung und personeller Besetzung in einem bestimmten Ausbildungsberuf ausgebildet werden kann.[12] **Ausbildungsplätze** können dabei ausschließlich der Berufsausbildung dienende Einrichtungen sein wie:

- Ausbildungswerkstätten,
- Ausbildungsecken,
- besondere Ausbildungsräume im Rahmen der kaufmännischen Berufsausbildung,
- Plätze in Übungsfirmen sowie
- alle Arbeitsplätze, an denen die Ausbildenden praxisnah und wirkungsvoll ausbilden können.[13]

2. Fachkräfte – Begriff

7 Fachkräfte sind nicht nur diejenigen Arbeitnehmer:innen, die in dem Ausbildungsberuf bereits eine Abschlussprüfung abgelegt haben, sondern auch solche, die ohne einen ent-

---

7 Zur Maßgeblichkeit des Ausbildungsberufsbilds und des Ausbildungsrahmenplans vgl. auch *VG Arnsberg* 20.5.1976, EzB § 22 BBiG a.F. Nr. 2; *VG Oldenburg* 18.7.89, EzB § 22 BBiG a.F. Nr. 13.

8 *Malottke*, JAV, Rn. 267.

9 *Benecke/Hergenröder*, BBiG, § 27 Rn. 11.

10 Wohlgemuth/*Pepping*, BBiG, § 27 Rn. 14.

11 Wohlgemuth/*Pepping*, BBiG, § 27 Rn. 14, HWK/*Hergenröder* BBiG, § 27 Rn. 2.

12 Vgl. auch Wohlgemuth/*Pepping*, BBiG, § 27 Rn. 25; *Taubert* BBiG, § 27 Rn. 11; *Braun/Mühlhausen*, BBiG, § 22 a.F. Rn. 10.

13 *Braun/Mühlhausen*, BBiG, § 22 a.F. Rn. 10.

sprechenden Abschluss eine Tätigkeit ausüben, die derjenigen ausgebildeter Arbeitnehmer:innen entspricht.[14]

3. Angemessenes Verhältnis

8 Die Zahl der Auszubildenden muss in einem **angemessenen Verhältnis** zur Zahl der Ausbildungsplätze oder zur Zahl der beschäftigten Fachkräfte stehen.

Dies bedeutet, dass die Zahl der Ausbildungsplätze ausreichend sein muss. Die Auffassung, man könne in Ausbildungsberufen, die sich neu entwickeln, eine höhere Zahl von Auszubildenden zulassen, um den Bedarf an Fachkräften zu decken,[15] ist nicht unbedenklich und widerspricht der Zielsetzung des Gesetzes. Das Gesetz enthält keine genauere Bestimmung dessen, was unter einem »angemessenen Verhältnis« zu verstehen ist. Es handelt sich um einen unbestimmten Rechtsbegriff, bei dessen Auslegung der zuständigen Stelle ein Beurteilungsspielraum zusteht,[16] der durch die Verwaltungsgerichte nur eingeschränkt überprüfbar ist. Der frühere Bundesausschuss für Berufsbildung hat Empfehlungen darüber herausgegeben, was unter einem **angemessenen Verhältnis** der Zahl der Fachkräfte zu der der Auszubildenden zu verstehen ist.[17] In Ziff. 2.5 dieser Empfehlungen wird folgende Relation als angemessen angesehen:

1–2 Fachkräfte zu 1 Auszubildenden,
3–5 Fachkräfte zu 2 Auszubildenden,
6–8 Fachkräfte zu 3 Auszubildenden,
je weitere 3 Fachkräfte zu einem weiteren Auszubildenden.

4. Abweichende Grundsätze

9 Maßgebend soll sein, dass die Ausbildung durch eine ausreichende Zahl von Ausbildern sichergestellt ist.[18] Die Rechtsprechung hat ihrerseits in mehreren Entscheidungen hierzu teilweise voneinander abweichende Grundsätze festgelegt:

1. Ein angemessenes Verhältnis der Zahl der Auszubildenden zur Zahl der Fachkräfte besteht im Regelfall dann nicht mehr, wenn nicht mehr als zwei Fachkräfte auf einen Auszubildenden kommen.[19]
2. Die Berufsausbildung ist gefährdet, wenn der Ausbildende ohne Beschäftigung zusätzlicher Fachkräfte mehr als einen Auszubildenden gleichzeitig ausbildet.[20]
3. Eine Zahnarztpraxis, in der neben zwei Zahnärzten zwei Zahnarzthelferinnen tätig sind, ist in der Regel als Ausbildungsstätte jedenfalls für mehr als vier Auszubildende nicht geeignet.[21]
4. Die Zahl der Auszubildenden soll in der Regel niedriger sein als die Zahl der beschäftigten Fachkräfte, zumindest nicht höher.[22]

---

14 *Natzel*, S. 410.
15 BT-Drucks. V/4260, S. 13.
16 *Taubert*, BBiG, § 27 Rn. 20.
17 Vgl. unten Rn. 17.
18 HWK/*Hergenröder*, BBiG, § 27 Rn. 3 mit Verweis auf *VG Kassel* 16. 2. 1984 – IV/2 E 1874/83, EzB § 22 BBiG Nr. 12; *OVG Münster* 3. 3. 1982 – 4 A 2141/80, EzB § 22 BBiG Nr. 9.
19 *LAG Berlin* 26. 10. 78 – 7 Sa 33/78, EzB § 22 BBiG a. F. Nr. 4.
20 *VG Freiburg* 26. 8. 76, EzB § 22 BBiG a. F. Nr. 5.
21 *OVG Münster* 3. 3. 82, EzB § 22 BBiG a. F. Nr. 6.
22 *VG Kassel* 16. 2. 84, EzB § 22 BBiG a. F. Nr. 11.

5. Bedeutung von »oder«

10 Von einem angemessenen Verhältnis der Zahl der Auszubildenden zur Zahl der Ausbildungsplätze oder zur Zahl der beschäftigten Fachkräfte i. S. d. Abs. 1 Nr. 2 ist aufgrund des im Gesetz verwendeten Wortes »oder« bereits dann auszugehen, wenn es in Bezug auf eines der beiden dort genannten Kriterien besteht.[23]

6. Möglichkeit der Abweichung

11 Von dem angemessenen Verhältnis kann nach Abs. 1 Nr. 2 abgewichen werden, wenn die **Berufsausbildung nicht gefährdet** wird. Die Entscheidung darüber ist im Einzelfall eine Tat- und Rechtsfrage, da es sich hier um einen unbestimmten Rechtsbegriff handelt.[24] Die Bestimmung ist aber sehr **eng auszulegen**, da jede Gefährdung der Berufsausbildung von vornherein vermieden werden muss. Wegen des Schutzzwecks des § 27 reicht bereits eine geringe durch Tatsachen begründete Wahrscheinlichkeit, dass die Berufsausbildung gefährdet wird, aus, um die Geeignetheit der Ausbildungsstätte zu verneinen. Schon nach dem Wortlaut des Abs. 1 Nr. 2 kommt es nicht darauf an, dass die Gefährdung sich auf das Erreichen des Ausbildungsziels, der beruflichen Handlungsfähigkeit bezieht.[25] Bereits die Gefährdung des Ausbildungsprozesses und nicht nur eines vermuteten Ausbildungsergebnisses stellt die Eignung der Ausbildungsstätte in Frage.[26]

IV. Ausbildungsmaßnahmen außerhalb der Ausbildungsstätte

12 Können in einer Ausbildungsstätte Kenntnis, Fähigkeiten oder Fertigkeiten nicht in vollem Umfang vermittelt werden, kann dieser Mangel gem. Abs. 2 durch **Ausbildungsmaßnahmen außerhalb der Ausbildungsstätte** behoben wird. Geschieht dies, wird die Eignung fingiert. Hierbei ist in erster Linie an Maßnahmen in außerbetrieblichen Ausbildungsstätten gedacht.[27] Aber auch Maßnahmen in Filialbetrieben, anderen Betrieben, kooperierenden Unternehmen und im Rahmen eines Ausbildungsverbundes[28] können ggf. die Geeignetheit wiederherstellen. Wird die Ausbildung jedoch in mehreren Ausbildungsstätten durchgeführt, so muss jede dieser Ausbildungsstätten für den jeweiligen Ausbildungsabschnitt den Kriterien der §§ 27 bis 30 entsprechen.[29] Keine geeignete außerbetriebliche Ausbildungsstätte ist die Berufsschule.[30] Die Berufsschule hat im dualen System der Berufsausbildung eigene Vermittlungsaufgaben und ist weder zuständig noch geeignet, die berufspraktische Ausbildung des Ausbildungsrahmenplans zu vermitteln. Der außerbetriebliche Teil der Berufsausbildung darf aber stets nur eine Ergänzung bleiben.[31] Die Vorschrift setzt nämlich voraus, dass die Ausbildungsstätte **überwiegend** für die Berufsausbildung geeignet ist.[32]

---

23 *Götz*, Rn. 486; *VG Kassel* 16. 2. 84, EzB § 22 BBiG a. F. Nr. 11.
24 *Herkert/Töltl*, BBiG, § 27 Rn. 16.
25 So aber *Benecke/Hergenröder*, BBiG, § 27 Rn. 13; *Taubert*, BBiG, § 27 Rn. 25.
26 Enger nunmehr: Wohlgemuth/*Pepping*, BBiG, § 27 Rn. 32.
27 Vgl. auch oben § 15 Rn. 15.
28 Vgl. zu den einzelnen Möglichkeiten *Bergmann*, GewB 1989, 78 und *Heidemann*, GewB 1989, 76.
29 *Braun/Mühlhausen*, BBiG, § 22 a. F. Rn. 27.
30 *LAG München* 17. 1. 1990 – 8 Sa 277/89, EzB § 12 Abs. 1 Satz 1 Nr. 1 BBiG a. F. Nr. 1.
31 Wohlgemuth/*Pepping*, BBiG, § 27 Rn. 334; *Braun/Mühlhausen*, BBiG, § 22 a. F. Rn. 28.
32 So richtig *Götz*, Rn. 488.

Die außerbetriebliche Ausbildungsstätte muss in die Niederschrift des **Ausbildungsvertrags** aufgenommen werden, § 11 Abs. 1 Satz 2 Nr. 3. Sie ist zudem der zuständigen Stelle mitzuteilen und ihre Anschrift von dieser gem. § 34 in das Verzeichnis des Ausbildungsverhältnisse einzutragen. 13

V. Überwachung durch zuständige Stelle

Die zuständige Stelle hat darüber zu wachen, dass die Eignung der Ausbildungsstätte während der gesamten Dauer des Ausbildungsverhältnisses vorliegt.[33] Dies gilt auch für Ausbildungsstätten im Ausland.[34] Konkrete Gründe für die Berechtigung zur Besichtigung einer Ausbildungsstätte müssen nach dem Gesetzeswortlaut nicht vorliegen.[35] Die zuständige Stelle hat nach § 32 Abs. 2 die nach Landesrecht zuständige Behörde einzuschalten. Diese kann nach Anhörung – § 33 Abs. 3 Satz 1 – das Ausbilden untersagen, wenn die Ausbildungsstätte nicht geeignet ist.[36] Für eine fehlerhafte Beratung zur Eignung der Ausbildungsstätte haftet die zuständige Stelle aus Amtspflichtverletzung.[37] Die Eignungsfeststellung sollte in regelmäßigen Abständen wiederholt werden.[38] Die außerbetriebliche Ausbildung muss bereits bei Abschluss des Ausbildungsvertrags in diesen aufgenommen werden (§ 11 Abs. 1 Satz 2 Nr. 3). 14

VI. Rechtsfolgen für Auszubildende

Ein Verstoß gegen Abs. 1 gibt den Auszubildenden einen Grund zur **fristlosen Kündigung**,[39] lässt aber die Wirksamkeit des Berufsausbildungsvertrags unberührt.[40] Ausbildende **Arbeitgeber**, die schuldhaft entgegen Abs. 1 Nr. 2 Ausbildungsverträge abschließen, **haften** gegenüber den Auszubildenden **für den Schaden**, den diese dadurch erleiden, dass sie im Hinblick auf den Abschluss dieses – später abgebrochenen – Ausbildungsvertrages einen anderen Ausbildungsvertrag mit einem/einer geeigneten Ausbildenden erst zu einem späten Zeitpunkt nach Abbruch der Ausbildung abgeschlossen hat. Mussten sich den Ausbildenden im Hinblick auf das Verhältnis von Fachkräften zu Auszubildenden Zweifel an dem Vorliegen der Voraussetzungen des Abs. 1 Nr. 2 aufdrängen, so liegt ihr Verschulden (auch) darin, dass sie die Auszubildenden vor Abschluss des Ausbildungsvertrages nicht auf das Risiko einer unzulänglichen Ausbildung hinweisen.[41] 15

33 *Lakies*, BBiG, § 27 Rn. 12.
34 Wohlgemuth/*Pepping*, BBiG, § 27 Rn. 42.
35 *VG Köln* 8.12.2016 – 1 K 1606/15, Rn. 31, juris.
36 Siehe § 33 Rn. 2ff.
37 *OLG Zweibrücken* 28.5.2009 – 6U 1/08, juris; vorgehend *LG Frankenthal* 6.12.2007 – 3 O 377/07.
38 Vgl. unten die Erläuterungen zu § 32 BBiG.
39 Siehe schon oben § 15 Rn. 13; Wohlgemuth/*Pepping*, BBiG, § 27 Rn. 46.
40 § 10 Abs. 4 BBiG.
41 *LAG Berlin* 26.10.78, EzB § 22 BBiG a. F. Nr. 4; zu weiteren Rechtsfolgen von Eignungsmängeln näher *Götz*, Rn. 490.

VII. Rechte der Betriebs-/Personalräte/Jugend- und Auszubildendenvertretungen

16 **Betriebs- und Personalräte** haben im Zusammenhang mit der Sicherung der Ausbildungsqualität und dem Arbeitsschutz der Auszubildenden besondere Rechte und Pflichten,[42] die im Rahmen dieser Vorschrift zu beachten sind. Liegt die Eignung nicht vor, besteht für Betriebs- und Personalräte ein Zustimmungsverweigerungsrecht bei der Einstellung der Auszubildenden gem. § 99 Abs. 2 Nr. 1 BetrVG, §§ 78 Abs. 1 Satz 1 Nr. 1 i. V. m. 78 Abs. 5 Nr. 1 BPersVG. Die **Jugend- und Auszubildendenvertretung** hat daneben im Rahmen der gesetzlichen Vorschriften die besonderen Belange der jugendlichen Beschäftigten und der Auszubildenden wahrzunehmen.[43] Zur Zusammenarbeit zwischen Betriebs-/Personalrat und der Aufsichtsbehörde sowie den technischen Aufsichtsbeamten der Berufsgenossenschaften vgl. § 89 BetrVG, § 68 BPersVG.

VIII. Empfehlung des Hauptausschusses des BIBB vom 16. 12. 2015

17 Die in der Vorschrift niedergelegten Anforderungen an die Eignung der Ausbildungsstätte werden in einer Empfehlung des Hauptausschusses für Berufsbildung vom 16. 12. 2015[44] näher erläutert und konkretisiert. Die Empfehlung ist auf der Internetseite des BIBB unter »Beschlüsse und Empfehlungen« abrufbar.

IX. Pflicht zu Änderungsmitteilungen

18 Der Ausbildende hat der zuständigen Stelle ohne Aufforderung jede Änderung der Eignung der Ausbildungsstätte mitzuteilen, die dazu führen kann, dass das Erreichen des Ausbildungszieles oder die Durchführung des Ausbildungsganges beeinträchtigt wird. Werden bei der Überwachung Mängel der Eignung festgestellt, so hat die zuständige Stelle, falls der Mangel zu beheben und eine Gefährdung des Auszubildenden nicht zu erwarten ist, den Ausbildenden aufzufordern, innerhalb einer von ihr gesetzten Frist den Mangel zu beseitigen. Ist der Mangel der Eignung nicht zu beheben oder ist eine Gefährdung des Auszubildenden zu erwarten oder wird der Mangel nicht innerhalb der gesetzten Frist beseitigt, so hat die zuständige Stelle dies der nach Landesrecht zuständigen Behörde mitzuteilen.[45]

X. Parallelvorschrift in der HwO

19 Für das **Handwerk** gilt die Parallelvorschrift des § 21 HwO.

XI. Sondervorschriften

1. Landwirtschaft

20 Abs. 3 entspricht weitgehend § 82 BBiG a. F. Im Bereich der Landwirtschaft muss eine **Ausbildungsstätte** anerkannt werden. Ihre Geeignetheit allein ist nicht ausreichend. Erforderlich ist ein Verwaltungsakt, mit dem die zuständige Behörde die Geeignetheit anerkennt. Zuständig für die Anerkennung ist die nach Landesrecht bestimmte zuständige

42 § 80 Abs. 1 Nr. 1, §§ 87 Abs. 1 Nr. 7, 88 Nr. 1, 89 ff., 98 BetrVG, §§ 62 Abs. 1 Nr. 8, 80 Abs. 1 Nr. 9 BPersVG.

43 §§ 60 ff. BetrVG, §§ 99 ff. BPersVG.

44 *www.bibb.de/dokumente/pdf/HA162.pdf.*

45 Vgl. § 23 Abs. 2 BBiG, § 23a Abs. 2 HwO.

Behörde. Dieser obliegt dadurch auch eine Überwachungspflicht. Eine Anerkennung kann nur erfolgen, wenn die Ausbildungsstätte tatsächlich nach Art und Einrichtung im Sinne des Abs. 1 geeignet ist.[1] Nach Abs. 3 Satz 2 kann das Bundesministerium für Verbraucherschutz, Ernährung und Landwirtschaft durch RechtsVO **Mindestanforderungen für die Ausbildungsstätte** festlegen. Dies hat im Einvernehmen mit dem Bundesministerium für Bildung und Forschung zu geschehen. Der Hauptausschuss des BIBB ist vor Erlass der RechtsVO anzuhören (Abs. 3 Satz 2). Eine diesbezügliche RechtsVO bedarf nach Abs. 3 Satz 2 nicht der Zustimmung des Bundesrats.

Durch RechtsVO nach Abs. 3 Satz 2 sind **Mindestanforderungen** für die Größe, die Einrichtungen und den Bewirtschaftungszustand der Ausbildungsstätte für eine Reihe von landwirtschaftlichen Betrieben erlassen worden, um eine bundeseinheitliche Handhabung sicherzustellen.[2] Die hierzu erlassenen RechtsVO bleiben auch nach dem BerBiRefG in Kraft.

2. Hauswirtschaft

Abs. 4 entspricht weitgehend § 96 BBiG. Auch für die Berufsbildung in der Hauswirtschaft ist eine ausdrückliche Anerkennung der **Ausbildungsstätte** als geeignet erforderlich. Die zuständige Behörde muss die Ausbildungsstätte i. S. d. Abs. 1 Nr. 1 nach Art und Einrichtung als geeignet ansehen und einen entsprechenden Verwaltungsakt erlassen. Da die Anerkennung nur dann erfolgen kann, wenn die Ausbildungsstätte tatsächlich unter Berücksichtigung objektiver Maßstäbe geeignet ist,[3] setzt dies eine **regelmäßige Überwachung** der Ausbildungsstätte voraus.[4] Nach Abs. 4 Satz 2 kann das Bundesministerium für Wirtschaft durch RechtsVO **Mindestanforderungen für die Ausbildungsstätte** festlegen. Dies hat im Einvernehmen mit dem Bundesministerium für Bildung und Forschung zu geschehen. Der Hauptausschuss des BIBB ist vor Erlass der RechtsVO anzuhören (Abs. 4 Satz 2). Eine diesbezügliche RechtsVO bedarf nach Abs. 4 Satz 2 nicht der Zustimmung des Bundesrats. Als RechtsVO i. S. d. Abs. 4 Satz 2 wurde die Verordnung über die Eignung der Ausbildungsstätte in der ländlichen Hauswirtschaft erlassen.[5] 21

3. Anerkennung

Die Anerkennung i. S. d. Abs. 3 und 4 erfolgt bei Vorliegen der Voraussetzungen **durch die nach Landesrecht zuständige Behörde** durch Verwaltungsakt. Wird die Anerkennung verweigert, können die Inhaber:innen der Ausbildungsstätte hiergegen Widerspruch einlegen[6] und die Anerkennung ggf. durch Verpflichtungsklage verfolgen. Dies kann auch im Wege des vorläufigen Rechtschutzes erfolgen, z. B. indem der Antrag darauf gerichtet ist, die zuständige Stelle bis zur Entscheidung in dem anhängigen Hauptsacheverfahren zu verpflichten, das Ausbildungsverhältnis vorläufig so zu behandeln, als ob die Voraussetzungen[7] für die Eintragung des Berufsausbildungsvertrages vorliegen, und vorläufig 22

---

1 *Braun/Mühlhausen*, BBiG, § 82 a. F. Rn. 1.
2 Vgl. *Braun/Mühlhausen*, BBiG, § 82 a. F. Rn. 5.
3 Vgl. Wohlgemuth/*Pepping*, BBiG, § 27 Rn. 38.
4 Vgl. Abschnitt IV Satz 2 der Empfehlung des Bundesausschusses für Berufsbildung vom 24. 8. 1973, abgedruckt unter § 76 Rn. 13: »… dass … Ausbildungsstätten mindestens im jährlichen Turnus aufgesucht werden«.
5 BGBl. I S. 758.
6 Zu beachten ist, dass das Widerspruchsverfahren in einzelnen Bundesländern abweichend geregelt ist.
7 *VG Ansbach* 28. 6. 2012 – AN 4 E 12.00488, Rn. 27, juris.

die generelle Eignung der Antragstellerin als Ausbildungsstätte i. S. v. § 27 Abs. 1 Nr. 1 BBiG festzustellen. Eine Ausbilderin hat ein berechtigtes Interesse daran, dass bereits vor Abschluss eines Berufsausbildungsvertrages, der auch bei einem Mangel i. S. d. §§ 27, 28 BBiG wirksam wäre (vgl. § 10 Abs. 4 BBiG), die Eignung des Betriebes als Ausbildungsstätte gem. § 27 Abs. 1 Nr. 1 BBiG verbindlich durch eine entsprechende behördliche Feststellung geklärt ist.[8]

§ 28 Eignung von Ausbildenden und Ausbildern oder Ausbilderinnen

(1) Auszubildende darf nur einstellen, wer persönlich geeignet ist. Auszubildende darf nur ausbilden, wer persönlich und fachlich geeignet ist.

(2) Wer fachlich nicht geeignet ist oder wer nicht selbst ausbildet, darf Auszubildende nur dann einstellen, wenn er persönlich und fachlich geeignete Ausbilder oder Ausbilderinnen bestellt, die die Ausbildungsinhalte in der Ausbildungsstätte unmittelbar, verantwortlich und in wesentlichem Umfang vermitteln.

Eine unmittelbare Vermittlung der Ausbildungsinhalte ist in angemessenem Umfang auch als digitales mobiles Ausbilden ohne gleichzeitige Anwesenheit der Auszubildenden und ihrer Ausbilder oder Ausbilderinnen am gleichen Ort möglich, wenn

1. für die Vermittlung Informationstechnik eingesetzt wird,

2. die Ausbildungsinhalte und die Orte, an denen sich die Auszubildenden und ihre Ausbilder oder Ausbilderinnen jeweils aufhalten, für die Vermittlung von Ausbildungsinhalten auf Distanz geeignet sind und

3. die Qualität der Vermittlung derjenigen bei gleichzeitiger Anwesenheit der Auszubildenden und ihrer Ausbilder oder Ausbilderinnen am gleichen Ort gleichwertig ist; dies ist insbesondere der Fall, wenn der Ausbilder oder die Ausbilderin jederzeit zu den betriebsüblichen Zeiten für den Auszubildenden oder die Auszubildende erreichbar ist, den Lernprozess steuert und begleitet sowie die Lernfortschritte kontrolliert.

Für die Ausgestaltung digitalen mobilen Ausbildens kann der Hauptausschuss des Bundesinstituts für Berufsbildung Empfehlungen beschließen.

(3) Unter der Verantwortung des Ausbilders oder der Ausbilderin kann bei der Berufsausbildung mitwirken, wer selbst nicht Ausbilder oder Ausbilderin ist, aber abweichend von den besonderen Voraussetzungen des § 30 die für die Vermittlung von Ausbildungsinhalten erforderlichen beruflichen Fertigkeiten, Kenntnisse und Fähigkeiten besitzt und persönlich geeignet ist.

Inhaltsübersicht Rn.

8 *VG Minden* 7.5.2014 – 3 K 2930/13, juris.

I. Allgemeines

Die Vorschrift regelt die Eignung von Ausbildenden sowie Ausbilder:innen und macht diese von besonderen Kriterien abhängig. So muss derjenige, der Auszubildende einstellt, persönlich und derjenige, der ausbildet, persönlich und fachlich geeignet sein. Diese Unterscheidung ermöglicht es, dass jemand, der nur persönlich, nicht aber fachlich geeignet ist, Auszubildende einstellen kann, wenn er für geeignete Ausbilder:innen sorgt. Das BerBiRefG im Jahr 2005 hat hier keine wesentlichen inhaltlichen Änderungen gebracht, sondern im Wesentlichen definiert und umstrukturiert: »In § 28 Abs. 1 wird die Regelung des § 20 Abs. 1 des geltenden Berufsbildungsgesetzes im Wortlaut übernommen. Abs. 2 entspricht dem bisherigen § 21 Abs. 4 mit dem Zusatz, dass durch den Begriff »Ausbilder/Ausbilderin« diejenige Person definiert wird, die im Gegensatz zum Ausbildenden die Ausbildungsinhalte in der Ausbildungsstätte unmittelbar, verantwortlich und in wesentlichem Umfang selbst vermittelt. Abs. 3 regelt die in der Praxis übliche partielle Vermittlung von Ausbildungsinhalten durch Personen, die zwar nicht alle Erfordernisse für die fachliche Eignung der Ausbilder erfüllen, jedoch neben ihrer persönlichen Eignung die beruflichen Fertigkeiten, Kenntnisse und Fähigkeiten besitzen, die für die Vermittlung einzelner Ausbildungsgegenstände erforderlich ist«.[9] 1

II. Einstellung

Nach Abs. 1 Satz 1 darf Auszubildende nur **einstellen, wer persönlich geeignet** ist. Der Begriff der Einstellung ist gesetzlich nicht definiert. Da nicht auf den Abschluss des Berufsausbildungsvertrags abgestellt wird, muss davon ausgegangen werden, dass Einstellung etwas anderes meint. Insoweit kann auf die Rechtsprechung des Bundesarbeitsgerichts zu diesem Begriff in § 99 Abs. 1 Satz 1 BetrVG und des Bundesverwaltungsgerichts zu § 78 Abs. 1 Satz 1 Nr. 1 BPersVG zurückgegriffen werden. 2

Unter Einstellung ist danach sowohl die Begründung eines Ausbildungsverhältnisses als auch die damit zusammenfallende, vorgehende oder nachträgliche tatsächliche Arbeitsaufnahme in einem bestimmten Betrieb zu verstehen.[10] Dieser weite Einstellungsbegriff entspricht dem Schutzgedanken des § 28 BBiG, nach dem möglichst umfassend vor einer persönlichen Gefährdung oder einer mangelhaften Ausbildung geschützt werden soll. Einstellen können grundsätzlich alle natürlichen und juristischen Personen, die über eine Ausbildungsstätte i. S. d. § 2 BBiG verfügen. Bei juristischen Personen müssen alle vertretungsberechtigten Personen persönlich geeignet sein, da der Hauptzweck der Vorschrift der Schutz des Auszubildenden vor Personen ist, die nicht geeignet sind.[11] Nach herrschender Meinung wird z. B. Großunternehmen, in denen der persönlich nicht geeignete Unternehmer mit dem Auszubildenden nicht in direkten Kontakt kommt, das Einstellen von Auszubildenden nicht in jedem Fall versagt werden müssen,[12] wenn andererseits die Vertretung, die mit dem Auszubildenden in unmittelbaren Kontakt kommt, über die persönliche Eignung verfügen.[13] Dieser Auffassung kann wegen des Schutzzwecks der Norm nicht gefolgt werden. Ein Aufeinandertreffen der Vertretungsberechtigten mit

---

9 BT-Drucks. 15/3980, S. 207 ff.

10 Vgl. *BAG* 14.5.74 – 1 ABR 40/73, EzA § 99 BetrVG 1972 Nr. 6.

11 *VGH Baden-Württemberg* 22.12.88, EzB §§ 20, 21 BBiG a. F. Nr. 22; *Braun/Mühlhausen*, BBiG, § 20 a. F. Rn. 5.

12 *Taubert*, BBiG, § 28 Rn. 12.

13 *Herkert/Töltl*, BBiG, § 28 Rn. 8; *Taubert*, BBiG, § 28 Rn. 12; *im Ergebnis auch* Wohlgemuth/*Pepping*, BBiG, § 28 Rn. 12.

den Auszubildenden kann faktisch nicht ausgeschlossen werden; es kann auch nicht verhindert werden, dass rechtwidrige Weisungen zu Lasten der Ausbildung erteilt werden, so dass die Auszubildenden vor persönlich nicht geeigneten Vertretungsberechtigten geschützt werden müssen.

III. Persönliche und fachliche Eignung zur Ausbildung

3 Nach Abs. 1 Satz 2 der Vorschrift darf ausbilden nur, wer persönlich und fachlich geeignet ist.

Ausbilden i. S. v. Abs. 1 der Vorschrift bedeutet die Vermittlung der beruflichen Fertigkeiten, Kenntnisse Fähigkeiten und Erfahrungen, die erforderlich sind, um das Ausbildungsziel zu erreichen. Ein gelegentliches »nach dem Rechten sehen« durch eine ausbildungsberechtigte Person reicht nicht.[14] Ein Rechtsanwalt, der seine Zulassung verliert, verliert zugleich die Grundvoraussetzung für die Eignung als Ausbilder gem. § 28 Abs. 1 Satz 2 BBiG. Denn mangels eigener ausgeübter Tätigkeit ist es ihm unmöglich, Ausbildungsinhalte zu vermitteln und die Anwendung des Erlernten in der Praxis zu überprüfen.[15] Zur Wahrnehmung des Ausbildungsrechts muss nach Abs. 1 Satz 2 der Bestimmung der/die Ausbildende oder, falls dieser selbst nicht ausbildet, der/die Ausbilder:in persönlich und fachlich geeignet sein. Zum Begriff der persönlichen Eignung s. § 29, zum Begriff der fachlichen Eignung s. § 30.

1. Bestellung eines Ausbilders

4 Ausbildende, die entweder fachlich nicht geeignet sind oder selbst nicht ausbilden, dürfen nach Abs. 2 der Vorschrift Auszubildende nur einstellen, wenn sie einen oder eine **Ausbilder:in bestellen**, der/die persönlich und fachlich geeignet ist. Es ist dabei gleichgültig, warum die Ausbildenden selbst nicht ausbilden. Der/die Ausbilder:in muss vor der Einstellung von Auszubildenden bestellt werden, wobei der Ausbildende zu überprüfen hat, ob der Ausbilder persönlich und fachlich geeignet ist. Die Tätigkeit als Ausbilder ist eine Form der Betätigung der grundrechtlich geschützten Berufsausübungsfreiheit.[16]

2. Weitere Ausbildungsmitwirkende

5 Erstmals durch das BerBiRefG zum 1.4.2005 wurde in das BBiG eine Mitwirkung weiterer Personen an der Ausbildung aufgenommen. Abs. 3 stellt klar, dass die Verantwortung der Ausbilder:innen bestehen bleibt, dass jedoch weitere Personen an der Ausbildung mitwirken können. Diese müssen persönlich geeignet i. S. d. § 29 sein. An die fachliche Eignung werden geringere Anforderungen gestellt: Ausreichend ist, dass die Ausbildungsmitwirkenden die für die Vermittlung erforderlichen Fertigkeiten, Kenntnisse und Fähigkeiten besitzen. In Abgrenzung zu § 30 wird damit deutlich gemacht, dass ein einschlägiger Berufsabschluss nicht erforderlich ist, wenn die zur Vermittlung erforderlichen Voraussetzungen bei dem/der Ausbildungsmitwirkenden vorhanden sind. Dabei ist ausreichend, wenn die Voraussetzungen nur für bestimmte Ausbildungsinhalte vorhanden sind, wenn die Ausbildungsmitwirkenden nur an der Vermittlung dieser speziellen Aus-

---

14 *VG Gelsenkirchen* 27.10.2008 – 7 L 1181/08, juris.
15 *OVG NRW* 4.5.2017 – 4 A 2888/15, Rn. 4, juris.
16 *OVG Schleswig-Holstein* 6.8.1992 – 3 L 70/92, NJW 1993, 1348; *VG Schwerin* 7.3.2014 – 7 B 847/13, *www.landesrecht-mv.de.*

bildungsinhalte beteiligt sind. Auch Berufsanfänger:innen ohne angemessene Zeit der berufspraktischen Tätigkeit im Beruf können an der Ausbildung mitwirken.

Die gesetzliche Regelung stellt klar, dass auch an die Eignung Ausbildungsmitwirkender erhöhte Anforderungen gestellt werden. Die Eignung der Ausbildungsmitwirkenden unterliegt der Überwachung durch die zuständige Stelle (§ 73 Abs. 1 Satz 1 Nr. 1). Skeptisch zu beobachten wird sein, ob in der Folge des neuen Abs. 3 auf Ausbilder:innen verzichtet und stattdessen mit Ausbildungsmitwirkenden ausgebildet wird, um so sowohl Ausbildungskosten für die Ausbilder:innen als auch ggf. tarifliche Zulagen für Ausbilder:innen abzusenken. Unter den Begriff der »Mitwirkung« fällt jede Beteiligung an der Ausbildung, die auf die Vermittlung von Inhalten gerichtet ist. Von der Mitwirkung erfasst sind daher zum Beispiel: 5a

- Personen, die Auszubildende am Arbeitsplatz praktisch unterweisen,
- Lehrer:innen im innerbetrieblichen Unterricht,
- Unterweisende in Ausbildungszentren sowie
- Unterweisende in außer- und überbetrieblichen Ausbildungsmaßnahmen.

3. Digitale Ausbildung

Der Gesetzgeber hat durch das BVaDiG im Jahr 2024 erstmals die Möglichkeit der digitalen Ausbildung im Berufsbildungsgesetz verankert. Auch vorher war die digitale Ausbildung nicht ausgeschlossen. Der Hauptausschuss des BIBB hat bereits am 20.6.2023 eine Empfehlung zum planmäßigen »Mobilen Ausbilden und Lernen« verabschiedet.[17] Insbesondere zu Zeiten von Corona haben Betriebe auf die digitale Ausbildung zurückgegriffen. Nun sorgt die Verankerung im BBiG gleichzeitig für Rechtssicherheit und das Schaffen von Mindeststandards. 5b

Voraussetzung ist zunächst, dass für die Vermittlung Informationstechnik eingesetzt wird. Informationstechnik steht für die Technik zur elektronischen Datenverarbeitung (EDV) und der hierzu verwendeten Hard- und Softwarestruktur. Die entsprechende Hard- und Software ist den Auszubildenden von den Ausbildenden als Ausbildungsmittel nach § 14 Abs. 1 Nr. 3 2. HS ausdrücklich zur Verfügung zu stellen.[18]

Zudem müssen Ausbildungsinhalte und die Orte für die Vermittlung auf Distanz geeignet sein. Dies wird bezüglich der Ausbildungsinhalte regelmäßig bei kaufmännischen Berufen eher der Fall sein als bei technischen Berufen, wobei auch dort z. B. theoretische Unterweisungen mobil möglich sind. Eine praktische Herausforderung stellt die Eignung der Ausbildungsorte dar. Hierbei ist darauf zu achten, dass die Orte der Vermittlung, also Standort des Ausbildenden und der Auszubildenden, entsprechend gestaltet und ausgestattet sein müssen. Nicht alle Auszubildenden werden einen vollständig eingerichteten Arbeitsplatz einschließlich Schreibtisch, Schreibtischstuhl, Bildschirm etc. bzw. die räumlichen Möglichkeiten zur Verfügung haben. Hier müssen zur Durchführung der digitalen Ausbildung die notwendigen Voraussetzungen geschaffen werden.

Außerdem muss die Qualität der Vermittlung gleichwertig bleiben. Hierzu ist insbesondere erforderlich, dass Ausbilder oder Ausbilderin für die Auszubildenden während der betriebsüblichen Zeit erreichbar sind. Unter betriebsüblicher Zeit sind die ausbildungsspezifischen Zeiten zu verstehen. Wichtig ist, dass die Kommunikation von Auszubilden-

17 Abzurufen unter *bibb.de*.
18 Siehe § 14 Rn. 12a.

den und Ausbildungspersonal sichergestellt und der Lernprozess begleitet und überwacht wird.[19]

Die digitale Ausbildung ist auch eine technische und methodische Herausforderung für die Ausbildenden. Hier muss die entsprechende, zusätzliche Qualifikation der Ausbildenden bzw. der mit der Ausbildung beauftragten Beschäftigten für die digitale Ausbildung sichergestellt sein.[20]

IV. Rechtsfolgen fehlender Eignung

6 Wird ein/e Ausbilder:in bestellt, der/dem die persönliche oder fachliche Eignung fehlt, und hat die zuständige Stelle nach § 33 eine Untersagungsanordnung erlassen, liegt nach § 102 Abs. 1 Nr. 6 eine **Ordnungswidrigkeit sowohl der Ausbildenden als auch der Ausbilder:innen** vor.

7 Betriebsinhaber:innen, die mangels Eignung nicht berechtigt sind, Ausbildungsverträge zu erfüllen, sind gegenüber Auszubildenden **schadensersatzpflichtig**. Ein Ausbildungsvertrag muss dann in ein rechtswirksames Arbeitsverhältnis umgedeutet werden.[21] Eine Ausbilderin hat ein berechtigtes Interesse daran, dass bereits vor Abschluss eines Berufsausbildungsvertrages, der auch bei einem Mangel i. S. d. §§ 27, 28 wirksam wäre (vgl. § 10 Abs. 4), die fachliche Eignung der Geschäftsführerin als Ausbilderin gem. § 28 Abs. 1 verbindlich durch eine entsprechende behördliche Feststellung geklärt ist.[22] Die Ausbilderin kann nötigenfalls beim Verwaltungsgericht eine entsprechende Feststellung beantragen. Für diese Feststellung durch Verwaltungsakt der zuständigen Stelle bedarf es keiner ausdrücklichen Ermächtigung. Es ist stattdessen von einer allgemeinen gewohnheitsrechtlichen Ermächtigung auszugehen, im Verhältnis hoheitlicher Überordnung sich ergebende Rechtsfolgen durch Verwaltungsakte geltend zu machen.[23] Hierzu kommt auch eine vorläufige Regelung in Betracht mit dem Ziel, vorläufig bis zur endgültigen Klärung die generelle Eignung als Ausbildungsstätte i. S. v. § 27 Abs. 1 Nr. 1 festzustellen.[24]

8 Wird einem/einer Ausbildenden die Befugnis zur Ausbildung entzogen, so stellt dies einen wichtigen Grund zur fristlosen Kündigung für den/die Auszubildenden dar, auch wenn diese Entscheidung wenige Tage später aufgehoben wird.[25]

9 Falls ohne Verschulden der Ausbildenden durch Umstände, die in ihrem Risikobereich[26] liegen, die Erreichung des Ausbildungsziels nicht mehr möglich ist, verletzt der/die Ausbildende die Vertragspflicht, wenn er/sie nicht alles tut, um schädliche Folgen der vorzeitigen Beendigung für den/die Auszubildenden auszuschalten.[27] Wird ein Berufsausbildungsverhältnis gekündigt, weil auf Seiten der Ausbildenden die Eignungsvoraussetzungen nicht vorlagen und sich dieser auch nicht ausreichend bemüht hatte, die Befähigung zur Ausbildung zu erhalten, so sind die Ausbildenden schadensersatzpflichtig.[28]

---

19 BT-Drucks. 20/10857, S. 43.
20 Siehe Rn. 13.
21 *ArbG Wilhelmshaven* 16. 3. 72 – Ca 79/72, EzB § 611 BGB Haftung des Arbeitgebers Nr. 1.
22 *VG Minden* 7. 5. 2014 – 3 K 2930/13, juris.
23 *VG Minden*, a. a. O.
24 *VG Ansbach* 28. 6. 2012 – AN 4 E 12.00488, juris.
25 *ArbG Celle* 15. 12. 71 – 2 Ca 333/71, EzB § 15 Abs. 2 Nr. 1 BBiG Nr. 39; vgl. auch oben § 15 Rn. 13.
26 Z. B. Kündigung des Ausbilders/der Ausbilderin.
27 *LAG Rheinland-Pfalz* 15. 8. 74 – 2 Sa 464/73, EzB § 611 BGB Haftung des Arbeitgebers Nr. 4.
28 *ArbG Detmold* 31. 7. 79 – 2 Ca 304/79, EzB § 16 BBiG Nr. 5.

V. Parallelvorschrift in der HwO

Für das **Handwerk** gilt die entsprechende Vorschrift des § 22 HwO. 10

VI. Mitbestimmung

1. Abberufung bzw. Widerspruch zur Bestellung von Ausbilder:innen

Betriebs- und Personalräte haben ein Mitbestimmungsrecht nach § 98 Abs. 2 BetrVG bzw. § 80 Abs. 1 Nr. 9 BPersVG, d. h., sie können der Bestellung einer mit der Durchführung der betrieblichen Berufsausbildung beauftragten Person widersprechen oder ihre Abberufung verlangen, wenn diese die persönliche oder fachliche, insbesondere die berufs- und arbeitspädagogische Eignung i. S. d. BBiG nicht besitzt.[29] Die Mitbestimmung bezieht sich auf alle an der Ausbildung beteiligten Personen. Der Prüfungsmaßstab der Betriebs- und Personalräte für die Eignung der Ausbildungsmitwirkenden richtet sich nach den § 98 Abs. 2 BetrVG bzw. § 80 Abs. 1 Nr. 9 BPersVG und bezieht sich auf Ausbilder:innen und Ausbildungsmitwirkende, auch auf innerbetriebliche Lehrer und Lehrerinnen. Der Betriebsrat ist nicht an die Entscheidung der zuständigen Stelle gebunden, wenn er beurteilt, ob die fachliche Eignung vorliegt oder entfallen ist. Die Überwachungspflicht des Betriebsrats steht neben der des Personalrats.[30] Eine Vernachlässigung der Aufgaben einer mit der Durchführung der betrieblichen Berufsbildung beauftragten Person i. S. v. § 98 Abs. 2 BetrVG liegt zum Beispiel vor, wenn 11

- der Aufgabenträger seine Aufgaben nicht mit der erforderlichen Gewissenhaftigkeit ausführt und deshalb zu befürchten ist, dass die Auszubildenden das Ziel der Ausbildung nicht erreichen, ohne dass es auf Verschulden des Aufgabenträgers ankommt
- wenn der Ausbilder ohne sachlich vertretbaren Grund von einem vorhandenen betrieblichen Ausbildungsplan abweicht oder
- wenn er seiner Tätigkeit keinen vollständigen, nachvollziehbaren Ausbildungsplan zugrunde gelegt und nicht nachweisbar ist, dass aus besonderen Gründen kein Plan erforderlich war, um das Ausbildungsziel in der vorgesehenen Ausbildungszeit zu erreichen.

Allein der Umstand, dass in einem Betrieb bisher alle Auszubildenden die Prüfung bestanden haben, schließt nicht aus, dass eine das Ausbildungsziel gefährdende Vernachlässigung der Aufgaben des Ausbilders i. S. v. § 98 Abs. 2 BetrVG vorliegt. Eine planlose Ausbildung riskiert in hohem Maße das Entstehen von Lücken, die schon deshalb, weil der bisherige Gang der Ausbildung nicht nachvollzogen kann, später nicht mehr zuverlässig geschlossen werden können. Darin liegt eine strukturelle Gefährdung des Ausbildungsziels.[31] Der Betriebsrat kann die Abberufung der ausbildenden Person gem. § 98 Abs. 2 BetrVG initiativ verlangen und ggf. auch über das Arbeitsgericht durchsetzen.[32]

2. Digitale Ausbildung

Der Betriebsrat hat in § 87 Abs. 1 Nr. 14 BetrVG ein Mitbestimmungsrecht bei der Ausgestaltung von mobiler Arbeit, die mittels Informations- und Kommunikationstechnik erbracht wird. Die digitale Ausbildung unterliegt als ein Unterfall der mobilen Arbeit 12

---

29 DKW/*Buschmann*, BetrVG, § 98 Rn. 16ff.; vgl. auch Musterschreiben des Betriebsrats bei DKW, Arbeitshilfen zum BetrVG, § 98.

30 *LAG Baden-Württemberg* 20. 10. 2017 – 15 TaBV 2/17, juris.

31 *LAG Baden-Württemberg*, a. a. O. Rn. 117.

32 Muster bei Wohlgemuth/*Pepping*, *BBiG*, § 28 Rn. 39f.

mindestens dieser allgemeinen Regelung. Das Mitbestimmungsrecht umfasst nach § 87 Abs. 1 Nr. 14 BetrVG nicht die Einführung und die Beendigung der mobilen Arbeit.[33] Gem. § 98 Abs. 1 BetrVG hat der Betriebsrat jedoch bei der Durchführung der betrieblichen Berufsausbildung ein Mitbestimmungsrecht. Das Mitbestimmungsrecht, einschließlich des damit verbundenen Initiativrechts, betrifft also das »Wie« der Berufsausbildung. Es umfasst den Ablauf der jeweiligen Ausbildung.[34] Zur Frage des »Wie« der beruflichen Ausbildung gehört ebenfalls, ob die Ausbildung auch digital oder nur in Präsenz stattfindet. Somit unterliegt auch die Frage des »Ob« der digitalen Ausbildung, im Gegensatz zur allgemeinen mobilen Arbeit, dem Mitbestimmungsrecht und damit dem Initiativrecht des Betriebsrats.[35] Hier geht die spezielle Situation der Berufsausbildung und des damit verbundenen Mitbestimmungsrechts aus § 98 Abs. 1 BetrVG der allgemeinen Regelung aus § 87 Abs. 1 Nr. 14 BetrVG vor.

13 Die digitale Ausbildung stellt auch die Ausbildenden und die beauftragten Ausbilder:innen vor neue Herausforderungen. Eine entsprechende Qualifikation ist für die Vermittlung der Ausbildungsinhalte zwingend erforderlich. Diese betrifft sowohl die technische als auch die methodische Kompetenz, die nicht alle mit der Berufsausbildung Beschäftigten bereits besitzen. Sollte der Arbeitgeber diesen Beschäftigten die hierzu erforderlichen Qualifizierungsmaßnahmen verweigern, hat der Betriebsrat gem. § 97 Abs. 2 BetrVG ein erzwingbares Mitbestimmungsrecht über die Einführung dieser Qualifizierungen. Dieses umfasst auch das damit verbundene Initiativrecht, da »der Arbeitgeber Maßnahmen plant oder durchführt, die dazu führen, dass sich die Tätigkeit der betroffenen Arbeitnehmer ändert und ihre beruflichen Kenntnisse und Fähigkeiten zur Erfüllung ihrer Aufgaben nicht mehr ausreichen«.[36] Bei Nichteinigung über die Qualifizierungsmaßnahmen entscheidet die Einigungsstelle.

§ 29 Persönliche Eignung

Persönlich nicht geeignet ist insbesondere, wer
1. **Kinder und Jugendliche nicht beschäftigen darf oder**
2. **wiederholt oder schwer gegen dieses Gesetz oder die auf Grund dieses Gesetzes erlassenen Vorschriften und Bestimmungen verstoßen hat.**

Inhaltsübersicht Rn.

I. Regelungsbereich der Vorschrift – persönliche Eignung

1 Das Gesetz bestimmt nicht positiv, wer **persönlich geeignet** ist, generell sind aber insoweit hohe Anforderungen zu stellen.[1] § 29 nennt beispielhaft nur Gründe, die eine persönliche Eignung ausschließen. Die Aufzählung ist nicht abschließend. Andere Fälle

33 *Fitting*, BetrVG, § 87 Rn. 589.
34 *Fitting*, BetrVG, § 98 Rn. 5.
35 Vgl. für die juristisch ähnliche Konstellation der Einführung von Beurteilungsrichtlinien gem. § 94 Abs. 2 BetrVG *LAG Köln* 12.4.1983 – 6 TaBV 6/83.
36 § 97 Abs. 2 BetrVG.

1 *VGH Baden-Württemberg* 22.12.88, EzB §§ 20, 21 BBiG a. F. Nr. 22.

mangelnder persönlicher Eignung sind denkbar, müssen allerdings in etwa gleichwertig sein. Der Gesetzgeber will mit der Regelung des § 29 die Belange und Interessen der Auszubildenden schützen und gewährleisten, dass eine ordnungsgemäße und zuverlässige Ausbildung unter dem Ausbilder nicht bereits wegen der Zweifel an dessen Integrität gefährdet wird. Dabei handelt es sich bei der persönlichen Eignung zum Einstellen und Ausbilden von Lehrlingen bzw. Auszubildenden um einen gerichtlich voll überprüfbaren unbestimmten Rechtsbegriff, bei dessen rechtlicher Beurteilung auch der durch den Entzug der Ausbildungsbefugnis verbundene Eingriff in Freiheitsrechte des Ausbildungsbetriebes und des Ausbilders berücksichtigt werden muss (Art. 14 und 12 GG), so dass ein Urteil hinsichtlich der Eignung oder der Unzuverlässigkeit einer Person nur auf gerichtlich nachprüfbare und feststellbare Tatsachen gestützt werden kann.[2] Zur Verneinung der Anerkennung der persönlichen Eignung durch die zuständige Stelle s. § 32.

II. § 25 JArbSchG

Persönlich nicht geeignet nach Nr. 1 der Vorschrift ist, wer **Kinder und Jugendliche nicht beschäftigen** darf. 2

Die Vorschrift bezieht sich vor allem auf § **25 JArbSchG** mit der Folge, dass sie im Berufsausbildungsverhältnis auch für die Einstellung von **nicht mehr jugendlichen** Auszubildenden gilt.[3] Straftaten werden nach § 25 Abs. 1 Satz 2 und 3 JArbSchG nicht mehr berücksichtigt, wenn seit dem Tag der Rechtskraft und nach Verbüßung der Strafe fünf Jahre verstrichen sind. Da die 5-Jahres-Frist einer Art Bewährungsfrist für die Arbeit mit Minderjährigen gleichzusetzen ist, ist die Fristangabe des § 25 JArbSchG zwingend und kann auch nicht durch die Vorschriften des BZRG verändert werden, auch nicht durch eine vorzeitige Tilgung gem. § 49 BZRG.[4]

III. Wiederholter Verstoß gegen das BBiG

Persönlich ist auch nicht geeignet, wer wiederholt oder schwer gegen »dieses Gesetz«, 3
also gegen das BBiG oder aufgrund dieses Gesetzes erlassene **Vorschriften** und Bestimmungen **verstoßen hat**.[5] Schwer gegen dieses Gesetz verstößt zum Beispiel, wer sich die Ausbildungsvergütungen durch die Auszubildenden oder deren Eltern entgegen § 12 Abs. 2 Nr. 1 erstatten lässt.[6] **Ein wiederholter** Verstoß setzt mindestens zwei Verletzungshandlungen voraus, wobei es aber nicht auf die Schwere des Verstoßes ankommt. Mehrere Verstöße können deshalb auch wiederholte Verstöße i. S. d. Nr. 2 sein, wenn alle Verletzungshandlungen für sich keinen sonderlichen Unrechtsgehalt ausmachen.[7] Einen anderen Schluss lässt das Wort »oder« nicht zu. Verstöße gegen das Gesetz oder Vorschriften der zuständigen Stelle[8] können auch dann zum Verlust der Eignung führen, wenn diese Verstöße weder eine Ordnungswidrigkeit darstellen noch gem. § 102 geahndet worden sind.[9] So ist z. B. ausreichend, wenn sich aus zahlreichen Verstößen ein Gesamtbild ergibt, nach welchem die persönliche Eignung i. S. d. §§ 28 Abs. 1, 29 Nr. 2 1. Alt. ab-

2 *VG Trier* 3. 5. 2007 – 5 K 72/07.TR, *www.mjv.rlp.de/Rechtsprechung/*.
3 *Lakies*, JArbSchG, § 25 Rn. 4.
4 Wohlgemuth/*Pepping*, BBiG, § 29 Rn. 6.
5 Nr. 2 der Bestimmung.
6 *VG Berlin* 26. 10. 2011 – 3 K 320.10, *www.gerichtsentscheidungen.berlin-brandenburg.de*.
7 Wohlgemuth/*Pepping*, BBiG, § 29 Rn. 10; *Götz*, Rn. 469; a. A. wohl *Taubert*, BBiG, § 29 Rn. 21.
8 § 71 BBiG.
9 Wohlgemuth/*Pepping*, BBiG, § 29 Rn. 10.

zusprechen ist. Dies kann schon sein, dass durch aggressive Kommunikationsweise und Führungsstil ein Arbeitsklima in der Ausbildungsstätte verursacht wird, das sich gesundheitsschädlich auf die Auszubildenden auswirkt. Hierdurch kann es zu einem unnötig hohen Maß an Stress und Unzufriedenheit kommen, was in der Folge auf Dauer eine konkrete Gefahr für die Gesundheit der Auszubildenden bedeutet.[10] Bei der Beurteilung, ob ein schwerer Gesetzesverstoß nach Nr. 2 vorliegt, ist insbesondere zu berücksichtigen, ob für den Auszubildenden ein schwerer Schaden entstanden ist.[11] Ein solcher Verstoß reicht deshalb aus, weil es nicht mehr zumutbar erscheint, den Auszubildenden wegen der mangelnden persönlichen Integrität des Ausbildenden bzw. des Ausbilders in dessen Obhut zu belassen.[12]

4 Es muss gegen das BBiG selbst oder aufgrund des BBiG erlassene **Vorschriften oder Bestimmungen** verstoßen worden sein. Da § 100 BBiG a. F. gestrichen wurde, zählen hierzu nicht mehr Verstöße gegen die HwO und die dazu erlassenen Vorschriften. Das ist insoweit bedenklich, als hierdurch der Eindruck entstehen könnte, eine Nichteignung im Bereich der Handwerksordnung könnte bei der persönlichen Eignung gem. § 29 außer Acht bleiben. Richtigerweise wird man die fehlende persönliche Eignung nach § 22a HwO bei der Gesamtwürdigung zu berücksichtigen haben und so zu dem Ergebnis kommen, dass auch die persönliche Eignung gem. § 29 fehlt.

IV. Andere Gründe

5 Durch das Wort »**insbesondere**« im ersten Halbsatz des § 29 ist zum Ausdruck gebracht, dass die Aufzählung nicht abschließend ist.[13] In Bezug auf ihre Art kommen nach dem Schutzzweck der Vorschrift grundsätzlich auch solche Tatsachen in Betracht, die eine charakterliche, sittliche oder körperliche Gefährdung befürchten lassen.[14] Persönlich ungeeignet ist daher regelmäßig ein Ausbilder, bei dem Tatsachen die Annahme rechtfertigen, dass er die Menschenwürde und speziell die Intim- und Privatsphäre der von ihm abhängigen Auszubildenden verletzen könnte. Dabei kommt es auf die Strafbarkeit seines Verhaltens nicht an.[15] Ausreichend ist eine Belästigung i. S. d. §§ 7 Abs. 3, 12 Abs. 1 AGG.[16] So ist z. B. persönlich ungeeignet, wer Arbeitnehmer:innen, insbesondere Auszubildende, sexuell belästigt.[17] Dafür können schon Bemerkungen sexuellen Inhalts genügen,[18] ebenso unerwünschte sexuell bestimmte körperliche Berührungen, Bemerkungen sexuellen Inhalts sowie unerwünschtes Zeigen und sichtbares Anbringen von pornographischen Darstellungen.[19] Dies gilt auch, wenn die Handlungen Jahre in der Vergangenheit liegen, aber die Vorbildfunktion als Ausbilder wegen der Schwere der Verstöße immer noch nicht hergestellt ist.[20] Auf die Strafbarkeit des Verhaltens kommt

---

10 *VG Schleswig-Holstein* 22. 11. 2018, 12 B 68/18, juris.
11 *Taubert*, BBiG, § 29 Rn. 18.
12 *Natzel*, S. 395.
13 *VG Schleswig-Holstein* 22. 11. 2018, 12 B 68/18, juris.
14 Wohlgemuth/*Pepping*, BBiG, § 29 Rn. 11 f.; *Taubert*, BBiG, § 29 Rn. 21 m. w. N.; *Braun/Mühlhausen*, BBiG, § 20 a. F. Rn. 25 ff. m. w. N.
15 *VG Trier* 3. 5. 2007 – 5 K 72/07.TR, *www.mjv.rlp.de/Rechtsprechung/*; *VG Düsseldorf* 25. 4. 2016 – 15 K 8718/15, Rn. 47, juris.
16 *VG Düsseldorf* 25. 4. 2016 – 15 K 8718/15, Rn. 47, juris.
17 *VG Gelsenkirchen* 1. 9. 2010 – 7 K 903/09, juris.
18 *OVG NRW* 23. 10. 2015 – 4 B 348/15, juris; *BayVGH* 12. 8. 2004 – 22 Cs 04.1679, Rn. 10, juris.
19 *VG Düsseldorf* 25. 4. 2016 – 15 K 8718/15, Rn. 47, juris.
20 *VG Berlin* 21. 9. 2022 – 3 K 52/21, Rn. 29, 32.

es dabei nicht an.[21] Dass ein sexuell bestimmtes Verhalten »unerwünscht« ist, erfordert zudem nicht, dass die betroffene Person ihre ablehnende Haltung aktiv verdeutlicht hat. Maßgeblich ist allein, ob die Unerwünschtheit objektiv erkennbar war. Wer während eines Gesprächs ohne objektiv nachvollziehbaren Anlass Bemerkungen sexuellen Inhalts macht, kann aus objektiver Sicht nicht davon ausgehen, dass der Adressat derartige Bemerkungen wünscht.[22] Soweit das Verhalten die Verletzung der Würde der betreffenden Person »bewirken« oder »bezwecken« muss, setzt das »Bezwecken« eine entsprechende Absicht des Ausbildenden voraus. Für das »Bewirken« genügt dagegen bereits, dass eine Belästigung eingetreten ist. Gegenteilige Vorstellungen des Ausbildenden sind irrelevant,[23] ein vorsätzliches Verhalten ist nicht erforderlich.[24] Verliert der Ausbilder aufgrund der sexuellen Belästigung weiblicher Auszubildender seine Vorbildfunktion auch gegenüber den männlichen Auszubildenden, ist ein Einstellungsverbot, das nicht zwischen weiblichen und männlichen Auszubildenden differenziert, verhältnismäßig.[25] Außerdem kann die persönliche Eignung aberkannt werden, wenn aufgrund von Tatsachen zu befürchten ist, dass der Ausbildungszweck gefährdet wird.[26]

§ 30 Fachliche Eignung

(1) Fachlich geeignet ist, wer die beruflichen sowie die berufs- und arbeitspädagogischen Fertigkeiten, Kenntnisse und Fähigkeiten besitzt, die für die Vermittlung der Ausbildungsinhalte erforderlich sind.

(2) Die erforderlichen beruflichen Fertigkeiten, Kenntnisse und Fähigkeiten besitzt, wer

1. die Abschlussprüfung in einer dem Ausbildungsberuf entsprechenden Fachrichtung bestanden hat,

2. das Feststellungsverfahren nach § 1 Absatz 6 mit dem Ergebnis der vollständigen Vergleichbarkeit der individuellen beruflichen Handlungsfähigkeit mit der für die Ausübung des Ausbildungsberufs der entsprechenden Fachrichtung erforderlichen beruflichen Handlungsfähigkeit abgeschlossen hat,

3. eine anerkannte Prüfung an einer Ausbildungsstätte oder vor einer Prüfungsbehörde oder eine Abschlussprüfung an einer staatlichen oder staatlich anerkannten Schule in einer dem Ausbildungsberuf entsprechenden Fachrichtung bestanden hat,

4. eine Abschlussprüfung an einer deutschen Hochschule in einer dem Ausbildungsberuf entsprechenden Fachrichtung bestanden hat oder

5. im Ausland einen Bildungsabschluss in einer dem Ausbildungsberuf entsprechenden Fachrichtung erworben hat, dessen Gleichwertigkeit nach dem Berufsqualifikationsfeststellungsgesetz oder anderen rechtlichen Regelungen festgestellt worden ist

und eine angemessene Zeit in seinem Beruf praktisch tätig gewesen ist.

(3) Das Bundesministerium für Wirtschaft und Klimaschutz oder das sonst zuständige Fachministerium kann im Einvernehmen mit dem Bundesministerium für Bil-

---

21 *VG Düsseldorf*, a. a. O. Rn. 45.
22 *LAG Rheinland-Pfalz* 11. 3. 2009 – 7 Sa 235/08 Rn. 57, juris; *VG Düsseldorf* 25. 4. 2016 – 15 K 8718/15, Rn. 57, juris.
23 *BAG* 9. 6. 2011 – 2 AZR 323/10, Rn. 24, juris; *VG Düsseldorf*, a. a. O. Rn. 60.
24 *BAG*, a. a. O. Rn. 19, juris; *VG Düsseldorf*, a. a. O. Rn. 50ff.
25 *OVG NRW* 23. 10. 2015 – 4 B 348/15, juris.
26 Vgl. die instruktive Sammlung von Beispielen bei Wohlgemuth/*Pepping*, BBiG, § 29 Rn. 12.

dung und Forschung nach Anhörung des Hauptausschusses des Bundesinstituts für Berufsbildung durch Rechtsverordnung, die nicht der Zustimmung des Bundesrates bedarf, in den Fällen des Absatzes 2 Nr. 2 bestimmen, welche Prüfungen für welche Ausbildungsberufe anerkannt werden.

(4) Das Bundesministerium für Wirtschaft und Klimaschutz oder das sonst zuständige Fachministerium kann im Einvernehmen mit dem Bundesministerium für Bildung und Forschung nach Anhörung des Hauptausschusses des Bundesinstituts für Berufsbildung durch Rechtsverordnung, die nicht der Zustimmung des Bundesrates bedarf, für einzelne Ausbildungsberufe bestimmen, dass abweichend von Absatz 2 die für die fachliche Eignung erforderlichen beruflichen Fertigkeiten, Kenntnisse und Fähigkeiten nur besitzt, wer

1. **die Voraussetzungen des Absatzes 2 Nr. 2 oder 3 erfüllt und eine angemessene Zeit in seinem Beruf praktisch tätig gewesen ist oder**
2. **die Voraussetzungen des Absatzes 2 Nr. 3 erfüllt und eine angemessene Zeit in seinem Beruf praktisch tätig gewesen ist oder**
3. **für die Ausübung eines freien Berufes zugelassen oder in ein öffentliches Amt bestellt ist.**

(5) Das Bundesministerium für Bildung und Forschung kann nach Anhörung des Hauptausschusses des Bundesinstituts für Berufsbildung durch Rechtsverordnung, die nicht der Zustimmung des Bundesrates bedarf, bestimmen, dass der Erwerb berufs- und arbeitspädagogischer Fertigkeiten, Kenntnisse und Fähigkeiten gesondert nachzuweisen ist. Dabei können Inhalt, Umfang und Abschluss der Maßnahmen für den Nachweis geregelt werden.

(6) Die nach Landesrecht zuständige Behörde kann Personen, die die Voraussetzungen des Absatzes 2, 4 oder 5 nicht erfüllen, die fachliche Eignung nach Anhörung der zuständigen Stelle widerruflich zuerkennen.

Inhaltsübersicht

I. Fachliche Eignung

1 Abs. 1 enthält im Gegensatz zum § 20 Abs. 3 BBiG 1969 eine positive Formulierung der fachlichen Eignung. Sie liegt vor, wenn die Ausbildenden oder Ausbilder:innen die für die Vermittlung der Ausbildungsinhalte erforderlichen beruflichen sowie berufs- und arbeitspädagogischen Fertigkeiten, Kenntnisse und Fähigkeiten besitzen.

II. Berufliche Fertigkeiten, Kenntnisse, Fähigkeiten

Abs. 2 konkretisiert und definiert das Teilelement »berufliche Fertigkeiten, Kenntnisse und Fähigkeiten« und bestimmt in den Nrn. 1 bis 4 unterschiedliche Nachweismöglichkeiten. Gemeinsame Anforderung ist stets, dass der Nachweis in einer dem Ausbildungsberuf entsprechenden Fachrichtung erbracht worden ist und das Ausbildungspersonal eine angemessene Zeit in dem Beruf praktisch tätig gewesen ist. Ob der Nachweis in der »entsprechenden Fachrichtung« erbracht wurde, entscheidet die zuständige Stelle. Es handelt sich um einen unbestimmten Rechtsbegriff,[1] der gerichtlich voll überprüfbar ist. 2

1. Berufserfahrung

Wie lange die praktische Berufstätigkeit ausgeübt worden sein muss, um angemessen zu sein, ist nach dem konkreten Einzelfall zu beurteilen.[2] Die zuständige Stelle wird im Einzelfall zu entscheiden haben, ob die berufliche, praktische Tätigkeit ausreicht, um die nach der Ausbildungsordnung vorgesehenen Inhalte zu vermitteln. Eine typisierende Beurteilung ist möglich.[3] Die zuständige Stelle muss den persönlichen Ausbildungsgang der Ausbildenden oder Ausbilder:innen berücksichtigen. Sie muss dabei darauf achten, welche Ausbildungsinhalte lediglich theoretisch und welche auch praktisch vermittelt wurden. Dabei ist z. B. ausschlaggebend, in welchem Umfang ein Studiengang Defizite hinsichtlich der praktischen Ausbildung aufweist; je geringer diese Defizite, umso kürzer ist auch die angemessene Berufstätigkeit. Auch bei denjenigen, die eine Ausbildungseignung durch eine betriebliche Ausbildung nach einer Ausbildungsordnung erlangt haben, verlangt das Gesetz nunmehr eine angemessene berufspraktische Erfahrung. Die Ansprüche an die Qualifikation der Ausbildenden und Ausbilder:innen haben sich hierdurch erhöht. Konnte zuvor für den Begriff der Angemessenheit auf § 22 HwO a. F. zurückgegriffen werden, der vier Jahre Berufserfahrung verlangt, ist dies ohne Weiteres nicht mehr möglich. Die Parallelvorschrift des § 22b Abs. 3 HwO stellt jetzt ebenfalls auf eine »angemessene Zeit« ab. 3

Die Entscheidung der zuständigen Stelle darüber, ob sie die fachliche Eignung verneint,[4] ist eine Ermessensentscheidung. 4

2. Einschlägige Abschlussprüfung oder Feststellung gem. §§ 50bff.

Nach Abs. 2 Nr. 1 besitzt die erforderlichen beruflichen Fertigkeiten, Kenntnisse und Fähigkeiten, wer die Abschlussprüfung vor der zuständigen Stelle in einem anerkannten Ausbildungsberuf bestanden hat. 5

Nach Abs. 2 Nr. 2 werden diejenigen, die im Feststellungsverfahren gem. §§ 50bff. ihre vollständige Vergleichbarkeit nachgewiesen haben, denjenigen mit einschlägiger Abschlussprüfung gleichgestellt. Gemeinsame Anforderung bleibt dabei, dass der Nachweis in der entsprechenden Fachrichtung erbracht wurde und das Ausbildungspersonal eine angemessene Zeit im Beruf praktisch tätig war.[5] 5a

Nach Abs. 2 Nr. 3 kann der Nachweis durch eine anerkannte Prüfung an einer Ausbildungsstätte oder vor einer Prüfungsbehörde geführt werden. Hierunter sind insbeson- 6

1 *Taubert*, BBiG, § 30 Rn. 10.
2 *Braun/Mühlhausen*, BBiG, § 76 a. F. Rn. 19.
3 *Braun/Mühlhausen*, a. a. O.
4 Zum Rechtschutz s. § 32 Rn. 4a.
5 BT-Drucks. 20/10857, S. 43.

dere Fortbildungsabschlüsse nach den §§ 53 und 54 sowie Prüfungen zu verstehen, die tatsächlich oder rechtlich im jeweiligen Wirtschafts- oder Berufszweig anerkannt sind. Nr. 3 schafft zudem die Möglichkeit, den Eignungsnachweis durch eine Abschlussprüfung an einer staatlichen oder staatlich anerkannten Schule zu erbringen, wonach auch Absolventen vollzeitschulischer Bildungsgänge die Möglichkeit erhalten, im dualen Ausbildungssystem als Ausbildende bzw. Ausbilder tätig zu werden. Das Erfordernis, dass die schulische Abschlussprüfung in einer dem Ausbildungsberuf entsprechenden Fachrichtung abgelegt wurde, stellt dabei sicher, dass der schulische Ausbildungsgang nach Struktur, Inhalt und Qualität einer betrieblichen Ausbildung entsprechen muss. Bei der fachlichen Eignung der Schulabsolvent:innen wird durch die zuständige Stelle verstärkt auf eine angemessene berufliche Tätigkeit zu achten sein.

7 § 30 Abs. 2 Nr. 4 greift die Regelung der §§ 76 Abs. 1 BBiG a. F. (IHK-Berufe) und 80 Abs. 2 BBiG a. F. (Landwirtschaft) des geltenden Berufsbildungsgesetzes auf, wonach die für die fachliche Eignung erforderlichen beruflichen Fertigkeiten, Kenntnisse und Fähigkeiten auch besitzt, wer eine Abschlussprüfung an einer deutschen Hochschule in einer dem Ausbildungsberuf entsprechenden Fachrichtung bestanden hat. Ein Verweis auf öffentliche oder staatlich anerkannte deutsche Ingenieurschulen oder höhere Wirtschaftsfachschulen ist nicht mehr erforderlich, da diese Einrichtungen in Fachhochschulen und damit in eine deutsche Hochschule nach dem Hochschulrahmengesetz überführt wurden.

§ 30 Abs. 2 Nr. 5 wurde durch das Gesetz vom 6. 12. 2011[6] eingefügt. Hintergrund war die Verabschiedung des Berufsqualifikationsfeststellungsgesetzes, das der besseren Verwertung im Ausland erworbener Berufsqualifikationen im deutschen Arbeitsmarkt dienen und qualifikationsnahe Beschäftigung fördern soll.[7] Der Gesetzgeber begründete die Änderung damit, dass die Prüfung der fachlichen Eignung zum Ausbilden nach § 30 BBiG bislang keine verbindliche Berücksichtigung ausländischer Bildungsabschlüsse bei der Feststellung der beruflichen Fertigkeiten, Kenntnisse und Fähigkeiten vorsieht. Zusätzlich zu den in den Abs. 2 Nr. 1 bis 4 aufgeführten Alternativen einer bestandenen inländischen Prüfung wird ein im Ausland erworbener Bildungsabschluss in einer dem Ausbildungsberuf entsprechenden Fachrichtung hinzugefügt, wenn dessen Gleichwertigkeit rechtsverbindlich festgestellt ist. Die erforderlichen beruflichen Fertigkeiten, Kenntnisse und Fähigkeiten besitzt nach Nr. 5, wer über eine gleichwertige ausländische Berufsqualifikation nach dem Berufsqualifikationsfeststellungsgesetz (BQFG) oder anderen rechtlichen Regelungen, zum Beispiel aufgrund einer Rechtsverordnung nach § 50 Abs. 2 (Gleichstellung der Abschlüsse aus Österreich und Frankreich) oder nach dem Bundesvertriebenengesetz (BVFG) geregelter Verfahren, sowie eine angemessene praktische Berufstätigkeit verfügt.

3. Einschlägige Berufsabschlüsse (Abs. 3)

8 Abs. 3 sieht für das zuständige Fachministerium im Einvernehmen mit dem Bundesministerium für Bildung und Forschung die Möglichkeit vor, durch Rechtsverordnung zu bestimmen, welche Prüfungen nach Abs. 2 Nr. 3 anerkannt werden. Er entspricht den §§ 76 Abs. 2 und 80 Abs. 2 des BBiG a. F. Durch die neue systematische Stellung im Gefüge der fachlichen Eignung und nicht mehr im Teil der besonderen Vorschriften für einzelne Wirtschafts- und Berufszweige besteht die Möglichkeit des Eignungsnachweises durch

6 BGBl. I S. 2515.
7 BT-Drucks. 17/6260.

anerkannte Prüfungen und den Erlass entsprechender Verordnungen nunmehr in allen Ausbildungsberufen. Die im BBiG a. F. enthaltene Beschränkung auf sog. IHK-Berufe und den Bereich der Landwirtschaft wurde aufgehoben.

4. Erhöhte/abgesenkte Anforderungen (Abs. 4)

Nach der Gesetzesbegründung[8] trägt Abs. 4 »dem Bedürfnis Rechnung, dass für die Ausbildung in einzelnen Berufen über die Vorgaben des Abs. 2 hinaus höhere Mindestanforderungen an die im Rahmen der fachlichen Eignung erforderlichen Fertigkeiten, Kenntnisse und Fähigkeiten zu stellen sind. Höhere Mindestanforderungen werden gegenwärtig bei der Berufsausbildung im Bereich der Landwirtschaft, der freien Berufe und der Hauswirtschaft gestellt. Nach Nr. 1 kann demnach wie bisher die Ausbildereignung vom Bestehen einer landwirtschaftlichen bzw. hauswirtschaftlichen Meisterprüfung abhängig gemacht werden, wobei durch die Formulierung »wer die Voraussetzungen des Abs. 2 Nr. 2 oder 3 erfüllt« der Nachweis durch anderweitige Hochschulprüfungen nicht ausgeschlossen wird.« Abs. 4 Nr. 2 schafft die Möglichkeit, die Ausbilder:inneneignung an eine bestandene Hochschulprüfung zu knüpfen. Erforderlich ist in diesem Fall jedoch zusätzlich eine angemessene Zeit der praktischen Berufserfahrung. 9

Nach Abs. 4 Nr. 3 besteht die Möglichkeit, die Ausbilder:inneneignung an die Zulassung zu einem freien Beruf zu knüpfen, womit den besonderen Bedürfnissen bei der Berufsausbildung der Fachangestellten bei Rechts- und Patentanwält:innen, NotarInnen, Wirtschafts- und Steuerberater:innen sowie Ärzt:innen, Zahnärzt:innen, Veterinärärzt:innen und Apotheker:innen[9] Rechnung getragen werden soll. Auf das Erfordernis der berufspraktischen Erfahrung gem. Abs. 2 kann durch eine RechtsVO bei diesen Berufsgruppen verzichtet werden. Diese Berufsgruppen sind zusätzlich vom Geltungsbereich der AEVO ausgenommen (§ 1 AEVO, Rn. 15). Durch die systematische Stellung der Ermächtigung zum Erlass einer RechtsVO über besondere Anforderungen an die Ausbilder:inneneignung sind solche für alle Berufe zulässig. Die Bestimmung abweichender Anforderungen bedarf der RechtsVO des zuständigen Ministeriums im Einvernehmen mit dem Bundesministerium für Bildung und Forschung. Der Hauptausschuss des Bundesinstituts für Berufsbildung ist vorab anzuhören. 10

III. Erweitere Anforderungen an die pädagogische Eignung/AEVO (Abs. 5)

Abs. 5 ermöglicht im Interesse einer Qualifizierung der Auszubildenden, die **Anforderungen an die fachliche Eignung** zur Ausbildung zu erhöhen. Der Gesetzgeber hatte in der Vergangenheit die bisherigen Bemühungen der Wirtschaft um die Ausbilder:innenförderung vermutlich wegen ihrer Freiwilligkeit und der unterschiedlichen Maßnahmen im Hinblick auf die etwaigen steigenden Anforderungen als nicht zureichend angesehen. Die Vorschrift wurde durch Gesetz vom 18.3.1975[10] in zwei Absätze gefasst und teilweise (bezüglich der Zuständigkeit) geändert. Durch Art. 5 Nr. 1 des Gesetzes vom 20.12.1993[11] wurde die Vorschrift hinsichtlich der Anhörungszuständigkeit erneut geändert.[12] 11

---

8 BT-Drucks. 15/3980, S. 121.
9 §§ 88, 90 und 92 BBiG a. F.
10 BGBl. I S. 705.
11 BGBl. I S. 2256.
12 Vgl. unten Rn. 13.

1. Erweiterung des Anforderungsprofils

12 Abs. 5 **ermächtigt das Bundesministerium für Bildung und Forschung**, durch RechtsVO zu bestimmen, dass über § 30 BBiG und § 22b HwO hinaus der **Erwerb berufs- und arbeitspädagogischer Fertigkeiten, Kenntnisse** und **Fähigkeiten** nachzuweisen ist. Da die Beherrschung der notwendigen Fertigkeiten, Kenntnisse und Fähigkeiten allein für die Gewährleistung einer guten Berufsausbildung nicht mehr genügt, entspricht es einer vernünftigen Erwägung des Gemeinwohls, darüber hinaus für die fachliche Eignung der Ausbildenden und Ausbilder auch den Besitz berufs- und arbeitspädagogischer Eignung zu fordern.[13] Die AEVO begegnet keinen verfassungsrechtlichen Bedenken.[14]

2. Verfahren zum Verordnungserlass

13 Eine RechtsVO nach Abs. 5 kann das Bundesministerium für Bildung und Forschung erlassen. Vor dem Erlass einer RechtsVO ist der Hauptausschuss des BIBB zwingend anzuhören.[15] **Anhören** umfasst die Verpflichtung, dem Anzuhörendem Gelegenheit zur Äußerung über die zur Entscheidung stehende Angelegenheit zu geben, und zwar zum Sachverhalt wie auch zur rechtlichen Beurteilung. Die Anhörungspflicht umfasst die Verpflichtung, die Meinungsäußerung des Hauptausschusses des BIBB entgegenzunehmen und sich mit dieser, insbesondere mit etwaigen Bedenken oder Anregungen, auseinanderzusetzen. Diese brauchen aber nicht akzeptiert zu werden; soweit sie jedoch abgelehnt werden, müssen hierfür entsprechende Gründe gegeben sein.

14 Die RechtsVO bedarf **nicht der Zustimmung des Bundesrats**.

3. Ausbilder-Eignungsverordnung (AEVO)

15 Nachdem die Ausbildereignungsverordnung für Ausbildungsverhältnisse, die vom 1.8.2003 bis zum 31.7.2009 abgeschlossen wurden, nicht anzuwenden war (Ausbilder sind »von der Pflicht zum Nachweis von Kenntnissen nach der AEVO befreit«), wurde am 21. Januar 2009 eine neue AEVO erlassen. Für die Ausbilder, die vor dem 31.7.2009 ausbildeten und keinen Nachweis ihrer berufspädagogischen Kompetenzen erbringen mussten, sieht § 7 AEVO unter bestimmten Voraussetzungen auch weiterhin eine Ausnahme vom Nachweis nach § 30 Abs. 5 vor.

Ausbilder-Eignungsverordnung
AusbEignV 2009 – Ausbilder-Eignungsverordnung vom 21.1.2009 (BGBl. I S. 88)

Eingangsformel
Auf Grund des § 30 Absatz 5 des Berufsbildungsgesetzes vom 23. März 2005[16] verordnet das Bundesministerium für Bildung und Forschung nach Anhörung des Hauptausschusses des Bundesinstituts für Berufsbildung:

§ 1 Geltungsbereich
Ausbilder und Ausbilderinnen haben für die Ausbildung in anerkannten Ausbildungsberufen nach dem Berufsbildungsgesetz den Erwerb der berufs- und arbeitspädagogischen Fertigkeiten, Kennt-

13 *BayVGH* 18.8.75, EzB § 20, 21 BBiG Nr. 1.
14 So zu den Vorgänger-AEVOen: *BayVGH* 10.8.76, EzB §§ 20, 21 BBiG Nr. 2; *OVG Lüneburg* 25.2.1976, EzB §§ 6, 7 AEVO gewerbliche Wirtschaft Nr. 5.
15 Vgl. dazu § 92 BBiG.
16 BGBl. I S. 931.

nisse und Fähigkeiten nach dieser Verordnung nachzuweisen. Dies gilt nicht für die Ausbildung im Bereich der Angehörigen der freien Berufe.

§ 2 Berufs- und arbeitspädagogische Eignung

Die berufs- und arbeitspädagogische Eignung umfasst die Kompetenz zum selbstständigen Planen, Durchführen und Kontrollieren der Berufsausbildung in den Handlungsfeldern:

1. Ausbildungsvoraussetzungen prüfen und Ausbildung planen,
2. Ausbildung vorbereiten und bei der Einstellung von Auszubildenden mitwirken,
3. Ausbildung durchführen und
4. Ausbildung abschließen.

§ 3 Handlungsfelder

(1) Das Handlungsfeld nach § 2 Nummer 1 umfasst die berufs- und arbeitspädagogische Eignung, Ausbildungsvoraussetzungen zu prüfen und Ausbildung zu planen. Die Ausbilder und Ausbilderinnen sind dabei in der Lage,

1. die Vorteile und den Nutzen betrieblicher Ausbildung darstellen und begründen zu können,
2. bei den Planungen und Entscheidungen hinsichtlich des betrieblichen Ausbildungsbedarfs auf der Grundlage der rechtlichen, tarifvertraglichen und betrieblichen Rahmenbedingungen mitzuwirken,
3. die Strukturen des Berufsbildungssystems und seine Schnittstellen darzustellen,
4. Ausbildungsberufe für den Betrieb auszuwählen und dies zu begründen,
5. die Eignung des Betriebes für die Ausbildung in dem angestrebten Ausbildungsberuf zu prüfen sowie, ob und inwieweit Ausbildungsinhalte durch Maßnahmen außerhalb der Ausbildungsstätte, insbesondere Ausbildung im Verbund, überbetriebliche und außerbetriebliche Ausbildung, vermittelt werden können,
6. die Möglichkeiten des Einsatzes von auf die Berufsausbildung vorbereitenden Maßnahmen einzuschätzen sowie
7. im Betrieb die Aufgaben der an der Ausbildung Mitwirkenden unter Berücksichtigung ihrer Funktionen und Qualifikationen abzustimmen.

(2) Das Handlungsfeld nach § 2 Nummer 2 umfasst die berufs- und arbeitspädagogische Eignung, die Ausbildung unter Berücksichtigung organisatorischer sowie rechtlicher Aspekte vorzubereiten. Die Ausbilder und Ausbilderinnen sind dabei in der Lage,

1. auf der Grundlage einer Ausbildungsordnung einen betrieblichen Ausbildungsplan zu erstellen, der sich insbesondere an berufstypischen Arbeits- und Geschäftsprozessen orientiert,
2. die Möglichkeiten der Mitwirkung und Mitbestimmung der betrieblichen Interessenvertretungen in der Berufsbildung zu berücksichtigen,
3. den Kooperationsbedarf zu ermitteln und sich inhaltlich sowie organisatorisch mit den Kooperationspartnern, insbesondere der Berufsschule, abzustimmen,
4. Kriterien und Verfahren zur Auswahl von Auszubildenden auch unter Berücksichtigung ihrer Verschiedenartigkeit anzuwenden,
5. den Berufsausbildungsvertrag vorzubereiten und die Eintragung des Vertrages bei der zuständigen Stelle zu veranlassen sowie
6. die Möglichkeiten zu prüfen, ob Teile der Berufsausbildung im Ausland durchgeführt werden können.

(3) Das Handlungsfeld nach § 2 Nummer 3 umfasst die berufs- und arbeitspädagogische Eignung, selbstständiges Lernen in berufstypischen Arbeits- und Geschäftsprozessen handlungsorientiert zu fördern. Die Ausbilder und Ausbilderinnen sind dabei in der Lage,

1. lernförderliche Bedingungen und eine motivierende Lernkultur zu schaffen, Rückmeldungen zu geben und zu empfangen,
2. die Probezeit zu organisieren, zu gestalten und zu bewerten,
3. aus dem betrieblichen Ausbildungsplan und den berufstypischen Arbeits- und Geschäftsprozessen betriebliche Lern- und Arbeitsaufgaben zu entwickeln und zu gestalten,
4. Ausbildungsmethoden und -medien zielgruppengerecht auszuwählen und situationsspezifisch einzusetzen,
5. Auszubildende bei Lernschwierigkeiten durch individuelle Gestaltung der Ausbildung und Lernberatung zu unterstützen, bei Bedarf ausbildungsunterstützende Hilfen einzusetzen und die Möglichkeit zur Verlängerung der Ausbildungszeit zu prüfen,

6. Auszubildenden zusätzliche Ausbildungsangebote, insbesondere in Form von Zusatzqualifikationen, zu machen und die Möglichkeit der Verkürzung der Ausbildungsdauer und die der vorzeitigen Zulassung zur Abschlussprüfung zu prüfen,
7. die soziale und persönliche Entwicklung von Auszubildenden zu fördern, Probleme und Konflikte rechtzeitig zu erkennen sowie auf eine Lösung hinzuwirken,
8. Leistungen festzustellen und zu bewerten, Leistungsbeurteilungen Dritter und Prüfungsergebnisse auszuwerten, Beurteilungsgespräche zu führen, Rückschlüsse für den weiteren Ausbildungsverlauf zu ziehen sowie
9. interkulturelle Kompetenzen zu fördern.

(4) Das Handlungsfeld nach § 2 Nummer 4 umfasst die berufs- und arbeitspädagogische Eignung, die Ausbildung zu einem erfolgreichen Abschluss zu führen und dem Auszubildenden Perspektiven für seine berufliche Weiterentwicklung aufzuzeigen. Die Ausbilder und Ausbilderinnen sind dabei in der Lage,

1. Auszubildende auf die Abschluss- oder Gesellenprüfung unter Berücksichtigung der Prüfungstermine vorzubereiten und die Ausbildung zu einem erfolgreichen Abschluss zu führen,
2. für die Anmeldung der Auszubildenden zu Prüfungen bei der zuständigen Stelle zu sorgen und diese auf durchführungsrelevante Besonderheiten hinzuweisen,
3. an der Erstellung eines schriftlichen Zeugnisses auf der Grundlage von Leistungsbeurteilungen mitzuwirken sowie
4. Auszubildende über betriebliche Entwicklungswege und berufliche Weiterbildungsmöglichkeiten zu informieren und zu beraten.

§ 4 Nachweis der Eignung

(1) Die Eignung nach § 2 ist in einer Prüfung nachzuweisen. Die Prüfung besteht aus einem schriftlichen und einem praktischen Teil. Die Prüfung ist bestanden, wenn jeder Prüfungsteil mit mindestens »ausreichend« bewertet wurde. Innerhalb eines Prüfungsverfahrens kann eine nicht bestandene Prüfung zweimal wiederholt werden. Ein bestandener Prüfungsteil kann dabei angerechnet werden.

(2) Im schriftlichen Teil der Prüfung sind fallbezogene Aufgaben aus allen Handlungsfeldern zu bearbeiten. Die schriftliche Prüfung soll drei Stunden dauern.

(3) Der praktische Teil der Prüfung besteht aus der Präsentation einer Ausbildungssituation und einem Fachgespräch mit einer Dauer von insgesamt höchstens 30 Minuten. Hierfür wählt der Prüfungsteilnehmer eine berufstypische Ausbildungssituation aus. Die Präsentation soll 15 Minuten nicht überschreiten. Die Auswahl und Gestaltung der Ausbildungssituation sind im Fachgespräch zu erläutern. Anstelle der Präsentation kann eine Ausbildungssituation auch praktisch durchgeführt werden.

(4) Im Bereich der Landwirtschaft und im Bereich der Hauswirtschaft besteht der praktische Teil aus der Durchführung einer vom Prüfungsteilnehmer in Abstimmung mit dem Prüfungsausschuss auszuwählenden Ausbildungssituation und einem Fachgespräch, in dem die Auswahl und Gestaltung der Ausbildungssituation zu begründen sind. Die Prüfung im praktischen Teil soll höchstens 60 Minuten dauern.

(5) Für die Abnahme der Prüfung errichtet die zuständige Stelle einen Prüfungsausschuss. § 37 Absatz 2 und 3, § 39 Absatz 1 Satz 2, die §§ 40 bis 42, 46 und 47 des Berufsbildungsgesetzes gelten entsprechend.

§ 5 Zeugnis

Über die bestandene Prüfung ist jeweils ein Zeugnis nach den Anlagen 1 und 2 auszustellen.

§ 6 Andere Nachweise

(1) Wer die Prüfung nach einer vor Inkrafttreten dieser Verordnung geltenden Ausbilder-Eignungsverordnung bestanden hat, die auf Grund des Berufsbildungsgesetzes erlassen worden ist, gilt für die Berufsausbildung als im Sinne dieser Verordnung berufs- und arbeitspädagogisch geeignet.

(2) Wer durch eine Meisterprüfung oder eine andere Prüfung der beruflichen Fortbildung nach der Handwerksordnung oder dem Berufsbildungsgesetz eine berufs- und arbeitspädagogische Eignung nachgewiesen hat, gilt für die Berufsausbildung als im Sinne dieser Verordnung berufs- und arbeitspädagogisch geeignet.

(3) Wer eine sonstige staatliche, staatlich anerkannte oder von einer öffentlich-rechtlichen Körperschaft abgenommene Prüfung bestanden hat, deren Inhalt den in § 3 genannten Anforderungen ganz oder teilweise entspricht, kann von der zuständigen Stelle auf Antrag ganz oder teilweise von der Prüfung nach § 4 befreit werden. Die zuständige Stelle erteilt darüber eine Bescheinigung.

(4) Die zuständige Stelle kann von der Vorlage des Nachweises über den Erwerb der berufs- und arbeitspädagogischen Fertigkeiten, Kenntnisse und Fähigkeiten auf Antrag befreien, wenn das Vorliegen berufs- und arbeitspädagogischer Eignung auf andere Weise glaubhaft gemacht wird und die ordnungsgemäße Ausbildung sichergestellt ist. Die zuständige Stelle kann Auflagen erteilen. Auf Antrag erteilt die zuständige Stelle hierüber eine Bescheinigung.

§ 7 Fortführen der Ausbildertätigkeit
Wer vor dem 1. August 2009 als Ausbilder im Sinne des § 28 Absatz 1 Satz 2 des Berufsbildungsgesetzes tätig war, ist vom Nachweis nach den §§ 5 und 6 dieser Verordnung befreit, es sei denn, dass die bisherige Ausbildertätigkeit zu Beanstandungen mit einer Aufforderung zur Mängelbeseitigung durch die zuständige Stelle geführt hat. Sind nach Aufforderung die Mängel beseitigt worden und Gefährdungen für eine ordnungsgemäße Ausbildung nicht zu erwarten, kann die zuständige Stelle vom Nachweis nach den §§ 5 und 6 befreien; sie kann dabei Auflagen erteilen.

§ 8 Übergangsregelung
Begonnene Prüfungsverfahren können bis zum Ablauf des 31. Juli 2010 nach den bisherigen Vorschriften zu Ende geführt werden. Die zuständige Stelle kann auf Antrag des Prüfungsteilnehmers oder der Prüfungsteilnehmerin die Wiederholungsprüfung nach dieser Verordnung durchführen; § 4 Absatz 1 Satz 5 findet in diesem Fall keine Anwendung. Im Übrigen kann bei der Anmeldung zur Prüfung bis zum Ablauf des 30. April 2010 die Anwendung der bisherigen Vorschriften beantragt werden.

§ 9 Inkrafttreten, Außerkrafttreten
Diese Verordnung tritt am 1. August 2009 in Kraft.

Anlage 1 (zu § 5) Muster
(Bezeichnung der zuständigen Stelle)
Zeugnis
Herr/Frau …
geboren am … in … hat am … die Prüfung nach der Ausbilder-Eignungsverordnung vom 21. Januar 2009[17] bestanden.
Damit wurden die berufs- und arbeitspädagogischen Fertigkeiten, Kenntnisse und Fähigkeiten im Sinne des § 30 des Berufsbildungsgesetzes nachgewiesen.
Ort/Datum … Unterschrift(en) …
(Siegel der zuständigen Stelle)

Anlage 2 (zu § 5) Muster
(Bezeichnung der zuständigen Stelle)
Zeugnis
Herr/Frau …
geboren am … in … hat am … die Prüfung nach der Ausbilder-Eignungsverordnung vom 21. Januar 2009[18] mit folgenden Ergebnissen bestanden:
Punkte 1. Schriftlicher Prüfungsteil … 2. Praktischer Prüfungsteil …
Note …
Damit wurden die berufs- und arbeitspädagogischen Fertigkeiten, Kenntnisse und Fähigkeiten im Sinne des § 30 des Berufsbildungsgesetzes nachgewiesen.
Ort/Datum … Unterschrift(en) …
(Siegel der zuständigen Stelle)

4. Rahmenstoffplan zur Qualifizierung nach der AEVO

Für die Umsetzung der Qualifizierung nach der AEVO hat der Hauptausschuss für Berufsbildung am 25. 6. 2009 eine Empfehlung für einen **Rahmenstoffplan** beschlossen, die die unter § 2 der AEVO aufgelisteten Inhalte näher beschreibt und in zeitliche Relation 16

17 BGBl. I 2009, S. 88, 91.
18 BGBl. I 2009, S. 88, 92.

zueinander setzt. Diese ist auf der Internetseite des BIBB unter »Beschlüsse und Empfehlungen« abrufbar.

IV. Härtefallregelung (Abs. 6)

17 Um Härtefälle zu vermeiden, kann nach Abs. 6 die nach Landesrecht zuständige Behörde (§ 81) in Ausnahmefällen Personen, die die für die fachliche Eignung erforderlichen beruflichen oder berufs- und arbeitspädagogischen Fertigkeiten, Kenntnisse und Fähigkeiten nicht nach den Abs. 2, 4 (soweit erforderlich) oder 5 nachweisen können, die fachliche Eignung nach Anhörung der zuständigen Stelle widerruflich zuerkennen. Die Zuerkennung kann gegebenenfalls davon abhängig gemacht werden, dass ein etwa erforderlicher Nachweis innerhalb eines bestimmten Zeitraums zu erbringen ist. Nach Ablauf des Beibringungs-Zeitraums kann ggf. der zuerkennende Verwaltungsakt widerrufen werden. Eine dauerhafte, befristete oder bedingte Zuerkennung widerspricht dem Wortlaut des Abs. 6.[19] Die Entscheidung der Behörde erfolgt durch Ausübung pflichtgemäßen Ermessens;[20] dem Antragsteller/der Antragstellerin steht gegen eine abschlägige Entscheidung der Rechtsweg über Widerspruch[21] und Verpflichtungsklage vor dem Verwaltungsgericht offen. Gleiches gilt für den Widerruf als Verwaltungsakt, gegen den ggf. Widerspruch sowie eine Anfechtungsklage erhoben werden können. Kann der Ausbildende mangels eigener fachlicher Eignung nicht selbst ausbilden und wird die fachliche Eignung seines Ausbilder/seiner Ausbilder nicht zuerkannt, ist der Ausbildende selbst durch die ablehnende Entscheidung oder den Widerruf in eigenen Rechten verletzt und kann die beschriebenen Rechtswege beschreiten.[22]

V. Überwachung

18 Die **Überwachung** der persönlichen und fachlichen Eignung der Ausbildenden und der Ausbilder obliegt nach § 32 der zuständigen Stelle, die zu diesem Zweck Ausbildungsberater zu bestellen hat. Bei fehlender persönlicher oder fachlicher Eignung hat die nach Landesrecht zuständige Behörde **das Einstellen und Ausbilden zu untersagen.**[23] Zur Einleitung und zur Durchführung dieses Verwaltungsverfahrens s. § 32.

VI. Mitbestimmungsrecht von Betriebs- und Personalrat

19 **Betriebsräte** haben ein Mitbestimmungsrecht nach § 98 Abs. 2 BetrVG bzw. d.h. sie können der Bestellung einer mit der Durchführung der betrieblichen Berufsausbildung beauftragten Person widersprechen oder ihre Abberufung verlangen, wenn diese die persönliche oder fachliche, insbesondere die berufs- und arbeitspädagogische Eignung i.S.d. BBiG nicht besitzt.[24] Maßgeblich ist der Maßstab des § 30.[25]

20 Dem Betriebsrat obliegt die ihm von § 98 Abs. 2 BetrVG anvertraute **Überwachung** der fachlichen Eignung einer mit der Durchführung der betrieblichen Berufsbildung beauf-

19 Wohlgemuth/*Pepping*, BBiG, § 30 Rn. 33.
20 *Taubert*, BBiG, § 30 Rn. 45; Wohlgemuth/*Pepping*, BBiG, § 30 Rn. 34.
21 Zu beachten ist, dass das Widerspruchsverfahren nach Landesrecht teilweise unterschiedlich geregelt ist.
22 Wohlgemuth/*Pepping*, BBiG, § 30 Rn. 36.
23 Siehe § 33 BBiG.
24 DKW/*Buschmann*, § 98 Rn. 16ff.
25 *LAG Baden-Württemberg* 20.10.2017 – 15 TaBV 2/17, juris.

tragten Person eigenständig. An eine Bejahung der fachlichen Eignung durch die Industrie- und Handelskammer sind weder er noch die Gerichte für Arbeitssachen gebunden.[26] Der Wertungsmaßstab ist dabei auch betriebsverfassungsrechtlich folgender: Der Ausbilder muss unter anderem die beruflichen Fertigkeiten, Kenntnisse und Fähigkeiten besitzen, die für die Vermittlung der Ausbildungsinhalte erforderlich sind. Die eigene Ausbildung des Ausbilders betrifft eine »entsprechende Fachrichtung« i. S. v. § 30 Abs. 2 Nr. 1 BBiG, wenn sie dem Ausbildungsberuf, für den er ausbilden soll, inhaltlich so weit angenähert ist, dass davon auszugehen ist, dass der Ausbilder auch die berufliche Handlungsfähigkeit dieses Ausbildungsberufs vermitteln kann. Eine dem Ausbilder eines ausbildenden Unternehmens teilweise fehlende fachliche Eignung kann durch eine Verbundausbildung i. S. v. § 10 Abs. 5 BBiG nicht kompensiert werden, wenn nicht geregelt ist, für welchen Ausbildungsabschnitt das andere Verbundunternehmen statt des ausbildenden Unternehmens die Verantwortlichkeit trägt, und wenn nicht in dem anderen Verbundunternehmen ein insoweit fachlich geeigneter weiterer Ausbilder für das Ausbildungsverhältnis bestellt ist. Eine **Vernachlässigung der Aufgaben** einer mit der Durchführung der betrieblichen Berufsbildung beauftragten Person i. S. v. § 98 Abs. 2 BetrVG liegt vor, wenn der Aufgabenträger seine Aufgaben nicht mit der erforderlichen Gewissenhaftigkeit ausführt und deshalb zu befürchten ist, dass die Auszubildenden das Ziel der Ausbildung nicht erreichen, ohne dass es auf Verschulden des Aufgabenträgers ankommt. Der Tatbestand der Vernachlässigung der Aufgaben eines Ausbilders i. S. v. § 98 Abs. 2 BetrVG ist zu bejahen, wenn der Ausbilder ohne sachlich vertretbaren Grund von einem vorhandenen **betrieblichen Ausbildungsplan abweicht** oder wenn er seiner Tätigkeit keinen vollständigen, nachvollziehbaren Ausbildungsplan zugrunde gelegt und nicht nachweisbar ist, dass aus besonderen Gründen kein Plan erforderlich war, um das Ausbildungsziel in der vorgesehenen Ausbildungszeit zu erreichen. Allein der Umstand, dass in einem Betrieb bisher alle Auszubildenden die Prüfung überhaupt bestanden haben, schließt nicht aus, dass eine das Ausbildungsziel gefährdende Vernachlässigung der Aufgaben des Ausbilders i. S.v § 98 Abs. 2 BetrVG vorliegt.[27]

VII. Parallelverordnung in der HwO

Im Bereich des **Handwerks** greift mit § 22b Abs. 4 HwO eine entsprechende Regelung. 21

§ 31 Europaklausel

(1) In den Fällen des § 30 Abs. 2 und 4 besitzt die für die fachliche Eignung erforderlichen beruflichen Fertigkeiten, Kenntnisse und Fähigkeiten auch, wer die Voraussetzungen für die Anerkennung seiner Berufsqualifikation nach der Richtlinie 2005/36/EG des Europäischen Parlaments und des Rates vom 7. September 2005 über die Anerkennung von Berufsqualifikationen (ABl. EU Nr. L 255 S. 22) erfüllt, sofern er eine angemessene Zeit in seinem Beruf praktisch tätig gewesen ist. § 30 Abs. 4 Nr. 3 bleibt unberührt.

(2) Die Anerkennung kann unter den in Artikel 14 der in Absatz 1 genannten Richtlinie aufgeführten Voraussetzungen davon abhängig gemacht werden, dass der Antragsteller oder die Antragstellerin zunächst einen höchstens dreijährigen Anpassungslehrgang ableistet oder eine Eignungsprüfung ablegt.

26 *LAG Baden-Württemberg*, a. a. O.
27 *LAG Baden-Württemberg*, a. a. O.

(3) Die Entscheidung über die Anerkennung trifft die zuständige Stelle. Sie kann die Durchführung von Anpassungslehrgängen und Eignungsprüfungen regeln.

Inhaltsübersicht Rn.

I. Gesetzesbegründung und Richtlinie 2005/36/EG

1 Die Vorschrift wurde durch das zweite Gesetz zum Abbau bürokratischer Hemmnisse, insbesondere in der mittelständischen Wirtschaft (MEG II)[1] neu gefasst. Die Gesetzesbegründung[2] stellt den Hintergrund dar: »Mit der Richtlinie 2005/36 EG/EG vom 7. September 2005 des Europäischen Parlaments und des Rats über die Anerkennung von Berufsqualifikationen[3] wurde die Anerkennung von Berufsqualifikationen, die in den anderen Mitgliedstaaten der Europäischen Union (EU) erworben wurden, neu geregelt. Die Richtlinie muss bis zum 20. Oktober 2007 in deutsches Recht umgesetzt werden. Für den Bereich des Handwerksrechts ist dafür eine Änderung der EU-/EWR-Handwerk-Verordnung erforderlich, die die bislang geltenden Anerkennungsrichtlinien umgesetzt hat. Voraussetzung für die Änderung der EU-/EWR-Handwerk-Verordnung ist eine Neufassung und Aktualisierung der bisherigen Verordnungsermächtigung in § 9 Abs. 1 der Handwerksordnung (HwO). Gleichzeitig sollen zur Umsetzung der Richtlinie 2005/36 EG/EG bestimmte ausländische Diplome deutschen Hochschulabschlüssen gleichgestellt werden. Die Anerkennung ausländischer Berufsqualifikationen für die Ausbildungsbefugnis soll weiterhin in der Handwerksordnung und im Berufsbildungsgesetz parallel geregelt und der neuen Anerkennungsrichtlinie angepasst werden.
In den Gesetzentwurf sollen daher folgende Regelungen aufgenommen werden:

- Neufassung der Verordnungsermächtigung in der Handwerksordnung für die Umsetzung von Anerkennungsrichtlinien der EU;
- Gleichstellung bestimmter in der EU, dem Europäischen Wirtschaftsraum (EWR) oder der Schweiz ausgestellter Diplome mit deutschen Hochschulabschlüssen;
- Regelung der Anerkennung ausländischer Berufsqualifikationen für die fachliche Eignung zum Ausbilden (in der Handwerksordnung und im Berufsbildungsgesetz).

Die Gesetzgebungskompetenz des Bundes im Rahmen der konkurrierenden Gesetzgebung ergibt sich aus Art. 74 Abs. 1 Nr. 11 des Grundgesetzes (GG) (Recht der Wirtschaft). Eine bundeseinheitliche Regelung der vorgesehenen Änderungen ist zur Wahrung der Rechtseinheit im gesamtstaatlichen Interesse im Sinne des Art. 72 Abs. 2 GG erforderlich.«

2 Die Neufassung des § 31 wird vom Gesetzgeber so begründet:
»Die Neufassung von § 31 BBiG dient der Umsetzung der Richtlinie 2005/36 EG/EG vom 7. September 2005 über die Anerkennung von Berufsqualifikationen. Die Richtlinie erfordert im Berufsbildungsgesetz zwar keine Änderungen hinsichtlich der einzelnen BBiG-Ausbildungsberufe, da diese Berufe keine sog. reglementierten Berufe sind, bei denen

1 Vom 7. 9. 2007, BGBl. I S. 2246.
2 BT-Drucks. 16/5522 zu Art. 9a (neu) und 9b (neu).
3 ABl. EG Nr. L 255 S. 22.

die Berufsausübung staatlicherseits an einen Qualifikationsnachweis geknüpft ist. Durch Neufassung des § 31 muss aber die sog. Europaklausel des BBiG an die neue Richtlinie angepasst werden. Denn das BBiG macht jedenfalls die Tätigkeit von Ausbilderinnen und Ausbildern von einer beruflichen Qualifikation abhängig. § 31 regelt die Voraussetzungen, unter denen im Ausland erworbene Qualifikationen bei dem Nachweis fachlicher Eignung anerkannt werden können.«

II. Fachliche Eignung bei europäischen Berufsqualifikationen (Abs. 1)

Abs. 1 enthält eine Ergänzung zur fachlichen Eignung gem. § 30 Abs. 2 und 4 für Personen, die in einem anderen Mitgliedstaat der Europäischen Union einen Befähigungsnachweis in einer dem Ausbildungsberuf entsprechenden Fachrichtung erworben haben. Soweit die Voraussetzungen für eine Anerkennung dieser Berufsqualifikationen nach der genannten Richtlinie vorliegen, sind diese Abschlüsse bei der Feststellung der fachlichen Eignung deutschen Abschlüssen gleichzustellen. 3

Welche Abschlüsse im europäischen Ausland welchen inländischen Abschlüssen entsprechen und welche Fächer der deutschen Ausbildungsvorschrift mit dem Abschluss nicht abgedeckt sind, ist für die zuständige Stelle oft schwer zu entscheiden. Die RL 2005/36 EG[4] bestimmt daher in Art. 3h) Satz 2, dass die zuständige Behörde ein Verzeichnis der Sachgebiete erstellt, die aufgrund eines Vergleichs zwischen der in ihrem Staat verlangten Ausbildung und der bisherigen Ausbildung des Antragstellers von dem Diplom oder den sonstigen Ausbildungsnachweisen, über die der Antragsteller verfügt, nicht abgedeckt werden. Die Vergleichbarkeit lässt sich regelmäßig mithilfe der behördlichen Version der Datenbank »anabin« des Sekretariats der ständigen Konferenz der Kultusminister der Länder/Zentralstelle für ausländisches Bildungswesen feststellen. **Anabin** ist das Akronym für »Anerkennung und Bewertung ausländischer Bildungsnachweise«. In dieser Datenbank ist für eine Vielzahl ausländischer Staaten eine umfangreiche Dokumentation über ihr Bildungswesen, die verschiedenen Abschlüsse und die akademischen Grade sowie deren Wertigkeit geschaffen worden.[5] Über Art. 3 Abs. 3, Art. 2 Abs. 2 RL 2005/36 EG sind auch die Ausbildungsnachweise aus Drittländern zu akzeptieren, die von Mitgliedsstaaten anerkannt wurden, wenn der Mitgliedsstaat drei Jahre Berufserfahrung in diesem Beruf innerhalb des Hoheitsgebiets des Mitgliedsstaates bescheinigt. 4

Ebenso wie nach § 30 Abs. 2 und 4 müssen auch Personen mit europäischen Berufsqualifikationen eine angemessene Zeit in ihrem Beruf praktisch tätig gewesen sein.[6] 5

III. Ausgleichsmaßnahmen (Abs. 2)

Die Anerkennung kann nach Abs. 2 unter den Voraussetzungen des Art. 14 der genannten Richtlinie von der Durchführung bestimmter Ausgleichsmaßnahmen abhängig gemacht werden. Art. 14 RL 2005/36 EG gestattet den Mitgliedstaaten Ausgleichsmaßnahmen in Gestalt eines Anpassungslehrgangs oder einer Eignungsprüfung, und zwar bei signifikanten Unterschieden in der Dauer oder in der fachlichen Struktur der Berufsausbildung zwischen dem Herkunftsstaat und dem Aufnahmestaat. Die genauen Voraussetzungen, wann die zuständige Stelle Ausgleichsmaßnahmen verlangen kann, sind in Art. 14 Abs. 1 der RL 2005/26 EG dargestellt. Die Anpassungsmaßnahmen stehen alternativ zueinander, d.h. 6

4 Die Richtlinie nebst Änderungshistorie findet sich unter *eur-lex.europa.eu.*
5 *www.anabin.de.*
6 Siehe § 30 Rn. 3; Wohlgemuth/*Pepping*, BBiG, § 31 Rn. 9.

ein absolvierter Anpassungslehrgang kann nicht mit dem Erfordernis einer Eignungsprüfung gekoppelt werden. Dem Antragsteller ist die Wahl zwischen Anpassungslehrgang und Eignungsprüfung zu lassen (Art. 14 Abs. 2 Satz 1 der RL 2005/26 EG).

7 Dabei meint nach Art. 3g) RL 2005/36 EG »Anpassungslehrgang« die Ausübung eines reglementierten Berufs, die in dem Aufnahmemitgliedstaat unter der Verantwortung eines qualifizierten Berufsangehörigen erfolgt und gegebenenfalls mit einer Zusatzausbildung einhergeht. Der Lehrgang ist nach der Richtlinie »Gegenstand einer Bewertung«, d.h., er schließt mit einer Abschlussprüfung ab.

8 »Eignungsprüfung« bedeutet nach Art. 3h) RL 2005/36 EG eine ausschließlich die beruflichen Kenntnisse des Antragstellers betreffende und von den zuständigen Behörden des Aufnahmemitgliedstaats durchgeführte Prüfung, mit der die Fähigkeit des Antragstellers, in diesem Mitgliedstaat einen reglementierten Beruf auszuüben, beurteilt werden soll.

IV. Kompetenzen der zuständigen Stelle (Abs. 3)

9 Abs. 3 stellt klar, dass die Zuständigkeit für die Anerkennung der fachlichen Eignung und für die Durchführung etwaiger Ausgleichsmaßnahmen bei der zuständigen Stelle i.S.d. §§ 71ff. BBiG liegt. Aus Sicht des Gesetzgebers[7] ist eine Konkretisierung der Anwendungsfälle des § 31 BBiG bzw. der ausländischen Berufsqualifikationen, mit denen um eine Ausbildungsberechtigung in einzelnen Ausbildungsberufen ersucht wird, nicht möglich. Um der Verwaltungspraxis Raum zu geben und der zuständigen Stelle als Entscheidungsträger ausreichenden Ermessensspielraum zu geben, kann die Umsetzung der Richtlinie in § 31 BBiG aus Sicht des Gesetzgebers nur in abstrakter Form erfolgen.

1. Anerkennungsakt

10 Europäische Berufsqualifikationen müssen für die Aufnahme oder die Ausübung eines reglementierten Berufs anerkannt werden. Die Voraussetzungen, unter denen die Anerkennung erfolgt, sind in Art. 13 der RL 2005/36 EG geregelt. Danach hat die zuständige Behörde die Berufsaufnahme und -ausübung zu gestatten, wenn die Voraussetzungen vorliegen. Dies setzt voraus, dass ein **Antrag** gestellt wird, nur so ist eine Gestattung durch die zuständige Stelle möglich. Die Formulierung in Abs. 1, nach der ausreichend sein soll, wenn die Voraussetzungen für die Anerkennung vorliegen, ist daher irreführend. Eine Anerkennung durch die zuständige Behörde wäre nach diesem Wortlaut nicht erforderlich. Hingegen regelt Abs. 3 Satz 1, dass die Entscheidung über die Anerkennung die zuständige Behörde trifft. Eine solche Entscheidung setzt ebenfalls einen Antrag voraus. Regelungen über den Antrag sind nicht vorhanden, jedoch ist die zuständige Stelle befugt, Vorgaben für den Antrag und das Antragsverfahren durch den Berufsbildungsausschuss nach § 79 Abs. 4 beschließen zu lassen.

11 Die Entscheidung über die Anerkennung ist ein **Verwaltungsakt** i.S.d. § 35 VwVfG. Wird die Anerkennung durch Verwaltungsakt der zuständigen Behörde verneint, kann nach Durchführung des Widerspruchsverfahrens Verpflichtungsklage vor dem Verwaltungsgericht erhoben werden. Wegen der komplizierten, aber eindeutigen Vorschriften der Richtlinien zur Anerkennung kann hier ausnahmsweise sogar in Betracht kommen, die

7 BT-Drucks. 16/5522 zu Art 9a (neu) und 9b (neu).

Antragsgegnerin zur Anerkennung und nicht nur zur Neubescheidung unter Berücksichtigung der Rechtsauffassung der Behörde zu verpflichten.[8]

2. Regelungen über Anpassungslehrgänge und Eignungsprüfungen

Nach Abs. 3 Satz 2 ist die zuständige Stelle befugt, Regelungen zur Durchführung der Anpassungslehrgänge sowie der Eignungsprüfungen zu schaffen. Hierzu ist kraft seiner ihm durch § 79 Abs. 4 Satz 1 verliehenen Normsetzungsbefugnis der Berufsbildungsausschuss der zuständigen Stelle berufen.[9] 12

Nach Art. 3g) RL 2006/36 EG sind die Einzelheiten des Anpassungslehrgangs und seiner Bewertung sowie die Rechtsstellung des beaufsichtigten zugewanderten Lehrgangsteilnehmers von der zuständigen Stelle festzulegen. Nach derselben Vorschrift ist ebenso eine Regelung zu schaffen, die die Rechtsstellung des Lehrgangsteilnehmers, insbesondere im Bereich des Aufenthaltsrechts sowie der Verpflichtungen, sozialen Rechte und Leistungen, Vergütungen und Bezüge gem. dem geltenden Gemeinschaftsrecht festgelegt, soweit eine solche nicht bereits nach anderen Vorschriften von den zuständigen Behörden geschaffen wurde. 13

Für die Durchführung der Eignungsprüfung sind ebenfalls Regelungen durch die zuständige Stelle und damit durch den Berufsbildungsausschuss zu schaffen.[10] Der Berufsbildungsausschuss muss mit bei der Eignungsprüfung dem Umstand Rechnung tragen, dass der Antragsteller in seinem Heimatmitgliedstaat oder dem Mitgliedstaat, aus dem er kommt, über eine berufliche Qualifikation verfügt. Die Eignungsprüfung erstreckt sich auf Sachgebiete, die aus dem Verzeichnis ausgewählt werden und deren Kenntnis eine wesentliche Voraussetzung für die Ausübung des Berufs im Aufnahmemitgliedstaat ist. Diese Prüfung kann sich auch auf die Kenntnis der sich auf die betreffenden Tätigkeiten im Aufnahmemitgliedstaat beziehenden berufsständischen Regeln erstrecken. Zu regeln ist die Durchführung der Eignungsprüfung im Einzelnen sowie die Rechtsstellung des Antragstellers im Aufnahmemitgliedstaat, in dem er sich auf die Eignungsprüfung vorzubereiten wünscht (Art. 3h) Sätze 3 und 4 RL 2005/36 EG). 14

V. Parallelvorschrift im Handwerk

Diese Regelung ist parallel zur neuen Regelung für die handwerklichen Ausbildungsberufe in § 22c HwO. 15

§ 31a Sonstige ausländische Vorqualifikationen

In den Fällen des § 30 Absatz 2 und 4 besitzt die für die fachliche Eignung erforderlichen Fertigkeiten, Kenntnisse und Fähigkeiten, wer die Voraussetzungen von § 2 Absatz 1 in Verbindung mit § 9 des Berufsqualifikationsfeststellungsgesetzes erfüllt und nicht in einem anderen Mitgliedstaat der Europäischen Union oder einem anderen Vertragsstaat des Europäischen Wirtschaftsraums oder der Schweiz seinen Befähigungsnachweis erworben hat, sofern er eine angemessene Zeit in seinem Beruf praktisch tätig gewesen ist. § 30 Absatz 4 Nummer 3 bleibt unberührt.

---

8 So im Ergebnis auch Wohlgemuth/*Pepping*, BBiG, § 31 Rn. 14 mit dem Antrag, die Berufsqualifikation … als gleichwertig anzuerkennen.

9 Siehe § 79 Rn. 23.

10 Wohlgemuth/*Pepping*, BBiG, § 31 Rn. 9.

Inhaltsübersicht Rn.

I. Fachliche Eignung bei reglementierten Berufen aus Drittstaaten

1 § 31a wurde durch das Gesetz vom 6.12.2011 (BGBl. I 2011, 2515) eingefügt. Nach der Gesetzesbegründung[1] ergänzt diese Vorschrift § 31 BBiG. Dieser regelt die fachliche Eignung zum Ausbilden bei Bürgern der Europäischen Union. Mit § 31a wird die fachliche Eignung für die Personengruppe der Drittstaatsangehörigen geregelt. Die Gesetzesbegründung führt dazu aus: Generell handelt es sich bei den BBiG-Berufen nicht um reglementierte Berufe, bei denen die Berufsausübung staatlicherseits an einen Qualifikationsnachweis geknüpft ist. Das BBiG macht jedoch die Tätigkeit von Ausbilderinnen und Ausbildern von einer beruflichen Qualifikation abhängig, die je nach Ausbildungsberuf dem reglementierten Bereich angehören kann (zum Beispiel medizinischer Bereich, Rechtspflege etc.). § 31a regelt die Voraussetzungen, unter denen solche im Ausland erworbene Qualifikationen bei dem Nachweis fachlicher Eignung anerkannt werden können. Im Gegensatz zu § 31, der Personen umfasst, die in einem anderen Mitgliedstaat der Europäischen Union oder einem anderen Vertragsstaat des Europäischen Wirtschaftsraums oder der Schweiz einen Befähigungsnachweis in einer dem Ausbildungsberuf entsprechenden Fachrichtung erworben haben, regelt die Vorschrift bei der Prüfung der fachlichen Eignung die Anerkennung im Ausland erworbener Ausbildungsnachweise und sonstiger Berufsqualifikationen von sogenannten Drittstaatsangehörigen, soweit eine Feststellung der Gleichwertigkeit auf der Grundlage des Berufsqualifikationsfeststellungsgesetzes der entsprechenden berufsrechtlichen Regelungen des reglementierten Bereiches erfolgt ist.

II. Voraussetzungen für die Anerkennung der fachlichen Eignung

2 Die fachliche Eignung gem. § 30 wird bei nichteuropäischen Berufsabschlüssen bejaht, wenn erstens die Voraussetzungen von § 2 Abs. 1 i. V. m. § 9 des Berufsqualifikationsfeststellungsgesetzes (BQFG) erfüllt sind und zweitens der Antragsteller/die Antragstellerin eine angemessene Zeit im Beruf praktisch tätig war. Für die freien Berufe bleibt die mögliche Ausnahme der angemessenen Berufspraxis (§ 30 Abs. 4 Nr. 3) erhalten. Nicht erforderlich ist, dass die Gleichwertigkeit der Berufsqualifikation gem. §§ 4ff. BQFG förmlich festgestellt wurde. Es ist ausreichend, wenn die Voraussetzungen der §§ 2 und 9 BQFG erfüllt sind. Auch müssen nicht dieselben Unterlagen wie nach § 12 BQFG vorgelegt werden. Vorzulegen ist jedoch alles, um die zuständige Stelle in die Lage zu versetzen, die Gleichwertigkeit der Berufsqualifikation zu prüfen. Die Anforderungen des § 9 BQFG müssen erfüllt sein. Da § 9 Abs. 2 BQFG beschreibt, wann Berufsqualifikationen nicht gleichwertig mit der inländischen Berufsbildung sind, kommt es entscheidend darauf an, ob die Voraussetzungen des § 9 Abs. 1 erfüllt sind und ob Unterschiede wesentlich i. S. d. § 9 Abs. 2 sind. Nicht ausreichend ist, wenn die Gleichwertigkeit der Berufsqualifikation nur mithilfe einer Ausgleichsmaßnahme gem. § 11 BQFG erreicht werden kann – Voraussetzung für eine solche Ausgleichsmaßnahme ist ja gerade, dass die Voraussetzungen des § 9 BQFG nicht erfüllt sind.

1 BT-Drucks. 17/6260.

III. Berufsqualifikationsfeststellungsgesetz in Auszügen

Gesetz über die Feststellung der Gleichwertigkeit von Berufsqualifikationen (Berufsqualifikationsfeststellungsgesetz – BQFG) 3

Teil 1
Allgemeiner Teil

§ 1 Zweck des Gesetzes
Dieses Gesetz dient der besseren Nutzung von im Ausland erworbenen Berufsqualifikationen für den deutschen Arbeitsmarkt, um eine qualifikationsnahe Beschäftigung zu ermöglichen.

§ 2 Anwendungsbereich
(1) Dieses Gesetz gilt für die Feststellung der Gleichwertigkeit im Ausland erworbener Ausbildungsnachweise, unter Berücksichtigung sonstiger nachgewiesener Berufsqualifikationen, und inländischer Ausbildungsnachweise für bundesrechtlich geregelte Berufe, sofern die entsprechenden berufsrechtlichen Regelungen nicht etwas anderes bestimmen. § 10 des Bundesvertriebenengesetzes bleibt unberührt.
(2) Dieses Gesetz ist auf alle Personen anwendbar, die im Ausland einen Ausbildungsnachweis erworben haben und darlegen, im Inland eine ihren Berufsqualifikationen entsprechende Erwerbstätigkeit ausüben zu wollen.

…

Kapitel 2
Reglementierte Berufe

§ 9 Voraussetzungen der Gleichwertigkeit
(1) Bei der Entscheidung über die Befugnis zur Aufnahme oder Ausübung eines im Inland reglementierten Berufs gilt der im Ausland erworbene Ausbildungsnachweis, unter Berücksichtigung sonstiger nachgewiesener Berufsqualifikationen, als gleichwertig mit dem entsprechenden inländischen Ausbildungsnachweis, sofern
1. der im Ausland erworbene Ausbildungsnachweis die Befähigung zu vergleichbaren beruflichen Tätigkeiten wie der entsprechende inländische Ausbildungsnachweis belegt,
2. die Antragstellerin oder der Antragsteller bei einem sowohl im Inland als auch im Ausbildungsstaat reglementierten Beruf zur Ausübung des jeweiligen Berufs im Ausbildungsstaat berechtigt ist oder die Befugnis zur Aufnahme oder Ausübung des jeweiligen Berufs aus Gründen verwehrt wurde, die der Aufnahme oder Ausübung im Inland nicht entgegenstehen, und
3. zwischen den nachgewiesenen Berufsqualifikationen und der entsprechenden inländischen Berufsbildung keine wesentlichen Unterschiede bestehen.

(2) Wesentliche Unterschiede zwischen den nachgewiesenen Berufsqualifikationen und der entsprechenden inländischen Berufsbildung liegen vor, sofern
1. sich der im Ausland erworbene Ausbildungsnachweis auf Fähigkeiten und Kenntnisse bezieht, die sich hinsichtlich des Inhalts oder auf Grund der Ausbildungsdauer wesentlich von den Fähigkeiten und Kenntnissen unterscheiden, auf die sich der entsprechende inländische Ausbildungsnachweis bezieht,
2. die entsprechenden Fähigkeiten und Kenntnisse eine maßgebliche Voraussetzung für die Ausübung des jeweiligen Berufs darstellen und
3. die Antragstellerin oder der Antragsteller diese Unterschiede nicht durch sonstige Befähigungsnachweise oder nachgewiesene einschlägige Berufserfahrung ausgeglichen hat.

§ 32 Überwachung der Eignung

(1) Die zuständige Stelle hat darüber zu wachen, dass die Eignung der Ausbildungsstätte sowie die persönliche und fachliche Eignung vorliegen.

(2) Werden Mängel der Eignung festgestellt, so hat die zuständige Stelle, falls der Mangel zu beheben und eine Gefährdung Auszubildender nicht zu erwarten ist, Ausbildende aufzufordern, innerhalb einer von ihr gesetzten Frist den Mangel zu beseitigen. Ist der Mangel der Eignung nicht zu beheben oder ist eine Gefährdung Auszubildender zu erwarten oder wird der Mangel nicht innerhalb der gesetzten Frist beseitigt, so hat die zuständige Stelle dies der nach Landesrecht zuständigen Behörde mitzuteilen.

Inhaltsübersicht Rn.

I. Überwachungspflicht (Abs. 1)

1 Abs. 1 der Vorschrift **verpflichtet die zuständige Stelle, darüber zu wachen**, ob die persönliche und fachliche Eignung sowie die Eignung der Ausbildungsstätte vorliegen. Die Eignungsvoraussetzungen des Abs. 1 sind spätestens vor Eintragung in das Verzeichnis der Berufsausbildungsverhältnisse,[1] auf jeden Fall aber vor Beginn einer Ausbildung zu prüfen.[2] Ggf. ist eine Mängelbeseitigung gem. Abs. 2 der Vorschrift zu veranlassen; gelingt dies nicht, ist die Eintragung nach § 35 Abs. 2 Satz 1 BBiG abzulehnen. Zu diesem Zweck sind Ausbildungsberater zu bestellen.[3] Die Ausbildenden sind gem. § 76 Abs. 2 verpflichtet, die für die Überwachung notwendigen Auskünfte zu erteilen und Unterlagen vorzulegen sowie die Besichtigung der Ausbildungsstätte zu gestatten.[4] Bei jeder Eintragung eines Berufsausbildungsverhältnisses muss sich die zuständige Stelle immer wieder ein entsprechendes Bild von dem Vorhandensein aller Eignungsvoraussetzungen machen. Die **Überwachungspflicht** erstreckt sich als Pflichtaufgabe auch auf die gesamte Dauer der Berufsausbildungsverhältnisse, wobei jedes Berufsausbildungsverhältnis gesondert der Überwachungspflicht unterliegt.[5]

2 **Zuständige Stellen** für die Überwachung sind für den Bereich des Handwerks nach § 71 Abs. 1 die Handwerkskammern, für den Bereich der sonstigen Gewerbebetriebe die Industrie- und Handelskammern,[6] für den Bereich der Landwirtschaft einschließlich der ländlichen Hauswirtschaft die Landwirtschaftskammern.[7] Für den öffentlichen

1 § 35 Abs. 1 Nr. 2 BBiG.
2 *Braun/Mühlhausen*, BBiG, § 23 a. F. Rn. 2.
3 § 76 Abs. 1 Satz 2 BBiG.
4 Dazu näher unten § 76 Rn. 4.
5 *Taubert*, BBiG, § 31 Rn. 4.
6 § 71 Abs. 2 BBiG.
7 § 71 Abs. 3 BBiG.

Dienst,[8] den kirchlichen Bereich,[9] die rechtsberatenden und notariellen[10] sowie die wirtschafts- und steuerberatenden Berufe,[11] die ärztlichen Berufe[12] gelten insoweit Sondervorschriften.

II. Mängelfeststellung (Abs. 2)

3 **Werden Mängel** in der persönlichen oder fachlichen Eignung des/der Ausbildenden bzw. der bestellten und beauftragten Ausbilder:innen oder der Ausbildungsstätte festgestellt, so ist folgende **Vorgehensweise** vorgegeben:

1. Aufforderung zur Mängelbeseitigung

4 Ist der Mangel zu beheben und eine Gefährdung der Auszubildenden nicht zu erwarten, hat die zuständige Stelle den/die **Ausbildenden nach Abs. 2 Satz 1 aufzufordern**, innerhalb einer von ihr gesetzten Frist **den Mangel zu beseitigen.** Die Frist muss angemessen sein, wobei eine Gefährdung der Auszubildenden während der Frist ausgeschlossen sein muss. Dies gilt sowohl für Mängel in der persönlichen und fachlichen Eignung der Ausbildenden bzw. der Ausbilder:innen als auch bei Mängeln, die die Eignung der Ausbildungsstätte betreffen. Der Mangel muss von dem/der Ausbildenden zu beheben sein. Ein Mangel in der persönlichen Eignung ist in der einzelnen Person kaum behebbar, wohl aber ein Mangel in der fachlichen Eignung z. B. durch Prüfungsablegung nach § 30 Abs. 2, nicht hingegen durch Zuerkennung nach § 30 Abs. 6, da diese nicht in der Hand der Ausbildenden liegt.[13] Ist der Mangel nicht behebbar, bedarf es keiner Aufforderung.

2. Verwaltungsakt

5 Die unter einer Fristsetzung ergangene Aufforderung der zuständigen Stelle stellt einen **Verwaltungsakt** dar, der anfechtbar ist[14]. Beim Vorliegen der Voraussetzungen ist die zuständige Stelle zur Einleitung des Verfahrens von Amts wegen verpflichtet.[15] Der ggf. erforderliche Widerspruch[16] gegen die Aufforderung nach Abs. 2 hat aufschiebende Wirkung. Ist eine Gefährdung der Auszubildenden zu befürchten, hat eine Aufforderung nicht zu ergehen. Das Gesetz sieht dann nach Abs. 2 Satz 2 eine Information der nach Landesrecht zuständigen Behörde durch die zuständige Stelle vor. Um dem Schutzzweck der Regelung zu genügen, hat diese Information unverzüglich nach Kenntnis der zuständigen Stelle von der Möglichkeit der Gefährdung der Auszubildenden zu erfolgen. Die Auffassung, es könne noch eine Aufforderung ergehen, den Mangel zu beheben, und zugleich die sofortige Vollziehbarkeit des Verwaltungsakts nach § 80 Abs. 2 Nr. 4 VwGO angeordnet werden, wobei die zuständige Stelle das besondere Interesse an der sofortigen

---

8 § 73 BBiG.
9 § 74 BBiG.
10 § 71 Abs. 4 BBiG.
11 § 71 Abs. 5 BBiG.
12 § 71 Abs. 6 BBiG.
13 *VG Aachen* 20. 2. 74 – 148/73, EzB zu § 76 BBiG a. F. Nr. 2.
14 Wohlgemuth/*Pepping*, BBiG, § 32 Rn. 10; *Taubert*, BBiG, § 32 Rn. 14; *Braun/Mühlhausen*, BBiG, § 23 Rn. 8.
15 Wohl auch Wohlgemuth/*Pepping*, BBiG, § 32 Rn. 10; *Braun/Mühlhausen*, a. a. O.
16 Das Widerspruchsverfahren wurde von einzelnen Ländern abweichend geregelt.

Vollziehung schriftlich zu begründen hat (§ 80 Abs. 3 Satz 1 VwGO),[17] ist daher nicht zutreffend.[18]

3. Mitteilungspflicht

6 Nach Abs. 2 Satz 2 der Vorschrift hat die zuständige Stelle der zuständigen Behörde[19] **Mitteilung zu machen**, wenn:
- der festgestellte Mangel nicht behebbar ist,
- eine Gefährdung des Auszubildenden zu erwarten ist oder
- der Mangel innerhalb der gesetzten Frist nicht beseitigt wird.

Die **Mitteilungspflicht** besteht bereits, wenn einer der drei Gründe vorliegt. Die Mitteilung ist unverzüglich[20] nach Feststellung der Voraussetzung hierfür zu machen, da eine weitere Gefährdung des Auszubildenden zu vermeiden ist. Die **Mitteilung** an die nach Landesrecht zuständige Behörde hat keinen eigenständigen Regelungsgehalt. Sie ist **kein Verwaltungsakt** gegenüber dem/der Ausbildenden und kann deshalb nicht im Verwaltungsrechtsweg angefochten werden.[21]

III. Erfordernis der Zusammenarbeit

7 Die Überwachung der Berufsausbildung erfordert im Übrigen eine **ständige Zusammenarbeit** zwischen den an der beruflichen Bildung Beteiligten:
- den betrieblichen Stellen (insbesondere Betriebsleitung, Betriebsrat, Jugend- und Auszubildendenvertretung und Ausbilder),
- den berufsbildenden Schulen,
- den zuständigen Stellen,
- Behörden einschließlich der zuständigen Stellen mit den Berufsbildungsausschüssen sowie
- den in der beruflichen Bildung tätigen Verbänden, insbesondere Gewerkschaften.

IV. Parallelvorschrift in der HwO

8 Für das **Handwerk** gilt die parallele Vorschrift des § 23 HwO.

V. Umschulung

9 Auf die **Umschulung** findet die Vorschrift entsprechende Anwendung.[22]

---

17 *Braun/Mühlhausen*, a. a. O. Rn. 9.
18 Wohlgemuth/*Pepping*, BBiG, § 32 Rn. 10.
19 § 33 BBiG.
20 *Taubert*, BBiG, § 32 Rn. 17; Wohlgemuth/*Pepping*, BBiG, § 32 Rn. 13.
21 *Taubert*, BBiG, § 32 Rn. 18; *Benecke/Hergenröder*, BBiG, § 32 Rn. 15.
22 § 60 Satz 2 BBiG und § 42g Satz 2 HwO.

§ 33 Untersagung des Einstellens und Ausbildens

(1) Die nach Landesrecht zuständige Behörde kann für eine bestimmte Ausbildungsstätte das Einstellen und Ausbilden untersagen, wenn die Voraussetzungen nach § 27 nicht oder nicht mehr vorliegen.

(2) Die nach Landesrecht zuständige Behörde hat das Einstellen und Ausbilden zu untersagen, wenn die persönliche oder fachliche Eignung nicht oder nicht mehr vorliegt.

(3) Vor der Untersagung sind die Beteiligten und die zuständige Stelle zu hören. Dies gilt nicht im Falle des § 29 Nr. 1.

Inhaltsübersicht

I. Allgemeines

§ 33 entspricht § 24 BBiG a. F. Die Reihenfolge der Abs. 1 und 2 wurde getauscht, um die Regelung an die Systematik der §§ 27ff. anzupassen.[1] Abs. 1 bezieht sich auf die Ausbildungsstätte. Abs. 2 bezieht sich auf die Überwachung der Eignung des Ausbildungspersonals und verpflichtet die nach Landesrecht zuständige Behörde, eine Untersagungsverfügung auszusprechen, wenn die persönliche oder fachliche Eignung nicht oder nicht mehr vorliegt. Nach Abs. 3 sind im Regelfall die Beteiligten und die zuständigen Stellen zu hören. Auf die **Umschulung** findet die Vorschrift entsprechende Anwendung.[2] Die Vorschrift regelt die **Zuständigkeit** für das **Untersagungsverfahren**, wenn der nach Landesrecht zuständigen Behörde Mängel bekannt geworden sind. Dies kann zum einen dadurch geschehen, dass sie durch die zuständige Stelle von dem Mangel erfährt oder zum anderen auf andere Weise von einem Mangel in der Eignung Kenntnis erlangt. Bei einem Mangel nach § 30 BBiG ist das Eingreifen der zuständigen Landesbehörde subsidiär; hier hat zuerst die zuständige Stelle tätig zu werden. Kann so keine Abhilfe erreicht werden oder ist eine Gefährdung von Auszubildenden zu erwarten, muss die zuständige Landesbehörde tätig werden. 1

Die nach **Landesrecht zuständige Behörde** ist in der Regel die höhere Verwaltungsbehörde, z. B. die Bezirksregierung oder das Regierungspräsidium. Die zuständigen Behörden sind in den nachfolgenden Ländervorschriften bestimmt: 2

Baden-Württemberg: Verordnung v. 3. Juli 2007 (Gesetzblatt 2007, S. 342)
Bayern: Gesetz zur Ausführung des Berufsbildungsgesetzes und des Berufsqualifikationsfeststellungsgesetzes (AGBBiG)
Berlin: Anlage 1 zum Allgemeinen Zuständigkeitsgesetz, ZustKat AZG vom 22. Juli 1996
Brandenburg: Verordnung über Zuständigkeiten für die Berufsbildung nach dem Berufsbildungsgesetz, der Handwerksordnung, der Ausbilder-Eignungsverordnung und dem Berufsqualifikationsfeststellungsgesetz im Land Brandenburg, Berufsbildungszuständigkeitsverordnung, BBiZV vom 27. Februar 2015 (GVBl. II/15, [Nr. 10])
Bremen: Bekanntmachung der Zuständigkeit zum Berufsbildungsgesetz vom 13. 12. 2011 (BBiG-ZustBek)

---
1 BT-Drucks. 15/3980, S. 123.
2 § 60 Satz 2 BBiG und § 42g Satz 2 HwO.

Hamburg: Anordnung zur Durchführung des Berufsbildungsgesetzes vom 10. März 1994 (Amtl. Anz. 1994, S. 765)
Mecklenburg-Vorpommern: Berufsbildungszuständigkeitslandesverordnung vom 27. August 2007 (BBiZustLVO M-V) (GVOBl M-V 2007, S. 320)
Niedersachsen: Verordnung über Zuständigkeiten im Bereich der Bildung vom 27. August 2012 (ZustVO-Bildung) (Nds.GVBl. Nr. 19/2012 S. 344 – VORIS 20120)
Nordrhein-Westfalen: Verordnung über die Zuständigkeiten nach dem Berufsbildungsgesetz (BBiG) und die Angelegenheiten der Berufsbildung im Rahmen der Handwerksordnung (HwO) sowie die Zuständigkeiten nach dem Berufsqualifikationsfeststellungsgesetz (BQFG) vom 5. September 2006 (BBiGZustVO) (GV. NRW. S. 446), in Kraft getreten am 19. Oktober 2006[3]
Rheinland-Pfalz: Verordnung vom 4. März 2009 (GVBl. 2009, S. 108)
Saarland: Verordnung über die Zuständigkeiten nach dem Berufsbildungsgesetz und der Handwerksordnung vom 16. August 2007 (BBiGZustV-SL) (Amtsblatt S. 1733), befristet bis zum 31. Dezember 2020[4]
Sachsen-Anhalt: Verordnung über die Zuständigkeiten für die Berufsbildung nach dem Berufsbildungsgesetz und der Handwerksordnung, Berufsbildungszuständigkeitsverordnung vom 19. Juli 2006 (BBiZustVO)[5]
Schleswig-Holstein: Verordnung vom 3. Dezember 2005 (GVOBL S. 556), zuletzt geändert durch Landesverordnung vom 16. März 2015, GVOBl. S. 98

Im Bereich des Bundes ist die oberste Bundesbehörde zuständige Behörde, § 81. Sie kann eine andere Behörde bestimmen, § 81.
Die Landesregierungen wurden durch § 105 ermächtigt, durch Rechtsverordnungen die Zuständigkeiten von den zuständigen Behörden auf die zuständigen Stellen i. S. d. §§ 71 ff. zu übertragen.[6] Für den **Bergbau** ist die in § 78 BBiG a. F. normierte Zuständigkeit entfallen, sodass nunmehr durch Landesrecht die zuständige Behörde bestimmt werden kann.

II. Untersagen bei Mängeln der Ausbildungsstätte (Abs. 1)

3 Bei **mangelnder Eignung der Ausbildungsstätte** bleibt der zuständigen Behörde nach Abs. 1 der Vorschrift ein Ermessensspielraum für ihre Entscheidung. Hierbei handelt es sich um ein **Entschließungsermessen**, da es der Behörde überlassen bleibt, ob sie überhaupt tätig wird. Einschlägig sind insoweit die §§ 40 VwVfG und 114 VwGO: Ist einer Behörde Ermessen zugestanden, so hat sie dieses dem Zweck der Ermächtigung entsprechend auszuüben und die gesetzlichen Grenzen des Ermessens einzuhalten. Das Verwaltungsgericht überprüft ggf., ob die Behörde ihr Ermessen überhaupt gebraucht hat, ob sie die gesetzlichen Grenzen des Ermessens überschritten oder unterschritten oder ob sie von dem Ermessen in einer dem Zweck der Ermächtigung nicht entsprechenden Weise Gebrauch gemacht hat.[7] Adressat der Untersagung kann hier nur der/die Ausbildende als für die Ausbildungsstätte Verantwortlicher sein.

III. Untersagen bei fehlender Eignung (Abs. 2)

4 Eine **Untersagungspflicht** zum Einstellen und Ausbilden von Auszubildenden besteht nach Abs. 2 der Vorschrift. Ein Ermessensspielraum der Behörde, ob sie tätig werden will oder nicht, ist nicht gegeben. Die Behörde muss bei Vorliegen der entsprechenden Voraus-

3 *recht.nrw.de/lmi/owa/br-text-anzeigen?v-id=5320101203161758673.*
4 *sl.juris.de/cgi-bin/landesrecht.py?d=http://sl.juris.de/sl/gesamt/BBiGZustV-SL-2007.htm.*
5 Unter *www.landesrecht.sachsen-anhalt.de.*
6 Siehe Kommentierung zu § 71 BBiG.
7 *Kopp,* VwGO, § 114 Rn. 4.

setzungen die Untersagung aussprechen.[8] Die Untersagung ist auszusprechen, wenn die persönliche oder fachliche Eignung zur Berufsausbildung nicht oder nicht mehr vorliegt; fehlt dem/der Ausbildenden nur die fachliche Eignung, kann dieser Mangel hinsichtlich des Ausbildens gem. § 28 Abs. 1BBiG durch Einstellung geeigneter Ausbilder:innen geheilt werden. Die Untersagung richtet sich gegen den/die Ausbilder:in, denen das Ausbilden verboten werden kann, wenn sie nicht über die persönliche und fachliche Eignung verfügen. In diesem Fall hat der/die Ausbildende unverzüglich mindestens eine/n geeignete/n Ausbilder:in zu bestellen, da ihm sonst das Einstellen und Ausbilden zu untersagen ist.
Fehlt dem Ausbildenden die persönliche Eignung, so ist ihm das Einstellen und Ausbilden grundsätzlich zu untersagen.[9] Fehlende Eignung kann z.B. angenommen werden, wenn Straftaten im Zusammenhang mit der Tätigkeit und/oder über mehrere Jahre begangen wurden.[10]

IV. Anhörungspflicht (Abs. 3)

Die Beteiligten und die zuständige Stelle sind nach Abs. 3 der Vorschrift vor einer Un- 5
tersagung anzuhören. Als Beteiligte gelten von der beabsichtigten Maßnahme betroffene Ausbildende, Ausbilder:innen, Auszubildende, soweit durch die beabsichtigte Maßnahme Ausbildungsplätze entfallen können,[11] bei minderjährigen Auszubildenden deren gesetzliche Vertreter.[12] Im Einzelfall kann auch der Betriebs- bzw. Personalrat Beteiligter i.S.d. Abs. 3 sein.[13] Insbesondere kann der Betriebs- oder Personalrat das Untersagungsverfahren nach § 34 durch eine entsprechende Mitteilung an die zuständige Behörde in Gang setzen.[14] Die Anhörung ist nach Abs. 3 Satz 2 in den Fällen des § 29 Nr. 1 entbehrlich, da in diesem Fall bereits eine bestandskräftige Untersagung vorliegt, ansonsten ist die Anhörungspflicht zwingend. Eine Entscheidung ohne vorherige Anhörung macht diese zwar nicht nichtig, sie ist aber fehlerhaft und somit grundsätzlich auf Anfechtungsklage hin aufhebbar.[15] Die Anhörung ist als Verfahrensfehler jedoch grundsätzlich heilbar, wenn sie vor dem Schluss der letzten Verhandlung nachgeholt wird (§ 45 Abs. 1 Nr. 3, Abs. 2 VwVfG).[16] Die Behörde kann nach der verspäteten Anhörung die Belange der Beteiligten noch berücksichtigen. Eine funktionsgerecht nachgeholte Anhörung setzt voraus, dass sich die Behörde nicht darauf beschränkt, die einmal getroffene Sachentscheidung zu verteidigen, sondern dass sie das Vorbringen des Betroffenen erkennbar zum Anlass nimmt, die Entscheidung kritisch zu überdenken.[17] Eine Anfechtung, die materiell rechtmäßig ist, kann nicht allein auf die fehlende Anhörung gestützt werden. Dies ergibt sich aus dem Charakter der Anhörung als Verfahrensvorschrift und aus § 46 VwVfG.

8 Vgl. *BayVGH* 28.8.74, zit. nach *Herkert/Töltl*, BBiG, § 24 a.F. Rn. 4.
9 *Taubert*, BBiG, § 33 Rn. 15f.
10 *VG Gelsenkirchen* 31.10.2012 – 7 K 1351/12, *www.nrwe.de*.
11 *VGH Baden-Württemberg* 22.12.1988 – 9 S 2583/87, EzB BBiG §§ 27–33 Nr. 23 Leitsatz; *Herkert/Töltl*, BBiG, § 33 Rn. 16; *VG Düsseldorf* 25.4.2016 – 15 K 8718/15, Rn. 28, juris.
12 *VGH Baden-Württemberg* 9.10.1987 – 14 S 2104/87, EzB § 24 HwO Nr. 8; *Taubert*, BBiG, § 33 Rn. 19; Wohlgemuth/*Pepping*, BBiG, § 33 Rn. 17 m.w.N.
13 *Braun/Mühlhausen*, BBiG, § 33 a.F. Rn. 15.
14 *Fitting*, § 98 Rn. 26.
15 *Herkert/Töltl*, BBiG, Stand November 2017, § 33 Rn. 24ff.
16 *VG Trier* 3.5.2007 – 5 K 72/07.TR, Rn. 16, juris; *VG Ansbach* 31.1.2018 – AN 4 S 18.00018, Rn. 57, juris; *Taubert*, BBiG, § 33 Rn. 23.
17 *VG Ansbach*, a.a.O.; *BayVGH* 13.11.2017 – 15 ZB 16.1885, Rn. 9, juris m.w.N.

V. Rechtsfolgen der Untersagung

6 Die Untersagung nach Abs. 2 stellt einen **anfechtbaren Verwaltungsakt** mit Dauerwirkung dar.[18] Bei einer denkbaren Untersagung aufgrund fehlender Eignung der Ausbildungsstätte nach Abs. 1 kann eine Verpflichtungsklage auf Feststellung der Eignung i.S.d. § 30 erhoben werden.[19] Die Ablehnung einer Untersagung durch die zuständige Behörde kann einen belastenden Verwaltungsakt für Auszubildende darstellen. § 33 schützt nicht nur die Ordnung der Berufsausbildung, sondern auch die Auszubildenden.[20] Nicht vom Schutz des § 33 erfasst sind hingegen Betriebs- und Personalräte oder die zuständigen Stellen. Wollen Auszubildende eine Untersagungsverfügung erreichen, müssen sie ggf. Widerspruch[21] einlegen und nötigenfalls Verpflichtungsklage auf Erlass der Untersagungsverfügung erheben. Wird der Behörde der nachträgliche Wegfall des Mangels der Eignung bekannt, so kann sie den Untersagungsbescheid gem. § 49 Abs. 1 VwVfG widerrufen. Die Untersagung wird nach Zustellung (Bekanntgabe) des Bescheides wirksam.[22] Eine Zuwiderhandlung ist eine **Ordnungswidrigkeit** nach § 102 Abs. 1 Nr. 6. Diese setzt einen wirksamen Bescheid voraus. Das ist der Fall, wenn der Empfänger nach Bekanntgabe keinen Rechtsbehelf eingelegt hat oder, wenn die Behörde beim Erlass des Bescheids die sofortige Vollziehung angeordnet hat und hiergegen keine Rechtsmittel ergriffen wurden.[23] Wird dem/der Ausbildenden die Befugnis zur Ausbildung entzogen, so stellt dies auch dann einen **wichtigen Grund zur fristlosen Kündigung** des Ausbildungsverhältnisses für die Auszubildenden dar, wenn diese Entscheidung wenige Tage später aufgehoben wird.[24] Im Falle eines bestandskräftigen Bescheids oder der Anordnung der sofortigen Vollziehung treten **daneben** privatrechtliche Konsequenzen ein: Der/die Auszubildende kann das Berufsausbildungsverhältnis kündigen;[25] er ist schadenersatzpflichtig aus § 23 Abs. 1 BBiG.[26] Der/die Auszubildende kann das Ausbildungsverhältnis aus demselben Grunde außerordentlich kündigen und zudem von dem/der Ausbildenden **Schadensersatz** verlangen, da diese/r die Auflösung des Ausbildungsverhältnisses zu vertreten hat (§ 23 Abs. 1 BBiG).[27] Die Rechtsprechung lässt offen, ob der Ausbildende verpflichtet werden kann, das Ausbildungsverhältnis unverzüglich zu beenden. Eine derart weitreichende Befugnis könne dem Wortlaut der Norm jedenfalls nicht unmittelbar entnommen werden.[28] Bestehende Ausbildungsverträge sind nach § 35 Abs. 2 BBiG im Verzeichnis der Berufsausbildungsverhältnisse zu löschen.

VI. Parallelvorschrift in der HwO

7 Für das **Handwerk** gilt die Parallelvorschrift des § 24 HwO.

18 *VG Gelsenkirchen* 27.10.2008 – 7 L 1181/08, juris; *VG Ansbach* 31.1.2018 – AN 4 S 18.00018, Rn. 41, juris.
19 *VG Gelsenkirchen* 27.10.2008 – 7 L 1181/08, juris.
20 *VGH Baden-Württemberg* 9.10.1987 – 14 S 2104/87, EzB § 24 HwO Nr. 8; Wohlgemuth/*Pepping*, BBiG, § 33 Rn. 17 m.w.N.
21 Die Länder haben zum Teil abweichende Regelungen zum Widerspruch erlassen.
22 § 43 Abs. 1 VwVfG.
23 Vgl. im Einzelnen § 80 VwGO.
24 *ArbG Celle* 15.12.71, EzB § 15 Abs. 1 BBiG a.F. Nr. 39.
25 § 22 Abs. 2 Nr. 1 BBiG.
26 Vgl. dazu § 23 Rn. 23ff.
27 Vgl. dazu § 23 Rn. 23ff.
28 *VG Ansbach* 31.1.2018 – AN 4 S 18.00018, Rn. 35, juris.

Abschnitt 4
Verzeichnis der Berufsausbildungsverhältnisse

§ 34 Einrichten, Führen

(1) Die zuständige Stelle hat zur Regelung, Überwachung, Förderung und zum Nachweis der Berufsausbildung für anerkannte Ausbildungsberufe ein Verzeichnis der in ihrem Zuständigkeitsbereich bestehenden Berufsausbildungsverhältnisse einzurichten und zu führen, in das der Berufsausbildungsvertrag einzutragen ist. Die Eintragung ist für Auszubildende gebührenfrei.

(2) Die Eintragung umfasst für jedes Berufsausbildungsverhältnis

1. **Name, Vorname, Geburtsdatum, Anschrift, elektronische Kontaktdaten der Auszubildenden,**
2. **Geschlecht, Staatsangehörigkeit, allgemeinbildender Schulabschluss, vorausgegangene Teilnahme an berufsvorbereitender Qualifizierung oder beruflicher Grundbildung, vorherige Berufsausbildung sowie vorheriges Studium, Anschlussvertrag bei Anrechnung einer zuvor absolvierten dualen Berufsausbildung nach diesem Gesetz oder nach der Handwerksordnung einschließlich Ausbildungsberuf,**
3. **Name, Vorname, Anschrift und elektronische Kontaktdaten der gesetzlichen Vertreter und Vertreterinnen,**
4. **Ausbildungsberuf einschließlich Fachrichtung,**
5. **Berufsausbildung im Rahmen eines ausbildungsintegrierenden dualen Studiums,**
6. **Tag, Monat und Jahr des Abschlusses des Ausbildungsvertrages, Ausbildungsdauer, Dauer der Probezeit, Verkürzung der Ausbildungsdauer, Teilzeitberufsausbildung,**
7. **die bei Abschluss des Berufsausbildungsvertrages vereinbarte Vergütung für jedes Ausbildungsjahr,**
8. **Tag, Monat und Jahr des vertraglich vereinbarten Beginns und Endes der Berufsausbildung sowie Tag, Monat und Jahr einer vorzeitigen Auflösung des Ausbildungsverhältnisses,**
9. **Art der Förderung bei überwiegend öffentlich, insbesondere auf Grund des Dritten Buches Sozialgesetzbuch geförderten Berufsausbildungsverhältnis,**
10. **Name, Anschrift, elektronische Kontaktdaten der Ausbildenden, Anschrift und amtlicher Gemeindeschlüssel der Ausbildungsstätte, Wirtschaftszweig, Betriebsnummer der Ausbildungsstätte nach § 18i Absatz 1 oder § 18k Absatz 1 des Vierten Buches Sozialgesetzbuch, Zugehörigkeit zum öffentlichen Dienst,**
11. **Name, Vorname, elektronische Kontaktdaten, Geschlecht und Art der fachlichen Eignung der Ausbilder und Ausbilderinnen.**

(3) Die Eintragungen sind am Ende des Kalenderjahres, in dem das Berufsausbildungsverhältnis beendet wird, in dem Verzeichnis der Berufsausbildungsverhältnisse zu löschen.

(4) Die nach Absatz 3 gelöschten Daten sind in einem gesonderten Dateisystem zu speichern, so lange und soweit dies für den Nachweis der Berufsausbildung erforderlich ist, höchstens jedoch für 60 Jahre.

Inhaltsübersicht Rn.

I. Historische Entwicklung und anstehende Änderungen

1 § 34 BBiG entspricht § 31 BBiG 1969. Jede zuständige Stelle i. S. d. BBiG hat nach dieser Vorschrift ein **Verzeichnis der Berufsausbildungsverhältnisse** einzurichten und zu führen. Der Zweck dieses Verzeichnisses wurde mit dem BVaDiG 2024 konkretisiert. Hiernach dient das Verzeichnis der Regelung, Überwachung, Förderung und zum Nachweis der Berufsausbildung. Die Vorschrift ist zwingend.

Im Jahr 2005 hinzugefügt wurde Abs. 2, in dem der wesentliche Inhalt, der in das Verzeichnis der Berufsausbildungsverhältnisse einzutragen ist, durch einen Merkmalskatalog näher bestimmt wurde. Diese Merkmale wurden in den Jahren Jahr 2019 und 2024 ergänzt. So wurde in Abs. 2 Nr. 10 das Merkmal der Betriebsnummer der Ausbildungsstätte gemäß § 18i Abs. 1 oder § 18k Abs. 1 des Vierten Buches Sozialgesetzbuch (SGB IV) ergänzt, um die Ermittlung ausgewählter Merkmale aus dem statistischen Unternehmensregister zu ermöglichen. Zudem war die Aufnahme der Betriebsnummer in § 34 erforderlich, damit diese als Hilfsmerkmal für die Erhebungen nach § 88 vorliegt.[1]

Im Rahmen des BVaDiG wurde auch eine Ergänzung »Identifikationsnummer nach dem Identifikationsgesetz« beschlossen[2] mit der Maßgabe, dass dies erst in Kraft tritt, wenn das Bundesministerium des Innern und für Heimat im Bundesgesetzblatt bekannt gibt, dass die technischen Voraussetzungen für die Verarbeitung der Identifikationsnummer nach § 139b der Abgabenordnung nach dem geänderten Gesetz vorliegen. Als Folge wird zusätzlich zu den genannten Daten auch die Identifikationsnummer nach dem Identifikationsnummerngesetz eingetragen.

Im Detail wurde beschlossen, dass dann in Abs. 2 Nr. 1, 10, 11 jeweils die Wörter »Identifikationsnummer nach dem Identifikationsnummerngesetz« einzufügen sind. In dem dann ebenfalls neuen Abs. 5 wird mit der Ergänzung die Zulässigkeit der Verarbeitung der Identifikationsnummer durch öffentliche Stellen erklärt.[3]

Hintergrund hierfür ist, dass die Nutzung der Identifikationsnummer erheblich ausgeweitet und in der öffentlichen Verwaltung registerübergreifend verwendet werden soll.[4] Zu welchem Zeitpunkt die Bekanntgabe erfolgt, ist nicht absehbar. Auf einen Abdruck wurde entsprechend verzichtet.

1 BT-Drucks. 19/10815, S. 60.
2 BGBl. I 2024 Nr. 246, S. 11.
3 BGBl. I 2004 Nr. 246, S. 11.
4 *Lakies*, BBiG, § 34 Rn. 1.

II. Verzeichnis der Ausbildungsberufe (Abs. 1)

1. Zuständige Stelle – Begriff

Wer **zuständige Stelle** ist, ergibt sich aus den besonderen Vorschriften für einzelne Wirtschafts- und Berufszweige.[5] Im Einzelnen kommen dabei Industrie- und Handelskammern, die Handwerkskammern, die Landwirtschaftskammern, die Rechtsanwaltskammern, die Notarkammern, die Notarkasse, die Patentanwaltskammern, die Ärzte- und die Zahnärztekammern in Betracht. Hinzu kommen ferner zumeist durch RechtsVO bestimmte Stellen für sonstige Berufszweige.[6] 2

2. Örtliche Zuständigkeit

Die zuständige Stelle muss das Verzeichnis im Rahmen ihrer örtlichen und fachlichen Zuständigkeit führen.[7] Die örtliche Zuständigkeit ergibt sich gem. § 3 Abs. 1 Nr. 2 VwVfG aus der **Lage der Ausbildungsstätte**, nicht etwa aus dem Wohnsitz des Auszubildenden oder Ausbildenden,[8] während sich die fachliche Zuständigkeit nach den gesetzlichen Bestimmungen in den §§ 71 ff. und dem statutarischen Recht bestimmt. 3

3. Berufsausbildungsverhältnisse in anerkannten Ausbildungsberufen

Über die **Berufsausbildungsverhältnisse in anerkannten Ausbildungsberufen** ist ein Verzeichnis einzurichten und zu führen. Das sind solche Ausbildungsberufe, die nach § 4 BBiG im Wege einer RechtsVO durch den Bundesgesetzgeber staatlich anerkannt wurden. Soweit Ausbildungsberufe noch nicht diese Anerkennung gefunden haben, gelten die früheren Regelungen nach § 104 weiter. Praktikantenverträge, Verträge mit Volontären oder Umschülern werden nicht in das Verzeichnis eingetragen. Dies ergibt sich bereits aus dem Begriff des Verzeichnisses der »Berufsausbildungsverhältnisse«, zusätzlich auch aus der systematischen Ansiedlung der Vorschrift im Teil 2 des BBiG, der sich mit der Berufsausbildung beschäftigt. 4

Soweit die zuständige Stelle für weitere Berufsverhältnisse, z. B. für Umschüler:innen, auf **freiwilliger Basis** ein zusätzliches oder erweitertes Verzeichnis führen will, bedarf es für die elektronische Datensammlung der **Zustimmung der Betroffenen** oder einer anderen **Ermächtigungsgrundlage** nach dem Datenschutzrecht. Für Jugendliche ist vom Arbeitgeber ein Verzeichnis zu führen (§ 49 JArbSchG).

4. Einrichten – Begriff

Einrichten bedeutet das Anlegen eines Verzeichnisses. Es bleibt der jeweiligen zuständigen Stelle überlassen, in welcher Form dies geschieht (Listenform, Karteiform, EDV usw.). Werden die Daten elektronisch gespeichert, sind die Bestimmungen des Datenschutzes zu beachten.[9] 5

5 §§ 71 ff. BBiG.
6 Vgl. insgesamt auch § 72 BBiG.
7 Wohlgemuth/*Pepping*, BBiG, § 34 Rn. 4.
8 *Taubert*, BBiG, § 34 Rn. 7.
9 Siehe Rn. 8, § 35 Abs. 3.

5. Führen – Begriff

6 Führen bedeutet, dass das Verzeichnis durch Neueintragungen, Löschungen, Änderungen und Berichtigungen auf dem Laufenden zu halten ist, vgl. auch § 35 BBiG. An die Eintragung oder Nichteintragung in das Verzeichnis sind Gerichte, Behörden und Dritte gebunden. Dies führt z. B. dazu, dass der Bundesagentur für Arbeit bei der Entscheidung über Ausbildungsbeihilfen kein inhaltliches Prüfrecht über die inhaltliche Übereinstimmung der betrieblichen Ausbildung mit der jeweiligen Ausbildungsordnung zusteht.[10]

6. Gebührenfreiheit für die Auszubildenden

7 Die Eintragung in das Verzeichnis ist nach Satz 2 der Vorschrift **für die Auszubildenden gebührenfrei**. Dies gilt gleichermaßen für Änderungen.[11] Von den Ausbildenden darf, wenn die zuständige Stelle eine Kammer ist,[12] nach Maßgabe zulässigen Satzungsrechts eine Gebühr für die Eintragung erhoben werden. Ist die zuständige Stelle keine Kammer, hängt die Zulässigkeit einer Gebühr unmittelbar von einer gesetzlichen Grundlage ab.[13]

7. Auskünfte

8 Fraglich ist, ob die zuständige Stelle **Auskünfte** aus dem Verzeichnis geben darf. Für die Vertraulichkeit spricht zum einen die Zweckbestimmung des Verzeichnisses zur Überwachung und Beratung durch die zuständige Stelle.[14] Zum anderen muss sich die Zulässigkeit der Auskunftserteilung an den Vorschriften der europäischen Datenschutzgrundverordnung unter besonderer Berücksichtigung der Entscheidung des BVerfG zum informationellen Selbstbestimmungsrecht[15] orientieren. Diese greift auch dann, wenn die Daten nicht technisch erfasst werden. Der Datenschutz für die nunmehr umfangreich und flächendeckend erhobenen personenbezogenen Daten wurde durch das Berufsbildungsreformgesetz in § 35 Abs. 3 geregelt. Danach dürfen die nach Abs. 2 Nr. 1, 4, 8 und 10 erhobenen Daten zur Verbesserung der Ausbildungsvermittlung, zur Verbesserung der Zuverlässigkeit und Aktualität der Ausbildungsvermittlungsstatistik sowie zur Verbesserung der Feststellung von Angebot und Nachfrage auf dem Ausbildungsmarkt an die Bundesagentur für Arbeit übermittelt werden.[16] Auskünfte an Dritte müssen den Anforderungen des Bundesdatenschutzgesetzes entsprechen (siehe §§ 3, 23, 25 BDSG). Sie sind ansonsten nicht zulässig, soweit der/die Auszubildende nicht eingewilligt hat.

III. Einzutragende Daten (Abs. 2)

9 Die Daten, die von der zuständigen Stelle zu erfassen sind, sind in Abs. 2 zwingend und abschließend aufgelistet.
Durch den einheitlichen Erfassungsstandard kann eine Datensammlung erreicht werden, mit der eine bessere Ausbildungsvermittlung und ein genaueres Erfassen des Ausbildungsmarktes erreicht werden können. Es lässt sich auf Basis des so gesammelten Daten-

10 *Sächsisches LSG* 17.8.2023 – L 3 AL 187/17, Rn. 26.
11 Wohlgemuth/*Pepping*, BBiG, § 34 Rn. 9 m. w. N.
12 Zum Begriff der zuständigen Stelle vgl. Rn. 2 sowie § 71 BBiG.
13 *Knopp/Kraegeloh*, BBiG, § 34 Rn. 4.
14 *Taubert*, BBiG, § 34 Rn. 17.
15 *BVerfG* 15.12.83, NJW 1984, 419.
16 Vgl. Kommentierung zu § 35 BBiG Rn. 10.

materials feststellen, welche geschlechtsspezifischen Entwicklungen oder Mechanismen es in einzelnen Ausbildungsberufen oder Branchen gibt, sodass auf Basis der Daten gezielt Maßnahmen der Nachwuchs-Akquise oder des Gender-Mainstreamings eingeleitet werden können. Durch das BVaDiG wurden 2024 auch die elektronischen Kontaktdaten aufgenommen. Hierdurch soll die moderne Kommunikation zwischen den zuständigen Stellen und den Auszubildenden bzw. deren gesetzlichen Vertretern, Ausbildenden und Ausbildungspersonal ermöglicht werden.[17] Zu den elektronischen Kontaktdaten zählen hierbei z. B. E-Mail-Adressen, Internetpräsenz, Telefaxnummer oder Festnetz- oder Mobilnummer. Die Beteiligten können entscheiden, welche Medien sie angeben. Die Nichtangabe oder das Nichtvorhandensein hat keine Relevanz für die Eintragung.[18]

Zu erfassen sind nicht nur der Stand des Ausbildungsverhältnisses zu Beginn der Aus- 10
bildung, sondern auch wesentliche Änderungen im Laufe des Ausbildungsverhältnisses, § 35 Abs. 1 Einleitungssatz. Einige der in Abs. 2 aufgelisteten Angaben lassen sich einer Niederschrift des Ausbildungsvertrages entnehmen. Weder von den Parteibezeichnungen noch von dem Mindestinhalt der Vertragsabfassung gem. § 11 Abs. 1 erfasst sind jedoch z. B. die folgenden Aspekte aus § 34 Abs. 2:

1. Geburtsdatum, elektronische Kontaktdaten,
2. Geschlecht, Staatsangehörigkeit, allgemeinbildender Schulabschluss, vorausgegangene Teilnahme an berufsvorbereitender Qualifizierung oder beruflicher Grundbildung, vorherige Berufsausbildung sowie vorheriges Studium, Anschlussvertrag bei Anrechnung einer zuvor absolvierten dualen Berufsausbildung nach diesem Gesetz oder nach der Handwerksordnung einschließlich Ausbildungsberuf,
3. Name, Vorname, Anschrift und elektronische Kontaktdaten der gesetzlichen Vertreter oder Vertreterinnen,
4. Tag, Monat und Jahr des Abschlusses des Ausbildungsvertrages, Ausbildungsdauer, Dauer der Probezeit, Verkürzung der Ausbildungsdauer, Teilzeitberufsausbildung,
5. Tag, Monat und Jahr einer vorzeitigen Auflösung des Ausbildungsverhältnisses,
6. Art der Förderung bei überwiegend öffentlich, insbesondere auf Grund des Dritten Buches Sozialgesetzbuch, geförderten Berufsausbildungsverhältnissen,
7. amtliche Gemeindeschlüssel der Ausbildungsstätte, Wirtschaftszweig, Betriebsnummer der Ausbildungsstätte nach § 18i Abs. 1 oder § 18k Abs. 1 des Vierten Buches Sozialgesetzbuch, Zugehörigkeit zum öffentlichen Dienst,
8. Name, Vorname, elektronische Kontaktdaten, Geschlecht und Art der fachlichen Eignung der Ausbilder und Ausbilderinnen.

IV. Löschpflicht (Abs. 3)

Gem. Abs. 3 sind die Eintragungen am Ende des Kalenderjahres, in dem das Ausbildungs- 10a
verhältnis beendet wird, in dem Verzeichnis zu löschen. Der Gesetzgeber kommt hiermit der Verpflichtung nach, dass personenbezogene Daten zu löschen sind, wenn sie für die o. g. Zwecke nicht erforderlich sind. In der Regel entfällt mit Ende der Ausbildung auch die Zweckbestimmung. Unter Beendigung sind sowohl der erfolgreiche Abschluss als auch andere Beendigungstatbestände wie durch Kündigung, Aufhebung usw. zu verstehen.

Im Rahmen der Einführung dieser Regelung im Jahr 2024 ist es vereinzelt zu Kritik gekommen, da die Löschfrist als zu kurz angesehen wurde. Es gäbe Fälle wie die Anerkennung von Ausbildungszeiten bei nachfolgender Ausbildung, Fortsetzung der Ausbildung

17 BT-Drucks. 20/10857, S. 44.
18 BT-Drucks. 20/10857, S. 44.

in einem anderen Betrieb, Anrechnung von Prüfungsleistungen, bei denen der Speicherzweck über die Beendigung des Ausbildungsverhältnisses hinaus besteht.[19] Außerdem würden hierdurch die Ausbildungsüberwachung und die Beurteilung der Ausbildungsleistung für Förderprogramme erschwert.[20] Diese Kritik ist unberechtigt. In der Regel wird der Zweck mit dem Ende der Berufsausbildung erreicht. Aus Gründen der Datensparsamkeit sind diese zeitnah zu löschen. Zudem sind die Daten nicht vollständig verloren. Die gelöschten Daten werden gem. Abs. 4 in ein gesondertes Dateisystem übertragen, auf das bei o. g. Bedarfen im Einzelfall zurückgegriffen werden kann.

V. Gesondertes Dateisystem (Abs. 4)

10b Gem. Abs. 4 sind die nach Abs. 3 gelöschten Daten in einem gesonderten Dateisystem zu speichern. Bei einem Dateisystem handelt es sich nach Art. 4 Abs. 6 EU-Verordnung 2016/679 um eine strukturierte Sammlung personenbezogener Daten, die nach bestimmten Kriterien zugänglich sind, unabhängig davon, ob diese Sammlung zentral, dezentral oder nach funktionalen oder geografischen Gesichtspunkten geordnet wird.
Hintergrund für diese Speicherung sind langfristige Auswirkungen der Berufsausbildung, wie z. B. auf die Rentenberechnung, und die Erforderlichkeit, diese ggf. nachzuweisen.[21] Sie müssen so lange gespeichert werden, bis der ehemalige Auszubildende oder seine Hinterbliebenen die Daten nicht mehr zum Nachweis benötigen. Die maximale Dauer dieser Speicherfrist beträgt 60 Jahre. Die zuständigen Stellen haben die Daten früher zu löschen, falls sie erfahren, dass die Daten nicht mehr benötigt werden.[22]

VI. Mitbestimmung

11 Mitbestimmungsrechte von Betriebs- und Personalräten bei der Datenerfassung durch den Arbeitgeber oder der Weitergabe der Daten an die zuständige Stelle bestehen nicht. Voraussetzung für die Mitbestimmung ist, dass keine abschließende gesetzliche Regelung besteht (§ 87 Abs. 1 Einleitungssatz BetrVG, § 80 Abs. 1 Einleitungssatz BPersVG). Eine abschließende Regelung und eine Rechtsgrundlage für die Datenspeicherung und -verarbeitung ergeben sich aus der vorliegenden Vorschrift. Dies gilt nicht nur für die Daten der Auszubildenden, sondern auch für die Daten der Ausbilder und Ausbilderinnen gem. Abs. 2 Nr. 9.

VII. Parallelregelung in der HwO

12 Für das **Handwerk** gelten die vergleichbaren Vorschriften des § 28 Abs. 1 und Abs. 7 HwO. Dieser wird um detailliertere Datenschutzbestimmungen in Abs. 2 bis 6 und 8 ergänzt.

19 Stellungnahme DIHK zum BVaDiG vom 1. 12. 2023, S. 29.
20 Stellungnahme DIHK zum BVaDiG vom 1. 12. 2023, S. 29 f.
21 BT-Drucks. 20/10857, S. 44.
22 BT-Drucks. 20/10857, S. 44.

§ 35 Eintragen, Ändern, Löschen

(1) Ein Berufsausbildungsvertrag und Änderungen seines wesentlichen Inhalts sind in das Verzeichnis einzutragen, wenn

1. der Berufsausbildungsvertrag diesem Gesetz und der Ausbildungsordnung entspricht,

2. die persönliche und fachliche Eignung sowie die Eignung der Ausbildungsstätte für das Einstellen und Ausbilden vorliegen und

3. für Auszubildende unter 18 Jahren die ärztliche Bescheinigung über die Erstuntersuchung nach § 32 Abs. 1 des Jugendarbeitsschutzgesetzes zur Einsicht vorgelegt wird.

(2) Die Eintragung ist abzulehnen oder zu löschen, wenn die Eintragungsvoraussetzungen nicht vorliegen und der Mangel nicht nach § 32 Abs. 2 behoben wird. Die Eintragung ist ferner zu löschen, wenn die ärztliche Bescheinigung über die erste Nachuntersuchung nach § 33 Abs. 1 des Jugendarbeitsschutzgesetzes nicht spätestens am Tage der Anmeldung der Auszubildenden zur Zwischenprüfung oder zum ersten Teil der Abschlussprüfung zur Einsicht vorgelegt und der Mangel nicht nach § 32 Abs. 2 behoben wird.

(3) Zur Verbesserung der Feststellung von Angebot und Nachfrage auf dem Ausbildungsmarkt werden folgende Daten an das Bundesinstitut für Berufsbildung übermittelt:

1. Ausbildungsberuf einschließlich Fachrichtung,

2. Geschlecht der Auszubildenden, Anschlussvertrag bei Anrechnung einer zuvor absolvierten dualen Berufsausbildung nach diesem Gesetz oder nach der Handwerksordnung,

3. Verkürzung der Ausbildungsdauer,

4. Art der Förderung bei überwiegend öffentlich, insbesondere auf Grund des Dritten Buches Sozialgesetzbuch geförderten Berufsausbildungsverhältnissen.

An die Bundesagentur für Arbeit werden zur Verbesserung der Ausbildungsvermittlung, zur Verbesserung der Zuverlässigkeit und Aktualität der Ausbildungsvermittlungsstatistik sowie zur Verbesserung der Festlegung von Angebot und Nachfrage auf dem Ausbildungsmarkt folgende Daten übermittelt:

1. Name, Vorname, Geburtsdatum, Geschlecht und Anschrift der Auszubildenden,

2. Ausbildungsberuf einschließlich Fachrichtung,

3. Tag, Monat und Jahr des vertraglich vereinbarten Beginns und Endes der Berufsausbildung sowie Tag, Monat und Jahr einer vorzeitigen Auflösung des Ausbildungsverhältnisses,

4. Name und Anschrift der Ausbildenden, Anschrift und amtlicher Gemeindeschlüssel der Ausbildungsstätte, Wirtschaftszweig, Betriebsnummer der Ausbildungsstätte nach § 18i Absatz 1 oder § 18k Absatz 1 des Vierten Buches Sozialgesetzbuch, Zugehörigkeit zum öffentlichen Dienst.

Übermittelt werden die nach diesem Gesetz eingetragenen Daten zu den Ausbildungsverhältnissen, die ab dem 1. Oktober des vorangegangenen Kalenderjahres abgeschlossen wurden und am 30. September des laufendenden Kalenderjahres noch bestanden. Bei der Datenübermittlung sind dem jeweiligen Stand der Technik entsprechende Maßnahmen zur Sicherstellung von Datenschutz und Datensicherheit, insbesondere nach den Artikeln 24, 25 und 32 der Verordnung (EU) 2016/679 des Europäischen Parlaments und des Rates vom 27. April 2016 zum Schutz natürlicher Personen bei der Verarbeitung personenbezogener Daten, zum freien Datenverkehr

und zur Aufhebung der Richtlinie 95/46/EG (Datenschutz-Grundverordnung) (ABl. L 119 vom 4.5.2016, S. 1; L 314 vom 22.11.2016, S. 72; L 127 vom 23.5.2018, S. 2; L 74 vom 4.3.2021, S. 53) in der jeweils geltenden Fassung zu treffen, die insbesondere die Vertraulichkeit, Unversehrtheit und Zurechenbarkeit der Daten gewährleisten.

Inhaltsübersicht

I. Allgemeines

1 Die Vorschrift benennt abschließend die Voraussetzungen, unter denen die zuständige Stelle den Berufsausbildungsvertrag und Änderungen seines wesentlichen Inhalts in das Verzeichnis der Berufsausbildungsverhältnisse einzutragen hat. Sie entspricht inhaltlich § 32 BBiG a. F.

Bei Erfüllung der unter Abs. 1 Nr. 1 bis 3 genannten Voraussetzungen muss die zuständige Stelle den Ausbildungsvertrag in das Verzeichnis aufnehmen. Die Eintragung in das Verzeichnis ist u. a. Voraussetzung für die Zulassung zur Abschlussprüfung.[1] Die Löschung bzw. Ablehnung der Eintragung muss die zuständige Stelle durchführen, wenn die Bedingungen des Abs. 2 erfüllt sind und die gesetzlichen Fristen zur Mängelbeseitigung nicht eingehalten wurden oder eine Gefährdung des Auszubildenden zu erwarten ist.

II. Eintragung in das Verzeichnis der Berufsausbildungsverhältnisse

2 Abs. 1 der Vorschrift benennt die **Bedingungen**, die erfüllt sein müssen, **damit der Berufsausbildungsvertrag** in das Verzeichnis **aufzunehmen** ist. Nur die Bestimmungen des Gesetzes selbst kommen als Eintragungsvoraussetzungen in Betracht. Die zuständige Stelle soll nicht durch Satzung als zusätzliche formelle Voraussetzung für die Eintragung die Benutzung eines von ihr herausgegebenen Vertragsformulars verlangen dürfen.[2]

1. Berufsausbildungsvertrag, BBiG und Ausbildungsordnung

3 Sowohl die Ausbildenden als auch die Auszubildenden haben einen **Rechtsanspruch** auf Eintragung in das Verzeichnis der Berufsausbildungsverhältnisse, wenn die Voraussetzungen zum Zeitpunkt der Entscheidung vorliegen.[3] Weitere als die in Abs. 1 genannten

---

1 § 43 Abs. 1 Nr. 3 BBiG und § 36 HwO.

2 *VG Hannover* 21.6.1974, EzB § 4 BBiG a. F. Nr. 4; *OVG Rheinland-Pfalz* 26.4.1976, EzB § 4 BBiG a. F. Nr. 3.

3 Vgl. *VG Kassel* 31.1.1980, EzB § 32 BBiG a. F. Nr. 13; *BayVGH* 5.3.1982, EzB § 32 BBiG a. F. Nr. 15.

Voraussetzungen dürfen wegen der Bedeutung der Eintragung für die Zulassung zur Abschlussprüfung (§ 43 Abs. 1 Nr. 3) und damit für die Berufsfreiheit der Prüflinge gem. Art. 12 GG nicht aufgestellt werden. Im Wege der einstweiligen Anordnung nach § 123 VwGO kann die vorläufige Eintragung erreicht werden.[4] Anderenfalls ist – da es sich bei der Eintragung in das Verzeichnis der Berufsausbildungsverhältnisse um einen **Verwaltungsakt** handelt[5] – Verpflichtungsklage gem. § 42 VwGO zu erheben. Zu den einzelnen Eintragungsvoraussetzungen gehört zunächst nach Abs. 1 Nr. 1 dieser Vorschrift, dass der **Berufsausbildungsvertrag diesem Gesetz (BBiG) und der Ausbildungsordnung entspricht.**

Dem BBiG entspricht ein Berufsausbildungsvertrag, wenn er zum einen den vertragsrechtlichen Anforderungen genügt, der Ausbildungsordnung entspricht und zum anderen keine Festlegung trifft, die nach §§ 12 und 25 BBiG oder aus einem sonstigen Grund nichtig ist. Eine Befugnis der zuständigen Stelle, durch Verweigerung der Eintragung eine höhere Vergütung anzustreben, besteht dann, wenn die vereinbarte Vergütung die Mindestausbildungsvergütung gem. § 17 unterschreitet[6] oder eine darüber hinausgehende, sich z. B. aus einem Tarifwerk ergebende unterste Grenze der Angemessenheit nicht mehr einhält. Die hierzu ergangene Rechtsprechung[7] bezog sich noch nicht auf die erst zum 1. 1. 2020 eingeführte Mindestausbildungsvergütung, kann aber entsprechend auch auf die Angemessenheit der Ausbildungsvergütungen angewendet werden. Eine zuständige Stelle ist nicht berechtigt, Mindestsätze für die Ausbildungsvergütung verbindlich festzusetzen und die Eintragung in das Verzeichnis von der Anerkennung der von ihr festgelegten oder zukünftig beschlossenen Mindestsätze abhängig zu machen.[8] Derlei Regelungen obliegen den Tarifvertragsparteien. Die zuständige Stelle kann jedoch Empfehlungen für die Höhe der Ausbildungsvergütungen aussprechen, die als Indiz für deren Angemessenheit gelten.[9] Ein Ausbildungsvertrag verstößt gegen die Vergütungsbestimmung des § 17 Abs. 1 Satz 1 und erfüllt deshalb die in § 35 Abs. 1 Nr. 1 BBiG normierte Voraussetzung für dessen Eintrag in das Berufsausbildungsverzeichnis nicht, wenn er eine Ausbildungsvergütung vorsieht, die zwar über der Mindestausbildungsvergütung des § 17 liegt, jedoch um mehr als 20 % unterhalb des nach der Verkehrsanschauung Angemessenen liegt, wobei die angemessene Höhe einer Ausbildungsvergütung – und damit auch die Grenze ihrer rechtlich nicht mehr zulässigen Minderung – über den gesamten Ausbildungszeitraum hinweg nicht an den bei Vertragsschluss herrschenden Gegebenheiten auszurichten ist, sondern jeweils bezogen auf den Zeitpunkt der Fälligkeit eines jeden Vergütungsanspruchs.[10] Der Berufsausbildungsvertrag muss auch den ordnungs- bzw. öffentlich-rechtlichen Vorschriften des BBiG entsprechen. Er darf nicht den nach § 10 Abs. 2 zur Anwendung kommenden Rechtsvorschriften und Rechtsgrundsätzen widersprechen.[11] Haben die Auszubildenden ein Berufsgrundschuljahr absolviert, muss die Anrechnung entsprechend einer Landes-RechtsVO nach § 7 erfolgen. Das

4 *VG Stuttgart* 1. 10. 1974, EzB § 32 BBiG a. F. Nr. 9.
5 *BVerwG* 20. 3. 1959, BB 1959, 536.
6 Wohlgemuth/*Pepping*, BBiG, § 35 Rn. 7.
7 *VG Düsseldorf* 18. 3. 2015 – 15 K 8177/13, *www.nrwe.de; VG Würzburg* 2. 7. 1974, DB 1974, 1583; zur Parallelvorschrift HwO § 29 Abs. 1 Nr. 1: *Sächsisches OVG* 19. 2. 2009 – 3 B 373/06, *www.justiz.sachsen.de/ovgentschweb/*; zur Angemessenheit der Vergütung vgl. oben § 17 Rn. 21.
8 *BVerwG* 26. 3. 1981, EzB § 44 BBiG Nr. 5; vgl. § 17; *VG Bayreuth* 20. 4. 2016 – B 3 K 15.633, Rn. 24, juris; Wohlgemuth/*Pepping* BBiG, § 35 Rn. 6.
9 *VG Bayreuth* 20. 4. 2016 – B 3 K 15.633, Rn. 24, juris.
10 *VG Düsseldorf* 18. 3. 2015 – 15 K 8177/13, *www.justiz.nrw/BS/nrwe2/index.php; Herkert/Töltl*, BBiG, § 35 Rn. 5.
11 Vgl. auch die Beispiele bei *Herkert/Töltl*, BBiG, § 35 Rn. 5.

Vorliegen einer ausländerrechtlichen Ausbildungsduldung ist nicht Voraussetzung für die Eintragung. Vielmehr ist die Eintragung Voraussetzung für die Erteilung der Ausbildungsduldung.[12] Da nach dem Ausschließlichkeitsgrundsatz[13] für einen anerkannten Ausbildungsberuf nur nach der einschlägigen Ausbildungsordnung ausgebildet werden darf, muss der Vertrag auch dieser entsprechen. Hier ist insbesondere zu prüfen, ob der individuelle Ausbildungsplan mit dem Ausbildungsrahmenplan in Einklang steht, wobei die meisten Ausbildungsordnungen individuelle Abweichungen bei zeitlicher Lage und zeitlichem Umfang der Ausbildungsinhalte aufgrund betrieblicher Notwendigkeiten zulassen.[14] Nicht ausreichend ist es, statt eines individuellen Ausbildungsplans für den/die Auszubildende lediglich auf den Ausbildungsrahmenplan der Ausbildungsordnung zu verweisen oder nur einen übersichtsartigen Verlaufsplan zu erstellen.[15] Ebenfalls nicht ausreichend ist es, wenn verbindlich vorgegebene Teile des Ausbildungsrahmenplans im Ausbildungsplan nicht enthalten sind und insoweit auf den Berufsschulunterricht verwiesen wird. Die Rechtmäßigkeit i. S. d. Nr. 1 kann weitgehend durch die Verwendung eines von der zuständigen Stelle herausgegebenen Musters eines Berufsausbildungsvertrags sichergestellt werden. Die zuständige Stelle soll aber nicht befugt sein, die Benutzung des von ihr herausgegebenen Vertragsformulars als formelle Voraussetzung für die Eintragung vorzuschreiben.[16]

2. Persönliche und fachliche Eignung des Ausbildenden / Ausbilders und Eignung der Ausbildungsstätte

4 Als Eignungsvoraussetzungen nach Abs. 1 Nr. 2 müssen vorliegen:

a) die **persönliche und fachliche Eignung** des Ausbildenden bzw. des bestellten Ausbilders,[17]
b) die **Eignung der Ausbildungsstätte.**[18]

Auch wenn sich die persönliche und fachliche Eignung aus den §§ 28 bis 33 ergibt, kann die zuständige Stelle eine Eintragung verweigern, wenn aus ihrer Sicht die persönliche oder fachliche Eignung nicht vorliegt. Diese Möglichkeit besteht unabhängig davon, ob die nach Landesrecht zuständige Landesbehörde die Ausbildung bereits untersagt hat oder nicht.[19]

Die Eintragung kann mit der Auflage verbunden werden, dass bestimmte Personen, denen die persönliche Eignung abgesprochen wird, sich nicht an der Ausbildung beteiligen.[20]

3. Ärztliche Bescheinigung bei Jugendlichen

5 Als weitere Eintragungsvoraussetzung sieht Abs. 1 in Nr. 3 vor, dass für **Auszubildende unter 18 Jahren** die **ärztliche Bescheinigung** über die Erstuntersuchung nach § 32 Abs. 1

12 *OVG NRW* 13.3.2017 – 18 B 148/17, *www.justiz.nrw/BS/nrwe2/index.php.*
13 § 4 Abs. 2 BBiG.
14 Wohlgemuth/*Pepping*, BBiG, § 35 Rn. 8; *Braun/Mühlhausen*, BBiG, § 32 a. F. Rn. 9.
15 *Malottke*, JAV, Rn. 234; Wohlgemuth/*Pepping*, BBiG, § 35 Rn. 9.
16 Vgl. schon oben Rn. 2 m. w. N. aus der Rechtsprechung.
17 Vgl. §§ 28–33 BBiG.
18 Vgl. §§ 27, 32, 33 BBiG; vgl. auch Empfehlung des früheren Bundesausschusses für Berufsbildung v. 28./29.3.72 über die Eignung der Ausbildungsstätten, abgedr. in § 27 Rn. 17 ff.
19 *OVG Schleswig-Holstein* 8.11.2021 – 5 MB 29/21.
20 *VG Berlin* 21.9.2022 – 3 K 52/21, Rn. 27.

JArbSchG zur Einsicht vorgelegt wird. Damit soll bewirkt werden, dass Verstöße gegen die Vorschriften über diese Untersuchung im Interesse der Gesundheit der Jugendlichen nicht mehr vorkommen. Die zuständige Stelle kann gem. § 76 Abs. 1 im Rahmen ihrer allgemeinen Beratungsfunktion auf der Grundlage der ärztlichen Bescheinigung überprüfen, ob die Jugendlichen die für sie geeignete Berufsausbildung gewählt haben, und ggf. auf eine Änderung der Berufswahl hinwirken. Eine Verpflichtung oder ein Recht der zuständigen Stelle, die Eintragung zu verweigern, weil Bedenken gegen die Eignung der Jugendlichen für den erwählten Beruf bestehen, besteht nicht.[21] Tätigkeitsbeschränkungen, die sich aus der Bescheinigung ergeben, muss die zuständige Stelle im Rahmen der allgemeinen Überwachungs- und Beratungspflicht nach § 76 berücksichtigen und darauf hinwirken, dass diese Tätigkeiten im Rahmen der Ausbildung nicht ausgeübt werden. Wird keine Bescheinigung vorgelegt – auch nicht nach einer gem. § 76 möglichen befristeten Aufforderung an die Ausbildenden –, oder liegt die bestätigte Erstuntersuchung vor der 14-Monats-Frist des § 32 Abs. 1 Nr. 1 JArbSchG, und wird sie auf die mit Fristsetzung versehene Aufforderung nicht nachgeholt und die fristgerechte Nachholung nicht durch eine neue zur Einsicht vorgelegte Bescheinigung bestätigt, ist insoweit die Eintragung abzulehnen.[22] Die Nichtvorlage führt dann mittelbar auch dazu, dass der Auszubildende nicht zur Abschlussprüfung zugelassen werden darf (§ 43 Abs. 1 Nr. 3). Der Ausbildungsvertrag, der aufgrund fehlender ärztlicher Bescheinigung nach § 32 JArbSchG nicht eingetragen werden darf, ist schwebend unwirksam.[23] Der Ausbildende ist nicht verpflichtet, bereits auszubilden und hierfür Ausbildungsvergütung zu leisten. Würde dennoch ausgebildet, ist der Ausbildende verpflichtet, seine Verpflichtungen aus dem Ausbildungsvertrag zu erfüllen.

III. Ablehnung und Löschung der Eintragung

Abs. 2 Satz 1 der Vorschrift **verpflichtet** die zuständige Stelle, die Eintragung **abzulehnen oder zu löschen**, wenn eine der Eintragungsvoraussetzungen nach Abs. 1 nicht oder nicht mehr vorliegt und der Mangel nicht nach § 32 Abs. 2 BBiG behoben wird.[24] Die Eintragungsvoraussetzungen liegen beispielsweise nicht bzw. nicht mehr vor, wenn der Vertrag im berufsordnungsrechtlichen Teil so abgeändert wurde, dass er nicht mehr den gesetzlichen Bestimmungen entspricht. Die Eintragung ist auch abzulehnen, wenn kein betrieblicher Ausbildungsplan, also die konkrete zeitliche und sachliche Gliederung der betrieblichen Ausbildung, vorgelegt wird.[25] Die Eintragung dient folglich auch der Überprüfung, ob die notwendigen Ausbildungsinhalte durch den Ausbildenden vermittelt werden.[26] Gleiches gilt für den Fall, dass die Eignung der Ausbildungsstätte, des/der Ausbildenden oder der Ausbilder:innen nicht bzw. nicht mehr vorliegen. Ferner muss der Vertrag gelöscht werden, wenn die ärztliche Bescheinigung über die erste Nachuntersuchung nach § 33 Abs. 1 JArbSchG nicht spätestens am Tage der Anmeldung des Auszubildenden zur Zwischenprüfung vorgelegt oder ein sonstiger Mangel nicht nach § 32 Abs. 2 behoben wird.[27] Wer der zuständigen Stelle, die die Eignung überprüfen will, 6

---

21 A. A. 4. Auflage, § 32 BBiG a. F. Rn. 5; Wohlgemuth/*Pepping*, BBiG, § 35 Rn. 13; *Taubert*, BBiG, § 35 Rn. 23.
22 *Taubert*, BBiG, § 35 Rn. 22.
23 *BAG* 22. 2. 1972, AP Nr. 1 zu § 15 BBiG.
24 *Taubert*, BBiG, § 35 Rn. 26f.
25 *OVG Lüneburg* 22. 3. 2022 – 2 ME 19/22, Rn. 21.
26 *VG Berlin* 21. 9. 2022 – 3 K 52/21, Rn. 25.
27 *Braun/Mühlhausen*, BBiG, § 32 a. F. Rn. 15.

die erforderlichen Auskünfte oder den Zutritt rechtswidrig verweigert oder auf deren Terminvorschläge mehrfach nicht reagiert, verstößt gegen § 76 Abs. 2 und ist ebenfalls ungeeignet.[28] Bei Verstößen gegen Vorschriften, die zugleich als Ordnungswidrigkeit gem. § 102 bewertet werden, liegt regelmäßig sogleich ein schwerer Verstoß vor.[29] Eine Löschung des Ausbildungsvertrages wegen Nichtgewährleistung eines geordneten Ausbildungsgangs kommt z. B. in Betracht, wenn im konkreten Einzelfall davon auszugehen ist, dass der Auszubildende aufgrund seiner mit einem Studium verbundenen Anwesenheits- und sonstigen Pflichten objektiv nicht in der Lage ist, parallel dazu eine geordnete Ausbildung (im Sinne einer Vollzeitausbildung) zu absolvieren. Im Zweifelsfall trägt die das Verzeichnis führende Behörde hierfür die Darlegungs- und Beweislast.[30] Die Ablehnung oder Löschung der Eintragung ist ein **Verwaltungsakt**, der sowohl den Ausbildenden als auch den Auszubildenden und ggf. den gesetzlichen Vertretern bekannt gegeben werden muss.[31] Gegen den Verwaltungsakt ist der Verwaltungsrechtsweg eröffnet. Dieser steht sowohl dem Ausbildenden als auch dem Auszubildenden offen.[32] Dabei ist – je nach Landesrecht – zunächst Widerspruch bei der zuständigen Stelle einzulegen. Bei ablehnendem Widerspruchsbescheid kann bei Ablehnung der Eintragung die Verpflichtungsklage[33] und bei Löschung aus dem Verzeichnis die Anfechtungsklage gem. § 42 VwGO erhoben werden. Gegen die Ablehnung einer Eintragung kann der Erlass einer einstweiligen Anordnung nach § 123 VwGO beantragt werden, um eine vorläufige Eintragung zu erreichen und bis zum Abschluss des Verfahrens die Durchführung der Ausbildung zu sichern.[34] Ordnet die zuständige Stelle die sofortige Vollziehung einer Löschung gem. § 80 Abs. 2 Nr. 4 VwGO an, kann hiergegen nach § 80 Abs. 5 VwGO beim Verwaltungsgericht Antrag auf Wiederherstellung der aufschiebenden Wirkung beantragt werden.[35]

1. Prüfungsrecht der zuständigen Stelle

7 Die Voraussetzungen des Abs. 1 Nr. 1 bis 3 schließen ein **Prüfungsrecht** der zuständigen Stelle ein, was auch im Hinblick auf § 76 notwendig ist.[36] Einer Eintragung muss in jedem Falle eine eingehende Prüfung vorausgehen. Alle der zuständigen Stelle zur Verfügung stehenden oder zugänglichen Möglichkeiten der Überprüfung sind auszuschöpfen. Nach der Erstprüfung sind weitere planvolle Überprüfungen in zeitlichen Abständen auch unter Einschaltung der Ausbildungsberater vorzunehmen. Die zuständige Stelle hat demnach bei der Eintragung von Berufsausbildungsverträgen in das Verzeichnis der Berufsausbildungsverhältnisse ein eigenes Recht zur **Nachprüfung** der Eignung und kann die Eintragung auch dann ablehnen, wenn die nach Landesrecht zuständige Behörde den Ausbildenden für geeignet hält.[37] Umstritten ist die Frage nach dem **Umfang des Prüfungsrechts**. Es wird zum Teil die Auffassung vertreten, dass den zuständigen Stellen ein Prüfungs- und Überwachungsrecht im Rahmen des Abs. 1 Nr. 1 nur in Bezug auf die Angaben zum Berufsordnungsrecht zustehe.[38] Demgegenüber wird vertreten, dass den

28 *VG Köln* 8. 12. 2016, 1 K 1606/15, juris.
29 *VG Köln* a. a. O.
30 *VG Aachen* 3. 12. 2015 – 6 K 1400/15, *www.justiz.nrw/BS/nrwe2/index.php.*
31 *Taubert,* BBiG, § 35 Rn. 35.
32 *Braun/Mühlhausen,* BBiG, § 32 a. F. Rn. 17.
33 *VG Düsseldorf* 18. 3. 2015 – 15 K 8177/13, *www.justiz.nrw/BS/nrwe2/index.php.*
34 *Taubert,* BBiG, § 35 Rn. 36; *VG Ansbach* 28. 6. 2012 – AN 4 E 12.00488, juris.
35 Vgl. auch *OVG NW* 12. 3. 1992, EzB § 32 Nr. 33.
36 *Braun/Mühlhausen,* BBiG, § 32 a. F. Rn. 2.
37 *VG Hannover* 16. 10. 1973, EzB § 32 BBiG a. F. Nr. 3.
38 *Natzel,* DB-Beilage 23/80, S. 7.

zuständigen Stellen auch im privatrechtlichen Bereich ein Prüfungsrecht zukommt. Letzterer Auffassung ist zuzustimmen, da die zuständige Stelle zu prüfen hat, ob die Voraussetzungen des Abs. 1 Nr. 1 bis 3 vorliegen und im Falle des Vorliegens ein Rechtsanspruch auf Eintragung besteht.[39]

2. Rechtliche Wirkungen der Ablehnung und Löschung

Die Ablehnung und Löschung der Eintragung hat keine **unmittelbare privatrechtliche Wirkung** auf den Berufsausbildungsvertrag. Er kann jedoch in diesem Fall von den Auszubildenden fristlos gekündigt werden, und zwar ohne Rücksicht darauf, ob die Auffassung der zuständigen Stelle letztendlich begründet ist oder nicht.[40] Den Auszubildenden ist nicht zuzumuten, den Ausgang des verwaltungsgerichtlichen Verfahrens abzuwarten. Ist die Eintragung wegen fehlender persönlicher und/oder fachlicher Eignung abgelehnt oder gelöscht worden, muss der Ausbildende dem Auszubildenden kündigen, da er sich sonst einer Ordnungswidrigkeit nach § 102 Abs. 1 Nr. 5 BBiG schuldig macht. Das nicht eingetragene Ausbildungsverhältnis ist nicht »automatisch« als Arbeitsverhältnis zu werten.[41] Ist die Eintragung aus Gründen, die der/die Ausbildende zu vertreten hat, abgelehnt bzw. gelöscht worden, so kann sich eine **Schadensersatzpflicht** nach § 23 BBiG ergeben.[42] 8

IV. Übermitteln von Daten

1. Grundsätzliches

Die Industrie- und Handelskammern unterliegen den Landesdatenschutzgesetzen, nicht dem BDSG. Sie sind keine öffentlichen Stellen des Bundes i. S. d. § 2 Abs. 1 BDSG. Nach den Landesdatenschutzgesetzen gelten diese für die sonstigen der Aufsicht des Landes unterstehenden juristischen Personen des öffentlichen Rechts (z. B. § 2 Abs. 1 Satz 1 LDSG NRW). Die Kammern unterliegen nach § 11 Abs. 1 IHKG der Aufsicht des Landes. Sie sind Personen des öffentlichen Rechts (§ 3 Abs. 1 IHKG). § 9 Abs. 4 IHKG enthält lediglich eine abschließende Regelung bezogen auf die Mitgliederdaten der IHK. Eine Regelung bezogen auf die Daten der Berufsausbildungsverzeichnisse findet sich im IHK-Gesetz nicht. Die in § 35 Abs. 3 Satz 1 normierte Rechtsgrundlage für die Übermittlung personenbezogener Daten durch die zuständige Stelle an die Bundesagentur für Arbeit wurde durch das Berufsbildungsmodernisierungsgesetz seit dem 1. 1. 2020 als gesetzliche Verpflichtung ausgestaltet und durch das BVaDiG zum 1. 8. 2024 um die Übermittlung an das BIBB erweitert, wobei die Absicht war, den durch Art. 6 Abs. 2 i. V. m. Abs. 1 Unterabs. 1 Buchst. c der Verordnung (EU) 2016/679 eröffneten Regelungsspielraum sowohl zu nutzen als auch einzuhalten.[43] »Öffentliche Stellen sind unter dem Gesichtspunkt der Einheit der Staatsgewalt verpflichtet, andere öffentliche Stellen bei deren Aufgabenwahrnehmung zu unterstützen. Für die übermittelnde öffentliche Stelle besteht insoweit kein Ermessen. Der Umsetzung dieser Förderverpflichtung dient die Anpassung in Abs. 3 Satz 1 und 2. 9

39 Ebenso im Ergebnis *Taubert*, BBiG, § 35 Rn. 11 ff.; *Benecke/Hergenröder*, BBiG, § 35 Rn. 4 und 6.

40 *Benecke/Hergenröder*, BBiG, § 35 Rn. 23; *ArbG Solingen* 21. 1. 2014 – 3 Ca 862/13, Rn. 26, juris.

41 *ArbG Solingen* 21. 1. 2014 – 3 Ca 862/13, Rn. 27, juris.

42 *ArbG Solingen*, a.a.O, Rn. 27; vgl. auch *LAG Düsseldorf*, BB 1957, 1277 zum früheren Recht.

43 BT-Drucks. 19/10815, S. 60.

Die Ergänzung in Satz 4 stellt klar, dass das nationale Recht technisch-organisatorische Maßnahmen nicht mehr anordnen kann. Diese Verpflichtung ist unmittelbar in der Verordnung (EU) 2016/679 geregelt.«[44] Eine über den beschriebenen Zweck und die bestimmten Datenempfänger hinausgehende Datenverarbeitung, insb. an nichtöffentliche Stellen, ist nur unter den Voraussetzungen des Datenschutzrechts (z. B. § 3 Abs. 1 LDSG NRW) oder mit Einwilligung der betroffenen Person zulässig (z. B. § 38 Abs. 1 LDSG NRW). Da die Auszubildenden in der Regel nicht den Antrag auf Eintragung stellen (zur Antragsbefugnis s. Rn. 1a, 2), kann auch ihre konkludente Einwilligung in die Datenweitergabe nicht vermutet werden. Eine Einwilligung der Auszubildenden gegenüber den Ausbildenden, z. B. im Rahmen der Bewerbung oder des Vertragsabschlusses, in die Datenverarbeitung dürfte den von den Kammern verfolgten Zweck der Datenverarbeitung in der Regel nicht erfassen. In § 35 Abs. 2 zugleich eine Erlaubnisnorm für die Ausbildenden zu sehen, die dort beschriebenen Daten an Dritte weiterzugeben, bedarf eines extensiven Auslegungswillens. Dafür muss auf § 22 Abs. 1 Nr. 1 Buchst. a) BDSG zurückgegriffen werden. Damit ist jedoch ausschließlich die Datennutzung durch öffentliche Stellen, also auch die zuständigen Stellen, geregelt. Eine Weitergabe der Daten an nichtöffentliche Stellen ist mangels Rechtsgrundlage nicht zulässig. Prüfungsausschüsse und der Berufsbildungsausschuss sind Teil der zuständigen Stellen und von der Erlaubnisnorm für die **Datenspeicherung** und -nutzung erfasst. Ihnen dürfen die Daten der zuständigen Stellen mitgeteilt werden. Voraussetzung ist, dass das Datenschutzkonzeptes gem. § 22 Abs. 2 BDSG eingehalten werden kann. Hierzu haben die zuständige Stelle und der Ausschuss entsprechende Vorkehrungen zu treffen, die in der Verantwortung der zuständigen Stelle liegt. Durch den Datenschutz dürfen die gesetzlichen Rechte der Ausschüsse nicht eingeschränkt werden, vielmehr ist das **Datenschutzkonzept** so zu gestalten, dass die Rechte gewahrt werden können.

2. Übertragung an das BIBB und die Bundesagentur für Arbeit

9a Durch das BVaDiG hat der Gesetzgeber in § 35 Abs. 3 Satz 1 eine klare Rechtslage für die Datenlieferung an das BIBB geschaffen. Als Zweck nennt der Gesetzestext die Verbesserung der Feststellung von Angebot und Nachfrage auf dem Ausbildungsmarkt.

Für die Übermittlung an die Bundesagentur für Arbeit werden in § 35 Abs. 3 Satz 2 als Zweck die Verbesserung der Ausbildungsvermittlung, die Verbesserung der Zuverlässigkeit und Aktualität der Ausbildungsvermittlungsstatistik sowie die Verbesserung der Feststellung von Angebot und Nachfrage auf dem Ausbildungsmarkt benannt.

Aufgrund der unterschiedlichen Ausrichtungen des BIBB und der Bundesagentur für Arbeit und der formulierten unterschiedlichen Zwecke ist es sinnvoll, teilweise unterschiedliche Daten zu übermitteln.

Während die Übertragung von z. B. Ausbildungsberuf einschließlich Fachrichtung sowohl für das BIBB als auch die BA interessant ist, sind Namen und Anschriften ausschließlich der BA dienlich.

Hierdurch entstehen zwei unterschiedliche Datensätze und damit ein etwas höherer Verwaltungsaufwand,[45] der aber zugunsten der Zweckerreichung erforderlich ist.

Es werden die Daten über Ausbildungsverhältnisse übermittelt, die ab dem 1. 10. des vorangegangenen Kalenderjahres abgeschlossen wurden und am 30. 9. des laufenden Kalen-

44 Ebd.

45 Kritisch hierzu Zentralverband des Handwerks, Stellungnahme zum Entwurf eines Berufsbildungsvalidierungsgesetzes (BVaDiG) vom 14. 12. 2023, S. 23.

derjahres noch bestanden. Diese klare zeitliche Definition soll mehrmaliges Abfragen bei der zuständigen Stelle und unterschiedliche Zahlen durch unterschiedliche Erhebungszeiträume vermeiden.[46] Diese zeitliche Festlegung sorgt dafür, dass die Auszubildenden, die in dem sogenannten Nachvermittlungszeitraum, also nach dem 30.9, ihr Ausbildungsverhältnis beginnen, erst im nächsten Jahr übermittelt werden.[47]

V. Parallelverordnung in der HwO

10 Für das **Handwerk** gelten für Abs. 1 und 2 als Parallelvorschrift § 29 HwO, für Abs. 3 als Parallelvorschrift § 28 Abs. 2–6 HwO. Dort wird jedoch der Begriff »Lehrlingsrolle« anstelle der Worte »Verzeichnis der Berufsausbildungsverhältnisse« verwendet, es ist zudem die Weitergabe von Daten an Dritte geregelt (§ 28 Abs. 2 und 3 sowie Abs. 8 HwO). Zudem werden **Fristen für das Löschen der Daten** angeordnet (§ 28 Abs. 5 und 6 HwO). Diese Regelungen müssen bei den zuständigen Stellen gem. § 76 BBiG als Teil des **Datenschutzkonzeptes** selbst bestimmt bzw. umgesetzt werden.

§ 36 Antrag und Mitteilungspflichten

(1) Ausbildende haben unverzüglich nach Abschluss des Berufsausbildungsvertrages die Eintragung in das Verzeichnis nach Maßgabe des Satzes 2 zu beantragen. Der Antrag kann schriftlich oder elektronisch gestellt werden; eine Kopie der Vertragsabfassung und des Empfangsnachweises ist jeweils beizufügen. Auf einen betrieblichen Ausbildungsplan im Sinne von § 11 Absatz 1 Satz 2 Nummer 1, der der zuständigen Stelle bereits vorliegt, kann dabei Bezug genommen werden. Entsprechendes gilt bei Änderungen des wesentlichen Vertragsinhalts.

(2) Ausbildende und Auszubildende sind verpflichtet, den zuständigen Stellen die zur Eintragung nach § 34 erforderlichen Tatsachen auf Verlangen mitzuteilen.

Inhaltsübersicht

I. Allgemeines

1 Nach § 36 ist der Ausbildende verpflichtet, unverzüglich nach Abschluss des Berufsausbildungsvertrages zu beantragen, dass das Ausbildungsverhältnis in das Verzeichnis der **anerkannten Ausbildungsberufe** eingetragen wird. Diese Verpflichtung bestand bereits nach § 33 BBiG 1969. Durch das Berufsbildungsreformgesetz sind die Mitteilungspflichten nach Abs. 2 erweitert worden; nach § 33 Abs. 2 BBiG 1969 hatte der Ausbildende le-

46 BT-Drucks. 20/10857, S. 44.

47 Kritisch hierzu Handelsverband Deutschland, Stellungnahme zum Gesetzentwurf eines Berufsbildungsvalidierungs- und -digitalisierungsgesetzes (BVaDiG) vom 30. 5. 2024, S. 7.

diglich eine vorausgegangene allgemeine und berufliche Ausbildung des Auszubildenden sowie die Bestellung von Ausbildern anzuzeigen.

2 Die Antragspflicht bezieht sich lediglich auf Berufsausbildungsverhältnisse. Dies ergibt sich bereits aus dem Wortlaut, darüber hinaus jedoch auch aus der systematischen Stellung der Vorschrift in Kapitel 1 des Teils 2: »Berufsausbildung«. Soweit die zuständige Stelle für weitere Berufsbildungsverhältnisse eigenständige Verzeichnisse führt,[1] muss sie hierfür **Satzungsrecht** erlassen, in dem eine Antragspflicht normiert werden könnte.

II. Antrag auf Eintragung des Ausbildungsvertrages (Abs. 1)

1. Antragsbefugnis

3 Nach Abs. 1 hat der Ausbildende den Antrag auf Eintragung in das Verzeichnis zu stellen. Die Antragspflicht sowie die Antragsbefugnis stehen damit jedenfalls dem Ausbildenden zu. Streitig ist, ob auch Auszubildende den Antrag auf Eintragung in das Verzeichnis stellen können. Nach einer Auffassung[2] soll das Antragsrecht ausschließlich dem **Ausbildenden** zustehen. Auszubildende hätten hingegen einen einklagbaren privatrechtlichen Anspruch gegen die Ausbildenden, diesen Antrag zu stellen. Stelle der Ausbildende den Antrag nicht, mache dieser sich gegenüber den Auszubildenden schadenersatzpflichtig.

4 Nach anderer Auffassung steht das Antragsrecht auch dem Auszubildenden zu.[3] Die frühe Antragsstellung soll die zuständige Stelle in die Lage versetzen, frühzeitig zu überprüfen, ob die **Voraussetzungen** für eine ordnungsgemäße Berufsausbildung des Auszubildenden vorliegen und das Ausbildungsverhältnis folglich in das Verzeichnis eingetragen werden kann. Die Regelung dient in erster Linie dem **Schutz** der Auszubildenden auf ordnungsgemäße Durchführung der Ausbildung.[4]

5 Nach dem Wortlaut des § 36 Abs. 1 besteht für Ausbildende eine Antragspflicht. Nicht geregelt ist, wem ein Antragsrecht zusteht. Aus dem Schutzzweck der Vorschrift ergibt sich, dass der von der Eintragung unmittelbar betroffene Auszubildende ebenfalls befugt ist, den Antrag zu stellen.[5]

2. Zeitpunkt der Antragsstellung

6 Nach Abs. 1 ist der Ausbildende verpflichtet, den Antrag unverzüglich nach Abschluss des Berufsausbildungsvertrages zu stellen. Unverzüglich bedeutet gem. § 121 BGB, dass der Antrag **ohne schuldhaftes Zögern** gestellt wird. Hintergrund ist, dass die zuständige Stelle möglichst frühzeitig prüfen soll, ob Eintragungshindernisse bestehen. Nur so verbleibt ausreichend Zeit, um ggf. noch Mängel zu beseitigen.

7 Der Antrag ist unverzüglich nach Abschluss des Ausbildungsvertrags zu stellen. Der Ausbildungsvertrag kann auch mündlich abgeschlossen werden.[6] Nach Vertragsschluss ist eine **Vertragsabfassung** gem. § 11 anzufertigen. Haben Ausbildender und Auszubildende sich darauf geeinigt, dass ein Ausbildungsverhältnis begründet wird, hat der Ausbildende

1 Zur Zulässigkeit vgl. § 34 Rn. 4.
2 *Taubert*, BBiG, § 36 Rn. 7 f.
3 Wohlgemuth/*Günther*, BBiG, § 36 Rn. 10 mit Verweis auf Art. 12 Abs. 1 GG; *Braun/Mühlhausen*, BBiG, § 33 a. F. Rn. 2.
4 *Braun/Mühlhausen*, BBiG, § 33 a. F. Rn. 2.
5 *VG Stuttgart* 1. 10. 1974 – VRS III 134/74, EzB BBiG 1969 § 32 Nr. 9.
6 Vgl. § 11 Rn. 5.

gem. Abs. 1 die Pflicht, die Eintragung in das Verzeichnis unverzüglich zu beantragen. Dementsprechend muss er die Vertragsabfassung ebenfalls kurzfristig nach dem Vertragsschluss ausfertigen, damit er sie dem Antrag beifügen kann. Erfolgt die Vertragsabfassung nicht unverzüglich nach Abschluss des Ausbildungsvertrages, muss der Ausbildende den Antrag dennoch unverzüglich nach Vertragsschluss stellen und die Vertragsabfassung und den Empfangsnachweis ohne schuldhaftes Zögern nachreichen.

Wird der Antrag auf Eintragung in das Verzeichnis vom Auszubildenden gestellt, besteht keine Frist für diese Antragsstellung. 8

3. Form und Inhalt des Antrags

Der Antrag ist schriftlich oder elektronisch zu stellen. Die Aufzählung ist abschließend. In beiden Varianten ist eine Kopie der Vertragsabfassung und des Empfangsnachweises beizufügen; bei der elektronischen Antragstellung genügt eine digitale Kopie des unterzeichneten Vertrages. 9

Abs. 1 Satz 2 regelt keinen Inhalt für den Antrag. Insofern ist ausreichend, wenn sich aus dem Schreiben des Ausbildenden entnehmen lässt, dass die Eintragung in das Verzeichnis gewünscht wird. Wird diesem Schreiben eine Kopie des Ausbildungsvertrages beigefügt, ist der Antragspflicht nach Abs. 1 Satz 2 genügt. In der Folge wird es allerdings zu Nachfragen der zuständigen Stelle kommen, die über die Angaben verfügen muss, die gem. § 34 für die Eintragung erforderlich sind. 10

Auf einen betrieblichen Ausbildungsplan i. S. v. § 11 Abs. 1 Satz 2 Nr. 1, der der zuständigen Stelle bereits vorliegt, kann dabei Bezug genommen werden. Die Vorschrift wurde durch das »Gesetz zur Förderung der elektronischen Verwaltung sowie zur Änderung weiterer Vorschriften«[7] aufgenommen und soll die Reduktion verzichtbarer Formalia bewirken. Zur Vertragsabfassung gehört der Ausbildungsplan. Dieser setzt den gesamten Ausbildungsrahmenplan in eine sachliche und zeitliche Gliederung um und ist daher naturgemäß umfangreich. Er kann zukünftig wie die Vertragsabfassung elektronisch übersendet werden. Der Verzicht auf die Übersendung eines »eigenen« Ausbildungsplans für jeden Auszubildenden wurde damit begründet, dass Aufwand signifikant eingespart werden kann. Zudem solle die Vorschrift nunmehr klarstellen, dass eine jeweils erneute Übermittlung in denjenigen Fällen entfallen kann, in denen der Ausbildungsplan unverändert auf eine größere Zahl von Ausbildungsverhältnissen angewendet wird. Bei jedem weiteren Antrag i. S. v. § 36 Abs. 1 reicht nun ein Bezug auf einen konkreten Ausbildungsplan aus, der der zuständigen Stelle bereits vorliegt und nun inhaltsgleich zugrunde gelegt wird. Eine pauschale Bezugnahme auf einen vom Betrieb immer wieder in Bezug genommenen betrieblichen Ausbildungsplan wird indes nicht zulässig sein, wenn offensichtlich ist oder festgestellt wurde, dass der Betrieb nicht über Ausbildungsplätze verfügt, die eine identische zeitliche und sachliche Gliederung für alle Auszubildenden ermöglichen. Zum Beispiel dürfte dort, wo Azubis an unterschiedlichen Arbeitsplätzen im Betrieb ausgebildet werden, eine zeitgleiche Ausbildung aller Azubis an einem Platz regelmäßig an der Anzahl identischer Arbeitsplätze scheitern. Auch nach der neuen Fassung des § 36 Abs. 1 Satz 3 ist die Praxis, Empfehlungen des Bundesinstituts als Ausbildungsplan einzureichen oder lediglich den Ausbildungsrahmenplan zu kopieren und der Vertragsabfassung beizufügen, unzulässig und ein Eintragungshemmnis.[8]

7 BT-Drucks. 17/11473.
8 Siehe § 35 Rn. 3.

4. Änderung des wesentlichen Vertragsinhalts

11 Nach Abs. 1 Satz 3 gilt die Antragspflicht für den Ausbildenden auch bei Änderungen des wesentlichen Vertragsinhalts. Auch bei derartigen Änderungen besteht also eine Pflicht, diese unverzüglich nach der Vertragsänderung der zuständigen Stelle mitzuteilen – möglichst, bevor die Änderungen wirksam werden. Es besteht darüber hinaus ein Antragsrecht des Auszubildenden. Die Niederschrift der Vertragsänderung ist vom Ausbildenden beizufügen.

12 Für wesentliche Änderungen des Ausbildungsvertrages ist ebenfalls eine Eintragung zu beantragen. Der Antrag kann schriftlich oder elektronisch gestellt werden. Änderungen des wesentlichen Vertragsinhalts sind alle Änderungen des Mindestinhalts der Vertragsabfassung gem. § 11 Abs. 1 Satz 2.[9] Damit sind auch Änderungen des Ausbildungsplans mitzuteilen. Die zuständige Stelle wird so in die Lage versetzt zu überprüfen, ob mit dem geänderten Ausbildungsplan der **Ausbildungsordnung noch entsprochen wird** und das Ausbildungsziel erreicht werden kann. Dies kann z. B. in Fällen gelten, in dem die Ausbildung in einem bestimmten Bereich durch die Ausbildung in einem anderen Bereich oder eine verlängerte Ausbildungsdauer in einem bereits absolvierten Bereich ersetzt wird oder in solchen Fällen, in denen im Laufe des Ausbildungsverhältnisses eine Ausbildung im Ausland (§ 2 Abs. 3) vereinbart wird. Der geänderte betriebliche Ausbildungsplan kann schriftlich oder digital eingereicht werden. Wird der betriebliche Ausbildungsplan für alle Auszubildenden zugleich geändert, reicht die einmalige Mitteilung dieser Änderung an die zuständige Stelle gem. § 71. Allerdings muss die zuständige Stelle die allgemeine Änderung für jeden Auszubildenden prüfen und sicherstellen, dass trotz der Änderung des Ausbildungsplans das Ausbildungsziel noch erreicht werden kann. Die Antragspflicht bezieht sich nur auf Änderungen des wesentlichen Vertragsinhalts. Danach sind Änderungen anderer Normen, die auf das Berufsausbildungsverhältnis wirken, ausgeschlossen. Keine Antragspflichten bestehen damit bei der Änderung von Betriebs- oder Dienstvereinbarungen, Tarifverträgen oder Gesetzen.

5. Kosten der Eintragung

13 Gem. § 34 Abs. 1 Satz 2 ist die Eintragung für Auszubildende gebührenfrei. Für Ausbildende kann die zuständige Stelle für jede Eintragung Gebühren verlangen, soweit hierfür eine satzungsrechtliche Grundlage besteht.

III. Mitteilungspflicht der Vertragsparteien (Abs. 2)

14 Ausbildende und Auszubildende sind nach Abs. 2 verpflichtet, der zuständigen Stelle die Tatsachen auf Verlangen mitzuteilen, die die zuständige Stelle zur Eintragung nach § 34 benötigt. Die Mitteilungspflicht besteht **nicht als Bringschuld**. Vielmehr sind die Informationen lediglich auf **Verlangen** der zuständigen Stelle zu machen. Das Verlangen kann formfrei ausgesprochen werden.

14a Der Gesetzgeber hat die Nutzung der Identifikationsnummern nach dem Identifikationsnummerngesetz als Bestandteil des Ausbildungsverzeichnisses gem. § 34 bereits beschlossen, allerdings mit der Maßgabe, dass dieses erst in Kraft tritt, wenn das Ministerium des Innern und für Heimat im Bundesgesetzblatt bekannt gibt, dass die technischen Voraussetzungen vorliegen. Der dann neu geltende § 36 Abs. 2 nimmt bei den zu übertragenden

9 *Taubert*, BBiG, § 36 Rn. 16.

Tatsachen die Identifikationsnummer nach dem Identifikationsnummerngesetz aus. Hintergrund ist, dass der Abruf der Identifikationsnummer nach der Systematik des Registermodernisierungsgesetzes erfolgen soll und nicht als Direktabruf über Auszubildende oder Ausbilder.[10]

Die zuständige Stelle entscheidet nach pflichtgemäßem Ermessen, von welchem Vertragspartner sie die Auskünfte verlangt. Ausbildende und Auszubildende müssen die erforderlichen Tatsachen mitteilen. Nicht erforderlich ist, dass sie weitere Unterlagen vorlegen. Der Anspruch der zuständigen Stelle bezieht sich lediglich auf die nach § 34 erforderlichen Angaben für die Eintragung. Darüber hinausgehende Angaben können nach dieser Vorschrift nicht beansprucht werden. 15

IV. Verstöße

Nach § 102 Abs. 1 Nr. 7 handelt ordnungswidrig, wer als Ausbildender den Antrag nicht unverzüglich stellt oder die Ausfertigung der Vertragsabfassung nicht beifügt. Auch handelt ordnungswidrig, wer Änderungen gem. Abs. 1 Satz 3 nicht rechtzeitig in das Verzeichnis aufnehmen lässt. Die Pflicht betrifft jeweils nur den Ausbildenden, nicht die Auszubildenden, da diese gem. § 36 Abs. 1 Satz 1 nicht verpflichtet sind, den Antrag zu stellen. Die Ordnungswidrigkeit kann gem. § 102 Abs. 2 mit einer **Geldbuße bis zu 1000 Euro** belegt werden. 16

Verstößt der Ausbildende gegen seine Antragspflicht gem. Abs. 1 Satz 1 oder gem. Satz 3 i. V. m. Satz 1, verstößt er gegen ein zugunsten des Auszubildenden bestehendes Schutzgesetz und ist schadenersatzpflichtig, soweit aus der Nichteintragung ein Schaden entstanden ist (zur Schadensberechnung siehe § 23 Rn. 23 ff.). 17

Abschnitt 5
Prüfungswesen

§ 37 Abschlussprüfung

(1) In den anerkannten Ausbildungsberufen sind Abschlussprüfungen durchzuführen. Die Abschlussprüfung kann im Falle des Nichtbestehens zweimal wiederholt werden. Sofern die Abschlussprüfung in zwei zeitlich auseinanderfallenden Teilen durchgeführt wird, ist der erste Teil der Abschlussprüfung nicht eigenständig wiederholbar.

(2) Dem Prüfling ist ein Zeugnis auszustellen. Ausbildenden werden auf deren Verlangen die Ergebnisse der Abschlussprüfung der Auszubildenden übermittelt. Sofern die Abschlussprüfung in zwei zeitlich auseinanderfallenden Teilen durchgeführt wird, ist das Ergebnis der Prüfungsleistungen im ersten Teil der Abschlussprüfung dem Prüfling schriftlich oder elektronisch mitzuteilen.

(3) Dem Zeugnis ist auf Antrag des oder der Auszubildenden eine englischsprachige und eine französischsprachige Übersetzung beizufügen. Auf Antrag des oder der Auszubildenden ist das Ergebnis berufsschulischer Leistungsfeststellungen auf dem Zeugnis auszuweisen. Der oder die Auszubildende hat den Nachweis der berufsschulischen Leistungsfeststellungen dem Antrag beizufügen. Sofern die Schule nach Landesrecht

10 BT-Drucks. 20/10857, S. 56.

verpflichtet ist, die berufsschulische Leistungsfeststellung an die zuständige Stelle zu übermitteln, hat die zuständige Stelle die berufsschulische Leistungsfeststellung nach der Übermittlung auf dem Zeugnis auszuweisen.

(4) Die Abschlussprüfung ist für Auszubildende gebührenfrei.

Inhaltsübersicht Rn.

I. Allgemeines und Überblick zum Prüfungswesen

1 Abschnitt 5 des 1. Teiles dieses Gesetzes regelt das Prüfungswesen für die Berufsausbildung. Den Vorschriften zur Prüfung an sich (§§ 37, 38) folgen die Regelungen zum Prüfungsausschuss (§§ 39–42), die Paragrafen über die Zulassung zur Abschlussprüfung (§§ 43–46), der Hinweis auf die erforderliche Prüfungsordnung (§ 47), sonstige Prüfungen und Bescheinigungen (§§ 48, 49) sowie Vorschriften über gleichwertige Berufsabschlüsse (§ 50).

2 Gesetzessystematisch ist der 5. Abschnitt über das Prüfungswesen unübersichtlich gestaltet. Dies zeigt sich bereits an § 37, der mit dem Anspruch auf eine Abschlussprüfung für anerkannte Ausbildungsberufe beginnt, sich unmittelbar deren Nichtbestehen zuwendet und sodann Zeugnisfragen klärt, die ja den Abschluss des Verfahrens darstellen. Der Einstieg in das Prüfungsverfahren, die Zulassung zur Prüfung, wird erst im Anschluss an diese Fragen in den §§ 43 ff. erläutert.

II. Anspruch auf Durchführung einer Abschlussprüfung

3 Nach § 37 hat jede/r Azubi in einem anerkannten Ausbildungsberuf einen Anspruch auf eine Abschlussprüfung. In anerkannten Ausbildungsberufen müssen Abschlussprüfungen durchgeführt werden. Die Anerkennung der Ausbildungsberufe richtet sich nach § 4. Berufe, die bereits vor Inkrafttreten des BBiG am 1. September 1969 bestanden, gelten gem. § 104 Abs. 1 Satz 1 als anerkannt. Alle anerkannten oder als anerkannt geltenden Ausbildungsberufe finden sich im Verzeichnis der anerkannten Ausbildungsberufe nach § 90 Abs. 3, das vom Bundesinstitut für Berufsbildung geführt und veröffentlicht wird.[1]

1 *www.bibb.de.*

Eine gesetzliche Pflicht zur Teilnahme an der Abschlussprüfung, quasi als Gegenstück zum Anspruch auf Durchführung der Prüfung, existiert nicht.[2] Eine solche Verpflichtung kann allerdings durch den Ausbildungsvertrag begründet werden. 4

Voraussetzung für den Anspruch auf Teilnahme an der Abschlussprüfung ist, dass die Zulassungsvoraussetzungen alle erfüllt sind (s. §§ 43 ff.). 5

1. Abschlussprüfung

Obwohl § 37 die Überschrift ›Abschlussprüfung‹ trägt, ist der Begriff dort nicht näher erläutert. Der Gegenstand und der Zweck der Abschlussprüfung sind in § 38 näher bestimmt: Es soll festgestellt werden, ob die berufliche **Handlungsfähigkeit** nach § 1 Abs. 3 erworben wurde. Die Wirkung der Abschlussprüfung ergibt sich aus § 21 Abs. 2. Wird die Abschlussprüfung vor dem vertraglichen Ende der Ausbildungszeit bestanden, endet das Berufsausbildungsverhältnis mit der Bekanntgabe des Bestehens, des positiven Ergebnisses, durch den Prüfungsausschuss. 6

2. Durchführen

Die Abschlussprüfung ist **›durchzuführen‹**. Dies bedeutet, dass die Abschlussprüfung vorzubereiten, durchzuführen im engeren Sinne, sowie nachzubereiten ist. 7

Zur **Vorbereitung** gehört zum Beispiel die Einrichtung von Prüfungsausschüssen gem. § 39, die Erstellung der Prüfungsaufgaben, die rein organisatorische Vorbereitung wie das Bereitstellen von Prüfungsräumen und Einladungen. Zur **Nachbereitung** gehört insbesondere das Aus- und Zustellen der Zeugnisse, aber auch die Einsichtnahme in die Prüfungsakte sowie die Bearbeitung eines eventuellen Widerspruchs. 8

III. Wiederholen der Abschlussprüfung

Wird die Abschlussprüfung nicht bestanden, kann sie **zweimal** wiederholt werden. Dies setzt ein entsprechendes Verlangen des Prüflings gegenüber dem Arbeitgeber gem. § 21 Abs. 3 (s. § 21 Rn. 36) voraus. Zu den Anforderungen an das Verlangen s. § 21 Rn. 37. Für den Fall des Verlangens verlängert sich das Ausbildungsverhältnis bis zur nächstmöglichen Wiederholungsprüfung, **längstens um ein Jahr** (§ 21 Abs. 3).[3] Besteht der Prüfling auch diese erste Wiederholungsprüfung nicht und stellt er ein erneutes Verlangen, das Ausbildungsverhältnis zu verlängern, an den Ausbildenden, verlängert sich das Ausbildungsverhältnis bis zur zweiten Wiederholungsprüfung, längstens jedoch bis zum Ablauf eines Jahres von der Mitteilung des Prüfungsergebnisses der ersten Prüfung an. Zu den Folgen dieses Verlangens für den Fortbestand des Ausbildungsverhältnisses s. § 21 Rn. 43 ff. 9

Streitig ist, ob eine Wiederholung zur **Verbesserung der Abschlussnote** (sog. ›Freischussregelung‹) zulässig ist. Sie ist, soviel ist unstreitig, vom Gesetz **nicht ausdrücklich vorgesehen**. Geht man davon aus, dass die ausgiebig beschriebenen Zulassungsvoraussetzungen in den §§ 43–46 die Voraussetzungen abschließend aufzählen, ist eine freiwillige Wiederholungsprüfung möglich. Denn eine Voraussetzung, wonach die Ausbildung noch nicht erfolgreich abgeschlossen wurde oder ein Ausbildungsverhältnis noch besteht, 10

---

2 *Taubert*, BBiG, § 37 Rn. 11.
3 *BAG* 15.3.2000 – 5 AZR 622/98, juris.

findet sich in den §§ 43–46 nicht.[4] Auch der Wortlaut des § 37 Abs. 1 Satz 2 »kann im Falle des Nichtbestehens zweimal wiederholt werden« führt nicht zwingend zu dem Schluss, dass nur im Falle des Nichtbestehens eine Wiederholung möglich ist. Ebenso gut ist eine Lesart denkbar, dass im Falle des Nichtbestehens nicht nur eine, sondern eben zwei Wiederholungen möglich sind. Oder dass im Falle des Nichtbestehens ein Anspruch auf Wiederholung besteht, wohingegen zur Verbesserung des Prüfungsergebnisses nur ein Anspruch auf ermessensfehlerfreie Entscheidung über die erneute Zulassung zur Prüfung besteht. Der Hinweis auf den seit dem 1.9.2005 geänderten Wortlaut des Textes zur Begründung der nunmehr angeblich ausgeschlossenen Verbesserungsmöglichkeit geht fehl: Der Wortlaut ist gerade nicht so eindeutig, wie die Gesetzesbegründung: »nur im Fall des Nichtbestehens«[5] erscheint.[6] Auch der Hinweis auf die **Musterprüfungsordnung** geht insoweit fehl. Die Musterprüfungsordnung darf einen vorhandenen Anspruch auf Prüfungszulassung zur Verbesserung nicht ausschließen, wenn dieser nach dem BBiG besteht. Ein etwaiger Ausschluss der Wiederholensprüfung in der Musterprüfungsordnung zeigt also lediglich die Rechtsauffassung des Hauptausschusses beim Bundesinstitut für Berufsbildung bzw. des Berufsbildungsausschusses der zuständigen Stelle, dass eine Wiederholensprüfung zur Notenverbesserung nicht im § 37 Abs. 1 Satz 2 vorgesehen sei.

11 Eine dritte Wiederholungsprüfung ist **nicht möglich**. Hat der Prüfling an der zweiten Wiederholungsprüfung nicht teilnehmen können, zum Beispiel krankheitsbedingt, bedeutet dies einen Nichtantritt oder Abbruch der zweiten Wiederholungsprüfung. Diese wurde nicht etwa nicht bestanden, sondern ist noch zu absolvieren. Der Prüfling ist zu dieser **zuzulassen**.[7]

12 Wurde nach der zweiten nicht bestandenen Wiederholungsprüfung ein neues Ausbildungsverhältnis eingegangen, auch unter Anrechnung von Vorkenntnissen aus dem vorangegangenen Ausbildungsverhältnis,[8] endet dieses neue Ausbildungsverhältnis gem. § 37 mit der **Abschlussprüfung** – verbunden mit dem Anspruch auf zwei Wiederholungsprüfungen bei Nichtbestehen.[9] Die abweichende Auffassung berücksichtigt nicht, dass fehlende Kompetenzen über die erneute Ausbildung von Grund auf neu aufgebaut werden können und die erneute Zulassung aus Art. 12 GG geboten ist.

13 Wird die Ausbildungsordnung aufgehoben, gelten nach § 4 Abs. 4 für die bestehenden Berufsausbildungsverhältnisse die bisherigen Vorschriften. Daraus ergibt sich, dass auch die **Prüfungsanforderungen** dem bisherigen Berufsbild und der Ausbildungsordnung zu entnehmen sind. Dies gilt entsprechend auch, wenn das Berufsausbildungsverhältnis wegen Ablaufs des Ausbildungsvertrags gem. § 21 Abs. 1 geendet hat, die Abschlussprüfung aber noch nicht abgelegt werden konnte, weil die Abschlussprüfung nach dem vereinbarten Vertragsende liegt. Gleiches gilt sinngemäß, wenn die Ausbildungsordnung nicht aufgehoben, sondern geändert wird.[10]

---

4 A. A.: *Taubert*, BBiG, § 37 Rn. 18; ErfK/*Schlachter*, § 37 BBiG Rn. 2; *Benecke/Hergenröder*, BBiG, § 37 Rn. 10; Wohlgemuth/*Günther*, BBiG, § 37 Rn. 10.

5 Amtl. Begründung der Bundesregierung, BT-Drucks. 15/3980 zu § 37.

6 *Taubert*, BBiG, § 37 Rn. 18.

7 *Benecke/Hergenröder*, BBiG, § 37 Rn. 9; *Taubert*, BBiG, § 36 Rn. 22.

8 Wohlgemuth/*Günther*, BBiG, § 37 Rn. 8.

9 *Taubert*, BBiG, § 37 Rn. 22; *Benecke/Hergenröder*, BBiG, § 37 Rn. 9; Wohlgemuth/*Günther*, BBiG, § 37 Rn. 13; a. A. *VG Hamburg* 21.11.1980 – VII VG 2364/80, juris; *Herkert/Töltl*, BBiG, § 37 Rn. 16.

10 *VGH Baden-Württemberg* 31.5.1994, EzB § 34 BBiG 1969 Nr. 20; *Taubert*, BBiG, § 37 Rn. 23; *Benecke/Hergenröder*, BBiG, § 37 Rn. 11.

IV. Wiederholungsprüfung bei zeitlich gestreckter Abschlussprüfung

Bei einer zeitlich gestreckten Abschlussprüfung gem. § 5 Abs. 2 Nr. 2 werden die Teilergebnisse nicht einzeln zertifiziert. Das bedeutet, dass Teil 1 der Prüfung nicht als eigenständige Prüfung angesehen wird. Der erste Prüfungsteil kann nach § 37 Abs. 1 Satz 3 nicht eigenständig wiederholt werden, da er ein Teil der **Gesamtprüfung** ist. Über seine Leistungen im Teil 1 der Prüfung wird der Prüfling informiert. Der zweite Teil der Prüfung erfolgt am Ende der Ausbildungszeit. Das Gesamtergebnis der Abschlussprüfung setzt sich aus den Ergebnissen der beiden Teilprüfungen zusammen. Wird die Prüfung insgesamt nicht bestanden, besteht ein Anspruch auf eine **Wiederholungsprüfung**. 14

Über die Zulassung zu beiden Teilen der Prüfung wird jeweils gesondert entschieden. Zulassungsvoraussetzung für den zweiten Teil ist in der Regel die Teilnahme am ersten Teil der Abschlussprüfung (§ 44). Die Einzelheiten der Prüfungen im gestreckten Verfahren sind in den Ausbildungs- und Prüfungsordnungen zu definieren. Regelbar soll nach dem Gesetzesentwurf auch sein, dass sich die Wiederholungsprüfung auf den ersten Teil der Abschlussprüfung beschränkt.[11] Für die Durchführung der Abschlussprüfung in zwei Teilen (›gestreckte Abschlussprüfung‹, ›GAP‹) hat der Hauptausschuss beim Bundesinstitut für Berufsbildung eine Empfehlung erlassen, die unter § 5 Rn. 27 abgedruckt ist. 15

V. Prüfungstermin

Eine zeitliche Regelung, innerhalb welcher Zeitspannen die Prüfung angeboten werden muss, ist im Gesetz nicht geregelt. Die Prüfungstermine werden von der zuständigen Stelle nach eigenem Ermessen bestimmt.[12] Dies gilt auch für die Wiederholungsprüfung. Dabei muss die zuständige Stelle berücksichtigen, dass unnötige **Wartezeiten** für die Prüflinge vermieden werden. Zwar ist zulässig, mehrere Prüfungstermine für mehrere Prüflinge zusammenzufassen. Auch können mehrere zuständige Stellen gemeinsame Prüfungsausschüsse bilden (§ 39 Abs. 1 Satz 2).[13] Dies darf jedoch nicht dazu führen, dass die zumutbare Wartezeit für den einzelnen Prüfling überschritten wird. 16

In der Musterprüfungsordnung (s. § 47 Rn. 21) wird vorgeschlagen, dass die Wiederholungsprüfung frühestens zum nächsten Prüfungstermin gem. § 7 MPO stattfinden kann. Prüfungstermine sollen gem. § 7 MPO zweimal jährlich in Abstimmung mit dem Ablauf des Ausbildungsvertrags und des Schuljahres bestimmt werden. Rein faktisch bedeutet dies, dass ein Nichtbestehen der Abschlussprüfung jeweils zu einer halbjährlichen **Verlängerung** des Ausbildungsverhältnisses führt. Ein längeres Zuwarten wird schwerlich als zumutbar und damit ermessensfehlerfrei angesehen werden können, weil dies automatisch dazu führen würde, dass eine zweite Wiederholungsprüfung nach der Verlängerung des Ausbildungsverhältnisses gem. § 21 Abs. 3 zu absolvieren wäre. Damit passte aber die gesetzliche Wertung, dass die Wiederholungsprüfungen in der Regel innerhalb eines Jahres absolviert werden können, nicht zu der Terminierung dieser Prüfungen. 17

Bei einer Untätigkeit der zuständigen Stelle bleiben den Prüflingen eine **Verpflichtungsklage** nach § 42 Abs. 1 VwGO, bei Eilbedürftigkeit auch eine einstweilige Anordnung gem. § 123 VwGO sowie ein Schadenersatzanspruch gegen die zuständige Stelle aus 18

---

11 Amtl. Begründung zum Regierungsentwurf, BT-Drucks. 15/3980 zu § 37.

12 *Taubert*, BBiG, § 37 Rn. 15.

13 Dies soll sogar übergreifend von mehreren Prüfungsausschüssen mehrerer zuständiger Stellen zulässig sein, soweit für die Prüflinge zumutbar: *Taubert*, BBiG, § 37 Rn. 14; siehe aber § 39 Rn. 9f.

Amtspflichtverletzung.[14] Der Ausbildende ist durch einen ermessensfehlerhaft späten Prüfungstermin dadurch belastet, dass er ggf. Ausbildungsvergütung bei Fortsetzung des Ausbildungsverhältnisses gem. § 21 Abs. 3 zahlen muss. Ihm steht ggf. ein Schadenersatzanspruch gegen die zuständige Stelle zu. Ein eigenständiges Klagerecht des Ausbildenden setzte voraus, dass das Recht auf alsbaldige Terminierung der Wiederholungsprüfung auch ein Recht des Ausbildenden ist. Dies ist jedoch nicht der Fall, wie sich aus den Zulassungsvoraussetzungen für die Prüfung ergibt, die sämtlich auf Voraussetzungen bei den Auszubildenden abstellen.

VI. Zeugnis

19 Nach der Prüfung hat der Prüfling einen Anspruch darauf, dass ihm ein Zeugnis über die Prüfung ausgestellt wird (§ 37 Abs. 2 Satz 1). Der Begriff des Zeugnisses ist im Gesetz nicht weiter konkretisiert. Das Zeugnis ist von der formlosen Mitteilung zum Ende der Prüfung zu unterscheiden, mit der der Prüfling darüber informiert wird, ob die Prüfung bestanden oder nicht bestanden wurde. Diese Mitteilung ist vorläufig[15] und formlos, **beendet** jedoch das Ausbildungsverhältnis gem. § 21 Abs. 2.[16] Das Zeugnis ist demgegenüber eine Mitteilung, mit der die zuständige Stelle das Prüfungsverfahren abschließend beurteilt, es ist ein Verwaltungsakt i. S. d. § 35 VwVfG, den die zuständige Stelle erlässt.[17]

1. Zeugnisinhalt

20 In der Regel wird die **Prüfungsordnung** gem. § 47 zum Zeugnisinhalt Aussagen enthalten. § 27 II der Musterprüfungsordnung[18] bestimmt für die Form und den Inhalt des Prüfungszeugnisses:

21 (2) Das Prüfungszeugnis enthält

- die Bezeichnung »Prüfungszeugnis nach § 37 Abs. 2 BBiG« oder »Prüfungszeugnis nach § 62 Abs. 3 BBiG in Verbindung mit § 37 Abs. 2 BBiG«,
- die Personalien des Prüflings (Name, Vorname, Geburtsdatum),
- die Bezeichnung des Ausbildungsberufs mit Fachrichtung oder prüfungsrelevantem Schwerpunkt. Weitere in der Ausbildungsordnung ausgewiesene prüfungsrelevante Differenzierungen können aufgeführt werden.
- die Ergebnisse (Punkte) der Prüfungsbereiche und das Gesamtergebnis (Note), soweit ein solches in der Ausbildungsordnung vorgesehen ist,
- das Datum des Bestehens der Prüfung,
- die Namenswiedergaben (Faksimile) oder Unterschriften des Vorsitzes des Prüfungsausschusses und der beauftragten Person der zuständigen Stelle mit Siegel.

Die Zeugnisse können zusätzliche nicht amtliche Bemerkungen zur Information (Bemerkungen) enthalten, insbesondere über die Einordnung des erworbenen Abschlusses in den Deutschen Qualifikationsrahmen oder auf Antrag der geprüften Person über während oder anlässlich der Ausbildung erworbene besondere oder zusätzliche Fertigkeiten, Kenntnisse und Fähigkeiten.

22 Nach § 37 Abs. 3 Satz 2 i. d. F. seit dem 1. 1. 2020 ist auf Antrag das **Ergebnis der Berufsschulleistungen zwingend auszuweisen.** Der Antrag kann durch den Auszubildenden

---

14 *OLG Zweibrücken* 28. 5. 2009 – 6 U 1/08, juris.
15 *Taubert*, BBiG, § 21 Rn. 17.
16 Siehe § 21 Rn. 26.
17 *Benecke/Hergenröder*, BBiG, § 37 Rn. 21; *Taubert*, BBiG, § 37 Rn. 33; a. A. *VG Darmstadt* 15. 2. 1980 – EzB/EzB-VjA § 35 BBiG 1969 Nr. 13.
18 Abgedruckt unter § 47 Rn. 20ff.

ohne eine bestimmte Form gestellt werden, es ist jedoch der »**Nachweis der berufsschulischen Leistungsfeststellungen«, also das letzte Berufsschulzeugnis** beizufügen (§ 37 Abs. 2 Satz 3). Die Berufsschulen sind nicht verpflichtet und ohne Weiteres auch nicht berechtigt, den zuständigen Stellen Berufsschulzeugnisse zukommen zu lassen. Ein mündlicher Antrag der Auszubildenden mit nachgereichtem Berufsschulzeugnis ist möglich. Der Antrag ist an die zuständige Stelle zu richten. Für diejenigen Länder, in denen nach dem Landesrecht eine Verpflichtung der Schule vorliegt, der zuständigen Stelle die berufsschulische Leistungsfeststellung zu übermitteln, sieht § 37 Abs. 3 Satz 3 nunmehr vor, die Berufsschulleistungen auf dem Zeugnis auszuweisen. Der Gesetzgeber wollte mit dieser Regelung im Berufsbildungsvalidierungs- und -digitalisierungsgesetz (BVaDiG) die Rolle der Berufsschulen im Rahmen der dualen Berufsausbildung stärker betonen und die Motivation von Berufsschülerinnen und Berufsschülern stärken.[19] § 37 Abs. 3 sei deshalb so angepasst worden, dass die Ergebnisse berufsschulischer Leistungsfeststellungen auf dem Zeugnis verbindlich und separat zu den Noten der Abschlussprüfung nachrichtlich ausgewiesen werden müssen, sofern von Länderseite die erforderlichen Rechtsgrundlagen für eine verpflichtende Übermittlung der Berufsschulnoten an die zuständigen Stellen unter Beachtung datenschutzrechtlicher Vorgaben geschaffen worden sind.[20] Dass Motivation über Notengebung funktioniert, darf durchaus bestritten werden.[21] Dies ändert allerdings nichts daran, dass das Ergebnis berufsschulischer Leistungsfeststellung ggf. einschließlich Sport und Religion nunmehr auf dem Zeugnis erscheint, wenn das Landesrecht seine Übermittlung vorsieht.

Die Kultusministerkonferenz hat folgende Empfehlung ausgesprochen, um das Ergebnis der berufsschulischen Leistungen zu beschreiben: 23

Empfehlung zum Einbringen der in der Berufsschule erbrachten Leistungen in das Kammerzeugnis
(Beschluss der Kultusministerkonferenz vom 10. 5. 2007)
Auf dem Zeugnis über die Abschlussprüfung der Berufsausbildung der zuständigen Stelle kann gemäß § 37 Abs. 3 Satz 2 Berufsbildungsgesetz und § 31 Abs. 3 Satz 2 Handwerksordnung auf Antrag des Auszubildenden/der Auszubildenden das Ergebnis berufsschulischer Leistungsfeststellungen ausgewiesen werden.
Entsprechend ihrer »Empfehlungen zur Umsetzung des Berufsbildungsgesetzes« vom 2. 6. 2005 vereinbart die Kultusministerkonferenz unter Berücksichtigung ihrer Beschlüsse über den Unterricht und den Abschluss der Berufsschule die nachfolgenden Kriterien zu deren Ermittlung:
1. Zur Bildung des Ergebnisses berufsschulischer Leistungsfeststellungen werden die Bewertungen sowohl aus dem berufsbezogenen als auch aus dem berufsübergreifenden/allgemeinen Unterricht herangezogen.
2. Die Bewertung wird in einer Note bis auf eine Stelle hinter dem Komma ermittelt; es wird nicht gerundet.
3. Die Ermittlung der Note erfolgt im Wege des arithmetischen Mittels der Fächer, Lernfelder oder Lernbereiche; eine besondere Gewichtung ist möglich.

Unklar bleibt auch nach dieser Empfehlung, wie und unter welchen Voraussetzungen die besondere **Gewichtung einzelner Fächer** erfolgt. Hierzu gilt, soweit vorhanden, Landes- 24

19 BT-Drucks. 20/10857, S. 45.
20 BT-Drucks. 20/10857, S. 45.
21 Vgl. hierzu z. B. *Minde* »**Schulnoten. Der Einfluss von Leistungsbeurteilungen auf die Schülermotivation«, Saarbrücken 2007, sowie** die berufsschulischen Gründe für vorzeitige Vertragslösungen bei *Bertke/Wilkens*, »Vorzeitige Vertragslösungen und Ausbildungsabbrüche in der dualen Berufsausbildung«, Osnabrücker Schriften zur Berufs- und Wirtschaftspädagogik, Vol. 2, 2020, Tabelle 3, S. 65, ***https://osnadocs.ub.uni-osnabrueck.de/bitstream/urn:nbn:de:gbv:700-202105174685/8/OSBWP_Ausgabe_02.pdf***.

recht. Die **Darstellung** des Ergebnisses der berufsschulischen Leistungen **ersetzt nicht** das Abschluss- oder Abgangszeugnis der Berufsschule.
Ein **Anspruch** auf ein Zeugnis besteht auch dann, wenn die Prüfung nicht bestanden wird. Das Zeugnis wird dann als Bescheinigung über das Nichtbestehen erteilt (s. § 28 der Musterprüfungsordnung).[22] Diese Bescheinigung ist ein rechtsmittelfähiger Bescheid, gegen den **Widerspruch** eingelegt werden kann.

25 Soweit Auszubildende Fremdsprachenkenntnisse erworben haben, können sie sich diese von der Berufsschule zertifizieren lassen. Die Kultusministerkonferenz hat hierzu beschlossen:

Rahmenvereinbarung über die Zertifizierung von Fremdsprachenkenntnissen in der beruflichen Bildung[23]
(Beschluss der Kultusministerkonferenz vom 20. 11. 1998 i. d. F. vom 14. 9. 2017)

1. Grundsatz
Globalisierungsprozesse in der Wirtschafts- und Arbeitswelt erfordern zunehmend kommunikative Fremdsprachenkompetenz in berufsbezogenen Sprachhandlungen. Vor diesem Hintergrund können berufliche Schulen unabhängig von der Benotung im Zeugnis zusätzliche Prüfungen anbieten, mit denen berufsbereichsbezogene oder berufsspezifische Fremdsprachenkompetenzen nachgewiesen und zertifiziert werden. Schülerinnen und Schüler können auf freiwilliger Basis an diesen Prüfungen teilnehmen. Die Zulassung von Nichtschülerinnen und Nichtschülern kann vorgesehen werden.
Bezugspunkt für die Prüfung bildet der Gemeinsame europäische Referenzrahmen für Sprachen: lernen, lehren, beurteilen (GER), so dass anerkannte Qualitätsstandards angewendet und erfüllt werden. Die erfolgreiche Prüfungsteilnahme kann somit als Qualifikationsnachweis für die Erfüllung von Zulassungsvoraussetzungen oder für die Anerkennung von zu erbringenden fremdsprachlichen Leistungen in anderen Bildungsgängen verwendet werden.

2. Prüfungsniveaus und Berufsbezug
Der GER unterscheidet die Niveaus A1, A2, B1, B2, C1 und C2. Die Prüfung für das KMK-Fremdsprachenzertifikat wird auf den Niveaus A2, B1, B2 oder C1 durchgeführt. Kompetenzbeschreibungen dieser Niveaus sind in der Anlage 1 ausgewiesen.
Entsprechend dem Bildungsauftrag der beruflichen Schulen weisen die Prüfungen in den verschiedenen Niveaus einen berufsbezogenen Charakter auf. Sie finden grundsätzlich in einem der folgenden beruflichen Bereiche statt:
- Wirtschaft und Verwaltung
- Technik und Gestaltung
- Agrarwirtschaft, Gastgewerbe und Ernährung
- Erziehung, Gesundheit und Pflege

Innerhalb der jeweiligen Bereiche können weitere berufsspezifische Konkretisierungen vorgenommen werden.

3. Prüfungsteile und Gewichtung
Die Prüfung besteht aus einem schriftlichen und einem mündlichen Teil, in denen die folgenden Kompetenzbereiche geprüft werden:

Schriftliche Prüfungsteile (100 Punkte)	**Gewichtung** (in %)
Rezeption (gesprochenen und geschriebenen fremdsprachigen Texten Informationen entnehmen)	40
Produktion (fremdsprachige Texte erstellen)	30
Mediation (Textinhalte in die jeweils andere Sprache übertragen und in zweisprachigen Situationen vermitteln)	30

22 Abgedruckt unter § 47 Rn. 20ff.
23 *www.kmk.org/fileadmin/Dateien/veroeffentlichungen_beschluesse/1998/1998_11_20-Fremdsprachen-berufliche-Bildung.pdf.*

Im schriftlichen Teil ist in den einzelnen Kompetenzbereichen eine Abweichung von jeweils bis zu 10 Prozentpunkten möglich.

Mündlicher Prüfungsteil (30 Punkte)
Interaktion (Gespräche in der Fremdsprache führen)

Der schriftliche und der mündliche Prüfungsteil müssen beide unabhängig voneinander durch Erreichen von mindestens der Hälfte der möglichen erreichbaren Punkte bestanden werden. Ein Ausgleich zwischen den beiden Teilen ist nicht möglich.

4. Prüfungsdurchführung
Die Prüfungen werden an beruflichen Schulen durchgeführt.
Für die schriftliche Prüfung in den einzelnen Stufen gelten die folgenden Zeiten:
- A2 75 Minuten
- B1 90 Minuten
- B2 120 Minuten
- C1 150 Minuten

Die mündliche Prüfung soll als Gruppenprüfung durchgeführt werden. Es gelten folgende Zeitrichtwerte:
- A2 15 Minuten pro Gruppenprüfung
- B1 20 Minuten pro Gruppenprüfung
- B2 25 Minuten pro Gruppenprüfung
- C1 30 Minuten pro Gruppenprüfung

Die Zeitrichtwerte beziehen sich auf eine Prüfung mit zwei Prüflingen. Bei mehr als zwei Prüflingen ist der Zeitrichtwert entsprechend anzupassen.
Für die mündliche Prüfung kann eine angemessene Zeit zur Vorbereitung gegeben werden.
Für beide Teile der Prüfung können allgemeinsprachliche zweisprachige Wörterbücher verwendet werden.

5. Zertifikat
Das Bestehen der Prüfung wird durch ein Zertifikat nach beiliegendem Muster (Anlage 2, *nicht abgedruckt*) bestätigt. Das Zertifikat weist die Fremdsprache und den Ausbildungsbereich oder den beruflichen Bereich aus.
Die Ergebnisse der schriftlichen und der mündlichen Prüfung werden getrennt nach den vier Kompetenzbereichen aufgeführt. Dabei wird die jeweils erzielte Punktzahl den maximal erreichbaren Punkten gegenübergestellt.
Die Kompetenzbeschreibungen der Niveaus A2 bis C1 (Anlage 1, *nicht abgedruckt*) mit Verweis auf den GER sind Bestandteil des Zertifikats.

6. Qualitätssicherung
Die Umsetzung in den Ländern erfolgt gemäß den in den Anlagen enthaltenen Prüfungsstandards. Die Länder können darüber hinaus Maßnahmen zur Qualitätssicherung abstimmen.

7. Schlussbestimmung
Die vorliegende Rahmenvereinbarung ersetzt die »Rahmenvereinbarung über die Zertifizierung von Fremdsprachenkenntnissen in der beruflichen Bildung« (Beschluss der Kultusministerkonferenz vom 20. 11. 1998 i. d. F. vom 27. 06. 2008).

2. Form des Zeugnisses

26 Das Ausstellen des Zeugnisses ist Teil der Nachbereitung der Prüfung und obliegt der zuständigen Stelle, nicht dem Prüfungsausschuss.[24] Es gilt für das Abschlusszeugnis weiterhin die Schriftform. Nur für den ersten Teil einer gestreckten Abschlussprüfung ist eine elektronische Mitteilung des Ergebnisses zulässig (s. § 37 Abs. 2 Satz 2).

24 *Taubert*, BBiG, § 37 Rn. 33.

Es ist das **Briefpapier** oder ein von der zuständigen Stelle bestimmtes Formular, das die zuständige Stelle als Ausstellerin erkennen lässt, zu verwenden. Dies ist bereits aus Rechtsschutzgründen zweckmäßig, damit der Prüfling ggf. erkennen kann, gegen wen der Widerspruch gegen das Zeugnis zu richten ist. Das Zeugnis muss die Unterschrift des/der Vorsitzenden des Prüfungsausschusses[25] sowie eines Beauftragten der zuständigen Stelle tragen.[26] Ein Anspruch auf ein mit dem Computer ausgestelltes Zeugnis soll nach der Rechtsprechung nicht existieren,[27] wobei im Zuge der flächendeckenden Verbreitung der EDV davon ausgegangen werden kann, dass eine solche Entscheidung nicht wiederholt ergehen wird.

3. Zustellung und Rechtsmittel

27 Das Prüfungszeugnis muss dem Prüfling selbst ausgehändigt oder zugestellt werden. Eine Übermittlung durch den Ausbildenden ist ohne Zustimmung des Prüflings nicht zulässig.[28]

a) Widerspruchsverfahren

28 Gegen das Zeugnis und die Mitteilung, dass die Prüfung nicht bestanden wurde, kann der **Auszubildende** ggf. Widerspruch[29] einlegen. Auszubildende sind nicht nur dann in ihren Rechten auf ein korrektes Prüfen und Bewerten ihrer Leistung verletzt, wenn sie die Prüfung nicht bestanden haben sollen, sondern auch dann, wenn die Note schlechter ist als sie bei korrekter Prüfung hätte sein müssen, wenn sie also **fehlerhaft** zustande gekommen ist. Denn der Anspruch der Auszubildenden aus dem **Prüfungsrechtsverhältnis** richtet sich nicht auf das Bestehen der Prüfung sondern auf die Einhaltung aller **Prüfungsvorschriften.**[30] Eine Beeinträchtigung der Rechte der Auszubildenden ergibt sich besonders mit Blick auf Tarifverträge, die einen individualrechtlichen Anspruch auf (unbefristete) Übernahme im erlernten Beruf vom Prüfungsergebnis abhängig machen.[31] Die ablehnende Auffassung in der Literatur[32] und die Entscheidung des OVG Lüneburg[33] berücksichtigen diese neueren tariflichen Regelungen nicht, die nicht alleine auf das Bestehen, sondern auch auf die Ergebnisse der Prüfung abstellen. Fehler bei der Ermittlung der Leistungen führen zur Wiederholensprüfung,[34] Fehler bei der Bewertung der Prüfungsleistung werden in aller Regel eine Neubewertung durch die bisherigen Prüfer zur Folge haben.[35] Wird lediglich die Neubewertung der Klausur beansprucht, soll also nur ein erkannter Bewertungsfehler korrigiert werden, darf die Neubewertung nicht zu einem schlechteren Ergebnis führen als die Ursprungsbewertung.[36]

25 *VG Karlsruhe* 28.2.1992 – 7 K 1096/91, juris.
26 *Taubert,* BBiG, § 37 Rn. 31.
27 *VG Karlsruhe* 28.2.1992 – 7 K 1096/91, juris.
28 *Taubert,* BBiG, § 37 Rn. 28.
29 Die Länder haben das Widerspruchsverfahren teilweise abweichend geregelt.
30 *Zimmerling/Brehm,* Prüfungsrecht, Rn. 130.
31 Z. B. § 16a Satz 4 TVAöD, § 11a TV Azb Postbank.
32 *Taubert,* BBiG, § 37 Rn. 37; *Bennecke/Hergenröder,* BBiG, § 37 Rn. 21.
33 *OVG Lüneburg* 3.4.1974 – VII A 4/73, juris.
34 *VG Berlin* 16.4.2012 – 12 K 1756.11, *juris.*
35 *Hessischer VGH* 21.5.2012 – 9 A 1156/11, *juris.*
36 *BVerwG* 14.7.1999 – 6 C 20.98, NJW 2000, 1055, 1056; *OVG NRW* 9.7.2012 – 14 E 574/12, *www.nrwe.de.*

29 Der **Ausbildende** soll ggf. Widerspruch[37] einlegen können, wenn auch er durch das **Prüfungsergebnis** in seinen Rechten betroffen ist.[38] Das ist dann der Fall, wenn die Prüfung nicht bestanden wurde und dadurch ein Anspruch des Auszubildenden besteht, das Ausbildungsverhältnis durch einseitiges Verlangen gem. § 21 Abs. 3 zu verlängern. Denn die **Klagebefugnis** aus § 42 Abs. 2 VwGO ist nur dann zu verneinen, wenn unter Zugrundelegung des Klagevorbringens offensichtlich und eindeutig nach keiner Betrachtungsweise durch den angefochtenen Verwaltungsakt Rechte des Klägers verletzt sein können, wenn eine Verletzung subjektiver Rechte des Klägers also nicht in Betracht kommt.[39] Ist der Verwaltungsakt nicht an den Kläger gerichtet, muss dieser vortragen, in eigenen Rechten verletzt zu sein. Es muss die Möglichkeit bestehen, dass der angefochtene Verwaltungsakt gegen eine Rechtsnorm verstößt, die zumindest auch den Schutz individueller Interessen des Drittbetroffenen bezweckt.[40] Eine Anfechtungsbefugnis ist also gegeben, wenn der maßgeblichen Norm ein Rechtssatz zu entnehmen ist, der zumindest auch den Individualinteressen des Anfechtenden zu dienen bestimmt ist und dem Betroffenen eine geschützte Rechtsposition zuweist.[41] Nicht ausreichend ist eine Reflexwirkung in dem Sinne, dass sich aus einer im Interesse eines anderen erlassenen Norm zugleich auch eine Begünstigung einzelner Dritter ergibt.[42]

30 Ausgehend von diesen Maßstäben ist – entgegen zahlreichen Stimmen in Literatur und Rechtsprechung[43] – eine Berechtigung des Ausbildenden zu Widerspruch und Klage gegen ein Prüfungszeugnis für den Auszubildenden zu verneinen. Denn die Regelung zur Verlängerung der Ausbildung bei Nichtbestehen der Abschlussprüfung in § 21 Abs. 3 ist nicht dazu bestimmt, zumindest auch den Individualinteressen der vom Nichtbestehen mittelbar betroffenen Ausbildenden zu dienen. Bei den sich aus § 21 Abs. 3 für die Ausbildenden ergebenden Konsequenzen handelt es sich vielmehr um Reflexwirkungen, die nach Sinn und Zweck der Norm nicht einer Anfechtung durch Ausbildende unterliegen. Der Widerspruch der Ausbildenden könnte z. B. bei Erfolg eine Wiederholung der Prüfung zur Folge haben, mit der Konsequenz, dass der Auszubildende diese Wiederholungsprüfung zu absolvieren hat. Dem Auszubildenden kann jedoch nicht ohne sein Einverständnis ein Prüfungsverhältnis aufgedrängt werden.

31 Das Widerspruchsverfahren[44] richtet sich nach den §§ 68 ff. VwGO. Der Widerspruch ist gem. § 70 VwGO bei der Behörde zu erheben, die das Zeugnis ausgestellt hat, also bei der zuständigen Stelle. Mangels einer Anordnung der sofortigen Vollziehbarkeit eines Zeugnisses hat der Widerspruch aufschiebende Wirkung. Der Widerspruch ist binnen eines Monats nach der Zustellung des Zeugnisses einzulegen. Wurde über die Widerspruchsmöglichkeit, die zuständige Behörde für den Widerspruch oder die Widerspruchsfrist nicht ordnungsgemäß gem. § 58 VwGO belehrt, **verlängert** sich die Frist, um den Widerspruch einzulegen, auf einen Monat nach Zustellung des Zeugnisses.

32 Das Widerspruchsverfahren ist ein eigenständiges **Überdenkungsverfahren**, in dem jeder der Prüfer sich mit den Einwendungen des Prüflings die Bewertung der Leistung betreffend in einer selbständigen Stellungnahme befasst und seine Beurteilung überdenkt.

---

37 Die Länder haben das Widerspruchsverfahren teilweise abweichend geregelt.
38 *Stolpmann/Teufer*, S. 193.
39 *BVerfG* 9. 1. 1991 – 1 BvR 207/87, juris; *BVerwG* 19. 9. 2000 – 1 C 17/99, juris m. w. N.
40 *BVerwG* 16. 6. 1994 – 3 C 12/93, juris m. w. N.
41 *BVerwG* 3. 8. 2000 – 3 C 30/99, juris.
42 *BSG* 19. 12. 2001 – B 11 AL 57/01, juris, mit Verweis auf *BVerwG* 3. 8. 2000 – 3 C 30/99, juris.
43 *Benecke/Hergenröder*, BBiG, § 37 Rn. 21; *Taubert*, BBiG, § 37 Rn. 37; *Stolpmann/Teufer*, S. 194; *OVG Lüneburg* 8. 4. 1974 – VII OVG A 4/73, juris.
44 Die Länder haben das Widerspruchsverfahren teilweise abweichend geregelt.

»Ein solches Überdenkungsverfahren jedes Prüfers sieht das Bundesverwaltungsgericht auch dann als erforderlich an, wenn der Zweitprüfer sich im Rahmen des ersten Bewertungsdurchgangs der Bewertung des Erstprüfers ohne eingehende inhaltliche Begründung angeschlossen hat. Da sämtliche mit der Bewertung betrauten Prüfer ihre Beurteilung eigenständig und unabhängig voneinander vorzunehmen haben (§ 25 Abs. 1 der Prüfungsordnung), ist auch sämtlichen Prüfern im Überdenkungsverfahren die Gelegenheit zur Überprüfung der Bewertung zu geben. Dies ergibt sich zudem aus § 4 Abs. 2 Satz 2 der Musterprüfungsordnung, nach der eine Prüfermehrheit entscheidet. Das in Art. 12 Abs. 1 GG verankerte Erfordernis der eigenständigen und unabhängigen Urteilsbildung der Prüfer wird durch eine Verfahrensgestaltung verletzt, die den Prüfern im Rahmen des Überdenkensverfahrens die Möglichkeit eröffnet, eine gemeinsame Stellungnahme zu den Einwänden des Prüflings auf Grundlage eines entsprechenden, vom Erstprüfer gefertigten Entwurfs und einer nachfolgenden Beratung zwischen ihnen abzugeben, die stattfindet, ohne dass die Prüfer zuvor das Ergebnis ihres Überdenkens schriftlich niedergelegt haben. Tauschen sich die beteiligten Prüfer vor diesem Zeitpunkt untereinander aus, eröffnet dies zwangsläufig die Möglichkeit, dass der Austausch in ihre hier noch nicht abgeschlossene Urteilsbildung einfließt. Die Eigenständigkeit und Unabhängigkeit der Urteilsbildung des Zweit- und Drittprüfers wird durch die mit einem solchen Austausch verbundenen Einwirkungsmöglichkeiten deutlich stärker als dadurch in Frage gestellt, dass er zu Beginn seiner eigenen Befassung die schriftliche Begründung der Überdenkensentscheidung des Erstprüfers zur Kenntnis nimmt; noch stärker wird naturgemäß die Eigenständigkeit und Unabhängigkeit der Urteilsbildung des Erstprüfers in Frage gestellt, dessen Befassung in Unkenntnis der Bewertung des Zweitprüfers einsetzte. Dass nicht in jedem Einzelfall ein solcher Austausch die Beteiligten in ihrer persönlichen Urteilsbildung tatsächlich beeinflusst, ändert nichts daran, dass die fragliche Verfahrensgestaltung eine dahingehende Gefahr begründet. Dieser Gefahr schon im Ansatz zu begegnen, ist im Prüfungsverfahren in Anbetracht der begrenzten intersubjektiven Nachvollziehbarkeit prüfungsspezifischer Wertungen ein besonders gewichtiges Anliegen.«[45] Der Prüfling hat Anspruch darauf, dass die von ihm substantiiert vorgebrachten Bedenken im Überdenkungsverfahren vollständig überprüft werden.[46]

33 Grundsätzlich hat sich der Widerspruch nicht gegen einzelne Noten, sondern gegen das Gesamtergebnis zu richten. Ausnahmsweise kann der Bewertung einer einzelnen Prüfungsleistung in der jeweiligen Prüfungsordnung aufgrund einer besonderen Ausgestaltung des Prüfungsverfahrens eine selbstständige rechtliche Bedeutung zuerkannt sein, der die Behörde mit dem Erlass eines Verwaltungsakts Rechnung zu tragen hat. Solches kommt insbesondere dann in Betracht, wenn mit der Bewertung der einzelnen Prüfungsleistung zugleich über das Ergebnis der Prüfung insgesamt entschieden wird oder wenn die Prüfung in mehrere selbstständige Teile untergliedert ist, die je für sich zu bestehen sind und im Nichtbestehensfall wiederholt werden müssen.[47]

34 Das Widerspruchsverfahren wird durch den **Widerspruchsbescheid** beendet. Diesen erlässt die zuständige Stelle – unabhängig davon, ob mit dem Widerspruchsbescheid das Zeugnis verbessert wird oder nicht (§ 73 Abs. 1 Nr. 3 VwGO).[48]

In einigen Bundesländern existieren Regelungen, nach denen ein Widerspruchsverfahren gar nicht oder nicht in dem dargestellten Umfang durchzuführen ist. Die Regelungen sind

---

45 *VG Köln* 30. 10. 2013 – 10 K 5755/12, *www.nrwe.de.*
46 *VG Köln*, a. a. O.
47 *BVerwG* 25. 3. 2003 – 6 B 8/03, DVBl 2003, 871 Rn. 3; Bay*VGH* 4. 1. 2017 – 22 C 16.2279, *www.gesetze-bayern.de.*
48 *Stolpmann/Teufer*, S. 203.

unterschiedlich und zum Teil befristet, so dass sich für Rechtsberatungen eine genauere Überprüfung empfiehlt.[49] Für Auszubildende dürfte in der Regel der Blick auf die **Rechtsmittelbelehrung** am Ende des Zeugnisses genügen.

b) Gerichtliche Kontrolle

Nachdem der Widerspruchsbescheid zugestellt wurde, besteht die Möglichkeit, das Zeugnis vor dem **Verwaltungsgericht** anzufechten. Nur ganz ausnahmsweise dürfte es möglich sein, die zuständige Stelle verpflichten zu lassen, ein bestimmtes Zeugnis auszustellen. Auch in diesem Fall empfiehlt es sich, die Anfechtung des Zeugnisses zumindest als Hilfsantrag »mitlaufen zu lassen.« **35**

Die Klage beim Verwaltungsgericht richtet sich gegen die zuständige Stelle i. S. d. § 71, nicht gegen den Prüfungsausschuss.[50] Das Klageverfahren folgt den Vorschriften der VwGO. Die Klage gegen das Prüfungszeugnis der ersten Prüfung erledigt sich nicht durch das Bestehen der Wiederholungsprüfung, da sich nicht ausschließen lässt, dass die erste, negative Entscheidung sich noch negativ auf das berufliche Fortkommen auswirkt.[51] Zur Klageberechtigung der Ausbildenden wird auf die Ausführungen zum Widerspruchsverfahren (s. Rn. 29 ff.) verwiesen. **36**

c) Maßstab bei der Überprüfung

Bei der Überprüfung des Prüfungsergebnisses im Widerspruchs- und im Klageverfahren gelten einheitliche Maßstäbe. Grundlage ist das **Prüfungsrechtsverhältnis**. Es entsteht durch die Zulassung zur Prüfung und begründet für den Prüfling und für die Prüfungsbehörde verschiedene Pflichten.[52] Aus dem Prüfungsrechtsverhältnis hat der Prüfling einen Anspruch auf Einhaltung aller Prüfungsvorschriften. Bei einer Verletzung von Pflichten aus dem Prüfungsrechtsverhältnis besteht gegenüber der zuständigen Stelle als Prüfungsbehörde ein **Schadenersatzanspruch** gem. Art. 34 GG i. V. m. § 839 BGB.[53] Aus dem Prüfungsrechtsverhältnis entstehen zahlreiche **Mitwirkungspflichten** für den Prüfling. So hat er Störungen, Mängel und Behinderungen unverzüglich geltend zu machen.[54] Dies gilt vor allem bei Bestehen einer **Prüfungsunfähigkeit**.[55] Der Prüfling verletzt die Mitwirkungspflicht (nur), wenn er ihr hätte nachkommen können und müssen.[56] **37**

Etwaige Ausbildungsmängel führen im Allgemeinen nicht zur Rechtswidrigkeit der diese Mängel nicht beachtenden Prüfungsentscheidung, sondern zur Verlängerung der Ausbildung,[57] auch dann nicht, wenn der Ausbildungsbetrieb »atypisch« ist. Etwas anderes kann nur dann gelten, wenn die Ausbildungsordnung vorschreibt, dass die Besonderheiten des Ausbildungsbetriebes zu berücksichtigen sind, dies in der Prüfung jedoch nicht **38**

49 Einen guten Überblick zu den Ausführungsgesetzen bieten *Stolpmann/Teufer*, S. 205 ff.
50 *Stolpmann/Teufer*, S. 211; *Taubert*, BBiG, § 37 Rn. 36.
51 *OVG NRW* 4. 12. 2013 – 14 A 2138/12, *www.nrwe.de.*
52 *Zimmerling/Brehm*, Prüfungsrecht, Rn. 126.
53 *Zimmerling/Brehm*, Prüfungsrecht, Rn. 130; *Stolpmann/Teufer*, S. 221 f.
54 *VG Aachen*, 26. 9. 2014 – 9 K 2702/13, juris; *OVG Münster* 3. 7. 2014 – 19 B 1243/13, juris.
55 *BVerwG* 22. 10. 1982 – 7 C 119.81, juris; *Zimmerling/Brehm*, Prüfungsrecht, Rn. 131 m. w. N.
56 *Zimmerling/Brehm*, a. a. O.
57 *BVerwG* 12. 11. 1992 – 6 B 36/92, Buchholz 421.0 Prüfungswesen Nr. 305 = NVwZ-RR 1993, 188; *OVG Berlin-Brandenburg* 2. 8. 2017 – OVG 5 N 30.16, *www.gerichtsentscheidungen.berlin-brandenburg.de*, Rn. 8; *BayVGH* 25. 9. 1985, DÖV 1986, 478; *VG Köln* 14. 9. 2005 – 10 K 2511/05, juris; zu Parallelvorschrift im Handwerk, § 31 HwO: *VG Regensburg* 24. 11. 2011 – RN 5 K 11.379, *www.gesetze-bayern.de.*

geschah,[58] oder wenn die mangelhafte Ausbildung ausnahmsweise nach der Konzeption des betreffenden Bildungs- oder Studiengangs integrierter Bestandteil des Prüfungsvorgangs, insbesondere der Leistungsbewertung ist.[59] Diese Mängel müssen gegenüber den zuständigen Stellen noch während der Ausbildung, jedenfalls vor Beginn der Prüfung geltend gemacht werden.[60] Die Fragestellungen, mit denen Prüfungen gerichtlich kontrolliert werden, lassen sich in etwa so zusammenfassen:[61]

- Wurde der Sachverhalt richtig und vollständig ermittelt?
- Wurden die allgemeinen Bewertungsgrundsätze beachtet?
- Wurden das Gebot der Sachlichkeit und das Willkürverbot eingehalten?
- Wurde fachwissenschaftlich korrekt gefragt und beurteilt?
- Wurde der Antwortspielraum des Prüflings respektiert?
- Wurden die Vorgaben der Prüfungs- und der Ausbildungsordnung eingehalten?
- War der Prüfungsausschuss korrekt besetzt?[62]

aa) Einhalten von Verfahrensvorschriften

39 Für die Abschlussprüfungen wird der Verfahrensrahmen in erster Linie durch die jeweilige Prüfungsordnung bestimmt, die selbst jeweils dem Maßstab des § 47 entsprechen muss. Die zu prüfende Person hat Anspruch auf eine ordnungsgemäße Zusammensetzung des Prüfungsausschusses. Diese richtet sich nach § 40. Nur ein ordnungsgemäß zusammengesetzter und beschlussfähiger Ausschuss (§ 41 Abs. 2) erfüllt den **Anspruch** des Prüflings auf einen rechtmäßigen Prüfungsausschuss.[63] Insbesondere ist darauf zu achten, dass entsprechend § 40 Abs. 2 jede Mitgliedsgruppe im Prüfungsausschuss vertreten ist. Der Prüfungsausschuss besteht durch die paritätische Besetzung von Arbeitgeber- und Arbeitnehmerbeauftragten, sowie mindestens einer Lehrkraft einer berufsbildenden Schule aus mindestens drei Mitgliedern.[64] Eine Prüfung durch lediglich zwei Mitglieder des Prüfungsausschusses ist dem gegenüber nicht zulässig.[65] Wurden Prüfer nicht rechtmäßig bestellt, zum Beispiel durch den Vorsitzenden des Prüfungsausschusses, ist die Prüfungsentscheidung rechtswidrig. Der Fehler bei der Bestellung der Prüfer ist entscheidungserheblich, denn es kann nicht ausgeschlossen werden, dass bei Beteiligung des zuständigen Prüfers dieser seinen Beurteilungsspielraum bei der Bewertung der Leistung anders ausgeübt hätte und ein anderes Prüfungsergebnis erzielt worden wäre.[66] Der Anspruch aus diesem Fehler richtet sich auf eine neue Bewertung der Prüfungsleistung durch einen ordnungsgemäß bestellten Prüfer – nicht auf wiederholen der Prüfung.[67] Bei mündlichen und praktischen Prüfungen gelten dieselben Grundsätze, führen jedoch

58 *Schleswig-Holsteinisches VG* 12.12.2013 – 12 A 179/12, juris.
59 *VG Berlin* 25.8.2017 – 12 K 223.16, *www.gerichtsentscheidungen.berlin-brandenburg.de*, Rn. 19.
60 *OVG Berlin-Brandenburg* 2.8.2017 – OVG 5 N 30.16, a.a.O., Rn. 4; *VG Berlin* 25.8.2017 – 12 K 223.16, a.a.O., Rn. 19.
61 *Stolpmann/Teufer*, S. 213.
62 *BVerwG* 12.11.1992 – a.a.O.; *BayVGH* 25.9.1985, a.a.O.; *VG Köln* 14.9.2005 – 10 K 2511/05, juris; zu Parallelvorschrift im Handwerk, § 31 HwO: *VG Regensburg*, 24.11.2011 – RN 5 K 11.379, *www.gesetze-bayern.de; VG Oldenburg* 10.2.2002 – 12 A 818/01, *www.rechtsprechung-niedersachsen.de.*
63 *Braun/Mühlhausen*, BBiG, § 34 Rn. 73.
64 *Benecke/Hergenröder*, BBiG, § 40 Rn. 6.
65 *Braun/Mühlhausen*, BBiG, § 34 Rn. 74.
66 *OVG NRW* 25.9.2014 – 14 A 1872/12, *www.nrwe.de; VG Gelsenkirchen* 17.10.2012 – 4 K 1737/11, *www.nrwe.de;* a.A. *VG Köln* 2.5.2013 – 6 K 3905/12, *www.nrwe.de.*
67 *OVG NRW* 23.12.2013 – 14 B 1277/13, *www.nrwe.de.*

zu einem Anspruch auf Wiederholungsprüfung, weil die unmittelbare Wahrnehmung der Prüfungsleistung durch den richtigen Prüfer/die richtige Prüferin unbedingt erforderlich ist.[68]

Die Mitglieder des Prüfungsausschusses müssen **geeignet** sein. Die Anforderungen an die Eignung ergeben sich aus § 40 Abs. 1 Satz 2.[69] Fehlende Sachkunde oder fehlende Eignung für die Prüfung stellt einen **Verfahrensfehler** dar, der zur Anfechtung der Prüfungsentscheidung berechtigt.[70] **40**

Wurden mehr als drei Prüfungsausschussmitglieder benannt, ist erforderlich, dass alle Mitglieder an einer Prüfung teilnehmen müssen. Nicht ausreichend ist, dass die genannten Grundsätze von Beschlussfähigkeit und Wahrung des Paritätsprinzips eingehalten werden und dass während der gesamten Prüfungsdauer die Anzahl der Prüfer gleichbleibt.[71] **41**

Wirken an der Prüfung ausgeschlossene oder befangene Prüfer mit, verletzt dies den Anspruch des Prüflings auf **Chancengleichheit** aus Art. 3 Abs. 1 GG so wie das Rechtsstaatsprinzip nach Art. 20 Abs. 3 GG. Wann ein Prüfer von der Prüfung auszuschließen oder befangen ist, diese abzunehmen, ist im Berufsbildungsgesetz nicht geregelt. Die Musterprüfungsordnung enthält hierzu in § 3 eine Regelung.[72] Die Besorgnis der Befangenheit liegt nahe, wenn ein Prüfungsausschussmitglied einem Prüfling besonders gesonnen oder abgeneigt ist. In der Regel dürfte sich dieses aus einem besonderen Verhältnis zwischen den beiden ergeben. Problematisch ist zum Beispiel ein **Verwandtschaftsverhältnis**, weswegen § 3 Abs. 1 MPO einen **Ausschluss** von der Mitwirkung von Angehörigen der Prüflinge vorsieht. Dabei kommt es nicht darauf an, ob zu erwarten ist, dass der Prüfer den Prüfling bevorzugt. Eine besondere Nähe zwischen Prüfling und Prüfer kann dem Prüfling auch zum Nachteil gereichen, etwa weil der Prüfer das Näheverhältnis durch besondere Strenge »überkompensiert«.[73] Ganz allgemein regelt § 21 VwVfG, dass die Besorgnis der Befangenheit vorliegt, wenn ein objektiver Grund vorliegt, der geeignet ist Misstrauen gegen eine unparteiische Amtsausübung zu rechtfertigen. Dabei geht es nicht um das empfinden des Prüflings im Einzelnen, sondern um eine – soweit wie möglich – »objektive Betrachtung aus der Sicht eines verständigen Prüflings.«[74] Daher wird – entsprechend § 3 Abs. 4 MPO – regelmäßig der Ausbilder des Prüflings befangen sein.[75] **42**

Streitig ist, ob ein Prüfer befangen ist, dem die Neubewertung der Prüfung nach erfolgreich durchgeführten Verwaltungsstreitverfahren aufgetragen wird. Nach der Rechtsprechung kann die Befangenheit hier nicht ohne Weiteres angenommen werden.[76] Hiergegen wird zu Recht eingewendet, dass diese Sicht der Dinge zu idealistisch ist und verkennt, dass die neue Bewertung letztlich auch eine Entscheidung in eigener Sache des Prüfers ist.[77] Liegen objektive Anhaltspunkte vor, dass der Prüfer sich bei der neuerlichen Bewertung nicht von seinem früheren, unzutreffenden Bewertungsmaßstab lösen will, nimmt auch die Rechtsprechung Befangenheit an.[78] **43**

---

68 *Fischer/Jeremias/Dieterich, PrüfungsR*, Rn. 493.
69 Siehe § 40 Rn. 27.
70 *Benecke/Hergenröder*, BBiG, § 40 Rn. 13.
71 *Braun/Mühlhausen*, BBiG, § 34 Rn. 75.
72 Abgedruckt unter § 47 Rn. 20ff.
73 *VG Münster* 23.11.1990 – 1 K 1773/89, NVwZ-RR 1992, 77.
74 *BVerwG* 11.11.1998 – 6 C 8.97, NVwZ-RR 1999, 438; *Zimmerling/Brehm*, Prüfungsrecht, Rn. 272 m.w.N.
75 *VG Oldenburg* 10.2.2002 – 12 A 818/01, juris.
76 *Hess. VGH* 21.5.2012 – 9 A 1156/11, juris; *OVG Lüneburg* 8.6.2011 – 8 LB 199/09, juris; *Zimmerling/Brehm*, Prüfungsrecht, Rn. 275.
77 *Braun/Mühlhausen*, BBiG, § 34 Rn. 80.
78 *OVG NRW* 25.9.2014 – 14 A 1872/12, *www.nrwe.de.*

44 Aus dem Grundsatz der Chancengleichheit und dem Rechtsstaatsprinzip lassen sich die Gebote der Fairness und der Sachlichkeit für die Prüfung entwickeln.[79] Ein Prüfling muss daher nicht hinnehmen, wenn der Prüfer ihn der Lächerlichkeit preisgibt, mögen seine Leistungen auch noch so unzulänglich sein.[80] Allerdings ist die Rechtsprechung bei unsachlichen Kommentaren der Prüfer ausgesprochen großzügig, bis eine Verletzung des Fairnessgebots bejaht wird.[81] Die Rechtsprechung unterschätzt insoweit die Wirkung, die ein derartiges Verhalten der Prüfer auf die weiteren Leistungen der Prüflinge hat. Ein echtes Abbild der **Kompetenzen** des Prüflings lässt sich in der Prüfung nach einem solchen Verhalten nicht mehr erreichen.[82] Für die Besorgnis der Befangenheit trägt der **Prüfling** im vollen Umfang die Darlegungs- und Beweislast.[83] Wegen der schon dargestellten Mitwirkungspflichten des Prüflings muss die Voreingenommenheit eines Prüfers grundsätzlich vor der Prüfung und unverzüglich geltend gemacht werden.[84] Zu folgen ist Meinung, dass es dem Prüfling nicht zugemutet werden kann, dass dieser während der mündlichen Prüfung einen Befangenheitsantrag stellen muss. Vielmehr soll er sich auf das Prüfungsgespräch konzentrieren, zumal für ihn nicht abschätzbar ist, wie sich ein Befangenheitsantrag im weiteren Prüfungsgespräch auswirken wird.[85]

bb) Kontrolle der Prüfungsentscheidung

45 Bis zum Anfang der 90er-Jahre konnten Prüfungsentscheidungen lediglich eingeschränkt gerichtlich überprüft werden.[86] Seit den Beschlüssen des Bundesverfassungsgerichts vom 17.4.1991[87] können die Gerichte Prüfungsentscheidungen vollständig überprüfen. Lediglich bei prüfungsspezifischen Bewertungen von Fachfragen verbleibt der Prüfungsbehörde ein Bewertungs- und Entscheidungsspielraum und die gerichtliche Prüfung beschränkt sich darauf, ob die Prüfungsbehörde gegen Verfahrens- oder sonstiges Recht verstoßen hat, von einem unrichtigen Sachverhalt ausgegangen ist, sich von sachfremden Erwägungen hat leiten lassen, gegen allgemeine Bewertungsgrundsätze verstoßen oder sonst willkürlich gehandelt hat. Aus diesen Gründen darf eine vertretbare und mit gewichtigen Argumenten **folgerichtig** begründete Lösung nicht als falsch gewertet werden. Fachfragen sind solche, die einer fachwissenschaftlichen Erörterung zugänglich sind.[88] Unerheblich ist, ob die Fachfragen in der Fachwissenschaft als geklärt gelten oder kontrovers behandelt werden.[89] Nur bei prüfungsspezifischen Wertungen verbleibt der Prüfungsbehörde ein Bewertungsspielraum. Dazu zählen insbesondere mündliche Prüfungssituationen,[90] die nicht wiederholbar sind, weil der Prüfungsablauf unwiederbringlich ist, die Einschätzung des Schwierigkeitsgrads, der Beurteilungsmaßstab (z. B. Gewichtung der Aufgaben untereinander, bei der Würdigung der Darstellung oder bei der

79 *Zimmerling/Brehm,* Prüfungsrecht, Rn. 280.
80 *BVerwG* 28.4.1978 – 7 C 50/75, NJW 1978, 2408.
81 Siehe die Übersicht in *Zimmerling/Brehm,* Prüfungsrecht, Rn. 284.
82 So auch *Braun/Mühlhausen,* BBiG, § 34 Rn. 85.
83 *VG Düsseldorf* 5.1.1999 – 15 K 2675/98, EzB, § 41 BBiG Befangenheit Nr. 6.
84 Siehe Rn. 37.
85 *OVG Münster* 5.12.1986 – 22 A 780, 85, NVwZ 1988, 458; *Zimmerling/Brehm,* Prüfungsrecht, Rn. 295.
86 Siehe Rechtsprechungsübersicht bei *Braun/Mühlhausen,* BBiG, § 34 Rn. 59.
87 1 BvR 419/81 und 213/83, BVerfGE 84, 30.
88 *VG Regensburg* 4.5.2017 – RO 5 K 15.2258, *www.gesetze-bayern.de,* Rn. 29; *VG Berlin* 16.4.2012 – 12 K 1756.11, *juris; Braun/Mühlhausen* BBiG, § 34 Rn. 61.
89 *BVerwG* 17.12.1997 – 6 B 55/97, NVwZ 1998, 738.
90 *VG Regensburg, a. a. O.*

Gewichtung eines Mangels),[91] die Bewertung der Darstellungsweise und die Auswahl der Prüfungsaufgaben.[92] Soweit ein Prüfling substantiierte Einwendungen erhebt, hat das Verwaltungsgericht darüber zu urteilen, ob die vom Prüfer als falsch bewertete Lösung im Gegenteil richtig oder jedenfalls vertretbar war.[93] Bei materiellen Bewertungsfehlern besteht in der Regel ein Anspruch darauf, dass die Prüfungsleistung neu bewertet wird. Bei Fehlern im Ablauf des Prüfungsverfahrens besteht dieser Anspruch nicht. Ein solcher Fehler bei der Ermittlung der Kenntnisse und Fähigkeiten der Prüflinge, der – wie z. B. die Wahl einer unzulässigen Prüfungsaufgabe – zu einem verfälschten Prüfungsergebnis führt, kann gerade nicht durch eine Neubewertung ausgeglichen werden. In diesem Fall besteht ein Anspruch auf Wiederholung des Prüfungsverfahrens.[94]

Anspruch auf **Neubewertung**: 46

- Prüfer von einem falschen Sachverhalt ausgegangen, sachfremde Erwägungen angestellt, gegen allgemeine Bewertungsmaßstäbe verstoßen.
  (*VG Berlin 5. 8. 2011 – 3 K 59.10, juris*)
- Bewertung schriftlicher Prüfungsaufgaben nicht hinreichend begründet, wenn sich nicht ausschließen lässt, dass bei einer erneuten Bewertung die für das Bestehen der Prüfung erforderliche Punktzahl erreicht werden kann.
  (*VG Köln 20. 4. 1994 – 10 K 6661/92, juris*)

Anspruch auf **Wiederholensprüfung**:

- Prüfungsbehörde behält ein vom Prüfling angefertigtes Konzept für seinen mündlichen Vortrag und seine Mitschrift des Prüfungsablaufs ein und vernichtet diese vor Bestandskraft der Prüfungsentscheidung, sofern Prüfling glaubhaft macht, dass ihn die Vernichtung dieser Unterlagen in seinen Möglichkeiten, Rechtsschutz gegen die Bewertung seiner Leistungen zu erlangen, wesentlich beeinträchtigt.
  (*BFH 12. 4. 2011 – VII R 5/10, juris*)
- Abprüfen von unzulässigem Prüfungsstoff.
  (*VG Berlin 16. 4. 2012 – 12 K 1756.11*)
- Fehler im Prüfungsverfahren einschließlich des normierten Verfahrens zur Bewertung der Prüfungsleistung, dessen Einfluss auf das Prüfungsergebnis nicht ausgeschlossen werden kann.
  (*VG Arnsberg 17. 4. 2012 – 9 K 399/11, juris*)
- Prüfungsausschuss unzulässig besetzt
  (*OVG Lüneburg 6. 9. 2023 – 2 ME 57/23, juris; Fischer, in: ders./Jeremias/Dieterich PrüfungsR, Rn. 373)*
- Nochmalige Nachbewertung einer Klausur scheidet aus, weil ein Fehlerausgleich dadurch nicht herbeigeführt werden kann.
  (*VG Gelsenkirchen 9. 4. 2014 – 7 K 389/11, juris*)
- Verstoß gegen den Grundsatz des Ausschlusses der Öffentlichkeit während der Prüferberatung, soweit nicht ausgeschlossen werden kann, dass dies Einfluss auf die Bewertung der Prüfungsleistung genommen hat.
  (*FG München 25. 2. 2015 – 4 K 743/13, juris*)
- Erinnerung der prüfenden Person wegen Zeitablaufs nicht mehr ausreichend vorhanden

91 *VG Regensburg*, a. a. O.
92 *Braun/Mühlhausen*, BBiG, § 34 Rn. 60; *BVerwG* 21. 10. 1993 – 6 C 12.92, BayVBl. 1994, 443; *BVerwG* 16. 3. 1994 – 6 C 5.93, NVwZ-Rechtsprechungs-Report (NVwZ-RR) 1994, 582, 583; *BVerwG* 17. 12. 1997 – 6 B 55.97, NVwZ 1998, 738.
93 *VG Augsburg* 12. 7. 2016, Au 3 K 15.820, *www.gesetze-bayern.de.*
94 *VG Arnsberg* 17. 4. 2012 – 9 K 399/11, *www.nrwe.de.*

(*BVerwG 11. 4. 1996 – 6 B 13.96, juris, Rn. 9; OVG NRW 6. 9. 1995 – 22 A 1844/94, juris, Rn. 16ff. und 10. 4. 2017 – 14 A 430/17, juris, Rn. 7; Fischer, in: ders./Jeremias/Dieterich PrüfungsR, Rn. 690)*
- Prüfungsarbeit verloren gegangen
(*Fischer, in: ders./Jeremias/Dieterich PrüfungsR, Rn. 690)*

Selbst bei einem Anspruch auf Neubewertung steht dem Prüfling jedoch zumeist kein Anspruch auf eine bestimmte Note zu. Dies ergibt sich aus dem Bewertungsspielraum der Prüfungsbehörde, der dazu führt, dass das Verwaltungsgericht die Prüfungsleistung nicht selbst beurteilen darf. Auch eine Verpflichtung an die Prüfungsbehörde, eine Prüfung mit einer bestimmten Note zu bewerten, scheidet aus.[95] Der Grundsatz, dass dem Prüfling ein **Antwortspielraum** zusteht, wenn seine Antwort begründet wird und zumindest als vertretbar anerkannt worden ist, stößt im **Multiple-Choice-Verfahren** an seine Grenzen. Anerkannt ist, dass vom Prüfling nicht die Wahl der am ehesten zutreffenden Antwort verlangt werden kann. Es kommt ausschließlich darauf an, ob die vom Prüfling gegebene Antwort vertretbar ist.[96] Irreführende oder thematisch verfehlte Fragen lassen sich nicht völlig ausschließen. Insofern können die prüfenden Stellen auffällige Fehlerhäufungen feststellen, die auf Mängel bei der **Aufgabenerstellung** hindeuten.

47 Die Fragen, bei denen sich über diesen Weg herausstellt, dass sie **nicht eindeutig beantwortbar** und damit als Prüfungsfrage im Multiple-Choice-Verfahren ungeeignet sind, können von der Bewertung ausgenommen werden.[97] Alternativ können die Antworten des Prüflings als zutreffend bewertet werden.[98] Dies wird vor allen Dingen bei den Prüfungsaufgaben gelingen, die für eine Vielzahl von Prüfungen und ggf. auch überregional oder von einem Aufgabenerstellungsausschuss (§ 47 Abs. 2 Satz 2) erstellt werden. Aufgrund der größeren statistischen Grundlage lassen sich signifikante Fehlerhäufungen so einfacher feststellen. Denn dem Prüfling soll durch die Auswahl eines Multiple-Choice-Verfahrens als Prüfungsmethode kein Nachteil entstehen. Im Hinblick darauf, dass der Prüfungsgegenstand gem. § 38 BBiG die berufliche Handlungsfähigkeit ist, und dass sich daraus ergibt, dass der Prüfling zeigen soll, dass er im Beruf in der Lage ist, selbstständig zu planen, durchzuführen und zu kontrollieren, bestehen gegen Multiple-choice-Prüfungen erhebliche Bedenken (s. § 38 Rn. 10f.).[99] Bearbeitungshinweise als Bestandteil von Prüfungsaufgaben sind zulässig und führen nicht zur Fehlerhaftigkeit der Prüfung. Sie dürfen jedoch vom Prüfling, ausgehend von seinem Wissensstand, fachlich nichts Unmögliches verlangen und müssen zudem verständlich und widerspruchsfrei sein. Für ihre Erstellung besteht ein gerichtlich nur eingeschränkt überprüfbarer Gestaltungsspielraum. Trotz Zeitdrucks kann vom Prüfling erwartet werden, dass er auch in Fußnoten enthaltene, aber gut sichtbare Bearbeitungshinweise zur Kenntnis nimmt.[100] Ausbildungsmängel führen nicht zur Rechtswidrigkeit der Prüfungsentscheidung, sondern zur Verlängerung der Ausbildung.[101]

---

95 *BVerfG* 17. 4. 1991 – 1 BvR 419/81 und 213/83, BVerfGE 84, 345, 3f.; *BVerwG* 9. 12. 1992 – 6 C 3.92, NVwZ 1993, 677, 678.
96 *Zimmerling/Brehm*, Prüfungsrecht, Rn. 578 m.d.H. auf *OVG Münster* 18. 3. 1998 – 22 B 368/99, n. v.
97 *BVerwG* 28. 11. 1991, NVwZ 1992 421; Wohlgemuth/*Lakies*, BBiG, 3. Aufl., § 38 Rn. 8d.
98 Wohlgemuth/*Wohlgemuth*, BBiG, 1. Aufl., § 38 Rn. 8d.
99 *Brötz/Keup-Gottschalck/Labusch*, Handlungsorientierung – (k)ein Thema für die Aufgabenersteller, Denk-doch-mal, 4–14, *www.denk-doch-mal.de.*
100 *VG Augsburg* 12. 7. 2016 – Au 3 K 15.820 und Au 3 K 15.832, *www.gesetze-bayern.de.*
101 Siehe Rn. 37f.

4. Gestreckte Abschlussprüfung

Bei der sog. gestreckten Abschlussprüfung erhält der Auszubildende über den ersten Teil der Abschlussprüfung kein gesondertes Zeugnis. Das Ergebnis des ersten Prüfungsteils ist gem. § 37 Abs. 2 Satz 3 **schriftlich** mitzuteilen. Zur Möglichkeit, den ersten Prüfungsteil bei mangelhafter Leistung isoliert zu wiederholen siehe Rn. 14. Nach einer Entscheidung des *BSG* soll bei Bestehen des ersten Teils der gestreckten Abschlussprüfung noch keine Weiterbildungsprämie (§ 131a Abs. 3 Nr. 1 SGB III) zu zahlen sein, wenn die Ausbildung bis dahin ein Jahr oder weniger gedauert hat und zwischen dem ersten und dem zweiten Teil der gestreckten Abschlussprüfung nur wenige Monate liegen, wie dies bei einer Weiterbildungsmaßnahme mit Externenprüfung der Fall sein kann.[102] **48**

Mit dem Berufsbildungsvalidierungs- und -digitalisierungsgesetz (BVaDiG) wurde die Formvorschrift seit dem 1.8.2024[103] erweitert: Die Mitteilung über den ersten Teil einer gestreckten Abschlussprüfung ist schriftlich oder elektronisch auszustellen. Aufgrund der Formulierung »oder« stellt sich die Frage, ob es sich um ein »einschließendes oder« (»Disjunktion«) oder um ein »ausschließendes oder« (»Kontravalenz«) handelt. Bei einem »ausschließendem oder« käme nur eine der beiden Formen in Frage. Bei einem »einschließenden oder« könnte das Zeugnis schriftlich und zugleich auch elektronisch ausgestellt werden. Der Gesetzgeber hat die Änderung damit begründet, dass zukünftig »an Stelle einer ausschließlich schriftlichen auch eine elektronische Mitteilung des Ergebnisses der Prüfungsleistungen ermöglicht« wird.[104] Damit ist ein »einschließendes oder« nach dem Willen des Gesetzgebers möglich. Ein »einschließendes oder« vermeidet zudem Probleme, die sich daraus ergeben können, dass ein Zeugnis sowohl schriftlich als auch elektronisch ausgestellt wurde und damit faktisch ein Gesetzesverstoß vorläge. Es handelt sich bei der Wahl der Form der Mitteilung über den ersten Teil der gestreckten Abschlussprüfung (nur schriftlich, nur elektronisch, schriftlich und elektronisch) um eine Ermessensentscheidung der zuständigen Stelle. **48a**

Wenn die Mitteilung des Ergebnisses des ersten Teils der gestreckten Abschlussprüfung (auch) elektronisch ausgestellt wird, ist bei der Zustellung »sicherzustellen, dass die Integrität und Authentizität der Daten gewahrt ist und deren Inhalte nicht unbefugt zur Kenntnis genommen oder missbräuchlich verwendet werden können«.[105] Damit ist eine einfache Zustellung per E-Mail ebenso ausgeschlossen wie eine Zustellung über eine erkennbar dienstliche Mailadresse, weil bei einer dienstlichen E-Mailadresse stets von einer Zugriffsmöglichkeit von anderen Beschäftigten des Arbeitgebers, z.B. aus der IT-Administration, ausgegangen werden muss. Dies gilt auch für die Übersendung eines Downloadlinks per E-Mail. Denkbar sind aber z.B. die Registrierung des Prüflings in einem Portal der zuständigen Stelle, von dem aus ein Download erfolgen kann, oder schriftliche Übermittlung eines QR-Codes zum Download. Beides bringt andererseits Probleme des Zustellzeitpunkts mit sich, denn die Zustellung ist erst erfolgt, wenn der Download tatsächlich erfolgte, nicht etwa mit Bereitstellung der Downloadmöglichkeit. **48b**

5. Übersetzung des Zeugnisses

Damit die Auszubildenden grenzüberschreitend tätig sein können und die Zeugnisse innerhalb der europäischen Union transparent sind, besteht ein Anspruch der Auszubil- **49**

102 *BSG* 3.11.2021 – B 11 AL 2/21 R, *bundessozialgericht.de.*
103 Art. 7 Berufsbildungsvalidierungs- und -digitalisierungsgesetz, BT-Drucks. 20/10859, S. 30.
104 BT-Drucks. 20/10857, S. 45.
105 BT-Drucks. 20/10857, S. 45.

denden darauf, dass sie das Abschlusszeugnis auch in einer englischsprachigen und in einer französischsprachigen **Übersetzung** erhalten. Nach dem Willen des Gesetzgebers dient die Vorschrift der grenzüberschreitenden Mobilität und der Transparenz der **Befähigungsnachweise.**[106] Zusammen mit einem ggf. vorhandenen Ausbildungsprofil in englischer und französischer Sprache können Arbeitgeber und zuständige Stellen im europäischen Ausland einen Eindruck von den vorhandenen Kompetenzen der Bewerber erhalten.[107] Hierzu sollte sinnvollerweise das Zeugnis mit dem Ausbildungsprofil verbunden werden.[108] Der Antrag kann formlos gestellt werden. Eine Frist für den Antrag ist nicht vorgesehen, so dass eine Übersetzung auch noch im weiteren Verlauf des Berufslebens angefordert werden kann, etwa wenn sich herausstellt, dass der ehemalige Auszubildende in einem anderen Land tätig sein will. Dies gilt jedoch nur für Zeugnisse seit dem 1. April 2005, nicht auch für Zeugnisse, die zuvor auszustellen waren. Der Gesetzgeber hat hierzu keine Übergangsregelung geschaffen, hat sich im Rahmen seiner gesetzgeberischen Gestaltungsfreiheit für die erstmalige Normierung eines Anspruchs/ einer Begünstigung ab einem mit Inkrafttreten der Neufassung bezeichnetem Stichtag entschieden, was es einschließt, dass Aus- bzw. Fortzubildende, die die Prüfung vor Inkrafttreten der Norm absolviert haben, davon nicht profitieren können.[109]

50 Eine Kostenregelung für eine Übersetzung des Zeugnisses liegt nicht vor. Nach dem Willen des Gesetzgebers sollen für die Auszubildenden keine Gebühren für die Übersetzung des Zeugnisses anfallen.[110]

VII. Gebührenfreiheit

51 Nach Abs. 4 ist die Abschlussprüfung für Auszubildende **gebührenfrei**. Die Gebührenfreiheit bezieht sich sowohl auf die erste Abschlussprüfung als auch auf Wiederholungsprüfungen und wegen § 48 Abs. 1 Satz 2 auch für Zwischenprüfungen. Der Begriff der »Abschlussprüfung« ist weit zu verstehen. Daher ist auch die Ausstellung des Zeugnisses so wie die Übersetzung des Zeugnisses gebührenfrei.[111] Für die Übersetzung des Zeugnisses gilt dies jedoch nur dann, wenn der Antrag auf Aushändigung von Übersetzungen so zeitnah im Anschluss an die Prüfung erfolgt, dass die Übersetzung noch als Teil der Abschlussprüfung angesehen werden kann. Auch Prüfungen über Zusatzqualifikationen gem. § 49 sind nach § 49 Abs. 2 für die Auszubildenden kostenfrei.

52 Tatbestandsvoraussetzungen für die Gebührenfreiheit gem. Abs. 4 ist, dass der Prüfling Auszubildender ist. Die Gebührenfreiheit besteht daher nicht für Prüflinge, die nach § 45 Abs. 2 und Abs. 3 oder nach § 43 Abs. 2 an der Prüfung teilnehmen.[112] Prüfungen von Umschülern können für diese kostenpflichtig sein, da § 62 Abs. 3 Satz 2 nicht auf § 37 Abs. 4 verweist.

53 Streitig ist, ob die Prüfung auch für diejenigen Prüflinge, die **nach Ablauf ihrer Ausbildungszeit** ihre Prüfung absolvieren, gebührenfrei ist. Nach Ablauf der Ausbildung ist das Ausbildungsverhältnis beendet.[113] Wird die Abschlussprüfung bestanden, war der Prüfling somit zum Zeitpunkt der Prüfung kein Auszubildender. Denn Auszubildende

---

106 BT-Drucks. 15/3980, S. 50 (zu § 37).
107 Amtliche Begründung zum Regierungsentwurf, BT-Drucks. 15/3980 zu § 37.
108 Wohlgemuth/*Günther*, BBiG, § 37 Rn. 27.
109 VG *München* 6.8.2012 – M 16 K 12.1696, *www.gesetze-bayern.de*.
110 Amtliche Begründung zum Regierungsentwurf, BT-Drucks. 15/3980 zu § 37.
111 *Benecke/Hergenröder*, BBiG, § 37 Rn. 23; Wohlgemuth/*Günther*, BBiG, § 37 Rn. 31.
112 *Taubert*, BBiG, § 37 Rn. 44.
113 *BAG* 13.3.2007 – 9 AZR 494/06, juris.

sind die Vertragspartner der Ausbildenden (§ 10 Abs. 1). Ist der Vertrag beendet, endet auch die Eigenschaft als Auszubildender. Dennoch sind die Prüfungen für die ehemalige Auszubildende, die nach Ablauf ihrer Ausbildungszeit die Prüfung bestehen, gebührenfrei. Anderenfalls entstünde ein Wertungswiderspruch: Auszubildende, die ihre Prüfung nach Ablauf der regulären Ausbildungszeit absolvieren, diese aber nicht bestehen, können ihre Weiterbeschäftigung gem. § 21 Abs. 3 verlangen.[114] Mit diesem Verlangen lebt das Ausbildungsverhältnis wieder auf, es verlängert sich bis zum Bestehen der nächsten Wiederholungsprüfung, längstens um ein Jahr (§ 21 Abs. 3). Damit gelten diejenigen Auszubildenden, die nach Ablauf ihrer regulären Ausbildungszeit die Prüfung **nicht** bestehen, als Auszubildende. Für sie ist die Prüfung **gebührenfrei**. Prüflinge, die nach Ablauf der regulären Ausbildungszeit ihre Prüfung bestehen, werden »bestraft«, würden sie nicht unter den Schutz des § 37 Abs. 4 gestellt. Für dieses Ergebnis spricht zudem, dass die Prüflinge den Prüfungstermin nicht bestimmen können. Es läge also an der zuständigen Stelle, ob sie durch die Festlegung des Prüfungstermins eine Gebührenfreiheit für die Auszubildenden herbeiführt oder verhindert.[115]

Eine Vereinbarung, mit der das Verbot der Gebührenfreiheit für Auszubildende umgangen werden soll, ist nichtig. Sie wird von § 12 Abs. 2 Nr. 1 erfasst.[116] Die zuständige Stelle kann festlegen, dass und in welcher Höhe Beiträge für die Prüfung von Ausbildenden geleistet werden müssen. Eine Regelung in einer solchen Gebührenordnung, die Beiträge von Auszubildenden verlangt, deren Ausbildungsverhältnis vor Ablegung der Prüfung geendet hat, ist wegen eines Verstoßes gegen § 37 Abs. 4 in der gebotenen Auslegung (siehe Rn. 53) **nicht zulässig**.[117] **54**

Die Kosten, die für die Teilnahme an der Prüfung anderweitig noch anfallen können, müssen Auszubildende selbst tragen. Dies gilt besonders für Fahrt- und Übernachtungskosten.[118] Die Kosten für die Ausbildungsmittel, die für die Teilnahme an der Prüfung benötigt werden, trägt gem. § 14 Abs. 1 Nr. 3 der Ausbildende. **55**

VIII. Anwendbarkeit auf andere Prüfungen

§ 37 Abs. 3 Satz 1 gilt entsprechend für Zeugnisse, die die vollständige Vergleichbarkeit als Ergebnis eines Validierungsverfahrens feststellen (§ 50c Abs. 3 Satz 3). § 37 gilt für die Zwischenprüfung entsprechend, wie § 48 Abs. 1 Satz 2 dies anordnet. Die Regelungen über das Zeugnis in Abs. 2 Satz 1 und 2 sowie in Abs. 3 Satz 1 gelten für berufliche Fortbildungen (§ 56 Abs. 1 Satz 2). Für die Prüfungen bei Umschulungen (§ 62 Abs. 3 Satz 2) gelten die Abs. 2 und 3 entsprechend. **56**

Die Vorschrift gilt nicht im Handwerk. Die Abschlussprüfung für Handwerksberufe (Gesellenprüfung) ist in § 31 HwO geregelt. **57**

---

114 Zu den Anforderungen an das Verlangen siehe § 21 BBiG.

115 Im Ergebnis so auch *Benecke/Hergenröder*, BBiG, § 38 Rn. 23; Wohlgemuth/*Günther*, BBiG, § 37 Rn. 30; a.A.: *Taubert*, BBiG, § 37 Rn. 43; offen gelassen von *LAG Köln* 4.5.2006 – 9 Ta 128/06, juris.

116 *Benecke/Hergenröder*, BBiG, § 37, Rn. 25; *Taubert*, BBiG, § 37 Rn. 46.

117 A.A.: *Taubert*, BBiG, § 37 Rn. 45.

118 *BAG* 14.12.1983 – 5 AZR 333/81, juris.

§ 38 Prüfungsgegenstand

Durch die Abschlussprüfung ist festzustellen, ob der Prüfling die berufliche Handlungsfähigkeit erworben hat. In ihr soll der Prüfling nachweisen, dass er die erforderlichen beruflichen Fertigkeiten beherrscht, die notwendigen beruflichen Kenntnisse und Fähigkeiten besitzt und mit dem im Berufsschulunterricht zu vermittelnden, für die Berufsausbildung wesentlichen Lehrstoff vertraut ist. Die Ausbildungsordnung ist zugrunde zu legen.

Inhaltsübersicht Rn.

I. Allgemeines

1 § 38 definiert den Prüfungsgegenstand und das Ziel der Prüfung. Das Ziel der Prüfung ist die Feststellung, ob die berufliche Handlungsfähigkeit i. S. d. § 1 Abs. 2 erworben wurde. Dementsprechend konkretisiert § 38 Satz 2 das Ziel der Prüfung damit, dass der Nachweis folgender Kompetenzen erfolgen soll:

2 • Beherrschen der erforderlichen beruflichen Fertigkeiten
• Besitzen der notwendigen beruflichen Kenntnisse und Fähigkeiten.

3 Zusätzlich zu diesen Teilaspekten der beruflichen Handlungsfähigkeit ist in der Prüfung auch der Nachweis zu erbringen, dass der Prüfling mit dem wesentlichen Lehrstoff des berufsbezogenen Berufsschulunterrichts vertraut ist.

Durch die Beschreibung des Prüfungsziels macht der Gesetzgeber deutlich, dass eine einheitliche Prüfung für den Abschluss der Berufsausbildung festgelegt wird. Es gilt der Grundsatz der **Prüfungseinheit**. Eine gesonderte Abschlussprüfung für die Berufsschule erfolgt nicht. Ebenso wenig erfolgt eine besondere Anerkennung des Berufsschulabschlusszeugnisses durch die zuständige Stelle. Beides widerspräche dem Grundsatz der Prüfungseinheit. Durch die Teilnahme der Berufsschulkräfte an der Abschlussprüfung (§ 40) können die in der Berufsschule erworbenen Kompetenzen ausreichend in der Prüfung kontrolliert werden.

4 Der Grundsatz der Prüfungseinheit führt dazu, dass sich in der abschließenden Prüfungsnote lediglich diejenigen Leistungen niederschlagen dürfen, die in der Abschlussprüfung gezeigt wurden. Damit sind Berufsschulzeugnisse ebenso wenig berücksichtigungsfähig wie betriebliche Beurteilungen, Berichtsheft/Ausbildungsnachweise oder sonstige Zusatzqualifikationen.[1]

5 In inhaltlicher Hinsicht gibt es vom Grundsatz der Prüfungseinheit keine Ausnahme. Damit werden alle für die Prüfung relevanten Kompetenzen i. S. d. § 38 Satz 2 zu einer gemeinsamen Prüfungsnote verbunden. In zeitlicher Hinsicht kann von der Prüfungseinheit abgewichen werden, als die einschlägige Prüfungsordnung für Wiederholungsprüfungen die Möglichkeit vorsehen kann, **frühere Prüfungsleistungen** anzurechnen, sodass nicht die komplette Prüfung wiederholt werden muss.[2]

1 Wohlgemuth/*Günther*, BBiG, § 38 Rn. 6; *Taubert*, BBiG, § 38 Rn. 7 f.
2 Siehe § 29 MPO, abgedruckt unter § 47 Rn. 20.

Eine weitere Ausnahme vom Grundsatz der Prüfungseinheit in zeitlicher Hinsicht ist die Möglichkeit einer gestreckten Prüfung gem. § 5 Abs. 2 Nr. 2. 6

II. Prüfungsstoff

Der Prüfungsstoff ergibt sich aus der Ausbildungsordnung. Sie ist der Prüfung zugrunde zu legen (§ 38 Satz 3). In der Ausbildungsordnung finden sich im Ausbildungsrahmenplan die Kompetenzen, die während der Ausbildung erworben werden sollen. Ob sie vorliegen, soll mit der Prüfung festgestellt werden. Ebenfalls in der Ausbildungsordnung finden sich die Prüfungsanforderungen.[3] Die Kompetenzen, die in der Berufsschule erlernt werden sollen, sind im Ausbildungsrahmenlehrplan bestimmt. 7

Durch die Prüfung muss der Prüfling anhand seiner Leistungen nachweisen, dass er die für die konkrete Berufsausübung erforderlichen Kompetenzen besitzt.[4] Die inhaltlichen Anforderungen an die Prüfung werden auf Basis des § 4 in der Ausbildungsordnung geregelt, die § 38 Satz 3 zum Prüfungsgegenstand macht. In diesem Rahmen steht es dem Prüfungsausschuss frei, die Prüfungsthemen zu bestimmen, Prüfungsaufgaben nach dem vorgesehenen Verfahren[5] zu stellen und das Prüfungsgespräch in eine bestimmte Richtung zu lenken.[6] Der Prüfungsstoff ist gem. § 38 i. V. m. der Ausbildungsordnung nicht auf die Themen beschränkt, die in der Ausbildung oder in der Berufsschule durchgenommen wurden. Geprüft werden kann alles, was in der Ausbildungsordnung enthalten ist, sowie der wesentliche Lehrstoff des Ausbildungsrahmenlehrplans. Nicht erforderlich ist, dass die Themen im Betrieb oder in der Berufsschule bearbeitet wurden.[7] Allerdings haftet der Ausbildende ggf. dem Auszubildenden auf Schadenersatz, wenn der Auszubildende wegen schlechter Ausbildung die Prüfung nicht besteht. Auch eine Haftung der Schule wegen schlechter Ausbildung aus § 839 BGB ist nicht ausgeschlossen. Nicht schulpflichtigen Auszubildenden soll es allerdings verwehrt sein, sich darauf zu berufen.[8] 8

Prüfungsgegenstand sind die berufliche Handlungsfähigkeit einerseits und der für die Berufsausbildung wesentliche Lehrstoff des Berufsschulunterrichts andererseits. 9

1. Berufliche Handlungsfähigkeit

Die berufliche Handlungsfähigkeit definiert sich gem. § 1 Abs. 3 Satz 1 aus den notwendigen beruflichen Fertigkeiten, Kenntnissen und Fähigkeiten. **Fertigkeiten** sind erlerntes oder erworbenes Verhalten. Es handelt sich um Arbeitstechniken, um Kompetenzen im überwiegend **psychomotorischen Lernzielbereich**. Die Fertigkeiten, die für den Ausbildungsberuf erwartet werden, ergeben sich aus der Ausbildungsordnung. In der Abschlussprüfung müssen die praktischen Fertigkeiten geprüft und vom Auszubildenden bewiesen werden. 10

Auch die nach dem Ausbildungsberufsbild erforderlichen **Kenntnisse und Fähigkeiten** sind in der Abschlussprüfung nachzuweisen. Sie ergeben sich im Einzelnen aus dem Ausbildungsberufsbild und der Ausbildungsordnung. Wegen des Verweises auf die Fähigkeiten ist es nicht ausreichend, in der Abschlussprüfung lediglich Kenntnisse abzufragen. Auch wenn Wissen grundlegend für Handeln ist, wird die Wissensabfrage der Anfor- 11

3 Siehe unter § 5 Rn. 15 f.
4 *Zimmerling/Brehm*, Prüfungsrecht, Rn. 348.
5 Siehe § 47.
6 *Zimmerling/Brehm*, Prüfungsrecht, Rn. 349 m. w. N.
7 *VG Berlin* 11. 5. 2011 – 3 K 353.09, *www.gerichtsentscheidungen.berlin-brandenburg.de.*
8 *VG Berlin* 11. 5. 2011 – 3 K 353.09, *www.gerichtsentscheidungen.berlin-brandenburg.de.*

derung des § 38 Satz 1 nicht gerecht. Um es an einem Beispiel zu verdeutlichen: Mit einem bestandenen **Multiple-choice-Test** kann ein Pilot noch nicht nachweisen, dass er fliegen kann.[9] Nach dem Maßstab des § 38 Satz 1 wäre eine solche Pilotenprüfung – die freilich nach anderen Prüfungsregelungen abgelegt wird – rechtswidrig. Gleiches gilt für die Prüfungen nach dem BBiG zum Ende einer Ausbildung, einer Umschulung oder einer Fortbildung: Zu prüfen ist nicht Wissen, sondern Handlungsfähigkeit.[10] Fragen der Prüfungsökonomie haben demgegenüber zurückzustehen, da die Vorgabe des § 38 Satz 1 insoweit eindeutig ist. Dennoch haben »Antwort-Wahl-Aufgaben« im Jahr 2019 ihren Weg in das Prüfungsrecht des BBiG gefunden: Nach § 42 Abs. 4 können, soweit die Aufgaben durch Aufgabenerstellungsausschüsse gem. § 47 Abs. 2 erstellt wurden, die Antworten automatisiert ausgewertet werden und die Ergebnisse sind sogar zwingend vom Prüfungsausschuss zu übernehmen (siehe hierzu § 42 Rn. 26ff. und § 47 Rn. 17). Weitere Anordnungen des Gesetzes zur Gestaltung der Prüfung sind nicht vorhanden, weitere Vorgaben für Prüfungsaufgabenerstellungsinstitutionen sind somit nicht verbindlich für die Prüfungsausschüsse. Zu den zu prüfenden Fähigkeiten zählen auch sog. Soft Skills, soweit sie in der Ausbildungsordnung verankert sind.[11]

2. Kenntnis des wesentlichen Lehrstoffs des Berufsschulunterrichts

12 Durch das Prüfen des wesentlichen Lehrstoffs des Berufsschulunterrichts wird die betriebliche mit der schulischen Ausbildung verzahnt. Dem entspricht, dass Ausbildungsordnung und Ausbildungsrahmenlernplan im Verfahren zur Entwicklung oder Modifizierung eines Berufs[12] eng abgestimmt werden. Unter Anderem zu diesem Zweck sitzen Vertreter der Länder im Hauptausschuss (§ 92 Abs. 3).

13 Prüfungsgegenstand ist der wesentliche Inhalt des Lehrstoffs. Es muss somit nicht alles gewusst werden, was in der Berufsschule behandelt wurde. Fraglich ist, was der wesentliche Inhalt des Lehrstoffs ist und wie der Prüfling dies erkennen kann. Die Bestimmung des Prüfungsstoffs ist erforderlich, um den verfassungsrechtlichen Anforderungen (Art. 12 Abs. 1 und Art. 20 Abs. 3 GG) gerecht zu werden.

14 Soweit der wesentliche Lehrstoff sich vom übrigen Lehrstoff dadurch abgrenzen lässt, ob er relevant für die berufliche Handlungsfähigkeit ist, ist der Prüfungsgegenstand mit der Formulierung »wesentlicher Lehrstoff« ausreichend bestimmt. Es muss dann für den jeweiligen Ausbildungsberuf unter Berücksichtigung des Lehrplans und der Ausbildungsordnung durch den Prüfungsausschuss festgestellt werden, ob die beabsichtigte Prüfungsaufgabe aus dem Bereich des Berufsschulunterrichts zugleich einen Teil der beruflichen Handlungsfähigkeit in diesem Beruf ausmacht. Wesentlicher Lehrstoff liegt für den Berufsschulunterricht also dann vor, wenn zwischen dem Berufsschulthema und dem einzelnen Ausbildungsberuf ein sachlicher Zusammenhang besteht.[13] Der **sachliche Bezug** zum Ausbildungsberufsbild darf nicht zu eng beurteilt werden. Eine Berufsausbildung legt den Grundstein für die weitere berufliche Tätigkeit in einer sich wandelnden

9 *Brötz/Keup-Gottschalck/Labusch*, Handlungsorientierung – (k)ein Thema für die Aufgabenersteller, in Denk-doch-mal, 4–14, *www.denk-doch-mal.de.*

10 A. A.: *Vogel*, Bundeseinheitliche IHK-Prüfungen am Beispiel der zentralen Aufgabenerstellung bei der AkA, BWP 3/2014, 16, 18.

11 Wohlgemuth/*Günther*, BBiG, § 38 Rn. 4; zum Begriff der Fähigkeiten s. § 1.

12 Bundesinstitut für Berufsbildung (Herausgeber), Verfahren zur Erarbeitung und Abstimmung von Ausbildungsordnung und Rahmenlehrplan, abgedruckt unter § 4 Rn. 12.

13 *Taubert*, BBiG, § 38 Rn. 18.

Arbeitswelt (§ 1 Abs. 3). Insofern sind auch allgemeinbildende Fächer, die für das weitere Berufsleben grundlegend sein können, prüfbar.[14]

15 Auch für den Lehrstoff des Berufsschulunterrichts gilt: Geprüft werden kann alles, was hätte vermittelt werden sollen, nicht nur das, was vermittelt wurde.[15]

III. Ausbildungsordnung als Grundlage

16 Bei berufsbezogenen Prüfungen beruht die verfassungsrechtlich gebotene Aufgabe des Gesetz- und Verordnungsgebers auf der Grundlage einer entsprechenden Ermächtigungsnorm.[16] Die Ermächtigungsnorm ist § 4 Abs. 1. Durch § 38 Satz 3 wird sichergestellt, dass die **Prüfungsanforderungen** in den Ausbildungsordnungen näher definiert werden. Damit wird dem Grundsatz der Bestimmtheit des Prüfungsgegenstands entsprochen. Zugleich wird sichergestellt, dass das Prüfungsniveau bundeseinheitlich soweit wie möglich gleich ist.[17] Nicht zulässig ist es, nur die Inhalte der Ausbildungsordnung zu prüfen, die sich auch im Rahmenlehrplan wiederfinden.[18] Soweit Aufgabenersteller in dieser Weise vorgehen, beschränken sie entgegen § 38 Sätze 2 und 3 den Prüfungsgegenstand auf die Schnittmenge der Inhalte aus Ausbildungsordnung und Berufsschule. Dies wird dem Grundsatz, dass die berufliche Handlungsfähigkeit geprüft werden soll, nicht gerecht. Eine Prüfungsfrage, die den Prüfungsgegenstand nicht betrifft, ist unzulässig.[19]

17 Findet sich weder in der Ausbildungsordnung noch in der entsprechenden Prüfungsordnung der zuständigen Stelle eine nähere Beschreibung des Prüfungsgegenstands, so muss der Prüfungsausschuss selbst die Prüfungsanforderungen durch eine Prüfungsordnung festlegen.[20] Der Hauptausschuss beim Bundesinstitut für Berufsbildung hat eine »Empfehlung für die Regelung von Prüfungsanforderungen in Ausbildungsordnungen« beschlossen. Damit wird die Arbeit im Ordnungsverfahren, also in dem Verfahren zur Erstellung oder Modifizierung eines Ausbildungsberufs dahingehend gesteuert, dass Prüfungsinstrumente und Prüfungsanforderungen in ähnlicher Weise in den Ausbildungsordnungen geregelt sind (s. § 5 Rn. 15 f.).

IV. Nachteilsausgleich für die Prüfung von Menschen mit Behinderungen

18 Soweit **Menschen mit Behinderungen** (§ 2 Abs. 1 Satz 1 SGB IX) geprüft werden, ist auf ihre besonderen Bedingungen Rücksicht zu nehmen (s. § 16 MPO, abgedruckt unter § 47 Rn. 21). Dies ergibt sich bereits unproblematisch aus dem für alle Menschen geltenden Grundrecht auf Berufsfreiheit (Art. 12 GG). Es wird unterstützt durch die von Deutschland ratifizierte UN-Konvention über die Rechte von Menschen mit Behinderungen. Nach deren Art. 4 sind die Vertragsstaaten verpflichtet, die volle Verwirklichung aller Grundfreiheiten für alle Menschen mit Behinderungen zu gewährleisten und zu fördern. Aus Art. 24 ergibt sich der Anspruch auf ein integratives Bildungssystem auf allen

---

14 *VG Braunschweig* 9. 1. 1976, EzB-VjA § 35 BBiG 1969 Nr. 4; *Taubert*, BBiG, § 38 Rn. 19.

15 *VG Köln* 25. 11. 1992 und 2. 6. 1993, EzB-VjA § 38 BBiG 1969, Nr. 15., s. auch Rn. 8.

16 *Zimmerling/Brehm*, Prüfungsrecht, Rn. 348.

17 *Taubert*, BBiG, § 38 Rn. 23; *Benecke/Hergenröder*, BBiG, § 38 Rn. 12; Wohlgemuth/*Günther*, BBiG, § 38 Rn. 7.

18 So aber wohl *Vogel*, Bundeseinheitliche IHK-Prüfungen am Beispiel der zentralen Aufgabenerstellung bei der AkA, BWP 3/2014, 16, 18.

19 *VG Düsseldorf* 28. 6. 2012 – 6 K 1045/11, *www.nrwe.de.*

20 *VGH Baden-Württemberg* 31. 3. 1977, EzB-VjA § 35 BBiG 1969 Nr. 9; *Wohlgemuth*, in Wohlgemuth/Lakies/Malottke u. a., § 38 Rn. 8.

Ebenen, um auch Menschen mit Behinderungen ihre Fähigkeiten voll zur Entfaltung bringen zu lassen. Hierfür haben die Vertragsstaaten sicherzustellen, dass Menschen mit Behinderungen diskriminierungsfrei und gleichberechtigt Zugang zu Berufsausbildung haben (Art. 24 Abs. 5). Art. 27 der UN-Konvention gewährleistet das gleiche Recht von Menschen mit Behinderungen auf Arbeit und darauf, dass diese frei gewählt werden kann. Hieraus ergibt sich jeweils ein **Anspruch auf angepasste Prüfungsbedingungen**, um die Möglichkeit zu bieten, jenseits der üblichen Rahmenbedingungen einer Prüfung die in der Ausbildung erworbenen Kenntnisse, Fähigkeiten und Fertigkeiten beweisen zu können.

19 Die Rücksichtnahme darf nicht dazu führen, dass das Anforderungsniveau für den Abschluss in anerkannten Ausbildungsberuf für Menschen mit Behinderungen gesenkt wird.[21] Dies bedeutet, dass durch die Bedingungen bei der Prüfung möglichst auf den Nachteil eingegangen wird, der durch die Behinderung entsteht. Art und Umfang der Erleichterungen sind danach auszurichten, dass die **Beeinträchtigung voll ausgeglichen** wird. Vergleichsmaßstab sind insoweit die Prüfungsbedingungen der nicht behinderten Mitprüflinge.[22] In Betracht kommen Anpassungen bei der Zeitstruktur der Prüfung (Zeitverlängerung und/oder flexible Pausen). In Betracht kommen ebenso Anpassungen bei den Räumlichkeiten, z. B. ein separater Prüfungsraum, eine Abnahme der Prüfung in der gewohnten Umgebung der zu prüfenden Person, ein barrierefreier Raum sowie angepasste Sanitär- und Versorgungsmöglichkeiten). Bei der Aufgabenstellung kann ein Nachteilsausgleich dadurch erfolgen, dass z. B. das Sprachniveau angepasst wird, die Aufgaben mündlich und/oder schriftlich flexibel gestellt werden, Aufgaben vorgelesen werden, Aufgaben erklärt werden oder Antworten protokolliert werden. Zusätzlich kommt technische Hilfe in Betracht über die Digitalisierung von Aufgaben, technische Hilfsmittel oder spezielle Möbel. Nicht zuletzt ist denkbar, die zu prüfende Person in personeller Hinsicht zu unterstützen, etwa durch eine Assistenz, Gebärdensprache-Dolmetscher/-in oder eine vertraute Person.

20 Es sind jeweils diejenigen Anpassungsmaßnahmen auszuwählen bzw. zu kombinieren, die den Nachteil, der der Behinderung zugrunde liegt, bestmöglich ausgleichen. Bei der Gewährung entsprechender Erleichterungen steht der Prüfungsbehörde kein Beurteilungs- oder Ermessensspielraum zu.[23]

V. Anwendbarkeit auf andere Prüfungen

21 § 38 gilt entsprechend auch für Zwischenprüfungen (§ 48 Abs. 1 Satz 2), soweit keine gestreckte Prüfung für den Ausbildungsberuf vorgesehen ist. Im Fall der gestreckten Abschlussprüfung entfällt die Zwischenprüfung, so dass eine entsprechende Anwendung nicht möglich ist.

22 Die Vorschrift gilt nicht im Handwerk. Der Prüfungsgegenstand bei Handwerksberufen ist in § 32 (Abschlussprüfung) sowie in den §§ 39, 32 (Zwischenprüfung) HwO geregelt. Allerdings haben die Vorschriften annähernd denselben Wortlaut.

21 *VG Baden-Württemberg* 31. 3. 1977, X 1570/85, EzB § 38 BBiG Nr. 7, zit. nach *Vollmer/Frohnenberg*, Nachteilsausgleich für behinderte Auszubildende, S. 13.
22 *VGH Baden-Württemberg* 26. 8. 1993 – 9 S 2023/93, juris.
23 *VGH Baden-Württemberg* 26. 8. 1993 – 9 S 2023/93, juris.

§ 39 Prüfungsausschüsse, Prüferdelegationen

(1) Für die Durchführung der Abschlussprüfung errichtet die zuständige Stelle Prüfungsausschüsse. Mehrere zuständige Stellen können bei einer von ihnen gemeinsame Prüfungsausschüsse errichten.
(2) Prüfungsausschüsse oder Prüferdelegationen nach § 42 Absatz 2 nehmen die Prüfungsleistungen ab.
(3) Prüfungsausschüsse oder Prüferdelegationen nach § 42 Absatz 2 können zur Bewertung einzelner, nicht mündlich zu erbringender Prüfungsleistungen gutachterliche Stellungnahmen Dritter, insbesondere berufsbildender Schulen, einholen. Im Rahmen der Begutachtung sind die wesentlichen Abläufe zu dokumentieren und die für die Bewertung erheblichen Tatsachen festzuhalten.

Inhaltsübersicht Rn.

I. Allgemeines

Die §§ 39–42 regeln die Organisation der Prüfungsausschüsse. Dabei behandeln die §§ 39 und 40 die Errichtung der Prüfungsausschüsse und die Berufung ihrer Mitglieder, die §§ 41 und 42 die Willensbildung innerhalb des Prüfungsausschusses. Im Detail wird diese Gliederung leider nicht durchgehalten, sodass § 39 Abs. 3 die Beteiligung Dritter an der Beurteilung der Prüfungsleistung vorsieht. 1
Das gesamte Prüfungsrecht des Berufsbildungsgesetzes ist durchdrungen von einem historisch und »gesellschaftspolitisch begründeten Paritätsgedanken«,[1] nach dem Arbeitnehmer- und Arbeitgeberorganisationen die Prüfungen gemeinschaftlich gestalten und damit die Wertigkeit von Berufsabschlüssen gemeinsam sicherstellen.
Der Prüfungsausschuss ist das Gremium, das – als Kollegialorgan[2] – die Prüfung durchführt und bis zum 31. 12. 2019 auch als Kollegialorgan abgenommen hat. Die Vorschriften in den §§ 39–42 BBiG, mit denen die Besetzung des Prüfungsausschusses sowie die Willensbildung im Prüfungsausschuss geregelt werden, dienen damit auch der Regelung des Prüfungsverfahrens und der verfahrensrechtlichen Absicherung der Grundrechte der Prüflinge.[3]
Die Prüfungsausschüsse sind seit der Gesetzesänderung durch das Berufsbildungsmodernisierungsgesetz zum 1. 1. 2020 nicht mehr zwingend zuständig für die Abnahme der Prüfungsleistung. Der Gesetzgeber hat zusätzlich mögliche »Prüferdelegationen« eingeführt. Damit soll eine Entlastungswirkung für die Arbeit der Prüferinnen und Prüfer eintreten,

1 *BVerwG* 20. 7. 1984 – 7 C 28/83, juris.
2 *Zimmerling/Brehm* Prüfungsrecht, Rn. 254; mit Differenzierung zum Begriff der »Prüfungskommission«: *Fischer/Jeremias/Dieterich*, PrüfungsR, Rn. 449.
3 *Zimmerling/Brehm* Prüfungsrecht, Rn. 254 zu Prüfungsordnungen im Allgemeinen.

die bereits mit einer Gesetzesänderung im Jahr 2005 angestrebt, jedoch nicht erreicht wurde.[4]

II. Rechtliche Stellung der Prüfungsausschüsse

2 Der Prüfungsausschuss ist keine Behörde i. S. d. §§ 68ff. VwGO. Er ist internes Organ der zuständigen Stelle, die eine Behörde ist.[5] Dies ergibt sich daraus, dass es den Prüfungsausschüssen an dem erforderlichen Maß an Selbstständigkeit mangelt, insbesondere hinsichtlich der sächlichen und personellen Ausstattung, die im BBiG nicht weiter geregelt ist.

Mangels einer Normierung fehlt es dem Prüfungsausschuss auch an einer Ermächtigung, seine Entscheidungen nach außen in eigenem Namen zu treffen.[6] Der Prüfungsausschuss kann allerdings für die zuständige Stelle Verwaltungsakte im Rahmen seiner Zuständigkeit erlassen, soweit dies normiert ist.[7] Ein solcher Verwaltungsakt ist die Entscheidung des Prüfungsausschusses über die Gesamtprüfungsleistung.[8] Der zuständigen Stelle steht es insofern nicht zu, sich über entsprechende Entscheidungen der Prüfungsausschüsse hinwegzusetzen und stattdessen eine eigene, von dem Beschluss des Prüfungsausschusses abweichende Entscheidung zu treffen.[9] Dies gilt auch für den Fall, dass der Prüfungsausschuss bei einer zuständigen Stelle angesiedelt ist, die selbst Behörde ist.[10]

Widerspruchs- oder Klagegegner ist die zuständige Stelle, nicht jedoch der Prüfungsausschuss. Das BBiG schreibt nicht vor, dass über den Widerspruch gegen einen Prüfungsbescheid der Prüfungsausschuss zu entscheiden habe. Auch hieraus lässt sich begründen, dass Prüfungsausschüsse nicht Behörde i. S. d. §§ 68ff. VwGO sind.[11] Unerheblich ist für diese Frage, ob der Prüfungsausschuss eine Behörde ist, dass ein Prüfungsausschuss ebenso wie ein Ausschuss für die Zwischenprüfung im Rahmen eines Organstreitverfahrens beteiligungsfähig sein kann und die Verletzung ihm zustehender Rechte geltend machen kann.[12] Die Beteiligtenfähigkeit ist insoweit von der Behördeneigenschaft gem. §§ 68ff. VwGO zu unterscheiden. Etwas anderes kann dann gelten, wenn der Prüfungsausschuss selbst Bescheide in eigenem Namen erlässt, z. B. wenn bei nicht bestandener Prüfung der Prüfungsteilnehmer einen schriftlichen **Bescheid des Prüfungsausschusses** (§ 28 Abs. 1 der **Prüfungsordnung zur Durchführung von Abschlussprüfungen und Zwischenprüfungen im Ausbildungsberuf Wasserbauer/Wasserbauerin** vom 1. 2. 2007) erhält oder gem. § 30 dieser Prüfungsordnung Entscheidungen des Prüfungsausschusses mit einer Rechtsbehelfsbelehrung zu versehen sind.[13]

---

4 BT-Drucks. 19/10815, S. 61.
5 *Benecke/Hergenröder*, BBiG, § 39 Rn. 5; *Taubert*, BBiG, § 39 Rn. 8; *Braun/Mühlhausen*, BBiG, § 36 a. F. Rn. 7; *VG Köln* 26. 10. 2007 – 4 K 63/07 und 4 K 5520/06, *https://www.nrwe.de* mit Verweis auf BVerwG 20. 7. 1984 – 7 C 28/83.
6 *BVerwG* 20. 7. 1984 – 7 C 28.38, *BVerwGE* 70, 4; *Braun/Mühlhausen*, BBiG, § 36 a. F. Rn. 7.
7 *VG Köln*, a. a. O.
8 *Taubert*, BBiG, § 39 Rn. 17 m. w. N.
9 *VG Köln* a. a. O.; *VG Berlin* 28. 8. 2007 – 3 A 318.07, juris; Wohlgemuth/*Günther*, BBiG, § 39 Rn. 2.
10 *VG Berlin*, a. a. O.
11 *BVerwG* 20. 7. 1984 – 7 C 28.83, NVwZ 1985, 577.
12 *OVG Berlin* 25. 6. 1992 – 8 B 3.92, juris.
13 *VG Berlin*, a. a. O.

Auch wenn die Klage sich gegen die betreffende Körperschaft richtet, berührt dies nicht die Unabhängigkeit des Prüfungsausschusses.[14]

III. Errichten der Prüfungsausschüsse (Abs. 1)

Die zuständige Stelle (§§ 71 ff.) errichtet für die Abnahme der Abschlussprüfungen Prüfungsausschüsse. Als Faktum formuliert, beinhaltet das Gesetz eine Verpflichtung der zuständigen Stellen, die Prüfungsausschüsse zu errichten. 3

1. Errichtung der Prüfungsausschüsse

Die Errichtung der Prüfungsausschüsse erfolgt entsprechend der Beschlüsse des Berufsbildungsausschusses der zuständigen Stelle.[15] Soweit der Berufsbildungsausschuss keine Bestimmung trifft, erfolgt die Errichtung durch Ermessensentscheidung der Vollversammlung der Kammer (soweit nicht die Satzung etwas anderes bestimmt, vgl. z. B. § 4 IHKG) bzw. das zuständige Organ der zuständigen Stelle. Die Errichtung erfolgt obligatorisch[16] und einmalig für den jeweiligen Berufsabschluss und die jeweilige Prüfung. Nach dem Grundsatz der Amtskontinuität bleibt der Prüfungsausschuss bestehen, bis er von der Stelle, die ihn errichtet hat, wieder abberufen oder aufgelöst wird. Von der Errichtung des Prüfungsausschusses zu unterscheiden ist die Berufung der Mitglieder des Prüfungsausschusses (siehe § 40 Rn. 43). 4

Nach dem Wortlaut von Abs. 1 Satz 1 sind Prüfungsausschüsse zu bilden. Daraus ergibt sich, dass es nicht ausreichend ist, wenn lediglich ein Prüfungsausschuss für alle Ausbildungsberufe gebildet wird und dieser in unterschiedlichen Besetzungen tagt. Vielmehr sind für alle Ausbildungsberufe jeweils Prüfungsausschüsse zu bilden. Das schließt aber nicht aus, für mehrere Ausbildungsberufe einen Prüfungsausschuss zu errichten, wenn die Ausbildungsberufe tätigkeitsverwandt sind und die in den Ausschuss berufenen Mitglieder die berufliche Handlungsfähigkeit aller zu prüfenden Ausbildungsberufe prüfen können.[17] Bei großen Kammern und einer großen Anzahl von Auszubildenden ist es zudem zulässig, für einen Ausbildungsberuf mehrere Prüfungsausschüsse zu bilden.[18] 5

2. Errichten gemeinsamer Prüfungsausschüsse

Nach Abs. 1 Satz 2 können mehrere zuständige Stellen einen gemeinsamen Prüfungsausschuss errichten. Dieser ist bei »einer von ihnen« zu errichten. Hierdurch ist gewährleistet, dass der organisatorische Hintergrund für diesen Prüfungsausschuss bei dieser zuständigen Stelle liegt. Zudem ist geklärt, gegen wen sich ggf. der Widerspruch gegen Bescheide dieses Ausschusses richtet: Zuständig für den Widerspruch gegen eine Entscheidung eines gemeinsamen Prüfungsausschusses ist die zuständige Stelle, bei der dieser Prüfungsausschuss errichtet wurde.[19] Bei dieser Stelle wird der Prüfungsausschuss errichtet, sie ist für die Organisation des Prüfungsgeschehens zuständig und bei ihr werden die Prüfungsakten geführt. 6

14 *Zimmerling/Brehm,* Prüfungsrecht, Rn. 259.
15 Wohlgemuth/*Günther,* BBiG, § 39 Rn. 6.
16 Wohlgemuth/*Günther,* BBiG, § 39 Rn. 6.
17 Vgl. *Taubert,* BBiG, § 39 Rn. 10; skeptisch: Wohlgemuth/*Günther,* BBiG, § 39 Rn. 6.
18 *Knopp/Kraegeloh,* BBiG, § 39 Rn. 4.
19 A. A. *Taubert,* BBiG, § 39 Rn. 30.

Mit der Vorschrift wird vermieden, dass bei schwacher Besetzung eines Ausbildungsberufs dennoch in jedem Bezirk ein Prüfungsausschuss errichtet werden muss. Dies ist bei zahlenmäßig schwachen Ausbildungsberufen weder ökonomisch sinnvoll noch prüfungsrechtlich gut zu handhaben.

7 Die Errichtung erfolgt durch eine öffentlich-rechtliche Vereinbarung zwischen den zuständigen Stellen.[20] Für diese bedarf es einer Beschlussfassung durch die Vollversammlung der Kammer, soweit es sich um eine Industrie- und Handelskammer handelt (§ 4 Satz 2 Nr. 6 IHKG). Voraussetzung ist ein entsprechender Beschluss des Berufsbildungsausschusses gem. § 79 Abs. 4. Nicht ausreichend sind wegen der spezialgesetzlichen Regelung des § 4 Satz 2 Nr. 6 IHKG der Beschluss des Berufsbildungsausschusses oder eine Verständigung der Kammergeschäftsführer.[21] Bei den Kammern, bei denen ein Beschluss der Vollversammlung nicht erforderlich ist, kann die gesetzliche Aufgabe der Errichtung der Prüfungsausschüsse lediglich durch eine Rechtsvorschrift auf eine zuständige Stelle übertragen werden. Für diese ist der Berufsbildungsausschuss gem. §§ 9, 79 Abs. 4 Satz 1 zuständig.[22] Eine weniger förmliche Übertragung der Zuständigkeit für die Abnahme der Abschlussprüfung ist mit Art. 12 GG nicht vereinbar.

3. Gesetzliche Zuständigkeit der Prüfungsausschüsse

8 Die Prüfungsausschüsse sind »für die Durchführung der Abschlussprüfung« zu errichten. Bis zum 31. 12. 2019 lautete die Formulierung »für die Abnahme der Abschlussprüfung«. Nach der Gesetzesbegründung wird durch die Änderung klargestellt, dass die Prüfungsleistungen nicht mehr zwangsläufig durch den Prüfungsausschuss abgenommen werden müssen.[23] Die Änderung im Wortlaut ist jedoch umfassender. Die »Durchführung« einer Prüfung entspricht der Formulierung in § 37 Abs. 1 Satz 1. Sie umfasst sämtliche Vor- und Nacharbeiten im Zusammenhang mit dieser Prüfung. Die Zuständigkeit des Prüfungsausschusses wurde durch den neuen Wortlaut also erweitert bzw. im Sinne einer **Allzuständigkeit für die Abschlussprüfung** geklärt. Nur für diejenigen Punkte, bei denen die Zuständigkeit ausdrücklich übertragen wurde oder übertragbar ist, ist der Prüfungsausschuss nicht zwingend zuständig.

Gem. Abs. 2 nehmen Prüfungsausschüsse (oder Prüferdelegationen) die Prüfungsleistung ab. Die Abnahme der Prüfung beinhaltet jedenfalls das Ermitteln und Bewerten der Leistungen aufgrund der in der Prüfungsordnung festgelegten Prüfungsanforderungen. Der Prüfungsausschuss ist hierfür als Kollegialorgan zuständig, soweit hiermit nicht wirksam Prüferdelegationen beauftragt wurden. Streitig ist in der Rechtsprechung sowie in der Literatur, ob die Zuständigkeit des Prüfungsausschusses aus § 39 Abs. 1 Satz 1 sich auch auf die **Erstellung von Prüfungsaufgaben** erstreckt oder ob es hierzu eine Ermächtigung durch die Prüfungsordnung gem. § 47 Abs. 1 Satz 1 bedarf. Der Streit fußt überwiegend auf der früheren Formulierung »Abnahme der Abschlussprüfung« in § 39 Abs. 1 Satz 1. Er dürfte mit der Erweiterung der Zuständigkeit des Prüfungsausschusses für die gesamte »Durchführung der Prüfung« nur noch historische Bedeutung haben.

Nach der bisherigen Rechtsprechung gehörte zu der Regelungsbefugnis der zuständigen Stellen nach § 47, die Aufgaben des Prüfungsausschusses festzulegen.[24] Demzufolge

20 *Taubert*, BBiG, § 39 Rn. 27.
21 So aber *Herkert/Töltl*, BBiG, § 39 Rn. 26.
22 Wohlgemuth/*Günther*, BBiG, § 39 Rn. 7.
23 BT-Drucks. 19/10815, S. 61.
24 *BVerwG* 13. 3. 1990 – 7 B 172/89 EzB-VjA § 34 BBiG 1969 Nr. 15; *OVG NRW* 1. 9. 1989 – 15 A 2584/86, *www.justiz.nrw.de/index.php*

kann die zuständige Stelle den Prüfungsausschuss damit beauftragen, Prüfungsaufgaben zu erstellen. Von der Regelungsbefugnis war logischerweise auch umfasst, Prüfungsaufgaben überregionaler Prüfungsaufgabenerstellungsausschüsse übernehmen zu müssen; wer Aufgaben zuweisen kann, kann sie auch begrenzen. Auf die Entscheidungen kann nach dem Berufsbildungsreformgesetz im Jahre 2005 und besonders nach der Änderung zum 1.1.2020 nur noch bedingt zurückgegriffen werden. Durch die Änderung im Jahr 2005 wurde § 47 Abs. 2 Satz 2 eingefügt. Durch die Regelung in § 47 Abs. 2 Satz 2 wird klargestellt, dass Prüfungsaufgaben, die nicht vom Prüfungsausschuss selbst erstellt wurden, nur unter bestimmten Voraussetzungen vom Prüfungsausschuss zu übernehmen sind. Die eingefügte Regelung entsprach der Rechtsprechung des Bundesverwaltungsgerichtes (siehe Fn. 23). Es kann also unterstellt werden, dass der Gesetzgeber eine gesetzliche Zuständigkeit des Prüfungsausschusses für das Erstellen der Prüfungsaufgaben annimmt, die nur durch die vom Gesetzgeber im Jahr 2005 geschaffene Regelung in § 47 Abs. 2 Satz 2 wieder entzogen werden kann.[25]

Aus der Regelung in § 47 Abs. 2 Satz 2 ist auch erkennbar, dass die Prüfungsaufgaben durch einen paritätisch besetzten Ausschuss erstellt werden müssen. Eine Auslegung des § 39, die dazu führt, dass durch eine Prüfungsordnung Aufgaben nicht paritätisch besetzter Prüfungsausschüsse übernommen werden müssen, ist mit dem Willen des Gesetzgebers nicht zu vereinbaren. Dies wird dadurch bestätigt, dass der Gesetzgeber nunmehr selbst die Zuständigkeit der Prüfungsausschüsse für die Durchführung der Abschlussprüfung normierte und die Zuständigkeit nicht länger auf die Abnahme der Prüfung beschränkt.

4. Weitere Aufgaben der Prüfungsausschüsse

Den Prüfungsausschüssen obliegen neben der Durchführung der Prüfung verschiedene Aufgaben, die im Berufsbildungsgesetz und in der jeweiligen Prüfungsordnung[26] festgelegt sind. Dies sind z. B.: 9

- die Entscheidung über die Zulassung zur Abschlussprüfung, wenn die zuständige Stelle die Zulassungsvoraussetzungen für nicht gegeben sieht (§ 46 Abs. 1 Satz 2);
- das Beschließen der Prüfungsaufgaben auf Grundlage der Ausbildungsordnung oder der Umschulungsordnung (§ 18 Abs. 1 MPO);
- die Bewertung einzelner Prüfungsleistungen, soweit damit nicht wirksam Prüferdelegationen beauftragt wurden, und der Prüfung insgesamt (§ 42 Abs. 1);
- die Entscheidung über das Bestehen und Nichtbestehen der Abschlussprüfung (§ 42 Abs. 1);
- das Feststellen des Prüfungsergebnisses und dessen Niederschrift (§ 26 Abs. 1 MPO);
- das Ausstellen einer Bescheinigung über das Bestehen oder Nichtbestehen der Prüfung (§ 26 Abs. 3 MPO);
- das Anfertigen einer Niederschrift der Prüfung (§ 20 Abs. 3 MPO);
- sich darauf beziehende Vor- und Nachbereitungen. Die Vor- und Nachbereitungen obliegen in der inhaltlichen Gestaltung dem Prüfungsausschuss. Da der Prüfungsausschuss selbst jedoch nicht Behörde ist, kann er sie nicht umsetzen. Die Umsetzung erfolgt durch die zuständige Stelle.

25 Im Ergebnis ebenso Wohlgemuth/*Günther* BBiG, § 39 Rn. 17 ff.
26 Musterprüfungsordnung (MPO) abgedruckt unter § 47 Rn. 21.

Darüber hinausgehende Aufgaben, die zur »Durchführung der Prüfung« gehören, obliegen gem. Abs. 1 Satz 1 ebenfalls den Prüfungsausschüssen, z. B. die Entscheidung darüber, ob eine Täuschungshandlung vorliegt und wie sie zu sanktionieren ist.[27]

IV. Übertragung von Aufgaben auf Prüferdelegationen

10 Die Prüfung kann durch den Prüfungsausschuss als Kollegialorgan abgenommen werden. Der Prüfungsausschuss kann jedoch auch dem Anliegen der zuständigen Stelle zustimmen und sein Einvernehmen erklären, dass Prüfungsleistungen durch eine »Prüferdelegation« abgenommen – also auch abschließend bewertet (s. Rn. 9) – werden. Die Delegation der Prüfungsabnahme kann sich auf die gesamte Prüfung oder auf einzelne Teile beziehen.

11 Aus der systematischen Stellung in § 39 ergibt sich, dass Prüferdelegationen eine grundlegende Entscheidung der zuständigen Stelle darüber sind, wie die Strukturen zur Organisation der Abschlussprüfung verfasst sind. Ebenso wie die Errichtung von Prüfungsausschüssen,[28] die freilich obligatorisch ist, ist die Entscheidung über Prüferdelegationen eine grundlegende Entscheidung der zuständigen Stelle. Ebenso wie über die Errichtung von Prüfungsausschüssen entscheidet die zuständige Stelle kraft ihrer Organisationsgewalt eigenverantwortlich und selbstständig über die Einführung von Prüferdelegationen, ihre Abschaffung oder die Änderung ihrer Zuständigkeit (§ 42 Abs. 2), um sodann das Einvernehmen mit dem Prüfungsausschuss darüber zu suchen.

12 Die Parallele von der Errichtung der Prüfungsausschüsse zur Prüferdelegation führt in logischer Konsequenz auch dazu, dass das Verfahren gleich läuft: Der Berufsbildungsausschuss bestimmt über die Einführung von Prüferdelegation und über die Bestimmung deren jeweiliger Zuständigkeiten in Wahrnehmung seiner »Regelungsbefugnis im Sinne einer subsidiären Allzuständigkeit«.[29] Soweit der Berufsbildungsausschuss von seiner Kompetenz zum Erlass einer Rechtsvorschrift gem. §§ 9, 79 Abs. 4 Satz 1 BBiG keinen Gebrauch gemacht hat, kann die zuständige Stelle durch ihre Geschäftsführung einseitig und nach eigenem Ermessen eine Bestimmung treffen, um sodann das Einvernehmen mit dem Prüfungsausschuss herzustellen. Hat der Berufsbildungsausschuss entsprechende Rechtsvorschriften – unerheblich, ob gestattende oder die Prüferdelegation verhindernde Rechtsvorschriften – erlassen, ist die Geschäftsführung der zuständigen Stelle hieran als statuarisches Recht gebunden.[30]

V. Gutachterliche Stellungnahme Dritter (Abs. 3)

13 Nach § 39 Abs. 2 hat ausschließlich der Prüfungsausschuss bzw. eine rechtmäßig beauftragte Prüferdelegation die Prüfungsleistung abzunehmen, also wahrzunehmen und zu bewerten. Dies schließt es aus, das Ergebnis der berufsschulischen Leistungen des Prüflings in die Abschlussnote des Prüfungsausschusses aufzunehmen. Ebenso bleiben die betrieblichen Leistungen der Azubis bei der Abschlussnote durch den Prüfungsausschuss unberücksichtigt. Zulässig ist jedoch, dass der Prüfungsausschuss sich zur Bewertung einzelner Prüfungsleistungen der gutachterlichen Stellungnahme von Dritten, die an der Berufsausbildung beteiligt sind, bedient (Berichterstattung). Die gutachterliche Stellungnahme ist rechtlich unverbindlich. Der Prüfungsausschuss bzw. eine Prüferdelegation

---

27 *Fischer/Jeremias/Dieterich*, PrüfungsR, Rn. 356.
28 Wohlgemuth/*Günther*, BBiG, § 39 Rn. 7.
29 *BVerfG* 15.5.1986 – 2 BvL 19/84, juris.
30 Vgl. zur Errichtung von Prüfungsausschüssen Wohlgemuth/*Günther*, BBiG, § 39 Rn. 7.

hat jederzeit das Recht, vorgeschlagene Noten zu ändern. Ausgeschlossen hiervon sind mündliche Prüfungsleistungen, die der Prüfungsausschuss bzw. eine Prüferdelegation stets selbst und unmittelbar abnimmt.

Die gutachterliche Stellungnahme bezieht sich auf Prüfungsleistungen. Unerheblich ist also, wie die Berufsschule oder der Ausbildende den Prüfling im Verlauf der Ausbildung einschätzen. Bei schriftlichen Prüfungsaufgaben ist eine gutachterliche Stellungnahme durch die Berufsschule oder den Ausbildenden bzw. andere Ausbildende oder Ausbildungspersonal problemlos möglich. Bei praktischen Prüfungsaufgaben kann eine gutachterliche Stellungnahme durch diejenigen sinnvoll sein, die die Entstehung der Prüfungsleistung begleitet und verfolgt haben. Über diesen Weg ist es möglich, nicht nur das fertige Produkt der Prüfungsaufgabe zu beurteilen, sondern auch die berufliche Handlungskompetenz bezogen auf die Herangehensweise an die Prüfungsaufgabe einzuschätzen. Um die Begutachtung im Rahmen der Bewertung der Prüfungsleistung verwerten zu können, ist gem. Abs. 3 Satz 2 eine Dokumentation der wesentlichen Abläufe erforderlich. Es sind die für die Bewertung erheblichen Tatsachen festzuhalten.[31] Die Dokumentation unterliegt der DSGVO, einschließlich Auskunfts- und Berichtigungsrecht der zu prüfenden Person.[32] 14

Die Praxis dieser **Berichterstattung** ist mit Blick auf die durch Art. 12 GG garantierte Unmittelbarkeit und Eigenverantwortlichkeit der Leistungsbewertung[33] durch den dazu berufenen gesamten Prüfungsausschuss (bzw. die Prüferdelegation oder gem. § 42 Abs. 5 beauftragte Mitglieder) bedenklich. Die Dokumentation der wesentlichen Abläufe einer Prüfung kann bereits eine Wertung beinhalten. Das Mitglied des Prüfungsausschusses/der Prüferdelegation, das zur selbstständigen Leistungsbewertung verpflichtet ist, darf diese Vorbewertung nicht als verbindlich hinnehmen.[34] Ein Bewertungsverfahren, bei dem – wie hier – die beauftragten Mitglieder des Prüfungsausschusses zur Vorbereitung der gemeinsamen Beschlussfassungen über das Ergebnis der praktischen Prüfung Vorbewertungen einzelner Leistungen vornehmen und dokumentieren und ihre Ergebnisse dem Ausschuss als Vorschlag unterbreiten, trägt nach der Rechtsprechung dem Grundsatz der eigenverantwortlichen Leistungsbewertung hinreichend Rechnung.[35] 15

VI. Rechtsschutz für den Prüfungsausschuss

Der Prüfungsausschuss stellt einen Organteil der IHK mit rechtlich gebilligten Interessen dar. Ihm ist nicht nur eine Kompetenz mit entsprechender Wahrnehmungspflicht zugewiesen. Er ist gegenüber der zuständigen Stelle auch mit Rechten versehen. Das ergibt sich auch aus Sinn und Zweck der Wahl seiner Mitglieder (§ 37 Abs. 3), welche den »gesellschaftspolitisch begründeten Paritätsgedanken« zum Tragen bringen soll.[36] Der Prüfungsausschuss der Abschlussprüfung ist damit beteiligungsfähig i. S. v. § 61 Nr. 2 VwGO. Im Ergebnis gilt dies auch für den Prüfungsausschuss einer Zwischenprüfung, wenn dieser durch die zuständige Stelle mit eigenen Rechten z. B. aufgrund einer paritätischen Besetzung versehen wurde.[37] Insoweit ist ein Organstreit zwischen den Prüfungsausschuss und der zuständigen Stelle zulässig.[38] In Betracht kommt auch ein Organstreit zwischen 16

31 Wohlgemuth/*Günther*, BBiG, § 39 Rn. 29.
32 Siehe § 42 Rn. 42.
33 *BVerfG* 16. 1. 1995 – 1 BvR 1505/94, juris.
34 *Fischer/Jeremias/Dieterich*, PrüfungsR, Rn. 321.
35 *VG Berlin* 25. 8. 2017 – 12 K 223.16 Rn. 25 m. w. N.
36 *OVG Berlin* 25. 6. 1992 – 8 B 3.92, Rn. 24, juris; *OVG Münster* 1. 9. 1989 – 15 A 2584.86.
37 *OVG Berlin*, a. a. O.
38 Wohlgemuth/*Günther*, BBiG, § 39 Rn. 31.

einzelnen Mitgliedern des Prüfungsausschusses bzw. einer Gruppe von Mitgliedern des Prüfungsausschusses einerseits und der zuständigen Stelle andererseits, jedenfalls dann, wenn die Mitglieder des Prüfungsausschusses durch Maßnahmen der zuständigen Stelle in ihren Rechten verletzt werden.[39] Soweit einzelne Mitglieder des Prüfungsausschusses in ihren Rechten durch Beschlüsse des Prüfungsausschusses verletzt werden, kommt auch ein Organstreitverfahren zwischen dem in seinen Rechten verletzten Mitglied und den Prüfungsausschuss in Betracht.

VII. Anwendbarkeit auf andere Prüfungen

17 Die Vorschrift gilt nicht im Handwerk. Gesellenprüfungsausschüsse sind in § 33 Handwerksordnung geregelt.
Nach § 48 Abs. 1 Satz 2 gilt § 39 entsprechend für Zwischenprüfungen. Daraus ergibt sich, dass für Zwischenprüfungen eigene Prüfungsausschüsse je Ausbildungsberuf zu errichten sind. Gemeinsame Ausschüsse einer zuständigen Stelle für Zwischen- und Abschlussprüfungen sind von der Regelung in Abs. 1 Satz 2 nicht gedeckt. Es spricht jedoch nichts dagegen, dass der Ausschuss für die Zwischenprüfung und der Ausschuss für die Abschlussprüfung personenidentisch sind. § 39 Abs. 2 ist für Prüfungen bei Umschulungen entsprechend anzuwenden (§ 62 Abs. 3 Satz 2). Damit können auch für diese Prüfungen Prüferdelegationen die Prüfung abnehmen. § 39 Abs. 1 Satz 2 sowie Abs. 2 und 3 gelten für Fortbildungsprüfungen entsprechend (§ 56 Abs. 1 Satz 2). In Fortbildungsprüfungen können somit sowohl Prüferdelegationen als auch gutachterliche Stellungnahmen Dritter zum Einsatz kommen. Für beide Prüfungsarten sind jeweils gesonderte Prüfungsausschüsse nach § 56 Abs. 1 Satz 1 und § 62 Abs. 3 Satz 1 zu bilden.

§ 40 Zusammensetzung, Berufung

(1) Der Prüfungsausschuss besteht aus mindestens drei Mitgliedern. Die Mitglieder müssen für die Prüfungsgebiete sachkundig und für die Mitwirkung im Prüfungswesen geeignet sein.

(2) Dem Prüfungsausschuss müssen als Mitglieder Beauftragte der Arbeitgeber und der Arbeitnehmer in gleicher Zahl sowie mindestens eine Lehrkraft einer berufsbildenden Schule angehören. Mindestens zwei Drittel der Gesamtzahl der Mitglieder müssen Beauftragte der Arbeitgeber und der Arbeitnehmer sein. Die Mitglieder haben Stellvertreter oder Stellvertreterinnen.

(3) Die Mitglieder werden von der zuständigen Stelle längstens für fünf Jahre berufen. Die Beauftragten der Arbeitnehmer werden auf Vorschlag der im Bezirk der zuständigen Stelle bestehenden Gewerkschaften und selbständigen Vereinigungen von Arbeitnehmern mit sozial- oder berufspolitischer Zwecksetzung berufen. Die Lehrkraft einer berufsbildenden Schule wird im Einvernehmen mit der Schulaufsichtsbehörde oder der von ihr bestimmten Stelle berufen. Werden Mitglieder nicht oder nicht in ausreichender Zahl innerhalb einer von der zuständigen Stelle gesetzten angemessenen Frist vorgeschlagen, so beruft die zuständige Stelle insoweit nach pflichtgemäßem Ermessen. Die Mitglieder der Prüfungsausschüsse können nach Anhören der an ihrer Berufung Beteiligten aus wichtigem Grund abberufen werden. Die Sätze 1 bis 5 gelten für die stellvertretenden Mitglieder entsprechend.

39 So auch Wohlgemuth/*Günther*, BBiG, § 39 Rn. 31 mit der Empfehlung, klarstellend eine Regelung in der Prüfungsordnung aufzunehmen, die der Berufsbildungsausschuss beschließt.

(4) Die zuständige Stelle kann weitere Prüfende für den Einsatz in Prüferdelegationen nach § 42 Absatz 2 berufen. Die Berufung weiterer Prüfender kann auf bestimmte Prüf- oder Fachgebiete beschränkt werden. Absatz 3 ist entsprechend anzuwenden.

(5) Die für die Berufung von Prüfungsausschussmitgliedern Vorschlagsberechtigten sind über die Anzahl und die Größe der einzurichtenden Prüfungsausschüsse sowie über die Zahl der von ihnen vorzuschlagenden weiteren Prüfenden zu unterrichten. Die Vorschlagsberechtigten werden von der zuständigen Stelle darüber unterrichtet, welche der von ihnen vorgeschlagenen Mitglieder, Stellvertreter und Stellvertreterinnen sowie weiteren Prüfenden berufen wurden.

(6) Die Tätigkeit im Prüfungsausschuss oder in einer Prüferdelegation ist ehrenamtlich. Für bare Auslagen und für Zeitversäumnis ist, soweit eine Entschädigung nicht von anderer Seite gewährt wird, eine angemessene Entschädigung zu zahlen, deren Höhe von der zuständigen Stelle mit Genehmigung der obersten Landesbehörde festgesetzt wird. Die Entschädigung für Zeitversäumnis hat mindestens im Umfang von § 16 des Justizvergütungs- und -entschädigungsgesetzes in der jeweils geltenden Fassung zu erfolgen.

(6a) Prüfende sind von ihrem Arbeitgeber von der Erbringung der Arbeitsleistung freizustellen, wenn

1. es zur ordnungsgemäßen Durchführung der ihnen durch das Gesetz zugewiesenen Aufgaben erforderlich ist und

2. wichtige betriebliche Gründe nicht entgegenstehen.

(7) Von Absatz 2 darf nur abgewichen werden, wenn anderenfalls die erforderliche Zahl von Mitgliedern des Prüfungsausschusses nicht berufen werden kann.

Inhaltsübersicht

I. Allgemeines

1 In § 40 (entspricht teilweise § 37 BBiG 1969) sind die Einzelheiten der Zusammensetzung der Prüfungsausschüsse geregelt. Eine solche Regelung ist nötig, da die §§ 88–93 BVwVfG aufgrund des ausdrücklichen Ausschlusses des BVwVfG für die Prüfungsentscheidungen (§ 2 Abs. 3 Nr. 2 VwVfG) nicht anwendbar sind. Als Kernstück kann dabei der Grundsatz der Parität in Abs. 2 angesehen werden.[1] Dieser Grundgedanke liegt der Besetzung bei den Ausschüssen zugrunde. Er prägt die Auslegung des § 79 BBiG[2] und ist ein wesentliches Element für eine ausgewogene Leistungsbeurteilung.[3]

2 § 40 regelt die Besetzung des Prüfungsausschusses und dient damit wie andere Vorschriften mit diesem Regelungsinhalt ausschließlich der Regelung des Prüfungsverfahrens und der verfahrensrechtlichen Absicherung der Grundrechte des Prüfungskandidaten.[4] Mit dem Berufsbildungsmodernisierungsgesetz vom 12.12.2019[5] wurden einige ergänzende Regelungen aufgenommen, z. B. zu »weiteren Prüfenden« und zum Freistellungsanspruch gegenüber dem Arbeitgeber.

II. Größe und Zusammensetzung des Prüfungsausschusses

1. Größe

3 Der Prüfungsausschuss besteht aus **mindestens** drei Mitgliedern (§ 40 Abs. 1 Satz 1). Bereits aus der Formulierung »mindestens« ergibt sich, dass der Ausschuss auch aus mehr Mitgliedern bestehen kann. Eine Begrenzung bei der **Bestimmung der Ausschussgröße** gibt es durch die Formulierung in § 40 Abs. 2, dass Beauftragte der Arbeitgeber und der Arbeitnehmer in **gleicher Zahl**, sowie mindestens eine Lehrkraft den Prüfungsausschuss angehören müssen. Zwei Drittel der Gesamtzahl der Mitglieder müssen Beauftragte der Arbeitgeber und der Arbeitnehmer sein, § 40 Abs. 2 Satz 2. Eine Regel, wie groß der »ideale Prüfungsausschuss« ist, stellt das Gesetz nicht auf. Dies richtet sich nach der Anzahl der abzunehmenden Prüfungen, Zahl und Lage der Prüfungsorte[6] und auch nach der Anzahl der Personen, die als Prüfer und Prüferinnen zur Verfügung stehen. Zudem hängt die Größe des Prüfungsausschusses auch vom zu prüfenden Berufsbild, den Prüfungsanforderungen und -formen, z. B. der Prüfungsmethode ab. Die Größe des Prüfungsausschusses ergibt sich aus der Bestellung durch die zuständige Stelle gem. § 40 Abs. 3. Ihre Aufgabe (§ 9) ist es, die Größe des Prüfungsausschusses durch die entsprechende Bestellung zu bestimmen. Dabei hat sie ermessensfehlerfrei zu entscheiden.[7]

4 Mit ›zuständiger Stelle‹ ist bei den Festlegungen des Prüfungsausschusses das Organ gemeint, das intern für die Berufsbildungsfragen zuständig ist, der Berufsbildungsausschuss.[8] Hat dieser seine Normsetzungsbefugnis aus § 79 Abs. 4 nicht wahrgenommen, bestimmt die vertretungsberechtigte Person der zuständigen Stelle die Größe des Prü-

1 *VG Münster 23.11.1990 – 1 K 1773/89, NVwZ-RR 1992, 77; Taubert,* BBiG, § 40 Rn. 1; *Benecke/Hergenröder,* BBiG, § 40 Rn. 1.
2 *BVerwG* 20.7.1984 – 7 C 28.83, DVBl. 1984, 59.
3 Wohlgemuth/*Günther,* BBiG, § 40 Rn. 1.
4 *VG Karlsruhe* 12.8.2004 – 7 K 1803/04, juris; bestätigt durch *VGH Mannheim* 29.10.2004 – 9 S 2089/04, zitiert nach *Zimmerling/Brehm,* Prüfungsrecht, Rn. 254.
5 BGBl. I 2019, S. 2522.
6 Wohlgemuth/*Günther,* BBiG, § 40 Rn. 5.
7 *VG Münster 23.11.1990 – 1 K 1773/89, NVwZ-RR 1992, 77; Taubert,* BBiG, § 40 Rn. 7.
8 Wohlgemuth/*Günther,* BBiG, § 40 Rn. 6.

fungsausschusses bzw. der Prüfungsausschüsse. Bei Kammern ist dies regelmäßig die Kammergeschäftsführung.

5 Bei der Abwägung, wie groß der Prüfungsausschuss sein soll, hat die zuständige Stelle zwingend darauf zu achten, dass die Prüfungen reibungslos und rechtsfehlerfrei durchgeführt werden und von der Sachkunde und Prüfungskompetenz der Prüfer und Prüferinnen geprägt werden. Bei der Festlegung der Mitgliederzahl im Prüfungsausschuss wird daher auch zu berücksichtigen sein, dass ein zu großer Prüfungsausschuss nicht immer **effizient** arbeiten kann. So kann zum Beispiel nicht jedes Ausschussmitglied seinen Einfluss auf die Prüfungsabnahme noch ausreichend geltend machen. Zu befürchten ist auch, dass bei der Beratung zur Bewertung der Prüfungsleistung das einzelne Ausschussmitglied nicht mehr ausreichend mit seinen Argumenten durchdringt. Eine Vielzahl von Ausschussmitgliedern birgt zudem die Gefahr von Schwierigkeiten bei der Terminfindung und in der Folge zu Problemen bei der Beschlussfähigkeit.[9] Nicht zulässig ist es, eine Vielzahl von Personen in den Prüfungsausschuss zu berufen, auf dass von diesen dann jeweils drei in paritätischer Besetzung eine Prüfung abnehmen, Beschlussfähigkeit des Prüfungsausschusses für die Abnahme der Prüfung ausreichen zu lassen (statt vollständige Wahrnehmung der Prüfungsleistung durch alle Mitglieder des Prüfungsausschusses)[10] oder Prüfer abstrakt zu bestellen und daraus jeweils einen Prüfungsausschuss zu bilden.[11]

6 Andererseits können sehr kleine Prüfungsausschüsse ebenfalls zu organisatorischen Mängeln führen. Die Prüfungstätigkeit für die Ausschussmitglieder kann durch die **Konzentration** auf wenige Prüfer zu einer Überbelastung führen. Es fehlt möglicherweise an einer Meinungsvielfalt oder ganz schlicht an Menschen, um komplexere Prüfungsformen durchzuführen.[12]

7 Bei sehr starken Anforderungen an den Prüfungsausschuss kann es geboten sein, **mehrere Prüfungsausschüsse** für einen Ausbildungsberuf einzurichten.[13] Ein Anspruch darauf, von einem bestimmten dieser Prüfungsausschüsse geprüft zu werden, ergibt sich hieraus nicht. Da ist kein Recht auf einen gesetzlichen Prüfer gibt,[14] gibt es auch keinen Anspruch auf einen bestimmten Prüfungsausschuss. Die Zuweisung zu einem bestimmten Prüfungsausschuss muss lediglich ermessensfehlerfrei sein.

8 Der Gesetzgeber hat nur die Mindestgröße des Prüfungsausschusses geregelt und lässt die Regelung durch eine **Ermessensentscheidung** der zuständigen Stelle ausfüllen. Der Prüfling hat Anspruch auf eine ermessensfehlerfreie Entscheidung. Bereits die Größe des Prüfungsausschusses kann so zum Gegenstand einer Überprüfung der Prüfungsentscheidung selbst werden. Ist die Größe des Prüfungsausschusses einmal definiert, ist sie auch einzuhalten. Anderenfalls liegt ein Verfahrensfehler vor, der zur Anfechtbarkeit der Prüfung führen kann. Es dürfen weder mehr noch weniger Prüfer an der Prüfung beteiligt werden.[15] Hieraus ergibt sich keine Rechtspflicht der zuständigen Stelle, dass vor der Berufung von Mitgliedern des Prüfungsausschusses ein Beschluss über die Zusammensetzung bzw. Größe des Ausschusses ergehen müsste.[16]

---

9 *Stolpmann/Teufer*, S. 61.
10 *VG Münster 23.11.1990 – 1 K 1773/89, NVwZ-RR 1992, 77.*
11 *VG Ansbach* 29.3.2007 – AN 2 K 03.00539, juris; Wohlgemuth/*Günther*, BBiG, § 40 Rn. 12; so aber: BT-Drucks. 19/10815, S. 46.
12 *Stolpmann/Teufer*, S. 63.
13 § 1 Abs. 3 MPO, s. § 47 Rn. 21; Wohlgemuth/*Günther*, BBiG, § 40 Rn. 5.
14 *VG Würzburg* 5.12.2018 – W 6 K 17.1427, Rn. 32, juris.
15 *VG Oldenburg* 10.12.2002 – 12 A 818/01, *www.rechtsprechung.niedersachsen.de.*
16 *VGH München* 4.6.2019 – 22 ZB 19.453, Rn. 17, juris.

2. Zusammensetzung

9 Im Prüfungsausschuss müssen alle **drei Mitgliedergruppen** vertreten sein: Arbeitnehmer, Arbeitgeber sowie Lehrkräfte berufsbildender Schulen. Dabei müssen immer gleich viele Beauftragte der Arbeitgeber und der Arbeitnehmer im Prüfungsausschuss anwesend sein. Dies soll eine **ausgewogene Leistungsbeurteilung** gewähren.[17]
Als zusätzlicher Grund für die paritätische Besetzung der Prüfungsausschüsse sowie der Berufsbildungsausschüsse dürfte die sozialpolitische Erwägung dienen, dass die Berufsausbildung gleichermaßen Angelegenheit der Arbeitgeber – wie der Arbeitnehmerseite ist.[18]

10 Zusätzlich zu den Sozialpartnern ist der Prüfungsausschuss mit mindestens einem Lehrer oder einer Lehrerin einer berufsbildenden Schule zu besetzen.[19]
Eine größere Anzahl von Lehrerinnen oder Lehrern im Prüfungsausschuss ist denkbar, jedoch muss die Relation gem. § 40 Abs. 2 Satz 2 gewahrt bleiben, so dass maximal **ein Drittel** der Mitglieder im Prüfungsausschuss Lehrer oder Lehrerin sein kann.
Aufgrund der Vorgaben über die Zusammensetzung in § 40 Abs. 2 ergibt sich die Größe des Prüfungsausschusses aus dieser Formel: 2-mal x plus (1 bis x).

3. Stellvertretende Mitglieder

11 Nach § 40 Abs. 2 Satz 3 sind Stellvertreter und Stellvertreterinnen für die Mitglieder des Prüfungsausschusses zu berufen. Der Umstand, dass der Gesetzgeber die Bestellung von Stellvertretern der ordentlichen Prüfungsausschussmitglieder vorgesehen hat, zeigt, dass eine Prüfung durch Stellvertreter als gleichwertig anzusehen ist.[20] Soweit ersichtlich herrscht Einigkeit in der Literatur bei der Frage, dass die Stellvertreter jeweils für die Sozialpartnergruppe (Arbeitgeber, Arbeitnehmer, Lehrer) bestellt werden.[21] Aus dem Wortlaut des § 40 Abs. 2 Satz 3 ergibt sich dies nicht zwingend, wohl aber aus dem Grundgedanken der Parität. Der Wortlaut lässt darauf schließen, dass die einzelnen Gruppen des Prüfungsausschusses für sie bestimmte Stellvertreter oder Stellvertreterinnen haben und eine individualisierte Stellvertretung nicht erforderlich ist. Dies ergibt sich aus dem Wortlaut der Vorschrift: Nur, wenn die Stellvertretung sich auf mehrere Mitglieder des Prüfungsausschusses zugleich bezieht, »haben« die Mitglieder Stellvertreter und Stellvertreterinnen.[22]

12 Die Anzahl der Stellvertreter und Stellvertreterinnen ist im Berufsbildungsgesetz nicht geregelt. Ob bei der Bestellung mehrerer Stellvertreter und Stellvertreterinnen eine Reihenfolge bestimmt werden muss, ist streitig. Soweit das Erfordernis einer definierten Reihenfolge bestritten wird, ist aber jedenfalls erforderlich, dass bei Verhinderung eines Regelmitglieds formale Kriterien gleichmäßig gehandhabt werden, z. B. die Stell-

---

17 *BVerwG* 20.7.1984 – 7 C 28.83, DVBl. 1985, 57, 59; *Braun/Mühlhausen*, BBiG, § 37 a. F. Rn. 6.
18 *Taubert*, BBiG, § 40 Rn. 27; *Braun/Mühlhausen*, BBiG, § 37 a. F. Rn. 6 m. w. N.; a. A. Wohlgemuth/*Günther*, BBiG, § 40, Rn. 22.
19 Zum Begriff der berufsbildenden Schule s. § 2 Rn. 9.
20 *VGH München* 4.6.2019 – 22 ZB 19.453, Rn. 24, juris.
21 *VG Würzburg* 5.12.2018 – W 6 K 17.1427, Rn. 35, juris; *Taubert*, BBiG, § 40 Rn. 38; *Stolpmann/Teufer*, S. 67; Wohlgemuth/*Günther*, BBiG, § 40, Rn. 9.
22 Unter Aufgabe der noch in der 6. Aufl. vertretenen Auffassung; im Ergebnis so auch *VG Würzburg* 5.12.2018 – W 6 K 17.1427, Rn. 35, juris mit Verweis auf den Ausschussbericht BT-Drucks. V/4260 zu § 37 Abs. 2 BBiG 1969.

vertreterliste »abtelefoniert« wird.[23] Diese Vorgehensweise beinhaltet eine Reihenfolge, so dass sich nicht wirklich erschließt, wieso zugleich[24] das Erfordernis einer definierten Reihenfolge verneint wird. In der Praxis müsste für den jeweiligen Prüfungsausschuss oder alle Prüfungsausschüsse der zuständigen Stelle allgemein bestimmt werden, ob die Stellvertreterliste jeweils neu von oben nach unten oder – zur Verteilung der zeitlichen Inanspruchnahme – jeweils ab dem letzten eingesetzten Stellvertreter »abtelefoniert« wird. Anderenfalls ist der verfahrensrechtliche Anspruch des Prüflings darauf, dass die Prüfenden entsprechend § 40 ausgewählt werden, nicht erfüllt: Die Prüfenden werden, soweit sie nicht verhindert sind, für fünf Jahre fest bestimmt. Daraus lässt sich der Grundsatz entnehmen, dass die Zuteilung einer/s Prüfenden nicht im Ermessen der zuständigen Stelle steht. Von diesem Grundsatz wird jedoch abgewichen, wenn im Verhinderungsfall des ordentlichen Prüfungsausschussmitglieds bei der Stellvertretung eine Auswahl unter verschiedenen Stellvertretern getroffen werden kann. Eine rechtswidrige Auswahl kann auch dadurch vermieden werden, dass sie unter mehreren gleichermaßen in Betracht kommenden Prüfenden ohne Ansehen der Person schematisch vorgenommen wird, und zwar durch die gleichmäßige Handhabung formaler Kriterien[25] oder nach dem »Zufallsprinzip«.

Der Grundsatz der Parität führt nicht dazu, dass eine gleiche Anzahl von Stellvertretern und Stellvertreterinnen jeweils für die Gruppe der Arbeitgeber und für die Gruppe der Arbeitnehmer:innen bestellt werden muss. Die Anzahl der Stellvertreter und Stellvertreterinnen liegt im pflichtgemäßen **Ermessen** der zuständigen Stelle.[26] **13**

Im Gesetz ist nicht geregelt, wann Stellvertreter und Stellvertreterinnen die ordentlichen Mitglieder des Prüfungsausschusses vertreten. Als **Verhinderungsfall** kommen rechtliche und tatsächliche Gründe in Betracht: **14**

- **Krankheit:** Ein gesonderter Nachweis im Sinne einer Arbeitsunfähigkeitsbescheinigung ist nicht erforderlich, soweit die Prüfungsordnung hierzu keine Regelung trifft. Ein arbeitsunfähiger Prüfer kann als Prüfer durchaus tätig sein, wenn die Arbeitsunfähigkeit lediglich die Ausübung seiner arbeitsvertraglich geschuldeten Tätigkeit, nicht jedoch die Tätigkeit als Prüfer beeinträchtigt.
- **Urlaub**:[27] Die zuständige Stelle kann grundsätzlich von den Mitgliedern der Prüfungsausschüsse nicht verlangen, dass diese ihren Urlaub unterbrechen oder bestimmte Urlaubszeiten einhalten.[28]
- kollidierende **berufliche (Einzel-)Termine:** Ein strengerer Maßstab – wie beispielsweise der des § 227 Abs. 1 ZPO – erscheint wegen ehrenamtlichen Prüfertätigkeit weder sachgerecht noch angemessen.[29] Dies ergibt sich auch daraus, dass ein Freistellungsanspruch der Prüfenden gegenüber ihrem Arbeitgeber bei entgegenstehenden wichtigen betrieblichen Gründen nicht besteht (Abs. 6a). Der Gesetzgeber, der den Abs. 6a mit dem Berufsbildungsmodernisierungsgesetz im Jahr 2020 in § 40 einfügte, hat also kollidierende berufliche Termine der ehrenamtlichen Prüfungsausschussmit-

23 *VG Würzburg* 5. 12. 2018 – W 6 K 17.1427; bestätigend *VGH München* 4. 6. 2019 – 22 ZB 19.453, juris; *Taubert*, BBiG, § 40 Rn. 41.
24 *VG Würzburg*, a. a. O., Rn. 38.
25 *VGH München* 4. 6. 2019 – 22 ZB 19.453, juris.
26 *Stolpmann/Teufer*, S. 67; *Taubert, BBiG, § 40 Rn. 39.*
27 *VG Würzburg*, a. a. O. Rn. 44.
28 *OVG Hamburg* 8. 12. 1972, EzB PO-AP Prüfungstermine Nr. 1; *VG Würzburg* 5. 12. 2018 – W 6 K 17.1427, Rn. 43; nachfolgend bestätigt durch *VGH München* 4. 6. 2019 – 22 ZB 19.453, juris; *Taubert*, BBiG, § 40 Rn. 79.
29 *VG Würzburg*, a. a. O. Rn. 43.

glieder durchaus berücksichtigt, jedoch nicht in allen Fällen der Prüfungsabnahme durch das Prüfungsausschussmitglied den Vorrang gegeben und so eine berufliche Verhinderung aus wichtigen Gründen anerkannt.

- **Befangenheit** und Selbstablehnung.[30]

15 Die zuständige Stelle hat vor Einsatz eines stellvertretenden Mitglieds des Prüfungsausschusses zunächst festzustellen, ob das eigentlich zur Entscheidung berufene Prüfungsausschuss(regel)mitglied aus tatsächlichen oder rechtlichen Gründen verhindert ist.[31] Eine **Dokumentation der Verhinderung** durch die zuständige Stelle ist gesetzlich nicht vorgesehen, jedoch zweckmäßig, da dies für den Fall einer späteren Prüfungsanfechtung die Überprüfung der ordnungsgemäßen Zusammensetzung des jeweiligen Prüfungsausschusses ohne weiteres möglich macht.[32] Sind die ordentlichen Mitglieder des Prüfungsausschusses nicht verhindert, dürfen die Stellvertreter nicht an der Prüfung teilnehmen.[33] Damit würde die Verfahrensvorschrift des § 40, mit der die Besetzung des Prüfungsausschusses geregelt wird, zu Lasten des Prüflings ausgehebelt. Der Prüfling hat grundsätzlich Anspruch darauf, dass der hierfür berufene Prüfer seine Prüfungsleistung abnimmt. Zwar gibt es keinen Anspruch auf einen »gesetzlichen Prüfer« vergleichbar dem »gesetzlichen Richter«. Doch der Anspruch des Prüflings auf ordnungsgemäße Durchführung des Bewertungsverfahrens seiner Leistung umfasst jedenfalls die Bewertung seiner Prüfungsleistung durch den bzw. die hierzu berufenen Prüfer. Die Frage, wer zu den konkret berufenen Prüfern zählt, beantwortet sich aus der jeweiligen Prüfungsordnung.[34]

16 Scheiden ordentliche Mitglieder des Prüfungsausschusses aus dem Prüfungsausschuss vorzeitig aus oder verstirbt ein ordentliches Mitglied, muss ein neues Berufungsverfahren durchgeführt werden.[35] Ist der Prüfungsausschuss vollständig besetzt, dürfen die stellvertretenden Mitglieder an der Prüfung **nicht mitwirken**. Der Prüfungsausschuss wäre mit ihnen nicht ordnungsgemäß besetzt. Dabei handelt es sich um einen erheblichen Verfahrensmangel im Prüfungsverfahren,[36] der zur Anfechtbarkeit der Prüfungsentscheidung führen kann.

4. Ausnahmen (Abs. 7)

17 Von der Vorschrift des § 40 Abs. 2 darf grundsätzlich nicht abgewichen werden. Die einzige **Ausnahme** von diesem Grundsatz bildet § 40 Abs. 7. Danach darf von den **Besetzungsvorschriften** des Abs. 2 unter der Voraussetzung abgewichen werden, dass anderenfalls die erforderliche Zahl von Mitgliedern des Prüfungsausschusses nicht berufen werden kann. Abs. 7 gestattet ein Abweichen von allen Besetzungsvorschriften des Abs. 2 und somit von:

18
- dem Grundsatz der paritätischen Besetzung der Mitglieder der Gruppen der Arbeitgeber und der Arbeitnehmer;
- dem Erfordernis, dass eine Lehrkraft einer berufsbildenden Schule dem Prüfungsausschuss angehört;

---

30 Siehe § 37 Rn. 42f.
31 *VG Würzburg*, a. a. O. Rn. 40.
32 *VG Würzburg*, a. a. O. Rn. 40.
33 *VG Oldenburg* 10. 12. 2002 – 12 A 818/01, juris; *Taubert*, BBiG, § 40 Rn. 42; Wohlgemuth/*Günther*, BBiG, § 40 Rn. 26.
34 *VG Würzburg* 5. 12. 2018 – W 6 K 17.1427, Rn. 32, juris.
35 Wohlgemuth/*Günther*, BBiG, § 40 Rn. 7; *Braun/Mühlhausen*, BBiG, § 37 a. F. Rn. 46.
36 *VG Oldenburg* 10. 12. 2002 – 12 A 818/01, beck-online; *VG Darmstadt* 23. 1. 1981 – III E 150/79, juris; *Taubert*, BBiG, § 40 Rn. 42; Wohlgemuth/*Günther*, BBiG, § 40 Rn. 19.

- dem Grundsatz, dass zwei Drittel der Prüfungsausschussmitglieder den Sozialpartnern angehören müssen sowie
- dem Grundsatz, dass für die Mitglieder Stellvertreter und Stellvertreterinnen zu benennen sind.

Ein Abweichen von Abs. 1 Satz 1, also von der Mindestgröße des Prüfungsausschusses, ist ebenso wenig zulässig[37] wie von den Voraussetzungen des Abs. 1 Satz 2, also den Anforderungen an die Sachkunde der Prüfungsausschussmitglieder. 19

Die Voraussetzung für ein Abweichen von den Vorgaben des Abs. 2 ist in Abs. 7 abschließend aufgeführt: Das Abweichen ist nur zulässig, wenn auf anderem Wege die Besetzung des Prüfungsausschusses nicht möglich ist.[38] Dies gilt nicht nur für die Besetzung des Prüfungsausschusses im Allgemeinen, sondern auch für die Bestimmung der Prüfungsausschussmitglieder für eine einzelne Prüfung im Besonderen.[39] 20

Damit die Ausnahme nach Abs. 7 greift, muss die zuständige Stelle vorher alles daransetzen, die gesetzlich vorgeschriebene Zusammensetzung nach Abs. 2 zu erreichen. Es empfiehlt sich, dieses Bemühen zu dokumentieren. Hat die zuständige Stelle versäumt, rechtzeitig einen Stellvertreter für ein ausgeschiedenes Mitglied zu bestellen, liegt kein Ausnahmefall nach Abs. 7 vor.[40] Der Prüfungsausschuss ist dann fehlerhaft besetzt. Dies stellt einen Verfahrensmangel im Prüfungsverfahren dar, der grundsätzlich zur Aufhebung der Prüfungsentscheidung führen kann, da er wesentlich ist und damit Einfluss auf das Prüfungsergebnis nicht ausgeschlossen werden kann.[41] Liegen die Voraussetzungen für eine Ausnahmeregelung nach Abs. 7 vor, kann die zuständige Stelle bei Fehlen stellvertretender Mitglieder einer Gruppe auch ein Mitglied der anderen Gruppe berufen, z. B. einen Vertreter der Gruppe der Arbeitgeber für einen Arbeitnehmersitz im Prüfungsausschuss.[42] Es gilt dann jedoch nicht etwa als Vertreter der Gruppe der Arbeitnehmer, sondern muss als Vertreter der Gruppe der Arbeitgeber kenntlich gemacht werden. Nur so ist es für die zu prüfende Person nachvollziehbar, ob der Prüfungsausschuss ordnungsgemäß besetzt war, oder ob die zuständige Stelle die Ausnahmeregelung des Abs. 7 beansprucht hat.

III. Mitglieder des Prüfungsausschusses

Das einzelne Mitglied des Prüfungsausschusses hat einen Anspruch auf ermessenfehlerfreie Entscheidung der zuständigen Stelle darüber, ob es heranzuziehen ist. Dies bedeutet zugleich, dass ein gerichtlich durchsetzbarer Anspruch auf Einsatz in einer Prüfung nur dann gegeben ist, wenn die Entscheidungen der zuständigen Stelle über die konkreten Einsätze als Prüfer nicht nur ermessensfehlerhaft wären, sondern wegen einer Ermessensreduzierung auf Null auch keine anderen Entscheidungen möglich wären als den Prüfer wunschgemäß einzusetzen.[43] 21

---

37 *VGH Baden-Württemberg* 22.10.1982 – 9 S 1933/81, EzB BBiG 1969, § 37 Nr. 18.
38 *VG Schleswig-Holstein* 22.1.1975 – 10 A 342/73 EzB BBiG 1969, § 37 Nr. 3; *Benecke/Hergenröder,* BBiG, § 40 Rn. 41.
39 *OVG Lüneburg* 1.12.1976, EzB § 37 BBiG 1969 Nr. 3; *Taubert,* BBiG, § 40 Rn. 45.
40 *OVG Lüneburg* 1.12.1976 EzB § 37 BBiG 1969 Nr. 3; *Taubert,* BBiG, § 40 Rn. 46; *Benecke/Hergenröder,* BBiG, § 40 Rn. 45.
41 *VG Oldenburg* 10.12.2002 – 12 A 818/01, beck-online; *Taubert,* BBiG, § 40 Rn. 43.
42 *VG Schleswig-Holstein* 22.1.1975 – 10 A 342/73, EzB BBiG 1969, § 37 Nr. 3.
43 *VG München* 20.11.2014 – M 16 E 14.4485, Rn. 20, juris mit Verweis auf das Ehrenamt. Unklar bleibt bei der zitierten Entscheidung jedoch, wieso es bei einem in zutreffender Größe besetzten Prüfungsausschuss überhaupt zu einer Entscheidung über den Einsatz eines Prüfers

1. Qualifikation

22 Nach § 40 Abs. 1 Satz 2 müssen die Mitglieder der Prüfungsausschüsse für die Prüfungsgebiete sachkundig und für die Mitwirkung im Prüfungswesen geeignet sein. Abs. 1 Satz 2 bringt damit einen **allgemeinen Rechtsgrundsatz** des Prüfungsrechts zum Ausdruck. Das Gebot der **Chancengleichheit** (Art. 3 Abs. 1 GG) gebietet, dass der Prüfling sachkundig gewertet wird. Daraus ergibt sich das Recht des Prüflings, dass über seine Leistung letztendlich von hinreichend sachkundigen Personen entschieden wird.[44] Bei einer berufsbezogenen Prüfung wie der Abschlussprüfung einer Berufsausbildung ist es zudem mit Art. 12 Abs. 1 GG nicht zu vereinbaren, wenn der Misserfolg der Prüfung auf einer Beurteilung beruht, für die der Beurteilende selbst nicht zumindest gleichwertig qualifiziert ist.[45]

23 Nicht erforderlich ist, dass der Prüfer die Prüfung selbst abgelegt hat. Ein solcher Prüfungsgrundsatz existiert nicht.[46] Um den verfassungsrechtlichen Ansprüchen zu genügen, ist eine **gleichwertige** Qualifikation eines Prüfers ausreichend.

Neben den Anforderungen »sachkundig im Prüfungsgebiet« und »geeignet zur Mitwirkung im Prüfungswesen« stellt das Gesetz keine Anforderungen an die Mitglieder des Prüfungsausschusses. Es handelt sich um **unbestimmte** Rechtsbegriffe.[47] Die **Prüfungsordnung** kann die Begriffe weiter konkretisieren.

24 Mangels einer Aufzählung im Gesetz ist das **Alter** der Prüfer weder nach oben noch nach unten begrenzt.[48] Es ist kein geeignetes Kriterium für eine Eignung zur Mitwirkung im Prüfungswesen.[49] Maßgeblich wird es darauf ankommen, die erforderlichen Prüfungskompetenzen zu besitzen. Dies kann bei einzelnen Prüfern auch bereits nach lediglich kurzer Berufstätigkeit der Fall sein.[50] Starre Grenzen in Form eines Mindestalters lassen sich daher nicht ziehen. Sie wären ohnehin in Hinblick auf § 2 Abs. 1 Nr. 3 AGG bedenklich.[51] Als Prüfer kommen daher auch RentnerInnen in Frage. Allerdings ist durch die zuständige Stelle genau zu prüfen, ob die prüfende Person – trotz ihres Alters – noch mitten in der Berufspraxis steht oder diese nur noch am Rande verfolgt.[52] Irrelevant ist ferner, in welchem Ort die Prüfungsausschussmitglieder leben oder arbeiten oder welche Staatsangehörigkeit sie besitzen.[53] Über die Prüfungsordnung kann ausgeschlossen werden, was im Gesetz nicht ausdrücklich untersagt ist. So ist es gesetzlich nicht eingeschränkt, als Ausbilder:in oder Lehrer:in eigene Azubis oder Schüler:innen zu prüfen. Durch die **Prüfungsordnung** kann diese Konstellation als Ausschlussgrund für die Prüfertätigkeit definiert werden. Ist dennoch einer der Prüfer Ausbilder oder Lehrer einer der Prüflinge, können auch die anderen Prüflinge dies als Verstoß gegen die Prüfungsordnung rügen

---

kommen kann. Allenfalls denkbar bei richtiger Errichtung des Prüfungsausschusses ist die ermessensfehlerfreie Auswahl eines von mehreren Prüfungsausschüssen.

44 *BVerfG* 16.1.1995 – 1 BvR 1505/94, NVwZ 1995, 469; *Zimmerling/Brehm*, Prüfungsrecht, Rn. 232 m. w. N.

45 *Zimmerling/Brehm*, Prüfungsrecht, Rn. 232 m. w. N.

46 *BVerwG* 27.3.1992 – 6 B 6/92, NVwZ 1992, 1199; *Zimmerling/Brehm*, Prüfungsrecht, Rn. 233.

47 *Taubert*, BBiG, § 40 Rn. 11.

48 *Taubert*, BBiG, § 40 Rn. 23; *Benecke/Hergenröder*, BBiG, § 40 Rn. 13.

49 *Benecke/Hergenröder*, BBiG, § 40 Rn. 12; *Taubert*, BBiG, § 40 Rn. 23; *Braun/Mühlhausen*, BBiG, § 37 a. F. Rn. 19

50 Wohlgemuth/*Günther*, BBiG, § 40 Rn. 35.

51 *Benecke/Hergenröder*, BBiG, § 40 Rn. 12; *Taubert*, BBiG, § 40 Rn. 23.

52 *Zimmerling/Brehm*, Prüfungsrecht, Rn. 243.

53 *Taubert*, BBiG, § 40 Rn. 13; *Benecke/Hergenröder*, BBiG, § 40 Rn. 13.

und das Prüfungsergebnis anfechten.[54] Wegen der Besorgnis der Befangenheit steht ein Anfechtungsrecht auch dem Prüfling zu, wenn er den Eindruck hat, durch AusbilderInnen oder LehrerInnen in der Prüfung benachteiligt worden zu sein.

a) Sachkundig für die Prüfungsgebiete

»Sachkundig« ist ein **unbestimmter** Rechtsbegriff. Er ist durch die zuständige Stelle auszufüllen und kann in vollem Umfang durch die Verwaltungsgerichte überprüft werden. Der Begriff der Sachkunde ist im § 40 nicht näher definiert. Maßgeblich für die Begriffsbestimmung ist der Zweck einer Qualifikationsanforderung an die Mitglieder des Prüfungsausschusses: Diese sollen in der Lage sein, grundrechtskonform eine Prüfung für einen qualifizierten Beruf abzunehmen. Aus dem Regelungszweck ergibt sich auch, dass die Sachkunde sich nicht lediglich auf Fachwissen bezieht, sondern auch Fähigkeiten und Fertigkeiten, die nach der Ausbildungsordnung für den jeweiligen Ausbildungsberuf vorliegen müssen. Sachkundig »für die Prüfungsgebiete« bedeutet, dass die nötigen Kompetenzen in allen Prüfungsgebieten bei jedem einzelnen Prüfer vorhanden sind.[55] 25

Im Gegensatz zu § 34 Abs. 3 HwO, der die Anforderungen an die Mitglieder des Prüfungsausschusses normiert, hat der Gesetzgeber in § 40 Abs. 1 Satz 2 keine Hinweise darauf gegeben, wann die Sachkunde vorliegt. Ist die vorgeschlagene Person in den Prüfungsgebieten tätig und hat sie hierzu entsprechendes Erfahrungswissen sowie Kompetenzen erworben, ist diese ebenso sachkundig wie eine Person, die eine Ausbildung in dem entsprechenden Ausbildungsberuf erfolgreich abgeschlossen hat. In neugeschaffenen Berufen oder in neuen Branchen, aus denen noch keine geprüften Fachkräfte hervorgegangen sind, wird das Kriterium des einschlägigen Berufsabschlusses an Bedeutung verlieren. Es muss dann immer auf die Sachkunde von Quereinsteigern zurückgegriffen werden. In einem solchen Fall kann es ausnahmsweise ausreichen, wenn die berufenen Mitglieder in ihrer Gesamtheit die für das Berufsbild notwendigen Fachgebiete **gemeinsam** abdecken.[56] Ansonsten muss es bei dem Grundsatz bleiben, dass einzelne Prüfende alle relevanten Prüfungsgebiete beherrschen, weil sie hierzu eine eigenverantwortliche Bewertung abzugeben haben. Die Beurteilung von Prüfungen darf daher nur Personen übertragen werden, die nach ihrer fachlichen Qualifikation in der Lage sind, den Wert der erbrachten Leistung eigenverantwortlich zu beurteilen und zu ermitteln, ob der Prüfling die geforderten Fähigkeiten besitzt, deren Feststellung die Prüfung dient. Perfekte Kenntnisse über die Einzelheiten oder Teilaspekte des Prüfungsstoffs bei jedem einzelnen Prüfer sind indes nicht nötig.[57] 26

Sachkunde i. S. d. § 40 Abs. 1 Satz 2 hat nicht nur derjenige, der auch die für die Ausbildung geltenden Eignungsvoraussetzungen gem. den §§ 28–31 erfüllt. Mit dieser Begründung wurde die Entscheidung der zuständigen Stelle aufgehoben, von der Gewerkschaft vorgeschlagene Prüfungsausschussmitglieder, die die Gehilfenprüfungen im einschlägigen Fach erfolgreich bestanden hatten und im Anschluss hieran eine mindestens dreijährige Berufspraxis in ihrem Ausbildungsberuf vorweisen konnten, wegen fehlender Sachkunde bei der Berufung zu übergehen.[58] Dass der einschlägige Berufsabschluss von den/der

54 *OVG Rheinland-Pfalz* 14.7.1976 – 2 A 8/75, beck-online; *Benecke/Hergenröder*, BBiG, § 40, Rn. 10.
55 A. A. *Benecke/Hergenröder*, BBiG, § 40 Rn. 7; *Taubert*, BBiG, § 40 Rn. 20.
56 *Stolpmann/Teufer*, S. 69.
57 *VGH München* 7.5.2009 – 22 ZB 09.343, GewA 2009, 371.
58 *VG Stuttgart* 15.12.1989 – 10 K 2064/88, EzB, § 37 BBiG 1969 Nr. 26.

Prüfenden nicht zwingend verlangt werden darf,[59] ergibt sich bereits aus den ständigen und vielfältigen Veränderungen im Bereich der beruflichen Bildung.[60]

b) Geeignet für die Mitwirkung im Prüfungswesen

27 Nach Abs. 1 Satz 2 müssen die Mitglieder des Prüfungsausschusses für die Mitwirkung im Prüfungswesen **geeignet** sein. Das Merkmal der Eignung bezieht sich ebenso wie die Sachkunde auf **jedes einzelne Mitglied** des Prüfungsausschusses. Nicht ausreichend ist, dass lediglich der Prüfungsausschuss insgesamt für die Mitwirkung im Prüfungswesen geeignet ist.

28 Bei dem Begriff der Eignung handelt es sich um einen unbestimmten Rechtsbegriff, der in vollem Umfang der Überprüfung durch die Verwaltungsgerichte unterliegt. Dies gilt auch dann, wenn die Entscheidung der Verwaltung zwar vertretbar ist, das Verwaltungsgericht den unbestimmten Rechtsbegriff aber anders auslegt. Eine Ausnahme von diesem Grundsatz liegt nicht vor. Insbesondere kann nicht darauf abgestellt werden, dass es sich hier um eine Prüfungsentscheidung handelt. Gegenstand der Entscheidung der zuständigen Stelle ist die Besetzung des Prüfungsausschusses, nicht die Bewertung der Leistung eines Prüflings. Diese Entscheidung ist in vollem Umfang gerichtlich überprüfbar.

29 Die Einigung für die Mitwirkung im Prüfungswesen setzt voraus, dass der Prüfende sich in die Prüfungssituation **einfühlen** kann. Er muss in der Lage sein, den besonderen Gegebenheiten gerecht zu werden, die sich für den Prüfling aus der Prüfungssituation ergeben.[61] Erforderlich sind darüber hinaus Kenntnisse über die eigene Rolle und Funktion in der Prüfung sowie über die Formalia des Prüfungsablaufs, soweit der Prüfungsausschuss daran beteiligt ist. Über die Sachkunde hinaus muss die prüfende Person als Metakompetenz in der Lage sein, kompetenzorientiert Leistungen abzufragen und, bezogen auf die Anforderungen der Ausbildungsordnung, bewerten zu können.[62]

30 Wem die persönliche Eignung zum Ausbilden nach § 29 entzogen wurde, der ist für das Prüfungswesen nicht geeignet.[63] Sicherlich ist auch eine **charakterliche Eignung** für die Funktion im Prüfungsausschuss wünschenswert. Insofern sind Anforderungen wie »Verantwortungsgefühl«, »Menschlichkeit und Zuverlässigkeit«[64] wünschenswert. Soweit ihr Nichtvorliegen sich jedoch nicht so auswirkt, dass dem Prüfer die Fähigkeit abgesprochen werden kann, sich in der Prüfungssituation und für den Prüfling angemessen zu verhalten, können diese Kriterien mangels Bestimmtheit nicht dazu führen, dass ein Prüfer nicht bestellt werden kann. Wirkt sich das Fehlen dieser Charaktereigenschaften konkret aus, mangelt es bereits an dem erforderlichen Einfühlungsvermögen für die Prüfung und die Prüflinge. Es braucht die genannten Kriterien dann nicht.

31 Gibt ein Prüfer einem Prüfling durch herabsetzende Bemerkungen der Lächerlichkeit preis, zeigt er **Befangenheitszüge**[65] und ist als Prüfer ungeeignet.[66] Auch in diesem Fall[67] braucht es den Rückgriff auf die Charaktereigenschaften nicht.

59 *BVerwG* 18.6.1981 – 7 ZB 22.81, *Buchholz* 421.0 Prüfungswesen Nr. 149; *BVerwG*, 27.03.1992 – 6 B 6/92, NVwZ 1992, 1199; *OVG Münster* 18.12.1997 – 19 A 381/95, juris.
60 Wohlgemuth/*Günther*, BBiG, § 40 Rn. 32.
61 *Taubert*, BBiG, § 40 Rn. 22; *Benecke/Hergenröder*, BBiG, § 40 Rn. 11.
62 *Braun/Mühlhausen*, BBiG, § 37 a. F., Rn. 17.
63 *Stolpmann/Teufer*, S. 70; *Taubert* BBiG, § 40 Rn. 26; *VG Gelsenkirchen* 31.10.2012 – 7 K 1351/12, beck-online.
64 *Taubert*, BBiG, § 40 Rn. 25.
65 Vergleiche die Übersicht bei: *Stolpmann/Teufer*, S. 99.
66 *Stolpmann/Teufer*, a. a. O.
67 Dargestellt bei: *Braun/Mühlhausen*, BBiG, § 37 a. F. Rn. 20.

c) Überprüfung der Eignungsvoraussetzungen

Die zuständige Stelle muss bei der Berufung der Prüfungsausschussmitglieder **prüfen**, ob diese die Voraussetzungen des § 40 Abs. 1 Satz 2 erfüllen. Bestehen Zweifel an der Eignung als Prüfer, muss die zuständige Stelle von sich aus im Rahmen des **Amtsermittlungsgrundsatzes** der Verwaltung Nachforschungen anstellen, um abschließend darüber befinden zu können, ob die Voraussetzungen des § 40 Abs. 1 Satz 2 erfüllt sind. Eine **Auskunftspflicht** der Prüfer besteht nicht, auch nicht gem. § 76 Abs. 2, da die Mitglieder der Prüfungsausschlüsse hier nicht als **Auskunftspflichtige** genannt werden. Jedoch ist die zuständige Stelle berechtigt, bei verbleibenden Zweifeln den vorgeschlagenen Prüfer nicht zu bestellen. Offen bleibt, ob ein abgelehnter Prüfer gegen seine Nichtbestellung **Verpflichtungsklage**, mit dem Ziel, als Prüfer bestellt zu werden, erheben kann (s. Rn. 52). 32

Die Voraussetzungen des § 40 Abs. 1 Satz 2 müssen bei jedem einzelnen Prüfungsausschussmitglied vorliegen. 33

d) Empfehlung des Hauptausschusses des BIBB

Der Hauptausschuss des Bundesinstituts für Berufsbildung hat zur Sicherung der Qualität beruflicher Prüfungen eine Empfehlung zur **Qualifizierung des Prüfungspersonals**[68] beschlossen. Damit sollen Prüfer befähigt werden, z. B. Prüfungen durch zu führen, Prüfungsleitungen zu bewerten und da Ergebnis festzustellen. Der Hauptausschuss hat die Qualifizierung des Prüfungspersonals als notwendig erachtet. Den in der Empfehlung unter II. abgedruckten Vorschlägen »für eine Weiterentwicklung und Intensivierung der Qualifizierung des Prüfungspersonals« lässt sich entnehmen, dass ein besonderes Augenmerk auf die breite Qualifizierung des Prüfungspersonals einschließlich der stellvertretenden Mitglieder der Prüfungsausschüsse gelegt wird. 34

(nicht besetzt) 35

2. Ehrenamtlichkeit

Die Tätigkeit im Prüfungsausschuss ist gem. Abs. 6 **ehrenamtlich**. In Abs. 6 Satz 2 wird angeordnet, dass für bare Auslagen und für Zeitversäumnis eine **Entschädigung** zu zahlen ist, soweit diese nicht bereits von anderer Seite gewährt wird. Nach der Rechtsprechung des Bundesarbeitsgerichts ist die Tätigkeit im Prüfungsausschuss ein öffentliches Ehrenamt.[69] Dies hat zur Folge, dass regelmäßig Anspruch auf Fortzahlung des Entgelts aus § 616 BGB besteht, soweit die Verhinderung nur eine verhältnismäßig nicht erhebliche Zeit dauert und § 616 BGB nicht arbeitsvertraglich oder in einer Kollektivvereinbarung abbedungen wurde. 36

Die Mitglieder im Prüfungsausschuss sind nicht als Interessenvertreter der Gruppe der Arbeitnehmer oder der Gruppe der Arbeitgeber anzusehen, sie müssten ihr Amt gewissenhaft und unparteiisch ausüben.

a) Grundsätze des Ehrenamts

Die ehrenamtliche Tätigkeit der Prüfer umfasst alle Aufgaben, die in ihren Pflichtenbereich fallen. Hierzu gehört nicht nur die **Abnahme** der Prüfungen und deren **Bewertung**, 37

68 Hauptausschuss des Bundesinstituts für Berufsbildung (BIBB), 28. 11. 1990, BAnz 236/1990; BWP 1/1991, Empfehlung Nr. 81, *www.bibb.de*.
69 *BAG* 7. 11. 1991 – 6 AZR 496/89, juris.

sondern auch die Tätigkeiten, die mit dem Durchführen der Prüfung im Zusammenhang stehen oder den Prüfern zum Beispiel durch die **Prüfungsordnung** auferlegt werden.[70] Gleiches gilt für das **Erstellen von Prüfungsaufgaben**[71] und für **Reisezeiten**, etwa zu Tätigkeiten in überörtlichen Prüfungsausschüssen oder in Landesfachausschüssen. Auch die Tätigkeiten in einem Landesfachausschuss gehören zu den Aufgaben derjenigen Prüfungsausschussmitglieder, die dorthin berufen werden. Gem. der Nr. 2, 4. Spiegelstrich der zwischen DGB und DIHK getroffenen Vereinbarung »über das Verfahren zur Besetzung der Landesfachausschüsse der IHKs« ist ein Landesfachausschuss die »Meta-Ebene des Prüfungswesens in der jeweils örtlichen IHK«.[72]

38 Die ehrenamtliche Tätigkeit wird durch den Gesetzgeber durch verschiedene Einzelmaßnahmen **gefördert**. Soweit Aufwandsentschädigung nicht für Zeitversäumnis gezahlt wird und nicht den Aufwand, der dem Empfänger erwächst, offenbar übersteigt, ist diese nach § 3 Nr. 12 Satz 2 EStG **steuerbefreit**.[73] Die Aufwandsentschädigung für Zeitversäumnis ist steuerbegünstigt: Die Einnahmen hieraus sind in Höhe von 1/3 der gewährten Aufwandsentschädigung, mindestens i. H. v. 250 Euro monatlich steuerfrei (R 3.12 Abs. 3 Nr. 2 LStR), wobei eine Übertragung nicht ausgeschöpfter Beträge in folgende Monate möglich ist.[74] Für Unfälle während der Prüfertätigkeit bietet die gesetzliche Unfallversicherung nach § 2 Abs. 1 Nr. 10 Buchst. a SGB VII **Versicherungsschutz.**

39 Die Übernahme eines öffentlichen Ehrenamts rechtfertigt keine personenbedingte Kündigung, auch wenn mit der Ausübung der Tätigkeit Versäumnisse der Arbeitszeit und möglicherweise auch ein **Entgeltfortzahlungsanspruch** aus § 616 BGB entstehen.[75] Dies gilt umso mehr, als die Tätigkeit in einem Prüfungsausschuss mittelbar auch dem Interesse des Arbeitgebers an qualifiziertem Nachwuchs dient.

b) Freistellung

40 Klarstellend wurde nach Beratung im Ausschuss für Bildung, Forschung und Technikfolgenabschätzung Abs. 6a in das Gesetz aufgenommen, dass »ehrenamtliche Prüferinnen und Prüfer für die Zeit ihrer Tätigkeit als Prüfende von ihrem Arbeitgeber für die Prüfung freigestellt werden. Hierzu gewährt die Regelung der Prüferin oder dem Prüfer gegenüber ihrem Arbeitgeber einen Rechtsanspruch auf Freistellung.«[76] Damit soll eine Behinderung bei der Ausübung des Amts sowie eine Benachteiligung »wegen der Übernahme oder Ausübung des Amtes« vermieden werden.[77] Durch die spätere Formulierung erstreckt sich der Anspruch auf **alle Prüfenden**, also auf Prüfungsausschussmitglieder ebenso wie auf weitere Prüfende in Prüferdelegationen. Auf der Hand liegt, dass eine Nichtfreistellung von der beruflichen Tätigkeit bei der Ausübung des Amtes behindert. Insoweit kann das im Gesetzgebungsprozess formulierte Ziel, eine Behinderung bei der Ausübung des Amtes zu vermeiden, erreicht werden. Es stellt sich jedoch die Frage, wie gemäß dem formulierten Ziel ein Freistellungsanspruch verhindern kann, dass jemand wegen der Ausübung der Prüfertätigkeit benachteiligt wird. Die Freistellung bezieht sich auf das Arbeitsverhältnis und die Dienstverpflichtung, wohingegen die Ausübung

70 *Taubert*, BBiG, § 40 Rn. 80.
71 *OVG Hamburg* 22.12.1977, EzB BBiG § 4 Nr. 4 [Ls.].
72 *ArbG Hannover* 23.11.2023 – 7 Ca 232/23 unter 5. a) der Gründe, n. v.
73 Küttner/*Weil*, Personalbuch 2024, Stichwort ›ehrenamtliche Tätigkeit‹ Rn. 16.
74 Küttner/*Weil*, Personalbuch 2024, Stichwort ›ehrenamtliche Tätigkeit‹ Rn. 16.
75 Küttner/*Wißmann*, Personalbuch 2024, Stichwort ›ehrenamtliche Tätigkeit‹ Rn. 5.
76 BT-Drucks. 19/14431, S. 61.
77 BT-Drucks. 19/14431, S. 61.

der Prüfertätigkeit an anderer Stelle stattfindet. Die einzige Benachteiligung, die einen Freistellungsanspruch gegenüber dem Arbeitgeber negiert, ist die Verpflichtung, ausgefallenen Zeiten nachzuarbeiten bzw. hierfür kein Entgelt zu erhalten. Dies würde im Umkehrschluss bedeuten, dass das im Gesetzgebungsprozess formulierte Ziel, Benachteiligungen aufgrund der Prüfertätigkeit zu vermeiden, nur dadurch erreicht wird, dass ein **Anspruch auf bezahlte Freistellung** begründet wird. Dem entspricht, dass durch die Einfügung des Abs. 6a lediglich »die bereits gängige Praxis« abgesichert werden sollte, dass ehrenamtliche Prüferinnen und Prüfer für die Zeit ihrer Tätigkeit von ihrem Arbeitgeber für die Prüfung freigestellt werden. Die bereits gängige Praxis beinhaltete jedoch einen Anspruch auf bezahlte Freistellung. Prüfer und Prüferinnen hatten auch schon vor Einfügung des Abs. 6a für die Ausübung des Ehrenamts im Prüfungsausschuss Anspruch auf **bezahlte Freistellung** aus § 616 BGB.[78] Diese Praxis wollte der Gesetzgeber absichern. Abs. 6a bildet damit einen eigenständigen Anspruch auf bezahlte Freistellung. Für dieses Auslegungsergebnis spricht auch, dass die in Abs. 6 enthaltene Regelung zur Entschädigung für Zeitversäumnis als typische Adressaten lediglich Selbstständige, Prüfende ohne Erwerbstätigkeit oder abhängig beschäftigt Prüfende benennt, die die Prüfertätigkeit in ihrer Freizeit erbringen.[79] Hier wird vorausgesetzt, dass abhängig beschäftigt Prüfende ansonsten ihre Prüfertätigkeit während der Arbeitszeit, also während einer bezahlten Freistellung für die Prüfertätigkeit erbringen.

Im Gegensatz zu § 616 BGB ist vor diesem Hintergrund nicht davon auszugehen, dass Abs. 6a abdingbar ist. Das folgt auch daraus, dass die Freistellungspflicht aus einer öffentlich-rechtlichen Norm folgt und die Tätigkeit im öffentlichen Interesse liegt. Eine Pflichtenkollision, die sich durch die Tätigkeit als Prüfungsausschussmitglied mit den arbeitsvertraglichen Pflichten ergibt, ist demnach zugunsten der Pflichten als Prüfungsausschussmitglied aufzulösen. Die Nichtleistung von Arbeit aus diesem Grund erfolgt unverschuldet.[80]

Für die Freistellung von der Arbeitsverpflichtung bedarf es einer entsprechenden **Freistellungserklärung** durch den Arbeitgeber. Diese kann auch durch eine **einstweilige Verfügung** durchgesetzt werden.[81] Der Anspruch auf Entgelt für die Zeit der Freistellung dürfte regelmäßig im Klageverfahren durchzusetzen sein.

c) Aufwandsentschädigung

Die Mitglieder des Prüfungsausschusses und die weiteren Prüfenden in Prüferdelegationen erhalten für ihre Tätigkeit den Ersatz ihrer baren Auslagen und eine Entschädigung für ihre Zeitversäumnis. Dies gilt jedoch nur insoweit, als sie nicht von anderer Seite entschädigt werden. Wird der Prüfer unter Fortzahlung seiner Bezüge von der Arbeit freigestellt, besteht ein Anspruch auf Entschädigung für Zeitversäumnis nicht.[82] 41

Die Höhe der Entschädigung wird durch die zuständige Stelle festgesetzt. Dies erfolgt durch Beschluss des Berufsbildungsausschusses im Rahmen seiner Zuständigkeit gem. 42

78 Wohlgemuth/*Günther*, BBiG, § 40 Rn. 68; allgemein für die Übernahme von Pflichten im ehrenamtlichen Bereich mit behördlicher Genehmigung: ErfK/*Preis*, BGB, § 616 Rn. 5; Küttner/*Wißmann*, Personalbuch 2024, Stichwort ›ehrenamtliche Tätigkeit‹ Rn. 6, beck-online.

79 BT-Drucks. 19/10815, S. 62.

80 *Lakies*, BBiG, § 40 Rn. 14.

81 *ArbG Köln* 18.10.1983 – 13 Ga 148/83, juris; *ArbG Hannover* 23.11.2023 – 7 Ca 232/23 unter 5. a) der Gründe, n. v.; *Taubert*, BBiG, § 40 Rn. 87.

82 *VG Regensburg* 12.7.2016 – RO 5 K 15.2196, *www.gesetze-bayern.de; Taubert*, BBiG, § 40 Rn. 85; *Bennecke/Hergenröder*, BBiG, § 40 Rn. 42.

§ 79 Abs. 4 Satz 1, wobei der Haushaltsvorbehalt in § 79 Abs. 5 zu beachten ist. Die **Genehmigungspflicht** durch die oberste Landesbehörde stellt eine landeseinheitliche Ausgewogenheit sicher.

43 Die Entschädigung muss **angemessen** sein. Dabei ist zu berücksichtigen, dass die Prüfenden die Entschädigung ohnehin nur dann beanspruchen können, wenn sie nicht bezahlt freigestellt werden. In diesem Fall haben sie möglicherweise **Entgeltabzüge**. Dies ist bei der Angemessenheit zu berücksichtigen. Nicht erforderlich ist, dass die Entschädigung im Sinne einer adäquaten Gegenleistung bemessen ist; die Entschädigung ist kein Prüfhonorar.[83] Durch das Berufsbildungsmodernisierungsgesetz wurde zum 1. 1. 2000 eine **Untergrenze** für die Entschädigung eingefügt, die durch Verweis auf § 16 Justizvergütungs- und -entschädigungsgesetz (JVEG) in der jeweils geltenden Fassung als Mindesthöhe präzisiert (zum Zeitpunkt der Einfügung 6 Euro je Stunde). Unterhalb dieser Grenze liegende Entschädigungsordnungen sind insoweit unwirksam, als dass an ihrer Stelle der Betrag nach § 16 JVEG zu leisten ist, höhere Beträge bleiben wirksam.

IV. Berufungsverfahren für Prüfungsausschussmitglieder (Abs. 3)

44 Abs. 3 regelt das Verfahren zur Berufung der Prüfungsausschussmitglieder. Die Berufung erfolgt durch einen Verwaltungsakt. Dieser begründet ein öffentlich-rechtliches Auftragsverhältnis zwischen der zuständigen Stelle und dem Mitglied des Prüfungsausschusses.[84]

45 Das Berufungsverfahren ist für die unterschiedlichen Gruppen von Prüfungsausschussmitgliedern (Arbeitgeber, Arbeitnehmer, Lehrer) unterschiedlich geregelt. Gemeinsam ist allen Berufungsverfahren, dass die Tätigkeit im Prüfungsausschuss grundsätzlich **freiwillig** ist.[85] Eine Ausnahme gilt nur, soweit die Übernahme des öffentlichen Ehrenamtes generell oder für einzelne Personengruppen, z. B. für Beamte, landesgesetzlich vorgeschrieben ist.[86]

46 Die Ernennung der Prüfenden ist ein Verwaltungsakt, mit dem ein öffentlich-rechtliches Auftragsverhältnis begründet wird.[87] Vor seinem Erlass hat die zuständige Stelle zu überprüfen, ob eine **Bereitschaft** zur Übernahme des Amtes besteht oder eine verbindliche Verpflichtung hierzu existiert. Außerdem muss die Eignung i. S. d. § 40 Abs. 1 Satz 2 vorliegen.[88] Die Prüfungsgebiete, für die jeder Prüfer und jede Prüferin über die erforderliche Sachkunde verfügt und für die die Berufung erfolgt, sind bei der Berufung zu benennen.[89]

47 Gem. Abs. 3 Satz 1 werden die Ausschussmitglieder für längstens fünf Jahre berufen. Ob die zuständige Stelle diesen maximalen Zeitraum wählt, um eine möglichst große Kontinuität bei den Prüfern zu erreichen, oder ob sie einen kürzeren Zeitraum wählt, um leichter Prüfer gewinnen zu können, kann sie nach pflichtgemäßem Ermessen entscheiden. Der Berufsbildungsausschuss der zuständigen Stelle kann hierzu gem. § 79 Abs. 4 eine Regelung treffen.

---

83 *BVerwG* 4. 4. 1979, EzB-VjA § 37 BBiG 1969 Nr. 10.
84 *Benecke/Hergenröder*, BBiG, § 40 Rn. 23.
85 *Benecke/Hergenröder*, BBiG, § 40 Rn. 22.
86 *Taubert*, BBiG, § 40 Rn. 48; zum hessischen Beamtenrecht *VG Frankfurt* 10. 1. 2002 – 9 E1089/01 (V), juris.
87 *VG Berlin* 11. 6. 2010 – 3 L 233.10, juris, Rn. 18.
88 *Benecke/Hergenröder*, BBiG, § 40 Rn. 23; *Taubert*, BBiG, § 40 Rn. 52.
89 BT-Drucks. 19/10815, S. 46

1. Berufung der Arbeitgebermitglieder

48 Für die Berufung der Arbeitgebermitglieder ist in Abs. 3 kein besonderes Verfahren vorgesehen. Es bleibt damit bei den allgemeinen Grundsätzen, dass die Zustimmung zur Mitgliedschaft im Prüfungsausschuss ebenso vorliegen muss wie die Sachkunde und die Eignung. Ein Vorschlagsrecht von Arbeitgeberverbänden wurde im Gesetz nicht normiert. Nicht erforderlich ist, dass die Arbeitgebermitglieder unmittelbar aus dem Kreis der Kammerzugehörigen stammen.[90] Eine derartige Einschränkung lässt sich dem Gesetz nicht entnehmen und mit § 39 Abs. 2 nicht vereinbaren, wenn mehrere zuständige Stellen gemeinsame Prüfungsausschüsse bilden können, die dann zwingend nicht allen zuständigen Stellen angehören können.

2. Berufung der Arbeitnehmermitglieder

49 Nach Abs. 3 Satz 2 werden die Arbeitnehmermitglieder im Prüfungsausschuss auf Vorschlag der in dem Bezirk der zuständigen Stelle bestehenden **Gewerkschaften** und selbstständigen Vereinigungen von Arbeitnehmern mit sozial- oder berufspolitischer Zwecksetzung berufen. Gewerkschaften sind freigebildete, gegnerfreie, unabhängige und auf überbetrieblicher Grundlage organisierte Vereinigungen, die nach ihrem Satzungszweck die Interessen ihrer Mitglieder ihrer Eigenschaft als Arbeitnehmer wahrnehmen. Gewerkschaften müssen **tariffähig** sein.[91] Der Begriff der »selbstständigen Vereinigungen von Arbeitnehmern mit sozial- oder berufspolitischer Zwecksetzung« entspricht der Formulierung in §§ 11 Abs. 2 Satz 2 Nr. 3, 20 Abs. 2, 23 Abs. 2 ArbGG. Insoweit kann auf die hierzu ergangene Rechtsprechung verwiesen werden. Vorschlagsberechtigt sind damit z. B. die katholische Arbeitnehmerbewegung, die christlichen Gewerkschaften, soweit konfessionelle Zwecke nicht überwiegen, und der Verband der Bergmanns-Versorgungsscheininhaber.[92]

50 Die Gewerkschaften und Vereinigungen sind im Bezirk der zuständigen Stelle vertreten, wenn sie in deren räumlichen Zuständigkeitsbereich mehr als nur einige wenige Mitglieder besitzen und über eine Geschäftsstelle oder wenigstens einen Repräsentanten verfügen.[93] Aufgrund moderner Kommunikationsmittel ist jedoch eine Präsenz der Gewerkschaftsmitarbeiter für eine Präsenz vor Ort nicht mehr in demselben Maße erforderlich wie früher.[94] Werden **gemeinsame** Prüfungsausschüsse gem. § 39 Abs. 1 Satz 2 gebildet, können alle in den Bezirken der beteiligten Stellen ansässigen Organisationen Vorschläge einreichen.[95]

51 Nach Abs. 3 Satz 2 werden die Beauftragten der Arbeitnehmer auf **Vorschlag** der Gewerkschaften und selbstständigen Vereinigungen von Arbeitnehmern mit sozial- oder berufspolitischer Zwecksetzung berufen. Damit ist die zuständige Stelle an diese Vorschläge gebunden.[96] Die Bindung ergibt sich auch aus Abs. 3 Satz 4: Werden keine oder nicht ausreichend viele Vorschläge für Arbeitnehmermitglieder unterbreitet, beruft die

---

90 A. A. *Braun/Mühlhausen,* BBiG, § 37 a. F. Rn. 26.
91 Zum Gewerkschaftsbegriff siehe *BAG* 28.3.2006 – 1 ABR 58/04, juris; vgl. auch Vertrag über die Schaffung einer Wirtschafts-, Währungs- und Sozialunion zwischen der BRD und der DDR vom 18.5.1990, gemeinsames Protokoll über Leitsätze, Leitsatz III, 2, BGBl. II S. 537.
92 *LAG Hamm* 19.12.1956 – 4 Ta 99/56, juris.
93 *Braun/Mühlhausen,* BBiG, § 37 a. F. Rn. 31.
94 *BAG* 28.3.2006 – 1 ABR 58/04, juris.
95 *Benecke/Hergenröder,* BBiG, § 40 Rn. 30.
96 ErfK/*Schlachter*, 18. Aufl. 2018, § 41 BBiG Rn. 4; *VG Stuttgart* 15.12.1989, EzB § 37 BBiG 1969, Nr. 26; *Taubert* BBiG, § 40 Rn. 59.

zuständige Stelle nach pflichtgemäßem Ermessen. Dies bedeutet im Umkehrschluss, dass bei Vorliegen von qualifizierten Vorschlägen kein Ermessen besteht.[97] Das Vorliegen der Sachkunde sowie der Eignung für die Prüfung muss von der zuständigen Stelle dennoch eigenständig überprüft werden.[98] Das Vorschlagsrecht der Gewerkschaften und Vereinigungen von Arbeitnehmern mit sozial- oder berufspolitischer Zwecksetzung bezieht sich auch auf die Reihenfolge, in der die Vorschläge unterbreitet werden.[99] Unterbreiten mehrere vorschlagsberechtigte Organisationen Vorschläge und **übersteigt** die Anzahl der Vorgeschlagenen die Zahl der zu besetzenden Prüferstellen, entscheidet die zuständige Stelle nach pflichtgemäßem Ermessen.[100] Ermessensfehlerhaft ist, wenn die zuständige Stelle bei ihrer Entscheidung nach dem **zeitlichen** Eingang der Vorschläge vorgeht.[101] Das Vorschlagen von Prüfern ist kein Wettlauf. Anerkannt ist, dass die zuständige Stelle die Bedeutung der vorschlagsberechtigten Organisationen in ihrem Zuständigkeitsbereich berücksichtigen muss. Damit wird die **Mitgliederzahl** der vorschlagsberechtigten Organisation im örtlichen Zuständigkeitsbereich der zuständigen Stelle zum maßgeblichen Kriterium.[102]

52 Die **fachliche Ausrichtung** der vorschlagsberechtigten Organisation ist nur insoweit von Bedeutung, als eine Organisation, die für den maßgeblichen Beruf nach ihrem Statut nicht zuständig ist, an der Qualität der Berufsausbildung in diesem Beruf kein originäres Interesse haben wird. Es ist damit ermessensfehlerhaft, diese Organisation bei den Prüferstellen zu berücksichtigen. Bei der Zusammensetzung der Ausschüsse geht es nicht um gesellschaftliche Repräsentanz, sondern darum, dass diejenigen, die von den Prüfungen betroffen sind, mittelbar, d. h. durch Vertreter ihrer Organisationen, beteiligt werden. Eine Organisation leitender Angestellter vertritt niemanden, der von der Durchführung der beruflichen Bildung und vom Prüfungsverfahren unmittelbar **betroffen** ist. Sie kommt daher von vornherein nicht als vorschlagsberechtigte Organisation in Betracht.[103] Gegen eine Nicht-Berücksichtigung oder nicht vollständige Berücksichtigung der Vorschläge der vorschlagsberechtigten Organisationen haben sowohl diese als auch nicht berücksichtigte Prüfer eine Klagebefugnis gem. § 42 VwGO.[104] Der vorgeschlagene Prüfer ist von der ablehnenden Entscheidung unmittelbar und selbst betroffen. Die Gewerkschaft ist in ihrem Vorschlagsrecht und in ihrem Anspruch auf Berücksichtigung dieser Vorschläge möglicherweise betroffen, so dass die Klagebefugnis gem. § 42 VwGO bejaht werden kann. Daher kann eine vorschlagende Organisation – ggf. nach Durchführung eines Vorverfahrens gem. §§ 68 ff. VwGO – Klage gegen die Nicht-Berücksichtigung eines vorgeschlagenen Prüfers erheben.[105] Ist die Besetzung des Gremiums abgeschlossen, entfällt das Rechtsschutzziel für eine einstweilige Anordnung.[106]

97 Wohlgemuth/*Günther*, BBiG, § 40 Rn. 50.
98 *Braun/Mühlhausen*, BBiG, § 37 a. F. Rn. 32; *Taubert*, BBiG, § 40 Rn. 60.
99 *Taubert*, BBiG, § 40 Rn. 60.
100 *Taubert*, BBiG, § 40 Rn. 61; *Braun/Mühlhausen*, BBiG, § 37 a. F. Rn. 33.
101 *Taubert*, BBiG, § 40 Rn. 61.
102 Wohlgemuth/*Günther*, BBiG, § 40 Rn. 51 f.; *Herkert/Töltl*, BBiG, § 40 Rn. 63.
103 Wohlgemuth/*Günther*, BBiG, § 40 Rn. 49 m. w. N.
104 A. A. *VG Karlsruhe* 27. 1. 1983, EzB § 58 BBiG Nr. 7; *VG Düsseldorf* 29. 1. 1982, EzB § 36. BBiG Nr. 5.
105 *VG Stuttgart* 15. 12. 1989, EzB § 37 BBiG Nr. 26; Wohlgemuth/*Wohlgemuth*, BBiG, 1. Aufl., § 40 Rn. 32.
106 *VG München* 20. 11. 2014 – M 16 E 14.4485, *www.gesetze-bayern.de*.

3. Berufung der Lehrkräfte

Gem. Abs. 3 Satz 3 wird die Lehrkraft einer berufsbildenden Schule im Einvernehmen mit der Schulaufsichtsbehörde oder einer von ihr bestimmten Stelle berufen. Zum Begriff der berufsbildenden Schule siehe § 2 Rn. 9. Die Schulen und die Schulaufsichtsbehörde haben **kein Vorschlagsrecht**. Die zuständige Stelle kann Prüfende auswählen, muss sodann um die Zustimmung der Schulaufsichtsbehörde bzw. der von ihr bestimmten Stelle anfragen und nach Vorliegen der Zustimmung berufen. Liegt die Zustimmung nicht vor, ist der Ausschuss nicht richtig besetzt.[107] Vom Einvernehmen mit der Schulaufsichtsbehörde oder der von ihr bestimmten Stelle zu unterscheiden ist die Frage, ob der Lehrer der berufsbildenden Schule arbeits- oder dienstrechtlich **verpflichtet** ist, die Prüfertätigkeit auszuüben. Die Tätigkeit als Prüfer in einem Prüfungsausschuss der zuständigen Stelle ist für Lehrkräfte staatlicher Schulen eine Nebentätigkeit[108] und daher grundsätzlich nur freiwillig zu übernehmen.[109] Eine dienstliche Pflicht zur Übernahme dieser Nebentätigkeit kann nach den beamtenrechtlichen Vorschriften begründet werden, wenn die oberste Dienstbehörde oder die von ihr bestimmte zuständige Behörde ihr Ermessen ordnungsgemäß ausgeübt hat.[110] 53

Unterschiedliche landesrechtliche Normen im Beamtenrecht[111] bieten die Möglichkeit, beamtete Lehrer durch **Weisung** zur Prüfertätigkeit zu verpflichten. Die Weisung an einen beamteten Lehrer ist ein Verwaltungsakt.[112] Die rechtswidrige Weisung an einen Lehrer, als Prüfer tätig zu werden, berührt nicht die Rechtmäßigkeit dessen Berufung und damit der Zusammensetzung des Prüfungsausschusses, wenn der Verwaltungsakt zur Berufung **nach** Herstellung des Einvernehmens mit der Schulaufsichtsbehörde oder der von ihr bestimmten Stelle erfolgte und der Prüfer die Anforderungen gem. § 40 Abs. 1 erfüllt. 54

4. Berufung bei fehlenden Vorschlägen

Für den Fall, dass Mitglieder nicht oder nicht in ausreichender Zahl innerhalb einer von der zuständigen Stelle gesetzten, angemessenen Frist vorgeschlagen werden, beruft die zuständige Stelle die Prüfungsausschussmitglieder nach pflichtgemäßem Ermessen. Wie lang die angemessene Frist mindestens sein muss, ist gesetzlich nicht geregelt. Nach dem Zweck der Bestimmung muss sie jedenfalls so lang sein, dass auch eine **mitgliedsstarke** Organisation in die Lage versetzt wird, sich zu erkundigen, wer aus dem Kreis der Mitglieder als Prüfer geeignet und sachkundig ist oder welche Nicht-Mitglieder von der vorschlagsberechtigten Organisation vorgeschlagen werden könnten. Die zuständige Stelle muss daher den Ablauf der Amtszeiten berücksichtigen und die Vorschläge so zeitig anfordern, dass ausreichend Zeit verbleibt, entsprechende Anfragen durchzuführen, und Sachkunde sowie Eignung bei Prüfern selbst zu überprüfen. 55

Bei der Berufung gem. Abs. 3 Satz 4 hat die zuständige Stelle pflichtgemäßes Ermessen walten zu lassen. Hierzu gehört auch, dass sie den Grundsatz der **paritätischen** Besetzung des Prüfungsausschusses auch weiterhin berücksichtigt.[113] Für Prüfende, die der Gruppe der Arbeitnehmer angehören, ist daher grundsätzlich ein Arbeitnehmer als Prüfer zu 56

107 *Taubert*, BBiG, § 40 Rn. 62.
108 *VG Frankfurt* 10.1.2002 – 9 E 1089/01 (V), juris.
109 *Benecke/Hergenröder*, BBiG, § 40 Rn. 33.
110 *VG Frankfurt* 10.1.2002 – 9 E 1089/01 (V), juris.
111 Siehe Übersicht bei *Stolpmann/Teufer*, S. 66.
112 *Stolpmann/Teufer*, S. 66.
113 *Braun/Mühlhausen*, BBiG, § 37 a. F. Rn. 37.

berufen. Nur wenn kein Arbeitnehmer zur Mitwirkung im Prüfungsausschuss verfügbar ist, kann **ausnahmsweise ein Arbeitgeber als Prüfungsausschussmitglied für die Arbeitnehmerseite** tätig werden.[114] Die Berufung eines Arbeitgebers bedeutet dann zugleich, dass von den Besetzungsgrundsätzen des Abs. 2 abgewichen wird. Maßstab hierfür ist die Regelung in Abs. 7.

5. Unterrichtung der Vorschlagsberechtigten (Abs. 5)

57 Um die vorschlagsberechtigten Organisationen in die Lage zu versetzen, Vorschläge zu unterbreiten, benötigen diese sämtliche **wesentlichen Informationen**, die für die Vorschläge erforderlich sind. Es muss also von der zuständigen Stelle mitgeteilt werden, wie viele Prüfungsausschüsse mit wie vielen Mitgliedern aus welchen Mitgliedsgruppen und mit wie vielen StellvertreterInnen für jeweils welche Berufe gebildet werden. Nach dem Berufungsverfahren muss mitgeteilt werden, wie die Prüfungsausschüsse besetzt wurden. Dabei sind auch die Mitglieder der übrigen Gruppen zu benennen. Nur mit diesen Informationen ist die vorschlagsberechtigte Organisation in der Lage, die ordnungsgemäße Besetzung der Prüfungsausschüsse und die Berücksichtigung ihrer eigenen Vorschläge zu überprüfen.

58 Diese Grundsätze fanden zum 1.1.2000 ihren Niederschlag im Gesetz: »Mit dem neuen Absatz 5 soll die Transparenz bei der Berufung von Mitgliedern eines Prüfungsausschusses für die Vorschlagsberechtigten erhöht werden. Eine Unterrichtung der Vorschlagsberechtigten hat dabei **sowohl vor** der Berufung **als auch nach** der Berufung von Prüfenden durch die zuständige Stelle zu erfolgen.«[115] Die Unterrichtungspflicht gilt auch für die **Zahl der weiteren Prüfenden**. Sie gilt nach dem Wortlaut nicht für die Prüfgebiete und/oder Fachgebiete, für die die weiteren Prüfenden berufen werden sollen. Dies führte jedoch dazu, dass sachgerechte Vorschläge der Vorschlagsberechtigten nicht erfolgen können; wenn nicht bekannt ist, welche Anforderungen an die Eignung gestellt werden, können diese nicht berücksichtigt werden. Die zuständige Stelle hat die Vorschlagsberechtigten daher auch darüber zu informieren, ob **Prüf- oder Fachgebiete** bestimmt wurden, auf die die Berufung der weiteren Prüfenden beschränkt wird, und wenn ja, um welche Prüf- oder Fachgebiete es sich handelt. Die Unterrichtung nach der Berufung hat zeitnah zu erfolgen, um ggf. bei Verletzung von Rechten der Vorschlagsberechtigten frühzeitige Rügen zu ermöglichen, die rechtswidrige Prüfungen verhindern können.

6. Amtszeitende

59 Die Mitglieder des Prüfungsausschusses sind so lange im Amt, wie sie berufen werden. Die Berufung erfolgt für längstens fünf Jahre (Abs. 3 Satz 1). Die Dauer der Amtszeit ist durch Beschluss des Berufsbildungsausschusses der zuständigen Stelle zu bestimmen. Ein **scharfes Ende** der Amtszeit verstößt jedoch gegen den Grundsatz der Chancengleichheit bei der Prüfung. Fehlerhaft wäre es grundsätzlich, einen Wechsel in der Zusammensetzung des Prüfungsausschusses vor Abschluss eines laufenden Prüfungsverfahrens vorzunehmen. § 40 Abs. 3 Satz 1 BBiG regelt die Bildung der Prüfungsausschüsse, verhält »sich aber nicht zu der Frage, wie eine von einem Prüfungsausschuss begonnene Prüfung zu Ende zu führen ist, wenn bei den Mitgliedern die entsprechende Amtszeit abläuft. Jedenfalls kann § 40 Abs. 3 Satz 1 BBiG nicht als abschließende Regelung dahingehend

114 *Braun/Mühlhausen*, BBiG, § 37 a. F. Rn. 37.
115 BT-Drucks. 19/10815, S. 62.

verstanden werden, dass dieser auch die Mitwirkung der Prüfer in einem bereits begonnenen Prüfungsverfahren eindeutig regelt und daher einer modifizierten Anwendung mit Rücksicht auf die Eigentümlichkeiten des jeweiligen Verfahrens nicht zugänglich ist.«[116] Dass damit in Ausnahmefällen einzelne unselbstständige Prüfungsleistungen etwa wegen einzuhaltender Ladungsfristen ggf. auch nach Ende des Berufungszeitraums noch von den bisher berufenen Prüfern abgenommen werden müssen, ist vor dem Hintergrund der verfassungsrechtlich geschützten Rechte der Prüflinge hinzunehmen.[117]

Der Grundsatz der Chancengleichheit (Art. 3 Abs. 1 i. V. m. 12 Abs. 1 GG) gebietet, dass eine gebotene Nachkorrektur und/oder Neubewertung einer Prüfungsleistung in aller Regel von den Prüfern oder dem Prüfungsausschuss vorzunehmen ist, die die beanstandete frühere Bewertung vorgenommen haben. Dieser Grundsatz kann bei dem Einsatz der bisherigen Prüfer gewährleistet werden, weil diese für die Nachbewertung auf ihr aufgabenbezogenes Bewertungssystem und darauf beruhende Leistungsvergleiche zurückgreifen können. 60

7. Abberufung

Nach Abs. 3 Satz 4 können die Mitglieder der Prüfungsausschüsse sowie die weiteren Prüfenden nach Anhören der an ihrer Berufung Beteiligten **aus wichtigem Grund** auf Basis einer Ermessensentscheidung abberufen werden. Obwohl eine ausdrückliche Regelung nicht vorhanden ist, kann die Abberufung nur durch die zuständige Stelle erfolgen. Die zuständige Stelle kann von sich aus oder auf Anregung von außen das Verfahren zur Abberufung einleiten. Erfährt die zuständige Stelle von wichtigen Gründen, muss sie von Amts wegen tätig werden. 61

Diejenigen, die an der Berufung des Ausschussmitglieds beteiligt waren, sind **anzuhören**. Dies sind:

- das Ausschussmitglied bzw. der/die weitere Prüfende selbst und
- die Gruppierung, die ihn vorgeschlagen hat.

Unterbleibt die Anhörung, kann sie im Laufe eines gerichtlichen Verfahrens noch nachgeholt werden. Das Nachholen heilt den Mangel in der Entscheidung (§ 45 Abs. 1 Nr. 3 BVwVfG bzw. die entsprechenden Regelungen der Länder). Die Entscheidung durch die Behörde ist ebenso ein Verwaltungsakt wie die Berufung in den Ausschuss. Sie kann nach Durchführen des Widerspruchsverfahrens durch eine Anfechtungsklage überprüft werden. Die Abberufung verletzt, wenn sie fehlerhaft ist, nicht nur den Prüfenden in seinen Rechten, sondern auch die Organisation, die den Prüfenden vorgeschlagen hat. Beide sind daher klagebefugt.

Ein wichtiger Grund, einen Prüfenden abzuberufen, ist gegeben, wenn ein Umstand vorliegt, aufgrund dessen die Mitarbeit im Prüfungsausschuss oder die Mitwirkung bei Prüfungen mit Blick auf die Aufgaben des Ausschusses oder für die an der Berufung beteiligten Stellen oder die übrigen Mitglieder des Ausschusses unzumutbar ist oder absehbar wird oder unmöglich wird. Dies können zum Beispiel Straftaten mit Bezug zur beruflichen Tätigkeit sein.[118] In Betracht kommt ein wichtiger Grund im Sinne dieser Vorschrift auch, wenn ein Prüfer wiederholt oder schwerwiegend gegen die ihm in dieser Eigenschaft obliegenden Pflichten verstößt und infolgedessen die ordnungsgemäße Abnahme der (beruflichen Abschluss)Prüfung ernsthaft gefährdet oder nicht mehr gewähr- 62

116 *VG Augsburg* 21.4.2020 – Au 8 K 19.523, Rn. 33, juris.
117 *VG Augsburg*, a. a. O. Rn. 34.
118 *VG Gelsenkirchen* 31.10.2012 – 7 K 1351/12, *www.nrwe.de.*

leistet ist.[119] Dies kann beispielsweise durch die **Nichtteilnahme an Prüfungen** oder durch einen Verstoß gegen die dem Prüfer obliegende Verschwiegenheitspflicht erfolgen.[120] Ein Verschulden des/der Prüfenden ist nicht erforderlich.[121] Die Voraussetzung der Unzumutbarkeit oder der Unmöglichkeit der weiteren Mitarbeit ist nicht erfüllt, wenn der/die Prüfende der Organisation, die ihn/sie vorgeschlagen hat, nicht mehr angehört. Die Prüfenden sind zwar von den Organisationen vorgeschlagen worden, sie sind jedoch keine echten Mandatsträger. Eine dauerhafte Unzumutbarkeit oder Unmöglichkeit liegt nicht vor, wenn das Ausschussmitglied lediglich erkrankt ist. Aus Abs. 2 Satz 3, der die Stellvertretung regelt, ergibt sich, dass der Gesetzgeber den Fall einer befristeten Verhinderung nicht als Grund für die Abberufung, sondern als Fall der Stellvertretung gesehen hat. Etwas Anderes kann sich lediglich dann ergeben, wenn durch eine dauerhafte Erkrankung die Ausübung des Amts unmöglich wird. Der dauerhaften Erkrankung steht dabei eine Erkrankung bis zum Ende des Berufungszeitraumes gleich.[122]

8. Rücktritt

63 Gesetzlich nicht geklärt ist der **Rücktritt** eines Prüfenden. Der Rücktritt ist jederzeit – ggf. nach Abwicklung laufender Prüfungen – möglich. Der Rücktritt erfolgt durch Erklärung gegenüber der zuständigen Stelle, die das Mitglied berufen hat. In beiden Fällen, Rücktritt wie Abberufung, rückt der Stellvertreter zunächst nach.

V. Berufungsverfahren für weitere Prüfende (Abs. 4)

1. Gesetzgeberische Absichten

64 Abs. 4 wurde durch das Berufsbildungsmodernisierungsgesetz zum 1. 1. 2020 eingefügt. Ziel war die »Modernisierung von Verwaltungs-, insbesondere Prüfungsverfahren«.[123] Mit den neuen Regelungen im Prüfungswesen sollten die »Delegationsmöglichkeiten zur Abnahme von Prüfungsleistungen erweitert«[124] werden. Dabei wurde »als Kernstück die Möglichkeit einer abschließenden Bewertung der entsprechenden Prüfungsleistungen durch eine wie bisher (Arbeitgeber/Arbeitnehmer/Lehrkräfte) besetzte Delegation neu geschaffen. Allein Prüfungsleistungen eines Prüflings, die aufeinander Bezug nehmen, zusammenhängen etc., müssen dabei von denselben Prüferinnen und Prüfern abgenommen werden. Das Ehrenamt der Prüferinnen und Prüfer kann damit flexibler und attraktiver ausgeübt werden: Nicht jede/r Prüfende muss ›für alles‹ zur Verfügung stehen.«[125]
Abs. 4 »regelt die Berufung und Qualifikation von zusätzlichen Prüfenden, die Mitglieder in Prüferdelegationen gemäß § 42 Abs. 2 sein können, ohne gleichzeitig Mitglied des Prüfungsausschusses sein zu müssen. Durch die Möglichkeit der Begrenzung auf bestimmte Prüf- oder Fachgebiete soll die Rekrutierung von ehrenamtlichen Prüfern und Prüferinnen erleichtert werden. Zugleich wird mit dieser Ergänzung das notwendige Zeitbudget für ein ehrenamtliches Engagement als Prüfer und Prüferin flexibilisiert. Man kann sich auch als Prüfer oder als Prüferin bestellen lassen, wenn familiäre oder betriebliche Verant-

119 *VG Düsseldorf* 15. 2. 2012 – 15 L 21/12, *www.nrwe.de.*
120 *OVG NRW* 21. 1. 2013 – 14 B 338/12, *www.nrwe.de.*
121 *Herkert/Töltl*, BBiG, § 77 Rn. 21.
122 Ähnlich: *Taubert*, BBiG, § 77 Rn. 22.
123 BT-Drucks. 19/10815, S. 43.
124 BT-Drucks. 19/10815, S. 45.
125 Ebd.

wortungen nur ein begrenztes Zeitbudget ermöglichen. Von diesem Abschied vom ›Alles oder Nichts-Prinzip‹ verspricht sich die Bundesregierung eine erhebliche Verbreiterung der Rekrutierungsbasis für die zuständigen Stellen – auch im Sinne eines schrittweisen Heranführens an verschiedene Einsatzmöglichkeiten von Prüferinnen und Prüfern.«[126] Zugleich beabsichtigte die den Gesetzesentwurf einbringende Bundesregierung auch, Prüfungen stärker in ihrer Gesamtwertung vom Prüfungsausschuss auf einzelne Prüfende dadurch delegierbar zu gestalten, »dass künftig eine neue, zusätzliche Möglichkeit der Organisation bei der Abnahme von Prüfungsleistungen geschaffen wird. Zwar kann der Prüfungsausschuss – wie bislang – die gesamte Abschlussprüfung selbst abnehmen. Die zuständige Stelle kann aber alternativ zukünftig die Abnahme von Prüfungsleistungen im Einvernehmen mit den Mitgliedern des Prüfungsausschusses ganz oder in Teilen an eine Prüferdelegation übertragen, die die jeweiligen Prüfungsleistungen abschließend bewertet. Im Gegensatz zur bisherigen Rechtslage liegt in diesen Fällen nicht mehr das abschließende Bewertungsrecht bezogen auf diese konkreten Prüfungsleistungen beim Prüfungsausschuss, sondern die Prüferdelegation entscheidet insoweit selbst abschließend.«[127]

2. Berufungsverfahren

Gem. Abs. 4 Satz 1 kann die zuständige Stelle weitere Prüfende für den Einsatz in Prüferdelegationen nach § 42 Abs. 2 berufen. Prüferdelegationen können sowohl aus bereits vorhandenen Mitgliedern des jeweiligen Prüfungsausschusses (bzw. Stellvertreter) bestehen als auch aus weiteren Prüfenden, die bislang nicht in einem Prüfungsausschuss tätig sind. Diese weiteren Prüfenden sind nach den Vorschriften des § 40 zu berufen. Soweit die zuständige Stelle den Einsatz weiterer Prüfender in Prüferdelegationen erwägt, sollte sie die weiteren Prüfenden berufen – gewissermaßen »auf Vorrat«, denn zum Zeitpunkt der Berufung ist unklar, ob die weiteren Prüfenden tatsächlich auch im Rahmen einer Prüferdelegation tätig werden. Die Anforderungen hierfür sind durch das erforderliche Einvernehmen aller Prüfungsausschussmitglieder mit der zuständigen Stelle (§ 42 Abs. 2) hoch. 65

Abs. 4 verweist nicht auf Abs. 1 Satz 2. Es stellt sich daher die Frage, welche Anforderungen an die Sachkunde und Geeignetheit der weiteren Prüfenden zu stellen sind. Nach der Gesetzesbegründung war beabsichtigt, dass mit Abs. 4 auch die Qualifikation von zusätzlichen Prüfenden geregelt wird (s. Rn. 64). Offensichtlich durch ein gesetzgeberisches Versehen unterblieben sowohl ein Verweis in Abs. 4 auf Abs. 1 Satz 2 als auch eine Formulierung in Abs. 1 Satz 2, wonach die Prüfenden für die Prüfungsgebiete sachkundig und für die Beteiligung an der Prüfung geeignet sein müssen. § 42 Abs. 2 Satz 2 BBiG lässt § 40 Abs. 1 »für die Zusammensetzung von Prüferdelegationen und für Abstimmungen in der Prüferdelegation« entsprechend wirken. Die Zusammensetzung kann sich zumindest auch auf die Frage der vorhandenen Qualifikation für das Prüfungsfach beziehen. Dem Gesetz lässt sich ebenso wenig wie den Materialien im Gesetzgebungsverfahren entnehmen, dass mit der Einführung der Prüferdelegation die Anforderungen an das Prüfungspersonal abgesenkt werden sollen. Lediglich, soweit die Prüf – oder Fachgebiete begrenzt werden können, kann Rücksicht auf nur in Teilgebieten vorhandene Sachkunde genommen werden. Im Übrigen bleiben die Anforderungen an die Prüfenden auch mit Blick auf Art. 12 GG und dessen Schutz für die zu Prüfenden erhalten. 66

Für das Berufungsverfahren gilt § 40 Abs. 3 (siehe Rn. 44–56). Daher können die weiteren Prüfenden nach Anhörung der an ihrer Berufung Beteiligten aus wichtigem Grund 67

126 BT-Drucks. 19/10815, S. 62.
127 BT-Drucks. 19/10815, S. 61.

auch abberufen werden. Aus der Verweisung auf § 40 Abs. 3 ergibt sich zudem, dass eine Prüferdelegation auch stellvertretende Mitglieder haben kann (Abs. 3 Satz 6). Für deren Berufung gelten wiederum die Regelungen für stellvertretende Mitglieder des Prüfungsausschusses. Für die weiteren Prüfenden, die in Prüferdelegationen tätig werden, gelten sowohl das Ehrenamtlichkeitsprinzip und die Regelung über die Entschädigung für Zeitversäumnis in Abs. 6 als auch der Freistellungsanspruch des Abs. 6a.

VI. Anwendbarkeit auf andere Prüfungen

68 Die Vorschrift gilt nicht im Handwerk. Die Zusammensetzung und die Berufung von Gesellenprüfungsausschüssen sind in § 34 HwO geregelt. Dieser ist zum Teil abweichend oder detailreicher als § 40 BBiG. § 40 Abs. 2 Satz 3, Abs. 3 Satz 5, Abs. 4, 6 und 6a gelten entsprechend für die Feststellungstandems im Validierungsverfahren (§ 50c Abs. 1 Satz 6). § 40 Abs. 1 Satz 2 kann im Validierungsverfahren für Beisitzende, die von der zuständigen Stelle stammen, gelten (§ 50c Abs. 1 Satz 7). § 40 gilt entsprechend für die **Umschulung** (§ 62 Abs. 3 Satz 2), für die Fortbildung (§ 56 Abs. 1 Satz 2) sowie für die Prüfung von Zusatzqualifikationen (§ 49 Abs. 2). Für Zwischenprüfungen gilt § 40 mangels einer Verweisung in § 48 nicht.

§ 41 Vorsitz, Beschlussfähigkeit, Abstimmung

(1) Der Prüfungsausschuss wählt ein Mitglied, das den Vorsitz führt, und ein weiteres Mitglied, das den Vorsitz stellvertretend übernimmt. Der Vorsitz und das ihn stellvertretende Mitglied sollen nicht derselben Mitgliedergruppe angehören.

(2) Der Prüfungsausschuss ist beschlussfähig, wenn zwei Drittel der Mitglieder, mindestens drei, mitwirken. Er beschließt mit der Mehrheit der abgegebenen Stimmen. Bei Stimmengleichheit gibt die Stimme des vorsitzenden Mitglieds den Ausschlag.

Inhaltsübersicht Rn.

I. Allgemeines

1 § 41 regelt den Vorsitz, die Beschlussfähigkeit und die Modalitäten der Abstimmung. Inhaltlich entspricht § 41 dem § 38 BBiG 1969.

2 Soweit § 41 eine Regelung schafft, sind die entsprechenden Vorschriften der Landesverwaltungsverfahrensgesetze nicht anwendbar. Trifft das Berufsbildungsgesetz keine spezielle Regelung für den Prüfungsausschuss, können die allgemeinen Regelungen in

den Landesverwaltungsverfahrensgesetzen anwendbar sein. Regelmäßig muss jedoch der Anwendungsbereich der Verwaltungsverfahrensgesetze berücksichtigt werden, wonach die Regelungen für Ausschüsse der zuständigen Stellen bei Prüfungen von Personen nicht anwendbar sind.[1] Bezieht sich eine Entscheidung des Ausschusses nicht auf die Prüfung, z. B. die Wahl des Vorsitzenden, ist das **Verwaltungsverfahrensgesetz des Landes**, das die Aufsicht über die zuständige Stelle führt, anzuwenden. Der Einfachheit halber wird im Folgenden – soweit erforderlich – auf das Verwaltungsverfahrensgesetz **des Bundes** Bezug genommen. Zu beachten ist, dass die Regelungen zu den Ausschüssen zwischen Landesverwaltungsverfahrensgesetzen und dem Bundesverwaltungsverfahrensgesetz im Detail unterschiedlich sind.

II. Vorsitz und Stellvertretung

Die Bestimmung des Vorsitzes des Prüfungsausschusses ist keine »Tätigkeit (...) bei Leistungs-, Eignungs- und ähnlichen Prüfungen von Personen« (§ 2 Abs. 3 Nr. 2 BVwVfG). Soweit Abs. 1 keine abschließende Regelung zum Vorsitz trifft, ist auf die Vorschriften des jeweiligen Verwaltungsverfahrensgesetzes (s. o.) zurückzugreifen. 3

1. Wahl des Vorsitzes und der Stellvertretung

Nach Abs. 1 Satz 1 ist ein Mitglied des Prüfungsausschusses zu wählen, das den **Vorsitz** führt. Weitere Vorschriften für die Wahl sind im Gesetz nicht enthalten, so dass auf § 92 BVwVfG zurückgegriffen werden kann. 4

§ 92 BVwVfG – Wahlen durch Ausschüsse 5
(1) Gewählt wird, wenn kein Mitglied des Ausschusses widerspricht, durch Zuruf oder Zeichen, sonst durch Stimmzettel. Auf Verlangen eines Mitglieds ist geheim zu wählen.
(2) Gewählt ist, wer von den abgegebenen Stimmen die meisten erhalten hat. Bei Stimmengleichheit entscheidet das vom Leiter der Wahl zu ziehende Los.
(3) Sind mehrere gleichartige Wahlstellen zu besetzen, so ist nach dem Höchstzahlverfahren d'Hondt zu wählen, außer wenn einstimmig etwas anderes beschlossen worden ist. Über die Zuteilung der letzten Wahlstelle entscheidet bei gleicher Höchstzahl das vom Leiter der Wahl zu ziehende Los.

Von der jeweiligen Bestimmung im Landes-VwVfG dürfen **abweichende** Regelungen in der Prüfungsordnung nicht geschaffen werden. 6

Das Gesetz ordnet die Wahl eines Mitglieds für den Vorsitz an. Das bedeutet, dass der Prüfungsausschuss zwingend einen Vorsitzenden oder eine Vorsitzende bestimmen muss. Prüfungsausschüsse ohne Vorsitzende sind nicht zulässig. Durch die Formulierung »ein« Mitglied wird zudem deutlich gemacht, dass eine Doppelspitze nicht zulässig ist. Solange jeweils eindeutig definiert ist, wer den Vorsitz innehat, widerspricht es dem Wortlaut des § 41 Abs. 1 Satz 1 nicht, wechselnde Vorsitzende mit Neuwahl zu Beginn jeder Sitzung oder durch Rotation zu beschließen.[2] 7

1 Vgl. z. B. § 2 Abs. 3 Nr. 2 BVwVfG, wonach die §§ 88–93 BVwVfG, in denen das Recht der Ausschüsse geregelt ist, bei *Prüfungsentscheidungen* nicht anzuwenden sind.
2 Wie hier: *Lakies*, BBiG, § 41 Rn. 1; Wohlgemuth/*Günther*, BBiG, § 41 Rn. 7.

a) Ordentliche Mitglieder

8 Noch in § 38 BBiG 1969 war die Formulierung enthalten »aus seiner Mitte«. Damit wurde deutlich, dass nur **ordentliche Mitglieder** des Prüfungsausschusses den Vorsitz übernehmen konnten. Dieser Zweck wird in Abs. 1 Satz 1 durch die Formulierung »wählt ein Mitglied« ebenso erfüllt. Mitglieder des Prüfungsausschusses sind die ordentlichen Mitglieder.[3] Dem entspricht, dass der Gesetzgeber bei der Formulierung des § 41 davon ausgegangen ist, lediglich einige Änderungen zur sprachlichen **Gleichbehandlung von Frauen und Männern** vorgenommen zu haben.[4] Wahlberechtigt sind damit alle ordentlichen Mitglieder des Prüfungsausschusses, also auch BerufsschullehrerInnen.[5] Ein ordentliches Mitglied des Prüfungsausschusses ist auch in Abwesenheit für den Vorsitz wählbar.

b) Wahlverfahren

9 Aktiv wahlberechtigt sind alle ordentlichen Prüfungsausschussmitglieder bzw. im Fall ihrer Verhinderung ihre Stellvertreter. Wahlberechtigt ist auch das Mitglied des Prüfungsausschusses, das für den Vorsitz kandidiert.

Vor Beginn der Wahl müssen die Mitglieder des Prüfungsausschusses sich darüber einigen, wer die Wahl des Vorsitzenden leitet. Üblicherweise wird auf die Regelung in der Geschäftsordnung des deutschen Bundestages zurückgegriffen, nach deren § 1 Abs. 2 das älteste Mitglied den Vorsitz übernimmt. Ist der Vorsitz bestimmt, übernimmt dieser die Leitung der Sitzung. Aus diesem Grund ist es nicht zulässig, Vorsitz und Stellvertretung zugleich zu wählen; bei der Wahl der Stellvertretung hat der Vorsitz bereits die Sitzung zu leiten.

Gewählt ist, wer die Mehrheit, also die Mehrheit der abgegebenen Stimmen auf sich vereinen kann (§ 92 Abs. 2 Satz 1 BVwVfG). Bei Stimmengleichheit entscheidet das Los, das die zuvor bestimmte Wahlleitung zieht (§ 92 Abs. 2 Satz 2 BVwVfG). Dieses Verfahren ist auch bei der Wahl der Stellvertretung anzuwenden, da Abs. 2 Satz 3 nur für Abstimmungen und nicht für Wahlen gilt.[6] Voraussetzung für die Wahl ist, dass der Prüfungsausschuss **beschlussfähig** ist (hierzu Rn. 19).

10 Das Wahlverfahren ergibt sich im Wesentlichen durch § 92 BVwVfG.[7] Danach sind grundsätzlich offene Abstimmungen durch **Zuruf oder Zeichen** möglich. Widerspricht dem ein Mitglied des Prüfungsausschusses, wobei in diesem Fall auch das stellvertretende Mitglied, das ein ordentliches Mitglied vertritt, gemeint ist, hat die Abstimmung durch Stimmzettel, also **schriftlich** zu erfolgen. Die schriftliche Wahl ist noch nicht zwingend geheim. Wird geheime Wahl von einem Mitglied (oder im Verhinderungsfall dessen Stellvertretung) verlangt, ist nicht nur schriftlich, sondern geheim zu wählen. Dies bedeutet, dass Vorkehrungen dafür zu treffen sind, dass der Stimmzettel unbeobachtet gekennzeichnet und gefaltet werden kann. Für die Aufnahme des Stimmzettels ist eine Wahlurne zu verwenden oder anderweitig die Wahrung des **Wahlgeheimnisses** sicher zu stellen. Insoweit kann auf die Bestimmung in § 33 Bundeswahlgesetz zurückgegriffen werden.

---

3 *Benecke/Hergenröder*, BBiG, § 41 Rn. 3; *Taubert*, BBiG, § 41 Rn. 5; *Stolpmann/Teufer*, S. 68.

4 Regierungsentwurf, BT-Drucks. 15/3980, S. 126.

5 *Taubert*, BBiG, § 41 Rn. 5.

6 *Taubert*, BBiG, § 41 Rn. 6; *Braun/Mühlhausen*, BBiG, § 38 a. F. Rn. 15; a. A. *Baumstümmler/Schulien*, BBiG, § 41 Rn. 14.

7 Zum Vorrang der Landesverwaltungsverfahrensgesetze siehe Rn. 2.

c) Rücktritt

Vorsitz und Stellvertretung werden für die Amtszeit des Prüfungsausschusses gewählt.[8] Wird der Vorsitz niedergelegt, übernimmt die Stellvertretung kurzfristig die Aufgaben des Vorsitzenden. Der Ausschuss hat sodann erneut ein Mitglied zu wählen, dass den Vorsitz führt. Die Stellvertretung übernimmt nicht automatisch und auf Dauer die Aufgaben des Vorsitzenden. Der Rücktritt ist gegenüber dem **Prüfungsausschuss** zu erklären, also gegenüber dem Gremium, das den Vorsitz gewählt hat. Eine Erklärung gegenüber der zuständigen Stelle ist nicht ausreichend. Die zuständige Stelle wirkt dann lediglich als Bote des Erklärenden. 11

d) Abwahl

Obwohl § 41 die Abwahl des Vorsitzes nicht regelt, ist eine solche zulässig. Es handelt sich nicht um eine bewusste Nicht-Regelung in dem Sinne, dass die Abberufung ausgeschlossen sein soll. Die Abberufung ist der »actus contrarius« für die Wahl des Vorsitzenden. Weitere Voraussetzungen für die Abwahl als die einfache Mehrheit der anwesenden Mitglieder des beschlussfähigen Prüfungsausschusses müssen nicht erfüllt sein. 12

e) Gruppenzugehörigkeit

Nach Abs. 1 Satz 2 sollen Vorsitz und seine Stellvertretung **nicht derselben Mitgliedergruppe angehören**. 13

Eine Abweichung von dieser Sollvorschrift ist nur zulässig, wenn zwingende Gründe hierfür sprechen. Nicht erforderlich ist, dass alle Mitgliedergruppen dem zugestimmt haben.[9] Eine Sollvorschrift ist dadurch gekennzeichnet, dass im Regelfall die Anordnung des Gesetzes zu befolgen ist. Lediglich wenn ein atypischer Fall gegeben ist – dessen Vorliegen gerichtlich uneingeschränkt überprüfbar ist – kann eine abweichende Entscheidung im Ermessenswege zulässig sein. Liegt ein atypischer Fall vor, kann von der Regelanordnung abgewichen werden. Eine Zustimmung der Mitgliedergruppen ist auch aus inhaltlichen Gründen nicht erforderlich. Diese geben nicht etwa freiwillig eine Rechtsposition auf, vielmehr ordnet das Gesetz eine bestimmte Verteilung der Ämter auf die Mitgliedergruppen an, von der unter bestimmten Voraussetzungen abgewichen werden kann. Eine Abweichung ist z. B. denkbar, wenn sich aus den anderen Mitgliedergruppen niemand bereit erklärt, für das zweite Amt zu kandidieren.

Wurde die Sollvorschrift des Abs. 1 Satz 2 nicht berücksichtigt, obwohl kein atypischer Fall vorliegt, ist der Prüfungsausschuss nicht korrekt besetzt.[10] 14

2. Stellung und Aufgaben des Vorsitzenden und der Stellvertretung

Das Gesetz enthält keine ausdrückliche Regelung über die Kompetenzen und Aufgaben des Vorsitzes. Mangels einer solchen speziellen Regelung ist das jeweilige Landesverwaltungsverfahrensgesetz anzuwenden, soweit es sich nicht um die Prüfung selbst, sondern um eine Sitzung handelt. Exemplarisch sei hier auf § 89 BVwVfG verwiesen: 15

---

8 *Braun/Mühlhausen*, BBiG, § 38 a. F. Rn. 17.

9 A. A.: *Taubert*, BBiG, § 41 Rn. 8; Wohlgemuth/*Günther*, BBiG, § 41 Rn. 10.

10 Wohlgemuth/*Günther*, BBiG, § 41, Rn. 11; einschränkend: *Benecke/Hergenröder*, BBiG, § 41 Rn. 6; a. A. *Taubert*, BBiG, § 41 Rn. 8 m. w. N.

§ 89 BVwVfG – Ordnung in den Sitzungen

Der Vorsitzende eröffnet, leitet und schließt die Sitzungen; er ist für die Ordnung verantwortlich.

16 Soweit es sich um die Prüfungsabnahme selbst handelt, sind die Verwaltungsverfahrensgesetze nicht anzuwenden.[11] Stattdessen sollte eine Regelung in der Prüfungsordnung enthalten sein. § 16 MPO (abgedruckt unter § 47 Rn. 20ff.) enthält hierzu einen Regelungsvorschlag.

3. Sitzungen des Prüfungsausschusses

17 Die Sitzungen werden durch den Vorsitz eröffnet und geschlossen. Dem Vorsitz obliegt auch die Leitung. Nicht geregelt ist, wie Termin und Tagesordnung einer Sitzung bestimmt werden. Für den Fall, dass die Sitzung ausfällt oder der Prüfungsausschuss nicht beschlussfähig ist (Abs. 2), empfiehlt sich, eine Regelung in der Prüfungsordnung, wie und durch wen der Termin für die nächste Prüfungsausschusssitzung bestimmt wird und die Tagesordnung vorgeschlagen wird. In der Praxis wird bei Streitigkeiten in einem Gremium gerne auf die sehr ausführliche **Geschäftsordnung des deutschen Bundestages** zurückgegriffen, die dann entsprechend angewendet wird.

18 Der Vorsitzende des Prüfungsausschusses hat keinen Anspruch darauf, die Prüfungsaufgaben ausschließlich selbst auszuwählen oder den Ort der Prüfung und die Art der Prüfungsaufsicht an seine Zustimmung zu binden.[12] Dem Vorsitz kommt bei Abstimmungen ein besonderes Gewicht zu: Bei **Stimmengleichheit** gibt die Stimme des vorsitzenden Mitglieds den Ausschlag (Abs. 2 Satz 3). Ist der Vorsitzende bei der Sitzung nicht anwesend, übernimmt die Stellvertretung das Amt mit allen Funktionen und Rechten.

III. Beschlussfähigkeit

19 Bei Entscheidungen, die die Abnahme der Prüfung nicht unmittelbar betreffen, sondern sich vielmehr im Wesentlichen auf ihre Vorbereitung und sonstige, in Zusammenhang mit ihrer Durchführung stehenden, Verfahrensfragen beziehen, reicht die Beschlussfähigkeit aus.[13] Der Ausschuss muss nicht vollständig besetzt sein. Nach Abs. 2 ist der Prüfungsausschuss beschlussfähig, wenn **2/3 der Mitglieder, mindestens jedoch drei Mitglieder**, an dem Beschluss mitwirken. Die Beschlussfähigkeit muss nicht nur zu Beginn der Sitzung, sondern bei jedem Beschluss vorliegen. Besteht ein Prüfungsausschuss lediglich aus drei Mitgliedern, müssen alle Prüfungsausschussmitglieder bzw. die Stellvertreter an dem Beschluss mitwirken. Mitwirken bedeutet, dass die Mitglieder sich an der **Abstimmung** beteiligen – durch Zustimmung, Ablehnung oder Enthaltung. Nicht ausreichend ist, wenn lediglich 2/3 der Mitglieder anwesend sind. Befangene Mitglieder des Prüfungsausschusses wirken an der Abstimmung nicht mit.[14] Unerheblich ist, ob die zahlenmäßigen Proportionen zwischen den Mitgliedergruppen bei dem Beschluss verschoben sind.[15] Es kommt allein auf die Einhaltung der beiden unter Grenzen des Abs. 2 Satz 1 an. Bei Abnahme einer konkreten Prüfung ist jedoch eine andere – zurückhaltendere – Beurteilung geboten. Wegen des Einflusses, den die Zahl der Prüfer auf das Prüfungsergebnis

11 Siehe Rn. 2.
12 *VG München* 2.6.1976, EzB PO-AP Prüfungsaufgaben Nr. 4; *Taubert*, BBiG, § 41 Rn. 11.
13 *VG Münster* 23.11.1990, 1 K 1773/89, Rn. 41, juris.
14 *Benecke/Hergenröder*, BBiG, § 41 Rn. 8.
15 *Taubert*, BBiG, § 41 Rn. 15.

haben kann, ist für alle Prüflinge der entsprechenden Prüfungsart eine gleiche Anzahl von Prüfern geboten.[16]

IV. Abstimmungen

Der Prüfungsausschuss hält Abstimmungen mit der Mehrheit der abgegebenen Stimmen (Abs. 2 Satz 2). Ausreichend ist damit die einfache Mehrheit: Der vom Vorsitz zur Abstimmung gestellte Antrag braucht für seine Annahme mehr ja-Stimmen als nein-Stimmen des beschlussfähigen Ausschusses. Rechtswidrig nicht abgegebene Stimmen, also Enthaltungen (zur Rechtswidrigkeit s. Rn. 21) zählen als Nein-Stimmen. Als Mitglieder des Prüfungsausschusses können Vorsitz und Stellvertretung selbstverständlich mit abstimmen. Bei Stimmengleichheit gibt die Stimme des **vorsitzenden Mitglieds** des Prüfungsausschusses den Ausschlag (Abs. 2 Satz 3). Die Stimme des vorsitzenden Mitglieds ist in streitigen Situationen damit von besonderem Gewicht. 20

Stimmenthaltungen sind im Prüfungsausschuss nicht bei jedem Abstimmungsgegenstand zulässig. Das OVG Münster vertritt die Auffassung, dass im Prüfungsrecht eine Stimmenthaltung generell nicht zulässig ist. Jedes Mitglied einer Prüfungskommission habe sein höchstpersönliches Urteil über den Wert der Prüfungsleistung abzugeben.[17] Die Prüfungen hätten die Aufgabe, dass der Prüfling seine Fähigkeit vor dem zuständigen Prüfer beweise, der Prüfer sei dem gegenüber dazu berufen, die Leistungen des Prüflings zu beurteilen. Würde er einer solchen Verpflichtung nicht nachkommen, könnte eine positive Prüfungsentscheidung nicht gefällt werden. **Stimmenthaltungen bei Prüfungsentscheidungen wirken deshalb wie Nein-Stimmen.**[18] 21

V. Protokoll der Prüfungsausschusssitzung

Eine Regelung über ein Sitzungsprotokoll ist im Berufsbildungsgesetz nicht enthalten. Insoweit greift § 93 BVwVfG bzw. die entsprechenden Verwaltungsverfahrensgesetze der Länder, soweit Nicht-Prüfungsentscheidungen betroffen sind. Bei Prüfungsentscheidungen sind die Verwaltungsverfahrensgesetze nicht anzuwenden.[19] Wohl auch deswegen regelt § 20 Abs. 3 MPO, dass für die eigentliche Prüfung eine Niederschrift zu fertigen ist.[20] 22

§ 93 BVwVfG – Niederschrift 23

Über die Sitzung ist eine Niederschrift zu fertigen. Die Niederschrift muss Angaben enthalten über:

1. *den Ort und den Tag der Sitzung,*
2. *die Namen des Vorsitzenden und der anwesenden Ausschussmitglieder,*
3. *den behandelten Gegenstand und die gestellten Anträge,*
4. *die gefassten Beschlüsse,*
5. *das Ergebnis von Wahlen.*

16 *VG Münster* 23. 11. 1990, 1 K 1773/89, Rn. 46, juris.
17 *OVG Münster* 8. 9. 2005 – 14 A 3934/03, DVBl. 2005, 1532; *Zimmerling/Brehm,* Prüfungsrecht, Rn. 248f.
18 *Fischer/Jeremias/Dieterich,* PrüfungsR, Rn. 559; *Zimmerling/Brehm,* Prüfungsrecht, Rn. 249 m. w. N.; a. A. *Lakies,* BBiG, § 41 Rn. 4; *Braun/Mühlhausen,* BBiG, § 38af. Rn. 26.
19 Zum Verhältnis zwischen Bundes- und Landes-VwVfG und dem Ausschluss der Verwaltungsverfahrensgesetze für den Bereich der Prüfungsentscheidungen s. Rn. 2.
20 Siehe § 47 Rn. 21

Die Niederschrift ist von dem Vorsitzenden und, soweit ein Schriftführer hinzugezogen worden ist, auch von diesem zu unterzeichnen.

24 Soweit Prüfungsentscheidungen betroffen sind, ist ein **Prüfungsprotokoll** anzufertigen, das den Anforderungen der Prüfungsordnung standhält. Die Musterprüfungsordnung schlägt hierzu in § 20 Abs. 3 vor, dass über den Ablauf der Prüfung eine Niederschrift zwingend anzufertigen ist und dass die Feststellung der einzelnen Prüfungsergebnisse in einer gesonderten Niederschrift an die zuständige Stelle weitergeleitet werden (§ 26 Abs. 1 MPO, abgedruckt unter § 47 Rn. 20f.). Fehlt das Protokoll, führt dies nicht zur Anfechtbarkeit des Prüfungsergebnisses. Dies gilt auch für Mängel des Prüfungsprotokolls.[21]

25 Die Regelung in der Musterprüfungsordnung stellt den Umfang des Prüfungsprotokolls nicht frei. Zu berücksichtigen ist die Rechtsprechung, die aus dem grundrechtlich gewährleisteten effektiven Rechtsschutz im Bereich des Grundrechts auf freie Berufswahl (Art. 12 Abs. 1, Art. 19 Abs. 4 GG) eine **Begründungspflicht** bei Prüfungsentscheidungen folgert. Nur so werde der Prüfling in die Lage versetzt, die Prüfungsentscheidung zu überprüfen und seine Rechte zu verfolgen.[22] Soweit schriftliche Prüfungsleistungen bewertet werden, müssen die maßgebenden Gründe des einzelnen Prüfers festgehalten werden und zwar:

26
- schriftlich;
- unter Hinweis auf die für das Ergebnis ausschlaggebenden Gesichtspunkte;
- zumindest kurz, aber verständlich.[23]

27 Das Prüfungsprotokoll unterliegt der Datenschutzgrundverordnung, einschließlich einem Auskunftsanspruchs des zu Prüfenden.[24] Auch bei der Bewertung mündlicher Prüfungsleistungen müssen dem Prüfling die wesentlichen Gründe, mit denen die Prüfer zu einer bestimmten Bewertung der mündlichen Prüfungsleistung gelangt sind, bekanntgegeben werden. Eine schriftliche Begründung muss nur dann angefertigt werden, wenn der Prüfling dies verlangt und zu dem Zeitpunkt seines Verlangens eine schriftliche Zusammenfassung der Gründe noch möglich ist.[25] Weitergehende Anforderungen an das Verlangen des Prüflings sind nicht zu stellen. Insbesondere ist nicht erforderlich, dass der Prüfling bereits darlegen muss, aus welchen Gründen und bezogen auf welche seiner Teilleistungen er die Bewertung anzweifelt. Die zuständige Stelle hat den Prüfling über sein Begründungsverlangen aufzuklären. Ausreichend ist ein allgemeiner Hinweis in der Ladung zur Prüfung. Verlangt der Prüfling eine Begründung und wird eine solche vom Prüfungsausschuss nicht erteilt, leidet das Prüfungsverfahren an einem Mangel, der zur Rechtswidrigkeit führt.[26]

VI. Anwendbarkeit auf andere Prüfungen

28 § 41 gilt entsprechend für Umschulungsprüfungen (§ 62 Abs. 3 Satz 2) und für Fortbildungsprüfungen (§ 56 Abs. 1 Satz 2) und für die Prüfung von Zusatzqualifikationen (§ 49 Abs. 2). Für Zwischenprüfungen gilt § 41 mangels einer Verweisung in § 48 nicht.

---

21 *VG Freiburg i.Br.* 21.3.2012 – 1 K 2235/10, juris.
22 *BVerwG* 9.12.1992 – 6 C 3.92, NVwZ 1993, 677; *VG Düsseldorf* 1.10.1993 – 15 L 3608/98, EZB § 47 BBiG – Bewertung Nr. 64.
23 *Zimmerling/Brehm*, Prüfungsrecht, Rn. 633 m.w.N., *VG Gelsenkirchen* 23.8.2011 – 18 K 4655/10, *www.nrwe.de*.
24 Siehe hierzu § 42 Rn. 42.
25 *Zimmerling/Brehm*, Prüfungsrecht, Rn. 642.
26 *Stolpmann/Teufer*, S. 181.

Die Vorschrift gilt nicht im Handwerk. Vorsitz und Stellvertretung der Prüfungsausschüsse für das Handwerk sind in § 35 HwO geregelt. 29

§ 42 Beschlussfassung, Bewertung der Abschlussprüfung

(1) Der Prüfungsausschuss fasst die Beschlüsse über

1. die Noten zur Bewertung einzelner Prüfungsleistungen, die er selbst abgenommen hat,

2. die Noten zur Bewertung der Prüfung insgesamt sowie

3. das Bestehen oder Nichtbestehen der Abschlussprüfung.

(2) Die zuständige Stelle kann im Einvernehmen mit den Mitgliedern des Prüfungsausschusses die Abnahme und abschließende Bewertung von Prüfungsleistungen auf Prüferdelegationen übertragen. Für die Zusammensetzung von Prüferdelegationen und für die Abstimmungen in der Prüferdelegation sind § 40 Absatz 1 und 2 sowie § 41 entsprechend anzuwenden. Mitglieder von Prüferdelegationen können die Mitglieder des Prüfungsausschusses, deren Stellvertreter und Stellvertreterinnen sowie weitere Prüfende sein, die durch die zuständige Stelle nach § 40 Absatz 4 berufen worden sind.

(3) Die zuständige Stelle hat vor Beginn der Prüfung über die Bildung von Prüferdelegationen, über deren Mitglieder sowie über deren Stellvertreter und Stellvertreterinnen zu entscheiden. Prüfende können Mitglieder mehrerer Prüferdelegationen sein. Sind verschiedene Prüfungsleistungen derart aufeinander bezogen, dass deren Beurteilung nur einheitlich erfolgen kann, so müssen diese Prüfungsleistungen von denselben Prüfenden abgenommen werden.

(4) Nach § 47 Absatz 2 Satz 2 erstellte oder ausgewählte Antwort-Wahl-Aufgaben können automatisiert ausgewertet werden, wenn das Aufgabenerstellungs- oder Aufgabenauswahlgremium festgelegt hat, welche Antworten als zutreffend anerkannt werden. Die Ergebnisse sind vom Prüfungsausschuss zu übernehmen.

(5) Der Prüfungsausschuss oder die Prüferdelegation kann einvernehmlich die Abnahme und Bewertung einzelner schriftlicher oder sonstiger Prüfungsleistungen, deren Bewertung unabhängig von der Anwesenheit bei der Erbringung erfolgen kann, so vornehmen, dass zwei seiner oder ihrer Mitglieder die Prüfungsleistungen selbständig und unabhängig bewerten. Weichen die auf der Grundlage des in der Prüfungsordnung vorgesehenen Bewertungsschlüssels erfolgten Bewertungen der beiden Prüfenden um nicht mehr als 10 Prozent der erreichbaren Punkte voneinander ab, so errechnet sich die endgültige Bewertung aus dem Durchschnitt der beiden Bewertungen. Bei einer größeren Abweichung erfolgt die endgültige Bewertung durch ein vorab bestimmtes weiteres Mitglied des Prüfungsausschusses oder der Prüferdelegation.

(6) Sieht die Ausbildungsordnung vor, dass Auszubildende bei erfolgreichem Abschluss eines zweijährigen Ausbildungsberufs vom ersten Teil der Abschlussprüfung eines darauf aufbauenden drei- oder dreieinhalbjährigen Ausbildungsberufs befreit sind, so ist das Ergebnis der Abschlussprüfung des zweijährigen Ausbildungsberufs vom Prüfungsausschuss als das Ergebnis des ersten Teils der Abschlussprüfung des auf dem zweijährigen Ausbildungsberuf aufbauenden drei- oder dreieinhalbjährigen Ausbildungsberufs zu übernehmen.

Inhaltsübersicht Rn.

I. Prüfungsausschuss als Kollegialorgan

1 § 42 bestimmt, bei welchen Entscheidungen, für die der Prüfungsausschuss nach § 39 zuständig ist, der Prüfungsausschuss als **Kollegialorgan** tätig werden muss. Der für die Abnahme der Abschlussprüfung zuständige Prüfungsausschuss muss alle Entscheidungen, die das Grundrecht der Berufsfreiheit des Prüflings aus Art. 12 GG berühren können, in seiner Gesamtheit und unter Mitwirkung all seiner Mitglieder treffen. Diese Entscheidungen beschreibt der 2005 neu geschaffene § 42. Es handelt sich um Beschlüsse über:

- die Noten zur Bewertung einzelner Leistungen, soweit der Prüfungsausschuss diese Prüfungsleistung selbst abgenommen hat,
- die Noten zur Bewertung der Prüfung insgesamt sowie
- das Bestehen oder Nichtbestehen der Abschlussprüfung insgesamt.

2 Der Gesetzgeber macht hierdurch zugleich deutlich, dass andere Entscheidungen des Prüfungsausschusses, die ebenfalls die Abnahme der Abschlussprüfung betreffen, nicht zwingend dem **Kollegialprinzip**, also der Mitwirkung aller Mitglieder des Prüfungsausschusses unterliegen. Hierzu gehören Entscheidungen wie z. B. die Auswahl und Bestimmung der Prüfungsaufgaben sowie sonstige vorbereitende Handlungen.[1]

3 Alle Entscheidungen, die das **Grundrecht der Berufsfreiheit** des Prüflings berühren können, muss der Prüfungsausschuss als Kollegialorgan treffen, soweit keine gesetzliche Ermächtigung für eine abschließende Bewertung der Prüfungsleistung durch ein anderes Gremium oder einzelne Prüfende vorliegt.

4 Abs. 1 definiert, welche Entscheidungen aus Sicht des Gesetzgebers das Grundrecht der Berufsfreiheit des Prüflings berühren können. Es handelt sich um Beschlüsse über die Noten zur Bewertung einzelner Leistungen in der Prüfung und der Prüfung insgesamt sowie über das Bestehen oder Nichtbestehen der Abschlussprüfung insgesamt. Von diesem Grundsatz enthalten die folgenden Absätze Abweichungen, die im BBiG 1969 noch nicht bzw. auch im Jahr 2005 noch nicht derart umfangreich enthalten waren.

1 Regierungsentwurf, BT-Drucks. 15/3980, S. 127.

II. Prüferdelegationen

1. Zusammensetzung und Mitglieder (Abs. 2 Satz 2 und 3)

Eine Prüferdelegation besteht aus mindestens drei Personen, jeweils von der »Bank« der Arbeitnehmerseite, der Arbeitgeberseite sowie den Lehrkräften. Dies ergibt sich aus dem Verweis des § 42 Abs. 2 Satz 2 auf § 40 Abs. 2. Eine feste **Größenvorgabe** gibt es nicht. Die zuständige Stelle muss zu Beginn des Berufungsverfahrens daher zunächst feststellen, wie groß die Prüferdelegation sein soll. Eine Abweichung von der beschriebenen Zusammensetzung ist nicht zulässig; weder § 42 Abs. 2 noch § 40 Abs. 4 verweisen auf § 40 Abs. 7, der eine solche Abweichung legitimieren würde. Es sind auch **stellvertretende Mitglieder** der Prüferdelegation zu bestellen (§§ 42 Abs. 2 Satz 2, 40 Abs. 2 Satz 3). 5

Da die Berufung auf bestimmte **Prüf- oder Fachgebiete** beschränkt werden kann (§ 40 Abs. 4 Satz 2), muss vorab zudem bestimmt werden, ob eine solche Beschränkung erfolgen soll und, wenn ja, auf welche Prüfgebiete oder Fachgebiete die Berufung sich beschränken soll. Beide Vorentscheidungen sind ermessensfehlerfrei zu treffen. Zuständig für grundsätzliche Entscheidungen hierzu ist der Berufsbildungsausschuss (§ 79 Abs. 4). 6

Mitglieder von Prüferdelegationen können sowohl die Mitglieder des Prüfungsausschusses sein, stellvertretende Mitglieder des Prüfungsausschusses sowie weitere Prüfende, die durch die zuständige Stelle nach § 40 Abs. 4 BBiG berufen wurden (Abs. 2 Satz 3). Die weiteren Prüfenden müssen also bereits berufen worden sein, wenn sie als Mitglied einer Prüferdelegation benannt werden. Prüfende können Mitglieder mehrerer Prüferdelegationen sein (Abs. 3 Satz 2). Sie können auch Mitglieder in Prüferdelegationen anderer Prüfungsausschüsse sein, wenn sie als weitere Prüfende dazu berufen wurden und die weiteren formalen Voraussetzungen vorliegen. 7

2. Bildung

Der Berufsbildungsausschuss kann das Verfahren zur Errichtung der Prüfungsausschüsse und zur Bestimmung der jeweiligen Kompetenzen der Prüferdelegation durch Rechtsvorschrift gem. §§ 9, 79 Abs. 4 bestimmen[2] und damit auch die Einführung von Prüferdelegationen, soweit der Gesetzgeber hierzu der zuständigen Stelle eine Entscheidungsbefugnis zuwies. Der **Berufsbildungsausschuss** ist das Organ der zuständigen Stelle, das hierüber zu entscheiden hat. Nur wenn keine Entscheidung erfolgte, bleibt ein Entscheidungsraum für die Geschäftsführung der zuständigen Stelle. Dabei ist auch Beschluss, mit dem die Einführung einer Prüferdelegation abgelehnt wird, eine Entscheidung des Berufsbildungsausschusses, die die zuständige Stelle zu berücksichtigen hat. 8

Die zuständige Stelle entscheidet über die Bildung von Prüferdelegationen und darüber, wer einer Prüferdelegation angehört bzw. eine Stellvertretung übernimmt. 9

Die Entscheidung über die Bildung einer Prüferdelegation hat **vor Beginn der Prüfung** zu erfolgen. Die Prüfung beginnt mit der Überreichung der Prüfungsaufgabe bzw. dem Beginn des Prüfungsgesprächs, sollte die Aufgabe erst im Laufe des Gesprächs erteilt werden. Der Prüfungsbeginn ist zu unterscheiden von dem Beginn des Prüfungsrechtsverhältnisses. Dieses beginnt bereits mit der Zulassung zur Prüfung.[3] 10

Die Entscheidung hat ebenso zu umfassen, wer Mitglied der Prüferdelegation wird und wer Stellvertreter oder Stellvertreterin welchen Mitgliedes ist. Gem. § 40 kann die Entscheidung beinhalten, dass nur die Abnahme und Bewertung von bestimmten Prüfungs- 11

---

2 *VG Köln* 4 K 63/07 2 sowie 4 K 5520/06, 6.10.2007, *www.nrwe.de.*

3 *Fischer/Jeremias/Dieterich,* PrüfungsR, Rn. 13.

leistungen auf die Prüferdelegation übertragen werden. Eine solche **Beschränkung** hat dann zu erfolgen, wenn weitere Prüfende gem. § 40 Abs. 4 Mitglied der Prüferdelegation sind, deren Berufung auf bestimmte Prüf- oder Fachgebiete beschränkt wurde (§ 40 Abs. 4 Satz 2).

12 Das Gesetz unterscheidet zwischen der Bildung einer Prüferdelegation durch die zuständige Stelle und der **Übertragung von Aufgaben** auf die Prüferdelegation durch die zuständige Stelle im Einvernehmen mit den Mitgliedern des Prüfungsausschusses. Beide Entscheidungen können also zeitlich und inhaltlich auseinanderfallen. Insbesondere ist denkbar, dass die zuständige Stelle eine Prüferdelegation bildet, die Mitglieder des Prüfungsausschusses jedoch nicht sämtlich eine Zustimmung zur Übertragung von Aufgaben erteilen. Die Übertragung von Aufgaben des Prüfungsausschusses ist dann nicht möglich.

13 § 42 Abs. 2 Satz 2 verwies zunächst nicht auf § 41 Abs. 1, wohl aber auf § 41 Abs. 2. Es blieb offen, wie dieser Satz entsprechend bei einer Prüferdelegation anzuwenden sein soll und welches Mitglied der Prüferdelegation dem Prüfungsausschuss und der zuständigen Stelle gegenüber als Ansprechperson oder gar als verantwortliches Mitglied, z. B. für die Ergebnisniederschrift (§ 26 MPO),[4] fungieren sollte. Mit der Änderung zum 1.8.2024 wurde die Beschränkung des Verweises aufgehoben, es wird nunmehr uneingeschränkt auf § 41 verwiesen. Es soll sich bei der ursprünglichen Fassung um ein redaktionelles Versehen gehandelt haben.[5] Damit hat auch die Prüferdelegation einen Vorsitz aus ihrer Mitte zu wählen und ein weiteres Mitglied als Stellvertretung, wobei beide nicht derselben Mitgliedergruppe angehören sollen (§ 42 Abs. 2 Satz 2, § 41 Abs. 1).

3. Übertragung von Aufgaben (Abs. 2 Satz 1)

14 Der Zweck der Bildung einer Prüferdelegation ist es, den Prüfungsausschuss zu entlasten, indem die Prüferdelegation Prüfungsleistungen abnimmt und eigenständig und abschließend bewertet, ohne dass der Prüfungsausschuss diese Bewertung nochmals überprüfen müsste: »Die abschließenden ›Teil-Bewertungen‹ von Prüferdelegationen werden nicht zertifiziert und sind auch nicht gesondert verwertbar. Abs. 2 ist auch im Falle der gestreckten Abschlussprüfung anwendbar. Hier können der erste und der zweite Teil der Abschlussprüfung künftig von unterschiedlichen Prüfergremien abgenommen werden.«[6]

15 Für die Übertragung braucht es nicht nur eine Prüferdelegation und eine Übertragungsentscheidung der zuständigen Stelle, sondern auch das **Einvernehmen** mit den Mitgliedern des Prüfungsausschusses. Aus der Formulierung des Abs. 2 Satz 1 ergibt sich, dass der Prüfungsausschuss hierüber nicht mit der Mehrheit seiner Mitglieder entscheidet. In diesem Fall wäre das Einvernehmen mit »dem Prüfungsausschuss« hergestellt. Erforderlich ist jedoch das Einvernehmen »mit den Mitgliedern des Prüfungsausschusses«. Dementsprechend müssen **alle ordentlichen Mitglieder** des Prüfungsausschusses mit der Übertragung auf die Prüferdelegation einverstanden sein.

16 Es ist möglich, die Übertragung darauf zu beschränken, dass die Prüferdelegation die Prüfungsleistung selbst und eigenständig abnimmt und bewertet und eine **Beauftragung** gem. Abs. 5 **ausgeschlossen** wird. Soweit einzelne Prüfungsausschussmitglieder ihr Einvernehmen nur unter dieser Bedingung erklären, muss geprüft werden, ob Einvernehmen zwischen der zuständigen Stelle und allen Mitgliedern des Prüfungsausschusses über diese Frage herrscht.

---

4 Abgedruckt unter § 47 Rn. 21.
5 BT-Drucks. 20/11802, S. 19.
6 BT-Drucks. 19/10815, S. 62.

Einer **Form** für diese Erklärung schreibt das Gesetz nicht vor, aus Gründen der Nachvollziehbarkeit empfiehlt sich eine schriftliche Dokumentation. Eine nicht im Einvernehmen mit allen Mitgliedern des Prüfungsausschusses erfolgte Übertragung auf die Prüferdelegation ist rechtswidrig. Diese Rechtswidrigkeit »infiziert« auch die Prüfung, sowie ganz grundsätzlich jede Prüfertätigkeit entgegen den Zuständigkeitsregelungen einen erheblichen Verfahrensfehler darstellt, der die Prüfungsentscheidung rechtswidrig macht.[7] 17

Unklar ist, wie weit die Übertragungsentscheidung sich **zeitlich erstreckt**. Die weiteren Prüfenden werden ebenso wie Prüfungsausschussmitglieder für längstens fünf Jahre berufen (§ 40 Abs. 4 Satz 3, Abs. 3 Satz 1). Hiernach wäre, da bei den Prüfungen kein Grundsatz der Amtskontinuität herrscht, dies der längste mögliche Übertragungszeitraum. Die Prüferdelegation endete mit dem **Amtszeitende**. Der Wortlaut des Abs. 3 Satz 1 (vor Beginn »der« Prüfung) sowie des Abs. 2 Satz 1 (»die Abnahme und abschließende Bewertung von Prüfungsleistungen«) legt nahe, dass vor jeder Prüfung ein entsprechender Übertragungsbeschluss erforderlich ist, wenn die Aufgabe übertragen werden soll. 18

Die Abnahme und die abschließende Bewertung von Prüfungsleistungen können nur en bloc auf die Prüferdelegation übertragen werden. Nur diejenigen, die die Prüfungsleistung unmittelbar wahrgenommen haben, können diese auch bewerten. Die Entscheidung zur Übertragung muss beinhalten, welche Prüfungsteile, gegebenenfalls für welchen Zeitraum oder für welche Gruppe von Prüfenden übertragen werden sollen. Dies gilt jedenfalls dann, wenn die Delegation nicht bis zum Amtszeitende, für alle Prüfenden und für sämtliche Prüfungsgebiete erfolgen soll. 19

Aufeinander bezogene Prüfungsteile müssen von den gleichen Prüfenden abgenommen werden.[8] Eine Übertragung, die Prüfungsleistungen von verschiedenen Prüfern abnehmen lässt, obgleich die Prüfungsleistungen sich derart aufeinander beziehen, dass ihre Beurteilung nur einheitlich erfolgen kann, ist rechtswidrig. Die durch die rechtswidrig beauftragte Prüferdelegation abgenommene Prüfung ist mit einem erheblichen Verfahrensfehler behaftet. 20

Ungeregelt ist, ob eine Übertragungsentscheidung rückgängig gemacht werden kann und, wenn ja, mit welchen Folgen. Eine gesetzliche Regelung liegt nicht vor. Grundsätzlich wird durch die Übertragung auf eine Prüferdelegation eine zulässige Bestimmung einer Prüfungskommission vorgenommen. Ein Anspruch auf eine ganz bestimmte Prüfungskommission besteht nicht, ebenso wenig wie es einen Anspruch auf einen gesetzlichen Prüfer gibt. Vor diesem Hintergrund kann die Übertragungsentscheidung auch zurückgenommen werden. Dies gilt aus Gründen der Rechtssicherheit jedoch nur dann, wenn die Prüfung noch nicht begonnen hat. Die **Rücknahmeentscheidung** erfolgt durch die zuständige Stelle im Einvernehmen mit den Mitgliedern des Prüfungsausschusses. 21

III. Bewertung von Prüfungsleistungen

Nach welchen Grundsätzen, in welchen Verfahren und mit welchen Notensystemen die Prüfungsleistung bewertet wird, ist gesetzlich nicht vorgegeben. Die Rechtsprechung gibt dem Gesetz- oder Verordnungsgeber einen weiten Gestaltungsspielraum, eine Lösung zu finden, die dem besonderem Charakter der jeweiligen Leistungskontrolle gerecht wird und zu sachgerechten Ergebnissen führt.[9] Für alle Prüfenden bleibt es jedoch vor dem 22

---

7 *Fischer/Jeremias/Dieterich*, PrüfungsR, Rn. 373.
8 BT-Drucks. 19/10815, S. 62.
9 *BVerwG* 15.12.1987 – 7 B 216. 87, NVwZ 1988, 437; *Zimmerling/Brehm*, Prüfungsrecht, Rn. 584.

Hintergrund des Art. 12 GG bei den folgenden Grundsätzen – unabhängig davon, ob die Prüfungsleistung durch den Prüfungsausschuss oder einer Prüferdelegation abgenommen wird.

1. Anwesenheit der Prüfenden

23 Die Beurteilung einer Prüfungsleistung vollzieht sich in vier Schritten:[10]

1. Prüfende informieren sich über den Inhalt der anzuwendenden Normen (Ausbildungsordnung, Prüfungsordnung, BBiG) und über die Prüfungsanforderungen;
2. Prüfende verschaffen sich Klarheit über die konkreten Prüfungsaufgaben oder konzipieren eigene Fragen;
3. Prüfende nehmen die Prüfungsleistung des Prüflings zur Kenntnis sowie
4. Prüfende bewerten die abgegebenen Prüfungsleistungen und legen dabei die vorgegebenen rechtlichen Maßstäbe zugrunde.

24 Daraus ergibt sich, dass die Prüfenden **körperlich und geistig** bei der Prüfungsleistung anwesend sind. Etwas anderes gilt bei mehrtägigen praktischen Prüfungen.[11] Die Prüfungsleistung muss unmittelbar und vollständig zur Kenntnis genommen werden. Damit müssen **alle** für die Bewertung verantwortlichen Personen während einer mündlichen Prüfung im Prüfungsraum anwesend sein und das Prüfungsgeschehen verfolgen. Nicht zulässig ist, wenn der Prüfende den Prüfungsraum auch nur minutenlang verlässt. Es ist auch nicht ausreichend, wenn der Prüfende erst gegen Ende der praktischen Prüfungsleistung erscheint oder sich vom Prüfungsgeschehen so weit entfernt, dass er das konkrete Prüfungsgespräch nicht mehr verfolgen kann.[12]

2. Eigenverantwortliche Bewertung durch Prüfende

a) Grundsatz

25 Die vom Prüfenden selbst, unmittelbar und vollständig zur Kenntnis genommene Prüfungsleistung muss er **selbstständig** beurteilen.

Die eigenverantwortliche Bewertung der Prüfungsleistung verbietet es nicht, dass die Prüfenden, die die Prüfungsleistung schon wahrgenommen haben, Randbemerkungen oder Bewertungen notieren, die die folgenden Prüfenden sehen können (offenes Bewertungsverfahren).[13] Ein Anspruch auf persönliche, voneinander unabhängige Bewertungen oder auf **verdeckte mehrfache Korrektur** besteht nur dann, wenn dies normiert ist. Die Rechtsprechung unterstellt, dass ein Einzelprüfer vorhandene Wertungen als unverbindliche Hinweise oder Ratschläge begreift.[14] Ergeben sich Hinweise darauf, dass keine eigenständige Bewertung der Prüfungsleistung mehr stattgefunden hat, sondern die Vorbemerkungen als verbindlich angenommen wurden, ist die Zweitkorrektur und damit die gesamte Bewertung unzulässig. Es soll aber ausreichen, wenn der zweite Prüfer sich lediglich mit einer Bemerkung wie »einverstanden« der Erstbewertung anschließt.[15]

10 *Stolpmann/Teufer*, S. 171; *Zimmerling/Brehm*, Prüfungsrecht, Rn. 592 m. w. N.
11 *Zimmerling/Brehm*, Prüfungsrecht, Rn. 592.
12 *Zimmerling/Brehm*, Prüfungsrecht, Rn. 594.
13 *FG München* 18. 4. 2012 – 4 K 309/09, juris; *VG Berlin* 13. 8. 2012 – 3 K 204.10, juris; *VG Köln* 15. 4. 2009 – 6 K 5366/07, *www.nrwe.de.*
14 *OVG Bautzen* 14. 10. 2003 – 4 BS 221/03 NVwZ-RR 2004, 188.
15 *VGH München* 29. 11. 2018 – 22 ZB 18.1464, *www.gesetze-bayern.de.*

b) Ausnahme: Antwort-Wahl-Verfahren

Eine erste Ausnahme von dem Grundsatz, dass die Prüfungsleistungen immer eigenverantwortlich von den Prüfenden zu bewerten ist, ordnet Abs. 4 an: Danach sind Ergebnisse vom Prüfungsausschuss zu übernehmen, wenn 26

- die Prüfungsordnung vorsieht, dass Prüfungsaufgaben, die überregional oder von einem Aufgabenerstellungsausschuss bei der zuständigen Stelle erstellt oder ausgewählt werden, zu übernehmen sind, und wenn diese Prüfungsaufgaben von einem Gremium erstellt oder ausgewählt werden, das entsprechend § 40 Abs. 2 zusammengesetzt ist,
- das Aufgabenerstellungs- oder Aufgabenauswahlgremium festgelegt hat, welche Antworten als zutreffend anerkannt werden, und
- die Aufgaben automatisiert ausgewertet wurden.

Abs. 4 wurde zum 1.1.2020 in das Berufsbildungsgesetz eingefügt. Nach Einschätzung des Gesetzgebers war diese Vorschrift 3 662 000 Euro wert, da für rund 200 000 Abschlussprüfungen **keine manuelle Auswertung** mehr erfolgen muss.[16] 27

Nach dem Willen des Gesetzgebers sollte durch Abs. 4 die Übernahme von automatisiert ermittelten Ergebnissen durch den Prüfungsausschuss ohne erneute Überprüfung »ermöglicht«[17] werden, wenn die Aufgaben und das Bewertungsraster durch ein überregionales, paritätisch besetztes Aufgabenerstellungs- oder Aufgabenauswahlgremium erstellt worden sind. Geregelt wurde indes die Anordnung, dass die **Ergebnisse zu übernehmen sind** – nicht, dass dies dem Prüfungsausschuss ermöglicht wird. Der Prüfungsausschuss muss nun auch Ergebnisse übernehmen, die aus seiner Sicht zur Rechtswidrigkeit der Prüfung führen. Dies liegt an den Besonderheiten beim Antwort-Wahl-Verfahren.[18] 28

Beim **Antwort-Wahl-Verfahren** dürfen als unverzichtbare Grundlage ausschließlich Prüfungsaufgaben gestellt werden, die dafür geeignet sind. Sie müssen nicht nur auf die erforderlichen Kenntnisse abstellen und zuverlässige Prüfungsergebnisse ermöglichen. Sie müssen auch so formuliert werden, dass sie verständlich, widerspruchsfrei und eindeutig sind und – in der Form des »Single-Choice« – jeweils nur eine richtige Lösung zulassen. Es darf nicht noch eine andere Lösung als vertretbar gelten. Mehrdeutig formulierte Fragen müssen von der Bewertung ausgenommen werden oder vertretbare Antworten als zutreffend anerkannt werden. Wegen der Kürze der Zeit bei der Beantwortung muss kontrolliert werden, ob die Prüfungsaufgaben eventuell ein zuverlässiges Prüfungsergebnis nicht ermöglichen. Diese Prüfung unterliegt der vollen gerichtlichen Kontrolle.[19] 29

Wenn die formalen Anforderungen erfüllt sind (siehe Rn. 26) sind die Ergebnisse **zwingend** zu übernehmen. Dies gilt nach dem Wortlaut auch dann, wenn die Prüfungsaufgabe sich als ungeeignet herausstellt, z. B.: 30

- weil die Frage schon nach ihrem Wortlaut unverständlich, widersprüchlich oder mehrdeutig ist,
- weil mehrere aus den zur Antwort gestellten Antworten auf mehrfache Weise vertretbar beantwortet werden können oder
- weil die nach dem Lösungsmuster als richtig anzukreuzende Antwort in Wahrheit falsch ist.[20]

Weitere Gründe für die Ungeeignetheit der Prüfungsaufgabe kommen in Betracht. Nach dem Wortlaut des Abs. 4 darf der Prüfungsausschuss derlei nicht mehr berücksichtigen.

16 BT-Drucks. 19/10815, S. 51.
17 BT-Drucks. 19/10815, S. 62.
18 Siehe hierzu insgesamt die Übersicht in: *Fischer/Jeremias/Dieterich,* PrüfungsR, Rn. 588ff.
19 *Fischer/Jeremias/Dieterich,* PrüfungsR, Rn. 591ff.
20 *Fischer/Jeremias/Dieterich,* PrüfungsR, Rn. 594 m. w. N.

Der Gesetzgeber hat so den Verwaltungsaufwand für die zuständige Stelle gemindert und, wie von der Rechtsprechung gefordert,[21] eine normative Grundlage hierfür geschaffen. Der Rechtssicherheit für die Prüfungen hat er aber im Ergebnis nicht gedient, wenn es dadurch zu mehr erfolgreichen Prüfungsanfechtungen kommt, die durch eine gesonderte Bewertung des Prüfungsausschusses vermeidbar gewesen wären. Abzuwarten bleibt, ob vor dem Hintergrund des Art. 12 GG der Prüfungsausschuss nicht verpflichtet ist, bei offensichtlicher Rechtswidrigkeit von Aufgaben im Rahmen des Antwort-Wahl-Verfahrens eine Korrektur des Ergebnisses vorzunehmen.

31 Es stellt sich zudem die Frage, was mit dem »Ergebnis« gemeint ist, das zu übernehmen ist. Ein **Ergebnis** kann zum einen für die konkrete Aufgabe sein, dass diese mit der einen bzw. anderen Antwort korrekt gelöst ist. Ein Ergebnis kann jedoch auch sein, dass in der Summe aller Prüfungsaufgaben eine bestimmte Punktezahl erreicht wurde, die zu einer vorgegebenen Note führt. Dies impliziert, dass Aufgaben in ihrem Schwierigkeitsgrad bewertet werden und mit Punkten versehen werden, die erreichbar sind. Ob dies den Anforderungen entspricht, die die Rechtsprechung aufstellte, um von der Eigenständigkeit der Bewertung der Prüfungsleistung abkehren zu können,[22] bleibt offen.

c) Ausnahme: Prüfungsvornahme durch Beauftragte

32 Eine zweite Ausnahme von dem Grundsatz, dass die Prüfungsleistungen immer eigenverantwortlich vom Prüfungsausschuss zu bewerten sind, ermöglicht Abs. 5: Danach können entweder der Prüfungsausschuss oder die Prüferdelegation einvernehmlich, d. h. mit Zustimmung aller Mitglieder des Prüfungsausschusses/der Prüferdelegation entscheiden, dass einzelne Prüfungsleistungen von zwei Mitgliedern des Prüfungsausschusses/der Prüferdelegation abgenommen sowie selbstständig und unabhängig bewertet werden. Es handelt sich um eine »weitere Flexibilisierung der Abnahme einzelner Prüfungsleistungen …, wenn es sich um Prüfungsleistungen handelt, bei denen die Erbringung und Bewertung ohne Verlust an Erkenntnis zeitlich auseinanderfallen kann (nichtflüchtige Prüfungsleistungen). Hierunter fallen insbesondere schriftliche Prüfungsleistungen, aber auch praktische **Prüfungsleistungen ohne flüchtige Anteile.**«[23] Mündliche Prüfungsleistungen dagegen sowie praktische Prüfungsleistungen mit situativen Anteilen, die nicht reproduzierbar sind, können nicht Gegenstand der Beauftragung sein. Der Grundsatz, dass die Prüfungsleistungen immer eigenverantwortlich von den Prüfenden zu bewerten sind, wird auf die Mitglieder verlagert, die mit der Vornahme der Prüfungsabnahme und -bewertung beauftragt sind. Sie müssen die Prüfungsleistung selbständig wahrnehmen.

33 Weitere Vorschriften darüber, welche Mitglieder für die Vornahme der Bewertung in Betracht kommen, bestehen nicht. Insofern sind hier auch Abweichungen vom Grundsatz der Parität möglich und zulässig.

34 Die Beauftragung muss rechtmäßig sein. Hierzu gehört zum einen das Einvernehmen im Prüfungsausschuss bzw. in der Prüferdelegation. Zum anderen muss sichergestellt sein, dass die Prüfungsleistung, mit deren Abnahme und Bewertung die Mitglieder beauftragt werden, unabhängig von der Anwesenheit bei der Prüfung erfolgen kann. Aus Gründen der Nachvollziehbarkeit wird eine **schriftliche Dokumentation** unbedingt empfohlen. In der Kette von Berufung – Delegation – Beauftragung sind eine Vielzahl von Forma-

21 *OVG Bautzen* 10.10.2002 – 4 BS 328/02, *dejure.org.*
22 *OVG NRW* 28.2.1997 – 19 A 2626/96, *www.nrwe.de.*
23 BT-Drucks. 19/10815, S. 63.

lia enthalten, die als Verfahrensfehler auf die Rechtmäßigkeit der Prüfung durchgreifen können.

Für die Beauftragten für die Vornahme der Prüfung gibt es keine Regelung im Gesetz über eine Stellvertretung. Es kann daher nicht davon ausgegangen werden, dass eine Stellvertretung die Verfahrensvorschrift, die den Anspruch auf einen gesetzlichen Prüfer ersetzt, rechtmäßig abbildet. 35

Bei geringer Differenz der Voten (bis zu 10 % der zu erreichenden Punkte) beider Prüfenden wird die endgültige Bewertung **mathematisch gemittelt** (Abs. 5 Satz 2). Nur bei einer Abweichung der Bewertungen der beiden Prüfenden um mehr als 10 % der gemäß des Bewertungsschlüssels der Prüfungsordnung zu erreichenden Punkte muss ein dritter Prüfender abschließend bewerten, um Fehler im Bewertungsprozess auszuschließen (Abs. 5 Satz 3). Durch diese Änderung wird die von der Rechtsprechung aufgezeigte Bandbreite für die rechtssichere Nutzung der Durchschnittsbildung vollumfänglich aufgenommen.[24] Der Prüfungsausschuss/die Prüferdelegation muss also nicht nur die beiden Mitglieder einvernehmlich benennen, die Prüfungsabnahme und -bewertung vornehmen sollen, sondern auch das dritte Mitglied aus dem Prüfungsausschuss/der Prüferdelegation, das die endgültige Bewertung vornehmen darf und muss. Eine solche Regelung ist zulässig, wenn die Person, die den **Stichentscheid** vornehmen soll, die Arbeit des Prüflings selbst voll zur Kenntnis genommen hat[25] und – im Falle der Beauftragung aus einer Prüferdelegation heraus – auch für dieses Prüfungsgebiet oder dieses Fach als Prüfende/-r berufen wurde.

d) Ausnahme: Abschlussprüfung 2-jähriger Ausbildungsberuf

Eine dritte Ausnahme von dem Grundsatz, dass die Prüfungsleistungen immer eigenverantwortlich von den Prüfenden zu bewerten sind, ordnet Abs. 6 an: Danach ist das Ergebnis der Abschlussprüfung eines 2-jährigen Ausbildungsberufs zu übernehmen, wenn: 36

- ein 2-jähriger Ausbildungsberuf erfolgreich abgeschlossen wurde und
- eine darauf aufbauende 3- oder 3½-jährige Ausbildung absolviert wurde,
- bei der eine gestreckte Abschlussprüfung vorgesehen ist.

Das Ergebnis der Abschlussprüfung des 2-jährigen Ausbildungsberufs ist als das Ergebnis des **ersten Teils der Abschlussprüfung** des aufbauenden, mindestens 3-jährigen Ausbildungsberufs zu übernehmen (Abs. 6).

3. Gleichbehandlung/Grundsatz der Sachlichkeit

Der Gleichbehandlungsgrundsatz gebietet es nicht nur, dass alle Prüflinge gleiche äußere Prüfungsbedingungen erhalten.[26] Der Grundsatz gebietet auch, die schriftlichen Arbeiten zumindest bis zum Abschluss der vorläufigen Bewertung **anonym** zu behandeln.[27] Aus dem Gleichbehandlungsgrundsatz kann auch abgeleitet werden, dass eine Neubewertung der Prüfungsleistung grundsätzlich durch dieselben Prüfer zu erfolgen hat. Ausnahmsweise kann eine Neubewertung durch andere Prüfer bzw. durch einen anderen Prüfungsausschuss geboten sein, wenn die Neubewertung durch die bisherigen Prüfer tat- 37

24 BT-Drucks. 19/10815, S. 63.
25 *Fischer/Jeremias/Dieterich* PrüfungsR, Rn. 576.
26 *Zimmerling/Brehm*, Prüfungsrecht, Rn. 99; *Stolpmann/Teufer*, S. 109.
27 *BVerwG* 14.3.1979 – 7 B 16.79, DÖV 1979, 752.

sächlich oder rechtlich unmöglich ist.[28] Eine weitere Ausnahme ergibt sich dann, wenn die ursprünglichen Prüfer sich bereits dahingehend festgelegt haben, dass eine Änderung der Note nicht in Betracht kommt.[29]

4. Fiktive Prüfungsleistungen und Entwürfe

38 Nur tatsächlich erbrachte Leistungen können bewertet werden. Deswegen dürfen Leistungen, die der Prüfling vermutlich erbracht hätte, wenn er beispielsweise nicht zeitweilig erkrankt gewesen wäre, nicht berücksichtigt werden. Aus demselben Grund können richtige Lösungen auf **Entwurfsbögen** nicht als Prüfungsleistung anerkannt werden, wenn die Lösungen sich nicht zugleich auf dem offiziellen Antwortbogen finden. Dies ergibt sich bereits aus dem Grundsatz der Chancengleichheit. Zu den Aufgaben des Prüflings gehört es nicht nur, die richtigen Antworten zu finden, sondern auch, sie in der vorgegebenen Zeit und in der vorgegebenen Weise schriftlich in den Antwortbögen zu **vermerken**. Dürfte ein Prüfling hierauf verzichten und die Antworten seines Konzepts verwenden, könnte er sich gegenüber den Prüflingen, die die Antwortbögen ausfüllen, einen zeitlichen Vorteil verschaffen.[30] Ausnahmsweise sollen **Konzeptblätter** zu berücksichtigen sein, wenn der Prüfling gegenüber der Prüfungsaufsicht unmissverständlich zum Ausdruck bringt, eine auf Konzeptpapier geschriebene Gliederung gehöre zu seiner Klausur. Dann soll die Prüfungsaufsicht diese Blätter als Teil der Arbeit entgegennehmen müssen.[31] Ansonsten gilt der Grundsatz, dass mitabgelieferte Konzeptblätter keine verbindlichen Äußerungen des Prüflings darstellen, die zur Kenntnis zu nehmen und zu bewerten sind. Sie vermitteln keinen hinreichenden zuverlässigen Eindruck von den Kenntnissen des Prüflings und seiner Fähigkeit, eine Aufgabe nach Aufbau, Weg, Abwägung, Begründung und Ergebnis zumindest vertretbar zu lösen. Eine Prüfungsarbeit muss eine aus sich heraus geschlossene, verständliche Bearbeitung umfassen, ohne dass es eines Rückblicks auf das Konzept oder spätere Erklärungen zu einzelnen Punkten bedarf.[32]

39 Das Bewerten fiktiver Prüfungsleistungen ist auch zum Ausgleich von Behinderungen nicht zulässig. Es entspricht dem Wunsch des Gesetzgebers, dass auch behinderte Menschen in anerkannten Ausbildungsberufen ausgebildet werden. Dieser Wille ist in § 64 normiert. Dies darf jedoch nicht dazu führen, dass fiktive Prüfungsleistungen bewertet werden. Anderenfalls würden die Abschlüsse behinderter Menschen faktisch entwertet. Vielmehr müssen ungleiche Startchancen anderweitig ausgeglichen werden. In Betracht kommen Unterstützungen durch z. B. Vorlesehilfen und Zeitzugaben.[33]

5. Unauffindbarkeit von Prüfungsunterlagen

40 Gehen vollständige Prüfungsleistungen oder Prüfungsteile verloren, die noch nicht bewertet wurden, darf **keine Bestehensentscheidung** zugunsten des Prüflings erfolgen. Stattdessen muss ihm nochmals Gelegenheit gegeben werden, seine Prüfungsleistung zu erbringen. Anderenfalls fehlt es an der persönlichen Wahrnehmung der Prüfungsleistung durch den Prüfer (siehe Rn. 23 ff.). Ist die Bewertung mangels Prüfungsunterlagen

28 *OVG Münster* 6. 7. 1998 – 22 A 1566/96, *www.nrwe.de.*
29 *Taubert,* BBiG, § 41 Rn. 54.
30 *OVG Münster* 20. 4. 2005 – 14 B 651/05, *www.nrwe.de* mit Verweis auf *VGH Mannheim* 15. 12. 1981 – 9 S 2431/81.
31 *Zimmerling/Brehm,* Prüfungsrecht, Rn. 597.
32 *VG Düsseldorf* – 15 K 51/21/00, *www.nrwe.de.*
33 *Stolpmann/Teufer*, S. 183.

unmöglich, kann das Prüfungsverfahren nicht ordnungsgemäß zum Abschluss gebracht werden und muss wiederholt werden. Auch der Grundsatz, dass fiktive Prüfungsleistungen nicht berücksichtigt werden können (siehe Rn. 38) verbietet es, ein Bestehen der Prüfung zu unterstellen.[34]

Sind **Prüfungsunterlagen** erst nach der Leistungsbewertung abhandengekommen, führt dies nicht zwingend zur Anfechtbarkeit des Prüfungsergebnisses. Zwar ist möglich, dass exakt die fehlenden Prüfungsteile Prüfungsfehler enthielten, die nunmehr nicht mehr aufgedeckt werden könnten. Eine solche Möglichkeit führe jedoch nicht dazu, dass die Prüfungsfehler vermutet werden können und von der Prüfungsbehörde bewiesen werden muss, dass Prüfungsfehler nicht vorlagen. Dies gilt jedenfalls dann, wenn die Prüfer gegenüber dem Verwaltungsgericht auf Anfrage angeben, die Prüfungsleistung sei beim Bewertungsvorgang noch vollständig gewesen.[35] **41**

Der EuGH wendet auf **Prüfungsunterlagen** die europäische Datenschutzrichtlinie Richtlinie 95/46 (Vorgängerregelung zur **Datenschutzgrundverordnung**) an. Es handle sich bei den Antworten der zu prüfenden Person um personenbezogene Daten. Es handle sich um Informationen, die mit seiner Person verknüpft sind, z.B. **42**

- spiegle der Inhalt der Antworten den Kenntnisstand und das Kompetenzniveau des Prüflings in einem bestimmten Bereich sowie gegebenenfalls seine Gedankengänge, sein Urteilsvermögen und sein kritisches Denken wider. Im Fall einer handschriftlich verfassten Prüfung enthielten die Antworten zudem Informationen über seine Handschrift,
- ziele die Sammlung der Prüfungsantworten darauf ab, die beruflichen Fähigkeiten des Prüflings und seine Eignung zur Ausübung des betreffenden Berufs zu beurteilen und
- schließlich könne sich die Verwendung dieser Informationen, die insbesondere im Erfolg oder Scheitern des Prüflings der in Rede stehenden Prüfung zum Ausdruck kommt, insoweit auf dessen Rechte und Interessen auswirken, als sie beispielsweise seine Chancen, den gewünschten Beruf zu ergreifen oder die gewünschte Anstellung zu erhalten, bestimmen oder beeinflussen könne.

Gleiches gelte für die Antworten des Prüfers/der Prüferin. Die zu prüfende Person habe daher einen Anspruch auf Berichtigung falscher Daten. Das in Art. 12 Buchst. b der Richtlinie 95/46 (Art. 15 DSGVO) vorgesehene Recht auf Berichtigung kann es einem Prüfling zwar offenkundig nicht ermöglichen, »falsche« Antworten im Nachhinein zu »berichtigen«. Es kann aber Situationen geben, in denen sich die Antworten eines Prüflings und die Anmerkungen des Prüfers zu diesen Antworten als nicht zutreffend i. S. v. Art. 6 Abs. 1 Buchst. d der Richtlinie 95/46 (Art. 5 Abs. 1 lit. d DSGVO) erweisen, etwa deshalb, weil Prüfungsarbeiten irrtümlich vertauscht wurden, so dass dem betreffenden Prüfling die Antworten eines anderen Prüflings zugeordnet wurden, oder weil ein Teil der Blätter mit den Antworten dieses Prüflings verloren gegangen ist, so dass diese Antworten nicht vollständig sind, oder aber deshalb, weil die etwaigen Anmerkungen des Prüfers seine Beurteilung der Antworten des betreffenden Prüflings nicht richtig dokumentieren. Auf die Prüfungsunterlagen finden demzufolge sowohl die DSGVO als auch das BDSG Anwendung.[36]

34 *Stolpmann/Teufer*, S. 184.
35 *BVerwG* 18.12.1987 – 7 C 49/87, zitiert nach: *Stolpmann/Teufer*, S. 185.
36 *EuGH* 20.12.2017 – C 434/16, *curia.europa.eu*.

IV. Willensbildung im Gremium

1. Beschlussfassung in der Prüferdelegation

43 Auf Basis der eigenverantwortlichen Bewertung der Prüfungsleistung durch die Prüfenden fasst die Prüferdelegation Beschlüsse über die **Noten**. Dabei ist zu beachten, dass diejenigen Prüfenden, deren Prüfungstätigkeit gem. § 40 Abs. 4 Satz 2 auf bestimmte Prüf- oder Fachgebiete beschränkt wurde, an der Bewertung von Prüfungsleistungen, für die sie nicht berufen wurden, nicht beteiligt werden. Soweit diese Prüfenden an einer Bewertung nicht teilnehmen können, muss sichergestellt werden, dass die gem. §§ 42 Abs. 2 Satz 2, 40 Abs. 2 Satz 1 BBiG erforderliche Parität auch für diesen Teil der Abstimmung gewährleistet ist. Hierzu ist gegebenenfalls der Stellvertreter/die Stellvertreterin des an der Bewertung gehinderten weiteren Prüfenden hinzuzuziehen.

44 Die Prüferdelegation ist gem. §§ 42 Abs. 2 Satz 2, 41 Abs. 2 BBiG beschlussfähig, wenn 2/3 ihrer Mitglieder, mindestens drei mitwirken. Sie beschließt mit der Mehrheit der abgegebenen Stimmen. Diese Regelung greift gem. Abs. 5 Satz 1 nicht für die Beauftragung einzelner Mitglieder der Prüferdelegation mit der Abnahme und der Bewertung der Prüfung. Hierfür ist stets das Einvernehmen der Prüferdelegation erforderlich, eine Mehrheitsentscheidung genügt nicht. In Ermangelung eines vorsitzenden Mitgliedes (siehe Rn. 13) kann § 41 Abs. 2 Satz 3 BBiG nicht entsprechend angewendet werden.

45 Die Prüferdelegation beschließt nicht erneut über Noten, die aus einer Beauftragung gem. Abs. 5 entstanden sind. Diese Noten werden selbstständig und unabhängig von den Beauftragten bestimmt.

2. Beschlussfassung im Prüfungsausschuss

46 Dem Prüfungsausschuss obliegt die Beschlussfassung
- über die Bewertung einzelner Prüfungsleistungen, soweit er sie abgenommen hat,
- über die Bewertung der Prüfung insgesamt sowie
- über das Bestehen und Nichtbestehen der Abschlussprüfung.

Von der Rechtsprechung wird nicht einheitlich beurteilt, wie der Prüfungsausschuss bei dieser Beschlussfassung besetzt sein muss. Das Verwaltungsgericht Köln hat entschieden, dass für die Beurteilung der einzelnen Prüfungsaufgaben und die Feststellung des Gesamtergebnisses Beschlussfähigkeit genüge. Eine Entscheidung des vollständigen Prüfungsausschusses sei nicht erforderlich.[37] Dem gegenüber hat das Verwaltungsgericht Stade entschieden, der Prüfungsausschuss sei fehlerhaft besetzt, wenn von zwei Prüfern einer Gruppe beide zwar bei der mündlichen Prüfung, aber nur einer bei der Feststellung des Gesamtergebnisses mitwirken.[38] Der Prüfungsausschuss muss eine **feste Zusammensetzung und eine beständige Anzahl** von Prüfern aufweisen. Diese darf sich nicht willkürlich ändern, sodass der Verlauf der Prüfung für den Prüfling berechenbar ist. Die an der Prüfung teilnehmenden Mitglieder müssen auch bei der Feststellung des Gesamtergebnisses mitwirken.[39] Auch im Berufsbildungsrecht gilt der Grundsatz der Kontinuität der Prüfungsausschüsse. Es ist daher unzulässig, die Prüfung von zwei verschiedenen Prüfungsausschüssen abnehmen zu lassen.[40] Eher ist in Ausnahmefällen hinzunehmen,

---

37 *VG Köln* 20.4.1994 – 10 K 6661/92, juris.
38 *VG Stade* 28.5.1999 – 6 A 30/99, juris.
39 *VG Oldenburg* 10.12.2002 – 12 A 818/01, *www.rechtsprechung.niedersachsen.de; Braun/Mühlhausen,* BBiG, § 34 a.F. Rn. 73 m.w.N.
40 *Zimmerling/Brehm,* Prüfungsrecht, Rn. 1289.

dass einzelne unselbstständige Prüfungsleistungen etwa wegen einzuhaltender Ladungsfristen ggf. auch nach Ende der Amtszeit eines Prüfenden von diesem noch abgenommen werden müssen.[41] Der Auffassung des Verwaltungsgerichts Köln in der Entscheidung vom 20.4.1994 (Fn. 37) kann daher nicht gefolgt werden. Die Beschlussfähigkeit des Prüfungsausschusses kann für einen Bewertungsbeschluss allenfalls dann genügen, wenn der Prüfungsausschuss mehr Mitglieder als nach § 40 Abs. 1 erforderlich aufweist, alle beschließenden Mitglieder die Prüfungsleistung wahrgenommen haben und genau diese Mitglieder auch an der Beschlussfassung mitwirken. Denn es ist nicht erforderlich, dass alle in den Ausschuss berufenen Mitglieder an einer Prüfung teilnehmen müssen.[42]

Soweit Prüfungsleistungen von Prüferdelegationen oder prüfungsbeauftragten Mitgliedern abgenommen und selbstständig bewertet wurden, hat der Prüfungsausschuss hier keine erneute Bewertung einzelner Prüfungsleistungen vorzunehmen. Er hat die Bewertung zu übernehmen. Hierzu erhält der Prüfungsausschuss eine Niederschrift über die Feststellung der einzelnen Prüfungsergebnisse (§ 26 Abs. 1 MPO).[43] Diese muss gem. § 93 VwVfG[44] auch beinhalten: 47

1. den Ort und den Tag der Sitzung,
2. die Namen der anwesenden Ausschussmitglieder,
3. den behandelten Gegenstand und die gestellten Anträge, z. B. die Namen der zu Prüfenden und die Prüfungen oder Fachthemen, in denen geprüft wurde, die Aufgaben, die gestellt wurden und die Lösungen, die erwartet werden, ebenso der Prüfungsverlauf in Stichworten,
4. die gefassten Beschlüsse, z. B. Ergebnisfeststellung und
5. das Ergebnis von Wahlen,

zudem die Unterschriften der Mitglieder der Prüferdelegation bzw. der prüfungsbeauftragten Mitglieder.

3. Verfahren zur Notenbildung

Bildet sich jeder Prüfer ein eigenständiges Bild von der Prüfungsleistung, stellt sich bei der Beschlussfassung über die Bewertung dieser Prüfungsleistung regelmäßig die Frage, wie der Prüfungsausschuss/die Prüferdelegation von verschiedenen Einzelbewertungen zu einer gemeinsamen Bewertung gelangen kann. Soweit in der Ausbildungsordnung Angaben zur Gewichtung der Prüfungsleistungen enthalten sind, darf der Prüfungsausschuss davon nicht abweichen. In der Ausbildungsordnung ist regelmäßig jedoch lediglich enthalten, wie sich das Endergebnis durch die jeweiligen Teilergebnisse berechnet. Die Bewertung eines Teilergebnisses durch Beschluss bleibt Sache des Prüfungsausschusses/der Prüferdelegation, der/die die Prüfungsleistung abnehmen und/oder bewerten soll. Eine Regelung in der Musterprüfungsordnung ist hierzu nicht enthalten. Nur für die beauftragten Mitglieder findet sich in Abs. 5 Sätze 2 und 3 eine Regelung hierzu, für den Prüfungsausschuss und die Prüferdelegation fehlt es an einer Anordnung. Diese Gremien müssen den Weg zur gemeinsamen Bewertung von Prüfungsleistungen daher selbst bestimmen. Grundsätzlich kann dies z. B. dadurch geschehen, dass die Bewertung der Prüfungsleistungen zusammengefasst und über das **arithmetische Mittel** ein endgültiges Bewertungsergebnis errechnet wird. Ebenso zulässig ist jedoch ein **Konsensprinzip**, so 48

41 *VG Augsburg* 21.4.2020 – Au 8 K 19.523, Rn. 34.
42 *Braun/Mühlhausen*, BBiG, § 34 a. F. Rn. 75.
43 Abgedruckt unter § 47 Rn. 21.
44 Wohlgemuth/*Günther*, BBiG, § 41 Rn. 19.

dass bei unterschiedlichen Bewertungen die Prüfer versuchen müssen, einen Konsens zu finden. Gelingt dies nicht, sind die Prüfungsleistungen von ihnen erneut zu bewerten. Denkbar ist ferner, dass ein Prüfungsausschussmitglied einen Bewertungsvorschlag unterbreitet und begründet, der von allen diskutiert und abgewogen wird. Auch hier handelt es sich letztlich um ein Konsensverfahren.[45]

V. Anwendbarkeit auf andere Prüfungen

49 § 42 gilt auch für die berufliche Fortbildung (§ 56 Abs. 1), für die berufliche Umschulung (§ 62 Abs. 3) und für die Prüfung von Zusatzqualifikationen (§ 49 Abs. 2). § 42 gilt nicht für Zwischenprüfungen und die Ausbildung im Handwerk. Jedoch enthält § 35a HwO eine inhaltsgleiche Vorschrift.

§ 42a Virtuelle Teilnahme von Prüfenden

(1) Die zuständige Stelle kann bestimmen, dass bei der Abnahme und Bewertung von Prüfungsleistungen, deren Bewertung die Anwesenheit der Prüfenden bei der Abnahme erfordert, Prüfende unter Einsatz der Übertragung von Bild und Ton (Videokonferenz) teilnehmen, wenn

1. **die abzunehmenden Prüfungsleistungen für diese Form der Durchführung geeignet sind,**
2. **die Prüflinge mit der Ladung zur Prüfung über diese Form der Durchführung informiert worden sind,**
3. **die Prüflinge sich unter Aufsicht an einem Ort befinden, der von der zuständigen Stelle festgelegt worden ist,**
4. **sich mindestens ein Prüfender am gleichen Ort wie die Prüflinge befindet,**
5. **die zuständige Stelle die zu nutzende Videokonferenztechnik festgelegt hat und deren Funktionsfähigkeit sowie deren Barrierefreiheit sicherstellt,**
6. **den Prüflingen und den Prüfenden vor der Prüfung ausreichend Gelegenheit gegeben worden ist, sich mit der Videokonferenztechnik vertraut zu machen,**
7. **während der Abnahme der Prüfungsleistung eine für die Videokonferenztechnik sachkundige Person zur Verfügung steht,**
8. **bei vorübergehenden technischen Störungen, die nicht durch den Prüfling zu vertreten sind, der damit verbundene Zeitverlust durch entsprechende Zeitverlängerung ausgeglichen wird und**
9. **keine Aufzeichnung der Videokonferenz erfolgt.**

Auf Antrag einzelner Prüfender bei der zuständigen Stelle gilt Satz 1 nur für einzelne Prüfungsleistungen und diese Prüfenden mit der Maßgabe, dass die übrigen Prüfenden des jeweiligen Prüfungsausschusses oder der jeweiligen Prüferdelegation dem Antrag zustimmen.

(2) Die zuständige Stelle kann bestimmen, dass die Prüfenden an Sitzungen von Prüfungsausschüssen oder Prüferdelegationen auch ohne Anwesenheit an einem Ort teilnehmen und sämtliche oder einzelne ihrer Rechte ganz oder teilweise im Wege elektronischer Kommunikation ausüben können.

---

45 Übersicht über die Verfahren zur Bewertung durch den Prüfungsausschuss bei *Stolpmann/Teufer*, S. 177.

Inhaltsübersicht Rn.

I. Allgemeines

§ 42a wurde mit Wirkung zum 1.8.2024 in das BBiG aufgenommen. Absicht schien zu sein, beruflich stark eingespannten ehrenamtlich Prüfenden die Teilnahme an den Prüfungen zu erleichtern, was in der Gesetzesbegründung als »Stärkung des Ehrenamts« zusammengefasst wurde. Die Option einer **virtuellen Teilnahme der Prüfenden** soll deren Flexibilität und damit die Attraktivität des Ehrenamts weiter steigern, zugleich Zeiten und Kosten der Anfahrt sowie die damit zusammenhängende Entschädigung und Freistellung von der Arbeit minimieren. Es soll aufgrund »gezogener Lehren aus der Pandemiezeit« rechtssicher möglich sein, Prüfende virtuell zuzuschalten, und das Verfahren modernisiert werden.[1] Wieso es das Ehrenamt stärkt, wenn die zuständige Stelle Kosten und der Arbeitgeber Freistellungszeiten spart, erschließt sich freilich nicht. Auch der Satz aus der Gesetzesbegründung: »So werden entsprechende Bedürfnisse Prüfender, die sich besonders während der Corona-Pandemie weiter verdichtet haben, angemessen berücksichtigt« ist hierzu nicht hilfreich. 1

II. Abnahme und Bewertung von Prüfungsleistungen

Abs. 1 regelt zwei Konstellationen des Einsatzes von Videokonferenztechnik bei Prüfungen, eine nach der Gesetzesbegründung[2] sogenannte strukturelle und eine sogenannte individuelle. 2

1. Allgemeine Bestimmung (Abs. 1 Satz 1)

§ 42a Abs. 1 Satz 1 regelt, dass der zuständigen Stelle das Recht zusteht, generell zu bestimmen, dass Prüfungsleistungen durch Prüfende nur per Videokonferenz wahrgenommen werden. § 42a Abs. 1 Satz 1 definiert den Begriff der Videokonferenz für das BBiG: »Übertragung von Bild und Ton«. Dabei fehlt allerdings die Anforderung, dass die Übertragung auch synchron ist. Eine einseitige Übertragung von Bild und Ton, die zum Beispiel nur den Prüfling überträgt oder gar eine Aufzeichnung von ihm, ist zwar von der Legaldefinition gedeckt, ist aber weder eine Videokonferenz, noch wird dies der Anforderung gerecht, dass die bisherige Qualität der Prüfungen weiter erreicht werden muss (s. Rn. 5). Dabei müssen die folgenden **Voraussetzungen** sämtlich eingehalten werden: 3

a) Es handelt sich um die Abnahme und Bewertung einer Prüfungsleistung. Generelle Regelungen für Sitzungen des Prüfungsausschusses ohne Prüfungsabnahme richten sich nach § 42a Abs. 2. 4

1 BT-Drucks. 20/10857, S. 45.
2 BT-Drucks. 20/10857, S. 45.

b) Die Bewertung der Prüfungsleistung erfordert die **Anwesenheit der Prüfenden** bei der Abnahme. Ausgenommen sind also z. B. schriftliche Prüfungsleistungen, bei denen nach § 20 Abs. 2 Musterprüfungsordnung[3] die Aufsicht durch die zuständige Stelle erfolgen kann. Eine Aufsicht über schriftliche Prüfungsarbeiten durch Videokonferenz scheidet damit aus.

5 c) Die weiteren Voraussetzungen des § 42a Abs. 1 Satz 1 sind kumulativ eingehalten.

Nr. 1: Die Prüfungsleistungen, die abzunehmen sind, sind für diese Form der Durchführung geeignet. Dem Gesetzgeber war wichtig, dass die vom traditionellen Prüfungsformat in Präsenz her bekannten und zu beachtenden Prinzipien und Maßstäbe auch im Falle der Prüfung durch örtlich abwesende Prüfende fortgelten. Qualitätsabstriche bei den Prüfungen sind explizit unerwünscht, die zuständigen Stellen hätten die Vergleichbarkeit von derartigen Prüfungen mit Präsenzprüfungen zu gewährleisten. Eine Tauglichkeit der Prüfungsleistung für diese Durchführungsform setze voraus, dass bei der Abnahme und Bewertung der entsprechenden Prüfungsleistungen die Anwesenheit der Prüfenden bei der Erbringung erforderlich ist. Jenseits mündlicher Prüfungen seien weitere Konstellationen vorstellbar: Während eine virtuelle Teilnahme Prüfender bei mündlichen Prüfungen in kaufmännischen oder in Büroberufen grundsätzlich denkbar sein dürfte, dürfte sie im kunsthandwerklichen Bereich oder bei praktischen Prüfungen wie Stationenprüfungen nach den dargestellten Rahmenbedingungen in der Regel nicht in Betracht kommen.[4]

6 Nr. 2: Die Prüflinge sind mit der Ladung zur Prüfung über diese Form der Durchführung **informiert** worden.

Nr. 3: Die Prüflinge befinden sich unter Aufsicht an einem Ort, der von der zuständigen Stelle festgelegt worden ist. Damit bleibt es also bei einer **physischen Präsenz der Prüflinge** am üblichen Prüfungsort, wohingegen die Prüfenden bis auf eine Person (s. Nr. 4) abwesend sein können. Ob die Aufsicht durch ein Mitglied des Prüfungsausschusses geführt sein muss oder ob hierfür die Aufsicht durch die zuständige Stelle entsprechend § 20 Abs. 2 Musterprüfungsordnung[5] genügt, ist nicht ersichtlich.

Nr. 4: Mindestens ein Prüfender befindet sich am gleichen Ort wie die Prüflinge. Damit soll angesichts der Ausnahmesituation an sich und einer potenziellen Minderjährigkeit der Prüflinge im Besonderen eine direkte Ansprache der Prüfenden nicht nur auf digitalem Wege, sondern vor Ort möglich sein.[6]

7 Nr. 5: Die zuständige Stelle hat die zu nutzende Videokonferenztechnik festgelegt und stellt deren Funktionsfähigkeit sowie deren Barrierefreiheit sicher. Damit dürfte nicht nur die erstmalige Auswahl einer geeigneten Software und der eigenen technischen Zuverlässigkeit am Prüfungsort erforderlich sein. Nötig ist auch, die **Funktionsfähigkeit** der Technik bei den Prüfenden zu gewährleisten, also vor dem Prüfungsbeginn zu testen und ansonsten noch auf Präsenz der Prüfenden umzuschalten. Auch wenn das Gesetz nur erfordert, dass die Videokonferenztechnik festzulegen ist, muss diese von der zuständigen Stelle gestellt werden. Es sind insbesondere der Rechner, die Kamera und die Lautsprecher der zuständigen Stelle zu nutzen.

Nr. 6: Den Prüflingen und den Prüfenden ist vor der Prüfung ausreichend Gelegenheit gegeben worden, sich mit der Videokonferenztechnik **vertraut zu machen**. Dies bedeutet, dass ein Zugang zu der Technik möglich sein muss, mit dem die verschiedenen Funktio-

3 S. § 47 Rn. 21.
4 BT-Drucks. 20/10857, S. 45 f.
5 S. § 47 Rn. 21.
6 BT-Drucks. 20/10857, S. 46.

nen, z. B. auch die Freigabe von Präsentationen, Markierungen in freigegebenen Texten, geübt werden können. Ansonsten ist von einem »vertraut machen« nicht auszugehen, insbesondere reicht ein Video-Tutorial nicht. Ob dies unmittelbar vor der Prüfung oder mit mehr Vorlauf zu geschehen hat, ist nicht geregelt. Insofern bleibt es eine Ermessensentscheidung der zuständigen Stelle und auch ihr Risiko als Prüfungsbehörde, ob die Gelegenheit »ausreichend« war.

Nr. 7: Während der Abnahme der Prüfungsleistung muss eine für die Videokonferenztechnik sachkundige Person zur Verfügung stehen. Ob dies zugleich ein Prüfer sein kann oder ob Prüfende ausschließlich prüfen sollten und bei **Technikproblemen** den Prüflingen zur Verfügung stehen, ist nicht geregelt. Die Person muss nicht vor Ort sein. Sie kann auch irgendwo im Gebäude oder auch nur virtuell zur Verfügung stehen, wobei sie so physische Technikprobleme nicht selbst lösen kann. Dem Gesetzgeber geht es hier darum, dass die zuständige Stelle einen IT-Support während der Prüfung gewährleistet.[7] **8**

Nr. 8: Bei vorübergehenden **technischen Störungen**, die nicht durch den Prüfling zu vertreten sind, ist der damit verbundene Zeitverlust durch entsprechende Zeitverlängerung auszugleichen. Hier stellt sich die Frage, welche technischen Störungen überhaupt durch den Prüfling zu vertreten sein sollen. Er befindet sich an dem Ort, den die zuständige Stelle bestimmt hat. Er nutzt die Videokonferenztechnik, die die zuständige Stelle zur Verfügung stellt, also Software, Rechner, Kamera und Lautsprecher, ein Prüfer befindet sich in demselben Raum und es gibt eine Aufsicht. Sobald die Störungen einsetzen, ist der dann folgende Zeitverlust durch Zeitverlängerung auszugleichen. Dabei hat die Verlängerung der Zeit 1:1 zum Zeitverlust (»entsprechend«) zu erfolgen. »Entsprechend« bedeutet nicht zwingend, dass die Zeit 1:1 zu verlängern ist. »Entsprechend« bedeutet, dass etwas zu etwas anderem passt, es ist dazu passend, der Vorschrift oder Sachlage angemessen.[8] Schlichte Proportionalität wird dieser Anforderung nicht gerecht. Zu berücksichtigen ist, dass zusätzliche Zeit benötigt wird, damit der Prüfling sich beruhigen kann und wieder in die Konzentration findet. Diese **Re-Fokussierungszeit** liegt im Arbeitsleben bei einfachen Aufgaben bei ca. 15 % und bei komplexeren Aufgaben bei bis zu 28 % des Gesamtarbeitszeitvolumens.[9] Wie die Re-Fokussierungszeit in Prüfungssituationen regelhaft einzuschätzen ist, scheint noch unerforscht. Bei häufigeren Ausfällen muss der Prüfungsausschuss zusätzlich berücksichtigen, dass die Konzentration des Prüflings mit jeder Unterbrechung sinkt (»**Sägeblatteffekt**«). Er muss sodann entscheiden, ob die Prüfung aus Gründen der Chancengleichheit abgebrochen und später durchgeführt wird. Die Gefahr des Abbruchs ist Online-Prüfungen damit inhärent.[10] **9**

Nr. 9: Es erfolgt keine Aufzeichnung der Videokonferenz. Dies kann und muss die zuständige Stelle über Technikeinstellungen sicherstellen. Nicht ausreichend ist mit Blick auf Art. 25 DSGVO, dass die einzelnen Prüfenden gehalten sind, nicht aufzuzeichnen, diese Funktion jedoch unkontrolliert aktivieren können.

d) Weitere Bedingungen werden zu erfüllen sein, damit die Prüfung nicht an Mängeln leidet. **10**

Es muss sichergestellt sein, dass Kamera und Ton stets und einwandfrei funktionieren. Sie müssen auch bei den nicht anwesenden Prüfenden stets aktiviert sein, damit der Prüfling diese sieht. Dies ergibt sich aus der Definition der Videokonferenz »Übertragung von Bild

7 BT-Drucks. 20/10857, S. 46.
8 *https://www.dwds.de/wb/* entsprechend, abgerufen am 30. 7. 2024.
9 *https://www.psychologie.uni-frankfurt.de/126857144/ZOE_2022_04_Starker_et_al.pdf.*
10 *Fischer/Jeremias/Dieterich*, PrüfungsR, Rn. 449.

und Ton«. Nur mit Bild und Ton ist der zu Prüfende in der Lage, auch auf nonverbale Signale einzugehen und zum Beispiel etwas intensiver zu erläutern.[11]

11 Eine stets einwandfreie Übertragungsqualität ist auch deswegen zwingend erforderlich, damit alle Prüfenden die Prüfungsleistung durchgehend zur Kenntnis nehmen. Kommt es zu einer Unterbrechung in der Verbindung, ist der unterbrochene Prüfungsteil zu wiederholen. Dies gilt auch, wenn die Verbindung bei nur einem Prüfenden ausfällt.[12]

12 Durch stets einwandfreie Übertragungsqualität kann zudem besser sichergestellt werden, was zusätzlich gewährleistet werden muss: die **Nichtöffentlichkeit** der Sitzung gem. § 19 Musterprüfungsordnung.[13] Die nicht in Präsenz anwesenden Prüfenden sind alleine in dem Raum, in dem sie sich befinden. Es gibt also keine Kollegen und Kolleginnen, die im Hintergrund entlanggehen oder sich unterhalten, keine Familienmitglieder und was die Erfahrungen aus angeblich nicht öffentlichen Sitzungen in der Pandemie sonst noch gebracht haben. Zusätzlich muss auch gewährleistet sein, dass ein aufzeichnungsloses Streamen der Prüfung ausgeschlossen ist und niemand hinter der Kamera steht.

13 Nicht zuletzt muss die Videotechnik auch datenschutzrechtlich den Anforderungen standhalten. Anderenfalls könnten die Prüflinge die Ablegung der Prüfung unter diesen Umständen verweigern. So wird zum Beispiel zu beachten sein, dass Microsoft Teams keine Ende-zu-Ende-Verschlüsselung anbietet.[14] Microsoft generell sendet sich »unendlich viele Nutzungsdaten« zu,[15] was in einer Prüfung ohne explizite Einwilligung des Prüflings nicht zulässig ist. Eine Einwilligung kann vor und erst recht in der Prüfung jedoch nicht den Anforderungen des Art. 7 DSGVO entsprechen, wenn nicht mindestens als Alternative die Prüfung ohne Videokonferenztechnik, also in vollständiger Präsenz aller Prüfenden angeboten wird.

14 Ebenfalls nicht geregelt ist, was zu geschehen hat, wenn die Technik während der Prüfung dauerhaft ausfällt. Damit ist weniger im Prüfungszentrum der zuständigen Stelle zu rechnen, wohl aber bei den Prüfenden, die vom Homeoffice aus prüfen. Wie bei Präsenzprüfungen können die Folgen nach Verantwortungssphären abgeleitet werden: Störungen im Verantwortungsbereich der zuständigen Stelle und der Prüfungsausschussmitglieder dürfen nicht zulasten des Prüflings gewertet werden.

15 Unter diesen Voraussetzungen kann die zuständige Stelle bestimmen, dass Prüfende generell an der Abnahme der Prüfung nur per Videokonferenztechnik teilnehmen. Ob sie eine solche Bestimmung trifft, ist eine Ermessensentscheidung. Die zuständige Stelle hat dabei auch zu entscheiden, ob sie die Bestimmung für bestimmte Ausbildungsberufe oder für alle Berufe treffen will. Trifft sie eine Bestimmung für die Prüfungen in allen Berufen und evtl. auch für die Fortbildungs- und Umschulungsprüfungen, muss die Bestimmung so getroffen werden, dass jeweils alle Voraussetzungen erfüllt sind. Fraglich ist, ob bei der Bestimmung eine Konkretisierung unterbleiben kann, ob also die zuständige Stelle den Prüfungsausschüssen mitteilen kann, dass die virtuelle Teilnahme von Prüfenden zulässig ist, wenn die abzunehmenden Prüfungsleistungen für diese Prüfungsform geeignet seien, oder ob konkret bestimmt oder wenigstens konkretisiert werden muss, wann diese Eignung vorliegt. Letztlich wäre hierzu auch eine Liste aller Prüfungsteile als Anlage zu einer

11 *Fischer/Jeremias/Dieterich*, PrüfungsR, Rn. 449.
12 *Fischer/Jeremias/Dieterich*, PrüfungsR, Rn. 529.
13 S. § 47 BBiG Rn. 21.
14 M.w.N. *https://dr-dsgvo.de/microsoft/?z=562779872&msh=19206&ct=264*, abgerufen am 1.7.2024.
15 *https://www.bsi.bund.de/DE/Service-Navi/Publikationen/Studien/Office_Telemetrie/telemetrie.html*, abgerufen am 1.7.2024.

Bestimmung zulässig. Es empfiehlt sich eine gute, standardisierte Dokumentation der Erfüllung der Bedingungen, um die nachträgliche Überprüfung zu ermöglichen.

Nach dem Wortlaut des § 42a Abs. 1 Satz 1 ist offen, ob die allgemeine Bestimmung durch die zuständige Stelle dazu führt, dass die Prüfenden virtuell teilnehmen dürfen, oder ob sie dazu führt, dass die Prüfenden nicht mehr in Präsenz anwesend sein dürfen. Für die zweite Variante spricht die Absicht des Gesetzgebers, den zuständigen Stellen Fahrtkostenerstattungen und Entschädigungen zu ersparen (s. Rn. 1). Dafür spricht ggf. auch Planungssicherheit bei der Größe des für Prüfling und anwesende Prüfende zur Verfügung stehenden Raums. Letztlich spricht auch der Wortlaut des ersten Halbsatzes des § 42a Abs. 1 Satz 1 dafür, wonach die Prüfenden unter Einsatz von »… teilnehmen« – also nicht: »teilnehmen können«. Ein Entscheidungsrecht der Prüfenden auf Basis einer generellen Regelung der zuständigen Stelle ist nicht vorgesehen. Für die erste Variante spricht die beabsichtigte Stärkung des Ehrenamts (s. Rn. 1), die sich über einen Zwang zur distanzierten, virtuellen Teilnahme eher nicht erreichen lässt. Letztlich wird dies bei der Abfassung der generellen Bestimmung zu berücksichtigen sein. So ließe sich mit einer entsprechenden Regelung in der Bestimmung die Entscheidung über das »Ob« sowohl auf die Prüfungsausschüsse/Prüferdelegationen als auch auf die Prüfenden übertragen. 16

Die Bestimmung ist als generelle Regelung eine Rechtsvorschrift, die von der zuständigen Stelle erlassen wird. Der Berufsbildungsausschuss ist hierzu zu unterrichten, anzuhören und hat darüber einen Beschluss zu fassen (§ 79 Abs. 4). 17

2. Bestimmung auf Antrag (Abs. 1 Satz 2)

Gem. § 42a Abs. 1 Satz 2 können einzelne Prüfende bei der zuständigen Stelle beantragen, dass »Satz 1 nur für einzelne Prüfungsleistungen und diese Prüfenden« gilt. Der Satz kann als verunglückt bezeichnet werden. Er kann zum einen als Ausnahmeregelung zu Satz 1 gelesen werden. Das führt zu dem Ergebnis, dass nach einer allgemeinen Bestimmung durch die zuständige Stelle einzelne Prüfende eine Ausnahme für sich und für einzelne Prüfungsleistungen beantragen können. Sie wären dann berechtigt, die Prüfung in Präsenz abzunehmen. Voraussetzung wäre allerdings, dass die übrigen Prüfenden des jeweiligen Prüfungsausschusses oder der jeweiligen Prüferdelegation dem Antrag zustimmen. Satz 2 kann aber auch so verstanden werden, wie der Gesetzgeber dies in der Gesetzesbegründung erläutert hat: »Die Prüfung unter Einsatz von Videokonferenztechnik eröffnet auch einzelnen Prüfenden die Möglichkeit, auf Antrag bei der zuständigen Stelle für die Abnahme einzelner Prüfungsleistungen virtuell zugeschaltet zu werden. In diesem Fall ist dementsprechend der Impuls einzelner Prüfender der Anstoß für diese Durchführungsform. Vorstellbare Umstände können hier solche zum Vermeiden von Vertretungsfällen sein (z. B. aufgrund begrenzter Mobilität nach einem Beinbruch).«[16] Damit kann, wenn die generelle Regelung nicht vorliegt, ein einzelner Prüfender die virtuelle Teilnahme an einer konkreten Prüfung beantragen. 18

Es müssen dann neben allen unter Satz 1 genannten Voraussetzungen sowie den weiteren Voraussetzungen (s. Rn. 10 f.) auch die Zustimmungen der übrigen Mitglieder des jeweiligen Prüfungsgremiums (Prüfungsausschuss oder Prüferdelegation) vorliegen. Diese kann formlos erklärt werden. 19

Der Antrag ist an die zuständige Stelle zu richten. Diese hat die Zustimmung der weiteren Mitglieder des jeweiligen Prüfungsgremiums (Prüfungsausschuss oder Prüferdelegation) abzufragen und über den Antrag zu entscheiden. Soweit die Voraussetzungen nicht vor- 20

16 BT-Drucks. 20/10857, S. 46.

liegen, ist der Antrag abzuweisen. Liegen die Voraussetzungen vor, kann die zuständige Stelle nach freiem Ermessen entscheiden, ob eine virtuelle Teilnahme ermöglicht wird. Die Entscheidung ergibt sich aus der Formulierung »gilt Satz 1«. In Satz 1 ist die Ermessensentscheidung der zuständigen Stelle durch die Formulierung »kann bestimmen« angelegt.

III. Virtuelle Teilnahme an Sitzungen (Abs. 2)

1. Teilnahme ohne Anwesenheit am Prüfungsort

21 Abs. 2 regelt, dass eine zuständige Stelle vorsehen kann, dass eine virtuelle Teilnahme an Sitzungen von Prüfungsausschüssen oder Prüferdelegationen möglich ist und insbesondere die entsprechenden Beschlüsse auch im Wege elektronischer Kommunikation gefasst werden können.[17]

22 Die Entscheidung, ob die virtuelle Teilnahme an Sitzungen grundsätzlich zulässig ist, obliegt der zuständigen Stelle. Sie kann auch darüber entscheiden, welche Rechte im Prüfungsausschuss bzw. in der Prüferdelegation ohne Anwesenheit ausgeübt werden können und bei welchen Rechten, z. B. Abstimmungen, eine Präsenz erforderlich ist. Nach der Gesetzesbegründung soll sie auch über die technische Ausstattung bestimmen bzw. die Wege der elektronischen Kommunikation definieren können, etwa um datenschutzrechtliche Vorgaben strukturell gewährleisten zu können.[18] Dieses Bestimmungsrecht findet sich allerdings nicht im Text des § 42a Abs. 2.

23 Die zahlreichen Voraussetzungen des § 42a Abs. 1 Satz 1 sind für die Sitzungen des Prüfungsausschusses nicht einzuhalten. Die Nutzung der virtuellen Teilnahme bei Sitzungen kann nach dem Willen des Gesetzgebers zu einer Entlastung des Ehrenamtes beitragen.

2. Elektronische Kommunikation

24 Irritierend ist die Formulierung, wonach die Rechte der Prüfenden »im Wege elektronischer Kommunikation« ausgeübt werden. Der Gesetzgeber hat in Abs. 1 Satz 1 eine Legaldefinition für Videokonferenzen eingefügt. Hier verwendet er nicht diese, sondern statt dessen den wesentlich weiteren Begriff der elektronischen Kommunikation, der auch eindirektionale Übertragungen, webbasierte Telefonate sowie E-Mails und Messanger Dienste beinhalten kann. Der Gesetzgeber verweist auf eine parallele Formulierung in § 23 Abs. 1 Satz 2 WEG.[19] Die Gesetzesbegründung[20] zu dieser fachfremden Vorschrift verweist wiederum auf eine Vorschrift aus einem anderem Rechtsgebiet, § 118 Abs. 1 Satz 2 AktG. Nach dem Verständnis zu dieser Vorschrift, die ihre Wurzel in einer EU-Richtlinie hat, gehört zur elektronischen Teilnahme bereits die Möglichkeit, eine Präsenzsitzung in Echtzeit in Bild und Ton verfolgen zu können. Welche weiteren Voraussetzungen zu schaffen sind, hängt im Aktienrecht davon ab, welche Rechte den elektronischen Teilnehmern konkret eingeräumt werden.[21] Ein solches Verständnis wird der Arbeit in einer gleichberechtigt arbeitenden Prüferdelegation bzw. in einem Prüfungsausschuss nicht gerecht. Es ist zugrunde zu legen, über was entschieden werden soll. Ist eine eigene Wahrnehmung erforderlich, ist ausschließlich eine Videokonferenz als zulässiges Mittel

---

17 BT-Drucks. 20/10857, S. 46.
18 BT-Drucks. 20/10857, S. 46.
19 BT-Drucks. 20/10857, S. 46.
20 BT-Drucks. 19/18791, S. 71.
21 BeckOGK/*Hoffmann*, 1. 2. 2024, AktG, § 118 Rn. 49.

auszuwählen. Rechte von Mitgliedern des Prüfungsausschusses/der Prüferdelegation können nicht ausgeschlossen werden – in dem Fall, in dem Rechte digital nicht ausgeübt werden können, eine entsprechende Angelegenheit jedoch auf der Tagesordnung für die Sitzung steht, kann die Teilnahme folglich nicht virtuell erfolgen. Das Prüfungsausschussmitglied kann in diesem Fall virtuell nicht mit abstimmen, der Prüfungsausschuss ist im Fall einer dennoch erfolgten virtuellen Teilnahme nicht vollständig besetzt, ein Beschluss entgegen der Bestimmung durch die zuständige Stelle ist angreifbar.

Wird eine Bestimmung für die Teilnahme und Beschlussfassung getroffen, können die Prüfenden entscheiden, ob sie diese Teilnahmeform wählen oder ob sie in Präsenz teilnehmen wollen. Dies ergibt sich aus dem Wortlaut des § 42a Abs. 2, »dass die Prüfenden … ausüben können«. In der Gesetzesbegründung zu der in Bezug genommenen Regelung des § 23 Abs. 1 Satz 2 WEG findet sich die auch hier passende Formulierung, dass das Recht, physisch an der Versammlung (Sitzung) teilzunehmen, nicht zur Disposition der Mehrheit steht. 25

IV. Rechtsmittel, Auswirkung auf die Prüfung

Liegen die Voraussetzungen des Abs. 1 sowie die weiteren Voraussetzungen (s. Rn. 10f.) nicht sämtlich vor und sind die Prüfenden dennoch nicht vollständig in Präsenz anwesend, ist der Bescheid über das Prüfungsergebnis anfechtbar. Gleiches gilt dafür, dass der Prüfungsausschuss dachte, es liege eine generelle Bestimmung durch die zuständige Stelle vor, dies tatsächlich jedoch nicht der Fall war. Fraglich ist, wie zu entscheiden ist, wenn ein Prüfender anwesend ist, obwohl die Regelung der zuständigen Stelle ihn verpflichtet, per Videokonferenz teilzunehmen. 26

Die Bestimmung der Prüfung in der Form des § 42a an sich durch die zuständige Stelle ist kein Verwaltungsakt und nicht isoliert angreifbar. 27

V. Anwendbarkeit auf andere Prüfungen

Gem. § 49 wird die Vorschrift auch auf die Prüfungen für Zusatzqualifikationen angewendet. Auch für Fortbildungsprüfungen (§ 56 Abs. 1 Satz 2) und Umschulungsprüfungen (§ 62 Abs. 3 Satz 2) ist sie anzuwenden. 28

§ 43 Zulassung zur Abschlussprüfung

(1) Zur Abschlussprüfung ist zuzulassen,

1. wer die Ausbildungsdauer zurückgelegt hat oder wessen Ausbildungsdauer nicht später als zwei Monate nach dem Prüfungstermin endet,

2. wer an vorgeschriebenen Zwischenprüfungen teilgenommen sowie einen Ausbildungsnachweis nach § 13 Satz 2 Nummer 7 über den Ausbildenden oder die Ausbildende schriftlich oder elektronisch vorgelegt hat und

3. wessen Berufsausbildungsverhältnis in das Verzeichnis der Berufsausbildungsverhältnisse eingetragen oder aus einem Grund nicht eingetragen ist, den weder die Auszubildenden noch deren gesetzliche Vertreter oder Vertreterinnen zu vertreten haben.

(2) Zur Abschlussprüfung ist ferner zuzulassen, wer in einer berufsbildenden Schule oder einer sonstigen Berufsbildungseinrichtung ausgebildet worden ist, wenn dieser Bildungsgang der Berufsausbildung in einem anerkannten Ausbildungsberuf ent-

spricht. Ein Bildungsgang entspricht der Berufsausbildung in einem anerkannten Ausbildungsberuf, wenn er

1. nach Inhalt, Anforderung und zeitlichem Umfang der jeweiligen Ausbildungsordnung gleichwertig ist,

2. systematisch, insbesondere im Rahmen einer sachlichen und zeitlichen Gliederung, durchgeführt wird und

3. durch Lernortkooperation einen angemessenen Anteil an fachpraktischer Ausbildung gewährleistet.

Inhaltsübersicht Rn.

I. Allgemeines

1 Die §§ 43–45 regeln die Zulassung zur Abschlussprüfung. Dabei werden verschiedene Sachverhalte zur Prüfungszulassung unterschieden:

- Prüfungszulassung nach dualer Ausbildung (§ 43 Abs. 1),
- Prüfungszulassung nach vollzeitschulischer Ausbildung (§ 43 Abs. 2),
- gestreckte Abschlussprüfung (§ 44),
- Vorzeitige Zulassung (§ 45 Abs. 1),
- Prüfungszulassung nach einschlägiger Berufserfahrung (§ 45 Abs. 2 Sätze 1, 2),
- Prüfungszulassung wegen anderweitig erlangter beruflicher Handlungsfähigkeit (§ 45 Abs. 2 Satz 3) sowie
- Prüfungszulassung nach Kompetenzerwerb als Soldat (§ 45 Abs. 3).

2 Die Zulassung zu einer Prüfung, mit deren Bestehen der Abschluss in einem anerkannten Ausbildungsberuf erworben wird, berührt das Grundrecht auf **freie Berufswahl** aus Art. 12 Abs. 1 GG. Daraus ergibt sich ein »Recht auf Prüfung«,[1] aus dem sich wiederum ein Anspruch auf **Zulassung** zur Prüfung ableiten lässt, wenn der Prüfling die rechtsgültigen **Zulassungsvoraussetzungen** erfüllt.[2]

3 Die Aufzählung der Voraussetzungen, unter denen zur Prüfung zuzulassen ist, ist **abschließend**. (Dies ergibt sich bereits aus dem Wortlaut »und«, Abs. 1 Nr. 2 a. E.; Abs. 2 Satz 2 Nr. 2 a. E.). Weitere materielle Bedingungen dürfen nicht aufgestellt werden.[3]

1 *Zimmerling/Brehm*, Prüfungsrecht, Rn. 15.
2 Wohlgemuth/*Maring*, BBiG, § 43 Rn. 3.
3 *Taubert*, BBiG, § 43 Rn. 5; *Benecke/Hergenröder*, BBiG, § 43 Rn. 3.

Die Zulassung zur Prüfung erfolgt auf **Antrag** des Prüflings.[4] Obwohl der Antrag als Voraussetzung für die Zulassung in Abs. 1 nicht genannt wird, ergibt sich das Antragserfordernis aus der Formulierung »zuzulassen«. Nur wer ein Begehren stellt, kann auch zugelassen werden. Die Musterprüfungsordnung (§ 47 Rn. 20) schlägt in § 12 Abs. 1 vor, dass der Antrag schriftlich innerhalb der von der zuständigen Stelle bestimmten Fristen und unter Verwendung der von ihr vorgesehenen Formulare zu stellen ist. Bei der Bestimmung von Fristen muss der Grundsatz der **Verhältnismäßigkeit** beachtet werden.[5] Die Anmeldefrist ist eine Frist i. S. d. § 31 Abs. 2 und 7, die im Rahmen der Billigkeit verlängert werden kann.[6] Eine Erschöpfung der Prüfungskapazität ist nur bei kurzfristigen Ausfällen von Prüfern ein Grund, die Zulassung zur Prüfung zur verweigern.[7] 4

II. Zulassung nach dualer Ausbildung (Abs. 1)

Die in Abs. 1 aufgeführten materiellen Voraussetzungen für die Zulassung zur Prüfung müssen sämtlich erfüllt sein, damit ein Anspruch auf Zulassung zur Prüfung besteht.[8] Dieser kumulative Charakter ergibt sich aus der Formulierung »und« (Nr. 2 am Ende). Ist eines der Merkmale nicht erfüllt, besteht kein Anspruch auf Zulassung zur Prüfung. Nicht ausdrücklich geregelt ist, dass wer ein Merkmal nicht erfüllt, dennoch im Rahmen einer Ermessensentscheidung der zuständigen Stelle bzw. Prüfungsausschuss zur Prüfung zugelassen werden **kann**. Wegen der Bedeutung der Zulassung für die Berufsfreiheit des Prüflings wird stets zu prüfen sein, ob auch bei Nichtvorliegen einer der Voraussetzungen eine Zulassung zur Prüfung in Betracht kommt. Dies ist insbesondere dann der Fall, wenn der Prüfling nachweisen kann, dass er die berufliche Handlungsfähigkeit erworben hat, die für die Zulassung zur Prüfung gem. § 45 Abs. 2 Satz 3 als Zulassungsvoraussetzung ausreicht. Denn es ist mit Art. 12 GG nicht zu vereinbaren, dass die Anforderungen für die Prüfungszulassung bei Auszubildenden in dualer Ausbildung strenger sind als für externe Prüflinge. Insofern liegt es im Ermessen der zuständigen Stelle bzw. des Prüfungsausschusses, ob und inwieweit er auch bei Fehlen der Voraussetzungen zur Prüfung zulässt. Bei der Ausübung des Ermessens ist wiederum das Grundrecht der **Berufsfreiheit** zu berücksichtigen. 5

1. Zurücklegen oder Ablauf der Ausbildungsdauer (Abs. 1 Nr. 1)

In Abs. 1 Nr. 1 werden zwei Voraussetzungen für die Prüfung normiert, von denen **eine** erfüllt sein muss. 6

a) Zurücklegen der Ausbildungsdauer (Abs. 1 Nr. 1 1. HS)

Maßgeblich ist nicht die Ausbildungsdauer nach der Ausbildungsordnung (§ 5 Abs. 1 Nr. 2), sondern die im Ausbildungsvertrag **vereinbarte Ausbildungsdauer**.[9] Verkürzungen oder Verlängerungen der Ausbildungszeit (§ 8), Anrechnungen (§ 7) oder die 7

---

4 *Zimmerling/Brehm*, Prüfungsrecht, Rn. 159; Wohlgemuth/*Maring*, BBiG, § 43 Rn. 13.
5 *OVG Bautzen* 6.3.1997 – 4 S 13597, DÖV 1997, 649.
6 *VG Dresden* 17.11.2005 – 5 K 2002/05, *juris*.
7 *Fischer/Jeremias/Dieterich*, PrüfungsR, Rn. 138; *Zimmerling/Brehm* Prüfungsrecht, Rn. 160f. m.w.N.
8 Wohlgemuth/*Maring*, BBiG, § 43 Rn. 3.
9 *Lakies*, BBiG, § 43 Rn. 5.

Zulassung zur vorzeitigen Prüfung (§ 45 Abs. 1) sind zu berücksichtigen.[10] Als unbestimmter Rechtsbegriff unterliegt der Begriff »Zurücklegen« in vollem Umfang der Überprüfung durch die Verwaltungsgerichte.[11] Da das Gesetz ausdrücklich zwischen Zurücklegen der Ausbildungszeit und ihrem alsbaldigen Ablauf unterscheidet, wird überwiegend angenommen, »Zurücklegen« bedeute in diesem Fall, dass die Ausbildung bis auf eine Geringfügigkeitsgrenze auch vollständig praktisch und theoretisch absolviert wurde.[12]

8 Die Auffassung wird im Wesentlichen damit begründet, dass nach dem Sinn und Zweck des Abs. 1 Nr. 1 erster Halbsatz die Ausbildungsdauer nur dann zurückgelegt ist, wenn der Auszubildende tatsächlich aktiv ausgebildet worden ist. Das Ziel der Berufsausbildung, die berufliche Handlungsfähigkeit in einen geordneten Ausbildungsrang zu vermitteln und den Erwerb der erforderlichen Berufserfahrung zu ermöglichen (§ 1 Abs. 3 Satz 2), werde regelmäßig nur erreicht, wenn eine tatsächlich **aktive** Ausbildung erfolgt sei. Geringfügige Fehlzeiten stünden allerdings einer Zulassung zur Abschlussprüfung nicht entgegen. Dies ergebe sich aus dem Grundsatz der **Verhältnismäßigkeit**, solange die Fehlzeiten den Ausbildungserfolg nicht gefährdeten.[13] Eine starre Grenze[14] für die Fehlzeiten ließe sich nicht festlegen. Auch zahlenmäßig geringe Fehlzeiten könnten den Ausbildungserfolg gefährden, wenn sie wesentliche Ausbildungsabschnitte betreffen; zahlenmäßig hohe Fehlzeiten könnten noch als geringfügig angesehen werden, wenn sie etwa auf den letzten Ausbildungsabschnitt entfallen und die erforderliche Berufserfahrung bereits in den vorhergehenden Ausbildungsabschnitten erlangt worden sei.[15]

9 Der Auffassung ist **nicht** zu folgen.[16] Die zweite Alternative des Abs. 1 Nr. 1 soll eine Zulassung ermöglichen, wenn zum vertragsmäßigen Ablauf des Ausbildungsverhältnisses noch bis zu zwei Monate fehlen. Darauf soll sich der Auszubildende einstellen können. Demgegenüber beschreibt »Zurücklegen«, dass die Ausbildungszeit bereits vollständig abgelaufen ist. Denn auch in diesem Fall einer Prüfung nach Vertragsende ist der Prüfling gem. § 45 Abs. 1 zur Prüfung zuzulassen.[17] »Zurücklegen« hat also lediglich eine rein **zeitliche** Komponente, nicht auch eine inhaltlich-qualitative. Falls längere Fehlzeiten zu einer Verfehlung des Ausbildungsziels führen, so kann nach § 8 Abs. 2 in Ausnahmefällen die zuständige Stelle auf Antrag des Auszubildenden die Ausbildungszeit verlängern, wenn die Verlängerung erforderlich ist, um das Ausbildungsziel zu erreichen. Dies ist aber nur auf Antrag des Auszubildenden möglich. Macht er von diesem Antragsrecht kein Gebrauch, so ist es sein Risiko, wenn er sich der Prüfung stellt und möglicherweise scheitert. Die zuständige Stelle bzw. der Prüfungsausschuss kann aber nicht gegen den Willen des Auszubildenden ihm dieses Risiko abnehmen und indirekt durch die Nichtzulassung zur Abschlussprüfung zu erreichen suchen, dass er einen Verlängerungsantrag stellt.

---

10 *VG Braunschweig* 3.6.2020 – 1 B 59/20, beck-online; *OVG Berlin-Brandenburg* 15.6.2010 – OVG 10 S 24.10, OVG 10 M 25.10, *www.gerichtsentscheidungen.berlin-brandenburg.de; VG Stuttgart* 14.11.1984 – 10 K 4658/94, EzB § 39 BBiG 1969 Nr. 17.

11 *VG Stuttgart* 14.11.1994 – 10 K 4658/94, LexisNexis, LNR 1994, 17567.

12 *OVG NRW* 5.12.2007 – 19 B 1523/07, *www.nrwe.de; VG Würzburg* 6.5.2013, WGE 13.379, *www.gesetze-bayern.de; Taubert*, BBiG, § 43, Rn. 10 m. w. N.; *Herkert/Töltl*, BBiG, § 43 Rn. 11 ff.; *VG Düsseldorf* 12.7.2017 – 15 L 3111/17, Rn. 16, juris; Wohlgemuth/*Maring*, BBiG, § 43 Rn. 5 f.

13 *OVG NRW* 5.12.2007 – 19 B 1523/07, *www.nrwe.de.*

14 10 %: *Herkert/Töltl*, BBiG, § 43 Rn. 10; zu pauschal bei erheblichen Fehlzeiten im 3. Ausbildungsjahr: *VG Köln* 19.4.2018 – 10 L 915/18.

15 *OVG Lüneburg* 25.5.2023 – 2 ME 32/23, BeckRS 2023, 11476 Rn. 5, *beck-online; OVG NRW*, a. a. O.; *VG Würzburg* 6.5.2013 – 6 E 13.379, *www.gesetze-bayern.de.*

16 *Schubert/Schaumberg*, AFBG/BBiG, § 43 BBiG.

17 *OVG Lüneburg* 25.5.2023 – 2 ME 32/23, BeckRS 2023, 11476 Rn. 5, beck-online; vgl. die Fallkonstellation in der Entscheidung des *BAG* 13.3.2007 – 9 AZR 494/06, juris.

Dass es auf den **Umfang der tatsächlich geleisteten Ausbildung** nicht ankommt, ergibt sich auch vor dem Hintergrund des Art. 12 GG. Auszubildende nicht zur Prüfung zuzulassen, bedeutet einen starken **Eingriff in das Grundrecht** der Berufsfreiheit (Art. 12 GG). Hierfür braucht es eine gesetzliche Grundlage. Das Regelungsziel muss rechtmäßig sein, die vorgeschlagene Regelung muss geeignet sein, um das Ziel zu erreichen, und letztlich muss der Eingriff verhältnismäßig sein. Das Regelungsziel, dass eine entsprechende Berufspraxis auch in der vorgesehenen Ausbildungsdauer zurückgelegt wurde, ist nachvollziehbar und rechtmäßig. Die Frage ist jedoch, ob eine 10 %-Regelung, so wie sie im Moment vertreten und wohl auch teilweise praktiziert wird, überhaupt geeignet ist, um dieses Regelungsziel zu erreichen. Es ist in keiner Weise gewährleistet, dass bei 100 %iger Anwesenheit die erforderliche Praxis erworben wurde. Dies wird auch nicht systematisch erfasst, denn die Ausbildungsnachweise fragen präzise tägliche Zeitanteile nicht ab. Ebenso gut sind ausbildungsfremde Tätigkeiten in erhöhtem Maß denkbar. Hinzu kommt: Wer in einer 40-Stunden-Woche ausgebildet wird und 10 % fehlt, wird immer noch mehr Stunden ausgebildet, als jemand, der Vollzeit in einer 35-Stunden-Woche ausgebildet wird. Es handelt sich um eine Auslegung, die von Präsenz auf Ausbildung schließt. Das Ergebnis ist eine Präsentismusregelung, die ungeeignet ist, das Regelungsziel zu erreichen. Es ist auch nicht nachvollziehbar, wieso die Erfahrungsdauer z. B. bei Dual Studierenden auf bis zu ein Jahr gekürzt wird (z. B. *https://www.hmkw.de/studium/duales-studium/*) und hier die Praxis noch als absolviert gilt, bei anderen Auszubildenden eine Ausbildungsdauer von z. B. 31 Monaten in Vollzeit (36 Monate abzüglich z. B. 5 Monate Fehlzeit) jedoch nicht ausreichen soll. 10

Solange es keine Mindeststundenzahl für die Ausbildung in dem jeweiligen Ausbildungsberuf über die Gesamtdauer gibt (entsprechend der Ausbildungen in den Gesundheitsberufen, z. B. § 6 NotSanAPrV), verstößt die Anwendung der 10 %-Regelung gegen Art. 12 GG. Letztlich hieße ein Bestehen auf tatsächlich abgeleisteter Ausbildungszeit auch die Überprüfung durch die zuständige Stelle bzw. den Prüfungsausschuss, ob denn während der Ausbildungszeit tatsächlich im Sinne der Ausbildungsordnung ausgebildet wurde. Zeiten mit ausbildungsfremden Tätigkeiten müssten unberücksichtigt bleiben und zur **Verweigerung** der Prüfungszulassung führen. Ausbildungsfremde Tätigkeiten bedeuten, dass die Berufsausbildung nicht tatsächlich betrieben[18] oder systematisch durchgeführt wurde, wie dies die überwiegende Rechtsprechung[19] verlangt.

Wegen des Grundrechtsschutzes muss auch bei der hier nicht befürworteten Auffassung 10a
der Rechtsprechung für die Prüfungszulassung jeweils geprüft werden, ob die Fehlzeiten im konkreten Einzelfall das Erreichen des Ausbildungsziels beeinträchtigen.[20] Zahlenmäßig geringe oder hohe Fehlzeiten sind erst einmal nur ein Indiz für geringfügige oder erhebliche Fehlzeiten.[21] Bei rund 260 Ausbildungstagen pro Jahr, Abzug der vertraglich vereinbarten Urlaubstage im Jahr (z. B. 24) sowie durchschnittlich 10 Feiertagen im Jahr ergeben sich z. B. 226 Ausbildungstage im Jahr für die berufsschulische wie betriebspraktische Ausbildung. Für die Fehltage lässt sich so ein Prozentsatz der Fehlzeiten ausrechnen.[22] Das *OVG Lüneburg* sah hier 13,7 % als zahlenmäßig große Höhe, die die Erheblichkeit der Fehlzeiten indiziere. Die Darlegungs- und Beweislast dafür, dass die Fehlzeiten nicht erheblich seien, soll bei den Auszubildenden liegen, die zur Prüfung zugelassen wer-

18 *VG Würzburg*, 6. 5. 2013 – W 6 E 13.379, *openjur.de.*
19 *OVG NRW* 5. 12. 2007 – 19 B 1523/07, *www.nrwe.de; OVG Hamburg* 3. 12. 1991 – Bf VI 113/90 EzB § 40 Abs. 1 BBiG Nr. 32.
20 *Fischer/Jeremias/Dieterich,* PrüfungsR, Rn. 144.
21 *OVG Lüneburg* 25. 5. 2023 – 2 ME 32/23, BeckRS 2023, 11476 Rn. 5, beck-online.
22 So auch *VG Ansbach* 19. 4. 2023 – AN 2 E 23.676, beck-online.

den wollen.[23] In das Verfahren können zum Beispiel **Zeugnisse oder andere Unterlagen**, die Auskunft über den Ausbildungsstand geben, eingebracht werden.[24] Dabei ist es ausreichend, wenn die so vorgetragenen Leistungen zum Bestehen der Prüfung voraussichtlich ausreichen. Gute Leistungen sind nicht erforderlich. In der Praxis bekommen so ausführlich und korrekt geführte Ausbildungsnachweise, **Ausbildungsstandkontrollen und betriebliche Beurteilungen** ebenso wie Berufsschulzeugnisse eine besondere Bedeutung. Die **gesetzlichen Interessenvertretungen** haben es über ihre Beteiligungsrechte in der Hand, dafür zu sorgen, dass Ausbildungspläne angepasst, Ausbildungsinhalte nachgeholt und die Auszubildenden die entsprechenden Nachweise während ihrer Ausbildung durch den Ausbildenden erhalten, sodass der Nachweis gelingen kann.

11 Da es wie hier vertreten nicht pauschal auf das tatsächliche Absolvieren der Ausbildung ankommt, sind **Mutterschutzfristen** für das Zurücklegen der Ausbildung unbeachtlich.[25] Soweit eine Auszubildende den Eindruck hat, sie könne wegen Ausbildungsversäumnisse während des Mutterschutzes die Prüfung nicht bestehen, kann sie einen Verlängerungsantrag nach § 8 Abs. 2 stellen.

12 Auszubildende in **Elternzeit** können hingegen nicht verlangen, dass sie nach dem ursprünglichen Ablauf des Ausbildungsvertrages zur Prüfung zugelassen werden. Denn Elternzeit ist gem. § 20 Abs. 1 Satz 2 BEEG ausdrücklich nicht Ausbildungszeit. Die vertraglichen Ausbildungszeiten müssen gem. § 43 Abs. 1 Nr. 1 jedoch zurückgelegt werden. Der Ausbildungsvertrag von Auszubildenden in Elternzeit verlängert sich gem. § 20 Abs. 1 Satz 2 BEEG automatisch. Die Auszubildenden können nach Ablauf dieser verlängerten Ausbildungszeit ihre Prüfungszulassung beanspruchen. Dass der Gesetzgeber für den Fall der Elternzeit ausdrücklich eine Regelung geschaffen hat, dass diese nicht auf die Ausbildungszeit angerechnet wird, in allen anderen Fällen der Ausbildungsverhinderung (Arbeitsunfähigkeit, Mutterschutz u. a.) jedoch nicht, spricht ebenfalls dafür, dass es allein auf das Ablaufen der Ausbildungszeit und nicht auf eine tatsächliche systematische Berufsausbildung ankommt. Für Prüflinge, die während ihrer Ausbildungszeit Elternzeit hatten, kommt jedoch immer noch eine **vorzeitige** Zulassung zur Prüfung gem. § 45 Abs. 1 in Betracht.

b) Ablaufen der Ausbildungsdauer nicht später als zwei Monate nach dem Prüfungstermin (Abs. 1 Nr. 1 2. HS)

13 Außer nach Ablauf der Ausbildungsdauer kann zur Abschlussprüfung auch zugelassen werden, wessen Ausbildungsdauer nicht später als zwei Monate nach dem Prüfungstermin endet.

14 Da die Prüfung in der Regel nicht an einem einzigen Tag absolviert wird, stellt sich die Frage, wie der Prüfungstermin zu bestimmen ist. Nach allgemeiner Auffassung ist nicht der erste Tag der Prüfung, sondern der letzte Prüfungstag maßgeblich.[26] Der Prüfling hat keinen Anspruch darauf, an einem bestimmten Tag geprüft zu werden, um so noch vor Absolvieren der gesamten Ausbildungszeit seine Prüfung beenden zu können.[27] Die zuständige Stelle hat die Prüfungstermine aber nach **pflichtgemäßem Ermessen** zu bestimmen. Das Abstellen auf den letzten Prüfungstag bringt insofern praktische Probleme

23 *OVG Lüneburg*, a. a. O. Rn. 5–7.
24 *OVG Lüneburg*, a. a. O. Rn. 8; *VG Würzburg* 6. 5. 2013 – W 6 E 13.379, *openjur.de*.
25 A. A.: *VG Braunschweig* 3. 6. 2020 – 1 B 59/20, BeckRS 2020, 16219, beck-online.
26 *Braun/Mühlhausen*, BBiG, § 39 a. F., Rn. 11; *Taubert*, BBiG, § 43 Rn. 15; *VG Aachen* 24. 1. 1990 – EzB-VjA § 39 BBiG 1969 Nr. 15.
27 *OVG Hamburg* 8. 12. 1972 – OVG Bf I 46/72, EzB, § 37 BBiG 1969 Nr. 1.

mit sich, als die genauen individuellen Prüfungstermine zum Zeitpunkt der Entscheidung über die Zulassung noch nicht festgelegt sind.[28] Stellt sich im Nachhinein heraus, dass ein Prüfling zur Abschlussprüfung zugelassen wurde, obwohl er weder die gesamte Ausbildungszeit zurückgelegt hat, noch der letzte Prüfungstag zwei Monate vor Ablauf seiner Prüfungszeit lag, so beeinträchtigt dieser Verstoß die Rechtmäßigkeit des Prüfungsverfahrens nur unwesentlich. Die erbrachten Prüfungsleistungen sind anzuerkennen.[29]

2. Teilnahme an Zwischenprüfungen/Führen eines Ausbildungsnachweises (Abs. 1 Nr. 2)

Weitere Zulassungsvoraussetzung ist die Teilnahme an vorgeschriebenen **Zwischenprüfungen**. Nicht maßgeblich ist, ob die Zwischenprüfung auch bestanden wurde. Nicht ausreichend soll sein, wenn der Auszubildende bei der Zwischenprüfung nur körperlich anwesend ist.[30] Vorgeschrieben i. S. v. Nr. 2 erster Halbsatz sind Zwischenprüfungen, wenn eine verbindliche Anordnung besteht. Die Zwischenprüfung ist als Voraussetzung für die Zulassung zur Abschlussprüfung in Ausnahmefällen dann entbehrlich, wenn die zu prüfende Person an der Zwischenprüfung nicht teilnehmen konnte und ohne Verschulden an dem Nachholen der Zwischenprüfung gehindert war.[31] 15

Nach § 13 Satz 2 Nr. 7 sind Auszubildende verpflichtet, einen **schriftlichen oder elektronischen Ausbildungsnachweis** (früher: »**Berichtsheft**«) zu führen. Bis Ende des Jahres 2019 war lediglich ein abgezeichneter Ausbildungsnachweis erforderlich, danach bis Juli 2024 ein unterzeichneter Ausbildungsnachweis, also ein Ausbildungsnachweis in Schriftform. Die Ausbildungsnachweise müssen von den Ausbildenden gem. § 14 Abs. 2 Satz 1 durchgesehen werden, eine Bestätigung kann schriftlich oder durch elektronische Freigaben erfolgen. Berichtshefte sind nur dann im Sinne der Vorschrift geführt, wenn durch **regelmäßige** Eintragungen in nachvollziehbarer Weise der Ablauf der Ausbildung verfolgt werden kann.[32] Offenbleiben kann, wie die Berichtshefte/Ausbildungsnachweise geführt werden sollen. Dies kann der Berufsbildungsausschuss näher festlegen.[33] Der Bundesausschuss für Berufsbildung hat hierzu eine Empfehlung ausgesprochen.[34] Zu berücksichtigen ist dabei, dass die Anforderungen an das Führen des Berichtsheftes nicht zu hoch geschraubt werden sollten,[35] andererseits eine Reflexion über die Ausbildung sowie eine Nachvollziehbarkeit auch für andere an der Ausbildung Beteiligte sowie die zuständige Stelle ermöglicht werden.[36] 16

Der Ausbildungsnachweis kann sowohl von dem Auszubildenden als auch vom Ausbildenden vorgelegt werden. Die »Vorlage« kann schriftlich oder elektronisch erfolgen. Schwierigkeiten sind denkbar, wenn der Auszubildende darauf vertraut, der Ausbildende werde den Nachweis vorlegen. Daher ist dem Auszubildenden vor einer darauf gestützten Verweigerung der Prüfungszulassung noch Gelegenheit zur Vorlage zu geben. Dem Prüfungsausschuss ist Einsicht in Ausbildungsnachweise zu gewähren, wenn er mit der

---

28 »noch nicht festlegbar«: *Braun/Mühlhausen,* BBiG, § 39 a. F. Rn. 11.
29 *VGH Baden-Württemberg* 13. 10. 1976 – VI 819/76, EzB § 35 BBiG 1969 Nr. 7.
30 *Taubert,* BBiG, § 43 Rn. 22; *Benecke/Hergenröder,* BBiG, § 43 Rn. 10.
31 Wohlgemuth/*Maring,* BBiG, § 43 Rn. 9.
32 *VG München* 6. 10. 2015 – M 16 K 13.4128, *www.gesetze-bayern.de; Braun/Mühlhausen,* BBiG, § 39 Rn. 15.
33 *Taubert,* BBiG, § 43 Rn. 27.
34 Empfehlung des Bundesausschusses für Berufsbildung vom 1. 9. 2020 für das »Führen von Ausbildungsnachweisen«. Beschluss Nr. 156 unter: *www.bibb.de.*
35 *Braun/Mühlhausen,* BBiG, § 39 Rn. 15.
36 Empfehlung des Bundesausschusses für Berufsbildung Nr. 156, Nr. 3.

Entscheidung über die Zulassung zur Prüfung gem. § 46 befasst wird. Er hat zudem das Recht zur Einsicht in die Ausbildungsnachweise, um zu überprüfen, ob es ausnahmsweise Ausbildungsmängel gibt, die bei der Prüfung zu berücksichtigen wären.[37]

3. Eintragung in das Verzeichnis der Berufsausbildungsverhältnisse (Abs. 1 Nr. 3)

17 Nach Abs. 1 Nr. 3 können Auszubildende nur dann zur Prüfung zugelassen werden, wenn ihr Ausbildungsverhältnis in das Verzeichnis der Berufsausbildungsverhältnisse bei der zuständigen Stelle eingetragen wurde oder aus einem Grund nicht eingetragen wurde, den weder die Auszubildenden noch deren gesetzliche Vertreter oder Vertreterinnen zu vertreten haben. Mit dieser Regelung wird berücksichtigt, dass grundsätzlich Ausbildende die Pflicht haben, die Eintragung des Ausbildungsverhältnisses in das Verzeichnis zu beantragen (§ 36 Abs. 1 Satz 1). Stellt der Ausbildende den Antrag auf Eintragung nicht, soll dies bei der Zulassung zur Abschlussprüfung nicht dem Prüfling zum Nachteil gereichen. Die Zulassung zur Abschlussprüfung kann daher nur dann verweigert werden, wenn das **Verschulden** für die Nichteintragung auf Seiten des **Prüflings** liegt. Ein Verschulden des Prüflings wird zudem bejaht, wenn das Ausbildungsverhältnis aus dem Verzeichnis gelöscht wurde, weil der Azubi zum Notarfachangestellten sein Abschlusszeugnis manipulierte und so Grund zur fristlosen Kündigung gab.[38] Andere Gründe, weswegen der Ausbildungsvertrag nicht in das Verzeichnis eingetragen wird oder eingetragenes Ausbildungsverhältnis wieder gelöscht wird, liegen in der Verantwortung des Ausbildenden, so die fehlende Eignung von Ausbildungsstätte oder Ausbildenden (§ 35 Abs. 1 Nr. 2), der fehlende Antrag auf Eintragung (§ 36 Abs. 1) oder ein Ausbildungsvertrag, der nicht dem Gesetz und der Ausbildungsordnung entspricht (§ 35 Abs. 1 Nr. 1). Ist das Berufsausbildungsverhältnis nicht eingetragen worden, kann die Eintragung noch im **Zulassungsverfahren** nachgeholt werden.[39] Wurde jemand zur Prüfung zugelassen, dessen Berufsausbildungsverhältnis nicht eingetragen wurde, ist dieser Verstoß gegen die Zulassungsvoraussetzungen nicht so wesentlich, dass dem Prüfling die Anerkennung der erbrachten Prüfungsleistungen deswegen zu versagen ist.

III. Zulassung nach vollzeitschulischer Ausbildung

18 Nach Abs. 2 ist zur Abschlussprüfung auch zuzulassen, wer in einer berufsbildenden Schule oder in einer sonstigen Berufsbildungseinrichtung ausgebildet worden ist. Dieser Ausbildungsgang muss der Berufsausbildung in einem **anerkannten Ausbildungsberuf** entsprechen. Wann dies der Fall ist, definiert Abs. 2 Satz 2 durch drei Kriterien. Sind nicht alle drei dieser Kriterien erfüllt, ist die Ausbildung einem Bildungsgang im anerkannten Ausbildungsberuf nicht gleichwertig und die Zulassung zur Prüfung darf nicht erfolgen.[40]

---

37 Siehe § 37 Rn. 38.
38 *VG Düsseldorf* 18.4.2012 – 15 L 680/12, *www.prueferportal.org/html/797.php.*
39 *Taubert,* BBiG, § 43 Rn. 33; Wohlgemuth/*Maring,* BBiG, § 43 Rn. 12: »vor der Zulassung«.
40 *Sächsisches OVG* 20.3.2017 – 2 B 320/15, *www.justiz.sachsen.de.*

1. Ausbildung an einer berufsbildenden Schule oder sonstigen Berufsbildungseinrichtungen

19 Berufsbildende Schulen sind Orte der Berufsbildung gem. § 2 Abs. 1 Nr. 2. Sonstige Berufsbildungseinrichtungen können ebenfalls Lernorte der Berufsbildung sein (§ 2 Abs. 1 Nr. 3). Zur Definition der berufsbildenden Schule siehe § 2 Rn. 8, zur Definition der sonstigen Berufsbildungseinrichtung siehe § 2 Rn. 11.

20 Abs. 2 Satz 1 gibt demjenigen einen Anspruch auf Zulassung zur Prüfung, der einen mit der Berufsausbildung vergleichbaren Bildungsgang an einer berufsbildenden Schule oder in einer sonstigen Berufsbildungseinrichtung absolviert hat. Die Bestimmung verschafft Bewerbern einen Anspruch auf Zulassung, wobei der zuständigen Stelle ein Beurteilungsspielraum bei der Frage verbleibt, ob die Ausbildung in der berufsbildenden Schule/sonstigen Berufsbildungseinrichtung einem **anerkannten Ausbildungsgang** entspricht. Ausgenommen sollen Schulen sein, deren Besuch nach § 7 Abs. 1 auf die Ausbildungszeit anzurechnen ist.[41] Zwingend ist dies indessen nicht. Allerdings schließen sich die Anerkennung nach § 43 Abs. 2 und die Anrechnung nach § 7 Abs. 1 aus.
Für die sonstigen Berufsbildungseinrichtungen kommen zum Beispiel in Betracht:
- berufliche Rehabilitationseinrichtungen (Berufsbildungs- und Berufsförderungswerke);
- Einrichtungen des Strafvollzugs;
- Einrichtungen der Jugendsozialhilfe;
- Einrichtungen der Bundeswehr oder der Bundespolizei und
- außerbetriebliche Ausbildungsstätten.

Die Rechtsform des Trägers der Einrichtung ist für Abs. 2 ohne Bedeutung.[42]

2. Bildungsgang entspricht einem anerkannten Ausbildungsberuf

21 Abs. 2 Satz 2 definiert, wann ein Bildungsgang der Berufsausbildung in einem anerkannten Ausbildungsberuf entspricht. Es handelt sich um eine abschließende Definition. Weitere Voraussetzungen dürfen an den Bildungsgang nicht gestellt werden.[43] Dies wäre weder mit dem Wortlaut des Abs. 2 noch mit der Systematik noch mit dem grundgesetzlich geschützten Zulassungsanspruch des Bewerbers zu vereinbaren.

22 Dass die in Abs. 2 Satz 1 genannten Bildungsgänge mit den praktischen Ausbildungen in den Betrieben und der theoretischen Ausbildung in der Berufsschule nicht identisch sein müssen, ergibt sich bereits daraus, dass auch vollzeitschulische Bildungsgänge vom Gesetzgeber akzeptiert werden. Die Qualifikation, die erworben wird, **muss** der Qualifikation in einem anerkannten Ausbildungsberuf entsprechen, auch wenn sie nicht auf dem herkömmlichen Ausbildungsweg erworben wurde.[44] Umfang, Inhalt und Schwierigkeitsgrad der schulischen Ausbildung müssen systematisch vermittelt und der Berufsausbildung **gleichwertig** sein.[45]

23 Die in Abs. 2 Satz 2 aufgezählten Kriterien, wann ein Bildungsgang der Berufsausbildung in einem anerkannten Ausbildungsberuf entspricht, können durch Beschluss des Berufsbildungsausschusses konkretisiert werden. Das Kuratorium der deutschen Wirt-

41 *Taubert*, BBiG, § 43 Rn. 37.
42 *Eule*, BB 1990, 1337.
43 Zustimmend *Taubert*, BBiG, § 43 Rn. 44.
44 *VG Münster* 18.8.1978 – 1 K 1268/77, EzB BBiG 1969 § 40 Abs. 3 Nr. 2.
45 *VGH Baden-Württemberg* 30.5.1979 – IX 3213/77, EzB BBiG 1969 § 40 Abs. 3 Nr. 3; *Benecke/Hergenröder*, BBiG, § 43 Rn. 20.

schaft für Berufsbildung hat am 1.7.2005 einen Kriterienkatalog für vollzeitschulische Ausbildungsgänge mit Zulassungsrecht zur Kammerprüfung beschlossen.[46] Der DIHT erarbeitete im Dezember 1986 zur Vorgängerregelung in § 40 Abs. 3 BBiG 1969 Kriterien für die Zulassung zur Abschlussprüfung.[47] Beide Kriterienkataloge sind **nicht verbindlich**. Sie können der zuständigen Stelle als Leitlinie für die Ausübung ihres Beurteilungsspielraums dienen und ihr Verwaltungshandeln vereinheitlichen. Für den Beschluss der Leitlinie ist der Berufsbildungsausschuss im Rahmen seiner Allzuständigkeit gem. § 79 Abs. 4 zuständig.

24 Der Bildungsgang muss nach Inhalt, Anforderung und zeitlichem Umfang der jeweiligen Ausbildungsordnung gleichwertig sein. Es dürfen also weder bei den Bildungsgängen an den berufsbildenden Schulen noch in den sonstigen Berufsbildungseinrichtungen Inhalte weggelassen werden. Die Anforderungen dürfen nicht abgesenkt werden. Es darf auch nicht – mit der Begründung geringerer praktischer Ausbildung oder nachzuholender berufspraktischer Tätigkeit – der Bildungsgang verkürzt oder verlängert werden, wenn dadurch die Gleichwertigkeit mit dem anerkannten Ausbildungsberuf gefährdet ist. Dies gilt auch für die Umsetzung des jeweiligen Rahmenlehrplans, der mit der jeweiligen Ausbildungsordnung zur Ausbildung in einem anerkannten Ausbildungsberuf abgestimmt ist.[48]

25 Der Bildungsgang muss **systematisch**, insbesondere im Rahmen einer sachlichen und zeitlichen Gliederung durchgeführt werden. Die sachliche und zeitliche Gliederung entspricht insoweit dem Ausbildungsplan gem. § 11 Abs. 1 Satz 2 Nr. 1. Damit soll vermieden werden, dass die Ausbildung ohne Plan erfolgt und von Zufälligkeiten abhängig ist. Erfolgt die Ausbildung nicht systematisch, kann sie der Ausbildung nach einem anerkannten Ausbildungsberufsbild mit seiner zeitlichen und inhaltlichen Strukturierung nicht entsprechen.[49]

25a Die »Empfehlung des Deutschen Industrie- und Handelstages für die externe Zulassung von Lehrgangsteilnehmern in der Trägergestützten Qualifizierung in Ausbildungsberufen« wird z. B. vom VG Leipzig[50] als Ausdruck der Verwaltungspraxis für die Beurteilung der angegriffenen Bescheide herangezogen. Hier wird u. a. empfohlen, dass als Grundlage des **notwendigen systematischen Qualifizierungskonzeptes** die entsprechende Ausbildungsordnung heranzuziehen sei, sämtliche Qualifikationen der Ausbildungsordnung und des Rahmenplans zum Gegenstand der Ausbildung gemacht würden sowie die Lehrgangsteilnehmer einen schriftlichen Qualifizierungsnachweis zu Ablauf und Inhalt des Lehrgangs und der Praktika führten. Die bloße Vorlage eines Lehrplanes, der lediglich die Inhalte des Rahmenplanes der Ausbildungsverordnung wiedergibt, reiche hierfür nicht aus.[51] Vielmehr komme es gerade darauf an, in welchem Zeitraum, in welcher Reihenfolge und von wem die entsprechenden Inhalte vermittelt werden sollen. Dies müsse sich aus dem systematischen Qualifizierungskonzept ergeben. Nur dann sei die geforderte sachliche und zeitliche Gliederung nachvollziehbar und es könne mithin überprüft werden, ob den Anforderungen der systematischen Vermittlung der Kenntnisse (§ 43 Abs. 2 Satz 2 Nr. 2 BBiG) entsprochen würde. Soweit die Ausbildungsordnung (zeitnahe geführte) Ausbildungsnachweise fordert, seien diese ebenfalls Teil des notwendigen Qualifizierungs-

46 Abgedruckt bei *Taubert*, BBiG, § 43 Anhang.
47 Abgedruckt bei *Braun/Mühlhausen*, BBiG, Anhang Nr. 34.
48 *VG Köln* 10.11.2021 – 10 L 1583/21, BeckRS 2021, 43673 Rn. 13, beck-online.
49 *VG Ansbach* 25.4.1986, EzB/EzB-VjA § 40 Abs. 3 BBiG 1969 Nr. 6; *Eule*, BB 1990, 1337.
50 *VG Leipzig* 6.4.2016, 4 K 2082/14, juris, Rn. 19.
51 *VG Leipzig*, a. a. O. Rn. 22.

konzepts, das Ausbildungspersonal müsse in fachlicher Hinsicht den Anforderungen des § 30 entsprechen.[52]

Der Bildungsgang braucht zudem einen angemessenen Anteil an fachpraktischer Ausbildung. Dies ist durch Lernortkooperation zu gewährleisten. Mit dieser Vorschrift soll vermieden werden, dass zur Prüfung zugelassen wird, wer lediglich theoretische Kenntnisse des Berufs besitzt oder wessen theoretische Ausbildung nur unzureichend mit der fachpraktischen Ausbildung verzahnt ist.[53] Da gerade die berufsbildenden Schulen berufspraktischer Erfahrungen nicht werden bieten können, muss der Mangel durch Lernortkooperationen ausgeglichen werden.[54] Bei der Beantwortung der Frage, ob die Voraussetzung der Lernortkooperation gegeben ist, kommt der zuständigen Behörde kein Beurteilungsspielraum zu.[55]

IV. Rechtsmittel gegen die Zulassungsentscheidung

Die Zulassungsentscheidung ist ein Verwaltungsakt, der – ggf. nach Durchführung des Vorverfahrens[56] – **verwaltungsgerichtlich** überprüft werden kann. Der Widerspruch ist gegen die zuständige Stelle zu richten, die auch den Widerspruchsbescheid erlässt. Die zuständige Stelle ist Beklagte. Klageberechtigt ist jeder, der durch die Entscheidung in eigenen Rechten verletzt sein kann. Dies ist jedenfalls der/die Auszubildende. Die Klage eines Anbieters eines Bildungsgangs auf Zulassung »seiner« Auszubildenden ist nicht ohne weiteres zulässig, da die Verletzung eigener Rechtspositionen i. S. d. § 42 Abs. 2 VwGO sich jedenfalls nicht aus § 43 Abs. 2 BBiG ergibt.[57] Eine Verletzung in eigenen Rechten kommt beim Ausbildenden allenfalls in Betracht, wenn das Ausbildungsverhältnis sich ggf. verlängert oder er mit Schadenersatzforderungen rechnen muss, wenn die Nichtzulassung mit seinen Versäumnissen begründet wird. 26

Richtige Klageart ist die **Verpflichtungsklage**. In Betracht kommt auch ein Antrag auf Erlass einer einstweiligen Anordnung nach § 123 VwGO.[58] Durch eine entsprechende einstweilige Anordnung kann der abgelehnte Prüfungsbewerber ohne endgültige Entscheidung über die Zulassung das Recht erstreiten, die Prüfungsleistung erbringen zu dürfen, also nur vorläufig zur Prüfung zugelassen zu werden.[59] Hintergrund ist die erhebliche Grundrechtsbetroffenheit bei einer endgültigen Nichtzulassung zu einer berufseröffnenden Prüfung.[60] Für die einstweilige Anordnung verlangen die Gerichte die Glaubhaftmachung des Anordnungsanspruchs auf Zulassung zur Prüfung. An das Maß der Glaubhaftmachung sind keine hohen Anforderungen zu stellen, da sich die Zulassung zur Prüfung ausschließlich auf das Prüfungsrechtsverhältnis auswirkt und dem 27

---

52 *VG Leipzig*, a. a. O. Rn. 18, 22; *OVG Bautzen* 20. 3. 2017 – 2 B 320/15, beck-online.

53 *VG Minden* 19. 11. 2021 – 8 L 754/21, BeckRS 2021, 38416 Rn. 3, beck-online; *VG Köln* 10. 11. 2021 – 10 L 1583/21, BeckRS 2021, 43673 Rn. 18ff., beck-online.

54 *Taubert*, BBiG, § 43 Rn. 48.

55 *BVerwG* 23. 6. 1993-11 C 12/92, juris, Rn. 30ff. (zur Gleichwertigkeit nach § 2 Abs. 2 BAföG); *VG Leipzig* 6. 4. 2016 – 4 K 2082/14, juris, Rn. 18; *VG Köln* 10. 11. 2021 – 10 L 1583/21, BeckRS 2021, 43673 Rn. 9, beck-online; a. A. *VGH Baden-Württemberg* 30. 5. 1979 – IX 3213/77, juris, Rn. 17.

56 Die Länder haben teilweise abweichende Regelungen zum Vorverfahren geschaffen.

57 *VG Düsseldorf* 19. 5. 2014 – 15 K 139/13, *www.nrwe.de; Herkert/Töltl*, BBiG, § 43 Rn. 37.

58 *Fischer/Jeremias/Dieterich*, PrüfungsR, Rn. 906 m. w. N.

59 *VGH München* 13. 12. 2016 – 22 ZB 14.2476, *www.gesetze-bayern.de; OVG Münster* 27. 11. 1974 – XV B 194/74, EzB § 40 Abs. 1 BBiG 1969 Nr. 3; *OVG Lüneburg* 7. 7. 1983 – 8 OVG B 8/83, EzB § 95 Nr. 1.

60 *VG Würzburg* 6. 5. 2013 – 6 E 13.379, *www.gesetze-bayern.de.*

zu Folge eine rechtliche und faktische Vorwegnahme der **Hauptsache** nicht in Betracht kommt. Zudem bleibt noch die Bestätigung im Hauptsachenverfahren als Kontrolle.[61] Ein Anordnungsgrund liegt vor, wenn dem Antragsteller unter Berücksichtigung seiner Interessen sowie der öffentlichen Interessen und der Interessen anderer Personen wie dem Ausbildenden nicht zu zumuten ist, die Hauptsachenentscheidung abzuwarten. Das ist jedenfalls dann zu bejahen, wenn anderenfalls eine erhebliche **Verzögerung** eintreten würde. Dabei ist zu berücksichtigen, dass das verwaltungsgerichtliche Verfahren regelmäßig erst nach mehreren Jahren abgeschlossen ist. Die abgeschlossene Prüfungsvorbereitung verliert bis zu diesem Zeitpunkt fast völlig ihren Wert und der Antragsteller müsste die prüfungsrelevanten Fähigkeiten und Kenntnisse über Jahre hinweg auf dem aktuellen Stand halten, was besonders im praktischen Bereich ohne Ausbildungsverhältnis Probleme bereiten dürfte.[62]

28 Die Frage, ob der Bildungsgang einem anerkannten Ausbildungsberuf entspricht, ist in vollem Umfang gerichtlich überprüfbar.[63] Ein Ermessensspielraum der zuständigen Stelle besteht nicht.

V. Anwendbarkeit auf andere Prüfungen

29 Die Vorschrift gilt nicht im Handwerk. Die Zulassung zur Gesellenprüfung ist in § 36 Handwerksordnung geregelt. Behinderte Menschen sind zur Abschlussprüfung auch zuzulassen, wenn die Voraussetzungen des § 43 Abs. 1 Nr. 2 und 3 nicht vorliegen (§ 65 Abs. 2 Satz 2).

§ 44 Zulassung zur Abschlussprüfung bei zeitlich auseinanderfallenden Teilen

(1) Sofern die Abschlussprüfung in zwei zeitlich auseinanderfallenden Teilen durchgeführt wird, ist über die Zulassung jeweils gesondert zu entscheiden.

(2) Zum ersten Teil der Abschlussprüfung ist zuzulassen, wer die in der Ausbildungsordnung vorgeschriebene, erforderliche Ausbildungsdauer zurückgelegt hat und die Voraussetzungen des § 43 Abs. 1 Nr. 2 und 3 erfüllt.

(3) Zum zweiten Teil der Abschlussprüfung ist zuzulassen, wer

1. **über die Voraussetzungen in § 43 Abs. 1 hinaus am ersten Teil der Abschlussprüfung teilgenommen hat,**
2. **auf Grund einer Rechtsverordnung nach § 5 Absatz 2 Satz 1 Nummer 3 von der Ablegung des ersten Teils der Abschlussprüfung befreit ist oder**
3. **aus Gründen, die er nicht zu vertreten hat, am ersten Teil der Abschlussprüfung nicht teilgenommen hat.**

Im Fall des Satzes 1 Nr. 3 ist der erste Teil der Abschlussprüfung zusammen mit dem zweiten Teil abzulegen.

Inhaltsübersicht

61 *Zimmerling/Brehm*, Der Prüfungsprozess, Rn. 339.
62 *Braun/Mühlhausen*, BBiG, § 39 a. F. Rn. 34, m. w. N.
63 *Taubert*, BBiG, § 43 Rn. 51.

I. Allgemeines

§ 44 wurde durch das Berufsbildungsreformgesetz im Jahr 2005 neu eingefügt. Er regelt die Zulassung zur Abschlussprüfung bei zeitlich auseinanderfallenden Teilen. Eine solche Regelung war nötig, nachdem in § 5 Abs. 2 Nr. 2 aufgenommen wurde, dass Ausbildungsordnungen vorsehen können, dass die Abschlussprüfung in zwei zeitlich **auseinanderfallenden** Teilen durchgeführt wird. Die allgemeinen Voraussetzungen zur Prüfungszulassung sind in § 43 geregelt. § 44 enthält über § 43 hinausgehende Sonderregelungen der Zulassung für den Fall, dass die Abschlussprüfung in gestreckter Form durchgeführt wird. Dabei zerfällt die Abschlussprüfung in zwei Teile. Im Jahr 2020 wurde aus redaktionellen Gründen der Begriff der »Ausbildungszeit« in »Ausbildungsdauer« umgewandelt. 1

II. Zeitlich auseinanderfallende Prüfungsteile (Abs. 1)

Beide Teile der gestreckten Abschlussprüfung nach einer Ausbildungsordnung sind Teile der Abschlussprüfung. Gem. Abs. 1 müssen **für jeden Teil** der Abschlussprüfung die Zulassungsvoraussetzungen vorliegen. Über die Zulassung der Prüflinge wird für jeden Teil der Abschlussprüfung **getrennt** entschieden. Die **Voraussetzungen** für die Prüfungszulassung, die in Abs. 2 und 3 sowie in § 43 konkretisiert sind, müssen bei Zulassung zu jedem Prüfungsteil vorliegen. Die Zulassungsentscheidung für jeden der beiden Prüfungsteile ist isoliert anfechtbar. Fraglich ist jedoch, ob bei einer Nichtzulassung zum 1. Prüfungsteil ein Verfahren gem. § 123 VwGO durchgeführt werden kann oder ob dies nicht ein Fall des Abs. 3 ist, so dass der Verfügungsgrund wegen der Möglichkeit, die Prüfung regulär, aber später zu absolvieren, entfällt. 2

III. Zulassung zum ersten Teil der Abschlussprüfung (Abs. 2)

Sieht die Ausbildung gem. § 5 Abs. 2 Nr. 1 vor, dass die Abschlussprüfung in zwei zeitlich auseinanderfallenden Teilen durchgeführt wird, sind die Prüfungsanforderungen für die einzelnen Prüfungsteile gem. § 5 Abs. 1 Nr. 6 ebenfalls festzulegen. Insbesondere ist festzulegen, nach welcher Ausbildungszeit der erste Teil der Abschlussprüfung erfolgen soll. Abs. 2 stellt darauf ab, dass die nach der Ausbildungsordnung »vorgeschriebene, erforderliche« Ausbildungszeit zurückgelegt wurde. Eine Anrechnung von Vorbildungszeiten bleibt unberücksichtigt, soweit dies in der Ausbildungsordnung nicht vorgesehen ist. Nicht maßgeblich ist die individuelle Vertragszeit des Ausbildungsvertrages. Maßgeblich ist aufgrund der ausdrücklichen gesetzlichen Anforderung, ob die Ausbildungszeit, die in der Ausbildungsordnung vorgesehen wurde, **zurückgelegt** wurde. Auch hier kommt es nicht darauf an, ob die Ausbildung während dieser Zeit praktisch absolviert wurde. Insofern gilt das zu § 43 Rn. 7 Gesagte. 3

Über das Zurücklegen der vorgesehenen Ausbildungszeit hinaus sollen noch die Voraussetzungen des § 43 Abs. 1 Nr. 2 und 3 erfüllt sein. Das Erfordernis, die Zwischenprüfung abgelegt zu haben (§ 43 Abs. 1 Nr. 2), wird praktisch jedoch unberücksichtigt bleiben. Es handelt sich um ein redaktionelles Versehen des Gesetzgebers. In § 48 Abs. 2 ist ausdrücklich geregelt, dass bei der gestreckten Abschlussprüfung eine Zwischenprüfung **nicht** stattzufinden hat.

In § 43 Abs. 1 Nr. 2 ist auch das Erfordernis enthalten, vorgeschriebene schriftliche oder elektronische Ausbildungsnachweise geführt zu haben, um zur Prüfung zugelassen werden zu können. Insofern behält die Verweisung auf § 43 Abs. 1 Nr. 2 eine eigenständige Bedeutung. Auch bei der gestreckten Abschlussprüfung ist für jeden einzelnen Prüfungs- 4 teil zu prüfen, ob die Ausbildungsnachweise geführt wurden. Auch hier ist jedoch bei Nichtvorliegen der Ausbildungsnachweise das Grundrecht der Berufsfreiheit (Art. 12 GG) zu berücksichtigen (siehe § 43 Rn. 16).

5 Durch den Verweis auf § 43 Abs. 1 Nr. 3 wird zudem deutlich, dass nur zur Prüfung zugelassen wird, wessen Berufsausbildungsverhältnis in das **Verzeichnis des Berufsausbildungsverhältnisses** eingetragen ist oder aus einem Grund nicht eingetragen ist, den weder die Auszubildenden noch ihre gesetzlichen Vertreter zu vertreten haben. Auch hier ist jedoch zu beachten, dass die Verantwortung für die Eintragung in das Verzeichnis bei den Ausbildenden liegt, so dass ein Ausschluss von der Prüfung aus diesem Grund regelmäßig nicht in Betracht kommt (siehe § 43 Rn. 17).

IV. Zulassung zum zweiten Teil der Abschlussprüfung (Abs. 3)

6 Abs. 3 stellt klar, dass der erste Teil der Abschlussprüfung nicht bestanden sein muss, um zum zweiten Teil zugelassen zu werden. Vielmehr ist lediglich die Teilnahme am ersten Teil der Abschlussprüfung erforderlich. Eine Zulassung zum zweiten Teil ist auch möglich, wenn Auszubildende **ohne Verschulden nicht** am ersten Teil der Abschlussprüfung teilgenommen haben. In diesem Fall sind die beiden Teile zeitlich zusammengefasst durchzuführen.[1] Zum zweiten Teil der Abschlussprüfung zuzulassen ist, wer:

7
- Die Ausbildungszeit zurückgelegt hat oder wessen Ausbildungszeit nicht später als zwei Monate nach dem Prüfungstermin endet (Abs. 3 i. V. m. § 43 Abs. 1 Nr. 1; zu der Problematik von Fehlzeiten siehe § 43 Rn. 8 ff.).
- Wer an vorgeschriebenen Zwischenprüfungen teilgenommen sowie vorgeschriebene schriftliche oder elektronische Ausbildungsnachweise geführt hat (Abs. 3 i. V. m. § 43 Abs. 1 Nr. 2). Auch hier ist der Verweis auf die Zwischenprüfung überflüssig, da § 48 Abs. 2 die Zwischenprüfung für den Fall der gestreckten Abschlussprüfung ausdrücklich ausschließt. Es bleibt jedoch beim Erfordernis regelmäßig geführter Ausbildungsnachweise.
- Wessen Berufsausbildungsverhältnis in das Verzeichnis der Berufsausbildungsverhältnisse eingetragen ist oder ohne eigenes Verschulden nicht eingetragen ist (Abs. 3 i. V. m. § 43 Abs. 1 Nr. 3). Siehe § 43 Rn. 17.
- Wer am ersten Teil der Abschlussprüfung teilgenommen hat (Abs. 3 Satz 1). Teilnehmen meint in diesem Fall nicht nur körperliche Anwesenheit, sondern auch ernsthaftes Bemühen, aktive Teilnahme.[2] Nicht erforderlich ist, dass der erste Teil der Abschlussprüfung auch bestanden wurde.

8 Hat der Prüfling am ersten Teil der Abschlussprüfung nicht teilgenommen, hat er dennoch einen Anspruch darauf, zur Prüfung zugelassen zu werden, wenn er
- entweder auf Grund einer Rechtsverordnung nach § 5 Abs. 2 Satz 1 Nr. 3 von der Ablegung des ersten Teils der Abschlussprüfung befreit ist. Dies sind Auszubildende, die bereits einen erfolgreichen Abschluss in einer zweijährigen Ausbildung absolvierten und auf Grundlage der Ausbildungsordnung vom ersten Teil der Abschlussprüfung eines aufbauenden längeren Ausbildungsberufs befreit sind.
- oder aus Gründen nicht teilgenommen hat, die er **nicht zu vertreten hatte**. Als Gründe kommen z. B. in Betracht: eine Erkrankung, die beim Ablegen der Prüfung hindert; eine fehlerhafte Nichtzulassung zum erste Prüfungsteil. In diesem Fall ordnet das Gesetz in Abs. 3 Satz 3 an, dass der erste Teil der Abschlussprüfung zusammen mit dem

1 Regierungsentwurf, BT-Drucks. 15/3980, S. 129.
2 *Benecke/Hergenröder*, BBiG, § 44 Rn. 7; siehe § 43 Rn. 15.

zweiten Teil abzulegen ist. Zusammen meint hier in zeitlicher Nähe. Ein Absolvieren am identischen Prüfungstag ist nicht erforderlich. Eine Reihenfolge für die beiden Prüfungsteile ordnet das Gesetz nicht an. Empfohlen wird, Teil 1 vor Teil 2 der Abschlussprüfung stattfinden zu lassen, da in Teil 1 regelmäßig die **grundlegenden** Kompetenzen abgeprüft werden.[3]

V. Anwendbarkeit auf andere Prüfungen

Die Vorschrift gilt nicht im Handwerk. Für die zweigeteilte Gesellenprüfung gilt § 36a HwO. Für Zwischenprüfungen, Umschulungen und Fortbildungen gilt § 44 mangels einer Verweisung auf diese Vorschrift nicht. Bei der Prüfung von Menschen mit Behinderungen in anerkannten Ausbildungsberufen sollen die besonderen Verhältnisse berücksichtigt werden (§ 65 Abs. 1 Satz 1 BBiG). 9

§ 45 Zulassung in besonderen Fällen

(1) Auszubildende können nach Anhörung der Ausbildenden und der Berufsschule vor Ablauf ihrer Ausbildungszeit zur Abschlussprüfung zugelassen werden, wenn ihre Leistungen dies rechtfertigen.

(2) Zur Abschlussprüfung ist auch zuzulassen, wer nachweist, dass er mindestens das Eineinhalbfache der Zeit, die als Ausbildungsdauer vorgeschrieben ist, in dem Beruf tätig gewesen ist, in dem die Prüfung abgelegt werden soll. Als Zeiten der Berufstätigkeit gelten auch Ausbildungszeiten in einem anderen, einschlägigen Ausbildungsberuf. Vom Nachweis der Mindestzeit nach Satz 1 kann ganz oder teilweise abgesehen werden, wenn durch Vorlage von Zeugnissen oder auf andere Weise glaubhaft gemacht wird, dass der Bewerber oder die Bewerberin die berufliche Handlungsfähigkeit erworben hat, die die Zulassung zur Prüfung rechtfertigt. Ausländische Bildungsabschlüsse und Zeiten der Berufstätigkeit im Ausland sind dabei zu berücksichtigen.

(3) Zur Abschlussprüfung ist auch zuzulassen, wer im Rahmen eines Verfahrens nach § 1 Absatz 6 die Bescheinigung der vollständigen Vergleichbarkeit seiner individuellen beruflichen Handlungsfähigkeit mit der für die Ausübung des im Antrag bestimmten anerkannten Ausbildungsberufs erforderlichen beruflichen Handlungsfähigkeit erhalten hat.

(4) Soldaten oder Soldatinnen auf Zeit und ehemalige Soldaten oder Soldatinnen sind nach Absatz 2 Satz 3 zur Abschlussprüfung zuzulassen, wenn das Bundesministerium der Verteidigung oder die von ihm bestimmte Stelle bescheinigt, dass der Bewerber oder die Bewerberin berufliche Fertigkeiten, Kenntnisse und Fähigkeiten erworben hat, welche die Zulassung zur Prüfung rechtfertigen.

Inhaltsübersicht

3 *Taubert*, BBiG, § 44 Rn. 9.

I. Allgemeines

1 Durch das Berufsbildungsreformgesetz wurde § 45 im Jahr 2005 neu gefasst. § 45 Abs. 1 entspricht § 40 Abs. 1 des BBiG 1969, der die Möglichkeit der vorzeitigen Zulassung zur Abschlussprüfung regelt. Abs. 2 knüpft an die sog. **Externenzulassung** des § 40 Abs. 2 des BBiG 1969 an. Er beinhaltet jedoch einige Modifikationen, die die Externenprüfungen leichter ermöglichen sollen als nach dem BBiG 1969. Abs. 4 nimmt die Regelung des § 86 Abs. 1 BBiG 1969 auf. Abs. 3 wurde mit dem Berufsbildungsvalidierungs- und -digitalisierungsgesetz (BVaDiG) im Jahr 2024 in das Gesetz aufgenommen und wird erst ab dem 1.1.2025 angewendet.

2 Im Jahr 2020 wurde lediglich in Abs. 2 der Begriff der »Ausbildungszeit« durch den der »Ausbildungsdauer« ersetzt. Dass dies nicht auch in Abs. 1 erfolgte, ist offensichtlich ein redaktionelles Versehen, denn beabsichtigt war die »Verwendung einer einheitlichen Terminologie im Rahmen dieses Gesetzes«.[1] In den übrigen Vorschriften zur Prüfungszulassung erfolgte diese Umstellung auf »Ausbildungsdauer«, wohl auch zur Abgrenzung von der täglichen und wöchentlichen Ausbildungszeit; nur in Abs. 1 unterblieb sie, ohne dass sich hierfür ein Sinn erschließen ließe.

II. Vorzeitige Zulassung (Abs. 1)

3 Nach Abs. 1 können Auszubildende nach Anhörung der Ausbildenden und der Berufsschule vor Ablauf ihrer Ausbildungszeit zur Abschlussprüfung zugelassen werden, wenn ihre Leistungen dies rechtfertigen. Abs. 1 normiert eine **Ausnahme** vom Grundsatz des § 43 Abs. 1 Nr. 1, wonach die Ausbildungszeit vollständig oder bis auf zwei Monate absolviert werden muss. Für leistungsstarke Prüflinge soll eine vorzeitige Prüfungszulassung möglich sein.

4 § 45 Abs. 1 eröffnet eine eigenständige Möglichkeit, die Ausbildung zu verkürzen. Sie besteht neben den beiden anderen Möglichkeiten, die Ausbildungsdauer nach der Ausbildungsordnung abzukürzen: Anrechnung gem. § 7 und Abkürzung des § 8 Abs. 1. Auch Ausbildungsverhältnisse, deren Dauer zu **Beginn** bereits durch Anrechnung oder Abkürzung abgesenkt wurde, können durch eine vorzeitige Zulassung zur Prüfung gem. Abs. 1 erneut verkürzt werden. Die Voraussetzungen sind jeweils unterschiedlich, die Verkürzungsmöglichkeiten bestehen unabhängig nebeneinander:[2] § 7 anerkennt berufsschulische Vorbildung, § 8 lässt den Ausbildungsparteien und der zuständigen Stelle einen Motivations- und Beurteilungsspielraum bei der Frage, in welcher Zeit der erfolgreiche Ausbildungsabschluss **voraussichtlich** zu schaffen ist. Demgegenüber stellt Abs. 1 auf die Leistungen während der Ausbildung ab.

5 Nicht geregelt ist, in welchem Umfang die Ausbildung nach Abs. 1 verkürzt wird. Letztlich richtet sich dies danach, für wann der Zulassungsantrag gestellt wird. Um dem Regel-Aus-

1 BT-Drucks. 19/10815, S. 63
2 *Taubert*, BBiG, § 45 Rn. 1.

nahme-Verhältnis zwischen § 43 Abs. 1 Nr. 1 und § 45 Abs. 1 gerecht zu werden, wird üblicherweise eine Verkürzung um ein **halbes Jahr**, in Ausnahmefällen auch länger,[3] nämlich um ein **ganzes Jahr** in Betracht kommen. Die genannten Zeiträume dürften in erster Linie dem Organisationsinteresse der zuständigen Stellen entsprechen, keine zusätzlichen Prüfungstermine einrichten zu müssen. Da jedoch lediglich ein Anspruch auf ermessensfehlerfreie Entscheidung durch die zuständige Stelle besteht (siehe Rn. 11), ist ein Anspruch auf eine Verkürzung um beispielsweise vier Monate kaum begründbar.

1. Voraussetzungen für die vorzeitige Zulassung

Vorzeitig zur Prüfung zugelassen werden kann nur, wer eine bestimmte **Voraussetzung** 6 erfüllt: Die Leistungen müssen die vorzeitige Zulassung zur Prüfung rechtfertigen. »Wenn seine Leistungen dies rechtfertigen« ist ein unbestimmter Rechtsbegriff. Die Auslegung dieses unbestimmten Rechtsbegriffs ist in vollem Umfang durch die **Verwaltungsgerichtsbarkeit** überprüfbar. Der Gesetzessystematik nach stehen § 43 Abs. 1 Nr. 1 und § 45 in einem Regel-Ausnahmeverhältnis. Das vollständige oder zumindest doch fast vollständige Absolvieren der vertraglichen Ausbildungszeit bildet die Regel, die vorzeitige Zulassung zur Prüfung gem. Abs. 1 bildet die Ausnahme. Über die Menge derjenigen Auszubildenden, die gem. Abs. 1 vorzeitig zur Prüfung zugelassen werden können, besagt dies indessen nichts. Insbesondere lässt sich daraus nicht ableiten, dass die Zulassung nach Abs. 1 wenigen »Spitzenkönnern« vorbehalten bleibt.[4] Nach dem Wortlaut kommt es allein darauf an, ob die Leistungen eine vorzeitige Zulassung zur Prüfung rechtfertigen. Wann ein Rechtfertigungsgrund vorliegt und welche Maßstäbe dafür anzusetzen sind, ergibt sich aus dem Wortlaut nicht. Insofern ließe sich mit dem Wortlaut auch eine Auslegung begründen, mit der all diejenigen, bei denen aufgrund ihrer Leistungen damit gerechnet werden kann, dass sie die Prüfung auch zu einem vorgezogenen Zeitpunkt bestehen, zur vorzeitigen Prüfung zugelassen werden müssen. Sinn und Zweck der Vorschrift soll es nach der Rechtsprechung sein, besonders **befähigten** Auszubildenden die Möglichkeit zu geben, an einem früheren als den vertraglich vorgesehenen Prüfungstermin teilzunehmen und so die Ausbildung vorzeitig beenden zu können.[5] Vor diesem Hintergrund wird von Teilen der Rechtsprechung gefordert, dass die Leistungen **wesentlich über dem Durchschnitt** liegen müssen.[6] Die Leistungen in der betrieblichen und in der schulischen Ausbildung liegen demnach über dem Durchschnitt, wenn sie mindestens mit der Note »gut« beurteilt worden sind.[7] Berücksichtigt man bei der Auslegung die Systematik des Gesetzes, hat sich die Rechtfertigung der vorzeitigen Zulassung am **Ziel** der Berufsausbildung zu orientieren. Nach § 1 Abs. 3 hat die Berufsausbildung die für die Ausübung einer qualifizierten beruflichen Tätigkeit in einer sich wandelnden Arbeitswelt notwendigen beruflichen Fertigkeiten, Kenntnisse und Fähigkeiten (berufliche Handlungsfähigkeit) in einem geordneten Ausbildungsgang zu vermitteln und den Erwerb der erforderlichen Berufserfahrungen zu ermöglichen. Dabei kann es auf die Menge der Berufserfahrungen

3 *Benecke/Hergenröder*, BBiG, § 45 Rn. 4.
4 *Braun/Mühlhausen*, BBiG, § 40 a. F. Rn. 11.
5 *VGH Hessen* 18.6.1971 – II TG 50/71, EzB § 40 Abs. 1 BBiG Nr. 2; *Braun/Mühlhausen*, BBiG, § 40 Rn. 6 m. w. N.
6 *VG Freiburg* 3.5.2004 – 4 K 760/04, *lrbw.juris.de* mit Hinweis auf *VG Düsseldorf* 15.11.1990 – 15 L 2080/90; *Hess VGH* 18.6.1971 – II TG 50/71 und *Hess. VGH* 4.6.1971 – II TG 42/71, ESVGH 21.
7 *VG Würzburg* (6. Kammer) 6.5.2013 – W 6 E 13.379, *www.gesetze-bayern.de; VG Düsseldorf* 18.4.2012 – 15 L 680/12, juris; ErfK/*Schlachter*, § 45 BBiG Rn. 1 m. w. N.

nicht im Wesentlichen ankommen. Denn bereits die Vorschriften zur Anrechnung von Vorbildungszeiten wie zur Abkürzung der regulären Ausbildungszeit (§§ 7, 8) verkürzen den Zeitraum, innerhalb dessen Erfahrungen erworben werden können, erheblich. Bereits die Tatsache, dass darüber hinaus eine vorzeitige Zulassung zur Prüfung möglich ist, relativiert die Notwendigkeit, eine bestimmte Menge an beruflichen Erfahrungen vorweisen zu können, um zur Prüfung zugelassen zu werden. Demzufolge wird es maßgeblich darauf ankommen, ob die Leistungen erkennen lassen, dass die berufliche **Handlungsfähigkeit** erworben wurde. Hierfür müssen die wesentlichen Teile der für den Beruf vorgeschriebenen Ausbildungsschritte durchlaufen worden sein.[8] Bei dieser quantitativen Beurteilung können Fehlzeiten durchaus als Indiz dafür gewertet werden, dass die Fertigkeiten nicht in der ganzen Breite des Ausbildungsberufs erworben wurden. Da Fertigkeiten und Fähigkeiten eine gewisse Übung brauchen, um **selbstständig** angewendet werden zu können, ist es auch nicht ausreichend, wenn die jeweiligen Ausbildungsteile nur sehr kurz durchlaufen wurden.[9] Nach der Empfehlung des Hauptausschusses Nr. 129 vom 27.6.2008[10] liegen überdurchschnittliche Leistungen vor, wenn sowohl im Betrieb als auch in der Berufsschule (Durchschnittsnote aller prüfungsrelevanten Fächer oder Lernfelder) jeweils ein Notendurchschnitt von besser als 2,49 erreicht wird. Der Hauptausschuss folgt damit der herrschenden Rechtsprechung, wonach mindestens ein »gut« erreicht werden muss. Schließt die zuständige Stelle sich dieser Bewertung an und hat sie hierfür Verwaltungsgrundsätze erlassen, handelt sie jedenfalls nicht ermessensfehlerhaft.[11] Für die Berufsschule lässt sich dies unproblematisch aufgrund der verpflichtenden Notensysteme feststellen. Maßgeblich ist das letzte Berufsschulzeugnis, nicht etwa der Durchschnitt aller Zeugnisse. Auf den Durchschnitt aller Berufsschulzeugnisse kann nur abgestellt werden, wenn und soweit dies in der Prüfungsordnung festgelegt wurde.[12]
Bei der praktischen Ausbildungsleistung wird entweder auf eine Bewertung besser als 2,49 abgestellt oder auf eine überdurchschnittliche Bewertung. Damit kann der Nachweis überdurchschnittlicher Leistungen auch anhand der gängigen, **mitbestimmungspflichtigen Beurteilungssysteme** erfolgen. Fehlt eine systematische Leistungsbeurteilung für die Auszubildenden, ist der Auszubildende darauf angewiesen, dass der Ausbildende ihm ein entsprechendes **Leistungszeugnis** oder eine entsprechende **Bescheinigung** vorlegt. Ein solcher Nachweis ist gem. C. 2 Abs. 3 der Empfehlung des Hauptausschusses bei der zuständigen Stelle vorzulegen. Der Nachweis überdurchschnittlicher Leistungen wird so für Auszubildende von größeren Betrieben, die regelmäßig über ein Beurteilungssystem für Auszubildende verfügen, einfacher als für Auszubildende aus kleineren Betrieben. In diesen ist ein Beurteilungssystem – insbesondere ein solches, das dem Schulnotensystem entspricht – weniger häufig anzutreffen. Die Auszubildenden sind dann darauf angewiesen, zur vorzeitigen Zulassung zur Prüfung eine entsprechende Bescheinigung des Ausbildenden zu erhalten. Damit haben es die Ausbildenden jedoch »in der Hand« die vorzeitige Zulassung ihrer Auszubildenden zu **verzögern**. Dies ist mit Abs. 1, wonach die Ausbildenden den Antrag nicht unterstützen müssen, sondern lediglich angehört werden, nicht zu vereinbaren. Weigert sich der Ausbildende, einen Leistungsnachweis oder eine Beurteilung vorzulegen, verliert das Erfordernis des Nachweises überdurchschnittliche betrieblicher Leistungen daher an Gewicht. Die zuständige Stelle ist dann

8 Ähnlich: *VG Ansbach* 19.4.2023 – AN 2 E 23.676, Rn. 42, beck-online.
9 *Braun/Mühlhausen*, BBiG, § 40 a. F. Rn. 7.
10 S. *www.bibb.de*.
11 *VG Hamburg* 12.11.2019 – 2 E 5101/19, *www.rechtsprechung-hamburg.de*.
12 *VG Gießen* 28.4.2004 – 8 G 2086/04, Landesrechtsprechungsdatenbank Hessen: *www.lareda.hessenrecht.hessen.de*.

verpflichtet, sich **ohne** diesen Nachweis ein Bild von den Leistungen des Auszubildenden zu machen.

Gemäß der Empfehlung des Hauptausschusses[13] soll die Ausbildungsdauer folgende Zeiten nicht unterschreiten: Bei einer Regelausbildungszeit von dreieinhalb Jahren soll mind. 24 Monate ausgebildet werden, bei einer Regelausbildungszeit von drei Jahren soll mindestens 18 Monate ausgebildet werden und bei einer Regelausbildungszeit von zwei Jahren soll die Mindestausbildungszeit zwölf Monate betragen. Soweit der Wortlaut der Empfehlung auf die »Ausbildungsvertragsdauer« abstellt, handelt es sich um ein **Formulierungsversehen**. Da die vorzeitige Zulassung ausdrücklich mit als Ursache für eine Verkürzung der regulären Ausbildungsdauer benannt wird, handelt es sich nicht um die vertragliche Ausbildungsdauer, sondern um die **faktische** Ausbildungsdauer, die sich bei Vorliegen mehrerer Verkürzungsgründe ergeben kann. Die zeitliche Staffel führt im Wesentlichen zu dem Ergebnis, dass die Ausbildungszeit nicht weniger als die Hälfte der Regelausbildungszeit betragen soll. 7

2. Antrag der Auszubildenden

Zur vorzeitigen Zulassung bedarf es eines Antrags des **Prüflings**. Weitere Voraussetzungen sieht das Gesetz nicht vor. Die Empfehlung des Hauptausschusses zur vorzeitigen Zulassung zur Abschlussprüfung sieht vor, dass der Antrag **schriftlich** bei der zuständigen Stelle gestellt wird, und dass ihm die erforderlichen Anmeldeunterlagen beizufügen sind (C. 1 der Empfehlung). Weder im Gesetz noch in der Empfehlung des Hauptausschusses ist geklärt, wer den Antrag zu stellen hat. Richtigerweise können den Antrag sowohl der Auszubildende **als auch der Ausbildende** stellen.[14] 8

3. Anhörung der Ausbildenden und der Berufsschule

Die Anhörung ist formale Voraussetzung für die vorzeitige Zulassung zur Prüfung. Soweit der Ausbildende selbst den Antrag gestellt hat, kann er als angehört gelten, weil durch den Antrag seine **Einschätzung** über den Auszubildenden kundgetan wurde.[15] Mit der Anhörung erhalten die Beteiligten die Gelegenheit, ihre Meinung zu dem Antrag auf vorzeitige Zulassung zur Abschlussprüfung gegenüber der zuständigen Stelle kundzutun. Sobald die zuständige Stelle zugleich Informationen über die Leistungsbeurteilung einfordert, sind die Beteiligten gem. § 76 Abs. 2 verpflichtet, die notwendigen Auskünfte zu erteilen und Unterlagen vorzulegen. Unterbleibt die Anhörung der Beteiligten, ist die Zulassungsentscheidung anfechtbar. Die unterlassene Anhörung der Berufsschule ist ausdrücklich kein Nichtigkeitsgrund für die Zulassungsentscheidung (§ 44 Abs. 3 Nr. 4 VwVfG). 9

Das Ergebnis der Anhörung ist für die zuständige Stelle nicht bindend. Die zuständige Stelle hat sich vielmehr ein eigenes Bild von den Leistungen des Prüflings zu verschaffen. Dies kann grundsätzlich auch durch eine Befragung, die sich auch auf Inhalte des Ausbildungsberufsbilds beziehen kann, erfolgen. Selbst »Pre-Tests« auf Basis einer **Zulassungsregelung** in der Prüfungsordnung sind denkbar, wenngleich sie auch wenig praktikabel erscheinen. Letztlich hat die zuständige Stelle eine Ermessensentscheidung zutreffen, für die sie Anhaltspunkte benötigt. Der Inhalt der »Pre-Tests« hat sich an ihrem **Zweck** zu orientieren: Zu überprüfen sind die Leistungen der Prüflinge. 10

13 Empfehlung des Hauptausschusses Nr. 129 vom 10.6.2021, *www.bibb.de*.
14 *Taubert*, BBiG, § 45 Rn. 13.
15 *Taubert*, BBiG, § 45 Rn. 9; a. A. Wohlgemuth/*Maring*, BBiG, § 45 Rn. 11.

4. Entscheidung der zuständigen Stelle

11 Die vorzeitige Zulassung zur Prüfung ist eine Ermessensentscheidung der zuständigen Stelle. Dies ergibt sich aus dem Wortlaut des Abs. 1: »Können … zugelassen werden.«

12 Die zuständige Stelle hat zunächst zu überprüfen, ob die Tatbestandsvoraussetzungen für die vorzeitige Zulassung erfüllt sind, insbesondere das Vorliegen überdurchschnittlicher Leistungen. Dabei handelt es sich um einen gerichtlich voll nachprüfbaren unbestimmten Rechtsbegriff.[16] Liegen die Voraussetzungen sämtlich vor, muss die zuständige Stelle ihr Ermessen pflichtgemäß ausüben. Übt sie ihr Ermessen nicht aus, weil sie sich zum Beispiel an die Empfehlung des Hauptausschusses[17] gebunden fühlt oder übt sie ihr Ermessen rechtsfehlerhaft aus, ist die Entscheidung über den Antrag auf vorzeitige Zulassung rechtsfehlerhaft. Der Anspruch des Auszubildenden auf eine ermessensfehlerfreie Entscheidung über den Antrag ist noch nicht erfüllt. Nach Durchführung des Widerspruchsverfahrens kann **Verpflichtungsklage** erhoben werden.

13 Der Antrag kann wegen der Ermessenshoheit der Verwaltung nur auf Neubescheidung unter Beachtung einer bestimmten Rechtsauffassung gestellt werden (§ 113 Abs. 1 Satz 4 VwGO). Lediglich bei Reduzierung des Ermessens auf Null, d. h., wenn die einzig richtige Ermessensentscheidung in der beantragten Zulassung zur Prüfung liegt, ist ein Prozessantrag auf vorzeitige Zulassung zur Prüfung gem. Abs. 1 sinnvoll.[18]

III. Zulassung von Externen (Abs. 2)

14 Abs. 2 ermöglicht die Anerkennung informellen Lernens. Es wird Menschen die Zulassung zur Abschlussprüfung in einem bestimmten Ausbildungsberuf ermöglicht, die mindestens das **eineinhalbfache** der Zeit, die als Ausbildungszeit vorgeschrieben ist, in dem Beruf tätig gewesen sind, in dem die Prüfung abgelegt werden soll. So können auch Erwerbstätige, die keine Berufsausbildung im Sinne des BBiG abgeschlossen haben, ihre berufliche Qualifikation nachweisen.

15 Ausweislich des Datenreports zum Berufsbildungsbericht 2023[19] haben gut 22 000 Personen über die Externenregelung an den Abschlussprüfungen teilgenommen, mehr als 18 000 von ihnen über den Vortrag langjähriger Berufserfahrung. Die Bestehensquote liegt bei ca. 80 %, mit leichten Abweichungen je nach Zugang zur Prüfung und Branche. Beim Bundesinstitut für Berufsbildung wurde die Anerkennung informell erworbener beruflicher Kompetenzen am Beispiel der Zulassung zur Abschlussprüfung im Rahmen der externen Regelung mit dem Ziel untersucht, in welcher Form durch die Zulassung zur Abschlussprüfung tatsächlich informelles Lernen anerkannt wird. Dabei wurde auch untersucht, wie berufliche Kompetenzen, die außerhalb des formalen Ausbildungsprozesses erworben wurden, erfasst und bewertet werden.[20] Darauf aufbauend lässt sich feststellen: »Die Externenprüfung ist das im deutschen Berufsbildungssystem am besten verankerte Verfahren der Anerkennung informellen Lernens. Streng genommen werden damit keine Kompetenzen anerkannt, sondern der Zugang für die externe Teilnahme an der Abschlussprüfung zu einem Beruf ermöglicht. Das Ergebnis der Anerkennung ist also die Erteilung der Zugangsberechtigung zu der konventionellen Abschlussprüfung eines Referenzberufes, deren Theorie- und Praxisteile dann vollständig absolviert werden

16 *VG Berlin* 27.12.1982 – VG 4 A 506.82, beck-online.
17 Empfehlung des Hauptausschusses Nr. 129 vom 10.6.2021, *www.bibb.de/de/11703.php.*
18 Wohlgemuth/*Maring*, BBiG, § 45 Rn. 14.
19 *https://www.bibb.de/datenreport/de/175452.php, Tabelle A5.7–7.*
20 Forschungsprojekt 4.3301 (JFP2009), *www.bibb.de.*

müssen ... Dadurch ... wird deutlich, dass sich auch die informellen Lernerfahrungen an den formalen Referenzen messen lassen müssen – und zwar sowohl hinsichtlich der Kriterien als auch der Rahmenbedingungen wie Test- und Lernsprache, Lernorte (evtl. Vorbereitungskurse) und Prüfungskontext. Wenn es um Verbindlich- und Verwertbarkeit geht, setzt das formale System die Standards.«[21]

1. Nachweis früherer Berufstätigkeit (Abs. 1 Satz 1)

Zuzulassen ist, wer nachweisen kann, dass er mindestens das Eineinhalbfache der Zeit, die als Ausbildungszeit vorgeschrieben ist, in dem Beruf tätig gewesen ist, in dem die Prüfung abgelegt werden soll. Die erforderliche **Mindestzeit** wurde durch das Berufsbildungsreformgesetz auf das eineinhalbfache der Ausbildungszeit abgesenkt. Dadurch soll das Lernen im Arbeitsprozess stärker als bisher berücksichtigt werden.[22] Für den Anspruch auf Zulassung sind danach zwei Elemente bedeutend: Zum einen muss die maßgebliche Zeit nachgewiesen werden. Zum anderen ist es nötig, in dem Beruf, in dem die Prüfung abgelegt werden soll, tätig gewesen zu sein. 16

Berufstätigkeit i.S.d. Abs. 2 für die Zulassung als Externer setzt voraus, dass der Prüfungsbewerber in dem Beruf tätig gewesen sein muss, in dem er die Prüfung ablegen will. Es müssen die Arbeiten einer **entsprechend qualifizierten Fachkraft** verrichtet worden sein. Reine Hilfstätigkeiten können nicht den Schluss zulassen, der Prüfungskandidat habe sinngemäße praktische Fertigkeiten erworben. Die geforderten Tätigkeiten müssen über eine gewisse Dauer und bestenfalls wiederholt ausgeübt werden, da nur so die entsprechenden Fertigkeiten erlangt werden können.[23] Ob die Tätigkeiten tatsächlich mehrfach ausgeübt wurden, lässt sich im Einzelfall nur spärlich nachweisen. Die Rechtsprechung gestattet daher einen Rückschluss von der nachgewiesenen Gesamttätigkeit in Stunden auf die Wiederholungsrate und den Umfang der Tätigkeiten.[24] 17

»In dem Beruf tätig gewesen« bedeutet, dass Tätigkeiten ausscheiden, die in der Freizeit lediglich als Hobby oder Liebhaberei erbracht werden. Bei der Zulassung externer Prüfungsbewerber handelt es sich um eine Ausnahmeregelung, die auszulegen ist. Es ist daher nicht ausreichend, wenn der Prüfungsbewerber entsprechende Zeit überhaupt irgendwie einschlägig gewesen ist. Nach dem Sinn und Zweck der externen Zulassung muss ein Grad an **Qualifizierung und Erfahrung** erworben worden sein, wie es das Ziel der regulären Berufsausbildung ist. Dadurch ist es gerechtfertigt, den Außenseiter in Bezug auf den Anspruch auf Zulassung zur Prüfung den Auszubildenden, die ihre berufsbezogene Ausbildung im Betrieb durchlaufen haben, ausnahmsweise gleichzustellen. Dabei geht es letztlich nicht nur um die notwendigen fachlichen Fertigkeiten und Kenntnisse. Der Zweck der Ausbildung erschöpft sich auch nicht in die Vermittlung des Prüfungsstoffs für die Abschlussprüfung. Die Ausbildung hat auch den Zweck, die Auszubildenden mit den täglichen Betriebsabläufen möglichst **wirklichkeitsnah** vertraut zu machen. Dieser Zweck kann nur erreicht werden, wenn die Ausbildung während der regulären Arbeitszeit stattfindet. Damit soll verhindert werden, dass eine die Arbeitswirklichkeit außer Betracht lassende Ausbildung oder eine Ausbildung lediglich in der Art einer Neben- 18

21 *Schöpf*, Zwischen formalen Referenzen und informellen Eigenarten: Anforderungen an die Erfassung informellen Lernens, in: Matthes/Severing (Hrsg.): Berufsbildung für Geringqualifizierte – Barrieren und Erträge. Bonn 2017, S. 97–110, *www.bibb.de*.
22 Regierungsentwurf, BT-Drucks. 15/3980, S. 130.
23 *VG Gießen* 27.5.2002 – 8 G 1705/02, *www.lareda.hessenrecht.hessen.de*.
24 *VG Gießen* 27.5.2002 – 8 G 1705/02, *www.lareda.hessenrecht.hessen.de*.

tätigkeit betrieben wird.[25] Eine Ausbildung ist nicht gleichbedeutend mit Berufstätigkeit, deshalb hat die Rechtsprechung zu der Vorgängerregelung des § 40 Abs. 2 entschieden, dass die Ausbildungszeit nicht mitrechnet. Ihr käme eine Schutzfunktion in Bezug auf den Ausbildungszweck und die körperlichen Kräfte zu. Dies sei keine vollwertige Berufsausübung.[26] Diese Auffassung kann so nicht mehr aufrechterhalten werden. Nach Abs. 2 Satz 2 ist nunmehr selbst die Ausbildungszeit in einem anderen, einschlägigen Ausbildungsberuf als **berufliche Tätigkeit** anzuerkennen. Wird jedoch bereits Ausbildungszeit in einem anderen Ausbildungsberuf anerkannt, muss dies umso mehr für Ausbildungszeiten im maßgeblichen Beruf gelten. Einen Anspruch auf Zulassung hat daher auch, wer die Ausbildung begonnen hat, sie jedoch ohne bestandene Abschlussprüfung beendete.

19 Derjenige, der als Externer zur Prüfung zugelassen werden will, hat den Nachweis dafür zu führen, dass er die erforderliche Zeit der Berufstätigkeit in dem Beruf zurückgelegt hat, in dem er die Prüfung ablegen will. Der Nachweis muss nicht unbedingt durch Arbeitsbescheinigungen und Zeugnisse des Arbeitgebers geführt werden. Auch andere Beweismittel können genügen. Insbesondere kommt ein **Zeugenbeweis** in Betracht.[27] Ist der Nachweis einer ausreichend langen Zeit einschlägiger Berufstätigkeit gelungen, besteht ein Anspruch auf Zulassung zur Prüfung. Es verbleibt bereits nach dem Wortlaut von Abs. 2 Satz 1 kein Ermessensspielraum für die zuständige Stelle.[28]

2. Weitere Zeiten der Berufstätigkeit (Abs. 2 Satz 2)

20 Nach Abs. 2 Satz 2 können auch Ausbildungszeiten als Zeiten der Berufstätigkeit angerechnet werden, sofern sie in anderen einschlägigen, das heißt **anverwandten** Ausbildungsberufen absolviert wurden. Hiervon sollen nach dem Willen des Gesetzgebers insbesondere die Absolventen zweijähriger Berufe profitieren. Sie können bei einschlägiger Berufstätigkeit nun mehr zweieinhalb Jahre nach dem Bestehen der Abschlussprüfung in einem zweijährigen Beruf die Zulassung zur Abschlussprüfung in einem verwandten dreijährigen Beruf verlangen. Dadurch soll das Berufsbildungssystem **durchlässiger** werden.[29] In dieser Konstellation wird es besonders darauf ankommen, nachzuweisen, dass die Berufstätigkeit nicht nur Inhalte des zweijährigen Ausbildungsberufs zum Gegenstand hatte. Andererseits ist auch nicht erforderlich, dass die Berufstätigkeit sich ausschließlich auf Tätigkeiten bezieht, die die Differenz zwischen der drei- und der zweijährigen Berufsausbildung ausmachen.

21 Welche Berufe »**einschlägig**« sind, ist gesetzlich nicht geregelt. »Einschlägig« ist ein unbestimmter Rechtsbegriff. Er muss von der zuständigen Stelle ausgefüllt werden. Ob dies richtig geschehen ist, unterliegt in vollem Umfang der Überprüfung durch die Verwaltungsgerichte. Liegt aufgrund einer einschlägigen Ausbildung insgesamt eine Berufstätigkeit im Umfang der Mindestdauer des Abs. 2 Satz 1 vor, besteht ein Anspruch auf Zulassung zur Prüfung. Eine weitere Überprüfung, ob der Antragsteller die berufliche Handlungsfähigkeit für den Ausbildungsberuf besitzt, in dem er zur Abschlussprüfung zugelassen werden will, hat nicht zu erfolgen.

---

25 *VG Düsseldorf* 12.9.2005 – 15 L 1564/05, *www.nrwe.de*.
26 *VG Köln* 28.6.1977 – 10 K 1052/76, EzB § 45 Abs. 2 BBiG Nr. 3.
27 *VG Köln* 2.6.1977 – 10 K 1052/76, EzB § 45 Abs. 2 BBiG Nr. 3.
28 *VGH Hessen* 13.2.1973 – II OE 129/72, EzB § 45 Abs. 2 BBiG Nr. 1.
29 Regierungsentwurf, BT-Drucks. 15/3980, S. 130.

3. Ausnahmen von der Mindestzeit nach Abs. 2 Satz 1 (Abs. 2 Satz 3)

Nach Abs. 2 Satz 3 kann vom Nachweis der Mindestzeit (Anderthalbfaches der Ausbildungszeit) ganz oder teilweise abgesehen werden, wenn die berufliche Handlungsfähigkeit anderweitig **glaubhaft** gemacht wird und die Zulassung zur Prüfung dadurch gerechtfertigt ist. Die Regelung erscheint widersprüchlich. Zum einen wird auf die Mindestzeit der Berufstätigkeit nicht nur teilweise, sondern sogar ganz verzichtet. Andererseits soll dann auf andere Art und Weise glaubhaft gemacht werden, dass die berufliche Handlungsfähigkeit erworben wurde. Durch die Ausnahmeregelung in Abs. 2 Satz 3 wird lediglich auf den **vollständigen** Nachweis der Mindestzeit einschlägiger Berufstätigkeit verzichtet.[30] Bereits nach dem Wortlaut wird hier lediglich ein Abweichen vom zeitlichen Aspekt der Zulassungsvoraussetzungen gestattet sowie ein »glaubhaft machen« statt eines Nachweises. Die Tatbestandsvoraussetzungen Nr. 2 (»im Beruf/in einem einschlägigen Ausbildungsberuf«) und Nr. 3 (»tätig«) bleiben bestehen. Eine Kürzung der Tätigkeit im Beruf »auf Null« findet keinen Anhaltspunkt im Wortlaut des Gesetzes (»Abweichen von der Mindestzeit«) und ist mit der Intention der Vorschrift nicht vereinbar. 22

Die Vorschrift dient nicht dazu, statt der durch Verordnung normierten betrieblichen Ausbildung dem **dualen Studium** einen akademischen und weniger betriebspraktischen Zugang zur Berufsbezeichnung zu verschaffen. Sie dient vielmehr dazu, Berufstätigen ohne die einschlägige Formalqualifikation eine ebensolche zu ermöglichen. Auch die systematische Auslegung führt nicht zu einem Verzicht auf das Erfordernis der Tätigkeit im Beruf. Der Verzicht widerspräche dem Regel-Ausnahmeverhältnis, das sich sowohl im Verhältnis zwischen § 43 und § 45 als auch im Verhältnis zwischen § 45 Abs. 2 Satz 1 zu Satz 3 widerspiegelt. Die »berufspraktische Zeit« ist nicht vollständig durch Glaubhaftmachung beruflicher Handlungsfähigkeit substituierbar. Das Ziel der Berufsausbildung, die für die Ausübung einer qualifizierten beruflichen Tätigkeit in einer sich wandelnden Arbeitswelt notwendigen beruflichen Fertigkeiten, Kenntnisse und Fähigkeiten (berufliche Handlungsfähigkeit) in einem geordneten Ausbildungsgang zu vermitteln (§ 1 Abs. 3 Satz 1) und den Erwerb der erforderlichen Berufserfahrung zu ermöglichen (§ 1 Abs. 3 Satz 2), wird regelmäßig nur erreicht, wenn eine tatsächlich aktive Ausbildung erfolgt ist.[31] Als Mindestdauer nach Abs. 2 Satz 1 kann im Regelfall die in der Ausbildungsordnung vorgesehene Ausbildungszeit angesehen werden.[32] 23

Es kann nach der vorgenannten Struktur zur Prüfung zugelassen werden, wer auch weniger als die in der Ausbildungsordnung vorgesehene Dauer mit einer Tätigkeit im Beruf bzw. in einschlägiger, anerkannter Ausbildung vorzuweisen hat, wenn er die berufliche Handlungsfähigkeit glaubhaft machen kann. Nicht zugelassen werden kann, wer nicht im Beruf oder nicht tätig war. Dies kann z. B. sein, wer in einem anderen Beruf tätig war oder wer lediglich ein Praktikum, eine Anlernphase oder eine Einarbeitung absolvierte. Maßgeblich ist nicht, dass irgendwelche Tätigkeiten in der Branche verrichtet wurden oder ein **Praxissemester** absolviert wurde. Das Tatbestandsmerkmal verlangt erstens eine »Tätigkeit« und die zweitens »in dem Beruf«. Ob dieses Tatbestandsmerkmal von den dual Studierenden tatsächlich erfüllt wurde, wenn diese sich zur Prüfung anmelden, ist von der zuständigen Stelle bei der Zulassung zur Prüfung festzustellen. Bei einer zwei- bis drei- 24

---

30 *VG Braunschweig* 24.1.2002 – 1 A 221/01, EzB § 45 Abs. 2 BBiG Nr. 14; *Taubert,* BBiG, § 45 Rn. 31.

31 So zur Zulassung gem. § 43 Abs. 1: *VG Würzburg* 6.5.2013 – 6 E 13.379, *www.gesetze-bayern.de.*

32 Wohlgemuth/*Maring,* BBiG, § 45 Rn. 19; »frei von Ermessensfehlern«: *VG Karlsruhe* 30.9.1980 – 2 K 98/80, juris.

semestrigen Praxisphase eines dualen Studiums, die als »Berufsausbildung« bezeichnet wird, ohne dass ein Ausbildungsvertrag über eine BBiG/HwO-Ausbildung abgeschlossen wird und ohne dass ein notwendiges Qualifizierungskonzept vorliegt,[33] begegnet eine Zulassung zur Prüfung gem. § 45 Abs. 2 erheblichen rechtlichen Bedenken. Letztlich müsste im Einzelfall nicht nur die Glaubhaftmachung der Handlungskompetenzen erfolgen, sondern auch der Nachweis geführt werden, dass während der **Praxissemester** eine »Tätigkeit im Beruf« erbracht wurde. Gelingt dieser Nachweis, ist die Praxisphase des dualen Studiums weder eine »Berufsausbildung« noch ein »Studium«, dann ist es eine nachgewiesene Tätigkeit im Beruf. Die Ausnahmeregelung kann z. B. greifen, wenn die Berufstätigkeit nicht als Beruf erbracht wurde, sondern z. B. durch ehrenamtliche Tätigkeit, Tätigkeit im Ausland oder Mithilfe im elterlichen Betrieb,[34] oder durch langjährige ungelernte Tätigkeit mit einem entsprechenden Vorbereitungskurs auf die Externenprüfung.[35]

25 Nach dem Wortlaut (»kann«) steht die Zulassung zur Abschlussprüfung unter Verzicht auf die Mindestzeit einschlägiger Berufspraxis im Ermessen der zuständigen Stelle.[36] Maßgebliches Kriterium für die Ausübung des Ermessens ist, ob die berufliche Handlungsfähigkeit erlangt wurde. Dabei ist die Wertung des Gesetzgebers, die berufliche Handlungsfähigkeit auch bei Unterschreiten der Mindestzeit des Abs. 2 Satz 1 für erwerbbar zu halten, zu berücksichtigen. Es dürfen daher keine überspannten Forderungen an den Nachweis der beruflichen Handlungsfähigkeit gestellt werden. Frei von Ermessensfehlern ist die Praxis, für die Zulassung eine praktische Tätigkeit zu verlangen, die nach ihrer Dauer der Ausbildungszeit für den Beruf, für welchen die Prüfung abgelegt werden soll, entspricht.[37] Die Prüfungsordnung der zuständigen Stelle[38] kann den Umgang mit der Mindestzeit gem. Abs. 2 Satz 3 und mit den entsprechenden Glaubhaftmachungen bei dual Studierenden konkretisieren und vereinheitlichen. Aus Gründen der Chancengleichheit darf der Prüfungsstoff bei Prüflingen, die aufgrund ihrer Berufserfahrung gem. Abs. 2 zur Abschlussprüfung zugelassen werden, nicht gegenüber denjenigen beschränkt werden, welche die grundsätzlich erforderliche Berufsausbildung i. S. d. § 43 BBiG absolviert haben.[39]

4. Berücksichtigung von Bildungsabschlüssen und Berufstätigkeit im Ausland (Abs. 2 Satz 4)

26 Durch Abs. 2 Satz 4 wird klargestellt, dass bei der Zulassung zur Abschlussprüfung auch Kenntnisse und Fertigkeiten zu berücksichtigen sind, die ganz oder teilweise im **Ausland** erworben wurden. Die Berücksichtigung erfolgt nicht allein bei Abschlüssen oder Berufstätigkeit im EU-Ausland. Zu berücksichtigen sind Abschlüsse und Berufstätigkeit im **gesamten** Ausland. Die Berücksichtigung wird **zwingend** angeordnet. Sie steht nicht im Ermessen der zuständigen Stelle. Eine Nichtberücksichtigung ist in vollem Umfang durch das Verwaltungsgericht überprüfbar.

33 Siehe § 43 Abs. 2.
34 *Taubert*, BBiG, § 45 Rn. 31; Wohlgemuth/*Maring*, BBiG, § 45 Rn. 19.
35 Siehe Rn. 29 ff.
36 *Taubert*, BBiG, § 45 Rn. 34 m. w. N.
37 *VG Karlsruhe* 30. 9. 1980 – 2 K 98/80, juris.
38 Siehe § 47.
39 *VG München* 20. 5. 2014 – 16 K 13.3773, bestätigt durch *VGH München* 17. 11. 2014 – 22 ZB 14.1633, *www.gesetze-bayern.de; Schubert/Schaumberg* AFBG/BBiG, zu 2.

Abs. 2 Satz 4 bezieht sich auf den gesamten Inhalt des Abs. 2. Bildungsabschlüsse und Berufstätigkeit im Ausland sind dabei sowohl beim Nachweis der Mindestzeit als auch beim Nachweis der beruflichen Handlungsfähigkeit nach Abs. 2 Satz 3 zu berücksichtigen. 27

Dies entspricht dem Regelungsziel des Gesetzes über die Feststellung der Gleichwertigkeit von Berufsqualifikationen ›**Berufsqualifikationsfeststellungsgesetz**‹, das seit dem 1. April 2012 gilt. Das damit verfolgte Ziel ist, über ein Anerkennungsgesetz die vielfältigen Qualifikationen der zugewanderten Bevölkerung besser als bisher zur Geltung zu bringen und so einen Beitrag zur Sicherung des Fachkräftebedarfs und zur besseren Arbeitsmarktintegration zu leisten. 28

IV. Zulassung nach Feststellung der Handlungsfähigkeit (Abs. 3)

Der neue Abs. 3 des § 45 regelt, dass Personen mit dem Ergebnis der vollständigen Vergleichbarkeit im Rahmen des Verfahrens zur Feststellung individuell erworbener beruflicher Handlungsfähigkeit nach Abschnitt 6 zur Externenprüfung zugelassen werden. Auf die Zulassung besteht ein Anspruch, wenn die vollständige Vergleichbarkeit bescheinigt wurde. Das ist insofern bemerkenswert, als die bescheinigte, sogenannte »vollständige Vergleichbarkeit« der beruflichen Handlungsfähigkeit ebenso wie eine Prüfung das Vorliegen der beruflichen Kompetenzen belegen soll (s. § 50b Rn. 4). Insofern erschließt sich erst einmal nicht, wieso jemand, dem die Bescheinigung gem. § 50b ausgestellt wurde, im Anschluss noch die Zulassung zur Prüfung beantragen sollte. Aus der Gesetzesbegründung ergibt sich, dass der Anwendungsbereich dieser Zulassungsregelung endlich sein kann. Danach sei Abs. 3 zumindest so lange geboten, wie Personen mit der Feststellung der vollständigen Vergleichbarkeit außerhalb des BBiG und des Bundesrechts, Anschlüsse und begünstigenden Rechtsfolgen nicht zur Verfügung stehen, die mit dem Erwerb eines Ausbildungsabschlusses verbunden sind.[40] Solange also die Anerkennung der Kompetenzen nicht umfassend in dem Maß erfolgt, dass die bescheinigte Vergleichbarkeit sowohl Anschlussqualifizierungen, sozialrechtliche Anerkennung, tarifvertragliche Anerkennungen usw. mit sich bringt, so lange soll wenigstens die Möglichkeit zur Externenprüfung bestehen. Auf diesem Weg kann der in Deutschland anerkannte Abschluss für die genannten formalen Zwecke errungen werden – obwohl die Kompetenzen bereits vorliegen und bescheinigt wurden. 28a

V. Zulassung von Soldatinnen und Soldaten (Abs. 4)

Abs. 4 greift die Regelung des § 86 Abs. 1 BBiG 1969 auf und enthält eine besondere Zulassungsbestimmung für Soldaten und Soldatinnen auf Zeit sowie ehemalige Soldaten und Soldatinnen. Wer Soldatin oder Soldat auf Zeit ist, ergibt sich aus den Vorschriften des **Soldatengesetzes**. Das Bundesministerium der Verteidigung hat den Berufsförderungsdienst der Bundeswehr als zuständige Stelle bestimmt.[41] Die Bescheinigung muss lediglich enthalten, 29

- für welchen Beruf die berufliche Handlungsfähigkeit erworben wurde und
- dass die berufliche Handlungsfähigkeit erworben wurde, die die Zulassung zur Prüfung rechtfertigt.

Die Bescheinigung muss nicht enthalten, welche Tätigkeiten verrichtet wurden, die dazu führen, dass die berufliche Handlungsfähigkeit erworben worden sein soll. Die zuständi- 30

40 BT-Drucks. 20/10857, S. 47.
41 Erlass des BMVG 8.10.1969, VMBl. 1969, S. 415.

ge Stelle ist an den Inhalt der Bescheinigung **gebunden**, da dem Berufsförderungsdienst der Bundeswehr die ausschließliche Zuständigkeit für die Erteilung der Bescheinigung übertragen wurde.[42] Liegt die Bescheinigung vor, besteht ein Anspruch auf Zulassung zur Prüfung. Dadurch werden im militärischen Bereich erworbene Kompetenzen zivil- und verwaltungsrechtlich anerkannt und die Eingliederung ehemaliger Soldatinnen und Soldaten auf dem Arbeitsmarkt erleichtert.

VI. Empfehlungen des Hauptausschusses beim Bundesinstitut für Berufsbildung

31 Der Hauptausschuss beim Bundesinstitut für Berufsbildung hat eine Empfehlung zur Förderung des Abschlusses in einem anerkannten Ausbildungsberuf durch die Externenprüfung beschlossen.[43]

32 Auch der Beschluss Nr. 94 vom 28. Februar 1996 des **Hauptausschusses des Bundesinstituts für Berufsbildung** (BIBB) »Empfehlung des Hauptausschusses des Bundesinstituts für Berufsbildung zur Qualifizierung von Personen ohne formalen Berufsabschluss durch Nachholen von anerkannten Ausbildungsabschlüssen im Verbund mit Beschäftigung«[44] beinhaltet eine Empfehlung für die Externenprüfung.

VII. Anwendbarkeit auf andere Prüfungen

33 Die Vorschrift gilt nicht im Handwerk. Die Zulassung zur Gesellenprüfung in besonderen Fällen ist in § 37 HwO geregelt. Für Zwischenprüfungen, Fortbildungs- oder Umschulungsprüfungen gilt § 45 mangels einer Verweisung nicht. Für das Validierungsverfahren gelten die §§ 45 Abs. 2 Sätze 2 bis 4, 50b Abs. 2 Satz 2.

§ 46 Entscheidung über die Zulassung

(1) Über die Zulassung zur Abschlussprüfung entscheidet die zuständige Stelle. Hält sie die Zulassungsvoraussetzungen nicht für gegeben, so entscheidet der Prüfungsausschuss.

(2) Auszubildenden, die Elternzeit in Anspruch genommen haben, darf bei der Entscheidung über die Zulassung hieraus kein Nachteil erwachsen.

Inhaltsübersicht

I. Allgemeines

1 § 46 greift die Regelung des ehemaligen § 39 Abs. 2 auf und weist die Entscheidung über die Zulassung zur Abschlussprüfung der zuständigen Stelle zu. Lehnt diese die Zulassung

42 *Taubert,* BBiG, § 44 Rn. 39.
43 Beschluss Nr. 96, 13. 6. 1996, *www.bibb.de.*
44 BWP 3/1996.

ab, so hat der Prüfungsausschuss zu entscheiden. Die Entscheidung über die Zulassung bezieht sich auf **alle** in den § 43 bis 45 vorgesehenen Zulassungsvarianten.

II. Antrag auf Zulassung

Das Zulassungsverfahren wird durch einen **Antrag** eingeleitet. Antragsberechtigt ist jedenfalls der Prüfungsbewerber, auch wenn er noch nicht in vollem Umfang geschäftsfähig sein sollte. Die Einwilligung der Erziehungsberechtigten zum Ausbildungsverhältnis gem. § 113 BGB umfasst auch den Antrag auf Zulassung zur Prüfung durch den Minderjährigen. In Prüfungsordnungen kann vorgesehen werden, dass auch Ausbildende den Antrag mit Zustimmung der Auszubildenden stellen dürfen. 2

Die Einzelheiten des Antragsverfahrens werden sinnvollerweise in Prüfungsordnungen geregelt. Das Gesetz enthält zum Zulassungsverfahren lediglich die Regelung in § 46 über die **Entscheidungskompetenz**. Soweit in der Prüfungsordnung für den Antrag auf Zulassung zur Prüfung förmliche Bedingungen durch Fristen und Formulare aufgestellt werden, muss berücksichtigt werden, dass eine Verweigerung der **Prüfungszulassung** für den Prüfling das Grundrecht auf Berufsfreiheit aus Art. 12 GG berührt. Dies gilt umso mehr, als die Norm, mit der zum Erlass von Prüfungsordnungen ermächtigt wird (§ 47), eine ausdrückliche Kompetenz zur Schaffung von materiell rechtlichen Ausschlussfristen, nicht normiert ist. Das Einhalten von Fristen ist daher als **Mitwirkungshandlung** des Prüflings zu verstehen. Vereitelt der Prüfling durch pflichtwidriges Unterlassen der ihm obliegenden Mitwirkungshandlung das Prüfungszulassungsverfahren, kann die Zulassung zur Prüfung **verweigert** werden.[1] 3

Die Musterprüfungsordnung verlangt in § 12 Abs. 1 das Stellen des Antrags auf bestimmten Formularen. Auch hier ist fraglich, ob das Nichtbenutzen eines Formulars dazu führen kann, dass zur Prüfung nicht zugelassen wird. Formulare haben regelmäßig den Zweck, sicherzustellen, dass alle erforderlichen Angaben gemacht werden und diese in einer für die Verwaltung sinnvolle Reihenfolge zu bringen. Es handelt sich um eine Erleichterung für die Verwaltung, in diesem Fall für die zuständige Stelle. Wer bei seinem Antrag auf Zulassung zur Prüfung das Formular nicht nutzt und alle erforderlichen Angaben anderweitig unterbreitet, **vereitelt das Zulassungsverfahren nicht**. Eine Ablehnung des Antrags auf Zulassung zur Prüfung wegen des Nichtnutzens von Formularen kommt daher nicht in Betracht. Gleiches gilt für das in § 12 Abs. 1 MPO bestimmte Erfordernis, den Antrag schriftlich zu stellen. Liegen alle Unterlagen und Informationen vor, die die zuständige Stelle benötigt, um die Zulassung zur Prüfung beurteilen zu können, kann die Zulassung zur Prüfung nicht mit dem Grund verweigert werden, der Antrag liege nicht schriftlich vor. Zulässig ist daher auch, den Antrag zu Protokoll bei der zuständigen Stelle zu geben. 4

Grundsätzlich kann die Zulassung zu einer Prüfung auch von der Zahlung einer **Prüfungsgebühr** abhängig gemacht werden.[2] Gegenüber Auszubildenden besteht jedoch ein Verbot, Gebühren zu verlangen (§ 37 Abs. 4). Die Ablehnung der Zulassung zur Prüfung wegen Nichtzahlung der Prüfungsgebühr ist jedoch nur dann mit dem Grundrecht aus Art. 12 Abs. 1 GG vereinbar, wenn erfolglos eine **Fristsetzung** mit Ablehnungsandrohung vorausgegangen ist. Die Prüfungsgebühr fällt nicht unter das Verbot, vom Auszubildenden eine Entschädigung für die Berufsausbildung zu verlangen (§ 12 Abs. 2 5

1 *Zimmerling/Brehm*, Prüfungsrecht, Rn. 218; a. A.: *VG Darmstadt* 13. 5. 1986 – III/1 G 1032/86, EzB § 47 BBiG Anmeldung Nr. 4.

2 *Fischer/Jeremias/Dieterich*, PrüfungsR, Rn. 163; *Zimmerling/Brehm*, Prüfungsrecht, Rn. 206.

Nr. 1). Die Prüfungsgebühr muss in der Prüfungsordnung verankert und von der Ermächtigungsgrundlage des § 47 gedeckt sein. Sie muss als Gebühr dem **Kostendeckungsprinzip** und dem **Äquivalenzprinzip** entsprechen. Dabei ist der Wert der Amtshandlung nicht allein die Durchführung, sondern auch in den durch das Bestehen der Prüfung eröffneten Berufsaussichten zu sehen.[3] Der Antrag kann vor der Entscheidung ohne Weiteres zurückgenommen werden.[4] Der Antrag kann auch nach Entscheidung der zuständigen Stelle noch zurückgenommen werden, wenn die Entscheidung der zuständigen Stelle noch nicht unanfechtbar geworden ist.[5]

III. Entscheidung durch die zuständige Stelle (Abs. 1 Satz 1)

6 Der Antrag auf Zulassung zur Abschlussprüfung ist an die zuständige Stelle zu richten. Diese entscheidet gem. Abs. 1 Satz 1 über die Zulassung.

7 Welche Stelle die zuständige Stelle i. S. d. Abs. 1 Satz 1 ist, ist im Gesetz nur unvollständig beschrieben. Die funktionelle **Zuständigkeit** ergibt sich aus den §§ 71 ff. BBiG. Die örtliche Zuständigkeit wird üblicherweise in der **Prüfungsordnung** geregelt (siehe § 12 Abs. 3 MPO[6]). Soweit die Prüfungsordnung zur örtlichen Zuständigkeit eine Regelung enthält, ist **ausschließlich diese**, nicht jedoch eine entgegenstehende Praxis der zuständigen Stelle beachtlich.[7]

8 Die Entscheidung über die Zulassung trifft die **zuständige Stelle**. Durch statuarisches Recht kann bestimmt werden, wer innerhalb der zuständigen Stelle zu entscheiden hat. Im Falle der Nichtregelung ist dies die Geschäftsführung.[8] In welcher Form dem Auszubildenden mitgeteilt wird, dass er zur Prüfung zugelassen wurde, ist gesetzlich nicht normiert. § 13 MPO (siehe § 47) macht hierzu einen Vorschlag. Falls in der Prüfungsordnung keine konkreten Vorgaben enthalten sind, liegt die Form im Ermessen der zuständigen Stelle.[9] Zu der Frage, unter welchen Voraussetzungen zur Prüfung zuzulassen ist, s. §§ 43 bis 45.

9 Die Entscheidung der zuständigen Stelle über die Zulassung können nach den Vorschriften des jeweiligen Landesverwaltungsverfahrensgesetzes zurückgenommen oder widerrufen werden oder nichtig sein. Die Formulierung in § 13 Abs. 4 MPO, die Zulassung könne widerrufen werden, wenn sie aufgrund von gefälschten Unterlagen oder falschen Angaben ausgesprochen wurde, ist insofern irreführend, als das **Verwaltungsverfahrensgesetz** in den Fällen, in denen ein Verwaltungsakt durch Täuschung erwirkt wird, von der Rücknahme eines rechtswidrigen Verwaltungsakts spricht. Die Regelung in § 13 Abs. 4 MPO ist auch nicht abschließend. Die Entscheidung über den Antrag auf Zulassung zur Abschlussprüfung ist ein Verwaltungsakt, der dem Verwaltungsverfahrensgesetz des jeweiligen Bundeslands unterliegt, so dass die beschriebenen Möglichkeiten zur Aufhebung des Verwaltungsakts bestehen bleiben.

---

3 *Zimmerling/Brehm*, Prüfungsrecht, Rn. 207.
4 *Braun/Mühlhausen*, BBiG, § 39 a. F. Rn. 20.
5 *Braun/Mühlhausen*, BBiG, § 39 a. F. Rn. 20.
6 Abgedruckt unter § 47 Rn. 20.
7 *VG Düsseldorf* 11. 3. 1988 – 15 L 466/88, EzB § 47 BBiG Anmeldung Nr. 5.
8 Wohlgemuth/*Maring*, BBiG, § 46 Rn. 3.
9 *Braun/Mühlhausen*, BBiG, § 39 a. F. Rn. 25.

IV. Entscheidung durch den Prüfungsausschuss (Abs. 1 Satz 2)

Kommt die zuständige Stelle bei ihren Prüfungen zu dem Ergebnis, dass die **Zulassungsvoraussetzungen** nicht vorliegen, sie also den Antrag auf Zulassung zur Abschlussprüfung ablehnen möchte, entscheidet der Prüfungsausschuss. Der Prüfungsausschuss ist nicht lediglich zuständig, wenn materielle Zulassungsvoraussetzungen nicht vorliegen. Nach dem Wortlaut von Abs. 1 Satz 2 ist er immer dann zuständig, wenn Zulassungsvoraussetzungen im Allgemeinen nicht vorliegen. Dies bedeutet, dass der Prüfungsausschuss auch dann zuständig ist, wenn die zuständige Stelle meint, formelle Voraussetzungen für die Zulassung, z. B. die fristgemäße Antragsstellung, sei nicht erfüllt.[10] Zuständig ist der Prüfungsausschuss, der im Fall der Zulassung die Prüfung **abnimmt**. Ist ein gemeinsamer Prüfungsausschuss mehrerer zuständiger Stellen gem. § 39 Abs. 1 Satz 2 errichtet, ist dieser zuständig. 10

Die Entscheidung des Prüfungsausschusses über die Zulassung zur Abschlussprüfung ist für die zuständige Stelle **bindend**. Die zuständige Stelle muss die Entscheidung des Prüfungsausschusses umsetzen und dem Antragsteller durch einen begünstigenden Verwaltungsakt die Teilnahme an der Prüfung ermöglichen.[11] Ist der Beschluss des Prüfungsausschusses aus Sicht der zuständigen Stelle offenkundig rechtswidrig, kann sie diesen in einem Organstreitverfahren vor dem Verwaltungsgericht aufheben lassen. Eine eigenmächtige Abänderung des Beschlusses des Prüfungsausschusses durch die zuständige Stelle kommt auch in einem solchen Fall nicht in Betracht.[12] Etwas anderes gilt nach Art. 20 Abs. 3 GG nur dann, wenn in entsprechender Anwendung der Grundsätze des § 44 Abs. 1 VwVfG ein besonders schwerwiegender Fehler vorliegt, der bei verständiger Würdigung aller in Betracht kommenden Umständen offensichtlich ist und im Fall eines Verwaltungsaktes zu dessen Nichtigkeit führen würde. Ein besonders schwerer Fehler liegt nur dann vor, wenn der Verwaltungsakt mit tragenden Verfassungsprinzipien oder der Rechtsordnung immanenten Wertvorstellungen unvereinbar wäre und von niemandem erwartet werden könnte, den Verwaltungsakt als verbindlich anzuerkennen. Der Fehler muss sich auf den Verwaltungsakt beziehen, nicht auf das Verhalten der Behörde. Es reicht daher nicht aus, dass der Prüfungsausschuss die Voraussetzungen für die Zulassung zur Prüfung offenkundig verkannt hat, sondern die Entscheidung darf unter keinem denkbaren Gesichtspunkt mehr gerechtfertigt erscheinen.[13] Wegen der Zuständigkeit des Prüfungsausschusses für eine etwaige ablehnende Entscheidung über die Prüfungszulassung ist eine generelle Mitteilung durch die zuständige Stelle, dass Auszubildende eines bestimmten schulischen Ausbildungsganges mangels ausreichenden Ausbildungskonzepts nicht zur Prüfung zugelassen werden, kritisch zu sehen.[14] 11

V. Rechtsmittel

Wurde der Antrag auf Zulassung zur Abschlussprüfung abgelehnt, ist dies dem Prüfungsbewerber mitzuteilen. § 13 Abs. 3 MPO sieht vor, dass die Entscheidung **schriftlich** mitgeteilt wird. Eine ablehnende Entscheidung ist nach dem Vorschlag des § 13 Abs. 3 Satz 2 MPO sowie nach dem jeweiligen Landesverwaltungsverfahrensgesetz zu **begründen**. 12

10 *Taubert*, BBiG, § 46 Rn. 8; a. A.: *Benecke/Hergenröder*, BBiG, § 46 Rn. 7.
11 *OVG Bremen* 6. 5. 2019 – 2 B 122/19 –, Rn. 18, juris.
12 Wohlgemuth/*Maring*, BBiG, § 46 Rn. 7 f.; a. A.: *VG Hamburg* 3. 5. 1983 – 6 VG 1110/83, EzB § 43 Abs. 1 BBiG Nr. 5.
13 *OVG Bremen* 6. 5. 2019 – 2 B 122/19, Rn. 22, juris.
14 *OVG NRW* 20. 12. 2019 – 4 B 335/19, Rn. 11, *www.nrwe.de.*

Gegen die ablehnende Entscheidung kann ggf. **Widerspruch**[15] eingelegt werden. Die Widerspruchsfrist beträgt einen Monat, nachdem die ablehnende Entscheidung dem Prüfungsbewerber bekannt gegeben worden ist. Wurde auf die Widerspruchsfrist im Bescheid der zuständigen Stelle nicht hingewiesen, verlängert sie sich regelmäßig auf ein Jahr (§§ 70, 58, 60 Abs. 1–4 VwGO). Der Widerspruch ist an die zuständige Stelle zu richten. Sie entscheidet darüber, ob er zulässig und begründet ist, dem Prüfungsausschuss steht keine erneute Entscheidungsbefugnis entsprechend Abs. 1 Satz 2 zu, falls die zuständige Stelle den Widerspruch zurückweisen will.[16] Ändert die zuständige Stelle auf den Widerspruch des Prüfungsbewerbers den Verwaltungsakt nicht ab, sondern ergeht ein bestätigender **Widerspruchsbescheid**, kann der Prüfungsbewerber gegen diesen Bescheid bei dem Verwaltungsgericht klagen. Auch der Ausbildende kann durch den Antrag auf Nichtzulassung beschwert sein, sodass ihm ein eigenes Klagerecht zusteht. Dies gilt insbesondere dann, wenn die Zulassung aus einem Grund verweigert wird, den der **Ausbildende** zu vertreten hat und der Ausbildende damit rechnen muss, hierfür in Anspruch genommen zu werden. Das Ziel der Klage ist, die zuständige Stelle zu verpflichten, den Prüfungsbewerber zur Prüfung zu zulassen.[17] Wegen anstehender Prüfungstermine besteht häufig Eilbedürftigkeit, so dass ein Verfügungsgrund für den Erlass einer einstweiligen Anordnung gem. § 123 VwGO bestehen kann. In diesem Fall wird aufgrund einer vorläufigen Anordnung zur Prüfung zugelassen. § 46 Abs. 1 kann nicht entnommen werden, dass es bei Zweifeln über die Gültigkeit bzw. Rechtmäßigkeit der Zulassung oder Nichtzulassung zur Prüfung rechtlich ausgeschlossen wäre, den Kandidaten zunächst nur vorläufig an der Prüfung teilnehmen zu lassen.[18] Grundsätzlich kann daher im sich anschließenden Hauptsacheverfahren noch festgestellt werden, dass die Voraussetzungen für die Zulassung zur Prüfung nicht vorlagen. In diesem Fall sind die Prüfungsleistungen nicht, auch nicht teilweise, anzuerkennen.[19] Etwas anderes gilt nur für den Fall, dass die Zulassung zur Prüfung mit dem Grund verweigert wurde, die Ausbildungszeit sei noch nicht zurückgelegt worden, weswegen es an der erforderlichen beruflichen Handlungsfähigkeit fehle. Diese Annahme ist durch das Bestehen der Prüfung, zu der man vorläufig zugelassen wurde, widerlegt. Der Verstoß beeinträchtigt die Rechtmäßigkeit des Prüfungsverfahrens nicht so wesentlich, dass den Prüfungsteilnehmer später die Anerkennung der erbrachten Prüfungsleistung zu versagen ist.[20] Enthält die einstweilige Anordnung keine Einschränkung, erstreckt sie sich auch auf die mündliche Prüfung.[21]

VI. Benachteiligungsverbot bei Elternzeit (Abs. 2)

13 Nach Abs. 2 ist eine Benachteiligung von Auszubildenden, die **Elternzeit** in Anspruch genommen haben, bei der Zulassung zur Prüfung verboten. Es handelt sich um eine Regelung, mit der die Betreuung und Erziehung eines Kindes in den ersten Lebensjahren durch ein Elternteil gefördert werden soll. Die zuständige Stelle und der Prüfungsausschuss haben daher darauf zu achten, dass die Zeiten von Elternzeit bei der Zulassung zur Abschlussprüfung nicht negativ bewerten. Nicht negativ berücksichtigt werden darf daher, wenn durch die Inanspruchnahme der Elternzeit die Ausbildungszeit sehr lange ist

15 Die Länder haben die *Vorschriften* zum Widerspruch teilweise abweichend geregelt.
16 *Taubert*, BBiG, § 46 Rn. 17.
17 Wohlgemuth/*Maring*, BBiG, § 46 Rn. 11.
18 *VGH München* 13.12.2016 – 22 ZB 15.2476, *www.gesetze-bayern.de.*
19 *Taubert*, BBiG, § 46 Rn. 20.
20 *VGH Baden-Württemberg* 13.10.1976 – VI 819/76, EzB § 43 Abs. 1 BBiG Nr. 3.
21 *OVG Hamburg* 29.12.1989 – Bs VI 93/89, EzB § 39 BBiG 1969 Nr. 14.

oder die Erfüllung der Zulassungsvoraussetzungen längere Zeit zurückliegt.[22] Auch eine Zulassung zur **Abschlussprüfung** während der Elternzeit muss wegen Abs. 2 ermöglicht werden.[23]

Obgleich im Gesetz nicht ausdrücklich benannt, bestehen **weitere Benachteiligungsverbote**. Zu beachten ist z.B. § 2 Abs. 1 Nr. 1, 7 AGG. Wenngleich die zuständige Stelle nicht Normadressat des § 612a BGB ist, gebietet es der Grundsatz der Vermeidung von Wertungswidersprüchen bei der Entscheidung über die Zulassung zur Abschlussprüfung § 612a BGB i. V. m. Mutterschutzzeiten, Pflegezeiten nach dem Pflegezeitgesetz oder Fehlzeiten aufgrund der Bildungsurlaubsgesetze der Länder nicht nachteilig zu werten.

VII. Rücktritt, Nichtteilnahme

Im Gesetz nicht ausdrücklich geregelt ist, welche Folgen es für die Zulassung zur Abschlussprüfung hat, wenn der Prüfling vor Beginn der Prüfung von dieser **zurücktritt**. § 23 Abs. 1 MPO (abgedruckt unter § 47 Rn. 20) lässt dies ausdrücklich zu. Ausreichend ist nach diesem Vorschlag eine schriftliche Erklärung. Die Prüfung gilt dann als nicht abgelegt, sodass erneut der Antrag auf Zulassung zur Abschlussprüfung gestellt werden kann. Die **Rücktritterklärung** ist vom Prüfling selbst abzugeben. Adressat der Rücktritterklärung ist die zuständige Stelle, nicht der Prüfungsausschuss oder einzelne Prüfer. Fühlt ein Prüfling sich der Prüfung wegen einer seiner Meinung nach unzureichenden Ausbildung nicht gewachsen und ist er der Meinung, er könne deshalb die Prüfung (noch) nicht ablegen, so muss er dies spätestens vor Beginn der Prüfung vorbringen.[24] Der Rücktritt von der Prüfung ist als einseitige rechtsgestaltende Willenserklärung unwiderruflich. Ein Teilrücktritt lediglich von einzelnen Prüfungsteilen ist nicht zulässig.[25] 14

Nach der Regelung in § 23 Abs. 2–5 MPO ist ein Rücktritt nach Beginn der Prüfung nicht mehr möglich. Die Prüfung wird dann mit null Punkten bewertet. Nimmt ein Prüfling an der Prüfung nicht teil, kann hierfür jedoch einen wichtigen Grund unverzüglich nachweisen, werden bereits erbrachte, selbstständige Prüfungsleistungen anerkannt. 15

Der Prüfungsrücktritt muss **unverzüglich** erfolgen, also zum frühestmöglichen Zeitpunkt, zu dem die Rücktrittserklärung vom Prüfling in zumutbarer Weise hätte erwartet werden können. Dies ergibt sich aus dem verfassungsrechtlich gewährleisteten Grundsatz der Chancengleichheit bei der Prüfung, der das gesamte Prüfungsrecht beherrscht. Eine zusätzliche Prüfungschance, die den Grundsatz der Chancengleichheit verletzt, erlangt sowohl derjenige, dem es gelingt, durch nachträglich vorgetäuschte Prüfungsunfähigkeit die Genehmigung des Rücktritts zu erreichen, als auch der, der tatsächlich prüfungsunfähig war, sich aber in Kenntnis seines Zustandes der Prüfung unterzogen hat und sich im Falle des Misserfolgs durch nachträglichen Rücktritt den Rechtswirkungen der fehlgeschlagenen Prüfung entzieht.[26] Erkennt der Prüfling seine »Prüfungsunfähigkeit«, muss er ohne weitere Verzögerung zum frühestmöglichen ihm zumutbaren Zeitpunkt seinen Rücktritt erklären und dabei auch unverzüglich die **Gründe hierfür mitteilen**. Zur Mitwirkungspflicht des Prüflings gehört es dabei auch, dass er sich bei Auftreten gesundheitlicher Beeinträchtigungen selbst um die Frage seiner Prüfungsfähigkeit und eines eventuell erforderlichen Rücktritts kümmert und diese Frage bei auftauchenden Zweifeln

---

22 *Braun/Mühlhausen* BBiG, § 39 a. F. Rn. 41.
23 *Braun/Mühlhausen* BBiG, § 39 Rn. 41.
24 *VG Berlin* 11.5.2011 – 3 K 353.09, *juris*.
25 *Zimmerling/Brehm*, Prüfungsrecht, Rn. 455ff.
26 *VG Ansbach* 28.5.2013 – AN 2 K 12.01594, *juris*.

sofort klärt.[27] Konnte der Prüfling die erhebliche Beeinträchtigung seiner Prüfungsfähigkeit während der Prüfung nicht in ausreichendem Maß erkennen, ist der Rücktritt von der Prüfung wegen Prüfungsunfähigkeit auch nach Beendigung der Prüfung noch möglich.[28]
Die Zulassung zur Abschlussprüfung bleibt erteilt, nicht abgelegte Teile werden – obwohl dies in der Musterordnung nicht ausdrücklich normiert ist – nachgeholt. Dabei ist zu beachten, dass der wichtige Grund unverzüglich **mitzuteilen und nachzuweisen** ist. Im Krankheitsfall ist die Vorlage eines ärztlichen Attestes erforderlich. Ausdrücklich nicht verlangt wird ein amtsärztliches Attest. Das Attest muss sich darauf beziehen, dass Prüfungsunfähigkeit vorliegt. Eine Bescheinigung über Arbeitsunfähigkeit ist nicht ausreichend. Nicht ausreichend ist, wenn ein Leiden bescheinigt wird, dass gerade durch die **Prüfungssituation** verursacht wurde. Leistungsbeeinträchtigungen, die in den spezifischen Belastungen der Prüfung liegen und denen jeder Prüfling je nach Konstitution mehr oder weniger stark ausgesetzt ist, gehören zum **Risikobereich** des Prüflings.[29]

VIII. Anwendbarkeit auf andere Prüfungen

16 Die Vorschrift gilt nicht im Handwerk. Die Entscheidung über die Zulassung zur Gesellenprüfung ist in § 37a HwO geregelt. § 46 gilt auch für Prüfungen bei Fortbildungen (§ 56 Abs. 1 Satz 2), Umschulungen (§ 62 Abs. 3 Satz 2) und über Zusatzqualifikationen (§ 49 Abs. 2), mangels einer Verweisung in § 48 jedoch nicht für Zwischenprüfungen.

§ 47 Prüfungsordnung

(1) Die zuständige Stelle hat eine Prüfungsordnung für die Abschlussprüfung zu erlassen. Die Prüfungsordnung bedarf der Genehmigung der zuständigen obersten Landesbehörde.
(2) Die Prüfungsordnung muss die Zulassung, die Gliederung der Prüfung, die Bewertungsmaßstäbe, die Erteilung der Prüfungszeugnisse, die Folgen von Verstößen gegen die Prüfungsordnung und die Wiederholungsprüfung regeln. Sie kann vorsehen, dass Prüfungsaufgaben, die überregional oder von einem Aufgabenerstellungsausschuss bei der zuständigen Stelle erstellt oder ausgewählt werden, zu übernehmen sind, sofern diese Aufgaben von Gremien erstellt oder ausgewählt werden, die entsprechend § 40 Abs. 2 zusammengesetzt sind.
(3) Im Fall des § 73 Absatz 1 erlässt das Bundesministerium des Innern, für Bau und Heimat oder das sonst zuständige Fachministerium die Prüfungsordnung durch Rechtsverordnung, die nicht der Zustimmung des Bundesrates bedarf. Das Bundesministerium des Innern und für Heimat oder das sonst zuständige Fachministerium kann die Ermächtigung nach Satz 1 durch Rechtsverordnung auf die von ihm bestimmte zuständige Stelle übertragen.
(4) Im Fall des § 73 Absatz 2 erlässt die zuständige Landesregierung die Prüfungsordnung durch Rechtsverordnung. Die Ermächtigung nach Satz 1 kann durch Rechtsverordnung auf die von ihr bestimmte zuständige Stelle übertragen werden.

---

27 *VG Berlin* 7.7.2014 – 12 K 882.13; *VG Ansbach* 28.5.2013 – AN 2 K 12.01594, juris.
28 *VGH München* 6.7.1987 – M 3 K 85.6648, *www.gesetze-bayern.de.*
29 *OVG NRW* 18.12.2012 – 14 E 1040/12, *www.nrwe.de; Zimmerling/Brehm,* Prüfungsrecht, Rn. 466.

(5) Wird im Fall des § 71 Absatz 8 die zuständige Stelle durch das Land bestimmt, so erlässt die zuständige Landesregierung die Prüfungsordnung durch Rechtsverordnung. Die Ermächtigung nach Satz 1 kann durch Rechtsverordnung auf die von ihr bestimmte zuständige Stelle übertragen werden.
(6) Der Hauptausschuss des Bundesinstituts für Berufsbildung erlässt für die Prüfungsordnung Richtlinien.

Inhaltsübersicht Rn.

I. Allgemeines

1 § 47 knüpft an § 41 BBiG 1969 an. Ebenso wie diese Vorgängervorschrift sind nach § 41 zwingend **Prüfungsordnungen** durch die zuständigen Stellen zu erlassen. Für den öffentlichen Dienst wird die Verbindlichkeit der Prüfungsordnung seit dem 1.1.2020 dadurch erhöht, dass die Prüfungsordnung als Rechtsverordnung zu erlassen ist, nicht nur als Richtlinie für die Verwaltung. Die zwingenden und fakultativen Inhalte der Prüfungsordnung werden beschrieben. Wie auch in § 41 BBiG 1969 wird der Hauptausschuss des Bundesinstituts für Berufsbildung verpflichtet, für die Prüfungsordnung Richtlinien zu erlassen.

II. Pflicht zum Erlass von Prüfungsordnungen (Abs. 1)

2 Nach Abs. 1 hat die zuständige Stelle eine Prüfungsordnung für die Abschlussprüfung zu erlassen. Die Vorschrift ist **zwingend**. Zuständig für den Erlass der Prüfungsordnung ist gem. § 79 Abs. 4 der **Berufsbildungsausschuss** der zuständigen Stelle. Hierfür ist zunächst ein ordnungsgemäßer **Beschluss** des Berufsbildungsausschusses zu fassen. Dies setzt die Beachtung der Formalia gem. der §§ 77, 78 voraus. Nach dem Mehrheitsbeschluss durch den Berufsbildungsausschuss muss die **Genehmigung** der zuständigen obersten Landesbehörde gem. Abs. 1 Satz 1 eingeholt werden. Als dritter Schritt für den Erlass der Prüfungsordnung muss diese veröffentlicht werden. Dies erfolgt üblicherwei-

se im amtlichen Teil des Mitteilungsblattes der zuständigen Stelle.[1] Die Verkündung im Mitteilungsblatt der zuständigen Stelle ist ausreichend, sofern niemand von der Bezugsmöglichkeit des Blattes ausgeschlossen ist.[2] Die Aufsichtsbehörde der zuständigen Stelle hat zu überwachen, ob die Pflicht zum Erlass einer Prüfungsordnung erfüllt wurde. Die zuständige Aufsichtsbehörde ergibt sich bei Industrie- und Handwerkskammern aus § 11 Abs. 1 IHKG i. V. m. den jeweiligen Ausführungsgesetzen des Landes.

3 Die Prüfungsordnung bedarf der Genehmigung durch die zuständige oberste Landesbehörde (Abs. 1 Satz 2). Welche oberste Landesbehörde zuständig ist, ergibt sich aus den entsprechenden landesrechtlichen Bestimmungen, mit denen die Zuständigkeiten nach dem BBiG geregelt werden. Die Regelung in § 84 Abs. 3 Satz 2 BBiG 1969, wonach die Zustimmung der obersten Landesbehörde entfallen kann, wenn diese selbst zuständige Stelle ist, findet sich im BBiG 2005 nicht mehr. Es bleibt bei der Zuständigkeit der zuständigen Stelle, wenn Bund oder Länder in nicht-handwerklichen Gewerbeberufen oder in Handwerksberufen ausbilden.[3]

4 Im Gesetz ist nicht geregelt, welche **Maßstäbe** die Genehmigungsbehörde anzulegen hat, wenn ihr die Prüfungsordnung zur Genehmigung vorgelegt wird. In Betracht kommt daher allein eine Kontrolle der Prüfungsordnung darauf, ob sie rechtmäßig ist. Überprüft werden muss also, ob die Prüfungsordnung die Mindestinhalte des § 47 Abs. 2 beinhaltet und ob die darüber hinausgehenden Inhalte rechtmäßig **normiert** wurden. Nicht zulässig ist, wenn die oberste Landesbehörde Abweichungen von der Musterprüfungsordnung gem. Abs. 3 rügt, es sich hierbei jedoch nicht um die Auslassung zwingender Inhalte gem. Abs. 2 Satz 1 und auch nicht um rechtswidrige Regelungen handelt. Die Musterprüfungsordnung setzt Abs. 3 um und hat demzufolge lediglich den Charakter einer Richtlinie.[4] Aufgrund der fehlenden Bindungswirkung der Richtlinie ist die oberste Landesbehörde nicht verpflichtet und auch nicht berechtigt, im Genehmigungsverfahren die Übereinstimmung mit der Richtlinie zu prüfen oder zu rügen.[5]
Die Genehmigung ist kein Verwaltungsakt.[6]

III. Inhalt der Prüfungsordnung (Abs. 2)

5 Abs. 2 beschreibt Inhalte der Prüfungsordnung vor. In Abs. 2 Satz 1 sind zwingende Inhalte abschließend aufgelistet. In Satz 2 werden fakultative Inhalte exemplarisch angeboten.

1. Mindestinhalte der Prüfungsordnung (Abs. 2 Satz 1)

6 Die Prüfungsordnung muss mindestens Regelungen über die Zulassung zur Abschlussprüfung, die Gliederung der Prüfung, die Bewertungsmaßstäbe, die Erteilung der Prüfungszeugnisse, die Folgen von Verstößen gegen die Prüfungsordnung und die Wiederholungsprüfung enthalten. Dabei sind die Vorschriften des Berufsbildungsgesetzes zu beachten, die einige dieser Themen bereits regeln. Vorhandene Regelungen dürfen nur ausgefüllt, konkretisiert und ergänzt werden. Sie sind als höherrangiges Recht zu beach-

1 *Taubert*, BBiG, § 47 Rn. 10.
2 *Braun/Mühlhausen*, BBiG, § 41 Rn. 31.
3 *Taubert*, BBiG, § 73 Rn. 2.
4 *Lakies*, BBiG, § 47 Rn. 5; *Schubert/Schaumberg*, AFBG/BBiG, § 47 BBiG zu 2.; ErfK/*Schlachter*, § 47 BBiG Rn. 1, *www.beck-online.de*.
5 *Braun/Mühlhausen*, BBiG, § 41 Rn. 30; a. A.: *Taubert*, BBiG, § 47 Rn. 12; *Benecke/Hergenröder*, BBiG, § 47 Rn. 7.
6 *Taubert*, BBiG, § 47 Rn. 13.

ten. Mindestinhalte in der Prüfungsordnung, die gegen höherrangiges Recht verstoßen, sind unbeachtlich. Die Prüfungsordnung bleibt aber auch bei Rechtswidrigkeit einzelner Vorschriften im Übrigen in Kraft.

a) Zulassung zur Abschlussprüfung

Die Prüfungsordnung soll die Zulassung zur Abschlussprüfung präzisieren. Die Regelungsbefugnis der zuständigen Stelle erstreckt sich lediglich auf die Bereiche, die nicht abschließend gesetzlich geregelt sind. Materielle Zulassungsvoraussetzungen, die über die §§ 43 bis 45 hinausgehen, dürfen nicht aufgestellt werden.[7] Der Regelungspunkt »Zulassung zur Abschlussprüfung« bezieht sich dadurch im Wesentlichen auf die Regelung des **formellen Zulassungsverfahrens**. Soweit darin keine grundrechtsrelevante Zugangsbeschränkung enthalten ist, kann z. B. die Form der Anmeldung geregelt werden. Das Bestimmen von Fristen für den Antrag auf Zulassung zur Prüfung ist zulässig, wenn die Fristversäumnis nicht zum Aufschluss von der Abschlussprüfung, sondern lediglich zur **Teilnahme** erst am nächsten Prüfungstermin führt. Auch bei der Bestimmung von Unterlagen, die dem Antrag auf Zulassung zur Abschlussprüfung beigefügt werden müssen, ist darauf zu achten, dass der Zugang zum Beruf nicht endgültig verschlossen bleibt, sondern die Vorgaben der Strukturierung des Verwaltungsverfahrens dienen. Anspruch auf eine bestimmte zuständige Stelle, die für die Abschlussprüfung zuständig sein soll, besteht nicht. Insofern kann die Zuständigkeit in der **Prüfungsordnung** geregelt werden. Eine Bestimmung in der Prüfungsordnung, wonach bei Anträgen auf Zulassung aufgrund praktischer Berufstätigkeit die Industrie- und Handelskammer für die Anmeldung örtlich zuständig ist, in deren Bezirk die Arbeitsstätte des Prüfungsbewerbers liegt, ist wirksam. Das Vertrauen in den Fortbestand einer rechtswidrigen – weil hiergegen verstoßenden – Verwaltungspraxis ist unter rechtsstaatlichen Gesichtspunkten nicht geschützt und vermag auch keine Selbstbindung der Verwaltung herbeizuführen.[8] Als unkritisch beurteilt wurde eine Regelung in einer Prüfungsordnung, mit der § 43 Abs. 1 Nr. 1 in dem Sinne konkretisiert wurde, dass die Ausbildungszeit als nicht zurückgelegt gilt, wenn der Auszubildende mehr als 30 Tage während der gesamten Ausbildungszeit am Berufsschulunterricht nicht teilgenommen hat oder wenn der Auszubildende mehr als 45 Arbeitstage während der gesamten Ausbildungszeit in der Ausbildungsstätte gefehlt hat, es sei denn, er/sie hat die Ausbildung trotz der Fehlzeiten im Wesentlichen tatsächlich systematisch betrieben.[9] 7

Regelungen zur Zulassung zur Abschlussprüfung sind nicht nur für die sog. **Regelzulassung** (§ 43 Abs. 1) sinnvoll, sondern auch für die Zulassung von Externen (§ 43 Abs. 2), für die Zulassung zu gestreckten Prüfungen und in besonderen Fällen (§ 45) sowie für Wiederholungsprüfungen.

b) Gliederung der Prüfungen

Der Verlauf der Prüfung muss für den Prüfling berechenbar sein.[10] Damit müssen die Aufteilung und die zeitliche Abfolge von schriftlichen und soweit erforderlich mündlichen 8

7 *Braun/Mühlhausen,* BBiG, § 41 Rn. 8.
8 *VG Düsseldorf* 11. 3. 1988 – 15 L 466/88, EzB § 47 BBiG Anmeldung Nr. 5.
9 *VG Berlin* 25. 4. 2016 – 3 L 151.16, *www.gerichtsentscheidungen.berlin-brandenburg.de;* s. hierzu auch § 43 Rn. 7ff.
10 *VG Düsseldorf* 21. 10. 1976 – 11 K 2867/75, EzB § 108 BBiG 1969 Nr. 2; *Fischer/Jeremias/Dieterich,* PrüfungsR, Rn. 176.

Prüfungen festgelegt sein. Soweit **Fertigkeitsprüfungen** stattfinden, ist auch hier ihre Eingliederung in den zeitlichen Verlauf festzulegen. Auch die zeitliche Dauer der einzelnen Prüfungen ist festzulegen. Eine geringfügige, etwa zehnminütige Überschreitung der Prüfungszeit führt nicht zur **Fehlerhaftigkeit** der Prüfung, wenn für die längere Dauer sachliche Gründe vorliegen.[11] Die Musterprüfungsordnung sieht in § 15 für die Gliederung der Prüfung lediglich einen Verweis auf die Ausbildungsordnung der zuständigen Stelle vor. Ferner ist in ihr der allgemeine Hinweis enthalten, dass die Prüfung sich, soweit nichts anderes bestimmt ist, in eine **Fertigkeits- und eine Kenntnisprüfung** gliedert. Soweit alle Ausbildungsordnungen eine ausreichende Gliederung der Prüfung enthalten, liegt bei dieser Vorgehensweise wenigstens keine Regelungslücke vor. Der Hauptausschuss vom Bundesinstitut für Berufsbildung hat zur Regelung der Prüfungen in Ausbildungsordnungen eine Empfehlung ausgesprochen (abgedruckt unter § 5 Rn. 16). Die Ausbildungsordnung geht als Rechtsverordnung der Prüfungsordnung der zuständigen Stelle vor. Die Prüfungsordnung ist Rechtsnorm mit **Satzungscharakter**, nicht jedoch Rechtsverordnung (mit Ausnahme des öffentlichen Dienstes, Abs. 3–5) und nicht lediglich interne, allgemeine Verwaltungsvorschrift.[12] Insofern beschränkt die Ausbildungsordnung die Regelungsmöglichkeit in der Prüfungsordnung. Trifft die Ausbildungsordnung eine abschließende Regelung zur Gliederung der Prüfung, kann eine solche in der Prüfungsordnung der zuständigen Stelle nicht mehr erfolgen.

c) Bewertungsmaßstäbe

9 Die Prüfungsordnung muss für alle Prüflinge festlegen, welche Bewertungsmaßstäbe gelten. Möglich und in der Musterprüfungsordnung (§ 24) verwendet, ist eine Schulnotenskala von **sechs Noten** (sehr gut, gut, befriedigend, ausreichend, mangelhaft, ungenügend). Ebenfalls möglich ist ein **Punktesystem**, bei dem erreichte Punkte einer Note zugeordnet werden. § 24 MPO kombiniert beide Systeme, in dem Punkte von 0–100 den Schulnoten zugewiesen werden. In der Prüfungsordnung muss dann noch unzweifelhaft geklärt werden, wann die Prüfungsordnung **bestanden** oder **nicht bestanden** wurde. Werden die Schulnoten verwendet und keine weitere **Bestehensregelung** getroffen, ist die Prüfung nicht bestanden, wenn die gezeigten Leistungen ausnahmslos mit »mangelhaft« oder »ungenügend« bewertet worden sind.[13] Um das Bestehen feststellen zu können, müssen die einzelnen Prüfungsbereiche zueinander **gewichtet** werden. Die Bestehensregelung beinhaltet üblicherweise nicht nur eine Gesamtnote, sondern auch **Mindestnoten** in den verschiedenen Prüfungsbereichen, die sich aus den Ausbildungsordnungen ergeben. Zulässig ist es, sog. »Sperrfächer« zu definieren, in denen die Note mindestens »ausreichend« betragen muss. Dementsprechend hat der Hauptausschuss beim Bundesinstitut für Berufsbildung in seiner Empfehlung Nr. 158[14] für die Regelung von Prüfungsanforderungen in Ausbildungsordnungen beide Alternativen als möglich aufgenommen. Ebenfalls zulässig ist es, bestimmte Fächer von der Wirkung für die Abschlussprüfung vollständig auszunehmen oder **Ergänzungsprüfungen** zu ermöglichen, falls Prüfungsbereiche schlechter als »ausreichend« bewertet wurden. In diesem Fall muss präzise geregelt werden, ob es für die mündliche Ergänzungsprüfung eines Antrags bedarf, wie um-

11 *Taubert*, BBiG, § 47 Rn. 21 m. w. N.
12 *VG Köln* 26. 10. 2007 – 4 K 63/07, *www.nrwe.de; Taubert*, BBiG, § 47 Rn. 7.
13 *Braun/Mühlhausen*, BBiG, § 41 a. F. Rn. 15.
14 Vom 13. 12. 2006, BAnz AT 13. 1. 2014 S1, *www.bibb.de.*

fangreich die Ergänzungsprüfung ist, in welchem Fach sie erfolgt und wie ihr Ergebnis gewertet wird.

Die Bewertungsmaßstäbe sind bis auf den Notenschlüssel aufgrund der Empfehlung des Hauptausschusses zur Regelung von Prüfungsanforderungen in Ausbildungsordnungen regelmäßig in Ausbildungsordnungen enthalten. Dies dient der Einheitlichkeit der Bewertungsmaßstäbe im Ausbildungsberuf. Raum für die gesetzlich angeordnete **Definition** von Bewertungsmaßstäben durch die zuständige Stelle verbleibt so allerdings kaum. 10

Trotz der vorhandenen Regelungen zu den **Bewertungsmaßstäben** verbleibt bei jeder Prüfung noch ein Bewertungsspielraum für die Prüfer.[15] Da jeder Prüfer selbst bei vorheriger Absprache zu den Erwartungen in Bezug auf die Lösungen zu den Prüfungsaufgaben individuelle Bewertungsmaßstäbe hat, ist erforderlich, dass zunächst jeder Prüfer die Prüfungsleistung selbstständig bewertet. Eine selbstständige Bewertung bedeutet jedoch nicht, dass die weiteren Prüfer die Randbemerkungen oder Bewertungen des ersten Prüfers nicht zur Kenntnis nehmen dürfen. Eine solche persönliche, voneinander unabhängige Bewertung muss in der Prüfungsordnung **normiert** werden.[16] Die Musterprüfungsordnung sieht hierzu nicht mehr die selbstständige Bewertung jedes Mitglieds des Prüfungsausschusses voraus (so noch § 25 Abs. 1 MPO Stand 13.5.2020[17]), sondern zitiert in § 25 Abs. 3 MPO, § 42 Abs. 5 Satz 1 BBiG. Damit ist jedoch nur die eigenständige Bewertung durch beauftragte Prüfende in Bezug genommen. Bei einer Prüfungsabnahme durch den Prüfungsausschuss oder eine Prüferdelegation mangelt es an einer Regelung darüber, dass die Prüfungsleistung eigenständig und voneinander unabhängig vorgenommen werden muss. Um die Bewertung im Überprüfungsverfahren, im Widerspruchsverfahren sowie ggf. im Klageverfahren nachvollziehen zu können, bedarf es auch einer **Begründung** für die Bewertung. Die Grundlage und die wesentlichen Kriterien des Bewertungsvorgangs, prüfungsspezifische Wertungen, Einschätzung zum Schwierigkeitsgrad der Aufgaben, Überzeugungskraft der Argumente müssen offengelegt werden. Dies gilt jedenfalls dann, wenn der Prüfling hierzu substantiierte Einwendungen erhebt oder nach einer mündlichen Prüfung danach fragt.[18]Bedenken bestehen auch hinsichtlich des sogenannten Berichterstatterprinzips (§ 39 Abs. 3 BBiG, § 25 Abs. 5 MPO).[19] 11

d) Erteilung der Prüfungszeugnisse

In der Prüfungsordnung ist der Inhalt des nach § 34 Abs. 2 zu erteilenden Zeugnisses festzulegen. Üblicherweise wird als Anhang zu der Prüfungsordnung ein **Zeugnisvordruck** verwendet. Die Angaben auf dem Prüfungszeugnis sind verbindlich festzulegen. Dem Zeugnis muss klar zu entnehmen sein, ob die Abschlussprüfung bestanden wurde. Das Gesetz unterscheidet weder in § 37 noch in § 47 zwischen einem Prüfungszeugnis für die **bestandene** Prüfung noch einem Bescheid für die nicht bestandene Prüfung. Die Prüfungsordnung hat daher auch zu bestimmen, wie das Prüfungszeugnis bei nicht bestandener Prüfung auszusehen hat. Die Musterprüfungsordnung enthält hierzu in § 28 den Vorschlag, dass ein Bescheid über die nicht bestandene Prüfung erteilt wird, welche Angaben dieser enthält und, dass hierfür ein von der zuständigen Stelle vorgeschriebenes Formular zu verwenden ist. 12

15 *Taubert*, BBiG, § 47 Rn. 27 m. w. N.
16 *Zimmerling/Brehm*, Prüfungsrecht, Rn. 613f.
17 Abgedruckt in der 6. Auflage, § 47 Rn. 21.
18 *Zimmerling/Brehm*, Prüfungsrecht, Rn. 630 m. w. N.
19 Siehe § 39 Rn. 15.

e) Verstöße gegen die Prüfungsordnung

13 Die Prüfungsordnung muss Regelungen enthalten, welche Folgen Verstöße gegen die Prüfungsordnung haben. Hierbei ist insbesondere zu regeln, welche Folgen **Täuschungshandlungen oder Störungen des Prüfungsablaufs** nach sich ziehen. Es bestehen keine Bedenken dagegen, bereits die Vorbereitung einer Täuschungshandlung mit dem Nichtbestehen zu sanktionieren,[20] soweit der Versuch der Täuschungshandlung bereits begonnen hat. Insofern lässt sich auf die vorhandene Rechtsprechung zur Abgrenzung zwischen Vorbereitungshandlung und Beginn des Versuchs zu § 23 StGB zurückgreifen. Die Folgen einer Täuschungshandlung, unabhängig davon ob versucht oder beendet, sind in der Prüfungsordnung eindeutig zu beschreiben. Es muss bestimmt werden, ob lediglich die Prüfungsleistung, bei der die Täuschungshandlung festgestellt wurde, als ungenügend bewertet wird oder ob die gesamte Prüfung mit ungenügend bewertet wird. Die Entscheidung, dass der Prüfling wegen eines Täuschungsversuchs die Prüfung nicht bestanden hat, setzt voraus, dass dem Prüfling zuvor **Gelegenheit** gegeben worden ist, sich dazu zu äußern.[21] Nicht erforderlich ist, dass in der Prüfungsordnung eine Liste von Täuschungshandlungen erstellt wird.

14 Ebenfalls zu regeln ist, wie mit festgestellten Täuschungshandlungen oder Störungen im Prüfungsablauf umzugehen ist. Dabei ist zu berücksichtigen, dass es nicht nur auf den Umfang des Täuschungsversuchs ankommt, sondern auch auf die inhaltliche **Bedeutung**. Insofern bleibt es beim Grundsatz der Verhältnismäßigkeit, bei dem der Grad der Verletzung der Wettbewerbsregeln durch den Prüfling und die Beeinträchtigung der Chancengleichheit berücksichtigt werden müssen. Dem Prüfungsausschuss steht dementsprechend ein **Ermessen** zu. Dies spiegelt § 22 Abs. 3 MPO kaum wider. Hier wird als Mindestsanktion die Bewertung der betroffenen Prüfungsleistung mit »ungenügend« angeordnet. Zwingend ist dies nicht. Übt der Prüfungsausschuss kein Ermessen aus, sondern hält er sich fälschlicherweise für verpflichtet, in jedem Fall täuschenden Verhaltens einschreiten zu müssen, führt dieser Ermessensnichtgebrauch zu einer fehlerhaften und **angreifbaren** Entscheidung.[22] Fraglich ist auch, ob dem Prüfling abverlangt werden darf, die Prüfung bei einem vermuteten Täuschungsversuch vorbehaltlich der Entscheidung des Prüfungsausschusses über die Täuschungshandlung **fortzusetzen**. Die Prüfungsbedingungen für diesen Prüfling sind nach Erklärung des Vorbehalts andere als für die übrigen Prüflinge. Der Verdacht einer Täuschungshandlung mit der entsprechenden Sanktion führt zu einer erheblichen psychischen Belastung, die über den Prüfungsstress aller anderen Prüflinge **weit** hinausgeht. Der Täuschungsversuch muss daher aufgeklärt werden und eine Entscheidung während der Prüfung getroffen werden. Dies soll jedenfalls dann gelten, wenn die Aufklärung der Prüfung lediglich geringfügig **verzögert** wird.[23]

15 § 47 ordnet an, dass die Folgen von Verstößen gegen die Prüfungsordnung in der Musterprüfungsordnung normiert werden. Damit sind nicht nur die Folgen von Täuschungshandlungen und Prüfungsstörungen zu definieren, sondern auch die Folgen weiterer Verstöße wie Fristversäumnis beim Antrag auf Zulassung zur Prüfung, fehlende Unterlagen beim Antrag auf Zulassung zur Prüfung. Die Folgen von Verstößen gegen die Prüfungsordnung durch die zuständige Stelle bzw. dem Prüfungsausschuss müssen nicht definiert werden. Sie ergeben sich daraus, dass der Prüfling Anspruch auf Einhaltung der

20 *Fischer/Jeremias/Dieterich*, PrüfungsR, Rn. 229; *Braun/Mühlhausen*, BBiG, § 41 Rn. 19 m. w. N.
21 *Fischer/Jeremias/Dieterich*, PrüfungsR, Rn. 237; *Zimmerling/Brehm*, Prüfungsrecht, Rn. 387.
22 *Zimmerling/Brehm*, Prüfungsrecht, Rn. 399.
23 *OVG Münster* 27.11.1987 – 22 B 3064/87, NVwZ 1988, 455.

Prüfungsordnung hat. Wird hiergegen verstoßen, liegt ein **Verfahrensfehler** vor, der zur Anfechtung des Prüfungsergebnisses berechtigt.

f) Wiederholungsprüfung

16 Prüfungsordnungen müssen auch die Wiederholung der Abschlussprüfung regeln. Die Abschlussprüfung kann bei Nichtbestehen gem. § 37 Abs. 1 Satz 2 BBiG zwei Mal wiederholt werden. In der Prüfungsordnung ist zu regeln, wenn die Wiederholungsprüfung erst nach Ablauf eines bestimmten Zeitraums erfolgen kann oder wann spätestens die Prüfung **wiederholt** werden muss. Es ist auch zu regeln, ob die gesamte Prüfung oder lediglich einzelne Teile zu wiederholen sind. Nötig ist auch eine Regelung darüber, ob ein erneutes Zulassungsverfahren erforderlich ist.

2. Freiwillige Regelungsinhalte

17 § 47 Abs. 2 Satz 2 lässt zu, dass in der Prüfungsordnung eine Regelung zur verpflichtenden Regelung von **Prüfungsaufgaben** enthalten ist. Sofern dies in der Prüfungsordnung enthalten ist, ist eine Verpflichtung des Prüfungsausschusses, überregional erstellte oder ausgewählte Prüfungsaufgaben ohne Einsichtnahme und Beschlussfassung zu übernehmen, rechtmäßig, wenn die Prüfungsaufgaben von paritätisch zusammengesetzten Gremien erstellt oder ausgewählt worden sind.[24] Dies muss der Prüfungsausschuss überprüfen.[25] § 18 Abs. 2 MPO enthält eine entsprechende Anordnung, wenn die zuständige Stelle für die Übernahme entschieden hat. Der Berufsbildungsausschuss kann aufgrund seiner Allzuständigkeit für Fragen der Berufsbildung (§ 79 Abs. 4 BBiG) auch Richtlinien zur Übernahme derartiger Aufgaben erlassen, die die zuständige Stelle bei ihrer Entscheidung zu berücksichtigen hat.

18 Weitere Regelungsinhalte in der Prüfungsordnung sind wegen der subsidiären Allzuständigkeit des Berufsbildungsausschusses zulässig,[26] § 47 Abs. 2 Satz 1 enthält lediglich die **Mindestinhalte**. Denkbar sind also Regelungen zu folgenden Themen:

- Befangenheit von Prüfern,
- Prüfungsunfähigkeit,
- Rücktritt und Nichtteilnahme an der Prüfung,
- Geschäftsführung des Prüfungsausschusses,[27]
- Zuständigkeit für die Zulassung zur Prüfung innerhalb der zuständigen Stelle,
- Anzahl der Mitglieder in Prüfungsausschüssen,[28]
- Prüfungstermine/Prüfungszeitpunkt,[29]
- Regelungen zum Nachteilsausgleich für Menschen mit Behinderungen,[30]
- verbleibende Mindestzeit, Anforderungen an die nachzuweisende berufliche Tätigkeit und die Glaubhaftmachung der beruflichen Handlungskompetenz bei einer sog. »Externenprüfung« gem. § 45 Abs. 2 Satz 3.

---

24 *BVerwG* 13.3.1990 – 7 B 172/89, 7 B 176/89, juris.
25 Wohlgemuth/*Günther*, BBiG, § 47 Rn. 12
26 Wohlgemuth/*Günther*, BBiG, § 47 Rn. 13.
27 Wohlgemuth/*Günther*, a. a. O.
28 Ähnlich: »Allgemeine Regelungen über die Errichtung von Prüfungsausschüssen«, *Taubert*, BBiG, § 47 Rn. 41; a. A. *Herkert/Töltl*, BBiG, § 47 Rn. 15.
29 Wohlgemuth/*Günther*, BBiG, § 47 Rn. 13.
30 Siehe § 38 Rn. 18ff. und Fn. 21.

IV. Prüfungsverordnungen im öffentlichen Dienst

19 Die im Jahr 2020 ergänzten »Absätze 3 und 4 sind Teil des Modernisierungspakets und betreffen die Rechtsform der Prüfungsordnung im Bereich des öffentlichen Dienstes. So sind zuständige Stellen im Bereich des öffentlichen Dienstes Behörden, die im Gegensatz zu den in § 71 genannten Kammern, bei denen es sich um Körperschaften des öffentlichen Rechts handelt, nicht über eine Satzungsautonomie verfügen. Zwar kann eine Behörde etwa Verwaltungsvorschriften erlassen, bei denen jedoch die fehlende Außenwirkung den grundrechtsrelevanten Bestimmungen in einer Prüfungsordnung, insbesondere zum Bestehen und Nichtbestehen einer Prüfung, entgegensteht.
Bisher existiert für den Erlass einer Rechtsverordnung durch die zuständige Stelle keine Rechtsgrundlage. Zur Erhöhung der Rechtssicherheit wird deshalb für den Erlass von Prüfungsordnungen durch zuständige Stellen im Bereich des öffentlichen Dienstes eine Rechtsgrundlage für den Erlass einer Rechtsverordnung geschaffen. Dieses Ziel wird mit den Ergänzungen über den Weg einer Rechtsverordnungsermächtigung im Sinne des Artikel 80 Absatz 1 Satz 1 GG sowie einer Subdelegation im Sinne von Artikel 80 Absatz 1 Satz 4 GG erreicht.«[31]
Die Prüfungsordnung im öffentlichen Dienst ist eine Rechtsverordnung ebenso wie die Ausbildungsordnung. Kollisionen müssen aufgelöst werden: Danach ist das Berufsbildungsrecht einschließlich der Ausbildungsordnungen der Rahmen, in dem sich die Prüfungsverordnung zu halten hat. Insofern gelten bei Prüfungsverordnungen des Bundes gem. Abs. 3 gerade nicht die Grundsätze »speziell vor allgemein« und »die jüngere Regelung ersetzt die ältere Regelung«. Im Fall der Abs. 4 und 5 bricht Bundesrecht, also die Ausbildungsordnung, Landesrecht, also eine etwaig abweichende Prüfungsverordnung.

V. Richtlinien

20 Nach Abs. 3 erlässt der Hauptausschuss des Bundesinstituts für Berufsbildung für die Prüfungsordnungen Richtlinien. Der Hauptausschuss empfiehlt eine Musterprüfungsordnung für die Durchführung von Abschluss- und Umschulungsprüfungen, die seitdem mehrfach angepasst wurde. Außerdem existieren weitere Empfehlungen des Hauptausschusses zu Prüfungen, z. B. für die »Erstellung schriftlich zu bearbeitender, gebundener Prüfungen«[32] sowie zur Durchführung von mündlichen Prüfungen.[33] Die Anforderungen, die in diesen Empfehlungen an Prüfungen gestellt werden, können auch für die Wirksamkeit der jeweiligen Prüfung relevant sein. Die Empfehlungen werden daher im Folgenden abgedruckt.

31 BT-Drucks. 19/10815, S. 64f.
32 Empfehlung Nr. 180, *www.bibb.de/de/11703.php.*
33 Empfehlung Nr. 33, *www.bibb.de/de/11703.php.*

1. Musterprüfungsordnung für die Durchführung von Abschluss- und Umschulungsprüfungen[34]

Auf Grund des Beschlusses des Berufsbildungsausschusses vom … gemäß den Richtlinien des Hauptausschusses vom 8. März 2007 (geändert am 29. August 2022) erlässt die/der/das … (z. B. Industrie- und Handelskammer) als zuständige Stelle nach § 47 Absatz 1 Satz 1 [Absatz 3 bis 5] und § 79 Absatz 4 Satz 1 des Berufsbildungsgesetzes (BBiG) in der Fassung der Bekanntmachung vom 4. Mai 2020 (BGBl. I S. 920), das zuletzt durch Artikel 2 des Gesetzes vom 20. Juli 2022 (BGBl. I S. 1174) geändert worden ist, die folgende Prüfungsordnung für die Durchführung von Abschluss- und Umschulungsprüfungen: 21

Inhaltsverzeichnis

34 Empfehlung Nr. 120, *www.bibb.de.*

Erster Abschnitt: Prüfungsausschüsse und Prüferdelegationen

§ 1 Errichtung

(1) Die zuständige Stelle errichtet für die Durchführung der Abschluss- und Umschulungsprüfungen Prüfungsausschüsse (§ 39 Absatz 1 Satz 1/§ 62 Absatz 3 Satz 1 BBiG).
(2) Prüfungsausschüsse oder Prüferdelegationen nach § 42 Absatz 2 BBiG nehmen die Prüfungsleistungen ab.
(3) Für einen Ausbildungsberuf können bei Bedarf, insbesondere bei einer großen Anzahl von Prüflingen und bei besonderen Anforderungen in der Ausbildungsordnung, mehrere Prüfungsausschüsse errichtet werden.
(4) Mehrere zuständige Stellen können bei einer von ihnen gemeinsame Prüfungsausschüsse errichten (§ 39 Absatz 1 Satz 2 BBiG).

§ 2 Zusammensetzung und Berufung von Prüfungsausschüssen

(1) Der Prüfungsausschuss besteht aus drei Mitgliedern, sofern in einer Anlage zur Prüfungsordnung für bestimmte Prüfungsausschüsse keine höhere Anzahl festgelegt ist. Die Mitglieder müssen für die Prüfungsgebiete sachkundig und für die Mitwirkung im Prüfungswesen geeignet sein (§ 40 Absatz 1 Satz 2 BBiG).
(2) Dem Prüfungsausschuss müssen als Mitglieder Beauftragte der Arbeitgeber und der Arbeitnehmer in gleicher Zahl sowie mindestens eine Lehrkraft einer berufsbildenden Schule angehören. Mindestens zwei Drittel der Gesamtzahl der Mitglieder müssen Beauftragte der Arbeitgeber und der Arbeitnehmer sein (§ 40 Absatz 2 Satz 1 und 2 BBiG).
(3) Die Mitglieder werden von der zuständigen Stelle für eine einheitliche Periode, längstens für fünf Jahre berufen (§ 40 Absatz 3 Satz 1 BBiG).
(4) Die Beauftragten der Arbeitnehmer werden auf Vorschlag der im Bezirk der zuständigen Stelle bestehenden Gewerkschaften und selbstständigen Vereinigungen von Arbeitnehmern mit sozial- oder berufspolitischer Zwecksetzung berufen (§ 40 Absatz 3 Satz 2 BBiG).
(5) Lehrkräfte von berufsbildenden Schulen werden im Einvernehmen mit der Schulaufsichtsbehörde oder der von ihr bestimmten Stelle berufen (§ 40 Absatz 3 Satz 3 BBiG).
(6) Werden Mitglieder nicht oder nicht in ausreichender Zahl innerhalb einer von der zuständigen Stelle gesetzten angemessenen Frist vorgeschlagen, so beruft die zuständige Stelle insoweit nach pflichtgemäßem Ermessen (§ 40 Absatz 3 Satz 4 BBiG).
(7) Die Mitglieder der Prüfungsausschüsse können nach Anhörung der an ihrer Berufung Beteiligten aus wichtigem Grunde abberufen werden (§ 40 Absatz 3 Satz 5 BBiG).
(8) Die Mitglieder der Prüfungsausschüsse haben Stellvertreterinnen/Stellvertreter (§ 40 Absatz 2 Satz 3 BBiG). Die Absätze 3 bis 7 gelten für sie entsprechend.
(9) Die für die Berufung von Prüfungsausschussmitgliedern Vorschlagsberechtigten sind über die Anzahl und die Größe der einzurichtenden Prüfungsausschüsse sowie über die Zahl der von ihnen vorzuschlagenden weiteren Prüfenden zu unterrichten. Die Vorschlagsberechtigten werden von der zuständigen Stelle darüber unterrichtet, welche der von ihnen vorgeschlagenen Mitglieder, Stellvertreterinnen und Stellvertreter sowie weiteren Prüfenden berufen wurden (§ 40 Absatz 5 BBiG).
(10) Die Tätigkeit im Prüfungsausschuss ist ehrenamtlich. Für bare Auslagen und für Zeitversäumnis ist, soweit eine Entschädigung nicht von anderer Seite gewährt wird, eine angemessene Entschädigung zu zahlen, deren Höhe von der zuständigen Stelle mit Genehmigung der obersten Landesbehörde festgesetzt wird. Die Entschädigung für Zeitversäumnis hat mindestens im Umfang von § 16 des Justizvergütungs- und -entschädigungsgesetzes in der jeweils geltenden Fassung zu erfolgen (§ 40 Absatz 6 BBiG).
(11) Von den Absätzen 2 und 8 darf nur abgewichen werden, wenn andernfalls die erforderliche Zahl von Mitgliedern des Prüfungsausschusses nicht berufen werden kann (§ 40 Absatz 7 BBiG).

§ 2a Prüferdelegationen

(1) Die zuständige Stelle kann im Einvernehmen mit den Mitgliedern des Prüfungsausschusses die Abnahme und die abschließende Bewertung von Prüfungsleistungen auf Prüferdelegationen übertragen (§ 42 Absatz 2 Satz 1 BBiG).
(2) Für die Zusammensetzung von Prüferdelegationen ist § 2 Absatz 1 und 2 entsprechend anzuwenden (§ 42 Absatz 2 Satz 2 BBiG). Die Mitglieder der Prüferdelegationen haben Stellvertreterinnen/Stellvertreter (§ 42 Absatz 2 Satz 2 BBiG).
Mitglieder von Prüferdelegationen können die Mitglieder der Prüfungsausschüsse, deren Stellvertreterinnen und Stellvertreter sowie weitere Prüfende sein, die durch die zuständige Stelle nach § 40 Absatz 4 BBiG berufen worden sind (§ 42 Absatz 2 Satz 3 BBiG). Für die Berufungen gilt § 2 Absatz 3

bis 8 entsprechend. Die Berufung weiterer Prüfender kann auf bestimmte Prüf- oder Fachgebiete beschränkt werden (§ 40 Absatz 4 Satz 2 BBiG).

(3) Die Mitwirkung in einer Prüferdelegation ist ehrenamtlich. § 2 Absatz 10 gilt entsprechend.

(4) Die zuständige Stelle hat vor Beginn der Prüfung über die Bildung von Prüferdelegationen, über deren Mitglieder sowie über deren Stellvertreterinnen und Stellvertreter zu entscheiden. Prüfende können Mitglieder mehrerer Prüferdelegationen sein. Sind verschiedene Prüfungsleistungen derart aufeinander bezogen, dass deren Beurteilung nur einheitlich erfolgen kann, so müssen diese Prüfungsleistungen von denselben Prüfenden abgenommen werden (§ 42 Absatz 3 BBiG).

§ 3 Ausschluss von der Mitwirkung

(1) Bei der Zulassung und Prüfung dürfen Angehörige der Prüflinge nicht mitwirken. Angehörige im Sinne des Satzes 1 sind:

1. Verlobte,
2. Ehegatten,
3. eingetragene Lebenspartner,
4. Verwandte und Verschwägerte gerader Linie,
5. Geschwister,
6. Kinder der Geschwister,
7. Ehegatten der Geschwister und Geschwister der Ehegatten,
8. Geschwister der Eltern,
9. Personen, die durch ein auf längere Dauer angelegtes Pflegeverhältnis mit häuslicher Gemeinschaft wie Eltern und Kind miteinander verbunden sind (Pflegeeltern und Pflegekinder).

Angehörige sind die im Satz 2 aufgeführten Personen auch dann, wenn

1. in den Fällen der Nummern 2, 3, 4 und 7 die die Beziehung begründende Ehe oder die Lebenspartnerschaft nicht mehr besteht;
2. in den Fällen der Nummern 4 bis 8 die Verwandtschaft oder Schwägerschaft durch Annahme als Kind erloschen ist;
3. im Fall der Nummer 9 die häusliche Gemeinschaft nicht mehr besteht, sofern die Personen weiterhin wie Eltern und Kind miteinander verbunden sind.

(2) Hält sich ein Prüfungsausschussmitglied oder ein Mitglied einer Prüferdelegation nach Absatz 1 für ausgeschlossen oder bestehen Zweifel, ob die Voraussetzungen des Absatzes 1 gegeben sind, ist dies der zuständigen Stelle mitzuteilen, während der Prüfung dem Prüfungsausschuss oder der Prüferdelegation. Die Entscheidung über den Ausschluss von der Mitwirkung trifft die zuständige Stelle, während der Prüfung der Prüfungsausschuss oder die Prüferdelegation. Im letzteren Fall darf das betroffene Mitglied nicht mitwirken. Ausgeschlossene Personen dürfen bei der Beratung und Beschlussfassung nicht zugegen sein.

(3) Liegt ein Grund vor, der geeignet ist, Misstrauen gegen eine unparteiische Ausübung des Prüfungsamtes zu rechtfertigen, oder wird von einem Prüfling das Vorliegen eines solchen Grundes behauptet, so hat die betroffene Person dies der zuständigen Stelle mitzuteilen, während der Prüfung dem Prüfungsausschuss oder der Prüferdelegation. Absatz 2 Satz 2 bis 4 gelten entsprechend.

(4) Ausbilderinnen/Ausbilder des Prüflings sollen, soweit nicht besondere Umstände eine Mitwirkung zulassen oder erfordern, nicht mitwirken.

(5) Wenn in den Fällen der Absätze 1 bis 3 eine ordnungsgemäße Besetzung des Prüfungsausschusses nicht möglich ist, kann die zuständige Stelle die Durchführung der Prüfung einem anderen oder einem gemeinsamen Prüfungsausschuss übertragen. Erforderlichenfalls kann eine andere zuständige Stelle ersucht werden, die Prüfung durchzuführen. Das Gleiche gilt, wenn eine objektive Durchführung der Prüfung aus anderen Gründen nicht gewährleistet erscheint. Wenn in den Fällen der Absätze 1 bis 3 eine ordnungsgemäße Besetzung der Prüferdelegationen nicht möglich ist, kann der Prüfungsausschuss die Prüfung selber durchführen oder die Durchführung der Prüfung auf eine andere Prüferdelegation übertragen.

§ 4 Vorsitz, Beschlussfähigkeit, Abstimmung

(1) Der Prüfungsausschuss wählt ein Mitglied, das den Vorsitz führt, und ein weiteres Mitglied, das den Vorsitz stellvertretend übernimmt. Der Vorsitz und das ihn stellvertretende Mitglied sollen nicht derselben Mitgliedergruppe angehören (§ 41 Absatz 1 BBiG).

(2) Der Prüfungsausschuss ist beschlussfähig, wenn zwei Drittel der Mitglieder, mindestens drei, mitwirken. Er beschließt mit der Mehrheit der abgegebenen Stimmen. Bei Stimmengleichheit gibt die Stimme des vorsitzenden Mitglieds den Ausschlag (§ 41 Absatz 2 BBiG).

(3) Für Prüferdelegationen gilt Absatz 2 Satz 1 und 2 entsprechend.

§ 5 Geschäftsführung
(1) Die Geschäftsführung des Prüfungsausschusses liegt in Abstimmung mit dem Prüfungsausschuss bei der zuständigen Stelle. Einladungen (Vorbereitung, Durchführung, Nachbereitung), Protokollführung und Durchführung der Beschlüsse werden im Einvernehmen mit dem Vorsitz des Prüfungsausschusses geregelt.
(2) Zu den Sitzungen des Prüfungsausschusses sind die ordentlichen Mitglieder rechtzeitig einzuladen. Stellvertretende Mitglieder werden in geeigneter Weise unterrichtet. Kann ein Mitglied an einer Sitzung nicht teilnehmen, so soll es dies unverzüglich der zuständigen Stelle mitteilen. Für ein verhindertes Mitglied ist ein stellvertretendes Mitglied einzuladen, welches derselben Gruppe angehören soll.
(3) Absatz 2 gilt für Prüferdelegationen entsprechend.
(4) Die Sitzungsprotokolle sind von der protokollführenden Person und dem Vorsitz zu unterzeichnen. § 26 Absatz 1 bleibt unberührt.
(5) Bei Prüferdelegationen sind die Sitzungsprotokolle von allen Mitgliedern zu unterzeichnen. § 26 Absatz 1 bleibt unberührt.

§ 6 Verschwiegenheit
Unbeschadet bestehender Informationspflichten, insbesondere gegenüber dem Berufsbildungsausschuss, haben die Mitglieder des Prüfungsausschusses, der Prüferdelegation und sonstige mit der Prüfung befassten Personen über alle Prüfungsvorgänge Verschwiegenheit gegenüber Dritten zu wahren.

Zweiter Abschnitt: Vorbereitung der Prüfung

§ 7 Prüfungstermine
(1) Die zuständige Stelle bestimmt in der Regel zwei für die Durchführung der Prüfung maßgebende Zeiträume im Jahr. Diese Zeiträume sollen auf den Ablauf der Berufsausbildung und des Schuljahres abgestimmt sein. Die zuständige Stelle setzt die einzelnen Prüfungstage fest.
(2) Die zuständige Stelle gibt die Zeiträume im Sinne des Absatzes 1 Satz 1 einschließlich der Anmeldefristen in geeigneter Weise öffentlich mindestens einen Monat vor Ablauf der Anmeldefrist bekannt. Wird die Anmeldefrist überschritten, kann die zuständige Stelle die Annahme des Antrags verweigern.
(3) Werden für schriftlich durchzuführende Prüfungsbereiche einheitliche überregionale Aufgaben verwendet, sind dafür entsprechende überregional abgestimmte Prüfungstage anzusetzen.

§ 8 Zulassungsvoraussetzungen für die Abschluss- und Umschulungsprüfung
(1) Zur Abschlussprüfung ist zuzulassen (§ 43 Absatz 1 BBiG),
1. wer die Ausbildungsdauer zurückgelegt hat oder wessen Ausbildungsdauer nicht später als zwei Monate nach dem Prüfungstermin endet,
2. wer an vorgeschriebenen Zwischenprüfungen teilgenommen sowie einen vom Ausbilder und Auszubildenden unterzeichneten Ausbildungsnachweis nach § 13 Satz 2 Nummer 7 BBiG vorgelegt hat und
3. wessen Berufsausbildungsverhältnis in das Verzeichnis der Berufsausbildungsverhältnisse eingetragen oder aus einem Grund nicht eingetragen ist, den weder die Auszubildenden noch deren gesetzliche Vertreterinnen/Vertreter zu vertreten haben.

(2) Behinderte Menschen sind zur Abschlussprüfung auch zuzulassen, wenn die Voraussetzungen des Absatzes 1 Nummer 2 und 3 nicht vorliegen (§ 65 Absatz 2 Satz 2 BBiG).
(3) Die Zulassungsvoraussetzungen für die Umschulungsprüfung richten sich nach der Umschulungsordnung oder der Umschulungsprüfungsregelung der zuständigen Stelle (§§ 58, 59 BBiG).

§ 9 Zulassungsvoraussetzungen für die Abschlussprüfung in zwei zeitlich auseinanderfallenden Teilen
(1) Sofern die Abschlussprüfung in zwei zeitlich auseinanderfallenden Teilen durchgeführt wird, ist über die Zulassung jeweils gesondert zu entscheiden (§ 44 Absatz 1 BBiG).
(2) Zum ersten Teil der Abschlussprüfung ist zuzulassen (§ 44 Absatz 2 in Verbindung mit § 43 Absatz 1 Nummer 2 und 3 BBiG),
1. wer die in der Ausbildungsordnung vorgeschriebene, erforderliche Ausbildungsdauer zurückgelegt hat,
2. wer einen vom Ausbilder und Auszubildenden unterzeichneten Ausbildungsnachweis nach § 13 Satz 2 Nummer 7 BBiG vorgelegt hat und

3. wessen Berufsausbildungsverhältnis in das Verzeichnis der Berufsausbildungsverhältnisse eingetragen oder aus einem Grund nicht eingetragen ist, den weder die Auszubildenden noch deren gesetzliche Vertreterinnen/Vertreter zu vertreten haben.

(3) Zum zweiten Teil der Abschlussprüfung ist zuzulassen (§ 44 Absatz 3 BBiG), wer
1. über die Voraussetzungen in § 43 Absatz 1 BBiG hinaus am ersten Teil der Abschlussprüfung teilgenommen hat,
2. auf Grund einer Rechtsverordnung nach § 5 Absatz 2 Satz 1 Nummer 2b BBiG von der Ablegung des ersten Teils der Abschlussprüfung befreit ist oder
3. aus Gründen, die er nicht zu vertreten hat, am ersten Teil der Abschlussprüfung nicht teilgenommen hat.

Im Fall des Satzes 1 Nummer 3 ist der erste Teil der Abschlussprüfung zusammen mit dem zweiten Teil abzulegen.

§ 10 Zulassung von Absolventen schulischer und sonstiger Bildungsgänge
Zur Abschlussprüfung ist ferner zuzulassen,
1. wer in einer berufsbildenden Schule oder einer sonstigen Berufsbildungseinrichtung ausgebildet worden ist, wenn dieser Bildungsgang der Berufsausbildung in einem anerkannten Ausbildungsberuf entspricht. Ein Bildungsgang entspricht der Berufsausbildung in einem anerkannten Ausbildungsberuf, wenn er
   a) nach Inhalt, Anforderung und zeitlichem Umfang der jeweiligen Ausbildungsordnung gleichwertig ist,
   b) systematisch, insbesondere im Rahmen einer sachlichen und zeitlichen Gliederung durchgeführt wird und
   c) durch Lernortkooperation einen angemessenen Anteil an fachpraktischer Ausbildung gewährleistet (§ 43 Absatz 2 BBiG),
2. wer einen Bildungsgang absolviert hat, welcher nach der Rechtsverordnung eines Landes die Voraussetzungen nach Nummer 1 erfüllt.

§ 11 Zulassungsvoraussetzungen in besonderen Fällen
(1) Auszubildende können nach Anhörung der Ausbildenden und der Berufsschule vor Ablauf ihrer Ausbildungszeit zur Abschlussprüfung zugelassen werden, wenn ihre Leistungen dies rechtfertigen (§ 45 Absatz 1 BBiG).

(2) Zur Abschlussprüfung ist auch zuzulassen, wer nachweist, dass er mindestens das Eineinhalbfache der Zeit, die als Ausbildungsdauer vorgeschrieben ist, in dem Beruf tätig gewesen ist, in dem die Prüfung abgelegt werden soll. Als Zeiten der Berufstätigkeit gelten auch Ausbildungszeiten in einem anderen, einschlägigen Ausbildungsberuf. Vom Nachweis der Mindestzeit nach Satz 1 kann ganz oder teilweise abgesehen werden, wenn durch Vorlage von Zeugnissen oder auf andere Weise glaubhaft gemacht wird, dass die Bewerberin/der Bewerber die berufliche Handlungsfähigkeit erworben hat, die die Zulassung zur Prüfung rechtfertigt. Ausländische Bildungsabschlüsse und Zeiten der Berufstätigkeit im Ausland sind dabei zu berücksichtigen (§ 45 Absatz 2 BBiG).

(3) Soldatinnen/Soldaten auf Zeit und ehemalige Soldatinnen/Soldaten sind nach Absatz 2 Satz 3 zur Abschlussprüfung zuzulassen, wenn das Bundesministerium der Verteidigung oder die von ihm bestimmte Stelle bescheinigt, dass die Bewerberin/der Bewerber berufliche Fertigkeiten, Kenntnisse und Fähigkeiten erworben hat, welche die Zulassung zur Prüfung rechtfertigen (§ 45 Absatz 3 BBiG).

§ 12 Zulassung zur Prüfung
(1) Der Antrag auf Zulassung zur Prüfung ist durch die Auszubildenden schriftlich nach den von der zuständigen Stelle bestimmten Fristen und Formularen zu stellen. Die Auszubildenden haben die Ausbildenden über die Antragstellung zu unterrichten.

(2) In den Fällen von § 8 Absatz 3, §§ 10 und 11 Absatz 2 und 3 ist der Antrag auf Zulassung zur Prüfung von den Prüflingen einzureichen.

(3) Örtlich zuständig für die Zulassung ist die zuständige Stelle, in deren Bezirk
1. in den Fällen der §§ 8, 9 und 11 Absatz 1 die Ausbildungs- oder Umschulungsstätte liegt,
2. in den Fällen der §§ 10, 11 Absatz 2 und 3 die auf die Prüfung vorbereitende Bildungsstätte oder der gewöhnliche Aufenthalt der Prüflinge liegt,
3. in den Fällen des § 1 Absatz 4 der gemeinsame Prüfungsausschuss errichtet worden ist.

(4) Dem Antrag auf Zulassung sind beizufügen:

a) in den Fällen von § 8 Absatz 1 und 2, § 9 Absatz 3
   - Bescheinigung über die Teilnahme an vorgeschriebenen Zwischenprüfungen oder am ersten Teil der Abschlussprüfung,
   - ein vorgeschriebener, vom Ausbilder und Auszubildenden unterzeichneter Ausbildungsnachweis nach § 13 Satz 2 Nummer 7 BBiG,
b) in den Fällen des § 9 Absatz 2
   - ein vorgeschriebener, vom Ausbilder und Auszubildenden unterzeichneter Ausbildungsnachweis nach § 13 Satz 2 Nummer 7 BBiG,
c) im Fall des § 11 Absatz 1
   - zusätzlich zu den Unterlagen nach Buchstabe a oder Buchstabe b das letzte Zeugnis oder eine aktuelle Leistungsbeurteilung der zuletzt besuchten berufsbildenden Schule,
d) in den Fällen des § 10
   - Bescheinigung über die Teilnahme an dem schulischen oder sonstigen Bildungsgang und in den Fällen des § 10 Nummer 1 zusätzlich
   - Bescheinigung über die Teilnahme an der fachpraktischen Ausbildung im Rahmen des schulischen oder sonstigen Bildungsganges,
e) in den Fällen des § 11 Absatz 2 Satz 1 und 2
   - Tätigkeitsnachweis und gegebenenfalls Nachweis der Dauer der Berufsausbildung in dem oder in einem anderen einschlägigen Ausbildungsberuf und gegebenenfalls glaubhafte Darlegung über den Erwerb der beruflichen Handlungsfähigkeit,
f) in den Fällen des § 11 Absatz 2 Satz 3 und Absatz 3
   - glaubhafte Darlegung über den Erwerb der beruflichen Handlungsfähigkeit oder Bescheinigung über den Erwerb der beruflichen Fertigkeiten, Kenntnisse und Fähigkeiten.

(5) Für Wiederholungsprüfungen genügt die form- und fristgerechte Anmeldung zur Prüfung.

§ 13 Entscheidung über die Zulassung

(1) Über die Zulassung zur Abschluss- und Umschulungsprüfung entscheidet die zuständige Stelle. Hält sie die Zulassungsvoraussetzungen nicht für gegeben, so entscheidet der Prüfungsausschuss (§ 46 Absatz 1 und § 62 Absatz 3 BBiG).

(2) Sofern eine Umschulungsordnung (§ 58 BBiG) oder eine Umschulungsprüfungsregelung (§ 59 BBiG) der zuständigen Stelle Zulassungsvoraussetzungen vorsieht, sind ausländische Bildungsabschlüsse und Zeiten der Berufstätigkeit im Ausland zu berücksichtigen (§ 61 BBiG).

(3) Die Entscheidung über die Zulassung ist den Prüflingen rechtzeitig unter Angabe des Prüfungstages und -ortes einschließlich der erlaubten Arbeits- und Hilfsmittel schriftlich mitzuteilen. Die Entscheidung über die Nichtzulassung ist dem Prüfling schriftlich mit Begründung bekannt zu geben.

(4) Die Zulassung kann von der zuständigen Stelle im Einvernehmen mit dem Prüfungsausschuss bis zur Bekanntgabe des Prüfungsergebnisses widerrufen werden, wenn sie aufgrund von gefälschten Unterlagen oder falschen Angaben ausgesprochen wurde.

Dritter Abschnitt: Durchführung der Prüfung

§ 14 Prüfungsgegenstand

(1) Durch die Abschlussprüfung ist festzustellen, ob der Prüfling die berufliche Handlungsfähigkeit erworben hat. In ihr soll der Prüfling nachweisen, dass er die erforderlichen beruflichen Fertigkeiten beherrscht, die notwendigen beruflichen Kenntnisse und Fähigkeiten besitzt und mit dem im Berufsschulunterricht zu vermittelnden, für die Berufsausbildung wesentlichen Lehrstoff vertraut ist. Die Ausbildungsordnung ist zugrunde zu legen (§ 38 BBiG).

(2) Der Gegenstand der Umschulungsprüfung ergibt sich aus der jeweiligen Umschulungsordnung oder Umschulungsprüfungsregelung der zuständigen Stelle.

(3) Sofern sich die Umschulungsordnung oder die Umschulungsprüfungsregelung der zuständigen Stelle auf die Umschulung für einen anerkannten Ausbildungsberuf richtet, sind das Ausbildungsberufsbild, der Ausbildungsrahmenplan und die Prüfungsanforderungen zugrunde zu legen (§ 60 Satz 1 BBiG).

(4) Die Prüfungssprache ist Deutsch, soweit nicht die Ausbildungsordnung, die Umschulungsordnung oder die -prüfungsregelung der zuständigen Stelle etwas Anderes vorsieht.

§ 15 Gliederung der Prüfung

Die Gliederung der Prüfung richtet sich nach der Ausbildungsordnung oder der Umschulungsordnung oder -prüfungsregelung der zuständigen Stelle.

§ 16 Besondere Verhältnisse behinderter Menschen
Bei der Durchführung der Prüfung sollen die besonderen Verhältnisse behinderter Menschen berücksichtigt werden. Dies gilt insbesondere für die Dauer der Prüfung, die Zulassung von Hilfsmitteln und die Inanspruchnahme von Hilfeleistungen Dritter wie Gebärdensprachdolmetscher für hörbehinderte Menschen (§ 65 Absatz 1 BBiG). Die Art der Behinderung ist mit dem Antrag auf Zulassung zur Prüfung (§ 12) nachzuweisen.

§ 17 Befreiung von vergleichbaren Prüfungsbestandteilen bei der Umschulungsprüfung
Bei der Umschulungsprüfung (§§ 58, 59 BBiG) ist der Prüfling auf Antrag von der Ablegung einzelner Prüfungsbestandteile durch die zuständige Stelle zu befreien, wenn er eine andere vergleichbare Prüfung vor einer öffentlichen oder staatlich anerkannten Bildungseinrichtung oder vor einem staatlichen Prüfungsausschuss erfolgreich abgelegt hat und die Anmeldung zur Umschulungsprüfung innerhalb von zehn Jahren nach der Bekanntgabe des Bestehens der anderen Prüfung erfolgt (§ 62 Absatz 4 BBiG).

§ 18 Prüfungsaufgaben
(1) Der Prüfungsausschuss beschließt auf der Grundlage der Ausbildungsordnung oder der Umschulungsordnung oder -prüfungsregelung der zuständigen Stelle die Prüfungsaufgaben.
(2) Überregional oder von einem Aufgabenerstellungsausschuss bei der zuständigen Stelle erstellte oder ausgewählte Aufgaben sind vom Prüfungsausschuss zu übernehmen, sofern diese Aufgaben von Gremien erstellt oder ausgewählt und beschlossen wurden, die entsprechend § 2 Absatz 2 zusammengesetzt sind, und die zuständige Stelle über die Übernahme entschieden hat.
(3) Sind an einem Tag ausschließlich schriftliche Prüfungsleistungen zu erbringen, soll die Dauer der Prüfung 300 Minuten nicht überschreiten.

§ 18a Durchführung schriftlicher Prüfungsleistungen
(1) Sind nach der Ausbildungsordnung Aufgaben schriftlich zu bearbeiten, kann die zuständige Stelle bestimmen, dass diese ganz oder in Teilen in digitaler Form an einem festgelegten Prüfungsort unter Aufsicht durchgeführt werden. Vor der Entscheidung ist der Berufsbildungsausschuss nach § 79 BBiG einzubeziehen. Die Prüfungsausschüsse sind rechtzeitig zu informieren.
(2) Die digitale Durchführung der Prüfung erfolgt unter folgenden Maßgaben:
1. die zuständige Stelle hat die erforderlichen digitalen Endgeräte mit der erforderlichen digitalen Ausstattung (digitales Prüfungssystem) zur Verfügung zu stellen;
2. Prüflingen und den Prüfenden ist vor der Prüfung ausreichend Gelegenheit zu geben, sich mit dem digitalen Prüfungssystem vertraut zu machen;
3. während der Abnahme der Prüfungsleistung hat eine für das digitale Prüfungssystem technisch sachkundige Person zur Verfügung zu stehen;
4. bei nicht durch den Prüfling zu vertretenden technischen Störungen ist der damit verbundene Zeitverlust durch entsprechende Zeitverlängerung auszugleichen;
5. es ist sicherzustellen, dass nach dem jeweiligen Stand der Technik die von den Prüflingen und den Prüfenden eingegebenen Daten diesen stets eindeutig und innerhalb der Aufbewahrungsfrist nach § 31 dauerhaft zugeordnet werden können. Die Unveränderbarkeit der abschließend übermittelten Daten durch die Prüflinge und die Prüfenden ist sicherzustellen.

Die gesetzlichen Bestimmungen zum Schutz der personenbezogenen Daten sind einzuhalten.

§ 19 Nichtöffentlichkeit
Die Prüfungen sind nicht öffentlich. Vertreterinnen/Vertreter der obersten Bundes- oder Landesbehörden, der zuständigen Stelle sowie die Mitglieder des Berufsbildungsausschusses der zuständigen Stelle können anwesend sein. Der Prüfungsausschuss oder die Prüferdelegation kann im Einvernehmen mit der zuständigen Stelle andere Personen als Gäste zulassen. An der Beratung über das Prüfungsergebnis dürfen nur die Mitglieder des Prüfungsausschusses oder der Prüferdelegation beteiligt sein.

§ 20 Leitung, Aufsicht und Niederschrift
(1) Die Prüfung wird unter Leitung des Vorsitzes vom gesamten Prüfungsausschuss unbeschadet der Regelungen in § 25 Absatz 3 und 4 durchgeführt.
(2) Die zuständige Stelle regelt im Einvernehmen mit dem Prüfungsausschuss die Aufsichtsführung, die sicherstellen soll, dass die Prüfungsleistungen selbstständig und nur mit erlaubten Arbeits- und Hilfsmitteln durchgeführt werden.

(3) Über den Ablauf der Prüfung ist eine Niederschrift zu fertigen.

§ 21 Ausweispflicht und Belehrung

Die Prüflinge haben sich über ihre Person auszuweisen. Sie sind vor Beginn der Prüfung über den Prüfungsablauf, die zur Verfügung stehende Zeit, die erlaubten Arbeits- und Hilfsmittel, die Folgen von Täuschungshandlungen und Ordnungsverstößen, Rücktritt und Nichtteilnahme zu belehren.

§ 22 Täuschungshandlungen und Ordnungsverstöße

(1) Unternimmt es ein Prüfling, das Prüfungsergebnis durch Täuschung oder Benutzung nicht zugelassener Hilfsmittel zu beeinflussen oder leistet er Beihilfe zu einer Täuschung oder einem Täuschungsversuch, liegt eine Täuschungshandlung vor.

(2) Wird während der Prüfung festgestellt, dass ein Prüfling eine Täuschungshandlung begeht oder einen entsprechenden Verdacht hervorruft, ist der Sachverhalt von der Aufsichtsführung festzustellen und zu protokollieren. Der Prüfling setzt die Prüfung vorbehaltlich der Entscheidung des Prüfungsausschusses über die Täuschungshandlung fort.

(3) Liegt eine Täuschungshandlung vor, wird die von der Täuschungshandlung betroffene Prüfungsleistung mit »ungenügend« (= 0 Punkte) bewertet. In schweren Fällen, insbesondere bei vorbereiteten Täuschungshandlungen, kann der Prüfungsausschuss den Prüfungsteil oder die gesamte Prüfung mit »ungenügend« (= 0 Punkte) bewerten. Soweit Prüfungsleistungen einer Prüferdelegation zur Abnahme und abschließenden Bewertung übertragen worden sind, kann die Prüferdelegation die Prüfungsleistung mit »ungenügend« (= 0 Punkte) bewerten.

(4) Behindert ein Prüfling durch sein Verhalten die Prüfung so, dass die Prüfung nicht ordnungsgemäß durchgeführt werden kann, ist er von der Teilnahme auszuschließen. Die Entscheidung hierüber kann von der Aufsichtsführung oder den mit der Prüfungsabnahme beauftragten Prüfenden getroffen werden. Die endgültige Entscheidung über die Folgen für den Prüfling hat der Prüfungsausschuss unverzüglich zu treffen. Gleiches gilt bei Nichtbeachtung der Sicherheitsvorschriften.

(5) Vor einer endgültigen Entscheidung des Prüfungsausschusses oder der Prüferdelegation nach den Absätzen 3 und 4 ist der Prüfling zu hören.

§ 23 Rücktritt, Nichtteilnahme

(1) Der Prüfling kann nach erfolgter Anmeldung vor Beginn der Prüfung durch schriftliche Erklärung zurücktreten. In diesem Fall gilt die Prüfung als nicht abgelegt.

Versäumt der Prüfling einen Prüfungstermin, so werden bereits erbrachte selbstständige Prüfungsleistungen anerkannt, wenn ein wichtiger Grund für die Nichtteilnahme vorliegt. Selbstständige Prüfungsleistungen sind solche, die thematisch klar abgrenzbar und nicht auf eine andere Prüfungsleistung bezogen sind sowie eigenständig bewertet werden.

(2) Erfolgt der Rücktritt nach Beginn der Prüfung oder nimmt der Prüfling an der Prüfung nicht teil, ohne dass ein wichtiger Grund vorliegt, so wird die Prüfung mit 0 Punkten bewertet.

(3) Bei den zeitlich auseinanderfallenden Teilen einer Abschlussprüfung gelten die Absätze 1 bis 3 für den jeweiligen Teil.

(4) Der wichtige Grund ist unverzüglich mitzuteilen und nachzuweisen. Im Krankheitsfall ist die Vorlage eines ärztlichen Attestes erforderlich.

Vierter Abschnitt: Bewertung, Feststellung und Beurkundung des Prüfungsergebnisses

§ 24 Bewertungsschlüssel

Die Prüfungsleistungen sind wie folgt zu bewerten:

Punkte	Note als Dezimalzahl	Note in Worten	Definition
100	1,0	sehr gut	eine Leistung, die den Anforderungen in besonderem Maß entspricht
98 und 99	1,1		
96 und 97	1,2		
94 und 95	1,3		
92 und 93	1,4		
91	1,5	gut	eine Leistung, die den Anforderungen voll entspricht
90	1,6		
89	1,7		
88	1,8		
87	1,9		
85 und 86	2,0		
84	2,1		
83	2,2		
82	2,3		
81	2,4		
79 und 80	2,5	befriedigend	eine Leistung, die den Anforderungen im Allgemeinen entspricht
78	2,6		
77	2,7		
75 und 76	2,8		
74	2,9		
72 und 73	3,0		
71	3,1		
70	3,2		
68 und 69	3,3		
67	3,4		
65 und 66	3,5	ausreichend	eine Leistung, die zwar Mängel aufweist, aber im Ganzen den Anforderungen noch entspricht
63 und 64	3,6		
62	3,7		
60 und 61	3,8		
58 und 59	3,9		
56 und 57	4,0		
55	4,1		
53 und 54	4,2		
51 und 52	4,3		
50	4,4		

Punkte	Note als Dezimalzahl	Note in Worten	Definition
48 und 49	4,5	mangelhaft	eine Leistung, die den Anforderungen nicht entspricht, jedoch erkennen lässt, dass gewisse Grundkenntnisse noch vorhanden sind
46 und 47	4,6		
44 und 45	4,7		
42 und 43	4,8		
40 und 41	4,9		
38 und 39	5,0		
36 und 37	5,1		
34 und 35	5,2		
32 und 33	5,3		
30 und 31	5,4		
25 bis 29	5,5	ungenügend	eine Leistung, die den Anforderungen nicht entspricht und bei der selbst Grundkenntnisse fehlen
20 bis 24	5,6		
15 bis 19	5,7		
10 bis 14	5,8		
5 bis 9	5,9		
0 bis 4	6,0		

Der Hundert-Punkte-Schlüssel ist der Bewertung aller Prüfungsleistungen sowie der Ermittlung von Zwischen- und Gesamtergebnissen zugrunde zu legen.

§ 25 Bewertungsverfahren, Feststellung der Prüfungsergebnisse

(1) Der Prüfungsausschuss fasst die Beschlüsse über
1. die Noten zur Bewertung einzelner Prüfungsleistungen, die er selbst abgenommen hat,
2. die Noten zur Bewertung der Prüfung insgesamt sowie
3. das Bestehen oder Nichtbestehen der Abschlussprüfung.

Für die Beschlussfassung erhält der Ausschuss die Ergebnisniederschriften nach § 26 Absatz 1. Dem jeweiligen Prüfungsausschuss sind zum Zweck der abschließenden Bewertung und Feststellung des Prüfungsergebnisses alle erforderlichen Unterlagen zur Verfügung zu stellen.

(2) Werden in einem Prüfungsbereich als schriftlich zu bearbeitende Aufgaben ausschließlich Antwort-Wahl-Aufgaben im Sinne des § 42 Absatz 4 BBiG eingesetzt, so ist eine mindestens »ausreichende« Prüfungsleistung erbracht, wenn das vom Prüfling erzielte Ergebnis mindestens 50 Prozent der insgesamt erreichbaren Punkte beträgt (absolute Bestehensgrenze) oder wenn bei einer Prüfung mit mindestens 100 Prüflingen mit gleichem Aufgabensatz die vom Prüfling erzielte Punktzahl die durchschnittliche Punktzahl aller erstmals an dieser Prüfung teilnehmenden Prüflinge um nicht mehr als 10 Prozent in den schriftlich zu bearbeitenden Aufgaben dieses Prüfungsbereichs unterschreitet (relative Bestehensgrenze). Die relative Bestehensgrenze findet nur dann Anwendung, wenn der Prüfling mindestens 45 Prozent der insgesamt erreichbaren Punkte in den schriftlich zu bearbeitenden Aufgaben dieses Prüfungsbereichs erreicht hat.

(3) Nach § 47 Absatz 2 Satz 2 BBiG erstellte oder ausgewählte Antwort-Wahl-Aufgaben können automatisiert ausgewertet werden, wenn das Aufgabenerstellungs- oder Aufgabenauswahlgremium festgelegt hat, welche Antworten als zutreffend anerkannt werden. Die Ergebnisse sind vom Prüfungsausschuss zu übernehmen. Auf die Änderung der Bewertung abzielende Hinweise von dem Prüfungsausschuss oder der Prüferdelegation sind an die zuständige Stelle innerhalb einer von ihr gesetzten Frist zu richten. Das Aufgabenerstellungs- oder Aufgabenauswahlgremium entscheidet über das weitere Vorgehen.

(4) Der Prüfungsausschuss oder die Prüferdelegation kann einvernehmlich die Abnahme und Bewertung einzelner schriftlicher oder sonstiger Prüfungsleistungen, deren Bewertung unabhängig von der Anwesenheit bei der Erbringung erfolgen kann, so vornehmen, dass zwei seiner oder ihrer Mitglieder die Prüfungsleistungen selbstständig und unabhängig bewerten. Weichen die auf der

Grundlage des in der Prüfungsordnung vorgesehenen Bewertungsschlüssels erfolgten Bewertungen der beiden Prüfenden um nicht mehr als 10 Prozent der erreichbaren Punkte voneinander ab, so errechnet sich die endgültige Bewertung aus dem Durchschnitt der beiden Bewertungen. Bei einer größeren Abweichung erfolgt die endgültige Bewertung durch ein vorab bestimmtes weiteres Mitglied des Prüfungsausschusses oder der Prüferdelegation (§ 42 Absatz 5 BBiG).
(5) Sieht die Ausbildungsordnung vor, dass Auszubildende bei erfolgreichem Abschluss eines zweijährigen Ausbildungsberufs vom ersten Teil der Abschlussprüfung eines darauf aufbauenden drei- oder dreieinhalbjährigen Ausbildungsberufs befreit sind, so ist das Ergebnis der Abschlussprüfung des zweijährigen Ausbildungsberufs vom Prüfungsausschuss als das Ergebnis des ersten Teils der Abschlussprüfung des auf dem zweijährigen Ausbildungsberuf aufbauenden drei- oder dreieinhalbjährigen Ausbildungsberufs zu übernehmen (§ 42 Absatz 6 BBiG).
(6) Prüfungsausschüsse oder Prüferdelegationen nach § 42 Absatz 2 BBiG können zur Bewertung einzelner, nicht mündlich zu erbringender Prüfungsleistungen gutachterliche Stellungnahmen Dritter, insbesondere berufsbildender Schulen, einholen. Im Rahmen der Begutachtung sind die wesentlichen Abläufe zu dokumentieren und die für die Bewertung erheblichen Tatsachen festzuhalten (§ 39 Absatz 3 BBiG). Die Beauftragung erfolgt nach den Verwaltungsgrundsätzen der zuständigen Stelle. Personen, die nach § 3 von der Mitwirkung im Prüfungsausschuss auszuschließen sind, sollen nicht als Gutachter tätig werden.

§ 26 Ergebnisniederschrift, Mitteilung über Bestehen oder Nichtbestehen
(1) Über die Feststellung der einzelnen Prüfungsergebnisse ist eine Niederschrift auf den von der zuständigen Stelle genehmigten Formularen zu fertigen. Sie ist von den Mitgliedern des Prüfungsausschusses bzw. der Prüferdelegation zu unterzeichnen und der zuständigen Stelle ohne schuldhaftes Zögern (unverzüglich) vorzulegen.
(2) Dem Prüfling soll unmittelbar nach Feststellung des Gesamtergebnisses der Prüfung mitgeteilt werden, ob er die Prüfung »bestanden« oder »nicht bestanden« hat. Hierüber erhält der Prüfling eine vom Vorsitz zu unterzeichnende Bescheinigung. Kann die Feststellung des Prüfungsergebnisses nicht am Tag der letzten Prüfungsleistung getroffen werden, so hat der Prüfungsausschuss diese ohne schuldhaftes Zögern (unverzüglich) zu treffen und dem Prüfling mitzuteilen.
(3) Sofern die Abschlussprüfung in zwei zeitlich auseinanderfallenden Teilen durchgeführt wird, ist das Ergebnis der Prüfungsleistungen im ersten Teil der Abschlussprüfung dem Prüfling schriftlich mitzuteilen (§ 37 Absatz 2 Satz 3 BBiG). Der erste Teil der Abschlussprüfung ist nicht eigenständig wiederholbar (§ 37 Absatz 1 Satz 3 BBiG).
(4) Dem Ausbildenden werden auf Verlangen die Ergebnisse der Zwischen- und Abschlussprüfung des Auszubildenden übermittelt (§§ 37 Absatz 2 Satz 2 und 48 Absatz 1 Satz 2 BBiG).

§ 27 Prüfungszeugnis
(1) Über die Prüfung erhält der Prüfling von der zuständigen Stelle ein Zeugnis (§ 37 Absatz 2 Satz 1 BBiG). Der von der zuständigen Stelle vorgeschriebene Vordruck ist zu verwenden.
(2) Das Prüfungszeugnis enthält
- die Bezeichnung »Prüfungszeugnis nach § 37 Absatz 2 BBiG« oder »Prüfungszeugnis nach § 62 Absatz 3 in Verbindung mit § 37 Absatz 2 BBiG«,
- die Personalien des Prüflings (Name, Vorname, Geburtsdatum),
- die Bezeichnung des Ausbildungsberufs mit Fachrichtung oder prüfungsrelevantem Schwerpunkt; weitere in der Ausbildungsordnung ausgewiesene prüfungsrelevante Differenzierungen können aufgeführt werden,
- die Ergebnisse (Punkte) der Prüfungsbereiche und das Gesamtergebnis (Note), soweit ein solches in der Ausbildungsordnung vorgesehen ist,
- das Datum des Bestehens der Prüfung,
- die Namenswiedergaben (Faksimile) oder Unterschriften des Vorsitzes des Prüfungsausschusses und der beauftragten Person der zuständigen Stelle mit Siegel.

Die Zeugnisse können zusätzliche nicht amtliche Bemerkungen zur Information (Bemerkungen) enthalten, insbesondere über die Einordnung des erworbenen Abschlusses in den Deutschen Qualifikationsrahmen oder auf Antrag der geprüften Person über während oder anlässlich der Ausbildung erworbene besondere oder zusätzliche Fertigkeiten, Kenntnisse und Fähigkeiten.
(3) Im Fall des § 5 Absatz 2 Satz 1 Nummer 2a BBiG enthält das Prüfungszeugnis
- die Bezeichnung »Prüfungszeugnis nach § 37 Absatz 2 BBiG«,
- die Personalien des Prüflings (Name, Vorname, Geburtsdatum),

- die einleitende Bemerkung, dass der Prüfling aufgrund der in Teil 1 der Abschlussprüfung eines zu benennenden drei- oder dreieinhalbjährigen Ausbildungsberufs erbrachten Prüfungsleistungen den Abschluss des zu benennenden zweijährigen Ausbildungsberufs erworben hat,
- die Ergebnisse (Punkte) der Prüfungsbereiche von Teil 1,
- gegebenenfalls das Ergebnis von zu benennenden Prüfungsbereichen aus Teil 2 der Abschlussprüfung, wenn die Fertigkeiten, Kenntnisse und Fähigkeiten der Abschlussprüfung des zweijährigen Ausbildungsberufs die Fertigkeiten, Kenntnisse und Fähigkeiten der Teil 1-Prüfung des drei- oder dreieinhalbjährigen Ausbildungsberufs nicht hinreichend abdecken und die fehlenden Fertigkeiten, Kenntnisse und Fähigkeiten durch geeignete Prüfungsbereiche von Teil 2 der Abschlussprüfung abgedeckt werden können, und
- die Feststellung, dass in Teil 1 der Abschlussprüfung und den Prüfungsbereichen mit den fehlenden Fertigkeiten, Kenntnissen und Fähigkeiten von Teil 2 der Abschlussprüfung ausreichende Leistungen entsprechend der Bestehensregelungen im zweijährigen Beruf erbracht wurden,
- das Datum von Teil 2 der Abschlussprüfung und
- die Namenswiedergabe (Faksimile) oder Unterschrift des Vorsitzes des Prüfungsausschusses und der beauftragten Person der zuständigen Stelle mit Siegel.

(4) Dem Zeugnis ist auf Antrag des Auszubildenden eine englischsprachige und eine französischsprachige Übersetzung beizufügen. Auf Antrag des Auszubildenden ist das Ergebnis berufsschulischer Leistungsfeststellungen auf dem Zeugnis auszuweisen. Der Auszubildende hat den Nachweis der berufsschulischen Leistungsfeststellungen dem Antrag beizufügen (§ 37 Absatz 3 BBiG).

§ 28 Bescheid über nicht bestandene Prüfung

(1) Bei nicht bestandener Prüfung erhalten der Prüfling und seine gesetzlichen Vertreter von der zuständigen Stelle einen schriftlichen Bescheid. Darin ist anzugeben, welche Prüfungsleistungen in einer Wiederholungsprüfung nicht mehr wiederholt werden müssen (§ 29 Absatz 2 bis 3). Die von der zuständigen Stelle vorgeschriebenen Formulare sind zu verwenden.

(2) Auf die besonderen Bedingungen der Wiederholungsprüfung gemäß § 29 ist hinzuweisen.

Fünfter Abschnitt: Wiederholungsprüfung

§ 29 Wiederholungsprüfung

(1) Eine nicht bestandene Abschlussprüfung kann zweimal wiederholt werden (§ 37 Absatz 1 Satz 2 BBiG). Es gelten die in der Wiederholungsprüfung erzielten Ergebnisse.

(2) Hat der Prüfling bei nicht bestandener Prüfung in einer selbstständigen Prüfungsleistung (§ 23 Absatz 2 Satz 2) mindestens ausreichende Leistungen erbracht, so ist diese auf Antrag des Prüflings nicht zu wiederholen, sofern der Prüfling sich innerhalb von zwei Jahren – gerechnet vom Tag der Feststellung des Ergebnisses der nicht bestandenen Prüfung an – zur Wiederholungsprüfung anmeldet. Die Bewertung in einer selbstständigen Prüfungsleistung (§ 23 Absatz 2 Satz 2) ist im Rahmen der Wiederholungsprüfung zu übernehmen.

(3) Die Prüfung kann frühestens zum nächsten Prüfungstermin (§ 7) wiederholt werden.

Sechster Abschnitt: Schlussbestimmungen

§ 30 Rechtsbehelfsbelehrung

Maßnahmen und Entscheidungen der Prüfungsausschüsse der zuständigen Stelle sind bei ihrer schriftlichen Bekanntgabe an den Prüfling mit einer Rechtsbehelfsbelehrung gemäß § 70 der Verwaltungsgerichtsordnung zu versehen.

§ 31 Prüfungsunterlagen

Auf Antrag ist dem Prüfling binnen der gesetzlich vorgegebenen Frist zur Einlegung eines Rechtsbehelfs Einsicht in seine Prüfungsunterlagen zu gewähren. Die schriftlichen Prüfungsarbeiten sind ein Jahr, die Niederschriften gemäß

§ 26 Absatz 1 15 Jahre aufzubewahren. Die Aufbewahrungsfrist beginnt mit dem Zugang des Prüfungsbescheides nach § 27 Absatz 1 bzw. § 28 Absatz 1. Der Ablauf der vorgenannten Fristen wird durch das Einlegen eines Rechtsmittels gehemmt.

§ 32 Prüfung von Zusatzqualifikationen
Die Vorschriften dieser Prüfungsordnung gelten entsprechend für die Abnahme von Prüfungen gemäß § 49 BBiG (Zusatzqualifikationsprüfungen). Das Ergebnis der Prüfung nach § 37 BBiG bleibt unberührt.

§ 33 Inkrafttreten
Diese Prüfungsordnung tritt am Tag der Veröffentlichung im Mitteilungsblatt der zuständigen Stelle in Kraft. Gleichzeitig tritt die bisherige Abschluss-/Umschulungsprüfungsordnung außer Kraft. Die Prüfungsordnung wurde am … gemäß § 47 Absatz 1 BBiG von … (zuständige Behörde) genehmigt.

Anlage
zu § 2 Absatz 1 Satz 1
Für die hier aufgelisteten Prüfungsausschüsse* ist eine höhere Anzahl als drei ordentliche Mitglieder festgelegt:

Prüfungsausschuss für den Abschluss …	Gegebenenfalls regionale Zuständigkeit	Anzahl der Mitglieder (ohne Stellvertreterinnen/ Stellvertreter)

* Die hier festgelegte Anzahl von ordentlichen Mitgliedern gilt auch für Prüferdelegationen, welchen nach § 42 Absatz 2 Satz 1 BBiG oder § 35a Absatz 2 Satz 1 der Handwerksordnung die Abnahme und abschließende Bewertung von Prüfungsleistungen für die aufgelisteten Prüfungsausschüsse übertragen wird.

2. Empfehlung des Hauptausschusses zur Ausweisung des DQR-Niveaus auf Zeugnissen[35]

Empfehlung des Hauptausschusses des Bundesinstituts für Berufsbildung (BIBB) vom 8. 10. 2013 zur Formulierung des Hinweises zur Ausweisung des DQR-Niveaus auf Zeugnissen mit Verweis auf die Bekanntmachung des Bundesministeriums für Bildung und Forschung vom 1. August 2013 22
(Diese Veröffentlichung ersetzt die Empfehlung im Bundesanzeiger vom 17. Oktober 2013 (BAnz AT 17.10.2013 S2).
In Ergänzung zu der vom Hauptausschuss am 13. Dezember 2012 beschlossenen Änderung der Richtlinien des Hauptausschusses des Bundesinstituts für Berufsbildung vom 8.3.2007 MPO-BBiG und MPO-HwO sowie vom 27.6.2008 MPO-Fortbildung BBiG und MPO-Fortbildung-HwO.
Der Hauptausschuss des Bundesinstituts für Berufsbildung empfiehlt, dass ab 1. Januar 2014 auf den Zeugnissen der beruflichen Bildung, die von dem Gemeinsamen Beschluss und den Richtlinien des Hauptausschusses des Bundesinstituts für Berufsbildung vom 8.3.2007 »Musterprüfungsordnung für die Durchführung von Abschluss- und Umschulungsprüfungen (MPO-BBiG)« und »Musterprüfungsordnung für die Durchführung von

35 *www.bibb.de/dokumente/pdf/HA157.pdf.*

Gesellen- und Umschulungsprüfungen (MPO-HwO)« sowie vom 27. 6. 2008 »Musterprüfungsordnung für Fortbildungsprüfungen gemäß § 56 Absatz 1 in Verbindung mit § 47 Absatz 1 Berufsbildungsgesetz (MPO-F-BBiG)« und »Musterprüfungsordnung für Fortbildungsprüfungen gemäß § 42c Absatz 1 in Verbindung mit § 38 Handwerksordnung (MPO-F-HwO)« umfasst werden, die folgende, auch mit den Ländern abgestimmte Formulierung aufgenommen wird: »Dieser Abschluss ist im Deutschen und Europäischen Qualifikationsrahmen dem Niveau [hier ist das jeweilige Niveau einzusetzen] zugeordnet; vergleiche Bekanntmachung vom 1. August 2013 (BAnz AT 20. 11. 2013 B2).«

3. Empfehlung des Hauptausschusses für die Erstellung schriftlich zu bearbeitender, gebundener Prüfungsaufgaben

23 Die Empfehlung des Hauptausschusses des Bundesinstituts für Berufsbildung vom 20. 6. 2023 für die »Erstellung schriftlich zu bearbeitender, gebundener Prüfungsaufgaben« ist abrufbar über die Internetseite des BBIB.[36]

4. Empfehlung des Hauptausschusses für die Durchführung von mündlichen Prüfungen[37]

24 **1. Vorbemerkung**

Bei der Vorbereitung und Durchführung von mündlichen Prüfungen[38] gelten insbesondere folgende allgemeine Grundsätze:

1. Mündliche Prüfungen sollten sich auf Leistungen beziehen, für deren Erfassung dieses Prüfungsverfahren besonders geeignet ist.
2. Kenntnisse und Fertigkeiten, die durch andere Prüfungsverfahren besser und objektiver festgestellt und beurteilt werden können, sollten nicht Gegenstand der mündlichen Prüfung sein.
3. Mündliche Prüfungen bieten sich insbesondere bei der Erfassung folgender Leistungen an:

- Fachkenntnisse in beruflichen Gesprächssituationen anwenden (Verkaufsgespräche u. ä.).
- Probleme aus der beruflichen Praxis darstellen und daraus begründete Lösungsvorschläge ableiten.
- Komplexe Sachverhalte (wirtschaftliche und betriebliche Zusammenhänge) verständlich darstellen.
- Spezielle eigene berufliche Erfahrung mit dem allgemeinen Berufswissen in Beziehung bringen.
- Arbeitsvollzüge und Produkte erläutern.

2 Vorbereitung der mündlichen Prüfung

2.1 Vorbereitende Sitzung des Prüfungsausschusses

2.1.1 Zur Vorbereitung der mündlichen Prüfung werden die Mitglieder des Prüfungsausschusses rechtzeitig vor der Prüfung zu einer Sitzung eingeladen. Dazu sollen jedem Prüfer die erforderlichen Unterlagen zugänglich sein, z. B. Zusammenstellung der bisherigen Prüfungsleistungen.

2.1.2 Es ist darauf zu achten, daß in der vorbereitenden Sitzung gefaßte Beschlüsse in einer Niederschrift festgehalten werden.

---

36 *Hauptausschuss des Bundesinstituts für Berufsbildung (BIBB)*, Empfehlung Nr. 180, 20. 6. 2023, *www.bibb.de*.

37 *Bundesausschuss für Berufsbildung*, 20. Januar 1976, BWP 2/1976, *www.bibb.de/dokumente/pdf/HA033.pdf*.

38 Vgl. auch die Empfehlung des Bundesausschusses für Berufsbildung für die Regelung von mündlichen Prüfungen in Ausbildungsordnungen vom 25. Oktober 1974 (Zeitschrift »Berufsbildung in Wissenschaft und Praxis«, Heft 5/1974).

2.2 Entscheidungen des Prüfungsausschusses in der vorbereitenden Sitzung

2.2.1 Es ist darüber zu befinden, ob besondere persönliche Belange des Prüfungsteilnehmers für die Prüfung von Bedeutung sind (vgl. § 13 Abs. 4 der Musterprüfungsordnung für die Durchführung von Abschlussprüfungen).

2.2.2 Soweit in den Ordnungsmitteln eine mündliche Prüfung nicht zwingend für alle Prüfungsteilnehmer vorgeschrieben ist, entscheidet der Prüfungsausschuß, in welchen Fächern und Prüfungsgebieten der einzelne Prüfungsteilnehmer geprüft wird. Dabei sind folgende Fragen zu klären:

- Sind die bisher erbrachten Prüfungsleistungen eindeutig oder ist für die Bewertung eine Entscheidung durch eine mündliche Prüfung erforderlich?
- Stehen die in der Berufsschule oder im Betrieb gezeigten Leistungen in erheblichem Widerspruch zu dem bisherigen Prüfungsergebnis (vgl. § 13 Abs. 3 Buchst. b der o. a. Musterprüfungsordnung)?

2.2.3 Der Prüfungsausschuß entscheidet darüber, in welcher Form die mündliche Prüfung durchgeführt wird (Einzel- oder Gruppenprüfung).

2.2.4 Um Zufallsfragen und »Steckenpferde« zu vermeiden, hat sich der Prüfungsausschuß hinsichtlich der Prüfungsinhalte abzustimmen (z. B. stichwortartige Zuteilung von Themenbereichen an die einzelnen Prüfer, methodische Gestaltung der Prüfung etwa anhand von Situations- und Fallaufgaben).

2.2.5 Für die Bewertung und Gewichtung der Prüfungsteile, -fächer und -gebiete sind die Vorschriften der in Betracht kommenden Ordnungsmittel (insbesondere Aus- und Fortbildungsordnungen sowie Prüfungsordnungen) und bindende Beschlüsse über Bewertungsrichtlinien maßgebend. Soweit derartige Regelungen nicht vorliegen, hat sich der Prüfungsausschuß über Bewertungskriterien und ggf. über folgende Gewichtungen zu verständigen:

- Gewichtung von schriftlichen zu mündlichen Prüfungsleistungen,
- Gewichtung der Bewertungskriterien (vgl. 4.1.2),
- Gewichtung der Prüfungsleistungen innerhalb der mündlichen Prüfung.

Beim Festlegen von Gewichtungen muß die Relation der Prüfungsleistungen zueinander nach Inhalt, Bedeutung und Prüfungsdauer berücksichtigt werden.

2.2.6 Der Prüfungsausschuß legt die Funktionen seiner Mitglieder für die mündliche Prüfung im voraus fest und klärt die Art ihrer Beteiligung, insbesondere

- wer jeweils das Prüfungsgespräch führt und welche Eingreifmöglichkeiten die anderen Mitglieder des Prüfungsausschusses haben sollen,
- wer jeweils das Prüfungsprotokoll führt (vgl. § 5 Abs. 1 der o. a. Musterprüfungsordnung).

2.2.7 Bei der Regelung des zeitlichen Ablaufs der Prüfung ist insbesondere folgendes zu beachten:

- Der Prüfungsausschuß entscheidet über die zur Feststellung der Prüfungsleistung erforderliche Prüfungsdauer; die mündliche Prüfung sollte in der Regel eine Prüfungsdauer von 15 Minuten je Teilnehmer nicht unterschreiten und von 30 Minuten nicht überschreiten.
- Bei der zeitlichen Gestaltung sind auch etwaige Vorbereitungszeiten für die Prüfungsteilnehmer, Beratungszeiten und Pausen zu berücksichtigen.
- Die Wartezeiten für die Prüfungsteilnehmer sind möglichst gering zu halten.
- Bei der Festlegung der Zahl der Prüfungsteilnehmer pro Prüfungstag ist auch eine Überbeanspruchung der Prüfer zu vermeiden, um möglichen Beurteilungsunterschieden und Beurteilungsfehlern vorzubeugen.

2.2.8 Der Prüfungsraum sollte einen möglichst störungsfreien Ablauf gewährleisten; die Sitzordnung soll ein zwangloses Prüfungsgespräch ermöglichen.

3. Durchführung der mündlichen Prüfung

3.1 Die Prüfer sollten alles tun, um eine gelöste Prüfungsatmosphäre herzustellen. Prüfungsangst und Prüfungshemmungen sollten bereits in der Eingangsphase der Prüfung abgebaut werden.

Im Verlauf der Prüfung kann es angezeigt sein, die Prüfungsteilnehmer zu ermuntern und ihnen abgewogene Hilfestellungen zu geben; derartige Erleichterungen müssen allen Prüfungsteilnehmern in gleichem Maße zugute kommen.

3.2 Die Prüfer müssen Selbstkontrolle üben, insbesondere

- ihre eigene Sprechzeit möglichst gering halten,
- einen ausgewogenen Gesprächston wahren,
- Vorhaltungen und Belehrungen vermeiden,
- unterschiedliche Auffassungen über Prüfungsfragen und -antworten nicht in Anwesenheit der Prüfungsteilnehmer erörtern,
- kritischen Stellungnahmen der Prüfungsteilnehmer mit Toleranz begegnen.

3.3 Die Prüfer sollten bei der Befragung der Prüfungsteilnehmer
- verständliche und eindeutige Fragen stellen sowie für Antworten genügend Bedenkzeit lassen;
- suggestive und stereotype Fragen vermeiden;
- im Schwierigkeitsgrad zunächst vom gleichen Niveau ausgehen, vom Leichteren zum Schwereren fortschreiten;
- bei erkennbarer Überforderung eines Prüfungsteilnehmers das Frageniveau angemessen reduzieren, andere Prüfungsthemen verwenden oder zeitweilig auf andere Prüfungsteilnehmer übergehen;
- an die Erfahrungen der betrieblichen Praxis anknüpfen und dabei verschiedene Fragenkategorien verwenden, z. B. Kenntnis-, Anwendungs- und Verständnisfragen;
- bei Weitergabe unbeantworteter Fragen an andere Prüfungsteilnehmer berücksichtigen, daß sich durch die Weitergabe von Fragen Verunsicherungen und Bewertungsschwierigkeiten ergeben können (ggf. Reihenfolge der Weitergabe wechseln).

4. Bewertung, Niederschrift und Mitteilung des Prüfungsergebnisses

4.1 Bewertung

4.1.1 Es ist eine Bewertung aufgrund der gezeigten Leistungen nach dem 100-Punkte-System vorzunehmen. Die Bewertung der Prüfungsleistungen darf nicht pauschal nach dem Gesamteindruck der Prüfung erfolgen.

4.1.2 Bei der Bewertung stehen Richtigkeit und Vollständigkeit als Kriterien im Vordergrund (z. B. richtig – teilweise bzw. mit Hilfestellung richtig – falsch bzw. nicht gewußt); dabei ist der Schwierigkeitsgrad zu berücksichtigen. Außerdem können z. B. Argumentationsfähigkeit und Ausdrucksvermögen in die Bewertung miteinbezogen werden.

4.1.3 Bei der Bewertung ist darauf zu achten, daß aus einer einseitigen leistungsmäßigen Zusammensetzung der zuerst geprüften Gruppe keine falschen Bewertungsmaßstäbe für die folgenden Prüfungsgruppen gesetzt werden.

4.1.4 Es ist zweckmäßig, für die Niederschrift der Bewertung der Prüfungsleistungen standardisierte Bewertungsbogen zu verwenden. Dabei empfiehlt es sich, auch stichwortartige Angaben oder Kennzeichnungen des Prüfungsgegenstandes aufzunehmen.

4.2 Niederschrift

4.2.1 Die Niederschrift ist auf einem Vordruck zu fertigen und von den Mitgliedern des Prüfungsausschusses zu unterschreiben (vgl. § 21 Abs. 4 der o. a. Musterprüfungsordnung).

4.2.2 Der Prüfungsausschuß sollte in der Niederschrift mögliche Gründe für das Versagen bei der Prüfung festhalten, soweit ihm diese bekannt werden und für die zuständige Stelle von Interesse sein können (z. B. für Maßnahmen, für Beratung und Überwachung).

Außer den Aufzeichnungen über den Verlauf der Prüfung einschließlich der Feststellung der einzelnen Prüfungsergebnisse (vgl. § 21 Abs. 4 der o. a. Musterprüfungsordnung) hat die Niederschrift stichwortartige Angaben oder Kennzeichnungen des Prüfungsgegenstandes zu enthalten, sofern nicht bereits die Bewertungsbogen (vgl. 4.1.4) zum Bestandteil der Niederschrift gemacht werden.

4.3 Feststellung und Mitteilung des Prüfungsergebnisses

4.3.1 Unmittelbar nach der mündlichen Prüfung einer Gruppe stellt der Prüfungsausschuß die Ergebnisse dieser Prüfung fest.

4.3.2 Bildet die mündliche Prüfung den Abschluß der Prüfung, so teilt der Prüfungsausschuß das Prüfungsergebnis unverzüglich den Prüfungsteilnehmern mit.

Das Prüfungszeugnis sollte möglichst sofort ausgehändigt werden (vgl. § 22 der o. a. Musterprüfungsordnung). Falls dies nicht möglich ist, stellt der Vorsitzende eine Bescheinigung über das Bestehen oder Nichtbestehen der Prüfung aus (vgl. § 21 Abs. 5 der o. a. Musterprüfungsordnung).

4.3.3 Bildet die mündliche Prüfung den Abschluß der Prüfung, so ist der Prüfungsteilnehmer bei nicht bestandener Prüfung zugleich – unbeschadet der schriftlichen Mitteilung vgl. § 23 der o. a. Musterprüfungsordnung) – über die Möglichkeiten der Wiederholungsprüfung sowie über die Anrechnung von Prüfungsleistungen in der Wiederholungsprüfung zu unterrichten.

---

* Anlage 1a zu den Richtlinien des Bundesausschusses für Berufsbildung für Prüfungsordnungen gemäß § 41 Berufsbildungsgesetz/§ 38 Handwerksordnung vom 9. Juni 1971 (BArb. Bl. Heft 10/1971), geändert durch Beschluss des Bundesausschusses für Berufsbildung vom 2. November 1971 (BArb. Bl. Heft 12/1971).

V. Anwendbarkeit auf andere Prüfungen

Die Vorschrift gilt nicht im Handwerk. Die Prüfungsordnung der Handwerkskammer für die Gesellenprüfung ist in § 38 HwO geregelt. Auch hierfür hat der Hauptausschuss beim Bundesinstitut für Berufsbildung eine Musterprüfungsordnung beschlossen, die wie die Musterprüfungsordnung am 14.4.2020 der gesetzlichen Lage angepasst wurde.[39] Für Fortbildungen und Umschulungen gilt § 47 jeweils entsprechend (§ 56 Abs. 1 Satz 2 und § 62 Abs. 2 Satz 2). 25

§ 48 Zwischenprüfungen

(1) Während der Berufsausbildung ist zur Ermittlung des Ausbildungsstandes eine Zwischenprüfung entsprechend der Ausbildungsordnung durchzuführen. Die §§ 37 bis 39 gelten entsprechend.

(2) Die Zwischenprüfung entfällt, sofern

1. die Ausbildungsordnung vorsieht, dass die Abschlussprüfung in zwei zeitlich auseinanderfallenden Teilen durchgeführt wird, oder

2. die Ausbildungsordnung vorsieht, dass auf die Dauer der durch die Ausbildungsordnung geregelten Berufsausbildung die Dauer einer anderen abgeschlossenen Berufsausbildung im Umfang von mindestens zwei Jahren anzurechnen ist, und die Vertragsparteien die Anrechnung mit mindestens dieser Dauer vereinbart haben.

(3) Umzuschulende sind auf ihren Antrag zur Zwischenprüfung zuzulassen.

Inhaltsübersicht

I. Allgemeines

§ 48 Abs. 1 entspricht § 42 BBiG 1969. Abs. 2 ist durch die Einführung der Möglichkeit der gestreckten Abschlussprüfung erforderlich geworden. Er stellt klar, dass in den Fällen einer **gestreckten Abschlussprüfung** keine Zwischenprüfung mehr durchgeführt wird. 1

§ 48 ordnet – soweit nicht eine gestreckte Abschlussprüfung durchgeführt wird – zwingend für alle Ausbildungen eine **Zwischenprüfung** an. Sie erfolgt »zur Ermittlung des Ausbildungsstandes« und ist Zulassungsvoraussetzung nach § 43 Abs. 1 für die Teilnahme an der Abschlussprüfung. 2

II. Durchführen der Zwischenprüfung (Abs. 1 Satz 1)

Die Zwischenprüfung dient zur Ermittlung des Ausbildungsstands. Dadurch erhält der Auszubildende eine Rückmeldung darüber, welche Defizite im weiteren Verlauf der Ausbildung ausgeglichen werden müssen. So können sowohl der Auszubildende als auch der 3

39 Beschluss des Hauptausschusses Nr. 121, *www.bibb.de/de/11703.php.*

Ausbildende **Fehlentwicklungen** rechtzeitig vorbeugen. Zum Begriff des »Durchführens« siehe die Kommentierung zu § 37 Rn. 7.

4 Zwingend vorgeschrieben während der Berufsausbildung ist **eine** Zwischenprüfung. Damit ein Umsteuern im Lernverhalten des Auszubildenden und dem Lehrverhalten des Ausbildenden noch sinnvoll ist, findet die Zwischenprüfung üblicherweise nach dem ersten Ausbildungsjahr statt. Der Zeitpunkt ist jedoch nicht vorgeschrieben. Weitere als die eine, zwingend vorgeschriebene Zwischenprüfung können stattfinden. Als Zwischenprüfung i. S. d. § 48 ist nur diejenige Prüfung anzusehen, die von der zuständigen Stelle entsprechend den §§ 37–39 durchgeführt wird. Um diese Regelungen zu konkretisieren, kann eine **Prüfungsordnung** für die Zwischenprüfung erlassen werden. Streitig ist, ob hierzu die Geschäftsführung der zuständigen Stelle gem. § 9 befugt ist oder ob dies dem Berufsbildungsausschuss gem. § 79 Abs. 4 allein vorbehalten ist. Zwar hat die zuständige Stelle eine Regelungsbefugnis aus § 9, soweit Vorschriften nicht bestehen. Insofern könnte angenommen werden, es handelt sich um eine Auffangvorschrift mit der Folge, dass bei Nichtvorhandensein eine Prüfungsordnung für die Zwischenprüfung die zuständige Stelle eine solche erlassen kann.[1] Die Regelungsbefugnis steht der zuständigen Stelle jedoch nur zu, **»soweit Vorschriften nicht bestehen«**. »Vorschriften« meint nicht nur von anderer Stelle erlassene Verordnungen, Satzungen oder satzungsähnliche Regelungen mit Außenwirkung. Der Begriff Vorschriften meint auch die konkreten **Zuständigkeitszuweisungen**, die z. B. im BBiG enthalten sind. § 79 Abs. 4 weist die Zuständigkeit für zu erlassende Rechtsvorschriften dem Berufsbildungsausschuss abschließend zu. Der zuständigen Stelle obliegt hier lediglich eine **Rechtmäßigkeitskontrolle** mit einem in Abs. 4 vorgesehenen Einspruchsverfahren. Im Ergebnis bleibt damit kein Raum für eine Regelungsbefugnis der zuständigen Stelle bei der Prüfungsordnung für die Zwischenprüfung.[2] Eine von der zuständigen Stelle erlassene Prüfungsordnung für die Zwischenprüfung ist mangels Regelungsbefugnis unwirksam.

5 Die **Inhalte** der Zwischenprüfung ergeben sich entweder aus der Ausbildungsordnung oder aus der Prüfungsordnung für die Zwischenprüfung. Aufgrund der Empfehlung für die Regelung von Prüfungsanforderungen in Ausbildungsordnungen durch den Hauptausschuss des Bundesinstituts für Berufsbildung vom 12. 12. 2013[3] sind in den Ausbildungsordnungen regelmäßig Regelungen über die Zwischenprüfung enthalten. Die Prüfungsordnung für die Zwischenprüfung kann dann nur noch die ungeregelten oder nicht abschließend geregelten Fragen der Zwischenprüfung normieren.

6 Der Bundesausschuss für Berufsbildung hat Grundsätze für die Durchführung von Zwischenprüfungen am 26. 1. 1972 beschlossen.[4] Die Empfehlung ist außer Kraft, entfaltet jedoch nach wie vor Wirkung als Umsetzungsempfehlung an die Berufsbildungsausschüsse.

7 (nicht besetzt)

1 *Taubert*, BBiG, § 48 Rn. 9; Wohlgemuth/*Maring*, BBiG, § 48 Rn. 7 f.; *Braun/Mühlhausen*, BBiG, § 42 a. F. Rn. 10.
2 So auch *OVG Berlin* 25. 6. 1992 – 8 B 3.92, EzB § 42 BBiG Nr. 5.
3 Empfehlung Nr. 158, *www.bibb.de*.
4 Empfehlung Nr. 9, *www.bibb.de*.

III. Geltung der §§ 37–39 (Abs. 1 Satz 2)

In Abs. 1 Satz 2 wird auf die § 37 (Abschlussprüfung), § 38 (Prüfungsgegenstand) sowie auf § 39 (Prüfungsausschüsse) verwiesen. Auf § 42a wird nicht verwiesen, sodass eine virtuelle Anwesenheit von Prüfenden nicht in Betracht kommt. 8

Aus der Verweisung auf den vollständigen § 37 (Abschlussprüfung) ergibt sich, dass die Zwischenprüfung ebenso wie die Abschlussprüfung lediglich in **anerkannten** Ausbildungsberufen durchzuführen ist. Soweit bei der Zwischenprüfung ein Bestehen festgestellt wird, kann auch die Zwischenprüfung ebenso wie die Abschlussprüfung **zweimal** wiederholt werden (§ 37 Abs. 1 Satz 2 entsprechend). Entsprechend der Regelung über das Prüfungszeugnis in § 37 Abs. 2 ist auch für die Teilnahme an der Zwischenprüfung ein **Zeugnis** auszustellen. Das Ergebnis der Zwischenprüfung ist den Ausbildenden auf ihr Verlangen mitzuteilen (§ 37 Abs. 2 Satz 2 entsprechend). Insoweit entspricht die – ohnehin außer Kraft gesetzte – Empfehlung des Bundesausschusses für Berufsbildung vom 26. 1. 1972 in ihrer Nr. 10 nicht der Rechtslage, wenn dort angeordnet wird, dass die **Prüfungsbescheinigungen** auch der Ausbildende und die Berufsschule erhalten. Ebenfalls entsprechend gelten die Regelungen in § 37 Abs. 3, dass die Prüfungsbescheinigung auf Verlangen auch in einer englischsprachigen und in einer französischsprachigen **Übersetzung** auszuhändigen ist, und die Regelung in § 37 Abs. 4, dass die Zwischenprüfung **gebührenfrei** für den Auszubildenden ist. 9

Der Prüfungsgegenstand der Zwischenprüfung ist entsprechend § 38 BBiG zu bestimmen. Danach ist durch die Zwischenprüfung festzustellen, ob der Auszubildende die für seinen Ausbildungsstand **berufliche Handlungsfähigkeit** erworben hat. Dabei ist die Ausbildungsordnung zugrunde zu legen, aus der sich regelmäßig ergibt, welche Anforderungen zum Zeitpunkt der Zwischenprüfung an einem Auszubildenden in diesem Ausbildungsberuf gestellt werden können. 10

Durch die Verweisung auf § 39 wird deutlich, dass die Zwischenprüfung durch die bei der zuständigen Stelle errichteten **Prüfungsausschüsse** abgenommen wird. Auch bei der Bewertung der Zwischenprüfung können gutachterliche Stellungnahmen Dritter, insbesondere **berufsbildender Schulen** eingeholt werden. Die für die Begutachtung erheblichen Tatsachen und Abläufe sind zu dokumentieren. Allerdings gelten hier **abgesenkte** Anforderungen im Vergleich zur Abschlussprüfung,[5] da das Ergebnis der Zwischenprüfung, soweit es nicht in die Abschlussnote einfließt, rechtlich nicht angreifbar ist. Nachvollziehbarkeit sollte jedoch dennoch gewährleistet sein, da das Ergebnis der Zwischenprüfung z. B. bei der **vorzeitigen Zulassung** zur Abschlussprüfung relevant sein kann. 11

IV. Keine Zwischenprüfung (Abs. 2)

Durch Abs. 2 wird klargestellt, wann eine Zwischenprüfung nicht stattzufinden hat. Die ist zum einen der Fall, wenn eine **gestreckte Abschlussprüfung** stattfindet. Dies wertet einerseits die Prüfung im Verlauf der Ausbildung auf, da sie erheblich an Bedeutung gewinnt. Andererseits fehlt es dadurch an einer Anordnung, den Ausbildungsstand festzustellen, um korrigierend eingreifen zu können und eine gute Abschlussnote so zu ermöglichen. Vor diesem Hintergrund empfiehlt sich, den Ausbildungsstand in den Berufen, in denen keine Zwischenprüfung mehr stattfindet, **betrieblich** festzustellen. Dies gilt besonders auch mit Blick auf die Rechtsprechung zur Zulassung zur Prüfung bei Fehlzeiten.[6] 12

---

5 *Taubert*, BBiG, § 47 Rn. 21.
6 S. § 43 Rn. 8ff.

13 Zum anderen findet die Zwischenprüfung auch dann nicht statt, wenn eine einschlägige zweijährige Ausbildung bestanden und vollständig angerechnet wurde. Nr. 2 wurde mit dem Berufsbildungsmodernisierungsgesetz im Jahr 2020 eingefügt. Es handelt sich um eine klarstellende Ergänzung und Folgeänderung zur Änderung des § 5 Abs. 2 Satz 1 Nr. 4 und zur Ergänzung der Nrn. 2a) und 2b) in § 5 Abs. 2 Satz 1. Erfolgt eine zeitliche Anrechnung einer Ausbildung auf eine andere durch die Ausbildungsordnung in einem Umfang von zwei Jahren oder mehr, so ist die Ablegung einer Zwischenprüfung in der Ausbildung, auf die angerechnet wird, inhaltlich redundant und darüber hinaus praktisch regelmäßig nicht mehr durchführbar, da zum dann nächsten Prüfungstermin in der neuen Ausbildung bereits die Abschlussprüfung ansteht. Für diese Konstellationen wird daher gesetzlich klargestellt, dass eine Zwischenprüfung nicht mehr durchzuführen ist und der Verordnungsgeber dies bei der Ausgestaltung einer zeitlichen Anrechnung nach § 5 Abs. 2 Satz 1 Nr. 4 im entsprechenden Umfang zu beachten hat.[7]

V. Umzuschulende

14 Abs. 3 wurde mit dem Berufsbildungsmodernisierungsgesetz eingefügt. Die Vorschrift soll bei den Kammern Rechtsklarheit über die Zulassung von Umschulenden zu Zwischenprüfungen schaffen. Mit dem zum 1. August 2016 in Kraft getretenen Gesetz zur Stärkung der beruflichen Weiterbildung und des Versicherungsschutzes in der Arbeitslosenversicherung (AWStG) wurde zur Verbesserung von Motivation und Durchhaltevermögen bei berufsabschlussbezogenen Weiterbildungen eine Weiterbildungsprämie eingeführt, die u. a. beim Bestehen einer Zwischenprüfung die Zahlung von 1000 Euro vorsieht (§ 131a Abs. 3 Drittes Buch Sozialgesetzbuch – SGB III). Diese Regelung führte zur Rechtsunsicherheit bezüglich der Zulassung zur Zwischenprüfung, da die Prüfung für Umschulungen nach dem BBiG bis dahin nicht vorgesehen war.[8] Umzuschulende sind nicht verpflichtend für die Zwischenprüfung vorgesehen. Sie werden lediglich auf Antrag zur Zwischenprüfung zugelassen. Eine Überprüfung etwaiger Zulassungsvoraussetzungen erfolgt nicht. Umzuschulende haben Anspruch auf die Zulassung zur Zwischenprüfung, das Ermessen der zuständigen Stelle ist auf Null reduziert. Im Falle einer gestreckten Abschlussprüfung soll jedoch kein Anspruch auf Zahlung der Weiterbildungsprämie für Umschüler bestehen.[9]

VI. Rechtsmittel

15 Es besteht ein Anspruch auf Durchführen der Zwischenprüfung, die nach dem Gesetz zwingend vorgesehen ist. Der Zeitpunkt der Zwischenprüfung ist gesetzlich nicht normiert. Aus dem Gesetzeszweck »Ermittlung des Ausbildungsstandes« ergibt sich, dass die Zwischenprüfung im letzten Ausbildungsjahr nicht sinnvoll sein dürfte, weil größere Korrekturen in der verbleibenden Ausbildungszeit kaum noch möglich sind. Auszubildende können den Anspruch auf Durchführung der Zwischenprüfung gegebenenfalls gem. § 123 VwGO vorläufig durchsetzen, um die spätere Zulassung zur Prüfung gem. § 43 Abs. 1 Nr. 2 BBiG nicht zu gefährden.

---

7 BT-Drucks. 19/10815, S. 64.
8 BT-Drucks. 19/10815, S. 64.
9 *BSG* 3.11.2021 – B 11 AL 2/21 R, Rn. 15, juris; *BSG* 9.3.2022 – B 7/14 AS 31/21 R; *BSG* 25.5.2022 – B 11 AL 29/21 R; a. A.: *LSG Mecklenburg-Vorpommern* 9.8.2023 – L 2 AL 49/18, BeckRS 2023, 31396 Rn. 50.

Die in der Zwischenprüfung erzielten Ergebnisse sind nicht verwaltungsgerichtlich angreifbar. Angreifbar ist lediglich das **Ergebnis** der Abschlussprüfung. Auch in den Berufen, in denen die Zwischenprüfung in die Abschlussnote einfließt, kann lediglich das Gesamtergebnis vor dem Verwaltungsgericht angegriffen werden. Den einzelnen Entscheidungen fehlt es an der erforderlichen Rechtswirkung. Eine solche Rechtswirkung hat die Zwischenprüfung für Auszubildende gerade nicht. Insbesondere hat sie keine Auswirkungen auf den Bestand des Ausbildungsverhältnisses.[10] Etwas anderes kann bei Umschulenden gelten. Hier ist die Entscheidung über das Bestehen der Zwischenprüfung relevant für die Zahlung der Weiterbildungsprämie. 16

VII. Anwendbarkeit auf andere Prüfungen

Die Vorschrift gilt nicht im Handwerk. Die Zwischenprüfung für Handwerksberufe ist inhaltsähnlich in § 39 HwO geregelt. 17

§ 49 Zusatzqualifikationen

(1) Zusätzliche berufliche Fertigkeiten, Kenntnisse und Fähigkeiten nach § 5 Abs. 2 Satz 1 Nr. 6 werden gesondert geprüft und bescheinigt. Das Ergebnis der Prüfung nach § 37 bleibt unberührt.
(2) § 37 Abs. 3 und 4 sowie die §§ 39 bis 42a und 47 gelten entsprechend.

Inhaltsübersicht Rn.

I. Allgemeines

Der durch das Berufsbildungsreformgesetz 2005 neu eingefügte § 49 stellt sicher, dass nach § 5 Abs. 2 Nr. 6 BBiG vermittelte **zusätzliche** berufliche Fertigkeiten, Kenntnisse und Fähigkeiten (s. § 5 Rn. 34) von einem Prüfungsausschuss geprüft und zertifiziert und auf diese Weise für den Prüfling **verwertbar** gemacht werden. 1

II. Gesonderte Prüfung und Bescheinigung

Die Prüfung der Zusatzqualifikationen hat gesondert stattzufinden; dies kann jedoch in unmittelbarem Zusammenhang mit der Abschlussprüfung nach § 37 erfolgen. Es besteht ein Anspruch auf eine Prüfung der Zusatzqualifikationen.[1] Abs. 1 Satz 2 stellt klar, dass das Ergebnis dieser zusätzlichen Prüfung keinen Einfluss auf Bestehen oder Nichtbestehen der **eigentlichen Abschlussprüfung** hat. Auch für die Bewertung ist es unerheblich.[2] 2

Über die bestandene Prüfung wird kein Zeugnis ausgestellt. Der Prüfling erhält lediglich eine **Bescheinigung**. Mit dieser Bescheinigung wird das Vorhandensein der zusätzlichen beruflichen Fertigkeiten, Kenntnisse und Fähigkeiten bestätigt. Daraus folgt, dass die Be- 3

10 Vgl. *ArbG Essen* 27.9.2005 – 2 Ca 2427/05, *www.nrwe.de.*

1 *Taubert*, BBiG, § 49 Rn. 6.
2 Wohlgemuth/*Maring*, BBiG, § 49 Rn. 5.

scheinigung keine Note enthält; entweder die zusätzlichen Kompetenzen liegen vor oder nicht. Wird die Prüfung bestanden, wird das Vorliegen der zusätzlichen Kompetenzen bescheinigt, anderenfalls erhält der Prüfling keine Bescheinigung.

III. Entsprechende Anwendungen einzelner Vorschriften über das Prüfungswesen

4 Abs. 2 verweist auf einzelne Vorschriften aus den Prüfungswesen, die entsprechend anzuwenden sind.

5 Auf die Prüfung für die Zusatzqualifikation sind die Abs. 3 und 4 des § 37 BBiG entsprechend anzuwenden. Damit haben die Auszubildenden einen Anspruch auf eine englisch- und eine französischsprachige Übersetzung ihrer Bescheinigung über die Zusatzqualifikation. Soweit sie die Themen der Zusatzqualifikation auch in der Berufsschule behandelt haben, kann das Ergebnis berufsschulischer Leistungsfeststellungen auf Antrag der Auszubildenden auf dem Zeugnis ausgewiesen werden (Abs. 2 i. V. m. § 37 Abs. 3 Satz 2). Die Prüfung über die Zusatzqualifikation ist für die Auszubildenden **gebührenfrei**.

6 Durch den Verweis auf § 39 BBiG wird deutlich, dass die Zusatzqualifikationen durch Prüfungsausschüsse geprüft werden müssen. Die zuständige Stelle hat die Prüfungsausschüsse einzurichten.[3] Ob es sich dabei um vorhandene Prüfungsausschüsse handelt, deren Kompetenz erweitert wird, oder ob für die Zusatzqualifikationen Zusatzprüfungsausschüsse gebildet werden, ist nicht festgelegt. Die Musterprüfungsordnung enthält keine gesonderte Regelung über die Zuständigkeit des Prüfungsausschusses für die Zusatzqualifikation. Mehrere zuständige Stellen können auch für die Zusatzqualifikationen **gemeinsame Prüfungsausschüsse** errichten. Ebenfalls entsprechend anwendbar ist die Vorschrift über die vorbereitende gutachterliche Stellungnahme Dritter im Prüfungsausschuss sowie über Prüferdelegationen (Abs. 2, § 39). Auch bei der Prüfung über die Zusatzqualifikation sind die wesentlichen Abläufe zu dokumentieren und die für die Bewertung erheblichen Tatsachen festzuhalten (Abs. 2, § 39 Abs. 3 Satz 2).

7 § 40 BBiG, auf den Abs. 2 ebenfalls verweist, bestimmt, dass auch bei der Prüfung der Zusatzqualifikationen der Prüfungsausschuss ordnungsgemäß i. S. d. § 40 besetzt sein muss (vgl. Kommentierung zu § 40). Die Formalia innerhalb des Prüfungsausschusses, insbesondere bei der Bewertung der Abschlussprüfung sind bei der Prüfung der Zusatzqualifikation genauso präzise einzuhalten wie bei der Abschlussprüfung (Abs. 2, §§ 41 f.). Die zuständige Stelle ist verpflichtet, für die Zusatzqualifikationen eine **Prüfungsordnung** zu erlassen. Diese Prüfungsordnung bedarf der Genehmigung der zuständigen obersten Landesbehörde. Für die Prüfungsordnung erlässt der Hauptausschuss des Bundesinstitutes für Berufsbildung **Richtlinien**. Zuständig für den Erlass der Prüfungsordnung für Zusatzqualifikationen ist gem. § 79 Abs. 4 der Berufsbildungsausschuss. Die zuständige Stelle ist auch dann nicht befugt, eine Prüfungsordnung für die Zusatzqualifikationen zu erlassen, wenn der Berufsbildungsausschuss dies pflichtwidrig unterlässt. Die Verpflichtung kann ggf. in einem Organstreitverfahren ausgesprochen werden. Die Musterprüfungsordnung (siehe § 47 Rn. 21) enthält in § 32 die Regelung, dass die Vorschriften der Prüfungsordnung für die Abnahme von Zusatzqualifikationsprüfungen entsprechend gelten. Damit gelten auch die in der Musterprüfungsordnung enthaltenen Vorschriften über den Rücktritt von der Zusatzqualifikationsprüfung, ihr Bestehen und ihre Wiederholung entsprechend, wenn eine entsprechende Prüfungsordnung erlassen wurde.

3 *Taubert*, BBiG, § 49 Rn. 11.

Abs. 2 verweist mit Wirkung zum 1.8.2024 auch auf § 42a. Damit können Prüfende bei der Prüfung der Zusatzqualifikation auch virtuell durch Videokonferenz teilnehmen, soweit die geregelten und die nicht geregelten Voraussetzungen eingehalten werden (s. 42a Rn. 10f.). 7a

Abs. 2 verweist nicht auf die §§ 43 bis 46. Damit wird deutlich, dass der Gesetzgeber ganz bewusst darauf verzichtet hat, die Vorschriften über die Zulassung zur Abschlussprüfung für die Zusatzqualifikationen entsprechend anzuwenden.[4] Eine Zulassung zur Zusatzqualifikationsprüfung ist nicht erforderlich und auch nicht zulässig. Daraus ist zu folgern, dass die Prüfung auf Antrag der Auszubildenden zu erfolgen hat. Prüfungsordnungen, in denen materielle Zulassungsvoraussetzungen definiert werden, sind damit unzulässig. Sie sind weder von § 79 Abs. 4 noch – mangels Zuständigkeit – von § 9 gedeckt. Die Musterprüfungsordnung ist dementsprechend so auszulegen, dass die in ihr enthaltenen Regelungen über die Zulassung zur Abschlussprüfung für die Prüfung von Zusatzqualifikationen nicht entsprechend anzuwenden sind. 8

IV. Anwendbarkeit auf andere Prüfungen

Die Vorschrift gilt nicht im Handwerk. Zusätzliche Fertigkeiten, ihre Prüfung und Bescheinigung sind in § 39a HwO geregelt. 9

§ 50 Gleichstellung von Prüfungszeugnissen

(1) Das Bundesministerium für Wirtschaft und Klimaschutz oder das sonst zuständige Fachministerium kann im Einvernehmen mit dem Bundesministerium für Bildung und Forschung nach Anhörung des Hauptausschusses des Bundesinstituts für Berufsbildung durch Rechtsverordnung außerhalb des Anwendungsbereichs dieses Gesetzes erworbene Prüfungszeugnisse den entsprechenden Zeugnissen über das Bestehen der Abschlussprüfung gleichstellen, wenn die Berufsausbildung und die in der Prüfung nachzuweisenden beruflichen Fertigkeiten, Kenntnisse und Fähigkeiten gleichwertig sind.

(2) Das Bundesministerium für Wirtschaft und Klimaschutz oder das sonst zuständige Fachministerium kann im Einvernehmen mit dem Bundesministerium für Bildung und Forschung nach Anhörung des Hauptausschusses des Bundesinstituts für Berufsbildung durch Rechtsverordnung im Ausland erworbene Prüfungszeugnisse den entsprechenden Zeugnissen über das Bestehen der Abschlussprüfung gleichstellen, wenn die in der Prüfung nachzuweisenden beruflichen Fertigkeiten, Kenntnisse und Fähigkeiten gleichwertig sind.

Inhaltsübersicht Rn.

4 A. A. Wohlgemuth/*Maring*, BBiG, § 49 Rn. 9.

I. Allgemeines

1 § 50 beruht auf § 43 des BBiG 2005. In Abs. 1 wird klargestellt, dass dieser sich auf Prüfungszeugnisse bezieht, die **außerhalb** des **Anwendungsbereichs** des Berufsbildungsgesetzes erworben wurden, z. B. auf berufsbildenden Schulen. Abs. 2 dagegen bezieht sich auf Prüfungszeugnisse, die außerhalb des **Geltungsbereichs** des Berufsbildungsgesetzes, also im **Ausland** erworben wurden. Für Prüfungszeugnisse nach der Systematik der Ausbildungsberufe und der Systematik der Facharbeiterberufe der DDR regelt § 102 die Anerkennung über die Gleichstellung dieser Zeugnisse mit Prüfungszeugnissen nach § 37 Abs. 2.

2 Nach beiden Absätzen kann das Bundesministerium für Wirtschaft und Technologie oder das sonst zuständige Fachministerium im Einvernehmen mit dem Bundesministerium für Bildung und Forschung nach Anhörung des Hauptausschusses des Bundesinstituts für Berufsbildung eine **Rechtsverordnung** erlassen. Einvernehmen bedeutet, dass das Bundesministerium für Bildung und Forschung seine **Zustimmung** zu der Rechtsverordnung erteilt hat. Der Hauptausschuss des Bundesinstituts für Berufsbildung ist lediglich **anzuhören**. Seine Zustimmung zu der Rechtsverordnung ist nicht erforderlich. Die Rechtsverordnung muss zu ihrer Wirksamkeit **verkündet** worden sein. Durch die Rechtsverordnung wird das betreffende Prüfungszeugnis dem entsprechenden Zeugnis nach dem BBiG gleichgestellt. Dies bedeutet, dass der Verordnungsgeber erklärt, dass er den Abschluss für gleichwertig hält. Die Verordnung hat nicht den Inhalt, dass durch das Prüfungszeugnis der entsprechende Berufsabschluss nach dem BBiG erteilt wird. Dies heißt in der Folge einer Verordnung, dass die Gleichstellung den zuständigen Stellen und den Teilnehmern am Arbeitsmarkt bekanntgemacht werden muss, damit die Chancen der Bewerber mit gleichgestellten Prüfungszeugnissen denen der Bewerber mit Abschlüssen nach dem BBiG entsprechen.

II. Gleichstellung inländischer Prüfungszeugnisse (Abs. 1)

3 Voraussetzung für eine Verordnung gem. Abs. 1 ist, dass die Berufsausbildung und die in der Prüfung nachzuweisenden beruflichen Fertigkeiten, Kenntnisse und Fähigkeiten **gleichwertig** sind. Abzugleichen sind sowohl der Prozess der Berufsausbildung als auch die Prüfungsanforderungen. Beides muss in den beiden Ausbildungsgängen gleichwertig sein. Ist einer der beiden Bestandteile nicht gleichwertig, fehlt es an der Voraussetzung für die **Gleichstellungsverordnung**. Zu vergleichen sind die Lehr- und Lerninhalte mit dem Ausbildungsbild und dem Ausbildungsplan. Die Gegenüberstellung muss zeigen, dass eine Ausbildung in Inhalt, Umfang und Schwierigkeitsgrad des Ausbildungsberufsbilds und des Ausbildungsrahmenplans absolviert wurde. Außerdem muss eine Prüfung mit den sich aus der Ausbildungsordnung ergebenden Prüfungsanforderungen durchgeführt worden sein.[1] Dabei ist zu berücksichtigen, dass es nicht ausreichend ist, wenn lediglich der theoretische Teil der Ausbildung gleichwertig ist, auch der praktische Teil der Ausbildung muss gleichwertig sein.

4 Dem Verordnungsgeber steht ein **Beurteilungsspielraum** bei der Frage zu, ob Berufsausbildung und Prüfungszeugnis gleichwertig sind. Ein Anspruch auf Erlass einer Verordnung zur Gleichstellung des Prüfungszeugnisses mit einer Berufsausbildung besteht nicht. Gleichgestellte Prüfungszeugnisse werden im Verzeichnis der anerkannten Ausbildungsberufe nach § 90 Abs. 3 Nr. 3 veröffentlicht.

---

1 *Taubert*, BBiG, § 50 Rn. 6.

5 Der Bundesausschuss für Berufsbildung hat am 20. Januar 1976 eine Empfehlung von Kriterien zur Prüfung der Gleichwertigkeit von Abschlüssen an Berufsfachschulen mit dem Abschluss und Gesellenprüfungen in Ausbildungsberufen beschlossen.[2] Sie bilden nach wie vor die Grundlage bei der Überprüfung der Gleichwertigkeit, die in der Praxis durch das Bundesinstitut für Berufsbildung vorgenommen wird.
Eine Übersicht über die Verordnungen zur Gleichwertigkeit gem. § 50 Abs. 1 findet sich im Verzeichnis der anerkannten Ausbildungsberufe und der zuständigen Stellen.[3]

III. Gleichstellung ausländischer Prüfungszeugnisse (Abs. 2)

6 Nach Abs. 2 können auch Prüfungszeugnisse, die im Ausland erworben wurden, den entsprechenden Zeugnissen über das Bestehen der Abschlussprüfung gleichgestellt werden. Im Gegensatz zu der Gleichstellung inländischer Abschlüsse außerhalb des Anwendungsbereichs des BBiG ist in diesem Fall lediglich erforderlich, dass die Prüfungsanforderungen denjenigen des Ausbildungsberufs gleichwertig sind. Auf die tatsächliche Berufsausbildung kommt es in diesem Fall nicht an. Die gleichgestellten ausländischen Prüfungszeugnisse sind ebenfalls in das **Verzeichnis der anerkannten Ausbildungsberufe** gem. § 90 Abs. 3 Nr. 3 aufzunehmen.[4] Der Hauptausschuss beim Bundesinstitut für Berufsbildung hat eine Empfehlung zur Gleichstellung von außerhalb des Anwendungsbereichs von Berufsbildungsgesetz (BBiG)/Handwerksordnung (HwO) erworbenen Prüfungszeugnissen mit den entsprechenden Zeugnissen über das Bestehen der Abschluss- oder Gesellenprüfung in Ausbildungsberufen ausgesprochen.[5]

IV. Empfehlungen und Materialien

Einigungsvertrag 7

Art. 37 Bildung

(1) In der Deutschen Demokratischen Republik erworbene oder staatlich anerkannte schulische, berufliche und akademische Abschlüsse oder Befähigungsnachweise gelten in dem in Artikel 3 genannten Gebiet weiter. In dem in Artikel 3 genannten Gebiet oder in den anderen Ländern der Bundesrepublik Deutschland einschließlich Berlin (West) abgelegte Prüfungen oder erworbene Befähigungsnachweise stehen einander gleich und verleihen die gleichen Berechtigungen, wenn sie gleichwertig sind. Die Gleichwertigkeit wird auf Antrag von der jeweils zuständigen Stelle festgestellt. Rechtliche Regelungen des Bundes und der Europäischen Gemeinschaften über die Gleichstellung von Prüfungen oder Befähigungsnachweisen sowie besondere Regelungen in diesem Vertrag haben Vorrang. Das Recht auf Führung erworbener, staatlich anerkannter oder verliehener akademischer Berufsbezeichnungen, Grade und Titel bleibt in jedem Fall unberührt.
(2) Für Lehramtsprüfungen gilt das in der Kultusministerkonferenz übliche Anerkennungsverfahren. Die Kultusministerkonferenz wird entsprechende Übergangsregelungen treffen.
(3) Prüfungszeugnisse nach der Systematik der Ausbildungsberufe und der Systematik der Facharbeiterberufe und Abschlussprüfungen und Gesellenprüfungen in anerkannten Ausbildungsberufen stehen einander gleich.
(4) Die bei der Neugestaltung des Schulwesens in dem in Artikel 3 genannten Gebiet erforderlichen Regelungen werden von den in Artikel 1 genannten Ländern getroffen. Die notwendigen Regelungen zur Anerkennung von Abschlüssen schulrechtlicher Art werden in der Kultusministerkonferenz vereinbart. In beiden Fällen sind Basis das Hamburger Abkommen und die weiteren einschlägigen Vereinbarungen der Kultusministerkonferenz.

---

2 Empfehlung Nr. 34, *www.bibb.de/de/11703.php.*
3 Siehe dort 1.5.2.1, erhältlich über die Seite *www.bibb.de.*
4 Siehe Fundstelle in Rn. 5 über die Webseite *www.bibb.de.*
5 *Bundesausschuss für Berufsbildung*, 16. 12. 2015, Beschluss Nr. 163, *www.bibb.de.*

(5) Studenten, die vor Abschluss eines Studiums die Hochschule wechseln, werden bisher erbrachte Studien- und Prüfungsleistungen nach den Grundsätzen des § 7 der Allgemeinen Bestimmungen für Diplomprüfungsordnungen (ABD) oder im Rahmen der für die Zulassung zu Staatsprüfungen geltenden Vorschriften anerkannt.
(6) Die auf Abschlusszeugnissen der Ingenieur- und Fachschulen der Deutschen Demokratischen Republik bestätigten Hochschulzugangsberechtigungen gelten gemäß Beschluss der Kultusministerkonferenz vom 10. Mai 1990 und seiner Anlage B. Weitergehende Grundsätze und Verfahren für die Anerkennung von Fachschul- und Hochschulabschlüssen für darauf aufbauende Schul- und Hochschulausbildungen sind im Rahmen der Kultusministerkonferenz zu entwickeln.

8 Zur Gleichstellung von französischen und österreichischen Prüfungszeugnissen mit Zeugnissen über die bestandene Abschlussprüfung existieren Verordnungen gem. Abs. 2:

- Dritte Verordnung zur Änderung der Verordnung zur Gleichstellung französischer Prüfungszeugnisse mit Zeugnissen über das Bestehen der Abschlussprüfung oder Gesellenprüfung in anerkannten Ausbildungsberufen, BGBl. I 1986, S. 1306
- Dritte Verordnung zur Änderung der Verordnung zur Gleichstellung österreichischer Prüfungszeugnisse mit Zeugnissen über das Bestehen der Abschlussprüfung oder Gesellenprüfung in anerkannten Ausbildungsberufen, BGBl. I 1995, S. 899

Darüber hinaus wurde mit beiden Ländern vereinbart, Abschlüsse auch formlos als gleichwertig anzuerkennen.[6]

V. BQFG

9 Die Anerkennung von im Ausland erworbenen Berufsabschlüssen ist seit dem Jahr 2012 im Berufsqualifikationsfeststellungsgesetz (als Teil des »Anerkennungsgesetzes«) geregelt. Dieses dient gem. § 1 BQFG »der besseren Nutzung von im Ausland erworbenen Berufsqualifikationen für den deutschen Arbeitsmarkt, um eine qualifikationsnahe Beschäftigung zu ermöglichen.« Im Berufsqualifikationsfeststellungsgesetz sind z. B. die erforderlichen Unterlagen (§ 5 BQFG), das Verfahren (§ 6 BQFG) sowie die zuständige Stelle (§ 8 BQFG) geregelt. Zuständige Stelle ist die jeweilige Kammer (§ 8 Abs. 1 BQFG). Der in Fragen der Berufsbildung »allzuständige« Berufsbildungsausschuss (§ 79 BBiG) ist auch für das Thema der Anerkennung von Berufsbildungsabschlüssen aus dem Ausland zuständig.
Zur Unterstützung bei der Prüfung der Anerkennung existieren mehrere staatliche Internetportale, in denen Abschlüsse und Qualifikationen einem Abschluss in Deutschland zugeordnet werden.[7]

§ 50a Gleichwertigkeit ausländischer Berufsqualifikationen

Ausländische Berufsqualifikationen stehen einer bestandenen Aus- oder Fortbildungsprüfung nach diesem Gesetz gleich, wenn die Gleichwertigkeit der beruflichen Fertigkeiten, Kenntnisse und Fähigkeiten nach dem Berufsqualifikationsfeststellungsgesetz festgestellt wurde.

1 § 50a wurde durch das Gesetz vom 6. 12. 2011 (BGBl. I 2011, S. 2515) mit Wirkung vom 1. 4. 2012 eingefügt. Nach der Gesetzesbegründung[8] regelt die Vorschrift die Rechtsfolgen einer Feststellung der Gleichwertigkeit nach dem Gesetz über die Feststellung der

6 Abgedruckt in der 5. Auflage, § 50 Rn. 9.
7 *anabin.kmk.org, www.anerkennung-in-deutschland.de* und *bq-portal.de.*
8 BT-Drucks. 17/6260.

Gleichwertigkeit von Berufsqualifikationen für Entscheidungen der zuständigen Stelle nach dem BBiG.

Durch die Gesetzesänderung soll klargestellt werden, dass sich durch die Feststellung der Gleichwertigkeit nach dem BQFG die gleichen Rechtsfolgen zum Beispiel bei der Berücksichtigung von Zulassungsvoraussetzungen für Fortbildungen ergeben wie bei bestandener inländischer Aus- und Fortbildungsprüfung.[1] Die zuständige Stelle nach dem BBiG kann ungeachtet dessen auch in den Fällen, in denen die Gleichwertigkeit nach dem BQFG aufgrund wesentlicher Unterschiede nicht festgestellt wird, die in der Begründung des Bescheides nach dem BQFG dargestellten vorhandenen Qualifikationen berücksichtigen, zum Beispiel im Rahmen der Anrechnung der Ausbildungszeiten oder Zulassung zur Externenprüfung gem. § 45 Abs. 2. Zur Anerkennung bei der Ausbildereignung s. § 31a Rn. 3. 2

Abschnitt 6
Feststellung und Bescheinigung der individuellen beruflichen Handlungsfähigkeit am Maßstab eines anerkannten Ausbildungsberufs

§ 50b Antragstellung und Zulassung

(1) Die zuständige Stelle stellt auf Antrag die individuelle berufliche Handlungsfähigkeit des Antragstellers oder der Antragstellerin am Maßstab eines vom Antragsteller oder von der Antragstellerin zu bezeichnenden anerkannten Ausbildungsberufs (Referenzberuf) in einem Feststellungs- oder Ergänzungsverfahren fest und bescheinigt die individuelle berufliche Handlungsfähigkeit, wenn diese überwiegend oder vollständig mit der für die Ausübung des Referenzberufs erforderlichen beruflichen Handlungsfähigkeit vergleichbar ist.

(2) Antragsberechtigt ist, wer

1. seinen Wohnsitz in Deutschland hat oder die notwendige Berufstätigkeit nach Absatz 3 Satz 1 Nummer 1 mindestens zur Hälfte im Inland absolviert hat und

2. in dem Referenzberuf keinen Berufsabschluss hat und für wessen Berufsabschluss keine Gleichwertigkeit nach dem Berufsqualifikationsfeststellungsgesetz festgestellt worden ist,

3. nicht in einem Berufsausbildungsverhältnis im Referenzberuf steht sowie

4. das 25. Lebensjahr vollendet hat.

(3) Zum Feststellungsverfahren ist per Bescheid zuzulassen, wer

1. nachweist, mindestens das Eineinhalbfache der Zeit, die als Ausbildungsdauer für den Referenzberuf vorgeschrieben ist, in dem Referenzberuf tätig gewesen zu sein, und

2. glaubhaft macht, bei der Tätigkeit nach Nummer 1 oder in sonstiger Weise eine berufliche Handlungsfähigkeit erworben zu haben, die derjenigen, die für die Ausübung des Referenzberufs erforderlich ist, überwiegend oder vollständig vergleichbar ist.

1 *Schubert/Schaumberg*, AFBG/BBiG, § 50a BBiG mit Verweis auf *www.anerkennung-in-deutschland.de.*

§ 45 Absatz 2 Satz 2 bis 4 ist entsprechend mit der Maßgabe anzuwenden, dass, falls ein Berufsausbildungsverhältnis im Referenzberuf bestand und die Abschlussprüfung nicht bestanden wurde, die Dauer der Berufsausbildung bis höchstens zur Hälfte der festgelegten Ausbildungsdauer berücksichtigt werden kann. Gelingt dem Antragsteller oder der Antragstellerin der Nachweis nach Satz 1 Nummer 1 oder die Glaubhaftmachung nach Satz 1 Nummer 2 aus von ihm oder ihr selbst nicht zu vertretenden Gründen nicht oder nur teilweise, kann insoweit die Abgabe einer eidesstattlichen Versicherung gefordert werden.

(4) Richtet sich der Antrag auf die Feststellung der überwiegenden Vergleichbarkeit, ist Absatz 3 Satz 1 Nummer 1 mit der Maßgabe entsprechend anzuwenden, dass eine Tätigkeit im Tätigkeitsbereich des Referenzberufs genügt, die die im Antrag bezeichneten für die Ausübung des Referenzberufs erforderlichen Fertigkeiten, Kenntnisse und Fähigkeiten umfasst.

(5) Wer bereits ein Feststellungsverfahren nach diesem Abschnitt durchlaufen hat, in dem die überwiegende, aber nicht vollständige Vergleichbarkeit mit der für die Ausübung des Referenzberufs erforderlichen beruflichen Handlungsfähigkeit festgestellt und bescheinigt worden ist, hat Anspruch auf Durchführung eines Ergänzungsverfahrens, wenn er glaubhaft macht, dass er den Teil der beruflichen Handlungsfähigkeit, der für eine vollständige Vergleichbarkeit gefehlt hat, nach der Zulassung zum Feststellungsverfahren erworben hat. Absatz 3 Satz 3 ist mit der Maßgabe anzuwenden, dass es eines erneuten Nachweises nach Absatz 3 Satz 1 Nummer 1 nicht bedarf. Das Ergänzungsverfahren beschränkt sich auf diesen Teil der beruflichen Handlungsfähigkeit. Wird die vollständige Vergleichbarkeit im Ergänzungsverfahren festgestellt, so bescheinigt die zuständige Stelle die vollständige Vergleichbarkeit.

Inhaltsübersicht Rn.

I. Vorbemerkung

1 Die Regelungen des Abschnitts 6 wurden mit dem Berufsbildungsvalidierungs- und -digitalisierungsgesetz zum 1. 1. 2025 (§ 106 Abs. 1 Satz 2) vollständig neu in das BBiG eingeführt. Hintergrund ist eine Empfehlung des Rates der Europäischen Union vom 20. 12. 2012 zur Validierung nichtformalen und informellen Lernens.[1] »Validierung« bezeichnet ein Verfahren, bei dem eine zugelassene Stelle bestätigt, dass eine Person die

1 *https://eur-lex.europa.eu/LexUriServ/LexUriServ.do?uri=OJ:C:2012:398:0001:0005:DE:PDF.*

anhand eines relevanten Standards gemessenen Lernergebnisse erzielt hat, und umfasst folgende vier Einzelschritte:

1. Identifizierung der besonderen Erfahrungen einer Person im Wege eines Gesprächs;
2. Dokumentierung, um die Erfahrungen der Person sichtbar zu machen;
3. formale Bewertung dieser Erfahrungen;
4. Zertifizierung der Ergebnisse der Bewertung, die zu einer teilweisen oder vollständigen Qualifikation führen kann.[2]

Die Empfehlung des Rates ist darauf gerichtet, dass eine einzelne Person in die Lage versetzt wird, sich ihre Kenntnisse, Fähigkeiten und Kompetenzen, die nicht formal und informell erworben wurden, bestätigen zu lassen und sich darüber vollständige oder auch Teilqualifikationen anerkennen zu lassen. Die Umsetzung sollte bis spätestens 2018 erfolgen. Ziel der Empfehlung ist es, die Beschäftigungsfähigkeit gerade derjenigen, die nicht im erlernten Beruf arbeiten oder keinen Beruf erlernt haben, zu verbessern, wobei sich die Empfehlung nicht ausdrücklich auf die berufliche Handlungsfähigkeit beschränkt. Das Europäische Zentrum für die Förderung der Berufsbildung (Cedefop) ist das Referenzzentrum der Europäischen Union für die Bereiche berufliche Aus- und Weiterbildung, Kompetenzen und Qualifikationen, basierend auf der Verordnung (EU) 2019/128. Eine Aufgabe des Cedefop ist gem. Art. 2 Abs. 1 Buchst. d der Verordnung (EU) 2019/128 die Analyse von und der Beitrag zu Entwicklungen bei der Validierung nichtformalen und informellen Lernens. Das Cedefop hat Europäische Leitlinien[3] für die Validierung nichtformalen und informellen Lernens erarbeitet sowie fortlaufend evaluiert und weiterentwickelt.

Drei unterschiedliche Verfahren zur Kompetenzfeststellung sind in Deutschland bislang 2
etabliert oder wenigstens erprobt:

- der **ProfilPASS** als zieloffenes, breit angelegtes Verfahren, das Kompetenzen bewusst und sichtbar macht, die in beruflichen und nicht beruflichen Kontexten erworben wurden, und der Reflexion der eigenen beruflichen Orientierung dient;
- **MySkills** als Tool, das die Passung von Handlungswissen für typische Handlungen, die in einem Beruf benötigt werden, prüft. Probanden und Probandinnen werden auf bestehende Berufe orientiert;
- ein Verfahren, mit dem Teilnehmende ihr berufliches Wissen und Können in Bewertungssituationen unter Beweis stellen und durch ein Zertifikat der Kammer bestätigt bekommen, erprobt in den Projekten **ValiKom und ValiKom Transfer.**[4]

Mit Abschnitt 6 wurde ein Verfahren verankert, das es nach Auffassung des Gesetzgebers 3
ermöglicht, berufliche Handlungsfähigkeit, die unabhängig von einem formalen Berufsausbildungsabschluss erworben wurde, sichtbar und verwertbar zu machen. Den Vergleichsmaßstab soll weiterhin die berufliche Handlungsfähigkeit in einem anerkannten Ausbildungsberuf bilden. Vorausgegangen sind zwei wissenschaftlich vom Bundesinstitut für Berufsbildung begleitete Projekte.[5] Der Bundesgesetzgeber sieht sich aufgrund von Art. 72 Abs. 2 GG in der Zuständigkeit für diese Bildungsfrage, weil die Handlungsfähigkeiten in den Betrieben erworben werden und bundesweit einheitliche Maßstäbe zur Anerkennung zur Wahrung der Wirtschaftseinheit erforderlich seien.

Durch die Schaffung eines Verfahrens zur Feststellung und Bescheinigung individuell 4
erworbener beruflicher Handlungsfähigkeit sollen nach dem Willen des Gesetzgebers

2 A. a. O. Nr. 1.2. der Empfehlung.
3 *http://data.europa.eu/doi/10.2801/184123.*
4 *www.bibb.de/datenreport/de/2022/162212.php*, abgerufen am 3.6.2024.
5 BT-Drucks. 20/10857, S. 47.

substanzielle berufliche Kompetenzen, die unabhängig von einem formalen Berufsausbildungsabschluss erworben wurden, sichtbar und verwertbar gemacht und damit Berufsbiografien honoriert sowie Anschlüsse im System der beruflichen Bildung für diese Personengruppe geschaffen werden. So sollen auch in Zeiten großer Fachkräfteengpässe alle vorhandenen Potenziale aktiviert werden.[6]

5 Die vollständige Vergleichbarkeit der erworbenen beruflichen Fertigkeiten, Kenntnisse und Kompetenzen stellt gem. der Gesetzesbegründung die für die Ausübung des Referenzberufs notwendige berufliche Handlungsfähigkeit 1:1 fest, wie die Abschlussprüfung und anders als ein Belegverfahren unmittelbar mit Hilfe der Feststellungsinstrumente. Dadurch werde das Feststellungsergebnis zwar nicht formal zu einem Ausbildungsabschluss nach dem BBiG oder der HwO. Diesen erlangt man ausschließlich über eine Abschluss- bzw. Gesellenprüfung. Die vollständige Vergleichbarkeit der jeweils festgestellten beruflichen Handlungsfähigkeit führt durch die weiteren Regelungen in § 53b Abs. 3 und § 53c Abs. 3 aber zur Gleichbehandlung der Absolventen bei den Abschlüssen im BBiG betreffend die fachliche Ausbildereignung und den Zugang zum Fortbildungsbereich.[7]
Abschnitt 6 hat diese Struktur:

- § 50b regelt die Antragstellung und die Zulassung zum Validierungsverfahren,
- § 50c regelt die Durchführung des Validierungsverfahrens,
- § 50d enthält besondere Bestimmungen für Menschen mit Behinderungen zur Sicherung von Teilhabe und Inklusion,
- § 50e enthält eine Verordnungsermächtigung des zuständigen Bundesministeriums.

II. Ziel des Validierungsverfahrens (Abs. 1)

6 Abs. 1 regelt das Ziel des sowie die **Zuständigkeit** für das Validierungsverfahren: Zuständig für die Feststellung und Bescheinigung der individuellen beruflichen Handlungsfähigkeit sind gem. § 75b die zuständigen Stellen gem. §§ 71 ff. Die zuständigen Stellen handeln lediglich **auf Antrag**. Der Antrag ist durch diejenigen zu stellen, deren individuelle berufliche Handlungsfähigkeit festgestellt werden soll, denn ohne deren Zustimmung und Mitwirkung kann die Fremdbewertung nicht erfolgen. Die antragstellende Person hat anzugeben, mit welchem anerkannten Ausbildungsberuf (»**Referenzberuf**«) die eigenen Kompetenzen abgeglichen werden sollen. Eine Form für den Antrag ist nicht vorgegeben, sodass dieser auch formfrei möglich ist (vgl. § 10 VwVfG des Bundes).

7 Das **Ziel** des Validierungsverfahrens ist die **Feststellung** der sog. »individuellen beruflichen Handlungsfähigkeit« des Antragstellers (§ 1 Abs. 3 Satz 1). Aus Abs. 4 ergibt sich, dass der Antrag auf zwei verschiedene Ziele gerichtet sein kann: die **Feststellung der vollständigen oder der überwiegenden Vergleichbarkeit**. Denkbar ist auch, dass vollständige Vergleichbarkeit beantragt wird, jedoch nur überwiegende Vergleichbarkeit festgestellt wird. In diesem Fall sind die Kompetenzen im Antrag bzw. im Feststellungsbescheid zu definieren, die festgestellt wurden (s. § 50c Rn. 15 ff.). Nur so kann in einem eventuellen Ergänzungsverfahren festgestellt werden, ob die noch fehlenden Kompetenzen für die Vergleichbarkeit nunmehr ebenfalls vorliegen. Die individuelle berufliche Handlungsfähigkeit wird nicht abstrakt festgestellt, sondern im Vergleich zu einem **anerkannten Ausbildungsberuf** im Sinne des § 4. Diesen Beruf gibt die antragstellende Person als Referenzberuf an, also als den Beruf, auf den sich die eigene berufliche Handlungsfähigkeit beziehen soll. Wird das Verfahren erfolgreich durchlaufen, bescheinigt die zuständige

6 BT-Drucks. 20/10857, S. 32.
7 BT-Drucks. 20/10857, S. 49.

Stelle der antragstellenden Person die entsprechende individuelle berufliche Handlungsfähigkeit. Erfolgreich bedeutet in diesem Fall, dass die individuellen Fertigkeiten, Kenntnisse und Fähigkeiten im Abgleich mit den Fertigkeiten, Kenntnissen und Fähigkeiten des Referenzberufs überwiegend oder vollständig vergleichbar sind. Auf Übereinstimmung kommt es dabei nicht an, Vergleichbarkeit ist ausreichend. Zum Bescheid über die Feststellung s. § 50c Rn. 14ff.

Handlungsfähigkeit definiert § 1 Abs. 3 als diejenigen Fertigkeiten, Kenntnisse und Fähigkeiten, die eine Person für die Ausübung einer qualifizierten beruflichen Tätigkeit in einer sich wandelnden Arbeitswelt benötigt. Die für die Ausübung des Referenzberufs erforderliche berufliche Handlungsfähigkeit ist das Ziel einer Ausbildung nach einem anerkannten Ausbildungsberuf. Sie ist folglich in der Ausbildungsordnung beschrieben. Die berufliche Handlungsfähigkeit des Referenzberufs lässt sich aufgrund der weitgehenden Standardisierung in der Struktur der Ausbildungsordnungen[8] dem **Ausbildungsrahmenplan** der Ausbildungsordnung entnehmen. Die für den Beruf notwendigen Fertigkeiten, Kenntnisse und Fähigkeiten finden sich dort in einer eigenen Spalte, zumeist kompetenzorientiert formuliert. 8

Nicht relevant sind die Inhalte des Ausbildungsrahmenlehrplans, aus dem der Berufsschullehrplan abgeleitet wird. Diese Inhalte sind nur Gegenstand der Ausbildungsordnung und der Prüfung, soweit sie den Inhalten im Ausbildungsrahmenplan entsprechen. Eine entsprechende Regelung findet sich regelmäßig[9] in den Ausbildungsordnungen und ergibt sich ansonsten aus der Abgrenzung der Kompetenzen des Bundes und der Länder. Im Fall der Validierung einer beruflichen Handlungsfähigkeit sind Bundesrecht, § 3 BBiG und die jeweilige Ausbildungsordnung relevant, nicht das Schulrecht der Länder. 9

III. Antragsberechtigung (Abs. 2)

Vier Voraussetzungen müssen sämtlich erfüllt sein, damit eine Person den Antrag auf Validierung stellen darf. Liegt auch nur eine der Voraussetzungen nicht vor, ist der Antrag unzulässig. 10

1. Inlandsbezug

Die erste Voraussetzung kann durch zwei alternative Bedingungen erfüllt werden. 11

- Alternative 1: Die Person hat ihren Wohnsitz in Deutschland. Nicht relevant ist, wie lange die Person den Wohnsitz in Deutschland hat. Zum Zeitpunkt der Antragstellung muss der Wohnsitz in Deutschland sein. Fraglich ist, wie lange der Wohnsitz in Deutschland verbleiben muss: mindestens jedenfalls bis zum Zulassungsbescheid zum Verfahren. Alternativ wäre auch begründbar, dass der Antrag sich auf den Feststellungsbescheid richtet. Dann muss der Wohnsitz bis zur Zustellung dieses Bescheides in Deutschland sein.
- Alternative 2: Die Person hat die notwendige Berufstätigkeit nach Abs. 3 Satz 1 Nr. 1 mindestens zur Hälfte im Inland absolviert. Die notwendige Berufstätigkeit nach Abs. 3 Satz 1 Nr. 1 ist die Zeitspanne, die man im angegebenen Referenzberuf gearbeitet haben muss, das Anderthalbfache der regulären Ausbildungsdauer. Von dieser Zeitspanne muss mindestens die Hälfte in Deutschland erbracht worden sein. Ziel ist 12

8 Empfehlung des Hauptausschusses 11, *www.bibb.de/de/11703.php.*
9 S. Empfehlung des Hauptausschusses 119: »Die Ausbildungsordnung ist zugrunde zu legen«, *www.bibb.de/de/11703.php.*

es, z. B. »Grenzpendlern und Grenzpendlerinnen, die dem nationalen Beschäftigungs- und oft auch Bildungssystem eng verbunden sind, einen Zugang zu ermöglichen und diese nicht ungerechtfertigt zu benachteiligen«.[10] Dabei kann es im Grundsatz nur auf die arbeitsvertragliche Lage ankommen, nicht auf die tatsächlich erbrachten Zeiten. Soweit die vorgelegten Dokumente (z. B. Arbeitsvertrag, Zeugnisse) einen Hinweis darauf geben, dass nicht die gesamte vertragliche Arbeitszeit im Referenzberuf gearbeitet wurde, sondern z. B. während der Arbeitszeit ganz oder teilweise noch ein Studium absolviert wurde, ist durch die zuständige Stelle zu klären, welche Zeitanteile tatsächlich auf die Tätigkeit im Referenzberuf entfielen. Teilzeit ist entsprechend den Regelungen zur Ausbildung anteilig zu berechnen. Hier kann auf die Empfehlung des Hauptausschusses 174 vom 10. 6. 2021[11] und die Rechtsprechung zu § 43 Abs. 1 Nr. 1 (s. § 43 Rn. 7–12) zurückgegriffen werden.

13 Der Gesetzgeber begründet die **Inlandsvoraussetzung** in Abs. 2 Nr. 1 mit »inländischen Bezugsgrößen« und dem »bildungspolitischen Anschluss im BBiG« (Ausbildereignung, Fortbildung, Externenprüfung).[12] Zu berücksichtigen ist, dass genaue diese Zugänge zum beruflichen Aufstieg und zu beruflicher Qualifizierung, die durch die Validierung eröffnet werden, zugleich den Anwendungsbereich des Art. 12 GG eröffnen. Grundrechtsträger gem. Art. 12 GG sind dem Wortlaut nach nur Deutsche im Sinne des Art. 116 GG. Der Inlandsbezug lässt sich in den hier geregelten Grenzen mit Blick auf die Europäische Union nicht aufrechterhalten, in der die Berufsfreiheit nebst Niederlassungsfreiheit in Art. 15 Grundrechte-Charta ebenfalls normiert sind.

14 Der strikte Inlandsbezug ist »EU-freundlich« auszulegen, so er denn überhaupt rechtlich in dieser Form haltbar ist. Der Gesetzesentwurf begründet die Anforderung, dass der Antrag im Inland gestellt werden muss oder die Berufserfahrung überwiegend im Inland erworben wurde: Es solle vermieden werden, dass es durch aus dem Ausland – und ggf. für das Ausland – gestellte Anträge zu einer finanziell und organisatorisch unangemessenen Beanspruchung zuständiger Stellen und des ehrenamtlichen Prüfungswesens kommt.[13] Damit dürfte die Anforderung an den Wohnsitz rechtlich haltbar sein. Die Anforderung daran, dass die Tätigkeit im Referenzberuf mindestens zur Hälfte im Inland erbracht worden sein muss, die Tätigkeit im Referenzberuf im EU-Ausland also nicht ausreicht, steht jedoch unter dem Verdacht, Personen mit Tätigkeiten im EU-Ausland zu diskriminieren. Der Vergleich der vorhandenen Kompetenzen mit den erforderlichen Kompetenzen im Referenzberuf kann ausreichend Nachweis erbringen, ob die Tätigkeiten im EU-Ausland für die Feststellung der individuellen beruflichen Handlungsfähigkeit im Sinne des Referenzberufs genügen.

2. Fehlen einer förmlichen Anerkennung der Handlungsfähigkeit

15 Die zweite Voraussetzung für die Antragsberechtigung besteht ebenfalls aus zwei Bausteinen: Die Person darf zum einen keinen Berufsabschluss im angegebenen Referenzberuf haben. Richtigerweise stellt der Gesetzgeber in der Begründung fest, dass es für einen solchen Antrag auch keine Notwendigkeit gebe. Das gelte zum anderen auch für

10 BT-Drucks. 20/10857, S. 48.
11 *www.bibb.de/de/11703.php.*
12 BT-Drucks. 20/10857, S. 48.
13 BT-Drucks. 20/10857, S. 48.

Personen, bei denen die Gleichwertigkeit nach dem »Gesetz über die Feststellung der Gleichwertigkeit von Berufsqualifikationen« (BQFG) bescheinigt wurde.[14]

3. Kein laufendes Ausbildungsverhältnis

Die dritte Voraussetzung ist, dass die Person, die den Antrag stellt, nicht in einem Ausbildungsverhältnis im Referenzberuf steht. So wird vermieden, dass Auszubildende vor Zurücklegen der Ausbildungsdauer (§ 43 Abs. 1) die Zulassungsvoraussetzungen zur Prüfung über § 45 Abs. 3 erfüllen. Der Gesetzgeber hat damit auch entschieden, dass ältere Auszubildende, die zuvor einige Zeit als Arbeitnehmer im Referenzberuf gearbeitet haben und sodann in die Ausbildung gewechselt sind, von dem Validierungsverfahren ausgeschlossen sind. 16

4. Mindestalter

Viertens muss die antragstellende Person das 25. Lebensjahr vollendet haben. Diese Voraussetzung wurde durch den Ausschuss für Bildung, Forschung und Technikfolgenabschätzung angeregt und in das Gesetz übernommen. Der Ausschuss wollte sicherstellen, dass jüngere Personen im System der dualen Berufsausbildung bleiben und für Berufseinsteiger keine Qualifizierungsalternative über den reinen Erwerb von Berufspraxis geschaffen wird. Eine Altersgrenze von 25 Jahren sei bereits in den vom Bundesministerium für Bildung und Forschung geförderten Projekten zur Feststellung (ValiKom und ValiKom Transfer) erprobt worden und habe sich für dieses Verfahren als geeignet erwiesen. Sie sei vor dem Hintergrund eines berufsbildungspolitisch zwingend erforderlichen Ausschließens von Verdrängungseffekten gegenüber einer regulären Berufsausbildung erforderlich.[15] Auch der Bundesrat hatte diese Änderung vorgeschlagen: »Schafft der Bund ohne Einziehung einer Altersgrenze eine Möglichkeit, vollständige berufliche Qualifikationen außerhalb der dualen Ausbildung formal und mit allen beruflichen Konsequenzen zu erwerben, verkürzt der Gesetzentwurf die zwölfjährige Schulbesuchspflicht regelhaft auf eine kürzere.« Die Schulpflicht sei Ländersache, hier dürfe der Bund nicht, auch nicht mittelbar, eingreifen.[16] 17

Der Gesetzgeber folgt der Begründung des Ausschusses und bewertet eine zusätzliche Altersgrenze im Rahmen einer Gesamtabwägung der betroffenen Verfassungsgüter und Grundrechte als erforderlich und angemessen, um Fehlanreize bei der Wahl für oder gegen eine reguläre Berufsausbildung bei jüngeren Menschen auszuschließen. Die Altersgrenze von 25 Jahren basiert dabei auf den Erfahrungen mit ValiKom sowie der Nutzung dieser Altersgrenze in der Berufsbildungsforschung für die typisierte Abgrenzung der biografischen Qualifizierungsphase (vgl. 2.5.2 Berufsbildungsbericht 2024 »jüngere Erwachsene«).[17] Vor diesem Hintergrund ist die der Altersgrenze innewohnende Altersdiskriminierung jüngerer antragstellender Personen gem. Art. 6 RL 2000/78 EG gerechtfertigt, da objektiv, angemessen und ein legitimes Ziel verfolgend. 18

14 BT-Drucks. 20/10857, S. 48.
15 BT-Drucks. 20/11802, S. 20.
16 BR-Drucks. 73/1/24, S. 6.
17 BT-Drucks. 20/11802, S. 20.

IV. Zulassungsvoraussetzungen zum Feststellungsverfahren (Abs. 3)

19 Auf den Antrag erfolgt eine Entscheidung der zuständigen Stelle darüber, ob die Person, die den Antrag gestellt hat, für das Feststellungsverfahren zugelassen wird. Dabei prüft sie die Antragsberechtigung gem. § 50b Abs. 2 sowie die weiteren zwei Voraussetzungen, die in Abs. 3 geregelt sind.

1. Tätigkeit im Referenzberuf

20 Die antragstellende Person hat nachzuweisen, dass sie mindestens das Eineinhalbfache der Zeit, die als Ausbildungsdauer für den Referenzberuf in der Ausbildungsordnung vorgeschrieben ist, in dem Referenzberuf tätig gewesen ist. Die Ausbildungsdauer ist der Ausbildungsordnung zu entnehmen und üblicherweise in § 2 der Ausbildungsordnung geregelt.[18] Eventuelle Verkürzungsmöglichkeiten für die Ausbildung sind nicht zu berücksichtigen.

21 Die erforderliche Dauer der Tätigkeit kann auch durch Ausbildungszeiten nachgewiesen werden. Dabei kann ein Berufsausbildungsverhältnis im Referenzberuf angerechnet werden. Wurde die Abschlussprüfung in diesem Berufsausbildungsverhältnis nicht bestanden, wird die Dauer der Berufsausbildung maximal bis zu 50 % der vorgeschriebenen Ausbildungsdauer berücksichtigt (Abs. 3 Satz 2). Nicht geklärt ist, wie die Ausbildungszeit zu berücksichtigen ist, wenn die Abschlussprüfung nicht angetreten wurde, weil z. B. das Ausbildungsverhältnis vorher beendet wurde. Eine entsprechende Anwendung des Abs. 3 Satz 2 bietet sich an, ist aber nicht zwingend: Es fehlt mangels nicht bestandener Abschlussprüfung an dem Nachweis, dass die berufliche Handlungsfähigkeit nicht erworben wurde.

22 Gem. Abs. 3 Satz 2 sind § 45 Abs. 2 Sätze 2–4 entsprechend anzuwenden. Daraus ergibt sich für den Nachweis der Zeiten im Referenzberuf:

- Als Zeiten der Berufstätigkeit gelten auch Ausbildungszeiten in einem anderen, einschlägigen Ausbildungsberuf.
- Vom Nachweis der Mindestzeit kann ganz oder teilweise abgesehen werden, wenn durch Vorlage von Zeugnissen oder auf andere Weise glaubhaft gemacht wird, dass die antragsberechtigte Person die berufliche Handlungsfähigkeit erworben hat, die die Zulassung zum Feststellungsverfahren rechtfertigt.
- Ausländische Bildungsabschlüsse und Zeiten der Berufstätigkeit im Ausland sind zu berücksichtigen.

23 Der Nachweis kann zugleich mit dem Antrag eingereicht oder nachgereicht werden. Als Nachweis können alle Beweismittel eines Verwaltungsverfahrens dienen (§ 26 VwVfG des Bundes). In Betracht kommen z. B. Arbeitszeugnisse oder Sozialversicherungsnachweise. Auch der ausgefüllte ProfilPASS kann gewertet werden. Diese sind in deutscher Amtssprache übersetzt vorzulegen, anderenfalls kann die zuständige Stelle Übersetzungen verlangen, in begründeten Fällen auch beglaubigte Übersetzungen oder Übersetzungen von einem öffentlich bestellten Dolmetscher (vgl. § 23 VwVfG des Bundes). Bei der Prüfung des Nachweises ist nicht allein auf den Wortlaut des Nachweises abzustellen, sondern auf die damit einhergehenden Tätigkeiten. Zu berücksichtigen ist, dass etwa bei einem Zeugnis ein Arbeitgeber nicht bescheinigen wird, dass jemand in der Tätigkeit als Fachkraft gearbeitet hat, wenn er zugleich befürchten muss, dass höhere Entgeltansprüche die Kon-

---

18 S. Beschluss des Hauptausschusses des Bundesinstituts für Berufsbildung Nr. 11 »Empfehlung eines Schemas für Ausbildungsordnungen der Monoberufe« vom 29. 3. 1972, *www.bibb.de.*

sequenz sind. So wird ein Zeugnis für eine ungelernte Kraft auch bei hochwertigen und verantwortlichen Tätigkeiten nicht unbedingt die Tätigkeit »im Beruf« des Gesellen im Maler- und Lackiererhandwerk bescheinigen, wenn der Arbeitgeber zugleich befürchten muss, statt des Branchenmindestlohnes I für Helfer den Branchenmindestlohn II für Gesellen (nach-)zahlen zu müssen. Der Mindestlohn II hängt nicht vom formalen Gesellenabschluss ab, sondern von der Ausübung der »einschlägigen handwerklichen Tätigkeiten« (§ 2 Abs. 3 Satz 1 11. Malerarbeitsbedingungenverordnung vom 27. 4. 2023). Tarifverträge haben zum Teil ähnliche Eingruppierungsstrukturen, sodass die Aussagekraft von arbeitgeberseitig ausgestellten Nachweisen in dieser Hinsicht beschränkt sein kann. Aussagekräftiger wäre ein Selbsteinschätzungsbogen oder ein anderes Instrument.

Nicht geregelt ist, wie überzeugend das Vorbringen der Tätigkeit im Referenzberuf sein muss, damit der Nachweis als erbracht gilt. Geregelt ist allerdings, dass für den Fall, dass der Nachweis als nicht oder nicht vollständig erbracht gewertet wird, die antragstellende Person zur Abgabe einer eidesstattlichen Versicherung aufgefordert werden kann (Abs. 3 Satz 3). Hierzu gilt § 27 VwVfG des Bundes. Voraussetzung für diese Möglichkeit ist, dass der Nachweis aus Gründen nicht oder nur teilweise gelingt, die von der antragstellenden Person nicht zu vertreten sind. Damit ist eine wahrheitswidrige Angabe strafbewehrt[19] (§ 156 StGB). 24

2. Berufliche Handlungsfähigkeit

Die antragstellende Person muss zusätzlich zum Nachweis glaubhaft machen, dass sie eine berufliche Handlungsfähigkeit erworben hat, die mit derjenigen, die für die Ausübung des Referenzberufs erforderlich ist, überwiegend oder vollständig vergleichbar ist. 25

Das Gesetz stellt hier dem Wortlaut nach eine hohe Anforderung: Es muss der Erwerb glaubhaft gemacht werden. Es kommt nach dem Wortlaut nicht darauf an, dass man lediglich plausibel glaubhaft macht, der Erwerb im Rahmen der Tätigkeit nach Satz 1 Nr. 1 oder in sonstiger Weise eine berufliche Handlungsfähigkeit sei möglich. Diese Wortlautauslegung entspricht nicht dem Willen des Gesetzgebers aus der Gesetzesbegründung: »Glaubhaft zu machen ist dabei nur die plausible Erwerbsmöglichkeit; der tatsächliche Erwerb der erforderlichen beruflichen Handlungsfähigkeit ist Gegenstand des Feststellungsverfahrens.«[20] Erreicht werden sollte mit dieser Formulierung, eine Hürde vor das Feststellungsverfahren zu setzen, »um dieses unter Umständen aufwendige Verfahren grundsätzlich nur in Fällen mit echter Vergleichbarkeits- und/oder Ergänzungsqualifizierungsperspektive durchzuführen und eine nicht intendierte Nutzung für kleine Kompetenzpakete wie einzelne Teilqualifikationen auszuschließen«.[21] 26

An die Glaubhaftmachung sind also nicht die Anforderungen eines Strengbeweises für den Erwerb der Berufskompetenzen zu stellen. Maßgeblich ist, dass die Möglichkeit besteht, dass die Kompetenzen erworben wurden. Das Zulassungsverfahren soll nicht zu einem durch die Verwaltung der zuständigen Stelle durchgeführten, vorgezogenen Feststellungsverfahren mutieren. Für den Fall, dass die Glaubhaftmachung als nicht oder nicht vollständig gelungen gewertet wird, kann die antragstellende Person zur Abgabe einer eidesstattlichen Versicherung aufgefordert werden (Abs. 3 Satz 3), wenn sie das fehlende Gelingen nicht zu verschulden hat.[22] 27

19 BT-Drucks. 20/10857, S. 49.
20 BT-Drucks. 20/10857, S. 49.
21 BT-Drucks. 20/10857, S. 49.
22 S. Rn. 22.

28 Die berufliche Handlungsfähigkeit kann durch die Tätigkeit im Referenzberuf erworben worden sein. Es kann aber auch vorgetragen und glaubhaft gemacht werden, dass sie in anderer Weise, z. B. durch Kurse, Literatur oder Lehrvideos, erworben wurde. Zu der individuellen beruflichen Handlungsfähigkeit im Beruf gehört nach Auffassung des Gesetzgebers auch die Kenntnis der jeweiligen deutschen Fachsprache im Referenzberuf.[23]

3. Entscheidung über die Zulassung

29 Liegen die Antragsberechtigung sowie die Zulassungsvoraussetzungen des Abs. 3 vor, hat die zuständige Stelle die antragstellende Person zum Feststellungsverfahren zuzulassen. Es besteht **kein Ermessensspielraum**. Mit dem **Zulassungsbescheid** entsteht ein neues Rechtsverhältnis zwischen der zuständigen Stelle und den Kandidaten:[24] das **Validierungsrechtsverhältnis**, vergleichbar mit dem Prüfungsrechtsverhältnis.[25] Beide Rechtsverhältnisse sind geprägt von der Anerkennung der beruflichen Handlungsfähigkeit. Es kann vorerst offenbleiben, ob Entscheidungen im Validierungsverfahren ähnlich stark in die Berufswahlfreiheit aus Art. 12 GG eingreifen wie Prüfungen, die den Nachweis erworbener Kompetenzen für die spätere Aufnahme eines Berufs erbringen sollen.[26] Dies hängt letztlich auch von der Bedeutung ab, die der Feststellungsbescheid gem. Abs. 1 entwickelt.

30 Die Entscheidung ergeht per Bescheid, also als **Verwaltungsakt**. Ein ablehnender Verwaltungsakt kann – ggf. nach Durchführen des Widerspruchsverfahrens – durch eine Verpflichtungsklage angegriffen werden. Für eine einstweilige Anordnung müssten zusätzliche Aspekte hinzutreten, die eine kurzfristige Teilnahme am Verfahren zwingend erscheinen lassen, weil ansonsten erhebliche Nachteile für die antragstellende Person drohen.

V. Besondere Regelung für überwiegende Vergleichbarkeit (Abs. 4)

31 Abs. 4 konkretisiert die erforderliche Tätigkeit im Referenzberuf für den Fall, dass sich bereits der Antrag nur auf die Feststellung einer überwiegenden Vergleichbarkeit der individuellen beruflichen Handlungsfähigkeit des Antragstellers oder der Antragstellerin am Maßstab eines Referenzberufs richtet.[27] Der Antrag muss sich also darauf richten, dass mehr als die Hälfte der Berufskompetenzen des Ausbildungsberufs erreicht werden. Wie bei einem einheitlichen Begriff der beruflichen Handlungsfähigkeit ein solches »überwiegend« beurteilt werden kann, bleibt offen. Denkbar wäre es, die zu vermittelnden Fertigkeiten, Kenntnisse und Fähigkeiten gem. der Anlage zur jeweiligen Ausbildungsordnung (Ausbildungsrahmenplan) schlicht zu zählen und auf die Erreichung von mehr als 50 % der gelisteten Kompetenzen abzustellen. Alternativ könnten die Fertigkeiten, Kenntnisse und Fähigkeiten zuvor gem. ihrem im Ausbildungsrahmenplan ausgewiesenen zeitlichen Anteil an Ausbildungswochen gewichtet werden.

32 Wird der Antrag auf Feststellung gem. Abs. 1 lediglich auf eine überwiegende Vergleichbarkeit gerichtet, muss eine Tätigkeit im Tätigkeitsbereich des Referenzberufs mit der entsprechenden Dauer genügen, die die im Antrag bezeichneten für die Ausübung des

23 BT-Drucks. 20/10857, S. 48.

24 Verwendung des Begriffs »Kandidat« entsprechend der Begrifflichkeit der Europäischen Leitlinien für die Validierung, *https://www.cedefop.europa.eu/files/3093_de.pdf*.

25 S. § 37 Rn. 37.

26 *Fischer/Jeremias/Dieterich*, PrüfungsR, Rn. 3.

27 BT-Drucks. 20/10857, S. 49.

Referenzberufs erforderlichen Fertigkeiten, Kenntnisse und Fähigkeiten umfasst. Andernfalls müsste der Antragsteller oder die Antragstellerin bei einem Antrag, der sich von vorneherein nur auf die Feststellung der überwiegenden Vergleichbarkeit richtet, letztlich eine breitere Tätigkeit im Referenzberuf für die Zulassung nachweisen, als er an individueller beruflicher Handlungsfähigkeit festzustellen beantragt hat.[28]

VI. Ergänzungsverfahren (Abs. 5)

Abs. 5 regelt das Ergänzungsverfahren für diejenigen Antragsteller und Antragstellerinnen, die bereits ein Feststellungsverfahren nach Abs. 1 mit dem Ergebnis der überwiegenden Vergleichbarkeit durchlaufen haben.[29] Die Personen haben also bereits einen Bescheid gem. Abs. 1. Der Bescheid muss so gestaltet sein, dass sich entnehmen lässt, welcher Teil der beruflichen Handlungsfähigkeit festgestellt wurde und welcher Teil gefehlt hat (§ 50c Abs. 3). Für diese Personen wird ein Anspruch auf die Durchführung eines Ergänzungsverfahrens geschaffen, um die vollständige Vergleichbarkeit zu erwerben. 33

Der Vortrag der antragstellenden Person muss glaubhaft machen, dass sie den **fehlenden Teil** der für den Referenzberuf erforderlichen beruflichen Handlungsfähigkeit nach Zulassung zum ersten Verfahren erworben haben kann, z. B. durch die Teilnahme an Weiterbildungsmaßnahmen. Das Ergänzungsverfahren wird dann nur für diesen fehlenden Teil durchgeführt. Kann der Antragsteller oder die Antragstellerin im Ergänzungsverfahren zeigen, dass er oder sie den fehlenden Teil der beruflichen Handlungsfähigkeit erworben hat, wird ihm oder ihr die vollständige Vergleichbarkeit bescheinigt. Ein erneuter Nachweis einer zusätzlichen beruflichen Tätigkeit ist dabei entbehrlich, um im Sinne bestmöglicher Gewinnung von Fachkräftepotenzialen einen Verfahrenszugang zum Ergänzungsverfahren aus entsprechend geeigneten Weiterbildungsmaßnahmen, wie Teilqualifikationen, unmittelbar zu ermöglichen. Dies ist nach Meinung des Gesetzgebers mit Blick auf das bereits erfolgreich durchlaufene Feststellungsverfahren mit dem Ergebnis der überwiegenden Vergleichbarkeit auch berufsbildungspolitisch angemessen.[30] 34

Das Ergänzungsverfahren ist ebenfalls ein nicht förmliches Verwaltungsverfahren, das auf Antrag eingeleitet wird. Mangels Bezugnahme in Abs. 5 müssen die Antragsvoraussetzungen des Abs. 2 nicht vorliegen, was sich ausschließlich bei fehlendem Inlandsbezug auswirken wird. Eine **erneute Zulassung** zum Verfahren ist nicht erforderlich, die entsprechende Anwendung des Abs. 3 ist nicht angeordnet. Mit dem Antrag **lebt das Validierungsrechtsverhältnis wieder auf**. Ergibt das Ergänzungsverfahren, dass der noch fehlende Teil der beruflichen Handlungsfähigkeit nunmehr vorliegt, wird die vollständige Vergleichbarkeit festgestellt. Die zuständige Stelle stellt einen entsprechenden Bescheid aus. Der Bescheid ist ein Verwaltungsakt, der – ggf. nach Durchführung eines Widerspruchsverfahrens – mit einer Verpflichtungsklage angegriffen werden kann. 35

VII. Geltung für andere Berufe

§ 50b gilt gem. § 3 Abs. 3 nicht im Handwerk. In der Handwerksordnung wurden eigene Regelungen zur Validierung eingefügt (§§ 41b bis 41e HwO). 36

In das PflBG wurde mit dem BVaDiG kein eigenes Validierungsverfahren aufgenommen. Das BBiG gilt für alle Validierungsverfahren im Anwendungsbereich des BBiG. Der An- 37

28 BT-Drucks. 20/10857, S. 49.
29 BT-Drucks. 20/10857, S. 49.
30 BT-Drucks. 20/10857, S. 49.

wendungsbereich des BBiG ist in § 3 beschrieben. Das Validierungsverfahren wurde in den sechsten Abschnitt eingefügt, obwohl die Handlungsfähigkeit unabhängig von der Frage, ob diese durch Berufsbildung erworben wurde, festgestellt wird. Insofern ist davon auszugehen, dass die Validierung vom Gesetzgeber als Berufsbildung im Sinne des § 3 Abs. 1 verstanden wird. Die Validierung wäre ansonsten, gleichwohl im BBiG stehend, außerhalb seines Anwendungsbereichs. Wenn die Validierung vom Gesetzgeber als Teil der Berufsbildung verstanden wird, so richtet sich jede Validierung (Feststellung der individuellen beruflichen Handlungsfähigkeit am Maßstab eines anerkannten Ausbildungsberufs), die nicht vom Anwendungsbereich des BBiG ausgenommen wurde, nach dem BBiG. Ausgenommen vom Anwendungsbereich des BBiG sind u. a.:

- Ausbildungen an berufsbildenden Schulen. Hierzu gehört die Pflegeausbildung nicht. Sie findet im Betrieb beim Träger der praktischen Ausbildung (§ 8 PflBG) statt.
- Akademische Berufsbildung. Hiervon betroffen ist lediglich das Pflegestudium. Nicht ausgenommen ist damit aber die Pflegeausbildung.

Denkbar ist eine spezialgesetzliche Regelung im PflBG, die die Anwendbarkeit des BBiG für die Pflege ausschließt. Eine solche Regelung gibt es mit § 63 PflBG. Nach § 63 PflBG ist das BBiG für die Ausbildung in der Pflege nicht anzuwenden. Bei der Validierung handelt es gerade nicht um Berufsausbildung, sondern um Berufsbildung. Auch im PflBG findet sich also keine Regelung, nach der das BBiG für die Validierung in diesem Bereich unanwendbar ist.

38 Es stellt sich dann also erst bei der Antragstellung gem. § 50b die Frage, ob die spezialgesetzlich geregelte Ausbildung als Pflegefachmann/-frau ein anerkannter Ausbildungsberuf im Sinne von § 1 Abs. 6 und § 50b ist. Das hängt alleine davon ab, ob man darauf abstellt, dass der Ausbildungsabschluss faktisch anerkannt wird. Dies ist bei dem Abschluss nach PflBG zweifelsohne der Fall. Der Abschluss berechtigt zum Tragen der Berufsbezeichnung und auch zur Ausübung vorbehaltener Tätigkeiten (§§ 1, 4 PflBG). Das Ergebnis hätte freilich zur Folge, dass die zuständigen Stellen nach dem BBiG auch für die Validierung von Tätigkeiten weiterer Berufe zuständig wären, selbst außerhalb ihres Zuständigkeitsbereichs. Alternativ interpretiert man die Formulierung »anerkannter Ausbildungsberuf« eng am Text des § 4 und kommt zu dem Ergebnis, dass in § 50b nur die gem. § 4 geregelten Berufe als anerkannte Ausbildungsberufe gemeint sind. Dieses Ergebnis hätte allerdings auch zur Folge, dass Deutschland die Empfehlung des Europäischen Rates aus dem Jahr 2012[31] mit einer Umsetzungsanregung bis 2018[32] auch im Jahr 2024 noch nicht umgesetzt hätte. Ähnliche Überlegungen treffen auch auf weitere Ausbildungsgesetze zu, z. B. Pflegehilfe- und Pflegeassistenzgesetze der Länder.[33]

VIII. Inkrafttreten und Evaluation

39 Gem. § 106 sind die §§ 50b, 50c Abs. 1 bis 3 und 50d erstmals ab dem 1. 1. 2025 anzuwenden.

Gem. § 105 werden alle Regelungen im Zusammenhang mit der Feststellung und Bescheinigung der individuellen beruflichen Handlungsfähigkeit am Maßstab eines anerkannten Ausbildungsberufs vom Bundesinstitut für Berufsbildung zehn Jahre nach dem diesbezüglichen Inkrafttreten des Berufsbildungsvalidierungs- und -digitalisierungsgesetzes wissenschaftlich evaluiert. Die Frist beginnt mit dem 23. 7. 2024, dem Tage der Veröffent-

31 *https://eur-lex.europa.eu/LexUriServ/LexUriServ.do?uri=OJ:C:2012:398:0001:0005:DE:PDF.*
32 Empfehlung des Europäischen Rats vom 20. 12. 2012, Nr. 1.1.
33 *Jürgensen*, Pflegehilfe und Pflegeassistenz, S. 41 ff.

lichung des Berufsbildungsvalidierungs- und -digitalisierungsgesetzes im Bundesgesetzblatt.[34]

§ 50c Durchführung des Verfahrens

(1) Für die Durchführung des Feststellungsverfahrens oder des Ergänzungsverfahrens bestimmt die zuständige Stelle aus dem Kreis der Personen, die sie für die Durchführung von Prüfungen im Referenzberuf nach § 40 Absatz 3 und 4 berufen hat, Feststellungstandems nach Satz 2 für mindestens ein Jahr und höchstens die Dauer der Berufungsperiode. Ein Feststellungstandem besteht aus je einem oder einer Beauftragten der Arbeitgeber- und der Arbeitnehmerseite. Von der Besetzung mit jeweils einem oder einer Beauftragten der Arbeitgeber- und der Arbeitnehmerseite darf nur abgewichen werden, wenn andernfalls nicht die erforderliche Zahl an Personen bestimmt werden kann. Abwechselnd führt eine Person des Feststellungstandems die Feststellung der individuellen beruflichen Handlungsfähigkeit durch (Feststeller oder Feststellerin) und die andere Person sitzt der Durchführung der Feststellung bei (Beisitzer oder Beisitzerin). Die zuständige Stelle bestimmt durch Los, wer je Feststellungstandem die erste Feststellung durchführt. § 40 Absatz 2 Satz 3, Absatz 3 Satz 5, Absatz 4, 6 und 6a ist entsprechend anzuwenden. Mit Zustimmung der Mitglieder eines Feststellungstandems kann die zuständige Stelle abweichend von Satz 4 zweiter Halbsatz vorsehen, dass den Feststellungen anstelle des jeweils zweiten Mitglieds des Feststellungstandems hauptamtliche Mitarbeitende der zuständigen Stelle oder Arbeitnehmer und Arbeitnehmerinnen der von der zuständigen Stelle beherrschten Tochterunternehmen beisitzen, die die Voraussetzungen des § 40 Absatz 1 Satz 2 erfüllen. Satz 6 gilt für diese Personen nicht.

(2) Der Feststeller oder die Feststellerin hat für die Feststellung geeignete Instrumente auszuwählen. Zu diesen Instrumenten gehören insbesondere mündliche und praktische Aufgaben sowie die Einbeziehung von Arbeitsergebnissen aus dem Tätigkeitsbereich des Referenzberufs in den letzten beiden Jahren vor Antragstellung. Auf schriftliche Aufgaben ist zu verzichten, wenn die Feststellung mittels anderer Instrumente mit vertretbarem Aufwand möglich ist.

(3) Bei einer überwiegenden Vergleichbarkeit weist der Bescheid zusätzlich die festgestellten und die nicht festgestellten Fertigkeiten, Kenntnisse und Fähigkeiten der für die Ausübung des Referenzberufs erforderlichen beruflichen Handlungsfähigkeit aus. Bei einer vollständigen Vergleichbarkeit stellt der Bescheid in der Form eines schriftlichen Zeugnisses die vollständige Vergleichbarkeit der beruflichen Handlungsfähigkeit des Antragstellers oder der Antragstellerin mit der für die Ausübung des Referenzberufs erforderlichen beruflichen Handlungsfähigkeit fest. § 37 Absatz 3 Satz 1 gilt entsprechend. Kann der Antragsteller oder die Antragstellerin weder die vollständige noch die überwiegende Vergleichbarkeit seiner oder ihrer individuellen beruflichen Handlungsfähigkeit mit der für den Referenzberuf erforderlichen beruflichen Handlungsfähigkeit im Rahmen des Feststellungsverfahrens nach diesem Abschnitt nachweisen, wird der Antrag auf Feststellung abgelehnt.

(4) Die zuständige Stelle hat Regelungen für das Verfahren zur Feststellung und Bescheinigung der individuell erworbenen beruflichen Handlungsfähigkeit zu erlassen. Diese Regelungen bedürfen der Genehmigung der zuständigen obersten Landesbehörde. Die Regelungen müssen umfassen:

34 BGBl. I 2024, S. 246.

1. den Ausschluss von der Mitwirkung,
2. die Verschwiegenheit,
3. die Nichtöffentlichkeit,
4. die Frist für die Ladung zum Feststellungstermin,
5. die Niederschrift, soweit diese über die Dokumentation nach § 50e Nummer 2 hinausgeht,
6. die Fristen für die Bescheide beziehungsweise für die Zeugniserteilung,
7. die Ausweispflicht und Belehrungen, insbesondere über den Ablauf des Verfahrens, die zur Verfügung stehende Zeit und die erlaubten Arbeits- und Hilfsmittel,
8. die Folgen von Täuschungshandlungen und Ordnungsverstößen sowie
9. den Rücktritt vom Feststellungsverfahren und die Nichtteilnahme am Feststellungsverfahren.

§ 47 Absatz 3 bis 6 gilt entsprechend.

Inhaltsübersicht Rn.

I. Feststellungstandems (Abs. 1)

1. Bestimmung und Zusammensetzung der Feststellungstandems

1 Das Validierungsverfahren, im BBiG »Feststellungsverfahren« genannt, wird durch sog. Feststellungstandems durchgeführt. Wie der Name schon nahelegt, besteht ein Tandem aus zwei Personen. Eine Person gehört dem Kreis der Prüfenden der Arbeitgeberseite an, die andere Person dem Kreis der Prüfenden der Arbeitnehmerseite. Diese paritätische Besetzung ist der Regelfall. Ausnahmsweise, und zwar nur unter der Voraussetzung, dass ansonsten eine Seite unbesetzt bleibt, darf von der Parität abgewichen werden (Abs. 1 Satz 3). Dass die Mitglieder des Feststellungstandems aus dem Kreis der Prüfenden stammen, ist ein weiterer Regelfall. Die zuständige Stelle kann aber auch weitere Mitglieder berufen, auch solche, deren Einsatz auf bestimmte Prüfungs- oder Fachgebiete beschränkt wird (Abs. 1 Satz 6, § 40 Abs. 3).

2 Für jeden Referenzberuf ist mindestens ein Feststellungstandem zu bilden, je nach Zahl der Anträge und der sich daraus ergebenden Belastung für die zumeist ehrenamtlich Prüfenden auch mehrere. Die Auswahl der Personen erfolgt durch die zuständige Stelle. Diese definiert auch die Dauer der Bestimmung: mindestens ein Jahr, höchstens die Dauer der Berufungsperiode des Prüfungsausschusses für den Referenzberuf. Die Berufungsperiode beträgt längstens fünf Jahre (§ 40 Abs. 3 Satz 1). Zudem sind Stellvertreter/Stellvertrete-

rinnen je Mitglied in einem Feststellungstandem zu bestimmen (Abs. 1 Satz 6, § 40 Abs. 2 Satz 3). Solange und soweit der Berufsbildungsausschuss zur Dauer und zum Auswahlverfahren keine Bestimmung gem. § 79 getroffen hat, entscheidet die zuständige Stelle im Rahmen ihrer organisatorischen Selbstverwaltung.

2. Aufgabenverteilung im Feststellungstandem

Die Feststellungstandems sind für die Durchführung des Feststellungsverfahrens sowie für die Durchführung des Ergänzungsverfahrens zuständig. Dabei sind die Aufgaben streng geteilt: Abwechselnd ist jeweils eine Person der sogenannte Feststeller/die Feststellerin. Die andere Person ist Beisitzer/Beisitzerin. Der Feststeller/die Feststellerin führt die Feststellung der individuellen beruflichen Handlungsfähigkeit durch, der Beisitzer/die Beisitzerin ist dabei. So wird zum einen arbeitsteilig gearbeitet, andererseits die Parität gem. Abs. 1 Satz 2 auch während der Feststellung gewahrt. Die zuständige Stelle bestimmt durch Los je Feststellungstandem, ob die Arbeitnehmerseite oder die Arbeitgeberseite als Erstes den Feststeller stellt, also die erste Feststellung durchführt. 3

Mit vorheriger Zustimmung der Mitglieder eines jeweiligen Feststellungstandems kann die Person des Beisitzers/der Beisitzerin auch jenseits der Parität durch die zuständige Stelle gestellt werden. Zu den Anforderungen an die Person s. Rn. 9. Feststeller bzw. Feststellerin ist dabei unverändert und abwechselnd immer ein Mitglied des Feststellungstandems. Alleine die Rolle des Beisitzers/der Beisitzerin wird in diesem Fall nicht durch das zweite Mitglied des Tandems, sondern durch eine Person aus dem Kreis der hauptamtlichen Mitarbeitenden der zuständigen Stelle oder der Arbeitnehmer:innen von Tochterunternehmen der zuständigen Stelle wahrgenommen.[1] 4

Aus dem fehlenden Verweis in Abs. 1 Satz 6 auf § 40 Abs. 5 ergibt sich, dass die zuständige Stelle nicht verpflichtet sein soll, die Vorschlagsberechtigten, also Arbeitnehmer- und Arbeitgeberseite, über die Anzahl und die Größe der einzurichtenden Prüfungsausschüsse sowie über die Zahl der von ihnen vorzuschlagenden weiteren Prüfenden zu unterrichten, ebenso wenig darüber, welche der von ihnen vorgeschlagenen Mitglieder für welche Feststellungstandems, Stellvertreter und Stellvertreterinnen sowie weiteren Mitglieder des Feststellungstandems berufen wurden. 5

3. Rechtsstellung der Mitglieder im Feststellungstandem

Gem. Abs. 1 Satz 6 sind die Regelungen des § 40 Abs. 3 Satz 5 sowie die Abs. 6 und 6a entsprechend anzuwenden. Daraus ergibt sich: 6

- Die Mitglieder des Feststellungstandems können nach Anhören der Seite, die sie vorgeschlagen hat, abberufen werden. Dass dies nicht auch für Ersatzmitglieder des Feststellungstandems gelten soll, kann nur ein redaktionelles Versehen sein. Hier hätte ein Verweis auf § 40 Abs. 3 Satz 6 genügt.
- Die Tätigkeit als Mitglied des Feststellungstandems erfolgt ehrenamtlich. Für bare Auslagen und für Zeitversäumnis ist, soweit eine Entschädigung nicht von anderer Seite gewährt wird, eine angemessene Entschädigung zu zahlen. Die Höhe richtet sich nach der Festsetzung der zuständigen Stelle, ist von der obersten Landesbehörde zu genehmigen und muss mindestens den Umfang des § 16 Justizvergütungs- und -entschädigungsgesetzes erreichen (§ 40 Abs. 6).[2]

1 BT-Drucks. 20/10857, S. 50.
2 S. Kommentierung zu § 40 Rn. 41.

- Mitglieder des Feststellungstandems sind von ihrem Arbeitgeber von der Erbringung der Arbeitsleistung freizustellen, wenn es zur ordnungsgemäßen Durchführung der ihnen durch das Gesetz zugewiesenen Aufgaben erforderlich ist und wichtige betriebliche Gründe nicht entgegenstehen (§ 40 Abs. 6a).[3]

4. Anforderungen an die Personen im Feststellungstandem

7 a) Prüfende als Mitglieder des Feststellungstandems

Die Personen des Feststellungstandems können Mitglieder des Prüfungsausschusses sein (§ 40 Abs. 3) oder aus dem Kreis der sog. »weiteren Prüfenden« stammen (§ 40 Abs. 4). Die Anforderungen an ihre Kompetenzen ergeben sich aus § 40 Abs. 1 Satz 2: Sie müssen für den Referenzberuf sachkundig und für die Mitwirkung im Prüfungswesen geeignet sein. Soweit die Personen des Feststellungstandems aus dem Kreis der Prüfenden bestimmt werden, wurde ihre Eignung bereits geprüft.

8 b) Weitere Mitglieder des Feststellungstandems

Soweit die zuständige Stelle gem. Abs. 1 Satz 6, § 40 Abs. 4 weitere Mitglieder für den Einsatz in Feststellungstandems bestimmt, müssen auch diese die Anforderungen des § 40 Abs. 1 Satz 2 erfüllen: Sie müssen für den Referenzberuf sachkundig und für die Mitwirkung im Prüfungswesen geeignet sein. Bei der Sachkunde können für diese weiteren Mitglieder des Feststellungstandems Abstriche gemacht werden: Die Sachkunde kann auf bestimmte Prüf- oder Fachgebiete beschränkt werden (Abs. 1 Satz 6, § 40 Abs. 4 Satz 2). Der Einsatz dieser Personen kann nur für Anträge auf Feststellung des Vorliegens der überwiegenden beruflichen Handlungsfähigkeit sowie Ergänzungsfeststellungen erfolgen und nur soweit ihre eigene berufliche Handlungsfähigkeit mit den festzustellenden Teilen übereinstimmt. Im Gegensatz zum Prüfungsausschuss führen die Feststeller/Feststellerinnen die Feststellungen alleine, lediglich begleitet durch einen Beisitzenden durch. Hierfür wird die Sachkunde für den gesamten Referenzberuf benötigt, damit es nicht zu Fehleinschätzungen kommt, weil der Feststeller womöglich genau den Teil der Handlungsfähigkeit im Feststellungsverfahren nicht beherrscht. Andererseits soll es auch nicht zu vereinfachten Feststellungssituationen kommen, weil den antragstellenden Personen die inhaltlichen Beschränkungen des Feststellers bekannt sind. Letztlich kann auch derjenige, der einen Teil der beruflichen Handlungskompetenz nicht beherrscht, das geeignete Feststellungsinstrument hierfür nicht auswählen.

9 c) Beisitzende der zuständigen Stelle

Sollte die zuständige Stelle von der Möglichkeit Gebrauch machen, mit Zustimmung der Mitglieder des Feststellungstandems Beisitzer und Beisitzerinnen zu benennen, müssen diese inhaltliche und formale Kriterien erfüllen. Inhaltlich gelten die Anforderungen des § 40 Abs. 1 Satz 2. Es muss also die Sachkunde für den Referenzberuf (nicht lediglich für Teile davon) vorhanden sein. Außerdem müssen auch diese Beisitzenden für die Mitwirkung im Prüfungswesen geeignet sein.[4] Formal muss es sich um Arbeitnehmerinnen

3 S. Kommentierung zu § 40 Rn. 41–43.

4 S. hierzu § 40 Rn. 25–31.

oder Arbeitnehmer der zuständigen Stelle oder von ihr beherrschter Tochterunternehmen handeln.

Warum hier zum einen der Begriff »hauptamtliche Mitarbeitende« und sogleich im Anschluss »Arbeitnehmer und Arbeitnehmerinnen« verwendet wird, erschließt sich nicht. 10
Es scheint sich eher um eine Fraktur zu handeln zwischen der geschlechtsneutralen Sprache im Gesetzesentwurf und der gegenderten Sprache des zuständigen Ausschusses, der zudem den rechtlich präziseren Begriff »Arbeitnehmer/Arbeitnehmerin« verwendet. Die Ergänzung »hauptamtlich« soll wohl eine Abgrenzung zu ehrenamtlich Mitarbeitenden schaffen. Gleichwohl scheiden Honorarkräfte aus. Der Begriff der »Mitarbeitenden« wird als geschlechtsneutraler Sammelbegriff für Arbeitnehmerinnen und Arbeitnehmer verwendet. Es gibt auch keinen Anhaltspunkt dafür, dass der Gesetzgeber vom Prinzip der Ehrenamtlichkeit bzw. der Unterstützung durch Arbeitnehmer der zuständigen Stelle abweichen wollte, indem er über diese Formulierung hauptberufliche Honorarkräfte vorschlägt.

Tochterunternehmen, die von der zuständigen Stelle beherrscht werden, können ins- 11
besondere die privatrechtlich organisierten Bildungsträger sein. Nach der Ausschussbegründung[5] kommen insbesondere im Handwerk Mitarbeiter der überbetrieblichen Lehrlingsunterweisung in Betracht, sofern zwischen der zuständigen Stelle und dem Bildungsträger ein Beherrschungsverhältnis (vgl. § 290 HGB) besteht. Durch die Änderung wird sichergestellt, dass der entsprechende Einsatz hauptamtlicher Mitarbeitender nicht von der Organisationsform entsprechender Bildungsträger »der zuständigen Stelle« abhängig ist.[6]

II. Auswahl der Feststellungsinstrumente (Abs. 2)

Es ist die Aufgabe der Person im Feststellungsteam, die für den jeweiligen Antragsteller 12
in der Rolle des Feststellers/der Feststellerin ist, die geeigneten Validierungsinstrumente auszuwählen. Die Anforderung an die Auswahlentscheidung ist hoch: Die Feststellungsinstrumente müssen für die Feststellung geeignet sein. Einfach zu handhaben, kostengünstig, gute Vergleichbarkeit, Verfügbarkeit, »immer schon so gemacht« oder ähnliche Kriterien scheiden damit aus. Für die Richtigkeit der Auswahlentscheidung gibt Abs. 2 Satz 2 Anhaltspunkte. Dabei bleibt allerdings unklar, ob diese Anhaltspunkte Feststellungsinstrumente auflisten oder ob es sich um Beispiele für die Geeignetheit handelt. Aufgrund des konkreten Bezugs zum Referenzberuf einerseits und zu den Lebensleistungen der antragstellenden Person andererseits kann von Hinweisen für die Geeignetheit ausgegangen werden. Die in Abs. 2 Satz 2 benannten Feststellungsinstrumente sind also **jedenfalls geeignet**:

- mündliche Aufgaben aus den Prüfungen des Referenzberufs,
- praktische Aufgaben aus den Prüfungen des Referenzberufs sowie
- Einbeziehung von Arbeitsergebnissen aus dem Tätigkeitsbereich des Referenzberufs, wobei jeweils Bezug auf die letzten beiden Jahre vor der Antragstellung zu nehmen ist. So wird die Aktualität des Maßstabs gewährleistet.

Abs. 2 Satz 3 bestimmt, dass schriftliche Aufgaben ungeeignet sind, es sei denn, dass andere Feststellungsinstrumente einen unvertretbaren Aufwand mit sich brächten. Zu bedenken ist dabei, dass schriftliche Aufgaben Kompetenzen erfordern, die nicht zwingend

5 BT-Drucks. 20/11802, S. 20.
6 BT-Drucks. 20/11802, S. 20.

zur beruflichen Handlungsfähigkeit gehören.[7] Da das Feststellungsverfahren zum Ziel hat, die berufliche Handlungsfähigkeit zu vergleichen, sind schriftliche Aufgaben nur in den Berufen, in denen Verschriftlichung zu den Kompetenzfeldern des Referenzberufs gehört und dann auch nur für diese Kompetenzfelder, geeignet.

13 Ergeht aufgrund der Feststellungen ein Bescheid, muss auch die Geeignetheit der Feststellungsinstrumente überprüft werden. Hier wird eine Frage der **Erwachsenenbildung**, der Andragogik, zum Gegenstand der gerichtlichen Überprüfung. Insofern stellt sich die Frage, welche Maßstäbe an die Geeignetheit anzulegen sind. Die Eignung der Bewertungsinstrumente lässt sich auch anhand der europäischen Leitlinien für die Validierung ableiten: »Die Umstellung auf **lernergebnisorientierte Standards** wird allgemein als entscheidend dafür angesehen, dass die Validierung möglich wird. … Um das komplexe Spektrum des Lernens zu erfassen, kann eine Kombination von Instrumenten und Methoden erforderlich sein.«[8] Hieraus lässt sich jedenfalls eine strikte **Kompetenzorientierung** bei der Feststellung entnehmen. Diese ist nötigenfalls durch verschiedene Feststellungsinstrumente zu erreichen. Zur **Überprüfung** der Geeignetheit der Feststellungsinstrumente enthalten die europäischen Leitlinien folgende instruktive Fragen:

- Werden bei der Auswahl der Methoden die einzelnen Umstände und Eigenschaften berücksichtigt?
- Sind die Methoden zweckmäßig und entsprechen sie den Zielen der Validierung? Ist ihr Ziel klar definiert?
- Sind die Methoden frei von Voreingenommenheit, und wie wird eine faire Behandlung sichergestellt?
- Wie werden die Kriterien der Reliabilität, Validität, der Skalierbarkeit und der Kosten bei den Methoden in Einklang gebracht?
- Sind die Validierungsmethoden zuverlässig, valide und skalierbar?
- Wird die Vielfalt der Lernergebnisse einzelner Erfahrungen durch die Validierungsmethoden erfasst?
- Sind die Methoden vorhersehbar, transparent und wiederholbar?
- Können die Methoden wiederholt und in verschiedenen Kontexten eingesetzt werden, ohne dass sie ihre Validität und Reliabilität verlieren?
- Wurden die Kosten für die Entwicklung und Verwaltung von Methoden berücksichtigt?
- Wurden technische Überlegungen in Bezug auf die Art der Bewertung, die strukturellen Kriterien und die Lernbereiche geklärt und zwischen den Interessenträgern abgestimmt?
- Welche Validierungsmethoden stehen zur Verfügung und wie können sie für bestimmte Strategien, Verfahren und Zwecke eingesetzt und möglicherweise kombiniert werden?[9]

14 Auf Anregung des zuständigen Bundestagsausschusses wurde in § 50e Nr. 1 aufgenommen, dass das Verfahren zur Festlegung der Feststellungsinstrumente in einer Verordnung des Bundesbildungsministeriums geregelt werden kann. Zugleich wurde eine Ermächtigungsgrundlage aufgenommen, um einheitliche Feststellungsinstrumente durch zuständige Stellen verpflichtend festlegen zu können.[10] Ob verpflichtende einheitliche

---

7 Europäische Leitlinien für die Validierung nichtformalen und informellen Lernens, Luxemburg 2023, S. 19.

8 A. a. O., S. 18.

9 Europäische Leitlinien für die Validierung nichtformalen und informellen Lernens, Luxemburg 2023, S. 65.

10 BT-Drucks. 20/11802, S. 21.

Validierungsinstrumente der von den europäischen Leitlinien geforderten »zentrale Rolle des Einzelnen«[11] entsprechen, darf bezweifelt werden. Hier stand ersichtlich die Sorge vor angeblich »unnötiger Bürokratie«[12] im Vordergrund.

III. Feststellungsbescheid (Abs. 3)

15 Abs. 3 regelt, welche Inhalte der Feststellungsbescheid darstellen muss. Genaueres kann die Verordnung gem. § 50e Nr. 4 regeln. Maßstab für die Inhalte des Bescheides ist § 50b Abs. 1: Die zuständige Stelle stellt die individuelle berufliche Handlungsfähigkeit des Antragstellers am Maßstab eines vom ihm zu bezeichnenden Referenzberufs fest und bescheinigt die individuelle berufliche Handlungsfähigkeit, soweit diese die berufliche Handlungsfähigkeit des Referenzberufs überwiegend erreicht. Drei Varianten sind als Ergebnis des Validierungsverfahrens denkbar und werden geregelt.

1. Vollständige Vergleichbarkeit (Abs. 3 Satz 2)

16 Hat das Feststellungsverfahren die vollständige Vergleichbarkeit ergeben, wird ein schriftliches Zeugnis ausgestellt. Dieses beinhaltet die Feststellung der vollständigen Vergleichbarkeit der individuellen beruflichen Handlungsfähigkeit des Antragstellers oder der Antragstellerin mit der für die Ausübung des Referenzberufs erforderlichen beruflichen Handlungsfähigkeit. Der Referenzberuf ist selbstverständlich ebenfalls zu benennen. Dem Zeugnis ist auf Antrag des oder der Auszubildenden eine englischsprachige und eine französischsprachige Übersetzung beizufügen (Abs. 4 Satz 3, § 37 Abs. 3 Satz 1).

2. Überwiegende Vergleichbarkeit (Abs. 3 Satz 1)

17 Hat das Feststellungsverfahren ergeben, dass die individuelle berufliche Handlungsfähigkeit des Antragstellers oder der Antragstellerin mit der für die Ausübung des Referenzberufs erforderlichen beruflichen Handlungsfähigkeit überwiegend vergleichbar ist, ergeht ein Bescheid. Dieser Bescheid hat die individuelle berufliche Handlungsfähigkeit zu bescheinigen (§ 58b Abs. 1). Er hat die festgestellten und die nicht festgestellten Fertigkeiten, Kenntnisse und Fähigkeiten der für die Ausübung des Referenzberufs erforderlichen beruflichen Handlungsfähigkeit zu enthalten. Diese Angaben sind erforderlich, um den Antragstellenden die Möglichkeit zur Ergänzungsfeststellung (§ 50b Abs. 5) zu geben, zugleich aber im Ergänzungsverfahren eine erneute Feststellung bereits vorhandener Kompetenzen der Antragstellenden zu verhindern. Der Feststellungsbescheid ist also deutlich länger als das Zeugnis gem. Abs. 3 Satz 2, muss er doch alle Fertigkeiten, Kenntnisse und Fähigkeiten auflisten nebst Hinweis, ob sie festgestellt wurden oder nicht. Um diese Feststellungen treffen zu können, wird ein Feststellungsverfahren in der Breite der Berufsbildpositionen des Referenzberufs benötigt.

---

11 Europäische Leitlinien für die Validierung nichtformalen und informellen Lernens, Luxemburg 2023, S. 14.

12 BT-Drucks. 20/11802, S. 21.

3. Weder vollständige noch überwiegende Vergleichbarkeit (Abs. 3 Satz 4)

18 Hat das Feststellungsverfahren ergeben, dass weder die vollständige noch die überwiegende Vergleichbarkeit der beruflichen Handlungsfähigkeit vorliegt, wird der Antrag auf Feststellung abgelehnt.

4. Rechtsmittel

19 Wird mit dem Bescheid weniger festgestellt, als beantragt wurde, ist die antragstellende Person berechtigt – ggf. nach Durchführung des Widerspruchsverfahrens –, Verpflichtungsklage gegen den Bescheid zu erheben. Denkbar ist zum Beispiel,

- dass die Feststellung der vollständigen Vergleichbarkeit beantragt wurde, aber nur die überwiegende Vergleichbarkeit festgestellt wurde oder
- dass die Feststellung der überwiegenden Vergleichbarkeit beantragt wurde, aber nur ein ablehnender Bescheid erging.

Im Zuge der gerichtlichen Überprüfung des Bescheides sind sowohl die ordnungsgemäße Besetzung des Feststellungstandems, die Einhaltung des Verfahrens sowie die richtige Auswahl geeigneter Feststellungsinstrumente sowie deren korrekte Anwendung zu überprüfen.

IV. Verfahrensordnung (Abs. 4)

20 Abs. 4 regelt, dass die zuständige Stelle Regelungen für das Feststellungsverfahren zu erlassen hat. Durch den Katalog wird ein Mindestinhalt definiert, der sich nach dem Willen des Gesetzgebers am Mindestinhalt für Prüfungsordnungen orientiert,[13] jedoch über die Mindestinhalte gem. § 47 Abs. 3 hinausgeht. Es ist davon auszugehen, dass der Hauptausschuss des BIBB die Empfehlung einer Musterordnung,[14] wie er diese für Prüfungen nach dem BBiG oder der HwO zur Verfügung stellt, auch für das Feststellungsverfahren prüfen wird.[15]

21 Abs. 4 verweist auf § 47 Abs. 3 bis 6. Daraus ergeben sich für die Verfahrensordnung gesonderte Zuständigkeiten für die zuständigen Stellen im Bereich des öffentlichen Dienstes bzw. für Bereiche ohne Kammern.

V. Geltung für andere Berufe, Inkrafttreten und Evaluation

22 § 50c gilt gem. § 3 Abs. 3 nicht im Handwerk. In der Handwerksordnung wurden eigene Regelungen zur Validierung eingefügt (§§ 41b bis 41e HwO). Zur eventuellen Anwendung auf weitere Berufe s. § 50b Rn. 36f.

23 Gem. § 106 sind die Abs. 1 bis 3 erstmals ab dem 1.1.2025 anzuwenden. Gem. § 105 werden alle Regelungen im Zusammenhang mit der Feststellung und Bescheinigung der individuellen beruflichen Handlungsfähigkeit am Maßstab eines anerkannten Ausbildungsberufs vom Bundesinstitut für Berufsbildung zehn Jahre nach dem diesbezüglichen Inkrafttreten des Berufsbildungsvalidierungs- und -digitalisierungsgesetzes wissenschaftlich evaluiert. Die Frist beginnt mit dem 23.7.2024, dem Tage der Veröffentlichung des Berufsbildungsvalidierungs- und -digitalisierungsgesetzes im Bundesgesetzblatt.[16]

---

13 BT-Drucks. 20/10857, S. 50.
14 S. § 47 Rn. 21.
15 BT-Drucks. 20/10857, S. 50.
16 BGBl. I 2024, S. 246.

§ 50d Besondere Regelungen für Menschen mit Behinderungen

(1) Für Menschen mit Behinderungen nach § 2 Absatz 1 Satz 1 des Neunten Buches Sozialgesetzbuch, für die auf Grund von Art und Schwere der Behinderung die Feststellung der überwiegenden oder vollständigen, für die Ausübung des Referenzberufs erforderlichen beruflichen Handlungsfähigkeit nicht möglich ist, sind die §§ 50b und 50c mit der Maßgabe anzuwenden, dass

1. eine individuelle berufliche Handlungsfähigkeit am Maßstab eines Referenzberufs auch dann festgestellt und bescheinigt wird, wenn diese nicht überwiegend oder vollständig, sondern nur teilweise vergleichbar ist mit der für die Ausübung des Referenzberufs erforderlichen beruflichen Handlungsfähigkeit; in diesen Fällen weist der Bescheid eine teilweise Vergleichbarkeit aus; § 50c Absatz 3 Satz 1 gilt entsprechend,

2. bei einem Antrag, der sich auf die Feststellung der teilweisen Vergleichbarkeit richtet,

a) für § 50b Absatz 3 Satz 1 Nummer 1 eine Tätigkeit im Tätigkeitsbereich des Referenzberufs genügt, die die im Antrag bezeichneten, für die Ausübung des Referenzberufs erforderlichen Fertigkeiten, Kenntnisse und Fähigkeiten umfasst,

b) für § 50b Absatz 3 Satz 1 Nummer 2 sich die Glaubhaftmachung auf die im Antrag bezeichneten, für die Ausübung des Referenzberufs erforderlichen Fertigkeiten, Kenntnisse und Fähigkeiten beschränkt,

c) der Bescheid nach § 50c Absatz 3 auf Antrag zusätzlich zur Vergleichbarkeit mit dem Referenzberuf auch eine überwiegende oder vollständige Vergleichbarkeit mit einer Referenzausbildungsregelung nach § 66 ausweist, sofern sich die Ausbildungsregelung am gewählten Referenzberuf orientiert und entsprechend einer berufsspezifischen Musterregelung des Hauptausschusses des Bundesinstituts für Berufsbildung getroffen wurde,

3. abweichend von § 50b Absatz 2 Nummer 4 antragsberechtigt auch ist, wer das 25. Lebensjahr noch nicht vollendet hat.

(2) Im Fall der teilweisen Vergleichbarkeit müssen die festgestellten, für die Ausübung des Referenzberufs erforderlichen Fertigkeiten, Kenntnisse und Fähigkeiten zusammen dem Referenzberuf eindeutig zugeordnet werden können und eine berufliche Tätigkeit im Tätigkeitsbereich des Referenzberufs ermöglichen.

(3) Menschen mit Behinderungen können in ihrem Antrag eine Person als Verfahrensbegleitung benennen, die besonders mit den Belangen von Menschen mit Behinderungen im Rahmen der beruflichen Qualifizierung vertraut ist. Dies sind insbesondere solche Ausbilder oder Ausbilderinnen, die die Rehabilitationspädagogische Zusatzqualifikation erworben haben. Auf Antrag des Antragstellers oder der Antragstellerin ist der Verfahrensbegleitung Gelegenheit zu geben,

1. zur Auswahl der Feststellungsinstrumente Stellung zu nehmen und

2. an der Durchführung der Feststellung teilzunehmen.

Inhaltsübersicht Rn.

I. Feststellung der Vergleichbarkeit (Abs. 1)

1 § 50d enthält besondere Bestimmungen für Menschen mit Behinderungen (§ 2 Abs. 1 Satz 1 des Neunten Buches Sozialgesetzbuch) zur Sicherung von Teilhabe und Inklusion, für die wegen der Art und Schwere ihrer Behinderung die Feststellung der überwiegenden oder vollständigen Vergleichbarkeit der für die Ausübung des Referenzberufs erforderlichen beruflichen Handlungsfähigkeit nicht in Frage kommt. Diese Formulierung stellt zugleich sicher, dass ein faktischer Vorrang der §§ 64ff. besteht.

2 Die Regelungen der §§ 50b und 50c sollen insofern gelten, als die individuelle berufliche Handlungsfähigkeit am Maßstab eines Referenzberufs auch dann festgestellt und bescheinigt wird, wenn diese nicht überwiegend vergleichbar mit der für die Ausübung des Referenzberufs erforderlichen beruflichen Handlungsfähigkeit ist. Deshalb beziehen sich im Fall der nicht überwiegenden, sondern nur teilweisen Vergleichbarkeit die Zulassungsvoraussetzungen, die Feststellung und die Bescheinigung auf die im Antrag vorgetragenen bzw. in der Feststellung nachgewiesenen für die Ausübung des Referenzberufs erforderlichen Fertigkeiten, Kenntnisse und Fähigkeiten.

3 Es genügt für § 50b Abs. 3 Satz 1 Nr. 1 eine Tätigkeit im Tätigkeitsbereich des Referenzberufs, die die im Antrag bezeichneten, für die Ausübung des Referenzberufs erforderlichen Fertigkeiten, Kenntnisse und Fähigkeiten umfasst. Diese Erweiterungen sind notwendig, weil der Zielgruppe aus § 50d gerade keine umfassende Tätigkeit im Referenzberuf selbst möglich ist. Zu diesen Zeiten gehören auch einschlägige Tätigkeiten in Werkstätten für behinderte Menschen.[1]

4 Abweichend von § 50b Abs. 2 Nr. 4 ist bei Menschen mit Behinderung eine Zulassung zum Verfahren mit den entsprechenden Ausnahmeregelungen auch schon vor Vollendung des 25. Lebensjahres möglich. In diesen Fällen sind keine Verdrängungseffekte gegenüber einer regulären Berufsausbildung bei jüngeren Er-wachsenen zu befürchten. Zugleich ist die Sicherung einer bestmöglichen Inklusion bei einer Abwägung der betroffenen Verfassungsgüter zusätzlich zu berücksichtigen. Zudem trägt dies dem Fördergedanken des § 50d sowie dem Umstand Rechnung, dass auch eine teilweise Vergleichbarkeit festgestellt werden kann und damit unnötige Wartezeiten für eine Feststellung vermieden werden.[2]

5 Auf Antrag weist der Bescheid zusätzlich zur Vergleichbarkeit mit dem Referenzberuf eine überwiegende oder vollständige Vergleichbarkeit mit einer Referenzberufsausbildungsregelung nach § 66 aus. Möglich ist dies nach dem Dargestellten nur, wenn sich die Ausbildungsregelung am gewählten Referenzberuf orientiert und entsprechend einer berufsspezifischen Musterregelung des Hauptausschusses des BIBB getroffen wurde. Eine grundsätzliche Beschränkung des Prüfungsmaßstabs, also eine Bezugnahme auf eine Regelung aus § 66 als Referenzberuf, kommt dabei nicht in Betracht. Nur durch die vorgesehene Regelung wird ein bundeseinheitliches Ergebnis, d.h. die Vergleichbarkeit mit dem Referenzberuf selbst, festgestellt. Im Sinne der Integration soll aber die Möglichkeit zur Ergänzung derjenigen Vergleichbarkeit mit einer Referenzberufsausbildungsregelung nach § 66, die immer ein Minus zum entsprechenden Ausbildungsberuf selbst darstellt, eröffnet werden.[3]

1 BT-Drucks. 20/10857, S. 51.
2 BT-Drucks. 20/11802, S. 21.
3 BT-Drucks. 20/10857, S. 51.

II. Teilweise Vergleichbarkeit (Abs. 2)

Diese für die Ausübung des Referenzberufs erforderlichen Fertigkeiten, Kenntnisse und Fähigkeiten müssen nach Abs. 2 dabei für eine Feststellung und Bescheinigung zusammengenommen dem Referenzberuf eindeutig zuzuordnen sein und eine berufliche Tätigkeit im Tätigkeitsbereich des Referenzberufs ermöglichen. So wird eine möglichst nachhaltige Integration mit der Notwendigkeit der berufsbildungsrechtlichen Aussagekraft eines Bescheides auf der Grundlage des BBiG verbunden. Sinn und Zweck dieser Regelung ist die Vergrößerung der Teilhabechancen, ohne dass durch die eventuelle Nutzung des Verfahrens für kleinste Kompetenzpakete ohne klaren Berufsbezug der Gesetzeszweck des BBiG, berufliche Handlungsfähigkeit zu sichern und berufsorientiert abzubilden, gefährdet würde. Der Bescheid lautet dann auf eine teilweise Vergleichbarkeit. Es erfolgt eine differenzierte Ausweisung wie bei der überwiegenden Vergleichbarkeit.[4] 6

III. Verfahrensbegleitung (Abs. 3)

Um zu gewährleisten, dass auch bei der Durchführung des Verfahrens bestmöglich spezifische Belange berücksichtigt werden können, hat der entsprechende Antragsteller oder die entsprechende Antragstellerin nach Abs. 3 das Recht, eine Verfahrensbegleitung zu benennen, die zur Auswahl der Feststellungsinstrumente Stellung nehmen und an der Durchführung der Fremdbewertung teilnehmen darf. Die Verfahrensbegleitung hat in ihrer Stellungnahme die im Einzelfall bestehenden besonderen Belange von Menschen mit Behinderungen zu berücksichtigen und gegebenenfalls alternative angemessene und geeignete Feststellungsinstrumente vorzuschlagen. Die Stellungnahme der Verfahrensbegleitung ist in die Auswahl der Feststellungsinstrumente miteinzubeziehen.[5] Eine Übernahme von verbindlich festgelegten Feststellungsinstrumenten verbietet sich gem. § 50d demzufolge. 7

Um der Rolle gerecht zu werden, muss die Verfahrensbegleitung kompetent im Bereich der beruflichen Bildung von Menschen mit Behinderungen sein. Die Regelung sieht daher vor, dass dies insbesondere solche Ausbilder und Ausbilderinnen sein können, die die Rehabilitationspädagogische Zusatzqualifikation durchlaufen haben. Denkbar sind zum Beispiel auch die Fachkräfte im Bereich der beruflichen Bildung aus Werkstätten für behinderte Menschen oder entsprechend qualifizierte Mitarbeitende von Integrationsdiensten.[6] 8

IV. Geltung für andere Berufe, Inkrafttreten und Evaluation

§ 50d gilt gem. § 3 Abs. 3 nicht im Handwerk. In der Handwerksordnung wurden eigene Regelungen zur Validierung eingefügt (§§ 41b bis 41e HwO). Zur eventuellen Anwendung auf weitere Berufe s. § 50b Rn. 36 f. 9

Gem. § 106 ist § 50d erstmals ab dem 1. 1. 2025 anzuwenden. Gem. § 105 werden alle Regelungen im Zusammenhang mit der Feststellung und Bescheinigung der individuellen beruflichen Handlungsfähigkeit am Maßstab eines anerkannten Ausbildungsberufs vom Bundesinstitut für Berufsbildung zehn Jahre nach dem diesbezüglichen Inkrafttreten des Berufsbildungsvalidierungs- und -digitalisierungsgesetzes wissenschaftlich evaluiert. Die 10

4 BT-Drucks. 20/10857, S. 51.
5 BT-Drucks. 20/10857, S. 51.
6 BT-Drucks. 20/10857, S. 51.

Frist beginnt mit dem 23.7.2024, dem Tage der Veröffentlichung des Berufsbildungsvalidierungs- und -digitalisierungsgesetzes im Bundesgesetzblatt.[7]

§ 50e Verordnungsermächtigung

Als Grundlage für ein geordnetes und einheitliches Verfahren wird das Bundesministerium für Bildung und Forschung ermächtigt, im Einvernehmen mit dem Bundesministerium für Wirtschaft und Klimaschutz durch Rechtsverordnung, die nicht der Zustimmung des Bundesrates bedarf, insbesondere

1. **die Voraussetzung und Maßstäbe, anhand derer die Durchführung des Feststellungs- und Ergänzungsverfahrens, insbesondere das Verfahren zur Festlegung der Feststellungsinstrumente einschließlich der Verpflichtung zur gemeinsamen Festlegung von Feststellungsinstrumenten durch zuständige Stellen erfolgt,**
2. **das Verfahren zur Würdigung, Feststellung und Dokumentation der Leistungen des Antragstellers oder der Antragstellerin,**
3. **die Möglichkeit von Wiederholungsversuchen sowie**
4. **Maßgaben zur Ausgestaltung des Bescheids bei Feststellung der überwiegenden oder im Fall des § 50d Absatz 1 Nummer 1 teilweisen Vergleichbarkeit und des Zeugnisses bei Feststellung der vollständigen Vergleichbarkeit**

zu regeln.

Inhaltsübersicht Rn.

I. Verordnungsermächtigung

1 § 50e enthält eine Verordnungsermächtigung des Bundesministeriums für Bildung und Forschung, das im Einvernehmen mit dem Bundesministerium für Wirtschaft und Klimaschutz ohne Zustimmung des Bundesrates ermächtigt wird, eine Verordnung zu erlassen, die Näheres zum Inhalt und Verfahren im Rahmen der Feststellung regelt. Dabei legt § 50e in einem detaillierten Katalog fest, welche Inhalte das Bundesministerium für Bildung und Forschung zwingend in einer Rechtsverordnung zur Feststellung und Bescheinigung der individuellen beruflichen Handlungsfähigkeit zu regeln hat.[1] Durch die Möglichkeit, eine gemeinsame Festlegung von Feststellungsinstrumenten durch die für einen Beruf zuständigen Stellen in Nr. 1 verpflichtend vorzusehen, sollen einerseits einheitliche Standards insbesondere bei Berufen, bei denen ein Feststellungsverfahren häufiger genutzt wird, zusätzlich gesichert und soll zugleich unnötige Bürokratie vermieden werden.[2]

2 Die Verordnung kann auch das Verfahren zur Würdigung, Feststellung und Dokumentation der Leistungen des Antragstellers oder der Antragstellerin regeln (Nr. 4). Das ist insoweit bemerkenswert, als in § 50b nicht angeordnet wird, dass »Würdigung« und »Dokumentation der Leistungen« Teile des Verwaltungsverfahrens zur Feststellung sind oder sein sollen. Es ist zum anderen bemerkenswert, weil das Validierungsverfahren gemeinhin in vier Schritte unterteilt wird: Identifizierung, Dokumentierung, Bewertung und

---

7 BGBl. I 2024, S. 246.

1 BT-Drucks. 20/10857, S. 51.
2 BT-Drucks. 20/11802, S. 21.

Zertifizierung.[3] In dem Pilotprojekt zur Validierung[4] wurde der Schritt »Identifizierung« als »Informations- und Beratungsphase«[5] bezeichnet, die auch bei der Auswahl des Referenzberufs unterstützt. Notwendig ist in diesem Beratungsprozess also schon, das informell Gelernte zu identifizieren. Diese absolut basale Phase der Validierung wird im Gesetz ebenso wenig erwähnt wie in der Verordnung. Die Beratung vor der Validierung wurde nicht gesetzliche Aufgabe der zuständigen Stelle, sie wurde auch nicht als Aufgabe in § 76 aufgenommen. Die Erkenntnisse der wissenschaftlichen Begleitung des Projekts wurden damit übergangen. Diese zeigen deutlich, dass zunächst ein oft selbst- und fremdzugeschriebenes Defizit überwunden werden muss.[6] Die hohen Zufriedenheitswerte bei den validierten Teilnehmenden konnten insbesondere auf die wertschätzende und kompetente Begleitung sowie die hohe Erfolgswahrscheinlichkeit in der Fremdbewertung aufgrund der zuvor stattgefundenen Selektionsprozesse im Verfahren zurückgeführt werden[7] – also genau den Schritt, der weder im Gesetz noch in der Verordnung abgebildet ist.

II. Geltung für andere Berufe und Evaluation

§ 50e gilt gem. § 3 Abs. 3 nicht im Handwerk. In der Handwerksordnung wurden eigene Regelungen zur Validierung eingefügt (§§ 41b bis 41e HwO). Zur eventuellen Anwendung auf weitere Berufe s. § 50b Rn. 36f. 3

Gem. § 105 werden alle Regelungen im Zusammenhang mit der Feststellung und Bescheinigung der individuellen beruflichen Handlungsfähigkeit am Maßstab eines anerkannten Ausbildungsberufs vom Bundesinstitut für Berufsbildung zehn Jahre nach dem diesbezüglichen Inkrafttreten des Berufsbildungsvalidierungs- und -digitalisierungsgesetzes wissenschaftlich evaluiert. Die Frist beginnt mit dem 23.7.2024, dem Tage der Veröffentlichung des Berufsbildungsvalidierungs- und -digitalisierungsgesetzes im Bundesgesetzblatt.[8] 4

Der Text der Berufsbildungsfeststellungsverfahrensverordnung gemäß § 50e ist in Kapitel D abgedruckt.

3 Europäische Leitlinien für die Validierung nichtformalen und informellen Lernens, Luxemburg 2023, S. 16; *https://www.validierungsverfahren.de/inhalt/verfahren/ablauf,* abgerufen am 2.8.2024.
4 *https://validierungsverfahren.de.*
5 *https://www.validierungsverfahren.de/inhalt/verfahren/ablauf,* abgerufen am 2.8.2024.
6 *https://www.validierungsverfahren.de/inhalt/verfahren/nutzen-und-wirkung,* abgerufen am 2.8.2024.
7 *https://www.validierungsverfahren.de/inhalt/projekt/wissenschaftliche-begleitung,* abgerufen am 2.8.2024.
8 BGBl. 2024, S. 246.

Abschnitt 7
Interessenvertretung

§ 51 Interessenvertretung

(1) Auszubildende, deren praktische Berufsbildung in einer sonstigen Berufsbildungseinrichtung außerhalb der schulischen und betrieblichen Berufsbildung (§ 2 Absatz 1 Nummer 3) mit in der Regel mindestens fünf Auszubildenden stattfindet und die nicht wahlberechtigt zum Betriebsrat nach § 7 des Betriebsverfassungsgesetzes, zur Jugend- und Auszubildendenvertretung nach § 60 des Betriebsverfassungsgesetzes oder zur Mitwirkungsvertretung nach § 52 des Neunten Buches Sozialgesetzbuch sind (außerbetriebliche Auszubildende), wählen eine besondere Interessenvertretung.

(2) Absatz 1 findet keine Anwendung auf Berufsbildungseinrichtungen von Religionsgemeinschaften sowie auf andere Berufsbildungseinrichtungen, soweit sie eigene gleichwertige Regelungen getroffen haben.

Inhaltsübersicht Rn.

I. Vorbemerkung

1 § 51 wurde bereits mit dem Betriebsverfassungsreformgesetz zum 15. 8. 2002 in das BBiG eingefügt. Hintergrund:

Aufgrund der fehlenden Ausbildungsplätze und Förderangebote in den Betrieben wurden – oftmals unterstützt durch Fördermöglichkeiten nach dem SGB III – eine Reihe von Ausbildungsstätten i. S. d. § 2 Abs. 1 Nr. 3 gegründet, **deren eigentlicher Betriebszweck das Ausbilden ist**. Es gibt sie in unterschiedlichen Konstellationen: Zum Teil als Ausbildungswerkstätten, in denen unternehmensweit oder in einem Unternehmen regional ausgebildet wird. Zum Teil wurden extra für den Zweck der Ausbildung Träger der Berufsausbildung gegründet. Diese schließen den Ausbildungsvertrag mit den Auszubildenden. Allen Konstellationen ist eines gemeinsam: Die Ausbildung erfolgt nicht wie in anderen Betrieben, für den Betriebszweck, sondern sie **ist** der Betriebszweck.

II. Sonderregelung für Beschäftigte gem. § 2 Abs. 1 Nr. 3

2 Hieraus ergibt sich betriebsverfassungsrechtlich eine Besonderheit: § 5 Abs. 1 BetrVG definiert als ArbeitnehmerInnen im Sinne des BetrVG unter anderem »die zu ihrer Berufsausbildung Beschäftigten.« § 5 BetrVG erfasst alle, die einen Vertrag abgeschlossen haben, der eine Ausbildung zum Gegenstand hat. Damit sind alle Verträge gemeint, die berufliche **Kenntnisse, Fertigkeiten und Fähigkeiten** vermitteln sollen. Für Auszubildende in einer »sonstigen Bildungseinrichtung« nach § 2 Abs. 1 Nr. 3 BBiG, hat das Bundesarbeitsgericht eine Sonderregelung getroffen: »Ist der Zweck des Betriebs, in dem die Auszubildenden

tätig werden, allein oder hauptsächlich darauf gerichtet, anderen Personen eine berufspraktische Ausbildung zu vermitteln, dann sind die Auszubildenden nicht in vergleichbarer Weise wie die Arbeiter und Angestellten des Betriebs in das Betriebsgeschehen eingebunden und in den Betrieb integriert; … Vielmehr sind sie selbst Gegenstand des Betriebszwecks und der betrieblichen Tätigkeit, die auf sie und ihre Berufsausbildung hin ausgerichtet ist. Da sie nicht im Rahmen des auf Verschaffung einer Berufsausbildung gerichteten Betriebszwecks beschäftigt werden, sind sie nicht in den Betrieb eingegliedert und gehören deshalb auch betriebsverfassungsrechtlich nicht zu den Arbeitnehmern des Betriebs im Sinne des § 5 Abs. 1 BetrVG«.[1]

1. Fehlende Interessenvertretung

3 Die Auszubildenden in den sonstigen Bildungseinrichtungen werden also weder durch den Betriebsrat dieser Einrichtung vertreten, noch sind sie an der Wahl zum Betriebsrat oder zur Jugend- und Auszubildendenvertretung zu beteiligen. Das ist insoweit unbefriedigend, als beim Bildungsträger die maßgeblichen Entscheidungen zum Beispiel über **Ausbildungszeiten, Urlaubsregelungen, Ordnung im Betrieb** und so weiter getroffen werden. Zur Lösung dieses Problems fügte der Gesetzgeber bei der Betriebsverfassungsreform die §§ 18a, 18b in das Berufsbildungsgesetz a. F. ein.

2. Regelmäßig mehr als fünf Auszubildende

4 Voraussetzung für die Wahl zur Interessenvertretung ist die regelmäßige Beschäftigung von **mindestens fünf** Auszubildenden. Die Formulierung »in der Regel« entspricht der Formulierung in § 1 BetrVG und wiederholt sich in vielen anderen kollektivrechtlichen Vorschriften.[2] Auszugehen ist nicht nur von dem zum Zeitpunkt der Betrachtung vorliegenden Zustand. Es kommt auf den im größten Teil des Jahres bestehenden »normalen« Zustand an.[3] Da die Auszubildendenzahlen typischerweise aufgrund der Einstellung nach den Sommerferien und den Abschlussprüfungen im Winter und im Sommer regelmäßig und stark schwanken, kann hilfsweise auf die Anzahl der vorhandenen Ausbildungsplätze zurückgegriffen werden.

5 Weitere Voraussetzung ist zudem, dass die Auszubildenden **nicht wahlberechtigt** zur Wahl des Betriebsrats, der Jugend- und Auszubildendenvertretung oder zur Mitwirkungsvertretung nach § 52 SGB IX sind. Damit werden diejenigen Auszubildenden aus dem Geltungsbereich herausgenommen, die bei der Bildungseinrichtung nicht in der Ausbildungsmaßnahme, sondern am eigentlichen Betriebszweck ausgebildet werden. Hierdurch wird der Auffangcharakter des § 51 deutlich.[4] Die besondere Rechtsstellung behinderter Menschen, die an beruflichen Rehabilitationsmaßnahmen teilnehmen, ergibt sich aus § 52 SGB IX. Die TeilnehmerInnen sind ausdrücklich **keine ArbeitnehmerInnen** im Sinne des BetrVG (§ 52 Satz 2 SGB IX). § 52 SGB IX normiert eine eigenständige Vertretung der Rehabilitanden. Letztlich kann es durch diese Abgrenzung der Beschäftigtengruppen – ArbeitnehmerInnen, Auszubildende und Rehabilitanden – zu **drei verschiedenen Beschäftigtenvertretungen** in einer sonstigen Bildungseinrichtung kommen – Betriebsrat, Interessenvertretung der Auszubildenden und VertreterInnen der Rehabilitanden.

---

1 *BAG* 26.1.1994, AP Nr. 54 zu § 5 BetrVG 1972.
2 Vgl. §§ 99 Abs. 1, 106 Abs. 1, 111 Satz 1 BetrVG sowie § 1 Abs. 1 Nr. 2 MitbestG.
3 *Fitting*, § 1 Rn. 272 m. w. N.
4 Wohlgemuth/*Pepping*, BBiG, § 51 Rn. 9.

3. Interessenvertretung

6 Liegen die Voraussetzungen vor, wählen die Auszubildenden eine besondere Interessenvertretung. Das Gesetz ordnet die Wahl an; die Möglichkeit für die Auszubildenden oder den Träger der Berufsbildungseinrichtung, dass trotz bestehendem Interesse nicht gewählt wird, existiert nicht. Gleichwohl kann sich aus dem Grundsatz der Wahlfreiheit ergeben, dass zulässigerweise niemand kandidiert und folglich niemand gewählt wird. In diesem Fall besteht trotz des gesetzgeberischen Imperativs keine Pflicht, eine Interessenvertretung zu wählen.[5] Aus der Wahlfreiheit ergibt sich zudem, dass es jedem Auszubildenden freisteht, ob er wählt oder nicht.[6]

Die Wahl zur Interessenvertretung ist nicht geregelt.[7] Es gibt auch keinen Verweis auf das BetrVG, so dass die anspruchsvollen Wahlvorschriften des BetrVG und der Wahlordnung nicht anzuwenden sind. Die Wahl muss jedoch den **allgemeinen Wahlgrundsätzen** folgen: Frei, geheim, unmittelbar, direkt und gleich. Diese Voraussetzungen werden erfüllt, wenn:

- allgemein erreichbar für die Betriebsöffentlichkeit zu einer Wahlversammlung eingeladen wird;
- dort jemand für die Leitung der Wahl und zum Auszählen der Stimmen gewählt wird;
- die Kandidaten und Kandidatinnen vorgeschlagen werden;
- es möglich ist, sich vorab auf eine Anzahl der zu Wählenden zu einigen; anderenfalls sind alle gewählt, die die Mehrheit der abgegebenen Stimmen erhalten haben;
- aufgrund der Vorschläge geheim, also schriftlich und ohne dass andere das Ergebnis wahrnehmen können, gewählt wird sowie
- die Stimmen ausgezählt werden und alle den gleichen Wert haben.

Die Größe der Interessenvertretung ist nicht normiert, letztlich bestimmt dies die Versammlung, wenn keine Verordnung vorhanden ist. Es ist möglich, die abwesenden Auszubildenden noch nachträglich abstimmen zu lassen. Dann allerdings darf das Wahlergebnis auf der Versammlung nicht mitgeteilt werde, auch nicht als vorläufiges Wahlergebnis. Anderenfalls wäre das **Wahlgeheimnis** der Briefwähler gefährdet.

Die gewählte Interessenvertretung muss ihre Rechte mit dem Ausbildungsbetrieb vereinbaren, wenn es keine Verordnung gibt. Denkbar sind Regelungen über ihre Beteiligungsrechte, über Auszubildendenversammlungen sowie Regelungen zu den eigenen Arbeitsbedingungen. Eine Leitlinie können die Vorschriften des BetrVG oder der erste Entwurf der Verordnung[8] sein. Nicht zulässig ist es, der besonderen Interessenvertretung eine Regelungskompetenz ähnlich der Wirkung von Betriebsvereinbarungen zuzusprechen. Für eine unmittelbare Wirkung der Vereinbarungen auf das Ausbildungsverhältnis fehlt es an einer Anordnung in einem Gesetz oder in einer Verordnung aufgrund eines Gesetzes.

Die Interessenvertretungen sind entsprechend § 10 ArbGG im arbeitsgerichtlichen Beschlussverfahren **beteiligtenfähig**.[9] Sie können damit vor dem Arbeitsgericht die Wahrung ihrer Rechte, die sich aus der nach § 52 zu erlassenden RechtsVO oder aus einer Vereinbarung mit dem Ausbildenden ergeben, durchsetzen.

Die Verordnung wurde bislang nicht erlassen. Damit gibt es keine unmittelbare Norm, die die Richtlinie 2002/14 der Europäischen Union umsetzt. Die §§ 51 und 52 werden daher

---

5 *Schubert/Schaumberg*, AFBG/BBiG, § 51 BBiG.
6 Wohlgemuth/*Pepping*, BBiG, § 51 Rn. 12; ErfK/*Schlachter*, § 51 BBiG Rn. 1.
7 Siehe § 52.
8 Siehe § 52 Rn. 1.
9 *BAG* 24.8.2004 – 1 ABR 28/03, juris; Wohlgemuth/*Pepping*, BBiG, § 51 Rn. 20.

richtlinienkonform so auszulegen sein, dass die in der Richtlinie gewährleisteten Rechte der Interessenvertretung zu gewähren sind.[10]

III. Ausnahmen

1. Religionsgemeinschaften

Abs. 2 nimmt die Berufsbildungseinrichtungen der Religionsgemeinschaften von der Interessenvertretung der außerbetrieblichen Auszubildenden aus, da die Kirchen befugt sind, ihre **innerkirchliche Vertretung** selbst zu regeln.[11] Entscheidungen der Kirchengerichte zur Frage, ob die Auszubildenden in sonstigen Bildungseinrichtungen der Kirchen MitarbeiterInnen im Sinne der Mitarbeitervertretungsgesetze sind, stehen noch aus. 7

2. Andere Berufsbildungseinrichtungen mit gleichwertigen Regelungen

Ebenfalls von der Wahl einer besonderen Interessenvertretung ausgenommen sind andere Bildungseinrichtungen, soweit sie eigene **gleichwertige Regelungen** getroffen haben. Eine solche Regelung kann von der Arbeitgeberin einseitig erlassen werden oder auch in einem Tarifvertrag enthalten sein. 8

Beispielhaft sei hier der Tarifvertrag »Mitbestimmung TTC (TV 122)« vom 26.11.2001 genannt. Dieser regelt für das Telekom Training Center (TTC) die Einrichtung von Auszubildendenvertretungen sowie einer Konzern-Auszubildendenvertretung, § 1 TV TTC. Die Rechte der Auszubildendenvertretung entsprechen den Rechten einer Jugend- und Auszubildendenvertretung nach dem Betriebsverfassungsgesetz, soweit im Tarifvertrag nichts anderes geregelt ist, § 2 Abs. 1 TV TTC. Anders als nach dem Betriebsverfassungsgesetz stehen den Auszubildendenvertretungen jedoch eigene Beteiligungsrechte gegenüber der Telekom zu, z. B. die Beteiligungsrechte bei beruflicher Bildung oder bei Einstellungen und Versetzungen, § 3 Abs. 2 und 3 TV TTC. Die Einigungsstellen werden entgegen der Regelungen im BetrVG nicht durch den Betriebsrat, sondern von der Konzern-Auszubildendenvertretung selbst durchgeführt. § 3 Abs. 2 Satz 2 TV TTC. Eine so umfangreiche tarifliche Regelung kann als gleichwertige Regelung i. S. d. Abs. 2 angesehen werden, so dass die Telekom Training Center auch bei Vorliegen einer RechtsVO keine gesonderte Interessenvertretung nach den §§ 51, 52 BBiG bilden müssen. 9
Das Bundesarbeitsgericht hat die Konzern-Auszubildendenvertretung für beteiligtenfähig im arbeitsrechtlichen Beschlussverfahren erachtet.[12]

IV. Anwendbarkeit im Handwerk

Die Vorschrift ist auch für Interessenvertretungen von Auszubildenden im Handwerk anzuwenden (§ 3 Abs. 3). 10

10 Offengelassen: *LAG Berlin-Brandenburg* 5.9.2013 – 26 Sa 667/13, juris.
11 Zum rechtshistorischen Hintergrund Wohlgemuth/*Pepping*, BBiG, § 51 Rn. 4.
12 *BAG* 24.8.2004 – 1 ABR 28/03 unter *www.bundesarbeitsgericht.de.*

§ 52 Verordnungsermächtigung

Das Bundesministerium für Bildung und Forschung kann durch Rechtsverordnung, die nicht der Zustimmung des Bundesrates bedarf, die Fragen bestimmen, auf die sich die Beteiligung erstreckt, die Zusammensetzung und die Amtszeit der Interessenvertretung, die Durchführung der Wahl, insbesondere die Feststellung der Wahlberechtigung und der Wählbarkeit sowie Art und Umfang der Beteiligung.

1 § 52 entspricht § 18b BBiG a. F. Allerdings wurde die Zustimmungspflicht durch den Bundesrat gestrichen, weil nach Ansicht des Gesetzgebers in die Angelegenheiten der Länder durch § 52 nicht eingegriffen wird.[1] Zum rechtlichen Hintergrund und der Historie der Vorschrift vgl. § 51 Rn. 1.

Nach einem Entwurf[2] wurde eine Verordnung noch nicht veröffentlicht.

Für die Ermächtigung zum Erlass einer Rechtsverordnung bedarf es entsprechend Art. 80 Abs. 1 Satz 2 GG einer Aussage im Gesetz zum möglichen Inhalt, zu den Grenzen der möglichen Regelung sowie zu deren Zweck.[3] Im Hinblick darauf ist die Formulierung des § 52 kritisch zu sehen.[4]

2 Nach dem Wortlaut kann das Bundesministerium für Bildung und Forschung durch Rechtsverordnung die Einzelheiten der Vertretung regeln. Eine Pflicht hierzu besteht nach dem BBiG nicht. Bedenklich erscheint, dass für die Interessenvertretungen aufgrund der fehlenden Verordnung kein wirksamer Schutz gem. Art. 7 der Richtlinie 2002/14 der Europäischen Union besteht.[5] Nach dieser Richtlinie sollen die Mitgliedstaaten dafür Sorge tragen, dass die Interessenvertretungen der Arbeitnehmer bei der Ausübung ihrer Funktion ausreichenden Schutz und Sicherheiten genießen, die es ihnen ermöglichen, die übertragenen Aufgaben in angemessener Weise wahrzunehmen. Vor diesem Hintergrund einer richtlinienkonformen Auslegung der §§ 51, 52 und der offenen Formulierung in § 51 sind Interessenvertretungen auch ohne die Rechtsverordnung nach § 52 sowie ohne Tarifvertrag oder eine andere Vereinbarung mit dem Arbeitgeber möglich.[6]

3 § 52 ist gem. § 3 Abs. 3 im Handwerk anzuwenden.

Kapitel 2
Berufliche Fortbildung

Abschnitt 1
Fortbildungsordnungen des Bundes

§ 53 Fortbildungsordnungen der höherqualifizierenden Berufsbildung

(1) Als Grundlage für eine einheitliche höherqualifizierende Berufsbildung kann das Bundesministerium für Bildung und Forschung im Einvernehmen mit dem Bundesministerium für Wirtschaft und Klimaschutz oder mit dem sonst zuständigen Fach-

1 BT-Drucks. 15/3980, S. 126f.
2 BR-Drucks. 339/02, S. 1ff.
3 Jarass/Pieroth/*Pieroth*, GG, Art. 80 Rn. 11.
4 *Knopp/Kraegeloh*, BBiG, § 52 Rn. 2; *Taubert*, BBiG, § 52 Rn. 2 m.w.N.; offengelassen Wohlgemuth/*Pepping*, BBiG, § 52 Rn. 4.
5 Offengelassen: *LAG Berlin-Brandenburg* 5.9.2013 – 26 Sa 667/13, juris.
6 Wohlgemuth/*Pepping*, BBiG, § 52 Rn. 6.

ministerium nach Anhörung des Hauptausschusses des Bundesinstituts für Berufsbildung durch Rechtsverordnung, die nicht der Zustimmung des Bundesrates bedarf, Abschlüsse der höherqualifizierenden Berufsbildung anerkennen und hierfür Prüfungsregelungen erlassen (Fortbildungsordnungen).

(2) Die Fortbildungsordnungen haben festzulegen

1. die Bezeichnung des Fortbildungsabschlusses,
2. die Fortbildungsstufe,
3. das Ziel, den Inhalt und die Anforderungen der Prüfung,
4. die Zulassungsvoraussetzungen für die Prüfung und
5. das Prüfungsverfahren.

(3) Abweichend von Absatz 1 werden Fortbildungsordnungen

1. in den Berufen der Landwirtschaft, einschließlich der ländlichen Hauswirtschaft, durch das Bundesministerium für Ernährung und Landwirtschaft im Einvernehmen mit dem Bundesministerium für Bildung und Forschung erlassen und
2. in Berufen der Hauswirtschaft durch das Bundesministerium für Wirtschaft und Klimaschutz im Einvernehmen mit dem Bundesministerium für Bildung und Forschung erlassen.

(4) § 4 Absatz 2 und § 5 Absatz 3 gelten entsprechend.

Inhaltsübersicht Rn.

I. Gesamtzusammenhang

In der **Praxis** spielen Maßnahmen der Fort- und Weiterbildung eine erhebliche Rolle. 1
Es geht darum, die beruflichen Kenntnisse und Fertigkeiten zu erhalten, zu erweitern und der technischen und sonstigen Entwicklung anzupassen. Jenseits der Definition des § 1 Abs. 3 BBiG kann man allgemein von beruflicher **Weiterbildung** sprechen. Solche Maßnahmen können von unterschiedlicher Intensität und Dauer sein, mit oder ohne Prüfungen abschließen. Dabei ist auch und gerade die öffentliche Verantwortung in der Weiterbildung zu betonen.

Bei **Weiterbildungsmaßnahmen im Arbeitsverhältnis** verbindet der Arbeitgeber mit 2
der Weiterbildung und gegebenenfalls der Übernahme der Kosten in der Regel die Erwartung, der Arbeitnehmer werde die Kenntnisse und Fähigkeiten zu seinen Gunsten nutzen, also im Arbeitsverhältnis verbleiben. Erfüllt sich diese Erwartung nicht, geht das Interesse der Arbeitgeber dahin, die entstandenen Kosten zumindest zum Teil von den Arbeitnehmern zurückzuerhalten. Häufig werden deshalb auf Veranlassung der Arbeit-

geber einzelvertraglich Regelungen getroffen, die die Arbeitnehmer zur Rückzahlung der vom Arbeitgeber aufgewandten Kosten verpflichten, jedenfalls wenn die Arbeitnehmer vor Ablauf bestimmter Fristen aus dem Arbeitsverhältnis ausscheiden (vgl. Rn. 27 ff.).

3 Die berufliche Fortbildung (§ 1 Abs. 4 BBiG) soll es ermöglichen, die berufliche Handlungsfähigkeit zu erhalten und anzupassen oder zu erweitern und beruflich aufzusteigen. Sie kann stattfinden

- als Teil des fortbestehenden Arbeitsverhältnisses oder
- in einem gesonderten Vertragsverhältnis oder
- berufsbegleitend in gesonderten Fortbildungsmaßnahmen entsprechender Fortbildungsträger.

II. Reform durch das Berufsbildungsmodernisierungsgesetz

4 Durch das Berufsbildungsmodernisierungsgesetz wurde zum 1.1.2020 der gesamte Abschnitt zur Beruflichen Fortbildung (§§ 53 bis 57 BBiG) neu geregelt. Ziel ist eine Stärkung der höherqualifizierenden Berufsbildung. So werden drei berufliche Fortbildungsstufen unmittelbar im BBiG und der HwO verankert. Diese Stufen werden bei der bundesweiten Anerkennung eines Abschlusses durch Rechtsverordnung mit den einheitlichen, eigenständigen und dabei unmittelbar die Gleichwertigkeit mit hochschulischen Abschlüssen aufzeigenden Abschlussbezeichnungen »Geprüfte/r Berufsspezialist/in«, »Bachelor Professional« und »Master Professional« versehen.[1] Diese Abschlussbezeichnungen sind zertifiziert und darf nur führen, wer die entsprechenden Voraussetzungen erfüllt. Wer entgegen der gesetzlichen Vorgaben eine solche Abschlussbezeichnung führt, handelt ordnungswidrig. Das kann mit einer **Geldbuße** bis zu 1000 Euro geahndet werden (§ 101 Abs. 1 Nr. 9, Abs. 2 BBiG).

5 Die drei Stufen entsprechen den Kriterien des Deutschen Qualifikationsrahmens (DQR) für ein Einstufen auf dem Niveau 5 (»Geprüfte/r Berufsspezialist/in«), 6 (»Bachelor Professional in …«; gleichwertig einem akademischen Bachelorabschluss) und 7 (»Master Professional in …«; gleichwertig einem akademischen Masterabschluss). Der »Meister« und vergleichbare eingeübte Marken bleiben erhalten und würden zusätzlich dadurch gestärkt, dass sie durch die neue einheitliche Abschlussbezeichnung ergänzt werden können, die die Gleichwertigkeit des Meisters gegenüber einem ersten Hochschulabschluss unmittelbar verdeutliche.[2]

III. Exkurs: Was ist der Deutsche Qualifikationsrahmen (DQR)?

6 Mit dem DQR[3] wird auf nationaler Ebene eine Empfehlung des Europäischen Parlaments und des Rates vom April 2008 zur Einrichtung eines Europäischen Qualifikationsrahmens (EQR) für lebenslanges Lernen umgesetzt. Der DQR ist ein Instrument zur Einordnung der Qualifikationen des deutschen Bildungssystems. Er soll zum einen die Orientierung im deutschen Bildungssystem erleichtern und zum anderen zur Vergleichbarkeit deutscher Qualifikationen in Europa beitragen. Um transparenter zu machen, welche Kompetenzen im deutschen Bildungssystem erworben werden, werden acht Niveaus definiert, die den acht Niveaus des Europäischen Qualifikationsrahmens (EQR) zugeordnet werden können. Der EQR dient als Übersetzungsinstrument, das hilft,

1 Gesetzesbegründung, BT-Drucks. 19/10815, S. 45.
2 Gesetzesbegründung, BT-Drucks. 19/10815, S. 45.
3 Siehe *www.dqr.de.*

nationale Qualifikationen europaweit besser verständlich zu machen. Die Entwicklung des DQR erfolgte unter Federführung von Bund und Ländern in einem mehrjährigen Prozess unter kontinuierlicher Mitwirkung von Arbeitgeberverbänden, Gewerkschaften und Wirtschaftsorganisationen sowie Experten aus Wissenschaft und Praxis. Mit der Unterzeichnung eines gemeinsamen Beschlusses zum Deutschen Qualifikationsrahmen wurde die Grundlage dafür geschaffen, schrittweise ab dem Sommer 2013 erworbene Qualifikationen einem DQR-Niveau zuzuordnen und dieses auf den Qualifikationsbescheinigungen auszuweisen. So wird beispielsweise eine dreijährige Berufsausbildung dem Niveau 4 zugeordnet, ein Abschluss als Bachelor, Meister oder Techniker entspricht Niveau 6.

Der DQR wurde entwickelt, um das deutsche Bildungssystem transparenter zu machen. 7
Er ordnet die Qualifikationen der verschiedenen Bildungsbereiche acht Niveaus zu, die durch Lernergebnisse beschrieben werden. »Lernergebnisse« (learning outcomes) bezeichnen das, was Lernende wissen, verstehen und in der Lage sind zu tun, nachdem sie einen Lernprozess abgeschlossen haben. Durch die Kopplung des DQR an den Europäischen Qualifikationsrahmen (EQR) wird es leichter, Qualifikationen in Europa und in Deutschland zu vergleichen. Der DQR kann dazu beitragen

- die Gleichwertigkeit von allgemeiner, beruflicher und hochschulischer Bildung zu verdeutlichen,
- die Orientierung der Qualifikationen an Kompetenzen zu fördern,
- die Orientierung der Qualifizierungsprozesse an Lernergebnissen zu fördern,
- Durchlässigkeit und Qualitätssicherung im deutschen Bildungssystem zu unterstützen,
- Möglichkeiten der Anerkennung und Anrechnung von nicht-formal und informell erworbenen Kompetenzen zu verbessern sowie
- lebenslanges Lernen zu stärken.

Indem der DQR ein System für die Zuordnung von Qualifikationen zu Kompetenz- 8
niveaus anbietet, hilft er, Unterschiede und Gemeinsamkeiten von Qualifikationen besser sichtbar zu machen. Er ist offen für die Zuordnung von Qualifikationen

- der Allgemeinbildung,
- der beruflichen Bildung und
- der Hochschulbildung,

jeweils einschließlich der Weiterbildung.

Dem DQR können grundsätzlich nicht nur formale Qualifikationen zugeordnet werden, 9
also solche Qualifikationen, deren Rechtsgrundlagen (z. B. Prüfungsordnung, Ausbildungsordnung, Curriculum) durch eine staatliche bzw. hoheitlich handelnde öffentlich-rechtliche Institution geregelt sind. Es sollen vielmehr auch nicht-formale Qualifikationen gleichberechtigt Eingang in den DQR finden können. Unter welchen Voraussetzungen dies realisierbar ist, wird derzeit erprobt.

Der DQR wurde am 1.5.2013 eingeführt. Dies erfolgte auf der Grundlage des Gemein- 10
samen Beschlusses zum Deutschen Qualifikationsrahmen des Bundesministeriums für Bildung und Forschung, des Bundesministeriums für Wirtschaft und Klimaschutz, der Kultusministerkonferenz und der Wirtschaftsministerkonferenz. Die Ausweisung der DQR-/EQR-Niveaus auf neu ausgestellten Qualifikationsbescheinigungen erfolgt seit 2014 schrittweise. Eine rückwirkende Ausweisung auf Zeugnissen, die vorher vergeben wurden, ist nicht möglich. Der DQR hat orientierenden Charakter, keine regulierende Funktion. Das System der Zugangsberechtigungen in Deutschland ändert sich durch den DQR nicht. Zugangsregelungen beziehen sich auf Qualifikationen, nicht auf DQR-Niveaus. Das Erreichen eines bestimmten DQR-Niveaus verschafft nicht automatisch Zugang zum jeweils »nächsten Niveau«.

11 Der DQR beschreibt auf acht Niveaus fachliche und personale Kompetenzen, an denen sich die Einordnung der Qualifikationen orientiert, die in der allgemeinen, der Hochschulbildung und der beruflichen Bildung erworben werden. Die Niveaus haben eine einheitliche Struktur. Sie beschreiben jeweils die Kompetenzen, die für die Erlangung einer Qualifikation erforderlich sind. Der DQR unterscheidet dabei zwei Kompetenzkategorien: »Fachkompetenz«, unterteilt in »Wissen« und »Fertigkeiten«, und »Personale Kompetenz«, unterteilt in »Sozialkompetenz« und »Selbständigkeit«.

12 Der DQR beschreibt **acht Kompetenzniveaus**, denen sich die Qualifikationen des deutschen Bildungssystems zuordnen lassen. Jedem Niveau ist ein kurzer Text vorangestellt, der die Anforderungsstruktur des jeweiligen Niveaus beschreibt. Dieser »Niveauindikator« beschreibt allgemein die Anforderungen, die erfüllt werden müssen, wenn eine Qualifikation des entsprechenden Niveaus erworben wurde. Dabei geht es vor allem darum, in welchem Grad die Absolventinnen und Absolventen in der Lage sind, mit Komplexität und unvorhersehbaren Veränderungen umzugehen, und mit welchem Grad von Selbständigkeit sie in einem beruflichen Tätigkeitsfeld oder in einem wissenschaftlichen Fach agieren können. Bei der **Fachkompetenz** geht es darum, in welcher Breite und Tiefe Wissen erworben wurde und in welcher Ausprägung die Absolventinnen und Absolventen über Fertigkeiten verfügen. Damit ist die Fähigkeit gemeint, Instrumente und Methoden einzusetzen und zu entwickeln. Dazu gehört auch die Fähigkeit, Arbeitsergebnisse zu beurteilen. **Personale Kompetenz** schließt soziale Aspekte ein: Team- und Führungsfähigkeit, die Fähigkeit, das eigene Lern- oder Arbeitsumfeld mitzugestalten, und Kommunikationsfähigkeit. Hinzu kommen Eigenständigkeit und Verantwortung, die Fähigkeit zur Reflexion und Lernkompetenz.

13 Der DQR unterscheidet acht Niveaus zur allgemeinen Beschreibung der Kompetenzen, die im deutschen Bildungssystem erworben werden:

Niveau 1
beschreibt Kompetenzen zur Erfüllung einfacher Anforderungen in einem überschaubar und stabil strukturierten Lern- oder Arbeitsbereich. Die Erfüllung der Aufgaben erfolgt unter Anleitung.

Niveau 2
beschreibt Kompetenzen zur fachgerechten Erfüllung grundlegender Anforderungen in einem überschaubar und stabil strukturierten Lern- oder Arbeitsbereich. Die Erfüllung der Aufgaben erfolgt weitgehend unter Anleitung.

Niveau 3
beschreibt Kompetenzen zur selbständigen Erfüllung fachlicher Anforderungen in einem noch überschaubaren und zum Teil offen strukturierten Lernbereich oder beruflichen Tätigkeitsfeld.

Niveau 4
beschreibt Kompetenzen zur selbständigen Planung und Bearbeitung fachlicher Aufgabenstellungen in einem umfassenden, sich verändernden Lernbereich oder beruflichen Tätigkeitsfeld.

Niveau 5
beschreibt Kompetenzen zur selbständigen Planung und Bearbeitung umfassender fachlicher Aufgabenstellungen in einem komplexen, spezialisierten, sich verändernden Lernbereich oder beruflichen Tätigkeitsfeld.

Niveau 6
beschreibt Kompetenzen zur Planung, Bearbeitung und Auswertung von umfassenden fachlichen Aufgaben- und Problemstellungen sowie zur eigenverantwortlichen Steuerung von Prozessen in Teilbereichen eines wissenschaftlichen Faches oder in einem beruflichen

Tätigkeitsfeld. Die Anforderungsstruktur ist durch Komplexität und häufige Veränderungen gekennzeichnet.

Niveau 7
beschreibt Kompetenzen zur Bearbeitung von neuen komplexen Aufgaben- und Problemstellungen sowie zur eigenverantwortlichen Steuerung von Prozessen in einem wissenschaftlichen Fach oder in einem strategieorientierten beruflichen Tätigkeitsfeld. Die Anforderungsstruktur ist durch häufige und unvorhersehbare Veränderungen gekennzeichnet.

Niveau 8
beschreibt Kompetenzen zur Gewinnung von Forschungserkenntnissen in einem wissenschaftlichen Fach oder zur Entwicklung innovativer Lösungen und Verfahren in einem beruflichen Tätigkeitsfeld. Die Anforderungsstruktur ist durch neuartige und unklare Problemlagen gekennzeichnet.

IV. Neue Abschlussbezeichnungen nach dem Berufsbildungsmodernisierungsgesetz

Mit den drei Abschlussbezeichnungen, die (so die Gesetzesbegründung) Eigenständigkeit dokumentieren und zugleich die Gleichwertigkeit zu sonstigen Bachelor- oder Masterabschlüssen transportieren, werde ein deutliches Zeichen für die Gleichwertigkeit der beruflichen Bildung gesetzt. Schulabsolventen und Schulabsolventinnen, ihren Eltern und Lehrkräften ebenso wie Ein-, Auf- und Umsteigern der beruflichen Bildung werde ein konkurrenzfähiges Angebot bei Qualifizierungsentscheidungen gemacht.[4] Ziel war es zudem, die Attraktivität und »Erklärbarkeit« der Abschlüsse für junge Menschen mit der Wahl zwischen Berufsbildungskarriere und Studium zu steigern. Wettbewerbsnachteile der beruflichen Bildung gegenüber dem akademischen Qualifizierungssystem würden abgebaut. Die nationalen und internationalen Karriere-, Arbeitsmarkt- und Mobilitätschancen von Absolventen und Absolventinnen der höherqualifizierenden Berufsbildung könnten gesteigert werden. Die Chancen vor allem der mittelständischen Unternehmen, ihren Bedarf an beruflich qualifizierten Fach- und Führungskräften adäquat zu sichern, würden erhöht.[5] 14

Vor allem die Einführung der Abschlussbezeichnungen »**Bachelor Professional**« und »**Master Professional**« waren im Gesetzgebungsverfahren umstritten. Der Bundesrat hatte gemeint, es müsse sichergestellt sein, Verwechselungen mit akademischen Abschlüssen auszuschließen.[6] So waren die Hochschulrektorenkonferenz und auch die Kultusministerkonferenz gegen die Einführung dieser Abschlussbezeichnungen. Teilweise wurden gar verfassungsrechtliche Bedenken geltend gemacht. Der Bund sei über den Kompetenztitel »Recht der Wirtschaft« (Art. 74 Abs. 1 Nr. 11 GG) nicht befugt, solche Abschlussbezeichnungen einzuführen. Der Ausschuss für Kulturfragen des Bundesrates hatte vorgeschlagen, dem Gesetz, das der Bundestag am 24.10.2019 verabschiedet hatte, nicht zuzustimmen, sondern den Vermittlungsausschuss einzuberufen.[7] Trotz der Bedenken hat der Bundesrat letztlich dem Gesetz am 29.11.2019 zugestimmt.[8] 15

---

4 Gesetzesbegründung, BT-Drucks. 19/10815, S. 45.
5 Gesetzesbegründung, BT-Drucks. 19/10815, S. 45.
6 Stellungnahme des Bundesrates, BT-Drucks. 19/12798, S. 14.
7 BR-Drucks. 559/1/19.
8 BR-Drucks. 559/19 (Beschluss).

16 Das Kapitel 2 (Berufliche Fortbildung, §§ 53 bis 57 BBiG) wurde durch das Berufsbildungsmodernisierungsgesetz neu gefasst. Grundsätzlich wurde das bestehende Regelungssystem mit der Möglichkeit einer bundeseinheitlichen Regelung durch Rechtsverordnung sowie der Gestaltung von sonstigen Fortbildungsprüfungsregelungen durch die zuständigen Stellen beibehalten.[9] Ziel der Reform ist die Aufwertung und Stärkung der bisherigen »Aufstiegsfortbildungen« als höherqualifizierende Berufsbildung. Durch die Etablierung dieser gesetzlichen »Marke« und ihre Positionierung in der Öffentlichkeit sollen die Chancen und Möglichkeiten, die eine Qualifizierungskarriere in der beruflichen Bildung bieten, gesetzlich systematisiert und damit zugleich als attraktives Angebot mit einer klaren Markensprache für eine breitere Zielgruppe etabliert werden.[10]

17 Die berufliche Bildung verfügt mit den »Aufstiegsfortbildungen« nach dem BBiG (und der HwO) über ein eigenständiges System für die formale Höherqualifizierung im tertiären Bereich von Menschen mit einer abgeschlossenen Berufsausbildung (Gesellen, Facharbeiter etc.). Dennoch hätten (so die Gesetzesbegründung) berufliche Aufstiegsfortbildungen im Wettbewerb der tertiären Qualifizierungsangebote erhebliche Wettbewerbsnachteile und stehen vor großen Herausforderungen auf dem nationalen und internationalen Qualifizierungs- und Arbeitsmarkt.[11] Mit dem Abschnitt zur »höherqualifizierenden Berufsbildung« wurde (so die Zielsetzung laut der Gesetzesbegründung) das Regelungssystem der Fortbildungsregelungen durch bundeseinheitliche Rechtsverordnungen weiterentwickelt, indem drei transparente berufliche Fortbildungsstufen mit »einheitlichen, attraktiven und international verständlichen Abschlussbezeichnungen gesetzlich definiert werden«.[12]

18 Da jede Fortbildungsstufe inhaltlich auf einer abgeschlossenen Berufsausbildung und/oder dem Abschluss der vorherigen Fortbildungsstufe und einer mehrjährigen Praxis, aber keiner Studienbefähigung aufbaut, öffne die höherqualifizierende Berufsbildung den Tertiärbereich für alle Auszubildenden, unabhängig davon, ob sie ausschließlich über eine berufliche Grundbildung oder zusätzlich auch über eine Studienberechtigung verfügen. Hierzu trage auch die »Einführung von attraktiven und klaren Abschlussbezeichnungen bei«.[13]

19 Vor allem durch die Einführung der Abschlussbezeichnungen »Bachelor Professional« und »Master Professional« werde die Gleichwertigkeit der akademischen und beruflichen Abschlüsse entsprechend ihrer Einstufung nach dem Deutschen Qualifikationsrahmen (DQR) unterstrichen und eine internationale Vergleichbarkeit auf dem Arbeitsmarkt erzielt.[14] Dabei werde durch den unterscheidungskräftigen beschreibenden Zusatz »Professional« eine Verwechslung mit den hochschulischen Graden Bachelor und Master ausgeschlossen, weil dem unbefangenen Betrachter, der die hochschulischen Bezeichnungen kennt, nicht der Eindruck eines Hochschulabschlusses vermittelt werde.[15] Hierzu verweist die Gesetzesbegründung darauf, dass die hochschulischen Bezeichnungen nach dem Beschluss der Kultusministerkonferenz vom 10.10.2003 grundsätzlich (bis auf Weiterbildungsstudiengänge und nicht-konsekutive Masterstudiengänge)[16] ohne fachliche Zu-

9 Gesetzesbegründung, BT-Drucks. 19/10815, S. 64.
10 Gesetzesbegründung, BT-Drucks. 19/10815, S. 64f.
11 Ausführlich hierzu die Gesetzesbegründung, BT-Drucks. 19/10815, S. 65f.
12 Gesetzesbegründung, BT-Drucks. 19/10815, S. 66.
13 Gesetzesbegründung, BT-Drucks. 19/10815, S. 66.
14 Gesetzesbegründung, BT-Drucks. 19/10815, S. 66.
15 Gesetzesbegründung, BT-Drucks. 19/10815, S. 66.
16 Ein konsekutiver Studiengang ist ein Studiengang in einer richtigen Aufeinanderfolge: Das Wort konsekutiv ist abgeleitet vom lateinischen consecutio, das Folge bedeutet. Mit dem Be-

sätze vergeben würden. Auch schließe ein erfolgreiches Studium in Deutschland nicht notwendigerweise mit dem Bachelor oder Master ab, sondern könne auch mit einer staatlichen Prüfung enden. Zudem werde auch Berufsakademien nach Maßgabe des jeweiligen Landesrechts zugestanden, Bachelor- und Masterabschlüsse als staatliche Abschlussbezeichnung zu vergeben. Letztlich könnten auch Diplomabschlüsse nicht nur von Hochschulen als akademischer Grad, sondern auch von staatlichen und nichtstaatlichen Stellen als Abschlussbezeichnung vergeben werden.[17]

V. Struktur der Fortbildungsordnungen des Bundes

Zur Berufsbildung im Sinne des BBiG gehört die berufliche Fortbildung. Die Rahmenbedingungen sind in Kapitel 2 (§§ 53 bis 57 BBiG) näher umschrieben. Für das **Handwerk** gelten die entsprechenden Regelungen in §§ 42 bis 42i HwO. Die näheren Regelungen zu den Fortbildungsregelungen des Bundes ergeben sich aus den §§ 53 bis 53e BBiG. Die Fortbildungsprüfungsregelungen der zuständigen Stellen sind in § 54 BBiG geregelt. Die §§ 55 bis 57 BBiG enthalten Regelungen zu ausländischen Vorqualifikationen, Fortbildungsprüfungen und der Gleichstellung von Prüfungszeugnissen. **20**

Als Grundlage für eine einheitliche höherqualifizierende Berufsbildung kann gem. § 53 Abs. 1 BBiG das Bundesministerium für Bildung und Forschung im Einvernehmen mit dem Bundesministerium für Wirtschaft und Klimaschutz oder dem sonst zuständigen Fachministerium nach Anhörung des Hauptausschusses des Bundesinstituts für Berufsbildung durch **Rechtsverordnung**, die nicht der Zustimmung des Bundesrats bedarf, Abschlüsse der höherqualifizierenden Berufsbildung anerkennen und hierfür Prüfungsregelungen erlassen (**Fortbildungsordnungen**). Die Inhalte der Fortbildungsordnungen sind in § 53 Abs. 2 Nr. 1 bis 5 BBiG festgelegt. **21**

§ 53 BBiG führt den in § 1 Abs. 4 BBiG eingeführten Begriff der »höherqualifizierenden Berufsbildung« näher aus. Im Hinblick auf die Vielfalt von Formen und Wegen der in Deutschland etablierten beruflichen (Aufstiegs-)Fortbildungen schaffe die gesetzliche Normierung der »höherqualifizierenden Berufsbildung« (so die Gesetzesbegründung) Transparenz durch klare Strukturen und Begrifflichkeiten. Sie schaffe eine klare Abgrenzung zur Hochschulbildung, die die Eigenständigkeit der jeweiligen Säulen ebenso betone wie die Gleichwertigkeit vermittele. Damit werde das System der beruflichen Fortbildung zukunftsfähig weiterentwickelt.[18] **22**

Der Verordnungsgeber (das Bundesministerium für Bildung und Forschung) hat gem. § 53 Abs. 1 BBiG die Befugnis, Abschlüsse der höherqualifizierenden Berufsbildung anzuerkennen und zudem Prüfungsregelungen zu erlassen. Anforderungen an Qualifikation der Lehrkräfte ebenso wie Anforderungen an die Fortbildungsstätte fallen nicht unter die Regelungsbefugnis und könnten lediglich über die Prüfungsregelungen beeinflusst werden. **23**

§ 53 Abs. 2 BBiG zählt fünf Elemente auf, die in den Fortbildungsordnungen zu regeln sind: die Bezeichnung des Fortbildungsabschlusses, die Fortbildungsstufe, Ziel, Inhalt und Anforderungen der Prüfung, die Zulassungsvoraussetzungen für die Prüfung sowie **24**

griff wird ein Studienprogramm bezeichnet, das aus einem Bachelor und einem darauf aufbauenden Master besteht. Der Bachelor ist dabei ein grundständiges Studium, der Master ein anschließendes postgraduales Studium. Zwischen dem Bachelor und dem Master besteht ein fachlicher Zusammenhang, sie bauen inhaltlich aufeinander auf, im Gegensatz zu einem nichtkonsekutiven Masterstudiengang sowie einem weiterbildenden Masterstudiengang.

17 Gesetzesbegründung, BT-Drucks. 19/10815, S. 66.

18 Gesetzesbegründung, BT-Drucks. 19/10815, S. 66.

das Prüfungsverfahren. Für die **Fortbildungsstufen** (es gibt drei Fortbildungsstufen) sind § 53a BBiG und wegen der näheren Ausgestaltung § 53b BBiG (Geprüfte Berufsspezialisten), § 53c BBiG (Bachelor Professional) und § 53d BBiG (Master Professional) zu beachten.

25 § 53 Abs. 3 BBiG sieht besondere Regelungen für den Erlass von Fortbildungsordnungen in Berufen der **Landwirtschaft**, einschließlich der **ländlichen Hauswirtschaft** vor. Die entsprechenden Rechtsvorschriften für diese Berufe werden vom Bundesministerium für Ernährung und Landwirtschaft im Einvernehmen mit dem Bundesministerium für Bildung und Forschung erlassen. Zur ländlichen Hauswirtschaft gehören diejenigen Teile der landwirtschaftlichen Betriebe, bei denen es um die Versorgung der im landwirtschaftlichen Betrieb lebenden Menschen geht. Für Fortbildungsordnungen für Berufe der sonstigen **Hauswirtschaft** ist der Verordnungsgeber das Bundesministerium für Wirtschaft im Einvernehmen mit dem Bundesministerium für Bildung und Forschung.
Gem. § 53 Abs. 4 BBiG gelten die § 4 Abs. 2 und § 5 Abs. 3 BBiG entsprechend. Das bedeutet (§ 4 Abs. 2 BBiG): Besteht in mehr als einem der durch die §§ 71 bis 75 BBiG erfassten Berufsbereiche und Bereiche ein Bedarf, gleiche Fertigkeiten, Kenntnisse und Fähigkeiten zu vermitteln, kann das für die betroffenen Berufsbereiche und Bereiche zuständige Fachministerium Abschlüsse der höherqualifizierenden Berufsbildung auch für mehrere der durch die §§ 71 bis 75 BBiG erfassten Berufsbereiche und Bereiche staatlich anerkennen und eine entsprechende Fortbildungsordnung erlassen. Sind für die betroffenen Berufsbereiche und Bereiche verschiedene Fachministerien zuständig, können die staatliche Anerkennung und der Erlass der Fortbildungsordnung durch gemeinsame Rechtsverordnung der zuständigen Fachministerien erfolgen.
In diesen Fällen legt die Fortbildungsordnung fest (§ 5 Abs. 3 BBiG):

1. eine einheitliche Bezeichnung des Fortbildungsabschlusses und
2. bei Bedarf differenzierende Regelungen für die betroffenen Berufsbereiche und Bereiche.

Es kann auch eine gemeinsame zuständige Stelle für mehrere Berufsbereiche und Bereiche festgelegt werden.

VI. Übergangsregelung

26 Für die Fortbildungsordnungen gibt es in § 106 Abs. 3 BBiG eine besondere Übergangsregelung. Auf der Grundlage des bisherigen Rechts rechtmäßig erlassene Rechtsverordnungen gelten fort. Die geänderten Ermächtigungsnormen (§§ 53, 54 BBiG) bieten zusätzliche Optionen und erfassen auch die durch die bisherigen Ermächtigungsgrundlagen geregelten Sachverhalte, sodass eine Änderung der bisherigen Rechtsverordnungen auf der Grundlage der neuen Ermächtigungsnormen möglich bleibt.[19]

VII. Anhang: Fort- und Weiterbildung im Arbeitsverhältnis und Rückzahlungsklauseln

27 Betriebliche Fort- und Weiterbildungsmaßnahmen sind heute aufgrund der technologischen Entwicklung und anderer Innovationen unerlässlich. Der Arbeitgeber verbindet mit Weiterbildungsmaßnahmen die Erwartung, die Arbeitnehmer werden die (zusätzlichen) Kenntnisse und Fähigkeiten zu seinen Gunsten nutzen. Für die Arbeitnehmer sind sie von Vorteil, weil sie ihre berufliche Entwicklung, ggf. nicht nur beim derzeitigen

19 Gesetzesbegründung, BT-Drucks. 19/10815, S. 76.

Vertragsarbeitgeber, fördern können. Bietet der Arbeitgeber Weiterbildungsmaßnahmen an und stellt er die Teilnahme daran frei, bestehen grundsätzlich keine Bedenken, dass die Arbeitnehmer die Kosten der Weiterbildung selbst tragen.

Übernimmt der Arbeitgeber die Kosten der Weiterbildung, behält er sich zumeist vor, dass der Arbeitnehmer die Kosten zurückzahlen muss, wenn er das Arbeitsverhältnis kündigt. Mit solchen Rückzahlungsklauseln will der Arbeitgeber die Erträge seiner »**Humankapitalinvestitionen**« sichern. Das Interesse ist nachvollziehbar, führt aber zu einer **Einschränkung der Berufsfreiheit der Arbeitnehmer**. Durch Rückzahlungsklauseln wird das Recht der Arbeitnehmer auf Arbeitsplatzwechsel (Art. 12 Abs. 1 GG) eingeschränkt. Die Beschränkung der Berufsfreiheit ist nur dann angemessen, wenn schützenswerte Interessen des Arbeitgebers überwiegen.[20] Rückzahlungsklauseln sind zulässig, wenn die Bildungsmaßnahme für die Arbeitnehmer einen **geldwerten Vorteil** hat (der Marktwert der Arbeitskraft muss sich erhöhen) und die Arbeitnehmer nicht unangemessen lange an das Arbeitsverhältnis gebunden werden.[21] 28

Einzelvertraglich vereinbarte Rückzahlungsklauseln unterliegen der Kontrolle gem. §§ 305 bis 310 BGB (AGB-Kontrolle), wenn es sich um vorformulierte Vertragsbedingungen (Allgemeine Geschäftsbedingungen, AGB) handelt, die der Arbeitgeber dem Arbeitnehmer einseitig offeriert (§ 305 Abs. 1 Satz 1 BGB). Davon ist in der Regel auszugehen. Wirklich ausgehandelte Rückzahlungsklauseln sind in der betrieblichen Praxis faktisch nicht anzutreffen: Der Arbeitgeber bestimmt die Vertragsbedingungen, der Arbeitnehmer muss die Vereinbarung so wie angeboten akzeptieren, muss er doch sonst befürchten, an der betrieblichen Weiterbildungsmaßnahme nicht teilnehmen zu dürfen. Es ist für die Anwendung der AGB-Kontrolle gleichgültig, ob eine Rückzahlungsklausel bereits allgemein im Arbeitsvertrag vereinbart wird oder erst später im Zusammenhang mit der konkreten Weiterbildungsmaßnahme. 29

Für das Vorliegen der Voraussetzungen der Rückzahlungspflicht trägt der Arbeitgeber die **Darlegungs- und Beweislast.**[22]

1. Ausdrückliche Vereinbarung

Eine »automatische« Rückzahlungspflicht gibt es nicht. Grundvoraussetzung für einen Anspruch auf Rückerstattung von Weiterbildungskosten ist die Existenz einer ausdrücklichen Vereinbarung zwischen Arbeitgeber und Arbeitnehmer. Die Vereinbarung könnte zwar an sich auch formfrei (also auch mündlich) geschlossen werden, muss aber **hinreichend klar und bestimmt** sein, weshalb in der Regel eine schriftliche Vereinbarung erforderlich sein wird. Zur notwendigen Transparenz von Rückzahlungsklauseln gehört, dass sie erkennen lassen, welche konkreten Vor- und Nachteile mit ihnen verbunden sind, insbesondere in Bezug auf Rückzahlungstatbestände und Kostenrisiken.[23] Es bedarf einer eindeutigen vertraglichen Festlegung, 30

- welche Fort- oder Weiterbildungsmaßnahme durchgeführt werden soll,
- welche Kosten hierdurch entstehen und in welcher Höhe der Arbeitgeber diese übernimmt,

20 Grundlegend *BAG* 16.3.1994 – 5 AZR 339/92, NZA 1994, 937; vgl. aus der neueren Rechtsprechung *BAG* 11.4.2006 – 9 AZR 610/05, NZA 2006, 1042.

21 *BAG* 19.1.2011 – 3 AZR 621/08, NZA 2012, 85, 89; *BAG* 15.9.2009 – 3 AZR 173/08, NZA 2010, 342; *BAG* 14.1.2009 – 3 AZR 900/07, NZA 2009, 666; *BAG* 11.4.2006 – 9 AZR 610/05, NZA 2006, 1042.

22 *BAG* 1.3.2022 – 9 AZR 260/21, Rn. 28, NZA 2022, 786.

23 Vgl. *Düwell/Ebeling*, DB 2008, 406, 410.

- ob, in welchem Umfang und unter welchen Voraussetzungen die Kosten vom Arbeitnehmer zurückzuzahlen sind und
- wann die etwaige Rückzahlung (in einem Betrag oder ratenweise) fällig ist.

31 Der **Arbeitnehmer muss die Folgen erkennen** können, die sich für ihn aus dem Abschluss einer solchen Vereinbarung ergeben. Nur dann ist er in der Lage abzuwägen, ob die mit der Qualifikationsmaßnahme verbundenen beruflichen Vorteile die finanziellen Belastungen im Falle einer vorzeitigen Beendigung des Arbeitsverhältnisses rechtfertigen oder eine zeitlich begrenzte Bindung seinen Interessen entspricht.[24]

32 Die Rückzahlungsvereinbarung muss, um eine freie Entscheidung des Arbeitnehmers zu ermöglichen, zeitlich **vor Beginn der Weiterbildungsmaßnahme** getroffen werden. Die Vereinbarung darf nicht unter dem Druck der bereits begonnenen Qualifizierungsmaßnahme faktisch »erzwungen« werden. Der Arbeitnehmer muss auf die Folgen, die sich für ihn aus dem Abschluss einer solchen Vereinbarung ergeben, vor Beginn der vereinbarten Qualifizierung klar und unmissverständlich hingewiesen werden. Soll ausnahmsweise die Rückzahlungsvereinbarung nach Beginn der Weiterbildungsmaßnahme getroffen werden, muss der Arbeitgeber dem Arbeitnehmer eine angemessene Überlegungsfrist einräumen, innerhalb derer sich der Arbeitnehmer ohne Kostenrisiko entscheiden kann, ob er die Qualifizierung fortsetzen oder aufgeben will.[25]

33 Je nach Gestaltung des Vertrages ist zunächst zu prüfen, ob die Rückzahlungsklausel überhaupt Vertragsbestandteil geworden oder nicht vielmehr aufgrund der Umstände, insbesondere aufgrund des äußeren Erscheinungsbilds des Vertrages so ungewöhnlich ist, dass der Arbeitnehmer mit ihr nicht zu rechnen brauchte. Solche »**überraschenden Klauseln**« im Sinne des § 305c Abs. 1 BGB werden, ohne dass geprüft wird, ob diese inhaltlich zumutbar wären, schon nicht wirksamer Vertragsbestandteil: sie gelten gleichsam als nicht vereinbart. Insbesondere ist es unzulässig, eine Rückzahlungsklausel in einem längeren Vertragswerk unter einer falschen oder missverständlichen Überschrift ohne besonderen Hinweis oder drucktechnische Hervorhebung (z. B. »Fettdruck«) zu »verstecken«.

2. Kriterien für die Inhaltskontrolle

a) Einschränkung der Berufsfreiheit

34 Die Vereinbarung von Rückzahlungsklauseln in vorformulierten Verträgen unterliegt der Angemessenheitskontrolle gem. § 307 BGB. Rückzahlungsklauseln sind danach unwirksam, wenn sie den Arbeitnehmer entgegen den Geboten von Treu und Glauben unangemessen benachteiligen. Der Arbeitnehmer muss vor übermäßigen Beeinträchtigungen seiner Berufsfreiheit geschützt werden. Die Benachteiligung des Arbeitnehmers liegt darin, dass er in seinem Recht auf Arbeitsplatzwechsel beschränkt wird. Bei einem Wechsel des Arbeitsplatzes müsste er fürchten, erheblichen Rückzahlungsforderungen ausgesetzt zu sein. Die Beschränkung der Berufsfreiheit des Arbeitnehmers durch Rückzahlungsklauseln ist nur dann angemessen im Sinne des § 307 Abs. 1 BGB, wenn und soweit schützenswerte Interessen des Arbeitgebers überwiegen.[26]

35 Im Rahmen der Angemessenheitskontrolle vorformulierter Rückzahlungsklauseln ist zunächst die grundsätzliche Zulässigkeit der Rückzahlungsklausel zu prüfen. Bei der

---

24 *BAG* 21. 11. 2002 – 6 AZR 77/01.

25 *BAG* 19. 3. 1980 – 5 AZR 362/78, AP BGB § 611 Ausbildungsbeihilfe Nr. 5; *BAG* 20. 2. 1975 – 5 AZR 240/74, AP BGB § 611 Ausbildungsbeihilfe Nr. 2.

26 *BAG* 11. 4. 2006 – 9 AZR 610/05, NZA 2006, 1042; *BAG* 24. 10. 2002 – 6 AZR 632/00, NZA 2003, 668.

notwendigen Abwägung der wechselseitigen Interessen ist einerseits die **Einschränkung der beruflichen Bewegungsfreiheit** durch die Rückzahlungsklausel zu berücksichtigen. Andererseits sind die **beruflichen Vorteile**, die der Arbeitnehmer durch die Qualifizierungsmaßnahme erlangt, zu würdigen sowie die dem Arbeitgeber hierdurch entstehenden Kosten. Zusammenfassend kommt es entscheidend darauf an, ob und inwieweit der Arbeitnehmer mit der Bildungsmaßnahme eine angemessene Gegenleistung, einen **geldwerten Vorteil** erlangt, ob und inwieweit durch die Bildungsmaßnahme der Marktwert seiner Arbeitskraft erhöht wird.[27]

Ist die grundsätzliche Zulässigkeit einer Rückzahlungsklausel zu bejahen, ist sodann der Grad der mit der Rückzahlungsvereinbarung verbundenen **Bindungsintensität** zu Lasten des Arbeitnehmers zu prüfen. Dabei steht die zulässige Bindungsdauer wiederum in Abhängigkeit zu Umfang und Dauer der Weiterbildungsmaßnahme. Bindungsdauer meint den Zeitraum, den der Arbeitnehmer nach Ende der Weiterbildungsmaßnahme beim Arbeitgeber mindestens verbleiben muss, um eine Rückzahlung der Kosten der Weiterbildung zu verhindern. **36**

Zu den Umständen, die für die Zulässigkeit einer Bindung des Arbeitnehmers durch Rückzahlungsklauseln maßgebend sind, gehören: **37**

- der Umfang der Weiterbildungsmaßnahme,
- die beruflichen Vorteile, die der Arbeitnehmer durch die Qualifizierungsmaßnahme erlangt,
- die Höhe der Kosten, die dem Arbeitgeber entstehen,
- die Dauer der Bindung,
- das Verhältnis von Bildungs- und Bindungsdauer,
- die Höhe des Rückzahlungsbetrags und dessen Abwicklung.

Diese Maßstäbe für die Angemessenheitskontrolle von Rückzahlungsvereinbarungen gelten auch, wenn vereinbart wird, dass der Rückzahlungsbetrag als **Darlehen** (§ 607 Abs. 2 BGB) geschuldet werden soll.[28] **38**

b) Beruflicher Vorteil

Eine Beteiligung an den Weiterbildungskosten ist dem Arbeitnehmer umso eher zuzumuten, je größer der mit der Bildungsmaßnahme verbundene berufliche Vorteil für ihn ist. Der Arbeitnehmer erlangt einen beruflichen Vorteil, wenn und soweit er durch die Fort- oder Weiterbildungsmaßnahme eine Qualifikation erhält, die ihm auf dem allgemeinen Arbeitsmarkt oder bei seinem jetzigen Arbeitgeber berufliche Möglichkeiten eröffnet, die ihm zuvor verschlossen waren. Das ist insbesondere anzunehmen, wenn der Arbeitnehmer die Voraussetzungen einer höheren Tarifgruppe bei seinem bisherigen Arbeitgeber erfüllt und die erworbenen Kenntnisse auch für andere Arbeitsverhältnisse (oder auch für eine selbstständige Tätigkeit) nutzbar machen kann. Das gilt auch dann, wenn der Arbeitgeber den Erwerb allgemein verwertbarer Kenntnisse und Fertigkeiten finanziert (zum Beispiel Erwerb eines Omnibusführerscheins).[29] **39**

Andererseits sind Rückzahlungsklauseln *unwirksam*, wenn es sich bei den Fortbildungskosten der Sache nach um eine Investition im Interesse des Arbeitgebers für seinen Ge- **40**

---

27 *BAG* 19.1.2011 – 3 AZR 621/08, NZA 2012, 85, 89; *BAG* 15.9.2009 – 3 AZR 173/08, NZA 2010, 342; *BAG* 11.4.2006 – 9 AZR 610/05, NZA 2006, 1042.

28 *BAG* 18.3.2008 – 9 AZR 186/07, NZA 2008, 1004; *BAG* 23.1.2007 – 9 AZR 482/06, NZA 2007, 748.

29 *BAG* 5.12.2002 – 6 AZR 539/01, NZA 2003, 559.

schäftsbetrieb handelt, es also letztlich um einen Teil der Personalpolitik des Unternehmens geht.[30] Unzulässig sind Rückzahlungsklauseln insbesondere, wenn die durch die Fort- oder Weiterbildung vermittelte Qualifikation:

- lediglich der Einarbeitung für einen bestimmten Arbeitsplatz dient,[31]
- ausschließlich (oder ganz überwiegend) innerbetrieblich von Nutzen ist oder
- lediglich der Auffrischung vorhandener Kenntnisse oder
- der Anpassung der Kenntnisse an vom Arbeitgeber veranlasste oder zu vertretende neue betriebliche Gegebenheiten dient.[32]

c) Verhältnis Weiterbildungs- und Bindungsdauer

41 Die Zulässigkeit einzelvertraglicher Rückzahlungsklauseln hängt wesentlich von der Weiterbildungsdauer im Verhältnis zur Bindungsdauer ab. Beide müssen im **angemessenen Verhältnis** stehen. Die Dauer einer Fort- oder Weiterbildung ist ein Indiz für die Qualität der erworbenen Qualifikation. Besteht die Bildungsmaßnahme aus mehreren Unterrichtsabschnitten, sind die dazwischen liegenden Zeiten bei der Berechnung der Dauer *nicht* mit zu berücksichtigen.[33] Eine praktische Unterweisung des Arbeitnehmers ist bei der Berechnung der Lehrgangsdauer nur dann (mit) zu berücksichtigen, wenn sie einen erheblichen Anteil der Arbeitszeit ausmacht und der Arbeitnehmer dadurch keine der Vergütung angemessene Arbeitsleistung erbringt.[34]

42 Bei der zulässigen Bindungsdauer kam es nach der früheren Rechtsprechung auf die Umstände des Einzelfalls an, wobei sich aber bestimmte Orientierungsgrößen ergaben. Da nach § 307 BGB eine generelle Klauselkontrolle stattzufinden hat, ist auf eine **generalisierende, typisierende Betrachtungsweise**, nicht auf die Umstände des Einzelfalls abzustellen. Auf die sich aus der bisherigen Rechtsprechung abzuleitenden Orientierungspunkte kann mit der Maßgabe zurückgegriffen werden, dass die bisherigen Einzelfallabwägungen in generalisierende Erwägungen zu überführen sind. Aus der Rechtsprechung ergeben sich folgende Orientierungspunkte:[35]

Dauer der Fort- oder Weiterbildungsmaßnahme	Bindungsdauer
bis zu 1 Monat	bis zu 6 Monaten
bis zu 2 Monaten	bis zu 12 Monaten
bis zu 4 Monaten	bis zu 24 Monaten
6 bis 12 Monate	bis zu 36 Monaten
mehr als 24 Monate	bis zu 60 Monaten

30 *BAG* 18. 11. 2008 – 3 AZR 192/07, NZA 2009, 435, 438.
31 *BAG* 16. 1. 2003 – 6 AZR 384/01.
32 *BAG* 5. 12. 2002 – 6 AZR 539/01, NZA 2003, 559.
33 *BAG* 15. 9. 2009 – 3 AZR 173/08, NZA 2010, 342, 345; *BAG* 5. 12. 2002 – 6 AZR 539/01, NZA 2003, 559.
34 *BAG* 15. 12. 1993 – 5 AZR 279/93, NZA 1994, 835.
35 *BAG* 19. 1. 2011 – 3 AZR 621/08, Rn. 34, NZA 2012, 85; *BAG* 15. 9. 2009 – 3 AZR 173/08, Rn. 38, NZA 2010, 342; *BAG* 14. 1. 2009 – 3 AZR 900/07, Rn. 18, NZA 2009, 666.

d) Rückzahlungstatbestände

Rückzahlungsklauseln sind, von den anderen Voraussetzungen abgesehen, nur zulässig, wenn der Arbeitnehmer 43

- auf eigenen Wunsch oder aufgrund seines Verschuldens die Fort- oder Weiterbildungsmaßnahme vorzeitig abbricht[36] oder
- auf eigenen Wunsch oder aufgrund seines Verschuldens das Arbeitsverhältnis vor Ende der Weiterbildung beendet[37] oder
- das Arbeitsverhältnis vor Ablauf bestimmter Fristen nach Ende der Weiterbildung von sich aus beendet, es auf seine Veranlassung beendet wird oder er die Beendigung zu vertreten hat.[38]

Unzulässig ist es, eine Rückzahlungspflicht für den Arbeitnehmer auch für Fälle vorzusehen, in denen das Arbeitsverhältnis aus Gründen endet, die ausschließlich dem **Verantwortungs- und Risikobereich des Arbeitgebers** zuzurechnen sind. Das gilt etwa für Fälle der betriebsbedingten Kündigung oder wenn die arbeitgeberseitige Kündigung sonst auf Gründen beruht, die nicht mit einem vertragswidrigen Verhalten des Arbeitnehmers zusammenhängen, oder wenn das Arbeitsverhältnis zwar aufgrund einer Eigenkündigung des Arbeitnehmers endet, diese aber durch ein rechtswidriges Verhalten des Arbeitgebers ausgelöst wurde, oder wenn der Arbeitgeber nicht bereit oder in der Lage ist, den Arbeitnehmer seiner Ausbildung entsprechend zu beschäftigen. In diesen Fällen liegt es nicht am Arbeitnehmer, dass sich die Bildungsinvestition des Arbeitgebers nicht amortisiert und es wäre deshalb unangemessen, dem Arbeitnehmer gleichwohl eine Rückzahlungspflicht aufzuerlegen.[39] Rückzahlungsklauseln sind unwirksam, die für jeden Fall einer Kündigung des Arbeitnehmers eine Rückzahlungspflicht vorsehen, ohne solche Kündigungen auszunehmen, die aus Gründen erfolgen, die der Sphäre des Arbeitgebers zuzurechnen sind.[40] 44

Es muss in der Rückzahlungsklausel ausdrücklich formuliert sein, dass die Rückzahlungspflicht nur gilt, wenn das Arbeitsverhältnis durch den Arbeitnehmer selbst oder wegen eines von ihm zu vertretenden Grundes beendet wird. Wird die Rückzahlungspflicht unterschiedslos für jeden Fall der Beendigung des Arbeitsverhältnisses vereinbart, ist eine solche Rückzahlungsklausel, weil zu weitgehend, unwirksam.[41] Soll eine Rückzahlung ohne jede Einschränkung durch jede **Eigenkündigung des Arbeitnehmers** ausgelöst werden, ist die Klausel zu weit gefasst, weil eine Kündigung des Arbeitnehmers auch auf ein vertragswidriges Verhalten des Arbeitgebers zurückzuführen sein kann.[42] 45

Die Verpflichtung zur Rückzahlung von Fortbildungskosten darf nicht schlechthin an das Ausscheiden aufgrund einer Eigenkündigung des Arbeitnehmers innerhalb der vereinbarten Bindungsfrist geknüpft werden. Vielmehr muss nach dem Grund des vorzeitigen

36 *BAG* 25. 4. 2023 – 9 AZR 187/22, NZA 2023, 1122.
37 *BAG* 19. 1. 2011 – 3 AZR 621/08, NZA 2012, 85.
38 *BAG* 23. 1. 2007 – 9 AZR 482/06, NZA 2007, 748; *BAG* 5. 12. 2002 – 6 AZR 539/01, NZA 2003, 559.
39 *BAG* 13. 12. 2011 – 3 AZR 791/09, NZA 2012, 738; *BAG* 19. 1. 2011 – 3 AZR 621/08, NZA 2012, 85; *BAG* 18. 11. 2008 – 3 AZR 192/07, NZA 2009, 435, 439; *BAG* 23. 1. 2007 – 9 AZR 482/06, NZA 2007, 748, 749 f.; *BAG* 11. 4. 2006 – 9 AZR 610/05, NZA 2006, 1042; *BAG* 24. 6. 2004 – 6 AZR 383/03, NZA 2004, 1035.
40 *BAG* 18. 3. 2014 – 9 AZR 545/12, Rn. 22, NZA 2014, 957; *BAG* 28. 5. 2013 – 3 AZR 103/12, NZA 2013, 1419; *BAG* 13. 12. 2011 – 3 AZR 791/09, NZA 2012, 738.
41 *BAG* 13. 12. 2011 – 3 AZR 791/09, NZA 2012, 738; *BAG* 23. 1. 2007 – 9 AZR 482/06, NZA 2007, 748; *BAG* 11. 4. 2006 – 9 AZR 610/05, NZA 2006, 1042.
42 *BAG* 13. 12. 2011 – 3 AZR 791/09, NZA 2012, 738.

Ausscheidens differenziert werden.[43] Eine Rückzahlungsklausel muss Fälle, in denen der Arbeitgeber kein berechtigtes Interesse an der Fortsetzung des Arbeitsverhältnisses hat, ausklammern.[44] Verpflichtet eine Klausel die Arbeitnehmer auch in den Fällen zur Erstattung von Schulungskosten, in denen der Grund für die Eigenkündigung aus der Sphäre des Arbeitgebers stammt, benachteiligt die Klausel die Arbeitnehmer unangemessen und ist unwirksam.[45] Eine Klausel, die auch Eigenkündigungen der Arbeitnehmer wegen einer unverschuldeten, dauerhaften Leistungsunfähigkeit erfasst, ist zu weitgehend und damit unwirksam.[46] Eine unangemessene Benachteiligung der Arbeitnehmer ist nicht nur in Fällen anzunehmen, in denen es diese nicht in der Hand haben, durch eigene Betriebstreue der Rückzahlungsverpflichtung zu entgehen, weil sie durch Gründe in der Sphäre des Arbeitgebers zu einer Kündigung veranlasst oder mitveranlasst werden. Eine Rückzahlungsklausel benachteiligt die Arbeitnehmer auch dann unangemessen, wenn diese das Arbeitsverhältnis vor Ablauf der Bindungsdauer kündigen, weil es ihnen unverschuldet dauerhaft nicht möglich ist, die geschuldete Arbeitsleistung (aus gesundheitlichen Gründen) zu erbringen. Auch in diesen Fällen ist eine Bindung der Arbeitnehmer an das Arbeitsverhältnis aufgrund einer Rückzahlungsverpflichtung von Fortbildungskosten weder durch billigenswerte Interessen des Arbeitgebers noch durch gleichwertige Vorteile der Arbeitnehmer gerechtfertigt.[47]

Generell kann man sagen, dass Eigenkündigungen der Arbeitnehmer aus Gründen, die *ausschließlich* in ihrem Verantwortungs- und Risikobereich liegen, in der Fortbildungs-/Rückzahlungsvereinbarung als Rückzahlungstatbestand ausdrücklich benannt werden müssen. Erfolgt das nicht, ist die Rückzahlungsvereinbarung insgesamt unwirksam und eine Rückzahlung ist nicht geschuldet. Eine Eigenkündigung wegen einer unverschuldeten gesundheitlichen Leistungsunfähigkeit liegt nicht im Verantwortungsbereich der Arbeitnehmer, sondern ist (rechtlich) unverschuldet.

46 Die Zulässigkeit von Rückzahlungsklauseln bei **erfolgloser Beendigung der Weiterbildungsmaßnahme** ist in der Rechtsprechung noch nicht geklärt. Zulässig sind Rückzahlungsklauseln, wenn der Arbeitnehmer *vor* Abschluss der Weiterbildung auf eigenen Wunsch oder aus seinem Verschulden aus dem Arbeitsverhältnis ausscheidet.[48] Bei besonderen Qualifikationsmaßnahmen, wie zum Beispiel bei Piloten, kann auch von vornherein eine anteilige Kostenbeteiligung des Arbeitnehmers zulässig sein.[49]

e) Höhe der Rückzahlung

47 Der Arbeitgeber darf höchstens den Betrag zurückverlangen, den er tatsächlich aufgewendet hat. Eine **Pauschalvereinbarung** losgelöst von den tatsächlichen Kosten ist unwirksam. Bereits in der Rückzahlungsvereinbarung ist offenzulegen, welche finanziellen Belastungen in welcher Höhe anfallen können. Die Rückzahlungsklausel darf keine vermeidbaren Spielräume bei der Bestimmung der zu erstattenden Kosten eröffnen. Es muss für den Arbeitnehmer klar sein, was gegebenenfalls auf ihn zukommt. Im Falle von

---

43 *BAG* 23.1.2024 – 9 AZR 115/23, Rn. 38, NZA 2024, 693; *BAG* 1.3.2022 – 9 AZR 260/21, Rn. 21, NZA 2022, 786.
44 *BAG* 1.3.2022 – 9 AZR 260/21, Rn. 21, NZA 2022, 786.
45 *BAG* 23.1.2024 – 9 AZR 115/23, Rn. 38, NZA 2024, 693.
46 *BAG* 1.3.2022 – 9 AZR 260/21, Rn. 23, NZA 2022, 786.
47 *BAG* 1.3.2022 – 9 AZR 260/21, Rn. 23, NZA 2022, 786.
48 *BAG* 19.1.2011 – 3 AZR 621/08, NZA 2012, 85.
49 *BAG* 25.1.2022 – 9 AZR 144/21, NZA 2022, 978; *BAG* 21.11.2001 – 5 AZR 158/00, NZA 2002, 551.

Rückzahlungsklauseln liegt ein Verstoß gegen das **Transparenzgebot** (§ 307 Abs. 1 Satz 2 BGB) insbesondere in den Fällen vor, in denen die Klausel dem Arbeitgeber vermeidbare Spielräume hinsichtlich der erstattungspflichtigen Kosten gewährt. Ohne dass zumindest Art und Berechnungsgrundlagen der gegebenenfalls zu erstattenden Kosten angegeben sind, kann der Arbeitnehmer sein Rückzahlungsrisiko nicht ausreichend abschätzen. Erforderlich ist die genaue und abschließende Bezeichnung der einzelnen Positionen, aus denen sich die Gesamtforderung zusammensetzen soll, und die Angabe, nach welchen Parametern die einzelnen Positionen berechnet werden.[50]

Eine Rückzahlungsklausel genügt dem Transparenzgebot nur, wenn die entstehenden **Kosten dem Grunde und der Höhe** nach im Rahmen des Möglichen und Zumutbaren angegeben sind. Die Anforderungen, die an die Transparenz einer Rückzahlungsvereinbarung zu stellen sind, dürfen aber nicht überzogen werden, eine exakte Bezifferung der Höhe nach ist nicht erforderlich. Die Angaben müssen jedoch so konkret sein, dass der Arbeitnehmer sein **Rückzahlungsrisiko abschätzen kann**. Dazu sind zumindest **Art und Berechnungsgrundlagen** der gegebenenfalls zu erstattenden Kosten anzugeben. Ohne die genaue und abschließende Bezeichnung der einzelnen Positionen (z. B. Lehrgangsgebühren, Fahrt-, Unterbringungs- und Verpflegungskosten), aus denen sich die Gesamtforderung zusammensetzen soll, und die Angabe, nach welchen Parametern die einzelnen Positionen berechnet werden (z. B. Kilometerpauschale für Fahrtkosten, Tagessätze für Übernachtungs- und Verpflegungskosten), bleibt für den Arbeitnehmer unklar, in welcher Größenordnung eine Rückzahlungspflicht auf ihn zukommen kann.[51] 48

Je länger der Arbeitnehmer im Unternehmen bleibt und der Arbeitgeber seine Bildungsinvestition nutzen kann, umso geringer darf der Arbeitnehmer im Falle seines Ausscheidens an den Kosten beteiligt werden. Deswegen ist in der Regel eine **anteilige Kürzung** des Rückzahlungsbetrags erforderlich, die in der Rückzahlungsvereinbarung getroffen werden muss. Fehlt eine solche ratierliche Kürzungsregelung, ist die Vereinbarung unwirksam. **Beispiel:** Ist zulässigerweise eine Bindungsdauer von drei Jahren (36 Monaten) vereinbart, muss der Rückzahlungsbetrag je Monat des Verbleibs im Arbeitsverhältnis um 1/36 gekürzt werden. 49

3. Rechtsfolgen unzulässiger Rückzahlungsklauseln

Sind Rückzahlungsklauseln nicht Vertragsbestandteil geworden (weil es sich um eine überraschende Klausel im Sinne des § 305c Abs. 1 BGB handelt) oder gem. § 307 BGB (wegen unangemessener Benachteiligung) unwirksam, bleibt der Arbeitsvertrag im Übrigen wirksam (§ 306 Abs. 1 BGB). Enthält die Rückzahlungsvereinbarung unzulässige Inhalte, wird sie nicht geltungserhaltend reduziert, das heißt in dem Umfang aufrechterhalten, wie ihr Inhalt noch angemessen wäre, sondern sie ist insgesamt unwirksam. Für die Beurteilung der Wirksamkeit einer Rückzahlungsklausel ist es unerheblich, ob die Klausel sich im konkreten Einzelfall als unangemessen erweist. Die gesetzlichen Vorschriften der §§ 305 ff. BGB missbilligen bereits das Stellen inhaltlich unangemessener Formularklauseln (§ 305 Abs. 1 Satz 1, § 310 Abs. 3 Nr. 2 BGB), nicht erst deren unangemessener Gebrauch im Einzelfall. Die Rechtsfolge der Unwirksamkeit gilt auch für solche 50

50 *BAG* 6. 8. 2013 – 9 AZR 442/12, Rn. 13, NZA 2013, 1361; *BAG* 21. 8. 2012 – 3 AZR 698/10, NZA 2012, 1428, 1430.

51 *BAG* 6. 8. 2013 – 9 AZR 442/12, Rn. 15, NZA 2013, 1361; *BAG* 21. 8. 2012 – 3 AZR 698/10, NZA 2012, 1428, 1430.

Klauseln, die in ihrem Übermaßanteil in zu beanstandender Weise ein Risiko regeln, das sich im Entscheidungsfall nicht realisiert hat.[52]

51 Das *BAG* ging vor der Ausweitung der AGB-Kontrolle auf Arbeitsverträge bei Rückzahlungsklauseln im Ergebnis von einer geltungserhaltenden Reduktion überschießender Vertragsbedingungen aus. Vereinbarten die Arbeitsvertragsparteien eine unzulässig lange Bindungsdauer oder einen unangemessen hohen Rückzahlungsbetrag, führte dies nicht zur Unwirksamkeit der Rückzahlungsvereinbarung insgesamt, sondern die Bindungsdauer oder die Höhe der Rückzahlungsverpflichtung wurde auf das jeweils noch zulässige Maß zurückgeführt.[53]

Diese Rechtsprechung ist mit dem AGB-Recht nicht vereinbar und wurde vom *BAG* aufgegeben. Auch bei unzulässigen Rückzahlungsklauseln gilt das **Verbot der geltungserhaltenden Reduktion.**[54] Das gilt insbesondere, wenn eine Rückzahlungsklausel zu weitgehend formuliert ist, wenn etwa nicht ausdrücklich formuliert ist, dass die Rückzahlungspflicht nur gilt, wenn das Arbeitsverhältnis durch den Arbeitnehmer selbst oder wegen eines von ihm zu vertretenden Grundes beendet wird.[55] Das hat zur Folge, dass vom Arbeitgeber vorformulierte Rückzahlungsklauseln, die den Arbeitnehmer unangemessen benachteiligen, insgesamt unwirksam sind und für den Arbeitnehmer keine, auch keine reduzierte, Rückzahlungspflicht besteht.[56]

Sind Rückzahlungsklauseln nicht Vertragsbestandteil geworden (weil es sich um eine überraschende Klausel im Sinne des § 305c Abs. 1 BGB handelt) oder gem. § 307 BGB (wegen unangemessener Benachteiligung) unwirksam, bleibt der Arbeitsvertrag im Übrigen wirksam (§ 306 Abs. 1 BGB). Enthält die Rückzahlungsvereinbarung unzulässige Inhalte, wird sie nicht geltungserhaltend reduziert, d. h. in dem Umfang aufrechterhalten, wie ihr Inhalt noch angemessen wäre, sondern sie ist insgesamt unwirksam. Für die Beurteilung der Wirksamkeit einer Rückzahlungsklausel ist es unerheblich, ob die Klausel sich im konkreten Einzelfall als unangemessen erweist. Die gesetzlichen Vorschriften der §§ 305 ff. BGB missbilligen bereits das Stellen inhaltlich unangemessener Formularklauseln (§ 305 Abs. 1 Satz 1, § 310 Abs. 3 Nr. 2 BGB), nicht erst deren unangemessenen Gebrauch im Einzelfall. Die Rechtsfolge der Unwirksamkeit gilt auch für solche Klauseln, die in ihrem Übermaßanteil in zu beanstandender Weise ein Risiko regeln, das sich im Entscheidungsfall nicht realisiert hat.[57]

52 Es wurde die Auffassung vertreten, dass zwar die geltungserhaltende Reduktion von unzulässigen Rückzahlungsklauseln mit dem AGB-Recht unvereinbar sei, aber durch das Institut der **ergänzenden Vertragsauslegung** ersetzt werden könne.[58] Das ist abzulehnen. Die Lücke in einem Vertrag, der durch die Unwirksamkeit einer AGB-Klausel entsteht, darf im Wege der ergänzenden Vertragsauslegung nur dann geschlossen werden, wenn die ersatzlose Streichung der unwirksamen Klausel nicht zu einer angemessenen, den typischen Interessen des Klausel-Verwenders *und* der Kunden (hier der Arbeitnehmer) Rech-

52 *BAG* 1. 3. 2022 – 9 AZR 260/21, Rn. 29, NZA 2022, 786; *BAG* 11. 12. 2018 – 9 AZR 383/18, Rn. 28, NZA 2019, 781.

53 *BAG* 11. 4. 1984 – 5 AZR 430/82, NZA 1984, 288.

54 *BAG* 1. 3. 2022 – 9 AZR 260/21, Rn. 30 m. w. N., NZA 2022, 786.

55 *BAG* 13. 12. 2011 – 3 AZR 791/09, NZA 2012, 738; *BAG* 14. 1. 2009 – 3 AZR 900/07, NZA 2009, 666; *BAG* 11. 4. 2006 – 9 AZR 610/05, NZA 2006, 1042.

56 *BAG* 14. 1. 2009 – 3 AZR 900/07, NZA 2009, 666; *BAG* 23. 1. 2007 – 9 AZR 482/06, NZA 2007, 748; *BAG* 11. 4. 2006 – 9 AZR 610/05, NZA 2006, 1042.

57 *BAG* 23. 1. 2024 – 9 AZR 115/23, Rn. 41, NZA 2024, 693; *BAG* 1. 3. 2022 – 9 AZR 260/21, Rn. 29, NZA 2022, 786; *BAG* 11. 12. 2018 – 9 AZR 383/18, Rn. 28, NZA 2019, 781.

58 Vgl. *Krebs,* SAE 2004, 66, 69 f.; *Schmidt,* NZA 2004, 1002, 1010.

nung tragenden Lösung führt. Davon kann unter Berücksichtigung der Interessenlage der Arbeitnehmer jedoch nicht ausgegangen werden. Diese sollen gerade vor unangemessen hohen Rückzahlungsklauseln, die die Berufsfreiheit einschränken, bewahrt werden. Das Institut der ergänzenden Vertragsauslegung soll gerade nicht zu einer gerichtlichen Vertragshilfe führen und damit die Möglichkeit schaffen, das Verbot der geltungserhaltenden Reduktion zu umgehen.[59]

Das gilt insbesondere auch, wenn der Arbeitgeber mit dem Arbeitnehmer eine **zu lange Bindungsdauer** vereinbart. Die Vereinbarung wird nicht auf die zulässige Bindungsdauer (geltungserhaltend) reduziert, sondern die Vereinbarung ist unwirksam und es besteht für den Arbeitnehmer keine Pflicht zur Rückzahlung.[60] Kann es für den Arbeitgeber im Einzelfall objektiv schwierig sein, die zulässige Bindungsdauer zu bestimmen, kann es, so das *BAG* in einem älteren Urteil, in Ausnahmefällen geboten sein, die noch zulässige Bindungsdauer durch eine sogenannte ergänzende Vertragsauslegung zu bestimmen.[61] Das ist durch die neuere Rspr. (Rn. 52) mittlerweile überholt. Eine ergänzende Vertragsauslegung kommt im Ergebnis nicht in Betracht, weil es Sache der Arbeitgeber ist, wirksame Vertragsklauseln zu formulieren, und es nicht Aufgabe der Gerichte ist, Vertragsklauseln neu zu formulieren oder umzuformulieren. 53

4. Kollektivvertragliche Rückzahlungsklauseln

Rückzahlungsklauseln in normativ geltenden **Tarifverträgen** (aufgrund von beiderseitiger Tarifbindung oder Allgemeinverbindlicherklärung) unterliegen *nicht* der Inhaltskontrolle nach dem AGB-Recht (§ 310 Abs. 4 Satz 1 BGB). Häufig gelten Tarifverträge nicht normativ, sondern aufgrund vertraglicher Vereinbarung. Vertragsklauseln, die auf einen Tarifvertrag Bezug nehmen oder verweisen, sollen (wie bei normativer Geltung) nicht der Inhaltskontrolle nach dem AGB-Recht unterliegen. Die Kontrollfreiheit gilt aber nur bei der Globalverweisung auf einen gesamten einschlägigen Tarifvertrag der entsprechenden Branche, nicht bei der Verweisung auf branchen- oder ortsfremde Tarifverträge oder bei der Verweisung nur auf einzelne Normen eines Tarifvertrages.[62] 54

Tarifvertragliche Regelungen über Weiterbildung und Rückzahlungsbestimmungen sind allerdings bislang wenig verbreitet. Eine Ausnahme bilden die Tarifverträge des öffentlichen Dienstes.[63] Auch wenn tarifliche Regelungen nicht der AGB-Kontrolle unterliegen, so findet eine Inhaltskontrolle der Tarifnormen insoweit statt, als die Gerichte auch bei der Anwendung von Tarifnormen die Schutzfunktion der Grundrechte zu beachten haben. Das Grundrecht der Berufsfreiheit (Art. 12 Abs. 1 GG) ist auch bei faktischen Erschwerungen von Arbeitnehmerkündigungen, wie durch Rückzahlungsklauseln, zu beachten. 55

Entsprechende Regelungen in **Betriebsvereinbarungen** sind noch weniger praxisrelevant. Betriebsvereinbarungen, die gem. § 77 Abs. 4 Satz 1 BetrVG unmittelbar und zwin- 56

59 *BAG* 1.3.2022 – 9 AZR 260/21, Rn. 30, NZA 2022, 786; *BAG* 11.12.2018 – 9 AZR 383/18, Rn. 31f., NZA 2019, 781; *BAG* 18.3.2014 – 9 AZR 545/12, Rn. 22, NZA 2014, 957; *BAG* 6.8.2013 – 9 AZR 442/12, Rn. 21, NZA 2013, 1361; *BAG* 21.8.2012 – 3 AZR 698/10, Rn. 31, NZA 2012, 1428; *BAG* 13.12.2011 – 3 AZR 791/09, Rn. 36, NZA 2012, 738, Rn. 36.

60 *BAG* 15.9.2009 – 3 AZR 173/08, NZA 2010, 342.

61 *BAG* 14.1.2009 – 3 AZR 900/07, NZA 2009, 666.

62 Vgl. *Lakies* Inhaltskontrolle von Arbeitsverträgen, Rn. 236ff.

63 Vgl. *BAG* 15.5.1985 – 5 AZR 161/84, AP BGB § 611 Ausbildungsbeihilfe Nr. 9; *BAG* 14.6.1995 – 5 AZR 960/93, NZA 1995, 1108; *BAG* 6.9.1995 – 5 AZR 174/94, NZA 1996, 437; *BAG* 23.4.1997 – 5 AZR 29/96, NZA 1997, 1002; *BAG* 6.11.1996 – 5 AZR 498/95, NZA 1997, 663; *BAG* 6.11.1996 – 5 AZR 334/95, NZA 1997, 778.

gend gelten, unterliegen wie Tarifverträge nicht der AGB-Inhaltskontrolle (§ 310 Abs. 4 Satz 1 BGB). Indes ist ungeklärt, ob die Betriebsparteien im Hinblick auf die Berufsfreiheit (Art. 12 Abs. 1 GG) überhaupt legitimiert wären, durch Betriebsvereinbarungen Rückzahlungsklauseln zu Lasten der Arbeitnehmer festzulegen. Der Betriebsrat hat bei der Durchführung von Maßnahmen der betrieblichen Berufsbildung mitzubestimmen (§ 98 BetrVG). In dem Zusammenhang haben die Betriebsräte die Möglichkeit darauf hinzuwirken, dass Rückzahlungsklauseln vom Arbeitgeber möglichst zurückhaltend vereinbart werden. Ein zwingendes Mitbestimmungsrecht, das sich auch auf den Inhalt entsprechender vertraglicher Regelungen zwischen dem Arbeitgeber und den einzelnen Arbeitnehmern bezieht, lässt sich aus § 98 BetrVG allerdings nicht herleiten.

§ 53a Fortbildungsstufen

(1) Die Fortbildungsstufen der höherqualifizierenden Berufsbildung sind

1. **als erste Fortbildungsstufe der Geprüfte Berufsspezialist und die Geprüfte Berufsspezialistin,**
2. **als zweite Fortbildungsstufe der Bachelor Professional und**
3. **als dritte Fortbildungsstufe der Master Professional.**

(2) Jede Fortbildungsordnung, die eine höherqualifizierende Berufsbildung der ersten Fortbildungsstufe regelt, soll auf einen Abschluss der zweiten Fortbildungsstufe hinführen.

1 § 53a BBiG enthält nähere Regelungen zu den Fortbildungsstufen, die in den Fortbildungsordnungen festzulegen sind (§ 53 Abs. 2 Nr. 2 BBiG). Für das **Handwerk** gilt § 42a HwO. § 53a Abs. 1 BBiG regelt die Zuordnung von Fortbildungsordnungen zu einer der drei Fortbildungsstufen der höherqualifizierenden Berufsbildung: § 53b BBiG (Geprüfte Berufsspezialisten), § 53c BBiG (Bachelor Professional), § 53d BBiG (Master Professional).

2 § 53a Abs. 2 BBiG legt fest, dass jede Fortbildungsordnung der höherqualifizierenden Berufsbildung auf den Abschluss der zweiten Fortbildungsstufe hinführen soll. So soll verhindert werden, dass »Karrierewege« durch eine Rechtsverordnung erwogen werden, die mit der ersten Stufe enden.[1] Hier wurde ein beschränktes Ermessen gewählt (»soll«), da der Verordnungsgeber für atypische Konstellationen einen Handlungskorridor erhalten sollte.[2] Abschlüsse mit dem Ziel »Geprüfte Berufsspezialist/in« sind in der Regel im Zusammenhang mit einem Fortbildungsabschluss der zweiten Fortbildungsstufe zu entwickeln und zu verordnen. Auf der anderen Seite verlangt § 53a BBiG nicht, dass jede Fortbildungsordnung die erste Stufe enthalten muss. Diese soll nur bei einem klaren Bedarf auf dem Arbeitsmarkt zum Einsatz kommen. So werde einerseits das Alleinstellungsmerkmal der beruflichen Fortbildung durch ein strukturiertes Angebot auf einer Stufe unterhalb des »Bachelor Niveaus« gestärkt, andererseits aber garantiert, dass dieses Angebot mit weiteren Aufstiegs- und Entfaltungsmöglichkeiten im Sinne eines »Berufslaufbahnkonzepts« gedacht und verbunden werde.[3]

---

1 Gesetzesbegründung, BT-Drucks. 19/10815, S. 66.
2 Gesetzesbegründung, BT-Drucks. 19/10815, S. 66.
3 Gesetzesbegründung, BT-Drucks. 19/10815, S. 66f.

§ 53b Geprüfter Berufsspezialist und Geprüfte Berufsspezialistin

(1) Den Fortbildungsabschluss des Geprüften Berufsspezialisten oder der Geprüften Berufsspezialistin erlangt, wer eine Prüfung der ersten beruflichen Fortbildungsstufe besteht.

(2) In der Fortbildungsprüfung der ersten beruflichen Fortbildungsstufe wird festgestellt, ob der Prüfling

1. die Fertigkeiten, Kenntnisse und Fähigkeiten, die er in der Regel im Rahmen der Berufsausbildung erworben hat, vertieft hat und

2. die in der Regel im Rahmen der Berufsausbildung erworbene berufliche Handlungsfähigkeit um neue Fertigkeiten, Kenntnisse und Fähigkeiten ergänzt hat.

Der Lernumfang für den Erwerb dieser Fertigkeiten, Kenntnisse und Fähigkeiten soll mindestens 400 Stunden betragen.

(3) Als Voraussetzung zur Zulassung für eine Prüfung der ersten beruflichen Fortbildungsstufe ist als Regelzugang vorzusehen:

1. der Abschluss in einem anerkannten Ausbildungsberuf oder

2. das Zeugnis der vollständigen Vergleichbarkeit der individuellen beruflichen Handlungsfähigkeit mit der für die Ausübung eines Ausbildungsberufs erforderlichen beruflichen Handlungsfähigkeit nach § 1 Absatz 6.

(4) Die Bezeichnung eines Fortbildungsabschlusses der ersten beruflichen Fortbildungsstufe beginnt mit den Wörtern »Geprüfter Berufsspezialist für« oder »Geprüfte Berufsspezialistin für«. Die Fortbildungsordnung kann vorsehen, dass dieser Abschlussbezeichnung eine weitere Abschlussbezeichnung vorangestellt wird. Die Abschlussbezeichnung der ersten beruflichen Fortbildungsstufe darf nur führen, wer

1. die Prüfung der ersten beruflichen Fortbildungsstufe bestanden hat oder

2. die Prüfung einer gleichwertigen beruflichen Fortbildung auf der Grundlage bundes- oder landesrechtlicher Regelungen, die diese Abschlussbezeichnung vorsehen, bestanden hat.

§ 53b BBiG regelt die erste berufliche Fortbildungsstufe (Geprüfter Berufsspezialist/Geprüfte Berufsspezialistin). Für das **Handwerk** gilt § 42b HwO. § 53b Abs. 1 BBiG regelt die Voraussetzungen für den Erwerb des Fortbildungsabschlusses. § 53b Abs. 2 BBiG regelt die inhaltliche Anforderung an eine Fortbildungsprüfung für die erste Fortbildungsstufe. 1

Fortbildungsprüfungen der ersten Fortbildungsstufe setzen eine regelmäßig durch Berufsausbildung erworbene berufliche Handlungsfähigkeit im Sinne des § 1 Abs. 3 BBiG voraus. Durch die Fortbildungsprüfung soll eine **Vertiefung** der durch die Berufsausbildung erworbenen und darüber hinaus eine **Ergänzung** durch neue Fertigkeiten, Kenntnisse und Fähigkeiten festgestellt werden, die dem Spezialisierungsgrad auf dem **Niveau 5 des Deutschen Qualifikationsrahmens (DQR)** entsprechen sollen.[1] 2

Der Gesetzgeber geht davon aus, dass die Fertigkeiten, Kenntnisse und Fähigkeiten einen zeitlichen Mindestlernumfang von nicht weniger als 400 Stunden erfordern. Eine Differenzierung zwischen Unterricht und Selbstlernen oder Praxis ist hierbei nicht vorgesehen. Der Gesetzgeber meinte, eine solche Differenzierung im BBiG wäre systemwidrig, da die Art des Lernens (Lehrgang, E-Learning, Lernen im Arbeitsprozess oder Ähnliches) nicht Gegenstand von Prüfungsregelungen sei oder sein könne. Auf letztere ist das BBiG und damit der Verordnungsgeber mit Blick auf den wettbewerblichen und damit verfassungs- 3

1 Gesetzesbegründung, BT-Drucks. 19/10815, S. 67.

rechtlich geschützten Vorbereitungs- und Lehrgangsmarkt (Art. 12 GG) im Fortbildungsbereich beschränkt.[2] Die Lehrgangsteilnahme sei in der Systematik der beruflichen Fortbildung nach dem BBiG und der HwO daher auch keine Voraussetzung für die Prüfungszulassung. Quantitative und qualitative Anforderungen an derartige Angebote würden infolgedessen nicht im Zusammenhang mit dem ordnungsrechtlichen Rahmen, sondern vielmehr dort geregelt, wo die öffentliche Hand derartige Angebote fördere und damit refinanziere (Aufstiegsfortbildungsförderungsgesetz [AFBG], Umsetzung des SGB III etc.).[3] Regelungsadressat des § 53b BBiG sei nicht etwa ein Lehrgangsanbieter o. ä., sondern der Verordnungsgeber, der für die entsprechende Fortbildungsstufe ein typisiertes Mindestvorbereitungsvolumen mit seinen Prüfungszielen, Prüfungsinhalten und Prüfungsanforderungen zu sichern habe.[4]

4 Nach § 53b Abs. 3 BBiG ist als Zulassungsvoraussetzung zur ersten Fortbildungsstufe in der Fortbildungsverordnung der Abschluss in einem anerkannten Ausbildungsberuf als Regelzugang vorzusehen. Damit wird die Aufnahme anderer Zugangsformen in der Verordnung nicht ausgeschlossen; diese habe aber zumindest den entsprechenden Regelzugang zu verordnen.[5] Zum 1.8.2024 wurde § 53b Abs. 3 BBiG geändert. In der Gesetzesbegründung heißt es hierzu:[6] Bislang war als Zulassungsvoraussetzung für die erste berufliche Fortbildungsstufe der **Abschluss in einem anerkannten Ausbildungsberuf als Regelzugang** vorzusehen. § 53b Abs. 3 BBiG wurde nun dahingehend ergänzt, dass auch Personen, die ein Verfahren nach § 1 Abs. 6 BBiG (nähere Einzelheiten ergeben sich aus den §§ 50b bis 50d BBiG) mit dem Ergebnis der vollständigen Vergleichbarkeit ihrer individuellen beruflichen Handlungsfähigkeit mit der für den Referenzberuf erforderlichen durchlaufen haben, unter den gleichen Voraussetzungen wie Personen mit dem Abschluss in einem anerkannten Ausbildungsberuf zur Prüfung der ersten beruflichen Fortbildungsstufe zuzulassen sind. Differenziert eine Fortbildungsordnung bei weiteren Anforderungen zwischen verschiedenen Referenzberufen, gelten damit für Personen, denen die **vollständige Vergleichbarkeit** bescheinigt wurde, die Anforderungen ihres Referenzberufs. Damit wird auch weiterhin die Aufnahme anderer Zugangsformen in der Verordnung nicht ausgeschlossen, sondern lediglich der entsprechende Regelzugang, den diese zu verordnen hat, angepasst.

5 § 53b Abs. 4 Satz 1 BBiG regelt die Abschlussbezeichnung. § 53b Abs. 4 Satz 2 BBiG regelt die Möglichkeit, zusätzliche Bezeichnungen voranzustellen. § 53b Abs. 4 Satz 3 BBiG regelt eine dem Titelschutz bei hochschulischen Abschlüssen vergleichbare Regelung, um eine missbräuchliche Führung der neuen Abschlussbezeichnungen der höherqualifizierenden Berufsbildung zu verhindern. Wer entgegen der gesetzlichen Vorgaben eine solche Abschlussbezeichnung führt, handelt ordnungswidrig. Das kann mit einer **Geldbuße** bis zu 1000 Euro geahndet werden (§ 101 Abs. 1 Nr. 9, Abs. 2 BBiG).

2 Gesetzesbegründung, BT-Drucks. 19/10815, S. 67.
3 Gesetzesbegründung, BT-Drucks. 19/10815, S. 67.
4 Gesetzesbegründung, BT-Drucks. 19/10815, S. 67.
5 Gesetzesbegründung, BT-Drucks. 19/10815, S. 67.
6 BT-Drucks. 20/10857, S. 52.

§ 53c Bachelor Professional

(1) Den Fortbildungsabschluss Bachelor Professional erlangt, wer eine Prüfung der zweiten beruflichen Fortbildungsstufe erfolgreich besteht.

(2) In der Fortbildungsprüfung der zweiten beruflichen Fortbildungsstufe wird festgestellt, ob der Prüfling in der Lage ist, Fach- und Führungsfunktionen zu übernehmen, in denen zu verantwortende Leitungsprozesse von Organisationen eigenständig gesteuert werden, eigenständig ausgeführt werden und dafür Mitarbeiter und Mitarbeiterinnen geführt werden. Der Lernumfang für den Erwerb dieser Fertigkeiten, Kenntnisse und Fähigkeiten soll mindestens 1200 Stunden betragen.

(3) Als Voraussetzung zur Zulassung für eine Prüfung der zweiten beruflichen Fortbildungsstufe ist als Regelzugang vorzusehen:
1. der Abschluss in einem anerkannten Ausbildungsberuf,
2. das Zeugnis der vollständigen Vergleichbarkeit der individuellen beruflichen Handlungsfähigkeit mit der für die Ausübung eines Ausbildungsberufs erforderlichen beruflichen Handlungsfähigkeit nach § 1 Absatz 6 oder
3. ein Abschluss der ersten beruflichen Fortbildungsstufe.

(4) Die Bezeichnung eines Fortbildungsabschlusses der zweiten beruflichen Fortbildungsstufe beginnt mit den Wörtern »Bachelor Professional in«. Die Fortbildungsordnung kann vorsehen, dass dieser Abschlussbezeichnung eine weitere Abschlussbezeichnung vorangestellt wird. Die Abschlussbezeichnung der zweiten beruflichen Fortbildungsstufe darf nur führen, wer
1. die Prüfung der zweiten beruflichen Fortbildungsstufe bestanden hat oder
2. die Prüfung einer gleichwertigen beruflichen Fortbildung auf der Grundlage bundes- oder landesrechtlicher Regelungen, die diese Abschlussbezeichnung vorsehen, bestanden hat.

1 § 53c BBiG regelt die zweite berufliche Fortbildungsstufe (Bachelor Professional). Für das **Handwerk** gilt § 42c HwO. Für das Handwerk ist zusätzlich zu beachten, dass die **Meisterprüfung** weiterhin erhalten bleibt. Durch die Meisterprüfung ist festzustellen, ob der Prüfling befähigt ist, ein zulassungspflichtiges Handwerk meisterhaft auszuüben und selbständig zu führen sowie Lehrlinge ordnungsgemäß auszubilden (§ 45 Abs. 2 Satz 1 HwO). Wer die Meisterprüfung bestanden hat, hat damit auch den Fortbildungsabschluss Bachelor Professional erlangt (§ 45 Abs. 2 Satz 2 HwO).

2 § 53c Abs. 1 BBiG regelt die Voraussetzungen für den Erwerb des Fortbildungsabschlusses. § 53c Abs. 2 BBiG regelt die inhaltlichen Voraussetzungen der Fortbildungsprüfung für die zweite Fortbildungsstufe. Fortbildungsprüfungen der zweiten Fortbildungsstufe stellen den Erwerb von Fertigkeiten, Kenntnissen und Fähigkeiten fest, die dem Kompetenzniveau auf dem **Niveau 6 des Deutschen Qualifikationsrahmens (DQR)** entsprechen sollen. Dazu werden neben entsprechenden Fachkenntnissen, Eigenständigkeit und die Befähigung zur Übernahme von Führungsverantwortung verlangt. Der Gesetzgeber geht davon aus, dass der Erwerb entsprechender Fertigkeiten, Kenntnisse und Fähigkeiten einen zeitlichen Mindestlernumfang von nicht weniger als 1200 Stunden voraussetzt. Eine Differenzierung zwischen Unterricht und Selbstlernen oder Praxis ist (wie bei § 53b BBiG aus denselben Erwägungen) nicht vorgesehen.[1]

3 § 53c Abs. 3 BBiG regelt als **Zulassungsvoraussetzung zur zweiten beruflichen Fortbildungsstufe** in der Fortbildungsverordnung den Abschluss in einem anerkannten

1 Gesetzesbegründung, BT-Drucks. 19/10815, S. 67 f.

Ausbildungsberuf *oder* einen Abschluss der ersten Fortbildungsstufe als Regelzugang. Zum 1. 8. 2024 wurde § 53c Abs. 3 BBiG geändert. In der Gesetzesbegründung heißt es hierzu:[2] § 53c Abs. 3 BBiG sieht bislang als Zulassungsvoraussetzung zur zweiten beruflichen Fortbildungsstufe in der Fortbildungsverordnung als **Regelzugang** den Abschluss in einem anerkannten Ausbildungsberuf oder einen Abschluss der ersten beruflichen Fortbildungsstufe vor. Die Regelung wurde dahingehend ergänzt, dass auch Personen, die ein Verfahren nach § 1 Abs. 6 BBiG (nähere Einzelheiten ergeben sich aus den §§ 50b bis 50d BBiG) mit dem Ergebnis der vollständigen Vergleichbarkeit ihrer individuellen beruflichen Handlungsfähigkeit mit der für den Referenzberuf erforderlichen durchlaufen haben, zur Prüfung der zweiten beruflichen Fortbildungsstufe zuzulassen sind. Damit wird auch weiterhin die Aufnahme anderer Zugangsformen in der Verordnung nicht ausgeschlossen, sondern lediglich der entsprechende Regelzugang, den diese zu verordnen hat, angepasst.

4 § 53c Abs. 4 Satz 1 BBiG regelt die Abschlussbezeichnung. § 53c Abs. 4 Satz 2 BBiG regelt die Möglichkeit, zusätzliche Bezeichnungen voranzustellen. § 53c Abs. 4 Satz 3 BBiG enthält eine dem Titelschutz bei hochschulischen Abschlüssen vergleichbare Regelung, um eine missbräuchliche Führung der neuen Abschlussbezeichnungen der höherqualifizierenden Berufsbildung zu verhindern. Wer entgegen der gesetzlichen Vorgaben eine solche Abschlussbezeichnung führt, handelt ordnungswidrig. Das kann mit einer **Geldbuße** bis zu 1000 Euro geahndet werden (§ 101 Abs. 1 Nr. 9, Abs. 2 BBiG).

§ 53d Master Professional

(1) Den Fortbildungsabschluss Master Professional erlangt, wer die Prüfung der dritten beruflichen Fortbildungsstufe erfolgreich besteht.

(2) In der Fortbildungsprüfung der dritten beruflichen Fortbildungsstufe wird festgestellt, ob der Prüfling

1. die Fertigkeiten, Kenntnisse und Fähigkeiten, die er in der Regel mit der Vorbereitung auf eine Fortbildungsprüfung der zweiten Fortbildungsstufe erworben hat, vertieft hat und

2. neue Fertigkeiten, Kenntnisse und Fähigkeiten erworben hat, die erforderlich sind für die verantwortliche Führung von Organisationen oder zur Bearbeitung von neuen, komplexen Aufgaben- und Problemstellungen wie der Entwicklung von Verfahren und Produkten.

Der Lernumfang für den Erwerb dieser Fertigkeiten, Kenntnisse und Fähigkeiten soll mindestens 1600 Stunden betragen.

(3) Als Voraussetzung zur Zulassung für eine Prüfung der dritten beruflichen Fortbildungsstufe ist als Regelzugang ein Abschluss auf der zweiten beruflichen Fortbildungsstufe vorzusehen.

(4) Die Bezeichnung eines Fortbildungsabschlusses der dritten beruflichen Fortbildungsstufe beginnt mit den Wörtern »Master Professional in«. Die Fortbildungsordnung kann vorsehen, dass dieser Abschlussbezeichnung eine weitere Abschlussbezeichnung vorangestellt wird. Die Abschlussbezeichnung der dritten beruflichen Fortbildungsstufe darf nur führen, wer

1. die Prüfung der dritten beruflichen Fortbildungsstufe bestanden hat oder

2 BT-Drucks. 20/10857, S. 52.

2. **die Prüfung einer gleichwertigen beruflichen Fortbildung auf der Grundlage bundes- oder landesrechtlicher Regelungen, die diese Abschlussbezeichnung vorsehen, bestanden hat.**

§ 53d BBiG regelt die dritte berufliche Fortbildungsstufe (Master Professional). Für das **Handwerk** gilt § 42d HwO. § 53d Abs. 1 BBiG regelt die Voraussetzungen für den Erwerb des Fortbildungsabschlusses. § 53d Abs. 2 BBiG regelt die inhaltlichen Voraussetzungen der Fortbildungsprüfung für die dritte Fortbildungsstufe. 1

Fortbildungsprüfungen der dritten Fortbildungsstufe stellen den Erwerb von Fertigkeiten, Kenntnissen und Fähigkeiten fest, die die mit der zweiten Fortbildungsstufe erworbenen Fertigkeiten, Kenntnisse und Fähigkeiten vertiefen und um neue Fertigkeiten, Kenntnisse und Fähigkeiten ergänzen, die dem Kompetenzniveau auf dem **Niveau 7 des Deutschen Qualifikationsrahmens (DQR)** entsprechen sollen. Dazu wird neben entsprechenden Fachkenntnissen die Fähigkeit zur Bearbeitung von neuen komplexen Aufgaben- und Problemstellungen oder zur verantwortlichen Leitung von Organisationen verlangt. Der Gesetzgeber geht dabei davon aus, dass der Erwerb entsprechender Fertigkeiten, Kenntnisse und Fähigkeiten einen zeitlichen Mindestlernumfang von nicht weniger als 1600 Stunden voraussetzt. Eine Differenzierung zwischen Unterricht und Selbstlernen oder Praxis ist hierbei (wie bei § 53b BBiG und § 53c BBiG aus denselben Erwägungen) nicht vorgesehen.[1] 2

§ 53d Abs. 3 BBiG regelt als Zulassungsvoraussetzung zur dritten beruflichen Fortbildungsstufe in der Fortbildungsverordnung einen Abschluss der zweiten Fortbildungsstufe als Regelzugang. Damit wird die Aufnahme anderer Zugangsformen in der Verordnung nicht ausgeschlossen; diese hat aber zumindest den Regelzugang zu verordnen.[2] 3

§ 53d Abs. 4 Satz 1 BBiG regelt die Abschlussbezeichnung. § 53d Abs. 4 Satz 2 BBiG regelt die Möglichkeit, zusätzliche Bezeichnungen voranzustellen. § 53d Abs. 4 Satz 3 BBiG enthält eine dem Titelschutz bei hochschulischen Abschlüssen vergleichbare Regelung, um eine missbräuchliche Führung der neuen Abschlussbezeichnungen der höherqualifizierenden Berufsbildung zu verhindern. Wer entgegen der gesetzlichen Vorgaben eine solche Abschlussbezeichnung führt, handelt ordnungswidrig. Das kann mit einer **Geldbuße** bis zu 1000 Euro geahndet werden (§ 101 Abs. 1 Nr. 9, Abs. 2 BBiG). 4

§ 53e Anpassungsfortbildungsordnungen

(1) Als Grundlage für eine einheitliche Anpassungsfortbildung kann das Bundesministerium für Bildung und Forschung im Einvernehmen mit dem Bundesministerium für Wirtschaft und Klimaschutz oder dem sonst zuständigen Fachministerium nach Anhörung des Hauptausschusses des Bundesinstituts für Berufsbildung durch Rechtsverordnung, die nicht der Zustimmung des Bundesrates bedarf, Fortbildungsabschlüsse anerkennen und hierfür Prüfungsregelungen erlassen (Anpassungsfortbildungsordnungen).

(2) Die Anpassungsfortbildungsordnungen haben festzulegen:

1. **die Bezeichnung des Fortbildungsabschlusses,**
2. **das Ziel, den Inhalt und die Anforderungen der Prüfung,**
3. **die Zulassungsvoraussetzungen und**
4. **das Prüfungsverfahren.**

1 Gesetzesbegründung, BT-Drucks. 19/10815, S. 68.
2 Gesetzesbegründung, BT-Drucks. 19/10815, S. 68.

(3) Abweichend von Absatz 1 werden Anpassungsfortbildungsordnungen
1. **in den Berufen der Landwirtschaft, einschließlich der ländlichen Hauswirtschaft, durch das Bundesministerium für Ernährung und Landwirtschaft im Einvernehmen mit dem Bundesministerium für Bildung und Forschung erlassen und**
2. **in Berufen der Hauswirtschaft durch das Bundesministerium für Wirtschaft und Klimaschutz im Einvernehmen mit dem Bundesministerium für Bildung und Forschung erlassen.**

(4) § 4 Absatz 2 und § 5 Absatz 3 gelten entsprechend.

1 § 53e BBiG übernimmt teilweise die Regelungen des § 53 BBiG a. F., soweit es um Anpassungsfortbildungen geht. Für das **Handwerk** gilt § 42e HwO. Die Möglichkeit einer bundeseinheitlichen Regelung der beruflichen Fortbildung durch Rechtsverordnung im Sinne der Anpassungsfortbildung besteht neben der Möglichkeit einer bundeseinheitlichen Regelung der beruflichen Fortbildung durch Fortbildungsordnungen der höherqualifizierenden Berufsbildung. Eine besondere Betonung dieser bisher durch den Verordnungsgeber nicht genutzten Möglichkeit soll damit nicht verbunden sein.[1]

2 Gem. § 53e Abs. 4 BBiG gelten § 4 Abs. 2 BBiG und § 5 Abs. 3 BBiG entsprechend. Das bedeutet (§ 4 Abs. 2 BBiG): Besteht in mehr als einem der durch die §§ 71 bis 75 BBiG erfassten Berufsbereiche und Bereiche ein Bedarf, gleiche Fertigkeiten, Kenntnisse und Fähigkeiten zu vermitteln, kann das für die betroffenen Berufsbereiche und Bereiche zuständige Fachministerium Abschlüsse der höherqualifizierenden Berufsbildung auch für mehrere der durch die §§ 71 bis 75 BBiG erfassten Berufsbereiche und Bereiche staatlich anerkennen und eine entsprechende Fortbildungsordnung erlassen. Sind für die betroffenen Berufsbereiche und Bereiche verschiedene Fachministerien zuständig, können die staatliche Anerkennung und der Erlass der Fortbildungsordnung durch gemeinsame Rechtsverordnung der zuständigen Fachministerien erfolgen.
In diesen Fällen legt die Fortbildungsordnung fest (§ 5 Abs. 3 BBiG):
1. eine einheitliche Bezeichnung des Fortbildungsabschlusses und
2. bei Bedarf differenzierende Regelungen für die betroffenen Berufsbereiche und Bereiche.

Es kann auch eine gemeinsame zuständige Stelle für mehrere Berufsbereiche und Bereiche festgelegt werden.

Abschnitt 2
Fortbildungsprüfungsregelungen der zuständigen Stellen

§ 54 Fortbildungsprüfungsregelungen der zuständigen Stellen

(1) Sofern für einen Fortbildungsabschluss weder eine Fortbildungsordnung noch eine Anpassungsfortbildungsordnung erlassen worden ist, kann die zuständige Stelle nach § 71 oder § 72 Fortbildungsprüfungsregelungen erlassen. Wird im Fall des § 71 Absatz 8 als zuständige Stelle eine Landesbehörde bestimmt, so erlässt die zuständige Landesregierung die Fortbildungsprüfungsregelungen durch Rechtsverordnung. Die Ermächtigung nach Satz 2 kann durch Rechtsverordnung auf die von ihr bestimmte zuständige Stelle übertragen werden.

1 Gesetzesbegründung, BT-Drucks. 19/10815, S. 69.

(2) Die Fortbildungsprüfungsregelungen haben festzulegen
1. die Bezeichnung des Fortbildungsabschlusses,
2. das Ziel, den Inhalt und die Anforderungen der Prüfungen,
3. die Zulassungsvoraussetzungen für die Prüfung und
4. das Prüfungsverfahren.
(3) Bestätigt die zuständige oberste Landesbehörde,
1. dass die Fortbildungsprüfungsregelungen die Voraussetzungen des § 53b Absatz 2 und 3 sowie des § 53a Absatz 2 erfüllen, so beginnt die Bezeichnung des Fortbildungsabschlusses mit den Wörtern »Geprüfter Berufsspezialist für« oder »Geprüfte Berufsspezialistin für«,
2. dass die Fortbildungsprüfungsregelungen die Voraussetzungen des § 53c Absatz 2 und 3 erfüllen, so beginnt die Bezeichnung des Fortbildungsabschlusses mit den Wörtern »Bachelor Professional in«,
3. dass die Fortbildungsprüfungsregelungen die Voraussetzungen des § 53d Absatz 2 und 3 erfüllen, so beginnt die Bezeichnung des Fortbildungsabschlusses mit den Wörtern »Master Professional in«.
Der Abschlussbezeichnung nach Satz 1 ist in Klammern ein Zusatz beizufügen, aus dem sich zweifelsfrei die zuständige Stelle ergibt, die die Fortbildungsprüfungsregelungen erlassen hat. Die Fortbildungsprüfungsregelungen können vorsehen, dass dieser Abschlussbezeichnung eine weitere Abschlussbezeichnung vorangestellt wird. Ist für die Bestätigung nach Satz 1 ein Gutachten erforderlich, wird dieses auf Antrag und auf Kosten der zuständigen Stelle vom Bundesinstitut für Berufsbildung nach § 90 Absatz 4 Satz 2 erstellt.
(4) Eine Abschlussbezeichnung, die in einer von der zuständigen obersten Landesbehörde bestätigten Fortbildungsprüfungsregelung enthalten ist, darf nur führen, wer die Prüfung bestanden hat.

Abschnitt 2 mit § 54 BBiG regelt die Fortbildungsprüfungsregelungen der zuständigen Stellen (§ 71 BBiG). Für das **Handwerk** gilt § 42f HwO. Soweit Rechtsverordnungen nach §§ 53 bis 53e BBiG nicht erlassen sind, kann gem. § 54 BBiG die zuständige Stelle Fortbildungsprüfungsregelungen erlassen. Die zuständige Stelle nach § 71 BBiG oder § 72 BBiG regelt die Bezeichnung des Fortbildungsabschlusses, Ziel, Inhalt und Anforderungen der Prüfungen, die Zulassungsvoraussetzungen sowie das Prüfungsverfahren. Den zuständigen Stellen wird damit ermöglicht, auf der Grundlage solcher Fortbildungsprüfungsregelungen öffentlich-rechtliche Prüfungen durchzuführen. Sie sind regional ausgerichtet. Der Berufsbildungsausschuss der zuständigen Stelle ist zuständig für den Erlass von Fortbildungsprüfungsregelungen. Er entscheidet selbst, welche Rechtsvorschriften hierzu zu erlassen sind. Es gilt die subsidiäre Allzuständigkeit des Berufsbildungsausschusses (vgl. § 79 Rn. 15). 1

§ 54 Abs. 1 und Abs. 2 BBiG übernehmen die Regelungen des bisherigen § 54 BBiG zu den Fortbildungsprüfungsregelungen der zuständigen Stellen. § 54 Abs. 3 BBiG regelt die Voraussetzungen für die Vergabe von Abschlussbezeichnungen der höherqualifizierenden Berufsbildung durch eine Fortbildungsprüfungsregelung der zuständigen Stellen. Neben den inhaltlichen Voraussetzungen der Regelungen in §§ 53b, 53c und 53d BBiG setzt die Vergabe einer Abschlussbezeichnung durch die zuständige Stelle nach § 54 Abs. 3 BBiG voraus, dass die zuständige oberste Landesbehörde bestätigt, dass die Fortbildungsprüfungsregelung die Voraussetzungen der Abs. 2 und 3 der §§ 53b, 53c oder 53d (sowie des § 53a Abs. 2 BBiG) erfüllt. Die Bestätigung durch die Aufsichtsbehörde ist im Hinblick auf die qualitative Weiterentwicklung der beruflichen Fortbildung durch Stufen mit 2 einheitlichen, attraktiven und international verständlichen Abschlussbezeichnungen, die durch eine gesonderte Regelung vor missbräuchlicher Verwendung geschützt werden, zum Schutz der höher-qualifizierenden Berufsbildung und zur Herstellung eines strukturellen qualitätssichernden Gleichgewichts zur Akkreditierung von Studiengängen erforderlich. Dabei schreibt das Gesetz nicht vor, wie die zuständige oberste Landesbehörde die Expertise für die notwendige Prüfung erlangt. Hierzu können etwa auch Dritte wie das BIBB gutachterlich eingebunden werden.[1]

3 § 54 Abs. 3 Satz 2 BBiG schreibt vor, dass zur Unterscheidung von Abschlussbezeichnungen, die nach einer Rechtsverordnung vergeben werden, die durch eine Fortbildungsprüfungsregelung einer zuständigen erworbenen Abschlussbezeichnungen mit einem Klammerzusatz zu versehen sind. Dieser muss die zuständige Stelle, die die Prüfungsregelungen erlassen hat, unmittelbar in der Abschlussbezeichnung zweifelsfrei erkennbar machen. So soll sichergestellt werden, dass örtliche Regelungen »auf den ersten Blick« von bundesrechtlichen Regelungen abgegrenzt werden können.[2]

4 § 54 Abs. 3 Satz 3 BBiG regelt die Möglichkeit, eine weitere Bezeichnung voranzustellen entsprechend den Möglichkeiten für Rechtsverordnungen des Bundes. Um auch (nach Prüfung der Fortbildungsprüfungsregelung durch die zuständige oberste Landesbehörde) von der zuständigen Stelle vergebene Abschlussbezeichnungen zu schützen, enthält § 54 Abs. 4 BBiG eine dem Titelschutz bei hochschulischen Abschlüssen vergleichbare Regelung.[3]

Ist für die Bestätigung nach § 54 Abs. 3 Satz 1 BBiG ein Gutachten erforderlich, wird dieses auf Antrag und **auf Kosten der zuständigen Stelle** vom Bundesinstitut für Berufsbildung nach § 90 Abs. 4 Satz 2 BBiG erstellt (§ 54 Abs. 3 Satz 4 BBiG).

Abschnitt 3
Ausländische Vorqualifikationen, Prüfungen

§ 55 Berücksichtigung ausländischer Vorqualifikationen

Sofern Fortbildungsordnungen, Anpassungsfortbildungsordnungen oder Fortbildungsprüfungsregelungen nach § 54 Zulassungsvoraussetzungen zu Prüfungen vorsehen, sind ausländische Bildungsabschlüsse und Zeiten der Berufstätigkeit im Ausland zu berücksichtigen.

§ 56 Fortbildungsprüfungen

(1) Für die Durchführung von Prüfungen im Bereich der beruflichen Fortbildung errichtet die zuständige Stelle Prüfungsausschüsse. § 37 Absatz 2 Satz 1 und Absatz 3 Satz 1 sowie § 39 Absatz 1 Satz 2, Absatz 2 und 3 und die §§ 40, 41, 42 Absatz 1 bis 5 sowie die §§ 42a, 46 und 47 sind entsprechend anzuwenden.

(2) Der Prüfling ist auf Antrag von der Ablegung einzelner Prüfungsbestandteile durch die zuständige Stelle zu befreien, wenn

1 Gesetzesbegründung, BT-Drucks. 19/10815, S. 69.
2 Gesetzesbegründung, BT-Drucks. 19/10815, S. 69.
3 Gesetzesbegründung, BT-Drucks. 19/10815, S. 69.

1. **er eine andere vergleichbare Prüfung vor einer öffentlichen oder einer staatlich anerkannten Bildungseinrichtung oder vor einem staatlichen Prüfungsausschuss erfolgreich abgelegt hat und**
2. **die Anmeldung zur Fortbildungsprüfung innerhalb von zehn Jahren nach der Bekanntgabe des Bestehens der Prüfung erfolgt.**

Inhaltsübersicht

I. Fortbildungsprüfungen

Für die Durchführung von Prüfungen im Bereich der beruflichen Fortbildung errichtet die zuständige Stelle (siehe § 71 BBiG) gem. § 56 Abs. 1 Satz 1 BBiG Prüfungsausschüsse. Bestimmte Regelungen über die Abschlussprüfung bei der Berufsausbildung gelten gem. § 56 Abs. 1 Satz 2 BBiG entsprechend, nämlich die Regelungen über: 1

- das Prüfungszeugnis (§ 37 Abs. 2 Satz 1 und Abs. 3 Satz 1 BBiG),
- Prüfungsausschüsse, Prüferdelegationen (§ 39 Abs. 1 Satz 2, Abs. 2 und 3 BBiG),
- die Zusammensetzung und Berufung des Prüfungsausschusses (§ 40 BBiG),
- den Vorsitz, die Beschlussfähigkeit und Abstimmung im Prüfungsausschuss (§ 41 BBiG),
- die Beschlussfassung im Prüfungsausschuss und Bewertung der Abschlussprüfung (§ 42 Abs. 1 bis 5 BBiG),
- die Regelung über die virtuelle Teilnahme von Prüfenden (§ 42a BBiG),
- die Entscheidung über die Zulassung zur Prüfung (§ 46 BBiG) und
- den Erlass einer Prüfungsordnung (§ 47 BBiG).

Der Prüfling ist auf Antrag von der Ablegung einzelner Prüfungsbestandteile durch die zuständige Stelle zu befreien, wenn er eine andere vergleichbare Prüfung vor einer öffentlichen oder staatlich anerkannten Bildungseinrichtung oder vor einem staatlichen Prüfungsausschuss erfolgreich abgelegt hat und die Anmeldung zur Fortbildungsprüfung innerhalb von zehn Jahren nach der Bekanntgabe des Bestehens der anderen Prüfung erfolgt (§ 56 Abs. 2 BBiG). Für das **Handwerk** gilt § 42h HwO. 2

II. Richtlinie des Hauptausschusses des Bundesinstituts für Berufsbildung vom 14.4.2020[1]

Musterprüfungsordnung für Fortbildungsprüfungen gemäß § 56 Absatz 1 in Verbindung mit § 47 Absatz 1, Absatz 3–5 Berufsbildungsgesetz (MPO-F-BBiG) 3

Diese Prüfungsordnung gilt für die Durchführung von Prüfungen gemäß § 56 Abs. 1 in Verbindung mit § 47 Berufsbildungsgesetz (BBiG) und ist für die Durchführung von Prüfungen nach den aufgrund des § 30 Abs. 5 Berufsbildungsgesetz erlassenen Rechtsverordnungen über den Nachweis über den Erwerb berufs- und arbeitspädagogischer Fertigkeiten, Kenntnisse und Fähigkeiten entsprechend anzuwenden.

Inhaltsverzeichnis

1 *www.bibb.de/dokumente/pdf/HA128.pdf.*

Erster Abschnitt: Prüfungsausschüsse und Prüferdelegationen

§ 1 Errichtung

(1) Für die Durchführung von Prüfungen im Bereich der beruflichen Fortbildung errichtet die zuständige Stelle Prüfungsausschüsse (§ 56 Abs. 1 S. 1 BBiG). Mehrere zuständige Stellen können bei einer von ihnen gemeinsame Prüfungsausschüsse errichten (§ 39 Abs. 1 S. 2 BBiG)

(2) Prüfungsausschüsse oder Prüferdelegationen nach § 42 Abs. 2 BBiG nehmen die Prüfungsleistungen ab.

(3) Soweit die Fortbildungsordnungen (§ 53 Abs. 1 BBiG), die Anpassungsfortbildungsordnungen (§ 53e Abs. 1 BBiG) oder die Fortbildungsprüfungsregelungen nach § 54 BBiG selbstständige Prüfungsteile beinhalten, können zur Durchführung der Teilprüfungen eigene Prüfungsausschüsse oder Prüferdelegationen gebildet werden.

§ 2 Zusammensetzung und Berufung von Prüfungsausschüssen

(1) Der Prüfungsausschuss besteht aus mindestens drei Mitgliedern. Die Mitglieder von Prüfungsausschüssen sind hinsichtlich der Beurteilung der Prüfungsleistungen unabhängig und nicht an Weisungen gebunden. Die Mitglieder müssen für die Prüfungsgebiete sachkundig und für die Mitwirkung im Prüfungswesen geeignet sein (§ 40 Abs. 1 BBiG).

(2) Dem Prüfungsausschuss müssen als Mitglieder Beauftragte der Arbeitgeber und der Arbeitnehmer in gleicher Zahl sowie mindestens eine Person, die als Lehrkraft im beruflichen Schul- oder Fortbildungswesen tätig ist, angehören. Mindestens zwei Drittel der Gesamtzahl der Mitglieder müssen Beauftragte der Arbeitgeber und der Arbeitnehmer sein (§ 40 Abs. 2 S. 1 und 2 BBiG).

(3) Die Mitglieder werden von der zuständigen Stelle für eine einheitliche Periode, längstens für fünf Jahre berufen (§ 40 Abs. 3 S. 1 BBiG).

(4) Die Beauftragten der Arbeitnehmer werden auf Vorschlag der im Bezirk der zuständigen Stelle bestehenden Gewerkschaften und selbstständigen Vereinigungen von Arbeitnehmern mit sozial- oder berufspolitischer Zwecksetzung berufen (§ 40 Abs. 3 S. 2 BBiG).

(5) Lehrkräfte im beruflichen Schul- oder Fortbildungswesen werden im Einvernehmen mit der Schulaufsichtsbehörde oder der von ihr bestimmten Stelle berufen (§ 40 Abs. 3 S. 3 BBiG entsprechend). Soweit es sich um Lehrkräfte von Fortbildungseinrichtungen handelt, werden sie von den Fortbildungseinrichtungen benannt.
(6) Werden Mitglieder nicht oder nicht in ausreichender Zahl innerhalb einer von der zuständigen Stelle gesetzten angemessenen Frist vorgeschlagen, so beruft die zuständige Stelle insoweit nach pflichtgemäßem Ermessen (§ 40 Abs. 3 S. 4 BBiG).
(7) Die Mitglieder der Prüfungsausschüsse können nach Anhörung der an ihrer Berufung Beteiligten aus wichtigem Grunde abberufen werden (§ 40 Abs. 3 S. 5 BBiG).
(8) Die Mitglieder der Prüfungsausschüsse haben Stellvertreter oder Stellvertreterinnen (§ 40 Abs. 2 S. 3 BBiG). Die Absätze 3 bis 7 gelten für sie entsprechend.
(9) Die für die Berufung von Prüfungsausschussmitgliedern Vorschlagsberechtigten sind über die Anzahl und die Größe der einzurichtenden Prüfungsausschüsse sowie über die Zahl der von ihnen vorzuschlagenden weiteren Prüfenden zu unterrichten. Die Vorschlagsberechtigten werden von der zuständigen Stelle darüber unterrichtet, welche der von ihnen vorgeschlagenen Mitglieder, Stellvertreter und Stellvertreterinnen sowie weiteren Prüfenden berufen wurden. (§ 40 Abs. 5)
(10) Die Tätigkeit im Prüfungsausschuss ist ehrenamtlich. Für bare Auslagen und für Zeitversäumnis ist, soweit eine Entschädigung nicht von anderer Seite gewährt wird, eine angemessene Entschädigung zu zahlen, deren Höhe von der zuständigen Stelle mit Genehmigung der obersten Landesbehörde festgesetzt wird. Die Entschädigung für Zeitversäumnis hat mindestens im Umfang von § 16 des Justizvergütungs- und Entschädigungsgesetzes in der jeweils geltenden Fassung zu erfolgen (§ 40 Abs. 6 BBiG).
(11) Von den Absätzen 2 und 8 darf nur abgewichen werden, wenn andernfalls die erforderliche Zahl von Mitgliedern des Prüfungsausschusses nicht berufen werden kann (§ 40 Abs. 7 BBiG).

§ 2a Prüferdelegationen

(1) Die zuständige Stelle kann im Einvernehmen mit den Mitgliedern des Prüfungsausschusses die Abnahme und die abschließende Bewertung von Prüfungsleistungen auf Prüferdelegationen übertragen.
(2) Für die Zusammensetzung von Prüferdelegationen ist § 2 Absätze 1 und 2 entsprechend anzuwenden (§ 42 Absatz 2 Satz 2 BBiG). Die Mitglieder der Prüferdelegationen haben Stellvertreter/Stellvertreterinnen (§ 42 Absatz 2 Satz 2 BBiG).
(3) Mitglieder von Prüferdelegationen können die Mitglieder der Prüfungsausschüsse, deren Stellvertreter und Stellvertreterinnen sowie weitere Prüfende sein, die durch die zuständige Stelle nach § 40 Absatz 4 BBiG berufen worden sind. Für die Berufungen gilt § 2 Absätze 3 bis 8 entsprechend. Die Berufung weiterer Prüfender kann auf bestimmte Prüf- oder Fachgebiete beschränkt werden.
(4) Die Mitwirkung in einer Prüferdelegation ist ehrenamtlich. § 2 Absatz 10 gilt entsprechend.
(5) Die zuständige Stelle hat vor Beginn der Prüfung über die Bildung von Prüferdelegationen, über deren Mitglieder sowie über deren Stellvertreter und Stellvertreterinnen zu entscheiden. Prüfende können Mitglieder mehrerer Prüferdelegationen sein. Sind verschiedene Prüfungsleistungen derart aufeinander bezogen, dass deren Beurteilung nur einheitlich erfolgen kann, so müssen diese Prüfungsleistungen von denselben Prüfenden abgenommen werden.

§ 3 Ausschluss von der Mitwirkung

(1) Bei der Zulassung und Prüfung dürfen Angehörige der Prüfungsbewerberinnen/Prüfungsbewerber nicht mitwirken. Angehörige im Sinne des Satz 1 sind:
1. Verlobte,
2. Ehegatten,
3. eingetragene Lebenspartner,
4. Verwandte und Verschwägerte gerader Linie,
5. Geschwister,
6. Kinder der Geschwister,
7. Ehegatten der Geschwister und Geschwister der Ehegatten,
8. Geschwister der Eltern,
9. Personen, die durch ein auf längere Dauer angelegtes Pflegeverhältnis mit häuslicher Gemeinschaft wie Eltern und Kind miteinander verbunden sind (Pflegeeltern und Pflegekinder).

Angehörige sind die im Satz 2 aufgeführten Personen auch dann, wenn
1. in den Fällen der Nummern 2, 3, 4 und 7 die die Beziehung begründende Ehe oder die Lebenspartnerschaft nicht mehr besteht;

2. in den Fällen der Nummern 4 bis 8 die Verwandtschaft oder Schwägerschaft durch Annahme als Kind erloschen ist;
3. im Falle der Nummer 9 die häusliche Gemeinschaft nicht mehr besteht, sofern die Personen weiterhin wie Eltern und Kind miteinander verbunden sind.

(2) Hält sich ein Prüfungsausschussmitglied oder ein Mitglied einer Prüferdelegation nach Absatz 1 für ausgeschlossen oder bestehen Zweifel, ob die Voraussetzungen des Absatzes 1 gegeben sind, ist dies der zuständigen Stelle mitzuteilen, während der Prüfung dem Prüfungsausschuss oder den anderen Mitgliedern der Prüferdelegation. Die Entscheidung über den Ausschluss von der Mitwirkung trifft die zuständige Stelle, während der Prüfung der Prüfungsausschuss oder die Prüferdelegation. Im letzteren Fall darf das betroffene Mitglied nicht mitwirken. Ausgeschlossene Personen dürfen bei der Beratung und Beschlussfassung nicht zugegen sein.

(3) Liegt ein Grund vor, der geeignet ist, Misstrauen gegen eine unparteiische Ausübung des Prüfungsamtes zu rechtfertigen, oder wird von einer zu prüfenden Person das Vorliegen eines solchen Grundes behauptet, so hat die betroffene Person dies der zuständigen Stelle mitzuteilen, während der Prüfung dem Prüfungsausschuss oder der Prüferdelegation. Absatz 2 Sätze 2 bis 4 gelten entsprechend.

(4) Personen, die gegenüber der zu prüfenden Person Arbeitgeberfunktionen innehaben, sollen, soweit nicht besondere Umstände eine Mitwirkung zulassen oder erfordern, nicht mitwirken.

(5) Wenn in den Fällen der Absätze 1 bis 3 eine ordnungsgemäße Besetzung des Prüfungsausschusses nicht möglich ist, kann die zuständige Stelle die Durchführung der Prüfung einem anderen oder einem gemeinsamen Prüfungsausschuss übertragen. Erforderlichenfalls kann eine andere zuständige Stelle ersucht werden, die Prüfung durchzuführen. Das Gleiche gilt, wenn eine objektive Durchführung der Prüfung aus anderen Gründen nicht gewährleistet erscheint. Wenn in den Fällen der Absätze 1 bis 3 eine ordnungsgemäße Besetzung der Prüferdelegation nicht möglich ist, kann der Prüfungsausschuss die Durchführung der Prüfung auf eine andere Prüferdelegation übertragen oder die Prüfung selbst abnehmen.

§ 4 Vorsitz, Beschlussfähigkeit, Abstimmung

(1) Der Prüfungsausschuss wählt ein Mitglied, das den Vorsitz führt, und ein weiteres Mitglied, das den Vorsitz stellvertretend übernimmt. Der Vorsitz und das ihn stellvertretende Mitglied sollen nicht derselben Mitgliedergruppe angehören (§ 41 Abs. 1 BBiG).

(2) Der Prüfungsausschuss ist beschlussfähig, wenn zwei Drittel der Mitglieder, mindestens drei, mitwirken. Er beschließt mit der Mehrheit der abgegebenen Stimmen. Bei Stimmengleichheit gibt die Stimme des vorsitzenden Mitgliedes den Ausschlag (§ 41 Abs. 2 BBiG).

(3) Für Prüferdelegationen gelten Absatz 2 Sätze 1 und 2 entsprechend.

§ 5 Geschäftsführung

(1) Die Geschäftsführung des Prüfungsausschusses liegt in Abstimmung mit dem Prüfungsausschuss bei der zuständigen Stelle. Einladungen (Vorbereitung, Durchführung, Nachbereitung), Protokollführung und Durchführung der Beschlüsse werden im Einvernehmen mit dem Vorsitz des Prüfungsausschusses geregelt.

(2) Zu den Sitzungen des Prüfungsausschusses sind die ordentlichen Mitglieder rechtzeitig einzuladen. Stellvertretende Mitglieder werden in geeigneter Weise unterrichtet. Kann ein Mitglied an einer Sitzung nicht teilnehmen, so soll es dies unverzüglich der zuständigen Stelle mitteilen. Für ein verhindertes Mitglied ist ein stellvertretendes Mitglied einzuladen, welches derselben Gruppe angehören soll.

(3) Die Sitzungsprotokolle sind von der protokollführenden Person und dem Vorsitz zu unterzeichnen. § 23 Abs. 1 bleibt unberührt.

(4) Absatz 2 gilt für Prüferdelegationen entsprechend. Die Sitzungsprotokolle sind von allen Mitgliedern der Prüferdelegation zu unterzeichnen. § 23 Abs. 1 bleibt unberührt.

§ 6 Verschwiegenheit

Unbeschadet bestehender Informationspflichten, insbesondere gegenüber dem Berufsbildungsausschuss, haben die Mitglieder des Prüfungsausschusses, der Prüferdelegation und sonstige mit der Prüfung befasste Personen über alle Prüfungsvorgänge Verschwiegenheit gegenüber Dritten zu wahren.

Zweiter Abschnitt: Vorbereitung der Fortbildungsprüfung

§ 7 Prüfungstermine
(1) Die zuständige Stelle legt die Prüfungstermine je nach Bedarf fest. Die Termine sollen nach Möglichkeit mit den betroffenen Fortbildungseinrichtungen abgestimmt werden.
(2) Die zuständige Stelle gibt die Prüfungstermine einschließlich der Anmeldefristen in geeigneter Weise öffentlich mindestens einen Monat vor Ablauf der Anmeldefrist bekannt. Wird die Anmeldefrist überschritten, kann die zuständige Stelle die Annahme des Antrags verweigern.
(3) Werden für schriftlich durchzuführende Prüfungsbereiche einheitliche überregionale Aufgaben verwendet, sind dafür entsprechende überregional abgestimmte Prüfungstage anzusetzen.

§ 8 Zulassung zur Fortbildungsprüfung
(1) Der Antrag auf Zulassung zur Prüfung ist schriftlich nach den von der zuständigen Stelle bestimmten Fristen und Formularen zu stellen. Dem Antrag auf Zulassung sind beizufügen.
1. Angaben zur Person und
2. Angaben über die in den Absätzen 2 bis 4 genannten Voraussetzungen.

(2) Örtlich zuständig für die Zulassung zur Fortbildungsprüfung ist die zuständige Stelle, in deren Bezirk die Prüfungsbewerberin/der Prüfungsbewerber
an einer Maßnahme der Fortbildung teilgenommen hat oder
in einem Arbeitsverhältnis steht oder selbstständig tätig ist oder
seinen/ihren Wohnsitz hat.
(3) Zur Fortbildungsprüfung ist zuzulassen, wer die Zulassungsvoraussetzungen einer Fortbildungsordnung (§ 53 Abs. 1 BBiG), einer Anpassungsfortbildungsordnung (§ 53e Abs. 1 BBiG) oder einer Fortbildungsprüfungsregelung nach § 54 BBiG erfüllt.
(4) Sofern die Fortbildungsordnung (§ 53 Abs. 1 BBiG), die Anpassungsfortbildungsordnung (§ 53e Abs. 1 BBiG) oder eine Fortbildungsprüfungsregelung nach § 54 BBiG Zulassungsvoraussetzungen vorsieht, sind ausländische Bildungsabschlüsse und Zeiten der Berufstätigkeit im Ausland zu berücksichtigen (§ 55 BBiG).

§ 9 Befreiung von vergleichbaren Prüfungsbestandteilen
(1) Die zu prüfende Person ist auf Antrag von der Ablegung einzelner Prüfungsbestandteile durch die zuständige Stelle zu befreien, wenn sie eine andere vergleichbare Prüfung vor einer öffentlichen oder staatlich anerkannten Bildungseinrichtung oder vor einem staatlichen Prüfungsausschuss erfolgreich abgelegt hat und die Anmeldung zur Fortbildungsprüfung innerhalb von zehn Jahren nach Bekanntgabe des Bestehens der anderen Prüfung erfolgt (§ 56 Abs. 2 BBiG).
(2) Anträge auf Befreiung von Prüfungsbestandteilen sind zusammen mit dem Zulassungsantrag schriftlich bei der zuständigen Stelle zu stellen. Die Nachweise über Befreiungsgründe im Sinne von Abs. 1 sind beizufügen.

§ 10 Entscheidung über die Zulassung und über Befreiungsanträge
(1) Über die Zulassung sowie über die Befreiung von Prüfungsbestandteilen entscheidet die zuständige Stelle. Hält sie die Zulassungsvoraussetzungen oder die Befreiungsgründe nicht für gegeben, so entscheidet der Prüfungsausschuss (§ 46 Abs. 1 BBiG).
(2) Die Entscheidungen über die Zulassung und die Befreiung von Prüfungsbestandteilen sind der Prüfungsbewerberin/dem Prüfungsbewerber rechtzeitig unter Angabe des Prüfungstages und -ortes einschließlich der erlaubten Arbeits- und Hilfsmittel mitzuteilen. Die Entscheidungen über die Nichtzulassung und über die Ablehnung der Befreiung sind der Prüfungsbewerberin/dem Prüfungsbewerber schriftlich mit Begründung bekannt zu geben.
(3) Die Zulassung und die Befreiung von Prüfungsbestandteilen können von der zuständigen Stelle bis zur Bekanntgabe des Prüfungsergebnisses widerrufen werden, wenn sie aufgrund gefälschter Unterlagen oder falscher Angaben ausgesprochen wurde.

§ 11 Prüfungsgebühr
Die zu prüfende Person hat die Prüfungsgebühr nach Aufforderung an die zuständige Stelle zu entrichten. Die Höhe der Prüfungsgebühr bestimmt sich nach der Gebührenordnung der zuständigen Stelle.

Dritter Abschnitt: Durchführung der Fortbildungsprüfung

§ 12 Prüfungsgegenstand, Prüfungssprache
(1) Sofern für einen Fortbildungsabschluss weder eine Fortbildungsordnung (§ 53 Abs. 1 BBiG) noch eine Anpassungsfortbildungsordnung (§ 53e Abs. 1 BBiG) erlassen worden ist, regelt die zuständige Stelle die Bezeichnung des Fortbildungsabschlusses, Ziel, Inhalt und Anforderungen der Prüfungen, die Zulassungsvoraussetzungen sowie das Prüfungsverfahren durch Fortbildungsprüfungsregelungen nach § 54 BBiG.
(2) Die Prüfungssprache ist Deutsch soweit nicht die Fortbildungsordnung (§ 53 Abs. 1 BBiG), die Anpassungsfortbildungsordnung (§ 53e Abs. 1 BBiG) oder die Fortbildungsprüfungsregelung nach § 54 BBiG etwas anderes vorsieht.

§ 13 Gliederung der Prüfung
Die Gliederung der Prüfung ergibt sich aus den Fortbildungsordnungen (§ 53 Abs. 1 BBiG), den Anpassungsfortbildungsordnungen (§ 53e Abs. 1 BBiG) oder den Fortbildungsprüfungsregelungen nach § 54 BBiG (Prüfungsanforderungen).

§ 14 Prüfungsaufgaben
(1) Der Prüfungsausschuss beschließt auf der Grundlage der Prüfungsanforderungen die Prüfungsaufgaben.
(2) Überregional oder von einem Aufgabenerstellungsausschuss bei der zuständigen Stelle erstellte oder ausgewählte Aufgaben sind vom Prüfungsausschuss zu übernehmen, sofern diese Aufgaben von Gremien erstellt oder ausgewählt und beschlossen wurden, die entsprechend § 2 Abs. 2 zusammengesetzt sind und die zuständige Stelle über die Übernahme entschieden hat.

§ 15 Nachteilsausgleich für behinderte Menschen
Bei der Durchführung der Prüfung sollen die besonderen Verhältnisse behinderter Menschen berücksichtigt werden. Dies gilt insbesondere für die Dauer der Prüfung, die Zulassung von Hilfsmitteln und die Inanspruchnahme von Hilfeleistungen Dritter wie Gebärdensprachdolmetscher für hörbehinderte Menschen (§ 65 Abs. 1 BBiG). Die Art der Behinderung ist mit dem Antrag auf Zulassung zur Prüfung (§ 8 Abs. 1) nachzuweisen.

§ 16 Nichtöffentlichkeit
Die Prüfungen sind nicht öffentlich. Vertreter und Vertreterinnen der obersten Bundes- und Landesbehörden, der zuständigen Stelle sowie die Mitglieder des Berufsbildungsausschusses der zuständigen Stelle können anwesend sein. Der Prüfungsausschuss oder die Prüferdelegation kann im Einvernehmen mit der zuständigen Stelle andere Personen als Gäste zulassen. An der Beratung über das Prüfungsergebnis dürfen nur die Mitglieder des Prüfungsausschusses oder der Prüferdelegation beteiligt sein.

§ 17 Leitung, Aufsicht und Niederschrift
(1) Die Prüfung wird unter Leitung des Vorsitzes vom gesamten Prüfungsausschuss durchgeführt.
(2) Die zuständige Stelle regelt im Einvernehmen mit dem Prüfungsausschuss die Aufsichtsführung, die sicherstellen soll, dass die Prüfungsleistungen selbstständig und nur mit erlaubten Arbeits- und Hilfsmitteln durchgeführt werden.
(3) Störungen durch äußere Einflüsse müssen von der zu prüfenden Person ausdrücklich gegenüber der Aufsicht, dem Vorsitz oder den mit der Prüfungsabnahme beauftragten Prüfenden gerügt werden. Entstehen durch die Störungen erhebliche Beeinträchtigungen, entscheidet der Prüfungsausschuss, die Prüferdelegation oder die mit der Prüfungsabnahme beauftragten Prüfenden über Art und Umfang von geeigneten Ausgleichsmaßnahmen. Bei der Durchführung von schriftlichen Prüfungen kann die Aufsicht über die Gewährung einer Zeitverlängerung entscheiden.
(4) Über den Ablauf der Prüfung ist eine Niederschrift zu fertigen.

§ 18 Ausweispflicht und Belehrung
Die zu prüfenden Personen haben sich über ihre Person auszuweisen. Sie sind vor Beginn der Prüfung über den Prüfungsablauf, die zur Verfügung stehende Zeit, die erlaubten Arbeits- und Hilfsmittel, die Folgen von Täuschungshandlungen, Ordnungsverstößen, Rücktritt und Nichtteilnahme zu belehren.

§ 19 Täuschungshandlungen und Ordnungsverstöße
(1) Unternimmt es eine zu prüfende Person, das Prüfungsergebnis durch Täuschung oder Benutzung nicht zugelassener Hilfsmittel zu beeinflussen oder leistet sie/er Beihilfe zu einer Täuschung oder einem Täuschungsversuch, liegt eine Täuschungshandlung vor.
(2) Wird während der Prüfung festgestellt, dass eine zu prüfende Person eine Täuschungshandlung begeht oder einen entsprechenden Verdacht hervorruft, ist der Sachverhalt von der Aufsichtsführung festzustellen und zu protokollieren. Die zu prüfende Person setzt die Prüfung vorbehaltlich der Entscheidung des Prüfungsausschusses über die Täuschungshandlung fort.
(3) Liegt eine Täuschungshandlung vor, wird die von der Täuschungshandlung betroffene Prüfungsleistung mit »ungenügend« (= 0 Punkte) bewertet. In schweren Fällen, insbesondere bei vorbereiteten Täuschungshandlungen, kann der Prüfungsausschuss oder die Prüferdelegation den Prüfungsteil oder die gesamte Prüfung mit »ungenügend« (= 0 Punkte) bewerten. Soweit Prüfungsleistungen einer Prüferdelegation zur Abnahme und abschließenden Bewertung übertragen worden sind, kann die Prüferdelegation die Prüfungsleistung mit »ungenügend« (= 0 Punkte) bewerten.
(4) Behindert eine zu prüfende Person durch ihr Verhalten die Prüfung so, dass die Prüfung nicht ordnungsgemäß durchgeführt werden kann, ist sie von der Teilnahme auszuschließen. Die Entscheidung hierüber kann von der Aufsichtsführung oder den mit der Prüfungsabnahme beauftragten Prüfenden getroffen werden. Die endgültige Entscheidung über die Folgen für die zu prüfende Person hat der Prüfungsausschuss unverzüglich zu treffen. Gleiches gilt bei Nichtbeachtung der Sicherheitsvorschriften.
(5) Vor einer endgültigen Entscheidung des Prüfungsausschusses oder der Prüferdelegation nach den Absätzen 3 und 4 ist die zu prüfende Person zu hören.

§ 20 Rücktritt, Nichtteilnahme
(1) Die zu prüfende Person kann nach erfolgter Anmeldung vor Beginn der Prüfung (bei schriftlichen Prüfungen vor Bekanntgabe der Prüfungsaufgaben) durch schriftliche Erklärung zurücktreten. In diesem Fall gilt die Prüfung als nicht abgelegt.
(2) Versäumt die zu prüfende Person einen Prüfungstermin, so werden bereits erbrachte selbstständige Prüfungsleistungen anerkannt, wenn ein wichtiger Grund für die Nichtteilnahme vorliegt. Selbstständige Prüfungsleistungen sind solche, die thematisch klar abgrenzbar und nicht auf eine andere Prüfungsleistung bezogen sind sowie eigenständig bewertet werden.
(3) Erfolgt der Rücktritt nach Beginn der Prüfung oder nimmt die zu prüfende Person an der Prüfung nicht teil, ohne dass ein wichtiger Grund vorliegt, so wird die Prüfung mit »ungenügend« (= 0 Punkte) bewertet.
(4) Der wichtige Grund ist unverzüglich mitzuteilen und nachzuweisen. Im Krankheitsfall ist die Vorlage eines ärztlichen Attestes erforderlich.

Vierter Abschnitt: Bewertung, Feststellung und Beurkundung des Prüfungsergebnisses

§ 21 Bewertungsschlüssel
Die Prüfungsleistungen sind wie folgt zu bewerten:

Punkte	Note als Dezimalzahl	Note in Worten	Definition
100	1,0	sehr gut	eine Leistung, die den Anforderungen in besonderem Maß entspricht
98 und 99	1,1		
96 und 97	1,2		
94 und 95	1,3		
92 und 93	1,4		
91	1,5	gut	eine Leistung, die den Anforderungen voll entspricht
90	1,6		
89	1,7		
88	1,8		

Punkte	Note als Dezimalzahl	Note in Worten	Definition
87	1,9		
85 und 86	2,0		
84	2,1		
83	2,2		
82	2,3		
81	2,4		
79 und 80	2,5	befriedigend	eine Leistung, die den Anforderungen im Allgemeinen entspricht
78	2,6		
77	2,7		
75 und 76	2,8		
74	2,9		
72 und 73	3,0		
71	3,1		
70	3,2		
68 und 69	3,3		
67	3,4		
65 und 66	3,5	ausreichend	eine Leistung, die zwar Mängel aufweist, aber im Ganzen den Anforderungen noch entspricht
63 und 64	3,6		
62	3,7		
60 und 61	3,8		
58 und 59	3,9		
56 und 57	4,0		
55	4,1		
53 und 54	4,2		
51 und 52	4,3		
50	4,4		
48 und 49	4,5	mangelhaft	eine Leistung, die den Anforderungen nicht entspricht, jedoch erkennen lässt, dass gewisse Grundkenntnisse noch vorhanden sind
46 und 47	4,6		
44 und 45	4,7		
42 und 43	4,8		
40 und 41	4,9		
38 und 39	5,0		
36 und 37	5,1		
34 und 35	5,2		
32 und 33	5,3		

Punkte	Note als Dezimalzahl	Note in Worten	Definition
30 und 31	5,4		
25 bis 29	5,5	ungenügend	eine Leistung, die den Anforderungen nicht entspricht und bei der selbst Grundkenntnisse fehlen
20 bis 24	5,6		
15 bis 19	5,7		
10 bis 14	5,8		
5 bis 9	5,9		
0 bis 4	6,0		

Der Hundert-Punkte-Schlüssel ist der Bewertung aller Prüfungsleistungen sowie der Ermittlung von Zwischen- und Gesamtergebnissen zugrunde zu legen.

§ 22 Bewertungsverfahren, Feststellung der Prüfungsergebnisse

(1) Der Prüfungsausschuss fasst die Beschlüsse über
1. die Noten zur Bewertung einzelner Prüfungsleistungen, die er selbst abgenommen hat,
2. die Noten zur Bewertung der Prüfung insgesamt sowie
3. das Bestehen oder Nichtbestehen der Abschlussprüfung.

Für die Beschlussfassung erhält der Ausschuss die Ergebnisniederschriften nach § 23.

(2) Bei der Feststellung von Prüfungsergebnissen bleiben Prüfungsleistungen, von denen befreit worden ist (§ 9), außer Betracht.

(3) Nach § 47 Abs. 2 S. 2 BBiG erstellte oder ausgewählte Antwort-Wahl-Aufgaben können automatisiert ausgewertet werden, wenn das Aufgabenerstellungs- oder Aufgabenauswahlgremium festgelegt hat, welche Antworten als zutreffend anerkannt werden. Die Ergebnisse sind vom Prüfungsausschuss zu übernehmen.

(4) Der Prüfungsausschuss oder die Prüferdelegation kann einvernehmlich die Abnahme und Bewertung einzelner schriftlicher oder sonstiger Prüfungsleistungen, deren Bewertung unabhängig von der Anwesenheit bei der Erbringung erfolgen kann, so vornehmen, dass zwei seiner oder ihrer Mitglieder die Prüfungsleistungen selbständig und unabhängig bewerten. Weichen die auf der Grundlage des in der Prüfungsordnung vorgesehenen Bewertungsschlüssels erfolgten Bewertungen der beiden Prüfenden um nicht mehr als 10 Prozent der erreichbaren Punkte voneinander ab, so errechnet sich die endgültige Bewertung aus dem Durchschnitt der beiden Bewertungen. Bei einer größeren Abweichung erfolgt die endgültige Bewertung durch ein vorab bestimmtes weiteres Mitglied des Prüfungsausschusses oder der Prüferdelegation.

(5) Prüfungsausschüsse oder Prüferdelegationen nach § 42 Abs. 2 BBiG können zur Bewertung einzelner, nicht mündlich zu erbringender Prüfungsleistungen gutachterliche Stellungnahmen Dritter einholen.

(6) Im Rahmen der Begutachtung sind die wesentlichen Abläufe zu dokumentieren und die für die Bewertung erheblichen Tatsachen festzuhalten. Die Beauftragung erfolgt nach den Verwaltungsgrundsätzen der zuständigen Stelle. Personen, die nach § 3 von der Mitwirkung im Prüfungsausschuss auszuschließen sind, sollen nicht als Gutachter tätig werden.

§ 23 Ergebnisniederschrift, Mitteilung über Bestehen oder Nichtbestehen

(1) Über die Feststellung der einzelnen Prüfungsergebnisse ist eine Niederschrift auf den Formularen der zuständigen Stelle zu fertigen. Sie ist von den Mitgliedern des Prüfungsausschusses bzw. der Prüferdelegation zu unterzeichnen und der zuständigen Stelle unverzüglich vorzulegen.

(2) Die Prüfung ist vorbehaltlich der Fortbildungsregelungen nach §§ 53, 53e,54 BBiG insgesamt bestanden, wenn in jedem der einzelnen Prüfungsbestandteile mindestens ausreichende Leistungen erbracht worden sind.

(3) Die zu prüfende Person soll unmittelbar nach Feststellung des Gesamtergebnisses der Prüfung mitgeteilt werden, ob er die Prüfung »bestanden« oder »nicht bestanden« hat. Kann die Feststellung des Prüfungsergebnisses nicht am Tag der letzten Prüfungsleistung getroffen werden, so hat der

Prüfungsausschuss diese ohne schuldhaftes Zögern (unverzüglich) zu treffen und der zu prüfenden Person mitzuteilen.
(4) Über das Bestehen eines Prüfungsteils erhält die zu prüfende Person Bescheid, wenn für den Prüfungsteil ein eigener Prüfungsausschuss gemäß § 1 Abs. 3 gebildet werden kann.

§ 24 Prüfungszeugnis
(1) Über die Prüfung erhält die zu prüfende Person von der zuständigen Stelle ein Zeugnis (§ 37 Abs. 2 BBiG).
(2) Das Prüfungszeugnis enthält die in der jeweiligen Fortbildungsordnung (§ 53 Abs. 1 BBiG), Anpassungsfortbildungsordnung (§ 53e Abs. 1 BBiG) oder Fortbildungsprüfungsregelung nach § 54 BBiG vorgesehenen Angaben. Die Zeugnisse können zusätzliche nicht amtliche Bemerkungen zur Information (Bemerkungen) enthalten, insbesondere über die Zuordnung des erworbenen Abschlusses in den Deutschen Qualifikationsrahmen oder auf Antrag der geprüften Person über während oder anlässlich der Ausbildung erworbene besondere oder zusätzliche Fertigkeiten, Kenntnisse und Fähigkeiten.
(3) Dem Zeugnis ist auf Antrag der zu prüfenden Person eine englischsprachige und eine französischsprachige Übersetzung beizufügen (§ 37 Abs. 3 S. 1 BBiG).

§ 25 Bescheid über nicht bestandene Prüfung
(1) Bei nicht bestandener Prüfung erhält die zu prüfende Person von der zuständigen Stelle einen schriftlichen Bescheid. Darin ist anzugeben, welche Prüfungsleistungen in einer Wiederholungsprüfung nicht mehr wiederholt werden müssen (§ 26 Abs. 2 bis 3). Die von der zuständigen Stelle vorgeschriebenen Formulare sind zu verwenden.
(2) Auf die besonderen Bedingungen der Wiederholungsprüfung gemäß § 26 ist hinzuweisen.

Fünfter Abschnitt: Wiederholungsprüfung

§ 26 Wiederholungsprüfung
(1) Eine Fortbildungsprüfung, die nicht bestanden ist, kann zweimal wiederholt werden. Ebenso können Prüfungsteile, die nicht bestanden sind, zweimal wiederholt werden, wenn ihr Bestehen Voraussetzung für die Zulassung zu einem weiteren Prüfungsteil ist. Es gelten die in der Wiederholungsprüfung erzielten Ergebnisse.
(2) Hat die zu prüfende Person bei nicht bestandener Prüfung in einer selbstständigen Prüfungsleistung (§ 20 Abs. 2 S. 2) mindestens ausreichende Leistungen erbracht, so ist diese auf Antrag der zu prüfenden Person nicht zu wiederholen, sofern die zu prüfende Person sich innerhalb von zwei Jahren – gerechnet vom Tage der Feststellung des Ergebnisses der nicht bestandenen Prüfung an – zur Wiederholungsprüfung anmeldet. Die Bewertung einer selbstständigen Prüfungsleistung (§ 20 Abs. 2 S. 2) ist im Rahmen der Wiederholungsprüfung zu übernehmen.
(3) Die Prüfung kann frühestens zum nächsten Prüfungstermin (§ 7) wiederholt werden.

Sechster Abschnitt: Schlussbestimmungen
§ 27 Rechtsbehelfsbelehrung
Maßnahmen und Entscheidungen der Prüfungsausschüsse sowie der zuständigen Stelle sind bei ihrer schriftlichen Bekanntgabe an die Prüfungsbewerberin/den Prüfungsbewerber bzw. die zu prüfende Person mit einer Rechtsbehelfsbelehrung gemäß § 70 VwGO zu versehen.

§ 28 Prüfungsunterlagen
(1) Auf Antrag ist die zu prüfende Person binnen der gesetzlich vorgegebenen Frist zur Einlegung eines Rechtsbehelfs Einsicht in seine Prüfungsunterlagen zu gewähren. Die schriftlichen Prüfungsarbeiten sind ein Jahr, die Niederschriften gemäß § 23 Abs. 1 15 Jahre aufzubewahren. Die Aufbewahrungsfrist beginnt mit dem Zugang des Prüfungsbescheides nach § 24 Abs. 1 bzw. § 25 Abs. 1. Der Ablauf der vorgenannten Fristen wird durch das Einlegen eines Rechtsmittels gehemmt.
(2) Die Aufbewahrung kann auch elektronisch erfolgen. Landesrechtliche Vorschriften zur Archivierung bleiben unberührt.

§ 29 Inkrafttreten
Diese Prüfungsordnung tritt am Tag der Veröffentlichung im Mitteilungsblatt der zuständigen Stelle in Kraft. Gleichzeitig tritt die bisherige Fortbildungsprüfungsordnung außer Kraft. Die Prüfungsordnung wurde am … gemäß § 47 Abs. 1 BBiG von … (zuständige Behörde) genehmigt.

§ 57 Gleichstellung von Prüfungszeugnissen

Das Bundesministerium für Wirtschaft und Klimaschutz oder das sonst zuständige Fachministerium kann im Einvernehmen mit dem Bundesministerium für Bildung und Forschung nach Anhörung des Hauptausschusses des Bundesinstituts für Berufsbildung durch Rechtsverordnung Prüfungszeugnisse, die außerhalb des Anwendungsbereichs dieses Gesetzes oder im Ausland erworben worden sind, den entsprechenden Zeugnissen über das Bestehen einer Fortbildungsprüfung auf der Grundlage der §§ 53b bis 53e und 54 gleichstellen, wenn die in der Prüfung nachzuweisenden beruflichen Fertigkeiten, Kenntnisse und Fähigkeiten gleichwertig sind.

Kapitel 3
Berufliche Umschulung

§ 58 Umschulungsordnung

Als Grundlage für eine geordnete und einheitliche berufliche Umschulung kann das Bundesministerium für Bildung und Forschung im Einvernehmen mit dem Bundesministerium für Wirtschaft und Klimaschutz oder dem sonst zuständigen Fachministerium nach Anhörung des Hauptausschusses des Bundesinstituts für Berufsbildung durch Rechtsverordnung, die nicht der Zustimmung des Bundesrates bedarf,

1. **die Bezeichnung des Umschulungsabschlusses,**
2. **das Ziel, den Inhalt, die Art und Dauer der Umschulung,**
3. **die Anforderungen der Umschulungsprüfung und die Zulassungsvoraussetzungen sowie**
4. **das Prüfungsverfahren der Umschulung**

unter Berücksichtigung der besonderen Erfordernisse der beruflichen Erwachsenenbildung bestimmen (Umschulungsordnung). § 4 Absatz 2 Satz 1 und § 5 Absatz 3 gelten entsprechend.

Inhaltsübersicht

I. Umschulung als Berufsbildungsmaßnahme

In der Praxis spielen Maßnahmen der beruflichen Umschulung durchaus eine bedeutende Rolle. Die Regelungen im BBiG sind nur fragmentarisch. Eine umfassende gesetzliche Regelung der beruflichen Umschulung fehlt ebenso wie ein Weiterbildungsgesetz (vgl. § 53 Rn. 1). 1

Die berufliche Umschulung (§ 1 Abs. 5 BBiG) soll zu einer anderen als der zuvor erlernten beruflichen Tätigkeit befähigen. Der Begriff der »Umschulung« setzt nicht zwingend eine vorherige Ausbildung des Umzuschulenden im Sinne des § 1 Abs. 3 BBiG voraus. Anders als die Erstausbildung, ist die Umschulung auf eine schnelle Wiedereingliederung des Umschülers in den Arbeitsprozess angelegt. 2

Umschulungsmaßnahmen können in **überbetrieblichen Einrichtungen** oder auf der Grundlage vertraglicher Regelungen mit **Unternehmen** stattfinden. Auf **betriebliche Umschulungsverhältnisse** sind die Vorschriften des BBiG über Berufsausbildungsver- 3 hältnisse *nicht* anwendbar.[1] Deshalb sind die Vertragsparteien bei der Gestaltung des Inhalts des Umschulungsvertrages, insbesondere der Rechte und Pflichten, weitgehend frei. Kommt es zu Leistungsstörungen, wie etwa einer längeren Erkrankung oder häufiger Kurzerkrankungen des Umzuschulenden, müssen die Vertragsparteien die Folgen selbstständig regeln, etwa eine Verlängerung des Umschulungsvertrages. Aus dem BBiG ergeben sich keine Vorgaben. Auch die zuständigen Stellen (§ 71 BBiG) haben hier keine Regelungskompetenzen, auch nicht über Umschulungsprüfungsregelungen gem. § 59 BBiG. Eine Kompetenz zur Verlängerung der Umschulungszeit durch die zuständige Stelle, wie in § 8 BBiG für die Ausbildungsdauer vorgesehen, ergibt sich aus den §§ 58 bis 63 BBiG nicht.[2]

4 Erfolgt die **Umschulung im Rahmen eines Arbeitsverhältnisses**, gelten unter Berücksichtigung der gleichzeitig übernommenen Umschulungsverpflichtung die allgemeinen arbeitsrechtlichen Bestimmungen. Gleichwohl ist der **Umschulungsvertrag kein Arbeitsvertrag**, weil nicht die Arbeitsleistung, sondern der Umschulungszweck im Vordergrund steht.[3] Wenn der Arbeitnehmer mit seinem Arbeitgeber (neben dem Arbeitsvertrag) einen Umschulungsvertrag vereinbart, ohne dass das Arbeitsverhältnis gekündigt oder in sonstiger Weise beendet wird, so ruht das Arbeitsverhältnis für die Dauer der Umschulung und lebt nach Beendigung der Umschulung automatisch wieder auf.[4]

5 Ein Umschulungsvertrag endet grundsätzlich erst mit **Zweckerfüllung**, das heißt mit dem erfolgreichen Abschluss der Umschulung. Ist der Umschulungsvertrag für eine bestimmte Zeit geschlossen, endet er mit Zeitablauf (§ 620 BGB). Ein Recht zur ordentlichen Kündigung ist in der Regel ausgeschlossen. Der Umschulungsvertrag kann ausnahmsweise bei Vorliegen eines wichtigen Grundes im Sinne des § 626 BGB fristlos gekündigt werden.[5] Die gesetzliche Schriftform des § 623 BGB gilt *nicht* für die Kündigung des Umschulungsvertrages, weil es sich eben gerade nicht um ein Arbeitsverhältnis handelt.[6]

II. Umschulungsordnungen gem. § 58 BBiG

6 Als Grundlage für eine geordnete und einheitliche berufliche Umschulung kann das Bundesministerium für Bildung und Forschung im Einvernehmen mit dem Bundesministerium für Wirtschaft und Klimaschutz oder dem sonst zuständigen Fachministerium nach Anhörung des Hauptausschusses des Bundesinstituts für Berufsbildung gem. § 58 BBiG durch **Rechtsverordnung**, die nicht der Zustimmung des Bundesrats bedarf, **Umschulungsordnungen** erlassen. Der Inhalt der Umschulungsordnung wird in § 58 Nr. 1 bis 4 BBiG benannt. Die besonderen Erfordernisse der beruflichen Erwachsenenbildung sind dabei zu berücksichtigen.

7 § 58 BBiG stellt eine **Ermächtigungsgrundlage** für den Erlass solcher Rechtsverordnungen durch die Exekutive (Ministerium) dar. Fehlt es an solchen Rechtsverordnungen, können die **zuständigen Stellen Umschulungsprüfungsregelungen** erlassen (§ 59 BBiG).

8 Von der Struktur her lehnt sich die Regelung zur Umschulungsordnung an die Regelung zur Fortbildungsordnung an (vgl. § 53 Abs. 2 Nr. 1 bis 4 BBiG).

1 *BAG* 12.2.2013 – 3 AZR 120/11, NZA 2014, 31; *BAG* 19.1.2006 – 6 AZR 638/04, NZA 2007, 97.
2 Im Ergebnis ebenso, mit anderer Begründung: *VG Darmstadt* 18.9.2003 – 3 E 409/03, juris.
3 *BAG* 19.1.2006 – 6 AZR 638/04, NZA 2007, 97.
4 *BAG* 19.1.2006 – 6 AZR 638/04, NZA 2007, 97.
5 *BAG* 19.1.2006 – 6 AZR 638/04, NZA 2007, 97; *BAG* 15.3.1991 – 2 AZR 516/90, NZA 1992, 452.
6 *BAG* 19.1.2006 – 6 AZR 638/04, NZA 2007, 97.

Für das **Handwerk** gilt die entsprechende Vorschrift des § 42e HwO. Die **Überwachungs- und Beratungsfunktion der zuständigen Stelle**n für die Durchführung von Umschulungsmaßnahmen ist in § 76 BBiG geregelt.

§ 59 Umschulungsprüfungsregelungen der zuständigen Stellen

Soweit Rechtsverordnungen nach § 58 nicht erlassen sind, kann die zuständige Stelle nach § 71 oder § 72 Umschulungsprüfungsregelungen erlassen. Wird im Fall des § 71 Absatz 8 als zuständige Stelle eine Landesbehörde bestimmt, so erlässt die zuständige Landesregierung die Umschulungsprüfungsregelungen durch Rechtsverordnung. Die Ermächtigung nach Satz 2 kann durch Rechtsverordnung auf die ihr bestimmte zuständige Stelle übertragen werden. Die zuständige Stelle regelt die Bezeichnung des Umschulungsabschlusses, Ziel, Inhalt und Anforderungen der Prüfungen, die Zulassungsvoraussetzungen sowie das Prüfungsverfahren unter Berücksichtigung der besonderen Erfordernisse beruflicher Erwachsenenbildung.

Die zuständigen Stellen (§ 71, § 72 BBiG) haben gem. § 59 BBiG die Möglichkeit, eigene Umschulungsprüfungsregelungen für ihren Geltungsbereich zu erlassen, soweit keine bundeseinheitlichen Regelungen durch Rechtsverordnungen nach § 58 BBiG bestehen. Den zuständigen Stellen wird damit ermöglicht, auf der Grundlage solcher Umschulungsprüfungsregelungen öffentlich-rechtliche Prüfungen durchzuführen. Das entspricht der Regelung in § 54 BBiG für Fortbildungsprüfungsregelungen. Die Regelungsgegenstände gem. § 59 Satz 2 BBiG entsprechen § 58 Nr. 1 bis 4 BBiG. Für das **Handwerk** gilt die entsprechende Regelung des § 42f HwO. Zuständig für den Erlass von Umschulungsprüfungsregelungen ist der **Berufsbildungsausschuss** der zuständigen Stelle (§ 79 BBiG).

§ 60 Umschulung für einen anerkannten Ausbildungsberuf

Sofern sich die Umschulungsordnung (§ 58) oder eine Regelung der zuständigen Stelle (§ 59) auf die Umschulung für einen anerkannten Ausbildungsberuf richtet, sind das Ausbildungsberufsbild (§ 5 Absatz 1 Satz 1 Nr. 3), der Ausbildungsrahmenplan (§ 5 Absatz 1 Satz 1 Nr. 4) und die Prüfungsanforderungen (§ 5 Absatz 1 Satz 1 Nr. 5) zugrunde zu legen. Die §§ 27 bis 33 gelten entsprechend.

Bei der Umschulung für einen anerkannten Ausbildungsberuf sind die Anforderungen des entsprechenden Berufsbilds zu erfüllen. Deshalb wird in § 60 BBiG ausdrücklich auf das Ausbildungsberufsbild, den Ausbildungsrahmenplan und die Prüfungsanforderungen gem. § 5 Abs. 1 Nr. 3, 4 und 5 BBiG verwiesen. Damit werden Qualitätskriterien zugrunde gelegt wie in der regulären Berufsausbildung. Darüber hinaus müssen die Träger von Umschulungsmaßnahmen über die Eignungsvoraussetzungen verfügen, wie sie auch für Ausbildungsstätten und Ausbildungspersonal im Rahmen der Berufsausbildung gelten. § 27 bis § 33 BBiG gelten gem. § 60 Satz 2 BBiG entsprechend. Für das **Handwerk** gilt die entsprechende Vorschrift des § 42g HwO.

§ 61 Berücksichtigung ausländischer Vorqualifikationen

Sofern die Umschulungsordnung (§ 58) oder eine Regelung der zuständigen Stelle (§ 59) Zulassungsvoraussetzungen vorsieht, sind ausländische Bildungsabschlüsse und Zeiten der Berufstätigkeit im Ausland zu berücksichtigen.

Bei der Prüfung von Zulassungsvoraussetzungen für die Umschulungsordnung (§ 58 BBiG) und für Regelungen der zuständigen Stelle (§ 59 BBiG) sind die im Ausland erworbenen Kompetenzen ganz oder teilweise anzuerkennen. Sachlich entspricht die Vorschrift § 55 BBiG. Für das **Handwerk** gilt § 42h HwO.

§ 62 Umschulungsmaßnahmen; Umschulungsprüfungen

(1) Maßnahmen der beruflichen Umschulung müssen nach Inhalt, Art, Ziel und Dauer den besonderen Erfordernissen der beruflichen Erwachsenenbildung entsprechen.
(2) Umschulende haben die Durchführung der beruflichen Umschulung vor Beginn der Maßnahme der zuständigen Stelle schriftlich oder elektronisch anzuzeigen. Die Anzeigepflicht erstreckt sich auf den wesentlichen Inhalt des Umschulungsverhältnisses. Bei Abschluss eines Umschulungsvertrages ist eine Kopie des Umschulungsvertrages beizufügen.
(3) Für die Durchführung von Prüfungen im Bereich der beruflichen Umschulung errichtet die zuständige Stelle Prüfungsausschüsse. § 37 Absatz 2 und 3 sowie § 39 Absatz 2 und die §§ 40 bis 42a, 46 und 47 gelten entsprechend.
(4) Der Prüfling ist auf Antrag von der Ablegung einzelner Prüfungsbestandteile durch die zuständige Stelle zu befreien, wenn er eine andere vergleichbare Prüfung vor einer öffentlichen oder staatlich anerkannten Bildungseinrichtung oder vor einem staatlichen Prüfungsausschuss erfolgreich abgelegt hat und die Anmeldung zur Umschulungsprüfung innerhalb von zehn Jahren nach der Bekanntgabe des Bestehens der anderen Prüfung erfolgt.

Inhaltsübersicht Rn.

I. Übersicht

1 § 62 BBiG verlangt besondere Voraussetzungen für Maßnahmen der beruflichen Umschulung mit Erwachsenen. Die Maßnahmen müssen nach Inhalt, Art, Ziel und Dauer den besonderen Erfordernissen der beruflichen Erwachsenenbildung entsprechen. Darüber hinaus werden die Aufgaben der zuständigen Stellen im Zusammenhang mit Maßnahmen der beruflichen Umschulung beschrieben. Für das **Handwerk** gilt die entsprechende Vorschrift des § 42i HwO.

II. Maßnahmen der beruflichen Umschulung

§ 62 Abs. 1 BBiG weist auf die besondere Zielgruppe von Umschulungsmaßnahmen hin. Die Maßnahmen der beruflichen Umschulung müssen nach Inhalt, Art, Ziel und Dauer den besonderen Erfordernissen der beruflichen Erwachsenenbildung entsprechen. Ziel der Maßnahmen soll sein, die langfristige Beschäftigungsfähigkeit zu unterstützen. 2

III. Anzeigepflicht gegenüber der zuständigen Stelle

»Umschulende«, das heißt die Träger von Umschulungsmaßnahmen oder das Unternehmen, bei dem die Umschulung durchgeführt wird, müssen die zuständige Stelle (siehe § 71 BBiG) vor Beginn der beruflichen Umschulungsmaßnahme schriftlich oder elektronisch über die Durchführung der beruflichen Umschulung informieren (§ 62 Abs. 2 Satz 1 BBiG). Zum 1. 8. 2024 wurde die Möglichkeit der elektronischen Information in das Gesetz eingefügt. Eine einfache E-Mail genügt.[1] Die zuständige Stelle muss informiert sein, wo die Umschulung stattfindet und auf welcher Grundlage umgeschult wird, um ihrer Verpflichtung zur Überwachung nachkommen zu können. Sofern ein schriftlicher Vertrag über die Umschulungsmaßnahme abgeschlossen wurde, ist der zuständigen Stelle eine Kopie des Vertrages vorzulegen. 3

IV. Errichtung von Prüfungsausschüssen

Für die Durchführung von Prüfungen im Bereich der beruflichen Umschulung errichtet die zuständige Stelle **Prüfungsausschüsse** (§ 62 Abs. 3 Satz 1 BBiG). Bestimmte Regelungen über die Abschlussprüfung bei der Berufsausbildung gelten gem. § 63 Abs. 3 Satz 2 BBiG entsprechend, nämlich die Regelungen über: 4

- das Prüfungszeugnis (§ 37 Abs. 2 und 3 BBiG),
- die Abnahme von Prüfungen (§ 39 Abs. 2 BBiG),
- die Zusammensetzung und Berufung des Prüfungsausschusses (§ 40 BBiG),
- den Vorsitz, die Beschlussfähigkeit und Abstimmung im Prüfungsausschuss (§ 41 BBiG),
- die Beschlussfassung im Prüfungsausschuss und Bewertung der Abschlussprüfung (§ 42 BBiG),
- die Möglichkeit der virtuellen Teilnahme von Prüfenden (§ 42a BBiG),
- die Entscheidung über die Zulassung zur Prüfung (§ 46 BBiG) und über
- den Erlass einer Prüfungsordnung (§ 47 BBiG).

V. Befreiung von einzelnen Prüfungsteilen

Der Prüfling ist auf Antrag von der Ablegung einzelner Prüfungsbestandteile durch die zuständige Stelle zu befreien, wenn er eine andere vergleichbare Prüfung vor einer öffentlichen oder staatlich anerkannten Bildungseinrichtung oder vor einem staatlichen Prüfungsausschuss erfolgreich abgelegt hat und die Anmeldung zur Umschulungsprüfung innerhalb von zehn Jahren nach der Bekanntgabe des Bestehens der anderen Prüfung erfolgt (§ 62 Abs. 4 BBiG). 5

1 Vgl. die Gesetzesbegründung, BT-Drucks. 20/10857, S. 53.

§ 63 Gleichstellung von Prüfungszeugnissen

Das Bundesministerium für Wirtschaft und Klimaschutz oder das sonst zuständige Fachministerium kann im Einvernehmen mit dem Bundesministerium für Bildung und Forschung nach Anhörung des Hauptausschusses des Bundesinstituts für Berufsbildung durch Rechtsverordnung außerhalb des Anwendungsbereichs dieses Gesetzes oder im Ausland erworbene Prüfungszeugnisse den entsprechenden Zeugnissen über das Bestehen einer Umschulungsprüfung auf der Grundlage der §§ 58 und 59 gleichstellen, wenn die in der Prüfung nachzuweisenden beruflichen Fertigkeiten, Kenntnisse und Fähigkeiten gleichwertig sind.

Das Bundesministerium für Wirtschaft und Klimaschutz kann bestimmen, welche Prüfungszeugnisse den Zeugnissen über das Bestehen einer Umschulungsprüfung gleichgestellt werden. Die Vorschrift entspricht sachlich § 57 BBiG. Für das **Handwerk** gilt § 42j HwO.

Kapitel 4
Berufsbildung für besondere Personengruppen

Abschnitt 1
Berufsbildung behinderter Menschen

§ 64 Berufsausbildung

Behinderte Menschen (§ 2 Abs. 1 Satz 1 des Neunten Buches Sozialgesetzbuch) sollen in anerkannten Ausbildungsberufen ausgebildet werden.

Inhaltsübersicht Rn.

I. Ausbildung in anerkannten Ausbildungsberufen als Regelfall

1 Behinderte, ebenso wie nichtbehinderte, Menschen sollen in anerkannten Ausbildungsberufen nach der für alle geltenden Ausbildungsordnung gem. § 4 BBiG ausgebildet werden. Eine Unterscheidung findet grundsätzlich nicht statt. Menschen mit Behinderungen sollen in der Regel gem. den allgemein gültigen Vorschriften des Berufsbildungsgesetzes ausgebildet werden. Nur soweit dies nach Art und Schwere der Behinderung nicht möglich ist, finden die Ausnahmen gem. §§ 66 und 67 BBiG Anwendung. § 64 BBiG knüpft an die Regelung des Art. 3 Abs. 3 Satz 2 GG an, dass niemand wegen seiner Behinderung benachteiligt werden darf. Für das **Handwerk** gilt § 42k HwO.

2 Die Ausbildung nach den allgemein gültigen Regeln soll die Arbeitsmarktchancen für Menschen mit Behinderungen verbessern. Derzeit existieren bundesweit über 900 Sonderausbildungsregelungen für Menschen mit Behinderungen, die nur eingeschränkte Beschäftigungsmöglichkeiten bieten. Ausgehend von anerkannten Ausbildungsordnungen sollen bundesweit gültige Durchführungsregelungen erarbeitet werden, die die besonderen Verhältnisse von Menschen mit Behinderungen berücksichtigen (vgl. § 65 BBiG).

3 Für Ausbildungsverträge mit Menschen mit Behinderungen gelten **privatrechtlich keine Besonderheiten**, die §§ 10 bis 26 BBiG sind anwendbar.

II. Begriff der Behinderung

In § 64 BBiG wird ausdrücklich auf § 2 Abs. 1 Satz 1 SGB IX verwiesen, sodass die dortige Begriffsdefinition der Behinderung auch für § 64 BBiG maßgeblich ist. Danach liegt bei dem Menschen eine Behinderung vor, wenn seine körperliche Funktion, geistige Fähigkeit oder seelische Gesundheit mit hoher Wahrscheinlichkeit länger als sechs Monate von dem für das Lebensalter typischen Zustand abweichen und daher seine Teilhabe am Leben in der Gesellschaft beeinträchtigt ist. Vorausgesetzt wird ein Grad der Behinderung von wenigstens 50, der durch das Versorgungsamt festzustellen ist (§ 152 SGB IX). Da in § 64 BBiG ausdrücklich nur auf § 2 Abs. 1 Satz 1 SGB IX verwiesen wird, fallen Menschen, die »von Behinderung bedroht sind« (§ 2 Abs. 1 Satz 3 SGB IX) nicht in den Anwendungsbereich des § 64 BBiG. Wegen des Verweises auf § 2 Abs. 1 Satz 1 SGB IX sind auch die den schwerbehinderten Menschen gleichgestellten Personen (was ab einem Grad der Behinderung von 30 möglich ist) gem. § 2 Abs. 3, § 151 Abs. 3 SGB IX nicht in den Anwendungsbereich des § 64 BBiG einbezogen. 4

§ 65 Berufsausbildung in anerkannten Ausbildungsberufen

(1) Regelungen nach den §§ 9 und 47 sollen die besonderen Verhältnisse behinderter Menschen berücksichtigen. Dies gilt insbesondere für die zeitliche und sachliche Gliederung der Ausbildung, die Dauer von Prüfungszeiten, die Zulassung von Hilfsmitteln und die Inanspruchnahme von Hilfeleistungen Dritter wie Gebärdensprachdolmetscher für hörbehinderte Menschen.

(2) Der Berufsausbildungsvertrag mit einem behinderten Menschen ist in das Verzeichnis der Berufsausbildungsverhältnisse (§ 34) einzutragen. Der behinderte Mensch ist zur Abschlussprüfung auch zuzulassen, wenn die Voraussetzungen des § 43 Abs. 1 Nr. 2 und 3 nicht vorliegen.

Inhaltsübersicht Rn.

I. Berücksichtigung der besonderen Verhältnisse von Menschen mit Behinderungen bei Regelungen nach § 9 und § 47 BBiG

Die zuständigen Stellen regeln die Durchführung der Berufsausbildung, soweit keine gesetzlichen Vorschriften bestehen (§ 9 BBiG). Regelungen der zuständigen Stellen nach § 9 BBiG und die **Prüfungsordnungen** (§ 47 BBiG) sollen die **besonderen Verhältnisse von Menschen mit Behinderungen berücksichtigen**. Obwohl § 65 BBiG als Soll-Vorschrift formuliert ist, ist § 65 BBiG als Pflichtauftrag für die zuständigen Stellen anzusehen.[1] Dies gilt insbesondere für die zeitliche und sachliche Gliederung der Ausbildung, die Dauer von Prüfungszeiten, die Zulassung von Hilfsmitteln und die Inanspruchnahme von Hilfeleistungen Dritter wie Gebärdensprachdolmetscher für Hörbehinderte. Je nach Ausbildungsberuf und Art der Behinderung kann die Gewährung einer Kompensation (»**Nachteilsausgleich**«) wegen einer körperlichen oder einer anderen Beeinträchtigung etwa durch eine zeitliche Verlängerung der Prüfungszeit oder die Gewährung zusätzli- 1

1 *Benecke/Hergenröder*, BBiG, § 65 Rn. 3; *Taubert*, BBiG, § 65 Rn. 3.

cher Pausen während der Prüfung angezeigt sein.[2] Bei einer stark ausgeprägten Legasthenie kommt es in Betracht, dem Prüfling für die Abschlussprüfung einen Vorleser zu stellen.[3]

2 Die Berücksichtigung der besonderen Verhältnisse behinderter Menschen bei **Prüfungsordnungen** berechtigt nicht dazu, geringere Leistungen als in den Prüfungsanforderungen vorgesehen zu verlangen oder eine günstigere Beurteilung der Prüfungsleistung vorzunehmen.[4]

II. Eintragung in das Verzeichnis der Berufsausbildungsverhältnisse

3 Der Berufsausbildungsvertrag mit einem behinderten Menschen ist gem. § 65 Abs. 2 Satz 1 BBiG in das Verzeichnis der Berufsausbildungsverhältnisse (§ 34 BBiG) einzutragen. Die **Eintragungspflicht** ist zwingend.[5] Dieses gilt auch dann, wenn die Ausbildung in außerbetrieblichen Ausbildungsstätten, etwa in Einrichtungen der beruflichen Rehabilitation (Berufsbildungswerken für Behinderte), durchgeführt wird.[6]

III. Besonderheiten bei der Zulassung zur Abschlussprüfung

4 Die Vorschriften zur Zulassung zur Abschlussprüfung (§ 43 Abs. 1 BBiG) gelten bei Menschen mit Behinderungen nur eingeschränkt (§ 65 Abs. 2 BBiG). Die Zulassung zur Abschlussprüfung regelt sich gem. § 43 Abs. 1 BBiG, wobei § 65 Abs. 2 Satz 2 BBiG Abweichungen zulässt. Auch Menschen mit Behinderungen müssen gem. § 43 Abs. 1 Nr. 1 BBiG die Ausbildungsdauer zurückgelegt haben oder ihre Ausbildung darf nicht später als zwei Monate nach dem Prüfungstermin enden (vgl. § 43 Rn. 6ff.). Die Zulassungsvoraussetzungen gem. § 43 Abs. 1 Nr. 2 und 3 BBiG (vgl. § 43 Rn. 15ff.) müssen jedoch bei Menschen mit Behinderungen nicht zwingend vorliegen.

§ 66 Ausbildungsregelungen der zuständigen Stellen

(1) Für behinderte Menschen, für die wegen Art und Schwere ihrer Behinderung eine Ausbildung in einem anerkannten Ausbildungsberuf nicht in Betracht kommt, treffen die zuständigen Stellen auf Antrag der behinderten Menschen oder ihrer gesetzlichen Vertreter oder Vertreterinnen Ausbildungsregelungen entsprechend den Empfehlungen des Hauptausschusses des Bundesinstituts für Berufsbildung. Die Ausbildungsinhalte sollen unter Berücksichtigung von Lage und Entwicklung des allgemeinen Arbeitsmarktes aus den Inhalten anerkannter Ausbildungsberufe entwickelt werden. Im Antrag nach Satz 1 ist eine Ausbildungsmöglichkeit in dem angestrebten Ausbildungsgang nachzuweisen.

(2) § 65 Abs. 2 Satz 1 gilt entsprechend.

Inhaltsübersicht Rn.

2 Vgl. *VG Saarland* 5.3.2009 – 1 K 643/08, juris.
3 *OVG Sachsen* 5.10.2022 – 5 A 281/21.
4 *VGH Baden-Württemberg* 31.3.1977, EzB §§ 48, 49 BBiG Nr. 1.
5 *Benecke/Hergenröder*, BBiG, § 65 Rn. 6.
6 *Taubert*, BBiG, § 65 Rn. 9.

I. Ausbildungsregelungen für Menschen mit Behinderungen

Nur soweit es nach Art und Schwere der Behinderung nicht möglich ist, Menschen mit Behinderungen gemäß den allgemein gültigen Ausbildungsvorschriften auszubilden, findet § 66 BBiG Anwendung. Die zuständigen Stellen (siehe § 71 BBiG) treffen in diesen Fällen besondere Ausbildungsregelungen auf der Grundlage der Empfehlungen des Hauptausschusses beim Bundesinstitut für Berufsbildung. Die entsprechenden Ausbildungsregelungen und -angebote müssen den Neigungen und Fähigkeiten von behinderten Menschen entsprechen, um ihnen dadurch Chancen auf dem allgemeinen Arbeitsmarkt und zum lebenslangen Lernen zu eröffnen. Für die Ausbildung im **Handwerk** gilt § 42m HwO. 1

Auf Antrag von Menschen mit Behinderung sind die zuständigen Stellen gehalten, besondere Ausbildungsregelungen festzulegen. Es liegt nicht im Ermessen der zuständigen Stellen zu entscheiden, ob sie besondere Ausbildungsregelungen treffen, sie müssen bei Vorliegen eines Antrags handeln. Andererseits dürfen sie entsprechende Regelungen auch nur treffen, wenn ein solcher Antrag vorliegt. Anträge können nur von Einzelpersonen gestellt werden. Im Antrag ist eine Ausbildungsmöglichkeit in dem angestrebten Ausbildungsgang nachzuweisen. Hiermit soll sichergestellt werden, dass die angestrebte Ausbildung auch tatsächlich absolviert werden kann. 2

Der Erlass einer Ausbildungsregelung nach § 66 BBiG (§ 42m HwO) ist als wichtige Angelegenheit im Sinne des § 79 BBiG anzusehen. Der Berufsbildungsausschuss ist insofern über Ausbildungsregelungen gem. § 66 BBiG (§ 42m HwO) zu unterrichten und anzuhören. 3

II. Eintragung in das Verzeichnis der Berufsausbildungsverhältnisse

Der Berufsausbildungsvertrag im Sinne des § 66 BBiG ist ebenfalls in das Verzeichnis der Berufsausbildungsverhältnisse (§ 34 BBiG) einzutragen, wie sich aus § 66 Abs. 2 BBiG mit dem Verweis auf die entsprechende Anwendung des § 65 Abs. 2 Satz 1 BBiG ergibt. Die **Eintragungspflicht** ist zwingend. 4

III. Empfehlung des Hauptausschusses des Bundesinstituts für Berufsbildung

Der Hauptausschuss des Bundesinstituts für Berufsbildung (BIBB) hat die Empfehlung »Rahmenregelung für Ausbildungsregelungen für behinderte Menschen gem. § 66 BBiG/§ 42m HwO« verabschiedet.[1] 5

Die Rahmenregelung beinhaltet gesonderte Anforderungen an die Ausbilder und Ausbilderinnen. Hierzu hat der Hauptausschuss des BIBB am 21.6.2012 eine Empfehlung für ein »Rahmencurriculum für eine Rehabilitationspädagogische Zusatzqualifikation für Ausbilderinnen und Ausbilder (ReZA)« beschlossen.[2]

---

1 Beschluss vom 17.12.2009, geändert am 15.12.2010, *www.bibb.de/dokumente/pdf/HA136.pdf.*
2 *www.bibb.de/dokumente/pdf/HA154.pdf.*

§ 67 Berufliche Fortbildung, berufliche Umschulung

Für die berufliche Fortbildung und die berufliche Umschulung behinderter Menschen gelten die §§ 64 bis 66 entsprechend, soweit es Art und Schwere der Behinderung erfordern.

Durch die Vorschrift gelten die Bestimmungen der §§ 64 bis 66 auch für die berufliche Fortbildung und die berufliche Umschulung, allerdings nur soweit es Art und Schwere der Behinderung erfordern. Für das **Handwerk** gilt § 42n HwO.

Abschnitt 2
Berufsausbildungsvorbereitung

§ 68 Personenkreis und Anforderungen

(1) Die Berufsausbildungsvorbereitung richtet sich an lernbeeinträchtigte oder sozial benachteiligte Personen, deren Entwicklungsstand eine erfolgreiche Ausbildung in einem anerkannten Ausbildungsberuf noch nicht erwarten lässt. Sie muss nach Inhalt, Art, Ziel und Dauer den besonderen Erfordernissen des in Satz 1 genannten Personenkreises entsprechen und durch umfassende sozialpädagogische Betreuung und Unterstützung begleitet werden.

(2) Für die Berufsausbildungsvorbereitung, die nicht im Rahmen des Dritten Buches Sozialgesetzbuch oder anderer vergleichbarer, öffentlich geförderter Maßnahmen durchgeführt wird, gelten die §§ 27 bis 33 entsprechend.

Inhaltsübersicht Rn.

I. Überblick

1 Die Berufsausbildungsvorbereitung wurde mit Wirkung zum 1.1.2003 erstmals neu in das BBiG aufgenommen.[1] Diese Regelungen finden sich nunmehr – in leicht geänderter Form durch das Berufsbildungsreformgesetz – in den §§ 68 bis 70 BBiG. Für das **Handwerk** gilt die Parallelvorschrift in § 42o HwO.

2 Die Berufsausbildungsvorbereitung dient dem Ziel, durch die Vermittlung von Grundlagen für den Erwerb beruflicher Handlungsfähigkeit an eine Berufsausbildung in einem anerkannten Ausbildungsberuf heranzuführen (§ 1 Abs. 2 BBiG). Die **Agentur für Arbeit** kann förderungsbedürftige junge Menschen durch **berufsvorbereitende Bildungsmaßnahmen** fördern, um sie auf die Aufnahme einer Berufsausbildung vorzubereiten oder, wenn die Aufnahme einer Berufsausbildung wegen in ihrer Person liegender Gründe nicht möglich ist, ihnen die berufliche Eingliederung zu erleichtern (§ 51 Abs. 1 SGB III).

1 Neuregelung durch Art. 9 des Zweiten Gesetzes für moderne Dienstleistungen am Arbeitsmarkt vom 23.12.2002 (BGBl. I S. 4621).

Im Rahmen dessen können abgestimmt auf den individuellen Förderungsbedarf in angemessenem Umfang **betriebliche Praktika** vorgesehen werden (§ 51 Abs. 4 SGB III). Wenn Arbeitgeber eine **betriebliche Einstiegsqualifizierung** durchführen, können diese durch die Agentur für Arbeit durch Zuschüsse zur Vergütung finanziell gefördert werden. In dem Fall handelt es sich um »andere Vertragsverhältnisse« im Sinne des § 26 BBiG (vgl. § 26 BBiG Rn. 16).

Die Berufsausbildungsvorbereitung richtet sich an **Zielgruppen mit besonderem Förderbedarf**, die aufgrund persönlicher oder sozialer »Defizite« einer besonderen Förderung bedürfen und die mit der Berufsausbildungsvorbereitung eine berufliche **Teilqualifizierung** erhalten sollen. Durch die Verankerung der Berufsausbildungsvorbereitung in das BBiG soll die Bedeutung ausbildungsvorbereitender Bildungsmaßnahmen hervorgehoben und eine engere inhaltliche und organisatorische Orientierung auf eine anschließende reguläre Berufsausbildung erreicht werden.[2] 3

Die Berufsausbildungsvorbereitung ist, wie die Zielbestimmung in § 1 Abs. 2 BBiG deutlich macht, ausdrücklich von der Berufsausbildung (§ 1 Abs. 3 BBiG) abgegrenzt.[3] Sie dient der **Heranführung an eine reguläre Berufsausbildung** in einem anerkannten Ausbildungsberuf nach dem BBiG. 4

Bei den ausbildungsvorbereitenden Maßnahmen soll es sich insbesondere um solche Maßnahmen handeln, die durch die Bundesagentur für Arbeit gefördert werden.[4] Die Berufsausbildungsvorbereitung im Sinne des BBiG ist aber enger zu verstehen als die Berufsvorbereitung im Sinne des SGB III, da berufsvorbereitende Bildungsmaßnahmen nach den §§ 51 ff. SGB III neben der Vorbereitung auf die Aufnahme einer Ausbildung auch der beruflichen Eingliederung dienen können.[5] 5

Die Berufsausbildungsvorbereitung soll die **Persönlichkeitsentwicklung fördern** und **Defizite ausgleichen**, die der unmittelbaren Aufnahme einer regulären Berufsausbildung entgegenstehen. In erster Linie wird die Berufsausbildungsvorbereitung in der Weise praktiziert, dass auf der Grundlage bestehender Ausbildungsordnungen **Qualifizierungsbausteine** entwickelt werden. Jugendliche und junge Erwachsene, die auf der Grundlage der Berufsausbildungsvorbereitung den Übergang in eine reguläre Berufsausbildung nicht oder noch nicht bewältigen, sollen durch dieses Angebot bessere Chancen auf dem Arbeitsmarkt eröffnet werden.[6] 6

II. Der Regelungsinhalt des § 68 BBiG

§ 68 BBiG definiert zunächst den Personenkreis, an den sich die Berufsausbildungsvorbereitung richtet, und regelt die näheren Anforderungen an diese Maßnahmen und verweist auf anzuwendende Vorschriften des BBiG. 7

1. Personenkreis

Die Berufsausbildungsvorbereitung richtet sich an **lernbeeinträchtigte oder sozial benachteiligte Personen**, deren Entwicklungsstand eine erfolgreiche Ausbildung in einem anerkannten Ausbildungsberuf noch nicht erwarten lässt (§ 68 Abs. 1 Satz 1 BBiG). Ge- 8

2 *Benecke/Hergenröder,* BBiG, § 68 Rn. 2.
3 *Benecke/Hergenröder,* BBiG, § 68 Rn. 2.
4 Gesetzesbegründung, BT-Drucks. 15/26, S. 29.
5 *Benecke/Hergenröder,* BBiG, § 68 Rn. 5; *Natzel,* DB 2002, 719.
6 Gesetzesbegründung, BT-Drucks. 15/26, S. 29.

meint sind damit vor allem Personen, die gar keinen oder nur einen schlechten Hauptschulabschluss oder vergleichbaren Abschluss bei Beendigung der allgemeinen Schulpflicht haben sowie Jugendliche, die Hilfen zur Erziehung nach den §§ 27 ff. SGB VIII erhalten, ehemals drogenabhängige Jugendliche, strafentlassene Jugendliche oder junge Strafgefangene, jugendliche Spätaussiedler oder ausländische Jugendliche mit Sprachdefiziten.[7]

9 Die Gesetzesbegründung darf nicht zu der Annahme führen, dass ausschließlich bei Vorliegen einer besonderen sozialen Indikation (wie Drogenabhängigkeit o. ä.) eine Berufsausbildungsvorbereitung möglich oder angezeigt ist. Vielmehr richtet sich diese allgemein an Jugendliche, die aufgrund schulischer oder in der Person liegender oder sozialisationsbedingter Mängel unzureichend auf die Aufnahme eines Berufsausbildungsverhältnisses vorbereitet sind.[8]

2. Anforderungen an die Maßnahmen der Berufsausbildungsvorbereitung

10 Die Berufsausbildungsvorbereitung muss nach **Inhalt, Art, Ziel und Dauer** den besonderen Erfordernissen des in § 68 Abs. 1 Satz 1 BBiG genannten Personenkreises entsprechen und durch **umfassende sozialpädagogische Betreuung und Unterstützung** begleitet werden (§ 68 Abs. 1 Satz 2 BBiG). Die Maßnahmen der Berufsausbildungsvorbereitung dienen der Vermittlung von Grundlagen für den Erwerb beruflicher Handlungsfähigkeit, die neben dem Erlernen fachspezifischer Fertigkeiten auch eine Verbesserung der bildungsmäßigen Voraussetzungen (wie etwa das Nachholen des Hauptschulabschlusses) und eine Verstärkung sozialer Kompetenzen (Teamfähigkeit, Kommunikationsfähigkeit) umfassen kann.[9] Grundlegendes Ziel ist die spätere Aufnahme einer Berufsausbildung. Die **Dauer** der Maßnahmen ist gesetzlich nicht vorgegeben, liegt in der Praxis in der Regel zwischen sechs und zwölf Monaten.[10]

11 Ob die verpflichtend ausgestaltete Anforderung an die Berufsausbildungsvorbereitung, dass diese »durch umfassende sozialpädagogische Betreuung und Unterstützung begleitet werden« »muss«, in jedem Fall indiziert ist, ist zweifelhaft.[11] Man wird die gesetzliche Regelung dahin interpretieren können, dass die sozialpädagogische Betreuung nur so weit »umfassend« sein muss, wie dies im Einzelfall erforderlich ist. Die Verpflichtung zur sozialpädagogischen Betreuung und Unterstützung wird also durch den Grundsatz der Erforderlichkeit begrenzt.[12]

3. Anzuwendende Vorschriften

12 Für die Berufsausbildungsvorbereitung, die nicht im Rahmen des SGB III oder anderer vergleichbarer, öffentlich geförderter Maßnahmen durchgeführt wird, sondern im **Betrieb**, gelten die Regelungen des BBiG über die **Eignung von Ausbildungsstätte und Ausbildungspersonal** (§§ 27 bis 33 BBiG) entsprechend (§ 68 Abs. 2 BBiG).

---

7 Gesetzesbegründung, BT-Drucks. 15/26, S. 30.

8 *Benecke/Hergenröder*, BBiG, § 68 Rn. 3; *Taubert*, BBiG, § 68 Rn. 4; Wohlgemuth/*Wohlgemuth/Günther*, BBiG, § 68 Rn. 4.

9 Gesetzesbegründung, BT-Drucks. 15/26, S. 30.

10 *Benecke/Hergenröder*, BBiG, § 68 Rn. 8.

11 Skeptisch auch *Natzel*, DB 2002, 719, der diese Verpflichtung als »zu weitgehend« und »aufgrund ihrer Kostenträchtigkeit geradezu kontraproduktiv« ansieht.

12 *Taubert*, BBiG, § 68 Rn. 13; Wohlgemuth/*Wohlgemuth/Günther*, BBiG, § 68 Rn. 10.

III. Anbieter der Berufsausbildungsvorbereitung

13 Anbieter der Berufsausbildungsvorbereitung können **Bildungsträger** sein, die (im Regelfall nach dem SGB III geförderte) entsprechende Maßnahmen anbieten, aber auch – insoweit abweichend von der Förderung nach dem SGB III – **Unternehmen (Betriebe)**.

14 Die Personen, die an **öffentlich geförderten Maßnahmen** bei Bildungsträgern teilnehmen, stehen im Regelfall zur Arbeitsverwaltung in einem öffentlich-rechtlichen Leistungsverhältnis.[13] Ein gesonderter Vergütungsanspruch (etwa gem. § 26 i. V. m. § 17 BBiG) besteht in diesen Fällen nicht. Durch die Teilnahme an entsprechenden Maßnahmen werden weder ein Arbeitsverhältnis noch ein Ausbildungsvertrag oder ein anderes Vertragsverhältnis i. S. d. § 26 BBiG begründet.[14]
Häufig handelt es sich um einen dreiseitigen Vertrag, an dem die Person beteiligt ist, die im Rahmen einer berufsvorbereitenden Bildungsmaßnahme nach § 51 SGB III gefördert wird, sowie die Agentur für Arbeit und der Bildungsträger, der die Bildungsmaßnahme durchführt. Wenn im Rahmen von **berufsvorbereitenden Bildungsmaßnahmen**, die von der **Agentur für Arbeit** gefördert werden (§ 51 Abs. 1 SGB III), **betriebliche Praktika** durchgeführt werden (§ 51 Abs. 4 SGB III), wird in der Regel, weil es sich lediglich um einen Teil der öffentlich-rechtlichen Leistungsbeziehung zur Agentur für Arbeit handelt, ein Rechtsverhältnis zum Unternehmen/Betrieb, in dem das Praktikum durchgeführt wird, nicht begründet.[15]

15 Bei der **betrieblichen Berufsausbildungsvorbereitung** wird zwischen dem Unternehmensträger und dem jungen Menschen ein **privatrechtlicher Qualifizierungsvertrag** geschlossen.[16] Es handelt sich weder um ein Berufsausbildungsverhältnis noch um ein Arbeitsverhältnis, sondern um ein **»anderes Vertragsverhältnis« im Sinne des § 26 BBiG,**[17] sodass die für die Berufsausbildung geltenden Schutznormen, die §§ 10 bis 23 und 25 BBiG, nach näherer Maßgabe des § 26 BBiG anzuwenden sind.
Wenn Arbeitgeber eine **betriebliche Einstiegsqualifizierung** durchführen, können diese durch die Agentur für Arbeit durch Zuschüsse zur Vergütung finanziell gefördert werden. Für diesen Fall ist gesetzlich ausdrücklich geregelt, dass eine Förderung durch die Agentur für Arbeit nur erfolgen kann, wenn diese auf der Grundlage eines Vertrages nach § 26 BBiG durchgeführt wird (§ 54a Abs. 2 Nr. 1 SGB III; vgl. § 26 BBiG Rn. 16).

16 Insbesondere besteht bei der betrieblichen Berufsausbildungsvorbereitung oder Einstiegsqualifizierung ein **Anspruch auf eine angemessene Vergütung** (§ 17 i. V. m. § 26 BBiG). Maßstab für die »Angemessenheit« der Vergütung ist allerdings nicht die reguläre Ausbildungsvergütung, weil es sich bei der Berufsausbildungsvorbereitung gerade nicht um Berufsausbildungsverhältnis handelt. Zudem gilt auch der besondere **Kündigungsschutz** gem. § 22 BBiG. Für **Rechtsstreitigkeiten** aus einem betrieblichen Berufsausbildungsvorbereitungsvertrag ist der Rechtsweg zu den Arbeitsgerichten gegeben (entsprechend § 5 Abs. 1 Satz 1 ArbGG). Der Schlichtungsausschuss für Streitigkeiten aus dem Berufsausbildungsverhältnis (vgl. § 10 BBiG Rn. 95 ff.) ist nicht zuständig, da eben kein Berufsausbildungsverhältnis besteht.

---

13 *Benecke/Hergenröder*, BBiG, § 68 Rn. 5; Wohlgemuth/*Wohlgemuth/Günther*, BBiG, § 68 Rn. 11.
14 Vgl. *LAG Hamm* 24.2.2000 – 17 Sa 1654/99.
15 Jedenfalls wird kein Arbeitsverhältnis begründet; vgl. *LAG Hamm* 5.12.2014 – 1 Sa 1152/14, NZA-RR 2015, 117.
16 *Benecke/Hergenröder*, BBiG, § 68 Rn. 6; *Taubert*, BBiG, § 68 Rn. 7; Wohlgemuth/*Wohlgemuth/Günther*, BBiG, § 68 Rn. 129.
17 Vgl. die Gesetzesbegründung, BT-Drucks. 15/26, S. 30; so auch *Taubert*, BBiG, § 68 Rn. 7; DDZ/*Wroblewski*, BBiG, § 26 Rn. 7c; Wohlgemuth/*Wohlgemuth/Günther*, BBiG, § 68 Rn. 12; a. A.: *Natzel*, DB 2002, 719, 720 f.

17 Gesonderter Betrachtung bedarf die **Assistierte Ausbildung (vgl. auch § 10 BBiG Rn. 1)**.[18] Danach kann die Agentur für Arbeit förderungsbedürftige junge Menschen und deren Ausbildungsbetriebe während einer betrieblichen Berufsausbildung durch Maßnahmen der Assistierten Ausbildung mit dem Ziel des erfolgreichen Abschlusses der Berufsausbildung unterstützen. Voraussetzung ist in dem Fall das Bestehen eines »normalen« Berufsausbildungsverhältnisses, hat also mit der Berufsausbildungsvorbereitung nichts zu tun. Allerdings kann diese Maßnahme gem. § 75a SGB III auch eine **vorgeschaltete ausbildungsvorbereitende Phase** enthalten. In dieser **Vorphase der Assistierten Ausbildung** sind abgestimmt auf den individuellen Förderbedarf in angemessenen Umfang **betriebliche Praktika** vorzusehen (§ 75a Abs. 2 SGB III). Nach dem ausdrücklichen Willen des Gesetzgebers soll in dem Fall **kein Anspruch auf eine Ausbildungsvergütung** bestehen.[19]

§ 69 Qualifizierungsbausteine, Bescheinigung

(1) Die Vermittlung von Grundlagen für den Erwerb beruflicher Handlungsfähigkeit (§ 1 Abs. 2) kann insbesondere durch inhaltlich und zeitlich abgegrenzte Lerneinheiten erfolgen, die aus den Inhalten anerkannter Ausbildungsberufe entwickelt werden (Qualifizierungsbausteine).

(2) Über vermittelte Grundlagen für den Erwerb beruflicher Handlungsfähigkeit stellt der Anbieter der Berufsausbildungsvorbereitung eine Bescheinigung aus. Das Nähere regelt das Bundesministerium für Bildung und Forschung im Einvernehmen mit den für den Erlass von Ausbildungsordnungen zuständigen Fachministerien nach Anhörung des Hauptausschusses des Bundesinstituts für Berufsbildung durch Rechtsverordnung, die nicht der Zustimmung des Bundesrates bedarf.

Inhaltsübersicht Rn.

I. Überblick

1 § 69 BBiG n. F. entspricht in leicht geänderter Form § 51 BBiG a. F. (vgl. § 68 Rn. 1). Für das **Handwerk** gilt die Parallelvorschrift in § 42p HwO.

---

18 Die Assistierte Ausbildung wurde als § 130 SGB III erstmal mit Wirkung zum 1. 5. 2015 durch Artikel 1b des Fünften Gesetzes zur Änderung des Vierten Buches Sozialgesetzbuch und anderer Gesetze vom 15. 4. 2015 (BGBl. I S. 583) neu in das SGB III eingefügt. Durch das Gesetz zur Förderung der beruflichen Weiterbildung im Strukturwandel und zur Weiterentwicklung der Ausbildungsförderung vom 20. 5. 2020 (BGBl. I S. 1044) wurde die Assistierte Ausbildung mit Wirkung zum 29. 5. 2020 dauerhaft im SGB III in den §§ 74, 75, 75a SGB III geregelt.

19 So ausdrücklich die Gesetzesbegründung des Ausschusses für Arbeit und Soziales zum damaligen § 130 SGB III, BT-Drucks. 18/4114, S. 29. In der Begründung zur Neuregelung (BT-Drucks. 19/17740, S. 38) findet sich hierzu keine ausdrückliche Aussage.

II. Qualifizierungsbausteine

Die Vermittlung von Grundlagen für den Erwerb beruflicher Handlungsfähigkeit (§ 1 Abs. 2 BBiG) kann »insbesondere« gem. § 69 Abs. 1 BBiG durch inhaltlich und zeitlich abgegrenzte Lerneinheiten erfolgen, die aus den Inhalten anerkannter Ausbildungsberufe entwickelt werden (**Qualifizierungsbausteine**). 2

Es handelt sich dabei um inhaltlich und zeitlich abgegrenzte Lerneinheiten, die sich einerseits anlehnen an bestehende Ausbildungsordnungen, weil die Berufsausbildungsvorbereitung auf eine reguläre Berufsausbildung gerade hinführen soll. Andererseits handelt es sich um **abgegrenzte Lerneinheiten**, weil die Zielgruppen der Berufsausbildungsvorbereitung in ihrer Persönlichkeitsentwicklung usw. gerade noch nicht hinreichend ausgeprägt sind, dass sie bereits eine reguläre Berufsausbildung absolvieren könnten. Die Bausteine können aus demselben oder auch aus verschiedenen Ausbildungsberufen entnommen werden.[1] 3

Neben den Qualifizierungsbausteinen bleiben aber andere mögliche Bestandteile der Berufsausbildungsvorbereitung (»**insbesondere**«) bestehen, insbesondere die Möglichkeit des nachträglichen Erwerbs des Hauptschulabschlusses. Damit kann die Berufsausbildungsvorbereitung inhaltlich wie zeitlich individuell auf die verschiedenen Bedürfnisse der betreffenden Personengruppen angepasst werden.[2] 4

III. Bescheinigung über vermittelte Lerneinheiten (Zertifizierung)

Über vermittelte Grundlagen für den Erwerb beruflicher Handlungsfähigkeit stellt der Anbieter der Berufsausbildungsvorbereitung eine **Bescheinigung** aus (§ 69 Abs. 2 Satz 1 BBiG). Das Gesetz sieht somit als Regelfall vor, die Berufsausbildungsvorbereitung mit einer **Bescheinigung** (Zertifizierung) abzuschließen. Diese soll die Anrechnung der Ausbildungsvorbereitung auf eine anschließende reguläre Berufsausbildung erleichtern. Es soll also die Verwertbarkeit der Qualifikationen, die durch die Ausbildungsvorbereitung erworben wurden, für eine anschließende reguläre Berufsausbildung ermöglicht werden oder, soweit dies nicht oder noch nicht erreichbar ist, für die Aufnahme einer adäquaten Beschäftigung auf dem regulären Arbeitsmarkt. 5

Bei nachgewiesenem erfolgreichem Erwerb ausbildungsbezogener Qualifikationen im Rahmen der Berufsausbildungsvorbereitung kommt im Falle einer einschlägigen anschließenden regulären Berufsausbildung eine **Verkürzung der Ausbildungsdauer** (§ 8 Abs. 1 BBiG) in Betracht.[3] 6

§ 69 Abs. 2 Satz 2 enthält eine **Verordnungsermächtigung**. Das Nähere hinsichtlich der Bescheinigung der Lerneinheiten (Zertifizierung) soll das Bundesministerium für Bildung und Forschung im Einvernehmen mit den für den Erlass von Ausbildungsordnungen zuständigen Fachministerien nach Anhörung des Hauptausschusses des Bundesinstituts für Berufsbildung durch **Rechtsverordnung** regeln. Die Rechtsverordnung bedarf nicht der Zustimmung des Bundesrats. 7

Insoweit gilt die Verordnung über die Bescheinigung von Grundlagen beruflicher Handlungsfähigkeit im Rahmen der Berufsausbildungsvorbereitung (**Berufsausbildungsvorbereitungs-Bescheinigungsverordnung** – BAVBVO) vom 16.7.2003 (BGBl. I S. 1472), die durch das Berufsbildungsreformgesetz nicht aufgehoben worden ist (Text der Verordnung bei Rn. 17). 8

---

1 *Natzel*, DB 2002, 719.
2 Wohlgemuth/*Wohlgemuth/Günther*, BBiG, § 69 Rn. 1; *Natzel*, DB 2002, 719.
3 *Benecke/Hergenröder* BBiG, § 69 Rn. 4; Wohlgemuth/*Wohlgemuth/Günther* BBiG, § 69 Rn. 8.

9 Gem. § 2 BAVBVO hat die Bescheinigung über die in der Berufsausbildungsvorbereitung erworbenen Grundlagen beruflicher Handlungsfähigkeit mindestens Angaben über den Namen und die Anschrift des Anbieters der Berufsausbildungsvorbereitung, den Namen und die Anschrift der teilnehmenden Person, die Dauer der Maßnahme und die Beschreibung der vermittelten Inhalte zu enthalten.

10 Soweit die Vermittlung von Grundlagen beruflicher Handlungsfähigkeit durch Qualifizierungsbausteine erfolgt, die als inhaltlich und zeitlich abgegrenzte Lerneinheiten zur Ausübung einer Tätigkeit befähigen, die Teil einer Ausbildung in einem anerkannten Ausbildungsberuf oder einer gleichwertigen Berufsausbildung ist (**Qualifizierungsziel**), einen verbindlichen Bezug zu den im Ausbildungsrahmenplan der entsprechenden Ausbildungsordnung enthaltenen Fertigkeiten und Kenntnissen oder zu den Ausbildungsinhalten einer gleichwertigen Berufsausbildung aufweisen, einen Vermittlungsumfang von wenigstens 140 und höchstens 420 Zeitstunden umfassen sollen und durch eine Leistungsfeststellung abgeschlossen werden, richtet sich gem. § 3 Abs. 1 BAVBVO die Bescheinigung nach den Vorschriften der §§ 4 bis 7 BAVBVO.

11 Für **jeden Qualifizierungsbaustein** hat gem. § 3 Abs. 2 BAVBVO der Anbieter eine Beschreibung nach Maßgabe der Anlage 1 zur BAVBVO (vgl. Rn. 17) zu erstellen, in der die Bezeichnung des Bausteins, der zugrunde liegende Ausbildungsberuf, das Qualifizierungsziel, die hierfür zu vermittelnden Tätigkeiten unter Bezugnahme auf die im Ausbildungsrahmenplan der entsprechenden Ausbildungsordnung enthaltenen Fertigkeiten und Kenntnisse oder die Ausbildungsinhalte einer gleichwertigen Berufsausbildung, die Dauer der Vermittlung sowie die Art der Leistungsfeststellung festzuhalten sind (**Qualifizierungsbild**).

12 Auf Antrag des Anbieters der Berufsausbildungsvorbereitung bestätigt die zuständige Stelle gem. § 4 BAVBVO die Übereinstimmung des Qualifizierungsbildes mit den Vorgaben des § 3 BAVBVO. Die Bestätigung ist auf der nach § 7 Abs. 3 BAVBVO beizufügenden Abschrift des Qualifizierungsbildes aufzuführen.

13 Zur Ermittlung der Befähigung bei Beendigung eines Qualifizierungsbausteins hat der Anbieter der Berufsausbildungsvorbereitung gem. § 5 Abs. 1 BAVBVO durch eine **Leistungsfeststellung** zu beurteilen, ob und mit welchem Erfolg die teilnehmende Person das Qualifizierungsziel erreicht hat. Die Leistungsfeststellung erstreckt sich gem. § 5 Abs. 2 BAVBVO auf die im Qualifizierungsbild niedergelegten Fertigkeiten und Kenntnisse.

14 Hat die teilnehmende Person das Qualifizierungsziel erreicht, gelten gem. § 6 BAVBVO folgende **Bewertungen**: »hat das Qualifizierungsziel mit gutem Erfolg erreicht«, wenn die Leistung den Anforderungen voll entspricht, »hat das Qualifizierungsziel mit Erfolg erreicht«, wenn die Leistung den Anforderungen auch unter Berücksichtigung von Mängeln im Allgemeinen entspricht.

15 Über das Ergebnis der Leistungsfeststellung nach Maßgabe des § 5 BAVBVO stellt der Anbieter der Berufsausbildungsvorbereitung bei Erreichen des Qualifizierungsziels gem. § 7 Abs. 1 BAVBVO ein **Zeugnis** gem. der Anlage 2 zur BAVBVO (vgl. Rn. 17) aus. Erreicht die teilnehmende Person das Qualifizierungsziel nicht, stellt der Anbieter der Berufsausbildungsvorbereitung gem. § 7 Abs. 2 BAVBVO über die Teilnahme eine Bescheinigung gem. der Anlage 3 zur BAVBVO aus. Den Nachweisen gem. § 7 Abs. 1 und 2 BAVBVO ist gem. § 7 Abs. 3 BAVBVO eine Abschrift des Qualifizierungsbildes beizufügen.

IV. Zeugnisanspruch

16 Unabhängig vom Anspruch auf die Bescheinigung (§ 69 Abs. 2 BBiG) besteht bei der betrieblichen Berufsausbildungsvorbereitung gegenüber dem Anbieter der Berufsaus-

bildungsvorbereitung ein Anspruch auf ein **Zeugnis**. Das folgt aus § 16 i. V. m. § 26 BBiG. Die Konstellation ist vergleichbar mit dem Anspruch auf ein Zeugnis über die Abschlussprüfung bei anerkannten Ausbildungsberufen (§ 37 Abs. 2 BBiG). Auch in dem Fall besteht unabhängig von diesem Anspruch der Zeugnisanspruch gegenüber dem Ausbildenden. Das gilt entsprechend für die Berufsausbildungsvorbereitung.

V. Text der Berufsausbildungsvorbereitungs-Bescheinigungsverordnung (BAVBVO)

Verordnung über die Bescheinigung von Grundlagen beruflicher Handlungsfähigkeit im Rahmen der Berufsausbildungsvorbereitung (Berufsausbildungsvorbereitungs-Bescheinigungsverordnung – BAVBVO) 17
vom 16. 7. 2003 (BGBl. I S. 1472)

Auf Grund des § 51 Abs. 2 Satz 2 in Verbindung mit Satz 1 und Absatz 1 sowie mit § 50 Abs. 2 des Berufsbildungsgesetzes vom 14. August 1969 (BGBl. I S. 1112), die durch Artikel 9 des Gesetzes vom 23. Dezember 2002 (BGBl. I S. 4621) eingefügt worden sind, verordnet das Bundesministerium für Bildung und Forschung nach Anhörung des Ständigen Ausschusses des Bundesinstituts für Berufsbildung im Einvernehmen mit dem Bundesministerium des Inneren, dem Bundesministerium der Justiz, dem Bundesministerium für Wirtschaft und Arbeit, dem Bundesministerium für Verbraucherschutz, Ernährung und Landwirtschaft, dem Bundesministerium für Gesundheit und Soziale Sicherung, dem Bundesministerium für Verkehr, Bau- und Wohnungswesen und dem Bundesministerium für Umwelt, Naturschutz und Reaktorsicherheit:

§ 1
Anwendungsbereich

Diese Verordnung regelt die Ausstellung der Bescheinigung über die im Rahmen einer Berufsausbildungsvorbereitung nach dem Berufsbildungsgesetz erworbenen Grundlagen beruflicher Handlungsfähigkeit (§ 51 Abs. 2 Satz 1 des Berufsbildungsgesetzes).

§ 2
Allgemeine Anforderungen an die Bescheinigung

Die Bescheinigung über die in der Berufsausbildungsvorbereitung erworbenen Grundlagen beruflicher Handlungsfähigkeit enthält mindestens Angaben über

1. den Namen und die Anschrift des Anbieters der Berufsausbildungsvorbereitung,
2. den Namen und die Anschrift der teilnehmenden Person,
3. die Dauer der Maßnahme und
4. die Beschreibung der vermittelten Inhalte.

§ 3
Bescheinigung und Dokumentation von Qualifizierungsbausteinen

(1) Soweit die Vermittlung von Grundlagen beruflicher Handlungsfähigkeit durch Qualifizierungsbausteine (§ 51 Abs. 1 des Berufsbildungsgesetzes) erfolgt, die als inhaltlich und zeitlich abgegrenzte Lerneinheiten

1. zur Ausübung einer Tätigkeit befähigen, die Teil einer Ausbildung in einem anerkannten Ausbildungsberuf oder einer gleichwertigen Berufsausbildung ist (Qualifizierungsziel),
2. einen verbindlichen Bezug zu den im Ausbildungsrahmenplan der entsprechenden Ausbildungsordnung enthaltenen Fertigkeiten und Kenntnissen oder zu den Ausbildungsinhalten einer gleichwertigen Berufsausbildung aufweisen,
3. einen Vermittlungsumfang von wenigstens 140 und höchstens 420 Zeitstunden umfassen sollen und
4. durch eine Leistungsfeststellung abgeschlossen werden,

richtet sich ihre Bescheinigung nach den Vorschriften der §§ 4 bis 7.

(2) Für jeden Qualifizierungsbaustein hat der Anbieter eine Beschreibung nach Maßgabe der Anlage 1 zu erstellen, in der die Bezeichnung des Bausteins, der zugrunde liegende Ausbildungsberuf, das Qualifizierungsziel, die hierfür zu vermittelnden Tätigkeiten unter Bezugnahme auf die im Ausbildungsrahmenplan der entsprechenden Ausbildungsordnung enthaltenen Fertigkeiten und Kennt-

nisse oder die Ausbildungsinhalte einer gleichwertigen Berufsausbildung, die Dauer der Vermittlung sowie die Art der Leistungsfeststellung festzuhalten sind (Qualifizierungsbild).

§ 4
Bestätigung des Qualifizierungsbildes
Auf Antrag des Anbieters der Berufsausbildungsvorbereitung bestätigt die zuständige Stelle die Übereinstimmung des Qualifizierungsbildes mit den Vorgaben des § 3. Die Bestätigung ist auf der nach § 7 Abs. 3 beizufügenden Abschrift des Qualifizierungsbildes aufzuführen.

§ 5
Ermittlung der Befähigung
(1) Zur Ermittlung der Befähigung bei Beendigung eines Qualifizierungsbausteins hat der Anbieter der Berufsausbildungsvorbereitung durch eine Leistungsfeststellung zu beurteilen, ob und mit welchem Erfolg die teilnehmende Person das Qualifizierungsziel erreicht hat.
(2) Die Leistungsfeststellung erstreckt sich auf die im Qualifizierungsbild niedergelegten Fertigkeiten und Kenntnisse.

§ 6
Leistungsbewertung
Hat die teilnehmende Person das Qualifizierungsziel erreicht, gelten folgende Bewertungen:
1. »hat das Qualifizierungsziel mit gutem Erfolg erreicht«, wenn die Leistung den Anforderungen voll entspricht,
2. »hat das Qualifizierungsziel mit Erfolg erreicht«, wenn die Leistung den Anforderungen auch unter Berücksichtigung von Mängeln im Allgemeinen entspricht.

§ 7
Zeugnis und Teilnahmebescheinigung
(1) Über das Ergebnis der Leistungsfeststellung nach Maßgabe des § 5 stellt der Anbieter der Berufsausbildungsvorbereitung bei Erreichen des Qualifizierungsziels ein Zeugnis gemäß der Anlage 2 aus.
(2) Erreicht die teilnehmende Person das Qualifizierungsziel nicht, stellt der Anbieter der Berufsausbildungsvorbereitung über die Teilnahme eine Bescheinigung gemäß der Anlage 3 aus.
(3) Den Nachweisen der Absätze 1 und 2 ist eine Abschrift des Qualifizierungsbildes beizufügen.

§ 8
Inkrafttreten
Diese Verordnung tritt am Tage nach der Verkündung in Kraft.
Bonn, den 16. Juli 2003

Anlage 1
(zu § 3 Abs. 2)

____

____
(Name und Anschrift des Betriebes, Trägers oder sonstigen Anbieters der Berufsausbildungsvorbereitung)

Qualifizierungsbild des Qualifizierungsbausteins

____
(Bezeichnung des Qualifizierungsbausteins)

1. Zugrunde liegender Ausbildungsberuf:

____
(Bezeichnung, Datum der Anerkennung, Fundstelle der Ausbildungsordnung im Bundesgesetzblatt/ Bundesanzeiger)

2. Qualifizierungsziel:

____

____
(Allgemeine, übergreifende Beschreibung der zu erwerbenden Qualifikationen und ausgeübten Tätigkeiten)

3. Dauer der Vermittlung:

____
(Angabe der Dauer in Zeitstunden bzw. Wochen mit Wochenstundenangabe)

4. Zu vermittelnde Tätigkeiten, Fertigkeiten und Kenntnisse:
Zu vermittelnde Tätigkeiten,
Zuordnung zu den Fertigkeiten und Kenntnissen des Ausbildungsrahmenplans

5. Leistungsfeststellung:

____
(Beschreibung der Art der Leistungsfeststellung, etwa Prüfgespräch, schriftlicher Test, kontinuierliche Tätigkeitsbewertung)
Die Übereinstimmung dieses Qualifizierungsbildes mit den Vorgaben des § 3 der Berufsausbildungsvorbereitungs-Bescheinigungsverordnung wird durch

____
(Bezeichnung und Anschrift der zuständigen Stelle)
bestätigt. *(ggf. streichen)*
Datum __________(Siegel)

____
(Unterschrift)

Anlage 2
(zu § 7 Abs. 1)

____

____
(Name und Anschrift des Betriebes, Trägers oder
sonstigen Anbieters der Berufsausbildungsvorbereitung)

Zeugnis
nach § 7 der Berufsausbildungsvorbereitungs-Bescheinigungsverordnung
über die Leistungsfeststellung zum Abschluss des Qualifizierungsbausteins

____
(Bezeichnung des Qualifizierungsbausteins)
Herr/Frau __________, __________
(Anschrift der teilnehmenden Person)
geboren am __________. in __________

____
hat vom __________ bis __________
(Dauer)
im Rahmen __________
(Art der berufsausbildungsvorbereitenden Maßnahme)
an dem Qualifizierungsbaustein __________
(Bezeichnung des Qualifizierungsbausteins)
teilgenommen und das Qualifizierungsziel mit
__________ Erfolg
(Einordnung gem. § 6)
erreicht.
Das Qualifizierungsziel umfasst: __________
(Angaben zum Qualifizierungsziel)
Der Qualifizierungsbaustein ist dem anerkannten Ausbildungsberuf

____
(Bezeichnung des Ausbildungsberufes)
zuzuordnen.
Die fachlichen Bestandteile des Qualifizierungsbausteins sind dem beigefügten Qualifizierungsbild zu entnehmen.
Datum __________
Unterschrift(en) __________

____
(Betrieb, Träger oder sonstiger Anbieter
der Berufsausbildungsvorbereitung)

Anlage 3
(zu § 7 Abs. 2)
____
____
(Name und Anschrift des Betriebes, Trägers oder
sonstigen Anbieters der Berufsausbildungsvorbereitung)

Teilnahmebescheinigung
nach § 7 der Berufsausbildungsvorbereitungs-Bescheinigungsverordnung
über die Teilnahme an dem Qualifizierungsbaustein
____
(Bezeichnung des Qualifizierungsbausteins)
Herr/Frau __________, __________
(Anschrift der teilnehmenden Person
geboren am __________ in __________
hat vom __________ bis __________
(Dauer)
im Rahmen __________
(Art der berufsausbildungsvorbereitenden Maßnahme)
an dem Qualifizierungsbaustein __________
(Bezeichnung des Qualifizierungsbausteins)
teilgenommen.
Das Qualifizierungsziel umfasst: __________
(Angaben zum Qualifizierungsziel)
Der Qualifizierungsbaustein ist dem anerkannten Ausbildungsberuf
____
(Bezeichnung des Ausbildungsberufes)
zuzuordnen.
Die fachlichen Bestandteile des Qualifizierungsbausteins sind dem beigefügten Qualifizierungsbild zu entnehmen.
Datum __________
Unterschrift(en) __________
____
(Betrieb, Träger oder sonstiger Anbieter
der Berufsausbildungsvorbereitung)

§ 70 Überwachung, Beratung

(1) Die nach Landesrecht zuständige Behörde hat die Berufsausbildungsvorbereitung zu untersagen, wenn die Voraussetzungen des § 68 Abs. 1 nicht vorliegen.
(2) Der Anbieter hat die Durchführung von Maßnahmen der Berufsausbildungsvorbereitung vor Beginn der Maßnahme der zuständigen Stelle schriftlich oder elektronisch anzuzeigen. Die Anzeigepflicht erstreckt sich auf den wesentlichen Inhalt des Qualifizierungsvertrages.
(3) Die Absätze 1 und 2 sowie § 76 finden keine Anwendung, soweit die Berufsausbildungsvorbereitung im Rahmen des Dritten Buches Sozialgesetzbuch oder anderer vergleichbarer, öffentlich geförderter Maßnahmen durchgeführt wird.

Inhaltsübersicht Rn.

I. Überblick

§ 70 BBiG n. F. entspricht in leicht geänderter Form § 52 BBiG a. F. (vgl. § 68 Rn. 1). Für die betriebliche Berufsausbildungsvorbereitung sieht § 70 bestimmte Überwachungs- und Beratungsaufgaben vor. Für das **Handwerk** gilt die Parallelvorschrift in § 42q HwO. 1

II. Untersagung bei Fehlen der Voraussetzungen

Die nach Landesrecht zuständige Behörde hat gem. § 70 Abs. 1 BBiG die Berufsausbildungsvorbereitung zu untersagen, wenn die Voraussetzungen des § 68 Abs. 1 BBiG (vgl. § 68 Rn. 7 ff.) nicht vorliegen. 2

III. Allgemeine Aufgaben der zuständigen Stelle

Die (nach den §§ 71 bis 75 BBiG) zuständige Stelle hat, wie sich aus § 76 BBiG ergibt, die Durchführung der Berufsausbildungsvorbereitung zu **überwachen** und diese **durch Beratung** der beteiligten Personen **zu fördern**. Die zuständige Stelle hat zu diesem Zweck **Berater** oder Beraterinnen zu bestellen (§ 76 Abs. 1 Satz 2 BBiG). 3

Anbieter von Maßnahmen der Berufsausbildungsvorbereitung sind auf Verlangen verpflichtet, die für die Überwachung notwendigen Auskünfte zu erteilen und Unterlagen vorzulegen sowie die Besichtigung des Betriebs zu gestatten (§ 76 Abs. 2 BBiG). Auskunftspflichtige können die Auskunft auf solche Fragen verweigern, deren Beantwortung sie selbst oder einen der in § 52 StPO bezeichneten Angehörigen der Gefahr strafgerichtlicher Verfolgung oder eines Verfahrens nach dem OWiG aussetzen würde (§ 76 Abs. 4 BBiG). 4

IV. Anzeigepflicht der Anbieter von Maßnahmen der Berufsausbildungsvorbereitung

Damit die zuständigen Stellen Kenntnis davon erlangen, wo, mit welchen Personen und mit welchem Ziel die Berufsausbildungsvorbereitung durchgeführt wird, haben die Anbieter der betrieblichen Berufsausbildungsvorbereitung die Durchführung von entsprechenden Maßnahmen vor ihren Beginn der zuständigen Stelle schriftlich oder elektronisch anzuzeigen (§ 70 Abs. 2 Satz 1 BBiG). Die Anzeigepflicht erstreckt sich gem. § 70 Abs. 2 Satz 2 BBiG auf den wesentlichen Inhalt des Qualifizierungsvertrages. Zum 1. 8. 2024 wurde die Möglichkeit der elektronischen Information in das Gesetz eingefügt. Eine einfache E-Mail genügt.[1] 5

V. Nichtanwendung des § 70 BBiG

Diese Überwachungs- und Beratungsaufgaben finden **keine Anwendung**, soweit die **Berufsausbildungsvorbereitung im Rahmen** des SGB III oder anderer vergleichbarer, **öffentlich gefördert**er Maßnahmen durchgeführt wird (§ 70 Abs. 3 BBiG). 6

1 Vgl. die Gesetzesbegründung, BT-Drucks. 20/10857, S. 54.

Teil 3
Organisation der Berufsbildung

Kapitel 1
Zuständige Stellen; zuständige Behörden

Abschnitt 1
Bestimmungen der zuständigen Stelle

§ 71 Zuständige Stellen

(1) Für die Berufsbildung in Berufen der Handwerksordnung ist die Handwerkskammer zuständige Stelle im Sinne dieses Gesetzes.

(2) Für die Berufsbildung in nichthandwerklichen Gewerbeberufen ist die Industrie- und Handelskammer zuständige Stelle im Sinne dieses Gesetzes.

(3) Für die Berufsbildung in Berufen der Landwirtschaft, einschließlich der ländlichen Hauswirtschaft, ist die Landwirtschaftskammer zuständige Stelle im Sinne dieses Gesetzes.

(4) Für die Berufsbildung der Fachangestellten im Bereich der Rechtspflege sind jeweils für ihren Bereich die Rechtsanwalts-, Patentanwalts- und Notarkammern und für ihren Tätigkeitsbereich die Notarkassen zuständige Stelle im Sinne dieses Gesetzes.

(5) Für die Berufsbildung der Fachangestellten im Bereich der Wirtschaftsprüfung und Steuerberatung sind jeweils für ihren Bereich die Wirtschaftsprüferkammern und die Steuerberaterkammern zuständige Stelle im Sinne dieses Gesetzes.

(6) Für die Berufsbildung der Fachangestellten im Bereich der Gesundheitsdienstberufe sind jeweils für ihren Bereich die Ärzte-, Zahnärzte-, Tierärzte- und Apothekerkammern zuständige Stelle im Sinne dieses Gesetzes.

(7) Soweit die Berufsausbildungsvorbereitung, die Berufsausbildung und die berufliche Umschulung in Betrieben zulassungspflichtiger Handwerke, zulassungsfreier Handwerke und handwerksähnlicher Gewerbe durchgeführt wird, ist abweichend von den Absätzen 2 bis 6 die Handwerkskammer zuständige Stelle im Sinne dieses Gesetzes.

(8) Soweit Kammern für einzelne Berufsbereiche der Absätze 1 bis 6 nicht bestehen, bestimmt das Land die zuständige Stelle.

(9) Zuständige Stellen können vereinbaren, dass die ihnen jeweils durch Gesetz zugewiesenen Aufgaben im Bereich der Berufsbildung durch eine von ihnen für die Beteiligten wahrgenommen werden. Die Vereinbarung bedarf der Genehmigung durch die zuständigen obersten Bundes- oder Landesbehörden.

Inhaltsübersicht

I. Zuweisung hoheitlicher Aufgaben

1 Teil 3 des BBiG regelt die Organisation der Berufsbildung, wobei das erste Kapitel die zuständige Stelle definiert sowie ihre Aufgaben und den bei ihr zu installierenden Berufsbildungsausschuss beschreibt. Das zweite Kapitel (§§ 82, 83) befasst sich mit den Landesausschüssen für Berufsbildung.

Die zuständige Stelle ist für die gesamte Berufsbildung von zentraler Bedeutung. Neben ihrer **Beratungs- und Überwachungsfunktion** (§ 76) ist es die zuständige Stelle, die durch die **Abnahme von Prüfungen** den Zugang zum Beruf eröffnet oder verweigert. Über die Berufsbildungsausschüsse, die bei der zuständigen Stelle einzurichten sind (§§ 77ff.), steuert die zuständige Stelle sowohl die Qualität der Ausbildung als auch Innovationen in allen Bereichen der Berufsbildung. Die zuständigen Stellen sind als Kammern öffentlich-rechtliche Körperschaften. Auf ihre Verwaltungstätigkeit ist das **Verwaltungsverfahrensgesetz** anzuwenden, das durch die jeweilige Aufsichtsbehörde angewendet wird. Damit unterliegen die zuständigen Stellen regelmäßig den Verwaltungsverfahrensgesetzen der Länder, soweit nicht ausnahmsweise die zuständige Stelle eine Bundesbehörde ist (§ 73).

Die hoheitlichen Aufgaben, die durch das BBiG auf die zuständige Stelle übertragen werden (zum Beispiel das Führen des Ausbildungsverzeichnisses, die Überwachung der Eignung von Ausbildungsbetrieb und Ausbildungspersonal, die Überwachung der Ausbildung gem. § 76), dürfen von dieser nicht auf private Dritte übertragen werden. Es fehlt schlicht an einer gesetzlich normierten Übertragungsbefugnis. Da das Berufsbildungsrecht im BBiG spezialgesetzlich geregelt ist, muss sich eine solche Übertragungsbefugnis dem BBiG entnehmen lassen.[1] Die Übertragung öffentlich-rechtlicher Aufgaben auf private Dritte führt zwangsläufig zu einer Einschränkung der bei dieser Aufgabenwahrnehmung insgesamt gebotenen Neutralität und Souveränität.[2] Einzige Übertragungsmöglichkeit ist § 71 Abs. 9 in den dort gesteckten engen Grenzen.

Soweit Aufgaben dennoch übertragen wurden, besteht gegen den privaten Dritten trotz fehlender Regelung zur Akteneinsicht ein Recht auf Einsicht in die Ausbildungsakten. Dieses Recht steht unter den Voraussetzungen des § 29 VwVfG sowohl den Auszubildenden als auch den Ausbildenden zu.[3]

Als öffentlich-rechtliche Stellen unterliegen die zuständigen Stellen des § 71 dem Informationsfreiheitsgesetz des Bundes bzw. der Länder, soweit die zuständigen Stellen der Aufsicht der Länder unterstellt sind. In erster Linie besteht ein Anspruch auf Zugang zu den Informationen, wie sie bei der Behörde vorliegen (»vorhanden« sind). Sind allerdings Informationen nur auszugsweise zugänglich zu machen, weil unter die Ausnahmebestimmungen fallende Informationen von den anderen beantragten Informationen getrennt werden müssen, so ist mit dem Zugangsanspruch regelmäßig eine gewisse Datenbearbeitung – sei es durch Schwärzung oder Trennung von Akten, sei es durch elektronische Datenbearbeitung oder das Erstellen von Auswertungen – verbunden. Dieser Aufwand ist

---

1 *BGH* 10.3.2014 – AnwZ (Brfg) 67/12, Rn. 16, *www.bundesgerichtshof.de – Entscheidungen ab 2000.*

2 *BGH*, a.a.O.; *Anwaltsgerichtshof NRW 12.10.2012* – 2 AGH 24/11, n.v.

3 *BGH*, a.a.O.

grundsätzlich von der Behörde zu leisten.[4] Ein Aufwand von mehreren Arbeitstagen ist dabei noch nicht unverhältnismäßig.[5]

2 Die nach dem BBiG 1969 geltenden Abgrenzungen der zuständigen Stellen nach Wirtschafts-, Gewerbe- und Berufszweigen wurde im **Grundsatz** zugunsten eines transparenteren Ordnungssystems aufgegeben. § 71 grenzt die Zuständigkeiten der zuständigen Stellen grundsätzlich nach Berufsbereichen ab. Mit Ausnahme des Handwerks gilt also: Die zuständigen Stellen sind für **bestimmte Berufe** zuständig – egal, welcher Branche der Ausbildende angehört. Dies hat z. B. zur Folge, dass für die Berufsbildung in nichthandwerklichen Gewerbeberufen, auch wenn sie etwa bei Angehörigen der freien Berufe durchgeführt wird, die Industrie- und Handelskammer zuständige Stelle im Sinne des § 71 ist. Durch diese **Spezialisierung** der zuständigen Stellen auf ihnen zugewiesene Berufe ist es für eine Vielzahl von Berufen, die nicht originär in den Bereich der Kammer fallen, nicht mehr nötig, Prüfungsausschüsse zu bilden. Die Kammer vermag sich so ganz auf die kammerspezifischen Berufe zu konzentrieren und hier mit hohem Spezialwissen die Berufsbildung zu überwachen, hierzu zu beraten und nötige Entwicklungen innerhalb der Branchen, z. B. durch Fortbildungsprüfungsregelungen der zuständigen Stelle (§ 54), zu begleiten.

Eine Liste der für die Berufsausbildung zuständigen Stellen findet sich im **Verzeichnis der anerkannten Ausbildungsberufe**[6]. Die Abs. 1–6 weisen die Berufsbildung verschiedener Bereiche den unterschiedlichen Kammern zu. Abs. 7 enthält eine Durchbrechung des Berufsprinzips zugunsten eines Ausbildungsstättenprinzips für den Bereich des Handwerks.

II. Zuständigkeit der Handwerkskammer (Abs. 1 und 7)

3 Nach Abs. 1 ist die Handwerkskammer zuständige Stelle für die Berufsbildung in Berufen der Handwerksordnung. Die Berufe der Handwerksordnung ergeben sich aus § 1 Abs. 3 i. V. m. Anlage A HwO so wie aus § 18 Abs. 2 i. V. m. Anlage B HwO. Wird in einem der dort genannten Berufe ausgebildet, fortgebildet oder Ausbildungsvorbereitung durchgeführt oder erfolgt eine Maßnahme in einem der dort genannten Berufe, ist die **Handwerkskammer** zuständige Stelle. Dies gilt sowohl für die betriebliche als auch für die außerbetriebliche Ausbildung.[7] Die Handwerkskammer ist damit auch für Auszubildende zuständig, die einen handwerklichen Beruf z. B. in der Hauptverwaltung einer großen Versicherung lernen, obgleich die Versicherung Mitglied der Industrie- und Handelskammer ist.

4 Umgekehrt sind die Industrie- und Handelskammern jedoch nicht zuständig für Auszubildende etwa in kaufmännischen Berufen, die in einem Handwerksbetrieb ausgebildet werden. Für diese Auszubildenden besteht nach Abs. 7 eine besondere Zuständigkeit der Handwerkskammer. Abs. 7 bestimmt, dass die Handwerkskammer zuständige Stelle für alle Berufsausbildungsvorbereitungsverhältnisse, Berufsausbildungsvorbereitungsverhältnisse und die betriebliche Umschulung ist, wenn diese Berufsbildungsverhältnisse in Handwerksbetrieben durchgeführt werden. Das nach den Abs. 1–6 geltende Prinzip, aus dem sich die Zuständigkeit der Kammer aus dem Beruf ergibt (Berufsprinzip), wird

4 *OVG NRW* 1. 3. 2011 – 8 A 3358/08, juris, Rn. 124 (zum Umweltinformationsgesetz); *OVG NRW* 1. 3. 2011 – 8 A 3358/08, juris, Rn. 126 f.
5 *VG Köln* 23. 1. 2014 – 13 K 3710/12, *www.justiz.nrw.de.*
6 Siehe § 90 Abs. 3.
7 *Taubert,* BBiG, § 71 Rn. 7.

für das Handwerk durchbrochen. Hier gilt das **Ausbildungsstättenprinzip**. Ist der Betrieb Mitglied der Handwerkskammer, ist er also ein Betrieb zulassungspflichtiger oder zulassungsfreier Handwerke oder handwerksähnlicher Berufe, greift die besondere Zuständigkeit der Handwerkskammer für die genannten Berufsbildungsverhältnisse. Für den Bereich der beruflichen Fortbildung bleibt es bei der allgemeinen Zuständigkeit nach den Abs. 2–6.

Die Handwerksordnung enthält in ihrem zweiten Teil (§§ 21ff. HwO) eigenständige Regelungen zum Berufsbildungsausschuss sowie in ihrem dritten Teil Vorschriften über die Meisterprüfung und den Meistertitel. Das Berufsbildungsgesetz gilt daher für die Berufe der Handwerksordnung nur teilweise. § 3 Abs. 3 regelt, dass die §§ 4–9, 27–49, 53–70, 76–80 sowie 102 nicht gelten, sondern hierzu die HwO gilt. 5

Die Verfasstheit der Handwerkskammer ergibt sich aus den §§ 90ff. HwO. Handwerkskammern sind nach § 90 Abs. 1 HwO **Körperschaften des öffentlichen Rechts**.

III. Zuständigkeit der Industrie- und Handelskammer (Abs. 2)

Nach Abs. 2 sind die Industrie- und Handelskammern die zuständigen Stellen für die Berufsbildung in nichthandwerklichen **Gewerbeberufen**. Nichthandwerklich sind die Berufe, die nicht in den Anlagen A + B zur Handwerksordnung aufgelistet sind. Zur **Definition** zum Begriff des Gewerbes kann auf die Rechtsprechung zur Gewerbeordnung (GewO) zurückgegriffen werden. Danach ist ein Gewerbe jede erlaubte, selbstständige, nach außen erkennbare Tätigkeit, die planmäßig, für eine gewisse Dauer und zum Zweck der Gewinnerzielung ausgeübt wird, wobei Urproduktion (Land- und Forstwirtschaft, Garten- und Weinbau, Fischerei und Jagd, Tierzucht) sowie die freien Berufe (freie wissenschaftliche, künstlerische und schriftstellerische Tätigkeit höherer Art sowie persönliche Dienstleistungen, die eine höhere Bildung erfordern) und bloße Verwaltung und Nutzung eigenen Vermögens ausgenommen werden.[8] Die Industrie- und Handelskammern sind damit für alle Berufe zuständig, die nicht nach Abs. 1 den Handwerkskammern und nicht nach den Abs. 3–6 den weiteren Kammern zugewiesen wurden. Sie sind damit nicht nur zuständig für die Berufsbildung in den Berufen des Handels und der Industrie, sondern auch in allen übrigen Berufen der Dienstleistungsbranche und auch für das Bergwesen.[9] Zu beachten ist die **Sonderzuständigkeit der Handwerkskammern** für alle in ihren Betrieben ausgeübten Berufen (Ausbildungsstättenprinzip, siehe Rn. 1, 4). 6

Die Industrie- und Handelskammern sind Körperschaften des öffentlichen Rechts, § 3 Abs. 1 IHKG. Die Industrie- und Handelskammern unterliegen der Aufsicht des Landes, in dem sie ihren Sitz haben, § 11 IHKG. Zum Teil existieren landesgesetzliche Regelungen, die den Industrie- und Handelskammern gesonderte Aufgaben übertragen (z. B. in Ausführung des § 1 Abs. 3a IHKG) oder Zuständigkeiten konkretisieren.

IV. Landwirtschaftskammer als zuständige Stelle (Abs. 3)

Nach Abs. 3 sind die Landwirtschaftskammern zuständige Stellen für die Berufsbildung in Berufen der Landwirtschaft. 7

Landwirtschaft ist **Bodenbewirtschaftung**, verbunden mit Bodennutzung zum Zwecke der Gewinnung pflanzlicher Erzeugnisse und zum Zweck der Tierhaltung, die Forstwirtschaft, der Gartenbau, soweit der nicht in Haus- oder Kleingärten ausgeübt wird,

---

8 *BVerwG* 16.2.1995 – 1 B 205.93, NJW 1995, 1850.
9 *Taubert*, BBiG, § 71 Rn. 11.

die Binnenfischerei, die Fischerei in Küstengewässern, die kleine Hochseefischerei und die Imkerei. Zur Landwirtschaft gehören Maßnahmen der landwirtschaftlichen Betriebe zur Pflege, zur Erhaltung und Entwicklung von Kulturflächen im Gemeininteresse, insbesondere zu Zwecken des Umwelt- und Naturschutzes. Vergleiche z. B. die Definition in § 4 des Gesetzes über Landwirtschaftskammern vom 10. 2. 2003 in Niedersachsen.[10] In der Fassung des Gesetzes vom 16. 11. 2007[11] zur **ländlichen Hauswirtschaft** gehören diejenigen Teile der landwirtschaftlichen Betriebe, bei denen es um die Versorgung der im landwirtschaftlichen Betrieb lebenden Menschen geht.[12] Landwirtschaftskammern wurden durch Gesetze folgender Länder errichtet: Bremen, Hamburg, Niedersachsen, Nordrhein-Westfalen, Rheinland-Pfalz, Saarland sowie Schleswig-Holstein. In den übrigen Ländern wurden Landwirtschaftskammern nicht durch Gesetz errichtet. Stattdessen haben die Länder die zuständige Stelle nach § 71 Abs. 8 bestimmt.[13]

V. Zuständige Stelle für Berufe der Rechtspflege (Abs. 4)

8 Nach Abs. 4 ist für die Berufsbildung der Fachangestellten im Bereich der Rechtspflege die jeweilige Kammer und für ihren Tätigkeitsbereich die Notarkassen zuständige Stelle. Für die Ausbildung der Rechtsanwaltsfachangestellten ist somit die örtliche **Rechtsanwaltskammer**, für die Ausbildung der Patentanwaltsfachangestellten ist die **Patentanwaltskammer** und für die Ausbildung der Notariatsfachangestellten ist die **Notarkammer** zuständige Stelle. Die Notarkassen sind für ihren Tätigkeitsbereich ebenfalls zuständige Stelle. Die Zuständigkeit bezieht sich lediglich auf die Berufsbildung der Fachangestellten. Durch diese Formulierung »Berufsbildung der Fachangestellten im Bereich der Rechtspflege« wird deutlich, dass die Berufsbildung sowohl in anderen Ausbildungsberufen als auch für den juristischen Nachwuchs nicht durch die zuständige Stelle aufgrund des § 71 Abs. 4, sondern entsprechend der übrigen Absätze des § 71 erfolgt.
Die Rechtsanwaltskammern, die Patentanwaltskammern sowie die Notarkammern und die Notarkassen sind öffentlich-rechtliche Körperschaften. Sie sind nicht befugt, die Aufgaben aus dem BBiG **an private Dritte zu übertragen**. Es fehlt dafür an einer im Gesetz geregelten Übertragungsbefugnis.[14]

VI. Wirtschaftsprüfer- und Steuerberaterkammern (Abs. 5)

9 Für die Berufsbildung der Fachangestellten im Bereich der Wirtschaftsprüfung und Steuerberatung sind nach Abs. 5 jeweils die Wirtschaftsprüferkammern bzw. die Steuerberaterkammern zuständige Stelle. Zuständig sind die Kammern jeweils nur für die Berufsbildung der Fachangestellten, also sowohl für die Berufsausbildung als auch für die in der Praxis in diesem Bereich selten vorkommende Berufsausbildungsvorbereitung, für die berufliche Fortbildung sowie für die Umschulung. Werden in diesem Bereich andere Berufe ausgebildet, sind die anderen Kammern zuständig. Für die in der Praxis in diesem Bereich häufiger ausgebildeten Büroberufe sind demzufolge die Industrie- und Handelskammern zuständig. Die Wirtschaftsprüfer- sowie die Steuerberaterkammern sind ledig-

---

10 Nds. GVBl. Nr. 5/2003, S. 61, ber. 176.
11 Nds. GVBl. Nr. 35/2007, S. 637.
12 *Taubert*, BBiG, § 71 Rn. 18.
13 Eine Übersicht über die zuständigen Stellen für den Bereich der Landwirtschaft findet sich unter *www.landwirtschaftskammern.de/pdf/berufsausbildung.pdf*.
14 *Anwaltsgerichtshof NRW* 12. 10. 2012 – 2 AGH 24/11, juris; bestätigt durch *BGH* 10. 3. 2014 – AnwZ (Brfg) 67/12, Rn. 16.

lich für die Berufsbildung der Fachangestellten zuständig, womit verdeutlicht wird, dass die zuständige Stelle nicht für die Berufsbildung des steuerberatenden Nachwuchses oder der Wirtschaftsprüfer zuständig ist.

VII. Zuständigkeit für die Gesundheitsdienstberufe (Abs. 6)

Für die Berufsbildung der Fachangestellten im Bereich der Gesundheitsdienstberufe sind nach Abs. 6 die **jeweiligen Kammern** zuständige Stelle. Für die medizinischen Fachangestellten sind somit die **Ärztekammern**, für die zahnmedizinischen Fachangestellten die **Zahnärztekammern**, für die tiermedizinischen Fachangestellten die Tierärztekammern und für die pharmazeutisch-kaufmännischen Angestellten die **Apothekerkammern** zuständige Stellen. Für Berufe wie z. B. Apotheker:innen, die in diesen Betrieben ebenfalls ausgebildet werden, sind die jeweiligen Kammern nicht zuständige Stelle im Sinne des § 71. 10

VIII. Zuständige Stelle durch Bestimmung des Landes (Abs. 8)

Nicht für alle Bereiche und nicht flächendeckend über das gesamte Gebiet der Bundesrepublik sind die nach den Abs. 1–6 genannten Kammern errichtet. Insofern ist eine Auffangregelung nötig, die die Zuständigkeit regelt, **wenn eine entsprechende Kammer nicht vorhanden ist**. Hierfür bestimmt Abs. 8, dass das Land die zuständige Stelle bestimmt. Maßgeblich ist das Land, in dessen Gebiet die Ausbildung durchgeführt wird. Nicht maßgeblich ist das Recht des Landes, in dessen Gebiet der Auszubildende seinen Wohnsitz hat. 11

IX. Kammer-Kooperation (Abs. 9)

Nach Abs. 9 können mehrere zuständige Stellen vereinbaren, dass die ihnen durch das Berufsbildungsgesetz oder die Handwerksordnung zugewiesenen Aufgaben im Bereich der Berufsbildung durch eine dieser zuständigen Stellen **wahrgenommen** werden. 12

»Aufgaben« meint nach der Vorstellung des Gesetzgebers[15] in sich abgeschlossene Verwaltungsprozesse. Zwar ist nicht erforderlich, dass alle der den zuständigen Stellen im Bereich der Berufsbildung zugewiesenen Aufgaben auf eine von ihnen übertragen wird. »Vielmehr kann etwa nur die Bestellung von Ausbildungsberaterinnen und Ausbildungsberatern oder die Überwachung der Berufsausbildung in den Betrieben übertragen werden.« Hingegen soll es nicht möglich sein, dass im Wege einer Vereinbarung zwischen zuständigen Stellen zur Aufgabenübertragung nur ein Teil einer Aufgabe, etwa die Durchführung von Abschlussprüfungen, jedoch nicht die Zeugniserstellung, von einer zuständigen Stelle übernommen wird. Dies ist freilich nicht zwingend. Der Begriff der Aufgabe ist nicht weiter definiert. Auch das Ausstellen von Zeugnissen ist zunächst einmal eine Aufgabe der zuständigen Stelle. Die in der Gesetzesbegründung enthaltene Deutung erinnert eher an den Begriff des »Arbeitsvorgangs« des § 12 Abs. 2 des Tarifvertrages für den öffentlichen Dienst (TVöD). 13

Übertragen werden dürfen nur Aufgaben, die allen beteiligten zuständigen Stellen durch Gesetz zugewiesen wurden. Die **Übertragung** führt dazu, dass die zuständige Stelle, der eine Aufgabe übertragen wird, diese als eigene Angelegenheit wahrnimmt. Verwaltungsakte sind in ihrem Namen zu erlassen und Rechtsbehelfe gegen sie zu richten. Insoweit 14

15 BT-Drucks. 19/10815, S. 70.

lässt sich die Übertragung von Aufgaben von der **Amtshilfe** nach den §§ 4 ff. VwVfG unterscheiden. »So handelt es sich nach der Legaldefinition des § 4 Abs. 1 VwVfG bei Amtshilfe um auf Ersuchen einer Behörde durch eine andere Behörde geleistete ergänzende Hilfe. Die Aufgabe wird also nicht zur eigenen Verantwortung übernommen.«[16] Amtshilfe zwischen den zuständigen Stellen, etwa die Errichtung gemeinsamer Prüfungsausschüsse nach § 39 Abs. 1 Satz 2 BBiG,[17] bleibt neben der Aufgabenübertragung möglich.

15 Für die Industrie- und Handelskammern ist die Zuständigkeit der **Vollversammlung der Kammer für die Vereinbarung** in § 4 Satz 2 Nr. 6 des IHKG ausdrücklich geregelt.
Die Vereinbarung zwischen den zuständigen Stellen hat den Charakter eines öffentlich-rechtlichen Vertrages im Sinne des jeweiligen Verwaltungsverfahrensgesetzes.[18] Voraussetzung für die Wirksamkeit des öffentlich-rechtlichen Vertrages ist die Zustimmung des Landes gem. Abs. 9 Satz 2. Erfolgt die Kooperation länderübergreifend, müssen beide Länder zustimmen. Fehlt die Zustimmung, ist die Vereinbarung erst wirksam, wenn sie schriftlich erteilt wird.[19] Die Entscheidung über die beantragte Zustimmung ist ihrerseits ein Verwaltungsakt.[20]
Zur Vereinbarung ist der Berufsbildungsausschuss gem. § 79 Abs. 1 Satz 1 anzuhören. Die fehlende Anhörung ist ein Verfahrensfehler, der die Wirksamkeit der Vereinbarung entsprechend § 58 VwVfG hemmt.
Die Vereinbarung muss ausreichend konkret sein, damit deutlich wird, welche Aufgaben mit welchen Kompetenzen übertragen werden.
Dem Wortlaut des Gesetzes kann nicht entnommen werden, dass nur zuständige Stellen aus identischen Bereichen eine entsprechende Vereinbarung miteinander treffen können.[21] Dies lässt sich auch nicht mit Sachnähe, Sachkompetenz oder Erfahrung begründen. Aufgrund der Zuweisung auch weiterer Berufe zu den Handwerkskammern gem. Abs. 7 ließe sich z. B. eine Vereinbarung zwischen einer Handwerkskammer und einer Industrie- und Handelskammer rechtfertigen, nach der die IHK die Zuständigkeit auch für die Gewerbeberufe hat, für die in den Handwerksbetrieben ausgebildet wird. Für die **Handwerkskammer** hätte eine solche Vereinbarung den Vorteil, dass sie nur noch in **Handwerksberufen** überwachen, beraten und prüfen muss. Der Aufwand für die zusätzlichen Berufe – in der Regel Büroberufe, entfiele. Demgegenüber könnte diese Aufgabe durch die IHK wahrgenommen werden, die hierfür über einen reichen Erfahrungsschatz verfügt. Offen gelassen hat der Gesetzgeber, ob er durch die Einfügung des Abs. 9 sowie des § 73 Abs. 3 auch Kooperationen zwischen Kammern und zuständigen Stellen im Bereich des öffentlichen Dienstes zulassen will.

---

16 BT-Drucks. 19/10815, S. 70 f.
17 BT-Drucks. 19/10815, S. 71.
18 Wohlgemuth/*Günther*, BBiG, § 71 Rn. 22.
19 § 58 Abs. 1 VwVfG.
20 *Wohlgemuth/Günther*, BBiG, § 71 Rn. 23.
21 So aber: *Taubert*, BBiG, § 71 Rn. 28.

§ 72 Bestimmung durch Rechtsverordnung

Das zuständige Fachministerium kann im Einvernehmen mit dem Bundesministerium für Bildung und Forschung durch Rechtsverordnung mit Zustimmung des Bundesrates für Berufsbereiche, die durch § 71 nicht geregelt sind, die zuständige Stelle bestimmen.

Sofern die zuständige Stelle nicht nach den Berufsbereichen des § 71 Abs. 1–6 zugeordnet ist, ermächtigt § 72 das zuständige Fachministerium durch Rechtsverordnung im Einvernehmen mit dem Bundesministerium für Bildung und Forschung, mit Zustimmung des Bundesrats die zuständige Stelle zu bestimmen. In § 72 nicht geregelt ist z. B. die Zuständigkeit für die Berufsbildung in Berufen der nichtländlichen Hauswirtschaft. Auch bei potenziellen, neuen **Ausbildungsordnungen** für Fachangestellte anderer als der genannten **freien Berufe**, für die bislang noch keine Ausbildungsordnung existiert, fehlt es an einer Bestimmung der zuständigen Stelle in § 71. 1

Zuständig ist das jeweilige Fachministerium. Obwohl dies nicht ausdrücklich geregelt ist, ist das jeweilige Fachministerium des Bundes gemeint. Nach dem Wortlaut des § 72 muss das Einvernehmen mit dem Bundesministerium für Bildung und Forschung hergestellt werden. Ohne dieses Einvernehmen ist die Verordnung nicht wirksam. Darüber hinaus ist die **Zustimmung des Bundesrats** zu der Rechtsverordnung erforderlich. 2

§ 73 Zuständige Stellen im Bereich des öffentlichen Dienstes

(1) Im öffentlichen Dienst bestimmt für den Bund die oberste Bundesbehörde für ihren Geschäftsbereich die zuständige Stelle

1. in den Fällen der §§ 32, 33 und 76 sowie der §§ 23, 24 und 41a der Handwerksordnung,

2. für die Berufsbildung in anderen als den durch die §§ 71 und 72 erfassten Berufsbereichen;

dies gilt auch für die der Aufsicht des Bundes unterstehenden Körperschaften, Anstalten und Stiftungen des öffentlichen Rechts.

(2) Im öffentlichen Dienst bestimmen die Länder für ihren Bereich sowie für die Gemeinden und Gemeindeverbände die zuständige Stelle für die Berufsbildung in anderen als den durch die §§ 71 und 72 erfassten Berufsbereichen. Dies gilt auch für die der Aufsicht der Länder unterstehenden Körperschaften, Anstalten und Stiftungen des öffentlichen Rechts.

(3) § 71 Absatz 9 gilt entsprechend.

Inhaltsübersicht

I. Allgemeines

§ 73 regelt die zuständigen Stellen im Bereich des öffentlichen Dienstes. Dabei erfasst Abs. 1 die Ausbildung des Bundes und Abs. 2 die Ausbildung der Länder. Ursprünglich war keine inhaltliche Änderung des § 84 BBiG 1969 geplant. Es sollten die Regelungen für 1

Bund und Länder lediglich in zwei Absätzen aufgeführt werden.[1] Für die Ausbildung im Bereich der Länder wurde die Zuständigkeit für Berufe, für die zuständigen Stellen nach §§ 71 und 72 bestehen, aufgegeben. Die Länder sind nunmehr nur noch zuständige Stelle für die **verwaltungseigenen** Berufe. Die verwaltungseigenen Berufe und die dazugehörigen zuständigen Stellen lassen sich dem Verzeichnis der **anerkannten Ausbildungsberufe**[2] entnehmen.

II. Zuständige Stellen im Bereich des Bundes (Abs. 1)

2 Nach Abs. 1 bestimmt die oberste Bundesbehörde jeweils für ihren Geschäftsbereich die zuständige Stelle. Die zuständige Stelle wird ganz allgemein für die verwaltungseigenen Berufe bestimmt (»in anderen als den durch die §§ 71 und 72 erfassten Berufsbereichen«). Für Ausbildungen in handwerklichen, Industrie- oder Handelsberufen sowie in sonstigen Berufen, für die nach den §§ 71 und 72 eine Kammer zuständig ist, bleibt diese die zuständige Stelle. Hiervon sind jedoch einige Vorschriften ausgenommen. Für diese Fälle ist nicht die jeweilige Kammer zuständig, sondern die **zuständige Stelle**, die von der obersten Bundesbehörde hierfür bestimmt wurde. Es handelt sich um die Überwachung[3] der Eignung von Ausbildungsstätten und Ausbildungspersonal,[4] um das Untersagen des Einstellens und Ausbildens[5] sowie um die allgemeine Überwachung der Berufsausbildung nebst Bestellung von Beratern.[6] Für diese drei Tätigkeitsbereiche erfolgt die Bestimmung einer zuständigen Stelle im Bereich des Bundes.

3 Die oberste Bundesbehörde bestellt für ihren Geschäftsbereich darüber hinaus die zuständige Stelle für die ihr unterstehenden Körperschaften, Anstalten und Stiftungen des öffentlichen Rechts. Oberste Bundesbehörde ist das für einen bestimmten Geschäftsbereich zuständige **Bundesministerium**. So bestimmt das Bundesministerium für Arbeit und Soziales die zuständige Stelle auch für die verwaltungseigenen Bildungsgänge bei der Bundesagentur für Arbeit, die als bundesunmittelbare Körperschaft des öffentlichen Rechts der Aufsicht durch das Bundesministerium für Arbeit und Soziales unterliegt.[7]

III. Zuständige Stellen im Bereich der Länder (Abs. 2)

4 Für die Berufsbildung im Bereich der Länder ist, soweit sie in Berufen erfolgt, die Kammern nach den §§ 71, 72 zugeordnet sind, voll umfänglich die **jeweilige Kammer** zuständige Stelle. Eine Einschränkung wie für den Bereich des Bundes **existiert nicht**. Die Kammern sind für die Berufsausbildung der Länder in privaten Ausbildungsberufen also auch zuständig, wenn es um die Eignung der Ausbildungsstätte, des Ausbildungspersonals, um die Aberkennung dieser Eignung, um die Überwachung der Berufsbildung oder um die Beratung der Berufsbildung geht.

Soweit im Bereich der Länder in Berufen ausgebildet wird, für die es keine zuständige Stelle nach den §§ 71 und 72 gibt, **bestimmen die Länder nach Abs. 2 die zuständige**

---

1 BT-Drucks. 15/3980 zu § 73.

2 § 90 Abs. 3 Nr. 3; eine Übersicht über die zuständigen Stellen des öffentlichen Dienstes des Bundes und der Länder findet sich zudem unter *www.bmbf.de/pub/Oeffentlicher-DienstBund-Laender.pdf.*

3 *Schubert/Schaumberg*, AFBG/BBiG, § 73 BBiG.

4 § 32 BBiG, § 23 HwO.

5 § 33 BBiG, § 24 HwO.

6 § 76 BBiG, § 41a HwO.

7 §§ 393 Abs. 1, 283 Abs. 2, 288 Abs. 2 SGB III.

Stelle. Dies gilt auch für Berufsbildung, die innerhalb der Länder in unterstehenden Körperschaften, Anstalten und Stiftungen des öffentlichen Rechts erfolgt. Unterstehende Körperschaften umfassen die Gemeinden, Gemeindeverbände und andere Gebietskörperschaften. Soweit gemeinsame Stiftungen mehrerer Länder errichtet werden, müssen die beteiligten Länder die zuständigen Stellen bestimmen, wenn die beteiligten Länder die Aufsicht über die Stiftung oder die Anstalt gemeinsam führen. Wird eine gemeinsame Stiftung zwischen Bund und Ländern durch Staatsvertrag errichtet (z. B. Stiftung preußische Schlösser und Gärten Berlin-Brandenburg, Staatsvertrag vom 23. 8. 1994 zwischen den Ländern Berlin und Brandenburg unter Beteiligung des Bundes), ist darauf abzustellen, wessen Aufsicht die Stiftung unterliegt.

IV. Form der Bestimmung

§ 73 ordnet lediglich an, **dass die zuständige Stelle bestimmt wird**. Insoweit reicht eine 5
Anordnung über die Zuständigkeit, wie sie z. B. das Land Hessen vornahm,[8] ohne dass es einer gesetzlichen Regelung bedarf. Denkbar ist jedoch auch die Regelung durch Verordnung wie z. B. die »Verordnung über die Zuständigkeiten nach dem Berufsbildungsgesetz und die Angelegenheiten der Berufsbildung im Rahmen der Handwerksordnung im Land Nordrhein-Westfalen.«[9] Auch eine gesetzliche Bestimmung ist zulässig.

V. Kooperationen

Abs. 3 wurde durch das Berufsbildungsmodernisierungsgesetz zum 1. 1. 2020 angefügt. 6
Die Ergänzung diene »der Transparenz beziehungsweise der Klarstellung, dass auch zuständige Stellen im Bereich des öffentlichen Dienstes Vereinbarungen nach der in Bezug genommenen Vorschrift schließen können. Auf diese Weise sollen die Möglichkeiten der Kooperation sichtbar gemacht und gesteigert werden. Zugleich bleiben Zuständigkeiten und Aufsichtsstrukturen klar definiert.«[10]

§ 74 Erweiterte Zuständigkeit

§ 73 gilt entsprechend für Ausbildungsberufe, in denen im Bereich der Kirchen und sonstigen Religionsgemeinschaften des öffentlichen Rechts oder außerhalb des öffentlichen Dienstes nach Ausbildungsordnungen des öffentlichen Dienstes ausgebildet wird.

§ 74 entspricht § 84 Abs. 2 BBiG 1969. § 74 ordnet an, dass § 73 entsprechend gilt, wenn 1
im Bereich der Kirchen und sonstigen Religionsgemeinschaften des öffentlichen Rechts oder außerhalb des öffentlichen Dienstes nach Ausbildungsordnungen des öffentlichen Dienstes ausgebildet wird. Die entsprechende Anwendung des § 73 hat damit zur Voraussetzung:

8 Anordnung über Zuständigkeiten auf dem Gebiet der Berufsbildung vom 22. 7. 2005, GVBl. I S. 558.

9 Verordnung über die Zuständigkeiten nach dem Berufsbildungsgesetz (BBiG) und die Angelegenheiten der Berufsbildung im Rahmen der Handwerksordnung (HwO) sowie die Zuständigkeiten nach dem Berufsqualifikationsfeststellungsgesetz (BQFG) (BBiGZustVO) vom 5. 9. 2006, GV. NRW. S. 446, in Kraft getreten am 19. 10. 2006; ähnlich auch in Schleswig-Holstein: VO vom 3. 12. 2005, GVOBL S. 556.

10 BT-Drucks. 19/10815, S. 71 zu § 73.

- Es wird nach Ausbildungsordnungen des öffentlichen Dienstes ausgebildet. Nicht erfasst ist damit die sonstige Berufsbildung, also Berufsausbildungsvorbereitung, Umschulung, Fortbildung. Außerdem sind nur Ausbildungen in verwaltungseigenen Berufen erfasst. Bei allen weiteren Ausbildungen bleibt es bei den Zuständigkeiten nach den §§ 71, 72.
- Die Ausbildung erfolgt im Bereich der Kirchen, bei sonstigen Religionsgemeinschaften des öffentlichen Rechts oder außerhalb des öffentlichen Dienstes.

In der Folge ist § 73 entsprechend anzuwenden. Dies bedeutet, dass die vom Bund und den Ländern bestimmten zuständigen Stellen für diese Berufsausbildungen zugleich zuständige Stellen sind. Dadurch wird gewährleistet, dass dieselben Stellen für die Beratung zu den verwaltungseigenen Berufen, für die Überwachung der Ausbildung in diesen Berufen sowie für die Abnahme der Prüfung in diesen Berufen zuständig sind. Eine vereinbarte Aufgabenwahrnehmung durch eine zuständige Stelle des öffentlichen Dienstes betrifft insoweit auch das Berufsausbildungsverhältnis, das dieser zuständigen Stelle zugeordnet ist.

2 Welche Stellen zuständige Stelle für die jeweiligen verwaltungsinternen Ausbildungen sind, lässt sich dem Verzeichnis anerkannter Ausbildungsberufe nach § 90 Abs. 3 Nr. 3 entnehmen. Durch die besondere Regelung des § 74 wird berücksichtigt, dass die Kirchen Körperschaften des öffentlichen Rechts sind. Gleichzeitig wird gewährleistet, dass auch im kirchlichen Bereich staatliches Berufsbildungsrecht gilt. Dem steht nicht entgegen, dass nach Art. 140 GG i. V. m. Art. 137 Weimarer Reichsverfassung (WRV) die Religionsgemeinschaften ihre Angelegenheiten selbstständig innerhalb der Schranken der für alle geltenden Gesetze ordnen und verwalten.[1]

§ 75 Zuständige Stellen im Bereich der Kirchen und sonstigen Religionsgemeinschaften des öffentlichen Rechts

Die Kirchen und sonstigen Religionsgemeinschaften des öffentlichen Rechts bestimmen für ihren Bereich die zuständige Stelle für die Berufsbildung in anderen als den durch die §§ 71, 72 und 74 erfassten Berufsbereichen. Die §§ 77 bis 80 finden keine Anwendung.

1 § 75 entspricht in Satz 1 § 84a BBiG 1969. Im Jahr 2005 hinzugefügt wurde Satz 2, nachdem keine Berufsbildungsausschüsse im Bereich der Kirchen und der sonstigen Religionsgemeinschaften des öffentlichen Rechts einzurichten sind.

2 § 75 enthält eine Sonderregelung, die sich aus dem besonderen Status und der besonderen Unabhängigkeit der Religionsgemeinschaften aus Art. 140 GG sowie Art. 137 WRV (siehe § 74) ergibt. Mit Ausnahme des Bereichs der Berufsausbildung nach Ausbildungsordnungen für den öffentlichen Dienst (§ 74) bestimmen die Kirchen und sonstigen Religionsgemeinschaften des öffentlichen Rechts die zuständigen Stellen selbst, soweit nicht Kammern nach den §§ 71, 72 zuständig sind. Die staatlich anerkannten kircheneigenen Ausbildungsberufe können dem Verzeichnis der anerkannten Ausbildungsberufe nach § 90 Abs. 3 Nr. 3 entnommen werden. Dort findet sich jeweils auch ein Hinweis auf die zuständigen Stellen im Bereich der Kirchen und sonstigen Religionsgemeinschaften des öffentlichen Rechts.[1] Soweit geklärt werden muss, ob die Sonderregelung des § 75 an-

1 Wohlgemuth/*Günther*, BBiG, § 74 Rn. 1.

1 Verzeichnis der anerkannten Ausbildungsberufe 2019, Kap. 4.1.5, *www.bibb.de*.

zuwenden ist, kann auf die Rechtsprechung zu Art. 140 GG und Art. 137 WRV zurückgegriffen werden.

Die zuständigen Stellen der Kirchen haben keinen Berufsbildungsausschuss zu gründen. Dies berücksichtigt die Entscheidung des Bundesverfassungsgerichts,[2] wonach die zwingende Errichtung von Berufsbildungsausschüssen die Religionsgemeinschaften in ihrem grundgesetzlich garantierten Recht, sich selbst zu organisieren und zu verwalten, verletzt. Außer den Regelungen über die Berufsbildungsausschüsse bleibt das Berufsbildungsgesetz für die Kirchen anzuwenden. So ist auch für die kirchenspezifischen Ausbildungsberufe (Pastor, Diakon, Kirchenmusiker usw.) auf die Eignung der Ausbildungsstätte und des Ausbildungspersonals zu achten. Ferner muss die Qualität der Ausbildung beachtet werden. Die arbeitsrechtlichen Vorschriften der §§ 10–26 gelten auch für kirchliche Ausbildungsverhältnisse. 3

Soweit in Ausbildungsberufen ausgebildet wird, die der Handwerkskammer oder einer anderen Kammer zugeordnet sind, bleibt diese Kammer für die Überwachung der Ausbildung, des Ausbildungspersonals sowie der Ausbildungsstätte zuständig. 4

§ 75a Zuständige Stellen bei mehreren betroffenen Berufsbereichen und Bereichen

Erfolgt in den Fällen des § 4 Absatz 2 die Festlegung einer gemeinsamen zuständigen Stelle nach § 5 Absatz 3 Satz 2, geht § 71 Absatz 7 der Festlegung vor. Erfolgt keine Festlegung, bestimmt sich die zuständige Stelle nach der Zugehörigkeit des ausbildenden Lernorts der betrieblichen Berufsbildung zu einem Berufsbereich oder Bereich entsprechend den §§ 71 bis 75. Die Sätze 1 und 2 gelten bei Umschulungsordnungen entsprechend, soweit ein umschulender Lernort der betrieblichen Berufsbildung besteht. Fehlt ein umschulender Lernort der betrieblichen Berufsbildung, haben die Umzuschulenden die Wahl unter den zuständigen Stellen, die die jeweilige Umschulungsprüfung anbieten. Erfolgt bei Fortbildungsordnungen in den Fällen des § 53 Absatz 4 und des § 53e Absatz 4 keine Festlegung einer gemeinsamen zuständigen Stelle, haben die Fortzubildenden die Wahl unter den zuständigen Stellen, die die jeweilige Fortbildungsprüfung anbieten.

Durch das BVaDiG hat der Gesetzgeber zum 1. 8. 2024 in § 4 Abs. 2 die Möglichkeit geschaffen, eine Ausbildungsordnung für mehrere Berufsbereiche und Bereiche zu erlassen. In der Konsequenz musste dann festgelegt werden, wie sich in diesen Fällen die zuständige Stelle ermittelt. 1

Gem. § 5 Abs. 3 Satz 2 kann in der Ausbildungsordnung eine gemeinsame zuständige Stelle für mehrere Berufsbereiche und Bereiche festgelegt werden.

§ 75a legt allerdings fest, dass die Zuständigkeit der Handwerkskammern nach § 71 Abs. 7 der Festlegung nach § 5 Abs. 3 Satz 2 vorgeht. Eine Zuständigkeit einer anderen Kammer als der Handwerkskammer ist für Handwerksbetriebe also auch in den berufsbereichs- und bereichsübergreifenden Ausbildungen nicht möglich.[1] Sollte keine Festlegung erfolgen, richtet sich die Ermittlung der zuständigen Stelle nach §§ 71 bis 75.

Satz 3 stellt fest, dass die Grundsätze nach den Sätzen 1 und 2 auch bei Umschulungsmaßnahmen gelten, sofern ein umschulender Lernort besteht. Besteht kein Lernort, haben 2

2 *BVerfG* 14. 5. 1986 – 2 BvL 19/84, NJW 1987, 427.

1 Anders noch im Referentenentwurf BVaDiG, S. 15.

die Umschulenden die Wahl zwischen den zuständigen Stellen, die die jeweilige Umschulungsprüfung anbieten.
Legt eine Fortbildungsordnung die Zuständigkeit einer gemeinsamen zuständigen Stelle nicht fest, so haben auch hier die Fortbildenden die Wahl zwischen den zuständigen Stellen, die die jeweilige Fortbildungsprüfung anbieten.
Die Möglichkeit der bereichs- bzw. berufsbereichsübergreifenden Ausbildungsordnung und der sich daraus resultierenden Folgen, einschließlich des § 75a, trifft auf eine breite Zustimmung.[2]

§ 75b Zuständige Stelle bei der Feststellung nach § 1 Absatz 6

Die Vorschriften dieses Abschnitts gelten bei der Feststellung der individuellen Handlungsfähigkeit am Maßstab eines anerkannten Ausbildungsberufs nach § 1 Absatz 6 entsprechend.

1 § 75b dient der Klarstellung, da die Feststellungen der individuellen beruflichen Handlungsfähigkeit am Maßstab eines anerkannten Ausbildungsberufs nach § 1 Abs. 6 nicht unter den Begriff der Berufsbildung fallen.[1] Auch für sie gelten die Vorschriften dieses Bereiches.

Abschnitt 2
Überwachung der Berufsbildung

§ 76 Überwachung, Beratung

(1) Die zuständige Stelle überwacht die Durchführung
1. der Berufsausbildungsvorbereitung,
2. der Berufsausbildung und
3. der beruflichen Umschulung
und fördert diese durch Beratung der an der Berufsbildung beteiligten Personen. Sie hat zu diesem Zweck Berater oder Beraterinnen zu bestellen. Die Bestellung von Beratern und Beraterinnen ist hauptberuflich, nebenberuflich oder ehrenamtlich möglich. Erfolgt die Bestellung ehrenamtlich, ist für bare Auslagen und für Zeitversäumnis, soweit eine Entschädigung von anderer Seite nicht gewährt wird, eine angemessene Entschädigung zu zahlen, deren Höhe von der zuständigen Stelle mit Genehmigung der obersten Landesbehörde festgesetzt wird.
(2) Ausbildende, Umschulende und Anbieter von Maßnahmen der Berufsausbildungsvorbereitung sind auf Verlangen verpflichtet, die für die Überwachung notwendigen Auskünfte zu erteilen und Unterlagen vorzulegen sowie die Besichtigung der Ausbildungsstätten zu gestatten.
(3) Die Durchführung von Auslandsaufenthalten nach § 2 Abs. 3 überwacht und fördert die zuständige Stelle in geeigneter Weise. Beträgt die Dauer eines Ausbildungs-

---

2 DGB, Stellungnahme, BVaDiG vom 14.12.2023. S. 4; DIHK, Stellungnahme, BVaDiG vom 14.12.2023, S. 25.

1 BT-Drucks. 20/11802, S. 21.

abschnitts im Ausland mehr als acht Wochen, ist hierfür ein mit der zuständigen Stelle abgestimmter Plan erforderlich.

(4) Auskunftspflichtige können die Auskunft auf solche Fragen verweigern, deren Beantwortung sie selbst oder einen der in § 52 der Strafprozessordnung bezeichneten Angehörigen der Gefahr strafgerichtlicher Verfolgung oder eines Verfahrens nach dem Gesetz über Ordnungswidrigkeiten aussetzen würde.

(5) Die zuständige Stelle teilt der Aufsichtsbehörde nach dem Jugendarbeitsschutzgesetz Wahrnehmungen mit, die für die Durchführung des Jugendarbeitsschutzgesetzes von Bedeutung sein können.

Inhaltsübersicht

I. Allgemeines

§ 76 regelt die **Überwachung und Förderung** der Berufsbildung sowie die hierzu normierten **Auskunftspflichten**. Der zuständigen Stelle obliegt es, die Durchführung der Berufsbildung zu überwachen – mit Ausnahme der Durchführung der Fortbildung. Neben der Überwachungspflicht normiert Abs. 1 eine Förderungspflicht. Abs. 3 schafft eine besondere Überwachungspflicht für Auslandsaufenthalte. In Abs. 2 begleitet der Gesetzgeber die Überwachungspflicht der zuständigen Stelle durch eine Auskunftspflicht der Anbieter der Berufsbildung. Lediglich in den Fällen des Abs. 4 existieren Ausnahmen von dieser Auskunftspflicht. Abs. 5 normiert ebenso wie die Vorgängerregelung in § 45 Abs. 3 BBiG 1969 eine Mitteilungspflicht der zuständigen Stelle, soweit das Jugendarbeitsschutzgesetz betroffen sein könnte. 1

§ 76 wurde durch das Berufsbildungsreformgesetz 2005 neu geregelt. Er knüpft an § 45 BBiG 1969 an und bezieht betriebliche Berufsausbildungsvorbereitung sowie die berufliche Umschulung mit in die bereits bestehende Überwachung der Berufsausbildung ein. Die berufliche Fortbildung ist von der Überwachung der Durchführung ausgeschlossen, da sich die Regelungen der §§ 53 ff. ausschließlich auf die Durchführung von Prüfungen, nicht auf Fortbildungsmaßnahmen selbst beziehen. Mit dem BVaDiG wurde in Abs. 1 Satz 4 die Zahlung einer angemessenen Entschädigung für ehrenamtliche Berater oder Beraterinnen für Auslagen und Zeitversäumnis normiert. 2

II. Überwachung und Förderung (Abs. 1)

Nach Abs. 1 überwacht die zuständige Stelle die **Durchführung** der Berufsausbildungsvorbereitung, der Berufsausbildung und der beruflichen Umschulung. Sie fördert diese Berufsbildungsmaßnahmen durch Beratung und hat hierfür Berater oder Beraterinnen zu bestellen. 3

1. Überwachung

4 Durch die Überwachung der Durchführung der Berufsbildung soll sichergestellt werden, dass die Ausbildung entsprechend den Vorschriften des BBiG und der auf Basis des BBiG erlassenen Vorschriften (Ausbildungsordnungen, Satzungsrecht, Empfehlungen) durchgeführt wird. Der Gesetzgeber vertraut insoweit nicht auf die Gesetzestreue der Ausbildenden, sondern schafft mit § 76 eine **Kontrollinstanz**, die von Amts wegen die Einhaltung des Gesetzes zu überwachen hat. Es handelt sich um eine Pflichtaufgabe der zuständigen Stelle, die dies wahrnehmen muss. Gegenüber den Ausbildenden, Umschulenden und Anbietern von Maßnahmen handelt es sich um ein Überwachungsrecht, das durch den Auskunftsanspruch der zuständigen Stelle sowie durch ein **Zutrittsrecht** zu den Ausbildungsstätten gem. Abs. 2 begleitet wird. Eine Besichtigung durch zwei Vertreter der zuständigen Stelle ist grundsätzlich zumutbar.[2]

5 Die Überwachungspflicht und der Überwachungsanspruch beziehen sich auf die »Durchführung« der Berufsbildung. Zur Durchführung der Berufsbildung gehören bereits dem Wortlaut nach die tatsächliche Gestaltung und die praktische Umsetzung der Berufsbildung. Zu der Ausbildungsstätte gehört grundsätzlich der gesamte Betrieb, insbesondere die Ausbildungsplätze, aber auch die Arbeitsplätze der Mitarbeiter und die sonstigen Räumlichkeiten. Die Behörde muss sich zur Erfüllung ihres gesetzlichen Auftrags nach dem Berufsbildungsgesetz einen Eindruck über die konkreten Arbeits- und Ausbildungsbedingungen verschaffen können.[3] Dem Zweck der Regelung nach gehört aber auch die Aufnahme von Vertragsverhandlungen mit zukünftigen Auszubildenden zur Durchführung der Berufsbildung, wenn der Betrieb bislang nicht ausgebildet hat. Die Überwachungspflicht führt dann dazu, dass der Berufsausbildungsvertrag nach den Vorschriften des BBiG abgeschlossen wird.[4] Die Überwachung setzt nicht nur dann ein, wenn die Tätigkeit im Bereich der Berufsbildung vom Betrieb der zuständigen Stelle angezeigt wurde. Die zuständige Stelle hat auch tätig zu werden, wenn der begründete Verdacht besteht, dass ein Betrieb ausbildet, an der Ausbildungsvorbereitung teilnimmt oder umschult. Das Gleiche gilt für den Fall, dass ein Betrieb beabsichtigt, zukünftig auszubilden.
Die Aufgabe, die Berufsbildung zu überwachen, darf nicht an private Dritte übertragen werden.[5]

6 Überwachungspflicht und Überwachungsanspruch aus Abs. 1 stehen neben der besonderen Überwachungspflicht aus § 32 für die Eignung von Ausbildungsstätte und Ausbildungspersonal.[6] Die Überwachung bezieht sich auf die Berufsausbildungsvorbereitung, die Berufsausbildung und die berufliche Umschulung. Ausgeschlossen von der Überwachung ist die **berufliche Fortbildung**. Gem. § 3 Abs. 1 bezieht sich die Überwachung zudem auch nicht auf die Berufsbildung, die in berufsbildenden Schulen durchgeführt wird, die den Schulgesetzen der Länder unterstehen. Diese unterliegen der Überwachung durch die jeweiligen **Schulbehörden**.
Die zuständige Stelle entscheidet nach pflichtgemäßem Ermessen, welche Maßnahmen sie für ihre Überwachungstätigkeit trifft. Zuständig für etwaige Richtlinien und Grundsätze für die Überwachung ist der Berufsbildungsausschuss, § 79 Abs. 4 Satz 1.[7] Mögliche

2 *VG Köln* 8.12.2016 – 1 K 1606/15, Rn. 34, juris.
3 *VG Köln* 8.12.2016 – 1 K 1606/15, Rn. 34, juris.
4 *Braun/Mühlhausen*, BBiG, § 45 a.F. Rn. 16.
5 *Anwaltsgerichtshof NRW* 12.10.2012 – 2 AGH 24/41, n.v.; bestätigt durch *BGH* 10.3.2014 – AnwZ (Brfg) 67/12.
6 *Taubert*, BBiG, § 76 Rn. 6.
7 Wohlgemuth/*Günther*, BBiG, § 79 Rn. 38.

Informationsquellen sind Betriebsbegehungen, persönliche Gespräche mit Ausbildenden, Ausbildern, Auszubildenden, Betriebsräten oder Jugend- und Auszubildendenvertretungen, Sprechtage und Fachveranstaltungen. Schriftliche Informationsquellen können sowohl Auskünfte der Ausbildenden als auch Berichtshefte der Auszubildenden sein. Hält die zuständige Stelle andere Informationsquellen für geeignet, kann sie auf diese zurückgreifen.

Die Überwachungspflicht beinhaltet, dass methodisch und planmäßig[8] kontrolliert wird, ob die Berufsbildung ordnungsgemäß durchgeführt wird. Nicht ausreichend ist, wenn die zuständige Stelle lediglich darauf wartet, dass ihr Missstände bekannt gegeben werden. Methodisches oder planmäßiges Vorgehen kann z. B. durch Stichproben oder Regelmäßigkeiten bei Gesprächen oder Betriebsbesichtigungen erreicht werden.

Der Bundesausschuss für Berufsbildung hat am 16. 3. 1976 »Grundsätze über Methoden 7
und Mittel der Überwachung der Berufsbildung« beschlossen.[9] Diese sind auf der Internetseite des BIBB unter »Beschlüsse und Empfehlungen« abrufbar.

2. Förderung durch Beratung

Nach Abs. 1 Satz 1 ist die zuständige Stelle verpflichtet, die Durchführung der Berufsbil- 8
dung durch **Beratung** der an der Berufsbildung beteiligten Personen zu fördern. Ziel der Beratung ist die **Förderung der Berufsausbildungsvorbereitung, der Berufsausbildung, sowie der Umschulung**. Die Förderung kann sich sowohl auf die Quantität, also die Anzahl der Ausbildungsplätze in einem Betrieb oder das Finden weiterer ausbildungswilliger Betriebe beziehen, also auch auf die Ausbildungsqualität.

Wie die Beratung erfolgt, steht im pflichtgemäßen **Ermessen** der **zuständigen Stelle**. Denkbar sind sowohl an eine Mehrzahl von Adressaten gerichtete Beratungsangebote wie Broschüren oder Internetseiten; denkbar sind aber auch Gespräche oder andere persönliche Informationen. Der Beratungspflicht wird sowohl durch initiative Beratungen durch die Ausbildungsberater genügt als auch durch Beratungen, die aufgrund einer **Nachfrage** erfolgen. Ergibt sich im Rahmen der Überwachung, dass Ausbildungsmängel vorliegen, kann das Ermessen der zuständigen Stelle bei der Beratung dahingehend eingeschränkt sein, dass ein Beratungsgespräch mit dem Ausbildenden über die Verbesserung der Ausbildungsqualität geführt werden muss.

Die **Beratungspflicht** besteht gegenüber allen an der Berufsbildung beteiligten Personen. Dies sind sowohl die Ausbildenden und Umschulenden sowie die Veranstalter von Maßnahmen der Berufsausbildungsvorbereitung als auch deren Teilnehmer, Auszubildende und Umschüler. Die Beratungsgegenstände werden je nach Gesprächspartner unterschiedlich sein.

Eine **Übersicht** über die möglichen Beratungsgegenstände, je nachdem, ob es sich um 9
Ausbildende oder Auszubildende handelt, findet sich in den »Grundsätzen für die Beratung und Überwachung der Ausbildungsstätten durch Ausbildungsberater«.[10] Ganz grundsätzlich können die Ausbildungsberater beraten über:

- Ausbildungsmöglichkeiten;
- Ausbildungsvertrag sowie die sich daraus ergebenden Rechte und Pflichten;
- Art und Einrichtung der Ausbildungsstätte;

---

8 Wohlgemuth/*Maring*, BBiG, § 76 Rn. 7: »systematisch und vollständig«.
9 Bundesausschuss für Berufsbildung, 16. 3. 1976, Beschluss Nr. 38, BWP 2/1976; *www.bibb.de/de/32327.htm*.
10 Siehe Rn. 13.

- Anforderungen an die persönliche und fachliche Eignung der Ausbildenden und der Ausbilder sowie die Bestellung von Ausbildern;
- Verkürzung und Verlängerung von Ausbildungszeiten;
- Berichtsheftführung;
- Zwischen- und Abschlussprüfungen (Anmeldung, Zulassung, Anforderungen und Ablauf);
- Aufstiegs-, Fortbildungs- und Fördermöglichkeiten sowie
- Teilnahme an Ausbildungsmaßnahmen außerhalb der Ausbildungsstätte.

10 Beratung bedeutet über das Zur-Verfügung-Stellen von Informationen in fachlichen und rechtlichen Fragen hinaus auch Unterstützung beim Bewältigen von **Konflikten** und **Streitigkeiten** in der Ausbildung.

Die Beratung für den Übergang von der Schule in das System der Berufsbildung nach dem BBiG wird unterstützt durch die allgemeinbildenden Schulen sowie die Bundesagentur für Arbeit. Nach der Rahmenvereinbarung über die Zusammenarbeit von Schule und Berufsberatung[11] stellt die **Berufswahlorientierung** einen festen Bestandteil der schulischen Arbeit dar. Darüber hinaus unterstützt die Schule Schülerinnen und Schüler in Kooperation mit der regionalen Wirtschaft über Praktika und andere betriebliche Kontakte dabei, reale Einblicke in die Arbeitswelt zu bekommen. Demgegenüber unterstützt die Berufsberatung der Bundesagentur für Arbeit durch schulische Veranstaltungen, Berufsinformationszentren sowie weitere Informationsmedien. Für die Durchführung der Berufsbildung ist die Erarbeitung präventiver Strategien von Bundesagentur für Arbeit und Kultusministerkonferenz geplant, um Ausbildungsabbrüche zu vermeiden und eine zügige Eingliederung von Abbrecherinnen und Abbrechern zu befördern.[12] Zusätzlich existiert eine Rahmenvereinbarung »über die Zusammenarbeit der Industrie- und Handelskammern sowie der Handwerkskammern mit den Dienststellen der Bundesanstalt für Arbeit auf dem Gebiet der Berufsberatung«,[13] nach der sowohl für die Vermittlung von Ausbildungsstellen als auch für die weitere Qualifizierung von Ausbildungsabbrechern Maßnahmen vereinbart werden. Aufgrund der Vielzahl der derzeitigen Netzwerke und Kooperationsvereinbarungen ist kritisch zu hinterfragen, ob bezüglich der Beratungspflicht alle Beratungsbereiche und individuellen Beratungsbedarfe abgedeckt werden.[14]

3. Bestellung von Beratern oder Beraterinnen (Abs. 1 Satz 2)

11 Die zuständige Stelle muss Berater bestellen. Soweit das Gesetz nunmehr »Berater« anstelle von »Ausbildungsberatern« (§ 45 BBiG 1969) verlangt, ergibt sich dies daraus, dass die Berater seit dem Berufsbildungsreformgesetz nicht mehr alleine für die Beratung bei der Berufsausbildung, sondern auch für die Berufsbildungsvorbereitung sowie die Umschulung zuständig sind. Die Berater sind »zu diesem Zweck« zu bestellen. Ganz allgemein wird unter »zu diesem Zweck« der gesamte Satz 1 des Abs. 1 verstanden.[15] Dem

11 *www.kmk.org:* 2004/2004-10-15-RV-Schule-Berufsberatung.pdf.

12 A. a. O., 2.4.

13 Vom 12. 11. 1973, Dienstblatt-Runderlass der Bundesanstalt für Arbeit 118/94, abgedruckt bei *Taubert,* BBiG, Anhang 3 zu § 76.

14 *Baron*, Das duale System der Berufsausbildung unter dem Einfluss der europäischen Berufsbildungspolitik. Entwicklungsprozesse und Herausforderungen, Bonn 2007, S. 38 als »elektronische Ressource« unter *https://duepublico2.uni-due.de/servlets/MCRFileNodeServlet/duepublico_derivate_00018575/Dissertation_Sonja_C_Baron_final.pdf* (10. 9. 2020).

15 *Braun/Mühlhausen*, BBiG, § 45 a. F.

Wortlaut nach werden die Berater für die Beratung zur Förderung der Durchführung der Berufsbildung bestellt. Dies ergibt sich bereits aus ihrer Amtsbezeichnung und der grammatikalischen Auslegung (»zu diesem Zweck«).

Abs. 1 Satz 2 regelt nicht, welche Anforderungen an die Berater zu stellen sind. Die Anforderungen ergeben sich damit aus der Aufgabe gem. Abs. 1 Satz 1: Die Berater müssen in der Lage sein, zur Berufsausbildungsvorbereitung, zur Berufsausbildung sowie zur Umschulung allgemein und individuell zu **beraten**. Dabei wird es sowohl auf eine Sach- als auch auf eine Beratungskompetenz ankommen. Nach § 76 Abs. 1 Satz 3 ist die Bestellung von Beratern und Beraterinnen hauptberuflich, nebenberuflich oder ehrenamtlich möglich. Vor dieser Gesetzesänderung im Jahr 2024 wurde nach den vom Hauptausschuss des BIBB geltenden Grundsätzen für die Beratung und Überwachung der Ausbildungsstätten durch Ausbildungsberater davon ausgegangen, dass die Berater in der Regel hauptberuflich tätig sind.[16] Sie konnten allerdings außerhalb der Regel in begründeten Ausnahmefällen **nebenberuflich oder ehrenamtlich** beschäftigt sein. Im Rahmen der Gesetzesänderung wurden in Satz 4 die Zahlung von Auslagen und eine Entschädigung für Zeitversäumnisse für ehrenamtliche und nebenberufliche Ausbildende festgeschrieben. Sie werden damit den Mitgliedern von Prüfungsausschüssen und Berufsbildungsausschüssen gleichgestellt.[17] Ob diese Änderung zu einer höheren Bereitschaft der Übernahme von Beratern und Beraterinnen und ggf. einem höheren Anteil an ehrenamtlichen oder nebenberuflichen Beratenden führt, wird sich zeigen. 12

Die Berater nehmen bei der zuständigen Stelle Aufgaben der öffentlichen Verwaltung wahr. Die Aufgaben der öffentlichen Verwaltung, in diesem Fall der zuständigen Stelle, sind die Überwachung der Durchführung der Berufsbildung sowie die Beratung zu diesen Themen. Die Berater sind Amtsträger im Sinne des § 11 Abs. 1 Nr. 2 StGB. Für ihre Bestellung bedarf es eines Bestellungsakts der zuständigen Stelle. Dieser bedarf keiner Form. Er muss sich aber in einer Weise vollziehen, dass die Berater nach außen hin als Repräsentanten der zuständigen Stelle erscheinen und auftreten können.[18] Eines Amtseids bedarf es nicht.

Mit der Bestellung als Berater geht nicht einher, hoheitliche Verwaltungsentscheidungen der zuständigen Stelle zu treffen.[19] Lediglich die Beratungsaufgabe und – nach der dargestellten überwiegenden Auffassung – die Überwachungspflicht einschließlich des Auskunftsanspruchs und des Zutrittsrechts zu den Ausbildungsstätten wird durch den bestellten Berater ausgeübt, wobei die Übertragung auch weiterer hoheitlicher Aufgaben denkbar und zulässig ist.

Das Gesetz trifft keine Aussage darüber, wie viele Berater die zuständige Stelle zu bestellen hat. In den **»Grundsätzen für die Beratung und Überwachung der Ausbildungsstätten durch Ausbildungsberater«**, die der Bundesausschuss für Berufsbildung am 24.8.1973 beschlossen hat,[20] wird empfohlen, die Zahl der Ausbildungsberater so festzusetzen, dass jede Ausbildungsstätte **mindestens einmal im Jahr** aufgesucht und überprüft werden kann sowie Beratungs- und Überwachungsaufgaben wahrgenommen werden können.[21] Die Grundsätze sind über die Internetseite des BIBB unter »Beschlüsse und Empfehlungen« abzurufen. 13

16 *Anwaltsgerichtshof NRW* 12.10.2012 – 2 AGH 24/11, n.v.
17 BT-Drucks. 20/10857, S. 54.
18 *BayObLG*, NJW 1996, 268, 270; *Leimbrock*, S. 351.
19 *Anwaltsgerichtshof NRW* a.a.O.; Wohlgemuth/*Maring*, BBiG, § 76 Rn. 16.
20 Zeitschrift für Berufsbildungsforschung 4/1973, unter *www.bibb.de/de/32327.htm*, *Beschluss Nr. 19*.
21 Die §§ in den Grundsätzen beziehen sich auf das BBiG 1969.

III. Überwachung von Auslandsaufenthalten (Abs. 3)

14 In Abs. 3 ist für die Durchführung von Auslandsaufenthalten nach § 2 Abs. 3 eine besondere Regelung geschaffen worden, wie die zuständige Stelle überwachen und fördern kann. Die gesonderte Regelung ist nötig, weil die Möglichkeiten der zuständigen Stelle, ihre Pflichten nach Abs. 1 bei einem Auslandsaufenthalt zu erfüllen, **begrenzt** sind. Dies ergibt sich zum einen aus der fehlenden Hoheitsgewalt der zuständigen Stelle im Ausland. Zum anderen ist rein praktisch das Überwachen, Prüfen und Betreuen vor Ort im Ausland kaum möglich. Abs. 3 sieht daher im Unterschied zu Abs. 1 vor, dass die zuständige Stelle die Ausbildung im Ausland lediglich »in geeigneter Weise« überwacht und fördert.

15 Abs. 3 gibt den zuständigen Stellen den nötigen Spielraum, um flexibel Möglichkeiten der Überwachung und Betreuung zu nutzen. Sie können bspw. die im Rahmen der Teilnahme an EU-Programmen bestehenden **Berichtspflichten** der Auszubildenden zur Kontrolle nutzen (Zwischen- und Endbericht) oder können in Kooperation mit ausländischen Kammern vorgehen.[22] Sie können insbesondere auch **mit** und/oder **über Mittlerorganisationen** agieren.

16 Die Anforderungen an eine Überwachung steigen mit der Länge eines Auslandsaufenthaltes. Für Auslandsaufenthalte über acht Wochen ist daher ein mit der zuständigen Stelle abgestimmter Plan erforderlich. Der Zeitraum der Auslandsausbildung, ab dem ein solcher Plan vorgelegt werden muss, wurde durch das Berufsbildungsmodernisierungsgesetz zum 1. 1. 2020 von vier auf acht Wochen erweitert, auch, weil die Instrumente der Qualitätssicherung deutlich zugenommen hätten. So könne der entstehende administrative Aufwand (für die Unternehmen) erheblich reduziert und die zuständigen Stellen entlastet werden[23]

16a Der Begriff »**Plan**« wurde vom Gesetzgeber bewusst **offen formuliert**, um den zuständigen Stellen Spielraum zu geben. So können sie sich etwa der Instrumente der EU-Förderprogramme bedienen. Ein durch LEONARDO geförderter Auslandsaufenthalt eines oder einer Auszubildenden setzt einen detaillierten Vertrag zwischen aufnehmendem und entsendendem Betrieb und Auszubildendem voraus, in dem konkrete Rechte und Pflichten der Beteiligten, Ausbildungsinhalte etc. beschrieben werden müssen. Ein solcher Vertrag kann »Plan« i. S. d. § 76 sein. Fragen, wie etwa die **Geeignetheit** von Ausbildungspersonal und Ausbildungsstätte und die Einhaltung der Ausbildungsordnung sind anhand dieses Plans zu prüfen.[24]

17 Aus der gesonderten Überwachungspflicht ergibt sich zwingend eine **Informationspflicht** des Ausbildenden gegenüber der zuständigen Stelle, wenn er einen Auslandsaufenthalt für die Auszubildenden plant. Nur so kann die zuständige Stelle abwägen, wie sie den Auslandsaufenthalt in geeigneter Weise überwacht und darauf achten, dass sie gem. Satz 2 einen Plan mit dem Ausbildenden abstimmen kann. Die Information muss der Ausbildende der zuständigen Stelle als Teil seines Ausbildungsplans oder als Änderung seines Ausbildungsplans gem. § 35 vorlegen, damit die zuständige Stelle überprüfen kann, ob die Ausbildung auch mit dem Auslandaufenthalt den Vorschriften des BBiG und der Ausbildungsordnung entspricht.

Für die Freistellung von der Berufsschule während des Auslandsaufenthalts existiert eine Bund-Länder-Vereinbarung »Teilnahme von Berufsschülern/Berufsschülerinnen an Austauschmaßnahmen mit dem Ausland« vom 8. 6. 1999 (abgedruckt unter § 2 Rn. 24).

22 *Schubert/Schaumberg*, AFBG/BBiG, § 76 BBiG zu Abs. 3.
23 BT-Drucks. 19/10815 S. 71 zu § 76.
24 Regierungsentwurf, BT-Drucks. 15/3980, S. 142.

IV. Auskunfts- und weitere Pflichten (Abs. 2 und 4)

Abs. 2 regelt die Pflichten der an der Ausbildung Beteiligten, Abs. 4 Ausnahmen hiervon. 18

1. Auskunfts- und weitere Pflichten (Abs. 2)

Nach Abs. 2 sind Ausbildende, Umschulende und Anbieter von Maßnahmen der Berufsausbildungsvorbereitung verpflichtet, der zuständigen Stelle die für die Überwachung notwendigen Auskünfte zu erteilen und Unterlagen vorzulegen, sowie die Besichtigung der Ausbildungsstätten zu gestatten.[25] Aus der Systematik des Abs. ergibt sich, dass die Auskunftspflicht sowie die Herausgabe- und Duldungspflichten vom Gesetzgeber als **Überwachungsmaßnahmen** der zuständigen Stelle gesehen werden. 19

Voraussetzung für die Verpflichtung ist ein entsprechendes **Verlangen**[26] der zuständigen Stelle. Das Verlangen besitzt Verwaltungsaktqualität, wenn ersichtlich ist, dass der Betroffene entsprechend **verpflichtet werden soll**. Dies kann z. B. durch den Vorschlag von Besuchsterminen erfolgen.[27] Dabei ist die bloße Bitte um Auskunft, um Vorlage von Unterlagen oder darum, das Besichtigen der Ausbildungsstätte zu gestatten, **nicht ausreichend**. Erforderlich ist eine **Anordnung**.

Zweite Voraussetzung für die Verpflichtung der Ausbildenden, Umschulenden und Anbieter von Maßnahmen der Berufsausbildungsvorbereitung ist, dass das konkrete Verlangen für die Überwachung gem. Abs. 1 notwendig ist. Abs. 2 verpflichtet die Ausbildenden, Umschulenden und die Anbieter von Berufsausbildungsvorbereitungsmaßnahmen bzw. jeweils deren gesetzliche Vertreter. Die Auskünfte müssen allerdings nicht persönlich erteilt werden, ebenso wenig müssen die Unterlagen persönlich ausgehändigt werden oder die Verpflichteten selbst bei einer Betriebsbegehung anwesend sein. Andere Personen können mit der Erfüllung der Pflichten beauftragt werden. Die Verpflichteten bleiben jedoch dafür verantwortlich, dass die Pflicht erfüllt wird. 20

Auskünfte sind alle Informationen, die die Berufsausbildung, Umschulung oder das Berufsausbildungsvorbereitungsverhältnis betreffen. Nicht erheblich ist, ob es sich um konkrete Berufsbildungsverhältnisse oder um die allgemeinen Rahmenbedingungen wie die Eignung von Ausbildungsstätte oder Ausbildungspersonal handelt. So können Auskünfte z. B. dazu eingeholt werden, ob Auszubildende mit ausbildungsfremden Arbeiten beschäftigt werden oder ob die der zuständigen Stelle benannten Ausbilder tatsächlich präsent sind. Die Auskunftspflicht der Ausbildenden, Umschulenden und Träger der Berufsausbildungsvorbereitungsmaßnahmen beschränkt nicht die Möglichkeit der zuständigen Stelle, bei anderen betrieblichen Stellen Auskünfte einzuholen. Das Auskunftsrecht der zuständigen Stelle gegenüber Betriebsrat, einzelnen Auszubildenden, Jugend- und Auszubildendenvertretung, Ausbildern sowie Ausbildungsmitwirkenden bleibt bestehen. 21

Unterlagen sind Informationsquellen, die für die Berufsbildung im Zuständigkeitsbereich der zuständigen Stelle **wesentlich** sind, d. h. ohne die die Überwachungstätigkeit nicht angemessen und ausreichend wahrgenommen werden kann.[28] »Unterlagen« meint nicht nur schriftlich fixierte Informationen, sondern auch Aufzeichnungen auf digitalen Medien. Ausbildungsstätte meint die **räumlichen Einheiten**, in denen die Ausbildung statt- 22

25 *VG Köln* 8.12.2016, 1 K 1606/15, Rn. 34, juris.
26 *VG Köln*, a. a. O.
27 *VG Köln*, a. a. O.
28 *Braun/Mühlhausen*, BBiG, § 45 a. F. Rn. 23.

findet. Dies können sowohl Ausbildungswerkstätten sein als auch – soweit die Ausbildung im gesamten Betrieb stattfindet – der Betrieb.

2. Auskunftsverweigerungsrecht (Abs. 4)

23 Abs. 4 entspricht inhaltlich § 45 Abs. 2 BBiG 1969. Die Regelung spiegelt den rechtsstaatlichen Grundgedanken wieder, dass niemand **sich selbst belasten** muss, wenn er eine Aussage macht.[29] Besteht also die Gefahr, dass ein Ausbildender, ein Umschulender oder der Anbieter einer Berufsausbildungsvorbereitungsmaßnahme aufgrund der eigenen Auskunft wegen einer Ordnungswidrigkeit oder einer Straftat verfolgt wird, ist derjenige nicht zur Auskunft verpflichtet. Um welche Straftaten oder Ordnungswidrigkeiten es sich handelt, ist nicht maßgeblich. In Betracht kommen sowohl Ordnungswidrigkeiten nach § 102, als auch Verstöße gegen das Jugendarbeitsschutzgesetz. Genauso gut ist jedoch denkbar, dass die zuständige Stelle Anhaltspunkte für Straftaten mit Bezug zum Arbeitsleben (Lohnwucher, § 291 Abs. 1 StGB oder ähnliches) oder für anderen Straftaten (z. B. nach dem Betäubungsmittelgesetz) entdeckt. Soweit über derartige Anhaltspunkte andere Stellen im Betrieb Auskunft erteilen, ist zu beachten, dass **Anzeigen** gegen den Arbeitgeber, gegen Vorgesetzte oder Kollegen unter Umständen die **verhaltensbedingte Kündigung** rechtfertigen können.[30] Ist die Anzeige objektiv gerechtfertigt und verfolgt der Arbeitnehmer mit ihr eigene schutzwürdige Interessen, ist eine außerordentliche Kündigung nicht gerechtfertigt, wenn innerbetrieblich keine Abhilfe geschaffen werden konnte.[31] Gleiches gilt, wenn wegen der Schwere der Vorwürfe eine innerbetriebliche Klärung dem Arbeitnehmer nicht zumutbar war.[32]

24 Das **Verweigerungsrecht** bezieht sich lediglich auf die Auskunftspflicht. Die Pflicht zur Vorlage von Unterlagen und zum Gestatten der Betriebsbegehung wird vom Wortlaut des Abs. 4 nicht erfasst. Es ist jedoch aus Rechtsstaatsgründen denkbar, das Verweigerungsrecht auch auf die Begehung der Betriebsstätte zu erstrecken.[33] Obwohl in Abs. 4 eine Regelung hierzu fehlt, ist der Auskunftspflichtige über sein Recht zur Verweigerung der Auskunft zu belehren. Insofern kann § 136 Abs. 1 Satz 2 StPO entsprechend angewendet werden. Auskünfte, die ohne Belehrung erreicht werden, können nicht mehr verwendet werden, wenn die zuständige Stelle bereits wegen des **Verdachts** einer Ordnungswidrigkeit oder einer Straftat Auskunft verlangt. Handelt es sich um Spontanäußerung der Auskunftspflichtigen oder um allgemeine, informelle Befragungen, bleibt die Auskunft auch ohne vorherige Belehrung gem. Abs. 4 verwertbar.

25 Gem. § 52 Abs. 1 Nr. 1–3 StPO können auch **nahe Angehörige** die Auskunft verweigern. Hierzu gehören Verlobte und Personen, mit der die Auskunftspflichtigen das Versprechen eingegangen sind, eine Lebenspartnerschaft zu begründen, Ehegatten, auch wenn die Ehe nicht mehr besteht, Lebenspartner, auch wenn die Lebenspartnerschaft nicht mehr besteht sowie in gerader Linie Verwandte oder Verschwägerte bei Verwandtschaft bis zum dritten Grad und Verschwägerung bis zum zweiten Grad. Auch die nahen Angehörigen sind bei entsprechender Anwendung des § 52 Abs. 3 StPO auf ihr Zeugnisverweigerungsrecht hinzuweisen. Unterbleibt die Belehrung, kann die Aussage nicht verwertet werden.

---

29 Wohlgemuth/*Maring*, BBiG, § 76 Rn. 24; *Schubert/Schaumberg*, AFBG/BBiG, § 76 BBiG zu Abs. 4.

30 *BAG* 3.7.2003 – 2 AZR 235/02, juris; *BAG* 5.2.1959 – 2 AZR 60/56, juris.

31 *LAG Hamm* 12.11.1990 – 19 (16) Sa 6/90, juris.

32 *BAG* 7.12.2006 – 2 AZR 400/05, juris.

33 *VG Köln* 8.12.2016, 1 K 1606/15, Rn. 34, juris.

Für die mögliche Befangenheit derjenigen, die kontrollieren, gilt § 20 VwVfG.[34] Gegenüber denjenigen, die kontrollieren, kann die Ausbildende sich nicht auf berufliche Geheimhaltungspflichten – etwa als Steuerberaterin – berufen, soweit keine konkreten Anhaltspunkte dafür bestehen, dass die zuständige Stelle ihrerseits gegen die ihr obliegende Verschwiegenheitspflicht verstoßen wird.[35]

3. Ordnungswidrigkeit

Gem. § 101 Abs. 1 Nr. 10 handelt ordnungswidrig, wer als Auskunftspflichtiger einer Auskunft nicht, nicht richtig, nicht vollständig oder nicht rechtzeitig erteilt, eine Unterlage nicht, nicht richtig, nicht vollständig oder nicht rechtzeitig vorlegt oder eine Besichtigung nicht oder nicht rechtzeitig gestattet. In diesem Fall muss mit einer Geldbuße bis zu **1000** Euro gerechnet werden, wenn die zuständige Behörde eine solche Geldbuße für opportun hält, um die Auskunftspflicht durchzusetzen oder den Verstoß gegen die Auskunftspflicht zu sanktionieren. 26

V. Mitwirkung beim Jugendschutz (Abs. 5)

Abs. 5 entspricht § 45 Abs. 3 BBiG 1969. Nach der Regelung ist die zuständige Stelle verpflichtet, die Aufsichtsbehörden nach dem Jugendarbeitsschutzgesetz über solche Wahrnehmungen zu **informieren**, die für die Durchführung des Jugendarbeitsschutzgesetzes von Bedeutung sein können. Die **Aufsichtsbehörde** wird durch **Landesrecht** bestimmt. Zu Recht wird darauf hingewiesen, dass die Meldepflicht **nicht nur bei schwerwiegenden Verstößen** besteht.[36] Im Interesse des Jugendarbeitsschutzes ist es angezeigt, jeden als möglich erscheinenden Verstoß der Aufsichtsbehörde mitzuteilen. Diese kann dann den Sachverhalt ermitteln und die Schwere des Verstoßes einschätzen. 27

Die Mitteilungspflicht bezieht sich auf »Wahrnehmungen«. Von der zuständigen Stelle werden dementsprechend keine Rechtsauskünfte oder andere Bewertungen verlangt. Mitzuteilen ist, dass die Beschäftigten der zuständigen Stelle **im Rahmen ihrer Tätigkeit** wahrgenommen haben. Dies können sowohl mündlich als auch schriftlich erteilte Auskünfte, visuelle oder andere Eindrücke sein.

VI. Parallelvorschrift in der HwO

Für die Überwachungspflicht der zuständigen Stelle ist § 41a HwO die Parallelvorschrift. Die Befugnisse der Handwerkskammer bzw. von ihr beauftragter Personen beim Einholen der Auskunft sind in § 111 HwO geregelt. 28

34 *VG Köln* 8.12.2016, 1 K 1606/15, Rn. 34, juris.
35 *VG Köln* 8.12.2016, 1 K 1606/15, Rn. 34, juris.
36 *Braun/Mühlhausen*, BBiG, § 46 a.F. Rn. 37.

Abschnitt 3
Berufsbildungsausschuss der zuständigen Stelle

§ 77 Errichtung

(1) Die zuständige Stelle errichtet einen Berufsbildungsausschuss. Ihm gehören sechs Beauftragte der Arbeitgeber, sechs Beauftragte der Arbeitnehmer und sechs Lehrkräfte an berufsbildenden Schulen an, die Lehrkräfte mit beratender Stimme.

(2) Die Beauftragten der Arbeitgeber werden auf Vorschlag der zuständigen Stelle, die Beauftragten der Arbeitnehmer auf Vorschlag der im Bezirk der zuständigen Stelle bestehenden Gewerkschaften und selbständigen Vereinigungen von Arbeitnehmern mit sozial- oder berufspolitischer Zwecksetzung, die Lehrkräfte an berufsbildenden Schulen von der nach Landesrecht zuständigen Behörde längstens für vier Jahre als Mitglieder berufen.

(3) Die Tätigkeit im Berufsbildungsausschuss ist ehrenamtlich. Für bare Auslagen und für Zeitversäumnis ist, soweit eine Entschädigung nicht von anderer Seite gewährt wird, eine angemessene Entschädigung zu zahlen, deren Höhe von der zuständigen Stelle mit Genehmigung der obersten Landesbehörde festgesetzt wird.

(4) Die Mitglieder können nach Anhören der an ihrer Berufung Beteiligten aus wichtigem Grund abberufen werden.

(5) Die Mitglieder haben Stellvertreter oder Stellvertreterinnen. Die Absätze 1 bis 4 gelten für die Stellvertreter und Stellvertreterinnen entsprechend.

(6) Der Berufsbildungsausschuss wählt ein Mitglied, das den Vorsitz führt, und ein weiteres Mitglied, das den Vorsitz stellvertretend übernimmt. Der Vorsitz und seine Stellvertretung sollen nicht derselben Mitgliedergruppe angehören.

Inhaltsübersicht

I. Allgemeines

1 Abs. 1 Satz 1 verpflichtet jede zuständige Stelle,[1] einen **Berufsbildungsausschuss** zu errichten.[2] Außerhalb der jeweiligen Gesetze zur Errichtung der Kammern wird so die Bildung eines Ausschusses vorgeschrieben, der bereits dadurch eine **Sonderstellung** innerhalb der zuständigen Stelle erhält. Zugleich weicht die Besetzung des Berufsbildungsausschusses einschließlich seiner Regelungskompetenzen und der Binnenorganisation regelmäßig vom Recht der Ausschüsse ab, die nach dem jeweiligen Gesetz der zuständigen Stelle errichtet werden können.

1 §§ 71 ff.
2 Wohlgemuth/*Günther*, BBiG, § 77 Rn. 4.

Der Berufsbildungsausschuss ist Überwachungs- und zugleich Beschlussorgan der zuständigen Stelle für die von ihr zu erlassenden Rechtsverordnungen. Die in § 79 Abs. 4 Satz 1 verankerte Normsetzungsbefugnis gibt dem Berufsbildungsausschuss eine umfassende Regelungsbefugnis im Sinne einer subsidiären Allzuständigkeit im Rahmen des vorgegebenen Gesetzes- und Verordnungsrechts zur Durchführung der Berufsbildung.[3] Diese bezieht sich sowohl auf den technisch-organisatorischen Vollzug als auch auf die inhaltliche Gestaltung der Berufsbildung. Die Ausgestaltung der Rechte des Ausschusses macht ihn zum zentralen Beratungs- und Beschlussgremium für den regionalen Ausbildungsmarkt.[4]

Der Berufsbildungsausschuss ist ein Organ der zuständigen Stelle, die ihn errichtet.[5] Die zuständige Stelle entscheidet über die Höhe der den Ausschussmitgliedern zu zahlenden **Entschädigungen**, Abs. 3. Der Zuständigkeitsbereich des Berufsbildungsausschusses ist identisch mit dem Zuständigkeitsbereich der zuständigen Stelle. Dies gilt sowohl in räumlicher Hinsicht als auch hinsichtlich der **Fachlichkeit**.

Die rechtlichen **Rahmenbedingungen** für die Arbeit des Berufsbildungsausschusses ergeben sich aus dem höherrangigen Recht, insbesondere aus dem Gesetz, mit dem die zuständige Stelle installiert wurde und dem Berufsbildungsgesetz und den Ausbildungsordnungen. Die Satzung der zuständigen Stelle ist vom Berufsbildungsausschuss zu beachten, soweit sie mit höherrangigem Recht vereinbar ist, insbesondere mit den Regelungen über den Berufsbildungsausschuss in den §§ 77 bis 80.

Im Bereich der Kirchen und sonstigen Religionsgemeinschaften des öffentlichen Rechts ist ein Berufsbildungsausschuss nicht zu bilden, § 75 Satz 2 schließt die Anwendung der §§ 77–80 aus. Die Vorgaben über die Besetzung des Berufsbildungsausschusses, nach der auch Nichtmitglieder der Kirchen und Religionsgemeinschaften die Mehrheit im Berufsbildungsausschuss stellen können, widerspricht Art. 140 GG i. V. m. dem inkorporierten Art. 137 WRV.[6]

II. Errichtung und Zusammensetzung des Berufsbildungsausschusses (Abs. 1)

Abs. 1 Satz 1 verpflichtet die zuständige Stelle, einen Berufsbildungsausschuss zu errichten. Eines besonderen **Errichtungsakts** bedarf es nicht. Abs. 1 Satz 2 legt fest, wie der Berufsbildungsausschuss zusammenzusetzen ist. Dabei werden die an der Berufsbildung beteiligten Personengruppen gleichermaßen vertreten. Damit soll sichergestellt werden, dass die verschiedenen Aspekte der Berufsbildung aus Arbeitgeber- wie Arbeitnehmersicht sowie aus Sicht des zweiten Bereichs der dualen Berufsausbildung, der Berufsschule, vertreten sind. Der Ausschuss besteht insgesamt aus **18 Mitgliedern**: Sechs Beauftragte der ArbeitgeberInnen, sechs Beauftragte der ArbeitnehmerInnen und sechs LehrerInnen an berufsbildenden Schulen. 2

Die im Ausschuss vertretenen Lehrer haben lediglich eine **beratende** Stimme. Ein Recht abzustimmen haben sie nicht. Dadurch wird der Grundsatz der **paritätischen Besetzung** von Ausschüssen im Bereich der betrieblichen Berufsausbildung umgesetzt.[7] Die für die betriebliche Ausbildung, Ausbildungsvorbereitung, Umschulung und Fortbildung Ver-

3 *BVerfG* 14. 5. 1986 – 2 BvL 19/84, AP Nr. 28 zu Art. 140 GG.
4 Bundestagsausschuss für Bildung, Forschung und Technikfolgenabschätzung, BT-Drucks. 15/4752.
5 *BVerfG* 14. 5. 1986 – 2 BvL 19/84, AP Nr. 28 zu Art. 140 GG.
6 *BVerfG* 14. 5. 1986 – 2 BvL 19/84, AP Nr. 28 zu Art. 140 GG.
7 Wohlgemuth/*Günther*, BBiG, § 77 Rn. 6.

antwortlichen können so über die zu erlassenden Rechtsvorschriften beschließen und Maßnahmen zur Sicherung der **Ausbildungsqualität** beraten und anregen.
Durch die Mitgliedschaft der Lehrer im Berufsbildungsausschuss wird der **Sachverstand** dieser Personengruppe im Berufsbildungsausschuss verankert. Hierzu bedarf es keines Stimmenrechts. Durch das Ziel, den Sachverstand an den berufsbildenden Schulen im Ausschuss einbinden zu wollen, zugleich aber den Grundsatz der Parität nicht zu verletzen, ist der Ausschluss des Stimmenrechts und damit die **Ungleichbehandlung** der Gruppe der Lehrer sachlich gerechtfertigt.[8] Nicht zuletzt wird durch den Ausschluss des Stimmrechts der Lehrer verhindert, dass eine Personengruppe über die betriebliche Berufsbildung mitentscheidet, die hierfür in der Praxis nicht verantwortlich ist. Dies gilt umso mehr, als der Bereich der Fortbildungen in den berufsbildenden Schulen überhaupt nicht stattfindet, sondern ausschließlich durch die **betrieblichen Akteure** umgesetzt wird. Hinzu kommt, dass die schulische Berufsausbildung vollständig der Gesetzgebungszuständigkeit und der Gestaltungsmacht **der Länder** unterliegt und eine Verzahnung mit Regelungen und Maßnahmen für die betriebliche Berufsbildung, für die der Bundesgesetzgeber zuständig ist, kaum möglich ist.
Der Gruppe der Lehrer steht auch kein Stimmrecht bei **innerorganisatorischen** Fragen des Ausschusses zu. Der Wortlaut des Abs. 1 lässt hierfür keinen Spielraum. Ein Stimmrecht der Lehrer ergibt sich auch nicht durch die Verlagerung der Arbeit des Berufsbildungsausschusses auf Unterausschüsse nach § 80 Satz 2. § 80 Abs. 2 verweist zwar lediglich auf § 77 Abs. 2 bis 6, aus dem Regelungszweck der paritätischen Beteiligung in Berufsbildungsfragen ergibt sich jedoch die entsprechende Anwendung des Abs. 1 und damit der Ausschluss des Stimmrechts für die Lehrer.

III. Ausschussmitglieder

1. Berufen der Ausschussmitglieder (Abs. 2)

3 Alle Mitglieder des Ausschusses werden von **derselben Behörde** in den Ausschuss berufen. Der Unterschied besteht lediglich darin, wem bzw. welcher Stelle das Vorschlagsrecht für die jeweilige Personengruppe zusteht. Durch die Verlagerung des Berufungsverfahrens auf die nach Landesrecht zuständige Behörde soll erreicht werden, den Eindruck eines besonderen **Näheverhältnisses** zwischen den Ausschussmitgliedern und der zuständigen Stelle zu **vermeiden**. Die **Unabhängigkeit** und Weisungsungebundenheit der Ausschussmitglieder sollen sichergestellt werden.[9]

4 Die Lehrer an berufsbildenden Schulen werden **unmittelbar** berufen, ein Vorschlagsverfahren findet nicht statt. Für die Gruppe der Lehrer kann nur eine Lehrkraft einer berufsbildenden Schule berufen werden. Durch die Formulierung wird ausgeschlossen, dass Mitarbeiter der Schulverwaltung, der Schulaufsichtsbehörde oder Lehrkräfte im Ruhestand als Ausschussmitglieder tätig werden.[10]

5 Die Beauftragten der Arbeitgeber werden auf Vorschlag der zuständigen Stelle in den Ausschuss berufen (Abs. 2 Satz 1). Die Beauftragten der Arbeitnehmer werden auf Vorschlag der im Bezirk zuständigen Stelle bestehenden Gewerkschaften und selbstständigen Vereinigungen von Arbeitnehmern mit sozial- oder berufspolitischer Zwecksetzung in den Ausschuss berufen. Die Formulierung entspricht der Formulierung in § 40.[11]

8 *Herkert/Töltl*, BBiG, § 77 Rn. 7; *Taubert*, BBiG, § 77 Rn. 8.
9 *Braun/Mühlhausen*, BBiG, § 56 a. F. Rn. 9.
10 *Herkert/Töltl*, BBiG, § 77 Rn. 11; *Taubert*, BBiG, § 77 Rn. 14.
11 Siehe Kommentierung zu § 40 Rn. 48.

Besondere Anforderungen an die Kompetenzen der Mitglieder des Berufsbildungsausschusses stellt das Gesetz nicht auf.[12] Erforderlich ist lediglich eine Unabhängigkeit von der zuständigen Stelle, da der Berufsbildungsausschuss Regelungen für die zuständige Stelle schafft und teilweise die Tätigkeit der zuständigen Stelle im Bereich der Berufsbildung **überwacht**. Personen, denen diese Unabhängigkeit von der zuständigen Stelle fehlt, können zwar vorgeschlagen, nicht jedoch berufen werden. Dies gilt z. B. für Mitarbeiter der **zuständigen Stelle.**[13] 6

Das Gesetz verlangt keine fachlichen oder persönlichen Qualifikationsmerkmale für die Berufung der Mitglieder. Es bleibt daher den vorgeschlagenen Organisationen überlassen, welche Anforderungen sie aufstellen und wen sie vorschlagen. Ganz grundsätzlich muss die berufende Behörde sich an die eingereichten Vorschlagslisten und eine darin enthaltene **Rangfolge** der Vorgeschlagenen halten. Werden mehr Ausschussmitglieder vorgeschlagen, als benannt werden können, darf die zuständige Behörde eine ermessensfehlerfreie Auswahlentscheidung treffen. Ermessensfehlerfrei ist es, wenn die Behörde die **Mitgliederzahlen** der vorgeschlagenen Organisation in ihrem Bezirk als **Kriterium** für die Auswahl der Ausschussmitglieder zugrunde legt.[14] Ermessensfehlerhaft ist, wenn die Behörde Vorschläge von sehr kleinen oder in ihrem Bezirk nicht bedeutenden Organisationen pauschal unberücksichtigt lässt. Liegen trotz der geringen Größe und Bedeutung Gründe dafür vor, dass die Vorschläge dieser Organisation berücksichtigt werden, muss die Behörde sich mit diesen Gründen auseinandersetzen. Ein **Berufungsanspruch** dieser Organisationen besteht jedoch **nicht**, lediglich ein **Anspruch auf ermessensfehlerfreie Entscheidung durch die Behörde**. Geht die Behörde davon aus, dass auf die kleinere Arbeitnehmervereinigung rein rechnerisch keine Sitze für die Arbeitnehmergruppe entfallen und beruft sie allein deswegen keine Mitglieder dieser Arbeitnehmervereinigung in den Ausschuss, handelt es sich um einen **Ermessensnichtgebrauch**. 7

Die Ausschussmitglieder werden für **längstens vier Jahre** berufen. Mit der Formulierung soll zugleich die Amtszeit des Berufsbildungsausschusses festgelegt sein. Dafür spricht, dass über eine einheitliche Amtsperiode eine Manipulation der Zusammensetzung des Ausschusses durch die Behörde vermieden werden kann.[15] Die Formulierung »längstens für vier Jahre« bedeutet demzufolge lediglich, dass Abweichungen von den vier Jahren nach unten zulässig sind, um z. B. bei der Nachberufung eines Ausschussmitgliedes seine Amtszeit der Amtsperiode des Ausschusses anzupassen. 8

Lediglich die **Berufung** erfolgt für »längstens« vier Jahre. Damit ist nicht ausgeschlossen, dass Ausschussmitglieder mehrfach, z. B. mehrfach hintereinander in den Berufsbildungsausschuss berufen werden.[16] Mit Blick auf die über die **Erfahrungen** im Ausschuss anwachsende **Sachkompetenz** in diesem Amt kann dies sogar besonders dienlich sein. 9

Die Berufung der Ausschussmitglieder durch die nach Landesrecht zuständige Behörde ist ein Verwaltungsakt. Dieser kann durch Widerspruch und Verpflichtungsklage angegriffen werden,[17] wenn z. B. eine vorschlagsberechtigte Gruppe meint, in eigenen Rechten durch die Berufung verletzt zu sein. Die jeweilige Gruppe ist vor dem Verwaltungsgericht klageberechtigt, um die Verletzung eigener Rechte geltend zu machen. Die nach Landesrecht zuständige Behörde wird, da ihr eine Ermessensentscheidung zusteht, im 10

12 Wohlgemuth/*Günther*, BBiG, § 77 Rn. 9.
13 *Düring/Wohlgemuth*, Berufsbildungs- und Prüfungsausschüsse, DB 1986 Beilage 28/86, S. 28; *Taubert*, BBiG, § 77 Rn. 13.
14 Wohlgemuth/*Günther*, BBiG, § 77 Rn. 16; *Taubert*, BBiG, § 77 Rn. 15.
15 *Taubert*, BBiG, § 77 Rn. 9.
16 Wohlgemuth/*Günther*, BBiG, § 77 Rn. 11.
17 A. a. O. Rn. 12.

Rahmen der gerichtlichen Verpflichtung im Regelfall lediglich zur **Neubescheidung** unter Berücksichtigung der Rechtsauffassung des Gerichts verpflichtet werden.

2. Ersatzmitglieder (Abs. 5)

11 Nach Abs. 5 haben die Mitglieder des Berufsbildungsausschusses **Stellvertreter**. Es muss sich nicht um persönliche Stellvertreter handeln.[18] Aus der Verwendung des Plurals in Satz 1 ergibt sich, dass auch eine allgemeine Stellvertretung zulässig ist, bei der nicht vorgesehen ist, wer die Stellvertretung für welches Mitglied des Berufsbildungsausschusses übernimmt. In diesem Fall muss jedoch eine Reihenfolge der Stellvertreter bestimmt werden. Darüber hinaus muss das Prinzip der **paritätischen Besetzung** gewahrt bleiben. Es können also lediglich beauftragte der Arbeitgeber durch beauftragte Stellvertreter der Arbeitgeber vertreten werden usw.

Das Berufungsverfahren sowie die Anforderungen, die an die Stellvertretung gestellt werden, richten sich nach den Abs. 1 bis 4.

Das Gesetz regelt nicht, wann die Stellvertreter einzuladen sind. Besondere Anforderungen an den Verhinderungsgrund sind daher nicht zu stellen. Erfährt der Ausschussvorsitz davon, dass Mitglieder an der Sitzung des Berufsbildungsausschusses nicht teilnehmen können, hat er die Stellvertretung einzuladen. Diese nimmt dann mit den Rechten des ordentlichen Ausschussmitgliedes an der Sitzung teil.

3. Abberufen (Abs. 4)

a) Wichtige Gründe

12 Abs. 4 regelt, unter welchen **Voraussetzungen** Mitglieder des Ausschusses abberufen werden können. Entsprechende Regelungen sind in § 40 Abs. 3 Satz 5 für das Abberufen von Prüfungsausschussmitgliedern sowie in § 82 Abs. 2 Satz 4 für das Abberufen von Mitgliedern der Landesausschüsse vorhanden. Ein **wichtiger Grund**, ein Mitglied abzuberufen, ist gegeben, wenn ein Umstand vorliegt, aufgrund dessen die Mitarbeit im Berufsbildungsausschuss mit Blick auf die Aufgaben des Ausschusses oder für die an der Berufung beteiligten Stellen oder die übrigen Mitglieder des Ausschusses **unzumutbar ist oder absehbar ist, dass sie unmöglich wird**. Ein Verschulden des Mitglieds ist **nicht erforderlich**.[19] Die Voraussetzung der Unzumutbarkeit oder der Unmöglichkeit der weiteren Mitarbeit ist nicht erfüllt, wenn das Mitglied der Organisation, dies vorgeschlagen hat, nicht mehr angehört. Die Mitglieder sind zwar von den Organisationen vorgeschlagen worden, sie sind jedoch keine echten Mandatsträger.[20] Ein wichtiger Grund, der die Arbeit im Berufsbildungsausschuss unmöglich macht, ist jedoch, wenn ein Mitglied seine **Gruppenzugehörigkeit** wechselt, etwa indem das von Arbeitnehmerseite benannte Mitglied sich selbstständig macht und selbst Kammermitglied wird.[21] Eine **dauerhafte Unzumutbarkeit** oder Unmöglichkeit liegt nicht vor, wenn das Ausschussmitglied lediglich erkrankt ist. Aus Abs. 5, der die Stellvertretung regelt, ergibt sich, dass der Gesetzgeber den Fall der Krankheit nicht als Grund für die Abberufung, sondern als Fall der Stellvertretung gesehen hat. Etwas anderes kann sich lediglich dann ergeben, wenn durch eine dauerhafte Erkrankung die Ausübung des Amts unmöglich wird. Der dauerhaften

---

18 A. a. O. Rn. 15; *Herkert/Töltl*, BBiG, § 77 Rn. 29.
19 *Herkert/Töltl*, BBiG, § 77 Rn. 21.
20 Wohlgemuth/*Günther*, BBiG, § 77 Rn. 32.
21 *Herkert/Töltl*, BBiG, § 77 Rn. 21.

Erkrankung steht dabei eine Erkrankung bis zum Ende der Amtszeit des Ausschusses gleich.[22]
Schwerwiegende **Pflichtverletzungen** im Ausschuss oder Verstöße gegen das BBiG, die eine Ordnungswidrigkeit nach § 101 darstellen, können einen wichtigen Grund für die Abberufung darstellen.[23] Bei anderen Straftaten ist zu prüfen, ob die Verurteilung die im Ausschuss für die anderen Ausschussmitglieder oder die zuständige Stelle tatsächlich unzumutbar oder unmöglich macht. Dies wird regelmäßig lediglich bei Straftaten mit Bezug zur Arbeitswelt der Fall sein.
Treten nachträglich Umstände ein, bei deren Vorliegen gar nicht erst **hätte berufen werden dürfen**, ist eine Abberufung gerechtfertigt.[24]

b) Abberufungsverfahren

Die nach Landesrecht zuständige Behörde kann von sich aus oder auf Anregung von außen das Verfahren zur **Abberufung** einleiten. Erfährt die nach Landesrecht zuständige Behörde von wichtigen Gründen, muss sie von Amts wegen tätig werden. 13
Diejenigen, die an der Berufung des Ausschussmitgliedes beteiligt waren, sind anzuhören. Dies sind:
- das Ausschussmitglied selbst,
- die Gruppierung, die ihn vorgeschlagen hat sowie
- die zuständige Stelle.

Unterbleibt die Anhörung, kann sie im Laufe eines gerichtlichen Verfahrens noch nachgeholt werden. Das Nachholen heilt den Mangel in der Entscheidung (§ 45 Abs. 1 Nr. 3 BVwVfG bzw. die entsprechenden Regelungen der Länder). Die Entscheidung durch die Behörde ist ebenso ein Verwaltungsakt, wie die Berufung in den Ausschuss. Sie kann – ggf. nach Durchführen des Widerspruchsverfahrens[25] – durch eine **Anfechtungsklage** überprüft werden. Die Abberufung verletzt, wenn sie fehlerhaft ist, nicht nur das abberufene Mitglied in seinen Rechten, sondern auch die **Organisation**, die das Ausschussmitglied vorgeschlagen hat. Beide sind daher **klagebefugt**.
Gesetzlich nicht geklärt ist der **Rücktritt** eines Ausschussmitglieds. Dieser ist jederzeit möglich. Der Rücktritt erfolgt durch Erklärung gegenüber der Behörde, die das Mitglied berufen hat. In diesem Fall rückt der Stellvertreter dauerhaft nach. Für die verbleibende Amtszeit muss dann ggf. eine neue Stellvertretung bestimmt werden.

IV. Ausschussarbeit als Ehrenamt (Abs. 3)

14 Die Tätigkeit im Berufsbildungsausschuss ist ehrenamtlich. Das bedeutet, dass für diese Tätigkeit keine Vergütung gezahlt wird. Für Barauslagen und für Zeitversäumnis ist eine angemessene Entschädigung zu zahlen. Es handelt sich um eine Verpflichtung, die lediglich dann nicht greift, wenn die Mitglieder im Ausschuss bereits von anderer Stelle eine Entschädigung erhalten.

15 Die Höhe der Entschädigung wird von der zuständigen Stelle bestimmt. Die Entschädigung muss **angemessen** sein. Dabei ist zu berücksichtigen, dass die Mitglieder die Entschädigung ohnehin nur dann beanspruchen können, wenn sie nicht anderweitig Er-

22 Ähnlich: *Taubert*, BBiG, § 77 Rn. 22.
23 Wohlgemuth/*Günther*, BBiG, § 77 Rn. 31;
24 Wohlgemuth/*Günther*, BBiG, § 77 Rn. 30
25 Die Länder haben teilweise abweichende Regelungen zum Widerspruchsverfahren geschaffen.

satz behalten, zum Beispiel durch eine bezahlte Freistellung. In diesem Fall haben sie möglicherweise **Entgeltabzüge**. Dies ist bei der Angemessenheit zu berücksichtigen. Nicht erforderlich ist, dass die Entschädigung im Sinne einer adäquaten Gegenleistung bemessen ist. Das Ehrenamt schließt nicht aus, dass auf Kosten der zuständigen Stelle Bedingungen geschaffen werden, die es den Ausschussmitgliedern möglich machen, ihr Amt auszuüben. So berührt z. B. die Erstattung von Kinderbetreuungskosten die Ehrenamtlichkeit ebenso wenig wie das Stellen der Kinderbetreuung durch die zuständige Stelle selbst. Für die Bestimmung muss das Satzungsrecht der zuständigen Stelle eingehalten werden, sodass ggf. zusätzlich ein Beschluss der Vollversammlung einzuholen ist. Die Entschädigungsregelung bedarf der Genehmigung der obersten Landesbehörde. Die **Genehmigungspflicht** durch die oberste Landesbehörde stellt eine landeseinheitliche Ausgewogenheit sicher.

16 Die ehrenamtliche Tätigkeit wird durch den Gesetzgeber durch verschiedene Einzelmaßnahmen **gefördert**. Soweit Aufwandsentschädigung nicht für Zeitversäumnis gezahlt wird und nicht den Aufwand, der dem Empfänger erwächst, offenbar übersteigt, ist diese nach § 3 Nr. 12 Satz 2 EStG **steuerbefreit**.[26] Die Aufwandsentschädigung für Zeitversäumnis ist steuerbegünstigt: Die Einnahmen hieraus sind in Höhe von 1/3 der gewährten Aufwandsentschädigung, mindestens in Höhe von 250 Euro monatlich steuerfrei (R 3.12 Abs. 3 Nr. 2 LStR).[27] Für Unfälle während der Tätigkeit bietet die gesetzliche Unfallversicherung nach § 2 Abs. 1 Nr. 10 SGB VII **Versicherungsschutz**.

17 Die Übernahme eines öffentlichen Ehrenamts rechtfertigt keine personenbedingte Kündigung, auch wenn mit der Ausübung der Tätigkeit Versäumnisse der Arbeitszeit und möglicherweise auch ein **Entgeltfortzahlungsanspruch** aus § 616 BGB entsteht.[28]

V. Wahl des Vorsitzes (Abs. 6)

18 Der **Berufsbildungsausschuss** wählt eines seiner Mitglieder zum Vorsitz und ein weiteres für die Stellvertretung. Die Einzelheiten der Wahl sind nicht geregelt. Insoweit kann auf § 92 BVwVfG zurückgegriffen werden.[29] Abs. 5 entspricht § 41 Abs. 1. Wegen des Wahlverfahrens, der Frage wer wählbar ist und wie die Gruppenzugehörigkeit sich bei der Wahl auswirkt, s. § 41 Rn. 4 ff. Bei der Wahl sind Lehrer nicht stimmberechtigt.[30] Sie sind nach dem Wortlaut des § 77 Abs. 6 jedoch wählbar,[31] denn sie sind gem. Abs. 2 Mitglieder des Ausschusses, sie werden »als Mitglieder berufen«. Der Ausschuss muss ggf. entscheiden, ob er diese Wahl für sachgerecht hält.

VI. Parallelvorschrift in der HwO

19 § 77 gilt für die Handwerksordnung nicht unmittelbar. § 43 HwO enthält eine Regelung für den Berufsbildungsausschuss. Zusammensetzung und Berufung sind abweichend geregelt, ebenso die Amtszeit.

26 Küttner/*Weil*, Personalbuch 2024, Stichwort ›ehrenamtliche Tätigkeit‹, Rn. 13, beck-online.
27 Küttner/*Weil*, Personalbuch 2024, Stichwort ›ehrenamtliche Tätigkeit‹, Rn. 16, beck-online.
28 Küttner/*Weil*, Personalbuch 2024, Stichwort ›ehrenamtliche Tätigkeit‹, Rn. 5, beck-online.
29 Abgedruckt unter § 41 Rn. 4, bzw. die entsprechenden Vorschriften der Länder.
30 *Taubert*, BBiG, § 77 Rn. 31.
31 A. a. O.; a. A. Wohlgemuth/*Günther*, BBiG, § 77 Rn. 38.

§ 78 Beschlussfähigkeit, Abstimmung

(1) Der Berufsbildungsausschuss ist beschlussfähig, wenn mehr als die Hälfte seiner stimmberechtigten Mitglieder anwesend ist. Er beschließt mit der Mehrheit der abgegebenen Stimmen.
(2) Zur Wirksamkeit eines Beschlusses ist es erforderlich, dass der Gegenstand bei der Einberufung des Ausschusses bezeichnet ist, es sei denn, dass er mit Zustimmung von zwei Dritteln der stimmberechtigten Mitglieder nachträglich auf die Tagesordnung gesetzt wird.

Inhaltsübersicht Rn.

I. Allgemeines

1 § 78 entspricht § 57 BBiG 1969. Die Regelungen über die **Beschlussfähigkeit** sind abweichend von den Beschlussvorschriften für die Prüfungsausschüsse[1] und für Landesausschüsse.[2] Lediglich die Regelung darüber, mit welcher Mehrheit der Ausschuss beschließt, ist identisch. Bei der Beschlussfähigkeit wird der **Unterschied** zwischen stimmberechtigten Mitgliedern (Beauftragte der Gruppe der Arbeitgeber und der Arbeitnehmer) sowie teilnahmeberechtigten Mitgliedern (Lehrern) besonders deutlich.

II. Beschlüsse des Berufsbildungsausschusses

2 Beschlüsse des Berufsbildungsausschusses sind nur dann wirksam, wenn:
- der Berufsbildungsausschuss beschlussfähig ist,
- der Beschluss mit der Mehrheit der abgegebenen Stimmen gefasst worden ist,
- der Beschluss wirksam auf der Tagesordnung enthalten war und
- weitere, ungeschriebene Voraussetzungen an den Beschluss erfüllt sind.

Alle Voraussetzungen müssen kumulativ vorliegen. Fehlt eine Voraussetzung, ist der Beschluss unwirksam.

1. Beschlussfähigkeit

3 Gem. Abs. 1 Satz 1 ist der Ausschuss beschlussfähig, wenn **mehr als die Hälfte seiner stimmberechtigten Mitglieder anwesend ist**. Stimmberechtigte Mitglieder sind die sechs Beauftragten der Gruppe der Arbeitgeber sowie die sechs Beauftragten der Gruppe der Arbeitnehmer. Abs. 1 Satz 1 stellt nicht die Anforderung, dass diese Ausgewogenheit für die Beschlussfähigkeit erhalten bleiben muss. Beschlussfähigkeit liegt damit auch vor,

1 § 41 Abs. 2.
2 § 82 Abs. 5.

wenn die eine Gruppe vollständig anwesend ist, von der anderen Gruppe jedoch nur ein Vertreter an der Sitzung teilnimmt.

Die Beschlussfähigkeit ist beim Fassen der Beschlüsse von Gesetzes wegen zu berücksichtigen. Sie tritt nicht erst dann ein, wenn sie festgestellt wird. Sinnvoll ist daher, eine **Anwesenheitsliste** zu führen. Verlässt ein Ausschussmitglied die Sitzung, ist dies auf der Anwesenheitsliste zu verzeichnen, um ggf. den Nachweis zu erbringen, dass die Beschlussfähigkeit auch zu diesem Zeitpunkt noch vorlag. Zieht eine stimmberechtigte Gruppe vollständig aus der Sitzung aus, kann sie so einen Beschluss verhindern. Bei dauerhafter Blockade stellt sich allerdings die Frage der **Pflichtverletzungen** durch die abwesenden Ausschussmitglieder und damit nach der Möglichkeit der Abberufung gem. § 77 Abs. 4.

2. Sonderproblem: Beschlüsse ohne körperliche Anwesenheit der Ausschussmitglieder

4 Nach § 7 der Mustergeschäftsordnung für Berufsbildungsausschüsse[3] sind Beschlüsse, Anhörungen und Unterrichtungen auch im sog. **schriftlichen Umlaufverfahren** möglich, wenn die Angelegenheit eilt. Das Umlaufverfahren wird entweder mit der Mehrheit der Stimmen in einer Ausschusssitzung beschlossen oder bei Einigkeit zwischen Vorsitz und Stellvertretung angewendet. Diese Praxis ist bedenklich. Beschlüsse können im Umlaufverfahren nicht wirksam gefasst werden, denn Beschlüsse erfordern Beschlussfähigkeit, also die Mehrheit der »anwesenden« Mitglieder (Abs. 1). Sind **keine Mitglieder** anwesend, dürfen Beschlüsse nicht gefasst werden. Die Abstimmung bei **körperlicher Anwesenheit** ist in den Abstimmungsverfahren erforderlich, in denen auf die Mehrheit der Anwesenden abgestellt wird und in denen nicht ausdrücklich eine Ausnahme geregelt ist. Dies entspricht der – wegen § 88 BVwVfG nicht unmittelbar anwendbaren – Struktur in § 90 BVwVfG und dies zeigt ein Blick auf die Rechtsprechung:

- So können Betriebsratsbeschlüsse nicht im Umlaufverfahren getroffen werden. Eine Beschlussfassung im Umlaufverfahren ist unzulässig.[4]
- Gleiches gilt für Beschlüsse des Personalrats,[5] soweit nicht eine andere Regelung vorhanden ist, wie zum Beispiel im Landespersonalvertretungsgesetz Bayern, Art. 37 Abs. 3.[6]
- Gleiches gilt auch für etwaige Beschlüsse bei einem telefonischen Umlaufverfahren oder Telefon- oder Videokonferenzen[7]
- sowie für eine Zustimmung, die durch Schweigen des Ausschussmitgliedes erteilt worden sein soll, weil es bei stillschweigender Beschlussfassung unmöglich ist, die für eine Abstimmung unerlässlichen Feststellungen darüber zu treffen, inwieweit Beschlussfähigkeit, Zustimmung und Ablehnung gegeben und Stimmenthaltungen vorgekommen sind.[8]

---

3 Abgedruckt unter § 80 Rn. 9.

4 *LAG Hamm (Westfalen)* 17.8.2007 – 10 TaBV 37/07, juris m.w.N.; *Fitting*, § 33 Rn. 20ff.; DKW/*Wedde*, BetrVG, § 33 Rn. 3 und 10; bestätigt durch obiter dictum in *BAG* 16.1.2003 – 2 AZR 707/01, juris.

5 *LAG Düsseldorf* 22.11.2001 – 13 (18) Sa 1001/01, juris.

6 *Bayerischer Verwaltungsgerichtshof* 14.11.2001 – 17 P 01.1526, juris.

7 *LAG Düsseldorf* 22.11.2001 – 13 (18) Sa 1001/01, juris; *LAG München* 14.11.2008 – 5 TaBV 36/08, juris; vgl. aber § 129 BetrVG (befristet bis zum 31.12.2020), § 37 Abs. 3 BPersVG (befristet bis zum 31.3.2021).

8 *BGH* 6.4.1964 – II ZR 75/62, juris.

Demgegenüber können **Anhörungen und Unterrichtungen** schriftlich erfolgen, da es hierfür nicht auf Beschlüsse und demzufolge auch nicht auf anwesende Mitglieder ankommt. Bei Anhörungen ist jedoch darauf zu achten, dass der Ausschuss als Ganzes ebenso wie die einzelnen Mitglieder die Gelegenheit haben, der zuständigen Stelle ihre **Meinung** zu der Angelegenheit kundzutun. Anderenfalls handelt es sich nicht um eine Anhörung, sondern um eine Unterrichtung. Da der Gesetzgeber zwischen diese beiden Rechten in § 79 Abs. 2 und 3 unterscheidet, genügt eine Anhörung, ohne eine Möglichkeit gehört zu werden, nicht den Anforderungen des Gesetzes.

3. Mehrheit der abgegebenen Stimmen

Ein Beschluss muss gem. Abs. 1 Satz 2 mit der Mehrheit der abgegebenen Stimmen gefasst worden sein. Im Gegensatz zum Prüfungsausschuss hat der Vorsitzende des Berufsbildungsausschusses kein besonderes Stimmrecht. Alle Stimmen der stimmberechtigten Ausschussmitglieder zählen gleich. 5

Um die **Mehrheit** der abgegebenen Stimmen feststellen zu können, muss definiert werden, welche Stimmen als abgegeben gelten, ob auch Enthaltungen als abgegebene Stimmen gelten. Abgegeben werden nur die Stimmen, die **geäußert werden**. Enthält sich ein Mitglied des Ausschusses, äußert es sich nicht.[9] Bei einer Abstimmung sind daher **Stimmenthaltungen nicht als abgegebene Stimmen** zu berücksichtigen. Um die Mehrheit der abgegebenen Stimmen festzustellen, ist es demnach erforderlich, die Anzahl der Ja- sowie der Neinstimmen zu addieren, die Summe zu halbieren und das Ergebnis aufzurunden bzw. bei glatten Zahlen das Ergebnis um eins zu erhöhen. Die sich so ergebene Zahl stellt die Mehrheit der abgegebenen Stimmen dar.

Für diese Vorgehensweise spricht der **Wortlaut** der Vorschrift. Dieser ist für sich genommen nicht vollständig eindeutig. Vergleicht man den Wortlaut des Abs. 1 Satz 2 mit dem Wortlaut anderer Abstimmungsvorschriften, wird jedoch deutlich, dass es nicht auf die Anzahl der Anwesenden stimmberechtigten Mitglieder ankommt, sondern darauf, ob diese ihre Stimme im Sinne einer Entscheidung erhoben haben. So formuliert der Gesetzgeber bei der erforderlichen Mehrheit für Beschlüsse von Betriebsräten in § 33 Abs. 1 Satz 1 BetrVG »… mit der Mehrheit der Stimmen der anwesenden Mitglieder …« Diese Regelung macht deutlich, dass ein Antrag nur dann angenommen ist, wenn er mehr Jastimmen als Neinstimmen zzgl. Enthaltungen auf sich vereinen kann. Hätte der Bundesgesetzgeber Enthaltungen in die Bestimmung der Mehrheit einbeziehen wollen, hätte er die Formulierung »… mit der Mehrheit der Stimmen der stimmberechtigten anwesenden Mitglieder« wählen können. 6

Gem. § 91 BVwVfG werde Beschlüsse mit der »Stimmenmehrheit« gefasst. Auch hier bleiben **Enthaltungen unberücksichtigt**.[10] Gleiches gilt für § 22 Abs. 1 des Landesrichtergesetzes Rheinland-Pfalz, zu dem das Oberverwaltungsgericht Koblenz darauf hingewiesen hat, dass die Regelung »einfache Mehrheit der abgegebenen Stimmen« nach dem überkommenen Verständnis gleichlautender staatsrechtlicher Mehrheitsregelungen so auszulegen ist, dass Stimmenthaltungen bei der Berechnung der Mehrheit nicht mitzählen. Damit werde berücksichtigt, dass, wer die Stimme enthält, weder ein zustimmendes noch ein ablehnendes Votum abgebe, sondern auf das Abstimmungsergebnis gerade keinen Einfluss nehmen wolle.[11] 7

---

9 *Lakies,* BBiG, § 78 Rn. 4; Wohlgemuth/*Günther,* BBiG, § 78 Rn. 5; *Taubert,* BBiG, § 78 Rn. 7.
10 *OVG Koblenz* 13.6.2007 – 10 B 10457/07, *www.landesrecht.rlp.de.*
11 *OVG Koblenz,* a.a.O.

Ein Beschluss ist also auch dann wirksam gefasst, wenn bei der Abstimmung lediglich **ein stimmberechtigtes Mitglied** für den Antrag stimmt, alle anderen sich jedoch enthalten.[12] Auch nach einem solchen Beschlussergebnis ist der Antrag abschließend behandelt, sodass kein Raum für weitere Beratungen besteht, wenn der Antrag nicht erneut und nach den in der Geschäftsordnung festgelegten Formalien oder mit Zustimmung von zwei Dritteln der stimmberechtigten Mitgliedern auf die Tagesordnung gesetzt wird.[13] Das Gesetz sieht für die Beschlussfassung keine bestimmte Form vor. Beschlüsse können daher in offener Abstimmung gefasst werden. Auf § 92 Abs. 1 Satz 2 BVwVfG kann entsprechend zurückgegriffen werden, sodass zumindest bei Wahlen auf Verlangen eines stimmberechtigten Mitgliedes geheim abzustimmen ist.

4. Beschlussgegenstand wirksam auf Tagesordnung enthalten

8 Nach Abs. 2 ist für die Wirksamkeit eines Beschlusses erforderlich, dass der **Gegenstand** des Beschlusses auf der Tagesordnung enthalten ist oder bei der Einladung anderweitig bezeichnet wurde.

Hintergrund für die Regelung ist, dass jedes Mitglied des Ausschusses in der Lage sein soll, sich auf den Beschlussgegenstand vorzubereiten, worunter sowohl das Erfassen von Beschlusstexten, Begründungen als auch Vorberatungen mit anderen Ausschussmitgliedern oder an der Berufsbildung Beteiligten zu verstehen ist. Daraus ergibt sich, dass der Beschlussgegenstand den Ausschussmitgliedern bei der Einberufung der Ausschusssitzung deutlich mitgeteilt werden muss. Nicht ausreichend ist, wenn lediglich ein Schlagwort als Oberbegriff angegeben wird, z. B. »Prüfungsordnung«. Nach dem Sinn und Zweck der Regelung muss der **Beratungsgegenstand so präzise mitgeteilt** werden, dass eine Vorbereitung möglich ist. Im genannten Beispiel der Prüfungsordnung ist daher zumindest die Beschlussvorlage, also der Entwurf beizufügen.

9 Aus dem Sinn und Zweck der Regelung ergibt sich ferner, dass eine im Gesetz nicht näher definierte **Frist für die Einberufung zur Sitzung** eingehalten werden muss, damit der Beschluss wirksam gefasst werden kann. Eine zu kurzfristige Einberufung der Sitzung verhindert ebenso wie eine zu kurzfristige Mitteilung des Beschlussgegenstands die umfassende Vorbereitung der Ausschussmitglieder. Für die Rechtzeitigkeit der Einberufung ist nicht nur auf die stimmberechtigten Mitglieder des Ausschusses abzustellen. Rechtzeitig unter Mitteilung der Beratungsgegenstände sind auch die nicht stimmberechtigten Mitglieder zu laden. Die nicht stimmberechtigten Mitglieder können in der Beratung der Beschlussvorlagen wichtige Hinweise geben. Auch ihnen ist ausreichend Gelegenheit zur Vorbereitung der Beschlussvorlagen zu geben. Anderenfalls wäre die Teilnahme der beratenden Ausschussmitglieder sinnentleert.

Sind Ausschussmitglieder daran gehindert, an der Ausschusssitzung teilzunehmen, haben sie dies dem Ausschussvorsitz mitzuteilen. Dieser hat dann die **Stellvertretung** einzuladen. Auch die Stellvertretung muss rechtzeitig und unter Mitteilung des Beschlussgegenstandes geladen werden. Aus diesem Grund empfiehlt sich eine längere Einladungsfrist, um auch nach Absagen der ordentlichen Ausschussmitglieder noch ausreichend Zeit für die Ladung von Stellvertretungen zur Verfügung zu haben.

12 *Taubert*, BBiG, § 78 Rn. 6f.; *Braun/Mühlhausen*, BBiG, § 57 Rn. 4.
13 A. A.: *Hurlebaus/Baumstümmler/Schulien*, BBiG, § 78 Rn. 6.

Da das Gesetz weder Vorschriften für die Einladung noch für Fristen, Mitteilung der Tagesordnung, Definition der Tagesordnung oder den Einsatz der Stellvertretung vorsieht, empfiehlt es sich, hierzu Regelungen in der **Geschäftsordnung**[14] aufzunehmen. Ausnahmsweise können Beschlüsse, die bei der Einberufung der Sitzung nicht mitgeteilt wurden, gefasst werden, wenn sie **nachträglich** auf die Tagesordnung gesetzt werden. Hierzu ist eine Mehrheit von zwei Dritteln der stimmberechtigten Mitglieder erforderlich. Es müssen also mindestens acht stimmberechtigte Mitglieder (§ 77 Abs. 1) zustimmen, dass ein Gegenstand nachträglich auf die Tagesordnung gesetzt wird. Dieser Beschluss kann zu Beginn oder im Laufe der Ausschusssitzung gefasst werden. Werden Beschlüsse gem. § 79 Abs. 6 gefasst, sind nach ebendieser Regelung auch Lehrer stimmberechtigt. Der Ausschuss hat dann 18 stimmberechtigte Mitglieder, sodass die Tagesordnung um Beschlüsse gem. § 79 Abs. 6 lediglich ergänzt werden kann, wenn 12 Mitglieder des Ausschusses dem zustimmen.[15] 10

Der Beschluss über die Ergänzung oder Änderung der Tagesordnung kann nur ausdrücklich gefasst werden.[16] Ausdrücklich wird die Tagesordnung dadurch ergänzt oder geändert, dass ein neuer Beschlussgegenstand aufgenommen wird und hierüber ein Beschluss erfolgt, der die erforderliche Mehrheit erlangt. Nur so kann die nach dem Sinn und Zweck der Vorschrift zu fordernde ausdrückliche Zustimmung erlangt werden. Eine implizite Änderung ergäbe sich dadurch, dass ein Beschluss gefasst wird, der nicht auf der Tagesordnung enthalten ist, der aber die gem. § 78 Abs. 2 zweiter Halbsatz erforderliche Mehrheit erhielte.[17] Sie genügt den Anforderungen nicht.[18]

5. Weitere, ungeschriebene Voraussetzungen an den Beschluss

Obwohl das Gesetz weitere Voraussetzungen nicht ausdrücklich definiert, existieren diese. So muss der Beschluss zum Beispiel mit höherrangigem Recht vereinbar sein. 11

III. Rechtliche Überprüfung von Beschlüssen

Unwirksame Beschlüsse des Ausschusses entfalten keine Wirksamkeit. Beim Beschluss über die Prüfungsordnung wird exemplarisch deutlich, welch weitreichende Konsequenzen dies haben kann. Es fehlt dem Prüfungsverfahren bei unwirksamem Beschluss über die Prüfungsordnung an Verfahrensregelungen. Wirksam bleiben für die Prüfungen in dieser zuständigen Stelle lediglich die Regelungen aus dem BBiG sowie aus den Ausbildungsordnungen. In der Folge könnten die Prüfungsergebnisse umfassend angefochten werden. Das Verwaltungsgericht **prüft im Rahmen eines solchen Verfahrens (inzidenter)**, ob die dem Prüfungsverfahren zu Grunde liegende Prüfungsordnung wirksam ist. Stellt sie fest, dass die Prüfungsordnung nicht wirksam beschlossen wurde, bleibt sie unangewendet. 12

---

14 § 80.

15 *Taubert*, BBiG, § 78 Rn. 12; a. A. Wohlgemuth/*Günther*, BBiG, § 78 Rn. 8 mit dem eine Annexkompetenz negierenden Hinweis darauf, dass es sich bei dem *Beschluss über die Ergänzung der Tagesordnung zu einem Thema gem. § 79 Abs. 6* nicht *um den eigentlichen Beschluss gem. § 79 Abs. 6* handle.

16 Aufgabe der bisherigen Auffassung; so auch: *Lakies*, § 78 Rn. 7; Wohlgemuth/*Günther*, BBiG, § 78 Rn. 9.

17 *Braun/Mühlhausen*, BBiG, § 57 a. F. Rn. 7.

18 A. A. *Taubert*, BBiG § 78 Rn. 14.

Neben der Überprüfung von Beschlüssen anlässlich von Verfahren zur Überprüfung von Verwaltungsakten besteht auch die Möglichkeit, den Beschluss unmittelbar überprüfen zu lassen. Ausschussmitglieder können mit einer **Klage**, die dazu dient, ein Rechtsverhältnis zu gestalten, feststellen lassen, dass der Beschluss unwirksam ist, ein Vorverfahren ist in diesem Fall nicht durchzuführen, da es sich bei dem Beschluss nicht um einen Verwaltungsakt handelt.

§ 79 Aufgaben

(1) Der Berufsbildungsausschuss ist in allen wichtigen Angelegenheiten der beruflichen Bildung zu unterrichten und zu hören. Er hat im Rahmen seiner Aufgaben auf eine stetige Entwicklung der Qualität der beruflichen Bildung hinzuwirken.

(2) Wichtige Angelegenheiten, in denen der Berufsbildungsausschuss anzuhören ist, sind insbesondere:

1. **Erlass von Verwaltungsgrundsätzen über die Eignung von Ausbildungs- und Umschulungsstätten, für das Führen von Ausbildungsnachweisen nach § 13 Satz 2 Nummer 7, für die Verkürzung der Ausbildungsdauer, für die vorzeitige Zulassung zur Abschlussprüfung, für die Durchführung der Prüfungen, zur Durchführung von über- und außerbetrieblicher Ausbildung sowie Verwaltungsrichtlinien zur beruflichen Bildung,**
2. **Umsetzung der vom Landesausschuss für Berufsbildung empfohlenen Maßnahmen,**
3. **wesentliche inhaltliche Änderungen des Ausbildungsvertragsmusters.**

(3) Wichtige Angelegenheiten, in denen der Berufsbildungsausschuss zu unterrichten ist, sind insbesondere:

1. **Zahl und Art der der zuständigen Stelle angezeigten Maßnahmen der Berufsausbildungsvorbereitung und beruflichen Umschulung sowie der eingetragenen Berufsausbildungsverhältnisse,**
2. **Zahl und Ergebnisse von durchgeführten Prüfungen sowie hierbei gewonnene Erfahrungen,**
3. **Tätigkeit der Berater und Beraterinnen nach § 76 Abs. 1 Satz 2,**
4. **für den räumlichen und fachlichen Zuständigkeitsbereich der zuständigen Stelle neue Formen, Inhalte und Methoden der Berufsbildung,**
5. **Stellungnahmen oder Vorschläge der zuständigen Stelle gegenüber anderen Stellen und Behörden, soweit sie sich auf die Durchführung dieses Gesetzes oder der auf Grund dieses Gesetzes erlassenen Rechtsvorschriften beziehen,**
6. **Bau eigener überbetrieblicher Berufsbildungsstätten,**
7. **Beschlüsse nach Absatz 5 sowie beschlossene Haushaltsansätze zur Durchführung der Berufsbildung mit Ausnahme der Personalkosten,**
8. **Verfahren zur Beilegung von Streitigkeiten aus Ausbildungsverhältnissen,**
9. **Arbeitsmarktfragen, soweit sie die Berufsbildung im Zuständigkeitsbereich der zuständigen Stelle berühren.**

(4) Der Berufsbildungsausschuss hat die auf Grund dieses Gesetzes von der zuständigen Stelle zu erlassenden Rechtsvorschriften für die Durchführung der Berufsbildung zu beschließen. Gegen Beschlüsse, die gegen Gesetz oder Satzung verstoßen, kann die zur Vertretung der zuständigen Stelle berechtigte Person innerhalb einer Woche Einspruch einlegen. Der Einspruch ist zu begründen und hat aufschiebende Wirkung. Der Berufsbildungsausschuss hat seinen Beschluss zu überprüfen und erneut zu beschließen.

(5) Beschlüsse, zu deren Durchführung die für Berufsbildung im laufenden Haushalt vorgesehenen Mittel nicht ausreichen, bedürfen für ihre Wirksamkeit der Zustimmung der für den Haushaltsplan zuständigen Organe. Das Gleiche gilt für Beschlüsse, zu deren Durchführung in folgenden Haushaltsjahren Mittel bereitgestellt werden müssen, die die Ausgaben für Berufsbildung des laufenden Haushalts nicht unwesentlich übersteigen.
(6) Abweichend von § 77 Abs. 1 haben die Lehrkräfte Stimmrecht bei Beschlüssen zu Angelegenheiten der Berufsausbildungsvorbereitung und Berufsausbildung, soweit sich die Beschlüsse unmittelbar auf die Organisation der schulischen Berufsbildung auswirken.

Inhaltsübersicht Rn.

I. Allgemeines

§ 79 ist die zentrale Norm in dem Kapitel über die zuständigen Stellen und Behörden. Abs. 4 weist dem Berufsbildungsausschuss die Aufgabe zu, die aufgrund des BBiG zu erlassenen Rechtsvorschriften zu beschließen und damit zugleich zu gestalten. Die **Aufgabe des Berufsbildungsausschusses** erschöpft sich jedoch nicht im Ausgestalten der Rechtsvorschriften. Durch Abs. 1 wird deutlich, dass der Gesetzgeber den Berufsbildungsausschuss die Aufgabe zuschreibt, die Grundlagen für die Qualität in der Berufsbildung im Bereich der zuständigen Stelle zu schaffen, hierbei mit der zuständigen Stelle eng zusammenzuarbeiten und die zuständige Stelle dabei zu beraten. Dies wird durch das Anhörungs- und Unterrichtungsrecht des Abs. 1 Satz 1 begleitet. Damit wird zugleich deutlich, dass Unterrichtung, Anhörung und Beschluss von Rechtsvorschriften nicht die einzigen Möglichkeiten des Berufsbildungsausschusses sind, tätig zu werden. 1

Als Gremium kann der Ausschuss nur agieren, indem er **Beschlüsse** fasst. Nur durch Beschlüsse kann ein Wille des Ausschusses als Gremium abgebildet werden. Beschlüsse über andere Angelegenheiten als Rechtsvorschriften sind damit nötig und möglich, haben aber nicht dieselbe Wirkung (zur Wirkung der Beschlüsse nach Abs. 4 s. Rn. 24ff.). Der Ausschuss ist berechtigt, diese Beschlüsse zu veröffentlichen. Die Ausgestaltung der Rechte des Ausschusses macht ihn zum **zentralen Beratungs- und Beschlussgremium** für den regionalen Aus- und Weiterbildungsmarkt.[1] Dieser kann zum Beispiel: 2

1 Ausschuss für Bildung, Forschung und Technikfolgenabschätzung, BT-Drucks. 15/4752, S. 51.

- auf einen Schulentwicklungsplan des Schulträgers hinwirken,
- Schritte der Schulämter und Schulträger im IHK-Bezirk bei der Berufsorientierung begleiten und Vertreter:innen der Arbeitsagentur als Gast im Ausschuss empfangen,
- mit seinen Mitgliedern bei Bewerbungscoaching und Medienaktionen mitwirken, bei denen Ausbildungsbetriebe und Bewerber zusammengebracht werden sollen,
- eine Empfehlung für Richtlinien für das Führen von Ausbildungsnachweisen definieren,
- Rahmenrichtlinien für Ausbildungsregelungen für behinderte Menschen definieren,
- eine Qualitätsplattform für alle Aspekte der dualen Berufsausbildung entwickeln, die diese in einzelnen Prozessschritten betrachtet,
- Empfehlungen für die Lernortkooperationen beschließen, die die Zusammenarbeit von Berufsschulen und Betrieben beschreibt,
- Empfehlungen an die Anbieter von Lehrgängen zu IHK-Prüfungen beschließen, um auf die Qualität von Vorbereitungslehrgängen für IHK-Weiterbildungsprüfungen einzuwirken.

3 § 79 entspricht in Abs. 1 dem § 58 Abs. 1 BBiG 1969. In den Abs. 2 und 3 werden die wichtigen Angelegenheiten, in denen der Berufsbildungsausschuss anzuhören und zu unterrichten ist, in Form von Regelbeispielen näher definiert. Abs. 4 entspricht § 58 Abs. 2 BBiG 1969, Abs. 5 entspricht § 58 Abs. 3 BBiG 1969. Abs. 6 regelt eine Abweichung von § 77 Abs. 1 zum Stimmrecht der Lehrkräfte.

II. Anhörungs- und Unterrichtungsrecht des Berufsbildungsausschusses (Abs. 1 Satz 1, Abs. 2, 3)

4 Der Berufsbildungsausschuss ist gem. Abs. 1 in allen wichtigen Angelegenheiten der beruflichen Bildung zu unterrichten und zu hören.

1. Wichtige Angelegenheiten

5 Der Begriff der »wichtigen Angelegenheiten« ist im Gesetz nicht definiert, wird jedoch durch die in den Abs. 2 und 3 genannten Regelbeispiele, die durch das Berufsbildungsreformgesetz im Jahr 2005 eingefügt wurden, skizziert. Die Wichtigkeit einer Angelegenheit kann sich aus unterschiedlichen Aspekten ergeben. Zum einen kann die Wichtigkeit sich daraus ergeben, dass die Angelegenheit eine **Vielzahl von Fällen** betrifft oder regelt. Zum anderen kann sich die Wichtigkeit daraus ergeben, dass es sich um einen Einzelfall handelt, dass dieser jedoch **exemplarischen Charakter** hat.[2] Dabei kann die Angelegenheit in positiver sowie in negativer Hinsicht exemplarischen Charakter haben. Denkbar ist auch, dass bei dieser Angelegenheit der exemplarische Charakter vom Berufsbildungsausschuss lediglich vermutet wird und er sich deswegen mit der Angelegenheit näher befassen will. Auch in diesem Fall der vermuteten Beispielhaftigkeit der Angelegenheit ist ihre Wichtigkeit zu bejahen. Darüber hinaus sind auch solche Angelegenheiten wichtig, von denen der Ausschuss davon ausgeht, dass sie **Indizwirkung** haben. Die Angelegenheit ist dann nicht exemplarisch, zeigt jedoch strukturelle Mängel im System der Berufsbildung der zuständigen Stelle auf. Auch Einzelfälle, die **Präzedenzwirkung** haben oder nach dem Willen der zuständigen Stelle haben sollen, sind wichtige Angelegenheiten.[3] Nicht zuletzt ist es ständige Aufgabe des Berufsbildungsausschusses, die **Qualität der berufli-**

---

2 *Knopp/Kraegeloh*, BBiG, § 79 Rn. 2; *Benecke/Hergenröder*, BBiG, § 79 Rn. 2 m. w. N.
3 *Braun/Mühlhausen*, BBiG, § 58 a. F., Rn. 8 m. w. N.

chen Bildung zu entwickeln (Abs. 1 Satz 2). Maßnahmen, die sich hierauf beziehen, sind regelmäßig ebenfalls wichtige Angelegenheiten. Einzelfälle, die nicht beispielhaft sind, keine Präzedenzwirkung haben und nicht Indiz für strukturelle Mängel sind, sind keine wichtigen Angelegenheiten. Dazu gehören zum Beispiel einzelne Ausbildungsverträge. Der Begriff der »wichtigen Angelegenheiten« ist wegen der vom Bundesverfassungsgericht erklärten subsidiären Allzuständigkeit des Berufsbildungsausschusses[4] weit auszulegen.

Der Begriff »wichtige Angelegenheit« ist ein **unbestimmter Rechtsbegriff**. Ungeachtet seiner inhaltlichen Unschärfe gibt es im konkreten Einzelfall grundsätzlich immer nur genau eine richtige Auslegung bei unbestimmten Rechtsbegriffen. Diese eine richtige Auslegung muss die zuständige Stelle bei der Rechtsanwendung finden. Dies unterliegt vollem Umfang der Überprüfung durch das Verwaltungsgericht. Ein Beurteilungsspielraum der zuständigen Stelle oder deren Geschäftsführung besteht nicht. Ein Beurteilungsspielraum bei unbestimmten Rechtsbegriffen wird den Behörden nur dann zugestanden, wenn es sich um Fälle handelt, in denen die Behörden Entscheidungen zu treffen haben, die so stark situationsabhängig sind, dass sich diese Situationsgebundenheit im gerichtlichen Verfahren nicht rekonstruieren und nachvollziehen lässt. Ein Beurteilungsspielraum ist daher insbesondere bei den Prüfungen, Beurteilungen, Wertungsentscheidungen weisungsfreier Ausschüsse und Gremien sowie Risikobeurteilungen anerkannt. Ein solcher Fall einer nicht rekonstruierbaren situationsgebundenen Entscheidung liegt nicht vor. Es geht um die Einschätzung außerhalb einer Sitzung, ob die Geschäftsführung der zuständigen Stelle den Berufsbildungsausschuss zu unterrichten und anzuhören hat. Dies erfolgt auf Basis der Beurteilung des gesamten feststehenden Sachverhalts, insbesondere der vorliegenden Unterlagen. In diesem Fall hat die Kammergeschäftsführung die Pflicht, die Wichtigkeit der Angelegenheit zutreffend zu beurteilen. Ihre Entscheidung unterliegt in vollem Umfang der **Überprüfung durch die Verwaltungsgerichte**. 6

Besteht Streit darüber, ob eine Angelegenheit wichtig ist, kann der Ausschuss als Organ, dem aus seiner Sicht der Unterrichtungs- oder Anhörungsanspruch zusteht, einen Antrag beim Verwaltungsgericht klären. Im Wege eines Organstreitverfahrens wird dann geklärt, ob der Anspruch bei dieser Angelegenheit tatsächlich besteht. Ein Anhörungs- oder **Unterrichtungsanspruch einzelner Mitglieder** des Ausschusses soll gegenüber der Kammergeschäftsführung nicht bestehen.[5] 7

Unerheblich ist, wie der Berufsbildungsausschuss in seiner **Geschäftsordnung** den Begriff der wichtigen Angelegenheiten und damit seine Unterrichtungs- und Anhörungsrechte definiert. Die Geschäftsordnung muss sich im Rahmen des Gesetzes halten:[6] Da das Gesetz das Anhörungs- und Unterrichtungsrecht für wichtige Angelegenheiten verleiht, kann dieses Recht durch eine Geschäftsordnung weder erweitert noch beschränkt werden. Die abschließende Auslegung des Begriffs »wichtige Angelegenheiten« obliegt nicht dem Berufsbildungsausschuss, sondern der Rechtsprechung. Soweit andere Organe der zuständigen Stelle die in einer Geschäftsordnung beschriebenen Unterrichtungs- und Anhörungsrechte nicht beachten, steht zur abschließenden rechtlichen Klärung das Organstreitverfahren zur Verfügung. 8

4 *BVerfG* 14.5.1986 – 2 BvL 19/84, AP Nr. 28 zu Art. 140 GG.
5 *Taubert*, BBiG, § 79 Rn. 12.
6 Siehe § 80 Rn. 4.

2. Unterrichten und Anhören

9 Noch nach dem Wortlaut des § 58 Abs. 1 BBiG 1969 war anzunehmen, dass der Berufsbildungsausschuss in allen wichtigen Angelegenheiten sowohl zu unterrichten als auch anzuhören ist. Lediglich in den Fällen, in denen eine Anhörung ins Leere geht, weil feststehende Sachverhalte mitgeteilt werden, wurde die Pflicht zur Anhörung des Berufsbildungsausschusses verneint.[7] Diese Auffassung lässt sich trotz identischen Wortlauts des Abs. 1 Satz 1 seit dem Berufsbildungsreformgesetz nicht mehr aufrechterhalten. Denn die Abs. 2 und 3 differenzieren wichtige Angelegenheiten danach, ob der Berufsbildungsausschuss anzuhören oder lediglich zu unterrichten ist. Dabei wird in den Nr. 3 bis 6 des Abs. 3 deutlich, dass der Berufsbildungsausschuss auch in Fällen lediglich unterrichtet wird, in denen eine Stellungnahme noch Einfluss auf das Verhalten der zuständigen Stelle haben könnte.

10 Anhören geht rein begrifflich weiter als unterrichten. **Unterrichten** bedeutet, dass dem Berufsbildungsausschuss erschöpfend alle Erkenntnisse mitgeteilt werden müssen, die für das Verständnis einer wichtigen Angelegenheit erforderlich sind. Die Unterrichtung ist auf den fachlichen und räumlichen Zuständigkeitsbereich der zuständigen Stelle beschränkt.[8] **Anhören** bedeutet, dass der Berufsbildungsausschuss um seine Stellungnahme gebeten wird oder von sich aus eine Stellungnahme abgibt und dass die zuständige Stelle sich mit dieser Stellungnahme auseinandersetzt. Die zuständige Stelle ist an die Bedenken und Stellungnahmen des Ausschusses nicht gebunden, kann sich über vorgetragene Einwendungen aber nur aus sachlichen Gründen hinwegsetzen.[9]

11 Das Unterrichtungs- und Anhörungsrecht des Berufsbildungsausschusses steht neben seinem Normsetzungsanspruch aus Abs. 4. Der Berufsbildungsausschuss ist daher in allen wichtigen Angelegenheiten zu unterrichten und anzuhören, unabhängig davon, ob zugleich ein Beschlussanspruch nach Abs. 4 besteht. In umgekehrter Richtung strahlt die Normsetzungsbefugnis des Abs. 4 auf die Auslegung des Abs. 1 aus: Angelegenheiten, zu denen der Berufsbildungsausschuss Beschlüsse nach Abs. 4 fassen kann, sind wichtige Angelegenheiten, über die der Berufsbildungsausschuss zu unterrichten und anzuhören ist. Denn ohne eine Information über die Angelegenheit kann der Berufsbildungsausschuss nicht entscheiden, ob er hierzu einen Beschluss fassen will oder muss.

3. Anhören (Abs. 2)

12 Abs. 2 listet einige **Beispiele** für wichtige Angelegenheiten auf, bei denen der Berufsbildungsausschuss anzuhören ist. Die Aufzählung ist nicht abschließend. Dies ergibt sich aus der Formulierung »… sind insbesondere«. So besteht ein Anhörungsanspruch des Berufsbildungsausschusses bei dem Erlass von Verwaltungsgrundsätzen zur Berufsausbildung. Verwaltungsgrundsätze sind Richtlinien, die dazu dienen, die Ermessensausübung und den Umgang mit unbestimmten Rechtsbegriffen in der Behörde zu vereinheitlichen. Die Verwaltungsgrundsätze werden vom zuständigen Organ erlassen. Dies kann je nach dem, um welche zuständige Stelle es sich handelt, unterschiedlich sein. Das Anhörungsrecht besteht bei dem Erlass von Verwaltungsgrundsätzen über die Eignung von Ausbildungs- und Umschulungsstätten für das Führen von schriftlichen Ausbildungsnachweisen, für die Verkürzung der Ausbildungsdauer, für die vorzeitige Zulassung zu der Abschlussprüfung, für die Durchführung der Prüfungen, zur Durchführung von über- und au-

7 *Braun/Mühlhausen*, BBiG, § 58 a. F. Rn. 13.
8 *Braun/Mühlhausen*, BBiG, § 58 a. F. Rn. 11; *Taubert*, BBiG, § 79 Rn. 14.
9 *Taubert*, BBiG, § 79 Rn. 14.

ßerbetrieblichen Ausbildung sowie von Verwaltungsrichtlinien zur beruflichen Bildung (Abs. 2 Nr. 1). Nach Abs. 2 Nr. 2 ist der Berufsbildungsausschuss anzuhören, wenn die zuständige Stelle Maßnahmen umsetzen will, die der Landesausschuss für Berufsbildung empfohlen hat. Darüber hinaus besteht ein Anhörungsanspruch aus Nr. 3, wenn das von der zuständigen Stelle verwendete Ausbildungsvertragsmuster inhaltlich wesentlich geändert werden soll. Die Einschränkung »inhaltlich« macht deutlich, dass lediglich optische Änderungen nicht den Anhörungsanspruch des Berufsbildungsausschusses auslösen. Ob eine wesentliche Änderung des Berufsausbildungsvertrages vorliegt, ist danach zu bewerten, ob sich dadurch für den Ausbildenden oder den Auszubildenden ein neues Recht oder eine neue Pflicht ergibt. Soweit Ausbildungsvertragsmuster den §§ 305 ff. BGB angepasst werden, handelt es sich um wesentliche inhaltliche Änderungen. Denn durch die Änderung soll regelmäßig vermieden werden, dass eine Klausel in dem Ausbildungsvertrag unwirksam ist. Die Änderung hat damit zur Folge, dass statt der gesetzlichen Regelung eine vertragliche Klausel greift. Sind gesetzliche Regelung und vertragliche Klausel nicht identisch, handelt es sich um eine wesentliche inhaltliche Änderung des Ausbildungsvertragsmusters.

Angelegenheiten, bei denen der Berufsbildungsausschuss ein Beschlussrecht gem. Abs. 4 zusteht, sind zugleich Angelegenheiten von solcher Wichtigkeit, dass dem Berufsbildungsausschuss zugleich ein Anhörungsrecht zusteht. 13

4. Unterrichten (Abs. 3)

Abs. 3 listet in nicht abschließender Aufzählung auf, in welchen wichtigen Angelegenheiten der Berufsbildungsausschuss lediglich zu unterrichten ist. Nach § 58 Abs. 1 BBiG 1969 konnte bei wichtigen Angelegenheiten von einer Anhörung nur dann abgesehen werden, wenn von der Natur der Sache heraus nur eine Unterrichtung in Frage kommt. Dies war der Fall, wenn abgeschlossene Vorgänge zur Kenntnis gegeben werden, wie Anzahl und Arten der Berufsausbildungsverhältnisse, Statistische Angaben zu Abschlussprüfungen und Zwischenprüfungen oder die Tätigkeit der Ausbildungsberater und der Prüfungsausschüsse.[10] Ferner sollte lediglich über Sachverhalte unterrichtet werden, die nicht in den Verantwortungsbereich der zuständigen Stelle fallen, z. B. neue Ausbildungsordnungen oder Methoden der Berufsbildung.[11] Entsprechend hat das Bundesverwaltungsgericht entschieden,[12] dass der Ausschuss zu unterrichten ist über 14

- Vorgänge auf dem Arbeitsmarkt;
- Änderungen in der Ausbildungsordnung;
- neue Methoden der Ausbildung;
- Einflüsse des allgemeinen Bildungswesens und der Bildungspolitik auf die berufliche Bildung;
- die Statistik der Berufsausbildungsverhältnisse sowie
- Planungen der Kammer für den Ausbau der beruflichen Bildung

und festgestellt, diese Aufgaben des Berufsbildungsausschusses befassten sich überwiegend mit allgemeinen Fragen des Arbeitsmarkts und der Berufsüberwachung.

Diese **Abgrenzung zwischen unterrichtungspflichtigen und anhörungspflichtigen** wichtigen Angelegenheiten lässt sich seit dem Berufsbildungsreformgesetz leider nicht 15

10 *Braun/Mühlhausen*, BBiG, § 58 a. F. Rn. 13 m. w. N.
11 A. a. O.
12 *BVerwG* 26. 10. 1971 – I C 73.70, AP Nr. 1 zu § 43 HwO.

aufrechterhalten. Zwar finden sich die genannten wichtigen Angelegenheiten teilweise in Abs. 3 wieder:

- Nach Nr. 1 besteht ein Unterrichtungsanspruch bezogen auf die Statistik zu den Maßnahmen zur Berufsausbildungsvorbereitung, der beruflichen Umschulung sowie der eingetragenen Berufsausbildungsverhältnisse;
- Nach Nr. 2 besteht ein Unterrichtungsanspruch zur Zahl und zu den Ergebnissen von durchgeführten Prüfungen. Durch die Verwendung des allgemeinen Begriffs »Prüfungen« wird deutlich, dass alle Prüfungen in den Bericht einbezogen werden müssen, sodass sowohl Abschluss- als auch Zwischenprüfungen einbezogen werden, von allen Maßnahmen der Berufsbildung, die in die Zuständigkeit der zuständigen Stelle fallen. Zu unterrichten ist der Ausschuss ferner über die hierbei gewonnenen Erfahrungen, was insbesondere bei neuen Prüfungsordnungen oder neuen Ausbildungsverordnungen sowie Erprobungsverordnungen im Rahmen einer qualitativen Bewerbung des Prüfungsverlaufs sowie der Prüfungsergebnisse erfolgen muss;
- Nach Abs. 3 Nr. 3 ist der Berufsbildungsausschuss über die Tätigkeit der Berater und Beraterinnen nach § 76 Abs. 1 Satz 2 zu unterrichten. Der Bericht muss umfassen, welche Maßnahmen zur Überwachung der Berufsbildung die Berater und Beraterinnen ergriffen haben, wie diese Maßnahmen sich auswirkten und in welchem Umfang, mit welchen Mitteln und mit welchen Ergebnissen die Beraterinnen und Berater hinsichtlich der Berufsbildung berieten;
- Nach Nr. 4 ist der Berufsbildungsausschuss über neue Formen, Inhalte und Methoden der Berufsbildung im Zuständigkeitsbereich der zuständigen Stelle zu unterrichten. Die Unterrichtung bezieht sich hier auf neue Rechtsgrundlagen (Ausbildungsordnung, Erprobungsverordnung, Fortbildungsverordnungen etc.), die die Berufsbildung im Bereich der zuständigen Stelle betreffen;
- Zu berichten ist ferner über beschlossene Haushaltsansätze zur Durchführung der Berufsbildung mit Ausnahme der Personalkosten (Nr. 7);
- Der Unterrichtungsanspruch besteht darüber hinaus über Verfahren zur Beilegung von Streitigkeiten aus Ausbildungsverhältnissen (Nr. 8). Im Gegensatz zu Nr. 1 und 2 bezieht sich dieser Unterrichtungsanspruch nicht auf »Zahl und Ergebnisse«, sodass über die Verfahren unterrichtet werden muss – mit der Folge, dass hier ein detaillierter Unterrichtungsanspruch des Berufsbildungsausschusses besteht;
- Nach Nr. 9 ist der Berufsbildungsausschuss in Arbeitsmarktfragen zu unterrichten, soweit sie die Berufsbildung im Zuständigkeitsbereich der zuständigen Stelle berühren. Der Unterrichtungsanspruch wird hier besonders beim Abgleich zwischen dem Angebot an Ausbildungsplätzen sowie der Anzahl der voraussichtlichen Schulabgänger relevant. Ferner ist der Fachkräftebedarf und die sich daraus ergebenden Konsequenzen für die Berufsbildung zu thematisieren.

16 Mit dem Berufsbildungsreformgesetz hat der Gesetzgeber jedoch auch zwei wichtige Angelegenheiten dem Unterrichtungsanspruch zugeordnet, bei denen nach der bisherigen Rechtsprechung (s. o.) ein Anhörungsrecht des Berufsbildungsausschusses bestand:

- Der Berufsbildungsausschuss ist (lediglich) zu unterrichten bei Stellungnahmen oder Vorschlägen der zuständigen Stelle gegenüber anderen Stellen und Behörden, soweit sie sich auf die Durchführung dieses Gesetzes oder der aufgrund des Gesetzes erlassenen Rechtsvorschriften beziehen. Hiervon ausgenommen sind Stellungnahmen und Vorschläge, die die zuständige Stelle in ihrer Eigenschaft als zusammengeschlossene

Unternehmerschaft abgibt. Dies soll selbst dann gelten, wenn es sich um bildungspolitische Angelegenheiten handelt.[13]

- Ferner soll der Berufsbildungsausschuss lediglich unterrichtet werden beim Bau überbetrieblicher Berufsbildungsstätten der zuständigen Stelle sowie über Beschlüsse des Berufsbildungsausschusses, die sich auf den laufenden Haushalt oder den Haushaltsplan auswirken. Wieso der Gesetzgeber meint, der Berufsbildungsausschuss sei über seine eigenen Beschlüsse zu informieren, bleibt rätselhaft.

Der Gesetzgeber beabsichtigte mit den Regelbeispielen in den Abs. 2 und 3 die wichtigen Angelegenheiten genauer zu definieren. Es habe in der bisherigen Praxis der Berufsbildungsausschüsse oftmals Meinungsverschiedenheiten über den Umfang der Aufgaben des Berufsbildungsausschusses gegeben.[14] Durch das Trennen der wichtigen Angelegenheiten in anhörungspflichtige und unterrichtungspflichtige Angelegenheiten und die Aufnahme von wichtigen Angelegenheiten in den Bereich der unterrichtungspflichtigen Angelegenheiten, obwohl es sich nicht um Berichte vergangener Vorgänge handelt, hat der Gesetzgeber mehr Unklarheit geschaffen als präzisiert. Die Regelbeispiele in Abs. 3 beziehen sich bis auf die Nr. 5 bis 7 auf abgeschlossene Vorgänge. Insofern bleibt es dabei, dass ein Unterrichtungsanspruch des Berufsbildungsausschusses besteht, wenn über die Vergangenheit berichtet wird. Bei Planungen und Angelegenheiten mit Bedeutung für die zukünftige Berufsbildung besteht ein Anhörungsanspruch des Berufsbildungsausschusses. Hiervon ausgenommen sind nach dem ausdrücklichen Wortlaut des Gesetzes und somit nach dem Willen des Gesetzgebers die wichtigen Angelegenheiten, die in den Nr. 5 bis 7 genannt werden. **17**

Der Unterrichtungsanspruch des Berufsbildungsausschusses ist erst dann erfüllt, wenn der Ausschuss erschöpfend unterrichtet wurde. Der Berufsbildungsausschuss muss so informiert werden, dass er sich ein eigenes Bild der Angelegenheit machen kann, ohne dass weitere Nachfragen erforderlich sind. Soweit der Ausschuss bestimmte Detailinformationen benötigt, muss die zuständige Stelle diese erteilen, soweit das Verlangen nicht unzumutbaren Aufwand mit sich bringt oder willkürlich erscheint.[15] Der Unterrichtungsanspruch des Ausschusses ist gesetzlich normiert. Daraus ergibt sich zugleich die Verpflichtung der zuständigen Stelle, die entsprechenden Informationen zu erheben. Der Unterrichtungsanspruch beschränkt sich nicht auf Informationen, die der zuständigen Stelle bereits vorliegen oder zu der sie bereits eine Zusammenstellung verfasst hat.[16] Datenschutzrechtliche Bedenken, die eine umfassende Information des Berufsbildungsausschusses bei der Unterrichtung oder bei der Anhörung bestehen nicht.[17] Der Berufsbildungsausschuss ist Teil der zuständigen Stelle.[18] Innerhalb der zuständigen Stelle ist die Weitergabe von Daten zulässig, wenn sie der Erfüllung von Aufgaben der zuständigen Stelle dient. Insofern besteht ein datenschutzrechtlicher Erlaubnistatbestand,[19] der die **Weitergabe von Daten** ermöglicht. Umgekehrt sind die Mitglieder des Berufsbildungsausschusses verpflichtet, die datenschutzrechtlichen Bestimmungen einzuhalten. **18**

Der Ausschuss ist **in geeigneter Form zu unterrichten**. Über die Geeignetheit entscheidet der Ausschuss. So wird insbesondere bei Statistiken eine lediglich mündliche Unterrich- **19**

---

13 Regierungsentwurf, BT-Drucks. 15/3980, S. 144.
14 Regierungsentwurf, BT-Drucks. 15/3980, S. 143.
15 *Taubert,* BBiG, § 79 Rn. 23.
16 Wohlgemuth/*Günther,* BBiG, § 79 Rn. 32.
17 *Herkert/Töltl,* BBiG, § 79 Rn. 11.
18 Siehe § 77 Rn. 1; *OVG NRW* 2.7.2008 – 19 A 3506/07, openJur 2011, 58387; a. A. Wohlgemuth/*Günther,* BBiG, § 79 Rn. 33.
19 *Lakies,* BBiG, § 79 Rn. 13.

tung nicht ausreichen, weil eine Auswertung der Statistik und in der Folge eine Beratung im Ausschuss aufgrund mündlich vorgetragener Statistiken nicht möglich sind. Auch bei den übrigen wichtigen Angelegenheiten, über die lediglich zu informieren ist, richtet sich die Form der Unterrichtung nach ihrem Zweck. Die Unterrichtung muss zeitnah erfolgen.

III. Qualitätssicherung als Aufgabe (Abs. 1 Satz 2)

20 Nach Abs. 1 Satz 2 ist der Berufsbildungsausschuss verpflichtet, im Rahmen seiner Aufgaben darauf hinzuwirken, dass die Qualität der beruflichen Bildung sich stetig verbessert. Die Regelung wurde in der Beratung des Ausschusses für Bildung, Forschung und Technologie Folgenabschätzung eingefügt.[20] Der Ausschuss begründete dies damit, dass die Akzeptanz der beruflichen Bildung, ihr Beitrag zur Beschäftigungsfähigkeit der Auszubildenden und zur Wettbewerbsfähigkeit des Standorts Deutschland, von der Qualität der beruflichen Bildung lebt. Ziel der beruflichen Bildung müsse daher die Qualitätssicherung und deren stetige Entwicklung sein. Bestehende Qualitätssicherungssysteme müssten ständig optimiert werden. Mit der Vorschrift werden keine gesonderten Befugnisse auf den Berufsbildungsausschuss übertragen.[21] Der Berufsbildungsausschuss wird jedoch durch die Norm verpflichtet, diesen speziellen Aspekt im Rahmen seiner Arbeit stets zu berücksichtigen. Eine Arbeit des Berufsbildungsausschusses, die die Entwicklung der Qualität der beruflichen Bildung nicht berücksichtigt, genügt nicht den Anforderungen des § 79 Abs. 1.

21 Um die Qualität der beruflichen Bildung nicht nur zu überwachen, sondern stetig zu entwickeln, braucht es eine Systematik. Zu berücksichtigen ist, dass die Qualität sowohl von den Rahmenbedingungen der Ausbildung abhängt als auch vom Qualifizierungsprozess selbst, wie auch von der Prüfungsqualität bezogen auf die erworbene berufliche Handlungskompetenz. Der zuständige Ausschuss für Bildung, Forschung und Technologie Folgenabschätzung hat dem Bundestag eine Entschließung an die Bundesregierung empfohlen, die sich mit der Qualität der beruflichen Bildung befasst.[22] Der Bundestag fordert die Bundesregierung auf, gemeinsam mit Sozialpartnern und Ländern sowie mit der Unterstützung des Bundesinstituts für Berufsbildung, Verfahren zur externen Evaluation der Qualitätssicherungspraxis in der beruflichen Aus- und Weiterbildung zu erarbeiten. Solche Evaluationen sollten das Ziel haben, die an der Berufsbildung Beteiligten dabei zu unterstützen, die **Praxis der Qualitätssicherung** weiterzuentwickeln und ihnen dazu geeignete und praktikable Instrumente zur fortlaufenden Qualitätssicherung und zum Qualitätssicherungsmanagement an die Hand zu geben.

22 Unabhängig davon, dass die Entwicklung der Qualität der Berufsbildung Pflichtaufgabe des gesamten Berufsbildungsausschusses ist, kann der Berufsbildungsausschuss zu diesem Thema einen Unterausschuss gem. § 80 Sätze 2 und 3 bilden. Zur umfassenden Sicherung der Qualität der Fortbildungen hat der Hauptausschuss beim Bundesinstitut eine Empfehlung beschlossen.[23]

---

20 BT-Drucks. 15/4752, S. 50.
21 *Taubert*, BBiG, § 79 Rn. 26.
22 BT-Drucks. 15/4752, S. 27 ff.
23 *www.bibb.de/dokumente/pdf/HA159.pdf.*

IV. Regelungskompetenz für Rechtsvorschriften zur Durchführung der Berufsbildung (Abs. 4)

Die in Abs. 4 Satz 1 verankerte Normsetzungsbefugnis gibt dem Berufsbildungsausschuss eine umfassende Regelungsbefugnis im Sinne einer subsidiären Zuständigkeit im Rahmen des vorgegebenen Gesetzes- und Verordnungsrechts zur Durchführung der Berufsbildung.[24] Die Regelungsbefugnis bezieht sich sowohl auf den technisch-organisatorischen Vollzug als auch auf die inhaltliche Gestaltung der Berufsbildung und das Prüfungswesen.[25] 23

1. Regelungsgegenstände

Der Berufsbildungsausschuss hat nach Abs. 4 Satz 1 die auf Grund des BBiG von der zuständigen Stelle zu erlassenen Rechtsvorschriften für die Durchführung der Berufsbildung zu beschließen. Hiervon sind z. B. umfasst: 24

- Prüfungsordnungen (§ 47);
- Regelungen zu Zwischenprüfungen, soweit sie nicht in der Ausbildungsordnung enthalten sind (§ 48);
- Fortbildungsprüfungsregelungen (§ 54);
- Umschulungsordnungen (§ 59);
- Ausbildungsregelungen für behinderte Menschen (§ 66) sowie
- Fortbildungs- und Umschulungsprüfungen für behinderte Menschen (§ 67).

Der Berufsbildungsausschuss kann auch das Verfahren zur Errichtung der Prüfungsausschüsse und zur Bestimmung ihrer jeweiligen Kompetenzen durch Rechtsvorschrift gem. §§ 9, 79 Abs. 4 BBiG bestimmen. Erlässt der Berufsbildungsausschuss Rechtsvorschriften, mit denen der Zuständigkeitsbereich der Prüfungsausschüsse konkretisiert wird, so ist die zuständige Stelle an diese Zuständigkeitsregelung gebunden. Gleiches gilt für die auf dieser Grundlage getroffenen Entscheidungen der Prüfungsausschüsse.[26]

Umstritten ist, wie weit die Regelungskompetenz des Ausschusses geht, ob zum Beispiel auch Verwaltungsvorschriften durch ihn beschlossen werden können oder ob diese vom Vertretungsorgan der zuständigen Stelle gesetzt werden. Die Auslegung des § 79 Abs. 4 ergibt, dass der Berufsbildungsausschuss auch hierfür die subsidiäre Allzuständigkeit besitzt:[27] 25

Ganz allgemein ist eine Vorschrift eine verbindliche Anweisung oder Anordnung,[28] eine Rechtsvorschrift eine rechtliche Vorschrift.[29] Richtigerweise fallen damit auch Verwaltungsvorschriften unter den Begriff der Rechtsvorschriften, da sie bindende Anordnungen enthalten. Um die fehlende Außenwirkung sprachlich zu verdeutlichen, sind sie von den Rechtsnormen abzugrenzen. Im Übrigen ist die Begrifflichkeit der Rechtsvorschrift auch nicht so abschließend definiert, wie sie zu § 79 Abs. 4 zuweilen ausgelegt wird. Das Bundesverwaltungsgericht legt den Begriff, der auch in § 47 Abs. 1 Nr. 2 VwGO verwendet wird, nach der Zweckrichtung der Normenkontrolle und dem danach gebotenen weiten Begriffsverständnis aus. Es kommt zu dem Ergebnis, dass nicht nur Satzungen 26

24 *BVerfG* 14. 5. 1986 – 2 BvL 19/84, EzB BBiG § 56 Nr. 4; *VG Köln* 26. 10. 2007 – 4 K 63/07 und 4 K 5520/06, *www.nrwe.de*.
25 Ausschuss für Bildung, Forschung und Technikfolgenabschätzung, BT-Drucks. 15/4752, S. 51.
26 *VG Köln* 26. 10. 2007 – 4 K 63/07 und 4 K 5520/06, *www.justiz.nrw/BS/nrwe2/index.php*.
27 Wohlgemuth/*Günther*, BBiG, § 79 Rn. 35.
28 *www.dwds.de/?kompakt=1&qu=Rechtsvorschrift.*
29 Duden, Die deutsche Rechtschreibung, Stichwort »Rechtsvorschrift«.

und Rechtsverordnungen, sondern auch solche (abstrakt-generellen) Regelungen der Exekutive, die rechtliche Außenwirkung gegenüber dem Bürger entfalten und auf diese Weise dessen subjektiv-öffentlichen Rechte unmittelbar berühren, Rechtsvorschriften im Sinne des § 47 Abs. 1 Nr. 2 VwGO sind.[30]

27 Nach der **Entscheidung des Bundesverfassungsgerichts**[31] bezieht sich die Regelungskompetenz des Berufsbildungsausschusses nicht lediglich auf den technisch-organisatorischen Vollzug der Berufsbildung. Die Zuständigkeit bezieht sich vielmehr auch auf die inhaltliche Gestaltung der Ausbildung und damit auf:

- Vorschriften zur Überwachung der persönlichen und fachlichen Eignung der Ausbilder und Ausbilderinnen sowie der Eignung der Ausbildungsstätten;
- Vorschriften über die Abkürzung und Verlängerung der Ausbildungszeit;
- Vorschriften über das Prüfungswesen, über die Anzahl und Durchführung von Zwischenprüfungen;
- Vorschriften zur Förderung der Berufsausbildung;
- Vorschriften zur Beilegung von Streitigkeiten aus Ausbildungsverhältnisses und
- Bestimmungen über die Tätigkeit und Zahl der zu bestellenden Ausbildungsberater,
- nicht jedoch auf Mindestsätze für Ausbildungsvergütungen.[32]

28 Mit Blick auf § 9 (§ 44 BBiG 1969), nach dem die zuständige Stelle für die Durchführung der Berufsbildung zuständig ist, kommt das Bundesverfassungsgericht zu dem Ergebnis, dass dem Ausschuss eine Regelungsbefugnis im Sinne einer subsidiären Zuständigkeit im Rahmen des vorgegebenen Gesetzes- und Verordnungsrechts zur »Durchführung der Berufsbildung« zusteht. In der Folge werden die eben dargestellten Themenbereiche als von der Regelungsbefugnis umfasst aufgezählt. Die Aufzählung umfasst auch Regelungsbereiche, in denen kein ausdrückliches Recht des Berufsbildungsausschusses oder der zuständigen Stelle zum Erlass einer Rechtsvorschrift normiert ist (z. B. Eignung der Ausbildungsstätte, § 27, Eignung von Ausbildenden und Ausbildern oder Ausbilderinnen, § 28). Bei den Regelungen, die das Bundesverfassungsgericht hierzu vorsieht, kann es sich demzufolge nur um Verwaltungsvorschriften und Richtlinien ohne Außenwirkung handeln, die den Umgang der zuständigen Stelle mit den unbestimmten Rechtsbegriffen und den Ermessensvorschriften vereinheitlichen. Das Bundesverfassungsgericht hat also in seiner Entscheidung bereits berücksichtigt, dass es Regelungsbereiche gibt, für die eine **Rechtsvorschrift** im Sinne einer nach außen wirkenden Norm nicht geschaffen wird oder nicht geschaffen werden kann, hat aber dennoch dem Berufsbildungsausschuss die Regelungskompetenz zugewiesen.[33] Nicht zutreffend ist daher die Rechtsauffassung, Verwaltungsvorschriften und Richtlinien seien keine Rechtsvorschriften im Sinne des Abs. 4 Satz 1 und fielen nicht in die Zuständigkeit des Berufsbildungsausschusses.[34]

29 Die Entscheidung des Bundesverfassungsgerichts bindet bei der Auslegung des § 79: Gerade aufgrund dieser umfassenden Allzuständigkeit ist das Bundesverfassungsgericht zum Ergebnis gekommen, dass ein mehrheitlich nicht von der Kirche besetzter Berufsbildungsausschuss in das den Kirchen von Verfassungswegen zustehende Selbstbestimmungsrecht eingreift.[35] Die Entscheidung des Bundesverfassungsgerichts wird damit von den Ausführungen zur Allzuständigkeit des Berufsbildungsausschusses getragen. Aus

30 *BVerwG* 25. 11. 2004 – 5 CN 1.03, *www.bundesverwaltungsgericht.de.*
31 *BVerfG* 14. 5. 1986 – 2 BvL 19/84, EzB BBiG § 56 Nr. 4.
32 *BVerwG* 26. 3. 1981 – 5 C 50/80, juris; *VG Bayreuth* 20. 4. 2016 – B 3 K 15.633, juris.
33 So auch im Ergebnis: Wohlgemuth/*Günther*, BBiG, § 79 Rn. 38.
34 So aber *Taubert*, BBiG, § 79 Rn. 32; *Benecke/Hergenröder*, BBiG, § 79 Rn. 9; *Braun/Mühlhausen*, BBiG, § 58 a. F. Rn. 19.
35 *BVerfG* a. a. O. Rn. 37.

diesem Grund wirkt die Entscheidung des Bundesverfassungsgerichts gem. § 31 BVerfGG bindend.

30 Soweit Beschlüsse des Berufsbildungsausschusses statutarisches Recht setzen sollen, müssen sie von der zuständigen Stelle noch erlassen werden. Dies geschieht in der Regel im **Mitteilungsblatt** der zuständigen Stelle.[36]

2. Einspruchsrecht der zuständigen Stelle (Abs. 4 Sätze 2–4)

31 Nach Abs. 4 Satz 2 kann die Person, die zur Vertretung der zuständigen Stelle berechtigt ist, gegen Beschlüsse des Berufsbildungsausschusses, die gegen Gesetz oder Satzung verstoßen, **Einspruch** einlegen. Satz 2 beschreibt so die Normenhierarchie im Bereich der zuständigen Stelle. Obwohl die Verordnungen, damit also auch die Ausbildungsordnungen, nicht ausdrücklich genannt werden, kann ein Einspruch auch wegen eines Verstoßes gegen eine Verordnung eingelegt werden. Die **Normenhierarchie** im Bereich der zuständigen Stelle zu Thema Berufsbildung hat damit folgende Reihenfolge:

- Gesetze,
- Verordnungen,
- Satzung der zuständigen Stelle und
- Beschlüsse des Berufsbildungsausschusses.

32 Beschlüsse anderer Ausschüsse der zuständigen Stelle stehen ebenso wenig über den Beschlüssen des Berufsbildungsausschusses wie Beschlüsse anderer Organe. Widersprüchliche Beschlüsse verschiedener Gremien innerhalb der zuständigen Stelle müssen über andere Prinzipien (Zuständigkeit, zeitliche Abfolge, Spezialität etc.) aufgelöst werden. Der **Begriff der Satzung** ist für die zuständigen Stellen so auszulegen, wie das für die Errichtung der zuständigen Stelle zugrunde liegende Gesetz diesen Begriff verwendet. Damit existieren Satzungen für Industrie- und Handelskammern als die Satzung, die die Organisation der zuständigen Stelle beschreibt (§ 4 Satz 2 Nr. 1 IHKG), die Finanzsatzung (§ 3 Abs. 7a Satz 2 IHKG) sowie Satzungen über öffentlich-rechtliche Zusammenschlüsse (§ 10 IHKG). Im Bereich der Handwerkskammern ist die Satzung in § 105 HwO definiert.

33 Weiteres statutarisches Recht fällt bereits rein begrifflich nicht unter »Satzung«, sondern wird in den zugrunde liegenden Rechtsvorschriften in der Regel als »Ordnung« bezeichnet, z. B. Wahl-, Beitrags-, Sonderbeitrags- und Gebührenordnung nach dem IHKG. Die Auffassung, dass der Begriff der »Satzung« in Abs. 4 Satz 2 so weit auszulegen ist, dass sämtliches statutarische Recht der zuständigen Stelle vereinbar mit den Beschlüssen des Berufsbildungsausschusses sein muss,[37] ist nicht zutreffend.

34 **Einspruchsberechtigt** ist die Person, die zur Vertretung der zuständigen Stelle berechtigt ist. Dies ergibt sich regelmäßig aus der Satzung, bei Behörden aus der Verwaltungsorganisation.

35 Der Einspruch kann eingelegt werden, wenn die Person, die zur Vertretung der zuständigen Stelle berechtigt ist, einen Verstoß gegen höherrangiges Recht feststellt. Der **Verstoß** muss nicht feststehen. Ausreichend ist, dass die einspruchsberechtigte Person davon ausgeht, dass der Verstoß vorliegt. Zweifel an der Vereinbarkeit mit höherrangigem Recht sind nicht ausreichend.

36 Der Einspruch muss innerhalb einer Woche eingelegt werden. Im Gesetz nicht beschrieben ist, wann die **Frist** beginnt. Richtigerweise wird man davon ausgehen, dass die Frist

36 *Braun/Mühlhausen*, BBiG, § 41 a. F. Rn. 31.
37 *Taubert, BBiG*, § 79 Rn. 38; *Braun/Mühlhausen*, BBiG, § 58 a. F. Rn. 23.

beginnt, wenn der Beschluss des Ausschusses zugegangen ist oder die einspruchsberechtigte Person anderweitig Kenntnis von dem Beschluss erhalten hat. Für den Zugang gelten die allgemeinen Zugangsregelungen für Willenserklärungen §§ 130 ff. BGB. Hat die einspruchsbefugte Person bereits vor dem Zugang Kenntnis von dem Beschluss erhalten, z. B. weil sie an der Sitzung des Ausschusses teilgenommen hat, in der der Beschluss gefasst wurde, ist der Zeitpunkt der Kenntnisnahme der maßgebliche Zeitpunkt für die Berechnung der Wochenfrist. Die Berechnung der Wochenfrist erfolgt nach §§ 187 ff., § 186 BGB. Die Frist ist eine Ausschlussfrist.[38]

37 Der Einspruch muss beim Berufsbildungsausschuss eingehen. Obwohl es an einer gesetzlichen Regelung über die **Vertretung beim Empfang von Willenserklärungen** für den Ausschuss fehlt, kann davon ausgegangen werden, dass der Vorsitz Willenserklärungen für den Berufsbildungsausschuss annehmen kann. Die Frist wird dann gewahrt, wenn der Einspruch fristgerecht beim Vorsitz, im Falle dessen Verhinderung bei der Stellvertretung eingeht.[39] Darüber hinaus kann die Vertretung des Berufsbildungsausschusses bei der Entgegennahme von Willenserklärungen in der Geschäftsordnung nach § 80 geregelt werden.

38 Für den Einspruch ist keine **gesetzliche Form** vorgesehen. Er ist daher auch mündlich oder mit digitalen Medien möglich. Aus Gründen der Rechtsklarheit und der Rechtssicherheit empfiehlt sich die Abgabe eines schriftlichen Einspruchs.

39 Der Einspruch muss nach Abs. 4 Satz 3 begründet werden. Die **Begründung** ist nicht Wirksamkeitsvoraussetzung für den Einspruch.[40] Die Begründung als Voraussetzung für die Wirksamkeit des Einspruchs anzusehen, findet weder im Wortlaut noch in der Grammatik oder der Systematik des Gesetzes seine Begründung. Aus dem Zweck des Gesetzes ließe sich schließen, dass dem unbegründeten Einspruch keine aufschiebende Wirkung zukommen soll. Hiergegen spricht jedoch, dass die aufschiebende Wirkung des Einspruchs im Gesetz ohne zusätzliche Bedingung formuliert ist. Hinzu kommt, dass die Einspruchsfrist knapp bemessen ist, sodass nicht unterstellt werden kann, der Gesetzgeber habe die Begründung auf jeden Fall als Wirksamkeitsvoraussetzung für den Einspruch angesehen. Ein unbegründeter Einspruch kann vom Ausschuss unproblematisch dadurch zurückgewiesen werden, dass der ursprüngliche Beschluss wiederholt wird. Die Begründung kann, da sie letztlich überhaupt nicht erforderlich ist, formfrei, auch nach Ablauf der Wochenfrist selbst in der maßgeblichen Sitzung des Berufsbildungsausschusses, in der der Bestätigungsbeschluss gefasst werden soll, abgegeben werden.

40 Nach Abs. 4 Satz 3 hat der Einspruch **aufschiebende Wirkung**. Die aufschiebende Wirkung endet erst, wenn der Berufsbildungsausschuss seinen Beschluss überprüft und erneut beschließt, Abs. 4 Satz 4. Bis dahin darf der Beschluss des Berufsbildungsausschusses nicht vollzogen werden. Er ist nicht im Mitteilungsblatt zu veröffentlichen. Die aufschiebende Wirkung kann nur ganz ausnahmsweise entfallen, wenn er ganz offensichtlich rechtsmissbräuchlich ist, also ein Verstoß gegen höherrangiges Recht unter keinen Umständen in Betracht kommt.[41]

41 Nach Abs. 4 Satz 4 hat der Berufsbildungsausschuss seine Entscheidung zu überprüfen und erneut zu beschließen, wenn er an dem Beschluss festhalten will. **Überprüfen** bedeu-

38 Wohlgemuth/*Günther*, BBiG, § 79 Rn. 42; *Taubert*, BBiG, § 79 Rn. 41; *Herkert/Töltl*, BBiG, § 79 Rn. 31.
39 *Taubert*, BBiG, § 79 Rn. 43.
40 A. A. *Taubert*, BBiG, § 79 Rn. 42; offen gelassen Wohlgemuth/*Günther*, BBiG, § 79 Rn. 47.
41 Vergleiche zur Unbeachtlichkeit der Zustimmungsverweigerung eines Personalrats z. B. *VG Potsdam* 24. 10. 2007 – 21 K 2332/06. PVL, *www.gerichtsentscheidungen.berlin-brandenburg.de* m. w. N.

tet, dass der Ausschuss sich mit dem Einspruch und seiner Begründung auseinandersetzt. Der Ausschuss muss überprüfen, ob er an seinem Beschluss festhalten will. Hält der Ausschuss die rechtlichen Erwägungen in der Begründung des Einspruchs für unzutreffend, verwirft er den Einspruch, indem er seinen Beschluss erneut fasst.

Folgt der Ausschuss der Einspruchsbegründung, hebt er den ursprünglichen Beschluss durch eine **erneute Beschlussfassung** auf. Unterbleibt die erneute Beschlussfassung bleibt der ursprüngliche Beschluss schwebend unwirksam. Eine Frist, innerhalb derer der Berufsbildungsausschuss sich mit dem Einspruch befassen muss, sieht das Gesetz nicht vor. **42**

Hält die zur Vertretung der zuständigen Stelle befugte Person den Beschluss des Berufsbildungsausschusses weiterhin für rechtswidrig, kann das Einspruchsverfahren nach Abs. 4 Sätze 2–4 wiederholt werden.[42] Alternativ kann diejenige Behörde, die die Rechtsaufsicht über die zuständige Stelle führt, eingeschaltet werden, damit diese die Angelegenheit überprüft.[43] Auch der Berufsbildungsausschuss kann die Rechtsaufsichtsbehörde einschalten. Er kann außerdem im Wege eines Organstreitverfahrens beim Verwaltungsgericht beantragen, dass die zuständige Stelle den Beschluss in ihrem Mitteilungsblatt verkündet. **43**

V. Beschlüsse mit Auswirkungen auf den Haushalt (Abs. 5)

Nach Abs. 5 hängt die Wirksamkeit von Beschlüssen, deren Umsetzung dazu führt, dass der laufende Haushaltsposten überschritten wird, davon ab, dass die zuständigen Organe dem Beschluss zustimmen. Dies gilt auch für Beschlüsse, die einen höheren Haushaltsposten erfordern, wenn die Steigerung der Ausgaben im Verhältnis zum laufenden Haushalt mehr als unwesentlich ist. **44**

Die Regelung zeigt die **fehlende Haushaltskompetenz** des Berufsbildungsausschusses. Der Berufsbildungsausschuss kann Beschlüsse fassen, wie die Haushaltsmittel zu verteilen sind. Das Haushaltsvolumen zu beschließen, bleibt dem zuständigen Organ der zuständigen Stelle vorbehalten. Dies gilt sowohl für das laufende Haushaltsjahr als auch für das anstehende Haushaltsjahr. Lediglich unwesentliche Überschreitungen des Haushalts für das Folgejahr bedürfen nicht der Zustimmung des zuständigen Organs. Welche Überschreitung noch unwesentlich und welche Überschreitung des Budgets schon wesentlich ist, definiert das Gesetz nicht. Es handelt sich um einen unbestimmten Rechtsbegriff, der in vollem Umfang der Überprüfung durch das Verwaltungsgericht unterliegt. Ein Ermessensspielraum des Organs der zuständigen Stelle, das für den Beschluss des Haushaltes zuständig ist, besteht nicht.[44] Eine wesentliche Steigerung dürfte jedenfalls dann ausscheiden, wenn der gesamte Haushalt höher ist als der vorherige. Wird diese Gesamt-Steigerungsrate nicht überschritten, ist das Übersteigen im Bereich der Berufsbildung nicht wesentlich. Wann eine wesentliche Überschreitung der laufenden Haushaltsmittel durch den Folgehaushalt vorliegt, kann im Einzelfall schwer zu beurteilen sein.[45] Problematisch ist die Regelung dann, wenn der gesamte Haushalt schrumpfen soll, für die Planungen des Berufsbildungsausschusses jedoch lediglich eine Schranke des moderaten Wachstums besteht. In diesem Fall führt Abs. 5 Satz 2 dazu, dass die übrigen Haushaltsstellen überproportional einsparen müssen, um die gleichbleibenden oder leichtwachsenden Ausgaben für die Berufsbildung zu finanzieren. **45**

42 *Braun/Mühlhausen,* BBiG, § 58 a. F. Rn. 28.
43 *Taubert,* BBiG, § 79 Rn. 46.
44 A. A. *Taubert,* BBiG, § 79 Rn. 50.
45 *Benecke/Hergenröder,* BBiG, § 79 Rn. 11; *Braun/Mühlhausen,* BBiG, § 58 a. F. Rn. 30 m. w. N.

VI. Stimmrecht der Lehrkräfte (Abs. 6)

46 Abs. 6 wurde durch das Berufsbildungsreformgesetz neu geschaffen. Der Ausschuss für Bildung, Forschung und Technologie Folgenabschätzung erwirkte ein eingeschränktes Stimmrecht der Lehrkräfte in den Berufsbildungsausschüssen der zuständigen Stellen.[46] Das Stimmrecht besteht nur in den Fällen, in denen sich die Beschlüsse des Berufsbildungsausschusses unmittelbar auf die Organisation der schulischen Berufsbildung auswirken. Ansonsten verbleibt es beim Grundsatz des § 77 Abs. 1, dass die Lehrkräfte lediglich mit beratender Stimme an den Sitzungen des Berufsbildungsausschusses teilnehmen. Nach der Formulierung des Abs. 6 besteht das Stimmrecht, soweit sich die Beschlüsse unmittelbar auf die Organisation der schulischen Berufsbildung auswirken. Beschlüsse, die sich unmittelbar auf die Organisation der schulischen Berufsbildung auswirken, sind schwerlich vorstellbar, da sie zu ihrer Wirksamkeit als statutarisches Recht zunächst verkündet werden müssen, als Verwaltungsvorschrift hingegen zunächst durch die zuständige Stelle umgesetzt werden müssen. Aus Sicht des Ausschusses besteht das Stimmrecht der Lehrkräfte z. B., wenn Verwaltungsgrundsätze für die Verkürzung der Ausbildungsdauer Auswirkungen auf die Organisation der Berufsschule haben oder im Bezirk der zuständigen Stelle im Rahmen der Durchführung der Berufsbildung Rechtsvorschriften erlassen werden, die – wie auch bei der Berufsausbildungsvorbereitung – ein konzertiertes Vorgehen von Schule und Betrieb voraussetzen. Hiervon abzugrenzen sind die Fragen, die die betriebliche Seite der Berufsbildung betreffen. Diese bleiben vom Stimmrecht ausgenommen. Hierzu zählen z. B. materielle Regelungen für die betriebliche Ausbildung behinderter Menschen, die Einrichtung neuer Lehrgänge der Aufstiegsfortbildung, überbetriebliche Unterweisungen oder die Entwicklung von Ausbildungsvertragsmustern.[47]

VII. Parallelvorschrift in der HwO

47 Die Aufgaben des Berufsbildungsausschusses bei den Handwerkskammern regelt § 44 HwO. Bei der Frage der Beschlusswirkungen weicht die Vorschrift deutlich von § 79 Abs. 4 und 5 BBiG ab.

VIII. Anhang

48 **Verfahrensordnung für den Schlichtungsausschuss nach § 111 Abs. 2 bei der Industrie- und Handelskammer Frankfurt**[48]
Die Verfahrensordnung regelt die Arbeit des Schlichtungsausschusses.

§ 1 Errichtung und Zuständigkeit
Die IHK Frankfurt am Main errichtet gem. § 111 Abs. 2 ArbGG einen Ausschuss zur Beilegung von Streitigkeiten zwischen Ausbildenden und Auszubildenden aus einem bestehenden Berufsausbildungsverhältnis innerhalb des IHK-Bezirks.

46 BT-Drucks. 15/4752, S. 51.
47 Ausschussbericht a. a. O.
48 Verfahrensordnung für den Schlichtungsausschuss nach § 111 Abs. 2 bei der Industrie- und Handelskammer Frankfurt, *www.frankfurt-main.ihk.de*; zum Schlichtungsausschuss s. § 10 Rn. 108, § 22 Rn. 76.

§ 2 Zusammensetzung
1. Der Ausschuss setzt sich aus je einem Vertreter der Arbeitgeber und der Arbeitnehmer zusammen.
2. Die Mitglieder des Ausschusses werden von der IHK für höchstens vier Jahre berufen. Für die Berufung legt der Berufsbildungsausschuss Vorschläge vor.
3. Im Verhinderungsfalle werden Stellvertreter nach der Reihenfolge der Liste herangezogen.
4. Die Mitglieder üben ihre Tätigkeit ehrenamtlich aus. Für bare Auslagen und für Zeitversäumnis wird eine Entschädigung gewährt. Sie richtet sich nach der Entschädigungsregelung für die Tätigkeit im Berufsbildungsausschuss der Industrie- und Handelskammer Frankfurt am Main (Beschluss der Vollversammlung vom 4. November 1970, Genehmigung des Hessischen Ministers für Wirtschaft und Technik vom 1. Februar 1971).

§ 3 Vorsitz
Den Vorsitz übernimmt ein Mitglied des Ausschusses nach vorausgegangener Verständigung oder nach Losentscheid. Der Vorsitzende leitet die Sitzung.

§ 4 Beschlüsse
Beschlüsse bedürfen der Stimmen beider Ausschussmitglieder.

§ 5 Antrag
1. Der Ausschuss wird nur auf Antrag des Auszubildenden oder des Ausbildenden tätig. Ist ein Beteiligter minderjährig, so ist die Einwilligung der gesetzlichen Vertreter und im Verweigerungsfalle die des Vormundschaftsgerichts erforderlich.
2. Der Antrag ist bei der Geschäftsstelle der IHK schriftlich einzureichen oder mündlich zu Protokoll zu geben.
3. Der Antrag soll enthalten:
   a) die Bezeichnung der Beteiligten (Antragsteller und Antragsgegner),
   b) ein bestimmtes Antragsbegehren,
   c) eine Begründung des Antragsbegehrens.

§ 6 Ladung
1. Die Geschäftsstelle setzt den Verhandlungstermin fest und beruft den Ausschuss ein. Sie lädt die Beteiligten zur mündlichen Verhandlung durch Postzustellungsurkunde und ordnet in der Regel ihr persönliches Erscheinen an.
2. Dem Antragsgegner ist die Ladung mit der Ausfertigung des Antrags zuzustellen. Ihm ist anheim zu stellen, zu dem Antrag bereits vor dem Schlichtungstermin schriftlich Stellung zu nehmen.
3. Bei minderjährigen Beteiligten sind auch deren gesetzliche Vertreter zu laden.
4. Die Beteiligten sind in der Ladung auf die Folgen ihres Nichterscheinens (§ 15) sowie auf die Zulässigkeit einer Vertretung (§ 7) hinzuweisen.
5. Die Ladungsfrist beträgt mindestens eine Woche.

§ 7 Bevollmächtigte
Die Beteiligten können die Verhandlung vor dem Ausschuss selbst führen oder sich vertreten lassen. Eine Vertretung durch Vertreter von Gewerkschaften oder von Vereinigungen von Arbeitgebern oder von Zusammenschlüssen solcher Verbände ist zulässig, wenn diese Personen kraft Satzung oder Vollmacht zur Vertretung befugt sind und der Zusammenschluss, der Verband oder deren Mitglieder Partei sind. Das gleiche gilt für die Vertretung durch Vertreter von selbständigen Vereinigungen von Arbeitnehmern mit sozial- oder berufspolitischer Zwecksetzung.

§ 8 Öffentlichkeit
Die Verhandlung vor dem Ausschuss ist nicht öffentlich.

§ 9 Verfahren vor dem Ausschuss
1. Den Beteiligten ist ausreichend Gehör zu gewähren. Während des Verfahrens soll eine gütliche Einigung angestrebt werden. Das Verfahren ist so schnell wie möglich durchzuführen.
2. Der Vorsitzende soll die der Aufklärung der Streitigkeit dienenden Beweismittel in die Verhandlung einbeziehen.
3. Eine Beeidigung der Beteiligten, Zeugen oder Sachverständigen ist unzulässig. Zur Entgegennahme von eidesstattlichen Versicherungen ist der Ausschuss nicht berechtigt.

4. Zur Einnahme eines Augenscheins kann die Verhandlung außerhalb des Sitzungsortes durchgeführt werden.

§ 10 Vertagung
Falls für die Aufklärung des Streitfalles ein weiterer Verhandlungstermin erforderlich ist, kann der Ausschuss die Vertagung der Verhandlung beschließen. Mit dem Beschluss über die Vertagung ist zugleich der neue Verhandlungstermin festzusetzen; der Ausschuss soll nach Möglichkeit in gleicher Besetzung zusammentreten.

§ 11 Abschluss der Verhandlung
Die Verhandlung kann abgeschlossen werden durch:
gütliche Einigung (§ 12 Vergleich),
einstimmigen Spruch des Ausschusses (§ 13),
die Feststellung des Ausschusses, dass weder eine Einigung noch ein Spruch möglich war (§ 14),
Säumnisspruch (§ 15),
Rücknahme des Antrages, die vom Ausschuss festzustellen ist.

§ 12 Vergleiche
Ein vor dem Ausschuss geschlossener Vergleich ist unter Angabe des Tages seines Zustandekommens von den Mitgliedern des Ausschusses und den Beteiligten zu unterzeichnen.

§ 13 Spruch
1. Sofern das Verfahren keine anderweitige Erledigung findet, hat der Ausschuss einen Spruch zu fällen.
2. Über den Spruch wird in Abwesenheit der Beteiligten beraten. Der Spruch ist unter Angabe des Tages seines Zustandekommens von den Mitgliedern des Ausschusses zu unterzeichnen.
3. Der Spruch wird im Anschluss daran verkündet. Dabei soll der wesentliche Inhalt der Entscheidungsgründe mitgeteilt werden.
4. Den Beteiligten ist unverzüglich, spätestens aber innerhalb einer Woche nach der Verkündung des Spruches, eine vom Vorsitzenden unterzeichnete Ausfertigung des Spruches mit Rechtsmittelbelehrung (§ 18) durch Postzustellungsurkunde zuzustellen. Der Spruch ist schriftlich zu begründen, soweit die Beteiligten hierauf nicht verzichtet haben.

§ 14 Nichtzustandekommen eines Spruches
1. Kommt im Ausschuss keine Entscheidung zustande, sind die Beteiligten durch mündliche Verkündung zu unterrichten.
2. Den Beteiligten ist darüber eine Niederschrift zusammen mit einer Rechtsmittelbelehrung (§ 18) durch Postzustellungsurkunde zuzustellen.

§ 15 Nichterscheinen eines Beteiligten
1. Erscheint der Antragsteller ohne ausreichende Entschuldigung nicht zum Verhandlungstermin und lässt er sich auch nicht vertreten (Säumnis), so ist auf Antrag ein Versäumnisspruch dahingehend zu erlassen, dass der Antragsteller mit seinem Begehren abgewiesen wird.
2. Bei Säumnis des Antragsgegners ist dem Antragsbegehren stattzugeben, sofern die Begründung den Antrag rechtfertigt.

§ 16 Kosten
1. Das Verfahren ist gebührenfrei.
2. Jeder Beteiligte trägt die ihm durch das Verfahren entstandenen Kosten selbst. Zeugen und Sachverständige sind von demjenigen Beteiligten zu entschädigen, der sie zum Beweis seiner Behauptungen angeboten hat.

§ 17 Niederschrift
1. Die Beteiligten erhalten eine Niederschrift über das Ergebnis der Verhandlung.
2. Die Niederschrift kann von einem Mitglied des Ausschusses oder von einem Protokollführer aufgenommen werden.
3. Die Niederschrift muss enthalten:
   a) den Ort und Tag des Verhandlungstermins,
   b) die Namen des Vorsitzenden, des Ausschussmitgliedes und des Protokollführers,

c) die genaue Bezeichnung des Verfahrens nach den Beteiligten und dem Streitgegenstand,
d) die Angabe der erschienen Beteiligten, gesetzlichen Vertreter usw.,
e) die wesentlichen Angaben über den Verlauf und das Ergebnis des Termins.

4. Die Niederschrift ist vom Vorsitzenden und vom Protokollführer zu unterzeichnen.

§ 18 Fristen für Anerkennung und Klage

1. Ein vom Ausschuss gefällter Spruch (§§ 13, 15) wird nur wirksam, wenn er innerhalb einer Woche nach Verkündung schriftlich anerkannt wird. Die Anerkennung des Spruches kann im Verhandlungstermin schriftlich oder zu Protokoll der Geschäftsstelle der IHK erklärt werden.
2. Die Geschäftsstelle der IHK hat die Beteiligten unverzüglich davon zu unterrichten, ob der Spruch anerkannt wurde. Bei Nichtanerkennung sind die Beteiligten darauf hinzuweisen, dass eine Klage beim zuständigen Arbeitsgericht nur binnen zwei Wochen nach ergangenem Spruch zulässig ist.
3. Ein von den Beteiligten anerkannter Spruch besitzt die Rechtskraft eines Urteils.

§ 19 Vollstreckbarkeit

Aus den Vergleichen, die vor dem Ausschuss geschlossen wurden (§ 12) und aus Sprüchen des Ausschusses, die von den Beteiligten anerkannt sind, findet die Zwangsvollstreckung statt. Voraussetzung: Der Spruch oder der Vergleich wurde vom Vorsitzenden des Arbeitsgerichts, das für die Geltendmachung des Anspruchs zuständig wäre, für vollstreckbar erklärt.

§ 80 Geschäftsordnung

Der Berufsbildungsausschuss gibt sich eine Geschäftsordnung. Sie kann die Bildung von Unterausschüssen vorsehen und bestimmen, dass ihnen nicht nur Mitglieder des Ausschusses angehören. Für die Unterausschüsse gelten § 77 Abs. 2 bis 6 und § 78 entsprechend.

Inhaltsübersicht Rn.

I. Allgemeines

Nach § 80 ist der Berufsbildungsausschuss verpflichtet, sich eine Geschäftsordnung zu geben. Zugleich ermöglicht die Regelung in Abs. 2, Unterausschüsse des Berufsbildungsausschusses zu gründen, wobei Satz 3 die Besetzung und die Beschlüsse der Unterausschüsse regelt. 1

§ 80 entspricht § 59 BBiG 1969.

II. Geschäftsordnung (Satz 1)

Das BBiG regelt die internen Abläufe des Berufsbildungsausschusses nur in geringem Teil. 2
Vorschriften bestehen lediglich bezogen auf die Besetzung, die Berufung der Mitglieder sowie auf Beschlüsse und Beschlussfassung. Fragen, die sich in der Folge stellen, werden sinnvollerweise in der **Geschäftsordnung** geregelt. Hierzu gehören z. B.:

- die Kompetenzen des Vorsitzes,
- Formvorschriften für Ladung und Tagesordnung,
- Fristen für die Ladung,
- Erstellen und Überlassen von Protokollen,

- Verschwiegenheit,
- Befangenheit,
- Öffentlichkeit/Nichtöffentlichkeit von Sitzungen,
- Hinzuziehen von externem Sachverstand,
- Regelungen darüber, wer Angelegenheiten auf die Tagesordnung setzen darf,
- Umgang mit Änderungsanträgen sowie
- Regelungen über die Zusammenarbeit mit ggf. zu bildenden Unterausschüssen sowie Regelungen über die Unterausschüsse selbst.

3 Der Beschluss über eine Geschäftsordnung ist **verpflichtend.**[1] Nach dem Wortlaut des Gesetzes hat der Berufsbildungsausschuss sich eine Geschäftsordnung zu geben. Auf diese kann nicht, etwa aus dem Grund, »übertriebene Förmelei« zu vermeiden, verzichtet werden. Andererseits muss auch der Versuchung widerstanden werden, in der Geschäftsordnung alle denkbaren Konstellationen interner Streitigkeiten zu regeln und die Geschäftsordnung dadurch **unüberschaubar** anwachsen zu lassen. Regelungsziel der Geschäftsordnung ist regelmäßig die Vereinheitlichung von Beratungs- und Abstimmungsprozessen sowie die Sicherung von Minderheitenrechten im Ausschuss.

4 Die Geschäftsordnung beschließt der Ausschuss nach den **Vorschriften des § 78**. Erforderlich ist, dass der Entwurf der Geschäftsordnung den Ausschussmitgliedern zuvor rechtzeitig und schriftlich überlassen wurde, damit die Ausschussmitglieder sich vorbereiten können. Der Berufsbildungsausschuss muss bei der Abstimmung **beschlussfähig** sein. Es muss also mehr als die Hälfte seiner stimmberechtigten Mitglieder anwesend sein, § 78 Abs. 1 Satz 1. Die Lehrkräfte sind beim Beschluss der Geschäftsordnung nicht stimmberechtigt, da kein Fall des § 77 Abs. 6 vorliegt. Die Geschäftsordnung gilt, wenn für den Entwurf mehr Ja als Nein-Stimmen abgegeben wurden.
Die Geschäftsordnung muss sich **im Rahmen des Gesetzes** bewegen. Die Rechte des Berufsbildungsausschusses dürfen durch die Geschäftsordnung nicht erweitert werden.[2] Gesetzliche Anforderungen an Beschlüsse dürfen nicht unterschritten werden.[3]
Wie jeder Beschluss des Berufsbildungsausschusses, dessen Wirkung nicht ausdrücklich befristet wird, gilt auch die Geschäftsordnung grundsätzlich **unbefristet**. Sie ist abhängig vom Bestand des Berufsbildungsausschusses, nicht von seiner Zusammensetzung. Sie gilt daher auch über die Amtszeit der Mitglieder und – für Geschäftsordnungen nach dem BBiG 1969 – auch über die Novellierung des BBiG 1969 im Jahr 2005 hinaus. Sie kann durch einfachen Beschluss jederzeit geändert werden.

III. Unterausschüsse

5 Nach Satz 2 kann der Berufsbildungsausschuss beschließen, dass Unterausschüsse gebildet werden. Unterausschüsse können sich z. B. befristet mit **besonderen Themen** beschäftigen. Dies bietet sich dann an, wenn die Themen nicht alle Mitglieder betreffen oder im gleichen Maße interessieren oder ihre Beratung so umfangreich ist, dass eine Vorbereitung durch einen Unterausschuss angemessen erscheint. Über die Vertagung der Angelegenheit auf Unterausschüsse entscheidet der Berufsbildungsausschuss frei, ohne dass er an ein Ermessen gebunden wäre. Unterausschüsse können befristet oder unbefristet errichtet werden.

1 Wohlgemuth/*Günther*, BBiG, § 80 Rn. 1.
2 Zum Umfang der Beschlussrechte s. § 79.
3 Zu den Anforderungen s. § 78.

Nach Satz 2 zweiter Halbsatz kann die Geschäftsordnung vorsehen, dass den Unterausschüssen auch Menschen angehören, die nicht Mitglieder des Berufsbildungsausschusses sind. Dem Wortlaut lässt sich entnehmen, dass die Besetzung eines Ausschusses mit ausschließlich ausschussfremden Mitgliedern nicht zulässig ist. Denn ein Unterausschuss soll »nicht nur« aus externen Mitgliedern bestehen, woraus sich ergibt, dass **mindestens ein ordentliches Mitglied** des Berufsbildungsausschusses im Unterausschuss vertreten sein muss. Für die Unterausschüsse sind die Vorschriften über das Berufungsverfahren, § 77 Abs. 2–6 sowie über die Beschlussfähigkeit und Abstimmungen, § 78 entsprechend anzuwenden. Daraus folgt, dass der Berufsbildungsausschuss die Mitglieder der Unterausschüsse nicht persönlich bestimmt. Diese werden vielmehr nach dem **Verfahren**, das § 77 Abs. 2 vorsieht, von der zuständigen Stelle bestimmt. 6

Soweit den Unterausschüssen Angelegenheiten des § 79 Abs. 4 zur selbstständigen Entscheidung übertragen werden, muss der Grundsatz der **Parität** aus § 77 Abs. 1 erhalten bleiben. Auch dürfen Lehrer an den Beschlüssen, die auf einen Unterausschuss zur selbstständigen Entscheidung übertragen wurden und Rechtsvorschriften gem. § 79 Abs. 4 zum Gegenstand haben, nicht mit abstimmen. Dies ergibt sich aus der Verweisung in Satz 3 auf § 78. § 78 regelt die Beschlussfassung so, dass auf die Stimmen der stimmberechtigten Mitglieder des Ausschusses abgestellt wird. Stimmberechtigt im Ausschuss sind wegen der Aufteilung der Kompetenzen zwischen Bund und Ländern jedoch lediglich **Vertreter** der Gruppen der Arbeitnehmer und der Arbeitgeber. 7

Unterausschüsse können nur im Rahmen der ihnen übertragenen Aufgaben tätig werden. Überschreiten sie diese, sind die Beschlüsse rechtswidrig.

Streitigkeiten über die Geschäftsordnung können in einem Organstreitverfahren vor dem Verwaltungsgericht geklärt werden. Diejenigen, die meinen, durch ein bestimmtes Verhalten von einzelnen Ausschussmitgliedern, des (Unter-)Ausschusses als Gremium oder der Geschäftsführung der zuständigen Stelle **in ihren Rechten verletzt** worden zu sein, sind klagebefugt.

IV. Parallelvorschrift in der HwO

Für das Handwerk enthält § 44b HwO eine inhaltsgleiche Regelung. 8

V. Mustergeschäftsordnung

EMPFEHLUNG von DGB und DIHK 9

Muster-Entwurf einer Geschäftsordnung des Berufsbildungsausschusses bei den Industrie- und Handelskammern
(vom 21.11.2006)
Der gemäß § 77 Abs. 1 des Berufsbildungsgesetzes von der Industrie- und Handelskammer … errichtete Berufsbildungsausschuss gibt sich gemäß § 80 des Gesetzes folgende Geschäftsordnung:

§ 1 Zuständigkeit und Aufgaben
(1) Der Berufsbildungsausschuss ist im Rahmen des Berufsbildungsgesetzes für die Aufgaben der Berufsbildung zuständig.
(2) Er beschließt die aufgrund des Berufsbildungsgesetzes von der IHK zu erlassenden Rechtsvorschriften für die Durchführung der Berufsbildung.
(3) Er ist in allen wichtigen Angelegenheiten der beruflichen Bildung zu unterrichten und zu hören. Er hat im Rahmen seiner Aufgaben auf eine stetige Entwicklung der Qualität der beruflichen Bildung hinzuwirken und die an der Berufsbildung Mitwirkenden dabei zu unterstützen.
(4) Wichtige Angelegenheiten, in denen der Berufsbildungsausschuss **anzuhören** ist, sind insbesondere:

1. Erlass von Verwaltungsgrundsätzen
- über die Eignung von Ausbildungs- und Umschulungsstätten
- für das Führen von schriftlichen Ausbildungsnachweisen
- für die Verkürzung der Ausbildungsdauer
- für die vorzeitige Zulassung zur Abschlussprüfung
- für die Durchführung der Prüfungen
- zur Durchführung von über- und außerbetrieblicher Ausbildung sowie von Verwaltungsrichtlinien zur beruflichen Bildung,

2. Umsetzung der vom Landesausschuss für Berufsbildung empfohlenen Maßnahmen,
3. wesentliche inhaltliche Änderungen des Ausbildungsvertragsmusters.

(5) Wichtige Angelegenheiten, in denen der Berufsbildungsausschuss **zu unterrichten** ist, sind insbesondere:

1. Zahl und Art der der IHK angezeigten Maßnahmen der Berufsausbildungsvorbereitung und beruflichen Umschulung sowie der eingetragenen Berufsausbildungsverhältnisse,
2. Zahl und Ergebnisse von durchgeführten Prüfungen sowie hierbei gewonnene Erfahrungen,
3. Tätigkeit der Berater nach § 76 Abs. 1 Satz 2 BBiG
4. für den räumlichen und fachlichen Zuständigkeitsbereich der IHK neue Formen, Inhalte und Methoden der Berufsbildung,
5. Stellungnahmen oder Vorschläge der IHK gegenüber anderen Stellen und Behörden, soweit sie sich auf die Durchführung dieses Gesetzes oder der auf Grund dieses Gesetzes erlassenen Rechtsvorschriften beziehen,
6. Bau eigener überbetrieblicher Berufsbildungsstätten,
7. Beschlüsse nach § 79 Abs. 5 BBiG sowie beschlossene Haushaltsansätze zur Durchführung der Berufsbildung mit Ausnahme der Personalkosten,
8. Verfahren zur Beilegung von Streitigkeiten aus Ausbildungsverhältnissen,
9. Arbeitsmarktfragen, soweit sie die Berufsbildung im Zuständigkeitsbereich der IHK berühren.

§ 2 Zusammensetzung, Stellvertretung

(1) Der Ausschuss besteht aus sechs Beauftragten der Arbeitgeber, sechs Beauftragten der Arbeitnehmer und sechs Lehrkräften an berufsbildenden Schulen.
Die Mitglieder werden gemäß § 77 Abs. 2 BBiG berufen. Stimmrecht haben die Beauftragten der Arbeitgeber und die Beauftragten der Arbeitnehmer. Die Lehrkräfte haben beratende Stimme. Bei Beschlüssen zu Angelegenheiten der Berufsausbildungsvorbereitung und Berufsausbildung haben die Lehrkräfte Stimmrecht, soweit sich die Beschlüsse unmittelbar auf die Organisation der schulischen Berufsbildung auswirken.

(2) Die Mitglieder haben die gleiche Anzahl Stellvertreter. Die Stellvertreter sind gleichzeitig mit den Mitgliedern über die Sitzungen des Ausschusses zu unterrichten und erhalten Tagesordnung und Sitzungsunterlagen zur Kenntnisnahme. Ist ein Mitglied an der Teilnahme verhindert, so wird es durch einen Stellvertreter seiner Gruppe vertreten. Das Mitglied hat die IHK unverzüglich über seine Verhinderung zu informieren. Die IHK informiert einen Vertreter der jeweiligen Mitgliedergruppe nach § 2 Abs. 1 Satz 1.

§ 3 Vorsitz

(1) Der Ausschuss wählt aus seiner Mitte mit verdecktem Stimmzettel den Vorsitz und seine Stellvertretung. Der Vorsitz wechselt jährlich/alle zwei Jahre; der Vorsitz und seine Stellvertretung sollen nicht derselben Mitgliedergruppe angehören. Aktiv und passiv wahlberechtigt sind die Beauftragten der Arbeitgeber und der Arbeitnehmer.

(2) Falls sich kein Widerspruch erhebt, kann die Abstimmung auch offen erfolgen.

(3) Erhält im ersten Wahlgang kein Bewerber die Mehrheit der abgegebenen Stimmen, so findet ein zweiter Wahlgang statt, bei dem der Bewerber mit der niedrigsten Stimmzahl ausscheidet. Erhält keiner der verbliebenen Bewerber die Mehrheit der abgegebenen Stimmen, so entscheidet das Los.

§ 4 Einberufung, Verfahren, Öffentlichkeit

(1) Der Ausschuss wird vom Vorsitzenden und bei dessen Verhinderung vom stellvertretenden Vorsitzenden nach gegenseitiger Abstimmung nach Bedarf, mindestens jedoch dreimal jährlich zu einer Sitzung einberufen. Eine Einberufung muss auch erfolgen, wenn mindestens fünf stimmberechtigte Ausschussmitglieder dies schriftlich beantragen. Die Einladungen zu den Sitzungen erfolgen in der Regel 14 Tage vor dem Sitzungstermin unter Bekanntgabe der Tagesordnung. Die Beratungsunterlagen sind den Einladungen beizufügen.

(2) Die Sitzungen des Ausschusses sind nicht öffentlich. Der Ausschuss kann die Öffentlichkeit einer Sitzung einstimmig beschließen.
(3) Über die Verhandlungen des Berufsbildungsausschusses ist außerhalb der Mitgliedergruppen Verschwiegenheit zu wahren. Diese Verpflichtung bleibt auch nach dem Ausscheiden aus dem Ausschuss bestehen. Dies gilt nicht für öffentliche Sitzungen nach Abs. 2.

§ 5 Beschlüsse
(1) Der Berufsbildungsausschuss ist beschlussfähig, wenn mehr als die Hälfte seiner stimmberechtigten Mitglieder anwesend ist. Er beschließt mit der Mehrheit der abgegebenen Stimmen.
(2) Zur Wirksamkeit eines Beschlusses ist es erforderlich, dass der Gegenstand bei der Einberufung des Ausschusses bezeichnet ist, es sei denn, dass er mit Zustimmung von zwei Dritteln der stimmberechtigten Mitglieder nachträglich auf die Tagesordnung gesetzt wird.
(3) An der Beratung und Beschlussfassung über Angelegenheiten, die das persönliche Interesse einzelner Mitglieder unmittelbar berühren, dürfen diese nicht teilnehmen. Die Betroffenen teilen dies dem Vorsitzenden unaufgefordert mit.

§ 6 Niederschrift
Über jede Sitzung des Ausschusses wird eine Ergebnisniederschrift angefertigt, die vom Vorsitz und seiner Stellvertretung zu unterzeichnen ist. Die ordentlichen und die stellvertretenden Mitglieder des Ausschusses erhalten die unterzeichnete Niederschrift. Sie wird außerdem in der nächstfolgenden Sitzung zur Genehmigung der Richtigkeit vorgelegt.

§ 7 Umlaufverfahren
(1) In eilbedürftigen Angelegenheiten können Beschlüsse, Anhörungen und Unterrichtungen im Sinne des § 1 Abs. 2, 4 und 5 auf schriftlichem Wege herbeigeführt werden, wenn der Berufsbildungsausschuss in einer Sitzung die Durchführung des Umlaufverfahrens für diesen Gegenstand beschließt oder sich Vorsitz und Stellvertretung auf die Durchführung eines Umlaufverfahrens einigen.
(2) Die Vorlagen sind den Mitgliedern schriftlich zu erläutern. Das Datum einer letztmöglichen Willenserklärung ist in die Vorlage aufzunehmen.
(3) Im Falle von Beschlussvorlagen gilt das Datum für die letztmögliche Willenserklärung als Datum des Beschlusses.
(4) Der Vorsitz des Berufsbildungsausschusses bzw. seine Stellvertretung entscheidet, welche Frist für die Stimmabgabe gewährt wird.

§ 8 Unterausschüsse
(1) Der Ausschuss kann nach Bedarf Unterausschüsse bilden. *(Hier ggf. aufnehmen: Er kann einen Qualitätsausschuss einrichten, sofern keine anderen Unterausschüsse bestehen.)*
(2) Den Unterausschüssen können auch stellvertretende Ausschussmitglieder und andere sachkundige Personen angehören. Die Unterausschüsse haben die Ergebnisse ihrer Beratungen dem Ausschuss zur abschließenden Beratung vorzulegen; auf Verlangen des Ausschusses sind die Ergebnisse schriftlich vorzulegen.
(3) Der Vorsitzende und der stellvertretende Vorsitzende des Ausschusses haben das Recht, an allen Sitzungen der Unterausschüsse teilzunehmen.

§ 9 Hinzuziehen von Sachverständigen
Der Ausschuss und die Unterausschüsse können zu ihren Sitzungen Sachverständige hinzuziehen. Kann sich der Ausschuss nicht auf einen Sachverständigen einigen, so wird für jede Gruppe der von ihr vorgeschlagene Sachverständige hinzugezogen. Die Sachverständigen werden zum Gegenstand der Beratung gehört.

§ 10 Geschäftsführung
(1) Die Geschäfte des Ausschusses und seiner Unterausschüsse werden durch die zuständige Stelle im Einvernehmen mit dem Vorsitz und dessen Stellvertretung geführt.
(2) Die zuständige Stelle führt die Ergebnisniederschrift über die Sitzungen.

§ 11 Inkrafttreten, Außerkrafttreten
Diese Geschäftsordnung tritt am (…) in Kraft. Gleichzeitig tritt die Geschäftsordnung vom (…) außer Kraft.

Abschnitt 4
Zuständige Behörden

§ 81 Zuständige Behörden

(1) Im Bereich des Bundes ist die oberste Bundesbehörde oder die von ihr bestimmte Behörde die zuständige Behörde im Sinne des § 30 Absatz 6, der §§ 32, 33, 40 Absatz 6, des § 76 Absatz 1 und des § 77 Absatz 2 und 3.
(2) Ist eine oberste Bundesbehörde oder eine oberste Landesbehörde zuständige Stelle im Sinne dieses Gesetzes, so bedarf es im Fall des § 40 Absatz 6, des § 76 Absatz 1 und des § 77 Absatz 3 keiner Genehmigung.

Inhaltsübersicht Rn.

I. Vorbemerkung

1 § 81 regelt die Bestimmung der zuständigen Behörde im Bereich der **öffentlichen Verwaltung**.

§ 81 entspricht im Wesensgehalt § 84 Abs. 3 BBiG 1969. Die Vorschrift ergänzt § 73, der für den Bereich des öffentlichen Dienstes die Befugnis der obersten Bundesbehörde sowie der Länder zur Bestimmung der zuständigen Stelle regelt, wenn nicht die Kammern nach den §§ 71 und 72 zuständig sind. Die Vorschrift wurde durch das Berufsbildungsmodernisierungsgesetz zum 1.1.2020 um Regelungen zu Fortbildungsprüfungen ergänzt.

II. Zuständige Behörde

2 Das Verständnis des Abs. 1 wird dadurch erschwert, dass der Begriff der Behörde mehrfach und zwar in unterschiedlicher Bedeutung verwendet wird. Im Bereich des öffentlichen Dienstes sind **alle zuständigen Stellen zwangsläufig Behörden**. Diese Behörden sind jedoch von den »zuständigen Behörden« zu unterscheiden, die nach den in Abs. 1 genannten Paragraphen mit **besonderen Befugnissen** gegenüber den Kammern ausgestattet wurden. Für den Bereich des Bundes regelt Abs. 1, dass die oberste Bundesbehörde oder die von ihr bestimmte Behörde die »zuständige Behörde« mit den erweiterten Rechten aus den genannten Paragraphen ist. Die Regelung bezieht sich auf die »zuständige Behörde« in diesen Angelegenheiten:

- widerrufliche Zuerkennung fachlicher Eignung nach § 30 Abs. 6,
- Überwachen der persönlichen und fachlichen Eignung sowie der Eignung der Ausbildungsstätte (§ 32),
- Untersagen des Einstellens und Ausbildens (§ 33),
- Festlegen der Entschädigung für die Tätigkeit im Prüfungsausschuss (§ 40 Abs. 4),
- Festlegung der Entschädigung für die Tätigkeit als Berater/Beraterin (§ 76),
- Berufen von Lehrkräften in den Berufsbildungsausschuss (§ 77 Abs. 2) sowie
- Festlegen der Entschädigung für die Tätigkeit im Berufsbildungsausschuss (§ 77 Abs. 3).

III. Ausnahme von der Genehmigungspflicht

Nach Abs. 2 erfordern die Regelungen über die Höhe der Entschädigung für Prüfungsausschuss- und Berufsbildungsausschussmitglieder sowie der Berater und Beraterinnen keine Genehmigung, wenn eine **oberste Bundes- oder eine oberste Landesbehörde** zuständige Stelle im Sinne des Gesetzes, also gem. § 73 ist. Dies entspricht dem Grundsatz, dass eine Behörde eine Regelung nicht selbst erstellen und genehmigen kann.[1] Der Gesetzgeber hat entschieden, im vorliegenden Fall keine gesonderte Genehmigungsbehörde zu definieren, sondern auf die Genehmigung zu verzichten. 3

Kapitel 2
Landesausschüsse für Berufsbildung

§ 82 Errichtung, Geschäftsordnung, Abstimmung

(1) Bei der Landesregierung wird ein Landesausschuss für Berufsbildung errichtet. Er setzt sich zusammen aus einer gleichen Zahl von Beauftragten der Arbeitgeber, der Arbeitnehmer und der obersten Landesbehörden. Die Hälfte der Beauftragten der obersten Landesbehörden muss in Fragen des Schulwesens sachverständig sein.

(2) Die Mitglieder des Landesausschusses werden längstens für vier Jahre von der Landesregierung oder der von ihr bestimmten obersten Landesbehörde berufen, die Beauftragten der Arbeitgeber auf Vorschlag der auf Landesebene bestehenden Zusammenschlüsse der Kammern, der Arbeitgeberverbände und der Unternehmerverbände, die Beauftragten der Arbeitnehmer auf Vorschlag der auf Landesebene bestehenden Gewerkschaften und selbständigen Vereinigungen von Arbeitnehmern mit sozial- oder berufspolitischer Zwecksetzung. Die Tätigkeit im Landesausschuss ist ehrenamtlich. Für bare Auslagen und für Zeitversäumnis ist, soweit eine Entschädigung nicht von anderer Seite gewährt wird, eine angemessene Entschädigung zu zahlen, deren Höhe von der Landesregierung oder der von ihr bestimmten obersten Landesbehörde festgesetzt wird. Die Mitglieder können nach Anhören der an ihrer Berufung Beteiligten aus wichtigem Grund abberufen werden. Der Ausschuss wählt ein Mitglied, das den Vorsitz führt, und ein weiteres Mitglied, das den Vorsitz stellvertretend übernimmt. Der Vorsitz und seine Stellvertretung sollen nicht derselben Mitgliedergruppe angehören.

(3) Die Mitglieder haben Stellvertreter oder Stellvertreterinnen. Die Absätze 1 und 2 gelten für die Stellvertreter und Stellvertreterinnen entsprechend.

(4) Der Landesausschuss gibt sich eine Geschäftsordnung, die der Genehmigung der Landesregierung oder der von ihr bestimmten obersten Landesbehörde bedarf. Sie kann die Bildung von Unterausschüssen vorsehen und bestimmen, dass ihnen nicht nur Mitglieder des Landesausschusses angehören. Absatz 2 Satz 2 gilt für die Unterausschüsse hinsichtlich der Entschädigung entsprechend. An den Sitzungen des Landesausschusses und der Unterausschüsse können Vertreter der beteiligten obersten Landesbehörden, der Gemeinden und Gemeindeverbände sowie der Agentur für Arbeit teilnehmen.

(5) Der Landesausschuss ist beschlussfähig, wenn mehr als die Hälfte seiner Mitglieder anwesend ist. Er beschließt mit der Mehrheit der abgegebenen Stimmen.

---

1 *Taubert*, BBiG, § 81 Rn. 2; Wohlgemuth/*Maring*, BBiG, § 81 Rn. 3.

Inhaltsübersicht

I. Überblick

1 Die Vorschrift regelt die Errichtung, Besetzung, Abstimmung und die interne Geschäftsführung der Landesausschüsse für Berufsbildung, die bei den Landesregierungen zu errichten sind. Diese haben **beratende Funktion** (§ 83 BBiG). Die praktische Bedeutung dieser Ausschüsse ist im Vergleich zum Hauptausschuss des BIBB (§ 92 BBiG) und zu den Berufsbildungsausschüssen der zuständigen Stellen (§§ 77 bis 80 BBiG) begrenzt, zum einen wegen der begrenzten Zuständigkeit der Länder für die berufliche Bildung und zum anderen wegen der bloß beratenden Funktion.

II. Errichtung und Zusammensetzung der Landesausschüsse

2 Die Errichtung eines Landesausschusses für Berufsbildung ist für jedes Bundesland **zwingend vorgeschrieben** (»wird … errichtet«, § 82 Abs. 1 Satz 1 BBiG).[1] Sie werden bei den Landesregierungen errichtet. Welches Ministerium diese Aufgabe übernimmt, ist bundesgesetzlich nicht vorgeschrieben und wird den Landesregierungen überlassen. Zumeist sind die Landesausschüsse bei den Arbeits- und Sozialministerien bzw. -senatoren angesiedelt. Die Zuordnung des Landesausschusses zu einem bestimmten Ministerium bedeutet nicht, dass nicht andere Ministerien fachlich und personell mit einbezogen werden können. Insbesondere die Einbeziehung des Schulwesens ist, wenn der Ausschuss nicht ohnedies, was denkbar wäre, dort ressortiert, zum Zwecke der Koordinierung mit der schulischen Ausbildung sinnvoll.

3 Die absolute **Zahl der Ausschussmitglieder** (Gesamtzahl) ist gesetzlich nicht vorgegeben. In der Praxis sind es (wegen der Drittelparität) 18 oder 27 Mitglieder.[2] Denkbar ist aber auch eine andere Gesamtzahl der Ausschussmitglieder, die durch drei teilbar ist. Die Bundesländer können autonom hierüber entscheiden. Bundesrechtlich zwingend vorgeschrieben ist indes eine **Drittelparität** zwischen den Beauftragten der Arbeitgeber, der Arbeitnehmer und der obersten Landesbehörden (§ 82 Abs. 1 Satz 2 BBiG). Die Hälfte der Beauftragten der obersten Landesbehörden muss in Fragen des Schulwesens sachverständig sein (§ 82 Abs. 1 Satz 3 BBiG). Das können Beamte der Schulaufsicht sein oder Lehrer oder auch Elternvertreter.[3]

1 *Benecke/Hergenröder,* BBiG, § 82 Rn. 2; *Taubert,* BBiG, § 82 Rn. 2.
2 *Taubert,* BBiG, § 82 Rn. 3; Wohlgemuth/*Maring,* BBiG, § 82 Rn. 4.
3 *Taubert,* BBiG, § 82 Rn. 4; Wohlgemuth/*Maring,* BBiG, § 82 Rn. 5.

III. Berufung und Rechtstellung der Mitglieder

1. Berufung der Mitglieder

Die Mitglieder des Landessauschusses (auch die Beauftragten der Arbeitnehmer und der Arbeitgeber) werden von der Landesregierung oder der von ihr bestimmten obersten Landesbehörde für die Dauer von »**längstens**« **vier Jahren** berufen (§ 82 Abs. 2 Satz 1 BBiG). Eine kürzere Berufungszeit ist möglich. 4

Gesetzlich vorgeschrieben ist, dass die Beauftragten der Arbeitgeber »**auf Vorschlag**« der auf Landesebene bestehenden Zusammenschlüsse der Kammern, der Arbeitgeberverbände und der Unternehmerverbände zu erfolgen hat sowie die Beauftragten der Arbeitnehmer »auf Vorschlag« der auf Landesebene bestehenden Gewerkschaften und selbständigen Vereinigungen von Arbeitnehmern mit sozial- oder berufspolitischer Zwecksetzung. Der Begriff »selbständige Vereinigung von Arbeitnehmern mit sozial- und berufspolitischer Zwecksetzung« umfasst nur Vereinigungen, die sich freiwillig zusammengeschlossen haben und nicht kraft Gesetzes errichtet werden.[4] 5

Die Landesregierung oder die von ihr bestimmte oberste Landesbehörde ist an die Vorschläge und die Reihenfolge der Vorschläge gebunden. Gehen mehr Vorschläge ein, als Mitglieder benötigt werden, so entscheidet die Landesregierung oder die von ihr bestimmte oberste Landesbehörde nach pflichtgemäßem Ermessen, hat dabei aber die Gewerkschaften/Vereinigungen bzw. Verbände anteilmäßig nach ihrer Stärke (Mitgliederzahl) zu berücksichtigen. Eine Gewerkschaft oder ein Verband kann bei nicht ausreichender Berücksichtigung der Vorschläge den Verwaltungsrechtsweg beschreiten. 6

2. Ehrenamtliche Tätigkeit und Entschädigung

Die Tätigkeit im Landesausschuss für Berufsbildung ist **ehrenamtlich** (§ 82 Abs. 2 Satz 2 BBiG). Die Regelung entspricht § 40 Abs. 4 BBiG für Mitglieder in Prüfungsausschüssen und § 77 Abs. 3 Satz 1 BBiG für Mitglieder der Berufsbildungsschüsse der zuständigen Stellen. 7

Für bare Auslagen und für Zeitversäumnis ist, soweit eine Entschädigung nicht von anderer Seite gewährt wird, eine **angemessene Entschädigung** zu zahlen, deren Höhe von der Landesregierung oder der von ihr bestimmten obersten Landesbehörde festgesetzt wird (§ 82 Abs. 2 Satz 3 BBiG). 8

Soweit von anderer Seite eine Entschädigung gewährt wird (etwa durch Lohn- oder Gehaltsfortzahlung), kommt eine Entschädigung durch die Landesregierung nicht in Betracht. Ein Mitglied des Landesausschusses, das in einem Arbeitsverhältnis steht, ist im notwendigen Umfang für die Ausschusstätigkeit von seinem Arbeitgeber grundsätzlich **unter Fortzahlung der Bezüge freizustellen** (§ 616 Abs. 1 BGB). Der Freistellungsanspruch kann einzelvertraglich nicht ausgeschlossen werden, da die Tätigkeit im öffentlichen Interesse liegt und somit eine Pflichtenkollision begründet, so dass die Nichtleistung von Arbeit grundsätzlich unverschuldet ist (§ 323 BGB). 9

Die **Pflicht zur Freistellung** gilt nicht nur für die Dauer der Sitzungen, sondern auch für die Wegezeiten und die notwendige Zeit der Vorbereitung solcher Sitzungen. Die Freistellungsverpflichtung gilt auch für alle sonstigen Aufgaben und Termine, die sich aus der Wahrnehmung der Mitgliedschaft in dem Ausschuss ergeben, also zum Beispiel für Betriebsbesichtigungen, öffentliche Veranstaltungen, Pressekonferenzen und allen sonstigen Veranstaltungen der Landesausschüsse. Das Gleiche gilt, wenn ein Vertreter des 10

4 *BVerwG* 26.10.1973 – VII C 20/72, AP BBiG § 54 Nr. 1.

Landesausschusses Aufträge für den Ausschuss wahrnimmt. Das gilt insbesondere für den Vorsitzenden oder den stellvertretenden Vorsitzenden.

11 Soweit eine Entschädigung nicht von anderer Seite gewährt wird, schreibt das Gesetz ausdrücklich **eine angemessene Entschädigung** für bare Auslagen und für Zeitversäumnis vor. Die Formulierung »bare Auslagen« umfasst sämtliche Kosten, die im Zusammenhang mit der Ausführung der Aufgabe entstehen. Für die Entschädigung durch die Landesregierung muss der Grundsatz einer vollen Erstattung gelten.

3. Abberufung von Mitgliedern

12 Die Mitglieder können nach Anhörung der an ihrer Berufung Beteiligten **aus wichtigem Grund abberufen** werden (§ 82 Abs. 2 Satz 4 BBiG). Die Regelung entspricht § 40 Abs. 3 Satz 5 BBiG für die Abberufung der Mitglieder des Prüfungsausschusses und § 77 Abs. 4 BBiG für die Abberufung der Mitglieder der Berufsbildungsausschüsse der zuständigen Stellen. Fraglich ist, wann ein »wichtiger Grund« zur Abberufung vorliegt. Negativ lässt sich das dahin abgrenzen, dass jedenfalls der Verlust der Zugehörigkeit zur vorschlagsberechtigten Gewerkschaft bzw. Arbeitnehmervereinigung *kein* wichtiger Grund ist, soweit die Arbeitnehmereigenschaft erhalten bleibt.

13 Der »wichtige Grund« muss in der **Person des Ausschussmitglieds** liegen und zu einer Unzumutbarkeit der weiteren Arbeit im Ausschuss führen. Als wichtige Gründe für eine Abberufung kommen in Betracht die mangelnde persönliche Eignung, schwerwiegende Pflichtverletzungen in Ausübung des Ehrenamts, regelmäßiges oder sehr häufiges Versäumen der Ausschusssitzungen, langfristige Verhinderung in der Ausübung der Mitgliedschaft, etwa aufgrund einer Dauererkrankung. Eine Erkrankung kann aber erst dann als wichtiger Grund angesehen werden, wenn feststeht, dass der Betreffende seine Tätigkeit im Ausschuss auf unabsehbare Zeit nicht mehr ausüben kann, ansonsten handelt es sich jeweils um einen Verhinderungsfall.

14 Die **Initiative zur Abberufung** kann von der Landesregierung, von der vorschlagenden Organisation oder auch von anderen Ausschussmitgliedern ausgehen. **Zuständig** für die Abberufung ist die Landesregierung, die die Berufung vorgenommen hat.

15 Vor einer Abberufung müssen die an der Berufung Beteiligten angehört werden. Die an der Berufung Beteiligten sind die Stelle, der Verband oder die Gewerkschaft, die das Ausschussmitglied vorgeschlagen haben, und das Ausschussmitglied selbst. Die **Anhörung** verlangt mehr als die bloße Mitteilung des Sachverhalts. Erforderlich ist eine ausführliche Begründung, weshalb die Abberufung erfolgen soll. Die Landesregierung ist zudem verpflichtet, die Stellungnahme des Verbands/der Gewerkschaft entgegenzunehmen und sich mit ihr auseinanderzusetzen. Das heißt, falls die Landesregierung sich nicht der Auffassung der an der Berufung Beteiligten anschließt, muss sie dies ausführlich begründen. Die Pflicht zur Anhörung gilt auch für das betroffene Ausschussmitglied. Da die Abberufung ein **Verwaltungsakt** ist, sind die Rechtsschutzmöglichkeiten des Verwaltungsstreitverfahrens gegeben (Widerspruch, Klage). Die Abberufung ist rechtsfehlerhaft, wenn ein wichtiger Grund nicht vorliegt oder die Anhörung unterblieben ist.

4. Vorsitzender und stellvertretender Vorsitzender

16 Der Ausschuss wählt ein Mitglied, das den Vorsitz führt, und ein weiteres Mitglied, das den Vorsitz stellvertretend übernimmt (§ 82 Abs. 2 Satz 5 BBiG). Der Vorsitz und seine Stellvertretung sollen nicht derselben Mitgliedergruppe angehören (§ 82 Abs. 2 Satz 6 BBiG). Die Vorschrift entspricht § 77 Abs. 6 BBiG sowie § 41 Abs. 1 BBiG. In der Praxis

gibt es häufig einen rotierenden Vorsitz (Wechsel Arbeitgeber, Arbeitnehmer, Vertreter der obersten Landesbehörden). Im Übrigen sind der Vorsitzende und dessen Stellvertreter den anderen Ausschussmitgliedern gleichgestellt. Diese haben nicht etwa ein doppeltes Stimmrecht oder ähnliches.

Über die **Dauer der Wahl** schweigt das Gesetz. Daraus folgt, dass die Wahlzeit spätestens mit dem Ende der Berufungszeit des Vorsitzenden bzw. seines Stellvertreters endet. In der Praxis hat sich die Verfahrensweise ergeben, in einem Zeitraum von zwei Jahren den Vorsitz und die Stellvertretung zwischen den Gruppen zu wechseln. Nähere Regelungen kann der Landesausschuss in der Geschäftsordnung festlegen. 17

5. Stellvertretende Ausschussmitglieder

Die Mitglieder im Landesauschuss für Berufsbildung haben Stellvertreterinnen und Stellvertreter (§ 82 Abs. 3 Satz 1 BBiG). Es gilt keine persönliche Stellvertretung, sondern eine **Stellvertretung innerhalb der Gruppe.**[5] Die Vorschriften gem. Abs. 1 und 2 gelten entsprechend (§ 82 Abs. 3 Satz 2 BBiG). Für die Stellvertreter gelten also die für die regulären Mitglieder geltenden Regelungen entsprechend, soweit sie tätig werden. 18

IV. Geschäftsordnung, Unterausschüsse

Der Landesausschuss hat sich eine Geschäftsordnung zu geben, das entspricht der Regelung in § 80 BBiG für die Berufsbildungsausschüsse der zuständigen Stellen. Der Landesausschuss bestimmt selbst, welche Inhalte in der Geschäftsordnung geregelt werden (**Geschäftsordnungsautonomie**). Allerdings bedarf die Geschäftsordnung der Genehmigung der Landesregierung oder der von ihr bestimmten obersten Landesbehörde (§ 82 Abs. 4 Satz 1 BBiG). In der Geschäftsordnung werden die internen Angelegenheiten der Arbeitsweise des Landesausschusses und das einzuhaltende Verfahren geregelt (Einladungsmodalitäten, Zahl der Sitzungen, ggf. alternierender Vorsitz usw.). Eine einmal beschlossene Geschäftsordnung ist gültig bis zum Beschluss einer neuen Geschäftsordnung. 19

Die Geschäftsordnung kann die **Bildung von Unterausschüssen** vorsehen (§ 82 Abs. 4 Satz 2 BBiG). Ob und ggf. welche Unterausschüsse eingerichtet werden, liegt im Ermessen des Landesausschusses (»kann … vorsehen«). In der Geschäftsordnung »kann« zudem geregelt werden, dass den Unterausschüssen auch Nichtmitglieder des Landesausschusses angehören können. Enthält die Geschäftsordnung keine Regelung, dürfen auch den Unterausschüssen, so denn errichtet, nur Mitglieder des Landesausschusses angehören. Die Entschädigungsregelung aus § 82 Abs. 2 Satz 3 BBiG gilt entsprechend für alle Mitglieder im Unterausschuss (§ 82 Abs. 4 Satz 3 BBiG). 20

An den Sitzungen des Landesausschusses und der Unterausschüsse können auch kraft Gesetzes (ohne dass es einer Regelung in der Geschäftsordnung bedarf) Vertreter der beteiligten obersten Landesbehörden teilnehmen (§ 82 Abs. 4 Satz 4 BBiG). Zudem können, wie ebenfalls in § 82 Abs. 4 Satz 4 BBiG geregelt ist, auch Vertreter der Gemeinden und Gemeindeverbände sowie der Agentur für Arbeit an den Sitzungen des Landesausschusses für Berufsbildung teilnehmen. Damit diese von der Teilnahmeoption Gebrauch machen können, ist es erforderlich, dass diese jeweils unter Mitteilung der Tagesordnung zu den Sitzungen des Landesausschusses eingeladen werden. 21

---

5 *Benecke/Hergenröder*, BBiG, § 82 Rn. 4; *Taubert*, BBiG, § 82 Rn. 14; Wohlgemuth/*Maring*, BBiG, § 82 Rn. 12.

V. Beschlussfähigkeit und Beschlussfassung

22 Der Landesausschuss ist **beschlussfähig**, wenn mehr als die Hälfte seiner Mitglieder anwesend ist (§ 82 Abs. 5 Satz 1 BBiG). Die Regelung in § 82 Abs. 5 BBiG entspricht den Vorgaben für den Berufsbildungsausschuss der zuständigen Stelle in § 78 Abs. 1 BBiG. Bei Verhinderung einer oder mehrerer Ausschussmitglieder nehmen die Stellvertreter an der Sitzung und Abstimmung teil. Sie müssen rechtzeitig geladen werden und über den Gegenstand der Abstimmung informiert sein. Abstimmungen können auch stattfinden, wenn das Verhältnis der stimmberechtigten Mitglieder unausgewogen ist, wenn also zum Beispiel von einer Gruppe alle stimmberechtigten Mitglieder anwesend sind und von der anderen stimmberechtigten Gruppe nur ein Mitglied. Rechtlich ist nur entscheidend, dass die Beschlussfähigkeit gegeben ist.

23 Für die **Beschlussfassung** gilt § 82 Abs. 5 Satz 2 BBiG, der § 78 Abs. 1 Satz BBiG entspricht. Der Landesauschuss beschließt mit der Mehrheit der abgegebenen Stimmen. Endet eine Abstimmung mit Stimmengleichheit, gilt ein Antrag als abgelehnt. Die Stimme des Vorsitzenden gibt (anders als gem. § 41 Abs. 2 Satz 3 BBiG) nicht den Ausschlag. »Abgegebene Stimmen« sind nur Ja- und Nein-Stimmen. Enthaltungen gelten nicht als »abgegebene Stimmen« und sind deshalb bei der Feststellung der Mehrheit nicht mitzuzählen, weil diese Mitglieder weder für noch gegen den zur Abstimmung gestellten Antrag stimmen.

§ 83 Aufgaben

(1) Der Landesausschuss hat die Landesregierung in den Fragen der Berufsbildung zu beraten, die sich für das Land ergeben. Er hat im Rahmen seiner Aufgaben auf eine stetige Entwicklung der Qualität der beruflichen Bildung hinzuwirken.
(2) Er hat insbesondere im Interesse einer einheitlichen Berufsbildung auf eine Zusammenarbeit zwischen der schulischen Berufsbildung und der Berufsbildung nach diesem Gesetz sowie auf eine Berücksichtigung der Berufsbildung bei der Neuordnung und Weiterentwicklung des Schulwesens hinzuwirken. Der Landesausschuss kann zur Stärkung der regionalen Ausbildungs- und Beschäftigungssituation Empfehlungen zur inhaltlichen und organisatorischen Abstimmung und zur Verbesserung der Ausbildungsangebote aussprechen.

Inhaltsübersicht Rn.

I. Beratungsfunktion der Landesausschüsse

1 Die Vorschrift beschreibt die Aufgaben der Landesauschüsse für Berufsbildung. Diese haben in Fragen der Berufsbildung in Bezug auf die Landesregierungen eine **Beratungsfunktion** (§ 83 Abs. 1 Satz 1 BBiG). Wie die Berufsbildungsausschüsse sollen auch die Landesausschüsse im Rahmen ihrer Aufgaben auf die **Qualitätsentwicklung** der beruflichen Bildung hinwirken (§ 83 Abs. 1 Satz 2; vgl. § 79 Rn. 20).

II. Tätigkeitsfelder der Landesausschüsse

2 § 83 Abs. 2 BBiG regelt besonders bedeutsame Tätigkeitsfelder der Landesausschüsse, wobei diese Aufgabenbeschreibung nicht abschließend ist (»**insbesondere**«). Der Landes-

ausschuss hat insbesondere im Interesse einer einheitlichen Berufsbildung auf eine **Zusammenarbeit zwischen der schulischen Berufsbildung und der Berufsbildung** nach dem BBiG sowie auf eine **Berücksichtigung der Berufsbildung bei der Neuordnung und Weiterentwicklung des Schulwesens hinzuwirken** (§ 83 Abs. 2 Satz 1 BBiG). Der Landesausschuss kann zur Stärkung der regionalen Ausbildungs- und Beschäftigungssituation **Empfehlungen** zur inhaltlichen und organisatorischen Abstimmung und zur Verbesserung der Ausbildungsangebote aussprechen § 83 Abs. 2 Satz 2 BBiG).

Neben § 83 BBiG gibt es **andernorts gesondert geregelte Kompetenzen der Landesausschüsse**. Zu diesen zählen die Anhörungsrechte bei Rechtsverordnungen der Länder zur Anrechnung beruflicher Vorbildung auf die Ausbildungsdauer (vgl. § 7 Abs. 1 Satz 1). Darüber hinaus dürfen die Landesregierungen von ihrer Rechtsverordnungsermächtigung im Zusammenhang mit schulischen Ausbildungsgängen gem. § 43 Abs. 2 BBiG nur im »Benehmen« mit dem Landesausschuss für Berufsbildung Gebrauch machen (vgl. § 43 Rn. 30). 3

Teil 4
Berufsbildungsforschung, Planung und Statistik

Vor §§ 84ff.

Inhaltsübersicht Rn.

I. Ziele der Berufsbildungsforschung

1 § 84 BBiG beschreibt die Ziele der Berufsbildungsforschung. Berufsbildungsforschung kann auch außerhalb des Bundesinstituts für Berufsbildung durchgeführt werden.[1]

2 Die Berufsbildungsforschung soll gem. § 84 Nr. 1 bis 5 BBiG:
- Grundlagen der Berufsbildung klären,
- inländische, europäische und internationale Entwicklungen in der Berufsbildung beobachten,
- Anforderungen an Inhalte und Ziele der Berufsbildung ermitteln,
- Weiterentwicklungen der Berufsbildung in Hinblick auf gewandelte wirtschaftliche, gesellschaftliche und technische Erfordernisse vorbereiten,
- Instrumente und Verfahren der Vermittlung von Berufsbildung sowie den Wissens- und Technologietransfer fördern.

II. Ziele der Berufsbildungsplanung

3 Durch die Berufsbildungsplanung sind Grundlagen für eine abgestimmte und den technischen, wirtschaftlichen und gesellschaftlichen Anforderungen entsprechende Entwicklung der beruflichen Bildung zu schaffen (§ 85 Abs. 1 BBiG). Die Berufsbildungsplanung hat insbesondere gem. § 85 Abs. 2 BBiG dazu beizutragen,
- dass die Ausbildungsstätten nach Art, Zahl, Größe und Standort ein qualitativ und quantitativ ausreichendes Angebot an beruflichen Ausbildungsplätzen gewährleisten und
- dass sie unter Berücksichtigung der voraussehbaren Nachfrage und des langfristig zu erwartenden Bedarfs an Ausbildungsplätzen möglichst günstig genutzt werden.

III. Berufsbildungsbericht

4 Das Bundesministerium für Bildung und Forschung hat Entwicklungen in der beruflichen Bildung ständig zu beobachten und darüber bis zum 15. Mai jeden Jahres der Bundesregierung einen Bericht (Berufsbildungsbericht) vorzulegen (§ 86 Abs. 1 Satz 1 BBiG). In dem Bericht sind Stand und voraussichtliche Weiterentwicklungen der Berufsbildung darzustellen (§ 86 Abs. 1 Satz 2 BBiG). Erscheint die Sicherung eines regional und sektoral

1 Vgl. BT-Drucks. 15/3980, S. 60.

ausgewogenen Angebots an Ausbildungsplätzen als gefährdet, sollen in den Bericht Vorschläge für die Behebung aufgenommen werden (§ 86 Abs. 1 Satz 3 BBiG).

Der Berufsbildungsbericht soll gem. § 86 Abs. 2 BBiG bestimmte Angaben enthalten, und zwar für das vergangene Kalenderjahr: 5

- auf der Grundlage von Angaben der zuständigen Stellen die in das Verzeichnis der Berufsausbildungsverhältnisse nach diesem Gesetz oder der Handwerksordnung eingetragenen Berufsausbildungsverträge, die vor dem 1. Oktober des vergangenen Jahres in den vorangegangenen zwölf Monaten abgeschlossen worden sind und am 30. September des vergangenen Jahres noch bestehen, sowie
- die Zahl der am 30. September des vergangenen Jahres nicht besetzten, der Bundesagentur für Arbeit zur Vermittlung angebotenen Ausbildungsplätze und die Zahl der zu diesem Zeitpunkt bei der Bundesagentur für Arbeit gemeldeten Ausbildungsplätze suchenden Personen;

und für das laufende Kalenderjahr:

- die bis zum 30. September des laufenden Jahres zu erwartende Zahl der Ausbildungsplätze suchenden Personen,
- eine Einschätzung des bis zum 30. September des laufenden Jahres zu erwartenden Angebots an Ausbildungsplätzen.

IV. Zweck und Durchführung der Berufsbildungsstatistik

Für Zwecke der Planung und Ordnung der Berufsbildung wird gem. § 87 Abs. 1 BBiG eine Bundesstatistik durchgeführt. Das Bundesinstitut für Berufsbildung und die Bundesagentur für Arbeit unterstützen das Statistische Bundesamt bei der technischen und methodischen Vorbereitung der Statistik (§ 87 Abs. 2 BBiG). Das Erhebungs- und Aufbereitungsprogramm ist im Benehmen mit dem Bundesinstitut für Berufsbildung so zu gestalten, dass die erhobenen Daten für Zwecke der Planung und Ordnung der Berufsbildung im Rahmen der jeweiligen Zuständigkeiten Verwendung finden können (§ 87 Abs. 3 BBiG). 6

V. Erhebungen

§ 88 BBiG regelt, welche Daten die **jährliche Bundesstatistik** zu erfassen hat. Die Daten der Berufsbildungsstatistik des Statistischen Bundesamts werden von den zuständigen Stellen an die Statistischen Landesämter gemeldet und von dort beim Statistischen Bundesamt als Bundesstatistik erfasst. Hierbei handelt es sich um eine jährliche Totalerhebung. Sie umfasst einige Merkmale zu den Ausbildern und Ausbildungsberatern, sowie verschiedene Merkmale auf Basis aller Ausbildungsverträge sowie Abschlussprüfungen in Aus- und Fortbildungsberufen nach BBiG und HwO. Die Regelung ist durch das Berufsbildungsmodernisierungsgesetz zum 1. 1. 2020 neu gefasst worden. 7

§ 84 Ziele der Berufsbildungsforschung

Die Berufsbildungsforschung soll
1. **Grundlagen der Berufsbildung klären,**
2. **inländische, europäische und internationale Entwicklungen in der Berufsbildung beobachten,**
3. **Anforderungen an Inhalte und Ziele der Berufsbildung ermitteln,**
4. **Weiterentwicklungen der Berufsbildung in Hinblick auf gewandelte wirtschaftliche, gesellschaftliche und technische Erfordernisse vorbereiten,**
5. **Instrumente und Verfahren der Vermittlung von Berufsbildung sowie den Wissens- und Technologietransfer fördern.**

§ 85 Ziele der Berufsbildungsplanung

(1) Durch die Berufsbildungsplanung sind Grundlagen für eine abgestimmte und den technischen, wirtschaftlichen und gesellschaftlichen Anforderungen entsprechende Entwicklung der beruflichen Bildung zu schaffen.

(2) Die Berufsbildungsplanung hat insbesondere dazu beizutragen, dass die Ausbildungsstätten nach Art, Zahl, Größe und Standort ein qualitativ und quantitativ ausreichendes Angebot an beruflichen Ausbildungsplätzen gewährleisten und dass sie unter Berücksichtigung der voraussehbaren Nachfrage und des langfristig zu erwartenden Bedarfs an Ausbildungsplätzen möglichst günstig genutzt werden.

§ 86 Berufsbildungsbericht

(1) Das Bundesministerium für Bildung und Forschung hat Entwicklungen in der beruflichen Bildung ständig zu beobachten und darüber bis zum 1. April jeden Jahres der Bundesregierung einen Bericht (Berufsbildungsbericht) vorzulegen. In dem Bericht sind Stand und voraussichtliche Weiterentwicklungen der Berufsbildung darzustellen. Erscheint die Sicherung eines regional und sektoral ausgewogenen Angebots an Ausbildungsplätzen als gefährdet, sollen in den Bericht Vorschläge für die Behebung aufgenommen werden.

(2) Der Bericht soll angeben
1. **für das vergangene Kalenderjahr**
   a) **auf der Grundlage von Angaben der zuständigen Stellen die in das Verzeichnis der Berufsausbildungsverhältnisse nach diesem Gesetz oder der Handwerksordnung eingetragenen Berufsausbildungsverträge, die vor dem 1. Oktober des vergangenen Jahres in den vorangegangenen zwölf Monaten abgeschlossen worden sind und am 30. September des vergangenen Jahres noch bestehen, sowie**
   b) **die Zahl der am 30. September des vergangenen Jahres nicht besetzten, der Bundesagentur für Arbeit zur Vermittlung angebotenen Ausbildungsplätze und die Zahl der zu diesem Zeitpunkt bei der Bundesagentur für Arbeit gemeldeten Ausbildungsplätze suchenden Personen;**
2. **für das laufende Kalenderjahr**
   a) **die bis zum 30. September des laufenden Jahres zu erwartende Zahl der Ausbildungsplätze suchenden Personen,**
   b) **eine Einschätzung des bis zum 30. September des laufenden Jahres zu erwartenden Angebots an Ausbildungsplätzen.**

§ 87 Zweck und Durchführung der Berufsbildungsstatistik

(1) Für Zwecke der Planung und Ordnung der Berufsbildung wird eine Bundesstatistik durchgeführt.
(2) Das Bundesinstitut für Berufsbildung und die Bundesagentur für Arbeit unterstützen das Statistische Bundesamt bei der technischen und methodischen Vorbereitung der Statistik.
(3) Das Erhebungs- und Aufbereitungsprogramm ist im Benehmen mit dem Bundesinstitut für Berufsbildung so zu gestalten, dass die erhobenen Daten für Zwecke der Planung und Ordnung der Berufsbildung im Rahmen der jeweiligen Zuständigkeiten Verwendung finden können.

§ 88 Erhebungen

(1) Die jährliche Bundesstatistik erfasst
1. für jeden Berufsausbildungsvertrag:
   a) Geschlecht, Geburtsjahr, Staatsangehörigkeit der Auszubildenden,
   b) Amtlicher Gemeindeschlüssel des Wohnortes der Auszubildenden bei Vertragsabschluss,
   c) allgemeinbildender Schulabschluss, vorausgegangene Teilnahme an berufsvorbereitender Qualifizierung oder beruflicher Grundbildung, vorherige Berufsausbildung sowie vorheriges Studium der Auszubildenden,
   d) Ausbildungsberuf einschließlich Fachrichtung,
   e) Amtlicher Gemeindeschlüssel und geografische Gitterzelle der Ausbildungsstätte, Wirtschaftszweig, Zugehörigkeit zum öffentlichen Dienst,
   f) Verkürzung der Ausbildungsdauer, Teilzeitberufsausbildung, Dauer der Probezeit,
   g) die bei Vertragsabschluss vereinbarte Vergütung für jedes Ausbildungsjahr,
   h) Tag, Monat und Jahr des vertraglich vereinbarten Beginns und Endes der aktuellen Ausbildung, Tag, Monat und Jahr einer vorzeitigen Auflösung des Berufsausbildungsverhältnisses,
   i) Anschlussvertrag bei Anrechnung einer zuvor absolvierten dualen Berufsausbildung nach diesem Gesetz oder nach der Handwerksordnung mit Angabe des Ausbildungsberufs,
   j) Art der Förderung bei überwiegend öffentlich, insbesondere auf Grund des Dritten Buches Sozialgesetzbuch geförderten Berufsausbildungsverhältnissen,
   k) Tag, Monat und Jahr der Abschlussprüfung, Art der Zulassung zur Prüfung, Tag, Monat und Jahr der Wiederholungsprüfungen, Prüfungserfolg,
   l) ausbildungsintegrierendes duales Studium,
2. für jede Prüfungsteilnahme in der beruflichen Bildung mit Ausnahme der durch Nummer 1 erfassten Ausbildungsverträge: Geschlecht, Geburtsjahr und Vorbildung der Teilnehmenden, Berufsrichtung, Wiederholungsprüfung, Art der Prüfung, Prüfungserfolg,
3. für jeden Ausbilder und jede Ausbilderin: Geschlecht, Geburtsjahr, Art der fachlichen Eignung,
4. für jede Feststellungsverfahrensteilnahme und jede Ergänzungsverfahrensteilnahme zur Feststellung nach § 1 Absatz 6 gesondert: Geschlecht, Geburtsjahr und

Vorbildung der Teilnehmenden, Referenzberuf, Wiederholungsverfahren, Feststellungsergebnis sowie Dauer und Kosten des Verfahrens.

Der Berichtszeitraum für die Erhebungen ist das Kalenderjahr. Die Angaben werden mit dem Datenstand zum 31. Dezember des Berichtszeitraums erhoben.

(2) Hilfsmerkmale sind Name und Anschrift der Auskunftspflichtigen, die laufenden Nummern der Datensätze zu den Auszubildenden, den Prüfungsteilnehmenden und den Ausbildern und Ausbilderinnen sowie die Betriebsnummer der Ausbildungsstätte nach § 18i Absatz 1 oder § 18k Absatz 1 des Vierten Buches Sozialgesetzbuch. Die Hilfsmerkmale sind zum frühestmöglichen Zeitpunkt, spätestens jedoch nach Abschluss der wiederkehrenden Erhebung, zu löschen. Die Merkmale nach Absatz 1 Satz 1 Nummer 1 Buchstabe e Wirtschaftszweig, Amtlicher Gemeindeschlüssel und geografische Gitterzelle dürfen mittels des Hilfsmerkmals Betriebsnummer der Ausbildungsstätte nach § 18i Absatz 1 oder § 18k Absatz 1 des Vierten Buches Sozialgesetzbuch aus den Daten des Statistikregisters nach § 13 Absatz 1 des Bundesstatistikgesetzes ermittelt werden und mit den Daten nach Absatz 1 Satz 1 und nach Absatz 2 Satz 1 zusammengeführt werden.

(3) Auskunftspflichtig sind die zuständigen Stellen.

(4) Zu Zwecken der Erstellung der Berufsbildungsberichterstattung sowie zur Durchführung der Berufsbildungsforschung nach § 84 werden die nach Absatz 1 Satz 1 erhobenen Daten als Einzelangaben vom Statistischen Bundesamt und von den statistischen Ämtern der Länder verarbeitet und an das Bundesinstitut für Berufsbildung übermittelt. Hierzu wird beim Bundesinstitut für Berufsbildung eine Organisationseinheit eingerichtet, die räumlich, organisatorisch und personell von den anderen Aufgabenbereichen des Bundesinstituts für Berufsbildung zu trennen ist. Die in der Organisationseinheit tätigen Personen müssen Amtsträger oder für den öffentlichen Dienst besonders Verpflichtete sein. Sie dürfen aus ihrer Tätigkeit gewonnene Erkenntnisse nur zur Erstellung des Berufsbildungsberichts sowie zur Durchführung der Berufsbildungsforschung verwenden. Die nach Satz 1 übermittelten Daten dürfen nicht mit anderen personenbezogenen Daten zusammengeführt werden. Das Nähere zur Ausführung der Sätze 2 und 3 regelt das Bundesministerium für Bildung und Forschung durch Erlass.

Teil 5
Bundesinstitut für Berufsbildung

Vor §§ 89ff.

Inhaltsübersicht

I. Aufgaben des Bundesinstituts für Berufsbildung

1 Das Bundesinstitut für Berufsbildung (BIBB) mit Sitz in Bonn ist eine bundesunmittelbare rechtsfähige Anstalt des öffentlichen Rechts, das seine Aufgaben im Rahmen der Bildungspolitik der Bundesregierung durchführt. Es hat gem. § 90 Abs. 2 BBiG die Aufgabe, durch wissenschaftliche Forschung zur **Berufsbildungsforschung** beizutragen. Die Forschung wird auf der Grundlage eines jährlichen Forschungsprogramms durchgeführt; das Forschungsprogramm bedarf der Genehmigung des Bundesministeriums für Bildung und Forschung. Weitere Forschungsaufgaben können dem Bundesinstitut für Berufsbildung von obersten Bundesbehörden im Einvernehmen mit dem Bundesministerium für Bildung und Forschung übertragen werden. Die wesentlichen Ergebnisse der Forschungsarbeit des Bundesinstituts für Berufsbildung sind zu veröffentlichen.

2 Das BIBB hat bestimmte im Gesetz genannte sonstige Aufgaben. Und zwar hat es gem. § 90 Abs. 3 Nr. 1 BBiG nach Weisung des zuständigen Bundesministeriums:

- an der Vorbereitung von Ausbildungsordnungen und sonstigen Rechtsverordnungen, die nach dem BBiG oder nach dem zweiten Teil der Handwerksordnung zu erlassen sind, mitzuwirken,
- an der Vorbereitung des Berufsbildungsberichts mitzuwirken,
- an der Durchführung der Berufsbildungsstatistik nach Maßgabe des § 87 BBiG mitzuwirken,
- Modellversuche einschließlich wissenschaftlicher Begleituntersuchungen zu fördern,
- an der internationalen Zusammenarbeit in der beruflichen Bildung mitzuwirken,
- weitere Verwaltungsaufgaben des Bundes zur Förderung der Berufsbildung zu übernehmen.

3 Das Bundesinstitut für Berufsbildung hat zudem gem. § 90 Abs. 3 Nr. 2 bis 4 BBiG:

- nach allgemeinen Verwaltungsvorschriften des zuständigen Bundesministeriums die Förderung überbetrieblicher Berufsbildungsstätten durchzuführen und die Planung, Errichtung und Weiterentwicklung dieser Einrichtungen zu unterstützen;

- das **Verzeichnis der anerkannten Ausbildungsberufe** zu führen und zu veröffentlichen;[1]
- die im Fernunterrichtsschutzgesetz beschriebenen Aufgaben nach den vom Hauptausschuss erlassenen und vom zuständigen Bundesministerium genehmigten Richtlinien wahrzunehmen und durch Förderung von Entwicklungsvorhaben zur Verbesserung und Ausbau des berufsbildenden Fernunterrichts beizutragen.

4 Seit dem 1.1.2020 ist das BIBB zusätzlich gem. § 90 Abs. 3a für die in § 54 Pflegeberufegesetz (PflBG) geregelten Aufgaben der Beratung, des Aufbaus unterstützender Angebote sowie den sukzessiven Aufbau der Forschung zur Pflegeausbildung zuständig:

§ 54 PflBG (Auszug)

Das Bundesinstitut für Berufsbildung übernimmt die Aufgabe der Beratung und Information zur Pflegeausbildung nach diesem Gesetz, die Aufgabe des Aufbaus unterstützender Angebote und Strukturen zur Organisation der Pflegeausbildung … sowie zur Unterstützung der Arbeit der Fachkommission die Aufgabe der Forschung zur Pflegeausbildung nach diesem Gesetz und zum Pflegeberuf nach Weisung des Bundesministeriums für Familie, Senioren, Frauen und Jugend und des Bundesministeriums für Gesundheit.

Die Pflegeausbildung selbst unterliegt nicht dem BBiG (§ 63 PflBG). Durch die Beauftragung des BIBB wird eine strukturierte und institutionalisierte Forschung im Bereich der Pflegeausbildung möglich, wie sie bereits seit langem bei den durch das Berufsbildungsgesetz geregelten Berufen durch das Bundesinstitut für berufliche Bildung durchgeführt wird. Darüber hinaus werden die Beratung und der Aufbau unterstützender Angebote für ausbildende Einrichtungen und Pflegeschulen zur Umsetzung der neuen Ausbildung ermöglicht.[2]

Das Bundesinstitut für Berufsbildung nimmt seit 1.3.2024 die Aufgaben nach § 20a Abs. 4 Satz 5 des Aufenthaltsgesetzes und nach § 6 Abs. 1 Satz 5 der Verordnung über die Beschäftigung von Ausländerinnen und Ausländern wahr. Dabei geht es um die sogenannte **Chancenkarte für Ausländer**. Die Chancenkarte ist eine Aufenthaltserlaubnis zur Suche nach einer Erwerbstätigkeit oder nach Maßnahmen zur Anerkennung ausländischer Berufsqualifikationen. Dabei hat das Bundesinstitut für Berufsbildung zu prüfen, ob die Ausbildung die Anforderungen des BBiG erfüllt und zum Erwerb der beruflichen Handlungsfähigkeit geeignet ist. Das Bundesinstitut für Berufsbildung veröffentlicht auf seiner Internetseite regelmäßig eine Liste der Ausbildungen, für die eine entsprechende Bestätigung erteilt wurde.

5 Das Bundesinstitut für Berufsbildung mit Zustimmung des Bundesministeriums für Bildung und Forschung mit Stellen außerhalb der Bundesverwaltung Verträge zur Übernahme weiterer Aufgaben schließen (§ 90 Abs. 4 Satz 1 BBiG). Dies gilt für die Begutachtung von Fortbildungsprüfungsregelungen der zuständigen Stellen, ob die Voraussetzungen der gesetzlichen Bestimmungen, die nach § 54 Abs. 3 Satz 1 BBiG oder § 42f Abs. 3 Satz 1 HwO zu prüfen sind, vorliegen, mit der Maßgabe, dass es einer Zustimmung des Bundesministeriums für Bildung und Forschung nicht bedarf (§ 90 Abs. 4 Satz 2 BBiG).

---

1 Verzeichnis der staatlich anerkannten Ausbildungsberufe: *www.bibb.de/de/65925.php;* Verzeichnis von landesrechtlichen Regelungen als Ergänzung zum Verzeichnis der anerkannten Ausbildungsberufe (Landes- und Kammerregelungen): *www.bibb.de/dokumente/pdf/a41-neues-verzeichnis-der-ausbildungsberufe-2009.pdf.*

2 BT-Drucks. 18/7823, S. 60.

II. Organe und Einrichtungen des Bundesinstituts für Berufsbildung

Organe des Bundesinstituts für Berufsbildung (BIBB) sind nach dem neuen BBiG nur noch der Hauptausschuss und der Präsident oder die Präsidentin. Der Ständige Ausschuss als Organ ist entfallen. Weggefallen sind auch der Länderausschuss sowie die Fachausschüsse. Neu eingerichtet wurde der Wissenschaftliche Beirat. 6

1. Hauptausschuss

Der Hauptausschuss hat neben den ihm durch sonstige Vorschriften dieses Gesetzes zugewiesenen Aufgaben gem. § 92 Abs. 1 Nr. 1 bis 6 BBiG folgende weitere **Aufgaben**: 7

- Er beschließt über die Angelegenheiten des Bundesinstituts für Berufsbildung, soweit sie nicht dem Präsidenten oder der Präsidentin übertragen sind;
- er berät die Bundesregierung in grundsätzlichen Fragen der Berufsbildung und kann eine Stellungnahme zu dem Entwurf des Berufsbildungsberichts abgeben;
- er beschließt das jährliche Forschungsprogramm;
- er kann Empfehlungen zur einheitlichen Anwendung dieses Gesetzes geben;
- er kann zu den vom Bundesinstitut vorbereiteten Entwürfen der Verordnungen gem. § 4 Abs. 1 BBiG unter Berücksichtigung der entsprechenden Entwürfe der schulischen Rahmenlehrpläne Stellung nehmen;
- er beschließt über die in § 90 Abs. 3 Nr. 3 und 4 BBiG sowie § 97 Abs. 4 BBiG genannten Angelegenheiten des Bundesinstituts für Berufsbildung.

Der Hauptausschuss ist nicht explizit zuständig für die Aufgaben, die sich ab dem 1.1.2020 aus § 90 Abs. 3a BBiG ergeben. Im Rahmen seiner in § 92 Abs. 1 Nr. 1 bis 4 benannten Aufgaben ist er jedoch auch zuständig für die Themen, die sich aus den §§ 53 und 54 PflBG ergeben.

Der Präsident oder die Präsidentin unterrichtet gem. § 92 Abs. 2 BBiG den Hauptausschuss unverzüglich über erteilte Weisungen zur Durchführung von Aufgaben nach § 90 Abs. 3 Nr. 1 BBiG und erlassene Verwaltungsvorschriften nach § 90 Abs. 3 Nr. 2 BBiG. 8

§ 92 Abs. 3 und 4 BBiG enthält Regelungen über die **Mitglieder des Hauptausschusses.** 9
Dem Hauptausschuss gehören an: je acht Beauftragte der Arbeitgeber, der Arbeitnehmer und der Länder sowie fünf Beauftragte des Bundes. Die Beauftragten des Bundes führen acht Stimmen, die nur einheitlich abgegeben werden können; bei der Beratung der Bundesregierung in grundsätzlichen Fragen der Berufsbildung, bei der Stellungnahme zum Entwurf des Berufsbildungsberichts und im Rahmen von Anhörungen nach diesem Gesetz haben sie kein Stimmrecht. An den Sitzungen des Hauptausschusses können zudem je ein Beauftragter oder eine Beauftragte der Bundesagentur für Arbeit, der auf Bundesebene bestehenden kommunalen Spitzenverbände sowie des wissenschaftlichen Beirates mit beratender Stimme teilnehmen. Die Beauftragten der Arbeitgeber werden auf Vorschlag der auf Bundesebene bestehenden Zusammenschlüsse der Kammern, Arbeitgeberverbände und Unternehmensverbände, die Beauftragten der Arbeitnehmer auf Vorschlag der auf Bundesebene bestehenden Gewerkschaften, die Beauftragten des Bundes auf Vorschlag der Bundesregierung und die Beauftragten der Länder auf Vorschlag des Bundesrates vom Bundesministerium für Bildung und Forschung längstens für vier Jahre berufen.

Der Hauptausschuss wählt gem. § 92 Abs. 5 BBiG auf die Dauer eines Jahres ein Mitglied, das den **Vorsitz** führt und ein weiteres Mitglied, das den Vorsitz stellvertretend übernimmt. Der oder die Vorsitzende wird der Reihe nach von den Beauftragten der Arbeitgeber, der Arbeitnehmer, der Länder und des Bundes vorgeschlagen. Die Tätig- 10 keit im Hauptausschuss ist gem. § 92 Abs. 6 BBiG **ehrenamtlich**. Für bare Auslagen und Verdienstausfälle ist, soweit eine Entschädigung nicht von anderer Seite gewährt wird, eine angemessene **Entschädigung** zu zahlen, deren Höhe vom Bundesinstitut für Berufsbildung mit Genehmigung des Bundesministeriums für Bildung und Forschung festgesetzt wird. Die Genehmigung ergeht im Einvernehmen mit dem Bundesministerium der Finanzen. Die Mitglieder des Hauptausschusses können gem. § 92 Abs. 7 BBiG nach Anhören der an ihrer Berufung Beteiligten aus wichtigem Grund **abberufen** werden. Die Beauftragten haben Stellvertreter oder Stellvertreterinnen (§ 92 Abs. 8 BBiG), für diese gelten § 92 Abs. 4, 6 und 7 BBiG entsprechend. Der Hauptausschuss kann nach näherer Regelung der Satzung **Unterausschüsse** einsetzen, denen auch andere als Mitglieder des Hauptausschusses angehören können (§ 92 Abs. 9 BBiG). Den Unterausschüssen sollen Beauftragte der Arbeitgeber, der Arbeitnehmer, der Länder und des Bundes angehören. § 92 Abs. 4 bis 7 BBiG gelten für die Unterausschüsse entsprechend.

11 Bei der Wahrnehmung seiner Aufgaben unterliegt der Hauptausschuss keinen Weisungen (§ 92 Abs. 10 BBiG). Von besonderer Bedeutung ist die dem Hauptausschuss obliegende Kompetenz gem. § 92 Abs. 1 Nr. 4 BBiG, **Empfehlungen zur einheitlichen Anwendung des BBiG** zu geben. Damit wird eine Regelung des Berufsbildungsgesetzes von 1969 aufgegriffen. In den §§ 50 bis 53 des BBiG waren Bestimmungen über den Bundesausschuss für Berufsbildung enthalten, die später in Wegfall geraten sind. Das neue Berufsbildungsgesetz schafft nunmehr in § 92 Abs. 1 Nr. 4 die rechtlichen Grundlagen zur Aktualisierung und Überarbeitung der Empfehlungen des damaligen Bundesausschusses für Berufsbildung sowie zum Neuerlass von Empfehlungen. Der Hauptausschuss des Bundesinstituts für Berufsbildung gewinnt durch diese Neuregelung an Bedeutung.

2. Präsident oder Präsidentin

12 Die Einzelheiten zur Stellung des Präsidenten oder der Präsidentin des BIBB sind in § 93 BBiG geregelt. Er oder sie vertritt das BIBB gerichtlich und außergerichtlich, verwaltet es und führt dessen Aufgaben durch. Soweit er oder sie nicht Weisungen und allgemeine Verwaltungsvorschriften des zuständigen Bundesministeriums zu beachten hat (§ 90 Abs. 3 Nr. 1 und 2 BBiG), führt er oder sie die Aufgaben nach Richtlinien des Hauptausschusses durch. Der Präsident oder die Präsidentin wird auf Vorschlag der Bundesregierung, der Ständige Vertreter oder die Ständige Vertreterin des Präsidenten oder der Präsidentin auf Vorschlag des Bundesministeriums für Bildung und Forschung im Benehmen mit dem Präsidenten oder der Präsidentin unter Berufung in das Beamtenverhältnis von dem Bundespräsidenten oder der Bundespräsidentin ernannt.

3. Wissenschaftlicher Beirat

13 Der wissenschaftliche Beirat gem. § 94 BBiG ist 2005 eingerichtet worden. Er ist kein Organ des BIBB. **Berufsbildungsforschungsaufgaben** sind der Schwerpunkt der Arbeit des Beirats. Der wissenschaftliche Beirat berät gem. § 94 Abs. 1 Nr. 1 bis 3 BBiG die Organe des Bundesinstituts für Berufsbildung durch Stellungnahmen und Empfehlungen:

- zum Forschungsprogramm des BIBB,
- zur Zusammenarbeit des Instituts mit Hochschulen und anderen Forschungseinrichtungen und
- zu den jährlichen Berichten über die wissenschaftlichen Ergebnisse des BIBB.

14 Zur Wahrnehmung seiner Aufgaben werden dem Beirat gem. § 94 Abs. 2 BBiG von dem Präsidenten oder der Präsidentin des BIBB die erforderlichen Auskünfte erteilt. Auf

Wunsch werden ihm einmal jährlich im Rahmen von Kolloquien die wissenschaftlichen Arbeiten des BIBB erläutert. Dem Beirat gehören gem. § 94 Abs. 3 BBiG bis zu elf anerkannte Fachleute auf dem Gebiet der Berufsbildungsforschung aus dem In- und Ausland an, die nicht Angehörige des Bundesinstituts für Berufsbildung sind. Sie werden von dem Präsidenten oder der Präsidentin des BIBB im Einvernehmen mit dem Bundesministerium für Bildung und Forschung auf vier Jahre bestellt. Einmalige Wiederberufung in Folge ist möglich. An den Sitzungen des wissenschaftlichen Beirats können vier Mitglieder des Hauptausschusses, und zwar je ein Beauftragter oder eine Beauftragte der Arbeitgeber, der Arbeitnehmer, der Länder und des Bundes ohne Stimmrecht teilnehmen. Der wissenschaftliche Beirat kann sich eine Geschäftsordnung geben (§ 94 Abs. 4 BBiG). Die Tätigkeit im wissenschaftlichen Beirat ist gem. § 94 Abs. 5 BBiG ehrenamtlich, insoweit wird auf die entsprechende Anwendbarkeit des § 92 Abs. 6 BBiG (vgl. Rn. 9) verwiesen.

4. Ausschuss für Fragen von Menschen mit Behinderungen

Zur Beratung des Bundesinstituts für Berufsbildung bei seinen Aufgaben auf dem Gebiet der beruflichen Bildung von Menschen mit Behinderungen wird ein ständiger Unterausschuss des Hauptausschusses errichtet, dessen Aufgabenkreis in § 95 Abs. 1 BBiG näher geregelt ist. Der Ausschuss hat darauf hinzuwirken, dass die besonderen Belange der Menschen mit Behinderungen in der beruflichen Bildung berücksichtigt werden und deren berufliche Bildung mit den übrigen Leistungen zur Teilhabe am Arbeitsleben koordiniert wird. Der Ausschuss kann Menschen mit Behinderungen, die beruflich ausgebildet, fortgebildet oder umgeschult werden, zu den Beratungen hinzuziehen (§ 95 Abs. 3 BBiG). Das Bundesinstitut für Berufsbildung trifft Entscheidungen über die Durchführung von Forschungsvorhaben, die die berufliche Bildung von Menschen mit Behinderungen betreffen, unter Berücksichtigung von Vorschlägen des Ausschusses. § 95 Abs. 2 BBiG regelt die Mitgliedschaft in diesem Ausschuss. Er besteht aus 17 Mitgliedern, die von dem Präsidenten oder der Präsidentin längstens für vier Jahre berufen werden. Eine Wiederberufung ist zulässig. 15

Die Mitglieder des Ausschusses werden auf Vorschlag des Beirats für die Teilhabe von Menschen mit Behinderungen (§ 86 SGB IX) berufen, und zwar: 16

- ein Mitglied, das die Arbeitnehmer vertritt,
- ein Mitglied, das die Arbeitgeber vertritt,
- drei Mitglieder, die Organisationen von Menschen mit Behinderungen vertreten,
- ein Mitglied, das die Bundesagentur für Arbeit vertritt,
- ein Mitglied, das die gesetzliche Rentenversicherung vertritt,
- ein Mitglied, das die gesetzliche Unfallversicherung vertritt,
- ein Mitglied, das die Freie Wohlfahrtspflege vertritt,
- zwei Mitglieder, die Einrichtungen der beruflichen Rehabilitation vertreten,
- sechs weitere für die berufliche Bildung von Menschen mit Behinderungen sachkundige Personen, die in Bildungsstätten oder ambulanten Diensten für Menschen mit Behinderungen tätig sind.

5. Geschäftsstelle der Fachkommission gem. § 53 PflBG

Die Fachkommission ist durch § 53 PflBG neu eingerichtet worden. Sie erhält gem. § 53 Abs. 5 eine Geschäftsstelle, die beim BIBB angesiedelt ist. Weder die Fachkommission noch deren Geschäftsstelle sind Organe des BIBB. Die Geschäftsstelle unterstützt die Fachkommission bei der Erfüllung ihrer Aufgaben. Die Aufgaben sind die Erarbeitung 17 eines Rahmenlehrplans und eines Rahmenausbildungsplans für die Pflegeausbildung sowie weitere durch das PflBG zugewiesene Aufgaben (§ 53 Abs. 1 PflBG).

III. Finanzierung des Bundesinstituts für Berufsbildung

18 Die Finanzierung des BIBB ist in § 96 BBiG geregelt. Die Ausgaben für die Errichtung und Verwaltung des Bundesinstituts für Berufsbildung werden durch Zuschüsse des Bundes gedeckt. Die Höhe der Zuschüsse des Bundes regelt das Haushaltsgesetz. Die Ausgaben zur Durchführung von Aufträgen nach § 90 Abs. 2 Satz 3 BBiG und von Aufgaben nach § 90 Abs. 3 Nr. 1 Buchst. f BBiG werden durch das beauftragende Bundesministerium gedeckt. Die Ausgaben zur Durchführung von Verträgen nach § 90 Abs. 4 BBiG sind durch den Vertragspartner zu decken.

IV. Haushalt

19 Nähere Regelungen zum Haushalt enthält § 97 BBiG. Der Haushaltsplan wird gem. Satz 1 von dem Präsidenten oder der Präsidentin aufgestellt. Der Hauptausschuss stellt den Haushaltsplan fest. Der Haushaltsplan bedarf der Genehmigung des Bundesministeriums für Bildung und Forschung. Die Genehmigung erstreckt sich auch auf die Zweckmäßigkeit der Ansätze. Der Haushaltsplan soll rechtzeitig vor Einreichung der Voranschläge zum Bundeshaushalt, spätestens zum 15.10. des vorhergehenden Jahres, dem Bundesministerium für Bildung und Forschung vorgelegt werden. Über- und außerplanmäßige Ausgaben können vom Hauptausschuss auf Vorschlag des Präsidenten oder der Präsidentin bewilligt werden. Die Bewilligung bedarf der Einwilligung des Bundesministeriums für Bildung und Forschung und des Bundesministeriums der Finanzen. Das gilt entsprechend für Maßnahmen, durch die für das Bundesinstitut für Berufsbildung Verpflichtungen entstehen können, für die Ausgaben im Haushaltsplan nicht veranschlagt sind. Nach Ende des Haushaltsjahres wird die Rechnung von dem Präsidenten oder der Präsidentin aufgestellt. Die Entlastung obliegt dem Hauptausschuss. Sie bedarf nicht der Genehmigung nach § 109 Abs. 3 der Bundeshaushaltsordnung.

V. Satzung

20 Durch die Satzung des Bundesinstituts für Berufsbildung sind gem. § 98 BBiG:
- die Art und Weise der Aufgabenerfüllung (§ 90 Abs. 2 und 3 BBiG) sowie
- die Organisation

näher zu regeln. Der Hauptausschuss beschließt mit einer Mehrheit von vier Fünfteln der Stimmen seiner Mitglieder die Satzung. Sie bedarf der Genehmigung des Bundesministeriums für Bildung und Forschung und ist im Bundesanzeiger bekannt zu geben. Entsprechendes gilt für Satzungsänderungen.

VI. Personal

21 Nähere Regelungen zum Personal des BIBB enthält § 99 BBiG. Die Aufgaben des BIBB werden von Beamten, Beamtinnen und Dienstkräften, die als Angestellte, Arbeiter und Arbeiterinnen beschäftigt sind, wahrgenommen. Es ist Dienstherr im Sinne des § 2 BBG. Die Beamten und Beamtinnen sind Bundesbeamte und Bundesbeamtinnen. Das Bundesministerium für Bildung und Forschung ernennt und entlässt die Beamten und Beamtinnen des Bundesinstituts, soweit das Recht zur Ernennung und Entlassung der

Beamten und Beamtinnen, deren Amt in der Bundesbesoldungsordnung B aufgeführt ist, nicht von dem Bundespräsidenten oder der Bundespräsidentin ausgeübt wird. Das zuständige Bundesministerium kann seine Befugnisse auf den Präsidenten oder die Präsidentin übertragen. Oberste Dienstbehörde für die Beamten und Beamtinnen des Bundesinstituts ist das Bundesministerium für Bildung und Forschung. Es kann seine Befugnisse auf den Präsidenten oder die Präsidentin übertragen. § 187 Abs. 1 BBG und § 83 Abs. 1 des Bundesdisziplinargesetzes bleiben unberührt. Auf die Angestellten, Arbeiter und Arbeiterinnen des Bundesinstituts sind die für Arbeitnehmer und Arbeitnehmerinnen des Bundes geltenden Tarifverträge und sonstigen Bestimmungen anzuwenden. Ausnahmen bedürfen der vorherigen Zustimmung des Bundesministeriums für Bildung und Forschung; die Zustimmung ergeht im Einvernehmen mit dem Bundesministerium des Innern und für Heimat und dem Bundesministerium der Finanzen.

VII. Aufsicht über das Bundesinstitut für Berufsbildung

Das Bundesinstitut für Berufsbildung unterliegt, soweit »in diesem Gesetz«, also dem BBiG, nicht weitergehende Aufsichtsbefugnisse vorgesehen sind, der Rechtsaufsicht des Bundesministeriums für Bildung und Forschung (§ 100 BBiG). Zu berücksichtigen ist für die Geschäftsstelle der Fachkommission für die Pflegeausbildung, dass diese zwar gem. § 53 Abs. 5 PflBG beim BIBB angesiedelt ist, die Fachaufsicht über die Geschäftsstelle jedoch dem Bundesministerium für Familie, Senioren, Frauen und Jugend sowie dem Bundesministerium für Gesundheit gemeinschaftlich obliegen soll. 22

§ 89 Bundesinstitut für Berufsbildung

Das Bundesinstitut für Berufsbildung ist eine bundesunmittelbare rechtsfähige Anstalt des öffentlichen Rechts. Es hat seinen Sitz in Bonn.

§ 90 Aufgaben

(1) Das Bundesinstitut für Berufsbildung führt seine Aufgaben im Rahmen der Bildungspolitik der Bundesregierung durch.

(2) Das Bundesinstitut für Berufsbildung hat die Aufgabe, durch wissenschaftliche Forschung zur Berufsbildungsforschung beizutragen. Die Forschung wird auf der Grundlage eines jährlichen Forschungsprogramms durchgeführt; das Forschungsprogramm bedarf der Genehmigung des Bundesministeriums für Bildung und Forschung. Weitere Forschungsaufgaben können dem Bundesinstitut für Berufsbildung von obersten Bundesbehörden im Einvernehmen mit dem Bundesministerium für Bildung und Forschung übertragen werden. Die wesentlichen Ergebnisse der Forschungsarbeit des Bundesinstituts für Berufsbildung sind zu veröffentlichen.

(3) Das Bundesinstitut für Berufsbildung hat die sonstigen Aufgaben:

1. nach Weisung des zuständigen Bundesministeriums
   a) an der Vorbereitung von Ausbildungsordnungen und sonstigen Rechtsverordnungen, die nach diesem Gesetz oder nach dem zweiten Teil der Handwerksordnung zu erlassen sind, mitzuwirken,
   b) an der Vorbereitung des Berufsbildungsberichts mitzuwirken,
   c) an der Durchführung der Berufsbildungsstatistik nach Maßgabe des § 87 mitzuwirken,

d) **Modellversuche einschließlich wissenschaftlicher Begleituntersuchungen zu fördern,**
e) **an der internationalen Zusammenarbeit in der beruflichen Bildung mitzuwirken,**
f) **weitere Verwaltungsaufgaben des Bundes zur Förderung der Berufsbildung zu übernehmen;**

2. **nach allgemeinen Verwaltungsvorschriften des zuständigen Bundesministeriums die Förderung überbetrieblicher Berufsbildungsstätten durchzuführen und die Planung, Errichtung und Weiterentwicklung dieser Einrichtungen zu unterstützen;**
3. **das Verzeichnis der anerkannten Ausbildungsberufe zu führen und zu veröffentlichen;**
4. **die im Fernunterrichtsschutzgesetz beschriebenen Aufgaben nach den vom Hauptausschuss erlassenen und vom zuständigen Bundesministerium genehmigten Richtlinien wahrzunehmen und durch Förderung von Entwicklungsvorhaben zur Verbesserung und Ausbau des berufsbildenden Fernunterrichts beizutragen.**

(3a) Das Bundesinstitut für Berufsbildung nimmt die Aufgaben nach § 53 Absatz 5 Satz 1 und § 54 des Pflegeberufegesetzes wahr.

(3b) Das Bundesinstitut für Berufsbildung nimmt die Aufgaben nach § 20a Absatz 4 Satz 5 des Aufenthaltsgesetzes und nach § 6 Absatz 1 Satz 5 der Verordnung über die Beschäftigung von Ausländerinnen und Ausländern wahr. Dabei hat das Bundesinstitut für Berufsbildung zu prüfen, ob die Ausbildung die Anforderungen des Berufsbildungsgesetzes erfüllt und zum Erwerb der beruflichen Handlungsfähigkeit geeignet ist. Das Bundesinstitut für Berufsbildung veröffentlicht auf seiner Internetseite regelmäßig eine Liste der Ausbildungen, für die eine entsprechende Bestätigung erteilt wurde.

(4) Das Bundesinstitut für Berufsbildung kann mit Zustimmung des Bundesministeriums für Bildung und Forschung mit Stellen außerhalb der Bundesverwaltung Verträge zur Übernahme weiterer Aufgaben schließen. Dies gilt für die Begutachtung von Fortbildungsprüfungsregelungen der zuständigen Stellen, ob die Voraussetzungen der gesetzlichen Bestimmungen, die nach § 54 Absatz 3 Satz 1 dieses Gesetzes oder § 42f Absatz 3 Satz 1 der Handwerksordnung zu prüfen sind, vorliegen, mit der Maßgabe, dass es einer Zustimmung des Bundesministeriums für Bildung und Forschung nicht bedarf.

§ 91 Organe

Die Organe des Bundesinstituts für Berufsbildung sind:

1. **der Hauptausschuss,**
2. **der Präsident oder die Präsidentin.**

§ 92 Hauptausschuss

(1) Der Hauptausschuss hat neben den ihm durch sonstige Vorschriften dieses Gesetzes zugewiesenen Aufgaben folgende weitere Aufgaben:

1. **er beschließt über die Angelegenheiten des Bundesinstituts für Berufsbildung, soweit sie nicht dem Präsidenten oder der Präsidentin übertragen sind;**
2. **er berät die Bundesregierung in grundsätzlichen Fragen der Berufsbildung und kann eine Stellungnahme zu dem Entwurf des Berufsbildungsberichts abgeben;**

3. er beschließt das jährliche Forschungsprogramm;
4. er kann Empfehlungen zur einheitlichen Anwendung dieses Gesetzes geben;
5. er kann zu den vom Bundesinstitut vorbereiteten Entwürfen der Verordnungen gemäß § 4 Absatz 1 und 2 unter Berücksichtigung der entsprechenden Entwürfe der schulischen Rahmenlehrpläne Stellung nehmen;
6. er beschließt über die in § 90 Absatz 3 Nummer 3 und 4 sowie § 97 Absatz 4 genannten Angelegenheiten des Bundesinstituts für Berufsbildung.

(2) Der Präsident oder die Präsidentin unterrichtet den Hauptausschuss unverzüglich über erteilte Weisungen zur Durchführung von Aufgaben nach § 90 Absatz 3 Nummer 1 und erlassene Verwaltungsvorschriften nach § 90 Absatz 3 Nummer 2.

(3) Dem Hauptausschuss gehören je acht Beauftragte der Arbeitgeber, der Arbeitnehmer und der Länder sowie fünf Beauftragte des Bundes an. Die Beauftragten des Bundes führen acht Stimmen, die nur einheitlich abgegeben werden können; bei der Beratung der Bundesregierung in grundsätzlichen Fragen der Berufsbildung, bei der Stellungnahme zum Entwurf des Berufsbildungsberichts und im Rahmen von Anhörungen nach diesem Gesetz haben sie kein Stimmrecht. An den Sitzungen des Hauptausschusses können je ein Beauftragter oder eine Beauftragte der Bundesagentur für Arbeit, der auf Bundesebene bestehenden kommunalen Spitzenverbände sowie des wissenschaftlichen Beirates mit beratender Stimme teilnehmen.

(4) Die Beauftragten der Arbeitgeber werden auf Vorschlag der auf Bundesebene bestehenden Zusammenschlüsse der Kammern, Arbeitgeberverbände und Unternehmensverbände, die Beauftragten der Arbeitnehmer auf Vorschlag der auf Bundesebene bestehenden Gewerkschaften, die Beauftragten des Bundes auf Vorschlag der Bundesregierung und die Beauftragten der Länder auf Vorschlag des Bundesrates vom Bundesministerium für Bildung und Forschung längstens für vier Jahre berufen.

(5) Der Hauptausschuss wählt auf die Dauer eines Jahres ein Mitglied, das den Vorsitz führt und ein weiteres Mitglied, das den Vorsitz stellvertretend übernimmt. Der oder die Vorsitzende wird der Reihe nach von den Beauftragten der Arbeitgeber, der Arbeitnehmer, der Länder und des Bundes vorgeschlagen.

(6) Die Tätigkeit im Hauptausschuss ist ehrenamtlich. Für bare Auslagen und Verdienstausfälle ist soweit eine Entschädigung nicht von anderer Seite gewährt wird, eine angemessene Entschädigung zu zahlen, deren Höhe vom Bundesinstitut für Berufsbildung mit Genehmigung des Bundesministeriums für Bildung und Forschung festgesetzt wird. Die Genehmigung ergeht im Einvernehmen mit dem Bundesministerium der Finanzen.

(7) Die Mitglieder können nach Anhören der an ihrer Berufung Beteiligten aus wichtigem Grund abberufen werden.

(8) Die Beauftragten haben Stellvertreter oder Stellvertreterinnen. Die Absätze 4, 6 und 7 gelten entsprechend.

(9) Der Hauptausschuss kann nach näherer Regelung der Satzung Unterausschüsse einsetzen, denen auch andere als Mitglieder des Hauptausschusses angehören können. Den Unterausschüssen sollen Beauftragte der Arbeitgeber, der Arbeitnehmer, der Länder und des Bundes angehören. Die Absätze 4 bis 7 gelten für die Unterausschüsse entsprechend.

(10) Bei der Wahrnehmung seiner Aufgaben unterliegt der Hauptausschuss keinen Weisungen.

§ 93 Präsident oder Präsidentin

(1) Der Präsident oder die Präsidentin vertritt das Bundesinstitut für Berufsbildung gerichtlich und außergerichtlich. Er oder sie verwaltet das Bundesinstitut und führt dessen Aufgaben durch. Soweit er oder sie nicht Weisungen und allgemeine Verwaltungsvorschriften des zuständigen Bundesministeriums zu beachten hat (§ 90 Absatz 3 Nummer 1 und 2), führt er oder sie die Aufgaben nach Richtlinien des Hauptausschusses durch.

(2) Der Präsident oder die Präsidentin wird auf Vorschlag der Bundesregierung, der Ständige Vertreter oder die Ständige Vertreterin des Präsidenten oder der Präsidentin auf Vorschlag des Bundesministeriums für Bildung und Forschung im Benehmen mit dem Präsidenten oder der Präsidentin unter Berufung in das Beamtenverhältnis von dem Bundespräsidenten oder der Bundespräsidentin ernannt.

§ 94 Wissenschaftlicher Beirat

(1) Der wissenschaftliche Beirat berät die Organe des Bundesinstituts für Berufsbildung durch Stellungnahmen und Empfehlungen

1. zum Forschungsprogramm des Bundesinstituts für Berufsbildung,

2. zur Zusammenarbeit des Instituts mit Hochschulen und anderen Forschungseinrichtungen und

3. zu den jährlichen Berichten über die wissenschaftlichen Ergebnisse des Bundesinstituts für Berufsbildung.

(2) Zur Wahrnehmung seiner Aufgaben werden dem Beirat von dem Präsidenten oder der Präsidentin des Bundesinstituts für Berufsbildung die erforderlichen Auskünfte erteilt. Auf Wunsch werden ihm einmal jährlich im Rahmen von Kolloquien die wissenschaftlichen Arbeiten des Bundesinstituts für Berufsbildung erläutert.

(3) Dem Beirat gehören bis zu elf anerkannte Fachleute auf dem Gebiet der Berufsbildungsforschung aus dem In- und Ausland an, die nicht Angehörige des Bundesinstituts für Berufsbildung sind. Sie werden von dem Präsidenten oder der Präsidentin des Bundesinstituts für Berufsbildung im Einvernehmen mit dem Bundesministerium für Bildung und Forschung auf vier Jahre bestellt. Einmalige Wiederberufung in Folge ist möglich. An den Sitzungen des wissenschaftlichen Beirats können vier Mitglieder des Hauptausschusses, und zwar je ein Beauftragter oder eine Beauftragte der Arbeitgeber, der Arbeitnehmer, der Länder und des Bundes ohne Stimmrecht teilnehmen.

(4) Der wissenschaftliche Beirat kann sich eine Geschäftsordnung geben.

(5) § 92 Absatz 6 gilt entsprechend.

§ 95 Ausschuss für Fragen behinderter Menschen

(1) Zur Beratung des Bundesinstituts für Berufsbildung bei seinen Aufgaben auf dem Gebiet der beruflichen Bildung behinderter Menschen wird ein ständiger Unterausschuss des Hauptausschusses errichtet. Der Ausschuss hat darauf hinzuwirken, dass die besonderen Belange der behinderten Menschen in der beruflichen Bildung berücksichtigt werden und die berufliche Bildung behinderter Menschen mit den übrigen Leistungen zur Teilhabe am Arbeitsleben koordiniert wird. Das Bundesinstitut für Berufsbildung trifft Entscheidungen über die Durchführung von Forschungsvorhaben, die die berufliche Bildung behinderter Menschen betreffen, unter Berücksichtigung von Vorschlägen des Ausschusses.

(2) Der Ausschuss besteht aus 17 Mitgliedern, die von dem Präsidenten oder der Präsidentin längstens für vier Jahre berufen werden. Eine Wiederberufung ist zulässig. Die Mitglieder des Ausschusses werden auf Vorschlag des Beirats für die Teilhabe behinderter Menschen (§ 86 des Neunten Buches Sozialgesetzbuch) berufen, und zwar
ein Mitglied, das die Arbeitnehmer vertritt,
ein Mitglied, das die Arbeitgeber vertritt,
drei Mitglieder, die Organisationen behinderter Menschen vertreten,
ein Mitglied, das die Bundesagentur für Arbeit vertritt,
ein Mitglied, das die gesetzliche Rentenversicherung vertritt,
ein Mitglied, das die gesetzliche Unfallversicherung vertritt,
ein Mitglied, das die Freie Wohlfahrtspflege vertritt,
zwei Mitglieder, die Einrichtungen der beruflichen Rehabilitation vertreten,
sechs weitere für die berufliche Bildung behinderter Menschen sachkundige Personen, die in Bildungsstätten oder ambulanten Diensten für behinderte Menschen tätig sind.
(3) Der Ausschuss kann behinderte Menschen, die beruflich ausgebildet, fortgebildet oder umgeschult werden, zu den Beratungen hinzuziehen.

§ 96 Finanzierung des Bundesinstituts für Berufsbildung

(1) Die Ausgaben für die Errichtung und Verwaltung des Bundesinstituts für Berufsbildung werden durch Zuschüsse des Bundes gedeckt. Die Höhe der Zuschüsse des Bundes regelt das Haushaltsgesetz.
(2) Die Ausgaben zur Durchführung von Aufträgen nach § 90 Absatz 2 Satz 3 und von Aufgaben nach § 90 Absatz 3 Nr. 1 Buchstabe f werden durch das beauftragende Bundesministerium gedeckt. Die Ausgaben für die Bestätigung nach § 90 Absatz 3b sind durch die Stelle zu decken, die den entsprechenden Berufsabschluss erteilt. Die Ausgaben zur Durchführung von Verträgen nach § 90 Absatz 4 sind durch den Vertragspartner zu decken.

§ 97 Haushalt

(1) Der Haushaltsplan wird von dem Präsidenten oder der Präsidentin aufgestellt. Der Hauptausschuss stellt den Haushaltsplan fest.
(2) Der Haushaltsplan bedarf der Genehmigung des Bundesministeriums für Bildung und Forschung. Die Genehmigung erstreckt sich auch auf die Zweckmäßigkeit der Ansätze.
(3) Der Haushaltsplan soll rechtzeitig vor Einreichung der Voranschläge zum Bundeshaushalt, spätestens zum 15. Oktober des vorhergehenden Jahres, dem Bundesministerium für Bildung und Forschung vorgelegt werden.
(4) Über- und außerplanmäßige Ausgaben können vom Hauptausschuss auf Vorschlag des Präsidenten oder der Präsidentin bewilligt werden. Die Bewilligung bedarf der Einwilligung des Bundesministeriums für Bildung und Forschung und des Bundesministeriums der Finanzen. Die Sätze 1 und 2 gelten entsprechend für Maßnahmen, durch die für das Bundesinstitut für Berufsbildung Verpflichtungen entstehen können, für die Ausgaben im Haushaltsplan nicht veranschlagt sind.

(5) Nach Ende des Haushaltsjahres wird die Rechnung von dem Präsidenten oder der Präsidentin aufgestellt. Die Entlastung obliegt dem Hauptausschuss. Sie bedarf nicht der Genehmigung nach § 109 Absatz 3 der Bundeshaushaltsordnung.

§ 98 Satzung

(1) Durch die Satzung des Bundesinstituts für Berufsbildung sind
1. die Art und Weise der Aufgabenerfüllung (§ 90 Absatz 2 und 3) sowie
2. die Organisation
näher zu regeln.
(2) Der Hauptausschuss beschließt mit einer Mehrheit von vier Fünfteln der Stimmen seiner Mitglieder die Satzung. Sie bedarf der Genehmigung des Bundesministeriums für Bildung und Forschung und ist im Bundesanzeiger bekannt zu geben.
(3) Absatz 2 gilt für Satzungsänderungen entsprechend.

§ 99 Personal

(1) Die Aufgaben des Bundesinstituts für Berufsbildung werden von Beamten, Beamtinnen und Dienstkräften, die als Angestellte, Arbeiter und Arbeiterinnen beschäftigt sind, wahrgenommen. Es ist Dienstherr im Sinne des § 2 des Bundesbeamtengesetzes. Die Beamten und Beamtinnen sind Bundesbeamte und Bundesbeamtinnen.
(2) Das Bundesministerium für Bildung und Forschung ernennt und entlässt die Beamten und Beamtinnen des Bundesinstituts, soweit das Recht zur Ernennung und Entlassung der Beamten und Beamtinnen, deren Amt in der Bundesbesoldungsordnung B aufgeführt ist, nicht von dem Bundespräsidenten oder der Bundespräsidentin ausgeübt wird. Das zuständige Bundesministerium kann seine Befugnisse auf den Präsidenten oder die Präsidentin übertragen.
(3) Oberste Dienstbehörde für die Beamten und Beamtinnen des Bundesinstituts ist das Bundesministerium für Bildung und Forschung. Es kann seine Befugnisse auf den Präsidenten oder die Präsidentin übertragen. § 144 Absatz 1 des Bundesbeamtengesetzes und § 83 Absatz 1 des Bundesdisziplinargesetzes bleiben unberührt.
(4) Auf die Angestellten, Arbeiter und Arbeiterinnen des Bundesinstituts sind die für Arbeitnehmer und Arbeitnehmerinnen des Bundes geltenden Tarifverträge und sonstigen Bestimmungen anzuwenden. Ausnahmen bedürfen der vorherigen Zustimmung des Bundesministeriums für Bildung und Forschung; die Zustimmung ergeht im Einvernehmen mit dem Bundesministerium des Innern und für Heimat und dem Bundesministerium der Finanzen.

§ 100 Aufsicht über das Bundesinstitut für Berufsbildung

Das Bundesinstitut für Berufsbildung unterliegt, soweit in diesem Gesetz nicht weitergehende Aufsichtsbefugnisse vorgesehen sind, der Rechtsaufsicht des Bundesministeriums für Bildung und Forschung.

Teil 6
Bußgeldvorschriften

§ 101 Bußgeldvorschriften

(1) Ordnungswidrig handelt, wer

1. entgegen § 11 Absatz 1 Satz 1, auch in Verbindung mit Absatz 3, den wesentlichen Inhalt des Vertrages oder eine wesentliche Änderung nicht, nicht richtig, nicht vollständig, nicht in der vorgeschriebenen Weise oder nicht rechtzeitig abfasst,

2. entgegen § 11 Absatz 2 Satz 1, auch in Verbindung mit Absatz 3, die Vertragsabfassung nicht, nicht richtig, nicht vollständig oder nicht rechtzeitig aushändigt und nicht, nicht richtig, nicht vollständig, nicht in der vorgeschriebenen Weise oder nicht rechtzeitig übermittelt,

3. entgegen § 11 Absatz 2 Satz 4, auch in Verbindung mit Absatz 3, die Vertragsabfassung oder den Empfangsnachweis nicht oder nicht mindestens drei Jahre aufbewahrt,

4. entgegen § 14 Absatz 3 Auszubildenden eine Verrichtung überträgt, die dem Ausbildungszweck nicht dient,

5. entgegen § 15 Absatz 1 Satz 1 oder 2 Auszubildende beschäftigt oder nicht freistellt,

6. entgegen § 18 Absatz 3 Satz 1, auch in Verbindung mit Satz 2, eine dort genannte Vergütung nicht, nicht richtig, nicht vollständig oder nicht rechtzeitig zahlt,

7. entgegen § 28 Absatz 1 oder 2 Auszubildende einstellt oder ausbildet,

8. einer vollziehbaren Anordnung nach § 33 Absatz 1 oder 2 zuwiderhandelt,

9. entgegen § 36 Absatz 1 Satz 1, auch in Verbindung mit Satz 4, eine dort genannte Eintragung nicht, nicht richtig, nicht in der vorgeschriebenen Weise oder nicht rechtzeitig beantragt,

10. entgegen § 53b Absatz 4 Satz 3, § 53c Absatz 4 Satz 3, § 53d Absatz 4 Satz 3 und § 54 Absatz 4 eine Abschlussbezeichnung führt oder

11. entgegen § 76 Absatz 2 eine Auskunft nicht, nicht richtig, nicht vollständig oder nicht rechtzeitig erteilt, eine Unterlage nicht, nicht richtig, nicht vollständig oder nicht rechtzeitig vorlegt oder eine Besichtigung nicht oder nicht rechtzeitig gestattet.

(2) Die Ordnungswidrigkeit kann in den Fällen des Absatzes 1 Nummer 4 bis 8 mit einer Geldbuße bis zu fünftausend Euro, in den Fällen des Absatzes 1 Nummer 1 bis 3 mit einer Geldbuße bis zu zweitausend Euro und in den übrigen Fällen mit einer Geldbuße bis zu tausend Euro geahndet werden.

Inhaltsübersicht Rn.

1. Ordnungswidrigkeiten (Abs. 1)

Die Vorschrift bewertet in Abs. 1 bestimmte Zuwiderhandlungen gegen das BBiG als ordnungswidrig und legt in Abs. 2 einen unterschiedlich gestalteten Bußgeldrahmen fest. Die Einzelheiten des Ordnungswidrigkeitenverfahrens sind im Ordnungswidrigkeitengesetz 1

(OWiG) geregelt. Da die Vorschrift die fahrlässige Begehung nicht ausdrücklich mit Geldbuße bedroht, wird nur die vorsätzliche Begehung verfolgt (§ 10 OWiG). Das Verfahren richtet sich nach den §§ 35ff. OWiG. Bei geringfügigen Ordnungswidrigkeiten kommt eine Verwarnung einschließlich eines Verwarnungsgeldes in Betracht (§ 56 OWiG). Die Geringfügigkeit liegt nicht vor, wenn Auszubildende gefährdet wurden oder es sich – auch bei geringfügigen Verstößen – um eine Vielzahl derer handelt. Das Bußgeld wird durch Bußgeldbescheid bestimmt (§ 65 OWiG). Gegen diesen kann binnen zwei Wochen nach Zustellung schriftlich oder zur Niederschrift bei der Verwaltungsbehörde, die den Bußgeldbescheid erlassen hat, Einspruch eingelegt werden (§ 67 OWiG). Aufgrund des Einspruchs entscheidet das zuständige Amtsgericht (§ 68 OWiG) über die Ordnungswidrigkeit.

2 Stellt die nach Landesrecht zuständige Behörde[1] fest, dass der Tatbestand einer Ordnungswidrigkeit erfüllt ist, entscheidet sie nach dem Opportunitätsprinzip, ob sie eine Geldbuße verhängt. Aus dem Opportunitätsprinzip ergibt sich auch, dass die Behörde das Verfahren in jeder Situation einstellen kann, in der sie das Verfahren noch leitet. Die Entscheidung muss pflichtgemäßem Ermessen folgen. Rechtsstaatlich dürfte sie nur genügen, wenn sie den Anforderungen an eine strafprozessuale Einstellung folgt, also z. B. wegen geringer Schuld, geringen Schadens, geringen Aufsehens, erheblicher eigener Belastung des Täters durch die Ordnungswidrigkeit etc.[2]

2. Bußgeldrahmen (Abs. 2)

3 Der Rahmen für die Geldbuße beträgt 1000 Euro, in den Fällen des Abs. 1 Nr. 4 bis 8 wegen der Gefährdung der oder des Auszubildenden oder des Ausbildungszwecks bis zu 5000 Euro, in den Fällen des Abs. 1 Nr. 1–3 beträgt die Geldbuße bis zu 2000 Euro.

1 Siehe Übersicht in § 33 Rn. 2.
2 *Bohnert*, Ordnungswidrigkeitenrecht, 2004, S. 8.

Teil 7
Übergangs- und Schlussvorschriften

§ 102 Gleichstellung von Abschlusszeugnissen im Rahmen der deutschen Einheit

Prüfungszeugnisse nach der Systematik der Ausbildungsberufe und der Systematik der Facharbeiterberufe und Prüfungszeugnisse nach § 37 Abs. 2 stehen einander gleich.

Inhaltsübersicht Rn.

1. Vorbemerkung

Die Vorschrift wurde durch den Einigungsvertrag vom 31. 8. 1990 in Verbindung mit dem Einigungsvertragsgesetz[1] in das Gesetz eingefügt. 1

2. Gleichstellung der in der DDR erfolgten Prüfungsleistungen

Mit der durch diese Vorschrift bewirkte Gleichstellung wird unterstellt, dass die Ausbildungsberufe der DDR den Ausbildungen in der BRD mit Prüfungszeugnissen nach § 37 Abs. 2 BBiG gleichstehen. 2

3. Einigungsvertrag

Vertrag zwischen der Bundesrepublik Deutschland und der Deutschen Demokratischen Republik über die Herstellung der Einheit Deutschlands (Einigungsvertrag) vom 31. 8. 1990 3
– Auszug (die §§ beziehen sich auf das BBiG 1969 in der Fassung vom 31. 8. 1990) –

Sachgebiet C: Berufliche Bildung

Abschnitt II
Bundesrecht wird wie folgt geändert:
1. Nach § 108 des Berufsbildungsgesetzes vom 14. August 1969[2], das zuletzt durch § 19 des Gesetzes vom 23. Dezember 1981[3] geändert worden ist, wird eingefügt:
»§ 108a
Gleichstellung von Abschlusszeugnissen im Rahmen der Deutschen Einheit Prüfungszeugnisse nach der Systematik der Ausbildungsberufe und der Systematik der Facharbeiterberufe und Prüfungszeugnisse nach § 34 Abs. 2 stehen einander gleich.«

Abschnitt III
Bundesrecht tritt in dem in Artikel 3 des Vertrages genannten Gebiet mit folgenden Maßgaben in Kraft:
1. **Berufsbildungsgesetz** vom 14. August 1969[4], zuletzt geändert durch § 19 des Gesetzes vom 23. Dezember 1981 (BGBl. S. 1692), und aufgrund § 21 Abs. 1 und 2, §§ 25, 29 Abs. 1, § 43 Abs. 1

---
1 Vom 23. 9. 1990 (BGBl. II S. 885).
2 BGBl. I S. 1112.
3 BGBl. I S. 1692.
4 BGBl. I S. 1112.

und 2, § 46 Abs. 2, § 47 Abs. 3, § 76 Abs. 2, § 77 Abs. 5, § 80 Abs. 2, § 81 Abs. 4, § 82 Abs. 2, H 93, 95 Abs. 4, § 96 Abs. 2 erlassene Rechtsverordnungen mit folgenden Maßgaben:

a) Rechtsverordnungen nach § 21 Abs. 1 des Gesetzes bedürfen der gesonderten Inkraftsetzung durch den Bundesminister für Bildung und Wissenschaft durch Rechtsverordnung, die nicht der Zustimmung des Bundesrates bedarf. Rechtsverordnungen nach § 29 Abs. 1 und § 43 des Gesetzes bedürfen der gesonderten Inkraftsetzung durch den Bundesminister für Wirtschaft oder den sonst zuständigen Fachminister im Einvernehmen mit dem Bundesminister für Bildung und Wissenschaft durch Rechtsverordnung, die nicht der Zustimmung des Bundesrates bedarf.
b) (nicht abgedruckt)
c) Die Regelungen in Ausbildungsverordnungen nach § 25 des Gesetzes über die Ausbildung in überbetrieblichen Ausbildungsstätten[5] werden nicht angewendet, wenn die zuständige Stelle feststellt, dass eine solche Ausbildung nicht möglich ist.
d) (nicht abgedruckt)
e) Die Ausbildungszeit soll nach § 29 Abs. 3 des Gesetzes verlängert werden, soweit eine Berufsausbildung mit Abitur durchgeführt wird.
f) Die Anwendung der §§ 76, 77, 80 bis 82, 86, 88, 90, 92 bis 96 des Gesetzes und der aufgrund dieser Bestimmungen erlassenen Verordnungen bestimmt der Bundesminister für Wirtschaft oder der sonst zuständige Fachminister im Einvernehmen mit dem Bundesminister für Bildung und Wissenschaft durch Rechtsverordnung, die nicht der Zustimmung des Bundesrates bedarf.
g) (nicht abgedruckt)
h) Solange die in §§ 79, 87, 89 und 91 des Gesetzes genannten zuständigen Stellen nicht bestehen, bestimmt das Land die zuständige Stelle.
i) (nicht abgedruckt)

§ 103 Fortgeltung bestehender Regelungen

(1) Die vor dem 1. September 1969 anerkannten Lehrberufe und Anlernberufe oder vergleichbar geregelten Ausbildungsberufe gelten als Ausbildungsberufe im Sinne des § 4. Die Berufsbilder, die Berufsbildungspläne, die Prüfungsanforderungen und die Prüfungsordnungen für diese Berufe sind bis zum Erlass von Ausbildungsordnungen nach § 4 und der Prüfungsordnungen nach § 47 anzuwenden.
(2) Die vor dem 1. September 1969 erteilten Prüfungszeugnisse in Berufen, die nach Absatz 1 als anerkannte Ausbildungsberufe gelten, stehen Prüfungszeugnissen nach § 37 Abs. 2 gleich.
(3) Auf Ausbildungsverträge, die vor dem 30. September 2017 abgeschlossen wurden oder bis zu diesem Zeitpunkt abgeschlossen werden, sind § 5 Absatz 2 Satz 1, § 11 Absatz 1 Satz 2, § 13 Satz 2, die §§ 14, 43 Absatz 1 Nummer 2, § 79 Absatz 2 Nummer 1 sowie § 102 Absatz 1 Nummer 3 in ihrer bis zum 5. April 2017 geltenden Fassung weiter anzuwenden.

Inhaltsübersicht Rn.

1. Allgemeine Übergangsregelung

1 Abs. 1 bestimmt, dass die vor dem erstmaligen Inkrafttreten des BBiG (1.9.1969) als anerkannte Ausbildungsberufe geltenden Berufe als solche weiter gelten; die dazu vor-

5 § 27 BBiG.

liegenden Ordnungsmittel der Berufsausbildung sind bis zum Erlass neuer Ausbildungsordnungen nach § 4 BBiG und Prüfungsordnungen nach § 47 BBiG wie bisher anzuwenden.[1] Die Vorschrift gilt nicht für die Fortbildung und Umschulung.[2]

2. Prüfungszeugnisse

Nach Abs. 2 werden die vor Inkrafttreten des Gesetzes erteilten **Prüfungszeugnisse** in Berufen, die nach Abs. 1 als anerkannte Berufe gelten, den Prüfungszeugnissen nach § 37 Abs. 2 BBiG gleichgestellt. D.h., sie stehen rechtlich denen gleich, die unter der Geltung des BBiG ausgefertigt wurden. 2

3. Ausbildungsnachweise

Die Ausbildungsordnung konnte vorsehen, dass Auszubildende einen schriftlichen Ausbildungsnachweis zu führen haben (§ 5 Abs. 2 Satz 1 Nr. 7 a. F.). Diese Regelung ist mit Wirkung zum 5. 4. 2017 durch Gesetz vom 29. 3. 2017 (BGBl. I S. 626) aufgehoben worden. Allerdings ist die Pflicht, einen Ausbildungsnachweis zu führen, nicht entfallen, sondern ist vielmehr nunmehr unmittelbar im BBiG und nicht in der Ausbildungsordnung geregelt. Die Auszubildenden sind verpflichtet, einen schriftlichen oder elektronischen Ausbildungsnachweis zu führen (§ 13 Satz 2 Nr. 7 BBiG). Die Ausbildenden haben die Auszubildenden zum Führen der Ausbildungsnachweise anzuhalten und diese regelmäßig durchzusehen (§ 14 Abs. 2 Satz 1 BBiG). Den Auszubildenden ist Gelegenheit zu geben, den Ausbildungsnachweis am Arbeitsplatz zu führen (§ 14 Abs. 2 Satz 2 BBiG). § 11 Abs. 1 Satz 2 Nr. 12 BBiG schreibt schließlich vor, dass die Form des Ausbildungsnachweises in der Vertragsabfassung zu regeln ist. Es ist also zu vereinbaren, ob der Ausbildungsnachweis schriftlich oder elektronisch zu führen ist. 3

§ 104 Übertragung von Zuständigkeiten

Die Landesregierungen werden ermächtigt, durch Rechtsverordnung die nach diesem Gesetz den nach Landesrecht zuständigen Behörden übertragenen Zuständigkeiten nach den §§ 27, 30, 32, 33 und 70 auf zuständige Stellen zu übertragen.

Inhaltsübersicht Rn.

1. Vorbemerkung

Die Vorschrift wurde durch das BerBiRefG angefügt. Das Berufsbildungsgesetz behält das bisher zweistufige Verwaltungsverfahren bei, eröffnet den Ländern aber die Möglichkeit, die Zuständigkeiten für die Anerkennung der Eignung der Ausbildungsstätte und der Zuerkennung der persönlichen und fachlichen Eignung von Ausbildenden und AusbilderInnen sowie die Überwachung der Eignung den zuständigen Stellen zu übertragen. Zur Begründung wird angeführt: »Die Maßnahme dient im Rahmen der Aufgabenverlagerung von den obersten Landesbehörden zu nachgeordneten Stellen der Verwaltungsvereinfachung. Sie kann insbesondere dann sinnvoll sein, wenn die zuständige Behörde 1

1 Schriftlicher Ausschussbericht, BT-Drucks. 5/4260 zu § 108 BBiG.
2 *VGH Baden-Württemberg* 10. 10. 1978, EzB § 77 BBiG Nr. 1.

über keine eigenen Erkenntnisse verfügt und daher vollständig auf Informationen der zuständigen Stelle angewiesen ist. Die zuständigen Stellen unterstehen ihrerseits der Rechtsaufsicht.«[3]

2. Übertragung auf zuständige Stellen

2 Die in der Vorschrift genannten Aufgaben können durch Rechtsverordnung auf die zuständigen Stellen (§ 71 BBiG) übertragen werden. Soweit einzelne Landesregierungen hiervon Gebrauch machen, kontrollieren im Geltungsbereich dieser Rechtsverordnung die zuständigen Stellen ihre eigenen Überwachungsaufgaben. Das Widerspruchsverfahren ist bei der zuständigen Stelle (§ 71 BBiG) selbst durchzuführen. Ob die Übertragung auf die zuständigen Stellen erfolgt ist, ergibt sich aus den jeweiligen Verordnungen.[4]

§ 105 Evaluation

(1) Die Regelungen zur Mindestvergütung, zu Prüferdelegationen und die Regelung des § 5 Absatz 2 Satz 1 Nummer 2 werden vom Bundesinstitut für Berufsbildung fünf Jahre nach dem Inkrafttreten des Gesetzes zur Modernisierung und Stärkung der beruflichen Bildung wissenschaftlich evaluiert.

(2) Die Regelungen zur Feststellung und Bescheinigung der individuellen beruflichen Handlungsfähigkeit am Maßstab eines anerkannten Ausbildungsberufs werden vom Bundesinstitut für Berufsbildung zehn Jahre nach dem diesbezüglichen Inkrafttreten des Berufsbildungsvalidierungs- und -digitalisierungsgesetzes wissenschaftlich evaluiert.

§ 106 Übergangsregelung

(1) Auf Berufsausbildungsverträge, die bis zum Ablauf des 31. Dezember 2019 abgeschlossen werden, ist § 17 in der bis dahin geltenden Fassung anzuwenden. Auf Berufsausbildungen, die bis zum Ablauf des 31. Juli 2024 begonnen werden, ist die bis dahin geltende Fassung des § 17 anzuwenden.

(2) Für Berufsausbildungsverträge mit Ausbildungsbeginn ab dem 1. Januar 2020 gelten § 34 Absatz 2 Nummer 7 und § 88 Absatz 1 Satz 1 Nummer 1 Buchstabe g in der ab 1. Januar 2020 geltenden Fassung. Im Übrigen sind für Berufsausbildungsverträge mit Ausbildungsbeginn bis zum Ablauf des 31. Dezember 2020 §§ 34, 35 Absatz 3 Satz 1 und § 88 in der am 31. Dezember 2019 geltenden Fassung weiterhin anzuwenden.

(3) Sofern für einen anerkannten Fortbildungsabschluss eine Fortbildungsordnung auf Grund des § 53 in der bis zum Ablauf des 31. Dezember 2019 geltenden Fassung erlassen worden ist, ist diese Fortbildungsordnung bis zum erstmaligen Erlass einer Fortbildungsordnung nach § 53 in der ab dem 1. Januar 2020 geltenden Fassung weiterhin anzuwenden. Sofern eine Fortbildungsprüfungsregelung nach § 54 in der bis zum Ablauf des 31. Dezember 2019 geltenden Fassung erlassen worden ist, ist diese Fortbildungsprüfungsregelung bis zum erstmaligen Erlass einer Fortbildungsprüfungsregelung nach § 54 in der ab dem 1. Januar 2020 geltenden Fassung weiterhin anzuwenden.

3 BT-Drucks. 15/4752, S. 52f.
4 S. Übersicht in § 33 Rn. 2.

(4) § 1 Absatz 6, § 30 Absatz 2, § 45 Absatz 3, die §§ 50b und § 50c Absatz 1 bis 3, die §§ 50d und § 53b Absatz 3, § 53c Absatz 3 sowie § 88 Absatz 1 und 4 sind erstmals ab dem 1. Januar 2025 anzuwenden. § 30 Absatz 2, § 45 Absatz 3, § 53b Absatz 3, § 53c Absatz 3 sowie § 88 Absatz 1 und 4 sind in ihrer am 31. Juli 2024 geltenden Fassung bis zum Ablauf des 31. Dezember 2024 weiter anzuwenden.

B. Jugendarbeitsschutzgesetz (JArbSchG) – Gesetzestext mit Kommentierung

Gesetz zum Schutze der arbeitenden Jugend (Jugendarbeitsschutzgesetz – JArbSchG) vom 12.4.1976 (BGBl. I S. 965), zuletzt geändert durch Artikel 5 Berufsbildungsvalidierungs- und -digitalisierungsgesetz vom 19.7.2024 (BGBl. I Nr. 246)

Erster Abschnitt
Allgemeine Vorschriften

§ 1 Geltungsbereich

(1) Dieses Gesetz gilt in der Bundesrepublik Deutschland und in der ausschließlichen Wirtschaftszone für die Beschäftigung von Personen, die noch nicht 18 Jahre alt sind,

1. in der Berufsausbildung,

2. als Arbeitnehmer oder Heimarbeiter,

3. mit sonstigen Dienstleistungen, die der Arbeitsleistung von Arbeitnehmern oder Heimarbeitern ähnlich sind,

4. in einem der Berufsausbildung ähnlichen Ausbildungsverhältnis.

(2) Dieses Gesetz gilt nicht

1. für geringfügige Hilfeleistungen, soweit sie gelegentlich

a) aus Gefälligkeit,

b) auf Grund familienrechtlicher Vorschriften,

c) in Einrichtungen der Jugendhilfe,

d) in Einrichtungen zur Eingliederung Behinderter erbracht werden,

2. für die Beschäftigung durch die Personensorgeberechtigten im Familienhaushalt.

Inhaltsübersicht

I. Überblick

§ 1 als Eingangsnorm des JArbSchG regelt den Geltungsbereich. Es beantwortet die Frage, 1
wer vom Schutzbereich des Gesetzes erfasst wird und für welche Tätigkeitsbereiche es gilt oder nicht gilt. **Schutzzweck** des Gesetzes ist es, Kinder und Jugendliche vor Gefahren für ihre Gesundheit, Arbeitskraft und Entwicklung zu schützen, die von einer abhängigen Beschäftigung ausgehen können. Die zur Entwicklung der Persönlichkeit junger

Menschen erforderliche Freizeit soll trotz Berufstätigkeit oder Ausbildung gewährleistet werden.[1]

II. Räumlicher Anwendungsbereich

2 Das JArbSchG ist anwendbar auf dem Gebiet der **Bundesrepublik Deutschland**. Jede Beschäftigung eines Kindes oder Jugendlichen auf dem Gebiet der Bundesrepublik wird erfasst. Auf die Staatsangehörigkeit oder den Wohnsitz des Jugendlichen oder den Sitz des Unternehmens kommt es nicht an.[2] Bei einer Beschäftigung im Ausland gilt das Jugendarbeitsschutzrecht des jeweiligen Staates. Bei einer kurzfristigen **Entsendung** ins Ausland kann das deutsche Recht weiterhin anzuwenden sein.[3] Für die Mitgliedsstaaten der Europäischen Union gibt die **Jugendarbeitsschutzrichtlinie** 94/33/EWG vom 22.6.1994 Mindeststandards vor.

Aufgrund einer ausdrücklichen Änderung des § 1 JArbSchG mit Wirkung seit dem 1.8.2013 aufgrund des »Gesetzes zur Umsetzung des Seearbeitsüberkommens 2006 der Internationalen Arbeitsorganisation« vom 20.4.2013 (BGBl. I S. 868) gilt das JArbSchG auch in der **»ausschließlichen Wirtschaftszone«**. Als ausschließliche Wirtschaftszone (AWZ) wird nach dem Seerechtsübereinkommen (SRÜ) der Vereinten Nationen das Gebiet jenseits des Küstenmeeres bis zu einer Erstreckung von 200 Seemeilen (sm = 370,4 km) ab der Basislinie bezeichnet (daher auch 200-Meilen-Zone). Die 200-Meilen-Zone gehört nicht zum Staatsgebiet des jeweiligen Küstenstaates. Völkerrechtlich haben die jeweils angrenzenden Küstenstaaten lediglich bestimmte Hoheitsbefugnisse wie das Recht zur wirtschaftlichen Ausbeutung einschließlich des Fischfangs, zur Ausnutzung von Windkraft und zur Errichtung künstlicher Inseln und Anlagen auf See. Die Bundesrepublik Deutschland hat durch Proklamation vom 29.11.1994 (BGBl. II S. 3769) die Errichtung einer ausschließlichen Wirtschaftszone in der **Nord- und Ostsee** erklärt. Deutschland hat das Recht, in der AWZ stationäre Anlagen, etwa **Bohrinseln** und **Offshore-Windenergieanlagen,** zu errichten und zu betreiben. Sofern dort Minderjährige beschäftigt werden, sind die Schutzvorschriften des JArbSchG zu beachten.[4] Der Vollzug und die Kontrolle des JArbSchG erfolgt in der AWZ durch die zuständigen Behörden der **Küstenländer**. Die Länder sind jeweils für den an ihr Küstenmeer angrenzenden Bereich der AWZ zuständig. Soweit es um die Nordsee geht, betrifft das die Länder Schleswig-Holstein und Niedersachsen, soweit es um die Ostsee geht, das Bundesland Mecklenburg-Vorpommern. Die auf Offshoreanlagen tätigen Personen sind abzugrenzen gegenüber den Besatzungsmitgliedern auf Schiffen der Küsten- und Hochseeschifffahrt, für Letztere gilt das Seearbeitsgesetz, nicht das JArbSchG (vgl. § 61 JArbSchG).

III. Persönlicher Anwendungsbereich

3 Das JArbSchG gilt für die Beschäftigung von Personen, die noch nicht 18 Jahre alt sind (§ 1 Abs. 1). Diese Personen werden im Allgemeinen unter den Oberbegriff der **Minderjährigen** erfasst. Wer das 18. Lebensjahr vollendet hat, ist volljährig. Bei den Minderjährigen wird in der Regel unterschieden zwischen Kinder und Jugendlichen, so auch im JArbSchG. Wer Kind oder Jugendlicher ist, ergibt sich aus § 2 JArbSchG. Es gibt im

1 ErfK/*Schlachter*, § 1 JArbSchG Rn. 1.
2 ErfK/*Schlachter*, § 1 JArbSchG Rn. 2; HWK/*Tillmanns*, § 1 JArbSchG Rn. 15.
3 ErfK/*Schlachter*, § 1 JArbSchG Rn. 2; HWK/*Tillmanns*, § 1 JArbSchG Rn. 16.
4 Allgemein zum Arbeitsrecht in der AWZ: *Lunk/Hinze*, NVwZ 2014, 278ff.

JArbSchG keine Unterscheidung nach der Nationalität oder Staatsangehörigkeit. Es gilt für Kinder und Jugendliche deutscher oder ausländischer Herkunft gleichermaßen.[5]

Für die Beschäftigung von **Ausländern** gelten jedoch möglicherweise besondere Voraussetzungen. Für Ausländer aus Staaten der **Europäischen Union** gelten im Grundsatz keine Besonderheiten. Aus dem Gebot der Freizügigkeit innerhalb der Europäischen Union (EU) folgt, dass die Ausländer aus EU-Staaten, wie auch deutsche Staatsangehörige, keiner Erlaubnis zur Ausübung einer Beschäftigung oder Ausbildung in Deutschland bedürfen. Sie sind wie Deutsche zu behandeln (Verbot der Ausländerdiskriminierung innerhalb der EU).

Ausländer aus Staaten, die nicht zur EU gehören (Drittstaaten), brauchen keine gesonderte Arbeitserlaubnis, jedoch eine Aufenthaltserlaubnis oder einen anderen Aufenthaltstitel. Die Aufenthaltserlaubnis umfasst das Recht, eine Beschäftigung aufzunehmen. Liegt die Aufenthaltserlaubnis (oder ein anderer Aufenthaltstitel) bei **Nicht-EU-Ausländern** nicht vor, ist die Beschäftigung verboten.

Ausländer, die einen Aufenthaltstitel besitzen, dürfen eine Erwerbstätigkeit ausüben, es sei denn, ein Gesetz bestimmt ein Verbot (§ 4a Abs. 1 Satz 1 AufenthG). Sofern die Ausübung einer Beschäftigung gesetzlich verboten oder beschränkt ist, bedarf die Ausübung einer Beschäftigung oder einer über die Beschränkung hinausgehenden Beschäftigung der Erlaubnis (§ 4a Abs. 2 Satz 1 AufenthG). Jeder Aufenthaltstitel muss erkennen lassen, ob die Ausübung einer Erwerbstätigkeit erlaubt ist und ob sie Beschränkungen unterliegt (§ 4a Abs. 3 Satz 1 AufenthG). Ein Ausländer darf nur beschäftigt oder mit anderen entgeltlichen Dienst- oder Werkleistungen beauftragt werden, wenn er einen Aufenthaltstitel besitzt und kein diesbezügliches Verbot oder keine diesbezügliche Beschränkung besteht (§ 4a Abs. 5 Satz 1 AufenthG). Eine Aufenthaltserlaubnis zum Zweck der betrieblichen Aus- und Weiterbildung kann erteilt werden, wenn die Bundesagentur für Arbeit zugestimmt hat oder durch die Beschäftigungsverordnung oder zwischenstaatliche Vereinbarung bestimmt ist, dass die Aus- und Weiterbildung ohne Zustimmung der Bundesagentur für Arbeit zulässig ist (§ 16a Abs. 1 Satz 1 AufenthG). Einem Ausländer kann zudem bei Vorliegen bestimmter Voraussetzungen zum Zweck der Suche nach einem Ausbildungsplatz zur Durchführung einer qualifizierten Berufsausbildung eine Aufenthaltserlaubnis erteilt werden (§ 17 Abs. 1 AufenthG).

Bei Ausländern, die keinen Aufenthaltstitel haben und an sich zur Ausreise verpflichtet sind, kann von der Ausländerbehörde zwangsweise die Abschiebung angeordnet werden. Für bestimmte Personen kann vor allem aus humanitären Gründen die Aussetzung der Abschiebung angeordnet werden, diese nennt sich **Duldung**. Für Asylbewerber gibt es seit 1. 1. 2020 eine besondere Form der Duldung, um eine Berufsausbildung zu beenden, die Ausbildungsduldung (§ 60c AufenthG).

Auch **illegal beschäftigte Ausländer** haben einen Anspruch auf Bezahlung. Der Arbeitgeber ist nämlich verpflichtet, dem Ausländer, den er (obwohl eine Aufenthaltserlaubnis oder ein anderer Aufenthaltstitel nicht vorlag) tatsächlich beschäftigt hat, die »vereinbarte Vergütung« zu zahlen (§ 98a Abs. 1 Satz 1 AufenthG). Als vereinbarte Vergütung ist die »übliche Vergütung« anzusehen, es sei denn, der Arbeitgeber hat mit dem Ausländer zulässigerweise eine geringere oder eine höhere Vergütung vereinbart (§ 98a Abs. 2 AufenthG).

Heranwachsende (Personen ab dem 18. bis zur Vollendung des 21. Lebensjahres, also 4
junge Volljährige) fallen nach dem eindeutigen Wortlaut des § 1 nicht unter den Schutz-

5 MünchArbR/*Kolbe*, § 194 Rn. 4.

bereich des JArbSchG. Wollte man für diese Personengruppe spezielle Schutznormen schaffen, müsste das gesondert geregelt werden.

5 Nach dem JArbSchG verpflichtet sind **Arbeitgeber**, die Kinder oder Jugendliche beschäftigen. Der Arbeitgeberbegriff, der sich aus § 3 JArbSchG ergibt, ist weiter gefasst, als der allgemein vom Arbeitsrecht verwendete Arbeitgeberbegriff. Das ergibt sich daraus, dass sich das JArbSchG nicht nur auf Arbeitsverhältnisse, sondern auf jede Form der abhängigen Beschäftigung bezieht.

IV. Sachlicher Anwendungsbereich (»Beschäftigung« von Minderjährigen)

6 Das JArbSchG gilt für die »Beschäftigung« von Minderjährigen. Die Arten der »Beschäftigung« werden in § 1 Abs. 1 Nr. 1 bis 4 JArbSchG aufgeführt. Es gilt für die Beschäftigung in einer Berufsausbildung, als Arbeitnehmer oder Heimarbeiter, mit sonstigen Dienstleistungen (die der Arbeitsleistung von Arbeitnehmern oder Heimarbeitern ähnlich sind) oder in einem der Berufsausbildung ähnlichen Ausbildungsverhältnis. Aufgrund beamtenrechtlicher Vorschriften gilt das JArbSchG auch für minderjährige **Beamte**.

Für eine **Tätigkeit im Rahmen eines Bundesfreiwilligendienstes** ist das JArbSchG entsprechend anzuwenden, so ausdrücklich § 13 Abs. 1 Bundesfreiwilligendienstgesetz (BFDG). Für Jugendliche im **Jugendfreiwilligendienst** folgt das aus § 13 Jugendfreiwilligendienstegesetz (JFDG).

Problematisch ist die Anwendbarkeit des JArbSchG auf **Volunteer-Programme bei Sportgroßveranstaltungen**. Volunteer-Programme sind integraler Bestandteil von Sportgroßveranstaltungen in Deutschland.[6] **Volunteers** sind Sportbegeisterte, die bei Sportgroßveranstaltungen Hilfs- und Unterstützungsleistungen erbringen. Sie werden auch als Freiwillige oder freiwillige Helfer bezeichnet. Die Volunteers wollen Teil der Veranstaltung sein, und zwar nicht als zahlender Zuschauer, sondern als Teil der Organisation. Die Veranstalter sind an der Beteiligung von Volunteers interessiert, da auf diese Weise umfangreiche Unterstützungsleistungen kostengünstig realisiert werden können. Die Tätigkeiten der Volunteers umfassen Hilfsleistungen in verschiedenen Veranstaltungsbereichen, von der Akkreditierung bis zu Zuschauerdiensten. Neben Sprachkenntnissen werden von den Veranstaltern vor allem Freundlichkeit, Hilfsbereitschaft, Belastbarkeit und Flexibilität erwartet. Obwohl die Volunteers für ihre Tätigkeit in der Regel lediglich Kleidung, Essensgutscheine und kostenfreie Nutzung des öffentlichen Personennahverkehrs erhalten, ist der Andrang bei Welt- und Europameisterschaften in vielen Sportarten groß. Die große Mehrzahl der Volunteers wird unter jungen Leuten rekrutiert.[7]

Volunteers sind **ehrenamtlich Tätige und keine Arbeitnehmer**. Nach § 1 Abs. 1 Nr. 3 JArbSchG gilt das JArbSchG jedoch nicht nur für Arbeitnehmer, sondern auch für **sonstige Dienstleistungen** (die der Arbeitsleistung von Arbeitnehmern oder Heimarbeitern ähnlich sind). Damit soll möglichst jede Form der Beschäftigung von Kindern und Jugendlichen erfasst werden. Die erforderliche Ähnlichkeit mit Dienstleistungen von Arbeitnehmern liegt vor, wenn das Kind oder der Jugendliche mit der Tätigkeit Arbeit im wirtschaftlichen Sinne im Interesse eines Dritten leistet. Ob die Dienstleistung ständig, gelegentlich oder nur vorübergehend erbracht wird oder bei freier Zeiteinteilung und ob eine Vergütung vereinbart ist, ist unerheblich. Eine gewisse Regelmäßigkeit, ein größerer Umfang und eine längere Dienstleistung ebenso wie eine Vergütungsvereinbarung spre-

---

6 Vgl. dazu umfassend *Jedlitschka*, NZA-RR 2017, 513ff.

7 *Jedlitschka*, NZA-RR 2017, 513.

chen für eine Ähnlichkeit.[8] Anders als beim ArbZG für volljährige Volunteers ist der Schutz Minderjähriger nach dem JArbSchG weitergehend. Das JArbSchG stellt nicht nur auf ein Arbeitsverhältnis ab, sondern erweitert den Anwendungsbereich auch auf sonstige Dienstleistungen.[9] **Deshalb gilt das JArbSchG auch für sonstige Dienstleistungen und damit auch für Volunteers.**

Ziel des JArbSchG ist es, **sämtliche Formen abhängiger Beschäftigung** von Minderjäh- 7
rigen zu erfassen, sodass die Abgrenzung im Einzelnen nicht von praktischer Relevanz ist. Erfasst wird jede Arbeit, die dem **Weisungsrecht** einer anderen Person, insbesondere einem Arbeitgeber, unterliegt und die in persönlicher Abhängigkeit erbracht wird.[10] Ob eine Bezahlung erfolgt oder nicht, ist für die Anwendung des JArbSchG ohne Bedeutung.[11]

Abgestellt wird auf die »**Beschäftigung**«, sodass nicht der formelle Rechtsstatus entschei- 8
dend ist, sondern die tatsächliche Gestaltung.[12] Deshalb ist es für die Anwendung des JArbSchG auch nicht erheblich, ob der Vertrag, der der Beschäftigung zugrunde liegt, rechtswirksam ist oder nicht. So werden auch faktische Arbeitsverhältnisse erfasst.[13]

Reine **Freizeitbeschäftigungen** sind keine »Beschäftigung« i.S.d. § 1 JArbSchG. Interne 9
Tätigkeiten, die von Kindern oder Jugendlichen in **Vereinen, Verbänden** oder sonstigen Gruppen (Sportvereine, Chöre, Musikgruppen, Theatergruppen, Tanzvereine, Karnevalsvereine usw.), deren Mitglied sie sind, verrichtet werden, sind zulässig, auch die Teilnahme an sportlichen oder ähnlichen Wettkämpfen oder Austauschprogrammen.[14]

Wenn im Rahmen des Vereins- oder Verbandszwecks **öffentlichen Veranstaltungen** ab- 10
gehalten werden, sind diese noch als Freizeitbeschäftigungen anzusehen, die nicht unter das JArbSchG fallen. Das gilt auch, wenn dadurch Einnahmen erzielt werden, sofern diese dem Vereins- oder Verbandszweck zugutekommen. Etwas anderes gilt, wenn der kommerzielle Charakter der öffentlichen Veranstaltungen im Vordergrund steht oder diese einen erheblichen zeitlichen Umfang haben und eine Pflicht zur Mitwirkung besteht, etwa bei kommerziellen Auftritten eines Kinderchors oder etwa im Rahmen von Sponsoringveranstaltungen eines Sportvereins. In diesen Fällen findet das JArbSchG Anwendung.[15] Ein Auftritt von Kindern (§ 2 Abs. 1 JArbSchG) ist in solchen Fällen unzulässig, es sei denn, es liegt eine behördliche Ausnahmegenehmigung vor (§ 6 JArbSchG).

Aktivitäten im schulischen Zusammenhang fallen nicht unter das JArbSchG, so etwa der 11
Schülerlotsendienst oder wenn ein Schüler eine Arbeitsgemeinschaft für andere Schüler anbietet, zum Beispiel Schach-AG.

»Beschäftigung« meint ein **aktives Tun**. Ein passives Verhalten ist keine Beschäftigung, es 12
sei denn, dass passive Verhalten ist gerade Zweck der Beschäftigung, wie etwa bei Film- oder Fotoaufnahmen.[16] Werden Kinder lediglich für einen kurzen Zeitraum in ihrer natürlichen Umgebung bei ihren natürlichen Verhaltensweisen (zum Beispiel Spielen, Schlafen, Essen) fotografiert oder gefilmt, ist das zulässig. Etwas anderes gilt, wenn dieser

---

8 *Jedlitschka*, NZA-RR 2017, 513, 516.
9 *Jedlitschka*, NZA-RR 2017, 513, 517.
10 *Molitor/Volmer/Germelmann*, JArbSchG, § 1 Rn. 46; HK-ArbR/*Poser*, § 1 JArbSchG Rn. 5; ErfK/*Schlachter*, § 1 JArbSchG Rn. 5; *Taubert*, JArbSchG, § 1 Rn. 6.
11 ErfK/*Schlachter*, § 1 JArbSchG Rn. 4; *Taubert*, JArbSchG, § 1 Rn. 8.
12 ErfK/*Schlachter*, § 1 JArbSchG Rn. 4; *Taubert*, JArbSchG, § 1 Rn. 11.
13 *OLG Hamm* 14.8.1987 – 6 Ss OWi 445/86, AiB 1989, 267.
14 *Molitor/Volmer/Germelmann*, JArbSchG, § 1 Rn. 74; HK-ArbR/*Poser*, § 1 JArbSchG Rn. 7; *Taubert*, JArbSchG, § 1 Rn. 10.
15 HK-ArbR/*Poser*, § 1 JArbSchG Rn. 8; *Taubert*, JArbSchG, § 1 Rn. 10.
16 *Molitor/Volmer/Germelmann*, JArbSchG, § 1 Rn. 69.

Rahmen überschritten wird, wie bei gestellten Szenen, wenn Anweisungen zu befolgen sind, vorherige Proben durchgeführt werden.[17] Besondere Bedeutung hat das bei Kindern (§ 2 Abs. 1 JArbSchG), bei denen eine Beschäftigung nur aufgrund behördlicher Ausnahmegenehmigungen zulässig ist (§ 6 JArbSchG), die aber für Kinder unter drei Jahren nicht erteilt werden darf.

13 Keine »Beschäftigung« im Sinne des JArbSchG sind Tätigkeiten, die der **Religionsausübung** von Kindern oder Jugendlichen dienen, zum Beispiel Aktivitäten als Messdiener, das Musizieren und Singen sowie Hilfeleistungen im Gottesdienst und bei sonstigen religiösen Feiern, Wallfahrten oder Prozessionen.[18] Das ist mit dem durch das Grundgesetz garantierten Selbstbestimmungsrecht der Kirchen (Art. 140 GG, Art. 137 Abs. 3 WRV) und dem Recht auf ungestörte Religionsausübung (Art. 4 Abs. 2 GG) begründbar. Allerdings besteht das Selbstbestimmungsrecht der Kirchen und Religionsgemeinschaften »innerhalb der Schranken des für alle geltenden Gesetzes«, sodass das JArbSchG als allgemeingültiges Gesetz dem kirchlichen Selbstbestimmungsrecht durchaus Grenzen aufzuerlegen vermag. Tätigkeiten, die über die Religionsausübung im engeren Sinne hinausgehen, wie Sammlungen für karitative Zwecke, ehrenamtliche Arbeit mit kranken oder behinderten Menschen oder Beschäftigungen in kirchlichen Krankenhäusern oder Kindergärten, fallen in den Anwendungsbereich des JArbSchG. Das ergibt sich im Umkehrschluss auch aus § 2 Abs. 1 Nr. 5 der Kinderarbeitsschutzverordnung, weil dort »Tätigkeiten bei nichtgewerblichen Aktionen und Veranstaltungen der Kirchen, Religionsgemeinschaften« ausdrücklich erwähnt werden.[19]

1. Arbeitnehmer, Heimarbeiter, sonstige Dienstleistungen

14 § 1 Abs. 1 Nr. 2 JArbSchG erwähnt ausdrücklich **Arbeitnehmer** und **Heimarbeiter** (§ 2 Abs. 2 HAG). In den Geltungsbereich des JArbSchG einbezogen sind **sonstige Dienstleistungen**, die der Arbeitsleistung von Arbeitnehmern oder Heimarbeitern ähnlich sind (§ 1 Abs. 1 Nr. 3 JArbSchG). Damit soll jede andere Form abhängiger Beschäftigung in den Geltungsbereich des JArbSchG mit einbezogen werden. Die von § 1 Abs. 1 Nr. 3 JArbSchG gemeinten sonstigen Dienstleistungen müssen der Arbeitsleistung von Arbeitnehmern oder Heimarbeitern **»ähnlich«** sein. Eine der Arbeitsleistung von Arbeitnehmern ähnliche Dienstleistung ist dann gegeben, wenn sie ebenso wie diese in abhängiger Stellung auf Weisung eines anderen erbracht wird und wenn mit ihr Arbeit im wirtschaftlichen Sinne im Interesse eines Dritten geleistet wird.[20] *Beispiele* sind das Austragen von Zeitungen oder die Arbeit in einem Reitstall wie das Ausmisten, Putzen und Füttern von Pferden bei einem privat-gewerblichen Anbieter.

Die Beteiligung eines vierjährigen Kindes an einer **kommerziellen Bühnenshow** in der Form, dass das Kind am Abend vor großem Publikum im Rahmen einer etwa halbstündigen Musikdarbietung als Solosänger ein Lied in ein eigens aufgestelltes Mikrofon singt und auf einer Kindergitarre spielt, ist als Beschäftigung im Sinne des § 1 Abs. 1 Nr. 3 JArbSchG anzusehen.[21]

Auch die Teilnahme von Kindern und Jugendlichen an **Interviews, Talkshows, Talentwettbewerben, Castingshows, Dokusoaps** sind solche sonstigen Dienstleistungen, jeden-

---

17 HK-ArbR/*Poser*, § 1 JArbSchG Rn. 6.
18 *Molitor/Volmer/Germelmann*, JArbSchG, § 1 Rn. 78a; HK-ArbR/*Poser*, § 1 JArbSchG Rn. 9.
19 HWK/*Tillmanns*, § 1 JArbSchG Rn. 4.
20 *OVG Münster* 17.2.1986 – 12 A 1453/85, NJW 1987, 1443.
21 *BayObLG* 4.8.2021 – 201 ObOWi 735/21.

falls wenn vertragliche Verpflichtungen bestehen oder Regieanweisungen oder Proben erfolgen.[22]

Auch die **(Selbst-)Vermarktung von Kindern und Jugendlichen** als »**Influencer**« (»**Kidfluencer**«) im Internet ist eine solche sonstige Dienstleistung. Davon ist immer dann auszugehen, wenn die kommerzielle Ausrichtung im Vordergrund steht.[23] Wenn dies durch die Personensorgeberechtigten erfolgt, greift *nicht* die Ausnahmevorschrift des § 1 Abs. 2 Nr. 2 JArbSchG (vgl. Rn. 26).

Bei **Sportlern** (etwa bei Lizenzspielern von Mannschaftssportarten, aber auch bei Individualsportarten wie Schwimmen, Kunstturnen usw.) ist die Arbeitnehmereigenschaft in der Regel unproblematisch zu bejahen, wenn vertragliche Vereinbarungen bestehen und in irgendeiner Art und Weise ein Entgelt bezahlt wird, wobei dieses auch in Vergünstigungen bestehen kann oder in »**Naturalentgelt**«, beispielsweise in der kostenlosen Überlassung von Schuhen, Trikots, Trainingsanzügen, sonstigen Kleidungsstücken, Sportgeräten, Smartphones usw. Dasselbe gilt in der Regel auch für sogenannte Vertragsamateure.[24] Jedenfalls ist in aller Regel von einer »sonstigen Dienstleistung« i. S. d. § 1 Abs. 1 Nr. 3 JArbSchG auszugehen, wenn die Minderjährigen in den Trainings- und Wettbewerbsbetrieb des Vereins bzw. ihrer Leistungszentren eingebunden sind oder bei der Teilnahme an (Sport-)Veranstaltungen mit einer wirtschaftlichen Zielsetzung oder kommerziellen Ausrichtung, etwa bei Veranstaltungen unter Beteiligung des Vereinssponsors oder bei einer Beteiligung an »Schaukämpfen«, die (auch mit »Naturalvergütung«) vergütet werden, oder Wettbewerben, die mit Antritts- und/oder Preisgeldern honoriert werden. Allgemein kann man sagen: Geht es teilweise, wenn auch untergeordnet, um die »Vermarktung« der sportlichen Betätigung, also um kommerzielle Interessen, ist stets, wenn nicht von einem Arbeitsverhältnis, zumindest von einer »sonstigen Dienstleistung« i. S. d. § 1 Abs. 1 Nr. 3 JArbSchG auszugehen, sodass die Schutzvorschriften des JArbSchG zu beachten sind, insbesondere das Verbot der Kinderarbeit (§ 5 JArbSchG) und die Regelungen zur Arbeitszeit, insbesondere zur Nachtruhe (§ 14 JArbSchG).[25] Das Verbot der Samstagsarbeit gilt allerdings bei Jugendlichen (§ 2 Abs. 2 JArbSchG) »beim Sport« nicht (§ 16 Abs. 2 Nr. 9 JArbSchG), dies gilt entsprechend auch für die Sonntagsruhe (§ 17 Abs. 2 Nr. 6 JArbSchG).

Betreiben die Personensorgeberechtigten ein selbstständiges Unternehmen (einen »**Familienbetrieb**«) und beschäftigen sie dort ihr Kind, findet das JArbSchG Anwendung. Das ist keine Beschäftigung im »Familienhaushalt« i. S. d. § 1 Abs. 2 Nr. 2 JArbSchG, die vom JArbSchG ausgenommen ist. 15

2. Berufsausbildung und ähnliche Ausbildungsverhältnisse

Das JArbSchG gilt auch ausdrücklich für die Beschäftigung in der **Berufsausbildung** und in **einem der Berufsausbildung ähnlichen Ausbildungsverhältnis** (§ 1 Abs. 1 Nr. 1 und Nr. 4 JArbSchG). »Berufsausbildung« meint die betriebliche Ausbildung in einem staatlich anerkannten Ausbildungsberuf, für die das BBiG Anwendung findet. Durch die »ähnlichen Ausbildungsverhältnisse« erfasst werden sämtliche Ausbildungsverhältnisse nach dem BBiG, auch die Berufsausbildungsvorbereitung (§ 1 Abs. 2, § 68 BBiG), theo- 16

22 HK-ArbR/*Poser*, § 1 JArbSchG Rn. 16.
23 HWK/*Tillmanns*, § 1 JArbSchG Rn. 7; in diese Richtung auch MünchArbR/*Kolbe*, § 194 Rn. 16; ausführlich hierzu *Herberger*, Kinderarbeit unter digitalen Bedingungen, RdA 2021, 273–279.
24 Vgl. *Lakies*, JArbSchG, § 1 Rn. 14 m. w. N.
25 Vgl. *Lakies*, JArbSchG, § 1 Rn. 14 m. w. N.

retisch auch die berufliche Fortbildung oder berufliche Umschulung (§ 1 Abs. 3 und 4 BBiG), was allerdings vom Alter her kaum praktisch werden dürfte.

17 Unter § 1 Abs. 1 Nr. 4 JArbSchG fallen insbesondere **Praktika** in Betrieben und Volontariate bei Zeitungen, Radio- oder Fernsehsendern, die berufliche Kenntnisse, Fertigkeiten und Erfahrungen vermitteln sollen, jedoch nicht durch eine schulische Ausbildung wie im normalen Ausbildungsverhältnis begleitet werden.[26] Zudem erfasst § 1 Abs. 1 Nr. 4 JArbSchG **Praxiszeiten**, die in schulische Bildungsgänge integriert sind, und die Ausbildung in Berufsbildungs- und Berufsförderungswerken sowie in Behindertenwerkstätten, soweit sie nicht nur eine gelegentliche, geringfügige Hilfeleistung i. S. d. § 1 Abs. 2 JArbSchG darstellt.[27] Anwendbar ist § 1 Abs. 1 Nr. 4 JArbSchG auch auf die Beschäftigung von Schülern im Rahmen eines **Betriebspraktikums** (§ 5 Abs. 2 Nr. 2 JArbSchG).[28] Die »**Schnupperlehre**«, die Probearbeit vollzeitschulpflichtiger Schüler in einem Betrieb, die über das berufsbezogene Praktikum der Schulen hinausgeht, kann unter § 1 Abs. 1 Nr. 4 JArbSchG fallen. Geht es um Kinder, die der Vollzeitschulpflicht unterliegen, ist eine solche Beschäftigung, anders als ein Betriebspraktikum, verboten.[29]

3. Das JArbSchG gilt nicht für Selbstständige

18 Da – neben der Berufsausbildung und ähnlichen Ausbildungsverhältnissen (Nr. 1 und Nr. 4) – ausdrücklich abgestellt wird auf »Arbeitnehmer« (Nr. 2) und »sonstige Dienstleistungen«, die der Arbeitsleistung von Arbeitnehmern oder Heimarbeitern »ähnlich« sind (Nr. 4), wird die **selbstständige Tätigkeit** von Minderjährigen nach dem Willen des Gesetzgebers vom Schutzbereich des JArbSchG ausdrücklich *nicht* erfasst. Bedeutung kann das insbesondere haben im künstlerischen Bereich, wenn zum Beispiel ein Jugendlicher als selbstständiger Musiker auftritt.

19 Vereinzelt wird vertreten, die Nichtanwendung des JArbSchG auf Selbstständige verstoße gegen den Gleichheitssatz des Art. 3 Abs. 1 GG.[30] Das JArbSchG ist ein Arbeitsschutzgesetz. Die sachliche Rechtfertigung für die Ungleichbehandlung von selbstständiger und unselbstständiger Beschäftigung wird darin gesehen, dass besondere Arbeitsschutznormen generell für die abhängige Beschäftigung geregelt werden, während das für die selbstständige Arbeit nicht für erforderlich erachtet wird.[31] Das ist insofern zu kurz gedacht, weil es nach dem Schutzzweck des JArbSchG um den **Gesundheitsschutz von Minderjährigen** geht. Für diesen ist es aber nicht von Bedeutung, ob die Beschäftigung in unselbstständiger oder selbstständiger Tätigkeit erbracht wird.

20 Jedenfalls ist aber eine Beschäftigung vom Schutzbereich des JArbSchG erfasst, die zwar **formal selbstständig, faktisch aber als Arbeitnehmer** ausgeübt wird. Insofern gilt nichts anderes wie im allgemeinen Arbeitsrecht für die Abgrenzung von selbstständiger und unselbstständiger Tätigkeit, also für die Frage, wer »Arbeitnehmer« ist. Entscheidend ist nicht die formale Kennzeichnung eines Beschäftigungsverhältnisses als »Selbstständiger«, »freier Mitarbeiter« oder was auch immer, sondern der tatsächliche Vertragsinhalt. Wird nach den tatsächlichen Verhältnissen eine abhängige weisungsgebundene Tätigkeit ausgeübt, wird der betreffende Minderjährige vom Schutzbereich des JArbSchG erfasst.

---

26 ErfK/*Schlachter*, § 1 JArbSchG Rn. 11.
27 ErfK/*Schlachter*, § 1 JArbSchG Rn. 12.
28 ErfK/*Schlachter*, § 1 JArbSchG Rn. 12.
29 *OLG Hamm* 14.8.1987 – 6 Ss OWi 445/86, EzB JArbSchG § 5 Nr. 1.
30 *Salje*, DVBl. 1988, 135, 141.
31 ErfK/*Schlachter*, § 1 JArbSchG Rn. 5.

Für die Frage, wer als Arbeitnehmer tätig ist, gelten die allgemeinen Abgrenzungskriterien.[32] **Arbeitnehmer** ist, wer aufgrund eines privatrechtlichen Vertrags in den Diensten eines anderen zur Leistung weisungsgebundener, fremdbestimmter Arbeit in persönlicher Abhängigkeit verpflichtet ist.[33] Der Arbeitnehmer erbringt seine vertraglich geschuldete Leistung im Rahmen einer von Dritten vorgegebenen Arbeitsorganisation. Seine Eingliederung in die Arbeitsorganisation zeigt sich darin, dass er einem Weisungsrecht unterliegt, das Inhalt, Ausführung, Zeit, Dauer und Ort der Tätigkeit betreffen kann. Arbeitnehmer ist derjenige Mitarbeiter, der nicht im Wesentlichen frei seine Tätigkeit gestalten und seine Arbeitszeit bestimmen kann. Der Grad der persönlichen Abhängigkeit hängt dabei auch von der Eigenart der jeweiligen Tätigkeit ab. Letztlich kommt es für die Beantwortung der Frage, welches Rechtsverhältnis im konkreten Fall vorliegt, auf eine Gesamtwürdigung aller maßgebenden Umstände des Einzelfalls an. Der jeweilige Vertragstyp ergibt sich aus dem wirklichen Geschäftsinhalt. Die zwingenden gesetzlichen Regelungen für Arbeitsverhältnisse können nicht dadurch abbedungen werden, dass die Parteien ihrem Arbeitsverhältnis eine andere Bezeichnung geben. Der **objektive Geschäftsinhalt** ist den ausdrücklich getroffenen Vereinbarungen und der praktischen Durchführung des Vertrags zu entnehmen. Widersprechen sich Vereinbarung und tatsächliche Durchführung, ist Letztere maßgebend.[34]

Seit 1.4.2017 definiert § 611a Abs. 1 BGB den »Arbeitsvertrag«. Die Regelung hat folgenden Wortlaut:

»Durch den Arbeitsvertrag wird der Arbeitnehmer im Dienst eines anderen zur Leistung weisungsgebundener, fremdbestimmter Arbeit in persönlicher Abhängigkeit verpflichtet. Das Weisungsrecht kann Inhalt, Durchführung, Zeit und Ort der Tätigkeit betreffen. Weisungsgebunden ist, wer nicht im Wesentlichen frei seine Tätigkeit gestalten und seine Arbeitszeit bestimmen kann. Der Grad der persönlichen Abhängigkeit hängt dabei auch von der Eigenart der jeweiligen Tätigkeit ab. Für die Feststellung, ob ein Arbeitsvertrag vorliegt, ist eine Gesamtbetrachtung aller Umstände vorzunehmen. Zeigt die tatsächliche Durchführung des Vertragsverhältnisses, dass es sich um ein Arbeitsverhältnis handelt, kommt es auf die Bezeichnung im Vertrag nicht an.«

4. Das JArbSchG gilt nicht für »geringfügige Hilfeleistungen« i. S. d. § 1 Abs. 2 Nr. 1 JArbSchG

Ausgenommen vom Anwendungsbereich des JArbSchG sind die in § 1 Abs. 2 Nr. 1a) bis d) JArbSchG **geringfügige Hilfeleistungen**, soweit sie **gelegentlich** erbracht werden 21

- aus Gefälligkeit (Nr. 1a) oder
- aufgrund familienrechtlicher Vorschriften (Nr. 1b) oder
- in Einrichtungen der Jugendhilfe (Nr. 1c) oder
- in Einrichtungen zur Eingliederung behinderter Menschen (§ 1 Abs. 2 Nr. 1d).

Eine **Gefälligkeit** wird angenommen, wenn sie uneigennützig erfolgt und sie keine rechtliche Verpflichtung beinhaltet, zum Beispiel beim Einkaufen, Blumengießen, Nachhilfeunterricht oder Babysitting in der Nachbarschaft oder unter Verwandten. Der Umstand, 22

32 Vgl. allgemein zum Arbeitnehmerbegriff *Ulber*, in: Deinert/Wenckebach/Zwanziger, § 3 Rn. 1ff.

33 Vgl. *BAG* 14.6.2016, 9 AZR 305/15, Rn. 15, NZA 2016, 1453; *BAG* 11.8.2015, 9 AZR 98/14, Rn. 16, NZA-RR 2016, 288; *BAG* 29.8.2012, 10 AZR 499/11, Rn. 14, NZA 2014, 1433.

34 Vgl. *BAG* 14.6.2016, 9 AZR 305/15, Rn. 15, NZA 2016, 1453; *BAG* 11.8.2015, 9 AZR 98/14, Rn. 16, NZA-RR 2016, 288; *BAG* 15.2.2012, 10 AZR 301/10, Rn. 13, NZA 2012, 731.

dass häufig solche Gefälligkeiten mit einer »kleinen finanziellen Belohnung« verbunden sind, macht aus der Gefälligkeit noch keine »Beschäftigung« i. S. d. § 1 Abs. 1 JArbSchG.[35] Eine solche »Gefälligkeit« ist aber nicht mehr anzunehmen, wenn der **kommerzielle Aspekt im Vordergrund** steht, wie bei Modeschauen, Talentwettbewerben, Casting-Shows und ähnlichen Veranstaltungen. In solchen Fällen fällt es auch schon am Merkmal »geringfügige Hilfeleistung«.[36]

23 Gelegentliche geringfügige Hilfeleistungen aufgrund **familienrechtlicher Vorschriften** fallen nicht in den Anwendungsbereich des JArbSchG. Gem. § 1619 BGB ist das Kind, solange es dem elterlichen Hausstand angehört und von den Eltern erzogen oder unterhalten wird, verpflichtet, in einer seinen Kräften und seiner Lebensstellung entsprechenden Weise den Eltern in ihrem Hauswesen und Geschäft Dienste zu leisten.

24 Vom Anwendungsbereich des JArbSchG sind auch gelegentliche geringfügige Hilfeleistungen ausgenommen, die in **Einrichtungen der Jugendhilfe** erbracht werden. Diese ergeben sich aus dem SGB VIII. Gemeint sind damit insbesondere Heime, betreute Wohngruppen, Jugendfreizeitheime, Tageseinrichtungen, Schullandheimen.[37]

25 Vom Anwendungsbereich des JArbSchG sind auch gelegentliche geringfügige Hilfeleistungen ausgenommen, die in **Einrichtungen zur Eingliederung von Menschen mit Behinderungen** erbracht werden. Gemeint damit sind insbesondere Behindertenwerkstätten und Berufsförderungswerke.[38]

5. Das JArbSchG gilt nicht für die Beschäftigung durch die Personensorgeberechtigten im Familienhaushalt (§ 1 Abs. 2 Nr. 2 JArbSchG)

26 Ausgenommen vom Anwendungsbereich des JArbSchG ist die **Beschäftigung durch die Personensorgeberechtigten im Familienhaushalt** (§ 1 Abs. 2 Nr. 2 JArbSchG). Gemeint sind insbesondere Hilfen im Haushalt wie Abwaschen, Einkaufen, Putzen, Rasenmähen. Das JArbSchG gilt aber nur dann nicht, wenn die Beschäftigung im »**Familienhaushalt**« erfolgt. Betreiben die Personensorgeberechtigten ein selbstständiges Unternehmen (einen »Familienbetrieb«) und beschäftigen sie dort ihr Kind, findet das JArbSchG Anwendung. Eine Beschäftigung im »Familienhaushalt« liegt auch nicht vor, wenn der Personensorgeberechtigten zu Hause einer Erwerbstätigkeit nachgeht und die Kinder hier mitarbeiten müssen (»Familien-Heimarbeit«). Nach der Gesetzesbegründung soll unter dem Begriff »Familienhaushalt« in der Landwirtschaft »Haus und Hof« zu verstehen sein.[39] Das ist mit dem Schutzzweck des Gesetzes kaum zu vereinbaren.

Die in § 1 Abs. 2 Nr. 2 JArbSchG enthaltene Privilegierung erstreckt sich nicht auf die **Vermarktung von Kindern und Jugendlichen** durch Personensorgeberechtigte im Internet, zum Beispiel durch die Tätigkeit von Kindern und Jugendlichen als »**Influencer**« (»**Kidfluencer**«).[40] Hierbei handelt es sich nicht um eine Tätigkeit im »**Familienhaushalt**« im Sinne der Norm.[41] Zudem gestattet Art. 2 Abs. 2 der Richtlinie 94/33/EG (Anhang Nr. 1) lediglich eine »gelegentliche und kurzfristige« Tätigkeit durch »Hausarbeiten im Privat-

35 ErfK/*Schlachter*, § 1 JArbSchG Rn. 14.
36 *BayObLG* 4.8.2021 – 201 ObOWi 735/21.
37 HK-ArbR/*Poser*, § 1 JArbSchG Rn. 23.
38 HK-ArbR/*Poser*, § 1 JArbSchG Rn. 24; ErfK/*Schlachter*, § 1 JArbSchG Rn. 16.
39 BT-Drucks. 7/4544, S. 4.
40 HWK/*Tillmanns*, § 1 JArbSchG Rn. 14a m. w. N.; ausführlich hierzu *Herberger*, Kinderarbeit unter digitalen Bedingungen, RdA 2021, 273–279.
41 HWK/*Tillmanns*, § 1 JArbSchG Rn. 14a unter Hinweis auf *Lemmert*, Die Vermarktung des Kindes im Influencer-Marketing, 2022, S. 86.

haushalt« bzw. durch Arbeiten in einem Familienbetrieb, die für den jungen Menschen »weder schädlich noch nachteilig noch gefährlich« sind.[42] Darstellungen im Internet sind indes für junge Menschen schon deshalb nachteilig, weil durch sie die Präsentation des jungen Menschen für unabsehbare Dauer der Öffentlichkeit zur Verfügung gestellt wird.[43]

Erforderlich ist eine Beschäftigung durch die »**Personensorgeberechtigten**«. Das Personensorgerecht steht den leiblichen Eltern zu (§§ 1626, 1626a Abs. 1 BGB), und zwar beiden Elternteilen gemeinsam. Bei der Adoption des Kindes übernehmen die Adoptiveltern das Sorgerecht (§ 1754 BGB). Bei Trennung oder Scheidung steht entweder beiden Elternteilen weiterhin gemeinsam das Sorgerecht zu oder aber das Familiengericht überträgt einem Elternteil das Sorgerecht (§ 1671 BGB), sodass der nicht sorgeberechtigte Elternteil in der Konsequenz auch das JArbSchG zu beachten hat.[44] 27

§ 2 Kind, Jugendlicher

(1) Kind im Sinne dieses Gesetzes ist, wer noch nicht 15 Jahre alt ist.

(2) Jugendlicher im Sinne dieses Gesetzes ist, wer 15, aber noch nicht 18 Jahre alt ist.

(3) Auf Jugendliche, die der Vollzeitschulpflicht unterliegen, finden die für Kinder geltenden Vorschriften Anwendung.

Inhaltsübersicht Rn.

I. Überblick

§ 2 JArbSchG definiert den Begriff des Kindes und Jugendlichen im Sinne des JArbSchG. 1
Die Abgrenzung hat Bedeutung für die zulässige Beschäftigung von Kindern einerseits (§ 5 bis § 7 JArbSchG), von Jugendlichen andererseits (§ 8 bis § 46 JArbSchG). Für Kinder ist ergänzend die Verordnung über den Kinderarbeitsschutz (KindArbSchV) vom 23. 6. 1998 (BGBl. I S. 1508) zu beachten.

II. Definitionen nach dem JArbSchG

1. Kind

§ 2 Abs. 1 JArbSchG definiert als Kind, wer das 15. Lebensjahr noch nicht vollendet hat. 2
Die Beschäftigung von Kindern ist grundsätzlich verboten (§ 5 Abs. 1 JArbSchG). Ausnahmen ergeben sich aus § 5 JArbSchG und der Kinderarbeitsschutzverordnung sowie bei behördlichen Ausnahmebewilligungen (§ 6 JArbSchG).

42 Hierauf weist HWK/*Tillmanns*, § 1 JArbSchG Rn. 14a, hin.
43 HWK/*Tillmanns*, § 1 JArbSchG Rn. 14a; vgl. auch *Herberger*, Kinderarbeit unter digitalen Bedingungen, RdA 2021, 273, 275: Es drohe ein »Ausverkauf der Kindheit«.
44 ErfK/*Schlachter*, § 1 JArbSchG Rn. 17.

2. Jugendlicher

3 Jugendlicher ist, wer schon 15 Jahre alt ist, aber das 18. Lebensjahr noch nicht vollendet hat (§ 2 Abs. 2 JArbSchG). Mit dem 18. Geburtstag tritt die Volljährigkeit des Jugendlichen ein. Für Volljährige gelten nicht mehr die Schutzbestimmungen des JArbSchG.

3. Vollzeitschulpflichtige Jugendliche

4 Mit § 2 Abs. 3 JArbSchG sollen Doppelbelastungen von Jugendlichen, die der Vollzeitschulpflicht in Deutschland unterliegen, durch Schule und Erwerbstätigkeit verhindert werden.[1] Auf Jugendliche, die der Vollzeitschulpflicht unterliegen, finden die für Kinder geltenden Vorschriften Anwendung, diese Jugendlichen gelten quasi noch als Kinder im Sinne des JArbSchG. Wann die **Vollzeitschulpflicht** beendet ist, richtet sich nach den Schulgesetzen der Bundesländer. Sie beträgt entweder neun Schuljahre, in Berlin, Brandenburg, Bremen, Nordrhein-Westfalen und Thüringen zehn Schuljahre.[2]

5 Nach Ende der Vollzeitschulpflicht endet der Schutz durch § 2 Abs. 3 JArbSchG. Dabei spielt es keine Rolle, ob der Jugendliche weiter zur Schule geht oder nicht. Er fällt ab diesem Zeitpunkt unter § 2 Abs. 2 JArbSchG und kann nach Maßgabe des § 7 JArbSchG einer Arbeit nachgehen.

§ 3 Arbeitgeber

Arbeitgeber im Sinne dieses Gesetzes ist, wer ein Kind oder einen Jugendlichen gemäß § 1 beschäftigt.

1 § 3 JArbSchG regelt, wer Arbeitgeber und damit nach dem JArbSchG verpflichtet ist. Arbeitgeber ist jede natürliche oder juristische Person, die mindestens ein Kind oder einen Jugendlichen gem. § 1 JArbSchG »beschäftigt«. Da auf die tatsächliche Beschäftigung abgestellt wird, kommt es nicht darauf an, ob der Beschäftigung ein rechtwirksamer Vertrag zugrunde liegt, etwa ein rechtswirksames Arbeitsverhältnis. Mit der Anknüpfung an dem Begriff der »Beschäftigung« ist der Arbeitgeberbegriff des JArbSchG weiter gefasst als der des allgemeinen Arbeitsrechts. Es gilt ein **funktioneller Arbeitgeberbegriff**. Es kommt auf die tatsächliche Beschäftigung an, auf die tatsächliche Funktion im Verhältnis zum Kind oder Jugendlichen, nicht auf den Rechtsstatus. Arbeitgeber im Sinne des JArbSchG ist der, der Kinder und Jugendliche in einem Berufsausbildungsverhältnis oder in Heimarbeit beschäftigt oder sonst in einem abhängigen Beschäftigungsverhältnis beschäftigt.[1] Auch ein Arbeitnehmer, der sich von einem Kind oder Jugendlichen helfen lässt und hier Weisungen erteilt, ist Arbeitgeber im Sinne des JArbSchG.[2]

2 Die Beteiligung eines vierjährigen Kindes an einer kommerziellen Bühnenshow in der Form, dass das Kind am Abend vor großem Publikum im Rahmen einer etwa halbstündigen Musikdarbietung als Solosänger ein Lied in ein eigens aufgestelltes Mikrofon singt und auf einer Kindergitarre spielt, ist als Beschäftigung im Sinne des § 1 Abs. 1

---

1 ErfK/*Schlachter*, § 2 JArbSchG Rn. 3.
2 HK-ArbR/*Poser*, § 2 JArbSchG Rn. 3; ErfK/*Schlachter*, § 2 JArbSchG Rn. 3; HWK/*Tillmanns*, § 2 JArbSchG Rn. 2.

1 ErfK/*Schlachter*, § 3 JArbSchG Rn. 1.
2 *OVG Münster* 17.2.1986 – 12 A 1453/85, NJW 1987, 1443.

Nr. 3 JArbSchG anzusehen. Geschieht dies auf Veranlassung und unter Leitung seines erziehungsberechtigten Vaters, welcher der Musikgruppe verantwortlich vorsteht, und ist das Kind in erster Linie im wirtschaftlichen Interesse des Erziehungsberechtigten tätig, so ist dieser als Arbeitgeber im Sinne des § 3 JArbSchG anzusehen.[3]
Auch **Personalleiter, Ausbildungsleiter, Ausbilder oder Betriebsleiter** gelten als funktioneller Arbeitgeber im Sinne des JArbSchG, wenn sie eine Weisungsbefugnis gegenüber dem Kind oder Jugendlichen ausüben. Gleiches gilt für die vertretungsberechtigten Organe einer juristischen Person oder die Gesellschafter einer Personenhandelsgesellschaft.[4]

Bei der **Arbeitnehmerüberlassung** (Leiharbeit) ist sowohl der Verleiher als auch der Entleiher Arbeitgeber im Sinne des JArbSchG. Bei der Heimarbeit ist der Auftraggeber Arbeitgeber im Sinne des JArbSchG. Gibt der Zwischenmeister die Heimarbeit an ein Kind oder einen Jugendlichen weiter, ist dieser ebenfalls Arbeitgeber im Sinne des JArbSchG.

§ 4 Arbeitszeit

(1) Tägliche Arbeitszeit ist die Zeit vom Beginn bis zum Ende der täglichen Beschäftigung ohne die Ruhepausen (§ 11).
(2) Schichtzeit ist die tägliche Arbeitszeit unter Hinzurechnung der Ruhepausen (§ 11).
(3) Im Bergbau unter Tage gilt die Schichtzeit als Arbeitszeit. Sie wird gerechnet vom Betreten des Förderkorbs bei der Einfahrt bis zum Verlassen des Förderkorbs bei der Ausfahrt oder vom Eintritt des einzelnen Beschäftigten in das Stollenmundloch bis zu seinem Wiederaustritt.
(4) Für die Berechnung der wöchentlichen Arbeitszeit ist als Woche die Zeit von Montag bis einschließlich Sonntag zugrunde zu legen. Die Arbeitszeit, die an einem Werktag infolge eines gesetzlichen Feiertags ausfällt, wird auf die wöchentliche Arbeitszeit angerechnet.
(5) Wird ein Kind oder ein Jugendlicher von mehreren Arbeitgebern beschäftigt, so werden die Arbeits- und Schichtzeiten sowie die Arbeitstage zusammengerechnet.

Inhaltsübersicht Rn.

I. Überblick

§ 4 JArbSchG definiert den für die nachfolgenden Vorschriften maßgeblichen Begriff der 1
Arbeitszeit und damit im Zusammenhang stehende Begriffe. Unabhängig von dieser Be-

3 *BayObLG* 4. 8. 2021 – 201 ObOWi 735/21.
4 HK-ArbR/*Poser*, § 3 JArbSchG Rn. 1; ErfK/*Schlachter*, § 3 JArbSchG Rn. 1.

griffsdefinition im JArbSchG sind die Rechte des Betriebsrats zu sehen. Der **Betriebsrat** hat ein **Mitbestimmungsrecht** im Hinblick auf den Beginn und das Ende der täglichen Arbeitszeit (§ 87 Abs. 1 Nr. 2 BetrVG). Das umfasst auch Pausenregelungen und die Verteilung der Arbeitszeit auf die einzelnen Wochentage. Das Mitbestimmungsrecht bezieht sich auch auf die Einführung und konkrete Ausgestaltung verschiedener Arbeitszeitsysteme, wie Gleitzeit, Schichtarbeit, Arbeitszeitkonten. Für den **Personalrat** ergibt sich das Mitbestimmungsrecht aus § 75 Abs. 3 Nr. 1 BPersVG oder den Personalvertretungsgesetzen der Bundesländer.

II. Tägliche Arbeitszeit

2 Tägliche Arbeitszeit ist die Zeit vom Beginn bis zum Ende der täglichen Beschäftigung ohne die Ruhepausen (§ 4 Abs. 1 JArbSchG). Wegen der Ruhepausen wird auf § 11 JArbSchG verwiesen. Die Definition der Arbeitszeit entspricht § 2 Abs. 1 Satz 1 ArbZG. Die zulässige Dauer der täglichen Arbeitszeit folgt aus § 8 JArbSchG.

3 **Betriebliche Ausbildungsmaßnahmen** sowie zusätzlicher im Betrieb angebotener **theoretischer Unterricht** und **Praxislehrgänge** gehören ebenfalls zur Arbeitszeit (vgl. zu außerbetrieblichen Ausbildungsmaßnahmen und Prüfungen § 10 JArbSchG, zum Berufsschulunterricht § 9 JArbSchG).

Ein Jugendlicher, der sich in einer betrieblichen Ausbildung befindet, ist für die Teilnahme am **Berufsschulunterricht** und an **Prüfungen** freizustellen (§ 9 JArbSchG). Die Wegezeiten zur Berufsschule gehören ebenfalls zum Freistellungszeitraum.[1] Diese Zeiten fallen begrifflich nicht unter die »Arbeitszeit«, sind aber auf die Arbeitszeit nach näherer Maßgabe der § 9 und § 10 JArbSchG anzurechnen.[2]

Im Berufsausbildungsverhältnis haben die Auszubildenden einen schriftlichen oder elektronischen Ausbildungsnachweis zu führen (§ 13 Satz 2 Nr. 7 BBiG) und die Ausbildenden haben die Auszubildenden zum Führen der Ausbildungsnachweise anzuhalten und diese regelmäßig durchzusehen (§ 14 Abs. 2 Satz 1 BBiG). Den Auszubildenden ist Gelegenheit zu geben, **den Ausbildungsnachweis am Arbeitsplatz zu führen** (§ 14 Abs. 2 Satz 2 BBiG), das heißt während der betrieblichen Ausbildungszeit.

1. Unterscheidung Arbeitszeit und Ruhezeit

4 Klassischerweise wird im Arbeitszeitrecht unterschieden zwischen »Arbeitszeit« und »Ruhezeit«. Bei bestimmten Formen der Arbeit kann problematisch sein, ob diese zur »Arbeitszeit« gehören, so bei der Arbeitsbereitschaft, dem Bereitschaftsdienst und der Rufbereitschaft. Für die Abgrenzung ist nicht nur das deutsche Recht maßgeblich, sondern auch die Richtlinie 2003/88/EG des Europäischen Parlaments und des Rates vom 4.11.2003 über bestimmte Aspekte der Arbeitszeitgestaltung (Arbeitszeit-Richtlinie). Nach Art. 2 dieser Richtlinie ist »Arbeitszeit« jede Zeitspanne, während derer ein Arbeitnehmer gem. den einzelstaatlichen Rechtsvorschriften und/oder Gepflogenheiten arbeitet, dem Arbeitgeber zur Verfügung steht und seine Tätigkeit ausübt oder Aufgaben wahrnimmt. »Ruhezeit« ist jede Zeitspanne außerhalb der Arbeitszeit. Bei der Abgrenzung geht es darum, ob und inwieweit Zeiten der Arbeitsleistung oder der Nichtarbeit auf die Höchstarbeitszeit anzurechnen sind oder die Ruhezeit des Arbeitnehmers unterbrechen.

---

1 *BAG* 26.3.2001 – 5 AZR 413/99, NZA 2001, 892.
2 ErfK/*Schlachter*, § 4 JArbSchG Rn. 4.

Nicht zur Arbeitszeit gehören:

- **Wegezeiten** von der Wohnung zur Arbeitsstelle und zurück,[3]
- **Raucherpausen,**[4]
- tatsachlich vom Arbeitgeber gewährte **Ruhepausen** (§ 11 JArbSchG).[5]

Zu beachten ist, dass der in der Praxis häufig übliche **pauschale Abzug von (fiktiven) Pausenzeiten** von der Arbeitszeit nicht der gesetzlichen Intention entspricht. Werden pauschal bestimmte Zeiten von der Arbeitszeit abgezogen, ist das unzulässig. Diese Zeiten sind als Arbeitszeit zu vergüten. »Pausen« sind nämlich im Voraus festgelegte Unterbrechungen der Arbeitszeit, in denen der Arbeitnehmer weder Arbeit zu leisten noch sich dafür bereitzuhalten hat, sondern frei darüber entscheiden kann, wo und wie er diese Zeit verbringen will.[6] **Da der Arbeitgeber die Ruhepausen zu gewähren hat** (§ 11 JArbSchG), hat er dafür einzustehen, dass Pausen genommen werden können, d. h., er hat den Arbeitsprozess entsprechend zu organisieren. Es ist Sache der Arbeitgeber, »im Voraus die Ruhepausen festzulegen und damit Kenntnis davon zu haben, an welchen Tagen der Arbeitnehmer zu welchen Zeiten weder Arbeit leisten noch sich dafür bereithalten musste und frei über die Nutzung des Zeitraums bestimmen konnte«.[7]

Ob **Arbeitszeit** vorliegt, richtet sich nicht zwingend danach, ob der Jugendliche tatsäch- 5
lich eine Arbeitsleistung erbringt oder beschäftigt wird, sondern danach, ob er sich an einem vom Arbeitgeber vorgegebenen Ort bereithalten muss, um gegebenenfalls Arbeitsleistung zu erbringen. Dazu zählt nicht nur die eigentliche **Tätigkeit**, sondern jede vom Arbeitgeber verlangte sonstige Tätigkeit oder Maßnahme, die mit der eigentlichen Tätigkeit oder der Art und Weise von deren Erbringung unmittelbar zusammenhängt.[8] Zur Arbeit zählt nicht nur jede Tätigkeit, die als solche der Befriedigung eines fremden Bedürfnisses dient, sondern auch eine vom Arbeitgeber veranlasste **Untätigkeit**, während derer der Arbeitnehmer am Arbeitsplatz oder einer vom Arbeitgeber bestimmten Stelle anwesend sein muss und nicht frei über die Nutzung des Zeitraums bestimmen kann, er also weder eine Pause (§ 11 JArbSchG) noch Freizeit hat.[9]

Zur Arbeitszeit gehört auch die **Zeit des Wartens auf Arbeit,** wenn zum Beispiel der Materialnachschub stockt oder im Einzelhandel gerade kein Kunde im Laden ist (vgl. zur Arbeitsbereitschaft und zum Bereitschaftsdienst Rn. 9). Die Zeit der Arbeitsunterbrechung durch Ruhepausen (§ 11 JArbSchG) ist durch die ausdrückliche Regelung in § 4 Abs. 1 JArbSchG von der Arbeitszeit ausgenommen.

Auch **Vor- und Abschlussarbeiten** gehören zur Arbeitszeit. Vor- und Abschlussarbeiten 6
sind Reinigungs- oder Instandhaltungsarbeiten und Arbeiten zur Erhaltung der betrieblichen Funktion. Die Reinigung des Arbeitsplatzes und der Maschinen gehört damit zur Arbeitszeit.[10]

3 Vgl. *BAG* 21.3.2021 – 5 AZR 148/20, Rn. 18, NZA 2021, 1192; *BAG* 22.4.2009 – 5 AZR 292/08, Rn. 15, NZA-RR 2010, 231.

4 Vgl. *BAG* 11.7.2013 – 2 AZR 241/12, Rn. 25, NZA 2013, 1259.

5 Allerdings können Pausen aufgrund ausdrücklicher arbeits- oder tarifvertraglicher Regelung auch als »bezahlte Pausen« oder »Pausen ohne Lohnabzug« vereinbart werden; vgl. *BAG* 23.1.2001 – 9 AZR 4/00, NZA 2002, 224.

6 *BAG* 25.2.2015 – 1 AZR 642/13, Rn. 21, NZA 2015, 442; *BAG* 19.11.2014 – 5 AZR 1101/12, Rn. 19, AP BGB § 611 Nr. 24.

7 *BAG* 21.12.2016 – 5 AZR 362/16, Rn. 28, NZA-RR 2017, 233.

8 Vgl. *BAG* 19.9.2012 – 5 AZR 678/11, Rn. 28, NZA-RR 2013, 63.

9 Vgl. *BAG* 19.11.2014 – 5 AZR 1101/12, Rn. 16, AP BGB § 611 Nr. 24; *BAG* 20.4.2011 – 5 AZR 200/10, Rn. 21, NZA 2011, 917.

10 ErfK/*Schlachter*, § 4 JArbSchG Rn. 4.

7 **Wasch- und Umkleidezeiten** gehören an sich *nicht* zur Arbeitszeit.[11] Wenn das Tragen einer bestimmten Kleidung vom Arbeitgeber jedoch vorgeschrieben wird, gehören die **Umkleidezeiten** (und die durch das Umkleiden veranlassten *innerbetrieblichen* Wegezeiten) zur Arbeitszeit, wenn das Umkleiden einem fremden Bedürfnis dient *und* nicht zugleich ein eigenes Bedürfnis erfüllt, vor allem, wenn das Umkleiden im Betrieb erfolgen muss,[12] nicht dagegen, wenn die Dienstkleidung zu Hause angelegt und (ohne besonders auffällig zu sein) auch auf dem Weg zur Arbeit getragen werden kann.[13] Die Kleidung ist besonders auffällig, wenn die Arbeitnehmer im öffentlichen Raum aufgrund der Ausgestaltung ihrer Kleidungsstücke ohne Weiteres als Angehörige ihres Arbeitgebers erkannt werden können, zum Beispiel durch ein Emblem oder einen Schriftzug, wobei es auf die Größe der Schriftzüge oder Logos nicht ankommt.[14] Eine auffällige Dienstkleidung liegt auch vor, wenn der Auszubildende aufgrund ihrer Ausgestaltung in der Öffentlichkeit einem bestimmten Berufszweig oder einer bestimmten Branche zugeordnet werden kann (zum Beispiel weiße Kleidung bei Krankenpflegeberufen).[15] Eine ausschließlich fremdnützige Tätigkeit liegt auch beim Tragen **Persönlicher Schutzausrüstung** (PSA) oder von Sicherheitsschuhen vor, wenn diese vom Arbeitnehmer aus Sicherheitsgründen zu tragen sind.[16]

Wenn im Betrieb eine Umkleidemöglichkeit zur Verfügung steht, die Arbeitnehmer diese Möglichkeit aber nicht nutzen, sondern sich zu Hause umkleiden, handelt es sich *nicht* um Arbeitszeit.[17] Dann dient nämlich das Umkleiden auch einem eigenen Bedürfnis der Arbeitnehmer, weil diese keine eigenen Kleidungsstücke auf dem Arbeitsweg tragen müssen oder sich aus anderen, selbstbestimmten Gründen gegen das An- und Ablegen der Dienstkleidung im Betrieb entscheiden. Wenn im Betrieb oder Einsatzort keine zumutbaren Umkleide- und Aufbewahrungsmöglichkeiten für Privat- und Dienstkleidung zur Verfügung stehen, ist die Umkleidezeit außerhalb des Betriebs dagegen Arbeitszeit.[18]

8 Zur Arbeitszeit gehören Fahrten vom Betrieb zu einer auswärtigen Arbeitsstelle. Das gilt auch für Wege-/Fahrtzeiten zu Kunden, auch zum ersten Kunden und vom letzten Kunden zurück. Das gilt unabhängig davon, ob Fahrtantritt und Fahrtende vom Betrieb oder von der Wohnung der Arbeitnehmer aus erfolgen.[19]

Zur Arbeitszeit gehören **betrieblich veranlasste Wegezeiten,** die durch die Beförderung jugendlicher Arbeitnehmer vom Betrieb zu einer anderen Arbeitsstätte anfallen,[20] oder die Zeit für den Weg zwischen dem Betrieb und einer außerbetrieblichen Ausbildungsstätte oder auch die Zeit von einer Arbeitsstelle (oder Baustelle) zur nächsten oder von einem Kunden zum nächsten, *nicht* aber sonstige Wegezeiten von zu Hause zum Betrieb

11 *BAG* 11.10.2000 – 5 AZR 122/99, NZA 2001, 458; *BAG* 22.3.1995 – 5 AZR 934/93, NZA 1996, 107.
12 *BAG* 26.10.2016 – 5 AZR 168/16, NZA 2017, 323; *BAG* 19.9.2012 – 5 AZR 678/11, NZA-RR 2013, 63; *BAG* 28.7.1994 – 6 AZR 220/94, NZA 1995, 437.
13 *BAG* 10.11.2009 – 1 ABR 54/08, Rn. 15, NZA-RR 2010, 301.
14 *BAG* 17.11.2015 – 1 ABR 76/13, Rn. 31, NZA 2016, 247.
15 *BAG* 6.9.2017 – 5 AZR 382/16, NZA 2018, 180.
16 *BAG* 21.7.2021 – 5 AZR 572/20, NZA 2021, 1659; *BAG* 31.3.2021 – 5 AZR 148/20, NZA 2021, 1192; *BAG* 12.12.2018 – 5 AZR 124/18, Rn. 17, NZA 2019, 549; *BAG* 25.4.2018 – 5 AZR 245/17, Rn. 28, NZA 2018, 1077.
17 *BAG* 31.3.2021 – 5 AZR 148/20, NZA 2021, 1192.
18 *BAG* 13.10.2021 – 5 AZR 295/20, NZA 2022, 720.
19 *BAG* 18.3.2020 – 5 AZR 36/19, Rn. 16, NZA 2020, 868; *BAG* 17.10.2018 – 5 AZR 553/17, Rn. 14, NZA 2019, 159; *BAG* 25.4.2018 – 5 AZR 424/17, Rn. 18, NZA 2018, 1211.
20 *BayObLG* 23.3.1992–3 ObOWi 18/92, NZA 1992, 811.

oder der Nachhauseweg.[21] Hat der Jugendliche auf Weisung des Arbeitgebers die Arbeit nicht im Betrieb aufzunehmen, sondern an einer Montage- oder Baustelle, zählt die von ihm dafür benötigte Wegezeit als Arbeitszeit, wenn und soweit die dafür aufgewandte Zeit über die Zeit hinausgeht, die der Jugendliche normalerweise von seiner Wohnung bis zum Betrieb oder zur üblichen Arbeitsstätte benötigt.

2. Arbeitsbereitschaft, Bereitschaftsdienst

Zur Arbeitszeit gehören auch der Bereitschaftsdienst und die Arbeitsbereitschaft.[22] Von 9
Bereitschaftsdienst spricht man, wenn der Arbeitnehmer sich an einer vom Arbeitgeber bestimmten Stelle innerhalb oder außerhalb des Betriebs aufzuhalten hat, um, sobald es notwendig ist, die Arbeit aufzunehmen.[23] Die inaktiven Zeiten des Bereitschaftsdienstes sind *keine* **Pausen** (§ 11 JArbSchG). Beim Bereitschaftsdienst kann der Arbeitgeber den Aufenthaltsort des Arbeitnehmers bestimmen und ihn jederzeit einsetzen. Der Arbeitnehmer kann nicht frei darüber verfügen, wo und wie er die inaktiven Zeiten verbringt. Deshalb ist es keine »Ruhepause« im Sinne des Arbeitszeitrechts. Eine solche Pause ist nämlich dadurch gekennzeichnet, dass der Arbeitnehmer frei darüber entscheiden kann, wo und wie er diese Zeit verbringen will. Entscheidendes Merkmal der Ruhepause ist, dass der Arbeitnehmer von jeder Arbeitsverpflichtung und auch von jeder Verpflichtung freigestellt ist, sich zur Arbeit bereitzuhalten (vgl. auch § 11 Rn. 7).[24] Bei der **Arbeitsbereitschaft** ist der Arbeitnehmer an der Arbeitsstelle anwesend und muss jederzeit bereit sein, die Arbeit aufzunehmen oder in den Arbeitsprozess einzugreifen (zum Beispiel Arbeit des Pförtners; Zeiten, in denen Verkäufer im Ladengeschäft auf Kunden warten, in denen Mitarbeiter in einem Service-Center/Call-Center auf Anrufe warten, oder ansonsten beim Warten auf Zuarbeiten, auf Anweisungen oder Material). Arbeitszeitrechtlich ist mittlerweile die Unterscheidung zwischen »Bereitschaftsdienst« und »Arbeitsbereitschaft« ohne Bedeutung. Beides ist Arbeitszeit.

3. Rufbereitschaft

Nicht klar ist die Rechtslage bei der Rufbereitschaft. Bei der **Rufbereitschaft** muss der Ar- 10
beitnehmer nicht am Arbeitsort anwesend sein. Vielmehr ist es ihm gestattet, sich in der eigenen Wohnung oder an einem anderen Ort aufzuhalten, muss allerdings für den Arbeitgeber dort erreichbar sein. Auf Anforderung des Arbeitgebers muss der Arbeitnehmer seine Arbeitstätigkeit aufnehmen und hierzu die Betriebsstätte oder einen anderen vom Arbeitgeber bestimmten Ort aufsuchen. Bislang wurde davon ausgegangen, dass die Rufbereitschaft **keine Arbeitszeit** ist, soweit der Arbeitnehmer nicht zur Arbeit gerufen wird, weil der Arbeitnehmer für den Arbeitgeber zwar erreichbar sein muss, jedoch frei darin ist, wo er sich konkret aufhält.[25] Wird der Arbeitnehmer zur Arbeit herangezogen, ist die Zeit, in der er Arbeitstätigkeiten ausübt, selbstverständlich Arbeitszeit. Für Jugendliche wurde – als Ausnahme von dieser allgemeinen Regel – zum Teil angenommen, dass auch

21 *Taubert,* JArbSchG, § 4 Rn. 9.

22 *BAG* 16.12.2009 – 5 AZR 157/09, NZA 2010, 505; *BAG* 15.7.2009 – 5 AZR 867/08, NZA 2009, 1366, 1367; *BAG* 16.3.2004 – 9 AZR 93/03, NZA 2004, 927; *BAG* 18.2.2003 – 1 ABR 2/02, NZA 2003, 742.

23 *BAG* 22.11.2000 – 4 AZR 612/99, NZA 2001, 451.

24 *BAG* 16.12.2009 – 5 AZR 157/09, NZA 2010, 505; *BAG* 13.10.2009 – 9 AZR 139/08, ZTR 2010, 79, Rn. 30; *BAG* 29.10.2002 – 1 AZR 603/01, NZA 2003, 1212.

25 *Molitor/Volmer/Germelmann,* JArbSchG, § 4 Rn. 14; ErfK/*Schlachter,* § 4 JArbSchG Rn. 3.

die Rufbereitschaft zur Arbeitszeit zähle.[26] Das soll aus dem Schutzzweck des Jugendarbeitsschutzgesetzes folgen. Der Jugendliche soll vor Einschränkungen seiner freien Zeit geschützt werden. Dem kann aus rechtssystematischen Gründen nicht gefolgt werden. Bei der Auslegung des Begriffs der Arbeitszeit in den Arbeitszeitschutzbestimmungen kann nicht danach differenziert werden, ob es um minder- oder volljährige Arbeitnehmer geht. Will der Gesetzgeber eine Personengruppe besonders schützen (hier Jugendliche), muss er das ausdrücklich regeln; es kann nicht ohne ausdrückliche Regelung in das Gesetz »hineingelesen« werden.

11 Allerdings ist bei der Rufbereitschaft insgesamt eine stärkere **Differenzierung** erforderlich. Der ***EuGH*** hatte sich jüngst mit der Rufbereitschaft eines belgischen Feuerwehrmanns zu befassen.[27] Dieser, ein Herr Matzak, durfte während des Dienstes zwar seinen Aufenthaltsort frei wählen, doch war ihm aufgegeben, dass er die Wache bei normalem Verkehrsfluss spätestens innerhalb von acht Minuten erreichen können muss. Ganz in der Linie seiner Begrifflichkeit bezeichnet der *EuGH* den Einsatz des Klägers als »Bereitschaftsdienst«, differenziert diesen Begriff allerdings weiter aus und legt dar, dass sich Besonderheiten bei der Qualifikation des Bereitschaftsdienstes ergeben können, wenn der Arbeitnehmer während des Dienstes nur erreichbar sein muss, er sich aber an einem von ihm selbst bestimmten Ort aufhalten darf, er also nicht am Arbeitsplatz anwesend sein muss. Damit erkennt der *EuGH* letztlich die Rufbereitschaft als gesonderte Arbeitszeitform an, auch wenn er sie verbal nicht als solche kategorisiert.

Wenn der Arbeitnehmer einen Bereitschaftsdienst nach dem System der Rufbereitschaft erbringe, die seine ständige Erreichbarkeit, nicht jedoch zugleich seine Anwesenheit am Arbeitsplatz erfordere, sei das anders zu bewerten als der klassische Bereitschaftsdienst (mit Anwesenheitspflicht am Arbeitsort). Selbst wenn der Arbeitnehmer dem Arbeitgeber in dem Sinne zur Verfügung steht, dass er erreichbar sein muss, kann er in dieser Situation freier über seine Zeit verfügen und eigenen Interessen nachgehen. Unter diesen Umständen ist nur die Zeit, die für die tatsächliche Erbringung von Leistungen aufgewandt wird, als »Arbeitszeit« anzusehen.[28] Nach Ansicht des *EuGH* ist Rufbereitschaft jedoch insgesamt als Arbeitszeit zu erfassen (also auch, was Zeiten der Nichtarbeit betrifft), wenn der Arbeitnehmer nicht nur verpflichtet ist, für seinen Arbeitgeber verfügbar zu sein, sondern dem Arbeitnehmer auch vorgegeben wird, sich auf Zuruf **innerhalb von acht Minuten an seinem Arbeitsplatz** einzufinden. Dadurch sei die Möglichkeit für den Arbeitnehmer, über seine Zeit selbst zu bestimmen, zum Beispiel anderen Tätigkeit nachzugehen, erheblich eingeschränkt und deshalb müsse bei einer so engen Zeitvorgabe auch die Zeit zu Hause als »Arbeitszeit« angesehen werden.[29]

Aus dieser Entscheidung folgt nun *nicht*, dass jede Rufbereitschaft (wie Bereitschaftsdienst) als »Arbeitszeit« anzusehen ist. Der entscheidende Unterschied gegenüber dem klassischen Bereitschaftsdienst bleibt: Der Arbeitnehmer ist bei der Rufbereitschaft nicht verpflichtet, vor Ort am Arbeitsplatz anwesend zu sein, sondern er kann frei entscheiden, wo er sich aufhält und muss lediglich erreichbar sein. Wenn allerdings die Zeitvorgabe, binnen derer der Arbeitnehmer den Arbeitsplatz erreichen muss, so eng ist, dass die Möglichkeit für den Arbeitnehmer, über seine Zeit selbst zu bestimmen, erheblich eingeschränkt ist, ist das letztlich nicht anders zu behandeln, als ob der Arbeitnehmer am Arbeitsplatz vor Ort anwesend sein müsste. Die Acht-Minuten-Grenze in dem Fall, der

26 *Taubert*, JArbSchG, § 4 Rn. 5; *Zmarzlik/Anzinger*, JArbSchG, § 4 Rn. 10.
27 *EuGH* 21.2.2018 – C-518/15 (Matzak), NZA 2018, 293.
28 *EuGH* 21.2.2018 – C-518/15 (Matzak), Rn. 60, NZA 2018, 293.
29 *EuGH* 21.2.2018 – C-518/15 (Matzak), NZA 2018, 293.

dem *EuGH* zur Entscheidung vorlag, ist nun nicht zwingend. Es kommt vielmehr auf die **Umstände des Einzelfalls** an. Für den *EuGH* ist entscheidend, ob die in Frage stehende Rufbereitschaft den Arbeitnehmer so sehr in Anspruch nimmt, dass er auch während inaktiver Zeiten so angespannt ist, dass diese als Arbeitsleistung angesehen werden müssen. Es kommt also darauf an, ob der Arbeitnehmer durch die Rufbereitschaft so sehr an der Verfolgung seiner persönlichen und sozialen Interessen gehindert wird, dass sich die Situation letztlich kaum von einer Anwesenheit im Betrieb unterscheidet.[30]

Für die vergütungsrechtliche Seite hat das *BAG* mehrfach entschieden, dass eine arbeits- oder tarifvertragliche Regelung zur Rufbereitschaft nur dann greift, wenn der Arbeitnehmer seinen Aufenthaltsort während der Rufbereitschaft selbst bestimmen kann und lediglich sicherstellen muss, dass er in einer angemessenen Zeit seine Arbeit wieder aufnehmen kann.[31] Das hat das *BAG* für ein Zeitfenster von 45 Minuten bejaht,[32] verneint für ein Zeitfenster von 10 Minuten[33] oder 20 Minuten.[34]

In weiteren Verfahren hat sich der *EuGH* mit der arbeitszeitrechtlichen Einordnung der Rufbereitschaft befasst.[35] Dabei greift er auf die bereits zuvor geschilderte Grundlinie zurück: Auch die inaktiven Phasen innerhalb eines Dienstes der Rufbereitschaft sind Arbeitszeit, wenn den Arbeitnehmern vorgegeben ist, sich in so kurzer Zeit im Betrieb oder an einem Einsatzort einzufinden, dass sie sich während der Ruhezeit nicht mehr ernsthaft ausruhen oder anderen Tätigkeiten widmen können. Diese Formel präzisiert der *EuGH*: Die Gestaltungsautonomie der Arbeitnehmer über die Ruhezeit müsse durch die Rufbereitschaft objektiv gesehen und ganz erheblich beeinträchtigt sein. Daher müssen die den Arbeitnehmern während der inaktiven Zeit auferlegten Einschränkungen von solcher Art sein, dass sie diese nicht mehr wirklich frei gestalten und daher nicht mehr ernsthaft ihren eigenen Interessen nachgehen können. Dabei ist nach wie vor das entscheidende Kriterium, in welcher Zeitspanne sich die Arbeitnehmer auf Zuruf im Betrieb oder an einem Einsatzort einfinden müssen. Sind die Beschäftigten verpflichtet, sich in sehr kurzer Zeit am Einsatzort einzufinden, kann von einer selbst bestimmten Ruhezeit keine Rede mehr sein. Doch ist das nicht das einzige Prüfungskriterium, vielmehr bedarf es einer Gesamtbeurteilung aller Umstände. Entscheidend ist etwa, wie oft die Arbeitnehmer zu einschlägigen Diensten eingeteilt werden. Zudem ist von Bedeutung, ob und inwieweit die Beschäftigten damit rechnen müssen, während der Rufbereitschaft tatsächlich zur Arbeitsleistung herangezogen zu werden. Alles in allem steht das Zeitfenster, innerhalb dessen die Beschäftigten am Einsatzort erscheinen müssen, in einem Wechselspiel mit der Wahrscheinlichkeit, tatsächlich zur Arbeit gerufen zu werden.

Das *BAG* hat (anknüpfend an die Rspr. des *EuGH*) entschieden: Bei als Rufbereitschaft angeordneten Bereitschaftszeiten, während derer sich die Arbeitnehmer nicht am Arbeitsplatz aufhalten müssen, handelt es sich insgesamt um Arbeitszeit, wenn den Arbeitnehmern Einschränkungen auferlegt werden, die diese bei objektiver Betrachtung ganz erheblich darin beeinträchtigen, die Zeit, innerhalb derer sie sich bereithalten müssen, frei gestalten und sich allgemeinen Interessen widmen zu können. Ob die den Arbeitneh-

30 Vgl. *Bayreuther*, NZA 2018, 348, 349.
31 *BAG* 11.7.2006 – 9 AZR 519/05, NZA 2007, 155.
32 *BAG* 22.1.2004 – 6 AZR 543/02.
33 *BAG* 19.12.1991 – 6 AZR 592/89, NZA 1992, 560.
34 *BAG* 31.1.2002 – 6 AZR 214/00: In dem Fall ging es darum, dass eine tarifliche Ermächtigung zur Anordnung von Rufbereitschaft eine dahingehende Weisung des Arbeitgebers nicht abdeckte.
35 *EuGH* 9.3.2021 – C-580/19 (R J/Stadt Offenbach am Main), NZA 2021, 489; *EuGH* 9.3.2021 – C-344/19 (D J/Radiotelevizija Slovenija), NZA 2021, 485.

mer auferlegten Einschränkungen diesen Intensitätsgrad erreicht haben, ist anhand einer Gesamtwürdigung zu beurteilen. Die dafür maßgeblichen Beurteilungskriterien sind vor allem die Zeitspanne, binnen derer die Arbeitnehmer die Arbeit aufzunehmen haben, sowie die durchschnittliche Häufigkeit und Dauer der tatsächlichen Inanspruchnahme während der Bereitschaftszeiten.[36]
Insgesamt ist die Frage, ob und unter welchen Voraussetzungen und in welchem Umfang die Rufbereitschaft als Arbeitszeit gilt oder nicht und zu bezahlen ist, derzeit nicht einfach zu beantworten. In der Praxis empfiehlt es sich, diese Fragen durch Tarifvertrag zu regeln.[37] Ansonsten muss man mit Rechtsunsicherheiten leben.

III. Schichtzeit

12 Schichtzeit ist die tägliche Arbeitszeit unter Hinzurechnung der Ruhepausen (§ 4 Abs. 2 JArbSchG). Auch wenn innerhalb der Schichtzeit eine mehrstündige Pause liegt, in der der Jugendliche den Arbeitsplatz verlassen darf, gilt die tägliche Arbeitszeit dadurch nicht als unterbrochen.[38] Die zulässige Dauer der Schichtzeit ergibt sich aus § 12 JArbSchG.

IV. Bergbau unter Tage

13 Im Bergbau unter Tage gilt die Schichtzeit als Arbeitszeit (§ 4 Abs. 3 Satz 1 JArbSchG). Sie wird gerechnet vom Betreten des Förderkorbs bei der Einfahrt bis zum Verlassen des Förderkorbs bei der Ausfahrt oder vom Eintritt des einzelnen Beschäftigten in das Stollenmundloch bis zu seinem Wiederaustritt (§ 4 Abs. 3 Satz 2 JArbSchG). Das Stollenmundloch ist die Öffnung, also der Eingang des Stollens. Die Ruhepausen werden hier auf die Arbeitszeit angerechnet, wie sich aus § 4 Abs. 2 JArbSchG ergibt. Aus der Regelung folgt, dass im Bergbau unter Tage die Entgegennahme und das Abgeben von Werkzeug, das Umkleiden und Waschen über Tage und ähnliche Vorbereitungs- und Abschlussarbeiten nicht zur Arbeitszeit gehören.[39] Die Gleichsetzung von Arbeitszeit und Schichtzeit gilt nur für den Bergbau unter Tage. Mit Bergbau unter Tage ist nicht nur der Steinkohlenbergbau gemeint, sondern jede bergbauliche Tätigkeit unter Tage im Sinne des Bundesberggesetzes, also auch der Erz- und Kalibergbau.[40] Erhalten jugendliche Bergbaulehrlinge im Anschluss an den Berufsschulunterricht einen zur Teilnahme verpflichtenden Sportunterricht, dann ist auch diese Zeit Arbeitszeit im Sinne des JArbSchG und als solche auch zu vergüten.[41]

V. Berechnung der wöchentlichen Arbeitszeit

14 Für die Berechnung der wöchentlichen Arbeitszeit ist als Woche die Zeit von Montag bis einschließlich Sonntag zugrunde zu legen (§ 4 Abs. 4 Satz 1 JArbSchG). Die Regelung ist im Zusammenhang zu sehen mit § 8 Abs. 1 und § 15 JArbSchG. Die gesetzliche Höchstarbeitszeit für Jugendliche beträgt 40 Stunden wöchentlich, und zwar an fünf Tagen in der Woche (§ 15 JArbSchG). § 4 Abs. 4 Satz 1 JArbSchG hat Bedeutung, wenn ausnahms-

36 *BAG* 27.7.2021 – 9 AZR 448/20, Rn. 47 ff., NZA 2021, 1702.
37 Vgl. zu einem Tarifvertrag für Ärzte im öffentlichen Dienst: *BAG* 25.3.2021 – 6 AZR 264/20, NZA 2021, 1048.
38 *BayObLG* 28.1.1982 – 3 ObOWi 213/81, DB 1982, 1680.
39 ErfK/*Schlachter*, § 4 JArbSchG Rn. 5.
40 *Molitor/Volmer/Germelmann*, JArbSchG, § 4 Rn. 26; *Zmarzlik/Anzinger*, JArbSchG, § 4 Rn. 27.
41 *LAG Hamm* 9.4.1963 – 3 Sa 73/63, BB 1964, 261.

weise die fünf Tage auch am Samstag oder Sonntag erbracht werden dürfen (§§ 16, 17 JArbSchG). Die Samstags- oder Sonntagsarbeit ist also mit einzubeziehen in die 40-Stunden-Woche an fünf Tagen.

VI. Gesetzlicher Feiertag und Wochenarbeitszeit

15 Die Arbeitszeit, die an einem Werktag infolge eines gesetzlichen Feiertags ausfällt, wird auf die wöchentliche Arbeitszeit angerechnet (§ 4 Abs. 4 Satz 2 JArbSchG). Vgl. zu den gesetzlichen Feiertagen § 18 JArbSchG. Das gilt auch dann, wenn der gesetzliche Feiertag auf einen Sonntag fällt und der Jugendliche an Sonntagen gem. § 17 Abs. 2 und Abs. 3 JArbSchG arbeiten darf. Zwar ist ausdrücklich in dieser Bestimmung nur von Arbeitszeit die Rede, die an einem Werktag wegen eines gesetzlichen Feiertages ausfällt; diese Regelung muss aber auch in den Fällen gelten, in denen normalerweise sonntags gearbeitet werden müsste, jedoch wegen eines gesetzlichen Feiertages (zum Beispiel am Ostersonntag oder Pfingstsonntag) die Arbeit an diesem Tag ausfällt.[42]

16 Nur die tatsächliche Arbeitszeit, die ausfällt, wird auf die wöchentliche Arbeitszeit angerechnet und ist nach dem Lohnausfallprinzip so zu vergüten, wie wenn gearbeitet worden wäre. Eine Umgehung der Bestimmung, etwa durch Verlegung der Arbeitszeit auf andere Tage, wäre unzulässig.[43]

17 Fällt durch einen Feiertag ein Berufsschultag aus, dann gilt für die Anrechnung § 9 Abs. 2 Nr. 1 JArbSchG. Da gem. § 4 Abs. 4 JArbSchG nur die tatsächlich ausfallende Arbeitszeit anzurechnen ist, ist bei der Anrechnung des Berufsschulunterrichts gem. § 9 JArbSchG auf die Dauer des an dem betreffenden Tag vorgesehenen planmäßigen Berufsschulunterrichts abzustellen. Hätte der Tag mehr als fünf Unterrichtsstunden von mindestens 45 Minuten i. S. d. § 9 Abs. 1 Nr. 2 JArbSchG gehabt und wäre es der einzige Berufsschultag in der Woche, ist gem. § 9 Abs. 2 JArbSchG dieser Berufsschultag auf die Arbeitszeit mit acht Stunden anzurechnen. In den anderen Fällen gem. § 9 Abs. 2 Nr. 3 JArbSchG ist die tatsächliche Unterrichtszeit einschließlich der Pausen anzurechnen.[44]

VII. Mehrere Arbeitgeber

18 Wird ein Kind oder ein Jugendlicher von mehreren Arbeitgebern beschäftigt, so werden die Arbeits- und Schichtzeiten sowie die Arbeitstage zusammengerechnet (§ 4 Abs. 5 JArbSchG). Dadurch soll eine **Umgehung der Schutzbestimmungen** des JArbSchG verhindert werden.[45] Auch bei mehreren Beschäftigungsverhältnissen darf der Jugendliche insgesamt nur acht Stunden täglich und 40 Stunden wöchentlich an insgesamt fünf Tagen in der Woche arbeiten. Die Arbeitszeit darf einschließlich der Pausen die Grenze des § 12 JArbSchG nicht überschreiten, da auch die Schichtzeit bei der Beschäftigung durch mehrere Arbeitgeber zusammengerechnet wird. Eine Zusammenrechnung erfolgt auch bezüglich der Arbeitstage, sodass gem. § 15 JArbSchG ein Jugendlicher auch von mehreren Arbeitgebern nur insgesamt fünf Tage in der Woche beschäftigt werden darf.

19 Eine weitere zeitliche Beschränkung, Jugendliche bei mehreren Arbeitgebern tätig werden zu lassen, ergibt sich aus der Berufsschulpflicht und aus der Anrechnungsbestimmung des § 9 Abs. 2 JArbSchG. Von den 40 Stunden, die ein Jugendlicher bei mehreren Arbeit-

42 ErfK/*Schlachter*, § 4 JArbSchG Rn. 6; *Zmarzlik/Anzinger*, JArbSchG, § 4 Rn. 30.
43 *Zmarzlik/Anzinger*, JArbSchG, § 4 Rn. 33.
44 *Taubert*, JArbSchG, § 4 Rn. 18; *Zmarzlik/Anzinger*, JArbSchG, § 4 Rn. 34.
45 *Molitor/Volmer/Germelmann*, JArbSchG, § 4 Rn. 40.

gebern maximal tätig sein kann, müssen nämlich bei Berufsschulpflicht gem. § 9 Abs. 2 JArbSchG entweder acht Stunden oder aber die tatsächliche Zeit des Berufsschulunterrichts abgezogen werden. Unabhängig von der Anrechnungsbestimmung ist das Verbot des § 9 Abs. 1 Satz 2 Nr. 2 JArbSchG zu beachten, nach dem ein Jugendlicher von einem Arbeitgeber an dem Tag nicht mehr beschäftigt werden darf, bei dem der Berufsschulunterricht einschließlich der Pausen mindestens fünf Stunden beträgt.

20 Die Pflicht zur Beachtung der gesetzlichen Bestimmungen, etwa der höchstzulässigen Wochenarbeitszeit von 40 Stunden, trifft vor allem den zweiten Arbeitgeber. Um sicherzustellen, dass die Vorgabe des § 4 Abs. 5 JArbSchG nicht umgangen wird, haben die Arbeitgeber jeweils eine **Erkundigungspflicht**, ob der Jugendliche eine weitere Beschäftigung bei einem anderen Arbeitgeber ausübt. Soweit die zulässige Arbeitszeit überschritten ist, besteht ein **Beschäftigungsverbot**. Die Weisung des zweiten Arbeitgebers, die Arbeit auszuführen, verstößt, soweit die zulässige Arbeitszeit dadurch überschritten wird, gegen ein gesetzliches Verbot und ist deshalb unwirksam (§ 134 BGB): Der Minderjährige muss der Weisung nicht nachkommen.[46] Erbringt der Minderjährige die Arbeitsleistung, hat er hierfür einen Anspruch auf die Zahlung der Arbeitsvergütung. Gegebenenfalls kann auch die Aufsichtsbehörde eine Anordnung erlassen, dass der Zweitarbeitgeber die Anschriften der Hauptarbeitgeber von Aushilfskräften aufzulisten und die Liste auf Verlangen der Behörde zugänglich zu machen hat.[47]

VIII. Vergütungsrechtliche Konsequenzen

21 Bei der Arbeitszeit muss man unterscheiden zwischen dem öffentlich-rechtlichen Arbeitszeitrecht (das im ArbZG und im JArbSchG geregelt ist) und den privatrechtlichen Auswirkungen. Das öffentlich-rechtliche Arbeitszeitrecht regelt aus Gründen des Gesundheitsschutzes, wie lange die Arbeitnehmer maximal arbeiten dürfen (und zu welchen Zeiten/an welchen Tagen). Es wird durch Behörden kontrolliert, ob es eingehalten wird. Privatrechtlich kann sich der einzelne Arbeitnehmer weigern, länger zu arbeiten als durch das Arbeitszeitrecht vorgegeben oder zu Zeiten zu arbeiten, an denen er nicht arbeiten muss (z. B. sonntags oder in der Nacht). Wenn zu diesen verbotenen Zeiten gleichwohl gearbeitet wird, hat der Arbeitnehmer einen **Anspruch auf Vergütung der Arbeitszeit.**

22 Problematisch kann allerdings sein, ob Zeiten mit geringerer zeitlicher Inanspruchnahme (Arbeitsbereitschaft, Bereitschaftsdienst) genauso bezahlt werden müssen wie die »Vollarbeit«. Das *BAG* betont, dass durch Arbeits- oder Tarifvertrag **unterschiedliche Vergütungssätze** geregelt werden dürfen,[48] doch bedarf es dafür einer klaren Vereinbarung oder Regelung.[49] Auch wenn bestimmte Zeiten als »Arbeitszeit« im Sinne des öffentlich-rechtlichen Arbeitszeitrechts, hier des JArbSchG, einzuordnen sind, hat das keinen unmittelbaren Einfluss auf den Vergütungsanspruch der Arbeitnehmer. Vielmehr bleiben die Arbeitsvertragsparteien und die Tarifvertragsparteien in ihrer Entscheidung frei, wie Zeiten mit geringerer zeitlicher Inanspruchnahme vergütet werden sollen, das gilt vor allem für die Rufbereitschaft, falls diese ausnahmsweise (vgl. Rn. 10) als »Arbeitszeit« einzuordnen ist. Denkbar ist die Zahlung der »normalen« Arbeitsvergütung für die gesamte Rufbereitschaft, aber eben auch nur für die aktiven Leistungszeiten. Ebenso wäre

46 HWK/*Tillmanns*, § 4 JArbSchG Rn. 6.

47 *BVerwG* 4.7.1989 – 1 C 3/87, NJW 1990, 529.

48 *BAG* 19.11.2014 – 5 AZR 1101/12, Rn. 16, AP BGB § 611 Nr. 24; *BAG* 28.1.2004 – 5 AZR 530/02, NZA 2004, 656.

49 *BAG* 19.11.2014 – 5 AZR 1101/12, Rn. 16, AP BGB § 611 Nr. 24.

vorstellbar, dass für aktive Phasen, aber auch für die gesamte Rufbereitschaft geringere oder umgekehrt auch höhere Entgelte im Vergleich zur »Normalarbeit« festgesetzt werden oder lediglich eine anteilige Vergütung erfolgt oder Pauschalen gezahlt werden. Daran ändert auch die EU-Richtlinie 2003/88/EG zur Arbeitszeit nichts. Die EU hat nämlich keine Kompetenz zur Regelung des Arbeitsentgelts und auch die genannte Richtlinie enthält zur Bezahlung keine Vorgaben.[50]

Von diesem Grundsatz gibt es zwei wichtige Ausnahmen: **23**

1. Das *BAG* betont zwar, dass durch Arbeits- oder Tarifvertrag unterschiedliche Vergütungssätze geregelt werden dürfen, doch bedarf es dafür einer **klaren Vereinbarung oder Regelung**.[51] Haben die Arbeitsvertragsparteien nichts zur Vergütung besonderer Arbeitszeiten vereinbart, ist die »übliche« Vergütung (§ 612 Abs. 2 BGB), also die Vergütung für die »Normalarbeit«, zu zahlen.
2. Wenn **Mindestlohnregelungen** gelten (MiLoG, Branchen-Mindestlöhne nach dem AEntG, Lohnuntergrenze für die Leiharbeit), dann sind diese zwingend und dürfen durch den Arbeitsvertrag oder einen anwendbaren Tarifvertrag nicht unterschritten werden. Die Mindestlohnregelungen differenzieren nicht nach dem Grad der tatsächlichen Inanspruchnahme. Leistet der Arbeitnehmer vergütungspflichtige Arbeit, hat er einen ungekürzten Anspruch auf den Mindestlohn.[52] Zur vergütungspflichtigen Arbeit zählt danach auch eine vom Arbeitgeber veranlasste Untätigkeit, während derer der Arbeitnehmer am Arbeitsplatz oder einer vom Arbeitgeber bestimmten Stelle anwesend sein muss und nicht frei über die Nutzung des Zeitraums bestimmen kann, er also weder eine Pause noch Freizeit hat.[53] Werden Bereitschaftszeiten nach einem anwendbaren Tarifvertrag oder nach dem Arbeitsvertrag nur anteilig als Arbeitszeit berücksichtigt, ändert das nichts daran, dass die Zeit mit dem Mindestlohn zu vergüten ist. Der Mindestlohn ist zwingend. Weder durch den Arbeitsvertrag noch durch Tarifvertrag darf davon zum Nachteil der Arbeitnehmer abgewichen werden (§ 3 MiLoG).[54] Das *BAG* betont, dass auch Bereitschaftszeiten mit dem gesetzlichen Mindestlohn zu vergüten sind. Leistet der Arbeitnehmer Vollarbeit und Bereitschaftsdienst, ist der Anspruch auf den gesetzlichen Mindestlohn (nur) erfüllt, wenn er für die in einem Kalendermonat erbrachte Arbeit (einschließlich der Bereitschaft) mindestens eine Bruttovergütung erhält, die das Produkt der Gesamtstunden mit dem Mindestlohn nicht unterschreitet.[55] Allerdings ist für **Jugendliche** zu beachten, dass der allgemeine **Mindestlohn** für diese **keine Anwendung** findet (§ 22 Abs. 2 MiLoG).

---

50 So auch ausdrücklich *EuGH* 21.2.2018 – C-518/15 (Matzak), Rn. 24, NZA 2018, 293.
51 *BAG* 19.11.2014 – 5 AZR 1101/12, Rn. 16, AP BGB § 611 Nr. 24.
52 *BAG* 11.10.2017 – 5 AZR 591/16, Rn. 14, NZA 2018, 32; *BAG* 29.6.2016 – 5 AZR 716/15, Rn. 29, NZA 2016, 1332.
53 *BAG* 29.6.2016 – 5 AZR 716/15, NZA 2016, 1332; vgl. zum Mindestentgelt in der Pflegebranche: *BAG* 19.11.2014 – 5 AZR 1101/12, Rn. 16, AP BGB § 611 Nr. 24.
54 *BAG* 29.6.2016 – 5 AZR 716/15, Rn. 30, NZA 2016, 1332.
55 *BAG* 11.10.2017 – 5 AZR 591/16, NZA 2018, 32.

Zweiter Abschnitt
Beschäftigung von Kindern

§ 5 Verbot der Beschäftigung von Kindern

(1) Die Beschäftigung von Kindern (§ 2 Abs. 1) ist verboten.

(2) Das Verbot des Absatzes 1 gilt nicht für die Beschäftigung von Kindern

1. zum Zwecke der Beschäftigungs- und Arbeitstherapie,

2. im Rahmen des Betriebspraktikums während der Vollzeitschulpflicht,

3. in Erfüllung einer richterlichen Weisung.

Auf die Beschäftigung finden § 7 Satz 1 Nr. 2 und die §§ 9 bis 46 entsprechende Anwendung.

(3) Das Verbot des Absatzes 1 gilt ferner nicht für die Beschäftigung von Kindern über 13 Jahre mit Einwilligung des Personensorgeberechtigten, soweit die Beschäftigung leicht und für Kinder geeignet ist. Die Beschäftigung ist leicht, wenn sie auf Grund ihrer Beschaffenheit und der besonderen Bedingungen, unter denen sie ausgeführt wird,

1. die Sicherheit, Gesundheit und Entwicklung der Kinder,

2. ihren Schulbesuch, ihre Beteiligung an Maßnahmen zur Berufswahlvorbereitung oder Berufsausbildung, die von der zuständigen Stelle anerkannt sind, und

3. ihre Fähigkeit, dem Unterricht mit Nutzen zu folgen,

nicht nachteilig beeinflusst. Die Kinder dürfen nicht mehr als zwei Stunden täglich, in landwirtschaftlichen Familienbetrieben nicht mehr als drei Stunden täglich, nicht zwischen 18 und 8 Uhr, nicht vor dem Schulunterricht und nicht während des Schulunterrichts beschäftigt werden. Auf die Beschäftigung finden die §§ 15 bis 31 entsprechende Anwendung.

(4) Das Verbot des Absatzes 1 gilt ferner nicht für die Beschäftigung von Jugendlichen (§ 2 Abs. 3) während der Schulferien für höchstens vier Wochen im Kalenderjahr. Auf die Beschäftigung finden die §§ 8 bis 31 entsprechende Anwendung.

(4a) Die Bundesregierung hat durch Rechtsverordnung mit Zustimmung des Bundesrates die Beschäftigung nach Absatz 3 näher zu bestimmen.

(4b) Der Arbeitgeber unterrichtet die Personensorgeberechtigten der von ihm beschäftigten Kinder über mögliche Gefahren sowie über alle zu ihrer Sicherheit und ihrem Gesundheitsschutz getroffenen Maßnahmen.

(5) Für Veranstaltungen kann die Aufsichtsbehörde Ausnahmen gemäß § 6 bewilligen.

Inhaltsübersicht

I. Grundsatz: Verbot der Kinderarbeit

1 § 5 Abs. 1 JArbSchG stellt den Grundsatz auf: Die Beschäftigung von **Kindern** (wer noch nicht 15 Jahre alt ist, § 2 Abs. 1 JArbSchG) ist verboten. Wegen § 2 Abs. 3 JArbSchG gilt das auch für **Jugendliche, die der Vollzeitschulpflicht unterliegen**, denn für diese finden die für Kinder geltenden Vorschriften ebenfalls Anwendung. Auch für diese gilt grundsätzlich das Beschäftigungsverbot (§ 5 Abs. 1 JArbSchG), erstreckt sich also auf einen erheblichen Personenkreis, weil die Vollzeitschulpflicht nach den Schulgesetzen der Länder 15-Jährige, vielfach auch die 16-Jährigen betrifft.

§ 5 JArbSchG ist ein **Verbotsgesetz** i. S. d. § 134 BGB. Das bedeutet, dass Verträge über verbotene Kinderarbeit nichtig sind.[1] Die Einwilligung der Minderjährigen selbst oder der Eltern ändert daran nichts. Der Arbeitgeber handelt zudem ordnungswidrig (Rn. 7). Es gelten die Grundsätze über das fehlerhafte Arbeitsverhältnis: Tatsächlich erbrachte Arbeitsleistung ist zu vergüten. Die Nichtigkeitsfolge tritt nicht rückwirkend ein. Wird die Beschäftigung wegen des Überschreitens der maßgeblichen Altersgrenze zulässig, bleibt der Vertrag wirksam. Die Beschäftigungsverbote sollen den Minderjährigen schützen, nicht aber zum Verlust eines Arbeitsverhältnisses führen, das mittlerweile zulässig ist.[2]

2 Das generelle Verbot der Kinderarbeit gilt für jede **Beschäftigung**, die unter § 1 Abs. 1 JArbSchG fällt und nicht von den Ausnahmen des § 1 Abs. 2 JArbSchG erfasst ist. Unerheblich ist es, ob eine Vergütung gezahlt wird oder nicht, ob ein Vertrag geschlossen wurde oder nicht.

Die Beteiligung eines vierjährigen Kindes an einer kommerziellen Bühnenshow in der Form, dass das Kind am Abend vor großem Publikum im Rahmen einer etwa halbstündigen Musikdarbietung als Solosänger ein Lied in ein eigens aufgestelltes Mikrofon singt und auf einer Kindergitarre spielt, ist verbotene Kinderarbeit.[3]

Bei »selbstständiger Tätigkeit« des Kindes ist gegebenenfalls zu prüfen, ob eine Umgehung des Gesetzes vorliegt. Abzustellen ist auf die tatsächliche Handhabung, ob also eine weisungsabhängige Beschäftigung stattfindet, nicht auf die formale Vertragsgestaltung.

Das Verbot der Kinderarbeit gilt auch in Notfällen. § 21 JArbSchG lässt in den dort genannten Notfallsituationen nur eine Beschäftigung Jugendlicher, nicht aber von Kindern zu.

3 **Ausnahmen** von dem grundsätzlichen Beschäftigungsverbot ergeben sich aus § 5 Abs. 2 bis 4 JArbSchG und § 6 JArbSchG. Bei § 6 JArbSchG ist jedoch eine behördliche Ausnahmebewilligung zwingende Voraussetzung.

4 Die Regelung zur Beschäftigung von Kindern sind durch das Zweite Gesetz zur Änderung des Jugendarbeitsschutzgesetzes vom 24. Februar 1997 (BGBl. I S. 311) geändert worden, weil die Richtlinie 94/33/EG des Rates vom 22. Juni 1994 über den Jugendarbeitsschutz (**Jugendarbeitsschutz-Richtlinie**) in nationales Recht umgesetzt werden musste. Die Jugendarbeitsschutz-Richtlinie lässt eine Beschäftigung von Kindern ab 13 Jahren nur mit leichten und für Kinder geeigneten Arbeiten zu. Entsprechend der Jugendarbeitsschutz-Richtlinie sind diese Arbeiten in § 5 Abs. 3 JArbSchG in genereller Form festgelegt worden. Durch diese gesetzlichen Festlegungen ist der Schutz der Kinder ab 13 Jahren aber nicht in ausreichendem Umfang sichergestellt gewesen. Die in § 5 Abs. 4a JArbSchG eingefügte **Rechtsverordnungsermächtigung** verpflichtete daher die Bundesregierung, durch Rechtsverordnung mit Zustimmung des Bundesrates die Beschäftigung mit leich-

---

1 *BAG* 25.4.2013 – 8 AZR 453/12, Rn. 52, NZA 2013, 1206.
2 HWK/*Tillmanns*, § 5 JArbSchG Rn. 2.
3 *BayObLG* 4.8.2021 – 201 ObOWi 735/21.

ten und für Kinder geeigneten Arbeiten näher zu bestimmen. Die Ausnahmen gem. § 5 Abs. 3 JArbSchG sind also durch die **Verordnung über den Kinderarbeitsschutz** (KindArbSchV) vom 23.6.1998 (BGBl. I S. 1508) konkretisiert worden, sodass § 5 JArbSchG stets im Zusammenhang mit der KindArbSchV gelesen werden muss. Die KindArbSchV wird deshalb in der nachfolgenden Kommentierung berücksichtigt.

5 Entsprechend der Zielsetzung des generellen Kinderarbeitsverbots (mit Ausnahmen) werden durch die KindArbSchV nur bestimmte Tätigkeiten zugelassen, nämlich solche, die für Kinder als üblich und gesellschaftlich anerkannt angesehen werden, wie beispielsweise das Erledigen von Einkäufen oder das Erteilen von Nachhilfeunterricht. Zudem werden die Tätigkeiten nur zeitlich begrenzt bis maximal zwei Stunden täglich und maximal zehn Stunden wöchentlich zugelassen. **Verboten ist eine Beschäftigung in der gewerblichen Wirtschaft, in der Produktion, im Handel und im Dienstleistungsgewerbe**, obwohl es auch in diesen Bereichen vereinzelt leichte Arbeiten für Kinder über 13 Jahren geben mag. Grundsätzlich sind jedoch Arbeiten in diesen Bereichen für Kinder nicht geeignet, da auch solche »leichte« Arbeiten durch den im Arbeitsleben bestehenden Zeitdruck, durch die Notwendigkeit zur Zusammenarbeit mit Erwachsenen und das Erfordernis einer Arbeit an Maschinen zu einer Belastung der Kinder über 13 Jahren führen, die in diesem Lebensabschnitt grundsätzlich nicht zumutbar ist. Hiervon ausgenommen bleibt die gewerbliche Tätigkeit des Austragens von Zeitungen, Zeitschriften, Anzeigenblättern und von Werbematerial (bis maximal zwei Stunden täglich und maximal zehn Stunden wöchentlich), die seit Jahrzehnten von Kindern über 13 Jahren ausgeübt wird und – mit Einschränkungen hinsichtlich der manuellen Handhabung von Lasten – auch weiterhin ausgeübt werden kann.

6 Der durch die KindArbSchV umschriebene Kinderarbeitsschutz umfasst die **Beschäftigung mit leichten und für Kinder geeigneten Arbeiten** i. S. d. § 5 Abs. 3 JArbSchG. Dabei beschränkt sich die Rechtsverordnung auf die Benennung der zulässigen Beschäftigungen, wiederholt also nicht Regelungen, die bereits im Jugendarbeitsschutzgesetz enthalten sind. Unberührt von der Rechtsverordnung bleiben deshalb die Beschäftigungen, die durch andere Vorschriften des JArbSchG zugelassen sind (vgl. § 1 Rn. 9ff.).

7 Wer als Arbeitgeber entgegen § 5 Abs. 1 oder Abs. 3 JArbSchG ein Kind oder einen Jugendlichen, der der Vollzeitschulpflicht unterliegt, in anderer als der zugelassenen Weise beschäftigt, begeht eine **Ordnungswidrigkeit**, die mit einer Geldbuße geahndet werden kann (§ 58 Abs. 1 Nr. 1 und 2 JArbSchG), unter Umständen ist das sogar strafbar (§ 58 Abs. 5 und 6 JArbSchG).

II. Ausnahmen vom Verbot der Kinderarbeit

1. Beschäftigung zum Zwecke der Beschäftigungs- und Arbeitstherapie

8 Vom Verbot der Kinderarbeit ausgenommen ist die Beschäftigung von Kindern zum Zwecke der Beschäftigungs- und Arbeitstherapie (§ 5 Abs. 2 Satz 1 Nr. 1 JArbSchG). Diese Ausnahmeregelung bezieht sich auf Kinder und vollzeitschulpflichtige Jugendliche, die sich wegen einer Erkrankung (Drogenabhängigkeit, Geisteskrankheit) oder Behinderung einer Therapie unterziehen, deren Zweck in der Förderung der späteren Berufsfähigkeit liegt. Vorausgesetzt ist nicht, dass das Kind in einer Einrichtung untergebracht ist.

2. Beschäftigung im Rahmen des Betriebspraktikums während der Vollzeitschulpflicht

Gem. § 5 Abs. 2 Satz 1 Nr. 2 JArbSchG sind vom Verbot der Kinderarbeit auch die während der Schulzeit liegenden Betriebspraktika ausgenommen. Diese Betriebspraktika gehören zu den Aufgaben der allgemeinbildenden Schulen und werden in der Regel im neunten Schuljahr durchgeführt. Sie sollen den Schülern Einblicke in die Berufswelt und den Arbeitsalltag vermitteln und dienen der Berufsfindung. Während des Praktikums müssen sowohl die Schule als auch die Aufsichtsbehörde dafür Sorge tragen, dass die Regelungen des JArbSchG eingehalten werden.[4] 9

Unter die Ausnahmeregelung der Betriebspraktika fallen *nicht* die Angebote von Unternehmen an Vollzeitschüler, außerhalb des Unterrichts »Probe zu arbeiten«. Auch Ferienarbeit oder die Hilfe in Heimen, bei denen als Gegenleistung der Aufenthalt und die Verpflegung frei sind, sind keine Betriebspraktika i. S. d. § 5 Abs. 2 Nr. 2 JArbSchG (vgl. zu Ferienarbeiten aber Rn. 30). 10

3. Beschäftigung in Erfüllung einer richterlichen Weisung

Eine Ausnahme vom Kinderarbeitsverbot gilt, wenn die Beschäftigung in Erfüllung einer richterlichen Weisung erfolgt (§ 5 Abs. 2 Satz 2 Nr. 3 JArbSchG). Damit sind nur **Weisungen des Jugendrichters** gemeint. Das betrifft Kinder, die eine Straftat begangen haben und zur Tatzeit mindestens 14 Jahre alt waren (§ 1 Abs. 2 JGG). Bei einer Ersttat wird kein Jugendarrest und keine Jugendstrafe verhängt, sondern in der Regel sog. **Erziehungsmaßregeln**, zu diesen gehören Weisungen gem. § 10 JGG. Weisungen sind Gebote und Verbote, welche die Lebensführung des Jugendlichen regeln und dadurch seine Erziehung fördern und sichern sollen (§ 10 Abs. 1 Satz 1 JGG). Der Richter kann dem Jugendlichen insbesondere gem. § 10 Abs. 1 Satz 3 JGG auferlegen, 11

1. Weisungen zu befolgen, die sich auf den Aufenthaltsort beziehen,
2. bei einer Familie oder in einem Heim zu wohnen,
3. eine Ausbildungs- oder Arbeitsstelle anzunehmen,
4. Arbeitsleistungen zu erbringen,
5. sich der Betreuung und Aufsicht einer bestimmten Person (Betreuungshelfer) zu unterstellen,
6. an einem sozialen Trainingskurs teilzunehmen,
7. sich zu bemühen, einen Ausgleich mit dem Verletzten zu erreichen (Täter-Opfer-Ausgleich),
8. den Verkehr mit bestimmten Personen oder den Besuch von Gast- oder Vergnügungsstätten zu unterlassen oder
9. an einem Verkehrsunterricht teilzunehmen.

Solche Weisungen durch den Jugendrichter kommen auch in Betracht, wenn eine Jugendstrafe zur Bewährung ausgesetzt wird (§ 23 JGG). Wird ein Kind aufgrund einer solchen richterlichen Weisung beschäftigt, ist derjenige, der das Kind beschäftigt, Arbeitgeber i. S. d. § 3 JArbSchG, gegen den sich die Bestimmungen des Jugendarbeitsschutzgesetzes richten und der für ihre Einhaltung verantwortlich ist.[5] 12

4 ErfK/*Schlachter*, § 5 JArbSchG Rn. 4.
5 *Zmarzlik/Anzinger*, JArbSchG, § 5 Rn. 17.

4. Ausnahme für leichte und für Kinder geeignete Tätigkeiten (KindArbSchV)

13 Das Verbot der Kinderarbeit gilt ferner nicht gem. § 5 Abs. 3 Satz 1 JArbSchG für die Beschäftigung
- von Kindern über 13 Jahre
- mit Einwilligung des Personensorgeberechtigten,
- soweit die Beschäftigung leicht und für Kinder geeignet ist.

14 § 5 Abs. 3 Satz 2 JArbSchG definiert, unter welchen Voraussetzungen die Beschäftigung »leicht« ist, nämlich wenn sie aufgrund ihrer Beschaffenheit und der besonderen Bedingungen, unter denen sie ausgeführt wird,
- die Sicherheit, Gesundheit und Entwicklung der Kinder,
- ihren Schulbesuch, ihre Beteiligung an Maßnahmen zur Berufswahlvorbereitung oder Berufsausbildung, die von der zuständigen Stelle anerkannt sind, und
- ihre Fähigkeit, dem Unterricht mit Nutzen zu folgen,

nicht nachteilig beeinflusst.

15 § 5 Abs. 3 Satz 3 JArbSchG begrenzt für diese Fälle die zeitliche Dauer und die zeitliche Lage der Beschäftigung: Die Kinder dürfen
- nicht mehr als zwei Stunden täglich,
- in landwirtschaftlichen Familienbetrieben nicht mehr als drei Stunden täglich,
- nicht zwischen 18 und 8 Uhr,
- nicht vor dem Schulunterricht und
- nicht während des Schulunterrichts beschäftigt werden.

16 Soweit Beschäftigungen von Kindern gem. § 5 JArbSchG oder gem. der KindArbSchV ausnahmsweise zugelassen werden, bedarf es keiner ausdrücklichen behördlichen Genehmigung. Es gelten aber für diese Beschäftigungen die in § 5 JArbSchG festgesetzten zeitlichen Beschränkungen. Zudem gelten gem. § 5 Abs. 3 Satz 4 JArbSchG die für die Jugendlichen geltenden Schutzvorschriften entsprechend, wie auch § 2 Abs. 3 der KindArbSchV klarstellt. Aus dem Gebot der »entsprechenden Anwendung« folgt für Kinder, dass die Ausnahmen von den Verbotsvorschriften, die für Jugendliche gelten, für Kinder keine Anwendung finden. Das gilt insbesondere für die Nachtruhe und das **Samstag- und Sonntagsarbeitsverbot**. Demnach dürfen Kinder unter anderem
- nicht mehr als zwei Stunden täglich, in landwirtschaftlichen Familienbetrieben nicht mehr als drei Stunden täglich,
- nicht zwischen 18 und 8 Uhr,
- nicht vor dem Schulunterricht und nicht während des Schulunterrichts,
- nicht an mehr als fünf Tagen in der Woche,
- nicht samstags,
- nicht sonn- und feiertags,
- nicht mit gefährlichen Arbeiten (§ 22 JArbSchG),
- nicht mit Akkordarbeit und tempoabhängigen Arbeiten (§ 23 JArbSchG)

beschäftigt werden.

17 Gem. § 5 Abs. 4a JArbSchG hat die Bundesregierung durch **Verordnung über den Kinderarbeitsschutz (KindArbSchV)** vom 23.6.1998, die gem. § 5 Abs. 3 JArbSchG zulässigen Tätigkeiten für Kinder konkretisiert. Kinder über 13 Jahre und vollzeitschulpflichtige Jugendliche dürfen gem. § 2 Abs. 1 der KindArbSchV nur beschäftigt werden
1. mit dem Austragen von Zeitungen, Zeitschriften, Anzeigenblättern und Werbeprospekten,
2. in privaten und landwirtschaftlichen Haushalten mit
   a) Tätigkeiten in Haushalt und Garten,

b) Botengängen,
c) der Betreuung von Kindern und anderen zum Haushalt gehörenden Personen,
d) Nachhilfeunterricht,
e) der Betreuung von Haustieren,
f) Einkaufstätigkeiten mit Ausnahme des Einkaufs von alkoholischen Getränken und Tabakwaren,

3. in landwirtschaftlichen Betrieben mit Tätigkeiten bei
   a) der Ernte und der Feldbestellung,
   b) der Selbstvermarktung landwirtschaftlicher Erzeugnisse,
   c) der Versorgung von Tieren,
4. mit Handreichungen beim Sport,
5. mit Tätigkeiten bei nichtgewerblichen Aktionen und Veranstaltungen der Kirchen, Religionsgemeinschaften, Verbände, Vereine, Parteien,

wenn die Beschäftigung nach § 5 Abs. 3 des Jugendarbeitsschutzgesetzes leicht und für sie geeignet ist.

Da durch die genannte Rechtsverordnung gem. § 5 Abs. 4a JArbSchG die nach § 5 Abs. 3 18
JArbSchG zulässigen Beschäftigungen »bestimmt« werden, ist der **Katalog der erlaubten Tätigkeiten abschließend.** Tätigkeiten, die in der KindArbSchV nicht ausdrücklich benannt werden, sind während der Schulzeit verboten. Verboten sind etwa eine Beschäftigung im Einzelhandel oder im Büro oder allgemein gewerbliche Tätigkeiten (*einzige Ausnahme*: »Austragen von Zeitungen, Zeitschriften, Anzeigenblättern und Werbeprospekten«). Etwas anderes gilt in den Grenzen des § 5 Abs. 4 JArbSchG während der Schulferien (Rn. 30).

Das auch schon früher für Kinder zulässige **Austragen von Zeitungen und Zeitschriften** ist weiterhin erlaubt (*Nr. 1*). Auch das **Austragen von Anzeigenblättern und Werbeprospekten** ist ausdrücklich erlaubt. Hier ist aber jeweils besonders darauf zu achten, dass die in § 2 Abs. 2 Nr. 1 KindArbSchV festgelegten Grenzwerte für die manuelle Handhabung von Lasten nicht überschritten werden (vgl. Rn. 25).

Durch die Zulassung der **Beschäftigung von Kindern in privaten und landwirtschaftlichen Haushalten** (*Nr. 2*) werden lediglich Tätigkeiten zugelassen, zu denen Kinder aufgrund ihrer sozialen Beziehung auch in der Vergangenheit schon Zugang hatten und die häufig schon von ihnen ausgeübt wurden. Die landwirtschaftlichen Haushalte werden neben den privaten Haushalten gesondert genannt, weil Haushalte von landwirtschaftlichen Familienbetrieben oft als Teile des landwirtschaftlichen Betriebes gelten und deswegen nicht vom Begriff des privaten Haushalts erfasst werden. Es soll jedoch auch die »Mithilfe« von Kindern in landwirtschaftlichen Haushalten in bestimmten Grenzen erlaubt sein. Die zulässigen Arbeiten werden in den Buchstaben a) bis f) so konkret wie möglich bezeichnet. Das handelt sich jedoch nicht um eine abschließende Aufzählung aller denkbaren Tätigkeiten in privaten Haushalten. In Zweifelsfällen kann die nach zuständige Aufsichtsbehörde gem. § 3 KindArbSchV entscheiden. 19

Durch die *Nr. 3* sind bestimmte **Tätigkeiten in der Landwirtschaft** zugelassen. Unter **Feldbestellung** sind nicht nur Tätigkeiten bei der Feldbestellung im Frühjahr zu verstehen, sondern auch Tätigkeiten, die während der Wachstumsphase erforderlich werden, wie zum Beispiel das Jäten von Unkraut oder das Festbinden von Tomatenpflanzen und Reben. Die **Selbstvermarktung** landwirtschaftlicher Erzeugnisse (wie zum Beispiel der Verkauf zuvor geernteter Erdbeeren) wird in einem engen Zusammenhang mit der Ernte gesehen, sodass diese mit einbezogen ist. Der Begriff der **Versorgung von Tieren** umfasst neben der Pflege und Fütterung der Tiere zum Beispiel auch die Reinigung von Ställen und Käfigen sowie das Hüten von Tieren. 20

21 In der Landwirtschaft gehen besondere Gefahren von Tieren und Maschinen aus. Insbesondere für diesen Bereich wird durch § 2 Abs. 2 Nr. 3 KindArbSchV eine Beschäftigung mit Arbeiten ausgeschlossen, die mit solchen **Unfallgefahren** verbunden sind, die Kinder über 13 Jahre und vollzeitschulpflichtige Jugendliche wegen mangelnden Sicherheitsbewusstseins oder mangelnder Erfahrung nicht erkennen oder nicht abwenden können.

22 Auch in der Landwirtschaft dürfen Kinder über 13 Jahre und vollzeitschulpflichtige Jugendliche **nicht mehr als zwei Stunden täglich und zehn Stunden wöchentlich** beschäftigt werden. Lediglich in landwirtschaftlichen Familienbetrieben darf die zugelassene Tätigkeit gem. § 5 Abs. 3 Satz 3 JArbSchG täglich bis zu drei Stunden und wöchentlich bis zu 15 Stunden ausgeübt werden. Diese Zeitgrenze darf auch dann nicht überschritten werden, wenn zusätzlich eine Tätigkeit im landwirtschaftlichen Haushalt ausgeübt wird.

23 **Handreichungen beim Sport** (*Nr. 4*) sind erlaubt. Von praktischer Bedeutung ist hier zum Beispiel die Tätigkeit der »Balljungen« bei Tennisturnieren oder Fußballspielen. Soweit bei Leichtathletikwettkämpfen schwere oder gefährliche Sportgeräte zu transportieren sind, ist dies in aller Regel für Kinder ungeeignet. Zulässig sind solche Handreichungen sowohl bei gewerblichen als auch bei nichtgewerblichen Sportveranstaltungen. Tätigkeiten beim Sport (Training, Wettkämpfe), die über »Handreichungen« hinausgehen, sind für Kinder und vollzeitschulpflichtige Jugendliche *nicht* erlaubt. Deswegen sind auch **Tätigkeiten in sportlichen Nachwuchsleistungszentren** für Kinder und vollzeitschulpflichtige Jugendliche **nicht zulässig**. Diese gehen deutlich über »leichte« Beschäftigungen i. S. d. § 5 Abs. 3 JArbSchG hinaus. Insbesondere ist eine Beschäftigung nicht mehr leicht, wenn dadurch die schulische Bildung nachteilig beeinflusst werden kann (§ 5 Abs. 3 Satz 2 Nr. 2, 3 JArbSchG). In der Praxis wird das Kinderarbeitsverbot häufig ignoriert.

24 **Tätigkeiten bei nichtgewerblichen Aktionen und Veranstaltungen der Kirchen, Religionsgemeinschaften, Verbände, Vereine, Parteien** (*Nr. 5*) meint – weil es sich um »leichte« Tätigkeiten handeln muss – Hilfstätigkeiten. Zu diesen Hilfeleistungen gehören etwa das Verteilen von Prospekten oder das Ausschenken von nichtalkoholischen Getränken.

25 In § 2 Abs. 2 KindArbSchV werden die Arbeiten konkretisiert, bei denen eine nachteilige Beeinflussung der Sicherheit, Gesundheit mit der Entwicklung des Kindes anzunehmen ist und die deshalb **nicht als leichte und für Kinder geeignete Arbeiten** angesehen werden können. Die Vorschrift geht, soweit Kinder und vollzeitschulpflichtige Jugendliche eines besonderen Schutzes bedürfen, über die Schutzvorschriften der §§ 22ff. JArbSchG hinaus. Eine Beschäftigung mit Arbeiten nach Abs. 1 ist nicht leicht und für Kinder über 13 Jahre und vollzeitschulpflichtige Jugendliche nicht geeignet, wenn sie insbesondere

1. mit einer manuellen Handhabung von Lasten verbunden ist, die regelmäßig das maximale Lastgewicht von 7,5 kg oder gelegentlich das maximale Lastgewicht von 10 kg überschreiten; manuelle Handhabung in diesem Sinne ist jedes Befördern oder Abstützen einer Last durch menschliche Kraft, unter anderem das Heben, Absetzen, Schieben, Ziehen, Tragen und Bewegen einer Last,
2. infolge einer ungünstigen Körperhaltung physisch belastend ist oder
3. mit Unfallgefahren, insbesondere bei Arbeiten an Maschinen und bei der Betreuung von Tieren, verbunden ist, von denen anzunehmen ist, dass Kinder über 13 Jahre und vollzeitschulpflichtige Jugendliche sie wegen mangelnden Sicherheitsbewusstseins oder mangelnder Erfahrung nicht erkennen oder nicht abwenden können,

§ 2 Abs. 2 Satz 1 Nr. 1 KindArbSchV gilt nicht für vollzeitschulpflichtige Jugendliche (§ 2 Abs. 2 Satz 2 KindArbSchV).

26 Die Festlegung eines maximalen Lastgewichts für die manuelle Handhabung von Lasten (Nr. 1) soll dem Schutz der Kinder vor körperlicher Überbeanspruchung Rechnung

tragen. Der Begriff »leicht« in § 5 Abs. 3 JArbSchG kann unterschiedlich interpretiert werden. Durch § 2 Abs. 2 KindArbSchV wird deshalb für die manuelle Handhabung von Lasten ein fester Grenzwert festgelegt. Dadurch werden auch die Aufsichtsbehörden in die Lage versetzt, die Einhaltung des Kinderarbeitsverbotes in der Praxis zu überwachen.

Eine gesundheitsgefährdende Überlastung ist auch bei Arbeiten, die mit einer ungünstigen Körperhaltung verbunden sind, zu befürchten (*Nr. 2*). Das meint zum Beispiel Überkopfarbeiten und Arbeiten in gebückter Haltung. **27**

Die Regelung in der *Nr. 3* entspricht § 22 Abs. 1 Nr. 3 JArbSchG. Sie ist im Hinblick auf die besonders Kinder gefährdende Beschäftigung mit Maschinen und beim Umgang mit Tieren konkretisiert worden. Bei der durch § 28a JArbSchG vorgeschriebenen Beurteilung der Arbeitsbedingungen und damit auch der Frage, ob eine Gefährdung im Einzelfall vorliegen kann, ist eine Differenzierung nach dem Alter der Kinder vorzunehmen. Bei 13- oder 14-jährigen Kindern sind strengere Maßstäbe anzulegen als bei vollzeitschulpflichtigen Jugendlichen, die je nach der Anzahl der Pflichtschuljahre bereits 16 Jahre alt sein können. **28**

Gem. § 3 der KindArbSchV kann die **Aufsichtsbehörde** im Einzelfall durch Verwaltungsakt verbindlich darüber entscheiden, ob eine von Kindern über 13 Jahren ausgeübte Tätigkeit unter die nach § 2 Abs. 1 KindArbSchV zulässigen Arbeiten fällt und keine nachteilige Beeinflussung nach § 2 Abs. 2 KindArbSchV mit sich bringt. Das dient der Rechtsklarheit, setzt aber einen Antrag des Arbeitgebers voraus. Es handelt sich um einen **feststellenden Verwaltungsakt**. Derjenige, der Kinder über 13 Jahre beschäftigt, hat die im Verwaltungsakt getroffenen Festlegungen zu beachten oder im Verwaltungsrechtsweg anzufechten. Die Aufsichtsbehörde kann bei Entscheidungen nach § 3 KindArbSchV den Umfang der zulässigen Arbeiten weder einschränken noch erweitern, ihr obliegt lediglich die Beurteilung darüber, ob eine bestimmte Arbeit aus Gründen des Schutzes der Kinder vor Gefahren und Beeinträchtigungen ihrer Gesundheit als ungeeignet für Kinder anzusehen ist. **29**

5. Ausnahme für Jugendliche in den Schulferien

Das Verbot der Kinderarbeit gilt ferner nicht für die Beschäftigung von Jugendlichen (§ 2 Abs. 3 JArbSchG) während der Schulferien **für höchstens vier Wochen im Kalenderjahr** (§ 5 Abs. 4 Satz 1 JArbSchG). Die weiteren Einschränkungen gem. § 5 Abs. 3 JArbSchG gelten *nicht* während der Schulferien, insbesondere auch nicht die Beschränkung auf leichte und für Kinder geeignete Tätigkeiten, weshalb in den Grenzen des § 5 Abs. 4 JArbSchG während der Schulferien etwa auch eine Beschäftigung im Einzelhandel oder im Büro zulässig ist, die während der Schulzeit nicht erlaubt ist (vgl. Rn. 17–24). Auf die Beschäftigung während der Schulferien finden die §§ 8 bis 31 JArbSchG entsprechende Anwendung (§ 5 Abs. 4 Satz 2 JArbSchG). Daraus folgt, dass zwar die vier Wochen verteilt werden dürfen auf verschiedene Schulferien im Kalenderjahr, aber keinesfalls die Gesamtdauer von höchstens vier Wochen im Kalenderjahr (nicht Schuljahr) überschritten werden darf. Da die Fünf-Tage-Woche gilt (§ 15 JArbSchG), dürfen Kinder während der Schulferien insgesamt nur an 20 Tagen im Kalenderjahr beschäftigt werden.[6] **30**

6 *Taubert*, JArbSchG, § 5 Rn. 40.

6. Ausnahmen durch Genehmigung der Aufsichtsbehörde

31 Für Veranstaltungen kann die Aufsichtsbehörde Ausnahmen gem. § 6 JArbSchG bewilligen (§ 5 Abs. 5 JArbSchG).

III. Unterrichtungspflicht des Arbeitgebers

32 Der Arbeitgeber unterrichtet die Personensorgeberechtigten der von ihm beschäftigten Kinder über mögliche Gefahren sowie über alle zu ihrer Sicherheit und ihrem Gesundheitsschutz getroffenen Maßnahmen (§ 5 Abs. 4b JArbSchG).

§ 6 Behördliche Ausnahmen für Veranstaltungen

(1) Die Aufsichtsbehörde kann auf Antrag bewilligen, dass

1. bei Theatervorstellungen Kinder über sechs Jahre bis zu vier Stunden täglich in der Zeit von 10 bis 23 Uhr,

2. bei Musikaufführungen und anderen Aufführungen, bei Werbeveranstaltungen sowie bei Aufnahmen im Rundfunk (Hörfunk und Fernsehen), auf Ton- und Bildträger sowie bei Film- und Fotoaufnahmen

a) Kinder über drei bis sechs Jahre bis zu zwei Stunden täglich in der Zeit von 8 bis 17 Uhr,

b) Kinder über sechs Jahre bis zu drei Stunden täglich in der Zeit von 8 bis 22 Uhr

gestaltend mitwirken und an den erforderlichen Proben teilnehmen. Eine Ausnahme darf nicht bewilligt werden für die Mitwirkung in Kabaretts, Tanzlokalen und ähnlichen Betrieben sowie auf Vergnügungsparks, Kirmessen, Jahrmärkten und bei ähnlichen Veranstaltungen, Schaustellungen oder Darbietungen.

(2) Die Aufsichtsbehörde darf nach Anhörung des zuständigen Jugendamts die Beschäftigung nur bewilligen, wenn

1. die Personensorgeberechtigten in die Beschäftigung schriftlich eingewilligt haben,

2. der Aufsichtsbehörde eine nicht länger als vor drei Monaten ausgestellte ärztliche Bescheinigung vorgelegt wird, nach der gesundheitliche Bedenken gegen die Beschäftigung nicht bestehen,

3. die erforderlichen Vorkehrungen und Maßnahmen zum Schutz des Kindes gegen Gefahren für Leben und Gesundheit sowie zur Vermeidung einer Beeinträchtigung der körperlichen oder seelisch-geistigen Entwicklung getroffen sind,

4. Betreuung und Beaufsichtigung des Kindes bei der Beschäftigung sichergestellt sind,

5. nach Beendigung der Beschäftigung eine ununterbrochene Freizeit von mindestens 14 Stunden eingehalten wird,

6. das Fortkommen in der Schule nicht beeinträchtigt wird.

(3) Die Aufsichtsbehörde bestimmt,

1. wie lange, zu welcher Zeit und an welchem Tag das Kind beschäftigt werden darf,

2. Dauer und Lage der Ruhepausen,

3. die Höchstdauer des täglichen Aufenthalts an der Beschäftigungsstätte.

(4) Die Entscheidung der Aufsichtsbehörde ist dem Arbeitgeber schriftlich bekanntzugeben. Er darf das Kind erst nach Empfang des Bewilligungsbescheids beschäftigen.

Inhaltsübersicht Rn.

I. Überblick

§ 6 JArbSchG regelt die Möglichkeit der Erteilung von **Ausnahmebewilligungen durch die Aufsichtsbehörde für bestimmte Veranstaltungen** im Bereich Werbung, Theater, Musik, Film, Fernsehen, Rundfunk und Fotoaufnahmen. § 6 Abs. 1 JArbSchG legt abschließend fest für welche Veranstaltungen Ausnahmebewilligungen zulässig sind, und gibt zeitliche Grenzen und Altersgrenzen vor. Für eine **gestaltende Mitwirkung** (vgl. Rn. 9) bei solchen Veranstaltungen, Aufführungen usw. erlaubt § 6 Abs. 1 JArbSchG Ausnahmen vom Verbot der Kinderarbeit gem. § 5 JArbSchG. Der Gesetzgeber sah sich vor die Alternative gestellt, entweder Veranstaltungen, bei denen die Mitwirkung von Kindern gewünscht wird oder notwendig scheint, zu untersagen oder die Beschäftigung von Kindern in Einzelfällen zuzulassen. Er hat sich für eine begrenzte Zulassung der Beschäftigung von Kindern entschieden. Der Zweck der Vorschrift besteht darin, Veranstaltungen, an denen Kinder üblicherweise mitwirken, weiterhin zu ermöglichen.[1] **1**

§ 6 JArbSchG enthält eine Ausnahme gegenüber dem Verbot der Beschäftigung von Kindern gem. § 5 JArbSchG in Verbindung mit dem in § 1 JArbSchG geregelten Geltungsbereich des Gesetzes. Fällt eine Beschäftigung nicht unter § 1 JArbSchG, bedarf es selbst bei einer Beteiligung von Kindern keiner Ausnahmegenehmigung. Daher können zum Beispiel bei Veranstaltungen von Schulen die Schüler, bei Veranstaltungen von Vereinen oder Verbänden die Mitglieder ohne Beschränkungen mitwirken (vgl. § 1 JArbSchG Rn. 10). Es handelt sich in diesen Fällen nicht um eine Beschäftigung, die unter den Geltungsbereich des § 1 Abs. 1 JArbSchG fällt, sodass es keiner Ausnahmebewilligung bedarf. So ist zum Beispiel die Betätigung von Kindern im Karneval bewilligungsfrei möglich.[2] **2**

Wer als Arbeitgeber entgegen § 6 Abs. 4 Satz 2 JArbSchG ein Kind vor Erhalt des Bewilligungsbescheides beschäftigt, begeht eine **Ordnungswidrigkeit**, die mit einer Geldbuße geahndet werden kann (§ 59 Abs. 1 Nr. 1 JArbSchG). Wer entgegen § 5 Abs. 1 oder Abs. 3 JArbSchG ein Kind oder einen Jugendlichen, der der Vollzeitschulpflicht unterliegt, in anderer als der zugelassenen Weise beschäftigt, begeht ebenfalls eine Ordnungswidrigkeit, die mit einer Geldbuße geahndet werden kann (§ 58 Abs. 1 Nr. 1 und 2 JArbSchG), unter Umständen ist das sogar strafbar (§ 58 Abs. 5 und 6 JArbSchG). **3**

1 *Zmarzlik/Anzinger*, JArbSchG, § 6 Rn. 4.
2 *Zmarzlik/Anzinger*, JArbSchG, § 6 Rn. 8.

II. Ausnahmebewilligung für bestimmte Vorstellungen bei »gestaltender« Mitwirkung«

4 Die möglichen **Veranstaltungen**, für die Ausnahmebewilligungen auf Antrag erfolgt können, sind in § 6 Abs. 1 Satz Nr. 1 und 2 JArbSchG **abschließend benannt**. Es geht dabei um die gestaltende Mitwirkung an **Theatervorstellungen, Musikaufführungen** (und vergleichbaren »anderen« Aufführungen) sowie **Ton-, Film- und Fotoaufnahmen. Sportveranstaltungen bzw. die Tätigkeiten in Nachwuchsleistungszentren für junge Sportler gehören ausdrücklich *nicht* dazu.**[3] Erfolgt eine Ausnahmebewilligung, bezieht sich diese nicht nur auf die Vorstellungen, Aufführungen, Veranstaltungen und Aufnahmen, sondern auch auf die Teilnahme an den erforderlichen Proben (§ 6 Abs. 1 Satz 1 am Ende).

5 **Proben** sind die auf Weisung und unter Beaufsichtigung des Arbeitgebers oder seiner Hilfsperson durchzuführenden Vorbereitungen für die Aufführung, an der Stätte der Aufführung, in besonderen Probenräumen oder dort, wo die Kinder wohnen und leben. Die Probenzeiten sind auf die zulässige Höchstdauer der Beschäftigung anzurechnen. Auch wenn die Proben zu Hause durchgeführt werden, sind sie auf die tägliche Beschäftigungsdauer anzurechnen.

1. Bewilligungsfähige Veranstaltungen

6 Eine Ausnahmebewilligung ist möglich für folgende Veranstaltungen:
- Theatervorstellungen,
- Musikaufführungen und andere Aufführungen,
- Werbeveranstaltungen,
- Aufnahmen im Rundfunk (Hörfunk und Fernsehen),
- Aufnahmen auf Ton- und Bildträger,
- Film- und Fotoaufnahmen.

7 **Theatervorstellungen** (§ 6 Abs. 1 Satz 1 Nr. 1 JArbSchG) umfassen das Sprech- und Musiktheater, zum Beispiel Opern, Operetten, Musicals, Ballett- und sonstige Tanzaufführungen, Sing- und Marionettenspiele, Sprechtheater wie Dramen, Tragödien und Komödien, auch offene Theaterveranstaltungen von Volkshochschulen oder Laienspielgruppen, nicht jedoch in Kabaretts (§ 6 Abs. 1 Satz 2 JArbSchG; vgl. Rn. 18).[4] Ausnahmebewilligungen sind für Theatervorstellungen nur zulässig für **Kinder über sechs Jahre** maximal bis zu vier Stunden täglich und nur in der Zeit von 10 bis 23 Uhr (§ 6 Abs. 1 Nr. 1 JArbSchG). Für jüngere Kinder oder für längere oder andere Zeiten sind Ausnahmebewilligungen *nicht* zulässig. Eine Beschränkung nur auf Werktage ist im Gesetz nicht vorgesehen, sodass Ausnahmebewilligungen auch für Samstage und Sonntage möglich sind, was letztlich die Aufsichtsbehörde zu entscheiden hat (§ 6 Abs. 3 Nr. 1 JArbSchG: »an welchem Tage das Kind beschäftigt werden darf«).

8 Bei den in § 6 Abs. 1 Satz 1 Nr. 2 JArbSchG genannten **Musikaufführungen und anderen Aufführungen, Werbeveranstaltungen, Aufnahmen im Rundfunk (Hörfunk und Fernsehen), Aufnahmen auf Ton- und Bildträger und Film- und Fotoaufnahmen** (Ton-, Film- und Fotoaufnahmen) wird je nach Alter differenziert: **Kinder über drei bis sechs Jahre** dürfen maximal bis zu zwei Stunden täglich in der Zeit von 8 bis 17 Uhr beschäftigt werden, **Kinder über sechs Jahre** maximal bis zu drei Stunden täglich in der

---

3 *Lakies*, JArbSchG, § 6 Rn. 4 m. w. N.
4 ErfK/*Schlachter*, § 6 JArbSchG Rn. 2; *Taubert*, JArbSchG, § 6 Rn. 4.

Zeit von 8 bis 22 Uhr. Für jüngere Kinder oder für längere oder andere Zeiten sind Ausnahmebewilligungen nicht zulässig. Auch hier ist eine Beschränkung nur auf Werktage im Gesetz nicht vorgesehen, sodass Ausnahmebewilligungen auch für Samstage und Sonntage möglich sind, was letztlich die Aufsichtsbehörde zu bestimmen hat (§ 6 Abs. 3 Nr. 1 JArbSchG: »an welchem Tage das Kind beschäftigt werden darf«).

Musikaufführungen (§ 6 Abs. 1 Satz 1 Nr. 2 JArbSchG) sind alle instrumentalen, Gesangs- und sonstigen musikalischen Aufführungen heiterer oder ernster Art, wie Orchester-, Chor- und Solokonzerte. In Abgrenzung zu den Theatervorstellungen (§ 6 Abs. 1 Nr. 1 JArbSchG) sind theatermäßig angelegte Aufführungen keine »Musikaufführungen« (§ 6 Abs. 1 Nr. 2 JArbSchG), also Opern, Operetten, Musicals. Sind Kinder eines Chors regelmäßig vertraglich zur Mitwirkung in einem nach wirtschaftlichen Grundsätzen geführten Opern- und Konzertbetrieb verpflichtet, bedarf das der Genehmigung durch die Aufsichtsbehörde.[5] **Castings-Shows** sind entweder Musikaufführungen oder **»andere Aufführungen«** (vgl. Rn. 14), sodass für diese Ausnahmebewilligungen möglich sind.[6] Finden die Casting-Shows im Fernsehen statt, gilt Rn. 16. 9

Bei den **»anderen Aufführungen«** (§ 6 Abs. 1 Satz 1 Nr. 2 JArbSchG) ist ebenfalls in Abgrenzung zur Nr. 1 zu beachten, dass sie nicht theatermäßig sein dürfen. Dazu gehören artistische Vorstellungen, Tanzturniere und Puppenspiele, auch Dressuren (von Tieren) und Kinderkonkurrenzen.[7] Verboten sind die in § 6 Abs. 1 Satz 2 JArbSchG genannten Veranstaltungen (vgl. Rn. 18). Werden Kinder im Zusammenhang mit einer Schul- oder Vereinsveranstaltung beschäftigt, ist keine Ausnahmebewilligung erforderlich, weil eine solche Beschäftigung nicht unter den Geltungsbereich des Jugendarbeitsschutzgesetzes fällt (vgl. § 1 Rn. 9). Ist das Kind *selbstständig* als Solist, Sänger oder Ähnliches tätig, fällt auch das nicht unter den Geltungsbereich des Jugendarbeitsschutzgesetzes (vgl. § 1 Rn. 18). Eine Ausnahmebewilligung wäre allerdings erforderlich, wenn das Kind nicht selbstständig tätig ist, sondern nach der *tatsächlichen Gestaltung des Vertrages* eine arbeitnehmerähnliche Dienstleistung gegeben ist oder ein Arbeitsverhältnis vorliegt.[8] 10

Werbeveranstaltungen (§ 6 Abs. 1 Satz 1 Nr. 2 JArbSchG) sind alle Veranstaltungen, in denen Produkte oder Ideen zur kommerziellen Verwertung vorgestellt werden. Gemeint sind vor allem Modeschauen, Messen oder Ausstellungen oder Aufführungen, an denen Kinder als Mannequins, Sänger, Tänzer oder Sprecher zum Zwecke der Werbung mitwirken.[9] 11

Beim **Rundfunk** (Hörfunk und Fernsehen) dürfen Kinder in sämtlichen Sendungen (auch Werbesendungen) mitarbeiten (§ 6 Abs. 1 Satz 1 Nr. 2 JArbSchG), die nicht jugendgefährdend sind. Das gilt auch für **Casting-Shows**.[10] 12

Schließlich ist auch die Mitwirkung bei **Ton-, Bildträger-, Film- und Fotoaufnahmen** (Ton-, Film- und Fotoaufnahmen) genehmigungsfähig (§ 6 Abs. 1 Satz 1 Nr. 2 JArbSchG). 13

2. Nicht bewilligungsfähige Veranstaltungen

§ 6 Abs. 1 Satz 2 JArbSchG bestimmt, dass eine Ausnahme *nicht* bewilligt werden darf für die Mitwirkung 14

5 *OVG Münster* 17.2.1986 – 12 A 1453/85, NJW 1987, 1443.
6 NK-GA/*Taubert*, § 6 JArbSchG Rn. 8.
7 *Zmarzlik/Anzinger*, JArbSchG, § 6 Rn. 11.
8 *Zmarzlik/Anzinger*, JArbSchG, § 6 Rn. 13.
9 MünchArbR/*Kolbe*, § 195 Rn. 12.
10 NK-GA/*Taubert*, § 6 JArbSchG Rn. 10.

- in Kabaretts, Tanzlokalen und ähnlichen Betrieben sowie
- auf Vergnügungsparks, Kirmessen, Jahrmärkten und bei ähnlichen Veranstaltungen, Schaustellungen oder Darbietungen.

15 Die Aufzählung im Gesetz ist nicht abschließend, weil auf »ähnliche Betriebe« und »ähnliche Veranstaltungen« abgestellt wird. Entscheidend ist, ob die Veranstaltung oder Aufführung wegen ihrer Art oder wegen ihrer äußeren Umgebung für die Gesundheit oder seelische Entwicklung eines Kindes gefährlich sein könnte. Die Kinder sollen vor negativen Einflüssen geschützt werden.[11] Geht es in erster Linie um die Befriedigung der Sensationslust und nicht um höhere Interessen der Kunst, kommt eine Ausnahmebewilligung nicht in Betracht (zum Beispiel Spielsalons, Nacht- und Vergnügungsbars und Revuetheater).[12] Nicht bewilligungsfähig sind auch kommerziell ausgerichtete Aktivitäten im Internet als »**Influencer**« (»**Kidfluencer**«).[13]

16 Da § 6 Abs. 1 Satz 2 JArbSchG **Varieté** und **Zirkus** nicht explizit anspricht, ist eine gestaltende Mitwirkung von Kindern hierbei nicht generell verboten (»andere Aufführungen«, § 6 Abs. 1 Satz 1 Nr. 2 JArbSchG). Die Aufsichtsbehörde kann hier im Rahmen ihres pflichtgemäßen Ermessens Ausnahmebewilligungen erteilen, wenn schädliche Einflüsse auf das Kind nicht zu befürchten sind und soweit es um **ungefährliche Tätigkeiten** geht.[14]

Auch **Karnevalsveranstaltungen** sind von der Bewilligung durch die Aufsichtsbehörde nicht ausgeschlossen. Einer Ausnahmebewilligung bedarf es ohnehin nicht, wenn solche Veranstaltungen nicht unter den Geltungsbereich des § 1 JArbSchG fallen, wie etwa wenn die Kinder selbst Mitglied im Karnevalsverein sind und die Aktivitäten der Brauchtumspflege dienen (vgl. § 1 Rn. 9).[15]

3. Gestaltende Mitwirkung

17 Voraussetzung ist in jedem Falle, dass die Kinder an den in § 6 Abs. 1 JArbSchG genannten Veranstaltungen »**gestaltend mitwirken**«. Das setzt voraus, dass der Zweck der Veranstaltung ohne die Mitwirkung des Kindes nicht oder nur unvollkommen erreicht würde und das Kind unmittelbar an der Aufführung als Schauspieler, Sänger oder Musiker oder in sonstiger Weise gestaltend beteiligt ist.[16] Keine gestaltende Mitwirkung liegt vor, wenn das Kind hinter der Bühne nur **Hilfsdienste** für die eigentlichen Darsteller zu verrichten hat, zum Beispiel Tätigkeiten von Bühnenarbeitern oder des technischen Personals, oder bei sonstigen Tätigkeiten aus Anlass einer Aufführung, etwa dem Verkauf von Waren, Karten oder Programmen, Tätigkeiten als Platzanweiser, in der Garderobe oder Ähnliches. Tätigkeiten, die keine »gestaltende Mitwirkung« darstellen, sind den Kindern verboten, für diese darf auch **keine Ausnahmebewilligung** erteilt werden.

4. Zeitliche Obergrenzen

18 In § 6 Abs. 1 Satz Nr. 1 und 2 JArbSchG werden **zeitliche Obergrenzen** für die Dauer und die Lage der Beschäftigungszeiten festgelegt. Das Gesetz bestimmt den maximal zulässigen Zeitumfang. Für den **Einzelfall gelten die durch die Ausnahmebewilligung der Behörde**

11 ErfK/*Schlachter*, § 6 JArbSchG Rn. 6; *Weyand*, JArbSchG, § 6 Rn. 14.
12 NK-GA/*Taubert*, § 6 JArbSchG Rn. 3.
13 Ausführlich hierzu *Herberger*, Kinderarbeit unter digitalen Bedingungen, RdA 2021, 273, 277f.
14 *Zmarzlik/Anzinger*, JArbSchG, § 6 Rn. 27.
15 *Zmarzlik/Anzinger*, JArbSchG, § 6 Rn. 25.
16 ErfK/*Schlachter*, § 6 JArbSchG Rn. 1; *Taubert*, JArbSchG, § 6 Rn. 3.

bewilligten Zeiten, die auch unterhalb dieser Maximalzeiten liegen können, aber nicht oberhalb der gesetzlich vorgegebenen Maximalzeiten liegen dürfen. Im konkreten Einzelfall maßgeblich für die zulässigen Zeiten sind nicht die in § 6 Abs. 1 JArbSchG genannten Maximalzeiten, sondern die von der Aufsichtsbehörde konkret festgelegten Zeiten. Die **Aufsichtsbehörde bestimmt im Einzelfall** (§ 6 Abs. 3 Nr. 1 bis 3 JArbSchG),

- wie lange, zu welcher Zeit und an welchem Tag das Kind beschäftigt werden darf,
- die Dauer und Lage der Ruhepausen,
- die Höchstdauer des täglichen Aufenthalts an der Beschäftigungsstätte.

Die Aufsichtsbehörde ist nicht verpflichtet, die im Gesetz genannten zeitlichen Obergrenzen auszuschöpfen. Vielmehr muss sie je nach der konkreten Beschäftigung und unter Berücksichtigung der individuellen Situation, des Alters und der Entwicklung des Kindes die sachgerechten Anordnungen treffen. Gerade bei jüngeren Kindern ist es, wenn überhaupt eine Ausnahmebewilligung ergeht, nicht sachgerecht, die Maximalzeit auszuschöpfen. Ebenso ist, unabhängig vom Alter, eine Ausdehnung bis spätabends in der Regel nicht sachgerecht. Die **Aufsichtsbehörde** hat in jedem Fall eine **Abwägung des Einzelfalls** vorzunehmen. 19

Bei der Abwägung hat die Aufsichtsbehörde die Vorschriften zu beachten, die sogar für Jugendliche Einschränkungen bei der Beschäftigung vorsehen. So darf an einem Tag, der dem Schulunterricht unmittelbar vorangeht, eine Beschäftigung nach **20** Uhr nicht stattfinden, wie sich aus der Wertung des § 14 Abs. 4 JArbSchG ergibt. Generell hat der **Schulunterricht Vorrang**, sodass für eine Beschäftigung vor dem Unterricht oder während der Unterrichtszeit Ausnahmebewilligungen nicht erteilt werden dürfen. Das folgt aus § 6 Abs. 2 Nr. 6 JArbSchG, weil das Fortkommen in der Schule durch die Beschäftigung nicht beeinträchtigt werden darf. Zudem folgt unmittelbar aus § 6 Abs. 2 Nr. 5 JArbSchG, dass nach Beendigung der Beschäftigung eine **ununterbrochene Freizeit von mindestens 14 Stunden** eingehalten werden muss. 20

III. Voraussetzungen für die Ausnahmebewilligung

Die Aufsichtsbehörde darf die Ausnahmebewilligung nur nach Anhörung des zuständigen Jugendamts erteilen und wenn die in § 6 Abs. 2 Nr. 1 bis 6 JArbSchG genannten Voraussetzungen kumulativ vorliegen. Das zuständige **Jugendamt muss von der Aufsichtsbehörde angehört werden**. Bedenken des Jugendamts sind von der Aufsichtsbehörde zu berücksichtigen. Gleichwohl muss die Aufsichtsbehörde dem Votum des Jugendamts nicht folgen. Eine Ausnahmebewilligung ohne vorherige Anhörung des Jugendamts ist jedoch anfechtbar. 21

1. Schriftliche Einwilligung der Personensorgeberechtigten

Die **Personensorgeberechtigten** müssen in die konkrete Beschäftigung **schriftlich eingewilligt haben** (§ 6 Abs. 2 Nr. 1 JArbSchG). Da die Personensorgeberechtigung normalerweise den Eltern gemeinsam zusteht (vgl. zu den Einzelheiten Einleitung Rn. 228ff.), müssen Vater und Mutter unterschrieben haben. 22

2. Ärztliche Bescheinigung

Der Aufsichtsbehörde muss eine nicht länger als vor drei Monaten ausgestellte **ärztliche Bescheinigung** vorgelegt werden, nach der keine gesundheitlichen Bedenken gegen die Beschäftigung bestehen (§ 6 Abs. 2 Nr. 2 JArbSchG). Es ist nicht nötig, dass ein bestimm- 23 ter Arzt, etwa der Amtsarzt, die Bescheinigung ausgestellt hat. Eine Bescheinigung des Hausarztes oder jedes anderen Arztes genügt. Allerdings muss sich die »Unbedenklichkeitsbescheinigung« auf die bestimmte, **in Aussicht genommene Tätigkeit** beziehen. Die ärztliche Bescheinigung setzt voraus, dass der Arzt vom Antragsteller genau und detailliert über die in Aussicht genommene Arbeit des Kindes informiert worden ist. Soll die Beschäftigung auf andere Tätigkeiten ausgedehnt werden, muss eine neue Bescheinigung vorgelegt werden. Das gilt auch, wenn eine neue Bewilligung oder eine Verlängerung beantragt wird und die der Aufsichtsbehörde vorliegende ärztliche Bescheinigung am Tag des Antrags älter als drei Monate ist. Enthält die ärztliche Bescheinigung **Bedenken gegen eine Beschäftigung,** die von Seiten der Aufsichtsbehörde nicht durch Auflagen oder Begrenzungen der Bewilligung ausgeräumt werden können, muss die Behörde die Ausnahmebewilligung verweigern, weil es an einer zwingenden Bewilligungsvoraussetzung fehlt.

3. Vorkehrungen und Maßnahmen zum Schutz des Kindes

24 Voraussetzung für die Ausnahmebewilligung ist zudem, dass die erforderlichen **Vorkehrungen und Maßnahmen zum Schutz des Kindes** gegen Gefahren für Leben und Gesundheit sowie zur Vermeidung einer Beeinträchtigung der körperlichen oder seelisch-geistigen Entwicklung getroffen sind (§ 6 Abs. 2 Nr. 3 JArbSchG). Bei der Prüfung der Gefahren und einer möglichen Beeinträchtigung ist nicht nur der Auftritt des Kindes, sondern die **Gesamtheit der Umstände,** die auf das Kind einwirken können, zu prüfen. Zu berücksichtigen sind zum Beispiel auch die Wege zur und von der Arbeitsstelle, die Pausenbedingungen und der gesamte Rahmen, in dem die Veranstaltung abläuft. Die Vorkehrungen und Maßnahmen müssen vor Beginn der Beschäftigung, also bereits vor Probenbeginn, getroffen worden sein. Deswegen ist es nicht ausreichend, wenn sie in der Ausnahmebewilligung zur Bedingung oder Auflage gemacht werden.

4. Betreuung und Beaufsichtigung des Kindes

25 Die **Betreuung und Beaufsichtigung des Kindes muss bei der Beschäftigung sichergestellt sein** (§ 6 Abs. 2 Nr. 4 JArbSchG). Das setzt auch voraus, dass je nach Art der Beschäftigung Umkleide- und Aufenthaltsräume dem Kind zur Verfügung stehen. Bei der Beschäftigung und während der Pausen muss das Kind von einer **geeigneten erwachsenen Person betreut** werden. Findet die Veranstaltung, an der das Kind mitwirkt, abends statt, ist sicherzustellen, dass das Kind ungefährdet nach Hause kommt.[17] Das Vorliegen dieser Voraussetzungen muss der Aufsichtsbehörde nachgewiesen werden.

5. Freizeit von mindestens 14 Stunden

26 Es muss nach Beendigung der Beschäftigung eine **ununterbrochene Freizeit von mindestens 14 Stunden** eingehalten werden (§ 6 Abs. 2 Nr. 5 JArbSchG). Strittig ist, ob zur Freizeit auch der Schulunterricht zählt oder ob der Schulbesuch die 14-stündige Freizeit unterbricht und damit zu einer Versagung der Ausnahmebewilligung führt. Wohl überwiegend wird davon ausgegangen, dass sich »Beschäftigung« und »Freizeit« einander aus-

17 ErfK/*Schlachter,* § 6 JArbSchG Rn. 9.

schließen, also innerhalb der 14 Stunden eine »Beschäftigung« ausgeschlossen ist, Schulunterricht jedoch keine »Beschäftigung« sei und deshalb zur »Freizeit« zähle.[18]

Richtigerweise ist jedoch davon auszugehen, dass der Schulbesuch keine Freizeit ist. Freizeit ist nämlich nur die Zeit, über die das Kind selbstbestimmt verfügen kann. Der Schulbesuch ist jedoch nicht freiwillig, sondern es besteht Schulpflicht. Es müssen also zwischen dem Ende der Beschäftigung im Betrieb und dem Beginn des Schulunterrichts mindestens 14 Stunden Freizeit liegen. Konsequenz ist, dass zeitlich späte Auftritte von Kindern (nach 18 Uhr) nur an Tagen möglich sind, an die sich nicht unmittelbar der Schulunterricht anschließt, also am Freitag oder Samstag.[19] 27

Der **Vorrang des Schulunterrichts** ergibt sich (neben § 6 Abs. 2 Nr. 6 JArbSchG) auch aus § 14 Abs. 4 JArbSchG, nach dessen Bestimmung an dem einem Berufsschultag unmittelbar vorangehenden Tag Jugendliche nicht nach 20 Uhr beschäftigt werden dürfen, wenn der Berufsschulunterricht am Berufsschultag vor 9 Uhr beginnt. Mit dem Schutzzweck des § 6 JArbSchG wäre es unvereinbar, wenn das zwar für Jugendliche, nicht aber für Kinder gelten würde. 28

6. Keine Beeinträchtigung des Fortkommens in der Schule

Voraussetzung ist schließlich, dass durch die Beschäftigung das **Fortkommen in der Schule nicht beeinträchtigt** wird (§ 6 Abs. 2 Nr. 6 JArbSchG). Um das zu klären, hat sich die Aufsichtsbehörde entweder mit der Schule in Verbindung zu setzen oder sich eine entsprechende Bescheinigung der Schule vorlegen zu lassen. Weisen die Zeugnisse des Kindes mangelhafte Leistungen aus, ist eine Ausnahmebewilligung zu versagen. Das gilt auch, wenn Anhaltspunkte dafür vorliegen, dass durch eine Beschäftigung die Gefahr einer Verschlechterung der schulischen Leistungen besteht. 29

Die Aufsichtsbehörde soll eine Bewilligung für ein Kind für **maximal 30 Tage im Jahr** erteilen.[20] Beschäftigungstage für mehrere Arbeitgeber werden addiert.

IV. Entscheidung der Aufsichtsbehörde

Die nach Landesrecht zuständige Aufsichtsbehörde (§ 51 JArbSchG) wird nur »auf Antrag« tätig (§ 6 Abs. 1 JArbSchG). Örtlich zuständig ist – je nach landesrechtlicher Regelung – die Aufsichtsbehörde, in dessen Bezirk der Beschäftigungsort liegt oder das Kind seinen Wohnsitz. Jedenfalls dürfte bei Wechsel des Beschäftigungsortes die Ausnahmebewilligung gültig bleiben, wenn es sich um die gleiche Tätigkeit beim gleichen Arbeitgeber handelt. 30

Der **Antrag** kann vom Arbeitgeber, aber auch von den Personensorgeberechtigten gestellt werden. Eine bestimmte Form ist nicht vorgeschrieben; er kann mündlich oder schriftlich gestellt werden.[21] Allerdings muss der Antrag bestimmt genug sein, damit die Aufsichtsbehörde sachgerecht prüfen kann, ob die Bewilligungsvoraussetzungen vorliegen. Vom Antragsteller anzugeben sind also Name, Anschrift und Geburtsdatum des 31

18 ErfK/*Schlachter*, § 6 JArbSchG Rn. 9; *Taubert*, JArbSchG, § 6 Rn. 21; *Zmarzlik/Anzinger*, JArbSchG, § 6 Rn. 42.

19 *Weyand* (JArbSchG, § 6 Rn. 24) meint, der Schulunterricht sei zwar keine Beschäftigung, will jedoch dem »notwendigen Schutz des Kindes« dadurch Rechnung tragen, dass die Aufsichtsbehörde bei der Festsetzung der Beschäftigungszeit nach § 6 Abs. 3 JArbSchG den Schulunterricht berücksichtige.

20 HWK/*Tillmanns*, § 6 JArbSchG Rn. 2.

21 *Zmarzlik/Anzinger*, JArbSchG, § 6 Rn. 29.

Kindes sowie Datum, Uhrzeit und Dauer der beabsichtigten Beschäftigung, Ort und Art der Veranstaltung sowie Zahl und Dauer der Pausen und Name und Qualifikation der Betreuungsperson.[22]

32 Wird der Antrag vom Arbeitgeber gestellt, muss die **schriftliche Einwilligung der Personensorgeberechtigten** vorliegen (vgl. Rn. 22). Weitere formelle Voraussetzungen für die Entscheidung der Aufsichtsbehörde sind, dass die erforderliche **ärztliche Bescheinigung** vorliegt (vgl. Rn. 23) und das **Jugendamt angehör**t wird (vgl. Rn. 21).

33 Die **materiellen Voraussetzungen** für die Ausnahmebewilligung ergeben sich aus § 6 Abs. 1 und 2 JArbSchG. Die in Frage kommenden Veranstaltungen, für die eine Ausnahmebewilligung erfolgen kann, sind in § 6 Abs. 1 JArbSchG abschließend aufgeführt. Die Aufsichtsbehörde darf nicht darüber hinausgehen. Zudem müssen die in § 6 Abs. 2 JArbSchG genannten Bewilligungsvoraussetzungen vorliegen. Fehlt es an einer dieser Voraussetzungen, darf die Ausnahmebewilligung nicht ergehen. Selbst wenn die formellen und materiellen Bewilligungsvoraussetzungen vorliegen, besteht **kein Rechtsanspruch auf die Erteilung der Ausnahmebewilligung**.

34 Die Entscheidung steht vielmehr im pflichtgemäßen **Ermessen** der Aufsichtsbehörde (sie »kann … bewilligen«). Das Ermessen bezieht sich auf das **»Ob« und »Wie«**, ob also überhaupt eine Ausnahmebewilligung ergeht und wenn ja, in welcher Weise und in welchem zeitlichen Umfang. Die Aufsichtsbehörde hat in jedem Fall eine **Einzelfallabwägung** vorzunehmen. Zu berücksichtigen sind insbesondere die konkrete Beschäftigung, die individuelle Situation, das Alter und die Entwicklung des Kindes (vgl. Rn. 7 ff.).

35 Bei der Ausnahmebewilligung oder der Versagung handelt es sich um einen **Verwaltungsakt**, der mit Widerspruch und nach ablehnendem Widerspruchbescheid im Verwaltungsrechtsweg angefochten werden kann.

36 Die Ausnahmebewilligung ist gem. § 54 Abs. 1 Satz 1 JArbSchG zu befristen. Zudem sind die weiteren Vorgaben des § 54 JArbSchG zu beachten. Die Aufsichtsbehörde bestimmt gem. § 6 Abs. 3 Nr. 1 bis 3 JArbSchG,

- wie lange, zu welcher Zeit und an welchem Tag das Kind beschäftigt werden darf,
- Dauer und Lage der Ruhepausen,
- die Höchstdauer des täglichen Aufenthalts an der Beschäftigungsstätte.

37 Daraus folgt, dass nicht nur die »reine« Zeit der Beschäftigung und der Pausen von der Aufsichtsbehörde festzulegen ist, sondern zudem auch die Höchstdauer des täglichen Aufenthalts an der Beschäftigungsstätte, das meint die Zeit der Beschäftigung einschließlich der Pausen. Zu dieser Höchstdauer zählen auch alle Arbeitsunterbrechungen, zum Beispiel Pausen zwischen zwei Auftritten, bei denen sich das Kind zwar nicht aufgrund einer Weisung des Arbeitgebers an der Beschäftigungsstätte aufhalten muss, aber etwa wegen längerer Entfernung der Beschäftigungsstätte von der Wohnung die Zeit selbst nicht sinnvoll nutzen kann. Zur Beschäftigungszeit zählt auch die Zeit der notwendigen Vorbereitung an der Beschäftigungsstätte, zum Beispiel das Umziehen, Schminken oder das Warten oder Bereithalten für den Auftritt.[23]

38 Die **Entscheidung** der Aufsichtsbehörde ist dem Arbeitgeber **schriftlich bekanntzugeben** (§ 6 Abs. 4 Satz 1 JArbSchG). Der Arbeitgeber darf das Kind erst nach Empfang des Bewilligungsbescheids beschäftigen (§ 6 Abs. 4 Satz 2 JArbSchG). Wer als Arbeitgeber entgegen § 6 Abs. 4 Satz 2 JArbSchG ein Kind vor Erhalt des Bewilligungsbescheides, begeht eine Ordnungswidrigkeit, die mit einer Geldbuße geahndet werden kann (§ 59 Abs. 1 Nr. 1 JArbSchG). Eine vorläufige Beschäftigung durch den Arbeitgeber, zum Beispiel bei

22 *Zmarzlik/Anzinger*, JArbSchG, § 6 Rn. 29.
23 ErfK/*Schlachter*, § 6 JArbSchG Rn. 10.

»Eilentscheidungen«, ist nicht erlaubt. Der Arbeitgeber ist verpflichtet, die **Ausnahmebewilligung im Betrieb auszuhängen** (§ 54 Abs. 3 JArbSchG).

§ 7 Beschäftigung von nicht vollzeitschulpflichtigen Kindern

Kinder, die der Vollzeitschulpflicht nicht mehr unterliegen, dürfen

1. **im Berufsausbildungsverhältnis,**
2. **außerhalb eines Berufsausbildungsverhältnisses nur mit leichten und für sie geeigneten Tätigkeiten bis zu sieben Stunden täglich und 35 Stunden wöchentlich**

beschäftigt werden. Auf die Beschäftigung finden die §§ 8 bis 46 entsprechende Anwendung.

§ 7 JArbSchG bezieht sich auf die Beschäftigung von nicht mehr vollzeitschulpflichtigen Kindern. Wann die **Vollzeitschulpflicht** beendet ist, richtet sich nach den Schulgesetzen der Bundesländer. Sie beträgt entweder neun Schuljahre, in Berlin, Brandenburg, Bremen, Nordrhein-Westfalen und Thüringen zehn Schuljahre. 1

§ 7 JArbSchG hat **in der Praxis kaum Bedeutung**, da die meisten Kinder bei der Einschulung sechs Jahre alt sind und nach neun bzw. zehn Schuljahren bereits das 15. Lebensjahr vollendet haben, sodass sie keine Kinder i. S. d. § 2 Abs. 1 JArbSchG mehr sind. Auf sie findet § 7 JArbSchG deshalb keine Anwendung. Anwendungsfälle sind denkbar beim Überspringen von Schulklassen oder bei Zuwanderern, die wegen fortgeschrittenen Alters nicht mehr eingeschult werden.[1] Für Kinder, die noch nicht 15 Jahre alt sind (§ 2 Abs. 1 JArbSchG), gilt ohnedies das grundsätzliche Beschäftigungsverbot gem. § 5 Abs. 1 JArbSchG mit den Ausnahmen gem. § 5 Abs. 2 JArbSchG. 2

Ist das Kind jedoch noch nicht fünfzehn Jahre alt, so kann es im Anschluss an die Schule in einem **Berufsausbildungsverhältnis** beschäftigt werden. Das setzt voraus, dass ein Berufsausbildungsvertrag gem. § 10 BBiG abgeschlossen worden ist, der in das Verzeichnis der Berufsausbildungsverhältnisse eingetragen ist (§ 34 BBiG). 3

Außerhalb eines Berufsausbildungsverhältnisses schränkt § 7 Satz 1 Nr. 2 JArbSchG die Tätigkeit zeitlich ein, nämlich auf maximal sieben Stunden täglich und 35 Stunden wöchentlich und schränkt damit § 8 JArbSchG weiter ein. Die zeitliche Begrenzung von 35 Stunden wöchentlich und sieben Stunden täglich muss auch bei einer Beschäftigung bei mehreren Arbeitgebern eingehalten werden. Die einzelnen Zeiten müssen in diesen Fällen zusammengezählt werden. 4

Erlaubt sind zudem nur **leichte und für Kinder geeignete Tätigkeiten**. Unzulässig sind Tätigkeiten, die mit Unfallgefahren verbunden sind, das Tragen von Lasten sowie Produktions-, Transport- und Reparaturarbeiten in der Industrie.[2] Für Kinder, die noch nicht 15 Jahre alt sind (§ 2 Abs. 1 JArbSchG), gilt zudem das grundsätzliche Beschäftigungsverbot gem. § 5 Abs. 1 JArbSchG mit den Ausnahmen gem. § 5 Abs. 2 JArbSchG, sodass außerhalb eines Berufsausbildungsverhältnisses faktisch nur die in § 5 Abs. 2 JArbSchG genannten Tätigkeiten als zulässige Beschäftigung in Betracht kommen. Im Einzelnen regelt § 2 der **Kinderarbeitsschutzverordnung** (KindArbSchV), welche Tätigkeiten zulässig sind. 5

Auf die gem. § 7 Satz 1 JArbSchG zulässigen Beschäftigungen finden die §§ 8 bis 46 JArbSchG entsprechende Anwendung (§ 7 Satz 2 JArbSchG). Das bedeutet, dass für Kinder, die der Vollzeitschulpflicht nicht mehr unterliegen, die Schutzbestimmungen an- 6

1 ErfK/*Schlachter*, § 7 JArbSchG Rn. 1.
2 Gesetzesbegründung, BT-Drucks. 7/2305, S. 28; ErfK/*Schlachter*, § 7 JArbSchG Rn. 2.

zuwenden sind, die für Jugendliche gelten, insbesondere die Beschäftigungsverbote und -beschränkungen.

7 **Zuwiderhandlungen** gegen § 7 JArbSchG sind **Ordnungswidrigkeiten** und können mit einer Geldbuße geahndet werden (§ 58 Abs. 1 Nr. 4 JArbSchG), unter Umständen sind sie sogar strafbar (§ 58 Abs. 5 und 6 JArbSchG).

Dritter Abschnitt
Beschäftigung Jugendlicher

Erster Titel
Arbeitszeit und Freizeit

§ 8 Dauer der Arbeitszeit

(1) Jugendliche dürfen nicht mehr als acht Stunden täglich und nicht mehr als 40 Stunden wöchentlich beschäftigt werden.

(2) Wenn in Verbindung mit Feiertagen an Werktagen nicht gearbeitet wird, damit die Beschäftigten eine längere zusammenhängende Freizeit haben, so darf die ausfallende Arbeitszeit auf die Werktage von fünf zusammenhängenden, die Ausfalltage einschließenden Wochen nur dergestalt verteilt werden, dass die Wochenarbeitszeit im Durchschnitt dieser fünf Wochen 40 Stunden nicht überschreitet. Die tägliche Arbeitszeit darf hierbei achteinhalb Stunden nicht überschreiten.

(2a) Wenn an einzelnen Werktagen die Arbeitszeit auf weniger als acht Stunden verkürzt ist, können Jugendliche an den übrigen Werktagen derselben Woche achteinhalb Stunden beschäftigt werden.

(3) In der Landwirtschaft dürfen Jugendliche über 16 Jahre während der Erntezeit nicht mehr als neun Stunden täglich und nicht mehr als 85 Stunden in der Doppelwoche beschäftigt werden.

Inhaltsübersicht Rn.

I. Überblick

1 § 8 JArbSchG regelt die Dauer der täglichen Arbeitszeit von Jugendlichen. Maßgebend hierfür ist die Arbeitszeit ohne die Ruhepausen (§ 4 Abs. 1 JArbSchG). Aus Gründen des **Gesundheitsschutzes**, um Jugendliche vor Überforderung und Gesundheitsschädigung durch zu lange Arbeitszeiten zu schützen und ihnen ausreichende Freizeit zur Erholung und Entfaltung ihrer Persönlichkeit sicherzustellen, hat der Gesetzgeber die höchstzulässige Arbeitszeit auf acht Stunden täglich und 40 Stunden wöchentlich begrenzt.

2 Gem. § 15 JArbSchG gilt für Jugendliche die **Fünf-Tage-Woche**, sodass eine Verteilung der 40 Wochenstunden maximal auf fünf Tage zulässig ist. Selbst bei einer Verteilung auf weniger Wochentage bleibt es grundsätzlich bei der Begrenzung auf den Acht-Stunden-

Tag. »Fünf-Tage-Woche« bedeutet nicht in allen, aber in vielen, Fällen eine Arbeitszeit von Montag bis Freitag. Eine Beschäftigung Jugendlicher an Samstagen und Sonntagen ist nur in den Grenzen der §§ 16 und 17 JArbSchG zulässig. Begrifflich ist klarzustellen, dass **Werktage** alle Kalendertage, die nicht Sonn- oder gesetzliche Feiertage sind, also Montag bis einschließlich Samstag.

Aus § 8 Abs. 2 und 2a JArbSchG ergeben sich Verlängerungsmöglichkeiten auf achteinhalb Stunden täglich, die sich auf die Arbeit an Feiertagen und flexible Arbeitszeitmodelle beziehen. Für die **Landwirtschaft** während der Erntezeit enthält § 8 Abs. 3 JArbSchG eine **Sonderregelung** für Jugendliche über 16 Jahre. Nach Maßgabe des § 9 und § 10 JArbSchG sind die Zeiten des Berufsschulunterrichts und der Teilnahme an Prüfungen auf die gesetzliche Höchstarbeitszeit anzurechnen. 3

Ausnahmen können in Notfällen in Betracht kommen (§ 21 JArbSchG), ansonsten aufgrund allgemeiner Regelungen durch Rechtsverordnung (§ 21b JArbSchG) oder durch Tarifvertrag oder aufgrund eines Tarifvertrages durch Betriebsvereinbarung (§ 21a JArbSchG). Weitere Ausnahmen vom Acht-Stunden-Tag und von der 40-Stunden-Woche gibt es nur noch in der **Hochseeschifffahrt**, nicht aber in der Binnenschifffahrt (§ 61 JArbSchG). 4

Zuwiderhandlungen gegen § 8 JArbSchG sind **Ordnungswidrigkeiten** und können mit einer Geldbuße geahndet werden (§ 58 Abs. 1 Nr. 5 JArbSchG), unter Umständen sind sie sogar strafbar (§ 58 Abs. 5 und 6 JArbSchG). 5

Die Regelungen der Arbeitszeit in § 8 JArbSchG betrifft »**Jugendliche**« (§ 2 JArbSchG). Für **Kinder** (wer noch nicht 15 Jahre alt ist) gilt § 5 bis § 7 JArbSchG. Für **volljährige Arbeitnehmer oder Auszubildende** gelten die Bestimmungen des Arbeitszeitgesetzes (ArbZG). Danach gilt: Die werktägliche Arbeitszeit der Arbeitnehmer darf acht Stunden nicht überschreiten (§ 3 Satz 1 ArbZG). Sie kann auf bis zu zehn Stunden nur verlängert werden, wenn innerhalb von sechs Kalendermonaten oder innerhalb von 24 Wochen im Durchschnitt acht Stunden werktäglich nicht überschritten werden (§ 3 Satz 2 ArbZG). 6

§ 8 JArbSchG regelt die **gesetzliche Höchstarbeitszeit**, keine Mindestarbeitszeit. Die gesetzliche Höchstarbeitszeit darf nicht überschritten werden. Anderslautende einzelvertragliche Vereinbarungen sind wegen des Verstoßes gegen das gesetzliche Verbot des § 8 JArbSchG nichtig (§ 134 BGB).[1] **Vertragliche Vereinbarungen**, die die gesetzliche Höchstarbeitszeit nicht über-, sondern unterschreiten, sind selbstverständlich zulässig, insbesondere auch die Vereinbarung von **Teilzeitarbeit.** Auch eine **Teilzeitberufsausbildung** ist gem. § 8 Abs. 1 Satz 2 BBiG möglich. Sofern **tarifvertragliche Regelungen** Anwendung finden, können diese selbstverständlich auch eine regelmäßige Vollarbeitszeit vorsehen, die unterhalb der gesetzlichen Höchstarbeitszeit liegt. Wie lange (bis zur gesetzlichen Höchstgrenze) tatsächlich von dem Jugendlichen gearbeitet werden muss, richtet sich nach der vertraglichen Vereinbarung bzw. einem anwendbaren Tarifvertrag. 7

Die **Lage der Arbeitszeit**, also die Frage, zu welcher Zeit am Tag zu arbeiten ist, ist gesetzlich nicht vorgegeben, sieht man davon ab, dass gesetzlich die Ruhezeit (§ 13 JArbSchG) und die Nachtruhe (§ 14 JArbSchG) vorgegeben ist. Zudem sind die Ruhepausen (§ 11 JArbSchG) zu beachten. 8

Zu beachten ist, dass gem. § 48 Abs. 1 JArbSchG der Arbeitgeber verpflichtet ist, einen **Aushang über Beginn und Ende der regelmäßigen täglichen Arbeitszeit und der Pausen** an geeigneter Stelle im Betrieb anzubringen. Dies gilt für alle Beschäftigungsverhältnisse, auch im Bergbau unter Tage und in der Binnenschifffahrt. 9

---

1 ErfK/*Schlachter*, § 8 JArbSchG Rn. 1.

10 Bei der Verteilung der Arbeitszeit für Jugendliche hat der **Betriebsrat** neben den allgemeinen Überwachungsaufgaben gem. § 80 Abs. 1 Nr. 1 BetrVG auch ein **Mitbestimmungsrecht** (§ 87 Abs. 1 Nr. 2 BetrVG) bei der konkreten Umsetzung. Hinzu kommt auf dem Gebiet des Arbeitsschutzes die Mitbestimmung aus § 87 Abs. 1 Nr. 7 BetrVG zur Verhütung von Arbeitsunfällen sowie zum Gesundheitsschutz. Für den Personalrat folgt das Mitbestimmungsrecht aus § 80 Abs. 1 Nr. 1 und Nr. 16 BPersVG oder den Personalvertretungsgesetzen der Bundesländer.

II. Höchstarbeitszeit und Abweichungen

1. Grundsatz

11 Grundsätzlich dürfen Jugendliche nicht mehr als **acht Stunden täglich** und nicht mehr als **40 Stunden wöchentlich** beschäftigt werden (§ 8 Abs. 1 JArbSchG). Allgemein sind zwei Sonderkonstellationen in § 8 Abs. 2 und § 8 Abs. 2a JArbSchG geregelt, die Ausnahmen zulassen. Ergänzend sind die **Definitionen der Arbeitszeit** in § 4 JArbSchG zu beachten. **Tägliche Arbeitszeit** ist die Zeit vom Beginn bis zum Ende der täglichen Beschäftigung **ohne die Ruhepausen** (§ 4 Abs. 1 JArbSchG, zur Definition der Ruhepausen § 11 JArbSchG). **Für die Berechnung der wöchentlichen Arbeitszeit** ist als Woche die Zeit von Montag bis einschließlich Sonntag zugrunde zu legen (§ 4 Abs. 4 Satz 1 JArbSchG). Die Arbeitszeit, die an einem Werktag infolge eines gesetzlichen **Feiertags** ausfällt, wird auf die wöchentliche Arbeitszeit angerechnet (§ 4 Abs. 4 Satz 2 JArbSchG). Wird ein Jugendlicher von mehreren Arbeitgebern beschäftigt, so werden die Arbeits- und Schichtzeiten sowie die Arbeitstage zusammengerechnet (§ 4 Abs. 5 JArbSchG).

2. Sonderregelung in Verbindung mit Feiertagen

12 Wenn **in Verbindung mit Feiertagen** an Werktagen *nicht* gearbeitet wird, damit die Beschäftigten eine längere zusammenhängende Freizeit haben, so darf die ausfallende Arbeitszeit auf die Werktage von fünf zusammenhängenden, die Ausfalltage einschließenden Wochen nur dergestalt verteilt werden, dass die Wochenarbeitszeit im Durchschnitt dieser fünf Wochen 40 Stunden nicht überschreitet (§ 8 Abs. 2 Satz 1 JArbSchG). Die tägliche Arbeitszeit darf hierbei achteinhalb Stunden nicht überschreiten (§ 8 Abs. 2 Satz 2 JArbSchG). Fällt die Arbeit nicht wegen der Verbindung mit einem Feiertag aus, sondern aus anderen Gründen (zum Beispiel Streik), findet § 8 Abs. 2 JArbSchG keine Anwendung.[2]

13 Die ausgefallene Arbeitszeit darf in diesen Fällen vor- und nachgearbeitet werden. Sie kann auf die Werktage von fünf zusammenhängenden Wochen verteilt werden, und zwar so, dass die Wochenarbeitszeit im Durchschnitt aller fünf Wochen 40 Stunden nicht überschreitet. Die Woche, in der die freien Tage liegen, zählt zu dem Fünf-Wochen-Zeitraum. Die tägliche Arbeitszeit darf achteinhalb Stunden nicht überschreiten. Die Bestimmungen über die Fünf-Tage-Woche gem. § 15 JArbSchG sind auch in diesen Fällen zu beachten, demnach darf nur an fünf Tagen in der Woche vor- oder nachgearbeitet werden. Auch das grundsätzliche Verbot der Samstagsarbeit (§ 16 JArbSchG) und der Sonntagsarbeit (§ 17 JArbSchG) ist zu beachten. Das führt im Ergebnis dazu, dass im Ausgleichszeitraum (fünf Wochen) nur maximal 1,5 Arbeitstage vor- oder nachgearbeitet werden dürfen.[3]

2 ErfK/*Schlachter*, § 8 JArbSchG Rn. 3.
3 ErfK/*Schlachter*, § 8 JArbSchG Rn. 3.

Bedeutung hat die Regelung zum Beispiel zwischen Weihnachten und Neujahr und ansonsten dann, wenn der Donnerstag ein Feiertag ist und am Freitag im Betrieb nicht gearbeitet wird. Die Jugendlichen können in diese Regelung miteinbezogen werden. Es ist aber zu beachten, dass jedenfalls bei einer tariflichen oder einzelvertraglichen Arbeitszeit von 40 Stunden in der Woche nur 1 bis maximal 1,5 freie Tage in diesem Fünf-Wochen-Zeitraum vor- oder nachgearbeitet werden können, da an den Tagen innerhalb des Fünf-Wochen-Zeitraums, an dem der Jugendliche tatsächlich arbeitet, jeweils nur eine halbe Stunde »herausgearbeitet« werden darf. Es ist nicht zulässig, zwei volle Arbeitstage innerhalb dieses Fünf-Wochen-Zeitraums vor- oder nachzuarbeiten. 14

Beispiel: 15
Der Heiligabend, der 24. Dezember (kein Feiertag), fällt auf einen Montag. Dienstag und Mittwoch sind Feiertage (1. und 2. Weihnachtstag). Arbeitstage wären in dieser Woche Donnerstag und Freitag. Wird an diesen Arbeitstagen nicht gearbeitet, kann der Jugendliche in den vorhergehenden fünf Wochen diese Tage nicht in vollem Umfang vorarbeiten, weil er in vier Wochen maximal an 20 Tagen je eine halbe Stunde, nämlich maximal zehn Stunden vorarbeiten darf. Der Arbeitgeber müsste ihm daher die fehlenden sechs Stunden ohne Entgeltausfall freigeben. Diese fehlenden sechs Stunden können auch nicht in den nächsten fünf Wochen nachgearbeitet werden, auch dann nicht, wenn in Verbindung mit dem Feiertag des 1. Januar am 2. Januar wieder ein freier Tag gegeben wird. Zwar würde für die Nacharbeit dieses freien 2. Januar erneut eine Fünf-Wochen-Frist beginnen, in der der Jugendliche die fehlende Zeit nacharbeiten kann. Dies bezieht sich aber nicht auf die fehlenden sechs Stunden der vorhergehenden Fünf-Wochen-Periode, sondern auf die ausgefallene Arbeitszeit am 2. Januar.

3. Sonderregelung bei anderer Verteilung der Arbeitszeit

Wenn an **einzelnen Werktagen** die **Arbeitszeit auf weniger als acht Stunden verkürzt ist**, können Jugendliche an den übrigen Werktagen derselben Woche achteinhalb Stunden beschäftigt werden (§ 8 Abs. 2a JArbSchG). Zweck der Vorschrift ist es, auch Jugendliche in flexiblen Arbeitszeitmodellen zu beschäftigen, gegebenenfalls an die Arbeitszeit der Erwachsenen anzupassen, etwa wenn für diese der Freitagnachmittag frei ist. Praktische Bedeutung hat die Vorschrift auch für Betriebe mit Gleitzeitregelungen. § 8 Abs. 2a JArbSchG ermöglicht eine Beteiligung der Jugendlichen an Gleitzeitregelungen, bei denen ein Zeitausgleich nötig ist, weil sie an manchen Tagen weniger als acht Stunden gearbeitet haben. Allerdings ist für Jugendliche die Grenze des täglichen Zeitausgleichs auf eine halbe Stunde festgelegt, da höchstens achteinhalb Stunden pro Werktag gearbeitet werden darf. Eine weitere Beschränkung liegt darin, dass der Zeitausgleich in »derselben« Woche zu erfolgen hat, was die Woche von Montag bis Sonntag meint (§ 4 Abs. 4 JArbSchG) und zudem die Fünf-Tage-Woche zu beachten ist (§ 15 JArbSchG). 16

Durch **Tarifvertrag** kann gem. § 21a Abs. 1 Nr. 1 JArbSchG auch für Jugendliche der Ausgleichszeitraum für gleitende Arbeitszeit auf neun Stunden täglich und 44 Stunden wöchentlich, verteilt auf bis zu fünfeinhalb Tagen und einem Ausgleichszeitraum von zwei Monaten ausgedehnt werden. **Einzelvertragliche Regelungen** ohne Bezugnahme auf Tarifverträge, die Entsprechendes vorsehen, sind allerdings unzulässig. 17

4. Sonderregelung für die Landwirtschaft

In der Landwirtschaft dürfen **Jugendliche über 16 Jahre während der Erntezeit** nicht mehr als neun Stunden täglich und nicht mehr als 85 Stunden in der Doppelwoche beschäftigt werden (§ 8 Abs. 3 JArbSchG). Zwei Wochen hintereinander darf nicht täglich 18 neun Stunden gearbeitet werden, weil dadurch die Zeit von 85 Stunden in der Doppelwoche überschritten würde. Auch hier handelt es sich um die Regelung der gesetzlichen Höchstarbeitszeit. Wie lange tatsächlich von dem Jugendlichen gearbeitet werden muss, richtet sich nach der vertraglichen Vereinbarung bzw. einem anwendbaren Tarifvertrag.

19 Zur **Landwirtschaft** zählen die Bodennutzung, also Ackerbau, Obst-, Gemüse- und Weinbau, aber auch Wiesen- und Weidewirtschaft für die Tierhaltung. Nicht dazu gehört dagegen die Tierhaltung als solche, was sich schon daraus ergibt, dass die Ausnahmeregelung auf die Zeit der Ernte beschränkt ist und Tierhaltung begrifflich hier nicht eingeordnet werden kann. Zur Landwirtschaft gehören auch die **Familienhaushalte**, die mit einem landwirtschaftlichen Betrieb des Arbeitgebers verbunden sind, wenn regelmäßig auch Dienste für den landwirtschaftlichen Betrieb geleistet werden. Hierunter fällt auch die Fischerei in Binnengewässern.

20 **Erntezeit** ist die Jahreszeit, in der üblicherweise eine bestimmte Frucht eingebracht wird. Die Erntezeit liegt häufig teilweise außerhalb der Schulferien. Das bedeutet, dass die Jugendlichen bei bestehender Schulpflicht und die Auszubildenden am **Berufsschulunterricht** teilnehmen müssen. An mindestens einem Tag in der Woche stehen die Jugendlichen demnach nicht zur Arbeitsleistung zur Verfügung. Da nach § 9 JArbSchG Berufsschultage mit mehr als fünf Unterrichtsstunden mit acht Stunden auf die wöchentliche Arbeitszeit anzurechnen ist, müssen in der Zwei-Wochen-Frist des § 8 Abs. 3 JArbSchG mindestens zwei mal acht Stunden auf die 85-Stunden-Woche angerechnet werden. Das gilt entsprechend für die Teilnahme an Prüfungen, wenn diese in die Erntezeit fällt.

§ 9 Berufsschule

(1) Der Arbeitgeber hat den Jugendlichen für die Teilnahme am Berufsschulunterricht freizustellen. Er darf den Jugendlichen nicht beschäftigen

1. vor einem vor 9 Uhr beginnenden Unterricht; dies gilt auch für Personen, die über 18 Jahre alt und noch berufsschulpflichtig sind,

2. an einem Berufsschultag mit mehr als fünf Unterrichtsstunden von mindestens je 45 Minuten, einmal in der Woche,

3. in Berufsschulwochen mit einem planmäßigen Blockunterricht von mindestens 25 Stunden an mindestens fünf Tagen; zusätzliche betriebliche Ausbildungsveranstaltungen bis zu zwei Stunden wöchentlich sind zulässig.

(2) Auf die Arbeitszeit des Jugendlichen werden angerechnet

1. Berufsschultage nach Absatz 1 Satz 2 Nummer 2 mit der durchschnittlichen täglichen Arbeitszeit,

2. Berufsschulwochen nach Absatz 1 Satz 2 Nummer 3 mit der durchschnittlichen wöchentlichen Arbeitszeit,

3. im Übrigen die Unterrichtszeit einschließlich der Pausen und der notwendigen Wegezeiten zwischen Berufsschule und Ausbildungsstätte.

(3) Ein Entgeltausfall darf durch den Besuch der Berufsschule nicht eintreten.

Inhaltsübersicht Rn.

I. Überblick

§ 9 JArbSchG regelt das Verhältnis vom Berufsschulunterricht zur Arbeit oder Ausbildung im Betrieb. Da § 15 BBiG durch das Berufsbildungsmodernisierungsgesetz zum 1.1.2020 geändert worden ist, wurde auch § 9 JArbSchG geändert. Die Regelungen zur Freistellung und Anrechnung (auf die Arbeits-/Ausbildungszeit) gelten nunmehr wortgleich für Volljährige (BBiG) und für Minderjährige (JArbSchG). 1

Während § 9 Abs. 1 JArbSchG festlegt, dass Jugendliche für die Teilnahme als Berufsschulunterricht freizustellen sind und im Zusammenhang mit dem Berufsschulunterricht Beschäftigungsverbote regelt, regelt § 9 Abs. 2 JArbSchG in welchem Umfang Berufsschulzeiten auf die Arbeitszeit anzurechnen sind. Durch den Besuch der Berufsschule darf kein Entgeltausfall eintreten (§ 9 Abs. 3 JArbSchG). 2

Zuwiderhandlungen gegen die Freistellungsverpflichtung gem. § 9 Abs. 1 JArbSchG sind **Ordnungswidrigkeiten** und können mit einer Geldbuße geahndet werden (§ 58 Abs. 1 Nr. 6 JArbSchG), unter Umständen sind sie sogar strafbar (§ 58 Abs. 5 und 6 JArbSchG). Eine entsprechende Bußgeldvorschrift findet sich auch im Hinblick auf § 15 BBiG in § 102 Abs. 1 Nr. 4 BBiG. 3

II. Freistellung für den Berufsschulunterricht

Der Arbeitgeber hat den Jugendlichen für die Teilnahme am Berufsschulunterricht freizustellen (§ 9 Abs. 1 Satz 1 JArbSchG). § 15 Satz 1 BBiG regelt generell, dass Auszubildende (Minderjährige oder Volljährige) für die Teilnahme am Berufsschulunterricht freizustellen sind. Insofern besteht der Anspruch nach beiden Rechtsgrundlagen. Die Pflicht zur Freistellung besteht zum einen, wenn der Auszubildende der Berufsschulpflicht unterliegt, was im Einzelnen in den Schulgesetzen der Länder geregelt ist (vgl. Rn. 1). Die Pflicht besteht zum anderen aber auch dann, wenn der Auszubildende zwar nicht der gesetzlichen Berufsschulpflicht unterliegt, aber die Verpflichtung zum Besuch der Berufsschule im Ausbildungsvertrag vereinbart ist. Aus der Pflicht zur Freistellung folgt ein Rechtsanspruch des Auszubildenden auf Freistellung. 4

Die **Freistellung** für die Teilnahme am **Berufsschulunterricht** umfasst alle Zeiten, die erforderlich sind, um die Berufsschule während der geschuldeten Pflicht, sich betrieblich ausbilden zu lassen, wahrzunehmen. Die Auszubildenden sind nur dann von der Ausbildungspflicht tatsächlich befreit, wenn sie im Ergebnis entfällt und nicht nachgearbeitet werden muss.[1] Ob und inwieweit die Auszubildenden **vor oder nach dem Berufsschulunterricht** beschäftigt werden dürfen, ergibt sich aus § 9 Abs. 1 Satz 2 JArbSchG. 5

Die »**Teilnahme**« am Berufsschulunterricht setzt voraus, dass dieser tatsächlich stattfindet. Die Freistellungspflicht besteht deshalb nur für die tatsächlich stattfindenden Berufsschulstunden. Fällt der Berufsschulunterricht ganz oder teilweise aus, ist der Auszubildende verpflichtet, soweit der Unterricht ausfällt, im Betrieb zu arbeiten. **Zeiten des notwendigen Verbleibs** an der Berufsschule während der unterrichtsfreien Zeit (also vor allem, wenn die ausfallende Unterrichtsstunde zwischen anderen stattfindenden Unterrichtsstunden fällt) werden von der Freistellungspflicht mit umfasst. Fällt der an sich planmäßig vorgesehene Unterricht tatsächlich aus, müssen die Auszubildenden nach Ende des Berufsschulunterrichts in den Betrieb zurückkehren, sofern unter Berücksichtigung der Freistellungsverpflichtung noch tatsächlich zu erbringende Arbeitszeit im Betrieb ver- 6

1 *LAG Hamm* 24.2.1999 – 9 Sa 1273/98, AiB 1999, 589.

bleibt (vgl. Rn. 9ff.). Beim **Blockunterricht** besteht die Freistellungspflicht für alle Tage der Berufsschulwoche, an denen der Unterricht tatsächlich stattfindet.

7 Die Freistellung von der betrieblichen Ausbildung umfasst neben der Zeit des Berufsschulunterrichts auch die Zeiträume, in denen der Auszubildende zwar nicht am Berufsschulunterricht teilnehmen muss, aber wegen des Schulbesuchs aus tatsächlichen Gründen gehindert ist, im Ausbildungsbetrieb an der betrieblichen Ausbildung teilzunehmen. Dies betrifft insbesondere die Zeiten des notwendigen Verbleibs an der Berufsschule während der unterrichtsfreien Zeit und die notwendigen **Wegezeiten** zwischen Berufsschule und Ausbildungsbetrieb.[2] Auch notwendige Zeiten zum Waschen und Umkleiden sind in die Freistellungspflicht einbezogen, nicht aber die Zeiten für die Erledigung von schulisch übertragenen Hausaufgaben. Die Wegezeit, die Auszubildende von der Wohnung bis zur Berufsschule oder nach der Berufsschule zur eigenen Wohnung benötigen, wird nicht berücksichtigt.[3]

8 Eine Freistellungsverpflichtung besteht auch für verbindliche **Schulveranstaltungen**, die zwar nicht »Berufsschulunterricht« sind, aber im Zusammenhang mit diesem stehen und von der Schule durchgeführt werden, zum Beispiel Schulausflüge und Exkursionen. Hierunter fällt *nicht* die Wahrnehmung von Veranstaltungen und Aufgaben der Schülervertretung, es sei denn, das betreffende Schulgesetz enthält eine besondere Regelung. Eine Freistellungsverpflichtung unter Fortzahlung der Vergütung kann sich aber aus § 19 Abs. 1 Nr. 2b) BBiG ergeben. Für freiwillige Schulveranstaltungen besteht keine Freistellungspflicht.

III. Die Beschäftigungsverbote gem. § 9 Abs. 1 Satz 2 JArbSchG

9 Ob und inwieweit die Auszubildenden vor und nach dem Berufsschulunterricht beschäftigt werden dürfen, ist nicht im BBiG geregelt, sondern in § 9 Abs. 1 Satz 2 JArbSchG und gilt nur für »**Jugendliche**«, nicht also für volljährige Auszubildende (abgesehen von § 9 Abs. 1 Satz 2 Nr. 1 JArbSchG).

10 Gem. § 9 Abs. 1 Satz 2 Nr. 1 JArbSchG darf der Arbeitgeber den Jugendlichen nicht **vor einem vor 9.00 Uhr beginnenden Unterricht** beschäftigen, auch nicht in Notfällen. Damit soll gewährleistet werden, dass der Jugendliche dem Unterricht ausgeruht und gewinnbringend folgen kann.[4] Diese Regelung gilt auch für **Volljährige**, sofern sie noch berufsschulpflichtig sind. Bei einem Schulbeginn um 9.00 Uhr oder später sind die Auszubildenden nach dem Gesetz verpflichtet, noch im zumutbaren Umfang im Betrieb zu erscheinen, soweit dort eine sinnvolle Tätigkeit möglich ist.

11 Gem. § 9 Abs. 1 Satz 2 Nr. 2 JArbSchG ist die Beschäftigung eines Jugendlichen **an einem Berufsschultag mit mehr als fünf Unterrichtsstunden von mindestens 45 Minuten** verboten, allerdings nur **einmal in der Woche**. Am zweiten Berufsschultag darf der Auszubildende nach der Berufsschule noch im Betrieb beschäftigt werden.

12 Aus § 9 Abs. 1 Satz 2 Nr. 3 JArbSchG folgt ein Beschäftigungsverbot für Jugendliche in Berufsschulwochen, in denen ein **planmäßiger Blockunterricht von mindestens 25 Stunden an mindestens fünf Tagen** stattfindet. Erreicht der Blockunterricht an der Berufsschule nicht den Mindestumfang von 25 Stunden an mindestens fünf Tagen je Woche, weil etwa an einem Tag der Unterricht planmäßig ausfällt, besteht kein Verbot für den

---

2 *BAG* 26.3.2001 – 5 AZR 413/99, NZA 2001, 892.
3 So ausdrücklich die Gesetzesbegründung, BT-Drucks. 20/10857, S. 60.
4 ErfK/*Schlachter*, § 9 JArbSchG Rn. 6.

Arbeitgeber, einen Jugendlichen zu beschäftigen.[5] Fällt der Unterricht kurzfristig und unplanmäßig aus, gilt die Freistellungspflicht.[6] **Zusätzliche betriebliche Ausbildungsveranstaltungen** bis zu zwei Stunden wöchentlich sind neben dem Blockunterricht zulässig.

IV. Anrechnung der Berufsschultage und -wochen auf die Arbeitszeit

§ 9 Abs. 3 JArbSchG regelt, in welchem Umfang die Berufsschulzeiten auf die Arbeitszeit der Jugendlichen angerechnet werden. Es zählt die Unterrichtszeit einschließlich der Pausen und der notwendigen Wegezeiten zwischen Berufsschule und Ausbildungsstätte (§ 9 Abs. 2 Nr. 3 JArbSchG). Die Wegezeit, die Auszubildende von der Wohnung bis zur Berufsschule oder nach der Berufsschule zur eigenen Wohnung benötigen, wird nicht berücksichtigt.[7] 13

Auch der Unterricht an einem arbeitsfreien Tag, zum Beispiel Samstag, ist anzurechnen. Damit verringert sich die Beschäftigungs- und Ausbildungszeit innerhalb der Woche entsprechend.[8]

Die Anrechnungszeiten beziehen sich jeweils auf die durchschnittliche tägliche oder wöchentliche Arbeitszeit. Insoweit gelten die dieselben Maßstäbe wie bei § 15 BBiG.

V. Kein Entgeltausfall

Durch den Besuch der Berufsschule darf **kein Entgeltausfall** eintreten (§ 9 Abs. 3 JArbSchG). Für volljährige Auszubildende folgt das aus § 15, § 19 Abs. 1 Nr. 1 BBiG. Lohn, Gehalt oder Ausbildungsvergütung ist für die Berufsschulzeit so fortzuzahlen, als wäre gearbeitet worden (sog. **Lohnausfallprinzip**). Fällt der Berufsschulunterricht auf einen arbeitsfreien Tag, ist die Unterrichtszeit zu vergüten, soweit sie auf die höchstzulässige Arbeitszeit angerechnet wird.[9] Hat der Jugendliche bereits 40 Stunden im Betrieb gearbeitet (Höchstarbeitszeit gem. § 8 Abs. 1 JArbSchG), sind Unterrichtsstunden an einem arbeitsfreien Samstag als Mehrarbeit zu vergüten.[10] Eine vertragliche Vereinbarung, die Berufsschulzeiten nicht zu vergüten, wäre unwirksam. 14

Ein gesetzlicher Anspruch auf Übernahme der Kosten, die durch den Besuch der Berufsschule entstehen (zum Beispiel Fahrtkosten), besteht hingegen nicht.[11] Entsprechende Regelungen im Ausbildungsvertrag oder in einem anwendbaren Tarifvertrag oder in einer Betriebsvereinbarung sind allerdings möglich.

§ 10 Prüfungen und außerbetriebliche Ausbildungsmaßnahmen

(1) Der Arbeitgeber hat den Jugendlichen

1. für die Teilnahme an Prüfungen und Ausbildungsmaßnahmen, die auf Grund öffentlich-rechtlicher oder vertraglicher Bestimmungen außerhalb der Ausbildungsstätte durchzuführen sind,

2. an dem Arbeitstag, der der schriftlichen Abschlussprüfung unmittelbar vorangeht,

freizustellen.

---

5 *OVG Nordrhein-Westfalen* 11.3.1985 – 12 A 2697/82, NZA 1985, 712.
6 ErfK/*Schlachter*, § 9 JArbSchG Rn. 8.
7 So ausdrücklich die Gesetzesbegründung, BT-Drucks. 20/10857, S. 60.
8 ErfK/*Schlachter*, § 9 JArbSchG Rn. 10.
9 ErfK/*Schlachter*, § 9 JArbSchG Rn. 14.
10 ErfK/*Schlachter*, § 9 JArbSchG Rn. 14.
11 *BAG* 16.9.2002 – 6 AZR 486/00, NZA 2003, 1403.

(2) Auf die Arbeitszeit des Jugendlichen werden angerechnet
1. die Freistellung nach Absatz 1 Nr. 1 mit der Zeit der Teilnahme einschließlich der Pausen und der notwendigen Wegezeiten zwischen Berufsschule und Ausbildungsstätte,
2. die Freistellung nach Absatz 1 Nr. 2 der durchschnittlichen täglichen Arbeitszeit.
Ein Entgeltausfall darf nicht eintreten.

Inhaltsübersicht Rn.

I. Freistellung für Prüfungen und außerbetriebliche Ausbildungsmaßnahmen

1 Der Arbeitgeber hat den Jugendlichen in dem in § 10 Abs. 1 Nr. 1 und 2 JArbSchG geregelten Umfang unter Fortzahlung der Vergütung freizustellen, der Jugendliche hat kraft Gesetzes einen entsprechenden **Freistellungsanspruch**. Die Freistellungszeiten sind auf die Arbeitszeit anzurechnen, sodass die Zeiten grundsätzlich nicht nachgearbeitet werden müssen. Da § 15 BBiG durch das Berufsbildungsmodernisierungsgesetz zum 1.1.2020 geändert worden ist, wurde auch § 10 JArbSchG geändert.

2 **Zuwiderhandlungen** gegen die Freistellungspflichten gem. § 10 Abs. 1 JArbSchG sind **Ordnungswidrigkeiten** und können mit einer Geldbuße geahndet werden (§ 58 Abs. 1 Nr. 7 JArbSchG), unter Umständen sind sie sogar strafbar (§ 58 Abs. 5 und 6 JArbSchG).

1. Teilnahme an Prüfungen

3 Die Freistellung hat zum einen zu erfolgen für die Teilnahme an Prüfungen (§ 10 Abs. 1 Nr. 1 JArbSchG). Die Regelung entspricht § 15 Satz 1 BBiG, sodass bezogen auf die Prüfungsteilnahme der Freistellungsanspruch sowohl für minderjährige wie für volljährige Auszubildende besteht.

4 Die Freistellung für Prüfungen bezieht sich auf die Zwischenprüfung (§ 48 BBiG) und die Abschlussprüfung (§ 37 Abs. 1 Satz 1 BBiG). Die Freistellungspflicht besteht auch im Falle der Wiederholung der Abschlussprüfung. Die Abschlussprüfung kann im Falle des Nichtbestehens zweimal wiederholt werden (§ 37 Abs. 1 Satz 2 BBiG). Sofern die Ausbildungsordnung vorsieht, dass die Abschlussprüfung in zwei zeitlich auseinanderfallenden Teilen durchgeführt wird (§ 5 Abs. 2 Nr. 2 BBiG), sind auch diese Prüfungen erfasst. Erfasst werden auch alle anderen Prüfungen, die in der Ausbildungsordnung oder im Ausbildungsvertrag vorgesehen sind oder von Seiten der Berufsschule stattfinden, weil § 10 Abs. 1 Nr. 1 JArbSchG (ebenso § 15 Satz 1 BBiG) umfassend von der Teilnahme an »Prüfungen« spricht. Wie beim Berufsschulunterricht (vgl. § 9 JArbSchG) bezieht sich die Freistellungspflicht auch auf die erforderlichen **Wegezeiten, wie § 10 Abs. 2 Nr. 1 JArbSchG klarstellt**.

2. Vorbereitung auf Prüfungen

5 Eine Freistellungsverpflichtung zur **Vorbereitung auf Prüfungen** besteht gem. § 10 Abs. 1 Nr. 2 JArbSchG nur eingeschränkt für Jugendliche. Es gibt keine entsprechende gesetzliche Freistellungsverpflichtung für volljährige Auszubildende, auch nicht im BBiG.

Entsprechende Freistellungsregelungen könnten im Ausbildungsvertrag getroffen werden oder in anwendbaren Tarifverträgen oder in Betriebsvereinbarungen. Jugendliche sind an dem »Arbeitstag«, der der schriftlichen Abschlussprüfung »unmittelbar vorangeht«, freizustellen (§ 10 Abs. 1 Nr. 2 JArbSchG).

Die Freistellungsverpflichtung zur Vorbereitung besteht nach dem Gesetz nur bei der 6
»**schriftlichen Abschlussprüfung**«, nicht zur Vorbereitung auf andere Prüfungen, auch nicht auf die Zwischenprüfung oder die mündliche oder praktische Abschlussprüfung. Sofern die Ausbildungsordnung vorsieht, dass die Abschlussprüfung in zwei zeitlich auseinanderfallenden Teilen durchgeführt wird (§ 5 Abs. 2 Nr. 2 BBiG), kann es gegebenenfalls, je nach Regelung in der Ausbildungsordnung, zwei schriftliche Prüfungen geben, die jeweils beide als Abschlussprüfung i. S. d. § 10 Abs. 1 Nr. 2 JArbSchG anzusehen wären, so das insoweit die Freistellungsverpflichtung besteht. Die Freistellungspflicht besteht auch im Falle der Wiederholung der Abschlussprüfung.

Nach dem Wortlaut des Gesetzes besteht die gesetzliche Freistellungspflicht nur für den 7
Arbeitstag, der der schriftlichen Abschlussprüfung **»unmittelbar« vorangeht.** Der Ausbildende ist selbstverständlich nicht gehindert, den Jugendlichen auch für Arbeitstage freizustellen, die nicht »unmittelbar« der Prüfung vorangehen. Ein *gesetzlicher Anspruch* auf Freistellung besteht insoweit indes nicht (das gilt ebenso für volljährige Auszubildende).

Beispiel 1:
Ist am Donnerstag Prüfung, am Mittwoch Berufsschule, am Dienstag Ausbildung im Betrieb, ist für den Dienstag nicht freizustellen, weil dieser Arbeitstag der Prüfung nicht »unmittelbar vorangeht«.

Beispiel 2:
Ist der Montag als Prüfungstag angesetzt, das Wochenende arbeitsfrei und der Freitag Ausbildung im Betrieb, geht der Freitag als Arbeitstag dem Prüfungstag nicht »unmittelbar« voran, weil das Wochenende dazwischenliegt. Eine besteht keine gesetzliche Freistellungspflicht.

Beispiel 3:
Ist der Montag als Prüfungstag angesetzt und wird üblicherweise am Sonntag gearbeitet, wie etwa im Hotel- und Gaststättengewerbe, so ist der Sonntag der Arbeitstag, der der Prüfung »unmittelbar vorangeht« und damit freizugeben, ohne dass dieser Tag auf die notwendigen zwei freien Tage in der Woche (vgl. § 15 JArbSchG) angerechnet werden darf, weil der Freistellungstag auf die Arbeitszeit angerechnet wird (vgl. Rn. 11).

3. Teilnahme an außerbetrieblichen Ausbildungsmaßnahmen

Die Freistellung hat zudem zu erfolgen für die Teilnahme an Ausbildungsmaßnahmen, 8
die aufgrund öffentlich-rechtlicher oder vertraglicher Bestimmungen außerhalb der Ausbildungsstätte durchzuführen sind (§ 10 Abs. 1 Nr. 1 JArbSchG). Die Regelung entspricht § 15 Satz 2 BBiG, sodass bezogen auf die Teilnahme an außerbetrieblichen Ausbildungsmaßnahmen der Freistellungsanspruch sowohl für minderjährige wie für volljährige Auszubildende besteht. Diese Freistellungspflicht besteht für solche Ausbildungsmaßnahmen, die in der Ausbildungsordnung oder im Ausbildungsvertrag vorgesehen sind oder ansonsten notwendig sind, weil in der Ausbildungsstätte die erforderliche berufliche Handlungsfähigkeit nicht in vollem Umfang vermittelt werden kann.

Die Ausbildenden müssen die Auszubildenden in dem Umfang von der betrieblichen 9
Ausbildung freistellen, die zeitlich für die Teilnahme an der Ausbildungsmaßnahme

außerhalb der Ausbildungsstätte erforderlich ist. Neben der reinen Ausbildungszeit erstreckt sich die Freistellungspflicht wie beim Berufsschulbesuch (vgl. § 9 JArbSchG) auch auf notwendige Nebenzeiten, insbesondere **Wegezeiten, wie § 10 Abs. 2 Nr. 1 JArbSchG klarstellt**.

II. Anrechnung der Freistellungszeiten auf die betriebliche Ausbildungszeit

10 Die Anrechnung der in § 10 Abs. 1 JArbSchG genannten Freistellungszeiten auf die betriebliche Ausbildungszeit regelt § 10 Abs. 2 JArbSchG (zu Berufsschulzeiten vgl. § 9 JArbSchG). Durch die Freistellung darf ein Entgeltausfall nicht eintreten (§ 10 Abs. 2 Satz 2 JArbSchG), die **Vergütung** ist also **fortzuzahlen**. Aus der Freistellungs- und Vergütungspflicht folgt, dass eine **Nachholung** der ausfallenden betrieblichen Ausbildungszeiten **ausgeschlossen** ist.

11 Für den **Umfang der Anrechnung** für die Zeit der Teilnahme der Prüfungen und an außerbetrieblichen Ausbildungsmaßnahmen bestimmt § 10 Abs. 2 Satz 1 Nr. 1 JArbSchG, dass die Zeit der Teilnahme einschließlich der Pausen und der notwendigen Wegezeiten zwischen Berufsschule und Ausbildungsstätte anzurechnen ist (**wie § 10 Abs. 2 Nr. 1 JArbSchG in der Neufassung seit 1.8.2024 klarstellt**). Die Wegezeit, die Auszubildende von der Wohnung bis zur Berufsschule oder nach der Berufsschule zur eigenen Wohnung benötigen, wird nicht berücksichtigt.[1]

Der Arbeitstag, der der schriftlichen Abschlussprüfung unmittelbar vorangeht (§ 10 Abs. 1 Nr. 2 JArbSchG) ist mit der durchschnittlichen täglichen Arbeitszeit anzurechnen (§ 10 Abs. 2 Satz 1 Nr. 2 JArbSchG). Das können acht Stunden, je nach Vereinbarung allerdings auch weniger Stunden sein.

§ 11 Ruhepausen, Aufenthaltsräume

(1) Jugendlichen müssen im voraus feststehende Ruhepausen von angemessener Dauer gewährt werden. Die Ruhepausen müssen mindestens betragen

1. 30 Minuten bei einer Arbeitszeit von mehr als viereinhalb bis zu sechs Stunden,

2. 60 Minuten bei einer Arbeitszeit von mehr als sechs Stunden.

Als Ruhepause gilt nur eine Arbeitsunterbrechung von mindestens 15 Minuten.

(2) Die Ruhepausen müssen in angemessener zeitlicher Lage gewährt werden, frühestens eine Stunde nach Beginn und spätestens eine Stunde vor Ende der Arbeitszeit. Länger als viereinhalb Stunden hintereinander dürfen Jugendliche nicht ohne Ruhepause beschäftigt werden.

(3) Der Aufenthalt während der Ruhepausen in Arbeitsräumen darf den Jugendlichen nur gestattet werden, wenn die Arbeit in diesen Räumen während dieser Zeit eingestellt ist und auch sonst die notwendige Erholung nicht beeinträchtigt wird.

(4) Absatz 3 gilt nicht für den Bergbau unter Tage.

Inhaltsübersicht

1 So ausdrücklich die Gesetzesbegründung, BT-Drucks. 20/10857, S. 60.

I. Überblick

1 Die Regelung zur Gewährung von Ruhepausen und zur Gestaltung von Aufenthaltsräumen bezweckt den **Schutz der Jugendlichen vor Überforderung**, denn die Ruhepausen sollen nicht nur sicherstellen, dass sich der Jugendliche erholt und gegebenenfalls etwas essen kann, sondern sie dienen ebenfalls dem Schutz vor Übermüdung und der Unfallverhütung.[1] Neben ungünstigen Arbeitszeiten können auch zu kurze oder zu wenige Pausen die Unfallgefahren und das Gesundheitsrisiko von Kindern und Jugendlichen erhöhen. Die Einhaltung der in § 11 JArbSchG vorgesehenen Pausenzeiten ist deshalb sowohl als Prävention als auch als Verbesserung und Erhaltung der Arbeitsqualität zu verstehen.[2]

2 § 11 JArbSchG enthält in Abs. 1 Vorgaben für die **Mindestpausenzeiten**, regelt ihre zeitliche **Lage** (Abs. 2) und macht in Abs. 3 Vorgaben für den Fall, dass die Ruhepausen in den **Arbeitsräumen** stattfinden, wobei Abs. 3 gem. Abs. 4 nicht für den Bergbau unter Tage gilt. Die **Ruhepausen** werden auf die **Schichtzeit** (§ 12 JArbSchG) angerechnet, wie sich aus § 4 Abs. 2 JArbSchG ergibt. Deshalb darf durch die Pausenzeiten die Schichtzeit nicht überschritten werden.

3 Wer als Arbeitgeber entgegen § 11 Abs. 1 oder Abs. 2 JArbSchG Ruhepausen nicht, nicht mit der vorgeschriebenen Mindestdauer oder nicht in der vorgeschriebenen zeitlichen Lage gewährt, begeht eine **Ordnungswidrigkeit**, die mit einer **Geldbuße** geahndet werden kann (§ 58 Abs. 1 Nr. 8 JArbSchG), unter Umständen ist das sogar strafbar (§ 58 Abs. 5 und 6 JArbSchG). Auch Zuwiderhandlungen gegen § 11 Abs. 3 JArbSchG sind Ordnungswidrigkeiten und können mit einer Geldbuße geahndet werden (§ 59 Abs. 1 Nr. 2 JArbSchG).

4 Zu beachten ist, dass gem. § 48 Abs. 1 JArbSchG der Arbeitgeber verpflichtet ist, einen **Aushang über Beginn und Ende der regelmäßigen täglichen Arbeitszeit und der Pausen** an geeigneter Stelle im Betrieb anzubringen. Dies gilt für alle Beschäftigungsverhältnisse, auch im Bergbau unter Tage und in der Binnenschifffahrt.

5 § 11 JArbSchG gilt für jugendliche Arbeitnehmer oder Auszubildende. Für **volljährige Auszubildende oder Arbeitnehmer** gelten die Bestimmungen über Pausenregelungen des Arbeitszeitgesetzes (ArbZG). Danach gilt: Die Arbeit ist durch im voraus feststehende Ruhepausen von mindestens 30 Minuten bei einer Arbeitszeit von mehr als sechs bis zu neun Stunden und 45 Minuten bei einer Arbeitszeit von mehr als neun Stunden insgesamt zu unterbrechen (§ 4 Satz 1 ArbZG). Die Ruhepausen können in Zeitabschnitte von jeweils mindestens 15 Minuten aufgeteilt werden (§ 4 Satz 2 ArbZG). Länger als sechs Stunden hintereinander dürfen Arbeitnehmer nicht ohne Ruhepause beschäftigt werden (§ 4 Satz 3 ArbZG).

6 Der **Betriebsrat** hat gem. § 87 Abs. 1 Nr. 2 BetrVG ein Mitbestimmungsrecht bei der Festsetzung der Pausenzeiten und deren Lage. Für den **Personalrat** ergibt sich das Mitbestimmungsrecht aus § 80 Abs. 1 Nr. 1 BPersVG oder den Personalvertretungsgesetzen der Bundesländer.

1 ErfK/*Schlachter*, § 11 JArbSchG Rn. 1.
2 Vgl. *Frank*, AiB 2007, 452.

II. Ruhepausen

1. Dauer der Ruhepausen

7 **Ruhepausen** sind im **Voraus festgelegte Unterbrechungen der Arbeitszeit**, in denen der Arbeitnehmer weder Arbeit zu leisten noch sich dafür bereitzuhalten hat, sondern frei darüber entscheiden kann, wo und wie er diese Zeit verbringen will. Entscheidendes Merkmal für die Pause ist mithin, dass der Arbeitnehmer von jeder Dienstverpflichtung und auch von jeder Verpflichtung, sich zum Dienst bereitzuhalten, freigestellt ist.[3] Der in der Praxis häufig übliche **pauschale Abzug von (fiktiven) Pausenzeiten** von der Arbeitszeit entspricht deshalb nicht den gesetzlichen Vorgaben. Da der Arbeitgeber die Ruhepausen zu gewähren hat, hat er dafür einzustehen, dass Pausen genommen werden können, d.h., er hat den Arbeitsprozess entsprechend zu organisieren. Er muss durch geeignete organisatorische Maßnahmen oder Vorgaben dafür sorgen, dass Pausen tatsächlich durch die Arbeitnehmer genommen werden können. Es ist Sache des Arbeitgebers, »im Voraus die Ruhepausen festzulegen und damit Kenntnis davon zu haben, an welchen Tagen der Arbeitnehmer zu welchen Zeiten weder Arbeit leisten noch sich dafür bereithalten musste und frei über die Nutzung des Zeitraums bestimmen konnte«.[4]

8 § 11 Abs. 1 Satz 1 JArbSchG verlangt, dass Jugendlichen im Voraus feststehende Ruhepausen von angemessener Dauer gewährt werden müssen. § 11 Abs. 1 Satz 2 Nr. 1 und 2 JArbSchG gibt für die Ruhepausen bestimmte **Mindestzeiten** vor, die nicht unterschritten werden dürfen:

- bei einer Arbeitszeit von mehr als viereinhalb bis zu sechs Stunden betragen die Ruhepausen mindestens 30 Minuten,
- bei einer Arbeitszeit von mehr als sechs Stunden betragen die Ruhepausen mindestens 60 Minuten.

9 Daraus folgt, dass ein Jugendlicher grundsätzlich nie länger als viereinhalb Stunden ohne Pause arbeiten darf (§ 11 Abs. 2 Satz 2 JArbSchG). Wie lang eine **Pause von »angemessener« Dauer** sein muss, beurteilt sich nach dem Einzelfall. Wesentlich ist der Gesundheitsschutz zu beachten, allerdings ist auch den betrieblichen Erfordernissen Rechnung zu tragen.[5] Die Ruhepause kann als eine zusammenhängende gewährt werden, aber auch auf **mehrere Pausen** verteilt werden.[6] Allerdings muss die Pause mindestens 15 Minuten betragen (§ 11 Abs. 1 Satz 3 JArbSchG). Eine *Mittagspause* von lediglich 15 Minuten ist unangemessen kurz.[7]

10 Die einzelne Pause wird aber als »Ruhepause«, als Arbeitsunterbrechung nur dann gewertet, wenn sie **mindestens 15 Minuten** andauert (§ 11 Abs. 1 Satz 3 JArbSchG). Werden kürzere Arbeitsunterbrechungen gewährt (die weniger als 15 Minuten dauern), zählen diese Unterbrechungen nicht als Ruhepausen, sondern zur Arbeitszeit (vgl. § 4 Abs. 1 JArbSchG) und verringern den Anspruch auf Ruhepausen nicht, können also auch nicht darauf angerechnet werden. In der Regel ist mindestens eine längere Pause zu gewähren (»**Mittagspause**«), die deutlich länger sein muss als 15 Minuten, mindestens 30 Minuten sind wohl noch als »angemessen« anzusehen.

---

3 *BAG* 25.2.2015 – 1 AZR 642/13, Rn. 21, NZA 2015, 442; *BAG* 19.11.2014 – 5 AZR 1101/12, Rn. 19, AP BGB § 611 Nr. 24; *BAG* 16.12.2009 – 5 AZR 157/09, NZA 2010, 505; *BAG* 29.10.2001 – 1 AZR 603/01, NZA 2003, 1212.

4 *BAG* 21.12.2016 – 5 AZR 362/16, Rn. 28, NZA-RR 2017, 233.

5 ErfK/*Schlachter*, § 11 JArbSchG Rn. 4.

6 MünchArbR/*Kolbe*, § 196 Rn. 24.

7 MünchArbR/*Kolbe*, § 196 Rn. 24; ErfK/*Schlachter*, § 11 JArbSchG Rn. 4.

Abzugrenzen ist die Ruhepause von der Arbeitszeit. Eine **Ruhepause ist nur gegeben, wenn der Arbeitnehmer von jeder Arbeitsleistung und etwaigem Bereitschaftsdienst freigestellt** ist. Wird die Arbeit zwar unterbrochen, muss sich der Jugendliche jedoch zur Arbeitsaufnahme bereithalten, wie bei der Arbeitsbereitschaft oder dem Bereitschaftsdienst, liegt keine Ruhepause vor, sondern Arbeitszeit. Solche Zeiten dürfen deshalb nicht auf den Anspruch auf Ruhepausen angerechnet werden. Zur Arbeitszeit zu rechnen sind auch sonstige »**Betriebspausen**« oder Arbeitsunterbrechungen zu rechnen, in denen der Arbeitnehmer nicht frei über die Zeit verfügen kann, etwa Wartezeiten wegen eines Maschinenschadens, wegen Materialmangels oder arbeitsablaufbedingte Wartezeiten. **Wegezeiten** von und zur Berufsschule sind *keine* Ruhepausen, sondern Arbeitszeit. **Unterrichtspausen** an Tagen mit Berufsschulunterricht sind *nicht* als Ruhepausen i. S. d. § 11 JArbSchG anzusehen, denn gem. § 9 Abs. 2 Nr. 3 JArbSchG ist die »Unterrichtszeit einschließlich der Pausen« auf die »Arbeitszeit« anzurechnen.[8] 11

Würden längere Ruhepausen gewährt, sodass zusammen mit der Arbeitszeit die Schichtzeit des § 12 JArbSchG überschritten würde, dann muss die Arbeitszeit in entsprechendem Umfang verkürzt werden, weil insgesamt die Grenzen der Schichtzeit des § 12 JArbSchG eingehalten werden müssen. Bei der normalen Schichtzeit von zehn Stunden ist es allerdings (von begründeten Ausnahmen abgesehen) unangemessen, bei acht Stunden Arbeitszeit insgesamt zwei Stunden Pausen zu gewähren, weil eine Ausweitung der Pausenzeit für den Jugendlichen eine Einschränkung der zur Verfügung stehenden freien Zeit bedeutet.[9] 12

2. Lage der Ruhepausen

§ 11 Abs. 2 JArbSchG konkretisiert die mögliche zeitliche Lage der Ruhepausen. Die Ruhepausen müssen in angemessener zeitlicher Lage gewährt werden, frühestens eine Stunde nach Beginn und spätestens eine Stunde vor Ende der Arbeitszeit (§ 11 Abs. 2 Satz 1 JArbSchG). Länger als viereinhalb Stunden hintereinander dürfen Jugendliche nicht ohne Ruhepause beschäftigt werden (§ 11 Abs. 2 Satz 2 JArbSchG). 13

III. Aufenthalt während der Ruhepausen

Da die Ruhepausen keine Arbeitszeit sind, darf sich der Arbeitnehmer, auch der jugendliche Arbeitnehmer, in dieser Zeit aufhalten, wo er will. Insbesondere darf der Arbeitnehmer auch das Betriebsgelände verlassen. Das wird häufig, will man die Pause sinnvoll zur Entspannung und Erholung nutzen, faktisch kaum möglich sein, sodass man auf dem Betriebsgelände verbleibt. Für den Fall ergibt sich aus § 11 Abs. 3 JArbSchG die indirekte Vorgabe, dass der Arbeitgeber Pausen- oder Aufenthaltsräume zur Verfügung stellen muss. Allerdings ist der Arbeitgeber gem. § 6 Abs. 3 der Arbeitsstättenverordnung erst ab einer Arbeitnehmerzahl von mehr als zehn Mitarbeitern (oder wenn Sicherheits- oder Gesundheitsgründe dies erfordern) dazu verpflichtet, einen Pausenraum oder einen entsprechenden Pausenbereich zur Verfügung zu stellen. Der Aufenthalt während der Ruhepausen in **Arbeitsräumen** darf den Jugendlichen jedenfalls gem. § 11 Abs. 3 JArbSchG nur gestattet werden, wenn 14

- die Arbeit in diesen Räumen während dieser Zeit eingestellt ist und
- auch sonst die notwendige Erholung nicht beeinträchtigt wird.

---

8 MünchArbR/*Kolbe* (§ 196 Rn. 26) will dagegen Pausen in der Berufsschule auf die vom Arbeitgeber zu gewährenden Ruhepausen anrechnen; so auch HWK/*Tillmanns*, § 11 JArbSchG Rn. 1.

9 ErfK/*Schlachter*, § 11 JArbSchG Rn. 4.

15 Das bedeutet, dass »die Arbeit« in diesen Räumen während der Ruhepausen insgesamt eingestellt sein muss, es darf also kein Arbeitnehmer (auch kein Erwachsener) arbeiten und die Maschinen oder sonstige Arbeitsgeräte dürfen nicht weiterlaufen. Die notwendige Erholung darf auch nicht anderweitig beeinträchtigt sein, also weder durch Gerüche, Lärm, Hitze, Kälte oder Feuchtigkeit. Ist eine solche generelle Arbeitsruhe nicht einzuhalten oder sind sonstige Beeinträchtigungen nicht vermeidbar, ist vom Arbeitgeber ein geeigneter Aufenthaltsraum zur Verfügung zu stellen, der nicht Arbeitsraum ist.

16 Die Vorgaben gem. § 11 Abs. 3 JArbSchG gelten gem. § 11 Abs. 4 JArbSchG nicht für den **Bergbau unter Tage.**

§ 12 Schichtzeit

Bei der Beschäftigung Jugendlicher darf die Schichtzeit (§ 4 Abs. 2) 10 Stunden, im Bergbau unter Tage 8 Stunden, im Gaststättengewerbe, in der Landwirtschaft, in der Tierhaltung, auf Bau- und Montagestellen 11 Stunden nicht überschreiten.

1 Schichtzeit ist die tägliche Arbeitszeit unter Hinzurechnung der Ruhepausen gem. § 11 JArbSchG (§ 4 Abs. 2 JArbSchG). Die **Ruhepausen** werden demnach auf die Schichtzeit angerechnet. Anzurechnen sind auch längere **Schließungszeiten**, etwa im Gaststättengewerbe oder im Einzelhandel, Unterbrechungszeiten zum Beispiel bei geteilten Diensten in Krankenhäusern oder Pflegeheimen oder auch sonstige längere Arbeitsunterbrechungen, die der Arbeitgeber veranlasst, um »unproduktive« Zeiten zu überbrücken.[1]

2 Von der Schichtzeit nicht erfasst sind allerdings die **Wegezeiten** von der Wohnung zur Betriebsstätte und umgekehrt. Zur Schichtzeit und damit unter die Begrenzung des § 12 JArbSchG fallen allerdings Wegezeiten, die zur Arbeitszeit gehören. Das gilt insbesondere für betriebsbedingte Wegezeiten, zum Beispiel wenn der Jugendliche vom Betrieb zu einer außerbetrieblichen Montage- oder Arbeitsstelle entsandt wird. Geht der Jugendliche auf Veranlassung des Arbeitgebers direkt von zu Hause zur außerbetrieblichen Arbeitsstätte, dann zählt die Wegezeit insoweit als Arbeitszeit, als sie länger ist als die »normale« Wegezeit des Jugendlichen zur Betriebsstätte. Etwas anderes, insbesondere eine volle Anrechnung der Wegezeiten zur auswärtigen Arbeitsstätte, kann sich aus tarifvertraglichen Regelungen ergeben.

3 Soweit für Jugendliche nach dem **Berufsschulunterricht** noch eine Beschäftigung im Betrieb in Betracht kommt, wird die Zeit der Berufsschulteilnahme einschließlich der Wegezeiten auf die Schichtzeit angerechnet, da sie gem. § 9 Abs. 2 Nr. 2 JArbSchG auf die Arbeitszeit anzurechnen ist.[2]

4 § 12 JArbSchG legt die **Höchstgrenzen für die Schichtzeit** fest. Durch eine Begrenzung der Schichtzeit soll verhindert werden, dass die Arbeitszeit zum Beispiel in einzelne Blöcke aufgeteilt wird und der Jugendliche damit unter Umständen den ganzen Tag für die Arbeit zur Verfügung stehen muss. Auch durch eine mehrstündige Pause wird die Schichtzeit nicht unterbrochen.

5 Es gibt eine **generelle Höchstgrenze von zehn Stunden** für Jugendliche und davon abweichende Regelungen für bestimmte Branchen. Ausnahmen bestehen für die Beschäftigung im **Bergbau unter Tage**: hier ist die Schichtzeit auf **maximal acht Stunden** begrenzt.

---

1 ErfK/*Schlachter*, § 12 JArbSchG Rn. 2; *Zmarzlik/Anzinger* JArbSchG, § 12 Rn. 5.
2 ErfK/*Schlachter*, § 12 JArbSchG Rn. 3; a. A.: MünchArbR/*Kolbe*, § 196 Rn. 29; *Zmarzlik/Anzinger*, JArbSchG, § 12 Rn. 20; *Weyand*, JArbSchG, § 12 Rn. 6.

Maximal elf Stunden beträgt die Schichtzeit in folgenden Branchen: im Gaststättengewerbe, in der Landwirtschaft, in der Tierhaltung und auf Bau- und Montagestellen.

Eine weitere Ausnahme von der generellen Schichtzeitbegrenzung existiert in der **Binnenschifffahrt** (§ 20 Abs. 1 Nr. 1 JArbSchG). Weitere **Ausnahmeregelungen** wären möglich durch Tarifvertrag (§ 21a Abs. 1 Nr. 3 JArbSchG) oder durch eine Rechtsverordnung (§ 21b Nr. 1 JArbSchG). 6

Wer als Arbeitgeber entgegen § 12 JArbSchG einen Jugendlichen über die zulässige Schichtzeit hinaus beschäftigt, begeht eine **Ordnungswidrigkeit**, die mit einer Geldbuße geahndet werden kann (§ 58 Abs. 1 Nr. 9 JArbSchG), unter Umständen ist das sogar strafbar (§ 58 Abs. 5 und 6 JArbSchG). 7

§ 13 Tägliche Freizeit

Nach Beendigung der täglichen Arbeitszeit dürfen Jugendliche nicht vor Ablauf einer ununterbrochenen Freizeit von mindestens 12 Stunden beschäftigt werden.

Nach Beendigung der täglichen Arbeitszeit dürfen Jugendliche am Folgetag erst wieder beschäftigt werden, wenn zwischen Beendigung der Arbeitszeit und Beginn der neuen Arbeitszeit ein ununterbrochener Zeitraum von mindestens zwölf Stunden liegt. In diesem Zeitraum von zwölf Stunden darf der Jugendliche vom Arbeitgeber in keiner Weise zu Arbeitsleistungen herangezogen, auch die Anordnung von Rufbereitschaft, Arbeitsbereitschaft oder Bereitschaftsdienst ist unzulässig. 1

Das Gesetz wählt hier den Begriff der »**Freizeit**«, was insofern zutrifft, als der Jugendliche in dieser Zeit frei darin ist, wie er die Zeit gestaltet. Im Arbeitszeitgesetz, das für Volljährige gilt, ist insoweit von einer »Ruhezeit« die Rede, die mindestens elf Stunden betragen muss (§ 5 Abs. 1 ArbZG). 2

Wer als Arbeitgeber entgegen § 13 JArbSchG die Mindestfreizeit nicht gewährt, begeht eine **Ordnungswidrigkeit**, die mit einer **Geldbuße** geahndet werden (§ 58 Abs. 1 Nr. 10 JArbSchG), unter Umständen ist das sogar strafbar (§ 58 Abs. 5 und 6 JArbSchG). 3

Nach zulässigen Musikaufführungen und ähnliche Veranstaltungen, die in § 14 Abs. 7 JArbSchG genannt sind, dürfen Jugendliche erst nach einer ununterbrochenen Freizeit von mindestens 14 Stunden wieder beschäftigt werden. 4

Die **Lage der Freizeit** wird durch § 14 Abs. 1 JArbSchG genauer eingegrenzt, weil Jugendliche nur in der Zeit zwischen 6.00 Uhr morgens und 20.00 Uhr abends beschäftigt werden dürfen. Greift eine der Ausnahmen des § 14 JArbSchG, so verschiebt sich die Lage der Freizeit entsprechend.[1] Bezüglich der zulässigen Arbeitszeit an einem Tag, der dem **Berufsschultag** vorangeht, bestimmt § 14 Abs. 4 JArbSchG, dass Jugendliche nicht nach 20 Uhr beschäftigt werden dürfen, wenn der Berufsschulunterricht vor 9 Uhr beginnt. 5

Ausnahmen von § 13 gelten in der **Binnenschifffahrt**. Dort ist es zulässig, die tägliche Freizeit bis auf zehn Stunden zu verkürzen (§ 20 Abs. 1 Nr. 1 JArbSchG). Ansonsten gilt für **Notfälle** die Ausnahmeregelung des § 21 JArbSchG in den dort genannten Grenzen. **Andere Ausnahmeregelungen** von § 13 JArbSchG sind **unzulässig**, auch § 21a und § 21b JArbSchG lassen bezüglich der Zwölf-Stunden-Ruhezeit keine Ausnahme zu. 6

Nach zulässigen Musikaufführungen und ähnlichen **Veranstaltungen**, die in § 14 Abs. 7 JArbSchG genannt sind, dürfen Jugendliche erst nach einer ununterbrochenen Freizeit von mindestens **14 Stunden** wieder beschäftigt werden.

1 ErfK/*Schlachter*, § 13 JArbSchG Rn. 1.

7 Wer als Arbeitgeber entgegen § 13 JArbSchG die Mindestfreizeit nicht gewährt, begeht eine **Ordnungswidrigkeit,** die mit einer **Geldbuße** geahndet werden kann (§ 58 Abs. 1 Nr. 10 JArbSchG). Unter Umständen ist das sogar strafbar (§ 58 Abs. 5 und 6 JArbSchG).

§ 14 Nachtruhe

(1) Jugendliche dürfen nur in der Zeit von 6 bis 20 Uhr beschäftigt werden.

(2) Jugendliche über 16 Jahre dürfen

1. im Gaststätten- und Schaustellergewerbe bis 22 Uhr,

2. in mehrschichtigen Betrieben bis 23 Uhr,

3. in der Landwirtschaft ab 5 Uhr oder bis 21 Uhr,

4. in Bäckereien und Konditoreien ab 5 Uhr

beschäftigt werden.

(3) Jugendliche über 17 Jahre dürfen in Bäckereien ab 4 Uhr beschäftigt werden.

(4) An dem einem Berufsschultag unmittelbar vorangehenden Tag dürfen Jugendliche auch nach Absatz 2 Nr. 1 bis 3 nicht nach 20 Uhr beschäftigt werden, wenn der Berufsschulunterricht am Berufsschultag vor 9 Uhr beginnt.

(5) Nach vorheriger Anzeige an die Aufsichtsbehörde dürfen in Betrieben, in denen die übliche Arbeitszeit aus verkehrstechnischen Gründen nach 20 Uhr endet, Jugendliche bis 21 Uhr beschäftigt werden, soweit sie hierdurch unnötige Wartezeiten vermeiden können. Nach vorheriger Anzeige an die Aufsichtsbehörde dürfen ferner in mehrschichtigen Betrieben Jugendliche über 16 Jahre ab 5.30 Uhr oder bis 23.30 Uhr beschäftigt werden, soweit sie hierdurch unnötige Wartezeiten vermeiden können.

(6) Jugendliche dürfen in Betrieben, in denen die Beschäftigten in außergewöhnlichem Grade der Einwirkung von Hitze ausgesetzt sind, in der warmen Jahreszeit ab 5 Uhr beschäftigt werden. Die Jugendlichen sind berechtigt, sich vor Beginn der Beschäftigung und danach in regelmäßigen Zeitabständen arbeitsmedizinisch untersuchen zu lassen. Die Kosten der Untersuchungen hat der Arbeitgeber zu tragen, sofern er diese nicht kostenlos durch einen Betriebsarzt oder einen überbetrieblichen Dienst von Betriebsärzten anbietet.

(7) Jugendliche dürfen bei Musikaufführungen, Theatervorstellungen und anderen Aufführungen, bei Aufnahmen im Rundfunk (Hörfunk und Fernsehen), auf Ton- und Bildträger sowie bei Film- und Fotoaufnahmen bis 23 Uhr gestaltend mitwirken. Eine Mitwirkung ist nicht zulässig bei Veranstaltungen, Schaustellungen oder Darbietungen, bei denen die Anwesenheit Jugendlicher nach den Vorschriften des Jugendschutzgesetzes verboten ist. Nach Beendigung der Tätigkeit dürfen Jugendliche nicht vor Ablauf einer ununterbrochenen Freizeit von mindestens 14 Stunden beschäftigt werden. Die Sätze 1 bis 3 gelten entsprechend auch für die Tätigkeit von Jugendlichen als Sportler im Rahmen von Sportveranstaltungen.

Inhaltsübersicht

I. Grundsatz: Nachtarbeitsverbot

1 Jugendliche dürfen gem. § 14 Abs. 1 JArbSchG nur in der Zeit von 6 bis 20 Uhr beschäftigt werden. Es gilt also grundsätzlich ein Nachtarbeitsverbot, für die Zeit von 20 bis 6 Uhr. Damit sind in dieser Zeit auch Arbeitsbereitschaft, Bereitschaftsdienst und Rufbereitschaft verboten.[1] Für bestimmte Branchen finden sich jedoch in § 14 Abs. 2 bis Abs. 7 JArbSchG Ausnahmen.

2 Wer als Arbeitgeber entgegen § 14 Abs. 1 JArbSchG einen Jugendlichen außerhalb der Zeit von 6 bis 20 Uhr oder entgegen § 14 Abs. 7 Satz 3 JArbSchG vor Ablauf der Mindestfreizeit beschäftigt, begeht eine **Ordnungswidrigkeit** und kann mit einer Geldbuße belegt werden (§ 58 Abs. 1 Nr. 11 JArbSchG), unter Umständen ist das sogar strafbar (§ 58 Abs. 5 und 6 JArbSchG).

II. Ausnahmen vom Nachtarbeitsverbot

1. Jugendliche über 16 Jahre in bestimmten Branchen

3 Für **Jugendliche über 16 Jahre** regelt § 14 Abs. 2 Nr. 1 bis 4 JArbSchG die Ausnahmen, wo und wann diese beschäftigt werden dürfen:

- im Gaststätten- und Schaustellergewerbe bis 22 Uhr (Rn. 4),
- in mehrschichtigen Betrieben bis 23 Uhr (Rn. 5),
- in der Landwirtschaft ab 5 Uhr oder bis 21 Uhr (Rn. 6),
- in Bäckereien und Konditoreien ab 5 Uhr (Rn. 7).

4 Zum **Gaststättengewerbe** (§ 14 Abs. 2 Nr. 1 JArbSchG) zählen alle Schank-, Speise- und Beherbergungsbetriebe (vgl. § 12 JArbSchG), also Hotels, Gaststätten, Kantinen. Ein öffentlicher Publikumsverkehr wird nicht vorausgesetzt, sodass Heime und Jugendherbergen dazu zählen. Nicht zulässig wäre es, wenn hier eine Beschäftigung bis 23 Uhr verlangt würde unter Hinweis darauf, es handele sich um einen »mehrschichtigen Betrieb« (§ 14 Abs. 2 Nr. 2 JArbSchG). Der Begriff der Schichtarbeit setzt voraus, dass Arbeitnehmer sich gegenseitig ablösen, um die Besetzung der Arbeitsplätze über die regelmäßige Arbeitszeit einer Arbeitnehmergruppe hinaus zu gewährleisten. Der Begriff setzt ferner aus der Sicht des Arbeitnehmers voraus, dass die Lage seiner Arbeitszeit regelmäßig wechselt und er sie dabei mit anderen Arbeitnehmern tauscht. Dieser Wechsel gehört zum Schichtbegriff. Daraus folgt aber, dass es sich beim Gaststättengewerbe nicht deshalb um einen »Schichtbetrieb« handelt, weil auch morgens schon Arbeitnehmer dort tätig sind.

Zum **Schaustellergewerbe** (§ 14 Abs. 2 Nr. 1 JArbSchG) zählen die Buden auf Jahrmärkten und Kirmessen und die Fahrgeschäfte.

5 In **mehrschichtigen Betrieben** (§ 14 Abs. 2 Nr. 2 JArbSchG) müssen die Jugendlichen, die nach dieser Ausnahmevorschrift beschäftigt werden sollen, selbst in den Schichtbetrieb eingegliedert sein, d. h., ihre eigene Arbeitszeit muss mit anderen abgewechselt werden. Die Ausnahmeregelung kann nur dann Anwendung finden, wenn der Arbeitsplatz, auf dem der jugendliche Arbeitnehmer beschäftigt ist, tatsächlich an dem Schichtbetrieb teilnimmt. Das ist nicht der Fall, wenn es sich zwar um einen mehrschichtigen Betrieb handelt, der konkrete Arbeitsplatz jedoch nicht in den Schichtbetrieb einbezogen ist.[2]

6 Die Ausnahmeregelung für die »**Landwirtschaft**« (§ 14 Abs. 2 Nr. 3 JArbSchG) erfasst nur diese, nicht die Tierhaltung (vgl. § 12 JArbSchG). Zum Begriff der Landwirtschaft vgl. § 8 Abs. 3 JArbSchG.

1 *Zmarzlik/Anzinger* JArbSchG, § 14 Rn. 4.
2 MünchArbR/*Kolbe*, § 196 Rn. 33; ErfK/*Schlachter*, § 14 JArbSchG Rn. 2.

7 Die Ausnahmeregelung für **Bäckereien und Konditoreien** (§ 14 Abs. 2 Nr. 4 JArbSchG) gilt nur für Betriebe, die Back- und Konditorwaren herstellen, gilt also nicht für reine Verkaufsläden, die nicht selbst eine Backstube betreiben. Die Ausnahme gilt auch *nicht* für das Austragen und Ausfahren der Backwaren, zum Beispiel der Brötchen.

2. Jugendliche über 17 Jahre in Bäckereien

8 **Jugendliche über 17 Jahre** dürfen in **Bäckereien** ab 4 Uhr beschäftigt werden (§ 14 Abs. 3 JArbSchG). Diese Ausnahmeregelung gilt nur für **Bäckereien**, *nicht* für Konditoreien oder die Herstellung von Konditorwaren. Aber auch dann, wenn in einer Bäckerei neben Backwaren auch Konditorwaren hergestellt werden, findet die Ausnahmeregelung Anwendung, allerdings dürfen die Jugendlichen über 17 Jahre von 4 bis 5 Uhr nur mit der Herstellung von Backwaren beschäftigt werden.[3] Nach § 17 Abs. 2 und § 18 Abs. 2 JArbSchG ist die Beschäftigung Jugendlicher an Sonn- und Feiertagen verboten. Dies gilt auch für die Ausnahme des § 14 Abs. 3 JArbSchG, sodass eine Tätigkeit für 17-Jährige ab 4 Uhr **nur an Werktagen** gestattet ist. Im Übrigen ergeben sich Einschränkungen durch die Bestimmungen über die Freizeit nach Arbeitsende sowie über die Regelungen des Beschäftigungsverbotes vor dem Berufsschulunterricht.

3. Nachtruhe und Berufsschulunterricht

9 Damit eine ausreichende Nachtruhe vor einem Berufsschultag gewährleistet ist, enthält § 14 Abs. 4 JArbSchG eine Sonderregelung. An dem **einem Berufsschultag unmittelbar vorangehenden Tag** dürfen Jugendliche auch im Gaststätten- und Schaustellergewerbe, in mehrschichtigen Betrieben und in der Landwirtschaft nicht nach 20 Uhr beschäftigt werden, wenn der Berufsschulunterricht am Berufsschultag vor 9 Uhr beginnt (§ 14 Abs. 4 JArbSchG). Der gesetzgeberische Zweck, Jugendlichen vor dem Berufsschulunterricht eine ausreichende Freizeit zu sichern, wird durch § 14 Abs. 4 JArbSchG und durch § 13 JArbSchG, der ergänzend gilt, allerdings erst dann gewährleistet, wenn der Berufsschulunterricht *vor* 9 Uhr beginnt. Beginnt dieser später, also um 9 Uhr oder später, dann würde § 14 Abs. 4 JArbSchG nicht gelten. Im Übrigen gilt ergänzend die Bestimmung des § 13 JArbSchG: Nach Beendigung der täglichen Arbeitszeit muss eine ununterbrochene Freizeit von mindestens zwölf Stunden gewährt werden. Dies gilt auch an Berufsschultagen, obwohl Berufsschulzeit keine Arbeitszeit ist, sondern lediglich auf die Arbeitszeit angerechnet wird (§ 9 Abs. 2 JArbSchG).

4. Nachtruhe und verkehrstechnische Gründe

10 § 14 Abs. 5 JArbSchG bezieht sich auf die **Vermeidung unnötiger Wartezeiten aus verkehrstechnischen Gründen.** Die Vorschrift will erreichen, dass sich die Arbeitszeit eines Jugendlichen an den Fahrplänen der öffentlichen Verkehrsmittel orientiert, damit durch die Lage der Arbeitszeit unnötige Wartezeiten vermieden werden können. Nach vorheriger **Anzeige an die Aufsichtsbehörde** dürfen in Betrieben, in denen die übliche Arbeitszeit aus verkehrstechnischen Gründen nach 20 Uhr endet, Jugendliche bis 21 Uhr beschäftigt werden, soweit sie hierdurch unnötige Wartezeiten vermeiden können (§ 14 Abs. 5 Satz 1 JArbSchG). Nach vorheriger Anzeige an die Aufsichtsbehörde dürfen ferner in mehrschichtigen Betrieben Jugendliche über 16 Jahre ab 5:30 Uhr oder bis 23:30 Uhr

3 ErfK/*Schlachter*, § 14 JArbSchG Rn. 3.

beschäftigt werden, soweit sie hierdurch unnötige Wartezeiten vermeiden können (§ 14 Abs. 5 Satz 1 JArbSchG). In Ballungszentren mit gut organisiertem öffentlichem Nahverkehr können Arbeitgeber diese Bestimmung praktisch nicht nutzen, da die Voraussetzung, dass unnötige Wartezeiten erspart werden, praktisch nie erfüllt sein wird. Es wird auch nicht genügen, wenn diese Voraussetzungen nur für einige Jugendliche zutreffen; vielmehr muss, damit sich der Arbeitgeber auf diese Ausnahmeregelung berufen kann, die Mehrheit der Jugendlichen davon betroffen sein. Die Aufsichtsbehörde hat auch zu überprüfen, in welchem Verhältnis die Belastung des frühen Aufstehens zu kürzeren Wartezeiten steht.

5. Hitzebetriebe

Jugendliche dürfen in Betrieben, in denen die Beschäftigten in außergewöhnlichem Grade der Einwirkung von Hitze ausgesetzt sind (**Hitzebetriebe), in der warmen Jahreszeit ab 5 Uhr** beschäftigt werden (§ 14 Abs. 6 Satz 1 JArbSchG). Zu den Hitzebetrieben gehören Glashütten, Stahlwerke, Gießereien, aber auch vor Sonneneinstrahlung ungeschützte Arbeitsplätze wie Baustellen und Container.[4] Damit die Jugendlichen gleichwohl vor Gesundheitsgefährdungen durch die Hitzeeinwirkung geschützt sind, sind die Jugendlichen berechtigt, sich vor Beginn der Beschäftigung und danach in regelmäßigen Zeitabständen arbeitsmedizinisch untersuchen zu lassen (§ 14 Abs. 6 Satz 2 JArbSchG). Die Kosten der Untersuchungen hat der Arbeitgeber zu tragen, sofern er diese nicht kostenlos durch einen Betriebsarzt oder einen überbetrieblichen Dienst von Betriebsärzten anbietet (§ 14 Abs. 5 Satz 1 JArbSchG). 11

6. Musikaufführungen, Theatervorstellungen, Rundfunk- und Filmaufnahmen

Jugendliche dürfen bei **Musikaufführungen, Theatervorstellungen** und anderen Aufführungen, bei **Aufnahmen im Rundfunk** (Hörfunk und Fernsehen), auf **Ton- und Bildträgern** sowie bei **Film- und Fotoaufnahmen** (Ton-, Film- und Fotoaufnahmen) bis 23 Uhr »gestaltend mitwirken« (§ 14 Abs. 7 Satz 1 JArbSchG). Die hier angesprochenen Veranstaltungen entsprechen den in § 6 JArbSchG genannten Vorstellungen. Erforderlich ist eine **»gestaltende« Mitwirkung,** also eine künstlerische. Karten- oder Getränkeverkauf bei den im Gesetz genannten Veranstaltungen ist keine gestaltende Mitwirkung. 12

In jedem Fall ist als **zeitliche Grenze 23 Uhr** zu beachten. Beschäftigungen danach sind unzulässig, wobei es um eine materielle, nicht nur formale Beachtung der 23-Uhr-Grenze geht. Bei **Casting-Shows** (Talentwettbewerben) wird das nicht immer beachtet. Werden diese im Fernsehen gezeigt und handelt es sich um Aufzeichnungen, kommt es selbstverständlich auf den Zeitpunkt der Ausstrahlung nicht an. Bei **Live-Sendungen** ist allerdings eine Mitwirkung von Jugendlichen nach 23 Uhr untersagt. Das wird häufig in der Weise umgangen, dass die Minderjährigen dann nicht mehr auf der Bühne auftreten, aber nahe der Bühne im Publikum stehen und auch als Teilnehmer von der Kamera nach wie vor gezeigt werden. Das ist mit der 23-Uhr-Grenze, die eine absolute zeitliche Obergrenze ist, nicht vereinbar. Das Nachtarbeitsverbot wird damit objektiv umgangen.[5]

Eine Mitwirkung ist *nicht* zulässig bei Veranstaltungen, Schaustellungen oder Darbietungen, bei denen die Anwesenheit Jugendlicher nach den Vorschriften des **Jugendschutzgesetzes** (§ 4 Abs. 3, § 5, § 6, § 11 JuSchG; siehe Anhang) verboten ist (§ 14 Abs. 7 Satz 2

4 ErfK/*Schlachter*, § 14 JArbSchG Rn. 6.

5 In der Praxis wird das allerdings, soweit bekannt, nicht sanktioniert.

JArbSchG). Das betrifft die Tätigkeit in **Nachtbars, Nachtclubs, Spielhallen** und vergleichbaren Vergnügungsbetrieben. Nach Beendigung einer erlaubten Tätigkeit (§ 14 Abs. 7 Satz 1 JArbSchG) dürfen Jugendliche nicht vor Ablauf einer ununterbrochenen Freizeit von mindestens 14 Stunden beschäftigt werden (§ 14 Abs. 7 Satz 3 JArbSchG).

7. Sportler bei Sportveranstaltungen

13 Während nach altem Recht für die Teilnahme an **Sportveranstaltungen keine Ausnahme vom Nachtarbeitsverbot bestand, wurde durch Gesetz vom 16. 7. 2021 (BGBl. I S. 2970) mit Wirkung zum 23. 7. 2021 geregelt, dass § 14 Abs. 7 JArbSchG** für die Tätigkeit von Jugendlichen als **Sportler** im Rahmen von **Sportveranstaltungen** entsprechend gilt.[6] Dementsprechend dürfen Sportler im Rahmen von Sportveranstaltungen bis 23 Uhr »gestaltend mitwirken«. Die Regelung gilt ausschließlich für Sportler. Karten- oder Getränkeverkauf oder sonstige Dienstleistungen durch Jugendliche bei Sportveranstaltungen sind *nicht* vom Verbot der Nachtarbeit ausgenommen. Auch für Sportler ist als **zeitliche Grenze 23 Uhr** zu beachten. Beschäftigungen danach sind für minderjährige Sportler unzulässig. Das wurde jüngst bei der Fußballeuropameisterschaft, die in Deutschland stattfand, sodass deutsches Jugendarbeitsschutzrecht Anwendung fand, teilweise ignoriert.

III. Vergütung/Nachtarbeitszuschlag

14 Darf ausnahmsweise in der Nacht gearbeitet werden, ist die Nachtarbeit ebenso zu vergüten wie die Arbeit am Tage. Wird ein festes Monatsgehalt gezahlt, wie etwa bei der Ausbildungsvergütung, wird damit auch die Bezahlung der Nachtarbeit mit abgedeckt, allerdings ist **zusätzlich** noch ein **Ausgleich für die Nachtarbeit zu gewähren** entweder durch Gewährung freier Tage oder durch Zahlung eines Nachtarbeitszuschlags. Zwar enthält das JArbSchG hierzu keine Regelung, allerdings folgt eine entsprechende Verpflichtung aus § 6 Abs. 5 ArbZG. Diese Norm gilt zwar an sich nur für volljährige Arbeitnehmer, doch kann für Jugendliche nichts anderes gelten, weil diese sonst trotz höherer Schutzbedürftigkeit schlechter gestellt würden als volljährige Arbeitnehmer.

15 § 6 Abs. 5 ArbZG trifft folgende Bestimmung:

»Soweit keine tarifvertraglichen Ausgleichsregelungen bestehen, hat der Arbeitgeber dem Nachtarbeitnehmer für die während der Nachtzeit geleisteten Arbeitsstunden eine angemessene Zahl bezahlter freier Tage oder einen angemessenen Zuschlag auf das ihm hierfür zustehende Bruttoarbeitsentgelt zu gewähren.«

Für die Anwendung des § 6 Abs. 5 ArbZG sind mehrere Legaldefinitionen maßgeblich. **Nachtarbeit** ist jede Arbeit, die mehr als zwei Stunden der Nachtzeit umfasst (§ 2 Abs. 4 ArbZG). »Nachtzeit« ist die Zeit von 23 bis 6 Uhr, in Bäckereien und Konditoreien die Zeit von 22 bis 5 Uhr (§ 2 Abs. 3 ArbZG). Unabhängig von den gesetzlichen Begriffsdefinitionen kann durch den Arbeitsvertrag oder einen anwendbaren Tarifvertrag »Nachtarbeit« auch anders definiert werden. Gem. § 3b Abs. 2 Satz 2 EStG ist Nachtarbeit die Arbeit in der Zeit von 20 bis 6 Uhr. **Nachtarbeitnehmer** sind Arbeitnehmer, die aufgrund ihrer Arbeitszeit normalerweise Nachtarbeit in Wechselschicht »zu leisten haben« oder die Nachtarbeit an mindestens 48 Tagen im Kalenderjahr »leisten« (§ 2 Abs. 5 Nr. 1 und 2

---

6 Vgl. zur Gesetzesbegründung Beschlussempfehlung und Bericht des Ausschusses für Arbeit und Soziales, BT-Drucks. 19/29893, S. 24.

ArbZG). Wer nicht in Wechselschicht zu arbeiten hat, sondern ausschließlich Nachtarbeit leistet, muss diese also tatsächlich an mindestens 48 Tagen im Kalenderjahr »leisten«. Nähme man den Wortlaut der Vorschrift ernst, würde zu Beginn eines Kalenderjahres nie feststehen, ob ein Arbeitnehmer, der keine Wechselschicht zu leisten hat, »Nachtarbeitnehmer« im Sinne des ArbZG ist – ein absurdes Ergebnis. Deshalb wird zu Recht davon ausgegangen, dass über den Wortlaut hinaus das Arbeitsschutzrecht für Nachtarbeit auch dann im Wege der Prognose anzuwenden ist, wenn (zum Beispiel aufgrund der Verhältnisse im Vorjahr oder aufgrund arbeitsvertraglicher Vereinbarung) zu erwarten ist, dass der Arbeitnehmer an mindestens 48 Kalendertagen Nachtarbeit leisten wird.[7]

Zuschläge, die für »tatsächlich geleistete« Nachtarbeit neben dem Grundlohn gezahlt **16** werden, sind **steuerfrei**, soweit sie **25 % des Grundlohns** nicht übersteigen (§ 3b Abs. 1 Nr. 1 EStG). Grundlohn ist der laufende Arbeitslohn, der dem Arbeitnehmer bei der für ihn maßgebenden regelmäßigen Arbeitszeit für den jeweiligen Lohnzahlungszeitraum zusteht; er ist in einen Stundenlohn umzurechnen und mit höchstens 50 Euro anzusetzen (§ 3b Abs. 2 Satz 1 EStG). Nachtarbeit ist die Arbeit in der Zeit von 20 bis 6 Uhr (§ 3b Abs. 2 Satz 2 EStG). Wird die Nachtarbeit vor 0 Uhr aufgenommen, erhöht sich für Nachtarbeit in der Zeit von 0 bis 4 Uhr der Zuschlagssatz auf 40 % (§ 3b Abs. 3 Nr. 1 EStG). Soweit Nachtzuschläge steuerfrei sind, unterliegen sie auch nicht der Beitragspflicht zur Sozialversicherung (Kranken-, Pflege-, Renten-, Arbeitslosenversicherung).

§ 6 Abs. 5 ArbZG überlässt die Ausgestaltung des Ausgleichs für Nachtarbeit wegen der **17** größeren Sachnähe in erster Linie den **Tarifvertragsparteien** und regelt subsidiär (nachrangig) einen gesetzlichen Anspruch. Auf den Rechtsgrund für die Geltung einer tarifvertraglichen Ausgleichsregelung kommt es nicht an. Diese kann normativ aufgrund Tarifbindung (§ 2 Abs. 1, § 3 Abs. 1 TVG) oder Allgemeinverbindlichkeit (§ 5 TVG) oder vertraglich aufgrund einer Verweisungs- oder Bezugnahmeklausel im Arbeitsvertrag Anwendung finden.

Die Tarifvertragsparteien sind frei darin, wie sie den Ausgleich regeln. Um den gesetzlichen Anspruch nach § 6 Abs. 5 ArbZG zu ersetzen, muss die tarifliche Regelung allerdings gerade eine Entschädigung für die mit der Nachtarbeit verbundenen Belastungen vorsehen.[8] Der tarifliche Ausgleich kann nicht nur ausdrücklich, sondern auch stillschweigend geregelt sein. Erforderlich für eine »stillschweigende« Ausgleichsregelung ist, dass der Tarifvertrag selbst entsprechende Hinweise enthält oder sich dafür aus der Tarifgeschichte oder aus Besonderheiten des Geltungsbereichs Anhaltspunkte ergeben.[9] Eine tarifliche Regelung, die sich darin erschöpft, den Anspruch auf einen Nachtarbeitszuschlag auszuschließen, ist keine Ausgleichsregelung im Sinne des § 6 Abs. 5 ArbZG.[10]

Fehlt es an einer tarifvertraglichen Ausgleichsregelung, weil für das Arbeitsverhältnis **18** kein Tarifvertrag Anwendung findet oder der anwendbare Tarifvertrag keine Ausgleichsregelung enthält, ist für die Arbeitsstunden, die während der Nachtzeit geleistet werden, kraft Gesetzes (§ 6 Abs. 5 ArbZG) auf das Bruttoarbeitsentgelt für diese Stunden eine angemessene Zahl bezahlter freier Tage *oder* ein angemessener Zuschlag (in Geld) vom Arbeitgeber zu gewähren. Der Arbeitgeber kann (unter Beachtung der Mitbestimmungsrechte des Betriebsrats) frei wählen, ob er den Ausgleichsanspruch des § 6 Abs. 5 ArbZG

7 Vgl. ErfK/*Roloff*, § 2 ArbZG Rn. 30.
8 *BAG* 18.5.2011 – 10 AZR 369/10, NZA-RR 2011, 581, 583; *BAG* 26.4.2005 – 1 ABR 1/04, NZA 2005, 884, 887.
9 *BAG* 18.5.2011 – 10 AZR 369/10, NZA-RR 2011, 581, 583; *BAG* 26.4.2005 – 1 ABR 1/04, NZA 2005, 884, 887.
10 *BAG* 12.3.2008 – 4 AZR 616/06, Rn. 62; *BAG* 26.4.2005 – 1 ABR 1/04, NZA 2005, 884.

durch Zahlung von Geld, durch bezahlte Freistellung oder durch eine Kombination von beidem erfüllt.[11] Es besteht kein Vorrang des Freizeitausgleichs.[12]
In Betrieben mit Betriebsrat ist zu beachten, dass das Wahlrecht des Arbeitgebers der Mitbestimmung des Betriebsrats unterliegt, weil es dabei um eine Regelung des Gesundheitsschutzes geht (§ 87 Abs. 1 Nr. 7 BetrVG). Das Mitbestimmungsrecht entfällt nur, wenn ein anwendbarer Tarifvertrag eine abschließende Ausgleichsregelung enthält.[13]

19 Die gesetzlich begründete Wahlschuld (§ 262 BGB) kann auch im Arbeitsvertrag getroffen werden, auch durch AGB, also durch vorformulierte einseitig vom Arbeitgeber gestellte Vertragsbedingungen.[14] Die arbeitsvertragliche Ausgleichsregelung unterliegt nach zwingendem Gesetzesrecht der Rechtskontrolle dahingehend, ob diese »angemessen« ist (§ 6 Abs. 5 ArbZG). Zusätzlich ist das **Transparenzgebot** nach dem AGB-Recht zu beachten (§ 307 Abs. 1 Satz 2 BGB), das auch bei Preisvereinbarungen gilt (§ 307 Abs. 3 Satz 2 BGB). Die Wahlschuld konkretisiert sich auf eine der geschuldeten Leistungen, wenn der Arbeitgeber das ihm zustehende Wahlrecht nach Maßgabe der gesetzlichen Bestimmungen ausübt oder der Arbeitsvertrag hierzu (wirksame) Festlegungen enthält.[15] Ist das Arbeitsverhältnis beendet, kann die Nachtarbeit nur durch Zahlung eines Zuschlags ausgeglichen werden.[16] Solange das Arbeitsverhältnis fortbesteht, kann der Arbeitgeber den Arbeitnehmer zum Ausgleich von Nachtarbeit bezahlt von der Arbeitspflicht freistellen, statt einen Zuschlag zu zahlen.[17]

20 Für die **Angemessenheit** der bezahlten Freizeit oder des Zuschlags gilt ein einheitlicher Maßstab. Es ist also der gleiche prozentuale Aufschlag entweder in Geld oder in Zeit zu gewähren.[18] Ist der Nachtzuschlag auf 25 % festzusetzen, beträgt auch der Umfang der bezahlten Freizeit als Ausgleich für die Nachtarbeit 25 % der geleisteten Nachtarbeitsstunden. Bei einem Acht-Stunden-Tag ist folglich für je 32 in der Nacht geleistete Stunden ein bezahlter freier Tag zu gewähren.

21 Erfolgt kein Ausgleich durch **bezahlte freie Tage**, kann die Zahlung des Zuschlags in unterschiedlicher Art und Weise erfolgen. In erster Linie kommt die Zahlung eines prozentualen Zuschlags zusätzlich zum Bruttoarbeitsentgelt, das ohnedies für die Arbeitsleistung geschuldet ist, in Frage. Die Höhe des angemessenen Nachtzuschlags richtet sich nach der Gegenleistung, für die sie bestimmt ist, d. h. nach der Art der Arbeitsleistung, kann also (branchenbezogen) unterschiedlich zu bewerten sein. Die im Wirtschaftszweig des Arbeitgebers bestehenden Tarifverträge können eine Orientierung bieten, sind aller-

11 *BAG* 15.7.2020 – 10 AZR 123/19, Rn. 26, NZA 2021, 44; *BAG* 9.12.2015 – 10 AZR 423/14, Rn. 20, NZA 2016, 426.
12 *BAG* 15.7.2020 – 10 AZR 123/19, Rn. 29, NZA 2021, 44.
13 *BAG* 17.1.2012 – 1 ABR 62/10, NZA 2012, 513; *BAG* 26.4.2005 – 1 ABR 1/04, NZA 2005, 884.
14 *BAG* 9.12.2015 – 10 AZR 423/14, Rn. 55, NZA 2016, 426; *BAG* 15.7.2009 – 5 AZR 867/08, NZA 2009, 1366.
15 *BAG* 9.12.2015 – 10 AZR 423/14, Rn. 15, NZA 2016, 426; *BAG* 18.5.2011 – 10 AZR 369/10, NZA-RR 2011, 581, 582.
16 *BAG* 11.2.2009 – 5 AZR 148/08, AP ArbZG § 6 Nr. 9, Rn. 12; *BAG* 31.8.2005 – 5 AZR 545/04, NZA 2006, 324, Rn. 15.
17 *BAG* 13.1.2016 – 10 AZR 792/14, Rn. 35, NZA-RR 2016, 333; *BAG* 1.2.2006 – 5 AZR 422/04, Rn. 18, NZA 2006, 494.
18 *BAG* 15.7.2020 – 10 AZR 123/19, Rn. 29, NZA 2021, 44; *BAG* 9.12.2015 – 10 AZR 423/14, Rn. 20, NZA 2016, 426; *BAG* 1.2.2006 – 5 AZR 422/04, NZA 2006, 494, Rn. 23.

dings nicht zwingend.[19] In der Regel ist ein **Prozentsatz von 25 %** als angemessen anzusehen.[20]

22 Eine Erhöhung oder Verminderung des Zuschlags kommt in Betracht, wenn Umstände im Zusammenhang mit der Erbringung der Arbeitsleistung vorliegen, die den regelmäßig angemessenen Wert von 25 % wegen der im Vergleich zum Üblichen niedrigeren oder höheren Belastung als zu gering oder zu hoch erscheinen lassen. Die Höhe des angemessenen Nachtarbeitszuschlags richtet sich nach der Gegenleistung, für die sie bestimmt ist.[21] Kriterien für einen **geringeren Prozentsatz** ergeben sich daraus, wenn während der Arbeit in der Nacht Bereitschaftszeiten oder Zeiten der Entspannung einen erheblichen Teil ausmachen oder wenn der Zweck des Zuschlags, Nachtarbeit einzuschränken, nicht erreichbar ist, weil die Tätigkeit (etwa aus Gründen der öffentlichen Sicherheit) zwingend auch in der Nacht ausgeübt werden muss.[22] Für Arbeitnehmer, die im Rettungsdienst tätig sind, soll deshalb ein Nachtzuschlag in Höhe von 10 % noch »angemessen« sein,[23] im Bewachungsgewerbe 10 % bzw. 12 %.[24] Rein wirtschaftliche Erwägungen sind nicht geeignet, eine Abweichung nach unten zu begründen.[25] Ein höherer Prozentsatz (30 %) kann gerechtfertigt sein, wenn Arbeitnehmer nicht in Wechselschicht, sondern in **Dauernachtarbeit** eingesetzt werden oder der Nachtarbeitszuschlag die Arbeitnehmer gerade dafür entschädigen soll, dass sie wegen der Nachtarbeit nur erschwert am sozialen Leben teilhaben können.[26] Selbst bei Dauernachtarbeit kann jedoch auch ein Zuschlag lediglich in Höhe von 20 % noch angemessen sein, wenn die Nachtarbeit unvermeidbar ist, so bei der Tätigkeit in Krankenhäusern und in Altenpflegeeinrichtungen.[27] **Zeitungszusteller, die** dauerhaft in Nachtarbeit tätig sind, haben Anspruch auf einen Nachtarbeitszuschlag in Höhe von 30 %.[28] Dass Jugendliche in Dauernachtarbeit eingesetzt werden, kommt praktisch nicht vor.

---

19 *BAG* 18.5.2011 – 10 AZR 369/10, NZA-RR 2011, 581, Rn. 25; nach *BAG* 9.12.2015 – 10 AZR 423/14, Rn. 31, NZA 2016, 426, sind tarifliche Ausgleichsregelungen nur »nachrangig« zu berücksichtigen.

20 *BAG* 15.7.2020 – 10 AZR 123/19, Rn. 30, NZA 2021, 44; *BAG* 25.4.2018 – 5 AZR 25/17, Rn. 43, NZA 2018, 1145; *BAG* 9.12.2015 – 10 AZR 423/14, NZA 2016, 426; *BAG* 11.2.2009 – 5 AZR 148/08, Rn. 19, AP ArbZG § 6 Nr. 9; *BAG* 1.2.2006 – 5 AZR 422/04, NZA 2006, 494, Rn. 21; *BAG* 27.5.2003 – 9 AZR 180/02, AP ArbZG § 6 Nr. 5.

21 *BAG* 15.7.2020 – 10 AZR 123/19, Rn. 31, NZA 2021, 44; *BAG* 9.12.2015 – 10 AZR 423/14, Rn. 27, NZA 2016, 426.

22 *BAG* 15.7.2020 – 10 AZR 123/19, Rn. 32, NZA 2021, 44; *BAG* 9.12.2015 – 10 AZR 423/14, Rn. 29, NZA 2016, 426; *BAG* 11.2.2009 – 5 AZR 148/08, Rn. 12, 16, AP ArbZG § 6 Nr. 9; *BAG* 31.8.2005 – 5 AZR 545/04, Rn. 17, NZA 2006, 324.

23 *BAG* 31.8.2005 – 5 AZR 545/04, NZA 2006, 324.

24 *BAG* 11.2.2009 – 5 AZR 148/08, AP ArbZG § 6 Nr. 9.

25 *BAG* 9.12.2015 – 10 AZR 423/14, Rn. 29, NZA 2016, 426.

26 *BAG* 14.12.2022 – 10 AZR 531/20, NZA 2023, 647; *BAG* 25.5.2022 – 10 AZR 230/19, NZA 2022, 1194; *BAG* 10.11.2021 – 10 AZR 261/20, NZA 2022, 707; *BAG* 15.7.2020 – 10 AZR 123/19, NZA 2021, 44; *BAG* 9.12.2015 – 10 AZR 423/14, NZA 2016, 426.

27 *BAG* 15.7.2020 – 10 AZR 123/19, NZA 2021, 44.

28 *BAG* 14.12.2022 – 10 AZR 531/20, NZA 2023, 647; *BAG* 10.11.2021 – 10 AZR 261/20, NZA 2022, 707; *BAG* 25.4.2018 – 5 AZR 25/17, NZA 2018, 1145.

§ 15 Fünf-Tage-Woche

Jugendliche dürfen nur an fünf Tagen in der Woche beschäftigt werden. Die beiden wöchentlichen Ruhetage sollen nach Möglichkeit aufeinander folgen.

Inhaltsübersicht Rn.

I. Grundsatz der Fünf-Tage-Woche

1 Gem. § 15 Satz 1 JArbSchG gilt für Jugendliche die **Fünf-Tage-Woche,** sodass eine Verteilung der 40 Wochenstunden (§ 8 Abs. 1 JArbSchG) maximal auf fünf Tage zulässig ist. »Fünf-Tage-Woche« bedeutet nicht in allen, aber in vielen, Fällen eine Arbeitszeit von Montag bis Freitag. Eine Beschäftigung Jugendlicher an Samstagen und Sonntagen ist nur in den Grenzen des § 16 und 17 JArbSchG zulässig.

2 Das Verbot, Jugendliche an mehr als fünf Tagen in der Woche zu beschäftigen, gilt unabhängig davon, wie lange sie an den einzelnen Tagen arbeiten. Auch wenn an einem oder mehreren Wochentagen nur fünf oder sechs (oder weniger) Stunden gearbeitet wird oder die Höchstarbeitszeit von 40 Stunden (§ 8 Abs. 1 JArbSchG) unterschritten wird, darf die fehlende Zeit nicht an anderen Tagen nachgeholt werden.

3 Wird der Jugendliche von **mehreren Arbeitgebern** beschäftigt, müssen die Arbeitstage bei den einzelnen Arbeitgebern zusammengerechnet werden und es dürfen insgesamt fünf Arbeitstage in der Woche nicht überschritten werden. Erfolgt zum Beispiel eine Beschäftigung an einem Samstag durch einen Arbeitgeber, darf der Jugendliche in der Woche von Montag bis Freitag nur noch an vier Tagen etwa von einem anderen Arbeitgeber beschäftigt werden. Auf die Dauer der Arbeitszeit an den einzelnen Arbeitstagen kommt es nicht an.

4 Zur Arbeitszeit zählt auch die Teilnahme des Jugendlichen an **außerbetrieblichen Ausbildungsmaßnahmen** i. S. d. § 10 Abs. 1 Nr. 1 JArbSchG, sodass diese Teilnahme auf die zulässigen fünf Arbeitstage gem. § 15 JArbSchG anzurechnen ist. Fallen außerbetriebliche Ausbildungsmaßnahmen auf einen Samstag, so ist dem Jugendlichen – unabhängig von der Dauer – ein ganzer Tag in der Woche freizugeben.

5 Für die **Berechnung der wöchentlichen Arbeitszeit** ist als Woche die Zeit von Montag bis einschließlich Sonntag zugrunde zu legen (§ 4 Abs. 4 Satz 1 JArbSchG). Aus der Vorgabe der Fünf-Tage-Woche folgt, dass zwei Tage in der Woche frei sein müssen. Das Gesetz spricht insoweit von den »beiden wöchentlichen Ruhetage(n)«. Ist ausnahmsweise eine Beschäftigung an Samstagen und/oder Sonntagen zulässig, sind die zwei freien Tage an anderen Tagen in de Woche zu gewähren. Gem. § 15 Satz 2 »sollen nach Möglichkeit« die beiden Ruhetage aufeinander folgen, sind also zusammenhängend zu gewähren. Da es sich bei § 15 Satz 2 JArbSchG um eine Soll-Vorschrift handelt, kann der Arbeitgeber gem. Art. 10 Abs. 2 der europäischen Jugendarbeitsschutzrichtlinie 94/33/EG nur aus dringenden betrieblichen Gründen von den **zwei aufeinander folgenden Ruhetagen** abweichen.

6 Wer als Arbeitgeber entgegen § 15 JArbSchG einen Jugendlichen an mehr als fünf Tagen in der Woche beschäftigt, begeht eine **Ordnungswidrigkeit** und kann mit einer Geldbuße belegt werden (§ 58 Abs. 1 Nr. 12 JArbSchG), unter Umständen ist das sogar strafbar (§ 58 Abs. 5 und 6 JArbSchG).

II. Sonderkonstellationen

Was die Auswirkungen auf den **Berufsschulunterricht** anbetrifft, gilt Folgendes: Die Bestimmung erlaubt dem Arbeitgeber nur an fünf Tagen in der Woche eine Beschäftigung des Jugendlichen. Nach den Vorstellungen des Gesetzgebers ist die Teilnahme am Berufsschulunterricht jedoch nicht mit Arbeit bzw. Beschäftigung durch den Arbeitgeber gleichzusetzen. Das führt dazu, dass der Grundsatz der Fünf-Tage-Woche durchbrochen wird, wenn die Berufsschule auf den Samstag fällt und nicht nach § 9 Abs. 2 Nr. 1 JArbSchG die Zeit der Teilnahme am Berufsschulunterricht mit acht Stunden auf die Arbeitszeit angerechnet wird. Haben Jugendliche nicht mehr als fünf Zeitstunden Berufsschule am Samstag, ist gem. § 9 Abs. 2 Nr. 3 JArbSchG nur die Zeit der tatsächlichen Teilnahme am Unterricht auf die Arbeitszeit anzurechnen. Das hat zur Folge, dass sie zwar an einem ihrer Arbeitstage einen Anspruch auf Freistellung haben, aber nur für die tatsächliche Dauer des Berufsschulunterrichts. Der Jugendliche wird fünf Tage in der Woche beschäftigt, der Berufsschultag (am Samstag) kommt hinzu. Das entspricht der Gesetzeslage, da der Berufsschulunterricht nach § 9 JArbSchG nur auf die Arbeitszeit, nicht aber auf die Fünf-Tage-Woche anzurechnen ist.[1] Zu dieser Konsequenz kommt es indes nur, wenn ein Berufsschultag auf den Samstag fällt, was eher selten der Fall ist. 7

Für die **Teilnahme an Prüfungen** gilt Folgendes: Das Verbot, Jugendliche an mehr als fünf Tagen in der Woche zu beschäftigen, richtet sich grundsätzlich nur an den Arbeitgeber. Danach können Prüfungen auch am Samstag stattfinden. Der Arbeitgeber hat im Rahmen des § 10 Abs. 2 Nr. 1 JArbSchG die Teilnahme an Prüfungen auf die Arbeitszeit anzurechnen. Dies führt zu dem Ergebnis, dass nur bei mehr als fünf Zeitstunden Prüfungsdauer ein anderer Werktag in der Woche freizugeben ist. Im Übrigen gilt das vorstehend Gesagte (Rn. 7), wobei hier aber zu berücksichtigen ist, dass im Gegensatz zum regelmäßigen wöchentlichen Berufsschulunterricht die Prüfung nur einen Einzeltag betrifft. 8

III. Ausnahmen

Abweichungen von § 15 JArbSchG sind durch Tarifvertrag zulässig (§ 21a Abs. 1 Nr. 5 JArbSchG) oder durch Rechtsverordnung des Bundesministeriums für Arbeit und Soziales (§ 21b Nr. 1 JArbSchG). Ansonsten sind **Ausnahmen** nur zulässig in der **Binnenschifffahrt** (§ 20 Abs. 1 Nr. 3 JArbSchG) und in **Notfällen** (§ 21 Abs. 1 JArbSchG). 9

IV. Zuwiderhandlungen

Wenn der Arbeitgeber Jugendlichen an mehr als fünf Tagen in der Woche Arbeit zuweist, können sich diese weigern, die Arbeit auszuführen, ohne dass ihnen daraus Nachteile entstehen dürfen. Üben Jugendliche die an sich verbotene Arbeit aus, haben sie einen Anspruch auf Bezahlung der Arbeit. 10

Wer als Arbeitgeber einen Jugendlichen an mehr als fünf Tagen in der Woche beschäftigt, begeht eine **Ordnungswidrigkeit** und kann mit einer Geldbuße geahndet werden (§ 58 Abs. 1 Nr. 12 JArbSchG), unter Umständen ist das sogar strafbar (§ 58 Abs. 5 und 6 JArbSchG).

1 *Zmarzlik/Anzinger*, JArbSchG, § 15 Rn. 14.

§ 16 Samstagsruhe

(1) An Samstagen dürfen Jugendliche nicht beschäftigt werden.
(2) Zulässig ist die Beschäftigung Jugendlicher an Samstagen nur
1. in Krankenanstalten sowie in Alten-, Pflege- und Kinderheimen,
2. in offenen Verkaufsstellen, in Betrieben mit offenen Verkaufsstellen, in Bäckereien und Konditoreien, im Friseurhandwerk und im Marktverkehr,
3. im Verkehrswesen,
4. in der Landwirtschaft und Tierhaltung,
5. im Familienhaushalt,
6. im Gaststätten- und Schaustellergewerbe,
7. bei Musikaufführungen, Theatervorstellungen und anderen Aufführungen, bei Aufnahmen im Rundfunk (Hörfunk und Fernsehen), auf Ton- und Bildträger sowie bei Film- und Fotoaufnahmen,
8. bei außerbetrieblichen Ausbildungsmaßnahmen,
9. beim Sport,
10. im ärztlichen Notdienst,
11. in Reparaturwerkstätten für Kraftfahrzeuge.
Mindestens zwei Samstage im Monat sollen beschäftigungsfrei bleiben.
(3) Werden Jugendliche am Samstag beschäftigt, ist ihnen die Fünf-Tage-Woche (§ 15) durch Freistellung an einem anderen berufsschulfreien Arbeitstag derselben Woche sicherzustellen. In Betrieben mit einem Betriebsruhetag in der Woche kann die Freistellung auch an diesem Tag erfolgen, wenn die Jugendlichen an diesem Tag keinen Berufsschulunterricht haben.
(4) Können Jugendliche in den Fällen des Absatzes 2 Nr. 2 am Samstag nicht acht Stunden beschäftigt werden, kann der Unterschied zwischen der tatsächlichen und der nach § 8 Abs. 1 höchstzulässigen Arbeitszeit an dem Tag bis 13 Uhr ausgeglichen werden, an dem die Jugendlichen nach Absatz 3 Satz 1 freizustellen sind.

Inhaltsübersicht Rn.

I. Grundsatz: Samstagsarbeitsverbot

1 An Samstagen dürfen Jugendliche nicht beschäftigt werden (§ 16 Abs. 1 JArbSchG). Es gilt also grundsätzlich ein Samstagsarbeitsverbot. Das Beschäftigungsverbot gilt für die Zeit von 0 Uhr bis 24 Uhr. Fällt auf einen Samstag ein Feiertag, geht das Feiertagsbeschäf-

tigungsverbot des § 18 Abs. 1 JArbSchG dem Samstagsbeschäftigungsverbot vor. § 16 JArbSchG gilt nur für Samstage, die Werktage sind.[1] Verboten ist jede Beschäftigung durch den Arbeitgeber, insoweit auch Bereitschaftsdienst oder Rufbereitschaft. Verboten ist jede Art der Beschäftigung, unabhängig von dem Ort, wo sie erfolgen soll, sodass der Arbeitgeber dem Jugendlichen auch keine Arbeit mit nach Hause geben darf. Berufsschulunterricht oder Prüfungen sind dagegen an Samstagen zulässig.
Für **bestimmte Branchen** finden sich jedoch in § 16 Abs. 2 JArbSchG **Ausnahmen**, wobei in dem Zusammenhang § 16 Abs. 3 bis 4 JArbSchG konkretisierende Regelungen enthalten. § 16 Abs. 3 JArbSchG stellt sicher, dass im Fall der Samstagsarbeit eines Jugendlichen die Fünf-Tage-Woche gem. § 15 JArbSchG durch eine Freistellung an einem anderen berufsschulfreien Arbeitstag derselben Woche eingehalten wird. Schließlich ergibt sich aus § 16 Abs. 4 JArbSchG eine Ausgleichsregelung im Hinblick auf § 16 Abs. 2 Nr. 2 JArbSchG für die Samstagsarbeit eines Jugendlichen.

II. Ausnahmen vom Samstagsarbeitsverbot

§ 16 Abs. 2 JArbSchG regelt die öffentlich-rechtliche Zulässigkeit der Samstagsarbeit. Ob 2
im Einzelfall am Samstag gearbeitet werden muss, richtet sich nach dem Ausbildungsvertrag, dem Arbeitsvertrag oder einem anwendbaren Tarifvertrag. Es bedarf einer ausdrücklichen Regelung, dass am Samstag gearbeitet werden soll. § 16 Abs. 2 JArbSchG ermöglicht es lediglich, solche Regelungen zu treffen. Mit der Möglichkeit der Samstagsarbeit ist weder die 40-Stunden-Woche (§ 8 Abs. 1 JArbSchG) noch die Fünf-Tage-Woche (§ 15 JArbSchG) aufgehoben, wie § 16 Abs. 3 JArbSchG ausdrücklich klarstellt.

Zulässig ist die Beschäftigung Jugendlicher an Samstagen in den in § 16 Abs. 2 Satz 1 Nr. 1 3
bis 11 JArbSchG genannten Konstellationen, wobei gem. § 16 Abs. 2 Satz 2 auch in diesen Fällen **mindestens zwei Samstage im Monat beschäftigungsfrei** bleiben sollen. Aus der Soll-Vorschrift folgt, dass zwar grundsätzlich zwei Samstage beschäftigungsfrei bleiben müssen, bei Vorliegen sachlicher Gründe im Einzelfall aber Jugendliche ausnahmsweise an drei, eventuell sogar vier Samstagen im Monat beschäftigt werden dürfen.

Der Katalog der Ausnahmetatbestände enthält eine abschließende Aufzählung und ist 4
wegen ihres Ausnahmecharakters eng auszulegen.[2] Nach Maßgabe des § 20 Abs. 1 Nr. 3 besteht für die **Binnenschifffahrt** eine weitere Ausnahme. Weitere Ausnahmen sind nur möglich durch Tarifvertrag (§ 21a Abs. 1 Nr. 4 JArbSchG) oder durch Rechtsverordnung (§ 21b Nr. 1 JArbSchG).
Die gesetzlichen Ausnahmen vom Samstagsarbeitsverbot bestehen in folgenden Fällen:

- in Krankenanstalten sowie in Alten-, Pflege- und Kinderheimen,
- in offenen Verkaufsstellen, in Betrieben mit offenen Verkaufsstellen, in Bäckereien und Konditoreien, im Friseurhandwerk und im Marktverkehr,
- im Verkehrswesen,
- in der Landwirtschaft und Tierhaltung,
- im Familienhaushalt,
- im Gaststätten- und Schaustellergewerbe,
- bei Musikaufführungen, Theatervorstellungen und anderen Aufführungen, bei Aufnahmen im Rundfunk (Hörfunk und Fernsehen), auf Ton- und Bildträger sowie bei Film- und Fotoaufnahmen,
- bei außerbetrieblichen Ausbildungsmaßnahmen,

1 *Zmarzlik/Anzinger* JArbSchG, § 16 Rn. 10.
2 *OLG Karlsruhe* 14. 1. 1983 – 3 Ss 132/82, DÖV 1983, 738.

- beim Sport,
- im ärztlichen Notdienst,
- in Reparaturwerkstätten für Kraftfahrzeuge.

Wegen des herausgehobenen Schutzes der Jugendlichen ist in allen Fällen zu prüfen, ob die Heranziehung zur Samstagsarbeit von Jugendlichen erforderlich ist oder nicht dadurch vermieden werden kann, dass volljährigen Arbeitnehmer diese Tätigkeiten übertragen werden. Für **Auszubildende** gilt zudem § 14 Abs. 2 BBiG: dem Auszubildenden dürfen nur Aufgaben übertragen werden, die dem Ausbildungszweck dienen und seinen körperlichen Kräften angemessen sind.

1. Krankenanstalten, Alten-/Pflege-/Kinderheime

5 Samstagsarbeit ist zulässig in **Krankenanstalten** (§ 16 Abs. 2 Nr. 1 JArbSchG). Das sind öffentliche, kirchliche und private Anstalten, in denen Krankheiten, Leiden oder Körperschäden durch ärztliche Hilfeleistungen festgestellt, geheilt oder gelindert werden sollen. Dazu gehören auch Entbindungsanstalten, Säuglingsheime und Anstalten für geistig Behinderte.[3] Sanatorien sind entweder Krankenanstalten oder fallen unter den Begriff des Gaststättengewerbes (§ 16 Abs. 2 Nr. 6 JArbSchG).

Altenheime (§ 16 Abs. 2 Nr. 1 JArbSchG) sind alle öffentlichen und privaten Heime, die der Betreuung und Versorgung älterer Menschen dienen, unabhängig von deren Gesundheitszustand. Auch Altenwohnheime und Altenwohnungen werden erfasst, wenn Versorgung und Betreuung zumindest angeboten werden.[4]

In **Pflegeheimen** (§ 16 Abs. 2 Nr. 1 JArbSchG) werden Pflegebedürftige und körperlich oder geistig Behinderte versorgt und betreut.[5]

Kinderheime (§ 16 Abs. 2 Nr. 1 JArbSchG) dienen der Versorgung und Betreuung von Säuglingen, Kleinkindern, Kindern oder Jugendlichen.[6]

2. Offene Verkaufsstellen

6 **Offene Verkaufsstellen** (§ 16 Abs. 2 Nr. 2 JArbSchG) sind Ladengeschäfte aller Art, Apotheken, Tankstellen, Kioske. »Offene« Verkaufsstellen sind aber nur solche, zu der die Allgemeinheit unbegrenzt Zutritt hat, also nicht Großhandelsbetriebe.[7] **Betriebe mit offenen Verkaufsstellen** sind zum Beispiel Metzgereien, Schneidereien, Gärtnereien.

Bäckereien und Konditoreien (§ 16 Abs. 2 Nr. 2 JArbSchG) sind nur solche Betriebe, die handwerksähnlich betrieben werden, nicht aber Brotfabriken oder Fabriken, die Konditorei-Erzeugnisse herstellen.

Begrifflich ist Voraussetzung für den **Marktverkehr** (§ 16 Abs. 2 Nr. 2 JArbSchG), dass es sich um offene Märkte und Messen handelt, die für jedermann zugänglich sind. Daraus folgt, dass auf Großmärkten oder Industriemessen, zu denen nur bestimmte Personengruppen, zum Beispiel Wiederverkäufer, zugelassen sind, eine Beschäftigung Jugendlicher am Samstag nicht erfolgen darf.

---

3 ErfK/*Schlachter*, § 16 JArbSchG Rn. 4.
4 ErfK/*Schlachter*, § 16 JArbSchG Rn. 4.
5 ErfK/*Schlachter*, § 16 JArbSchG Rn. 4.
6 ErfK/*Schlachter*, § 16 JArbSchG Rn. 4.
7 ErfK/*Schlachter*, § 16 JArbSchG Rn. 5.

3. Verkehrswesen

Zum **Verkehrswesen** (§ 16 Abs. 2 Nr. 3 JArbSchG) gehören alle öffentlichen und privaten Betriebe, die Personen, Güter oder Nachrichten befördern, einschließlich der dazugehörigen Neben- oder Hilfsbetriebe,[8] zum Beispiel Bahnunternehmen, Busunternehmen, Speditionen, Reisebüros, Taxiunternehmen, Luftfahrtbetriebe, Zeitungsvertriebsgesellschaften, Postbetriebe, Tankstellen, Autobahn- und Garagenbetriebe oder Schlaf- und Speisewagenbetriebe von Bahnunternehmen, aber auch Betriebe, die selbst keine Verkehrsbetriebe sind, deren Tätigkeit jedoch zu einem reibungslosen Ablauf des Verkehrs erforderlich und deren Beziehung zu einem Verkehrsbetrieb auf eine gewisse Dauer angelegt ist.[9] 7

4. Landwirtschaft, Tierhaltung

Zur **Landwirtschaft** (§ 16 Abs. 2 Nr. 4 JArbSchG) gehören auch Landmaschinenfachbetriebe, soweit sie Hilfsbetriebe der Landwirtschaft sind und wenn ohne ihre Tätigkeit der landwirtschaftliche Betrieb erheblich gestört würde.[10] 8
Zu der **Tierhaltung** (§ 16 Abs. 2 Nr. 4 JArbSchG) gehören sowohl die landwirtschaftliche und gewerbliche Tierhaltung als auch die Tierhaltung zu privaten und sonstigen Zwecken, wie zum Beispiel Zoos, Tiergärten, Tierheime.[11]

5. Familienhaushalt

Die Beschäftigung eines Jugendlichen durch den Personensorgeberechtigten im **Familienhaushalt** (§ 16 Abs. 2 Nr. 5 JArbSchG) fällt nicht unter den Geltungsbereich des Gesetzes (§ 1 Abs. 2 Nr. 2 JArbSchG), sodass § 16 Abs. 2 Nr. 5 JArbSchG für die Beschäftigung »fremder« Jugendlicher gilt, wie zum Beispiel bei Kindermädchen, Hausgehilf:innen, Pfleger:innen.[12] 9

6. Gaststätten- und Schaustellergewerbe

Samstagsarbeit ist zulässig im **Gaststättengewerbe und im Schaustellergewerbe** (§ 16 Abs. 2 Nr. 6 JArbSchG). Zum Schaustellergewerbe gehören zum Beispiel Kirmes, Jahrmarkt, Volksfest. 10

7. Musikaufführungen, Theatervorstellungen, Rundfunk- und Filmaufnahmen

Zur Beschäftigung »bei **Musikaufführungen, Theatervorstellungen und anderen Aufführungen**« (§ 16 Abs. 2 Nr. 7 JArbSchG) gehört nicht nur die gestaltende Mitwirkung (wie bei § 6 oder § 14 Abs. 7 JArbSchG), sondern auch (»bei Aufführungen«) alle damit im Zusammenhang stehenden Tätigkeiten, wie zum Beispiel der Verkauf von Eintrittskarten und Programmen, Tätigkeiten als Platzanweiser, Bühnenarbeiter, Beleuchter, Maskenbildner.[13] 11

---

8 *BVerwG* 7.4.1983 – 1 C 15/82, NVwZ 1984, 374.
9 ErfK/*Schlachter*, § 16 JArbSchG Rn. 7; *Zmarzlik/Anzinger*, JArbSchG, § 16 Rn. 27.
10 ErfK/*Schlachter*, § 16 JArbSchG Rn. 8.
11 ErfK/*Schlachter*, § 16 JArbSchG Rn. 8.
12 ErfK/*Schlachter*, § 16 JArbSchG Rn. 8.
13 ErfK/*Schlachter*, § 16 JArbSchG Rn. 9.

8. Außerbetriebliche Ausbildungsmaßnahmen

12 **Außerbetriebliche Ausbildungsmaßnahmen** (§ 16 Abs. 2 Nr. 8 JArbSchG) sind Maßnahmen, die die betriebliche Berufsausbildung fördern sollen und außerhalb des Ausbildungsbetriebes durchgeführt werden. Dabei ist es unerheblich, ob die Ausbildungsmaßnahmen aufgrund öffentlich-rechtlicher oder privatrechtlicher Bestimmungen (zum Beispiel im Ausbildungsvertrag) durchzuführen sind oder ob sie als Teil- oder Vollzeitlehrgänge ausgestaltet werden.[14]

9. Sport

13 Zur Beschäftigung »beim **Sport**« (§ 16 Abs. 2 Nr. 9 JArbSchG) gehören die Tätigkeiten, die der Ausbildung zu bestimmten Sportberufen dienen, aber auch Hilfs- und Nebentätigkeiten, also auch Tätigkeiten, die aus Anlass einer Sportveranstaltung verrichtet werden sollen (»beim« Sport), zum Beispiel der Kartenverkauf.

10. Ärztlicher Notdienst

14 Unter die Ausnahme der Beschäftigung im **ärztlichen Notdienst** (§ 16 Abs. 2 Nr. 10 JArbSchG) fällt der festgelegte ärztliche und zahnärztliche Notfalldienst an Wochenenden, d. h., dass Jugendliche nur im Rahmen des vorher festgelegten und allgemein bekannt gemachten Notdienstes beschäftigt werden dürfen.

11. Reparaturwerkstätten für Kraftfahrzeuge

15 Schließlich ist Samstagsarbeit zulässig in **Reparaturwerkstätten für Kraftfahrzeuge** (§ 16 Abs. 2 Nr. 11 JArbSchG).

III. Freistellungsregelungen

16 Werden Jugendliche am Samstag beschäftigt, ist ihnen die Fünf-Tage-Woche (§ 15 JArbSchG) durch **Freistellung an einem anderen berufsschulfreien Arbeitstag derselben Woche** sicherzustellen (§ 16 Abs. 3 Satz 1 JArbSchG). Ein Jugendlicher, dem in der betreffenden Woche kein Tag freigegeben worden ist, braucht am Samstag nicht zu arbeiten. In »derselben Woche« bedeutet am Montag bis Freitag vor dem Samstag, an dem der Jugendliche arbeiten soll. Die Dauer der Beschäftigung am Samstag spielt für den Anspruch auf die Freistellung keine Rolle. Auch wenn am Samstag nur kurze Zeit gearbeitet wird, etwa nur für zwei, drei Stunden, ist in der gleichen Woche ein ganzer Tag freizugeben. Eine Ausnahme besteht für die Fälle des § 16 Abs. 2 Nr. 2 JArbSchG (vgl. Rn. 19).

17 In Betrieben mit einem **Betriebsruhetag** in der Woche kann die Freistellung auch an diesem Tag erfolgen, wenn die Jugendlichen an diesem Tag keinen Berufsschulunterricht haben (§ 16 Abs. 3 Satz 2 JArbSchG). Voraussetzung ist, dass der Jugendliche an diesem Tag keinen Berufsschulunterricht hat, wobei es auf die Dauer des Unterrichts nicht ankommt. Aus dieser Erlaubnis des Gesetzgebers darf aber nicht umgekehrt gefolgert werden, dass bei einem Betriebsruhetag damit eine generelle und durchgängige Beschäftigung der Jugendlichen an Samstagen gerechtfertigt wäre. Hier bleibt es insoweit bei § 16

14 ErfK/*Schlachter*, § 16 JArbSchG Rn. 10.

Abs. 2 Satz 2 JArbSchG, wonach mindestens zwei Samstage im Monat beschäftigungsfrei bleiben sollen.

Können Jugendliche in den Fällen des § 16 Abs. 2 Nr. 2 JArbSchG (in offenen Verkaufsstellen, in Betrieben mit offenen Verkaufsstellen, in Bäckereien und Konditoreien, im Friseurhandwerk und im Marktverkehr) am Samstag nicht acht Stunden beschäftigt werden, kann der Unterschied zwischen der tatsächlichen und der nach § 8 Abs. 1 JArbSchG höchstzulässigen Arbeitszeit an dem Tag bis 13 Uhr ausgeglichen werden, an dem die Jugendlichen nach § 16 Abs. 3 Satz 1 JArbSchG freizustellen sind (§ 16 Abs. 4 JArbSchG). Hier kann es also faktisch zu einer Sechs-Tage-Woche kommen. 18

Beispiel für eine zulässige Gestaltung:
Am Samstag arbeitet der Jugendliche etwa fünf Stunden bis 14 Uhr. Ist der freie Tag in dieser Woche am Mittwoch, so lässt das Gesetz zu, dass er an diesem Mittwoch die zu acht Stunden fehlende Zeit (drei Stunden) bis 13 Uhr vorarbeitet. Das bedeutet, dass er also nur an einem Tag, nämlich am Sonntag, in der Woche frei hat und dass er, im Gegensatz zu den meisten anderen Arbeitnehmern, unter Umständen für oft nur sehr wenige Stunden noch einen weiten Anreiseweg zum Betrieb zurücklegen muss.

IV. Vergütungszahlung

Darf ausnahmsweise am Samstag gearbeitet werden (vgl. Rn. 3 ff.), ist die Arbeit am Samstag ebenso zu vergüten wie die Arbeit an jedem anderen Tage. Wird ein festes Monatsgehalt gezahlt, wie bei der Ausbildungsvergütung, ist dadurch die Bezahlung der Samstagsarbeit mit abgedeckt. Es besteht keine gesetzliche Pflicht zur Zahlung eines gesonderten **Samstagsarbeitszuschlags.** Allerdings kann sich ein Anspruch auf Zahlung eines solchen Zuschlags aus einzelvertraglichen Vereinbarungen ergeben oder aus einem anwendbaren Tarifvertrag. Wird ein Zuschlag für die Arbeit an einem Samstag gezahlt, so ist dieser *nicht* steuerfrei.[15] 19

V. Zuwiderhandlungen

Wenn die Arbeit an Samstagen nicht ausnahmsweise zulässig ist (vgl. Rn. 3 ff.), können sich die Jugendlichen weigern, die Arbeit auszuführen, ohne dass ihnen daraus Nachteile entstehen dürfen. Üben Jugendliche die an sich verbotene Arbeit aus, haben sie einen Anspruch auf Bezahlung der Arbeit (vgl. Rn. 19). 20

Wer als Arbeitgeber einen Jugendlichen an Samstagen beschäftigt, obwohl keine Ausnahme nach § 16 Abs. 2 JArbSchG besteht, oder den Jugendlichen nicht freistellt, begeht eine **Ordnungswidrigkeit** und kann mit einer **Geldbuße** geahndet werden (§ 58 Abs. 1 Nr. 13 JArbSchG), unter Umständen ist das sogar **strafbar** (§ 58 Abs. 5 und 6 JArbSchG).

15 § 3b EStG sieht bei Zuschlägen für Samstagsarbeit keine Steuerfreiheit vor. In der Praxis werden solche Zuschläge (anders als Zuschläge für Sonn- und Feiertagsarbeit) auch kaum bis gar nicht gezahlt.

§ 17 Sonntagsruhe

(1) An Sonntagen dürfen Jugendliche nicht beschäftigt werden.

(2) Zulässig ist die Beschäftigung Jugendlicher an Sonntagen nur

1. in Krankenanstalten sowie in Alten-, Pflege- und Kinderheimen,

2. in der Landwirtschaft und Tierhaltung mit Arbeiten, die auch an Sonn- und Feiertagen naturnotwendig vorgenommen werden müssen,

3. im Familienhaushalt, wenn der Jugendliche in die häusliche Gemeinschaft aufgenommen ist,

4. im Schaustellergewerbe,

5. bei Musikaufführungen, Theatervorstellungen und anderen Aufführungen sowie bei Direktsendungen im Rundfunk (Hörfunk und Fernsehen),

6. beim Sport,

7. im ärztlichen Notdienst,

8. im Gaststättengewerbe.

Jeder zweite Sonntag soll, mindestens zwei Sonntage im Monat müssen beschäftigungsfrei bleiben.

(3) Werden Jugendliche am Sonntag beschäftigt, ist ihnen die Fünf-Tage-Woche (§ 15) durch Freistellung an einem anderen berufsschulfreien Arbeitstag derselben Woche sicherzustellen. In Betrieben mit einem Betriebsruhetag in der Woche kann die Freistellung auch an diesem Tag erfolgen, wenn die Jugendlichen an diesem Tag keinen Berufsschulunterricht haben.

Inhaltsübersicht

I. Grundsatz: Sonntagsarbeitsverbot

1 An Sonntagen dürfen Jugendliche nicht beschäftigt werden (§ 17 Abs. 1 JArbSchG). Es gilt also grundsätzlich ein Sonntagsarbeitsverbot. Das Beschäftigungsverbot gilt für die Zeit von 0 Uhr bis 24 Uhr. Fällt auf einen Sonntag ein Feiertag, geht das Feiertagsbeschäftigungsverbot des § 18 Abs. 1 JArbSchG dem Sonntagsbeschäftigungsverbot vor. Verboten ist jede Beschäftigung durch den Arbeitgeber, auch Bereitschaftsdienst oder Rufbereitschaft. Verboten ist jede Art der Beschäftigung, unabhängig von dem Ort, wo sie erfolgen soll, sodass der Arbeitgeber dem Jugendlichen auch keine Arbeit mit nach Hause geben darf.

2 Für **bestimmte Branchen** finden sich jedoch in § 17 Abs. 2 JArbSchG **Ausnahmen**. § 17 Abs. 3 JArbSchG stellt sicher, dass im Fall der Sonntagsarbeit eines Jugendlichen die Fünf-Tage-Woche gem. § 15 JArbSchG durch eine Freistellung an einem anderen berufsschulfreien Arbeitstag derselben Woche eingehalten wird.

II. Ausnahmen vom Sonntagsarbeitsverbot

§ 17 Abs. 2 JArbSchG regelt die öffentlich-rechtliche Zulässigkeit der Sonntagsarbeit, aber **keine Verpflichtung** der Jugendlichen zur Sonntagsarbeit.[1] Ob im Einzelfall am Sonntag gearbeitet werden muss, richtet sich nach dem Ausbildungsvertrag, dem Arbeitsvertrag oder einem anwendbaren Tarifvertrag. Es bedarf einer ausdrücklichen Regelung, dass am Sonntag gearbeitet werden muss. § 17 Abs. 2 JArbSchG ermöglicht es lediglich, solche Regelungen zu treffen. Mit der Möglichkeit der Sonntagsarbeit sind weder die 40-Stunden-Woche (§ 8 Abs. 1 JArbSchG) noch die Fünf-Tage-Woche (§ 15 JArbSchG) aufgehoben, wie § 17 Abs. 3 JArbSchG ausdrücklich klarstellt. Da gem. § 17 Abs. 1 JArbSchG der Grundsatz des Verbots der Sonntagsarbeit gilt, darf der Arbeitgeber nicht im Wege des bloßen Weisungsrechts die Sonntagsarbeit zuweisen. 3

Zulässig ist die Beschäftigung Jugendlicher an Sonntagen in den in § 17 Abs. 2 Satz 1 Nr. 1 bis 8 JArbSchG genannten Konstellationen, wobei gem. § 17 Abs. 2 Satz 2 JArbSchG in diesen Fällen jeder **zweite Sonntag im Monat beschäftigungsfrei** bleiben »soll« und mindestens zwei Sonntage im Monat beschäftigungsfrei bleiben »müssen«. Während von der Soll-Vorschrift aus sachlichen Gründen abgewichen werden darf, ist die Mindestregelung der Freistellung an zwei Sonntagen pro Monat zwingend und darf vom Arbeitgeber nicht umgangen werden. 4

Der Katalog der **Ausnahmetatbestände** enthält eine **abschließende Aufzählung** und ist wegen ihres Ausnahmecharakters eng auszulegen.[2] Eine schrankenlose Ausweitung der Arbeit an Sonntagen wäre auch verfassungsrechtlich nicht zulässig (Art. 4 Abs. 1 und 2, Art. 140 GG, Art. 139 WRV).[3] Nach Maßgabe des § 20 Abs. 1 Nr. 3 JArbSchG besteht für die **Binnenschifffahrt** eine weitere Ausnahme. Weitere Ausnahmen wären möglich durch eine Rechtsverordnung (§ 21b Nr. 3 JArbSchG), nicht aber durch Tarifvertrag (vgl. § 21a Abs. 1 Nr. 5, 6 JArbSchG, der nur eine eng begrenzte Öffnungsklausel vorsieht). Die gesetzlichen **Ausnahmen vom Sonntagsarbeitsverbot** bestehen in folgenden Fällen: 5

- in Krankenanstalten sowie in Alten-, Pflege- und Kinderheimen,
- in der Landwirtschaft und Tierhaltung mit Arbeiten, die auch an Sonnt- und Feiertagen naturnotwendig vorgenommen werden müssen,
- im Familienhaushalt, wenn der Jugendliche in die häusliche Gemeinschaft aufgenommen ist,
- im Schaustellergewerbe,
- bei Musikaufführungen, Theatervorstellungen und anderen Aufführungen sowie bei Direktsendungen im Rundfunk (Hörfunk und Fernsehen),
- beim Sport,
- im ärztlichen Notdienst,
- im Gaststättengewerbe.

Die weiteren Ausnahmen vom Beschäftigungsverbot, die für die Samstagsarbeit gelten,

- für offene Verkaufsstellen, Bäckereien und Konditoreien, im Friseurhandwerk und im Marktverkehr (§ 16 Abs. 2 Nr. 2 JArbSchG),
- im Verkehrswesen (§ 16 Abs. 2 Nr. 3 JArbSchG),
- bei außerbetrieblichen Ausbildungsmaßnahmen (§ 16 Abs. 2 Nr. 8 JArbSchG) und
- in Reparaturwerkstätten für Kraftfahrzeuge (§ 16 Abs. 2 Nr. 11 JArbSchG)

---

1 ErfK/*Schlachter*, § 17 JArbSchG Rn. 2.
2 ErfK/*Schlachter*, § 17 JArbSchG Rn. 2.
3 *BVerfG* 1. 12. 2009 – 1 BvR 2857, 2858/07, AuR 2010, 167.

gelten *nicht* für die Sonntagsarbeit. Sonntagsarbeit in diesen Bereichen ist für Jugendliche verboten.

6 Für alle Ausnahmen gilt der Grundsatz, dass Arbeitgeber Arbeiten an Sonn- und Feiertagen nur verlangen können, sofern diese nicht an Werktagen vorgenommen werden können (vgl. § 10 ArbZG). Diese für Volljährige geltende Regelung muss erst recht auch für Jugendliche gelten. Wegen des herausgehobenen Schutzes der Jugendlichen ist zudem in allen Fällen zu prüfen, ob die Heranziehung zur Sonntagsarbeit von Jugendlichen erforderlich ist oder nicht dadurch vermieden werden kann, dass volljährigen Arbeitnehmer diese Tätigkeiten übertragen werden. Für **Auszubildende** gilt zudem § 14 Abs. 2 BBiG: dem Auszubildenden dürfen nur Aufgaben übertragen werden, die dem Ausbildungszweck dienen und seinen körperlichen Kräften angemessen sind.

1. Krankenanstalten, Alten-/Pflege-/Kinderheime

7 Sonntagsarbeit ist (wie auch Samstagsarbeit; vgl. § 16 JArbSchG Rn. 7) in **Krankenanstalten sowie in Alten-, Pflege- und Kinderheimen** (§ 17 Abs. 2 Nr. 1 JArbSchG) zulässig.

2. Landwirtschaft, Tierhaltung

8 Sonntagsarbeit ist auch zulässig in der **Landwirtschaft und Tierhaltung** (§ 17 Abs. 2 Nr. 2 JArbSchG). Anders als bei der Samstagsarbeit (vgl. § 16 JArbSchG Rn. 12) gilt dies jedoch nur für **Arbeiten, die auch an Sonn- und Feiertagen naturnotwendig vorgenommen werden müssen.**[4] Naturnotwendig sind Arbeiten, die durchgeführt werden müssen, um anderenfalls drohende erhebliche Schäden an Tieren und Pflanzen abzuwenden: Füttern und Pflegen, Ein- und Austreiben von Tieren auf die Weide, das Melken der Kühe, das Bewässern der Pflanzen, das Einbringen der Ernte, das Bedienen der Heizungsanlagen im Gartenbau. Dagegen genügt es nicht, dass der Arbeitsanfall lediglich aus der Betriebsorganisation resultiert.[5]

3. Familienhaushalt

9 Sonntagsarbeit ist auch im **Familienhaushalt** zulässig (§ 17 Abs. 2 Nr. 3 JArbSchG), allerdings (anders als bei der Samstagsarbeit; vgl. § 16 JArbSchG Rn. 12) nur, wenn der Jugendliche in die häusliche Gemeinschaft aufgenommen ist.[6]

4. Schaustellergewerbe

10 Sonntagsarbeit ist (wie auch Samstagsarbeit; vgl. § 16 JArbSchG Rn. 12) im **Schaustellergewerbe** (§ 17 Abs. 2 Nr. 4 JArbSchG) zulässig.

5. Musikaufführungen, Theatervorstellungen, Rundfunk- und Filmaufnahmen

11 Bei **Musikaufführungen, Theatervorstellungen und anderen Aufführungen sowie bei Direktsendungen im Rundfunk, Hörfunk und Fernsehen** (§ 17 Abs. 2 Nr. 5 JArbSchG) ist (teilweise abweichend von der Samstagsarbeit; vgl. § 16 JArbSchG Rn. 13) nur eine

4 MünchArbR/*Kolbe*, § 196 Rn. 38.
5 ErfK/*Schlachter*, § 17 JArbSchG Rn. 3.
6 MünchArbR/*Kolbe*, § 196 Rn. 38.

Beschäftigung bei »**Live- Darstellungen**« erlaubt, also Veranstaltungen, die vor einem Publikum stattfinden. Das ergibt sich für Musikaufführungen, Theatervorstellungen und andere Aufführungen aus der Natur der Sache, bei Hörfunk und Fernsehen aus dem ausdrücklichen Hinweis, dass eine Beschäftigung an Sonntagen nur bei **Direktsendungen** zulässig ist. Aufzeichnungen dürfen demnach mit Jugendlichen an Sonntagen nicht gemacht werden.[7]

6. Sport

Sonntagsarbeit ist (wie auch Samstagsarbeit; vgl. § 16 JArbSchG Rn. 14) **beim Sport** (§ 17 Abs. 2 Nr. 6 JArbSchG) zulässig. 12

7. Ärztlicher Notdienst

Unter die Ausnahme der Beschäftigung im **ärztlichen Notdienst** (§ 17 Abs. 2 Nr. 7 JArbSchG) fällt (wie auch bei der Samstagsarbeit; vgl. § 16 JArbSchG Rn. 15) der festgelegte ärztliche und zahnärztliche Notfalldienst an Wochenenden, d.h., dass Jugendliche nur im Rahmen des vorher festgelegten und allgemein bekannt gemachten Notdienstes beschäftigt werden dürfen. 13

8. Gaststättengewerbe

Sonntagsarbeit ist (wie auch Samstagsarbeit; vgl. § 16 JArbSchG Rn. 12) im **Gaststättengewerbe** (§ 17 Abs. 2 Nr. 8 JArbSchG) zulässig. 14

III. Freistellung an einem anderen Tag

Werden Jugendliche am Sonntag beschäftigt, ist ihnen die Fünf-Tage-Woche (§ 15 JArbSchG) durch **Freistellung an einem anderen berufsschulfreien Arbeitstag derselben Woche** sicherzustellen (§ 17 Abs. 3 Satz 1 JArbSchG). In Betrieben mit einem Betriebsruhetag in der Woche kann die Freistellung auch an diesem Tag erfolgen, wenn die Jugendlichen an diesem Tag keinen Berufsschulunterricht haben (§ 17 Abs. 3 Satz 2 JArbSchG). 15

IV. Vergütungszahlung

Darf ausnahmsweise am Sonntag gearbeitet werden (vgl. Rn. 5 ff.), ist die Arbeit am Sonntag ebenso zu vergüten wie die Arbeit an jedem anderen Tage. Wird ein festes Monatsgehalt gezahlt, wie bei der Ausbildungsvergütung, ist dadurch die Bezahlung der Sonntagsarbeit mit abgedeckt. Es besteht keine gesetzliche Pflicht zur Zahlung eines gesonderten **Sonntagsarbeitszuschlags.** Allerdings kann sich ein Anspruch auf Zahlung eines solchen Zuschlags aus einzelvertraglichen Vereinbarungen ergeben oder aus einem anwendbaren Tarifvertrag. Wird ein Zuschlag für die Arbeit an einem Sonntag gezahlt, so ist dieser nach Maßgabe des § 3b EStG steuerfrei.[8] 16

---

7 MünchArbR/*Kolbe*, § 196 Rn. 38.

8 Steuerfrei sind danach Zuschläge, die für tatsächlich geleistete Sonntagsarbeit neben dem Grundlohn gezahlt werden, soweit diese für Sonntagsarbeit 50 % des Grundlohns nicht übersteigen. Fällt die Sonntagsarbeit zugleich auf einen Feiertag, gelten höhere Sätze; vgl. § 18 JArbSchG Rn. 6.

V. Zuwiderhandlungen

17 Wenn die Arbeit an Sonntagen nicht ausnahmsweise zulässig ist (vgl. Rn. 5ff.), können sich die Jugendlichen weigern, die Arbeit auszuführen, ohne dass ihnen daraus Nachteile entstehen dürfen. Üben Jugendliche die an sich verbotene Arbeit aus, haben sie einen Anspruch auf Bezahlung der Arbeit (vgl. Rn. 10).

Wer als Arbeitgeber einen Jugendlichen an Sonntagen beschäftigt, obwohl keine Ausnahme nach § 17 Abs. 2 JArbSchG besteht, oder den Jugendlichen nicht freistellt, begeht eine **Ordnungswidrigkeit** und kann mit einer Geldbuße geahndet werden (§ 58 Abs. 1 Nr. 14 JArbSchG), unter Umständen ist das sogar strafbar (§ 58 Abs. 5 und 6 JArbSchG).

§ 18 Feiertagsruhe

(1) Am 24. und 31. Dezember nach 14 Uhr und an gesetzlichen Feiertagen dürfen Jugendliche nicht beschäftigt werden.

(2) Zulässig ist die Beschäftigung Jugendlicher an gesetzlichen Feiertagen in den Fällen des § 17 Abs. 2, ausgenommen am 25. Dezember, am 1. Januar, am ersten Osterfeiertag und am 1. Mai.

(3) Für die Beschäftigung an einem gesetzlichen Feiertag, der auf einem Werktag fällt, ist der Jugendliche an einem anderen berufsschulfreien Arbeitstag derselben oder der folgenden Woche freizustellen. In Betrieben mit einem Betriebsruhetag in der Woche kann die Freistellung auch an diesem Tag erfolgen, wenn die Jugendlichen an diesem Tag keinen Berufsschulunterricht haben.

Inhaltsübersicht

I. Grundsatz der Feiertagsruhe

1 An gesetzlichen Feiertagen dürfen nach näherer Maßgabe des § 18 JArbSchG Jugendliche grundsätzlich nicht beschäftigt werden. Fällt der Feiertag auf einen Sonntag, gelten sowohl die Bestimmungen des Sonntagsbeschäftigungsverbotes (§ 17 JArbSchG) als auch die des Feiertagsbeschäftigungsverbotes (§ 18 JArbSchG). Ostersonntag und Pfingstsonntag sind *keine* Feiertage;[1] für diese Tage gilt die Sonntagsruhe gem. § 17 JArbSchG.

Bundesweit anerkannte **gesetzliche Feiertage** sind

- Neujahr,
- Karfreitag,
- Ostermontag,
- Christi Himmelfahrt,
- 1. Mai,
- Pfingstmontag,
- 3. Oktober und
- die Weihnachtstage 25. und 26. Dezember.

---

1 Vgl. *BAG* 24.2.2021 – 10 AZR 130/19, Rn. 16, NZA 2021, 1427; *BAG* 17.8.2011 – 10 AZR 347/10; *BAG* 17.3.2010 – 5 AZR 317/09.

In **einzelnen Bundesländern** sind als gesetzliche Feiertage anerkannt:

- **Heilige Drei Könige** (6. Januar): Baden-Württemberg, Bayern, Sachsen-Anhalt
- **Fronleichnam**: Baden-Württemberg, Bayern, Hessen, Nordrhein-Westfalen, Rheinland-Pfalz, Saarland landesweit sowie Mecklenburg-Vorpommern, Sachsen, Sachsen-Anhalt und Thüringen in Gemeinden mit überwiegend katholischer Bevölkerung.
- **Mariä Himmelfahrt**: Saarland landesweit sowie in Bayern in Gemeinden mit überwiegend katholischer Bevölkerung.
- **Reformationstag** (31. Oktober): Brandenburg, Bremen, Hamburg, Mecklenburg-Vorpommern, Niedersachsen, Sachsen, Sachsen-Anhalt, Schleswig-Holstein und Thüringen.
- **Allerheiligen** (1. November): Baden-Württemberg, Bayern, Nordrhein-Westfalen, Rheinland-Pfalz und Saarland.
- **Buß- und Bettag**: Sachsen.
- **Friedenstag** (8. August): nur in der Stadt Augsburg.
- **Internationaler Frauentag (8. März): Berlin, Mecklenburg-Vorpommern.**
- **Weltkindertag (20. September): Thüringen.**

II. Beschäftigung am 24. und 31. Dezember

2 Der 24. Dezember (**Heiligabend**) und der 31. Dezember (**Silvester**) sind *keine* gesetzlichen Feiertage. Insoweit bestimmt aber § 18 Abs. 1 JArbSchG, dass Jugendliche an diesen Tagen nach 14 Uhr nicht beschäftigt werden dürfen.

III. Ausnahmen vom Feiertagsarbeitsverbot

3 Gem. § 18 Abs. 2 JArbSchG ist die Beschäftigung von Jugendlichen an gesetzlichen Feiertagen in den in § 17 Abs. 2 Satz 1 Nr. 1 bis 8 JArbSchG aufgeführten Branchen zulässig. Ausgenommen ist hiervon allerdings die Beschäftigung am 25. Dezember, am 1. Januar, am 1. Osterfeiertag und am 1. Mai. Das bedeutet, dass Jugendliche an diesen vier gesetzlichen Feiertagen auch nicht in den Ausnahmebranchen arbeiten dürfen.

4 **Abweichungen** von § 18 JArbSchG sind eingeschränkt durch Tarifvertrag zulässig (§ 21a Abs. 1 Nr. 5 JArbSchG) oder durch Rechtsverordnung des Bundesministeriums für Arbeit und Soziales (§ 21b Nr. 3 JArbSchG). Ansonsten sind **Ausnahmen** nur zulässig in der **Binnenschifffahrt** (§ 20 Abs. 1 Nr. 3 JArbSchG) und in **Notfällen** (§ 21 Abs. 1 JArbSchG).

IV. Freistellungsregelung

5 Für die Beschäftigung an einem gesetzlichen Feiertag, der auf einem **Werktag** fällt, ist der **Jugendliche an einem anderen berufsschulfreien Arbeitstag** derselben oder der folgenden Woche **freizustellen** (§ 18 Abs. 3 Satz 1 JArbSchG). Der Freistellungsanspruch für einen Ersatzruhetag in vollem Umfang besteht unabhängig vom zeitlichen Umfang des Einsatzes am Feiertag.[2]

Durch diese Regelung soll die **Fünf-Tage-Woche** (§ 15 JArbSchG) sichergestellt werden. In Betrieben mit einem Betriebsruhetag in der Woche kann die Freistellung auch an diesem Tag erfolgen, wenn die Jugendlichen an diesem Tag keinen Berufsschulunterricht haben (§ 18 Abs. 3 Satz 2 JArbSchG).

2 MünchArbR/*Kolbe*, § 196 Rn. 39; NK-GA/*Taubert*, § 18 JArbSchG Rn. 6.

Fällt der gesetzliche Feiertag auf einen **Sonntag**, gilt die Freistellungsregelung gem. § 17 Abs. 3 JArbSchG (vgl. § 17 Rn. 11).
Fällt der Feiertag auf einen **Samstag**, gilt die spezielle Freistellungsregelung für den Feiertag gem. § 18 Abs. 3 JArbSchG und nicht gem. § 16 Abs. 3 JArbSchG.[3] Denn der Samstag ist (im Unterschied zum Sonntag) ein Werktag.

V. Vergütungszahlung

6 Für Arbeitszeit, die infolge eines gesetzlichen Feiertages ausfällt, hat der Arbeitgeber dem Arbeitnehmer oder Auszubildenden das Arbeitsentgelt zu zahlen, das er ohne den Arbeitsausfall erhalten hätte (§ 2 Abs. 1 Entgeltfortzahlungsgesetz). Das gilt auch für Jugendliche. Die Zahlung eines zusätzlichen Feiertagszuschlags ist gesetzlich nicht geregelt, kann aber einzelvertraglich vereinbart werden oder in einem anwendbaren Tarifvertrag geregelt sein. Wird ein Zuschlag für die Arbeit an einem Feiertag gezahlt, so ist dieser nach Maßgabe des § 3b EStG steuerfrei.[4]

VI. Zuwiderhandlungen

7 Wer als Arbeitgeber entgegen § 18 Abs. 1 JArbSchG einen Jugendlichen am 24. oder 31. Dezember nach 14 Uhr oder an gesetzlichen Feiertagen beschäftigt oder entgegen § 18 Abs. 3 JArbSchG nicht freistellt, begeht eine **Ordnungswidrigkeit** und kann mit einer Geldbuße belegt werden (§ 58 Abs. 1 Nr. 15 JArbSchG), unter Umständen ist das sogar strafbar (§ 58 Abs. 5 und 6 JArbSchG).

§ 19 Urlaub

(1) Der Arbeitgeber hat Jugendlichen für jedes Kalenderjahr einen bezahlten Erholungsurlaub zu gewähren.
(2) Der Urlaub beträgt jährlich
1. mindestens 30 Werktage, wenn der Jugendliche zu Beginn des Kalenderjahres noch nicht 16 Jahre alt ist,
2. mindestens 27 Werktage, wenn der Jugendliche zu Beginn des Kalenderjahres noch nicht 17 Jahre alt ist,
3. mindestens 25 Werktage, wenn der Jugendliche zu Beginn des Kalenderjahres noch nicht 18 Jahre alt ist.
Jugendliche, die im Bergbau unter Tage beschäftigt werden, erhalten in jeder Altersgruppe einen zusätzlichen Urlaub von drei Werktagen.
(3) Der Urlaub soll Berufsschülern in der Zeit der Berufsschulferien gegeben werden. Soweit er nicht in den Berufsschulferien gegeben wird, ist für jeden Berufsschultag, an dem die Berufsschule während des Urlaubs besucht wird, ein weiterer Urlaubstag zu gewähren.
(4) Im Übrigen gelten für den Urlaub der Jugendlichen § 3 Abs. 2, §§ 4 bis 12 und § 13 Abs. 3 des Bundesurlaubsgesetzes. Der Auftraggeber oder Zwischenmeister hat jedoch abweichend von § 12 Nr. 1 des Bundesurlaubsgesetzes den jugendlichen Heimarbei-

3 HWK/*Tillmanns*, § 18 JArbSchG Rn. 3.
4 Steuerfrei sind danach Zuschläge, die für tatsächlich geleistete Feiertagsarbeit neben dem Grundlohn gezahlt werden, soweit diese für die Arbeit am 31. Dezember ab 14 Uhr und an den gesetzlichen Feiertagen 125 %, für die Arbeit am 24. Dezember ab 14 Uhr, am 25. und 26. Dezember sowie am 1. Mai 150 % des Grundlohns nicht übersteigen.

tern für jedes Kalenderjahr einen bezahlten Erholungsurlaub entsprechend Absatz 2 zu gewähren; das Urlaubsentgelt der jugendlichen Heimarbeiter beträgt bei einem Urlaub von 30 Werktagen 11,6 vom Hundert, bei einem Urlaub von 27 Werktagen 10,3 vom Hundert und bei einem Urlaub von 25 Werktagen 9,5 vom Hundert.

Inhaltsübersicht

I. Überblick

1 Der Arbeitgeber hat Jugendlichen für jedes Kalenderjahr einen bezahlten Erholungsurlaub zu gewähren. Durch diese Regelung in § 19 Abs. 1 JArbSchG wird ein gesetzlicher Anspruch auf Erholungsurlaub festgeschrieben. Der **Umfang des gesetzlichen Mindesturlaubs** folgt aus § 19 Abs. 2 JArbSchG. Dieser Urlaub ist zwingend. Er darf nicht durch einzelvertragliche oder tarifvertragliche Regelungen unterschritten werden. Einzelvertragliche Vereinbarungen, die für den Jugendlichen günstiger sind, also einen höheren Urlaubsanspruch einräumen, sind zulässig. Häufig ergibt sich ein höherer Urlaubsanspruch auch aus anwendbaren Tarifverträgen.

2 § 19 Abs. 3 BUrlG macht Vorgaben für die Lage des Urlaubs. § 19 Abs. 4 JArbSchG verweist auf die entsprechende Geltung einzelner Regelungen aus dem BUrlG und regelt den Urlaubsanspruch für jugendliche Heimarbeiter. § 19 JArbSchG gilt für Jugendliche. Für **Volljährige** regelt das BUrlG den gesetzlichen Mindesturlaubsanspruch von 24 Werktagen (20 Arbeitstagen bei einer Fünf-Tage-Woche).

3 Wer als Arbeitgeber entgegen § 19 JArbSchG Urlaub nicht oder nicht mit der vorgeschriebenen Dauer gewährt, begeht eine **Ordnungswidrigkeit** und kann mit einer Geldbuße belegt werden (§ 58 Abs. 1 Nr. 16 JArbSchG), unter Umständen ist das sogar strafbar (§ 58 Abs. 5 und 6 JArbSchG).

4 Gibt es zwischen dem jugendlichen Arbeitnehmer und dem Arbeitgeber Streit über die Lage des Urlaubs, hat der Betriebsrat ein **Mitbestimmungsrecht** gem. § 87 Abs. 1 Nr. 5 BetrVG. Auch kann der Betriebsrat für Jugendliche im Betrieb allgemeine Urlaubsgrundsätze mit dem Arbeitgeber aushandeln. Für den Personalrat ergibt sich das Mitbestimmungsrecht in Bezug auf die zeitliche Lage des Urlaubs einzelner Jugendlicher aus § 75 Abs. 3 Nr. 3 BPersVG oder den Personalvertretungsgesetzen der Bundesländer.

II. Umfang des gesetzlichen Mindesturlaubs

5 Der gesetzliche Mindesturlaub ist gem. § 19 Abs. 2 Satz 1 Nr. 1 bis 3 JArbSchG gestaffelt nach Alter. Er beträgt jährlich

- mindestens 30 Werktage, wenn der Jugendliche zu Beginn des Kalenderjahres noch nicht 16 Jahre alt ist,
- mindestens 27 Werktage, wenn der Jugendliche zu Beginn des Kalenderjahres noch nicht 17 Jahre alt ist,
- mindestens 25 Werktage, wenn der Jugendliche zu Beginn des Kalenderjahres noch nicht 18 Jahre alt ist.

6 Der Stichtag für die Feststellung des Alters des Jugendlichen ist der **»Beginn des Kalenderjahres«**, also der 1. Januar eines jeden Kalenderjahres, sodass die Vollendung eines

neuen Lebensjahres innerhalb des Kalenderjahres ohne Bedeutung für die Altersstufenregelung ist.[1]

7 »**Werktage**« sind die Tage von Montag bis Samstag. Das folgt aus der Verweisung in § 19 Abs. 4 Satz 1 JArbSchG unter anderem auf § 3 Abs. 2 BUrlG. Sind die Arbeitstage des Jugendlichen auf weniger als sechs Tage die Woche verteilt, so bedarf es der Umrechnung des Urlaubs auf die Arbeitstage.[2] Für Jugendliche ist die Fünf-Tage-Woche der Normalfall (§ 15 JArbSchG). Die Umrechnung ergibt folgendes:

- 30 Werktage sind 25 Arbeitstage,
- 27 Werktage sind 22,5 Arbeitstage,
- 25 Werktage sind 21 (20,83) Arbeitstage.

8 Jugendliche, die im **Bergbau unter Tage** beschäftigt werden, erhalten in jeder Altersgruppe einen zusätzlichen Urlaub von drei Werktagen (§ 19 Abs. 2 Satz 2 JArbSchG).

9 **Schwerbehinderte Jugendliche** haben einen zusätzlichen Urlaubsanspruch von fünf Arbeitstagen im Urlaubsjahr, der sich aus § 208 SGB IX ergibt. § 208 SGB IX hat folgenden Wortlaut:

»(1) Schwerbehinderte Menschen haben Anspruch auf einen bezahlten zusätzlichen Urlaub von fünf Arbeitstagen im Urlaubsjahr; verteilt sich die regelmäßige Arbeitszeit des schwerbehinderten Menschen auf mehr oder weniger als fünf Arbeitstage in der Kalenderwoche, erhöht oder vermindert sich der Zusatzurlaub entsprechend. Soweit tarifliche, betriebliche oder sonstige Urlaubsregelungen für schwerbehinderte Menschen einen längeren Zusatzurlaub vorsehen, bleiben sie unberührt.

(2) Besteht die Schwerbehinderteneigenschaft nicht während des gesamten Kalenderjahres, so hat der schwerbehinderte Mensch für jeden vollen Monat der im Beschäftigungsverhältnis vorliegenden Schwerbehinderteneigenschaft einen Anspruch auf ein Zwölftel des Zusatzurlaubs nach Absatz 1 Satz 1. Bruchteile von Urlaubstagen, die mindestens einen halben Tag ergeben, sind auf volle Urlaubstage aufzurunden. Der so ermittelte Zusatzurlaub ist dem Erholungsurlaub hinzuzurechnen und kann bei einem nicht im ganzen Kalenderjahr bestehenden Beschäftigungsverhältnis nicht erneut gemindert werden.

(3) Wird die Eigenschaft als schwerbehinderter Mensch nach § 152 Abs. 1 und 2 rückwirkend festgestellt, finden auch für die Übertragbarkeit des Zusatzurlaubs in das nächste Kalenderjahr die dem Beschäftigungsverhältnis zugrunde liegenden urlaubsrechtlichen Regelungen Anwendung.«

III. Weitere rechtliche Vorgaben für den Urlaub nach dem BUrlG

10 Im Übrigen gelten für den Urlaub der Jugendlichen die in § 19 Abs. 4 Satz 1 JArbSchG genannten Vorschriften des BUrlG, also neben § 3 Abs. 2 BUrlG (vgl. Rn. 7) auch die §§ 4 bis 12, 13 Abs. 3 BUrlG. Im Einzelnen bedeutet das Folgendes:

11 Der volle Urlaubsanspruch wird erstmalig nach sechsmonatigem Bestehen des Ausbildungs- oder Arbeitsverhältnisses erworben (§ 4 BUrlG). Das bezeichnet man als **Wartezeit**. Das bedeutet nicht, dass der Urlaub nicht bereits auch schon in den ersten Monaten (teilweise) gewährt werden kann, es besteht lediglich kein Anspruch auf die Gewährung.

1 ErfK/*Schlachter*, § 19 JArbSchG Rn. 4.
2 ErfK/*Schlachter*, § 19 JArbSchG Rn. 5.

§ 5 BUrlG regelt den **Teilurlaubsanspruch**. Anspruch auf ein Zwölftel des Jahresurlaubs für jeden vollen Monat des Bestehens des Arbeitsverhältnisses hat der Arbeitnehmer oder Auszubildende gem. § 5 Abs. 1 BUrlG 12

a) für Zeiten eines Kalenderjahres, für die er wegen Nichterfüllung der Wartezeit in diesem Kalenderjahr keinen vollen Urlaubsanspruch erwirbt;
b) wenn er vor erfüllter Wartezeit aus dem Arbeitsverhältnis ausscheidet;
c) wenn er nach erfüllter Wartezeit in der ersten Hälfte eines Kalenderjahres aus dem Arbeitsverhältnis ausscheidet.

Bruchteile von Urlaubstagen, die mindestens einen halben Tag ergeben, sind auf volle Urlaubstage aufzurunden (§ 5 Abs. 2 BUrlG). Hat der Arbeitnehmer oder Auszubildende im Falle des Abs. 1 Buchst. c (wenn er nach erfüllter Wartezeit in der ersten Hälfte eines Kalenderjahres aus dem Arbeitsverhältnis ausscheidet) bereits Urlaub über den ihm zustehenden Umfang hinaus erhalten, so kann das dafür gezahlte Urlaubsentgelt nicht zurückgefordert werden (§ 5 Abs. 3 BUrlG). 13

Wichtig ist, dass nur in den genannten Fällen ein **Teilurlaubsanspruch** entsteht. In allen anderen Fällen hat der Arbeitnehmer oder Auszubildende nach Ende von sechs Monaten jeweils zu Beginn des Kalenderjahres **Anspruch auf den vollen Jahresurlaub**. Ein Anspruch auf den vollen Jahresurlaub besteht insbesondere auch dann, wenn der Arbeitnehmer oder Auszubildende nach erfüllter Wartezeit in der *zweiten* Hälfte eines Kalenderjahres aus dem Arbeitsverhältnis ausscheidet, also ab dem 1.7. eines Jahres. 14

§ 6 BUrlG regelt den **Ausschluss von Doppelansprüchen**. Der Anspruch auf Urlaub besteht nicht, soweit dem Arbeitnehmer für das laufende Kalenderjahr bereits von einem früheren Arbeitgeber Urlaub gewährt worden ist (§ 6 Abs. 1 BUrlG). Der Arbeitgeber ist verpflichtet, bei Beendigung des Arbeitsverhältnisses dem Arbeitnehmer eine **Bescheinigung** über den im laufenden Kalenderjahr gewährten oder abgegoltenen Urlaub auszuhändigen (§ 6 Abs. 2 BUrlG). 15

§ 7 BUrlG regelt **Zeitpunkt, Übertragbarkeit und Abgeltung des Urlaubs**. Bei der **zeitlichen Festlegung** des Urlaubs sind die Urlaubswünsche des Arbeitnehmers oder Auszubildenden zu berücksichtigen, es sei denn, dass ihrer Berücksichtigung dringende betriebliche Belange oder Urlaubswünsche anderer Arbeitnehmer oder Auszubildender, die unter sozialen Gesichtspunkten den Vorrang verdienen, entgegenstehen (§ 7 Abs. 1 Satz 1 BUrlG). Der Urlaub ist zu gewähren, wenn der Arbeitnehmer dies im Anschluss an eine Maßnahme der medizinischen Vorsorge oder Rehabilitation verlangt (§ 7 Abs. 1 Satz 2 BUrlG). 16

Der **Urlaub ist zusammenhängend zu gewähren**, es sei denn, dass dringende betriebliche oder in der Person des Arbeitnehmers oder Auszubildenden liegende Gründe eine Teilung des Urlaubs erforderlich machen (§ 7 Abs. 2 Satz 1 BUrlG). Kann der Urlaub aus diesen Gründen nicht zusammenhängend gewährt werden, und hat der Arbeitnehmer oder Auszubildende Anspruch auf Urlaub von mehr als zwölf Werktagen, so muss einer der Urlaubsteile mindestens zwölf aufeinanderfolgende Werktage umfassen (§ 7 Abs. 2 Satz 2 BUrlG). 17

Der Urlaub muss **im laufenden Kalenderjahr gewährt und genommen werden** (§ 7 Abs. 3 Satz 1 BUrlG). Eine Übertragung des Urlaubs auf das nächste Kalenderjahr ist nur statthaft, wenn dringende betriebliche oder in der Person des Arbeitnehmers liegende Gründe dies rechtfertigen (§ 7 Abs. 3 Satz 2 BUrlG). Im Fall der Übertragung muss der Urlaub in den **ersten drei Monaten des folgenden Kalenderjahres** gewährt und genommen werden (§ 7 Abs. 3 Satz 3 BUrlG). Das ist insofern wichtig, als daraus folgt, dass der Urlaubsanspruch grundsätzlich an das Kalenderjahr gebunden ist. Wird der Urlaub 18 im Kalenderjahr nicht genommen, geht er ersatzlos unter (spätestens mit dem Ende des Übertragungszeitraums).

19 Auf Verlangen des Arbeitnehmers ist ein nach § 5 Abs. 1 Buchstabe a BUrlG entstehender Teilurlaub (für Zeiten eines Kalenderjahres, für die er wegen Nichterfüllung der Wartezeit in diesem Kalenderjahr keinen vollen Urlaubsanspruch erwirbt) jedoch auf das nächste Kalenderjahr zu übertragen (§ 7 Abs. 3 Satz 4 BUrlG).

20 Kann der Urlaub wegen Beendigung des Arbeits- oder Ausbildungsverhältnisses ganz oder teilweise nicht mehr gewährt werden, so ist er abzugelten (§ 7 Abs. 4 BUrlG), das heißt in Geld umzurechnen und auszuzahlen. Dieser **Abgeltungsanspruch** entsteht zwingend mit dem Ende des Beschäftigungsverhältnisses, allerdings auch nur in diesem Falle. Unzulässig ist es, im bestehenden Arbeits- oder Ausbildungsverhältnis den Urlaub nicht zu gewähren und stattdessen auszubezahlen.

21 Während des Urlaubs darf der Arbeitnehmer oder Auszubildende **keine dem Urlaubszweck widersprechende Erwerbstätigkeit** leisten (§ 8 BUrlG).

22 **Erkrankt ein Arbeitnehmer oder Auszubildende während des Urlaubs**, so werden die durch ärztliches Zeugnis nachgewiesenen Tage der Arbeitsunfähigkeit auf den Jahresurlaub nicht angerechnet (§ 9 BUrlG).

23 **Maßnahmen der medizinischen Vorsorge oder Rehabilitation** dürfen nicht auf den Urlaub angerechnet werden, soweit ein Anspruch auf Fortzahlung des Arbeitsentgelts nach den gesetzlichen Vorschriften über die Entgeltfortzahlung im Krankheitsfall besteht (§ 10 BUrlG).

24 Die **Berechnung des Urlaubsentgelts** ergibt sich aus § 11 BUrlG. Das Urlaubsentgelt bemisst sich nach dem **durchschnittlichen Arbeitsverdienst**, das der Arbeitnehmer in den **letzten dreizehn Wochen** vor dem Beginn des Urlaubs erhalten hat, mit Ausnahme des zusätzlich für Überstunden gezahlten Arbeitsverdienstes (§ 11 Abs. 1 Satz 1 BUrlG). Bei **Verdiensterhöhungen** nicht nur vorübergehender Natur, die während des Berechnungszeitraums oder des Urlaubs eintreten, ist von dem erhöhten Verdienst auszugehen (§ 11 Abs. 1 Satz 2 BUrlG). **Verdienstkürzungen**, die im Berechnungszeitraum infolge von Kurzarbeit, Arbeitsausfällen oder unverschuldeter Arbeitsversäumnis eintreten, bleiben für die Berechnung des Urlaubsentgelts außer Betracht (§ 11 Abs. 1 Satz 3 BUrlG). Zum Arbeitsentgelt gehörende Sachbezüge, die während des Urlaubs nicht weitergewährt werden, sind für die Dauer des Urlaubs angemessen in bar abzugelten (§ 11 Abs. 1 Satz 4 BUrlG). Das Urlaubsentgelt ist **vor Antritt des Urlaubs auszuzahlen** (§ 11 Abs. 2 BUrlG).

Vom Urlaubsentgelt (der Fortzahlung der normalen Vergütung während des Urlaubs: »bezahlter« Urlaub) zu unterscheiden ist das **Urlaubsgeld**. Dabei geht es um eine zusätzliche Zahlung, die weder im JArbSchG noch im BUrlG geregelt ist. Es bedarf dazu einer besonderen Anspruchsgrundlage im Ausbildungsvertrag/Arbeitsvertrag, in einer Betriebsvereinbarung oder in einem anwendbaren Tarifvertrag. Fehlt eine solche Anspruchsgrundlage, gibt es keinen Anspruch auf Zahlung eines zusätzlichen Urlaubsgeldes. Rechtsgrundlage kann auch eine betriebliche Übung sein. Eine arbeitsvertragliche Bezugnahme/Verweisung auf die Geltung tariflicher Regelungen für den Urlaub ist als Bezugnahme auf den gesamten tariflichen Regelungskomplex »Urlaub« zu verstehen. Ein im Tarifvertrag geregeltes zusätzliches tarifliches Urlaubsgeld wird deshalb von der Bezugnahme erfasst und der Arbeitnehmer hat Anspruch auf Zahlung des tariflichen Urlaubsgeldes.[3]

3 *BAG* 17. 1. 2006, 9 AZR 41/05, NZA 2006, 923.

25 Für den Bereich der **Deutsche Bahn Aktiengesellschaft** sowie einer gem. § 2 Abs. 1 und § 3 Abs. 3 des Deutsche Bahn Gründungsgesetzes vom 27. Dezember 1993 (BGBl. I S. 2378, 2386) ausgegliederten Gesellschaft und für den Bereich der Nachfolgeunternehmen der **Deutschen Bundespost** kann von der Vorschrift über das Kalenderjahr als Urlaubsjahr (§ 1 BUrlG) in Tarifverträgen abgewichen werden (§ 13 Abs. 3 BUrlG).

IV. Lage des Urlaubs

26 § 19 JArbSchG ergänzt § 7 BUrlG (vgl. Rn. 16ff.) hinsichtlich der zeitlichen Lage des Urlaubs. Der Urlaub »soll« Berufsschülern in der Zeit der Berufsschulferien gegeben werden (§ 19 Abs. 3 Satz 1 JArbSchG). Soweit er nicht in den Berufsschulferien gegeben wird, ist für jeden Berufsschultag, an dem die Berufsschule während des Urlaubs besucht wird, ein weiterer Urlaubstag zu gewähren (§ 19 Abs. 3 Satz 2 JArbSchG).

V. Heimarbeitsverhältnisse

27 Für den Urlaub für die Beschäftigten, die in Heimarbeit beschäftigt werden, gilt § 12 BUrlG, wie sich aus der Verweisung in § 19 Abs. 4 Satz 1 JArbSchG ergibt. § 19 Abs. 4 Satz 2 JArbSchG enthält eine Zusatzregelung: Der Auftraggeber oder Zwischenmeister hat jedoch abweichend von § 12 Nr. 1 BUrlG den jugendlichen Heimarbeitern für jedes Kalenderjahr einen bezahlten Erholungsurlaub entsprechend § 19 Abs. 2 JArbSchG zu gewähren. Das Urlaubsentgelt der jugendlichen Heimarbeiter beträgt bei einem Urlaub von 30 Werktagen 11,6 vom Hundert, bei einem Urlaub von 27 Werktagen 10,3 vom Hundert und bei einem Urlaub von 25 Werktagen 9,5 vom Hundert.

§ 20 Binnenschifffahrt

(1) In der Binnenschifffahrt gelten folgende Abweichungen:

1. **Abweichend von § 12 darf die Schichtzeit Jugendlicher über 16 Jahre während der Fahrt bis auf 14 Stunden täglich ausgedehnt werden, wenn ihre Arbeitszeit sechs Stunden täglich nicht überschreitet. Ihre tägliche Freizeit kann abweichend von § 13 der Ausdehnung der Schichtzeit entsprechend bis auf 10 Stunden verkürzt werden.**
2. **Abweichend von § 14 Abs. 1 dürfen Jugendliche über 16 Jahre während der Fahrt bis 22 Uhr beschäftigt werden.**
3. **Abweichend von §§ 15, 16 Abs. 1, § 17 Abs. 1 und § 18 Abs. 1 dürfen Jugendliche an jedem Tag der Woche beschäftigt werden, jedoch nicht am 24. Dezember, an den Weihnachtsfeiertagen, am 31. Dezember, am 1. Januar, an den Osterfeiertagen und am 1. Mai. Für die Beschäftigung an einem Samstag, Sonntag und an einem gesetzlichen Feiertag, der auf einen Werktag fällt, ist ihnen je ein freier Tag zu gewähren. Diese freien Tage sind den Jugendlichen in Verbindung mit anderen freien Tagen zu gewähren, spätestens, wenn ihnen 10 freie Tage zustehen.**

(2) In der gewerblichen Binnenschifffahrt hat der Arbeitgeber Aufzeichnungen nach Absatz 3 über die tägliche Arbeits- oder Freizeit jedes Jugendlichen zu führen, um eine Kontrolle der Einhaltung der §§ 8 bis 21a dieses Gesetzes zu ermöglichen. Die Aufzeichnungen sind in geeigneten Zeitabständen, spätestens bis zum nächsten Monatsende, gemeinsam vom Arbeitgeber oder seinem Vertreter und von dem Jugendlichen zu prüfen und zu bestätigen. Im Anschluss müssen die Aufzeichnungen für mindestens zwölf Monate an Bord aufbewahrt werden und dem Jugendlichen ist eine

Kopie der bestätigten Aufzeichnungen auszuhändigen. Der Jugendliche hat die Kopien daraufhin zwölf Monate für eine Kontrolle bereitzuhalten.

(3) Die Aufzeichnungen nach Absatz 2 müssen mindestens folgende Angaben enthalten:

1. **Name des Schiffes,**
2. **Name des Jugendlichen,**
3. **Name des verantwortlichen Schiffsführers,**
4. **Datum des jeweiligen Arbeits- oder Ruhetages,**
5. **für jeden Tag der Beschäftigung, ob es sich um einen Arbeits- oder um einen Ruhetag handelt sowie**
6. **Beginn und Ende der täglichen Arbeitszeit oder der täglichen Freizeit.**

1 § 20 Abs. 1 JArbSchG regelt bei der Arbeitszeit bestimmte Abweichungen für die **Binnenschifffahrt** (Schifffahrt auf Binnengewässern, Flüssen, Kanälen und Seen). Die Nationalität des Schiffes spielt keine Rolle, solange es sich in deutschen Binnengewässern aufhält.[1] Die Ausnahmen gelten nur die Binnenschifffahrt, nicht für die in den Landbetrieben von Schifffahrtsunternehmen beschäftigten Jugendlichen, etwa in Lagerhäusern, Werften oder Büros. Für die Küsten- und Hochseeschifffahrt gilt das Seearbeitsgesetz (vgl. § 61 JArbSchG). Von § 20 Abs. 1 JArbSchG erfasst werden alle Jugendlichen, die auf einem Binnenschiff beschäftigt werden, nicht nur Besatzungsmitglieder (Seeleute). Von § 20 Abs. 1 JArbSchG werden alle Jugendlichen erfasst, die auf einem Binnenschiff beschäftigt werden, nicht nur Besatzungsmitglieder (Seeleute). Während § 61 JArbSchG ausdrücklich auf »Besatzungsmitglieder« abstellt, ist dies bei § 20 JArbSchG nicht der Fall.

2 Die möglichen Abweichungen sind abschließend in § 20 Abs. 1 Nr. 1 bis Nr. 3 JArbSchG genannt. Bezüglich § 20 Abs. 1 Nr. 3 JArbSchG ist zu beachten, dass Jugendliche in der Binnenschifffahrt – abweichend vom Grundsatz der Fünf-Tage-Woche – an jedem Tag der Woche arbeiten dürfen. Ausgeschlossen ist ihre Beschäftigung jedoch am Heiligabend und den Weihnachtsfeiertagen, Silvester, am 1. Januar, an den Osterfeiertagen und am 1. Mai. Insoweit handelt es sich um ein absolutes Beschäftigungsverbot. Werden sie an einem Samstag, Sonntag oder an einem gesetzlichen Feiertag beschäftigt, so bestimmt § 20 Abs. 1 Nr. 3 Satz 2 JArbSchG, dass ihnen dafür jeweils ein freier Tag zusteht. Dieser freie Tag ist ihnen in Verbindung mit anderen freien Tagen zu gewähren, spätestens jedoch, wenn ihnen 10 freie Tage zustehen (§ 20 Abs. 1 Nr. 3 Satz 3 JArbSchG). Diese freien Tage können demzufolge angesammelt werden, wobei zu beachten ist, dass ein freier Tag nicht einzeln genommen werden kann, sondern wenigstens mit einem anderen freien Tag zusammen genommen werden muss.[2]

3 In der gewerblichen Binnenschifffahrt hat der Arbeitgeber bestimmte **Aufzeichnungspflichten** nach näherer Maßgabe des § 20 Abs. 2 und Abs. 3 JArbSchG, die sich auf die tägliche Arbeitszeit (vgl. § 8 JArbSchG) oder Freizeit (vgl. § 13 JArbSchG) jedes Jugendlichen beziehen. Diese Aufzeichnungspflichten sollen die Kontrolle erleichtern, ob die Schutzvorschriften des JArbSchG eingehalten werden. Die Regelung bedeutet nicht, dass der Arbeitgeber die Aufzeichnungen selbst vornehmen muss. Er kann auch einen Vertreter beauftragen oder die Aufzeichnung dem Jugendlichen überlassen. Der Arbeitgeber bleibt aber in jedem Fall für die vorschriftsmäßige Aufzeichnung verantwortlich.[3] Wer solche Aufzeichnungen nicht oder nicht richtig führt oder diese nicht oder nicht min-

1 ErfK/*Schlachter*, § 20 JArbSchG Rn. 1.
2 ErfK/*Schlachter*, § 20 JArbSchG Rn. 3.
3 So die Gesetzesbegründung, BT-Drucks. 18/9088, S. 17.

destens zwölf Monate aufbewahrt, begeht eine **Ordnungswidrigkeit** und kann mit einer Geldbuße belegt werden (§ 59 Abs. 1 Nr. 2a, 2b JArbSchG).

§ 21 Ausnahmen in besonderen Fällen

(1) Die §§ 8 und 11 bis 18 finden keine Anwendung auf die Beschäftigung Jugendlicher mit vorübergehenden und unaufschiebbaren Arbeiten in Notfällen, soweit erwachsene Beschäftigte nicht zur Verfügung stehen.

(2) Wird in den Fällen des Absatzes 1 über die Arbeitszeit des § 8 hinaus Mehrarbeit geleistet, so ist sie durch entsprechende Verkürzung der Arbeitszeit innerhalb der folgenden drei Wochen auszugleichen.

§ 21 JArbSchG hat einen absoluten **Ausnahmecharakter**. Die Vorschrift kommt nur in Notfällen zur Anwendung. Darüber hinaus muss es um unaufschiebbare Arbeiten gehen und erwachsene Arbeitskräfte dürfen nicht zur Verfügung stehen. Die Tätigkeit darf außerdem nur vorübergehender Natur sein. Der Arbeitgeber ist verpflichtet, so schnell wie möglich erwachsene Arbeitnehmer herbeizuholen, mit dem Ziel, die Jugendlichen zu ersetzen (»soweit erwachsene Beschäftigte nicht zur Verfügung stehen«). Ein Arbeitgeber darf zum Beispiel nicht aus Kostengründen die Jugendlichen arbeiten und die erwachsenen Arbeitnehmer zu Hause bleiben lassen. Die Beschäftigung von **Kindern** (§ 2 Abs. 1 JArbSchG) ist in jedem Fall verboten, auch in Notfällen. 1

Notfälle sind ungewöhnliche, nicht vorhersehbare Ereignisse, die plötzlich und unabhängig vom Willen der Betroffenen eintreten und so gravierend sind, dass sie ein sofortiges Handeln zur Abwendung konkreter Gefahren für Gesundheit und Leben oder erhebliche Sachwerte notwendig machen.[1] Das kann vorliegen bei Bränden, Explosionen, Überschwemmungen, Naturereignissen, Unwettern oder Flutkatastrophen. Dagegen kann der Ausfall von Maschinen, die Erkrankung von Arbeitskräften oder auch fehlerhaftes Material nicht als Notfall bezeichnet werden. Auch Schwierigkeiten infolge mangelhafter Disposition des Arbeitgebers sind keinesfalls Notfälle. Auch Termindruck und drohende Konventionalstrafen führen nicht zu einem Notfall i. S. d. § 21 JArbSchG.[2] 2

Wird in den in § 21 Abs. 1 JArbSchG genannten Fällen über die Arbeitszeit des § 8 JArbSchG hinaus Mehrarbeit geleistet, so ist diese zwingend durch entsprechende Verkürzung der Arbeitszeit innerhalb der folgenden drei Wochen auszugleichen (§ 21 Abs. 2 JArbSchG). Besondere Zeitzuschläge für die Mehrarbeit sieht das Gesetz nicht vor. Solche Zuschläge können sich allerdings aus tarifvertraglichen oder einzelvertraglichen Regelungen ergeben. 3

Wer als Arbeitgeber entgegen § 21 Abs. 2 JArbSchG die geleistete Mehrarbeit durch Verkürzung der Arbeitszeit nicht, begeht eine **Ordnungswidrigkeit** und kann mit einer Geldbuße belegt werden (§ 58 Abs. 1 Nr. 15 JArbSchG), unter Umständen ist das sogar strafbar (§ 58 Abs. 5 und 6 JArbSchG). 4

1 ErfK/*Schlachter*, § 21 JArbSchG Rn. 2.
2 *Zmarzlik/Anzinger*, JArbSchG, § 21 Rn. 6.

§ 21a Abweichende Regelungen

(1) In einem Tarifvertrag oder auf Grund eines Tarifvertrages in einer Betriebsvereinbarung kann zugelassen werden

1. abweichend von den §§ 8, 15, 16 Abs. 3 und 4, § 17 Abs. 3 und § 18 Abs. 3 die Arbeitszeit bis zu neun Stunden täglich, 44 Stunden wöchentlich und bis zu fünfeinhalb Tagen in der Woche anders zu verteilen, jedoch nur unter Einhaltung einer durchschnittlichen Wochenarbeitszeit von 40 Stunden in einem Ausgleichszeitraum von zwei Monaten,

2. abweichend von § 11 Abs. 1 Satz 2 Nr. 2 und Abs. 2 die Ruhepausen bis zu 15 Minuten zu kürzen und die Lage der Pausen anders zu bestimmen,

3. abweichend von § 12 die Schichtzeit mit Ausnahme des Bergbaus unter Tage bis zu einer Stunde täglich zu verlängern,

4. abweichend von § 16 Abs. 1 und 2 Jugendliche an 26 Samstagen im Jahr oder an jedem Samstag zu beschäftigen, wenn statt dessen der Jugendliche an einem anderen Werktag derselben Woche von der Beschäftigung freigestellt wird,

5. abweichend von den §§ 15, 16 Abs. 3 und 4, § 17 Abs. 3 und § 18 Abs. 3 Jugendliche bei einer Beschäftigung an einem Samstag oder an einem Sonn- oder Feiertag unter vier Stunden an einem anderen Arbeitstag derselben oder der folgenden Woche vor- oder nachmittags von der Beschäftigung freizustellen,

6. abweichend von § 17 Abs. 2 Satz 2 Jugendliche im Gaststätten- und Schaustellergewerbe sowie in der Landwirtschaft während der Saison oder der Erntezeit an drei Sonntagen im Monat zu beschäftigen.

(2) Im Geltungsbereich eines Tarifvertrages nach Absatz 1 kann die abweichende tarifvertragliche Regelung im Betrieb eines nicht tarifgebundenen Arbeitgebers durch Betriebsvereinbarung oder, wenn ein Betriebsrat nicht besteht, durch schriftliche Vereinbarung zwischen dem Arbeitgeber und dem Jugendlichen übernommen werden.

(3) Die Kirchen und die öffentlich-rechtlichen Religionsgesellschaften können die in Absatz 1 genannten Abweichungen in ihren Regelungen vorsehen.

1 § 21a JArbSchG öffnet die meisten Arbeitszeitregelungen des JArbSchG für den Abschluss von Tarifverträgen, allerdings nicht ohne den Tarifvertragsparteien jeweils eine absolute Grenze aufzuerlegen, die sie im Sinne des Jugendarbeitsschutzes zu wahren haben. Tarifverträge können auch den Abschluss von Betriebsvereinbarungen zulassen, die die abweichenden Regelungen festlegen. Die Regelung hat, soweit erkennbar, keine praktische Bedeutung erlangt.

2 Im Betrieb eines nicht tarifgebundenen Arbeitgebers können die abweichenden tarifvertraglichen Regelungen entweder durch eine Betriebsvereinbarung oder, wenn ein Betriebsrat nicht besteht, durch schriftliche Vereinbarung zwischen dem Arbeitgeber und dem Jugendlichen übernommen werden (§ 21a Abs. 2 JArbSchG). Eine solche einzelvertragliche Bezugnahme auf abweichende Tarifverträge ist nur zulässig »im Geltungsbereich« des jeweiligen Tarifvertrages. Der Tarifvertrag müsste also (bei unterstellter Tarifbindung) an sich Anwendung finden. Zudem muss einzelvertraglich der gesamte einschlägige Tarifvertrag in Bezug genommen, auf diesen verwiesen werden (also keine »Rosinenpickerei«).[1] Nur so ist gewährleistet, dass der Tarifvertrag als ausgewogenes Gesamtkonzept abweichende Regelungen im Vergleich zum Gesetzesniveau rechtfertigen kann.

1 HWK/*Tillmanns*, § 21a JArbSchG Rn. 3.

Für Kirchen und öffentlich-rechtliche Religionsgemeinschaften besteht gem. § 21a Abs. 3 JArbSchG die Möglichkeit, die in § 21a Abs. 1 JArbSchG genannten Abweichungen in ihren Regelungen vorzusehen. Voraussetzung ist nicht, dass es vergleichbare Tarifverträge gibt. 3

§ 21b

Das Bundesministerium für Arbeit und Soziales kann im Interesse der Berufsausbildung oder der Zusammenarbeit von Jugendlichen und Erwachsenen durch Rechtsverordnung mit Zustimmung des Bundesrates Ausnahmen von den Vorschriften

1. des § 8, der §§ 11 und 12, der §§ 15 und 16, des § 17 Abs. 2 und 3 sowie des § 18 Abs. 3 im Rahmen des § 21a Abs. 1,

2. des § 14, jedoch nicht vor 5 Uhr und nicht nach 23 Uhr, sowie

3. des § 17 Abs. 1 und § 18 Abs. 1 an höchstens 26 Sonn- und Feiertagen im Jahr

zulassen, soweit eine Beeinträchtigung der Gesundheit oder der körperlichen oder seelisch-geistigen Entwicklung der Jugendlichen nicht zu befürchten ist.

§ 21b JArbSchG ist eine Ermächtigungsnorm. Das Bundesministerium für Arbeit und Soziales kann unter Beachtung der in der Norm genannten Vorgaben und Grenzen mit Zustimmung des Bundesrates eine Rechtsverordnung erlassen. Von der Ermächtigungsnorm wurde bis heute kein Gebrauch gemacht, es gibt keine entsprechende Rechtsverordnung.

Zweiter Titel
Beschäftigungsverbote und -beschränkungen

§ 22 Gefährliche Arbeiten

(1) Jugendliche dürfen nicht beschäftigt werden

1. mit Arbeiten, die ihre physische oder psychische Leistungsfähigkeit übersteigen,

2. mit Arbeiten, bei denen sie sittlichen Gefahren ausgesetzt sind,

3. mit Arbeiten, die mit Unfallgefahren verbunden sind, von denen anzunehmen ist, dass Jugendliche sie wegen mangelnden Sicherheitsbewusstseins oder mangelnder Erfahrung nicht erkennen oder nicht abwenden können,

4. mit Arbeiten, bei denen ihre Gesundheit durch außergewöhnliche Hitze oder Kälte oder starke Nässe gefährdet wird,

5. mit Arbeiten, bei denen sie schädlichen Einwirkungen von Lärm, Erschütterungen oder Strahlen ausgesetzt sind,

6. mit Arbeiten, bei denen sie schädlichen Einwirkungen von Gefahrstoffen im Sinne der Gefahrstoffverordnung ausgesetzt sind,

7. mit Arbeiten, bei denen sie schädlichen Einwirkungen von biologischen Arbeitsstoffen im Sinne der Biostoffverordnung ausgesetzt sind.

(2) Absatz 1 Nr. 3 bis 7 gilt nicht für die Beschäftigung Jugendlicher, soweit

1. dies zur Erreichung ihres Ausbildungszieles erforderlich ist,

2. ihr Schutz durch die Aufsicht eines Fachkundigen gewährleistet ist und

3. der Luftgrenzwert bei gefährlichen Stoffen (Absatz 1 Nr. 6) unterschritten wird.

Satz 1 findet keine Anwendung auf gezielte Tätigkeiten mit biologischen Arbeitsstoffen der Risikogruppen 3 und 4 im Sinne der Biostoffverordnung sowie auf nicht gezielte Tätigkeiten, die nach der Biostoffverordnung der Schutzstufe 3 oder 4 zuzuordnen sind.

(3) Werden Jugendliche in einem Betrieb beschäftigt, für den ein Betriebsarzt oder eine Fachkraft für Arbeitssicherheit verpflichtet ist, muss ihre betriebsärztliche oder sicherheitstechnische Betreuung sichergestellt sein.

Inhaltsübersicht Rn.

I. Überblick

1 Durch §§ 22 bis 25 JArbSchG werden zugunsten Jugendlicher besondere **Beschäftigungsverbote und Beschäftigungsbeschränkungen** geregelt, die über den allgemeinen Arbeitsschutz hinausgehen. § 22 JArbSchG betrifft »gefährliche Arbeiten«, § 23 JArbSchG Akkordarbeit und tempoabhängige Arbeiten, § 24 JArbSchG die Arbeit unter Tage und § 25 das Verbot der Beschäftigung durch bestimmte Personen. § 26 JArbSchG ist die Ermächtigungsnorm für spezielle Rechtsverordnungen in diesem Bereich. § 27 JArbSchG regelt die Möglichkeit behördlicher Anordnungen und Ausnahmen. Mit § 22 JArbSchG ist Art. 7 der europäischen Jugendarbeitsschutzrichtlinie 94/33/EG umgesetzt worden.

2 Die **Beschäftigungsverbote** des § 22 Abs. 1 JArbSchG sind **zwingend** und gelten unabhängig von sonstigen Bestimmungen oder Ausnahmeregelungen des Jugendarbeitsschutzgesetzes oder der Tarifvertragsparteien aufgrund des § 21a JArbSchG oder des Verordnungsgebers nach § 21b JArbSchG. Das Vorliegen der Voraussetzungen der Beschäftigungsverbote ist stets vom Arbeitgeber zu prüfen, unabhängig davon, ob der Jugendliche selbst einer solchen Beschäftigung zustimmt oder sie gar will. **Zuwiderhandlungen** gegen § 22 Abs. 1 JArbSchG sind **Ordnungswidrigkeiten** und können mit einer Geldbuße geahndet werden (§ 58 Abs. 1 Nr. 18 JArbSchG), unter Umständen sind sie sogar strafbar (§ 58 Abs. 5 und 6 JArbSchG). Daneben kommen **Schadensersatzansprüche der Jugendlichen** in Betracht.[1]

3 Verlangt der Arbeitgeber vom Jugendlichen Arbeiten, die nach § 22 JArbSchG nicht zulässig sind, steht dem Jugendlichen ein **Leistungsverweigerungsrecht** zu. Mit der Weigerung, solche verbotenen Arbeiten auszuüben, verstößt der Jugendliche nicht gegen seine vertragliche Pflicht aus dem Ausbildungs- oder Arbeitsvertrag, sodass darauf eine wirksame Kündigung des Arbeitgebers nicht gestützt werden kann.

4 Der **Betriebsrat** gem. § 87 Abs. 1 Nr. 7 BetrVG mitzubestimmen über Regelungen zur Verhütung von Arbeitsunfällen und Berufskrankheiten sowie über den Gesundheitsschutz im Rahmen der gesetzlichen Vorschriften. Es geht um betriebliche Regelungen, die das gesetzlich vorgeschriebene Schutzniveau für den einzelnen Betrieb konkretisieren. Für den **Personalrat** folgt das Mitbestimmungsrecht aus § 80 Abs. 1 Nr. 16 BPersVG oder den Personalvertretungsgesetzen der Bundesländer. Zudem hat der Betriebsrat oder Personalrat die für den **Arbeitsschutz zuständigen Behörden** und die Träger der gesetzlichen Unfallversicherung und die übrigen in Betracht kommenden Stellen durch Anregungen, Beratung und Auskunft zu unterstützen (§ 89 Abs. 1 BetrVG, § 68 Abs. 1

1 HWK/*Tillmanns*, § 22 JArbSchG Rn. 1.

BPersVG). Die Zusammenarbeit von Betriebsrat und den Betriebsärzten sowie den Fachkräften für Arbeitssicherheit wird zudem in § 9 ASiG festgeschrieben.

II. Die Beschäftigungsverbote im Einzelnen

5 Gem. § 22 Abs. 1 Nr. 1 JArbSchG dürfen Jugendliche nicht mit Arbeiten beschäftigt werden, die ihre **physische oder psychische Leistungsfähigkeit übersteigen**. Maßgeblich ist die **individuelle Leistungsfähigkeit** des Jugendlichen, nicht die durchschnittliche Leistungsfähigkeit von Jugendlichen in diesem Alter.[2] Hier geht es etwa um Arbeiten, die mit einem hohen Kraftaufwand oder hoher Verantwortung und Stress verbunden sind, also etwa das Heben, Tragen und Bewegen schwerer Lasten, Arbeiten, bei denen dauernd gestanden werden muss, Arbeiten mit erzwungener Körperhaltung, Arbeiten, die das Sehvermögen überanstrengen oder Arbeiten mit hoher Dauerbelastung.[3] Zur Leistungsfähigkeit gehört nicht nur die körperliche, sondern auch die psychisch-geistige Leistungsfähigkeit. Es ist zum Beispiel die Beschäftigung Jugendlicher mit Arbeiten verboten, die die Konzentrationsfähigkeit überfordern, ein zu hohes Maß an Verantwortung abverlangen oder Arbeiten mit besonderer Monotonie.

Bei Auszubildenden ist § 14 Abs. 3 BBiG zu beachten: Den Auszubildenden dürfen nur Aufgaben übertragen werden, die dem **Ausbildungszweck dienen** und ihren **körperlichen Kräften angemessen** sind (vgl. § 14 BBiG Rn. 30ff.). Maßstab sind die individuellen physischen Gegebenheiten des einzelnen Auszubildenden. Abzustellen ist bei Minderjährigen auf die in Bescheinigungen über die ärztlichen Untersuchungen für Jugendliche enthaltenen Beschäftigungsbeschränkungen (§§ 32ff. JArbSchG). Unabhängig davon kann es Tätigkeiten geben, denen diese nach ihrer körperlichen Verfassung nicht gewachsen sind. Das *BAG* hat sich mit dem Begriff »körperliche schwere Arbeit« in einem anderen Zusammenhang, nämlich im Zusammenhang mit tarifvertraglichen Eingruppierungsregelungen beschäftigt und gemeint: Der Begriff der »schweren Arbeit« ist im allgemeinen Wortsinn mehrdeutig. Für die Schwere der Arbeit im Sinne einer mühsamen, anstrengenden, harten und ermüdenden Arbeit ist nicht nur darauf abzustellen, ob die körperlichen Kräfte nach der Muskelbeanspruchung überbeansprucht werden. Auch eine ausschließlich stehende Tätigkeit, die notwendige Körperhaltung, taktgebundene, repetitive Arbeit, nervliche und sensorische Belastung, Lärm- und Umwelteinwirkung und soziale Belastungsfaktoren seien zu berücksichtigen.[4] Körperlich schwere Arbeiten sind solche, die körperlich mühsam, anstrengend, hart und ermüdend sind. Dabei kommt es nicht auf die reine Muskelbeanspruchung an, sondern es sind alle Umstände zu berücksichtigen, die auf den Menschen belastend einwirken und zu körperlichen Reaktionen führen. Dabei sind an das Ausmaß der muskelmäßigen Beanspruchung keine hohen Anforderungen zu stellen.[5] Es ist nicht allein auf die muskulöse Belastung abzustellen, sondern auf alle Faktoren, die belastend einwirken und zu körperlichen Reaktionen führen. Schwere körperliche Arbeit kann sich ergeben wegen der bei der Tätigkeit notwendigen Körperhaltung, bei taktgebundener oder repetetiver Arbeit, aus nervlicher oder sensorischer Belastung, Lärm und sonstigen Umwelteinwirkungen, sozialen Belastungsfaktoren.[6]

2 Gesetzesbegründung, BT-Drucks. 7/2305, S. 32.
3 ErfK/*Schlachter*, § 22 JArbSchG Rn. 3.
4 *BAG* 27.9.2000 – 10 ABR 48/99.
5 *BAG* 23.1.2019 – 4 ABR 56/17, Rn. 33.
6 *BAG* 29.7.1992 – 4 AZR 502/91, NZA 1993, 181.

6 Der Arbeitgeber hat im Einzelfall zu prüfen, ob der Jugendliche mit solchen Arbeiten beschäftigt werden darf. Es kommt nicht darauf an, ob der Jugendliche selbst die Auffassung vertritt, seine Leistungsfähigkeit werde nicht überschritten. Dem Arbeitgeber obliegt eine **objektive Prüfungspflicht**. Im Übrigen genügt für das Eingreifen des Beschäftigungsverbotes die abstrakte Gefahr einer Leistungsüberforderung. Es müssen nicht tatsächlich Schäden beim Jugendlichen eintreten oder eingetreten sein.

7 Gem. § 22 Abs. 1 Nr. 2 JArbSchG dürfen Jugendliche nicht mit Arbeiten beschäftigt werden, bei denen sie **sittlichen Gefahren** ausgesetzt sind. Das sind Arbeiten, die die allgemeinen moralischen Wertmaßstäbe negativ zu beeinflussen imstande sind.[7] Als objektiver Maßstab für die Beurteilung, ob moralisch negative Auswirkungen vorliegen, dienen die Bestimmungen des Strafgesetzbuches und das Jugendschutzgesetz.[8] Verboten ist etwa eine Beschäftigung in einer Peepshow, in Nachtbars, Spielhallen, Sexshops, Pornokinos, als Bardame[9], Nacktmodell, Tabledancerin, Bedienung in einem Stripteaselokal. Nach § 1 Abs. 1 der »Verordnung über das Verbot der Beschäftigung von Personen unter 18 Jahren mit sittlich gefährdenden Tätigkeiten« dürfen weibliche Jugendliche in Betrieben und bei Veranstaltungen aller Art nicht als »Nackttänzerinnen, Schönheitstänzerinnen oder Schleiertänzerinnen oder mit ähnlich sie sittlich gefährdenden Tätigkeiten, insbesondere wenn sie dabei unbekleidet oder fast unbekleidet sind«, beschäftigt werden. Nach § 1 Abs. 2 der genannten Verordnung dürfen weibliche Jugendliche auch nicht als »Tanzdamen, Eintänzerinnen, Tisch- oder Bardamen« beschäftigt werden. Untersagt ist selbstverständlich auch eine Beschäftigung Minderjähriger als Pornodarsteller, Prostituierte, im Escortservice oder Ähnliches, wobei allerdings das JArbSchG nicht für Tätigkeiten von Selbstständigen Anwendung findet (vgl. die Kommentierung bei § 1 JArbSchG Rn. 18–20).

8 Gem. § 22 Abs. 1 Nr. 3 JArbSchG dürfen Jugendliche nicht mit Arbeiten beschäftigt werden, die mit **Unfallgefahren** verbunden sind, von denen anzunehmen ist, dass Jugendliche sie wegen mangelnden Sicherheitsbewusstseins oder mangelnder Erfahrung nicht erkennen oder nicht abwenden können. Auch hier kommt es nicht auf die individuelle Einschätzung des Jugendlichen an. Oft genug bringen gefährliche Arbeitssituationen es mit sich, dass Jugendliche sie aufgrund mangelnder Erfahrung unterschätzen oder überhaupt nicht erkennen können. Gemeint sind damit Tätigkeiten in gefährlichen Arbeitssituationen (wie im Gerüstbau, Schornsteinbau, Arbeiten in Steinbrüchen, Abbrucharbeiten, Tief- und Ausschachtungsarbeiten, Fällen von Bäumen, Rangier- oder Taucharbeiten), Arbeiten mit gefährlichen Arbeitsmitteln (Pressen, Walzen, Schmelzöfen, Zentrifugen, offene Rühr-, Misch-, Knet- oder Zerkleinerungsmaschinen), Arbeiten mit gefährlichen Arbeitsstoffen, bei denen zum Beispiel Brand-, Explosions- oder Vergiftungsgefahr besteht, Arbeiten unter elektrischer Spannung.[10]

9 Ergänzend ist § 28a JArbSchG zu beachten: Der Arbeitgeber ist verpflichtet, vor Beginn der Beschäftigung Jugendlicher – aber auch bei wesentlicher Änderung der Arbeitsbedingungen – die mit der Beschäftigung verbundenen Gefährdungen des Jugendlichen zunächst selbst zu beurteilen und sodann (§ 29 JArbSchG) den Jugendlichen auf die Gefährdungen hinzuweisen und über die Einrichtungen und Maßnahmen zur Abwendung der Gefährdungen zu unterweisen.

---

7 *Zmarzlik/Anzinger*, JArbSchG, § 22 Rn. 9.
8 ErfK/*Schlachter*, § 22 JArbSchG Rn. 3.
9 Kritisch MünchArbR/*Kolbe*, § 196 Rn. 52: verbotene Diskriminierung nach dem Geschlecht.
10 ErfK/*Schlachter*, § 22 JArbSchG Rn. 4; *Taubert*, JArbSchG, § 22 Rn. 25; *Zmarzlik/Anzinger*, JArbSchG, § 22 Rn. 13.

Gem. § 22 Abs. 1 Nr. 4 JArbSchG dürfen Jugendliche nicht mit Arbeiten beschäftigt werden, bei denen ihre Gesundheit durch **außergewöhnliche Hitze oder Kälte oder starke Nässe** gefährdet wird. Beispiele: Arbeiten in Hüttenwerken, Stahlwerken, Gießereien, Schmieden, in chemischen Betrieben, Härtereien, in der Nähe von Öfen oder in Kühlräumen, Nässearbeiten in Schlachthöfen, Brauereien oder bei Tiefbauarbeiten.[11] 10

Gem. § 22 Abs. 1 Nr. 5 JArbSchG dürfen Jugendliche nicht mit Arbeiten beschäftigt werden, bei denen sie **schädlichen Einwirkungen von Lärm, Erschütterungen oder Strahlen** ausgesetzt sind. 11

Gem. § 22 Abs. 1 Nr. 6 JArbSchG dürfen Jugendliche nicht mit Arbeiten beschäftigt werden, bei denen sie **schädlichen Einwirkungen von Gefahrstoffen im Sinne der Gefahrstoffverordnung** ausgesetzt sind. 12

Gem. § 22 Abs. 1 Nr. 7 JArbSchG dürfen Jugendliche nicht mit Arbeiten beschäftigt werden, bei denen sie **schädlichen Einwirkungen von biologischen Arbeitsstoffen** im Sinne der Biostoffverordnung ausgesetzt sind. 13

III. Ausnahmen von den Beschäftigungsverboten

Nach Art. 7 Abs. 3 der europäischen Jugendarbeitsschutzrichtlinie 94/33/EG sind Abweichungen von den für Jugendliche geltenden Beschäftigungsverboten durch Rechtsvorschrift zulässig, sofern sie für die Berufsausbildung der Jugendlichen unbedingt erforderlich sind und die Sicherheit und der Gesundheitsschutz der Jugendlichen dadurch sichergestellt wird, dass die Arbeiten unter der Aufsicht einer dafür zuständigen Person verrichtet werden. 14

Mit § 22 Abs. 2 JArbSchG sind diese Vorgaben aus Art. 7 Abs. 3 der Richtlinie 94/33/EG umgesetzt worden. Die Vorschrift setzt für die Zulässigkeit der Abweichung von den Beschäftigungsverboten des § 22 Abs. 1 Nr. 3 bis 7 JArbSchG voraus, dass 15

- die Ausnahme zur Erreichung des Ausbildungsziels erforderlich ist (Nr. 1) *und*
- der Schutz der Jugendlichen durch die Aufsicht einer fachkundigen Person gewährleistet ist (Nr. 2) *und*
- der Luftgrenzwert bei gefährlichen Stoffen im Sinne des Chemikaliengesetzes (Abs. 1 Nr. 6) unterschritten ist (Nr. 3).

Bezüglich der Beschäftigungsverbote gem. § 22 Abs. 1 Nr. 1 und 2 JArbSchG sind Ausnahmen nicht zulässig, auch nicht unter den Voraussetzungen des § 22 Abs. 2 JArbSchG.

§ 22 Abs. 2 Satz 2 JArbSchG verbietet ausdrücklich gezielte Tätigkeiten mit biologischen Arbeitsstoffen der Risikogruppen 3 und 4 im Sinne der Biostoffverordnung sowie nicht gezielte Tätigkeiten, die nach der Biostoffverordnung der Schutzstufe 3 oder 4 zuzuordnen sind. Es handelt sich um Arbeitsstoffe, die schwere Krankheiten beim Menschen hervorrufen können und eine ernste Gefahr für Arbeitnehmer darstellen. Damit fallen Jugendliche unter ein absolutes Beschäftigungsverbot im Hinblick auf die Produktion und Verarbeitung biologischer Arbeitsstoffe, z. B. in Laboren. 16

IV. Betreuung durch Betriebsärzte oder sicherheitstechnische Fachkräfte

Ist im Betrieb ein Betriebsarzt oder eine sicherheitstechnische Fachkraft gem. § 2 und § 5 ASiG beschäftigt, so verlangt § 22 Abs. 3 JArbSchG die betriebsärztliche oder sicherheitstechnische Betreuung des Jugendlichen. Dadurch wird allerdings die Überwachung des Jugendlichen bei der Arbeit durch die fachkundige Person (§ 22 Abs. 2 Nr. 2 JArbSchG) 17

11 ErfK/*Schlachter*, § 22 JArbSchG Rn. 5.

nicht überflüssig, denn bei dieser muss es sich nicht um einen Arzt oder eine sicherheitstechnische Fachkraft handeln. Für die Betreuung des Jugendlichen durch den Betriebsarzt oder die sicherheitstechnische Fachkraft genügt eine Untersuchung in regelmäßigen Abständen.

§ 23 Akkordarbeit, tempoabhängige Arbeiten

(1) Jugendliche dürfen nicht beschäftigt werden

1. mit Akkordarbeit und sonstigen Arbeiten, bei denen durch ein gesteigertes Arbeitstempo ein höheres Entgelt erzielt werden kann,

2. in einer Arbeitsgruppe mit erwachsenen Arbeitnehmern, die mit Arbeiten nach Nummer 1 beschäftigt werden,

3. mit Arbeiten, bei denen ihr Arbeitstempo nicht nur gelegentlich vorgeschrieben, vorgegeben oder auf andere Weise erzwungen wird.

(2) Absatz 1 Nr. 2 gilt nicht für die Beschäftigung Jugendlicher,

1. soweit dies zur Erreichung ihres Ausbildungsziels erforderlich ist oder

2. wenn sie eine Berufsausbildung für diese Beschäftigung abgeschlossen haben

und ihr Schutz durch die Aufsicht eines Fachkundigen gewährleistet ist.

Inhaltsübersicht Rn.

I. Grundsätzliches Verbot von Akkordarbeit und tempoabhängigen Arbeiten

1 Die **Beschäftigungsverbote** des § 23 Abs. 1 JArbSchG sind **zwingend**, soweit nicht die Ausnahmen gem. § 23 Abs. 2 JArbSchG gegeben sind. Auch ein Einverständnis des Jugendlichen mit solchen Arbeiten, etwa weil sie finanziell lukrativ erscheinen, kann das Verbot nicht aufheben. **Zuwiderhandlungen** gegen § 23 Abs. 1 JArbSchG sind **Ordnungswidrigkeiten** und können mit einer Geldbuße geahndet werden (§ 58 Abs. 1 Nr. 19 JArbSchG), unter Umständen sind sie sogar strafbar (§ 58 Abs. 5 und 6 JArbSchG).

2 Verlangt der Arbeitgeber vom Jugendlichen Arbeiten, die nach § 23 JArbSchG nicht zulässig sind, steht dem Jugendlichen ein **Leistungsverweigerungsrecht** zu. Mit der Weigerung, solche verbotenen Arbeiten auszuüben, verstößt der Jugendliche nicht gegen seine vertragliche Pflicht aus dem Ausbildungs- oder Arbeitsvertrag, sodass darauf eine wirksame Kündigung des Arbeitgebers nicht gestützt werden kann.

3 Die **Aufsichtsbehörde** kann gem. § 27 Abs. 3 JArbSchG **Ausnahmen** für Jugendliche über 16 Jahre bewilligen und nur für deren Tätigkeit in einer Arbeitsgruppe mit erwachsenen Arbeitnehmern bzw. für Arbeiten, bei denen das Arbeitstempo vorgeschrieben ist (§ 23 Abs. 1 Nr. 2 und 3 JArbSchG), wenn eine Beeinträchtigung der Gesundheit oder der körperlichen oder seelisch-geistigen Entwicklung des Jugendlichen nicht zu befürchten ist und darüber hinaus eine ärztliche Bescheinigung vorgelegt wird, die nicht älter als drei Monate ist, nach der gesundheitliche Bedenken gegen die Beschäftigung nicht bestehen. Behördliche Ausnahmebewilligungen vom Verbot der Akkordarbeit (§ 23 Abs. 1 Nr. 1 JArbSchG) sind nicht möglich.

1. Akkordarbeit

Jugendliche dürfen nicht mit Akkordarbeit und sonstigen Arbeiten beschäftigt werden, bei denen durch ein gesteigertes Arbeitstempo ein höheres Entgelt erzielt werden kann (§ 23 Abs. 1 Nr. 1 JArbSchG). **Akkordarbeit** liegt vor, wenn sich die Höhe der Vergütung nicht nach der Dauer der Arbeitszeit, sondern nach der Arbeitsmenge richtet oder nach dem erzielten Arbeitsergebnis bemessen wird. Auf die Bezeichnung (Geldakkord, Zeitakkord, Stückakkord, Gruppenakkord usw.) kommt es nicht an. »Sonstige Arbeiten«, bei denen durch ein gesteigertes Arbeitstempo ein höheres Entgelt erzielt werden kann, liegen vor, wenn als Anreiz zur Steigerung des Arbeitstempos zusätzliche **Prämien** gezahlt werden, die sich am Arbeitsergebnis bzw. der erzielten Arbeitsmenge ausrichten. Das gilt nicht für sog. Qualitätsprämien und andere Entlohnungsformen, die nicht das Arbeitstempo, sondern die Arbeitsqualität belohnen.[1] Bei **gemischten Lohnformen**, die sowohl Qualität wie Quantität der Arbeitsleistung berücksichtigen, handelt es sich um verbotene Akkordarbeit, sofern eine der Bezugsgrößen einen spürbaren Anreiz für eine Steigerung des Arbeitstempos bildet.[2] 4

2. Arbeitsgruppe mit erwachsenen Arbeitnehmern

Verboten ist auch die Beschäftigung von Jugendlichen in einer **Arbeitsgruppe mit erwachsenen Arbeitnehmern**, die mit Akkordarbeit und sonstigen Arbeiten, bei denen durch ein gesteigertes Arbeitstempo ein höheres Entgelt erzielt werden kann, beschäftigt werden (§ 23 Abs. 1 Nr. 2 JArbSchG). § 23 Abs. 1 Nr. 2 JArbSchG soll verhindern, dass Jugendliche sich dem Tempo der Erwachsenen anpassen und dabei ihre Kräfte überfordern. Diese Gefahr besteht auch dann, wenn nur die Erwachsenen unmittelbar akkord- oder tempoabhängige Arbeiten verrichten, die Jugendlichen aber mit diesen zusammenarbeiten.[3] Im Rahmen der Berufsausbildung sind Ausnahmen von dem Verbot der Mitarbeit in Akkordgruppen möglich (Rn. 10). Zudem kann die **Aufsichtsbehörde** hiervon Ausnahmen nach § 27 Abs. 3 JArbSchG bewilligen. 5

Eine »**Akkordgruppe**« liegt auch bei nur zwei Arbeitnehmern vor. Das Verbot greift ein, wenn ein Jugendlicher mit einem erwachsenen Arbeitnehmer in einer Gruppe zusammenarbeiten soll oder für einen Erwachsenen Zuarbeiten erbringen soll, der Akkordarbeit leistet, selbst wenn der Jugendliche von dessen Leistungslohn nicht profitiert. Ausgehend vom Schutzzweck der Norm wird nicht nur die unmittelbare Beschäftigung des Jugendlichen in einer Akkordgruppe verboten, sondern auch die Beschäftigung Jugendlicher, wenn deren Arbeitsleistung von der Akkordarbeit der Erwachsenen berührt wird. Dies ist zum Beispiel auch bei »Zuarbeiten« und Vorbereitungsarbeiten der Fall, wenn die erwachsenen Arbeitnehmer auf die Arbeit der Jugendlichen warten müssen, um weiterarbeiten zu können.[4] Verboten ist insbesondere auch, Jugendliche einem Gesellen zuzuordnen und ihn danach zu bezahlen, was diese »Akkordgruppe« leistet. 6

3. Tempoabhängige Arbeiten

Verboten ist schließlich auch die Beschäftigung von Jugendlichen mit Arbeiten, bei denen ihr **Arbeitstempo** nicht nur gelegentlich **vorgeschrieben, vorgegeben oder auf andere** 7

---

1 ErfK/*Schlachter*, § 23 JArbSchG Rn. 1.
2 ErfK/*Schlachter*, § 23 JArbSchG Rn. 1.
3 ErfK/*Schlachter*, § 23 JArbSchG Rn. 2.
4 ErfK/*Schlachter*, § 23 JArbSchG Rn. 2.

Weise erzwungen wird (§ 23 Abs. 1 Nr. 3 JArbSchG). Gemeint ist damit insbesondere, aber nicht nur, die **Fließbandarbeit** in allen vorkommenden Erscheinungsbildern. Es ergänzt das Verbot nach Nr. 1 und Nr. 2 in den Fällen, in denen durch zeitabhängige Leistung keine höhere Vergütung erzielt wird. Das Verbot erfasst jede Beschäftigung, bei der ein bestimmtes Arbeitstempo vorgegeben wird, also jede Arbeit unter Zeitdruck bzw. mit vorherbestimmten Arbeitstempo. In welcher Weise das Arbeitstempo vorgegeben wird, ist unerheblich, ob also durch die Arbeitsorganisation (Fließ- oder Taktarbeit), durch die Betriebsmittel (Maschinen, Bänder, Stanzen, Pressen), die Arbeitsstoffe (zeitlich bestimmte chemische oder physikalische Vorgänge) oder durch Anordnungen des Arbeitgebers (Terminsetzungen). Verboten sind auch solche Arbeiten, bei denen der Jugendliche etwa bei einer Maschine die Einstellungen selbst vornehmen, also das Tempo selbst bestimmen kann, weil jedenfalls durch die Arbeitsorganisation ein Arbeitstempo vorgegeben ist und nur die Schnelligkeit variiert werden kann. Nach dem Gesetzeswortlaut ist verboten jede Vorgabe des Arbeitstempos, auf einen unmittelbaren oder mittelbaren »Zwang« kommt es nicht entscheidend an.

8 Es spielt keine Rolle, ob der Jugendliche selbst am Fließband arbeitet oder mit einem erwachsenen Arbeitnehmer zusammenarbeitet, der seinerseits Fließbandarbeit leistet. Zwangsläufig wird dadurch auch das Arbeitstempo des Jugendlichen bestimmt, es greift dann jedenfalls das Verbot des § 21 Abs. 1 Nr. 2 JArbSchG. Der Jugendliche verrichtet in diesem Falle mittelbar Fließbandarbeit.

9 Das Verbot gilt nicht absolut. **Ausnahmsweise** ist es nach Abs. 1 Nr. 3 zulässig, den Jugendlichen **gelegentlich** solche Arbeiten verrichten zu lassen. Ausgehend vom Schutzzweck der Norm ist diese Ausnahme eng auszulegen. Ausnahmen kann ansonsten im Rahmen des § 27 Abs. 3 JArbSchG die Aufsichtsbehörde erteilen.

II. Ausnahme vom Beschäftigungsverbot

10 Ausnahmen gelten nur für § 23 Abs. 1 Nr. 2 JArbSchG. Eine Beschäftigung von Jugendlichen in einer **Arbeitsgruppe mit erwachsenen Arbeitnehmern**, die mit Akkordarbeit und sonstigen Arbeiten, bei denen durch ein gesteigertes Arbeitstempo ein höheres Entgelt erzielt werden kann, beschäftigt werden, ist ausnahmsweise zulässig soweit dies zur **Erreichung ihres Ausbildungsziels erforderlich ist** *oder* wenn sie eine Berufsausbildung für diese Beschäftigung abgeschlossen haben. In beiden Fällen muss hinzukommen, dass der Schutz der Jugendlichen durch die **Aufsicht eines Fachkundigen** gewährleistet ist. **Typische Branchen**, in denen die Ausnahmebestimmung zum Tragen kommt, sind die Autoindustrie, Textilindustrie und Fliesenleger.[5] Wichtig ist, dass das Verbot des § 23 Abs. 1 Nr. 1 und Nr. 3 JArbSchG auch in diesen Fällen nicht aufgehoben ist. Das bedeutet, dass der Jugendliche zwar in der Akkordgruppe der Erwachsenen mitarbeiten, jedoch selbst nicht zu tempoabhängiger (Akkord-)Arbeit herangezogen werden darf.

5 ErfK/*Schlachter*, § 23 JArbSchG Rn. 3.

§ 24 Arbeiten unter Tage

(1) Jugendliche dürfen nicht mit Arbeiten unter Tage beschäftigt werden.

(2) Absatz 1 gilt nicht für die Beschäftigung Jugendlicher über 16 Jahre,

1. soweit dies zur Erreichung ihres Ausbildungsziels erforderlich ist,

2. wenn sie eine Berufsausbildung für die Beschäftigung unter Tage abgeschlossen haben oder

3. wenn sie an einer von der Bergbehörde genehmigten Ausbildungsmaßnahme für Bergjungarbeiter teilnehmen oder teilgenommen haben

und ihr Schutz durch die Aufsicht eines Fachkundigen gewährleistet ist.

1 § 24 Abs. 1 JArbSchG regelt ein Beschäftigungsverbot für Jugendliche für Arbeiten unter Tage. **Zuwiderhandlungen** gegen § 24 Abs. 1 JArbSchG sind **Ordnungswidrigkeiten** und können mit einer Geldbuße geahndet werden (§ 58 Abs. 1 Nr. 20 JArbSchG), unter Umständen sind sie sogar strafbar (§ 58 Abs. 5 und 6 JArbSchG).

2 **Arbeit unter Tage** meint zum einen den traditionellen Abbau in Steinkohle-, Salz- oder vergleichbaren Bergwerken, aber auch Steinbrüche, soweit sie sich unter der Erdoberfläche befinden, zum Beispiel Kalksteinbrüche zur Kalk-, Stein-, Ton- oder Schiefergewinnung. Dagegen unterliegen dem Beschäftigungsverbot nicht entsprechende Tätigkeiten über Tage, etwa in Braunkohlegruben oder Steinbrüchen. Die Bestimmung verbietet auch nicht etwa jegliche Beschäftigung unterhalb der Erdoberfläche, zum Beispiel in unterirdischen Kanalisations- und Verkehrsanlagen.

3 Ausnahmen vom Beschäftigungsverbot enthält § 24 Abs. 2 JArbSchG für **Jugendliche über 16 Jahre**. Diese dürfen unter Tage beschäftigt werden, wenn dies zur Erreichung des Ausbildungsziels notwendig ist (Nr. 1) oder wenn sie eine Berufsausbildung für die Beschäftigung unter Tage abgeschlossen haben (Nr. 2) oder aber, wenn sie an einer von der Bergbehörde genehmigten Ausbildung für Bergjungarbeiter teilnehmen bzw. teilgenommen haben (Nr. 3). In allen drei Fällen gilt die Ausnahme nur, wenn der Schutz der Jugendlichen durch die Aufsicht eines Fachkundigen gewährleistet ist.

§ 25 Verbot der Beschäftigung durch bestimmte Personen

(1) Personen, die

1. wegen eines Verbrechens zu einer Freiheitsstrafe von mindestens zwei Jahren,

2. wegen einer vorsätzlichen Straftat, die sie unter Verletzung der ihnen als Arbeitgeber, Ausbildender oder Ausbilder obliegenden Pflichten zum Nachteil von Kindern oder Jugendlichen begangen haben, zu einer Freiheitsstrafe von mehr als drei Monaten,

3. wegen einer Straftat nach den §§ 109h, 171, 174 bis 184l, 225, 232 bis 233a des Strafgesetzbuches,

4. wegen einer Straftat nach dem Betäubungsmittelgesetz,

5. wegen einer Straftat nach dem Konsumcannabisgesetz oder nach dem Medizinal-Cannabisgesetz oder

6. wegen einer Straftat nach dem Jugendschutzgesetz oder nach dem Gesetz über die Verbreitung jugendgefährdender Schriften wenigstens zweimal

rechtskräftig verurteilt worden sind, dürfen Jugendliche nicht beschäftigen sowie im Rahmen eines Rechtsverhältnisses im Sinne des § 1 nicht beaufsichtigen, nicht anweisen, nicht ausbilden und nicht mit der Beaufsichtigung, Anweisung oder Ausbildung von Jugendlichen beauftragt werden. Eine Verurteilung bleibt außer Betracht, wenn

seit dem Tag ihrer Rechtskraft fünf Jahre verstrichen sind. Die Zeit, in welcher der Täter auf behördliche Anordnung in einer Anstalt verwahrt worden ist, wird nicht eingerechnet.

(2) Das Verbot des Absatzes 1 Satz 1 gilt auch für Personen, gegen die wegen einer Ordnungswidrigkeit nach § 58 Abs. 1 bis 4 wenigstens dreimal eine Geldbuße rechtskräftig festgesetzt worden ist. Eine Geldbuße bleibt außer Betracht, wenn seit dem Tag ihrer rechtskräftigen Festsetzung fünf Jahre verstrichen sind.

(3) Das Verbot des Absatzes 1 und 2 gilt nicht für die Beschäftigung durch die Personensorgeberechtigten.

1 Während die Beschäftigungsverbote gem. § 22 bis 24 JArbSchG an die Gesundheitsgefährdung durch bestimmte Arbeiten anknüpfen, geht es bei § 25 JArbSchG darum, dass **bestimmte Personen** Jugendliche nicht beschäftigen oder ausbilden sollen, und zwar solche Personen, die sich aufgrund bestimmter Straftaten oder Ordnungswidrigkeiten persönlich ungeeignet scheinen. Das Beschäftigungsverbot gilt kraft Gesetzes als Nebenfolge der Verurteilung, ohne dass das Strafgericht oder eine Verwaltungsbehörde das Beschäftigungsverbot gesondert aussprechen müsste.

Das Verbot richtet sich nicht nur an den Arbeitgeber, sondern an die konkreten Personen, die Jugendliche anweisen, ausbilden oder beschäftigen sollen.[1] Bei juristischen Personen (GmbH, Aktiengesellschaft, Verein usw.) ist das offensichtlich. Es kommt nicht auf den Arbeitgeber, die juristische Person, an, sondern auf die konkret handelnden Personen. Wenn für den **Arbeitgeber** selbst ein Beschäftigungsverbot nach § 25 JArbSchG gilt, ist der Arbeitsvertrag wegen eines Verstoßes gegen ein gesetzliches Verbot nichtig (§ 134 BGB). Die Jugendlichen haben einen Anspruch auf Schadensersatz (§ 311 Abs. 2 BGB).[2] Wenn für einen vom Arbeitgeber beauftragten **Mitarbeiter** ein Beschäftigungsverbot nach § 25 JArbSchG gilt, bleibt der Arbeitsvertrag wirksam, die Jugendlichen dürfen aber die Arbeitsleistung verweigern, ohne dass sie den Anspruch auf Zahlung der Vergütung verlieren (§ 615 BGB).[3]

Das Beschäftigungsverbot gilt jedoch nicht für die Beschäftigung durch die Personensorgeberechtigten (§ 25 Abs. 3 JArbSchG). § 25 JArbSchG wird ergänzt durch die gem. § 27 Abs. 2 JArbSchG mögliche Anordnung **behördlicher personenbezogener Beschäftigungsverbote**, die (anders als bei § 25 JArbSchG) keine strafrechtliche Verurteilung voraussetzt. **Zuwiderhandlungen** gegen § 25 JArbSchG sind **Ordnungswidrigkeiten** und können mit einer Geldbuße geahndet werden (§ 58 Abs. 2 JArbSchG), unter Umständen sind sie sogar strafbar (§ 58 Abs. 5 und 6 JArbSchG).

2 Voraussetzung für das Eingreifen des Beschäftigungsverbots ist eine **rechtskräftige Verurteilung** wegen einer in § 25 Abs. 1 Satz 1 Nr. 1 bis 6 JArbSchG genannten Straftat. Ein Ermittlungsverfahren wegen einer solchen Tat reicht nicht. Eine Verurteilung bleibt außer Betracht, wenn seit dem Tag ihrer Rechtskraft **fünf Jahre** verstrichen sind (§ 25 Abs. 1 Satz 2 JArbSchG). Die Zeit, in welcher der Täter auf behördliche Anordnung in einer Anstalt verwahrt worden ist, wird nicht eingerechnet (§ 25 Abs. 1 Satz 3 JArbSchG).

3 Das Beschäftigungsverbot gilt für Personen, die rechtskräftig wegen eines Verbrechens zu einer Freiheitsstrafe von mindestens zwei Jahren verurteilt worden sind (§ 25 Abs. 1 Satz 1 Nr. 1 JArbSchG). Bei einer vorsätzlichen Straftat, die sie unter Verletzung der ihnen als Arbeitgeber, Ausbildender oder Ausbilder obliegenden Pflichten zum Nachteil von

1 ErfK/*Schlachter*, § 25 JArbSchG Rn. 1.

2 MünchArbR/*Benecke*, § 32 Rn. 22.

3 MünchArbR/*Benecke*, § 32 Rn. 23.

Kindern oder Jugendlichen begangen haben, muss die Verurteilung erfolgt sein zu einer Freiheitsstrafe von mehr als drei Monaten (§ 25 Abs. 1 Satz 1 Nr. 2 JArbSchG). Eine bestimmte Mindestfreiheitsstrafe ist nicht Voraussetzung bei den in § 25 Abs. 1 Satz 1 Nr. 3 bis 5 JArbSchG genannten Straftaten. § 25 Abs. 1 Satz 1 Nr. 4 JArbSchG betrifft Straftaten nach dem Betäubungsmittelgesetz. § 25 Abs. 1 Satz 1 Nr. 5 JArbSchG betrifft Straftaten nach dem Konsumcannabisgesetz oder nach dem Medizinal-Cannabisgesetz. § 25 Abs. 1 Satz 1 Nr. 6 JArbSchG betrifft Straftaten nach dem Jugendschutzgesetz oder nach dem Gesetz über die Verbreitung jugendgefährdender Schriften, hier muss eine Verurteilung wenigstens zweimal erfolgt sein.
Die in § 25 Abs. 1 Satz 1 Nr. 3 JArbSchG aufgeführten Straftaten sind folgende:

- Anwerben für einen fremden Wehrdienst (§ 109h StGB),
- Verletzung der Fürsorge- oder Erziehungspflicht (§ 171 StGB),
- Sexueller Missbrauch von Schutzbefohlenen (§ 174 StGB),
- Sexueller Missbrauch von Gefangenen, behördlich Verwahrten oder Kranken und Hilfsbedürftigen in Einrichtungen (§ 174a StGB),
- Sexueller Missbrauch unter Ausnutzung einer Amtsstellung (§ 174b StGB),
- Sexueller Missbrauch unter Ausnutzung eines Beratungs-, Behandlungs- oder Betreuungsverhältnisses (§ 174c StGB),
- Sexueller Missbrauch von Kindern unter 14 Jahren (§ 176 StGB),
- Sexueller Missbrauch von Kindern ohne Körperkontakt mit dem Kind (§ 176a StGB),
- Vorbereitung des sexuellen Missbrauchs von Kindern (§ 176b StGB),
- Schwerer sexueller Missbrauch von Kindern (§ 176c StGB),
- Sexueller Missbrauch von Kindern mit Todesfolge (§ 176d StGB),
- Verbreitung und Besitz von Anleitungen zu sexuellem Missbrauch von Kindern (§ 176e StGB),
- Sexueller Übergriff, sexuelle Nötigung; Vergewaltigung (§ 177 StGB),
- Sexueller Übergriff, sexuelle Nötigung und Vergewaltigung mit Todesfolge (§ 178 StGB),
- Förderung sexueller Handlungen Minderjähriger (§ 180 StGB),
- Ausbeutung von Prostituierten (§ 180a StGB),
- Zuhälterei (§ 181a StGB),
- Sexueller Missbrauch von Jugendlichen (§ 182 StGB),
- Exhibitionistische Handlungen (§ 183 StGB),
- Erregung öffentlichen Ärgernisses (§ 183a StGB),
- Verbreitung pornografischer Schriften (§ 184 StGB),
- Verbreitung gewalt- oder tierpornografischer Schriften (§ 184a StGB),
- Verbreitung, Erwerb und Besitz kinderpornografischer Schriften (§ 184b StGB),
- Verbreitung, Erwerb und Besitz jugendpornografischer Schriften (§ 184c StGB),
- Veranstaltung und Besuch kinder- und jugendpornografischer Darbietungen (§ 184e StGB),
- Ausübung der verbotenen Prostitution (§ 184f StGB),
- Jugendgefährdende Prostitution (§ 184g StGB),
- Sexuelle Belästigung (§ 184i StGB),
- Straftaten aus Gruppen (§ 184j StGB),
- Verletzung des Intimbereichs durch Bildaufnahmen (§ 184k StGB),
- Inverkehrbringen, Erwerb und Besitz von Sexpuppen mit kindlichem Erscheinungsbild (§ 184l StGB),
- Misshandlung von Schutzbefohlenen (§ 225 StGB),
- Menschenhandel (§ 232 StGB),

- Zwangsprostitution (§ 232a StGB),
- Zwangsarbeit (§ 232b StGB),
- Ausbeutung der Arbeitskraft (§ 233 StGB),
- Ausbeutung unter Ausnutzung einer Freiheitsberaubung (§ 233a StGB).

4 Wurde gegen einen Arbeitgeber oder einen Ausbilder eine Geldbuße **wegen einer Ordnungswidrigkeit gem. § 58 Abs. 1 bis 4 JArbSchG wenigstens dreimal rechtskräftig verhängt**, so gilt das Verbot der Beschäftigung, Anweisung und Ausbildung von Jugendlichen entsprechend (§ 25 Abs. 2 Satz 1 JArbSchG). Eine Geldbuße bleibt außer Betracht, wenn seit dem Tag ihrer rechtskräftigen Festsetzung fünf Jahre verstrichen sind (§ 25 Abs. 2 Satz 2 JArbSchG).

§ 26 Ermächtigungen

Das Bundesministerium für Arbeit und Soziales kann zum Schutz der Jugendlichen gegen Gefahren für Leben und Gesundheit sowie zur Vermeidung einer Beeinträchtigung der körperlichen oder seelisch-geistigen Entwicklung durch Rechtsverordnung mit Zustimmung des Bundesrates

1. **die für Kinder, die der Vollzeitschulpflicht nicht mehr unterliegen, geeigneten und leichten Tätigkeiten nach § 7 Satz 1 Nr. 2 und die Arbeiten nach § 22 Abs. 1 und den §§ 23 und 24 näher bestimmen,**
2. **über die Beschäftigungsverbote in den §§ 22 bis 25 hinaus die Beschäftigung Jugendlicher in bestimmten Betriebsarten oder mit bestimmten Arbeiten verbieten oder beschränken, wenn sie bei diesen Arbeiten infolge ihres Entwicklungsstands in besonderem Maß Gefahren ausgesetzt sind oder wenn das Verbot oder die Beschränkung der Beschäftigung infolge der technischen Entwicklung oder neuer arbeitsmedizinischer oder sicherheitstechnischer Erkenntnisse notwendig ist.**

§ 27 Behördliche Anordnungen und Ausnahmen

(1) Die Aufsichtsbehörde kann in Einzelfällen feststellen, ob eine Arbeit unter die Beschäftigungsverbote oder -beschränkungen der §§ 22 bis 24 oder einer Rechtsverordnung nach § 26 fällt. Sie kann in Einzelfällen die Beschäftigung Jugendlicher mit bestimmten Arbeiten über die Beschäftigungsverbote und -beschränkungen der §§ 22 bis 24 und einer Rechtsverordnung nach § 26 hinaus verbieten oder beschränken, wenn diese Arbeiten mit Gefahren für Leben, Gesundheit oder für die körperliche oder seelisch-geistige Entwicklung der Jugendlichen verbunden sind.

(2) Die zuständige Behörde kann

1. **den Personen, die die Pflichten, die ihnen kraft Gesetzes zugunsten der von ihnen beschäftigten, beaufsichtigten, angewiesenen oder auszubildenden Kinder und Jugendlichen obliegen, wiederholt oder gröblich verletzt haben,**
2. **den Personen, gegen die Tatsachen vorliegen, die sie in sittlicher Beziehung zur Beschäftigung, Beaufsichtigung, Anweisung oder Ausbildung von Kindern und Jugendlichen ungeeignet erscheinen lassen,**

verbieten, Kinder und Jugendliche zu beschäftigen oder im Rahmen eines Rechtsverhältnisses im Sinne des § 1 zu beaufsichtigen, anzuweisen oder auszubilden.

(3) Die Aufsichtsbehörde kann auf Antrag Ausnahmen von § 23 Abs. 1 Nr. 2 und 3 für Jugendliche über 16 Jahre bewilligen,

1. **wenn die Art der Arbeit oder das Arbeitstempo eine Beeinträchtigung der Gesundheit oder der körperlichen oder seelisch-geistigen Entwicklung des Jugendlichen nicht befürchten lassen und**
2. **wenn eine nicht länger als vor drei Monaten ausgestellte ärztliche Bescheinigung vorgelegt wird, nach der gesundheitliche Bedenken gegen die Beschäftigung nicht bestehen.**

Inhaltsübersicht Rn.

I. Überblick

§ 27 JArbSchG betrifft verschiedene Fallkonstellationen, in denen die **Aufsichtsbehörde** bestimmte Anordnungen oder Ausnahmen erlassen darf. Die Aufsichtsbehörde entscheidet dabei entweder von Amts wegen oder aber auf Antrag, jedenfalls durch **Verwaltungsakt.**[1] Dagegen sind die im Verwaltungsstreitverfahren vorgesehenen Rechtsschutzmöglichkeiten gegeben (Widerspruch, Klage). **Zuwiderhandlungen** gegen bestandskräftige vollziehbare Anordnungen der Aufsichtsbehörde gem. § 27 Abs. 1 Satz 2, Abs. 2 und 3 JArbSchG sind **Ordnungswidrigkeiten** und können mit einer Geldbuße geahndet werden (§ 58 Abs. 1 Nr. 27, 28 JArbSchG), unter Umständen sind sie sogar strafbar (§ 58 Abs. 5 und 6 JArbSchG). 1

II. Feststellender Verwaltungsakt

Die Aufsichtsbehörde kann in Einzelfällen auf Antrag oder von Amts wegen feststellen, ob eine Arbeit unter die Beschäftigungsverbote oder -beschränkungen der §§ 22 bis 24 JArbSchG oder einer Rechtsverordnung nach § 26 JArbSchG fällt (§ 27 Abs. 1 Satz 1 JArbSchG). Hierbei handelt es sich um einen bloßen **feststellenden Verwaltungsakt**, der der Rechtsklarheit dient, aber gegebenenfalls (nach Widerspruch und Klage) der gerichtlichen Kontrolle unterliegt. Eine Entscheidung der Aufsichtsbehörde kann jeder Betroffene herbeiführen. Das sind die Arbeitgeber, die beschäftigten Jugendlichen, vertreten durch die Personensorgeberechtigten. Die Jugend- und Auszubildendenvertretungen, Betriebs- und Personalräte haben kein eigenes Antragsrecht, weil sie nicht unmittelbar in eigenen Rechten betroffen sind. 2

III. Behördliche Beschäftigungsverbote oder Beschäftigungsbeschränkungen

Die Aufsichtsbehörde kann in Einzelfällen die Beschäftigung Jugendlicher mit bestimmten Arbeiten über die Beschäftigungsverbote und -beschränkungen der §§ 22 bis 24 JArbSchG und einer Rechtsverordnung nach § 26 JArbSchG hinaus verbieten oder beschränken, wenn diese Arbeiten mit Gefahren für Leben, Gesundheit oder für die körperliche oder seelisch-geistige Entwicklung der Jugendlichen verbunden sind (§ 27 Abs. 1 Satz 2 JArbSchG). Hierbei handelt es sich um echte Anordnungen, um **behördliche Beschäftigungsverbote oder Beschäftigungsbeschränkungen.** 3

1 ErfK/*Schlachter*, § 27 JArbSchG Rn. 2.

4 Gem. § 27 Abs. 2 JArbSchG kann die zuständige Behörde den **Personen**, die die Pflichten, die ihnen kraft Gesetzes zugunsten der von ihnen beschäftigten, beaufsichtigten, angewiesenen oder auszubildenden Kinder und Jugendlichen obliegen, wiederholt oder gröblich verletzt haben oder den Personen, gegen die Tatsachen vorliegen, die sie in sittlicher Beziehung zur Beschäftigung, Beaufsichtigung, Anweisung oder Ausbildung von Kindern und Jugendlichen ungeeignet erscheinen lassen, **verbieten, Kinder und Jugendliche zu beschäftigen** oder im Rahmen eines Rechtsverhältnisses i. S. d. § 1 JArbSchG zu beaufsichtigen, anzuweisen oder auszubilden. Hierbei handelt es sich um **behördliche personenbezogene Beschäftigungsverbote**. Diese Möglichkeit der Aufsichtsbehörde ergänzt einerseits § 25 JArbSchG, ist zum anderen aber unabhängig von einer strafrechtlichen Verurteilung des Arbeitgebers, Ausbilders oder anderer Personen, die in § 25 JArbSchG jeweils vorausgesetzt wird.

5 Für welchen Zeitraum und in welchem Umfang die Aufsichtsbehörde das Verbot der Beschäftigung von Kindern und Jugendlichen ausspricht, steht in ihrem **Ermessen**.[2] Das Verbot kann auch über die von § 25 JArbSchG vorgesehenen fünf Jahre hinausgehen, muss aber von der Behörde bei unbestimmter Dauer überprüft werden, wenn über die betreffende Person längere Zeit nichts Nachteiliges bekannt geworden ist.[3]

IV. Behördliche Ausnahmebewilligung

6 Gem. § 27 Abs. 3 JArbSchG kann die Aufsichtsbehörde **auf Antrag Ausnahmen von § 23 Abs. 1 Nr. 2 und 3 für Jugendliche über 16 Jahre** bewilligen, wenn die in § 27 Abs. 3 Nr. 1 und 2 JArbSchG genannten Voraussetzungen vorliegen. Es besteht kein Rechtsanspruch auf die Erteilung der Ausnahmebewilligung, vielmehr entscheidet die Behörde nach pflichtgemäßem **Ermessen** (»kann … bewilligen«).

7 Voraussetzung für die Erteilung einer Ausnahmebewilligung ist nicht nur, dass die Art der Arbeit oder das Arbeitstempo eine Beeinträchtigung der Gesundheit oder der körperlichen oder seelisch-geistigen Entwicklung des Jugendlichen nicht befürchten lassen. Hinzukommen muss, dass eine nicht länger als vor drei Monaten ausgestellte ärztliche Bescheinigung vorgelegt wird, nach der gesundheitliche Bedenken gegen die Beschäftigung nicht bestehen. Eine **Ausnahme vom Verbot der Akkordarbeit** gem. § 23 Abs. 1 Nr. 1 JArbSchG ist **nicht möglich**.

8 Während die Entscheidung gem. § 27 Abs. 1 und 2 JArbSchG auch von Amts wegen, also auf Initiative der Aufsichtsbehörde, ergehen können, ist in § 27 Abs. 3 JArbSchG zwingend ein **Antragserfordernis** geregelt (»auf Antrag«). Den Antrag stellen kann der Arbeitgeber (§ 3 JArbSchG), aber auch der Jugendliche, vertreten durch seine Personensorgeberechtigten.

9 Dem Antrag ist eine **ärztliche Bescheinigung** beizufügen, nach der gesundheitliche Bedenken gegen die Beschäftigung des betreffenden Jugendlichen nicht bestehen. Die ärztliche Bescheinigung muss für jeden einzelnen Jugendlichen, für den eine Ausnahmegenehmigung beantragt wird, vorgelegt werden. Das heißt, jeder Jugendliche muss einzeln untersucht, und für jeden Jugendlichen muss die Unbedenklichkeit von einem Arzt bescheinigt worden sein, es ist also auf die individuelle Leistungsfähigkeit des einzelnen Jugendlichen abzustellen. Die Aufsichtsbehörde hat deshalb stets zu prüfen, ob die Bescheinigung des Arztes positiv die Aussage enthält, dass in Bezug auf die Beschäftigung der einzelnen – namentlich genannten – Jugendlichen keine gesundheitlichen Bedenken

2 *BVerwG* 14. 12. 1972 – 5 C 47/72, BVerwGE 41, 286, 291.
3 *BVerwG* 14. 12. 1972 – 5 C 47/72, BVerwGE 41, 286, 291.

bestehen. Pauschale Urteile eines Arztes reichen grundsätzlich nicht aus. Auch aus der Vorgabe, dass die ärztliche Bescheinigung nicht älter als drei Monate sein darf, geht die Bedeutung des geschützten Rechtsgutes Gesundheit und damit die körperliche und seelisch-geistige Entwicklung der Jugendlichen hervor. Es folgt daraus mittelbar, dass in aller Regel die Aufsichtsbehörde die Ausnahmegenehmigung befristet auszustellen hat, damit nach Ablauf von weiteren drei Monaten erneut eine ärztliche Untersuchung die Unbedenklichkeit der Tätigkeit feststellen kann. Dass die **Ausnahmebewilligung befristet zu erteilen** ist, folgt zudem aus § 54 JArbSchG, der ergänzend anzuwenden ist. **§ 54 JArbSchG** gilt für sämtliche Ausnahmebewilligungen nach dem JArbSchG, also auch für § 27 Abs. 3 JArbSchG.

Wird die Ausnahmebewilligung *nicht* erteilt, stehen die **Rechtsschutzmöglichkeiten** (Widerspruch, Klage) dem Antragsteller zu. Ergeht die Ausnahmebewilligung antragsgemäß, stehen die Rechtsschutzmöglichkeiten (Widerspruch, Klage) demjenigen zu, der durch die Entscheidung beschwert ist. Das ist, wenn Antragsteller der Arbeitgeber war, der Jugendliche, vertreten durch die Personensorgeberechtigten. Der Betriebs- oder Personalrat oder der Jugend- und Auszubildendenvertretung hat keine Anfechtungsmöglichkeiten, weil es nicht um deren eigene Rechtspositionen geht. 10

Dritter Titel
Sonstige Pflichten des Arbeitgebers

§ 28 Menschengerechte Gestaltung der Arbeit

(1) Der Arbeitgeber hat bei der Einrichtung und der Unterhaltung der Arbeitsstätte einschließlich der Maschinen, Werkzeuge und Geräte und bei der Regelung der Beschäftigung die Vorkehrungen und Maßnahmen zu treffen, die zum Schutz der Jugendlichen gegen Gefahren für Leben und Gesundheit sowie zur Vermeidung einer Beeinträchtigung der körperlichen oder seelisch-geistigen Entwicklung der Jugendlichen erforderlich sind. Hierbei sind das mangelnde Sicherheitsbewusstsein, die mangelnde Erfahrung und der Entwicklungsstand der Jugendlichen zu berücksichtigen und die allgemein anerkannten sicherheitstechnischen und arbeitsmedizinischen Regeln sowie die sonstigen gesicherten arbeitswissenschaftlichen Erkenntnisse zu beachten.

(2) Das Bundesministerium für Arbeit und Soziales kann durch Rechtsverordnung mit Zustimmung des Bundesrates bestimmen, welche Vorkehrungen und Maßnahmen der Arbeitgeber zur Erfüllung der sich aus Absatz 1 ergebenden Pflichten zu treffen hat.

(3) Die Aufsichtsbehörde kann in Einzelfällen anordnen, welche Vorkehrungen und Maßnahmen zur Durchführung des Absatzes 1 oder einer vom Bundesministerium für Arbeit und Soziales gemäß Absatz 2 erlassenen Verordnung zu treffen sind.

Inhaltsübersicht Rn.

I. Überblick

1 Jugendliche bedürfen eines besonders starken Schutzes vor Gesundheitsgefahren. § 28 JArbSchG will dies dadurch absichern, dass dem **Arbeitgeber** bestimmte Pflichten im Hinblick auf die menschengerechte Gestaltung der Arbeit auferlegt werden. Die Vorschrift verpflichtet die Arbeitgeber, zum Schutze der Gesundheit und der körperlichen und geistigen Entwicklung des Jugendlichen die erforderlichen Maßnahmen zur Sicherung der Arbeitsstätte zu treffen. Arbeitsstätte ist jeder Ort, an dem Jugendliche tätig werden, dazu gehören auch die Sanitärräume. Zu den sicherheitstechnischen und arbeitsmedizinischen Regeln sowie arbeitswissenschaftlichen Erkenntnissen, die zu beachten sind, gehören zum Beispiel DIN- oder ISO-Normen, die Unfallverhütungsvorschriften der Berufsgenossenschaften sowie Verordnungen, die zum Produktsicherheitsgesetz (ProdSG) erlassen wurden.[1] Zudem finden die Vorschriften des Arbeitsschutzgesetzes (ArbSchG) Anwendung. Die Arbeitgeber haben nicht nur die Maschinen, Geräte und Werkzeuge auf mögliche Gefährdungen zu überprüfen, sondern auch sonstige Maßnahmen und Vorkehrungen zu treffen, um Gesundheitsbeeinträchtigungen für Jugendliche zu verhindern.

§ 28 Abs. 2 JArbSchG regelt eine **Verordnungsermächtigung** und § 28 Abs. 3 JArbSchG berechtigt die **Aufsichtsbehörde** im Einzelfall, bestimmte Anordnungen zu erlassen. Ergänzend sind § 28a, § 29 und § 31 JArbSchG zu beachten.

2 Eine zentrale Rolle im Arbeitsschutz haben auch die **Betriebs- und Personalräte**, die in diesem Bereich ein Mitbestimmungsrecht haben (§ 87 Abs. 1 Nr. 7 BetrVG; § 80 Abs. 1 Nr. 4, 16 BPersVG). Weitere Mitbestimmungsrechte stehen dem Betriebsrat über § 90 und § 91 BetrVG zu (Personalrat: §§ 66 Abs. 1 und 2, 68 Abs. 2 BPersVG).

II. Maßnahmen und Vorkehrungen des Arbeitgebers

3 Der Arbeitgeber hat gem. § 28 Abs. 1 Satz 1 JArbSchG

- bei der Einrichtung und der Unterhaltung der Arbeitsstätte einschließlich der Maschinen, Werkzeuge und Geräte und
- bei der Regelung der Beschäftigung
- zum Schutz der Jugendlichen gegen Gefahren für Leben und Gesundheit sowie
- zur Vermeidung einer Beeinträchtigung der körperlichen oder seelisch-geistigen Entwicklung der Jugendlichen

erforderlich sind.

Hierbei sind gem. § 28 Abs. 1 Satz 2 JArbSchG

- das mangelnde Sicherheitsbewusstsein,
- die mangelnde Erfahrung und
- der Entwicklungsstand der Jugendlichen
- die allgemein anerkannten sicherheitstechnischen und arbeitsmedizinischen Regeln sowie
- die sonstigen gesicherten arbeitswissenschaftlichen Erkenntnisse

zu beachten.

4 Als **Maßnahmen und Vorkehrungen**, die der Arbeitgeber im Rahmen des § 28 Abs. 1 JArbSchG zu treffen hat, kommen insbesondere in Betracht:

---

1 *http://www.baua.de/de/Informationen-fuer-die-Praxis/Rechtsgrundlagen-und-Vorschriften/Rechtsgrundlagen-und-Vorschriften.html.*

- Abwendung besonderer Belastungen durch Gestaltung des Arbeitsplatzes nach Körpermaßen und -kräften;
- Abwendung von Hebearbeit durch technische Mittel (Kran, Gabelstapler);
- Abwendung von Tragearbeit durch Transportmittel;
- Abwendung von Haltearbeit durch technische Mittel (Stützen, selbsthaltende Zangen);
- Abwendung von besonders belastenden Körperhaltungen wie kriechen, bücken, knien, auf einem Bein stehen, Über-Kopf-Arbeit durch nicht belastende Körperhaltungen wie sitzen, aufrecht stehen; Anbringen von Schutzgittern zur Vermeidung von Abstürzen oder Verletzungen durch umherfliegende Gegenstände oder sich bewegende Fahrzeuge;
- zeitliche Begrenzung der belastenden Tätigkeiten; Abbau von Nachtschichten;
- Ersatz gesundheitsschädlicher Werkstoffe durch unschädliche;
- Beseitigung von Staub, Lärm, Gasen, Nebeln, Dämpfen, Erschütterungen, Strahlungen, Wärme, Blendung, Lichtmangel an der Entstehungsquelle.

Als **Maßnahmen zur Milderung**, also teilweisen Aufhebung, der Belastung kommen in Betracht: 5

- Erholungspausen, entsprechend der Belastung;
- Verkürzung von Belastungen durch Ablösung;
- Arbeitswechsel;
- Verringerung von Unterbelastung durch Ausgleichstätigkeit;
- Berücksichtigung konstitutioneller Faktoren beim Arbeitseinsatz;
- Vermeidung sozialer Isolierung;
- Vorsorge- und Überwachungsuntersuchung für solche Arbeitnehmer, die besonderen Belastungen ausgesetzt sind;
- Einsatz von Blendschutz, Brillen, Lupen, Gehörschutz; Nutzung körpergerechter Schutzkleidung.

Als **Ausgleichsmaßnahmen** können herangezogen werden: 6

- Zusatzurlaub (z. B. bei Arbeiten mit Röntgenstrahlen);
- Verkürzung der Tätigkeitszeit;
- erhöhte Freizeit;
- die Stellung von Wechselkleidung;
- die Stellung von Körperschutzmitteln;
- die Stellung von Getränken bei extremen klimatischen Bedingungen;
- die Einrichtung von Ruheräumen;
- die Einrichtung von Bädern, Duschräumen, Massageräumen;
- die Stellung von die Belastung unmittelbar ausgleichender Zwischenverpflegung;
- Aufstellung von Ventilatoren und Verdunstungsapparaten;
- Aufstellung von Regenschutz bei Arbeiten im Freien;
- Einrichtung von Wärmestellen bei Arbeiten im Freien bei Kälte;
- Lohnzuschläge (z. B. Lärmzulage; arbeitswissenschaftlich verfehlt und nur anzuwenden, wenn keine andere Ausgleichsmöglichkeit besteht).

Im Einzelfall kommt es nicht nur auf die Belastung und Gefährdung durch Maschinen, 7 Werkzeuge und Geräte an. Im Rahmen des § 28 JArbSchG ist auch die Verpflichtung des Arbeitgebers gegeben, die **Arbeitsbedingungen den Gesundheitsgefahren anzupassen**. Das gebietet, die gesamte Tätigkeit der Jugendlichen einschließlich Dauer, zeitliche Lage und Belastung durch die Arbeit, Schichteinteilung und das Tragen von Arbeitsschutzkleidung in die Prüfung mit einzubeziehen. Das kann bedeuten, dass eine besondere Regelung über Beginn und Ende sowie über die Dauer und Lage der täglichen Arbeitszeit getroffen werden und Pausen von angemessener Dauer über die Mindestbestimmungen des § 11 JArbSchG hinaus gewährt werden müssen.

8 Bei der Pflicht des Arbeitgebers, die **notwendigen Gesundheitsschutzmaßnahmen** zu ergreifen, kommt es nicht auf die finanzielle Leistungsfähigkeit des Betriebes an. Es können also nicht nur »angemessene Maßnahmen« zur Abwendung der Gefahren für Jugendliche vom Arbeitgeber verlangt werden, sondern die Grenze für die Verpflichtung des Arbeitgebers ist danach zu beurteilen, welche Maßnahmen zum Schutz der Jugendlichen **erforderlich und technisch möglich** sind. So kann sich ein Arbeitgeber nicht auf finanzielles Unvermögen berufen oder unter Hinweis auf hohe Kosten eine Maßnahme ablehnen, die zum Schutz der Jugendlichen in anderen Betrieben durchgeführt und im Rahmen des § 28 Abs. 1 JArbSchG notwendig ist.

III. Anordnungen der Aufsichtsbehörde

9 Die Aufsichtsbehörde kann **im Einzelfall** anordnen, welche Vorkehrungen und Maßnahmen zu treffen sind, um dem Gebot des § 28 Abs. 1 JArbSchG zu entsprechen. Der Begriff des Einzelfalls bezieht sich auch auf den Betrieb, sodass auch mehrere Jugendliche von den behördlichen Anordnungen betroffen sein kann, zum Beispiel auch alle Jugendlichen eines einzelnen Betriebes oder, wenn die Maßnahme in mehreren ähnlichen Betrieben erforderlich ist, für alle Jugendlichen dieser Betriebe. Die Aufsichtsbehörde handelt im Rahmen ihres Opportunitätsprinzips, das heißt, sie kann einschreiten, muss es aber nicht (pflichtgemäßes Ermessen).

10 **Zuwiderhandlungen** gegen bestandskräftige vollziehbare Anordnungen der Aufsichtsbehörde gem. § 28 Abs. 3 JArbSchG sind **Ordnungswidrigkeiten** und können mit einer Geldbuße geahndet werden (§ 58 Abs. 1 Nr. 27 JArbSchG), unter Umständen sind sie sogar strafbar (§ 58 Abs. 5 und 6 JArbSchG).

§ 28a Beurteilung der Arbeitsbedingungen

Vor Beginn der Beschäftigung Jugendlicher und bei wesentlicher Änderung der Arbeitsbedingungen hat der Arbeitgeber die mit der Beschäftigung verbundenen Gefährdungen Jugendlicher zu beurteilen. Im Übrigen gelten die Vorschriften des Arbeitsschutzgesetzes.

1 Der Arbeitgeber hat vor Beginn der Beschäftigung eines Jugendlichen eine Gefährdungsbeurteilung des entsprechenden Arbeitsplatzes durchzuführen. Dies gilt auch bei wesentlichen Änderungen der Arbeitsbedingungen. Die Bestimmung korrespondiert mit § 29 JArbSchG, der den Arbeitgeber verpflichtet, Jugendliche vor Beginn der Beschäftigung im Einzelnen über mögliche Gefahren zu unterweisen. Ergänzend zu berücksichtigen sind der für alle Arbeitnehmer im Betrieb geltende § 5 ArbSchG und § 81 BetrVG.

2 Die §§ 81–86 BetrVG regeln Mitspracherechte des einzelnen Arbeitnehmers. Die Vorschriften sind dem Arbeitsvertragsrecht zuzuordnen, gelten aber auch für Auszubildende. Sie gelten auch in betriebsratslosen Betrieben. § 81 Abs. 1 Satz l BetrVG verpflichtet den Arbeitgeber, den Arbeitnehmer über seinen Aufgabenbereich und seine Verantwortung, darüber hinaus auch über die Bedeutung seiner Tätigkeit im Rahmen des Arbeitsablaufs des Betriebes und mögliche Auswirkungen auf die Umwelt zu unterrichten. § 81 Abs. 1 Satz 2 BetrVG verlangt vom Arbeitgeber »vor Beginn der Beschäftigung« (und später bei Veränderungen im Arbeitsbereich, § 81 Abs. 2 BetrVG) die Belehrung des Arbeitnehmers über Unfall- und Gesundheitsgefahren und deren Abwehr im konkreten Arbeitsbereich

des Arbeitnehmers sowie die Bekanntgabe der Beschäftigten, die Aufgaben der Ersten Hilfe, Brandbekämpfung und Evakuierung wahrnehmen (§ 10 Abs. 2 ArbSchG). Entsprechendes gilt für den betrieblichen Umweltschutz, bei dem es ebenfalls um den Schutz der im Betrieb tätigen Personen vor Unfall- und Gesundheitsgefahren geht (vgl. § 29 JArbSchG).

Gem. § 5 Abs. 1 ArbSchG hat der Arbeitgeber durch eine Beurteilung der für die Be- 3
schäftigten mit ihrer Arbeit verbundenen Gefährdung zu ermitteln, welche Maßnahmen des Arbeitsschutzes erforderlich sind. Daraus folgt in Verbindung mit § 618 BGB ein individualrechtlicher Anspruch des einzelnen Arbeitnehmers auf **Gefährdungsbeurteilung.**[1] Gem. § 12 ArbSchG hat der Arbeitgeber die Beschäftigten über Sicherheit und Gesundheitsschutz bei der Arbeit während ihrer Arbeitszeit ausreichend und angemessen zu unterweisen. Die Unterweisung umfasst Anweisungen und Erläuterungen, die eigens auf den Arbeitsplatz oder den Aufgabenbereich der Beschäftigten ausgerichtet sind. Sie muss sowohl über die bestehenden Gefährdungen als auch über die getroffenen oder einzuhaltenden Arbeitsschutzmaßnahmen informieren.

Bei der Gefährdungsbeurteilung hat sich der Arbeitgeber mit dem Betriebs- und Per- 4
sonalrat gem. § 90 Abs. 2 BetrVG, § 68 Abs. 2 BPersVG zu beraten. Über § 91 BetrVG (§ 80 Abs. 1 Nr. 4 BPersVG) hat der Betriebsrat hier auch ein Mitbestimmungsrecht, in das die Anregungen der JAV aufzunehmen sind. Die Beteiligung des Betriebsarztes oder der Fachkraft für Arbeitssicherheit schreibt im Übrigen § 29 Abs. 3 JArbSchG vor.

§ 29 Unterweisung über Gefahren

(1) Der Arbeitgeber hat die Jugendlichen vor Beginn der Beschäftigung und bei wesentlicher Änderung der Arbeitsbedingungen über die Unfall- und Gesundheitsgefahren, denen sie bei der Beschäftigung ausgesetzt sind, sowie über die Einrichtungen und Maßnahmen zur Abwendung dieser Gefahren zu unterweisen. Er hat die Jugendlichen vor der erstmaligen Beschäftigung an Maschinen oder gefährlichen Arbeitsstellen oder mit Arbeiten, bei denen sie mit gesundheitsgefährdenden Stoffen in Berührung kommen, über die besonderen Gefahren dieser Arbeiten sowie über das bei ihrer Verrichtung erforderliche Verhalten zu unterweisen.

(2) Die Unterweisungen sind in angemessenen Zeitabständen, mindestens aber halbjährlich, zu wiederholen.

(3) Der Arbeitgeber beteiligt die Betriebsärzte und die Fachkräfte für Arbeitssicherheit an der Planung, Durchführung und Überwachung der für die Sicherheit und den Gesundheitsschutz bei der Beschäftigung Jugendlicher geltenden Vorschriften.

Die Unterweisung des Jugendlichen über die mit seinem zukünftigen Arbeitsplatz ver- 1
bundenen Unfall- und Gesundheitsgefahren muss vor Beginn der Arbeitsaufnahme erfolgen und in regelmäßigen Abständen wiederholt werden, mindestens aber einmal pro Halbjahr. Die Betriebsärzte und Fachkräfte für Arbeitssicherheit sind zu beteiligen (§ 29 Abs. 3 JArbSchG). **Zuwiderhandlungen** gegen § 39 JArbSchG sind **Ordnungswidrigkeiten** und können mit einer Geldbuße geahndet werden (§ 59 Abs. 1 Nr. 3 JArbSchG).

Eine dem § 29 JArbSchG entsprechende Vorschrift enthält der § 12 ArbSchG. Ergänzend 2
gilt § 81 BetrVG. § 81 Abs. 1 Satz 2 BetrVG verlangt vom Arbeitgeber »vor Beginn der Beschäftigung« (und später bei Veränderungen im Arbeitsbereich – § 81 Abs. 2 BetrVG) die Belehrung des Arbeitnehmers über Unfall- und Gesundheitsgefahren und deren Abwehr

1 *BAG* 12.8.2008 – 9 AZR 1117/06, NZA 2009, 102.

im konkreten Arbeitsbereich des Arbeitnehmers sowie die Bekanntgabe der Beschäftigten, die Aufgaben der Ersten Hilfe, Brandbekämpfung und Evakuierung wahrnehmen (§ 10 Abs. 2 ArbSchG). Entsprechendes gilt für den betrieblichen Umweltschutz, bei dem es ebenfalls um den Schutz der im Betrieb tätigen Personen vor Unfall- und Gesundheitsgefahren geht. Der Arbeitnehmer ist auch über die Einrichtungen zur Gefahrenabwehr zu informieren und zu deren Benutzung anzuhalten. Dazu gehört zum Beispiel die

- Demonstration von Sicherheitseinrichtungen, deren Bedienung und Wirkungsweise,
- Unterweisung in die sicherheitsgerechte Arbeit an gefährlichen Maschinen,
- Einweisung in die Verwendung persönlicher Schutzausrüstung (Helme, Brillen, Handschuhe, Masken, Rettungsgeräte),
- Belehrung über gefährliche Einwirkungen am Arbeitsplatz (insbesondere gefährliche Arbeitsstoffe),
- Information über das Verhalten im Gefahrenfall,
- Erläuterung von Warnsignalen und deren Betätigung,
- Benennung der zuständigen Personen, die bei Unfällen oder Gefahrenlagen zu unterrichten sind,
- Information über vorhandene Schutzeinrichtungen (Sanitätsräume, Unfallhilfsstellen, Notausgänge, Feuerlöscher),
- Information über Reichweite, Inhalt und Bedeutung von Alkohol- und Rauchverboten.

§ 30 Häusliche Gemeinschaft

(1) Hat der Arbeitgeber einen Jugendlichen in die häusliche Gemeinschaft aufgenommen, so muss er

1. ihm eine Unterkunft zur Verfügung stellen und dafür sorgen, dass sie so beschaffen, ausgestattet und belegt ist und so benutzt wird, dass die Gesundheit des Jugendlichen nicht beeinträchtigt wird, und

2. ihm bei einer Erkrankung, jedoch nicht über die Beendigung der Beschäftigung hinaus, die erforderliche Pflege und ärztliche Behandlung zuteil werden lassen, soweit diese nicht von einem Sozialversicherungsträger geleistet wird.

(2) Die Aufsichtsbehörde kann im Einzelfall anordnen, welchen Anforderungen die Unterkunft (Absatz 1 Nr. 1) und die Pflege bei Erkrankungen (Absatz 1 Nr. 2) genügen müssen.

1 Den Arbeitgeber, der einen Jugendlichen in die häusliche Gemeinschaft aufgenommen hat, treffen **gesteigerte Fürsorgepflichten**. Er muss eine geeignete Unterkunft herrichten und bei einer Erkrankung des Jugendlichen für die ärztliche Versorgung Sorge tragen, sofern dies nicht von einem Sozialversicherungsträger (häusliche Krankenpflege) übernommen wird. Voraussetzung für diese erhöhten Anforderungen an einen Arbeitgeber ist, dass der Jugendliche in die häusliche Gemeinschaft des Arbeitgebers aufgenommen worden ist. Das gilt nicht nur dann, wenn der Jugendliche unmittelbar im Haushalt des Arbeitgebers aufgenommen ist, sondern auch bei Wohnräumen, über die der Arbeitgeber die Verfügungsgewalt, das Belegrecht, hat, sie also den beschäftigten Jugendlichen zur Verfügung stellt, zum Beispiel Wohnheime.[1] Die Pflicht, bei der Erkrankung die Arbeitsvergütung oder Ausbildungsvergütung fortzuzahlen, folgt nicht aus § 30 JArbSchG, sondern aus dem Entgeltfortzahlungsgesetz.

1 *Molitor/Volmer/Germelmann*, JArbSchG, § 30 Rn. 7 ff.; *Taubert*, JArbSchG, § 30 Rn. 2.

Die Aufsichtsbehörde kann im Einzelfall anordnen, welchen Anforderungen die Unterkunft und die Pflege bei Erkrankungen genügen müssen. **Zuwiderhandlungen** gegen bestandskräftige vollziehbare Anordnungen der Aufsichtsbehörde gem. § 30 Abs. 2 JArbSchG sind **Ordnungswidrigkeiten** und können mit einer Geldbuße geahndet werden (§ 58 Abs. 1 Nr. 27 JArbSchG), unter Umständen sind sie sogar strafbar (§ 58 Abs. 5 und 6 JArbSchG). 2

§ 31 Züchtigungsverbot, Verbot der Abgabe von Alkohol und Tabak

(1) Wer Jugendliche beschäftigt oder im Rahmen eines Rechtsverhältnisses im Sinne des § 1 beaufsichtigt, anweist oder ausbildet, darf sie nicht körperlich züchtigen.

(2) Wer Jugendliche beschäftigt, muss sie vor körperlicher Züchtigung und Misshandlung und vor sittlicher Gefährdung durch andere bei ihm Beschäftigte und durch Mitglieder seines Haushalts an der Arbeitsstätte und in seinem Haus schützen. Soweit deren Abgabe nach § 9 Absatz 1 oder § 10 Absatz 1 und 4 des Jugendschutzgesetzes verboten ist, darf der Arbeitgeber Jugendlichen keine alkoholischen Getränke, Tabakwaren oder anderen dort genannten Erzeugnisse geben.

§ 31 Abs. 1 JArbSchG regelt im Grund eine Selbstverständlichkeit. Verboten ist jede körperliche Züchtigung durch den Arbeitgeber und die Personen, die den Jugendlichen beaufsichtigen, anweisen oder ausbilden (zum Beispiel Schläge, Tritte, Schubsen). Von dem Verbot gibt es keine Ausnahme. Auch sog. »maßvolle« Züchtigungen aus »erzieherischen« Gründen sind verboten. »Züchtigungen« sind ohnedies gem. §§ 323 ff. StGB auch verbotene und strafbare Körperverletzungen. Zurechtweisungen verbaler Art oder »Standpauken« und Ähnliches fallen nicht unter das Verbot.[1] 1

§ 31 Abs. 2 JArbSchG ergänzt und erweitert das Züchtigungsverbot. Der Arbeitgeber wird verpflichtet, die Jugendlichen auch vor Misshandlungen und sittlicher Gefährdung durch andere bei ihm Beschäftigte oder durch Mitglieder seines Haushaltes an der Arbeitsstätte oder in seinem Haushalt zu schützen. 2

Bemerkt der Arbeitgeber zum Beispiel ständige Hänseleien und Schikanen eines Jugendlichen, hat er die Verpflichtung einzugreifen, denn eine Misshandlung ist nicht nur eine körperliche Beeinträchtigung, vielmehr fallen darunter auch seelische Misshandlungen, Schikanen, Beleidigungen und ähnliches.[2] 3

§ 31 Abs. 2 Satz 2 JArbSchG verweist auf die entsprechenden Vorschriften des Jugendschutzgesetzes und verbietet damit verbietet die Abgabe 4

- von Tabakwaren, elektronischen Zigaretten und elektronischen Shishas[3] an Jugendliche,
- von Bier, Wein, weinähnlichen Getränken oder Schaumwein oder Mischungen von Bier, Wein, weinähnlichen Getränken oder Schaumwein mit nichtalkoholischen Getränken an Kinder und Jugendliche unter 16 Jahren sowie

---

1 ErfK/*Schlachter*, § 31 JArbSchG Rn. 1.

2 ErfK/*Schlachter*, § 31 JArbSchG Rn. 1.

3 Das Abgabe- und Konsumverbot von Tabakwaren wurde durch das »Gesetz zum Schutz von Kindern und Jugendlichen vor den Gefahren des Konsums von elektronischen Zigaretten und elektronischen Shishas« vom 3.3.2016 (BGBl. I S. 369) auf nikotinhaltige und auch auf nikotinfreie elektronische Zigaretten und elektronische Shishas ausgeweitet; zur Begründung vgl. BT-Drucks. 18/6858.

- von anderen alkoholischen Getränken (früher als »Branntwein« bezeichnet)[4] oder Lebensmittel, die andere alkoholische Getränke in nicht nur geringfügiger Menge enthalten, an Jugendliche über 16 Jahren.

Unabhängig von § 31 JArbSchG besteht im Rahmen des organisatorisch Möglichen ein **Anspruch auf einen rauchfreien Arbeits- und Ausbildungsplatz.**[5] Der Arbeitgeber hat die erforderlichen Maßnahmen zu treffen, damit die nicht rauchenden Beschäftigten wirksam vor den Gesundheitsgefahren durch Tabakrauch geschützt sind (§ 5 Arbeitsstättenverordnung). Soweit erforderlich, hat der Arbeitgeber ein allgemeines oder auf einzelne Bereiche der Arbeitsstätte beschränktes Rauchverbot zu erlassen. In **Arbeitsstätten mit Publikumsverkehr** hat der Arbeitgeber solche Schutzmaßnahmen nur insoweit zu treffen, wie die Natur des Betriebs und die Art der Beschäftigung es zulassen. Dies kann dazu führen, dass er nur verpflichtet ist, die Belastung durch Passivrauchen zu minimieren, nicht aber sie gänzlich auszuschließen.[6]

5 Das Verbot der Abgabe von Tabakwaren, elektronischen Zigaretten und elektronischen Shishas sowie Alkohol gilt auch dann, wenn wegen der Art des Betriebs den Beschäftigten einschließlich der Jugendlichen arbeitsvertraglich alkoholische Getränke oder Tabakwaren oder elektronische Zigaretten oder elektronische Shishas als zusätzliche Leistung des Arbeitgebers zustehen. Er hat dann diese Leistungen in Geld abzugelten.

6 Das Verbot richtet sich an den Arbeitgeber, es beinhaltet aber auch die Verpflichtung des Arbeitgebers zu verhindern, dass andere im Betrieb Beschäftigte Alkohol an Jugendliche abgeben. Der Arbeitgeber muss dafür Sorge tragen, dass Alkohol zum Beispiel nicht durch den Kantinenpächter der Werkskantine an den geschützten Personenkreis abgegeben werden.

7 **Zuwiderhandlungen** gegen § 31 Abs. 2 Satz 2 JArbSchG sind **Ordnungswidrigkeiten** und können mit einer Geldbuße geahndet werden (§ 58 Abs. 1 Nr. 21 JArbSchG), unter Umständen sind sie sogar strafbar (§ 58 Abs. 5 und 6 JArbSchG). Eine spezielle Bußgeldvorschrift für Verstöße gegen das »Züchtigungsverbot« findet sich im JArbSchG nicht. Dessen bedarf es auch nicht, weil Züchtigungen als Körperverletzungen gem. den §§ 223ff. StGB strafbar sind.

4 Der Begriff »Branntwein« wurde durch das Gesetz zur Auflösung der Bundesmonopolverwaltung für Branntwein und zur Änderung weiterer Gesetze (Branntweinmonopolverwaltung-Auflösungsgesetz) vom 10.3.2017 (BGBl. I S. 420) abgeschafft.

5 *BAG* 17.2.1998 – 9 AZR 84/97, NZA 1998, 1231.

6 *BAG* 10.5.2016 – 9 AZR 347/15, NZA 2016, 1134.

Vierter Titel
Gesundheitliche Betreuung

§ 32 Erstuntersuchung

(1) Ein Jugendlicher, der in das Berufsleben eintritt, darf nur beschäftigt werden, wenn

1. er innerhalb der letzten vierzehn Monate von einem Arzt untersucht worden ist (Erstuntersuchung) und

2. dem Arbeitgeber eine von diesem Arzt ausgestellte Bescheinigung vorliegt.

(2) Absatz 1 gilt nicht für eine nur geringfügige oder eine nicht länger als zwei Monate dauernde Beschäftigung mit leichten Arbeiten, von denen keine gesundheitlichen Nachteile für den Jugendlichen zu befürchten sind.

Inhaltsübersicht

I. Überblick

In § 32 bis § 45 JArbSchG ist die gesundheitliche Betreuung Jugendlicher geregelt. Im Wesentlichen geht es um ärztliche Untersuchungen vor der Aufnahme und während einer Beschäftigung. Zweck der ärztlichen Untersuchungen ist es, eine Beschäftigung zu verhindern, der der Jugendliche gesundheitlich nicht gewachsen ist, sowie einen begleitenden **Gesundheitsschutz**, zumindest für das erste Jahr der Beschäftigung, sicherzustellen. Die gesetzlichen Regelungen (§§ 32 bis 45 JArbSchG) sind zwingend. Von ihnen kann weder durch Tarifvertrag, Betriebsvereinbarung, Arbeits- oder Ausbildungsvertrag abgewichen werden.[1] Geregelt ist die Pflicht einer ärztlichen Erstuntersuchung vor der Beschäftigungsaufnahme (§ 32 JArbSchG) sowie einer Nachuntersuchung nach einem Jahr (§ 33 JArbSchG). Danach kann sich der Jugendliche von sich aus erneut untersuchen lassen (§ 34 JArbSchG), auf ärztliche Anordnung findet eine außerordentliche Nachuntersuchung statt (§ 35 JArbSchG). Nähere Vorgaben für den Inhalt und die Durchführung der ärztlichen Untersuchungen regelt § 37 JArbSchG, die schriftlichen Mitteilungs- und Bescheinigungspflichten regelt § 38 JArbSchG. Die ärztlichen Bescheinigungen sind vom Arbeitgeber aufzubewahren (§ 39 JArbSchG). Der Arbeitgeber hat den Jugendlichen unter Entgeltfortzahlung für die Untersuchungen freizustellen (§ 43 JArbSchG). Die Kosten der Untersuchungen hat das Land zu tragen (§ 44 JArbSchG). 1

Die Notwendigkeit der gesundheitlichen Betreuung und ärztlicher Untersuchungen wird in der Praxis, auch durch die Jugendlichen selbst, unterschätzt. Die ärztlichen Erst- und Nachuntersuchungen sind eine wesentliche Voraussetzung zur Verhinderung oder zu frühzeitigem Erkennen von Gesundheitsschäden. Die Jugend- und Auszubildendenvertretungen, die Betriebs- und Personalräte sollten bei jeder Einstellung von Jugendlichen auch prüfen, ob die ärztlichen Untersuchungsergebnisse vorliegen. Die notwendigen Nachuntersuchungen sind dann mittels geeigneter Möglichkeiten, zum Beispiel einer Liste aller Jugendlichen, zu kontrollieren. 2

1 *Molitor/Volmer/Germelmann,* JArbSchG, § 32 Rn. 6; *Taubert,* JArbSchG, § 32 Rn. 1; *Zmarzlik/Anzinger,* JArbSchG, § 32 Rn. 4.

3 Bei Bewertung der Notwendigkeit gesundheitlicher Betreuung ist zu beachten, dass viele Berufskrankheiten, die zur Frühinvalidität führen, durch geeignete und rechtzeitige Untersuchungen häufig verhindert, zumindest aber gemildert werden könnten. Für die nicht mehr Minderjährigen sind die Vorgaben des Arbeitsschutzgesetzes (ArbSchG).

II. Pflicht zur Erstuntersuchung

4 Durch das Gebot einer Erstuntersuchung vor Eintritt in das Berufsleben soll sichergestellt werden, etwaige Gesundheitsschäden möglichst frühzeitig zu erkennen. Zudem soll vermieden werden, dass eine Arbeit ergriffen wird, die im Einzelfall zu gesundheitlichen Schäden führen kann. Auch internationale Regelungen, etwa die IAO-Übereinkommen Nr. 77 und 78, befassen sich mit der ärztlichen Betreuung von Jugendlichen und dokumentieren den hohen Stellenwert einer Begutachtung Jugendlicher vor Eintritt in das Berufsleben.

5 Die Erstuntersuchung ist vor dem erstmaligen **Eintreten »in das Berufsleben«** vorzunehmen. Wechselt der Arbeitgeber, braucht die Erstuntersuchung nicht wiederholt zu werden. Der neue Arbeitgeber muss sich gem. § 36 JArbSchG die Bescheinigung über die Erstuntersuchung bzw. über die erste Nachuntersuchung vorlegen lassen. Die Pflicht zur Erstuntersuchung ist beschränkt auf **Jugendliche**, also auf unter 18-Jährige. Ab dem Tag der Vollendung des 18. Lebensjahres besteht die Pflicht nicht mehr. Nehmen Jugendliche an einem **Berufsgrundbildungsjahr** oder **sonstigen schulischen Ausbildungen** teil, ist nach dem Wortlaut des Gesetzes eine Erstuntersuchung nicht erforderlich.[2]

6 Eine **Beschäftigung**, ohne dass dem Arbeitgeber die ärztliche Bescheinigung über die erste Untersuchung vorliegt, ist verboten.[3] Verboten ist die tatsächliche Beschäftigung, die **tatsächliche Arbeitsaufnahme**, nicht der Abschluss des Arbeits- oder Ausbildungsvertrages.[4] Die Gültigkeit des Arbeitsvertrages oder eines Ausbildungsvertrages hängt nicht von der Durchführung der Erstuntersuchung und der Vorlage der Bescheinigung ab. Der Arbeits- oder Ausbildungsvertrag ist wirksam. Der Jugendliche darf aber tatsächlich nicht beschäftigt werden, solange die Erstuntersuchung nicht erfolgt ist und dem Arbeitgeber die Bescheinigung nicht vorliegt. Beschäftigt der Arbeitgeber einen Jugendlichen ohne ärztliche Bescheinigung über die Erstuntersuchung, begeht er eine **Ordnungswidrigkeit** nach § 58 Abs. 1 Nr. 22 JArbSchG, die mit einer Geldbuße belegt werden kann.

7 Der Tag der Arbeitsaufnahme ist für die Frist des § 32 Abs. 1 Nr. 1 JArbSchG maßgeblich: **Innerhalb der letzten 14 Monate** vor dem Tag der Arbeitsaufnahme muss die Untersuchung vorgenommen worden sein. Liegt der Untersuchungstag außerhalb der 14 Monate, muss eine neue Untersuchung durchgeführt werden. Auf den Tag der Übersendung der Bescheinigung durch den Arzt kommt es nicht an, sondern nur auf den Tag der tatsächlichen Untersuchung. Hiervon abweichende Regelungen sind nur durch eine Rechtsverordnung gem. § 46 JArbSchG zulässig.

8 Für die Untersuchungen (auch für die anderen Untersuchungen, die im JArbSchG geregelt sind) gilt die **freie Arztwahl.**[5] Der Jugendliche und die Personensorgeberechtigten können frei wählen, zu welchem Arzt (Hausarzt, Amtsarzt oder Werksarzt) der Jugendliche geht. Der Arbeitgeber kann zum Beispiel nicht verlangen, dass die Untersuchung beim

---

2 *Taubert,* JArbSchG, § 32 Rn. 10.
3 *Molitor/Volmer/Germelmann,* JArbSchG, § 32 Rn. 7.
4 *Taubert,* JArbSchG, § 32 Rn. 7.
5 *Molitor/Volmer/Germelmann,* JArbSchG, § 32 Rn. 12; *Taubert,* JArbSchG, § 32 Rn. 6.

Betriebsarzt durchgeführt wird. Für den Arzt gilt die **ärztliche Schweigepflicht** (vgl. § 37 Rn. 4).

Das wesentliche **Ergebnis der Untersuchung** ist den Personensorgeberechtigten mitzuteilen (§ 39 Abs. 1 JArbSchG). Hingegen darf die dem Arbeitgeber vorzulegende Bescheinigung nur den Hinweis auf solche Arbeiten enthalten, durch deren Ausführung der Arzt die Gesundheit oder die Entwicklungen des Jugendlichen für gefährdet hält (§ 39 Abs. 2 JArbSchG). Der Arbeitgeber darf dann den Jugendlichen mit solchen Arbeiten nicht beschäftigten (§ 40 Abs. 1 JArbSchG). Die Wirksamkeit des Arbeits- oder Ausbildungsvertrages bleibt davon unberührt. 9

Besondere Folgen können sich für **jugendliche Auszubildende** nach dem Berufsbildungsgesetz ergeben. Bei Fehlen der Bescheinigung nach § 32 Abs. 1 JArbSchG darf der Berufsausbildungsvertrag nicht in das Verzeichnis der Berufsausbildungsverhältnisse eingetragen werden (§ 35 Abs. 1 Nr. 3, Abs. 2 Satz 1 BBiG), wenn die Bescheinigung auch nicht nachträglich innerhalb einer gesetzten Frist vorgelegt wird. 10

III. Ausnahmen von der Pflicht zur Erstuntersuchung

Im Gegensatz zum Eintritt in das »Berufsleben« ist bei einer geringfügigen oder kurzzeitigen Beschäftigung (zum Beispiel bei einer Ferienarbeit oder einer geringfügigen Nebentätigkeit) keine ärztliche Untersuchung erforderlich. Voraussetzung ist, dass der Jugendliche ausschließlich mit leichten Arbeiten beschäftigt wird, von denen keine gesundheitlichen Nachteile für den Jugendlichen zu befürchten sind. 11

Von einer **geringfügigen Beschäftigung** wird man in der Regel sprechen können, wenn sie auf mehrere Tage verteilt ist und 15 Stunden wöchentlich nicht überschreitet. Eine geringfügige Beschäftigung in diesem Sinne darf durchaus länger als zwei Monate dauern (»geringfügig *oder* nicht länger als zwei Monate«). 12

Wenn mehr als eine geringfügige Beschäftigung beabsichtigt ist, braucht keine ärztliche Erstuntersuchung vorgenommen zu werden, wenn die Beschäftigung von vornherein **nicht länger als zwei Monate** dauern soll. Ist eine längere Beschäftigung vorgesehen oder überschreitet die Beschäftigungszeit zwei Monate, muss die Untersuchung durchgeführt werden. Wird nach einem auf zwei Monate befristeten Beschäftigungsverhältnis ein weiteres Beschäftigungsverhältnis begründet, so ist – auch wenn dazwischen eine gewisse Zeit der Nichtbeschäftigung liegt – eine ärztliche Erstuntersuchung durchzuführen, denn die Zeiten der Beschäftigung müssen addiert werden. Eine Umgehung des Gesetzes durch mehrere hintereinander geschaltete kurzfristige Kettenarbeitsverhältnisse ist rechtswidrig. 13

Auch wenn die Beschäftigung nur geringfügig ist oder wenn sie nicht länger als zwei Monate dauert, ist eine ärztliche Untersuchung nur dann entbehrlich, wenn der Jugendliche mit **leichten Arbeiten** beschäftigt wird, von denen keine gesundheitlichen Nachteile für den Jugendlichen zu befürchten sind. Dabei ist die persönliche Leistungsfähigkeit des einzelnen Jugendlichen als Maßstab der Bewertung heranzuziehen. Die Arbeiten müssen daher nicht nur objektiv, sondern auch subjektiv leicht sein und es dürfen keine gesundheitlichen Nachteile für den konkreten Jugendlichen zu befürchten sein. Bereits eine Vermutung solcher Nachteile führt zum Wegfall der Ausnahmeregelung mit der Folge, dass vor der Beschäftigung die ärztliche Erstuntersuchung vorgenommen werden muss. 14

§ 32 Abs. 2 JArbSchG regelt lediglich, unter welchen Voraussetzungen eine Beschäftigung ohne vorherige ärztliche Erstuntersuchung durchgeführt werden darf, sagt aber nichts darüber, ob die Beschäftigung aus anderen Gründen unzulässig sein könnte oder in welchem Maße die Beschäftigung erlaubt ist. Insoweit finden neben § 32 JArbSchG die übrigen Bestimmungen des Jugendarbeitsschutzgesetzes selbstverständlich Anwendung. 15

§ 33 Erste Nachuntersuchung

(1) Ein Jahr nach Aufnahme der ersten Beschäftigung hat sich der Arbeitgeber die Bescheinigung eines Arztes darüber vorlegen zu lassen, dass der Jugendliche nachuntersucht worden ist (erste Nachuntersuchung). Die Nachuntersuchung darf nicht länger als drei Monate zurückliegen. Der Arbeitgeber soll den Jugendlichen neun Monate nach Aufnahme der ersten Beschäftigung nachdrücklich auf den Zeitpunkt, bis zu dem der Jugendliche ihm die ärztliche Bescheinigung nach Satz 1 vorzulegen hat, hinweisen und ihn auffordern, die Nachuntersuchung bis dahin durchführen zu lassen.

(2) Legt der Jugendliche die Bescheinigung nicht nach Ablauf eines Jahres vor, hat ihn der Arbeitgeber innerhalb eines Monats unter Hinweis auf das Beschäftigungsverbot nach Absatz 3 schriftlich aufzufordern, ihm die Bescheinigung vorzulegen. Je eine Durchschrift des Aufforderungsschreibens hat der Arbeitgeber dem Personensorgeberechtigten und dem Betriebs- oder Personalrat zuzusenden.

(3) Der Jugendliche darf nach Ablauf von 14 Monaten nach Aufnahme der ersten Beschäftigung nicht weiterbeschäftigt werden, solange er die Bescheinigung nicht vorgelegt hat.

Inhaltsübersicht Rn.

I. Pflicht zur Nachuntersuchung

1 Die Ergebnisse der Nachuntersuchung ermöglichen im Vergleich mit den Ergebnissen der Erstuntersuchung (die gem. § 37 JArbSchG schriftlich festzuhalten sind) eine Beurteilung, welche Auswirkungen die tatsächliche Beschäftigung auf die Gesundheit des Jugendlichen hatte. Gerade wegen des begleitenden Gesundheitsschutzes kommt der Nachuntersuchung eine besondere Bedeutung zu. Nach Möglichkeit sollte der Jugendliche die Nachuntersuchung bei dem Arzt durchführen lassen, der auch die Erstuntersuchung vorgenommen hat. Eine Verpflichtung hierzu besteht allerdings nicht. Über die wechselseitige Unterrichtung der Ärzte untereinander vgl. § 45 JArbSchG.

2 Ein Jahr nach Aufnahme der ersten Beschäftigung hat sich der Arbeitgeber die **Bescheinigung eines Arztes** darüber **vorlegen zu lassen**, dass der Jugendliche nachuntersucht worden ist, erste Nachuntersuchung (§ 33 Abs. 1 Satz 1 JArbSchG). Die Nachuntersuchung darf nicht länger als drei Monate zurückliegen (§ 33 Abs. 1 Satz 2 JArbSchG). Das bedeutet, der **Zeitpunkt der Nachuntersuchung** darf nicht vor Ablauf von neun Monaten und nicht später als ein Jahr nach Aufnahme der tatsächlichen Beschäftigung liegen. Bei der Fristberechnung kommt es auf die erstmalige Arbeitsaufnahme bei dem ersten Arbeitgeber an. Ist zwischenzeitlich ein Wechsel des Arbeitgebers erfolgt, richtet sich gleichwohl die Nachuntersuchung nach dem Zeitpunkt der ersten tatsächlichen Arbeitsaufnahme (bei dem anderen Arbeitgeber). Auf den Zeitpunkt des Abschlusses der Arbeits- oder Ausbildungsverträge kommt es nicht an.

3 Die Pflicht zur Nachuntersuchung besteht ausschließlich für **Jugendliche**. Wenn die Person, die bei Beschäftigungsaufnahme noch keine 18 Jahre alt war, im ersten Jahr nach Beschäftigungsaufnahme das 18. Lebensjahr vollendet, entfällt die Pflicht zur Nachuntersuchung.

4 Der **Arbeitgeber** hat eine **Hinweis- und Aufforderungspflicht**. Der Arbeitgeber soll den Jugendlichen neun Monate nach Aufnahme der ersten Beschäftigung »nachdrücklich« auf

den Zeitpunkt, bis zu dem der Jugendliche ihm die ärztliche Bescheinigung über Nachuntersuchung vorzulegen hat, hinweisen und ihn auffordern, die Nachuntersuchung bis dahin durchführen zu lassen (§ 33 Abs. 1 Satz 3 JArbSchG).

II. Folgen bei Verstoß

Legt der Jugendliche die Bescheinigung nicht nach Ablauf eines Jahres vor, hat ihn der Arbeitgeber innerhalb eines Monats unter Hinweis auf das Beschäftigungsverbot (§ 33 Abs. 3 JArbSchG) **schriftlich aufzufordern**, ihm die Bescheinigung vorzulegen (§ 33 Abs. 2 Satz 1 JArbSchG). Kommt der Arbeitgeber dieser Pflicht nicht nach, ist das eine **Ordnungswidrigkeit**, die mit einer Geldbuße belegt werden (§ 59 Abs. 1 Nr. 4 JArbSchG). 5

Je eine Durchschrift des Aufforderungsschreibens hat der Arbeitgeber dem **Personensorgeberechtigten** und dem **Betriebs- oder Personalrat** zuzusenden (§ 33 Abs. 2 Satz 2 JArbSchG). Der Betriebs- oder Personalrat hat – soweit vorhanden – die Jugend- und Auszubildendenvertretung zu beteiligen, damit diese dem Jugendlichen die Bedeutung und Konsequenzen der Nachuntersuchung klarmacht. 6

Der Jugendliche darf nach Ablauf von 14 Monaten nach Aufnahme der ersten Beschäftigung **nicht weiterbeschäftigt werden**, solange er die Bescheinigung nicht vorgelegt hat (§ 33 Abs. 3 JArbSchG). Da der Arbeitgeber den Jugendlichen nach Ablauf dieser Zeit nicht mehr beschäftigen darf, braucht er dem Jugendlichen, wenn dieser die Nichtvorlage der Bescheinigung zu vertreten hat, auch keinen Lohn oder die Ausbildungsvergütung weiterzuzahlen. Das setzt voraus, dass der Arbeitgeber seine Pflicht gem. § 33 Abs. 2 JArbSchG erfüllt hat. In dem Fall besteht für den Arbeitgeber auch das Recht zur Kündigung des Arbeits- oder Ausbildungsvertrages. 7

Wird der Jugendliche ohne ärztliche Bescheinigung über die erste Nachuntersuchung vom Arbeitgeber weiterbeschäftigt, ist das eine **Ordnungswidrigkeit**, die mit einer Geldbuße belegt werden (§ 58 Abs. 1 Nr. 23 JArbSchG). 8

Enthält die ärztliche Bescheinigung über die Nachuntersuchung **Beschäftigungsverbote** für bestimmte Arbeiten (§ 40 Abs. 1 JArbSchG), darf der Jugendliche vom Arbeitgeber mit solchen Arbeiten nicht beschäftigt werden. Der Arbeitgeber ist verpflichtet, dem Jugendlichen andere Arbeit zuzuweisen, die im Einklang stehen mit dem Ausbildungs- oder Arbeitsvertrag. 9

Besondere Folgen können sich für **jugendliche Auszubildende** nach dem Berufsbildungsgesetz ergeben. Bei Fehlen der Bescheinigung nach § 33 Abs. 1 JArbSchG am Tag der Anmeldung zur Zwischenprüfung oder zum ersten Teil der Abschlussprüfung ist die Eintragung in das Verzeichnis der Berufsausbildungsverhältnisse zu löschen (§ 35 Abs. 2 Satz 2 BBiG), wenn die Bescheinigung auch nicht nachträglich innerhalb einer gesetzten Frist vorgelegt wird. 10

§ 34 Weitere Nachuntersuchungen

Nach Ablauf jedes weiteren Jahres nach der ersten Nachuntersuchung kann sich der Jugendliche erneut nachuntersuchen lassen (weitere Nachuntersuchungen). Der Arbeitgeber soll ihn auf diese Möglichkeit rechtzeitig hinweisen und darauf hinwirken, dass der Jugendliche ihm die Bescheinigung über die weitere Nachuntersuchung vorlegt.

Während der Erstuntersuchung und die erste Nachuntersuchung für Jugendliche verpflichtend sind, sind weitere Nachuntersuchungen fakultativ: der Jugendliche »kann«

sich erneut nachuntersuchen lassen (§ 34 Satz 1 JArbSchG). Immerhin soll der Arbeitgeber ihn auf diese Möglichkeit rechtzeitig hinweisen und darauf hinwirken, dass der Jugendliche ihm die Bescheinigung über die weitere Nachuntersuchung vorlegt (§ 34 Satz 2 JArbSchG). Der Arbeitgeber hat nach § 43 JArbSchG den Jugendlichen auch für die Durchführung der weiteren Nachuntersuchungen freizustellen. Über die wechselseitige Unterrichtung der Ärzte untereinander vgl. § 45 JArbSchG.

§ 35 Außerordentliche Nachuntersuchung

(1) Der Arzt soll eine außerordentliche Nachuntersuchung anordnen, wenn eine Untersuchung ergibt, dass

1. ein Jugendlicher hinter dem seinem Alter entsprechenden Entwicklungsstand zurückgeblieben ist,

2. gesundheitliche Schwächen oder Schäden vorhanden sind,

3. die Auswirkungen der Beschäftigung auf die Gesundheit oder Entwicklung des Jugendlichen noch nicht zu übersehen sind.

(2) Die in § 33 Abs. 1 festgelegten Fristen werden durch die Anordnung einer außerordentlichen Nachuntersuchung nicht berührt.

1 § 35 JArbSchG regelt keine Pflichten des Jugendlichen oder des Arbeitgebers. Vielmehr soll der **Arzt** unter den in § 35 Abs. 1 JArbSchG geregelten Voraussetzungen eine **außerordentliche Nachuntersuchung anordnen**. Der Arzt soll die außerordentliche Nachuntersuchung anzuordnen, wenn eine der drei in § 35 Abs. 1 JArbSchG geregelten Voraussetzungen vorliegt. Die Beurteilung der Notwendigkeit einer außerordentlichen Nachuntersuchung liegt im pflichtgemäßen Ermessen des Arztes. Ergibt aber eine Untersuchung, dass der Jugendliche hinter dem seinem Alter entsprechenden Entwicklungsstand zurückgeblieben ist, gesundheitliche Schwächen oder Schäden vorhanden sind, oder kann im Einzelfall der Arzt die Auswirkungen der Beschäftigung für die Gesundheit noch nicht übersehen, dann hat er die außerordentliche Nachuntersuchung anzuordnen. Der Arzt macht sich dem Jugendlichen gegenüber unter Umständen schadensersatzpflichtig, wenn er eine gebotene Anordnung der Nachuntersuchung unterlässt. Er verletzt den Behandlungsvertrag und verstößt gegen seine Berufspflicht, wenn er schuldhaft sachlich gebotene Nachuntersuchungen nicht anordnet.

2 Für den Jugendlichen selbst ist die ärztliche »Anordnung« allerdings nicht bindend, der Arzt kann die Untersuchung nicht erzwingen. Die **Nichtbefolgung der ärztlichen Anordnung** hat weder für den Arbeitgeber noch für den Jugendlichen oder die Personensorgeberechtigten irgendwelchen Rechtsfolgen.[1]

3 Die Anordnung einer außerordentlichen Nachuntersuchung ist gem. § 30 Abs. 1 Nr. 4 den **Personensorgeberechtigten** schriftlich mitzuteilen. Dem Arbeitgeber dürfen die Gründe, weshalb die Anordnung einer außerordentlichen Nachuntersuchung erfolgt ist, nicht mitgeteilt werden. Diese fallen unter die Schweigepflicht des Arztes. Dem Arbeitgeber sind allerdings die eventuellen Beschäftigungsbeschränkungen oder -verbote mitzuteilen.

4 Die außerordentliche Nachuntersuchung kann **mehrmals angeordnet** werden. Sie ersetzt auch nicht die erste Nachuntersuchung nach § 33 Abs. 1 JArbSchG, wie § 35 Abs. 2 JArbSchG deutlich macht. Grundsätzlich kann die außerordentliche Untersuchung nicht durch andere ärztliche Untersuchungen, zum Beispiel die Nachuntersuchung gem. § 33 Abs. 1 JArbSchG, ersetzt werden und umgekehrt. Um eine überflüssige Doppelunter-

---

1 *Molitor/Volmer/Germelmann*, JArbSchG, § 35 Rn. 8; *Taubert*, JArbSchG, § 35 Rn. 3.

suchung zu vermeiden, ist nur eine Untersuchung notwendig, wenn die erste Nachuntersuchung in einem Zeitraum vorgenommen wird, in dem auch eine außerordentliche Nachuntersuchung angeordnet wurde. Die in § 33 Abs. 1 JArbSchG festgelegten Fristen werden durch die Anordnung einer außerordentlichen Nachuntersuchung allerdings nicht berührt (§ 33 Abs. 2 JArbSchG).

§ 36 Ärztliche Untersuchungen und Wechsel des Arbeitgebers

Wechselt der Jugendliche den Arbeitgeber, so darf ihn der neue Arbeitgeber erst beschäftigen, wenn ihm die Bescheinigung über die Erstuntersuchung (§ 32 Abs. 1) und, falls seit der Aufnahme der Beschäftigung ein Jahr vergangen ist, die Bescheinigung über die erste Nachuntersuchung (§ 33) vorliegen.

§ 36 JArbSchG soll sicherstellen, dass auch bei einem **Wechsel des Arbeitgebers** eine Beschäftigung erst aufgenommen wird, wenn dem Arbeitgeber die Bescheinigung über die Erstuntersuchung gem. § 32 Abs. 1 JArbSchG oder über die Nachuntersuchung gem. § 33 JArbSchG vorliegt. Eine Beschäftigung ohne Vorlage der Bescheinigung über die Erstuntersuchung bzw. über die Nachuntersuchung ist verboten. Für die Frage der Gültigkeit des Ausbildungs- oder Arbeitsvertrages hat dies allerdings keine Bedeutung. Beschäftigung im Sinne der Bestimmung ist die tatsächliche Arbeitsaufnahme. Bei einem **Betriebsübergang** (Betriebsinhaberwechsel) gem. § 613a BGB oder im Erbfall (§ 1922 BGB) tritt ein Arbeitgeberwechsel kraft Gesetzes ein. Dem neuen Arbeitgeber sind die vorherigen Geschehnisse zuzurechnen. Sofern dem alten Arbeitgeber die Bescheinigungen vorlagen, ist in diesen Fällen eine Neuvorlage gem. § 36 JArbSchG entbehrlich.[1] 1

Zu den Papieren, auf deren Aushändigung der Jugendliche bei Beendigung der Beschäftigung gegenüber dem alten Arbeitgeber einen Anspruch hat (Herausgabeanspruch), gehören gem. § 41 Abs. 2 JArbSchG die Bescheinigungen über die ärztlichen Untersuchungen. Der Jugendliche muss aber selbst dafür Sorge tragen, dass er sie gem. § 36 JArbSchG dem neuen Arbeitgeber vorlegt. Leitet der alte Arbeitgeber die Bescheinigung direkt an den neuen Arbeitgeber weiter, ist damit dem § 36 JArbSchG selbstverständlich genügt. 2

Wenn der Jugendliche mit gefährlichen Arbeitsstoffen arbeitet, muss dem neuen Arbeitgeber auch die Bescheinigung über die Vorsorgeuntersuchung nach § 15 Abs. 1 i. V. m. § 18 Abs. 2 ArbStoffV vorliegen. 3

Solange dem neuen Arbeitgeber die Bescheinigung über die Erstuntersuchung (§ 32 Abs. 1 JArbSchG) oder die erste Nachuntersuchung (§ 33 JArbSchG) nicht vorliegt, darf er den **Jugendlichen nicht beschäftigen**. Beschäftigt er ihn gleichwohl, begeht er eine **Ordnungswidrigkeit**, die mit einer Geldbuße belegt werden kann (§ 58 Abs. 1 Nr. 24 JArbSchG). Beides gilt nur, wenn der Betreffende noch Jugendlicher ist, also das 18. Lebensjahr noch nicht vollendet hat (§ 2 Abs. 2 JArbSchG). 4

---

1 *Molitor/Volmer/Germelmann* JArbSchG, § 36 Rn. 6.

§ 37 Inhalt und Durchführung der ärztlichen Untersuchungen

(1) Die ärztlichen Untersuchungen haben sich auf den Gesundheits- und Entwicklungsstand und die körperliche Beschaffenheit, die Nachuntersuchungen außerdem auf die Auswirkungen der Beschäftigung auf Gesundheit und Entwicklung des Jugendlichen zu erstrecken.

(2) Der Arzt bat unter Berücksichtigung der Krankheitsvorgeschichte des Jugendlichen auf Grund der Untersuchungen zu beurteilen,

1. ob die Gesundheit oder die Entwicklung des Jugendlichen durch die Ausführung bestimmter Arbeiten oder durch die Beschäftigung während bestimmter Zeiten gefährdet wird,

2. ob besondere der Gesundheit dienende Maßnahmen einschließlich Maßnahmen zur Verbesserung des Impfstatus erforderlich sind,

3. ob eine außerordentliche Nachuntersuchung (§ 35 Abs. 1) erforderlich ist.

(3) Der Arzt hat schriftlich festzuhalten:

1. den Untersuchungsbefund,

2. die Arbeiten, durch deren Ausführung er die Gesundheit oder die Entwicklung des Jugendlichen für gefährdet hält,

3. die besonderen der Gesundheit dienenden Maßnahmen einschließlich Maßnahmen zur Verbesserung des Impfstatus,

4. die Anordnung einer außerordentlichen Nachuntersuchung (§ 35 Abs. 1).

1 § 37 JArbSchG beschreibt Inhalt und Durchführung der ärztlichen Untersuchungen. Damit soll eine Vergleichbarkeit und Einheitlichkeit der Untersuchungen gewährleistet werden. Die Bestimmung wird ergänzt durch die auf der Grundlage § 46 JArbSchG erlassenen **Verordnung über die ärztlichen Untersuchungen nach dem Jugendarbeitsschutzgesetz – Jugendarbeitsschutzuntersuchungsverordnung** (JArbSchUV) vom 16.10.1990 (BGBl. I S. 2221). Danach hat der Arzt bestimmte Vordrucke zu verwenden. Die besonderen Fragen, die der Arzt dem Jugendlichen zu stellen hat, sind im Untersuchungsbogen vorgeschrieben. Damit soll eine einheitliche Prüfung der gesundheitlichen Beurteilung der Jugendlichen erreicht werden.

2 Für alle ärztlichen Untersuchungen gilt die **freie Arztwahl** (vgl. § 32 Rn. 8). Der Jugendliche kann den Arzt selbst wählen. Er bedarf weder der Zustimmung der Personensorgeberechtigten noch des Arbeitgebers. Hinsichtlich der wechselseitigen Unterrichtung der Ärzte untereinander vgl. § 45 JArbSchG.

3 Es besteht die **ärztliche Schweigepflicht**, von der der Arzt nur durch den Jugendlichen selbst entbunden werden kann.[1] Das gilt hinsichtlich der Einzelheiten auch gegenüber den **Personensorgeberechtigten**, denen indes die wesentlichen Ergebnisse der Untersuchung mitzuteilen sind (§ 39 Abs. 1 JArbSchG). Die ärztliche Schweigepflicht besteht insbesondere auch gegenüber dem **Arbeitgeber**. Selbst wenn der Jugendliche im Einstellungsfragebogen, auf deren Gestaltung nur der Arbeitgeber Einfluss hat, den Arzt von seiner Schweigepflicht gegenüber dem Arbeitgeber entbunden hat, darf der Arzt, auch ein Betriebs- oder Werksarzt, den Arbeitgeber nur insoweit von den ärztlichen Untersuchungsergebnissen informieren, als sie für die konkret in Aussicht genommene Beschäftigung Auswirkungen haben könnten. Eine Verletzung der ärztlichen Schweigepflicht ist gem. § 203 StGB strafbar.

1 *Molitor/Volmer/Germelmann*, JArbSchG, § 37 Rn. 8ff.; *Taubert*, JArbSchG, § 37 Rn. 8.

Die **Untersuchungsergebnisse** sind auf dem Untersuchungsbogen schriftlich festzuhalten. Die näheren Einzelheiten ergeben sich aus § 37 Abs. 3 JArbSchG und der Jugendarbeitsschutzuntersuchungsverordnung. Insbesondere schriftlich niederzulegen sind die Arbeiten, durch deren Ausführung der Arzt die Gesundheit oder die Entwicklung des Jugendlichen für gefährdet hält, die besonderen der Gesundheit dienenden Maßnahmen, sowie, soweit im Einzelfall geboten, die Anordnung einer außerordentlichen Nachuntersuchung (§ 35 Abs. 1 JArbSchG). 4

§ 38 Ergänzungsuntersuchung

Kann der Arzt den Gesundheits- und Entwicklungsstand des Jugendlichen nur beurteilen, wenn das Ergebnis einer Ergänzungsuntersuchung durch einen anderen Arzt oder einen Zahnarzt vorliegt, so hat er die Ergänzungsuntersuchung zu veranlassen und ihre Notwendigkeit schriftlich zu begründen.

Der Inhalt der ärztlichen Beurteilung hat sich auf den in § 37 Abs. 2 JArbSchG beschriebenen Bereich zu erstrecken. Die Beurteilung hat Aussagen darüber zu treffen, ob die Gesundheit oder die Entwicklung des Jugendlichen durch die Beschäftigung allgemein oder durch die Ausführung bestimmter Arbeiten oder während bestimmter Zeiten gefährdet wird (§ 37 Abs. 2 Nr. 1), ob besondere der Gesundheit dienende Maßnahmen erforderlich sind (§ 37 Abs. 2 Nr. 2) oder ob eine außerordentliche Nachuntersuchung erforderlich ist (§ 37 Abs. 2 Nr. 3). 1

Im Einzelfall kann eine **Ergänzungsuntersuchung** durch einen anderen Arzt erforderlich sein. § 38 JArbSchG bietet die Rechtsgrundlage für den untersuchenden Arzt, Spezialuntersuchungen durch Fachärzte zu veranlassen. Die Notwendigkeit ist durch den Arzt schriftlich zu begründen. Da die abschließende Beurteilung durch den erstuntersuchenden Arzt vorgenommen wird, kann dieser die Bescheinigung über die Untersuchung erst ausstellen, wenn der Jugendliche den anderen Arzt aufgesucht hat und der Befund dem erstuntersuchenden Arzt vorliegt. Hinsichtlich des »anderen« Arztes gilt die **freie Arztwahl**, sodass der Jugendliche nicht gezwungen ist, den Arzt aufzusuchen, den ihn der untersuchende Arzt empfohlen hat.[1] Der Jugendliche kann vielmehr zu einem Arzt seiner Wahl gehen, der die notwendige Fachqualifikation für die notwendige Ergänzungsuntersuchung hat. 2

Die Ergänzungsuntersuchung kann bei jeder Pflichtuntersuchung, aber auch bei einer freiwilligen Untersuchung veranlasst werden. Durch die Anordnung einer Ergänzungsuntersuchung wird bei der Erstuntersuchung gem. § 32 Abs. 1 JArbSchG die Voraussetzung, dass vor der Beschäftigung die vom Arzt ausgestellte Bescheinigung vorliegen muss, nicht ausgesetzt: Die Ergänzungsuntersuchung muss also vor der Beschäftigung durchgeführt worden sein und die Bescheinigung nach § 32 Abs. 1 Nr. 2 JArbSchG muss vorliegen, ansonsten ist die Beschäftigung unzulässig. Die Verpflichtung zur Freistellung und Lohnfortzahlung ergibt sich auch für die Ergänzungsuntersuchung aus § 43 JArbSchG. 3

1 *Molitor/Volmer/Germelmann*, JArbSchG, § 38 Rn. 4.

§ 39 Mitteilung, Bescheinigung

(1) Der Arzt hat dem Personensorgeberechtigten schriftlich mitzuteilen:
1. **das wesentliche Ergebnis der Untersuchung,**
2. **die Arbeiten, durch deren Ausführung er die Gesundheit oder die Entwicklung des Jugendlichen für gefährdet hält,**
3. **die besonderen der Gesundheit dienenden Maßnahmen einschließlich Maßnahmen zur Verbesserung des Impfstatus,**
4. **die Anordnung einer außerordentlichen Nachuntersuchung (§ 35 Abs. 1).**

(2) Der Arzt hat eine für den Arbeitgeber bestimmte Bescheinigung darüber auszustellen, dass die Untersuchung stattgefunden hat, und darin die Arbeiten zu vermerken, durch deren Ausführung er die Gesundheit oder die Entwicklung des Jugendlichen für gefährdet hält.

1 § 39 Abs. 1 JArbSchG regelt den Inhalt der schriftlichen Mitteilung an die **Personensorgeberechtigten.** Dem Arzt steht für die Mitteilung nach § 5 der JArbSchUV ein Vordruck zur Verfügung. Mitteilungen an den Personensorgeberechtigten, die über die in § 39 Abs. 1 JArbSchG genannten Informationen hinausgehen, darf der Arzt nicht geben. Sie unterliegen der ärztlichen Schweigepflicht (vgl. § 37 Rn. 4). Er kann jedoch ärztliche Ratschläge geben.

2 Die für den **Arbeitgeber** bestimmte Bescheinigung (§ 39 Abs. 2 JArbSchG) beschränkt sich auf den Hinweis, dass die Untersuchung stattgefunden hat. Wenn festgestellt wurde, dass die Beschäftigung des Jugendlichen mit bestimmten Arbeiten zu einer Gesundheitsgefährdung führen kann, sind zusätzlich diese Arbeiten in der Bescheinigung aufzuführen. Der Jugendliche darf dann mit solchen Arbeiten nicht beschäftigt werden (§ 40 Abs. 1 JArbSchG). Weitere Angaben, insbesondere das detaillierte Untersuchungsergebnis, darf die Bescheinigung nicht enthalten, ansonsten würde der Arzt die ärztliche Schweigepflicht verletzen (vgl. § 37 Rn. 4). Der Arzt kann dem Jugendlichen die für den Arbeitgeber bestimmte Bescheinigung zur Weiterleitung aushändigen oder diese direkt dem Arbeitgeber zusenden oder den Personensorgeberechtigten.

3 Hat ein Jugendlicher **mehrere Arbeitgeber**, muss für jeden Arbeitgeber eine Bescheinigung ausgestellt werden, da in ihr die Arbeiten zu vermerken sind, durch deren Ausführung der Arzt die Gesundheit oder die Entwicklung des Jugendlichen für gefährdet erachtet. Dies kann sich aber nur auf einen konkreten Arbeitgeber und die dort etwa zu verrichtenden Tätigkeiten beziehen.

§ 40 Bescheinigung mit Gefährdungsvermerk

(1) Enthält die Bescheinigung des Arztes (§ 39 Abs. 2) einen Vermerk über Arbeiten, durch deren Ausführung er die Gesundheit oder die Entwicklung des Jugendlichen für gefährdet hält, so darf der Jugendliche mit solchen Arbeiten nicht beschäftigt werden.

(2) Die Aufsichtsbehörde kann die Beschäftigung des Jugendlichen mit den in der Bescheinigung des Arztes (§ 39 Abs. 2) vermerkten Arbeiten im Einvernehmen mit einem Arzt zulassen und die Zulassung mit Auflagen verbinden.

Inhaltsübersicht Rn.

I. Beschäftigungsverbot (§ 40 Abs. 1 JArbSchG)

1 Wenn die Bescheinigung des Arztes (§ 39 Abs. 2 JArbSchG) einen Vermerk enthält über Arbeiten, durch deren Ausführung er die Gesundheit oder die Entwicklung des Jugendlichen für gefährdet hält, so darf der Jugendliche mit solchen Arbeiten grundsätzlich nicht beschäftigt werden (§ 40 Abs. 1 JArbSchG). Ausnahmsweise kann die Aufsichtsbehörde im Einvernehmen mit einem Arzt zulassen, dass der Jugendliche mit solchen Arbeiten beschäftigt wird (§ 40 Abs. 2 JArbSchG). Ansonsten **endet das Beschäftigungsverbot**, wenn der Jugendliche das 18. Lebensjahr vollendet und damit nicht mehr Jugendlicher ist.

2 Wird der Jugendliche durch den Arbeitgeber entgegen dem Beschäftigungsverbot mit solchen Arbeiten beschäftigt, begeht der Arbeitgeber eine **Ordnungswidrigkeit** nach § 58 Abs. 1 Nr. 25 bzw. eine Straftat nach § 58 Abs. 5 und 6 JArbSchG. Zivilrechtlich begeht der Arbeitgeber eine unerlaubte Handlung (§ 823 BGB). Eine Beschäftigung entgegen dem Beschäftigungsverbot stellt auch eine Verletzung des Ausbildungs- oder Arbeitsvertrages dar. Der Arbeitgeber ist gegebenenfalls dem Jugendlichen gegenüber zum Schadensersatz verpflichtet.

II. Eingeschränkte Zulassung (§ 40 Abs. 2 JArbSchG)

3 Eine Abschwächung des strikten Beschäftigungsverbotes des § 40 Abs. 1 JArbSchG enthält § 40 Abs. 2 JArbSchG. Der Aufsichtsbehörde wird die Möglichkeit eröffnet, trotz der vom Arzt festgestellten Gefährdungsvermerke die Beschäftigung des Jugendlichen mit diesen Arbeiten zuzulassen. Voraussetzung ist, dass die Behörde mit dem gleichen oder einem anderen Arzt (»einem Arzt«) hierüber Übereinstimmung erzielt hat. Ohne **Einvernehmen mit einem Arzt** ist eine Ausnahme vom Beschäftigungsverbot nicht zulässig.

4 Gem. § 40 Abs. 2 JArbSchG »kann« die Aufsichtsbehörde die Beschäftigung des Jugendlichen im Einvernehmen mit einem Arzt zulassen und sie »kann« die **Zulassung mit Auflagen** verbinden. Das bedeutet, dass sie die Zulassung nicht mit Auflagen verbinden »muss«. In der Regel wird wegen der drohenden Gesundheitsgefährdung eine Zulassung nur unter Auflagen sachgerecht sein, insbesondere einer **zeitlichen Beschränkung**. Denkbar ist etwa auch eine Auflage, dass sich der Jugendliche in regelmäßigen Abständen nachuntersuchen lassen muss. Denkbar ist auch eine Zulassung unter Bedingungen, durch die etwa eine besondere Gestaltung des Arbeitsplatzes vorgeschrieben wird.

5 Die Ausnahmebewilligung gem. § 40 Abs. 2 JArbSchG kann von Amts wegen oder auf Antrag ergehen. Den Antrag an die Aufsichtsbehörde können der Arbeitgeber, der Jugendliche oder der Personensorgeberechtigte stellen. Die Entscheidung darüber steht im pflichtgemäßen Ermessen der Aufsichtsbehörde. Es handelt sich um einen **Verwaltungsakt**, der gegebenenfalls mit dem Widerspruch oder der Klage angefochten werden kann.

6 Hat die Aufsichtsbehörde die Zulassung des Jugendlichen mit gefährdenden Arbeiten mit Auflagen verbunden und verstößt der Arbeitgeber gegen die Auflagen, handelt es sich bei diesem Verstoß um eine **Ordnungswidrigkeit** (§ 58 Abs. 1 Nr. 28 JArbSchG), die mit einer Geldbuße geahndet werden.

§ 41 Aufbewahren der ärztlichen Bescheinigungen

(1) Der Arbeitgeber hat die ärztlichen Bescheinigungen bis zur Beendigung der Beschäftigung, längstens jedoch bis zur Vollendung des 18. Lebensjahres des Jugendlichen aufzubewahren und der Aufsichtsbehörde sowie der Berufsgenossenschaft auf Verlangen zur Einsicht vorzulegen oder einzusenden.
(2) Scheidet der Jugendliche aus dem Beschäftigungsverhältnis aus, so hat ihm der Arbeitgeber die Bescheinigungen auszuhändigen.

1 § 41 JArbSchG regelt eine **Aufbewahrungspflicht** der ärztlichen Bescheinigungen. Der Jugendliche, die Personensorgeberechtigten oder der untersuchende Arzt haben die Bescheinigungen dem Arbeitgeber auszuhändigen. Der Arbeitgeber hat die ärztlichen Bescheinigungen bis zur Beendigung der Beschäftigung, längstens jedoch bis zur Vollendung des 18. Lebensjahres des Jugendlichen aufzubewahren und der Aufsichtsbehörde sowie der Berufsgenossenschaft auf Verlangen zur Einsicht vorzulegen oder einzusenden. Es geht um die Bescheinigungen über die Erstuntersuchung (§ 32 JArbSchG), über die erste Nachuntersuchung (§ 33 JArbSchG), gegebenenfalls über freiwillige Nachuntersuchungen gem. § 34 JArbSchG oder über außerordentliche Nachuntersuchungen (§ 35 JArbSchG). Die Aufbewahrungspflicht gilt bei einem Wechsel des Arbeitgebers (§ 36 JArbSchG) für den neuen Arbeitgeber.

2 Der **Aufsichtsbehörde** sowie der **Berufsgenossenschaft** sind die ärztlichen Bescheinigungen auf Verlangen vom Arbeitgeber **zur Einsicht vorzulegen oder einzusenden**. Die Einsichtnahme an Ort und Stelle umfasst auch das Recht der Aufsichtsbehörde und der Berufsgenossenschaft zu prüfen, ob entsprechend den Bescheinigungen im Betrieb verfahren wird, ob zum Beispiel die Gefährdungsvermerke i. S. d. § 40 Abs. 1 JArbSchG beachtet werden. Davon zu unterscheiden ist die Aufbewahrungspflicht der Untersuchungsbögen durch den jeweiligen Arzt. Sie sind gem. § 4 Abs. 2 JArbSchUV vom Arzt zehn Jahre aufzubewahren.

3 Bei einem **Berufsausbildungsverhältnis** muss die ärztliche Bescheinigung der nach dem Berufsbildungsgesetz zuständigen Stelle auch ohne Aufforderung dieser Stelle vorgelegt werden, damit der Berufsausbildungsvertrag in das Verzeichnis der Berufsausbildungsverhältnisse eingetragen werden kann. Entsprechendes gilt für die Anmeldung des Auszubildenden zur Zwischenprüfung (vgl. § 35 BBiG).

4 Die **Bescheinigungen** sind dem Jugendlichen gem. § 41 Abs. 2 JArbSchG **herauszugeben** (auszuhändigen), wenn das Ausbildungs- oder Arbeitsverhältnis endet, auch bei einem Wechsel des Arbeitgebers oder des Ausbildenden. Der Herausgabeanspruch erstreckt sich nicht nur auf Herausgabe der Originale, sondern auch auf Herausgabe etwaiger Duplikate, Fotokopien oder Abschriften der Bescheinigungen.[1] Gegebenenfalls kann die Herausgabe vor dem Arbeitsgericht eingeklagt oder im Wege der einstweiligen Verfügung verfolgt werden.[2] Erleidet der Jugendliche durch eine verspätete Herausgabe einen Schaden, besteht ein Schadensersatzanspruch gegen den Arbeitgeber. Eine Herausgabepflicht besteht zudem, wenn der Beschäftigte das 18. Lebensjahr vollendetes hat. Eine Vernichtung der Bescheinigungen kann nur im Einverständnis mit dem Beschäftigten erfolgen.

5 Der Arbeitgeber, der entgegen § 41 Abs. 1 JArbSchG die Bescheinigungen nicht aufbewahrt, nicht vorlegt, einsendet oder aushändigt, begeht eine **Ordnungswidrigkeit**, die mit einer Geldbuße geahndet werden kann (§ 59 Abs. 1 Nr. 5 JArbSchG).

---

1 *Molitor/Volmer/Germelmann*, JArbSchG, § 41 Rn. 21.
2 *Molitor/Volmer/Germelmann*, JArbSchG, § 41 Rn. 22.

§ 42 Eingreifen der Aufsichtsbehörde

Die Aufsichtsbehörde hat, wenn die dem Jugendlichen übertragenen Arbeiten Gefahren für seine Gesundheit befürchten lassen, dies dem Personensorgeberechtigten und dem Arbeitgeber mitzuteilen und den Jugendlichen aufzufordern, sich durch einen von ihr ermächtigten Arzt untersuchen zu lassen.

1 Die Bestimmung rundet die Maßnahmen ab, die zum Schutz der Gesundheit der Jugendlichen ergriffen werden können. Stellt die Aufsichtsbehörde, zum Beispiel bei einer Betriebskontrolle fest, dass der begründete Verdacht einer Gesundheitsgefährdung für einen Jugendlichen besteht, kann sie verlangen, dass der Jugendliche sich einen von ihr ermächtigten Arzt untersuchen lässt. Bei dieser Untersuchung besteht also **keine freie Arztwahl**.[1] Das schließt aber nicht aus, dass der Arzt, von dem der Jugendliche untersucht werden soll und den er der Aufsichtsbehörde nennt, von dieser zu Untersuchung ermächtigt wird. Allerdings stellt § 42 JArbSchG keine Rechtsgrundlage dafür dar, den Jugendlichen zu zwingen, sich der Untersuchung zu unterziehen.[2] Allerdings kann die Aufsichtsbehörde, wenn der Jugendliche der Untersuchungsaufforderung nicht folgt, ein Beschäftigungsverbot oder eine Beschäftigungsbeschränkung gem. § 27 Abs. 1 JArbSchG auferlegen.[3]

2 Wird der Jugendliche aufgrund der Aufforderung der Aufsichtsbehörde untersucht, finden auf diese Untersuchungen die weiteren Bestimmungen des Gesetzes und der JArbSchUV Anwendung. Die Personensorgeberechtigten und der Arbeitgeber erhalten eine Bescheinigung gem. § 39 JArbSchG.

3 Unabhängig von der Untersuchungsaufforderung nach § 42 JArbSchG kann die Aufsichtsbehörde gem. § 27 JArbSchG Beschäftigungsbeschränkungen und Beschäftigungsverbote für bestimmte Arbeiten anordnen.

§ 43 Freistellung für Untersuchungen

Der Arbeitgeber hat den Jugendlichen für die Durchführung der ärztlichen Untersuchungen nach diesem Abschnitt freizustellen. Ein Entgeltausfall darf hierdurch nicht eintreten.

1 Es besteht die zwingende Verpflichtung des Arbeitgebers, den Jugendlichen zu allen Untersuchungen, die in §§ 32 bis 42 JArbSchG vorgesehen sind, unter Fortzahlung des Entgelts freizustellen. Das bedeutet, dass der Jugendliche **während der Arbeitszeit** die Untersuchungen durchführen lassen kann. Der Arbeitgeber darf den Jugendlichen nicht auf die Möglichkeit verweisen, den Arzt nur außerhalb der Arbeitszeit aufzusuchen.

2 § 43 Satz 1 JArbSchG regelt einen gesetzlichen **Freistellungsanspruch**. Der Jugendliche muss seinen Anspruch auf Freistellung zur Durchführung der ärztlichen Untersuchung gegenüber dem Arbeitgeber geltend machen. Er kann nicht ohne entsprechende Zustimmung des Arbeitgebers einseitig den Arztbesuch festlegen, er hat jedoch einen Anspruch auf Zustimmung des Arbeitgebers zur Freistellung zum Zwecke der Durchführung der

1 *Molitor/Volmer/Germelmann*, JArbSchG, § 42 Rn. 11.
2 *Molitor/Volmer/Germelmann*, JArbSchG, § 42 Rn. 9; ErfK/*Schlachter*, § 42 JArbSchG Rn. 1; *Taubert* JArbSchG, § 42 Rn. 3; *Zmarzlik/Anzinger*, JArbSchG, § 42 Rn. 4.
3 *Molitor/Volmer/Germelmann*, JArbSchG, § 42 Rn. 10; ErfK/*Schlachter*, § 42 JArbSchG Rn. 1; *Taubert*, JArbSchG, § 42 Rn. 3.

ärztlichen Untersuchung. Dieser Anspruch umfasst nicht nur die Zeit des Arztbesuches selbst oder des Wartens, sondern auch die notwendigen **Wegezeiten**.

3 Obgleich in § 43 JArbSchG – anders als in § 9 Abs. 2 und § 10 Abs. 2 JArbSchG – keine ausdrückliche Anrechnung der durch den Arztbesuch ausgefallenen Arbeitszeit auf die höchstzulässige Arbeitszeit vorgesehen ist, kann der Arbeitgeber nicht verlangen, dass der Jugendliche diese Arbeitszeit am selben Tag oder einem anderen Tagen nachholt.[1] Die ausdrückliche Regelung in § 43 Satz 2 JArbSchG, dass ein Entgeltausfall durch die Teilnahme an einer ärztlichen Untersuchung nicht eintreten darf, wäre sonst nicht verständlich. Ein Entgeltausfall träte auch ein, wenn der Jugendliche die ausgefallene Zeit des Arztbesuches vor- oder nacharbeiten müsste.

4 Durch den Arztbesuch während der Arbeitszeit darf **kein Entgeltausfall** eintreten. Die Berechnung des Entgeltausfalles erfolgt nach dem **Lohnausfallprinzip**. Es kommt darauf an, ob allein durch die ärztliche Untersuchung die Arbeit ausgefallen ist und darauf wie viel der Jugendliche in der ausgefallenen Zeit normalerweise verdient hätte. Sucht der Jugendliche den Arzt ganz oder teilweise außerhalb der Arbeitszeit auf, zum Beispiel aufgrund von bestehenden Gleitzeitregelungen im Betrieb, hat er nur für die Zeit Anspruch auf Lohnfortzahlung, in der er üblicherweise gearbeitet hätte. Fahrtkosten oder andere Kosten, die dem Jugendlichen durch den Arztbesuch entstehen, muss der Arbeitgeber allerdings nicht erstatten.[2]

5 Ist eine Untersuchung aus Anlass eines **Wechsels des Arbeitgebers** für die Einstellung bei einem neuen Arbeitgeber erforderlich, muss der bisherige Arbeitgeber die Freistellung und das Entgelt gewähren. Der neue Arbeitgeber darf, ohne dass die Untersuchungsbescheinigung vorliegt, den Jugendlichen nicht beschäftigen und muss daher keine Freistellung gewähren.

6 Verstößt der Arbeitgeber gegen die Freistellungsverpflichtung nach § 43 JArbSchG, zum Beispiel dadurch, dass er einen unzulässigen Druck auf den Jugendlichen ausübt, begeht er eine **Ordnungswidrigkeit**, die mit einer Geldbuße geahndet werden kann (§ 59 Abs. 1 Nr. 6 JArbSchG).

§ 44 Kosten der Untersuchungen

Die Kosten der Untersuchungen trägt das Land.

1 Die Kosten der Untersuchungen tragen die Bundesländer. Dem Sinne des Gesetzes würde es entsprechen, dass auch die Kosten, die dem Jugendlichen entstehen (Fahrtkosten, Auslagen) erstattet werden. Nur dann wäre gewährleistet, dass diese wichtigen Pflichtuntersuchungen von den Jugendlichen wahrgenommen werden. § 44 JArbSchG bezieht sich jedoch nur auf die Kosten »der Untersuchungen«, also die Kosten, die dem Arzt entstehen, nicht auf sonstige Kosten, die anderen Personen entstehen.[1] Diese müssen der Jugendliche oder die Personensorgeberechtigten tragen, die Kosten gem. § 43 JArbSchG der Arbeitgeber.

1 *Lorenz*, JArbSchG, § 43 Rn. 6; a. A.: *Molitor/Volmer/Germelmann*, JArbSchG, § 43 Rn. 19; ErfK/*Schlachter*, § 43 JArbSchG Rn. 1; *Taubert*, JArbSchG, § 43 Rn. 3; *Zmarzlik/Anzinger*, JArbSchG, § 43 Rn. 7.

2 *Molitor/Volmer/Germelmann*, JArbSchG, § 43 Rn. 17; *Taubert*, JArbSchG, § 43 Rn. 2; *Zmarzlik/Anzinger*, JArbSchG, § 43 Rn. 9.

1 *Molitor/Volmer/Germelmann*, JArbSchG, § 44 Rn. 9; *Taubert*, JArbSchG, § 44 Rn. 2; *Zmarzlik/Anzinger*, JArbSchG, § 44 Rn. 3.

Die Erstattung der Untersuchungskosten ist in § 2 JArbSchUV geregelt. Danach erfolgt die Untersuchung aufgrund eines »Untersuchungsberechtigungsscheins«, der von den jeweiligen Bundesländern ausgegeben wird und aufgrund dessen die Ärzte die Untersuchung durchzuführen haben. Der Untersuchungsberechtigungsschein ist auch für die Abrechnung des Arztes maßgeblich. 2

§ 45 Gegenseitige Unterrichtung der Ärzte

(1) Die Ärzte, die Untersuchungen nach diesem Abschnitt vorgenommen haben, müssen, wenn der Personensorgeberechtigte und der Jugendliche damit einverstanden sind,

1. dem staatlichen Gewerbearzt,

2. dem Arzt, der einen Jugendlichen nach diesem Abschnitt nachuntersucht,

auf Verlangen die Aufzeichnungen über die Untersuchungsbefunde zur Einsicht aushändigen.

(2) Unter den Voraussetzungen des Absatzes 1 kann der Amtsarzt des Gesundheitsamtes einem Arzt, der einen Jugendlichen nach diesem Abschnitt untersucht, Einsicht in andere in seiner Dienststelle vorhandene Unterlagen über Gesundheit und Entwicklung des Jugendlichen gewähren.

§ 45 JArbSchG regelt die Möglichkeit der gegenseitigen Unterrichtung der Ärzte über Untersuchungsergebnisse. Sie hat den Zweck, dem untersuchenden Arzt die Beurteilung des Gesundheitszustandes und der Leistungsfähigkeit des Jugendlichen dadurch zu erleichtern, dass er frühere Untersuchungsergebnisse berücksichtigen kann. 1

Die Pflicht zur Aushändigung der Aufzeichnungen über die Untersuchungsbefunde hängt davon ab, ob die Personensorgeberechtigten, also in der Regel beide Elternteile, *und* der Jugendliche damit einverstanden sind. Liegt dieses Einverständnis vor, beschränkt sich die Aushändigung auf die Untersuchungsergebnisse, die aufgrund von Untersuchungen nach den §§ 32 ff. JArbSchG festgehalten wurden. Erkenntnisse, die Ärzte aufgrund anderer Untersuchungen über den Jugendlichen haben, gehören nicht hierzu. Insoweit besteht die Schweigepflicht des Arztes. 2

Mit Befunden gem. § 45 JArbSchG sind in erster Linie die Untersuchungsbögen nach § 3 JArbSchUV gemeint. Sowohl der staatliche Gewerbearzt wie auch der Arzt, der einen Jugendlichen nachuntersucht, haben einen Anspruch auf Aushändigung der Aufzeichnungen über frühere Untersuchungsbefunde. Der Arzt, der die Aufzeichnungen zur Einsicht ausgehändigt erhalten hat, ist verpflichtet, sie nach der Einsichtnahme wieder zurückzusenden. 3

Der staatliche Gewerbearzt kann – unter der Voraussetzung, dass der Jugendliche und der Personensorgeberechtigte zustimmen – die Unterlagen und Aufzeichnungen anderer Ärzte nicht nur anfordern, wenn er den Jugendlichen nachuntersucht, sondern auch dann, wenn er im Verfahren nach § 40 Abs. 2 JArbSchG oder im Verfahren nach § 42 JArbSchG tätig werden, also die Aufsichtsbehörde unterstützen und beraten soll. 4

Auf Anforderung des staatlichen Gewerbearztes oder eines sonstigen Arztes, der einen Jugendlichen im Rahmen dieses Gesetzes nachuntersucht, kann der Amtsarzt des Gesundheitsamtes, wenn der Personensorgeberechtigte und der Jugendliche damit einverstanden sind, den anfordernden Ärzten Einsicht auch in andere »in seiner Dienststelle« vorhandene Unterlagen über Gesundheit und Entwicklung des Jugendlichen gewähren. Sonstige Unterlagen, etwa des Jugendamtes oder anderer Behörden, kommen nicht in Betracht. Bei den genannten anderen Unterlagen wird es sich in der Regel um Ergebnis- 5 se schulärztlicher Untersuchungen handeln. Ergebnisse über Untersuchungen der Eltern oder Geschwister des Jugendlichen darf der Amtsarzt auch dann nicht mitteilen, wenn diese zum Beispiel wegen erblicher Veranlagungen Aufschluss über die Gesundheit und die Entwicklung des Jugendlichen geben könnten.

6 Im Gegensatz zu § 45 Abs. 1 JArbSchG, wonach die Unterlagen zur Einsicht auszuhändigen sind, hat der Amtsarzt nur Einsicht in die Unterlagen zu gewähren, d. h., er darf die Unterlagen dem untersuchenden Arzt nicht überlassen. Die Einsicht in die Unterlagen kann auch aus Anlass der Erstuntersuchung gem. § 32 Abs. 1 JArbSchG gewährt werden.

§ 46 Ermächtigungen

(1) Das Bundesministerium für Arbeit und Soziales kann zum Zwecke einer gleichmäßigen und wirksamen gesundheitlichen Betreuung durch Rechtsverordnung mit Zustimmung des Bundesrates Vorschriften über die Durchführung der ärztlichen Untersuchungen und über die für die Aufzeichnungen der Untersuchungsbefunde, die Bescheinigungen und Mitteilungen zu verwendenden Vordrucke erlassen.

(2) Die Landesregierung kann durch Rechtsverordnung

1. **zur Vermeidung von mehreren Untersuchungen innerhalb eines kurzen Zeitraumes aus verschiedenen Anlässen bestimmen, dass die Untersuchungen nach den §§ 32 bis 34 zusammen mit Untersuchungen nach anderen Vorschriften durchzuführen sind, und hierbei von der Frist des § 32 Abs. 1 Nr. 1 bis zu drei Monaten abweichen,**
2. **zur Vereinfachung der Abrechnung**
   a) **Pauschbeträge für die Kosten der ärztlichen Untersuchungen im Rahmen der geltenden Gebührenordnungen festsetzen,**
   b) **Vorschriften über die Erstattung der Kosten beim Zusammentreffen mehrerer Untersuchungen nach Nummer 1 erlassen.**

Vierter Abschnitt
Durchführung des Gesetzes

Erster Titel
Aushänge und Verzeichnisse

§ 47 Bekanntgabe des Gesetzes und der Aufsichtsbehörde

Arbeitgeber, die regelmäßig mindestens einen Jugendlichen beschäftigen, haben einen Abdruck dieses Gesetzes und die Anschrift der zuständigen Aufsichtsbehörde an geeigneter Stelle im Betrieb zur Einsicht auszulegen oder auszuhängen.

Inhaltsübersicht Rn.

I. Überblick

Das Jugendarbeitsschutzgesetz kann seinen Zweck nur erfüllen, wenn es bekannt ist. 1
Damit die Jugendlichen sich jederzeit, aber auch bei aktuellen Anlässen, über die ihnen zustehenden Rechte und Pflichten und die gesetzliche Vorgaben zu ihrem Schutz informieren können, muss das **JArbSchG an geeigneter Stelle im Betrieb ausliegen oder aushängen**. Gleichfalls muss die **Anschrift der zuständigen Aufsichtsbehörde** ausliegen oder aushängen. Die Pflicht, das JArbSchG im Betrieb bekanntzugeben, besteht für alle Arbeitgeber, die mindestens einen Jugendlichen beschäftigen (§ 47 JArbSchG). Arbeitgeber, die regelmäßig mindestens drei Jugendliche beschäftigen, haben darüber hinaus die Pflicht, **Beginn und Ende der regelmäßigen täglichen Arbeitszeit und der Pausen der Jugendlichen auszuhängen** (§ 48 JArbSchG). Um die Kontrolle der Einhaltung des JArbSchG zu sichern, bestehen zudem für die Arbeitgeber Pflichten, bestimmte **Verzeichnisse** zu führen, sowie **Auskunftspflichten** gegenüber der Aufsichtsbehörde (§§ 49, 50 JArbSchG). Wer »Arbeitgeber« ist, definiert § 3 JArbSchG. Welche **Aufsichtsbehörde** zuständig ist, regelt das Landesrecht (§ 51 JArbSchG). In der Regel sind dies die örtlichen Gewerbeaufsichtsämter in den einzelnen Regierungsbezirken.

II. Informationspflicht der Arbeitgeber

Ein Abdruck des Gesetzes und die Anschrift der zuständigen Aufsichtsbehörde sind **»im** 2
Betrieb« auszulegen oder auszuhängen (erfasst werden auch die Verwaltungsstellen im öffentlichen Dienst), und zwar **»an geeigneter Stelle«** im Betrieb. **Zuwiderhandlungen** sind Ordnungswidrigkeiten und können mit einer Geldbuße geahndet werden (§ 59 Abs. 1 Nr. 7 JArbSchG).

Die Pflicht gem. § 47 JArbSchG besteht, wenn **»regelmäßig« mindestens ein Jugend-** 3
licher beschäftigt wird, wenn also üblicherweise mindestens ein Jugendlicher beschäftigt wird. Kurzzeitige Unterbrechungen sind ohne Bedeutung. Auf den Umfang der Arbeitszeit des oder der Jugendlichen kommt es nicht an, es reicht auch eine stunden- oder tageweise Tätigkeit verschiedener Jugendlicher. Werden Jugendliche zwar nur zu bestimmten Zeiten des Jahres, aber üblicherweise beschäftigt (zum Beispiel saisonweise zur Ernte oder im Sommer als Urlaubsvertretung), liegt eine »regelmäßige« Beschäftigung i. S. d. § 47 JArbSchG vor. Auch in diesen Fällen muss der Text des Jugendarbeitsschutzgesetzes ausliegen oder ausgehängt werden.

Die Arbeitgeber haben **»im Betrieb«** ein Abdruck des Gesetzes und die Anschrift der 4
zuständigen Aufsichtsbehörde auszulegen oder auszuhängen. Auf die Größe des Betriebs oder die Zahl der im Übrigen beschäftigten Arbeitnehmer kommt es nicht an. Die Pflicht gilt auch für Kleinbetriebe, wenn mindestens ein Jugendlicher beschäftigt wird (Rn. 3). Bei mehreren Betriebsstätten muss der Aushang in jeder Betriebsstätte erfolgen. Besteht kein Betrieb im eigentlichen Sinne, entfällt die Pflicht gem. § 47 JArbSchG, so etwa, wenn ein Schriftsteller lediglich eine Schreibkraft beschäftigt oder bei der Putzhilfe im Haushalt.[1]

Die Bekanntgabe muss erfolgen **»an geeigneter Stelle«** im Betrieb. Geeignet ist die Stelle 5
für die Auslage oder den Aushang nur dann, wenn der Jugendliche jederzeit, sooft es ihm notwendig erscheint, Einblick nehmen kann, ohne dass größere Hindernisse zu überwinden sind. Ein Aushang am »schwarzen Brett« ist stets sachgerecht. Ein Verstoß gegen § 47 JArbSchG wäre gegeben, wenn der Jugendliche das Gesetz bei einem Vor-

1 *Taubert*, JArbSchG, § 47 Rn. 2.

gesetzten anfordern muss oder nur im Zimmer des Vorgesetzten einsehen kann.[2] In größeren Betrieben oder bei weiträumigen Betriebsanlagen ist es notwendig, das Gesetz an mehreren Stellen auszuhängen oder auszulegen.[3] Das folgt aus Sinn und Zweck der Bestimmung.

6 Das Gesetz verlangt nur eine Bekanntgabe **in deutscher Sprache**, weil alle Gesetze in Deutschland ausschließlich in deutscher Sprache erlassen werden.[4] Die Bekanntgabepflicht des Arbeitgebers kann sich nur auf das Gesetz beziehen, wie es in Deutschland erlassen ist. Es mag zwar wünschenswert sein, das Gesetz auch in anderen Sprachen, die im Betrieb gesprochen werden, bekannt zu machen. Eine gesetzliche Pflicht besteht aber nicht. Es kann auch nicht mit der »Fürsorgepflicht« des Arbeitgebers gegenüber ausländischen Jugendlichen argumentiert werden. Da die Pflicht gem. § 47 JArbSchG bußgeldbewehrt ist (§ 59 Abs. 1 Nr. 7 JArbSchG), gilt der Bestimmtheitsgrundsatz (Art. 103 Abs. 2 GG). Eine Geldbuße darf nur auferlegt werden, soweit sich dem Gesetz das bußgeldbewehrte Gebot klar entnehmen lässt. Von einer Bekanntgabe des JArbSchG in einer nicht offiziellen Fassung, nämlich in einer anderen als der deutschen Sprache, ist in § 47 JArbSchG aber nicht die Rede. Nichtsdestotrotz ist es sinnvoll, fremdsprachiges Informationsmaterial im Betrieb auszuhängen oder auszulegen, sofern die Aufsichtsbehörden oder anderen Stellen (Gewerkschaften, Arbeitgeberverbände, Berufsgenossenschaften, Ausschüsse oder Landesausschüsse für Jugendarbeitsschutz) solches zur Verfügung zu stellen.

§ 48 Aushang über Arbeitszeit und Pausen

Arbeitgeber, die regelmäßig mindestens drei Jugendliche beschäftigen, haben einen Aushang über Beginn und Ende der regelmäßigen täglichen Arbeitszeit und der Pausen der Jugendlichen an geeigneter Stelle im Betrieb anzubringen.

1 Beschäftigt der Arbeitgeber regelmäßig mindestens drei Jugendliche, hat er neben dem Aushang des Gesetzestextes und der Adresse der zuständigen Aufsichtsbehörde auch noch Beginn und Ende der regelmäßigen täglichen Arbeitszeit und der Pausen für die Jugendlichen an geeigneter Stelle im Betrieb durch Aushang bekannt zu geben. **Zuwiderhandlungen** gegen § 48 JArbSchG sind Ordnungswidrigkeiten und können mit einer Geldbuße geahndet werden (§ 59 Abs. 1 Nr. 8 JArbSchG). Durch § 48 JArbSchG wird auch sichergestellt, dass eine Kontrolle der Einhaltung der arbeitszeitrechtlichen Bestimmungen des Jugendarbeitsschutzgesetzes durch den **Betriebsrat** oder **Personalrat** ermöglicht wird. Darüber hinaus können auch die **Aufsichtsbehörden** bei Überprüfungen feststellen, ob die Arbeitszeiten und Ruhepausen, wie sie vom Arbeitgeber im Betrieb für die Jugendlichen festgelegt worden sind, mit den arbeitszeitrechtlichen Bestimmungen des Gesetzes übereinstimmen.

2 Auszuhängen ist Beginn und Ende der »regelmäßigen« täglichen **Arbeitszeit**. Mit **Pausen** sind die Ruhepausen des § 11 JArbSchG gemeint (vgl. im Einzelnen die Kommentierung dort). Aus der Bekanntgabepflicht folgt mittelbar, dass die tägliche Arbeitszeit und die Pausen der Jugendlichen grundsätzlich für eine längere Zeit im Voraus festzulegen sind und nicht täglich neu. Gelegentliche Abweichungen aus besonderen Anlässen sind nicht ausgeschlossen. Bei gelegentlichen Abweichungen wird die »regelmäßige« Arbeitszeit

2 *Molitor/Volmer/Germelmann*, JArbSchG, § 47 Rn. 14; *Taubert*, JArbSchG, § 47 Rn. 3.
3 *Taubert*, JArbSchG, § 47 Rn. 3.
4 *Zmarzlik/Anzinger*, JArbSchG, § 47 Rn. 7.

nicht geändert. Durch solche gelegentlichen Abweichungen wird nicht jedes Mal eine neue Aushangpflicht ausgelöst.[1] Wird im Betrieb **Gleitzeit** auch für die Jugendlichen praktiziert, sind die Kern- und Gleitzeiten auszuhängen.[2]

Bei der Festlegung von Beginn und Ende der Arbeitszeit und der Pausen haben **Betriebsrat** (nach § 87 Abs. 1 Nr. 2 und 3 BetrVG) und **Personalrat** (nach § 75 Abs. 3 Nr. 1 BPersVG) ein Mitbestimmungsrecht. 3

§ 49 Verzeichnisse der Jugendlichen

Arbeitgeber haben Verzeichnisse der bei ihnen beschäftigten Jugendlichen unter Angabe des Vor- und Familiennamens, des Geburtsdatums und der Wohnanschrift zu führen, in denen das Datum des Beginns der Beschäftigung bei ihnen, bei einer Beschäftigung unter Tage auch das Datum des Beginns dieser Beschäftigung, enthalten ist.

Die Arbeitgeber (§ 3 JArbSchG) haben Verzeichnisse der bei ihnen beschäftigten Jugendlichen unter Angabe der in § 49 JArbSchG genannten Daten zu führen. Da der Zweck des § 49 JArbSchG darin liegt, den Aufsichtsbehörden die Kontrolle über die Einhaltung der Bestimmungen des JArbSchG zu erleichtern, müssen die Verzeichnisse jederzeit verfügbar sein und einen Überblick über alle im Betrieb beschäftigten Jugendlichen geben. **Zuwiderhandlungen** gegen § 49 JArbSchG sind Ordnungswidrigkeiten und können mit einer Geldbuße geahndet werden (§ 59 Abs. 1 Nr. 9 JArbSchG). Mit den Verzeichnissen soll auch den Aufsichtsbehörden die Kontrolle ermöglicht werden, ob und in welcher Zahl Jugendliche im Betrieb beschäftigt werden. Ergänzend ist deshalb § 50 JArbSchG zu beachten. 1

Maßgeblich ist, dass **Jugendliche »beschäftigt«** werden. Unerheblich ist, in welchem Rechtsverhältnis die Beschäftigung erfolgt, ob als Arbeitnehmer, Auszubildender oder in sonstiger Weise. Auf eine »regelmäßige« Mindestbeschäftigungszahl (wie bei § 47 oder § 48 JArbSchG) kommt es nicht. Jeder Arbeitgeber, der auch nur einen Jugendlichen, auch nur kurzzeitig oder zeitweilig und nicht regelmäßig, beschäftigt, muss ein solches Verzeichnis führen. 2

Da die Bestimmung der Absicherung der Kontrollmöglichkeiten der Aufsichtsbehörden dient, ist ihre entsprechende Anwendung auf die **erlaubte Beschäftigung von Kindern** geboten. § 5 Abs. 2 JArbSchG, der die erlaubte Beschäftigung von Kindern regelt, verweist zwar nur auf die entsprechende Anwendung der §§ 9 bis 46 JArbSchG, gleichwohl ist die entsprechende Anwendung auch des § 49 JArbSchG in diesen Fällen geboten. Der Grund für den Verweis auf §§ 9 bis 46 JArbSchG liegt darin, dass Kinder, wenn überhaupt, nur vorübergehend beschäftigt werden sollen, und daher die Führung eines Verzeichnisses für Kinder überflüssig scheint. Wenn allerdings Kinder ausnahmsweise beschäftigt werden dürfen, sollten im Hinblick auf die notwendige Kontrolle durch die Aufsichtsbehörden die Verzeichnisse gem. § 49 JArbSchG geführt werden müssen. 3

Anders als früher wird in § 49 JArbSchG der Plural verwendet. Es ist nicht ein Verzeichnis zu führen, sondern »**Verzeichnisse**«. Das ermöglicht es zum Beispiel für Auszubildende unterschiedlicher Berufe verschiedene Verzeichnisse anzulegen oder Verzeichnisse durch elektronische Datenverarbeitungsanlagen erstellen zu lassen. Entscheidend ist letztlich, 4

1 *Molitor/Volmer/Germelmann*, JArbSchG, § 48 Rn. 14; *Zmarzlik/Anzinger*, JArbSchG, § 48 Rn. 5.
2 *Taubert*, JArbSchG, § 48 Rn. 2.

dass die Aufsichtsbehörde jederzeit auf Verlangen einen Überblick über alle im Betrieb beschäftigten Jugendlichen und über die in § 49 JArbSchG genannten Daten erhält.

5 Der **Betriebs- oder Personalrat** sowie die Jugend- und Auszubildendenvertretung haben nach § 80 BetrVG bzw. § 68 BPersVG Anspruch auf Einsicht in diese Listen. Sie sind verpflichtet, diese regelmäßig zu kontrollieren. Für die Jugendlichen selbst ist kein Einsichtsrecht gesetzlich vorgeschrieben.

§ 50 Auskunft; Vorlage der Verzeichnisse

(1) Der Arbeitgeber ist verpflichtet, der Aufsichtsbehörde auf Verlangen

1. die zur Erfüllung ihrer Aufgaben erforderlichen Angaben wahrheitsgemäß und vollständig zu machen,

2. die Verzeichnisse gemäß § 49, die Unterlagen, aus denen Name, Beschäftigungsart und -zeiten der Jugendlichen sowie Lohn- und Gehaltszahlungen ersichtlich sind, und alle sonstigen Unterlagen, die sich auf die nach Nummer 1 zu machenden Angaben beziehen, zur Einsicht vorzulegen oder einzusenden.

(2) Die Verzeichnisse und Unterlagen sind mindestens bis zum Ablauf von zwei Jahren nach der letzten Eintragung aufzubewahren.

Inhaltsübersicht Rn.

I. Überblick

1 § 50 JArbSchG ist für die Überwachung der Bestimmungen des Jugendarbeitsschutzgesetzes von großer praktischer Bedeutung. Sie ermöglicht der Aufsichtsbehörde, Verstöße gegen das JArbSchG ohne großen organisatorischen Aufwand festzustellen. Die Arbeitgeber sind zur wahrheitsgemäßen Auskunft in allen das Jugendarbeitsschutzgesetz betreffenden Fragen verpflichtet. **Zuwiderhandlungen** gegen § 50 JArbSchG sind Ordnungswidrigkeiten und können mit einer Geldbuße geahndet werden (§ 59 Abs. 1 Nr. 10 JArbSchG). Zur Auskunft verpflichtet ist der **Arbeitgeber** i. S. d. § 3 JArbSchG. Daneben ergibt sich aus § 89 Abs. 1 BetrVG bzw. § 81 BPersVG auch eine Auskunftspflicht des **Betriebs- oder Personalrates** gegenüber der Aufsichtsbehörde. Die Pflichten der Arbeitgeber gem. § 50 JArbSchG werden ergänzt durch die **Zutritts- und Besichtigungsrechte der Aufsichtsbehörde** gem. § 51 JArbSchG.

II. Auskunftspflicht des Arbeitgebers

2 Der Arbeitgeber ist verpflichtet, der Aufsichtsbehörde auf Verlangen die zur Erfüllung ihrer Aufgaben erforderlichen Angaben wahrheitsgemäß und vollständig zu machen (§ 50 Abs. 1 Nr. 1 JArbSchG). Die Pflicht zur Auskunft im Rahmen des § 50 Abs. 1 Nr. 1 JArbSchG umfasst alle Angaben, die zur Erfüllung der Aufgaben der Aufsichtsbehörde erforderlich sind. Zielrichtung des § 50 JArbSchG ist die Einhaltung des Jugendarbeitsschutzgesetzes. Der Schutz der Jugendlichen vor gesundheitlichen Gefahren und Schäden verlangt, dass bei Verstößen die Aufsichtsbehörde den Arbeitgeber zur Beseitigung des rechtswidrigen Zustandes veranlasst. Die eventuelle Verhängung eines Bußgeldes, wenn der Arbeitgeber durch einen Verstoß gegen das Gesetz gleichzeitig eine Ordnungswidrig-

keit begangen hat, ist nur eine Nebenfolge der Auskunftspflicht nach § 50 JArbSchG. Der Arbeitgeber ist auch dann zur Auskunft nach § 50 Abs. 1 JArbSchG verpflichtet, wenn er sich bei wahrheitsgemäßer Auskunft einer Ordnungswidrigkeit oder Straftat bezichtigen würde.[1] Das folgt aus dem unbeschränkten Wortlaut der Norm und dem Regelungszweck. Es geht darum, Verstöße gegen das JArbSchG aufzudecken und abzustellen, und zwar zum Schutz der Gesundheit der Jugendlichen.[2]

III. Vorlagepflichten des Arbeitgebers

Gem. § 50 Abs. 1 Nr. 2 JArbSchG hat der Arbeitgeber die Verzeichnis gem. § 49 JArbSchG und die weiteren in § 50 Abs. 1 Nr. 2 genannten Unterlagen der Aufsichtsbehörde zur Einsicht vorzulegen oder einzusenden. Zu den sonstigen Unterlagen im Sinne dieser Bestimmung zählen zum Beispiel Stempeluhrkarten, alle Aufzeichnungen über Arbeitszeiten, Ruhepausen, Urlaub, Lohn- und Gehaltslisten, Briefwechsel mit der Berufsschule, Schriftwechsel mit Eltern, Industrie- und Handelskammer, Handwerkskammer, mit Betriebs- bzw. Personalrat und Jugend- und Auszubildendenvertretung. 3

Die Aufsichtsbehörde entscheidet nach Zweckmäßigkeitserwägungen, ob die Unterlagen zugesandt werden sollen oder ob sie Einsicht in die Unterlagen nehmen will. Will die Aufsichtsbehörde Einsicht nehmen, ist sie nicht verpflichtet, beim Arbeitgeber die Einsichtnahme vorher anzukündigen. 4

IV. Aufbewahrungspflicht des Arbeitgebers

Da bei bestimmten Verstößen nach dem Jugendarbeitsschutzgesetz eine Verjährung der Ordnungswidrigkeit erst nach zwei Jahren eintritt (vgl. § 31 Abs. 2 Nr. 2 OWiG), verpflichtet § 50 Abs. 2 JArbSchG den Arbeitgeber, die Verzeichnisse und Unterlagen mindestens bis zum Ablauf von zwei Jahren nach der letzten Eintragung aufzubewahren. Dabei kommt es auf den Zeitpunkt an, zu dem tatsächlich die letzte Eintragung korrekterweise hätte gemacht werden müssen. Als letzte Eintragung ist zum Beispiel das Ende der Beschäftigung des Jugendlichen im Betrieb anzusehen. Wenn Jugendliche das 18. Lebensjahr vollenden, endet damit die Eintragungspflicht, es sei denn, es geht um Regelungen des Jugendarbeitsschutzgesetzes, die auch für Volljährige gelten. 5

---

1 *Molitor/Volmer/Germelmann*, JArbSchG, § 50 Rn. 20; *Taubert*, JArbSchG, § 50 Rn. 3; *Zmarzlik/Anzinger*, JArbSchG, § 50 Rn. 3.
2 Kritisch hierzu wegen des Verbots der Selbstbezichtigung MünchArbR/*Kolbe*, § 197 Rn. 12.

C. Gesetz zur Ordnung des Handwerks (Handwerksordnung) – HwO

in der Fassung der Bekanntmachung vom 24. September 1998 (BGBl. I S. 3074; BGBl. I 2006 S. 2095), zuletzt geändert durch Artikel 4 Berufsbildungsvalidierungs- und -digitalisierungsgesetz (BVaDiG) vom 19. 7. 2024 (BGBl. 2024 I Nr. 246)

– Auszug –

Zweiter Teil
Berufsbildung im Handwerk

Erster Abschnitt
Berechtigung zum Einstellen und Ausbilden

§ 21 (Eignung der Ausbildungsstätte)

(1) Lehrlinge (Auszubildende) dürfen nur eingestellt und ausgebildet werden, wenn
1. die Ausbildungsstätte nach Art und Einrichtung für die Berufsausbildung geeignet ist, und
2. die Zahl der Lehrlinge (Auszubildenden) in einem angemessenen Verhältnis zur Zahl der Ausbildungsplätze oder zur Zahl der beschäftigten Fachkräfte steht, es sei denn, dass anderenfalls die Berufsausbildung nicht gefährdet wird.

(2) Eine Ausbildungsstätte, in der die erforderlichen beruflichen Fertigkeiten, Kenntnisse und Fähigkeiten nicht in vollem Umfang vermittelt werden können, gilt als geeignet, wenn diese durch Ausbildungsmaßnahmen außerhalb der Ausbildungsstätte vermittelt werden.

Parallelvorschrift zu § 21 HwO: § 27 BBiG

§ 22 (Eignung von Ausbildenden und Ausbildern)

(1) Lehrlinge (Auszubildende) darf nur einstellen, wer persönlich geeignet ist. Lehrlinge (Auszubildende) darf nur ausbilden, wer persönlich und fachlich geeignet ist.

(2) Wer fachlich nicht geeignet ist oder wer nicht selbst ausbildet, darf Lehrlinge (Auszubildende) nur dann einstellen, wenn er persönlich und fachlich geeignete Ausbilder bestellt, die die Ausbildungsinhalte unmittelbar, verantwortlich und in wesentlichem Umfang vermitteln. Eine unmittelbare Vermittlung der Ausbildungsinhalte ist in angemessenem Umfang auch als digitales mobiles Ausbilden ohne gleichzeitige Anwesenheit der Lehrlinge (Auszubildenden) und ihrer Ausbilder am gleichen Ort möglich, wenn
1. für die Vermittlung Informationstechnik eingesetzt wird,
2. die Ausbildungsinhalte und die Orte, an denen sich die Lehrlinge (Auszubildenden) und ihre Ausbilder jeweils aufhalten, für die Vermittlung von Ausbildungsinhalten auf Distanz geeignet sind und

3. die Qualität der Vermittlung derjenigen bei gleichzeitiger Anwesenheit der Lehrlinge (Auszubildenden) und ihrer Ausbilder am gleichen Ort gleichwertig ist; dies ist insbesondere der Fall, wenn der Ausbilder jederzeit zu den betriebsüblichen Zeiten für den Lehrling (Auszubildenden) erreichbar ist, den Lernprozess steuert und begleitet sowie die Lernfortschritte kontrolliert.

Für die Ausgestaltung digitalen mobilen Ausbildens kann der Hauptausschuss des Bundesinstituts für Berufsbildung Empfehlungen beschließen.

(3) Unter der Verantwortung des Ausbilders kann bei der Berufsausbildung mitwirken, wer selbst nicht Ausbilder ist, aber abweichend von den besonderen Voraussetzungen des § 22b die für die Vermittlung von Ausbildungsinhalten erforderlichen beruflichen Fertigkeiten, Kenntnisse und Fähigkeiten besitzt und persönlich geeignet ist.

Parallelvorschrift zu § 22 HwO: § 28 BBiG

§ 22a (Persönliche Eignung)

Persönlich nicht geeignet ist insbesondere, wer
1. Kinder und Jugendliche nicht beschäftigen darf oder
2. wiederholt oder schwer gegen dieses Gesetz oder die auf Grund dieses Gesetzes erlassenen Vorschriften und Bestimmungen verstoßen hat.

Parallelvorschrift zu § 22a HwO: § 29 BBiG

§ 22b (Fachliche Eignung)

(1) Fachlich geeignet ist, wer die beruflichen sowie die berufs- und arbeitspädagogischen Fertigkeiten, Kenntnisse und Fähigkeiten besitzt, die für die Vermittlung der Ausbildungsinhalte erforderlich sind.

(2) In einem zulassungspflichtigen Handwerk besitzt die fachliche Eignung, wer
1. die Meisterprüfung in dem zulassungspflichtigen Handwerk, in dem ausgebildet werden soll, oder in einem mit diesem verwandten Handwerk bestanden hat oder
2. in dem zulassungspflichtigen Handwerk, in dem ausgebildet werden soll, oder in einem mit diesem verwandten Handwerk
   a) die Voraussetzungen zur Eintragung in die Handwerksrolle nach § 7 erfüllt oder
   b) eine Ausübungsberechtigung nach § 7a oder § 7b erhalten hat oder
   c) eine Ausnahmebewilligung nach § 8 oder nach § 9 Abs. 1 Satz 1 Nr. 1 erhalten hat

und den Teil IV der Meisterprüfung oder eine gleichwertige andere Prüfung, insbesondere eine Ausbildereignungsprüfung auf der Grundlage einer nach § 30 Abs. 5 des Berufsbildungsgesetzes erlassenen Rechtsverordnung, bestanden hat.

(3) In einem zulassungsfreien Handwerk oder einem handwerksähnlichen Gewerbe besitzt die für die fachliche Eignung erforderlichen beruflichen Fertigkeiten, Kenntnisse und Fähigkeiten, wer
1. die Meisterprüfung in dem zulassungsfreien Handwerk oder in dem handwerksähnlichen Gewerbe, in dem ausgebildet werden soll, bestanden hat,
2. die Gesellen- oder Abschlussprüfung in einer dem Ausbildungsberuf entsprechenden Fachrichtung bestanden hat,
3. das Feststellungsverfahren nach § 1 Absatz 6 des Berufsbildungsgesetzes mit dem Ergebnis der vollständigen Vergleichbarkeit der individuellen beruflichen Hand-

lungsfähigkeit mit der für die Ausübung des Ausbildungsberufs der entsprechenden Fachrichtung erforderlichen beruflichen Handlungsfähigkeit abgeschlossen hat,
4. eine anerkannte Prüfung an einer Ausbildungsstätte oder vor einer Prüfungsbehörde oder eine Abschlussprüfung an einer staatlichen oder staatlich anerkannten Schule in einer dem Ausbildungsberuf entsprechenden Fachrichtung bestanden hat,
5. eine Abschlussprüfung an einer deutschen Hochschule in einer dem Ausbildungsberuf entsprechenden Fachrichtung bestanden hat oder
6. eine Gleichwertigkeitsfeststellung nach § 51g oder einen Bildungsabschluss besitzt, dessen Gleichwertigkeit nach anderen rechtlichen Regelungen festgestellt worden ist

und eine angemessene Zeit in seinem Beruf praktisch tätig gewesen ist.
Der Abschlussprüfung an einer deutschen Hochschule gemäß Satz 1 Nummer 5 gleichgestellt sind Diplome nach § 7 Abs. 2 Satz 4. Für den Nachweis der berufs- und arbeitspädagogischen Fertigkeiten, Kenntnisse und Fähigkeiten finden die auf der Grundlage des § 30 Abs. 5 des Berufsbildungsgesetzes erlassenen Rechtsverordnungen Anwendung.
(4) Das Bundesministerium für Wirtschaft und Klimaschutz kann nach Anhörung des Hauptausschusses des Bundesinstituts für Berufsbildung durch Rechtsverordnung, die nicht der Zustimmung des Bundesrates bedarf, bestimmen, dass der Erwerb berufs- und arbeitspädagogischer Fertigkeiten, Kenntnisse und Fähigkeiten gesondert nachzuweisen ist. Dabei können Inhalt, Umfang und Abschluss der Maßnahmen für den Nachweis geregelt werden. Das Bestehen des Teils IV der Meisterprüfung gilt als Nachweis.
(5) Die nach Landesrecht zuständige Behörde kann Personen, die die Voraussetzungen der Absätze 2, 3 und 4 nicht erfüllen, die fachliche Eignung nach Anhören der Handwerkskammer widerruflich zuerkennen.

Parallelvorschrift zu § 22b HwO: § 30 BBiG

§ 22c (Europaklausel)

(1) In den Fällen des § 22b Abs. 3 besitzt die für die fachliche Eignung erforderlichen beruflichen Fertigkeiten, Kenntnisse und Fähigkeiten auch, wer die Voraussetzungen für die Anerkennung seiner Berufsqualifikation nach der Richtlinie 2005/36/EG erfüllt, sofern er eine angemessene Zeit in seinem Beruf praktisch tätig gewesen ist.
(2) Die Anerkennung kann unter den in Artikel 14 der in Absatz 1 genannten Richtlinie aufgeführten Voraussetzungen davon abhängig gemacht werden, dass der Antragsteller oder die Antragstellerin zunächst einen höchstens dreijährigen Anpassungslehrgang ableistet oder eine Eignungsprüfung ablegt.
(3) Die Entscheidung über die Anerkennung trifft die Handwerkskammer. Sie kann die Durchführung von Anpassungslehrgängen und Eignungsprüfungen regeln.

Parallelvorschrift zu § 22c HwO: § 31 BBiG

§ 23 (Überwachung der Eignung)

(1) Die Handwerkskammer hat darüber zu wachen, dass die Eignung der Ausbildungsstätte sowie die persönliche und fachliche Eignung vorliegen.
(2) Werden Mängel der Eignung festgestellt, so hat die Handwerkskammer, falls der Mangel zu beheben und eine Gefährdung des Lehrlings (Auszubildenden) nicht zu erwarten ist, den Ausbildenden aufzufordern, innerhalb einer von ihr gesetzten Frist den Mangel zu beseitigen. Ist der Mangel der Eignung nicht zu beheben oder ist eine Gefährdung

des Lehrlings (Auszubildenden) zu erwarten oder wird der Mangel nicht innerhalb der gesetzten Frist beseitigt, so hat die Handwerkskammer der nach Landesrecht zuständigen Behörde dies mitzuteilen.

Parallelvorschrift zu § 23 HwO: § 32 BBiG

§ 24 (Untersagung des Einstellens und Ausbildens)

(1) Die nach Landesrecht zuständige Behörde kann für eine bestimmte Ausbildungsstätte das Einstellen und Ausbilden untersagen, wenn die Voraussetzungen nach § 21 nicht oder nicht mehr vorliegen.
(2) Die nach Landesrecht zuständige Behörde hat das Einstellen und Ausbilden zu untersagen, wenn die persönliche oder fachliche Eignung nicht oder nicht mehr vorliegt.
(3) Vor der Untersagung sind die Beteiligten und die Handwerkskammer zu hören. Dies gilt nicht in den Fällen des § 22a Nr. 1.

Parallelvorschrift zu § 24 HwO: § 33 BBiG

Zweiter Abschnitt
Ausbildungsordnung, Änderung der Ausbildungszeit

§ 25 (Anerkennung von Ausbildungsberufen, Ausbildungsordnung)

(1) Als Grundlage für eine geordnete und einheitliche Berufsausbildung kann das Bundesministerium für Wirtschaft und Klimaschutz im Einvernehmen mit dem Bundesministerium für Bildung und Forschung durch Rechtsverordnung, die nicht der Zustimmung des Bundesrates bedarf, für Gewerbe der Anlage A und der Anlage B Ausbildungsberufe staatlich anerkennen und hierfür Ausbildungsordnungen nach § 26 erlassen. Dabei können in einem Gewerbe mehrere Ausbildungsberufe staatlich anerkannt werden, soweit dies wegen der Breite des Gewerbes erforderlich ist; die in diesen Berufen abgelegten Gesellenprüfungen sind Prüfungen im Sinne des § 49 Abs. 1 oder § 51a Abs. 5 Satz 1.
(2) Für einen anerkannten Ausbildungsberuf darf nur nach der Ausbildungsordnung ausgebildet werden.
(3) In anderen als anerkannten Ausbildungsberufen dürfen Jugendliche unter 18 Jahren nicht ausgebildet werden, soweit die Berufsausbildung nicht auf den Besuch weiterführender Bildungsgänge vorbereitet.
(4) Wird die Ausbildungsordnung eines Ausbildungsberufs aufgehoben oder geändert oder werden Gewerbe in der Anlage A oder in der Anlage B gestrichen, zusammengefasst oder getrennt, so sind für bestehende Berufsausbildungsverhältnisse weiterhin die bis zu dem Zeitpunkt der Aufhebung oder Änderung geltenden Vorschriften anzuwenden, es sei denn, die ändernde Verordnung sieht eine abweichende Regelung vor.
(5) Das Bundesministerium für Wirtschaft und Klimaschutz informiert die Länder frühzeitig über Neuordnungskonzepte und bezieht sie in die Abstimmung ein.

Parallelvorschrift zu § 25 HwO: § 4 BBiG

§ 26 (Inhalt der Ausbildungsordnung)

(1) Die Ausbildungsordnung hat festzulegen

1. die Bezeichnung des Ausbildungsberufes, der anerkannt wird; sie kann von der Gewerbebezeichnung abweichen, muss jedoch inhaltlich von der Gewerbebezeichnung abgedeckt sein,
2. die Ausbildungsdauer; sie soll nicht mehr als drei und nicht weniger als zwei Jahre betragen,
3. die beruflichen Fertigkeiten, Kenntnisse und Fähigkeiten, die mindestens Gegenstand der Berufsausbildung sind (Ausbildungsberufsbild),
4. eine Anleitung zur sachlichen und zeitlichen Gliederung der Vermittlung der beruflichen Fertigkeiten, Kenntnisse und Fähigkeiten (Ausbildungsrahmenplan),
5. die Prüfungsanforderungen.

Bei der Festlegung der Fertigkeiten, Kenntnisse und Fähigkeiten nach Satz 1 Nummer 3 ist insbesondere die technologische und digitale Entwicklung zu beachten.

(2) Die Ausbildungsordnung kann vorsehen,

1. dass die Gesellenprüfung in zwei zeitlich auseinander fallenden Teilen durchgeführt wird,
2. dass im Fall einer Regelung nach Nummer 1 bei nicht bestandener Abschlussprüfung in einem drei- oder dreieinhalbjährigen Ausbildungsberuf, der auf einem zweijährigen Ausbildungsberuf aufbaut, der Abschluss des zweijährigen Ausbildungsberufs erworben wird, sofern im ersten Teil der Abschlussprüfung mindestens ausreichende Prüfungsleistungen erbracht worden sind,
3. dass Auszubildende bei erfolgreichem Abschluss eines zweijährigen Ausbildungsberufs vom ersten Teil der Abschlussprüfung oder einer Zwischenprüfung eines darauf aufbauenden drei- oder dreieinhalbjährigen Ausbildungsberufs befreit sind,
4. dass abweichend von § 25 Absatz 4 die Berufsausbildung in diesem Ausbildungsberuf unter Anrechnung der bereits zurückgelegten Ausbildungszeit fortgesetzt werden kann, wenn die Vertragsparteien dies vereinbaren,
5. dass auf die Dauer der durch die Ausbildungsordnung geregelten Berufsausbildung die Dauer einer anderen abgeschlossenen Berufsausbildung ganz oder teilweise anzurechnen ist,
6. dass über das in Absatz 1 Satz 1 Nummer 3 beschriebene Ausbildungsberufsbild hinaus zusätzliche berufliche Fertigkeiten, Kenntnisse und Fähigkeiten vermittelt werden können, die die berufliche Handlungsfähigkeit ergänzen oder erweitern,
7. dass Teile der Berufsausbildung in geeigneten Einrichtungen außerhalb der Ausbildungsstätte durchgeführt werden, wenn und soweit es die Berufsausbildung erfordert (überbetriebliche Berufsausbildung).

Im Fall des Satzes 1 Nummer 2 bedarf es eines Antrags der Lehrlinge (Auszubildenden). Im Fall des Satzes 1 Nummer 5 bedarf es der Vereinbarung der Vertragsparteien. Im Rahmen der Ordnungsverfahren soll stets geprüft werden, ob Regelungen nach Satz 1 Nummer 1 bis 3 und 5 sinnvoll und möglich sind.

Parallelvorschrift zu § 26 HwO: § 5 BBiG

§ 27 (Erprobung neuer Ausbildungs- und Prüfungsformen)

Zur Entwicklung und Erprobung neuer Ausbildungs- und Prüfungsformen kann das Bundesministerium für Wirtschaft und Klimaschutz im Einvernehmen mit dem Bundesministerium für Bildung und Forschung nach Anhörung des Hauptausschusses des Bundesinstituts für Berufsbildung durch Rechtsverordnung, die nicht der Zustimmung des Bundesrates bedarf, Ausnahmen von § 25 Abs. 2 und 3 sowie den §§ 26, 31 und 39 zulassen, die auch auf eine bestimmte Art und Zahl von Ausbildungsstätten beschränkt werden können.

Parallelvorschrift zu § 27 HwO: § 6 BBiG

§ 27a (Anrechnung beruflicher Vorbildung auf die Ausbildungsdauer)

(1) Die Landesregierungen können nach Anhörung des Landesausschusses für Berufsbildung durch Rechtsverordnung bestimmen, dass der Besuch eines Bildungsganges berufsbildender Schulen oder die Berufsausbildung in einer sonstigen Einrichtung ganz oder teilweise auf die Ausbildungsdauer angerechnet wird. Die Ermächtigung kann durch Rechtsverordnung auf oberste Landesbehörden weiter übertragen werden.
(2) Ist keine Rechtsverordnung nach Absatz 1 erlassen, kann eine Anrechnung durch die zuständige Stelle im Einzelfall erfolgen. Für die Entscheidung über die Anrechnung auf die Ausbildungsdauer kann der Hauptausschuss des Bundesinstituts für Berufsbildung Empfehlungen beschließen.
(3) Die Anrechnung bedarf des gemeinsamen Antrags des Lehrlings (Auszubildenden) und der Ausbildenden. Der Antrag ist an die Handwerkskammer zu richten. Er kann sich auf Teile des höchstzulässigen Anrechnungszeitraums beschränken.
(4) Ein Anrechnungszeitraum muss in ganzen Monaten durch sechs teilbar sein.

Parallelvorschrift zu § 27a HwO: § 7 BBiG

§ 27b (Teilzeitberufsausbildung)

(1) Die Berufsausbildung kann in Teilzeit durchgeführt werden. Im Berufsausbildungsvertrag ist für die gesamte Ausbildungszeit oder für einen bestimmten Zeitraum der Berufsausbildung die Verkürzung der täglichen oder der wöchentlichen Ausbildungszeit zu vereinbaren. Die Kürzung der täglichen oder der wöchentlichen Ausbildungszeit darf nicht mehr als 50 Prozent betragen.
(2) Die Dauer der Teilzeitberufsausbildung verlängert sich entsprechend, höchstens jedoch bis zum Eineinhalbfachen der Dauer, die in der Ausbildungsordnung für die betreffende Berufsausbildung in Vollzeit festgelegt ist. Die Dauer der Teilzeitberufsausbildung ist auf ganze Monate abzurunden. § 27c Absatz 1 und 2 bleibt unberührt.
(3) Auf Verlangen des Lehrlings (Auszubildenden) verlängert sich die Ausbildungsdauer auch über die Höchstdauer nach Absatz 2 Satz 1 hinaus bis zur nächsten möglichen Abschlussprüfung.
(4) Der Antrag auf Eintragung des Berufsausbildungsvertrages nach § 30 Absatz 1 in das Verzeichnis der Berufsausbildungsverhältnisse (Lehrlingsrolle) für eine Teilzeitberufsausbildung kann mit einem Antrag auf Verkürzung der Ausbildungsdauer nach § 27c Absatz 1 verbunden werden.

Parallelvorschrift zu § 27b HwO: § 7a BBiG

§ 27c (Verkürzung oder Verlängerung der Ausbildungszeit)

(1) Auf gemeinsamen Antrag des Lehrlings (Auszubildenden) und Ausbildenden hat die Handwerkskammer die Ausbildungsdauer zu kürzen, wenn zu erwarten ist, dass das Ausbildungsziel in der gekürzten Dauer erreicht wird. Satz 1 gilt bei einer Teilzeitberufsausbildung mit der Maßgabe, dass, wenn eine Verkürzung der Ausbildungsdauer entsprechend den Empfehlungen des Hauptausschusses nach Absatz 3 zu einer Ausbildungsdauer führt, die das Ende der für die betreffende Berufsausbildung in Vollzeit festgelegten Ausbildungsdauer höchstens um sechs Monate überschreitet, die Ausbildungsdauer auf das Ende der für die betreffende Berufsausbildung in Vollzeit festgelegten Ausbildungsdauer verkürzt wird.

(2) In Ausnahmefällen kann die zuständige Stelle auf Antrag des Lehrlings (Auszubildenden) die Ausbildungsdauer verlängern, wenn die Verlängerung erforderlich ist, um das Ausbildungsziel zu erreichen. Vor der Entscheidung über die Verlängerung sind die Ausbildenden zu hören.

(3) Für die Entscheidung über die Verkürzung oder Verlängerung der Ausbildungsdauer kann der Hauptausschuss des Bundesinstituts für Berufsbildung Empfehlungen beschließen.

Parallelvorschrift zu § 27b HwO: § 8 BBiG

§ 27d (Verkürzte Gesamtausbildungszeit)

Werden in einem Betrieb zwei verwandte Handwerke ausgeübt, so kann in beiden Handwerken in einer verkürzten Gesamtausbildungszeit gleichzeitig ausgebildet werden. Das Bundesministerium für Wirtschaft und Klimaschutz bestimmt im Einvernehmen mit dem Bundesministerium für Bildung und Forschung durch Rechtsverordnung für welche verwandte Handwerke eine Gesamtausbildungszeit vereinbart werden kann und die Dauer der Gesamtausbildungszeit.

Dritter Abschnitt
Verzeichnis der Berufsausbildungsverhältnisse

§ 28 (Einrichten, Führen, Datenschutz)

(1) Die Handwerkskammer hat zur Regelung, Überwachung, Förderung und zum Nachweis der Berufsausbildung in anerkannten Ausbildungsberufen ein Verzeichnis der in ihrem Bezirk bestehenden Berufsausbildungsverhältnisse nach Maßgabe der Anlage D Abschnitt III zu diesem Gesetz einzurichten und zu führen (Lehrlingsrolle). Die Eintragung ist für den Lehrling (Auszubildenden) gebührenfrei.

(2) Die nach Absatz 1 gespeicherten Daten sind an öffentliche Stellen und an nicht-öffentliche Stellen zu übermitteln, soweit dies zu den in Absatz 1 genannten Zwecken erforderlich ist. 2Werden Daten an nicht-öffentliche Stellen übermittelt, so ist die jeweils betroffene Person unbeschadet der Verordnung (EU) 2016/679 hiervon zu benachrichtigen, es sei denn, dass sie von der Übermittlung auf andere Weise Kenntnis erlangt.

(3) Die Übermittlung von Daten durch öffentliche Stellen an nicht-öffentliche Stellen ist zulässig, wenn der jeweilige Empfänger sich gegenüber der übermittelnden öffentlichen

Stelle verpflichtet hat, die Daten nur für den Zweck zu verarbeiten, zu dessen Erfüllung sie ihm übermittelt werden. Öffentliche Stellen dürfen die ihnen übermittelten Daten nur zu dem Zweck verarbeiten, zu dessen Erfüllung sie ihnen übermittelt wurden.

(4) Für das Verändern und das Einschränken der Verarbeitung der Daten in der Lehrlingsrolle gelten unbeschadet der Verordnung (EU) 2016/679 die Datenschutzgesetze der Länder.

(5) Die Eintragungen sind am Ende des Kalenderjahres, in dem das Berufsausbildungsverhältnis beendet wird, in der Lehrlingsrolle zu löschen.

(6) Die nach Absatz 5 gelöschten Daten sind in einem gesonderten Dateisystem zu speichern, solange und soweit dies für den Nachweis der Berufsausbildung erforderlich ist, höchstens jedoch 60 Jahre. Die Übermittlung von Daten ist nur unter den Voraussetzungen des Absatzes 2 zulässig.

(7) Zur Verbesserung der Feststellung von Angebot und Nachfrage auf dem Ausbildungsmarkt übermittelt die Handwerkskammer folgende Daten aus der Lehrlingsrolle an das Bundesinstitut für Berufsbildung:

1. Ausbildungsberuf einschließlich Fachrichtung,
2. Geschlecht der Lehrlinge (Auszubildenden), Anschlussvertrag bei Anrechnung einer zuvor absolvierten dualen Berufsausbildung nach diesem Gesetz oder nach dem Berufsbildungsgesetz,
3. Verkürzung der Ausbildungsdauer,
4. Art der Förderung bei überwiegend öffentlich, insbesondere auf Grund des Dritten Buches Sozialgesetzbuch geförderten Berufsausbildungsverhältnissen.

An die Bundesagentur für Arbeit werden zur Verbesserung der Ausbildungsvermittlung, zur Verbesserung der Zuverlässigkeit und Aktualität der Ausbildungsvermittlungsstatistik sowie zur Verbesserung der Feststellung von Angebot und Nachfrage auf dem Ausbildungsmarkt folgende Daten übermittelt:

1. Name, Vorname, Geburtsdatum, Geschlecht und Anschrift der Lehrlinge (Auszubildenden),
2. Ausbildungsberuf einschließlich Fachrichtung,
3. Tag, Monat und Jahr des vertraglich vereinbarten Beginns und Endes der Berufsausbildung sowie Tag, Monat und Jahr einer vorzeitigen Auflösung des Ausbildungsverhältnisses,
4. Name und Anschrift der Ausbildenden, Anschrift und amtlicher Gemeindeschlüssel der Ausbildungsstätte, Wirtschaftszweig, Betriebsnummer der Ausbildungsstätte nach § 18i Absatz 1 oder § 18k Absatz 1 des Vierten Buches Sozialgesetzbuch, Zugehörigkeit zum öffentlichen Dienst.

Übermittelt werden die nach diesem Gesetz eingetragenen Daten zu den Ausbildungsverhältnissen, die ab dem 1. Oktober des vorangegangenen Kalenderjahres abgeschlossen wurden und am 30. September des laufendenden Kalenderjahres noch bestanden. Bei der Datenübermittlung sind dem jeweiligen Stand der Technik entsprechende Maßnahmen zur Sicherstellung von Datenschutz und Datensicherheit, insbesondere nach den Artikeln 24, 25 und 32 der Verordnung (EU) 2016/679 zu treffen, die insbesondere die Vertraulichkeit, Unversehrtheit und Zurechenbarkeit der Daten gewährleisten.

(8) Im Übrigen darf die Handwerkskammer Daten aus dem Berufsausbildungsvertrag, die nicht nach Absatz 1 oder Absatz 6 gespeichert sind, nur für die in Absatz 1 genannten Zwecke sowie in den Fällen des § 88 Abs. 2 des Berufsbildungsgesetzes übermitteln.

Parallelvorschrift zu § 28 HwO: § 34 BBiG

§ 29 (Eintragen, Ändern, Löschen)

(1) Ein Berufsausbildungsvertrag und Änderungen seines wesentlichen Inhalts sind in die Lehrlingsrolle einzutragen, wenn

1. der Berufsausbildungsvertrag den gesetzlichen Vorschriften und der Ausbildungsordnung entspricht,
2. die persönliche und fachliche Eignung sowie die Eignung der Ausbildungsstätte für das Einstellen und Ausbilden vorliegen und
3. für Auszubildende unter 18 Jahren die ärztliche Bescheinigung über die Erstuntersuchung nach § 32 Abs. 1 des Jugendarbeitsschutzgesetzes zur Einsicht vorgelegt wird.

(2) Die Eintragung ist abzulehnen oder zu löschen, wenn die Eintragungsvoraussetzungen nicht vorliegen und der Mangel nicht nach § 23 Abs. 2 behoben wird. Die Eintragung ist ferner zu löschen, wenn die ärztliche Bescheinigung über die erste Nachuntersuchung nach § 33 Abs. 1 des Jugendarbeitsschutzgesetzes nicht spätestens am Tag der Anmeldung des Auszubildenden zur Zwischenprüfung oder zum ersten Teil der Gesellenprüfung zur Einsicht vorgelegt und der Mangel nicht nach § 23 Abs. 2 behoben wird.

Parallelvorschrift zu § 29 HwO: § 35 BBiG

§ 30 (Antrag und Mitteilungspflichten)

(1) Der Ausbildende hat unverzüglich nach Abschluss des Berufsausbildungsvertrags die Eintragung in die Lehrlingsrolle nach Maßgabe des Satzes 2 zu beantragen. Der Antrag kann schriftlich oder elektronisch gestellt werden; eine Kopie der Vertragsabfassung und des Empfangsnachweises ist jeweils beizufügen. Auf einen betrieblichen Ausbildungsplan im Sinne von § 11 Absatz 1 Satz 2 Nummer 1 des Berufsbildungsgesetzes, der der zuständigen Stelle bereits vorliegt, kann dabei Bezug genommen werden. Entsprechendes gilt bei Änderungen des wesentlichen Vertragsinhalts.

(2) Der Ausbildende hat anzuzeigen

1. eine vorausgegangene allgemeine und berufliche Ausbildung des Lehrlings (Auszubildenden),
2. die Bestellung von Ausbildern.

Parallelvorschrift zu § 30 HwO: § 36 BBiG

Vierter Abschnitt
Prüfungswesen

§ 31 (Gesellenprüfung)

(1) In den anerkannten Ausbildungsberufen (Gewerbe der Anlage A oder der Anlage B) sind Gesellenprüfungen durchzuführen. Die Prüfung kann im Falle des Nichtbestehens zweimal wiederholt werden. Sofern die Gesellenprüfung in zwei zeitlich auseinander fallenden Teilen durchgeführt wird, ist der erste Teil der Gesellenprüfung nicht eigenständig wiederholbar.

(2) Dem Prüfling ist ein Zeugnis auszustellen. Dem Ausbildenden werden auf dessen Verlangen die Ergebnisse der Gesellenprüfung des Lehrlings (Auszubildenden) über-

mittelt. Sofern die Gesellenprüfung in zwei zeitlich auseinander fallenden Teilen durchgeführt wird, ist das Ergebnis der Prüfungsleistung im ersten Teil der Gesellenprüfung dem Prüfling schriftlich oder elektronisch mitzuteilen.
(3) Dem Zeugnis ist auf Antrag des Lehrlings (Auszubildenden) eine englischsprachige und eine französischsprachige Übersetzung beizufügen. Auf Antrag des Lehrlings (Auszubildenden) ist das Ergebnis berufsschulischer Leistungsfeststellungen auf dem Zeugnis auszuweisen. Der Lehrling (Auszubildende) hat den Nachweis der berufsschulischen Leistungsfeststellungen dem Antrag beizufügen. Sofern die Schule nach Landesrecht verpflichtet ist, die berufsschulische Leistungsfeststellung an die Handwerkskammer oder die nach § 33 Absatz 1 Satz 3 von der Handwerkskammer zur Errichtung von Prüfungsausschüssen ermächtigte Handwerksinnung zu übermitteln, hat die Handwerkskammer oder die Handwerksinnung die berufsschulische Leistungsfeststellung nach der Übermittlung auf dem Zeugnis auszuweisen.
(4) Die Prüfung ist für den Lehrling (Auszubildenden) gebührenfrei.

Parallelvorschrift zu § 31 HwO: § 37 BBiG

§ 32 (Prüfungsgegenstand)

Durch die Gesellenprüfung ist festzustellen, ob der Prüfling die berufliche Handlungsfähigkeit im Sinne des § 1 Abs. 3 des Berufsbildungsgesetzes erworben hat. In ihr soll der Prüfling nachweisen, dass er die erforderlichen beruflichen Fertigkeiten beherrscht, die notwendigen beruflichen Kenntnisse und Fähigkeiten besitzt und mit dem im Berufsschulunterricht zu vermittelnden, für die Berufsausbildung wesentlichen Lehrstoff vertraut ist. Die Ausbildungsordnung ist zugrunde zu legen.

Parallelvorschrift zu § 32 HwO: § 38 BBiG

§ 33 (Gesellenprüfungsausschüsse)

(1) Für die Durchführung der Abschlussprüfung errichtet die Handwerkskammer Prüfungsausschüsse. Mehrere Handwerkskammern können bei einer von ihnen gemeinsame Prüfungsausschüsse errichten. Die Handwerkskammer kann Handwerksinnungen ermächtigen, Prüfungsausschüsse zu errichten, wenn die Leistungsfähigkeit der Handwerksinnung die ordnungsgemäße Durchführung der Prüfung sicherstellt.
(2) Werden von einer Handwerksinnung Prüfungsausschüsse errichtet, so sind sie für die Abnahme der Gesellenprüfung aller Lehrlinge (Auszubildenden) der in der Handwerksinnung vertretenen Handwerke ihres Bezirks zuständig, soweit nicht die Handwerkskammer etwas anderes bestimmt.
(3) Prüfungsausschüsse oder Prüferdelegationen nach § 35a Absatz 2 nehmen die Prüfungsleistungen ab.
(4) Prüfungsausschüsse oder Prüferdelegationen nach § 35a Absatz 2 können zur Bewertung einzelner, nicht mündlich zu erbringender Prüfungsleistungen gutachterliche Stellungnahmen Dritter, insbesondere berufsbildender Schulen, einholen. Im Rahmen der Begutachtung nach Satz 1 sind die wesentlichen Abläufe zu dokumentieren und die für die Bewertung erheblichen Tatsachen festzuhalten.

Parallelvorschrift zu § 33 HwO: § 39 BBiG

§ 34 (Zusammensetzung, Berufung)

(1) Der Prüfungsausschuss besteht aus mindestens drei Mitgliedern. Die Mitglieder müssen für die Prüfungsgebiete sachkundig und für die Mitwirkung im Prüfungswesen geeignet sein.

(2) Dem Prüfungsausschuss müssen als Mitglieder für zulassungspflichtige Handwerke Arbeitgeber oder Betriebsleiter und Arbeitnehmer in gleicher Zahl, für zulassungsfreie Handwerke oder handwerksähnliche Gewerbe Beauftragte der Arbeitgeber und Arbeitnehmer in gleicher Zahl sowie mindestens eine Lehrkraft einer berufsbildenden Schule angehören. Mindestens zwei Drittel der Gesamtzahl der Mitglieder müssen in zulassungspflichtigen Handwerken Arbeitgeber und Arbeitnehmer, in zulassungsfreien Handwerken oder handwerksähnlichen Gewerben Beauftragte der Arbeitgeber und der Arbeitnehmer sein. Die Mitglieder haben Stellvertreter. Die Mitglieder und die Stellvertreter werden längstens für fünf Jahre berufen oder gewählt.

(3) Die Arbeitgeber müssen in dem zulassungspflichtigen Handwerk, für das der Prüfungsausschuss errichtet ist, die Meisterprüfung abgelegt haben oder zum Ausbilden berechtigt sein. In dem zulassungsfreien Handwerk oder in dem handwerksähnlichen Gewerbe, für das der Prüfungsausschuss errichtet ist, müssen die Arbeitgeber oder die Beauftragten der Arbeitgeber die Gesellenprüfung oder eine entsprechende Abschlussprüfung in einem anerkannten Ausbildungsberuf nach § 4 des Berufsbildungsgesetzes bestanden haben und in diesem Handwerk oder in diesem Gewerbe tätig sein. Die Arbeitnehmer und die Beauftragten der Arbeitnehmer müssen die Gesellenprüfung in dem zulassungspflichtigen oder zulassungsfreien Handwerk oder in dem handwerksähnlichen Gewerbe, für das der Prüfungsausschuss errichtet ist, oder eine entsprechende Abschlussprüfung in einem anerkannten Ausbildungsberuf nach § 4 des Berufsbildungsgesetzes bestanden haben und in diesem Handwerk oder in diesem Gewerbe tätig sein. Arbeitnehmer, die eine entsprechende ausländische Befähigung erworben haben und handwerklich tätig sind, können in den Prüfungsausschuss berufen werden.

(4) Die Mitglieder werden von der Handwerkskammer berufen. Die Arbeitnehmer und die Beauftragten der Arbeitnehmer der von der Handwerkskammer errichteten Prüfungsausschüsse werden auf Vorschlag der Mehrheit der Gesellenvertreter in der Vollversammlung der Handwerkskammer berufen. Vorschläge der im Bezirk der Handwerkskammer bestehenden Gewerkschaften und selbständigen Vereinigungen von Arbeitnehmern mit sozial- oder berufspolitischer Zwecksetzung sollen berücksichtigt werden. Die Lehrkraft einer berufsbildenden Schule wird im Einvernehmen mit der Schulaufsichtsbehörde oder der von ihr bestimmten Stelle berufen.

(5) Für die mit Ermächtigung der Handwerkskammer von der Handwerksinnung errichteten Prüfungsausschüsse werden die Arbeitgeber und die Beauftragten der Arbeitgeber von der Innungsversammlung, die Arbeitnehmer und die Beauftragten der Arbeitnehmer von dem Gesellenausschuss gewählt. Vorschläge der im Bezirk der Handwerksinnung bestehenden Gewerkschaften und selbständigen Vereinigungen von Arbeitnehmern mit sozial- oder berufspolitischer Zwecksetzung sollen berücksichtigt werden. Die Lehrkraft einer berufsbildenden Schule wird im Einvernehmen mit der Schulaufsichtsbehörde oder der von ihr bestimmten Stelle nach Anhörung der Handwerksinnung von der Handwerkskammer berufen.

(6) Die Mitglieder der Prüfungsausschüsse können nach Anhörung der an ihrer Berufung Beteiligten aus wichtigem Grund abberufen werden. Satz 1 und die Absätze 4 und 5 gelten für die Stellvertreter entsprechend.

(7) Die Handwerkskammer oder die nach § 33 Absatz 1 Satz 3 von der Handwerkskammer zur Errichtung von Prüfungsausschüssen ermächtigte Handwerksinnung kann weitere Prüfende für den Einsatz in Prüferdelegationen nach § 35a Absatz 2 berufen. Die Berufung weiterer Prüfender kann auf bestimmte Prüf- oder Fachgebiete beschränkt werden. Die Absätze 4 bis 6 sind entsprechend anzuwenden.

(8) Die für die Berufung von Prüfungsausschussmitgliedern Vorschlagsberechtigten sind über die Anzahl und die Größe der einzurichtenden Prüfungsausschüsse sowie über die Zahl der von ihnen vorzuschlagenden weiteren Prüfenden zu unterrichten. Die Vorschlagsberechtigten werden von der Handwerkskammer oder im Fall des § 33 Absatz 1 Satz 3 von der Innung darüber unterrichtet, welche der von ihnen vorgeschlagenen Mitglieder sowie Stellvertreter und Stellvertreterinnen und weiteren Prüfenden berufen wurden.

(9) Die Tätigkeit im Prüfungsausschuss oder in einer Prüferdelegation ist ehrenamtlich. Für bare Auslagen und für Zeitversäumnis ist, soweit eine Entschädigung nicht von anderer Seite gewährt wird, eine angemessene Entschädigung zu zahlen, deren Höhe von der Handwerkskammer mit Genehmigung der obersten Landesbehörde festgesetzt wird. 3Die Entschädigung für Zeitversäumnis hat mindestens im Umfang von § 16 des Justizvergütungs- und -entschädigungsgesetzes in der jeweils geltenden Fassung zu erfolgen.

(9a) Prüfende sind von ihrem Arbeitgeber von der Erbringung der Arbeitsleistung freizustellen, wenn

1. es zur ordnungsgemäßen Durchführung der ihnen durch das Gesetz zugewiesenen Aufgaben erforderlich ist und
2. wichtige betriebliche Gründe nicht entgegenstehen.

(10) Von Absatz 2 darf nur abgewichen werden, wenn anderenfalls die erforderliche Zahl von Mitgliedern des Prüfungsausschusses nicht berufen werden kann.

Parallelvorschrift zu § 34 HwO: § 40 BBiG

§ 35 (Vorsitz, Abstimmung)

Der Prüfungsausschuss wählt aus seiner Mitte einen Vorsitzenden und dessen Stellvertreter. Der Vorsitzende und sein Stellvertreter sollen nicht derselben Mitgliedergruppe angehören. Der Prüfungsausschuss ist beschlussfähig, wenn zwei Drittel der Mitglieder, mindestens drei, mitwirken. Er beschließt mit der Mehrheit der abgegebenen Stimmen. Bei Stimmengleichheit gibt die Stimme des Vorsitzenden den Ausschlag.

Parallelvorschrift zu § 35 HwO: § 41 BBiG

§ 35a (Beschlussfassung, Bewertung von Prüfungsleistungen)

(1) Der Prüfungsausschuss fasst die Beschlüsse über

1. die Noten zur Bewertung einzelner Prüfungsleistungen, die er selbst abgenommen hat,
2. die Noten zur Bewertung der Prüfung insgesamt sowie
3. das Bestehen oder Nichtbestehen der Abschlussprüfung.

(2) Die zuständige Stelle kann im Einvernehmen mit den Mitgliedern des Prüfungsausschusses die Abnahme und abschließende Bewertung von Prüfungsleistungen auf Prüferdelegationen übertragen. Für die Zusammensetzung von Prüferdelegationen und für die Abstimmungen in der Prüferdelegation sind § 34 Absatz 1 bis 3 und § 35 entsprechend

anzuwenden. Mitglieder von Prüferdelegationen können die Mitglieder des Prüfungsausschusses, deren Stellvertreter und Stellvertreterinnen sowie weitere Prüfende sein, die durch die Handwerkskammer nach § 34 Absatz 7 berufen worden sind.

(3) Die zuständige Stelle hat vor Beginn der Prüfung über die Bildung von Prüferdelegationen, über deren Mitglieder sowie über deren Stellvertreter und Stellvertreterinnen zu entscheiden. Prüfende können Mitglieder mehrerer Prüferdelegationen sein. Sind verschiedene Prüfungsleistungen derart aufeinander bezogen, dass deren Beurteilung nur einheitlich erfolgen kann, so müssen diese Prüfungsleistungen von denselben Prüfenden abgenommen werden.

(4) Nach § 38 Absatz 2 Satz 2 erstellte oder ausgewählte Antwort-Wahl-Aufgaben können automatisiert ausgewertet werden, wenn das Aufgabenerstellungs- oder Aufgabenauswahlgremium festgelegt hat, welche Antworten als zutreffend anerkannt werden. Die Ergebnisse sind vom Prüfungsausschuss zu übernehmen.

(5) Der Prüfungsausschuss oder die Prüferdelegation kann einvernehmlich die Abnahme und Bewertung einzelner schriftlicher oder sonstiger Prüfungsleistungen, deren Bewertung unabhängig von der Anwesenheit bei der Erbringung erfolgen kann, so vornehmen, dass zwei seiner oder ihrer Mitglieder die Prüfungsleistungen selbständig und unabhängig bewerten. Weichen die auf der Grundlage des in der Prüfungsordnung vorgesehenen Bewertungsschlüssels erfolgten Bewertungen der beiden Prüfenden um nicht mehr als 10 Prozent der erreichbaren Punkte voneinander ab, so errechnet sich die endgültige Bewertung aus dem Durchschnitt der beiden Bewertungen. Bei einer größeren Abweichung erfolgt die endgültige Bewertung durch ein vorab bestimmtes weiteres Mitglied des Prüfungsausschusses oder der Prüferdelegation.

(6) Sieht die Ausbildungsordnung vor, dass Auszubildende bei erfolgreichem Abschluss eines zweijährigen Ausbildungsberufs vom ersten Teil der Gesellenprüfung eines darauf aufbauenden drei- oder dreieinhalbjährigen Ausbildungsberufs befreit sind, so ist das Ergebnis der Gesellenprüfung des zweijährigen Ausbildungsberufs vom Prüfungsausschuss als das Ergebnis des ersten Teils der Gesellenprüfung des auf dem zweijährigen Ausbildungsberuf aufbauenden drei- oder dreieinhalbjährigen Ausbildungsberufs zu übernehmen.

Parallelvorschrift zu § 35a HwO: § 42 BBiG

§ 35b (Virtuelle Teilnahme von Prüfenden)

(1) Die Handwerkskammer oder die nach § 33 Absatz 1 Satz 3 von der Handwerkskammer zur Errichtung von Prüfungsausschüssen ermächtigte Handwerksinnung kann bestimmen, dass bei der Abnahme und Bewertung von Prüfungsleistungen, deren Bewertung die Anwesenheit der Prüfenden bei der Abnahme erfordert, Prüfende unter Einsatz der Übertragung von Bild und Ton (Videokonferenz) teilnehmen, wenn

1. die abzunehmenden Prüfungsleistungen für diese Form der Durchführung geeignet sind,
2. die Prüflinge mit der Ladung zur Prüfung über diese Form der Durchführung informiert worden sind,
3. die Prüflinge sich unter Aufsicht an einem Ort befinden, der von der Handwerkskammer oder im Falle des § 33 Absatz 1 Satz 3 von der Handwerksinnung festgelegt worden ist,
4. mindestens ein Prüfender sich am gleichen Ort wie die Prüflinge befindet,

5. die Handwerkskammer oder im Falle des § 33 Absatz 1 Satz 3 die Handwerksinnung die zu nutzende Videokonferenztechnik festgelegt hat und deren Funktionsfähigkeit sowie deren Barrierefreiheit sicherstellt,
6. den Prüflingen und den Prüfenden vor der Prüfung ausreichend Gelegenheit gegeben worden ist, sich mit der Videokonferenztechnik vertraut zu machen,
7. während der Abnahme der Prüfungsleistung eine für die Videokonferenztechnik sachkundige Person zur Verfügung steht,
8. bei vorübergehenden technischen Störungen, die nicht durch den Prüfling zu vertreten sind, der damit verbundene Zeitverlust durch entsprechende Zeitverlängerung ausgeglichen wird und
9. keine Aufzeichnung der Videokonferenz erfolgt.

Auf Antrag einzelner Prüfender bei der Handwerkskammer oder bei der nach § 33 Absatz 1 Satz 3 von der Handwerkammer zur Errichtung von Prüfungsausschüssen ermächtigten Handwerksinnung gilt Satz 1 nur für einzelne Prüfungsleistungen und diese Prüfenden mit der Maßgabe, dass die übrigen Prüfenden des jeweiligen Prüfungsausschusses oder der jeweiligen Prüferdelegation dem Antrag zustimmen.

(2) Die Handwerkskammer oder die nach § 33 Absatz 1 Satz 3 von der Handwerkskammer zur Errichtung von Prüfungsausschüssen ermächtigte Handwerksinnung kann bestimmen, dass die Prüfenden an Sitzungen von Prüfungsausschüssen oder Prüferdelegationen auch ohne Anwesenheit an einem Ort teilnehmen und sämtliche oder einzelne ihrer Rechte ganz oder teilweise im Wege elektronischer Kommunikation ausüben können.

Parallelvorschrift zu § 35b HwO: § 42a BBiG

§ 36 (Zulassung zur Gesellenprüfung)

(1) Zur Gesellenprüfung ist zuzulassen,
1. wer die Ausbildungsdauer zurückgelegt hat oder wessen Ausbildungsdauer nicht später als zwei Monate nach dem Prüfungstermin endet,
2. wer an vorgeschriebenen Zwischenprüfungen teilgenommen sowie einen Ausbildungsnachweis nach § 13 Satz 2 Nummer 7 des Berufsbildungsgesetzes über den Ausbildenden schriftlich oder elektronisch vorgelegt hat und
3. wessen Berufsausbildungsverhältnis in die Lehrlingsrolle eingetragen oder aus einem Grund nicht eingetragen ist, den weder der Lehrling (Auszubildende) noch dessen gesetzlicher Vertreter zu vertreten hat.

(2) Zur Gesellenprüfung ist ferner zuzulassen, wer in einer berufsbildenden Schule oder einer sonstigen Berufsbildungseinrichtung ausgebildet worden ist, wenn dieser Bildungsgang der Berufsausbildung in einem anerkannten Ausbildungsberuf (Gewerbe der Anlage A oder der Anlage B) entspricht. Ein Bildungsgang entspricht der Berufsausbildung in einem anerkannten Ausbildungsberuf, wenn er
1. nach Inhalt, Anforderung und zeitlichem Umfang der jeweiligen Ausbildungsordnung gleichwertig ist,
2. systematisch, insbesondere im Rahmen einer sachlichen und zeitlichen Gliederung durchgeführt wird, und
3. durch Lernortkooperation einen angemessenen Anteil an fachpraktischer Ausbildung gewährleistet.

Parallelvorschrift zu § 36 HwO: § 43 BBiG

§ 36a (Zulassung zur Gesellenprüfung bei zeitlich auseinander fallenden Teilen)

(1) Sofern die Gesellenprüfung in zwei zeitlich auseinander fallenden Teilen durchgeführt wird, ist über die Zulassung jeweils gesondert zu entscheiden.
(2) Zum ersten Teil der Gesellenprüfung ist zuzulassen, wer die in der Ausbildungsordnung vorgeschriebene, erforderliche Ausbildungsdauer zurückgelegt hat und die Voraussetzungen des § 36 Abs. 1 Nr. 2 und 3 erfüllt.
(3) Zum zweiten Teil der Gesellenprüfung ist zuzulassen, wer
1. über die Voraussetzungen in § 36 Absatz 1 hinaus am ersten Teil der Gesellenprüfung teilgenommen hat,
2. auf Grund einer Rechtsverordnung nach § 26 Absatz 2 Satz 1 Nummer 3 von der Ablegung des ersten Teils der Gesellenprüfung befreit ist oder
3. aus Gründen, die er nicht zu vertreten hat, am ersten Teil der Gesellenprüfung nicht teilgenommen hat.

Im Fall des Satzes 1 Nummer 3 ist der erste Teil der Gesellenprüfung zusammen mit dem zweiten Teil abzulegen.

Parallelvorschrift zu § 36a HwO: § 44 BBiG

§ 37 (Zulassung in besonderen Fällen)

(1) Der Lehrling (Auszubildende) kann nach Anhörung des Ausbildenden und der Berufsschule vor Ablauf seiner Ausbildungszeit zur Gesellenprüfung zugelassen werden, wenn seine Leistungen dies rechtfertigen.
(2) Zur Gesellenprüfung ist auch zuzulassen, wer nachweist, dass er mindestens das Eineinhalbfache der Zeit, die als Ausbildungsdauer vorgeschrieben ist, in dem Beruf tätig gewesen ist, in dem er die Prüfung ablegen will. Als Zeiten der Berufstätigkeit gelten auch Ausbildungszeiten in einem anderen, einschlägigen Ausbildungsberuf. Vom Nachweis der Mindestzeit nach Satz 1 kann ganz oder teilweise abgesehen werden, wenn durch Vorlage von Zeugnissen oder auf andere Weise glaubhaft gemacht wird, dass der Bewerber die berufliche Handlungsfähigkeit erworben hat, die die Zulassung zur Prüfung rechtfertigt. Ausländische Bildungsabschlüsse und Zeiten der Berufstätigkeit im Ausland sind dabei zu berücksichtigen.
(3) Zur Gesellenprüfung ist auch zuzulassen, wer im Rahmen eines Verfahrens nach § 1 Absatz 6 des Berufsbildungsgesetzes das Zeugnis der vollständigen Vergleichbarkeit seiner individuellen beruflichen Handlungsfähigkeit mit der für die Ausübung des im Antrag bestimmten anerkannten Ausbildungsberufs erforderlichen beruflichen Handlungsfähigkeit erhalten hat.
(4) Soldaten auf Zeit und ehemalige Soldaten sind nach Absatz 2 Satz 3 zur Gesellenprüfung zuzulassen, wenn das Bundesministerium der Verteidigung oder die von ihm bestimmte Stelle bescheinigt, dass der Bewerber berufliche Fertigkeiten, Kenntnisse und Fähigkeiten erworben hat, welche die Zulassung zur Prüfung rechtfertigen.

Parallelvorschrift zu § 37 HwO: § 45 BBiG

§ 37a (Entscheidung über die Zulassung)

(1) Über die Zulassung zur Gesellenprüfung entscheidet der Vorsitzende des Prüfungsausschusses. Hält er die Zulassungsvoraussetzungen nicht für gegeben, so entscheidet der Prüfungsausschuss.
(2) Auszubildenden, die Elternzeit in Anspruch genommen haben, darf bei der Entscheidung über die Zulassung hieraus kein Nachteil erwachsen.

Parallelvorschrift zu § 37a HwO: § 46 BBiG

§ 38 (Prüfungsordnung)

(1) Die Handwerkskammer hat eine Prüfungsordnung für die Gesellenprüfung zu erlassen. Die Prüfungsordnung bedarf der Genehmigung der zuständigen obersten Landesbehörde.
(2) Die Prüfungsordnung muss die Zulassung, die Gliederung der Prüfung, die Bewertungsmaßstäbe, die Erteilung der Prüfungszeugnisse, die Folgen von Verstößen gegen die Prüfungsordnung und die Wiederholungsprüfung regeln. Sie kann vorsehen, dass Prüfungsaufgaben, die überregional oder von einem Aufgabenerstellungsausschuss bei der Handwerkskammer erstellt oder ausgewählt werden, zu übernehmen sind, sofern diese Aufgaben von Gremien erstellt oder ausgewählt werden, die entsprechend § 34 Abs. 2 zusammengesetzt sind.
(3) Der Hauptausschuss des Bundesinstituts für Berufsbildung erlässt für die Prüfungsordnung Richtlinien.

Parallelvorschrift zu § 38 HwO: § 47 BBiG

§ 39 (Zwischenprüfung)

(1) Während der Berufsausbildung ist zur Ermittlung des Ausbildungsstands eine Zwischenprüfung entsprechend der Ausbildungsordnung durchzuführen. Die §§ 31 bis 33 gelten entsprechend.
(2) Die Zwischenprüfung entfällt, sofern
1. die Ausbildungsordnung vorsieht, dass die Gesellenprüfung in zwei zeitlich auseinanderfallenden Teilen durchgeführt wird, oder
2. die Ausbildungsordnung vorsieht, dass auf die Dauer der durch die Ausbildungsordnung geregelten Berufsausbildung die Dauer einer anderen abgeschlossenen Berufsausbildung im Umfang von mindestens zwei Jahren anzurechnen ist, und die Vertragsparteien die Anrechnung mit mindestens dieser Dauer vereinbart haben.

(3) Umzuschulende sind auf ihren Antrag zur Zwischenprüfung zuzulassen.

Parallelvorschrift zu § 39 HwO: § 48 BBiG

§ 39a (Zusatzqualifikationen)

(1) Zusätzliche berufliche Fertigkeiten, Kenntnisse und Fähigkeiten nach § 26 Abs. 2 Satz 1 Nummer 6 werden gesondert geprüft und bescheinigt. Das Ergebnis der Prüfung nach § 31 bleibt unberührt.
(2) § 31 Absatz 3 und 4 sowie die §§ 33 bis 35b und 38 gelten entsprechend.

Parallelvorschrift zu § 39a HwO: § 49 BBiG

§ 40 (Gleichstellung von Prüfungszeugnissen)

(1) Das Bundesministerium für Wirtschaft und Klimaschutz kann im Einvernehmen mit dem Bundesministerium für Bildung und Forschung nach Anhörung des Hauptausschusses des Bundesinstituts für Berufsbildung durch Rechtsverordnung außerhalb des Anwendungsbereichs dieses Gesetzes erworbene Prüfungszeugnisse den entsprechenden Zeugnissen über das Bestehen der Gesellenprüfung gleichstellen, wenn die Berufsausbildung und die in der Prüfung nachzuweisenden beruflichen Fertigkeiten, Kenntnisse und Fähigkeiten gleichwertig sind.
(2) Das Bundesministerium für Wirtschaft und Klimaschutz kann im Einvernehmen mit dem Bundesministerium für Bildung und Forschung nach Anhörung des Hauptausschusses des Bundesinstituts für Berufsbildung durch Rechtsverordnung im Ausland erworbene Prüfungszeugnisse den entsprechenden Zeugnissen über das Bestehen der Gesellenprüfung gleichstellen, wenn die in der Prüfung nachzuweisenden beruflichen Fertigkeiten, Kenntnisse und Fähigkeiten gleichwertig sind.

Parallelvorschrift zu § 40 HwO: § 50 BBiG

§ 40a (Gleichwertigkeit ausländischer Berufsqualifikationen)

Ausländische Ausbildungsnachweise stehen der Gesellenprüfung im Sinne dieses Gesetzes und der auf ihm beruhenden Rechtsverordnungen gleich, wenn ihre Gleichwertigkeit festgestellt wurde. § 50c Absatz 4 gilt entsprechend. Die Vorschriften des Berufsqualifikationsfeststellungsgesetzes für nicht reglementierte Berufe sowie § 17 sind anzuwenden.

Parallelvorschrift zu § 40a HwO: § 50a BBiG

Fünfter Abschnitt
Regelung und Überwachung der Berufsausbildung

§ 41 (Regelungsbefugnis)

Soweit Vorschriften nicht bestehen, regelt die Handwerkskammer die Durchführung der Berufsausbildung im Rahmen der gesetzlichen Vorschriften.

Parallelvorschrift zu § 41 HwO: § 9 BBiG

§ 41a (Überwachung der Berufsbildung)

(1) Die Handwerkskammer überwacht die Durchführung
1. der Berufsausbildungsvorbereitung,
2. der Berufsausbildung und
3. der beruflichen Umschulung

und fördert diese durch Beratung der an der Berufsbildung beteiligten Personen. Sie hat zu diesem Zweck Berater zu bestellen. § 111 ist anzuwenden. Die Bestellung von Beratern und Beraterinnen ist hauptberuflich, nebenberuflich oder ehrenamtlich möglich. Erfolgt die Bestellung ehrenamtlich, gilt § 34 Absatz 9 entsprechend.

(2) Ausbildende, Umschulende und Anbieter von Maßnahmen der Berufsausbildungsvorbereitung sind auf Verlangen verpflichtet, die für die Überwachung notwendigen Auskünfte zu erteilen und Unterlagen vorzulegen sowie die Besichtigung der Ausbildungsstätten zu gestatten.

(3) Die Durchführung von Auslandsaufenthalten nach § 2 Abs. 3 des Berufsbildungsgesetzes überwacht und fördert die Handwerkskammer in geeigneter Weise. Beträgt die Dauer eines Ausbildungsabschnitts im Ausland mehr als acht Wochen, ist hierfür ein mit der Handwerkskammer abgestimmter Plan erforderlich.

(4) Die Handwerkskammer teilt der Aufsichtsbehörde nach dem Jugendarbeitsschutzgesetz Wahrnehmungen mit, die für die Durchführung des Jugendarbeitsschutzgesetzes von Bedeutung sein können.

Parallelvorschrift zu § 41a, § 111 HwO: § 76 BBiG

Sechster Abschnitt
Feststellung und Bescheinigung der individuellen beruflichen Handlungsfähigkeit am Maßstab eines anerkannten Ausbildungsberufs

§ 41b (Antragstellung und Zulassung)

(1) Die Handwerkskammer stellt auf Antrag die individuelle berufliche Handlungsfähigkeit des Antragstellers oder der Antragstellerin am Maßstab eines vom Antragsteller oder von der Antragstellerin zu bezeichnenden anerkannten Ausbildungsberufs (Referenzberuf) in einem Feststellungs- oder Ergänzungsverfahren fest und bescheinigt die individuelle berufliche Handlungsfähigkeit, wenn diese überwiegend oder vollständig mit der für die Ausübung des Referenzberufs erforderlichen beruflichen Handlungsfähigkeit vergleichbar ist.

(2) Antragsberechtigt ist, wer
1. seinen Wohnsitz in Deutschland hat oder die notwendige Berufstätigkeit nach Absatz 3 Satz 1 Nummer 1 mindestens zur Hälfte im Inland absolviert hat und
2. in dem Referenzberuf keinen Berufsabschluss hat und für wessen Berufsabschluss keine Gleichwertigkeit nach dem Berufsqualifikationsfeststellungsgesetz festgestellt worden ist,
3. nicht in einem Berufsausbildungsverhältnis im Referenzberuf steht sowie
4. das 25. Lebensjahr vollendet hat.

(3) Zum Feststellungsverfahren ist per Bescheid zuzulassen, wer

1. nachweist, mindestens das Eineinhalbfache der Zeit, die als Ausbildungsdauer für den Referenzberuf vorgeschrieben ist, in dem Referenzberuf tätig gewesen zu sein, und
2. glaubhaft macht, bei seiner Tätigkeit nach Nummer 1 oder in sonstiger Weise eine berufliche Handlungsfähigkeit erworben zu haben, die derjenigen, die für die Ausübung des Referenzberufs erforderlich ist, überwiegend oder vollständig vergleichbar ist.

§ 37 Absatz 2 Satz 2 bis 4 ist entsprechend mit der Maßgabe anzuwenden, dass, falls ein Berufsausbildungsverhältnis im Referenzberuf bestand und die Gesellenprüfung nicht bestanden wurde, die Dauer der Berufsausbildung bis höchstens zur Hälfte der festgelegten Ausbildungsdauer berücksichtigt werden kann. Gelingt dem Antragsteller oder der Antragstellerin der Nachweis nach Satz 1 Nummer 1 oder die Glaubhaftmachung nach Satz 1 Nummer 2 aus von ihm oder ihr selbst nicht zu vertretenden Gründen nicht oder nur teilweise, kann insoweit die Abgabe einer eidesstattlichen Versicherung gefordert werden.

(4) Richtet sich der Antrag auf die Feststellung der überwiegenden Vergleichbarkeit, ist Absatz 3 Satz 1 Nummer 1 mit der Maßgabe entsprechend anzuwenden, dass eine Tätigkeit im Tätigkeitsbereich des Referenzberufs genügt, die die im Antrag bezeichneten für die Ausübung des Referenzberufs erforderlichen Fertigkeiten, Kenntnisse und Fähigkeiten umfasst.

(5) Wer bereits ein Feststellungsverfahren nach diesem Abschnitt durchlaufen hat, in dem die überwiegende, aber nicht vollständige Vergleichbarkeit mit der für die Ausübung des Referenzberufs erforderlichen beruflichen Handlungsfähigkeit festgestellt und bescheinigt worden ist, hat Anspruch auf Durchführung eines Ergänzungsverfahrens, wenn er glaubhaft macht, dass er den Teil der beruflichen Handlungsfähigkeit, der für eine vollständige Vergleichbarkeit gefehlt hat, nach der Zulassung zum Feststellungsverfahren erworben hat. Absatz 3 Satz 3 ist mit der Maßgabe anzuwenden, dass es eines erneuten Nachweises nach Absatz 3 Satz 1 Nummer 1 nicht bedarf. Das Ergänzungsverfahren beschränkt sich auf diesen Teil der beruflichen Handlungsfähigkeit. Wird die vollständige Vergleichbarkeit im Ergänzungsverfahren festgestellt, so bescheinigt die Handwerkskammer die vollständige Vergleichbarkeit.

Parallelvorschrift zu § 41b HwO: § 50b BBiG

§ 41c (Durchführung des Verfahrens)

(1) Für die Durchführung des Feststellungsverfahrens oder des Ergänzungsverfahrens bestimmt die Handwerkskammer aus dem Kreis der Personen, die sie oder eine von ihr nach § 33 Absatz 1 Satz 3 zur Errichtung von Prüfungsausschüssen ermächtigte Handwerksinnung für die Durchführung von Prüfungen im Referenzberuf nach § 34 Absatz 2, 5 und 7 berufen hat, Feststellungstandems nach Satz 2 für mindestens ein Jahr und höchstens für die Dauer der Berufungsperiode. Ein Feststellungstandem besteht aus je einem oder einer Beauftragten der Arbeitgeber- und der Arbeitnehmerseite. Von der Besetzung mit jeweils einem oder einer Beauftragten der Arbeitgeber- und der Arbeitnehmerseite darf nur abgewichen werden, wenn andernfalls nicht die erforderliche Zahl an Personen bestimmt werden kann. Abwechselnd führt eine Person des Feststellungstandems die Feststellung der individuellen beruflichen Handlungsfähigkeit durch (Feststeller oder Feststellerin) und die andere Person sitzt der Durchführung der Feststellung bei (Beisitzer oder Beisitzerin). Die Handwerkskammer bestimmt durch Los, wer je Feststellungstandem die erste Feststellung durchführt. § 34 Absatz 2 Satz 3, Absatz 6 Satz 1, Absatz 7, 9 und 9a ist entsprechend anzuwenden. Mit Zustimmung der Mit-

glieder eines Feststellungstandems kann die Handwerkskammer abweichend von Satz 4 zweiter Halbsatz vorsehen, dass den Feststellungen anstelle des jeweils zweiten Mitglieds des Feststellungstandems hauptamtliche Mitarbeitende der Handwerkskammer oder Arbeitnehmer und Arbeitnehmerinnen der von der Handwerkskammer beherrschten Tochterunternehmen beisitzen, die die Voraussetzungen des § 34 Absatz 1 Satz 2 erfüllen. Satz 6 gilt für diese Personen nicht.

(2) Der Feststeller oder die Feststellerin hat für die Feststellung geeignete Instrumente auszuwählen. Zu diesen Instrumenten gehören insbesondere mündliche und praktische Aufgaben sowie die Einbeziehung von Arbeitsergebnissen aus dem Tätigkeitsbereich des Referenzberufs in den beiden letzten Jahren vor Antragstellung. Auf schriftliche Aufgaben ist zu verzichten, wenn die Feststellung mittels anderer Instrumente mit vertretbarem Aufwand möglich ist.

(3) Bei einer überwiegenden Vergleichbarkeit weist der Bescheid zusätzlich die festgestellten und die nicht festgestellten Fertigkeiten, Kenntnisse und Fähigkeiten der für die Ausübung des Referenzberufs erforderlichen beruflichen Handlungsfähigkeit aus. Bei einer vollständigen Vergleichbarkeit stellt der Bescheid in der Form eines schriftlichen Zeugnisses die vollständige Vergleichbarkeit der beruflichen Handlungsfähigkeit des Antragstellers oder der Antragstellerin mit der für die Ausübung des Referenzberufs erforderlichen beruflichen Handlungsfähigkeit fest. § 31 Absatz 3 Satz 1 gilt entsprechend. Kann der Antragsteller oder die Antragstellerin weder die vollständige noch die überwiegende Vergleichbarkeit seiner oder ihrer individuellen beruflichen Handlungsfähigkeit mit der für den Referenzberuf erforderlichen beruflichen Handlungsfähigkeit im Rahmen des Feststellungsverfahrens nach diesem Abschnitt nachweisen, wird der Antrag auf Feststellung abgelehnt.

(4) Die Handwerkskammer hat Regelungen für das Verfahren zur Feststellung und Bescheinigung der individuell erworbenen beruflichen Handlungsfähigkeit zu erlassen. Diese Regelungen bedürfen der Genehmigung der zuständigen obersten Landesbehörde. Die Regelungen müssen umfassen:

1. den Ausschluss von der Mitwirkung,
2. die Verschwiegenheit,
3. die Nichtöffentlichkeit,
4. die Frist für die Ladung zum Feststellungstermin,
5. die Niederschrift, soweit diese über die Dokumentation nach § 41e Nummer 2 hinausgeht,
6. die Fristen für die Bescheide beziehungsweise für die Zeugniserteilung,
7. die Ausweispflicht und Belehrungen, insbesondere über den Ablauf des Verfahrens, die zur Verfügung stehende Zeit und die erlaubten Arbeits- und Hilfsmittel,
8. die Folgen von Täuschungshandlungen und Ordnungsverstößen sowie
9. den Rücktritt vom Feststellungsverfahren und die Nichtteilnahme am Feststellungsverfahren.

§ 38 Absatz 3 gilt entsprechend.

Parallelvorschrift zu § 41c HwO: § 50c BBiG

§ 41d (Besondere Regelungen für Menschen mit Behinderungen)

(1) Für Menschen mit Behinderungen nach § 2 Absatz 1 Satz 1 des Neunten Buches Sozialgesetzbuch, für die auf Grund von Art und Schwere der Behinderung die Feststellung der überwiegenden oder vollständigen, für die Ausübung des Referenzberufs erforderli-

chen beruflichen Handlungsfähigkeit nicht möglich ist, sind die §§ 41b und 41c mit der Maßgabe anzuwenden, dass

1. eine individuelle berufliche Handlungsfähigkeit am Maßstab eines Referenzberufs auch dann festgestellt und bescheinigt wird, wenn diese nicht überwiegend oder vollständig, sondern nur teilweise vergleichbar ist mit der für die Ausübung des Referenzberufs erforderlichen beruflichen Handlungsfähigkeit; in diesen Fällen weist der Bescheid eine teilweise Vergleichbarkeit aus; § 41c Absatz 3 Satz 1 gilt entsprechend,
2. bei einem Antrag, der sich auf die Feststellung der teilweisen Vergleichbarkeit richtet,
   a) für § 41b Absatz 3 Satz 1 Nummer 1 eine Tätigkeit im Tätigkeitsbereich des Referenzberufs genügt, die die im Antrag bezeichneten, für die Ausübung des Referenzberufs erforderlichen Fertigkeiten, Kenntnisse und Fähigkeiten umfasst,
   b) für § 41b Absatz 3 Satz 1 Nummer 2 sich die Glaubhaftmachung auf die im Antrag bezeichneten, für die Ausübung des Referenzberufs erforderlichen Fertigkeiten, Kenntnisse und Fähigkeiten beschränkt,
   c) der Bescheid nach § 41c Absatz 3 auf Antrag zusätzlich zur Vergleichbarkeit mit dem Referenzberuf auch eine überwiegende oder vollständige Vergleichbarkeit mit einer Referenzausbildungsregelung nach § 42r ausweist, sofern sich die Ausbildungsregelung am gewählten Referenzberuf orientiert und entsprechend einer berufsspezifischen Musterregelung des Hauptausschusses des Bundesinstituts für Berufsbildung getroffen wurde,
3. abweichend von § 41b Absatz 2 Nummer 4 antragsberechtigt auch ist, wer das 25. Lebensjahr noch nicht vollendet hat.

(2) Im Fall der teilweisen Vergleichbarkeit müssen die festgestellten, für die Ausübung des Referenzberufs erforderlichen Fertigkeiten, Kenntnisse und Fähigkeiten zusammen dem Referenzberuf eindeutig zugeordnet werden können und eine berufliche Tätigkeit im Tätigkeitsbereich des Referenzberufs ermöglichen.

(3) Menschen mit Behinderungen können in ihrem Antrag eine Person als Verfahrensbegleitung benennen, die besonders mit den Belangen von Menschen mit Behinderungen im Rahmen der beruflichen Qualifizierung vertraut ist. Dies sind insbesondere solche Ausbilder, die die Rehabilitationspädagogische Zusatzqualifikation erworben haben. Auf Antrag des Antragstellers oder der Antragstellerin ist der Verfahrensbegleitung Gelegenheit zu geben,

1. zur Auswahl der Feststellungsinstrumente Stellung zu nehmen und
2. an der Durchführung der Feststellung teilzunehmen.

Parallelvorschrift zu § 41c HwO: § 50d BBiG

§ 41e (Verordnungsermächtigung)

Als Grundlage für ein geordnetes und einheitliches Verfahren wird das Bundesministerium für Bildung und Forschung ermächtigt, im Einvernehmen mit dem Bundesministerium für Wirtschaft und Klimaschutz durch Rechtsverordnung, die nicht der Zustimmung des Bundesrates bedarf, insbesondere

1. die Voraussetzung und Maßstäbe, anhand derer die Durchführung des Feststellungs- und Ergänzungsverfahrens, insbesondere das Verfahren zur Festlegung der Feststellungsinstrumente einschließlich der Verpflichtung zur gemeinsamen Festlegung von Feststellungsinstrumenten durch zuständige Stellen erfolgt,
2. das Verfahren zur Würdigung, Feststellung und Dokumentation der Leistungen des Antragstellers oder der Antragstellerin,

3. die Möglichkeit von Wiederholungsversuchen sowie
4. Maßgaben zur Ausgestaltung des Bescheids bei Feststellung der überwiegenden oder im Fall des § 41d Absatz 1 Nummer 1 teilweisen Vergleichbarkeit und des Zeugnisses bei Feststellung der vollständigen Vergleichbarkeit

zu regeln.

Parallelvorschrift zu § 41e HwO: § 50e BBiG

Siebter Abschnitt
Berufliche Fortbildung, berufliche Umschulung

§ 42 (Fortbildungsordnung)

(1) Als Grundlage für eine einheitliche höherqualifizierende Berufsbildung kann das Bundesministerium für Bildung und Forschung im Einvernehmen mit dem Bundesministerium für Wirtschaft und Klimaschutz oder mit dem sonst zuständigen Fachministerium nach Anhörung des Hauptausschusses des Bundesinstituts für Berufsbildung durch Rechtsverordnung, die nicht der Zustimmung des Bundesrates bedarf, Abschlüsse der höherqualifizierenden Berufsbildung anerkennen und hierfür Prüfungsregelungen erlassen (Fortbildungsordnungen).

(2) Die Fortbildungsordnungen haben festzulegen

1. die Bezeichnung des Fortbildungsabschlusses,
2. die Fortbildungsstufe,
3. das Ziel, den Inhalt und die Anforderungen der Prüfung,
4. die Zulassungsvoraussetzungen für die Prüfung und
5. das Prüfungsverfahren.

Parallelvorschrift zu § 42 HwO: § 53 BBiG

§ 42a (Fortbildungsstufen)

(1) Die Fortbildungsstufen der höherqualifizierenden Berufsbildung sind

1. als erste Fortbildungsstufe der Geprüfte Berufsspezialist und die Geprüfte Berufsspezialistin,
2. als zweite Fortbildungsstufe der Bachelor Professional und
3. als dritte Fortbildungsstufe der Master Professional.

(2) Jede Fortbildungsordnung, die eine höherqualifizierende Berufsbildung der ersten Fortbildungsstufe regelt, soll auf einen Abschluss der zweiten Fortbildungsstufe hinführen.

Parallelvorschrift zu § 42a HwO: § 53a BBiG

§ 42b (Geprüfter Berufsspezialist und Geprüfte Berufsspezialistin)

(1) Den Fortbildungsabschluss des Geprüften Berufsspezialisten oder der Geprüften Berufsspezialistin erlangt, wer eine Prüfung der ersten beruflichen Fortbildungsstufe besteht.

(2) In der Fortbildungsprüfung der ersten beruflichen Fortbildungsstufe wird festgestellt, ob der Prüfling

1. die Fertigkeiten, Kenntnisse und Fähigkeiten, die er in der Regel im Rahmen der Berufsausbildung erworben hat, vertieft hat und
2. die in der Regel im Rahmen der Berufsausbildung erworbene berufliche Handlungsfähigkeit um neue Fertigkeiten, Kenntnisse und Fähigkeiten ergänzt hat.

Der Lernumfang für den Erwerb dieser Fertigkeiten, Kenntnisse und Fähigkeiten soll mindestens 400 Stunden betragen.

(3) Als Voraussetzung zur Zulassung für eine Prüfung der ersten beruflichen Fortbildungsstufe ist als Regelzugang vorzusehen:

1. der Abschluss in einem anerkannten Ausbildungsberuf oder
2. das Zeugnis der vollständigen Vergleichbarkeit der individuellen beruflichen Handlungsfähigkeit mit der für die Ausübung eines Ausbildungsberufs erforderlichen beruflichen Handlungsfähigkeit nach § 1 Absatz 6 des Berufsbildungsgesetzes.

(4) Die Bezeichnung eines Fortbildungsabschlusses der ersten beruflichen Fortbildungsstufe beginnt mit den Wörtern »Geprüfter Berufsspezialist für« oder »Geprüfte Berufsspezialistin für«. Die Fortbildungsordnung kann vorsehen, dass dieser Abschlussbezeichnung eine weitere Abschlussbezeichnung vorangestellt wird. Die Abschlussbezeichnung der ersten beruflichen Fortbildungsstufe darf nur führen, wer

1. die Prüfung der ersten beruflichen Fortbildungsstufe bestanden hat oder
2. die Prüfung einer gleichwertigen beruflichen Fortbildung auf der Grundlage bundes- oder landesrechtlicher Regelungen, die diese Abschlussbezeichnung vorsehen, bestanden hat.

Parallelvorschrift zu § 42b HwO: § 53b BBiG

§ 42c (Bachelor Professional)

(1) Den Fortbildungsabschluss Bachelor Professional erlangt, wer eine Prüfung der zweiten beruflichen Fortbildungsstufe erfolgreich besteht.

(2) In der Fortbildungsprüfung der zweiten beruflichen Fortbildungsstufe wird festgestellt, ob der Prüfling in der Lage ist, Fach- und Führungsfunktionen zu übernehmen, in denen zu verantwortende Leitungsprozesse von Organisationen eigenständig gesteuert werden, eigenständig ausgeführt werden und dafür Mitarbeiter und Mitarbeiterinnen geführt werden. Der Lernumfang für den Erwerb dieser Fertigkeiten, Kenntnisse und Fähigkeiten soll mindestens 1200 Stunden betragen.

(3) Als Voraussetzung zur Zulassung für eine Prüfung der zweiten beruflichen Fortbildungsstufe ist als Regelzugang vorzusehen:

1. der Abschluss in einem anerkannten Ausbildungsberuf,
2. das Zeugnis der vollständigen Vergleichbarkeit der individuellen beruflichen Handlungsfähigkeit mit der für die Ausübung eines Ausbildungsberufs erforderlichen beruflichen Handlungsfähigkeit nach § 1 Absatz 6 des Berufsbildungsgesetzes oder
3. ein Abschluss der ersten beruflichen Fortbildungsstufe.

(4) Die Bezeichnung eines Fortbildungsabschlusses der zweiten beruflichen Fortbildungsstufe beginnt mit den Wörtern »Bachelor Professional in«. Die Fortbildungsordnung kann vorsehen, dass dieser Abschlussbezeichnung eine weitere Abschlussbezeichnung vorangestellt wird. Die Abschlussbezeichnung der zweiten beruflichen Fortbildungsstufe darf nur führen, wer

1. die Prüfung der zweiten beruflichen Fortbildungsstufe bestanden hat oder
2. die Prüfung einer gleichwertigen beruflichen Fortbildung auf der Grundlage bundes- oder landesrechtlicher Regelungen, die diese Abschlussbezeichnung vorsehen, bestanden hat.

Die §§ 51 und 51d bleiben unberührt.

Parallelvorschrift zu § 42c HwO: § 53c BBiG

§ 42d (Master Professional)

(1) Den Fortbildungsabschluss Master Professional erlangt, wer die Prüfung der dritten beruflichen Fortbildungsstufe erfolgreich besteht.

(2) In der Fortbildungsprüfung der dritten beruflichen Fortbildungsstufe wird festgestellt, ob der Prüfling

1. die Fertigkeiten, Kenntnisse und Fähigkeiten, die er in der Regel mit der Vorbereitung auf eine Fortbildungsprüfung der zweiten Fortbildungsstufe erworben hat, vertieft hat und
2. neue Fertigkeiten, Kenntnisse und Fähigkeiten erworben hat, die erforderlich sind für die verantwortliche Führung von Organisationen oder zur Bearbeitung von neuen, komplexen Aufgaben- und Problemstellungen wie der Entwicklung von Verfahren und Produkten.

Der Lernumfang für den Erwerb dieser Fertigkeiten, Kenntnisse und Fähigkeiten soll mindestens 1600 Stunden betragen.

(3) Als Voraussetzung zur Zulassung für eine Prüfung der dritten beruflichen Fortbildungsstufe ist als Regelzugang ein Abschluss auf der zweiten beruflichen Fortbildungsstufe oder eine bestandene Meisterprüfung vorzusehen.

(4) Die Bezeichnung eines Fortbildungsabschlusses der dritten beruflichen Fortbildungsstufe beginnt mit den Wörtern »Master Professional in«. Die Fortbildungsordnung kann vorsehen, dass dieser Abschlussbezeichnung eine weitere Abschlussbezeichnung vorangestellt wird. Die Abschlussbezeichnung der dritten beruflichen Fortbildungsstufe darf nur führen, wer

1. die Prüfung der dritten beruflichen Fortbildungsstufe bestanden hat oder
2. die Prüfung einer gleichwertigen beruflichen Fortbildung auf der Grundlage bundes- oder landesrechtlicher Regelungen, die diese Abschlussbezeichnung vorsehen, bestanden hat.

Parallelvorschrift zu § 42d HwO: § 53d BBiG

§ 42e (Anpassungsfortbildungsordnungen)

(1) Als Grundlage für eine einheitliche Anpassungsfortbildung kann das Bundesministerium für Bildung und Forschung im Einvernehmen mit dem Bundesministerium für Wirtschaft und Klimaschutz oder dem sonst zuständigen Fachministerium nach Anhörung des Hauptausschusses des Bundesinstituts für Berufsbildung durch Rechtsverordnung,

die nicht der Zustimmung des Bundesrates bedarf, Fortbildungsabschlüsse anerkennen und hierfür Prüfungsregelungen erlassen (Anpassungsfortbildungsordnungen).

(2) Die Anpassungsfortbildungsordnungen haben festzulegen:
1. die Bezeichnung des Fortbildungsabschlusses,
2. das Ziel, den Inhalt und die Anforderungen der Prüfung,
3. die Zulassungsvoraussetzungen und
4. das Prüfungsverfahren.

Parallelvorschrift zu § 42e HwO: § 53e BBiG

§ 42f (Fortbildungsprüfungsregelungen der Handwerkskammer)

(1) Sofern für einen Fortbildungsabschluss weder eine Fortbildungsordnung noch eine Anpassungsfortbildungsordnung erlassen worden ist, kann die Handwerkskammer Fortbildungsprüfungsregelungen erlassen.

(2) Die Fortbildungsprüfungsregelungen haben festzulegen
1. die Bezeichnung des Fortbildungsabschlusses,
2. das Ziel, den Inhalt und die Anforderungen der Prüfungen,
3. die Zulassungsvoraussetzungen für die Prüfung und
4. das Prüfungsverfahren.

(3) Bestätigt die zuständige oberste Landesbehörde,
1. dass die Fortbildungsprüfungsregelungen die Voraussetzungen des § 42b Absatz 2 und 3 sowie des § 42a Absatz 2 erfüllen, so beginnt die Bezeichnung des Fortbildungsabschlusses mit den Wörtern »Geprüfter Berufsspezialist für« oder »Geprüfte Berufsspezialistin für«,
2. dass die Fortbildungsprüfungsregelungen die Voraussetzungen des § 42c Absatz 2 und 3 erfüllen, so beginnt die Bezeichnung des Fortbildungsabschlusses mit den Wörtern »Bachelor Professional in«,
3. dass die Fortbildungsprüfungsregelungen die Voraussetzungen des § 42d Absatz 2 und 3 erfüllen, so beginnt die Bezeichnung des Fortbildungsabschlusses mit den Wörtern »Master Professional in«.

Der Abschlussbezeichnung nach Satz 1 ist in Klammern ein Zusatz beizufügen, aus dem sich zweifelsfrei die Handwerkskammer ergibt, die die Fortbildungsprüfungsregelungen erlassen hat. Die Fortbildungsprüfungsregelungen können vorsehen, dass dieser Abschlussbezeichnung eine weitere Abschlussbezeichnung vorangestellt wird. Ist für die Bestätigung nach Satz 1 ein Gutachten erforderlich, wird dieses auf Antrag und auf Kosten der Handwerkskammer vom Bundesinstitut für Berufsbildung nach § 90 Absatz 4 Satz 2 des Berufsbildungsgesetzes erstellt.

(4) Eine Abschlussbezeichnung, die in einer von der zuständigen obersten Landesbehörde bestätigten Fortbildungsprüfungsregelung enthalten ist, darf nur führen, wer die Prüfung bestanden hat. § 42c Absatz 4 Satz 2 und 3 sowie § 42d Absatz 4 Satz 2 und 3 bleiben unberührt.

Parallelvorschrift zu § 42f HwO: § 54 BBiG

§ 42g (Berücksichtigung ausländischer Vorqualifikationen)

Sofern Fortbildungsordnungen, Anpassungsfortbildungsordnungen oder Fortbildungsprüfungsregelungen nach § 42f Zulassungsvoraussetzungen zu Prüfungen vorsehen, sind ausländische Bildungsabschlüsse und Zeiten der Berufstätigkeit im Ausland zu berücksichtigen.

Parallelvorschrift zu § 42g HwO: § 55 BBiG

§ 42h (Fortbildungsprüfungen)

(1) Für die Durchführung von Prüfungen im Bereich der beruflichen Fortbildung errichtet die Handwerkskammer Prüfungsausschüsse. § 31 Absatz 2 Satz 1 und Absatz 3 Satz 1 sowie § 33 Absatz 1 Satz 2, Absatz 3 und 4 und die §§ 34 bis 35a Absatz 1 bis 5 sowie die §§ 35b, 37a und 38 sind entsprechend anzuwenden.

(2) Der Prüfling ist auf Antrag von der Ablegung einzelner Prüfungsbestandteile durch die Handwerkskammer zu befreien, wenn

1. er eine andere vergleichbare Prüfung vor einer öffentlichen oder einer staatlich anerkannten Bildungseinrichtung oder vor einem staatlichen Prüfungsausschuss erfolgreich abgelegt hat und
2. die Anmeldung zur Fortbildungsprüfung innerhalb von zehn Jahren nach der Bekanntgabe des Bestehens der Prüfung erfolgt.

Parallelvorschrift zu § 42h HwO: § 56 BBiG

§ 42i (Gleichstellung von Prüfungszeugnissen)

Das Bundesministerium für Wirtschaft und Klimaschutz oder das sonst zuständige Fachministerium kann im Einvernehmen mit dem Bundesministerium für Bildung und Forschung nach Anhörung des Hauptausschusses des Bundesinstituts für Berufsbildung durch Rechtsverordnung Prüfungszeugnisse, die außerhalb des Anwendungsbereichs dieses Gesetzes oder im Ausland erworben worden sind, den entsprechenden Zeugnissen über das Bestehen einer Fortbildungsprüfung auf der Grundlage der §§ 42b bis 42f gleichstellen, wenn die in der Prüfung nachzuweisenden beruflichen Fertigkeiten, Kenntnisse und Fähigkeiten gleichwertig sind.

Parallelvorschrift zu § 42i HwO: § 57 BBiG

§ 42j (Umschuldungsordnung)

Als Grundlage für eine geordnete und einheitliche berufliche Umschulung kann das Bundesministerium für Bildung und Forschung im Einvernehmen mit dem Bundesministerium für Wirtschaft und Klimaschutz nach Anhörung des Hauptausschusses des Bundesinstituts für Berufsbildung durch Rechtsverordnung, die nicht der Zustimmung des Bundesrates bedarf,

1. die Bezeichnung des Umschulungsabschlusses,
2. das Ziel, den Inhalt, die Art und Dauer der Umschulung,
3. die Anforderungen der Umschulungsprüfung und ihre Zulassungsvoraussetzungen sowie
4. das Prüfungsverfahren der Umschulung

unter Berücksichtigung der besonderen Erfordernisse der beruflichen Erwachsenenbildung bestimmen (Umschulungsordnung).

Parallelvorschrift zu § 42j HwO: § 58 BBiG

§ 42k (Umschulungsprüfungsregelungen der Handwerkskammer)

Soweit Rechtsverordnungen nach § 42j nicht erlassen sind, kann die Handwerkskammer Umschulungsprüfungsregelungen erlassen. Die Handwerkskammer regelt die Bezeichnung des Umschulungsabschlusses, Ziel, Inhalt und Anforderungen der Prüfungen, ihre Zulassungsvoraussetzungen sowie das Prüfungsverfahren unter Berücksichtigung der besonderen Erfordernisse beruflicher Erwachsenenbildung.

Parallelvorschrift zu § 42k HwO: § 59 BBiG

§ 42l (Umschulung für einen anerkannten Ausbildungsberuf)

Sofern sich die Umschulungsordnung (§ 42j) oder eine Regelung der Handwerkskammer (§ 42k) auf die Umschulung für einen anerkannten Ausbildungsberuf (Gewerbe der Anlage A oder der Anlage B) richtet, sind das Ausbildungsberufsbild (§ 26 Absatz 1 Satz 1 Nummer 3), der Ausbildungsrahmenplan (§ 26 Absatz 1 Satz 1 Nummer 4) und die Prüfungsanforderungen (§ 26 Absatz 1 Satz 1 Nummer 5) zugrunde zu legen. Die §§ 21 bis 24 gelten entsprechend.

Parallelvorschrift zu § 42l HwO: § 60 BBiG

§ 42m (Berücksichtigung ausländischer Vorqualifikationen)

Sofern die Umschulungsordnung (§ 42j) oder eine Regelung der Handwerkskammer (§ 42k) Zulassungsvoraussetzungen vorsieht, sind ausländische Bildungsabschlüsse und Zeiten der Berufstätigkeit im Ausland zu berücksichtigen.

Parallelvorschrift zu § 42m HwO: § 61 BBiG

§ 42n (Umschulungsmmßnahmen, Umschulungsprüfungen)

(1) Maßnahmen der beruflichen Umschulung müssen nach Inhalt, Art, Ziel und Dauer den besonderen Erfordernissen der beruflichen Erwachsenenbildung entsprechen.

(2) Der Umschulende hat die Durchführung der beruflichen Umschulung unverzüglich vor Beginn der Maßnahme der Handwerkskammer schriftlich oder elektronisch anzuzeigen. Die Anzeigepflicht erstreckt sich auf den wesentlichen Inhalt des Umschulungsverhältnisses. Bei Abschluss eines Umschulungsvertrages ist eine Kopie des Umschulungsvertrages beizufügen.

(3) Für die Durchführung von Prüfungen im Bereich der beruflichen Umschulung errichtet die Handwerkskammer Prüfungsausschüsse. § 31 Abs. 2 2 und 3 sowie § 33 Absatz 3 und die §§ 34 bis 35b, 37a und 38 gelten entsprechend.

(4) Der Prüfling ist auf Antrag von der Ablegung einzelner Prüfungsbestandteile durch die Handwerkskammer zu befreien, wenn er eine andere vergleichbare Prüfung vor einer öffentlichen oder staatlich anerkannten Bildungseinrichtung oder vor einem staatlichen

Prüfungsausschuss erfolgreich abgelegt hat und die Anmeldung zur Umschulungsprüfung innerhalb von zehn Jahren nach der Bekanntgabe des Bestehens der anderen Prüfung erfolgt.

Parallelvorschrift zu § 42n HwO: § 62 BBiG

§ 42o (Gleichstellung von Prüfungszeugnissen)

Das Bundesministerium für Wirtschaft und Klimaschutz kann im Einvernehmen mit dem Bundesministerium für Bildung und Forschung nach Anhörung des Hauptausschusses des Bundesinstituts für Berufsbildung durch Rechtsverordnung außerhalb des Anwendungsbereichs dieses Gesetzes oder im Ausland erworbene Prüfungszeugnisse den entsprechenden Zeugnissen über das Bestehen einer Umschulungsprüfung auf der Grundlage der §§ 42j und 42k gleichstellen, wenn die in der Prüfung nachzuweisenden beruflichen Fertigkeiten, Kenntnisse und Fähigkeiten gleichwertig sind.

Parallelvorschrift zu § 42o HwO: § 63 BBiG

Achter Abschnitt
Berufliche Bildung behinderter Menschen, Berufsausbildungsvorbereitung

§ 42p (Berufsausbildung behinderter Menschen)

Behinderte Menschen (§ 2 Abs. 1 Satz 1 des Neunten Buches Sozialgesetzbuch) sollen in anerkannten Ausbildungsberufen ausgebildet werden.

Parallelvorschrift zu § 42p HwO: § 64 BBiG

§ 42q (Berufsausbildung in anerkannten Ausbildungsberufen)

(1) Regelungen nach den §§ 38 und 41 sollen die besonderen Verhältnisse behinderter Menschen berücksichtigen. Dies gilt insbesondere für die zeitliche und sachliche Gliederung der Ausbildung, die Dauer von Prüfungszeiten, die Zulassung von Hilfsmitteln und die Inanspruchnahme von Hilfeleistungen Dritter, wie Gebärdendolmetscher für hörbehinderte Menschen.
(2) Der Berufsausbildungsvertrag mit einem behinderten Menschen ist in die Lehrlingsrolle (§ 28) einzutragen. Der behinderte Mensch ist zur Gesellenprüfung auch zuzulassen, wenn die Voraussetzungen des § 36 Abs. 1 Nr. 2 und 3 nicht vorliegen.

Parallelvorschrift zu § 42q HwO: § 65 BBiG

§ 42r (Ausbildungsregelungen der Handwerkskammer)

(1) Für behinderte Menschen, für die wegen Art und Schwere ihrer Behinderung eine Ausbildung in einem anerkannten Ausbildungsberuf nicht in Betracht kommt, trifft die Handwerkskammer auf Antrag der behinderten Menschen oder ihrer gesetzlichen Ver-

treter Ausbildungsregelungen entsprechend den Empfehlungen des Hauptausschusses des Bundesinstituts für Berufsbildung. Die Ausbildungsinhalte sollen unter Berücksichtigung von Lage und Entwicklung des allgemeinen Arbeitsmarktes aus den Inhalten anerkannter Ausbildungsberufe entwickelt werden. Im Antrag nach Satz 1 ist eine Ausbildungsmöglichkeit in dem angestrebten Ausbildungsgang nachzuweisen.
(2) § 42q Absatz 2 Satz 1 ist entsprechend anzuwenden.

Parallelvorschrift zu § 42r HwO: § 66 BBiG

§ 42s (Berufliche Fortbildung und Umschulung)

Für die berufliche Fortbildung und die berufliche Umschulung behinderter Menschen gelten die §§ 42p bis 42r entsprechend, soweit Art und Schwere der Behinderung dies erfordern.

Parallelvorschrift zu § 42s HwO: § 67 BBiG

§ 42t (Berufsausbildungsvorbereitung)

(1) Die Berufsausbildungsvorbereitung richtet sich an lernbeeinträchtigte oder sozial benachteiligte Personen, deren Entwicklungsstand eine erfolgreiche Ausbildung in einem anerkannten Ausbildungsberuf (Gewerbe der Anlage A oder der Anlage B) noch nicht erwarten lässt. Sie muss nach Inhalt, Art, Ziel und Dauer den besonderen Erfordernissen des in Satz 1 genannten Personenkreises entsprechen und durch umfassende sozialpädagogische Betreuung und Unterstützung begleitet werden.
(2) Für die Berufsausbildungsvorbereitung, die nicht im Rahmen des Dritten Buches Sozialgesetzbuch oder anderer vergleichbarer, öffentlich geförderter Maßnahmen durchgeführt wird, gelten die §§ 21 bis 24 entsprechend.

Parallelvorschrift zu § 42t HwO: § 68 BBiG

§ 42u (Qualifizierungsbausteine, Bescheinigung)

(1) Die Vermittlung von Grundlagen für den Erwerb beruflicher Handlungsfähigkeit (§ 1 Abs. 2 des Berufsbildungsgesetzes) kann insbesondere durch inhaltlich und zeitlich abgegrenzte Lerneinheiten erfolgen, die aus den Inhalten anerkannter Ausbildungsberufe (Gewerbe der Anlage A oder der Anlage B) entwickelt werden (Qualifizierungsbausteine).
(2) Über vermittelte Grundlagen für den Erwerb beruflicher Handlungsfähigkeit stellt der Anbieter der Berufsausbildungsvorbereitung eine Bescheinigung aus. Das Nähere regelt das Bundesministerium für Bildung und Forschung im Einvernehmen mit dem Bundesministerium für Wirtschaft und Klimaschutz nach Anhörung des Hauptausschusses des Bundesinstituts für Berufsbildung durch Rechtsverordnung, die nicht der Zustimmung des Bundesrates bedarf.

Parallelvorschrift zu § 42u HwO: § 69 BBiG

§ 42v (Überwachung, Beratung)

(1) Die nach Landesrecht zuständige Behörde hat die Berufsausbildungsvorbereitung zu untersagen, wenn die Voraussetzungen des § 42t Abs. 1 nicht vorliegen.

(2) Der Anbieter hat die Durchführung von Maßnahmen der Berufsausbildungsvorbereitung vor Beginn der Maßnahme der Handwerkskammer schriftlich oder elektronisch anzuzeigen. Die Anzeigepflicht erstreckt sich auf den wesentlichen Inhalt des Qualifizierungsvertrages.

(3) Die Absätze 1 und 2 sowie § 41a finden keine Anwendung, soweit die Berufsausbildungsvorbereitung im Rahmen des Dritten Buches Sozialgesetzbuch oder anderer vergleichbarer, öffentlich geförderter Maßnahmen durchgeführt wird.

Parallelvorschrift zu § 42v HwO: § 70 BBiG

D. Verordnung über das Verfahren zur Feststellung und Bescheinigung individueller beruflicher Handlungsfähigkeit am Maßstab eines anerkannten Ausbildungsberufs nach dem Berufsbildungsgesetz und der Handwerksordnung (Berufsbildungsfeststellungsverfahrensverordnung – BBFVerfV)

Vom 6. November 2024

– Auszug –

Auf Grund des § 50e des Berufsbildungsgesetzes in der Fassung der Bekanntmachung vom 4. Mai 2020 (BGBl. I S. 920), der durch Artikel 2 des Gesetzes vom 19. Juli 2024 (BGBl. 2024 I Nr. 246) eingefügt worden ist, und auf Grund des § 41e der Handwerksordnung in der Fassung der Bekanntmachung vom 24. September 1998 (BGBl. I S. 3074; 2006 I S. 2095), der durch Artikel 4 Nummer 16 des Gesetzes vom 19. Juli 2024 (BGBl. 2024 I Nr. 246) eingefügt worden ist, verordnet das Bundesministerium für Bildung und Forschung im Einvernehmen mit dem Bundesministerium für Wirtschaft und Klimaschutz:

Inhaltsübersicht

(Anlagen nicht abgedruckt)

§ 1 Gegenstand

Diese Verordnung regelt zur Feststellung und Bescheinigung der individuellen beruflichen Handlungsfähigkeit am Maßstab eines anerkannten Ausbildungsberufs nach § 1 Absatz 6 des Berufsbildungsgesetzes:

1. die Festlegung und Auswahl der Feststellungsinstrumente,
2. das Verfahren zur Würdigung der Leistungen,
3. das Verfahren zur Dokumentation der Leistungen,
4. die Maßgaben zur Ausgestaltung des Bescheides bei Feststellung der überwiegenden Vergleichbarkeit und der teilweisen Vergleichbarkeit sowie des Zeugnisses bei Feststellung der vollständigen Vergleichbarkeit der individuellen beruflichen Handlungsfähigkeit,
5. die Möglichkeit einer Antragstellung für das Ergänzungsverfahren sowie einer erneuten Antragstellung zum Zweck der Wiederholung des Feststellungsverfahrens.

§ 2 Festlegung von Feststellungsinstrumenten

(1) Für Ausbildungsberufe, bei denen bundesweit mit mehr als 25 zulässigen Anträgen auf Feststellung der individuellen beruflichen Handlungsfähigkeit im Kalenderjahr zu rechnen ist, ist eine bundeseinheitliche Festlegung und Veröffentlichung von Feststellungsinstrumenten durch die Handwerkskammern oder die sonstigen nach dem Berufsbildungsgesetz zuständigen Stellen vorzunehmen. Für weitere Ausbildungsberufe kann eine bundeseinheitliche Festlegung und Veröffentlichung von Feststellungsinstrumenten erfolgen. An der Festlegung sind Fachverbände, Gewerkschaften sowie selbständige Vereinigungen von Arbeitnehmerinnen und Arbeitnehmern mit sozialpolitischer Zwecksetzung, die die Vertretung der Belange der jeweils betroffenen Berufsgruppen wahrnehmen, zu beteiligen.

(2) Sind für Ausbildungsberufe mehrere Handwerkskammern oder sonstige nach dem Berufsbildungsgesetz zuständige Stellen örtlich oder sachlich zuständig, so schließen sie Verwaltungsvereinbarungen zur Gewährleistung einer bundeseinheitlichen Festlegung und Veröffentlichung von Feststellungsinstrumenten mindestens über

1. das Verfahren zur Bestimmung der Ausbildungsberufe, für die sie eine gemeinsame Festlegung und Veröffentlichung von Feststellungsinstrumenten vornehmen, und zur regelmäßigen Aktualisierung und Überprüfung der Liste dieser Ausbildungsberufe und
2. das Verfahren für die gemeinsame Festlegung und Veröffentlichung von Feststellungsinstrumenten. Satz 1 gilt nicht für die nur nach § 73 Absatz 1 Nummer 1 Berufsbildungsgesetz zuständigen Stellen.

(3) Das Bundesinstitut für Berufsbildung hat ein Verzeichnis der Verwaltungsvereinbarungen zu führen, um für die obersten Bundes- und Landesbehörden bei deren Aufgabenerledigung Transparenz über die Umsetzung der Verpflichtungen nach Absatz 2 herzustellen. Es hat den obersten Bundes- oder Landesbehörden auf Antrag schriftlich oder elektronisch Auskünfte aus dem Verzeichnis zu erteilen. Die Handwerkskammern oder die sonstigen nach dem Berufsbildungsgesetz zuständigen Stellen haben unverzüglich nach Abschluss einer Verwaltungsvereinbarung nach Absatz 2 die Eintragung in das Verzeichnis beim Bundesinstitut für Berufsbildung zu beantragen. Der Antrag auf Eintragung kann schriftlich oder elektronisch gestellt werden; eine Kopie der Verwaltungsvereinbarung ist beizufügen. Die Sätze 3 und 4 sind bei Änderungen der Verwaltungsvereinbarungen entsprechend anzuwenden.

(4) Die Verwaltungsvereinbarungen müssen bis zum Ablauf des 31. Dezember 2025 geschlossen sein. Die erstmalige bundeseinheitliche Festlegung und Veröffentlichung von Feststellungsinstrumenten für Ausbildungsberufe, für die nach Absatz 1 Satz 1 eine Festlegung zu treffen ist, hat bis zum Ablauf des 31. Dezember 2026 zu erfolgen.

(5) Die Handwerkskammern und die sonstigen nach dem Berufsbildungsgesetz zuständigen Stellen veröffentlichen auf ihren Internetseiten jährlich eine Liste der Ausbildungsberufe, für die sie eine Festlegung von Feststellungsinstrumenten vorgenommen haben, sowie die jeweiligen Feststellungsinstrumente. Sind für Ausbildungsberufe mehrere Handwerkskammern oder sonstige nach dem Berufsbildungsgesetz zuständige Stellen örtlich oder sachlich zuständig, können sie in den Verwaltungsvereinbarungen nach Absatz 2 für die Veröffentlichung eine bundeseinheitliche Internetseite bestimmen. In den Fällen des Satzes 2 ist eine Veröffentlichung auf den eigenen Internetseiten nicht erforderlich.

(6) In den Fällen des § 73 des Berufsbildungsgesetzes kann

1. für den Bund die oberste Bundesbehörde für ihren Geschäftsbereich oder mehrere oberste Bundesbehörden gemeinsam für ihre Geschäftsbereiche sowie
2. ein Land für seinen Bereich und für die Gemeinden und Gemeindeverbände oder mehrere Länder gemeinsam für ihre Bereiche und für die Gemeinden und Gemeindeverbände

eine oder mehrere zuständige Stellen bestimmen, die die Aufgaben nach den Absätzen 1 bis 5 für die jeweiligen zuständigen Stellen übernehmen.

(7) Liegt für einen Ausbildungsberuf eine bundeseinheitliche Festlegung und Veröffentlichung nach Absatz 1 nicht oder noch nicht vor, legt die Feststellerin oder der Feststeller selbst Feststellungsinstrumente fest. Die Handwerkskammer oder die sonstige nach dem Berufsbildungsgesetz zuständige Stelle unterstützt die Feststellerin oder den Feststeller in geeigneter Weise.

§ 3 Feststellungsinstrumente

Feststellungsinstrumente

1. werden den berufsprofilgebenden Berufsbildpositionen der Ausbildungsordnungen unter Benennung der mit ihnen jeweils feststellbaren Fertigkeiten, Kenntnissen und Fähigkeiten des Ausbildungsrahmenplanes zugeordnet; die Zuordnung eines Feststellungsinstruments zu mehreren berufsprofilgebenden Berufsbildpositionen ist möglich,
2. berücksichtigen in der Regel auch Fertigkeiten, Kenntnisse und Fähigkeiten der integrativen Berufsbildpositionen,
3. bestehen in der Regel aus praktischen und mündlichen Aufgaben; sie können auch schriftliche Aufgaben umfassen, soweit dies für die Feststellung der beruflichen Handlungsfähigkeit erforderlich ist; auf schriftliche Aufgaben ist zu verzichten, wenn die Feststellung mittels anderer Instrumente mit vertretbarem Aufwand möglich ist,
4. sollen die Einbeziehung von Arbeitsergebnissen aus dem Tätigkeitsbereich des Referenzberufs in den letzten beiden Jahren vor Antragstellung ermöglichen, soweit dies bei der entsprechenden Berufsbildposition grundsätzlich in Betracht kommt, und
5. können in den Fällen des § 2 Absatz 1 Mindestanforderungen an die Art und den Umfang konkreter Aufgabenstellungen vorsehen.

Regelt eine Ausbildungsordnung keine berufsprofilgebenden Berufsbildpositionen, ist für die Zuordnung von Feststellungsinstrumenten und das Verfahren zur Würdigung der Leistungen eine methodisch mit der Definition berufsprofilgebender Berufsbildpositionen vergleichbare Differenzierung des Berufsbildes vorzunehmen.

§ 4 Auswahl der Feststellungsinstrumente

Die Feststellerin oder der Feststeller wählt die Feststellungsinstrumente für ein konkretes Feststellungsverfahren aus, indem sie oder er aus den nach § 2 Absatz 1 bundeseinheitlich festgelegten und veröffentlichten Feststellungsinstrumenten

1. bei mehreren möglichen Feststellungsinstrumenten die geeignetsten wählt,
2. wenn sich der Antrag auf die Feststellung der überwiegenden oder in den Fällen des § 50d des Berufsbildungsgesetzes oder des § 41d der Handwerksordnung auf die Feststellung der teilweisen Vergleichbarkeit der individuellen beruflichen Handlungsfähigkeit richtet, die Feststellungsinstrumente an die im Antrag vorgetragene und somit festzustellende individuelle berufliche Handlungsfähigkeit anpasst, und
3. diese in konkrete Aufgabenstellungen umsetzt.

In den Fällen des § 2 Absatz 7 ist Satz 1 mit folgenden Maßgaben anzuwenden,

1. dass die Nummer 1 ersatzlos entfällt,
2. die Nummer 2 mit der Festlegung zusammen fällt und
3. auf die Auswahl der Feststellungsinstrumente durch die Feststellerin oder den Feststeller § 2 Absatz 7 Satz 2 entsprechend anzuwenden ist.

§ 5 Verfahren zur Würdigung der Leistungen

(1) Die Feststellerin oder der Feststeller stellt anhand der Bearbeitung der konkreten Aufgabenstellungen durch die Antragstellerin oder den Antragsteller jeweils für die berufsprofilgebenden Berufsbildpositionen handlungsorientiert fest, ob und in welchem Umfang die individuelle berufliche Handlungsfähigkeit der Antragstellerin oder des Antragstellers der für die Ausübung des Referenzberufs erforderlichen beruflichen Handlungsfähigkeit entspricht. Dabei hat die Feststellung für berufsprofilgebende Berufsbildpositionen in den Fällen des § 3 Satz 1 Nummer 1 zweiter Halbsatz einheitlich zu erfolgen. Soweit die individuelle berufliche Handlungsfähigkeit bei einer berufsprofilgebenden Berufsbildposition überwiegend oder in den Fällen des § 50d des Berufsbildungsgesetzes oder des § 41d der Handwerksordnung teilweise, aber nicht vollständig vergleichbar ist, ist die Feststellung der individuellen beruflichen Handlungsfähigkeit der Antragstellerin oder des Antragstellers unter Berücksichtigung berufsprofilgebender Fertigkeiten, Kenntnisse und Fähigkeiten des Ausbildungsrahmenplanes für den Referenzberuf vorzunehmen.
(2) Die Feststellerin oder der Feststeller stellt auf der Grundlage der Feststellungen für die berufsprofilgebenden Berufsbildpositionen nach Absatz 1 ein Gesamtergebnis fest. Dabei ist die Relevanz der einzelnen berufsprofilgebenden Berufsbildpositionen für das Berufsbild des Referenzberufes zu berücksichtigen. Für die Gesamtwürdigung sollen die Handwerkskammern oder die sonstigen nach dem Berufsbildungsgesetz zuständigen Stellen bei der bundeseinheitlichen Festlegung von Feststellungsinstrumenten eine Gewichtung der einzelnen berufsprofilgebenden Berufsbildpositionen vorgeben.
(3) In den Fällen des § 50d des Berufsbildungsgesetzes oder des § 41d der Handwerksordnung obliegt der Feststellerin oder dem Feststeller bei Vorliegen eines entsprechenden Antrages auch die Feststellung der überwiegenden oder der vollständigen Vergleichbarkeit der individuellen beruflichen Handlungsfähigkeit mit einer Referenzausbildungsregelung nach § 66 des Berufsbildungsgesetzes oder nach § 42r der Handwerksordnung, die die entsprechenden gesetzlichen Anforderungen erfüllt. Die Absätze 1 und 2 sind entsprechend anzuwenden.

§ 6 Verfahren zur Dokumentation der Leistungen

Das Verfahren ist zu dokumentieren. Die Verfahrensdokumentation muss enthalten:

1. die vom Feststellungsantrag umfassten berufsprofilgebenden Berufsbildpositionen des Referenzberufs,
2. die von der Feststellerin oder dem Feststeller für die Berufsbildpositionen ausgewählten oder festgelegten Feststellungsinstrumente,
3. die Benennung der jeweils berücksichtigten integrativen Berufsbildpositionen,
4. die Benennung der konkreten Aufgabenstellungen,
5. Angaben zu den jeweiligen Leistungen der Antragstellerin oder des Antragstellers,
6. ein begründetes Feststellungsergebnis für die berufsprofilgebenden Berufsbildpositionen und
7. eine Begründung des Gesamtergebnisses.

§ 7 Maßgaben zur Ausgestaltung des Zeugnisses bei Feststellung der vollständigen Vergleichbarkeit und des Bescheides bei Feststellung der überwiegenden oder teilweisen Vergleichbarkeit

(1) Das Zeugnis nach § 50c Absatz 3 Satz 2 des Berufsbildungsgesetzes oder nach § 41c Absatz 3 Satz 2 der Handwerksordnung wird nach Maßgabe der Anlage 1 ausgestaltet.
(2) Der Bescheid nach § 50c Absatz 3 Satz 1 des Berufsbildungsgesetzes oder nach § 41c Absatz 3 Satz 1 der Handwerksordnung wird nach Maßgabe der Anlage 2 ausgestaltet.
(3) In den Fällen des § 50d des Berufsbildungsgesetzes oder des § 41d der Handwerksordnung wird der Bescheid nach Maßgabe der Anlage 3 ausgestaltet.

§ 8 Ergänzungsverfahren

(1) Der Antrag auf Durchführung eines Ergänzungsverfahrens nach § 50b Absatz 5 des Berufsbildungsgesetzes oder nach § 41b Absatz 5 der Handwerksordnung kann nur innerhalb von fünf Jahren nach Bekanntgabe des Ergebnisses einer durchgeführten Feststellung mit dem Ergebnis der überwiegenden oder im Fall des § 50d des Berufsbildungsgesetzes oder des § 41d der Handwerksordnung teilweisen Vergleichbarkeit der individuellen beruflichen Handlungsfähigkeit gestellt werden. Er richtet sich auf die Feststellung der vollständigen Vergleichbarkeit.
(2) Das Ergänzungsverfahren kann im Rahmen eines Feststellungsverfahrens nur einmal durchlaufen werden. Wird die vollständige Vergleichbarkeit im Rahmen des Ergänzungsverfahrens nicht erreicht, so wird der Antrag auf Feststellung der vollständigen Vergleichbarkeit abgelehnt. Die Wirksamkeit des Bescheides über die überwiegende oder teilweise Vergleichbarkeit aus dem Verfahren, das Grundlage für die Zulassung zum Ergänzungsverfahren war, bleibt im Fall der Ablehnung unberührt.
(3) Die §§ 3 bis 6 und § 7 Absatz 1 sind für das Ergänzungsverfahren entsprechend anzuwenden.

§ 9 Erneuter Antrag zum Zweck der Wiederholung

(1) Wird ein Antrag auf Feststellung der vollständigen, der teilweisen oder der überwiegenden Vergleichbarkeit der individuellen beruflichen Handlungsfähigkeit abgelehnt, so kann ein erneuter Antrag auf Durchführung des Feststellungsverfahrens mit demselben Referenzberuf zum Zweck der Wiederholung frühestens nach Ablauf von zwölf Monaten

nach Bekanntgabe der Ablehnung gestellt werden. Ein erneuter Antrag ist nur zulässig, wenn dieser auf weitere oder neue Tatsachen, insbesondere auf eine zusätzliche Tätigkeit im Referenzberuf, gestützt wird.

(2) Ein erneuter Antrag auf Durchführung des Feststellungsverfahrens für denselben Referenzberuf kann zum Zweck der Wiederholung auch gestellt werden, wenn die Bekanntgabe des Ergebnisses einer durchgeführten Feststellung mit dem Ergebnis der überwiegenden oder teilweisen Vergleichbarkeit mehr als fünf Jahre zurückliegt und ein Ergänzungsverfahren nach § 8 ausgeschlossen ist. Absatz 1 Satz 2 ist entsprechend anzuwenden.

§ 10 Inkrafttreten

Diese Verordnung tritt am 8. November 2024 in Kraft.

Stichwortverzeichnis

B

F

N